제**2**판

도산법 강의
Bankruptcy Law

노영보 저

박영사

제2판 머리말

2018년 책의 초판이 발간된 이래 6년이 지나서야 개정판을 내게 되었다. 저자의 입장에서는 법개정이나 판례의 집적으로 시간이 흐를수록 책이 out-of-date해 가는 것을 보는 것은 큰 고통이었고, 개정판을 기다리는 분들께도 송구스런 마음이었지만, 초판을 낸 직후 중요 사건을 맡게 되어 3년 정도 눈코 뜰 새 없는 시간을 보내게 되었고, 그 이후에도 변호사 업무가 만만치 않다 보니 개정 작업은 계속 우선 순위에서 밀려버리곤 했다.

돌이켜 보면 초판을 발간하고 여러 가지로 과분한 기쁨을 누렸는데, 무엇보다도 여러 독자님들께서 관심을 가지고, 틀린 부분을 적지 않게 지적하여 주셨고, 더하여 책이 매진되었으며, 영광스럽게도 세종도서로 선정되기도 하였다. 그런 추억을 떠올리면서 자신을 독려한 결과 이제야 제2판을 내게 되었다.

개정판을 준비하면서 유의한 점은 아래와 같다.

첫째 개정된 법령을 반영하고 새로이 공간된 판례를 보충하는 것은 당연하겠으나, 개정판에서는 각 논점에 대한 논문과 판례 해설을 보완하려고 노력하였다. 당초에도 단순히 판례의 결론만을 소개하는 것을 지양하고 나름대로 사실 관계를 정리하여 보려고 노력하기는 하였으나, 개설서라는 한계가 있을 수밖에 없고, 더 깊은 검토나 유사 사건의 해결을 위하여는 아무래도 입법례나 이론적 배경을 설명한 판례 해설이나 평석이 긴요할 것으로 생각되었기 때문이다. 더구나 초판이 발간된 후에 도산법학계에는 경사라고도 할 수 있는 책자들의 발간이 이어졌는데, 현직 법관들이 집필한 『주석 채무자회생법』과 사단법인 도산법연구회의 『도산판례백선』이 그것이다. 그와 같은 후배들의 분발이 본 개정판의 집필에 큰 자극제가 되었다.

둘째 일본 판례를 대폭 보완하였다. 근래 우리 법조에서는 여러 가지 이유로 일본 판례의 연구에 별 필요성을 느끼지 못하는 분위기인 것이 사실인데, 저자로서도 공감이 가는 바가 없지 않았지만, 무엇보다도 우리 채무자회생법이 일본의 구 파산법, 회사갱생법에 기초한 것은 엄연한 사실이고, 수십 년에 걸쳐 일본 법조가 구축한 데이터베이스를 버리기가 아까워 되도록 많이 정리하려고 노력하였다. 판례를 인용함에 있어서는 검색의 편의를 위하여 일본의 연호를 그대로 사용하였고, 판례 해설도 기왕에 입수하여 둔 책자에 수록된 것은 모두 기재하여 판례의 이해에 도움이 되도록 하였다.

법조 실무가들이 도산 사건을 처리하면서 손쉽게 찾아볼 수 있는 책자가 되었으면 하는 바람은 초판과 다름이 없겠으나, 역시 탈고하고 보니 미진하기만 하다. 조속한 보완을 약속드린다.

이 책을 발간하는데 있어서도 초판과 마찬가지로 이화여자대학교 법학전문대학원의 오수근 명예 교수와 김&장 법률사무소의 임치용 변호사로부터 큰 격려와 도움을 받았다. 특히 임 변호사는 초판과 마찬가지로 초고를 면밀히 검토하여 잘못된 점을 여러 곳 지적하여 주셨다. 일본 판례의 정리에는 류현정 변호사의 도움이 컸고, 교정과 편집에는 박영사의 김선민 이사님께서 크게 수고하여 주셨다. 이 자리를 빌려 진심으로 감사의 뜻을 전한다.

2024. 4.

저자   盧榮保

머 리 말

이 책은 저자가 2003년부터 2016년까지 서울대학교 법과대학, 서울대학교 대학원 법학과, 그리고 서울대학교 법학전문대학원에서 도산법을 강의하면서 사용하였던 강의안을 수정 · 보완한 것이다. 원래 저자는 1997년부터 1999년까지 사법연수원 교수로 재직하던 동안에도 도산법 과목을 강의한 바가 있었고, 그 덕분에 호문혁 서울대학교 법과대학 교수님의 권유로 서울대학교 법과대학에서 도산법 강의를 시작하게 되었는데, 길어봤자 3, 4년 정도 하게 될 것으로 예상하였음에도 어언 20년이 흐른 지금에 이르러 그 결과물로 초라하게나마 저서까지 세상에 내놓게 되니, 사람의 일이란 참으로 예상대로 되는 것이 아니라는 생각이 든다.

법률 실무를 다루다 보면 도산법은 헌법, 민법, 형법과 같은 기본법의 하나로서 그 기초적인 법리는 모든 법조인이 당연히 숙지하고 있어야 할 것으로 생각되건만, 우리나라에서는 IMF 구제금융 사태 이전에는 회사정리 사건 이외에는 도산사건이라고 할 만한 사례가 거의 없었고, 그 이후에도 신청부나 파산부 소속 일부 법관들이나 전문 변호사들만이 도산법을 접할 기회가 있었을 뿐, 많은 법조인들은 도산 사건을 자주 다루지 않던 것이 사실이다.

그러나 2000년 이래 도산사건이 증가함에 따라 많은 대법원 판례가 집적되면서 우리나라의 도산법학의 발전은 참으로 눈부신 바가 있게 되었다. 그에 대한 학자나 실무가들의 연구 결과들을 제대로 반영하자면 참으로 끝이 없겠으나, 저자가 변호사로 근무하면서 강의를 담당하는 바람에 깊은 연구를 하지 못하였고, 또 강의안을 작성하면서 장래 출간을 예정한 것이 아니었기 때문에 각주도 매우 부실하게 되었다. 이 부분은 차후 개정판에서 보완할 것을 약속드린다. 각 절의 끝 부분에 적은 참고문헌들도 망라적인 것이기 보다는 저자가 입수한 한도 내에서 그 일부를 선택적으로 기재함에 그쳤다. 사실 저자의 지식이 너무나 천박하여, 매년 법 개정이나 새로운 판례를 반영하여 강의안을 보완하기만 하였으나, 주위에서 그렇게 출간을 망설이다보면 결국 영원히 책을 내지 못한다고 충고하길래 만용을 부려 보기로 하였다.

이 책을 집필하면서 유의한 점은 다음의 두 가지이다.

첫째 책의 체계를 회생절차, 파산절차로 분리하여 따로 따로 편성하지 않고, 도산실체법 문제는 각 논점 별로 회생과 파산을 함께 비교 설명하고, 책의 후반부에 청산형과 재건형 절차의 흐름을 각각 훑어보는 방식을 취하였다. 이는 이미 수십 년 전 절판된 일본의 霜島甲一 교수의 「倒産法 體系」(勁草書房, 1998)과 谷口安平 교수의 倒産處理法(筑摩書房, 1980)의 입장을 따른 것으로서, 강의 경험상 청산형 절차와 재건형 절차의 실체면을 함께 비교 설명하는 것이 학생들의 이해에 도움이 된다는 자각에서 우러나온 것이기도 하다.

둘째, 가능한 한 대법원 판례를 충분히 인용하되, 판례의 결론 부분인 판결요지나 판시사항만을 간략하게 소개하는 것을 지양하고, 간단하게라도 사실관계를 정리 서술하여 판례가 의미하는 바를 다른 사건들과 비교하면서 검토할 수 있도록 노력하였다. 입수가능한 일본의 판례도 함께 소개하였다.

현역 변호사로서 도산법에 대하여 체계적인 연구를 할 여건도 되지 못하고, 능력도 못되는 저자가 이 책을 내놓으면서 희망이 있다면 실무가들이 도산 사건을 처리하면서 손쉽게 찾아 볼 수 있는 소책자가 되었으면 하는 것뿐이다.

이 책을 발간하는데 가장 큰 격려를 하여 준 분은 현재 김&장 법률사무소에서 근무하는 임치용 변호사와 이화여자대학교 법학전문대학원의 오수근 교수이다. 특히 임 변호사는 판사로 근무할 때 도산법이 고리가 되어 가까워진 이래 법무법인(유한) 태평양에서 함께 근무할 때나 도산법연구회의 회원으로 공부하는 동안 항상 도산법에 대한 해박한 지식으로 저자를 감탄하게 하였고, 이 책의 초고도 면밀히 검토하여 잘못된 점을 여러 곳 지적하여 주었다. 교정이나 편집에는 박영사의 김선민 부장님께서 말도 못할 고생을 하셨다. 이 자리를 빌려 진심으로 감사의 뜻을 전한다.

끝으로 개인사에 이르나, 저자는 1983년부터 2006년까지 법관으로 근무하다가 2006년 법무법인(유한) 태평양에 입사하여 현재에 이르고 있다. 1985년 결혼 이래 아내는 여러 가지 어려운 여건에서도 가정을 반질반질 윤이 나게 가꾸고 두 아들을 잘 먹이고 입혀 듬직한 청년들로 키워서 저자로 하여금 아무 걱정 없이 에너지 충만한 사회활동을 할 수 있도록 해 주었다. 지난 14년 동안 야간 강의를 끝내고 집에 들어와 아내가 차려 주는 주안상을 받던 것도 즐거운 추억이다. 이 자그마한 책자를 아내 尹珍에게 바친다.

2018. 3.

저자   盧榮保

차 례

I. 도산과 도산처리법

Ⅱ. 재판상 도산절차의 통칙

Ⅳ. 도산절차에 있어서의 권리의 확정

V. 파산절차의 진행과 종료

VII. 개인회생절차

Ⅷ. 국제도산

IX. 기업구조조정촉진법

X. 도산과 범죄

참고문헌(단행본)*

[국내문헌]

강영호, 고영한, "도산관계소송" 재판실무연구(5) 한국사법행정학회(2009)

강인철, "재판의 이해" 유로(2010)

고동원, "금융규제와 법" 박영사(2008)

권기범, "기업구조조정법 제5판" 삼영사(2019)

편집대표 권순일, "주석 채무자회생법 Ⅰ~Ⅵ" 한국사법행정학회(2021)

권영준, 윤진수, 이동진, 최준규, 한민, "민법과 도산법" 박영사(2019)

김관기 역, "미국파산법 개론" 박영사(2016)

김기진, "도산법 Ⅰ, Ⅱ" 경상대학교 출판부(2015)

김영주, "도산절차와 미이행 쌍무계약" 경인문화사(2020)

김주학, "기업도산법 제2판" 법문사(2012)

김현석, "미국기업파산법" 고시계사(2005)

김현진, "동산·채권담보권 연구" 경인문화사(2013)

남효순, 김재형, "도산법강의" 법문사(2005)

남효순, 김재형, "통합도산법" 법문사(2005)

문호준, "통합도산법" 법률출판사(2013)

민일영, "주택·상가건물의 경매와 임대차" 박영사(2009)

박준, 정순섭, "개정판 자본시장법 기본 판례" 소화(2010)

박준, 한민, "금융거래와 법 제3판" 박영사(2022)

사단법인 도산법연구회 "도산법연구 제1권 제1호~제13권 제1호"(2010~2023)

사단법인 도산법연구회 "도산판례백선" 박영사(2021)

서울중앙지방법원 파산부 실무연구회 "도산절차와 소송 및 집행절차" 박영사(2011)

서울회생법원 재판실무연구회 "회생사건실무 상, 하 제6판" 박영사(2023)

서울회생법원 재판실무연구회 "법인파산실무 제5판" 박영사(2019)

서울회생법원 재판실무연구회 "개인파산실무 제6판" 박영사(2023)

서울지방변호사회 도산법연수원, "제2~8기 도산법연수원 Ⅰ, Ⅱ" 서울지방변호사회(2016~
　　2023)

---

* 참고 논문은 본문의 각주 이외에 각 절의 뒷부분에 기재하였다.

오수근, "채무자 회생 및 파산에 관한 법률해설" 법무부(2006)

오수근, "도산법 개혁" 두솔(2007)

오수근, "도산법의 이해" 이화여자대학교 출판부(2008)

오수근, 박용석, 김형두, 서경환, "알기쉬운 개인회생절차" 이화여자대학교출판부(2004)

오수근, 한민, 김성용, 정영진, "도산법" 박영사(2012)

오수근 역, "일본도산법 Ⅰ" 법무부(2021)

윤덕주, "사례중심 기업회생" 박영사(2019)

윤진수, "민법논고 Ⅰ~Ⅷ" 박영사(2007~2021)

윤진수, "민법 기본판례 제2판" 홍문사(2020)

윤재윤, "건설분쟁관계법 제8판" 박영사(2021)

이상영, "외국파산법" 동국대학교 출판부(2007)

이연주, "국제도산법" 박영사(2022)

이이수, "개인파산관재절차의 이론과 실무" 정독(2020)

임재연, "회사법 Ⅰ, Ⅱ 개정8판" 박영사(2022)

임채웅, "신탁법연구 1, 2" 박영사(2009, 2011)

임채홍, 백창훈, "회사정리법 상, 하" 한국사법행정학회(2002)

임치용, "파산법연구 1~5" 박영사(2004~2020)

임치용, 박태준, 이성용, 김춘수, "파산판례해설" 박영사(2007)

장완규, "도산법개론" 한국학술정보(주)(2009)

전대규, "채무자회생법 제7판" 법문사(2023)

전대규, "도산과 지방세" 삼일인포마인(2021)

전병서, "도산법 제4판" 문우사(2016)

정영철, "기업인수 5G" 박영사(2015)

최준규, "계약법과 도산법" 홍진기 법률재단(2021)

최준규 역, "독일도산법" 박영사(2021)

한국도산법학회, "회생과 파산 vol.1" 사법발전재단(2012)

[일본문헌]

実務研究会 編, "倒産と担保・保証 第2版" 商事法務(2021)

加藤哲夫, "破産法 第6版" 弘文堂(2012)

高木 新二郎, "アメリカ 連邦倒産法" 社團法人 商事法務研究會(1996)

高木 新二郎, 伊藤 眞 編集代表, "講座 倒産の法システム 第1~4卷" 日本評論社(2010)

谷口安平, "倒産處理法 改訂版" 筑摩書房(1980)

谷口安平, "現代倒産法入門 第2版" 法律文化社(1999)

權田修一 編, "改正 破産法の 實務 Q&A" 中央經濟社(2004)

東京辯護士會 編, "入門 新會社更生法" 東京辯護士會(2005)

東京地裁會社更生法實務研究會, "會社更生の 實務 上, 下" 社團法人 金融財政事情研究會(2005)

東京地裁破産・和議實務研究會, "破産・和議の 實務 上, 下" 社團法人 民事法情報 センタ―(1998)

藤本利一, 野村剛司 編著, "基礎 トレ-ニング 倒産法 第2版" 日本評論社(2022)

藤原勇喜, "倒産法と 登記實務 改訂增補版" 民事法研究會(1994)

藤原勇喜, "信託登記の 實務" 民事法研究會(1997)

藤原勇喜, "倒産法と 登記實務" 民事法研究會(1997)

瀬戸英雄, 山本彦和 編, "倒産判例 インデグス 第3版" 商事法務(2014)

木川裕日郎, "ドイツ倒産法 研究序說" 成文堂(1999)

門口正人, 西岡淸一郎, 大竹 たかし 編 "會社更生法, 民事再生法" 靑林書院(2004)

福岡 眞之介 "アメリカ連邦倒産法概說 第2版" 商社法務(2017)

事業再生研究機構 編, "更生計劃の 實務と 理論" 商事法務(2004)

霜島甲一, "倒産法 體系" 勁草書房(1998)

寺澤達也, 小林慶一郎, 平野双葉, 石坂弘紀 編著, "會社更生企業 その 後" 社團法人 金融財政事情研究會(2002)

山本和彦 中西正 笠井正俊 沖野眞已 水元宏典 "倒産法 概說 第2版" 弘文堂(2013)

山本和彦, "倒産處理法 入門 第5版" 有斐閣(2018)

山本和彦, "倒産法 演習 ノ―ト―倒産法を楽しむ 22問 第3版" 弘文堂(2016)

三谷忠之, "民事倒産法講義" 成文堂(2007)

三木浩一, 山本和彦, "ロースクール 倒産法 第3版" 有斐閣(2014)

三上威彦. "倒産法" 信山社(2017)

小林 信明, 三村 藤明, 近藤 泰明 編著, "改正 會社更生法の すべて" 中央經濟社(2003)

松尾直彦, "金融商品取引法 第5版" 商事法務(2018)

須藤英章, 宮川勝之, 深山雅也 編, "新しい 破産法 解說" 三省堂(2004)

新堂幸司, 霜島甲一, 靑山善充, "教材 倒産法 增補版" 有斐閣(1976)

新堂幸司, 霜島甲一, 靑山善充, "新倒産判例百選" 有斐閣(1990)

野村剛司, "倒産法" 靑林書院(2021)

野村剛司, 森智幸, "倒産法 講義" 日本加除出版株式會社(2022)

永石一郎, 腰塚和男, 須賀一也, "改正 解說 倒産法―新破産法制定をふまえて" 靑林書院(2005)

園尾隆司, 西 謙二, 中島 肇, 中山孝雄, 多比羅誠 編, "新版 破産法" 靑林書院(2007)

園尾隆司, 小林秀之, "條解 民事再生法 第3版" 弘文堂(2013)

伊藤 眞, "破産法・民事再生法 第5版" 有斐閣(2022)

伊藤 眞, "會社更生法・特別淸算法" 有斐閣(2020)

伊藤 眞, "民事司法の 地平に 向かって" 商事法務(2021)

伊藤 眞, "倒産法入門" 岩波新書(2021)

伊藤 眞, 多比羅 誠, 須藤 英章, "コンパクト 倒産・再生再編六法" 民事法研究會(2023)

伊藤 眞, 西岡淸一郎, 挑尾重明, "新しい 會社更生法" 有斐閣(2004)

伊藤 眞, 松下淳一, "倒産判例百選 第3~6版" 有斐閣(2006~2022)

伊藤 眞, 岡 正晶, 田原 睦夫, 中井 康之 外 3人, "条解破産法 第3版" 弘文堂(2020)

田邊光政, "最新 倒産法・會社法を めぐる 實務上の 諸問題" 民事法研究會(2006)

竹內康二, 加藤哲夫, "倒産判例 ガイド 第2版" 有斐閣(1999)

竹下守夫 代表編輯 "大コンメンタール 破産法" 靑林書院(2008)

中島 弘雅, 田頭 章一, "英米倒産法 キーワード" 弘文堂(2003)

河野正憲, 中島弘雅 編 "倒産法大系" 弘文堂(2003)

[미국 서적]

David G. Epstein, "Principles of Bankruptcy Law 2nd edition" West Academic Publishing(2016)

David G. Epstein et al, "Bankruptcy" West Publishing Co.(1995)

Michael J. Hernert, "Understanding Bankruptcy" Times Mirror Books(1995)

E. Warren, J. Lawrence Westbrook, K. Porter, J. Pottow, "The Law of Debtors and Creditors: Text, Cases, and Problems 8th edition" Wolters Kluwer(2020)

■ 참고문헌의 약칭

사단법인 도산법연구회, "도산판례백선" 박영사(2021)	[백선]
松下淳一, 菱田雄郷 編, 倒産判例百選 第6版, 有斐閣(2021)	[百選](제6판이 아닌 경우 별도 표시)
竹內康二, 加藤哲夫, 倒産判例ガイド 제2판, 有斐閣(1999)	倒産判例ガイド 제2판(면수를 표시)
瀬戸英雄, 山本彦和 編, "倒産判例 インデグス 第3版" 商事法務(2014)	倒産判例 インデツクス 제3판(숫자는 판례 번호를 표시)

I

도산과 도산처리법

1. 도산처리법의 의의와 지도이념

가. 도산처리제도의 필요성

「법전」을 열어 「채무자 회생 및 파산에 관한 법률」(2005년3월31일 법률 제7428호)이라고 하는 법률의 내용을 개관하여 보자. 제1편 총칙(1조~33조), 제2편 회생절차에서 회생절차의 개시(34조~73조), 회생절차의 기관(74조~88조), 채무자 재산의 조사 및 확보(89조~117조), 회생채권자·회생담보권자·지분권자(118조~181조), 관계인집회(182조~192조), 회생계획(193조~256조), 회생계획인가 후의 절차(257조~284조), 회생절차의 폐지(285조~293조), 소액영업소득자에 대한 간이회생절차(293조의2~293조의8), 제3편 파산절차에서 파산절차의 개시 등(294조~354조), 파산절차의 기관(355조~381조), 파산재단의 구성 및 확정(382조~422조), 파산채권 및 재단채권(423조~478조), 파산재단의 관리·환가 및 배당(479조~537조), 파산폐지(538조~548조), 간이파산(549조~555조), 면책 및 복권(556조~578조), 유한책임신탁재산의 파산에 관한 특칙(578조의2~578조의17)이 규정되어 있고, 이어서 제4편 개인회생절차와 제5편 국제도산 및 제6편 벌칙이 편성되어 있다. 이 법의 목적은「재정적 어려움으로 인하여 파탄에 직면해 있는 채무자에 대하여 채권자, 주주, 지분권자 등 이해관계인의 법률관계를 조정하여 채무자 또는 그 사업의 효율적인 회생을 도모하거나 회생이 어려운 채무자의 재산을 공정하게 환가·배당하는 것」이다(법1조).

「도산(倒産)」은 일정한 경제적인 현상을 나타내는 일상용어로서 이를 법률적으로 정의하기 어렵고, 또 그럴 필요도 없지만 다만 여기서는 개인 내지 기업체가 경제적으로 파탄하여 채무의 지급이 곤란한 상태를 지칭하는 것으로 일단 정의하여 둔다. 경제계나 언론에서는 어음을 부도내는 것을 도산이라고 부르고 있는 것 같고, 사업자에 관하여는 이것이 도산이라는 상태를 객관적으로 표시하는 가장 전형적인 경우겠지만, 어음거래를 하지 않는 개인은 이에 해당하지 않는다. 한마디로 도산이라고 하여도 그 파탄의 정도에는 많은 차이가 있다. 완전히 망해버려 적극적 재산이 전혀 없는 상태에서부터 일시적으로 어려움은 있으나, 재산이 충분하고, 약간의 유예를 주면 충분히 재기할 수 있다고 생각되는 상태까지 천차만별이다. 여기서는 「도산」을 매우 넓은 개념으로 사용한다.

그런데 개인이나 법인이 대여금 반환이나 매매대금 지급과 같은 채무를 임의로 이행할 수 없는 때에는 그 채권자는 보통의 경우에는 소를 제기하여 이행판결을 구하고, 판결에 기하여 강제집행절차에 의하여 만족을 구할 수 있다. 채무자의 재산 상태가 그와 같이 악화된 경우에도 채권자들은 강제집행에 의하여 만족을 받을 수밖에 없다고 한다면 어떠한 세계가 되는 것일까?

첫째, 채권자로서는 자기 채권의 완전한 만족을 얻기 위하여는 다른 채권자를 배제할 필요가 있으므로 각 채권자는 서로 경쟁하여 채무자의 개개의 재산을 압류하는 데 매달려 재빠른 — 약삭빠른 또는 무자비한 — 행동을 한 채권자만이 만족을 얻게 되고, 채권자간에 불공평이 생긴다. 이 불공평은 강제집행에 있어서 최초에 압류에 착수한 채권자가 다른 채권자에 우선하여 만족을 얻는다고 하는 우선주의(優先主義)가 아니라, 다른 채권자도 그 절차에 참가하여 평등한 만족을 얻을 수 있다고 하는 평등주의(平等主義)를 채택하면 어느 정도 해소되나 그것으로 모든 문제가 해결되는 것은 아니다. 집행의 개시가 다른 채권자 전원에게 통지되지 않으면 절차에 참가할 기회를 갖는 것은 우연이 되고, 또한 강제집행에 참가할 수 있는 채권은 이행기가 도래한 금전채권에 한하기 때문이다. 채권자들이 재고상품을 트럭에 싣고 가버릴 수도 있다. 나아가 강제집행의 대상은 채무자의 개개의 재산이므로 채무자가 절차 외에서 일부의 채권자에게만 임의로 변제하는 경우도 있을 수 있다.[1]

다른 한편 채무자의 입장에서도 도산을 예상한 경영자는 재산을 은닉하거나 일부 채권자에게만 변제하거나 또는 새로운 담보를 제공하면서 장래에 협력을 부탁하기도 하고, 또 다수의 채권자로부터 각각 앞을 다투는 추심과 집행을 당하게 되면 도주해 버리거나 그에 대응하는데 쫓겨 정신적으로도 경제적으로도 재기 갱생의 기회를 잃게 된다.

나아가 채무자가 경제상태가 악화된 채 무리하게 그 경제활동을 계속하면 점점 채무가 증가하고 채권자도 따라서 증가한다고 하는 수렁에 빠지게 되고 일반경제사회에 미치는 영향도 커진다. 채무자의 파멸은 채권자의 파멸을, 채권자의 파멸은 다른 채권자의 파멸을 부르는 형태로 연쇄적으로 파급하기 때문이다.

또한 관계인의 수가 많거나 재산관계가 복잡한 경우에는 단순히 현존하는 재산을 환가하여 채권자에 대한 배당을 행하는 것뿐만이 아니고, 채권자를 그 채권의 발생 원인과 우선권의 유무에 따라 구별하거나 채무자가 일방 당사자가 되어 있는 계약관계를 정리하든가 또는 일단 채무자로부터 일탈한 재산을 회복하는 것 등이 공평한 도산처리를 위하여 불가결하게 된다. 이러한 것들을 사적 정리에 의하여 행하는 경우에는 주재자에 적절한

---

1) 이 경우 민법상의 채권자취소권의 적용을 고려할 수 있으나, 그 요건은 엄격하다.

인물을 구할 수 있는가, 나아가 주재자에게 목적실현을 위한 법률상의 권능을 인정할 수 있는가 하는 등의 문제가 있다.

대부분의 경우 채무자와 채권자단의 합의에 의하여 도산 후의 처리가 이루어지는 것이 사실이지만, 이와 같은 이른바 사적 정리(빚잔치)라고 하는 것은 관계인의 성실한 협력이 전제되어야 성공하는 것일 뿐만 아니라, 완전히 사적자치의 범위 내의 것으로서 어떠한 강제력을 수반하지 않는 것이기 때문에 그 효용에는 한계가 있다. 그리하여 공권력의 개입에 의하여 강제력을 수반한 조직적인 도산처리를 위한 제도가 요청되게 된다. 이와 같은 공적인 제도는 도산을 둘러싸고 있는 법률관계를 포괄적, 집단적으로 처리함으로써 채권자, 담보권자, 근로자, 주주 등 각종 다양한 이해관계인의 이익을 조정하고, 부정을 방지하며, 과거의 부정을 회복하고, 재산을 보전하며, 채권자의 평등을 실현하고, 채무자에게 적절한 보호를 부여하며, 경제 일반에 미칠 여파를 방지하는 등의 필요한 태세를 갖추어야 한다.

한편 채권자인 기업의 입장에서 회수의 전망이 없는 채권 이른바 불량채권을 계속하여 자산으로 계상하는 것은 그 재무내용을 불건전하게 한다. 따라서 불량채권에 관하여는 회수가능한 부분을 조기에 현금화하고, 회수 불가능한 부분을 손실로 계상하는 것이 바람직하다. 사적 정리와 달리 법적 정리에 있어서는 회수가능한 부분과 불가능한 부분을 공적인 절차에 따라 구분하는 것이므로 이와 같은 목적을 위하여 노력하는 것이 가능하다. 채권자인 기업으로서는 채권에 관하여 공평한 분배를 받음과 아울러 불량채권을 정리하여 재무내용의 건전성을 회복하는 것도 법적 정리의 역할이라고 할 수 있다.

결국 법적 도산처리제도의 필요성은 ① 채권자의 개별적 권리 행사 제한의 필요성, ② 채무자의 사해행위의 방지, ③ 부정한 목적을 가진 제3자의 개입 배제, ④ 대규모 도산의 공평한 처리, ⑤ 불량채권정리로 요약될 수 있을 것이다.

이와 같은 태세는 실체면과 절차면의 쌍방에서 준비되어야 한다. 위와 같은 목적을 가진 도산처리를 위해서 기존의 실체법상의 제반 관계를 그대로 두고서는 전술한 임의적인 사적 정리 이상의 것을 기대하기 어렵다. 따라서 도산처리를 위하여 또는 그 결과로서 강제적으로 기존의 실체권리관계에 제한·변경을 가하게 된다. 예컨대 파산이나 회생이 개시되면 채권자는 자유로운 추심권한을 잃고, 채무자도 재산의 관리처분권을 잃으며, 관리인·관재인이 관리처분권을 장악한다. 채권자는 일정한 기간 내에 채권을 신고하지 않거나, 채권자집회의 다수결에서 패하거나, 또는 채무자가 면책을 받으면 채권의 전부 또는 일부를 영구히 잃는다. 채무자로부터 도산 전에 재산을 양수받은 자도 관리인·관재인이 그 양도를 부인(否認)하면 그 재산을 반환하게 된다. 이러한 것들이 모두 도산처리의 실체면이고, 한편 이와 한짝을 이루는 관계에 있는 것이 절차면이다. 도산처리는 하나의 연속된 절차이다. 예컨대 파산신청과 그 심리, 파산선고와 불복신청, 채권의 신고, 조사, 재산의 평가, 배당 등 전술한 실체면에 복잡하게 대응하며 전개된다. 또 다른 절차, 예컨대 소송이나 강제집행도 조정이 이루어져야 한다. 이와 같은 양면을 규율하는 실체법·절차법의 총체를 도산처리법이라고 부른다. 실체법의 모든 분야에 관계하는 도산처리의 실체면과, 또 그것과 밀접하게 관련된 절차면의 교차가 도산처리법에 독특한 복잡성을 부여하고 있다고 할 수 있다.

나. 도산처리의 두 방향 — 청산형과 재건형의 도산절차

일반적으로 위와 같은 필요성과 내용을 가지는 것이 도산처리제도인데, 그 중에는 구체적인 목적에 따라 몇 개의 종류가 있다. 즉 우리나라에서는 파산과 회생이라고 불리는 재판상의 제도가 있고, 「채무자회생 및 파산에 관한 법률」에 규정되어 있다. 여기서는 이러한 각개의 제도를 모두 합하여 「도산절차」라고 부른다. 사적 정리도 광의에 있어서는 하나의 도산절차이지만 이는 완전히 사적 자치에 맡겨져 있고, 특별히 정한 절차라는 것이 없으므로 여기서의 도산절차에 포함하지 않는다.

이상과 같은 도산절차 및 사적 정리는 그 지향하는 방향에 따라 2가지로 분류된다. 하나는 도산에 이르기까지의 모든 재산관계를 전면적으로 청산하여 종래의 경제활동을 종결하는 것이고, 기업체에 관하여는 그 해체를 당연히 초래하는 것이다. 파산이 이에 해당한다. 이에 반하여 종래의 관계를 전면적으로 청산하는 것이 아니라 다소 간의 변경을 가하여 그대로 계속하는 것과 같은 방향이 있다. 이에 의하면 위태롭게 된 종래의 경제활동은 동일성을 보유한 채 재건으로 나아가게 된다. 그에 속하는 도산절차로서 회생이 있다. 청산을 목적으로 하는 것을 청산형 도산절차, 재건을 지향하는 것을 재건형 도산절차라고 부른다. 나아가 사적 정리에 관하여도 두 종류로 구분할 수 있고, 재건형의 사적 정리를 법적 절차에 의하여 이루어지는 이른바 『법정관리(法定管理)』에 대비하여 특히 『임의관리(任意管理)』라고 부르기도 한다.

그런데 여기서 청산, 재건이라고 하는 것은 법적 주체로서의 채무자(개인, 법인) 그 자체의 운명을 가리키는 것이 아니라, 채무자가 법적인 주체로서 형성하여 온 경제적인 제 관계를 지칭하는 말임을 주의하여야 한다. 예컨대 회사는 오로지 경제활동을 위한 존재이므로 경제활동의 청산은 회사의 사멸을 의미한다. 따라서 파산은 회사의 해산 원인이다(상 227조, 269조, 517조, 609조. 민법상의 법인도 같다. 민77조). 그러나 자연인과 그 경제활동은 분리할 수 있고, 후자의 청산은 본래의 인(人)의 능력과 아무런 관계가 없다. 오히려 오늘날의 파산에 있어서는 채무자 개인의 갱생을 위한 제도로서의 특색이 현저하다. 즉 파산선고를 받은 시점까지의 재산관계가 청산되는 것뿐이고, 다른 한편 파산선고를 받은 자 자신은 종전의 채권자로부터 추급을 면하여 새로운 경제활동에 들어가 파산절차에 복종하지 않는 새로운 재산을 취득할 수 있다. 여기에 파산에 의한 면책이라고 하는 제도가 있고, 파산절차에 의하여 변제되지 않은 채무는 사실상 소멸하게 되는 것이다. 이와 같이 일단 파산을 거침으로써 경제적으로 새롭게 태어나게 된다.

역으로 법적 주체로서의 채무자가 경제활동의 재건을 위하여 동일성을 잃은 경우가 있다. 예컨대 회생이나 사적 정리에서는 주주의 구성과 경영자가 전혀 다른 제2의 회사를 설립하여 종전의 경제활동을 그대로 인계하여 그 재건을 도모하는 경우가 있다. 도산회사는 해산하게 되는 것이다. 이와 같이 청산·재건이라고 하는 것은 경제활동 대부분의 경우에는 기업 활동에 관한 것이고, 법주체로서의 채무자 그 자체의 법적인 운명과는 별개의 것이다. 물론 재건형은 대부분 이 양자가 일치하는 것도 사실이고, 특히 회생에 있어서는 채무자와 그 경영자의 동일성을 보유한 채 재건을 도모하는 경우도 많다.

청산형과 재건형의 기본구조는 다음과 같다. 청산형은 채무자의 모든 적극재산을 가지고 소극재산(채무)을 변제한다. 여기서 두 종류의 재산의 내용은 다양하다. 적극재산으로서는 동산, 부동산, 예금, 외상대금, 특허권 등이 있으며, 소극재산으로서는 대금채무, 은행차입금과 같은 금전채무 외에 물건의 인도의무, 등기의무, 일정한 공사를 할 채무 등이 있고, 그 중에는 기한미도래의 것, 또는 조건에 걸려 있는 것도 있다. 청산형의 전형인 파산에 있어서는 이러한 모든 것을 금전에 의하여 정산한다. 적극재산은 깡그리 찾아내 전부 환가하여 금전화하고, 소극재산은 모두 현재의 금전가치로 평가하게 된다. 그런데 도산의 사태에 있어서는 적극재산이 소극재산을 하회하는 것이 보통이므로 채무액에 응하여 안분 비례에 의한 변제(배당)가 이루어진다. 그 관계는 채권자 측에서 보면 채무자의 전 재산을 대상으로 하는 강제집행의 모습을 띠게 된다(이 점에서 파산을 포괄 내지 일반집행으로 칭하기도 하나, 집행면을 강조하는 것은 청산적인 본질과 채무자 보호를 위한 파산이라고 하는 일면을 간과한 것이라는 비판을 받는다).

재건형에 있어서도 적극재산은 그 기초가 되나 당연히 환가되는 것은 아니다. 오히려 마이너스 재산도 일단은 그대로 존속하고 관계인 간에 그 기한의 유예나 권리의 일부 포기 등 일정한 양보가 예정되고, 이를 전제로 하는 재건안이 작성 제출된다. 그 가장 단순한 형태가 사적 정리이고, 가장 복잡하고 철저한 형태가 회생이다. 사적 정리는 일종의 집단적 화해 계약이고, 이에 가입하여 동의한 자만을 구속할 수 있으나, 그 성립가능성이나 성립한 경우의 실현가능성은 작다. 회생에 있어서는 채권자의 일정다수가 다수결로 재건안을 결의하고, 찬성하지 않은 자에 대하여도 이를 받아들이도록 할 수 있으므로 재건안의 성립이 용이하다. 재건형에는 적극재산은 최대한 유지되고 소극재산 즉 채권자의 권리도 일정한 불이익을 받아 존속하며, 재건의 성취에 따라 서서히 변제된다고 하는 경과를 취하게 되는 것이다.

원래 기업이 도산에 이른 경우 자본주의 경제체제하에서는 기업을 해체하는 것이 원칙이므로, 기업을 재건하는 회생절차는 도산처리절차 중에서는 예외적인 제도라고 할 수 있다. 그러나 기업은 자본의 집중, 손실위험의 분산, 고용확산 등의 경제적 기능을 가지고, 현대산업사회에 있어서 독자적인 사회적 가치를 창조하고 있으므로, 회사인 기업이 파탄에 빠졌다고 하여 즉시 이를 해체한다는 것은 주주·지분권자나 회사채권자 등 이해관계인들에게는 물론 사회적으로도 큰 손실을 초래하게 될 우려가 있다. 회생절차가 사회적 가치가 있는 기업의 해체를 방지하는 것을 주된 목적으로 한다고 하더라도 그것은 어디까지나 기업을 해체하는 것보다 이를 재건하는 것이 사회적, 경제적 견지에서뿐만 아니라 회사의 이해관계인을 위해서도 유익한 결과가 되기 때문이다.

결국 도산처리절차의 일환으로서의 회생제도는, 파탄에 직면한 채무자나 기업의 청산, 해체를 회피하고 사업의 유지, 계속을 지향하는 한편, 기업을 둘러싼 법률관계의 조정, 즉 이해관계인의 이해의 조정을 그 목적으로 하므로, 기업의 구제와 이해관계의 조정이라는 사고의 교착이 그 이념적 기반을 이룬다고 할 수 있다.

과거 한 때에는 경영상의 위기에 처한 기업주가 채무변제의 유예만을 위하여 회사정리절차를 이용함으로써 회사정리제도가 채권자들의 희생 아래 기업주의 이익만을 위하여 남용되고 결과적으로 부실기업체의 도피처로 악용되기도 한다는 비판이 제기된 바 있다. 그러나 「채무자회생 및 파산에 관한 법률」 제1조에서 명시하고 있는 바와 같이 회생절차는 주주 기타 이해관계인의 이익을 조정하여 사업의 정리재건을 도모함을 목적으로 하는 것으로서 기업의 일방적인 이익만을 도모하기 위한 것은 아니며, 실제로 주주·지분권자 기타 이해관계인이 회생절차 과정에 참여할 수 있는 각종의 절차적인 권리를 부여하고 있다.

다. 도산처리법학의 이념

도산처리는 각종 다양한 이해가 대립하는 과정이다. 조금이라도 유리한 것을 바라는 채무자와 채권자 및 채권자 상호간의 다툼은 물론이고, 도산 직전의 채무자로부터 재산을 취득하여 변제를 받았다가 부인에 의하여 이를 반환하여야 하는 사람들, 급료가 지급되지 않으면 먹을 것조차 없는 도산회사의 근로자들, 끝까지 버티려고 하는 경영자들, 투자를 회수하려고 하는 주주들, 연쇄도산의 우려에 처한 하도급업자, 또는 채권자 중에도 담보를 가진 자와 가지지 못한 자, 은행이나 세무서가 관계된 경우가 있다. 이러한 복잡한 이해관계를 조정하여 청산이든 재건이든 일정한 결말을 내는 것은 용이한 일이 아니다. 이 모두를 만족시키는 것은 불가능하므로 일단 도산에 이르게 된 이상 어떠한 이익을 버리든지 뒤로 미루지 않으면 안 된다. 도산처리에 있어서는 이러한 의미에 있어서의 제 이익의 우선순위(Priority)의 결정이 중요한 문제이다. 예컨대 무담보채권자보다 담보채권자가, 개인의 채권보다 조세채권이 우선하는 것 등이다.

　　이 종류의 우선순위의 대부분은 이미 도산처리법 이외의 실체법 체계에서 결정되어 있다. 예컨대 담보권과 조세채권의 우선적 지위가 그것이다. 특별한 규정은 없어도 실체법의 구조로부터 알 수 있는 순위도 있다. 예컨대 주주의 재산적 지위는 도산 시에는 무(無)의 상태이고 채권자가 충분한 변제를 받을 수 없으면 주주는 어떠한 것도 얻을 수 없는 것이다. 이와 같은 비교적 쉬운 것 이외에도 여러 가지 문제가 있다. 예컨대 하도급업자는 법률상으로는 하나의 채권자에 불과하지만, 이를 방치할 때에는 연쇄도산을 야기하고 다수의 실업자를 양산하여 사회문제를 야기할 수 있다. 또한 대형의 도산을 청산으로 처리한다면 도산회사의 근로자를 포함하여 그 영향이 미치는 바는 더욱 커질 것이다. 종래 회사정리법은 대기업을 도와 하도급 중소기업을 희생시키는 악법이라는 혹평을 받다가 1986년 이래 여러 차례에 걸쳐 개정된 바 있다. 사실 도산처리법이 안고 있는 이러한 문제들은 단순한 실체법 질서의 차원을 넘어서 경제·사회 정책적 차원의 문제이다. 따라서 제이익의 이상적인 우선순위 도식을 탐구하는 것은 도산처리법의 입법론상, 해석론상의 중요한 과제이다.

　　도산처리법상 고려의 대상이 되는 제 이익의 우선순위는 시대에 따라 변하고 또 도산처리의 종류에 따라 다르다. 예컨대 청산형 도산처리에 있어서 옛날에는 채무자 개인의 인격적, 시민적 이익에 대하여는 극단적으로 낮은 우선순위를 부여한 결과 파산선고를 받은 자는 처벌을 받거나 시민권을 박탈당하였다. 하지만 오늘날의 면책제도에 있어서는 채무자의 경제적 자유에 채권자의 이익보다 우선하는 우선순위를 부여하게 되었다. 현재 우리나라의 각종 도산절차도 각각 다른 우선순위를 가지고 있다. 예컨대 파산에서는 담보권자에게는 최고의 우선순위가 부여되어 있지만, 회생에서는 기업의 재건이라는 이익이 그보다 우월한 결과 담보권자라고 하여도 회생절차에 복종하여야 한다. 결국 각 절차는 달성하고자 하는 목적에 따라 독자의 우선순위의 체계를 가지고 있는 것이고, 그 중 가장 단순히 기존의 실체사법의 질서가 지시하는 우선순위에 의하여 도산처리를 행하는 것이 — 이를 도산처리절차라고 부른다면 — 사적 정리이고, 반면 가장 복잡하고 또 광범위한 독자의 우선순위를 발달시켜 놓은 것이 회생이라고 할 수 있다. 그러나 어떠한 것들도 불변의 것은 없다. 시대와 사회의 변천과 함께 항상 엄밀히 검토하여 보다 좋은 체계로 고쳐 나가야 한다.[2)]

───────────────

2) 우선순위의 문제는 특히 정책적 문제이고, 궁극적으로는 도산처리법의 밖의 문제임은 위에서 지적하였으나, 그 결정은 어디까지나 현재의 헌법체제 아래에서의 일정한 한계가 있다고 판단된다. 헌법이 허용하지 않는 우선순위를 정할 수는 없다. 이 점에서 면책 제도는 헌법이 규정하는 재산권의 보장에 위반하지 않는다고 해석하여야 할 것이다.

이상의 문제는 도산처리법의 실체면에 관한 것이다. 이와 마찬가지로 중요한 것이 절차면에서의 이념이다. 도산처리가 궁극적으로는 제반 이익의 우선순위의 실현이지만 그와 동시에 그에 이르는 절차도 적절하여야 한다. 한 마디로 due process의 고려가 필요한 것이다. 파산사건의 처리가 길어지고 경우에 따라서는 십년도 더 걸린다고 하여서야 본래 채권자에게 부여하고 있는 우선순위에 충실한 것이라고 할 수 없다. 이것은 넓은 의미에 있어서의 due process에 반하는 것이다. 그러나 신속에만 편중한 나머지 충분한 조사 없이 절차를 진행한다면 본래 가져야 할 우선순위를 그르쳐 관계인의 이익을 무시하게 되는 것이고 이것도 due process에 반한다. 도산절차의 개시는 신청에 의하여 법원이 결정하는 것으로 충분하다는 것이 현행법 규정이지만, 도산절차의 개시는 채무자의 지위에 크게 영향을 미친다는 점을 고려하면 보다 신중한 절차가 행해져야 한다고 하는 견해도 충분히 성립된다.

또 회생절차에서는 일정 기간 내에 권리를 신고하여, 최종적으로는 어떠한 형태로든 회생계획에 기재되지 않으면 권리를 확정적으로 잃게 되는데, 이와 같은 방법 자체는 시인된다고 하여도 그 실제의 운영에 있어 세밀하고 적절한 처리를 하지 않으면 due process 위반이라는 비난을 면하기 어려울 것이다. 모든 절차법의 이념인 due process의 내부에 있어서 전술한 신속한 절차와 신중한 절차의 상극이 있고, 그 조화점을 찾는 것은 매우 어려운 일이다.

참고문헌

김승래. "채무자회생·파산제도의 운용상 문제점과 개선방안", 회생법학 제21호, (사)한국채무자회생
　　　법학회(2020.12.), 61면.
김현석, "미국 기업 파산제도의 개요", 통합도산법, 남효순·김재형 공편, 법문사(2006), 193면.
김형두, "대한민국 도산법 분야의 최근 동향", 도산법연구 제2권 제2호, 사단법인 도산법연구회
　　　(2011.11.), 45면.
김형두, "대한민국 도산제도의 현황과 전망", 도산법연구 제12권 제1호, 사단법인 도산법연구회
　　　(2022.6.), 71면.
박용석, "도산절차 효율성 개선을 위한 도산법 및 도산실무의 변화", 도산법연구 제3권 제2호, 사단
　　　법인 도산법연구회(2012.11.), 274면.
변재승 외 4인, "서울민사지방법원의 회사정리사건 처리실무", 사법논집 제25집, 법원행정처(1994).
서경환, 박광서, "회생·파산법관의 전문화 현황과 과제", 재판자료 제127집, 법원도서관(2013), 605면.
서경환, "대한민국 도산제도의 현황과 전망", 도산법연구 제13권 제1호, 사단법인 도산법연구회
　　　(2023.7.), 35면.

서창석 외 5인, "2013년 회생·파산절차의 지역별 이슈와 전망", 재판자료 제127집, 법원도서관 (2013), 655면.

안병욱, "한국의 도산전문법원", 도산법연구 제13권 제1호, 사단법인 도산법연구회(2023.7.), 99면.

오수근 "기업회생제도의 현황과 개선방안", 사법 4호, 사법발전재단(2008), 39면.

오수근 "기업회생제도(2006-2012)에 관한 실증적 연구", 사법연구 제34권 제1호, 한국상사법학회 (2015), 90면.

이동원, "법인의 파산과 청산의 경계에서 생기는 문제들", 회생과 파산 Vol. 1, 사법발전재단(2012), 169면.

이재권, "대한민국 회생·파산제도의 현황과 전망", 도산법연구 제7권 제1호, 사단법인 도산법연구회 (2017.2.), 47면.

이진만, "대한민국 도산제도의 현황과 전망", 도산법연구 제6권 제2호, 사단법인 도산법연구회 (2015.12.), 51면.

이진만, "대한민국 도산제도의 현황과 전망", 도산법연구 제8권 제1호, 사단법인 도산법연구회 (2018.2.), 51면.

이진만, "대한민국 도산제도의 현황과 전망", 도산법연구 제9권 제1호, 사단법인 도산법연구회 (2019.6), 33면.

임치용, "서울중앙지방법원 파산사건 처리 실무", 파산법 연구 2, 박영사(2006), 37면.

임치용, "한국·미국·일본의 회사재건제도의 현황", 파산법 연구, 박영사(2004), 453면.

임치용, "변호사가 본 도산실무의 개선책", 파산법 연구 3, 박영사(2010), 17면.

임치용, "법정재건절차의 문제-한국의 제도와 실무", 도산법연구 제2권 제1호, 사단법인 도산법연구회(2011.5.), 217면.

임치용, "외부에서 본 법원도산실무", 파산법 연구 4, 박영사(2015), 308면.

임치용, "기업구조조정에 있어서 회생절차의 현황 및 개선방향", 파산법연구 5, 박영사(2020), 39면.

임치용, "한국의 도산 재건제도와 최근 동향", 파산법 연구 5, 박영사(2020), 373면.

임치용, "미국 기업회생제도의 현황과 전망", 파산법 연구 5, 박영사(2020), 471면.

차한성, "서울중앙지방법원의 도산사건실무", 통합도산법, 남효순·김재형 공편, 법문사(2006), 385면.

최유나, "일본 도산법의 시대적 변천", 도산법연구 제11권 제2호, 사단법인 도산법연구회(2021.12.), 55면.

2. 「채무자 회생 및 파산에 관한 법률」의 제정 과정

우리나라에서는 1962년 파산법, 회사정리법, 화의법 등 도산3법이 제정되었는데, 당시 위 법률들은 각각 일본의 파산법, 화의법 및 회사갱생법을 거의 그대로 계수한 것이었다.[1] 그러나 위 세 가지 도산절차는 오랫동안 제대로 활용되지 못하였고, 회사정리절차가 부실기업에 대하여 적용되는 과정에서 회사정리 제도 자체가 부실기업의 도피처라든가 정치적 고려에 의하여 사전에 금융기관과 채무자 사이에 정하여진 채무유예 등을 법원이 사후에 추인하여 주는 제도라는 비난을 듣게 되었다.

그리하여 1981년 갱생의 가망이 전혀 없으면서 책임회피의 수단으로 또는 채무를 면탈하거나 회사 재산을 은닉하기 위한 방편으로 회사정리절차를 악용하는 폐단을 방지하기 위하여 회사정리절차 개시 요건을 강화하는 한편 회사정리절차 종결 후에도 회사파탄에 중대한 책임이 있는 대표이사, 이사 등에 대한 회사운영관여금지 규정에 대한 벌칙규정을 두는 내용으로 회사정리법이 개정되었고, 1992년에는 대법원 예규인 「회사정리사건 처리요령」을 제정하고, 1996년에는 회사정리법을 다시 개정하여 회사정리사건처리의 투명성을 제고하기 위한 여러 가지 조치들을 취하게 되었다.

그 후 1997년 외환위기를 거치면서 실무에서 본격적으로 파산법, 화의법, 회사정리법 사건이 취급되기 시작하여 도산법제가 사회적인 주목을 끌기 시작하면서 회사정리법은 1998년, 1999년, 2001년, 2002년에, 화의법은 1998년, 2000년에, 파산법은 1998년, 2000년, 2002년에 부분적인 개정이 이루어졌는데, 그럼에도 불구하고 국내외로부터 우리의 도산절차는 기업의 상시적인 회생·퇴출제도로서는 미흡하다는 지적을 받아 왔다.

그 밖에 도산처리와 관련된 법규로서 금융기관 도산절차에 대한 특례를 규정한 「금융산업의 구조개선에 관한 법률」,[2] 워크아웃의 제정법적인 근거를 마련하기 위하여 2001년

---

[1] 日最決昭和45.12.16民集24권13호2099면[百選2]은 일본회사갱생법이 재산권의 보장을 규정한 헌법에 위반되지 않는다고 하였다.

[2] 이 법률은 1991.3.8. 제정된 「금융기관의 합병 및 전환에 관한 법률」을 1997.1.13. 전문 개정하면서 명칭을 바꾼 것이다.

제정된 「기업구조조정촉진법」, 그리고 「개인채무자회생법」 등이 있었는데, 정부의 도산 관련 법령의 개선작업의 결과 파산법, 화의법, 회사정리법, 개인채무자회생법을 통합하여 「채무자 회생 및 파산에 관한 법률」이 제정되어 2006년 4월 1일부터 시행되면서 종전의 파산법, 화의법, 회사정리법, 개인채무자회생법은 폐지되었다.

입법례를 보면 통합도산법을 제정하여 시행한 나라들로는 미국, 독일, 영국, 프랑스가 있고, 일본은 통합법을 제정하지 않았는데, 종래 일본은 도산절차로서 파산법, 화의법, 회사갱생법, 상법 중 특별청산절차, 상법 중 회사정리절차를 규정하고 있다가, 1990년대 후반에 도산법을 정비하기로 하여 오랜 기간의 연구 검토 끝에 화의법을 폐지하고 민사재생법을 제정하고, 「외국도산절차의 승인·원조에 관한 법률」을 제정하면서 회사갱생법과 파산법을 대대적으로 개정한 바가 있었다.

우리나라는 1997년의 외환위기 후 세계은행으로부터 자금을 차용하면서 도산절차를 정비하여야 한다는 조건을 제시받음에 따라 통합도산법인 「채무자회생 및 파산에 관한 법률」(이하 채무자회생법이라 한다)을 제정하게 된 것이다.

채무자회생법의 내용은 도산절차를 갱생형 절차와 청산형 절차로 나누면서 갱생형 절차로는 종래의 화의절차를 폐지하고 기존의 회사정리법의 조문을 거의 그대로 유지한 채 갱생형 절차를 주식회사에 그치지 아니하고 유한회사, 합자회사, 합명회사 나아가 개인에게까지 적용하였고, 종래 시행되던 「개인채무자회생법」을 제4편 개인회생절차에 흡수, 규정하였다. 제정 이후 채무자회생법은 수차례에 걸쳐 개정이 되어 오다가 2014년에 이르러 간이회생절차를 신설하는 등 큰 개정을 거쳤는데, 이러한 채무자회생법의 제정 및 개정은 사회적 필요성에도 불구하고 충분한 연구와 검토를 거치치 못하였다는 점에서 많은 문제점을 내포하게 되었다.

한편 당초 금융기관채권자만 참여하는 채무조정절차인 "관리절차"를 규율하는 「기업구조조정촉진법」이 2001년 한시법으로 제정되었는데, 약간씩의 개정을 거치면서 일곱 번이나 만들어져서 현재 시행되고 있다.

참고문헌
강대성, "파산법의 재조명", 법학연구 6, 경상대학교 법학연구소(1997), 43면.
김재형, "도산법제의 재검토", 법조 제533호, 법조협회(2001.2.), 117면.
김재형, "도산법 통합의 기본틀", 도산법강의, 남효순·김재형 공편, 법문사(2005), 3면.
김형두, "최초 서울지방법원의 회사정리 및 화의사건 실무", 인권과 정의 제241호, 대한변호사협회(1996.9.), 66면.

류근관, "도산법 통합의 바람직한 방향", 도산법강의, 남효순·김재형 공편, 법문사(2005), 289면.

박민제, "재건형 도산처리절차의 연혁적 고찰", 민사소송, 한국민사소송법학회지 제11권 제2호, 한국 사법행정학회(2007.11.), 265면.

오수근 "도산법 개혁: 1998~2007", 두솔(2007).

오수근, "도산법의 개정방향", BFL 제34호, 서울대학교 금융법센터(2009), 6면.

오수근, "회사정리법의 변천 및 개요", 도산법강의, 남효순·김재형 공편, 법문사(2005), 361면.

오수근, "회사정리법의 역사적 발전과정에 관한 소고", 민사판례연구 XVI, 민사판례연구회(1994), 443면.

오수근, "채무자회생 및 파산에 관한 법률 제정 배경 및 주요 내용", 법조 제584호, 법조협회(2005. 5.), 19면.

이진만, "한국에서의 도산법의 개정", 민사소송 제7권 제2호, 한국민사소송법학회(2003), 1면.

이철송, "회사정리의 정책성과 형평성", 인권과 정의, 대한변호사협회(1992.3.), 8면.

임치용, "도산법개정안에 대하여(상, 하)", 파산법 연구, 박영사(2004), 3면.

임치용, "미국 파산법의 개정역사", 파산법 연구, 박영사(2004), 203면.

임치용, "미국 파산법의 주요내용", 파산법 연구, 박영사(2004), 233면.

임치용, "변호사가 본 도산실무의 개선책", 파산법 연구 3, 박영사(2010), 17면.

임치용, "외부에서 본 법원도산실무", 파산법 연구 4, 박영사(2015), 308면.

임치용, "중소기업에 대한 회생절차의 개선점", 파산법 연구 4, 박영사(2015), 322면.

전병서, "2004년 일본 신파산법의 소개", 법조 제579호, 법조협회(2004.12.), 267면.

정준영, "기업회생절차의 새로운 패러다임", 사법 18호, 사법발전재단(2011), 3면.

3. 우리나라의 도산처리제도

채무자회생법상으로는 회생과 파산, 개인회생이라는 3개의 재판상의 도산처리를 위한 절차가 있고, 파산은 청산형, 회생은 재건형이라고 할 수 있다. 여기서는 원칙적으로 이를 각별로 나누어 취급하지는 않겠으나 먼저 각 절차의 특징과 그 개략을 개별적으로 설명하는 것이 편리할 것이다.

가. 회생[1]

경제활동의 대규모화에 따라 도산기업의 해체 청산이 미치는 영향이 커짐에 따라 재건에 대한 요청이 사회적으로 커지게 된다. 이와 같은 배경 중에 복잡한 대형도산에도 적절히 대처할 수 있는 철저한 제도로서 회사정리절차가 1962년 창설되었다. 회사정리는 구법상의 화의와 달리 「회사」를 재건하는 것은 아니고 「기업」을 재건하는 것을 목적으로 하므로 기업으로서의 동일성이 유지되는 한 자본구성, 주주구성이나 직원구성도 당연히 도산처리의 대상이 된다. 회사정리는 상당히 대규모의 주식회사의 도산을 처리하기 위하여 만들어진 것이기 때문에 우리나라에 많은 실질적으로 개인기업인 회사에는 적용될 수 없었다. 그 후 채무자회생법의 제정에 따라 종래의 회사정리법을 기본으로 하여 주식회사에 한정되지 아니하는 재건형 절차를 마련한 것이 회생절차이다.

회생절차는 「사업의 계속에 현저한 지장을 초래하지 아니하고는 변제기에 있는 채무를 변제할 수 없는 경우」에 개시된다. 또 채무자에게 「파산의 원인인 사실이 생길 염려가 있을 때」에도 가능하다(법34조1항). 신청은 채무자, 또는 후자의 원인에 의할 때에는 일정

---

1) 채무자회생법의 회생절차는 사실상 구 회사정리법의 회사정리절차의 골격을 유지하고 있어 화의절차가 폐지된 셈이다. 화의절차는 화의인가결정 확정 후에는 법원이 절차 진행을 효과적으로 감독하기 어려운 구조로 되어 있기 때문에 화의절차가 부실기업의 퇴출 회피 수단으로 악용되었던 측면이 있었던 점이 화의절차 폐지의 원인이라고 할 수 있다. 채무자회생법에서 화의절차를 채택하지 않음에 따라 구 파산법 제9장의 강제화의제도(구파산법262조~318조) 역시 폐지되었다.

3. 우리나라의 도산처리제도 15

한 주식수·출자지분 또는 채권액 이상의 주주·지분권자 또는 채권자에 의한다(법34조2항). 법원은 개시요건을 심사하여 1월 이내에 회생절차개시 여부를 결정하여야 한다(법49조). 법원은 회생절차개시결정에 앞서 각종의 보전처분을 할 수 있고, 그 중에서도 특히 보전관리인을 선임하여 그에 의한 관리를 명할 수 있는 이외에(법43조), 담보권자에게도 양보를 구하는 것에 대응하여 담보권 실행을 위한 경매절차의 중지를 명할 수 있고, 조세의 강제징수절차도 일시중지를 명할 수 있으며(법44조), 중지명령에 의하여는 회생절차의 목적을 충분히 달성하지 못할 우려가 있다고 인정할 만한 특별한 사정이 있는 때에는 이해관계인의 신청에 의하거나 직권으로 회생절차개시의 신청에 대한 결정이 있을 때까지 모든 회생채권자 및 회생담보권자에 대하여 회생채권 또는 회생담보권에 기한 강제집행 등의 금지를 명할 수 있다(법45조).

개시결정이 있으면 채무자의 업무수행과 처분을 하는 권한은 관리인에게 이전되고(법56조), 이 때 채무자가 주식회사인 경우 대표이사는 모든 권한을 잃고 대표이사가 아닌 것으로 되는 것은 아니고 주주총회소집권 등 회사조직법상의 권한은 보유한다. 그러나 회사인 채무자는 회생절차에 의하지 아니하면 자본의 감소, 신주발행 등의 조직변경 등을 할 수 없고(법55조), 회생절차개시 당시의 일반채권자(회생채권자)는 물론, 담보권자(회생담보권자)도 추심이나 담보권실행을 할 수 없고 회생절차에 의하지 아니하면 변제를 받을 수 없게 된다(법131조, 141조). 다만 조세와 하도급의 중소기업자에 관하여는 예외가 인정된다(법131조, 132조). 파산과 동일한 상계권과 상계금지가 있다(법144조, 145조). 회생채권자, 회생담보권자는 소정기간 내에 신고하고 회생절차에 참가하지 않으면 권리를 잃게 된다(법251조). 파산의 경우와 동일한 조사·확정 절차가 있고(법158조 내지 165조), 주주·지분권자도 회생절차에 참가할 수 있다(법146조, 150조).

종래의 파산법 및 회사정리법과는 달리 채무자회생법 하에서는 관리인은 채무자의 재산관리에 관하여는 파산관재인과 상당히 유사하다. 관리인이 부인권을 행사하여 일탈재산을 돌려받는 데에는 부인의 청구라는 간편한 방법이 인정되고(법105조 내지 107조 및 법396조), 또 이사 등의 책임추급을 위하여 조사확정재판이라고 하는 간편한 방법이 인정되는 것도 같다(법115조1항 및 법352조1항). 다만 제3자의 환취권은 회생절차에 영향을 받지 않으나(법70조), 파산과 달리 별제권이라고 하는 것은 없다. 주로 절차 개시 후에 생긴 채권과 근로자의 급료 등 특히 보호하여야 하는 것은 공익채권으로서 수시변제된다(법179조, 180조). 이는 파산에 있어서의 재단채권에 해당한다.

법원은 필요하다고 인정하는 때에는 조사위원을 선임하여 채무자의 경영상태, 업무 및 재산에 관한 사항 등 법 제90조 내지 제92조에 규정된 사항을 조사하게 하는데(법87조), 관리인은 법원이 정한 기간 안에 회생계획안을 제출하여야 한다(법220조). 회생채무자나 목록에 기재되어 있거나 신고한 회생채권자·회생담보권자·주주·지분권자도 계획을 제출할 수 있다(법221조). 계획안은 전부 또는 일부의 회생채권자, 회생담보권자 또는 주주의 권리의 변경, 공익채권의 변제, 채무변제자금의 조달방법 등에 관한 사항을 정하여야 하고 (법193조1항), 다른 한편 영업양도, 경영위임, 정관변경, 이사변경, 자본감소, 신주나 사채의 발행, 합병, 분할, 분할합병, 해산 또는 신회사의 설립 등을 정할 수 있다(법193조2항). 회생계획은 회생담보권, 일반의 우선권 있는 회생채권, 보통 회생채권, 후순위 회생채권, 우선주주·지분권자, 보통주주·지분권자의 순위에 따라 조건에 공정·형평한 차등을 두어야 한다(법217조). 따라서 담보권자는 결국 유리하게 취급받게 된다.

　　법원은 관계인집회를 열거나 서면으로 계획안을 심리하고(법224조), 수정된 계획안의 결의를 위한 관계인집회를 소집한다(법232조). 결의는 이해관계인의 종별마다 조로 나누어 행하고, 회생채권자의 조에는 3분의 2, 회생담보권자의 조에는 청산을 목적으로 하는 계획안은 5분의 4, 그 외의 계획안의 경우는 4분의 3, 주주 조에는 2분의 1 이상의 다수로 가결된다(법237조). 가결된 회생계획을 법원이 공정·형평, 수행가능(법243조)하다고 인정하면 이를 인가하고 회생계획은 효력이 생긴다(법246조). 이렇게 되면 계획에 정한 것을 제외하고, 일체의 회생채권, 회생담보권에 관하여 채무자는 채무를 면하고, 주주·지분권자의 권리, 채무자 재산상의 담보권은 모두 소멸한다(법251조). 회생채권자, 회생담보권자, 주주·지분권자의 권리는 계획의 규정에 따라 변경된다(법252조).

　　회생계획은 그대로 수행으로 나아가나, 회생계획에 따른 변제가 시작되면 회생계획의 수행에 지장이 있다고 인정되지 않는 한 회생절차는 종결되고(법283조), 사업의 경영은 채무자에게 복귀한다.

　　법원은 회생계획이 제출되지 않거나 또는 가결되지 않은 경우(법286조1항), 채무자가 채무를 완제할 수 있음이 명백한 경우(법287조), 또한 회생계획안의 제출 전 또는 그 후라도 청산가치가 기업계속가치보다 크다는 것이 명백하게 밝혀진 때에는 회생계획인가 전까지 회생절차를 폐지하고(법286조2항 다만 청산을 내용으로 하는 계획안의 작성을 법원이 허가하는 경우는 예외), 나아가 회생계획인가 후라도 회생계획 수행의 가망이 없음이 명백한 때(법288조)에는 회생절차는 폐지되고, 채무자에게 파산의 원인이 되는 사실이 있다고 인정하는 때에는 파산으로 이행한다(법6조).

　　한편 2014년의 법 개정에 의하여 회생절차개시의 신청 당시 회생채권 및 회생담보권의 총액이 50억 원 이하의 범위에서 대통령령으로 정하는 금액 이하의 채무를 부담하는 영업소득자에 대한 간이회생절차가 신설되었다. 간이회생절차는 일반 회생절차와 달리 관리인 불선임, 간이조사위원 제도의 채택, 회생계획안 가결요건의 완화 등을 그 특징으로 한다. 상세는 해당 부분에서 기술한다.

향후 기업회생절차가 효율적인 절차가 되기 위하여는 ① 회생절차의 관여자와 관련하여 채권자 협의회 등 채권자의 기업지배권을 강화하고, ② 회생절차의 진행에 보다 신속성을 가하여 기업가치를 보존하도록 하며, ③ 회생절차 중 사업을 계속할 수 있는 운영자금 조달, 즉 DIP financing이 필요하다는 점이 지적되고 있다. 특히 종전 기업회생절차에서는 회생계획 인가시까지 약 1년이 소요되어 이에 대한 비판이 적지 아니하였는데, 이에 서울중앙지방법원 파산부는 2011년 4월 이후 회생절차를 신속하게 진행하는 이른바 '패스트 트랙 기업회생절차'를 시범 실시한 결과 근래에는 모든 법원에서 거의 표준화되어 활용되기에 이르렀다.[2]

| 회생절차도 |

개시신청 기각 —
임의적 파산선고

- 회생절차 개시신청(+보전처분 등 신청)
- 보전처분/중지명령/포괄적금지명령

- 개시결정
- 채권자목록 등 제출기간 지정
- 채권신고 기간 지정
- 채권조사 기간 지정
- 회생계획안 제출기간 지정
  (관리인, 조사위원 선임)

회생절차 폐지 —
임의적 파산선고

- 관계인집회(+특별조사기일)
- 회생계획안 제출
- 회생계획안 심리/결의(관계인집회 또는 서면결의)
- 회생계획인가

회생계획불인가 —
임의적 파산선고

- 회생계획 수행/변경

회생절차 폐지 —
필요적 파산선고

- 회생절차 종결

---

2) 이 지적에 대한 상세는 정준영, "기업회생절차의 새로운 패러다임", 사법 18호, 사법발전재단(2011), 3면, 정준영, "기업회생절차의 신속처리방식: 패스트트랙 기업회생절차, 도산법연구 제3권 제2호, 사단법인 도산법연구회(2012.11.), 143면 참조.

나. 파산

파산절차는 지급불능 등의 파산원인(법305조, 306조, 298조)이 있을 때 채권자 또는 채무자 자신이 법원에 파산신청을 함으로써 개시된다(법294조, 295조, 296조). 법원은 심리 결과 파산원인이 있다고 인정한 때에는 파산선고를 하지만(법310조), 그보다 앞서 재산의 일탈을 방지하기 위하여 보전처분을 할 수 있다(법323조). 파산선고가 있으면 채무자는 재산에 관한 일체의 관리처분권을 잃고 파산선고와 동시에 법원에 의하여 선임된 파산관재인이 이를 장악한다(법312조, 355조, 384조). 채무자는 파산선고를 받은 자로서 이 이외에 일정한 신분상 구속(법319조)과 자격제한을 받는다.

채무자에 속한 재산은 파산재단을 구성하고(법382조), 파산관재인의 관리처분권에 복종한다(법384조). 관재인은 선고전의 처분에 의하여 유출된 재산을 일정한 요건 하에 부인권을 행사하여 거두어들임으로써 재단을 증식한다(법391조 이하). 한편 제3자의 재산이 관재인의 점유관리 하에 있는 경우에는 제3자는 환취권을 행사하여 이를 회복할 수 있다(법407조 이하). 또한 재단소속 재산상의 담보권자는 담보권을 실행하여 우선변제를 받을 권리를 방해받지 않는다. 이를 별제권이라고 한다(법411조 이하). 나아가 파산관리비용 등은 수시로 재단으로부터 지급된다. 이를 재단채권이라고 칭하며(법473조), 다음에 기술하는 파산채권과 구별된다.

파산선고 당시의 모든 채권은 파산채권이 되어 개별적인 추심이 금지되고(법423조, 424조), 위 재단의 환가금에 의하여 평등, 안분 변제를 받는다. 이를 위하여 기한미도래의 채권, 비금전채권에 관하여도 현재화, 금전화(금액에 의한 평가)가 이루어진다(법425조 내지 427조). 파산채권은 법원에 신고하여(법447조), 조사기일에 이의가 없으면 확정되나(법458조), 이의가 있으면 채권조사확정재판에 의하여 결정된다(법462조). 이에 의하여 확정된 채권자에 대하여 재단의 환가금에 의하여 배당이 몇 차례에 걸쳐 나누어 실시된다(법505조). 조세채권은 성질상 파산채권에 불과하나 공익상의 이유로 재단채권으로 되어 있다(법473조). 이에 의하여 담보권자(별제권자)와 조세채권자가 다수인 경우 재단의 대부분을 차지하게 되므로 일반의 파산채권자의 몫은 매우 작아지게 된다.

파산절차는 최후의 배당을 하고 법원이 종결결정을 함으로써 본래의 목적을 달성하여 종료한다(법530조). 목적을 달성하지 않은 채 종료하는 경우를 파산폐지라고 하고, 채권자의 동의에 기한 동의폐지(同意廢止, 법538조), 재단이 절차비용조차도 충당하기에 부족한 경우의 비용부족에 의한 폐지가 있으며, 이것이 파산선고시에 이미 밝혀져서 선고와 동시에 폐지하는 동시폐지(同時廢止, 법317조)와 그 후에 비용부족이 판명된 경우의 이시폐지(異時廢止, 법545조)가 있다. 그 이외에 후술하는 회생계획의 성립(법58조2항, 256조)에 의하여 재건형으로의 이행을 위하여 파산이 종료하는 경우가 있다.

　　채무자의 지위에 관하여 부언하면 회사는 파산에 의하여 해산하게 되나(상법227조, 269조, 517조, 609조), 개인이 파산선고를 받은 후 취득한 재산은 자유재산으로서 파산절차의 영향을 받지 않는다. 여기서 개인채무자는 면책의 신청을 하여 인정되면 파산배당에 의하여 변제되지 않은 채무에 관하여 일정의 불법행위채무와 조세채무를 제외하고는 책임을 면할 수 있다(법556조 이하). 또 파산선고를 받은 자로서 박탈당한 공사(公私)의 자격은 복권(당연복권과 신청에 의한 복권이 있다)에 의하여 회복된다(법556조 이하). 면책을 받지 않은 경우에는 채무자가 채권조사기일에 이의를 진술하지 아니하여 확정된 채권자표의 기재는 확정판결과 동일한 효력을 가지므로(법535조), 이에 의하여 잔존채무에 관하여 강제집행을 할 수 있다.

| 파산절차도 |

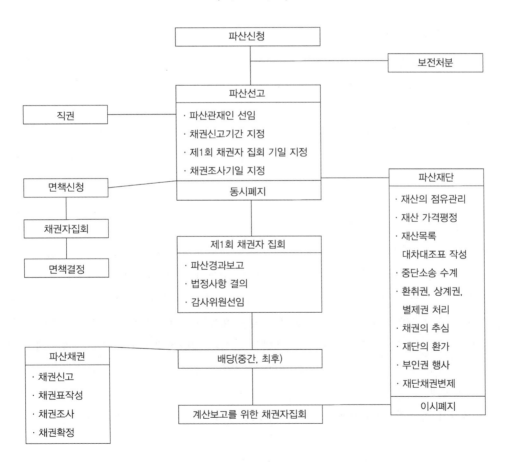

다. 개인회생

장래 계속적으로 또는 반복하여 수입을 얻을 가망이 있는 급여소득자 또는 영업소득자가 파산을 선고받으면 그 수입마저 상실하여 더 이상 자신의 생계를 유지할 수 없을 뿐만 아니라 채권자들에 대한 채무도 변제할 수 없게 된다. 이러한 불합리한 상황을 해결하기 위하여 위와 같은 개인채무자가 파산으로 인한 불이익을 받지 아니하고 계속하여 자신의 계속적인 수입으로 채무를 변제할 수 있도록 하기 위하여 마련된 것이 개인회생절차이다.

개인채무자로서 급여·연금 그 밖에 이와 유사한 정기적이고 확실한 수입을 얻을 가능성이 있는 급여소득자 또는 부동산임대소득·사업소득·농업소득·임업소득 그 밖에 이와 유사한 수입을 장래에 계속적으로 또는 반복하여 얻을 가능성이 있는 영업소득자가 개인회생절차의 적용대상이고, 개인회생절차개시의 신청 당시를 기준으로 피담보채권은 15억 원, 그 외의 일반채권은 10억 원 이하인 채무를 부담하고 있는 개인채무자만을 그 대상으로 한다(법579조, 588조).

법원은 신청일부터 1월 이내에 개인회생절차의 개시 여부를 결정하여야 하는데(법596조 1항), 개시결정을 하기 전이라도 필요하다고 인정하는 때에는, 채무자에 대한 회생절차 또는 파산절차, 개인회생채권에 기하여 채무자의 업무 및 재산에 대하여 한 강제집행·가압류 또는 가처분, 채무자의 업무 및 재산에 대한 담보권의 설정 또는 담보권의 실행 등을 위한 경매, 개인회생채권을 변제받거나 변제를 요구하는 일체의 행위(소송행위는 제외)의 중지 또는 금지를 명할 수 있다(법593조).

개인회생절차개시결정이 있으면, 채무자에 대한 회생절차 또는 파산절차, 개인회생채권에 의하여 개인회생재단에 속하는 재산에 대하여 한 강제집행·가압류 또는 가처분, 개인회생채권을 변제받거나 변제를 요구하는 일체의 행위(소송행위는 제외), 「국세징수법」 또는 「지방세징수법」에 의한 체납처분, 국세징수의 예(국세 또는 지방세 체납처분의 예를 포함한다. 이하 같다)에 의한 체납처분 또는 조세채무담보를 위하여 제공된 물건의 처분은 중지 또는 금지된다. 또한 개인회생절차개시의 결정이 있는 때에는 변제계획의 인가결정일 또는 개인회생절차 폐지결정의 확정일 중 먼저 도래하는 날까지 개인회생재단에 속하는 재산에 대한 담보권의 설정 또는 담보권의 실행 등을 위한 경매는 중지 또는 금지된다(법600조).

개인회생절차의 개시결정이 있더라도 인가된 변제계획에서 다르게 정하지 아니하는 한 채무자가 개인회생재단[3]에 속하는 재산의 관리처분권을 가진다(법580조2항).

---

3) 개인회생재단이란 개인회생절차개시결정 당시 채무자가 가진 모든 재산 및 개인회생절차 진행 중에 채무자가 취득한 재산을 말한다(법580조).

법원은 필요한 경우 관리위원 또는 법원사무관 등을 회생위원으로 선임할 수 있는데 (법601조), 회생위원은 채무자의 재산의 조사, 부인권 행사명령의 신청 및 그 절차 참가, 개인회생채권자집회의 진행, 채무자의 변제계획수행에 대한 지원 등의 업무를 수행한다(법602조).

개인회생절차에서는 간이하고 신속한 진행을 통한 채무자의 회생을 위하여 회생절차에서와 같은 채권신고·조사절차를 두지 아니하는 대신 채무자로 하여금 개인회생절차개시신청시에 채권자목록을 제출하게 하고(법589조), 이에 대하여 채권자들이 이의할 수 있는 기간을 설정하여 이의가 있는 채권은 법원의 채권확정결정에 의하여 확정되도록 하고,[4] 이의가 없는 채권은 그 기재대로 확정되도록 하였다(법603조, 604조).

한편 채무자는 개인회생절차개시 신청일로부터 14일 이내에 변제계획안을 제출하여야 하는데(법610조1항), 변제계획에는 채무변제에 제공되는 재산에 관한 사항, 개인회생재단채권 및 일반의 우선권있는 개인회생채권의 전액의 변제에 관한 사항, 개인회생채권자목록에 기재된 개인회생채권의 전부 또는 일부의 변제의 방법에 관한 사항을 정하여야 하고, 변제계획은 변제계획인가일로부터 1월 이내에 변제를 개시하여 정기적으로 변제하는 내용을 포함하여야 하며, 변제계획에서 정하는 변제기간은 변제개시일로부터 3년을 초과하여서는 아니 된다(법611조. 다만 특별한 사정이 있는 경우에는 5년). 구 채무자회생법(2017. 12. 12. 법률 제15158호로 개정되기 전의 것) 제611조 제5항은 변제계획에서 정하는 변제기간은 변제개시일부터 5년을 초과하지 못하도록 규정하고 있었는데, 원칙적으로 3년을 초과하지 못하도록 변제기간의 상한이 단축된 것이다. 이는 개인회생제도의 도입 취지에 맞게 회생 가능한 채무자들을 조속히 적극적인 생산활동에 복귀할 수 있도록 하려는 데에 그 취지가 있다. 다만 개정법 부칙은 공포 후 6개월이 경과한 날부터 제611조 제5항의 개정규정을 시행하되(부칙1조 단서), 개정규정 시행 후 최초로 신청하는 개인회생사건부터 개정규정을 적용하도록 규정하고 있다(부칙2조1항 본문). 이는 개정규정 시행 전에 신청한 개인회생사건(적용제외 사건)의 경우 개정 전 규정의 존속에 대한 개인회생채권자 등 이해관계인의 신뢰가 개정규정의 적용에 관한 공익상의 요구보다 더 보호가치가 있다고 인정하여 그러한 신뢰를 보호하기 위하여 그 적용을 제한한 것이다.[5] 다만 위 개정규정 시행 전에 변

---

4) 법원의 채권확정결정에 불복하는 자는 이의의 소를 제기할 수 있다. 이 경우 이의의 소는 개인회생계속법원(개인회생사건이 계속되어 있는 회생법원을 말한다)의 관할에 전속한다(법605조1항).

5) 대법원 2019.3.19.자 2018마6364 결정(공2019상, 862)[백선94]은 개정법 부칙규정의 취지 및 이에 따른 개정법의 적용 범위 등에 비추어 보면, 적용제외 사건의 채무자가 변제계획 인가 후에 변제기간을 단축하는 변제계획 변경안을 제출한 경우 위와 같은 법개정이 있었다는 이유만으로는 인가된 변제계획에서 정한 변제기간을 변경할 사유가 발생하였다고 볼 수 없고, 다만 적용제외 사건이라고 하더라도 변제계획 인가 후에 채무자의 소득이나 재산 등의 변동으로 인가된 변제계획에서 정한 변제기간이 상당하지 아니하게 되는 등 변경사유가 발생하였다고 인정되는 경우에는 변제기간의 변경이 가능

제계획인가결정을 받은 채무자가 개정규정 시행일에 이미 변제계획안에 따라 3년 이상 변제계획을 수행한 경우에는 당사자의 신청 또는 직권으로 이해관계인의 의견을 들은 후 면책의 결정을 할 수 있다(부칙2조1항 단서).6) 물론 변제계획은 공정하고 형평에 맞아야 하며, 수행이 가능하여야 한다(법614조).

법원은 채권자집회를 열어 변제계획에 관한 채권자들의 의견을 듣고 이의가 있는지 여부를 확인하지만 채권자집회에서 변제계획을 의결하지는 않고(법614조), 대신 법원이 변제계획을 심사하여 변제계획의 인가 여부를 결정한다(법615조).

변제계획은 인가의 결정이 있은 때부터 효력이 생기지만, 변제계획에 의한 권리의 변경은 면책결정이 확정되기까지는 생기지 아니하며, 변제계획에서 달리 정하지 않는 한, 변제계획 인가결정이 있으면 개인회생재단에 속하는 모든 재산은 채무자에게 귀속하고 중지한 회생절차 및 파산절차와 개인회생채권에 기한 강제집행·가압류 또는 가처분은 그 효력을 잃는다(법615조).

변제계획안을 인가할 수 없는 때에는 법원이 직권으로 개인회생절차 폐지결정을 한다(법620조). 변제계획인가 후에는 채무자가 인가된 변제계획을 이행할 수 없음이 명백하고 면책결정도 받지 못하는 때, 면책불허가결정이 확정된 때에는 법원은 개인회생절차 폐지결정을 하여야 한다(법621조). 채무자가 변제계획에 따른 변제를 완료한 경우에는 법원은 당사자의 신청 또는 직권으로 면책결정을 하여야 한다(법624조1항). 또한, 법원은 채무자가 변제계획에 따른 변제를 완료하지 못한 경우에도 채무자가 책임질 수 없는 사유로 인하여 변제를 완료하지 못하였고, 채권자가 면책결정일까지 변제받은 금액이 채무자가 파산절차를 신청한 경우 파산절차에서 배당받을 금액보다 적지 아니하고, 변제계획의 변경이 불가능한 경우에는 면책의 결정을 할 수 있다(법624조2항).

면책을 받은 채무자는 변제계획에 따라 변제한 것을 제외하고 개인회생채권자에 대한 채무에 관하여 그 책임이 면제된다. 다만, 채무자가 채권자목록에 기재하지 아니한 청구권, 조세청구권, 벌금, 과료 등 청구권, 채무자가 고의로 가한 불법행위로 인한 손해배상청구권, 채무자가 중대한 과실로 타인의 생명 또는 신체를 침해한 불법행위로 인하여 발생한 손해배상청구권, 근로자의 임금, 퇴직금 및 재해보상금, 임치금 및 신원보증금, 채무자가 양육자 또는 부양의무자로서 부담하여야 할 비용은 책임이 면제되지 않는다(법625조). 채무자가 기망 그 밖의 부정한 방법으로 면책을 받은 경우에 법원은 면책결정일로부터 1년 이내에 이해관계인의 신청 또는 직권으로 면책을 취소할 수 있다(법626조).

하다고 하였다.
6) 법률 제15158호 개정법률 시행 후에 개인회생절차를 신청한 채무자와 시행 전에 개인회생절차를 신청하여 변제계획을 인가받은 채무자를 다르게 취급하는 것은 형평성 측면에서 문제가 있다는 의견에 따라 법률 제17088호로 2020.3.24. 채무자회생법 부칙 제2조 제1항에 단서를 신설한 것이다.

| 개인회생절차도 |

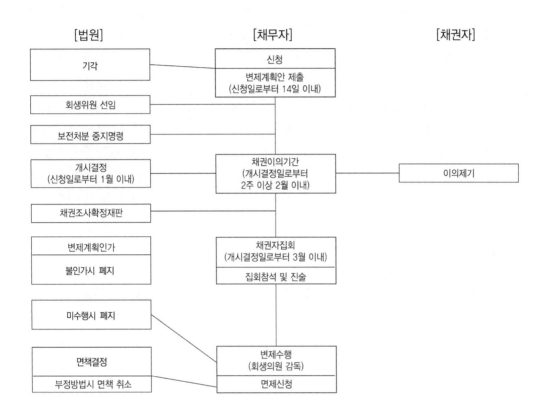

라. 금융기관 등의 도산처리

은행 등 금융기관의 경영이 파탄이 나면 ① 개인, 법인을 불문하고 많은 예금자가 채권자로서 영향을 받는다는 점, ② 특히 보통예금이나 당좌예금 등 매일 결제에 사용되는 예금을 이용할 수 없게 되면 예금자의 경제적 활동이 직접 저해될 수밖에 없는 점, ③ 금융기관은 상호 자금을 융통하는 등 밀접하게 결합되어 있기 때문에 1개의 금융기관의 파탄이 다른 금융기관의 연쇄적인 파탄을 초래할 위험이 있는 점 등 일반 기업에서는 볼 수 없는 중대한 문제가 생긴다. 그렇기 때문에 금융기관에 관하여는 평소에도 경영의 건전성을 확보하기 위하여 은행법 등의 법률에 의하여 업무 등이 규제되어 공적 당국이 감독을 행하고 있으나, 파탄에 이른 경우의 처리에 관하여도 특별한 제도가 마련되어 있고, 보험회사와 증권회사에 관하여도 특별한 제도가 설계되어 있다.

우리나라에서는 실제로 1990년대 중반까지만 하여도 금융기관이 경제적 위기에 처하면 건전한 금융기관에 의한 구제 합병이나 영업양도 등의 방법으로 대처하고, 대규모의 금융기관이 위기상태에 빠진 경우에는 한국은행 특별융자 등의 특별한 조치가 이어져서 금융기관의 도산이 회피되어 왔다. 그리하여 금융기관의 도산처리에 관한 특별한 제도는 필요하지 않았고, 실제로도 그와 같은 제도는 존재하지도 않았다. 그러나 1990년대 중반에 이르러서는 금융자율화와 개방화의 확대로 금융기관간의 경쟁이 심화됨에 따라 은행이 경영악화로 예금을 지급할 수 없는 경우에 대비할 필요가 생기게 되었다. 특히 중요한 것이 예금자의 보호인데, 1995년 「예금자보호법」이 제정되어 예금보험공사가 설립되고 공사에 예금보험기금을 설치하여 위 공사가 해당 은행을 대신하여 예금자에게 보험금을 지급하거나 부실은행을 합병·인수하는 은행을 지원함으로써 예금자를 보호하고 금융제도의 안정성을 확보하게 되었다. 위 법률에 따라 은행은 예금보험의 대상이 되는 예금 등의 잔액에 대하여 년율 1만분의 5에 해당하는 금액의 한도 내에서 대통령령으로 정하는 금액을 예금보험공사에 보험료로 납부하도록 하고(예금자보호법30조),[7] 예금의 지급정지, 은행업인가의 취소, 해산결의 또는 파산선고의 사유로 은행이 예금을 지급할 수 없는 경우에 예금자에게 보험금을 지급하도록 하였다. 즉, 예금자는 5,000만 원을 상한으로 하는 예금보험자법에 기한 예금보험제도에 의하여 보호되는데, 이 보호는 예금보험기구가 예금자에게 직접 예금보험금을 지급하는 방법(예금자보호법31조)이나,[8] 파탄금융기관으로부터 영업을 양수한 금융기관에 대한 자금원조의 방법(예금자보호법37조)에 의하여 행해지고, 또 예금자의 보호에 필요한 경우에는 예금보험기구는 파산절차에 있어서의 예정배당액 등을 참고로 하여 결정된 가격에 예금보험에 의한 보호의 대상이 되지 않는 일정한 예금채권을 매수함으로써(예금보험법35조의2 이하) 예금자에 의한 조기의 예금채권의

---

7) 이러한 금융회사를 부보금융회사라고 한다. 부보금융회사는 은행법상 은행, 중소기업은행, 농협은행, 수협은행, 자본시장법상 투자매매·중개업자, 종합금융회사와 보험업법상 보험회사(재보험을 주로 하는 주식회사인 보험회사 제외), 상호저축은행법상 상호저축은행이 해당한다(예금자보호법2조1호).

8) 대법원 2008.11.13. 선고 2006다28119 판결(공2008하, 1671)은 구 예금자보호법 제31조 제31조 제1항에서 제1종 보험사고의 경우에 제2종 보험사고의 경우와는 달리 보험금 지급을 위하여 예금보험공사에 설치된 운영위원회의 보험금지급결정이 있어야 한다고 규정한 것은, 채권 등의 지급정지 후에도 경영정상화의 가능성이 있음을 고려하여 자체정상화, 타 금융기관과의 합병, 타 금융기관으로의 계약 이전 등 해당 금융기관의 정리방안을 예금보험공사가 결정하도록 하여 사회적 비용의 최소화를 도모한 후에 최종적으로 보험금 지급 여부를 결정하도록 함으로써 예금자 등의 보호와 함께 금융제도의 안정성을 유지하려는 취지이다. 따라서 제1종 보험사고의 경우에는 운영위원회가 보험금의 지급을 결정할 수도 있고 그 지급을 하지 아니하는 결정을 할 수도 있으나, 지급결정을 한 경우에 한하여 예금자 등이 보험금의 지급을 청구할 수 있고, 제2종 보험사고의 경우에는 운영위원회가 보험금의 지급 여부에 대한 선택을 할 여지가 없고 보험사고가 발생한 것 자체로 예금자 등의 청구에 의하여 당연히 보험금을 지급할 의무를 지게 된다고 하였다. 이 판결에 대한 해설로 현용선, "예금자보호법 제31조 제1항의 해석 — 대법원 2008. 11. 13. 선고 2006다28119 판결 —", 민사재판의 제문제, 제19권, 한국사법행정학회(2010), 480면 참조.

회수가 가능하도록 하였다.[9]

　　다른 한편 금융산업의 개방에 대비하여 우리나라 금융산업의 경쟁력을 제고하기 위해 금융기관의 합병·인수 등 구조개선 노력을 지원하는 한편, 금융기관의 부실화를 사전에 예방하고 부실금융기관 발생 시 이를 원활히 수습할 수 있는 제도적 장치를 마련하여 금융기관 간의 건전한 경쟁을 촉진한다는 목적 아래 1997년 구「금융기관의 합병 및 전환에 관한 법률」을 「금융산업의 구조개선에 관한 법률」(약칭 '금융산업구조개선법')로 전면 개정하여 ① 금융기관의 부실화를 사전에 예방할 수 있도록 하기 위하여 해당 금융기관에 대한 주의·경고 또는 경영개선계획의 제출요구 등 조기시정장치를 마련하고, ② 재정경제원장관(현 금융위원회) 등은 부실금융기관에 대하여 자본금 증액 등 경영개선조치를 명하거나 합병·영업양도·제3자 인수 등을 권고할 수 있도록 하며, ③ 금융기관의 합병과 관련된 증권거래법 및 상법상의 절차의 이행에 소요되는 기간을 단축하는 등 합병절차를 간소화하고, ④ 합병 후의 금융기관에 대하여 관계 법률이 허용하는 범위 안에서 지원 사항을 사전에 정하여 고시하도록 하며, ⑤ 합병·전환후의 금융기관이 승계한 장기계약에 대하여는 계약기간이 종료될 때까지 계약이행을 위하여 필요한 업무를 계속할 수 있도록 하고, ⑥ 부실금융기관의 청산 및 파산절차를 간소화하기 위하여 청산인 또는 파산관재인의 선임, 파산 신청 등에 대한 특례를 정하는 등 여러 규정을 두었다. 금융기관은 사업의 기초가 신용력을 바탕으로 한 예금수입에 있기 때문에 대형 금융기관이 도산할 경우 금융제도의 위기 및 기업의 연쇄적 도산을 초래하고, 기업투자활동의 위축으로 경기가 침체될 가능성이 큰 점 등 금융기관 파산의 특수성을 고려한 것이다.[10]

　　금융산업구조개선법상 특히 금융위원회는 부실금융기관의 정비에 관하여 금융기관의 자기자본비율이 일정 수준에 미달하는 등 재무상태가 미리 정하여 고시한 기준에 미달하거나 거액의 금융사고 또는 부실채권의 발생으로 금융기관의 재무상태가 위 기준에 미달하게 될 것이 명백하다고 판단되면 금융기관의 부실화를 예방하고 건전한 경영을 유도하기 위하여 해당 금융기관이나 그 임원에 대하여 ① 금융기관 및 임직원에 대한 주의·경고·견책(譴責) 또는 감봉, ② 자본증가 또는 자본감소, 보유자산의 처분이나 점포·조직의 축소, ③ 채무불이행 또는 가격변동 등의 위험이 높은 자산의 취득금지 또는 비정상적으로 높은 금리에 의한 수신(受信)의 제한, ④ 임원의 직무정지나 임원의 직무를 대행하는 관리인의 선임, ⑤ 주식의 소각 또는 병합, ⑥ 영업의 전부 또는 일부 정지, ⑦ 합병 또는 제3자에

9) 부실 저축은행의 정리절차의 상세에 관하여는 권은지, "한국의 부실 금융기관의 정리 및 파산제도", 도산법연구 제6권 제2호, 사단법인 도산법연구회(2015.12.), 263면 참조.
10) 「금융회사의 지배구조에 관한 법률」 제2조 제1호에 의하면 '금융회사'는 은행, 금융투자업자, 보험회사, 상호저축은행, 여신전문금융회사, 금융지주회사, 특수은행(한국산업은행, 중소기업은행) 등을 말한다.

의한 해당 금융기관의 인수(引受), ⑧ 영업의 양도나 예금·대출 등 금융거래와 관련된 계약의 이전, ⑨ 그 밖에 위 각 조치에 준하는 조치로서 금융기관의 재무건전성을 높이기 위하여 필요하다고 인정되는 조치 사항을 권고·요구 또는 명령하거나 그 이행계획을 제출할 것을 명하여야 한다고 규정하고 있다(금융산업구조개선법10조). 이른바 적기시정조치이다.

　　또한 금융위원회는 금융기관이 금융산업구조개선법 제10조 제1항에 따른 요구 또는 명령을 위반하거나 이를 이행하지 아니한 경우나 같은 법 제12조 제3항에 따른 명령을 이행하지 아니한 경우에는 금융감독원장의 건의에 따라 그 금융기관 임원의 업무집행정지를 명하고, 그 임원의 업무를 대행할 관리인을 선임하거나 주주총회에 그 임원의 해임을 권고할 수 있고(금융산업구조개선법14조1항), 부실금융기관이 금융산업구조개선법 제10조 제1항 또는 제12조 제3항에 따른 명령을 이행하지 아니하거나 이행할 수 없게 된 경우, 같은 법 제10조 제1항 및 제11조 제3항에서 규정하는 명령 또는 알선에 따른 부실금융기관의 합병 등이 이루어지지 아니하는 경우, 부채가 자산을 뚜렷하게 초과하여 같은 법 제10조 제1항에 따른 명령의 이행이나 부실금융기관의 합병 등이 이루어지기 어렵다고 판단되는 경우, 자금사정의 급격한 악화로 예금 등 채권의 지급이나 차입금의 상환이 어렵게 되어 예금자의 권익이나 신용질서를 해칠 것이 명백하다고 인정되는 경우의 어느 하나에 해당하는 경우에는 그 부실금융기관에 대하여 계약이전의 결정, 6개월 이내의 영업정지, 영업의 인가·허가의 취소 등 필요한 처분을 할 수 있다. 다만, 자금사정의 급격한 악화로 예금 등 채권의 지급이나 차입금의 상환이 어렵게 되어 예금자의 권익이나 신용질서를 해칠 것이 명백하다고 인정되는 경우에 해당하면 6개월 이내의 영업정지처분만을 할 수 있으며, 부실금융기관이 금융산업구조개선법 제10조 제1항 또는 제12조 제3항에 따른 명령을 이행하지 아니하거나 이행할 수 없게 된 경우, 같은 법 제10조 제1항 및 제11조 제3항에서 규정하는 명령 또는 알선에 따른 부실금융기관의 합병 등이 이루어지지 아니하는 경우의 부실금융기관이 부실금융기관에 해당하지 아니하게 된 경우에는 그러하지 아니하다(금융구조개선법14조2항).

　　판례는 재무상태가 악화되어 외부로부터의 자금지원 없이는 정상적인 경영이 어려운 금융기관(부실화 우려 있는 금융기관)에 대하여 정부 또는 예금보험공사가 출자하기로 한 때에는 (구)금융감독위원회가 당해 금융기관에 대하여 자본감소명령을 할 수 있고, 이 경우 당해 금융기관은 주주총회의 특별결의를 거쳐 자본감소를 하도록 한 상법 제438조의 규정에도 불구하고 이사회결의만으로 자본감소를 할 수 있도록 규정하고 있는데, 위 규정이 부실화 우려 있는 금융기관으로 하여금 이사회결의만으로 자본감소를 할 수 있도록 한 것은 자본감소 여부 결정에 관한 주주의 권한을 제한하는 결과가 되나, ① 부실화 우려 있는 금융기관을 그대로 방치할 경우 그 주주뿐만 아니라 예금주, 당해 금융기관으로부터 자금을 조달하는 기업과 개인 등 다수의 이해관계자들이 상당한 재산적 손실을 입게 되어 국민경제에 미치는 부정적 효과가 크므로 그 정상화를 위해 정부가 자금지원 등의 방법으로 개입할 필요가 있는 점, ② 정부가 부실화 우려 있는 금융기관에 출자지원 등을 하면서 당해 금융기관의 기존 주식을 그대로 두면 정부는 투입한 공적자금에 걸맞은 지분을 확보하기 어려운 반면 기존 주주는 경영정상화로 인해 예상하지 못했던 이익을 얻게 되는바, 이와 같은 불합리를 조정하기 위해서는 출자지원의 전제조건으로 부실화 우려 있는 금융기관의 자본금을 자본감소 등을 통해 그 실질에 맞추는 조치가 필요한 점, ③ 부실화 우려 있는 금융기관의 자본감소에 주주총회의 특별결의를 거치도록 하면 주주의 반대로 자본감소결의 자체가 이루어지지 않을 수 있을 뿐만 아니라 가사 이루어진다고 하더라도 그에 소요되는 상당한 기간 동안 정부 지원이 지연됨에 따라 대량 예금인출 사태의 발생 등으로 인하여 부실화 우려 있는 금융기관의 정상화가 어렵게 될 수 있으므로 당해 금융기관으로 하여금 이사회결의만으로 신속하게 자본감소절차를 진행하게 할 필요가 있는 점, ④ 부실화 우려 있는 금융기관의 주식은 자본감소로 인하여 그 가치가 감소하는 것이 아니라 그 전에 이미 재무상태의 악화로 인하여 가치가 감소해 있다고 할 것이므로 이사회결의만으로 자본감소를 한다고 하여 주주가 경제적 손실을 입는 것은 아니고, 가사 경제적 손실을 입는다고 하더라도 이사회결의에 반대하는 주주에 대해서는 주식매수청구권이 인정되고 있으므로 그 손실을 보전할 수 있는 점 등에 비추어 볼 때, 위와 같은 주주 권한의 제한은 국민경제의 안정을 실현하기 위한 필요하고 적절한 수단으로 주주 재산권의 본질적 내용을 침해하는 것이라고 할 수 없다고 하였다.[11]

한편 위와 같은 금융위원회의 권고·요구 또는 명령에 대하여는 인센티브도 마련되어 있는데, ① 금융위원회는 금융기관에 대하여 합병, 영업의 양도 또는 계약이전을 명하는 경우에는 다른 금융기관을 지정하여 명령의 대상이 되는 금융기관과의 합병, 영업의 양수 또는 계약이전을 권고할 수 있고, ② 예금보험공사는 합병, 영업의 양수 또는 계약이전을 권고받은 금융기관에 대하여 그 이행을 전제로 「예금자보호법」 제2조 제7호에 따른 자금지원의 금액과 조건 등을 미리 제시할 수 있으며, ③ 예금보험공사는 금융기관이 적기시정조치를 원활하게 이행할 수 있도록 하기 위하여 필요하다고 인정되면 금융기관 간의 합병이나 영업의 양도·양수 또는 제3자에 의한 인수를 알선할 수 있다(금융산업구조개선법11조).

또한 금융위원회는 금융거래와 관련된 계약 이전의 결정을 할 때에는 필요한 범위에

---

11) 대법원 2010.4.29. 선고 2007다12012 판결(공2010상, 964)은 (구)금융감독위원회가 자본감소명령을 할 당시 그 기준을 사전에 고시하지 아니한 하자가 있으나, 부실화 우려 있는 금융기관이 자본감소명령이 발령될 것임을 사전에 알고 있었던 점 등에 비추어 그 하자가 위 자본감소명령을 무효로 할 만큼 중대하고 명백한 것이라고 볼 수 없어 부실화 우려 있는 금융기관의 이사회가 자본감소결의를 할 수 있다고 본 사례이다.

서 계약이전이 되는 계약의 범위, 계약이전의 조건 및 이전받는 금융기관을 정하여야 한다. 이 경우 계약이전을 받는 금융기관의 이사회의 동의를 미리 받아야 하고, 계약이전은 관계 법률 및 정관의 규정에도 불구하고 계약이전을 하는 부실금융기관의 이사회 및 주주총회의 결의를 필요로 하지 아니하며, 금융위원회는 계약이전의 결정을 한 때에는 부실금융기관의 관리인을 선임하여야 한다(금융산업구조개선법14조5항내지7항). 또한 계약이전의 결정이 있는 경우 그 결정내용에 포함된 계약에 의한 부실금융기관의 권리와 의무는 계약이전의 결정이 있는 때 계약이전을 받는 금융기관이 승계한다(금융산업구조개선법14조의2 제1항). 이 경우 관리인은 그 선임목적에 따라 대행할 임원의 직무를 수행할 권한이나 계약이전의 결정과 관련된 업무의 범위에서 부실금융기관의 자산·부채 등을 관리·처분할 권한을 가지고, 금융위원회는 관리인에게 그 업무수행에 필요한 명령을 할 수 있다(금융산업구조개선법14조의2 제1항, 2항). 판례는 계약이전결정을 통하여 부실금융기관을 인수하려는 인수금융기관으로서는 사전에 재산실사와 예금보험공사와의 협의 등을 거쳐 인수대상이 되는 부실금융기관의 자산과 부채의 차액, 부실금융기관의 인수 후 추정영업수익, 부실금융기관의 인수시 예금보험공사로부터 지원받을 수 있는 자금의 규모 등을 면밀히 검토하여 이를 기초로 부실금융기관의 인수 여부를 자기 책임하에 결정할 것이 요구되고, 한편 공적자금을 투입하는 예금보험공사의 입장에서는 부실금융기관의 정리방식으로는 계약이전결정 등의 방법 이외에도 청산·파산 등의 방법이 있는 관계로, 부실금융기관이 제3자에게 인수된다는 사유만으로 특별한 사정이 없는 한 부실금융기관의 청산·파산시 예금보험공사가 투입하여야 할 자금보다 더 많은 자금을 인수금융기관을 위하여 출연할 이유는 없다고 하였다.[12]

　　위 계약이전의 법적 성질과 관련하여서는 금융위원회가 행정처분으로 부실금융기관의 의사표시를 갈음한 것으로 보아야 하며, 이럴 경우 행정처분으로 당사자간의 사법상의 법률효과를 발생하도록 한 것이라는 점에서 과연 헌법에 합치하는가 하는 점에는 의론이 있다. 판례는 구 금융산업구조개선법 하에서 금융감독위원회가 부실금융기관에 대하여 내린 계약이전결정은 금융거래에서 발생한 계약상의 지위를 이전하는 형식으로 부실금융기관의 자산 및 부채 중 특정 부분을 제3자인 인수금융기관에게 양도 및 인수하게 하되, 이전되는 부채와 자산 가치와의 차액을 인수금융기관에게 지급하는 부실금융기관 정리방식

---

12) 대법원 2007.11.29. 선고 2006다76583,76590 판결(공2007하, 2020)은 나아가 인수금융기관이 자신의 책임하에 부실금융기관의 인수에 동의하여 금융감독위원회의 계약이전결정이 내려지고 예금보험공사와의 협상을 거쳐 부실금융기관의 청산·파산시 예금보험공사가 부담할 청산손실금을 기초로 하여 자금지원약정을 체결하였는데, 인수대상인 부실금융기관의 총부채와 총자산의 차액에 비하여 예금보험공사가 지원하는 자금의 규모가 과소하여 향후 재정적 어려움이 예상된다고 하더라도, 그러한 사정만으로 예금보험공사가 신의칙에 반하거나 형평과 정의의 원칙에 어긋나게 과소한 자금지원결정을 하거나 자금지원약정을 체결하였다고 할 수는 없다고 하였다.

중의 하나로서 이루어진 것으로서 그 성질은 금융감독위원회의 일방적인 결정에 의하여
금융거래상의 계약상의 지위가 이전되는 사법상의 법률효과를 가져오는 행정처분에 해당
한다고 하였고,[13] 계약이전결정이 내려진 경우 계약이전결정에 의하여 어떤 범위에서 권
리·의무가 이전되는지는 계약이전결정서에서 정하고 있는 바에 따라 판단하여야 하고, 규
정이 불분명하여 문언만으로는 그 범위를 정확하게 알 수 없는 경우에는 계약이전결정을
하게 된 취지와 경위, 이전되는 계약에 관련된 당사자 사이의 공평한 결과 등을 종합적으
로 고려하여 판단하여야 한다고 하였다.[14] 한편 계약이전결정이 있으면 그로써 계약이전
의 효력이 발생하는 것이고, 민법 제450조에 규정된 지명채권양도의 대항요건을 구비하여
야 하는 것은 아니며, 금융산업구조개선법 제14조의2 제2항 내지 제4항이 계약이전결정이
있는 경우에는 당해 부실금융기관 및 인수금융기관이 공동으로 그 결정의 요지 등을 2 이

---

13) 대법원 2002.4.12. 선고 2001다38807 판결(공2002, 1094)은 또한 계약이전결정에 따라 이루어지는 계
약이전과 상법상의 영업양도는 그 목적, 법적 성질, 효과를 달리하므로 금융감독위원회가 금융산업구
조개선법 제14조 제2항에 따라 부실금융기관에 대하여 계약이전결정을 내림에 있어 당해 부실금융기
관의 주주총회의 특별결의를 거쳐야 한다고 볼 수 없다고 하였는데 현행 금융산업구조개선법에서는
제14조 제6항이 신설되어 해결되었다. 위 판결은 또한 금융감독위원회의 계약이전결정과 재정경제부
장관의 은행업 등의 인·허가 취소는 각기 그 처분을 하는 주체나 내용 및 절차 등을 달리하여 별개의
행정처분에 해당한다고 할 것이어서 금융감독위원회의 요청에 따라 이루어진 재정경제부장관의 은행
업 등의 인·허가 취소에 구 금융산업구조개선법 제14조의2(현행14조의4)에 정하여진 청문절차를 거
치지 아니한 절차상의 잘못이 있다 하더라도 그와 같은 사정만으로 그에 앞서 이루어진 금융감독위원
회의 계약이전결정이 위법하게 된다고 볼 것은 아니라고 하였다. 또한 대법원 2002.12.26. 선고 2002
다12727 판결(미간행)은 계약이전제도의 취지 및 계약이전의 결정이 있은 때 승계의 효력이 발생하는
것으로 법정한 점 등에 비추어 보면, 원래의 채권자였던 부실금융기관과 채무자 사이에 채권양도제한
의 약정이 있었다 하더라도 그에 의하여 이전의 효력에 장애가 생기는 것이라고 볼 수 없다고 하였다.
이 판결에 대한 해설로 임채웅, "금융산업의 구조개선에 관한 법률에 의한 계약이전결정의 효과", 대
법원판례해설 제42호, 법원도서관(2003), 308면 참조.
14) 대법원 2015.7.9. 선고 2015다1475 판결(공2015하, 1142)은 甲 보험회사가 乙과 체결한 보험계약의 보
험자 지위가 금융산업의 구조개선에 관한 법률에 따른 계약이전결정으로 丙 보험회사에 이전되었는
지 문제된 사안에서, 위 보험계약은 乙이 보험금을 부정취득할 목적으로 체결한 것이어서 민법 제103
조에서 정한 선량한 풍속 기타 사회질서에 반하여 무효이지만, 계약이전결정에서 이전대상에서 제외
되는 것으로 정한 '강행법규에 위반되는 등의 사유로 인해 이전기준일 현재 무효인 보험계약'은 이전
기준일 현재 판결 등으로 무효임이 확정된 보험계약만을 의미한다고 보아야 하는데, 위 보험계약은
계약이전결정상 이전기준일 당시에는 무효로 확정되지 않았으므로, 丙 회사가 계약이전결정에 따라
보험자 지위를 이전받았다고 한 사례이다. 同旨 대법원 2006.4.28. 선고 2004다70260 판결(공2006,
917) '계약이전결정서' 제1조에 "계약이전기준일은 1998년 6월 29일 08시로 한다."고 되어 있고, 제3조
제1항은 "甲은 계약이전기준일 현재 붙임1에서 정하는 갑의 자산·부채 및 그 발생의 기초가 되는 계
약상의 지위, 부수업무와 관련된 甲의 계약상의 지위를 乙에게 이전하고, 乙은 이를 인수한다."고 되
어 있으며, 그 '붙임1'의 그 이전대상 부채에는 '지급보증'이 열거되어 있지만, '보증채무의 이행사유가
발생하지 않은 원화지급보증'은 이전대상에서 제외되는 부채로 정한 사안에서 문제가 된 보증채무는
1998. 6. 29. 08:00를 기준으로 볼 때 위 '보증채무의 이행사유가 발생하지 않은 원화지급보증'에 해당
하여 계약이전결정상의 이전대상 부채에 포함되지 않는다고 하였다. 또한 대법원 2002.4.28.자 2001그
114 결정은 구 상호신용금고법상의 계약이전에 의한 인수 대상에 장부 외의 채무는 그 계약이전 협의
서 및 인가의 내용에 비추어 포함되지 않는다고 한 사례이다.

상의 일간신문에 공고하도록 하면서 그 공고가 있는 때에는 그 공고로써 민법 제450조의 규정에 의한 지명채권양도의 대항요건을 갖춘 것으로 본다고 규정하고 있다고 하여 달리 볼 것도 아니다.15)

물론 금융기관도 파산, 회생 등의 도산절차의 대상이 될 수 있다. 그러나 이와 같은 도산절차와는 별도로 금융기관의 파탄처리에 관하여는 여러 가지 행정절차가 존재하고, 이 쌍방이 결합하여 도산처리가 진행되는 것이다. 그러나 실제로 금융기관이 회생절차를 거쳐 재건한다는 상황을 상정하기는 어려울 것이고(금융기관이 경영위기에 몰리면 뱅크 런 사태가 일어날 것이다), 실제로도 금융기관이 회생절차개시신청을 한 사례는 없다.

한편 종래 단기외자를 도입하여 기업들에게 자금을 공급하던 종합금융회사들이 1997년의 외환위기를 겪으면서 경영이 파탄되기에 이르자 「종합금융회사에 관한 법률」이 폐지되고 2009년 「자본시장과 금융투자업에 관한 법률」이 제정되면서 종합금융회사를 규율하게 되었는데, 신규 인가에 대한 규정을 두지 않아, 더 이상 새로운 종합금융회사를 만들 수는 없게 되었다.

또한 1998년 상호신용금고를 규율하던 「상호신용금고법」도 「상호저축은행법」으로 개정되어 금융위원회는 상호저축은행 또는 그 임직원이 위법 부당한 행위를 하거나 결손으로 자기자본의 전액이 잠식된 경우 6개월 이내의 기간을 정하여 영업의 전부정지를 명하거나 영업의 인가를 취소할 수 있고(상호저축은행법24조), 금융감독원장은 그 소속 직원으로 하여금 상호저축은행의 업무와 재산에 관하여 검사하게 할 수 있도록 하였는데(상호저축은행법23조1항), 금융위원회는 상호저축은행 또는 그 임원이 위 검사 결과 대통령령이 정하는 개별차주한도초과 신용공여·불법거액신용공여 또는 대주주신용공여를 보유하는 경우, 임원이 상호저축은행법 제24조 제1항 제1호 또는 제3호에 따른 처분(대통령령으로 정하는 처분만 해당)을 받은 경우, 위 검사 결과 경영지도가 필요하다고 인정되는 경우, 상호저축은행이 「금융산업 구조개선법 제10조에 따라 적기시정조치를 받은 경우, 그 밖에 대규모 예금인출 발생 등 거래자의 권익 및 신용질서를 저해할 우려가 있는 경우로서 대통령령으로 정하는 경우에는 예금자 등 거래자 보호, 상호저축은행의 경영정상화 및 재산 보전 등을 위하여 경영지도를 할 수 있고, 이 경우 금융감독원장 및 예금보험공사 사장으로 하여금 금융감독원 및 예금보험공사의 직원을 상호저축은행의 본점 또는 지점등에 파견하여 상주하면서 공동으로 경영지도를 하게 할 수 있도록 하였다(상호저축은행법24조의2 제1항).

또한 그 후 금융위원회는 상호저축은행이 불법·부실대출을 보유하여 자본의 전부가 잠식될 우려가 있고, 이를 단기간내에 통상적인 방법으로는 회수할 가능성이 없어 자력으로 경영정상화를 추진하는 것이 어렵다고 인정되는 때 등에는 지체없이 관리인을 선임하

---

15) 대법원 2007.11.16. 선고 2007다36537 판결(미간행).

여 당해 상호저축은행에 대하여 경영관리를 하게 하며(상호저축은행법24조의3 제1항), 경영관리가 시작되면 관리인은 지체 없이 상호저축은행의 재산현황을 조사하고(같은 조3항), 경영관리의 공고가 있는 때에는 그 때부터 상호저축은행의 모든 채무의 지급, 임원의 직무집행 및 주주명의개서는 정지되며(상호저축은행법24조의4), 금융위원회는 재산실사 결과 상호저축은행의 재산으로 그 채무를 완제할 수 없는 경우에는 계약이전을 받을 자를 지정하여 계약의 이전을 당해 상호저축은행에 대하여 요구할 수 있고(상호저축은행법24조의8), 계약이전의 요구를 받은 상호저축은행과 계약이전을 받을 자로 지정된 상호저축은행 간에 협의가 성립되지 아니하거나 협의를 하지 아니한 경우에는 금융위원회는 계약이전의 결정을 할 수 있도록 하는 규정(상호저축은행법24조의11)을 신설하였다.[16]

보험업법도 개정되어 금융위원회는 보험회사 임원의 해임권고, 직무정지, 보험회사의 영업의 정지 또는 허가의 취소를 할 수 있도록 하였다(보험업법134조).

금융기관의 파탄처리에 관한 행정절차에서 첫째로 중요한 것은 금융관리인제도이다. 금융위원회는 금융산업구조개선법 제10조 제1항 또는 제12조 제3항에 따른 명령을 이행하지 아니하거나 이행할 수 없게 된 경우, 금융기관의 부채가 자산을 뚜렷하게 초과하여 같은 법 제10조 제1항에 따른 명령의 이행이나 부실금융기관의 합병 등이 이루어지기 어렵다고 판단되는 경우 등에는 금융감독원장의 건의에 따라 그 금융기관 임원의 직무집행정지를 명하고 그 임원의 업무를 대행할 관리인을 선임하거나 주주총회에 그 임원의 해임을 권고할 수 있다(금융산업구조개선법14조). 이렇게 선임된 관리인은 관리인의 선임목적에 따라 대행할 임원의 직무를 수행할 권한이나 계약이전의 결정과 관련된 업무의 범위에서 부실금융기관의 자산·부채 등을 관리·처분할 권한을 가지며, 금융위원회는 관리인에게 그 업무수행에 필요한 명령을 할 수 있다(금융산업구조개선법14조의2 제1항, 2항).

이 부분에서 문제되는 것은 금융위원회가 임원의 직무를 대행하는 관리인을 선임한 경우 그 처분의 효력을 소송으로 다투고자 할 때 금융기관의 종전 임원이 금융기관을 대표하여 취소소송을 제기할 수 있는지 여부이다. 판례는 구 상호저축은행법에 의하면, 금융위원회의 경영관리에 의하여 직무집행 권한이 정지된 기존의 대표이사가 상호저축은행을 대표하여 경영관리 또는 영업인가취소처분의 취소소송을 제기할 수는 없고, 공익(예금주 등 제3자의 이익) 보호를 위하여 선임된 관리인도 상호저축은행 자체의 이익 보호를 위한 업무임과 동시에 은행의 통상 업무가 아닌 위 취소소송을 제기할 수 없으며, 다만 상호저축은행의 주주나 임원 등 이해관계인은 행정소송법 제8조 제2항, 민사소송법 제62조, 제64조의 규정에 따라 법원에 특별대리인 선임신청을 하여 위와 같은 취소소송을 제

---

16) 2011년경 실제 저축은행의 파산절차 사례를 해설한 글로는 남준우, "금융기관(저축은행) 파산절차에 관한 실무상 쟁점", 재판자료 제127집, 법원도서관(2013), 129면 참조.

기할 수 있다고 하였다.[17] 행정처분의 공정력을 염두에 둔 판시로 보이는데, 금융산업구조개선법 하에서도 마찬가지로 해석하여야 할 것이다.

한편, 금융위원회는 금융산업구조개선법 제2조 제1호 소정의 금융기관(상호저축은행 포함) 및 신용협동조합의 파산신청을 할 수 있도록 하고 있고(금융산업구조개선법16조, 신용협동조합법24조의13), 이로써 신속하고 원활한 파탄처리절차의 개시가 가능하여진다. 한편 금융위원회는 금융산업구조개선법에 따른 권한의 일부를 대통령령으로 정하는 바에 따라 금융감독원장 또는 예금보험공사 사장에게 위탁할 수 있다(금융산업구조개선법25조).[18]

한편 판례는 금융위원회의 파산신청은 그 성격이 법원에 대한 재판상 청구로서 그 자체가 국민의 권리·의무에 어떤 영향을 미치는 것이 아닐 뿐만 아니라, 위 파산신청으로 인하여 당해 부실금융기관이 파산절차 내에서 여러 가지 법률상 불이익을 입는다 할지라도 파산법원이 관할하는 파산절차 내에서 그 신청의 적법 여부 등을 다투어야 할 것이므로, 위와 같은 금융위원회의 파산신청은 행정소송법상 취소소송의 대상이 되는 행정처분이라 할 수 없다고 하였다.[19]

---

17) 대법원 2012.3.15. 선고 2008두4619 판결(공2012상, 592)은 금융위원회가 甲 상호저축은행에 '경영이 건전하지 못하여 공익을 크게 해할 우려가 있다'는 이유로 구 상호저축은행법 제24조 제2항 제2호 및 제6호 규정에 따라 영업인가를 취소하는 처분을 하였는데, 甲 은행이 처분 통지일로부터 90일이 지나서 취소소송을 제기하고 그 직후 선임된 특별대리인이 이를 추인한 사안에서, 甲 은행의 기존 대표이사와 관리인이 취소소송을 제기할 수 없었던 이상 甲 은행이 처분 통지일부터 90일의 제소기간이 지난 후에 소를 제기하였다고 하더라도 이는 민사소송법 제173조 제1항에 규정된 책임질 수 없는 사유로 말미암아 불변기간을 지킬 수 없었던 경우로서 특별대리인이 선임되어 그 사유가 없어진 날부터 2주 내에 게을리 한 소송행위를 보완할 수 있다고 볼 여지가 있고, 이러한 책임질 수 없는 사유가 존재했는지는 취소소송의 당사자인 甲 은행을 기준으로 살펴야 하므로, 원심은 甲 은행의 특별대리인이 선임된 때부터 2주 내에 소송행위를 적법하게 보완한 것인지를 살펴 甲 은행의 소가 적법한지를 판단했어야 한다는 이유로, 이러한 조치 없이 제소기간이 지났다고 보아 甲 은행의 소를 각하한 원심판결에 제소기간에 관한 법리를 오해한 위법이 있다고 한 사례이다.
18) 이와 관련하여 금융위원회의 파산신청권한을 금융감독원장 등에게 위탁할 수 있는 근거 규정이 없고, 상호저축은행법 제34조의 2에는 금융위원회의 파산신청권한을 금융감독원장이 대행할 수 있다고 규정되어 있을 뿐, 금융위원회의 근거규정은 없다는 점을 근거로 금융위원회의 파산신청권한을 민간위탁할 수 없다는 견해로는 남준우, 전게 논문 147면 참조.
19) 대법원 2006.7.28. 선고 2004두13219 판결(공2006, 1544)은 구 금융감독위원회에 대한 판결이다. 위 판결은 또한 위법한 행정처분의 취소를 구하는 소는 위법한 처분에 의하여 발생한 위법상태를 배제하여 원상으로 회복시키고 그 처분으로 침해되거나 방해받은 권리와 이익을 보호·구제하고자 하는 소송이므로, 비록 그 위법한 처분을 취소한다고 하더라도 원상회복이 불가능한 경우에는 그 취소를 구할 이익이 없다고 할 것이지만, 부실금융기관에 대한 파산결정이 확정되고 이미 파산절차가 상당부분 진행되고 있다 하더라도 파산종결이 될 때까지는 그 가능성이 매우 적기는 하지만 동의폐지나 강제화의 등의 방법으로 당해 부실금융기관이 영업활동을 재개할 가능성이 여전히 남아 있으므로, 금융감독위원회의 위 부실금융기관에 대한 영업인가의 취소처분에 대한 취소를 구할 소의 이익이 있다고 하였다. 이 판결에 대한 해설로 하명호, "가. 금융감독위원회의 부실금융기관에 대한 파산신청이 행정소송법상 취소소송의 대상이 되는 행정처분에 해당하는지 여부(소극) 나. 위법한 처분을 취소해도 원상회복이 불가능한 경우 그 취소를 구할 소의 이익이 있는지 여부(소극) 다. 부실금융기관에 대한 파산결

　또한 파탄금융기관을 청산하기보다 그 영업을 다른 금융기관에 승계시키는 쪽이 바람직함에도 불구하고 적절한 승계 금융기관이 보이지 않는 경우에는 예금보험공사는 정리금융회사를 설립하여 5년을 한도로 영업을 승계할 수 있다(예금자보호법36조의3, 36조의7). 나아가 부실금융회사 등의 자금신청이 있거나, 부실금융회사의 합병 등이 원활하게 이루어 질 수 있도록 하기 위하여 필요하다고 인정되는 경우나 예금자 보호 및 신용질서의 안정을 위하여 부실금융회사 등의 재무구조 개선이 필요하다고 인정되는 경우, 금융산업구조개선법 제12조 제1항에 따른 금융위원회의 요청이 있는 경우에는 금융위원회의 결의에 의하여 부보금융회사 등에게 자금지원을 할 수 있다(예금자보호법38조). 판례는 이와 관련하여 부실금융기관을 인수·합병하는 자 등에 대한 예금보험공사의 자금지원 여부나 자금지원의 시기 및 방법에 관한 사항은 원칙적으로 부실금융기관의 구조조정 등을 촉진시키기 위하여 필요한 범위 내에서 예금보험공사가 재량으로 결정할 수 있는 사항이고, 부실금융기관을 인수·합병하는 자 등에 대한 예금보험공사의 자금지원의무는 부실금융기관을 인수·합병하는 자 등과 예금보험공사 사이에 체결된 출연약정과 같은 별도의 사법상의 계약 등을 매개로 하여 비로소 기속적·구체적 의무로 전환된다고 하였다.[20]

　한편 ① 은행법에 따라 설립된 은행, 중소기업은행법에 따른 중소기업은행, 보험업법에 따른 보험회사, 상호저축은행법에 따른 상호저축은행, 자본시장과 금융투자업에 관한 법률에 따른 투자매매업자, 투자중개업자, 신탁업자 및 종합금융회사에 대하여는 예금자보호법에 따라 설립된 예금보험공사가, ② 자본시장과 금융투자업에 관한 법률에 따른 집합투자업자, 투자자문업자 또는 투자일임업자, 금융지주회사법에 따른 금융지주회사에 대하여는 금융위원회의 설치 등에 관한 법률에 따라 설립된 금융감독원이 파산참가기관이 되고(금융산업구조개선법2조1호, 4호), 파산참가기관이 금융기관에 대한 파산절차에서 일정한 권한을 행사한다. 또한 ③ 농업협동조합법에 따라 설립된 조합으로서 농업협동조합의 구조개선에 관한 법률 제2조 제11호에 따른 기금에 보험료를 납입하는 조합, ④ 수산업협동조합법에 따라 설립된 지구별 수산업협동조합, 업종별 수산업협동조합 및 수산물가공수산업협동조합, ⑤ 산림조합법에 따라 설립된 지역조합 및 전문조합의 파산에 관하여는 금융산업의 구조개선에 관한 법률 제17조부터 제23조까지의 규정이 준용되고, 이 경우 '금융기관'은 '조합'으로, '파산참가기관'은 '관리기관'으로 본다(농협구조개선법10조3항, 수협구조개선법15조3항, 산림조합개선법14조3항).

　파산절차가 개시된 경우 절차 자체에 관하여도 특별한 수단이 마련되어 있다. 먼저

　정이 확정되고 이미 파산절차가 상당부분 진행되고 있는 경우에 금융감독위원회의 위 부실금융기관에 대한 영업인가의 취소처분에 대한 취소를 구할 소의 이익이 있는지 여부(적극)", 대법원판례해설 제64호, 법원도서관(2006년 하), 46면 참조.
20) 대법원 2007.11.29. 선고 2006다76583,76590 판결(공2007하, 2020).

「예금자보호법」에 의한 보험금지급 등 공적자금이 지원되는 부보금융기관이 파산한 경우 공적자금의 효율적인 회수가 필요한 때에는 법원은 파산관재인 선임에 관한 규정에 불구하고 예금보험공사 또는 그 임직원을 파산관재인으로 선임하고, 예금보험공사가 파산관재인인 경우에는 파산관재인의 해임, 감사위원의 동의, 법원의 허가에 관한 규정을 적용하지 않도록 되어 있는 「공적자금관리특별법」 제20조에 관하여 사법권을 침해하는 규정이 아닌가 하는 문제제기가 있었으나 헌법재판소는 이를 합헌이라고 하였다.[21] 「금융산업의 구조개선에 관한 법률」 제15조는 금융위원회는 금융기관이 해산하거나 파산한 경우에는 대통령령으로 정하는 금융전문가나 예금보험공사의 임직원 중에서 1명을 청산인 또는 파산관재인으로 추천할 수 있으며, 법원은 금융위원회가 추천한 사람이 금융 관련 업무지식이 풍부하며 청산인 또는 파산관재인의 직무를 효율적으로 수행하기에 적합하다고 인정되면 청산인 또는 파산관재인으로 선임하여야 하고, 이 경우 금융위원회는 그 금융기관이 「예금자보호법」 제2조 제1호에 따른 부보금융기관으로서 예금보험공사 또는 정리금융기관이 그 금융기관에 대하여 대통령령으로 정하는 최대채권자(最大債權者)에 해당하면 예금보험공사의 임직원을 추천하여야 하며, 금융위원회는 청산인 또는 파산관재인의 추천을 금융감독원장에게 위탁할 수 있도록 규정하고 있고, 「예금자보호법」 제35조의8 제1항은 예금보험공사의 부보금융기관의 파산사건에서 지원자금 등의 효율적인 회수가 필요한 경우에는 법원이 공사, 임직원을 파산관재인으로 선임한다고 규정하고 있다.[22]

그러나 「신용협동조합법」(88조의2), 「농업협동조합의 구조개선에 관한 법률」(10조), 「수산업협동조합의 구조개선에 관한 법률」(15조), 「산림조합의 구조개선에 관한 법률」(14조)은 파산관재인 추천권한만을 규정하고 있어 법원이 그 추천에 구속되는 것은 아니다. 나아가 예금자보호법은 예금보험공사가 부보금융기관의 파산관재인으로 선임된 경우에는 채무자회생법 제364조, 제492조의 적용을 배제한다고 규정함으로써 감사위원이나 법원의 동의내지 허가를 배제하고 있으나(예금자보호법35조의8 제2항), 그 타당성에는 의문이 있다. 물론 법원은 채무자회생법 제358조를 통하여 예금보험공사의 관재인업무를 감독하고, 그 밖에도 채무자회생법 제362조 제2항(파산관재인 대리인 선임 허가), 제396조 제2항(부인권 행사명령), 제491조(채권조사 기일 종료 전 재산환가의 허가), 제500조(임치품 반환청구의 허가), 제506조, 제520조, 제531조(배당허가) 등을 통하여 관재인인 예금보험공사에 대하여 감독권을 행

21) 헌법재판소 2001.3.15. 선고 2001헌가1,2,3(병합) 결정은 '파산관재인의 선임 및 직무감독에 관한 사항'은 대립당사자간의 법적 분쟁을 사법적 절차를 통하여 해결하는 전형적인 사법권의 본질에 속하는 사항이 아니며, 따라서 입법자에 의한 개입 여지가 넓으므로, 그러한 입법형성권 행사가 자의적이거나 비합리적이 아닌 한 사법권을 침해한다고 할 수 없다고 하였다.

22) 이 제도의 문제점에 대한 분석으로는 김영근, "자산운용사 등 금융기관의 파산관재인 선임에 대한 제언", 도산법연구 제11권 제2호, 사단법인 도산법연구회(2021.12.), 51면 참조.

사할 수 있다.

　　또한 파산선고 결정문의 송달은 각 예금자에게 할 필요는 없고, 파산참가기관에 하면 족하다(금융산업구조개선법17조). 금융위원회는 「예금자보호법」 제2조 제1호에 따른 부보금융회사(附保金融會社)에 대하여 영업전부의 정지를 명하거나 계약이전의 결정을 한 경우(일시적인 자금부족으로 영업전부의 정지명령을 받은 경우로서 경영정상화가 확실하다고 인정되는 경우는 제외)로서 관리인을 선임하는 경우에는 예금보험공사의 임직원을 그 금융기관의 관리인으로 선임하되, 정부 등에 의한 지원 및 예금보험공사에 의한 예금 등 채권의 지급이 없거나 없다고 인정하는 경우에는 예금보험공사의 임직원이 아닌 사람을 관리인으로 선임할 수 있다. 금융위원회는 해당 금융기관의 경영정상화나 일반채권자 보호를 위하여 필요하면 예금보험공사의 임직원 외에 다른 사람이 관리인으로 참여할 수 있도록 그 금융기관의 관리인으로 선임할 수 있다(금융산업구조개선법14조의6 제1항, 2항). 판례 중에는 예금보험공사의 직원이 부실금융기관의 관리인으로 선임된 경우, 예금보험공사는 위 관리인의 사용자 지위에 있으므로 관리인의 업무상 주의의무 위반으로 인해 계약이전을 받은 금융기관이 입은 손해에 대하여 배상책임을 인정한 원심의 판단을 수긍한 사례도 있다.[23]

　　법원이 금융기관에 파산선고를 한 경우 채무자회생법 제313조 제1항 각호의 사항을 적은 서면을 파산참가기관에 송달하여야 하고(금융산업구조개선법17조), 파산참가기관은 송달을 받은 경우 알고 있는 예금채권에 대하여 지체 없이 채무자회생법 제448조 제1항 각호의 사항을 적은 예금자표를 작성하여야 한다(금융산업구조개선법20조). 파산참가기관이 파산선고 후 즉시 예금자표를 작성하여 법원에 제출할 수 있도록 하기 위하여 법원은 채무자회생법 제312조에 따라 채권신고기간과 채권조사기일을 정할 때에는 미리 파산참가기관의 의견을 들어야 한다(금융산업구조개선법18조).

　　파산참가기관은 예금자표를 작성한 경우 지체 없이 그 뜻과 열람 장소를 공고하고, 법원이 정한 채권신고기간의 말일까지 예금자가 열람할 수 있게 하여야 하며, 이 경우 예금자표의 열람 개시일과 채권신고기간의 말일 사이에는 2주 이상의 기간이 있어야 한다(금융산업구조개선법20조2항). 파산참가기관은 예금자표의 열람이 시작된 후에 그 예금자표에 적혀 있지 않은 예금채권이 있는 것을 알거나 그 밖에 예금자에게 이익이 되는 사실이 있는 것을 안 때에는 지체 없이 예금자표에 추가하여 적어야 한다(금융산업구조개선법20조3항). 파산참가기관이 예금자표를 작성하고 공고하며 예금자가 열람하게 하는 데 소요되는 비용은 채무자회생법 제473조 제1호에서 정한 '파산채권자의 공동의 이익을 위한 재판상 비용에 대한 청구권'에 해당하므로, 재단채권으로 승인하고 파산재단에서 지급한다.

　　또한 파산참가기관은 채권신고기간이 지난 후 지체 없이 예금자표를 법원에 제출하

---

23) 대법원 2005.11.24. 선고 2004다48508 판결(미간행).

여야 하고(금융산업구조개선법21조1항), 그에 따라 법원에 제출된 예금자표에 적혀 있는 예금채권은 채권신고기간 내에 신고된 것으로 본다(금융산업구조개선법21조2항). 파산참가기관은 예금자표를 법원에 제출한 후 예금자표에 적혀 있지 않은 예금채권이 있는 것을 알게 된 때에는 지체 없이 법원에 알려야 하고, 이 경우 법원에 알린 예금채권은 채권신고기간이 지난 후에 신고된 것으로 본다(금융산업구조개선법21조3항).

이 경우 파산참가기관은 예금자표를 작성하여 법원에 제출함으로써 채권신고의 효과가 있음과 아울러 스스로 절차에 참가하는 것을 희망하는 예금자가 특히 신고하지 않는 한에는 원칙적으로 파산참가기관이 예금자에 허용되는 일체의 행위를 할 수 있다. 즉, 금융산업구조개선법 제21조 제2항 및 제3항에 따라 신고된 것으로 보는 예금채권의 예금자가 직접 파산절차에 참가하려면 그 뜻을 법원에 신고하여야 하고, 이 경우 법원은 참가 사실을 파산참가기관에 알려야 한다(금융산업구조개선법22조). 파산참가기관은 신고된 것으로 보는 예금채권의 예금자를 위하여 파산절차에 관한 모든 행위를 할 수 있으나, 그 예금자가 직접 파산절차에 참가하는 경우에는 그러하지 아니하며, 예금채권의 확정에 관한 소송행위를 할 때에는 그 예금자의 수권(授權)이 있어야 한다(금융산업구조개선법23조).

마. 사적 조정(私的 調整)

채무자와 모든 채권자들 사이에 합의에 의하여 법원의 관여 없이 도산사건을 처리하는 절차를 일반적으로 사적 조정(빚잔치)이라고 부른다. 물론 그러한 의미에서 전적으로 실체사법상의 제도이고, 사적 자치, 계약자유의 범위 내에서만 효력을 가진다. 즉 절차적으로는 채권자들을 대표하는 채권자위원회에의 위임과 채권자위원회가 재산을 지배하는 것에 대한 채무자의 동의 또는 재건형에 있어서는 채무자가 채권자들(채권자위원회) 중에서 선임된 채권자위원이나 채권자위원장이 주도하거나 채무자의 대리인인 변호사가 주도하는 사적정리가 일반적이지만,[24] 그 밖에도 공정하고 중립적인 기관을 설치하여 그 관여 아래 사업재생을 목적으로 하여 조직적으로 사적 조정(정리)을 행하는 장치를 마련하고 있는 입법례를 가지고 있는 국가는 일본이다.

일본에서는 이와 같은 것으로서 ① 금융채권만을 권리변경의 대상으로 하고 일반 거래채권자의 채권에는 영향을 미치지 않는 파탄처리절차로서 사적 조정에 관한 가이드라인에 의한 처리절차, ② 주채권은행 이외의 금융기관으로부터 채권을 매입하고, 당해 기업

---

24) 상법 제490조 이하에 규정된 사채권자집회를 통한 채무조정 사례에 관하여는 김장훈·김지평·홍정호, "사채권자집회를 통한 기업채무조정에 관한 소고", 도산법연구 제6권 제3호, 사단법인 도산법연구회 (2016. 10.), 1면 참조.

및 주채권은행이 함께 사업재생계획을 작성을 통하여 사업재생을 도모하는 것을 목적으로 하는 주식회사 지역경제활성화지원기구 하의 파탄처리, ③ 사업계획은 가능하나, 근본적인 재무체질 개선과 경영개선이 필요한 중소기업에 관하여 중립 공정한 제3자로서 각 지방자치단체의 상공회의소에 설치하고 재생계획의 책정지원, 재생계획안의 재생계획안의 조사보고 및 채권자와의 합의형성을 향한 조정을 행하는 중소기업재생지원협의회 하의 파탄처리절차, ④ 「산업경쟁력 강화법」을 근거법으로 하여 특정인정분쟁해결사업자에 인정되고 있는 사업재생실무가협회(JATP: Japanese Association of Turnaround Professionals)에 의한 사업재생 ADR(Alternative Dispute Resolution) 등 여러 가지 절차가 마련되어 있다.25)

참고문헌

김영근, "일본의 사적 구조조정 절차", 도산법연구 제9권 제2호, 사단법인 도산법연구회(2019.9.), 119면.

남준우, "금융기관(저축은행) 파산절차에 관한 실무상 쟁점", 재판자료 제127집, 법원도서관(2013).

유대일, "한국의 부실금융회사 정리 제도 및 파산재단 관리", 도산법연구 제5권 제2호, 사단법인 도산법연구회(2014.10.), 189면.

이석준, "금산법상 금융기관 파산사건의 현황 및 절차법적 검토", 사법논집 제75집, 사법발전재단(2022), 157면.

이은재. "한국에서의 금융기관 정리에 대한 논의-은행을 중심으로", 도산법연구 제5권 제2호, 사단법인 도산법연구회(2014.10.), 197면.

임형석, "금융회사 회생·정리계획에 대한 국제적 논의와 시사점", 도산법연구 제4권 제2호, 사단법인 도산법연구회(2014.1.), 257면.

임치용, "신용협동조합의 파산과 법률관계", 파산법 연구 4, 박영사(2015), 118면.

福岡真之介, "일본의 법정외 채무정리", 도산법연구 제2권 제1호, 사단법인 도산법연구회(2011.5.), 176면.

---

25) 상세에 대하여는 栗原隆, "일본의 사적 정리절차에서 재건형 법적 절차로 이행시의 논점", 도산법연구 제10권 제1호, 사단법인 도산법연구회(2020.6.), 167면 참조.

4. 재판상 도산처리의 기구

가. 도산법원

(1) 의의

도산절차는 재판상의 절차이므로 도산절차를 취급하는 법원은 도산처리기구의 중심이 된다. 이와 같은 법원은 각 종류의 절차에 대응하여 회생법원·파산법원이라고 불리나, 여기서는 이를 총칭하여 도산법원이라고 부른다. 법원조직법은 2016. 12. 27. 개정으로 도산처리를 위한 특별법원인 회생법원을 신설하였다.

(2) 관할

회생사건, 간이회생사건 및 파산사건 또는 개인회생사건은 ① 채무자의 보통재판적이 있는 곳, ② 채무자의 주된 사무소 또는 영업소가 있는 곳 또는 채무자가 계속하여 근무하는 사무소나 영업소가 있는 곳, ③ 위 ①②에 해당하는 곳이 없는 경우1)에는 채무자의 재산이 있는 곳의 소재지를 관할하는 회생법원의 관할에 전속한다(법3조1항). 그러나 회생사건 및 파산사건은 채무자의 주된 사무소 또는 영업소의 소재지를 관할하는 고등법원 소재지의 회생법원에도 신청할 수 있다(법3조2항).2) 합의관할은 인정되지 않는다. 일반의 민사사건과 달리 지방법원 지원을 제외하고 본원의 관할로 한 것은 도산사건의 처리경험을 축적하여 법원의 전문성을 제고하고 사건 처리기준의 통일을 기하기 위한 것이다.

구 회사정리법 제6조에서는 회사의 본점 소재지를 기준으로 관할을 정하였고, 본점은 법인등기부를 기준으로 판단하였는데, 우리나라 기업의 경우 영업의 주된 활동은 서울 등 대도시에서 이루어짐에도 불구하고 세법과 각종 행정법규의 제약으로 말미암아 본점을 다

---

1) 현재 영업을 쉬고 있는 경우, 행상인, 노점상인 등을 의미한다.
2) 대규모 도산사건을 처리함으로써 전문성이 강하고, know-how가 축적된 고등법원 소재지의 회생법원에 관할을 인정함으로써 관련 도산사건의 병행처리를 가능하게 한 규정이고, 회생실무에서 채무자들이 자주 활용하는 관할의 유형이다.

른 곳에 두고 있는 경우가 적지 아니하여 서울중앙지방법원 등 도산사건의 처리경험이 많은 법원에 회사정리신청을 하지 못하고, 본점 소재지 법원에 신청할 수밖에 없는 경우가 있었을 뿐 아니라, 심지어 관할법원이 회사정리절차에서 엄격한 감독을 하는 경우에는 이를 피하기 위하여 본점을 이전하여 새로운 본점을 관할하는 법원에 이를 신청하는 Forum Shopping의 우려도 있었다.

채무자회생법은 법인등기부 상의 형식적인 본점 소재지보다 실제 영업활동의 본거지를 관할하는 법원에서 도산절차를 진행하는 것이 절차의 원활한 진행을 위하여 효율적인 점을 감안하여 위와 같이 개정한 것이다.

한편 친자회사 등의 밀접한 조직관계가 있고, 또 경제적으로도 연관된 사업 활동을 영위하는 복수의 법인에 관하여 도산절차를 행하는 경우에는 동일한 법원이 관할법원이 되고, 이는 실제상 하나의 절차를 진행하는 것이 비용과 노력을 절약하고 도산채권자에게 공평, 신속한 처우를 한다는 점에서도 바람직하다. 법은 이러한 관점에서 「독점규제 및 공정거래에 관한 법률」 제2조 제12호에 따른 계열회사에 대한 회생사건 또는 파산사건이 계속되어 있는 경우 계열회사 중 다른 회사에 대한 회생절차개시·간이회생절차개시의 신청 또는 파산신청은 그 계열회사에 대한 회생사건 또는 파산사건이 계속되어 있는 회생법원에도 할 수 있도록 하고 있다(법3조3항1호).[3]

나아가 법인에 대한 회생사건 또는 파산사건이 계속되어 있는 경우 그 법인의 대표자에 대한 회생절차개시·간이회생절차개시의 신청, 파산신청 또는 개인회생절차개시의 신청은 그 법인에 대한 회생사건 또는 파산사건이 계속되어 있는 회생법원에도 할 수 있으며(법3조3항2호), 또한 주채무자 및 보증인, 채무자 및 그와 함께 동일한 채무를 부담하는 자, 부부 중 어느 하나에 해당하는 자에 대한 회생사건, 파산사건 또는 개인회생사건이 계속되어 있는 경우 위에 규정된 다른 자에 대한 회생절차개시·간이회생절차개시의 신청, 파산신청 또는 개인회생절차개시의 신청은 그 회생사건, 파산사건 또는 개인회생사건이 계속되어 있는 회생법원에도 할 수 있고(법3조3항3호),[4] 채권자의 수가 300인 이상으로서 대통령령으로 정하는 금액 이상의 채무를 부담하는 법인에 대한 회생사건 및 파산사건은 서울회생법원에도 신청할 수 있다(법3조4항).

한편 개인이 아닌 채무자에 대한 회생사건 또는 파산사건은 위 규정들에 따른 회생법

---

3) 기업집단 도산사건의 실제적 분석에 관하여는 이재희, "기업집단 도산사건의 효율적 처리방안 — 동양그룹 사례를 중심으로", 사법논집 제63집, 법원도서관(2017), 141면, 홍석표, "기업집단, 계열회사 도산사건", 도산법연구 제10권 제1호, 사단법인 도산법연구회(2020.6.) 83면 참조.

4) 개인채무자의 보통재판적 소재지가 강릉시·동해시·삼척시·속초시·양양군·고성군인 경우에 그 개인채무자에 대한 파산선고 또는 개인회생절차개시의 신청은 춘천지방법원 강릉지원에도 할 수 있고(법3조10항), 채무자의 보통재판적 소재지가 울산광역시나 경상남도인 경우에 회생사건, 간이회생사건, 파산사건 또는 개인회생사건은 부산회생법원에도 신청할 수 있다(법3조11항).

원의 합의부의 관할에 전속한다(법3조5항). 상속재산에 관한 파산사건은 상속개시지를 관할하는 회생법원의 관할에 전속하고(법3조6항), 상속은 피상속인의 주소지에서 개시하므로(민998조), 피상속인의 최후주소가 기준이 되고, 단독판사의 사물관할에 속한다.「신탁법」제114조에 따라 설정된 유한책임신탁에 속하는 재산에 관한 파산사건은 수탁자의 보통재판적 소재지(수탁자가 여럿인 경우에는 그 중 1인의 보통재판적 소재지)를 관할하는 회생법원의 관할에 전속하며(법3조7항), 이에 따른 관할법원이 없는 경우에는 유한책임신탁재산의 소재지(채권의 경우에는 재판상의 청구를 할 수 있는 곳을 그 소재지로 본다)를 관할하는 회생법원의 관할에 전속한다(법3조8항).

(3) 이송

관할을 위반한 법원에 도산절차 개시신청이 된 경우에는 이송이 가능하다(법33조, 민소34조). 또한 어떤 법원이 어떤 도산사건에 관하여 관할권을 행사할 수 있는 경우에도 이해관계인의 이익을 고려하여 보다 적절한 법원으로 하여금 사건을 취급할 가능성을 인정하는 것이 합리적이다. 채무자회생법은 이와 같은 견지에서 현저한 손해 또는 지연을 피하기 위하여 필요하다고 인정하는 때에는 직권으로 회생사건, 파산사건, 개인회생사건을 영업자의 다른 영업소·사무소나 주소·거소 또는 재산의 소재지를 관할하는 회생법원, 채무자의 주소 또는 거소를 관할하는 회생법원, 법 제3조 제2항 또는 제3항에 따른 회생법원, 법 제3조 제2항 또는 제3항에 따라 해당 회생법원에 회생사건·파산사건 또는 개인회생사건이 계속되어 있는 때에는 채무자회생법 제3조 제1항에 따른 회생법원에 이송하는 것을 인정하고 있다(법4조). 이송결정에 대하여는 즉시항고할 수 없다(법13조1항). 민사소송법상으로는 신청 또는 직권에 의한 이송이 인정되고 있으나, 민사소송은 사안의 규명을 목적으로 하고 당사자대립구조를 기본으로 하고 있다는 점에서 채무자의 경제적 회생 또는 채권자에 대한 배당과 채무자의 갱생을 목적으로 하는 도산절차와 다르므로 이송의 요건이 현저한 손해 또는 지연으로 제한되고, 또 직권에 의한 이송에 한정되는 것이다. 물론 실제로는 직권발동을 촉구하는 이해관계인의 신청이 전제가 된다. 상속재산 파산의 경우 직권이송의 여지는 없다고 해석한다.

(4) 국제도산관할

국제도산관할 즉 채무자에 대하여 어떤 나라의 법원이 도산절차를 개시하고 수행할 권한을 가지는가의 규율에 관하여는 법률상 규정이 없었다. 해석으로서는 우리나라 국내토지관할을 정하는 규정을 기초로 하여 국제도산관할을 정하는 견해가 유력하였으나, 채무자회생법의 제정으로 규정을 두기에 이르렀다.

채무자가 개인인 경우에는 우리나라에 영업소, 주소, 거소 또는 재산을 가지는 때에 한하여, 채무자가 법인 그 밖에 사단 또는 재단인 경우에는 우리나라에 영업소, 사무소 또는 재산을 갖는 때에 한하여 우리나라 법원에 국제도산관할이 인정된다. 채무자의 재산인 채권에 관하여는 재판상의 청구를 할 수 있는 곳을 그 소재지로 본다(법3조1항3호).

국제도산관할원인의 하나인 영업소는 주된 영업소일 필요는 없다. 예컨대 외국에 주된 영업소를 가지고 우리나라에 종된 영업소를 가지는 법인에 관하여도 우리나라 법원에 국제도산관할이 인정된다. 또 외국에 영업소나 주소를 가진 개인이라도 우리나라에 재산이 있으면 우리나라의 국제도산관할이 인정된다. 단일도산주의(單一倒産主義), 즉 세계 각국 사이에 국제도산관할의 배분에 관하여 통일이 이루어지면 이와 같은 규율은 합리성을 잃겠지만, 그와 같은 상황이 아닌 이상, 위와 같은 법인이나 개인에 관하여도 우리나라에서 도산절차를 개시할 필요가 존재하는 것으로 하여 국제도산관할을 인정하는 것이다. 다만 이로부터 2개의 문제가 파생되는데, 첫째는 동일한 채무자에 관하여 우리나라의 도산절차와 외국의 도산절차가 경합하는 병행도산(竝行倒産)의 문제이고, 둘째는 예컨대 재산의 소재를 관할원인으로 하는 우리나라의 도산절차가 개시된 때에 그 효력이 재외재산(在外財産)에 미치는가, 역으로 주된 영업소의 소재를 이유로 하여 외국에서 도산절차가 개시된 때에 그 효력이 국내재산에 미치는가 등의 도산절차의 국제적 효력의 문제이다. 상세는 국제도산에 관한 부분에서 설명한다.

(5) 협의의 도산법원

도산법원은 2가지 의미를 갖는다. 하나는 도산절차의 개시로부터 종결까지 일련의 절차로서의 도산사건을 담당하는 재판부를 가리키는 경우(협의)이고, 다른 하나는 이와 같은 협의의 도산법원이 속한 관서로서의 법원을 가리키는 경우(광의)이다.

(가) 권한

협의의 도산법원은 절차개시의 신청을 심리재판하고, 보전처분을 행하며, 관리인·관재인을 선임·감독하고, 채권자집회를 소집·지휘하며, 채권신고를 수리하고, 절차의 종결을 선언하는 등 절차의 진행 및 이에 관련된 많은 사항에 관한 권한을 가진다.[5] 채무자 회생법은 회생절차의 진행에 관한 법원의 감독 등에 관하여 "법원은 채권자 일반의 이익과 채무자의 회생 가능성을 해하지 아니하는 범위에서 회생절차를 신속·공정하고 효율적으로 진행하여야 한다. 법원은 필요하다고 인정하는 경우 이해관계인의 신청이나 직권으로 회생절차의 진행에 관한 이해관계인과의 협의, 회생절차의 진행에 관한 일정표의 작성·운용,

---

5) 구 회사정리법상의 법원의 감독권에 관하여는 김용담, "정리계획 기간 중의 감독권 행사를 둘러싼 문제점", 민사판례연구 XVI, 민사판례연구회(1994), 561면 참조.

채무자, 관리인 또는 보전관리인에게 채무자의 업무 및 재산의 관리 상황, 회생절차의 진행 상황, 법 제179조 제1항 제5호 및 제12호에 따라 차입된 자금의 사용목적이 정하여진 경우 그 자금집행사항, 그 밖에 채무자의 회생에 필요한 사항에 관한 보고 또는 자료 제출의 요청, 관계인집회의 병합, 법 제98조의2에 따른 관계인설명회의 개최 명령, 그 밖에 채무자의 회생에 필요한 조치를 취할 수 있다(법39조의2 제1항, 2항)"라고 규정하고 있고, 파산절차의 진행에 대하여는 "파산관재인은 법원의 감독을 받는다."(법358조)라고 규정하고 있다.

　도산법원의 절차적 사항에 관한 권한 중에는 절차개시의 신청에 관한 재판과 같이 사법적인 성질의 것도 있고, 관리인·관재인의 선임·감독과 같이 행정적 내지 비송적인 색채가 농후한 것도 있다. 또 단순히 절차적 사항에 그치지 않고, 실체법상의 권리·의무의 인정을 행하는 경우도 있다. 예컨대 법인의 이사 등에 대한 손해배상청구권의 조사확정(법 114조 내지 117조, 법351조 내지 354조)이나 부인의 청구에 관한 재판(법105조, 396조), 도산채권 조사확정의 재판(법170조, 462조) 등이 그것이다. 이러한 각종 권한에 관하여는 각각 해당부분에서 설명한다.

　(나) 구성

　원래 지방법원은 원칙적으로 단독제이므로(법원조직법7조4항) 협의의 도산법원은 단독 판사이지만, 개인이 아닌 채무자에 대한 회생사건 또는 파산사건은 도산사건의 중요성과 업무처리의 전문성을 도모하기 위하여 3인의 판사로 합의부를 구성하여 행하는 것으로 하였다(법3조5항). 도산법원은 원격지의 증인신문 등을 위하여 다른 지방법원에 촉탁하는 등 법률상의 협조를 구할 수 있다(법5조). 그러나 이는 관서로서의 법원간의 관계이다.

　(다) 절차 원칙

　도산절차는 일종의 민사절차이므로 별다른 규정이 없는 경우에는 민사소송법 및 민사집행법의 규정이 준용된다(법33조).⁶⁾ 협의의 도산법원의 처분은 단순한 사실행위를 포함하나 중요한 것은 재판의 형식으로 이루어지는 처분이다. 협의의 도산법원의 재판은 보통 결정의 형식으로 이루어지고 구술변론을 열 필요는 없고, 직권탐지주의가 행하여진다(법12조). 구술변론을 거친 경우에도 결정(決定)으로 재판한다. 임의적 변론에 의한 비공개의 결

---

6) 대법원 1984.10.5.자 84마카42 결정(공1985, 16)은 회사정리절차개시신청에 대한 결정을 함에 있어서 법원은 개시결정이 다수 이해관계인의 이익을 조정하고 기업을 정리, 재건하기 위한 것이기 때문에 정리의 가망, 신청의 성실성 등 회사정리법 제38조 각호 소정의 사유를 판단하지 않으면 안 되고, 그 판단을 위해서 법원의 합목적적 재량을 필요로 하고 또 경제사정을 감안하여 유효적절한 조치를 강구하지 않으면 안 되고, 절차의 간이 신속성이 요구되므로 정리절차의 개시결정 절차는 비송사건으로 봄이 상당하고, 회사정리법 제8조가 정리절차에 관하여 동법에 따로 규정이 없는 때에는 민사소송법을 준용한다고 규정하였다 하여 위의 개시결정절차가 민사소송사건으로 탈바꿈한다고 볼 수는 없다고 판시하면서 따라서 비송사건에 관한 재항고사건에는 민사소송에 관한 특례를 규정한 (구) 소송촉진등에관한특례법 제13조의 규정은 적용되지 않는다고 하였다.

정절차인 것이 헌법위반이 아닌가 하는 논의가 있으나, 구술변론이 관계인으로 하여금 주장을 다하게 하기 위한 가장 완비된 형식이라고 하여도 요컨대 이해관계인이 적절한 의견진술의 기회를 가지는 것이 중요하고 사안의 성질에 부응한 실질을 갖추면 위헌의 문제는 없다고 해석한다.[7] 도산처리와 같이 반드시 당사자대립구조를 취하지 않고 신속하고 유연하게 대처하여야 하는 절차에 있어서는 민사소송에 있어서의 형식주의를 그대로 도입하는 것은 적절하지 않다. 이와 같은 관점에서 채무자회생법은 각각의 절차에 있어서 관계인에게 진술의 기회를 부여하기 위한 배려를 하고 있다. 예컨대 공고 및 알고 있는 관계인에의 개별적 통지에 의하여 권리의 신고를 최고하고, 채권자집회기일, 채권조사기일에의 출석을 촉구하며, 절차에의 참가, 의결권의 행사, 의견의 진술, 이의의 신청 등을 위한 기회를 보장하고 있는 외에(예컨대 법51조, 182조, 185조, 313조), 일정사항의 결정에 있어서는 관계인의 심문(법41조, 115조7항, 106조2항, 190조, 364조, 558조) 또는 의견을 물을 것을 요구하고 있고(법44조1항, 74조, 80조1항, 140조2항, 226조2항, 227조, 355조, 493조, 544조, 545조, 563조, 570조, 577조), 관계인 측으로부터 의견을 들을 수 있다고 하고 있는 경우도 있다(법40조2항, 222조4항, 226조3항, 236조4항, 244조2항, 451조). 또 관계인은 법원의 기록 및 관계서류를 열람할 수 있고(법28조), 절차의 당사자공개가 보장된다. 이와 같은 배려가 관계인의 이익보호라는 관점에서 완전한 것인가 하는 것은 문제가 있으나, 다른 한편 절차의 신속성과 유연성의 요구가 있고, 이를 종합적으로 보면 대체적으로 제도로서는 due process의 요구를 만족하는 것이라고 볼 수 있다. 단 제도로서는 합헌이라도 운영하는 방법에 따라서는 위헌이 될 수도 있으므로 해석상 또는 운영상 관계인의 절차적 보장을 충실히 하여야 한다.

사실의 발견 및 참작에 관하여는 직권주의가 행하여진다. 법은 「직권에 의한 조사」라고 규정하고 있으나(법12조2항), 비송사건절차법에서 말하는 바와 같이 직권에 의한 사실탐지와 직권증거조사를 포함하는 의미이다. 따라서 법원은 관계인의 주장 내지 사실을 참작할 수 있고, 다툼이 없는 사실에도 구속되지 않는다. 이와 같이 변론주의에 해당하는 원칙은 적용이 없으나, 처분권주의에 해당하는 원칙은 적용되는 경우가 있다.[8]

법원에 의한 직권탐지의 방법은 관계인에 의한 구술의 진술 또는 서면의 제출에 의하

---

7) 재판을 받을 권리와 관련하여 日最決昭和45.6.24民集24권6호610면[百選1①]은 파산절차는 순전한 소송사건에 해당하지 않고, 구술변론을 거치치 않고 한 파산선고결정은 헌법의 공개주의에 반하지 않는다고 하였다.

8) 신청에 의하여만 재판할 수 있다고 하고 있는 경우(법222조, 373조, 485조, 494조, 556조, 575조 등)는 불고불리의 의미에서의 처분권주의가 행하여지는 것이 되나, 신청 또는 직권에 의한 경우가 많다(법43조, 44조, 229조, 283조1항, 323조1항, 364조, 375조 등). 신청에 의하여 재판이 이루어지는 경우 신청내용의 구속력의 유무는 경우에 따라 다르다. 절차개시신청재판에 대응하는 경우와 같이 내용이 일률적인 것에 관하여는 신청의 구속력은 문제가 되지 않으나, 보전처분과 같이 여러 가지 내용이 있는 경우에 신청과 다른 재판을 할 수 있는가? 일반적으로는 그 처분이 직권에 의하여도 할 수 있는 경우에는 신청내용에 구속되지 않는다고 해석하여야 할 것이다.

거나(구술변론을 실시한 경우에도 구술변론에 있어서 제출된 것에 한하지 않고 일체의 자료를 포함한다), 스스로 증거를 조사한다. 이 경우 이른바 자유로운 증명으로 족하다고 해석한다. 자유로운 증명이란 민사소송법에 규정된 절차에 의하지 않은 증거조사이고 일반적으로 신속성과 유연성이 요구되는 비송절차 및 결정절차에서 사용된다. 무방식에 의한 증거조사에서는 관계인의 입회권도 보장되지 않으나, 법원의 판단에 기초를 명백히 하기 위하여 증거조사서는 반드시 작성하여야 한다. 다만 자유증명이라고 하여도 증명임에는 변함이 없고, 심증의 정도가 낮아도 좋다는 것은 아니다.

(라) 불복신청

종래 구 파산법 하에서는 파산에서는 파산법에 특히 불복신청을 허용하지 않는다는 취지의 규정(예컨대 파129조2항, 164조, 166조, 212조, 245조, 254조2항, 281조, 284조2항, 315조2항, 319조3항, 333조, 336조)이 없는 한 즉시항고할 수 있음에 반하여(파103조), 화의 및 회사정리에서는 구 화의법 및 구 회사정리법에 특히 즉시항고를 허용하는 취지의 규정(예컨대 화20조4항, 27조3항, 70조2항, 회34조3항, 39조5항, 50조1항, 72조3항, 237조1항, 270조3항, 280조1항, 288조)이 있는 경우에 한하여 할 수 있었다(화7조, 회11조). 이와 같은 차이는 재건형에서는 절차를 신속하게 진행하지 않으면 효과가 없다는데 그 이유가 있다고 설명되었지만, 파산법의 위와 같은 입법 태도에 대하여는, 파산절차에서 이루어지는 재판 중에는 중요한 사항도 있지만 이해관계인에 대한 영향이 별로 없는 형식적인 것도 많이 있는데 모든 종류의 재판에 대하여 불복을 허용하는 것은 파산절차의 신속한 처리를 저해하는 것이라는 비판이 있어왔는데,[9] 채무자회생법에서는 각 절차의 불복방식을 통일하여 법률에 따로 규정이 있는 때에 한하여 즉시항고를 할 수 있도록 하였다(법13조). 일본의 파산법도 마찬가지 태도이다.[10]

불복신청을 허용하지 않는 재판에 대하여는 헌법 또는 법률위반을 이유로 하는 특별항고만이 가능하다.[11] 특별항고는 재판이 고지된 때로부터 1주 내에 하여야 한다(법33조, 민소법 449조1항, 2항의 준용). 구 회사정리법 하에서는 정리계획 인부결정, 정리절차 폐지의 결정 등에 대한 항고심결정에 대하여 불복은 민사소송법 제449조(특별항고)의 규정에 의하도록 하고 있었으나,[12] 채무자회생법은 민사소송법 제442조(재항고)의 규정에 의하도록 하

---

9) 日本法務省民事局參事官室 編, 倒産法制に関する改正検討課題, 別冊 NBL no.46(1998.1.16.), 36면

10) 일본 파산법 제9조

11) 채무자회생법 제290조 제1항, 제247조 제5항에 의한 항고인의 항고보증금 등 미공탁에 따른 항고장 각하 결정에 대하여는 즉시항고를 할 수 있다는 규정이 없으므로 즉시항고를 할 수 없고, 특별항고만 허용된다고 한 것으로는 대법원 2011.2.21.자 2010마1689 결정(공2011상, 621) 참조.

12) 대법원 2000.3.30.자 2000마993 결정(공보불게재), 대법원 1991.5.28.자 90마954 결정(공1991, 1728), 대법원 1989.12.27.자 89마879 결정(공1990, 341), 대법원 1987.12.29.자 87마277 결정(공1988, 398), 대법원 1999.6.30.자 98마3631 결정(공1999, 1854), 대법원 1997.3.4.자 96마2170 결정, 대법원 1997.9.3.자 97마1775 결정(공1997, 3369), 대법원 1997.3.4.자 96마2170 결정(공1997, 1166) 등 참조.

였다(법247조7항, 282조3항, 290조).

즉시항고를 할 수 있는 자는 그 재판에 대해서 「이해관계를 가진 자」이다. 「이해관계」라 함은 사실상·경제상 또는 감정상의 이해관계가 아니라 법률상의 이해관계를 말하는 것으로, 해당 재판의 결과에 따라 즉시항고를 하려는 자의 법률상의 지위가 영향을 받는 관계에 있는 경우를 의미한다.13) 즉, 사실상 또는 해당절차에 이해관계를 가지는 것으로는 부족하고, 해당 재판에 의하여 법률상 이익이 부당하게 침해당하게 되는가를 기준으로 개별적으로 판단하여야 한다.14) 예컨대 업무를 감독하는 행정청 등은 일반적으로 즉시항고를 할 수 있는 이해관계인이라고 할 수 없으나, 조세나 벌금 등 공법상의 채권을 가지는 시장, 구청장, 세무서장, 검사 등은 이해관계인이라고 할 수 있다.

판례는 구 파산법 하에서 재항고의 상대방이 재항고인인 파산관재인이 실시한 부동산의 임의매각에 관한 경쟁입찰절차에서 파산관재인의 임의매각 행위에 대한 파산법원의 허가를 전제로 낙찰자로 선정된 자인 경우, 상대방은 위 재항고인의 임의매각 행위에 대한 파산법원의 허가가 있으면 파산절차 밖에서 위 재항고인과 사이에 사적인 매매계약을 체결하게 되는 관계를 갖게 됨에 불과할 뿐, 위 재항고인의 이 사건 부동산의 임의매각 행위에 대하여 파산절차에서 감독권의 행사로써 이루어진 제1심법원의 불허가결정에 대해 법률상 이해관계를 갖는다고 할 수 없으므로 상대방의 이 사건 항고가 즉시항고권이 없는 자에 의해 제기되었음을 이유로 이를 각하하여야 함에도 이를 간과한 채 본안에 들어가 판단한 원심결정은 위법하다고 하였다.15) 주식회사가 파산선고를 받은 경우 주주는 파산선고에 의하여 법률상 이익이 직접 침해될 수 있는 이해관계인에는 해당하지 않는다고 본다.16) 재판례로는 채무자 주식회사에 대한 파산선고 결정에 대하여 이사가 즉시항고를 제

---

13) 대법원 2021.8.13.자 2021마5663 결정(공2021하, 1678)은 채무자가 법인인 경우에는 채무자의 기존 대표자가 채무자를 대표하여 즉시항고를 제기할 수 있다고 하면서, 기존 대표자의 즉시항고를 각하한 원심결정을 파기하였다.

14) 대법원 2006.1.20.자 2005그60 결정(공2006상, 386)은 여기에서 '이해관계'라 함은 '법률상 이해관계'를 의미하는 것이므로, 결국 정리계획변경계획 인가결정에 대하여 즉시항고를 할 수 있는 자는 그 정리계획변경계획의 효력을 받는 지위에 있는 자로서 정리계획의 효력발생에 따라 자기의 이익이 침해되는 자라고 할 것인데 회사정리법상 공익채권은 정리절차에 의하지 아니하고 수시로 변제하도록 되어 있고, 정리계획에서 공익채권에 관하여 장래에 변제할 금액에 관한 합리적인 규정을 정하여야 한다고 하더라도 그 변제기의 유예 또는 채권의 감면 등 공익채권자의 권리에 영향을 미치는 규정을 정할 수 없는 것이며, 설령 정리계획에서 그와 같은 규정을 두었다고 하더라도 그 공익채권자가 이에 대하여 동의하지 않는 한 그 권리변경의 효력은 공익채권자에게 미치지 아니하는바, 공익채권자는 정리계획변경계획에 의하여 법률상 이해관계를 가지지 아니한다고 할 것이므로 공익채권자는 정리계획변경계획 인가결정에 대한 적법한 항고권자가 될 수 없다고 하였다.

15) 대법원 2013.6.14.자 2010마1719 결정(미간행).

16) 日大阪高決平成6.12.26判時1535호90면, 倒産判例 インデックス 제3판 22[百選12]는 주식회사에게는 파산이 해산사유이므로 채무자나 파산채권자는 이해관계인이지만, 파산선고에 의하여 직접 주주권이 소멸하거나 자익권이나 공익권에 변경이 생기는 것은 아니므로 주주는 이해관계인이 아니라고 하

기한 사안에서 그 허용 여부에 대한 판단없이 즉시항고를 기각한 사례가 있다.[17]

즉시항고의 기간은 재판의 공고가 있는 경우는 공고가 있은 날부터 14일(법13조2항), 그렇지 않은 경우에는 일반원칙에 의한 송달(고지)의 날로부터 1주간인 것이 원칙이다(민소444조의 준용).[18] 초일은 산입하지 않는다(법33조, 민소170조, 민157조).[19] 따라서 보전처분과 같이 송달만을 하여야 하는 경우에는 관계인에게 송달된 날 다음 날부터 또는 도산절차 개시신청이 기각된 경우에는 재판의 고지를 받은 날 다음날부터 각 1 주간이 항고기간이 된다. 한편 법의 규정에 의하여 송달하여야 하는 경우로서 법 제10조 소정의 사유가 있는 때에는 공고로서 송달을 갈음할 수 있기 때문에 실무에서는 송달에 갈음하는 공고에 의하여 2주간이 즉시항고기간이 되는 경우도 있을 것이다. 14일간으로 기간을 신장한 것은 재판의 개별적 고지를 받지 않은 자에 대하여도 항고권이 인정되므로 공고에 대하여 충분히 알도록 하기 위한 것이다. 따라서 항고권자가 재판의 고지를 받은 자에 한하는 경우에는 재판의 공고가 된 때에도 즉시항고기간은 고지로부터 1주간이다.

즉시항고가 허용되는 재판에 대하여 공고 및 송달을 모두 하여야 하는 경우에는 법 제11조 제1항에 따라 그 송달을 우편으로 발송하거나 또는 법 제11조 제1항을 적용하지 아니하고 당사자에게 직접 송달하는 경우 모두 발송송달일자 또는 교부송달의 수령일자를 따질 필요 없이 일률적으로 해당재판의 공고가 있은 날부터 2주간이 즉시항고기간이 된다.[20]

그 이외의 점에서는 그대로 민사소송법의 원칙이 적용되고, 즉시항고기간의 추완(민소173조), 재도(再度)의 고안(考案)에 의한 경정 등이 인정된다. 또한 민사항소심은 속심제로서 소송절차는 속심제를 취하고 있는 이상 제1심의 즉시항고를 심리하는 항고심에서의 새로운 사실과 증거의 제출은 항고심에서 심문을 연 때에는 그 심문 종결시까지, 심문을 열지 아니한 때에는 결정의 고지시까지 가능하므로, 항고심법원으로서는 그때까지 제출한 자료를 토대로 제1심결정 또는 항고이유의 당부를 판단하여야 한다.[21]

채무자회생법은 구 파산법, 화의법, 회사정리법과 달리 즉시항고에 원재판의 집행을 정지하는 효력을 부여하고 있고(법13조3항 본문), 다만 절차의 신속한 진행을 위해서 즉시항고가 집행정지의 효력이 없다는 취지의 개별 규정을 두고 있는 경우에만 원재판의 집행

였다. 이는 파산신청을 기각한 결정에 대하여 주주가 즉시항고권이 있는가 여부와는 별개의 문제로서 관련 부분에서 후술한다.

17) 대법원 2015.2.12.자 2014마1978 결정(미간행).
18) 日大判昭和3.4.27民集7권235면.
19) 日最決平成13.3.23判時1748호117면, 倒産判例 インデックス 제3판 23[百選13]은 파산선고의 송달을 받은 채무자의 즉시항고기간도 파산선고의 공고가 있은 날부터 기산하여 2주간이고, 이 기간 전에 즉시항고도 가능하다고 하였다.
20) 대법원 2011.9.29.자 2011마1015 결정(미간행)은 개인회생절차폐지결정에 대한 사안이다.
21) 대법원 2009.2.26.자 2007마1652 결정(미간행). 同旨 대법원 2013.1.12.자 2011마2059,2060 결정(미간행).

이 정지되지 않는 것으로 하고 있다(법13조3항 단서).

한편 법이 명문으로 즉시항고에 집행정지의 효력이 없다고 규정하지 않더라도 경우에 따라서는 즉시항고에 집행정지의 효력이 없는 것으로 보아야 할 경우도 있다. 예컨대 회생절차개시결정은 그 결정시부터 효력이 생긴다는 규정(법49조3항)도 이에 대한 즉시항고의 집행정지적 효력을 인정하지 않는 취지이고, 회생계획은 인가결정이 있을 때부터 효력이 생긴다는 규정(법246조)도 즉시항고의 집행정지적 효력을 인정하지 않는 취지로 보아야 할 것이다.

(마) 공고

협의의 도산법원은 많은 사항에 관하여 공고를 하여야 하는 경우가 있는데,[22] 구 회사정리법 및 파산법에서는 공고를 관보와 신문에 하도록 하였으나(파105조, 화11조), 채무자회생법에서는 공고를 관보 또는 대법원규칙이 정하는 방법에 의하도록 하고 있다(법9조). 신문공고를 하지 않음으로써 공고비용 상당액을 절감할 수 있게 한 것이다. 일본의 파산법에서는 과거 관보 및 등기사항의 공고를 게재하는 신문지에 의하여 공고를 하도록 되어 있었으나,[23] 개정 파산법에서는 관보 게재만으로 공고하도록 개선하였다.[24]

채무자 회생 및 파산에 관한 규칙은 공고에 관한 사무의 합리적인 운용을 위해서 공고방법으로 ① 법원이 지정하는 일간신문에 게재, ② 전자통신매체를 이용한 공고 중 어느 하나를 택하여 이용할 수 있도록 하였고, 또한 법 9조 1항의 규정에 따른 공고를 하는 경우에 필요하다고 인정하는 때에는 공고사항의 요지만을 공시할 수 있도록 하였다(규칙6조1항, 2항). 종래의 실무에 따라 관보 공고는 하지 않고, 대법원 홈페이지를 이용하도록 한 것이다. 공고는 관보에 게재된 날의 다음날 또는 대법원규칙이 정하는 방법에 의한 공고가 있은 날의 다음날에 그 효력이 생긴다(법9조2항).

또한 송달을 하여야 하는 경우 송달하여야 하는 장소를 알기 어렵거나 대법원규칙이 정하는 사유가 있는 때에는 법에 특별한 규정이 있는 경우를 제외하고는 공고로써 송달을 갈음할 수 있다(법10조).[25]

---

22) 각 절차에 있어서 공고가 요구되는 경우는 다음과 같다. 법 제10조(송달에 갈음하는 공고), 회생에 관하여 제43조 제8항(보전관리인), 제51조1항, 제3항(회생절차개시 등), 제54조제1항(개시결정취소), 제185조제1항(관계인집회), 제245조 제1항(회생계획의 인부), 제283조 제2항(절차종결), 제288조 제3항(회생계획 인가 후의 절차폐지를 위한 기일), 제289조(절차폐지), 파산에 관하여 법 제313조 제1항(파산선고), 제325조 제1항(파산취소), 제368조(채권자집회의 기일·목적), 제456조(채권조사기일의 특별기일), 제457조(채권조사기일의 변경 등), 제509조(배당액), 제530조(파산종결), 제542조(파산폐지신청), 제546조(파산폐지결정), 제549조 제2항·제550조 제2항(간이파산), 제558조 제2항(면책신청과 채무자심문기일), 제568조(면책결정), 제573조(면책취소), 제576조(복권신청).

23) 개정전 일본파산법 제105조.

24) 일본파산법 제10조 제1항.

25) "대법원규칙이 정하는 사유"라 함은 ① 도산절차의 진행이 현저하게 지연될 우려가 있는 때, ② 회생

　　즉시항고에 대하여 항고법원이 항고를 기각한 경우 항고인만이 재항고를 할 수 있고 다른 사람은 그 결정에 이해관계가 있다 할지라도 재항고를 할 수 없는 것이지만 항고법원이 항고를 인용하여 원결정을 취소하고 다시 상당한 결정을 하거나 원심법원으로 환송하는 결정을 하였을 때에는 그 새로운 결정에 따라 손해를 볼 이해관계인은 재항고를 할 수 있다.26) 항고법원의 파산취소 결정에 대하여는 파산관재인도 재항고를 할 수 있다고 해석한다. 재항고는 파산취소 결정의 주문을 공고한 날부터 14일 이내에 하여야 한다(법13조2항). 항고법원이 파산신청을 각하 또는 기각한 결정을 취소하고 사건을 원심법원에 환송하는 결정을 한 경우 또는 즉시항고를 각하 또는 기각한 경우에는 원칙적으로 공고를 하지 아니하므로 그에 대한 재항고는 재판이 고지된 날부터 1주 이내에 하여야 한다(법33조, 민소법444조1항).

(6) 광의의 도산법원

(가) 의의

　　도산절차 중에 이와 관련하여 파생되어 온 소송은 각각의 통상소송이므로 민사소송법의 규정에 따라 관할을 결정하게 되면 반드시 협의의 도산법원이 속하는 지방법원 또는 회생법원에 제기하여야 하는 것은 아니다. 그러나 이러한 종류의 소송에 있어서는 도산처리절차의 경과나 기록을 참조하거나 또는 동종의 소송이 복수제기되었을 때에는 이를 병합하여 한 곳에서 심리하는 것이 편리하고, 모순된 판단을 피할 수 있는 이점도 있다. 이 점에서 예로부터 도산법원의 관할집중력(vis attractiva concursus)의 원칙이라는 것이 있어서 이러한 소송들을 도산법원의 전속관할에 복종하는 것으로 하고 있다. 다만 이 경우의 도산법원은 도산사건을 현재 담당하고 있는 재판기관으로서의 단독 또는 합의부(협의의 도산법원)를 가리키는 것은 아니고 그 재판부가 소속된 조직법상의 법원을 가리킨다. 2016.12.27. 개정된 채무자회생법(법률 제14472호)에서는 회생사건이 계속되어 있는 회생법원을 회생계속법원(법60조1항), 파산사건이 계속되어 있는 회생법원을 파산계속법원(법353조4항), 개인회생사건이 계속되어 있는 회생법원을 개인회생계속법원(법605조1항)으로 각각 정의하고 있는데, 이는 종래에 사용하던 광의의 도산법원의 개념이라고 할 수 있다. 따라서 당해 법원의 사무분담이 정하는 바에 따라 협의의 도산법원과 동일하게 되기도 한다.

　　절차의 개시 당시(변경회생계획안이 제출된 경우에는 그 제출 당시를 말한다) 주식회사인 채무자의 부채총액이 자산총액을 초과하는 때로서 송달을 받을 자가 주주인 경우 중 어느 하나에 해당하는 사유를 말한다(규칙7조).

26) 대법원 2002.12.24.자 2001마1047 전원합의체 결정(공2003, 439), 同旨 대법원 2014.2.14.자 2011마2368 결정

(나) 권한과 절차

파생소송을 광의의 도산법원의 전속관할로 하는 것은 어느 정도 철저하게 행하여지고 있다. 예컨대 채권조사확정재판에 대한 이의의 소(법171조, 463조), 부인의 청구에 대한 이의의 소(법107조3항, 396조3항), 법인인 채무자의 임원에 대한 손해배상청구권 등의 조사확정재판에 대한 이의의 소(법116조4항, 353조4항) 등은 회생과 파산에서 모두 회생계속법원과 파산계속법원의 전속관할로 하고 있다. 한편 회생에서는 회생계속법원은 채무자의 재산에 관한 소송(예컨대 환취권에 관한 소송)이 다른 법원에 계속 중인 때에는 결정으로써 그 이송을 청구할 수 있다(법60조).[27]

광의의 도산법원이 행하는 소송의 절차는 통상의 판결 절차와 다름이 없다. 또한 법원은 도산절차의 신속한 진행을 위하여 관리인, 파산관재인, 회생위원, 국제도산관리인으로부터 필요한 업무의 보조를 받을 수 있다(규칙8조).

(7) 법원사무관 등

법원사무관 등의 권한은 사건기록 기타의 그 밖의 작성과 보관 및 법률에 정하는 사무 등이지만, 도산절차에 있어서는 도산절차 개시의 준비로부터 시작하여 법원과 관리인·관재인 간의 연락, 법원의 허가사항에 관한 신청수리, 채권조사 및 재산환가에 대한 법원과 관리인·관재인 간의 연락 및 배당의 실시에 관한 사무 등 법원의 직무가 되는 사항의 모든 분야에서 법원사무관 등이 관여하고 있다.

이와 같은 현상을 감안하고, 또 도산사건의 적정, 신속한 처리를 위하여 법원의 사무를 합리화할 목적에서 채무자회생법은 구법 하에서 실무관행상 법원사무관 등에 의하여 행하여지고 있는 사항의 대부분에 대하여 법률상 근거를 부여하는 한편 종래 법원의 권한으로 하고 있던 사항 중 일부를 법원사무관 등의 권한으로 넘기고 있다. 구체적으로는 등기 및 등록의 촉탁을 들 수 있는데, 그럼에도 불구하고 회생계획의 수행이나 회생절차가 종료되기 전에 등기된 권리의 득실이나 변경이 생긴 경우에는 법원이 등기를 촉탁하도록 규정하고 있다(법24조2항). 이러한 경우를 판정하여 그 등기를 촉탁하는 것은 판단하기가 쉽지 않고, 중요한 내용이므로 법원사무관 등의 권한으로 할 것이 아니라 법원의 권한으로 한 것이다. 현행법 하에서의 법원사무관 등은 법원과는 구별되는 도산절차의 기관으로

---

27) 대법원 1967.3.27.자 66마612 결정(공보불게재)은 정리법원으로 하여금 소송사건을 관할케 하기 위하여 정리법원이 구 회사정리법 제71조(채무자회생법 제60조) 규정에 의하여 이송청구를 할 수 있는 정리절차개시당시 회사의 재산(정리절차개시전후 막론) 관계의 소송이란 동법 제62조에 의한 환취권에 관한 소송이나 공익채권에 관한 소송을 가리키는 것이므로 정리채권의 지급을 구하는 것인 변호사보수금청구소송을 정리법원에 이송하는 것은 그것이 현저한 손해 또는 소송의 지연을 피하기 위하여 필요하다고 인정되지 아니한다고 하였다.

위치하고 있다고 보아야 할 것이다.

나. 보조·협력기구

재산을 스스로 관리 처분하는데 동의를 하거나 또는 스스로 중요사항을 결정하는 것은 아니고, 이러한 행위를 하는 기관을 위하여 조사한 후 정보를 제공하거나 의견을 제출하고, 일정한 준비를 하는 것을 주된 임무로 하는 기관이 있다. 회생절차에 있어서의 조사위원, 간이회생절차에 있어서의 간이조사위원이 이에 해당한다.

조사위원은 회생절차에 있어서 법원을 보좌하기 위한 필요에 의하여 채권자협의회 및 관리위원회의 의견을 들어 선임되는 기관으로서 인원수에는 제한이 없다(법87조1항). 회생절차에 있어서는 특히 경제적·경영적 지식과 능력이 요구되지만 법원은 통상 이를 흠결하고 있으므로 전문가인 조사위원에게 조사를 시켜 그 보고 내지 의견을 듣고 판단하고자 하는 것이다. 따라서 조사위원은 조사에 필요한 학식과 경험이 있는 자로서 이해관계 없는 자 중에서 선임되어야 한다(같은조2항). 조사위원은 매우 많이 이용되고 있고, 공인회계사나 변호사 중에서 선임되고 있다. 선임시기에 관한 명문규정은 없지만 통상 개시결정과 동시에 선임할 필요가 있다.

조사위원은 각 법원에 「조사위원 적임자 명단 관리위원회」를 두어 공인회계사회, 변호사협회 등으로부터 조사위원 선정 대상자를 추천받은 다음 일정한 평가를 거친 후 업무의 전문성을 고려하여 「조사위원 적임자 명단」을 작성하고, 재판부가 그 중에서 적임자 명단의 순서에 따라 차례로 선정함을 원칙으로 한다.[28]

조사위원은 조사사항과 임기를 한정하거나 또는 사건 전부에 관하여 선임될 수 있다. 조사사항은 법률에 구체적으로 열거되어 있으나(법87조3항, 90조 내지 92조), 반드시 이에 한정되는 것은 아니다(법87조4항). 중요한 것으로는 회생절차를 진행함이 적정한지 여부에 대한 의견의 제출(법87조3항), 채무자 재산가액의 평가(법90조), 관리인이 작성한 재산목록 등의 서류(법91조), 또는 법원에 대한 관리인의 조사보고(법92조)의 당부, 회생계획안 또는 가결된 회생계획의 당부 등에 관한 의견의 진술이다. 조사위원에 대하여는 조사를 제대로 수행하게 하기 위하여 관리인과 동일한 조사권능을 부여하고 있다. 즉 개인이 아닌 채무

---

28) 서울회생법원 회생실무준칙 제217호 「조사위원의 선임 및 평정」. 개정된 현행 실무준칙이 제대로 반영되지 않은 것이기는 하나, 서울회생법원의 실무준칙에 관하여는 이진웅, 장규형, "「서울회생법원 실무준칙」 제정 경과 및 주요 내용", 법조 제726호, 법조협회(2017.12.)에 잘 설명되어 있다. 최신판의 실무준칙은 서울회생법원 홈페이지에서 다운로드가 가능하다. 2017년의 서울회생법원 실무준칙은 도산법연구 제7권 제2호, 사단법인 도산법연구회(2017.12), 95면에 수록되어 있다. 또한 권민재, "서울회생법원 실무준칙 개정 내역 소개" 도산법연구 제11권 제2호, 사단법인 도산법연구회(2021.12.), 189면 참조.

자의 이사·감사·청산인과 지배인 또는 피용자에 대하여 보고를 요구하며, 장부 등을 검사하고, 필요한 때에는 법원의 허가를 얻어 감정인을 선임할 수 있고 집행관의 원조를 요구할 수 있다(법88조, 79조). 조사의 결과는 서면 또는 구술로 법원에 보고되고, 보고서 등은 당사자의 열람에 제공된다. 또한 법원은 회생절차개시 후 채무자에 자금을 대여하려는 자가 채무자의 업무 및 자산·부채, 그 밖의 재산상태에 관한 자료를 요청하는 경우 그 자금차입이 채무자의 사업을 계속하는 데에 필요하고 자료 요청에 상당한 이유가 있다고 인정하는 때에는 조사위원에게 그 요청과 관련한 사항을 조사하여 보고하게 한 후 조사결과의 전부 또는 일부를 자금차입에 필요한 범위에서 자료요청자에게 제공할 수 있다(법87조6항). 판례는 조사위원이 작성한 조사보고서에 기재된 청산가치의 산정에 관한 보고는 산정에 오류가 있거나 진실에 어긋난다는 등의 특별한 사정이 없으면 그 내용을 쉽게 배척할 수 없다고 하였다.[29]

　　한편 판례는 조사위원은 채무자회생법 제90조 내지 제92조 및 회생사건의 처리에 관한 예규(재민2006-5) 제7조에서 정한 사항을 조사할 의무가 있고, 그 조사 사항에는 채무자가 회생절차 개시에 이르게 된 사정, 회생절차 개시 당시 채무자의 부채와 자산의 액수도 포함되고, 위와 같은 의무가 있는 조사위원이 작성한 조사보고서에 기재된 채무자가 회생절차 개시에 이르게 된 사정에 관한 보고는 그 기재가 진실에 반한다는 등의 특별한 사정이 없는 한 그 내용의 증명력을 쉽게 배척할 수 없다고도 하면서도 채무자회생법 제87조에 따라 제1심 법원이 선임한 조사위원은, 회생절차개시결정일을 기준으로 채무자가 제시하는 재무제표와 부속명세서를 기초로 하고, 일반적으로 인정되는 회계감사기준과 준칙 등을 적용하여 채무자의 부채와 자산의 액수를 조사하고, 자산 중 매출채권의 경우는 회수가능성, 상대방의 재무상태 등을 고려하여 가치를 평가하고, 부채 역시 일반적인 회계감사기준에 따라 존재 여부를 검토하고 관리인이 제출한 채권자목록, 채권자들이 신고한 채권신고서 등과 대조작업을 거치는데, 그런데 이러한 방법으로 채무자의 부채와 자산의 액수를 조사한 조사위원의 조사보고서가 여러 번 제출되고 결과에 차이가 있는 경우, 각 조사보고서 중 어느 것을 택할 것인지는 조사방법 등이 경험칙에 반하거나 합리성이 없는 등 현저한 잘못이 있음이 명백하지 않는 한, 원칙적으로 법원의 재량에 속한다고 하였다.[30]

　　간이조사위원은 간이회생절차에 특유한 제도로서 조사위원과 마찬가지로 법 제87조의 업무를 수행하지만(법293조의7 제1항, 2항), 대법원규칙이 정하는 바에 따라 간이한 방법으로 조사 업무를 수행할 수 있다(법293조의7 제2항).

---

29) 대법원 2004.6.18.자 2001그135 결정(미간행). 同旨 대법원 2014.4.28.자 2012마444 결정(미간행).
30) 대법원 2018.5.18.자 2016마5352 결정(공2018하, 1149).

다. 회생·파산위원회

채무자회생법상 각개의 도산절차에서 직접 권한을 행사하는 기구는 아니지만, 대법원규칙으로 법원행정처에 회생·파산절차와 관련한 정책의 수립, 제도의 개선과 절차 관계인에 대한 체계적·통일적인 감독을 위하여 회생·파산위원회를 설치, 운영하도록 하였다(회생·파산위원회 설치 및 운영에 관한 규칙 1조). 회생·파산위원회는 ① 회생·파산절차 관련 정책의 수립, 제도의 개선 등에 관한 자문, ② 관리위원회의 설치, 구성 및 운영에 관한 기준의 심의 및 자문, ③ 관리위원, 관리인, 조사위원, 파산관재인, 회생위원(개인회생위원 제외) 등의 후보자 선발·관리·선임·위촉 기준과 절차의 심의 및 자문, ④ 관리위원 등 위 ③호에 정한 자가 수행한 업무에 대한 전반적인 평가와 자문, ⑤ 그 밖에 회생·파산절차의 체계적·통일적 운용을 위하여 필요한 업무를 행한다(위 규칙2조).

위원회는 위원장 1명을 포함한 15명 이내의 위원으로 구성하되, 위원장이 아닌 위원 중 1명은 상임위원으로 하며, 위원은 법관, 변호사, 대학교수, 행정기관의 공무원, 금융기관에서 근무한 경력이 있는 금융전문가, 그 밖에 학식과 경험이 있는 사람 중에서 법원행정처장이 위촉하고, 위원장과 상임위원은 위원 중에서 법원행정처장이 지명한다. 위원의 임기는 2년으로 하고, 연임할 수 있으나, 위원이 부득이한 사유로 직무를 수행할 수 없다고 인정될 때, 직무상 의무를 위반한 때, 그 밖에 위원으로서의 자격유지가 부적합하다고 인정될 때 법원행정처장은 그 위원을 해촉할 수 있다(위 규칙3조).

위원회의 활동을 지원하기 위하여 법원행정처에 실무지원단을 두는데, 실무지원단의 단장, 간사는 법관 및 법원공무원 중에서 법원행정처장이 지명하며, 위원회는 실무지원단의 단장, 단원 및 간사로 하여금 위원회 회의에 참석하여 의견의 진술 및 설명을 하게 할 수 있다. 실무지원단의 사무는 회생·파산회생위원회의 사무를 지원하기 위한 것으로서 ① 관리위원, 관리인, 조사위원, 파산관재인, 회생위원(개인회생위원 제외) 등 도산사건 절차관계인 후보자 추천, 위촉 등에 관한 사항, ② 위 ①호에 정한 자가 수행한 업무에 대한 정기 및 수시 평가에 관한 사항, ③ 의안의 정리·배부 등 회의 운영에 관한 사항, ④ 대외협력, 교육, 홍보, 자료발간에 관한 사항, ⑤ 그 밖에 위원회의 업무를 위하여 필요한 사항 등이다(위 규칙5조).

위원회의 회의는 반기별 1회의 정기회의와 위원장이 필요에 따라 수시로 정한 때에 개최하는 임시회의로 구분하고, 위원회의 회의는 재적위원 과반수의 출석으로 개회하고, 출석위원 과반수의 찬성으로 의결하며, 안건이 경미하거나 긴급을 요하는 사항에 대하여는 위원장의 결정에 따라 서면으로 의결할 수 있다. 위원회의 회의는 공개하지 아니하되, 위원회는 의결을 통하여 회의자료 또는 회의내용의 전부 또는 일부를 공개할 수 있다(위 규칙 6조).

위원회는 회생·파산절차에 관한 조사·연구를 위하여 필요한 경우 관계 전문가·기관 또는 단체 등에게 조사·연구를 의뢰할 수 있으며, 필요한 경우 관계 공무원 또는 전문가를 회의에 출석하게 하여 의견을 청취할 수 있고, 관계 국가기관·연구기관·단체 또는 전문가 등에 대하여 의견조회, 자료제출 및 그 밖의 협력을 요청할 수 있다. 또한 위원회는 필요한 경우 공청회, 토론회, 여론조사 등을 통하여 각계의 의견을 수렴할 수 있다(위 규칙 7조, 8조).

5. 재판상 도산처리의 재산관리기구

청산형·재건형을 불문하고, 도산처리의 중심은 채무자의 재산이고, 이를 일정한 목적을 위하여 관리하는 것이 필요하지만, 재산관리는 많은 사실적 처분과 임기응변의 조치를 필요로 하기 때문에 도산법원 자신이 담당하는 것은 불가능하다. 따라서 법은 채무자의 관리권을 장악하기 위한 관리기구를 두고 있는데, 회생 및 파산에 있어서의 관리인과 파산관재인, 회생에 있어서의 보전관리인이 이에 해당한다.[1]

가. 전면적 관리기구 — 관리인·관재인

관리인, 관재인, 보전관리인이 이에 해당하는데, 관리인과 관재인은 많은 점에서 공통점을 가지며, 보전관리인은 관리인에 준한다.

(1) 개요

채무자회생법은 회생절차에 있어서 구 회사정리법상의 「관리인 제도」라는 기본 틀은 유지하면서도 「원칙적인 기존 경영자 제도」를 도입하는 한편 개인 채무자, 중소기업 등 예외적인 경우에는 아예 관리인을 선임하지 않고 개인 채무자 또는 채무자의 대표자를 관리인으로 간주하는 「관리인 불선임 제도」를 채택하고 있다.

위와 같은 관리인 제도를 도입한 이유는 ① 종래 관리인을 선임함에 있어 기존 경영진을 배제하여 왔기 때문에 기존 경영진이 경영권 박탈을 우려하여 신청을 기피하는 부작용이 나타났던 점을 개선하고, ② 기존 경영진이 가지고 있는 경영 노하우를 사장시키기보다는 이를 적극 활용하는 것이 계속기업가치의 하락을 방지할 수 있기 때문에 사회 전체적인 자원 배분의 효율성을 증진할 수 있고, 또 회생절차의 원활한 진행을 도모할 수 있

---

[1] 일본 파산법은 파산절차에서도 보전관리명령에 의한 보전관리인 제도를 도입하였으나(일본 파산법 93조1항, 96조2항, 44조), 채무자회생법은 보전관리인 제도를 도입하지 아니하였다.

기 때문이다.

　　법원의 관리인 불선임 결정에 의하여 채무자회생법에 따라 관리인으로 간주되는 채무자 본인 또는 법인인 채무자의 대표자 역시 관리인의 지위에 있고, 그 지위에서 채무자의 사업을 경영하고 그 재산을 전속적으로 관리처분할 권한을 가진다는 점에서 법원에 의하여 선임되는 관리인과 동일한 지위에 있다고 보아야 한다.

　　다만, 이러한 선임된 관리인 또는 간주 관리인도 법인인 채무자의 기관이나 대표자가 아니고, 채무자와 그 채권자 및 주주 등으로 구성되는 이해관계인 전체의 관리자로서 독립적인 제3자의 지위에 있다고 보아야 하는 점에는 변함이 없다.

(2) 선임·종임

　　회생·파산에 있어서 필요적으로 설치하여야 하는 기구이고, 회생절차개시결정·파산선고와 동시에 별도의 재판에 의하여 법원에 의하여 선임되고(법50조1항, 312조1항), 취임을 사전·사후에 승낙함으로써 그에 임한다. 관리인은 관리위원회와 채권자협의회의 의견을 들어 선임하고(법74조1항), 파산관재인은 관리위원회의 의견을 들어 선임한다(법355조1항). 관리인을 선임하는 경우 법원은 급박한 사정이 있는 때를 제외하고는 채무자나 채무자의 대표자를 심문하여야 한다(법74조5항). 회생이나 파산 모두 법인이 관리인·관재인이 될 수 있고, 이 경우 법인은 이사 중에서 관리인의 직무를 행할 자를 지명하고 법원에 신고하여야 한다(법74조6항, 355조2항). 관리인은 1인 또는 여럿으로 하나(법75조), 파산관재인은 원칙적으로 1인이며, 법원이 필요하다고 인정하는 때에는 예외적으로 복수의 관재인이 선임된다(법356조, 360조). 여럿인 관리인·관재인 중 1인이 다른 관리인·관재인에게 특정사항에 관하여 개별적으로 다른 관리인·관재인에게 권한을 위임함은 별론으로 하고, 그 직무에 관하여 일반적, 포괄적 위임을 하는 것은 허용되지 않는다고 본다.[2] 법률적 능력이 필요한 파산관재인은 통상 변호사가 선임되지만, 관리인은 사업경영의 수완이 요구되므로 경제인 중에서 선임하고 관리인이 고문(법77조)인 변호사의 도움을 받는 경우가 많다. 아무튼 파산과 달리 관리인의 인선은 회생절차 성공 여부의 관건이 되는 중요한 사항이다.[3]

---

[2] 대법원 1989.5.23. 선고 89다카3677 판결(공1989, 998)은 주식회사에 있어서의 공동대표제도는 대외관계에서 수인의 대표이사가 공동으로만 대표권을 행사할 수 있게 하여 업무집행의 통일성을 확보하고, 대표권 행사의 신중을 기함과 아울러 대표이사 상호간의 견제에 의하여 대표권의 남용 내지는 오용을 방지하여 회사의 이익을 도모하려는데 그 취지가 있으므로 공동대표이사의 1인이 그 대표권의 행사를 특정사항에 관하여 개별적으로 다른 공동대표이사에게 위임함은 별론으로 하고, 일반적, 포괄적으로 위임함은 허용되지 아니한다고 하였다.

[3] 실무에서는 각종 경제단체 그 밖의 여러 경로를 통하여 추천된 관리인 후보들을 업종별로 분류하여 두고 관리인 선임에 활용하고 있다. 파산관재인 후보자명부에 대하여는 이희준, "파산관재인 후보자명부에 대한 연구", 도산법연구 제3권 제2호, 사단법인 도산법연구회(2012.11.), 49면 참조.

구 회사정리법은 "관리인의 직무를 수행함에 적합한 자"를 관리인으로 선임하여야 한다는 규정을 두고 있을 뿐이어서 종래 정리회사의 이사가 정리회사 관리인으로 선임될 수 있는가 하는 문제가 있었는데, 관리인에 관하여는 이해관계가 없을 것이 요건이 아니므로 (회94조와 법181조의2 제2항을 대비) 법률적으로는 가능하다고 하는 것이 통설이었고, 경우에 따라서는 성공하는 예도 있었으나,4) 실무적으로는 법원은 대부분 기존 경영진이 아닌 제3자를 관리인으로 임명해 왔다.

그러나 이러한 실무관행은 구 사주 측에서 경영권 박탈을 우려하여 회사정리절차를 기피하는 이유가 되었는데,5) 이 입장에서는 정리절차가 개시되더라도 구 경영진에서 경영권을 유지할 수 있도록 해야 한다는 것이지만, 실패한 경영인이 계속 기업을 경영한다는 것은 회사의 회생에 도움이 안 될 뿐만 아니라 정서적으로도 부적절하다는 반대론도 만만치 않았다. 채무자회생법 제정 과정에서도 채권자 측에서는 제3자가 원칙적으로 관리인으로 선임되는 방식(구 회사정리절차)을 지지하고, 채무자 측에서는 기존의 경영자가 경영권을 계속 행사하는 방식(구 화의절차, 미국의 DIP 방식)을 지지하였는데, 법원은 회생절차의 진행이나 회생계획 수행의 결과에 대해 법원이 여론의 질책을 받는 것이 현실이므로 법원이 감독할 수 없는 제도는 수용할 수 없다는 견지에서 제3자 관리인 방식을 주장하였다.

결국 논란 끝에 채무자회생법은 회생절차에서 원칙적으로 개인인 채무자나 개인이 아닌 채무자의 대표자를 관리인으로 선임하되, ① 채무자의 재정적 파탄의 원인이 개인인 채무자나 개인이 아닌 채무자의 이사, 또는 채무자의 지배인이 행한 재산의 유용 또는 은닉이나 그에게 중대한 책임이 있는 부실경영에 기인하는 때, ② 채권자협의회의 요청이 있는 경우로서 상당한 이유가 있는 때, ③ 그 밖에 채무자의 회생에 필요한 때에는 예외적으로 제3자를 관리인으로 임명하도록 하였다(법74조2항).6) 관리인을 선임하는 경우 법원은 급박한 사정이 있는 때를 제외하고는 채무자나 채무자의 대표자를 심문하여야 하는 것은 기존 경영자를 관리인으로 선임하는 경우와 마찬가지이고(법74조5항), 채권자협의회는 제3자 관리인을 선임하는 경우 법원에 관리인 후보자를 추천할 수 있다(법74조7항).

다만 회생절차에서는 채무자가 개인, 중소기업, 그 밖에 대법원규칙이 정하는 자인

---

4) 실제로 정리회사에 대하여 아무런 이해관계 내지 주인의식이 없는 관리인이 파탄상태에 있는 정리회사를 적극적으로 운영하여 갱생시키는 것을 기대하기 어렵다는 점을 감안하면 위 규정은 매우 합리적이다. 법원은 자금을 지원하는 주거래은행 또는 제3의 인수기업측 사람과 같이 회사에 대하여 주인의식을 가진 인물이 관리인으로 선임될 수 있도록 노력하고 있다고 한다. 결국 앞으로는 회사의 파탄 내지 부실경영에 중대한 책임이 없는 한 구 사주가 정리회사를 소유하면서 경영에 관여하는 것을 금지하지는 않겠다는 것이다.

5) 구사주측에서 계속하여 경영권을 유지한다는 점에서 한때 회사정리절차보다 화의절차를 선호하는 경향도 있었다.

6) 관리인의 유형에 관한 상세한 설명으로는 유승종, "회생절차에서의 관리인 유형에 관한 고찰", 회생법학 제13호, (사)한국채무자회생법학회(2016.12.), 126면 참조.

경우에는 관리인을 선임하지 아니할 수 있고(법75조3항),[7] 그러한 경우에는 채무자(개인이 아닌 경우에는 그 대표자)를 관리인으로 본다(법75조4항). 위와 같은 경우에는 채무자의 규모에 상관없이 신속하게 구조조정을 거쳐 회생할 가능성이 높은 채무자에 대하여 회생절차 개시신청에 따른 경영권 교체에 대한 불안감을 해소하고, 채무자 내부의 의사결정에 따라 경영권을 행사하도록 함으로써 조기신청의 기회를 폭넓게 부여하고, 시장원리에 부합되는 방향으로 활용할 수 있도록 한 것이다. 법원이 관리인 불선임 결정을 한 경우 기존 경영자가 경영권을 유지한다는 점에서 「기존 경영자 관리인제도」라고 할 수도 있으나, 별도의 선임 절차를 필요로 하지 않는다는 점에서 채무자회생법 제74조 제2항의 「기존 경영자 관리인제도」와 차이가 있다.[8]

　따라서 채무자회생법 제74조 제2항에 의하여 관리인으로 선임된 법인인 채무자의 대표자는 나중에 대표자로서의 지위를 상실하더라도 관리인의 지위를 상실하지 않지만, 법 제74조 제3항, 제4항에 의하여 관리인으로 간주되는 법인인 채무자의 대표자는 회생절차 개시 후 채무자의 대표자 지위를 상실하면 업무 수행권 및 관리처분권을 상실한다. 다만 관리인이 선임되지 않아도 채무자나 그 대표자를 관리인으로 본다는 점(간주관리인제도)에서 미국이나 일본의 DIP 제도와는 엄연한 차이점이 존재한다는 점이 지적되어야 할 것이다. 원래 의미의 DIP에서는 종전의 채무자나 대표자가 그대로 사업을 경영하는 것이고 관리인이 되는 것이 아님에 반하여, 우리의 간주관리인 제도 하에서는 비록 채무자나 종전의 대표자가 그대로 사업을 경영하고 있다고 하더라고 엄연히 관리인이 되는 것이므로 관리인의 제3자성이 문제로 되는 분야에서는 제3자로 보아야 하게 된다. 이와 관련하여 판례는 甲에 대하여 회생절차를 개시하면서 관리인을 선임하지 아니하고 甲을 관리인으로 본다는 내용의 회생절차개시결정이 있은 후 乙 회사가 甲을 상대로 사해행위 취소의 소를 제기한 사안에서, 원심으로서는 乙 회사에, 甲을 채무자 본인으로 본 것인지 아니면 관리

---

7) "그 밖에 대법원규칙이 정하는 자"라 함은 ① 비영리 법인 또는 합명회사·합자회사, ② 회생절차개시신청 당시 상장법인과 코스닥 상장법인에 해당하는 채무자, ③ 회생절차개시 당시 재정적 부실의 정도가 중대하지 아니하고 일시적인 현금 유동성의 악화로 회생절차를 신청한 채무자, ④ 회생절차 개시 당시 일정한 수준의 기술력, 영업력 및 시장점유율을 보유하고 있어 회생절차에서의 구조조정을 통하여 조기 회생이 가능하다고 인정되는 채무자, ⑤ 회생절차개시결정 당시 주요 회생담보권자 및 회생채권자와 사이에 회생계획안의 주요 내용에 관하여 합의가 이루어진 채무자, ⑥ 회생절차개시 당시 자금력 있는 제3자 또는 구 주주의 출자를 통하여 회생을 계획하고 있다고 인정되는 채무자, ⑦ 그 밖에 관리인을 선임하지 아니하는 것이 채무자의 회생에 필요하거나 도움이 된다고 법원이 인정하는 채무자의 어느 하나에 해당하는 자를 말한다(규칙51조).
8) 법인인 채무자 대표자의 지위는 회생절차 개시 후 회생계획 인가 전 단계에서는 채무자 내부의 대표자 선임절차(주주총회 또는 이사회의 결의)에 의하여, 회생계획 인가 후 회생절차 종결 전 단계에서는 회생계획에서 정한 대표자 선임절차(법203조, 263조)에 의하여 변경·교체될 수 있다. 이에 대한 상세한 설명으로는 이연갑, "도산법상 기존경영자 관리인의 지위", 회생과 파산 Vol.1, 사법발전재단 (2012), 141면 참조.

인으로 본 것인지에 관하여 석명할 필요 없이 관리인의 지위에 있는 甲을 상대로 소를 제기한 것으로 보고 관리인으로서 甲의 지위를 표시하라는 취지로 당사자표시 정정의 보정명령을 내렸어야 하는데도, 그와 같은 조치를 취하지 않고 甲이 당사자적격이 없다는 이유로 소를 각하한 원심판결에 법리오해 등의 잘못이 있다고 하였다.[9]

다만 개인의 경우라도 영업자로서 다수의 채권자가 존재하고, 개인과 명확히 구분되는 사업의 실체가 존재하며, 채무자에 의한 사업이나 재산의 은닉, 산일의 위험성이 현존하고, 회생절차에 이르게 된 사정이 채무자의 재산의 유용 또는 은닉, 중대한 책임이 있는 부실경영에 기인하는 경우에는 관리인을 선임할 필요성이 있을 것이다(법74조2항 참조).

회생절차의 진행 중에 위 ① 내지 ③의 사유를 발견한 경우에는 관리인을 선임할 수 있다(법74조3항, 4항).

한편「예금자보호법」에 의한 보험금지급 등 공적자금이 지원되는 부보금융기관이 파산한 경우 공적자금의 효율적인 회수가 필요한 때에는 법원은 파산관재인 선임에 관한 규정에 불구하고 예금보험공사 또는 그 임직원을 파산관재인으로 선임하고, 예금보험공사가 파산관재인인 경우에는 파산관재인의 해임, 감사위원의 동의, 법원의 허가에 관한 규정을 적용하지 않도록 되어 있음은 전술하였다.

법원은 파산관재인을 선임하면 그 선임을 증명하는 자격증명서를 교부하고, 관재인은 직무집행에 있어서 이해관계인의 청구가 있는 때에는 이를 제시하여야 한다(법357조). 또 선임된 관리인·관재인의 성명은 회생절차개시결정, 파산선고와 함께 공고·송달·통지에 의하여 공시되는 외에(법51조, 552조, 313조1항·2항), 촉탁에 의하여 등기된다(법23조3항).

관리인·관재인의 임무는 사임, 해임, 사망에 의하여 종료된다. 이 경우에는 관리인·관재인 또는 그 상속인 등 승계인은 지체 없이 법원(법84조1항) 또는 채권자집회에 대하여(법365조) 계산의 보고를 하여야 한다(긴급처분 의무에 관하여는 법84조2항, 366조 참조). 관리인·파산관재인 모두 정당한 사유가 있는 때에는 법원의 허가를 얻어 사임할 수 있다(법83조, 363조). 관리인의 경우에는 ① 관리인으로 선임된 후 법 제74조 제2항 제1호의 사유가 발견된 때, ② 관리인이 법 제82조 제1항의 선관주의의무를 위반한 때, ③ 관리인이 경영

---

9) 대법원 2013.8.22. 선고 2012다68279 판결(공2013하, 1688)은 甲의 신청으로 법원은 2009.3.24. '甲에 대하여 회생절차를 개시한다. 甲에 대하여 관리인을 선임하지 아니하고 甲을 관리인으로 본다'는 결정을 하였고, 그 후 乙은 甲을 상대로, '구상금채무자인 丙이 2009.2.25. 甲에게 2009.2.4. 매매를 원인으로 한 부동산이전등기를 마쳤는데, 위 매매는 사해행위이므로 이를 취소하고, 甲은 丙에게 위 등기를 말소하라'는 취지의 사해행위취소소송을 제기한 사안이다. 위 소장에는, 乙이 甲에 대한 회생절차 개시결정 후에 채무자의 재산에 대한 소를 제기한다는 취지가 기재되어 있었고, 甲은 회생절차 관리인으로 선임된 상태에서 소장을 송달받아 소송에 관여하였으며, 회생절차개시결정에 관한 자료도 제출하였다. 그런데 乙은 甲에게 당사자적격이 있는지를 밝히라는 제2심의 석명요구에도 불구하고 아무런 의견을 제출하지 않았고, 이에 제2심은 관리인 甲이 아닌 개인 甲을 상대로 제기한 위 소는 부적법하다는 이유로 각하하였으나, 대법원은 원심판결을 파기환송하였다.

능력이 부족한 때, ④ 그 밖에 상당한 이유가 있는 때에는 법원은 이해관계인의 신청에 의하거나 직권으로 관리인을 해임할 수 있다. 이 경우에 법원은 그 관리인을 심문하여야 한다(법83조2항). 위 해임결정에 대하여는 즉시항고할 수 있으며, 그 즉시항고는 집행정지의 효력이 없다(법83조3항, 4항). 또한 위 ① 내지 ④의 규정에 따라 관리인을 해임한 후 새로운 관리인을 선임하는 때에는 법 제74조 제2항의 규정을 적용하지 아니한다(법83조5항).

한편 관리인 불선임 결정에 의하여 관리인으로 보게 되는 관리인에게는 법원의 선임을 전제로 한 해임 규정인 법 제83조 제2항은 그 적용이 없고, 법 제74조 제3항 단서에 의하여 제3자 관리인이 선임되면 채무자의 대표자는 당연히 업무의 수행권 및 재산의 관리처분권을 상실한다.

(3) 직무

채무자의 재산의 관리처분권을 장악하여 관리인은 사업경영을 계속하여 재건안을 작성·실행하고, 파산관재인은 재산의 처분과 분배 즉 청산을 수행하는데, 그 상세는 각각의 해당 부분에서 설명하므로 여기서는 일반적인 사항만을 취급한다.

관리인 또는 관재인이 여럿인 경우에는 공동하여 직무를 행한다(법75조1항, 360조1항). 이는 상호 견제와 감시를 하게 하려는 취지인데 이에 위반한 경우의 효과에 관하여는 견해가 나뉜다. 일본 판례는 갱생회사 관리인 중 1인에 의한 어음행위를 다른 관리인이 묵인하여 온 경우에 상법의 표현대표이사에 관한 규정의 유추적용을 인정하여 선의의 상대방을 보호하고 있다.[10] 관리인의 직무가 공적인 권한에 기한 것이며, 공동대표는 법률상의 원칙이므로 이와 같은 표현책임이론의 적용은 인정할 수 없다고 하는 견해도 있으나, 판례의 결론은 타당하고, 마찬가지의 선의자 보호는 복수의 파산관재인이 있는 경우에도 인정되어야 할 것이다. 또한 복수의 관리인·관재인은 법원의 허가를 얻어 직무를 분장할 수 있는데(위 각 조항 후문), 이 경우에도 제3자로부터 관리인 또는 관재인에게 하는 의사표시는 1인에 대하여 함으로써 족하다(법75조2항, 360조2항). 또 직무분장의 정함은 공고·등기되어야 하는 것이므로 그 위반에 대하여 선의의 제3자는 공동대표의 경우와 마찬가지로 보호되어야 할 필요가 있다.

.관리인은 회생채무자의 재산에 관한 소송에서,[11] 파산관재인은 파산재단에 관한 소

---

10) 日最判昭和46.2.23民集25권1호151면, 倒産判例 ガイド 제2판 139면, 倒産判例 インデックス 제3판 34[百選제3판19]. 다만 반대의견이 있다.

11) 여기에서 말하는 회생채무자의 재산에 관한 소송 가운데는 채무자 명의의 상표등록취소를 구하는 심판[대법원 1999.1.26. 선고 97후3371 판결(공1999, 375), 대법원 1995.1.12. 선고 93후1414 판결(공1995, 909)], 정리회사에 대한 조세부과처분을 다투는 항고소송[대법원 1983.7.12. 선고 83누180 판결(공1983, 1291)], 회생회사와 관련된 특허의 등록무효를 구하는 심판[대법원 2016.12.29. 선고 2014후713 판결(공2017상, 277)]도 포함된다. 대법원 2016.12.29. 선고 2014후713 판결은 심판청구인이 당사자적격이

송에 있어서 각각 원고 또는 피고가 된다(법78조, 359조). 이 경우 당사자의 표시는 "채무자 ○○○○ 관리인(파산관재인) ○ ○○"라 기재하며,[12] 또한 구 파산법 시대의 판례로는 신청인이 제소명령 신청서에 피신청인을 '△△△△ 주식회사'라고 표기하고 그 주소를 쓴 다음에 '파산관재인 ㅁㅁㅁ'이라고 기재하였고, 이에 따라 작성된 제소명령 결정문에는 피신청인이 '△△△△ 주식회사'라고 표기되고 그 주소를 쓴 다음에 '대표이사 ㅁㅁㅁ'이라고 기재되어 송달되었다면 위 제소명령은 '△△△△ 주식회사'에 대한 것이므로 '파산자 △△△△ 주식회사의 파산관재인 ㅁㅁㅁ'에 대하여는 효력이 없다고 판단한 원심을 유지한 것이 있고,[13] 한편 "회사정리법 제96조의 규정은 같은 법 제53조 제1항의 규정에 따라 정리회사의 사업경영과 재산의 관리 및 처분권을 관리인에게 전속시키게 됨에 따라 정리회사의 재산에 관한 소에 있어서는 정리회사의 당사자 적격을 배제하고, 관리인에게 당사자 적격을 인정하려고 하는 데 그 취지가 있는 것이므로, 같은 법 제96조에서 말하는 '회사'는 정리회사를 의미하며, 정리계획에 의하여 설립된 신회사는 이에 해당하지 아니한다고 판시한 것이 있다.[14] 회생채무자재산 또는 파산재단에 대한 강제집행, 가압류, 가처분 등의 신청절차에 있어서도 관리인·관재인이 절차상의 당사자가 된다. 또한 채무자에 대한 채권을 목적으로 한 가압류에 있어서도 채무자가 아닌 관리인이 제3채무자가 된다.[15] 이는 관리인·관재인이 재산의 관리처분권을 장악하는 결과이다. 다만 관리인·관재인이 어떠한 자격으로 소송을 수행하는가에 관하여는 후술하는 바와 같이 관리인·관재인의 법적 지위에 관한 논쟁과 관련하여 견해가 나뉜다.

여럿의 관재인 또는 관리인이 있는 경우에는 법원의 허가를 얻어 직무를 분장하였다는 등의 특별한 사정이 없는 한 그 여럿의 파산관재인 전원이 파산재단의 관리처분권을 갖고 있기 때문에 파산관재인 전원이 소송당사자가 되어야 하므로 그 소송은 고유필수적 공동소송이 된다.[16] 따라서 파산관재인이 여럿임에도 파산관재인 중 일부만이 당사자로

없는 회생회사를 당사자로 표시하였다면 특허심판원은 심판청구서의 당사자 표시만에 의할 것이 아니고 심판청구의 내용을 종합하여 당사자를 확정하여야 하는데, 확정된 당사자가 관리인이라면 당사자의 표시를 관리인으로 보정하게 한 다음 심리·판단하여야 하고, 확정된 당사자가 회생회사라면 당사자적격이 없으므로 심판청구를 각하하여야 하며, 또한 특허심판원이 이와 같은 조치를 취하지 아니한 채 만연히 회생회사를 당사자로 하여 심결을 함으로써 심결상의 당사자가 심결취소의 소를 제기한 경우에 심결취소소송의 사실심리를 담당하는 특허법원으로서는 소장의 당사자 표시만에 의할 것이 아니고 청구의 내용을 종합하여 당사자를 확정하여야 하는데 확정된 당사자가 관리인이라면 당사자의 표시를 관리인으로 정정하게 한 다음 심리·판단하여야 하고, 확정된 당사자가 회생회사라면 당사자적격이 없어 심결이 위법하다고 판단하여야 한다고 하였다.

12) 대법원 1985.5.28. 선고 84다카2285 판결(공1985, 911).
13) 대법원 2008.1.17.자 2007마519 결정(공보불게재).
14) 대법원 1995.7.25. 선고 95다17267 판결(공1995, 2955).
15) 대법원 2003.9.26. 선고 2002다62715 판결(공2003, 2072)은 보전관리인에 대한 사안이다.
16) 대법원 2014.4.10. 선고 2013다95995 판결(미간행). 한편 대법원 2008.4.24. 선고 2006다14363 판결(공

된 판결은 당사자적격을 간과한 것으로서 파산재단에 대하여 효력이 미치지 아니한다.[17]

이에 반하여 재산에 관계가 없는 회사의 조직에 관한 소송인 회사불성립확인소송, 회사설립무효확인소송, 주주총회결의무효확인소송 등에 관하여는 채무자는 당사자적격을 잃지 않는다.[18]

관리인·관재인은 선량한 관리자로서의 주의의무(선관주의의무)를 부담하고, 이를 태만히 한 경우는 이해관계인(파산채권자·채무자·회생채권자, 회생담보권자, 환취권자, 별제권자, 주주 등)에 대하여 관리인·관재인이 복수일 때에는 연대하여 그 손해를 배상하여야 한다(법82조, 361조). 직무분장의 정함이 있는 때에는 당해 관리인·관재인만이 책임을 부담한다. 또한 관리인·관재인이 직무를 행함에 있어 제3자에게 손해를 가한 경우에는 손해를 입은 제3자는 공익채권(법179조), 재단채권(법473조)으로서 회생채무자재산 또는 파산재단으로부터 배상을 구할 수 있다.

관리인 및 파산관재인은 필요한 비용의 선급 및 보수 또는 특별보상금을 받을 수 있다(법30조). 그 액은 법원이 정하고, 공익채권(법179조1항4호) 또는 재단채권(법473조3호)으로서 수시 지급된다. 위 결정에는 즉시항고할 수 있다(법30조3항).[19] 관리인, 파산관재인 모두 그 직무의 곤란성과 인재확보의 관점에서 보수 및 특별보상금의 액은 그 직무와 책임에 상응한 것이어야 한다고 규정하고 있다(법30조2항).[20] 파산선고 직후에 파산재단에 현금이

2008상, 763)은 민사소송법 제54조가 여러 선정당사자 가운데 죽거나 그 자격을 잃은 사람이 있는 경우에는 다른 당사자가 모두를 위하여 소송행위를 한다고 규정하고 있음에 비추어 볼 때, 공동파산관재인 중 일부가 파산관재인의 자격을 상실한 때에는 남아 있는 파산관재인에게 관리처분권이 귀속되고 소송절차는 중단되지 아니하므로, 남아 있는 파산관재인은 자격을 상실한 파산관재인을 수계하기 위한 절차를 따로 거칠 필요가 없이 혼자서 소송행위를 할 수 있다고 하였다. 그러나 관재인의 소송 중에 관재인이 추가 선임되면 소송은 중단되고, 관재인 전원에 의하여 수계된다고 보아야 할 것이다.

17) 대법원 2009.9.10 선고 2008다62533 판결(미간행)은 무효인 가압류취소결정으로 배당을 받지 못한 채권양수인이 제소명령 및 가압류취소결정을 자신에게 통지하지 않은 잘못을 주장하며 채권양도인인 은행의 파산관재인들에게 손해배상을 구한 사안에서, 파산관재인들의 의무 위반 및 이로 인한 실제 손해발생이 있다거나 설령 손해가 발생했다고 하더라도 파산관재인들의 잘못과 손해 사이에 인과관계가 있다고 단정하기 어렵다고 한 원심판결을 수긍한 사례 이다.

18) 日大判昭和14.4.20民集18권495면[百選제4판19]는 회사불성립확인소송에 있어서 파산관재인이 아니라 이사가 대표하는 법인을 피고로 하여야 한다고 하였다. 同旨 日大判大正4.2.16民錄21집145면(주주총회결의무효확인소송), 日大判大正9.5.29民錄26집796면(회사설립무효확인소송). 그 밖에 회사의 해산의 소(상520조), 회사설립무효의 소(상328조), 주주총회결의취소소송(상376조), 주주지위 확인청구 소송 등도 마찬가지이다.

19) 대법원 2013.11.20.자 2013그271 결정(미간행)은 관리인의 보수 또는 특별보상금의 지급을 명하는 법원의 결정에 대하여 불복이 있는 이해관계인은 즉시항고를 제기할 수 있고, 위와 같이 즉시항고가 허용되는 경우에는 대법원에 민사소송법 제449조에 규정된 특별항고를 제기할 수는 없다고 하였다.

20) 실무에서는 종래 관리인의 노력으로 회생계획이 정한 경영목표를 초과하여 달성하거나 채무자의 재산상황이 현저하게 개선된 경우, 그리고 관리인이 능동적으로 신규자본을 물색하여 다른 우량기업과 인수합병을 이룬 경우에는 특별보수를 지급하거나 이에 갈음한 주식매수선택권을 부여하고 절차 종료 후에도 다른 회생회사 관리인으로 다시 선임하고 있고, 또 파산절차에서도 파산관재인에 대해 상

없는 경우에는 우선 미리 납부한 금액으로부터 지급되는 수도 있다(법303조).

　관리인·관재인은 그러한 직무를 행함에 관하여 법원의 감독을 받으나(법39조의2, 81조, 358조), 관리인·관재인은 법원의 하급기관은 아니므로 감독은 대체로 일반적이고, 일일이 지휘를 받는 것은 아니다. 그러나 법률은 개별적으로 감독사항을 정하고 있고(법61조1항, 76조, 97조, 491조, 492조, 500조, 506조),[21] 관리인은 법원의 허가를 받지 아니하고는 채무자의 영업 또는 재산을 양수하는 행위, 채무자에 대하여 자기의 영업 또는 재산을 양도하는 행위나 그 밖에 자기 또는 제3자를 위하여 채무자와 거래하는 행위를 하지 못하며(법61조2항),[22] 법원의 허가를 받지 아니하고 그러한 행위를 한 경우에는 무효로 하되, 선의의 제3자에게 대항할 수 없도록 하고 있다(법61조3항). 또 최종적으로는 법원은 신청 또는 직권에 의하여 관리인·관재인을 해임할 수 있으므로(법83조, 364조) 직무집행의 실상 파악을 위하여 수시로 관리인·관재인으로부터 경과보고를 구할 수 있다.[23] 그런데「예금자보호법」제

여금을 지급하고 있다. 관리인·관재인의 적극적인 업무수행이 도산절차의 성공에 필수적이라는 점을 감안하면 타당한 태도이다.

21) 대법원 1999.9.7. 선고 98다47283 판결(공1999, 2069)은 공정증서상의 집행인낙의 의사표시는 공증인가 합동법률사무소 또는 공증인에 대한 채무자의 단독 의사표시로서 성규의 방식에 따라 작성된 증서에 의한 소송행위이므로(대법원 1984.6.26. 선고 82다카1758 판결, 대법원 1991.4.26. 선고 90다20473 판결, 대법원 1994.2.22. 선고 93다42047 판결 참조), 정리회사의 관리인이 일체의 소송행위에 대하여는 정리법원의 허가를 받도록 명한 회사정리결정에 반하여 법원의 허가를 받지 아니한 채 집행증서를 작성한 경우, (구) 회사정리법 제55조가 정하는 바에 따라 그 집행증서는 무효라고 볼 수밖에 없으므로 채권자가 그 집행증서를 채무명의로 하여 채무자의 재산에 대하여 행한 압류는 무효라고 보아야 한다고 하였고, 한편 日最判昭和61.7.18判時1207호119면, 倒産判例 ガイド 제2판 144면은 파산관재인의 소의 제기에는 감사위원의 동의(감사위원이 선임되지 않는 경우에는 채권자집회의 결의 또는 법원의 허가)가 필요한데, 여기의「소의 제기」에는 항소, 상고는 포함되지 않는 것이고, 따라서「소의 제기」에 대한 동의가 있으면 항소에 관하여는 별도의 동의를 얻을 필요가 없다고 하였는데, 우리 채무자회생법의 해석에도 참고할 만하다.

22) 대법원 2010.1.14. 선고 2009다55808 판결(미간행)은 상법 제398조에서 이사와 회사 사이의 거래에 관하여 이사회의 승인을 얻도록 규정하고 있는 취지는, 이사가 그 지위를 이용하여 회사와 거래를 함으로써 자기 또는 제3자의 이익을 도모하고 회사 나아가 주주에게 불측의 손해를 입히는 것을 방지하고자 함에 있으므로, 회사와 이사 사이에 이해가 충돌될 염려가 있는 이사의 회사에 대한 금전대여행위는 상법 제398조 소정의 이사의 자기거래행위에 해당하여 이사회의 승인을 거쳐야 하고, 다만 이사가 회사에 대하여 담보 약정이나 이자 약정 없이 금전을 대여하는 행위와 같이 성질상 회사와 이사 사이의 이해충돌로 인하여 회사에 불이익이 생길 염려가 없는 경우에는 이사회의 승인을 거칠 필요가 없다고 하였는데, 관리인에게도 유추할 수 있을 것이다. 한편 대법원 1999.2.23. 선고 98도2296 판결(공1999, 600)은 회사에 대하여 개인적인 채권을 가지고 있는 대표이사가 회사를 위하여 보관하고 있는 회사 소유의 금전으로 자신의 채권의 변제에 충당하는 행위는 회사와 이사의 이해가 충돌하는 자기거래행위에 해당하지 않는다고 할 것이므로, 대표이사가 이사회의 승인 등의 절차 없이 그와 같이 자신의 회사에 대한 채권을 변제하였더라도 이는 대표이사의 권한 내에서 한 회사채무의 이행행위로서 유효하며, 따라서 그에게는 불법영득의 의사가 인정되지 아니하여 횡령죄의 죄책을 물을 수 없다고 하였다.

23) 법원의 파산관재인에 대한 효율적인 관리·감독 방안으로서 관재업무에 대한 감독방법, 관재인에 대한 정기평가, 파산관재인의 임기제의 활용, 새로운 보수준칙의 확대적용, 임치금 계좌관리 방안의 개

35조의8 제2항은 명시적으로 채무자회생법 제364조와 제492조의 적용을 배제하고 있다. 예금보험공사의 자율적인 관재업무가 가능하도록 한다는 측면이 있으나 관재인 업무의 객관성과 공정성을 위한 제도적 장치가 미흡한 것도 현실이다. 법원은 채무자회생법 제358조를 통하여 예금보험공사의 관재업무를 일반적으로 감독하고, 같은 법 제362조 제2항(파산관재인 대리인 선임 허가), 제396조 제2항(부인권 행사 명령), 법 제491조 단서(채권조사기일 종료 전 재산환가의 허가), 법 제500조(임치품의 반환청구의 허가), 법 제506조, 제520조, 제531조(배당허가) 등을 통하여 예금보험공사의 관재업무를 감독할 수 있다.

판례는 법원이 채무자 회사의 상무에 속하지 아니하는 행위를 법원의 허가를 얻어야 하는 행위로 지정한 경우, 일반적으로 당해 회사의 기구, 업무의 종류·성질, 기타 여러 사정을 고려하여 객관적으로 보아 회사에서 일상 행해져야 하는 사무나 회사가 영업을 계속하면서 통상 행하는 영업범위 내의 사무 또는 회사경영에 중요한 영향을 주지 않는 통상의 업무 등은 회사의 상무에 속하지만, 이를 제외한 나머지 업무는 회사의 상무에 속하지 아니하는 행위로서 법원의 허가를 받아야 할 행위에 해당한다고 하였고,[24] 파산관재인이 파산절차에서 파산채권자의 후순위파산채권 중 일부에 관하여 한 소멸시효이익 포기는 구 파산법 제187조 제12호에서 정한 권리의 포기에 해당하지 않아 법원의 허가사항이라고 볼 수 없다고 한 사례도 있다.[25] 또한 파산관재인은 감사위원이 선임된 때에는 그 감독을 받는다(법491조2항, 492조, 500조, 506조, 515조2항).[26]

한편 관리인·관재인의 직무는 매우 다양하고 지역적으로도 광범위한 경우가 있으므

선 등의 제안에 관하여는 이동현, "법인파산사건의 효율적 처리방안", 재판자료 제127집, 법원도서관 (2013), 183면 참조.

24) 대법원 2008.11.13. 선고 2006도4885 판결(공2008하, 1707).

25) 대법원 2014.1.23. 선고 2012다44785 판결(공2014상, 468). 현행 채무자회생법 제492조에 해당한다.

26) 실제로 법원은 회생절차개시결정 당시 "관리인은 회생절차개시일 이후 매월 채무자의 업무 및 재산의 관리상태 그 밖의 부수 사항에 관한 보고서를 작성하여 다음 달 20일까지 회생법원에 제출하여야 한다. 단 매 3개월째의 보고서에는 재산목록, 대차대조표 및 손익계산서 등본을 첨부하여야 한다"는 명령을 함으로써 관리인에게 보고의무를 부과한다. 법원과 관리위원회는 관리인의 회생계획 수행업무를 감독하기 위하여 수시로 관리인에게 채무자의 업무, 재산상황 및 그 동향에 대한 설명 및 자료 보고를 요구하고, 금원 지출 허가 후에 금원이 적절히 지출되었는지 영수증 등을 조사·점검하고, 공장 검증 등을 통하여 영업 현장을 점검하여야 하고, 월간보고서에는 인가 당시의 공익채권 금액 및 최근 1년 간 공익채권 금액의 월별 변동 상황 및 미결제 어음금액의 월별 변동 상황을 기재하도록 하여 증감 추세를 예의 주시하고, 지속적으로 증가 추세에 있는 등 채무자의 재산상태가 악화되는 경향을 보이거나 회생계획의 정상적인 수행에 차질이 생길 우려가 있는 경우에는 신속하게 그 대책을 마련하여야 한다. 또 관리인이 은행으로부터 어음용지를 수령하고자 할 때에는 법원 또는 법원으로부터 위임을 받은 관리위원회의 사전허가를 받도록 하고, 그 다음 번 어음용지 수령허가 신청시에는 종전에 수령한 용지의 사용내역을 법원 또는 관리위원회에 보고하도록 하고, 법인 채무자에 대하여는 특별한 사정이 없는 한 매년 외부의 감사인으로 하여금 회계감사를 실시하도록 하는 것이 바람직하다(서울회생법원 회생실무준칙 제253호 외부감사인에 의한 회계감사).

로 필요한 때에는 그 직무를 행하게 하기 위하여 법원의 허가를 얻어 관리인·관재인 대리를 선임할 수 있다(법76조, 362조). 이 경우 채무자가 법인인 때에는 관리인·관재인 대리에 대하여는 공고 및 등기촉탁을 한다(법76조3항, 362조3항). 관리인·관재인 대리는 실체법상·소송법상의 포괄적인 대리권을 가진다. 즉 관리인·관재인 대리는 관리인·관재인에 갈음하여 재판상 또는 재판외의 모든 행위를 할 수 있다(법76조4항, 362조4항).[27] 관리인이 관리인 대리를 임명하여 소송대리를 하도록 하고 있는 실무관행을 받아들여 명문으로 관리인 대리에게 소송대리권을 부여한 것이다. 한편, 관리인 대리가 재판 외에서 법률행위를 함에 있어서는 관리인 명의가 아닌 자기 명의(예: 관리인 대리 甲)로 하면 된다.[28] 한편 이와는 별도로 관리인·관재인은 개별사무에 관하여 대리인을 선임할 수 있고, 특히 법원의 허가는 필요 없다고 해석한다(예컨대 특정소송을 위한 소송대리인을 선임하는 것에는 법원의 허가는 불필요). 그 밖에 관리인이 그 보조자를 자신의 책임으로 사용하는 경우가 있는데 판례는 구 회사정리법 하에서 정리회사의 관리인이 '甲'을 정리회사의 부사장으로 선임하여 정리업무에 참여케 하였다면 '甲'은 위 직명여하에 관계없이 관리인의 책임으로 그 직무집행에 필요하여 법원의 허가를 얻어 선임한 관리인의 대리인 또는 이행보조자나 이행대용자라고 보아야 할 것이며, 정리회사의 피용자라고 할 수 없으므로 자기책임으로 '甲'을 선임한 관리인은 회사정리법 제98조 제1항의 취지로 보아 그 선임·감독상의 과실유무에 관계없이 '甲'의 행위에 의하여 정리회사가 손해를 입은 경우에는 그 책임을 져야 한다고 하였다.[29]

(4) 관리인·관재인의 법적 지위

관리인·관재인은 채무자 회생·재산관계의 청산이라는 목적 달성을 위하여 채무자·채권자·기타 관계인의 개개의 이해관계로부터 중립의 입장에 서는 독립의 관리기구를 의미하고 동시에 그 관리기구를 구성하는 자연인 또는 법인을 의미한다. 이 관리기구는 그 자체 권리의무의 귀속점은 아니고 채무자에게 귀속하는 재산에 관하여 일정방향의 목적달성을 위한 관리처분권(회생절차에서는 이것이 경영권으로서도 발현한다)을 가지는데 불과하다. 그 점에서는 하나의 법적 주체이기는 하지만 그 자신이 대상재산의 귀속주체가 되는 것은 아니다. 그 귀속주체인 채무자는 이 관리기구에 관리처분권을 박탈당한 상태로 존속한다.

---

27) 관리인의 포괄대리인으로서 상법상 지배인에 대응한다. 따라서 관리인 대리의 대리권에 대한 제한은 선의의 제3자에게는 대항할 수 없고(상11조3항), 악의 또는 중과실 있는 제3자에게는 대항할 수 있다.
28) 종래 관리인이 회사를 충분히 장악하지 못한 상태에서 구 사주측 인사가 관리인 대리로 선임되면, 관리인은 명목상의 최고 책임자에 불과하게 되고, 실제 경영은 구 사주측이 전횡할 가능성이 높다는 점이 지적되어 왔다.
29) 대법원 1974.6.25. 선고 73다692 판결(공1974, 7955). 이 판결에 대한 평석으로 석광현, "정리회사의 관리인이 정리회사의 부사장을 선임하여 정리업무에 참여케 한 경우의 관리인의 책임", 상사판례연구 제5권, 박영사(2000), 184면 참조.

자연인 파산의 경우 그 인격이 존속하는 것은 물론이지만, 법인에서도 마찬가지로 파산에 의하여 해산(민77조1항, 상227조5호, 517조1호 등)한 후에도 청산목적의 범위 내에서 법인격은 존속한다(법328조, 상245조). 청산절차에 관한 민법 제80조, 81조, 87조 등 규정은 모두 제3자의 이해관계에 중대한 영향을 미치기 때문에 강행규정이라고 해석되므로 청산법인이나 그 청산인이 청산법인의 목적범위 외의 행위를 한 때는 무효이다.[30] 다만 이 경우 청산은 재산관계만을 대상으로 하므로 청산인 이외의 관리기구 즉 파산관재인에 의하여 청산이 행하여지는 것이고, 법인격 존속의 의의는 일반 해산의 경우와 다름이 없다. 이에 반하여 채무자 회사의 회생에서는 회사는 일응 동일성을 보유하면서 존속하고, 이사 등도 그대로 그 지위를 보유하면서 회사의 관리처분권을 가지지는 않지만 마치 자연인인 채무자가 호흡을 계속하는 것처럼 비재산적 조직법상의 절차는 회생목적을 위하여 특별히 금지되지 않는 한(법55조1항) 종래와 같이 자치적으로 행하여지는 것이다(정관변경〈단 법원의 허가를 요한다. 법55조2항〉, 이사의 선임·해임, 주주명의개서, 대표이사에 의한 주주총회소집 등). 다만 회사의 회생은 회사로부터 재산관계만을 빼앗아 회생절차를 마친 후에 반환하는 것은 아니고, 조직체로서의 회사 그 자체도 절차의 대상이 되어 변경이 가하여지고 관리인이 그를 위한 준비도 하는 점에서 단순히 재산의 관리처분 내지 사업의 경영 이상의 것을 포함하고 있다.

종래 이 점에 관하여는 파산관재인의 법적 지위를 둘러싸고 논란이 있어 왔다. 파산재단의 권리주체성의 유무, 파산재단의 채무자, 부인권의 주체 등의 문제도 이 문제에 밀접하게 관련되어 있는 것들인데 관재인은 법원(국가)의 선임에 기하여 그 직무로서 자기의 이름으로 파산재단의 관리처분권을 행사하는 자라고 하는 이른바 직무설, 채무자대리설, 채권자대리설, 파산재단에 법인격 내지 권리주체성을 인정하고 관재인은 그 대표자라고 하는 파산재단법인대표설(종래부터의 다수설이다), 관재인의 개념에 파산재단의 관리기구와 그 관리기구를 담당하는 자라는 2개의 의의를 인정하고, 파산재단의 관리기구로서의 관재인은 파산재단의 관리처분권이 귀속하는 법주체라고 하는 관리기구인격설, 관재인은 채무자(신탁자)의 재산관계를 채권자와 그 밖의 이해관계인(수익자)를 위하여 자기의 고유재산관계와 분리하여 자신의 이름으로 관리처분하는 수탁자라고 하는 수탁자설[31] 등이 있다.

---

30) 대법원 1980.4.8. 선고 79다2036 판결(공1980, 12776)은 법인의 정관 제28조에 "본 법인의 해산시에 잔여재산은 이사회의 결의에 의하여 주무장관의 승인을 경하여 본 법인과 유사한 목적을 가진 단체에 기부함"이라고 규정하고 있음에도 법인이 청산중에 재산을 제3자에게 매도처분한 사안에서 이는 민법의 청산절차에 관한 규정 및 위 정관에 위반하는 청산목적 범위 외의 것으로 볼 것이며, 그렇다면 그 매매는 무효라고 하였다.

31) 나아가 수탁자설을 발전시켜 파산관재인은 국가로부터 신탁을 받은 수탁자라고 하는 사법상의 직무설도 있다. 여러 학설에 대한 상세한 소개는 윤남근, "일반환취권과 관리인·파산관재인의 제3자적 지위", 회생과 파산 Vol.1, 한국도산법학회(2012), 1면 참조.

판례는 "(구) 파산법 제7조에 의하면 파산재단을 관리 및 처분하는 권리는 파산관재인에
속한다고 되어 있고, 같은 법 제152조에 의하면 파산재단에 관한 소송에 있어서는 파산관
재인이 원고 또는 피고가 된다고 규정하고 있으므로 파산관재인은 파산자나 파산채권자
등의 대리인이라거나 그 이해관계인 단체의 대표자라 할 수 없고 파산절차에서 법원에 의
하여 선임되어 법률상의 직무로서 파산재단에 관한 관리처분의 권능을 자기의 이름으로
행사하는 지위에 있는 자라고 풀이한 것인바, 파산법이 파산관재인에게 파산재단에 관한
소에 있어 원고 또는 피고가 된다고 한 것은 파산관재인이 단지 파산자의 이익뿐만 아니
라 파산채권자의 이익도 보호하여야 하고, 나아가 파산관재인의 개인적 이익을 넘어 파산
목적의 수행상 공정한 입장에 서서 경우에 따라서는 서로 모순되는 이해의 조정을 꾀하여
야 하는 지위에 있음을 감안하여 소송법상의 법기술적인 요청에서 당사자적격을 인정한
것뿐이지, 자기의 이름으로 소송행위를 한다고 하여도 파산관재인 스스로 실체법상이나
소송법상의 효과를 받는 것은 아니고, 어디까지나 타인의 권리를 기초로 하여 실질적으로
는 이것을 대리 내지 대표하는 것에 지나지 않는 것이다"라고 판시하였다.[32]

한편 구 회사정리법 하에서 정리회사 관리인에 관하여는 이해관계인단체기관설, 관리
인은 정리회사(신탁자)의 재산관계를 채권자 기타 이해관계인(수익자)을 위하여 자기의 고
유재산과 구별하므로 자기의 이름으로 관리 처분하는 수탁자라고 하는 공적수탁자설,[33]
기업재단법인대표설 등이 있었다. 판례는 정리회사 관리인은 정리회사의 기관이거나 그
대표자가 아니고, 정리회사와 그 채권자 및 주주로 구성되는 소위 이해관계인 단체의 관
리자로서 일종의 공적수탁자(公的受託者)라고 보았다.[34]

32) 대법원 1990.11.13. 선고 88다카26987판결(공1991, 57). 한편 대법원 2005.11.25. 선고 2004다6085 판
결(공보불게재)은 파산관재인은 파산재단에 속하는 재산을 환가하여 이를 파산채권자에게 평등하게
분배하는 등 채무자와 독립한 지위에서 파산채권자 전체의 공동의 이익을 위하여 선량한 관리자의
주의로써 그 직무를 행하여야 할 것이므로, 비록 청산중인 증권회사의 청산인에게 고객예탁금을 증
권거래법이 정하는 바에 따라 자기소유의 재산과 분리하여 예치기관에 예치하여야 할 의무가 있었다
하더라도 그 의무가 파산관재인에게 당연히 승계된다고 할 수 없다고 하였다. 이 판결에 대한 평석
으로 임치용, "사채에 대한 질권설정 불이행을 이유로 한 손해배상채권과 파산절차", 파산법 연구 2,
박영사(2006), 256면 참조.
33) 나아가 이 수탁자설을 발전시켜 관리인은 국가로부터의 수탁자라고 하는 견해도 있다.
34) 대법원 1988.10.11. 선고 87다카1559 판결(공1988, 1403), 대법원 1974.6.25. 선고 73다692 판결(공1974,
7955), 대법원 1988.8.9. 선고 86다카1858 판결(공1988, 1207), 대법원 2013.3.28. 선고 2010다63836 판결
(공2013상, 733)[백선35]. 이러한 입장에서 대법원 1992.7.14. 선고 92누3120 판결(공1992, 2454)은 정리
회사의 관리인은 특별한 사정이 없는 한 위와 같은 경우에 있어 인정상여로 소득처분되는 법인의 대
표자로는 볼 수 없다고 하였고, 대법원 1994.5.24. 선고 92누11138 판결(공1994, 1858)은 회사정리법에
의한 정리절차개시결정이 있은 때에는 회사사업의 경영과 재산의 관리처분권은 관리인에 전속하고
관리인은 정리회사의 기관이거나 그 대표자는 아니지만 정리회사와 그 채권자 및 주주로 구성되는
이해관계인 단체의 관리자인 일종의 공적 수탁자라는 입장에서 정리회사의 대표, 업무집행 및 재산
관리 등의 권한행사를 혼자서 할 수 있게 되므로 정리절차개시 후에 비로소 과점주주가 된 자는 과

일반적으로 파산관재인에 관하여는 파산재단법인 대표설이 종래의 통설이고, 회생관리인은 채무자의 기관 또는 그 대표자가 아니라 채무자와 그 채권자 및 주주·지분권자 등으로 구성되는 이해관계인 단체의 관리자로서 일종의 공적 수탁자인 지위를 가지며, 법원의 감독을 받지만 법원의 기관은 아니라고 설명된다. 그러나 현재에는 파산관재인의 법적 지위에 관한 위 견해들 중 회생절차에 있어서의 관리인의 지위(채무자재산의 관리기구로 본다)와 통일적 이해를 가능하게 한다는 점에서 관리기구인격설이 유력하다고 할 수 있다. 단 이 설에 대하여는 파산관재인 개념의 이중성을 전제로 하고 있는 점에서는 기교적으로 지나친 면이 있다는 지적도 있다. 위의 어떠한 견해를 취하는가에 따라 구체적인 문제에 관하여 결론에 차이가 생기는 것은 아니고, 어떻게 모든 관계를 모순 없이 설명할 수 있을까 하는 문제라고 할 수 있다. 위 학설들의 대립은 사항을 이해관계인측으로부터 보는가 재산의 측으로부터 보는가 하는 차이에서 오는 것인데, 상호이해가 대립되는 쌍방의 이해관계인들의 입장에서 통일적으로 설명하는 것은 애당초 무리이고, 또 관리처분의 대상에 불과한 재산을 주체적으로 취급하는 것도 부자연스럽다. 물론 전술한 바와 같이 관리의 기구 그 자체를 직시하여 그것에 주체성을 인정하는 것이 독립적 성격에 가장 충실한 이해이고, 또 관리인과 파산관재인의 성격을 통일적으로 설명하는 데에도 의의가 있다고 생각된다. 결국 이러한 사고방식은 종래의 소위 직무설에 가까운 접근방식이다.

파산관재인의 행위와 관련하여 근로자의 퇴직금채권의 배당이나 파산관재인의 보수지급시에 파산관재인이 원천징수의무를 부담하는가 하는 문제가 있다. 이에 관하여 일본의 판례는 전자에 관하여 파산관재인과 당해 근로자 사이에 특히 밀접한 관계는 인정되지 않고, (우리 소득세법 제127조에서 말하는) 「지급하는 자」에 해당하지 않는다고 하여 원천징수의무를 부정하였고, 후자에 관하여는 파산관재인이 자신이 행한 관재업무의 대가로서 그 지급을 받는 것이므로 「지급을 하는 자」에 해당한다고 하여 원천징수의무를 인정하였다.[35]

점주주로서의 주주권을 행사할 수 없게 되는 것이고, 따라서 정리회사의 운영을 실질적으로 지배할 수 있는 지위에 있지 아니하는 셈이 되어 그 재산을 취득한 것으로 의제하는 구 지방세법(1990.12.31. 법률 제4269호로 개정되기 전의 것) 제105조 제6항 소정의 과점주주의 요건에 해당되지 아니한다고 판시하였으며, 또한 대법원 1989.7.25. 선고 88누10961 판결(공1989, 1309)도 甲회사가 乙회사의 발행주식총액 중 50/100 상당을 소유하고 甲회사의 대표이사이자 전주식을 소유한 丙이 乙회사의 발행주식총액 중 21.5/100 상당을 소유하고 있는데 甲회사에 대하여 乙회사의 납세의무성립일 이전에 회사정리법에 의한 정리절차개시결정이 되었다면 丙은 甲회사의 대주주로서의 주주권을 행사할 수 없게 되고 따라서 그 때부터는 甲회사는 乙회사의 과점주주의 요건에 해당되지 않게 된다고 판시하였다.

35) 日最判平成23.1.14民集65권1호1면, 倒産判例 インデックス 제3판 178[百選18]. 당초 제1심과 항소심인 日大阪地判平成18.10.25判時1980호55면과 日大阪高判平成20.4.25金法1916호48면은 파산채권인 퇴직금이나 관재인의 급료에 대하여 배당을 하는 경우에 소득세는 파산재단의 관리상 당연한 경비이고 공익적 지출로서 재단채권이 되므로 파산관재인은 원천징수의무가 있고, 그 부대세인 불납부가산세도 재단채권이 된다고 하였으나, 상고심은 관재인의 보수에 관하여는 원심을 유지하는 한편, 퇴직수당 등에 관하여는 원천징수의무를 부정하였다. 이 판결에 대한 해설로 伊藤 眞/최정임·채연수 역,

(5) 관리인·관재인의 제3자성

실체법은 거래안전을 위하여 여러 가지의 제3자 보호규정을 두고 있는데(민법 제107내지 제109조의 각 2항, 제449조 제2항, 제548조 제1항), 관리인·파산관재인이 그 제3자에 해당하는가 하는 것이 문제가 된다. 종래에는 이 문제도 관리인·관재인의 법적 지위로부터 직접 결론을 도출하는 경향이 있었으나, 근래에는 동일한 관리인·관재인의 법적 지위에 관한 문제라도 도산절차의 내부적 법률관계에 관한 논의와는 전혀 차원을 달리하여 관리인·관재인의 제3자성의 문제는 도산절차의 주된 수익자인 도산채권자와 외부의 제3자와 사이의 공평이라고 하는 관점에서 결정된다고 하는 견해가 유력하다.[36] 이에 의하면 관리인·관재인의 제3자성은 다음의 3개의 기준에 의하여 판단된다. 즉, 첫째 관리인·관재인은 원칙적으로 채무자의 일반승계인과 동일시된다. 둘째 도산절차개시결정은 도산채권자 전체를 위한 압류로서의 성질을 가지고, 도산채권자의 이익의 대표자인 관리인·관재인에게는 압류채권자의 지위가 인정된다. 셋째 채무자가 관리인·관재인에 대하여 압류채권자를 초과하는 특별한 지위를 부여하고 있는 때에는 그것이 우선한다는 것이다(부인권 등). 이러한 기준들을 구체적으로 적용하면 아래와 같다. 한편 관리인·관재인의 제3자성의 문제는 도산절차 개시 당시 채무자 재산의 범위와도 직결되는 문제인데, 그 점에 대하여는 관련 부분에서 다시 언급한다.

① 부동산물권변동과 제3자성(민법 제186조)

㉮ A가 토지를 B에 팔고, B가 대금을 전부 지급하였음에도 불구하고 아직 A로부터 이전등기를 받기 전에 A가 파산하여 C가 파산관재인으로 선임된 경우 당해 토지가 파산재단을 구성하는가의 여부는 파산채권자에게 중대한 이해관계가 있는 것인데 부동산에 관한 물권의 득실변경은 등기하여야 그 효력이 생기므로(민법 제186조), B와 C의 우열은 B가 A로부터 소유권이전등기를 마친 시점과 파산선고의 시점 중 어느 것이 먼저인가에 의하여 결정된다.

이 점에서 우리 민법 하에서 이 문제는 관리인·관재인의 제3자성과는 관련이 없다고 할 수 있지만, 우리 법제와 달리 부동산에 관한 물권의 득실변경은 등기하지 아니하면 제3자에게 대항할 수 없도록 하고 있는 일본 법제(일본 민법 제177조)에서는 통설은 이 경우 관리인·관재인을 제3자로 보고 있고, 판례도 A로부터 토지를 임차한 B가 임차권의 대항요건을 구비하기 전에 파산하고, C가 파산관재인으로 선임된 사례에 관하여 C의 제3자성을 인정하고 C의 B에 대한 목적물의 반환청구를 인정하였다.[37]

"일본도산법 판례동향(2), 도산법연구 제2권 제2호, 사단법인 도산법연구회(2011.11.), 275면 참조.
36) 三上威彦, "槪說 倒産法" 信山社(2018), 20면 이하 참조
37) 日最判昭和48.2.16金法678호21면, 倒産判例 インデックス 제3판 25[百選15].

㉯ 이에 반하여 A가 토지를 B에 매각하고 B가 대금을 완납하였음에도 불구하고 이전
등기를 받기 전에 B가 파산하여 C가 파산관재인으로 선임된 경우 당해 토지가 B의 파산
재단을 구성하는가의 여부는 파산채권자들에게 중대한 이해관계가 있는 반면에 A는 이미
대금을 전부 받은 이상 당해 토지의 소유권을 주장할 이익은 없다. 따라서 A와 B의 파산
채권자 사이에는 이해의 대립은 없으므로 C는 B의 일반승계인과 같은 입장에서 A를 상대
로 이전등기와 토지의 인도를 청구할 수 있다.

② **채권양도와 제3자성**(민법 제450조)

A가 B에 대한 채권을 C에게 양도하고 양도사실을 B에게 우편으로 통지한 후 파산하
여 D가 파산관재인으로 선임된 경우, D가 채권양도의 제3자에 해당하는가 하는 문제이다.
에에 관하여 통설은 D가 압류채권자와 마찬가지의 지위를 가진다는 점을 이유로 제3자에
해당하고, C는 파산선고 전에 민법 제450조의 대항요건을 성취하지 않는 한 D에게는 대항
할 수 없다고 하고 있고, 일본 판례의 입장도 동일하다.[38]

이와 관련하여 양도금지 특약(민449조2항)이 부착된 채권의 양도인의 파산관재인이 양
수인에 대하여 양도의 무효를 주장할 수 있는가 하는 문제가 있다. 양도금지특약이 채무
자의 이익을 보호하는 것을 목적으로 한다는 점에서는 양도인의 압류채권자도 무효를 주
장할 이익을 가지지 않는다는 점에서 관재인도 무효를 주장할 수 없다고 해석한다.[39]

③ **통정허위표시와 제3자성**(민법 제108조2항)

A와 B가 통모하여 토지를 가장양도하고, A로부터 B로 소유권이전등기가 마쳐진 후 B
가 파산하고 C가 파산관재인으로 선임된 경우 A가 C를 상대로 허위표시에 의한 무효를
주장하여 등기의 말소와 토지의 반환을 청구한 경우 C가 민법 제108조제2항의 선의의 제3
자에 해당하는가하는 문제이다. 이에 관하여 대법원 판례와 일본의 판례·통설은 C는 제3
자에 해당한다고 하고 있으나,[40] 우리의 학설은 부정설이 유력하다. 나아가 이 경우 선의·악
의는 누구를 기준으로 하여 판단하는가 하는 문제가 있는데, 판례는 관재인이 파산채권자
의 이익을 대표하는 지위에 있는 점에 비추어 파산채권자 중에 1인이라도 선의인 사람이
있는 것을 관재인이 입증하면 선의의 제3자 보호규정이 적용된다고 해석하고 있다. 상세
는 후술한다.

38) 日最判昭和58.3.22判時1134호75면, 倒産判例 インデックス 제3판 26[百選16]은 파산관재인이 지명채
권양도에 있어서 제3자에 해당하므로 파산선고 전에 확정일자있는 증서에 의한 통지 승낙이 없는 한
양수인은 파산관재인에게 대항할 수 없다고 하였다.

39) 日東京地判平成27.4.28判時2275호97면.

40) 대법원 2003.6.24. 선고 2002다48214 판결(공2003, 1583), 대법원 2016.3.24. 선고 2015다246346 판결
(미간행) 등. 同旨 日最判昭和37.12.13判タ140호124면[百選초판26].

④ 사기와 제3자성

A가 B의 사기행위에 의하여 토지를 양도한 후 B가 파산하여, C가 파산관재인으로 선임된 경우에 C가 민법 제110조의 선의의 제3자에 해당하는가 하는 문제이다. 이 문제에 관하여 허위표시의 경우와는 달리 A를 보호할 필요성이 높으므로 파산관재인은 제3자에 해당하지 않는다고 하는 견해도 있으나, 통설은 파산관재인은 압류채권자와 마찬가지의 지위에 있는 점, 또한 민법 제108조 제2항과 민법 제110조 제3항 모두 거래의 안전을 보호하는 규정이고, 양자를 달리 취급할 수는 없다는 등을 이유로 제3자에 해당한다고 해석한다. 또한 이 경우의 선의에 관한 판단기준은 허위표시의 경우와 같다.[41]

⑤ 계약해제와 제3자성(민법 제548조 제1항 단서)

이에 관하여는 두 가지 경우가 있을 수 있다. 첫째는 매도인이 계약을 해제한 후 매수인이 파산한 경우이고, 둘째는 매수인이 파산한 후 매도인이 파산선고전에 파산원인의 존재에 기하여 해제의 의사표시를 한 경우이다. 전자의 경우 토지의 매매계약에 관하여 통설은 매도인과 파산관재인의 관계는 이중양도와 마찬가지의 관계가 되고, 민법 제186조가 적용된다고 한다. 따라서 매수인에게 파산선고가 되기 전에 이전등기의 말소등기가 되지 않는 한, 파산관재인은 물건에 대한 권리를 잃지 않는다. 후자의 경우에는 파산관재인은 파산절차 개시에 의하여 압류채권자와 마찬가지의 지위를 취득하고, 그 시점에 민법 제548조 제1항 단서의 제3자에 해당하게 된다.

⑥ 융통어음의 항변과 제3자성(어음법 제17조, 제77조)

A가 B의 의뢰를 받아 B에 대한 자금융통의 수단으로서 약속어음을 발행한 후(융통어음), B가 파산하여 C가 파산관재인에 선임되어 A를 상대로 어음금의 지급을 청구한 경우 A는 융통어음의 항변(원인관계부존재의 항변)을 할 수 있는가 하는 점이 문제가 된다. 이 경우 관리인·관재인이 도산채권자의 이익을 대표한다는 점에서 제3자적 지위를 가진다고 하여도 어음법 제17조, 제77조의 인적 항변의 절단이라는 제도는 배서라고 하는 어음 본래의 형태로 유통되는 경우에 어음거래의 안전을 보호하기 위한 것이므로, 어음 본래의 유통방법에 의하지 아니하고 관리인·관재인에게 이전된 경우에는 항변절단의 효과는 부여되지 않는다고 보아야 할 것이다.[42]

⑦ 불법원인급여의 항변과 제3자성

채무자가 체결한 계약이 공서양속에 반하여 무효(민103조)가 되고, 당해 계약에 기하여 급부를 한 채무자의 부당이득반환청구권의 행사가 불법원인급여(민746조)로서 허용되지 않는 경우에 당해 채무자의 파산관재인은 위 부당이득반환청구권을 행사할 수 있는가 하

---

41) 대법원 2010.4.29. 선고 2009다96083 판결(공2010상, 993) 등

42) 日最判昭和46.2.12判時622호102면[百選제4판18].

는 문제가 있다. 일본의 하급심은 소위 피라미드(다단계) 회사인 A사가 회원(출자자)를 모집하면서 상위 회원인 Y에게 투자금의 10%에 상당하는 월배당금을 지급하고, 더하여 회원이 고객을 소개하여 회원이 된 경우에는 소개비를 지급하는 사업을 하여 회원으로부터 거액의 투자금을 모집한 후 파산하자 A사의 파산관재인이 Y를 상대로 당해 회원계약에 기하여 A사로부터 수령한 월배당금, 소개료에서 A사에 지급한 투자금을 공제한 액을 부당이득으로서 반환하라고 청구한 사건에서 A사는 스스로 공서양속에 반하는 사업을 기도하고 실행한 것이므로 A사 자신이 Y에 대하여 급부한 이익을 부당이득으로 반환청구하는 것은 불법원인급여로서 허용되지 않으나, 파산관재인은 모든 채권자의 공평한 만족을 얻는 것을 목적으로 하여 고유의 권한을 가지고 관재업무를 수행하는 독립의 주체이고, 파산관재인에 의한 권리행사는 파산자의 권리승계인 또는 대리인으로서의 입장에서 행사하는 것은 아니므로 파산관재인에 의한 파산자의 부당이득반환청구권의 행사는 당해 부당이득이 불법원인급여라고 하는 부당이득자의 항변에 의하여 방해받지 않는다고 한 사례가 있었고,[43] 이에 반하여 반대의 입장을 취한 것도 있었는데,[44] 일본 최고재판소는 전자의 입장을 취하였다.[45] 상세는 후술한다.

(6) 보전관리인

구 회사정리법이 제정된 이후 실제 개시신청일로부터 개시결정일까지 수개월이 소요되는 바람에 그 기간 동안 회사 재산의 산일(散逸)을 막고 회사를 책임있는 자가 경영하도록 하기 위하여 1981년 회사정리법 개정에 의하여 도입된 제도이다. 법 제43조 3항의 규정에 의한 보전관리명령이 있는 때에는 회생절차개시결정 전까지 채무자의 업무수행, 재산의 관리 및 처분을 하는 권한은 보전관리인에게 전속한다(법85조). 보전관리인에 대해서는 관리인에 대한 규정이 준용된다(법86조). 일본 파산법과 달리 파산에 있어서는 채택되어 있지 않다.[46]

(7) CRO(Chief Restructuring Officer, 최고 구조조정책임자)

기존경영자 관리인(DIP)이 채무자 기업의 경영을 담당하는 경우 채권자들의 신뢰를 얻고, 기업의 구조조정 등 업무를 담당하는 기관으로 두는 것이 CRO(Chief Restructuring Officer)로서, 통상 채권자협의회의 추천을 받아 법원의 권유에 의하여 채용된다. 말하자면

---

43) 日東京高判平成24.5.31判タ1372호149면, 倒産判例 インデックス 제3판 65.
44) 日東京高判平成24.6.6金法1981호106면.
45) 日最判平成26.10.28民集68권8호1325면. 위 日東京高判平成24.6.6金法1981호106면의 상고심으로서 원심판결을 파기 자판하였다.
46) 일본 파산법 제93조 참조.

기존 경영자 관리인에 대한 견제장치임과 동시에 구조조정의 촉진을 위한 기구인 셈이다. 통상 기업의 재정상태의 점검, 법원허가사항에 대한 사전 검토, 회생절차 전반에 관한 조언 등을 담당하는데, 실제로는 인사권의 행사 등 기존 경영자 관리인과의 사이에 권한의 범위를 둘러싸고 마찰이 있기도 하여 운용의 묘가 요구된다.[47)]

나. 관리감독기구

파산에서는 전면적 관리기구를 감독하는 기관이 마련되어 있는데 감사위원이 이에 해당한다. 또 채권자집회도 일정한 감독기능을 하지만 그에 관하여는 별도로 (4)에서 다룬다.

감사위원은 파산채권자의 이익을 지키기 위하여 주로 파산관재인의 직무의 집행을 감독하는 기관으로서 필수기관은 아니고, 그 설치 여부는 채권자집회에서 결정한다(법376조, 377조). 설치를 결정하는 경우에 감사위원은 법률이나 경영에 관한 전문가로서 파산절차에 이해관계가 없는 자이어야 하나, 그 결의에는 법원의 인가가 필요하다(법377조. 해임에 관하여는 법380조 참조).

감사위원의 직무는 우선 파산관재인의 직무집행을 감사하는 것으로서 파산재단의 상황을 조사하고, 파산채권자에게 현저하게 손해를 미칠 사실을 발견한 때에는 지체 없이 법원 또는 채권자집회에 보고하여야 한다(법379조1항, 3항). 그 밖에 파산관재인의 일정한 중요한 행위에 대하여 동의를 하거나(법492조, 500조1항, 506조, 515조2항 등 많다), 의견을 부치고(법365조3항), 경우에 따라서는 법원에 파산관재인의 해임을 신청하는 것(법364조) 등이 있다. 그 직무의 집행은 감사위원 과반수의 의사로서 결정하는 것이 원칙이다(법378조). 다만 파산관재인에 대하여 파산재단에 관한 보고를 구하고, 또는 파산재단의 상황을 조사하는 것은 감사위원 각자가 혼자서도 할 수 있는 것으로 하고 있다(법379조2항).

다. 그 밖의 기구들

(1) 채권자집회·관계인집회

도산처리에 있어서 최대의 이해관계인은 일반채권자이지만, 채권자는 통상 다수이기 때문에 한 장소에 모이도록 하여 공동의 이익에 관한 정보를 전달하고, 중요사항에 관하여 결정하도록 하고 있다. 회생절차에서는 채권자뿐만 아니라 담보권자와 주주·지분권자도 권리의 변경을 가져오게 되므로 보다 넓게 이들도 포함하여 관계인집회가 개최된다.

---

47) 상세는 박사랑, "CRO(Chief Restructuring Officer) 제도의 현황과 과제" 도산법연구 제3권 제2호, 사단법인 도산법연구회(2012.11.) 283면 참조.

채권자집회·관계인집회의 기능은 정보의 교환, 재산의 관리처분에 대한 감독, 재건 계획의 가결로 대별된다. 물론 세 번째 기능은 재건형 절차인 회생절차에서만 문제된다. 채권자집회·관계인집회는 회생 및 파산의 모든 도산절차에 설치되는 기관이다.

(가) 소집과 실시

파산에서는 제1회 채권자집회(법312조1항2호)의 소집이 특히 규정되어 있는 외에 법원은 파산관재인, 감사위원, 총채권 금액 5분의 1 이상의 파산채권자의 신청 또는 직권에 의하여 수시로 채권자집회를 소집할 수 있다(법367조). 회생절차에 있어서는 관계인집회는 관리인 보고를 위한 관계인집회(또는 관계인 설명회), 회생계획안 심리를 위한 관계인집회, 회생계획안결의를 위한 관계인집회의 합계 2 내지 3회에 한하는 것이 원칙이다(법98조1항1호, 224조, 232조, 단 230조, 238조). 파산에 비하여 회생절차에는 그 기능이 한정되어 있다고 할 수 있다. 또한 채권자집회·관계인집회의 기능을 보완하기 위하여 후술하는 채권자협의회의 제도가 있고, 아울러 파산에서는 전술한 바와 같이 채권자집회의 대표자라고도 할 수 있는 감사위원을 선임하여 감독적 기능을 대행하게 할 수 있다(법376조, 492조).

채권자집회, 관계인집회의 기일 및 목적은 공고 내지 통지에 의하여 알려지고(법182조, 183조, 185조, 368조, 313조1항·2항),[48] 집회는 법원의 지휘에 의하여 행하여지며(법184조, 369조), 지휘라 함은 의장의 역할을 하는 것이고, 개회, 발언의 허부, 결의의 채택, 질서유지 등에 해당하는 것을 가리킨다. 집회는 통상은 법원 내에서 열리나, 채권자가 매우 많은 경우에는 법원 외의 시설에서 열리기도 한다.

(나) 권능·권한

1) 정보수집·교환적 기능

관리인·관재인에 의한 경과보고(법98조, 488조), 계산의 보고(법365조, 529조), 관리인, 채무자, 회생채권자, 회생담보권자, 주주·지분권자로부터 법원에 대한 의견진술(법225조), 회생계획안의 설명과 의견청취(법99조), 채무자에 의한 설명의 청취(법321조) 등이 이에 속하고, 집회가 결의를 행하기 위한 판단자료가 수집됨과 아울러 법원, 관리인·관재인측에서도 여러 가지 의견을 알 수가 있다.

2) 감독적 기능

채권자집회는 파산관재인의 해임청구결의(법364조), 감사위원 선임·해임결의(법376조, 377조1항, 380조1항), 파산관재인의 상황보고의 방법을 정하는 결의(법499조), 파산에 있어서의 영업의 폐지 또는 계속, 고가품의 보관방법에 관한 결의(법489조), 임치고가품의 반환청구에

48) 대법원 1962.9.20. 선고 62다380 판결[집10(3)민, 251]은 당사자가 서울특별시 농업협동조합인데도 그 변론기일을 대표자인 조합장에게 통지하지 아니하고 당사자 아닌 농업협동조합 중앙회에 통지한 채 그 기일에 변론을 실시하였다면 위법이라고 하였다.

관한 결의(법500조) 등 파산에 있어서 파산관재인을 감독하는 권한을 가진다. 채권자집회의 결의에는 의결권을 행사할 수 있는 출석 파산채권자의 총채권액의 2분의 1을 초과하는 채권을 가진 자의 동의가 있어야 한다. 채권자집회의 결의에 관하여 특별한 이해관계를 가진 자는 그 의결권을 행사할 수 없다(법370조1항, 2항). 채권자집회에 관한 사안은 아니나, 판례는 주주총회가 재무제표를 승인한 후 2년 내에 이사와 감사의 책임을 추궁하는 결의를 하는 경우, 당해 이사와 감사인 주주가 그 결의에 관한 특별이해관계인에 해당한다고 하였다.[49]

회생절차에서는 이러한 권한은 채권자집회나 관계인집회에 부여되어 있지 않고 도산법원에 의한 보다 직접적인 감독이 표면에 나온다.

3) 재건안의 가결

회생계획안의 가결(법232조, 236조, 237조)이 이에 해당한다. 또한 회생절차에 있어서의 관계인집회에서는 관계인(회생채권자, 회생담보권자 및 주주·지분권자)은 권리의 성질에 따라 각각의 조로 나누어 결의한다(법236조). 가결을 위하여 필요한 법정다수는 각각의 조에 따라 다르다(법237조). 재건안이 가결되지 않았을 때에는 일정한 요건 하에 기일을 속행할 수 있다(법238조). 의결권의 결정에 대하여는 후술한다.

(2) 관리위원회

(가) 법규정

관리위원회제도는 전문지식을 갖춘 관리위원의 보조를 통하여 도산법원의 전문성을 보완하고 과중한 행정업무를 경감함으로써 도산절차의 신속, 적정한 진행을 도모하기 위하여 1998년 2월 회사정리법 개정시 도입된 것으로서 미국 파산법상의 United States Trustee 제도를 모델로 삼은 것이라고 설명된다.[50]

채무자회생법은 대법원규칙에서 정하는 회생법원에 관리위원회를 둔다고 규정하였는데(법15조), 대법원규칙으로는 서울, 의정부, 인천, 춘천, 수원, 대전, 청주, 대구, 부산, 울산, 창원, 광주, 전주, 제주 지방법원 또는 회생법원에 관리위원회를 두도록 하였다(규칙13조1항 별표1).

---

49) 대법원 2007.9.6. 선고 2007다40000 판결(미간행)은 재무제표에 대한 경영진의 책임을 추궁하는 주주총회결의에 관하여, 안건이 재무제표에 대한 경영진에 대한 책임을 추궁하기 위한 것으로 추측된다는 것일 뿐, 구체적으로 위 기간 동안에 이사나 감사로 재임한 자들 전원의 책임을 추궁하려고 하는 것인지, 그 중 일부 이사나 감사만의 책임을 추궁하려고 하는 것인지, 나아가 어떠한 책임을 추궁하려고 하는 것인지 알 수 없고, 기록상 이를 알 수 있는 자료도 보이지 않는다는 이유로 회사의 이사, 감사 전원이 상법 제368조 제4항에 정한 특별한 이해관계가 있는 자에 해당한다고 속단한 원심판결을 파기한 사례이다.
50) 관리위원회제도는 구 회사정리법 제2장의2 제93조의2,3,4, 구 화의법 제11조의2 및 구 파산법 제101조의2에 규정되어 있었다.

(나) 업무

관리위원회는 법원의 지휘를 받아 다음과 같은 업무를 수행한다(법17조1항).[51]

① 관리인·보전관리인·조사위원·간이조사위원·파산관재인·회생위원 및 국제도산관리인의 선임에 대한 의견의 제시: 관리위원회는 평소 관리인, 보전관리인, 관재인 및 조사위원에 관한 인물 정보를 관리하고 도산법원에 적절한 인물을 추천하며 임명에 대한 의견을 제시한다.[52]

② 관리인·보전관리인·조사위원·간이조사위원·파산관재인 및 회생위원의 업무 수행의 적정성에 관한 감독 및 평가: 관리인, 보전관리인, 조사위원, 파산관재인 및 회생위원의 업무수행 성과를 평가하여 향후 추천 여부와 보수 결정 등에 반영하고, 관리인, 보전관리인, 관재인 및 조사위원의 업무를 감독하며, 법관의 감독업무를 보조한다(개인이 아닌 채무자에 대한 상근감사의 역할, 관리인의 허가신청서를 판사에 앞서 검토하고 의견을 제시하는 등). 또한 관리인·관재인의 업무 수행 중 경미하고 일상적인 행위에 대한 허가업무(예: 일정 규모 이하의 지출행위, 법관이 허가한 업무계획에 근거한 행위 등), 보전처분 여부에 대한 사전 검토 및 보고, 회생신청서 및 파산신청서의 검토 및 보고, 개시결정 단계에서 해당기업의 경제성에 대한 검토(재무제표의 검토, 향후 관련업종의 전망 등 포함) 등을 수행한다.

③ 회생계획안·변제계획안에 대한 심사: 관리인의 회생계획안 작성의 투명성, 객관성 감독, 회생계획안에 대한 타당성 검토 및 조정안 작성, 관계인집회의 monitoring 및 이해조정 등을 행한다.

④ 채권자협의회의 구성 및 채권자에 대한 정보제공

⑤ 도산절차의 진행상황에 대한 평가: 도산절차 진행상황에 대한 전반적인 평가를 실시하여 법원의 직권 폐지 결정 또는 종결 결정 등을 권고하거나 이를 신청하고, 관리인·관재인에 대한 자문에 응하며, 제3자에의 인수를 위한 인수자 모색 및 보고, 도산절차에

---

51) 규칙 제22조는 관리위원회의 업무 및 권한으로서 ① 관리인 및 파산관재인의 부인권 행사, 회생채권·회생담보권 및 파산채권에 관한 이의 제출 및 회생계획안의 작성에 관한 지도 또는 권고, ② 그 밖에 도산절차에 관한 필요한 의견의 제시를 규정하고 있다.

52) 법원은 채무자의 업종에 전문적인 경험이나 소양이 있는 자, 전문경영 또는 그와 유사한 직무수행의 경력이나 소양이 있는 자, 회계업무 및 감사업무에 상당한 경험이나 자격이 있는 자(감사의 경우에 한함), 그 밖의 회생절차에 관한 법률적 식견이나 경험이 풍부한 자 중에서 전문성을 가지고 공정하게 업무를 수행할 자를 관리인(채무자의 대표자가 아닌 자를 관리인으로 선임하는 경우에 한함), 보전관리인 또는 감사로 선임하여야 한다. 이 경우 법원행정처 회생·파산위원회의 의견을 들어야 한다. 법원은 그 선임과정에서 참고한 자료를 위원회에 제공하여야 하며, 위원회는 그 자료를 바탕으로 후보자의 적격여부에 대한 의견을 지체 없이 해당 법원에 제시하여야 한다. 법원은 선임을 위하여 필요한 때에는 채무자, 관리위원회, 채권자협의회, 자금력 있는 제3의 인수희망기업 그 밖에 적절한 기관에 추천을 의뢰할 수 있다. 법원은 관리인 등을 선임한 때에는 매년 1회 이상 정기적으로 관리인 등이 수행한 업무의 적정성을 평가하여야 한다. 이 경우 법원은 관리위원회의 의견을 들어야 하며, 그 평가결과를 위원회에 통보하여야 한다(회생사건의 처리에 관한 예규5조. 재민 2006-5).

관련된 불만처리 및 조사 등의 업무를 행한다.

⑥ 그 밖에 대법원규칙 또는 법원이 정하는 업무

관리위원회는 위와 같은 업무를 효율적으로 처리하기 위하여 업무의 일부를 관리위원에게 위임할 수 있고(법17조2항), 법원은 업무를 위임받아 수행하는 관리위원이 해당 업무를 수행하는 것이 적절하지 않다고 인정하는 경우에는 관리위원회에 대하여 다른 관리위원에게 그 업무를 위임할 것을 요구할 수 있다(법17조3항).

(다) 관리위원에 대한 허가사무의 위임

회생절차에서 관리인이 법원의 허가를 받아야 하는 행위 중 통상적인 업무에 관한 허가사무 또는 파산절차에 관한 허가사무를 관리위원에게 위임할 수 있다. 이 경우 위임의 범위·절차 등에 필요한 사항은 대법원 규칙으로 정한다(법18조).[53]

채무자회생법 제18조의 규정에 의하여 위임을 받아 관리위원이 행한 결정 또는 처분에 불복하는 자는 관리위원에게 이의 신청서를 제출하여야 하고, 관리위원은 이의신청이 이유 있다고 인정하는 때에는 지체 없이 그에 따른 상당한 처분을 하고 이를 법원에 통지하여야 하며, 이의신청이 이유 없다고 인정하는 때에는 이의 신청서를 제출받은 날부터 3일 이내에 이의 신청서를 법원에 송부하여야 한다(법19조1항 내지 3항). 위 이의신청은 집행정지의 효력이 없으며, 법원은 이의 신청서를 송부받은 때에는 이유를 붙여 결정을 하여야 하며, 이의신청이 이유 있다고 인정하는 때에는 관리위원에게 상당한 처분을 명하고 그 뜻을 이의신청인에게 통지하여야 한다(법19조4항, 5항).

(라) 구성 등

관리위원회는 위원장 1인 및 부위원장 1인을 포함한 3인 이상 15인 이내의 관리위원으로 구성하고, 관리위원의 임기는 3년으로 한다(법16조1항, 2항). 관리위원은 변호사·공인회계사, 은행법에 의한 금융기관 그 밖에 대통령령이 정하는 법인[54]에서 15년 이상 근무한 경력이 있거나 상장기업의 임원으로 재직한 자, 법률학·경영학·경제학 등 석사학위 이상을 취득하고 관련 분야에서 7년 이상 종사한 자 그 밖에 이에 준하는 자로서 학식과 경험을 갖춘 자 중에서 지방법원장이 위촉한다(같은조3항). 위원장은 관리위원 중에서 지방법원장이 지명하고 그 임기는 1년이다(규칙15조1항).

요컨대, 법률·회계·경영·경제 등 다방면에 걸쳐 우수한 자질과 인격을 갖춘 고급 전문가로 구성될 수 있도록 하기 위하여 관리위원의 자격요건과 임기를 법정화하는 등 여러 가지로 신분보장을 하고 있는 것이다.[55] 관리위원의 수는 각 법원의 사정에 따라 정하되

---

53) 규칙 제29조가 규정하고 있다. 허가사무의 위임은 결정으로 하여야 한다(규칙30조).
54) 그 밖에 대통령령이 정하는 법인으로는 예금보험공사와 한국자산관리공사가 있다(영2조).
55) 구체적인 내용은 규칙 제14조 내지 17조 참조.

되도록 소규모로 구성한다.[56]

관리위원회는 구성원 과반수의 출석과 출석위원 과반수의 찬성으로 의결한다(법16조5항). 주요사항은 위원회의 의결을 거치도록 하고 그 밖의 사항은 사건담당 주무위원이 단독으로 수행한다. 구체적인 운영방법은 규칙 제22조 내지 제29조에 규정하고 있다. 관리위원은 형법 그 밖의 법률의 규정에 의한 벌칙의 적용에 있어서 공무원으로 본다(법16조7항).

관리위원회가 업무 수행을 위하여 필요한 경우 공공기관, 관련 전문가 또는 이해관계인들에게 의견조회, 자료제출 요구 등 협력을 요구할 수 있고(규칙26조), 법원은 필요한 경우 관리위원으로 하여금 채무자의 서류를 열람하거나 공장 등의 현장에 출입하여 조사, 검사, 확인하게 할 수 있다(규칙27조).

(마) 관리위원회를 통한 관리·감독 업무에 관한 실적의 보고

회생법원장은 관리위원회를 통한 관리·감독 업무에 관한 실적을 매년 법원행정처장에게 보고하여야 하고, 법원행정처장은 관리·감독 업무에 관한 실적과 다음 연도 추진계획을 담은 연간보고서를 발간하여야 하며, 그 보고서는 국회 소관 상임위원회에 보고하여야 한다(법19조의2).

(3) 채권자협의회

채권자협의회제도는 채권자들에게 도산절차에 관한 정보를 제공하고 채권자들의 의견을 개진할 수 있는 창구로 활용함으로써 채권자들의 회생절차에 대한 참여기회를 확대하기 위하여 도입된 제도로서 미국 파산법상의 채권자위원회(Creditors' Committee) 제도를 모델로 삼은 것이며,[57] 그 목적은 채권자들의 지위를 강화하고 책임감과 주인의식을 고취하여 궁극적으로는 재건절차의 성공적 수행을 확보하는 데 있고, 원칙적으로 채무자별로 채권자협의회를 구성하여 운영하도록 되어 있다.[58]

구 회사정리법은 회사정리절차에서 채권자들 상호간의 이해를 조정하고 정리절차에 관한 의견을 제시할 권한을 갖는 채권자협의회를 규정하고 있었을 뿐이고, 파산절차나 화의절차에서는 채권자협의회를 두고 있지 않았으나, 채무자회생법은 채권자협의회의 기능

---

56) 위원장은 필요한 경우 수시로 위원회를 소집할 수 있고, 법원이 관리위원회의 의견을 요구한 경우에는 위원장은 즉시 위원회를 소집하여 그 의견을 법원이 정한 기한 내에 제출하도록 한다(규칙23조, 28조). 관리위원회의 신속하고 능률적인 운영을 위하여 서면의결이 허용되나(규칙24조), 의결권의 대리 행사는 관리위원 직무의 성격상 허용되지 않는다고 보는 것이 상당하다. 관리위원회의 회의는 독립적이고 전문적 판단을 위하여 비공개로 진행되나 의결로 방청을 허가할 수 있다(규칙23조).

57) 미국 연방도산법 상의 채권자위원회에 관하여는 홍석재, "미국 연방도산법 제11장 절차의 채권자위원회 구성", 도산법연구 제10권 제2호, 사단법인 도산법연구회(2020.12.), 159면 참조.

58) 이에 대한 상세에 관하여는 김장훈, "한국 도산법사의 채권자협의회의 기능과 채권자 보호", 도산법연구 제8권 제1호, 사단법인 도산법연구회(2018.2.), 167면 참조.

을 강화하기 위해서 회생절차·간이회생절차와 파산절차 모두에서 채권자협의회를 구성하게 하였다(법20조). 이에 따라 관리위원회 또는 법원(관리위원회가 설치되지 아니한 경우)은 회생절차 개시신청·간이회생절차개시신청·파산신청이 있은 후 채무자의 주요채권자를 구성원으로 하는 채권자협의회를 구성하여야 한다(법20조1항).59) 다만, 채무자가 개인 또는 「중소기업기본법」 제2조 제1항의 규정에 의한 중소기업자인 때에는 채권자협의회를 구성하지 않을 수 있다(법20조1항 단서).

채권자협의회는 10인 이내로 구성한다(법20조2항). 관리위원회는 필요하다고 인정하는 때에는 소액채권자를 채권자협의회의 구성원으로 참여하게 할 수 있다(법20조3항). 도산절차에 의하여 상대적으로 많은 영향을 받으면서도 절차에서 소외되기 쉬운 소액채권자들의 의사를 가급적 충분히 수렴하려는 취지이다. 한편 채무자의 주요채권자는 관리위원회에 채권자협의회 구성에 관한 의견을 제시할 수 있다(법20조4항).

채권자협의회는 채권자들 사이의 이해를 조정하여 다음의 행위를 할 수 있다. 즉 ① 회생절차 및 파산절차에 관한 의견의 제시, ② 관리인·파산관재인 및 보전관리인의 선임 또는 해임에 관한 의견의 제시, ③ 법인인 채무자의 감사(상법 415조의2의 규정에 의한 감사위원회의 위원 포함) 선임에 대한 의견의 제시, ④ 회생계획인가 후 채무자의 경영상태에 관한 실사의 청구, ⑤ 그 밖에 법원이 요구하는 회생절차 및 파산절차에 관한 사항, ⑥ 그 밖에 대통령령이 정하는 행위 등이다(법21조1항).60) 법원은 결정으로 채권자협의회의 활동에 필요한 비용을 채무자에게 부담시킬 수 있다(법21조3항. 법179조1항13호는 법원이 결정한 채권자협의회의 활동에 필요한 비용청구권을 공익채권으로 규정하고 있다).

한편 회생절차에서 법원은 채권자협의회의 요청이 있는 경우로서 상당한 이유가 있는 때에는 제3자를 관리인으로 선임하도록 하였고(법74조2항), 법인인 채무자의 감사는 채권자협의회의 의견을 들어 법원이 선임한다(법203조4항). 또한 회생계획을 제대로 수행하지 못하는 경우, 회생절차의 종결 또는 폐지 여부의 판단이 필요한 경우, 회생계획의 변경을

---

59) 관리위원회는 법원으로부터 절차 개시 신청사실을 통지받은 후 1주일 이내에 채권자협의회를 구성한다(규칙34조1항). 관리위원회는 채권자협의회를 구성함에 있어 채권액의 총액 및 주요 재산에 대한 담보권 보유상황을 참작하여 채권자 일반의 이익을 적절히 대표할 수 있도록 하여야 한다. 다만 주요 채권자가 채무자와 특별한 이해관계를 가지고 있거나 채권자협의회 구성원으로서의 책무를 다할 의사를 가지고 있지 아니한 경우는 이를 제외할 수 있다(같은조2항). 관리위원회는 필요한 경우 채권자협의회의 구성원을 변경할 수 있다(같은조4항). 채권자협의회는 대표채권자를 지정하여 법원 및 관리위원회에 신고하여야 한다(규칙35조1항).

60) "그 밖에 대통령령이 정하는 행위"라 함은 1. 법 제17조 제1항 제3호에 따른 관리위원회의 회생계획안·변제계획안 심사시 의견제시, 2. 법 제22조 제2항 및 제3항에 따라 제공된 자료에 관하여 관리인에 대한 설명 요구, 3. 법 제30조에 따른 특별보상금 및 법 제31조에 따른 보상금에 대한 의견 제시, 4. 법 제62조 제3항에 따른 양도대가의 사용방법에 대한 의견 제시, 5. 법 제87조 및 법 제88조에 따른 조사위원의 선임 및 해임에 관한 의견 제시, 6. 법 제283조에 따른 회생절차의 종결 및 법 제285조 내지 제288조에 따른 회생절차의 폐지에 대한 의견 제시 등을 말한다(영3조).

위하여 필요한 경우에 채권자협의회의 신청에 의하여 회생채무자의 재산 및 영업상태에 대한 실사를 할 수 있다(법259조).

채권자협의회는 인가전 영업·사업 양도에 대한 의견을 제시할 수 있고(법62조), 관리인이 영업 또는 사업의 양도 등을 함에 있어서 매각주간사, 채무자의 재산 및 영업상태를 실사할 법인 또는 우선협상대상자 등을 선정하는 때에는 미리 채권자협의회의 의견을 묻는 등 공정하게 절차를 진행하여야 한다(규칙49조).

한편, 법원은 회생절차 또는 파산절차의 신청에 관한 서류[61]·결정서[62]·감사보고서 그 밖에 대법원규칙이 정하는 주요자료[63]의 사본을 채권자협의회에 제공한다(법22조1항). 또한 관리인 또는 파산관재인은 법원에 대한 보고서류 중 법원이 지정하는 주요서류를 채권자협의회에 분기별로 제출하여야 한다(법22조2항).

채권자협의회는 대법원규칙이 정하는 바에 따라 관리인 또는 파산관재인에게 필요한 자료의 제공을 청구할 수 있다(법22조3항).[64] 자료 제공을 요청받은 자는 대법원규칙이 정하는 바에 따라 자료를 제공하여야 하고(법22조4항),[65] 채권자협의회가 요구하는 경우 관리인은 제공된 자료에 관하여 설명을 하여야 한다(시행령3조). 아울러 법원과 관리위원회는 법 제21조에서 정하고 있는 사항에 대하여 채권자협의회의 의견을 들은 경우에는 그 처리 결과를 채권자협의회에 통지하여야 한다(규칙38조).

채권자협의회에 속하지 아니하는 채권자의 요청이 있는 경우에는 채권자협의회는 자신이 제공받은 자료를 제공하여야 한다(법22조5항). 채권자협의회에 속하지 않은 채권자라도 채권자협의회를 통하여 자료를 청구할 수 있도록 한 것이다.

채권자협의회는 출석한 구성원 과반수의 찬성으로 결정한다(법21조2항). 협의회에는 회의체의 일반 원칙에 따라 협의회의 운영을 총괄하는 대표채권자를 두는데, 대표채권자는 회생절차 또는 파산절차와 관련하여 필요한 경우 회의를 소집할 수 있고, 법원 또는 관리위원회로부터 의견을 요청받거나 구성원의 4분의 1 이상의 요구가 있을 때에는 5영업일 이내에 회의를 소집하여야 한다(규칙36조1항). 협의회의 구성원이 아닌 채권자도 관리위원회의 허가를 얻어 협의회의 회의에 참석하여 발언할 수 있으나, 의결권은 없다(규칙36조3

---

61) 신청서 및 그에 첨부된 대차대조표 및 손익계산서와 채권자 및 별제권자 일람표 등.

62) 보전처분 결정문(보전관재인을 선임할 경우 보전관재인 선임 결정문 포함), 보전처분취소 결정문, 조사위원선임 결정문, 회생절차신청 기각 결정문, 회생절차개시 결정문(관재인 선임결정문 포함), 회생계획인가(불인가) 결정문, 회생폐지 결정문 등.

63) 위에서 열거한 서류를 제외한 자료의 제공 여부는 해당 자료를 협의회에 제공하여야 할 필요성과 그로 인하여 채무자의 영업비밀이 누설됨으로 인한 폐해를 법원이 신중히 비교 형량하여 결정하여야 할 것이다.

64) 법원이 지체 없이 제공하여야 할 자료 사본에 관하여는 규칙 제39조 참조.

65) 채권자협의회의 열람을 거부할 정당한 사유가 있는 경우에는 즉시 거부사유를 기재한 서면으로 법원에 자료제공거부 허가신청을 하여야 한다(규칙40조2항, 3항).

항). 채권자협의회는 법원 등으로부터 의견을 요청받은 경우 의결 결과 및 출석 구성원들의 채권액과 의견을 모두 기재하여 송부하여야 한다(규칙37조).

채권자협의회는 채권자 일반의 이익을 위하여 필요한 때에는 법원의 허가를 받아 변호사, 법무법인, 회계사, 회계법인 그 밖의 전문가를 선임하여 조력을 받을 수 있다(규칙42조 참조).

(4) 대리위원

회생채권자·회생담보권자·회생담보권자·주주·지분권자는 법원의 허가를 받아 공동으로 또는 각각 1인 또는 여럿의 대리위원을 선임할 수 있고, 선임된 대리위원은 그를 선임한 회생채권자·회생담보권자·주주·지분권자를 위하여 회생절차에 관한 모든 행위를 할 수 있다(법142조). 대리위원은 대규모의 회생사건에서 공동의 이익을 가지는 다수의 회생채권자 등이 존재하는 경우에 그 권리행사를 용이하게 함과 아울러 회생절차의 원활한 진행을 도모하기 위한 제도이다. 일본과 달리 파산절차에서는 채택되어 있지 않다.[66]

참고문헌

김철만, "한국의 도산절차에 있어서의 전문가의 역할", 도산법연구 제7권 제1호, 사단법인 도산법연구회(2017.2.), 138면.

이상영, "파산관재인의 업무에 관한 독일 개정 파산법과의 비교·검토", 법조 제724호, 법조협회(2017.10.), 197면.

이이수, "개인파산관재절차의 이론과 실무", 도서출판 정독(2020).

임치용, "파산법원 설치 및 파산업무의 감독", 파산법 연구 3, 박영사(2010), 1면.

임치용, "미국 연방파산법의 연방관리관 제도에 관한 연구", 파산법 연구 4, 박영사(2015), 140면.

---

66) 일본 파산법 제110조 참조, 또한 일본 민사재생법 제90조 제1항, 회사갱생법 제122조 제1항 참조.

6. 도산능력

어떠한 자―즉 자연인, 법인―가 도산절차에 복종하는가에 관하여는 여러 가지 입법례가 있고, 또 해석상 견해가 나뉜다. 채무자로서 도산절차에 복종하는 자격을 도산능력이라고 한다. 예컨대 프랑스나 일본의 구 파산법이 취하고 있던 상인파산주의는 도산능력의 하나인 파산능력을 상인에게만 인정하는 것이다. 회생과 파산절차는 그 절차의 취지가 다르지만 도산능력은 원칙적으로 일치한다.

도산능력이 없는 채무자에 대한 회생개시신청·파산신청은 부적법한 신청으로서 각하된다.

가. 자연인

모두 회생능력, 파산능력을 가진다. 행위능력의 유무를 불문하며, 상인일 필요도 없다. 파산신청 또는 파산선고가 있은 후에 채무자가 사망하면(상속이 개시되면) 파산절차가 종료하는 것은 아니고 법인인 상속재산의 파산으로서 파산절차가 속행된다(법308조). 후술하는 바와 같이 상속재산에 관하여 파산능력이 인정되는 것에 대응하는 것이다(법389조). 또한 파산신청 후 파산선고 전에 사망한 경우에는 상속재산에는 회생능력은 인정되지 않으므로, 회생개시 신청 후 인가결정 확정 전에 채무자가 사망한 때에는 회생절차는 당연히 종료한다고 해석할 수밖에 없다.

나. 사법인

사법인(공익법인, 중간법인, 영리법인)은 모두 파산능력, 회생능력을 가진다.[1] 즉 민법상

---

1) 회사의 규모에 관하여는 제한이 없으므로 개인기업과 같은 소규모 주식회사에도 적용할 수 있으나, 입법론으로는 적용대상에 관하여 자본금, 근로자수, 거래규모 등에 따른 제한을 두는 것도 고려하여

의 법인(민77조1항), 상법상의 합명회사(상227조의5), 합자회사(상269조), 유한책임회사(상287
조의38),[2] 주식회사(상517조1호), 유한회사(상609조), 상호회사(보험업법71조) 학교법인(사립학
교법34조1항4호),[3] 의료법인(의료법44조),[4] 상공회의소(상공회의소법9조), 상호저축은행(상호
저축은행법24조의13), 각종 협동조합(농업협동조합법83조, 수산업협동조합법85조, 중소기업협동조
합법73조, 신용협동조합법54조) 등은 모두 파산능력, 회생능력을 가지고 또 파산으로 해산한
다(위 각 법조). 다만 재산을 기초로 하는 사업을 목적으로 하지 않는 노동조합과 같은 법인
은 파산, 회생능력은 가지나, 파산에 의하여 해산하지는 않는다(노동조합및노동관계조정법
제28조 참조. 따라서 자연인의 파산과 마찬가지로 취급된다). 파산에 의하여 해산한 법인의 청
산은 파산절차에 따라 행하여지지만, 법인은 파산목적의 범위 내에서는 아직 존속하게 된
다(법328조). 이미 다른 이유로 해산한 사법인 즉 청산법인도 청산이 종결되지 않는 동안에
는 파산능력(법298조), 회생능력을 가진다. 청산중의 법인에 관하여는 채무초과의 경우 파
산으로의 이행이 요구된다(민93조1항, 상254조3항, 269조, 542조1항).

주의할 것은 청산중의 회사로서 파산선고가 된 회사도 회생능력(법35조, 58조)을 가진
다는 점이다. 이와 같이 회생절차는 파산절차에 우선하여 행하여지는 것으로 되어 있다.

다. 공법인

공법인 중에서도 특히 공법적 색채가 농후한 국가나 지방자치단체라고 하는 본원적
통치단체에 관하여 법인격을 소멸시키거나 재산의 관리처분권을 박탈하는 것은 법질서상
시인될 수 없으므로 파산능력, 회생능력은 없다고 해석한다. 그 이외에 협의의 공법인인
각종의 공사(한국도로공사, 한국토지공사, 한국가스공사, 한국수자원공사 등), 각종의 공단(국민

볼 만하다. 이러한 측면을 고려하여 2014년 법개정으로 간이회생절차가 도입되었다.

2) 채무자회생법 제34조에는 유한책임회사가 명시되어 있지 않으나, 이는 유한책임회사가 채무자회생
   법 제정 이후에 도입되었기 때문이다.

3) 사립학교법인의 회생절차의 문제점에 관하여는 김선경, 이다정, "학교법인의 회생절차에 관한 몇 가
   지 쟁점", 도산법연구 제12권 제2호, 사단법인 도산법연구회(2022.12.), 37면 참조.

4) 대법원 2017.3.14.자 2015마1040 결정(미발간), 대법원 2016.7.1.자 2015재마94 결정(공 2016하, 1041)
   은 의료법인의 회생능력을 전제로 한 사안이다. 대법원 2023. 8. 31. 선고 2021다234528 판결(공2023
   하, 1721)은 의료법 제48조 제3항이 "의료법인이 재산을 처분하거나 정관을 변경하려면 시·도지사의
   허가를 받아야 한다."라고 규정한 것은 의료법인이 그 재산을 부당하게 감소시키는 것을 방지함으로
   써 경영에 필요한 재산을 항상 갖추고 있도록 하여 의료법인의 건전한 발달을 도모하고 의료의 적정
   을 기하여 국민건강을 보호증진하게 하려는 데 목적이 있는 조항으로서 강행규정에 해당한다는 이
   유로 요양병원의 의료시설 대부분을 차지하는 의료장비에 관한 양도담보권 설정행위는 의료법 제48
   조 제3항에 따라 시·도지사의 허가를 받아야 하는 '재산 처분'에 해당한다고 보아 양도담보계약 중
   의료장비에 관한 부분을 무효라고 인정한 원심을 유지하였다. 또한 나상훈, "의료법인 회생절차의 특
   수성— 실무상 쟁점과 과제", 도산법연구 제12권 제2호, 사단법인 도산법연구회(2022.12.), 85면 참조.

연금공단, 국민건강보험공단, 정부법무공단) 등에 관하여는 종래 공공성이 강하여 국가의 행정권행사의 한 형태라고 할 수 있는 것에 대하여는 이른바 공공기업체도 파산·회생능력을 가지지 않는다고 해석하고, 나머지에 대하여는 파산·회생능력을 긍정하는 것이 통설이었다.[5] 그러나 근래에는 근원적 통치단체가 아닌 그 밖의 공법인에 대하여는 일단 파산능력은 긍정하고 경제적 기초뿐만 아니라 행하는 경제적 목적사업의 공공적 성격의 강약이나 사업의 계속에 지장을 줄 수 있는가 여부도 기준으로 하여 파산원인의 발생 여부를 결정하여야 한다는 반대설도 유력하다.[6] 또한 회생능력은 파산능력보다 완화하여 인정하여도 좋다.

라. 법인격 없는 사단·재단, 조합

법인격 없는 사단·재단에 대표자가 있는 경우에는 소송상의 당사자능력이 인정되는 것(민소 52조)으로부터 유추하여 파산·회생능력을 인정하는 것이 통설이다.[7] 따라서 민법상의 조합도 이 요건을 충족하면 파산·회생능력이 있다. 그러나 통설에 의하더라도 도산처리법상 또는 실체법상 법인 아닌 사단·재단에 관한 명문의 규정이 없고, 또 판례나 해석론도 충분히 정비되었다고 할 수는 없어서 실제 운영 면에서는 여러 가지 곤란한 문제가 생길 것으로 예상된다. 예컨대 부동산등기 등과 관련하여 채무자의 재산이나 파산재단의 범위를 명확히 하는 것이 곤란할 뿐만 아니라, 대표자 명의로 등기되어 있는 재산에 관하여 도산의 등기를 할 수 없을 가능성이 있다. 또 사단·재단의 채무와 구성원, 이사 등의 채무의 구별과 그 관계가 불명확하여 채무자는 사단이나 재단이 아니고 구성원 등의 제3자를 채무자로 하는 채권이 그 내용이 될 것이다.

민법상의 조합에 관하여는 그 성질상 법인격 없는 사단으로서 인정되는 것은 파산능력·회생능력을 인정하지만, 그 이외의 조합에 대하여는 파산능력·회생능력을 부정하는 것이 통설이다.

마. 상속재산

채무자회생법은 채무초과를 파산원인으로 하는 상속재산의 파산을 인정하고 있다(법

---

5) 일본의 옛 판례인 日大判昭和12.10.23民集16권1244면[百選제5판3]은 특별지방공공단체인 재산구(財産區)에 관하여 파산능력을 부정하였다. 이에 대한 입법론적 제안에 대하여는 박용석, "지방자치단체의 지불유예(모라토리움) 선언과 도산절차", 도산법연구 제3권 제1호, 사단법인 도산법연구회(2012.5.), 1면 참조.

6) 三上威彦, "倒産法", 信山社(2017), 33면.

7) 日最判昭和42.10.19民集21권8호2078면, 日最判昭和39.10.15民集18권8호1671면.

308조, 389조 등). 상속채권자로부터 상속인의 고유재산을 지키고, 상속인의 채권자로부터 상속재산을 지키기 위한 것이지만, 전자의 목적은 한정승인에 의하여, 후자의 목적은 재산 분리에 의하여 달성할 수 있으므로 상속재산파산의 예는 적다.[8] 상속재산파산에 있어서의 채무자를 누구로 볼 것인가에 관하여 상속인설, 피상속인인격잔존설, 상속재산설 등이 으나,[9] 근래에는 상속재산 그 자체에 재산으로서의 주체성을 인정하고(법인격을 인정하거나 법인격 없는 재단으로서) 이를 채무자로 보는 견해가 유력하다. 법률도 상속재산의 파산과 상속인의 파산을 구별하고 있다는 점, 상속인의 파산신청권을 인정하고 있고(법299조), 상속인에게 파산채권자로서의 지위가 인정되고 있는 점(법307조) 등이 그 근거이다. 실무상 채무자의 기재는 '피상속인 망 ○○○(주민등록번호)의 상속재산'으로 하고 있다.

보통 개인 또는 법인이 채무자인 경우 그 법주체에 귀속하는 재산이 파산재단을 구성하고, 파산채권은 그러한 법주체를 채무자로 하는 채권이다. 그러나 상속재산파산의 경우는 실체법상 권리능력 없는 상속재산은 상속재산의 귀속주체는 아니고 상속재산의 채무자가 될 수는 없다. 그 결과 상속재산의 귀속주체 및 상속재산의 채무자는 상속인 이외에는 될 수가 없다. 따라서 파산절차에서 청산의 대상이 되는 것은 제3자인 상속인에게 귀속되는 상속재산과 상속인을 채무자로 하는 상속재산이라고 설명된다.[10]

다만 파산신청 또는 파산선고가 있은 후에 상속이 개시된 때에는 채무자의 사망이 파산선고 전후인지를 불문하고 파산절차는 상속재산에 대하여 속행된다(법308조). 이 경우 채무자는 '망 ○○○의 상속재산'으로 표시한다. 파산신청 후 파산선고 전에 채무자가 사망한 경우 상속인에 대한 의사확인 없이 상속재산에 대하여 파산절차를 속행하는 것의 당부에 대하여는 의론이 있으나, 실무에서는 상속인들이 속행신청을 하지 않는 경우 파산신청을 각하하고 있다. 채무자가 파산선고 이후에 사망한 경우에는 동시폐지 절차(법317조)가 아닌 한 파산절차는 속행된다(법308조). 상속재산의 관리처분권은 파산관재인에게 있기 때문이다.

상속재산에 대하여 파산선고가 있은 때에는 상속인은 한정승인을 한 것으로 보는데(법389조3항), 파산선고 후 개인인 채무자가 사망한 경우에도 상속인에 대하여 한정승인을 한 것으로 간주되는지에 대하여는 의론이 있으나, 이 경우에는 상속재산에 대하여 파산선고가 있은 것이 아니라 개인인 채무자에 대하여 파산선고가 있은 후 채무자가 사망한 것

8) 한정승인은 상속인의 의사에 기하여 상속채권자를 위한 책임재산을 상속재산에 한정하는 역할을 한다(민법1028조). 이에 반하여 재산분리는 상속채권자 또는 상속인의 채권자(상속인채권자)의 의사에 기하여 상속재산과 상속인의 고유재산을 분리하여(민법1045조1항), 상속재산에 관하여는 상속채권자의 우선변제권을, 고유재산에 관하여는 상속인채권자의 우선변제권을 인정하는 것이다.
9) 日大決昭和6.12.12民集10권1225면은 상속인이 파산자라고 하였고, 당시 학설상으로도 유력하였다고 한다.
10) 三上威彦, "倒産法", 信山社(2017), 33면.

이므로 부정설이 타당하다.[11]

바. 유한책임신탁재산

유한책임신탁이라 함은 수탁자의 책임이 신탁재산으로 한정되는 신탁을 말한다. 2011년의 신탁법 전면개정으로 신탁행위로 수탁자가 신탁재산에 속하는 재산에 관하여 신탁재산만으로 책임지는 유한책임신탁재산제도가 신설되고(신탁법114조),[12] 나아가 유한책임신탁의 청산을 인정하면서(신탁법133조), 청산 중인 유한책임신탁의 신탁재산이 그 채무를 모두 변제하기에 부족한 것이 분명하게 된 경우 청산수탁자는 즉시 신탁재산에 대하여 파산신청을 하여야 한다고 규정하였다(신탁법133조). 채무자회생법은 이에 따라 2013년 개정 당시 제3편에 제9장을 신설하여 유한책임신탁에 속하는 재산의 파산능력을 인정하였다. 그러나 회생능력은 인정되지 아니하였다.

여기에는 상속재산과 마찬가지로 채무자가 수탁자인가 신탁재산인가 하는 문제가 있다. 이에 관하여도 수탁자의 파산과 신탁재산의 파산이 구별되고 있는 점, 수탁자의 파산신청권을 규정하고 있는 점(법578조의 3), 수탁자에 파산채권자로서의 지위가 인정되고 있는 점(법578조의15) 등을 근거로 신탁재산 자체에 파산능력을 인정하는 견해가 유력하다.[13]

사. 외국인 · 외국법인

채무자회생법 제2조는 구 파산법, 회사정리법, 화의법과는 달리 내외국인 완전 평등주의를 채택하고 있으므로 외국인 · 외국법인의 도산능력은 당연히 긍정된다.

---

11) 김주미, "상속재산파산의 실무상 쟁점 연구", 법조 제733호, 법조협회(2019.2.), 307면 참조.
12) 신탁재산의 도산능력의 상세에 관하여는 김성용, "도산능력 — 신탁재산의 경우를 중심으로", 도산법연구 제6권 제1호, 사단법인 도산법연구회(2015.6.), 1면 참조.
13) 신탁법 개정의 경위와 내용 및 채무자회생법에 대한 제안에 관하여는 이연갑, "신탁재산의 파산에 관한 「채무자 회생 및 파산에 관한 법률」 개정안의 검토", 법조 제661호, 법조협회(2011.10.), 75면 참조.

II

재판상 도산절차의 통칙

1. 도산절차 개시의 사유

가. 도산절차 개시원인

어느 정도로 재산상태가 악화되어야 도산절차를 행할 수 있는 것으로 하는가는 각 도산절차의 목적과 성격에 따라 다르고, 입법론적으로도 중요한 문제이다. 예컨대 재건형 절차에 있어서 개시원인을 너무 엄격히 한다면 재건을 위한 시기가 지연되어 실효를 거둘 수가 없다. 도산절차를 개시하는데 충분한 재산상태의 악화로서 법이 정하고 있는 사유를 여기에서는 도산절차 개시원인이라고 총칭하나 이는 구체적으로는 파산에 있어서의 파산원인, 회생에 있어서의 회생절차개시원인 등을 의미한다. 도산절차 개시원인을 정하는 방법으로는 재산상태 악화의 사태에 있어서 전형적으로 나타나는 채무자의 구체적인 행위 몇 개를 열거하고, 그 중 하나를 입증할 때에는 도산절차를 개시한다고 하는 입법(열거주의)과 포괄적인 개념(지급불능, 지급정지, 채무초과)을 가지고 도산절차 개시에 적합한 재산상태의 악화를 나타내는 입법(개괄주의)이 있는데 채무자회생법은 후자에 의하고 있다.

개시원인이 다른 것은 각 도산절차의 특징에 따른 것이지만, 모든 도산절차를 통하여 도산절차 개시원인은 절차개시신청(이것이 원칙이나 직권에 의한 때도 있다)을 인용하여 절차개시의 재판을 할 때에 존재할 것을 요한다. 제1심 재판 당시 개시원인이 있어 절차가 개시되었어도, 항고심 재판 당시에 자산의 증가나 합의(화해) 등으로 인하여 원인이 소멸되어 버리면 절차개시의 재판을 취소하고, 신청을 기각한다. 이와 거꾸로인 경우에는 항고심이 절차개시의 재판을 하게 된다. 이하 각 절차에 있어서의 개시원인을 본다.

(1) 파산

파산원인은 도산절차 개시원인 중 기본적인 것이고, 회생절차의 개시원인도 되고 있다. 모든 채무자 즉 개인·법인에 일반적으로 적용되는 파산원인으로 하고 있는 것은 「지급을 할 수 없는 때」 즉 지급불능이고(법305조), 나아가 합명회사·합자회사를 제외한 법인에 관하여는「그 부채의 총액이 자산의 총액을 초과하는 경우」즉 채무초과를 파산원인으로 하고 있다(법306조). 다만 상속재산에 관하여는 채무초과만이 파산원인이다(법307조). 그리고 채무자가 지급을 정지하면 지급을 할 수 없는 것으로 추정한다(법305조2항).

(가) 지급불능

채무자회생법 제305조 제1항 소정의「채무자가 지급을 할 수 없는 때」즉 지급불능이라 함은 채무자가 변제능력이 부족하여 즉시 변제하여야 할 채무를 일반적·계속적으로 변제할 수 없는 객관적 상태를 말한다.[1] 이는 변제능력의 계속적 결핍으로 인하여 이행기가 도래한 채무일반을 순조롭게 변제할 수 없는 객관적 상태이다. 변제능력은 재산만으로 결정할 수는 없고, 재산, 신용 및 노동력을 기준으로 종합적으로 판단한다.[2] 재산이 부족하다고 하더라도 신용이나 노력 내지 기능에 의하여 지급수단을 조달할 수 있으면 변제능력의 결핍은 아니고, 반대로 채무를 초과하는 재산이 있더라도 용이하게 환가할 수 없기 때문에 지급수단을 조달할 수 없으면 변제능력의 결핍으로 볼 수 있다.[3] 즉, 재산(자산)이 없어도 신용이 있으면 변제자금을 차용할 수 있다. 또 역으로 재산이 있어도 그 환가가 곤란한 종류이고 환가가 곤란한 시기(불황시)에는 신용과 가동력이 중요하게 된다. 이와 같이 재산·신용 및 가동력(내지 기능) 3요소를 종합하여도 변제능력이 계속적으로 결여된 경우가 지급불능이고, 다른 이유에 의한 일시적 결핍은 이에 해당하지 않는다. 예컨대 은행이 임시로 휴업하는 바람에 예금을 인출할 수 없었다거나 급여일이 임박해서의 일시적인 궁핍 등의 경우이다. 한편 유한책임신탁에 있어서는 유한책임신탁재산으로 지급을 할 수 없는 경우 법원은 신청에 의하여 결정으로 파산을 선고하여야 하고, 유한책임신탁재산으로 신탁채권자 또는 수익자에 대한 채무를 전부 변제할 수 없는 경우 법원은 신청에 의하여 결정으로 파산을 선고할 수 있다(법578조의4 제1항, 3항). 다만 이에 대하여는 신탁재산으로 신탁채권을 변제하는데 문제가 없는 경우에도 실질적인 투자자인 수익자에게 파산신청권을 인정함으로써 투자자의 투자반환요구를 받아들여 유한책임신탁의 계속기업가치를 훼손시킬 가능성이 있다는 비판이 있다.[4]

채무자가 개인인 경우 지급불능이 있다고 하려면 채무자의 연령, 직업 및 경력, 자격 또는 기술, 노동능력, 가족관계, 재산·부채의 내역 및 규모 등을 종합적으로 고려하여, 채무자의 재산, 신용, 수입에 의하더라도 채무의 일반적·계속적 변제가 불가능하다고 객관적으로 판단되어야 한다.

---

1) 대법원 1999.8.16.자 99마2084 결정(공1999, 2156), 대법원 2007.9.7.자 2005마60 결정(공보불게재), 대법원 2012.3.20.자 2010마224 결정(미간행).
2) 日東京高決昭和33.7.5金法182호3면, 倒産判例 インデックス 제3판 1[百選3].
3) 대법원 2005.11.10. 선고 2003다2345 판결(공보불게재).
4) 이은재, "신탁과 도산", 제8기 도산법연수원 Ⅱ, 서울지방변호사회(20203), 339면 참조.

　　판례를 보면 채무자의 채무내역, 가족관계 및 생활상황, 소유 재산 및 가계수지, 거주형태에 더하여 채무자가 건설근로자로 일하다가 다쳐 정상적인 근로를 할 수 없는 사정을 종합하면, 채무자가 변제능력이 부족하여 즉시 변제하여야 할 채무를 일반적·계속적으로 변제할 수 없는 객관적인 상태에 있다고 봄이 상당하다는 이유로 채무자가 지급불능 상태에 있다고 보기 어렵다고 한 원심을 파기한 사례,[5] 원심이 채무자의 연령, 경력 등에 비추어 채무자가 육체적 노동활동 이외의 방법으로 채무를 일반적·계속적으로 변제해 나갈 수 있는 경제적인 수입을 얻을 수 있을 것으로 보인다는 이유 등으로 지급불능 상태에 있다고 보기 어렵다고 판단한 데 대하여 채무자는 채무가 1억 원이 넘는 반면 재산은 거의 없어 신용이나 수입으로 채무를 변제해 나갈 수밖에 없는 상황인 점, 그런데 채무자는 1998년경 신용불량자로 등록된 후 10년 이상 신용불량의 상태에서 벗어나지 못하고 있어 채무변제에 직접 사용하거나 그 변제력을 갖추기 위한 자금을 빌릴만한 신용도 없는 점, 한편 채무자는 일반계 고등학교를 졸업한 학력으로 특별한 기술이나 자격이 없는 데다 신용불량등록의 여파로 안정적인 직장생활을 유지하지 못한 채 여러 번 직장을 옮겼던 관계로 그럭저럭 생계는 유지해 왔으나 신용불량 관련 채무는 제대로 청산하지 못하고 있었던 점, 그러던 중 2005년경 우측하지에 입은 부상의 후유증으로 노동능력마저 일부 상실하게 되었고 또한 투자손실변상조로 신용불량 관련 채무액의 2배가량 되는 금액의 약정채무마저 부담하게 되었으며, 2006년 4월경 이후로는 일정한 직업 없이 지내게 되면서 생계유지에 곤란을 겪을 정도여서 채무변제는 전혀 하지 못하고 있는 점, 그리고 위와 같은 신용상태, 기존의 경력 및 수입 정도, 노동능력 등에 비추어 향후 채무자가 채무를 변제해 나갈만한 수입을 지속적으로 얻기도 쉽지 않아 보이는 점을 알 수 있고, 이러한 제반 사정에 더하여 기록에 나타난 채무자의 채무내역, 가족관계 및 생활상황 등을 종합해 보면, 채무자는 변제능력이 부족하여 즉시 변제하여야 할 채무를 일반적·계속적으로 변제할 수 없는 객관적 상태에 있다고 봄이 상당하다고 하면서 원심결정을 파기한 사례가 있다.[6]

　　한편 판례는 채무자가 현재 보유하고 있는 자산보다 부채가 많음에도 불구하고 지급불능 상태가 아니라고 판단하기 위하여는, 채무자의 연령, 직업 및 경력, 자격 또는 기술, 노동능력 등을 고려하여 채무자가 향후 구체적으로 얻을 수 있는 장래 소득을 산정하고, 이러한 장래 소득에서 채무자가 필수적으로 지출하여야 하는 생계비 등을 공제하여 가용소득을 산출한 다음, 채무자가 보유 자산 및 가용소득으로 즉시 변제하여야 할 채무의 대부분을 계속적으로 변제할 수 있는 객관적 상태에 있다고 평가할 수 있어야 하고, 이와 같이 부채 초과 상태에 있는 개인 채무자의 변제능력에 관하여 구체적·객관적인 평가 과정

5) 대법원 2006.4.4.자 2006마93 결정(공보불게재).
6) 대법원 2009.3.2.자 2008마1651 결정(공2009상, 526).

을 거치지 아니하고, 단지 그가 젊고 건강하다거나 장래 소득으로 채무를 일부라도 변제할 수 있을 것으로 보인다는 등의 추상적·주관적인 사정에 근거하여 함부로 그 채무자가 지급불능 상태에 있지 않다고 단정하여서는 아니 된다고 하였다.

　구체적 사안을 보면, 당초 원심은, 채무자가 군대를 제대한 1973년생의 남자로서 신체적·정신적으로 건강한 노동능력을 가지고 있고, 현재 미혼으로 어머니를 부양하고 있는 외에 다른 부양가족은 없으며, 가족이 임차한 아파트에 무상으로 거주하고 있는 점 등을 종합하여 보면 채무자의 노력에 따라 상당한 기간 동안 경제활동에 종사함으로써 얻는 소득으로 그가 부담하고 있는 채무를 일부나마 변제할 수 있는 자력을 갖출 수 있는 것으로 보이므로 파산의 원인에 대한 소명이 부족한 경우에 해당한다고 판단한 데 대하여, 원심은 채무자가 향후 구체적으로 어느 정도의 장래 소득을 얻을 수 있는지, 장애인인 어머니를 부양하면서 생계를 유지하기 위하여 어느 정도의 생계비를 지출하여야 하는지, 변제재원으로 활용할 수 있는 가용소득은 얼마인지를 산출하여 본 바 없고, 따라서 채무자가 어떠한 변제재원으로 현재 부담하고 있는 4,362만 원 상당의 부채의 대부분을 계속적으로 변제할 수 있는지에 관하여 구체적·객관적으로 심리한 바가 없음을 알 수 있다고 지적한 사례7) 등이 있다.

　또한 원심이 채무자가 남편과 두 자녀들의 생계를 유지하기 위해 어느 정도의 생계비를 지출하는지, 변제재원으로 활용할 수 있는 가용소득은 얼마인지를 산출하여 본 바 없고, 따라서 채무자가 어떠한 변제재원으로 신청 당시 부담하고 있는 21,230,427원의 부채의 대부분을 계속적으로 변제할 수 있는지에 관하여 구체적·객관적으로 심리한 바가 없으며, 오히려 채무자는 현재 어린 두 자녀를 양육하고 있어 가용소득이 전혀 없는 상태이고, 향후 두 자녀가 모두 취학할 때까지는 상당 기간 일정한 소득을 얻기 어려운 사실을 알 수 있을 뿐이라고 전제하고, 위와 같은 사정을 위 법리에 비추어 보면, 채무자의 장래 소득, 생계비, 가용소득의 규모 등에 관한 구체적·객관적인 평가를 거치지 아니하고, 단지 채무자의 남편이 현재 수입이 있고, 채무자도 향후 수입이 예상된다는 등의 추상적 사정에 기하여 채무자가 지급불능 상태에 있지 않다고 단정한 원심결정에는 파산원인에 관한 법리를 오해한 잘못이 있다고 판시한 사례,8) 원심이 채무자가 만 30세로 젊어 충분한 노동능력이 있고, 최근까지도 월 50~100만 원 정도의 수입을 얻고 있는 점, 그 밖에 채무자의 생활상황, 가족상황 등 제반 사정에 비추어 보면 파산의 원인에 대한 소명이 부족한 경우에 해당한다고 판단하였으나, 기록에 의하면 원심은 채무자가 향후 구체적으로 어느 정도의 장래 소득을 얻을 수 있는지, 아버지나 자신에 대한 질병을 치료하면서 생계를 유지하기 위하여 어느

---

7) 대법원 2009.5.28.자 2008마1904,1905 결정(공2009하, 1007)[백선85].
8) 대법원 2009.11.6.자 2009마1464,1465 결정(미간행).

정도의 생계비를 지출하여야 하는지, 변제재원으로 활용할 수 있는 가용소득은 얼마인지를 산출하여 본 바 없고, 따라서 채무자가 어떠한 변제재원으로 현재 부담하고 있는 6,800만 원이 넘는 부채의 대부분을 계속적으로 변제할 수 있는지에 관하여 구체적·객관적으로 심리한 바가 없다고 지적하고 채무자의 장래 소득, 생계비, 가용소득의 규모 등에 관한 구체적·객관적인 평가를 거치지 아니하고, 단지 젊고 충분한 노동능력이 있으며 부양자 수가 없다는 등의 추상적·주관적 사정에 기하여 지급불능 상태에 있지 않다고 판단한 것은 위법하다고 한 사례,9) 원심이 채무자가 나이가 젊고 노동능력이 있으며, 현재도 수입활동을 하고 있는 점 등 채무자의 연령·직업 및 경력, 부채의 규모 등의 사정을 들어 파산의 원인에 관한 소명이 부족하다고 본데 대하여 원심은 채무자가 향후 구체적으로 어느 정도의 장래 소득을 얻을 수 있는지, 자신의 생계를 유지하기 위하여 어느 정도의 생계비를 지출하여야 하는지, 변제재원으로 활용할 수 있는 가용소득은 얼마인지를 산출하여 보지 아니하였고, 따라서 채무자가 어떠한 변제재원으로 현재 부담하고 있는 3,000만 원이 넘는 부채의 대부분을 계속적으로 변제할 수 있는지에 관하여 구체적·객관적으로 심리하지 아니하였다고 하여 파산신청을 기각한 원심결정을 파기한 사례10) 등도 있다.

한편으로는 채무자가 남편과 자녀의 생계를 유지하기 위해 어느 정도의 생계비를 지출하는지, 변제재원으로 활용할 수 있는 가용소득은 얼마인지 및 채무자가 어떠한 변제재원으로 신청 당시 부담하고 있는 잔존 원금 71,741,365원의 부채의 대부분을 계속적으로 변제할 수 있는지 등을 구체적·객관적으로 알 수 있는 아무런 자료가 없다고 지적하면서 원심결정을 파기한 사례,11) 채무자가 파산신청서에서 자신이 부담하고 있는 부채의 상당 부분이 명의도용에 의해 발생한 채무라고 기재하였지만, 이는 채무자가 파산에 이르게 된 경위를 진술함에 있어 채무의 발생 원인이 과다한 낭비나 도덕적 해이에서 비롯된 것이 아니라는 취지로 볼 여지가 있고, 따라서 채무자의 이름으로 대출받아 사용한 채무가 위조된 대출계약서 등에 의한 것이어서 무효라거나 채무자가 더 이상 채무를 변제하지 않아도 될 특별한 사정이 있는 등으로 채무부존재 사실이 객관적으로 확인되지 않는 한 이를 채무자가 부담할 채무가 아니라고 단정할 수는 없다고 한 사례,12) 채무자는 여고를 졸업하고 마트계산원, 호텔객실담당직원, 식당 서빙 등의 일을 하면서 70만 원 정도의 월수입으로 남편과 자식들을 부양하여 왔고, 남편의 신용카드 빚을 떠안아서 2개의 금융기관에게 23,911,455원의 채무가 있으며, 결국은 이혼하여 보증금 없이 월 30만 원의 월세에 살고 있는 사안에서 원심이 채무자의 채무가 변제 불가능한 정도의 다액이라고는 볼 수 없

---

9) 대법원 2009.9.11.자 2009마1205,1206 결정(미간행).
10) 대법원 2010.9.20.자 2010마868 결정(공보불게재).
11) 대법원 2010.8.11.자 2010마888 결정(공보불게재).
12) 대법원 2010.11.4.자 2010마1535 결정(미간행).

고 채권자도 2인에 불과한 점, 채무자에게 부양할 가족이 없는 점, 채무자의 학력, 나이, 건강상태 등에 비추어 볼 때 채무자가 향후 충분히 경제활동을 할 수 있다고 보이는 점, 그럼에도 불구하고 채무자는 신용회복절차 등을 통하여 채무를 분할변제하려는 등의 노력을 보이지 아니한 점 등에 비추어 채무자가 지급불능 상태에 이르렀다고 단정하기 어렵다는 이유로 채무자에게 파산원인이 존재한다고 볼 수 없다고 판단한 데 대하여, 원심이 채무자가 향후 구체적으로 어느 정도의 장래 소득을 얻을 수 있는지, 생계를 유지하기 위하여 어느 정도의 생계비를 지출하여야 하는지, 변제 재원으로 활용할 수 있는 가용소득은 얼마인지를 살펴보거나 채무자가 어떠한 변제 재원으로 현재 부담하고 있는 2,300만 원이 넘는 부채의 대부분을 계속적으로 변제할 수 있는지 등에 관하여는 전혀 심리한 바가 없으므로 채무자의 장래 소득, 생계비, 가용소득의 규모 등에 관한 구체적·객관적인 평가를 거치지 아니한 채, 단지 채무자가 충분한 노동능력이 있으며 부양자 수가 없다는 등의 추상적·주관적 사정에 기하여 지급불능 상태에 있지 않다고 속단한 원심결정에는 파산원인에 관한 법리를 오해한 위법이 있다고 한 사례[13] 등이 있다.

그 밖에 원심을 파기한 사례들로는 채무자가 신용카드 등 102,829,983원의 채무가 있는데, 식당에서 청소를 하면서 월 40만 원 가량의 소득을 얻고 있는 사안에서 원심은 "채무자에게 부양가족이 없고 계속적 수입이 있으며 44세로 노동능력이 충분하므로, 파산원인 사실이 없거나 있다고 하더라도 개인회생절차를 통하여 채무를 변제할 수 있을 것으로 보인다"는 이유로 파산·면책신청을 기각한데 대하여 원심은 채무자가 향후 어느 정도의 장래 소득을 얻을 수 있는지, 생계를 유지하기 위하여 어느 정도의 생계비를 지출하여야 하는지, 변제재원으로 활용할 수 있는 가용소득은 얼마인지를 산출하여 본 바 없고, 채무자가 어떠한 변제재원으로 현재 부담하고 있는 1억 원이 넘는 부채의 대부분을 계속적으로 변제할 수 있는지에 관하여 구체적·객관적으로 심리한 바가 없으므로 파산신청인이 부양할 가족이 없고 계속적 수입이 있으며 충분한 노동능력이 있다는 등의 추상적·주관적 사정에 기하여 지급불능 상태에 있지 않다고 속단한 원심결정은 법리오해의 위법이 있다고 판단하여, 파기환송한 사례,[14] 원심은 채무자의 월수입에 관한 주장의 신빙성이나 보험가입 및 보험료 납부와 관련한 사정 등에 관하여 채무자를 심문하거나 보정을 명하는 등으로 더 심리하여 과연 채무자의 월수입에 관한 진술이 믿을 수 없는 것인지를 가려 보았어야 한다는 이유로 원심결정을 파기 환송한 사례,[15] 원심은 채무자가 아파트 분양대금 중 12,000,000원의 출처에 관한 소명자료를 제출하지 못하였음을 들어 파산원인에 관한 소

---

13) 대법원 2011.4.29.자 2011마422 결정(미간행).
14) 대법원 2011.8.26.자 2011마1136,1137 결정(미간행).
15) 대법원 2011.10.13.자 2011마894,895(병합) 결정(미간행).

명이 부족하다고 판단하였을 뿐, 채무자가 동거가족인 처와 딸(2008년생)의 생계를 유지하기 위해 어느 정도의 생계비를 지출하는지, 변제재원으로 활용할 수 있는 가용소득은 얼마인지를 산출하여 본 바 없고, 따라서 채무자가 어떠한 변제재원으로 신청 당시 부담하고 있는 164,446,361원의 부채의 대부분을 계속적으로 변제할 수 있는지에 관하여 구체적·객관적으로 심리한 바가 없으며, 오히려 기록에 의하면, 채무자는 현재 건설현장 등에서 불규칙적으로 일용노동에 종사하면서 그 수입으로 가족들을 부양하고 있어 가용소득이 전혀 없는 상태인 사실을 엿볼 수 있다는 이유로 원심결정을 파기한 사례,[16] 원심이 재항고인의 채무가 1,811만 원 정도에 불과하고, 재항고인은 1982년생으로서 건강상 특별한 문제가 없어 근로능력이 충분하다고 보이며, 재항고인의 배우자 역시 1985년생으로서 근로능력이 충분하다고 보이는 점 등을 고려하면, 재항고인의 노력 여하에 따라 채무를 변제할 수 있을 것으로 보이므로, 이 사건 파산신청은 파산의 원인에 대한 소명이 부족하다고 판단한 데 대하여 기록에 의하면, 원심은 채무자인 재항고인이 향후 구체적으로 어느 정도의 장래 소득을 얻을 수 있는지, 자녀들을 부양하면서 생계를 유지하기 위하여 어느 정도의 생계비를 지출하여야 하는지, 변제재원으로 활용할 수 있는 가용소득은 얼마인지를 산출하여 본 바 없고, 따라서 재항고인이 어떠한 변제재원으로 현재 부담하고 있는 1,811만 원 상당의 채무의 대부분을 계속적으로 변제할 수 있는지에 관하여 구체적·객관적으로 심리한 바가 없음을 알 수 있다는 이유로 원심결정을 파기한 사례[17] 등이 있다.

또한 판례는 지급불능을 판정함에 있어 채무자의 배우자 기타 친족에게 적극재산이 존재하는 경우라 해도 그가 채무자에 대하여 채무보증인의 지위에 있다거나 채무자의 채무를 스스로 이행할 의사를 보이는 등의 특별한 사정이 없는 한 이러한 사정을 채무자 본인의 파산원인 판단에 고려할 수는 없다고 하였다.[18]

특히 채무자가 면책신청의 전제로 자기파산의 선고를 구하면서 이러한 지급불능의 상태를 스스로 주장하는 경우에는, 채무자의 재산 및 신용의 상태 등이 채무자에게 고유한 사정으로서 일반적으로 채권자를 비롯한 제3자로서는 쉽사리 접근하여 알 수 있는 바가 아니므로, 채무자가 제출한 관련 자료 등에 대한 증거법적 평가 및 지급불능상태에 있는지 여부의 판단에 있어서 신중한 접근이 요구된다. 판례는 채무자의 총 채무액이 800여만 원에 불과하고, 그 구체적 내역도 그 채무의 대부분이 채무자의 전 배우자가 채무자 명의로 할부구입한 차량에 대한 할부금채무라는 것이고, 그 할부금채무를 제외한 나머지 채무 90여만 원은 채무자의 이동전화단말기 내지 이동전화사용료 미납금에 불과한 점, 채무

16) 대법원 2011.10.28.자 2011마961 결정(미간행).
17) 대법원 2013.8.30.자 2013마1070,1071 결정(미간행).
18) 대법원 2009.2.26.자 2008마387 결정(미간행).

자는 48세의 건강한 여성으로서 현재 월 100만 원 정도의 소득을 올리고 있는 점, 채무자는 부양가족으로 현재의 배우자 및 자녀 3명이 있다고 하나 자녀 3명이 모두 성인으로서 그 노력 여하에 따라 얼마든지 경제능력이 있는 것으로 보이는 점, 채무자는 자신의 주거에 관하여 임대차보증금 500만 원에 월 차임 32만 원을 지급하고 있으며 위에서 본 소득 중 월 136,050원의 보험료를 납입하고 있는 점 등을 전제로 채무의 내역 및 규모, 채무자의 연령, 수입 정도, 가동능력, 가족관계 등을 종합적으로 고려하여 보면, 채무자가 파산원인인 지급불능의 상태에 있다고 인정되지 아니한다고 판시하였다.[19]

　일본의 사례를 보면 골프장 운영회사인 채무자에게 국내부동산이 있지만, 그 자산에는 제3자를 위한 거액의 담보권이 설정되어 있어 차입에 의한 자금조달이 불가능하다는 점을 지적하고, 이어 해외의 부동산에도 제3자의 권리를 인정하여 즉시 매각할 수 없는 점을 들면서 채무초과에 관하여 상세한 자산평가로 나아가지 아니하고, 거액의 일반채권을 전제로 하여 자금의 관점에서 지급불능을 판단하여 인정한 사례,[20] 채무자가 골프 회원권을 다수 분양하였으나 이로 인한 불법행위로 인한 손해배상청구에 응할 수 없는 상태에 있는 경우 지급불능이라고 인정한 사례[21] 등이 있다

　지급불능은 이행기가 도래한 「채무일반」을 청구에 응하여 순조롭게 변제할 수 없는 상태를 가리키므로 특정의 채무가 다른 이유로 이행불능이 되어도 관계없고, 장래 이행기가 도래할 다액의 채무의 이행불능이 예상되고 있어도 현재의 시점에 이행기가 도래한 즉시에 이행할 채무의 변제가 가능한 이상 지급불능에 해당하지 않는다.[22] 그러나 변제의 전망없이 무리한 차입에 의하여 변제를 하여 연명을 도모하는데 불과한 경우에는 지급불능으로 인정된다. 또 이행기가 도래하여 있어도 채권자가 청구하지 않는 한 지급불능은 생기지 않는다. 채무일반이라 함은 반드시 금전채무에 한하지 않고 파산채권이 될 수 있는 비금전채무도 포함된다. 예컨대 금전의 결핍으로 인하여 급부의 목적물을 입수할 수 없는 경우는 금전채무를 지급하지 않은 경우와 구별할 하등의 이유가 없다. 따라서 금전의 결핍과 관계가 없는 부대체적 작위의무와 같은 채무는 손해배상채무로 전환되지 않는 한 파산채권이 되지 않고 지급불능의 판정과도 관계가 없다.

　지급불능은 객관적인 상태이므로 채무자가 주관적으로 지급불능이라고 믿고 외부에 이를 발표하여도 지급불능이 아닌 경우도 있고, 거꾸로 채무자는 주관적으로는 어떻게든 변제할 수 있다고 믿고 실제로 무리하여 채무의 지급을 계속하여도 객관적으로는 지급불

---

19) 대법원 2010.1.25.자 2009마2183 결정(미간행).
20) 日東京地決平成3.4.28判時1420호57면, 倒産判例 ガイド 제2판 7면. 위 결정은 나아가 채무자 자신이 채권자에게 변제할 수 없음을 자인한 점도 지적하고 있다.
21) 日東京地決平成3.10.29判時1402호32면, 倒産判例 インデックス 제3판 6[百選제5판5].
22) 日東京地判平成19.3.29金法1819호40면, 倒産判例 インデックス 제3판 2[百選26].

능인 경우도 있다.

　　(나) 지급정지

　　위에서 기술한 바와 같이 지급불능은 외부에 표시된 바와 관계없이 존재하는 객관적 상태이므로 그 입증은 엄밀하게는 매우 곤란하다. 따라서 법률은 외부에 표시되어 입증이 용이한 지급정지(대부분은 어음부도)가 있으면 지급불능인 것으로 추정하여 지급불능의 입증책임을 전환하고 있다.[23] 지급불능이 원인이 되어 지급정지에 이르는 것이 보통이므로 지급정지에도 불구하고 지급불능이 아닌 것을 입증하기는 어렵고, 실제로는 지급정지가 그 자체 독립된 파산원인인 것 같은 외관을 보이기 때문에,[24] 일반사회에서는 지급정지를 도산이라고 이해하고 있다. 지급불능이라고 인정할 수 있으면 지급정지의 유무를 판단할 것 없이 파산선고를 할 수 있다.[25] 유한책임재산신탁의 경우에는 수탁자가 신탁채권자 또는 수익자에 대하여 지급을 정지한 경우에는 유한책임신탁재산으로 지급을 할 수 없는 것으로 추정한다(법578조의4 제2항).

　　지급정지라 함은 채무자가 변제기에 있는 채무를 자력의 결핍으로 인하여 일반적·계속적으로 변제할 수 없다는 것을 명시적·묵시적으로 외부에 표시하는 채무자의 행위 내지 상태를 말하고,[26] 자력의 결핍이란 단순한 채무초과 상태를 의미하는 것이 아니라 채무자에게 채무를 변제할 수 있는 자산이 없고 변제의 유예를 받거나 또는 변제하기에 족한 융통을 받을 신용도 없는 것을 말하는데,[27] 일반적으로는 채무 일반을 영속적으로 변제할 수 없다는 뜻을 외부에 표명하는 채무자의 행위 및 그에 이어지는 태도라고 설명된다. 그 표시는 명시적인 것도 있고, 묵시적인 것도 있다. 채권자에 대한 구술이나 서면의 통지, 광고 등에 의한 경우는 전자이고, 폐업, 야반도주, 어음의 부도 등은 후자이다. 또한 채무자가 채무의 지급불능에 관한 정리 방법 등에 대하여 고문 변호사와 사이에서 파산신청을 하기로 방침을 결정하였을 뿐인 경우에는 내부적으로 지급정지의 방침을 결정한 것에 그칠 뿐이므로, 다른 특별한 사정이 없는 한 위와 같은 사정만으로는 채무지급을 할 수 없다는 점을 외부에 표시하는 행위를 했다고 할 수 없다.[28]

　　이와 관련하여 판례는 이른바 "부도유예협약"은 은행, 종합금융회사, 보험회사, 증권

---

23) 어음의 부도라 함은 어음발행인이 당좌예금구좌에 발행한 어음의 금액에 맞는 예금이 없어서 어음결제가 불가능한 상태를 말한다.

24) 다만 지급불능으로 본다(의제)고 하는 것은 아니고 「추정」되는 것이므로 채무자측이 지급불능은 아니라고 하는 것을 증명하여 그 추정을 복멸하는 것은 가능하다.

25) 日東京高決昭和33.7.5金法182호3면[百選3].

26) 대법원 2002.11.8. 선고 2002다28746 판결(공2003, 32), 대법원 2011.11.10. 선고 2011다55504 판결(미간행). 또한 日大判昭和15.9.28民集19권1897면 참조.

27) 대법원 2007.8.24. 선고 2006다80636 판결(공2007, 1468).

28) 日最判昭和60.2.14判時1149號159면, 倒産判例 ガイド 제2판 25면, 倒産判例 インデックス 제3판 107[百選28①]. 사안은 부인권행사의 요건으로서의 지급정지가 문제된 경우이다.

회사 등의 금융기관들이 1997년 4월경 "부실징후기업의 정상화 촉진 및 부실채권의 효율적 정리를 위하여 채권금융기관이 조기에 공동대처함으로써 부실채권의 대형화를 예방하고 금융자산의 건전성을 제고하는 것"을 목적으로 체결하여 1997년 4월 21일부터 시행한 금융기관 사이의 협약(정식의 협약 명칭은 "부실기업의 정상화 촉진과 부실채권의 효율적 정리를 위한 금융기관 협약")으로서 경영위기에 처한 부실징후기업을 대상으로 정상화 가능성을 평가한 후 정상화 가능기업으로 평가되면 협약에서 정한 바에 따라 계속지원을 하고, 자체 정상화가 불가능한 것으로 평가되면 부실채권 정리방법에 의한 처리를 위하여 법정관리, 은행관리, 제3자 인수 또는 청산 등의 절차를 개시하며, 그 평가 전까지의 기간 동안 임시로 금융기관들이 채권의 행사를 유예하고 정상영업활동에 소요되는 긴급자금을 지원하는 것을 그 내용으로 하고 있으므로 부도유예협약의 대상업체 중에는 자체 정상화가 가능하여 금융기관으로부터 금융을 받을 신용이 있는 기업과 자체 정상화가 불가능하여 금융기관으로부터 금융을 받을 신용이 없는 기업이 모두 포함되어 있어서 기업이 주거래은행에 부도유예협약 대상업체로 선정하여 줄 것을 요청하였다거나 주거래은행이 당해 기업을 부실징후기업으로 판단하여 부도유예협약 대상기업으로 결정하였다고 하여 곧바로 당해 기업이 변제기에 있는 채무를 자력의 결핍으로 인하여 일반적, 계속적으로 변제할 수 없다는 것을 명시적, 묵시적으로 외부에 표시하였다고 할 수는 없다고 하였다.[29]

　　실제로는 어음부도를 가리켜 지급정지라고 하는 경우가 가장 많고,[30] 일반적으로 채무자가 어음을 발행한 후 은행이나 어음교환소로부터 당좌거래정지처분을 받은 때에는 특별한 사정이 없는 한 지급정지 상태에 있다고 본다.[31] 영속적으로 변제할 수 없다는 뜻을 표시하는 것이므로 일시 유예를 구하는 것은 지급정지는 아니지만, 이를 반복하여 지연시키고 있는 경우에는 지급정지로 평가할 수 있을 것이다. 판례는 채무자인 상호신용금고의 대주주 겸 대표이사가 신용금고가 채무초과에 빠진 상태에서 신용금고의 정상적 영업마저 불가능한 상황에 직면하자 해외로 도피한 행위는 채무자가 일반적·계속적으로 그 채무변

29) 대법원 2001.6.29. 선고 2000다63554 판결(공2001, 1727).
30) 은행거래정지처분은 1회의 어음부도를 낸 후 1년 이내에 4회의 부도를 낸 경우에 어음교환소에 의하여 행하여진다. 이 처분 자체는 채무자의 행위는 아니나, 이것이 지급정지에 해당하게 되는 것은 채무자가 부도처분을 피하기 위하여 자금을 조달할 수 없었다는 것이 중시되기 때문이다.
31) 대법원 2011.11.10. 선고 2011다55504 판결(미간행)은 채무자가 발행한 약속어음이 2009. 8.경 부도처리된 사실과 채무자가 2009. 10.경부터 자금난을 겪으면서 2009. 11.경에는 공사를 제대로 수행하지 못하고 노임도 지불하지 못하는 등 사실상 폐업상태에 이르게 되었던 점, 채무자에 대한 채권자들에 의한 가압류 등 채권보전조치가 2009. 11.경 집중적으로 연이어 이루어졌던 점, 채권가압류를 신청하는 채권자들은 일반적으로 그 조치 이전에 채무자와 연락하여 채권회수 가능성을 알아보고 법적 조치의 필요성 등에 대한 검토를 거쳐 가압류 등 조치로 나아가는데 그 일련의 과정에서 상당한 시간이 소요된다는 사정 등을 종합하면, 적어도 2009. 11. 5.자 가압류가 이루어진 시점에서는 채무자가 그 채무를 자력의 결핍으로 인하여 일반적, 계속적으로 변제할 수 없다는 것을 명시적, 묵시적으로 외부에 표시하였다고 봄이 상당하다고 판단한 원심결정을 유지하였다.

제를 거절하겠다는 의사를 묵시적으로 표시한 행위라고 본 사례가 있고,[32] (구)금융감독위원회로부터 받은 영업정지 명령은 파산법상 지급정지에 해당한다고 한 사례도 있다.[33] 반대로 부실징후를 보이는 기업에 대해 채권금융기관들이 그들이 맺은 협약에 따라 협의회를 구성하여 기업개선작업을 진행하여 오던 중 그 기업이 금융기관에 대해 일부 채무의 지급유예 요청을 하였다거나, 그 기업과 채권금융단 사이에 당해 기업의 자회사와 주요 부동산을 매각하고 그 매각이 완료되는 즉시 청산절차에 착수하는 내용의 새로운 기업개선약정이 체결되었다고 하여 그것만으로 그 기업이 바로 지급불능 또는 지급정지 상태에 빠졌다고 단정하기는 어렵다고 하였다.[34]

　　지급정지는 일정 시점에 행하여진 명시 또는 묵시의 행위를 기점으로 하지만 그 후에도 지급을 하지 않는 태도가 파산선고 시까지 계속될 것을 요한다. 이전에 지급을 정지하였으나 그 후 지급을 재개하였다면 현재의 지급불능은 추정될 수 없기 때문이다. 그러나 그 후 단지 일부의 채무를 변제한 경우처럼 일반적인 지급재개로 볼 수 없는 한 지급정지의 태도는 계속하여 있는 것으로 인정된다. 따라서 파산원인과의 관계에 있어서는 지급정지의 상태가 실제 계속되고 있는 것이 중요하고, 그것이 언제 시작되었는가는 중요하지 않다고 할 수 있지만, 지급정지는 채무자의 재산상태의 악화의 징후 내지 위험신호로 여겨지기 때문에 부인의 요건이나 상계금지의 요건과의 관계에 있어서는 오히려 그 시작 시점에 중요한 의미가 부여되고 있다(법391조2호4호, 422조2호4호).

　　일본에서는 1회 부도 후 6개월 내에 2회의 부도를 내면 어음교환소에 의하여 은행거래정지처분을 받는다고 하는데, 실무에서는 1회라도 어음의 부도를 내면 지급정지라고 하는 입장과[35] 2회의 부도를 내어 은행거래정지처분이 내려진 경우에 지급정지라고 하는 입장으로 나뉘고,[36] 1차 어음부도를 지급정지로 인정하면서도 채무자의 그 이전의 자금융통 및 부도 전후의 자금의 흐름을 검토하여 지급능력을 갖추었는지를 확정하고, 이를 전제로 부인권의 행사를 용인한 사례,[37] 채무자가 1차 어음부도를 낸 시점에서 이미 다액의 부채를 지고 지급불능 상태에 있었으므로, 그 후 합계 1100만 엔 가량의 자금을 조달하여 2차 어음부도를 면하였다는 점만으로는 위 판단이 달라질 수는 없다고 한 사례[38] 등이 있다.

---

32) 대법원 2007.7.13. 선고 2005다72348 판결(공2007, 1268), 대법원 2018.7.12. 선고 2014다13983 판결(미간행)
33) 대법원 2005.9.28. 선고 2002다40296 판결(공보불게재).
34) 대법원 2009.12.10. 선고 2009다53802 판결(미간행).
35) 日最判平成6.2.10裁判集民171호445면, 日東京地判平成6.9.26金法1426호94면.
36) 日福岡高決昭和52.10.12判時880호42면[百選4]은 은행거래정지처분을 받아 지급정지가 된 후에 부분적으로 변제를 하였어도 지급정지가 해소된 것은 아니고 재산도 환가가 곤란하여 지급능력을 결여하였다고 판단하였다.
37) 日東京地判平成3.8.27判タ778호255면, 倒産判例 ガイド 제2판 27면.
38) 日東京高判平成元.10.19金法1246호32면, 倒産判例 ガイド 제2판 29면.

(다) 채무초과

소극재산(부채)이 적극재산(자산)을 초과하는 것이다. 즉 장부상의 채무의 평가액의 총계가 재산(적극재산)의 평가액의 총계를 초과하고 있는 상태이다. 이것도 채무자의 객관적인 상태이지만 재산만이 기준이 되고, 채무에 이행기가 도래하지 않은 것도 포함된다는 점에서 지급불능과 다르다. 채무초과가 당연히 지급불능을 의미하지는 않는다는 것은 전술한 바와 같다. 그러나 이른바 물적 회사를 전형으로 하는 유한책임형태의 법인에 있어서는 법인의 재산만이 신용의 기초가 되므로 계수 상 순재산이 마이너스가 된 것을 파산원인으로 하고 있다. 즉 존속중의 합명회사, 합자회사를 제외한 법인에 관하여는 지급불능과 아울러 채무초과도 파산원인이다(법306조1항).[39] 이는 지급불능과는 별도의 독립된 파산원인이므로 채무초과 상태에 있는 법인에 대하여 파산선고를 하기 위해서 그 법인이 채무초과 상태 이외에 지급불능 상태에 이르렀을 것까지 요하는 것은 아니다. 또한, 법인이 채무초과 상태에 있는지 여부는 법인이 실제 부담하는 채무의 총액과 실제 가치로 평가한 자산의 총액을 기준으로 판단하는 것이지 대차대조표 등 재무제표에 기재된 부채 및 자산의 총액을 기준으로 판단할 것은 아니고,[40] 법인의 회계처리기준 등에 관하여 규율하는 개별 법령에서 법인이 당해 사업연도에서 순손실이 발생하였더라도 자기자본이 감소한 것으로 처리하지 않고 다음 회계연도에서 자기자본이 감소한 것으로 처리하도록 규정하고 있다는 등의 사정은 그 법인이 실제 부담하는 채무의 총액이나 실제 가치로 평가한 자산의 총액에 아무런 영향을 미칠 수 없는 이상, 법인이 채무초과 상태에 있는지 여부를 판단하는 데 고려하여야 할 사유가 될 수 없다.[41]

또 상속재산은 단순한 재산의 집합체이고, 신용이나 가동력 등 다른 요소를 고려할 여지가 없으므로 채무초과만이 파산원인이다(법307조). 신탁재산도 재산의 집합체이지만,

---

39) 그리하여 예컨대 주식회사는 그 신용에 의하여 지급불능이라고는 인정되지 않는 경우에도 채무초과이면 파산선고를 할 수 있다는 것이 되므로 우리나라의 기업경영(차금경영·적자경영)의 실태에 대응하지 못한 것이라는 지적도 있다.

40) 日東京高決昭和56.9.7判時1021호110면[百選5]은 채무초과는 법인의 자산만으로 판단하고, 대표자의 개인보증이나 담보제공은 고려하지 않는다고 하였다. 한편 지주회사의 채무초과 여부를 판단함에 있어 자회사의 비상장주식에 관하여 기업회계원칙이나 금융상품에 관한 회계기준 등 일반적으로 공정타당하다고 인정되는 기업회계 기준에 따른 평가액을 계상하는 한편 자회사로부터의 차입금을 액면평가 그대로 한 수정대차대조표에 기하여 채무초과 상태를 인정한 원심을 유지한 사례로는 日東京高決平成23.9.16金判1381호33면, 倒産判例 インデックス 제3판 5가 있다.

41) 대법원 2007.11.15.자 2007마887 결정(공2008상, 353)[백선63]은 채무초과 상태에 있는 주식회사의 계속기업가치가 청산가치보다 높다는 등 주식회사에게 회생가능성이 있다는 사정은 구 회사정리법 상의 회사정리절차개시요건 등에 해당함은 별론으로 하고, 그러한 사정이 파산원인이 존재하는 주식회사에 대하여 파산선고를 하는 데 장애사유가 된다고 할 수 없고, 따라서 원심이 채무자가 파산 이외의 방법으로 회생할 가능성이 있는지 여부에 관하여 심리하지 아니하였다 하더라도 심리미진의 위법이 있다고 할 수 없다고 하였다.

수탁자의 신용이나 가동력에 의하여 재산이 증가하는 것도 기대할 수 있으므로 파산원인
으로서는 채무초과뿐만 아니라 지급불능도 해당된다.

　　한편 채무초과 여부의 판단의 기초가 되는 자산의 평가에 관하여는 일본에서는 청산
가치를 기준으로 하여야 한다는 재판례[42]와 계속기업가치(going concern value)에 의하여야
한다는 재판례[43]가 대립되고 있으나, 파산선고가 문제가 되는 경우에는 단순히 채무초과
뿐만 아니라 지급불능에도 해당하는 경우가 보통이고, 이러한 평가기준이 직접 문제가 되
는 일은 없을 것이다.[44]

　　존속 중의 합명·합자회사를 제외한 것은 무한책임사원의 책임을 고려하였기 때문이
다. 또 존속 중에 한정한 것은 청산에 들어가 채무초과가 된 이상에는 통상의 청산보다 엄
격한 파산절차에 의하는 쪽이 적당하다는 고려 때문이다. 채무초과는 인적회사를 제외한
회사뿐만 아니라 파산능력 있는 모든 법인 및 법인격 없는 사단·재단에 관하여 파산원인
이 된다. 그러나 조합의 실질을 가지는 권리능력 없는 사단에 있어서는 인적회사에 관한
규정을 준용하여 지급불능만이 파산원인이 된다고 해석하여야 할 것이다.

(2) 회생

　　회생절차개시원인은 「사업의 계속에 현저한 지장을 초래하지 아니하고는 변제기에
있는 채무를 변제할 수 없는 때」(법34조1항1호), 또는 「파산의 원인인 사실이 생길 염려가
있는 때」이다(법34조1항2호). 여기서는 신청권자에 따라 구별하여 전자의 원인에 의하여 회
생신청을 할 수 있는 것은 채무자뿐이고, 후자의 원인에 의하여만 채무자 이외에 일정액
의 채권자 및 주주·지분권자도 신청할 수 있다.[45]

　　사업의 계속에 현저한 지장을 초래함이 없이는 변제기에 있는 채무를 변제할 수 없다
고 하는 것은 파산법상의 개념과 달리 구 회사정리법이 미국법에 따라 창설한 것으로서,
파산원인인 지급불능은 재산, 신용, 기능 등을 종합하여 판단할 때 변제능력이 계속적으로
결여되어 있는 상태를 말하는데 반하여 여기서 말하는 변제불능은 지급불능의 상태일 것
을 요하지 않는다는 점에서 차이가 있다. 그러나 어떤 기업이 가동 중인 공장을 처분하거
나, 원재료를 매각하거나, 제품을 염가로 판매하거나, 단기간 내에 반환 가망이 없는 고리
채를 이용하여 채무변제 자금을 조달하여야 한다면 이로써 사업의 계속에 현저한 지장을

---

　42) 日福岡地小倉支決平成9.1.17判タ956호293면.
　43) 日福岡高決平成9.4.22判タ956호291면.
　44) 三上威彦, "倒産法", 信山社(2017), 38면.
　45) 대법원 2020.4.9. 선고 2017다251564 판결(공2020상, 899)은 상환주식(상345조3항)의 경우 정관이나
　　　상환주식인수계약 등에서 특별히 정한 바가 없으면 주주가 회사로부터 상환금을 지급받을 때까지는
　　　상환권을 행사한 이후에도 여전히 주주의 지위에 있다고 하였다.

초래하게 되는 경우에 해당한다고 볼 수 있다. 요컨대 회생절차개시요건에서 말하는 '변제불능'은 절대적 변제불능이 아니라 상대적 변제불능을 의미하고, 변제가 가능하지만 그 변제로 인하여 또는 변제자금을 마련하느라고 사업계속에 지장이 초래된다면 궁핍요건은 충족되는 것이다. 절대적 변제불능을 요구하는 파산개시요건과는 다르며, 너무 늦지 않게 채무자의 재건에 착수할 수 있도록 배려한 것이다. 결국 전자는 사업의 경영면, 후자가 재산상태라는 각각 다른 관점에 중점을 두고 있는 것으로 비교가 어렵지만 일반적으로는 전자쪽이 범위가 넓고 파탄으로부터 보다 거리가 먼 상태를 지칭한다고 해석한다.[46]

물론 채무자의 재산상태가 파산원인인 지급불능 또는 채무초과의 상태에 이르렀다면 회생절차개시의 요건인 재정적 궁핍에 관한 요건을 갖추었다고 볼 수 있지만, 이 경우에는 회생절차 성공의 요건인 「청산기업가치가 계속기업가치보다 작을 것」이라는 점과 관련하여 부정적으로 작용할 것임은 분명하다. 구 사주로서는 버틸 수 있는 데까지 버티다가 더 이상 버티지 못하고 부도 직전 또는 직후에 이르러서야 비로소 회생절차개시신청을 하는 경우가 많다. 그러나 너무 시간을 끌다가 기업이 완전히 파탄에 빠져서 회생불능 상태에 이르게 되면 경제적으로 회생의 가치가 없어진다. 실제로도 파산원인이 생길 염려만으로 회생절차개시 신청을 하는 사례보다는 이미 파탄에 이른 상태에서 신청하는 사례가 많다. 그러나 이러한 경우에는 회생절차의 진가를 발휘하기는 어렵다. 말하자면 회생의 가능성이 인정되지 않는 명백한 지급불능이나 채무초과 상태인 경우 회생절차는 이용될 수 없고, 파산절차에 따른 청산만이 가능한 것이다.

일본의 판례 중에는 재생절차의 개시 요건인 「파산절차의 개시의 원인이 되는 사실이 발생할 우려가 있는 때」에 관하여 파산절차개시원인이 되는 사실이 실제 발생한 외에 현재의 사태가 그대로 추이를 계속한다면 지급불능 또는 채무초과의 상태가 된다고 생각되는 경우가 포함된다고 한 것이 있다.[47]

나. 도산절차개시 장애사유

도산절차개시원인이 존재하여도 절차를 개시할 수 없는 경우가 있다. 이와 같이 절차개시의 장애가 되는 사유는 파산에서는 파산장애라고 부른다. 도산절차 개시 장애사유에

---

46) 대법원 2007.11.15. 선고 2007다34678 판결(미간행)은 구 회사정리법 하에서 정리절차 개시요건 중의 하나로 되어 있는 채무변제불능은 파산원인이 되는 지급불능 정도의 심각한 상태가 아니라 사업의 계속에 현저한 지장이 초래되는 정도의 수준으로 규정(구 회사정리법30조1항)함으로써 너무 늦지 않은 단계에서 회사의 재건을 도모할 수 있도록 배려한 것이라고 하였다.

47) 日楅岡高決平成18.11.8判夕1234호351면은 개인인 채무자에 관하여 이 요건이 인정되지 않는다고 한 사안이다.

는 실질적인 것부터 절차적인 것까지 여러 가지가 있는데 크게 나누면 다음과 같다.

(1) 절차의 목적을 달성할 가망성이 없을 때

주로 재건형에 관하여 문제된다. 모처럼 절차를 개시하였다고 하더라도 성공의 가능성이 없다면 관계인을 불필요하게 혼란시키고 사법제도상의 불경제를 야기하기 때문이다. 원래 이러한 종류의 장애사유가 명문으로 규정된 것은 1998년 2월 24일 개정 전의 회사정리법 제38조 제5호로서 「정리의 가망성」48)이라는 추상적인 개념을 사용하여 정리절차개시 여부를 결정하도록 하였었다.

한편 파산에 있어서는 분배할 재산이 전혀 존재하지 않는다든가, 분배를 받을 수 있는 채권자가 1인도 존재하지 않는다는 등의 사정이 있을 때에는 파산제도의 목적을 달성할 수 없는 것이 처음부터 명백한 경우로서 파산장애가 되는가가 문제된다. 그러나 재산이 부족하여 비용을 충당하기에 부족하다고 인정되는 때에는 파산선고와 동시에 파산을 폐지하는 동시폐지를 할 수 있고(법317조), 이에 의하여 채무자는 면책의 이익을 받는 것이므로(법566조), 파산장애는 아니다. 1인 파산은 파산제도의 본질에 반한다는 소수설도 있으나, 현재의 통설은 파산절차에 의하여 채권자는 부인권에 의한 이익을 얻고, 채무자도 면책의 은혜를 받는 것이므로 1인의 채권자도 존재하지 않는다는 것도 파산장애는 아니라고 한다. 그러나 이는 순전히 이론상의 문제에 불과하다.

구 회사정리법 하에서는 재건성공의 가망성이 없으면 절차를 개시할 수 없도록 하고 있었는데 실제로는 정리의 가망성이란 장래의 사태를 현재의 시점에서 예측하는 것이므로 빗나갈 가능성이 있고 그 결과 정리의 가망성이 있다고 하여 개시결정을 하였다가 나중에 가서는 정리의 가망성이 없어졌다고 하여 정리절차를 폐지하는 사례가 적지 않았다. 이와 같이 정리절차가 폐지되기에 이르면 애당초 파산적 청산절차에 의하여 처리한 것보다도 훨씬 못한 결과를 낳게 된다. 그러므로 정리의 가망성에 대한 예측은 다소 신중하게 할 필요가 있다는 점이 지적되어 왔고,49) 이 점에서 1998년 2월과 1999년 12월 두 차례 회사정

---

48) 대법원 1994.9.22.자 94마506 결정(공1994, 2788), 대법원 1992.11.2.자 92마468 결정(공1993상, 65), 대법원 1994.9.22.자 94마507 결정 등은 「정리의 가망」이라고 함은 정리계획에 따라 회사의 경영을 계속하여 수익을 얻고 이로써 채무를 변제하여 재정적 파탄상태를 벗어나 독자적인 기업으로서 산업활동을 할 수 있는 가능성을 말한다고 판시하였다. 나아가 당시의 대법원예규에서는 갱생의 가망을 판단함에 있어 '사회적 가치를 인정받을 만한 공익적인 성격이 강한 회사인 여부'를 참작하도록 하는 등 회사정리제도의 본질과는 거리가 먼 듯한 기준까지 설정하고 있었다. 위 대법원 1992.11.2.자 92마468 결정에 대한 해설로 김이수, "회사정리절차개시요건으로서의 정리의 가망", 대법원판례해설 제18호, 법원행정처(1993), 415면 참조.

49) 당시의 법원 실무를 보면 과거에는 상당히 완화된 기준으로 정리의 가망성을 판단하였으나, 점차 엄격한 기준을 적용하여 정리의 가망성에 관한 상당한 정도의 개연성이 인정되는 경우에 한하여 개시결정을 하고 있었다.

리법 개정에서는 정리절차 개시기준의 객관성과 예측가능성을 높이기 위하여 개시결정 단계에서는 그와 같이 확정할 수 없는 정리가망성을 판단기준으로 삼을 것이 아니고, 경제성 판단기준에 대한 객관성과 예측가능성을 제고하여 기업의 수익력에 대한 판단인 경제성이 있는지 여부에 대한 판단만을 하여 경제성이 없는 것이 명백하지 않으면 일단 개시결정을 하고, 그 이후의 절차의 지속 여부 등에 대하여는 채권자들의 판단에 따라야 한다는 전제 아래 정리절차의 대상을 「정리의 가망이 있는 주식회사」에서 「경제적으로 갱생의 가치가 있는 주식회사」로 수정하고(회1조), 정리절차의 기각사유를 「갱생의 가망이 없는 때」에서 「회사를 청산할 때의 가치가 회사를 계속 존속시킬 때의 가치보다 큰 것이 명백한 경우」(회38조5호)로 개정하였는데,[50] 회사정리법이 「회사를 계속 존속시킬 때의 가치가 회사를 청산할 때의 가치보다 큰 경우」를 정리절차개시원인으로 하지 않고, 거꾸로 「회사를 청산할 때의 가치가 회사를 계속 존속시킬 때의 가치보다 큰 것이 명백한 경우」를 장애요인으로 하고 있는 것은 전자와 같이 규정하여 이를 엄격히 해석하면 많은 경우 정리절차를 개시할 수 없게 될 우려가 있다는 점에서 이를 피하기 위한 취지라고 할 수 있다. 한편 법원은 위 규정에 해당하는지 여부에 관하여 관리위원회의 의견을 들어야 하고(회38조 후문),[51] 회사를 청산할 때의 가치가 회사의 사업을 계속할 때의 가치보다 크다고 인정하는 경우에는 정리계획안의 제출을 명하지 아니하고 신청 또는 직권으로 정리절차폐지의 결정을 하여야 하며(회271조의3. 다만 청산의 내용으로 하는 계획안은 예외), 정리계획안 제출명령 이후라도 정리계획인가결정 전까지 정리절차폐지결정을 하여야 했다(회272조2항).

결국 구 회사정리는 회사와 종전의 경영자와는 분리된 사업 그 자체로서의 재건을 목적으로 하는 것이므로 갱생의 가망을 판단함에 있어서 기업 그 자체의 수익력이 가장 중요한 기준이 되었던 것이다. 그러나 회사정리에서도 대규모 채권자의 의향으로 판단하여 장래 정리계획안이 부결될 것이 확실한 경우에는 차라리 정리의 가망성이 없다고 할 수밖에 없었으며, 마찬가지로 노동조합의 협력가능성도 고려하여야 했다.

---

50) 대법원예규에서 정하고 있는 청산가치 및 계속기업가치의 산정방법은 다음과 같다. 즉 청산가치란 도산기업이 파산적 청산을 통하여 해체·소멸되는 경우에 기업을 구성하는 개별 재산을 분리하여 처분할 때의 가액을 합산한 금액을 말하는 것으로서, 청산대차대조표상의 개별자산의 가액을 기준으로 하여 산정한다. 다만 유형고정자산은 법원의 부동산입찰절차의 평균 낙찰률을 적용하여 할인한 가액을 기준으로 산정한다. 계속기업가치란 기업재산을 해체·청산함이 없이 이를 기초로 하여 기업 활동을 계속할 경우의 가치를 말하는 것으로서, 계속기업가치는 기업의 미래 수익흐름을 현재가치로 할인하는 현금흐름할인법에 의하여 산정한다(회생사건처리에 관한 예규9조). 이에 대한 상세한 설명은 주진암, "재산평가와 관련한 몇 가지 문제점", 회생과 파산 Vol.1, 사법발전재단(2012), 89면 참조.
51) 대법원 1999.1.11.자 98마1583 결정(공1999, 430)은 회사정리사건의 신속·적정한 처리를 위하여 법원으로 하여금 관리위원회의 의견을 들도록 한 것일 뿐 법원이 반드시 그 의견을 따라야만 하는 것은 아니므로, 법원이 관리위원회의 의견을 듣지 아니하고 정리절차개시신청을 기각하였다 하여 바로 그 결정이 위법한 것으로 볼 수는 없다고 하였다.

채무자회생법에서의 가장 큰 변화는 회생계획안의 작성 또는 가결의 전망이나 회생계획의 인가의 전망이 없음이 명백한 때라는 요건 즉, 구 회사정리법 제38조 제5호의 "회사를 청산할 때의 가치가 회사의 사업을 계속할 때의 가치보다 큰 것이 명백한 경우"를 삭제한 점이다. 위 사유를 삭제한 이유는 회생절차를 신속하게 진행하고, 기각당할 것을 우려하여 회생절차의 신청을 주저하는 현상을 없애기 위한 것이다.[52]

(2) 절차의 우열관계에 의한 장애

법률은 재건형 즉 회생절차를 최우선순위에 놓고 각 절차 사이에 순위를 정하여 각각의 선순위의 절차가 이미 개시된 경우는 후순위의 절차에 관하여 장애사유가 되는 것으로 하고 있다. 즉 법원에 회생절차 또는 개인회생절차가 계속되어 있고, 그 절차에 의함이 채권자 일반의 이익에 부합하는 때에는 파산신청을 기각할 수 있다(법309조). 회생절차의 개시가 있는 때에는 파산신청을 할 수 없고(법58조, 또한 44조1항 참조), 명문의 규정은 삭제되었으나, 법원에 파산절차가 계속하고 있으며 그 절차에 의함이 채권자의 일반의 이익에 적합한 때에는 회생절차를 개시할 수 없다고 해석한다.[53] 이런 의미에서 절차간의 우선순위는 일응의 것에 불과하고, 종국성은 없다.

(3) 신청인의 주관적 사정에 의한 장애

(가) 절차비용을 미리 납부하지 않은 경우

도산절차의 개시신청을 할 때에는 법원이 상당하다고 인정하는 금액을 비용으로서 미리 납부하여야 하고(법39조, 303조), 이를 납부하지 아니하면 신청은 배척되거나(법42조), 또는 재량에 의하여 기각될 수 있다(법309조).

(나) 신청의 불성실·남용

신청이 성실하지 아니한 회생신청, 파산신청은 기각된다(법42조2호, 309조1항5호). 파산회피, 조세회피 등의 목적을 가지고 행한 회생, 파산신청, 고의로 채권 또는 주식을 취득하여 한 회생신청, 개시결정에 따른 효과만을 목적으로 하고 신청인이 그 후 도산절차를 진행하려는 의사가 없는 경우 등이다. 구 회사정리법 하에서 명문으로 규정하고 있던 『2. 채권자 또는 주주가 정리절차개시의 신청을 하기 위하여 그 채권 또는 주식을 취득한 때, 3.

---

52) 일본 민사재생법은 "재생계획안의 작성 또는 가결의 가망이나 재생계획의 인가의 가망이 없음이 명백한 때"를 신청기각 사유로 규정하고 있는데(일본민사재생법25조4호), 日東京高決平成13.3.8判タ1089호295면, 倒産判例 インデックス 제3판 12[百選8]는 의결권액의 과반수를 넘는 채권자가 파산신청을 하고 재생신청에 대하여 완강하게 반대의사를 표명한 사안에서 위 조항을 적용하였다. 그 밖의 기각사례로 日東京高決平成12.5.17金判1094호42면이 있다.

53) 같은 이유로 일본의 회사갱생절차개시신청기각의 사례로서 日大阪高決平成18.4.26判時1930호100면, 倒産判例 インデックス 제3판 11 참조.

파산회피의 목적 또는 채무면탈을 주된 목적으로 신청한 때, 6. 조세채무의 이행을 회피하거나 기타 조세채무의 이행에 관하여 이익을 얻을 것을 주된 목적으로 신청한 때』(회38조) 등이 모두 삭제되었는데, 위 규정들을 모두 포섭하여 신청이 남용적인 경우에 기각할 수 있도록 여지를 남겨 놓은 것이다. 전형적으로는 실제로는 절차의 개시를 구할 의사나 도산절차를 진행할 의사가 없음에도 오로지 다른 목적(일시적으로 채권자의 추심을 회피하거나 시간을 벌려고 하는 경우 등)만을 목적으로 도산절차의 개시를 신청하는 경우를 말한다.

이와 관련하여 판례는 구 회사정리법 제38조 제8호에서 정리절차개시신청이 불성실한 경우에 그 신청을 기각하도록 규정한 취지는, 신청채권자가 위 신청의 취하를 교환조건으로 하여 자기의 채권을 우선적으로 만족하려고 하거나 금전 기타의 이익을 강요할 목적으로 신청하는 것과 같이 정리절차 이외의 목적으로 정리절차개시신청을 하는 등 같은 조 1호 내지 6호에 열거된 이외의 경우로서 회사정리법의 목적에 비추어 정리절차개시신청을 기각하는 것이 적당하다고 인정되는 경우를 예정한 것이라고 판시하였다.[54] 채무자회생법 하에서 대법원은 '신청이 성실하지 아니한 때'라 함은 채무자가 법 제302조 제1항에 정한 신청서의 기재사항을 누락하였거나 위 법률 제302조 2항 및 '채무자 회생 및 파산에 관한 규칙' 제72조에 정한 첨부 서류를 제출하지 아니하였고, 이에 대하여 법원이 보정을 촉구하였음에도 채무자가 정당한 사유 없이 응하지 아니한 경우를 말한다고 전제하고, 따라서 법원이 보정을 명한 사항이 법령상 요구되지 않는 내용에 관한 것이라면 채무자가 그 사항을 이행하지 못하였다 하더라도 이를 이유로 파산신청을 기각하는 것은 허용되지 않고, 또한 채무자가 법원의 보정 요구에 일단 응한 경우에는 그 내용이 법원의 요구사항을 충족시키지 못 하였다 하더라도 법원이 추가적인 보정 요구나 심문 등을 통하여 이를 시정할 기회를 제공하지 아니한 채 곧바로 파산신청을 기각하는 것은 허용되지 않는다고 하였다.[55]

54) 대법원 2004.5.12.자 2003마1637 결정(공보불게재)은 채무자 회사가 정당한 사유 없이 인가가 확정된 화의조건의 이행을 해태하고 있고 또한 장래에도 화의조건을 이행할 의사나 능력이 없어 위 화의에 취소사유가 발생한 까닭에 기존의 화의조건에서 제시된 변제기 및 변제율 등이 실질적으로 의미가 없게 된 이 사건에 있어서는, 정리절차개시신청 당시 신청인이 정리절차에 의하는 경우 예상되는 변제기 및 변제율 등을 제시하지 않았다는 사정만으로 그 신청이 불성실하다고 볼 수 없다고 하였다. 또한 대법원 2009.11.6.자 2009마1464,1465 결정(미간행)은 채무자의 모친의 재산에 관한 사항은 법 제302조 제1항에 정한 신청서의 기재사항이 아니고, 위 모친의 재산에 관한 재산목록은 법 제302조 제2항 및 '채무자 회생 및 파산에 관한 규칙' 제72조에 정한 첨부서류에 해당하지 아니하므로, 이러한 사항에 관하여 채무자에게 보정명령도 하지 아니한 채 그 기재 누락을 이유로 파산신청을 기각하는 것은 허용되지 않는다고 하였다.
55) 대법원 2008.9.25.자 2008마1070 결정(공2008하, 1451)[백선86]은 법원이 파산신청인에게 보정을 명한 사항 중 '친족의 재산란에 기재된 재산목록'과 '채권자에 대한 부채증빙자료'는 채무자 회생 및 파산에 관한 법률 등에 정한 파산신청시의 첨부서류에 해당하지 않으므로, 이에 관한 보정명령을 완전히 이행하지 못하였음을 이유로 파산신청을 기각하는 것은 허용되지 않는다고 하였다. 나아가 위 판결은 원심

판례는 또한 채무자회생법 제309조 제1항 제5호의 사유를 이유로 한 파산신청기각결정에 대하여 즉시항고가 제기된 경우 '신청이 성실하지 아니한 때'에 해당하는지 여부는 항고심의 속심적 성격에 비추어 항고심 결정 시를 기준으로 판단하여야 한다. 따라서 채무자가 제1심법원의 보정 요구에 응하지 아니하여 '신청이 성실하지 아니한 때'에 해당함을 이유로 파산신청기각결정을 받은 후 즉시항고하면서 보정 요구에 응하였다면, 비록 그 내용이 법원의 요구사항을 충족시키지 못할지라도 항고심법원으로서는 채무자에게 추가적인 보정 요구나 심문 등을 통하여 이를 시정할 기회를 제공한 후에 제1심결정 또는 항고이유의 당부를 판단하여야 한다고 하였다.56)

그 밖의 판례로는 채무자가 파산신청을 하면서 채무자 소유의 아파트를 매도한 사실을 신청서에 기재하지 아니하였는데, 제1심법원은 채무자가 파산신청 당시 아파트 처분사실을 누락한 사실을 알고도 보정요구나 심문 등을 통하여 이를 시정할 기회를 제공하지 아니한 채 파산신청을 기각하였고, 원심에 이르러 채무자가 아파트 처분사실 및 경위를 설명하고 소명자료를 제출하였는데도 원심은 신청불성실을 이유로 제1심결정을 유지한 사안에서, 아파트 처분사실의 신청누락이 '신청이 성실하지 아니한 때'에 해당한다고 볼 수 없다고 한 사례,57) 파산 및 면책신청사건에서 제1심법원이 직업 및 수입에 관한 자료 특히 일용노동의 구체적 내역을 제출할 것을 명한데 대하여 채무자가 "가끔씩 일용노동을 하기는 하였으나 허리수술 이후 고정적인 수입이 없으며, 형제들로부터 보조를 받아 생활하고 있다"는 취지로 답변하자 곧바로 신청을 기각하고, 항고심도 월수입을 60만 원으로 기재한 경위만을 심문한 채 그 다음날 항고를 기각한 데 대하여 비록 채무자가 제출한 보정서가 법원의 요구사항을 충족하지 못하였다고 하더라도 원심은 추가적인 보정요구 등을 통하여 채무자로 하여금 그 직업 및 수입에 관한 자료를 제출할 수 있는 기회를 부여하였어야 할 것임에도 곧바로 항고를 기각한 것은 심리미진이라고 하여 파기환송한 사례,58) 제1심법원의 보정명령에 대하여 채무자가 보정서 등을 제출하였으나 파산신청이 기각되었고, 이후 채무자가 항고하면서 소명자료를 제출하였으나 원심이 채무자의 신청이 성실하지 않다는 이유로 이를 기각한 사안에서, 법령상 요구되지 않는 내용에 관한 소명자료를 제출하지 못하였음을 이유로 파산신청을 기각할 수 없고, 채무자가 제1심결정에 대하여 항고를 제기하면서 다시 소명자료를 제출하였음에도 원심이 아무런 추가적인 시정 기

은 부가적으로 채무자에게 파산원인이 존재하지 않는다는 취지로 판단하면서, 그 근거로 채무자 남편의 재산이나 수입을 제시하고 있으나, 채무자의 남편이 채무자에 대하여 채무보증인의 지위에 있다거나 채무자의 채무를 스스로 이행할 의사를 보이는 등의 특별한 사정이 없는 한 이러한 사정을 채무자의 파산원인 판단에 고려할 수는 없는 것이므로, 위 부가적인 판단 부분 역시 위법하다고 판시하였다.

56) 대법원 2012.4.13.자 2012마271,272 결정(미간행).
57) 대법원 2011.7.28.자 2011마958 결정(공2011하, 1787).
58) 대법원 2011.9.15.자 2011마1112,1113 결정(미발간).

회도 주지 아니한 채 곧바로 항고를 기각하는 것도 허용되지 않는다는 이유로 원심결정을 파기한 사례,[59] 파산 및 면책을 신청한 甲이 제출한 채권자목록 중 채권자 주소지 기재에 대한 몇 차례의 주소보정명령에도 송달 가능한 주소지로 보정되지 아니하였고, 이에 법원이 다시 주소보정명령을 하였음에도 甲이 이를 이행하지 아니하자 제1심법원이 파산신청이 성실하지 아니한 때에 해당한다고 보아 파산 및 면책신청을 기각한 사안에서, 항고심이 당초 제1심법원이 보정을 명한 사항인 '송달 가능한 채권자 주소'가 채무자회생법 제302조 제2항에 정한 첨부서류 중 '채권자목록'에 해당하는 사항이라고 쉽게 단정할 수 없을 뿐만 아니라, 甲이 수차례에 걸쳐서 제1심법원의 주소보정명령을 이행하였으므로 이와 같은 甲의 행위를 법원의 보정명령에 정당한 사유 없이 응하지 아니한 경우에 해당한다고 볼 수도 없다고 한 사례[60] 등이 있다.

한편 일본민사재생법 제25조 제4호는 「부당한 목적으로 재생절차 개시신청이 된 때, 그 밖에 신청을 성실하게 하지 않는 때」를 재생절차 개시신청 기각 사유로 규정하고 있는데, 일반조항의 성질상 이에 해당한다고 보기 어려운 경우가 있고,[61] 강제집행의 회피나 부인권 행사를 유일한 목적으로 하는 재생절차개시신청이 이에 해당하는가에 관하여는 소극적으로 해석한 판례도 있었으며,[62] 과거 회사 임원의 경영에 방만한 점 등 비위가 있다고 하여 곧 그 갱생신청을 불성실하다고 기각하여야 하는 취지로 해석하여서는 안 된다고 한 사례,[63] 본래의 목적으로부터 일탈한 남용적 목적으로 행한 것으로 인정한 사례,[64] 재생계획불인가결정 확정 후 재도의 재생절차개시 신청을 한 사안에서 남용이라고 할 수 없

59) 대법원 2011.10.28.자 2011마961 결정(미간행).
60) 대구지법 2019.6.3.자 2018라276 결정(각공2019하, 691)은 실무상 채무자가 채권자의 주민등록번호나 주소를 알기 어렵다는 이유로 채권자목록에 채권자 주소를 제대로 기재하지 못하는 경우가 상당수에 이르고, 이때에는 발송송달 자체가 불가능하고, 재정적 어려움으로 인하여 파탄에 직면한 채무자의 효율적인 회생을 도모하려는 채무자회생법의 입법 목적이나 파산절차와 회생절차는 채권자들이 가지는 법적 지위 및 절차 참여 정도가 서로 다르다는 점 등에 비추어 본다면, 개인파산사건에 있어서 채무자가 통신사에 대한 사실조회나 금융기관에 대한 제출명령 등 상당한 정도의 노력을 기울였음에도 채권자의 주소나 인적사항을 쉽게 알 수 없는 경우라면, 송달 가능한 주소지로 보정을 못하였다는 이유로 그 파산신청이 성실하지 아니한 경우로 쉽게 단정하여서는 아니 되고, 오히려 위와 같은 공고 제도를 적극 활용하여 절차를 원활하게 진행할 필요가 있다고 하면서 파산신청과 면책신청을 기각한 원심결정을 취소하고 사건을 환송하였다.
61) 日東京高決平成24.3.9判時2151호9면, 倒産判例 インデックス 제3판 13[百選제5판11] 참조.
62) 日東京地判平成25.11.6判タ1401호174면.
63) 日廣島高決昭和46.5.4下民22권5~6호593면, 倒産判例 ガイド 제2판 75면. 채무자 회사의 채무 대부분이 회사 내부자에 대한 대여금이었던 사안이다.
64) 日東京高決平成24.9.7金判1410호57면, 倒産判例 インデックス 제3판 14[百選9]은 원심이 재생절차개시결정을 한 데 대하여 개시신청이 부인권 행사에 의한 연대보증채무의 취소만을 목적으로 한 신청이라고 인정하고, 그와 같은 신청은 본래의 목적으로부터 일탈한 남용적인 목적이 되어 이에 해당한다고 하였다. 또한 日札幌高決平成15.8.12判タ1146호300면 참조.

다고 한 사례[65] 등도 있다. 요컨대 채무자가 실제로는 재생절차를 진행할 의사가 없으면서도 순전히 채권자의 추급을 일시적으로 피하기 위하여 신청을 한 때가 문제가 되는데 재판례는 나뉘어져 있다.[66]

또한 채무자회생법은 채무자에게 파산원인이 존재하는 경우에도 「파산신청이 파산절차의 남용에 해당한다고 인정되는 때」에는 심문을 거쳐 파산신청을 기각할 수 있다는 조문을 신설하였는데(법309조2항), 파산절차의 남용에 해당하는 경우에 신청을 기각하는 것은 미국 연방도산법의 태도를 계수한 것으로서, 채무자에 대한 위협을 목적으로 하는 파산신청(예컨대 신청취하를 조건으로 자신에게 우선변제할 것을 요구하는 경우)이나 장래에 정기적으로 상당한 수입이 예상되는 사정 등이 있어 개인채무자회생절차를 이용하는 것이 더 바람직하다고 생각되는 경우가 여기에 해당될 수 있을 것이다. 또한 재판외의 도산처리가 대다수의 채권자 참가 하에 공평 정대하게 진행되고 있는 경우에 채권자가 그것을 방해할 목적으로 자기만 유리한 해결을 도모할 목적으로 신청권을 행사하고 있는 때에는 예외적으로 신청권의 남용 내지 부당한 신청으로서 각하 또는 기각하여 한다는 주장도 있다.[67]

판례는 위 조문이 규정하는 바는 권리남용금지원칙의 한 표현으로서, 파산신청이 '파산절차의 남용'에 해당하는지 여부는 다른 일반조항에서와 마찬가지로 그 권리의 행사에 관련되는 제반 사정을 종합적으로 고려하여 판단되어야 하고, 특히 위 법 규정의 입법 연혁이나 문언 및 규정 체계 등에 비추어 보면, 정직하고 성실한 채무자의 새로운 출발을 도모하면서도 채권자에게 보다 공평한 만족을 보장하려는 파산제도 기타 도산제도의 본래적 기능이 정상적으로 발휘될 수 있도록 하기 위하여, 채무자의 현재 및 장래의 변제능력이 무겁게 고려됨은 물론이고, 그 외에도 파산신청의 동기와 그에 이른 경위, 지급불능의 원인 및 그에 관련한 이해관계인들의 행태, 파산절차와 관련하여 제공되는 각종 정보의 정확성, 채무자가 예정하는 지출 등의 낭비적 요소 유무 등이 문제될 수 있고, 또한 파산신청이 종국적으로 채무자의 면책을 얻기 위한 목적으로 행하여지는 경우에 채무자에게 법이 정한 면책불허가사유의 존재가 인정된다면 이러한 사정도 파산절차의 남용을 긍정하는 요소로 평가될 수 있으며, 한편 면책불허가사유가 존재하더라도 법원이 파산에 이르게 된 경위 등을 참작하여 재량으로 면책을 허가할 수 있는 점 등에 비추어, 채무자가 위와 같은 재량면책을 받을 수 있는 기회를 부당하게 상실하는 것이 아닌지 하는 점에도 유념할 것

---

65) 日東京高決平成17.1.13判タ1200호291면, 倒産判例 インデックス 제3판 8[百選7].
66) 그 밖에 성실한 신청이 아니라고 한 판례로는 日高松高決平成17.10.25金判1249호37면, 倒産判例 インデックス 제3판 15. 성실한 것이 아니라고 할 것까지라고는 할 수 없다고 한 판례로는 日名古屋高決平成16.8.16判時1871호79면, 日東京高決平成19.7.9判タ1263호347면, 倒産判例 インデックス 제3판 16, 日東京高決平成19.9.21判タ1268호326면.
67) 山本和彦 외 4인, "倒産法 槪說 제2판", 弘文堂(2013), 315면.

이라고 하였다.[68]

　가령 채권자가 파산절차를 통하여 배당받을 가능성이 전혀 없거나 그 배당액이 극히 미미할 것이 예상되는 상황에서 부당한 이익을 얻기 위하여 채무자에 대한 위협의 수단으로 파산신청을 하는 경우와 같이 파산절차에 따른 정당한 이익이 없는데도 파산신청을 하는 것은 파산제도의 목적이나 기능을 벗어난 것으로 파산절차를 남용한 것이라고 볼 수 있으며, 이때 채권자에게 파산절차에 따른 정당한 이익이 있는지를 판단하는 데에는 파산신청을 한 채권자가 보유하고 있는 채권의 성질과 액수, 전체 채권자들 중에서 파산신청을 한 채권자가 차지하는 비중, 채무자의 재산상황 등을 고려하되, 채무자에 대하여 파산절차가 개시되면 파산관재인에 의한 부인권 행사, 채무자의 이사 등에 대한 책임추궁 등을 통하여 파산재단이 증가할 수 있다는 사정도 감안하여야 하고, 이와 함께 채권자가 파산신청을 통해 궁극적으로 달성하고자 하는 목적 역시 중요한 고려 요소가 될 수 있다고 하였다.[69]

　채무자가 개인인 사안들에서 판례는 파산면책제도의 목적 및 다른 도산절차와의 관계, 위 조항의 입법 연혁과 조문 체계 등에 비추어 보면, 채무자가 개인인 경우 '파산신청이 파산절차의 남용에 해당한다'는 것은 채무자가 현재는 지급불능 상태이지만 계속적으로 또는 반복하여 일정한 소득을 얻고 있고, 이러한 소득에서 필수적으로 지출하여야 하는 생계비, 조세 등을 공제한 가용소득으로 채무의 상당 부분을 계속적으로 변제할 수 있기 때문에 회생절차·개인회생절차 등을 통하여 충분히 회생을 도모할 수 있다고 인정되는 경우를 주로 의미한다고 보아야 하고, 따라서 채무자가 회생절차·개인회생절차를 신청한다면 그 절차를 통하여 충분히 회생을 도모할 수 있는 상태에 있는지 여부를 전혀 심리하여 보지도 아니한 상태에서 채무자에게 장래 소득이 예상된다는 사정만에 터잡아 함부로 채무자의 파산신청이 파산절차의 남용에 해당한다고 단정하여서는 아니 된다고 하였다.

　구체적으로 보면 원심이 가정적으로, 가사 채무자에게 파산원인이 존재한다고 하더라도, 채무자의 노동능력 등을 고려하면 채무를 일부라도 변제할 수 있을 것으로 보이는바, 그럼에도 불구하고 개인회생제도를 통하여 회생을 도모하거나 채무조정을 위한 노력을 거친 바 없이 곧바로 제기한 파산신청은 파산절차의 남용에 해당한다고 판단한 데 대하여 채무자는 현재 과일도매상에서 배달업무에 종사하면서 월 76만 원 가량의 소득을 얻고 있을 뿐, 계속적으로 일정한 소득을 얻는다고 보기 어려운 점, 더구나 위 소득액은 어머니를 부양하고 있는 채무자가 개인회생절차를 신청할 경우 소득에서 공제하는 평균적인 2인 가

---

68) 대법원 2011.1.25.자 2010마1554,1555 결정(공2011상, 345).
69) 대법원 2017.12.5.자 2017마5687 결정(공2018상, 66)[백선64]은 파산신청을 기각한 결정에 대한 즉시항고가 이유없다고 하여 기각한 결정에 대한 재항고 사건이다.

족 최저생계비(국민기초생활 보장법에 정한 최저생계비에 50% 정도 가산)에도 미치지 못할 뿐만 아니라 장애인인 어머니를 부양함에 따라 추가적인 지출이 예상되는 등 채무자의 가용소득으로 수행가능한 변제계획을 작성하기 어려운 것으로 보이는 점, 이와 같이 개인회생절차를 이용하기 어려운 채무자가 파산절차도 이용할 수 없다고 한다면 개인회생절차를 이용하여 채무를 감면받을 수 있는 고소득 채무자에 비하여 소득이 적어 열악한 지위에 있는 채무자가 오히려 도산절차를 통한 갱생을 전혀 도모할 수 없게 되는 불합리한 결과를 초래하는 점 등을 알 수 있다고 지적하고, 위와 같은 사정을 앞서 본 법리에 비추어 보면 채무자가 회생절차·개인회생절차 등을 통하여 충분히 회생을 도모할 수 있는 상태에 있는지 여부를 구체적으로 심리하여 보지도 아니한 채, 단지 채무자에게 노동능력이 있어 채무의 일부를 변제할 수 있을 것으로 보인다는 등의 추상적 사정에 기하여 채무자의 파산신청이 '파산절차의 남용'에 해당한다고 속단한 원심결정에는 파산원인에 관한 법리를 오해한 위법이 있다고 판시한 사례,[70] 채무자는 화장품 판매업을 하면서 월 50~100만 원 가량의 소득을 얻고 있을 뿐, 계속적으로 일정한 소득을 얻는다고 보기 어려운 점, 더구나 위 소득액은 채무자가 개인회생절차를 신청할 경우 소득에서 공제하는 평균적인 1인 가족 최저생계비(국민기초생활 보장법에 정한 최저생계비에 50% 정도 가산) 수준에 불과할 뿐만 아니라 가족이나 자신의 질병을 치료함에 따라 추가적인 지출이 예상되는 등 채무자의 가용소득으로 수행가능한 변제계획을 작성하기 어려운 것으로 보이는 점 등을 알 수 있을 뿐이라고 전제하고, 위와 같은 사정을 앞서 본 법리에 비추어 보면, 채무자가 회생절차·개인회생절차 등을 통하여 충분히 회생을 도모할 수 있는 상태에 있는지 여부를 구체적으로 심리하여 보지도 아니한 채, 단지 채무자가 젊고 노동능력이 있으며 일정한 수입이 있어 채무의 일부를 변제할 수 있을 것으로 보인다는 등의 추상적 사정에 기하여 채무자의 파산신청이 파산절차의 남용에 해당한다고 속단한 원심결정에는 파산절차의 남용에 관한 법리를 오해한 위법이 있다고 판시한 사례,[71] 원심이 채무자가 거액의 금융기관채무를 부담한 상태에서 자신 소유이던 아파트를 처 앞으로 증여를 원인으로 하는 소유권이전등기를 마친 점, 채무자의 처는 위 아파트를 매도하고 근저당권의 채권최고액을 공제한 5억 1,000만 원 중 2억 6,000만 원을 지급받고 나머지 2억 5,000만 원을 전세보증금으로 전환하여 이를 양도하고 금원을 차용하는 방법으로 마련한 돈 대부분을 금융기관 이외의 개인채권자들에 대한 채무변제에 사용한 점 등의 사정에 비추어 이 사건 파산신청은 채권자들에 대한 공평한 채무변제의 노력을 다하지 않은 채 면책의 이익을 얻기 위한 파산신청으로서 파산절차를 남용한 경우에 해당한다는 이유로 채무자의 신청을 기각한 제1심결정을 유지

---

70) 대법원 2009.5.28.자 2008마1904,1905 결정(공2009하, 1007)[백선85].
71) 대법원 2009.9.11.자 2009마1205,1206 결정(미간행).

한 데 대하여 사해성이 의심되는 이 사건 증여행위에 대하여 통상 적용되는 채권자취소권 행사를 통한 채무자 불이익 처분에 필요한 요건의 소명이 부족하다는 확정판결이 선고된 바가 있음에도 추가적인 사정에 대한 심리·소명도 없이 만연히 같은 사정을 들어 채무자가 파산절차를 남용한 것이라고 단정할 수는 없다는 이유로 원심결정을 파기한 사례,[72] 원심이 가정적으로, 가사 재항고인에게 파산원인이 존재한다고 하더라도, 재항고인의 근로능력 등을 고려하면 개인회생절차에서 채무를 일부라도 변제할 수 있을 것으로 보인다고 판단한데 대하여 기록에 의하면, 재항고인은 현재 2명의 자녀를 부양하면서 임신중인 가정주부로서 아무런 소득이 없을 뿐만 아니라, 향후 계속적으로 또는 반복하여 일정한 소득을 얻을 수 있을 것이라고 볼 만한 자료도 없는 점 등을 알 수 있다는 이유로 재항고인이 개인회생절차 등을 통하여 충분히 회생을 도모할 수 있는 상태에 있는지 여부를 구체적으로 심리하여 보지도 아니한 채, 단지 재항고인에게 근로능력이 있어 채무의 일부를 변제할 수 있을 것으로 보인다는 등의 추상적 사정에 기하여 재항고인의 파산신청이 '파산절차의 남용'에 해당한다는 취지로 판단한 원심결정에는 파산절차의 남용에 관한 법리를 오해한 위법이 있다고 하여 원심결정을 파기한 사례,[73] 채무자가 채권자에게 채무를 부담하고 있는 상황에서 배우자의 상속재산에 관한 자신의 상속지분 일체를 포기하여 장남으로 하여금 단독으로 상속받도록 하고, 장남이 그 상속재산을 단독으로 상속한 후 일부 상속재산을 처분하기까지 하였음에도 파산신청서에 그 내용을 기재하지 않았을 뿐만 아니라 상속재산이 없다고 기재하여 본인의 재산상태에 관하여 허위의 진술을 하는 등 면책불허가사유에 해당하는 행위를 저지르면서 한 파산신청을 파산절차의 남용행위로 보아 파산신청을 기각한 원심판단을 수긍한 사례[74] 등이 있다.

또한 개인의 파산신청에 있어서는 '재도의 파산신청'이 문제로 되는데, 판례는 구 파산법에 의한 파산결정을 받았으나, 면책신청 기간을 도과하여 면책결정을 받지 못한 자가 면책결정을 받기 위한 목적으로 하는 재도의 파산신청은 구 파산법 제339조 제5항에 제한적으로 정한 면책신청 추완규정을 면탈하게 하는 것이어서 허용될 수 없다고 하였고,[75] 원심이 채무자가 파산결정을 받았으나 면책기각결정을 받아 위 결정이 확정된 후 오로지 면책을 받기 위하여 동일한 파산원인으로 재차 파산신청을 하는 이른바 재도의 파산신청은 허용될 수 없다고 판단한 것은 정당하다고 하면서도,[76] 다만 '재도의 파산신청'에 해당하는지는 종전 파산사건에서 면책결정을 받지 못한 이유를 비롯한 종전 파산사건의 경과,

72) 대법원 2009.11.26.자 2009마1283 결정(미간행).
73) 대법원 2013.8.30.자 2013마1070,1071 결정(미간행).
74) 대법원 2011.1.25.자 2010마1554,1555 결정(공2011상, 345).
75) 대법원 2006.12.21.자 2006마877 결정(미간행).
76) 대법원 2009.11.6.자 2009마1583 결정(미간행). 同旨 대법원 2011.8.16.자 2011마1071 결정(미간행)

채무자가 다시 파산신청에 이르게 된 경위와 의도, 종전 파산사건과 새로운 파산신청 사이의 시간적 간격, 종전 파산선고 이후 채무자의 재산상황 변동 등 구체적 사정을 살펴서 채무자가 면책신청이 제한되는 법률상 제한을 피하고자 오로지 면책을 받기 위하여 동일한 파산원인으로 파산신청을 하였다고 볼 수 있는지에 따라 신중하게 판단하여야 하고, 이러한 구체적 사정을 살피지 않은 채 파산선고를 받은 후 면책을 받지 못한 상태에서 다시 파산신청을 하였다는 외형적 경과만으로 이를 허용되지 않는 '재도의 파산신청'에 해당한다고 볼 것은 아니라고 하였다.77)

그러나 하급심 재판례 중에는 "① 채무자회생법에는 재도의 파산신청을 금지하는 규정이 없고, ② 채무자회생법 제309조 제2항은 "채무자에게 파산원인이 존재하는 경우에도 파산신청이 '파산절차의 남용'에 해당한다고 인정되는 때에는 파산신청을 기각할 수 있다"고 규정하고 있을 뿐임에도 대법원 결정들은 동일한 파산원인으로 다시 파산신청한 것이 '파산절차의 남용'에 해당하는지 구체적인 심리를 요구하지도 않은 채 종전사건에서 면책이 기각 또는 불허가되었다는 사정만 있으면 '예외 없이' 재도의 파산신청을 불허한다고 선언하고 있고, 그 근거 법규에 대한 설명은 없으며, 하급심은 법규가 아니라 '대법원결정'에 근거하여 재도의 파산신청에 대하여는 기계적으로 부적법 각하결정을 하고 있다. ③ 파산선고는 받았지만 면책이 기각되거나 불허가되어 기존 채무로부터 벗어나지 못하였음은 물론, 추가적으로 파산선고에 따른 각종 직업상·신분상 불이익을 받고 있는 채무자가 이로부터 탈피하기 위하여 다시 파산신청을 하는 것이 '권리보호의 이익'이 없다는 대법원 결정의 판시는 지나치게 형식논리적이라고 볼 수밖에 없다. ④ 대법원은 종래 확정판결에 의한 채권의 소멸시효기간인 10년의 경과가 임박한 경우에는 그 시효중단을 위한 재소는 소의 이익이 있다는 법리를 유지하여 왔고 이러한 법리는 현재에도 여전히 타당하다(대법원 2018. 7. 19. 선고 2018다22008 전원합의체 판결 참조). ⑤ 현재 도산절차 실무상 회생절차·개인회생절차개시결정을 받은 채무자가 그 후 회생절차·개인회생절차가 폐지된 경우에 폐

---

77) 대법원 2023.6.30.자 2023마5321 결정(공2023하, 1347)은 甲이 파산 및 면책신청을 하여 파산선고를 받았으나 그 후 면책신청을 취하하였고, 법원은 파산을 폐지하는 결정을 하였는데, 그로부터 약 3년 4개월 후 甲이 '종전 파산선고 후 면책결정을 받지 못하여 개인회생신청을 진행하였으나, 자녀가 중증장애로 집에서 치료하는 등 종전 파산신청 당시보다 상황이 악화되어 개인 채권자로부터 금전을 차용하는 등의 사정으로 인하여 파산신청을 하게 되었다.'는 취지를 밝히면서, 종전 파산선고 이후 새롭게 발생한 채권을 추가하여 파산신청을 한 사안에서, 甲은 종전 사건에서 파산폐지결정이 내려진 후 약 3년 4개월 만에 파산신청을 하면서 종전 사건 이후에 새롭게 발생한 채권을 추가함과 동시에 종전 사건 이후에 개인회생신청의 진행에도 불구하고 종전 파산신청 당시보다 재산상황이 악화된 경위를 파산원인으로 추가하여 구체적으로 소명함으로써 새로운 파산원인을 주장하면서 파산신청을 하였다고 볼 수 있을 뿐, 오로지 면책결정을 받기 위하여 동일한 파산원인으로 파산신청을 한 경우에 해당한다고 보기 어려운데도, 위 파산신청을 '재도의 파산신청'으로서 부적법하다고 보아 각하한 원심결정에 법리오해의 잘못이 있다고 한 사례이다.

지결정 확정 후 바로 '동일한 회생원인·개인회생원인'을 이유로 재도의 회생절차·개인회
생절차 개시신청을 하는 것이 허용되고 있고, 이를 금지하는 규정이 없다. 파산선고를 받
았다가 파산폐지결정을 받은 채무자도 다시 파산신청을 할 수 있고, 이를 금지하는 규정
도 없다. 유독 파산선고를 받았다가 면책신청이 기각되거나 면책불허가를 받은 채무자에
대하여만 재도의 파산신청을 금지하는 해석은 다른 도산절차와 균형에 맞지 않다"는 등의
이유로 파산신청을 각하한 제1심 결정을 취소하고 사건을 환송한 예가 있다.[78]

　일본의 하급심 판결 중에는 파산선고와 동시에 파산폐지의 결정이 된 채무자가 파산
채무에 관하여 면책신청을 하기 위하여 동일한 채무의 지급불능을 이유로 하여 재도의 파
산신청을 한 사안에서 동시파산폐지의 결정이 확정된 후에는 동일 채무의 부담을 이유로
하는 재도의 파산신청은 허용되지 않는다고 하여 신청을 각하한 사례가 있다.[79]

　한편 채권자가 건설회사인 채무자를 상대로 파산신청을 한 데 대하여 원심이 ① 신청
인들은 자신들의 채권을 회수하기 위하여 채무자 건설회사의 파산관재인을 상대로 추심금
소송 등 여러 소송을 진행하였으나 패소하자, 채무자에 대한 파산신청을 하였다. ② 채무
자는 파산절차를 진행하더라도 환가하여 분배할 자산이 없고 이러한 사정은 채무자의 조
합원인 신청인들도 잘 알고 있다. ③ 채무자의 조합원 1,616명 중 76명의 조합원이 1심법
원에 파산을 반대하는 탄원서를 제출하였고, 채무자의 이사회는 파산에 반대하는 결의를
하였으며 사업기간을 변경하는 사업변경안을 의결하였다. ④ 채무자가 파산할 경우 조합
원들 사이에 사업구역 내 토지의 소유권에 관한 분쟁이 발생할 우려가 크고, 미완성 도로
로 인한 침수피해 등 개인적·사회적으로 유·무형적 손해가 매우 클 것으로 예상된다. ⑤
파산절차가 채무자의 조합장 등 임원들의 부정행위 등을 규명하는 절차로 이용되어서는
안 되고, 채무자는 파산관재인을 상대로 소를 제기하거나 사업계획을 변경하는 등으로 계

---

78) 서울회생법원 2020.4.17.자 2018라467 결정(미간행)은 미국 연방파산법(Bankruptcy Code)은 우리와
　　달리 파산절차와 면책절차가 일원화되어 있으므로 '파산신청 기각'을 우리나라의 '면책신청 기각'에
　　준하여 볼 여지가 있는데, 그런데 미국 연방파산법은 파산신청이 기각(dismissal)되었다 해도 특별한
　　사정이 없으면 새로운 파산신청이나 면책을 방해하지 않는다는 명문의 규정을 두고 있다[§ 349(a)].
　　다만, ① 채무자가 악의적으로 법원 명령에 불응하거나 절차의 진행과정에서 법원에 출석하지 않은
　　경우, ② 채권자로부터 금지명령의 취소신청이 들어오자 채무자 스스로 파산신청을 취하한 경우에는
　　'180일 이내'에 새로운 파산신청을 하지 못한다는 예외조항을 두고는 있다[§ 109(g)]. 그러나 이때 악
　　의적(willful)이라는 개념은 단순한 고의를 넘어서 의도적으로 무시하는 것(intentionally disregarded)
　　에 이르러야 하는 것으로 엄격하게 해석하고[In re Ellis, 48 B.R. 178 (Bankr. E.D.NY. 1985) 등 참조],
　　파산신청의 취하로 재도의 신청이 제한되는 경우도 그 취하가 단지 시기적으로 금지명령의 취소신청
　　이 접수된 이후에 이루어진 것으로는 부족하고 채권자의 금지명령 취소신청과 인과관계가 있어야 한
　　다는 것으로 엄격하게 해석하여 채무자들이 구제될 수 있는 범위를 넓히는 실무례가 형성되어 있다
　　[In re Sole, 233 B.R. 347, 350 (Bankr.E.D.Va. 1998), In re Covelli, 550 B.R. 256 (Bankr.S.D.NY. 2016)
　　등 참조]고 판시하였다.
79) 日靜岡地裁富士支決昭和63.4.22判時1288호135면, 倒産判例 インデックス 제3판 174.

속 사업을 진행할 예정이라는 등의 이유로 신청인들의 파산신청은 채권회수를 위한 압박의 수단으로 파산신청을 이용한 것에 불과하므로 파산절차의 남용에 해당한다고 판단한데 대하여, 대법원은 ① 재단채권으로 인정받은 부당이득반환채권은 다른 재단채권과 함께 그 채권액에 따라 안분 배당을 받을 가능성이 있으므로 채무자회사가 보유하고 있는 자산에 대한 정확한 파악 없이 재단채권조차 전부 변제할 수 없는 상황이라는 이유만으로, 채무자에 대한 파산절차가 진행되더라도 신청인들에게 배분될 재산이 전혀 없다거나 파산절차를 진행할 실익이 없을 정도로 미미한 금액의 배분만이 예상된다고 단정하기 어렵다. ② 채무자에 대한 파산선고를 한다면 채무자가 더 이상 이 사건 사업을 계속 수행하기는 어려울 것이나 채무자 회사가 지급불능 상태에 빠진 이래 이 사건 사업이 장기간 중단된 상태에 있었던 사실을 감안하면 채무자가 파산선고를 받지 않는다고 하여 이 사건 사업을 쉽게 정상화할 것이라고 보기도 어렵다. 한편 파산선고를 받은 채무자도 회생신청을 할 수 있으므로 파산선고로써 채무자의 회생가능성이 완전히 배제되는 것은 아니다. ③ 위와 같은 사정을 종합하면 신청인들의 이 사건 파산신청은 채무자의 재산상황 등에 따라서는 채무자로부터 부당한 이익을 얻기 위한 위협의 수단이 아니라 정당한 이익을 가진 것으로 볼 여지가 있다. 따라서 원심으로서는 채무자회사의 예금 잔고 등 배당가능한 재산과 확정된 재단채권의 규모, 채무자에게 파산절차가 개시되는 경우 배당가능한 재산이 증가할 가능성, 나아가 신청인들이 파산신청을 통해 궁극적으로 달성하고자 하는 목적 등을 심리한 다음 신청인들의 이 사건 파산신청을 파산절차의 남용으로 인정할 수 있는지에 관하여 판단하였어야 함에도 신청인들의 파산신청이 파산절차를 남용한 것이라고 판단한 것은 파산절차의 남용에 관한 법리를 오해하여 결정에 영향을 미친 잘못이 있다고 한 사례가 있다.[80]

한편 일본의 하급심 판례로는 모든 채권자의 동의하에 도시계획법상의 청산절차가 진행 중에 채무자의 이사가 파산신청을 한 것은 신청권의 남용이라고 하여 신청을 각하한 사례가 있고,[81] 채무자와 일부 채권자와 사이에 파산신청을 할 경우에는 사전협의를 한다는 약정이 성립되어 있는 경우에 채무자가 그 사전협의를 거치지 아니하고 파산신청을 하였다고 하더라도 일부 채권자에 대한 채무불이행이 될 수 있음은 별론으로 하고 그 파산신청을 위법, 무효라고 할 수 없다고 한 결정이 있다.[82]

---

80) 대법원 2017.12.5.자 2017마5687 결정(공2018상, 66)[백선64].
81) 日広島高判岡山支決平成14.9.20判時1905호90면, 倒産判例 インデックス 제3판 7.
82) 日東京高決昭和57.11.30下民集33권9～12호1433면, 倒産判例 ガイド 제2판 56면, 倒産判例 インデックス 제3판 17[百選제5판8]은 본래 파산절차는 총 채권자에 대한 채무를 완제할 수 없는 상태에 있는 경우에 강제적으로는 그의 전재산을 관리환가하여 총 채권자에게 공평한 금전적 만족을 주는 것을 목적으로 하는 재판상의 절차이며, 말하자면 총채권자의 이익을 위한 것이지, 일부 특정 채권자 그 밖의 권리자와 사이의 합의에 의하여 그 신청이 제한된다는 것은 합당하지 않다고 하였다.

(다) 신청인의 행방불명

파산에 있어서의 장애사유이다(법309조). 파산에서는 관재인이 전부를 장악하므로 신청인이 아닌 채무자의 행방불명이 파산장애는 아니다. 채무자 사망의 경우에 관하여는 전술하였다.

(4) 그 밖의 기각 사유

채무자회생법에서는 회생절차의 기각사유를 대폭 축소하는 대신「그 밖에 회생절차에 의함이 채권자 일반의 이익에 적합하지 아니한 경우」(법42조3호)를 신설하였다. 채권자 일반의 이익이란 특정의 채권자(예컨대 담보권을 가진 채권자나 소액채권자)가 아니라 채권자 전체를 하나의 그룹으로 볼 경우 그들에게 이익이 되는 것을 말한다. 물론 사적 절차가 특정 채권자 또는 특정 채권자 집단에 의하여 주도되면 그 절차가 채권자 일반의 이익에 부합한다고 보기 어려우므로 그러한 절차가 진행 중이라거나 다수의 채권자들이 그 절차를 희망한다고 하여 이를 이유로 이 규정에 따라 회생절차신청을 기각할 수는 없을 것이다.

판례 중에는 1차 회생계획 불인가결정이 확정된 후 8 일 만에 채무자 회사가 새로이 제출한 회생절차 개시신청을 제1심 법원이 받아들여 회생절차개시결정을 하고, 이에 대하여 즉시항고가 제기된 후 채무자 회사가 새로운 회생계획안을 제출하여 제1심 법원으로부터 인가결정을 받은 사안에서, 새로 제출된 회생계획의 수행가능성 등에 대하여 심리를 하지 않은 채 1차 회생계획에 근거한 수행가능성 등에 관하여만 심리하여 별다른 사정변경이 발생하지 않았다고 하여 회생절차 개시신청이 위법하다고 판단한 원심결정을 파기한 사례가 있는데, 대법원은 이 경우 채무자의 새로운 회생절차개시의 신청이 '회생절차 개시신청이 성실하지 아니한 경우' 또는 '그 밖에 회생절차에 의함이 채권자 일반의 이익에 적합하지 아니한 경우'에 해당하여 회생절차 개시신청의 기각사유가 존재하는지 여부를 판단함에 있어서는, 종전 회생절차의 종료 시점과 새로운 회생절차 개시신청 사이의 기간, 종전 회생절차의 폐지사유가 소멸하거나 종전 회생계획에 대한 불인가사유가 소멸하는 등 그 사이에 사정변경이 발생하였는지 여부, 채무자의 영업상황이나 재정상황, 채권자들의 의사 등의 여러 사정을 고려하여야 한다고 하였다.[83]

일본의 구법 시대의 판례이기는 하나, 골프장에 대한 화의 개시 신청 후 1 년여의 기간이 경과한 후에 제1차 회사갱생절차 개시의 신청이 있었고, 화의 개시신청 후 회사갱생

---

83) 대법원 2009.12.24.자 2009마1137 결정(공2010상, 120)은 그 근거로서 회생계획의 수행가능성은 채무자 회사의 변제재원 증대뿐만 아니라 회생계획의 변제조건 하향 조정에 따라서도 영향을 받는 것인바, 채무자 회사가 이 사건 회생절차를 신청하면서 1차 회생계획에 비하여 채권자들에 대한 변제율을 낮추는 방향으로 새로운 회생계획안을 마련하고 이에 대하여 가결요건을 넘는 채권자들의 동의를 받을 수 있다면 1차 회생계획 불인가결정 당시에 비하여 사정변경이 발생하였다고 볼 여지가 있다고 하였다.

절차 개시의 신청까지의 사이에 정리위원의 의견서, 관재인에 의한 조사보고서가 제출되었고, 회사갱생절차 개시 신청 후의 채권자집회에서 화의 찬성의 결의가 이루어지고 화의가 인가되어 이미 화의인가결정이 확정되었으며, 별제권자인 금융기관들은 저당권을 실행할 자세를 보이지 않는 등의 상황에서 회사갱생절차 개시신청을 기각한 사례가 있다.[84] 회사갱생제일주의를 변경한 것인데, 채권자 일반의 이익이 되는가 여부는 단순히 변제기, 변제율 등을 비교하는 것만이 아니고, 기업의 규모, 형태, 업종, 재산상태, 그 밖의 집단적 채무처리절차의 진보 상황 등을 종합적으로 판단하여 결정하여야 한다.

　　또한 판례는 채무초과 상태에 있는 주식회사의 계속기업가치가 청산가치보다 높다는 등 주식회사에게 회생가능성이 있다는 사정은 구 회사정리법 상의 회사정리절차개시요건 등에 해당함은 별론으로 하고, 그러한 사정이 파산원인이 존재하는 주식회사에 대하여 파산선고를 하는 데 장애사유가 된다고 할 수 없다고 하였음은 전술하였다.[85]

참고문헌

김범준, "미국 연방도산법상 도산관재인의 감독과 연방관재인제도에 관한 고찰", 한국법제연구원, (최신)외국법제정보(2009), 30면.

김성용, "도산능력", 도산법연구 제6권 제1호, 사단법인 도산법연구회(2015.6.), 1면.

김성용, "도산절차 개시의 요건", 회생과 파산 Vol. 1, 사법발전재단(2012), 235면.

김용덕, "정리절차 개시에 있어서의 문제점", 민사판례연구 ⅩⅥ, 민사판례연구회(1994), 471면.

김용진, "기업집단도산법제 구축방안", 법조 제687호, 법조협회(2013.12.), 66면.

서경환, "'최근 도산관련 항고사건의 소개 및 동향", 통합도산법, 남효순·김재형 공편, 법문사(2006), 430면.

오영준, "기존 경영자 관리인제도와 회생기업의 지배구조", 재판실무연구(5) 도산관계소송, 한국사법행정학회(2009), 33면.

유해용, "기존 경영자 관리인 제도의 명암", 저스티스 통권 제117호, 한국법학원(2010.6.), 32면.

이상균, "도산법상 회생절차에 있어서 우리나라와 미국의 경영주체 비교", 재판자료 제127집, 법원도서관(2013), 3면.

이연갑, "도산법상 기존경영자 관리인의 지위", 회생과 파산 Vol. 1, 사법발전재단(2012), 141면.

임시규, "도산법상의 채권자협의회", 통합도산법, 남효순·김재형 공편, 법문사(2006), 109면.

이연갑, "신탁재산의 파산에 관한 「채무자 회생 및 파산에 관한 법률」 개정안의 검토, 법조 제661호, 법조협회(2011.10.), 75면.

이연갑, "신탁재산의 파산", 회생과 파산 Vol. 1, 사법발전재단(2012), 337면.

---

84) 日東京地裁平成11.6.30判時1703호163면, 倒産判例 インデックス 제3판 10.
85) 대법원 2007.11.15.자 2007마887 결정(공2008상, 353)[백선63].

임시규, "회사정리법 및 화의법상의 채권자협의회", 도산법강의, 남효순·김재형 공편, 법문사(2005), 494면.

임치용, "미국 연방파산법의 연방관리관 제도에 관한 연구", 파산법 연구 4, 박영사(2015), 140면.

임치용, "도산절차 개시의 요건과 효과", 파산법 연구 5, 박영사(2020), 65면.

최영덕, "미국 도산관할의 Forum Shopping에 관한 고찰", 민사소송, 한국사법행정학회(2007), 296면.

황경남, "회사정리법상 관리인의 법적 지위", 도산법강의, 남효순·김재형 공편, 법문사(2005), 451면.

황정수, "중국파산법상 관리인제도 소개", 선진상사법률연구 제53조, 법무부(2011), 95면.

2. 개시의 신청

가. 도산에 이르는 경과와 각종 도산절차의 선택

도산절차는 원칙적으로 신청에 의하여 개시되고, 각 절차는 신청의 단계에서부터 나뉘므로 신청에 있어서는 어떠한 도산절차의 개시를 신청할 것인가가 중요한 선택의 문제가 된다.[1] 예전에는 도산신청이 주로 회사정리에 편중되어 있었고, 파산이나 화의는 적었으나, 1997년 말부터는 화의사건이 증가되었고, 채무자회생법이 시행된 2006년 이래 회생사건과 파산사건도 상당한 증가세를 보이고 있다. 여기에는 여러 가지 원인이 있으나, 각각의 절차의 특성을 보다 잘 이해하게 되고 그에 따라 절차를 선택하게 된 것도 하나의 원인이라고 본다. 도산절차의 개시가 신청에 의하는 경우에도 신청에는 개인 채무자 자신 또는 법인인 채무자의 이사에 의한 경우(자기신청)와 채권자 등 외부자에 의한 경우가 있으나, 재건형에 있어서는 자기신청이 법률상으로도 원칙이므로(회생에서는 채권자나 주주·지분권자의 신청에는 일정한 요건이 부과된다), 선택이라고 하는 경우 직접적으로는 채무자가 하는 선택이 문제가 된다. 그러나 채무자의 선택이라고 하여도 사전에 채권자와 사이에 이루어진 교섭의 결과인 경우가 많고, 또 중요한 채권자의 선택이 크게 작용하고 있는 것이 통상인 점도 무시되어서는 안 된다.

각종의 도산절차 중 어느 것을 선택할 것인가는 어려운 문제이다.[2] 다수의 이해관계인이 얽혀 있으므로 채무자 또는 일부의 채권자가 일정한 방침을 정하여도 그것이 실현된다는 보장은 없다. 법률상으로도 절차 간에 우선순위가 정하여져 있어서 예컨대 채권자가 파산의 신청을 하여도 채무자가 회생개시신청을 하여 인용되면 회생절차가 행하여지게 된

---

1) 입법론으로서는 이와 같이 신청시부터 그 방향을 결정하여야 하는 것에는 문제가 있다. 도산의 혼란기에는 방침을 세우기 어렵고, 의견을 종합하는 중에 재산이 산일하여 재건의 기회를 잃는 경우도 있다. 따라서 법원이 도산처리의 신청사건 심리 중에 방향을 결정하는 방안도 바람직하다.

2) 신청 단계에서부터 도산절차를 일원화할 필요성과 방안에 대하여는 박용석, "효율성 강화를 위한 도산절차의 일원화", 도산법연구 제7권제3호, 사단법인 도산법연구회(2017.12.), 1면 참조.

다(법58조2항). 또한 실제 문제로서 사적 정리(소위 임의관리)와 재판상의 절차의 병용 내지 사적 정리로부터의 이행(移行)의 문제가 중요하다. 즉 채무자가 갑자기 자기파산을 신청하거나 또는 회생을 신청하는 경우도 있지만 대부분의 중소규모의 도산에 있어서는 채권자 상호간 또는 채권자의 전부 또는 일부와 채무자의 사이에 일정한 교섭이 이루어져 있는 것이 보통이고 그 결과로서 어느 정도의 양해 하에 재판상의 도산절차가 신청되는 것이다. 이 단계에서 캐스팅보트를 가지는 대규모 채권자의 의향이 정해지면 도산처리의 방향도 그에 따라 정해지게 된다. 그러나 이와 같은 사전과정은 천차만별이므로 여기서는 이를 포함하여 일반적인 절차의 선택을 문제로 삼는다.

(1) 청산형인가 재건형인가

이 선택은 채무자에게도 채권자에게도 가장 기본적인 선택이다. 그런데 통상의 경우 채무자의 주관적 희망이라고 하는 관점에서 청산, 재건의 선택을 생각하여 보면 채무자가 법인인 경우에는 그 해산을 피하려고 하는 한 재건형을 희망하는 것이 당연할 것이다. 그에 반하여 자연인의 도산에서는 파산이라는 것은 법률적으로는 차라리 재출발을 보장하는 면이 있고, 그 의미에서는 파산이라고 하여도 개인적으로는 재건이 된다. 그러나 실제에 있어서는 특히 사업자의 경우에는 경솔하게 파산절차를 밟지는 않는다. 파산이 사회적으로 부정적인 평가를 받는 것이 현실인 이상 재기할 경우의 거래선의 반응을 생각하지 않을 수 없기 때문이다. 소비자의 도산에 관하여는 이와 같은 문제는 적지만 우리나라에서는 경제구조와 소비경향으로 인하여 이와 같은 도산 그 자체가 적었다. 따라서 과거에는 파산은 자기신청보다는 채권자의 신청이 보통이었다. 그러나 채권자로서도 파산은 시간도 걸리고 비용으로 보아도 만족스런 배당을 받는 경우는 드물기 때문에 득책은 아니다. 신청에 미리 요구되는 납부금도 결국 날리게 되는 수가 많다. 결국 파산은 채무자와 채권자 상호간의 합의에도 불구하고 사적 정리에 의한 청산도 불가능하다고 하는 경우에 최후의 수단이 된다.

재건형이 불가능하다고 하여 파산에 부치는 것은 구체적으로 어떠한 경우인가? 첫째, 채무자 측에서 고려하여야 하는 요소로서 다음과 같은 것들을 들 수 있다. ① 노동조합과의 합의가 이루어지지 않아 그 협력을 얻을 수 없을 때에는 사업의 계속이 불가능하고 결국 청산에 부칠 수밖에 없다. ② 확고한 부동산 자산이 없는 경우에는 재고품이나 사업내용이 상당히 독특하지 않는 한 재건은 어렵다. ③ 고리대금업자가 관여하고 있는 때에는 협력을 얻을 수 없는 것이 보통이므로 재건은 어렵다. ④ 이사 등의 부정행위가 있거나 악질적인 분식결산(粉飾決算)을 한 경우에는 불신감이 높고 감정적 대립이 생기기 쉬워 재건에 협력을 얻을 수 없다. ⑤ 업종 자체에 장래성이 없는 등 기업환경이 유리하지 않은 경우에는 재건은 어렵다.

다음으로 채권자가 할 수 없이 파산에 부치는 것은 다음과 같은 경우이다. ① 채무자가 회생(특히 변제)에 성의를 보이지 않고 재산을 은닉할 때, ② 이사 등의 부정행위가 있을 때, ③ 일부 채권자가 남몰래 먼저 채권을 추심하거나 사해행위를 하였고 부인에 의하여 이를 회복할 필요가 있을 때.

(2) 재건형의 선택

재건형 절차는 대부분 채무자측의 신청에 의하는 것이 원칙이므로(주주·지분권자나 채권자는 경영의 실태를 파악할 수 없는 것이 보통이므로 이들의 신청은 실제 희소하다), 절차 개시의 경우 종래의 경영자의 지위가 어떻게 되는가가 절차 선택의 하나의 중요한 포인트이다. 과거 화의에서는 경영권이 박탈되지는 않으나 일정한 제한을 받음에 비하여(화32조), 회사정리에서는 개시되면 대표이사 등은 완전히 경영권을 잃고(회53조), 또 개시 전에도 보전관리인이 선임되어 대표이사를 대신할 수도 있을 뿐만 아니라(회39조), 정리절차에 의한 이사 등의 교체가 예정된 것이므로(회211조, 252조), 경영자가 끝까지 지위에 집착하는 경우에는 회사정리는 어려웠다. 그러나 채무자회생법에서는 전술한 바와 같이 채무자의 재정적 파탄의 원인이 채무자나 그 대표자의 재산의 유용 또는 은닉이나 중대한 책임이 있는 부실경영에 기인하는 경우를 제외하고는 개인인 채무자나 개인이 아닌 채무자의 대표자를 관리인으로 선임하여야 하므로(법74조2항) 회생절차를 신청한다고 하여도 구 경영진이 당연히 그 지위를 잃는다고 볼 수는 없고, 채무자가 개인, 중소기업, 그 밖에 대법원규칙이 정하는 자인 경우에는 관리인을 선임하지 아니할 수 있으므로 운영에 따라서는 구 경영진에게 매력적이다. 그러나 한편 채권자측에서 보면 종래의 경영자가 그대로 자리에 남아 있는 한 재건에 협력할 수 없다는 입장을 취하는 경우가 있고, 유력채권자의 협력 없이는 회생의 가결을 바랄 수는 없으므로 이와 같은 경우에는 채권자협의회의 요청으로 제3자를 관리인으로 선임하게 될 것이다.

요컨대 사안은 천차만별이고, 신청에 이르는 경과는 부단히 유동적이다. 또 하나의 절차가 다른 절차로 이행할 가능성도 충분히 고려되어야 한다. 사태에 대한 적절하고 유연한 대응이 필요한 것이다. 충분한 조사와 풍부한 경험에 기한 조언이 요구된다고 하는 것도 이 때문이다.

나. 도산절차개시의 신청과 심리

(1) 신청권자

도산절차는 직권에 의하여 개시되는 약간의 예외(법6조1항, 8항)를 제외하고 모두 신청에 의하여 개시된다. 또 일정한 경우에는 신청이 의무로 되는 수도 있다(법299조2항).3) 각 절차에 있어서의 신청권자는 각각 법정되어 있고, 회생과 같이 신청권자에 따라 개시원인이 다른 경우도 있다.

(가) 회생신청

회생절차는 신청에 기하여 이루어지는 것이 원칙이며(법34조), 변제기에 있는 채무의 변제불능을 원인으로 회생절차개시의 신청을 하는 때에는 채무자만이 신청권이 있고, 채무자에게 파산의 원인인 사실이 생길 염려가 있는 것을 원인으로 하는 때에는 채무자가 주식회사 또는 유한회사인 때에는 자본의 10분의 1 이상에 해당하는 채권을 가진 채권자나 자본의 10분의 1 이상에 해당하는 주식 또는 출자지분을 가진 주주·지분권자, 채무자가 주식회사 또는 유한회사가 아닌 때에는 5천만 원 이상의 금액에 해당하는 채권을 가진 채권자, 합명회사·합자회사 그 밖의 법인 또는 이에 준하는 자에 대하여는 출자총액의 10분의 1 이상의 출자지분을 가진 지분권자도 회생절차 개시의 신청을 할 수 있다(법34조1항, 2항). 즉 개시사유에 따라 신청권자가 달라지는 셈이다. 전자의 원인에 의한 신청을 채무자에 한정한 것은 이 원인의 유무의 판단은 특별히 경영적인 것이고, 채무자만이 잘 할 수 있기 때문이다. 채무자가 회사인 경우 신청은 이사회의 결의에 기하여 대표이사가 한다. 채권자의 신청권은 기업에의 참여권을 인정한 것이라고 해석하는 설도 있으나, 기업의 재건에 의하여 채권자도 이익을 받을 수 있으므로 단순히 채권자의 이익을 위한 것이라고 해석한다.

판례는 상법 제393조1항은 주식회사의 중요한 자산의 처분 및 양도, 대규모 재산의 차입 등 회사의 업무집행은 이사회의 결의로 한다고 규정함으로써 주식회사의 이사회는 회사의 업무집행에 관한 의사결정권한이 있음을 밝히고 있으므로, 주식회사의 중요한 자산의 처분이나 대규모 재산의 차입행위뿐만 아니라 이사회가 일반적·구체적으로 대표이사에게 위임하지 않은 업무로서 일상 업무에 속하지 아니한 중요한 업무에 대해서는 이사회의 결의를 거쳐야 하는데, 주식회사가 회생절차를 신청할 경우 개시결정 전에도 그 신청사실은 금융위원회와 감독행정청 등에 통지되고(법40조), 법원의 보전처분을 통해 채무

---

3) 그 이외에 파산신청의무가 부여된 예로서는 청산인이 있다(민93조, 상254조, 287조의45, 542조, 사립학교법42조). 청산인이 신청의무를 게을리 한 경우에는 과태료의 제재가 있고(일반법인 민97조6호), 회사의 경우에는 형벌도 부과될 수 있다(상622조). 또한 고의 또는 과실에 의하여 배당재원이 될 채무자의 재산이 감소한 때에는 파산채권자에 대하여 손해배상책임을 진다.

자의 업무 및 재산에 관한 처분권한이 통제되는 등(법43조) 채무자에 미치는 영향이 적지 않고, 주식회사에 대하여 회생절차가 개시되는 경우 이를 이유로 한 계약의 해지 및 환취권 행사 등으로 인하여 회사의 영업 또는 재산에 상당한 변동이 발생하게 되고, 또한 본래 주식회사의 업무집행권은 대표이사에게 부여되고(상법389조3항, 209조1항), 정관이나 법률이 정한 사항 내지 중요한 자산의 처분 및 양도 등에 관한 의사결정권은 주주총회 내지 이사회가 가지고 있으나(상법361조, 393조1항), 회생절차가 개시되면 주식회사의 업무수행권과 관리처분권이 관리인에게 전속하게 되고, 관리인이 재산의 처분이나 금전의 지출 등 일정한 행위를 하기 위해서는 미리 법원의 허가를 받아야 하는 등(법56조1항, 61조 등 참조) 회사의 경영에 근본적인 변화가 발생하게 되며, 주식회사는 회생절차를 통하여 채권자·주주 등 여러 이해관계인의 법률관계를 조정하여 채무자 또는 그 사업의 효율적인 회생을 도모할 수 있으나(법1조), 회생절차 폐지의 결정이 확정된 경우 파산절차가 진행될 수 있는 등(법6조1항) 회생절차 신청 여부에 관한 결정이 주식회사에 미치는 영향이 크므로 위와 같은 주식회사에서의 이사회의 역할 및 주식회사에 대한 회생절차개시결정의 효과 등에 비추어 보면 주식회사의 회생절차개시신청은 대표이사의 업무권한인 일상 업무에 속하지 아니한 중요한 업무에 해당하여 이사회 결의가 필요하다고 하였다.[4]

하급심 판례 중에는 甲 회사가 정관에 회생절차개시신청을 주주총회 특별결의 사항으로 규정하고 있는데도 주주총회 특별결의 없이 회생절차개시신청을 하여 회생법원이 회생절차개시결정을 하자, 甲 회사의 주주로서 대표이사에서 퇴임한 후 甲 회사를 상대로 퇴직금청구 소송을 제기하여 소송 계속 중인 乙이 위 회생절차개시결정에 대하여 즉시항고를 제기한 사안에서, 甲 회사의 위와 같은 회생절차개시신청은 흠결 있는 대표권 행사에 의한 것으로서 부적법하다고 보아 회생절차개시결정을 취소하고 사건을 원심법원에 환송한 사례도 있다.[5]

판례는 또한 채무자회생법 제34조 제2항 제1호 (가)목은 '주식회사인 채무자에 대하여 자본의 10분의 1 이상에 해당하는 채권을 가진 채권자는 회생절차개시의 신청을 할 수 있다'고 규정할 뿐, 여기에 다른 제한을 두고 있지 않고 있고, 한편 임금·퇴직금 등의 채

---

4) 대법원 2019.8.14. 선고 2019다204463 판결(공2019하, 1732)[백선03]은 대표이사가 이사회 결의를 거치지 않고 회사에 대한 회생절차 개시신청을 한데 대하여 불법행위책임을 인정하고, 그 책임을 제한하지 아니한 원심을 유지하였다. 회생법원 실무상으로도 주식회사의 회생절차 개시신청 시 채무자의 진정한 의사를 확인하기 위하여 이사회 의사록을 첨부서류로 요구하고 이사회 결의 없이 회생절차개시신청을 하는 경우에는 신청을 각하하고 있다. 원고가 개시 신청한 사건도 이사회 결의가 없음을 이유로 각하되었다. 이 사건에서 개시신청 사실 자체만으로 기한의 이익을 상실하는 경우가 있어서 신청으로 인한 연체이자의 새로운 부담이 회사의 손해로 인정되었다. 이진만, "[2019 분야별 중요판례분석] 17. 도산법", 법률신문 2020.5.21.자 참조. 同旨 대법원 2021.8.26.자 2020마5520 결정(공2021하, 1747).
5) 서울고법 2020.5.26.자 2019라21331 결정(각공2020하, 523).

권자에게도 채무자에게 파산의 원인인 사실이 생길 염려가 있는 경우에는 회생절차를 통하여 채무자 또는 사업의 효율적인 회생을 도모할 이익이 있고, 개별적인 강제집행절차 대신 회생절차를 이용하는 것이 비용과 시간 면에서 효과적일 수 있으므로 주식회사인 채무자에 대한 임금·퇴직금 등의 채권자도 법 제34조 제2항 제1호 (가)목에서 정한 요건을 갖춘 이상 회생절차개시의 신청을 할 수 있고, 이는 임금 등의 채권이 회생절차에 의하지 아니하고 수시로 변제해야 하는 공익채권이라고 하여 달리 볼 수 없다고 하였다.[6)]

그런데 주거래은행이나 지배주주가 아닌 일반 채권자나 주주가 회사의 업무상황, 자산 및 부채상황을 제대로 알 수 있는 자료를 입수하기란 쉽지 않다. 그러한 자료 없이 회생절차개시의 신청을 하는 것조차 용이하지 않고, 또 그 신청을 하더라도 채무자측이 회생절차의 진행에 협조하지 않을 것이 예상된다. 따라서 채권자 또는 주주·지분권자가 회생절차개시의 신청을 한 경우 법원은 채무자에게 경영 및 재산상태에 관한 자료를 제출할 것을 명할 수 있고(법34조3항), 정당한 사유 없이 자료제출명령에 불응하면 형사 처벌함으로써(법649조) 채권자 또는 주주·지분권자에 의한 회생절차개시 신청을 활성화할 수 있도록 하였다.

(나) 파산신청

파산절차는 원칙적으로 채권자 또는 채무자 자신의 신청에 기하여 채무자에게 절차를 개시하여야 할 파산원인이 존재한다고 인정되는 경우에 법원이 파산선고를 함으로써 개시된다. 이 신청에서부터 파산선고까지의 절차를 파산선고절차라고 부른다. 넓은 의미의 파산절차에는 파산선고절차와 파산선고에 의하여 개시되는 좁은 의미의 파산절차가 포함된다. 파산선고는 신청에 기하여 이루어지는 것이 원칙이고(법305조 1항), 이 파산선고를 구하는 신청을 파산신청이라고 한다.

파산신청을 할 수 있는 자는 채권자 또는 채무자 및 법인의 이사 등 채무자에 준하는 자이다(법294조, 295조, 296조). 채권자에게 신청권을 인정하고 있는 것은 파산신청을 채무자에게만 맡겨 둔다면 파산원인이 있는데도 채무자가 파산을 신청하지 않아 파산절차에 따른 채권자의 잠재적 이익이 상실될 수 있기 때문이다. 그리하여 채권자 스스로 적당한 시점에서 파산절차를 개시할 수 있도록 채권자도 파산신청을 할 수 있다는 명시적 규정을 둔 것이다.[7)] 이렇듯 파산절차는 포괄집행으로서 채권자간의 공평한 만족을 위하여 설계된 것이므로 파산절차가 개시되면 파산채권자가 되는 자는 모두 신청권이 있다. 따라서 조건·기한부 채권이나 장래의 청구권, 비금전채권을 가지는 자도 신청권을 가진다(법425조 내지 427조, 430조). 채권자가 집행권원을 가질 필요는 없다. 신청인의 채권은 파산절차 개

---

6) 대법원 2014.4.29.자 2014마244 결정(공2014상, 1089)[백선01].

7) 대법원 2017.12.5.자 2017마5687 결정(공2018상, 66)[백선64].

시시에 존재할 필요가 있으나, 그 후에 소멸하여도 파산선고의 취소사유가 되지 않는다.8) 다만 파산선고에 대한 항고심 계속 중에 채권신고기간이 경과하여 신고채권자가 1인도 없을 때에는 파산선고는 취소된다. 담보권자(별제권자)는 별제권의 행사에 의하여 변제를 받을 수 없는 액 또는 별제권을 포기한 채권에 관하여만 파산채권자가 되므로(법413조), 사전에 별제권을 포기하지 않아도 신청할 수 있다.9) 재단채권이 되는 것은 파산선고 전에 생긴 것이어도(법473조2호) 신청권이 없다. 한편 법원의 실무는 임금채권자를 제외한 재단채권자에 의한 파산신청을 부정하고 있다.10)

한편 채무자 스스로 파산의 신청을 하는 경우를 「자기파산(自己破産)의 신청」이라고 하고, 이에 의한 파산을 「자기파산」이라고 부르는데,11) 이는 채무자로 하여금 채권자들에 대한 개별적인 대응으로부터 해방시키고, 면책에 의한 이익을 부여하여 경제적인 갱생을 돕기 위한 것이다. 자기파산의 신청에 관하여는 방식이 완화되어 있다(법294조2항). 물론 변호사는 파산신청을 대리할 수 있는데, 이 경우 파산신청 대리인의 지위와 책임에 관하여는 재판례가 축적되어 있다.12)

또한 회사 등의 법인이 채무자인 경우는 이사회의 결의를 거쳐 법인으로서 자기파산의 신청을 할 수 있는 외에 이사, 무한책임사원, 또는 청산인 등도 채무자에 준하는 자로서 법인에 대하여 단독으로도 파산신청을 할 수 있다(법295조, 297조). 다만 이사, 무한책임사원, 또는 청산인의 전원이 하는 파산신청이 아닌 때에는 파산의 원인인 사실을 소명하여야 한다(법296조). 판례는 회생에서와 마찬가지로 주식회사 이사회의 역할, 파산이 주식회사에 미치는 영향, 회생절차 개시신청과의 균형, 파산신청권자에 대한 규정의 문언과 취지 등에 비추어 보면, 주식회사의 대표이사가 회사를 대표하여 파산신청을 할 경우 대표이사의 업무권한인 일상 업무에 속하지 않는 중요한 업무에 해당하여 이사회 결의가 필요

---

8) 日大決昭和3.10.13民集7권787면. 반대 日大決昭和9.9.25民集13권1725면.
9) 日最決平成11.4.16民集53권4호740면, 倒産判例 インデックス 제3판 18[百選10]은 질권자에게는 신청권이 있고, 채권질의 설정자는 질권자의 동의가 있는 등 특단의 사정이 없는 한, 당해 채권에 기하여 당해 채권의 채무자에 대한 파산신청을 할 수는 없다고 하였다.
10) 서울회생법원 재판실무연구회, 법인파산실무 제5판, 박영사(2019), 24면.
11) 日東京地決昭和57.11.20判時1063호184면[百選6]은 채무자와 일부 채권자 사이에 파산신청을 하는 경우에는 사전협의 또는 동의를 요하는 내용의 약정이 있어도 채무자의 파산신청이 위법 무효가 되는 것은 아니라고 하였다.
12) 日東京地判平成21.2.13判時2036호43면, 倒産判例 インデックス 제3판 32[百選11]는 신청대리인이 채권자들에게 채무정리개시통지(파산신청예정)이라는 제목의 서면을 발신하고 의뢰인으로부터 채무정리를 수임하였다고 통지하였으나, 2년이나 지난 후 파산신청을 하고 의뢰인의 예금구좌의 금원 대부분을 파산신청시까지 소비한 사안에서 파산신청을 수임하고 그 뜻을 채권자에게 통지한 변호사는 가급적 신속히 파산신청을 하고 또 파산관재인에게 인계할 때까지 채무자의 재산이 산일되지 않도록 조치를 할 것이 요구되고, 이는 파산제도의 취지로부터 당연히 요구되는 법적의무(재산산일방지의무)라고 하여 신청대리인의 손해배상책임을 인정하였다.

하다고 보아야 하고, 이사에게 별도의 파산신청권이 인정된다고 해서 달리 볼 수 없다고 하였다. 그러나 자본금 총액이 10억 원 미만으로 이사가 1명 또는 2명인 소규모 주식회사에서는 대표이사가 특별한 사정이 없는 한 이사회 결의를 거칠 필요 없이 파산신청을 할 수 있다. 소규모 주식회사는 각 이사(정관에 따라 대표이사를 정한 경우에는 그 대표이사를 말한다)가 회사를 대표하고 상법 제393조 제1항에 따른 이사회의 기능을 담당하기 때문이다(상법 제383조 제6항, 제1항 단서).[13]

상속재산에 관하여는 상속채권자, 유증을 받은 자(수유자), 상속인, 상속재산관리인 및 유언집행자가 신청권을 가진다(법299조). 상속인이 여럿인 경우에는 단독 또는 공동으로 신청할 수 있다. 상속의 포기는 상속이 개시된 때에 소급하여 그 효력이 있으므로(민1042조), 상속포기자는 상속재산파산의 신청권이 없다. 상속인의 채권자는 파산신청권이 없고, 상속재산에 대하여 파산선고가 있어도 파산채권자로서 권리를 행사할 수도 없다. 유한책임신탁재산에 관하여는 신탁채권자, 수익자, 수탁자, 신탁재산관리인 또는 「신탁법」 제133조에 따른 청산수탁자가 파산신청을 할 수 있는데(법578조의3 제1항),[14] 신탁이 종료된 후 잔여재산의 이전이 종료될 때까지는 신탁재산의 파산을 신청할 수 있다(같은조4항).

위와 같은 신청권자 중에는 신청권을 가지는데 그치지 않고, 파산원인이 생겼을 때에는 파산신청의 의무가 부과되어 있는 경우도 있다. 법인이 채무를 완제하기 못하게 된 때의 이사, 청산인(민79조, 93조), 상속재산으로 상속채권자 및 수유자에 대한 채무를 완제할 수 없게 된 때의 상속재산관리인, 유언집행자, 또는 한정승인이나 재산분리가 있은 경우의 상속인(법299조 등) 등이다. 이 경우 민법상의 신청의무를 해태하면 제재가 있으나(민97조6호), 회생신청을 하면 제재를 면한다(법35조).

또한 상속재산파산에 대하여는 일반 개인파산과 달리 신청기간의 제한이 있다. 상속

---

13) 대법원 2021.8.26.자 2020마5520 결정(공2021하, 1747)은 그 근거로 ① 파산신청은 주식회사의 운영과 존립에 중대한 영향을 미친다. ② 주식회사가 파산신청을 한 경우 파산선고 전이라도 법원은 채무자의 재산에 대하여 필요한 보전처분을 할 수 있다(채무자회생법 제323조). 주식회사가 파산선고를 받으면 채무자가 가진 모든 재산은 파산재단에 속하고, 파산관재인이 파산재단에 대한 관리·처분권을 갖고 일정한 행위를 하려면 법원의 허가를 받아야 한다(채무자회생법 제382조, 제384조, 제492조). 주식회사는 파산으로 인하여 해산한다(상법 제517조 제1호, 제227조 제5호)는 점과 채무자회생법은 채권자와 채무자 외에 주식회사의 이사를 별도의 파산신청권자로 정하고 있고, 일부 이사가 파산신청을 하는 경우 채무자나 이사 전원이 파산신청을 하는 경우와 달리 파산의 원인인 사실을 소명하도록 하고 있는 점을 들었다.

14) 유한책임신탁은 수탁자의 책임을 신탁재산으로 제한하는 새로운 유형의 신탁으로, 기존에는 신탁의 수탁자가 신탁사무처리로 인한 채무에 대해 자신의 고유재산으로도 무한책임을 지는 것이 원칙이었으나, 신탁의 활성화를 위하여 2011년 전면 개정된 신탁법에서 도입한 제도이다. 유한책임신탁은 수탁자의 책임이 제한되므로 제3자의 보호를 위해 수탁자가 거래상대방에게 유한책임신탁이라는 뜻을 명시하고 그 내용을 서면으로 교부하여야 하며, 신탁의 명칭에 유한책임신탁의 문구 사용을 의무화하는 등 규정을 두고 있다.

재산에 대한 파산신청기간은 재산분리를 청구할 수 있는 기간, 즉 상속개시일부터 3개월 이내이다(법300조 제1문, 민1045조1항). 이 경우 재산분리의 청구기간 즉 상속인이 상속개시 있음을 안 날부터 3개월 이내에 한정승인 또는 재산분리가 있은 경우에는 상속채권자 및 수유자에 대한 변제가 아직 종료하지 아니하였다면 언제라도 상속재산 파산신청을 할 수 있다(법300조 2문). 한정승인 또는 재산분리의 효과로서 상속재산과 상속인의 고유재산이 혼합되지 아니하였고, 상속채권자 및 수유자에 대한 변제가 종료하지 않았다면 청산의 필요성이 존재하기 때문이다. 다만 민법 제1019조 제3항의 특별한정승인의 경우에 신청기간의 제한을 받는가 여부에 관하여는 의론이 있다.[15]

　　한편 「금융산업의 구조개선에 관한 법률」에 의하면 금융위원회는 금융기관에게 파산의 원인이 되는 사실이 있음을 알게 된 때에는 파산의 신청을 할 수 있도록 하고 있다(같은 법16조1항).[16] 상호저축은행에 있어서는 위 권한은 금융감독원장이 대행한다(상호저축은행법24조의13, 34조의2 제1항).[17]

(2) 신청절차

신청은 각 절차에 공통된 것이 많다.

(가) 신청방식

　　도산절차개시의 신청은 관할 법원에 하고, 반드시 서면에 의하여야 한다(법36조, 302조1항). 대리인에 의한 경우는 민사소송법이 적용된다(법33조, 민소55조 이하, 87조 이하).[18] 판례는 변호사 아닌 자가 법률사무의 취급에 관여하는 것을 금지함으로써 변호사제도를 유지하고자 하는 변호사법의 규정 취지에 비추어 보면, 위 법조에서 말하는 '대리'에는 본인의 위임을 받아 대리인의 이름으로 법률사건을 처리하는 법률상의 대리뿐만 아니라, 법률적 지

---

15) 이 부분 상세에 관하여는 김주미, "상속재산파산의 실무상 쟁점 연구", 법조 제733호, 법조협회(2019.2.), 307면 참조.

16) 대법원 2006.7.28. 선고 2004두13219 판결(공2006, 1544)은 위 파산신청은 그 성격이 법원에 대한 재판상 청구로서 그 자체가 국민의 권리·의무에 어떤 영향을 미치는 것이 아닐 뿐만 아니라, 위 파산신청으로 인하여 당해 부실금융기관이 파산절차 내에서 여러 가지 법률상 불이익을 입는다 할지라도 파산법원이 관할하는 파산절차 내에서 그 신청의 적법 여부 등을 다투어야 할 것이므로, 위와 같은 금융위원회의 파산신청은 행정소송법상 취소소송의 대상이 되는 행정처분이라 할 수 없다고 하였음은 전술하였다.

17) 위 파산신청권을 상호저축은행의 관리인에게 위임하는 것이 실무인데, 정부조직법 제6조, 행정권한의 위임 및 위탁에 관한 규정 제10조 등 법령의 규정에 맞는 것인지는 의문이다.

18) 대법원 1997.9.22.자 97마1574 결정(공1997, 3370)은 소송대리인으로서 소 또는 상소를 제기한 자가 법원의 인증명령에도 불구하고 그 대리권을 증명하지 못하는 경우에는 법원은 그 소 또는 상소가 소송대리권 없는 자에 의하여 제기된 부적법한 것임을 이유로 각하할 수 있고, 이 때 그 소송비용은 그 소송대리인이 부담하여야 할 것이며, 이는 그 소송대리인이 법원에 대하여 사임의 의사를 표명한 경우에도 마찬가지인바, 이러한 소송절차에서의 소송대리권 증명 및 무권대리인의 소송비용 부담에 관한 법리는 파산절차에도 준용된다고 판시하였다.

식을 이용하는 것이 필요한 행위를 본인을 대신하여 행하거나, 법률적 지식이 없거나 부족한 본인을 위하여 사실상 사건의 처리를 주도하면서 그 외부적인 형식만 본인이 직접 행하는 것처럼 하는 등으로 대리의 형식을 취하지 않고 실질적으로 대리가 행하여지는 것과 동일한 효과를 발생시키고자 하는 경우도 당연히 포함된다고 전제하고, 피고인들이 의뢰인들로부터 건당 일정한 수임료를 받고 개인회생신청사건 또는 개인파산·면책신청사건을 수임하여 사실상 그 사건의 처리를 주도하면서 의뢰인들을 위하여 그 사건의 신청 및 수행에 필요한 모든 절차를 실질적으로 대리한 행위는 법무사의 업무범위를 초과한 것으로서 변호사법 제109조 제1호에 규정된 법률사무를 취급하는 행위에 해당한다고 판시하였다.[19]

신청서에는 대체로 소장(민소249조)에 준하여 신청인(및 그 대리인 변호사)의 성명·주소, 신청의 취지로서 특정의 도산절차의 개시를 구하는 취지, 신청의 이유로서 개시원인인 사실 등을 기재한다(법36조, 302조1항). 신청서에는 수수료의 납부로서 일정액의 수입인지를 첨부하여야 한다. 그 액은 자기파산신청의 경우는 1,000원, 채권자가 하는 파산의 신청, 회생개시신청, 간이회생절차개시신청, 개인회생절차개시신청의 경우는 3만 원이다(민사소송등인지법9조1항, 4항). 실제로는 통상 보전처분 신청서를 함께 제출한다. 신청서는 반드시 채무자에게 송달한다.

그러나 파산절차는 일반적 집행이고, 소송절차는 아니기 때문에 참가에 관한 민사소송법이 준용될 여지는 없으며, 일반적으로 대립하는 당사자구조를 가지지 못한 결정절차에 있어서는 보조참가를 할 수 없다.[20]

(나) 소명과 첨부서류

자기파산신청의 경우를 제외하고 신청시에는 신청자격 및 개시원인인 사실을 소명하여야 한다(법38조, 294조2항). 이 소명은 신청이 전혀 이유가 없는 것은 아니라는 것을 보장하기 위하여 요구되는 것이므로 신청의 적법요건에 지나지 않고, 법원이 파산선고를 하기 위해서는 별도로 개시원인에 관하여 완전한 증명을 요한다. 소명의 방법은 민사소송법이 정하는 바에 의한다(법33조).

채권자가 신청할 때에는 신청권자의 채권의 존재의 소명이 요구되고, 보통 채권자는 계약서·어음·판결 등을 제출하여 채무자에 대한 자기의 채권이 존재한다는 것을 소명한다.[21] 주주·지분권자가 신청하는 경우(회생)에 관하여는 주주·지분권자인 점에 대한 소명을 요한다(법38조 2항). 이사나 청산인이 신청하는 경우에도 마찬가지이다. 소명방법은 주

---

19) 대법원 2007.6.28. 선고 2006도4356 판결(미간행).
20) 서울고법 1998.7.16.자 98라139 결정(미간행).
21) 채권자가 가지는 채권에 대하여는 집행권원이 있을 것을 요하지 않으며 그 존부에 관하여 다툼이 있는 채권이라도 존재가 소명되면 도산절차 개시 신청을 할 수 있는 것이 원칙이나, 서울회생법원의 실무는 다툼 있는 채권에 대하여는 원칙적으로 집행권원을 요구하고 있다.

권의 사본, 주주명부의 초본, 상업등기부의 등본(자격증명서) 등에 의한다. 유한책임신탁재
산에 대하여 신탁채권자 또는 수익자가 파산신청을 하는 경우에는 신탁채권 또는 수익권
의 존재와 파산의 원인인 사실을 소명하여야 하고(법578조의3 제2항), 수탁자 또는 신탁재
산관리인이 여럿 있는 경우 그 전원이 파산신청을 하는 경우가 아닐 때에는 파산의 원인
인 사실을 소명하여야 한다(같은조2항).

　　다음으로 개시원인인 사실의 소명은 자기파산의 신청을 제외한 파산 및 회생의 모든
경우(법인의 임원의 일부의 자가 하는 파산신청 등을 포함한다. 법296조, 299조3항)에 요구된다.
채무자가 파산신청을 하는 경우에는 파산선고에 의하여 자신의 재산에 대한 관리처분권을
잃을 뿐만 아니라 각종의 제약을 받는 것을 각오하고 하는 것이고 남용의 우려가 적기 때
문에 소명은 불필요하다. 상속재산 파산의 경우에는 상속인, 상속재산관리인 또는 유언집
행자가 파산신청을 하는 때에는 소명책임을 부담한다(법299조3항). 그러나 상속채권자나 수
유자는 파산원인을 소명할 필요가 없다는 보는 것이 다수설이다.[22]

　　한편 회생에 있어서는 채무자 신청의 경우에도 절차개시원인의 소명이 요구되는데(법
28조1항), 이는 채무자가 원칙적으로 관리처분권을 잃지 않는 DIP 형의 절차이고(법74조),
제도 남용의 가능성이 있기 때문이다. 소명이 요구되는 경우 그 소명은 보통 강제집행이
실패하였다는 취지(집행불능)의 조서의 등본, 채무자에 대한 은행거래정지처분의 증명서,
거래정지의 기재가 있는 부전이 붙은 어음, 채무자 법인의 대차대조표·손익계산서·재산
목록, 신용조사기관의 조사보고서를 제출하거나 채무자의 폐점·도망 등 지급정지의 사실
을 알고 있는 자를 증인으로서 동반하여 채무자에게 개시원인이 있음을 소명한다.

　　파산신청에 있어서는 신청과 동시에 채권자목록, 재산목록, 채무자의 수입 및 지출에
관한 서류, 그 밖에 대법원규칙에서 정하는 서류를 첨부하여야 하고,[23] 신청과 동시에 첨
부할 수 없는 때에는 그 사유를 소명하고 그 후에 지체없이 제출하여야 한다(법302조2항).
법원이 파산원인을 인정하고 또 절차개시 후의 절차를 신속히 처리하는데 필요하기 때문
이다.

　　그 이외에 법률상 요구되는 것은 아니나 회생신청의 실무에서는 신청서에 업무 및 자
산·부채의 상황 등을 기재함과 아울러 채무자의 현황과 사업의 동향을 나타내는 제반 서
류를 첨부하는 것이 보통이다.

　　(다) 비용의 예납

　　도산절차에 요하는 비용은 절차가 개시된 때에는 파산의 경우에는 파산재단이, 회생

---

22) 상세는 김주미, "상속재산파산의 실무상 쟁점 연구", 법조 제733호, 법조협회(2019.2.), 307면 참조.
23) "대법원규칙에서 정하는 서류"는 ① 채무자가 개인인 경우에는 가족관계등록부등본, 주민등록등본,
　　진술서, 그 밖의 소명자료, ② 채무자가 개인이 아닌 경우에는 법인등기부사항증명서, 정관, 파산신
　　청에 관한 이사회 회의록, 그 밖의 소명자료를 말한다(규칙72조).

2. 개시의 신청 129

의 경우에는 채무자가 부담하게 되는 것이나, 절차개시의 신청이 기각된 때에는 그때까지의 비용은 신청인이 부담한다. 채무자회생법은 도산절차비용을 포함한 도산채권자의 공동의 이익을 위하여 한 재판상 비용청구권을 공익채권 및 재단채권 중 가장 우선하는 위치에 두고 있으므로(법179조1항1호, 473조1호), 채무자 재산과 파산재단이 충실하다면 그러한 비용을 받지 못하게 될 리 없고, 예납금을 징수할 필요는 없을 것이지만, 채무자의 재산이나 파산재단의 규모에 따라서는 그 비용을 변제하기 어려운 경우도 있기 때문에 도산절차를 원활하게 진행하기 위하여 회생과 파산 두 절차 모두 신청인은 신청과 함께 법원이 상당하다고 인정하는 금액을 미리 납부하여야 하는 것으로 하고 있다(법39조, 303조). 다만, 파산에서는 신청인이 채권자가 아닌 경우 및 예납금이 부족한 경우에는 파산절차의 비용은 국고로부터 가지급할 수 있도록 되어 있고,24) 직권으로 개시하는 경우에도 마찬가지이다(법304조).25) 한편 회생에서는 국고로부터의 가지급은 인정되지 않으며, 예납이 없을 때에는 확정적으로 도산장애사유가 된다(법42조1호). 이와 같은 불일치는 입법론적으로는 시정되어야 한다는 비판도 있다. 이 경우의 비용은 도산원인을 심리하기 위한 비용(증인의 소환비용 등)에 한하여야 한다는 입장도 있으나, 실무에서는 절차개시 후에 필요하게 되는 비용(각종의 공고·송달의 비용, 파산재단의 관리비용, 관리인·파산관재인의 보수 등)도 포함하여 일체의 비용을 미리 납부 받는 것으로 취급하고 있다.

　　채권자가 납부한 예납금은 파산절차 수행에 있어서 불가결한 공익적 비용이므로 그 반환청구권은 채무자회생법 제473조의 재단채권에 해당하게 된다. 상속재산 파산의 경우 상속채권자, 수유자, 상속인, 상속재산관리인, 유언집행자 등이 납부한 예납금도 그 반환청구권은 재단채권이 되지만, 상속인, 상속재산관리인, 유언집행자가 예납금을 상속재산에서 출연한 경우나 피상속인이 예납금을 부담한 경우에는 그 반환청구권을 배당재원으로 하고 있다.26)

---

24) 개인파산사건과 소송구조의 현황 및 활성화 대책에 관하여는 조광국, "개인파산제도 이용의 문턱을 낮추기 위한 몇 가지 방안에 대한 검토", 재판자료 제127집, 법원도서관(2013), 401면 참조.

25) 실무상 자기파산의 경우에도 법원은 신청인에게 예납을 명하고 있는데, 채무자에게는 면책을 얻을 수 있다는 이익이 있다는 점에서 국고로부터 가지급할 수 있도록 한 법의 태도에 반대하는 의견도 유력하다. 그러한 입장에서 개정 일본파산법은 원칙적으로 모든 신청인에게 절차비용의 예납을 부과하는 외에(일본 파산법22조1항), 신청인의 자력, 파산재단으로 될 수 있는 재산의 상황, 그 밖의 사정을 고려하여 신청인 및 이해관계인의 이익의 보호를 위하여 특히 필요가 있다고 인정되는 때에는 비용을 국고로부터 가지급할 수 있도록 하고 있다(일본 파산법23조1항 전단). 일본의 구 파산법 하에서 日大阪高判昭和59.6.15判時1132호126면[新百選14]은 자기파산의 경우에도 신청인에게 예납금의 납부를 명하였고, 日広島高決平成14.9.11金判1162호23면[百選A2]는 법인의 자기파산에 관하여 가지급한 비용을 회수할 전망이 없으면 원칙적으로 가지급할 수 없고, 공익상의 요청이 특히 강하다고 하는 등의 경우에 한하여 가지급할 수 있다고 하였다. 일본 파산법은 특히 필요한 경우에 한하여 국고가지급 제도의 적용대상으로 하고 있는데, 실제의 적용례로서는 日福岡地決平成25.4.26金法1978호138면 참조.

26) 김주미, 전게논문, 346면 참조.

예납금액은 회생절차에서는 원칙적으로 회생절차개시결정 때까지 필요한 비용이므로 (법39조 1항, 2항), 송달료, 공고비용, 개시결정전 파산절차로 이행할 경우의 파산절차비용 (대개 1천만 원부터 2천만 원) 등이 이에 해당하고, 파산절차의 경우에는 채무총액을 기준으로 400만 원부터 6,000만 원까지(부가세 별도)로 하되, 예상되는 파산재단의 규모, 파산절차의 예상소요기간, 재산수집의 난이도, 채권자의 수 등을 고려하여 가감한다. 조사위원의 보수는 조사절차가 개시결정 이후에 행하여진다는 점에서 이론적으로는 예납명령의 대상이 될 수 없을 것이지만, 실무에서는 채무자 신청의 경우에는 그 보수도 포함하여 예납명령을 하고 있다.

위와 같이 예납비용은 일률적인 것은 아니나 상당한 액에 달하므로 이것이 재판상의 도산처리를 기피하는 이유가 되지만 동시에 한편 도산신청의 남용을 억지하는 효용도 있다.

비용의 예납을 명하는 결정에 대하여는 불복을 신청할 수 없다. 채무자 이외의 신청인이 미리 납부한 금액은 절차가 개시된 경우에는 절차비용으로서 우선적으로 반환을 받을 수 있고(법179조, 473조), 신청이 취하되어 개시에 이르지 아니한 경우에 미사용분은 반환된다.[27]

(3) 신청의 효과

채권자가 파산절차와 회생절차에 참가하는 방식은 채권신고에 의하므로 이 같은 신고가 후에 취하되거나 각하되지 않는 한 절차참가로 시효중단의 효과가 생기는 것은 명문으로 인정되고 있다(법32조. 나아가 채무자회생법은 관리인이 회생채권자 및 회생담보권자 목록을 제출한 경우에도 시효중단의 효력을 인정하고 있다). 문제는 절차개시의 신청은 모든 채권자의 이익을 위하여 절차의 시작을 요구하는 행위이지만, 채권자의 신청은 자기가 권리자라는 일종의 권리주장의 실질을 가진 것으로서 시효중단의 효력이 인정되는 것인지의 여부이다. 채권자가 파산신청을 하는 때에는 그 채권의 존재 및 파산의 원인인 사실을 소명해야 하는데(법294조2항), 파산신청시 소명된 채권에 대하여는 소멸시효 중단의 효력이 생긴다는 것이 종래의 일본의 판례이고,[28] 나아가 채권자가 파산신청시 파산원인을 명백히 하기 위하여 제출한 원리금명세서 등에 기재된 채권에 대하여까지 시효중단의 효력이 생긴다고 한 사례도 있다.[29]

---

27) 파산에 있어서 재단이 절차비용을 충당하기에 부족한 경우에도 예납금반환을 채무자 개인에게 구할 수는 없다. 일반적으로 재단채권은 본래 채무자 자신의 채무의 성질을 가지는 것(법473조6호·7호·8호, 337조2항, 347조2항)을 제외하고 파산재단에 의한 유한책임으로 담보되는 것에 불과하다고 해석되고, 예납금반환청구권은 파산선고 전의 원인에 의하여 발생한 것으로 볼 수 있지만 파산채권의 성질을 가지는 것은 아니기 때문이다.

28) 日大判昭和13.6.10全集5집14호37면, 日最判昭和25.12.27民集14권14호3253면.

29) 日最判昭和45.9.10民集24권10호1389면, 倒産判例 ガイド 제2판 79면[百選A1]은 채권자에 의한 파산신

한편 우리나라는 파산선고를 받은 자에 대한 법적·사회적 불이익이 많은 국가에 속하는데, 이에 채무자회생법 제32조의2는 "누구든지 이 법에 따른 회생절차·파산절차 또는 개인회생절차 중에 있다는 이유로 정당한 사유 없이 취업의 제한 또는 해고 등 불이익한 처우를 받지 아니한다"고 규정하여 차별적 취급을 금지하고 있다. 그러함에도 종래 「유가증권상장규정」은 회사정리절차의 개시신청을 했다는 이유만으로 그 기업의 구체적인 재무상태나 회생가능성 등을 전혀 심사하지 아니한 채 곧바로 상장폐지결정을 하도록 규정하고 있어 재정적으로 어려움을 겪는 상장회사들이 회사정리절차를 이용하지 못하도록 함으로써 기업의 부실이 심화되거나 장기화되어 회사정리절차를 통한 정상화의 기회를 놓치게 되는 폐단이 있었다. 이에 대법원은 위 상장폐지규정은 그 규정으로 달성하려는 '부실기업의 조기퇴출과 이를 통한 주식시장의 거래안정 및 투자자 보호'라는 목적과 위 조항에 따라 상장폐지될 경우 그 상장법인과 기존 주주들이 상실할 이익을 비교할 때 비례의 원칙에 현저히 어긋나고, 또한 구 「기업구조조정 촉진법」에 따른 공동관리절차를 선택한 기업에 비해 차별하는 것에 합리적인 근거를 발견할 수 없어 형평의 원칙에도 어긋나 정의관념에 반하며, 아울러 위 상장폐지규정은 회사정리절차를 선택할 경우에 과도한 불이익을 가해서 구 회사정리법에 기한 회생의 기회를 현저하게 제한하고 회사정리절차를 통해 조기에 부실을 종료할 기회를 박탈함으로써 사실상 구 회사정리법상 보장된 회사정리절차를 밟을 권리를 현저히 제약하는 것이어서, 부실이 심화되기 전에 조기에 회사를 정상화하도록 하려는 구 회사정리법의 입법 목적과 취지에 반하여 무효라고 하였다.[30]

그 밖에 보험약관에서 보험계약자인 채무자의 정당한 사유 없는 주계약의 불이행을 보험사고로 명시한 계약이행보증보험계약에서 수급인이 계약기간 중 회생절차개시신청을 하였다는 사정만으로 도급계약의 이행이 수급인의 귀책사유로 불가능하게 되었다고 단정할 수 없고, 이때 도급계약이 이행불능인지 여부는 회생절차개시신청 전후의 계약 이행 정도, 회생절차개시신청에 이르게 된 원인, 회생절차개시신청 후의 영업의 계속 혹은 재개 여부, 당해 계약을 이행할 자금사정 기타 여건 등 제반 사정을 종합하여 계약상 채무불이행 여부를 판단하여야 한다고 한 판례가 있다.[31]

청에 의하여 시효중단의 효력이 생겼다가 그 후 신청이 취하된 경우에 시효중단의 효력은 상실되지만, 최고로서의 효력은 남는다고 하였다.
30) 대법원 2007.11.15. 선고 2007다1753 판결(공2007하, 1913)[백선09]. 이 판결에 대한 해설로 장상균, "회사정리절차 개시신청사실을 상장폐지사유로 정한 상장규정 조항의 효력", 대법원판례해설 제72호, 법원도서관(2008), 117면 참조. 또한 안성포 "회사정리절차개시신청과 상장폐지 — 서울고등법원 2006.12.14. 선고 2006나18022 판결", 법률신문 3854호(2007), 15면, 남광민, "상장기업 기업회생절차와 상장유지 전략", 도산법연구 제12권 제2호, 사단법인 도산법연구회(2022.12.), 159면 참조.
31) 대법원 2020.3.12. 선고 2016다225308 판결(미간행).

(4) 심리절차

(가) 심리의 방법

도산법원(협의)의 절차에 있어서는 모두 임의적 구술변론과 직권증거조사에 의한 직권탐지가 행하여지고 항상 『결정』으로 재판한다. 회생과 파산의 실무에서는 구술변론 또는 심문에 의한 구술심리와 서면심리가 병용되는 것이 보통이다. 회생에 있어서 채무자 또는 그 대표자의 심문이 요구되나(법41조), 종래 실무에서는 광범위하게 회사임원, 대규모 채권자, 노조의 대표자, 주요거래선 등의 심문을 행하는 외에 현장에 임하여 검증을 행하여 왔다.[32)]

또한 주식회사인 채무자에 대하여 회생절차개시의 신청이 있는 때에는 법원은 채무자의 업무를 감독하는 행정청, 금융위원회, 채무자의 주된 사무소 또는 영업소(외국에 주된 사무소 또는 영업소가 있는 때에는 대한민국에 있는 주된 사무소 또는 영업소를 말한다)의 소재지를 관할하는 세무서장에게 그 뜻을 통지하여야 하고(법40조1항), 법원은 필요하다고 인정하는 때에는 채무자의 업무를 감독하는 행정청, 금융위원회, 「국세징수법」 또는 「지방세징수법」에 의하여 징수할 수 있는 청구권(국세징수의 예, 국세 또는 지방세 체납처분의 예에 의하여 징수할 수 있는 청구권으로서 그 징수우선순위가 일반 회생채권보다 우선하는 것을 포함한다)에 관하여 징수의 권한을 가진 자에게 의견의 진술을 요구할 수 있고, 이들 관청은 법원의 요구가 없어도 의견을 진술할 수 있다(법40조2항, 3항).

(나) 심리의 대상

심리의 대상이 되는 것은 신청의 적부, 절차개시원인사유의 존부, 개시장애사유의 존부이다. 개시장애사유에는 잡다한 것들이 포함되어 있고, 대부분 신청의 적법요건이라고 해석하여야 할 것이 있으나(비용의 예납, 신청의 성실성 등), 「그 밖에 회생절차에 의함이 채권자 일반의 이익에 적합하지 아니한 경우」와 같이 그 부존재가 절차개시원인의 일부가 된다고 보아야 할 것도 있다. 이와 관련하여 신청의 부적법 각하와 이유 없는 것을 이유로 하는 기각과의 구별도 법문 상 명백하지 않아서 비용을 미리 납부하지 아니한 경우 기각하는 것으로 규정하고 있다(법42조, 309조).

1) 신청의 적부의 심리

신청의 적부에 관한 형식적 요건 중 신청서의 기재사항 및 인지의 흠결은 소장에 준

---

32) 사건에 따라 주거래은행의 담당 임원 등과 같은 참고인을 심문하여야 할 필요가 있을 수 있는데, 심문사항의 작성, 소환, 심문방법 등은 대표자심문의 경우와 같다. 또한 실무상 유통업, 건설업 등 공장이 없거나 중요하지 않은 경우 외에는 예외 없이 재판부 또는 수명법관이 공장검증을 실시하고 있다. 공장검증시 공장의 가동현황, 설비자재의 유무 및 관리상황, 작업환경, 생산공정, 근로자의 작업태도, 재고자산, 복지후생시설, 폐수처리 시설 등을 확인하고, 필요한 경우에는 현장에서 근로자 대표 등의 의견을 청취할 수도 있다.

하여 보정을 명하고, 응하지 않으면 신청서를 각하한다. 신청에 있어 소명(疏明)하여야 할 사항의 소명이 없으면 신청은 부적법한 것이므로 각하된다. 개시결정은 적법한 신청에 기한 것이어야 하므로, 신청자격에 관하여 소명이 있다고 인정되어 개시원인의 심리에 들어갔다고 하여도 그 후에 신청자격을 상실하였다는 반대소명이 있으면 신청은 각하를 면할 수 없다(예컨대 변제에 의하여 채권자가 아니게 된 경우). 신청자격은 신청의 적법요건에 관한 것일 뿐이므로 자격에 다툼이 있는 경우에도 소명으로 족하다고 본다. 이에 반하여 다른 적법요건 즉 당사자능력, 소송능력, 법정·소송대리권, 관할권, 도산능력 등에 관하여는 소명으로는 부족하고 증명을 요한다.[33) 신청의 적법요건이 흠결된 경우에는 신청이 각하 또는 기각되나, 토지관할위반의 경우에는 관할법원에 이송할 수 있다(민소34조1항).

2) 개시원인의 심리

절차개시원인에 관하여는 신청의 적법요건으로서 그 소명이 요구되나, 절차를 개시하기 위해서는 원인인 사실의 존재에 관하여 증명(확신)을 요구하는 것이 통설이다. 절차의 신속의 요청에서 소명으로 족하다는 소수설도 있으나 도산절차 개시의 효과의 중대성에 비추어 부당하다. 즉 도산신청이 있으면 법원은 먼저 신청이 적법하게 이루어진 것인가를 심리하고, 다음으로 신청이 적법하면 도산원인이 있는가의 여부를 심리하는 구조를 상정하는 것이다.

따라서 도산법원은 직권으로라도 조사하여 확신을 얻은 때에 비로소 회생절차개시결정·파산선고 등을 할 수 있다. 채권자신청의 경우에는 파산선고가 채무자에 미치는 영향으로 볼 때 당연한 것이고(물론 비교적 간단한 사건에서는 신청시에 제출한 소명방법에 의하여 개시원인에 대하여도 증명이 있다고 인정할 수 있다), 자기파산신청의 경우와 같이 개시신청의 적부에 관하여 소명이 요구되지 않는 경우에도 파산원인의 존재에 관하여 법원은 직권조사에 의하여 이에 관하여 증명에 의한 확신을 얻어야 한다. 파산선고는 채무자뿐만 아니라 다수의 채권자에게 큰 영향을 미치므로 신중한 심리가 필요하기 때문이다. 신청채권의

---

33) 채권자신청 파산의 경우에 신청채권자의 채권의 존재에 관하여는 소명으로 족하다고 보는 견해가 다수설이고 일본의 과거 판례(日大判大正3.3.31民錄20집256면, 日大決昭和12.27新聞3219호7면) 및 실무의 취급례이나, 이에 반하여 신청의 적식성(適式性)을 신청의 적법요건(소송능력, 도산능력, 관할, 신청자격 등)의 하나로 하고, 이 모든 것에 관하여 증명을 필요로 한다고 하는 견해가 있다. 이에 의하면 신청의 적식성의 요건으로서의 신청채권자의 「채권의 존재의 소명」과 신청의 적법요건으로서의 신청채권자의 「채권의 존재」와는 준별하여 후자에 관하여는 증명이 필요하다고 한다. 파산에서 그 개시에 의하여 채무자가 받을 불이익을 고려하면 신청자격의 인정은 신중하여야 한다는 주장은 경청할 가치가 있다. 그러나 원칙적으로 파산원인이 있을 때에는 파산선고를 받는 것이 당연하고, 파산원인이 있을 때에는 다수의 채권자가 있는 것이 보통이므로 당해 채권자의 채권에 너무 구애될 필요는 없다고 생각된다. 다만 신청채권자의 채권이 도산채권의 대부분을 차지하여 그 존부가 파산원인의 존부를 좌우하는 경우에는 증명이 필요하지만, 이는 차라리 신청자격의 문제는 아니고, 원래 증명을 요하는 파산원인의 인정 문제이다. 그러나 소명과 증명의 심증의 차이는 작으므로 이 논의의 실익에 관하여는 의문이 있다.

불이행이 지급불능의 판단을 위한 전제가 되는 경우에는 신청채권의 존재 및 이행기의 도
래가 증명되어야 하는 것은 당연하나, 이와 같은 경우에 관하여는 신청채권에 관한 본안
소송(지급청구 또는 부존재확인소송)의 제기를 구하여 그 판결이 있을 때까지 절차개시의 신
청의 심리를 정지하는 것이 채무자의 보호를 위하여 적당한 경우도 있다.

　　개시원인의 심리의 중점은 각 절차에 따라 다르다. 파산에 있어서는 지급불능 또는
채무초과라고 하는 현재의 객관적 상태에 중점이 있고, 그로써 족하며, 회생에서는 그 기
간이 신청일로부터 1월 이내로 단축된 결과 위에서 본 개시요건이 실질적으로 완화되고,
그에 관한 심사도 실질적 심사에서 형식적 심사로 전환되어 비교적 인정이 용이하다.

　　또한 절차개시원인의 심리의 과정에 있어서 개시된 후에 도산법원의 편의를 위하여
또는 관리인·관재인의 사무처리를 위하여 개시 후의 재산의 내용 및 부인권행사에 관한
자료가 의도적으로 수집되는 수가 있는데, 절차의 능률을 위하여 시인되어야 할 것이다.
이 결정에 대하여는 즉시항고할 수 있다. 이 즉시항고는 집행정지의 효력(민소447조)이 없
다(법53조, 316조).

(5) 개시신청의 취하

(가) 취하의 일반원칙

　　도산절차 개시의 신청은 그것이 의무로 되어 있는 경우 이외에는 절차개시의 결정(파
산하면 파산선고)이 있을 때까지는 언제든지 취하할 수 있는 것이 원칙이다.[34] 채권자가 신
청한 경우에도 채무자(도산자)의 동의를 필요로 하지 않는다. 다만 회생에 있어서는 후술하
는 바와 같이 취하가 법원의 허가를 받아야 하는 경우가 있다.

　　취하가 개시결정시까지만 가능한 것은 일단 개시결정이 있으면 그 확정을 기다리지
않고(법49조, 311조), 신청인에 대하여뿐만 아니라 모든 관계인에 대한 관계에서 즉시 절차
개시의 효과가 생기기 때문이고, 이를 신청인 한 사람의 의향으로 복멸하는 것은 부적절
하기 때문이다. 일반원칙과 같이 개시결정의 확정시까지 취하를 인정하여야 한다는 소수
설도 있으나, 위와 같이 해석하는 것이 통설이다.

　　따라서 개시신청이 각하 또는 기각되어 사건이 항고심에 계속 중인 때에는 취하가 가
능한 반면, 개시결정에 대한 즉시항고에 의하여 항고심에 계속되고 그로 인하여 개시결정
이 미확정이라고 하더라도 취하는 불가능하다. 취하에 의하여 도산절차는 개시되지 않고
당연히 종료하고, 이미 행하여진 보전처분이나 구인명령 등은 법률상 당연히 실효된다고
해석한다. 그러나 등기사항에 관하여는 법원은 직권으로 등기의 말소를 촉탁하여야 한다

---

34) 신청에 대한 결정이 내려지기 이전에는 언제든지 취하할 수 있지만, 일단 결정이 내려지면 모든 이
　　해관계인이 동의하더라도 신청의 취하에 의하여 결정을 실효시킬 수 없다.

(법24조2항). 취하가 있으면 사용하지 않은 예납금은 반환된다. 일단 취하하였더라도 동일한 개시신청을 하는 것은 허용되지만, 불성실한 신청으로 개시장애사유가 될 수 있을 것이다.

(나) 회생에 있어서의 취하의 제한

회생에 있어서는 보전처분이 있은 후에는 개시결정 전이라도 법원의 허가 없이 개시신청 및 보전처분신청을 취하할 수 없다(법48조). 일단 보전처분을 받아 채무의 일시유예를 받거나 부도유예의 혜택을 받아 위기를 넘긴 다음 임의로 절차를 종료시키는 등 보전처분제도를 악용하는 것을 막고, 절차가 보전처분의 단계까지 나아간 경우의 이해관계인의 절차진행에 대한 기대를 보호하기 위한 것이다.

법원이 취하를 허가하는 경우로서는 취하에 합리적인 이유가 있고, 보전처분의 남용이 인정되지 않는 경우, 이해관계인의 대부분이 동의하고 있는 경우 등을 생각할 수 있다. 허가되지 않은 경우에는 개시신청에 관하여 심판하게 되나, 이를 기각하는 경우에 파산의 원인이 있으면 적극적으로 직권에 의하여 파산선고를 할 수 있다(견련파산(牽連破産) 법6조2항).

과거 회사정리 실무에서는 채무자 회사가 일단 보전처분을 받게 되면 개시결정까지 기다리지 않고 주거래은행의 관여 하에 제3자에게 주거래은행이 담보로 취득하거나 처분위임을 받은 구 사주측 주식을 인수시킨 다음 보전처분 및 회생절차개시의 신청을 취하하는 사례가 있었다.[35] 편법이라고도 할 수 있으나 제3자 인수 후 그 회사가 회사정리절차개시의 원인이 없어졌기 때문에 신청을 취하하는 것으로 볼 수 있는 만큼 크게 부당하지는 않을 것이다.

(6) 신청에 대한 재판과 불복신청

(가) 신청에 대한 재판

심리결과 법원은 신청이 부적법하다고 인정되는 경우에는 신청 각하의 결정을, 신청은 적법하나, 도산절차 개시원인이 존재하지 않는다고 인정되는 경우에는 신청의 이유가 없다고 하는 기각의 결정을 하고, 또 도산절차 개시원인이 있고 개시장애사유가 없다고 인정되는 경우에는 도산절차 개시결정을 한다. 이 결정은 파산의 경우에는 특히 파산선고라고 부른다.

개시결정의 이유에 관하여는 신청인의 주장에 구애받지 않는 것이 원칙이다. 예컨대 지급불능을 이유로 하여 파산을 신청한 것에 대하여 채무초과를 인정하여 파산선고를 할

---

35) 이를 속칭하여 '회사를 인수시켰다'고 말한다. 제3자가 정리회사를 인수하여 경영권을 확보하는 절차는 대체로 다음과 같다. 우선 인수기업이 주거래은행 등으로부터 구 사주측 주식을 양수하고(그 주식의 실질가치와는 관계없이 통상 주당 1원으로 평가함) 회생법원에 관리인을 추천한 다음 그 관리인이 작성한 회생계획안에 따라 신주를 발행하게 하여 이를 인수함으로써 정리회사의 대주주가 되는 것이다.

수 있다. 그러나 회생에서는 신청인에 따라 개시원인을 달리하고 있으므로(법34조1항, 2항), 채권자나 주주·지분권자가 회생신청을 한 경우에 파산원인인 사실이 생길 염려는 없으나 사업의 계속에 현저한 지장을 초래함이 없이는 변제기에 있는 채무를 변제할 수 없다고 인정된다는 이유로 개시결정을 할 수는 없다고 해석한다.

도산절차의 신속한 진행을 위하여 회생에 있어서는 신청일부터 1월 이내에 절차개시 여부의 결정을 하도록 규정하고 있다(법49조).

(나) 불복신청

개시신청에 대한 결정에 대하여는 원칙적으로 즉시항고할 수 있다(법53조, 316조). 즉시항고기간은 절차개시의 경우는 그 공고로부터 2주간(법13조2항),[36] 공고되지 않는 기각 결정 또는 각하결정에 대하여는 민사소송법의 원칙에 따라 고지(송달)로부터 1주간이다(법33조, 민소 414조1항).[37] 채무자회생법 제33조에 의하여 도산절차에 준용되는 민사소송법 제173조 제1항 본문은 "당사자가 책임질 수 없는 사유로 말미암아 불변기간을 지킬 수 없었던 경우에는 그 사유가 없어진 날부터 2주 이내에 게을리 한 소송행위를 보완할 수 있다"고 규정하고 있는데 여기서 말하는 '당사자가 책임질 수 없는 사유'란 당사자가 그 소송행위를 하기 위하여 일반적으로 하여야 할 주의를 다하였음에도 그 기간을 지킬 수 없었던 사유를 가리키고, 따라서 재항고인이 몸이 좋지 아니하여 집에서 안정을 취하다 보니 법무사 사무실에서 온 연락을 받지 못하다가 뒤늦게 원심결정이 있은 사실을 알고 추완재항고를 하기에 이르렀다는 사정은 위 사유에 해당하지 아니한다.[38]

(다) 불복신청권자

1) 회생

회생에 있어서는 견해가 나뉘나, 대체로 개시신청이 부적법함을 이유로 하는 각하결정(법42조에 열거된 장애사유 1, 2호는 신청부적법사유라고 해석하므로 그러한 사유들을 이유로 한 기각 또는 각하를 포함한다)에 대하여는 채권자 신청의 경우에는 채무자에게는 불이익이 없으므로 불복신청권이 부정되고, 다른 채권자의 신청권에도 법률상의 영향을 미치지 않으므로 다른 채권자의 불복신청권도 부정된다. 따라서 신청인(수인이 공동으로 신청한 경우에도 단독으로 할 수 있다)만이 즉시항고할 수 있으나, 각하가 모든 관계인에도 관계되는 장애사유(예컨대 법42조3호)에 기한 경우에는 신청인 아닌 채무자나 신청을 하지 않은 채권자(절

---

36) 개시결정에 대한 항고기간을 2주간으로 신장한 것은 이해관계인에게 항고를 넓게 인정하려는 것에 대응하여 절차 개시 사실을 철저히 주지시키기 위한 것이다. 그런데 결정의 송달을 받는 자(채무자)에 관하여는 그와 같은 필요는 없으므로 일반원칙에 의한 고지(송달)로부터 1주간으로 하는 견해가 있으나, 그와 같이 제한적으로 해석할 필요는 없다.

37) 대법원 1992.1.30.자 91마772 결정(공1992, 1266).

38) 대법원 2013.9.27.자 2013마1213 결정(미간행).

2. 개시의 신청 137

차개시 후에는 회생담보권자가 되는 자 포함) 및 주주·지분권자도 각자 즉시항고할 수 있다고 해석한다.

둘째, 관할위반을 이유로 하는 이송결정에 대하여는 신청인 이외에 채권자 신청의 경우에는 채무자에게 불복신청권이 인정된다. 채무자는 특정법원이 회생법원이 되는 것에 관하여 절차상 이익을 가지기 때문이다.

셋째, 채권자의 신청이 이유 없다고 기각하는 결정에 대하여는 신청인 및 다른 신청자격자는 각각 즉시항고할 수 있다. 신청인만이 할 수 있다는 견해도 있으나, 기각결정에 대한 항고는 실질적으로는 개시결정을 구하는 것이므로 개시신청을 할 수 있는 채권액 및 주식·지분을 가진 채권자·주주·지분권자도 즉시항고할 수 있다고 하는 쪽이 모든 이해관계인에게 불복신청을 인정한 법률의 취지에 부합한다. 신청인에 한하는 것이 부당함은 파산의 경우도 마찬가지이다.

넷째, 회생절차개시결정에 대한 항고권자에 대하여도 견해가 나뉘는데, 채무자, 채권자, 주주·지분권자에 각각 불복신청권을 인정하는 설, 신청자격을 가지는 자에 한하는 설, 채무자에 한한다고 하는 설 등이 있다. 그러나 채무자·채권자·주주·지분권자는 신청자격인 채권액이나 주식·지분의 수를 불문하고 즉시항고할 수 있다고 해석한다. 채무자는 회생절차개시결정에 의하여 재산관리처분권이 박탈되는 것이므로 법률상 이해관계를 가지기 때문이다.

회생절차가 개시되면 채무자의 업무의 수행과 재산의 관리 및 처분을 하는 권한이 관리인에게 전속하게 되는 등(법56조1항) 채무자의 법률상 지위에 중대한 변화가 발생하므로, 채권자 등의 신청에 의해 회생절차개시결정이 내려진 때에는 채무자가 이해관계인으로서 그에 대하여 즉시항고를 할 수 있다고 보아야 한다. 이때 채무자가 법인인 경우에는 채무자의 기존 대표자가 채무자를 대표하여 즉시항고를 제기할 수 있다. 만일 기존 대표자가 채무자를 대표하여 즉시항고를 제기할 수 없다면, 채무자로서는 회생절차개시결정에 대하여 사실상 다툴 수 없게 되기 때문이다.[39]

2) 파산

파산신청을 부적법한 것으로서 각하한 결정에 대하여는 원칙적으로 당해 신청인만이 즉시항고할 수 있으나, 당해 신청인만에 한하지 않는 파산장애사유에 기하여 부적법 각하한 경우(다른 절차의 신청 또는 개시)에는 다른 신청자격자도 불복신청할 수 있다고 해석한다. 관할위반을 이유로 하는 이송결정에 대하여는 신청인 및 신청인 이외의 채무자, 신청

---

[39] 대법원 2021.8.13.자 2021마5663 결정(공2021하, 1678). 원심은 즉시항고가 부적법하다고 하여 각하하였으나 대법원은 원심결정을 파기한 사건이다. 이 결정에 대한 평석으로 이종욱, "회생절차가 개시되고 관리인이 선임된 후에도 채무자가 회생절차개시결정에 대하여 즉시항고 할 수 있는지 여부", 법조 제754호, 법조협회(2022.8.), 607면 참조.

을 이유 없다고 기각한 결정에 대하여는 신청인(채무자 또는 채권자) 및 신청인 이외의 채권자, 파산선고에 대하여는 채무자 및 신청인 이외의 채권자가 즉시항고할 수 있다(신청인은 상소를 제기할 이익이 없으므로 상소가 허용되지 않을 것이다). 파산한 회사의 주주·지분권자에 관하여는 견해가 나뉘나 파산은 회사의 해산을 가져오므로 이해관계인이라고 해석한다.

상속재산 파산에 있어서는 파산절차가 개시됨으로써 관리처분권 또는 권리행사가 제한되는 자, 즉 신청인 이외의 상속채권자, 유증을 받은 자, 상속인, 상속재산관리인 및 유언집행자에게 불복신청권이 인정되고, 유한책임신탁재산 파산에 있어서도 마찬가지로 신청인 이외의 신탁채권자, 수익자, 수탁자, 신탁재산관리인, 또는 청산수탁자에게 불복신청권이 인정된다.

(라) 불복신청의 효과: 항고심의 심리 및 재판

일반의 즉시항고와 달리 도산절차개시결정에 대한 즉시항고에는 집행정지의 효력이 없다(법53조3항, 316조3항). 이와 관련하여 절차개시신청자격이 존재하여야 할 시기가 문제가 된다. 즉 제1심 결정 당시에는 신청자격이 없어 신청이 각하되었으나 항고심 결정까지에 신청자격을 취득한 것이 소명되면 원결정을 취소하고 도산절차개시결정을 하여야 한다. 이에 반하여 개시결정에 대한 항고심 결정시까지 사이에 신청자격이 소멸된 때에는 영향이 없다고 해석하는 것이 통설이다. 아마도 개시결정은 직접 효력이 생기므로 이해관계인의 지위의 안정과 기대를 보호하기 위한 것이고, 개시신청의 취하를 개시결정까지로 제한하는 것과 동일한 취지일 것이다.

판례도 항고법원은 제1심결정의 당부만을 심사하는 것이 아니라 제1심결정 이후의 사정까지 참작하여 신청의 적법 여부를 심사하는 것이므로, 항고법원이 동 법원에 사건이 계속되던 중 회사정리법이 개정된 경우 개정된 법률을 적용하여 정리절차개시신청의 적법 여부를 판단하여야 한다고 하였고,[40] 채권자의 신청에 의하여 채무자에 대하여 파산이 선고되면 그 선고한 때로부터 모든 채권자를 위하여 그 효력이 생기므로, 다른 채권자의 채권신고가 모두 취하되거나 그 채권이 모두 소멸하는 등의 특별한 사정이 없는 한, 파산선고 결정에 대한 즉시항고가 제기된 이후 항고심에서 신청채권자가 신청을 취하하거나 신청채권자의 채권이 변제, 면제, 그 밖의 사유로 소멸하였다는 사정만으로는 항고법원이 제1심의 파산선고 결정을 취소할 수 없다고 하였다.[41] 한편 개시결정 이후에 채무자가 제출

---

40) 대법원 1999.1.11.자 98마1583 결정(공1999, 430).

41) 대법원 2012.3.20.자 2010마224 결정(미간행)은 채권자 X는 2006.7.28. 채무자 Y에 대하여 파산을 신청하였고, 2008.3.20. 파산선고가 내려졌는데 이에 Y가 같은 해 4. 10. 즉시항고를 하는 한편, X에 대한 채무를 변제하자, X는 같은 해 5. 21. 파산신청을 취하한 사안이다. 항고법원은 "제1심의 파산선고 후에 X가 신청을 취하하고 그 채권을 변제받았다고 하더라도 파산선고를 취소할 사유는 되지 못한다"는 이유로, 2010.1.18. 즉시항고를 기각하였고, 이에 X가 재항고하였으나 대법원은 재항고를 기각하였다.

한 새로운 회생계획안에 대한 인가결정을 받은 경우라면 항고심으로서는 그와 같은 사정을 참작하여 법 42조 2호·3호에 정한 사유의 존부를 판단하여야 하고, 이를 위해서는 새로 제출된 회생계획의 수행가능성 및 회생담보권자 등에 대한 청산가치 보장 여부 등도 참작함이 상당하다고 한 사례도 있다.[42]

(마) 재항고심의 심리 및 재판

도산절차 개시신청에 대한 재판에 대하여는 즉시항고를 할 수 있는데, 그 항고심 재판에 대하여 불복하는 경우에는 민사소송법 제442조의 규정을 준용하여 재항고할 수 있다 (법33조). 한편 재항고도 항고와 마찬가지로 통상항고와 즉시항고로 나누어지나, 그 구분은 원래의 항고 자체가 통상항고인가 즉시항고인가에 의하는 것이 아니라 재항고의 대상이 되는 재판의 내용에 따르게 되므로, 즉시항고를 항고심이 각하 또는 기각하였으면 그에 대한 재항고는 즉시항고로서의 성격을 가진다.[43] 항고심이 회생계획 인가결정에 대한 즉시항고를 받아들여 인가결정을 취소하는 결정을 한 경우에 그에 대한 재항고 역시 즉시항고에 해당한다.[44]

(7) 도산절차의 취소

도산절차개시결정에 대한 즉시항고가 인용되어 개시결정이 취소된 경우에는 절차의 개시는 소급하여 효력을 잃는다. 이를 도산절차의 취소라고 하고, 이미 이루어진 절차도 모두 실효되는 것이 원칙이다. 상세는 각 도산절차의 종료에서 설명한다.

사건에 대하여 환송을 받은 법원은 상고법원이 파기이유로 한 사실상과 법률상 판단에 기속되는 것이지만 사실상의 판단에 기속받는다 함은 상고법원이 그 직권조사사항에 대하여 한 사실상의 판단만에 기속받는다는 취지이므로 환송을 받은 원심법원이 변론을 거쳐 새로운 증거나 보강된 증거에 의하여 본안의 쟁점에 관하여 새로운 사실인정을 할 수 없다는 것은 아니고, 상고법원으로부터 사건을 환송받아 심리하는 과정에서 당사자의 주장입증이 새로이 제출되거나 또는 보강되어 상고법원의 기속적 판단의 기초가 된 사실관계에 변동이 생긴 때에는 상고법원이 파기이유로 한 법률적 판단의 기속력은 미치지 않는다.[45]

---

42) 대법원 2009.12.24.자 2009마1137 결정(공2010상, 120). 同旨 대법원 2008.6.17.자 2005그147 결정(공2008하, 1023)[백선51].

43) 대법원 2011.6.29 자 2011마474 결정(미간행). 同旨 대법원 2007.7.2.자 2006마409 결정(미간행)은 기피신청의 각하 또는 기각 결정에 대한 즉시항고를 항고심이 각하 또는 기각한 경우, 그에 대한 재항고의 법적 성격은 즉시항고라고 한 사안이다.

44) 대법원 2016.7.1.자 2015재마94 결정(공2016하1041).

45) 대법원 1992.9.14. 선고 92다4192 판결(공1992, 2868).

3. 도산절차 개시전의 절차 — 보전처분·다른 절차의 중지 등

가. 개시전 처분의 필요성과 내용

도산절차가 개시되면 채무자는 재산의 관리처분과 사업경영에 관한 권한을 박탈당하거나 제한을 받고, 또 채권자와 담보권자도 각자의 권리를 행사할 수 없게 된다. 그런데 도산절차개시신청이 있은 때부터 절차개시의 재판이 될 때까지에는 상당한 시일이 소요되는 것이 보통이다. 따라서 그 사이에 채무자가 재산을 소비·처분·은닉하고 방만한 경영을 계속하거나 채권자가 각자 권리를 행사하고 담보권자가 담보권을 실행하게 되면 이미 절차개시가 된 때에는 분배할 재산이 없고, 재건의 기초가 되어야 할 재산도 사라져버린 사태도 일어난다. 그렇지 않다고 하더라도 어느 정도의 혼란을 피할 수 없는 도산에서는 도산절차 개시 신청이 된 이상 조금이라도 빨리 현상을 고정하여 장래의 절차개시에 대비하는 것이 바람직하다. 물론 절차상으로는 개시 후에 부인권의 행사에 의하여 원상회복을 하는 것도 어느 정도 기대할 수는 있으나, 이에는 한계가 있다. 따라서 도산처리법은 각종의 보전조치를 규정하고 있는데, 그 내용은 각 절차의 성격을 반영하여 서로 다르다. 이 조치는 내용적으로는 다음의 4 종류이다.

첫째는 채무자의 재산을 감소시키거나 또는 산일(散逸)시킬 우려가 있는 모든 재판상 또는 행정상의 절차를 임시로 정지시키는 조치이다. 대부분의 다른 도산절차나 강제집행 또는 담보권실행절차 등은 도산절차가 개시된 때에는 속행이 허용되지 않는데 그러한 절차들을 개시신청의 단계에서 중지시키는 것을 목적으로 한다. 따라서 이 종류의 조치는 주로 다른 절차를 발동하고 있는 채권자나 담보권자를 향한 것이다.

둘째는 채무자 내지 그 직원이 장래 절차개시 시에 관리처분권과 경영권을 잃을 것을 예상하여 미리 재산상의 관리처분을 하는 것을 금하고, 업무를 제한하며, 경영권을 박탈하는 등의 방법으로 채무자의 행위를 제한함으로써 재산의 산일을 방지하려고 하는 것으로서, 주로 채무자를 향하여 행하여지는 조치이다. 보전처분이라고 불리고 재산의 가압류,

가처분, 보전관리인의 선임 등 내용적으로도 여러 가지가 있다.

셋째는 개인이 아닌 채무자의 도산을 계기로 밝혀지는 이사 등의 책임의 추급을 확보하기 위하여 임시로 이사 등의 재산에 관하여 보전조치를 강구하는 것이다. 이사 등을 향하여 가압류, 가처분의 방법에 의하여 행하여진다.

넷째는 파산에 있어서 인정되는 채무자의 구인과 같은 인적 처분으로서 파산신청 후 파산선고 전에도 허용된다.

이상 4 종의 조치는 중복되어 함께 행하여진다. 이러한 조치는 매우 강력한 것이고, 이에 의하여 도산처리절차의 성공여부가 결정됨과 아울러 특히 보전처분에 있어서는 그 종류가 다양하므로 사안에 적합한 처분의 선택이 중요하다. 회생에 있어서의 채무변제금지의 가처분의 남용이 특히 문제가 되는데, 직권에 의하는 경우가 아닌 신청에 의한 경우는 법원으로서도 신청된 처분의 내용을 음미할 필요가 있다.

대법원은 이와 같은 보전처분의 정당성에 관하여 구 회사정리법상의 보전처분에 따른 법률적 효과로서 일체의 채무변제가 금지되고 그 결과 제시기일에 수표금이 지급되지 아니하게 된 것은 회사의 갱생을 목적으로 하는 회사정리제도의 실효를 거두기 위하여 불가피하다 할 것이므로 이를 가리켜 헌법상의 평등의 원칙에 위배되거나 법질서를 해하는 것이라고도 할 수 없다고 판시하였다.[1]

나. 다른 절차의 중지

(1) 다른 절차를 중지할 수 있는 도산절차와 중지의 대상

다른 절차를 중지할 수 있는 규정이 있는 것은 회생(법44조)뿐이고, 파산에 관하여는 규정이 없다. 그러나 파산에 있어서도 특히 강제집행은 절차개시 전에 중지할 필요가 있고, 후술하는 바와 같이 이를 보전처분(법323조)의 하나로서 할 수 있는가의 여부가 문제된다(파산선고가 되면 속행될 수 없다. 법348조).

이하에서는 회생절차 하에서 중지를 명할 수 있는 절차를 열거하고, 파산절차에 있어서의 취급을 함께 설명한다.

(가) 파산절차

도산절차 상호간의 우선순위에 따라 이미 파산신청 또는 파산선고가 행하여진 채무자에 관하여 회생절차를 개시할 수 있으나, 회생절차가 개시되면 선행 파산절차는 중지된다(법58조1항). 그런데 회생절차의 신청이 된 단계에서 선행의 파산절차를 중지하지 않으

---

1) 대법원 1990.8.14. 선고 90도1317 판결(공1990, 1990).

면 모처럼 절차개시가 되어 파산이 중지되어도 재산이 환가·배당 등에 의하여 산일되게 된다. 따라서 신청이 있을 때에는 선행의 파산절차를 중지할 수 있는 것으로 하고 있다(법 44조1항).

(나) 강제집행절차

회생이건, 파산이건 도산절차가 개시되면 새로이 강제집행을 하는 것은 허용되지 않고, 기존의 강제집행절차는 중지 또는 실효된다(법58조, 348조1항). 그러나 도산절차개시신청의 단계에서 강제집행절차의 중지를 인정하는 것은 회생뿐이다. 즉 회생절차 개시신청이 된 때에는 회생채권에 기하여 채무자 재산에 대하여 이미 행하여 지고 있는 강제집행은 중지할 수 있는 것으로 하고 있다(법44조1항2호). 일본의 판례는 이미 행하여지고 있는 강제집행 뿐만 아니라 아직 채권자가 집행권원을 취득하지 못하여 착수하지는 않았지만, 사전에 예상되는 강제집행에 대하여도 중지명령을 할 수 있다고 하고 있다.[2] 실제로 강제집행에 의하여 장래의 재건을 위한 중요한 재산이 염가에 경매되어 산일될 염려가 있을 뿐만 아니라 회생신청 후의 회생채권의 변제는 집행에 의한 것이라도 위기부인의 대상이 될 수 있는 것이므로(법104조, 100조) 미리 집행절차 자체를 중지하여 놓는 것이 바람직하다. 물론 파산신청이 되어 있다는 사정만으로는 강제집행에 장애사유가 되지 않는다.[3] 반면에 환취권에 기한 강제집행은 회생절차의 개시에 의하여 영향을 받지 아니하므로 중지할 수 없다. 이는 공익채권도 마찬가지일 것이나, 채무자회생법은 공익채권에 기한 강제집행 또는 가압류가 회생에 현저하게 지장을 초래하고 채무자에게 환가하기 쉬운 다른 재산이 있는 때 또는 채무자의 재산이 공익채권의 총액을 변제하기에 부족한 것이 명백하게 된 때에는 법원은 관리인의 신청에 의하거나 직권으로 담보를 제공하게 하거나 담보를 제공하게 하지 아니하고 공익채권에 기하여 채무자의 재산에 대하여 한 강제집행 또는 가압류의 중지나 취소를 명할 수 있도록 하였다(법180조3항). 물론 법원은 위 중지명령을 변경하거나 취소할 수 있다(법180조4항).

또한 법원은 채무자의 회생을 위하여 특히 필요하다고 인정하는 때에는 채무자(보전관리인이 선임되어 있는 때에는 보전관리인)의 신청에 의하거나 직권으로 중지된 회생채권 또는 회생담보권에 기한 강제집행의 취소를 명할 수 있다. 이 경우 법원은 담보를 제공하게 할 수 있다(법44조4항). 이는 채무자회생법에 신설된 규정으로서 「채무자의 회생을 위하여 특히 필요하다고 인정하는 때」라 함은 예컨대 채무자의 매출채권, 예금반환채권에 관하여 강제집행이 행하여져 채무자가 운영자금을 사용할 수 없는 경우, 채무자 소유의 원자재나

---

2) 日大阪高決昭和55.11.20判タ430호153면, 倒産判例 ガイド 제2판 101면. 화의절차와 관련하여 약속어음금 지급을 명하는 판결을 선고하면서 중지명령을 내린 사안이다. 同旨 日東京地決昭和61.2.14金商 756호12면.

3) 대법원 1998.8.13.자 99마2198,2199 결정(공1999, 2155).

상품재고에 관하여 강제집행이 행하여져 생산시설을 가동하거나 상품을 판매할 수 없는 경우 등 강제집행의 대상인 재산을 채무자의 회생을 위하여 적극적으로 활용할 필요성이 있는 경우를 말한다. 채무자의 재산에 대한 강제집행이 된 경우 회생을 위하여 필요하다면 채권자가 채무자로부터 우선변제를 받을 목적으로 한 강제집행을 회생절차 개시 전이라도 실효시킬 수 있도록 한 것이다.[4] 이 강제집행 등 취소결정에 대하여는 즉시항고를 할 수 없으므로 특별항고만이 허용된다.[5]

이와 같은 재산산일방지의 필요성은 파산에도 존재하지만 파산에 관하여는 개시신청 후의 강제집행 중지의 규정이 없다. 여기서 종래의 다수설은 후술하는 개시 전의 보전처분의 하나로서 강제집행의 일시정지를 명할 수 있다고 해석한다. 반대설은 명시적 규정이 없는 점, 이 보전처분은 채무자를 상대방으로 하는 것인 점 등을 근거로 들지만, 긍정설이 다수설이다.

(다) 가압류·가처분

역시 회생절차에 있어서 회생채권·회생담보권에 의한 것에 한하고, 절차개시전에 중지시킬 수 있다(법44조1항). 그러나 원래 가압류·가처분은 원상태를 고정하여 재산의 산일을 방지하려는 것이므로 재산산일방지라고 하는 관점에서 도산처리법상의 가압류·가처분의 중지를 설명하는 것은 곤란하다. 따라서 그 취지는 후술하는 소송절차의 중지와 마찬가지로 가압류·가처분 소송을 중지하여 곤경에 처한 경영을 더욱 곤란하게 하는 가압류·가처분의 집행을 방지하자는 것이라고 해석하여야 한다.

또한 법원은 채무자의 회생을 위하여 특히 필요하다고 인정하는 때에는 채무자(보전관리인이 선임되어 있는 때에는 보전관리인)의 신청에 의하거나 직권으로 중지된 회생채권에 기한 가압류·가처분을 취소할 수 있는 것은 강제집행의 경우와 같다(법44조4항).

한편 이 중지명령의 대상이 되는 가압류·가처분은 채무자의 재산에 관한 것이어야 하므로 채무자가 개인이 아닌 경우 이사직무집행정지·대행자선임의 가처분과 같은 조직법상의 가처분은 중지할 수 없다.

파산에 있어서도 파산선고가 되면 가압류·가처분을 새로이 할 수는 없고, 이미 행하

---

4) 1998년 2월의 회사정리법 개정 전에는 정리절차가 개시되면 관리인의 신청에 의하여 또는 직권으로 가압류·가처분을 취소할 수 있는 반면(회67조6항), 정리절차개시 신청 후 개시결정까지의 기간 동안 가압류 등으로 인하여 영업계속에 심각한 타격을 입고 회사의 재건에 장애가 초래되더라도 이를 직권으로 취소할 수 있는 방법이 전혀 없었다. 그리하여 보전관리인은 부득이 당해 가압류·가처분채권자와의 협상을 통하여 가압류 등을 해소시킬 수밖에 없었고, 그로 말미암아 가압류 등을 자제하여 회사의 재건에 협조하고 있는 다수의 회생채권자들에게 피해를 입히는 등 형평에 맞지 않는다는 지적이 있었다. 다만 1998년 2월 위 조항 신설 시에는 취소의 대상을 「절차개시 신청 후」에 행하여진 「가압류·가처분」으로 한정하였으나, 채무자회생법은 그에 한하지 않고, 대상도 강제집행, 담보권실행을 위한 경매까지 넓혔다.
5) 대법원 2013.2.22.자 2012그152 결정(미발간).

여진 것은 중지 또는 실효되나(법348조), 파산선고 전의 중지에 관하여는 규정이 없다. 그러나 강제집행의 중지의 경우와 달리 재산의 산일방지라기보다는 오히려 재산에 대한 처분의 제약을 방지하고 보전관리인의 제도와 함께 하여 경영의 계속을 확보하려고 하는 이 제도는 보전관리인의 제도가 없는 파산에 있어서는 인정할 필요가 없다(파산에서도 일반의 보전처분의 일종으로서 보전관리인을 선임할 수 있다고 해석하면 별론이다).

(라) 담보권실행을 위한 경매절차

담보권자는 파산절차에서는 원칙적으로 도산절차의 영향을 받지 않고 담보권을 실행할 수 있다(별제권). 그러나 회생에서는 담보권자도 담보권을 실행할 수 없는 회생담보권자로서 회생절차에 참여하여야 하므로 회생절차개시가 된 때에는 종전의 담보권실행을 위한 경매절차도 당연 중지된다(법58조1항). 이에 대응하여 개시신청이 있으면 회생담보권에 의한 채무자 재산에 대한 담보권실행 등을 위한 경매절차도 중지할 수 있도록 하였다(법44조1항). 예컨대 경락허가결정이 있은 후 민사집행법상의 즉시항고를 하고 중지명령을 신청하여 중지명령을 얻은 후 항고심에 제출하면 항고심은 경락허가결정을 취소하게 된다.[6] 그러나 파산에서는 개시 전의 담보권실행을 위한 경매절차는 중지할 수 없다. 물론 중지명령의 대상이 되는 담보권실행절차의 목적물은 채무자 재산에 속하는 것이다.[7]

또한 법원은 채무자의 회생을 위하여 특히 필요하다고 인정하는 때에는 채무자(보전관리인이 선임되어 있는 때에는 보전관리인)의 신청에 의하거나 직권으로 중지된 회생담보권에 기한 담보권실행을 위한 경매절차를 취소할 수 있는 것은 강제집행의 경우와 같다(법44조4항).

이와 관련하여 종래 양도담보, 소유권유보, 금융리스 등 이른바 비전형담보가 중지명령의 대상이 되는가에 대하여 견해가 나뉘어져 있으나, 유력설은 비전형담보에 있어서도 채무자가 실질적으로 소유하여 점유 또는 사용하고 있는 재산에 관하여 그 담보가 실행되면 채무자의 재생이 곤란하여 지는 것은 전형담보와 마찬가지이므로 전형담보에 관한 규정을 유추하여 중지할 수 있다고 한다.[8] 일본의 재판례로는 담보권에 기한 물상대위에 의한 임료채권의 압류명령이 중지명령의 대상이 된다고 한 것이 있다.[9]

---

6) 日東京高決昭和46.11.4東高民22권11호217면, 倒産判例 ガイド 제2판 105면.

7) 日福岡高決平成18.2.13判時1940호128면은 재생채무자의 대표자 명의의 재산에 관하여 경매중지명령의 대상이 되는 것이 아니라고 하였다.

8) 日福岡高那覇支決平成21.9.7判タ1321호278면, 日大阪高決平成21.6.3金判1321호30면, 倒産判例 インデックス 제3판 21[百選60], 日東京地判平成16.2.27金法1772호92면. 그러나 日東京高判平成18.8.30金判1277호21면(日最判平成19.9.27金判1277호19면에 의하여 상고기각, 상고수리신청 불수리)은 민사재생 사건에서 요건을 흠결하였다는 등을 이유로 하여 양도담보에 관계된 중지명령은 무효라고 하였다.

9) 日大阪高決平成16.12.10金判1220호35면, 倒産判例 インデックス 제3판 20은 재생절차에서 중지명령을 발령할 수 있는 것은 예외적인 사정이 있는 경우에 한한다고 하면서 신청이 이유 없다고 하였다. 또한 日京都地決平成13.5.28判タ1067호274면도 신청이 이유 없다고 한 것이다.

회생절차 개시 전에 강제집행 이외의 방법에 의한 담보권의 실행을 중지할 수 있는 가? 예컨대 질물에 의한 변제충당(민338조), 채권질권자의 직접 추심(민353조), 양도담보권자의 직접청산, 대물변제의 예약에 의한 가등기담보권자의 예약완결 등이다. 이러한 권리자도 회생담보권자가 되는 것이므로 개시 전의 중지가 허용된다고 해석한다.

(마) 소송절차

회생절차 개시신청이 있을 때에는 채무자의 재산관계의 소송절차는 중지할 수 있다(법44조1항). 중지의 목적은 판결이 확정되면 채권확정소송에 있어서의 기소책임이 변동되는 것, 담합 소송을 금지할 수 있는 것 등이라고 설명되나, 그다지 큰 의미는 없는 제도이다. 회사조직상의 소송(상520조, 529조, 376조, 380조 등)은 중지의 대상이 되지 않는다. 소송절차의 중지는 파산에서는 인정되지 않는다.

(바) 행정청에 계속 중인 사건

회생절차에서는 채무자의 재산관계의 사건으로서 행정청에 계속한 것도 소송절차에 준하여 회생절차개시결정 전에 중지할 수 있다(법44조). 예컨대 조세심판원에 계속 중인 사건, 특허청에 계속 중인 심판절차, 공정거래위원회에 계속 중인 심판사건, 행정심판법에 의한 불복신청사건, 노동위원회에 계속 중인 심사·알선·조정·중재 등의 사건 등이다. 파산에서는 이와 같은 절차의 중지는 인정되지 않는다.

(사) 체납처분·조세담보물건의 처분

파산절차에서는 조세의 우선권이 존중되고 있으나, 회생에서는 조세채권도 약간의 특별취급을 제외하고는 회생채권의 일종으로 취급되고, 체납처분 및 조세채무담보를 위하여 제공된 물건의 처분은 할 수 없거나 또는 중지된다(법58조2항). 이에 대응하여 절차개시전의 중지가 인정되고 있다(법44조1항). 파산에서는 체납처분의 중지는 인정되지 않는다.

(2) 중지명령의 절차와 요건

위 각 절차의 중지명령은 이해관계인의 신청 또는 직권에 의한다(법44조1항). 이해관계인은 채권자, 주주, 보전관리인 등을 포함한다. 단 체납처분의 중지만은 반드시 징수의 권한을 가진 자의 의견을 들어야 한다(법44조1항). 다만 의견을 듣는 것으로 족하고 그 동의를 얻어야 하는 것은 아니다. 중지명령의 결정에 대하여는 불복을 신청할 수 없다(법13조 참조).

중지명령을 할 수 있는 요건은 일반적으로는 「필요하다고 인정하는 때」이지만, 강제집행, 가압류, 가처분 또는 담보권실행을 위한 경매절차의 중지는 채권자 또는 경매신청인에 부당한 손해를 끼칠 염려가 있는 때에는 할 수 없다(법44조1항 단서). 「필요하다고 인정하는 때」라고 함은 이 제도의 취지에 비추어 그 절차의 진행을 그대로 방치하면 회생절차

개시결정까지 사이에 채무자의 재산이 처분되거나 또는 채권자간의 형평을 해하여 이것이 회생의 장애로 될 가능성이 높은 경우를 말하며, 이는 절차개시의 가능성을 포함하는 개념이다. 또한 채권자 등에 「부당한 손해를 끼칠 염려가 있는 경우」라 함은 중지에 의하여 채무자 및 다른 채권자 등의 이해관계인이 받을 이익에 비하여 그 절차의 신청인인 채권자가 입을 손해가 현저히 큰 경우를 말한다. 구체적으로는 강제집행이 불가능하여 지면 자신이 도산할 우려가 있는 경우 또는 채무자의 회생절차 개시신청이 불성실하기 때문에 중지명령을 하게 되면 채권자에게 불필요한 손해를 주게 되는 경우를 뜻한다.

실무에서는 위 「필요하다고 인정하는 때」의 요건을 엄격히 해석하지는 않고 있다. 즉 현재 가동되고 있는 공장 등 채무자의 기본재산이나 채무자의 자산에서 상당한 비중을 차지하는 부동산 등에 대한 강제집행, 체납처분의 경우뿐만 아니라 비교적 넓은 범위에서 중지명령신청을 인용하고 있다. 이와 관련하여 비록 개정 전 상법에 의한 주식회사 정리개시의 명령과 관련하여 발하여지는 경매절차 중지에 관한 판례이지만 대법원은 「적극적으로 경매 신청인에게 부당한 손해를 끼칠 염려가 없는 사유에 관하여 심리하여 이를 설명하여야 한다」라고 판시함으로써 신중한 입장을 취하였다.[10]

(3) 중지명령의 효력

중지명령이 있으면 명령의 대상인 절차는 현재의 상태에서 동결되어 그 이상 진행할 수 없게 된다. 중지명령은 계속 중인 구체적 절차를 중지하게 할 뿐이므로 새로이 동종의 절차의 개시신청을 하는 것은 상관없다. 그 절차를 중지시키려면 새로운 중지명령을 얻어야 한다. 또한 중지명령은 당해 절차를 그 이상 진행시키지 않는다는 효력이 있을 뿐이므로, 이미 진행된 절차의 효력을 소급하여 무효로 만드는 것은 아니다. 따라서 기존의 압류 등의 효력은 그대로 유지된다. 강제집행 등에 대한 중지명령은 민사집행법 제49조 제2호에 규정된 '강제집행의 일시정지를 명한 취지를 적은 재판'에 해당하므로 중지명령은 집행기관에 제출되어야 그 효력이 있다.[11] 또한 강제집행이 이미 종료된 경우에는 중지명령은

---

10) 대법원 1962.11.27.자 62마20 결정[집10(4)민, 259]. 同旨 대법원 1963.5.24.자 63마6 결정[집11(1)민, 335]은 구 상법 제384조에는 주식회사의 정리개시의 명령이 있는 경우에 법원이 경매법에 의한 경매절차의 중지를 명할 수 있는 요건으로서 (1) 채권자의 일반의 이익에 적응하여야 하고 (2) 경매신청인에게 부당한 손해를 끼칠 우려가 없다고 인정되어야 한다고 되어 있으므로, 피신청인이 경매신청인으로 신청절차가 중지된다면 부당한 손해가 생길 우려가 있다고 주장하고 여기에 대한 소명자료를 제출하고 있는데도 법원이 다만 경매절차를 중지하더라도 경매신청인인 피신청인에게 부당한 손해를 끼칠 염려가 없다고 볼 수 있다는 소극적 설시만으로 피신청인의 항변을 물리친 것은 심리미진과 이유불비의 위법이 있음을 면치 못한다고 하였다.

11) 대법원 2010.1.28.자 2009마1918 결정(미간행)은 강제집행정지결정이 있으면 결정 즉시로 당연히 집행정지의 효력이 있는 것이 아니고, 그 정지결정의 정본을 집행기관에 제출함으로써 집행정지의 효력이 발생함은 민사집행법 제49조 제2호의 규정취지에 비추어 명백하고(구 민사소송법 제510조에 관

의미가 없다.[12] 그런데 민사소송법 제510조 제2호의 서류는 강제집행의 일시정지를 명한 취지를 기재한 재판의 '정본'이므로, 채무자는 그 재판의 '사본'을 제출할 수는 없으나 , 채무자가 민사소송법 제510조 제2호의 서류라며 강제집행의 일시정지를 명한 취지를 기재한 재판의 사본을 제출한 경우에는 법원으로서는 바로 그 정본의 제출이 없었던 것으로 처리할 것이 아니라 상당한 기간을 정하여 채무자로 하여금 그 정본을 제출하도록 하게 한 뒤 그 이행 여부에 따라 재판의 정지 또는 속행 여부를 결정하여야 한다.[13] 강제집행의 정지 사유가 있음에도 불구하고 경매법원이 이를 정지하지 아니하고 대금지급기일을 정하고, 대금납부를 받는 등 경매절차를 진행하는 경우에 이해관계인은 집행에 관한 이의 나아가 즉시항고에 의하여 그 시정을 구할 수 있을 것이나, 그러한 불복의 절차 없이 강제집행절차가 그대로 완결된 경우에는 그 집행행위에 의하여 발생된 법률효과는 부인할 수 없다.[14]

중지명령의 효력은 절차개시시까지 계속되나, 기간을 정하여 중지명령을 하는 것도 가능하고, 또 필요에 의하여 이를 변경·취소할 수 있다(법44조3항. 다른 절차도 마찬가지이다).

다. 포괄적 금지명령

(1) 개요

위에서 설명한 중지명령제도에도 불구하고 채무자의 재산 등이 여러 곳에 산재하거나 채권자가 전국적으로 퍼져있는 경우에는 채권자들의 강제집행 신청이 빈발할 우려가 있다. 이와 같은 경우에는 개별적 중지명령만으로는 업무량이 너무 많아지게 되어 사업의 계속에 지장이 생기고 결과적으로 회생절차의 목적을 달성할 수 없게 되기 때문에 채무자회생법에서는 모든 회생채권자 및 회생담보권자에 대하여 장래의 강제집행 등을 포괄적으로 금지할 수 있도록 하였다. 즉 법원은 회생절차개시의 신청이 있는 경우 중지명령에 의해서는 회생절차의 목적을 충분히 달성하지 못할 우려가 있다고 인정할 만한 특별한 사정이 있는 때에는 이해관계인의 신청에 의하거나 직권으로 회생절차개시의 신청에 대한 결정이 있을 때까지 모든 회생채권자 및 회생담보권자에 대하여 회생채권 또는 회생담보권에 기한 강제집행등의 금지를 명할 수 있다(법45조1항). 이를 포괄적 금지명령이라고 한다.

미국의 연방도산법에서는 채무자가 회생절차 등 도산절차를 신청한 경우에는 신청 즉시 개시결정의 효력이 생겨서 채권자의 강제집행이 모두 중지된다. 이를 자동중지(Automatic

---

한 대법원 1966.8.12.자 65마1059 결정 등 참조), 그 제출이 있기 전에 이미 행하여진 압류 등의 집행처분에는 영향이 없다고 하였다.
12) 대법원 2018.8.10.자 2018그572 결정(미간행).
13) 대법원 2001.8.25.자 2001마313 결정(미간행). 同旨 대법원 2004.7.9.자 2003마1806 결정(공2004, 1507).
14) 대법원 1992.9.14. 선고 92다28020 판결(공1992, 2886).

Stay)라고 한다. 채무자회생법의 입법과정에서는 자동중지제도를 도입하여야 한다는 주장
도 강력히 제기되었으나, 도산절차의 신청이 남용될 우려가 있다는 우려에서 채택하지 않
고, 그 대신 일본의 민사재생법상의 포괄적 금지명령을 모델로 하여 포괄적 금지명령제도
를 도입하였다. 포괄적 금지명령은 법원이 일단 도산절차의 신청을 심사하고 발령하는 것
이므로 도산절차 신청의 남용문제를 줄일 수 있다고 본 것이다.

파산절차에서는 청산을 목적으로 하므로 포괄적 금지명령의 필요성이 상대적으로 작
다고 보아 도입하지 않았으나, 일본의 입법례는 회사갱생법,[15] 민사재생법[16]뿐만 아니라
파산법[17]에도 포괄적 금지명령제도를 도입하고 있다. 우리 파산절차 하에서도 총채권자의
평등을 위하여 이를 금지하는 가처분을 허용하여야 한다는 견해가 유력하다.

(2) 요건

첫째, 개별적 중지명령에 의하여는 회생절차의 목적을 충분히 달성하지 못할 우려가
있다고 인정할 만한 「특별한 사정」이 있어야 한다. 이 점에서 포괄적 금지명령은 개별적
중지명령을 보완하는 역할을 한다. 「특별한 사정」이라 함은 예컨대 채무자의 자산이 전국
에 산재하여 있고, 채권자도 다수에 이르고 있으며, 어느 채권자가 어떠한 자산에 대하여
어떠한 권리행사를 할 것인지를 예측할 수 없고, 집행권원을 가지고 있는 채권자도 상당
수 존재하는 경우를 말한다.

둘째, 채무자의 주요한 재산에 관하여 보전처분이나 보전관리명령이 이미 행하여졌거
나 포괄적 금지명령과 동시에 행하는 경우에 한한다(법45조2항). 모든 회생채권자·회생담
보권자에 대하여 일률적으로 금지시키는 것에 대응하여 채무자에게도 임의로 재산을 처분
할 수 없도록 제한을 가하여 채무자의 재산이 산일되지 않도록 하는 것이 공평하기 때문
이다.

현재 서울회생법원은 이해관계인(특히 채무자)의 신청이 있으면 보전처분과 동시에 포
괄적 금지명령을 발령하는 것을 원칙으로 하고 있다. 그 이유는 포괄적 금지명령이 채권
자의 권리행사에 미치는 영향이 매우 크지만, 대부분의 채무자들이 지급불능 상태에 있거
나 지급정지 등을 경험한 상태에서 회생절차 개시신청을 하고 있으므로, 그와 같은 상황
아래에서는 통상 채권자들이 채무자의 재산, 특히 매출채권 등에 대한 강제집행 등에 나
설 것으로 예상되는데, 그 경우 채무자 사업의 지속에 필요한 초기 자금의 확보 여부가 불
안정하게 되어 이를 방지할 필요가 있고, 만일 채권자의 강제집행이 있을 경우에는 일일

15) 일본 회사갱생법 제25조.
16) 일본 민사재생법 제27조.
17) 일본 파산법 제25조.

이 이에 대한 취소결정을 하여야 하는데 이는 채무자나 법원에 불필요한 부담을 초래하기 때문이라고 한다.

(3) 대상인 절차

포괄적 금지명령의 대상은 회생채권 또는 회생담보권에 기한 강제집행, 가압류, 가처분 또는 담보권실행을 위한 경매절차이다(법45조1항, 44조1항2호). 여기서 말하는「회생채권」은 이른바 금전화, 현재화의 원칙을 취하지 않고 있으므로 그러한 재산상의 청구권은 금전채권에 한정되지 아니하고 계약상의 급여청구권과 같은 비금전채권도 대상이 될 수 있다.[18)]「강제집행 등」에는 양도담보권 실행행위도 포함된다고 해석한다.[19)] 체납처분은 그에 포함되지 않으나 입법론적으로는 문제이다.[20)]

(4) 효과 및 변경·취소

포괄적 금지명령이 있는 때에는 회생채권자, 회생담보권자는 채무자의 모든 재산에 관하여 회생채권 또는 회생담보권에 기한 강제집행, 가압류, 가처분, 또는 담보권 실행을 위한 경매를 새로이 착수할 수 없게 되고(법45조1항), 이미 행하여진 강제집행 등은 집행기관의 조치를 기다리지 않고 곧바로 중지된다(법45조3항). 포괄적 금지명령에 위반하여 개시되거나 속행된 강제집행 등은 무효이다. 판례는 회생절차폐지결정에는 소급효가 없으므로, 이와 같이 무효인 보전처분이나 강제집행 등은 사후적으로 회생절차폐지결정이 확정되더라도 여전히 무효라고 하였다.[21)]

법원은 포괄적 금지명령을 변경하거나 취소할 수 있고(법45조4항), 채무자의 사업의

---

18) 대법원 2016.6.21.자 2016마5082 결정(공2016하, 981)[백선02]은 채무자의 제3채무자에 대한 임대차보증금 지급채권을 양수한 채권자가 채무자에 대한 위 채권의 양도통지 이행청구권에 기하여 채권의 추심 및 처분금지 가처분 결정을 받았고, 채무자가 위 가처분의 해제를 신청한 사안이다.

19) 대법원 2011.5.26. 선고 2009다90146 판결(공2011하, 1268)은 다만 금융회사인 甲 회사가 乙 공사와 사이에, 甲 회사는 택지매수인에게 매수자금을 대출하여 주되 대출금상환이 연체될 경우 乙 공사에 매매계약 해제를 요구할 수 있으며, 이 경우 乙 공사는 매매계약을 해제하고 매수인이 납입한 매매대금 중 계약보증금을 제외한 나머지를 직접 甲 회사에 지급하기로 협약을 체결한 후, 乙 공사와 택지 매매계약을 체결한 매수인 丙 회사에 매수자금을 대출해 주었는데, 丙 회사가 매매대금을 모두 납입한 후 부도 처리되자, 甲 회사가 乙 공사에 매매계약 해제 및 매매대금 지급 요청을 하였고, 그 직후 丙 회사가 회생절차개시를 신청하여 법원이 회생담보권 등에 기한 강제집행 등의 포괄적 금지명령을 한 사안에서, 甲 회사의 매매계약 해제 및 매매대금 지급 요청 의사표시와 그에 따른 乙 공사의 매매계약 해제 의사표시가 포괄적 금지명령에 의하여 중지되거나 금지되는 양도담보권 실행행위로는 볼 수 없다고 하면서 乙 공사의 매매계약 해제의사표시가 포괄적 금지명령에 반하여 무효라고 주장하는 원고(丙 회사 관리인)의 주장을 배척하였다.

20) 일본 회사갱생법상의 포괄적 금지명령의 대상에는 국세체납처분 등도 포함된다.

21) 대법원 2016.6.21.자 2016마5082 결정(공2016하, 981)[백선02].

계속을 위하여 특히 필요하다고 인정하는 때에는 채무자(보전관리인이 선임되어 있는 때에는 보전관리인)의 신청에 의하여 포괄적 금지명령에 의하여 중지된 회생채권 또는 회생담보권에 기한 강제집행등의 취소를 명할 수 있다. 이 경우 법원은 담보를 제공하게 할 수 있다(법45조5항). 포괄적 금지명령, 그 변경·취소 결정 및 강제집행 등의 취소명령에 대하여는 즉시항고를 할 수 있고, 그 즉시항고는 집행정지의 효력이 없다(법45조6항, 7항). 포괄적 금지명령이 있는 때에는 그 명령이 효력을 상실한 날의 다음 날부터 2월이 경과하는 날까지 회생채권 및 회생담보권에 대한 시효는 완성되지 아니한다(법45조8항).

한편 포괄적 금지명령이나 이를 변경 또는 취소하는 결정이 있는 때에는 법원은 이를 공고하고 그 결정서를 채무자(보전관리인이 선임되어 있는 때에는 보전관리인) 및 신청인에게 송달하여야 하며, 그 결정의 주문을 기재한 서면을 법원이 알고 있는 회생채권자·회생담보권자 및 채무자(보전관리인이 선임되어 있는 때에 한한다)에게 송달하여야 한다(법46조1항). 포괄적 금지명령 및 이를 변경 또는 취소하는 결정은 채무자(보전관리인이 선임되어 있는 때에는 보전관리인을 말한다)에게 결정서가 송달된 때부터 효력을 발생한다(법46조2항). 강제집행 등의 취소명령과 즉시항고에 대한 재판(포괄적 금지명령을 변경 또는 취소하는 결정 제외)이 있는 때에는 법원은 그 결정서를 당사자에게 송달하여야 한다(법46조2항).

채권압류명령은 제3채무자에게 송달된 때에 그 효력이 발생하고(민집227조3항), 전부명령은 확정되어야 효력이 있는데(민집229조7항), 판례는 채권자의 신청에 따라 채권압류 및 전부명령이 발령되어 강제집행이 개시되고 그 채권압류 및 전부명령이 제3채무자에게 발송되었는데, 이후 채무자에 대한 회생절차에서 채무자회생법 제45조에 의한 포괄적 금지명령의 효력이 발생하였다면, 그 이전에 있은 채권압류 및 전부명령을 무효라고 볼 수는 없으나, 채무자의 재산에 대하여 이미 행하여진 회생채권 등에 기한 강제집행은 바로 중지되고, 따라서 채무자에 대한 회생절차에서 있은 포괄적 금지명령의 효력이 발생한 이후 제3채무자에게 채권압류 및 전부명령이 송달되었다고 하더라도, 이는 포괄적 금지명령에 반하여 이루어진 것으로서 무효이므로 채권압류의 효력 등이 발생한다고 볼 수 없고, 이와 같이 무효인 강제집행은 사후적으로 회생절차폐지결정이 확정되더라도 여전히 무효라고 하였다.[22]

(5) 적용의 배제

법원은 포괄적 금지명령이 있는 경우 회생채권 또는 회생담보권에 기한 강제집행 등의 신청인인 회생채권자 또는 회생담보권자에게 부당한 손해를 끼칠 우려가 있다고 인정하는 때에는 그 회생채권자 또는 회생담보권자의 신청에 의하여 그 회생채권자 또는 회생

---

22) 대법원 2023.5.18. 선고 2022다202740 판결(공2023하, 1075).

담보권자에 대하여 결정으로 포괄적 금지명령의 적용을 배제할 수 있다(법47조1항). 포괄적 금지명령은 채권자의 권리행사에 대한 큰 제약이므로 그 구제수단으로서 적용배제에 관한 규정을 두어 사후적으로 구제수단을 둔 것이다.

「부당한 손해」라 함은 포괄적 금지명령에 의하여 채무자 및 다른 채권자 등 이해관계인이 받게 될 이익보다 그 절차의 신청인인 회생채권자·회생담보권자가 입을 손해가 현저히 큰 경우를 말한다. 회생채권자가 도산할 염려가 있거나, 담보목적물이 채무자의 회생을 위하여 직접 필요하지 않은 경우로서 담보목적물의 가치가 감소할 가능성이 높은 경우 등이 이에 해당할 것이다. 반면에 통상의 손해 예컨대 이행의 지연에 의한 재투자 기회의 상실에 의한 손해 등은 수인하여야 할 것으로서 적용배제를 인정할 사유가 되지 못한다고 해석한다.

포괄적 금지명령의 적용이 배제되면 그 회생채권자 또는 회생담보권자는 채무자의 재산에 대하여 회생채권 또는 회생담보권에 기한 강제집행 등을 할 수 있으며, 포괄적 금지명령이 있기 전에 그 회생채권자 또는 회생담보권자가 행한 회생채권 또는 회생담보권에 기한 강제집행 등의 절차는 속행된다(법47조2항). 회생절차개시결정이 있기 전에 배당이 이루어진다면 배당을 통하여 채권의 만족을 얻을 수도 있다. 포괄적 금지명령의 적용배제에 따라 이루어진 집행행위는 정당성을 갖추어 부인의 대상이 될 수 없을 것이다.

포괄적 금지명령 적용배제의 재판에 대하여는 즉시항고를 할 수 있으며, 그 즉시항고는 집행정지의 효력이 없다(법47조3항, 4항).

라. 보전처분

(1) 보전처분의 종류

보전처분은 모든 도산절차에서 인정되지만 이에 관한 규정 형식은 절차에 따라 다르다. 파산에서는 채무자의 재산에 관하여 가압류·가처분 그 밖에 필요한 처분을 할 수 있으나(법323조),[23) 회생에서는 가장 넓게 채무자의 업무 및 재산에 관한 가압류·가처분 그 밖에 필요한 보전처분, 보전관리인에 의한 관리를 명할 수 있다(법43조). 유한책임신탁재산에 관하여 법원은 파산선고 전이라도 이해관계인의 신청에 의하거나 직권으로 가압류, 가처분, 그 밖에 필요한 보전처분을 명할 수 있고, 유한책임신탁재산에 대하여 파산선고가 있는 경우 필요하다고 인정할 때에는 파산관재인의 신청에 의하거나 직권으로 수탁자, 전

---

23) 예컨대 채무자의 재산의 산일을 막기 위한 채무자의 재산에 관한 보전처분, 강제집행중지가처분 등을 생각할 수 있다. 이에 대한 상세 논의는 김유환, "개인파산과 금전채권집행", 사법논집 제60집, 법원도서관(2016), 1면 참조.

수탁자(前受託者), 신탁재산관리인, 검사인 또는 「신탁법」 제133조에 따른 청산수탁자의 책임에 기한 손해배상청구권을 보전하기 위하여 수탁자등의 재산에 대한 보전처분을 할 수 있다(법578조의8, 9).

　이상을 개관하면 모든 도산절차에 있어서 채무자의 재산에 관한 보전처분이 인정되고, 회생절차에서는 나아가 채무자의 업무에 관한 보전처분과 채무자의 경영관리조직에 개입하는 보전처분이 규정되어 있다.

　다만 법 제43조 제1항에 의한 보전처분은 회생절차개시의 신청 후 그 결정이 있기 전의 단계에서 채무자의 사업경영이 방만해지거나 재산의 은닉, 처분 또는 이해관계인에 의한 권리행사가 일시에 쇄도하는 것을 방지하여 장래 회생절차를 통한 채무자 기업의 유지, 재건에 차질이 없도록 하기 위한 잠정적인 보전조치로서, 이 보전처분이 있은 후 회생절차개시의 결정이 있으면 그때부터는 채무자 사업의 경영과 재산의 관리처분권은 법원이 선임한 관리인에게 전속하게 되고, 또 이해관계인의 채무자에 대한 개별적인 권리행사가 허용되지 않게 되므로 이로써 위 보전처분은 그 목적을 달성하여 별도의 취소결정이 없더라도 당연히 그 효력이 소멸한다고 보아야 할 것이고(법56조, 131조),[24] 파산절차에서 파산선고가 내려지면 채무자는 재산의 관리처분권을 상실하고 파산채권자는 개별적인 채권 행사를 할 수 없으므로 파산선고전의 보전처분 역시 파산선고에 의하여 그 목적을 달성하고 보전의 필요성이 소멸된다(법384조, 424조).

　실무에서는 정형적인 보전처분의 주문형식이 마련되어 있고, 회생절차에서 많이 쓰이는 것은 다음과 같은 형태이다.

　① 사건본인 채무자는 20××. ××. ××. 10:00 이전의 원인으로 인하여 생긴 일체의 금전채무에 관하여 그 변제 또는 담보제공을 하여서는 아니 된다.[25]

　② 사건본인 채무자는 부동산, 자동차, 중기, 특허권 등 등기 또는 등록의 대상이 되는 일체의 재산 및 금 10,000,000원 이상의 그 밖의 재산에 관한 소유권의 양도, 담보권, 임차권의 설정 기타 일체의 처분행위를 하여서는 아니 된다. 다만 계속적이고 정상적인 영업활동에 해당하는 제품이나 원재료 등의 처분행위는 예외로 한다.[26]

---

24) 대법원 1991.2.8. 선고 90다카23387 판결(공1991, 962).
25) 이를 변제금지 보전처분이라고 한다. 실무상 그동안 변제금지에 관한 예외조항을 두어 왔으나(예컨대 「다만, 근로자의 고용관계로 인한 임금채무, 국세징수법 또는 국세징수의 예에 의하여 징수되는 채무, 전기료, 수도료, 전화료, 가스료는 예외로 한다」), 현재는 이를 두지 않고 법원의 허가를 받아 변제하도록 하고 있다.
26) 이를 처분금지 보전처분이라고 한다. 이와 관련하여 대법원 1991.9.24. 선고 91다14239 판결(공1991, 2599)은 처분금지보전처분 후의 물품납품계약의 이행에 관하여 회사소유에 속하는 물건과 권리에 관한 소유권양도 등 일체의 처분행위를 금지하는 내용의 회사재산보전처분결정은 회사의 자산의 잠정적 유지와 회사정리에 지장을 주는 재산의 처분행위를 방지함을 목적으로 한 것이고, 구 회사정리법에 의한 회사정리는 조업의 계속을 전제로 하는 절차이므로, 위와 같은 내용의 보전결정이 있었다고

③ 사건본인 채무자는 명목이나 방법 여하를 막론하고 차재(借財)를 하여서는 아니된다.[27)]

④ 사건본인 채무자는 노무직, 생산직을 제외한 임직원을 채용하여서는 아니 된다.

⑤ 위 각 항의 경우에 있어서 미리 이 법원의 허가를 받았을 때에는 그 제한을 받지 아니한다.

위와 같이 보전처분은 여러 가지를 합하여 행하여지는 것이 보통인데 이하 이를 나누어 설명한다.

(2) 보전처분의 내용과 효력

(가) 재산에 관한 가압류·가처분 그 밖의 보전처분

민사집행법상의 가압류·가처분이라는 것은 금전집행 그 밖의 집행의 보전이라고 하는 의미가 있을 뿐만 아니라, 피보전권리나 본안소송을 상정하고 있는 것이므로 여기서의 보전처분은 민사집행법상의 가압류·가처분과는 다른 것이다(절차적으로 다른 것은 후술).[28)] 효과의 면에서 보면 요컨대 재산의 현상을 고정하여 장래의 절차개시에 대비하려는 것이므로 재산의 처분을 금지하는 것이 주목적이다. 가압류의 본질은 처분금지에 있고, 가처분에 의한 처분금지도 물론 가능하므로 특정재산의 처분금지를 목적으로 하는 한 가압류에 의하는가 가처분에 의하는가는 어느 것이나 무방한 것이다. 그러나 불특정물에 관한 부작위를 명하고, 반드시 교환가치가 있는 것은 아닌 것(예컨대 장부)에 관하여 처분을 금하며, 부동산에 관하여 점유를 빼앗기 위해서는 가압류는 불가능하므로 가처분에 의하여야 한다. 그 점에서 가처분의 방식에 의할 수 있는 범위가 넓고 실제로 위에서 본 회생에 있어서의 정형적 보전처분과 같이 가처분의 형식에 의한 것이 많다. 그러나 위 ②항 등은 가압류의 형식으로 할 수 있다. 따라서 가압류인가 가처분인가 하는 점은 단순히 형식의 구별에 불과하고 특별히 의식할 필요는 없다고 본다.

이 종류의 보전처분의 문언으로서는 유체동산의 가압류, 부동산의 가압류, 부동산에 관하여 채무자의 점유를 풀고 집행관 보관을 명하고, 채무자에 대하여는 처분금지를 명하는 처분, 장부의 집행관 보관, 채권의 가압류, 특정채권의 추심금지명령 등의 형식을 띤다. 이러한 보전처분의 효력은 민사집행법상의 가압류·가처분과 같다. 처분금지의 효력은 이

하여 회사의 계속적이고 정상적인 조업을 가능하게 하는 영업활동에 해당하는 물품납품계약의 이행까지 금지되는 것이라고 볼 수 없다고 하였다.

27) 이를 차재금지 보전처분이라고 한다.

28) 도산법상의 보전처분은 먼저 피보전권리의 존재 및 보전의 필요성을 그 발령 요건으로 하지 않고, 본안소송과의 연결성도 없으며, 또 채무자가 아닌 이해관계인에게도 보전처분신청의 길이 열려져 있고, 보전처분에 대한 불복신청방법도 즉시항고에 한정되고 이의신청을 할 수 없다는 점에서 일반 민사보전처분과 다르다.

른바 상대적이고 이에 위반한 양도 및 담보권설정은 당해 도산절차와의 관계에 있어서 무효이다. 처분금지의 효력을 확보하기 위해서는 후술하는 바와 같이 등기·등록을 한다.

　　보전처분의 효력은 보전처분결정의 내용에 따라 정해지는데, 개별적인 재산에 대한 처분금지 보전처분은 특정된 재산에 대해서만 효력이 미친다. 따라서 보전처분 당시 누락된 재산이나 보전처분 이후에 채무자가 취득한 재산에 관하여는 보전처분의 효력이 미치지 않고, 이러한 재산에 대하여 보전처분을 할 필요성이 있으면 별도의 보전처분을 하여야 한다. 처분금지 보전처분이 등기부나 등록원부에 공시된 이후에는 양수인이 그 재산의 취득을 대항할 수 없으나, 보전처분의 내용이 공시되지 않는 한 아무런 효력이 없다. 또한 보전처분은 도산절차와의 관계에서 상대적으로 효력이 발생할 뿐이므로, 절차개시신청이 취하되거나 각하 또는 기각된 때에는 처분금지 보전처분의 효력도 소급하여 소멸된다. 그러한 의미에서 채무초과상태에 있는 채무자에 대하여 재산보전처분결정이 내려졌다 하더라도 그 후 회생절차개시신청기각, 회생절차폐지 또는 회생계획불인가의 결정이 확정되면 그 채무자에 대하여 파산선고를 할 수 있으므로, 재산보전처분결정 사실을 들어 그 채무자가 파산의 우려가 있는 상태에서 회복되었다고 할 수는 없으며, 그 채무자는 채무초과의 상태가 계속되는 한 법에 의한 재산보전처분결정에도 불구하고 여전히 파산의 우려가 있는 상태에 있는 것이다.29)

　　이상과 같이 채무자의 재산에 관하여 이루어지는 보전처분은 민사집행법에 의한 가압류·가처분의 외형을 띠고 행하여지고, 효력도 그에 준한다. 그러나 기존의 민사신청실무에 너무 집착하다 보면 법이「그 밖에 필요한 보전처분」이라고 규정하고 있는 의미를 몰각할 염려가 있다. 이 규정은 각 도산절차의 목적달성을 위하여「가압류」·「가처분」으로는 할 수 없는 것이 있으면 이를 모두 포괄하려는 취지라고 해석한다. 이에 속하는 것으로 채무자의 총재산을 신탁회사 등의 제3자에게 보관할 것을 명하는 처분, 영업의 강제관리, 목적물을 특정하지 않은 일반적 처분금지, 영업의 전부 또는 일부의 일시폐쇄명령, 금전이나 유가증권의 공탁명령, 금전차용의 금지, 이사의 직무를 정지하고 대행자를 선임하는 처분 등을 생각할 수 있다. 그 중 대부분은 다음에 기술하는 업무에 관한 보전처분과 조직에 개입하는 보전처분에 해당한다. 현재 회생절차에 있어서는 그러한 처분이 별도의 명문으로 규정되어 있으나 파산에 있어서는 공시의 효력에 문제가 있고, 또 실제의 필요성도 느끼지 않고 있으므로 이른바 가압류·가처분 이외의 보전처분은 별로 행하여지지 않는 것이 현실이지만 위에서 본 바와 같은 도산절차에 있어서의 보전처분의 목적에서 본다면 이

---

29) 대법원 1999.6.25. 선고 99다5767 판결(공1999, 1491)에서 문제된 것은 국고 또는 지방자치단체의 부담이 되는 경쟁입찰에 있어 파산의 우려가 있는 경우에는 낙찰부적격으로 하고 있는 경우 보전처분이 내려지면 낙찰적격으로 보아야 하는 것인가 하는 점이었다.

론상의 가능성은 긍정하여야 할 것이다.

처분금지 보전처분에 의하여 처분금지가 된 채무자 재산에 관하여 등기, 등록이 된 때에 당해 재산에 대하여 새로이 강제집행 또는 경매절차개시를 신청할 수 있는지 여부가 문제된다. 보전처분의 등기 전에 등기된 담보권에 기한 때 또는 보전처분의 등기 전에 경매절차개시신청의 등기가 된 때에는 강제집행의 개시 또는 속행을 방해하지 않는다고 보아야 한다. 이러한 경우에는 경락인 명의로 소유권이전등기를 함에 있어서 보전처분에 관한 등기를 말소하여야 한다. 그 이외에는 경매절차의 개시는 허용되지만 환가절차에 들어갈 수 없으며 가령 환가를 하였다고 하더라도 경락인은 회생절차와의 관계에서는 경매의 목적물에 관한 권리의 취득을 주장할 수 없다.[30]

나아가 이와 관련하여 채무자 아닌 제3자를 대상으로 하는 보전처분(가처분)을 허용할 것인가가 문제된다. 도산 과정에서는 채무자의 재산을 보전하기 위하여 일반 제3자에게 채무자의 토지건물에의 출입을 금하거나 또는 재산의 반출을 금하는 등의 가처분, 제3자의 강제집행을 금하거나 또는 중지를 명하는 가처분 등의 필요성을 느끼는 경우가 있다. 보전처분은 특별한 규정이 없는 한 채무자를 대상으로 하는 것에 한하여 가능하다고 하는 소극설도 유력하나, 채무자에 한한다는 명문 규정이 없고, 전술한 바와 같이 강제집행중지명령에 관하여 규정이 없는 파산에 있어서는 그 필요도 있다고 할 수 있으므로 이를 긍정하여야 할 것이다. 다만 제3자가 환취권을 행사하는 경우에는 이를 저지할 수 없다.

(나) 업무에 관한 보전처분

회생절차와 같은 재건형에 있어서는 말하자면 계속 살아남기 위해서는 단순히 재산에 관한 보전처분뿐만 아니라 업무 내지 경영 그 자체에 관하여 일정한 제약을 가하는 것이 장래 절차 개시가 된 때를 위하여 필요하다. 경영은 재산의 종합적 운영의 문제이므로 이것도 재산에 관한 보전처분임에는 틀림이 없으나, 보다 포괄적인 성질을 갖는다. 업무에 관한 보전처분은 「채무자 재산의 보전처분」의 일종이지만 반드시 엄밀한 의미의 업무의 제한에 한하지 않고 허용된다고 해석한다.

전형적인 업무의 제한에 해당하는 것으로는 예컨대 특정부류의 영업의 정지를 명하거나 일정 금액 이상의 거래의 금지를 명하는 것 등이 있으나, 근로자의 급료를 제외하고 모든 채무의 변제를 금지하는 것, 차재(借財)를 일반적으로 금지하는 것[31]도 이에 포함된

---

30) 대법원 1992.10.27. 선고 91다42678 판결(집40-3, 민100)은 변제금지 보전처분과 특정된 물건과 권리에 관하여 처분금지 보전처분을 한 경우 처분금지 보전처분에서 제외되어 있는 물품에 대하여는 변제금지 보전처분만으로 양도담보권자의 담보권 실행을 저지하는 효과가 없다고 판시함으로써 마치 처분금지 보전처분이 내려진 경우에는 양도담보권자의 실행을 저지하는 효과가 있어 담보권의 실행을 위한 목적물의 인도를 거부할 수 있는 것처럼 판시하고 있으나, 의문이다.

31) 차재금지 보전처분의 목적은 채무자의 채무 증가를 방지하는 데 있다. 따라서 전형적인 금원 차용뿐만 아니라 어음할인의 경우에도 그 법적 성질은 당사자의 의사에 따라 어음의 매매이고 금원 차용은

다. 판례는 차재는 돈을 빌리는 것을 의미하는 데 반해, 물품공급계약에서의 선급금은 향후 공급받을 물품의 대금 명목으로 미리 지급한 돈을 의미하므로, 차재와 선급금의 수령은 그 성격을 달리하고, 따라서 선급금 수령행위를 법원의 허가를 요하는 차재행위로 볼 수는 없다고 한다.[32] 이 경우 법원의 허가를 얻은 경우에는 개별적으로 금지가 해제된다는 취지를 동시에 덧붙이는 것이 보통이다.

파산에 있어서는 업무에 관한 보전처분에 관하여 명문의 규정이 없고, 또 특히 파산에서는 영업의 계속을 전제로 하는 것이 아니므로 이 종류의 보전처분이 요구되는 경우는 적다고 할 수 있으나, 그 필요가 있으면 「기타 필요한 보전처분」의 일종으로 허용된다.

채무변제금지의 보전처분이 회생절차에 있어서의 정형적인 보전처분의 일부로서 행하여지는 것은 전술하였다. 이미 지적한 바와 같이 회생절차 개시신청을 한 채무자가 스스로 이 종류의 보전처분을 신청하여 획득하고 이를 방패삼아 채권자의 추급을 면하여 하도급업체의 연쇄도산을 야기하게 하고는 시간이 흐르면 이제는 회생절차개시에 대한 열의를 잃고 결국 회생신청을 취하한다고 하는 폐해가 생겼고, 이를 시정하기 위하여 개시신청 취하의 제한 및 보전관리인 제도가 마련되어 있다. 이와 같은 변제금지의 보전처분이 필요한 이유로서는 자산의 산일방지 외에 어음부도처분(은행거래정지)의 회피, 채권자 간의 공평의 확보, 변제를 위한 채무자 재산처분의 회피 등이 거론된다.

판례는 법원이 보전처분으로서 채무자에 대하여 채권자에 대한 채무의 변제를 금지하였다 하더라도 그 처분의 효력은 원칙적으로 채무자에게만 미치는 것이므로 채무자가 채권자에게 임의로 변제하는 것이 금지될 뿐이고, 채무자의 채권자가 이행지체에 따른 해지권을 행사하는 것까지 금지되는 것은 아니라고 하였고,[33] 회사정리절차개시결정 이전에 정리회사에 대하여 법원이 그때까지의 원인으로 인하여 생긴 일체의 금전채무 중 종업원의 고용관계로 인한 임금채권을 제외한 나머지 채권을 변제하여서는 아니된다는 취지의 변제금지보전처분과 정리회사 소유인 특정된 물건과 권리에 관하여 소유권의 양도 등 그 밖에 일체의 처분을 하여서는 아니된다는 취지의 처분금지보전처분을 한 경우 처분금지보전처분의 대상에서 제외되어 있는 물품에 대하여는 변제금지보전처분만으로 양도담보권

아니라고 볼 여지가 있지만, 금원 차용과 마찬가지로 채무자의 재무구조를 악화시킬 가능성이 있기 때문에 차재에 포함시켜야 한다. 그리고 융통어음의 발행도 같은 이유로 차재에 해당한다고 본다.

32) 대법원 2015.9.10. 선고 2014다68303 판결(미간행).

33) 대법원 2007.5.10. 선고 2007다9856 판결(미간행). 구 화의법 하에서의 화의절차에 관련된 판결이다. 이 판결에 대한 분석으로 허승진, "완성품 생산업체의 회생신청시 부품공급업체의 대응방안", 도산법연구 제8권 제2호, 사단법인 도산법연구회(2018.12.), 119면 참조. 그러나 일본의 판례는 반대의 입장이다. 日最判昭和57.3.30民集36권3호484면, 倒産判例 ガイド 제2판 89면, 倒産判例 インデックス 제3판 9[百選76]는 채무자는 재판에 의하여 채무를 변제하여서는 안 되는 구속을 받고 있는 것이고, 변제가 이루어지지 않는 것이 채무자의 귀책사유로 인한 것이 아니므로 채권자는 이행지체를 주장하여 지연손배금을 청구하거나 계약을 해제할 수는 없다고 하였다.

자의 담보권 실행을 저지하는 효과가 없다고 하였다.[34]

한편 변제금지가처분은 채무자의 임의 변제를 금지시키지만 채무의 이행기 도래를 막지는 못하므로 금전채권의 경우에는 지연손해금은 지급하여야 한다. 왜냐하면 금전채무의 불이행에 대하여는 불가항력으로 항변할 수 없고(민397조 2항), 법 제446조 제2호도 지연손해금의 발생을 예정하고 있기 때문이다.

변제금지가처분을 받는 사람은 채무자로서, 위 가처분은 채무자에 대하여 변제금지를 명하는 것에 그치고 제3자에 대하여는 그 효력이 미치지 않는다. 즉 채권자의 채권추심을 금지시키는 것이 아니고 이행기의 도래를 방해하는 것이 아니므로 채권자는 채무자를 상대로 현재 이행의 소를 제기하여 승소판결(집행권원)을 받을 수 있다.[35] 이 경우 채무자는 변제금지가처분을 이유로 이행기 미도래의 항변을 할 수 없다. 또 변제금지가처분은 채권자의 강제집행을 저지하는 효과도 없다. 이 점에 관하여 대법원은 구 회사정리법 하에서 회사정리절차개시의 신청을 받은 법원이 그 결정을 하기에 앞서 보전처분으로써 회사에 대하여 채권자에 대한 채무의 변제를 금지하였다 하더라도 그 처분의 효력은 원칙적으로 회사에만 미치는 것이어서 회사가 채권자에게 임의로 변제하는 것이 금지될 뿐 회사의 채권자가 강제집행을 하는 것까지 금지되는 것은 아니고, 다른 한편 정리절차가 개시된 후에도 정리채권자 또는 정리담보권자는 정리절차에 의하지 아니하고 상계를 할 수 있음이 원칙인 점에 비추어 볼 때 보전처분만이 내려진 경우에는 회사의 채권자에 의한 상계가 허용된다고 판시하였다.[36] 그 이유는 채무자에게 부작위를 명하는 가처분결정은 원래 채무자에게 고지할 뿐이고 제3자에게 이를 공시할 방법이 없기 때문이다.[37] 따라서 강제집행을 저지하고자 하는 경우에는 회생에 있어서는 법 제44조에 의한 중지명령을 받아야 하고, 파산에 있어서는 강제집행정지 가처분을 별도로 받아야 한다.

나아가 채무자의 채무에 대한 보증인, 물상보증인 등의 제3자는 위에서 본 바와 같이 변제금지 가처분과 아무런 상관이 없다. 따라서 채권자는 언제든지 채무자의 보증인 등의 제3자에 대하여 이행의 소를 제기하거나 강제집행을 할 수 있다.[38] 또한 약속어음의 발행인에 대하여 변제금지 보전처분이 내려져도 어음소지인은 상환청구권을 행사할 수 있다.

---

34) 대법원 1992.10.27. 선고 91다42678 판결(공1992, 3249).

35) 日最判昭33.6.19民集12권10호1562면(회사갱생), 日最判昭37.3.23.民集16권3호607면[百選A4](일본법상 회사정리), 日最判昭36.9.26民集15권8호2220면(화의), 日東京高決昭59.3.27判時1117호142면[新百選20].

36) 대법원 1993.9.14. 선고 92다12728 판결(공1993, 2744). 이 판결에 대한 평석으로 윤진수, "회사정리법상의 보전처분과 상계 및 부인권", 민사재판의 제문제 제8권, 한국사법행정학회(1994), 1064면, 이민걸, "회사정리절차상의 상계와 부인권", 민사판례연구 XVII, 민사판례연구회(1995), 313면 참조.

37) 차재금지가처분도 마찬가지이다.

38) 대법원 1993.8.24. 선고 93다25363 판결(공1993, 2612), 대법원 1967.12.26.자 67마1127 결정(집15권 3집, 민442면).

변제금지가처분이 내려진 후에는 일체의 채무변제가 금지되므로 지급은행이 적법하게 지급 제시된 수표의 지급을 거절하더라도 부정수표단속법상의 처벌대상이 되지 아니한다.39) 그리하여 부정수표단속법상의 처벌을 면하기 위하여 보전처분을 악용하는 경우도 있을 수 있다.

업무의 제한에 관한 보전처분은 등기 등 공시방법이 없으므로 위반행위의 효력이 문제가 된다. 보전처분은 실체법상의 권한을 박탈하는 것이지만 당연히 대세적 효력을 갖는 것은 아니고, 각종의 표현책임규정의 준용에 의하여 선의의 제3자를 보호하여야 한다. 즉 표현대리나 표현대표이사의 규정(민125조, 126조, 129조, 상395조)의 준용에 의하여, 보전처분 위반의 행위도 선의의 제3자에 대한 관계에서는 유효하다고 해석하여야 한다. 다만 변제가 유효한 경우에도 채권자취소권 내지 부인권 행사의 문제는 여전히 남는다. 반대설은 원래 변제금지의 가처분은 채무자에 대하여만 행하여 진 것이므로 위반행위의 상대방은 선·악의를 불문하고 보호되어야 하고, 선의자만 보호하여야 한다고 해석하는 때에는 가처분이 발령되어 있음을 고지하여 상대방을 악의로 만들 것인가 또는 고지하지 아니한 채 그대로 변제할 것인가 하는 선택을 채무자에게 허용하는 것이 되어 부당하다고 주장한다. 그러나 변제금지 보전처분을 허용하는 이상은 조금이라도 실효성이 있는 것이어야 하고, 위와 같은 사태가 일어날 때에는 다른 방법(관리, 감독명령으로의 전환, 개시 후의 부인)에 의하여 대처하여야 할 것이다. 물론 채무자가 하는 임의변제를 금하는 것일 뿐 채권자의 추심을 금하는 것은 아니므로 채권자에 의한 강제집행을 이 보전처분에 의하여 저지할 수는 없다. 이는 전술한 바와 같이 명문상(법44조 1항) 또는 해석상 인정되는 강제집행의 중지명령 또는 그러한 취지의 보전처분에 의하여야 한다.

변제금지의 보전처분에 한하는 것은 아니지만, 보전처분에 의한 금지는 법원의 허가에 의하여 개별적으로 해제될 수 있도록 하는 것이 보통이다. 이에 의하여 허가를 받아 소액채권을 변제하고, 대물변제의 예약에 의하여 담보되어 있는 채무를 변제하여 예약완결권의 행사를 방해하고, 또는 전기요금 등을 변제하여 공급정지를 방지하거나(단 법122조1항에 의하여 회생절차에서는 그 필요는 없다) 운전자금을 차용할 수가 있다(그 허가·불허가의 재판에 대하여는 불복신청할 수 없다). 그러나 법원의 허가를 얻어 한 변제라도 부인의 요건을 구비하면 절차개시 후 관재인·관리인에 의하여 부인될 수 있고, 허가를 받아 차용하여도 당연히 공익채권·재단채권이 되는 것은 아니다.

---

39) 대법원 1990.8.14. 선고 90도1317 판결(집38권2집, 형694면)은 구 회사정리법상의 보전처분에 따른 법률적 효과로서 일체의 채무변제가 금지되고 그 결과 제시기일에 수표금이 지급되지 아니하게 된 것은 회사의 갱생을 목적으로 하는 회사정리제도의 실효를 거두기 위하여 불가피하다 할 것이므로 이를 가리켜 헌법상의 평등의 원칙에 위배되거나 법질서를 해치는 것이라고 할 수 없다고 판시하였다.

(다) 명의개서 금지의 보전처분

도산절차 개시직전의 주식취득을 금지시킴으로써 채무자의 내분이나 부당한 투기를 미연에 방지하고자 하는 취지의 것으로서 명문의 규정은 없으나, 회생 및 파산에 있어서 보전처분의 일종으로서 가능하다.[40] 그러나 실제 이 종류의 보전처분이 되는 경우는 드물다.

(라) 부인권을 위한 보전처분

절차개시 후 관재인·관리인에 의한 부인소송이 기대되는 경우에 장래의 부인의 상대방이 될 자에 대하여 미리 부인권행사의 실효성을 확보하기 위한 보전처분을 할 수 있는가 하는 것이 있다. 부정설도 있으나,[41] 실제상 필요성이 크고(전득자에게 양도되면 부인은 곤란해진다), 보전처분이 장래의 절차를 실효성 있게 하려는 일반적 임무를 가지고 있는 점을 고려하면 이와 같은 보전처분도 허용되어야 할 것이다.[42] 이 경우의 보전처분은 일반적인 보전처분과 달리 그 효과가 도산절차 개시에 흡수되는 것은 아니고, 부인의 청구 등의 절차를 거쳐 당초의 목적을 달성하게 되는 것이고, 피보전권리로서의 부인권을 전제로 한다.

(마) 보전관리명령

회생절차에만 규정되어 있는 보전처분이다(법43조3항, 85조). 종래와 같이 채무자에게 업무를 행하도록 하는 것이 부적당하고, 재산이나 업무에 관한 보전처분으로는 부족한 경우에 행하여진다. 법원이 보전관리인을 선임하고 허가사항을 지정하는 관리명령을 발령하면 그 효과로서 종전 개인인 채무자나 개인이 아닌 채무자의 이사의 권한은 소멸되고 채무자의 재산은 보전관리인에 의하여 관리되며 법원은 보전관리인을 통하여 채무자를 감독하게 된다. 보전관리인이 채무자 재산 및 사업의 관리처분권과 경영권을 장악하는 것이다. 보전관리인은 회생절차 개시와 동시에 선임될 관리인과 동일한 지위에 서고, 관리명령은 회생절차의 가개시(仮開始)라고 할 효과를 가진다.[43] 개인인 채무자 또는 개인이 아닌 채

---

40) 그 유효성에 관하여는 日名古屋高決昭和34.11.18高民12권9호440면, 倒産判例 ガイド 제2판 93면 참조.

41) 부정설이 근거로 하는 것은 다음과 같다. ① 법 제323조의 「채무자의 재산」라 함은 파산선고가 된 경우 파산재단을 구성할 재산만을 가리키는 것이고, 긍정설을 취하면 부인소송의 관할법원이 하여야 할 부인권존부의 판단을 파산법원이 하는 잘못을 범하게 된다(회생절차에서는 부인소송도 회생법원의 관할이나, 이는 광의의 도산법원, 즉 회생계속법원을 의미하고 반드시 보전처분을 하는 협의의 회생법원과 일치하는 것은 아니다). ② 보전처분은 도산절차 내부의 부수적 처분으로서 본래 채무자의 작위·부작위를 대상으로 하여야 한다. ③ 부인권 행사의 주체인 관리기구(관리인·관재인)의 설치를 하지 않은 상태에서 부인을 전제로 하는 조치를 하는 것은 부적절하다(회생에서는 보전관리인이 관리인의 전임자로서 부인소송을 본안소송으로 하는 가압류·가처분을 할 수 있다고 해석할 여지가 있다). ④ 부인권행사는 관리인·관재인의 재량에 속하므로 보전처분이 되어 있어도 관재인이 부인권을 행사하지 아니하면 부인을 촉구하는 법률상의 수단도 없어 보전처분을 받은 제3자는 불안정한 지위에 놓이게 된다(그러나 법396조2항 참조).

42) 일본 파산법은 이를 명문화하였다. 일본 파산법 제171조 참조. 보전관리인이 선임된 경우에는 신청권은 보전관리인에 전속한다.

43) 대법원 1992.7.28. 선고 92누4987 판결(공1992, 2688)은 구 회사정리법 제52조 제1항의 규정에 의하면

무자의 이사 등이 보전관리인의 권한을 침해하거나 부당하게 그 행사에 관여하는 행위 역시 금지된다.[44] 그리고 채무자의 재산에 관한 소에 있어서는 보전관리인이 원고 또는 피고가 된다. 보전관리인은 자신의 이름으로 채무자의 업무 및 재산에 관한 모든 행위를 하고 그 효과는 직접 채무자에 미친다. 다만 보전의 기능에 한하는 것이므로 회생채권의 조사, 회생계획의 작성, 미이행 쌍무계약의 처리, 부인권의 행사 등과 같이 회생 관리인 고유의 권한을 가지는 것은 아니고, 또 법원은 필요하다고 인정한 때에는 일정한 행위에 대하여 법원의 허가를 얻어야 하는 것으로 정할 수 있다(법86조, 61조1항). 다만 선의의 제3자는 보호된다(법86조, 61조3항).[45] 법원의 허가를 받아야 하는 것으로 지정되는 행위들로는 보통 신규설비의 구입 등을 위한 금원의 차용, 대량의 원자재의 구입, 사채의 모집, 영업의 양도, 인원 정리 등이 있다.

보전관리인의 선임은 등기·공고되고(법23조2항), 그 후에 채무자회사의 대표이사가 한 재산상·경영상의 행위는 회생절차와의 관계에서는 무효이다(상37조).[46] 물론 보전관리인이 법원의 허가를 받았는지 여부를 논할 필요 없이 무효이다.[47] 보전관리인의 선임과 재산에 관한 보전처분은 양립하고 후자가 존속하는 한 보전관리인도 이에 구속되나, 법원으로서는 후자를 취소하는 것이 적당할 것이다.[48] 이에 반하여 업무에 관한 보전처분은 보전관리인에게 미치지 않는다. 보전처분취소, 회생절차개시신청기각 등의 이유에 의하여 보전관리인의 임무가 종료된 경우 기왕의 행위의 효력은 영향을 받지 않음은 물론이다.

그러나 법 제49조가 개시신청일부터 1개월 이내에 형식적 요건만을 심사한 채 개시여

정리절차개시 후에는 그 종료에 이르기까지 정리절차에 의하지 않고는 이익이나 이자의 배당을 할 수 없도록 되어 있고 이 규정은 구 회사정리법 제39조 제2항에 의하여 보전관리인에 의한 관리명령이 있는 경우에도 준용된다고 볼 것이므로, 보전관리인에 의한 관리명령이 있은 뒤에는 주주에 대한 인정배당처분을 할 수 없다고 하였다.

44) 채무자회생법 제86조는 같은 법 제56조 제2항을 준용하고 있지 않으나, 이는 입법의 불비이다. 구 회사정리법 제39조의3 참조.

45) 대법원 1993.9.14. 선고 92다12728 판결(공1993, 2744)은 법원이 보전관리인에 대하여 법원의 허가를 얻어 회사정리법 제54조 각호의 행위를 하도록 정한 바가 없다면 보전관리인이 그 각호의 행위를 함에 있어서 법원의 허가를 받지 아니하였다 하여도 허가를 받지 아니하고 한 행위가 무효라고 한 같은 법 제55조의 규정이 당연히 준용되는 것이라고는 할 수 없다고 하였다.

46) 회생절차개시의 효력에 관한 법 제64조 이하가 보전관리인 선임의 경우에 준용되지 않으므로 이 효과는 오로지 상업등기의 효력의 문제로서 해결되어야 하고, 법 제64조 제2항, 제65조 내지 제68조에 규정된 제 효과도 생기지 않는다고 해석할 것은 아니다. 입법론으로서는 이 규정들이 준용되는 것이 적절할 것이다.

47) 日大阪高判昭和56.12.25判時1048호150면, 倒産判例 ガイド 제2판 95면. 다만 부당이득의 문제는 남는다는 전제 하에 원심에서 인정한 대여금 청구를 부당이득청구로 변경하여 인용하였다.

48) 다만 채무자회생법 제61조에 의하여 법원의 허가를 요하는 사항을 정한 경우에도 이에 관하여는 공시가 되지 않는 것이므로 부동산등기에 의하여 공시된 재산보전처분을 그대로 두는 쪽이 실효성이 있을 것이다. 이에 반하여 보전관리인에게는 다른 보전처분의 효력은 전혀 미치지 않는다고 하는 설도 있다.

부의 결정을 하도록 규정하고 있어 보전관리인을 선임할 것이라면 바로 관리인을 선임하여 개시결정을 하면 되므로 실무상으로는 관리명령을 발하고 있지 않다.

보전관리인의 선임에 유사한 보전처분이 파산절차에서도 가능한가에 대하여 보면, 사업의 계속을 예정하지 않는 파산에서는 이러한 종류의 보전처분의 필요성은 적고, 이를 인정하는 경우에도 규정이 없으므로 실제상 곤란하다. 채무자가 주식회사인 경우에는 상법상의 이사직무집행정지가처분·대행자선임의 가처분(상407조)의 준용에 의할 수 있도록 하는 것이 권한의 명확성의 점에서 적당하다.

법원은 관리위원회의 의견을 들어 보전관리인을 선임하여야 한다(법43조3항). 보전관리인의 선임방법, 지위와 권한, 의무와 책임, 직무의 제한, 보수 등은 관리인의 그것과 공통되는 것이 많다.

(3) 보전처분의 절차

(가) 신청

보전처분은 절차개시의 신청이 있을 때 신청 또는 법원의 직권으로 행하여진다.[49] 보전처분을 하는 법원은 절차개시신청을 심리하는 법원(협의의 도산법원)이다. 사건이 항고심에 계속 중인 때에는 항고법원이다.[50] 다만 개시결정에 대한 항고 중에는 이미 개시의 효력이 생긴 것이므로 보전처분은 필요 없다.

신청권자는 이해관계인이다(법43조1항, 323조). 회생에 있어서는 채무자 외에도 채무자가 회사인 경우 절차개시신청의 신청자격에 불구하고 개개의 채권자 및 주주·지분권자 모두 신청권을 가지고, 파산에서는 파산신청권자(법294조, 295조, 297조, 299조)가 신청권자가 된다고 해석한다.[51] 실제로는 채무자가 스스로 보전처분을 신청하는 것이 보통인데, 스스로 자신에 대하여 보전처분을 신청하는 것이 조금 기이하기는 하지만 그것이 회생절차에 있어서의 보전처분의 특이한 성격을 나타내는 것이라고 할 수 있을 것이다.

신청의 취지로서 신청인이 희망하는 보전처분의 내용을 특정하지만, 이는 법원을 구속하는 것은 아니다. 나아가 신청의 이유로서 신청자격 및 보전처분의 필요성을 밝히고, 소명방법을 첨부하여야 하는 것 등은 민사집행법상의 보전처분에 준한다(법33조). 보전의 필요성에 관하여 소명을 필요로 하는 외에 절차개시 신청인 이외의 자가 신청할 때에는 신청자격을 소명할 것이 신청의 적법요건이다. 민사집행법상의 보전처분과 달리 피보전권

---

49) 서울회생법원의 경우 별도의 신청이 없더라도 직권으로 보전처분을 하는 것을 원칙으로 하고 있다.

50) 반대설은 도산신청사건이 항고심에 계속 중이라도 이심의 효과는 도산신청 부분에 한하고 도산보전처분은 함께 이심되는 것이 아니기 때문에 제1심법원이 보전처분을 행한다고 한다. 일본의 다수설이다.

51) 자기파산신청의 경우는 채권자신청의 경우에 비하여 파산선고가 빨리 되는 것이 통상이므로 보전처분을 할 필요성은 적다고 할 수 있다.

리의 소명은 필요 없으나,52) 채무자(채권자신청의 경우) 또는 채권자(채무자신청의 경우)의 손해를 담보하기 위하여 신청인에게 담보제공을 명할 수 있는지에 관하여는 학설의 대립이 있다. 부당한 보전처분에 의한 손해발생의 개연성을 부정할 수 없으므로 담보제공을 명할 수 있다고 보아야 할 것이나, 실무상으로는 보전처분을 결정할 때 담보를 제공하게 하는 경우는 거의 없다.

(나) 심리의 재판 및 불복신청

보전처분의 재판은 임의적 구술변론을 거쳐서 「결정」으로 한다(법43조5항, 323조3항). 법원은 재판에 있어서 직권으로 필요한 조사를 할 수 있다(법12조). 법원은 보전처분을 결정할 때 절차개시원인, 보전의 필요성, 절차의 진행정도, 보전처분의 내용, 거래처에 미치는 영향 등을 종합적으로 고려하여야 한다. 또한 회생에 있어서는 법원이 보전처분, 보전관리인의 선임, 그 취소 및 변경을 할 경우에는 관리위원회의 의견을 들어야 한다(법43조1항, 3항, 4항). 등기·등록 있는 권리에 관하여 보전처분이 된 때에는 보전처분의 등기가 법원의 촉탁에 의하여 이루어지고(법24조1항, 3항), 또 관리명령 등에 관하여도 마찬가지로 공시(공고 및 상업등기)가 된다(법23조2항).

회생에 있어서는 보전처분 결정이 늦어지게 되면 부도로 인하여 채무자의 회생이 곤란하게 될 우려가 있어서 가급적 신속하게 보전처분 결정을 하는 것이 바람직하므로 이해관계인이 법 제43조 제1항의 규정에 의한 보전처분을 신청한 경우에 법원은 신청일로부터 7일 이내에 보전처분 여부를 결정하여야 한다(법43조2항). 실무상으로는 제출된 소명자료만을 검토하여 남용적 신청이라든지 자료가 극히 부실한 경우가 아닌 한 대표자심문을 거치지 아니하고 신청일부터 2, 3일 내에 보전처분결정을 한다.

보전처분을 한 후 법원은 결정에 의하여 언제라도 이를 취소 또는 변경할 수 있다.53) 보전처분의 결정 또는 이를 취소·변경하는 결정에 대하여는 즉시항고가 가능하나, 즉시항고는 집행정지의 효력이 없다(법43조6항, 7항, 323조4항, 5항). 이에 반하여 보전처분의 신청을 배척하는 결정에 대하여는 견해가 나뉘나, 신청이 부적법함을 이유로 각하한 경우에 한하여 통상항고가 허용된다고 해석한다.

---

52) 회생절차개시원인에 대한 소명은 물론 보전처분을 하지 아니하면 사업의 유지, 갱생이 저해될 우려가 있다는 점(보전의 필요성)을 소명하여야 한다. 보전처분은 회생절차개시신청이 기각되지 않고 회생절차개시에 관한 심리가 계속되는 것을 전제로 하고 있으므로, 회생절차개시의 조건이 보전처분의 심리대상이 되는 것은 당연하다.

53) 결정 후 대표자심문을 통하여 보전처분을 유지할 필요성이 없다고 판단되거나 신청인이 예납명령을 이행하지 않는 경우가 이에 해당할 것이다.

마. 이사 등의 책임추급의 보전

회생 및 파산 모두 법인인 채무자에 대하여 도산절차가 개시된 경우 발기인, 이사, 감사, 검사인 또는 청산인에 대하여 채무자가 가지는 출자이행청구권 및 손해배상청구권에 관하여 조사확정재판이라고 하는 간이한 책임추급방법이 인정되고 있는 것에 대응하여(법 115조, 352조), 이들 청구권을 보전하기 위하여 도산절차의 개시 전에 이사 등의 재산에 대하여 하는 보전처분이 특히 규정되어 있다(법114조, 351조). 이 보전처분은 보전관리인의 신청 또는 직권에 의하여 이루어진다. 그 절차는 전술한 보전처분과 같다.

바. 인적 사전처분

파산신청이 있으면 파산선고 전에도 채무자의 도망, 재산의 은닉, 폐기 등을 예방하기 위하여 법원은 직권으로 채무자 및 이에 준하는 자의 구인(拘引)을 명할 수 있다(법322조). 구법에 규정되어 있던 파산선고를 받은 자에 대한 감수는 폐지되었다. 그 절차와 효과는 파산선고 후에 이루어지는 동일한 처분과 같다(법319조). 자기파산의 신청이 있는 경우에도 이 처분이 가능하다. 파산 이외의 도산절차에서는 이와 같은 인적 사전처분은 불가능한데 실제로는 파산에 있어서도 전혀 행하여지지 않는다.

참고문헌

김성용, "회생절차 관련 도산법 개정 동향–자동중지와 절대우선의 원칙에 관한 논의를 중심으로", 비교사법 제16권 4호(통권 47호), 한국비교사법학회(2009), 67면.

김연, "통합도산법상 보전처분제도의 분석", 민사소송, 한국민사소송법학회지 제12권 제2호, 한국사법행정학회(2008.11.), 226면.

김용진, "도산법과 민사소송법의 관계", 인권과 정의 제393호, 대한변호사협회(2009.5.), 133면.

김춘수, "도산절차에서의 신탁부동산의 취급", 재판실무연구(5) 도산관계소송, 한국사법행정학회(2009), 112면.

이제정, "미국 연방파산법의 자동정지 제도에 관한 소고", 저스티스 제122호, 한국법학원(2011.2.), 127면.

이혜리, "자동정지제도에 관한 연구", 인권과 정의 제372호, 대한변호사협회(2007.8.), 56면.

4. 도산절차 개시의 재판과 부수절차

가. 개시의 재판

도산개시신청(회생신청, 파산신청)이 있고, 절차개시원인(회생원인, 파산원인)이 있다고 인정되는 경우에는 법원은 결정의 형식으로 도산절차 개시의 재판(회생절차개시결정, 파산선고)을 하는 것은 전술한 바와 같다. 이 재판에 있어서는 이유를 기재한 도산절차개시결정서(회생절차개시결정서, 파산결정서 등)를 작성할 것을 요한다.[1] 도산절차의 경우에는 절차개시결정서에 결정의 연월일 외에 「시간」도 기재하여야 한다는 명문의 규정이 있다(법49조 2항, 법310조). 이는 도산절차개시의 효력이 결정의 확정을 기다리지 않고 곧바로 「결정시」에 생기고(법49조3항, 311조), 각각의 효과를 수반하는 관계상 그 「시(時)」를 획일적으로 명확히 하고, 시의 전후에 관한 분쟁을 예방할 필요가 있기 때문이다. 종래 이 「결정의 시」가 언제를 가리키는 것이냐에 대하여 여러 가지 설이 있었으나,[2] 위 취지를 감안하면 이 「시」의 기재는 그 자체 창설적 효력을 가지는 것이므로 도산법원이 도산절차 개시의 제효과를 생기게 할 시점으로서 지정한 「시」를 의미한다고 해석하여야 할 것이다. 따라서

---

1) 대법원 2014.10.8.자 2014마667 전원합의체 결정(공2014하, 2159)은 판결과 달리 선고가 필요하지 않은 결정이나 명령과 같은 재판은 원본이 법원사무관등에게 교부되었을 때 성립한 것으로 보아야 하고, 일단 성립한 결정은 취소 또는 변경을 허용하는 별도의 규정이 있는 등의 특별한 사정이 없는 한 결정법원이라도 이를 취소·변경할 수 없으며, 일단 결정이 성립하면 당사자가 법원으로부터 결정서를 송달받는 등의 방법으로 결정을 직접 고지받지 못한 경우라도 결정을 고지받은 다른 당사자로부터 전해 듣거나 기타 방법에 의하여 결론을 아는 것이 가능하여 본인에 대해 결정이 고지되기 전에 불복 여부를 결정할 수 있다고 하였다. 주식압류명령에 관한 사안이다.

2) 「결정의 시」에 관하여 다음과 같은 학설이 있다. ① 결정이 선고된 때에는 선고시(증명의 문제로서는 선고시로서 조서에 기재되어 있는 시라고 해석하여야 할 것이다)이나, 선고하지 아니한 때에는 견해가 나뉜다. 법관이 결정서에 서명날인한 시, 법관이 서명날인하여 참여사무관 등에게 교부한 시, 결정서가 채무자에게 발송된 시, 관재인·관리인에게 발송된 시 등이다. ② 현실의 선고의 유무 및 그 시를 묻지 않고, 법관이 절차개시의 효력이 생길 시로서 결정서에 기재한 시라고 하는 설. 그러나 기재와 현실을 될 수 있는 한 일치시키기 위하여 선고를 한 때에는 현실의 선고시, 선고를 하지 않은 때에는 채무자에의 송달에 부친 시점을 기재하여야 할 것이라고 한다. ② 설이 타당하다.

이 「시」는 결정 그 자체가 소송법상 발효하는 시점과 달라도 지장이 없다. 이 의미에서의 발효시점은 일반원칙에 의하여 고지의 시(민소221조) 즉 선고시, 선고가 없는 경우에는 결정사항에 관하여 기재한 서면을 채무자에게 송달한 시(법51조2항, 313조2항)이다.

나. 동시처분

도산법원은 절차개시결정과 동시에 그 후의 절차의 전개를 준비하기 위한 각종의 사항에 관하여 결정하여야 한다.[3] 그 이외에 동시에 결정하여도 좋은 사항 즉 임의적 동시결정사항이 있다. 회생에 있어서는 관리인에 대한 허가를 요하는 사항의 지정(법61조), 보고서의 제출기한(법93조) 등이 개시와 동시에 결정되는 것이 보통이다.[4] 이러한 동시처분 사항의 내용은 회생과 파산 각각의 규정이 있다(법50조, 312조). 또 이러한 사항의 대부분은 다음 항에서 기술하는 부수처분의 대상이 된다.

(1) 관리인·관재인의 선임

관리인·파산관재인은 각각 절차개시결정과 동시에 선임되어야 한다.

(2) 관리인의 회생채권자·회생담보권자·주주·지분권자의 목록 제출 기간의 결정

회생에서는 관리인이 법 제147조 제1항에 규정된 목록을 작성하여 제출하여야 하는 기간(법 제223조 제4항에 따른 목록이 제출된 경우 제외)을 정하여야 한다. 이 기간은 회생절차 개시결정일부터 2주 이상 2월 이하이어야 한다(법50조1항).

(3) 채권 등 신고기간의 결정

회생 및 파산 절차 개시 전에 발생한 채권은 원칙적으로 각 도산절차를 통하여만 실현되고, 또 의사에 반하여 권리변경을 받게 된다. 따라서 권리자는 회생채권, 회생담보권, 파산채권의 신고에 의하여 절차에 참가하여야 한다. 그를 위한 기간은 회생에서는 관리인

---

3) 항고법원이 절차개시결정을 할 때에 동시처분의 결정을 항고법원이 할 것인가, 원심인 도산법원이 할 것인가의 문제가 있다. 문자 그대로 「동시」에 결정하여야 한다고 하면 항고법원이 하는 이외에 방법이 없고, 그것이 통설이나, 현실적으로 절차를 진행하는 것은 도산법원이므로 사항에 따라서는 (예컨대 기간, 기일) 지체 없이 도산법원이 결정하여야 하는 것으로 해석하여도 좋다.

4) 법원이 개시결정과 동시에 임의적으로 정할 수 있는 사항으로서는 ① 관리인이 법원의 허가를 얻지 아니하면 할 수 없는 행위의 지정(법61조), ② 재산의 가액의 평가 및 이것에 기한 재무제표의 작성 기간의 결정(법90조, 91조), ③ 채무자의 업무·재산 등에 관한 조사보고(법92조), 회생채권자·회생담 보권자·주주·지분권자의 목록(법147조)의 제출기한의 지정, ④ 법 제93조에서 정하는 보고서의 제출기일의 지정, ⑤ 관리인의 보수액의 결정(법30조), ⑥ 법 제51조 제1항 제4호에 의한 기간, ⑦ 비용 예납결정(법39조) 등이 있다.

이 회생채권자 등 목록을 작성·제출하여야 하는 기간(개시결정일부터 2주 이상 2월 이하)의 말일(법 제223조 제4항에 따른 목록이 제출된 경우에는 회생절차개시결정일)부터 1주 이상 1월 이하(법50조1항 2호), 파산에서는 파산선고를 한 날부터 2주일 이상 3월 이하(법312조1항1호)의 범위 내에서 정하여야 한다. 회생에 있어서 회생채권과 회생담보권의 신고기간은 달라도 좋다.

금융기관의 파산의 경우에는 법원이 채권신고기간 및 채권조사기일을 정할 때에는 미리 예금보험공사나 금융감독원 등 파산참가기관의 의견을 들어야 한다(금융산업의 구조개선에 관한 법률18조, 2조). 이는 파산참가기관이 파산선고 직후 예금채권에 대하여 예금자표를 작성하여 공고, 열람하게 한 후 채권신고기관이 지난 후 지체없이 예금자표를 법원에 제출하여야 하는 규정에 기인한다고 함은 전술하였다(같은 법20조, 21조).

(4) 채권조사 기간·기일의 지정

회생에 있어서는 회생채권 및 회생담보권 조사기간(법161조 이하)은 채권신고기간의 말일과의 사이에 1주일 이상 1월 이하의 간격을 두고 지정하고(법50조1항3호), 파산에 있어서의 채권조사기일(법450조 이하)은 채권신고기간의 말일과의 사이에 1주간 이상 1월 이하의 간격을 두고 지정한다(법312조1항3호). 양 절차 모두 관계인(채권자)집회와 채권조사기일(회생에 있어서는 특별조사기일)을 병합할 수 있다(법186조, 312조2항, 또한 552조 참조).

(5) 회생계획안의 제출기간의 지정

회생에 있어서는 회생계획의 제출기간을 정하여야 한다. 이 제출기간은 조사기간의 말일(법223조1항에 따른 회생계획안이 제출된 경우에는 회생절차개시결정일)부터 4개월 이하(채무자가 개인인 경우에는 2개월 이하)여야 한다(법50조1항4호).

(6) 제1회 채권자집회의 기일의 지정

파산에서는 제1회의 채권자집회의 기일(법376조, 488조, 489조)을 파산선고를 한 날로부터 4월 이내로 하여 지정한다(법312조1항2호). 파산에 있어서 채권신고기간이 만료되지 않은 상태에서 제1회 채권자집회가 열릴 수 있는 것은 신고는 출석의 조건이 아니고 제1회 집회는 설명집회와 같은 것인데, 신고 등에 관하여 주의를 주기 위하여서라도 되도록 빨리 개최하는 것이 바람직하기 때문이다. 회생에서는 관리인 보고를 위한 관계인집회(법89조)의 기일을 지정하는 예도 많다.

(7) 파산에 있어서의 간이파산의 결정

파산재단에 속하는 재산이 5억 원 미만인 경우에는 파산선고와 동시에 「간이파산(簡易破産)」결정이 되고, 간략한 절차가 마련되어 있다(법549조 이하 참조. 단 간이파산이 행하여지는 경우는 매우 드물다).

(8) 면제재산에 관한 결정

파산선고 전에 면제재산의 신청이 있는 경우에는 파산선고와 동시에 면제 여부 및 그 범위를 결정하여야 한다(법383조4항). 법원은 채무자 및 알고 있는 채권자에게 그 결정서를 송달하여야 한다(같은조5항).

(9) 파산의 동시폐지

파산선고의 요건은 갖추었으나 재단이 빈약하여 절차비용도 충당하기에 부족하다고 인정되는 때에는 파산절차의 속행은 무의미하므로 파산선고와 동시에 파산폐지의 결정을 하여야 한다(법317조1항). 이를 동시파산폐지(同時破産廢止)(또는 동시폐지(同時廢止))라고 한다.[5] 다만 신청채권자가 절차비용에 족한 금액을 미리 납부하여 절차의 실시를 구하는 경우에는 동시폐지를 하지 않는다(법318조). 동시폐지를 하는 때에는 그 후의 파산절차는 행하여지지 않으므로(법인은 재산이 있는 한 보통의 청산이 행하여진다) 이를 전제로 하는 위 (1) 내지 (4)의 동시처분은 하지 않는다. 동시폐지결정이 내려진 경우 파산절차는 장래를 향하여 종료되는데, 동시폐지결정에 대한 즉시항고가 있어 그 결과 동시폐지결정이 취소되면 파산선고에 기하여 파산절차가 진행된다(법317조5항).[6] 최근 외국에서는 자연인의 자기파산사건의 대부분이 동시폐지에 의하여 종료된다고 하는데 우리나라는 동시폐지결정을 매우 신중하게 하고 있다.[7] 그러나 채무자가 파산선고를 받은 자가 되는 것은 변함이 없으므로 면책의 이익을 받을 수 있고, 자격상실 등의 불이익도 받아야 한다. 동시파산폐지결정에 대하여는 이해관계인은 즉시항고할 수 있다(법317조3항).

---

5) 이에 반하여 파산선고 후에 되는 파산폐지(법545조)를 이시파산폐지(異時破産廢止)라고 한다.
6) 동시폐지결정이 취소되면 위 (1) 내지 (4)의 사항이 다시 결정되어야 할 것이다. 그러나 동시폐지결정이 취소되었다고 하더라도 재단채권변제 외에 일반파산채권에 대한 배당이 불가능한 상태라면 굳이 채권신고기간 및 채권조사기일을 정할 필요는 없을 것이다.
7) 실무에서는 채무자가 부동산을 소유하고 있는 경우, 부인대상행위가 있는 경우, 채무자의 재산을 환가하기 어려운 경우, 채무자 또는 그 가족에게 상당한 수입이 있거나 예상되는 경우, 개인사업자의 경우 등은 원칙적으로 동시폐지를 하지 않고, 파산관재인을 선임하여 파산절차를 진행한다.

다. 부수처분

도산법원이 도산절차 개시 후 곧 또는 지체 없이 하여야 하는 각종의 처분이 있다. 이러한 처분은 항고법원이 도산개시결정을 한 때에도 원심인 도산법원이 하여야 한다. 부수처분은 주로 도산절차 개시의 공시(公示)에 관한 것이다.

(1) 공고

도산법원은 도산절차 개시 후 곧 법정의 공고를 하여야 한다. 공고하여야 할 사항은 도산절차의 종류에 따라 다르다(법51조1항, 313조1항). 구법과 달리 채무자회생법에서는 공고를 관보 또는 대법원규칙이 정하는 방법에 의하도록 하고 있음은 전술하였다(법9조1항). 실무에서는 관보 공고는 하지 않고, 대법원 홈페이지를 이용하고 있다. 공고하여야 할 사항은 다음과 같다.

(가) 절차개시결정의 주문

회생 및 파산 모두 절차개시의 연월일시를 포함하여야 한다.

(나) 관리인·관재인의 성명 등

관리인·관재인의 성명, 법인이 관리인인 때에는(법74조6항, 355조2항) 그 명칭이다. 또 주소·법인관리인의 대표자의 성명도 포함하여야 한다.

(다) 동시사항으로서 정하여야 할 관리인의 채권자 등 목록 작성 제출기간·채권 등의 신고기간·채권조사기간(기일)·회생계획안의 제출기간·채권자집회의 기일

또한 채권의 신고장소, 조사기일의 장소 등도 포함하는 것이 친절할 것이다.

(라) 변제·교부의 금지 명령 및 채무부담·재산 등 소지자의 신고명령

① 채무자의 재산을 소유하고 있거나 그에게 채무를 부담하는 자는 채무자에게 그 재산을 교부하여서는 아니된다는 뜻이나 그 채무자에게 그 채무를 변제하여서는 안 된다는 뜻과 ② 채무자의 재산을 소지하고 있거나 그에게 채무를 부담하고 있다는 사실을 일정한 기간 안에 관재인·관리인에게 신고할 것, 나아가 파산의 경우에는 그에 덧붙여 ③ 재산의 소지자가 별제권자인 경우에는 피담보채권의 존재를 일정기간 내에 파산관재인에게 신고할 것의 명령을 공고한다(법51조1항4호, 313조1항). 회생절차에서는 별제권이라는 것은 없으므로 ③은 불필요하다. 이는 채무자·소지인의 주의를 환기하고 동시에 관리인·관재인의 정보 수집을 위한 것이다. 이 공고 후에 채무자에게 한 변제는 악의로 추정된다(법68조, 334조). 또 변제·교부는 이후에는 관재인·관리인에게 하여야 한다는 뜻을 덧붙이는 것이 친절할 것이다. 정하여진 신고를 게을리하여 손해가 생긴 경우(재산의 존재를 신고하였다면 유리하게 환가할 수 있었는데 그 후 가격이 하락한 경우)에는 신고를 게을리한 자는 손해배상의

무를 부담한다(법51조4항, 313조4항). 법 제313조 제4항에는 명문의 규정이 없으나 과실 없이 위 명령을 알지 못한 자는 책임을 면한다고 해석한다(법51조4항).

　(마) 회생채권자 등의 회생계획안 제출과 회생계획안 사전제출에 관한 취지

　법 제221조와 제223조 1항에 규정된 내용의 취지도 공고하여야 한다(법51조1항5호).

(2) 송달

　회생절차에서는 공고사항을 기재한 서면을 관리인, 채무자, 알고 있는 회생채권자·회생담보권자·주주·지분권자·채무자 재산의 소지자 및 채무자에게 채무를 부담하는 자에게 송달하여야 한다(법51조2항).[8] 금융기관에 파산선고를 한 때에는 파산참가기관에 위 공고사항에 정한 사항을 기재한 서면을 송달하여야 한다(금융산업의 구조개선에 관한 법률17조). 공고와 송달을 함께 하여야 할 경우에는 송달은 서류를 우편으로 발송하여 할 수 있다. 이 경우 공고는 모든 관계인에 대한 송달의 효력이 있기 때문에 결국 공고와 송달의 시간의 차이가 있을 때에는 모든 관계인에 대한 관계에 있어서 공고의 효력발생시를 기준으로 하게 된다(법11조). 다만 송달을 받지 않은 채권자 등은 경우에 따라 채권등 신고기간의 추완(법152조, 453조)이 허용되는 경우가 있을 수 있다.

　파산에 있어서는 위 공고사항을 알고 있는 채권자·채무자 및 재산소지자에게(법313조2항) 송달하여야 한다.[9] 관재인에게 송달하여야 한다는 규정은 없으나, 관재인에게도 송달하여야 하는 것은 당연하다. 알고 있는 채권자는 채무자가 현재 그 존재에 관하여 다투는 채권의 채권자를 포함한다고 해석한다. 채권의 존부는 최종적으로는 채권확정재판을 통하여 결정되는 것이고, 개시의 단계에서는 채권자의 외관만으로 처리할 것이기 때문이다.[10]

---

8) 채무자회생법 제51조제3항 본문은「제1항 2호 내지 4호의 사항에 변경이 생긴 경우」에는 공고 및 송달을 하여야 한다는 취지를 규정하고, 나아가 그 단서에서「조사기일의 변경은 공고하지 아니할 수 있다」라고 규정하고 있다.

9) 채무자가 채권자목록에 채권자로 기재하기는 하였지만, 송달불능으로 된 경우 송달을 공고로 갈음하는 것이지 현재의 규정이만, 채권자 입장에서 보면 법원의 공고를 매번 확인하는 것이 불가능하다는 점에서 실질적으로는 채권자목록에 기재되지 않은 것과 다름이 없다. 이는 후술하는 면책 절차에서도 마찬가지이다. 이에 대한 문제점을 분석한 논문으로 이무룡, "개인파산, 면책절차에서 주소미확인 채권자에 대한 실무적 소고— 채권자목록, 송달갈음공고, 면책불허가, 비면책채권 등의 측면에서— ", 사법논집 제72집, 법원도서관(2021), 553면 참조.

10) 알고 있는 채권자에게 송달을 하지 않은 경우에 그 후의 도산절차가 어떠한 효력을 가지는가의 문제가 있다. 다수설은 도산절차의 진행에 영향을 받지 않고, 그 효력 예컨대 면책이나 실권의 효과 등은 당해 채권자에 대하여도 미친다고 한다. 도산처리는 집단적인 절차로서 획일적으로 효력을 발생한다는 것이다. 알고 있는 채권자에 대한 통지는 공고에 덧붙여 특히 이를 알리려는 취지이므로 이것이 다소 흠결된 경우라도 공고가 된 이상 완결된 절차의 효력은 좌우될 것이 아니라고 해석하여야 할 것이다. 또한 절차 중이라면 사정에 따라 채권신고의 추완(법152조)이 인정될 것이다. 그러나 절차는 개시결정에 의하여 당연히 개시되고, 공고나 송달은 개시의 효력과는 관계가 없는 것이라고 하여도 이것은 실질적으로 절차진행의 정당성을 보장하는 것이므로 공고와 송달 모두 없었다고 하는 극단적

(3) 등기·등록[11]

(가) 법인도산등기

법인에 대하여 도산절차가 개시된 때에는 법원 사무관등은 각 영업소·사무소(본점·지점)의 소재지의 등기소에 법인의 회생절차 개시·간이회생절차 개시·파산선고등기를 촉탁하여야 한다(법23조1항1호). 관리인·보전관리인·파산관재인 또는 국제도산관리인의 성명 또는 명칭과 주소 또는 사무소도 등기한다(법23조3항). 채무자가 회사인 때에는 상업등기부에 등기되는 것이지만, 그에 관하여는 상업등기의 효력에 관한 규정(상37조)의 적용은 없다.

(나) 채무자에 관한 등기 있는 경우의 도산등기

법원사무관 등이 법인이 아닌 파산선고를 받은 채무자에 관한 등기가 있는 것을 안 때에는 파산의 등기를 촉탁하여야 한다(법24조3항 전단). 채무자에 관한 등기라 함은 채무자의 지위, 권한 등이 등기되어 파산이 이에 영향을 미칠 수 있는 경우이다. 예컨대 미성년자의 영업의 등기(상6조), 지배인의 등기(상13조), 합명회사 사원의 등기(상180조), 주식회사 이사의 등기(상317조3항) 등이 이에 해당한다. 또한 채무자에 관하여 등록이 있는 경우도 마찬가지라고 해석한다(예컨대 변호사, 변리사, 공인회계사 등의 등록). 또한 회생절차에서는 법인도산등기가 있을 뿐, 「법인인 채무자에 관한 등기」에 관하여는 규정이 없다.

(다) 등기·등록 있는 재산에 관한 도산등기

법인 아닌 채무자에 대하여 도산절차가 개시된 경우에 도산절차에 복종하여야 할 재산에 등기(부동산, 선박, 공장재단 등)·등록(특허권, 자동차, 광업권 등)된 물건이 있음을 안 때에는 법원사무관 등은 도산의 등기를 촉탁하여야 한다(법24조1항1호, 3항 후단). 도산절차에 복종하는 재산이라 함은 회생·간이회생에서는 개시 당시 채무자에 속한 재산, 파산에서는 파산재단을 구성하는 재산이다. 등기·등록을 촉탁하도록 한 것은 도산절차가 개시되면 채무자는 일정한 자격제한을 받게 되어 재산에 관하여 관리처분권을 잃으므로 그 뜻을 공시하여 둘 필요가 있기 때문이다. 거래의 상대방에 경고를 하는 취지이므로 채무자의 처분권상실 또는 제한은 이 등기를 요건으로 하는 것은 아니다. 미등기의 재산에 관하여는 먼저 촉탁에 의한 보존등기를 하여야 한다고 해석한다.

구 파산법과 화의법, 회사정리법에서는 정리회사 또는 채무자의 재산으로서 등기 및 등록된 모든 것에 대하여 등기 및 등록을 촉탁하도록 규정하고 있었으나(파110조 후단, 화8

인 경우에는 그 절차는 무효라고 해석할 수밖에 없다.

11) 구 회사정리법과 파산법에서는 등기 및 등록의 촉탁권자를 법원으로 규정하고 있었으나 채무자회생법에서는 원칙적으로 법원사무관 등으로 개정하였다. 이는 등기 및 등록의 촉탁은 이미 내려진 재판의 취지에 따라 등기 및 등록을 의뢰하는 행위에 지나지 않고 실질적인 판단을 수반하지 않기 때문에 법원사무관 등이 담당하여도 무방하기 때문이다. 이는 민사집행법에서 강제집행절차 및 보전처분에 관한 각종 등기의 촉탁을 법원사무관 등이 담당하고 있는 것과 마찬가지 취지이다.

조, 회18조1항, 22조), 채무자회생법에서는 채무자가 개인인 경우에 한하여 위 촉탁을 하도록 개정하였다. 법인의 경우에는 법인등기부에 회생절차·간이회생절차 또는 파산절차의 개시사실이 등기되고 그것만으로 공시의 효과를 거둘 수 있으므로 개별적인 재산에 대한 등기 및 등록은 하지 않도록 한 것이다. 다만, 개별적인 재산에 대하여 보전처분이 내려진 경우에는 등기 및 등록을 촉탁하여야 한다(법24조1항2호, 3호). 개정된 일본 회사갱생법[12] 및 파산법[13]도 같은 태도이다.

다만 예외로서 회생계획의 수행이나 회생절차가 종료되기 전에 등기된 권리의 득실이나 변경이 생긴 경우에는 법원사무관 등이 아닌 법원이 등기를 촉탁하여야 한다(법24조2항). 위와 같은 등기의 촉탁 여부는 실무상 상당히 어려운 결정 사항이므로 법원이 직접 등기를 촉탁하도록 규정한 것이다.

유한책임신탁재산에 대하여 파산선고를 한 경우 등기의 촉탁 등에 관하여는 채무자회생법 제23조부터 제27조까지의 규정을 준용한다(법578조의5 제3항).

(4) 관청에의 통지

주식회사인 채무자에 대하여 회생절차개시의 결정을 한 때에는 법원은 위 공고 사항을 채무자의 업무를 감독하는 행정청, 법무부장관과 금융위원회에 통지하여야 한다(법52조). 그 설립 또는 목적사업에 관하여 관청의 허가를 받은 법인(은행 등)이 파산한 경우에는 그 주무관청에 대한 통지도 한다(법314조). 유한책임신탁재산에 대하여 파산선고를 한 경우 그 목적인 사업이 행정청의 허가를 받은 사업일 때에는 법원은 파산선고 사실을 주무관청에 통지하여야 한다(법578조의5 제1항).

(5) 검사 등에의 통지

파산에서만 문제된다(법315조). 파산범죄에 관하여 수사를 촉구하기 위한 것이다. 개인채무자의 경우 파산선고가 확정되고 최종적으로 면책을 받지 못하는 경우에 법원은 등록기준지 시·구·읍·면장에게 그 사실을 통보하여야 한다(개인파산 및 면책신청사건의 처리에 관한 예규).

(6) 서류의 비치·열람·복사

회생에 있어서는 이해관계인의 열람을 위하여 회생절차개시의 신청에 관한 서류를 법원에 비치하여야 한다(법37조). 구 회사정리법 및 구 파산법에는 기록의 열람 및 복사에

---

12) 일본 회사갱생법 제260조.
13) 일본 파산법 제257조 내지 259조.

관한 명문의 규정이 없었기 때문에 구 회사정리법 제8조 및 구 파산법 제99조에 의하여
민사소송법이 준용되는 것을 근거로 민사소송법 제162조에 의하여 열람·복사 등을 할 수
있다고 해석하였었다. 그러나 기록의 열람 및 복사에 관해서는 이해관계인의 관심이 높
고 이해에 관계되는 문제가 발생할 여지가 많으므로 채무자회생법 제28조는 사건기록의
열람·복사 등에 관한 규정을 명문화하였다. 일본의 입법례도 마찬가지 태도이다.[14]

　　이해관계인은 법원에 사건기록(문서 그 밖의 물건 포함)의 열람·복사, 재판서·조서의
정본·등본이나 초본의 교부 또는 사건에 관한 증명서의 교부를 청구할 수 있으나, 사건기
록 중 녹음테이프 또는 비디오테이프(이에 준하는 방법에 의하여 일정한 사항을 기록한 물건 포
함)에 관하여는 그러하지 아니하다. 다만, 이해관계인의 신청이 있는 때에는 법원은 그 복
제를 허용할 수 있다(법28조1항, 2항). 위 규정에 불구하고 채무자 외의 이해관계인은 보전
처분, 보전관리명령, 중지명령, 포괄적 금지명령, 회생절차개시 또는 간이회생절차개시의
신청에 대한 재판의 어느 하나가 있을 때까지, 채무자는 보전처분, 보전관리명령, 중지명
령, 포괄적 금지명령, 회생절차개시 또는 간이회생절차개시의 신청에 대한 재판이나, 회생
절차개시 또는 간이회생절차개시의 신청에 관한 변론기일의 지정, 채무자를 소환하는 심
문기일의 지정이 있을 때까지는 위 규정에 의한 신청을 할 수 없다. 다만, 그 자가 회생절
차개시 또는 간이회생절차개시의 신청인인 때에는 그러하지 아니하다(법28조3항). 법원은
채무자의 사업유지 또는 회생에 현저한 지장을 초래할 우려가 있거나 채무자의 재산에 현
저한 손해를 줄 우려가 있는 때에는 열람·복사, 정본·등본이나 초본의 교부 또는 녹음테
이프 또는 비디오테이프의 복제를 허가하지 아니할 수 있고, 위 불허가결정에 대하여는
즉시항고를 할 수 있다(법28조4항, 5항).

(7) 채무자의 재산 등에 관한 조회

　　채무자회생법은 채무자의 재산조회 규정을 신설하였다(법29조). 법원은 필요한 경우
관리인·파산관재인 그 밖의 이해관계인의 신청에 의하거나 직권으로 채무자의 재산 및
신용에 관한 전산망을 관리하는 공공기관·금융기관·단체 등에 채무자명의의 재산에 관하
여 조회할 수 있다. 이는 민사집행법 제74조, 제75조의 규정에 의한 재산조회제도를 도입
한 것이다.[15]

---

14) 일본 민사재생법 제16조, 제17조, 파산법 제11조, 제12조, 회사갱생법 제11조, 제12조.
15) 그 절차에 관하여는 규칙 제45조 내지 제48조에 규정하고 있다.

라. 도산절차 개시가 채무자에 미치는 효과

도산절차의 개시는 채무자, 채무자가 법인인 경우 그 이사 등의 신분이나 채무자를 둘러 싼 재산관계·소송관계 등에 중대한 영향을 미친다. 특히 재산관계에 미치는 영향은 도산처리법상의 가장 중요한 문제점의 하나로서 제3자의 지위의 관점에서 후에 주로 제3 장(Ⅲ)에서 취급한다. 개시의 효과는 각 도산절차의 종류에 따라 다르고 그 점에서 각각의 도산절차의 특징을 집약적으로 나타내게 된다. 여기서는 개시가 채무자 자신 또는 채무자 와 동일시하여야 할 자의 지위에 어떠한 영향을 미치는가를 고찰한다.

(1) 신분상의 효과

도산절차의 원활·적정한 운영을 확보하기 위하여 채무자 및 채무자와 동일시하여야 할 자에게 일정한 자유제한을 과하는 것과 파산에 있어서 보이는 징계주의의 잔재라고도 할 수 있는 각종의 자격상실 등 2개가 주된 것이다. 양쪽 다 신분상에 미치는 효과는 파산 에 있어서 가장 현저하다.

(가) 자유제한

1) 설명의무

법인도산 및 개인도산에 공통하는 것으로서 도산절차에 있어서 채무자 또는 이와 동 일시하여야 할 자(대표자·이사·법정대리인·지배인·사용인·상속재산파산의 경우 상속인, 그 대 리인, 상속재산관리인 및 유언집행자)는 관리인·관재인·감사위원·채권자집회·조사위원 등 이 권한에 기하여 하는 조사를 수인(受認)하고, 또 청구에 응하여 성실히 설명을 할 의무를 부담하고 그에 위반하면 형벌이 부과된다(법22조3항, 34조3항, 79조, 88조, 321조, 649조, 658 조). 유한책임신탁재산에 대한 파산선고를 받은 경우 수탁자 또는 신탁재산관리인, 수탁자 의 법정대리인, 수탁자의 지배인, 법인인 수탁자의 이사는 파산관재인·감사위원 또는 채 권자집회의 요청에 의하여 파산에 관하여 필요한 설명을 하여야 한다. 종전에 위 자격을 가졌던 자도 마찬가지이다(법578조의7). 일본의 하급심 판례 중에는 민사재생 절차에서 재 생절차 대리인이 재생채무자로부터 영업양도를 받을 것을 예정하고 설립된 회사로부터 설 명의무위반을 이유로 손해배상청구를 받은 사안이 보인다.[16]

2) 구인

파산 특유의 제도이고, 법원은 설명의무의 이행 등을 위하여 필요하다고 인정하는 때 에는 채무자 또는 이에 준하는 자(파산선고를 받은 채무자의 법정대리인, 이사, 지배인, 상속재

---

16) 日東京地判平成19.1.24判タ1247호259면, 倒産判例 インデックス 제3판 33. 결론은 설명의무위반을 부정하였다.

산 파산의 경우 상속인과 그 법정대리인)의 구인을 명할 수 있다(법319조1항, 320조). 이 구인은 형사절차상의 인신구속에 유사한 것이므로 신중히 필요 최소한에 그쳐야 한다고 하는 것이 헌법상의 요청일 것이다. 구인에는 형사소송법의 구인에 관한 규정을 준용하고, 위 결정에 대하여는 즉시항고를 할 수 있다(법319조2항, 3항). 유한책임신탁재산에 대한 파산선고를 한 경우 법원은 필요하다고 인정할 때에는 수탁자 또는 신탁재산관리인, 수탁자의 법정대리인, 수탁자의 지배인, 법인인 수탁자의 이사를 구인하도록 명할 수 있고, 파산의 신청이 있는 때에는 법원은 파산선고 전이라도 이해관계인의 신청에 의하거나 직권으로 위 사람들을 구인하도록 명할 수 있다(법578조의6).

일본 파산법은 채무자(파산자)는 법원의 허가를 받아야 그 거주지를 떠날 수 있도록 규정하고 있는데(일파37조1항), 판례는 파산절차에 협력을 확보하기 위하여 채권자집회에 출석하는 것을 조건으로 하는 해외여행은 적법하다고 하였다.[17]

3) 통신 비밀의 제한

회생 및 파산 모두에서 행하여진다. 회생에서는 법원은 체신관서·운송인 그 밖의 자에 대하여 채무자에게 보내오는 우편물·전보 그 밖의 운송물을 관리인에게 배달할 것을 촉탁할 수 있고(법80조1항), 파산에서도 마찬가지이다(법484조1항). 어느 경우이든 관리인·관재인은 수취한 우편물·전보 그 밖의 운송물을 열어 볼 수 있다. 채무자는 위와 같은 우편물·전보 그 밖의 운송물의 열람을 요구하고, 채무자의 재산이나 파산재단에 관련이 없는 것의 교부를 요구할 수 있다(법80조3항, 484조3항). 이와 같은 통신의 비밀의 제한은 특히 개인파산의 경우에 있어서 프라이버시의 보장과의 관계가 문제될 것이다.

(나) 자격상실 등

개인파산에 있어서 문제되는데(파산에 의한 법인의 해산도 이러한 종류의 신분상의 효과라고 볼 수 있을 것이다), 파산법 자체가 아니라 각종의 많은 다른 법률들이 파산선고를 공사(公私)의 자격의 결격사유로 하고 있다. 공법상의 자격상실로서 변호사, 공인회계사, 공증인 등이 될 수 없고,[18] 사법상의 자격상실로서 후견인, 후견감독인, 유언집행자, 수탁자 등

---

17) 日東京高決平成27.3.5判タ1421호19면[百選A5].
18) 구 의료법 제52조 제1항(2001.12. 법률 제6157호로 개정되기 전의 것)은 '파산선고를 받고 복권되지 아니한 자'를 임의적 면허취소사유로 규정하였다가 법개정으로 위 사유를 필요적 면허취소사유로 규정하였는데, 대법원 2001.10.12. 선고 2001두274 판결(공2001, 2477)은 '파산선고를 받고 복권되지 아니한 자'를 파산선고 후 복권될 때까지 파산자의 상태에 있는 자의 의미로 해석한다면, 파산선고를 받고 복권되지 아니한 의사의 경우 파산자라는 결격사유가 위 법률 개정 전에 이미 종료된 것이 아니고 위 법률 개정 후에도 여전히 존속하고 있는 것으로 보아야 할 것이므로, 행정청으로서는 개정 전의 의료법을 적용하여 면허취소에 대한 재량판단을 할 것이 아니라, 개정된 의료법에 따라 그 면허를 반드시 취소하여야 할 것이고, 의료법 제8조 제1항의 '파산선고를 받고 복권되지 아니한 자'는 파산선고 후 파산법에 의하여 복권될 때까지 파산자의 상태에 있는 자를 말하는 것이고, '파산선고가 확정되고 면책결정이 내려지지 아니할 것으로 확정된 자'로 볼 것은 아니라고 판시하였다. 현행 의료

이 될 수 없다. 명문의 규정은 없으나, 파산선고를 받은 자는 주식회사의 이사가 될 수 없는 것으로 해석하고 있다.[19] 이러한 자격상실은 복권이 될 때까지 존속한다.[20] 그런데 법 제32조의2는 「누구든지 이 법에 따른 회생절차·파산절차 또는 개인회생절차 중에 있다는 이유로 정당한 사유 없이 취업의 제한 또는 해고 등 불이익한 처우를 받지 아니한다」고 규정함으로써 개인이 파산신청으로 불이익을 입지 않도록 하였다. 이 조항은 채무자회생법이 제정된 후 시행 이전에 개정된 것으로서 이 조항의 신설로 인하여 장래 공무원 등이 파산선고로 인하여 면직되거나 면허가 취소되는 등의 신분상의 불이익을 면하게 될 가능성이 생겼다. 원칙적으로 개별 법률 상의 파산선고를 받은 자에 대한 신분상의 불이익을 규정한 조항의 효력이 문제되는데, 헌법재판소는 사립학교 교원이 파산선고를 받으면 당연퇴직되도록 정하고 있는 사립학교법 제57조(국가공무원법 제33조 제1항 제2호 부분)는 헌법에 위배되지 아니한다고 하였다.[21] 한편 직원이 파산선고를 받은 경우 당연퇴직하도록 한 인사규정에 기한 해고는 무효라고 판시한 하급법원 판결도 있다.[22]

한편 건설산업기본법 시행령 제79조의2 제3호 (가)목은 자본금 기준에 미달한 건설업자에 대한 등록 말소의 예외사유로 '회생절차가 개시되어 진행 중인 경우'를 규정하고 있는데 판례는 위 규정은 회생절차가 진행 중에 있는 건설업자의 효율적인 회생을 뒷받침하고자 함과 아울러, 회생절차가 진행되는 동안에는 회생법원이 회사 운영 전반을 감독함으로써 추가적인 부실발생이 방지되고 회생계획이 인가되면 회생채권에 대한 감면 등 권리변경이 이루어져 재무구조가 개선되고 결국 자본금 기준을 다시 충족하게 될 가능성이 크다는 점에서 이러한 등록기준의 미달이 단순히 일시적인 것에 그칠 여지가 많다고 보기 때문이고, 시행령 조항의 규정 취지와 목적, 위 시행령 79조의2에 규정된 건설업 등록 말소의 다른 예외사유의 내용, 채무자회생 제도의 취지와 절차적 특성 등과 함께, ① 시행령

법 상으로는 의료인 면허취득과 파산선고와는 아무런 관련성이 없다. 간호사, 약사도 마찬가지이다.

19) 이에 대하여는 반대설도 유력하다. 재임 중의 이사는 파산에 의하여 당연히 해임되지만(상382조, 민690조), 이는 종래 존재하던 신뢰관계가 파괴된 것을 고려한 것이므로 새로이 동일인을 이사로 선임하는 것은 무방하다는 것이 반대설의 입장이다.

20) 법인파산의 경우는 파산선고를 받은 자인 법인 그 자체는 해산하는 것이므로 자격상실은 문제될 여지가 없지만, 실질상의 도산책임자인 점에서는 개인파산자와 다름이 없는 법인이사가 아무런 자격제한을 받지 않는 것은 균형을 잃은 것이라는 지적도 있다. 기업 그 자체는 재건한다고 하여도 도산의 책임은 말소되지 않는 것이므로 과실 있는 이사에 관하여는 재건형 절차에 있어서도 자격상실을 입법론으로서 고려하여야 한다는 것이다.

21) 헌법재판소 2008.11.27. 선고 2005헌가21 전원재판부 결정(헌공 제146호)은 파산선고에 따른 자격제한을 없앨 경우 파산신청의 남용이 우려되는 점, 파산선고를 받은 교원의 지위가 박탈된다고 하여도 그것이 교원의 사회적 책임과 교직에 대한 국민의 신뢰를 제고한다는 공익에 비해 더 비중이 크다고는 볼 수 없는 점 등을 종합하면, 이 사건 법률조항이 침해의 최소성이나 법익의 균형성을 위반하였다고 볼 수 없다고 하였다.

22) 서울중앙지법 2006.7.14. 선고 2006가합17954 판결(각공2006, 1881).

조항은 문언상 회생절차가 진행 중인 사실 자체를 건설업 등록 말소의 예외사유로 규정하고 있을 뿐, 말소사유인 자본금 기준에 미달한 사실과 예외사유의 시간적 선후관계에 관하여 명시하고 있지 아니한 점, ② 채무자회생법은 회생법원의 감독행정청에 대한 회생절차개시신청사실 통지의무와 감독행정청의 의견진술권을 규정하고 있고(법40조1항1호, 3항), 이러한 절차를 통하여 건설업자가 건설업 등록 말소를 피하기 위한 목적에서 회생절차개시신청을 한 것임이 밝혀진 경우에는 신청이 성실하지 않다고 보아 이를 기각할 수 있으므로(법42조2호), 회생절차가 등록 말소를 회피하기 위한 수단으로 남용될 우려가 크지 아니한 점, ③ 회생절차개시결정과 자본금 기준 미달사실 발생의 선후관계에 따라 등록 말소 여부를 달리 보아야 하거나 시행령 조항의 적용 범위를 문언보다 좁게 해석해야 할 합리적 이유를 찾기 어려운 점, ④ 회생절차는 재정적 어려움으로 파탄에 직면한 채무자를 효율적으로 회생시켜 채무자는 물론 채권자, 주주, 근로자 등 여러 이해관계인 공동의 이익을 도모하기 위한 제도인데, 건설업자의 사업의 기초가 되는 건설업 등록이 말소되면 더 이상의 영업활동이 불가능해져 회생절차가 곧바로 무산될 수밖에 없는 점 등을 종합해 보면, 시행령 조항은 자본금 기준에 미달한 사실이 회생절차개시결정 전후에 있었는지를 가리지 않고 건설업자에 대한 회생절차가 개시되어 진행 중인 경우에 적용된다고 하였다.[23]

(2) 재산상의 효과

(가) 관리처분권의 상실

1) 개인파산과 법인도산

도산절차는 어느 것이나 많든 적든 채무자의 재산관리처분권능을 박탈하여 청산 또는 재건을 지향한다고 하는 구조를 취하고, 이 점에서 채무자의 관리처분권은 전면적으로 관리인·관재인에게 이전한다.[24] 전면적이라고 하여도 개인과 법인은 그 취지가 다르다. 즉 개인파산의 경우에는 파산선고를 받은 자는 파산선고 당시의 전 재산(단 압류금지물을 제외한다)에 관하여 관리처분권을 잃고 이러한 재산은 일괄하여 파산재단을 구성하여 파산관재인의 관리처분권에 복종한다.[25] 그러나 채무자 개인은 이에 의하여 권리능력·행위능력을

---

23) 대법원 2015.5.28. 선고 2015두37099 판결(공2015하, 887)[백선06].
24) 대법원 2004.1.15. 선고 2003다56625 판결(공2004, 339) 및 대법원 2004.3.25. 선고 2003다63227 판결(공보불게재)은 신용협동조합의 대출에 관한 대표자의 대표권이 이사회의 결의를 거치도록 제한되는 경우 그 요건을 갖추지 못한 채 무권대표 행위에 의하여 조합원에 대한 대출이 이루어졌다고 하더라도 나중에 그 요건이 갖추어진 뒤 신용협동조합이 대출계약을 추인하면 그 계약은 유효하게 되는 것인데, 신용협동조합이 파산한 경우 파산재단의 존속·귀속·내용에 관하여 변경을 야기하는 일체의 행위를 할 수 있는 관리·처분권은 파산관재인에게 전속하고, 반면 파산한 신용협동조합의 기관은 파산 재단의 관리·처분권 자체를 상실하게 되므로, 위와 같은 무권대표행위의 추인권도 역시 특별한 사정이 없는 한 파산관재인만이 행사할 수 있다고 보아야 한다고 하였다.
25) 파산재단은 파산채권자에 대한 변제에 충당하기 위하여 조직되고, 관리되는 채무자의 총재산이고,

잃는 것은 아니고 압류금지물 등 파산재단에 속하지 않고 채무자의 수중에 남아 있는 재산에 관하여는 완전한 관리처분권을 가질 뿐만 아니라 새로운 경제활동에 의하여 재산을 취득할 수 있고, 그러한 재산은 이른바 자유재산으로서 파산절차와 관계없이 채무자의 관리처분권에 복종한다. 이는 파산 후의 신득재산(新得財産)을 파산재단에 포함시키지 않는 이른바 고정주의의 결과이다. 실제로 개인파산은 면책이 주된 목적이라고 할 수 있다.[26]

그런데 법인은 파산에 의하여 당연히 해산하게 되고(민77조, 상227조5호, 269조, 517조), 청산절차는 파산절차에 의하여 대치되나, 법인격은 청산의 목적 범위 내에서 존속할 뿐만 아니라(법328조, 민81조, 상245조), 파산절차 자체와의 관계에 있어서도 파산선고에 대한 즉시항고나 회생절차개시신청을 하는 주체로서의 법인은 존속하여야 하고, 그 독자의 대표자도 존재하여야 한다. 결국 법인의 파산의 경우에도 자연인이 파산에 있어 그 인격을 지속하는 것과 같이 법인은 종래와 같이 존속하면서, 그 재산면의 활동은 파산관재인에 의하여 전면적으로 장악되는 것이고, 그 인격적 측면은 파산에 의하여 방해되는 것은 아니라고 해석할 수 있다. 단지 그 인격은 법인이 원래 목적적인 존재인 점을 반영하여 청산목적으로 감축되는데 불과하다.[27] 그리하여 종래의 대표자가 그대로 파산법인의 대표자가 되고, 재산관계를 제외한 인격적 측면(조직면)에 관하여 권한을 가지며, 주식회사에서는 주주총회도 개최하여 이사의 선임·해임 등을 할 수 있는 것이다.[28] 상법은 파산관재인으로 하여금 회사에 대한 합병무효의 소(상236조, 529조), 주식회사에 관하여 감자무효의 소(상

채무자가 파산선고시에 가지는, 압류할 수 있는 일체의 재산에 의하여 구성된다(법382조). 이와 같이 법규정에 따라 파산재단이 될 것을 법정재단(法定財團)이라고 부르나, 파산선고 후에 파산관재인이 파산재단에 속하는 재산으로서 현실적으로 점유·관리하는 현유재단(現有財團)은 본래 법정재단의 일부로서 들어가야 할 재산이 제3자 쪽에 있기도 하고, 역으로 제3자의 재산이 혼입되어 있기도 하기 때문에 법정재단과 반드시 일치하지는 않는다. 일찍이 대법원 1963.9.12. 선고 63누84 판결(집11(2)행, 69)이 설시하였듯이 파산재단에 속하는 재산이라 함은 그 재산이 형식상 파산재단에 속한 것이라고 인정되면 족하며 반드시 실질적으로 파산재단에 속할 것을 요하는 것으로 볼 것이 아니기 때문이다. 파산관재인으로서는 현유재단을 법정재단과 일치시키려고 노력하므로 현유재단을 관리·환가하여 파산채권자에 대한 변제(배당)에 제공하는 금전인 배당재단(配當財團)을 만들어 내는 것이다.
26) 이러한 점에서 개인파산절차의 신속 처리 방안을 강조한 논문으로는 김기홍, "개인파산절차의 신속화를 위한 실무적 개선방안", 사법 64호, 사법발전재단(2023), 433면 참조.
27) 법인 청산을 위한 업무에 관하여는 홍석표, "법인 파산절차 종료 후 잔여 업무 처리를 위한 청산절차", 도산법연구 제12권 제2호, 사단법인 도산법연구회(2022.12.), 167면 참조.
28) 회사가 파산한 후의 회사대표자가 되는 것은 청산인이 아니라(상531조1항), 대표이사라는 것은 견해가 일치하고 있으나, 종래의 대표이사가 그대로 파산회사를 대표하는가, 아니면 종래의 대표이사는 일단 지위를 잃고(이사 전원이 지위를 잃는다. 상382조, 민690조), 새로이 주주총회에서 선임되어야 하는가에 대하여는 견해가 나뉜다. 앞의 견해를 취하여야 할 것이다. 그러나 日最判昭和43.3.15民集22권3호 625면[百選제4판87]은 주식회사에 관하여 파산동시폐지가 있었을 때에는 청산인이 되는 것은 종래의 이사는 아니고, 이해관계인의 청구에 의하여 법원이 청산인을 선임하여야 한다고 하였다(우리 상531조2항). 이 판례는 파산에 의하여 종래의 이사가 당연히 지위를 상실하는 것을 전제로 하고 있으므로 찬성하기 어렵다. 나아가 민법상의 법인에 관하여도 마찬가지로 해석하여야 할 것이다. 민법 제82조 참조.

445조)를 제기할 권한을 부여하고 있다.

　　회생절차에 있어서는 채무자가 회사인 경우 회사는 해산되는 것이 아니라 종래와 같이 영업을 계속하지만 그 재산관계·사업경영의 측면은 관리인에 의하여 전면적으로 장악된다. 이 관계는 전술한 법인의 파산의 경우와 마찬가지로 이해할 수 있을 것이다. 관리인은 종래의 이사로부터 그 재산상·경영상의 권한을 넘겨받는 것이 아니고, 회사 그 자체가 스스로 재산관리처분권을 잃는 결과 대표이사도 이를 잃는데 불과하고, 종전의 여러 권한 중 잃는 것을 제외한 나머지 권한, 즉 회사의 조직법상의 제 권한은 그대로 주주총회, 이사회, 대표이사 등에 귀속한다.29) 따라서 회사에 대하여 회생절차개시결정이 내려져 있는 경우라고 하더라도 적법하게 선임되어 있는 대표이사가 있는 한 그 대표이사가 형사소송법 제27조 제1항에 의하여 피고인인 회사를 대표하여 소송행위를 할 수 있고, 관리인은 채무자 회사의 기관이거나 그 대표자가 아니고 채무자 회사와 그 채권자 및 주주로 구성되는 소외 이해관계인단체의 관리자로서 일종의 공적 수탁자이므로 관리인이 형사소송에서 피고인인 채무자 회사의 대표자가 될 수 없다.30)

　　그러나 한편 회생절차의 개시에 의하여 재산관계·영업관계에 관하여는 이른바 주체의 교체가 이루어지게 되는데, 판례 중에는 구 회사정리법 하에서 정리회사의 관리인은 정리회사의 대표자의 지위에 있다고 하기보다는 일종의 공익적 수탁자의 지위에 있는 것이므로, 법인세법 시행령 제94조의2 제1항 제1호가 규정하는 인정상여의 취지나 정리회사의 관리인의 법적 지위에 비추어 볼 때 정리회사의 관리인은 특별한 사정이 없는 한 인정상여로 소득처분되는 법인의 대표자로 볼 수 없고, 정리회사의 관리인이 회사정리법상 법원에 의하여 선임되고, 그 보수 또한 법원이 정하며, 위와 같은 법리는 관리인의 사업의 경영과 재산의 관리업무 중 회사재산의 처분, 재산의 양수 등과 법원이 지정하는 행위에 대하여는 법원의 허가 등을 통한 후견적 감독이 행하여지는 것이므로, 그 임무에 대한 공정성이 담보되어 정리회사, 채권자, 주주 등으로 구성되는 이해관계인 단체의 이해를 적절히 조정하여 회사의 갱생을 도모하는 공익적 지위에 있음을 전제로 하는 것이므로, 대표이사가 관리인으로 선임되어 종전의 회사 조직을 그대로 장악하여 스스로 공익적 수탁자

---

29) 대법원 1964.4.21. 선고 63다876 판결(공보불게재)은 이에 대하여 회사의 정리개시결정이 있고 관리인이 선임되었을 경우라 하여도 회사의 대표이사나 기타 이사, 감사역의 효력을 상실하거나 또는 당연해임의 효력을 발생하는 것이 아니고 단지 회사의 대표 업무집행 및 재산관리 등 권한이 관리인의 손에 넘어 갈 뿐이라고 표현하였다.

30) 대법원 1994.10.28.자 94모25 결정(공1994, 3172)은 또한 형사소송에 있어서 변호인을 선임할 수 있는 자는 피고인 및 피의자와 형사소송법 제30조 제2항에 규정된 자에 한정되는 것이고, 피고인 및 피의자로부터 그 선임권을 위임받은 자가 피고인이나 피의자를 대리하여 변호인을 선임할 수는 없는 것이므로, 피고인이 법인인 경우에는 형사소송법 제27조 제1항 소정의 대표자가 피고인인 당해 법인을 대표하여 피고인을 위한 변호인을 선임하여야 하며, 대표자가 제3자에게 변호인 선임을 위임하여 제3자로 하여금 변호인을 선임하도록 할 수는 없다고 하였다.

의 지위에서 벗어나 적극적으로 매출의 은닉, 누락 및 원자재 매입의 가장을 지시하는 등
으로 자금을 조성하여 그 상당액을 사외유출시켜 그 본연의 임무에 위배하여 부당행위를
저지른 사정이 존재하는 경우에는 비록 관리인의 지위를 갖고 있다 하여도 그를 인정상여
로 소득처분되는 법인의 대표자와 달리 취급하여야 할 아무런 이유가 없다고 판시한 사례
가 있다.31)

　　판례는 위와 같은 채무자의 관리처분권의 상실은 채무자의 자유로운 재산정리를 금
지하고 파산재단의 관리처분권을 파산관재인의 공정·타당한 정리에 일임하려는 취지임과
동시에 파산재단에 대한 재산의 정리에 관하여는 파산관재인에게만 이를 부여하여 파산절
차에 의해서만 행하여지도록 하기 위해 파산채권자가 파산절차에 의하지 않고 이에 개입
하는 것도 금지하려는 취지의 규정이므로, 그 취지에 부응하기 위해서는 파산채권자가 파
산선고를 받은 자에 대한 채권(금전채권)을 보전하기 위하여 파산재단에 관하여 파산관재
인에 속하는 권리를 대위하여 행사하는 것도 법률상 허용되지 않으며,32) 한편 회사가 이
사 또는 감사에 대한 책임추궁을 게을리 할 것을 예상하여 마련된 주주의 대표소송의 제
도는 파산절차가 진행 중인 경우에는 그 적용이 없고, 주주가 파산관재인에 대하여 이사
또는 감사에 대한 책임을 추궁할 것을 청구하였는데 파산관재인이 이를 거부하였다고 하
더라도 주주가 대표소송으로서 이사 또는 감사의 책임을 추궁하는 소를 제기할 수 없으며,
주주가 회사에 대하여 책임추궁의 소의 제기를 청구하였지만 회사가 소를 제기하지 않고
있는 사이에 회사에 대하여 파산선고가 있은 경우에도 마찬가지라고 하였다.33) 이 점은
일본의 하급심 판결들도 마찬가지인데,34) 그 근거로서는 ① 도산절차의 개시에 의하여 채
무자회사 재산의 관리처분권이나 사업의 운영권은 관재인에게 이전하므로 회사의 임원에

---

31) 대법원 1995.6.30. 선고 94누149 판결(공1995, 2645).

32) 대법원 2000.12.22. 선고 2000다39780 판결(공2001, 345)은 본래형 채권자대위권 행사에 관한 사안이
　　다. 나아가 대법원 2013.3.28. 선고 2012다100746 판결(공2013상, 754)은 파산채권자가 제기한 본래형
　　채권자대위소송이 채무자에 대한 파산선고 당시 법원에 계속 중인 경우 다른 특별한 사정이 없는 한
　　민사소송법 제239조, 채무자회생법 제406조, 제347조를 유추적용하여 그 소송절차는 중단되고, 파산
　　관재인이 이를 수계할 수 있다고 하였다. 회생절차도 마찬가지라고 해석한다.

33) 대법원 2002.7.12. 선고 2001다2617 판결(공2002, 1932). 이 판결에 대한 해설로 박경호, "파산절차가
　　진행중인 회사의 주주가 회사의 이사 또는 감사를 상대로 대표소송을 제기할 수 있는지 여부(=소극)",
　　대법원판례해설 제42호, 법원도서관(2003), 726면 참조.

34) 日大阪高判平成元.10.26判タ711호253면, 倒産判例 ガイド 제2판 331면은 채무자 회사 파산관재인에
　　대하여 소송을 제기할 것을 청구하였으나 이에 응하지 아니한다는 이유로 대표소송을 제기하는 것은
　　부적법하다고 하였고, 日東京地決平成12.1.27金判1120호58면①, 倒産判例 インデックス 제3판 37[百
　　選22]도 주주대표소송은 채권자대위소송과 성질을 같이 하는 것이라고 하여 소송은 중단되고 파산관
　　재인이 수계할 수 있다고 하였다. 同旨 日東京地判昭和41.12.23下民17권11=12호1311면, 日東京高判
　　昭和43.6.19判タ227호221면, 日東京地判平成7.11.30判タ914호249면. 그러나 이에 대하여는 관리인·관
　　재인에 대한 법원감독 기능을 보완하는 것으로서 주주의 대표소송을 인정하자는 견해도 있다.

대한 책임추급의 소는 회사의 재산관계 내지 파산재단에 속하는 소로서 관재인이 당사자 적격을 가지는 점, ② 임원에 대한 책임추급을 행할 것인가의 여부 및 그 수단의 선택은 전적으로 관재인에게 위임되어 있다는 점을 든다. 도산절차 개시 당시 계속중인 주주대표 소송은 관리인·관재인에게 수계된다고 해석한다.

한편 판례는 파산채권자가 전용형 채권자 대위권 행사를 한 사안에서 소유권이전등 기 청구권을 대위행사할 수 없다고 하였으나,35) 한편 특정채권을 가진 재단채권자가 자기 의 채권의 현실적인 이행을 확보하기 위하여 파산재단에 관하여 파산관재인에 속하는 권 리(소유권이전등기청구권)를 대위하여 행사하는 경우, 그것이 파산관재인의 직무 수행에 부 당한 간섭이 되지 않는 등 파산절차의 원만한 진행에 지장을 초래하지 아니하고 재단채권 간의 우선순위에 따른 변제 및 동 순위 재단채권 간의 평등한 변제 등과 무관하여 다른 재 단채권자 등 이해관계인의 이익을 해치지 않는다면, 파산재단의 관리처분권을 파산관재인 의 공정·타당한 정리에 일임한 구 파산법의 규정취지에 반하지 아니하고, 따라서 특별한 사정이 없는 한, 이와 같은 재단채권자의 전용형 채권자대위권 행사는 법률상 허용된다고 하였다.36) 한편 일본은 2017년의 민법 개정에 의하여 전용형 채권자대위권 행사 중 등기 또는 등록의 청구권을 보전하기 위한 채권자대위권이 규정되고(일민423의7), 소송의 중단 을 규정한 일본 파산법 제45조 제1항에도 추가되었다.

2) 도산절차에 복종하는 재산의 범위

이와 같이 도산절차 개시가 채무자에 미치는 효과라는 점에서 보면 법인의 회생과 파 산은 공통점을 가지고, 개인파산의 경우와 대치된다. 즉 개인파산에서는 파산선고시를 기 준으로 하여 종래의 재산관계는 관재인의 지배 하로 넘어가고, 한편 파산선고를 받은 개 인 채무자는 그 후에는 파산절차와는 관계없이 독자적인 재산관계를 구축할 수 있다. 그 리하여 동일인을 둘러싼 재산관계가 파산을 계기로 둘로 분열하여 발전하게 된다. 이와 같은 현상은 법인의 회생이나 파산에서는 볼 수 없다. 파산관재인의 지배에 들어간 재산 을 파산시를 기준으로 고정하고 그 후 파산선고를 받은 자에 귀속한 재산을 파산절차에 포함시키지 않는 방법을 고정주의(固定主義)라고 하고, 이를 포함시키는 것을 팽창주의(膨 脹主義)라고 한다. 이 구별은 실제 개인파산에 있어서만 의미를 가지는 구별이다.37) 파산

---

35) 대법원 2012.9.13. 선고 2012다38162 판결(미간행).

36) 대법원 2016.4.15. 선고 2013다211803 판결(미간행)[백선78]은 재단채권자가 소유권이전등기청구권을 피보전권리로 하여 파산관재인을 대위하여 신탁등기의 말소 및 채무자 앞으로의 소유권이전등기를 구한 사안이다. 이 판결에 대한 해설로 김희중, "재단채권자가 자신의 채권을 보전하기 위하여 파산 재단에 관하여 파산관재인에 속하는 권리를 대위하여 행사하는 것이 허용되는지 여부", 대법원판례 해설 제107호, 법원도서관(2016), 402면 참조.

37) 고정주의는 파산선고 후의 신득재산에 의하여 파산선고를 받은 자가 경제활동을 하는 것이 기대되는 경우 즉 개인파산의 경우에는 의미가 있으나, 법인의 경우에는 파산에 의하여 해산하고, 파산선고 후

법이 고정주의를 채택하는 것은 파산채권의 범위가 파산선고 전의 원인에 기하여 생긴 것에 한정되는 것(법423조)과 조화되고, 파산채권자와 파산선고 후의 채권자와의 사이에 공평을 기하며, 파산재단의 범위가 파산선고 시에 확정되므로 파산절차가 신속히 진행될 수 있고, 채무자는 파산선고 후에 취득한 재산, 즉 신득재산을 기초로 하여 재기갱생을 도모할 수 있다는 것 등을 고려한 것이다. 따라서 개인파산의 경우에 있어서는 어떠한 재산관계가 관재인의 지배에 속하고, 어떠한 재산이 파산선고를 받은 자 개인의 자유처분에 복종하는 자유재산이 되는가 하는 것이 특히 문제가 된다.[38] 이에 반하여 법인의 회생이나 파산(파산이 해산사유가 되지 않는 노동조합 등을 제외한다)에서는 위와 같은 의미의 자유재산이라는 관념을 인정할 여지가 없다(파산이 폐지된 경우 및 회생계획인가 전의 회생절차 폐지의 경우와 같이 자유재산이 부활되기도 한다). 한편 유한책임신탁재산에 대하여 파산선고가 있는 경우 이에 속하는 모든 재산은 파산재단에 속하고(법578조의12), 유한책임신탁재산에 대하여 파산선고가 있는 경우 「신탁법」 제43조에 따른 원상회복 등의 청구, 「신탁법」 제75조 제1항에 따른 취소, 「신탁법」 제77조에 따른 유지 청구, 「신탁법」 제121조에 따른 수익자에 대한 전보 청구는 파산관재인만이 행사할 수 있다(법578조의11).

　그러나 회생이든 파산이든 절차개시에 수반된 관리처분권의 상실은 그 당시 채무자의 재산이 아닌 재산에 관하여는 문제가 되지 않는 것이므로 도산절차에 복종할 가능성이 있는 재산이 되려면 그 당시에 제3자와의 관계에 있어서 채무자에 속한 것이어야 한다. 개인파산의 경우에는 이 중 일정부분이 채무자 개인에게 유보되는 외에,[39] 재산관계가 분열

의 수입도 파산재단에 포함시킬 필요가 있으므로, 법인파산의 경우에는 오히려 팽창주의적으로 취급하여야 한다는 주장도 있다. 또 개인파산 특히 소비자파산의 경우에는 재산으로서는 급료 등의 장래의 정기적 수입밖에 없는 경우가 보통이므로 입법론으로서는 고정주의를 일률적으로 채용할 것인가의 여부도 문제이다. 파산 후에도 존속하는 법인은 조직법상의 권한은 계속 가지지만 재산상의 권한은 모두 잃는다고 한다면 조직법상의 활동을 하기 위한 비용을 어떻게 할 것인가 하는 문제가 있다. 이러한 인격적인 활동(주주총회 소집 등)의 비용은 관재인으로부터 부양료(법473조 9호)에 준하여 충당하여야 한다. 회생에서도 마찬가지로 해석한다(법179조1항14호). 다만 대표이사, 이사 등의 보수청구권의 지급은 원칙적으로 정지된다고 해석하여야 할 것이다. 그러나 특히 회생절차에서 이사가 동시에 종업원을 겸하고 있는 경우는 급료를 청구할 수 있음은 물론이다.

38) 日最判昭和60.11.15民集39권7호1487면[新百選30]은 파산법인에게 자유재산을 인정할 것인가와 관련하여 압류금지된 간이생명보험계약상의 환부금청구권은 파산법인의 자유재산은 아니고, 파산재단에 속하는 것이라고 하였다. 이러한 논리는 파산법인의 자유재산을 인정하면 파산법인의 배당재원이 파산채권자가 아닌 사원들의 잔여재산분배청구권의 대상이 되어 실질적으로 파산채권자보다 사원들의 권리를 우선하는 것이 되므로 불공평하고 파산법의 기본원리에 반한다는 점을 근거로 한다. 伊藤 眞, "破産法·民事再生法 제5판", 有斐閣(2022), 272면 참조.

39) 강제집행의 경우 채무자의 최저한도의 생활을 보장하는 등의 견지에서 민사집행법 또는 그 밖의 법률(국민연금법·생활보호법 등)에 의하여 채무자 등의 생활에 없어서는 안 되는 의복·침구·가구·부엌기구 등 일정한 재산에 관한 압류의 금지 또는 제한이 규정되어 있는데(민집195조, 246조 등), 그 취지는 파산절차에서도 관철되어야 할 것이므로 압류할 수 없는 재산은 원칙적으로 파산재단에 속하지 않는 것으로 하고 있다(법383조1항).

되는 결과로서 그 후 파산선고를 받은 자에 의하여 취득된 재산은 도산절차에 복종하지 않게 된다. 이하에서는 첫째 채무자에 속한 재산의 의의를 명백히 하고, 나아가 개인파산 특유의 자유재산의 범위에 관하여 기술한다.

① 개시당시 채무자에 속한 재산[40]

절차 개시 당시에 이미 채무자의 손을 떠나 있는 재산에는 도산절차의 효력이 미치지 않는다(다만 부인에 의하여 반환되는 것은 있다). 어떠한 재산이 채무자에 속하는가의 여부는 사법(私法)의 일반원칙에 따라 결정된다. 즉 관리인·관재인이 어떠한 특정의 재산이 채무자에 속한다고 하는 것을 제3자에 주장하기 위해서는 채무자가 권리변동의 성립요건이나 대항요건을 구비할 것이 필요하나, 채무자의 직접의 거래 상대방과의 관계에 있어서는 권리변동의 성립요건이나 대항요건을 요하지 아니한다.[41] 이에 반하여 채무자로부터 재산을 양수받은 자가 그 취득에 관하여 권리변동의 성립요건이나 대항요건을 구비하지 않은 때에는 그 재산은 회생이나 파산에서는 채무자에 속하는 것으로 취급된다.[42]

채무자의 재산이라는 요건과 관련하여 논의되는 것이 소위 도산절연(Bankruptcy Remoteness)이다. 채권자가 채무자의 재산에 대하여 가지는 권리가 채무자에 대한 도산절차의 개시에 의하여 영향을 받지 않도록 한다는 것인데, 그 방법으로 ① 진정양도(true sale) 즉 양도담보가 아닌 소유권의 진정한 이전을 하는 것으로서 「자산유동화에 관한 법률」제13조에 따른 자산유동화,[43] ② 신탁법에 의한 신탁, ③ 커버드 본드(Covered Bond), 즉 담보

---

40) 도산절차는 채권자에 대한 변제를 위한 것이므로 여기서 말하는 재산은 금전적 가치가 있는 적극재산(자산)이다. 부동산·동산 등의 물건, 제한물권·채권·무체재산권(지적재산권) 등의 권리는 물론, 금전적 가치가 있는 「사실관계」, 즉 오랜 점포로서의 무형의 이익이나 노하우(know-how) 등도 재산이 된다. 이에 대하여 성명권과 같은 인격권이나 부양을 받을 권리(민974조 이하) 등과 같은 신분상의 권리는 재산에는 포함되지 않는다.

41) 다만 채무자 명의의 이전등기와 도산절차개시의 등기를 경료하지 않고 있는 중 다른 사람에게 이중양도되어 등기된 경우에는 결국 관재인이 권리주장을 할 수 없다. 이때에는 거래상대방에 대한 손해배상청구권이 파산재단에 속하게 될 것이다.

42) 일본에서는 물권변동에 대하여 대항요건주의를 택하고 있으므로 이른바 채무자의 제3자성이라는 논의가 있다. 日大阪地判平成20.10.31判時2039호51면, 倒産判例 インデックス 제3판 28[百選19]은 근저당권설정등기를 마치지 아니한 채 재생절차가 개시된 사안에서 재생채무자는 공평성실의무를 부담하는 재생절차의 기관으로서 제3자인 재생채권자의 이익의 실현을 도모하여야 할 재생절차상의 채무를 부담한다고 하여 일본민법 제177조의 제3자성을 긍정함으로써 미등기근저당권자는 재생절차 개시 후에는 재생채무자에 대하여 근저당권의 취득을 대항할 수 없으므로 등기절차의 이행을 청구할 수 없다고 하였다.

43) 진정양도와 사해행위취소 또는 부인권의 행사는 별개의 개념으로서 진정양도도 사해행위취소나 부인권 행사의 대상이 될 수 있다. 한민, "금융거래와 도산법", 서울대학교 금융법센터, 2015년도 금융법무과정 제8기, 임채웅, "도산격리의 연구", 신탁법연구, 박영사(2009), 284면 이하 참조. 한편 집합채권양도담보와 관련하여 진정양도성이 문제로 된 사안에서 계약의 형식적 문언에 구속될 것이 아니라고 하여 진정양도성을 부정하고 양도담보에 속하는 것이라고 한 사례로는 日東京高決令和2.2.14金法2141호68면 참조.

재산을 채무자가 구분관리하면서 계속 소유하고 법률의 규정으로 도산절연 효과를 부여하는 방식 예컨대「이중상환청구권부 채권 발행에 관한 법률」에 따른 커버드 본드의 발행이나「한국주택금융공사법」에 따른 주택저당담보부채권의 발행 등의 방식이 논의된다.

　부동산 신탁이라 함은 위탁자가 부동산에 대한 소유권 등 재산권을 수탁자에게 이전하고 수탁자로 하여금 일정한 목적 하에 수익자를 위하여 신탁 부동산을 관리·처분하도록 하는 계약관계를 말한다. 물론 이를 이용하는 가장 큰 목적은 도산절연이다. 일반적으로 부동산신탁은 목적과 내용에 따라 전문적인 부동산 관리회사가 수탁자가 되어 부동산을 관리하여 신탁수익 등을 수익자에게 지급하는 관리신탁, 수탁자가 부동산을 처분하여 수익자에게 정산하여 주는 처분신탁, 채무자가 위탁자가 되고 채권자가 수익자가 되고 신탁회사에게 담보목적으로 이전하여 두는 담보신탁, 전문적인 토지개발 회사에게 토지를 신탁하고 신탁회사는 부동산사업을 시행하여 그 수익을 수익자에게 지급하는 개발신탁 등으로 나뉘는데,[44] 신탁법상의 신탁재산은 위탁자의 재산권으로부터 분리될 뿐만 아니라 수탁자의 고유재산으로부터 구별되어 관리되는 독립성을 갖게 되는 것이며, 그 독립성에 의하여 수탁자 고유의 이해관계로부터 분리되므로 수탁자의 일반채권자의 공동담보로 되는 것은 아니고,[45] 반면에 수탁자가 신탁사무를 처리하는 과정에서 수익자 이외의 제3자에게 채무를 부담하는 경우 그 이행책임은 신탁재산의 한도 내로 제한되는 것이 아니라 수탁자의 고유재산에 대하여도 미친다. 신탁법 제22조는 수탁자의 일반채권자에 대하여 신탁재산에 대한 강제집행을 금지하는 한편, 신탁사무의 처리상 발생한 채권을 가지고 있는 채권자는 수탁자의 고유재산뿐 아니라 신탁재산에 대하여도 강제집행을 할 수 있다는 취지이므로, 수탁자에 대하여 신탁사무의 처리상 발생한 채권을 가진 채권자는 수탁자가 파산할 경우 파산선고 당시의 채권 전액에 관하여 파산재단에 대하여 파산채권자로서 권리를 행사할 수 있다.[46]

---

44) 구체적인 사건에서 부동산 신탁의 유형을 판단함에 있어서는 그 신탁계약서의 제목에 구애받을 것이 아니라, 신탁계약서의 전체 조항을 종합적으로 검토하여 판단하여야 한다. 임동희, "부동산신탁의 위탁자에 대한 회생절차의 실무상 쟁점", 사법 제15호, 사법발전재단(2011.3.), 121면 참조.

45) 대법원 2002.12.6.자 2002마2754 결정(공2003, 421)은 따라서 경매목적물이 정리회사의 고유재산이 아니라 신탁재산이라면 구 회사정리법 제67조에 따른 경매절차의 금지 내지 중지조항이 적용될 것이 아니라고 하였다.

46) 대법원 2006.11.23. 선고 2004다3925 판결(공2007, 1)[백선84]은 신탁회사에 대한 구 건설기술관리법상의 감리계약에 기한 감리비 채권에 관한 사안이다. 同旨 대법원 2004.10.15. 선고 2004다31883,31890 판결(공2004하, 1829)[백선82]. 한편 대법원 2014.10.21.자 2014마1238 결정(공2014하, 2303)은 甲 등이, 乙 회사와 토지신탁계약을 체결한 丙 회사와 상가 분양계약을 체결하였다가 丙 회사를 상대로 매매대금 반환 소송을 제기하여 승소판결이 확정된 후 丙 회사가 파산하고 丁이 파산관재인으로 선임되자, 위 판결에 기한 채권을 청구채권으로 하여 丁의 예금채권에 대하여 채권압류 및 전부명령을 신청한 사안에서, 위 청구채권은 신탁사무의 처리상 발생한 채권이고, 甲 등이 위 청구채권으로써 파산한 수탁자 丙 회사의 고유재산이 아닌 신탁재산에 대하여 강제집행하는 것은 수탁자의 파산에 관계없이 허용된다고 하면서 채권압류 및 전부명령을 인가한 제1심 결정을 취소하고 신청을 기각한 원심을 파기하였다.

한편 지방세법상 종합부동산세의 납세의무자와 관련하여 판례는 신탁법상 신탁계약이 이루어져 수탁자 앞으로 부동산의 소유권이전등기가 마쳐지면 대내외적으로 소유권이 수탁자에게 완전히 이전되어 수탁자는 신탁의 목적에 따라 신탁재산인 부동산을 관리·처분할 수 있는 권능을 갖게 되고 수탁자는 신탁의 목적 범위 내에서 신탁재산을 관리·처분하여야 하는 신탁계약상의 의무만을 부담하며 위탁자와의 내부관계에 있어서 부동산의 소유권이 위탁자에게 유보되어 있는 것이 아니므로, 신탁법에 따른 신탁등기가 마쳐지지 아니한 경우 신탁재산인 부동산에 관한 사실상의 소유자는 수탁자로 보아야 한다고 하였다.[47]

도산과 직접 관련된 것은 아니지만 판례 중에는 위탁자가 부동산에 관하여 신탁을 한 경우, 신탁부동산에 대하여 위탁자가 가지고 있는 신탁계약상의 수익권은 위탁자의 일반채권자들에게 공동담보로 제공되는 책임재산에 해당하지만 사해행위취소소송에서 채무자의 무자력 여부를 판단하기 위하여 적극재산을 산정함에 있어서는 실질적으로 재산적 가치가 없어 채권의 공동담보로서의 역할을 할 수 없는 재산은 특별한 사정이 없는 한 이를 제외하여야 하고, 그 재산이 채권인 경우에는 그것이 용이하게 변제받을 수 있는 확실성이 있다는 것이 합리적으로 긍정되는 경우에 한하여 적극재산에 포함시켜야 한다고 전제하고 신탁이 존속하는 동안 위탁자가 언제든지 신탁계약을 종료시키고 신탁계약에서 정한 절차에 따라 위탁자 앞으로 소유권이전등기를 마칠 수 있다는 것이 합리적으로 긍정되는 경우에는 위탁자의 신탁부동산에 관한 소유권이전등기청구권이 위탁자의 일반채권자들에게 공동담보로 제공되는 책임재산에 해당된다고 볼 여지가 있으나 신탁계약상 신탁부동산을 처분하는 데 수익권자의 동의를 받도록 정해진 경우에는 그 처분에 관하여 수익권자의 동의를 받거나 받을 수 있다는 등의 특별한 사정이 없는 한 위탁자가 신탁을 종료시키고 위탁자 앞으로 신탁부동산에 관한 소유권이전등기를 마치는 것은 허용되지 않으므로 이러한 경우에는 위탁자의 신탁부동산에 관한 소유권이전등기청구권은 실질적으로 재산적 가치가 없어 채권의 공동담보로서의 역할을 할 수 없으므로 그 소유권이전등기청구권을 위탁자의 적극재산에 포함시킬 수 없다고 한 사례가 있고,[48] 사해행위소송에서의 무자력 판단과 관련하여 원심은, 원심판결 별지 목록 기재 부동산에 관하여 피고와 채무자 소외 1 사이에 매매예약이 체결될 당시 이 사건 부동산을 제외한 소외 1의 적극재산은 공장용지 및 그 지상 공장건물과 甲은행 예금 채권만이 존재하며 그 총합계가 1,665,100,309원이고 소극재산은 1,689,605,995원인데, 소외 1이 피고에게 이 사건 부동산을 매매예약의 방법으로 처분함으로써 채무초과 상태에 이르게 되었다고 판단하여 원고의 청구를 인용한데 대

---

47) 대법원 2014.11.27. 선고 2012두26852 판결(공1015상, 70).
48) 대법원 2021.6.10. 선고 2017다254891 판결(공2021하, 1272).

하여 원고가 사해행위라고 주장하는 매매예약일 당시 소외 1이 스타렉스 차량, 포터 차량을 소유하고 있었다는 점에 대하여 당사자 사이에 별다른 다툼이 없었을 뿐 아니라 그와 관련한 증거들도 제출되어 있는 사실을 알 수 있고, 이러한 소송경과에 더하여 원심은 사해행위 당시 소외 1의 소극재산이 적극재산보다 불과 24,505,686원이 많다는 이유로 소외 1이 채무초과 상태에 이르렀다고 판단한 점, 소외 1의 적극재산에 이 사건 차량들을 포함시켰을 경우 소극재산이 적극재산보다 많다고 단정할 수 없는 점 등에 비추어 보면, 원심으로서는 적절한 석명을 통하여 이 사건 차량들의 소유 관계나 위 차량들의 가액 등을 충분히 심리할 필요가 있었다는 이유로 원심판결을 파기한 사례도 있다.[49]

또한 채무자 자신이 권리를 주장할 수 없는 재산, 예컨대 불법원인급여의 부당이득반환청구권(민746조)은 채무자의 재산이나 파산재단을 구성하지 않는 것이 원칙이나,[50] 채무자가 통정허위표시나 사기에 의하여 재산을 취득하고 있는 경우의 취급에 관하여는 문제가 남는다. 이러한 경우에는 법률행위의 무효·취소는 선의의 제3자에 대항할 수 없는 것이므로(민108조2항, 110조3항), 관리인·관재인이 선의의 제3자에 해당하는가가 문제되는 것임은 전술하였다. 종래의 다수설은 도산채권자에 1인이라도 선의자가 있으면 파산관재인 내지 파산재단 또는 관리인이나 채무자에 대항할 수 없는 것으로 해석하고 있으나, 최근에는 허위표시의 경우에는 관리인·관재인은 제3자(보통은 선의로 취급된다)에 해당하나, 사기에 의한 취소의 경우에는 피해자를 보호할 필요가 있으므로 관리인이나 파산관재인은 제3자에 해당하지 않는다고 해석하여야 한다는 견해도 유력하다. 관리인·관재인에 대한 사안은 아니나, 판례는 민법 제108조 제2항의 제3자는 특별한 사정이 없는 한 선의로 추정할 것이므로, 제3자가 악의라는 사실에 관한 주장·입증책임은 그 허위표시의 무효를 주장하는 자에게 있고, 제3자는 그 선의 여부가 문제이지 이에 관한 과실 유무를 따질 것이 아니며, 보증인이 채권자에 대하여 보증채무를 부담하지 아니함을 주장할 수 있었는데도 그 주장을 하지 아니한 채 보증채무의 전부를 이행하였다면 그 주장을 할 수 있는 범위 내에서는 신의칙상 그 보증채무의 이행으로 인한 구상금채권에 대한 연대보증인들에 대하여도 그 구상금을 청구할 수 없다고 하였다.[51]

---

49) 대법원 2021.6.10. 선고 2021다211754 판결(미간행). 이 판결에 대한 해설로 이상엽, "사해행위소송에서의 무자력 판단", 대법원판례해설 제127호, 법원도서관(2022), 80면 참조.

50) 한편 日最判平成26.10.28民集68권8호1325면[百選20]은 피라미드(다단계) 방식의 사업을 영위하던 회사의 파산관재인이 피라미드의 상위 순번에 있는 회원을 상대로 그에게 파산절차에서 지급된 배당금에 관하여 반환청구소송을 제기한 사안에서, 원심이 다단계회사와의 계약은 공서양속에 반하여 무효이고, 그에 기한 금전의 교부는 불법원인급여에 해당하므로 파산관재인의 청구는 허용되지 않는다고 한데 대하여 공서양속에 반하여 무효인 계약의 상대방이 불법원인급여에 해당함을 이유로 그 반환을 거부하는 것은 파산절차의 목적에 비추어 신의칙상 허용되지 않는다는 이유로 원심을 파기하였다.

51) 대법원 2006.3.10. 선고 2002다1321 판결(공2006, 592). 이 판결에 대한 평석으로 윤진수, "허위표시와 제3자", 저스티스 제94호, 한국법학원(2006.10), 237면 참조.

또한 판례는 채무자가 상대방과 통정한 의사표시를 통하여 가장채권을 보유하고 있다가 파산선고를 받은 경우 그 가장채권도 일단 파산재단에 속하게 되고, 파산선고에 따라 채무자와는 독립한 지위에서 파산채권자 전체의 공동의 이익을 위하여 직무를 행하게 된 파산관재인은 그 허위표시에 따라 외형상 형성된 법률관계를 토대로 실질적으로 새로운 법률관계를 가지게 된 민법 제108조 제2항의 제3자에 해당한다고 하였다.52) 나아가 대법원은 파산관재인을 파산선고를 받은 자와 그 상대방 사이의 통정허위표시에 있어서 제3자로 인정하는 것은 파산관재인이 파산채권자 전체의 공동 이익을 위하여 선량한 관리자의 주의로써 그 직무를 행하여야 하는 지위에 있기 때문이므로 그 선의·악의도 파산관재인 개인의 선의·악의를 기준으로 할 수는 없고, 총파산채권자를 기준으로 하여 파산채권자 모두가 악의로 되지 않는 한 파산관재인은 선의의 제3자라고 할 수밖에 없다는 입장을 취하였다.53) 실제로 모든 파산채권자가 악의임을 입증한다는 것은 불가능하므로 파산관재인은 항상 선의의 제3자가 되는 셈이다.54) 대법원은 사기의 경우에 있어서도 특별한 사정이 없는 한 파산관재인은 사기에 의한 의사표시에 따라 외형상 형성된 법률관계를 토대로 실질적으로 새로운 법률상 이해관계를 가지게 된 민법 제110조 제3항의 제3자에 해당하고, 파산채권자 모두가 악의로 되지 않는 한 파산관재인은 선의의 제3자라고 할 수밖에 없다고 하였다.55)

또한 판례는 채무자가 파산선고 시에 가진 모든 재산은 파산재단을 구성하고 파산재단을 관리·처분할 권리는 파산관재인에게 속하므로 파산관재인은 채무자의 포괄승계인과

52) 대법원 2003.6.24. 선고 2002다48214 판결(공2003, 1583). 同旨 대법원 2004.10.28. 선고 2003다12342 판결(공보불게재), 대법원 2005.7.22. 선고 2005다4383 판결(공보불게재), 대법원 2015.2.12. 선고 2013다93081 판결(미간행), 대법원 2016.3.24. 선고 2015다246346 판결(미간행).

53) 대법원 2006.11.10. 선고 2004다10299 판결(공2006, 2066)[백선69], 이 판결에 대한 해설로 양재호, "파산관재인이 통정허위표시의 법률관계에서 보호되는 제3자에 해당하는지 여부 및 이 경우 '선의성'의 판단기준", 민사판례연구 XXX, 민사판례연구회(2008), 427면, 장상균, "통정허위표시로 인한 법률관계에 있어서 파산관재인의 선의성의 판단기준 — 대법원 2006.11.10. 선고 2004다10299 판결 —", 민사재판의 제문제 제16권, 한국사법행정학회(2007), 479면 참조. 또한 대법원 2006. 12.7. 선고 2006다59199 판결(공보불게재)은 파산관재인이 파산선고 전에 개인적인 사유로 채무자가 체결한 대출계약이 통정허위표시에 의한 것임을 알게 되었다고 하더라도 그러한 사정만을 가지고 파산선고시 파산관재인이 악의자에 해당한다고 할 수 없다고 하였다. 同旨 대법원 2008.1.24. 선고 2006다15793 판결(공보불재), 대법원 2007.10.26. 선고 2005다42545 판결(공보불게재), 대법원 2013.4.26. 선고 2013다1952 판결(미간행). 이 점에 대한 분석으로 허승진, "완성품 생산업체의 회생신청시 부품 공급업체의 대응방안", 도산법연구 제8권 제2호, 사단법인 도산법연구회(2018.12). 119면 참조.

54) 그러나 日大判昭和8.12.19民集12권2882면, 日最判昭和37.12.13判夕1119호72면[百選초판84]은 관재인을 압류채권자와 동일시하여 무효를 대항할 수 없다고 하면서 관재인 개인의 선·악의를 가지고 대항의 가부를 결정하는 것으로 해석하고 있다.

55) 대법원 2010.4.29. 선고 2009다96083 판결(공2010상, 993). 同旨 대법원 2014.1.16. 선고 2013다213588(본소),213595(반소) 판결(미간행), 대법원 2014.5.29. 선고 2014다12140 판결(미간행).

같은 지위를 가지게 되지만, 파산이 선고되면 파산채권자는 파산절차에 의하지 아니하고
는 파산채권을 행사할 수 없고 파산관재인이 파산채권자 전체의 공동의 이익을 위하여 선
량한 관리자의 주의로써 직무를 행하므로 파산관재인은 파산선고에 따라 채무자와 독립하
여 그 재산에 관하여 이해관계를 가지게 된 제3자로서의 지위도 가지게 되는데, 채무자가
상대방 회사와 그 회사의 이사회 결의가 없는 거래행위를 하였다가 파산이 선고된 경우
특별한 사정이 없는 한 파산관재인은 이사회의 결의를 거치지 아니하고 이루어진 상대방
회사와의 거래행위에 따라 형성된 법률관계를 토대로 실질적으로 새로운 법률상 이해관계
를 가지게 된 제3자에 해당하고, 그 선의·악의도 파산관재인 개인의 선의·악의를 기준으
로 할 수는 없고 총파산채권자를 기준으로 하여 파산채권자 모두가 이사회의 결의가 없었
음을 알았거나 이를 알지 못한 데 중대한 과실이 있지 않은 한 상대방 회사는 위 거래의
무효를 파산관재인에게 주장할 수 없다고 하였다.[56]

　　나아가 어음소지인은 관리인·관재인의 융통어음의 항변에 대하여도 대항할 수 있다고
함은 전술하였다.[57] 물론 민법 제108조 제2항과 같은 특별한 제한이 있는 경우를 제외하고
는 채무의 소멸 등 도산절차 전에 채무자와 상대방 사이에 형성된 모든 법률관계에 관하여
관리인·관재인에게 대항할 수 없는 것은 아니며, 그 경우 채무자와 상대방 사이에 일정한
법률효과가 발생하였는지 여부에 대하여는 관리인·관재인의 입장에서 형식적으로 판단할
것이 아니라 채무자와 상대방 사이의 실질적 법률관계를 기초로 판단하여야 한다.[58]

　　또한 절차개시 당시 채무자의 재산인가의 여부는 그 취득원인이 절차개시 전인가의
여부에 의하여 결정되고, 채무자가 현실적으로는 절차개시 후에 취득한 재산이라도 그 취

---

56) 대법원 2014.8.20. 선고 2014다206563 판결(공2014하, 1807)은 나아가 채무자 회사인 피고를 실질적으
로 운영하던 소외 2와 이 사건 은행의 전 대표이사 소외 1에 의하여 이루어진 연대보증이 피고에 대
한 배임행위가 되는지를 판단하기 위하여는 대출금의 실제 차주나 사용처 및 그 사용의 적정성, 피
고와 피고의 관련회사 사이의 사업관계나 채무관계 또는 소외 2 등 대출관련 행위자들의 당시 의도
등에 관하여 좀 더 면밀히 확인할 필요가 있고, 이와 같은 사항이 제대로 밝혀지지 아니하고서는 이
사건 연대보증이 피고에 대한 배임행위가 되고 이 사건 은행이 위 배임행위에 적극 가담함으로써 반
사회질서의 법률행위에 해당한다고 볼 수는 없다고 하였다. 同旨 대법원 2014.8.20. 선고 2014다
206570 판결(미간행), 대법원 2014.8.20. 선고 2014다206587 판결(미간행).
57) 日最判昭和46.2.23判時622호102면, 倒産判例 インデックス 제3판 27[百選제4판18].
58) 대법원 2005.5.12. 선고 2004다68366 판결(공2005, 927)은 대출절차상의 편의를 위하여 대출채무자의
명의를 빌려준 자는 채권자의 파산관재인에 대하여는 통정허위표시로 대항하지 못하므로 대출금채
무를 변제할 의무를 직접 부담하고, 그 채무를 변제할 경우 채권자인 채무자(파산자)가 실채무자에
대하여 가지는 채권 및 이에 관한 담보권을 당연히 대위행사할 수 있는 지위에 있으므로, 채권자가
파산 전에 위 채무에 관한 근저당권을 고의 또는 과실로 소멸시킨 경우, 형식상 주채무자는 근저당
권의 소멸로 인하여 상환을 받을 수 없는 범위에서 채무를 면한다고 한 원심의 판단을 수긍하였는데,
이는 주류적인 대법원 판결과는 상충하는 것으로 보인다. 왜냐하면 주류적인 판례에 의할 때 원고는
파산관재인과의 관계에서는 주채무자이므로 타인(보증인)에 대하여 구상권을 갖는 지위에 있지 아니
함에도 실질적인 법률관계를 기초로 하여 주채무자가 아니라고 판시하였기 때문이다.

득원인이 절차개시 전인 것은 이에 속한다.[59] 따라서 정지조건부채권, 시기부채권은 그 원인인 법률행위가 도산절차개시 전에 행하여진 것이므로 회생에서는 물론이고 파산에 있어서도 「장래에 행사할 청구권」으로서 관재인의 지배에 들어간다(법382조2항). 어음·수표법상의 상환청구권도 마찬가지이다. 이는 기본인 권리관계에 관하여 관리인·관재인이 승계인과 마찬가지의 지위에 있는데서 오는 당연한 결과이다. 그러나 이는 제3자와의 관계에 있어서의 문제점이라기보다는 개인파산에 있어서의 채무자 개인과의 관계에서 이러한 청구권들이 자유재산에 속하지 않는다는 것을 명백히 하기 위한 논의이다.[60]

　　일본의 판례 중에는 채무자 Y가 파산선고 전에 장남 A를 계약자 및 피보험자로 하는 생명보험계약과 동종의 공제계약을 체결하였다가 Y에 대한 파산선고 후 A가 사망하자 Y가 보험회사 등으로부터 사망보험금과 사망공제금을 받아 현금으로 보관하고 있던 사안에서 Y가 파산관재인 X에게 사망보험금등의 인도를 거부하자 X가 파산법원에 인도명령(일본파산법 제156조)을 신청하여 인용된 사례가 있다.[61]

　　「절차 개시 당시」 채무자에 속한 재산이라는 점과 관련하여 부동산에 대한 경매절차에서 배당법원은 배당을 실시할 때에 가압류채권자의 채권에 대하여는 그에 대한 배당액을 공탁하여야 하고, 그 후 그 채권에 관하여 채권자 승소의 본안판결이 확정됨에 따라 공탁의 사유가 소멸한 때에는 가압류채권자에게 공탁금을 지급하여야 하는데(민집160조1항2호, 161조1항), 판례는 부동산 경매절차에서 가압류채권자를 위하여 배당금이 공탁된 후 채권자 승소의 본안판결이 확정된 경우, 본안의 확정판결에서 지급을 명한 가압류채권자의 채권이 공탁된 배당액으로 충당되는 범위에서 본안판결의 확정시에 소멸하는 것이 원칙이고, 본안판결 확정 이후 채무자에 대하여 파산이 선고되더라도 채권 소멸의 효력이 유지되므로 이때 가압류채권자가 본안의 승소판결 확정 이후 공탁금을 수령하지 않고 있

---

59) 日福岡高判昭和59.6.25判夕535호213면[百選A3]는 채무자의 재산에 대한 보전처분의 대상을 지급전의 퇴직금채권 중 파산재단을 구성하는 4분의 1 상당 부분에 한정하였다.

60) 그러나 대항요건에 관하여 본 바와 같이 관재인은 항상 승계인의 지위에 서는 것은 아니다. 예컨대 파산선고를 받은 자가 신의칙상 주장할 수 없는 권리는 관재인도 주장할 수 없는가에 관하여는 견해의 대립이 있다.

61) 日東京高決平成24.9.12判時2172호44면, 倒産判例 インデックス 제3판 42는 일반적으로 보험금 청구권은 보험계약의 성립과 함께 보험사고의 발생 등의 보험금청구권이 구체화되는 사유를 정지조건으로 하는 채권(추상적 보험금 청구권)이고, 이는 파산절차 개시 전에 생긴 원인에 기하여 행사할 수 있는 장래의 청구권으로서 파산선고에 의하여 파산재단에 속하는 재산이 된다고 하였다. 同旨 日最判平成28.4.28民集70권4호1099면[百選24]은 파산선고전에 성립한 제3자를 위한 생명보험계약에 기한 사망보험금 수취인(채무자)이 가지는 사망보험금 청구권은 당해 계약이 정한 기간 내에 피보험자가 사망하는 것을 정지조건으로 하는 장래의 청구권에 해당하고 이 청구권은 피보험자의 사망전에 있어서도 위 사망보험금수취인이 처분하거나 그의 일반채권자가 압류하는 것도 가능하다고 해석되고, 일정한 재산적 가치를 가지는 것은 부정할 수 없으므로 파산재단에 귀속한다고 하였다. 또한 日最判昭和40.2.2.民集19권1호1면 참조.

는 동안 채무자의 파산관재인이 채무자에 대하여 파산선고가 있었다는 이유로 공탁금을 출급한 경우, 부당이득에 해당하고,[62] 따라서 가압류채권자가 공탁된 배당금을 채무자의 파산선고 후 수령한 경우, 파산관재인과의 관계에서 민법상 부당이득에 해당하지 않는다고 하였다.[63]

한편 관재인·관리인의 법적 지위와 관련하여 볼 때 신탁적인 권리의 이전에 있어서는 형식적으로는 권리주체의 변동 즉 권리 이전이 발생하지만, 실질적으로는 이전이 발생하지 않는다고 할 수 있다. 따라서 채무자 재산의 관리인·관재인에 대한 신탁적인 권리이전에 의해 채무자에 속해 있던 권리를 자기의 명의로 행사하는 경우에, 채무자로부터 실질적으로도 권리의 이전이 있었음을 이유로 독립적인 입장에서 권리를 행사할 수 있는 것은 아니다.

예컨대, 악의의 채무자로부터 점유를 인계받은 관재인은, 자기 점유시점을 기점으로 하여 선의의 취득시효를 주장할 수 없을 것이다. 또한 타인의 동산 또는 유가증권을 점유하고 있던 자가 파산선고를 받고, 관리인·관재인이 채무자로부터 그 인도를 받아도, 민법 제249조, 상법 제65조·제336조 제3항, 수표법 제21조에 의해 선의취득하는 것은 아니다. 이들 규정은 무권리자로부터의 거래에 의한 권리 양수인을 보호하는 것으로서 관재인은 이들의 규정과의 관계에서는 채무자로부터의 양수인으로 볼 수는 없기 때문이다. 판례도 회생절차개시결정에 따라 채무자의 재산에 대한 관리·처분의 권한이 관리인에게 전속된다고 하더라도 채무자의 재산권 자체가 관리인에게 이전되는 것은 아니므로 관리인을 사해행위의 전득자라고 할 수 없다고 하였다.[64]

나아가 판례는 파산관재인이 파산법원이나 채권자집회에 보고할 때 파산재단에 속하는 재산 중 미처 확인하지 못한 일부 재산을 그 목록에서 누락하였다 하더라도 파산재단에 속하는 것으로 추후에 확인된 재산을 점유·관리하고 그 중 채권에 관하여는 파산법원의 허가를 얻어 소를 제기하여 추심할 권한이 당연히 박탈되는 것은 아니라고 하였다.[65]

② 파산선고를 받은 개인채무자의 자유재산(自由財産)

최저생활을 보장하기 위한 압류금지의 취지는 개인파산에 있어서도 타당하므로 민사

---

62) 대법원 2018.7.26. 선고 2017다234019 판결(미간행).
63) 대법원 2018.7.24. 선고 2016다227014 판결(공2018하, 1756)[백선66]은 가압류채권자가 공탁된 배당금을 채무자의 파산선고 후에 수령하더라도 이는 본안판결 확정시에 이미 가압류채권의 소멸에 충당된 공탁금에 관하여 단지 수령만이 본안판결 확정 이후의 별도의 시점에 이루어지는 것에 지나지 않는다고 하였다. 즉, 공탁금의 출급여부와 관계없이 본안판결 확정 시에 가압류채권자에게 귀속되므로 집행절차도 그 때에 종료하게 되고, 그 이후에 파산선고가 있더라도 그에 의하여 가압류채권자는 아무런 영향을 받지 아니한다는 것이다.
64) 대법원 2014.9.4. 선고 2014다36771 판결(공2014하, 2026).
65) 대법원 2004.4.28. 선고 2004다3673,3680 판결(공보불게재).

집행법 기타의 법률의 규정에 의한 압류금지재산(민집 195조, 246조 외에 사회보장관계의 다수의 특별법이 있다)은 파산관재인의 지배에 복종하지 않고 자유재산으로서 채무자 개인의 손에 남게 된다(법383조1항). 상속재산 파산의 경우에도 파산재단에서 제외된다.

　　종래 파산법은 압류할 수 없는 재산을 파산재단에서 제외하면서도 일정한 물건 및 채권은 다시 파산재단에 포함시키고 있었다.[66] 이는 개별적인 강제집행의 경우와 파산절차의 경우를 다르게 취급하는 것인데 그 적절성에 대하여는 적지 않은 의문이 제기되고 있었고, 법 제383조 제1항에서는 압류금지재산을 파산재단에 포함시키는 예외(단서 부분)를 삭제함으로써 이를 입법적으로 해결하였다.

　　그 성질상 압류의 대상이 되지 않는 권리도 압류금지재산의 일종으로서 자유재산이 된다. 즉 귀속상의 일신전속권은 전부명령이나 양도명령에 의하여 환가할 수 없고, 또 행사상의 일신전속권은 압류채권자가 채무자에 갈음하여 추심함으로써 환가하는 것이 불가능하다. 따라서 어떤 의미에서든 당해 권리가 일신전속권이면 그것은 압류의 대상이 되지 않고,[67] 파산재단에 속하는 것이라고는 할 수 없다.

　　이 점에 관하여 학설상 논의의 대상이 되는 것이 위자료청구권이다. 위자료청구권은 귀속상의 일신전속권인지에 관하여는 다툼이 있으나, 다수설은 상속의 대상이 되는 것으로 인정되므로 귀속상의 일신전속권이라고 할 수는 없다고 한다. 그러나 위자료청구권이 행사상의 일신전속권임은 일반적으로 승인되고 있으므로 그 이유에서 압류의 대상이 되지 않고, 파산재단에 귀속하지 않는다. 다만 위자료청구권이 금액의 확정 등의 사유에 의하여 행사상의 일신전속성을 잃게 되면 당연히 파산재단으로부터 제외되는 것이라고는 할 수 없다.[68] 약혼해제로 인한 위자료 청구권은 양도 또는 승계하지 못하지만, 당사자간에 이미 그 배상에 관한 계약이 성립되거나 소를 제기한 후에는 그러하지 아니한데(민806조3항), 위 규정은 혼인의 무효 또는 취소(민825조), 재판상 이혼(민843조), 입양의 무효 또는 취소(민897조), 재판상 파양(민908조)으로 인한 위자료 청구권의 경우에도 준용된다.

　　판례는 이혼으로 인한 재산분할청구권은 이혼을 한 당사자의 일방이 다른 일방에 대

---

66) 파산절차는 포괄적이고 계속적인 것이므로 약간의 예외를 인정한 것이다. 즉 법원의 결정에 의하여 압류금지가 해제된 동산은 파산재단에 속하고(민집196조), 농업자 또는 어업자의 사업에 필요한 동산(민집195조4호 내지 6호)은 당초부터 파산재단에 속하며, 또 파산선고 시에는 압류할 수 없는 재산도 선고 후에 압류할 수 있게 되면(예컨대 공표되지 아니한 저작 또는 발명에 관한 물건은 미공표인 것은 압류금지동산이지만(민집195조12호), 공표되면 압류가 가능하게 된다), 파산재단에 속하게 된다.

67) 그 예로서는 본인의 행사전의 부양청구권이나 재산분여청구권 등이 거론된다.

68) 日最判昭和58.10.6民集37권8호1041면[百選23]은 명예훼손에 의한 위자료청구권에 관한 사안에서 채무자가 구체적인 금액이 객관적으로 확정되기 전 항소심 계속중에 사망한 때에도 일신전속성을 잃는 것이지만, 파산종결의 결정이 난 후에 행사상의 일신전속권성을 잃게 된 위자료 청구권에 대하여는 추가배당의 규정이 적용될 여지는 없다고 해석함이 상당하여 위자료청구권이 파산재단에 귀속할 여지는 없고, 소송은 상속인에게 승계되어야 할 것이라고 하였다.

하여 재산분할을 청구할 수 있는 권리로서 청구인의 재산에 영향을 미치지만, 순전한 재
산법적 행위와 같이 볼 수는 없고, 오히려 이혼을 한 경우 당사자는 배우자, 자녀 등과의
관계 등을 종합적으로 고려하여 재산분할청구권 행사 여부를 결정하게 되고, 법원은 청산
적 요소뿐만 아니라 이혼 후의 부양적 요소, 정신적 손해(위자료)를 배상하기 위한 급부로
서의 성질 등도 고려하여 재산을 분할하게 되고, 또한 재산분할청구권은 협의 또는 심판
에 의하여 구체적 내용이 형성되기까지는 그 범위 및 내용이 불명확·불확정하기 때문에
구체적으로 권리가 발생하였다고 할 수 없어 채무자의 책임재산에 해당한다고 보기 어렵
고, 채권자의 입장에서는 채무자의 재산분할청구권 불행사가 그의 기대를 저버리는 측면
이 있다고 하더라도 채무자의 재산을 현재의 상태보다 악화시키지 아니하는데, 이러한 사
정을 종합하면, 이혼으로 인한 재산분할청구권은 그 행사 여부가 청구인의 인격적 이익을
위하여 그의 자유로운 의사결정에 전적으로 맡겨진 권리로서 행사상의 일신전속성을 가지
므로, 채권자대위권의 목적이 될 수 없고 파산재단에도 속하지 않는다고 하였다.[69]

판례는 유류분반환청구권에 대하여도 그 행사 여부가 유류분권리자의 인격적 이익을
위하여 그의 자유로운 의사결정에 전적으로 맡겨진 권리로서 행사상의 일신전속성을 가진
다고 보아야 하므로, 유류분권리자에게 그 권리행사의 확정적 의사가 있다고 인정되는 경
우가 아니라면 채권자대위권의 목적이 될 수 없다고 하였는데,[70] 마찬가지로 보아야 할
것이다.

한편, 압류금지재산 외에도 대통령령으로 정하는 소액 주택임대차보증금과 6월간의
생계비에 사용할 특정한 재산으로서 대통령령이 정하는 금액을 초과하지 아니하는 부분에
대하여는 개인인 채무자의 신청에 의하여 법원의 결정으로 파산재단에서 면제하도록 하여
파산선고 후 기본적인 생활을 유지할 수 있도록 하고 있다(법383조2항). 이는 미국 연방도
산법상의 면제재산의 개념을 받아들이고자 한 것이다.[71] 위 신청은 파산신청일 이후 파산

---

69) 대법원 2022.7.28.자 2022스613 결정(공2022하, 1771). 同旨 대법원 2023.9.21. 선고 2023므10861,10878
  판결(공2023하, 1922)은 나아가 이혼으로 인한 재산분할청구권은 파산재단에 속하지 아니하여 파산
  관재인이나 상대방이 절차를 수계할 이유가 없으므로, 재산분할을 구하는 절차는 특별한 사정이 없
  는 한 위 규정에 따른 수계의 대상이 아니라고 하였다. 또한 대법원 1999.4.9. 선고 98다58016 판결
  (공1999, 851)은 위자료청구권을 피보전권리로 하는 경우에도 채무자의 무자력이 인정되지 아니하는
  한 보전의 필요성이 있다고 할 수 없어 권리보호의 자격이 없다고 하였다. 이와 관련한 배우자 명의
  재산에 도산절차상 취급에 대하여는 박국진, "도산절차에서 배우자 명의 재산의 청산재단 편입 문
  제", 사법논집 제68집, 법원도서관(2019), 303면 참조.

70) 대법원 2010.5.27. 선고 2009다93992 판결(공2010하, 1250).

71) "임차보증금 반환청구권으로서 대통령령이 정하는 금액"이라 함은 주택가격의 2분의 1을 초과하지
  않는 범위에서 ① 서울특별시 3,400만 원, ②「수도권정비계획법」에 의한 수도권 중 과밀억제권역(서
  울특별시 제외)은 2,700만 원, ② 광역시(과밀억제권역과 군 지역 제외), 세종특별자치시, 안산시, 용
  인시, 김포시 및 광주시는 2,000만 원, ③ 그 밖의 지역은 1,700만 원을 말하고, 생계비 중 대통령령이
  정하는 금액은 1,110만 원을 말한다(영16조, 주택임대차보호법 시행령 제10조 제1항). 한편 현행 면

선고 후 14일 이내에 면제재산목록 및 소명에 필요한 자료를 첨부한 서면으로 하여야 하고(같은 조3항), 법원은 파산선고 전에 위 신청이 있는 경우에는 파산선고와 동시에, 파산선고 후에 위 신청이 있는 경우에는 신청일부터 14일 이내에 면제 여부 및 그 범위를 결정하여야 한다(같은 조4항). 위 결정에 대하여는 즉시항고를 할 수 있고, 즉시항고는 집행정지의 효력이 없다(같은 조6항, 7항). '개인인 채무자의 신청'에 의하여 면제재산을 결정하는 것이므로 상속재산파산의 경우에는 해당이 없다고 해석한다.

법원은 파산선고 전에 면제신청이 있는 경우에 채무자의 신청 또는 직권으로 파산선고가 있을 때까지 면제재산에 대하여 파산채권에 기한 강제집행, 가압류 또는 가처분의 중지 또는 금지를 명할 수 있고, 면제결정이 확정된 때에는 중지된 절차는 그 효력을 잃는다(같은 조8항, 9항). 위 중지명령에 대하여는 즉시항고할 수 없으므로 특별항고만이 허용된다.[72] 면제되는 재산에 대하여는 면책신청을 할 수 있는 기한까지는 파산채권에 기한 강제집행, 가압류 또는 가처분을 할 수 없다(같은 조10항). 일본 파산법은 이와 관련하여 우리 법과 유사한 파산재단에 속하지 않는 재산을 규정하는 외에 법원은 파산절차개시결정이 있는 시점부터 해당 결정이 확정된 날 이후 1개월을 경과하는 날까지, 파산자의 신청에 의하여 또는 직권으로 결정에 의하여 파산자의 생활상황, 파산절차 개시 시점에 파산자가 가지고 있는 자유재산의 종류와 액, 파산자가 수입을 얻을 가망성 등의 사정을 고려하여 파산재단에 속하지 않는 재산의 범위를 확장할 수 있도록 하고 있다(일파34조4항). 예컨대 소액의 현금밖에 없는 파산한 채무자도 이 절차에 의하여 본래는 자유재산이 되지 않는 은행예금이나 자동차 등을 자유재산에 포함시키는 것이 가능하여 지고, 질병이 있거나 취학 중의 자녀를 둔 파산자나 절차개시 후의 수입을 얻는 것이 곤란한 중소기업경영자 등에게는 추가의 자유재산을 인정받을 여지가 생기게 되었다.[73]

그러나 회생절차에서는 이와 같은 사회 정책적 고려는 필요 없고, 모든 재산이 관리인의 지배에 들어간다.[74]

채무자 개인이 파산선고 후에 취득한 재산은 관재인의 지배에 들어가지 않는다. 이를 신득재산이라고 부르고 자유재산의 하나가 된다. 재산의 취득원인이 파산선고 후에 생긴 것인 경우에 신득재산이 되는데, 채무자가 파산 후에 노동에 의하여 취득한 임금, 새로운

제제산제도는 재단포기제도와 간극이 크고, 주택임대차 보증금에 대한 이중적 규율, 신청주의의 한계, 채무자의 갱생에 대한 배려 부족 등의 문제를 가지고 있다는 견해로는 윤덕주, "개인파산제도에 있어서 면제재산 제도의 적정성 제고 방안", 인권과 정의 제467호, 대한변호사협회(2017), 108면 참조. 또한 주거면제제도에 대한 입법례에 관하여는 조준오, "파산시 주거면제제도 관련 해외 법제 소개", 도산법연구 제7권 제3호, 사단법인 도산법연구회(2017.12.), 23면 참조.

72) 대법원 2013.4.5.자 2012그334 결정(미간행).
73) 日福岡高決平成18.5.18判タ1223호298면은 자유재산의 확장에 관하여 신중한 입장을 보이고 있다.
74) 그러나 실질상 개인기업인 경우에는 입법론 상으로는 고려의 여지가 있다.

거래에 의하여 취득한 재산, 증여나 상속으로 취득한 재산 등이 전형적인 예이다. 전술한 바와 같이 선고시에 정지조건부채권이나 시기부채권은 관재인의 지배에 들어가 파산재단을 구성한다.

이 점에 관하여 특히 문제되는 것은 퇴직할 때 받게 되는 퇴직금채권의 취급이다. 채무자가 파산선고 후에 퇴직한 결과 지급받은 퇴직금은 퇴직금이 임금의 후불이라는 성질을 가진다는 점에서 그 압류 가능한 범위에 있어서 파산선고시까지의 근로에 대한 부분은 파산재단에 속한다고 해석한다. 역으로 파산선고 전의 교통사고로 인한 손해배상청구권을 취득하여 선고 이후에 얻을 수 있었던 이익의 배상을 구하는 부분은 자유재산에 속한다고 보아야 할 것이다.[75] 파산관재인은 선량한 관리자의 주의에 따라 보유하는 것이 무익하다고 인정되면 파산재단에 속하는 재산을 해방시켜 자유재산으로 할 수 있고(법492조12호 참조), 역으로 채무자가 자유재산을 파산재단에 차출하여 관재인의 관리 하에 복종하도록 하는 것도 가능하다.[76]

파산채권자는 파산절차 중에는 개별적인 권리행사가 금지되므로(법424조), 이와 같은 자유재산에 대하여도 권리를 행사할 수 없으나, 채무자측에서 자유재산을 가지고 파산채권자에게 임의로 변제하는 것은 무방하다는 것이 통설이다. 그러나 근래에는 이를 인정하면 채무자가 재판 외의 청구를 받아 채권자간의 평등을 해하게 된다는 이유로 부정적으로 해석하는 견해도 유력하다.[77]

그런데 자유재산은 개인 채무자에게는 경제적인 재기갱생의 기초로서의 중요한 의미가 있지만, 파산에 의하여 해산되는 법인에 관하여는 그와 같은 의미의 재산은 필요가 없다. 그리하여 최근의 학설에 있어서는 법인파산의 경우에는 원칙적으로 자유재산은 존재하지 않는 것으로 보는 견해가 유력하여졌다. 이 입장에 의하면 법인파산의 경우에는 모든 재산이 파산재단에 포함되고, 그 반면 파산선고 후의 법인 자체의 활동에 필요한 경비도 파산관재인이 파산재단으로부터 지출하는 것이 된다(법473조 9호의 부양료에 준한다. 또한 법486조, 489조 참조). 현재 국세징수법에 의하면 사망보험금 중 1천만 원 이하의 보험금, 개인별 잔액이 185만 원 미만인 예금, 보장성보험의 치료 및 장애회복을 위하여 실제 지출되는 비용을 보장하기 위한 보험금·보장성 보험의 해약환급금·만기환급금 중 150만 원 이하의 금액은 압류가 금지되는데(국세징수법41조18호, 같은 법 시행령31조), 일본의 판례는 위와 같은

---

75) 그러나 이미 전액의 지급을 받은 경우에는 전부 파산재단에 속한다고 볼 수밖에 없다. 위자료 청구권도 파산재단에 속한다.
76) 다만 신채권자는 채권자취소권을 행사하여 차출된 재산을 반환하도록 할 수 있는 경우가 있다.
77) 日最判平成18.1.23民集60권1호228면, 倒産判例 インデックス 제3판 64[百選45]는 채무자가 자유로운 판단에 의하여 자유재산 중에서 파산채권에 대한 임의의 변제를 하는 것을 방해하지 않으나, 임의성은 엄격하게 해석하여야 하고, 조금이라도 강제적인 요소를 수반하는 경우에는 임의의 변제에 해당하지 않는다고 하였다.

압류금지는 보험금 수취인이 법인인 경우에는 적용되지 않는다고 하였음은 전술하였다.[78]

3) 국제도산에 있어서의 도산절차에 복종하는 재산의 범위

국제도산이라 함은 광의로는 도산재산이나 도산채권자의 관계에 섭외적 요소를 포함하는 도산사건을 말한다. 이 의미에서의 국제도산에 관련되는 법률문제는 4개의 영역으로 나뉜다. 첫 번째는 국제도산관할이고, 어떤 사건에 관하여 어느 나라가 도산재판권을 행사하는가에 관한 규율이다. 둘째는 도산절차 상의 외국인의 지위에 관한 것이고, 도산외인법(倒産外人法)이라고 부른다. 외국인의 도산능력이 이에 속한다. 셋째는 도산절차의 준거법이고, 국제사법의 영역으로서 도산능력이나 도산원인 등 도산절차에 관한 규율에 관한 준거법을 어디에서 구할 것인가의 문제이다. 일반원칙으로서는「절차는 법정지법에 의한다」는 국제법원칙에 따라 도산개시지국법이 준거법이 되나, 부인권이나 쌍방미이행계약의 해제권 등 도산실체법에 관한 규율에 관하여는 논의의 여지가 있다.[79] 넷째는 국내도산의 외국재산에 대한 대외적 효력 및 외국도산의 국내재산에 대한 대내적 효력의 문제로서 도산절차에 복종하는 재산의 범위에 관한 것이다. 여기서는 넷째 문제를 다룬다.

① 국내도산의 재외재산에 대한 대외적 효력

어떤 채무자에 대하여 우리나라의 법원이 도산절차개시결정을 하였을 때 채무자가 외국에 가지고 있는 재산에 도산절차개시결정의 효력이 미치는가, 즉 외국재산에 관하여도 관리인·관재인의 관리처분권이 미치고 도산절차에 복종하는 재산이 되는가가 소위 대외적 효력의 문제이다. 나아가 국내재산인가 또는 외국재산인가는 부동산이나 동산에 관하여는 그 소재지에 따라 결정되나, 채권에 관하여는 우리나라에서 재판상의 청구를 할 수 있는가 여부에 따라 결정된다(법3조1항3호).

구 파산법 및 회사정리법에서는 속지주의를 채택하여 도산절차개시결정의 효력을 국내재산에 한정하였다. 이는 재외재산에 대하여 관리인·관재인이 관리처분권을 행사하는 것이 관재업무를 증가시켜 채권자의 이익을 해한다는 등의 이유에 의한 것이었으나, 현대에는 그와 같은 근거는 일반적으로는 타당하지 않고 재외재산에 관한 관리처분권의 행사태양은 개별적 사안에 있어서 법원의 허가 등에 의하여 대응하면 족하다고 판단되므로, 채무자회생법에서는 보급주의(普及主義)를 채택하기에 이른 것이다. 속지주의 하에서는 그 불합리한 결과를 회피하기 위하여 다양한 해석론이 전개되었으나, 보급주의를 채용한

---

78) 日最判昭和60.11.15民集39권7호1487면, 倒産判例 ガイド 제2판 242면.

79) 부인이나 상계금지 등의 도산실체법에 관하여 거래지법이나 본국법을 적용할 가능성을 인정하면 관계인 사이에 불평등이 생긴다는 이유에서 도산개시지국법이 준거법이 된다고 보는 설이 유력하다. 물론 채권이나 담보권 등 권리 그 자체의 성립요건 등은 도산절차와는 구별되는 문제이므로 일반의 국제사법의 원칙에 따라 결정된다. 일반원칙으로서는 평등·공평한 도산채권자의 만족이라고 하는 도산제도의 목적에 관계되는 규정은 도산개시지국법에 의하여야 할 것이다.

현재에는 그와 같은 논의는 과거의 것이 되었다.

도산절차개시결정의 효력이 재외재산에도 미치고, 재외재산이 도산절차에 복종하는 것의 구체적 효과는 아래와 같은 것이다. 첫째, 재외재산도 관리인·관재인의 관리처분권에 복종한다. 따라서 관리인·관재인은 재외재산의 관리나 환가 등의 사실행위를 하고, 또 외국의 법원에 있어서의 소송제기 등의 법률적 행위를 할 권한을 가진다. 둘째, 채권자에 대한 개별적 권리행사의 제한이 재외재산에도 적용된다. 예컨대 내국채권자이든 외국채권자이든, 채권자가 재외재산에 대하여 외국절차에 따라 강제집행을 하는 것은 허용되지 않는다. 따라서 관리인·관재인은 외국절차에 의한 강제집행 등의 중지나 실효를 구할 수가 있다.

그런데 실제로는 도산절차가 개시된 후 채권자가 재외재산에 대한 권리행사의 결과로서 그 채권의 전부 또는 일부에 관하여 만족을 얻는 사태가 생길 수 있다. 일부의 만족을 얻은 경우에도 도산절차개시시의 전액에 관하여 도산채권을 행사할 수 있으나, 배당에 관하여는 그와 같은조 및 순위에 속하는 다른 채권자가 동일한 비율의 변제를 받을 때까지 국내도산절차에서 배당 또는 변제를 받을 수 없다(법642조). 당해 도산채권자가 외국의 도산절차에서 배당을 받은 경우에도 마찬가지이다.[80]

보급주의를 전제로 하여도 우리나라에서 도산절차가 개시된 채무자에 대하여 다시 외국에서 도산절차가 개시되는 것을 막을 수 없다. 이것이 병행도산(竝行倒産)이다. 보급주의를 전제로 하여 병행도산에 있어서 배당조정이 되는 것은 위에서 본 바와 같으나, 법은 그 밖에도 병행도산에 관한 절차적 규율을 두고 있다. 첫째는 관리인·관재인과 외국관리인·관재인과 사이의 상호협력이다. 관리인·관재인은 당해 채무자에 대하여 외국도산처리절차가 있는 경우에는 외국관리인·관재인에 대하여 도산절차의 적절한 실시를 위하여 필요한 협력 및 정보의 제공에 노력하여야 한다(법641조). 도산절차가 내외에 병행실시되는 것을 전제로 하므로 채무자에 관계된 채권채무나 재산의 상황에 관한 정보를 교환하고, 경우에 따라서는 공동으로 재산을 처분하는 등의 협력을 행함으로써 내외를 불문하고 도산채권자의 평등한 만족을 실현하려고 하는 취지이다.

둘째는 외국관리인·관재인이 우리나라 도산절차에 관여하는 권한이다. 후술하는 바와 같이 외국의 도산절차는 우리나라 법원의 승인결정을 거치지 않는 한 우리나라에서 효

---

80) 이 원칙을 Hotchpot Rule이라고 부른다. 재외재산이 도산절차에 복종하는 결과로서 외국절차에 의한 만족을 우리나라 도산절차에 의한 만족과 동일시하는 것이 그 근거가 된다. 더욱이 도산채권자가 외국에서 채무자로부터 임의변제를 받은 경우에도 마찬가지로 취급할 것인가가 문제된다. 그러나 여기서 전제로 되는 것은 도산채권자에 의한 권리행사이고, 채무자는 도산절차 개시 후에 재산의 관리처분권을 잃고, 그 행위의 효력을 도산채권자에게 대항할 수 없는 점을 감안하면, 양자를 구별하여야 할 것이다. 관리인·관재인은 당해 도산채권자에 대하여 채무자로부터 받은 임의변제를 부당이득으로서 반환할 것을 청구할 수 있다.

력이 생기지 않는다. 그러나 법은 승인절차와는 별도로 외국 관리인·관재인이 우리나라의 도산절차에 관여하는 것을 인정함으로써 병행도산의 적정한 실시를 가능하게 하고 있다. 즉 외국관리인·관재인은 채무자에 관하여 우리나라에서 도산절차개시신청을 할 수 있고, 또 우리나라에서 진행 중인 도산절차에 참가할 수 있다(법634조).

셋째는 외국관리인·관재인 및 우리 관리인·관재인의 도산절차와 외국도산처리절차에 있어서의 채권신고권한이다. 병행도산에 있어서의 문제는 국내외의 채권자가 각각의 입장에서 외국의 절차에서 채권신고를 하는 것이 용이하지 않고, 그로 인하여 실질적인 채권자불평등을 야기할 우려가 있다는 점이다. 이에 대하여는 후술한다.

② 외국도산의 국내재산에 대한 효력

구 파산법과 회사정리법은 외국도산의 국내에 있어서의 효력에 관하여도 속지주의(屬地主義)를 채용하여(파3조, 회4조) 그 효력은 국내재산에 미치지 않는 것으로 하였었다. 판례는 외국에서 정리절차가 개시된 회사가 대한민국 내에 갖고 있는 재산에 대하여, 그 회사의 채권자가 자신의 권리를 행사하거나 실현하는 데는 외국 정리절차의 본래적 효력에 의한 금지·제한을 받지 않고, 민사소송법에 의하여 재판상 청구할 수 있다고 하기 위해서는, 그 채권을 소송물로 하는 소에 대하여 대한민국 법원에 국제재판관할권을 인정할 수 있어야 하고, 그 경우 그 채권에 대하여는 외국 정리절차의 본래적 효력이 미치지 않게 되므로, 외국의 도산법이 외국에서 정리절차가 개시된 회사의 채권과 그 회사의 채권자가 그 회사에 갖고 있는 채권과의 상계를 금지·제한하고 있고, 나아가 그 회사의 채권자가 그 외국의 정리절차에 참가하고 있다 하더라도, 그 회사의 채권이 대한민국 법원에 재판상 청구할 수 있는 것이라면, 그 회사의 채권자가 그 회사의 자신에 대한 채권을 수동채권으로 하여 상계하는 데는 그 외국의 도산법이 규정하는 상계의 금지·제한의 효력을 받지 않는다고 판시하였다.[81]

그러나 채무자회생법이 국내도산의 재외재산에 대한 효력에 관하여 보급주의를 채용한 이상, 그와 대칭관계에 있는 외국도산의 국내재산에 대한 효력에 관하여 속지주의를 유지할 수는 없게 되었다. 보급주의로 전환함에 있어서도 일정한 요건을 구비한 외국도산의 효력을 당연히 국내에서 인정할 것인가 아니면 우리나라 법원의 승인절차를 거쳐 외국도산의 효력을 인정할 것인가 하는 입법의 선택의 여지가 남는다. 채무자회생법은 후자의 방법을 채용하였다. 상세는 후술한다.

---

81) 대법원 2009.4.23. 선고 2006다28782 판결(공2009상, 720). 이 판결에 대한 평석으로 임치용, "채권양도 및 상계의 준거법 — 외국파산절차의 국내적 효력과 관련하여", 파산법 연구 4, 박영사(2015), 59면 참조.

(나) 관리처분권상실 후의 처분의 효력

1) 원칙: 처분의 상대적 무효

회생·파산에 있어서는 채무자가 재산관리처분권을 잃음과 동시에 관리인·관재인의 재산관계지배가 확립된다. 이 때 이후에 채무자 자신이 한 재산관리처분행위는 도산절차와의 관계에서 그 효력을 주장하지 못한다(법64조1항, 329조1항). 제3자가 채무자에 대하여 한 행위도 마찬가지이다(파산채권양도통지를 채무자에게 한 때에는 파산관재인이 법 제484조에 따라 이를 열어 보았다고 하더라도 양도를 가지고 관재인에게 대항할 수 없다). 이러한 효과는 상대방이나 제3자가 도산절차 개시에 관하여 선의인가 여부에 원칙적으로 관계가 없다. 그러나 무효는 도산절차와의 관계에서 상대적인 것이므로 후에 도산절차가 폐지되면 소급하여 완전히 유효로 되는 것이 원칙이다.[82] 또 상대방측이 유효를 주장할 수 없는데 그치고, 관리인·관재인이 그 유효를 주장하는 데에는 지장이 없고, 상대방은 이를 거부할 수 없다. 관리인·관재인이 무효라고 주장하는 것을 선택한 경우에는 채무자에 의한 당해 법률행위는 하지 않은 것으로 되므로 이미 이행한 것이 있으면 이를 원상회복하여야 한다. 예컨대 채무자가 물건을 매도한 경우 상대방은 목적물을 관리인·관재인에게 반환하고 부당이득에 의한 공익채권·재단채권(법179조1항6호, 473조5호)으로서 대금의 반환을 청구할 수 있다. 목적물의 반환이 불능이면 그 가액에 의한다. 또한 이에 의하여 상대방이 취득하는 손해배상청구권은 파산에 있어서는 후순위의 파산채권이 된다(법446조, 다만 반대설이 있다).

도산절차와의 관계에 있어서 권리를 주장할 수 없는 것은 채무자 자신의 법률행위에 의하여 취득한 경우에 한하지 않는다. 즉 도산절차 개시 후 채무자의 재산에 관하여 채무자의 법률행위에 의하지 않고 권리를 취득하여도 그 취득은 관리인·관재인에게 대항할 수 없다(법65조, 330조). 예컨대 파산에 있어서는 파산선고 후 채무자가 사망하여도 상속인은 파산재단에 속하는 재산에 관하여 상속에 의한 권리취득을 주장할 수 없다. 또한 거래의 대리나 중개로 인한 상사채권을 채무자에 대하여 이미 가지고 있던 대리상이 파산개시 후에 본인인 채무자를 위하여 물건 또는 유가증권을 점유하기에 이른 때에는 상사유치권

---

82) 그러나 절차의 폐지는 관리인·관재인이 그때까지 권한에 기하여 한 행위를 복멸하는 것이 아니므로 관리인·관재인이 무효를 주장하여 상대방으로부터 반환받은 물건을 타에 처분한 경우에는 상대방은 목적물에 대한 권리를 주장할 수 없다. 또 관리인이 일단 무효로 취급하고, 그에 기하여 회생계획이 인가된 경우에는 그 후에 회생절차가 폐지되어도 이 무효는 「회생계획의 수행 및 법률의 규정에 의하여 생긴 효력」(법288조4항)으로서 폐지에 의한 영향을 받지 않는다고 해석한다. 그러나 日最判昭和36.10.13民集15권9호2409면, 倒産判例 ガイド 제2판 137면, 倒産判例 インデックス 제3판169[百選제5판99]는 채무자 회사의 종전의 대표이사가 갱생절차 개시 후에 기계를 제3자에게 매도하는 계약을 체결하였다가 갱생절차가 갱생계획 인가 후 폐지된 사안에서 채무자가 갱생절차개시 후 채무자 회사 재산에 관하여 행한 법률행위는 갱생절차의 관계에서 그 효력을 주장할 수 없는데 불과하므로 갱생절차가 폐지된 이상 제3자는 매매계약의 효력을 주장할 수 있으므로 계약을 유효로 해석한 원심판결은 정당하다고 하였다.

을 취득하지만(상91조), 대리상은 그 유치권을 파산관재인에 대하여 주장할 수 없다. 그러나 이 원칙은 어디까지나 채무자의 처분권상실원칙의 연장이므로 채무자의 처분권 유무에 관계없는 권리취득방식에 의하여 제3자가 권리를 취득한 경우에는 제3자는 그 권리를 관재인에게 대항할 수 있다고 하는 것이 통설이다. 따라서 시효취득, 채무자 이외의 자로부터의 선의취득, 부합·혼합·가공에 의한 취득, 사무관리·부당이득에 의한 채권의 취득(이는 재단채권이 된다. 법473조5호) 등은 파산절차와의 관계에 있어서도 항상 유효하다.[83]

　　이와 약간 다르게 보아야 할 것으로서는 회생절차 개시 후에 제3자가 채무자의 행위에 의하지 아니하고 권리를 취득한 경우에 무효로 되는 것이 있는데 이는 권리취득 일반을 무효로 하는 것은 아니고, 「회생채권 또는 회생담보권에 관하여」 채무자재산에 관한 권리를 취득한 경우에 한정되고 있다(법65조). 따라서 위에서 본 예 중 상사유치권은 회생채권에 「관한 권리」이므로 파산의 경우와 같이 유치권을 가지고 관리인에게 대항할 수 없다. 그러나 「관하지 않은」 경우의 대부분은 회생채무자의 처분권의 유무에 관계없는 권리취득으로 보아야 할 것이므로 이러한 경우는 이 조문의 범위에 들어가지 않는다고 한다면 결국은 파산의 경우와 차이점은 전혀 없다고 생각된다.

　　이러한 모든 경우에 절차개시 전에 되었는가, 개시 후에 되었는가가 중요 문제가 되는데, 이는 개시결정서에 기재된 시(몇 시만이고 몇 분은 기재하지 않는다)를 기준으로 결정하여야 할 것이되, 같은 날에 행하여진 행위는 절차개시 이후에 행하여진 것으로 추정하는 것으로 하고 있다(법64조2항, 329조2항). 따라서 개시 전에 행하여진 것을 상대방이 입증하여야 한다.

　2) 예외: 선의자의 보호

　　전술한 바와 같이 회생절차개시결정 또는 파산선고 후의 제3자의 권리취득은 제3자가 절차개시에 관하여 선의이어도 무효인 것이 원칙이나, 거래의 안전을 고려하여 선의거래의 보호를 위한 약간의 예외를 두고 있다. 이 경우에는 제3자가 도산절차개시에 관하여 선의인 경우에 한하여 그 행위의 효과를 도산절차와의 관계에서 주장할 수 있다. 단 선·악의는 확정하기 어려운 사실문제이므로 절차개시의 공고 전에 선의를, 공고 후에 악의를 추정하여 그 인정을 용이하게 하고 있다(법68조, 334조).

---

83) 日最判昭和54.1.25民集33권1호1면[百選74]은 대항력 있는 임차권의 부담이 존재하고 전대할 수 있다는 전대승낙특약의 등기가 있는 사안에서 임대인 파산 후의 전차권 취득은 특단의 사정이 없는 한 일본파산법 제48조(채무자회생법 제330조에 대응)에서 규정한 채무자의 법률행위에 의하지 않은 권리의 취득에 해당하지 않으므로 관재인에게 대항할 수 있다고 하였다. 이 판결은 전술한 日最判昭和48.2.16金法678호21면, 倒産判例 インデックス 제3판 25[百選15]와 같은 입장에서 파산관재인의 제3자성을 전제로 하고 있다는 평가를 받는다.

ㄱ) 절차 개시 후의 등기·등록(법66조, 331조)

　회생·파산 개시 전에 등기원인(매매, 저당권설정)이 구비되어 있어도 등기를 하지 않은 상태에서 절차가 개시되면 등기하지 않은 물권변동으로서 취득자는 그 권리를 취득할 수 없다. 따라서 절차개시 후에 채무자가 제3자에게 등기를 경료해 주어도 이는 일반원칙에 따라 무효이고, 절차개시 전의 물권변동은 결국 권리변동의 성립요건을 갖추지 않은 채 종료된 것이 된다(관리인·관재인은 상대방에 대하여 그 등기말소를 청구할 수 있다).

　판례는 구 파산법 제46조 제1항(법331조1항) 본문에서 파산선고 후에 한 부동산 또는 선박에 관한 등기·가등기로써 「파산채권자」에게 대항할 수 없다고 함은 파산채권자 전체의 공동의 이익을 위하여 선량한 관리자의 주의로써 그 직무를 수행하는 「파산관재인」에게 대항할 수 없음을 뜻하고, 이는 파산관재인이 단순히 파산선고를 받은 자의 포괄승계인으로서 부동산 또는 선박에 관한 등기·가등기의무를 그대로 승계한 지위에 있는 것이 아니라, 파산선고와 동시에 파산선고를 받은 자와 독립하여 파산재단에 속하는 재산에 관하여 이해관계를 가지게 된 제3자로서의 지위를 가지고 있음을 전제로 하여 파산선고 후에 한 부동산 또는 선박에 관한 등기·가등기를 파산관재인에게 대항할 수 없도록 한 것이라고 해석되고, 파산선고시까지 부동산 또는 선박에 관한 등기·가등기를 아직 마치지 아니한 경우 그 파산선고 전에 생긴 등기·가등기청구권에 기하여 파산선고 후에 파산관재인을 상대로 그 등기·가등기절차의 이행을 청구할 수 없다는 취지도 당연히 포함되어 있다고 하였다. 위와 같은 법리에서 볼 때 파산선고 전에 부동산에 대한 점유취득시효가 완성되었으나 파산선고시까지 이를 원인으로 한 소유권이전등기를 마치지 아니한 자는, 그 부동산의 소유자에 대한 파산선고와 동시에 파산채권자 전체의 공동의 이익을 위하여 파산재단에 속하는 그 부동산에 관하여 이해관계를 갖는 제3자의 지위에 있는 파산관재인이 선임된 이상, 파산관재인을 상대로 파산선고 전의 점유취득시효 완성을 원인으로 한 소유권이전등기절차의 이행을 청구할 수 없고, 또한 그 부동산의 관리처분권을 상실한 채무자가 파산선고를 전후하여 그 부동산의 법률상 소유자로 남아 있음을 이유로 점유취득시효의 기산점을 임의로 선택하여 파산선고 후에 점유취득시효가 완성된 것으로 주장하여 파산관재인에게 소유권이전등기절차의 이행을 청구할 수도 없으며, 이 경우 법률적 성질이 채권적 청구권인 점유취득시효 완성을 원인으로 한 소유권이전등기청구권은 파산선고 전의 원인으로 생긴 재산상의 청구권으로서 파산채권에 해당하므로 파산절차에 의하여서만 그 권리를 행사할 수 있다.[84] 결국 이 경우에는 관리인·관재인은 제3자로 보게 되기 때문이다.[85] 그러나 판례는 취득시효기간 중 점유 부동산의 등기명의자에 대하여 구 회사정리

---

84) 대법원 2008.2.1. 선고 2006다32187 판결(공2008상, 294).
85) 日大判昭和8.11.30民集12권2781면(채권양도의 대항요건 없는 경우).

법에 따른 정리절차가 개시되어 관리인이 선임된 사실이 있다고 하더라도 점유자가 취득시효 완성을 주장하는 시점에서 정리절차가 이미 종결된 상태라면 등기명의자에 대하여 정리절차상 관리인이 선임된 적이 있다는 사정은 취득시효기간 중 점유 부동산에 관하여 등기명의자가 변경된 것에 해당하지 아니하므로, 점유자는 그가 승계를 주장하는 점유를 포함한 점유기간 중 임의의 시점을 취득시효의 기산점으로 삼아 취득시효 완성을 주장할 수 있다고 하였다.86) 판례는 또한 구 회사정리법상의 정리채권과 공익채권의 양도를 관리인 기타 제3자에게 대항할 수 있기 위하여는 양도인이 이를 등기부상 관리인의 주소지로 관리인에게 통지하거나 관리인이 승낙해야만 하고, 회사의 지점을 주소로 표시하여 수취인의 표시를 '○○ 주식회사 대표이사 △△△'하여 통지하여서는 정리회사 관리인이 그 내용을 알 수 있는 객관적 상태에 놓여졌다고 볼 수 없다고 하면서 원심을 파기하였다.87)

또한 부동산 등에 관한 회생절차개시 전에 발생한 등기원인에 의하여 회생절차개시 후에 한 등기 또는 가등기는 회생절차의 관계에 있어서는 그 효력을 주장할 수 없다(법66조1항 본문).

그러나 등기는 공시방법으로서 권리변동을 수반하여야 하는 것이라는 고려에서 등기권리자가 도산절차 개시를 알지 못하고 한 등기에 한하여 관리인·관재인에게 대항할 수 있는 것으로 하고 있다(법66조1항 단서, 331조1항 단서).88) 이 예외 규정은 권리의 설정·이전·변동에 관한 등록 또는 가등록에도 준용된다(법66조2항, 331조2항).

등기를 취득한 자의 선·악의는 공고의 전후에 따라 법률상 추정을 받는 것은 전술하였으나, 채무자가 법인이 아닌 경우 등기·등록 있는 권리에 관하여는 회생절차 개시·간이회생절차 개시 또는 파산의 촉탁등기가 행하여지므로(법24조, 27조), 공고가 없어도 그 전에 도산의 등기가 된 때에는 그 후의 제3자의 등기는 이미 등기의 효력을 관리인·관재인에게 대항할 수 없으므로 선·악의를 문제삼을 것까지도 없을 것이다.

또한 대항할 수 있는 등기·가등기도 부인되는 수가 있고(법103조, 394조), 또 가등기

---

86) 대법원 2015.9.10. 선고 2014다68884 판결(공2015하, 1635)[백선05].

87) 대법원 1988.10.11. 선고 87다카1559 판결(공1988, 1403), 이 판결에 대한 해설로 백창훈, "정리회사에 대한 채권양도통지의 도달", 민사판례연구 XIII, 민사판례연구회(1991), 33면 참조. 또한 日最判昭和 3.22判時1134호75면, 倒産判例 ガイド 제2판 181면(파산 사건의 경우이다) 참조.

88) 구 파산법과 구 회사정리법에서는 나아가 보통의 등기 외에 부동산등기법 제3조가 규정하고 있는 가등기도 마찬가지로 취급하고 있었다(파46조1항, 회58조1항). 그러나 이론적으로 볼 때 부동산등기법 제3조 소정의 순위보전의 가등기는 실체상의 요건은 미비되었으나, 장래의 물권변동의 순위를 보전하기 위하여 하는 것이므로 선의라고 하여 관리인·관재인에게 대항할 수 있도록 하는 것은 문제가 없지 않다. 이 규정은 원래 우리 부동산등기법과 달리 실체상의 등기원인을 갖추었으나 본등기신청에 필요한 절차상의 조건이 구비되지 않은 경우에 하는 가등기(일본부동산등기법2조1호)는 실체상의 등기원인을 갖추었다는 점에서 본등기와 같이 취급하는 규정에서 유래된 것이다. 일본법 하에서는 순위보전을 위한 가등기(일본부동산등기법2조2호)는 실체원인을 갖추지 못한 것이라는 점에서 선의인 경우에도 관재인에게 대항할 수 없다고 해석하는 것이 다수설이다.

에 기한 본등기를 관리인·관재인에게 청구할 수 있는가 하는 문제가 있는데, 상세는 후술한다.

ㄴ) 도산 후의 선의 변제

회생 또는 파산의 개시 이후 그 사실을 알지 못하고 한 채무자에 대한 변제는 그 면책의 효과를 관리인·관재인에 대하여도 주장할 수 있다(법67조1항, 332조). 이와 같은 예외를 인정한 이유는 누구라도 자기의 채권자의 재산상태에는 주의를 기울이지 않는 것이 보통이기 때문이다. 따라서 관리인·관재인은 다시 지급을 청구할 수 없다. 물론 이 경우에도 지급된 금전 또는 그에 대신할 물건(예컨대 변제금으로 구입한 물건)이 모두 잔존하는 한 당연히 관재인의 지배에 복종하여야 한다. 상대방이 악의로 변제한 경우에는 그에 의하여 관리인·관재인의 지배에 귀속된 액에 한하여 변제의 효력을 주장할 수 있다(법67조2항, 332조2항).

3) 상속의 특칙

개인파산에 있어서만 문제된다. 파산선고 전에 채무자를 위하여 상속의 개시가 있은 경우에도 채무자는 파산선고 후에 있어서 단순승인 또는 상속의 포기를 할 수 있으나, 한정승인의 효력을 갖는다(법385조, 386조). 파산재단의 이익을 위하여 채무자(상속인)의 의사를 무시하는 취지의 규정이다. 그 결과 파산관재인에 의하여 고유재산과는 분별되어 청산이 행하여지게 된다(법503조, 504조). 또한 이 경우 관재인이 포기를 승인하는 것은 무방하다(법386조2항, 492조). 그러나 파산선고 전에 이미 승인·포기가 효력을 발생한 경우에는 이를 변경할 수는 없다(인격적·신분적 행위이므로 부인의 대상도 되지 않는다). 파산선고 후에 채무자를 위하여 상속이 개시된 경우에는 자유재산의 문제가 되어 파산절차와 관계가 없다. 또한 포괄유증의 승인·포기도 상속과 마찬가지이다(법387조). 이와 달리 특정유증에 관하여는 관재인이 채무자를 대신하여 승인·포기할 수 있다(법388조, 민1077조).

(다) 정보 등의 제공

채무자회생법은 M&A의 활성화를 위하여 회생절차 개시 후 채무자의 영업을 양수하는 등의 행위를 하고자 하는 인수희망자가 채무자에 관한 정보 및 자료에 용이하게 접근할 수 있도록 하는 규정을 두고 있다. 즉 관리인은 ① 채무자의 영업, 사업, 중요한 재산의 전부나 일부의 양수, ② 채무자의 경영권을 인수할 목적으로 하는 주식 또는 출자지분의 양수, ③ 채무자의 주식의 포괄적 교환, 주식의 포괄적 이전, 합병 또는 분할합병의 어느 하나에 해당하는 행위를 하고자 하는 자에 대하여는 대법원규칙이 정하는 바에 따라 채무자의 영업·사업에 관한 정보 및 자료를 제공하여야 한다. 다만, 정당한 사유가 있는 때에는 관리인은 정보 및 자료의 제공을 거부할 수 있다(법57조).[89]

---

89) 절차에 관하여는 규칙 제50조 참조.

참고문헌

성재영, "파산관재인의 제3자성에 대한 소고", 부산법조 제21호, 부산지방변호사회(2004.1.), 27면.

양형우, "파산절차개시의 일반적 효과", 법조 제598호, 법조협회(2006.7.), 143면.

오영준, "기존 경영자 관리인제도와 채무자 회사의 지배구조", 통합도산법, 법문사(2006), 239면.

윤근수, "파산관재인과 통정허위표시의 제3자", 판례연구 제16집, 부산판례연구회(2005.2.), 49면.

이동형, "민법 제108조 제2항의 제3자의 범위", 법조 제617호, 법조협회(2008.2.), 335면.

이동형, "통정허위표시를 한 자의 파산관재인이 민사 제108조 제2항의 제3자인지 여부", 법조 제573
        호, 법조협회(2004.6.), 123면.

이언학, "도산법상 등기에 관한 소고", 인천법조 제6집(2003), 212면.

조현욱, "통정허위표시에 의한 대출약정의 채권자가 파산한 경우 그 파산관재인이 제3자에 대하는지
        여부", 재판과 판례 12집, 대구판례연구회(2003.6.), 261면.

5. 도산절차와 제3자의 권리의 우열

가. 도산절차에 복종하는 권리와 복종하지 않는 권리

도산절차의 개시가 당해 채무자의 재산관리처분권에 영향을 주는 것은 위에서 본 바와 같으나, 동시에 그 반면으로서 채무자를 둘러싼 제3자에 대하여도 불이익한 효과를 미친다. 예컨대 종전의 채권자는 파산선고와 함께 파산채권자가 되고 개별적인 권리실현방법을 취하는 것은 허용되지 않고, 파산절차에 참가하여 파산에 의한 배당을 받도록 노력하여야 하는 입장에 서게 된다. 즉 파산채권자의 권리는 파산절차에 복종한다. 이와 같은 채권자를 여기서는 일반도산채권자라고 부른다. 이에 반하여 제3자의 소유권은 어떠한 도산절차에 있어서도 이에 복종하지 않는다. 가령 제3자의 물건이 사실상 도산절차의 지배하에 있다고 하더라도 제3자는 소유권을 주장하여 이를 배제할 수 있다. 이 제3자의 지위를 환취권(還取權)이라고 부른다.

어떠한 제3자(회생에서는 주주·지분권자와 같이 말하자면 내부자도 절차로부터는 제3자가 된다)의 권리가 도산절차에 복종하고 또 어떠한 정도로 복종하는가는 각 도산절차의 성격·구조에 따라 다르다. 예컨대 담보권자인 채권자의 권리는 파산에서는 기본적으로 절차에 복종하지 않으나(별제권), 회생절차에서는 완전히 절차에 복종하는 권리가 된다(회생담보권). 또한 절차개시 전에 이미 합법적으로 채무자로부터 재산을 취득하고, 권리변동의 성립요건이나 대항요건을 갖추면 그 후의 도산절차와는 관계없는 것이지만, 이와 같은 제3자도 관리인·관재인의 부인권의 행사에 의하여 권리를 잃는 수가 있다. 이상과 같이 도산절차 개시 전에 채무자와의 사이에 일정한 법률관계를 맺은 각종의 제3자가 도산절차상에서 어떠한 지위를 가지는가 하는 문제는 도산처리법상의 가장 중요한 문제의 하나이고, 후에 Ⅲ.장에서 상술한다.

나. 도산절차 개시 후의 이해관계인

(1) 도산채권으로 되지 않는 채권

도산절차 개시 전에 채무자와 법률관계를 맺은 제3자의 권리의 대부분은 도산절차에 복종하고, 다소간 어떠한 정도라도 불이익을 받게 되지만, 도산절차 개시 후에 발생하는 이해관계인은 전혀 다른 지위에 서게 된다. 또한 절차개시 후에 이미 재산관리권을 상실하거나 또는 제한된 채무자 자신과 거래관계를 맺어도 제3자는 도산절차와의 관계에 있어서는 어떠한 권리도 취득할 수 없는 것이 원칙임은 이미 위에서 본 바와 같다. 그러나 도산절차에 대항할 수 있는 형태로 취득한 제3자의 지위는 도산절차에 의하여 영향을 받지 않는다.

이와 같은 의미에서 도산절차에 복종하지 않는 권리관계 중 가장 전형적인 것은 관리인·관재인의 활동에 의하여 생긴 제3자의 권리이다. 이러한 권리는 도산처리를 진행하여 가는 과정에서 생기고, 말하자면 도산절차에 내재적인 것이므로 도산절차의 외부에서 그에 복종하는 관계에 있는 것이 아님은 당연하다.

이와 같이 하여 도산처리에 관계하는 제3자의 권리는 소유권, 용익물권, 담보물권, 금전채권, 비금전채권, 주주권·지분권 등 잡다한데 도산절차 개시 후의 절차와의 관계에 있어서 생긴 것이기 때문에 절차에 복종하지 않는 것으로 취급되는 것이 특히 의의가 있는 것은 채권이다. 즉 도산절차는 현존하는 채권관계의 청산 또는 회생을 목적으로 하는 것이므로 도산채권이 도산처리의 주대상이 된다. 그런데 그와 동일한 채권이 아니라서 도산처리의 대상이 되지 않는 채권이 있다고 한다면 특히 이를 도산채권과 명확히 구별할 필요가 있다. 그 중 중요한 것으로 법률은 절차개시 후에 절차 내에서 내재적으로 생긴 채권뿐만 아니라 절차 개시 전에 채무자에 대하여 생긴 것이고 따라서 본래 도산채권으로서 절차에 복종하여야 할 채권도 일정한 정책적 필요나 공평의 견지에서 특히 절차에 복종하지 않는 것으로 취급하는 것이 있고, 또 역으로 절차개시 후에 발생한 채권도 도산채권으로서 절차에 복종하게 한 것이 있다.

그리하여 특히 채권에 관하여 도산채권과 대치되는 채권의 범위를 확립할 필요가 있고, 회생에서는 이를 공익채권(共益債權), 파산에서는 이를 재단채권(財團債權)이라고 부르며,[1] 도산채권인 회생채권·회생담보권 및 파산채권과 대립시키고 있다. 회생에서는 회생절차의 수행 그 자체를 위한 출자를 우선하여 지급하는 것이 전원의 공동이익이 된다는 취지에서 공익채권이라고 부르나, 본래 회생채권에 속하여야 할 것도 포함되어 있고, 파산에서는 재단채권이라는 말은 파산재단의 존립에 수반하여 당연 발생하는 비용을 재단 그

---

1) 재단채권의 채무자가 누구인가에 관하여는 학설상 다툼이 있고, 파산자설, 파산채권자(단체)설도 있으나 현재에는 파산재단설과 파산재단의 관리기구로서의 파산관재인설이 유력하다.

자체로부터 충당하는 것을 의미하나, 전술한 바와 같이 본래 파산채권이 되어야 할 채권으로서 재단채권 중에 들어가 있는 것도 있다. 결국, 공익채권·재단채권이 되는 채권에는 그 성질, 발생시점, 발생원인에 있어서 잡다한 것들이 포함되어 있고, 요컨대 관리인·관재인에 의하여 수시 지급되어도 좋은 채권을 도산절차를 통하여만 지급할 수 있는 채권과 구별하기 위하여 전자를 공익채권 내지 재단채권, 후자를 회생채권 내지 파산채권으로서 대립분류하고 있는 것에 불과하다.

물론 공익채권 내지 재단채권은 법률의 규정에 의해 인정되는 청구권이어서, 관리인·관재인이 채권의 법적 성질에 대하여 정확하게 법률적인 판단을 하지 못하고 회생채권·파산채권을 공익채권으로 취급하였다고 하여 바로 회생채권·파산채권의 성질이 공익채권·재단채권으로 변경된다고 볼 수 없다.[2]

이에 반하여 물권을 취득한 자의 지위는 단순하다. 도산절차 개시 전에 채무자로부터 물권(소유권·용익물권)을 취득하여 권리변동의 성립요건을 구비한 때에는 이를 가지고 절차에 대항할 수 있고, 채무자의 처분행위가 부인의 대상이 될 수 있다는 점에서 도산절차에 복종하는 것에 불과하다. 다만, 회생절차에서는 담보물권자도 회생채권자와 함께 절차에 복종하므로 도산채권자의 일종으로 분류된다. 절차개시 후 이에 대항할 수 있는 형태의 물권(회생절차에 있어서 담보물권을 포함한다)을 취득한 제3자는 도산절차로부터의 제약을 전혀 받지 않는 것은 물론이다.

(2) 공익채권·재단채권

(가) 종류

중요한 것은 법 제179조, 제473조에 열거되어 있으나, 그 밖에도 각각 다른 곳에 규정이 산재하여 있다. 그 내용은 양 절차에 공통되는 것과 그렇지 않은 것이 있는데 비교를 위하여 일괄 설명한다.

1) 관계인 공동의 이익을 위하여 지출한 재판상의 비용(법179조1항1호, 473조1호)

회생의 경우에는 회생채권자·회생담보권자·주주·지분권자, 파산의 경우는 파산채권자의 공동이익을 위하여 지출한 비용이므로 각각의 절차신청을 위한 비용, 보전처분, 개시결정 기타의 재판을 위한 비용 및 공고·송달의 비용, 각종의 기일의 소집 비용 등이 이에 포함된다.[3] 신청비용은 신청인이 즉시 지급하여야 하고, 또 개시까지에 요하는 비용은 신

---

2) 대법원 2014.9.4. 선고 2013다204140,204157 판결(공2014하, 2013)은 골프클럽 회원권에 관하여 미납된 입회금 1,000원은 전체 입회금 110,000,000원의 극히 일부분으로서 회원권의 입회금 반환채권은 정리채권에 해당할 뿐, 공익채권에 해당되지 않는다고 한 사안이다. 同旨 대법원 2014.9.4. 선고 2013다97007 판결(미간행).

3) 보다 상세히 열거하면 민사소송비용법에 따른 개시신청수수료, 신청서 등의 작성비(서기료), 제출비,

청인의 예납금(법39조, 303조)으로부터 충당되는 것이므로 신청인(채무자 이외)이 관리인·관재인에게 그 반환을 구하게 되지만, 절차개시 후의 것에 관하여는 관리인·관재인이 관리하는 재산으로부터 수시 충당되어도 좋다는 것을 의미하는 것에 불과하고 특히 그 채권자를 상정할 필요는 없다. 신청인이 채무자 자신인 경우에도 마찬가지로 이미 발생한 마이너스를 도산절차상 시인하여야 한다는 의미이다. 또한 신청이 각하된 경우의 신청비용, 채권자 등 관계인 각자의 절차참가비용 등은 공동의 이익을 위한 것은 아니므로 이에 포함되지 않는다(법118조, 446조1항3호). 또한 신청인의 대리인인 변호사의 보수나 비용에 대하여는 대법원은 구법 하에서 정리채권으로 봄이 상당하다고 하여 구 회사정리법 제208조 제1호 소정의 재판상의 비용이 아니라고 하였다.[4]

2) 관재인·관리인의 업무집행의 비용 및 이로 인하여 생긴 제3자의 청구권

이에는 다음과 같은 것들이 포함된다.

① 회생에서는 관리인(및 그 대리), 고문, 보전관리인(및 그 대리), 조사위원의 비용 및 보수, 회생채권자·주주·지분권자·대리위원 등이 회생에 공적이 있는 경우의 비용 및 보상금, 파산에서는 파산관재인과 감사위원의 보수(법179조1항4호, 473조3호, 30조, 31조).

② 관리인에 의한 사업경영·재산의 관리 및 처분의 비용(법179조1항2호),[5] 파산관재인에 의한 파산재단의 관리·환가 및 배당에 관한 비용(법473조3호).

상속재산의 관리 등에 관한 비용은 파산선고 이후에 지출된 것은 물론 이에 해당하여 재단채권이 될 것이지만, 상속개시 이후 파산선고 전에 상속재산에 관하여 지출된 비용도 재단채권이 된다고 해석한다. 그러나 상속개시 이전에 파산관재인이 아닌 공동상속인 또는 제3자가 피상속인을 대신하여 피상속인 명의의 재산과 관련하여 부담한 비용은 상속채권에 해당한다.[6] 또한 상속재산을 유지 관리하기 위하여 지출한 비용이나 장례비용 등은 상속비용에 해당할 것이나, 상속재산의 처분을 위하여 부담한 부동산중개수수료는 이에 해당하지 않는다고 본다. 상속재산의 처분에 수반되는 조세부담은 상속에 따른 비용이라고 할 수는 없다.[7]

감정인의 비용·보수, 증거조사를 위한 출장비, 파산결정, 절차폐지결정, 회생계획인가·불인가결정, 회생절차종결결정 등의 공고·송달비용, 채권조사기일(다만 특별기일을 제외한다. 법162조, 453조2항), 채권자집회, 관계인집회의 공고·소환·개최의 비용, 회생계획안의 송달비용 등이다.

4) 대법원 1967.3.27.자 66마612 결정(공보불게재).

5) 이 「비용」에는 다음의 ③에서 말하는 「청구권」과 내용적으로 중복되는 것이 있을 수 있다. 예컨대 사업경영에 필요한 광열비는 ②의 관점에서 보면 비용이지만, 거래상의 채무로서 ③에 포함된다. 이외에 비용으로서 각종 조세, 시설·설비의 임료, 소위 회사구조조정에 의한 계획인가 전의 퇴직에 의한 퇴직금 등이 포함된다.

6) 김주미, "상속재산파산의 실무상 쟁점 연구", 법조 제733호, 법조협회(2019.2.), 341면 참조.

7) 대법원 1993.8.24. 선고 93다12 판결(공1993, 2591). 다만 대법원 2012.9.13. 선고 2010두13630 판결(공 2012하, 1694)은 양도소득세 채무가 상속채무의 변제를 위한 상속재산의 처분과정에서 부담하게 된

③ 관리인·관재인이 직무수행상 행한 거래행위(차재, 매매, 임대차, 위임, 고용, 화해 등)에 의하여 상대방이 취득한 청구권, 관리인·관재인의 직무상의 불법행위에 의한 피해자의 손해배상청구권(법179조1항5호, 473조4호).

위 ②가 채무자의 비용이라는 면에서 규정한 것임에 대하여 ③은 상대방의 청구권의 면에 착안하여 공익채권·재단채권임을 명백히 한 것이지만, 대부분이 ②와 중복된다. 채무자가 거래 상대방 등 이해관계인과 사이에 화해 등의 합의를 함으로써 생긴 청구권, 상대방이 회생절차개시결정이나 파산선고 후에 약정해제권을 행사함으로써 취득한 원상회복청구권 등도 이에 포함된다.[8]

다만 회생에 있어 관리인의 자금의 차입을 허가함에 있어 법원은 채권자협의회의 의견을 들어야 하며, 채무자와 채권자의 거래상황, 채무자의 재산상태, 이해관계인의 이해 등 모든 사정을 참작하여야 한다(법179조2항).

'파산재단에 관하여 파산관재인이 한 행위로 인하여 생긴 청구권'을 재단채권으로 규정하고 있는 취지는 파산관재인이 파산재단의 관리처분권에 기초하여 직무를 행하면서 생긴 상대방의 청구권을 수시로 변제하도록 하여 이해관계인을 보호함으로써 공정하고 원활하게 파산절차를 진행하기 위한 것이다.[9]

구 회사정리법 시대의 판례는 관리인의 행위로 인하여 생긴 청구권에는 관리인이 채무자 사업의 경영과 재산의 관리 및 처분과 관련하여 적법하게 법률행위를 한 경우에 상대방이 그 법률행위에 기하여 갖는 청구권뿐만이 아니라, 관리인이 채무자 사업의 경영과 재산의 관리 및 처분을 함에 있어서 그 업무집행과 관련하여 고의·과실로 인하여 타인에게 손해를 입힌 경우에 그 타인이 가지는 불법행위에 기한 손해배상청구권도 포함되고, 따라서 채무자는 특별한 사정이 없는 한 관리인이 업무집행과 관련하여 저지른 불법행위로 인하여 타인이 입은 손해를 배상할 책임을 부담한다고 하였고,[10] 나아가 파산관재인이

채무로서 민법 제998조의2에서 규정한 상속에 관한 비용에 해당한다고 하였다.

8) 日東京地判平成17.8.29判タ1206호79면.

9) 대법원 2014.11.20. 선고 2013다64908 전원합의체 판결(공2014하, 2348)[백선80].

10) 대법원 2005.11.10. 선고 2003다66066 판결(공2005, 1939)은 나아가 피해자인 법인의 대표자가 그 직무에 관하여 정리회사의 관리인과 공모하여 고의의 불법행위를 저지른 결과 피해자에게 손해가 발생하고 정리회사가 이를 배상하여야 할 책임을 부담하는 경우, 정리회사의 관리인이 고의에 의한 공동불법행위자로서 피해자에 대하여 부담하는 손해배상액 전액에 대하여 정리회사로 하여금 손해배상책임을 부담하게 한다면 정리회사로서는 피해자의 대표자가 한 직무상 행위로 인하여 손해를 입게 되고 피해자로서는 민법 35조에 의하여 정리회사에 대하여 손해배상책임을 부담하게 되어 피해자와 정리회사 사이에서 손해배상청구소송이 순환·반복될 수밖에 없게 되는 점을 고려해 볼 때, 위와 같은 경우에 정리회사가 피해자에게 하여야 할 손해배상의 범위를 정함에 있어서는 피해자의 대표자와 정리회사의 관리인이 불법행위에 가담한 정도, 불법행위로 인한 이득의 귀속 여부 등을 고려하여 손해분담의 공평이라는 손해배상제도의 이념에 비추어 그 배상액을 제한할 수 있다고 판시하였다. 이 판결에 대한 해설로는 권순익, "정리회사 관리인의 업무에 관한 불법행위와 정리회사의 손해배상책

직무와 관련하여 부담하는 채무의 불이행도 포함된다고 하였으며,[11] 특별수선충당금 적립 및 인계 의무를 부담하는 임대사업자의 파산선고로 임대사업자의 파산관재인이 파산선고 후에 파산재단에 속하게 된 임대주택을 관리하다가 임대주택의 임차인 등에게 파산재단의 환가방법으로 임대주택을 분양 전환하게 된 것이라면, 특별한 사정이 없는 한 임대사업자의 파산관재인은 분양 전환 후 주택법에 따라 최초로 구성되는 입주자대표회의에 파산선고 전후로 특별수선충당금이 실제로 적립되었는지 여부와 상관없이 파산재단의 관리·환가에 관한 업무의 일환으로 임대주택법령에서 정한 기준에 따라 산정된 특별수선충당금을 인계할 의무를 부담하므로, 입주자대표회의의 특별수선충당금 지급 청구권은 파산관재인이 한 파산재단인 임대아파트의 관리·환가에 관한 업무의 수행으로 인하여 생긴 것으로서 법 제473조 제4호에서 정한 '파산재단에 관하여 파산관재인이 한 행위로 인하여 생긴 청구권'에 해당하여 재단채권이라고 하였다.[12]

회생절차 개시 후 제공한 법률자문에 대한 용역비도 여기서 말하는 회생채권·재단채권에 해당하는데,[13] 또한 판례 중에는 甲 회사가 乙 회사와 체결한 하도급계약에 따라 공사현장에 흙막이 가시설물을 설치하였다가 乙 회사의 회생절차개시를 이유로 하도급계약의 해지를 통보하고 공사를 중단하자, 乙 회사가 법원으로부터 공사재개허가를 받아 공사를 진행하면서 甲 회사에 위 시설물의 해체를 요청한 다음 甲 회사가 이를 거부하고 위 시

임", 대법원판례해설 제57호, 법원도서관(2006), 42면 참조.

11) 위 대법원 2014.11.20. 선고 2013다64908 전원합의체 판결은 파산관재인은 직무상 재단채권인 근로자의 임금·퇴직금 및 재해보상금을 수시로 변제할 의무가 있다고 할 것이므로, 파산관재인이 파산선고 후에 위와 같은 의무의 이행을 지체하여 생긴 근로자의 손해배상청구권은 채무자회생법 제473조 제4호 소정의 '파산재단에 관하여 파산관재인이 한 행위로 인하여 생긴 청구권'에 해당하여 재단채권이라고 하였다. 그리고 채무자에 대한 재산상 청구권이 파산선고 전에 채무불이행 상태에 있는 경우 그로 인한 손해배상 및 위약금 청구권 중 파산선고 전에 발생한 청구권은 파산채권에 해당하고 파산선고 후에 발생한 청구권은 다른 파산채권보다 변제순위가 뒤지는 후순위파산채권이 되나(제446조 제1항 제2호), 채무자의 근로자의 임금·퇴직금 및 재해보상금은 그 발생시기가 파산선고 전후인지를 불문하고 재단채권에 해당하고(제473조 제10호), '파산재단에 관하여 파산관재인이 한 행위로 인하여 생긴 청구권'도 재단채권에 해당한다(같은 조 제4호)고 하였다. 반대의견은 지연손해금의 성질에 대하여 파산선고 후의 채무불이행으로 인한 손해배상채권이므로 채무자회생법 제446조 제1항 제2호의 후순위 파산채권에 해당한다고 하였다. 위 판결에 대한 해설로 김희중, "파산선고 전에 생긴 임금·퇴직금에 대하여 파산선고 후 발생한 지연손해금 채권의 법적 성질", 사법 31호, 사법발전재단(2015), 247면 참조. 또한 반대의견에 찬성하는 견해로는 임치용, "개정된 채무자 회생 및 파산에 관한 법률 제415조의2 및 제477조에 대한 관견", 회생법학 제21호, (사)한국채무자회생법학회(2020), 29면 참조.

12) 대법원 2015.6.24. 선고 2014다29704 판결(공2015하, 1041).

13) 서울고법 2021.3.24. 선고 2020나2020584, 2020591 판결(각공2021상, 365). 채무자 회사에 대하여 회생절차가 개시되었다가 회생계획인가 전에 회생절차가 폐지되고 채무자회생법 제6조 제2항에 따라 파산이 선고되었는데, 채무자 회사와 법률용역계약을 체결한 법무법인이 회생절차개시결정일부터 파산선고 전날까지 제공한 법률자문에 대하여 용역비의 지급을 구한 사안이다. 법원은 위 용역비채권은 채무자회생법 제477조 제2항에서 정한 '다른 재단채권에 우선하는 재단채권'이라 볼 수는 없다고 하였다.

설물을 수거하지 않자 공사 진행을 위해 이를 다른 곳으로 옮겨 보관하고 있었는데, 甲 회사가 乙 회사의 관리인을 상대로 위 시설물의 인도를 구하는 소를 제기하여 승소 확정판결을 받은 다음, 乙 회사가 인도판결에도 불구하고 위 시설물의 인도를 거부하고 이를 불법점유하고 있다며 乙 회사의 관리인을 상대로 손해배상 등을 구한 사안에서, 인도판결로 위 시설물에 관한 실체적 법률관계에 어떠한 변동이 생기는 것이 아니어서 인도판결이 확정되었다는 사정만으로 곧바로 인도판결 확정 다음 날부터 위 시설물에 대한 乙 회사의 점유가 위법하게 되어 甲 회사에 손해가 발생하였다고 볼 수 없고, 乙 회사가 인도판결이 확정된 다음 위 시설물에 대한 인도를 적극적으로 이행하지 않았다고 해서 이를 곧바로 불법행위로 단정할 수 없어 이로 인해 甲 회사가 위 시설물을 사용·수익하지 못하는 손해를 입었다고 볼 수도 없으며, 甲 회사가 乙 회사를 상대로 위 시설물의 인도를 명하는 인도판결을 받아 판결이 확정되었더라도 판결의 효력이 위 시설물에 대한 인도청구권의 존부에만 미칠 뿐 위 시설물의 불법점유로 인한 손해배상청구 소송에는 미치지 않는데도, 불법행위의 성립요건에 관하여 별다른 심리를 하지 않은 채 인도판결이 확정된 사정만을 들어 인도판결 확정 다음 날부터 乙 회사의 위 시설물에 대한 점유가 위법하다고 보아 甲 회사에 대한 점유반환 시까지 기간에 대하여 乙 회사의 손해배상책임을 인정한 원심 판단에는 이행판결의 효력, 불법점유로 인한 손해배상책임 등에 관한 법리오해 등의 잘못이 있다고 한 사례가 있다.14) 관리인의 행위에 의한 불법행위의 성립을 인정함에 있어서는 신중을 기하여야 할 듯하다.

　일본의 판례는 부부이던 쌍방이 이혼한 후 그 중 일방이 파산하고서도 상대방 소유의 토지 위에 건물을 소유하고 있어 상대방이 토지 및 건물의 철거 및 퇴거와 혼인관계 파탄일부터 토지 명도일까지 임대료 상당의 손해금 지급을 구한 사안에서 파산선고일 이전까지의 손해금 채권은 파산채권이지만, 파산선고일 다음날부터의 손해금은 재단채권으로서 파산관재인을 상대로 청구할 것이라고 하였다.15)

　또한 채무자 회사가 발행한 회사채의 수탁보증인인 증권회사의 파산관재인이 주채무자 회사의 정리절차에서 사전구상금을 수령하였다고 하더라도 사전구상금을 수령한 수탁보증인으로서는 채무자와의 보증위탁계약에 따라 선량한 관리자의 주의의무로써 사전구상금을 주채무자의 면책을 위하여 사용하면 되는 것이지 주채무자로부터 수령한 사전구상금 자체를 채권자들에게 인도할 의무가 있는 것은 아니고, 채권자 역시 보증계약에 의하여 수탁보증인에게 보증채무의 이행을 청구할 수 있는 것일 뿐, 수탁보증인의 사전구상금 수령과 함께 수탁보증인에게 그 인도를 구할 권리가 발생하는 것은 아니므로 수탁보증인

14) 대법원 2019.10.17. 선고 2014다46778 판결(공2019하, 2077).
15) 日最判昭和43.6.13民集22권6호1149면, 倒産判例 ガイド 제2판 239면.

이 사전구상금을 수령함으로써 수탁보증인과 주채무자 사이에 채권자인 제3자를 위한 계약이 성립된 것으로 볼 수는 없고, 따라서 채권자가 파산재단에 관하여 파산관재인이 한 행위로 인하여 생긴 청구권인 재단채권을 취득하는 것은 아니라고 한 사례가 있고,16) 수탁자인 신탁회사의 파산관재인이 신탁자를 상대로 수탁자가 지급받지 못한 신탁사무처리비용의 상환을 구하는 소송을 제기하였다가 패소함으로써 상대방에게 소송비용액 지급의무를 부담하게 된 경우, 그 상대방이 파산관재인에 대하여 가지는 소송비용액 지급청구권은 채무자회생법 제473조 제4호에 정한 재단채권에 해당한다고 한 사례도 있다.17)

④ 회생절차에서 신청 후 절차개시까지 사이에 이사·보전관리인이 법원의 허가를 얻어 자금을 차입하고(이른바 구제금융), 자재의 구입 그 밖에 채무자의 사업을 계속하는데 불가결한 행위로 인하여 생긴 청구권(법179조1항12호).

이는 원래 회생채권이지만 공평의 관점에서 회생절차 개시의 시점을 소급한 것이다. 자금의 차입을 허가함에 있어 법원은 채권자협의회의 의견을 들어야 하며, 채무자와 채권자의 거래상황, 채무자의 재산상태, 이해관계인의 이해 등 모든 사정을 참작하여야 한다(법179조2항). 이는 회생에 필요한 신규 자금의 조달을 위하여 2009년 신설된 조항이다. 이와 관련하여 어음할인이 자금의 차입에 해당하는가 하는 문제가 있는데, 실무는 자금의 차입에 해당하는 것으로 취급하고 있다.18)

다만 회생절차가 개시에 이르지 않고 파산으로 이행한 경우에 있어서 이러한 채권의 취급에 관하여는 문제가 있다.

⑤ 회생절차에 있어서 회생계획수행의 비용(법210조, 211조, 215조, 271조, 273조, 274조), 신주·사채의 발행비용(법206조, 209조, 265조) 등.

---

16) 대법원 2005.7.14. 선고 2004다6948 판결(공보불게재).

17) 대법원 2009.9.24. 선고 2009다41045 판결(공2009하, 1758).

18) 대법원 2002.9.24. 선고 2000다49374 판결(공2002, 2479)은 어음할인의 성질이 소비대차에 해당하는지 아니면 어음의 매매에 해당하는 것인지 여부는 그 거래의 실태와 당사자의 의사에 의하여 결정되어야 한다고 하면서 해당 어음거래약정에 따른 어음할인은 어음액면금에 대한 지급기일 전일까지의 할인율 상당의 선이자를 미리 공제하는 형식으로 이루어진 어음담보 대출의 한 형태에 불과하고, 현실적인 자금의 수수 없이 형식적으로만 신규 대출을 하여 기존 채무를 변제하는 이른바 대환은 특별한 사정이 없는 한 형식적으로는 별도의 대출에 해당하나 실질적으로는 기존 채무의 변제기의 연장에 불과하므로 그 법률적 성질은 기존채무가 여전히 동일성을 유지한 채 존속하는 준소비대차로 보아야 하고, 이러한 경우 채권자와 보증인 사이에 있어서 사전에 신규대출형식에 의한 대환을 하는 경우 보증책임을 면하기로 약정하는 등의 특별한 사정이 없는 한 기존채무에 대한 보증은 존속한다고 하였다. 同旨 대법원 2008.1.18. 선고 2005다10814 판결(미간행)은 아울러 어음할인이 대출에 해당하는 경우, 채권자가 그 어음을 매도하거나 배서양도하여 그 대가를 얻으면 대출금채권이 당연 소멸한다고 할 수 없고, 어음양수인이 지급보증채무자를 상대로 그 보증채무의 이행을 구하는 소송의 사실심 변론종결 전에 어음금채무가 시효소멸되었음에도 어음양수인이 승소확정판결을 받은 경우, 지급보증채무자는 어음양수인에게 보증책임을 면할 수 없다고 하였다.

3) 사무관리 또는 부당이득으로 인하여 절차 개시 이후 채무자에 대하여 생긴 청구권(법179
조1항6호, 473조5호)

절차 개시 후 회생채무자 재산 또는 파산재단에 관하여 사무관리를 한 자의 비용상환
청구권(민739조)과 회생채무자 또는 파산재단이 법률상 원인 없이 이득을 얻은 반면에 손
실을 입은 자의 부당이득반환청구권(민741조)이다. 예컨대 파산관재인이 별제권의 목적물
을 환가한 때에 임치할 대금(법497조)을 파산재단에 포함시킨 경우에는 별제권자는 재단채
권으로서의 부당이득반환청구권을 취득한다. 절차 개시 전의 이러한 청구권들은 회생채권
또는 파산채권이 되는데 불과하다. 개개의 규정에 의한 공익채권에는 실질상으로는 이에
포함되는 것이 있다(전술한 2).① 중 법31조의 비용). 이러한 청구권은 채무자에게 이득이나
이익이 되기 때문에 형평의 취지에서 공익채권·재단채권으로 하고 있는 것이다.

판례로는 甲 회사가 건설공제조합과 체결한 보증시공위탁계약의 이행이 완료되지 않
은 상태에서 甲 회사에 대한 회생절차가 개시되자, 甲 회사의 관리인이 보증시공위탁계약
의 이행을 선택하면서 회생법원의 허가를 받아 乙 보증보험회사와 회생절차개시 전에 체
결된 1차 보증보험계약을 기초로 보험기간과 보험가입금액, 보험료 등 계약의 주요 내용
이 변경된 2차 보증보험계약을 체결하였는데, 보험사고가 1차 보증보험계약에서 정한 보
험기간 이후 발생하여 乙 회사가 2차 보증보험계약에서 정한 보험금을 건설공제조합에 지
급한 후 甲 회사를 상대로 구상금 지급을 구한 사안에서, 乙 회사의 구상금채권은 채무자
회생법 제179조 제1항 제5호의 공익채권에 해당한다고 본 원심판단을 수긍한 사례,[19] 본
래의 납세의무자의 파산으로 과세관청에 의하여 제2차 납세의무자로 지정된 자가 그 납세
의무를 이행함으로써 취득한 구상금채권은 부당이득으로 인하여 파산재단에 생긴 청구권
이므로 재단채권에 해당한다고 한 사례가 있다.[20]

---

19) 대법원 2017.6.29. 선고 2017다207352 판결(미간행). 도산사건은 아니나 이와 유사하게 대법원 2010.12.23
선고 2010다71660 판결(미간행)은 회사 분할전후 2차에 걸친 각 신용보증약정이 각 신용보증약정에
대한 경개가 아니라 그 보증조건을 단순히 갱신한 것에 불과한 것인 이상, 구상금 채무는 분할 전의
신용보증약정 및 이를 담보로 한 각 대출계약에 의해 그 기초가 되는 법률관계가 이미 성립되어 있
었다 할 것이므로, 비록 원고가 피고의 분할 후에 소외 주식회사의 대출채무를 대위변제하였다 하여
도 피고는 그로 인한 구상금 채무를 소외 주식회사와 연대하여 변제할 책임이 있다고 하였다. 同旨
대법원 2016.7.22 선고 2012다116802 판결(미간행).

20) 대법원 2005.8.19. 선고 2003다36904 판결(공2005, 1489)은 국세기본법 소정의 제2차 납세의무는 오
지 주된 납세의무가 이행되지 않는 경우에 그 만족을 얻기 위하여 과하여지는 것이므로, 제2차 납세
의무자가 납세의무를 이행하는 경우 그 범위에서 본래의 납세의무자의 납세의무도 소멸되고, 이 경
우 제2차 납세의무자는 본래의 납세의무자에 대하여 구상권을 행사할 수 있는 한편, 본래의 납세의
무자가 파산선고를 받는 경우 그의 조세채무는 재단채권이 되어 파산재단에서 변제하여야 하는데,
제2차 납세의무자가 납세의무를 이행하게 되면 본래의 납세의무가 소멸함으로써 파산재단은 채무소
멸이라는 이익을 얻게 되고, 이 경우 그 이익을 원래 그 조세를 납부하여야 할 파산재단으로 하여금
그대로 보유하게 하는 것은 공평의 관념에 어긋나는 것이어서 파산재단으로서는 이를 부당이득으로
그 출연자에게 반환할 의무를 부담한다 할 것이니, 제2차 납세의무자가 납세의무를 이행한 후 가지

나아가 외국 정부가 국내법원에서 파산선고를 받은 위탁매매인에 대한 세금청구권에 기하여 위탁자의 대상적 환취권의 목적이 되는 물건, 유가증권 또는 채권을 강제징수한 경우, 그로 인해 위탁매매인의 세금채무가 소멸하여 위탁매매인의 파산재단은 동액 상당의 부당이득을 얻은 것이 되며, 이 경우 위탁자는 위탁매매인의 파산재단에 대해 부당이득반환청구권을 가지게 되는데, 이는 본조 소정의 재단채권이라고 한 사례,[21] 부동산에 관한 법률행위가 사해행위에 해당하는 경우에 사해행위취소로 인한 원상회복은 원물반환의 방법에 의하는 것이 원칙이지만, 원물반환이 불가능하거나 현저히 곤란한 사정이 있는 때에는 원물반환에 대신하여 금전적 배상으로서의 가액배상이 허용되는데, 수익자 또는 전득자가 사해행위취소로 인한 원상회복으로서 가액배상을 하여야 함에도, 수익자 또는 전득자에 대한 회생절차개시 후 회생재단이 가액배상액 상당을 그대로 보유하는 것은 취소채권자에 대한 관계에서 법률상의 원인 없이 이익을 얻는 것이 되므로 이를 부당이득으로 반환할 의무가 있고, 이는 수익자 또는 전득자의 취소채권자에 대한 가액배상의무와 마찬가지로 사해행위의 취소를 명하는 판결이 확정된 때에 비로소 성립한다고 보아야 하므로 설령 사해행위 자체는 수익자 또는 전득자에 대한 회생절차개시 이전에 있었더라도, 이 경우의 사해행위취소에 기한 가액배상청구권은 채무자회생법 제179조 제1항 제6호의 '부당이득으로 인하여 회생절차개시 이후 채무자에 대하여 생긴 청구권'인 공익채권에 해당한다고 한 사례,[22] 정리회사가 명의신탁한 부동산에 관하여 경매절차가 진행되어 회사정리절차 개시 후 부동산이 경락되어 정리회사가 부담할 세금을 명의수탁자가 대신 납부한 경우에 명의수탁자의 청구권은 위 제6호의 공익채권에 해당한다고 한 사례[23] 등이 있다. 일본의 하급심 판례 중에는 채무자가 양도담보에 제공된 원인채권의 지급을 위하여 발행된 어음을 추심한 결과 양도담보권자가 취득한 부당이득반환청구권도 이에 해당한다고 한 것이 있다.[24]

4) 조세

파산에 있어서는 국세징수법 또는 지방세징수법에 의하여 징수할 수 있는 청구권(국세징수의 예에 의하여 징수할 수 있는 청구권으로서 그 징수우선순위가 일반 파산채권보다 우선하는 것을 포함하며, 후순위파산채권을 제외한다), 즉 국세 및 지방세 등 지방자치단체의 징수금, 관세와 가산금, 산업재해보상보험료, 의료보험료 등이 재단채권이 된다(법473조2호). 다만

게 되는 위 구상권은 여기에 그 법적 근거가 있다고 하였다.
21) 대법원 2008.5.29. 선고 2005다6297 판결(공2008하, 895).
22) 대법원 2019.4.11. 선고 2018다203715 판결(공2019상, 1051)[백선30]. 이 판결에 대한 분석으로 문혜영, "회생절차 중인 수익자에 대한 가액배생청구권자의 지위", 법조 제756호, 법조협회(2022) 참조.
23) 대법원 2001.10.12. 선고 2001다45324 판결(미간행)
24) 日東京地判平成14.8.26金法1689호49면.

파산선고 후의 원인으로 인한 청구권은 파산재단에 관하여 생긴 것 예컨대 재단소속 부동산에 대한 종합토지세, 재산세, 자동차세, 등록세, 인지세, 균등할주민세 등에 한한다.[25] 상속재산파산의 경우 파산관재인이 파산절차에서 상속재산을 처분한 경우 상속인이 한정승인을 하거나 채무자회생법에 의하여 한정승인을 한 것으로 간주되는 경우에도 상속인에게 취득세가 부과된다. 조세채권에 대하여 강력한 우선원칙을 취하고 있는 것을 반영하고 있으나, 실질상 파산채권에 불과한 것을 우대할 공익상의 필요가 있는가에 관하여는 의문을 제기하는 입장도 많다.

판례는 채무자회생법 제473조 제4호의 규정은 파산관재인이 파산재단의 관리처분권에 기초하여 직무를 행하면서 생긴 상대방의 청구권을 수시로 변제하도록 하여 이해관계인을 보호함으로써 공정하고 원활하게 파산절차를 진행하고자 하는 데 그 취지가 있다는 점에서 파산관재인이 파산재단의 관리처분권에 기초하여 직무를 행하면서 생긴 상대방의 청구권에 관한 일반규정으로 볼 수 있는 반면, 채무자회생법 제473조 제2호는 '국세징수법 또는 지방세징수법에 의하여 징수할 수 있는 청구권' 및 '국세징수의 예에 의하여 징수할 수 있는 청구권으로서 그 징수우선순위가 일반 파산채권보다 우선하는 것'만을 적용대상으로 하는 특별규정이고, 나아가 국세나 지방세뿐만 아니라 그 체납으로 인하여 부가되는 가산금·중가산금도 그것이 파산선고 전에 생긴 것인지 파산 후에 생긴 것인지 가리지 않고 모두 그 적용 범위에 포함되므로 파산관재인이 재단채권인 국세나 지방세를 체납하여 그로 인하여 가산금·중가산금이 발생한 경우 그 가산금·중가산금에 대하여는 채무자회생법 제473조 제4호가 아닌 채무자회생법 제473조 제2호가 우선적으로 적용된다고 봄이 타당하다고 하면서, 이러한 채무자회생법 제473조 제2호 본문의 입법 취지, 국세징수법상 가산금·중가산금의 법적 성질, 채무자회생법 제473조 제2호·제4호의 관계 등을 종합하면, 파산선고 전의 원인으로 인한 국세나 지방세에 기하여 파산선고 후에 발생한 가산금·중가산금은 후순위파산채권인 채무자회생법 제446조 제1항 제2호의 '파산선고 후의 불이행으로 인한 손해배상액'에 해당하는 것으로 봄이 타당하므로, 채무자회생법 제473조 제2호의 괄호 안에 있는 규정에 따라 재단채권에서 제외된다고 하였다.[26]

---

25) 대법원 2002.1.25. 선고 2001다67812 판결(공2002, 576)은 단위신용협동조합이 회비를 납부하지 아니할 때는 신용협동조합중앙회 정관 16조에 의하여 과태금을 징수할 수 있다고 하더라도, 그러한 사정만으로는 위 회비를 재단채권 또는 재단채권과 유사한 것이라 할 수 없다고 판시하였다.

26) 대법원 2017.11.29. 선고 2015다216444 판결(공2018상, 19)[백선77]은 국세징수법 제21조에 규정된 가산금·중가산금은 납세의무의 이행지체에 대하여 부담하는 지연배상금의 성질을 띠고 있다고 하면서. 부가가치세의 납부기한이 파산선고 후에 도래한 후의 체납으로 인하여 발생한 가산금은 채무자회생법 제446조 제1항 제2호의 '파산선고 후의 불이행으로 인한 손해배상액'에 해당하는 것이라고 하였는데, 파산선고 후에 비로소 발생한 체납으로 인한 가산금이 과연 '파산선고 후의 불이행으로 인한 손해배상액'에 해당하는가에 관하여는 다툼이 있다. 상세는 후술한다.

한편 국가 외의 자가 수행하는 사무 또는 사업에 대하여 국가가 이를 조성하거나 재정상의 원조를 하기 위하여 교부하는 보조금, 부담금, 그 밖에 상당한 반대급부를 받지 아니하고 교부하는 급부금으로서 대통령령으로 정하는 것을 "보조금"이라고 하고(보조금관리에 관한 법률2조1호), 중앙관서의 장은 보조금수령자가 거짓이나 그 밖의 부정한 방법으로 보조금 또는 간접보조금을 지급받은 경우 등에 지급한 보조금 또는 간접보조금의 전부 또는 일부를 기한을 정하여 반환하도록 명하여야 하는데(같은 법31조1항), 판례는 구「보조금 관리에 관한 법률」(2016. 1. 28. 법률 제13931호로 개정되기 전의 것) 제33조제2항, 2016. 1. 28. 법률 제13931호로 개정된 보조금 관리에 관한 법률 제33조의3 제2항, 부칙(2016. 1. 28.) 제7조, 구「지방재정법」(2014. 5. 28. 법률 제12687호로 개정되기 전의 것) 제17조의2 제4항의 문언 내용과 취지 및 개정 연혁에 아래와 같은 사정을 더하여 보면, 구「보조금 관리에 관한 법률」제33조 제2항, 구「지방재정법」제17조의2 제4항은 반환금이 다른 공과금보다 징수우선순위에 있음을 정한 것일 뿐, 거기서 더 나아가 그 밖의 다른 채권보다 징수우선순위에 있음을 정한 것으로 볼 수는 없다고 하였다. 즉 ① 공과금이란 국세징수법에서 규정하는 체납처분의 예에 따라 징수할 수 있는 채권 중 국세, 관세, 임시수입부가세, 지방세와 이에 관계되는 가산금 및 체납처분비를 제외한 것을 말한다(국세기본법2조8호). ② 국세기본법 제35조 제1항 본문, 지방세징수법 제71조 제1항 본문은 국세·지방세와 그 가산금, 체납처분비의 징수우선순위에 관하여 규정하면서 '다른 공과금'뿐만 아니라 '그 밖의 채권'에도 우선함을 명확히 규정하고 있다. ③ 반면 국세징수법에서 규정하는 체납처분의 예에 따라 징수할 수 있는 채권은 징수절차상 자력집행권이 인정될 뿐이므로, '다른 공과금'은 물론 '그 밖의 다른 채권'에 대한 우선권이 인정되기 위해서는 별도의 명시적인 규정이 있어야 하는데, 구 보조금법 제33조, 구 지방재정법 제17조의2에 따라 징수할 수 있는 보조금 반환금채권은 '국세징수의 예에 의하여 징수할 수 있는 청구권으로서 그 징수우선순위가 일반 파산채권보다 우선하는 것'에 해당하지 않으므로, 이를 재단채권으로 볼 수 없다는 것이었으나,[27] 2016. 1. 28. 법개정으로 제33조의3(강제징수)이 신설되어 중앙관서의 장 또는 지방자치단체의 장인 보조사업자는 반환금, 제재부가금 및 가산금을 국세 체납처분의 예에 따라 징수하거나「지방세외수입금의 징수 등에 관한 법률」에 따라 징수할 수 있고, 반환금, 제재부가금 및 가산금의 징수는 국세와 지방세를 제외하고는 다른 공과금이나 그 밖의 채권에 우선한다고 명시적으로 규정하게 되어 위 판례는 선례로서의 가치를 상실하였다.

그런데 회생절차에서는 전통적인 조세우선원칙을 수정하여, 원천징수하는 조세(다만 법인세법 제67조의 규정에 의하여 대표자에게 귀속된 것으로 보는 상여에 대한 조세는 원천징수된 것에 한한다)·부가가치세·개별소비세·주세 및 교통·에너지·환경세와 본세의 부과·징수

---

27) 대법원 2018.3.29. 선고 2017다242706 판결(공2018상, 804).

의 예에 따라 부과·징수하는 교육세·농어촌특별세와 특별징수의무자가 징수하여 납부하여야 할 지방세로서 회생절차개시 당시 아직 납부기한이 경과하거나 도래하지 아니한 것에 한하여 공익채권으로 하고 있다(법179조1항9호). 이러한 세금들은 실질적인 납부의무자가 따로 존재하고 원천징수의무자 또는 특별징수의무자가 납부할 세금은 본래 이들이 소위 징수기관으로서 실질적인 납세의무자로부터 징수하여 국가나 지방자치단체를 위하여 보관하고 있는 것이기 때문이다. 회생절차 개시 후의 원인에 기하여 생긴 조세채권에 관하여는 명문의 규정이 없으나, 사업경영의 비용으로서 당연히 공익채권이 된다(법179조1항2호). 한편 위에서 본 판례는 본래의 납세의무자의 파산으로 과세관청에 의하여 제2차 납세의무자로 지정된 자가 그 납세의무를 이행함으로써 취득한 구상금채권은 부당이득으로 인하여 파산재단에 생긴 청구권이라고 하면서도, 조세채권으로서의 재단채권에는 해당한다고 할 수 없다고 하였다.[28]

　　5) 상대방미이행의 쌍무계약에 있어서 관재인·관리인이 이행을 선택한 경우의 상대방의 청구권(법179조1항7호, 473조7호) 및 상대방이 이미 일부를 이행한 경우에 관재인·관리인이 해제를 선택한 경우 상대방에게 생긴 원상회복청구권(법337조2항)

　　전자는 공평의 관점에서,[29] 후자는 부당이득을 인정하지 않는 취지에서 공익채권·재단채권으로 한 것이다(쌍방미이행의 문제에 관하여는 후술한다).[30] 또한 전자와 마찬가지의 취지의 것으로서 채무자가 파산 전에 받은 부담부유증을 관재인이 받은 경우에는 부담의 이익을 받을 청구권은 유증 목적의 가액을 초과하지 않는 한도 내에서 재단채권이 된다고

---

28) 대법원 2005.8.19. 선고 2003다36904 판결(공2005, 1489).

29) 대법원 1994.1.11. 선고 92다56865 판결(공1994, 678)은 구 회사정리법 제208조 제7호에서 같은 법 제103조 제1항의 규정에 의하여 관리인이 채무의 이행을 하는 경우에 상대방이 가진 청구권을 공익채권으로 규정한 것은 관리인이 상대방의 이행을 청구하려고 하는 경우에는 계약상의 회사의 채무도 이를 이행하도록 함으로써 양 당사자 사이에 형평을 유지하도록 하자는 데 그 뜻이 있으나 이 때의 회사와 상대방의 채무는 쌍무계약상 상호 대등한 대가관계에 있는 채무를 의미하고 계약상의 채무와 관련이 있다 하여도 특정조차 되지 아니하여 가사 미이행의 경우에도 이를 소구할 수 있는 것도 아닌 부수적인 채무와 같은 막연한 협력의무에 불과한 것은 이에 해당하지 아니한다고 하였다.

30) 대법원 2001.12.24. 선고 2001다30469 판결(공2002, 341)은 복수의 은행이 신디케이트를 구성하여 채무자에게 자금을 융자하는 신디케이티드 론(syndicated loan) 거래에 있어 신디케이티드 론 거래의 참여은행이 파산선고를 받은 경우, 채무자가 그 은행에 대하여 가지고 있는 대출약정 해제로 인한 약정수수료(commitment fee) 반환청구권은 재단채권에 해당한다고 하였고, 대법원 2021.1.14. 선고 2018다255143 판결(공2021상, 360)은 甲 회사가 乙 회사와 물품공급계약을 체결하면서 乙 회사에 물품대금 정산을 위한 보증금을 지급하였고, 그 후 乙 회사에 대하여 회생절차가 개시되어 관리인이 甲 회사와 물품을 계속 공급하기로 협의하였는데, 계약기간이 만료한 후 甲 회사가 乙 회사를 상대로 보증금 반환을 구한 사안에서, 甲 회사의 보증금반환채권은 채무자회생법 제179조 제1항 제7호에서 정한 공익채권에 해당한다고 본 원심판결이 정당하다고 하였다. 이 판결에 대한 평석으로 최준규, "쌍무계약, 신용거래, 그리고 채권자평등주의: 대법원 2021.1.14. 선고 2018다255143 판결의 비판적 검토", 사법 57호, 사법발전재단(2021), 387면 참조.

하는 특칙이 있다(법474조).

6) 계속적 채권관계에 있어서의 특칙

회생에 있어서는 계속적 공급의무를 부담하는 쌍무계약의 상대방이 회생절차개시신청 후 회생절차 개시 전까지의 사이에 한 공급으로 생긴 청구권도 공익채권이다(법179조1항8호). 공법상 공급의무를 부담하고 있는 상대방을 공평의 견지에서 보호하려는 것이다. 회생절차개시신청 전 20일 이내에 채무자가 계속적이고 정상적인 영업활동으로 공급받은 물건에 대한 대금청구권도 마찬가지로 취급된다(법179조1항8호의2).

파산에 있어서는 파산을 이유로 해약을 통고한 경우에 그 종료까지 사이에 상대방에게 생긴 청구권, 예컨대 임차인의 파산에 의한 해지통고(민637조), 사용자파산의 경우의 해지통고(민663조)가 있는 경우의 종료까지의 임료채권이나 임금채권은 재단채권이 된다(법473조8호. 그러나 임금채권은 같은 조10호에 의하여도 재단채권이다. 회생절차상의 같은 문제에 관하여는 후술한다).

7) 부인권이 행사된 경우의 상대방의 반대급부 또는 이득상환청구권(법108조3항, 398조1항)

이것도 실질은 부당이득반환청구권이다.

8) 선행제절차(先行諸節次)의 비용

① 절차개시에 의하여 중단된 소송 중 회생채무자 재산·파산재단에 관한 것을 관리인·관재인이 수계하였으나 패소로 끝난 경우의 상대방의 소송비용상환청구권(법59조, 347조). 관리인이 소송절차를 수계한 이후의 소송비용뿐만 아니라 관리인의 소송수계 이전에 회생채무자가 소송을 수행한 때의 소송비용까지 포함한다.[31] ② 파산에 의하여 실효된 강제집행을 관재인이 속행한 경우의 집행비용(법348조), 회생절차개시와 함께 중지(법58조1항)된 강제집행, 가압류, 가처분, 담보권실행을 위한 경매 및 체납처분이 속행된 경우의 절차비용청구권(법58조6항 후단). ③ 선행제도산절차의 비용. 첫째 회생이 실패로 끝나 파산으로 이행한 경우(소위 견련파산)에 선행절차의 비용은 재단채권이 된다(법6조, 7조). 다음으로 회생절차에 의하여 중지되었다가 회생계획의 인가에 따라 효력을 잃은 파산절차에 있어서 재단채권(법256조)은 모두 공익채권이 된다.

9) 회생채권·회생담보권 또는 파산채권의 확정소송이 성공함으로써 채무자재산·파산재단이 이익을 받은 경우에 이의를 주장한 채권자 등은 공익채권·재단채권으로서 그 소송비용의 상환을 구할 수 있다(법177조, 469조).

사무관리에 의한 청구권과 유사하다. 관리인·관재인이 상환에 응한 때에는 패소당사자에 대한 본래의 소송비용상환청구권은 법정대위에 의하여 관리인·관재인에 귀속한다(민481조).

---

31) 대법원 2016.12.27.자 2016마5762 결정(공2017상, 207).

10) 채무자의 생활, 인격적 활동에 필요한 비용 등

개인 회생 및 개인 파산에 있어서 채무자 및 그 부양을 받는 자의 부양료(법179조1항 14호, 473조9호).[32] 채무자의 재산이나 파산재단으로부터 부양료를 내지 않으면 채무자나 그 가족의 생활보호를 공적 부양에 맡기는 것이 되고, 채권자는 결과적으로 국민의 부담을 담보로 만족을 얻는 것이 되기 때문이다. 그러나 채무자의 생활보장은 자유재산(압류금지재산이나 신득재산)을 인정함으로써도 고려되고 있으므로 부양료의 실제 역할은 큰 것은 아니다. 금전급부가 아니더라도 채무자 소유나 파산재단소속의 가옥에 무료로 살게 하는 등의 방법으로 지급하여도 좋다. 법인파산의 경우에 법인의 인격적 활동이 파산절차와 분리될 수 있는 것은 전술하였는데, 이를 위한 비용은 부양료에 준하여 재단채권이 된다고 해석한다. 이 점에 관하여 회생절차에서는 「채무자를 위하여 지출하여야 하는 부득이한 비용」이 공익채권이 된다고 하고(법179조1항15호), 절차개시 후의 인격적 활동(주주명부의 정비, 주주총회의 개최, 이사가 하는 재산관계 이외의 소송, 즉 결의관계 소송 등)을 위한 비용이 공익채권으로서 지출된다. 부득이한 비용으로서는 그 밖에 엄밀한 의미에서의 사업의 경영을 위한 비용은 아니나, 이와 관련하여 의례상 또는 관례상 채무자가 지출하게 되는 비용(교제비, 접대비 등)이 포함된다.

11) 피용자(근로자)의 채권

사회 정책적 목적을 위하여 특히 인정된 것으로서 피용자·채무자의 근로자의 급료 및 퇴직금, 절차개시 전의 원인으로 생긴 피용자·채무자 근로자의 임치금과 신원보증금의 반환청구권은 공익채권·재단채권이다(법179조1항10·11호, 473조10·11호). 당초 제정된 파산법과 회사정리법에서는 근로자의 급료 및 퇴직금과 절차 개시 전의 원인으로 생긴 근로자의 회사에 대한 임치금과 신원보증금의 반환청구권은 우선채권에 불과하였으나, 회사정리법은 1981년 3월 5일자 개정에 의하여, 파산법은 2000년 1월 12일자 개정에 의하여 각각 공익채권과 재단채권이 되었다.

판례는 구 회사정리법상 정리회사의 관리인은 공익채권인 근로자의 임금 및 퇴직금을 수시로 변제할 의무가 있고 근로복지공단이 근로자의 임금, 퇴직금을 체당금으로 지급하고 그에 해당하는 근로자의 임금 등 채권을 대위행사하는 경우에도 이는 공익채권으로 보아야 할 것이므로, 그 이행지체로 인한 손해배상청구권 역시 공익채권에 해당한다고 봄이 상당하다고 하였다.[33]

12) 위임

위임은 위임자의 파산에 의하여 당연 종료하고 수임자의 대리권이 소멸하지만(민690

---

32) 일본 파산법은 부조료의 급여제도를 폐지하였고, 재단채권에서도 삭제하였다.
33) 대법원 2011.6.24. 선고 2009다38551 판결(미간행).

조), 그 후 급박한 필요에 의하여 수임자가 한 행위(민691조)에 의하여 생긴 청구권은 재단
채권이 된다(법473조6호). 한편 파산선고를 알지 못하고 긴박한 필요 없이 한 위임사무를
처리한 경우의 청구권은 파산채권이 된다(법342조).

(나) 신규자금대여자의 의견제시권한 및 그에 대한 자료제공

채무자회생법 제179조 제1항 5호 및 제12호에 따라 자금을 대여한 공익채권자는 ①
채무자의 영업 또는 사업의 전부 또는 중요한 일부를 양도하는 것에 대한 의견의 제시, ②
회생계획안에 대한 의견의 제시, ③ 회생절차의 폐지 또는 종결에 대한 의견의 제시를 할
수 있다(법22조의2 제1항). 이 경우 자금을 대여한 공익채권자는 대법원규칙으로 정하는 바
에 따라 관리인에게 필요한 자료의 제공을 청구할 수 있으며, 관리인은 대법원규칙으로
정하는 바에 따라 자료를 제공하여야 한다(같은조2항). 원활한 신규자금 확보를 위하여
2016년 법개정으로 신설된 규정이다.[34]

(다) 공익채권·재단채권의 변제

1) 일반원칙

이상과 같은 공익채권·재단채권은 회생절차·파산절차에 의하지 아니하고 수시 변제
된다(법180조, 475조, 476조. 감사위원의 동의가 필요한 경우가 있다. 법492조13호). 금전채권에
한하지 않으며 채권자는 법원에 신고하여 확정절차를 거치는 등 도산절차에 복종하는 채권
(도산채권)의 채권자가 취하여야 하는 절차에 따를 필요는 없고,[35] 가사 재단채권이 파산채
권으로 신고되어 파산채권으로 확정되고 배당을 받았다고 하더라도 채권의 성질이 당연히
파산채권으로 변하는 것은 아니므로, 그 배당받은 금원을 재단채권에 충당할 수 있다.[36]

---

34) 이와 관련한 미국 법제에 대하여는 김종호, "미국연방파산법상 신가치 예외원칙의 법리 전개와 입법
논쟁", 선진상사법률연구 제53호, 법무부(2011.1.), 127면 참조.

35) 대법원 2004.8.20. 선고 2004다3512,3529 판결(공2004, 1577)[백선27]은 공익채권을 단순히 정리채권으
로 신고하여 정리채권자표 등에 기재된다고 하더라도 공익채권의 성질이 정리채권으로 변경된다고
볼 수는 없고, 또한 공익채권자가 자신의 채권이 공익채권인지 정리채권인지 여부에 대하여 정확한
판단이 어려운 경우에 정리채권으로 신고를 하지 아니하였다가 나중에 공익채권으로 인정받지 못하
게 되면 그 권리를 잃게 될 것을 우려하여 일단 정리채권으로 신고할 수도 있을 것인바, 이와 같이
공익채권자가 자신의 채권을 정리채권으로 신고한 것만 가지고 바로 공익채권자가 자신의 채권을 정
리채권으로 취급하는 것에 대하여 명시적으로 동의를 하였다거나 공익채권자의 지위를 포기한 것으
로 볼 수는 없다고 판시하였다. 나아가 대법원 2007.11.30. 선고 2005다52900 판결(공보불게재)은 상
대방은 여전히 공익채권자의 지위에 있는 것이므로, 설사 관리인이 그 상대방에게 정리계획의 조건
에 의하지 아니하고 다른 채무를 면제해 주었다 하더라도 그것이 구 회사정리법 제231조에 의하여
특별한 이익의 공여로서 무효가 된다고 할 여지는 없다고 하였다. 이 판결에 대한 해설로 최종길,
"가. 도급공사의 기성공사부분에 대한 대금청구 채권이 회사정리법상 공익채권에 해당하는 경우, 나.
회사정리법 제145조에 규정된 '확정판결과 동일한 효력'의 의미 및 공익채권자가 자신의 채권을 정리
채권으로 신고한 사정만으로 자신의 채권을 정리채권으로 취급하는데 동의하였다고 볼 수 있는지 여
부(소극)", 대법원판례해설 제52호, 법원도서관(2005), 193면 참조.

36) 대법원 2008.5.29. 선고 2005다6297 판결(공2008하, 895).

따라서 채권자로서는 법원에의 채권신고·확정 등의 절차를 거치지 않고 언제든지(이 점에서 우선적 파산채권과 다르다), 직접 관리인·관재인, 회생절차에서는 경우에 따라 채무자 또는 신회사(회생계획에 의하여 신회사가 설립되는 경우. 법211조)에 대하여 이행을 청구하고 그 존부·액수에 관하여 다툼이 있으면 각각 그들을 상대로 소송으로 해결할 수 있다. 이 경우 재단채권의 액수가 확정되어 있고, 이행기가 도래하였다면 직접 그 이행을 청구하면 되므로, 그 채권 존재의 확인을 소로써 구할 이익은 없다.[37] 하급심 판례 중에는 공익채권과 회생채권이 병존하는 경우 회생절차개시결정 이후에 일부 변제를 한 것은 공익채권에 대한 변제로 볼 수밖에 없다고 한 사례가 있다.[38]

2) 강제집행 등에 의한 추심

재단채권에 기하여 강제집행을 할 수 있는지에 관하여는 견해의 대립이 있다. 일본은 파산법을 개정하면서 보전처분으로서 재단채권에 기한 강제집행의 중지를 포괄적 중지명령의 대상으로 삼고(일파24조1항), 강제집행 금지 및 실효조항을 신설하여 이 문제를 해결하였다(일파42조). 파산에 관하여 특히 규정은 없으나 재단채권자는 파산재단소속 재산에 대하여 강제집행을 할 수 있는지 여부에 관하여 판례는 법률상 강제집행을 허용하는 특별한 규정이 있다거나 법의 해석상 강제집행을 허용하여야 할 특별한 사정이 있다고 인정되지 아니하는 한 파산재단에 속하는 재산에 대한 별도의 강제집행은 허용되지 않고, 재단채권에 기한 강제집행에 있어서도 재단채권자의 정당한 변제요구에 대하여 파산관재인이 응하지 아니하면 재단채권자는 법원에 대하여 감독권 발동을 촉구하든지, 파산관재인을 상대로 불법행위 손해배상청구를 하는 등의 별도의 조치를 취할 수는 있을 것이나, 그 채권 만족을 위해 파산재단에 대해 개별적 강제집행에 나아가는 것은 구 파산법상 허용되지 않는다고 하였고,[39] 나아가 채무자(A백화점)의 근로자들인 채권자들이 확정된 지급명령 정본에 기한 임금채권을 청구금액으로 하여 채무자의 제3채무자에 대한 콘도회원권 압류명령을 받은 후 위 콘도회원권에 대한 환가절차가 진행되던 중 채무자에 대하여 파산이 선고된 사례에서 집행법원은 채무자의 파산관재인의 집행취소 신청에 따라 위 콘도회원권에 대하여 실시한 압류집행의 취소결정을 하였고, 채권자들은 위 압류명령의 집행권원인 임금채권은 재단채권에 해당한다는 이유로 위 압류집행 취소결정에 불복한 사안에서 임금채

37) 대법원 2001.12.24. 선고 2001다30469 판결(공2002, 341). 재단채권의 확정절차의 상세에 관하여는 나원식, "재단채권의 확정절차에 관한 실무상 문제─파산채권과의 구별이 문제되는 경우를 중심으로─", 민사재판의 제문제 제25권, 한국사법행정학회(2017), 55면 참조.
38) 서울남부지법 2019.6.13. 선고 2018나66812 판결(미발간).
39) 대법원 2007.7.12.자 2006마1277 결정(공2007, 1248). 판례를 지지하는 입장은 관재인이 공적 집행기관인 것, 법 제477조, 제534조의 취지에 반하는 것 등을 근거로 내세운다. 과거 서울중앙지방법원 파산부의 입장이기도 하였다. 반대설은 파산채권보다 우월하여야 할 재단채권의 강제적 실현이 보장되지 않고, 관재인의 재량에 따라 결정되는 것은 타당하지 않다고 보아 긍정적으로 해석한다.

권 등 재단채권에 기하여 파산선고 전에 강제집행이 이루어진 경우에도, 종료되지 아니한 그 강제집행은 파산선고로 인하여 그 효력을 잃는다고 하였다.[40] 그러나 재단채권에 관하여 담보권이 있는 때에는 이에 기하여 경매가 가능하고, 재단채권을 자동채권으로 하는 상계도 허용된다고 보아야 할 것이다. 단 조세채권에 기한 체납처분에 관하여는 파산선고 전에 착수한 체납처분은 선고 후에도 속행할 수 있으나(법349조1항), 파산선고 후에 새로이 체납처분을 개시하는 것은 허용되지 않는다(법349조2항).[41]

회생에 있어서도 재단채권에 관한 판례의 입장을 따를 경우 공익채권에 의한 강제집행이 허용되지 않는다. 나아가 법원은 공익채권에 기하여 채무자의 재산에 대하여 강제집행 또는 가압류가 되어 있을 때 그 강제집행 또는 가압류가 회생에 현저하게 지장을 초래하고 채무자에게 환가하기 쉬운 다른 재산이 있는 때, 또는 채무자의 재산이 공익채권의 총액을 변제하기에 부족한 것이 명백하게 된 때에는 관리인의 신청에 의하거나 직권으로 담보를 제공하게 하거나 담보를 제공하게 하지 아니하고 그 중지나 취소를 명할 수 있다(법180조3항). 법원은 위 중지명령을 변경하거나 취소할 수 있으며, 중지 또는 취소의 명령과 그 변경 또는 취소의 결정에 대하여는 즉시항고를 할 수 있고, 즉시항고는 집행정지의 효력이 없다(법180조4항, 5항, 6항).

3) 순위

회생절차에서는 공익채권은 회생채권 및 회생담보권에 우선하여 변제된다(법180조2항). 회생에서는 담보권자가 일반채권자와 비슷한 지위로 강등되고, 또 새로운 채권자에게 우선적 지위를 인정하지 않으면 사업의 계속을 위한 새로운 거래(특히 새로운 자금조달)가

---

40) 대법원 2008.6.27.자 2006마260 결정(공2008하, 1072)[백선68]은 파산법상 명문의 규정은 없으나, ① 파산관재인의 파산재단에 관한 관리처분권이 개별집행에 의해 제약을 받는 것을 방지함으로써 파산절차의 원만한 진행을 확보함과 동시에, 재단채권 간의 우선순위에 따른 변제 및 동순위 재단채권 간의 평등한 변제를 확보할 필요성이 있는 점, ② 파산선고 후 재단채권에 기하여 파산재단에 속하는 재산에 대한 별도의 강제집행은 허용되지 않는 점, ③ 강제집행의 속행을 허용한다고 하더라도 재단채권에 대한 배당액에 관하여는 재단채권자가 직접 수령하지 못하고 파산관재인이 수령하여 이를 재단채권자들에 대한 변제자원 등으로 사용하게 되므로(대법원 2003.8.22. 선고 2003다3768 판결 참조) 재단채권자로서는 단지 강제집행의 대상이 된 파산재산의 신속한 처분을 도모한다는 측면 외에는 강제집행을 유지할 실익이 없을 뿐 아니라, 파산관재인이 강제경매절차에 의한 파산재산의 처분을 선택하지 아니하는 한 강제집행절차에 의한 파산재산의 처분은 매매 등의 통상적인 환가 방법에 비하여 그 환가액의 측면에서 일반적으로 파산재단이나 재단채권자에게 모두 불리한 결과를 낳게 되므로, 강제집행을 불허하고 다른 파산재산과 마찬가지로 파산관재인이 환가하도록 함이 상당하다고 인정되는 점 등을 그 근거로 하였다. 이 결정에 대한 해설로 정현정, "임금채권 등 재단채권에 기한 강제집행이 파산선고로 그 효력을 잃는지 여부", 대법원판례해설 제77호, 법원도서관(2009), 595면 참조.

41) 채무자회생법 제349조 제2항과 같은 명시적 규정이 없을 때에도 판례는 같은 입장이었고, 그러한 태도는 조세를 무제한적으로 재단채권으로 한 파산법의 잘못을 시정하기 위한 것으로서 정당하다고 보는 것이 통설이었다. 대법원 2003.3.28. 선고 2001두9486 판결(공2003, 1088). 同旨 日最判昭和45.7.16 民集24권7호879면, 倒産判例 ガイド 제2판 219면[百選제3판122].

곤란하여지기 때문이지만 회생에서는 파산과 달리 이러한 종류의 공익채권이 다액인 것이 보통이고, 이것이 모든 회생담보권에 우선하게 된다면 회생담보권자는 실질적으로 담보를 잃게 된다. 그리하여 담보권자의 일치된 반대로 갱생 그 자체가 불가능해 지는 위험이 있게 되므로 「회생담보권에 우선하여 변제한다」는 것은 회생담보권자의 담보권실행절차에서 매득금으로부터 우선하여 변제를 받는다든가 담보목적물에 강제집행을 하여 매각대금으로부터 우선변제를 받는다는 것을 의미하는 것이 아니라, 담보목적이 되지 않은 채무자 재산으로부터 회생담보권자보다 우선하여 변제를 받는다는 것(회생담보권자는 당해 담보물건에 관한 한 우선적 지위를 가지는데 불과하다)을 말하고, 담보제도를 전제로 한 당연한 이치를 표시한 것에 불과하다고 해석하는 것이 타당할 것이다.

판례도 구 회사정리절차에 있어서 공익채권은 정리채권과 정리담보권에 우선하여 변제한다는 회사정리법 제209조 제2항은 회사의 일반재산으로부터 변제를 받는 경우에 우선한다는 의미이지, 정리담보권이 설정된 특정재산의 경매매득금으로부터도 우선변제를 받는다는 의미는 아니며, 정리담보권이 설정된 재산 위에 공익담보권이 설정된 경우에는 정리담보권이 우선한다고 하였고,[42] 나아가 구 회사정리법 제209조 제2항이 국세기본법 제35조 제1항이나 구 국세징수법 제81조 제1항(현행법 제96조 제1항)에 대한 예외규정에 해당한다고 볼 수도 없으므로, 국세의 우선권이 보장되는 체납처분에 의한 강제환가절차에서는 정리채권인 조세채권이라 하더라도 공익채권보다 우선하여 변제를 받을 수 있다고 하였다.[43]

한편 이미 회생담보권을 위하여 담보로 되어 있는 특정재산을 새로운 공익채권을 위한 담보에 제공하여도 후자(공익담보권)는 기존의 담보권보다 후순위이다.[44] 절차 폐지·취소, 회생계획불인가의 경우에도 공익채권은 지급된다(법291조, 248조, 54조3항).

또 판례는 구 회사정리법 제281조의 규정은 정리절차폐지의 결정이 확정된 때에는 같은 법 제23조 또는 제27조의 경우를 제외하고 관리인은 그 자격으로 정리회사의 재산으로 공익채권을 변제하며 이의 있는 것에 대하여는 그 채권자를 위하여 공탁을 하라는 취지라고 해석되므로 정리회사의 관리인이었던 자 자신이 그의 재산으로 공익채권을 변제할 의무가 있다고 할 수 없고, 따라서 정리절차폐지결정이 확정될 때 공익채권총액이 정리회사의 재산을 초과하는 재산상태 하에서 관리인이었던 자가 위 법 제281조의 조치를 취하지

---

42) 대법원 1993.4.9. 선고 92다56216 판결(공1993, 1368).
43) 대법원 2012.7.12. 선고 2012다23252 판결(공2012하, 1420)[백선37]은 정리계획이 정한 징수의 유예기간이 지난 후 정리채권인 조세채권에 기하여 이루어진 국세징수법에 의한 압류처분은 적법하고, 회사정리절차에서 공익채권은 정리채권과 정리담보권에 우선하여 변제한다는 구 회사정리법 제209조 제2항은 정리회사의 일반재산으로부터 변제를 받는 경우에 우선한다는 의미에 지나지 아니한다고 전제하였다.
44) 미국에서는 일정한 요건 하에 신규차입금에 기존의 담보권에 우선하는 담보권을 설정하는 Priming Lien이 인정된다.

아니한 처사를 불법행위로 볼 수 없다고 하였다.[45]

나아가 공익채권은 회생절차에 의하지 아니하고 변제가 가능하므로 원칙적으로 회생계획에서는 공익채권에 관하여 변제기의 유예 또는 채권의 감면 등 권리에 영향을 미치는 규정을 정할 수 없는 것이 원칙이나, 채권자와의 합의하에 변제기를 연장하는 등 권리변동에 관한 사항을 정하고 그 취지를 회생계획에 기재한 때에는 채권자도 이에 구속된다고 본다.[46]

파산에 있어서 재단채권은 파산채권에 우선하여 변제된다(법476조). 파산재단으로부터 지급받는 것은 변함이 없으므로 환취권은 물론이고 재단으로부터 마이너스를 의미하는 별제권(담보권)이나 상계권보다는 후순위가 된다. 즉 파산관재인은 재단채권을 승인할 때에는 그 가액이 1,000만 원 이상이면 감사위원 또는 법원의 허가를 받아(법492조) 개별적으로 변제하는데, 이 재단채권의 변제는 파산재단으로부터 먼저 재단채권의 변제분을 확보하고 잔액을 파산채권에 배당하는 형태로 파산재단에 우선하게 되지만, 파산관재인이 알지 못하는 재단채권은 파산채권에 대한 배당 시에 배당을 받지 못하고(법534조), 일단 이루어진 배당은 회복되지 않으므로 파산채권에 대한 배당 이전에 파산관재인이 알지 못한 재단채권은 결과적으로는 변제받지 못하는 경우도 생긴다. 파산폐지·취소의 경우도 재단채권은 지급되고, 이의 있는 것은 공탁된다(법547조, 325조). 전액 지급할 수 없는 때에는 아래 4)의 방법에 의한다.

4) 재산부족의 경우

공익채권·재단채권을 수시 변제한 결과 채무자 재산(회생담보권자의 담보목적재산을 제외한다)·파산재단(별제권의 목적이 된 재산을 제외한다)이 이를 전액변제하기에 부족한 것이 분명하게 된 때에는 이미 변제된 부분은 그대로 두고, 아직 변제되지 아니한 부분에 대하여 규정이 마련되어 있다.

회생절차에서는 아직 변제되지 아니한 부분에 관하여는 법 제179조 제1항 제5호 및

45) 대법원 1974.11.26. 선고 73다898 판결(공1975, 8168).
46) 대법원 1991.3.12. 선고 90누2833 판결(공1991, 1195). 同旨 대법원 2016.2.18. 선고 2014다31806 판결(공2016상, 411)[백선57]. 한편 대법원 2006.3.29.자 2005그57 결정(공2006, 783)은 정리계획인부의 결정에 대하여는 '법률상 이해관계'를 갖는 자, 즉 정리계획의 효력발생 여부에 따라 자기의 이익이 침해되는 자만이 즉시항고를 할 수 있는데, 공익채권자는 정리회사와 합의하여 그 내용을 정리계획에 기재한 경우가 아닌 한 정리계획에 의하여 권리변동의 효력을 받지 아니하므로, 공익채권자가 변경계획 인부결정에 대하여 한 즉시항고는 원칙적으로 부적법하다고 하였다. 同旨 대법원 2006.1.20.자 2005그60 결정(공2006, 386), 대법원 2010.1.28. 선고 2009다40349 판결(미간행). 한편 日最判平成25.11.21民集67권8호1618면[百選49]은 채권자가 공익채권인 원채권을 재생채권으로 신고하여(예비적 신고는 아니다), 채권조사를 거쳐 재생계획안이 작성되고, 부의결정이 있은 후 재생계획안이 가결되어 재생계획인가결정이 확정된 사안에서 그 신고를 전제로 하여 작성된 재생계획을 결의에 부치는 결정이 된 경우에는 공익채권의 주장을 할 수 없다고 하였다.

제12호의 청구권 중에서 채무자의 사업을 계속하기 위하여 법원의 허가를 받아 차입한 자금에 관한 채권을 우선적으로 변제하고, 법령이 정한 우선권(예컨대 국세·가산금 또는 체납처분비는 다른 공과금이나 그 밖의 채권에 우선하여 징수한다. 국세기본법35조)에 불구하고 아직 변제하지 아니한 채권액(필요한 경우 현재화, 금전화, 중간이자 공제가 행하여진다. 법478조, 회생에 관하여는 규정이 없으나 마찬가지로 해석한다)의 비율에 따라 변제한다. 단 그 공익채권을 피담보채권으로 하는 유치권·질권·저당권·「동산·채권 등의 담보에 관한 법률」에 따른 담보권·전세권 및 우선특권의 효력은 인정된다(법180조7항).

파산절차에 있어서는 채권 상호간의 우열을 인정하지 않는 것이 원칙이나, 채무자회생법 제473조 제1호 내지 제7호 및 제10호의 재단채권은 다른 재단채권에 우선하고(법477조2항),[47] 나아가 회생에서와는 달리 「근로기준법」 제38조 제2항 각호에 따른 채권과 「근로자퇴직급여 보장법」 제12조 제2항에 따른 최종 3년간의 퇴직급여 등 채권의 채권자는 해당 채권을 파산재단에 속하는 재산에 대한 별제권 행사 또는 법 제349조 제1항의 체납처분에 따른 환가대금에서 다른 담보물권자보다 우선하여 변제받을 권리를 보장하는데(법415조의2 본문), 이는 별제권 행사에 따른 경매절차에서 종래 조세채권 등과 마찬가지로 파산관재인이 배당금을 교부받아 각 채권자에게 안분 변제하여 온 방식에서 벗어나 근로자가 직접 우선변제권 있는 채권액을 배당받을 수 있게 함으로써 최우선임금채권을 두텁게 보장하려는 것이다. 다만 「임금채권보장법」 제8조에 따라 해당 채권을 대위하는 경우에는 그러하지 아니하다(법415조의2 단서). 이는 파산채무자인 사업주를 대신하여 미지급 임금을 지급하고 임금채권보장법 제8조 제2항에 따라 근로자의 권리를 대위하는 근로복지공단은 별제권 행사에 따른 경매절차에서 근로자와는 달리 배당금을 직접 받을 수 없다는 뜻일 뿐, 근로복지공단이 다른 담보물권자보다 우선하여 변제받을 권리를 부정한 것이 아니다. 따라서 근로복지공단이 대지급금채권자로서 배당요구를 하면 조세채권자가 교부청구를 한 경우 등과 마찬가지로 그 배당금은 파산관재인에게 교부되고, 파산관재인을 통하여 변제받게 된다.[48]

한편 판례는 채권자취소권의 행사와 관련하여 취소채권자가 채무자 소유의 부동산에 관하여 근저당권을 설정하였는데 사해행위 당시 채무자에 대하여 근로기준법 제38조 제2항 제1호, 제1항, 근로자퇴직급여 보장법 제12조 제2항, 제1항에 따라 최우선변제권을 갖

---

47) 법률자문에 대한 용역비는 채무자회생법 제473조 제5호 소정의 재단채권으로서 우선재단채권에 해당하지 않는다는 하급심 판례가 있음은 전술하였다. 서울고법 2021.3.24. 선고 2020나2020584, 2020591 판결(각공2021상, 365).

48) 대법원 2022.12.1. 선고 2018다300586 판결(공2023상, 145)은 근로복지공단이 파산채무자인 사업주를 대신하여 미지급 임금을 지급하고 임금채권보장법 제8조 제2항에 따라 근로자의 권리를 대위하는 경우, 별제권 행사에 따른 경매절차에서 다른 담보물권자보다 우선하여 변제받을 수 있지만, 이때 근로복지공단이 배당금을 직접 받을 수는 없다는 것이다.

는 임금채권이 이미 성립되어 있고, 임금채권자가 우선변제권 있는 임금채권에 기하여 취소채권자의 담보물에 관하여 압류나 가압류 등기를 마치는 등 가까운 장래에 우선변제권을 행사하리라는 점에 대한 고도의 개연성이 있으며, 실제로 가까운 장래에 임금채권자가 그 담보물에 관하여 우선변제권을 행사하여 그 개연성이 현실화된 경우에는, 사해행위 당시 담보물로부터 우선변제를 받을 수 없는 일반채권이 발생할 고도의 개연성이 가까운 장래에 현실화된 것이므로 그 일반채권도 채권자취소권을 행사할 수 있는 피보전채권이 될 수 있고, 이러한 경우 취소채권자가 '담보물로부터 우선변제 받을 금액'은 사해행위 당시를 기준으로 담보물의 가액에서 우선변제권 있는 임금채권액을 먼저 공제한 다음 산정하여야 하고, 취소채권자는 그 채권액에서 위와 같이 산정된 '담보물로부터 우선변제 받을 금액'을 공제한 나머지 채권액에 대하여만 채권자취소권이 인정된다고 하였다.[49]

또한 채무자회생법 제180조 제7항과의 균형상 회생절차가 폐지되어 파산절차로 넘어가는 견련파산에 있어서 당초 기업회생절차에서의 신규자금 유입을 활성화하기 위하여 채무자의 업무 및 재산에 관하여 관리인이 회생절차 개시 후에 한 자금의 차입, 자재의 구입 그 밖의 행위로 인한 청구권과 채무자 또는 보전관리인이 회생절차 개시신청 후 그 개시 전에 법원의 허가를 받아 행한 자금의 차입, 자재의 구입 그 밖에 채무자의 사업을 계속하는 데에 불가결한 행위로 인하여 생긴 청구권 중에서 채무자의 사업을 계속하기 위하여 법원의 허가를 받아 차입한 자금이 있는 때에는 신규차입금에 관한 채권과 근로자의 임금 등의 재단채권은 다른 채권에 우선한다(법477조3항). 나아가 명문의 규정은 없으나, 채무자회생법 제473조 제1호 내지 제7호의 재단채권 중 파산절차 비용으로서의 성질을 갖는 재단채권은 다른 것에 우선한다고 해석하고 있다.[50] 예컨대 파산관재인의 보수는 조세에 우선한다.

이러한 분배기준이 구체적으로 문제되는 경우는 회생·간이회생 및 파산의 폐지, 취소나 회생계획 불인가 후의 처리(회생으로부터 파산으로 이행하는 경우를 제외한다. 법6조 참조) 또는 청산·영업양도를 내용으로 하는 회생계획(법222조)을 작성하는 경우인데, 파산에서는 재단채권자에게 평등하게 분배하여 청산을 종결하고, 파산종결결정(법530조)을 하는 방안도 있을 수 있다(재단채권에는 절차비용 이외의 것이 있으므로 재단채권이 지급되지 않은 것은 파산폐지의 이유는 되지 않는다. 법545조 참조).

또한 일본의 하급심 판례는 갱생회사가 갱생절차 중에 어음을 부도내어 공익채권의

---

49) 대법원 2021.11.25. 선고 2016다263355 판결(공2022상, 69). 이 판결에 대한 해설로 이주윤, "사해행위 취소소송에서 물적 담보권자의 피보전채권 범위─인적 우선권 중 최우선변제권 있는 임금채권을 중심으로─", 대법원 판례해설 제129호, 법원도서관(2022), 229면 참조.

50) 日最判昭和45.10.30民集24권11호1667면, 倒産判例 ガイド 제2판 224면[百選제3판120]. 파산관재인의 보수가 조세에 우선한다고 한 사안이다. 일본 개정 파산법 제152조 제2항은 위와 같은 판례의 입장을 반영하여 파산채권자 공동의 이익을 위하여 하는 재판상 청구권과 파산재단의 관리, 환가 및 배당에 관한 비용청구권은 다른 재단채권에 우선한다고 규정하고 있다.

변제가 불가능한 상태가 된 경우에 갱생회사의 재산에 관하여 체납처분을 하는 것이 허용되는가 하는 문제에 관하여 ① 체납처분이 공익채권의 변제불능시에 있어서 비례변제를 정한 회사갱생법 규정에 반하는 것으로서 효력이 없고, ② 체납처분이 갱생채권에 기하여 행하여진 경우에도 이는 갱생채권의 소멸시키는 행위는 금지되고, 새로운 체납처분도 허용되지 않는다고 하였다.[51]

재단채권을 변제하지 않은 채 파산절차가 종료(폐지, 종결, 취소)한 때에는 파산재단으로부터 변제를 받지 못한 부분은 본래의 채무자 자신이 책임을 부담하여야 할 것이라고 보이는 채권(법473조7호·8호를 예로 드는 경우가 많으나, 그 범위에 관하여는 다툼이 있다)을 제외하고, 파산절차 종료 후에도 채무자에 대하여 청구할 수 없다.

또한 재단부족에 따라 조세를 납부하지 못한 경우 형사죄책을 지는가 여부가 문제로 되는데, 판례는 조세범처벌법 제10조에서 말하는 "정당한 사유"라 함은 천재·지변·화재·전화 기타 재해를 입거나 도난을 당하는 등 납세자가 마음대로 할 수 없는 사유는 물론 납세자 또는 그 동거가족의 질병, 납세자의 파산선고, 납세자 재산의 경매개시 등 납세자의 경제적 사정으로 사실상 납세가 곤란한 사유도 포함한다 할 것이고, 나아가 그 정당 사유의 유무를 판단함에 있어서는 그 처벌의 입법 취지를 충분히 고려하면서 체납의 경위, 체납액 및 기간 등을 아울러 참작하여 구체적인 사안에 따라 개별적으로 판단하여야 할 것이며, 정당한 사유가 없다는 점에 대한 입증책임은 검사에게 있다고 하였다.[52]

참고문헌

이지은, "프랑스법상 도산절차의 우선특권", 선진상사법률연구 제53호, 법무부(2011.1.), 164면.

임치용, "재단채권에 기한 이행소송과 강제집행은 가능한가", 파산법 연구 2, 박영사(2006), 225면.

임치용, "DIP Financing-한국과 미국의 비교", 파산법 연구 3, 박영사(2010), 198면.

임치용, "개정된 채무자 회생 및 파산에 관한 법률 제415조의2 및 제477조에 대한 관견", 회생법학 제21호, 사단법인 한국채무자회생법학회(2020), 29면.

정준영, "한국 기업회생절차에서의 DIP financing", 도산법연구 제2권 제2호, 사단법인 도산법연구회(2011.11.), 147면.

---

51) ① 日大阪地判昭和54.2.16判時939호75면, ② 日大阪地判昭和56.5.6判タ459호107면, 倒産判例 インデックス 제3판 181[百選제4판99]

52) 대법원 2000.10.27. 선고 2000도2858 판결(공2000, 2481)은 납세의무자가 경제적 사정으로 사실상 납세가 곤란하여 체납한 것이 조세범처벌법 제10조 소정의 '정당한 사유'에 포함된다고 한 사례이다.

III

도산절차가 개시된 채무자에 대한 권리자

1. 권리자의 범위

가. 일반사채권(일반도산채권)

일반사채권이라 함은 물적담보에 의하여 보호되지 않고, 조세채권등 공법상의 채권도 아닌 것을 가리킨다. 도산이라 함은 이와 같은 채권이 지급되지 않는 것을 의미하고, 도산처리법이란 이러한 채권을 어떻게 처우하여 청산 또는 재건을 수행할 것인가에 관한 것이다. 도산처리법의 기본적인 테크닉은 절차개시와 함께 또는 경우에 따라서는 그보다 먼저(신청 후의 보전처분) 이러한 채권을 동결하여 개별적인 추심을 금하고, 도산절차를 통하여 가능한 한 변제를 확보한다고 하는 것이다(역으로 말하면 이들 채권은 도산절차를 통하여 변제를 받을 수 있는 이익을 가진 채권이다).

여기서는 이와 같은 지위를 가진 채권을 도산채권이라고 하고, 각 절차에 있어서 회생채권, 파산채권으로 불리고 있는 것을 총칭한다. 또한 절차개시 전에 발생한 조세채권은 이 의미에서는 도산채권이지만 특별한 취급을 받으므로 항을 달리하여 기술한다. 또 회생담보권도 도산채권의 일종이지만(회생채무자가 물상보증인인 때에는 채무자는 제3자), 담보권자의 지위를 취급하는 부분에서 설명한다.

(1) 도산채권의 요건

(가) 재산상의 청구권

도산처리는 재산관계의 처리이므로 재산상의 청구권 즉 재산에 의하여 만족을 얻을 수 있는 청구권에 한한다. 금전채권에 한하지 않고, 물건의 급부 등을 목적으로 하는 청구권과 같이 비금전채권이어도 무방하나 금전으로 평가할 수 있는 채권일 것을 요한다(법426조 참조). 이 점에서 채무자의 부대체적 작위(不代替的 作爲)(연극 출연 등) 또는 부작위(경업금지)를 구하는 청구권은 그대로는 도산채권이 되지 않는다. 단, 이러한 청구권이 절차개시 전에 불이행에 의하여 이미 손해배상청구권으로 전환되면 그 손해배상청구권은 도산채권이 된다. 판례는 구 회사정리법 제102조 소정의 정리채권은 채권자가 회사에 대하여 갖는 정리절차 개시 전의 원인으로 생긴 재산상의 청구권을 의미하고, 정리채권에 있어서는 이른바 금전화, 현재화의 원칙을 취하지 않고 있으므로, 재산상의 청구권인 이상 금전채권에 한정되지 않고, 계약상의 급부청구권과 같은 비금전채권도 그 대상이 된다고 하였다.[1] 한편 채무자의 대체적 작위(代替的 作爲)(건물수거, 물건의 운송 등)를 목적으로 하는 청구권은 대체집행(민389조, 민집260조)에 의할 수 있고, 채무자의 재산에 의하여 실현되므로 재산상의 청구권이고, 도산채권이 된다. 또 주주의 자익권(이미 발생한 구체적인 배당청구권은 도산채권이다)·공익권과 같은 사단법상의 권리도 도산채권은 아니다.[2]

판례는 지명채권의 양도는 특별한 사정이 없는 한 채권자와 양수인 사이의 계약에 의하여 이루어지는데, 채무자에 대한 통지 또는 채무자의 승낙이 없으면 채무자 기타 제3자에게 대항할 수 없고(민법 제450조 제1항), 한편 위 통지나 승낙이 확정일자 있는 증서에 의한 것이 아니면 채무자 이외의 제3자에게 대항하지 못하므로(민법 제450조 제2항), 양수인은 대항요건을 구비하기 위해 채권자에게 채권양도통지절차의 이행을 청구할 수 있고, 이는 비금전채권이기는 하지만 양도인인 회생채무자의 재산 감소와 직결되는 것이므로 '재산상의 청구권'에 해당한다고 하였다.[3]

다만 '청구권'의 의미와 관련하여 형성권을 도산채권으로 취급할 것인가에 대하여는 의론이 있다. 이에 대하여는 재산상의 권리인 형성권(전환권, 신주인수권, 주식매수청구권 등)은 회생채권으로, 비재산적인 권리인 형성권(취소권, 최고권, 해제권, 부인권 등)은 회생채권이 아닌 것으로 해석하는 것이 타당하고, 적어도 형성권의 행사의 결과 발생한 재산상의 권리는 도산절차의 구속을 받아야 한다는 견해가 유력하다.[4] 판례 중에는 원심이 형성권

---

1) 대법원 1989.4.11. 선고 89다카4113 판결(공1989,794)은 골프장 회원권에는 금전적 측면 외에 골프장과 그 부대시설을 이용할 수 있는 비금전적 채권의 측면도 있으나, 이는 정리채권에 해당한다고 하였다. 그 밖에 금전채권의 양도통지청구권에 대한 대법원 2016.6.21.자 2016마5082 결정(공2016하, 981)[백선02] 참조.

2) 대법원 2022.8.19. 선고 2020다263574 판결(공2022하, 1868)은 주주의 이익배당청구권은 장차 이익배당을 받을 수 있다는 의미의 권리에 지나지 아니하여 이익잉여금처분계산서가 주주총회에서 승인됨으로써 이익배당이 확정될 때까지는 주주에게 구체적이고 확정적인 배당금지급청구권이 인정되지 아니하는데, 다만 정관에서 회사에 배당의무를 부과하면서 배당금의 지급조건이나 배당금액을 산정하는 방식 등을 구체적으로 정하고 있어 그에 따라 개별 주주에게 배당할 금액이 일의적으로 산정되고, 대표이사나 이사회가 경영판단에 따라 배당금 지급 여부나 시기, 배당금액 등을 달리 정할 수 있도록 하는 규정이 없다면, 예외적으로 정관에서 정한 지급조건이 갖추어지는 때에 주주에게 구체적이고 확정적인 배당금지급청구권이 인정될 수 있고 이러한 경우 회사는 주주총회에서 이익배당에 관한 결의를 하지 않았다거나 정관과 달리 이익배당을 거부하는 결의를 하였다는 사정을 들어 주주에게 이익배당금의 지급을 거절할 수 없다고 하였다. 또한 대법원 2010.10.28. 선고 2010다53792 판결(미간행) 및 그에 대한 해설로 장상균, "구 체육시설의 설치·이용에 관한 법률 제30조 제3항, 제1항에 정한 영업양도의 의미", 대법원판례해설 제63호, 법원도서관(207), 716면 참조.

3) 대법원 2022.10.27. 선고 2017다243143 판결(공2022하, 2294).

4) 최효종, "도산절차에서 형성권의 처리에 관한 소고", 도산법연구 제10권 제2호, 사단법인 도산법연구

(운송권의 이관을 요구할 수 있는 권리)은 회생채권에 해당하지 않는다고 판단한 것을 유지한 사례가 있다.[5]

(나) 인적 청구권

도산채권이 「채무자에 대한」 청구권에 한하는 것은 단순히 채무자를 상대로 한다고 하는 의미에서는 당연한 것이고, 여기서는 채무자에 대한 인적 청구권 즉 채무자의 총재산으로부터 만족을 받을 수 있는 청구권에 한한다는 것을 의미한다. 도산은 채무자의 총재산을 가지고 청구권의 만족을 주는 절차이기 때문이다. 물론 매매대금 청구권 등의 통상의 채권은 모두 인적 청구권이다.

이에 반하여 특정재산에 관한 물적(물권적) 청구권, 예컨대 소유권에 기한 물건의 반환 청구권 등은 도산절차에 복종하지 않는 권리로서 도산채권이 되지 않고, 환취권으로서 행사된다(법70조, 407조). 구 회사정리법 시대의 판례는 정리채권이란 정리절차개시결정 전의 원인에 기하여 발생한 채권적 청구권을 말하는 것으로서, 채권담보를 위한 소유권이전청구권 보전의 가등기에 대한 말소청구권은 가등기담보권이 피담보채권의 변제로 인하여 소멸되었음을 원인으로 삼아 소유권에 기하여 실체관계에 부합하지 아니하는 가등기의 말소를 구하는 물권적 청구권이므로 정리채권에 해당하지 아니한다고 하였고,[6] 부동산에 관하여 환매특약부 소유권이전등기가 경료된 후 근저당권이 설정되었다가 환매권 행사 후 그 근저당권자가 파산선고를 받은 경우, 그 근저당권설정등기의 말소등기청구권에 관하여 부동산의 매매계약에 있어 당사자 사이의 환매특약에 따라 소유권이전등기와 함께 민법 제592조에 따른 환매등기가 마쳐진 경우 매도인이 환매기간 내에 적법하게 환매권을 행사하면 환매등기 후에 마쳐진 제3자의 근저당권 등 제한물권은 소멸하는 것이므로, 환매권 행사 후 근저당권자가 파산선고를 받았다고 하더라도 매도인이 채무자에 대하여 갖는 근저당권설정등기 등의 말소등기청구권은 파산채권에 해당하지 아니하며, 매도인은 환취권 규정에 따라 파산절차에 의하지 아니하고 직접 파산관재인에게 말소등기절차의 이행을 청구할 수 있다고 하였다.[7] 반대로 물품을 수출한 매도인이 외환거래약정을 맺은 거래은행에게 수입자로부터 받은 신용장을 담보로 환어음 등을 매도한 뒤 신용장 개설은행이 신용장 대금을 지급하지 아니함으로써 거래은행에 대하여 외환거래약정에 따른 환어음 등 환매채무를 부담하게 되었다고 하더라도, 매매계약상 매도인으로서의 지위나 매매대금채권을 거래은행에 양도하였다는 등의 특별한 사정이 없는 한, 수입자에 대한 매매대금채권은 여전히 매도인이 가지는 것이고, 신용장 매입은행이 파산한 수출회사에 대하여 가지는 환

회(2020.12.), 1면 참조.

5) 대법원 2018.2.28. 선고 2017다261134 판결(미간행).

6) 대법원 1994.8.12. 선고 94다25155 판결(공1994, 2301).

7) 대법원 2002.9.27. 선고 2000다27411 판결(공2002, 2547).

매대금채권은 파산채권에 해당한다고 본 사례도 있다.[8]

인적청구권이 물적담보에 의하여 담보되어 있는 경우에는 도산채권이 되는 것을 방해하지 않으나, 파산에서는 도산절차에 복종하지 않으므로 도산채권의 지위를 갖는 것은 담보권자로서의 지위를 포기하지 않는 한 담보에 의하여 확보되지 않는 액에 한한다(법413조). 회생에서는 담보부 채권도 절차에 복종하는 도산채권의 일종이지만 특히 회생담보권이라고 하여 무담보의 회생채권과 구별한다(법141조). 한편 일반의 우선권 있는 채권은 회생과 파산 모두 무담보의 도산채권으로 취급하되 다만 우선순위가 부여되어 있는데 불과하다(법236조, 441조). 물적 유한책임이 부착되어 있는 채권(예컨대 상속의 한정승인)도 인적청구권임에는 변함이 없고, 또 유한책임을 부담하는 물건 위에 우선권을 가지는 것도 아니므로 채권액과 목적물의 가액 중 낮은 쪽에 따라 도산채권이 된다고 해석한다.[9]

한편 유한책임신탁재산에 대하여 파산선고가 있는 경우 신탁채권자, 수익자는 파산선고 시에 가지는 신탁채권 또는 「신탁법」 제62조에 따른 수익채권의 전액, 수탁자는 신탁재산에 대한 채권의 전액에 관하여 그 파산재단에 대하여 파산채권자로서 그 권리를 행사할 수 있고, 유한책임신탁재산에 대하여 파산선고가 있는 경우 「신탁법」 제118조 제1항에 따른 채권을 가지는 자는 그 채권의 전액에 관하여 수탁자의 파산재단에 대하여 파산채권자로서 그 권리를 행사할 수 있다(법578조의15). 그런데 이에 대하여는 투자자인 수익자에

---

8) 대법원 2002.11.13. 선고 2002다42315 판결(공2003, 65)의 사안은 다음과 같다. ① 甲 상사는 1993년 이란의 乙 상사와 자동차 수출계약을 체결하고 이란 은행들이 개설한 신용장을 받았다. 甲 상사는 원고와의 외환거래약정에 따라 1993년 4회에 걸쳐 원고에게 신용장과 이에 따른 수출환어음 및 선적서류 등을 환매조건부로 매도하였고, 원고는 수출환어음 등을 다른 은행들에게 재매도하였다. ② 그런데 이란 중앙은행이 모라토리엄(moratorium)을 선언함에 따라 신용장 개설은행들은 그 대금의 지급을 거절하였고, 이에 甲 상사를 포함한 한국의 수출상사들은 주식회사 丙을 대리인으로 선임하여 1994년 이란의 신용장 개설은행들과 사이에 신용장 대금을 포함한 이란 은행들의 채무를 2년 거치 후 3년 6개월 동안 분할 상환받기로 하는 합의를 하였고, 다시 1999년 그 상환계획을 재조정하는 수정 합의를 하였다. ③ 한편, 甲 상사가 1999년 서울지방법원에 회사정리절차 개시신청을 하고 재산보전처분을 받게 되자, 원고로부터 수출환어음 등을 매수한 은행들은 원고에게 그 어음 등의 환매를 요구하였고, 원고는 2000년 수출환어음 등을 환매하였다. ④ 신용장을 개설한 이란 은행들은 2000년 위 합의 및 수정 합의에 따라 신용장 대금의 일부를 주식회사 丙에게 송금하였고, 주식회사 丙은 2000년 3회에 걸쳐 미화 1,382,499.70 달러를 甲 상사에게 지급하였다. ⑤ 서울지방법원은 2000년 5월 甲 상사에 대하여 정리절차개시의 결정을 하고 정리절차를 진행하던 중 2000년 11월 정리절차폐지의 결정을 하였고, 다음 달. 직권으로 파산을 선고하였다. 원심은, 甲 상사가 신용장 개설은행과 위 합의 및 수정 합의를 하고 신용장 대금을 수령한 것이 원고의 위임사무를 처리한 것이라거나 의무 없이 원고를 위하여 그 사무를 처리한 것으로 볼 수 없고, 또 甲 상사가 법률상 원인 없이 원고의 재산으로 인하여 이익을 얻은 것으로 볼 수도 없다고 판단하고, 나아가 甲 상사가 그에 대한 정리절차 개시 이전에 수령한 신용장 대금이 甲 상사에 속하지 아니하는 재산으로서 원고에게 환취권이 있다고 볼 수 없다고 판단하였는데, 대법원은 위 판단을 유지하였다.

9) 구조료채권(상884조)과 같은 「물적 유한책임」을 수반하는 청구권은 책임재산이 특정의 재산의 가액에 한정되므로 도산채권이 아니라고 하는 견해가 있으나, 반대설도 유력하다.

대한 채권자와 신탁에 대한 채권자가 도산절차에 함께 참여한다는 점에서 비효율의 원인이 된다는 비판이 있다.[10] 수익채권의 범위와 관련한 판례 중에는 신탁행위로 수익자를 신탁재산의 귀속권리자로 정한 경우 수익자의 채권자가 수익자의 수탁자에 대한 신탁수익권의 내용인 급부청구권을 압류하였다면, 특별한 사정이 없는 한 그 압류의 효력은 수익자가 귀속권리자로서 가지는 신탁원본의 급부청구권에 미친다고 한 사례가 있다.[11]

(다) 도산절차개시 전의 원인에 의하여 생긴 청구권

회생채무자 재산·파산재단의 범위가 도산절차 개시 시의 채무자의 재산에 한정되는 것(고정주의)에 대응하여 도산채권을 그것으로부터 만족을 받는 것에 적합한 청구권에 한정하는 것이다. 또 도산채권의 범위를 도산절차 개시를 기준으로 하여 정하는 것은 도산절차의 원활한 진행을 위하여도 필요하다. '채무자에 대하여 도산절차개시 전의 원인에 기하여 생긴 재산상의 청구권'에 해당되려면 의사표시 등 채권발생의 기본적 구성요건 해당사실이 도산절차개시결정 전에 존재하여야 한다.

'도산개시 전의 원인'에 의하여 생긴 청구권이라 함은 의사표시 등 채권 발생의 원인이 도산절차개시 전의 원인에 기해 생긴 재산상의 청구권을 말하는 것으로, 채권 발생의 원인이 절차개시 전의 원인에 기한 것인 한, 그 내용이 구체적으로 확정되지 아니하였거나 변제기가 절차개시 후에 도래하더라도 상관없다. 예컨대 채권의 양수인이 대항요건을 갖추기 전에 양도인에 대하여 회생절차가 개시된 경우, 양수인의 채권양도통지 이행청구권은 그 원인이 회생절차개시 전에 있었으므로 회생채권에 해당한다.[12]

판례는 민법 제667조 제2항의 하자보수에 갈음한 손해배상청구권은 보수청구권과 병존하여 처음부터 도급인에게 존재하는 권리이고, 일반적으로 손해배상청구권은 사회통념

10) 이은재, "신탁과 도산", 제8기 도산법연수원 Ⅱ, 서울지방변호사회(2023), 339~340면은 수익권이 지급되지 아니하는 경우는 신탁의 파산이 아니라 「신탁법」 제71조, 제74조의 신탁의 종료로서 해결하여야 한다고 한다. 유한책임신탁의 수탁자는 기본적으로 순자산이 있어야 수익자에게 급부를 할 수 있다고 규정한 「신탁법」 제120조와 같은 법 시행령 제15조도 근거로 한다.

11) 대법원 2018.12.27. 선고 2018다237329 판결(미간행)은 부동산 신탁계약에서 분양대금에 의한 우선수익자의 채권 변제가 확보된 상태에 이르면, 위탁자인 시행사는 매수인에게 분양된 부동산에 관한 소유권이전등기를 마쳐 주기 위하여 그 부분에 관한 신탁을 일부 해지할 수 있고, 우선수익자는 그 신탁 일부 해지의 의사표시에 관하여 동의의 의사표시를 하기로 하는 묵시적 약정을 한 것으로 볼 수 있고, 이와 같이 신탁계약이 해지된 후에는 '신탁재산귀속'을 원인으로 하여 위탁자 앞으로 소유권이전등기를 한 다음 다시 '분양계약'을 원인으로 하여 매수인 앞으로 소유권이전등기가 이루어지게 되는데 신탁계약상 '우선수익자의 서면요청이 있는 경우 수탁자는 매수인으로부터 확약서를 징구한 다음 신탁부동산의 소유권을 매수인에게 직접 이전할 수 있다'는 취지의 특약사항의 의미는 수탁자로 하여금 분양목적물에 관한 소유권이전등기를 위탁자에게 하는 대신 매수인에게 직접 하게 하는 것도 허용하는 취지를 규정하는 것일 뿐, 이와 달리 위 특약사항을 매수인에게 수탁자에 대한 소유권이전등기청구권을 직접 취득하게 하기 위한 규정으로 볼 수는 없다고 하였다.

12) 대법원 2022.10.27. 선고 2017다243143 판결(공2022하, 2294)

에 비추어 객관적이고 합리적으로 판단하여 현실적으로 손해가 발생한 때에 성립하는 것
이므로, 하자보수에 갈음한 손해배상청구권은 하자가 발생하여 보수가 필요하게 된 시점
에서 성립된다고 하였고,[13] 채무자 회사가 엘리베이터를 이중매도하여 소유권이전의무불
이행, 기망등의 원인행위가 회사정리절차 개시 이전에 종료된 것이라면 비록 회사정리절
차 개시 이후에 세금부과 및 납부로 손해의 내용이 구체적으로 확정되었다고 하더라도,
정리회사에 대하여 가지는 손해배상청구권은 채권 발생의 원인이 정리절차개시 전의 원인
에 기해 생긴 재산상의 청구권으로서 정리채권이라고 볼 여지가 많을 것이므로 원심으로
서는 그 원인행위의 발생 및 종료시점을 정리절차개시시점과 대비하면서 더욱더 심리하여
정리채권인 여부를 가리는 것이 마땅하였다고 하는 이유로 원심을 파기하였다.[14]

　　판례를 구체적으로 더 보면 건축공사의 도급계약에 있어서는 이미 그 공사가 완성되
었다면 특별한 사정이 있는 경우를 제외하고는 이제 더 이상 공사도급계약을 해제할 수는
없다고 할 것이고, 회생절차개시 전에 이미 건물을 완공하여 인도하는 등으로 건축공사
도급계약을 해제할 수 없게 되었다면 수급인은 회생절차개시 전에 도급계약에 관하여 그
이행을 완료한 것으로 보아야 하고, 이러한 경우 수급인에 대한 회생절차개시 후에 완성
된 목적물의 하자로 인한 손해가 현실적으로 발생하였더라도, 특별한 사정이 없는 한 하
자보수에 갈음하는 손해배상청구권의 주요한 발생원인은 회생절차개시 전에 갖추어져 있
다고 봄이 타당하므로, 위와 같은 도급인의 하자보수에 갈음하는 손해배상청구권은 회생
채권에 해당한다고 하였으며,[15] 나아가 위 하자담보책임을 넘어서 수급인이 도급계약에
따른 의무를 제대로 이행하지 못함으로 말미암아 도급인의 신체 또는 재산에 확대손해가
발생하여 수급인이 도급인에게 그 손해를 배상할 의무가 있다고 하더라도, 특별한 사정이
없는 한 도급인의 위와 같은 채무불이행으로 인한 손해배상청구권 역시 회생절차개시 전
에 주요한 발생원인을 갖춘 것으로서 회생채권에 해당한다고 하였다.[16] 공동불법행위로

---

13) 대법원 2000.3.10. 선고 99다55632 판결(공2000, 935). 同旨 대법원 2014.5.16. 선고 2012다114851 판결
　　(공2014상, 1193), 한편 대법원 2017.6.29. 선고 2017다207352 판결(미간행)은 甲 회사가 건설공제조합
　　과 체결한 보증시공위탁계약의 이행이 완료되지 않은 상태에서 甲 회사에 대한 회생절차가 개시되
　　자, 甲 회사의 관리인이 보증시공위탁계약의 이행을 선택하면서 회생법원의 허가를 받아 乙 보증보
　　험회사와 회생절차개시 전에 체결된 1차 보증보험계약을 기초로 보험기간과 보험가입금액, 보험료
　　등 계약의 주요 내용이 변경된 2차 보증보험계약을 체결하였는데, 보험사고가 1차 보증보험계약에서
　　정한 보험기간 이후 발생하여 乙 회사가 2차 보증보험계약에서 정한 보험금을 건설공제조합에 지급
　　한 후 甲 회사를 상대로 구상금 지급을 구한 사안에서, 乙 회사의 구상금채권은 청구권의 주요한 발
　　생원인이 회생절차 개시 전에 갖추어졌다고 보기 어려우므로 채무자회생법 제179조 제1항 제5호의
　　공익채권에 해당한다고 본 원심을 유지하였다.
14) 대법원 2001.8.24 선고 2001다34515 판결(미발간).
15) 대법원 2015.4.23. 선고 2011다109388 판결(공2015상, 719)[백선33], 대법원 2015.6.24. 선고 2013다210824
　　판결(미간행), 서울중앙지법 2018.4.4. 선고 2016가합534601 판결(미간행).
16) 대법원 2015.6.24. 선고 2014다220484 판결(미간행)은 원고가 피고에 대한 회생절차에서 하자보수에

인한 손해배상책임은 불법행위가 있었던 때에 성립하므로 공동불법행위자 사이의 구상권도 특별한 사정이 없는 한 그때에 주요한 발생원인이 갖추어진 것으로 볼 수 있다. 따라서 회생절차 개시 당시까지는 아직 변제 그 밖의 출재로 인한 공동 면책행위가 없었더라도 공동불법행위자 사이의 구상금채권은 회생채권에 해당한다고 한 사례도 있다.[17)]

한편 구 회사정리법 시대의 판례 중에는 아파트 건설공사를 도급받은 업체를 위하여 그 이행을 연대보증한 회사(피고)가 수급업체에 대한 회사정리절차개시결정이 내려진 뒤 그 공사의 잔여 부분을 대신 완공함으로써 취득한 사후구상금 채권은 비록 채무자 회사가 아파트 공사를 도급받을 때 피고가 그 이행을 연대보증함으로써 이 때 이미 피고가 주장하는 그 사후구상금 채권 발생의 기초적 법률관계가 성립되었다고 하더라도 피고가 원고에 대한 회사정리절차개시결정이 있은 뒤 아파트 공사의 잔여 부분을 완공하기 전까지는 아직 그 시공보증채무를 이행한 데 따른 사후구상금 채권이 발생하지 않았다고 한 것이 있으나,[18)] 이는 사후구상권과 사전구상권의 개념을 오해한 것으로서 부당하다는 비판을 받는다. 정리절차개시결정 이전에 보증계약이 체결된 상태에서 정리절차 개시 이전에 보증인이 변제를 한 경우에는 사후구상권이 되고, 변제를 하지 않은 경우에는 사전구상권이 되는 것일 뿐, 개시결정이 내려진 후 공사의 잔여부분을 대신 완공함으로써 사후구상권을 취득하는 것이 아니기 때문이다.[19)] 그 후 판례는 주채무자인 걸설회사가 공사이행을 일부 시행하지 못하여 공사이행보증보험에 따라 나머지 공사를 시공한 보험회사의 주채무자에 대한 구상금 채권은 그 청구권의 주요한 발생원인이 회생절차개시 전에 갖추어진 것이므로, 비록 위 회생절차개시 전에 그 내용이 구체적으로 확정되지 아니하였다고 하더라도 채무자회생법 제118조 제1호에서 정한 회생채권에 해당한다고 보는 것이 타당하다고 하였다.[20)]

갈음하는 손해배상청구권과 채무불이행으로 인한 손해배상청구권을 회생채권으로 신고하였거나, 위 각 손해배상청구권이 피고의 관리인이 제출한 회생채권자 등의 목록에 회생채권으로 기재되었다는 자료를 찾아볼 수 없으므로, 피고에 대한 회생절차에서 회생계획인가의 결정이 있었다면, 회생계획에 별도의 정함이 없는 이상 피고는 회생채권인 원고의 하자보수에 갈음하는 손해배상청구권과 채무불이행으로 인한 손해배상청구권에 관하여 그 책임을 면하였다고 볼 여지가 충분하다고 하였다.

17) 대법원 2016.11.25. 선고 2014다82439 판결(공2017상, 13).
18) 대법원 2006.8.25. 선고 2005다16959 판결(공2006, 1610).
19) 상세는 오민석, "건설회사의 회생절차에 관한 소고", 재판실무연구(5) 도산관계소송, 한국사법행정학회(2009) 80면, 임치용, "건설회사에 대하여 회생절차가 개시된 경우의 법률관계", 사법 18호, 사법발전재단(2011.12.), 57면 참조. 그 밖에 건설회사의 회생절차에서의 문제점의 분석에 관하여는 최효종, "건설회사 회생절차 실무에서의 몇 가지 문제─공동수급체 관계를 중심으로" 도산법연구 제11권 제1호, 사단법인 도산법연구회(2021. 7.), 61면 참조.
20) 대법원 2019.8.29. 선고 2018다286512 판결(미간행)은 수차례에 걸친 보험계약이 비록 회생절차 개시 후에 체결되기는 하였으나, 보험기간이 연장된 바가 없고, 추가지급한 보험금의 액수 역시 기왕의 보험금에 비하여 소액으로 비중이 미미한 점 등에 비추어 보증인이 부담하는 위험의 본질적인 부분은 변경되지 아니하였다고 보았다.

또한 판례 중에는 구 회사정리법 상의 정리채권에는 조건부채권도 포함되는데, 여기에서 조건부채권이라 함은 채권의 전부 또는 일부의 성립 또는 소멸이 장래의 불확정한 사실인 조건에 의존하는 채권을 말하고, 위 조건은 채권의 발생원인인 법률행위에 붙은 의사표시의 내용인 부관에 한정되지 아니하므로, 가집행선고의 실효를 조건으로 하는 가지급물의 원상회복 및 손해배상 채권은 그 채권 발생의 원인인 가지급물의 지급이 정리절차개시 전에 이루어진 것이라면 조건부채권으로서 정리채권에 해당한다고 판시한 사례가 있고,[21] 한편 골프장을 운영하는 甲 회사의 전산에 乙 등의 클럽 회원권 입회금 중 극히 미미한 액수가 미납된 것으로 정리(기장)되어 있다가, 그 미납 입회금이 甲 회사에 대한 정리절차 개시 후 각 납부된 것으로 등재된 사안에서, 乙 등의 클럽 회원권에 기한 입회금반환채권은 甲 회사에 대한 정리절차 개시 전의 원인에 기한 것으로 모두 정리채권에 해당한다고 본 원심판단이 정당하다고 한 사례도 있음은 전술하였다.[22] 반면에 업무협약에 기하여 원고가 피고에게 대하여 가지는 채권은 그 채권의 주요한 발생원인이 회생절차 개시 전에 갖추어져 있다고 할 수 없어 회생채권에 해당하지 않는다고 보아 위 채권이 회생채권에 해당하여 면책되었다는 피고의 본안전 항변을 배척한 원심을 유지한 사례도 있다.[23]

물론 도산절차 개시 당시 채권발생에 필요한 사실의 전부가 모두 구비되어 있을 필요는 없고 그 발생 원인이 절차개시 전에 생긴 것이면 족한데, 다만 청구권 발생에 대한 단순한 기대권에 불과하다면 도산채권에 해당하지 아니한다.[24] 따라서 이행기미도래의 채권, 조건부채권(예컨대 보험사고 발생전의 보험금 청구권은 정지조건부 채권이다), 장래의 청구권[25]

21) 대법원 2002.12.10. 선고 2002다57102 판결(공2003, 374)[백선41]. 회생절차에 관한 것으로 대법원 2014.5.16. 선고 2012다114851 판결(공2014상, 1193), 대법원 2021.7.8. 선고 2020다221747 판결(공2021하, 1442).

22) 대법원 2013.9.26. 선고 2013다16305 판결(미간행)은 피고의 전산 시스템 상에 원고들의 클럽 회원권 입회금 125,000,000원 중 124,999,000원이 최초 회원권계약 체결 무렵 일시불로 납부되고, 1,000원이라는 극히 미미한 액수가 미납된 것으로 정리(기장)되어 있다가, 각 미납 입회금 1,000원이 피고에 대한 정리절차 개시 후인 1999.8.12., 2002.4.8., 2002.8.7. 각 납부된 것으로 등재된 사안이다.

23) 대법원 2019.7.4. 선고 2017다222375 판결(미간행).

24) 대법원 2012.11.29. 선고 2011다84335 판결(공2012상, 21)은 당초 아파트의 임차인에 불과하던 원고들이 아파트를 건축 중이던 건설회사에 대한 파산선고 후 임대주택법에서 신설된 규정에 따라 직접 분양전환승인을 받아 건설회사를 상대로 아파트에 관한 매도청구권을 행사한 사안에서, 원고들의 매도청구권 행사로 인하여 성립된 매매계약에 기한 아파트 건물 등에 관한 소유권이전등기청구권 등은 건설회사에 대한 파산선고 전의 원인으로 생긴 것이 아님이 명백하다는 이유로 파산채권 해당성을 인정하지 않았다. 同旨 대법원 2012.11.29. 선고 2011다84342 판결(미간행), 대법원 2012.11.29. 선고 2011다30963 판결(미간행), 대법원 2012.11.29. 선고 2011다84359 판결(미간행. 아파트의 임차인에 불과하던 원고들이 건설회사에 대한 파산선고 후 직후부터 시행된 법에서 신설된 규정에 따라 구청장으로부터 직접 분양전환승인을 받아 건설회사를 상대로 해당 아파트에 관한 매도청구권을 행사한 사례), 대법원 2015.6.24. 선고 2013다210824 판결(미간행).

25) 장래의 청구권은 도산법에 독특한 용어로서 보증채무 이행 전의 보증인의 구상권 등 법정의 정지조건부 채권을 가리킨다. 대법원 2015.4.23. 선고 2011다109388 판결(공2015상, 719)[백선33]은 회생채권에는 채무자회생법 제138조 제2항이 규정하는 장래의 청구권도 포함되는데, 채무자의 연대보증인이

등도 도산채권이 된다(법425조·427조 참조). 다만, 일본의 판례 중에는 회사의 내규 등에 퇴직위로금의 액을 산정하는 기준이 정하여져 있다고 하여도 이사회에 퇴직위로금의 액 등의 결정을 일임하는 취지의 주주총회 결의만으로 퇴직이사의 회사에 대한 퇴직위로금청구권이 발생하는 것은 아니고, 결정을 일임받은 이사회가 액을 구체적으로 결정하여야 비로소 퇴직위로금청구권이 발생하는 것이므로 주주총회 결의에 그친 단계에서는 파산채권으로 인정되지 아니한다고 한 사례가 있고,[26] 국가로부터 보조금 등을 교부받아 건축한 보육원사에 국가로부터 승인을 받지 않고 근저당권을 설정한 것을 이유로 하여 보육원이 파산선고를 받은 다음날 보조금 교부결정이 취소된 경우에는 국가의 반환명령에 기한 채권은 파산채권은 아니지만, 재단채권에 해당한다고 한 사례[27]가 있다.

보증인이 도산절차 개시후에 보증채무를 이행함으로써 주채무자에 대하여 취득하는 사후구상권은 「장래의 청구권」의 예로 거론되고 있는데, 여기서 상정하고 있는 것은 부탁을 받은 보증인의 사후구상권이다. 이에 반하여 부탁 없는 보증인의 경우는 도산채권이 과연 될 수 있는가 문제가 있다. 부탁 없는 보증인이게도 명문의 규정으로 구상권이 인정되고 있으나(민444조), 그 구상권의 성격은 사무관리나 부당이득이라고 할 수 있기 때문에 구상권의 발생의 주요 원인에 관하여 보증계약체결, 보증채무의 부담이 아니라 사무관리행위, 이득발생출연행위인 변제 등이 주원인이라고 할 여지가 있기 때문이다. 일본의 판례는 부탁없는 보증인의 사후구상권에 관하여도 그 법적성격이 사무관리라고 하더라도 보증계약에 기한 변제 등을 법정의 정지조건으로 하여 발생하는 것이라고 하는 구조에 변함이 없으므로 파산절차 개시 전에 보증계약이 체결되어 있는 한 변제 등이 파산절차 개시 후에 되었어도 파산채권이 된다고 한 것이 있다.[28] 또 교통사고 등의 불법행위에 기한 손해배상채권도 발생원인이 도산절차 개시 전이면 그 손해액이 미확정이어도 도산채권이 된다.[29]

회생절차개시 후에 주채권자인 회생채권자에게 변제 등으로 연대보증채무를 이행함으로써 구상권을 취득한 경우, 연대보증계약이 채무자에 대한 회생절차개시 전에 체결되었다면 구상권 발생의 주요한 원인인 연대보증관계는 회생절차개시 전에 갖추어져 있는 것이므로, 연대보증계약 등에 근거한 구상권은 장래의 청구권으로서 회생채권에 해당한다고 하였다.

26) 日東京高判平成12.6.21判タ1063호185면, 倒産判例 インデックス 제3판 58.
27) 日名古屋高判平成5.2.23判タ859호260면, 倒産判例 インデックス 제3판 61. 파산채권이 아닌 재단채권임은 반환명령의 근거가 된 일본의 「보조금등에 관계된 예산의 집행의 적정화에 관한 법률」에 의하면 반환채권은 『국세체납처분의 예에 의하여 징수할 수 있는 채권』임을 그 이유로 하였다. 위 판결은 파산선고 전의 원인에 기하여 생긴 채권이라고 하기 위하여는 청구권 자체가 파산선고 당시에 이미 성립하여 있을 것을 필요로 하지 않고 그 채권발생의 기본이 되는 법률관계가 파산선고 전에 생겼으면 좋고, 채권의 성립에 필요한 사실의 대부분이 파산선고 전에 구비되어 있으면 족하다(일부구비설)고 해석한다고 하였다.
28) 日大阪地判平成20.10.31判タ1292호294면, 倒産判例 インデックス 제3판 28, 日大阪高判平成21.5.27日 金法1878호46면. 이 문제는 상계의 가능성과도 관련이 있는데, 이에 관하여는 후술한다.
29) 다만 이러한 손해배상채권은 확정판결이나 화해 계약 등이 있는 경우 이외에는 액수가 불명확하고, 개

그러나 유증자 생존 중의 수증자의 권리와 같이 단순히 기대권에 불과한 것은 도산채권이 되지 않는다.

「절차 개시 전후」와 관련하여 판례는 행정상의 의무위반행위에 대하여 과징금을 부과하는 경우 과징금 청구권은 재산상의 청구권에 해당하므로, 과징금 청구권이 회생채권인지는 그 청구권이 회생절차개시 전의 원인으로 생긴 것인지에 따라 결정되는데, 채무자에 대한 회생절차개시 전에 과징금 납부의무자의 의무위반행위 자체가 성립하고 있으면, 그 부과처분이 회생절차개시 후에 있는 경우라도 과징금 청구권은 회생채권이 된다고 하였다.[30] 일본의 판례 중에는 갱생절차 개시전에 갱생채권에 관한 소송(과지급금의 반환을 구하는 부당이득반환청구소송)이 계속되고, 신고채권이 이의없이 확정되었기 때문에 수계되지 않고 소송이 종료된 경우 당해 소송에 관계된 소송비용청구권은 발생의 기초가 되는 사실관계가 갱생절차 개시전에 발생하여 있는 것이므로 갱생채권에 해당한다고 한 사례가 있다.[31]

절차개시의 전후에 의하여 도산채권인 여부를 구별하는 원칙에 대하여는 다음과 같은 약간의 예외가 인정된다.

절차 개시 후에 발생한 채권 중 특히 도산채권으로 되는 것으로서는 ① 환어음·수표 기타 유가증권의 발행인 또는 배서인에 관하여 회생 또는 파산절차가 개시된 경우 지급인 또는 예비지급인이 그 사실을 알지 못하고 인수 또는 지급을 한 때에 그로 인하여 채무자에 대하여 취득하는 청구권(법123조1항, 2항, 333조. 다만 채무자가 이미 지급을 위한 자금을 제공하고 있는 경우는 문제가 되지 않는다), ② 개시 당시 쌍방미이행의 쌍무계약 및 계속적 계약관계의 처리로부터 생긴 청구권으로 법률에 정하여 진 것(법121조1항, 337조1항, 338조, 124조2항, 3항, 340조2항, 3항, 125조2항, 342조, 343조2항), ③ 부인의 효과로서 생긴 상대방의 가액상환청구권(법108조3항3호, 398조2항), ④ 절차참가의 비용(법118조4호, 439조, 446조1항3호) 등이 있다. 반대로 개시 전에 생긴 청구권임에도 도산채권으로 되지 않고 보다 유리한 지위, 전형적으로는 공익채권 및 재단채권의 지위가 부여되는 것이 있다는 것은 전술하였

시 후에 발생한 장애(후유증)를 어떻게 취급할 것인가의 문제도 있어 입법적인 해결이 요망되고 있다.

30) 대법원 2018.6.12. 선고 2016두59102 판결(공2018하, 1284)[백선31], 대법원 2018.6.15. 선고 2016두65688 판결(공2018하, 1303). 사안은 공정거래위원회가 「독점규제 및 공정거래에 관한 법률」 제19조 제1항 제1호에 따라 과징금을 부과한 사안으로서 대법원은 위 조항의 부당한 공동행위는 가격 결정 등에 대한 당사자들의 합의가 존재하기만 하면 성립하고, 나아가 다수 이해관계인의 법률관계를 조절하는 회생절차의 특성상 회생채권은 공익채권들과는 객관적이고 명확한 기준에 의하여 구분되어야 하므로, 특정한 담합가담자의 회생절차개시 전후로 사업자들이 수회에 걸쳐 가격 결정 등에 관한 합의를 하였다면, 설령 회생절차가 개시된 사업자 외의 다른 담합가담자들에 대하여는 그 수회의 합의를 전체적으로 1개의 부당한 공동행위로 평가하는 데 아무런 지장이 없다고 하더라도, 회생절차가 개시된 그 담합가담자가 회생절차개시 이전에 한 합의에 대한 과징금 청구권은 회생채권이 된다고 하였다.

31) 日最決平成25.11.13民集67권8호1483면.

다(법179조1항7호 미이행쌍무계약, 8호 계속적공급계약, 12호 개시전의 차입금, 법473조2호 조세채권, 7호 미이행쌍무계약, 10호 급료·퇴직금 및 재해보상금, 법474조 부담부유증).

(라) 강제집행 가능한 청구권

도산은 청구권을 강제적으로 실현하는 절차의 측면을 가지므로 도산채권은 강제집행을 하는 것이 허용되는 청구권이어야 한다. 따라서 소위 자연채무는 도산처리법상 그 실현이 인정되지 않으며, 불법원인급여의 반환청구권(민746조) 등은 도산채권이 되지 않는다.

(2) 일반도산채권자의 지위 — 회생채권·파산채권의 처우

도산채권으로 됨으로써 도산채권자측으로부터 하는 개별적인 추심이 일체 금지될 뿐만 아니라 채무자 측(관리인·관재인)이 하는 임의변제도 원칙적으로 할 수 없다. 이를 상세히 보면 다음과 같다.

(가) 변제금지

회생채권, 파산채권에 관하여는 소를 제기할 수 없고(제기하여도 부적법하여 각하된다. 소송중단의 규정으로부터 도출되는 결론이다. 민소239조 전단, 법59조), 강제집행, 가압류, 가처분도 허용되지 않는다(법58조1항, 348조1항).[32] 또 회생계획 또는 파산배당에 따라서만 변제를 받을 수 있게 되므로 이에 의하지 않고 관리인·관재인이 임의로 변제하는 것도 허용되지 않는다(법131조 본문, 424조). 제3자의 변제는 금지되지 않는다. 강제집행이 금지되는 것은 채무자의 재산(회생)이나 파산재단(파산)에 속하는 재산에 대한 것이다. 파산에 있어서 채무자의 자유재산에 대한 강제집행이나 채무자의 임의 변제의 가부에 관하여는 의론이 있다. 회생절차에서는「변제하거나 변제를 받는 등 이를 소멸하게 하는 행위(면제를 제외한다)를 하지 못한다」고 규정하고(법131조) 있음에 비하여 파산절차에서는「행사할 수 없다」고 규정하여 그 규정 문언이 다른데, 이는 파산절차에서 채무자가 자유재산을 가지고 임의변제를 하는 것의 가부에 관하여 의론이 있고, 과거에는 이를 허용하여야 한다는 주장이 유력하였기 때문이다. 즉, 파산절차에서 회생절차와 같은 문언을 사용한다면 채무자의 자유재산에 의한 임의변제를 금지하는 것으로 해석될 여지가 있어서 적절하지 않다고 본 것이다. 이 문제에 관하여는 해석에 위임한다는 취지이다. 학설은 종래의 다수설을 의문시하는 견해도 유력하다.[33]

구 회사정리법 시대의 판례는 위 법 제112조에 위반하여 한 채무의 변제행위는 무효

---

32) 채권압류 및 전부명령 신청을 기각한 사례로는 대법원 2010.7.28.자 2010마862 결정(공보불게재). 채권압류 및 전부명령을 취소하고, 압류 및 전부명령을 기각한 사례로는 대법원 2016.11.4.자 2016마1349 결정(미간행).

33) 山本和彦 외 4인, "倒産法 槪說 제2판", 弘文堂(2013), 60면 참조. 日最判平成18.1.23民集60권1호228면은 채무자가 한 임의변제를 인정하지만 임의성을 엄격히 판단하여야 한다는 입장을 취하였다.

이고 또한 그 변제행위가 유효임을 전제로 하여 채무를 면제한 행위도 무효라고 해석하여야 한다고 하였고,[34] 채무자회생법 제131조에서 금지하는 행위에는 회생채무자 또는 관리인에 의한 회생채권 변제뿐만 아니라, 회생채무자 또는 관리인에 의한 상계와 보증인 등 제3자에 의한 상계도 포함된다고 보아야 한다고 하였다. 위 규정은 행위의 주체를 한정하지 않고 있는데다가 이러한 상계도 이 규정에서 정한 '회생채권을 소멸하게 하는 행위'에 해당하기 때문이고, 다만 위 규정에서 명시하고 있는 면제는 회생채무자의 재산이 감소되지 않기 때문에 예외적으로 허용된 것이라는 점을 근거로 하였다.[35]

또 대법원은 전부명령과 관련하여 전부명령은 확정되어야만 효력이 있으므로 확정되지 아니한 전부명령에 의하여 피전부채권이 채권자에게 이전되는 효과가 발생할 수는 없을 이치로서, 채권압류 및 전부명령이 채무자에 대한 파산선고 당시까지 확정되지 아니하였으므로 채무자에 대한 파산선고 당시 전부명령의 피전부채권인 예금채권은 채권자에게 이전되지 않고, 채무자에게 남아 있어 파산재단에 속하는 재산에 해당한다고 판시하는 한편,[36] 추심명령과 관련하여서는 주식의 약식질권자가 주식의 소각대금채권에 대하여 물상대위권을 행사하기 위하여는 민법 제342조, 제355조, 구 민사소송법(2002. 1. 26. 법률 제6626호로 전문 개정되기 전의 것) 제733조 제2항, 제3항에 의하여 질권설정자가 지급받을 금전 기타 물건의 지급 또는 인도 전에 압류하여야 하나, 한편 구 회사정리법 제67조 제1항에서

---

34) 대법원 1980.10.14. 선고 80도1597판결(공 1980, 13341)은 정리절차 중인 회사의 관리인 대리가 회사 정리법 제112조에 위반하여 회사의 운영자금중에서 일부 채권자들에게 채무의 일부를 변제하고 그 채권자들은 나머지 채무를 면제하였다면 회사의 채무는 소멸되지 않고 여전히 존속하게 되는 것이므로 특별한 사정이 없는 한 법률상 효력도 없는 채무변제로 인하여 그 회사와 주주 및 기타 채권자에게는 재산상 손해를 가하고 변제받은 채권자에게는 재산상의 이득을 얻게 한 것이 되므로 관리인 대리는 업무상 배임의 죄책을 면할 수 없다고 하였다.

35) 대법원 2018.9.13. 선고 2015다209347 판결(공2018하, 1956)[백선13]은 "회생절차에서 회생채권을 변제 등으로 소멸하게 하는 행위는 회생계획에 의한 자본구성 변경과 불가분의 관계에 있으므로 종전의 채권·채무관계를 일단 동결할 필요가 있다. 만일 변제 등의 행위를 금지하지 않으면 회생채무자의 적극재산이 감소되어 회생채무자 또는 그 사업의 효율적인 회생을 도모할 수 없고, 일부 회생채권자에게만 회생계획에 의하지 않고 우선 변제 등의 행위를 하는 것은 회생채권자들 사이의 공평을 깨뜨릴 염려가 있다. 이러한 취지에서 채무자회생법 제131조 본문은 파산절차에서와는 달리 명시적으로 회생채무자에 대한 회생절차가 개시된 후에는 채무자회생법에 특별한 규정이 없는 한 회생채무자의 재산으로 회생채권을 변제하는 등 회생채권을 소멸하게 하는 행위를 포괄적으로 금지하고 있다고 전제하고, 구 건설산업기본법에 따른 계약보증을 한 건설공제조합이 민법 제434조에 따라 채무자의 채권에 의한 상계로 보증채권자에게 대항할 수 있다고 하더라도 법률상 상계가 금지되는 경우까지 이를 허용할 수는 없는데, 채무자회생법 제131조 본문에서 채무자회생법에 특별한 규정이 있는 경우를 제외하고는 회생채권의 소멸금지를 정하고 있으므로 특별한 규정이 없는 한 채무자에 대하여 회생절차가 개시된 경우 건설공제조합이 민법 제434조에 따른 상계로 보증채권자의 회생채권을 소멸시킬 수는 없다고 보아야 한다."고 하였다. 이 판결에 대한 평석으로 최준규, "주채무자에 대한 회생절차 개시와 민법 제434조에 의한 보증인의 상계", 자율과 정의의 민법학: 양창수 교수 고희기념논문집, 박영사(2021) 참조. 同旨 대법원 2018.11.29. 선고 2015다240201 판결(미발간).

36) 대법원 2001.5.31.자 2000마3784,3785 결정(미간행).

개별집행절차개시를 금지하는 규정을 둔 목적의 하나는 정리채권과 정리담보권 모두가 회사정리절차에 따라야 한다는 회사정리절차의 기본구조를 뒷받침하려는 데 있으므로 회사정리절차개시결정이 있은 후에는 물상대위권의 행사를 위한 압류의 허용 여부와는 별도로 추심명령은 그 효력을 발생할 수 없다고 하였고,37) 또 회사에 대하여 정리절차가 개시되어 회사사업의 경영과 재산의 관리 및 처분을 하는 권리가 관리인에게 전속하게 되어도 회사의 법인격 자체에는 변동이 없고, 특별한 다른 규정이나 사정이 없는 한 그 개시결정 전에 생긴 회사와 제3자 사이의 법률관계는 그대로 유지되는 것이므로, 채무자 회사의 근로자들이 그 임금 등 채권에 기하여 그 회사의 제3채무자에 대한 채권에 대하여 압류 및 추심명령을 받고 적법한 통지까지 마친 후에 그 채무자 회사에 대하여 회사정리절차가 개시되었다고 하더라도, 종전의 그 회사를 채무자로 하여 이미 이루어진 압류 및 추심명령은 별도의 수계나 승계집행문 또는 경정 없이도 제3채무자나 정리회사에 대하여 효력을 가진다고 하였다.38)

한편 제3채무자의 입장에서 추심명령에 기한 집행채권자의 추심금 청구에도 불구하고 제3채무자가 집행채무자에 대하여 회사정리절차의 개시가 임박하였음을 인식하면서 추심금 청구에 불응하여 추심금을 지급하지 아니하고 있던 중에 집행채무자에 대하여 회사정리절차가 개시되어 집행채권자가 받았던 추심명령이 취소되고 집행채권이 정리계획에 따라 감액되었다고 하더라도, 제3채무자의 추심금 지급거절을 위법한 행위에 해당하는 것으로 볼 수 없고, 집행채권자가 받은 추심명령의 취소 또는 정리계획에 따른 집행채권의 감액 등으로 인한 집행채권자의 손해와 상당인과관계가 있는 것으로 볼 수도 없다고 한 사례도 있다.39)

한편 채무자회생법 제131조의 규정은 회생의 목적을 달성하기 위하여 채무자의 재산이 회생절차에 의하지 아니하고 감소되는 것을 방지하는 규정이고, 회생채권에 관하여 제3자의 재산에 담보권이 설정되어 있는 경우에는 그 채권자는 회생 절차와는 관계없이 그 담보권을 실행하여 채권의 만족을 얻을 수 있음은 물론이다.40)

다만 회생에 있어서는 위와 같은 변제금지의 원칙에 관하여는 아래와 같이 예외적으로 회생계획 인가 전 회생계획에 의하지 아니하고 법원의 변제허가를 받아 변제할 수 있는 경우가 있다. 다만 변제허가의 신청에 대한 불허가의 재판에 대하여는 즉시항고를 허용하는 규정이 없으므로(법13조1항) 불복할 수 없다.

---

37) 대법원 2004.4.23. 선고 2003다6781 판결(공2004, 865).
38) 대법원 1996.9.24. 선고 96다13781 판결(공1996, 3179).
39) 대법원 2007.9.21. 선고 2006다9446 판결(공2007, 1649).
40) 대법원 1969.4.14. 선고 69마153 결정[집17(2)민, 003], 대법원 1967.12.26.자 67마1127 결정[집15(3)민, 442] 참조.

1) 중소기업자의 회생채권(법132조1항, 3항)

채무자를 주된 거래상대방으로 하는 중소기업자가 채무자에 대하여 갖는 소액채권의 변제를 받지 아니하고서는 사업의 계속에 지장을 초래할 우려가 있을 때에는 법원은 회생계획인가결정 전이라도 보전관리인, 관리인, 또는 채무자의 신청에 의하여 그 전부 또는 일부의 변제를 허가할 수 있다. 회생계획 인가까지는 장기간을 요하고, 그때까지 변제를 받지 못함으로써 하도급 업체가 소위 연쇄도산하는 것을 방지하려고 하는 것이다. 법원은 허가를 함에 있어서 관리위원회와 채권자협의회의 의견을 들어야 하며, 채무자와 채권자의 거래의 상황, 채무자의 자산상태, 이해관계인의 이해 그 밖의 모든 사정을 참작하여야 한다.

2) 그 밖의 변제허가(법132조2항, 3항)

법원은 회생채권의 변제가 채무자의 회생을 위하여 필요하다고 인정하는 때에는 회생계획인가결정 전이라도 관리인·보전관리인 또는 채무자의 신청에 의하여 그 전부 또는 일부의 변제를 허가할 수 있다. 예컨대 건설회사의 경우 주택건설촉진법에 의한 국민주택기금, 근로자의 재해보상금, 근저당권이 설정되어 있는 부동산에 대하여 원매자가 나타나 양호한 가격으로 조기 매각할 수 있는 경우 근저당권자에 대한 변제 등 여러 가지 사례가 있다. 법원이 허가를 함에 있어서 관리위원회와 채권자협의회의 의견을 들어야 하고, 채무자와 채권자의 거래상황, 채무자의 자산상태, 이해관계인의 이해 그 밖에 모든 사정을 참작하여야 함은 중소기업자의 소액채권의 경우와 같다.

3) 조세채권변제의 예외

또한 회생절차에서는 조세채권도 원칙적으로 도산채권이 되지만(파산에서는 재단채권), 일반의 회생채권과는 달리 일정한 유리한 취급을 받고, 회생계획에 의하지 않은 변제가 인정된다(법131조 단서). 상세는 후술한다.

한편 관리인의 변제·상계 등 회생채권 소멸행위에 대하여 회생법원의 허가를 받도록 규정한 취지는, 관리인이 변제·상계 등을 통하여 회생절차에 의하지 아니하고 특정 회생채권을 다른 회생채권보다 우선하여 만족시킴으로써 회생채권자 상호간의 평등을 해치는 행위가 일어나는 것을 방지하기 위한 것으로 해석되고, 회생법원이 민사소송절차에서와 같이 당사자 쌍방이 제출한 공격·방어방법을 토대로 자동채권과 수동채권의 존부 및 범위를 심리하여 그 실체적 권리관계를 확정할 것을 요하도록 한 것은 아니라고 해석되므로, 관리인의 상계허가신청에 대하여 회생법원의 허가결정이 내려지고 그 결정이 확정되었다 하더라도 채무자의 상대방에 대한 자동채권의 존부 및 범위와 그에 따른 상계의 효력에 관하여는 별개의 절차에서 여전히 다툴 수 있다. 물론 이 경우 자동채권의 존부 및 범위는 그 권리의 존재를 주장하는 측에서 증명할 책임이 있고, 회생법원의 상계허가결정에 의하

여 자동채권의 존부 및 범위가 법률상 추정되어 그에 대한 증명책임이 관리인으로부터 상
대방에게 전환되는 것은 아니다.[41]

(나) 우선적 도산채권과 후순위 도산채권

회생채권은 원칙적으로 회생계획이 정하는 바에 따라, 파산채권은 배당에 의하여 변
제를 받아야 하지만 이러한 일반도산채권 중에도 그 서로 다른 성질 때문에 다른 채권보
다 비교적 유리한 처우를 받는 것, 불리한 처우를 받는 것이 구별된다. 전자를 우선적 도
산채권(우선적 파산채권·우선적 회생채권, 이하 같다), 후자를 후순위 도산채권, 기준으로 되
는 표준적인 것을 통상의 도산채권이라고 부른다.

파산에 있어서는 이러한 순위는 배당을 받는 순위를 의미한다. 즉 배당의 재원(財源)
이 될 재산(배당재단)으로부터 첫째 우선적 파산채권을 전액 변제하지 않으면 통상의 파산
채권에 배당할 수 없다. 또한 통상의 파산채권을 전액 변제한 후가 아니면 후순위 파산채
권에 배당할 수 없다. 나아가 후순위파산채권은 채권자집회에서 의결권을 가지지 않는다
(법373조5항, 446조).[42]

한편 회생절차에서는 이러한 회생채권은 각각 별도의 조로 분류되어 회생계획에 있
어서의 처우에 차이가 있게 된다(법217조).

1) 우선적 도산채권으로 되는 채권

민법, 상법 등의 규정에 의한 일반의 우선권 있는 채권이 이에 해당한다. 예컨대 회사
의 사용인의 우선변제청구권(상468조), 특별한 적립금에 대한 우선변제청구권(보험업법32조)
및 예금자보호법 제30조 제5항에 의하여 예금보험공사가 부보금융기관에 대하여 가지는
출연금, 보험료 및 연체료 등에 대한 우선변제권, 은행법 제62조에 의하여 외국금융기관이
파산한 경우 대한민국 국민과 국내 거주 외국인 등이 갖는 우선변제권 등이 이에 해당한
다(법236조2항2호, 441조).[43] 일반 우선권은 채무자의 특정의 재산을 대상으로 하는 담보물
권이 아니므로 별제권을 인정하지 않고, 우선적 도산채권으로 하고 있는 것이다. 그 우선
권이 일정의 기간 내의 채권액에 관하여 인정되고 있는 경우는 그 기간은 파산선고시부터

---

41) 대법원 2008.6.26. 선고 2006다77197 판결(공2008하, 1052)[백선61].

42) 통상의 파산채권을 변제하는 데에도 재단이 부족한 것이 일반적이므로 후순위파산채권은 배당을 받
지 못하는 것이 보통이다. 오늘날 후순위파산채권으로 되어 있는 채권은 원래는 파산채권으로 취급
되지 않고, 자유재산으로 변제하도록 하고 있었다(그런데, 법인파산의 경우는 배당에 의하여 파산종
결이 됨과 동시에 청산종료하여 채무자가 없어지는 것이므로 변제를 받지 못하게 된다). 그러나 자연
인에 관하여 면책제도가 도입된 결과 이러한 채권을 파산채권으로 하여 절차에 참가시키지 않으면
이것만이 면책의 효과를 받지 않고 남아 있어 파산채권보다도 우대받는 결과가 되므로 이와 같이 후
순위파산채권으로 하여 이것에도 면책의 효과가 미치게 하고 있는 것이다.

43) 헌법재판소 2006.11.30. 선고 2003헌가14,15(병합) 결정은 구 상호신용금고법 제37조 제2항이 예금의
종류나 한도를 묻지 아니하고 예탁금 전액에 대하여 우선변제권을 부여하는 것은 상호신용금고의 일
반채권자를 희생시킴으로써 일반 채권자의 평등권 및 재산권을 침해하여 위헌이라고 하였다.

소급하여 계산한다(법442조). 일본의 판례 중에는 근로자가 병으로 인하여 수개월간 휴직하였다가 복직의 조건으로 사용인인 회사에 금원을 대여한 사안에 관하여 고용계약과 밀접하게 결부되어 있는 것으로서 그 반환청구권은 일본 구 상법 제295조 제1항(일본민법 제308조 개정으로 폐지, 우리 상법 제468조에 해당)에서 규정하는 「고용관계에 기하여 생긴 채권」에 해당하여 우선적 파산채권이라고 한 사례가 있다.[44]

　　한편 유한책임신탁재산에 대하여 파산선고가 있는 경우 신탁채권은 「신탁법」제62조에 따른 수익채권보다 우선한다(법578조의16). 한편 신탁법 제48조는 수탁자의 비용상환청구권에 대하여 우선변제권을 인정하고 있는데, 수탁자는 신탁재산을 매각하여 그 대금으로 비용상환청구권에 기한 채권의 변제에 충당할 수 있다(같은 조2항). 이를 자조매각권이라고 하는데, 판례 중에는 위탁자인 甲 등과 수탁자인 파산 전 乙 회사가 신탁계약을 체결하면서 '신탁재산에 속하는 금전으로 차입금 및 이자의 상환, 신탁사무 처리상 수탁자의 과실 없이 받은 손해, 기타 신탁사무 처리를 위한 제비용 및 수탁자의 대지급금을 충당하기에 부족한 경우에는 수익자에게 청구하고, 그래도 부족한 경우에는 수탁자가 상당하다고 인정하는 방법 및 가액으로서 신탁재산의 일부 또는 전부를 매각하여 그 지급에 충당할 수 있다'는 내용의 조항을 둔 사안에서, 위 조항은 신탁이 존속하는 동안이나 종료된 후에 신탁재산에 관한 비용 등을 수익자인 甲 등에 청구하였음에도 지급받지 못한 경우 신탁재산을 처분하여 그 비용 등의 변제에 충당할 수 있도록 자조매각권을 乙 회사에 부여하는 특약이고, 비록 신탁재산은 파산재단에 속하지 않지만 신탁재산에 관한 약정 자조매각권과 비용상환청구권은 파산재단에 속하므로, 파산관재인은 신탁재산인 토지에 관하여 관리처분권이 있는지와 관계없이 파산선고 당시 수탁자인 乙 회사가 가지고 있던 약정 자조매각권을 행사하여 신탁재산인 토지를 매각하고 대금으로 비용상환청구권의 변제에 충당할 수 있다고 한 사례,[45] 수탁자가 높은 대외신용도를 바탕으로 유리한 조건으로 외부차입금을 조달하여 이를 고유계정에 산입하였다가 신탁계정으로 대여하면서 차입비용에 붙인 가산이자와 관련하여, 수탁자가 가산이자는 신탁사업을 위해 보다 유리한 조건으로 자금을 차입한 데 따른 필요비 또는 유익비에 해당하므로 민법 제739조 제1항의 사무관리 규정에 따라 위 가산이자 상당의 비용보상을 청구할 수 있다고 주장한 사안에서, 수탁자는 의무 없이 타인을 위하여 사무를 관리하는 자가 아니라 신탁계약에 따라 수익자를 위하여 신탁사무를 관리하는 자이고, 이에 따라 신탁사업을 위하여 수탁자의 능력 범위 내에서 가장 유리한 조건으로 자금을 차입하는 것 또한 수탁자의 의무에 포함되므로 민법 제739조 제1항에 따른 사무관리자의 비용보상청구권은 인정되지 않고, 수탁자가 위와 같

---

44) 日浦和地判平成5.8.16判時1482호156면, 倒産判例 インデックス 제3판 56.
45) 대법원 2013.10.31. 선고 2012다110859 판결(공2013하, 2126).

은 방법으로 자금을 차입하면서 차입금 이자 외에 추가 비용을 지출하였다 하더라도 위 가산이자 전부가 유리한 조건으로 자금을 차입한 데 따른 필요비 또는 유익비로 의제된다고는 할 수 없다고 본 원심판단을 수긍한 사례[46] 등이 있다.

2) 후순위도산채권으로 되는 채권(법446조)

후순위채권으로 되는 채권의 취급에 있어서는 파산과 회생에 차이가 있다.

① 파산

구 파산법에서 후순위 파산채권의 범주를 만든 이유는 다음과 같다. 즉 종래에는 일반 파산채권보다 후순위로 하여야 할 채권은 단순히 파산절차의 대상이 아닌 채권으로 하고 있었다. 그런데, 면책주의를 채택하면서 위와 같은 채권 중에 파산면책의 대상으로 삼아야 할 것이 있었다. 그래서 이를 파산채권의 일종으로 취급하여야 필요가 생긴 것이다.

ㄱ) 파산선고 후의 이자(법446조1항1호)

파산선고를 기준시로 하여 파산채권의 범위를 정하는 것의 반영이다. 파산선고 후의 이자란 파산선고일 이후에 발생한 이자로 해석할 것이다. 이와 관련하여 구 회사정리법 시대의 판례는 회사정리절차에 있어서 사전구상금 채권이 절차 개시 이전의 원인, 즉 보증계약상의 사전구상금 및 기한의 이익 상실 조항에 근거한 것이라고는 하여도, 위 조항에서 정한 기한의 이익 상실 사유인 절차 개시신청이 있으면 채무자로서는 원금에 관한 기한의 이익을 상실하고 그 시점에서 원금상환채무의 이행기가 도래한다는 것일 뿐, 실제 주채권자가 변제를 받기까지 앞으로 순차로 발생할 이자의 상환채무까지 한꺼번에 그 시점에서 발생하는 것은 아님이 명백한 이상, 아무리 보증인이 기한의 이익 상실시점에서 사전구상금 채권을 취득하였다고는 하더라도 기한의 이익 상실 이후 발생할 이자에 관한 사전구상금 채권 모두가 그 시점에서 일거에 발생하였다고는 볼 수 없으므로 절차개시결정 이후에 발생하는 이자는 후순위 정리채권에 해당된다고 보아야 하고,[47] 마찬가지로 수탁보증인이 파산선고 후의 이자채권에 대한 구상금채권을 사전구상권(이미 이행기가 도래한 것) 또는 장래의 구상권(앞으로 이행기가 도래할 것)으로 채권신고를 한 경우에도 그 이자채권은 후순위 파산채권에 해당한다고 판시하였음은 전술하였다.[48]

ㄴ) 파산선고 후의 불이행에 의한 손해배상 및 위약금(법446조1항2호)

이 의미에 대하여는 다툼이 있다. 채무자가 부대체적 작위의무나 부작위의무를 부담

---

46) 대법원 2011.6.10. 선고 2011다18482 판결(미간행).

47) 대법원 2002.5.10. 선고 2001다65519 판결(공2002, 1365)은 구 회사정리법 제110조 제1항 본문의 규정은 다수당사자의 정리채권 중 특히 장래의 구상권에 관한 것으로서 이 사건과 같은 사안에 적용되는 규정이고, 원고의 사전구상권의 근거가 원고 주장과 같은 민법 또는 개별약정에 따른 것이라고 하여 그 적용이 배제되는 것은 아니라고 하였다.

48) 대법원 2002.6.11. 선고 2001다25504 판결(공2002, 1615).

하는 경우에 파산선고 후에 그 불이행이 있음으로써 발생한 손해배상을 가리킨다고 하는 설이 유력하나, 무엇보다도 파산채권이 되지 않는 이러한 작위·부작위 채권으로부터 파산선고 후 생긴 권리가 파산채권이 된다는 것도 이상하고, 이는 재산상의 청구권에 관하여 파산선고 전에 이미 불이행이 있어 지연손해금 또는 약정에 따라 정기적으로 지급하여야 할 위약금이 파산선고 후에도 계속 발생하고 있는 경우에 관하여 이자와 같은 취지로 규정하고 있는 것이라고 해석하여야 할 것이다.

  판례는 당초 구 회사정리법상의 후순위채권과 관련하여 여기서 규정한 손해배상금과 위약금은 절차개시 전부터 채무자에 재산상의 청구권의 불이행이 있기 때문에 상대방에 대하여 손해배상을 지급하거나 또는 위약금을 정기적으로 지급하여야 할 관계에 있을 때 그 계속으로 절차개시 후에 발생하고 있는 손해배상 및 위약금 청구권을 의미한다고 하였었으나,[49] 2014년의 대법원 전원합의체 판결은 채무자에 대한 재산상 청구권이 파산선고 전에 채무불이행 상태에 있는 경우 그로 인한 손해배상 및 위약금 청구권 중 파산선고 전에 발생한 청구권은 파산채권에 해당하나 파산선고 후에 발생한 청구권은 다른 파산채권보다 변제순위가 뒤지는 후순위파산채권이 된다고 하면서도 파산관재인은 직무상 재단채권인 근로자의 임금·퇴직금 및 재해보상금을 수시로 변제할 의무가 있다고 할 것이므로, 파산관재인이 파산선고 후에 위와 같은 의무의 이행을 지체하여 생긴 근로자의 손해배상 청구권은 채무자회생법 제473조 제4호 소정의 '파산재단에 관하여 파산관재인이 한 행위로 인하여 생긴 청구권'에 해당하여 재단채권이라고 하였음은 전술하였다.[50] 다른 한편 파산선고 전의 원인으로 인한 국세나 지방세에 기하여 파산선고 후에 발생한 가산금·중가산금(납세의무성립일은 파산선고 전이었으나, 납부기한은 파산선고 이후로서 그 체납으로 인한 부분)은 후순위파산채권인 '파산선고 후의 불이행으로 인한 손해배상액'에 해당하는 것으로 봄이 타당하므로, 채무자회생법 제473조 제2호의 괄호 안에 있는 규정에 따라 재단채권에

---

49) 대법원 2004.11.12. 선고 2002다53865 판결(공2005, 1)은 구 회사정리법 하에서 아파트 시공회사에 대하여 회사정리절차가 개시된 후 입주자들이 관리인의 입주통보에 따라 분양잔대금을 지급하고 입주하였으나 정리회사는 입주자들에 대한 소유권이전등기가 입주일로부터 2년 이상 경과한 무렵에야 경료된 사안에서 정리회사가 소유권이전등기가 지체됨으로써 입주자들에게 부담하는 손해배상채무는 위 조항에 해당하지 않는다고 하였다.

50) 대법원 2014.11.20. 선고 2013다64908 전원합의체 판결(공2014하, 2348)[백선80]은 채무자 회사가 파산선고 전부터 임금과 퇴직금을 지급하지 못하다가 파산선고 후에는 파산관재인도 임금과 퇴직금의 지급을 지체한 사안이다. 반대의견은 '파산선고 후의 불이행으로 인한 손해배상액 및 위약금'은 파산선고 전부터 채무자에게 재산상 청구권의 불이행이 있기 때문에 상대방에 대하여 손해배상을 지급하거나 위약금을 정기적으로 지급하여야 할 관계에 있을 때 그 계속으로 파산선고 후에 발생하고 있는 손해배상 및 위약금 청구권을 의미하므로 채무자회생법에 특별히 달리 취급하는 규정이 없는 한, 채무자에 대하여 파산선고 전의 원인으로 생긴 근로자의 임금 등에 대하여 채무불이행 상태의 계속으로 파산선고 후에 발생하고 있는 지연손해금 채권은 후순위파산채권이라고 보아야 한다고 하였다.

서 제외된다고 하였음은 전술하였는데,[51] 이는 파산선고 후에 비로소 발생한 채무불이행에도 이 규정이 적용된다고 본 점에서 앞서 본 구 회사정리법 하의 판례의 입장과는 상이한 것이 아닌가하는 의문이 있다.

ㄷ) 파산절차 참가비용(법446조1항3호)

파산선고 후의 비용 중 특별히 파산채권으로 하고 다만 순위는 후순위로 하고 있는 것이다. 파산채권의 신고서 작성에 필요한 서기료(민사소송비용법3조) 및 그 제출비용이 이에 해당한다. 변호사 비용은 이에 포함되지 않는다. 또한 파산신청비용은 재단채권이 된다(법473조).

ㄹ) 벌금, 과료, 형사소송비용, 추징금 및 과태료(법446조4호)

이 종류의 제재는 본인에게 가하여야 하고, 다른 채권자에게 손해를 가하지 않도록 후순위로 하고 있는 것이다. 따라서 이러한 채권은 파산면책의 대상이 되지 않는다(법566조2호). 그 밖에 신고의무는 있으나(법471조), 채권조사기일에 있어서의 조사의 대상은 아니다(법472조). 결국 너무 「후순위」 채권으로 되지 않는 것이 입법론적으로는 문제이다.

ㅁ) 그 밖의 후순위파산채권

파산채권의 현재화의 원칙에 수반하는 것이다.

ⓐ 무이자의 확정기한부채권의 기한까지의 중간이자(법446조1항5호): 기한부채권도 파산선고시에 변제기에 이른 것으로 하고(법425조), 권면액으로 파산채권이 되나, 이자부채권의 경우 선고 후의 이자가 후순위채권이 되는 것과의 균형을 위하여 권면액 중 선고 후의 중간이자(이율은 법정이율에 따라)의 액에 상당한 부분을 후순위 채권으로 하고, 이를 공제한 잔액만이 통상의 파산채권이 된다.[52]

ⓑ 무이자의 불확정기한부채권과 평가액과의 차액(법446조1항6호): 권면액이 파산채권으로 되지만 그 중 통상의 파산채권으로 되는 것은 이보다 낮은 선고시의 평가액에 한한다.

ⓒ 금액·존속기간이 확정되어 있는 정기금채권에 있어서 각 정기금에 관하여 ⓐ에 준하여 산출되는 이자의 액의 합계액에 상당하는 부분 및 각 정기금에 관하여 마찬가지로 산출되는 원본의 합계액이 법정이율에 의하여 그 정기금에 상당하는 이자가 생길 원본액을 초과하는 때에는 그 초과액에 상당하는 부분(법446조1항7호).

ⓓ 수탁자 또는 신탁재산관리인과 채권자(수익자 포함)가 유한책임신탁재산의 파산절

---

51) 대법원 2017.11.29. 선고 2015다216444 판결(공2018상, 19)[백선77]. 가산금에 대한 상세한 분석은 이주헌, "도산절차상 가산금의 지위", 사법 46호, 사법발전재단(2018), 67면 참조.

52) 호프만식에 의하면 권면액을 A, 법정이율을 a, 파산선고로부터 기한까지의 연수를 n, 통상의 파산채권으로 되는 액을 X, 후순위파산채권으로 되는 액을 Y라고 한다면 $A = X + anX$ 이므로 $X = A / (1 + an)$ 이다. 한편 $Y = A - X$ 이므로 결국 $Y = A - A / (1 + an)$ 즉 $Y = anA / (1 + an)$ 이 된다.

차에서 다른 채권보다 후순위로 하기로 정한 채권은 그 정한 바에 따라 다른 채권보다 후순위로 한다(법578조의16).

② 회생

채무자회생법에서는 종래 회사정리법에서 인정되던 후순위정리채권제도를 폐지하였는데, 이는 회사정리법에서 후순위채권으로 규정되어 있던 『1. 정리절차개시후의 이자, 2. 정리절차개시후의 불이행으로 인한 손해배상과 위약금,[53] 3. 정리절차참가의 비용, 4. 전호에 게기한 것 외에 정리절차개시후의 원인에 기하여 생긴 재산상의 청구권으로서 공익채권이 아닌 것, 5. 정리절차개시전의 벌금, 과료, 형사소송비용, 추징금과 과태료』는 질적으로 서로 다른 성질의 것들이 같은 범주에 들어있는 형국이어서 이론적으로 문제가 많다는 점이 지적되었기 때문이다.[54]

원래 후순위정리채권제도는, 일본에서 파산법을 개정하면서 후순위파산채권이라는 새로운 범위의 채권을 만들 때에, 그와 동시에 제정된 회사갱생법에서도 보조를 맞추어 같은 취지의 채권을 만든 것을 계수한 것이었다.[55] 그러나 회생절차는 파산절차와는 달리 채무자의 정리·청산을 목적으로 하는 것이 아니라 회생계획에 의한 사업의 재건을 목적으로 하기 때문에 후순위 채권으로 된 채권에 대해서도 회생계획에 권리의 변경을 규정하면 충분하다는 점, 후순위 채권 중 상당부분을 차지하는 회생절차 개시 후의 이자는 회생계획의 전후에 걸쳐 계속되는 권리이므로 채권의 신고·조사·확정의 경우에 원금과 하나로 취급하여야 한다고 볼 수 있는 점 등을 고려하여, 채무자회생법에서는 후순위 정리채권제도를 폐지하게 된 것이다.

그래서 채무자회생법에서는 구 회사정리법에서 후순위 정리채권으로 취급되던 각종 채권을 그 채권의 성질에 맞게 합리적으로 취급하도록 하고 있다.

ㄱ) 회생절차개시후의 이자, 회생절차개시후의 불이행으로 인한 손해배상금 및 위약금, 회생절차 참가의 비용

일반 회생채권으로 취급하고 있으나(법118조2호 내지 4호), 위 채권들은 그 금액을 확정하기 곤란하므로 의결권을 부여하지 않고 있다(법191조3호).[56]

---

53) 그 의미에 관하여는 전술한 대법원 2004.11.12. 선고 2002다53865 판결(공2005, 1) 참조.

54) 구 회사정리법 하에서의 후순위정리채권은 일본법의 제도를 도입한 것인데, 그 당부에 관하여는 다소간 문제가 있었다. 즉 파산에서는 후순위파산채권까지 변제가 되는 것은 실제 전혀 없는데, 회사정리에서는 후순위정리채권이라고 하여도 주주의 권리에는 우선하는 것이므로 보통은 주주의 권리를 전부 소멸시키지 않는 이상 후순위정리채권에도 일정한 권리가 확보되어야 하게 된다. 그러나 실제로는 정리계획에서 전액면제가 정하여지는 것이 보통이다. 또 절차상의 문제를 야기하기도 한다. 예컨대 정리절차개시 이후의 이자는 정리계획인가까지의 것이 후순위정리채권이 되지만, 언제 정리계획인가에 이르는가하는 점이 예측하기 곤란하므로 정리채권의 액도 결정할 수가 없다.

55) 永石一郎·腰塚和男·須賀一也 編, 解說 改正會社更生法, 靑林書院(2003), 182면.

56) 개시 후 이자의 취급에 관한 상세는 이은재, "개시 후 이자", 도산법연구 제12권 제2호, 사단법인 도

ㄴ) 회생절차개시 후의 원인에 기하여 생긴 재산상의 청구권으로서 공익채권, 회생채권 또는 회생담보권이 아닌 것

개시후 기타채권이라고 하여 별도로 취급되고 있다. 예컨대 채무자가 회사인 경우 조직법상의 활동에 필요한 비용 중 공익채권(법179조)으로서 지출될 수 없는 것, 환어음 등의 지급인이 회생절차 개시 후 악의로 지급을 한 경우의 청구권이다.[57] 위 채권들은 회생절차 개시 후의 원인에 기하여 생긴 재산상의 청구권이므로 이론적으로 회생채권에 해당하지 않고, 회생계획에 기한 권리변경의 대상도 되지 않는다. 회생절차 개시후의 원인에 기하여 생긴 채권은 거의 대부분이 공익채권에 해당할 것이므로, 개시후 기타채권이 발생하는 예는 실제로는 거의 없을 것이다. 개시후 기타채권에 기해서는 회생계획으로 정한 변제기간이 만료될 때까지 변제를 받거나 강제집행을 할 수 없다(법181조1항, 2항).

판례로서는 아파트 건설공사를 도급받은 업체를 위하여 그 이행을 연대보증한 회사가 수급업체에 대한 회사정리절차의 개시결정이 내려진 뒤 그 공사의 잔여 부분을 대신 완공함으로써 취득한 사후구상금 채권은 그 발생의 기초적 법률관계가 연대보증시에 성립하였다고 하더라도 회사정리절차개시결정 후 위 아파트 건설공사의 잔여 부분을 완공하기 전까지는 아직 그 시공보증채무를 이행한 데 따른 사후구상금 채권이 발생하지 않았다고 할 것이어서 구 회사정리법 상의 정리채권에 해당한다고 볼 수 없고, 공익채권에 해당한다고 볼 수도 없으므로, 결국 같은 법 제121조 제1항 제4호에 규정된 '전호에 게기한 것 외에 정리절차개시 후의 원인에 기하여 생긴 재산상의 청구권으로서 공익채권이 아닌 것'으로서 후순위정리채권에 해당한다고 한 사례가 있으나,[58] 그 판시가 부당함은 전술하였다.

특허법원의 판례로는 甲 회사 및 甲 회사의 자회사인 乙 회사가 丙 외국법인의 국내 자회사인 丁 회사와 자산양도계약을 체결하여 丁 회사에 LCD 및 TFT LCD 사업 관련 특허발명이 포함된 자산 등을 양도하였고, 그 후 丁 회사에 대한 회생절차가 진행되었는데, 甲 회사 또는 乙 회사를 거쳐 丁 회사에서 연구원으로 근무하면서 다수의 직무발명에 참여한 戊 등이 위 회생절차 종결 후 丁 회사를 상대로 직무발명보상금의 지급을 구하자, 丁 회사가 戊 등의 직무발명보상금 채권은 회생절차에서 회생채권으로 신고되지 않아 회생절차 종결로 실권되었다고 항변한 사안에서 위 직무발명 중 회생절차개시일 이전에 직무발명으로 신고 및 특허출원이 되어 회생절차개시일 전 또는 후에 등록된 것에 대한 직무발명보상금 채권은 위 회생절차에서 회생채권으로 신고되지 않아 실권되었고, 회생절차개시일 이전에 직무발명으로 신고되어 회생절차개시일 이후 특허출원 및 등록이 된 것이거나 회

산법연구회(2022.12.), 197면 참조.

57) 선의일 때에는 일반의 회생채권이 된다(법123조). 실제로는 이러한 경우는 파산에 있어서도 일어날 수 있지만(법333조), 해당규정이 없어 면책의 대상이 되지 않고 파산 후에도 남게 된다. 입법의 불비이다.

58) 대법원 2006.8.25. 선고 2005다16959 판결(공2006, 1610).

생절차개시일 이후 직무발명으로 신고된 나머지 직무발명에 대한 직무발명보상금 채권은 모두 회생절차개시일 이후에 발생한 것으로서 개시후 기타채권에 해당하여 위 회생절차에 의하여 실권되지 않았다고 한 사례가 있다.[59]

ㄷ) 회생절차개시전의 벌금, 과료, 형사소송비용, 추징금과 과태료

파산과 달리 절차 개시 전의 것에 한한다(절차 개시 후의 것은 공익채권이다). 후순위 회생채권이라는 명칭만 붙이지 않았을 뿐이지 그 구체적인 취급은 구 회사정리법의 경우와 같다. 즉 회생계획에 기재되지 않아도 면책되지 않고(법251조), 그 밖에 신고의무는 있으나(법156조1항), 회생계획에 의하여 감면되지 않고, 부인의 대상이 되지 않는 등 특수한 취급을 받는다(법140조1항, 100조2항). 판례는 위 규정은 회생계획인가의 결정에 따른 회생채권 등의 면책에 대한 예외를 정한 것으로서 그에 해당하는 청구권은 한정적으로 열거된 것으로 보아야 하고, 위 규정에 열거되지 않은 과징금의 청구권은 회생계획인가의 결정이 있더라도 면책되지 않는 청구권에 해당한다고 볼 수 없다고 하였고,[60] 따라서 회생채권인 과징금 청구권을 회생채권으로 신고하지 아니한 채 회생계획인가결정이 된 경우에는 면책의 효력이 생기므로, 행정청은 더 이상 그에 대한 부과권을 행사할 수 없으므로 행정청이 회생계획인가결정 후에 그에 대하여 한 부과처분은 부과권이 소멸된 뒤에 한 것이어서 위법하다고 하였다.[61]

나. 조세채권

(1) 일반 민사집행상 조세채권의 취급

경매절차상 조세채권에 대한 우월적인 조치는 첫 경매기일 전 체납처분 압류를 하지 않은 관계로 기존 채권자가 아니어서 채권신고의 최고 대상이 아님에도 채권신고 최고를 하여 교부청구할 기회를 보장하여 주는 것, 첫 경매개시결정등기 전에 등기된 체납압류한 조세채권자를 민사집행법 제148조 제4호의 채권자로 보아 별도의 교부청구 없이 등기

59) 특허법원 2019.2.14. 선고 2018나1268 판결(각공2019상, 393).
60) 대법원 2013.6.27. 선고 2013두5159 판결(2013하, 1373)은 채무자에 대한 회생절차개시 전에 과징금 부과의 대상인 행정상의 의무위반행위 자체가 성립하고 있으면, 그 부과처분이 회생절차개시 후에 있는 경우라도 그 과징금 청구권은 회생채권이 되고, 장차 부과처분에 의하여 구체적으로 정하여질 과징금 청구권이 회생채권으로 신고되지 않은 채 회생계획인가결정이 된 경우에는 그 과징금 청구권에 관하여 면책의 효력이 생겨 행정청이 더 이상 과징금 부과권을 행사할 수 없고, 따라서 그 과징금 청구권에 관하여 회생계획인가결정 후에 한 부과처분은 부과권이 소멸된 뒤에 한 부과처분이어서 위법하다고 하였다. 「부동산 실권리자명의 등기에 관한 법률」 제5조 제1항이 규정한 과징금에 관한 사안이다.
61) 대법원 2018. 6. 12. 선고 2016두59102 판결(공2018하, 1284)[백선31], 대법원 2018.6.15. 선고 2016두65688 판결(공2018하, 1303).

부상의 권리자로서 배당을 받을 수 있도록 해 주는 것뿐이다.

　　민사집행절차상 배당에 있어서 조세채권의 취급은 질권이나 저당권과 같은 담보물권의 우선변제권과 유사하다.[62]

(2) 조세채권의 우선성: 파산에 있어서의 취급

　　조세채권은 국가재정의 기초가 되는 것으로서 그 우월성은 법률에 의하여 규정되어 있고(국세기본법35조), 조세채권이 아니더라도 공공의 이익을 도모하기 위하여 필요한 경우에는 개별 법률에서 조세채권과 같은 방식으로 징수할 수 있도록 규정하거나, 나아가 그 채권의 효력을 일반 채권에 우선하는 것으로 규정하고 있는 것이 있다. 이미 여러 차례 언급한 바와 같이 조세채권의 일반사채권에 대한 우선성의 원칙은 파산절차에 있어서는 완전히 관철되어 있고, 조세채권은 파산절차의 영향을 전혀 받지 아니한다.

　　구 파산법 제38조 제2호 본문은 '국세징수법 또는 국세징수의 예에 의하여 징수할 수 있는 청구권' 중 파산선고 전의 원인으로 인한 것은 파산재단에 관하여 생긴 것인지 여부를 불문하고 모두 재단채권으로 규정하고 있었기 때문에 본세가 파산선고 전의 원인으로 인한 것이라면 그 체납으로 인하여 부가되는 가산금·중가산금도 파산선고 전에 생긴 것인지 파산 후에 생긴 것인지 가리지 않고 모두 재단채권에 해당하였다. 국세징수의 예에 의하여 징수할 수 있는 청구권들은 그 성격이 다양함에도 불구하고, 구 파산법 제38조 제2호는 조세 등의 청구권이 일반 채권에 비하여 우선권이 있는지 여부를 불문하고 '국세징수법 또는 국세징수의 예에 의하여 징수할 수 있는 청구권' 모두를 포괄적으로 조세와 똑같은 특별처우를 하고 있었기 때문에 이는 채권자평등에 반하여 다른 채권자들의 재산권을 침해하는 위헌적 소지가 있다는 비판이 있었다. 국세징수의 예에 의하여 징수할 수 있는 청구권들의 성격을 크게 분류하면, ① 개별적 강제집행절차에서 징수순위가 일반채권보다 앞서는 것(건강보험료, 국민연금보험료, 산업재해보상보험료 등)과 ② 그렇지 아니한 것(과태료, 국유재산법상의 사용료·대부료·변상금채권 등)의 2가지 종류로 분류할 수 있다. 그런데, 개별적 강제집행절차에서 일반채권에 앞서지 않는 위 ②에 해당하는 청구권을 도산절차에서 조세채권에 준하여 일반채권에 앞서는 것으로 규정하는 것은 채권자평등의 원칙에 위반된다고 볼 수 있다.

　　이에 따라 채무자회생법 제473조 제2호는 「국세징수법 또는 지방세징수법에 의하여 징수할 수 있는 청구권(국세징수의 예에 의하여 징수할 수 있는 청구권으로서 그 징수우선순위가

---

62) 이러한 각도에서 도산절차에서 조세채권에 대하여 민사집행절차보다 더 강력한 지위를 부여하는 것은 부당하다는 지적의 상세에 관하여는 손흥수, "민사집행절차, 도산절차상 조세채권의 취급과 그 비교 검토", 사법 49호, 사법발전재단(2019), 43면 참조.

일반 파산채권보다 우선하는 것을 포함하며, 제446조의 규정에 의한 후순위파산채권을 제외한다).
다만, 파산선고 후의 원인으로 인한 청구권은 파산재단에 관하여 생긴 것에 한한다」라고
규정하여, 구 파산법 제38조 제2호와 같은 위헌의 소지를 없애고자 하였다.[63] 위 괄호 안
에 있는 규정의 취지는, '국세징수의 예에 의하여 징수할 수 있는 청구권'은 그 징수우선순
위가 일반 파산채권보다 우선하는 것에 한하여 재단채권으로 하되, '국세징수법 또는 지방
세징수법에 의하여 징수할 수 있는 청구권'이든 '국세징수의 예에 의하여 징수할 수 있는
청구권으로서 그 징수우선순위가 일반 파산채권보다 우선하는 것'이든, 그 중 '채무자회생
법 제446조의 규정에 의한 후순위파산채권'에 해당하는 것은 재단채권에서 제외하려는 데
있다.[64] 국세징수의 예에 의하여 징수할 수 있는 청구권으로서 그 징수우선순위가 일반
파산채권보다 우선하는 것이라 함은 주민세, 지방세 등 지방자치단체의 징수금, 관세와 가
산금 등을 가리키며, 따라서 국세징수의 예에 의하여 징수할 수 있는 청구권이지만, 그 징
수우선순위가 일반채권보다 우선하지 않는 청구권은 제외된다. 예컨대 구 산업재해보상보
험법 제27조의2 제1항의 국세체납처분의 예에 의하여 징수할 수 있다는 규정은 그 문언이
나 법규정의 형식상 국세징수법중 제3장에서 규정한 체납처분의 절차에 따라 강제징수할
수 있다는 소위 자력집행권이 있음을 규정한 것이지, 국세, 지방세가 위와 같이 저당권부
채권등에 우선한다는 국세기본법 제35조, 구 지방세법 제31조 제1항, 제2항(현행 지방세기
본법 제71조)의 규정도 준용된다고는 볼 수 없다.[65] 「환경개선부담 비용법」 제20조 제2항
에 의한 환경개선부담금, 「식품위생법」 제82조 제4항에 의한 과징금, 「국유재산법」 제73
조 제2항에 의한 국유재산대부료 등도 마찬가지이다.

한편 국세징수법 제21조, 제22조가 규정하는 조세에 부과되는 가산금·중가산금(현행

---

63) 헌법재판소 2005.12.22. 선고 2003헌가8 결정은 파산법 제38조 제2호 본문 후단의 '국세징수의 예에 의하여 징수할 수 있는 청구권' 중에서 구 산업재해보상보험법 제74조 제1항, 임금채권보장법 제14조 및 구 고용보험법 제65조에 의하여 국세체납처분의 예에 따라 징수할 수 있는 청구권으로서 파산선고 전의 원인에 의하여 생긴 채권에 기하여 파산선고 후에 발생한 연체료 청구권에 해당하는 부분은 헌법에 위반된다고 판시하였고, 헌법재판소 2009.11.26. 선고 2008헌가9 결정은 구 파산법 제38조 제2호 본문의 "국세징수의 예에 의하여 징수할 수 있는 청구권" 중에서, "구 독점규제 및 공정거래에 관한 법률 제55조의5 제2항에 의하여 국세체납처분의 예에 따라 징수할 수 있는 청구권으로서 제24조의2의 규정에 의한 과징금 및 제55조의5 제1항의 규정에 의한 가산금에 해당하는 부분"은 헌법에 위반된다는 결정을 하였다. 대법원 2009.12.24. 선고 2006다25424 판결(미간행) 참조.
64) 대법원 2017.11.29. 선고 2015다216444 판결(공2018상, 19)[백선77]. 이 판결에 대한 해설로 심영진, "파산선고 전의 원인으로 인한 국세나 지방세에 기하여 파산선고 후에 발생한 가산금·중가산금이 재단채권에 해당하는지 여부", 대법원판례해설 제113호, 법원도서관(2018), 303면 참조.
65) 대법원 1990.3.9. 선고 89다카17898 판결(공1990, 869). 同旨 대법원 1988.9.27. 선고 87다카428 판결(공1988, 1327)은 의료보험의 징수에 관한 사안으로서 의료보험법 제55조 제3항, 제56조의 규정 이외에는 의료보험료의 징수에 관하여 아무런 규정이 없으므로 국세징수법이 의료보험료 등의 징수절차에는 준용될 수 있다 할 것이나, 국세징수법 제2조에 의하여 국세기본법 제35조 제1항 단서 제3호 또는 지방세법 제31조 제3호도 준용된다고 볼 것이 아니라고 하였다.

납부지연가산세)은 과세권자의 확정절차 없이 국세를 납부기한까지 납부하지 아니하면 같은 법 제21조, 제22조의 규정에 의하여 당연히 발생하고 그 액수도 확정되는 것으로서 국세 미납분에 대한 지연이자의 성격을 지니고 있는 것이라고 할 것인데,[66] 판례는 파산선고 전의 원인으로 인한 국세나 지방세에 기하여 파산선고 후에 발생한 가산금·중가산금은 후순위파산채권인 채무자회생법 제446조 제1항 제2호의 '파산선고 후의 불이행으로 인한 손해배상액'에 해당하는 것으로 봄이 타당하므로, 채무자회생법 제473조 제2호의 괄호 안에 있는 규정에 따라 재단채권에서 제외된다고 하였음은 전술하였는데, 파산관재인은 파산재단에 속하는 재산을 환가하여 파산채권자들에 대한 배당을 실시할 뿐만 아니라 재단채권 역시 파산재단에 속하는 재산에서 수시로 변제하게 된다는 점에서 재단채권이나 파산채권에 해당하는 조세채권의 납세의무자는 파산관재인이지만, 반면에 파산재단에 속하지 않는 재산에 대한 관리처분권은 채무자가 그대로 보유하고 있고, 이는 파산선고 후에 발생한 채권 중 재단채권에 해당하지 않는 채권의 변제재원이 되므로, 파산선고 후에 발생한 조세채권 중 재단채권에 해당하지 않는 조세채권, 즉 '파산채권도 아니고 재단채권도 아닌 조세채권'에 대한 납세의무자는 파산관재인이 아니라 파산채무자이다.[67]

파산선고 전의 원인에 기한 것인지는 파산선고 전에 법률에 정한 과세요건이 충족되어 그 조세채권이 성립되었는가 여부를 기준으로 하여 결정되고, 일정한 절차에 따라 확정되어야 하거나, 납기가 도래하여 있을 것을 요하지 않는다.[68][69] 조세채권(납세의무)의 성립 시기는 조세의 종류에 따라 다르고, 예컨대 소득세에서는 과세기간 종료 시, 법인세에서는 사업연도 종료시가 기본이지만 예납적 납세의무(원천징수 소득세, 중간예납소득세, 중간예납법인세 등)는 이보다 먼저 성립한다(국세기본법21조). 제2차 납세의무에 관하여는 파산

---

66) 대법원 2005.3.10. 선고 2004다64494 판결(공2005, 547).

67) 위 대법원 2017.11.29. 선고 2015다216444 판결(공2018상, 19)[백선77]은 과세관청이 파산관재인으로부터 부가가치세 및 가산금 채권을 변제받은 것은 법률상 원인을 결여한 것으로서 부당이득이 성립한다고 하였다.

68) 대법원 2005.6.9. 선고 2004다71904 판결(공보불게재)은 과세관청이 탈루된 법인소득에 대하여 대표자 인정상여로 소득처분을 하고 소득금액변동통지를 하는 경우 그 원천징수분 법인세(근로소득세)의 납세의무는 소득금액변동통지서가 당해 법인에게 송달된 때에 성립함과 동시에 확정되고, 이러한 원천징수분 법인세액을 과세표준으로 하는 법인세할 주민세의 납세의무 역시 이 때에 성립한다고 할 것이므로, 소득금액변동통지서가 파산선고 후에 도달하였다면 그에 따른 원천징수분 법인세(근로소득세) 채권과 법인세할 주민세채권은 파산선고 후에 성립한 조세채권으로 될 뿐이어서 그것이 파산재단에 관하여 생긴 것이 아니라면 재단채권에 해당하지 않는다고 하였다. 同旨 대법원 2006.10.26. 선고 2005다1360 판결(공보불게재), 김형두, '2011년판 분야별 중요판례분석', 법률신문사(2011), 556면 참조.

69) 대법원 2006.10.12. 선고 2005다3687 판결(공보불게재)은 구 부가가치세법 제17조의2 제3항(현행 제45조 제3항)의 규정에 비추어 공급자의 대손이 공급을 받은 사업자의 폐업 전에 확정되면 그 공급자의 대손이 확정된 때에 비로소 그 대손세액 상당의 매입세액 차감액에 대한 사업자의 납세의무가 발생하고 그에 상응하는 조세채권이 성립하는 것이라고 판시하였다.

선고전의 고지(국세징수법12조)를 요한다고 해석한다.[70]

파산선고 후의 원인에 의하여 「파산재단에 관하여 생긴 조세채권」은 파산재단의 관리비용에 해당하는 것으로 소위 물세(物稅)를 가리키는 것이 원칙인데 파산채권자를 위한 공익적인 지출로서 공동으로 부담하는 것이 타당하기 때문에 재단채권으로 한 것이다. 재단소속 재산에 대한 종합토지세, 재산세, 자동차세, 등록세, 면허세, 인지세, 균등할주민세 등이 이에 해당한다. 그러나 영업을 계속하는 경우(법486조)의 종합소득세, 재단소속 재산으로부터의 수익에 대한 소득세, 관재인에 의한 환가에 대한 양도소득세 등은 특히 분리과세의 대상이 되는 것이 아닌 한 재단채권이 되지 않는다고 해석한다. 또한 각종 가산세도 마찬가지로 재단채권이 된다.

한편 법인세법 제55조의 2는 일정한 요건에 해당하는 토지, 건물 등을 양도한 경우에는 그 양도소득에 대하여 법인세를 추가하여 납부하도록 규정하고 있는데, 같은 취지의 규정이 있는 일본의 판례는 「파산재단에 관하여 생긴 청구권」이라 함은 파산재단을 구성하는 재산의 소유·환가의 사실에 기하여 과세되거나 위 재산으로부터 생기는 수익에 대하여 부과되는 조세 그 밖에 다른 파산재산의 관리상 당연히 그 경비라고 인정되는 조세라고 해석함이 상당하다고 전제하고, 예납법인세채권은 파산채권자에게 공익적인 지출로서 공동부담하는 것이 상당한 파산재단관리상의 경비라고 할 수는 없고, 그 의미에서 「파산재단에 관하여 생긴 청구권」이라고는 할 수 없지만, 예납법인세의 위 토지중과부분은 청산중의 각종 사업연도의 토지 등의 양도에 의한 양도이익금액을 기초로 하는 것이고, 청산소득에 대한 법인세의 예납으로서 취급되기 때문에 청산소득에 대한 법인세액이 토지중과세의 액을 추가한 금액으로 하여야 원칙적으로 완납이 되는 것이며, 따라서 토지중과세 및 예납법인세의 토지중과부분은 파산재단을 구성하는 재단으로부터의 수익에 대하여 과세하는 조세로서 파산채권자에 있어서 공익적인 지출로서 공동부담하는 것이 상당한 파산재단 관리상의 경비에 속하고, 「파산재단에 관하여 생긴 청구권」에 해당한다고 하였다.[71]

---

70) 대법원 2011.11.10. 선고 2009다28738 판결(공2011하, 2523)은 채무자 회사가 구 조세감면규제법 제56조의2 제1항 본문에 따라 처음으로 주식을 상장하는 것을 전제로 자산재평가를 하고 재평가차액을 당해 사업연도의 익금에 산입하지 않았는데, 그 후 파산선고를 받은 채무자 회사가 2003년 12월 31일까지 주식을 상장하지 아니하자 관할 세무서장이 당해 사업연도의 법인세와 가산세를 부과하였고, 관할 지방자치단체가 이를 과세표준으로 하여 법인세할 주민세 등을 부과한 사안에서, 재평가차액의 익금 산입에 따른 법인세 납세의무는 당해 사업연도의 종료일에 성립하므로 위 법인세 채권은 파산선고 전의 원인으로 생긴 조세채권으로서 재단채권에 해당하지만, 채무자 회사에 재평가차액에 대한 법인세를 자진하여 신고·납부할 의무가 없으므로 이를 전제로 한 가산세 부과처분은 무효이고, 한편 관할 세무서장이 법인세 등을 부과하는 경정결정을 한 때 법인세할 주민세 납세의무가 성립하므로 위 주민세 채권은 파산선고 후의 원인으로 생긴 조세채권으로서 재단채권에 해당하지 않는다고 하였다.

71) 日最判昭和62.4.21民集41권3호 329면, 倒産判例 インデックス 제3판 179[百選제4판95]는 나아가 토지중과세의 과세의 대상이 되는 토지 등 중에 별제권의 목적으로 되어 있는 토지 등이 포함되고 또한 그 양도에 의한 양도이익금액 중에 별제권자에 대한 우선변제부분이 존재하는 때에는 토지중과세 또

이와 같이 조세채권의 철저한 우위에 관하여 비판이 있는 것은 전술하였는데,[72] 결국 징수의 면에 있어서 이에 약간의 제약을 가하기에 이르렀다. 즉 파산선고 전에 이미 체납처분이 개시된 경우에는 그대로 선고 후에도 체납처분을 속행할 수 있으나(법349조1항), 파산선고 후에 새로이 체납처분을 하는 것은 허용되지 않는다(법349조2항).[73] 따라서 과세관청이 파산선고 전에 국세징수법, 지방세징수법 또는 국세징수의 예에 의하여 체납처분으로 부동산을 압류(참가압류 포함)한 경우에는 그 후 체납자가 파산선고를 받더라도 그 체납처분을 속행하여 파산절차에 의하지 아니하고 배당금을 취득할 수 있어 선착수한 체납처분의 우선성이 보장된다는 것으로 해석하여야 하고, 따라서 별제권(담보물권 등)의 행사로서의 부동산경매절차에서 그 매각대금으로부터 직접 배당받을 수 있고, 이는 파산재단이 재단채권의 총액을 변제하기에 부족한 것이 분명하게 된 때에도 마찬가지이다.[74]

한편 재단채권에 관하여는 재단소속재산에 대한 강제집행이 허용되지 않는다고 해석하면 조세채권은 기타의 재단채권보다 불리한 취급을 받게 되는 것은 아닐 것이다. 조세의 징수를 위하여 하는 사해행위취소소송(국세징수법30조)도 그대로 속행할 수 있고(법406조), 그 승소판결에 기한 체납처분도 허용된다.

체납처분이 허용되지 않는 경우 또는 이에 의하지 아니한 경우는 징수를 위하여는 관재인에 대한 교부청구(국세징수법56조)에 의한다(법534조 참조).[75] 교부청구에 대하여 관재

는 예납법인세의 토지중과부분 중 위 과세의 대상이 되는 토지 등의 양도로 생긴 양도이익금액의 합계액으로부터 위 우선변제 부분을 공제한 금액(양도이익금액의 합계액 중의 실질적으로 파산재단에 귀속하는 부분)을 기초로 계산한 토지중과세의 액에 상당하는 부분만이 파산채권자에게 공익적인 지출로서 공동부담하는 것이 상당한 파산재단관리상의 경비로서 「파산재단에 관하여 생긴 청구권」에 해당하고, 그 나머지 부분은 이에 해당하지 않는다고 하였다.

72) 대법원과 헌법재판소는 지방세의 파산선고 후의 가산금 및 중가산금을 재단채권으로 인정하여 일반 파산채권에 대하여 우선적 지위를 갖도록 한 구 파산법 제38조 제2호가 헌법상 과잉금지의 원칙이나 평등의 원칙에 위반한다고 볼 수 없다고 하였다. 대법원 2008.6.26. 선고 2005다75705 판결(미간행), 헌법재판소 2008.5.29. 선고 2006헌가6,11,17(병합) 결정 등. 대법원 2010.1.14. 선고 2009다65539 판결(미간행)은 가산금은 국세 등을 납부기한까지 납부하지 아니한 때에 「국세징수법」 등에 의하여 고지세액에 가산하여 징수하는 금액이고, 중가산금은 납부기한 경과 후 일정기한까지 납부하지 아니한 때에 그 금액에 다시 가산하여 징수하는 금액으로 이 모두가 본세의 연체료에 해당하는 것이어서 그 원인을 본세와 별도로 가산금의 발생시에 있다고 할 수는 없어, 구 파산법 제38조 제2호 단서의 적용대상이 된다고 할 수 없다고 하였다.

73) 채무자회생법 제349조 제2항이 신설되기 전에도 판례는 같은 입장이었음은 전술하였다. 대법원 2003.3.28. 선고 2001두9486 판결(공2003, 1088), 同旨 日最判昭和45.7.16民集24권7호879면.

74) 대법원 2003.8.22. 선고 2003다3768 판결(공보불게재).

75) 채무자 소유의 부동산에 대한 별제권(담보물권 등)의 실행으로 인하여 개시된 경매절차에서 과세관청이 한 교부청구는 그 별제권자가 파산으로 인하여 파산 전보다 더 유리하게 되는 이득을 얻는 것을 방지함과 아울러 적정한 배당재원의 확보라는 공익(共益)을 위하여 별제권보다 우선하는 채권 해당액을 공제하도록 하는 제한된 효력만이 인정된다고 할 것이므로 그 교부청구에 따른 배당금은 채권자인 과세관청에게 직접 교부할 것이 아니라 파산관재인이 파산법 소정의 절차에 따라 각 재단채권자에게 안분변제할 수 있도록 파산관재인에게 교부하여야 한다. 파산관재인은 이를 수령하여 재단채권자에

인이 납세의무의 존재를 다투기 위하여는 채무자가 할 수 있는 방법에 의하여야 한다(법 466조1항).[76] 별제권자가 파산절차 외에서 담보권을 실행한 때에는 이에 대하여 역시 교부 청구를 할 수 있다.[77]

다음으로 재단채권을 지급하기에 부족한 경우의 순위에 관하여 법규정(법477조)에 불구하고, 조세는 관재인의 보수보다 후순위로 하고 있다는 것은 전술하였다.

(3) 예외 — 회생절차에 있어서의 취급

회생절차에 있어서는 재건형의 본래의 목적을 달성하기 위하여 파산에 있어서는 일률적으로 재단채권으로 하고 있는 조세채권 등을 분류하여 다음 세 종류로 다르게 취급하고 있다.

첫째, 공익채권이 되는 것은 조세채권 중 회생절차 개시 이후에 성립된 것 즉 법률에 정한 과세요건이 충족된 것에 한한다.[78] 회생절차 개시 전의 원인으로 발생한 재산상의 청구권은 회생채권이 되는데 조세채권도 원칙적으로 같은 취급을 하고 있는 것이다. 한편 회생절차개시당시 아직 납부기한이 경과하거나 도래하지 아니한 원천징수하는 조세(다만, 법인세법 제67조의 규정에 의하여 대표자에게 귀속된 것으로 보는 상여에 대한 조세는 원천징수된 것에 한한다)·부가가치세·개별소비세·주세 및 교통·에너지·환경세와 본세의 부과·징수의 예에 따라 부과·징수하는 교육세·농어촌특별세와 특별징수의무자가 징수하여 납부하여야 하는 지방세는 본질상 회생채권에 속하지만 특별히 공익채권으로 하고 있다(법179조 1항9호). 이러한 것은 채무자가 국고 또는 지방공공단체를 대신하여 보관하고 있는 것으로서 일종의 예금적 성질을 가지고 있는 것이므로 그 한도에서 환취권과 같은 취급을 하는

대한 변제자원 등으로 사용하게 된다. 대법원 2003.6.24. 선고 2002다70129 판결(공2003, 1582), 대법원 2003.8.22. 선고 2003다3768 판결(공보불게재). 이 판결에 대한 해설로 이우재, "파산자 소유의 부동산에 대한 별제권 행사절차에서 교부청구된 조세의 교부상대방", 대법원판례해설 제44호, 법원도서관(2003), 883면 참조. 同旨 대법원 2011.8.31.선고 2019다200737 판결(미발간), 日最判平成9.12.18判時 1628호21면, 日最判平成9.11.28民集51권10호4172면, 倒産判例 インデックス 제3판 112[百選제4판98①].

76) 日最判昭和59.3.29訟月30권8호1495면, 倒産判例 インデックス 제3판 180[百選제4판97]은 파산법인의 청산중의 사업연도의 소득에 의한 예납법인세에 관한 교부청구는 「행정처분 그 밖의 공권력의 행사에 해당하는 행위」에 해당하는 것은 아니므로, 행정소송에 의하여 위 교부청구의 취소를 구하는 소는 부적법하다고 하였다.

77) 다만 세무서장이 국세징수법 제47조에 기한 압류 후에 체납절차를 속행하지 아니하고 이와 별도의 임의경매절차에서 교부청구를 한 것은 채무자회생법 제349조 제1항에서 규정한 체납처분으로 볼 수 없을 것이다. 임치용, "파산절차와 체납처분", 파산법 연구 5, 박영사(2020), 397면 참조.

78) 대법원 1981.12.22. 선고 81누6 판결(공1982, 222). 또한 대법원 1980.12.9. 선고 80누192 판결(공1981, 13520)은 법인세법에 의하여 처분되는 인정상여에 대한 원천세의 과세요건은 그 상여에 대한 소득변동통지서가 당사 법인에 송달되었을 때에 비로소 발생하는 것이므로 그 소득변동통지서가 회생절차 개시 후에 송달된 이상 공익채권이 된다고 하였다.

것이다.

납부기한이란 국가 또는 지방자치단체 등에 대하여 납부 또는 납입하여야 할 금전 등의 채무이행기한을 말한다. 납부기한은 법정납부기한(法定納付期限)과 지정납부기한(指定納付期限)으로 나누어지는데, 전자는 세법에서 규정하고 있는 신고와 동시에 납부하여야 할 기한을 말하고, 후자는 납세고지서 또는 납부통지서에 기재하는 경우의 납부기한을 말하는 것으로 그 기한까지 납부되지 않을 때에는 체납처분을 한다.

판례는 X 회사가 2000년 11월 1일 부도를 내어, 11월 24일 회사정리절차개시결정을, 2001년 3월 9일 회사정리절차폐지결정을, 5월 11일 파산선고를 받았고, 그 후 2007년 1월 9일 회생절차개시결정을, 10월 16일 회생계획인가결정을, 2008년 3월 25일 회생절차종결결정을 받았는데, 2000년 5월경부터 10월경까지 사이에, 공급자들로부터 재화 등을 공급받고 약속어음 등을 발행하였으며, 공급받은 가액에 해당하는 매입세액을 매출세액에서 공제하여 부가가치세 신고를 하였고, 위 공급자들은, X의 부도 후 6월이 경과하도록, 위 약속어음 등의 대금을 지급받지 못하자, 관할 세무서장에게 대손세액공제신고를 하여 공제를 받았음에도 X는 위 대손세액 상당액을 매입세액에서 차감하여 부가가치세 신고를 하지 아니하자 관할 세무서장들인 Y들은, 2001년 10월경부터 2006년 6월경까지 사이에 X의 파산관재인 Z에게 위 대손세액 상당액을 해당 과세기간의 매입세액에서 차감하여 약 83억 원의 부가가치세를 부과하는 경정부과처분을 하였고, Z는 파산재단으로 이를 모두 납부하였다가 위 경정부과처분이 당연무효라고 주장하면서 국가를 상대로 부당이득 반환 소송을 제기하여, 2008년 9월 19일 화해권고결정이 확정되었는데(이에 따라 Y들은 위 경정부과처분을 취소하였고, 대한민국은 X에게 납부금을 환급하였다), Y들이 X에게 2009년 1월 12일부터 4월 8일까지 사이에 납부기한을 정하여 부과제척기간이 도과하지 아니한 2003년 제2기분, 2004년 제2기분 및 2005년 제1기분 각 부가가치세 합계 약 6,400만 원을 부과하는 각 부과처분을 하였고, X는 Y들에 대하여 위 각 부과처분의 취소소송을 제기한 사안에서 제1, 2심은 "채무자회생법 제179조 제9호가 규정하는 납부기한은 법정납부기한을 의미한다고 전제한 다음, 2003년 제2기분, 2004년 제2기분 및 2005년 제1기분 각 부가가치세의 법정납부기한은 과세기간 종료 후 25일째가 되는 2004년 1월 25일과 2005년 1월 25일 및 2005년 7월 25일로서 X에 대한 회생절차개시결정일인 2007년 1월 9일 이전에 이미 그 납부기한이 모두 도래하여 경과하였으므로 위 각 부가가치세 채권은 회생채권에 해당하고, Y들이 회생절차에서 이를 회생채권으로 신고하지 아니하여 실권·면책된 이상 X에게 부과권을 행사할 수 없는 상태에서 이루어진 각 부과처분은 위법하다"고 판단하였고, 대법원 전원합의체는 상고를 기각하였다.

위 판결에서 다수의견은 회생채권과 공익채권은 회생절차에서 인정되는 지위가 달라 어떠한 조세채권이 회생채권과 공익채권 중 어디에 해당하는지는 채권자·주주·지분권자 등 다른 이해관계인에게 미치는 영향이 지대하므로, 다수 이해관계인의 법률관계를 조절하는 회생절차의 특성상 회생채권과 공익채권은 객관적이고 명확한 기준에 의하여 구분되어야만 하고, '납부기한'을 법정납부기한이 아닌 지정납부기한으로 보게 되면, 과세관청이 회생절차개시 전에 도래하는 날을 납부기한으로 정하여 납세고지를 한 경우에는 회생채권이 되고, 납세고지를 할 수 있었음에도 이를 하지 않거나 회생절차개시 후에 도래하는 날을 납부기한으로 정하여 납세고지를 한 경우에는 공익채권이 되는데, 이처럼 회생절차에서 과세관청의 의사에 따라 공익채권 해당 여부가 좌우되는 결과를 가져오는 해석은 집단적 이해관계의 합리적 조절이라는 회생절차의 취지에 부합하지 않고, 조세채권이 갖는 공공성을 이유로 정당화되기도 어려우므로 법 제179조 제9호가 규정하는 납부기한은 원칙적으로 과세관청의 의사에 따라 결정되는 지정납부기한이 아니라 개별 세법이 객관적이고 명확하게 규정하고 있는 법정납부기한을 의미하는 것으로 보아야 한다고 하였다.[79]

　　그러나 일본의 판례는 '납부기한'은 지정납부기한을 의미하고 갱생절차 개시 당시 이미 지정납부기한이 경과되어 징수당국이 언제라도 강제징수절차를 이행할 수 있는 것에 대하여는 환취권적 취급의 대상에서 제외하여 이를 갱생채권으로 다루지만, 갱생절차 개

---

[79] 대법원 2012.3.22. 선고 2010두27523 전원합의체 판결(공2012상, 707)[백선36]. 대법관 5인의 반대의견은 "신고납세방식의 조세에 관하여 법정납부기한 내에 신고가 있는 경우와 자동확정방식의 조세의 경우에는, 회생절차개시 당시 이미 구체적 조세채무가 확정되어 있고 법정납부기한도 도래한 이상 별도의 납세고지 없이 강제징수가 가능한 상태에 있으므로 이때 법 제179조 제9호가 규정하는 납부기한은 법정납부기한을 뜻하는 것으로 보아야 하지만, 신고납세방식의 조세에 관하여 납세의무자가 법정납부기한 내에 과세표준과 세액을 신고하지 아니하거나 신고내용에 오류 또는 탈루가 있어 과세관청이 결정 또는 경정하여야 하는 경우에는, 회생절차개시 당시 법정납부기한의 도래만으로는 구체적인 조세채무가 확정되어 있다고 할 수 없고 강제징수를 하기 위해 별도로 납부기한을 정한 납세고지가 필요하므로 이때의 납부기한은 지정납부기한을 뜻하는 것으로 보아야 한다. 다만 과세관청의 자의적인 시기 조정 등으로 인하여 공익채권으로 되는 조세채권의 범위가 부당하게 확장되는 것은 불합리하므로, 위와 같은 특별한 사정이 있는 경우에는 신의칙 등을 적용하여 과세관청이 당초 지정할 수 있었던 납부기한을 기준으로 공익채권에 해당하는지를 판단하여야 한다."고 하면서, 이 사건에서는 그러한 특별한 사정이 인정되지 않으므로, 지정납부기한을 그 납부기한으로 보아야 한다고 하였다. 그러나 이 점에 관하여는 "각종의 과세자료가 납세의무자의 영역에 편중되어 있는 상황에서 과세관청이 회생절차개시신청일부터 통상 6개월 후에 열리는 제2회 관계인집회일 전까지 미신고·허위신고 등의 여부와 그 내용을 파악하기란 실질적으로 불가능하다. 과세관청에게는 적정하고 공평한 과세를 하기 위한 조사의무가 부여되어 있다고 보아야 하는 점, 반대의견과 같이 공익채권의 발생가능성을 열어두게 되면 회생절차 진행중인 기업의 인수자로서는 자신이 알기 어려운 공익채권 발생가능성에 따른 위험까지 인수하여야 하고, 그렇게 되면 그 위험 인수에 따른 거래비용이 증가하게 되는 점, 이는 회생절차 진행중인 기업의 M&A를 통해 조기 종결과 기업 회생을 도모하고자 하는 현행 회생절차의 실무를 과도하게 제약할 위험이 있다는 점에서, 다수의견이 타당하다."는 의견이 있다. 김형두, '2015년판 분야별 중요판례분석', 법률신문사(2015), 643면 참조. 한편 이 판결에 대한 평석으로 최성근, "회생절차상 공익채권 여부의 판단 기준인 조세납부기한에 관한 해석론", 선진상사법률연구 제61호, 법무부(2013), 84면 참조.

시 당시에 지정납부기한이 도래하지 않아 징수당국이 강제징수를 할 수 없는 것은 그 세금 본래의 예금적 성질을 감안하여 이를 공익채권으로서 환취권적 취급을 하는 것이라고 해석한다고 하였다.[80] 한편 구 회사정리법 하에서의 판례는 조세의 납부기한이 구 국세기본법 제6조에 의하여 연장되고 그 연장된 기한이 정리절차 개시 당시 도래하지 아니한 경우, 그 조세채권은 공익채권에 해당한다고 하였다.[81]

둘째, 회생절차 개시 당시에 있어서 채무자 재산상의 저당권 등에 의하여 담보된 조세채권(국세기본법29조)은 회생담보권이 된다(법141조1항).

셋째, 그 밖의 조세채권은 회생채권이 된다. 조세채권도 다른 일반 채권과 마찬가지로 회생절차개시결정 전에 성립(법률에 의한 과세요건이 충족)되어 있으면 그 부과처분이 회생절차 개시 후에 있는 경우라도 회생채권이 된다.[82] 조세채권의 성립시기는 국세기본법 제21조, 지방세법 제29조에 규정되어 있다.[83] 회생채권인 조세채권에 대하여 개시결정 후에 생긴 가산금 등도 본세와 같이 취급된다. 판례는 구 회사정리법 하에서 정리회사가 본건 부동산을 취득한 일자(소유권이전등기한 일자)는 정리절차개시전이며 위 일자에 위 부동산취득에 대한 지방세법 소정의 취득세 과세요건은 충족되고 따라서 위 조세채권은 이때에 성립한 것으로 보아야 할 것이므로, 정리채권이라고 하였고,[84] 판례는 소득금액변동통지는 원천징수의무자인 법인의 납세의무에 직접 영향을 미치는 과세관청의 행위로서, 항고소송의 대상이 되는 조세행정처분이라고 본다는 입장을 취하고 있는데,[85] 그에 따르면 과세관청이 법인의 대표자가 횡령한 금원에 대하여 대표자 상여로 소득처분을 하고 소득금액변동통지를 하는 경우 그에 따른 원천징수분 근로소득세의 납세의무는 소득금액변동통지서가 당해 법인에게 송달된 때에 성립함과 동시에 확정되므로, 소득금액변동통지서가 정리절차개시 후에 도달하였다면 원천징수분 근로소득세 채권은 정리절차개시 후의 원인

---

80) 日最判昭和49.7.22民集28권5호1008면, 倒産判例 ガイド 제2판 217면, 倒産判例 インデックス 제3판 182[百選제4판A16].

81) 대법원 2009.2.26. 선고 2005다32418 판결(공2009상, 523)은 교통세에 관한 사안이다.

82) 대법원 2002.9.4. 선고 2001두7268 판결(공2002, 2360), 대법원 1994.3.25. 선고 93누14417 판결(공1994, 1366), 대법원 1982.5.11. 선고 82다56 판결(공1982, 580)

83) 대법원 1973.9.25.선고 73다241 판결[집21(3)민, 5]은 구 회사정리법 하에서 회사정리절차 개시 전에 부동산에 관한 소유권이전등기를 마쳐 부동산을 취득한 경우에는 그 날짜로 지방세법 소정의 취득세 과세요건이 충족되므로 그 취득세 채권은 정리채권이 된다고 하였다.

84) 대법원 1973.9.25. 선고 73다241 판결[집21(3)민,005].

85) 대법원 2006.4.20. 선고 2002두1878 전원합의체 판결)(공2006, 940)은 과세관청의 소득처분과 그에 따른 소득금액변동통지가 있는 경우 원천징수의무자인 법인은 소득금액변동통지서를 받은 날에 그 통지서에 기재된 소득의 귀속자에게 당해 소득금액을 지급한 것으로 의제되어 그 때 원천징수하는 소득세의 납세의무가 성립함과 동시에 확정되고, 원천징수의무자인 법인으로서는 소득금액변동통지서에 기재된 소득처분의 내용에 따라 원천징수세액을 그 다음달 10일까지 관할 세무서장 등에게 납부하여야 할 의무를 부담하며, 만일 이를 이행하지 아니하는 경우에는 가산세의 제재를 받게 됨은 물론이고 형사처벌까지 받도록 규정되어 있는 점을 그 근거로 하였다.

으로 생긴 것으로서 구 회사정리법상의 정리채권에 해당하지 않는다.[86] 또한 회생채권인 조세채권에 대한 가산금에 관하여는, 회생계획 인가 이후로는 가산금이 발생하지 않는다고 본다.[87]

조세채권은 원칙적으로 일반의 회생채권과 마찬가지로 신고를 필요로 하는 등 회생절차에 따라야 하고(법156조1항), 그 개별적인 권리행사가 금지됨과 동시에 회생계획에 의하여만 변제받을 수 있으며(법131조), 국세징수의 예에 의하여 징수할 수 있는 청구권으로서 그 징수우선순위가 일반 회생채권보다 우선하지 아니한 것에 기한 체납처분 등은 금지 또는 중지되며(법58조2항), 법원은 회생을 위하여 필요하다고 인정하는 때에는 중지한 체납처분의 취소를 명할 수 있고(법58조5항), 나아가 회생계획에 의하여 조세채권을 감면시키는 것도 가능하다. 한편 판례는 정리계획이 정한 징수의 유예기간이 지난 후 정리채권인 조세채권에 기하여 이루어진 국세징수법에 의한 압류처분은 적법하고, 회사정리절차에서 공익채권은 정리채권과 정리담보권에 우선하여 변제한다는 구 회사정리법 제209조 제2항은 정리회사의 일반재산으로부터 변제를 받는 경우에 우선한다는 의미에 지나지 아니하며, 구 회사정리법 제209조 제2항이 국세기본법 제35조 제1항이나 국세징수법 제81조 제1항에 대한 예외규정에 해당한다고 볼 수도 없으므로, 국세의 우선권이 보장되는 체납처분에 의한 강제환가절차에서는 정리채권인 조세채권이라 하더라도 공익채권보다 우선하여 변제를 받을 수 있다고 하였음은 전술하였다.[88]

한편 조세 등의 청구권은 성질상 다른 일반의 회생채권과 동일시할 수 없으므로, 다음과 같은 몇 가지 특칙을 두고 있다.

(가) 통지

일반회생채권자는 회생절차개시결정이 있어야 비로소 통지를 받으나(법51조2항), 채무자의 주된 사무소 또는 영업소(외국에 주된 사무소 또는 영업소가 있는 때에는 대한민국에 있는 주된 사무소 또는 영업소)의 소재지를 관할하는 세무서장은 회생절차개시의 신청이 있을 때 통지를 받는다(법40조1항).

(나) 의견진술

일반회생채권자는 관계인집회를 통해서만 의견진술이 가능하지만, 조세 등의 청구권의 경우에는 법원이 징수권한을 가진 자에 대하여 회생절차에 관한 의견진술을 요구할 수 있고(법40조2항), 또한 이러한 자는 스스로 법원에 대하여 회생절차에 관한 의견을 진술할 수 있다(법40조3항).

---

86) 대법원 2010.1.28. 선고 2007두20959 판결(공2010상, 450). 同旨 대법원 2013.2.28. 선고 2012두23365 판결(미간행), 대법원 2013.2.28. 선고2012두23376 판결(미간행).
87) 이주헌, "도산절차상 가산금의 지위", 사법 46호, 사법발전재단(2018), 79면 참조.
88) 대법원 2012.7.12. 선고 2012다23252 판결(공2012하, 1420)[백선37].

(다) 중지명령

회생절차개시신청이 있는 경우에 절차개시 전이라도 법원이 「국세징수법」 또는 「지방세징수법」에 의한 체납처분, 국세징수의 예(국세 또는 지방세 체납처분의 예를 포함한다. 이하 같다)에 의한 체납처분 또는 조세채무담보를 위하여 제공된 물건의 처분의 중지명령을 할 수 있음은 다른 채권자의 경우와 같으나, 미리 징수의 권한을 가진 자의 의견을 들어야 한다(법44조1항5호).

(라) 조사·신고에 관한 특칙

조세 등의 청구권도 회생채권이므로 신고를 요하고, 만일 신고가 없으면 실권되는데, 결정된 신고기간은 없고, 지체 없이 즉 회생계획안 수립에 장애가 되지 않는 시기로서 늦어도 통상 회생계획안 심리를 위한 관계인 집회일 전까지 신고하면 족하며(법156조),[89] 신고가 있으면 일응 진정한 채권으로 인정되므로 채권조사에도 복종하지 않고, 관리인만이 채무자가 할 수 있는 방법 즉 일반 조세관련 법령상 마련된 불복절차로 불복할 수 있을 뿐이다(법157조).[90]

(마) 절차 중의 변제

체납처분의 속행이 허용된 경우(법58조5항)는 물론, 회생채권 또는 회생담보권에 기한 채무자의 재산에 대한 국세징수법 또는 지방세징수법에 의한 체납처분, 국세징수의 예에 의하여 징수할 수 있는 청구권으로서 그 징수우선순위가 일반 회생채권보다 우선하는 것에 기한 체납처분과 조세채무담보를 위하여 제공된 물건의 처분은 회생절차개시의 결정이 있은 때에는 그 결정한 날로부터 회생계획인가 또는 회생절차종료까지 또는 그 개시결정한 날로부터 2년간[91] 중 말일이 먼저 도래하는 기간 동안은 중지되나(법원은 필요하다고 인정하는 때에는 관리인의 신청에 의하거나 직권으로 1년의 범위 안에서[92] 그 기간을 늘일 수 있다. 법58조3항), 회생계획의 인가가 있거나 위 기간을 경과하면 당연히 체납처분 등의 절차를 속행하여 변제를 받을 수 있다(법58조3항, 5항, 131조1호, 256조).[93] 구 회사정리법 하에서의

89) 대법원 2002.9.4. 선고 2001두7268 판결(공2002, 2360), 대법원 1994.3.25. 선고 93누14417 판결(공1994, 1366), 대법원 1981.7.28. 선고 80누231 판결(공1981, 14268), 대법원 1980.9.9. 선고 80누232 판결(공1980, 13296).
90) 대법원 1967.12.5. 선고 67다2189 판결[집15(3)민, 352]은 정리회사에 대한 정리채권 중 조세채권은 우선 진정한 권리로 인정할 수 있으므로 조사절차 없이 국가에 의하여 신고가 있으면 법원은 정리채권자표에 기재하여야 하고 이 경우에 관리인만이 회사가 할 수 있는 방법으로 행정소송 등의 방법으로 불복할 수 있고 그 불복의 방법으로 변경되면 그 결과를 정리채권자표에 기재하게끔 되어 있으므로 관리인은 이에 대하여 구 회사정리법 제147조 제1항에 의한 소로써 확정을 구할 이익이 없다고 하였다.
91) 회생계획안의 가결기간이 법상 1년으로 제한되어 있는 것과 모순된다(법 제239조 제3항 본문).
92) 회생계획안의 가결기간은 법상 6월의 범위 내에서만 연장할 수 있는 것과 모순된다(법 제239조 제3항 단서).
93) 대법원 1989.1.24. 선고 86누218 판결(공1989, 311).

판례는 납세의무자가 본세에 대한 과세처분취소소송을 제기하였다고 하여 쟁송중인 세액에 대하여 납부의무의 이행을 기대할 수 없다거나 또는 회사정리절차개시단계에 있었다 하여 귀속불명소득에 대한 소득금액변동통지에 따른 납부의무를 이행하지 아니한 것이 정당하다고 볼 수 없다고 하였다.[94] 물론 이는 채무자의 재산에 대한 체납처분을 제한한 것으로서 채무자를 주된 납세의무자로 하는 제2차 납세의무자의 재산에 대한 체납처분까지 일반적으로 제한하는 것은 아니므로 제1차 납세의무자에 대하여 회생절차가 개시되더라도 제1차 납세의무자에 대한 체납처분만이 금지 또는 중지될 뿐 제2차 납세의무자에 대한 체납처분에는 영향이 없다.[95]

체납처분에 의하여 채무자가 제3자에 대하여 가지는 채권을 압류한 후 회생절차 개시에 의하여 체납처분이 중지되었으나, 그 중지 중에 제3채무자가 임의로 징수권자에게 변제한 때에는 이를 조세의 변제에 충당하여도 좋다(법131조2호).

(바) 회생계획에 의한 권리변경

3년 이하의 납세유예 또는 재산환가의 유예의 규정을 함에는 징수권자의 의견을 들어야 하고 3년을 초과하는 기간의 징수의 유예, 또는 체납처분에 의한 재산의 환가의 유예, 채무의 승계 기타 권리에 영향을 미칠 규정을 함에는 징수권자의 동의를 얻어야 한다(법140조2항, 3항).

회생절차에 의하지 아니한 권리행사가 금지된다고 하여도 기존의 변제기는 유효하며 이를 도과하면 지연손해금이 발생되는 것은 당연함은 위에서 기술하였는데, 이와 관련하여 판례는 회사정리계획 중 정리채권으로 신고한 조세채권에 관하여「정리절차개시결정일부터 이 정리계획안에서 정한 변제기일까지의 이자는 전액 면제」한다는 부분은 정리절차개시결정일부터 위 변제기일까지 발생하였거나 발생할 위 조세채권의 중가산금은 이를 면제한다는 취지라고 하였고,[96] 또한 정리채권인 조세채권은 정리절차에 의하지 아니하고도 관리인이 법원의 허가를 얻어 변제할 수 있는 것이고(구 회사정리법112조 단서) 납세자가 납세의 고지를 받은 후 국세징수법 제15조 제1항 각호의 1에 해당하는 사유로 고지된 국세를 납부기간까지 납부할 수 없다고 인정되는 때에는 징수의 유예를 받을 수 있고(같은 법17조) 징수를 유예한 국세에 대하여는 같은 법 제21조 소정의 가산금을 징수할 수 없도록 되어 있으므로(같은 법19조) 회생채권인 조세채권에 관하여 납세의 고지를 받은 정리회

---

94) 대법원 1993.6.8. 선고 93누6744 판결(공1993, 2049)은 세법상 가산세는 과세권의 행사 및 조세채권의 실현을 용이하게 하기 위하여 납세자가 정당한 이유 없이 법에 규정된 신고 납세 등 각종 의무를 위반한 경우에 개별세법이 정하는 바에 따라 부과되는 행정상 제재로서 납세자의 고의 과실은 고려되지 않는다고 전제하였다.

95) 日最判昭和45.7.16民集24권7호1047면, 倒産判例 ガイド 제2판 215면.

96) 대법원 2005.6.10. 선고 2005다15482 판결(2005, 1143).

사가 가산금의 징수를 면하려면 그 고지된 세액에 관하여 같은 법 제17조 소정의 징수유
예를 받거나 법원의 허가를 얻어 이를 납부기한 내에 납부하여야 할 것이고, 정리회사가
회생채권인 조세채권에 대한 납세의 고지를 받고 위와 같은 징수유예를 받음이 없이 고지
된 세액을 납부기한 내에 납부하지 아니한 경우에는 같은 법 제21조 소정의 가산금의 징
수를 면할 수 없으나,[97] 회생계획에서 조세 등 청구권에 대하여 징수유예의 규정을 둔 이
상, 징수가 유예된 체납액 등에 대하여는 회생계획에서 정한 바에 따라 중가산금이 부과
될 수 없는 것이며, 별도로 징수유예에 관한 구 국세징수법의 규정이나 세무서장 등의 징
수유예에 따라 그 효력이 발생하는 것은 아니며, 구 국세징수법 제19조 제4항이 납세자가
납세의 고지 또는 독촉을 받은 후에 "국세 또는 체납액의 납부기한 전에" 채무자회생법 제
140조의 규정에 의한 징수의 유예가 있는 때의 징수유예의 효력만을 규정하고 있더라도,
위 규정에 의하여서만 인가된 회생계획에서 정한 징수유예의 효력이 발생하는 것은 아니
므로 회생계획에서는 체납액의 납부기한이 도과된 경우에도 징수유예를 정할 수 있고 회
생계획의 인가에 따라 채무자가 부담할 조세 등 청구권의 수액과 기한이 정해지고, 따라
서 회생계획에서 위 규정과 달리 체납액의 납부기한이 경과된 후에 징수유예를 정하였다
고 하여 그러한 회생계획에 대한 인가결정이 구 국세징수법을 위반하여 위법하다거나 무
효라고 볼 것은 아니다.[98]

또한 대법원은 1965년 11월 24일 회사정리개시 결정이 있었고 1966년 11월 2일 정리
계획 인가가 되었으며 신청인회사(특별항고인)가 납부치 않았던 체납세금(회사정리절차 개시
전의 원인으로 생긴 정리채권)에 대하여 1968년 2월 21일 국세체납처분에 인한 압류등기가
된 사안에서 위 압류처분은 회사정리법 제67조 제2항에 저촉된다 할 수 없을 뿐 아니라,
위 압류 이후의 체납세액은 정리채권도 아니므로 이에 관하여 국세징수법에 의한 체납처
분으로 공매절차를 적법하게 할 수 있다고 하였다.[99]

(사) 부인의 제한

회생채권인 조세채권 등에 관하여 채무자가 징수권자에게 대하여 한 담보의 제공 및
채무의 소멸에 관한 행위는 관리인에 의한 부인권행사의 대상이 되지 않는다(법100조2항).

---

97) 대법원 1982.5.11. 선고 82누56 판결(공1982, 580).

98) 대법원 2009.1.30.자 2007마1584 결정(공2009상, 435)[백선60]에서 문제된 회생계획은 조세채무에 관
하여「① 채무자회생법 제140조에 의하여, 회생계획안 인가결정일 이후 제3차 연도 12월 30일까지
국세징수법 또는 국세징수의 예에 의한 체납처분은 유예한다. ② 신고된 조세채무의 본세 및 회생계
획안 인가결정 전일까지 발생한 가산금 및 중가산금은 제1차 연도부터 제3차 연도까지 분할하여 변제
한다」라고 정하고 있었다. 위 회생계획에 대한 인가결정에 대하여, 국가는 회생계획 중「본세 및 회
생계획안 인가 결정 전일까지 발생한 가산금, 중가산금」을「본세 및 변제일까지 발생한 가산금, 중가
산금」으로 변경하여야 한다고 주장하며 항고하였으나, 원심은 항고를 기각하였고, 대법원은 원심을
유지하였다.

99) 대법원 1971.9.17.자 71그6 결정(집19권3행4면).

(4) 대위변제의 경우의 법률관계 등

일반적으로 보증인이 채권자에게 보증채무를 이행하면 주채무자에 대하여 사후구상권을 행사할 수 있으나, 주채무자가 도산하면 구상권은 도산절차 개시 전 전의 보증계약에 기하여 생긴 재산상의 청구권이므로 도산채권이 된다. 보증인은 변제에 의하여 당연히 채권자에 대위하는 것이므로(민481조), 자기의 권리에 기하여 구상할 수 있는 범위에서 채권자의 원채권을 행사할 수 있다(민482조). 또한 물상보증인이 채무자의 채무를 변제한 경우, 그는 민법 제370조에 의하여 준용되는 민법 제341조에 의하여 채무자에 대하여 구상권을 가짐과 동시에 민법 제481조에 의하여 당연히 채권자를 대위한다. 이 문제 중 중요한 것은 제3자가 도산절차에서 공익채권·재단채권을 대위변제한 경우 구상권이 회생채권이나 파산채권이 된다고 하더라도 그가 도산절차에서 변제자대위를 통해 공익채권 또는 재단채권을 행사할 수 있는지 여부와 회생절차에서 회생계획에 따라 회생채권인 구상권이 면책되거나 그 권리가 변경된 경우 구상권과 대위취득한 공익채권 사이의 절연을 인정할 수 있는지 여부이다.[100]

변제자대위 일반에 관하여 판례는 변제할 정당한 이익이 있는 자가 채무자를 위하여 채권의 일부를 대위변제할 경우에 대위변제자는 변제한 가액의 범위 내에서 종래 채권자가 가지고 있던 채권 및 담보에 관한 권리를 취득하게 되고 따라서 채권자가 부동산에 대하여 저당권을 가지고 있는 경우에는 채권자는 대위변제자에게 일부 대위변제에 따른 저당권의 일부이전의 부기등기를 경료해 주어야 할 의무가 있다 할 것이나,[101] 이 경우에도 채권자는 일부 대위변제자에 대하여 우선변제권을 가지고 있다고 판시한 이래,[102] 대위변

100) 이 문제에 대하여 우리나라와 일본의 판례의 비교 분석으로 강윤구, "도산절차에서 공익채권과 재단채권의 변제자대위 — 구상권과 대위변제한 채권의 관계를 중심으로", 사법 57호, 사법발전재단(2021), 481면 참조.
101) 다만 대법원 2000.12.26 선고 2000다54451 판결(공2001, 363)은 근저당권은 계속적인 거래관계로부터 발생·소멸하는 불특정다수의 채권 중 그 결산기에 잔존하는 채권을 일정한 한도액의 범위 내에서 담보하는 것으로서 그 거래가 종료하기까지 그 피담보채권은 계속적으로 증감·변동하는 것이므로, 근저당 거래관계가 계속되는 관계로 근저당권의 피담보채권이 확정되지 아니하는 동안에는 그 채권의 일부가 대위변제되었다 하더라도 그 근저당권이 대위변제자에게 이전될 수 없다고 하였다.
102) 대법원 1988.9.27. 선고 88다카1797 판결(공1988, 1333)은 신용보증기금이 정리회사의 은행에 대한 채무를 일부 대위변제한 후 은행의 근저당권을 일부 이전받았고, 또 다른 은행이 채무를 일부 변제한 사안에서 은행과 신용보증기금의 변제순위가 문제된 사안이다. 同旨 대법원 2009.11.26. 선고 2009다57545,57552 판결(공2010상, 26)은 신용보증약관에서 '보증채무 이행 후 채무자 등으로부터 회수한 금액은 회수기관 변제에 충당하며 신용보증기금과 채권자의 책임분담비율로 정산하지 아니한다. 다만, 기금과 채권자 중 어느 일방이 임의 매각방법에 의하여 담보물을 매각한 경우와 당해 어음금의 상환을 받은 경우에는 보증비율에 따라 그 회수금을 정산한다'고 규정하고 있는 경우, 위 약관 조항 단서의 취지는 신용보증기금이 보증채무 이행으로 담보권을 이전받았음에도 채권자의 우선변제권으로 인하여 채권을 회수할 수 없었던 경우와 같이 책임분담비율에 따라 확보한 권리가 훼손되는 경우 사후에 이를 정산함으로써 그 권리 보호를 두텁게 하기 위한 것이고, 반면 약관 조항 본문의

제의 경우 채권자의 채권은 동일성을 유지한 채 법률상 당연히 변제자에게 이전하고, 이러한 법리는 채권이 근로기준법상의 임금채권이라 하더라도 그대로 적용되므로, 우선변제권이 있는 임금채권을 변제한 자는 채무자인 사용자에 대한 임금채권자로서 사용자의 총재산에 대한 강제집행절차나 임의경매절차가 개시된 경우에 경락기일까지 배당요구를 하여 그 배당절차에서 저당권의 피담보채권이나 일반채권보다 우선하여 변제받을 수 있으며, 이와 같이 근로자가 아닌 대위변제자에게 임금의 우선변제권을 인정하더라도 근로자에 대하여 임금이 직접 지급된 점에 비추어 이를 임금직접불의 원칙에 위배된다고 할 수 없다고 하였고,[103] 근로복지공단이 임금채권보장법에 따라 근로자에게 최우선변제권이 있는 최종 3개월분의 임금과 최종 3년분의 퇴직금 중 일부를 체당금으로 지급하고 그에 해당하는 근로자의 임금 등 채권을 배당절차에서 대위행사하는 경우, 최우선변제권이 있는 근로자의 나머지 임금 등 채권이 공단이 대위하는 채권에 대하여 우선변제권을 갖는다고 하였다.[104]

한편 판례는 신용보증계약의 내용이 된 신용보증약관에 변제충당의 순서에 관하여 규정되어 있다 하더라도 은행인 채권자가 신용보증기금과 신용보증계약을 체결한 후 신용

취지는 각자의 노력에 의하여 회수한 금원은 정산대상이 아니라는 당연한 원칙을 나타내고 있는 것이므로 위와 같은 약관 조항의 취지에 비추어 보면, 부동산 임의경매절차에서 위 약관 조항 단서에 따라 정산하여야 할 회수금이란, 보증부대출을 직접 담보하는 담보권이나 이에 관련된 담보권에 의하여 회수한 금원을 의미하고, 담보권과 관계없이 각자의 노력에 의하여 회수한 금원은 이에 해당되지 않고, 따라서 신용보증기금이 부동산 임의경매절차에서 채무자에 대한 구상금채권을 피보전권리로 한 가압류채권자로서 근저당권인 채권자보다 후순위로 배당받은 금원은 채권자의 근저당권에 기하여 회수한 것이 아니라 신용보증기금의 노력에 의하여 회수한 것으로서 위 약관 조항 본문의 회수금에 해당하므로 채권자와 정산할 것이 아니라고 하였다.

103) 대법원 1996.2.23. 선고 94다21160 판결(공1996, 1031)은 임의대위에 있어서는 변제자가 제3자에게 대항하기 위하여는 확정일자 있는 증서에 의한 대위의 통지나 승낙이 필요한 것이지만, 이 경우 제3자라 함은 대위변제의 목적인 그 채권 자체에 관하여 대위변제자와 양립할 수 없는 법률상 지위에 있는 자만을 의미하므로 임금채권에 대하여 아무런 관련이 없는 사용자에 대한 근저당권부 채권자는 임금채권의 대위변제자가 대항요건을 갖추어야 할 제3자에 해당된다고 할 수 없으므로, 변제로 인한 임의대위자의 사용자에 대한 대위의 통지가 적법히 된 이상 근저당채권자가 신청한 경매절차에서 경매개시결정으로 인한 압류의 효력이 발생한 날보다 그 대위 통지 일자가 늦다고 하더라도 대위에 영향이 없다고 한 사례이다.

104) 대법원 2011.1.27. 선고 2008다13623 판결(공2011상, 383)은 만일 이와 달리 근로자의 나머지 임금 등 채권과 공단이 대위하는 채권이 그 법률적 성질이 동일하다는 이유로 같은 순위로 배당받아야 한다고 해석한다면, 근로자가 공단으로부터 최우선변제권이 있는 임금 등 채권의 일부를 체당금으로 먼저 지급받은 후 배당금을 지급받는 경우에는 공단도 같은 순위로 배당받는 결과 공단이 근로자에게 지급한 체당금의 일부를 근로자로부터 다시 회수하는 셈이 되어 배당금을 먼저 지급받은 후 공단으로부터 체당금을 지급받는 경우에 비하여 근로자가 수령하는 총금액이 적게 되어 체당금의 지급시기에 따라 근로자에 대한 보호의 범위가 달라지는 불합리가 발생할 뿐만 아니라 근로자로 하여금 신속한 체당금 수령을 기피하게 하여 체당금의 지급을 통하여 근로자의 생활안정에 이바지하고자 하는 임금채권보장법의 취지를 몰각시키게 된다고 하였다.

보증기금으로부터 일부 채권에 대한 대위변제를 받고 그 채권과 함께 이를 담보하는 근저당권의 일부를 신용보증기금에게 양도하면서 신용보증기금과 사이에 명시적으로, 위 근저당권이 담보하는 채권자의 잔존채권이 있으면 양도한 근저당권에서 채권자가 우선하여 그 채권을 회수할 수 있다는 취지의 약정을 하였다면 변제충당의 순서에 관한 신용보증약관의 규정을 이유로 채권자와 신용보증기금 사이의 위와 같은 약정의 효력을 부인할 수는 없다고 하면서도,[105] 다만 일부 대위변제자와 채권자 사이에 변제의 순위에 관하여 따로 약정을 한 경우에는 그 약정에 따라 변제의 순위가 정해지고, 일부 대위변제자의 채무자에 대한 구상채권에 대하여 보증한 자가 자신의 보증채무를 변제함으로써 일부 대위변제자를 다시 대위하게 되었다 하더라도 그것만으로 채권자의 채무자에 대한 권리가 아니라 채권자와 일부 대위변제자 사이의 약정에 지나지 않는 '우선회수특약'에 따른 권리까지 당연히 대위하거나 이전받게 된다고 볼 수는 없다고 하였다.[106]

또한 판례는 리스보증보험계약과 관련하여 일반적으로 리스계약에 있어서는 리스물건의 소유권이 리스회사에게 유보되는 것 자체가 리스이용자의 리스회사에 대한 계약상의 채무 이행을 담보하는 기능을 가지고 있어 리스물건의 변환물이라고 할 수 있는 리스물건에 관한 리스회사의 보험금청구권 역시 그와 같은 담보적 기능을 가지고 있는데, 리스이용자의 계약상 채무불이행으로 인한 손해의 보상을 목적으로 한 리스보증보험은 보험금액의 한도 내에서 리스이용자의 채무불이행으로 인한 손해를 담보하는 것으로서 보증에 갈음하는 기능을 가지고 있어 보험자의 보상책임은 본질적으로 보증책임과 같으므로, 그 보증성에 터잡아 보험금을 지급한 리스보증보험의 보험자는 변제자대위의 법리에 따라 피보험자인 리스회사가 리스이용자에 대하여 가지는 채권 및 그 담보에 관한 권리를 대위하여 행사할 수 있고, 변제자대위에서 말하는 '담보에 관한 권리'에는 질권, 저당권이나 보증인에 대한 권리 등과 같이 전형적인 물적·인적 담보뿐만 아니라, 채권자와 채무자 사이에 채무의 이행을 확보하기 위한 특약이 있는 경우에 그 특약에 기하여 채권자가 가지게 되는 권리도 포함된다고 하였다.[107]

도산절차에서는 변제자대위와 도산과 관련하여 원채권이 대여원리금반환채권이면 도

---

105) 대법원 1998.9.8. 선고 97다53663 판결(공1998, 2404).

106) 대법원 2010.4.8. 선고 2009다80460 판결(공2010상, 863)은 변제로 채권자를 대위하는 경우 '채권 및 그 담보에 관한 권리'가 변제자에게 이전될 뿐 계약당사자의 지위가 이전되는 것은 아니라는 점, 변제로 채권자를 대위하는 자가 구상권 범위에서 행사할 수 있는 '채권 및 그 담보에 관한 권리'에는 채권자와 채무자 사이에 채무의 이행을 확보하기 위한 특약이 있는 경우 그 특약에 기하여 채권자가 가지게 되는 권리도 포함되나, 채권자와 일부 대위변제자 사이의 약정에 지나지 않는 변제의 순위에 관한 별도 약정(우선회수특약)이 '채권 및 그 담보에 관한 권리'에 포함된다고 보기는 어렵다는 점을 근거로 들었다.

107) 대법원 1997.11.14. 선고 95다11009 판결(공1997, 3783).

산채권이므로 어쨌든 도산채권으로 취급하는데에는 별 문제가 없지만, 문제가 되는 것은 원채권이 정책적인 이유로 재단채권이나 공익채권이 된 조세채권이나 임금채권의 경우이다. 당해 채권이 양도된 경우나 보증인 등이 변제를 하고 변제자 대위에 의하여 당해 채권을 취득한 경우 등 원래 우대를 받는 주체와 다른 주체가 채권자가 된 경우에 재단채권이나 공익채권으로 권리행사를 할 수 있는가 하는 것이 문제가 되는 것이다. 구상권과 변제자 대위권은 원본, 변제기, 이자, 지연손해금의 유무 등에 있어서 내용이 다른 별개의 권리로서, 물상보증인은 고유의 구상권을 행사하든 대위하여 채권자의 권리를 행사하든 자유이며, 다만 채권자를 대위하는 경우에는 민법 제482조 제1항에 의하여 고유의 구상권의 범위에서 채권 및 그 담보에 관한 권리를 행사할 수 있는 것이어서, 변제자 대위권은 고유의 구상권의 효력을 확보하는 역할을 한다고 설명된다.[108]

　판례는 납세의무자가 납세의무를 이행하지 아니하여 납세보증보험이 보험금을 지급한 경우에 관하여 보험자는 공익채권인 교통세를 대위변제함으로써 세무서장이 가지고 있던 교통세에 대한 종전의 권리가 동일성을 유지한 채 보험자에게 이전되며, 채무를 변제할 이익이 있는 자가 채무를 대위변제한 경우에 통상 채무자에 대하여 구상권을 가짐과 동시에 민법 제481조에 의하여 채권자를 대위하나, 위 구상권과 변제자 대위권은 그 원본, 변제기, 이자, 지연손해금의 유무 등에 있어서 그 내용이 다른 별개의 권리이므로, 대위변제자와 채무자 사이에 구상금에 관한 지연손해금 약정이 있더라도 이 약정은 구상금을 청구하는 경우에 적용될 뿐, 변제자대위권을 행사하는 경우에는 적용될 수 없다고 하였고,[109] 상법 제682조에 의한 보험자 대위의 경우 피보험자 등의 제3자에 대한 권리는 동일

---

108) 대법원 1997.5.30. 선고 97다1556 판결(공1977, 2011), 同旨 대법원 2015.11.12. 선고 2013다214970 판결(공2015하, 1872).

109) 대법원 2009.2.26. 선고 2005다32418 판결(공2009상, 523)은 납세보증보험은 보험금액의 한도 안에서 보험계약자가 보증 대상 납세의무를 납기 내에 이행하지 아니함으로써 피보험자가 입게 되는 손해를 담보하는 보증보험으로서 보증에 갈음하는 기능을 가지고 있어, 보험자의 보상책임을 보증책임과 동일하게 볼 수 있으므로, 납세보증보험의 보험자가 그 보증성에 터잡아 보험금을 지급한 경우에는 변제자대위에 관한 민법 제481조를 유추적용하여 피보험자인 세무서가 보험계약자인 납세의무자에 대하여 가지는 채권을 대위행사할 수 있다는 것을 그 근거로 하였다. 이 판결에 대한 평석으로 임치용, "공익채권의 대위변제자가 파산재단에 대하여 갖는 채권의 성질", 파산법 연구 4, 박영사(2015), 11면 참조. 그러나 대법원 1990.2.9. 선고 89다카21965 판결(공1990, 726)은 보험자대위에 관한 상법 제682조의 규정을 둔 이유는 피보험자가 보험자로부터 보험금액을 지급받은 후에도 제3자에 대한 청구권을 보유, 행사하게 하는 것은 피보험자에게 손해의 전보를 넘어서 오히려 이득을 주게 되는 결과가 되어 손해보험제도의 원칙에 반하게 되고 또 배상의무자인 제3자가 피보험자의 보험금수령으로 인하여 그 책임을 면하게 하는 것도 불합리하므로 이를 제거하여 보험자에게 그 이익을 귀속시키려는 데 있고 이와 같은 보험자대위의 규정은 타인을 위한 손해보험계약에도 그 적용이 있고, 타인을 위한 손해보험계약은 타인의 이익을 위한 계약으로서 그 타인(피보험계약자)의 이익이 보험의 목적이 되는 것이지 여기에 당연히(특약없이) 보험계약자의 보험이익이 포함되거나 예정되어 있는 것은 아니므로 피보험이익의 주체는 그 타인이 되는 것이고 보험계약자가 되는 것은 아니므로 이러한 보험계약자는

성을 잃지 않고 그대로 보험자에게 이전되는 것이므로, 피보험자 등이 취득하는 채권이
비면책채권에 해당하는지 여부는 피보험자 등이 제3자에 대하여 가지는 채권 자체를 기준
으로 판단하여야 한다고 하였으며,[110] 근로복지공단이 구 임금채권보장법에 따라 근로자
에게 최우선변제권이 있는 임금과 퇴직금 중 일부를 체당금으로 지급하고 그에 해당하는
근로자의 임금 등 채권을 배당절차에서 대위행사하는 경우, 근로복지공단이 대위하는 채
권과 체당금을 지급받지 아니한 다른 근로자의 최우선변제권이 있는 임금 등 채권 사이의
배당순위는 같다고 하였다.[111] 비면책채권의 대위에 관하여는 후에 다시 상술한다.

한편 회생채권인 조세채권을 대위변제한 납세보증보험자는 회생채권을 신고하여 회
생절차에 참가하여야 하는데, 이 경우 납세보증보험자를 어떻게 취급할 것인가에 대하여
는 의론이 있다. 이에 대하여는 회생채권인 조세채권도 원칙적으로 회생채권으로 분류되
는 이상 납세보증보험자가 대위행사하는 채권은 기본적으로 회생채권이나, 변제자대위에
의해 조세채권의 우선권이 이전되므로 일반적인 회생채권보다는 우선하는 것으로 보아야
한다는 견해가 유력하다.[112]

일본에서는 종래 실무상 근로채권의 경우에는 대위변제자도 재단채권자로서 권리행
사를 할 수 있는 것으로 취급하여 왔는데(사용자 파산의 경우에 독립행정법인인 노동자건강복
지기구가 재단채권 또는 우선적 파산채권이 되는 근로자의 임금을 체당지급한 경우 동 기구는 근로
자의 채권을 대위취득하여 재단채권자나 우선적 파산채권자로서 권리행사할 수 있는 것이 종전의
일본의 도산처리 실무이다), 이에 반하여 하급심 판례는 조세채권의 경우에는 보증인이 변제
에 의한 대위에 의하여 재단채권인 조세채권을 취득한 경우에 조세채권으로서의 우선적인
효력을 인정할 이유는 없고, 그 구상권과 원채권 모두 파산채권이라고 하였고,[113] 또한 민

비록 보험자와의 사이에서는 계약당사자이고 약정된 보험료를 지급할 의무자이지만 그 지위의 성격
과 보험자대위 규정의 취지에 비추어 보면 보험자대위에 있어서 보험계약자와 보험계약자 아닌 제3
자와를 구별하여 취급하여야 할 법률상의 이유는 없는 것이며 따라서 타인을 위한 손해보험계약자가
당연히 제3자의 범주에서 제외되는 것은 아니라고 보아야 할 것이다(대법원 1989.4.25. 선고 87다카
1669 판결 참조)라고 하였다.
110) 대법원 2009.5.28. 선고 2009다3470 판결(공2009하, 1011)[백선89].
111) 대법원 2015.11.27. 선고 2014다208378 판결(미간행).
112) 그 밖에 변제자대위의 법리에 따라 원래의 조세채권을 그대로 이전받는 이상 회생절차에서 조세채
권에 부여된 특칙을 그대로 적용하여 조세채권과 완전히 동일하게 보아야 한다는 견해, 납세보증보
험자가 사인(私人)인 이상 공법적 법률관계가 적용될 수 없고, 변제자대위로 행사할 수 있는 권리도
기본적으로 금전이행청구권이므로 우선권 없는 일반 회생채권과 동일하게 보아야 한다는 견해 등이
있다. 상세는 권성수, "조세채권을 대위변제한 납세보증보험자의 회생절차상 지위", 사법 21호, 사법
발전재단(2012), 267면 참조.
113) 일본법제상 일반의 우선권이 인정되는 조세채권에 관한 日東京高判平成17.6.30金判1220호2면, 倒産
判例 インデックス 제3판 59[百選A10](일본의 구 파산법 하의 사안이다), 日東京地判平成17.4.15判時
1912호70면, 日東京地判平成27.11.26金法2046호86면 모두 조세채권의 대위를 부정하였다. 그 논거의
상세한 분석에 관하여는 野村剛司 외 1인, "倒産法講義", 日本加除出版株式會社(2022), 100면 참조.

사재생절차에 있어서 일반우선권있는 조세채권에 대하여 체당지급을 한 자가 가지는 체당금반환청구권은 공익성은 없고, 일반우선채권이 되는 것도 아니라고 하였다.[114] 그리하여 노동채권에 관하여도 대위변제자에게는 노동자의 보호라고 하는 사정은 타당하지 않고, 민법상 일반선취특권에 관한 수반성이 없다고 하는 견해도 있었다. 그러나 일본최고재판소 판례는 파산절차에서 제3자가 임금채권을 근로자들에게 대위변제한 경우(파산에서 독립기구가 재단채권인 임금채권을 체당한 사안),[115] 제3자가 파산관재인이 미이행 쌍무계약을 해제한 후 원상회복으로 상대방에게 부담하는 금원반환채무를 대위변제한 경우(민사재생에서 선급금반환청구권이 공익채권으로 된 사안)[116] 등에서 일관하여 다른 재단채권이나 공익채권에 관하여도 수반성이 있다고 하였다. 제도의 취지를 일종의 담보로 본 것이다.

다만 변제자대위는 어디까지나 구상권의 확보를 위하여 대위변제된 채권 및 그 담보권을 대위변제자에게 이전시키는 것에 그치고, 법정 담보제도 또는 그와 유사한 것으로 파악할 수는 없으므로 회생계획에 의하여 회생채권인 구상권이 면책되거나 권리가 변경된 경우에 회생계획의 효력을 받지 않는 자의 범위를 정한 채무자회생법 제250조 제2항을 유추적용할 수 없다고 해석한다.[117]

한편 판례는 신고납부방식의 조세채무와 관련된 과세요건이나 조세감면 등에 관한 법령의 규정이 특정 법률관계나 사실관계에 적용되는지가 법리적으로 명확하게 밝혀져 있지 아니한 상태에서 과세관청이 그중 어느 하나의 견해를 취하여 해석·운영하여 왔고 납세의무자가 그 해석에 좇아 과세표준과 세액을 신고·납부하였는데, 나중에 과세관청의 해석이 잘못된 것으로 밝혀졌더라도 그 해석에 상당한 합리적 근거가 있다고 인정되는 한 그에 따른 납세의무자의 신고납부행위는 하자가 명백하다고 할 수 없어 이를 당연무효라고 할 것은 아니라고 하였다.[118]

---

114) 日東京地判平成18.9.12金法1810호125면.

115) 日最判平成23.11.22民集65권8호3165면, 倒産判例 インデックス 제3판 60①[百選48①]은 근로채권에 관하여 파산의 재단채권의 대위를 인정하였는데, 보충의견은 조세채권과 같이 변제에 의한 대위 자체가 채권의 성질상 생기지 않는 경우는 별론이라고 지적하고 있다. 근로채권의 경우는 일반우선채권으로 대위하는 것이 가능하므로 독립행정법인인 「노동자건강복지기구」가 실시하는 미불임금체당지급제도에 의하여 위 기구가 정기임금 및 퇴직수당을 체당지급한 경우 재생채무자등은 위 기구의 구상에 응하여 그 체당금의 전액을 변제하여야 한다(일본 파산법상 파산절차 개시 전의 3개월간의 급료채권만이 재단채권이고, 나머지는 우선적 파산채권이다. 일본파산법 제149조). 또한 日大阪地判平成21.9.4判時2956호103면은 노동자건강복지기구에 의한 노동채권의 체당지급을 하는 것은 공법상 의무이고, 구상권 자체가 공익채권이 된다고 하였다.

116) 日最判平成23.11.24民集65권8호3213면, 倒産判例 インデックス 제3판 60②[百選48②].

117) 강윤구, 전게 논문, 518면 참조.

118) 대법원 2014.1.16. 선고 2012다23382 판결(공2014상, 392) 행정안전부가 '구 회사정리법에서 정한 규정에 따라 제3자 배정 유상증자를 실시하여 법원의 촉탁으로 이루어지는 자본증가 등기 또한 등록세 비과세 대상'이라는 취지의 유권해석을 하여 당초의 유권해석을 변경한 사례이다.

다. 다수당사자 채권관계의 처리

다수당사자가 있는 채권관계에 있어서 채무자의 전부 또는 일부에 관하여 도산절차가 개시되면 여러 가지 복잡한 문제가 발생한다. 이 문제에 관하여는 회생과 파산에 있어서 공통의 규정이 있는 외에, 파산에 관하여 약간의 독자적 규정을 두고 있다.

(1) 다수채무자의 도산과 채권자의 지위

다수채무자의 1인, 수인 또는 전부에 관하여 도산절차가 개시된 때, 채권자는 어떠한 정도로 도산절차에 참가할 수 있는가 하는 문제로서 다음과 같은 경우가 있다.

(가) 분할채무자의 도산

이 경우는 각 채무자는 분할된 액을 각각 독립하여 부담하는 것에 불과하므로 1인 또는 수인의 채무자의 도산절차에 그 분할채무액을 가지고 참가할 수 있고, 하나의 도산절차에서 받은 변제 및 면책·권리변경의 효과가 다른 채무자에 대한 도산절차에 있어서 채권자의 지위에 아무런 영향을 미치지 않는 것은 당연하다.

(나) 다수의 전부의무자의 도산

실체법상 동일한 급부를 목적으로 하여 다수의 채무자가 존재하고, 각 채무자가 각각 급부의 전부에 관하여 급부의무를 부담하는 경우(공동채무관계)에는 채무자 전원 또는 그 중의 수인이 도산한 경우 채권자의 권리행사는 어떻게 되어야 하는가가 문제된다. 각 채무자가 병렬적으로 전부의무를 부담하는 경우와 그 사이에 주종관계가 있는 보증관계의 경우가 있다. 이에 관하여는 회생과 파산에 있어서 공통의 규정이 있다.

1) 일반원칙

다수의 전부의무자가 있는 경우라 함은 불가분채무, 연대채무, 부진정연대채무,[119] 연대보증채무, 어음·수표의 소지인에 대한 발행인, 인수인, 배서인 등이 부담하는 합동채무[120]의 경우 등을 가리킨다. 이들은 병렬적인 전부의무자의 예이고,[121] 주종관계 있는 주채

---

[119] 대법원 2008.6.19. 선고 2005다37154 전원합의체 판결(공2008하, 1028)은 구 건설공제조합법에 따라 건설공제조합이 조합원으로부터 보증수수료를 받고 그 조합원이 다른 조합원 또는 제3자와의 도급계약에 따라 부담하는 하자보수의무를 보증하기로 하는 내용의 보증계약은, 무엇보다 채무자의 신용을 보완함으로써 일반적인 보증계약과 같은 효과를 얻기 위하여 이루어지는 것으로서, 그 계약의 구조와 목적, 기능 등에 비추어 볼 때 그 실질은 의연 보증의 성격을 가진다 할 것이므로, 민법의 보증에 관한 규정, 특히 보증인의 구상권에 관한 민법 제441조 이하의 규정이 준용되고, 따라서 건설공제조합과 주계약상 보증인은 채권자에 대한 관계에서 채무자의 채무이행에 관하여 공동보증인의 관계에 있다고 보아야 할 것이므로, 그들 중 어느 일방이 변제 기타 자기의 출재로 채무를 소멸하게 하였다면 그들 사이에 구상에 관한 특별한 약정이 없다 하더라도 민법 제448조에 의하여 상대방에 대하여 구상권을 행사할 수 있다고 하였다. 다만 반대의견이 있다.

[120] 대법원 1998.3.13. 선고 98다1157 판결(공1998, 1062).

[121] 대법원 2014.8.20. 선고 2012다97420,97437 판결(공2014하, 1791)은 중첩적 채무인수에서 인수인이 채

무자와 보증인에 관하여는 약간의 특수성이 있고, 2)에서 다룬다.

다수의 전부의무자의 전부 또는 일부에 관하여 동시 또는 순차로 회생절차가 개시되
거나 파산선고가 된 때에는 채권자는 각각의 절차개시 당시에 현존하는 채권의 전액을 가
지고 각각의 도산절차에 참가할 수 있고(법126조1항, 428조), 다른 전부의 이행을 할 의무를
지는 자가 회생절차 개시 후에 채권자에 대하여 변제 기타 채무를 소멸시키는 행위를 한
때라도 그 채권의 전액이 소멸한 경우를 제외하고는 그 채권자는 도산절차의 개시시에 가
지는 채권의 전액에 관하여 그 권리를 행사할 수 있다(법126조2항. 명문의 규정은 없으나 파산
에서도 마찬가지로 해석한다).[122] 따라서 채권자가 절차개시 전에 임의로 변제를 받거나 파
산에 의한 배당을 받은 경우에는 이를 공제한 잔액이 파산채권액이 된다(절차개시시 현존액
주의). 예컨대 ABCD 4명의 연대채무가 100만 원의 채무를 부담하는 경우에 A, B에 대하여
동시에 절차가 개시된 때에는 쌍방의 절차에 100만 원의 채권을 가지고 참가할 수 있고,
그 후에 A절차로부터 변제를 받아도 그것이 100만 원 전액을 만족하지 않는 한 B절차에
있어서 채권액은 감액되지 않는다. 그러나 먼저 A에 대하여 절차가 개시되어 회생계획(회
생의 경우)에 따라(또는 법원의 허가를 얻어, 법132조) 10만 원의 변제를 받거나 또는 10만 원
의 배당이 있은(파산의 경우) 단계에서 B에 대한 도산절차가 개시된 때에는 잔액 90만 원만
가지고 B절차에 참가할 수 있다. 그 절차 중 가령 C가 임의로 25만 원을 변제한 때에도 B
절차에 있어서의 채권액은 감액되지 않으나, 그 후에 D에 대하여 도산절차가 개시된 때에
는 65만 원을 가지고 이에 참가할 수 있을 뿐이다.[123] 판례도 파산절차와 회생절차는 별개

무자의 부탁 없이 채권자와의 계약으로 채무를 인수하는 것은 매우 드문 일이므로 채무자와 인수인
은 원칙적으로 주관적 공동관계가 있는 연대채무관계에 있고, 인수인이 채무자의 부탁을 받지 아니
하여 주관적 공동관계가 없는 경우에는 부진정연대관계에 있는 것으로 보아야 하고, 연대채무자가
변제 기타 자기의 출재로 공동면책을 얻은 때에는 다른 연대채무자의 부담부분에 대하여 구상권을
행사할 수 있고 이때 부담부분은 균등한 것으로 추정되나 연대채무자 사이에 부담부분에 관한 특약
이 있거나 특약이 없더라도 채무의 부담과 관련하여 각 채무자의 수익비율이 다르다면 특약 또는 비
율에 따라 부담분이 결정된다고 하였다.
122) 대법원 2003.3.26. 선고 2001다62114 판결(공2003, 901). 同旨 대법원 2002.1.11. 선고 2001다64035 판
결(미간행), 대법원 2002.12.24. 선고 2002다24379 판결(공2003, 443), 대법원 2004.10.15. 선고 2003다
61566 판결(공보불게재), 대법원 2005.1.27. 선고 2004다27143 판결(공2005, 308). 한편 대법원 2019.1.10.
선고 2015다57904 판결(미간행)은 甲 회사가 대주인 乙 은행 및 차주인 丙 회사와 체결한 자금보충
약정에 따른 자금보충의무를 이행하지 아니함으로써 乙 은행이 입은 손해액의 범위가 문제 된 사안
에서, 乙 은행이 대출원리금 채권에 관하여 인적·물적 담보를 보유하고 있더라도, 담보가 실행되어
변제가 현실적으로 이루어지지 아니한 이상 乙 은행의 손해액은 '대출원리금 전액'이 된다고 보아야
하고, 甲 회사의 회생절차 개시 후에 乙 은행의 丙 회사에 대한 대출원리금 채권 전액이 소멸한 경우
가 아닌 이상 회생채권인 乙 은행의 甲 회사에 대한 손해배상채권액의 확정에 아무런 영향을 미치지
못하는데도, 乙 은행이 입은 손해액은 '대출원리금에서 乙 은행이 丙 회사와의 대출약정에 따라 취득
한 인적·물적 담보의 실제 담보가치를 공제한 액수'가 된다고 본 원심판단에 법리오해의 위법이 있
다고 하였다.
123) 종래 연대채무자의 파산에 관하여 채권액 전액을 가지고 각 재단의 배당에 참가할 수 있다고 할 때

의 독립한 절차로 봄이 상당하고, 파산절차에서 회생절차로 전환된 경우를 회생절차에서 파산절차로 전환된 경우와 달리 취급한다는 사정만으로 공평·형평의 원칙에 반하는 것으로 단정하기도 어려우므로, 채권자가 주채무자에 대한 회생절차개시 전에 보증인에 대한 정리절차에서 출자전환을 받아 소멸한 채권액은 주채무자에 대한 회생절차에서 행사할 수 없다고 한 원심의 판단이 정당하다고 한 사례가 있다.[124]

이와 같이 각 도산절차 개시 당시의 현존액에 의하므로 한 채무자에 대한 회생절차에서 회생계획이 인가되어 일정한 변제가 되어야 할 것으로 결정됨에 불과한 때에는 전액을 가지고 다른 절차에 참가할 수 있다. 또 회생계획에 의한 면책이나 권리변경, 파산면책은 다른 채무자에 영향을 미치지 아니하므로(법250조, 567조), 그에 불구하고 전액으로 다른 절차에 참가할 수 있다. 절차 개시 당시의 현존액으로 참가한 이상은 도중에 다른 절차 또는 타인으로부터 받은 임의변제에 의하여 현실의 채권액이 감소하여도 당해 절차상으로는 당초 그대로의 액을 유지할 수 있으나, 감액이 상계에 의하여 생기고, 상계적상이 절차개시 전에 있었을 때에는 감액의 효력은 소급하는 것이므로 그 한도에서 채권액이 감액되는 것으로 해석한다. 이 경우 및 전액의 변제를 받은 경우에는 채권신고의 취하 또는 변경의 신고를 할 수 있고, 또는 직권조사·확정절차에 있어서 이의사유가 된다. 단일 내지 복수의 도산절차를 통하여 채권전액을 초과하는 변제가 되기에 이른 때에는 초과분은 최후의 절차와의 관계에서 부당이득(채권자에 고의·과실이 있으면 손해배상)이 된다. 판례는 정리채권자로 확정된 어음소지인이 어음배서인에 대한 약속어음금청구소송에서 승소한다고 하여 이중으로 권리를 취득하게 된다고 할 수는 없고 또 어음소지인이 정리채권 신고기간 이후에 배서인에 대한 약속어음금청구소송을 제기하였다고 하여 신의칙에 반한다고 볼 수도 없다고 판시하였다.[125] 다만 일본의 판례는 절차개시시 현존액주의와 초과배당과의 관계에 관하여 파산채권자가 파산절차개시 후에 물상보증인으로부터 채권 일부의 변제를 받은 경우에 파산절차 개시시의 채권액으로서 확정된 것을 기초로 한 배당액이 실체법상의 채권잔액을 초과하는 때에는 초과부분은 해당 채권에 배당할 수 있다고 하였으나,[126] 그 후 해당 물상보증인은 초과배당을 받은 파산채권자를 상대로 부당이득 반환을 청구하여 인용

그 전액이 그 때 그 때의 전액을 의미하는가 또는 파산선고 시의 전액을 의미하는가는 명백하지 않았었다. 채무자회생법 제428조는 이것이 후자임을 명백히 함과 동시에 전부의무자 일반의 파산으로 확대한 점에 의의가 있다. 그러나 이 원칙에 의하면 차례차례 하나의 절차로부터 변제를 받은 후에 다른 절차가 개시되면 뒤의 절차에서는 반드시 공제되어 채권자에 불리하게 된다. 외국의 입법례에서는 항상 당초의 채권액을 가지고 모든 절차에 참가할 수 있도록 하는 것, 임의의 일부변제는 공제하나 배당에 의한 변제는 공제하지 않는 것 등이 있다. 우리나라 방식은 독일 및 일본을 따른 것이지만 입법론으로서는 문제가 있다.

124) 대법원 2009.11.12. 선고 2009다47739 판결(공2009하, 2084).
125) 대법원 1998.3.13. 선고 98다1157 판결(공1998, 1062).
126) 日最決平成29.9.12民集71권7호1073면[百選47].

되었다.127)

2) 보증인의 도산

보증인의 의무는 보충적이고, 최고 및 검색의 항변권(민428조, 437조)을 가지지만, 보증인 도산의 경우는 채권자는 이러한 항변에 대하여 대항할 수 있게 되고, 보증인에 대한 절차개시 당시의 채권전액을 가지고 절차에 참가할 수 있다(법127조, 429조). 채권자가 파산선고시의 전액에 관하여 권리행사를 할 수 있는 것은 보증인이 전부의무자인 점(법428조)으로부터도 도출되는 것이다. 따라서 보증인도 전부의무자이므로 위 원칙의 결과 주채무자와 보증인의 관계에서는 위 1)에서 기술한 일반원칙이 그대로 적용된다.

따라서 판례는 보험계약자인 채무자의 채무불이행으로 인하여 채권자가 입게 되는 손해의 전보를 보험자가 인수하는 것을 내용으로 하는 보증보험계약은 손해보험으로, 형식적으로는 채무자의 채무불이행을 보험사고로 하는 보험계약이나 실질적으로는 보증의 성격을 가지고 보증계약과 같은 효과를 목적으로 하므로, 민법의 보증에 관한 규정, 특히 민법 제441조 이하에서 정한 보증인의 구상권에 관한 규정이 보증보험계약에도 적용되고, 민법 제446조의 규정은 같은 법 제445조 제1항의 규정을 전제로 하는 것이어서 같은 법 제445조 제1항의 사전 통지를 하지 아니한 수탁보증인까지 보호하는 취지의 규정은 아니므로, 수탁보증에 있어서 주채무자가 면책행위를 하고도 그 사실을 보증인에게 통지하지 아니하고 있던 중에 보증인도 사전 통지를 하지 아니한 채 이중의 면책행위를 한 경우에는 보증인은 주채무자에 대하여 민법 제446조에 의하여 자기의 면책행위의 유효를 주장할 수 없다고 봄이 상당하고 따라서 이 경우에는 이중변제의 기본 원칙으로 돌아가 먼저 이루어진 주채무자의 면책행위가 유효하고 나중에 이루어진 보증인의 면책행위는 무효로 보아야 하므로 보증인은 민법 제446조에 기하여 주채무자에게 구상권을 행사할 수 없다고 하였고,128) 수급인이 도급계약에 따라 도급인에 관하여 부담하는 선급금 반환채무의 이행을 보증한 보증보험자와 주계약상 보증인은 채권자인 도급인에 대한 관계에서 채무자인 수급인의 선급금 반환채무 이행에 관하여 공동보증인의 관계에 있다고 보아야 하므로, 그들 중 어느 일방이 변제 기타 자기의 출재로 채무를 소멸하게 하였다면 그들 사이에 구상에 관한 특별한 약정이 없더라도 민법 제448조에 의하여 상대방에 대하여 구상권을 행사할 수 있다고 하였다.129)

---

127) 日大阪高判令和元.8.29金法2129호.66면.

128) 대법원 1997. 10. 10. 선고 95다46265 판결(공1997, 3380).

129) 대법원 2012.5.24. 선고 2011다109586 판결(공2012하, 1117)은 선급금 반환의무는 수급인의 채무불이행에 따른 계약해제로 인하여 발생하는 원상회복의무의 일종이고, 보증인은 특별한 사정이 없는 한 채무자가 채무불이행으로 인하여 부담하여야 할 손해배상채무와 원상회복의무에 관하여도 보증책임을 지므로, 민간공사 도급계약에서 수급인의 보증인은 특별한 사정이 없다면 선급금 반환의무에 대하여도 보증책임을 지고 민간공사 도급계약 연대보증인의 보증책임은 각종 보증서의 구비 여부, 도

한편 공동수급체 구성원이 개별적으로 출자비율에 따른 하자보수보증보험계약을 체결한 경우 피보험자인 도급인으로부터 하자보수를 요구받은 보험계약자가 이행기간 내에 의무를 이행하지 아니하면 그때 보험사고와 이에 근거한 재산상 손해가 발생하여 보험자는 피보험자인 도급인에 대하여 보험금지급의무를 부담하는데, 이러한 상태에서 연대채무를 부담하는 다른 공동수급체 구성원의 면책행위에 의하여 보험계약자의 주계약상 채무가 소멸한 경우, 면책행위를 한 다른 공동수급체 구성원은 민법 제425조 제1항에 따라 자신과 연대하여 하자보수의무를 부담하는 보험계약자의 부담부분에 대하여 구상권을 행사할 수 있으며, 보증보험은 형식적으로는 보험계약자의 채무불이행을 보험사고로 하는 보험계약이지만 실질적으로는 보증의 성격을 가지고 보증계약과 같은 효과를 목적으로 하는 것이므로 민법의 보증에 관한 규정이 준용될 뿐만 아니라, 구상권의 범위 내에서 법률상 당연히 변제자에게 이전되는 채권자의 담보에 관한 권리에는 질권, 저당권이나 보증인에 대한 권리 등과 같이 전형적인 물적·인적 담보는 물론, 채권자와 채무자 사이에 채무의 이행을 확보하기 위한 특약이 있는 경우에 그 특약에 기하여 채권자가 가지는 권리도 포함되므로, 면책행위를 한 다른 공동수급체 구성원은 하자보수를 요구받은 보험계약자에게 구상권을 행사할 수 있는 범위에서 민법 제481조에 따라 채권자인 도급인의 담보에 관한 권리인 하자보수보증보험계약에 따른 보험금청구권을 대위행사할 수 있다고 하였으며,[130)]

급계약의 내용, 보증 경위 등을 참작하여 개별적으로 구체적인 사안에 따라 법률행위의 해석에 의하여 판단되어야 하지만, 특별한 약정이 없다면 수급인의 책임과 마찬가지로 금전채무보증과 시공보증을 포함한다고 보아야 한다고 하였고, 보증보험회사인 甲 회사가 아파트 건설공사 원사업인 乙 회사로부터 일부 공사를 도급받은 丙 회사와 피보험자를 乙 회사로 하는 내용의 선급금 보증보험계약을 체결하였는데, 이후 丙 회사 부도로 공사가 중단되자 乙 회사에 보험금을 지급한 다음 도급계약서에 수급인의 보증인으로 기명·날인한 丁 회사를 상대로 구상권을 행사한 사안에서, 丁 회사가 선급금 부분에 대하여 책임이 없다는 등의 단서 조항 없이 도급계약서에 수급인의 보증인으로 기명·날인한 점, 丙 회사가 乙 회사에 부담하는 채무는 상행위 채무여서 보증인이 연대하여 변제할 책임이 있는 점 등에 비추어 丁 회사는 선급금 반환채무까지 포함하여 연대보증한 것으로 보아야 하고, 甲 회사와 丁 회사는 선급금 반환채무에 관하여 공동보증인 관계에 있으므로 甲 회사가 丁 회사에 구상권을 행사할 수 있다고 보아야 하는데도, 이와 달리 본 원심판결에 건설공사도급계약에서 연대보증인의 책임에 관한 법리오해의 위법이 있다고 한 사례이다.

130) 대법원 2015.3.26. 선고 2012다25432 판결(공2015상, 610)은 공동이행방식의 공동수급체는 민법상 조합의 성질을 가지는데, 조합의 채무는 조합원의 채무로서 특별한 사정이 없는 한 조합채권자는 각 조합원에 대하여 지분의 비율에 따라 또는 균일적으로 권리를 행사할 수 있지만, 조합채무가 조합원 전원을 위하여 상행위가 되는 행위로 인하여 부담하게 된 것이라면 상법 제57조 제1항을 적용하여 조합원들의 연대책임을 인정함이 상당하므로, 공동수급체의 구성원들이 상인인 경우 공사도급계약에 따라 도급인에게 하자보수를 이행할 의무는 구성원 전원의 상행위에 의하여 부담한 채무로서 공동수급체의 구성원들은 연대하여 도급인에게 하자보수를 이행할 의무가 있고, 보험금청구권의 소멸시효 기산점은 특별한 사정이 없는 한 보험사고가 발생한 때이고, 하자보수보증보험계약의 보험사고는 보험계약자가 하자담보 책임기간 내에 발생한 하자에 대한 보수 또는 보완청구를 받고도 이를 이행하지 아니한 것을 의미하므로, 이 경우 보험금청구권의 소멸시효는 늦어도 보험기간의 종기부터 진행한다고 하였다.

또한 연대보증인이 주채무자의 채무 중 일정 범위에 대하여 보증을 한 경우에 주채무자가 일부변제를 하면, 특별한 사정이 없는 한 일부변제금은 주채무자의 채무 전부를 대상으로 변제충당의 일반원칙에 따라 충당되고, 연대보증인은 변제충당 후 남은 주채무자의 채무 중 보증한 범위 내의 것에 대하여 보증책임을 부담한다고 하였다.131)

판례 중에는 보증채무자에 대한 파산절차에서 배당금이 파산절차 개시 전 이자 및 원금의 일부로 확정되어 지급되었다면 주채무자에 대한 회사정리절차에서도 그 일부 원금 변제의 효력이 그대로 유지되므로, 파산채권자 겸 회사정리채권자는 파산절차에서 배당된 일부 원금액을 회사정리절차에서 민법이 정한 변제충당에 따라 당시까지 발생한 이자에 우선 충당된다고 주장할 수 없다고 한 사례가 있고,132) 나아가 외화채권이 주채무자에 대한 파산절차에서는 파산선고 전일의 환율로 원화채권으로 환산되어 채권신고, 채권조사 및 확정, 배당절차가 진행된 반면, 보증채무자에 대한 회사정리절차에서는 외화채권 그대로 정리절차가 진행된 경우, 위와 같이 주채무자의 파산절차에서의 배당으로 인한 원금 충당의 효과를 보증채무자에 대한 회사정리절차에 적용하기 위하여 충당된 금원을 외화채권으로 환산함에 있어 적용할 환율은 외화채권의 파산선고시 평가액 산정에 적용한 환율인 파산선고 전일의 환율이라고 봄이 상당하다고 한 사례도 있다.133)

회생절차에서는 채권의 현재화는 행하여지지 않으므로(법425조 참조), 보증인에 관하여 회생절차가 개시되고, 채권자가 보증채권을 가지고 절차에 참가할 수 있다고 하여도 주된 채무가 기한미도래이면 보증채무만 기한이 도래하는 것은 아니다.

여럿의 보증인이 분별의 이익(민439조)을 가지지 않고 채무의 일부에 관하여 보증을 한 때에는(보증연대, 민448조1항 또는 복수의 연대보증인의 경우) 그 일부에 관하여 위 원칙 및

---

131) 대법원 2016.8.25. 선고 2016다2840 판결(공2016하, 1427). 同旨 대법원 2023.5.18. 선고 2019다227190 판결(공2023하, 1062)은 甲 회사가, 乙 보험회사와 丙 회사가 체결한 이행보증보험계약에 따라 丙 회사가 乙 회사에 대하여 부담하게 될 구상금채무를 연대보증하였고, 甲 회사에 대하여 회생절차가 개시되자 乙 회사는 甲 회사에 대한 '장래 구상채권액 전액'을 회생채권으로 신고하였으며, 회생절차에서 구상채무가 확정되면 확정된 금액의 63%를 출자전환하고 37%를 현금 변제하는 내용의 회생계획이 인가되었는데, 그 후 乙 회사가 피보험자에 보험금을 지급한 후 주채무자인 丙 회사에 대한 담보권을 실행하여 채권 일부를 회수한 사안에서, 회생절차개시 이후 주채무자의 변제 등으로 채권금액이 일부 소멸하였더라도 채권자는 회생절차개시 당시의 채권 전액에 관하여 권리를 행사할 수 있는 바, 乙 회사는 최초 성립한 구상금채무 전액의 권리를 행사할 수 있으므로, 최초 성립한 구상금채무를 기준으로 甲 회사의 현금 변제액 및 출자전환액을 산정한 후 주채무자의 변제 등으로 소멸하고 남은 금액을 한도로 甲 회사의 변제의무 범위를 판단하여야 하는데도, 최초 성립한 구상금채무에서 회생절차개시 이후 주채무자의 변제 등 금액을 공제한 나머지를 기준으로 甲 회사의 현금 변제액 및 출자전환액을 산정한 원심판단에 법리오해 등의 잘못이 있다고 한 사례이다.
132) 대법원 2009.5.14. 선고 2008다40052,40069 판결(미간행). 同旨 대법원 2013.2.14. 선고 2010다87429 판결(미간행).
133) 대법원 2013.2.14. 선고 2010다87429 판결(미간행). 채무자회생법 제426조 참조.

1)에서 기술한 일반원칙이 적용된다(법130조, 431조). 즉 ABC가 100만 원의 주채무 중 60만 원을 분별의 이익 없이 보증한 경우 우선 A에 대하여 절차가 개시된 때에는 60만 원을 가지고 이에 참가할 수 있고, 배당을 받기 전에 B에 대하여도 절차가 개시되면 그에 대하여도 60만 원을 가지고 참가할 수 있다. 그러나 AB절차로부터 합계 20만 원의 변제를 받고 그 후 C에 대하여 개시된 때에는 40만 원으로만 참가할 수 있다. 또 주채무자에 대하여도 절차가 개시된 때에는 100만 원을 가지고 참가할 수 있는 것은 당연하나, 여기서의 변제는 보증되지 않은 40만 원에 먼저 충당되고, 40만 원을 초과하는 변제가 있는 때에만 ABC에의 참가에 영향을 끼친다고 해석한다. 이에 반하여 여럿의 보증인이 분별의 이익을 갖는 때에는 채권자는 각각의 보증액에 관하여 각 보증인에 대한 도산절차에 참가할 수 있음에 불과하다. 주채무자에 대한 절차로부터 이미 변제를 받은 후에 보증인에 대한 절차가 개시된 때에도 그 변제액은 보증인의 보증액을 초과하는 부분에 충당된다고 해석한다.

　판례 중에는 채권자가 원리금의 상환기일로부터 3개월 이내에 보증채무의 이행을 청구하지 아니하면 보증채무가 소멸한다는 내용의 특약이 있는 지급보증부 회사채가 발행되었는데 그 상환기일이 도래하고 나서 보증채무자가 파산하였다면, 채권자는 보증채무에 관하여 파산법원에 채권신고를 하여 파산재단에 참가함으로써 보증채무의 이행을 청구할 수 있다 할 것이므로, 채권자가 3개월 내에 그러한 채권신고를 하지 않으면 위 특약에 따라 보증채무가 소멸하게 되고, 비록 구 파산법이 파산의 특수성을 고려하여 일반채권과 다르게 그 행사방법 및 행사의 상대방 등에 관하여 규정하고 있다고 하더라도 이러한 사정만으로 파산선고에 의하여 위 특약이 배제되거나 실효된다고 할 수 없다고 한 사례가 있다.[134]

　한편 채무자 회사가 발행한 회사채의 수탁보증인인 증권회사의 파산관재인이 주채무자 회사의 정리절차에서 사전구상금을 수령한 경우 채권자에게 위 금원에 대한 인도청구권이 발생하는지 여부가 문제된 사안에서 대법원은 사전구상금을 수령한 수탁보증인으로서는 채무자와의 보증위탁계약에 따라 선량한 관리자의 주의의무로써 사전구상금을 주채무자의 면책을 위하여 사용하면 되는 것이지 주채무자로부터 수령한 사전구상금 자체를 채권자들에게 인도할 의무가 있는 것은 아니고, 나아가 채권자 역시 보증계약에 의하여 수탁보증인에게 보증채무의 이행을 청구할 수 있는 것일 뿐, 수탁보증인의 사전구상금 수령과 함께 수탁보증인에게 그 인도를 구할 권리가 발생하는 것은 아니므로 수탁보증인이 사전구상금을 수령함으로써 수탁보증인과 주채무자 사이에 채권자인 제3자를 위한 계약이 성립된 것으로 볼 수는 없다고 하였음은 전술하였다.[135]

---

134) 대법원 2006.4.28. 선고 2004다70260 판결(공2006, 917).
135) 대법원 2005.7.14. 선고 2004다6948 판결(공보불게재).

(다) 파산에 있어서의 특칙

(나)에서 본 바에 관하여는 회생 및 파산에 공통의 규정이 있고, 또 이는 해석상 모든 도산절차에 적용된다고 해석하여야 할 원칙이지만, 파산에 특유한 약간의 규정이 있다.

1) 인적회사의 특칙

합명회사 및 합자회사의 무한책임사원과 같이 법인의 채권자에 대하여 무한책임을 부담하는 자에 관하여 파산선고가 있은 때에는 법인의 채권자는 그 당시의 채권의 전액에 관하여 파산재단에 대하여 파산채권자로서 그 권리를 행사할 수 있다(법432조). 무한책임 사원은 그 책임이 보충적인 점에서 보증인에 유사하므로(상212조), 보증인 파산의 경우와 같이 취급하려는 취지이다. 이에 반하여 유한책임을 부담하는데 불과한 자가 파산한 경우에는 간접책임인 경우는 물론 직접책임인 경우(상279조)에도 법인의 채권자는 이에 참가할 수 없고, 법인이 파산채권자로서 출자청구권을 가지고 참가할 수 있음에 그친다(법433조). 법률관계를 단순화하기 위한 것이다.

2) 상속의 특칙

상속이 개시된 경우에는 한정승인, 재산분리, 상속재산의 파산 등의 제도와의 관계에 있어서 책임재산이 분리되어 상속채권자 및 상속인의 채권자에게 복수의 채무자가 있는 경우와 유사한 문제가 생긴다. 원래 상속인이나 상속재산에 대한 파산선고는 한정승인 또는 재산분리에 영향을 미치지 아니한다(법346조 본문). 따라서 파산선고를 전후하여 한정승인 또는 재산분리를 신청할 수 있는데, 다만, 파산취소 또는 파산폐지의 결정이 확정되거나 파산종결의 결정이 있을 때까지 그 절차를 중지한다(법346조 단서).

① 상속인의 파산의 경우

ㄱ) 상속인이 파산선고를 받은 후 상속이 개시된 경우에는 피상속인의 적극재산은 상속인인 채무자의 신득재산이 되고, 소극재산은 파산선고 후 발생한 채무가 된다. 상속인이 단순승인 후 파산선고를 받은 때에는 상속채권자 및 유증을 받은 자는 항상 그 채권의 전액을 가지고 절차에 참가할 수 있다(법434조). 그러나 재산분리가 있는 경우 및 재산분리가 없어도 상속재산에 대한 파산신청기간(법300조) 내의 신청에 의하여 상속인에 대한 파산선고가 있은 때에는 상속인의 채권자의 채권은 그 고유재산에 대하여 상속채권자 및 유증을 받은 자의 채권에 우선하고, 상속채권자 및 수유자의 채권은 상속재산에 대하여 상속인의 채권자의 채권에 우선한다(민1052조, 법444조).

ㄴ) 상속인이 한정승인을 한 때(그 시기를 묻지 않는다) 또는 파산선고 전에 채무자를 위하여 개시한 상속에 관하여 채무자가 파산선고 후 단순승인 또는 상속을 포기함으로써 한정승인으로 취급되는 경우(법385조, 386조)에는 상속채권자 및 유증을 받은 자는 절차에 참가할 수는 있으나, 상속인의 고유재산으로부터는 배당받을 수 없다(법436조).

② 상속재산 파산의 경우

상속재산에 파산선고가 있는 경우 피상속인이 상속인에 대하여 가지는 권리와 상속인이 피상속인에 대하여 가지는 권리는 소멸하지 아니한다(법389조2항). 또한 상속재산에 대하여 파산선고가 있는 때에는 상속인은 민법 제1026조 제3호에 의하여 상속인이 단순승인한 것으로 보는 때(상속인이 한정승인 또는 포기를 한 후에 상속재산을 은닉하거나 부정소비하거나 고의로 재산목록에 기입하지 아니한 때)를 제외하고는 한정승인한 것으로 보는 것(법389호3항)은 전술하였다. 상속인은 그 피상속인에 대한 채권 및 피상속인의 채무소멸을 위하여 한 출연에 관하여 상속채권자와 동일한 권리를 가진다(법437조).

상속인의 채권자는 이에 참가할 수 없음은 전술하였다(법438조). 또한 상속채권자는 유증을 받은 자에 우선한다(법443조). 상속재산의 파산에 대하여 한정승인과 같은 효과를 부여하는 입법례도 있으나(독일민법 제195조에 의하면 상속재산에 대한 파산이 개시된 때에는 상속채무에 대한 상속인의 책임은 상속재산에 한정된다는 취지를 규정하고 있다), 우리의 상속재산 파산제도는 이를 채용하고 있지 아니하므로 그와 같은 명문의 규정이 없는 이상, 상속재산 파산에는 한정승인의 효과는 없고, 상속인은 상속포기 또는 한정승인을 하지 않으면 자신의 고유재산에 의한 변제의 책임을 부담한다.[136] 상속발생시에 채무가 상속인에게 승계되고, 또한 법인인 상속재산의 파산에는 면책이 이루어지지 않으므로 상속인은 별도로 상속포기를 할 필요가 있다.

상속재산에 대하여 파산선고가 있는 때에는 최후의 배당으로부터 제외된 상속채권자와 유증을 받은 자는 잔여재산에 관하여 그 권리를 행사할 수 있다(법537조).

③ 상속인·상속재산 쌍방파산의 경우

상속인이 단순승인을 한 경우에는 상속인의 고유채권자는 상속채권자와 유증을 받은 자는 그 채권의 전액을 가지고 쌍방의 절차에 참가할 수 있다(법435조). 다만 상속인의 파산재단에 관하여는 상속인의 채권자가 상속채권자 등에 우선한다(법445조). 채권액의 기준시는 각 파산절차의 파산선고시이다.

또 파산선고를 받은 상속인이 한정승인을 한 경우 또는 한정승인의 효력을 가지는 경우(법385조, 386조1항), 상속채권자와 유증을 받은 자는 상속인의 고유재산으로부터 배당을 받을 수 없고(법436조), 상속인의 고유재산에 관하여는 상속인의 채권자가 파산채권자로서 권리를 행사할 수 있을 뿐이다. 상속재산에 대한 파산재단에 대하여는 상속채권자와 유증을 받은 자가 파산채권자로서 권리를 행사한다(법438조).

3) 조합원의 파산

민법상의 조합에 관하여 파산능력을 인정할 것인가는 별론으로 하고, 그 구성원인 조

---

136) 日大阪高判昭和63.7.29民集41권2호86면, 倒産判例 インデックス 제3판 43[百選A9].

합원이 파산한 경우 조합채권자가 파산채권자인가가 문제된다. 조합원은 조합채무에 관하여 책임을 부담하므로 적극적으로 해석한다. 다만 조합원의 책임은 분할채무가 되는 것이므로 파산채권의 액도 조합에 대한 채권액 그 자체는 아니고, 손실분담의 비율 또는 균분에 의한 액이 된다. 또한 채권액의 기준시는 파산선고 시의 분할채무액이라고 해석한다.

동업계약과 같은 조합계약에 있어서는 조합의 해산청구를 하거나 조합으로부터 탈퇴를 하거나 또는 다른 조합원을 제명할 수 있을 뿐, 일반계약에 있어서처럼 조합계약을 해제 또는 해지하고 상대방에게 그로 인한 원상회복의 의무를 부담지울 수는 없고, 민법 제716조에 의한 조합의 탈퇴라 함은 특정 조합원이 장래에 향하여 조합원으로서의 지위를 벗어나는 것으로서, 이 경우 조합 자체는 나머지 조합원에 의해 동일성을 유지하며 존속하는 것이므로 결국 탈퇴는 잔존 조합원이 동업사업을 계속 유지·존속함을 전제로 하는 것인 반면, 민법 제720조에 의한 조합의 해산청구는 조합이 소멸하기 위하여 그의 목적인 사업을 수행하기 위한 적극적인 활동을 중지하고, 조합재산을 정리하는 단계에 들어가는 것으로서 조합 당사자 간의 불화·대립으로 인하여 신뢰관계가 깨어지고 특정조합원의 탈퇴나 제명으로도 조합업무의 원활한 운영을 기대할 수 없게 된 상황에서 특정조합원이 다른 조합원에게 해지통고를 한 것이라면 이는 조합의 소멸을 동반하는 조합의 해산청구로 볼 수 있다.[137]

종래 리스회사와 종합금융주식회사가 공동리스 약정을 체결한 후 종합금융주식회사가 리스료를 수령하여 오다가 파산한 사례들이 있었다. 이 경우 리스회사 측에서는 리스료 분배를 청구하면서 공동리스약정은 조합계약이므로, 종합금융주식회사가 파산선고를 받아 위 조합에서 당연 탈퇴함으로써 위 조합관계는 종료되었고, 따라서 리스물건 및 리스료는 파산선고 이전에는 합유에 속하고 파산선고 후에는 남은 조합원인 리스회사의 단독 소유에 속하는데, 리스료의 수령을 종합금융주식회사가 맡은 결과 리스료가 파산재단에 섞여 들어가게 된 것이므로, 파산한 종합금융주식회사는 리스회사의 출자비율에 해당하는 금원을 부당이득으로 인한 재단채권으로 우선 변제하여야 한다고 주장하였었다. 이에 대하여 대법원은 공동리스약정에서 종합금융회사가 단독으로 리스계약서 등 리스계약과 관련한 모든 채권서류를 징구·보관 및 관리하고, 리스물건의 구입과 관련한 검수와 대금지급, 리스료 수납 등을 포함한 사후관리 등의 업무를 담당하며, 리스료 등 채권을 회수하기 위한 모든 권한을 단독으로 행사하기로 하였고, 제3자와 리스계약을 단독으로 체결한 점 등에 비추어, 동업관계는 내부적 관계에서만 적용될 뿐 대외적으로는 종합금융주식

---

137) 대법원 2015.6.11. 선고 2013다29714,29721 판결(미간행). 또한 대법원 1994.5.13. 선고 94다7157 판결(공1994, 1685), 대법원 1996.3.26. 선고 94다46268 판결(공1996상 1367), 대법원 1997.5.30. 선고 95다4957 판결(공1997하, 1987), 대법원 1997.11.15. 선고 2007다48370, 48387 판결(미간행).

회사만이 권리를 취득하고 채무를 부담하는 것이어서 종합금융회사가 받은 리스료는 대외적으로 그 단독소유에 속하므로 리스료분배청구권은 재단채권이 될 수 없다고 하였다.[138]

(2) 다수채무자의 일부의 도산과 다른 채무자의 지위

(가) 도산절차가 다른 채무자에 미치는 효과

1) 도산절차 개시 등이 미치는 효과

① 실체법상의 효과

주채무자에 대한 도산절차의 개시에 의하여 보증인은 최고 및 검색의 항변권을 잃는다고 해석한다. 주된 채무자가 가지는 항변권 중 동시이행의 항변권은 원용할 수 있다고 해석하나, 상계권의 원용(민434조)은 도산채권자의 손실이 되면서 보증인에 이득이 되는 것이 되고, 권리변경 등의 상대효(相對效)의 원칙과의 균형상 부정되어야 한다. 주된 채무자에 대한 도산절차 개시 신청에 의한 시효중단(파산신청에 관하여 통설은 긍정한다. 회생에 관하여도 같다) 또는 도산절차에의 참가에 의한 시효중단(민171조, 법32조)은 보증인에 대하여도 효력이 있다(민440조). 파산에 있어서의 채권의 현재화, 금전화(법425조)의 효과도 다른 의무자에게 효과를 미치지 않는다.[139]

② 절차상의 효과

도산절차의 개시 전의 처분에 의하여 채무자에 대한 각종의 절차가 중지되고 또 도산절차가 개시되면 당연히 중지·실효되나, 이와 같은 효과는 보증인을 포함하여 다른 전부의무자에 미치는 것은 아니다. 따라서 납세자에 대하여 회생절차가 개시되어도 보증인과 유사한 지위에 있는 제2차 납세의무자에 대한 체납처분이 이로써 허용되지 않게 되는 것은 아니다(법58조3항 참조).[140]

2) 권리변경 등이 미치는 효과

회생계획(법250조2항)에 의한 일부면제 및 권리변경, 파산에 있어서의 면책의 효과(법567조)는 채권자가 보증인 기타 채무자와 함께 채무를 부담하는 자에 대하여 가지는 권리 및 채무자를 위하여 제공된 담보에 영향을 미치지 않는다(민430조, 419조, 417조 참조). 채무자인 법인이 파산, 청산에 의하여 소멸한 경우에도 마찬가지이다.[141] 채무자와 함께 채무를 부담하는 자는 전술한 전부의무자 이외에 제2차 납세의무자(국세기본법38조) 및 중첩적 채무인수를 한 자[142]도 포함한다. 회생채권의 신고를 게을리 하여 실권한 경우의 효과에

---

138) 대법원 2004.2.27. 선고 2001다52759 판결(공2004, 516).
139) 대법원 2006.4.28. 선고 2004다70260 판결(공2006, 917).
140) 日最判昭和43.7.16民集24권7호1047면.
141) 日大判大正11.7.17民集1권460면.
142) 日最判昭和45.6.10民集24권6호499면, 倒産判例 インデックス 제3판 149.

관하여도 마찬가지이고, 채무자가 회사인 경우 그 임원이 회사 채무에 관하여 보증 내지 중첩적 채무인수를 한 때에도 같다.

3) 부인의 효과

부인에 의한 상대방채권과 보증채무 등의 부활에 관하여는 후술한다.

(나) 구상의무자에 대한 도산절차 참가

민법은 주된 채무자가 파산선고를 받은 경우에 채권자가 그 파산절차에 참가하지 않으면 보증인은 장래의 구상권을 가지고 스스로 참가할 수 있다는 취지의 규정을 두고 있다(민442조1항2호).[143] 이는 나중에 채권자에게 변제하고 나서 구상권자로서 파산채권 신고를 하여도 이미 절차가 종료되어 배당을 받을 수 없거나 면책의 효과가 발생하여 버리는 수가 있기 때문이다. 변제에 의한 대위 또는 대위변제는 제3자 또는 공동채무자의 한 사람이 채무자 또는 다른 공동채무자에 대하여 가지는 구상권의 실현을 확보하는 것을 목적으로 하는 제도이므로, 구상권이 없으면 대위는 성립하지 않는 것이고, 위와 같은 구상권 발생의 근거로는 먼저 불가분채무자, 연대채무자, 보증인, 물상보증인, 담보물의 제3취득자, 후순위 담보권자가 구상권을 가짐은 민법의 개별적 규정에 의하여 분명하고, 제3자가 채무자의 부탁으로 채무자를 위하여 변제하는 경우에는 민법 제688조 소정의 위임사무처리비용의 상환청구권에 의하여, 제3자가 사무관리에 의하여 채무자를 위하여 변제하는 경우에는 민법 제739조 소정의 사무관리비용의 상환청구권에 의하여 구상권을 취득하는 수가 있을 수 있다.[144]

---

143) 대법원 1997.10.10. 선고 95다46265 판결(공1997, 3380)은 보험계약자인 채무자의 채무불이행으로 인하여 채권자가 입게 되는 손해의 전보를 보험자가 인수하는 것을 내용으로 하는 보증보험계약은 손해보험으로, 형식적으로는 채무자의 채무불이행을 보험사고로 하는 보험계약이나 실질적으로는 보증의 성격을 가지고 보증계약과 같은 효과를 목적으로 하므로, 민법의 보증에 관한 규정, 특히 민법 제441조 이하에서 정한 보증인의 구상권에 관한 규정이 보증보험계약에도 적용된다고 하였다.

144) 대법원 1994.12.9. 선고 94다38106 판결(공1995, 455)은 甲 회사의 대표이사가 乙 회사의 대표이사와의 사이에 서로 상대방의 자금융통의 편의를 위하여 필요할 때마다 원인관계 없이 각 자기회사 명의의 약속어음을 발행하여 상대방이 이를 할인하여 쓰도록 교부하여 주되 그 각 약속어음에 대하여는 이를 할인하여 쓴 측에서 책임지고 결제하기로 하는 약정에 따라 乙 회사 대표이사에게 빌려준 약속어음을 丙이 乙 회사 대표이사의 지시에 따라 상호신용금고로부터 할인함에 있어, 상호신용금고가 어음할인대상자를 금고의 계부금회원으로 제한하고 있고 어음할인시에는 일반 대출서류 이외에 의뢰인이 배서한 어음과 어음거래용 약정서를 각 징구하는 관계상 乙 회사의 제1 배서에 이어 그 약속어음의 제2 배서인이 된 사안에서, 甲 회사가 상호신용금고에게 약속어음금을 지급한 것은 그 약속어음의 발행인으로서 자신의 채무를 변제한 것에 불과하고, 丙은 甲 회사에 대한 관계에서 약속어음의 발행인과 배서인의 관계에 지나지 않으므로, 발행인인 甲 회사가 약속어음금을 지급하였다고 하여도 배서인인 丙에게 그 구상을 청구할 수는 없음이 분명하고, 丙과 상호신용금고와의 어음할인대출금 채무관계에 있어서는 丙이 채무자일 뿐 甲은 그 주채무자나 공동채무자 또는 보증인의 지위에 있는 것도 아니므로, 甲 회사의 상호신용금고에 대한 약속어음금의 지급으로 인하여 丙의 상호신용금고에 대한 대출금채무가 소멸하는 결과가 되었더라도 甲 회사가 丙과의 관계에 있어서 그 변제금의 상환청구권을 갖는다고 할 수는 없고 달리 甲 회사에게 丙에 대하여 구상권을 행사할 수 있음을

이러한 이치는 다른 전부의무자 상호간의 구상관계에 있어서도, 또 다른 절차에 있어서도 마찬가지이므로 일반의 구상의무자에 관하여 도산절차가 개시된 때에는 채권자가 스스로 그 절차에 참가하지 않는 한, 장래의 구상권을 가지고 절차에 참가할 수 있다(법126조 3항, 430조1항, 또한 427조2항 참조). 즉 채무자회생법 제430조는 채권자가 파산절차에 적극적으로 참가하지 않는 경우에 발생할 수 있는 보증인 등 전부의무자를 보호하기 위하여 그들로 하여금 장래의 구상권을 파산채권으로 신고할 수 있도록 한 것이다.[145] 채권자가 도산채권자로서 권리행사를 하고 있는 때에는 장래의 구상권의 행사는 허용되지 않는다. 채권자가 채권전액에 관하여 채권의 신고를 하고 있는 상태에서 장래의 구상권자도 그 전액에 관하여 도산채권자가 된다고 한다면 다른 도산채권자와의 관계에 있어서는 채무자에 대한 1개의 채권에 관하여 2중의 권리행사를 인정한 결과가 되기 때문이다.

채권자가 회생절차에 참가하여 전부의무자가 회생절차에 참가할 수 없는 경우에는 전부의무자는 채무자회생법 제126조 제4항에 따라 채권 전액이 소멸해야만 비로소 구상권의 범위 안에서 채권자가 가진 권리를 행사할 수 있다. 이 경우 보증인이 가지는 것은 구상권(민441조, 444조) 및 변제에 의한 대위에 의하여 취득한 원채권이고, 어느 것의 행사든 가능하지만, 원채권은 어디까지나 구상권의 확보를 위하여 존재하는 것으로서 구상권과는 주종관계에 있는 것이고, 하나의 변제는 다른 쪽도 소멸시킨다.[146]

다만 이 경우 판례는 수탁보증인이 민법 제442조에 의하여 사전청구권으로 파산채권 신고를 하는 경우 그 사전구상권의 범위에는 채무의 원본과 이미 발생한 이자 및 지연손해금, 피할 수 없는 비용 기타의 손해액이 이에 포함될 뿐, 채무의 원본에 대한 장래 도래할 이행기까지의 이자는 사전구상권의 범위에 포함될 수 없지만, 이 또한 채무자회생법 제430조 제1항에 의한 장래의 구상권으로써 파산채권신고의 대상이 될 수 있으나, 수탁보증인의 구상금채권은 채권자가 채권신고를 하여 파산절차에서 인정받을 수 있는 파산채권의 범위를 초과하여 인정받을 수는 없다고 함이 상당하므로 수탁보증인이 파산선고 후의 이자채권에 대한 구상금채권을 사전구상권(이미 이행기가 도래한 것) 또는 장래의 구상권(앞으로 이행기가 도래할 것)으로 채권신고를 한 경우에도 그 이자채권은 파산채권이기는 하나 후순위 파산채권에 해당한다고 하였고,[147] 마찬가지로 구 회사정리법 제110조 제1항(법126

인정할 만한 근거를 찾아볼 수 없다고 한 사례이다.

145) 대법원 2006.1.27. 선고 2005다19378 판결(공2006, 329)은 부진정연대채무의 관계에 있는 복수의 책임주체 내부관계에 있어서는 형평의 원칙상 일정한 부담 부분이 있을 수 있으며, 그 부담 부분은 각자의 고의 및 과실의 정도에 따라 정하여지는 것으로서 부진정연대채무자 중 1인이 자기의 부담 부분 이상을 변제하여 공동의 면책을 얻게 하였을 때에는 다른 부진정연대채무자에게 그 부담 부분의 비율에 따라 구상권을 행사할 수 있다고 하였다.

146) 日最判昭和60.1.22判時1148호111면.

147) 대법원 2002.6.11. 선고 2001다25504 판결(공2002, 1615).

조3항에 대응) 본문의 규정은 다수당사자의 정리채권 중 특히 장래의 구상권에 관한 것으로서 사전구상권의 근거가 민법 또는 개별약정에 따른 것이라고 하여 그 적용이 배제되는 것은 아니며, 사전구상금 채권이 사후구상금 채권과는 별개의 독립된 권리라고는 하더라도 구 회사정리법 제110조 제1항의 규정 취지와 회사정리절차의 특수성상 주채권자와 사전구상권을 취득한 보증인 중 누가 채권신고를 하였는지에 따라 정리채권으로서의 인정 여부 및 일반 정리채권과 후순위 정리채권의 인정 여부가 달라진다면 이는 다른 정리채권자의 이익을 해하고 그들의 지위를 불안정하게 만들 우려가 있어 불합리하다는 점에 비추어 볼 때, 보증인의 사전구상금 채권이 원금의 성격을 가지는 것인지 아니면 이자의 성격을 가지는 것인지는 주채권자의 권리를 기준으로 판단할 것이므로, 주채권자의 권리가 이자인 이상 보증인의 사전구상금 채권 역시 이자로 취급하여야 한다고 하였다.148)

부탁없는 보증인의 구상권에 관하여는 다른 문제가 있다. 주채무자의 부탁없이 도산절차 개시 전에 보증인이 된 자가 절차 개시 후에 변제 등을 한 경우의 구상권(민444조)에 관하여는 도산채권이 될 수 있는가 하는 점이 논의가 된다. 일본의 판례가 이를 긍정하고 있음은 전술하였다.149)

그리고 채권자가 스스로 참가한 경우에 구상권을 가지는 의무자가 채권자에게 변제한 때에는 그 변제의 비율에 따라 채권자의 권리를 취득한다(법430조2항. 법 126조 4항은 그 구상권의 범위 내에서 채권자가 가진 권리를 행사할 수 있다는 표현을 쓰고 있으나 마찬가지로 해석한다). 예컨대 보증인이 보증채무를 전액 변제하고 주채무자의 파산절차에서 파산채권의 신고명의를 변경한 경우가 이에 해당한다.150) 다만 「절차개시시현존액주의」에 기초한 통설·판례에 의하면 일부변제를 한 것에 불과한 때에는 채권자의 참가액은 감액되는 것은 아니므로(법126조1항, 428조),151) 구상권자는 일부변제를 하면 그 비율에 상응하여 채권자의

---

148) 대법원 2002.5.10. 선고 2001다65519 판결(공2002, 1365).

149) 日大阪地判平城20.10.31判タ1292호294면, 日大阪高判平成21.5.27日金法1878호46면.

150) 日最判平成7.3.23民集49권3호984면.

151) 대법원 2001.6.29. 선고 2001다24938 판결(공2001, 1742)은 여럿이 각각 전부의 이행을 할 의무를 지는 경우에 그 1인에 관하여 회사정리절차가 개시되고, 채권자가 채권의 전액에 관하여 정리채권자로서 권리를 행사한 때에는, 정리회사에 대하여 장래의 구상권을 가진 자는 정리채권자로서 권리를 행사할 수 없게 되지만, 장래의 구상권자가 훗날 채권 전액을 대위변제한 경우에는 구 회사정리법 제128조에서 정하는 신고명의의 변경을 함으로써 채권자의 권리를 대위 행사할 수 있다고 할 것이고, 다만 채권의 일부에 대하여 대위변제가 있는 때에는 채권자만이 정리절차개시 당시 가진 채권의 전액에 관하여 정리채권자로서 권리를 행사할 수 있을 뿐, 채권의 일부에 대하여 대위변제를 한 구상권자가 자신이 변제한 가액에 비례하여 채권자와 함께 정리채권자로서 권리를 행사하게 되는 것이 아니라고 하였다. 또한 대법원 2009.9.24. 선고 2008다64942 판결(공2009하, 1738), 대법원 2015.4.23. 선고 2011다109388 판결(공2015상, 719)[백선33], 대전지법 2001.4.19. 선고 2000가합9363 판결(하집 2001-1, 497) 참조, 同旨 日最判昭和62.6.2民集41권4호769면, 倒産判例 ガイド 제2판 232면[新百選51] (수인의 전부의무자 중 일부가 구법상의 화의개시결정을 받은 사안), 日最判昭和62.7.2金法1178호37

권리를 취득하는 것이 아니라 채권자에게 전액을 변제하든지 또는 일부변제와 도산절차에
의한 변제로 채권자가 전부의 만족을 얻은 경우에 한하여, 말하자면 보충적으로 절차로부
터 변제를 받을 수 있는데 불과하다고 해석되고 있다(이 입장에서는 「변제의 비율에 따라」라
고 하는 것은 채권이 전부 소멸하였으나 그것이 여럿인 구상권자가 일부씩 변제한 경우에 관한 규
정이라고 하게 된다).[152] 실체법상으로는 보증인의 변제 등에 의하여 변제에 의한 대위가 생
기고, 구상권의 범위에서 채권자의 채권(원채권)은 대위 변제를 한 보증인에게 이전하지만
(민480조, 481조), 파산절차에서는 채권자의 채권이 전부 소멸하지 않는 한, 그 이전은 고려
되지 않고, 실체법상 변제에 의한 대위에 의하여 보증인이 취득한 원채권의 부분에 대응
하는 배당은 채권자에게 하게 된다(법428조). 평상시의 일부 보증의 경우(민483조) 대위변제
자는 권리행사는 채권자와 함께 할 수 있으나, 배당·변제에 있어서는 채권자보다 후순위
이라는 것이 판례의 입장이다(「채권자우선주의」, 「채권자우선배분설」이라고 한다).[153] 이 경우
에 채권자의 우선변제권은 피담보채권액을 한도로 특별한 사정이 없는 한 자기가 보유하
고 있는 잔존 채권액 전액에 미치고, 이러한 법리는 채권자와 후순위권리자 사이에서도
마찬가지이므로 근저당권의 실행으로 인한 배당절차에서도 채권자는 특별한 사정이 없는
한 자기가 보유하고 있는 잔존 채권액 및 피담보채권액의 한도에서 후순위권리자에 우선
해서 배당받을 수 있다.[154]

　　따라서 변제할 정당한 이익이 있는 사람이 채무자를 위하여 근저당권 피담보채무의
일부를 대위변제한 경우에는 대위변제자는 근저당권 일부 이전의 부기등기 경료 여부에
관계없이 변제한 가액 범위 내에서 채권자가 가지고 있던 채권 및 담보에 관한 권리를 법
률상 당연히 취득한다. 이 경우에도 채권자는 일부 대위변제자에 대하여 우선변제권을 가
지는 것이라 하겠으나, 보증인이 변제 기타의 출재로 주채무를 소멸하게 하는 등의 사유
로 주채무자에 대하여 가지게 되는 구상권은 변제자가 갖는 고유의 권리로서 대위의 객체
가 된 권리와는 별개라 할 것이어서 당사자 사이에 다른 약정이 있다는 등의 특정한 사정

면, 倒産判例 ガイド 제2판 234면 참조.

152) 대법원 2002.1.11. 선고 2001다11659 판결(공2002, 456)은 정리회사에 대하여 장래의 구상권을 가지
는 자는 구상채권 전액에 관하여 정리절차에 참가하여 정리채권자로서의 권리를 행사할 수 있으나,
채권자가 정리절차개시 당시의 채권 전부에 관하여 정리채권으로 신고한 경우에는 장래의 구상권을
가지는 자는 정리채권자로서의 권리를 행사할 수 없게 되는 것이고, 그가 채권자의 정리채권 신고
이후에 채권자에 대하여 대위변제를 한 경우에는 채권자의 정리채권이 그 동일성을 유지하면서 구
상권자에게 그 변제의 비율에 따라 이전될 뿐이며, 신고기간 경과 후에 대위변제를 함으로써 구상금
채권이 발생하였다고 하더라도 구상권자가 대위변제액과 채권자의 정리채권 신고액과의 차액에 대
하여 회사정리법 제127조 제2항에 의한 추완 신고를 할 수 없으며, 같은 법조 제4항에 의하여 신고
된 정리채권 중 이자를 원금으로 변경하는 신고도 허용되지 아니한다고 하였다.

153) 대법원 1988.9.27. 선고 88다카1797 판결(공2088, 1333), 同旨 日最判昭和60.5.23民集39권4호390면. 다
만 위 일본 판결이 채권자우선주의를 확실히 한 것인가에 관하여는 이론이 있다.

154) 대법원 2004.6.25. 선고 2001다2426 판결(공2004, 1216).

이 없는 한 일부대위에 관한 위와 같은 법리가 보증인이 행사하는 구상권의 경우에 당연히 그대로 적용되는 것은 아니다.[155] 물론 대여금 채권의 잔액을 대위변제한 자가 채권자로부터 근저당권의 일부를 양도받아 채권자를 대위하게 된 경우, 채권자의 채무자에 대한 담보권 외에 일부 대위변제자에 대한 우선변제특약에 따른 권리까지 당연히 대위하거나 이전받는다고 볼 수는 없다.[156] 또한 근저당 거래관계가 계속 중인 경우 즉, 근저당권의 피담보채권이 확정되기 전에 그 채권의 일부를 양도하거나 대위변제한 경우 근저당권이 양수인이나 대위변제자에게 이전할 여지는 없으나, 그 근저당권에 의하여 담보되는 피담보채권이 확정되게 되면, 그 피담보채권액이 그 근저당권의 채권최고액을 초과하지 않는 한 그 근저당권 내지 그 실행으로 인한 경락대금에 대한 권리 중 그 피담보채권액을 담보하고 남는 부분은 저당권의 일부이전의 부기등기의 경료 여부와 관계없이 대위변제자에게 법률상 당연히 이전된다.[157]

한편 여럿이 시기를 달리하여 채권의 일부씩을 대위변제한 경우 그들은 각 일부 대위

155) 대법원 1995.3.3. 선고 94다33514 판결(공1995, 1561)은 원피고 사이의 근저당권일부이전 약정이 피고가 일부 대위변제자로서 원고로부터 취득한 일부 근저당권에 기하여 채무자의 책임 재산으로부터 변제받게 될 경우에 원고의 우선적인 지위를 인정한다는 취지일 뿐 피고가 그 고유의 권리로서 행사하는 구상권의 경우에도 원고의 우선적 지위를 인정하는 취지라고 확장해석할 수는 없다고 한 사례이다.

156) 대법원 2001.1.19. 선고 2000다37319 판결(공2001, 511)은 아울러 채권의 일부에 대하여 대위변제가 있는 때에는 대위자는 민법 제483조 제1항에 의하여 그 변제한 가액에 비례하여 채권자의 권리를 행사할 수 있으므로, 수인이 시기를 달리하여 채권의 일부씩을 대위변제하고 근저당권 일부이전의 부기등기를 각 경료한 경우 그들은 각 일부대위자로서 그 변제한 가액에 비례하여 근저당권을 준공유하고 있다고 보아야 하고, 그 근저당권을 실행하여 배당함에 있어서는 다른 특별한 사정이 없는 한 각 변제채권액에 비례하여 안분배당하여야 한다고 하였다.

157) 대법원 2002.7.26. 선고 2001다53929 판결(공2002, 2040)은 신용보증약관에서, 신용보증사고 발생 이후의 회수금은 채권자의 보증부대출 이외의 채권, 보증부대출채권순으로 충당되는데, 여기서 '보증부대출 이외의 채권'이라 함은 채무자가 채권자에 대하여 주된 채무자로서 부담하는 채무를 말하고 제3자를 위하여 부담하는 보증채무 등은 포함되지 아니하며, 채권자가 위와 같은 변제충당의 순서에 위반할 경우에는 신용보증인은 그 신용보증채무의 일부 또는 전부에 대하여 책임을 지지 않는다는 취지로 규정되어 있는 경우, 위와 같은 신용보증약관의 규정은 근저당권 등 담보권의 실행에 의한 회수금의 경우에도 적용된다고 보아야 할 것이므로, 은행과 신용보증기금 사이에 신용보증계약을 체결함에 있어 위와 같이 약정하였을 경우 위 약정 중 신용보증부대출 채권에 우선하여 변제충당되는 '신용보증부대출 채권 이외의 채권'이란 위 약정의 취지에 비추어 볼 때 피보증인이 주채무자인 채권만을 의미할 뿐 피보증인의 타인에 대한 보증으로 인한 채권이나 피보증인이 아닌 타인이 주채무자인 채권 등은 포함되지 않는다고 보아야만 할 것이어서 채권자인 은행이 신용보증약정의 피보증인의 은행에 대한 채무 담보조로 설정한 근저당권 등 담보권을 실행하여 경락대금을 배당받을 경우에 있어서도 그 배당금을 피보증인의 채무에 변제충당함에 있어서는 위 약관이 적용됨을 전제로 대출을 시행한 이상 위 약관 규정에 의하여야 할 것이므로, 신용보증기금과 은행 사이에서 신용보증사고가 발생하여 신용보증기금이 대위변제를 한 경우에 신용피보증인이 별도로 제공한 담보인 근저당권을 실행하여 지급받는 배당금을 변제충당함에 있어서도, 우선 은행이 피보증인에 대하여 가지고 있는 피보증인이 주채무자인 채무에 변제충당한 다음, 나머지 금원이 있는 경우에는 신용보증기금의 대위로 인한 채권의 변제에 충당하고, 그래도 나머지가 있으면 은행이 피보증인에 대하여 가지고 있는 피보증인이 제3자의 채무를 보증한 채무에 변제충당하기로 약정한 것이라고 봄이 타당하다고 하였다.

변제자로서 변제한 가액에 비례하여 근저당권을 준공유하지만, 그 경우에도 채권자는 특별한 사정이 없는 한 채권의 일부씩을 대위변제한 일부 대위변제자들에 대하여 우선변제권을 가지고, 채권자의 우선변제권은 채권최고액을 한도로 자기가 보유하고 있는 잔존 채권액 전액에 미치므로, 결국 근저당권을 실행하여 배당할 때에는 채권자가 자신의 잔존 채권액을 일부 대위변제자들보다 우선하여 배당받고, 일부 대위변제자들은 채권자가 우선 배당받고 남은 한도액을 각 대위변제액에 비례하여 안분 배당받는 것이 원칙이다. 다만 채권자가 어느 일부 대위변제자와 변제 순위나 배당금 충당에 관하여 따로 약정을 한 경우에는 약정에 따라 배당방법이 정해지는데, 이 경우에 채권자와 다른 일부 대위변제자들 사이에 동일한 내용의 약정이 있는 등 특별한 사정이 없는 한 약정의 효력은 약정 당사자에게만 미치므로, 약정 당사자가 아닌 다른 일부 대위변제자가 대위변제액에 비례하여 안분 배당받을 권리를 침해할 수는 없다. 따라서 경매법원으로서는 ① 채권자와 일부 대위변제자들 전부 사이에 변제 순위나 배당금 충당에 관하여 동일한 내용의 약정이 있으면 약정 내용에 따라 배당하고, ② 채권자와 어느 일부 대위변제자 사이에만 그와 같은 약정이 있는 경우에는 먼저 원칙적인 배당방법에 따라 채권자의 근저당권 채권최고액 범위 내에서 채권자에게 그의 잔존 채권액을 우선 배당하고, 나머지 한도액을 일부 대위변제자들에게 각 대위변제액에 비례하여 안분 배당하는 방법으로 배당할 금액을 정한 다음, 약정 당사자인 채권자와 일부 대위변제자 사이에서 약정 내용을 반영하여 배당액을 조정하는 방법으로 배당을 하여야 한다.[158] 파산의 배당에 있어서도 본질이 달라지는 것은 아니다. 나아가 일본의 판례는 대위변제자인 보증인이 위 규정에 의하여 채권자의 권리를 행사하는 것이므로 채권의 승계에 관하여 파산법원에 신고명의 변경신고를 하면 구상권에 관하여도 시효중단의 효력이 미친다고 하였다.[159]

문제는 채권자가 도산절차에 참가하지 않을 때의 사전구상권과 사후구상권의 관계이다. 법 제126조 제1항과 제430조가 사전구상권을 인정하는 것이라고 해석한다면 양자의

---

[158] 대법원 2011.6.10. 선고 2011다9013 판결(공2011하, 1385)은 보증기관인 甲 공사와 乙 기금이 채권자에게 각자의 보증 관련 채무를 대위변제하였는데, 근저당권 실행으로 인한 경매절차에서 채권자가 채권계산서에 자신의 잔존 채권액에 못 미치는 금액만을 우선충당 대상 금액으로 기재하고 나머지 안분배당 대상 금액 중 甲 공사에 대한 안분배당액만을 채권자가 흡수하고, 乙 기금에 대한 안분배당액은 그대로 배당하는 방식으로 배당해 줄 것을 요청하여 경매법원이 甲 공사를 배당에서 제외하는 것으로 배당표를 작성하여 甲 공사가 乙 기금을 상대로 배당이의의 소를 제기한 사안에서, 금융기관인 채권자와 보증기관인 甲 공사 및 乙 기금 사이에 변제 순위나 배당금 충당에 관한 약정이 있는지와 약정의 내용, 채권자가 위와 같은 채권계산서를 작성한 근거 등을 심리하지 아니한 채 만연히 乙 기금이 갑 공사의 배당받을 권리를 침해한 것으로 단정한 원심판결을 파기한 사례이다.

[159] 위 日最判平成7.3.23民集49권3호984면은 이 경우 보증인의 구상권의 소멸시효는 신고명의 변경시부터 파산절차의 종료시까지 중단한다고 하였다. 同旨 日最判平成9.9.9判時1620호63면, 倒産判例 インデックス 제3판 47.

조정의 문제는 생기지 않겠지만, 위 조항들은 어디까지나 장래의 사후구상권의 행사를 규정하고 있는 것이라고 해석하면 부탁을 받은 보증인은 사전구상권과 사후구상권 쌍방에 관하여 도산절차에 참가할 수 있게 된다. 사전구상권의 내용에 관하여는 민법상 의론이 있고, 사후구상권의 내용과 일치하는 것은 아니지만, 실질적으로는 동일성을 가지는 점을 감안하면 사전구상권이 인정되는 취지에서 현재의 청구권으로서 행사를 인정할 것인가 아니면 사후구상권의 귀추가 확정된 때에 그에 흡수된다고 할 것인가에 관하여 조정이 필요하다고 생각된다.160)

　　마찬가지 입장에서 판례는 구 회사정리법하에서 정리채권자가 정리회사의 보증인으로부터 보증채무의 일부변제를 받으면서 채권양도계약서를 작성해 준 경우, 이는 향후 정리채권에 관한 완전한 변제가 이루어졌을 경우 보증인으로 하여금 정리채권자의 채권을 대신 행사할 수 있도록 한다는 의미로 작성된 것에 불과할 뿐, 보증인에 대하여 정리채권에 관한 우선변제권을 부여하거나 혹은 안분하여 정리채권에 관한 권리를 행사할 수 있도록 한다는 의미는 아니라고 하였고,161) 파산선고 후 파산채권자가 다른 채무자로부터 일부 변제를 받거나 다른 채무자에 대한 회사정리절차 내지 파산절차에 참가하여 변제 또는 배당을 받았다 하더라도 그에 의하여 채권자가 채권 전액에 대하여 만족을 얻은 것이 아닌 한 파산채권액에 감소를 가져오는 것은 아니어서, 채권자는 여전히 파산선고시의 채권 전액으로써 계속하여 파산절차에 참가할 수 있고, 채권의 일부에 대한 대위변제를 한 구상권자가 자신이 변제한 가액에 비례하여 채권자와 함께 파산채권자로서 권리를 행사할 수 있는 것은 아니고, 따라서 채무자의 보증인이 파산선고 후 채권자에게 그 보증채무의 일부를 변제하여 그 출재액을 한도로 채무자에 대하여 구상권을 취득하였다 하더라도 채권자가 파산선고시의 채권 전액을 파산채권으로 신고한 이상 보증인으로서는 채무자에 대하여 그 구상권을 파산채권으로 행사할 수 없어 이를 자동채권으로 하여 채무자에 대한 채무와 상계할 수도 없다고 하였다.162)

　　또한 판례는 주채무자에 대해 회생절차가 개시되고 채권자가 그 당시의 채권 전액에 관하여 회생채권자로서 권리를 행사한 경우, 장래의 구상권자인 연대보증인이 연대보증계

---

160) 대법원 1981.10.6. 선고 80다2699 판결(집29권3호, 103면)은 사전구상권이 발생되어 있는 상황에서 보증인이 대위변제를 하여 다시 사후구상권이 발생한 경우 사후구상권의 소멸시효의 기산점에 관하여 양자가 별개의 권리라고 보아 사후구상권의 시효기간은 사전구상권이 발생되어 있었는가 여부와 상관없이 사후구상권 그 자체가 발생되어 이를 행사할 수 있는 때로부터 진행한다고 하였다. 同旨 日最判昭和60.2.12民集39권1호89면.

161) 대법원 2006.4.13. 선고 2005다34643 판결(공2006, 788), 대법원 2006.4.13. 선고 2004다6221 판결(공보불게재).

162) 대법원 2008.8.21. 선고 2007다37752 판결(공2008하, 1274)은 채무자의 보증인이 파산선고 후 보증채무를 전부 이행함으로써 구상권을 취득한 경우에는 그 구상권을 자동채권으로 하여 파산채무자에 대한 채무와 상계할 수 있다고 전제하였다.

약에 따른 채권자의 채권액 전부를 변제하지 않았다면 주채무자에 대해 채권자의 회생절차상 권리를 대위 행사할 수 없고, 이때 연대보증인이 회생계획 인가 후 변제한 금액이 회생계획에 따라 감면되고 남은 주채무자의 채무액을 초과하더라도 연대보증계약에 따른 채권자의 채권액에는 미치지 못한다면 회생절차개시 후에 채권자의 채권액 전부를 변제한 것으로 볼 수 없다고 하였다.[163]

　　채무의 일부에 관하여 보증이 이루어진 일부보증의 경우, 그 보증되어 있는 부분을 대상으로 하여 전부보증에 관한 규율이 타당하다(법103조, 431조). 반면에 채권자가 복수의 도산채권을 가지는 경우에 그 중 1개의 채권에 관하여만 보증이 이루어진 때에는 보증되어 있는 당해 채권을 기준으로 하여 채무자회생법 제126조 및 제430조가 적용된다. 따라서 절차 개시 후에 보증에 관계된 채권의 전액을 변제한 보증인은 보증하지 아니한 채권에 관하여 채권자가 만족을 얻지 못한 경우에도 주채무자의 도산절차에서 권리를 행사할 수 있다. 위와 같은 법리는 물상보증인의 경우에도 준용된다(법126조5항, 430조3항). 따라서 물상보증인의 경우는 채무가 아니라 책임만 부담하므로 담보제공물건이 매각된 경우에는 그 책임의 전부를 부담한 것이 되지만, 채권액의 전부가 변제되지 않은 경우가 아니라면 구상권을 행사할 수 없게 된다.

　　보증인이 채권자가 가지는 복수의 채권에 관하여 보증을 하고, 절차 개시 후에 그 중 일부의 채권에 관하여는 전부 변제를 하였으나, 모든 채권을 소멸시키지는 못한 경우에는 채무자회생법 제126조, 제439조는 채권단위로 적용되어 소멸한 채권에 관하여는 채권자는 권리행사를 할 수 없고, 보증인이 그 권리를 행사할 수 있는 것인가 아니면 그 경우에도 보증대상의 범위에서 위 법조들이 적용되어 채권자는 보증이 이루어진 복수의 채권전부를 기준으로 하여 그 전액이 소멸되지 않는 한 절차개시시의 현존액으로 권리행사를 할 수 있고, 보증인은 소멸한 채권부분을 포함하여 권리행사를 할 수 없게 되는가 하는 문제가 있다. 물상보증인에 있어서도 같은 문제가 있는데, 변제충당에 관하여 판례는 변제충당의 문제는 채무자가 동일한 채권자에 대하여 같은 종류를 목적으로 하는 수개의 채무를 부담한 경우에 발생하는바, 채무가 1개인지 수개인지는 보통 발생 원인에 따라 이를 정하여야

163) 대법원 2021.11.11. 선고 2017다208423 판결(공2022상, 1)은 연대보증인의 변제에도 불구하고 주채무자에 대한 대출원리금 채권 중 연체이자 일부가 여전히 변제되지 않고 남아 있는 점을 지적하였다. 이 판결에 대한 해설로 박민준, "주채무자에 대한 회생계획인가 후 연대보증인의 변제와 현존액 주의", 민사판례연구 XLV, 민사판례연구회(2023), 543면, 김이경, "채무자회생 및 파산에 관한 법률 제126조의 의미", 대법원판례해설 제129호, 법원도서관(2022), 598면 참조. 同旨 대법원 2023.5.18. 선고 2019다227190 판결(공2023하, 1062)은 채무자회생법 제126조 제1항, 제2항은 회생절차개시 후에 다른 전부의무자의 변제 등으로 채권자의 채권 일부가 소멸한 사정을 회생절차에서 채권자의 채권액에 반영하지 않는다는 취지이다. 이로써 채권자가 회생절차개시 당시의 채권 전액으로 권리를 행사하는 것을 인정하여 회생절차에서 채권자가 확실히 채권의 만족을 얻을 수 있도록 채권자를 보호한다고 하였다.

할 것인데, 근저당권에 의하여 담보된 피담보채무가 여러 차례에 걸쳐 대여받은 채무들로
이루어져 있는 경우, 그 피담보채무는 발생 원인을 달리하고 있으므로 수개의 채무라고
보아야 하고, 담보권의 실행 등을 위한 경매에 있어서 배당금이 동일 담보권자가 가지는
수개의 피담보채권의 전부를 소멸시키기에 부족한 경우, 채권자와 채무자 사이에 변제충
당에 관한 합의가 있었다고 하더라도 그 합의에 의한 변제충당은 허용될 수 없고, 이 경우
에는 획일적으로 가장 공평·타당한 충당방법인 민법 제477조의 규정에 의한 법정변제충당
의 방법에 따라 충당을 하여야 하고,[164] 이러한 법정변제충당은 이자 혹은 지연손해금과
원본 간에는 이자 혹은 지연손해금과 원본의 순으로 이루어지고, 원본 상호간에는 그 이행
기의 도래 여부와 도래 시기, 그리고 이율의 고저와 같은 변제이익의 다과에 따라 순차적
으로 이루어지나, 다만 그 이행기나 변제이익의 다과에 있어 아무런 차등이 없을 경우에는
각 원본 채무액에 비례하여 안분하게 되는 것이고,[165] 변제자가 주채무자인 경우, 보증인
이 있는 채무와 보증인이 없는 채무 사이에 전자가 후자에 비하여 변제이익이 더 많다고
볼 근거는 전혀 없으므로 양자는 변제이익의 점에서 차이가 없다고 보아야 하였다.[166]

그러나 일본의 판례는 복수의 피담보채권 중 일부에 관하여 전액변제가 된 경우에는
복수의 피담보채권 전부가 소멸하지 않아도 「그 채권의 전액이 소멸한 경우」에 해당하는

---

164) 대법원 1999.8.24. 선고 99다22281,22298 판결(공1999, 1945)은 법정변제충당을 위한 변제이익은 변제
    자를 기준으로 판단하여야 할 것이고, 채권자가 공동광업권 근저당권에 기한 경락대금을 그 근저당
    권이 담보하는 수개의 채무 중 일부변제조로 배당받아 간 경우, 그 배당금은 공동광업권자들이 합유
    지분 비율에 따라 출재하여 변제한 것으로 보아야 할 것이므로, 위 배당금의 법정변제충당을 위한
    변제이익은 위 수개의 채무에 대하여 공동광업권자별로 따로 판단한 후, 정해진 법정변제충당의 순
    위에 따라 위 배당금 중 공동광업권자 각자의 합유지분 비율에 따른 금원을 각 변제충당하여야 한다
    고 하였다. 同旨 대법원 1996.5.10. 선고 95다55504 판결(공1996, 1818).
165) 대법원 2000.12.8. 선고 2000다51339 판결(공2001, 271)은 한편 경매절차에서 채권자가 착오로 실제 채
    권액보다 적은 금액을 채권계산서에 기재하여 경매법원에 제출함으로써 배당받을 수 있었던 채권액
    을 배당받지 못한 경우, 채권자가 채권계산서를 제대로 작성하였다면 배당을 받을 수 있었는데 이를
    잘못 작성하는 바람에 배당을 받지 못한 금액 중 연대보증인이 연대보증한 채무에 충당되었어야 할
    금액에 대하여는 채권자의 담보 상실, 감소에 관한 민법 제485조를 유추하여 연대보증인으로 하여금
    면책하게 함이 상당하다 할 것이므로, 이와 같은 경우 연대보증인이 채권자에게 부담할 채무액은, 채
    권자가 채권계산서를 제대로 작성하였더라면 배당을 받을 수 있었던 금액을 법정충당의 방법으로 채
    권자의 각 채권에 충당한 다음 연대보증인이 연대보증한 채권 중 회수되지 못한 잔액이 있다면 그 금
    액이 된다고 하였다. 同旨 대법원 1998.7.10. 선고 98다6763 판결(공1988, 2084)은 한편 법정변제충당
    의 순서를 정함에 있어 기준이 되는 이행기나 변제이익에 관한 사항 등은 구체적 사실로서 자백의 대
    상이 될 수 있으나, 법정변제충당의 순서 자체는 법률 규정의 적용에 의하여 정하여지는 법률상의 효
    과여서 그에 관한 진술이 비록 그 진술자에게 불리하더라도 이를 자백이라고 볼 수는 없다고 하였다.
166) 대법원 1997.7.25. 선고 96다52649 판결(공1997, 2676)은 어음행위는 무인행위로서 어음수수의 원인
    관계로부터 분리하여 다루어져야 하고 어음은 원인관계와 상관없이 일정한 어음상의 권리를 표창하
    는 증권이라 할 것인바, 원인채무가 이미 변제된 약속어음을 소지함을 기화로 그 발행인을 상대로
    어음금 청구를 하였다 하더라도 어음행위의 무인성의 법리에 비추어 그 소지인의 어음금 청구가 바
    로 신의성실의 원칙에 어긋나는 것으로서 권리의 남용에 해당한다고 볼 수는 없다고 하였다.

것으로 보아 채권자는 그 권리를 행사할 수 없고, 물상보증인이 구상권을 행사할 수 있다고 해석한다.[167] 또한 파산채권자가 파산선고시에 있어서의 채권의 액으로 확정된 것으로 하여 계산된 배당액이 실체법상의 채권잔액을 초과하는 때에는 당해 채권에 관하여 배당할 수 있다(부당이득은 별론이다).[168]

　여럿이 보증인이 채무의 일부를 보증하는 때에 그 보증하는 부분에 대하여도 채무자회생법 제126조, 127조, 제428조, 제429조, 제430조 제1항, 제2항이 준용되는데(법130조, 431조), 위와 같은 법리에 따라 파산채무자와 함께 부진정연대채무를 부담하는 채무자가 파산채무자에 대한 파산선고 후에 책임범위 내의 채무를 전부 이행하였더라도 그에 의하여 채권자가 채권 전액에 대하여 만족을 얻지 못한 경우, 채권자는 여전히 파산선고 시에 가진 채권 전액에 관하여 파산채권자로서 권리를 행사할 수 있고, 이에 관하여 파산채무자에 대한 파산선고 후에 보증채무를 전부 이행한 일부보증인의 경우에 채권자가 채권 전액에 대하여 만족을 얻지 못하였더라도 예외적으로 변제의 비율에 따라 채권자와 함께 파산채권자로서 권리를 행사할 수 있도록 규정한 채무자회생법 제431조를 유추적용할 수는 없다.[169]

---

167) 日最判平成22.3.16民集64권2호523면, 倒産判例 インデックス 제3판 53①[百選46]은 절차개시시 현존액주의 취지에 따르면 변제 등에 관계된 당해 파산채권에 관하여 파산채권액과 실체법상의 채권액과의 괴리를 인정하는 것이고, 「그 채권의 전액」도 특히 「파산채권자가 가지는 총채권」 등이라고 규정하고 있지 않은 이상 변제 등에 관계된 당해 파산채권의 전액을 의미한다고 하였다. 하급심은 나뉘어 있었는데 채권자가 가지는 복수의 채권에 관하여 보증과 물상보증이 되고, 주채무자와 보증인에 관하여 파산절차가 개시된 후 채무자 소유의 부동산과 물상보증인 소유의 부동산이 임의매각되어 일부의 채권은 전부 만족을 얻었으나, 잔액이 있는 채권이 있는 사안에 관하여 보증인의 파산사건인 日大阪高判平成20.5.30判タ1269호103면은 전액변제된 채권에 관하여 채권자는 권리행사를 할 수 없고, 물상보증인이 그 권리를 행사할 수 있다고 하였으나, 주채무자의 파산사건인 日大阪高判平成20.4.17金法1841호45면은 전부의무자가 약속한 이익이 실현되기에 이르지 못한 1개의 채권의 일부변제와 이익상황은 다르지 않다고 하여 복수채권 전체에 관하여 절차개시시현존액주의가 미쳐서 채권자는 복수채권의 절차개시시의 전액을 권리행사할 수 있고 물상보증인은 절차참가할 수 없다고 하였는데, 일본 최고재판소는 전자의 견해를 취한 것이다. 또한 이 경우 日最判平成22.3.16裁判集民233호205면, 倒産判例 インデックス 제3판 53②는 복수의 채권 전부를 소멸시키는데 부족한 변제를 받은 채권자가 변제를 받은 때로부터 1년 이상 경과한 시기에 변제충당합의에 기하여 처음부터 충당지정권을 행사하는 것은 허용되지 않는다고 하여 파산채권자의 변제충당특약에 기한 충당지정권을 제한하였다. 이 판결에 대한 해설로 伊藤 眞/최정임 역, "일본도산법 판례동향(1), 도산법연구 제1권 제2호, 사단법인 도산법연구회(2010.7.), 186면 참조.

168) 日最決平成29.9.12民集71권7호1073면[百選47]은 파산채권자가 파산절차 개시 후에 물상보증인으로부터 채권의 일부를 변제받은 경우에 파산절차 개시시의 채권액을 기준으로 확정된 것을 기초로 하는 배당액이 실체법상의 채권잔액을 초과하는 때에는 초과부분을 당해 채권에 배당할 수 있다고 하였다. 그 후 물상보증인은 초과배당을 받은 파산채권자에 대하여 부당이득반환을 청구하였는데, 日大阪高判令和元.8.29金法2129호66면은 이를 인용하였음은 전술하였다.

169) 대법원 2021.4.15. 선고 2019다280573 판결(공2021상, 963). 이와 관련하여 대법원 2018.4.10. 선고 2016다252898 판결이 "부진정연대채무는 여러 채무자가 같은 내용의 채무에 대하여 각자 독립하여 채권자에게 전부 이행할 의무를 부담하는 다수당사자의 법률관계로서, 연대채무에 비해서 채권자의 지위가 강화되어 있다. 채권자는 채무자 중 누구에게든지 그 채무 범위 내에서 이행을 청구할 수 있

또한 주채무자가 파산선고를 받은 경우 채권의 전액을 파산채권으로 신고한 채권자는 물상보증인 겸 연대보증인(주채무자회사의 대표이사)으로부터 저당부동산을 임의매각하여 변제를 받았다고 하더라도 채권전액의 만족을 얻지 못한 한 채권전액에 관하여 파산채권으로서 권리를 행사할 수 있다고 본다.170)

다만 구 화의법상의 화의와 관련하여 판례는 화의개시결정 후에 화의채권자의 화의채권 전액이 변제, 면제, 그 밖의 사유로 인하여 소멸한 때에는, 화의채권자에게 대위변제를 한 보증인 등 구상권자가 대위변제한 범위 안에서 화의채권자가 가진 권리를 행사하더라도 그 화의채권자의 권리행사에 장애를 가져오거나 화의절차의 혼란을 초래하는 것이 아니므로, 이러한 경우에는 그 보증인 등 구상권자는 그 화의조건에서 정한 바에 따라 채무자를 상대로 구상권을 행사할 수 있다고 하였다.171) 이상의 원칙은 물상보증인이 가지는 장래의 구상권(민341조, 370조)에 준용된다(법126조5항, 430조3항).172) 다만 물상보증인에게는 사전구상권은 인정되지 않는다.173)

또한 판례는 어느 연대채무자가 자기의 출재로 공동면책이 된 때에는 민법 제425조 제1항에 따라 다른 연대채무자의 부담 부분에 대하여 구상권을 가짐과 동시에 민법 제481조, 제482조 제1항에 따른 변제자대위에 의하여 당연히 채권자를 대위하여 채권자의 채권 및 그 담보에 관한 권리를 행사할 수 있는데, 구상권과 변제자대위권은 원본, 변제기, 이자, 지연손해금의 유무 등에서 내용이 다른 별개의 권리이고, 채무자에 대하여 회생절차가 개시된 경우에 회생채권자가 자신의 구상권을 회생채권으로 신고하지 아니하여 채무자가 구상권에 관하여 책임을 면한다 하더라도 회생채권자가 채무자에 대하여 이행을 강제할

고, 한 채무자에게 생긴 사유는 채권자의 채권 만족에 이른 것으로 볼 수 있는 변제 등과 같은 사유 외에는 다른 채무자에게 효력이 없고, 금액이 서로 다른 채무가 서로 부진정연대 관계에 있을 때 다액채무자가 일부 변제를 하는 경우 그 변제로 먼저 소멸하는 부분은 다액채무자가 단독으로 채무를 부담하는 부분으로 보아야 한다. 이러한 결론이 부진정연대채무자들의 자력, 변제 순서, 이들 사이의 구상관계와 무관하게 채권자에 대한 채무 전액의 지급을 확실히 보장하려는 부진정연대채무 제도의 취지에 부합한다"고 판시한 점도 참고가 된다.

170) 日最判平成13.6.8金法1621호29,31면, 倒産判例 インデックス 제3판 52.

171) 대법원 2009.10.29. 선고 2009다50933 판결(공2009하, 1998)은 채무자가 채무조정합의를 이행함에 따라 채권자가 채무자의 나머지 화의채무를 모두 면제함으로써 화의채권이 모두 소멸한 이상, 보증인으로서 채권자에게 대위변제를 이행한 보증인은 화의조건에서 정한 바에 따라 채무자를 상대로 구상권을 행사할 수 있다고 하면서 보증인이 채권자에 대하여 부담하고 있는 보증채무까지 전부 소멸한 후에만 채무자를 상대로 구상권을 행사할 수 있다고 본 원심을 파기하였다.

172) 日最判平成14.9.24民集56권7호1524면은 파산선고 후에 물상보증인으로부터 일부 변제가 있더라도 파산채권자는 채권 전부의 만족을 얻지 못하는 한 파산선고시의 파산채권 전액에 관하여 파산채권자로서 권리를 행사할 수 있다고 판시하였었는데, 채무자회생법 제430조 제3항은 이를 명문화하였다. 일본 파산법 제104조 제5항도 같은 취지이다. 위 판례와 그에 반대하는 주장의 논리적 근거에 대하여는 山本和彦 외 4인. "倒産法 槪說 제2판", 弘文堂(2013) 170∼171면 참조.

173) 日最判平成2.12.18民集44권9호1686면.

수 없을 뿐 구상권 자체는 그대로 존속하므로, 회생채권자가 민법 제481조, 제482조 제1항의 규정에 의한 변제자대위에 의하여 채권자를 대위하여 채권자의 채권 및 그 담보에 관한 권리를 행사하는 데에는 영향이 없다고 하였다.[174]

채무의 일부에 관하여 분별의 이익을 갖지 않는 수인의 보증인이 있는 경우에는 그 일부에 관하여 주채무자와 보증인, 보증인 상호간에 구상관계가 생긴다. 따라서 구상의무자인 주채무자 또는 일부의 보증인의 도산에 관하여 전술한 원칙(다만 물상보증인에 관한 부분은 제외)이 준용된다(법130조, 431조).

(다) 구상권자에 대하여 도산절차가 개시된 후 구상권자가 사전구상권을 행사하는 경우

구상권자에 대하여 파산이 선고된 후에 구상권자가 사전구상권을 행사하는 경우에는, 구상금채무의 보증인이 사전구상에 응하더라도 특별한 사정이 없는 한 구상권자가 이를 전부 주채무자의 면책을 위하여 사용하는 것은 파산절차의 제약상 기대하기 어려우므로, 파산절차에도 불구하고 구상금이 전액 주채무자의 면책을 위하여 사용될 것이라는 점이 확인되기 전에는 구상금채무의 보증인은 신의칙과 공평의 원칙에 터잡아 민법 제536조 제2항을 유추적용하여 사전구상에 대한 보증채무의 이행을 거절할 수 있다.[175]

참고문헌

김연미, "미국파산법 제510조b항에 따른 권리의 순위-순위결정에 있어서 당사자들의 합의, 파산법원, 학계와 입법부의 역할-" 도산법연구 제3권 제1호, 사단법인 도산법연구회(2012.5.), 39면.

김정만, "도산절차상 현존액주의", 회생과 파산 Vol. 1, 사법발전재단(2012), 271면.

김정만, "도산절차상 현존액주의", 사법논집 제52집, 법원도서관(2011), 107면.

문혜영, "도산절차에서의 보증의 취급", 도산법연구 제13권 제1호, 사단법인 도산법연구회(2023.7.), 155면.

박상구, "도산절차개시시 현존액주의에 관한 고찰", 재판실무연구(5) 도산관계소송, 한국사법행정학회(2009), 166면.

박재완, "현존액주의에 관하여", 법조 제627호, 법조협회(2008.12.), 63면.

---

174) 대법원 2015.11.12. 선고 2013다214970 판결(공2015하, 1872)은 원고, 피고 보조참가인 A건설 및 B건설이 공사도급계약의 체결 과정에서 공동수급협정을 체결하여 하자담보책임을 연대하여 부담하기로 약정하였다가 A 회사에 대하여 회생절차가 개시되었고, 원고는 위 회생절차에서 위 하자보수 의무를 이행할 경우 피고 보조참가인에 대하여 가지게 되는 장래의 구상권을 회생채권으로 신고하지 아니하였고, 위 구상권이 회생계획서에서 변제의 대상으로 규정되지 않은 채 회생계획인가결정이 내려졌으며 A에 대한 회생절차가 종결되었는데, 원고는 그 후 A 회사의 부담 부분에 대하여 하자보수의무를 이행한 사안에 관한 것이다. 다만 위 사안에서 보조참가인인 A 건설과 B 건설은 변제자는 아니므로 변제자대위는 불가능할 것이다. 이 판결에 대한 해설로 양형우, "회생절차에서의 공동보증인의 구상권과 변제자대위", 법조 제719호, 법조협회(2016.10.), 582면 참조.

175) 대법원 2002.11.26. 선고 2001다833 판결(공2003, 175).

박재완, "현존액주의에 관하여", 회생과 파산 Vol.1, 사법발전재단(2012), 41면.

양형우, "파산절차상의 연대채무와 보증채무", 법조 제566호, 법조협회(2003.11.), 111면.

오민석, "건설회사의 회생절차에 관한 소고", 재판실무연구(5) 도산관계소송, 한국사법행정학회
      (2009), 80면.

이백수, "파산재단의 세무처리에 관한 실무", 도산법연구 제4권 제1호, 사단법인 도산법연구회
      (2013.5.), 113면.

이의영, "도산절차에서 조세채권의 지위(상)", 법조 제633호, 법조협회(2009.6.), 45면.

이의영, "도산절차에서 조세채권의 지위(하)", 법조 제634호, 법조협회(2009.7.), 170면.

임치용, "정리회사와 보증인의 법률관계", 파산법 연구, 박영사(2004), 335면.

임치용, "판례를 통하여 본 회생절차와 조세채권", 파산법 연구 3, 박영사(2010), 157면.

전병서, "파산선고시 현존액주의와 물상보증인의 일부변제의 취급", 저스티스 제95호, 한국법학원
      (2006.12.), 108면.

주진암, "도산절차에서 가산금 중가산금의 지위", 법조 제625호, 법조협회(2008.10.), 117면.

주진암, "회생절차와 조세법률관계", 재판실무연구(5) 도산관계소송, 한국사법행정학회(2009), 212면.

한민, "신종사채 채권자의 도산절차에서의 지위", 통합도산법, 남효순·김재형 공편, 법문사(2006),
      53면.

2. 채무자를 둘러싼 미해결·계속중인 법률관계

가. 이행미완료의 쌍무계약 등

(1) 쌍방미이행의 쌍무계약: 일반원칙

채무자가 도산절차 개시 전에 제3자와의 사이에 쌍무계약을 체결하여 일방 또는 쌍방이 미이행의 상태에 있을 때 도산절차가 개시된 경우 제3자의 지위는 어떠한가 하는 것이 문제가 된다(쌍방이 이행을 완료한 경우에는 관리인·관재인의 재산관리 또는 부인이 문제됨에 불과하다). 쌍무계약에 있어서 쌍방의 채무는 상호 대가관계로 의존하고 있고, 특약에 의하거나 또는 성질상 선급부의무가 있는 경우를 제외하고는 동시이행의 항변권에 의하여 서로 담보되는 관계에 있다. 따라서 예컨대 쌍방이 미이행의 상태에 있고 일방이 파산하였다면 채무자의 채권은 파산재단에 속하고, 상대방의 채권은 파산채권이 되므로 상대방은 자기의 채무는 완전하게 이행하여야 함에도 불구하고, 그 채권에 관하여는 약간의 파산배당만을 감수할 수밖에 없다. 또 상대방의 채권은 동결되므로 동시이행의 항변권이 있는 경우에도 이를 상실하게 되고, 동결을 이행지체로 하여 계약을 해제할 수도 없다. 이는 상대방에게 너무나 불리한 것이 되고, 쌍무계약에 있어서의 신뢰관계를 파괴하게 된다. 이에 반하여 이미 일방이 이행을 완료한 후에 상대방이 파산한 경우에는 동시이행의 항변권을 포기하였든지, 또는 동시이행의 항변권이 인정되지 않는 쌍무계약일 것이고, 따라서 쌍무계약의 담보적 기능에 대한 상대방의 신뢰도 그만큼 낮을 것이므로 이미 이행을 완료한 상대방의 반대급부를 구하는 채권을 파산채권으로 하여 충분한 만족을 주지 않아도 불공평은 감내하기 어려울 정도로 크게 느껴지지는 않을 것이다. 위와 같은 상황은 상대방의 채권이 동결되는 회생절차에 관하여도 해당된다. 또 이 점에 있어서의 상대방의 보호의 필요는 회생과 파산 구분 없이 존재한다고 할 수 있다.

상대방의 지위는 위와 같이 쌍방미이행의 경우에만 보호하면 된다고 하더라도, 한편으로는 일률적으로 도산 전의 쌍무계약의 효력 그 자체를 도산절차상 승인·유지하는 것에도 문제가 있다. 채무자가 관리처분권을 잃고, 관리인·관재인이 이를 가지고 독자의 입장에서 도산처리를 진행하므로 관리인·관재인의 입장에서 유리한 쌍무계약만 효력을 승인하고, 불리한 것에 관하여는 이에 구속되지 않도록 하는 것이 바람직하다. 이 필요성은 쌍방미이행의 경우뿐만 아니라, 채무자가 이미 이행을 완료한 경우에도 관리인·관재인이 상대방에 대한 채권의 이행을 구하는 것보다는 원상회복을 구한다고 하는 형태로 존재하여야 하겠지만 이는 너무나도 상대방의 입장을 무시하는 것이 된다. 따라서 법은 절차개시 당시 쌍방미이행의 상태에 있는 쌍무계약에 관하여만 특칙을 두어 관리인·관재인에게 이행 또는 해제의 선택권을 부여하고, 이행이 선택된 경우에는 상대방의 채권에 관하여도 완전한 이행을 보장하고, 해제가 선택된 경우에도 상대방의 손해배상청구권을 인정하고 있다(법119조, 335조). 위 규정들은 쌍방의 채무가 법률적·경제적으로 상호 관련성을 가지고 원칙적으로 서로 담보의 기능을 하고 있는 쌍무계약에 관하여 쌍방 당사자가 아직 이행을 완료하지 아니한 상태에서 당사자인 일방의 채무자에 대하여 도산절차가 개시된 경우, 관재인·관리인에게 계약을 해제할 것인가 또는 상대방 채무의 이행을 청구할 것인가의 선택권을 부여함으로써 절차의 원활한 진행을 도모함과 아울러, 관재인·관리인이 계약의 해제를 선택한 경우 이에 따른 원상회복의무도 이행하도록 함으로써 양 당사자 사이에 형평을 유지하기 위한 취지에서 만들어진 쌍무계약의 통칙이다.[1] 따라서 이러한 쌍무계약 규정을 회피, 잠탈하기 위한 채권자와 채무자 사이의 합의는 무효라고 해석한다.[2] 자세히 보면 다음과 같다.[3]

(가) 쌍방미이행 쌍무계약의 의의

법문에서 「쌍무계약(雙務契約)」이라 함은 쌍방 당사자가 상호 대등한 대가관계에 있는 채무를 부담하는 계약으로서, 쌍방의 채무 사이에는 성립·이행·존속상 법률적·경제적으로 견련성을 갖고 있어서 서로 담보로서 기능하는 계약을 가리킨다. 그 개념은 기본적으로 민법상의 개념과 동일하다. 대상이 되는 쌍무계약상의 채무는 대가 관계있는 채무이다. 이와 관련하여 「주된」채무(「본질적·중핵적인 채무」)와 「부수적」채무라고 하는 개념이 사용되는 경우가 있다. 민법상의 채무불이행과 관련하여 판례는 계약상의 의무 가운데 주된 채무와 부수적 채무를 구별함에 있어서는 급부의 독립된 가치와는 관계없이 계약을 체결할 때 표명되었거나 그 당시 상황으로 보아 분명하게 객관적으로 나타난 당사자의 합리적 의사에 의하여 결정하되, 계약의 내용·목적·불이행의 결과 등의 여러 사정을 고려하여야 한다고 전제하고, 민법 제544조에 의하여 채무불이행을 이유로 계약을 해제하려면, 당해

---

1) 대법원 2017.4.26. 선고 2015다6517,6524,6531 판결(공2017상, 1089)[백선25].
2) 日最判昭和57.3.30民集36권3호484면[百選76]. 倒産判例 インデックス 제3판 9. 다만 반대설 있다.
3) 미국 도산법상의 미이행 쌍무계약에 관한 규정과 우리나라 법제를 비교 분석한 논문으로는 이은재, "한국과 미국의 회생절차에서의 미이행계약에 대한 비교", 사법 35호, 사법발전재단(2016), 259면 참조.

채무가 계약의 목적 달성에 있어 필요불가결하고 이를 이행하지 아니하면 계약의 목적이 달성되지 아니하여 채권자가 그 계약을 체결하지 아니하였을 것이라고 여겨질 정도의 주된 채무이어야 하고 그렇지 아니한 부수적 채무를 불이행한 데에 지나지 아니한 경우에는 계약을 해제할 수 없다고 하였다.[4]

　　일본의 판례는 「대가관계」와는 별개의 개념으로 이를 사용하고 있는데, 예컨대 예탁금 회원제 골프클럽 회원계약에 있어서는 예탁금의 지급과 골프장 시설이용권의 취득이 대가성을 가지는 雙務계약이고, 회원에게 연회비 지급의무가 있는 경우에는 연회비의 지급도 대가관계의 일부가 될 수 있다고 하여 회원이 파산한 경우 골프장 시설을 이용가능한 상태로 유지하고 회원에게 이용하게 할 골프장 경영회사와 의무와 연회비를 지급하는 회원의 의무가 雙方미이행의 채무가 된다고 하면서, 이 경우 연회비 지급의무는 「본질적·중핵적 채무」는 아니고, 「부수적인 채무」에 불과하다고 하였다.[5] 위 판례에 의하면 「본질적·중핵적」 채무의 이행이 완료되고, 「부수적」 채무만이 미이행일 때에도 雙方미이행의 雙務계약에 해당하게 된다. 「본질적·중핵적」 채무와 「부수적」 채무라는 개념은 민법상으로도 사용되는 개념이고, 민법상으로는 계약의 성립이나 존속을 좌우하는 개념으로서 「본질적·중핵적」 채무개념이 사용되지만, 민법상 객관적인 계약유형이나 당사자의 의사에 의한 「대가관계 있는 채무」, 「본질적·중핵적」 채무가 미이행일 때 항상 도산처리절차에 있어서의 雙方미이행계약의 규율에 있어서 雙務계약상의 의무가 雙方미이행이라고 판단되는 것은 아니라는 것이다. 예컨대 등기·등록 없는 동산의 매매계약에 있어서 소유권이 매도인에 유보되고, 대금의 완제에 의하여 이전하는 약정과 목적물인 동산의 인도가 완료되어 있는 경우 소유권이전의무와 대금지급의무라고 하는 매매계약의 중핵적 의무(민563조 참조)가 모두 완료되어 있지 않아도 雙方미이행의 雙務계약에는 해당하지 않는다.[6] 매도인은 계약에 기하여 채무를 모두 이행하고 있고, 목적물의 소유권의 이전은 매수인의 대금완급에 의하여 당연히 생기고 매도인의 더 이상의 행위를 필요로 하지 않기 때문이다. 이에 반하여 등기·등록있는 동산의 경우 매도인에 의한 등기·등록의무가 미이행이면 雙方미이행의 雙務계약에 해당한다.[7]

---

4) 대법원 2005.11.25. 선고 2005다53705,53712 판결(공2006, 30)은 대기환경보전법상의 배출시설설치신고에 필요한 사양서 등 서류의 교부의무는 배출시설설치계약에 있어서 그 설치업자의 주된 채무라고 볼 수 없으므로, 이 의무의 불이행을 사유로 한 계약해제는 효력이 없다고 한 사례이다.

5) 日最判平成12.2.29民集54권2호553면, 倒産判例 インデックス 제3판 140[百選81①]은 예탁금제 골프장의 회원계약은 雙方미이행의 雙務계약에 해당하지만, 계약의 해제에 의하여 상대방에게 현저히 불공평한 상황이 생기는 것과 같은 경우에는 파산관재인은 해제권을 행사할 수 없다고 하였다. 상세는 후술한다.

6) 日大阪高判昭59.9.27判夕542호214면. 이에 대한 상세한 근거 설명은 山本和彦 외 4인, "倒産法 概説 제2판", 弘文堂(2013), 208면 참조.

7) 日東京高判昭52.7.19高民集30권2호159면.

　　판례에 나타난 구체적 사례를 보면 공원묘지에 석물을 제조·납품하기로 하는 계약에 관하여는 석물 제조·납품·설치의무와 석물대금 지급의무가 발생하는 것이라고 봄이 상당하고, 이러한 쌍방의 각 채무는 서로 대등한 대가관계에 있는 것으로서 성립·이행·존속상 법률적·경제적으로 견련성을 갖고 있어 서로 담보로 기능하고 있는 것이므로 쌍무계약에 해당한다고 판시한 사례,[8] 아파트 수분양자가 중도금과 잔금 납부를 지연할 때에는 소정의 가산금을 납부하고 분양자가 입주예정기일에 입주를 시키지 못할 때에는 소정의 지체 상금을 지급하기로 하는 내용의 아파트 분양계약은 구 회사정리법 제103조 소정의 쌍무계약에 해당한다고 한 사례,[9] 매도인과 매수인이 본선인도조건(F.O.B.)으로 수출입매매계약을 체결하면서도 매수인이 선복을 확보하지 않고 매도인이 수출지에서 선복을 확보하여 운송계약을 체결하되, 운임은 후불로 하여 운임후불(FREIGHT COLLECT)로 된 선하증권을 발행받아, 매수인이 수하인 또는 선하증권의 소지인으로서 화물을 수령할 때 운송인에게 운임을 지급하기로 약정한 경우, 특별한 사정이 없는 한 매수인이 매도인에게 자신을 대리하여 운송계약을 체결하는 권한을 부여하여 운송계약을 체결한 것으로 보아야 하므로 운송계약의 당사자는 해상운송인과 매수인이고, 위 각 해상운송계약은 쌍무계약이라고 한 사례,[10] 회원 가입 시에 일정한 금액을 예탁하였다가 탈퇴의 경우 예탁금을 반환받을 수 있는 이른바 예탁금제 골프회원권에 있어서, 골프장 운영에 관한 회칙에 따라 탈퇴의 경우 회원도 회원증을 반납할 의무를 부담하는 때에는 이중지급의 위험을 방지하기 위하여 공평의 관념과 신의칙상 골프장 시설업자의 회원에 대한 예탁금 반환의무와 회원의 회원증 반납의무 사이에 동시이행관계가 인정되나, 이는 민법 제536조에 정하는 쌍무계약상의 채권채무관계나 그와 유사한 대가관계가 있어서 그러는 것이 아니므로 골프장 시설업자의 예탁금 반환의무에 관하여는 탈퇴 의사표시와 반환청구를 받은 때부터 이행지체의 책임을 진다고 한 사례,[11] 상법 제374조의2에서 규정하고 있는 영업양도 등에 대한 반대주주의

---

　8) 대법원 2007.7.26. 선고 2007다24442 판결(공보불게재).

　9) 대법원 2002.5.28. 선고 2001다68068 판결(공2002, 1511)은 정리절차 개시 당시 쌍방이 모두 그 이행을 완료하지 아니한 상태에서 채무자의 관리인이 상대방인 원고의 채무이행을 선택한 이상, 원고가 위 분양계약에 기하여 주장하는 지체상금 채권은 채무자회생법 제208조 제7호가 규정하는 공익채권에 해당한다고 하였다. 또한 구 화의법 하에서의 대법원 2001.4.10 선고 2000다16831 판결(미발간)은 아파트 분양계약에서 건설회사의 귀책사유로 아파트 입주가 늦어진데 대한 지체상금 중 화의개시결정일 전날까지의 지체상금은 분양대금에서 공제할 것이나, 화의개시결정일 이후의 지체상금채권은 구 화의법 제45조제1항 제2호, 제2항에 따라 화의채권보다 후순위의 채권이므로 이를 자동채권으로 상계하거나 분양잔대금에서 공제할 수 없다고 본 원심을 유지하였다.

　10) 대법원 2012.10.11.자 2010마122 결정(공2012하, 1810).

　11) 대법원 2015.1.29. 선고 2013다100750 판결(공2015상, 422)은 예탁금제 골프회원권의 회원 지위를 부인당하여 회원권을 활용할 수 없게 됨으로써 재산상 손해를 입은 사안에서, 골프장 시설업자의 채무 불이행과 상당인과관계가 있는 손해는 회원으로서의 지위를 부인당한 기간 동안 골프클럽의 회원들이 회원의 지위에서 골프장 시설을 이용한 평균횟수, 회원의 지위에서 지불하는 골프장 시설에 대한

주식매수청구권 행사로 성립한 주식매매계약에 관하여 채무자회생법 제119조 제1항의 적용을 제외하는 취지의 규정이 없는 이상, 쌍무계약인 위 주식매매계약에 관하여 회사와 주주가 모두 이행을 완료하지 아니한 상태에서 회사에 대하여 회생절차가 개시되었다면, 관리인은 채무자회생법 제119조 제1항에 따라 주식매매계약을 해제하거나 회사의 채무를 이행하고 주주의 채무이행을 청구할 수 있다고 한 사례[12] 등이 있다.

또한 甲 회사가 乙 회사와 물품공급계약을 체결하면서 乙 회사에 물품대금 정산을 위한 보증금을 지급하였고, 그 후 乙 회사에 대하여 회생절차가 개시되어 관리인이 甲 회사와 물품을 계속 공급하기로 협의하였는데, 계약기간이 만료한 후 甲 회사가 乙 회사를 상대로 보증금 반환을 구한 사안에서, 계약서의 문언에 비추어 甲 회사가 乙 회사에 지급한 보증금은 계약에서 정한 요건이 충족되는 경우 별도 의사표시 없이 물품대금 지급에 충당되므로, 위 보증금은 물품대금에 대한 선급금의 성격을 가지고, 따라서 甲 회사의 乙 회사에 대한 보증금반환채권은 乙 회사의 甲 회사에 대한 물품대금채권과 이행·존속상 견련

1회 이용료의 액수 및 비회원의 지위에서 지불하는 1회 이용료와 차액, 회원 모집 당시의 약관이나 회칙상 회원으로서 우선적인 이용이 보장되는 최대 횟수, 골프장 시설업자가 회원 지위를 부정한 전체 기간 등 모든 간접사실들을 합리적으로 평가하여 산정하여야 함에도, 이와 달리 통상손해에 해당한다고 보기 어려운 회원권 시세 또는 입회금에 해당하는 금액에 대한 시중은행의 정기예금 이자율에 의한 금액을 손해액으로 산정한 원심판결에 법리오해의 잘못이 있다고 한 사례이다. 같은 시각에서 위 판결은 이른바 예탁금제 골프회원권은 회원의 골프장 시설업자에 대한 회원가입계약상의 지위 내지 회원가입계약에 의한 채권적 법률관계를 총체적으로 가리키는 것이고, 이러한 예탁금제 골프회원권을 가진 자는 회칙이 정하는 바에 따라 골프장 시설을 우선적으로 이용할 수 있는 권리인 시설이용권과 회원자격을 보증하는 소정의 입회금을 예탁한 후 회원을 탈퇴할 때 그 원금을 반환받을 수 있는 권리인 예탁금반환청구권과 같은 개별적인 권리를 가지는데, 그중 개별적인 권리로서의 시설이용권이나 예탁금반환청구권은 채권으로서 소멸시효의 대상이 되고, 나아가 골프장 시설업자가 회원들이 골프장 시설을 이용할 수 있는 상태로 유지하고 있는 경우에는 골프장 시설업자가 회원에게 시설이용권에 상응하는 시설유지의무를 이행한 것으로 보아야 하므로 골프클럽의 회원이 개인적인 사정으로 골프장 시설을 이용하지 않는 상태가 지속된다는 사정만으로는 골프장 시설이용권의 소멸시효가 진행된다고 볼 수 없지만, 골프장 시설업자가 제명 또는 기존 사업자가 발행한 회원권의 승계 거부 등을 이유로 회원의 자격을 부정하고 회원 자격에 기한 골프장 시설이용을 거부하거나 골프장 시설을 폐쇄하여 회원의 골프장 이용이 불가능하게 된 때부터는 골프장 시설업자의 골프장 시설이용의무의 이행상태는 소멸하고 골프클럽 회원의 권리행사가 방해받게 되므로 그 시점부터 회원의 골프장 시설이용권은 소멸시효가 진행하고, 위 시설이용권이 시효로 소멸하면 포괄적인 권리로서의 예탁금제 골프회원권 또한 더 이상 존속할 수 없으며, 한편 예탁금반환청구권은 골프장 시설이용권과 발생 또는 행사요건이나 권리 내용이 달라서 원칙적으로는 시설이용권에 대한 소멸시효 진행사유가 예탁금반환청구권의 소멸시효 진행사유가 된다고 볼 수 없고, 예탁금반환청구권은 회칙상 이를 행사할 수 있는 기간이 경과하지 않으면 이를 행사할 수 없고 이를 행사할 것인지 여부 또한 전적으로 회원 의사에 달린 것이므로, 임의 탈퇴에 필요한 일정한 거치기간이 경과한 후 탈퇴 의사표시를 하면서 예탁금반환청구를 하기 전에는 그 권리가 현실적으로 발생하지 않아 소멸시효도 진행되지 아니한다 하였다. 이 판결에 대한 평석으로 이승호, "예탁금제 골프회원권의 법적 제문제(소멸시효의 법리, 동시이행항변과 이행지체 책임, 재산상 손해액의 산정) — 대법원 2015.1.29. 선고 2013다100750 판결 — 민사재판의 제문제 제27권, 한국사법행정학회(2020), 1001면 참조.

12) 대법원 2017.4.26. 선고 2015다6517,6524,6531 판결(공2017상, 1089)[백선25].

성을 갖고 있어서 서로 담보로서 기능한다고 볼 수 있으므로, 채무자회생법 제179조 제1항 제7호에서 정한 공익채권에 해당한다고 본 원심판결이 정당하다고 한 사례가 있음은 전술하였다.[13]

　　일본의 판례는 자동차의 소유권유보부 대출(Loan) 제휴 매매(매도인을 연대보증인으로 금융기관으로부터 대출을 받아 목적물을 구입하는 3면 계약관계)에 있어서의 매수인에 관하여 갱생절차가 개시된 경우 매도인의 매수인에 대한 소유권이전등록의무와 매도인이 금융기관에 대위변제함으로써 가지는 매수인의 매도인에 대한 구상의무 사이에는 쌍방미이행의 쌍무계약의 관계는 아니라고 하였고,[14] 금융리스(Finance Lease) 계약의 금융거래적 성격, 리스료와 사용수익 사이의 대응관계의 희박성, 그리고 사용수익 수인의무와 리스료 지급의무와의 불균형을 종합하면, 리스업자의 사용수익 수인의무와 리스료 지급의무와 사이에 대가적 관계가 있는 채무이행이 완성되지 않은 때에 해당한다고 하는 것은 타당하지 않다고 하였으며,[15] 예탁금회원제 골프클럽의 회원계약에 있어서 회원에 관하여 파산절차가 개시된 경우에 예탁금의 지급과 골프장 시설 이용권의 취득은 대가성을 가지는 쌍무계약이고, 회원에게 연회비의 지급의무가 있는 골프클럽에 있어서는 골프장 시설을 이용가능한 상태로 유지하고 이를 회원에게 이용하게 할 골프장 경영회사의 의무와 연회비를 지급할 회원의 의무가 쌍방미이행 채무가 된다고 하였다.[16] 이에 반하여 연회비 지급의무가 없는 경우 회원에게는 골프장 시설이용요금의 지급의무가 있으나, 그것은 실제로 시설을 이용하지 않는 한 발생하지 않는 것이고, 파산절차개시시에 있어서 회원의 미이행채무라고 할 수는 없으며, 쌍방미이행계약이라고는 할 수 없다고 한 사례도 있다.[17]

　　따라서 본래적으로 쌍방의 채무 사이에 성립·이행·존속상 법률적·경제적으로 견련성을 갖고 있어서 서로 담보로서 기능하여야 하지만,[18] 쌍방의 채무가 경제적으로 동등한

---

13) 대법원 2021.1.14. 선고 2018다255143 판결(공2021상, 360).

14) 日最判昭和56.12.22判時1032호59면, 倒産判例 インデックス 제3판 130[百選제5판A12].

15) 日東京高判平成2.10.25判時1370호140면, 倒産判例 ガイド 제2판 292면.

16) 위 日最判平成12.2.29民集54권2호553면, 倒産判例 インデックス 제3판 140의 원심은 회원에게 골프장 이용시설을 우선적으로 이용하게 할 의무와 회원이 입회보증금을 예탁하고 연회비를 납입하는 등의 의무가 대가적 관계에 있는 쌍무계약이고, 입회보증금의 예탁·회원 자격취득후에는 회원에게 골프장시설을 우선적으로 이용하게 할 골프장 경영자의 의무와 회원의 연회비 납입 등의 의무가 쌍방미이행의 채무가 된다고 하였다.

17) 日最判平成12.3.9判時1708호123면.

18) 대법원 2007.9.6. 선고 2005다38263 판결(공2007, 1530)[백선10]은 원고가 합작투자계약에 의하여 회사정리절차 개시 이전부터 계약해지권 및 주식매도청구권을 행사하고 그에 따라 매매계약을 체결할 권리를 보유하고 있었으나 회사정리절차 개시 당시 원고가 위 권리를 행사하지 않아 매매계약이 체결되지 않은 상태에서 위 권리의 행사를 정지조건으로 한 주식인도청구권에 관하여 정리채권 확정의 소를 제기한 사안에서 상호출자하여 회사를 설립·운영하는 것을 목적으로 하는 합작투자계약은 본질적으로 조합계약에 해당하고, 계약당사자들로서는 상호 출자하여 회사를 설립함으로써 조합 구성에 관한

가치를 지니고 있을 필요는 없으며,[19] 이와 같은 법률적·경제적 견련관계가 없는데도 당사자 사이의 특약으로 쌍방의 채무를 상환 이행하기로 한 경우는 여기서 말하는 쌍무계약이라고 할 수 없다.

판례는 원고가 피고의 하청업자등에 대한 시공비 등의 채무를 중첩적으로 인수하고, 피고는 원고가 위 인수한 채무를 대위변제함으로써 취득하는 피고에 대한 구상금채권을 향후 피고가 수금하는 공사대금의 한도 내에서 원·피고간의 대리점계약에 기하여 발생하는 피고의 원고에 대한 물품대금채권과 상계처리하기로 합의한 사안에 관하여, 원고의 시공비 등 대위변제에 따른 피고의 구상금 지급의무와 대리점계약에 기한 원고의 물품대금 지급의무는 성질상 서로 대가적이거나 본래적으로 상환으로 이행되어야 할 성질의 채무라고 할 수 없고, 따라서 원·피고가 약정에 의하여 구상금채권과 물품대금채권을 상계처리하기로 합의하였다고 하더라도 그러한 약정은 구 회사정리법 제103조 제1항 소정의 쌍무계약이라고 보기 어렵다고 판시하였고,[20] 그 이외에 리스이용자가 리스료 지급 등의 채무를 불이행함으로써 손실이 생길 경우 리스회사와 종합금융주식회사 쌍방이 공동리스약정에 따라 그 손실을 참여 지분 비율에 따라 분담하고, 종합금융회사는 위 손실분담 외에도 리스회사에 대하여 수납 리스료의 분배의무 및 리스물건의 관리의무를 추가로 부담하기로 한 사안에서 리스회사와 종합금융주식회사가 상대방에 대하여 가지는 위와 같은 부담은 그 성질상 서로 대가적이거나 원칙적으로 상환으로 이행되어야 할 성질의 채무라고 할 수 없어서 위 약정이 「쌍무계약」이라고 할 수는 없다고 한 사례,[21] 공동수급업체 사이에 대표사가 먼저 공사자금을 조달하여 지급한 후 회원사가 분담금을 상환하는 내용의 공동도급현장 경리약정과 관련하여 대표사가 공사자금을 먼저 지출할 의무와 회원사가 분담금을 상환할 의무(원가분담금)는 서로 대가적인 의미를 갖는 채무라고 보기 어려워 위 약정은 쌍무계약에 해당하지 않고 그에 따른 분담금 상환의무 청구권은 공익채권에 해당하지 않는

채무의 이행을 마쳤으며 그에 따라 계약에서 정한 바에 의하여 설립된 회사에 관한 의결권의 행사 또는 이사회의 구성 등을 위하여 서로 협조하여야 하는 의무 등이 남게 되었다면, 이러한 의무는 성립·이행·존속상 법률적·경제적으로 견련성을 갖고 있어서 서로 담보로서 기능한다고 할 수 없어 서로 대등한 대가관계에 있다고 보기 어렵다고 하면서도 쌍방미이행의 쌍무계약의 법리는 정리절차개시 당시에 매매계약을 체결할 권리가 존재하였고 정리절차가 개시된 후에 비로소 상대방의 권리행사에 의하여 매매계약이 성립하거나 장차 매매계약이 성립할 수 있어 아직 쌍방의 채무가 이행되지 아니한 경우에도 유추적용된다고 하였다. 이에 대한 반대의견으로는 김영주, "계약상 도산해제 조항의 효력", 선진상사법률연구 제64호, 법무부(2013.10.) 97면, 김영주, "도산절차와 미이행 쌍무계약 — 민법·채무자회생법의 해석론 및 입법론, 경인문화사(2020), 87면 참조.

19) 대법원 2003.6.13. 선고 2002다59771 판결(공보불게재)은 A가 B에 대하여 30억 원의 돈을 지급할 의무를 부담하고, B가 A에 대하여 4억 3,600만 원 상당의 채권을 양도하는 것을 내용으로 하는 등의 의무를 부담하는 계약에 대하여 쌍무계약에 해당한다고 하였다.

20) 대법원 2007.3.29. 선고 2005다35851 판결(공2007, 603)[백선26].

21) 대법원 2004.2.27. 선고 2001다52759 판결(공2004, 516).

다고 한 사례,22) 신탁계약의 당사자는 위탁자인 A 회사와 수탁자인 B 회사이고, 공사도급계약의 당사자는 도급인인 B 회사와 수급인인 피고인 사안에서 신탁계약과 공사도급계약이 서로 당사자가 다르고, 피고는 B 회사의 요구에 따라 신탁계약의 특약사항으로서 A 회사가 B 회사에게 부담하는 신탁비용 및 차입금 상환채무 등을 포괄적으로 보증하기로 약정한 것에 불과하므로, 그와 같이 신탁계약에 부가된 특약에 의하여 피고가 부담하는 신탁비용 등의 상환채무와 공사도급계약에 의하여 원고가 부담하는 공사대금지급채무 상호 간에는 쌍무계약상의 대가적 견련관계가 있다고 볼 수 없다고 판시한 사례가 있다.23)

또한 대법원 전원합의체 판결 중에는 甲 회사가 乙 지방자치단체와 구「사회기반시설에 대한 민간투자법」제4조 제1호에서 정한 이른바 BTO(Build－Transfer－Operate) 방식의 '지하주차장 건설 및 운영사업' 실시협약을 체결한 후 관리운영권을 부여받아 지하주차장 등을 운영하던 중 파산하였는데, 甲 회사의 파산관재인이 채무자회생법 제335조 제1항에 따른 해지권을 행사할 수 있는지 문제 된 사안에서, 쌍무계약의 특질을 가진 공법적 법률관계에도 쌍방미이행 쌍무계약의 해지에 관한 채무자회생법 제335조 제1항이 적용 또는 유추적용될 수 있고, 이때 개별 계약관계의 법률적 특징과 내용을 기초로 잔존 급부의 대가성, 의존성, 견련성 등을 검토한 대법원 판례의 태도는 민간투자법령의 규율을 받아 공법적 법률관계로서의 특수성이 강한 위 실시협약의 사업시행자가 파산한 경우에 채무자회생법 제335조 제1항을 유추적용하는 경우에도 고려되어야 하므로, 쌍방미이행 쌍무계약으로 해지권을 행사할 수 있는지를 판단함에 있어서 구 민간투자법의 입법 취지와 공법적 특수성, 파산선고 당시 위 실시협약의 진행 정도, 파산선고 당시 당사자들에게 남아 있는 구체적인 권리와 의무의 내용과 관계 등을 종합하여 판단하여야 하는바, 채무자회생법상 해지권의 입법 취지와 해석론 및 판례의 태도, 구 민간투자법의 내용과 위 실시협약의 공법적 성격 및 내용, 파산 당시 甲 회사가 보유한 관리운영권의 내용과 법률적 성질 등을 종합하면, ① 파산 당시 甲 회사와 乙 지방자치단체 사이의 법률관계는 상호 대등한 대가관계에 있는 법률관계라고 할 수 없고, ② 甲 회사와 乙 지방자치단체 사이의 법률관계 사이에 성립·이행·존속상 법률적·경제적으로 견련성이 없으며, ③ 오히려 乙 지방자치단체가 甲 회사의 파산 이전에 이미 관리운영권을 설정해 줌으로써 위 실시협약에서 '상호 대등한 대가관계에 있는 채무로서 서로 성립·이행·존속상 법률적·경제적으로 견련성을 갖고 있어서 서로 담보로서 기능하는 채무'의 이행을 완료하였다고 봄이 타당하고, 따라서

---

22) 대법원 2000.4.11. 선고 99다60559 판결(공2000, 1180). 대법원 2000.12.12. 선고 99다49620 판결(공2001, 276)은 공동수급체는 기본적으로 민법상의 조합의 성질을 가지는 것이므로 그 구성원의 일방이 공동수급체의 대표사로서 업무집행자의 지위에 있었다고 한다면 그 구성원들 사이에는 민법상의 조합에 있어서 조합의 업무집행자와 조합원의 관계에 있다고 하였다.

23) 대법원 2007.9.7. 선고 2005다28884 판결(공보불게재).

파산 당시 甲 회사와 乙 지방자치단체 사이의 법률관계는 채무자회생법 제335조 제1항에서 정한 쌍방미이행 쌍무계약에 해당한다고 보기 어려우므로, 甲 회사의 파산관재인의 해지권이 인정되지 않는다고 한 사례가 있다.[24]

계약이 유효하게 성립하고 있어야 하므로 일방의 청약만 있고, 상대방의 승낙이 없는 상태일 경우에는 미이행 쌍무계약이 성립하였다고 할 수 없다. 판례 중에는 청약은 그에 대한 승낙에 의하여 곧바로 계약의 성립에 필요한 의사합치에 이를 수 있을 정도로 내용적으로 확정되어 있거나 해석에 의하여 확정될 수 있어야 한다고 전제하고, 토지구획정리사업의 시행으로 인하여 당초 오피스텔 부지로 예정되어 있던 토지의 일부에 대한 소유권을 이전받지 못한 오피스텔 수분양자들이 분양자에게 보낸 통지서 및 이에 첨부된 환지계획의견서 양식에 나타난 수분양자들의 분양자에 대한 요구 내용은, 분양자가 분할 후 위 미이전 토지에 대하여 환지 대신 환지청산금을 교부받아 그 금원으로 수분양자 등에게 부과될 환지청산금을 처리하여 달라는 것으로서, 이는 분할 후 위 미이전 토지에 대하여 환지 대신 환지청산금이 교부되는 것을 조건으로 하여 분양자가 교부받는 환지청산금 상당을 수분양자 등이 부과받을 환지청산금 범위 내에서 지급하여 달라는 의사표시이고, 당시 환지청산금의 구체적인 금액은 정하여지지 않았지만 그 대상 토지가 특정된 이상 장래 환

---

24) 대법원 2021.5.6. 선고 2017다273441 전원합의체 판결(공2021하, 1121)[백선76]은 甲 회사가 乙 지방자치단체로부터 제공받은 토지에 지하주차장과 부대시설을 건설하여 乙에게 기부채납하면 乙은 甲 회사에 위 지하주차장 등에 대한 시설관리운영권을 설정해 주는 '지하주차장 건설 및 운영사업' 실시협약을 체결한 사안이다. 일단 대법원은 공법상 계약에도 채무자회생법 제335조 제1항이 적용 또는 유추된다고 판단한 것이다. 반대의견은 "위 실시협약에 따라 사회기반시설을 준공하여 소유권을 주무관청에 귀속시키고 이를 운영할 사업시행자의 의무와 사업시행자에게 관리운영권을 설정해 주고 이를 운영할 수 있도록 해 줄 주무관청의 의무는 건설기간과 운영기간을 통틀어 서로 목적적 의존관계에 있는 채무를 부담한다는 점에서 쌍무계약의 특질을 가지고 있으므로, 쌍방미이행 쌍무계약의 법리는 위 실시협약에도 적용되어야 한다. 파산 당시 사업시행자가 주차장을 유지·관리하며 운영할 의무, 그리고 주무관청이 사업시행자로 하여금 부지를 무상으로 사용하고 주차요금 조정 등에 협력하며 주차단속 등을 실시할 의무는 모두 위 실시협약에 따른 채무로서 이행이 완료되지 않았다. 구 민간투자법에 따른 실시협약은 사회기반시설을 설치하여 운영하기 위한 것으로서, 사회기반시설을 운영하는 데 필요한 의무가 이행되지 않았다면 계약의 주요 부분이 이행되지 않았다고 보아야 한다. 그런데도 미이행 부분이 부수적 채무라고 하면서 파산관재인의 해지권을 부정하는 것은 구 민간투자법의 입법 목적과 채무자회생법 제335조 제1항의 문언에 반할 뿐만 아니라 사업시행자에 대한 국가나 지방자치단체의 우월적 지위를 인정하는 것이다. 한편 공법상 계약은 공법적 법률관계에 관한 계약으로서 일반적인 사항에 관해서는 민법상 계약이나 법률행위에 관한 규정이 적용되는 것을 전제로 체결된다. 공법상 계약에 계약이나 법률행위에 관한 규정이 적용되지 않고 유추적용될 수 있을 뿐이라는 것은 우리 법체계에 맞지 않고 현재의 판례 법리에도 어긋난다. 파산선고에 따른 쌍무계약의 처리에 관한 기본 규정인 채무자회생법 제335조 제1항이 공법상 계약에 적용되지 않는다고 보는 것은 입법의 중대한 공백을 초래한다. 따라서 위 실시협약은 쌍무계약으로서 사업시행자와 乙 지방자치단체의 채무 중 일부가 이행되지 않은 상태에 있으므로, 사업시행자의 파산관재인은 쌍방미이행 쌍무계약에 관한 채무자회생법 제335조 제1항에 따라 위 실시협약을 해지할 수 있다고 봄이 타당하다."고 하였다. 이 판결에 대한 평석으로 김대인, "채무자회생법의 공법계약에의 적용", 법률신문 2021.10.25.자 참조.

지처분 공고시 그 금액은 자연히 확정될 수 있는 것이어서 수분양자 등이 분양자에게 보낸 통지서에 나타난 위 의사표시는 상대방의 승낙이 있으면 곧바로 의사의 합치에 이를 수 있는 정도로 내용적으로 확정될 수 있는 청약에 해당하고, 분양자가 수분양자들로부터 위 통지서를 받고 수분양자들이 요청한 대로 그에 첨부된 위 환지계획서의견서 양식 말미에 서명·날인하여 이를 토지구획정리사업시행자에게 제출한 행위는 민법 제532조에 따라 승낙의 의사표시로 인정될 수 있다고 한 사례가 있다.[25]

「그 이행을 완료하지 아니한 때」에는 채무의 일부를 이행하지 아니한 것도 포함되고 그 이행을 완료하지 아니한 이유는 묻지 아니한다.[26] 즉 「모두 그 이행을 완료하지 아니한 때」(법119조1항, 335조1항)라 함은 유효하게 성립한 쌍무계약에 관하여 쌍방이 전혀 이행하지 않은 경우 외에 일부가 미이행인 경우 혹은 종된 급부만이 미이행인 경우, 또 급부한 목적물에 하자가 있는 경우를 포함한다. 따라서 대금일부 미지급, 등기 및 인도의 미완료, 지체에 의한 손해배상금의 미지급, 하자 있는 급부물의 교체 미완료 등이 쌍방채무에 관하여 있는 때에는 쌍방미이행의 상태이다(소유권 유보계약에 있어서의 소유권유보의 사실에 관하여는 견해가 나뉜다). 이행지체에 의하든, 기한미도래 때문이든, 또는 동시이행의 항변권 행사의 결과이든 무방하다. 물론 쌍무계약상의 채무라 하더라도 일방 당사자가 채무 전부를 이행하였다면 그 상대방의 채무는 통상의 도산절차에 따라 처리될 뿐 채무자회생법 제335조를 적용할 수 없음은 위 규정 내용상 명백하다.[27] 판례는 골프클럽 회원권에 관하여 미납된 입회금 1,000원은 전체 입회금 110,000,000원의 극히 일부분으로서 상대방의 채무 이행을 담보하는 기능을 갖고 있다고 볼 수 없고, 그 1,000원의 지급의무와 회원으로서 권리를 누리게 할 채무자의 의무가 서로 대등한 대가관계에 있는 채무라고 보기도 어려우므로, 회원권계약이 「쌍방미이행 쌍무계약」에 해당한다고 보기 어렵고, 따라서 입회금 반환채권은 피

---

25) 대법원 2003.5.13. 선고 2000다45273 판결(공2003, 1271).

26) 대법원 2003.5.16. 선고 2000다54659 판결(공 2003, 1297)[백선29]. 또한 대법원 2000.4.11. 선고 99다60559 판결, 대법원 1998.6.26. 선고 98다3603 판결(공1998, 1985)[백선28]. 위 대법원 2017.4.26. 선고 2015다6517,6524,6531 판결은 '그 이행을 완료하지 아니한 때'에는 채무의 일부를 이행하지 아니한 것도 포함되고 이행을 완료하지 아니한 이유는 묻지 아니하므로, 주식매수청구권 행사 후 회사의 귀책사유로 주식대금 지급채무의 일부가 미이행되었다고 하더라도, 일부 미이행된 부분이 상대방의 채무와 서로 대등한 대가관계에 있다고 보기 어려운 경우가 아닌 이상 관리인은 일부 미이행된 부분뿐만 아니라 계약의 전부를 해제할 수 있다고 하였다.

27) 대법원 2001.10.9. 선고 2001다24174,24181 판결(공2001, 2431)[백선75]은 건축공사의 도급계약에서는 이미 그 공사가 완성되었다면 특별한 사정이 있는 경우를 제외하고는 이제 더 이상 공사도급계약을 해제할 수 없고, 회생절차개시 전에 이미 건물을 완공하여 인도하는 등으로 건축공사 도급계약을 해제할 수 없게 되었다면 수급인은 회생절차개시 전에 도급계약에 관하여 그 이행을 완료한 것으로 보아야 한다고 하였다. 이 판결에 대한 해설로 이균용, "수급인의 파산과 파산법 제50조의 적용여부", 대법원판례해설 제38호, 법원도서관(2002), 487면, 유수열, "도급계약에 있어서의 파산법 제50조의 적용여부", 판례연구 제14집, 부산판례연구(2003), 677면 참조.

고에 대한 구 회사정리절차개시 전의 원인에 기한 것으로서 정리채권에 해당할 뿐, 공익채권에 해당되지 않는다고 하였음은 전술하였다.[28] 상대방이 이 의미에 있어서 이행을 완료하지 않고 있을 때에는 미이행의 상대방의 채권도 회생채권 또는 파산채권이 된다.

한편 판례는 甲 회사가 乙 조합과 토지구획정리사업에 관한 도급계약을 체결하여 공사대금을 체비지로 지급받기로 약정한 다음 그 약정에 따라 乙 조합한테서 공사대금에 상당하는 체비지에 관하여 체비지 매매대장의 매수인 명의를 이전받아 그 중 일부에 공공건설 임대아파트를 건설하였는데, 그 후 甲 회사가 도급공사의 공정률이 74.791%인 상태에서 부도를 내고 공사를 중단하였다가 파산선고를 받자, 乙 조합이 채무자회생법 제335조에 따라 甲 회사 파산관재인에게 도급계약 이행 또는 해지 여부의 선택에 관한 확답을 최고한 사안에서, 乙 조합은 도급계약에서 정한 내용에 따라 공사대금 지급에 갈음하여 동액 상당의 체비지를 수급인인 甲 회사 앞으로 이전하여 줌으로써 도급인으로서 채무를 전부 이행한 것으로 보아야 하고, 이 경우 도급계약은 파산선고 당시에 쌍방미이행의 쌍무계약이라고 할 수 없으므로 이에 관하여 채무자회생법 제335조는 처음부터 적용의 여지가 없다고 하였다.[29]

(나) 이행의 청구

관리인·관재인은 계약을 해제하거나 상대방의 이행을 청구하는 선택권을 가진다(법 119조1항, 335조1항). 다만 회생에 있어서는 관리인은 회생계획안 심리를 위한 관계인집회가 끝난 후 또는 법 제240조의 규정에 의한 서면결의에 부치는 결정이 있은 후에는 계약을 해제 또는 해지할 수 없도록 한 이외에는 이 선택에 시간적 제한은 없으므로, 관리인·관재인이 언제까지나 선택하지 않으면 상대방이 불안정한 지위에 놓이게 된다. 쌍방미이행의 계약의 운명은 관리인·관재인의 선택권 행사에 관한 재량에 따르게 되어 있고, 그 상대방은 관리인·관재인이 계약의 이행을 선택하거나 계약의 해제권이 포기된 것으로 간주

---

28) 대법원 2014.9.4. 선고 2013다204140,204157 판결(공2014하, 2013). 同旨 대법원 2014.9.4. 선고 2013다97007 판결(미간행), 대법원 2014.11.13. 선고 2013다96325 판결(미간행).

29) 대법원 2012.11.29. 선고 2011다84335 판결(공2012상, 21). 공공건설 임대아파트의 임대사업자인 甲 회사가 파산선고를 받았는데 그 후 시행된 2008.3.21. 법률 제8966호로 전부 개정된 임대주택법의 신설 규정에 따라 乙 등 임차인들이 관할 구청장한테서 직접 분양전환승인을 받아 甲 회사를 상대로 해당 아파트에 관한 매도청구권을 행사하자, 甲 회사의 파산관재인이 매도청구권 행사로 성립된 매매계약은 채무자회생법 제335조에서 정한 '미이행 쌍무계약'에 해당하므로 파산관재인이 매매계약의 이행이나 해제를 선택할 수 있다고 주장한 사안에서, 乙 등 임차인들의 매도청구권 행사로 성립된 매매계약에 기한 해당 아파트 건물 등에 관한 소유권이전등기청구권 등은 甲 회사에 대한 파산선고 전의 원인으로 생긴 것이 아님이 분명하고 파산선고 당시에는 아직 이러한 매매계약이 성립조차되지 않았으므로, '쌍방 모두 파산선고 당시 아직 이행을 완료하지 아니한 쌍무계약'에 해당할 것을 전제로 한 채무자회생법 제335조에서 정한 파산관재인의 계약해제 선택권은 위 매매계약에 관하여 적용될 여지가 없다고 한 사례이다. 同旨 대법원 2012.11.29. 선고 2011다84342 판결(미간행), 대법원 2012.11.29. 선고 2011다30963 판결(미간행).

되기까지는 임의로 변제를 하는 등 계약을 이행하거나 관리인에게 계약의 이행을 청구할 수 없기 때문이다.30) 또한 그러한 법리 때문에 관리인이 이행을 선택할 때까지는 이행지체에 관하여 귀책사유가 있다고 할 수도 없으므로 그에 대한 지체책임도 없다.31) 따라서 상대방은 관리인·관재인에 대하여 어느 쪽을 선택할 것인가에 대한 확답을 최고할 수 있고, 관리인·관재인이 상당한 기간(회생에 있어서는 원칙적으로 30일) 이내에 확답하지 않는 경우에는 회생에서는 해제권을 포기한 것으로 보고(법119조2항, 단 3항 참조), 파산에서는 계약을 해제한 것으로 본다(법335조2항). 파산에서는 영업이 계속되지 않는 관계상, 해제를 선택하는 것이 보통이라고 생각되므로 그 규정이 서로 거꾸로 되어 있는 것이다. 마찬가지 이유로 회생에서는 해제 또는 해지에 관하여 허가를 요하고(법61조4호), 역으로 파산에서는 이행의 청구를 선택하는 것은 감사위원의 동의를 요하도록 하고 있다(법492조9호).

판례에 따르면 상대방의 관리인·관재인에 대한 쌍무계약의 해제나 해지 또는 그 이행 여부에 관한 확답의 최고는 그 대상인 계약을 특정하여 명시적으로 하여야 하고, 관리인·관재인이 쌍방미이행의 쌍무계약에 관하여 그 계약을 해제 또는 해지하거나 채무를 이행하고 상대방의 채무이행을 청구할 수 있는 선택권은 상대방의 최고가 없는 한 그 행사의 시기에 제한이 있는 것은 아니므로 정리절차 개시 후 상당기간 경과된 뒤에 관리인이 해제권을 행사하였다거나 부인권의 행사와 선택적으로 행사되었다는 등의 사정만으로는 그 해제권의 행사가 실기한 공격방어방법에 해당하거나 신의칙에 반하는 것으로서 권리남용에 해당한다고 할 수 없고,32) 쌍무계약의 상대방이 위 최고권을 행사하지 아니하여 정리회사 관리인의 계약해제로 인하여 취득한 손해배상채권을 정리채권 신고기간 내에 신고하지 못하게 됨으로써 정리채권자로서 권리를 행사하거나 상계 주장 등을 할 수 없게 되어 정리회사 관리인의 계약 해제로 상대방만이 원상회복의무를 부담하게 되는 결과가 되었다고 하더라도, 정리회사 관리인의 원상회복청구가 권리남용이며 신의칙에 반한다고 단정할 수는 없다고 한다.33)

이행의 청구의 선택은 관리인·관재인에 의한 이행청구를 선택한다는 뜻의 의사표시, 이행청구 그 자체, 또는 쌍무계약상의 권리의 주장(예컨대 하자담보책임의 추급)에 의하여 상대방에게 표시된다. 이로써 이행의 청구가 선택된 경우에는 상대방이 가지는 청구권은 회생에서는 공익채권(법179조1항7호), 파산에서는 재단채권(법473조7호)이 되고, 도산절차 개시전의 원인에 의한 청구권이 아니므로 도산절차에 의하지 않고 전액변제가 원칙적으로 보장된다. 관리인·관재인이 채무의 이행을 하는 경우 상대방이 가진 청구권을 공익채권·

---

30) 대법원 1992.2.28. 선고 91다30149 판결(공1992, 1158).
31) 대법원 2020.9.3. 선고 2017다212460 판결(미간행).
32) 대법원 2003.5.16. 선고 2000다54659 판결(공2003, 1297)[백선29].
33) 대법원 1998.6.26. 선고 98다3603 판결(공1998, 1985)[백선28].

재단채권으로 규정한 것은 관리인·관재인이 상대방의 이행을 청구하려고 하는 경우에는
채무자의 계약상 채무도 이를 이행하도록 함으로써 양 당사자 사이에 형평을 유지하도록
하자는 데 그 뜻이 있다.34) 다만 도산절차 개시 후에 발생한 지체상금이 공익채권, 재단채
권임은 전술하였으나,35) 도산절차 개시 전에 발생한 지체상금이 도산채권인지 아니면 공
익채권·재단채권인지에 관하여는 이론이 있다.

　회생절차에 있어서 관리인은 회생계획안 심리를 위한 관계인집회가 끝난 후 또는 법
제240조의 규정에 의한 서면결의에 부치는 결정이 있은 후에는 계약을 해제 또는 해지할
수 없는데(법119조1항 후문), 이 경우 관리인이 더 이상 계약을 해제 또는 해지할 수 없게
된 이상 이행의 선택을 한 것으로 보아야 하므로, 상대방이 갖는 청구권은 공익채권에 해
당하게 된다.36) 판례로는 정리회사의 관리인이 회사정리절차개시결정 이전에 아파트 분양
계약을 체결한 수분양자들로부터 분양잔대금을 지급받고 그들을 입주시킨 경우, 아파트
수분양자들의 정리회사에 대한 소유권이전등기청구권은 공익채권에 해당하고, 그 이행지
체로 인한 손해배상청구권 역시 공익채권에 해당한다고 한 사례가 있다.37)

　또 상대방은 관리인·관재인의 청구에 대하여 선급부의무 있는 경우를 제외하고 동시
이행의 항변권을 가지고 대항할 수 있는 것이 원칙이다.

　(다) 해제

　관리인·관재인이 계약을 해제한 때 또는 해제한 것으로 보게 된 때에는 상대방은 손
해배상청구권을 도산채권(회생채권, 파산채권)으로서 행사할 수 있다(법121조1항, 337조1항.
이는 원래 개시후 기타채권이어야 할 것이다. 법181조1항 참조). 또한 상대방이 이미 일부의 이
행을 하고, 그 급부목적물이 채무자 재산 또는 파산재단 중에 현존하는 때에는 그 반환을
청구할 수 있고, 현존하지 않는 때에는 그 가액에 관하여 공익채권자 또는 재단채권자로
서 권리를 행사한다(법121조2항, 337조2항). 채무자 재산 또는 파산재단에 부당이득을 허용
하지 않음과 동시에 상대방에게 완전한 원상회복을 하여 주려는 취지이므로 목적물이 단
순히 멸실되어 반환할 수 없는 경우에도 가액의 반환을 청구할 수 있다(이 점에서 법73조,
410조의 대체적 환취권보다 범위가 넓다). 쌍방미이행의 쌍무계약을 해제함에 있어서는 성질
상 해제의 불가분성에 관한 민법 제547조의 제한을 받지 아니한다.38) 채무자회생법 제119
조 제1항에 따라 관리인이 쌍무계약을 해제·해지한 경우에는 종국적으로 계약의 효력이

---

34) 대법원 2013.9.26. 선고 2013다16305 판결(미간행). 同旨 대법원 1994.1.11. 선고 92다56865 판결, 대법원
　　2007.9.6. 선고 2005다38263 판결[백선10], 대법원 2014.9.4. 선고 2013다204140,204157 판결(공2014하,
　　2013), 대법원 2014.9.4. 선고 2013다97007 판결(미간행).
35) 대법원 2002.5.28. 선고 2001다68068 판결(공2002, 1511).
36) 대법원 2012.10.11.자 2010마122 결정(공2012하, 1810).
37) 대법원 2004.11.12. 선고 2002다53865 판결(공2005, 1).
38) 대법원 2003.5.16. 선고 2000다54659 판결(공2003, 1297)[백선29].

상실되므로, 그 이후 회생절차폐지결정이 확정되더라도 위 조항에 근거한 해제·해지의 효력에는 영향을 미치지 않는다.[39]

　　판례는 甲 회사와 乙이 매매계약을 체결하면서 '甲 회사의 책임 있는 사유로 계약이 해제될 경우 계약금 전액은 乙에게 귀속한다'고 정하였는데, 매매계약의 쌍방 이행이 완료되지 않은 상태에서 甲 회사에 대한 파산선고가 된 사안에서, 甲 회사의 파산관재인이 채무자회생법 제335조 제1항에 의하여 매매계약을 해제한 때에도 매매계약에서 정한 위약금 약정이 적용된다고 하였으나,[40] 관리인이 채무자회생법 제119조 제1항에 따라 매매계약을 해제한 경우 매매계약 위약금 조항에서 계약금 상당 금액을 위약금으로 상대방에게 귀속시키는 것으로 정한 사유에 해당하지 않는다는 이유로 상대방은 관리인에게 매매계약 해제에 따른 원상회복으로 채무자로부터 받은 계약금을 반환할 의무가 있다고 하기도 하였고,[41] 하급심 판례 중에는 공사도급계약 이행과정에서 과다 지급된 공사대금의 반환채권은, 도급계약의 이행으로 지급한 선급금이 아니라 도급인이 착오 등에 의하여 과다 지급한 기성금으로 이를 아직 이행이 완료되지 아니한 급부에 대응하는 반대급부로 보기 어렵고, 따라서 도급계약의 해지로 인한 원상회복의 범위에 포함되는 것으로 볼 수도 없으므로 채무자회생법 제121조 제2항에서 정한 공익채권에 해당하는 것으로 보기 어렵다고 한 것이 있다.[42]

39) 대법원 2022.6.16. 선고 2022다211850 판결(공2022하, 1378)은 회생절차폐지결정은 그 확정 시점이 회생계획 인가 이전 또는 이후인지에 관계없이 소급효가 인정되지 아니한다는 점을 그 근거로 하였다. 원심인 서울고법 2022.1.13. 선고 2021나2003579 판결(미간행)은 위와 같은 결론은 회생계획폐지의 결정이 확정되어 채무자회생법 제6조 제1항에 의한 직권 파산선고에 의하여 파산절차로 이행된 경우를 말하는 것이고, 회생계획인가 이전에 회생절차가 폐지된 경우에는 회생계획인가 이후 회생절차 폐지시에 인정되는 효력 규정(법288조4항)이 적용되지 않으므로 해제, 해지의 효력은 더 이상 유지될 수 없다고 하였으나, 위 대법원 판결에 의하여 파기되었다.
40) 대법원 2013.11.28. 선고 2013다33423 판결(미간행)[백선74]은 파산관재인이 계약을 해제한 경우에는 위약금 약정이 적용되지 않는다고 한 원심을 파기한 사안이다. 이 판결에 대한 해설로 고홍석, "부동산 매매계약에 따른 중도금 지급 이후 매수인의 파산관재인이 채무자 회생 및 파산에 관한 법률 제335조 제1항에 의해 쌍방미이행 쌍무계약에 대한 해제권을 행사한 경우, 매매계약에서 정한 계약금 몰취 약정", 대법원판례해설 제97호, 법원도서관(2014), 373면 참조. 또한 대법원 2013.11.28. 선고 2013다204652 판결(미간행)은 원고인 관재인의 계약해제가 채무자의 파산을 원인으로 한 것으로서 채무자의 책임 있는 사유로 인한 것이므로 위약금 약정이 적용되어 매도인인 피고들은 계약해제에 따른 원상회복으로 지급받은 매매대금 중 중도금 상당액의 반환의무만을 부담한다고 판단한 원심을 유지하였다. 同旨 대법원 2013.11.28. 선고 2013다204676 판결(미발간).
41) 대법원 2017.9.7. 선고 2016다244552 판결(미간행).
42) 서울고법 2017.6.16. 선고 2017나2007345 판결(미간행)은 그 근거로 위 관련규정들은 회생절차의 원활한 진행과 상대방의 이익을 배려하여 당사자 사이의 이익균형을 고려한 규정으로 보이고, 채무자회생법 제121조 제2항 일반적인 공익채권의 개념에 해당하지 않지만 상대방 보호를 위하여 위 법에서 정한 해제 또는 해지로 인한 원상회복청구권에 대하여 특별히 공익채권으로 규정한 것으로 보이므로 위 조항은 예외적인 보호규정에 해당하는 것이어서 회생절차의 취지에 비추어 확장해석하는 것은 적절하지 않은 것으로 보인다는 점을 들면서 부당이득반환채권의 그 주요한 발생 원인이 회생절차개시 전에 이미 갖추어져 있었던 것은 명확한 것으로 보이고, 이와 같이 채권 발생의 원인이 회생

한편 판례 중에는 매수인이 회사정리절차개시결정 당시 매매계약상의 매도인인 정리회사에 대한 대금지급의무를 완전히 이행하지 아니한 경우 정리회사 관리인이 상대방 앞으로 경료된 등기의 말소를 구하고 있다면, 관리인의 의사는 매매계약의 이행을 선택할 의사가 없고, 오히려 그 계약의 해제를 선택하는 것, 즉 소장부본의 송달로 상대방에게 구회사정리법 제103조 제1항 소정의 해제의 의사표시를 한 것이라고 판시한 것이 있고,[43] 상대방이 파산선고 전에 발생한 쌍무계약상의 채권을 파산채권으로 신고하였고, 파산관재인이 쌍무계약의 해제 여부에 관하여 아무런 의사를 표시하지 아니한 채 상대방이 신고한 쌍무계약상의 채권을 파산채권으로 보아 파산절차를 진행하였으며, 강제화의조건에서도 상대방이 신고한 파산채권을 포함한 금전적 파산채권의 변제조건에 대하여만 규정하고 미이행 쌍무계약의 이행방법에 대하여 별도로 규정한 바가 없다면, 이는 상대방의 쌍무계약의 해제 여부에 대한 최고에 대하여 파산관재인이 확답을 하지 아니한 상태에서 계약관계가 더 이상 존속할 수 없는 상태에 이른 것과 다를 바 없으므로, 상대방의 최고에 대한 파산관재인의 선택권 행사 불응 시에 발생하는 불안정한 상태를 계약 해제로 해결하고 있는 채무자회생법 제335조 제2항(구 파산법50조2항)의 규정을 유추 적용하여 파산관재인이 쌍무계약을 해제한 것으로 보아야 한다고 한 것이 있다.[44]

또한 판례는 관재인·관리인이 채권조사기일에서 취한 행위를 계약해제로 볼 수 있는가가 문제된 사안에서 파산채권 등에 대한 신고 및 조사는 파산채권의 존재와 그 채권액, 우선권 등을 확정함으로써 채권자가 파산절차에 참여하여 채권자집회에서 의결권을 행사하고 채권의 순위, 채권액에 따라 배당을 수령할 수 있도록 하기 위한 것이므로, 그 절차의 진행과정에서 파산관재인이 시부인을 한 것에 대하여 미이행쌍무계약의 해제의 의사표시를 한 것으로 보거나, 채권자가 채권신고를 통하여 매매계약 해제의 의사표시를 한 것으로 보려면 채권자가 채권신고에 이르게 된 동기 및 경위, 채권신고서에 기재된 채권의 내용 및 원인, 파산관재인의 시부인 경위 등을 종합적으로 고려하여 볼 때 계약해제의 의사를 표시한 것으로 추단할만한 객관적 사정이 인정되어야 한다고 하였다.[45]

절차개시 전의 원인을 근거로 하는 이상, 비록 그 반환 대상이 되는 공사대금의 구체적인 액수가 도급계약의 해지 후 정산 시에 비로소 확정되었다 하더라도 위 채권이 채무자회생법에 정해진 회생채권이 되는데 아무런 영향이 없다고 하였다.

43) 대법원 1992.2.28. 선고 91다30149 판결(공 1992,1158).
44) 대법원 2009.5.28. 선고 2008다13005 판결(공2009하, 996).
45) 대법원 2010.2.25. 선고 2007다85980 판결(미간행)은 乙과 甲 사이에 매매계약이 체결되어 쌍방미이행의 상태로 있었는데 2000.11.24. 甲에 대하여 회사정리절차가 개시되자 乙의 대리인 丙이 2001.1.2. 정리회사 甲의 관리인에게 매매계약의 해제 여부를 최고하였고, 관리인은 제1회 채권자집회 및 채권조사기일에서 시부인 확인절차를 통하여 처리하겠다는 취지로 대답하면서 구체적으로 이행 여부에 대하여 답변하지 아니하였고, 그 후 정리회사 甲이 2001.5.11. 파산선고를 받게 되자 丙은 2001.6.8.경 법원에 매매계약상 채무불이행에 따른 손해배상청구권을 파산채권으로 신고하였고, 이에 대해 파산관재인은

관리인이 계약을 해제 또는 해지한 경우에는 상대방으로서는 채무자의 채무불이행을 이유로 손해배상을 청구하는 것이므로 그 계약이행으로 인하여 채권자가 얻을 이익 즉 이행이익의 배상을 구하는 것이 원칙이지만, 그에 갈음하여 그 계약이 이행되리라고 믿고 상대방이 지출한 비용 즉 신뢰이익의 배상을 구할 수도 있고, 그 신뢰이익 중 계약의 체결과 이행을 위하여 통상적으로 지출되는 비용은 통상의 손해로서 상대방이 알았거나 알 수 있었는지의 여부와는 관계없이 그 배상을 구할 수 있으며, 이를 초과하여 지출되는 비용은 특별한 사정으로 인한 손해로서 상대방이 이를 알았거나 알 수 있었던 경우에 한하여 그 배상을 구할 수 있고, 다만 그 신뢰이익은 과잉배상금지의 원칙에 비추어 이행이익의 범위를 초과할 수 없다.[46]

상대방이 가지는 손해배상의 범위에 관하여 하급법원 판례 중에는 「甲회사가 소외 乙회사와의 사이에 2차례에 걸쳐 1차 금 151,800,000원, 2차 금 73,981,600원 상당의 주방설

2001.9.7. 개최된 제1회 채권자집회 및 채권조사기일에서 위 신고된 파산채권 중 일부만 시인하고 나머지는 회원권으로 담보되어 있다는 이유로 부인하자, 丙이 2004.1.5. 회원권을 타에 매도한 후 위 부인 금액 중 매매대금을 제외한 부분에 대한 이의를 철회해 줄 것을 요청하자 파산관재인이 2004.7.15. 매매대금을 제외한 부분에 대하여 이의를 철회한 사안이다. 이에 대하여 원심은 이와 같이 2001.9.7. 파산관재인이 丙의 파산채권신고에 대하여 시부인한 것은 매매계약을 이행할 의사가 없고 丙이 회원권을 처분하거나 자신에게 귀속시키는 것에 대하여 허락한 것이므로 위 매매계약은 파산관재인에 의하여 해제되었거나, 그렇지 않더라도 그 무렵 위 매매계약은 묵시적으로 합의해제되었고, 아무리 늦어도 2004.7.15.경 묵시적으로 합의 해제되었다고 판단하였다. 그러나 대법원은 丙이 신고한 파산채권은 매매계약상 채무의 불이행에 따른 손해배상청구권인바, 채무불이행으로 인한 손해배상청구는 매매계약이 해제되는 경우뿐 아니라 해제되지 않고 존속하는 경우에도 발생될 수 있으므로, 丙의 위와 같은 파산채권 신고만으로는 丙이 매매계약 해제의 의사를 표시한 것으로 볼 수 없고, 파산관재인이 위와 같은 신고에 대하여 일부 시인하였다는 사정만으로는 계약해제의 의사를 표시한 것으로 볼 수 없으며, 또한 위 손해배상채권에 관하여 회원권으로 담보되어 있다는 파산관재인의 이의 사유가 반드시 매매계약의 해제를 전제로 하는 것이라고 단정하기에도 부족하고, 따라서 丙의 파산채권 신고나 파산관재인의 시부인 사실만으로는 丙이나 파산관재인이 매매계약을 해제하는 의사를 표시하였다고 추단할 만한 객관적 사정이 있다고 할 수 없고, 또한, 이와 같이 파산채권 신고에 대하여 관리인이 일부 부인하였다면 그 채권의 처리에 관하여 쌍방의 의사가 합치되지 아니하였으므로, 2001.9.7. 해제 내지는 그 채권의 처리에 관하여 합의가 이루어졌다고 할 수도 없다고 전제하고 다만, 위에서 본 바와 같이 원심이 인정한 사실에 의하면, 파산관재인의 부인에 의하여 이 사건 매매계약의 불이행으로 인한 손해배상청구권의 처리에 관하여 丙과 파산관재인이 서로 견해를 달리한 상태에서 이 사건 매매계약이 장기간 이행되지 않은 채로 있다가, 丙이 이 사건 매매계약의 목적물인 회원권을 타에 매각한 후 파산관재인에게 회원권 매각대금을 초과하는 부인금액에 대하여 이의를 철회하여 줄 것을 요청하고 파산관재인이 이를 수용하여 매매대금을 제외한 부분에 대하여 이의를 철회하였는바, 이러한 사정에 비추어 보면 乙의 대리인 丙과 甲은 위 회원권의 양수 내지는 처분에 관한 권한을 甲이 가지기로 하는 내용의 이 사건 매매계약을 서로 이행할 의사가 없이 丙이 회원권을 제3자에게 처분하고 甲의 파산관재인 또한 丙이 회원권을 제3자에게 처분하는 것을 용인함으로써 위 매매계약을 해제한다는 의사가 서로 일치되었으므로, 이로써 위 매매계약은 묵시적으로 해제되었다고 할 수 있다고 하여 결과적으로는 원심을 유지하였다.

46) 도산 사건은 아니지만, 대법원 2002.6.11. 선고 2002다2539 판결(공2002, 1617)은 채권입찰제 방식의 아파트분양에서 주택채권을 액면가로 매입하였다가 그 액면가에 미달하는 금액으로 매각한 후 분양자의 채무불이행으로 인하여 아파트 분양계약이 해제된 경우, 주택채권의 매입가와 그 시세에 상당하는 매각대금의 차액을 신뢰이익의 배상으로 청구할 수 있다고 한 사례이다.

비 납품계약을 체결하면서 그 납품대금의 3할 및 2할 상당액을 계약금으로 약정하고 위 1
차 계약의 일부이행으로 금 46,558,600원 상당액의 주방설비를 납품하였는데 그 후 乙회사
에 대하여 회사정리절차개시결정이 있어 그 절차가 진행되던 중 관리인이 회사정리법 제
103조 제1항에 따라 위 1차 계약 중 이미 이행된 부분을 제외한 나머지 부분과 제2차 계약
전부를 해제한 사안에서, 위 각 계약은 위 회사정리법의 규정에 의하여 적법하게 해제되
었다 할 것이고, 이러한 경우 그 상대방인 원고는 위 계약해제로 인한 손해배상에 관하여
일반의 정리채권을 가진다 할 것이다. (중략) 위와 같이 정리회사의 관리인이 계약을 해제
한 경우 실질적으로 그 계약해제는 정리회사의 책임에 귀속할 사유에 의한 이행불능으로
인한 것으로 보아야 할 것이므로 그에 따른 손해배상의 범위는 이른바 신뢰이익뿐만 아니
라 이행이익의 상실에 의한 손해의 배상을 포함하는 것으로 보아야 할 것이다」라고 판시
한 것이 있고,[47] 대법원 판례 중에는 구 회사정리법 상의 정리채권이라 함은 의사표시 등
채권 발생의 원인이 정리절차개시 전의 원인에 기해 생긴 재산상의 청구권을 말하는 것이
므로, 원래 채권 발생의 원인이 정리절차개시 전의 원인에 기한 것인 한 그 내용이 구체적
으로 확정되지 아니하였거나 변제기가 정리절차개시 후에 도래하더라도 정리채권으로 될
수 있지만, 채권의 발생원인이 쌍방미이행의 쌍무계약에 해당하는 경우에는 관리인이 이
행 또는 해제를 선택하기 전에는 관리인에게 그 이행을 청구할 수 없고 나아가 관리인이
이행을 선택하면 공익채권으로 취급되어 정리채권의 신고 대상이 아니며 반대로 관리인이
해제를 선택하면 채권 자체가 소멸되어 역시 정리채권의 신고 대상이 되지 못하고 단지
그 해제권 행사로 인한 손해배상청구권을 정리채권으로 신고할 수 있을 뿐이므로, 어느
경우에나 위 채권은 정리채권이 될 수 없고, 이와 같은 법리는 정리절차개시 당시에 매매
계약을 체결할 권리가 존재하였고 정리절차가 개시된 이후에 비로소 상대방의 권리행사에
의하여 매매계약이 성립되거나 장차 매매계약이 성립될 수 있어 아직 쌍방의 채무가 이행
되지 아니한 경우에도 유추 적용된다고 보아야 할 것이라고 한 사례가 있다.[48]

47) 서울고법 1990.7.18. 선고 90나9980 판결(하급심 판결집 1990, 제2권 63).
48) 대법원 2007.9.6. 선고 2005다38263 판결(공2007, 1530)[백선10]은 원고는 합작투자계약상의 도산해지조
항에 따른 계약해지권 및 주식매수청구권을 행사하지 아니한 채 정리법원에게 그 행사를 정지조건으
로 주식의 인도를 청구할 정리채권이 있음을 신고하였는바, 위 정지조건부 주식인도청구권은 원고가
정리절차개시 이후에 도산해지조항에 따른 계약해지권을 행사한 다음 다시 합작투자계약에 따라 주식
매수청구권을 행사할 경우에 성립하는 장래의 매매계약에 관한 권리이므로, 쌍방미이행의 쌍무계약에
관한 법리에 따라 관리인이 이행 또는 해제를 선택하기 전에는 관리인에게 그 이행을 청구할 수 없고,
나아가 관리인이 이행을 선택하면 공익채권으로 취급되어 정리채권의 신고 대상이 아니며, 반대로 관
리인이 해제를 선택하면 채권 자체가 소멸하여 역시 정리채권의 신고 대상이 되지 못하고 단지 그 해
제권 행사로 인한 손해배상청구권을 정리채권으로 신고할 수 있을 뿐이므로, 어느 경우에나 위 채권은
정리채권이 될 수 없고, 이와 같은 법리는 정리절차개시 당시에 매매계약을 체결할 권리가 존재하였고
정리절차가 개시된 후에 비로소 상대방의 권리행사에 의하여 매매계약이 성립하거나 장차 매매계약이
성립할 수 있어 아직 쌍방의 채무가 이행되지 아니한 경우에도 유추적용된다고 하였다.

일본의 판례는 파산관재인에 의한 계약의 해제는 계약당사자 쌍방의 공평과 파산절차의 신속한 종결을 도모하기 위한 제도이고, 「계약을 해제함으로써 상대방에게 현저히 불공평한 상황이 생기는 것과 같은 경우」에는 파산관재인은 해제권을 행사할 수 없다고 하고 있음은 전술하였다.[49]

(2) 쌍무계약의 유형에 따른 특칙

위에서 본 것은 가장 전형적인 쌍무계약 예컨대 매매계약에 적용되는 일반원칙이고, 법은 각종의 특수한 쌍무계약을 위한 특칙을 규정하고 있다. 그 중 임대차계약, 계속적 공급계약, 고용계약 등에 관하여는 항을 바꾸어 설명하고, 여기서는 그 이외의 쌍무계약에 관하여 본다.

(가) 거래소의 가격 있는 상품의 정기매매

파산에서는 특칙이 있는데, 거래소의 시세 있는 상품의 매매계약에 있어서 일정한 일시 또는 일정한 기간 내에 이행을 하지 아니하면 계약의 목적을 달할 수 없을 때, 그 시기가 파산선고 후에 도래하게 될 때에는 계약은 당연히 해제되는 것으로 하고, 손해배상액은 이행지에 있어서의 동종의 거래로서 동일한 시기에 이행할 것의 시세와 매매대가와의 차액에 의하여 이를 정한다. 채무자가 차액의 이익을 가질 때에는 상대방은 그 차액을 손해배상으로서 관재인에게 청구할 수 있고(법338조1항, 2항, 337조1항), 상대방이 이를 가질 때에는 상대방은 차액을 관재인에게 지급하여야 한다. 단 결제방법에 관하여 거래소에서 다른 규정을 한 것이 있는 때에는 그에 따른다(법338조3항).

위 규정은 어차피 청산하여야 할 관계를 간편 신속하게 결제하려고 하는 것이므로 해제를 원칙으로 하지 않는 회생절차에서는 이와 같은 특칙은 없고, 해제 여부는 원칙적으로 관리인의 판단에 의하며, 해제의 경우의 손해배상액도 위와 같은 법정액에 의할 필요는 없다.

(나) 도급계약

1) 수급인의 도산

도급계약은 수급인이 일의 완성의무를, 도급인이 보수의 지급의무를 부담한다(민664

---

49) 전술한 日最判平成12.2.29民集54권2호553면, 倒産判例 インデックス 제3판 140[百選81①]은 예탁금회원제 골프클럽의 회원이 파산하고 파산관재인이 해제 후 예탁금의 반환을 청구한 사안에서, 예탁금 회원제 골프클럽의 회원계약은 미이행 쌍무계약이라고 전제하고, 파산관재인이 회원계약을 해제할 수 있다고 하면 골프장 경영회사는 골프장 시설을 항상 이용할 수 있는 상태로 유지하여야 하는 상황에는 아무런 변화가 없음에도 불구하고 예탁금을 반드시 반환하여야 함에 반하여, 회원은 골프장 시설이용권을 잃을 뿐이어서 심히 양자의 균형을 잃게 되고, 연회비의 지급의무는 회원계약의 본질적·중핵적인 것은 아니고, 부수적인 것에 불과하여 현저히 불공평한 상황이 생기므로 해제할 수 없다고 하였다. 한편 日最判平成12.3.9判時1708호123면[百選81②]은 골프장 시설이용요금지급의무는 이용시에 발생하므로 회원측에 미이행의무는 없다고 하여 위 규정에 기하여 해제할 수는 없다고 하였다.

조). 도산의 문제와 관계없이 판례는 공사도급계약이 해제된 경우에 해제될 당시 공사가 상당한 정도로 진척되어 이를 원상회복하는 것이 중대한 사회적·경제적 손실을 초래하고 완성된 부분이 도급인에게 이익이 되는 경우에 도급계약은 미완성 부분에 대하여만 실효되고 수급인은 해제한 상태 그대로 공사물을 도급인에게 인도하며, 도급인은 특별한 사정이 없는 한 인도받은 공사물의 완성도나 기성고 등을 참작하여 이에 상응하는 보수를 지급하여야 하는 권리의무관계가 성립하고, 수급인이 공사를 완공하지 못한 채 공사도급계약이 해제되어 기성고에 따른 공사비를 정산하여야 할 경우, 기성 부분과 미시공 부분에 실제로 들어가거나 들어갈 공사비를 기초로 산출한 기성고 비율을 약정 공사비에 적용하여 공사비를 산정하여야 하는데, 기성고 비율은 공사대금 지급의무가 발생한 시점, 즉 수급인이 공사를 중단할 당시를 기준으로 이미 완성된 부분에 들어간 공사비에다 미시공 부분을 완성하는 데 들어갈 공사비를 합친 전체 공사비 가운데 완성된 부분에 들어간 비용이 차지하는 비율을 산정하여 확정하여야 하고,[50] 공사도급계약에 따라 주고받는 선급금은 일반적으로 구체적인 기성고와 관련하여 지급되는 것이 아니라 전체 공사와 관련하여 지급되는 공사대금의 일부로서 도급인이 선급금을 지급한 후 도급계약이 해제되거나 해지된 경우에는 특별한 사정이 없는 한 별도의 상계 의사표시 없이 그때까지 기성고에 해당하는 공사대금 중 미지급액은 당연히 선급금으로 충당되고 공사대금이 남아 있으면 도급인은 그 금액에 한하여 지급의무가 있고, 거꾸로 선급금이 미지급 공사대금에 충당되고 남는다면 수급인이 남은 선급금을 반환할 의무가 있다는 입장을 취하여 왔다.[51]

---

50) 대법원 2017.12.28. 선고 2014다83890 판결(공2018상, 414)은 甲 건설회사가 乙에게서 노인복지타운 신축 공사 중 토공사와 부대토목공사를 도급받아 가시설공사를 진행하다가 중단하였고, 공사 중단 당시 가시설공사 중 터파기 공사에 해당하는 부분은 대체로 마무리된 반면 흙막이 공사 부분은 이루어지지 않았으나, 암발파 방법에 의한 오픈컷(Open Cut) 공사가 이루어진 것과 유사한 외관을 띄고 있어 이에 따라 굳이 흙막이 공사를 하지 않아도 되는 상태인데, 甲 회사가 乙을 상대로 제기한 공사대금청구소송에서 공사 중단 당시의 기성고 비율이 문제 된 사안에서, 가시설공사 중 흙막이 공사 부분은 현장의 지반여건 변화에 따라 설계도면에 따른 터파기 공사와 흙막이 공사의 방법이 아닌 암발파 오픈컷 방법으로 시공된 것으로 보이는데, 甲 회사의 암발파 방법에 의한 오픈컷 공사가 이루어져서 굳이 흙막이 공사를 하지 않아도 되는 상태이고, 이와 같은 상황에서 흙막이 공사가 없더라도 가시설공사가 예정한 목적과 기능이 달성될 수 있어 후속 공정을 진행하는 데 별다른 문제나 장애가 없다면, 흙막이 공사 부분이 미완성 부분으로서 공정률에서 제외되어야 한다고 보기 어려우므로, 이와 같은 경우 공사의 시공 부분과 미시공 부분을 구별하여 이미 완성된 부분에 든 공사비와 미완성 부분을 완성하는 데 들어갈 공사비를 각각 산출한 다음 기성고를 산정하여야 하는데도, 공사 중단 당시 물리적으로 흙막이 공사가 이루어지지 않았다는 이유만으로 흙막이 공사 부분을 기성고 산정의 공정률에서 제외하고, 가시설공사의 공사계약금액에서 단순히 흙막이 공사에 해당하는 공사계약금액을 뺀 나머지 공사금액을 기준으로 기성고를 산정한 원심판단에 법리오해의 잘못이 있다고 한 사례이다.

51) 대법원 2017.1.12. 선고 2014다11574,11581 판결(공2017상, 305)은 건축공사도급계약이 중도해제된 경우 도급인이 지급하여야 할 보수는 특별한 사정이 없는 한 당사자 사이에 약정한 총 공사비에 기성고 비율을 적용한 금액이지 수급인이 실제로 지출한 비용을 기준으로 할 것은 아니며, 기성고 비율은 공사대금 지급의무가 발생한 시점, 즉 수급인이 공사를 중단할 당시를 기준으로 이미 완성된 부

또한 건축공사의 도급계약에 있어서는 이미 그 공사가 완성되었다면 특별한 사정이 있는 경우를 제외하고는 이제 더 이상 공사도급계약을 해제할 수는 없다고 할 것이고, 회생절차개시 전에 이미 건물을 완공하여 인도하는 등으로 건축공사 도급계약을 해제할 수 없게 되었다면 수급인은 회생절차개시 전에 도급계약에 관하여 그 이행을 완료한 것으로 보아야 하고, 이러한 경우 수급인에 대한 회생절차개시 후에 완성된 목적물의 하자로 인한 손해가 현실적으로 발생하였더라도, 특별한 사정이 없는 한 하자보수에 갈음하는 손해배상청구권의 주요한 발생원인은 회생절차개시 전에 갖추어져 있다고 봄이 타당하므로, 위와 같은 도급인의 하자보수에 갈음하는 손해배상청구권은 회생채권에 해당한다고 보아야 하며, 나아가 위 하자담보책임을 넘어서 수급인이 도급계약에 따른 의무를 제대로 이행하지 못함으로 말미암아 도급인의 신체 또는 재산에 확대손해가 발생하여 수급인이 도급인에게 그 손해를 배상할 의무가 있다고 하더라도, 특별한 사정이 없는 한 도급인의 위와 같은 채무불이행으로 인한 손해배상청구권 역시 회생절차개시 전에 주요한 발생원인을 갖춘 것으로서 회생채권에 해당한다고 하였음은 전술하였다.[52]

수급인의 파산에 있어서는 특별한 규정은 없고, 구 파산법 제50조(채무자회생법337조)의 적용이 있는가 여부가 구 파산법 시대부터 논란이 되었다. 여기서는 수급인의 의무가 고용계약의 경우와 같이 수급인의 개인적인 노무의 제공을 내용으로 하는 경우와 그러하지 아니한 경우를 구별할 필요가 있다. 전자의 경우 수급인이 파산하여도 고용계약에 있어서의 피용자 파산의 경우와 마찬가지로 도급계약은 개인적인 관계이므로 파산관재인에게 인계되는 것은 아니고, 파산 외에서 채무자인 수급인과 도급인 사이에 존속하며, 일이 완성된 때에는 보수청구권은 채무자의 자유재산에 속한다. 그러나 이 경우 파산관재인은 이 관계에 개입하여 채무자에게 필요한 재료를 공급하여 일을 완성하게 하거나 또는 그 일이 성질상 채무자 자신이 함을 요하지 아니하는 때에는 제3자로 하여금 이를 하게 할 수 있다(법341조1항, 후자의 경우는 채무자 자신도 공사를 할 수 없게 된다). 이 경우에는 채무자가 받을 보수는 파산재단에 속하고(법341조2항), 일을 한 채무자 또는 제3자는 재단채권으

분에 들어간 공사비에다 미시공 부분을 완성하는 데 들어갈 공사비를 합친 전체 공사비 가운데 완성된 부분에 들어간 비용이 차지하는 비율을 산정하여 확정하여야 하나, 공사 기성고 비율과 대금에 관하여 분쟁이 있는 경우에 당사자들이 공사규모, 기성고 등을 참작하여 약정으로 비율과 대금을 정산할 수 있다고 하였다.

52) 대법원 2016.6.24. 선고 2014다220484 판결(미간행)은 대법원 2001.10.9. 선고 2001다24174,24181 판결을 참조 판결로 들었다. 이 판결에 대한 해설로 김희중, "건축공사 도급계약의 수급인이 회생절차개시 전에 이미 건물을 완공하여 인도하는 등으로 도급계약에 관하여 이행을 완료하였는데, 수급인에 대한 회생절차개시 후에 완성된 목적물의 하자로 인한 손해가 현실적으로 발생한 경우, 도급인의 하자보수에 갈음하는 손해배상청구권이 회생채권에 해당하는지 여부 및 수급인이 위 도급계약에 따른 의무를 제대로 이행하지 못함으로 말미암아 확대손해가 발생한 경우, 도급인의 채무불이행으로 인한 손해배상청구권이 회생채권에 해당하는지 여부", 대법원판례해설 제103호, 법원도서관(2015), 380면 참조.

2. 채무자를 둘러싼 미해결·계속중인 법률관계 313

로서 관재인에게 보수를 청구할 수 있다.[53]

　이에 반하여 개인적인 노무가 도급계약의 요소가 아닌 경우(통상의 건축도급은 이에 해당한다)에는 도급계약도 하나의 재산관계로서 파산재단에 인계된다. 수급인 채무자가 법인인 경우에는 보통 이에 해당한다. 그런데 이 경우의 처리에 있어서는 쌍방미이행의 쌍무계약의 일반원칙에 따라 관재인이 이행 또는 해제를 결정할 수 있다. 해제하지 않은 경우(그러나 도급인이 해제하는 수가 있다. 민673조)에는 관재인은 채무자(수급인이 개인인 경우) 또는 제3자로 하여금 이행하게 할 수 있고, 완성에 의한 보수청구권은 파산재단에 속하는 것은 물론이다. 관재인이 해제를 선택한 때에는 상대방은 이미 지급한 금원이나 제공한 재료 또는 그 가액(정산할 것이 있는 때에는 정산 후의 잔액)을 재단채권으로서 청구할 수 있고(법337조2항), 나아가 손해배상을 파산채권으로서 청구할 수 있다(법337조1항). 종래의 학설은 모두 개인파산, 그리고 개인적 노무를 내용으로 하는 도급계약을 안중에 두고, 수급인의 파산의 경우는 법 제335조의 적용은 없다고 하여 왔다. 그러나 법인수급인의 파산의 경우를 생각하면 이 견해는 유지하기 어렵다. 대법원도 구 파산법 하에서 "수급인이 파산선고를 받은 경우에 도급계약에 관하여 파산법 제50조의 적용을 제외하는 취지의 규정이 없는 이상, 당해 도급계약의 목적인 일의 성질상 파산관재인이 채무자의 채무의 이행을 선택할 여지가 없는 때가 아닌 한 파산법 제50조의 적용을 제외하여야 할 실질적인 이유가 없다. 따라서 파산법 제50조는 수급인이 파산선고를 받은 경우에도 당해 도급계약의 목적인 일이 채무자 이외의 사람이 완성할 수 없는 성질의 것이기 때문에 파산관재인이 채무자의 채무이행을 선택할 여지가 없는 때가 아닌 한 도급계약에도 적용된다"고 하였다.[54]

　일본의 판례도 일이 파산한 수급인 이외의 자에 의하여 완성할 수 없는 것이 아닌 한, 일본파산법 제53조(우리 채무자회생법 제335조에 대응)가 적용되고, 파산관재인이 해제를 선택한 경우 도급계약이 가분이면, 기시공부분을 해제할 수는 없고, 미시공부분에 관하여만 해제할 수 있다고 해석하고 있으므로,[55] 파산관재인은 완성된 기성고 부분의 보수를 도급인에게 청구할 수 있는데, 도급인이 수급인에 대하여 일부 기성금을 지급하였고(전액을 이

---

53) 이 경우에는 법 제335조의 적용은 없고 관재인에 의한 해제는 문제되지 않지만 도급인의 해제는 물론 가능하다(민673조).

54) 대법원 2001.10.9. 선고 2001다24174,24181 판결(공2001, 2431)[백선75]. 반대로 입법자는 모든 경우에 법 제335조가 적용되는 것을 전제로 하고, 법 제341조는 관재인이 이행을 선택한 경우의 이행의 방법을 규정한 것이라는 견해도 있다. 그러나 이 해석은 문언상 무리이고, 차라리 판례가 취하는 해석이 옳다. 따라서 법률은 수급인 파산의 경우에도 원칙적으로 법 제335조의 적용이 있는 것을 전제로 하고, 다만 도급계약의 내용상 그 적용이 있다고 할 수 없는 경우에도 도급계약상의 이익을 파산재단에 흡수하기 위하여 특히 법 제341조를 두어 관재인에게 개입권을 인정한 것이라고 해석하여야 할 것이다. 이와 같은 해석이 「채무자가 도급계약에 의하여 일을 하여야 하는 의무가 있는 때에는」이라는 한정적인 문언에 가장 적합하고, 회생에 관한 법규정의 해석과도 통일을 기할 수 있다.

55) 日最判昭和56.2.17判時996호61면, 同旨 日大判昭和7.4.30民集11권780면.

미 지급한 경우에는 일방이 기이행이 되므로 쌍방미이행의 계약이 되지 않는다), 이미 지급한 선급금을 정산하여도 잔액이 있는 경우(즉 선급금 초과의 경우)에 관하여 대가적 견련관계를 중시하여 도급인의 선급금반환청구권을 재단채권으로 해석하여야 한다고 하였다.56) 한편 미완성의 잔여공사에 관하여 도급인이 초과비용을 들인 경우 파산관재인의 기성고 부분의 보수청구에 대하여 도급인이 그 손해배상청구권을 자동채권으로 하여 상계할 수 있는가가 문제된다(법422조1호에 의하여 상계가 금지될 것이다). 또한 도급계약에서 위약금조항이 규정되어 있는 경우 파산관재인이 채무자회생법 제335조에 기하여 계약을 해제할 때에도 적용될 수 있는가가 문제가 된다. 약정해제권이 아니라 채무자회생법이 정한 법정해제권이라는 법규정의 취지를 어떻게 해석할 것인가에 달려 있을 것이다.57)

수급인인 채무자에 관하여 회생절차가 개시된 때에는 위에서 본 수급인의 파산의 경우와 같이 일반원칙(법119조, 121조)이 적용되고, 이행을 선택하면 관리인은 사업경영의 일환으로 계약을 이행하게 된다.

2) 도급인의 도산

도급인의 파산의 경우 채무자회생법 제335조가 아니라 민법이 적용되어 도급인에게도 해제권이 인정된다. 즉, 도급인이 파산한 때에는 수급인 또는 파산관재인은 계약을 해제할 수 있고, 수급인은 파산관재인에 대하여 해제여부의 확답을 촉구할 수 있다(민674조1항, 법339조). 해제된 때에는 수급인은 이미 행한 일에 대한 보수 및 비용에 관하여 파산채권자가 되고(민674조1항), 그 반영으로 일의 결과는 파산재단에 귀속한다.58) 그러나 양 당사자는 서로 해약(해제)에 의한 손해를 청구할 수 없다(민674조2항).59) 해제되지 않은 채 일이 완성된 때에는 완성물은 파산재단에 속하고, 수급인의 보수청구권은 전액 재단채권이 된다(법473조4호). 일이 완성된 후에는 도급인에게는 해제권이 없다.60) 도급인이 파산하여

---

56) 日最判昭和62.11.26民集41권8호1585면, 倒産判例 インデックス 제3판 138[百選80]. 이에 대하여 도급인의 선급은 신용공여로 보아야 한다는 이유로 재단채권으로 취급하는 것에 의문을 표하는 반대설도 있다.

57) 日名古屋高判平成23.6.2金法1944호127면, 倒産判例 インデックス 제3판 135[百選78②]는 수급인의 파산관재인이 미이행쌍무계약의 규정에 따라 도급계약을 해제하는 경우는 도급계약상의 위약금조항에 의한 위약금 발생사유에 해당하지 않는다고 한 사안이다.

58) 日最判昭和53.6.23金判555호46면, 倒産判例 インデックス 제3판 137[百選79].

59) 일본 민법 제642조는 도급인의 파산에 따른 도급계약의 해제에 의한 손해의 배상은 파산관재인이 계약의 해제를 한 경우의 수급인에 한하여 청구할 수 있고, 이 경우 수급인은 그 손해배상에 관하여 파산재단의 배당에 가입한다고 규정하고 있다.

60) 인도를 요하는 도급계약에 있어서 공사의 완성 후 인도 전(예컨대 건축도급에 있어서 건물의 완성 후 인도 전)에 도급인에게 파산절차가 개시된 경우 파산관재인에 의한 계약해제를 인정하면 파산재단은 완성된 목적물에 대한 권리를 취득하기 때문에 그 인도를 청구할 수 있고, 실질적으로 이행선택을 한 것과 동일한 효과를 얻으면서도 반대채권인 수급인의 보수청구권은 파산채권으로 행사할 수밖에 없게 된다. 그렇기 때문에 이 경우에는 민법 제647조에 의하여 파산관재인이 도급계약을 해제

수급인이 일의 목적물을 점유하고 있는 경우 수급인은 보수등 청구권을 피담보채권으로 하여 상사유치권을 행사할 수 있는 경우가 있다. 다만 건물건축 수급인에게 토지의 상사유치권이 성립하는가에 관하여는 다툼이 있다.[61]

판례는 구 파산법 하에서 도급인이나 위임의 당사자 일방이 파산선고를 받은 경우에는 당사자 쌍방이 이행을 완료하지 아니한 쌍무계약의 해제 또는 이행에 관한 구 파산법 제50조 제1항(법335조 1항)이 적용될 여지가 없고, 도급인이 파산선고를 받은 경우에는 민법 제674조 제1항에 의하여 수급인 또는 파산관재인이 계약을 해제할 수 있고, 위임의 당사자 일방이 파산선고를 받은 경우에는 민법 제690조에 의하여 위임계약이 당연히 종료되며, 도급계약의 해제 및 위임계약의 종료는 그 각 조문의 해석상 장래에 향하여 도급 및 위임의 효력을 소멸시키는 것을 의미한다고 하였고,[62] 채무자회생법 하에서도 도급인이 파산선고를 받은 경우에는 민법 제674조 제1항에 의하여 수급인 또는 파산관재인이 계약을 해제할 수 있고, 이 경우 수급인은 일의 완성된 부분에 대한 보수와 보수에 포함되지 아니한 비용에 대하여 파산재단의 배당에 가입할 수 있는데, 위와 같은 도급계약의 해제는 해석상 장래에 향하여 도급의 효력을 소멸시키는 것을 의미하고 원상회복은 허용되지 아니하므로, 당사자 쌍방이 이행을 완료하지 아니한 쌍무계약의 해제 또는 이행에 관한 채무자회생법 제337조가 적용될 여지가 없다고 하였다.[63]

회생에서는 민법에 의한 특칙이 없으므로 일반원칙인 채무자회생법 제121조에 의한다. 즉 도급인인 채무자의 관리인만이 해제권을 갖고, 해제된 때에는 수급인은 손해배상청구권을 가지고 회생채권자가 된다. 이미 행한 공사의 결과는 채무자에 귀속한다(해제의 효과의 불소급에 인한다). 수급인이 가지는 보수청구권의 성질과 관련하여서는 채무자회생법 제121조 제2항에 의하여 수급인은 자신이 한 급부가 회생 채무자의 재산 중에 그대로 있는 경우에는 그것의 반환을 바로 청구할 수 있고, 만약 그대로 있지 않는 경우에는 그 가액의 반환을 공익채권으로 행사할 수 있다는 견해도 있으나,[64] 판례는 파산절차에 관한 특칙인 민법 제674조 제1항은 공사도급계약의 도급인에 대하여 회생절차가 개시된 경우에도 유추 적용할 수 있고, 따라서 도급인의 관리인이 도급계약을 미이행쌍무계약으로 해제

할 수 있는 여지는 없다고 하여야 한다. 日東京地判平成12.2.24金判1092호22면 참조.
61) 日東京高決平成10.11.27判時1666호141면, 倒産判例 インデックス 제3판 76[百選55]은 건물건축 수급인의 토지에 대한 상사유치권의 성립을 긍정하고, 나아가 저당권과의 우열에 관하여 토지의 상사유치권의 성립시와 저당권설정등기시의 선후에 의하여 결정될 수 있다고 하였다.
62) 대법원 2002.8.27. 선고 2001다13624 판결(공2002, 2283). 이 판결에 대한 해설로는 이동원, "도급인이나 위임의 당사자 일방이 파산한 경우 파산법 제50조 제1항의 적용여부", 대법원판례해설 제42호, 법원도서관(2003), 190면 참조. 한편 일본의 민법 제642조는 제1항은 그대로 두고 파산관재인이 해제한 경우 수급인이 가지는 손해배상청구권만을 인정하되 이를 파산채권으로 취급하는 것으로 개정되었다.
63) 대법원 2017.6.29. 선고 2016다221887 판결(공2017하, 1563)[백선24].
64) 윤재윤, "건설분쟁관계법 제8판", 박영사(2021), 685면.

한 경우 그때까지 일의 완성된 부분은 도급인에게 귀속되고, 수급인은 채무자회생법 제
121조 제2항에 따른 급부의 반환 또는 그 가액의 상환을 구할 수 없고 일의 완성된 부분에
대한 보수청구만 할 수 있고, 수급인이 갖는 보수청구권은 특별한 사정이 없는 한 기성비
율 등에 따른 도급계약상의 보수에 관한 것으로서 주요한 발생 원인이 회생절차개시 전에
이미 갖추어져 있다고 봄이 타당하므로, 이는 채무자회생법 제118조 제1호의 회생채권에
해당한다고 하였다.[65]

    한편 건설사들이 공동으로 공사를 도급받아 시공하던 중 건설사 중 일부에 대하여 회
생절차가 개시되는 경우가 있는데, 판례 중에는 甲 회사 등 4개 건설사로 구성된 공동수급
체와 乙 공사 사이에 체결된 공사도급계약에 따라 공동수급체 구성원들이 각자 丙 공제조
합과 계약이행보증계약을 체결하여 乙 공사에 공사이행보증서를 제출하였는데, 도급공사
진행 중 甲 회사가 乙 공사에 채무자회생법 제119조 제1항을 근거로 도급계약의 해지를
통보하자, 공동수급체의 잔존 구성원들이 乙 공사의 승인을 받아 甲 회사를 공동수급체에
서 탈퇴시키고 甲 회사의 지분을 잔존 구성원들이 승계하는 내용으로 출자비율을 변경한
다음 乙 공사와 출자비율 변경을 반영한 도급계약을 다시 체결하여 공사를 계속하였으나,
결국 공사를 완료하지 못한 사안에서, 甲 회사 등이 체결한 보증계약 약관의 문언과 체계
등을 고려하면 위 약관에서 보증사고로 정한 '수급인의 의무불이행'은 보증계약의 계약자
인 수급인의 의무불이행을 가리키므로 공동이행방식의 공동수급체 구성원 중 보증계약의
계약자인 수급인이 주채무인 도급계약상 의무를 불이행함으로써 보증사고가 발생한다고
볼 수 있고, 甲 회사 탈퇴 후 체결된 변경된 도급계약은 乙 공사와 잔존 구성원들 사이에
서 장래 공사에 대한 출자지분을 외부적으로 확정하기 위해 체결된 것에 불과할 뿐, 잔존
구성원들이 변경된 도급계약을 체결하면서 甲 회사의 출자지분을 분할하여 가산하였다는
사정만으로는 잔존 구성원들이 甲 회사의 乙 공사에 대한 채무를 면책적으로 승계하였다
고 단정할 수 없으므로, 결국 甲 회사가 도급계약을 해지한 때에 甲 회사가 丙 조합과 체
결한 보증계약의 보증사고가 발생하였고 이후 잔존 구성원들이 도급계약상 의무를 이행하
지 않아 乙 공사가 丙 조합을 상대로 위 보증계약에 따른 보증금의 지급을 청구할 수 있다
고 보아야 하는데도, 이와 달리 본 원심판결에는 공동이행방식의 공동수급체가 관여된 도
급계약과 보증계약에서 보증사고와 면책적 채무인수에 관한 법리오해 등 잘못이 있다고

---

[65] 위 대법원 2017.6.29. 선고 2016다221887 판결은 회생절차와 파산절차는 절차개시 전부터 채무자의
    법률관계를 합리적으로 조정·처리하여야 한다는 점에서는 공통되고, 미이행계약의 해제와 이행에
    관한 규정인 채무자회생법 제121조와 제337조의 규율 내용도 동일하다는 점을 그 근거로 하였다. 이
    판결은 보수청구권을 회생채권으로 본 결론은 타당하더라도, 그렇다면 도급계약에 관하여는 파산과
    마찬가지로 채무자회생법 제121조가 적용될 여지가 없다는 것인지 의문이다. 결론에 찬성하는 견해
    로 임치용, "건설회사에 대하여 회생절차가 개시된 경우의 법률관계", "파산법연구 4", 박영사(2015),
    31면 참조.

한 사례가 있다.66)

반면에 관리인이 이행을 청구하여 공사가 완성된 때에는 수급인의 보수청구권은 공익채권이 된다(법179조1항7호). 대법원은 매월 1회씩 기성고에 따라 공사대금을 지급하기로 하는 도급계약에 기하여 공사를 진행하던 중 도급인에 대하여 회사정리절차개시결정이 내려진 사안에 관하여 일반적으로 도급계약에 있어서 수급인이 완성하여야 하는 일은 불가분이므로 그 대금채권이 회사정리절차개시 전의 원인으로 발생한 것과 그러하지 아니한 것으로 분리될 수 없는 것이 원칙이고, 공사대금의 지급방법에 관하여 매월 1회씩 그 기성고에 따라 지급하기로 한 것은 중간공정마다 기성고를 확정하고 그에 대한 공사대금을 지급하기로 한 것과는 다를 뿐 아니라, 도급인 정리회사의 관리인들이 단순히 수급인에 대하여 도급계약에 따른 채무이행의 청구를 한 것을 넘어서서 수급인과 사이에 당초의 도급계약의 내용을 변경하기로 하는 새로운 계약을 체결하기까지 하였다면, 정리개시결정 이전에 완성된 공사 부분에 관한 대금채권이라는 이유로 공익채권이 아니라 일반 정리채권에 불과한 것으로 취급될 수 없다고 판시한데 이어,67) 기성공사부분에 대한 대금을 지급하지 못한 상태에서 도급인인 회사에 대하여 회사정리절차가 개시되고, 상대방이 정리회사의 관리인에 대하여 계약의 해제나 해지 또는 그 이행의 여부를 확답할 것을 최고했는데 그 관리인이 그 최고를 받은 후 30일 내에 확답을 하지 아니하여 해제권 또는 해지권을 포기하고 채무의 이행을 선택한 것으로 간주될 때에는 상대방의 기성공사부분에 대한 대금청구권은 '관리인이 채무의 이행을 하는 경우에 상대방이 가진 청구권'에 해당하게 되어 공익채권으로 된다고 거듭 확인하였다.68) 나아가 기본설계용역계약과 실시설계용역계약은 별도의 계약으로서 서로 분리할 수 있는 가분계약(可分契約)이라고 판단한 후 회생절차 개시 전 발생한 기본설계용역대금 지급청구권은 회생채권이라고 한 사례도 있다.69) 이와 같은 판례의 태도에 대하여는 건설회사의 회생에 도움이 되지 않고, 이미 이행을 완료한 하수급인과 이행을 완료하지 아니한 하수급인 사이의 형평성 문제가 발생한다는 이유로 비판적인 견해도 있으나, 법원의 실무는 도급계약의 불가분성을 이유로 건설회사 관리인이 하도급계약의 이행을 선택하는 경우 회생절차 개시 이전의 기성공사대금채권을 포함한 공사대금 전액을 공익채권으로 취급하고 있다.

한편 「하도급거래 공정화에 관한 법률」 제14조 제1항 제1호는 발주자는 원사업자의

66) 대법원 2020.11.26. 선고 2017다271995 판결(공2021상, 99)는 계약이행보증계약에서 보증사고란 보증인의 계약이행보증책임을 구체화하는 불확정한 사고를 가리키는데, 이러한 보증사고가 구체적으로 무엇인지는 당사자 사이의 약정으로 계약 내용에 편입된 약관과 약관이 인용하고 있는 이행보증서와 주계약의 구체적인 내용 등을 종합하여 결정하여야 한다고 전제하였다.
67) 대법원 2003.2.11. 선고 2002다65691 판결(공2003, 792)[백선39].
68) 대법원 2004.8.20. 선고 2004다3512,3529 판결(공2004, 1577)[백선27].
69) 대법원 2016.2.18. 선고 2014다31806 판결(공29016상, 411)[백선57].

지급정지·파산 등으로 원사업자가 하도급대금을 지급할 수 없게 된 경우로서 수급사업자가 하도급대금의 직접 지급을 요청한 때에는 하도급대금을 그 수급사업자에게 직접 지급하여야 한다고 규정하고 있고, 위 법 시행령 제9조 제3항은 "발주자는 원사업자에 대한 대금지급의무의 범위에서 하도급대금 직접지급의무를 부담한다."라고 규정하고 있는데, 판례는 원사업자에 대하여 회사정리절차가 개시된 경우에도 구 회사정리법 제112조의 규정에 의하여 「하도급거래 공정화에 관한 법률」 제14조의 적용이 배제되어야 한다고 볼 수 없다고 판시하였다.70) 따라서 하수급업자가 원사업자(회생회사)가 발주자에 대하여 가지는 공사대금채권을 발주자에 대하여 직접 청구하는 것은 회생회사에 대한 강제집행이 아니므로 적법하게 된다. 물론 발주자가 수급사업자로부터 하도급대금의 직접지급을 요청받을 당시 원사업자 또는 수급인에 대한 대금지급채무가 이미 변제로 소멸한 상태인 경우 발주자의 수급사업자 등에 대한 직접지급의무는 발생하지 아니한다. 그럼에도 발주자가 수급사업자 등에 대한 직접지급의무가 발생하였다고 착오를 일으킨 나머지 수급사업자 등에게 하도급대금 등을 지급하였다면, 이는 채무자가 아닌 제3자가 타인의 채무를 자기의 채무로 잘못 알고 자기 채무의 이행으로서 변제한 경우에 해당하므로, 특별한 사정이 없는 한 발주자는 수급사업자 등을 상대로 부당이득반환을 청구할 수 있다.71) 물론 원사업자의 파산으로 원사업자가 하도급대금을 지급할 수 없게 된 경우로서 수급사업자가 발주자에게 하도급대금의 직접지급을 요청한 때에는 발주자는 수급사업자에게 하도급대금을 직접 지급하여야 할 의무를 부담하는 것이기는 하지만, 특별한 사정이 없는 한 발주자는 원사업자에 대한 대금지급의무의 범위 안에서만 하도급대금 직접지급의무를 부담할 뿐이다.72)

수급인이 공사를 완성한 후 목적물을 인도하기 전에 도급인이 파산한 경우에 관하여 일본의 하급심 판례는 ① 도급계약이 쌍방미이행인 상태에서 도급인이 파산한 경우의 계

---

70) 대법원 2007.6.28. 선고 2007다17758 판결(공2007, 1168).
71) 대법원 2017.12.13. 선고 2017다242300 판결(공2018상, 166). 건설산업기본법 제35조 제7항에 의하면, 수급인이 건설산업기본법 제32조 제4항, 제35조 제2항 제4호에 따라 건설기계 대여업자에게 건설기계 대여대금을 직접 지급하는 경우에도 「하도급거래 공정화에 관한 법률」 시행령 제9조 제3항이 준용된다. 위 판결은 원심이 원고가 건설회사 등에 대한 직접지급의무가 발생하였다고 착오를 일으킨 나머지 하도급대금 등을 지급한 것은 원고가 건설회사 등에 대한 자신의 직접지급의무를 이행할 의사로 한 것이라고 보아야 할 것이지, 타인의 채무인 피고(회생회사 관리인)의 건설회사 등에 대한 하도급대금 등의 채무를 변제할 의사로 한 것이라고 볼 것은 아니므로 이는 채무자가 아닌 제3자가 타인의 채무를 자기의 채무로 잘못 알고 자기 채무의 이행으로서 변제한 경우에 해당하므로, 특별한 사정이 없는 한 원고는 건설회사 등을 상대로 부당이득반환을 청구할 수 있을 뿐이고 피고를 상대로 부당이득반환을 구할 수는 없고, 따라서 원고가 피고에 대하여 구하는 건설회사 등에게 지급한 하도급대금 등에 관한 부당이득반환청구는 이유 없어 기각하여야 한다고 하였다. 同旨 대법원 2019.12.24. 선고 2018다223139 판결(미간행).
72) 대법원 2005.7.28. 선고 2004다64050 판결(미간행)은 원사업자의 파산으로 발생한 발주자의 하도급대금 직접지급의무는 파산폐지결정으로 소멸하지 않는다고 한 사례이다.

2. 채무자를 둘러싼 미해결·계속중인 법률관계 319

약의 해제에 관하여는 파산법의 쌍방미이행 계약에 관한 규정의 특별법으로서 일본민법 제642조(우리 민법674조에 대응)가 적용되고, ② 파산관재인에 의한 이행의 선택이 있은 후에는 일본민법 제642조에 의한 해제는 불가능하며, ③ 수급인의 공사가 완성된 후에 도급인이 파산한 경우에는 일본 민법 제642조에 의한 해제의 여지는 없다고 하였다.[73]

(다) 상호계산

상호계산(상72조)은 상호의 신뢰에 기한 것이므로 당사자의 일방에 관하여 회생 또는 파산절차가 개시된 때에는 당연히 종료하고(어느 경우에도 해지가능. 상77조), 계산을 폐쇄한 결과 생긴 상대방의 잔액청구권은 파산채권 또는 회생채권이 되며, 채무자가 가지는 잔액청구권은 관리인·관재인에 속한다(법125조1항, 2항, 343조1항, 2항).

(라) 보험계약

1) 보험자의 도산

보험자가 파산한 때에는 보험계약자는 계약을 해제할 수 있다. 다만 해제는 장래를 향하여만 효력을 가진다. 또한 보험계약자에 의한 해제가 되지 않은 경우에도 파산선고 후 3개월이 경과하면 보험계약은 당연히 효력을 잃으므로(상654조1항, 2항), 보험자가 파산한 경우에는 법 제335조의 적용은 없다고 해석한다. 따라서 파산관재인이 해제할 수는 없다. 보험자에 관하여 회생절차가 개시된 때에는 쌍방에 미이행인 한(손해보험의 경우에는 보험료 선불이 원칙이므로 일방은 이행을 완료한 경우가 많다), 일반원칙이 적용된다.

2) 보험계약자의 도산

회생 및 파산에 있어서 일반원칙이 적용된다. 생명보험에 있어서 관리인·관재인이 해제(해약)를 선택한 경우에는 일정한 해약 반환금이 관리인·관재인에 귀속한다(그러나 생명보험의 사회보장적 기능을 중시하면 이를 도산채권자의 이익에 제공하는 것에는 문제가 있다). 또한 타인을 위한 보험계약의 계약자가 파산한 경우에는 피보험자가 권리를 포기하지 않는 한 보험자는 피보험자에 대하여 보험료를 청구할 수 있다(상639조). 이것은 회생에도 유추 적용되어야 할 것이다.

(마) 방위력개선사업 관련 계약

관리인·관재인이 국가를 상대방으로 하는 「방위사업법」 제3조에 따른 방위력개선사업 관련 계약을 해제 또는 해지하고자 하는 경우 방위사업청장과 협의하여야 한다(법119조5항, 335조3항).

---

73) 日東京地判平成12.2.24金判1092호22면, 倒産判例 インデックス 제3판 139.

(3) 편무 계약 그 밖의 법률관계

(가) 위임계약

위임자 또는 수임자 누구든 파산한 때에는 계약은 당연히 종료한다(민690조). 다만 특약에 의한 배제는 가능하다.[74] 위임계약의 일방 당사자의 파산을 위임계약 종료사유로 하고 있는 것은 위임계약이 당사자 사이의 신뢰관계를 바탕으로 하고 있으므로 당사자의 일방이 파산한 경우에는 그 신뢰관계를 유지하기 어렵게 된다는 데 그 기초를 두고 있다.[75] 다만 위임자 파산의 경우에 이를 알지 못하고 수임자가 위임사무를 처리한 때에는(민692조 참조), 이에 의하여 생긴 채권은 파산채권이 된다(법342조).[76] 이 사무처리가 파산재단을 위한 사무관리가 되는 경우 및 파산을 알았다고 하여도 급박한 필요를 위한 경우에는 모두 재단채권이 된다(법473조5호, 6호). 회생에서는 당연종료의 규정은 없으나, 위임에 관하여도 해약할 수 있는 외에(민689조), 유상위임은 쌍무계약이므로 쌍방미이행의 쌍무계약에 관한 일반원칙이 적용된다.

주식회사와 이사의 관계는 위임에 관한 규정을 준용하도록 되어 있으므로(상382조2항) 이사가 파산하면 당연히 퇴임하는 것이 된다. 회사가 파산한 경우에도 민법 제690조가 그대로 적용된다고 하면 이사는 퇴임하게 된다는 것이 종전의 일본의 판례였으나,[77] 조직법적 사항에 관하여는 그 지위를 이사는 그 지위를 잃지 않는다는 것을 전제로 하는 판례도 있었음은 전술하였다.[78] 가장 최근의 일본의 판례는 종전의 이사 등은 조직법적 사항에 관하여 그 권한을 행사할 수 있다고 하고 있다.[79] 위임인의 파산에 의하여 위임이 종료하도록 한 입법 취지는 위임자인 회사가 파산하면 파산재단에 속하는 재산은 파산관재인의 관리처분권에 복종하고 이사회는 권한을 잃으므로 위임은 목적을 달성할 수 없다는 것이다. 그러나 회사 파산의 경우 파산재단의 관리처분권과 관계가 없는 조직법상의 활동, 예컨대 회사설립무효에 관한 소에 대한 응소 등 위임자인 회사 자신이 할 수 있는 사항이 있

74) 日最判平成4.9.22金法1358호55면(위임자의 사망에 관한 사안).
75) 대법원 2003.1.10. 선고 2002다11236 판결(공2003, 607).
76) 위 대법원 2002.8.27. 선고 2001다13624 판결 참조.
77) 日最判昭和43.3.15民集22권3호625면, 倒産判例 インデックス 제3판 173[百選제4판87]은 동시파산폐지가 된 주식회사에 대하여 잔여재산이 존재하여 청산절차가 행하여진 경우 종전의 이사가 당연 청산인이 되는 것은 아니고 이해관계인의 청구에 의하여 법원이 청산인을 선임한다고 하였다. 또한 日最判平成16.10.1判時1877호70면, 倒産判例 インデックス 제3판 88[百選59]은 채무자가 주식회사인 경우 파산재단으로부터 포기된 재산을 목적으로 하는 별제권에 관하여 별제권자가 파산절차개시결정 당시의 대표이사에 대하여 한 별제권포기의 의사표시는 특별한 사정이 없는 한 원칙적으로 무효라고 하였다. 同旨 日最判平成12.4.28判時1710호100면.
78) 日最判平成16.6.10民集58권5호1178면, 倒産判例 インデックス 제3판 35[百選제5판15], 日大判大正14.1.26民集4권8면.
79) 日最判平成21.4.7判時2044호74면은 주식회사의 이사 등의 해임·선임을 내용으로 하는 주주총회 결의의 부존재확인소송이 계속 중에 당해 주식회사가 파산선고를 받은 경우의 소의 이익이 문제된 사안이다.

고, 이를 파산관재인의 임무로 하면 오히려 파산관재인의 부담이 증가하는 면이 있을 뿐
만 아니라 파산선고에 대한 즉시항고가 인정되지 않는다면 회사의 이익을 지킬 사람이 없
게 된다는 등의 사정을 감안하면 파산재단에 속하는 재산의 관리처분권과 관련이 없는 조
직법상의 활동에 관하여는 위임관계는 종료하지 않는다고 해석한다.[80]

위임계약과 관련하여 판례는 주택건설촉진법에 따라 체결된 감리계약은 당사자 사이
의 신뢰관계를 기초로 하는 것이라기보다는 공동주택건설사업의 원활하고도 확실한 시공
을 고려한 사업계획 승인권자의 감리자 지정에 기초하고 있는 것이어서 사업주체가 파산
하였다고 하여 당연히 감리계약이 종료하는 것으로 볼 이유는 없는 것이며, 또한 민법 제
690조의 위임계약 종료사유는 계약 당사자 중 일방이 그 파산 등으로 신뢰를 상실하게 된
경우에 그 계약이 종료되는 것으로 한 것이어서 위임계약의 일방 당사자가 여럿인 경우에
그 중 1인에게 파산 등 위 법조가 정하는 사유가 있다고 하여 위임계약이 당연히 종료되는
것이라 할 수도 없으므로, 주택건설촉진법상의 공동사업주체가 사업계획 승인권자의 감리
자 지정에 따라 공동으로 감리계약을 체결한 경우 그 공동사업주체의 1인이 파산선고를 받
은 것만으로 민법 제690조에 따라 감리계약이 당연히 종료된다고 볼 수 없다고 하였고,[81]
한편 콘도미니엄 시설의 공유제 회원과 시설경영기업과 사이의 시설이용계약은 민법상의
위임계약에 해당된다고 할 수는 없고, 따라서 시설경영기업이 파산선고를 받는다고 하여
회원과 시설경영기업 사이의 시설이용계약이 당연히 종료된다고 할 수 없다고 하였다.[82]

---

80) 三上威彦, "倒産法", 信山社(2017), 84면, 유한회사의 대표이사가 화재보험약관의 「이사」에 해당하는
가가 문제된 사안에 관하여 日最判平成16.6.10民集58권5호1178면.
81) 대법원 2003.1.10. 선고 2002다11236 판결(공2003, 607)은 건축공사 감리계약은 그 법률적 성질이 기
본적으로 민법상의 위임계약이라고 하더라도 감리계약의 특수성에 비추어 위임계약에 관한 민법 규
정을 그대로 적용할 수는 없는 것이고, 주택건설촉진법 제33조의6 제1항, 제8항, 같은 법 시행령 제
34조의9의 규정에 의하여 주택건설촉진법에 따른 공동주택건설사업계획 승인을 얻은 사업주체는 사
업계획 승인권자가 지정한 감리자와 감리계약을 체결하도록 되어 있고, 그 지정된 감리자에게 업무
상 부정행위 등이 있는 경우에 한하여 사업계획 승인권자가 감리자를 교체할 수 있을 뿐 사업주체가
함부로 감리자를 교체할 수도 없도록 되어 있는 점 등을 그 근거로 하였다. 한편 공사감리계약은 감
리대상이 되는 공사의 완성 여부나 진척 정도와는 독립된 별개의 용역을 제공하는 것을 본질적 내용
으로 하는 위임계약의 성질을 가지는 것으로 본 것으로는 대법원 2000.7.4. 선고 2000다16824 판결
(공보불게재).
82) 대법원 2005.1.13. 선고 2003다63043 판결(공2005, 239)은 콘도미니엄 시설 중 객실의 공유지분에 대
한 매매계약 이외에 콘도미니엄 시설 전체를 관리 운영하는 시설경영기업과 사이에 시설이용계약을
체결함으로써 공유지분을 가진 객실 이외에 콘도미니엄 시설 전체를 이용할 수 있게 되는바, 공유제
회원과 콘도미니엄 시설 전체를 관리 운영하는 시설경영기업 사이의 시설이용계약은 회원이 계약에
서 정한 바에 따라 콘도미니엄 시설 전체를 이용하는 것을 주된 목적으로 하는 것으로서, 공유제 회
원이 시설경영기업과 사이에 시설이용계약을 체결하면서 시설경영기업에 대하여 자신이 공유지분을
가진 객실에 대한 관리를 위탁하고 그에 소요되는 관리비와 회원들 상호간에 콘도미니엄 시설의 이
용을 조정하는 사무처리에 소요되는 비용을 지급하였다고 하더라도 이는 회원이 콘도미니엄 시설 전
체를 이용하는 데에 전제가 되거나 그에 부수되는 것이라고 하였다.

일본의 판례는 파산관재인의 권한은 파산재단의 관리처분권에 그치는 것이므로 파산 관재인은 파산재단으로부터 포기된 회사재산의 관리처분권에 관하여는 그 지위를 잃으므 로 포기된 재산상에 담보권을 가지는 별제권자의 입장에서 구 대표이사에게 한 별제권 포 기의 의사표시는 이를 유효하다고 볼 특단의 사정이 없는 한 무효라고 하였고,[83] 파산재 단에 관한 관리처분권한과 무관계한 회사조직에 관계된 행위 등에 관하여는 위임계약이 곧 종료되는 것은 아니라고 하여 이사의 지위를 당연히 잃는 것은 아니라고 하였다.[84]

(나) 공유관계

공유자의 1인이 파산한 때에는 분할하지 아니할 약정(민268조 단서, 1012조)이 있는 때 라도(단 민268조3항 참조) 공유물분할의 일반원칙에 따라 분할을 하는 것이 가능하다(법344 조1항, 민269조, 1013조). 「집합건물의 소유 및 관리에 관한 법률」 제8조는 대지 위에 구분소 유권의 목적인 1동의 건물이 있을 때에는 그 대지의 공유자는 그 건물 사용에 필요한 범 위의 대지에 대하여는 분할을 청구하지 못하도록 규정하고 있는데, 이와 같이 법률상 또 는 성질상 분할청구할 수 없는 경우에는 분할할 수 없다. 파산재단을 위하여 환가를 용이 하게 하기 위한 것이다. 채무자의 지분은 어떻게든 환가될 운명이므로 다른 공유자는 상 당한 대가를 지급하고 파산선고를 받은 자의 지분을 취득할 수 있다(법344조2항). 이 매수 절차에 관하여는 규정이 없으나, 1인의 공유자의 신청에 의하여 다른 모든 공유자를 위하 여 관재인과의 사이에 상당한 대금에 의한 매매계약이 당연히 성립한다고 해석할 것이다. 회생의 경우에도 동일한 취지의 규정이 있다(법69조).

(다) 가족관계

배우자의 재산을 관리하고 있는 자가 파산한 때에는 재산의 소유자인 배우자는 자기 가 관리할 것을 법원에 청구할 수 있고, 그 재산이 부부의 공유인 때에는 공유재산의 분할 을 청구할 수 있는데(법345조, 민829조), 가사소송법 제2조 제1항 마류 사건으로 처리된다. 친권자가 파산한 경우에는 자의 친족 또는 검사는 그 재산관리권의 상실선언을 가정법원 에 청구할 수 있다(법345조, 민924조).[85] 이 역시 가사소송법 제2조 제1항 마류 사건으로 처 리된다. 후견인이나 유언집행자 등 타인의 재산관리를 행하는 자에 관하여 파산선고가 되 면 결격사유로 하고 있다(민937조, 1098조). 후견인에 대하여 회생절차가 개시된 때에도 같 은 취급을 하고 있으나, 유언집행자에 대하여는 파산절차에 고유한 규정이다. 부부의 상대

---

83) 日最決平成16.10.1判時1877호70면, 倒産判例 インデックス 제3판 88[百選59]은 별제권 포기를 한 별제 권자로서는 청산인의 선임을 청구하여 그 청산인에 대하여 포기의 의사표시를 할 기회를 가진다고 하였다. 일본 구 파산법 하의 판결이나 현행 파산법 아래에서도 타당하다.

84) 日最判平成21.4.17判時2044호70면[百選14]은 주주총회결의부존재확인소송의 소의 이익은 당연히는 소멸하지 않는다고 한 사안이다.

85) 법 제345조가 민법 제925조를 준용하지 않고 친권상실에 관한 민법 제924조를 준용하도록 한 것은 입법상의 오류이다.

방이나 자의 재산 관리권 자체를 당연히 상실하게 하는 것은 입법론적으로 비판이 있고, 해석론으로서도 「그 재산을 위험하게 할 때」라고 하는 요건을 부가하여야 한다는 주장이 있기도 하나, 일본의 하급심 판례 중에는 친권자의 사안에서 파산절차개시가 당연히 관리권상실원인이 된다고 하여 「현실적으로 자의 재산을 위험하게 할 것을 요한다」고 한 원심판을 파기한 사례가 있다.[86]

(라) 조합관계·회사관계

조합원이 파산한 때에는 조합으로부터 당연히 탈퇴하고(민717조2호), 관재인이 지분의 반환을 청구한다(민719조). 따라서 조합원 중에 파산자가 발생하면 그 파산관재인은 파산의 목적을 달성하기 위하여 파산한 조합원을 조합으로부터 탈퇴시켜 그 지분을 변제에 충당하여야 하는 것이 원칙이다. 그러나 파산절차에 있어서도 파산자의 기존 사업을 반드시 곧바로 청산하여야 하는 것이 아니라 그 사업을 계속하는 것이 파산자의 채권자를 위하여 유리할 때에는 일정한 범위 내에서 사업을 계속할 수 있고, 그 중 파산자의 사업이 기존의 다른 조합원과 조합체를 구성하여 진행하는 것일 때에는 파산한 조합원이 그 공동사업의 계속을 위하여 조합에 잔류할 필요가 있는 경우가 있을 수 있으므로, 이와 같이 파산한 조합원이 다른 조합원과의 공동사업을 계속하기 위하여 그 조합에 잔류하는 것이 파산한 조합원의 채권자들에게 불리하지 아니하여 파산한 조합원의 채권자들의 동의를 얻어 파산관재인이 조합에 잔류할 것을 선택하는 것이 금지된다고 할 것은 아니다. 따라서 조합원들이 조합계약 당시 민법 제717조의 규정과 달리 차후 조합원 중에 파산하는 자가 발생하더라도 조합에서 탈퇴하지 않기로 약정한다면 이는 장래의 불특정 다수의 파산채권자의 이해에 관련된 것을 임의로 위 법 규정과 달리 정하는 것이어서 원칙적으로는 허용되지 않지만, 파산한 조합원이 제3자와의 공동사업을 계속하기 위하여 그 조합에 잔류하는 것이 파산한 조합원의 채권자들에게 불리하지 아니하여 파산한 조합원의 채권자들의 동의를 얻어 파산관재인이 조합에 잔류할 것을 선택한 경우까지 조합원이 파산하여도 조합으로부터 탈퇴하지 않는다고 하는 조합원들 사이의 탈퇴금지의 약정이 무효라고 할 것은 아니다.[87] 나아가 판례는 이러한 법리는 파산으로 인하여 어느 조합원이 일단 조합으로부터 탈퇴한 것이 되었더라도 그 파산관재인이 파산 직후에 종전의 공동사업을 계속하는 것이 유리하다는 판단에 따라 기존의 조합 구성원이었던 제3자와 사이에 종전과 동일한 내용의 공동

86) 日東京高決平成2.9.17家月43권2호140면.
87) 대법원 2004.9.13. 선고 2003다26020 판결(공2004, 1659)은 이어서 공동수급체의 구성원 중 1인이 파산하였으나 파산관재인이 법원의 허가와 파산채권자의 동의를 얻어 파산 이후에도 계속적으로 공동사업을 수행하여 왔다면, 입찰참가자격제한조치를 받기 전까지는 탈퇴할 수 없다고 한 탈퇴금지의 약정은 파산한 조합원의 채권자의 이익을 해하지 아니하므로 유효하다고 하였다. 同旨 대법원 2013.10.24. 선고 2012다51912 판결(미간행).

사업관계를 다시 창설함으로써 파산 전후의 조합이 사실상 동일한 사업체로 유지되고 있다고 평가될 수 있는 경우에도 마찬가지로 적용된다고 하였다.[88]

합명회사, 합자회사 사원도 파산에 의하여 퇴사하고(상218조4호, 269조) 마찬가지로 처리된다(상221조, 269조). 유한회사 사원이 파산한 때에는 지분은 파산재단에 속하고, 관재인이 법정의 절차에 의하여 환가한다.

(마) 소비대차

대주가 그 목적물을 차주에게 인도하기 전에 당사자 일방이 파산선고를 받은 때에는 소비대차는 실효한다(민599조). 판례는 장부상, 전산자료상 그 대출금 상당액이 대체입금되어 있는 것처럼 작성, 기재되어 있더라도 이를 두고 그 대출금 상당액을 대체입금의 방법으로 실제로 지급한 것으로 볼 수 없으므로 민법 제599조가 적용된다고 하였다.[89]

(바) 대리관계

법정대리권, 임의대리권 모두 대리인의 파산에 의하여 소멸한다(민127조). 위임에 의한 대리권은 본인의 파산에 의하여도 소멸한다(민690조). 소송대리권에 관하여도 같다.

(4) 채무불이행 또는 약정에 의한 계약의 해제

위에서 본 것은 쌍방미이행의 쌍무계약의 해제 및 민법, 상법에 규정된 파산 그 자체를 법률요건으로 하는 계약해제 또는 법률관계의 당연소멸에 관한 것이고, 민법상의 채무불이행 또는 약정에 의한 계약해제권이 당사자의 도산에 의하여 어떠한 영향을 받는가 또 이것과 전술한 도산처리법상의 해제권과의 관계는 어떠한가가 문제된다.

(가) 해제의 가능성과 요건

회생이나 파산절차가 개시되면 종래의 채무에 관하여는 변제를 할 수 없게 되고, 상대방도 이를 청구할 수 없게 되므로 이러한 절차의 개시에 의하여 채무를 이행하지 않는 것은 민법상의 채무불이행을 구성하지 않는다. 따라서 상대방은 이를 이유로 절차개시 후에 계약해제를 할 수 없다고 해석한다.[90]

당사자의 일방에 파산신청 등이 되어 있는 때에는 직접 계약을 해제할 수 있다는 특

---

88) 대법원 2013.10.24. 선고 2012다47524,47531 판결(미간행)은 조합원은 다른 조합원 전원의 동의가 있으면 그 지분을 처분할 수 있으나, 조합의 목적과 단체성에 비추어 조합원으로서의 자격과 분리하여 그 지분권만을 처분할 수는 없으므로, 조합원이 지분을 양도하면 그로써 조합원의 지위를 상실하게 되고 이와 같은 조합원 지위의 변동은 조합지분의 양도양수에 관한 약정으로써 바로 효력이 생긴다고 전제하였다.

89) 대법원 2006.11.23. 선고 2006다39553 판결(미간행).

90) 그러나 대법원 2007.5.10. 선고 2007다9856 판결(미간행)은 구 화의법 하에서 법원이 보전처분으로서 채무자에 대하여 채권자에 대한 채무의 변제를 금지하였다 하더라도 그 처분의 효력은 원칙적으로 채무자에게만 미치는 것이므로 채무자가 채권자에게 임의로 변제하는 것이 금지될 뿐이고, 채무자의 채권자가 이행지체에 따른 해지권을 행사하는 것까지 금지되는 것은 아니라고 하였음은 전술하였다.

약(회생 또는 파산 절차 개시 해제특약·해제조항)의 효력이 문제되는데, 일본의 판례는 위와 같은 도산해지조항은 도산절차와의 관계에서는 효력이 없는 것으로 해석하고 있으나,[91] 대법원은 도산해지조항의 적용 결과가 정리절차개시 후 정리회사에 미치는 영향이라는 것은 당해 계약의 성질, 그 내용 및 이행 정도, 해지사유로 정한 사건의 내용 등의 여러 사정에 따라 달라질 수밖에 없으므로 도산해지조항을 일반적으로 금지하는 법률이 존재하지 않는 상태에서 그와 같은 구체적인 사정을 도외시한 채 도산해지조항은 어느 경우에나 회사정리절차의 목적과 취지에 반한다고 하여 일률적으로 무효로 보는 것은 계약자유의 원칙을 심각하게 침해하는 결과를 낳을 수 있을 뿐만 아니라, 상대방 당사자가 채권자의 입장에서 채무자의 도산으로 초래될 법적 불안정에 대비할 보호가치 있는 정당한 이익을 무시하는 것이 될 수 있고, 이와 같은 사정과 아울러 관리인은 정리절차개시 당시에 존재하는 회사 재산에 대한 관리처분권을 취득하는 데 불과하므로 채무자인 회사가 사전에 지급정지 등을 정지조건으로 하여 처분한 재산에 대하여는 처음부터 관리처분권이 미치지 아니한다는 점을 생각해 보면, 도산해지조항이 부인권의 대상이 되거나 공서양속에 위배된다는 등의 이유로 효력이 부정되어야 할 경우를 제외하고, 도산해지조항으로 인하여 정리절차개시 후 정리회사에 영향을 미칠 수 있다는 사정만으로는 그 조항이 무효라고 할 수 없다고 판시하였다.[92]

하급법원 판결례 중에는 보증보험사인 甲 회사가 乙의 연대보증 아래 丙 회사와 보증보험한도거래약정을 체결한 다음, 그 약정에 기초하여 丙 회사와 사이에 丙 회사가 丁 회

91) 日最判昭和57.3.30民集36권3호484면, 倒産判例 インデックス 제3판 9[百選76]는 매수인인 채무자에게 회사갱생절차 개시 신청의 원인이 되는 사실이 발생한 것을 매매계약 해제의 사유로 하는 특약은 채권자, 주주 그 밖의 이해관계인의 이해를 조정하면서 궁지에 처한 주식회사의 사업의 유지 갱생을 시도하려는 회사갱생절차의 취지, 목적을 해치는 것이므로, 그 효력을 인정할 수 없다고 하였다.

92) 대법원 2007.9.6. 선고 2005다38263 판결(공2007, 1530)[백선10]은 이어서 쌍방미이행의 쌍무계약의 경우에는 계약의 이행 또는 해제에 관한 관리인의 선택권을 부여한 회사정리법 제103조의 취지에 비추어 도산해지조항의 효력을 무효로 보아야 한다거나 아니면 적어도 정리절차개시 이후 종료시까지의 기간 동안에는 도산해지조항의 적용 내지는 그에 따른 해지권의 행사가 제한된다는 등으로 해석할 여지가 없지는 않을 것이라고 하였다. 한편 위 판결이 합작투자계약은 둘 이상의 당사자가 모여 상호출자하여 회사를 설립·운영하는 것을 목적으로 하는 계약으로서 본질적으로 조합계약에 해당하고, 계약당사자들로서는 상호 출자하여 회사를 설립함으로써 조합 구성에 관한 채무의 이행을 마쳤으며 그에 따라 계약에서 정한 바에 의하여 설립된 회사에 관한 의결권의 행사 또는 이사회의 구성 등을 위하여 서로 협조하여야 하는 의무 등이 남게 되었는바, 이러한 의무는 성립·이행·존속상 법률적·경제적으로 견련성을 갖고 있어서 서로 담보로서 기능한다고 할 수 없어 서로 대등한 대가관계에 있다고 보기 어렵다고 하였음은 전술하였다. 이 판결에 대한 검토로는 오수근, "도산실효조항의 유효성", 판례실무연구 IX, 박영사(2010), 439면, 김성용 "도산조항의 효력", 사법 4호, 사법발전재단(2008), 215면, 임지웅, "도산해지조항의 효력 및 범위 ― Flip In 조항의 효력에 관한 영국과 미국의 판례 분석을 중심으로", 도산법연구 제1권 제2호, 사단법인 도산법연구회(2010.7.), 25면, 권영준, "도산해지조항의 효력", 민법과 도산법, 박영사(2019), 1면 참조.

사와 특정 솔루션 라이선스를 공급하는 계약(주계약)을 체결하면서 납부하기로 한 계약보증금에 관하여 이행보증계약을 체결하였는데, 그 후 丙 회사에 대한 회생절차가 개시되어 丁 회사가 주계약에서 정한 '丙 회사에 대하여 파산, 회사정리 등 절차가 진행된 경우 계약을 해제할 수 있다.'는 내용의 조항을 근거로 주계약의 해제를 통지하고 甲 회사에 이행보증계약에 따른 보험금의 지급을 구하자, 甲 회사가 보험금을 지급한 다음 乙을 상대로 연대보증채무의 이행을 구한 사안에서 계약의 당사자들 사이에 회생절차의 개시신청이나 회생절차의 개시 그 자체를 계약의 해제·해지권 발생 원인으로 정하거나 또는 계약의 당연 해제·해지사유로 정하는 특약(도산해제조항)을 두는 경우가 있으나, 쌍무계약으로서 회생절차의 개시신청이나 회생절차의 개시 당시 쌍방미이행 상태에 있는 계약에 대해서 별도의 법률 규정이 없는 한 도산해제조항에 의한 해제·해지의 효력을 인정할 수 없고, 다만 회생절차 진행 중에 계약을 존속시키는 것이 계약상대방 또는 제3자의 이익을 중대하게 침해할 우려가 있거나 회생채무자의 회생을 위하여 더 이상 필요하지 않은 경우에는 예외적으로 도산해제조항에 의한 해제·해지가 허용된다고 보아야 하는데, 해제통지의 근거가 된 주계약 조항은 丙 회사가 회생절차에 들어가는 등의 사유가 발생한 때에 丁 회사에 주계약을 해제할 수 있는 해제권을 부여하는 내용으로서 도산해제조항에 해당하는 점, 주계약은 丙 회사가 丁 회사에 특정 솔루션 라이선스를 공급하고 그 라이선스가 계약기간 동안 유지되도록 할 의무를 부담하고, 丁 회사는 丙 회사에 대가지급의무를 부담하는 내용의 쌍무계약인데, 丙 회사가 공급을 위한 준비를 모두 마쳤으며 계약보증금도 보증보험증권으로 납부가 완료된 상태였기 때문에 丁 회사의 대금 지급이 있으면 丙 회사가 丁 회사에 이상 없이 솔루션과 라이선스를 공급할 수 있었던 점, 주계약이 장기간의 계약기간을 예정하고 있다는 사정만으로 해제통지의 근거가 된 주계약 조항의 효력이 인정된다고 할 수 없는 점, 주계약이 존속한다고 하여 丁 회사에 중대한 경제적 손해가 발생하거나 발생할 것이 예상된다고 보기 어렵고, 제3자의 이익을 현저하게 해칠 우려가 있다고 보기 어려우며, 주계약의 존속이 丙 회사의 회생을 위하여 더 이상 필요하지 않다고 보기도 어려운 점 등 제반 사정에 비추어 보면, 주계약이 쌍방미이행 쌍무계약의 상태에 있었으므로 위 조항에 근거한 해제통지는 효력이 없고, 주계약의 해제를 전제로 하는 연대보증채권은 발생하지 않았다고 한 것이 있다.[93]

　　또한 재판례 중에는 파산자 甲 회사의 종전 파산관재인이 화의채무자인 乙 회사와 채무를 일부 감경해 주는 내용의 변경된 채무변제약정을 체결하면서, 그 약정에 '乙 회사의 신용상태에 중대한 변동(회사정리의 신청, 청산결의, 파산의 신청 등 기타 이에 준하는 경우)이 발생하는 경우 파산자 甲 회사는 乙 회사의 동의 없이 약정을 파기할 수 있으며, 약정파기

---

93) 서울고법 2023.1.13. 선고 2021나2024972 판결(각공2023상, 176).

시 채권채무도 본계약 체결 전 상태로 원상회복된다'고 규정하였는데, 그 후 乙 회사가 회생절차 개시신청을 하였음을 이유로 甲 회사의 파산관재인이 위 규정에 따라 위 약정을 해제하고 乙 회사의 연대보증인들에게 종전 연대보증채무의 이행을 구하는 사안에서, 회생절차개시결정으로 乙 회사의 신용상태에 중대한 변동이 발생하였다고 보지 않을 수 없고, 甲 회사의 파산관재인이 약정해제권을 행사하지 않을 것이라는 신의를 공여하였다거나 객관적으로 보아 상대방이 그와 같은 신의를 갖는 것이 정당하다고 볼 만한 사정도 없으므로, 甲 회사의 파산관재인이 약정해제권을 행사한 것이 정의관념에 비추어 용인될 수 없어 신의성실의 원칙에 반하는 권리의 행사라고 볼 수는 없다고 한 사례도 있다.[94]

약정해제권 있는 경우에 약정의 해제원인이 도산절차 개시 후에 생긴 경우에도 마찬가지로 해제할 수 없다. 그러나 도산절차 개시 전에 이미 법정 또는 약정의 해제권이 발생하고, 모두 해제의 의사표시를 할 수 있는 상태에 있었을 때에는 상대방은 해제권을 가지고 관리인·관재인에게 대항할 수 있고, 유효하게 해제할 수 있다고 해석한다. 관리인·관재인이 계약의 효력을 상대방에게 주장할 수 있는 이상 이에 이미 부착된 항변의 대항을 받는 것이 공평에 부합한다(무효나 취소를 관리인·관재인에 대하여 주장할 수 있는 것은 물론이다).[95]

이에 의하면 이행지체를 이유로 해제를 하려면 상대방이 상당한 기간을 정하여 이행을 최고하고, 그 기간이 도과된 때에는 상대방은 해제권을 취득하므로 그 이후에 회생 또는 파산절차가 개시되어도 해제권을 잃지 않는다. 그러나 이 최고기간 경과 전에 절차가 개시된 때에는 이행이 법률상 불가능한 이상, 최고기간을 경과한 것으로 되지는 않으므로 해제권은 발생하지 않는다. 약정해제권도 약정에 의한 해제권 발생원인이 절차개시 전에 완비된 때에는 발생한다고 할 수 있으나, 도산을 예상하고 상대방에 일방적으로 유리하게 정한 약정은 도산절차와의 관계에 있어서는 효력을 갖지 않는다고 해석한다(예컨대 도산절차개시 신청을 해제권 발생원인으로 하는 약정 등).

다음으로 상대방의 불이행을 원인으로 한 관리인·관재인에 의한 해제는 가능하다고 해석하여야 한다. 예컨대 채무자가 매도인이고, 목적물을 인도하여 상대방으로부터 대금

---

94) 대법원 2011.2.10. 선고 2009다68941 판결(공2011상, 554).
95) 대법원 2011.10.27. 선고 2009다97642 판결(미간행)은 채무자회생법 제119조에 의하여 회생회사의 관리인이 도급계약에 대한 해지권을 포기한 것으로 간주되더라도 상대방인 원고가 채무자회사가 공사를 완공할 수 없게 된 사유를 들어 도급계약을 해지한 것은 적법하다고 판단한 원심을 유지하였는데, 그러한 법리에 따라 상대방이 채무불이행을 이유로 계약해제와 아울러 손해배상을 청구하는 경우 그 계약이행으로 인하여 채권자가 얻을 이익 즉 이행이익의 배상을 구하는 것이 원칙이고, 다만 일정한 경우에는 그 계약이 이행되리라고 믿고 채권자가 지출한 비용 즉 신뢰이익의 배상을 구할 수 있고 이 경우 그 배상의 범위는 이행이익을 초과할 수 없다(대법원 2007.1.25. 선고 2004다51825 판결 등 참조)고 하였다.

을 받기 전에 도산한 경우, 관재인·관리인이 그 지급을 청구할 수 있는 것은 물론이지만, 이때 민법이 정하는 바에 따라 계약을 해제하고 목적물을 반환받을 수 있다(이미 받은 대금의 반환에 관하여는 후술). 또한 채무자 자신이 최고를 하였고, 최고기간도 만료하였을 때에는 직접 해제할 수 있다.

(나) 해제의 효과와 도산처리법상의 해제와의 관계

상대방에 의한 해제의 효과는 일반원칙에 의하나, 도산절차개시 전에 해제가 이루어진 경우와의 균형상 이와 마찬가지의 효과가 생긴다고 해석하여야 한다. 민법 제548조의 해석에 따라 다르지만, 통설인 직접(물권적)효과설 및 현존이익에 한하지 않는 원상회복설에 의하여 도산 전의 해제, 도산 후의 해제 모두 다음과 같은 효과가 발생한다고 해석하여야 할 것이다. 즉 상대방은 이미 급부한 물건의 소유권을 회복하는 결과 이것이 채무자 재산 또는 파산재단 중에 현존하는 때에는 이에 대하여 환취권을 행사할 수 있고(법70조, 407조),[96] 현존하지 않는 경우에도 대체적 환취권(법73조, 410조)이 인정되는 범위에서 금전 또는 대체물에 의한 원상회복을 할 수 있다. 그러나 그 이외의 원상회복(예컨대 목적물이 멸실한 경우의 가액의 회복) 및 손해배상은 회생채권 또는 파산채권으로 청구할 수 있음에 그친다. 상대방이 금전을 급부한 경우에도 그 반환청구권은 도산채권이다(반대설 있음).

이상은 상대방이 이행을 완료한 경우이든, 미완료의 경우이든 적용되므로 쌍방이 미이행의 경우에는 관리인·관재인이 가지는 해제권과 상대방이 가지는 해제권이 경합하는 경우가 있다. 이 경우에는 어느 측으로부터도 해제가 가능하다고 해석하나, 전술한 바와 같이 관리인·관재인이 해제한 경우가 명백히 상대방에게 유리하므로 상대방은 관리인·관재인이 해제하지 않는 경우에 신중하게 해제여부를 결정하여야 할 것이다.

다음으로 관리인·관재인이 상대방의 불이행을 이유로 해제한 때에는 상대방에게 원상회복을 청구할 수 있는 것은 당연하고, 이때 채무자가 이미 받은 물건의 반환을 구하는 상대방의 권리를 어떻게 처우할 것인가가 문제가 된다. 의문은 있으나, 쌍방미이행 쌍무계약의 해제에 준한다고 해석한다(다만 상대방의 손해배상은 문제가 되지 않는다). 또한 쌍방미이행 쌍무계약에 있어서 관리인·관재인이 이행의 청구를 하여 상대방의 불이행에 의하여

---

96) 일부 학설은 매매계약을 해제한 매도인이 등기의 말소를 받지 않고 있던 중 매수인이 파산한 때에는 민법 제186조에 의하여 매도인은 소유권의 회복을 가지고 파산채권자에게 주장할 수 없으므로 이와의 균형상 파산 후의 해제에 있어서도 파산채권자를 민법 제548조 1항 단서의 제3자로 보아 환취권의 행사로서 등기의 말소를 관재인에게 구할 수는 없다고 해석한다. 그러나 파산후에 해제를 인정하는 것은 관재인에 대하여 하는 해제로서 인정하는 것에 의미가 있고, 민법 제548조 제1항 단서의 문제는 관재인이 현재 목적물을 제3자에게 양도한 경우에만 생긴다고 해석하여야 한다. 이를 전제로 하여 파산 전의 해제와의 균형을 생각하면, 오히려 거꾸로 파산 후의 효과를 가지고 파산 전의 효과를 규율하여야 할 것이다. 파산채권자 내지 파산관재인에 대하여도 민법 제186조의 원칙이 적용된다는 일반론에 이견은 없으나, 쌍무계약의 해제와 파산(회생도 같다)과의 관계에 있어서는 그 일반론의 적용을 배제하는 것이 공평에 합치한다고 생각된다.

해제한 때에도 마찬가지이다.

판례는 민법 제548조 제1항 본문에 의하면 계약이 적법하게 해제되면 그 계약의 이행으로 변동되었던 물권은 당연히 그 계약이 없었던 상태로 복귀하고, 계약당사자는 원상회복의 의무를 부담하게 되나, 이 경우 같은 항 단서에 의해 계약 해제로 인한 원상회복등기 등이 이루어지기 이전에 계약당사자와 양립하지 아니하는 법률관계를 가지게 되었고 계약 해제 사실을 몰랐던 제3자에 대하여는 계약 해제를 주장할 수 없으며, 이 경우 제3자가 악의라는 사실의 주장·증명책임은 계약 해제를 주장하는 자에게 있다고 전제하고, 채무자가 부동산에 관하여 상대방과 체결한 계약에 따라 채무자 앞으로 소유권이전등기를 마친 후 그 계약이 해제되었으나 원상회복등기가 이루어지기 전에 채무자에 대해 파산이 선고되었다면 그 부동산은 일단 파산재단에 속하게 되고, 파산관재인은 파산선고에 따라 채무자와 독립한 지위에서 파산채권자 전체의 공동의 이익을 위하여 선량한 관리자의 주의로써 직무를 행하게 되는 것이므로, 파산관재인은 민법 제548조 제1항 단서에서 말하는 계약 당사자와 양립하지 아니하는 법률관계를 갖게 된 제3자의 지위에 있게 되는데, 여기에서 계약 해제 사실에 대한 파산관재인의 선의·악의는 파산관재인 개인의 선의·악의를 기준으로 할 수는 없고, 총파산채권자를 기준으로 하여 파산채권자 모두가 악의로 되지 않는 한 파산관재인은 선의의 제3자라고 할 수밖에 없다고 하였다.[97]

(5) 도산절차 개시 전의 합의의 효력

위에서 본 채무불이행이나 약정에 의한 해제, 해지의 문제 이외에도 해제나 종료의 경우의 손해배상의 예정 조항이나 위약금 조항, 계약이 존속하는 경우에 도산채무자가 각종의 의무를 부담하는 조항이 있는 경우에 그것이 관리인·관재인에게 어떠한 한도까지 구속력을 가지느냐가 문제가 된다.

예컨대 정기건물임대차계약에 있어서 임차인은 잔존기간의 임료상당액을 지급한 경우에 한하여 기간내 해약을 할 수 있다는 내용의 약정이나, 임대차계약종료 후 물건인도 완료시까지 임료상당액의 배액의 손해금을 임대인에게 지급하기로 하는 내용의 약정이 된 경우에 임차인에 관하여 도산절차가 개시되고, 그 관리인·관재인이 약정의 해제권이 아니라 쌍방미이행의 쌍무계약에 기한 해제권을 행사할 때 그러한 손해배상예정조항이나 위약금 조항이 관리인·관재인에 대하여 효력을 가지는가 하는 것이 문제가 된다. 일본의 하급심 판결 중에는 그 효력을 인정한 것들이 있다.[98]

---

97) 대법원 2014.6.26. 선고 2012다9386 판결(미간행).

98) 파산절차에서 임차인의 사정이나 원인에 의한 해약의 경우 보증금전액을 손해배상금으로 반환하지 않는다는 내용의 합의 등의 효력을 인정한 日東京地判平成20.8.18判時2024호 37면, 재생절차에 관하여 위 본문과 같은 내용의 조항의 효력을 인정한 日大阪地判平成21.1.29判時2037호74면[百選78①] 참조.

나. 임대차 계약 등

(1) 임차인의 도산

(가) 임차인의 회생

임차인에 대하여 회생절차가 개시된 때에는 민법 그 밖의 법률에 어떠한 특칙도 없으므로 쌍방미이행의 쌍무계약의 일반원칙에 따라 관리인에 의하여만 해약가능하나(다만 절차개시 전에 임대인이 취득한 임대차 해제권을 행사하는 것은 별도), 재산적 가치가 높은 부동산 임차권을 해약하는 것은 통상은 관리인의 선관의무(법82조)에 반하는 것이 될 것이다. 그러나 해약이 선택된 경우에는 상대방은 목적물을 환취할 수 있고, 또 절차 개시 후 해약의 효력이 생길 때까지의 임료(법179조1항2호) 및 그 후 목적물 반환까지의 손해금(법179조1항6호)을 공익채권으로서 청구할 수 있다. 이 경우 원상회복청구권이 공익채권인가에 관하여는 문제가 된다. 임대차가 계속된 때에는 상대방의 임료채권은 물론 공익채권이 된다(법179조1항7호). 절차개시 전의 연체임료는 해약·계속을 묻지 않고 회생채권이다.

(나) 임차인의 파산

민법에 의하면 임차인이 파산선고를 받은 때에는 임대차에 기간의 정함이 있는 때에도 임대인 또는 파산관재인 누구나 해약을 통고할 수 있고, 법정의 고지기간(민635조)의 경과에 의하여 임대차는 종료하며, 해약에 의한 손해배상의 청구는 상호 할 수 없다(민637조). 임대인의 임료수입을 보호하고, 또 양도·전대가 제한되어 있고(민629조. 임대인의 동의를 요한다), 그 환가처분이 곤란하므로 임대차를 빨리 종료시켜 임료의 부담을 면하는 것이 파산재단에도 이익이 된다는 점 등을 고려한 것이다. 그러나 쌍방의 손해배상 청구를 제한한 점에 대하여는 임대인이 해지를 한 경우에 파산선고를 받은 임차인이 손해배상을 구할 수 없는 것은 해지가 자신의 귀책사유로 인한 것이기 때문에 당연하지만, 임차인측 파산관재인이 해지한 경우에 임대인이 손해배상을 구할 수 없는 것은 합리적 근거가 없다는 비판이 있다.[99]

해약된 경우 파산선고 시부터 계약종료 시까지의 임료 및 그 후 인도 시까지의 임료 상당액의 손해금은 재단채권이 되지만(법473조 8호),[100] 파산선고 전의 연체임료는 파산채권이 된다. 임대인 및 관재인은 서로 상대방에게 해약 여부를 최고할 수 있고, 대답이 없을 때에는 해약된 것으로 본다(법339조, 335조2항). 임대차가 해약되지 않고 존속할 때 파산선고일 후의 임료채권은 재단채권이 된다(법473조7호의 유추). 또한 임대차계약은 보통 쌍방미이행의 쌍무계약이지만 민법이 이에 관하여 적용하고 있으므로 채무자회생법 제335

---

99) 편집대표 곽윤직(민일영 집필부분), "민법주해 ⅩⅤ", 박영사(1999), 137면.
100) 日大判昭和4.7.10民集8권665면.

조의 적용은 없다고 해석한다.[101]

이상의 원칙은 동산의 임대차에 관하여는 그대로 적용되나, 부동산의 임대차에는 그대로 적용되는 것은 아니다. 즉 주택의 임차인의 지위는 「주택임대차보호법」에 의하여 두텁게 보호되고, 위의 민법 조문의 입법 취지인 임료추심도 파산 후의 임료채권이 재단채권이 되는 것으로써 충분히 보호되며, 임차권 처분의 불안도 오늘날은 어느 정도 사실상 해결되어 있다. 또한 재산권으로서의 부동산임차권은 파산재단 중의 중요 재산으로서 파산채권자의 만족을 위하여 사용되는 것이 보다 공평하다. 따라서 민법·파산법의 시행 후 주택임대차보호법이 제정되고 부동산임차인의 지위가 보호되고 있는 점, 임대인의 임료수입은 임료채권을 재단채권으로 하면 확보된다는 점, 미리 양도·전대에 관하여 임대인의 동의가 있는 경우도 있으므로 임차권의 환가처분도 반드시 곤란한 것은 아니라는 점 등을 고려하면 현행법의 입장은 입법론으로는 타당한 것이 아니라는 것이 다수설이다. 결국 원칙적으로 임대인이 무조건 해약할 수 있도록 인정하는 것이므로 채무자인 임차인의 보호라는 점에서는 더욱 문제가 남는다. 이와 같은 고려에서 오늘날의 학설은 임대인이 하는 민법 제637조의 해약은 임차인의 파산에 의하여 임대차를 계속하기 어려울 정도로 임대인과 임차인 사이의 신뢰관계의 파괴가 인정되는 특수한 경우에만 인정될 수 있다고 한다(다만 파산 전에 임대인이 취득한 임대차 해제권을 행사하는 것은 가능하다. 또한 임대차가 임차인의 파산에 의하여 해제되어도 신의칙상 전대차는 소멸하지 않는다고 한 사례가 있다).[102] 즉 주택임대차보호법의 적용이 있는 부동산임차권에 관하여는 임차인이 임차권에 대한 대항력을 갖추지 못한 경우에도 임대인의 해약에는 「정당한 사유」의 존재가 필요하다고 해석하고 있고, 또한 정당한 사유 유무의 판단에 있어서는 장래의 임료의 지급에 큰 불안이 없는 한 임차인의 파산의 사실은 중시되어서는 안 된다고 해석하고 있다. 일본의 판례는 구법 시대에는 될 수 있는 한 임대인의 해약권을 제한하기 위하여 토지임대차에 관하여는 위와 같은 입장에 서 있었으나,[103] 건물임대차에 관하여는 임대인의 해제권을 제한하지 않았

---

101) 이와 같은 입장에 대하여는 종래 임차인에게 지나치게 불리하고, 임대인에게 해지를 인정하여 파산 재산의 규모를 감소시키는 것은 불합리하다는 점에서 반대 입장도 있었는데, 일본은 파산법을 개정 하면서 우리 민법 제637조에 해당하는 일본 민법 제621조를 삭제하였고, 따라서 쌍방미이행의 쌍무 계약에 관한 파산법 규정만이 적용되게 되어 손해배상청구가 가능하게 되었다. 그 결과 임차인의 파산에 있어서는 임차인의 파산관재인만이 이행 또는 해제의 선택권을 가지고, 해제를 선택하면 임차인의 보증금반환청구권은 파산재단 소속의 재산이 되어 파산관재인의 관리처분권에 복종하고, 임대인의 손해배상청구권은 파산채권이 된다. 반대로 이행을 선택하면 임료채권은 과거의 미납분은 파산채권이 되고, 파산선고 이후의 임료는 재단채권이 된다(미납분도 재단채권이 된다는 반대설 있다). 또한 구법 하의 통설은 파산관재인의 해약권도 제한된다고 해석하였으나 신법은 무엇이 파산채권자의 이익이 되는가라는 관점에서 해제 여부의 판단을 파산관재인에게 위임하고 있다.
102) 日最判昭和48.10.12民集27권9호1192면[百選제5판A13].
103) 日最判昭和48.10.30民集27권9호1289면[百選제3판81].

고,104) 임차인 파산의 경우 임대인과 임차인에 사이의 합의해제에 의한 임대차계약의 종료는 신의칙상 전차인에게 대항할 수 없다고 하였다가,105) 개정 파산법에서는 쌍무계약에서 임차권 등 사용 및 수익을 목적으로 하는 권리를 설정하는 계약에 대하여 채무자의 상대방이 해당 권리에 대하여 등기, 등록 등 제3자에게 대항할 수 있는 요건을 갖추고 있는 경우에는 적용하지 않으며, 이 경우 상대방이 가지는 청구권은 재단채권으로 한다고 규정하게 되었다.106)

다만 위와 같이 해석하여도 주택임대차보호법의 적용이 없는 부동산이나 동산의 임대차에 관하여는 원칙적으로 임대인이 무조건 해약할 수 있으므로 채무자인 임차인의 보호라는 점에서는 아직 문제가 남아 있다. 또한 위와 같이 하여 해약되지 않거나 또는 해약이 효력을 발생하지 않는 경우에 있어서의 파산선고 후의 임료는 물론 재단채권이 된다. 이에 반하여 관재인이 하는 해약은 제한 없이 가능하나, 재산적 가치 있는 부동산임차권을 그대로 포기하는 결과가 되는 해약은 통상은 관재인의 선관의무(법361조)에 반한다고 해석한다. 개인채무자가 거주하는 건물 등에 대한 임차권의 환가처분이 곤란하다고 하는 사정이 있으면 채무자를 위하여 이를 포기(법492조12호, 529조 참조)할 수 있다.

파산관재인이 해제를 선택한 경우 임대차계약상의 위약금조항이 적용되는가에 대하여는 민법 제637 제2항에서 손해배상청구를 금지하고 있는 우리 법제에서는 부정하여야할 것이지만, 전술하였듯이 임대차계약해지로 인한 손해배상청구권을 배제하지 않는 일본에서는 다툼이 있다.107) 임대차계약에서 임차인이 계약을 해제할 경우 보증금 전액을 포기한다고 규정하고 있는 경우 그 조항이 관재인이 해제를 선택한 경우에도 적용될 것인가가 특히 문제가 된다. 위약금 조항의 적용이 있다고 한다면 그 위약금청구권은 파산선고 전의 원인인 임대차계약에 기하여 생긴 청구권이므로 파산채권이 된다고 해석한다. 일본법 하에서는 임차인 파산에 있어서 파산관재인이 파산법에 기하여 임대차계약을 해제한 경우 임대인은 위약금특약의 합리적인 범위 내에서만 손해배상을 청구할 수 있다고 한 하

---

104) 日最判昭和45.5.19判時598호60면, 日東京高判昭和63.2.10高民集41권1호1면[百選제3판82].

105) 日最判昭和48.10.12民集27권9호1192면[百選제5판A13].

106) 일본 파산법 제56조.

107) 日大阪地判平成21.1.29判時2037호74면[百選78①]은 파산법상의 미이행쌍무계약에 관한 규정에 기한 해제권은 민법상의 해제원인의 존부나 계약 당사자간의 합의내용에 관계없이 행사할 수 있는 것이고, 법에 의하여 파산관재인에게 부여된 특별한 권능(법정해제권)이며, 쌍방미이행의 쌍무계약에 관하여 재생채무자등에게 당해계약을 이행하는가 해제하는가를 합리적으로 선택할 수 있는 권능을 부여하는 것에 그치고 그 선택에 따른 결과 그 자체를 제외하면 재생채무자 등과의 계약의 상대방이 민법의 규정이나 유효한 계약이 정한 것보다 실제상 유리한 지위를 당연히 잃고, 그 불이익을 감수하는 것까지 허용하는 것은 아니라고 해석된다고 하면서 임대인에게 일실임료 대부분의 손해배상채권을 인정하였다. 반면에 日名古屋高判平成23.6.2金法1944호127면, 倒産判例 インデックス 제3판 135[百選78②]는 수급인의 파산관재인이 미이행쌍무계약의 규정에 따라 도급계약을 해제하는 경우는 도급계약상의 위약금조항에 의한 위약금 발생사유에 해당하지 않는다고 하여 상계의 효력을 부인하였음을 전술하였다.

급심 판례가 있다.[108]

(2) 임대인의 도산

임대인의 파산에 관하여는 민법에 아무런 규정이 없으므로 회생과 파산을 마찬가지로 생각할 수 있다. 이 경우 임차인의 지위 보호를 위하여 雙方未履行의 쌍무계약해제의 규정의 적용은 전면적으로 배제한다는 것이 종래의 다수설이었다.[109]

그러나 긍정설·부정설은 모두 부동산임대차를 안중에 둔 의견이고, 일반론으로서는 雙方未履行 쌍무계약으로서 관리인·관재인에 의한 해약을 긍정하여도 좋고, 이는 동산의 임대차에 관하여는 그대로 적용 가능하다. 그러나 부동산의 임차권은 일정한 요건을 갖추면 물권적인 효력이 인정되고(민621조, 주택임대차보호법3조1항, 상가건물임대차보호법3조), 임대인측의 사정에 불구하고 그 존속이 보장되는 것이므로, 그 취지를 임대인 도산의 경우에도 관철하여 이러한 요건을 갖춘 부동산임차권에 한하여 도산처리법상의 관리인·관재인의 해제권(법119조, 335조)은 인정되지 않는다고 해석하는 것이 종래의 통설이었고, 채무자회생법에서는 주택임대차보호법 및 상가건물임대차보호법의 대항요건을 갖춘 임차인에 대한 보호규정을 신설하기에 이르렀다. 주택임대차보호법이나 상가건물임대차보호법 소정의 대항요건을 갖춘 때에는 雙方未履行 쌍무계약에 관한 규정은 적용되지 않는 것으로 명문의 규정을 둔 것이다(법124조4항, 법340조4항).[110] 그래도 관리인·관재인은 채무자 자신

---

108) 日名古屋高判平成12.4.27判時1748호134면, 倒産判例 インデックス 제3판 134는 임대차계약의 위약금 특약에서 임대인은 위약금채권을 자동채권으로 하여 보증금 2,500만 엔 및 건설협력금잔급 3,388만 엔의 반환청구권을 수동채권으로 하여 상계할 수 있도록 규정하고 있었던 사안에서 파산절차에서의 상계는 상계에 대한 합리적인 기대의 범위 내에서 인정되는 것이고, 그 범위를 넘는 상계는 파산채권자 전체의 공평을 해하는 것으로서 상계금지규정에 구체적으로 해당하지 않는다고 하더라도 권리의 남용으로서 허용되지 않는다고 하면서 해당 건물에 새로운 임차인을 확보하는데 걸리는 기간, 건물임료가 최근 5년간 하락세인 점, 새로운 임차인으로부터 받을 수 있는 보증금도 하락될 것으로 보이는 점 등을 감안하여 2,100만 엔에 한하여 상계를 인정하였다.

109) 민법이 임대인의 파산에 관하여 아무런 규정을 두고 있지 않은 것은 임대차계약에 어떠한 영향을 미치지 않으려고 하는 취지로서, 임대인의 파산의 경우에는 채무자회생법 제335조(구 파산법 제50조)의 적용은 없고, 임대인이 갖는 임료채권이 파산재단에 속하는 것일 뿐이라는 것이다. 日東京高判昭和36.5.31下民集12권5호1246면[百選제3판83].

110) 채무자회생법 제415조의 입법과정에서는 "주택의 임차인은 보증금을 회수하기 위하여 파산절차에 의하지 아니하고 파산관재인에게 임차목적물에 대한 경매절차의 신청을 요구할 수 있다"고 명시하자는 의견이 있었다. 이는 주택의 임차인에게 파산관재인에 대하여 민사집행법에 따른 강제집행을 신청하는 것(파192조, 개정안496조)을 요구할 수 있도록 하자는 취지였다. 그러나 위 의견에 대하여는, 실무상 강제집행의 방법에 의한 환가는 채무자, 일부 채권자, 노동조합 등이 부동산을 불법점거하고 있는 경우 또는 상당기간 임의매각을 위하여 노력하였으나 성공하지 못한 경우에만 제한적으로 이용될 뿐이고, 민사집행법에 의한 강제집행의 특성상 적정한 가격으로 환가하는 것은 기대하기 어려우므로, 실무상 강제집행의 방법에 의한 환가보다는 파산관재인이 이해관계인의 협조를 얻어 임의매각하는 것이 일반적이라는 반론이 제기되었다. 예컨대, 대규모 임대아파트를 소유하고 있는 회

보다 불리한 지위에 서는 것은 아니고, 관리인·관재인은 임료를 수령하고, 필요할 때에는 임차권이 부착된 대로 목적물을 환가처분할 수 있다. 또한 관리인·관재인이 임차인의 채무불이행을 이유로 해제를 하는 것은 가능하다.

임대차가 관리인·관재인과 임차인 사이에 존속하는 경우에 임차인이 가지는 사용·수익청구권은 공익채권·재단채권이 되고, 임대인의 임료채권은 회생채무자의 재산이나 파산재단 소속의 재산이 되어 관리인·관재인이 행사한다. 종래 이행이 선택된 경우에도 임차인의 보증금반환청구권은 공익채권, 재단채권이 아니라 회생채권, 파산채권이라고 보았으나,[111] 근래에는 일본의 경우에는 우리와 같은 전세제도가 아니라 부금(敷金) 계약이고, 부금이 우리나라처럼 다액이 아니며, 그 반환이 임차인에게 가지는 중요성에 비추어 공익채권· 재단채권으로 취급하여야 한다는 견해도 유력하다.[112] 이 입장에서 보면 임차인이 대항요건을 갖추고 있어서 채무자회생법 제124조 제4항, 제340조 제4항에 따라 관리인·관재인이 해제할 수 없는 경우에 임차인이 가지는 청구권은 공익채권·재단채권이 된다.

임차인은 관리인·관재인에게 임료를 지급하게 되나, 도산절차 개시 전에 임차인이 임료를 채무자에게 선급하고, 채무자가 도산절차 개시 후의 임료채권을 이미 제3자에게 양도하여 대항요건을 갖춘 경우 이러한 처분을 가지고 관리인·관재인에게 대항할 수 있는가 하는 문제가 있다. 이에 대하여 임차인이 채무자에게 한 차임의 선급(先給), 또는 채무자가 한 임료채권의 처분은 도산절차 개시시에 있어서 당기 및 차기에 관한 부분을 제외하고는 관리인·관재인에게 대항할 수 없다(법124조1항, 340조1항). 따라서 예컨대 차차기(次次期) 이후의 임료도 선급한 임차인은 관리인·관재인에 대하여 이중으로 지급하여야 하지만, 이에 의하여 손해를 입은 임차인 또는 처분의 상대방의 손해배상청구권은 도산채권이 된다(법124조2항, 340조2항). 또한 임료와의 상계에 관한 같은 취지의 특칙과 함께 보증금이 있는 경우에는 예외가 인정되어 차차기 이후의 임료분과도 상계를 주장할 수 있다(법144조2항, 421조1항). 이러한 규정을 둔 이유는 채무자가 도산절차개시전에 차임의 선급을

사가 파산할 경우 선순위저당권자(국민주택기금 등), 임차인, 파산관재인의 사이의 합의를 통한 분양전환이 가장 일반적인 환가방법인데, 분양전환협상 진행 중에 대다수의 임차인들이 분양전환에 찬성하나, 일부 임차인이 분양전환에 반대하면서 위와 같은 경매절차의 신청을 요구할 경우 파산관재인으로서는 이에 응하여야 하고, 이로 인하여 분양전환 협상 자체가 무산될 수도 있어 선의의 일반 임차인들에게 커다란 손실을 입히게 될 가능성이 있다는 지적이었다. 또한, 파산관재인은 공적수탁자이고, 법원의 지휘, 감독을 받으며, 법원은 파산관재인을 해임할 수 있는 점을 감안하면, 임차인들의 보증금 회수를 위하여 파산관재인의 강제집행방법에 의한 환가가 최선의 방법이라면, 임차인들은 파산법원의 감독권행사 촉구 또는 파산관재인 해임요청 등의 방법으로 파산관재인의 권한행사를 촉구할 수 있으므로, 위와 같은 조문을 신설하지 아니하여도, 임차인들의 권리보호에 충분할 뿐 아니라, 위 조문은 파산관재인이 고가로 임의매각하는 것을 방해하는 수단으로 악용될 가능성이 높다는 것이다. 이상과 같은 이유로 위 의견은 입법에 반영되지 않았다.

111) 日東京地判平成14.12.5金判1170호52면, 倒産判例 インデックス 제3판 136.

112) 상세는 임치용, "파산절차 개시와 임대차 계약", 파산법연구 2, 박영사(2006), 131면 참조.

받거나 또는 차임채권을 양도, 그 밖의 처분을 하였을 때 그 금전의 지급이 끝난 것으로 인정하는 것은 채무자가 임차인과 통모하여 차임채권을 사전에 처분하거나 다액의 선급이 있었다고 주장하는 것을 가능하게 함으로써 채무자 재산이나 파산재단의 충실을 해하게 될 우려가 있어 이를 방지하기 위한 것이다. 그러나 위 규정들은 채권의 유동화 등에 의한 금융조달을 제약하는 것으로서 부인권에 관한 규정으로 해결하면 충분하고 폐지하는 것이 바람직하다는 지적이 있다.「자산유동화에 관한 법률」제15조는 차임채권을 대상으로 하는 자산유동화거래에 대하여 위 규정들의 적용을 배제하고 있다.[113] 장래 채권의 양도에 관한 일본의 판례에 의하면 계약 내용이 양도인의 영업활동 등에 대하여 상당한 범위를 현저히 일탈하여 다른 채권자에게 부당한 불이익을 주는 경우에는 공서양속위반이 된다고 하였는데,[114] 양도와 선급은 이익상황이 다르다고 하여도 경제적으로는 신용공여인 점에서는 차이가 없고, 선급이 항상 남용이 된다고 하는 사회실태도 없는 이상, 주체의 차이에 의하여 다른 취급을 하여야 할 합리적인 이유는 없으므로 위 규정은 입법론적으로는 문제가 있다.[115]

임차인이 보증금을 납부한 경우 보증금반환청구권은 임대차 종료를 정지조건으로 하는 정지조건부채권이라고 해석하는 것이 다수설이고,[116] 정지조건이 성취될 때까지는 상계할 수 없다. 임대차보증금은 임대차 존속 중의 차임뿐만 아니라 임대차 종료 후 건물 명도에 이르기까지 발생한 손해배상채권 등 임대차계약에 의하여 임대인이 임차인에 대하여 갖는 일체의 채권을 담보하는 것으로서 임대차 종료 후에 임차건물을 임대인에게 명도할

---

113) 이에 대한 설명은 한민, "금융거래와 도산법", 서울대학교 금융법센터, 2015년도 금융법무과정 제8기, 16면 이하 참조. 일본의 개정 파산법은 이러한 제한을 삭제하였다.

114) 日最判平成11.1.29民集53권1호151면.

115) 山本和彦 외 4인, "倒産法 槪說 제2판", 弘文堂(2013), 215면.

116) 日最判平成14.3.28民集56권3호689면. 다만 대법원 1987.6.9.선고87다68판결(공1987, 1147)은 임대보증금에 대하여 보증금반환채권은 임대인의 채권이 발생하는 것을 해제조건으로 한다는 표현을 쓰고 있으나, 보증금반환채권이 해제조건부 권리라는 의미인지는 명확하지 않다. 임료채무의 변제는 정지조건부채권인 보증금반환청구권의 정지조건의 성취를 해제조건으로 하는 것이고, 해제조건의 성취에 의하여 변제가 그 효력을 잃고 상계가 가능하여 진다고 설명하기도 하였다. 三上威彦, "倒産法", 信山社(2017), 264면. 한편 대법원 2005.9.28. 선고 2005다8323,8330 판결(공2005, 1677)은 임대차계약에 있어 임대차보증금은 임대차계약 종료 후 목적물을 임대인에게 명도할 때까지 발생하는, 임대차에 따른 임차인의 모든 채무를 담보하는 것으로서, 그 피담보채무 상당액은 임대차관계의 종료 후 목적물이 반환될 때에, 특별한 사정이 없는 한, 별도의 의사표시 없이 보증금에서 당연히 공제되는 것이므로, 임대인은 임대차보증금에서 그 피담보채무를 공제한 나머지만을 임차인에게 반환할 의무가 있고, 임대차계약의 경우 임대차보증금에서 그 피담보채무 등을 공제하려면 임대인으로서는 그 피담보채무인 연체차임, 연체관리비 등을 임대차보증금에서 공제하여야 한다는 주장을 하여야 하고 나아가 그 임대차보증금에서 공제될 차임채권, 관리비채권 등의 발생원인에 관하여 주장·입증을 하여야 하는 것이며, 다만 그 발생한 채권이 변제 등의 이유로 소멸하였는지에 관하여는 임차인이 주장·입증책임을 부담한다고 하였다.

때 연체차임 등 모든 피담보채무를 공제한 잔액이 있을 것을 조건으로 하여 그 잔액에 대하여서만 임차인의 보증금반환청구권이 발생하는 것이다.[117] 결국 임료를 지급하지 않은 경우 보증금반환청구권이 현실화하거나 보증금에 관한 권리의무를 승계할 때에 미지급임료 상당이 보증금으로부터 자동적으로 공제된다(보증금 충당).[118] 이는 보증금반환청구권에 관하여 임료미지급에 따라 그에 상당하는 액을 회수하는 기능을 가진다. 보증금충당은 상계와 법률적 구성은 다르지만,[119] 기능적으로는 상계와 흡사하다. 따라서 임차인은 변제기가 도래한 임료채무는 변제하여야 하면서도 임대차계약이 종료할 때의 채무자의 재산상황에 따라서는 보증금을 돌려받지 못하는 상황도 발생하게 된다.[120] 물론 임차인이 임료를 지급하면서 파산관재인에게 임료를 임치하도록 한 후 최후배당의 제외기간 내에 목적물을 명도하여 정지조건이 성취되었음을 이유로 상계 후 임대보증금의 잔액을 회수할 수 있겠으나(법418조), 그 밖의 우선적인 배려는 없다.[121] 다만 회생계획에서 회생채권으로서 권리변경이 행하여지는 경우 당연충당이 이루어진 잔액을 기준으로 권리변경을 할 것인가(당연충당 선행), 권리변경이 된 잔액에 관하여 당연충당을 할 것인가(권리변경 선행)라고 하는 견해의 대립이 생긴다.[122]

또한 임차인이 상속인 없이 사망한 경우에는 그 주택에서 가정공동생활을 하던 사실상의 혼인 관계에 있는 자가 임차인의 권리와 의무를 승계하고(주택임대차보호법9조1항), 임차인이 사망한 때에 사망 당시 상속인이 그 주택에서 가정공동생활을 하고 있지 아니한 경우에는 그 주택에서 가정공동생활을 하던 사실상의 혼인 관계에 있는 자와 2촌 이내의 친족이 공동으로 임차인의 권리와 의무를 승계하는데(같은 조2항), 이 경우 임차권의 승계인이 거주권만을 승계하는가 아니면 거주권뿐만 아니라 임대차보증금반환청구권도 포함

---

117) 대법원 1999.3.26. 선고 98다22918,22925 판결(공1999, 768)은 따라서 보증인이 임대인의 보증금반환 채무를 보증한 후에 임대인과 임차인 간에 임대차계약과 관계없는 다른 채권으로써 연체차임을 상계하기로 약정하는 것은 보증인에게 불리한 것으로 보증인에 대하여는 그 효력을 주장할 수 없다(대법원 1974.11.12. 선고 74다533 판결 참조)고 하였다.

118) 日最判昭和48.2.2民集27권1호80면, 日最判昭和44.7.17民集23권8호1610면.

119) 저당권에 기한 물상대위와의 관계에 관하여 위 日最判平成14.3.28民集56권3호689면, 日最判平成13.3.13民集55권2호363면 참조.

120) 日東京地判平成12.10.16判時1731호24면, 倒産判例 インデックス 제3판 92도 보증금반환청구권은 임대차계약 종료 후 목적물의 명도완료시에 그 때까지 생긴 임료미지급액이나 임료상당손해금을 공제하고 잔액이 있는 경우에 그 잔액에 관하여 구체적으로 발생하는 것으로서 정지조건부채권이라고 해석하며, 정지조건부채권은 아직 채권으로서 현실화되지 않은 것이므로 조건 성취 전에는 자동채권으로 하는 상계는 허용되지 않는다고 해석함이 상당하다고 하였다.

121) 일본파산법 제70조는 보증금반환청구권을 가지는 임차인은 임료를 지급함에 있어 보증금의 액을 한도로 하여 변제한 임료의 임치를 청구할 수 있도록 규정하여 보증금반환청구권을 우선적으로 회수할 수 있도록 하고 있다.

122) 상세한 설명은 山本和彦 외 4인, "倒産法 槪說 제2판", 弘文堂(2013), 267면 참조.

된다고 할 것인지에 대하여 의론이 있으나, 포함된다고 보는 견해가 유력하다.[123]

한편 신탁된 주택에 관하여 임대차가 체결된 경우 신탁등기의 대항력과 주택임대차보호법상의 대항력이 문제되는데 판례는 신탁계약의 내용이 신탁등기의 일부로 인정되는 신탁원부에 기재된 경우에는 이로써 제3자에게 대항할 수 있다고 판시함으로써 임차인은 임대인인 위탁자 A를 상대로 임대차보증금의 반환을 구할 수 있을 뿐 수탁자 B를 상대로 임대차보증금의 반환을 구할 수 없고, B가 임대차보증금 반환의무를 부담하는 임대인의 지위에 있지 아니한 이상 B로부터 이 사건 오피스텔의 소유권을 취득한 자에게도 임대차보증금 반환을 구할 수 없다고 하였다.[124] 구법과 달리 개정 신탁법 제4조 제1항은 '신탁재산에 속한 것임'을 제3자에게 대항할 수 있다고 규정하고 있는데, 마찬가지로 해석하여야 할 것이다.

(3) 용익물권자

지상권 등의 물권은 지상권자 도산의 경우에는 재산권으로서 관리인·관재인의 관리처분에 복종하고, 토지소유자의 도산의 경우에는 이러한 부담이 부착된 소유권이 관리인·관재인의 관리처분에 복종함에 불과하다. 다만 후자의 경우에 지대의 선급 또는 그 채권의 처분이 있을 때에는 전술한 임료의 선급 등에 관한 규정이 준용된다(법124조3항, 144조3항, 340조3항, 421조2항).

다. 계속적 공급계약

계속적 거래관계에 있어서 재화나 용역을 먼저 공급한 후 일정기간마다 거래대금을 정산하여 일정기일 후에 지급받기로 약정한 경우에 공급자가 선이행의 자기 채무를 이행하고 이미 정산이 완료되어 이행기가 지난 전기의 대금을 지급받지 못하였거나, 후이행의 상대방의 채무가 아직 이행기가 되지 아니하였지만 이행기의 이행이 현저히 불안한 사유가 있는 경우에는 민법 제536조 제2항 및 신의성실의 원칙에 비추어 볼 때 공급자는 이미

---

123) 김주미, "상속재산파산의 실무상 쟁점연구", 법조 제733호, 법조협회(2019), 333면 참조.
124) 대법원 2022.2.17. 선고 2019다300095, 300101 판결(미간행)은 구 신탁법(2011. 7. 25. 법률 제10924호로 전부 개정되기 전의 것) 제3조 제1항은 "등기 또는 등록하여야 할 재산권에 관하여는 신탁은 그 등기 또는 등록을 함으로써 제3자에게 대항할 수 있다."라고 정하고 있고, 구 부동산등기법(2007. 5. 17. 법률 제8435호로 개정되기 전의 것) 제123조, 제124조는 신탁의 등기를 신청하는 경우에는 ① 위탁자, 수탁자 및 수익자 등의 성명, 주소, ② 신탁의 목적, ③ 신탁재산의 관리 방법, ④ 신탁종료의 사유, ⑤ 기타 신탁의 조항을 기재한 서면을 그 신청서에 첨부하도록 하고 있고, 그 서면을 신탁원부로 보며 다시 신탁원부를 등기부의 일부로 보고 그 기재를 등기로 본다고 정하고 있다는 점을 그 근거로 하였다. 이 판결에 대한 해설로 박성구, "신탁등기의 대항력과 주택임차인의 대항력", 대법원판례해설 제131호, 법원도서관(2023), 207면 참조.

이행기가 지난 전기의 대금을 지급받을 때 또는 전기에 대한 상대방의 이행기미도래채무의 이행불안사유가 해소될 때까지 선이행의무가 있는 다음 기간의 자기 채무의 이행을 거절할 수 있다.[125] 계속적 계약은 당사자 상호간의 신뢰관계를 그 기초로 하는 것이므로, 당해 계약의 존속중에 당사자의 일방이 그 계약상의 의무를 위반함으로써 그로 인하여 계약의 기초가 되는 신뢰관계가 파괴되어 계약관계를 그대로 유지하기 어려운 정도에 이르게 된 경우에는 상대방은 그 계약관계를 막바로 해지함으로써 그 효력을 장래에 향하여 소멸시킬 수 있다.[126]

전기, 가스 등의 공급계약을 전형으로 하는 계속적 공급계약의 수요자가 도산한 경우의 공급자의 지위를 둘러싼 법률관계에 관하여는 회생에 관하여만 규정이 있다(법122조1항). 경영을 유지하기 위하여는 어떻든 공급을 계속적으로 받아야 하고, 공급자는 미지급요금의 지급을 받지 않으면 공급을 정지하겠다고 주장하며, 미지급액이 상당히 많아 이를 지급할 때에는 재건 자체가 불가능해지게 되기도 하는 등 구 회사정리 하에서 첨예하게 대립되던 문제를 해결하기 위한 입법이었는데(1981.3.5. 신설), 같은 문제는 파산절차에 있어서도 정도의 차이는 있지만 어느 정도는 존재한다.

(1) 수요자의 회생

(가) 특칙의 적용범위

법의 특칙은 「채무자에 대하여 계속적 공급의무를 부담하는 쌍무계약」에 적용된다. 일반적으로 계속적 공급계약이라 함은 당사자의 일방이 일정 기간 또는 기간의 정함이 없이 회귀적·반복적으로 종류를 정하여 급부를 하는 의무를 부담하고, 타방이 각 급부에 대하여 또는 일정한 기간을 구별하여 그 기간 내에 된 급부에 대하여 대가를 지급할 의무를 부담하는 쌍무계약을 말한다. 전기·가스·물·연료·원료 등의 계속적 공급계약 이외에 공급자 자신의 재료에 의하여 제작한 부품 등을 정기적으로 채무자에 납입하는 계속적 제작물 공급계약, 각종의 계속적 도급계약 예컨대 채무자가 공급하는 재료를 가공하여 정기적으로 일정량을 납품하는 계약, 건물의 청소계약, 매일 직원을 출퇴근시키는 운송계약 등이

---

125) 대법원 2001.9.18. 선고 2001다9304 판결(공2001, 2237).
126) 대법원 1995.3.24. 선고 94다17826 판결(공1995, 1715)은 甲이 乙 공급의 제품에 관한 총판권을 부여받고 乙이 공급하는 것 이외의 제품을 취급 판매하지 않기로 하는 내용의 특약점계약을 체결하고 이에 따라 수개의 지역판매소를 경영하여 오던 중, 乙이 위 지역판매소들 가운데 특정 영업소의 영업 일체를 인수하여 향후 1년 간 그 영업소의 경영으로 얻게 되는 매출이익 상당액을 甲의 외상대금 채무에서 공제하여 주며 甲의 파견근무 지시를 받아 위 영업소의 영업에 종사하게 되는 종업원들의 보수 상당액을 甲에게 지급하여 주기로 약정하였다면, 이는 이른바 계속적 계약으로서 위 특약점계약상의 제반 의무를 계속 성실히 이행 준수할 것을 위 약정의 계속적 이행의 당연한 전제로 삼은 것으로 보아야 할 것이기 때문에, 乙이 甲의 위 특약점계약상의 경업금지의무 위배를 이유로 위 약정을 해지한 것은 적법하다고 한 사례이다.

다. 전화가입계약도 이에 포함된다고 해석한다. 그러나 임대차계약은 목적물의 점유가 임차인에게 이전되고 계속적 급부라고 하기는 곤란하므로 전술한 바와 같이 취급되고, 이에는 포함되지 않는다. 개개의 급부와 함께 계약이 이루어진다고 해석되는 경우와 1회에 급부되어야 할 것이 분할되어 급부됨에 불과한 경우 등은 계속적 급부계약은 아니다. 또한 근로계약이 이에 포함되지 않는 것은 명문의 규정이 있다(법122조2항).

「계속적 공급의무를 부담」한다는 것은 법령 또는 계약에 의하여 계속적인 급부가 의무가 되는 경우이어야 하는데, 전기·수도의 공급은 법령에 의하여 의무로 되어 있다(전기사업법14조, 수도법39조). 계약에 의하여 의무로 되는 경우라 함은 매월 또는 매일 일정량, 일정품질의 물건, 에너지, 노무의 공급이 약속되어 있는 경우이고, 필요에 따라 품질, 수량 등을 지정하여 주문하는 경우는 급부가 의무로 되는 것이라고는 할 수 없다.

또한 계속적 공급계약이 회생절차개시 당시 존속하고 있는 것이 위에서 본 특칙의 적용을 위한 전제이므로 채무자가 급부에 대한 대가의 지급을 태만히 하여 공급자가 이미 계약을 해제한 때에는 그 후에 회생절차가 개시되어도 지급되지 않은 대가에 관하여 공급자는 회생채권자가 됨에 불과하다. 그런데 보통의 사기업간의 계속적 공급계약에서는 도산이 표면화될 때부터 실제로 절차개시까지 상당한 시일이 경과하는 것이 보통이므로 그 사이에 대부분의 계약은 해지되어 버린다. 따라서 이 특칙의 적용이 실제로 문제되는 것은 대부분의 경우 회생절차까지에 계약을 종료할 수 없는 독점공익사업인 공급자의 경우뿐이다. 즉 이러한 공급자는 법령에 의하여 공급이 의무로 되고 있는 것이고, 각각 주무장관의 인가를 거친 공급규정이 있고, 계약이 해제될 때까지는 상당한 일수를 요한다. 전기에 관하여 보면 고객이 요금을 납기일로부터 2개월이 되는 날까지 납부하지 아니하는 경우에는 폐지일 7일 전까지 고객에게 요금납부를 최고한 후 수급계약을 폐지할 수 있다(한국전력공사법의 전기공급규정에 의한다).

한편 판례는 한국전력공사는 한국전력공사법에 의하여 전력자원의 개발 및 발전·송전·변전·배전 및 이와 관련되는 영업을 목적으로 설립된 법인으로서 전기사업법에 따라 정당한 사유가 없는 한 전기의 공급을 거절할 수 없는데, 상대방에 대한 회생절차의 개시로 인하여 한국전력공사가 회생채권인 전기요금채권을 바로 행사하지 못하고, 상대방측도 그 미납전기요금을 임의로 지급할 수 없게 되었다면, 비록 상대방이 전기요금을 납부하지 않아 전기사용계약이 적법하게 해지되어 전기공급이 중단되었다고 하더라도, 한국전력공사가 미납전기요금의 미변제를 이유로 상대방에 대한 전기공급을 거부하는 것은, 전기사업자로서의 독점적 지위를 이용하여 회생절차 개시로 그 권리행사가 제한되어 있는 체납전기요금에 대한 즉시 변제를 강요하는 것이 되고, 나아가 다른 회생채권자의 권리를 해하는 결과에 이르게 되므로, 전기사업법에 의하여 원칙적인 전기공급의무를 부담하는 한

국전력공사가 전기공급을 거부할 수 있는 정당한 사유에 해당하지 않는다고 하였다.[127]

하급법원 판결 중에도 회생절차가 개시된 甲 회사가 한국전력공사에 대하여 회생절차개시 전 발생한 전기료 채무를 부담하고 있는데, 한국전력공사가 회생절차개시 전 3개월분 전기요금 상당금액을 보증금으로 납부하지 않으면 甲 회사 사업장에 대하여 전기공급을 중단하겠다고 통보하였고, 이에 甲 회사의 관리인이 법원에 전기요금 보증금 납부 허가신청을 한 사안에서, 채무자회생법 제122조 제1항에 의하면, 계속적 공급의무를 부담하는 채권자가 회생채권 미변제를 이유로 채무자에 대하여 공급을 중단하는 행위뿐만 아니라, 회생절차가 개시되었다는 사정만을 이유로 채무자에 대하여 담보제공 등 기타 의무의 이행을 계속적 공급의 조건으로 요구하는 행위도 특별한 사정이 없는 한 위 조항에 반하는 것으로 위법하므로, 회생절차개시 이후 발생한 전기료 연체 등의 사정이 없음에도 한국전력공사가 甲 회사에 대하여 보증금 납부를 요구하고 이를 불이행 시 단전하겠다고 통보한 행위가 위 조항에 반하는 것으로 위법하다고 한 사례가 있다.[128]

(나) 공급정지의 금지

회생절차가 수요자인 채무자에 대하여 개시된 때에는 공급자는 회생절차 개시 신청 전의 급부에 대한 대가가 지급되지 않았음을 이유로 회생절차 개시신청 후 공급을 거절할 수 없다(법122조1항). 원래 동시이행의 항변권은 과거의 공급에 대한 대가의 지급을 위하여 현재의 급부에 관하여 행사할 수 있으나, 과거의 공급에 대한 대가의 청구권이 회생채권이 되면 이에 관하여는 이행을 청구할 수 없으므로 동시이행의 항변권을 행사하여 공급을 정지할 수는 없는 것이다. 이는 회생절차 개시 전의 공급에 대한 대가의 청구권이 회생채권임을 전제로 하여, 다만 회생절차 개시의 신청 이후의 공급에 대한 대가청구권은 특히 공익채권으로 하고 있는 것(법179조1항8호)과의 관련에서 신청전 해당분의 미지급을 이유로 하여서는 동시이행의 항변권을 행사할 수 없는 것을 명백히 한 것이다(즉 신청전의 것은 회생채권임을 명백히 한 것이다).

---

127) 대법원 2010.2.11.자 2009마1930 결정(공보불게재)[백선08]. 이 결정에 대하여는 종래 실무상 회생채무자에게 반드시 필요한 원자재의 공급에 관하여 독점적 지위에 있는 회생채권자가 회생채권을 변제하지 않으면 원자재를 공급할 수 없다고 부당한 압력을 행사하는 사례가 많이 있음을 근거로 이러한 경우에 부득이하게 채무자회생법 제132조 제2항을 적용하여 그 회생채권을 변제하지 아니하고는 채무자의 회생에 현저한 지장을 초래할 우려가 있다고 인정하여 회생계획인가결정 전에 그 전부 또는 일부의 변제를 허가하는 사례도 있었는데, 이 결정은 위와 같이 횡포를 부리는 회생채권자를 상대로 가처분결정을 받아 물품공급을 받을 수 있다는 점을 선언한 점에서 매우 큰 의의가 있다는 의견도 있으나(김형두, "2011년판 분야별 중요판례분석", 법률신문사(2011), 583면), 이론상으로는 문제가 없지 않다. 회생절차 개시 신청 전에 일단 적법하게 해지된 공급계약이 부활할 수는 없기 때문이다. 이와 관련한 하급심의 재판례들을 분석한 논문으로는 전대규, "한국전력공사가 전기요금 미납을 이유로 회생회사에 대하여 한 전기공급중단이 「채무자 회생 및 파산에 관한 법률」에 위반되는지 여부", 채무자회생법, 서울지방변호사회 강의자료(2017), 53면 참조.

128) 서울중앙지법 2016.12.6.자 2016회합100140 결정(각공2017상, 171).

따라서 절차개시 전이라면 공급자는 동시이행의 항변권을 행사하여 공급을 정지할
수 있고, 개시신청 후의 공급에 대한 대가의 지급이 없을 때에는 절차개시 후에도 정지할
수 있다(이는 공익채권이므로 미지급의 경우는 드물다). 절차개시 전에 채무변제금지의 보전처
분이 발령된 경우에도 절차가 개시되어 신청 후의 공급분이 공익채권이 된다는 보장은 없
으므로 여전히 정지할 수 있다. 개시신청 전의 공급분에 관하여 지급을 구하기 위하여 절
차개시 전에 공급을 정지하고 있어도 절차가 개시되고 그 당시까지 계약이 존속하며, 또
관리인이 이행의 청구(법119조1항)를 한 경우에는 동시이행의 항변권이 없어지므로 공급을
재개하여야 한다. 관리인이 해제(해약)를 선택한 경우에는 공급하지 않아도 좋은 것은 물
론이고, 그때까지의 미지급액이 회생채권이 된다(개시신청 후의 공급에 관하여는 공익채권이
된다).

(다) 공익채권의 범위의 확장

계속적 공급계약의 공급자는 전기·가스 공급자와 같이 수요자의 도산이 명백하여도
공급을 계속하여야 하는 의무를 부담하고 있는 것이고, 또 그렇지 않은 경우에도 채무자
의 경영상 필요한 물질 및 용역의 공급을 확보함으로써 회생이라는 목적을 달성하기 위하
여 회생절차개시의 신청 이후의 공급에 관한 대가의 청구권은 회생절차개시 전의 원인에
의한 청구권이지만 특히 공익채권으로 격상시켜 공급자를 보호하고, 또 공급을 장려하고
있다(법179조1항8호). 이 규정은 관리인이 이행의 청구를 한 경우뿐만 아니라 계약의 해제
를 선택한 경우에도 또 회생절차개시에 이르기까지에 계약이 해제되어 종료된 경우에도
적용된다. 또한 회생절차개시신청 전 20일 이내에 채무자가 계속적이고 정상적인 영업활
동으로 공급받은 물건에 대한 대금청구권도 공익채권으로 보호된다고 함은 전술하였다(법
179조1항8호의2).[129] 그 기간 계산에 관해서는 채무자회생법에서 특별한 규정을 두고 있지
않으므로 '회생절차개시신청 전 20일 이내'라는 기간을 계산할 때에는 민법 제157조 본문
이 준용되어 회생절차개시신청일인 초일은 산입하지 않고, 민법 제159조에 따라 기간 말
일의 종료로 기간이 만료한다고 본다.[130]

(2) 파산절차에서의 취급

동종의 문제가 파산에서도 일어날 수 있는 것을 짐작하기 어렵지 않지만 어떠한 명문
규정도 없다. 따라서 위 절차에서는 일반원칙에 의하여 결정할 수밖에 없으나, 전술한 규
정이 파산에 있어서의 해석의 지침이 된다.

---

129) 이에 대한 상세한 분석은 차승환, "회생절차 개시 전을 요건으로 하는 공익채권", 도산법연구 제7권
    제2호, 사단법인 도산법연구회(2017.6.), 1면 참조.
130) 대법원 2020.3.2. 선고 2019다243420 판결(공2020상, 769).

회생과 마찬가지로 파산선고 전의 원인에 기한 청구권은 동결되어 이행을 청구할 수 없게 되므로 파산선고 당시에 계약이 존속하고, 파산관재인이 이행의 청구(법335조)를 한 경우에는 공급자는 동시이행의 항변권을 행사하여 공급을 정지할 수는 없다고 해석한다. 회생에 있어서 절차개시 전의 공급에 의한 공급자의 청구권을 도산채권으로 한 점은 파산에 있어서도 그대로 타당하다. 다만 신청 후의 공급분의 대가를 공익채권으로 한 점은 물론 파산에는 적용되지 않고, 파산선고 후의 공급분의 대가가 재단채권이 됨에 불과하다(법 473조7호가 아니라 3호 내지 4호에 해당한다). 또한 파산선고 전의 공급인가 후의 공급인가에 대한 다툼을 방지하기 위하여 선고일에 속하는 기간의 급부에 관한 대가는 재단채권으로 하여도 무방하다. 이와 같이 해석하여도 주로 문제가 되는 전기·가스 등에 관하여는 파산선고 후에는 사업이 정지하는 관계상 과거보다 다량의 공급이 이루어지는 것은 아니라고 생각되고, 가사 반대로 해석하여 공급을 정지할 수 있다고 하여도 파산관재인이 독자의 입장에서 새로이 공급계약을 신청하면 거절할 수 없기 때문에 큰 차이는 없다.

라. 고용계약 등

도산의 사태에 있어서 근로자 및 노동조합의 처우는 각각 도산처리의 성공 여부를 결정하는 중요성을 가진다는 것은 전술하였는데, 이에 관한 법의 규정은 빈약하고, 해석론도 별로 발달되어 있지 않다. 도산노동법이라고도 할 수 있는 분야의 성숙이 요망된다. 도산에 있어서의 노동문제는 해고를 중심으로 하는 도산시의 근로자의 지위 확보의 문제와 근로자가 가지는 금전상의 권리의 확보의 문제로 대별된다.[131]

(1) 근로자의 지위

도산처리법에 있어서는 많든 적든 근로자의 해고가 표면화될 수밖에 없는데 이를 노동법상의 제 원칙과 어떻게 조화시키는가가 문제된다.

(가) 사용자의 회생[132]

회생절차는 사업의 계속을 전제로 하는 것이므로 근로자에 관하여도 고용을 계속하는 것을 원칙으로 하고, 관리인이 사용자의 지위에 서게 된다.[133] 그러나 사업의 축소를

---

131) 근로자가 파산한 경우에 관하여는 민법과 채무자회생법에 특별한 규정은 없으나, 근로자가 파산하여도 노무는 파산재단과는 관계없이 제공되므로 채무자회생법 제335조는 적용되지 않고, 고용관계에는 아무런 영향이 없는 것이 원칙이다. 파산선고 후의 임금은 파산재단에 속하지 않고(법382조 참조) 근로자의 자유재산이다.

132) 이 문제에 관한 우리 법과 일본 법제 비교 분석에 관하여는 임치용, "회생절차의 개시가 근로관계에 미치는 영향", 파산법 연구 5, 박영사(2020), 159면 참조.

133) 대법원 2001.1.19. 선고 99다72422 판결(공2001, 495)은 회사정리개시결정이 있으면 회사사업의 경영

2. 채무자를 둘러싼 미해결·계속중인 법률관계 343

수반하는 것이 대부분이므로, 역시 해고가 문제가 된다. 파산과 같은 민법의 규정은 없으므로 쌍방미이행의 쌍무계약의 해제에 관한 규정(법119조)에 따라 관리인이 해고를 행하게 되지만 근로기준법 제23조(파산의 경우와 달리 전면적으로 적용된다), 제24조가 적용되는 외에, 현존의 단체협약이 회생절차에 있어서도 구속력을 가지므로(관리인은 단체협약을 해제할수 없다. 법119조4항), 이에 해고에 관하여 정함이 있으면 그에 따라야 한다. 또 해고가 부당노동행위가 되는 경우에는「노동조합 및 노동관계조정법」제82조 소정의 구제신청을 할수 있다. 어느 정도의 범위와 방법으로 해고가 적법하다고 인정되는가는 일반의 정리해고의 경우와 완전히 동일하게 보아야 할 것이므로 관리인의 해고권은 특히 통상의 경우 이상으로 자유로운 것은 아니다. 근로자로부터의 해약(퇴직)은 일반원칙에 의한다.

근로기준법에 의하면 사용자가 경영상 이유에 의하여 근로자를 해고하려면 긴박한 경영상의 필요가 있어야 하는데, 이 경우 경영 악화를 방지하기 위한 사업의 양도·인수·합병은 긴박한 경영상의 필요가 있는 것으로 보고, 사용자는 해고를 피하기 위한 노력을 다하여야 하며, 합리적이고 공정한 해고의 기준을 정하고 이에 따라 그 대상자를 선정하여야 하며 남녀의 성을 이유로 차별하여서는 아니 되고, 사용자는 해고를 피하기 위한 방법과 해고의 기준 등에 관하여 그 사업 또는 사업장에 근로자의 과반수로 조직된 노동조합이 있는 경우에는 그 노동조합에 해고를 하려는 날의 50일 전까지 통보하고 성실하게 협의하여야 한다(근로기준법24조). 회사가 어떠한 사유의 발생을 당연퇴직사유로 규정하고 그 절차를 통상의 해고나 징계해고와는 달리 하였더라도 근로자의 의사와 관계없이 사용자측에서 일방적으로 근로관계를 종료시키는 것이면 성질상 이는 해고로서 근로기준법에 의한 제한을 받는다고 보아야 할 것이므로 근로자에 대한 퇴직조처가 단체협약이나 취업규칙에서 당연퇴직으로 규정되었다 하더라도 위 퇴직조처가 유효하기 위하여는 근로기준법 제23조 제1항이 규정하는 바의 정당한 이유가 있어야 하고, 이와 같은 정당한 이유가 없는 경우에는 퇴직처분무효확인의 소를 제기할 수 있다.[134]

판례는 정리해고의 요건으로 '긴박한 경영상의 필요'에 장래에 올 수도 있는 위기에 미리 대처하기 위하여 인원 감축이 객관적으로 보아 합리성이 있다고 인정되는 경우도 포

과 재산의 관리 및 처분을 하는 권한이 관리인에게 전속되므로 정리회사의 대표이사가 아니라 관리인이 근로관계상 사용자의 지위에 있게 되고 따라서 단체협약의 사용자측 체결권자는 대표이사가 아니라 관리인이므로, 정리회사에 대한 회사정리절차가 진행 중 노조와 정리회사의 대표이사 사이에 이루어진 약정은 단체협약에 해당하지 아니하여 그 효력이 근로자 개인에게 미칠 수 없다고 하였다.

134) 대법원 1993.10.26. 선고 92다54210 판결(공1993, 3160)은 근로계약의 종료사유는 근로자의 의사나 동의에 의하여 이루어지는 퇴직, 근로자의 의사에 반하여 사용자의 일방적 의사에 의하여 이루어지는 해고, 근로자나 사용자의 의사와는 관계없이 이루어지는 자동소멸 등으로 나눌 수 있으며 근로기준법 제27조에서 말하는 해고란 실제 사업장에서 불리우는 명칭이나 그 절차에 관계없이 위의 두번째에 해당하는 모든 근로계약관계의 종료를 의미한다고 하였다.

함된다고 전제하고, 기업 운영에 필요한 인력의 규모가 어느 정도인지, 잉여인력은 몇 명인지 등은 상당한 합리성이 인정되는 한 경영판단의 문제에 속하는 것이므로 특별한 사정이 없다면 경영자의 판단을 존중하여야 하며, 정리해고의 요건 중 '해고를 피하기 위한 노력을 다하여야 한다'는 것은 경영방침이나 작업방식의 합리화, 신규채용의 금지, 일시휴직및 희망퇴직의 활용 및 전근 등 사용자가 해고범위를 최소화하기 위하여 가능한 모든 조치를 취하는 것을 의미하고, 그 방법과 정도는 확정적·고정적인 것이 아니라 그 사용자의 경영위기의 정도, 정리해고를 실시하여야 하는 경영상의 이유, 사업의 내용과 규모, 직급별 인원상황 등에 따라 달라지는 것이므로 회사가 제시한 인원 감축 규모가 비합리적이라거나 자의적이라고 볼 수 없고, 정리해고 이후에 이루어진 무급휴직 조치는 정리해고를둘러싼 노사 간 극심한 대립으로 기업의 존립 자체가 위태로워지자 최악의 상황을 막기위해 고육지책으로 시행된 것이라는 점, 또한 회사는 이 사건 정리해고에 앞서 부분 휴업, 임금 동결, 순환휴직, 사내협력업체 인원 축소, 임직원 복지 중단, 희망퇴직 등의 조치를실시한 점 등과 같은 사정과 당시 회사가 처한 경영위기의 성격이나 정도, 회사의 사업 내용과 규모 등을 종합하여 보면, 회사로서는 해고회피를 위한 노력을 다한 것으로 보아야한다고 하여 원심판결을 파기하였다.[135]

일본의 하급심 판결은 갱생회사의 정리해고의 유효성에 관하여 평시의 정리해고와마찬가지로 4 가지 요소를 종합 고려하여 판단할 것이라고 하면서, 갱생계획을 상회하는영업이익을 계상하는 것은 갱생계획에서 정한 인원삭감의 필요성을 감쇄하는 이유로 되는것은 아니라고 하였다.[136]

노동조합은 관리인을 상대로 단체교섭을 할 수 있고, 또 쟁의권도 가지지만, 쟁의행위가 과도하거나 장기간에 걸치는 때에는 이에 의하여 회생계획수행의 가망성이 없는 것이 되어 회생절차가 폐지되는 수가 있다(법288조. 절차개시 전에는 폐지결정을 할 수 없다).

한편 「근로기준법」상 "사용자"라 함은 사업주 또는 사업 경영담당자 그 밖에 근로자에 관한 사항에 대하여 사업주를 위하여 행위하는 자를 말하고(같은 법2조1항2호), 「노동조합 및 노동관계조정법」상 "사용자"라 함은 사업주, 사업의 경영담당자 또는 그 사업의 근로자에 관한 사항에 대하여 사업자를 위하여 행동하는 자를 말하는데(같은 법2조2호), 판례는 구 회사정리법 하에서 정리회사의 대표이사가 근로기준법상의 사용자로서의 형사적 책

---

135) 대법원 2014.11.13. 선고 2014다20875 판결(미간행).
136) 日東京地判平成24.3.29判時2193호107면, 倒産判例 インデックス 제3판 177은 이른바 해고권 남용의법리에 관하여 정리해고가 권리남용이 되지 않으려면 ① 인원삭감의 필요성의 유무와 정도, ② 해고회피노력의 유무 및 정도, ③ 해고대상자의 선정의 합리성의 유무 및 정도, ④ 해고절차의 상당성 등당해 정리해고가 신의칙상 허용되지 않는 사정의 유무 및 정도에 관한 4가지의 요소를 종합 고려하여 판단하여야 한다고 하였다.

임을 지는지에 관하여 회사정리절차개시결정에 의하여 관리인이 선임되어 있으면 그 회사의 대표업무집행과 재산관리 및 처분권 등은 관리인에게 넘어가며 그 종업원과의 관계도 회사 대 종업원의 관계로부터 관리인 대 종업원의 관계로 변경되므로 회사의 대표이사가 사실상 회사의 운영에 관여하여 왔더라도 정리절차개시 이후에 퇴직하는 근로자의 퇴직금 및 임금지급기일에 지급될 임금을 지급하여야 할 사용자로서의 법적 책임이 있다고 할 수 없다고 하였고,[137] 오히려 정리회사의 공동관리인 또는 상무로서 위 회사의 근로자에 관한 사항에 대하여 실질상 회사를 위하여 직무를 집행하여 온 사실이 인정된다면 근로기준법 제15조 소정의 사용자라고 하였다.[138]

한편 M&A의 경우에는 제3자 배정 신주인수방식에 의한 경우 주주가 변경될 뿐이므로 고용승계의 문제는 없고, 영업양도 방식의 경우에도 특별한 사정이 없는 한 근로관계는 양수인에게 포괄적으로 승계되는데,[139] 기업이 사업부문의 일부를 양도하면서 그 물적 시설과 함께 양도하는 사업부문의 근로자들의 소속도 변경시킨 경우 해당 근로자가 자의로 계속근로관계를 단절할 의사로 사업을 양도하는 기업에 사직서를 제출하고 퇴직금을 지급받은 다음 사업을 양수하는 기업에 입사하였다면 계속근로관계가 단절되는 것이지만, 그것이 근로자의 자의에 의한 것이 아니라 사업을 양도·양수하는 기업들의 경영방침에 의한 일방적인 결정에 따라 퇴직과 재입사의 형식을 거친 것에 불과하다면 이러한 형식을 거쳐서 퇴직금을 지급받았더라도 근로자에게 근로관계를 단절할 의사가 있었다고 할 수 없으므로 계속근로관계는 단절되지 않고, 근로자가 최종적으로 사업을 양수한 기업에서 퇴직하면, 그 기업은 사업을 양도한 기업에서의 근속기간을 포함한 근속연수에 상응하는 퇴직금에서 이미 지급된 퇴직금을 공제한 나머지를 지급할 의무가 있다고 한 판례가 있다.[140]

한편 사용자인 회사가 노동조합과 회생을 위해 '워크아웃 졸업 시'까지 대학학자보조금의 50%를 삭감하는 등을 내용으로 한 단체협약을 체결하였다가 그 후 회생절차개시결정을 받았는데, 그 후 제3자가 회사를 인수하는 내용의 투자계약을 체결하고 회사의 경영

---

137) 대법원 1989.8.8. 선고 89도426 판결(공1989, 1389), 대법원 1986.6.24. 선고 86도830 판결(공1986, 980), 반면에 대법원 2008.10.9. 선고 2008도5984 판결(공2008하, 1568)은 제반 사정에 비추어 피고인이 대표자 유고 상태의 사업장을 전체 직원들과의 합의에 따라 사무관리자의 지위 혹은 상호 수평적 관계에서 맡은 업무를 처리해 왔다고 볼 수 있을지는 몰라도 근로자에 대한 사항에 관하여 사업주를 위하여 행위하는 사용자의 지위에서 위 사업장을 사실상 운영해 온 것이라고 단정짓기는 어렵다고 한 사례이다.

138) 대법원 1984.4.10. 선고 83도1850 판결(공1984, 861)은 회사정리절차에서 공익채권에 속하는 퇴직금은 우선권이 있으며 신고·조사·확정절차를 거치지 않고도 수시변제하는 것이므로 공동관리인인 피고인이 퇴직금의 청산을 위하여 최선을 다하여야 할 뿐만 아니라 특별한 사정이 있어서 14일 이내에 의무를 이행하기가 어려우면 그 기일연장을 위하여 당사자 사이에 합의라도 하여야 할 터인데 그러한 노력을 전혀 하지 아니한 채 근로기준법 소정의 기일을 도과하였다면 이는 근로기준법 위반에 해당된다고 하였다.

139) 대법원 2003.5.30. 선고 2002다23826 판결(공2003, 1429).

140) 대법원 2005.2.25. 선고 2004다34790 판결(공2005, 483).

에 참가하게 되자, 법원이 회생담보권과 회생채권 대부분이 변제되었고 회생계획의 수행에 지장이 있다고 인정할 자료가 없다는 이유로 회생절차를 종결한 사안에서 단체협약이 규정하는 '워크아웃 졸업'의 의미가 무엇인지, '워크아웃 졸업'의 의미가 경영정상화라고 볼 경우 회생절차가 종결됨으로써 경영정상화가 이루어졌는지 등이 문제된 사안에서 원심이 ① 법률전문가가 아닌 회사와 노동조합은 일시적으로 회사의 경영이 어렵게 됨에 따라 일정한 시기 동안 기존 대학학자보조금 등을 삭감하기 위한 합의를 하면서 그 종기를 특정하기 위해 '워크아웃 졸업 시'라는 용어를 사용하였고, ② 회생절차는 큰 틀에서 보면 기업구조조정촉진법에 의한 관리절차와 같은 목적의 절차로 볼 수 있으며, ③ 회사와 노동조합은 단체협약 체결 이전에 체결한 종전 단체협약에서는 '워크아웃 졸업 시 내지 경영정상화 시'까지 대학학자보조금의 50%를 축소 지급하기로 합의하였고, ④ 회사와 노동조합이 회생절차개시결정 시점에서도 '워크아웃 졸업 시'가 도래하였다고 주장하지 않았고, 단체협약이 유효함을 전제로 삭감된 대학학자보조금 등을 계속 수수하였다는 사정을 들어 단체협약이 규정하는 '워크아웃 졸업'은 경영정상화를 의미하는 것으로 해석한 원심의 판단을 유지한 사례도 있다.[141]

(나) 사용자의 파산

회생에서 본 바와 마찬가지로 파산관재인은 "사업경영담당자"로서 사용자에 해당한다고 보고, 부당노동행위의 주체로서의 적격성도 인정하는 것이 다수설이다. 그런데 파산은 사업의 해체를 의미하므로 근로자를 해고할 필요가 있다. 민법 제663조에 의하면 사용자가 파산선고를 받은 경우에는 고용기간의 정함이 있는지 여부를 불문하고 노무자 또는 파산관재인은 계약을 해지할 수 있고, 각 당사자는 계약해지로 인한 손해배상을 청구할 수 없다. 그런데 채무자회생법은 이 경우 노무자 또는 관재인은 상대방에게 해약할 것인가의 여부의 확답을 최고할 수 있다고 규정하고 있다(법339조). 사용자가 파산하면 그 사업은 해체되고 관재인으로서는 노무의 제공을 받을 필요가 없고, 또 노무자에게도 노무제공을 단념하게 할 필요가 있으므로 그 쌍방이 해지할 수 있도록 한 것이다.

그러나 근로기준법이 적용되는 고용계약에 관하여는 회생과 마찬가지로 관재인에 의한 해약은 사용자의 해고가 되므로 그 해고제한(근로기준법23조 내지 30조)에 따라야 한다. 기업이 파산선고를 받아 사업의 폐지를 위하여 그 청산과정에서 근로자를 해고하는 것은 위장폐업이 아닌 한 기업경영의 자유에 속하는 것으로서 파산관재인이 파산선고로 인하여 채무자 회사가 해산한 후에 사업의 폐지를 위하여 행하는 해고는 정리해고가 아니라 통상해고이다. 판례도 정리해고는 긴급한 경영상의 필요에 의하여 기업에 종사하는 인원을 줄이기 위하여 일정한 요건 아래 근로자를 해고하는 것으로서 기업의 유지·존속을 전제로

---

141) 대법원 2018.11.29. 선고 2018두41532 판결(공2019상, 180).

그 소속 근로자들 중 일부를 해고하는 것을 가리키는 것인바, 이와 달리 사업의 폐지를 위하여 해산한 기업이 그 청산과정에서 근로자를 해고하는 것은 기업 경영의 자유에 속하는 것으로서 정리해고에 해당하지 않으며, 해고에 정당한 이유가 있는 한 유효하다고 하였다.[142] 따라서 정리해고에 관한 근로기준법이 적용될 여지가 없고, 또한 파산관재인의 근로계약 해지는 해고만을 목적으로 한 위장파산이나 노동조합의 단결권 등을 방해하기 위한 위장폐업이 아닌 한 원칙적으로 부당노동행위에 해당하지 않는다.[143] 근로기준법 제26조에 의하면 관재인은 30일 전에 예고를 하든가 또는 예고가 없을 때에는 30일분 이상의 통상임금(예고수당)을 지급하여야 한다(같은 법26조1항 단서의 「부득이한 사유로 사업계속이 불가능한 경우」에는 해당하지 않는다). 파산직후 자금이 없는 상태를 고려하면 예고수당을 지급하지 아니한 채 하는 해고도 유효하다고 해석하여야 할 것이다(자금이 마련되면 재단채권으로서 지급된다. 30일의 예고기간을 둔 경우에도 마찬가지로 30일 후에 당연히 계약이 종료하고, 그

---

142) 대법원 2001.11.13. 선고 2001다27975 판결(공2002, 45).

143) 대법원 2004.2.27. 선고 2003두902 판결(공보불게재)은 원심이 ① 근로계약관계가 기업의 존속을 전제로 하는 것임에 반하여 파산은 사업의 폐지와 청산을 목적으로 하는 것이어서 파산이 선고된 경우 파산관재인은 재산관리업무를 수행하는 데 필요한 한도 내에서 파산자와 제3자 사이의 법률관계를 청산하여야 할 직무상의 권한과 의무를 갖고 또 파산재단을 충실하게 관리하여야 할 의무를 부담하는 등 파산의 본질은 기본적으로 기업의 청산이고 파산관재인이 그 직무수행의 일환으로 행하는 근로계약의 해지는 근로관계가 계속되는 기업에서 행하여지는 해고와는 그 본질을 달리하는 것이어서 파산관재인에 의한 근로계약해지는 파산선고의 존재 자체가 정당한 해고사유가 되는 것이므로 결국 근로기준법 소정의 부당해고에 관한 규정은 그 적용이 없다고 보아야 할 것이고, ② 부당노동행위제도는 근로자 또는 노동조합의 단결권을 보장하기 위한 것인데 반하여 파산은 경영주체가 상실되어 단결권 등이 기능하여야 할 노사간 힘의 불균형상태가 존재하지 아니하게 된 점, ③ 파산관재인은 이해관계인의 이익을 조정하여야 할 일반적인 강제집행기관에 불과한 점 등을 고려하여 보면 파산제도는, 불이익취급을 방지하여 단결권 등을 보장하려는 부당노동행위제도와는 그 본질을 달리하는 것이어서 결국 파산관재인에 의한 근로계약의 해지에는 부당노동행위 또한 성립할 여지가 없다고 보아야 할 것이며, 다음으로 ① 파산기업이 파산선고를 받은 후 모든 사업을 즉시 폐지하지 아니하고 파산재단의 충실을 기하기 위하여 기존의 영업을 일부 계속하면서 사업장의 일부를 그대로 존치함에 따라 근로자를 계속하여 보조인으로 사용하는 경우, 파산기업이 기존의 사업장을 유지하는 것은 파산재단을 충실하게 하기 위한 잠정적인 조치이며 사업이 완료됨에 따라 사업장은 점차 축소되어 마침내는 전부 소멸하게 될 것이라는 점, ② 사업장이 축소됨에 따라 그때그때 수시로 정리해고를 할 경우 그 정리해고의 정당성을 둘러싼 분쟁으로 인하여 파산절차의 신속한 진행이 어려워지고 임금채권이 과다하게 발생하는 등으로 인하여 종국적으로는 파산재단의 건전성이 해쳐질 염려가 있는 점, ③ 구 파산법이 제50조와 민법 제633조 이외에 일정한 경우 정리해고의 기준을 적용하여 근로계약을 해지하여야 한다는 예외적인 조항을 두지 않고 있는 점 등에 비추어 보면, 파산법인이 청산절차와 병행하여 기존의 사업을 계속한다고 하더라도 파산관재인에게 근로관계의 해지에 관한 광범위한 재량을 부여하여 탄력적으로 근로관계를 유지하도록 함으로써 파산절차의 신속과 파산재단의 충실을 기하도록 하는 것이 바람직하다고 할 것이므로 정리해고에 관한 규정의 적용이 배제된다고 한 판단을 유지하였다. 同旨 대법원 2003.4.25. 선고 2003다7005 판결(공2003, 1266). 위 판결에 대한 해설로 이창형, "기업이 파산선고를 받아 사업의 폐지를 위하여 그 청산과정에서 근로자를 해고하는 경우에 정리해고에 관한 근로기준법 규정의 적용 여부 및 파산관재인의 근로계약 해지가 부당노동행위에 해당한다고 볼 것인지의 여부", 대법원판례해설 제49호, 법원도서관(2004), 880면 참조.

때까지의 급료는 재단채권으로서 별도 지급된다). 판례는 해고예고의무를 위반한 해고라고 하더라도 해고의 정당한 이유를 갖추고 있는 한 해고의 사법상 효력에는 영향이 없고, 해고예고수당의 지급여부도 해고의 효력을 좌우하는 것은 아니라고 하였다.144)

근로기준법 제23조 제2항은 "사용자는 근로자가 업무상 부상 또는 질병의 요양을 위하여 휴업한 기간과 그 후 30일 동안 또는 산전(產前)·산후(產後)의 여성이 이 법에 따라 휴업한 기간과 그 후 30일 동안은 해고하지 못한다. 다만, 사용자가 제84조에 따라 일시보상을 하였을 경우 또는 사업을 계속할 수 없게 된 경우에는 그러하지 아니하다"라고 규정하고 있는데, 부상 또는 요양을 위하여 휴업하는 근로자의 경우 요양개시 후 2년을 경과하지 않아도 일시보상에 의하여 해고할 수 있지만(근로기준법84조), 사용자에 대하여 파산절차가 개시된 경우에는 '사업을 계속할 수 없게 된 경우'에 해당하여 근로기준법 제84조에 의한 일시보상을 하지 않더라도 근로자를 해고할 수 있다고 본다.

단체협약에 해고의 절차 등에 관하여 정한 바가 있어도 관재인은 이에 구속될 필요는 없다. 또한 파산관재인은 회생의 경우와 달리 해제에 의하여 이를 폐기할 수 있다(법119조4항 참조). 노동조합은 당연히 해산하는 것은 아니고, 관재인과 단체교섭을 할 권리도 보유한다. 그러나 가능한 쟁의행위의 범위는 관재인의 직무상의 성질상 제한을 면하기 어렵다. 공장 등의 점거도 해고에 대한 대항수단으로는 문제가 있을 것이다.

이상과 같이 파산이 되면 근로자의 해고는 불가피하다고 한다면 해고의 목적을 가지고 파산제도가 이용될 가능성도 없지 않다(물론 이런 계획도산, 위장도산은 법원의 감독을 엄격히 받는 파산보다는 사적 정리가 많을 것이다). 이는 부당노동행위(노동조합 및 노동관계조정법 81조)이므로 파산선고 그 자체에 대하여 법적 절차에 의하여 저항하는 한편(파산신청절차에의 참가나 파산선고에 대한 즉시항고권을 인정하여야 할 것이다), 「노동조합 및 노동관계조정법」 제82조 소정의 구제수단에 호소할 수 있으나, 일단 파산선고가 되어 확정되어 버리면 이를 폐지할 수는 없다. 또한 파산이 모회사(母會社) 등의 조종에 의한 것일 때에는 이에 대한 직접적인 단체교섭권을 노동조합에 인정할 수 있을 것이다.

또한 파산관재인이 채무자 소속 근로자를 보조자로 고용하는 경우 채무자와의 종전 근로관계가 포괄적으로 승계되는지가 문제로 되는데 채무자가 파산하기 전에 고용하였던 근로자를 파산관재인의 보조자로 고용함에 있어서는 근속연수의 승계 내지 누적에 따른 보수의 증가 등 불필요한 재단채권의 발생을 방지하기 위하여 일단 근로자 전원을 해고한 다음 가능한 한 단기간의 계약기간과 노동시간을 조건으로 필요한 인원만을 다시 채용하는 것이 파산제도의 취지에 부합할 뿐만 아니라 상례라고 할 것이고, 따라서 파산관재인이 채무자 소속 근로자를 보조자로 고용하면서 '고용승계'라는 표현을 사용한 경우 이는 종전의

144) 대법원 2007.5.31. 선고 2006다36103 판결(미발간).

고용조건이 그대로 승계된다는 취지가 아니라 보조자 선발시 편의상 채무자 소속의 종전 근로자 중에서 채용하겠다는 취지이므로, 파산관재인과 보조자 사이의 근로계약은 종전의 채무자와 보조자 사이의 근로계약과는 단절되었다고 보아야 할 경우가 많을 것이다.[145]

행정법규와의 관계에서 보면 사업주가 파산선고를 받은 이후에 파산관재인이 영업의 일부를 계속하고 이를 위하여 파산선고를 이유로 해고한 직원 중 일부를 다시 보조자로 선임하여 근로를 제공받는 경우, 파산관재인은 구 임금채권보장법 제8조 소정의 임금채권 부담금을 납부할 의무가 있는 사업주에 해당한다는 것이 판례의 태도이다.[146]

(2) 근로자의 재산상의 권리

(가) 근로자 해당 여부

근로자의 의미에 관하여 판례는 근로기준법상 근로자에 해당하는지는 계약의 형식이 고용계약인지 도급계약인지 위임계약인지보다 근로제공 관계의 실질이 근로제공자가 사업 또는 사업장에 임금을 목적으로 종속적인 관계에서 사용자에게 근로를 제공하였는지 여부에 따라 판단하여야 하는데, 여기에서 종속적인 관계가 있는지는 업무 내용을 사용자가 정하고 취업규칙 또는 복무규정 등의 적용을 받으며 업무수행과정에서 사용자가 상당한 지휘·감독을 하는지, 사용자가 근무시간과 근무장소를 지정하고 근로제공자가 이에 구속을 받는지, 근로제공자가 스스로 비품·원자재나 작업도구 등을 소유하거나 제3자를 고용하여 업무를 대행하게 하는 등 독립하여 자신의 계산으로 사업을 영위할 수 있는지, 근로제공을 통한 이윤의 창출과 손실의 초래 등 위험을 스스로 안고 있는지, 보수의 성격이 근로 자체의 대상적 성격인지, 기본급이나 고정급이 정하여졌고 근로소득세를 원천징수하였는지, 그리고 근로제공 관계의 계속성과 사용자에 대한 전속성의 유무와 정도, 사회보장제도에 관한 법령에서 근로자로서 지위를 인정받는지 등의 경제적·사회적 여러 조건을 종합하여 판단하여야 하고, 다만 기본급이나 고정급이 정하여졌는지, 근로소득세를 원천징수하였는지, 사회보장제도에 관하여 근로자로 인정받는지 등의 사정은 사용자가 경제적으로 우월한 지위를 이용하여 임의로 정할 여지가 크다는 점에서 그러한 점들이 인정되지 않는다는 것만으로 근로자성을 쉽게 부정하여서는 안 된다고 하였고,[147] 주식회사의 업무

---

145) 인천지법 2000.7.14. 선고 2000나1662 판결(하집2000-2, 663).

146) 대법원 2001.2.23. 선고 2000두2723 판결(공2001, 792)은 Z회사가 그 근로자인 X들에게 경영상 이유로 대기발령을 하자 X들은 Z의 회생절차 관리인 Y를 상대로 하여, 사용자가 자신의 귀책사유에 해당하는 경영상 필요에 따라 그 근로자인 X들에게 대기발령을 하였다는 이유로, 근로기준법 제46조 1항의 휴업수당을 청구하였으나, Y는 근로기준상 휴업수당은 임금에 해당하지 아니하므로 회생채권에 불과한데 회생채권신고가 없었다면서 지급을 거부한 사안이다.

147) 대법원 2017.1.25. 선고 2015다59146 판결(공2017상 455). 同旨 대법원 1999.2.9. 선고 97다56235 판결(공1999, 451)은 집달관 사무원에 대하여 퇴직금 지급의무를 부담하는 사용자를 집달관합동사무소라

집행권을 가진 대표이사는 회사의 주주가 아니라 하더라도 회사로부터 회사의 영업에 관하여 재판상 또는 재판 외의 모든 행위를 할 권한을 위임받고 있는 것이므로, 특별한 사정이 없는 한 사용자의 지휘·감독 아래 일정한 근로를 제공하고 소정의 임금을 받는 고용관계에 있는 것이 아니어서 근로기준법상의 근로자라고 할 수 없고, 회사정리절차개시결정이 있을 때에는 회사사업의 경영과 재산의 관리 및 처분을 하는 권리는 회사의 관리인에게 전속되므로 회사의 대표이사는 회사정리절차개시결정에 따라 관리인에게 이전되는 위의 권한을 상실하고 그 이외의 업무에 관해서만 권한을 갖게 되는 것이지만, 회사정리절차의 개시에 의하여 그 지위를 상실하거나 관리인의 지휘·감독 하에 임금을 목적으로 근로를 제공하는 근로자의 지위에 서게 되는 것은 아니라고 하였다.[148]

한편 원고용주에게 고용되어 제3자의 사업장에서 제3자의 업무에 종사하는 자를 제3자의 근로자라고 할 수 있으려면, 원고용주는 사업주로서의 독자성이 없거나 독립성을 결하여 제3자의 노무대행기관과 동일시할 수 있는 등 그 존재가 형식적, 명목적인 것에 지나지 아니하고, 사실상 당해 피고용인은 제3자와 종속적인 관계에 있으며, 실질적으로 임금을 지급하는 자도 제3자이고, 또 근로제공의 상대방도 제3자이어서 당해 피고용인과 제3자 간에 묵시적 근로계약관계가 성립되어 있다고 평가될 수 있어야 한다.[149]

한편 「파견근로자 보호 등에 관한 법률」(파견법) 제6조의2 제2항은 파견근로자가 명시적인 반대의사를 표시하거나 대통령령이 정하는 정당한 이유가 있는 경우에는 같은 조 제1항의 사용사업주의 직접고용의무 규정이 적용되지 않는다고 규정하고 있고, 같은 법률 시행령 제2조의2 제1호는 구 「임금채권보장법 시행령」(2014. 9. 24. 대통령령 제25630호로 개정되기 전의 것) 제4조 제1호부터 제3호까지 정한 사용사업주에 대한 파산선고, 회생절차개시결정 및 미지급임금 등을 지급할 능력이 없다고 인정되는 일정한 경우를 구 「파견법」 제6조의2 제2항에 규정된 '대통령령이 정하는 정당한 이유가 있는 경우'의 하나로 규정하

고 본 사례이다.

148) 대법원 1994.9.23. 선고 93누12770 판결(공1994, 2871), 또한 대법원 1992.12.22. 선고 92다28228 판결(공1993, 560)은 회사의 업무집행권을 가진 이사 등 임원은 그가 그 회사의 주주가 아니라 하더라도 회사로부터 일정한 사무처리의 위임을 받고 있는 것이므로 특별한 사정이 없는 한 사용자의 지휘감독 아래 일정한 근로를 제공하고 소정의 임금을 받는 고용관계에 있는 것이 아니어서 근로기준법상의 근로자라고 할 수 없고(대법원 1988.6.14. 선고 87다카2268 판결 참조), 정관 및 관계법규상 이사의 보수 또는 퇴직금에 관하여 주주총회의 결의로 정한다고 규정되어 있는 경우 그 금액, 지급방법, 지급시기 등에 관한 주주총회의 결의가 있었음을 인정할 증거가 없는 한 이사의 보수나 퇴직금청구권을 행사할 수 없다(대법원 1983.3.22. 선고 81다343 판결 참조)고 하였다.

149) 대법원 2010.7.22. 선고 2008두4367 판결(공2010하, 1664)은 컨베이어벨트를 이용한 자동흐름방식으로 진행되는 자동차 조립·생산 작업의 의장 공정에 종사하면서 정규직 근로자들과 함께 단순·반복적인 업무를 수행해온 甲 자동차 제조회사의 하청업체 근로자들은, 甲 회사와 근로자파견관계에 있어 구 「파견근로자보호 등에 관한 법률」상 직접고용간주 규정의 적용을 받아야 함에도, 이 규정의 적용대상이 아니라고 한 원심판단에 법리 오해 등의 위법이 있다고 한 사례이다.

고 있는데, 판례는 「파견법」이 이처럼 파견근로자의 고용안정과 보호를 위하여 사용사업
주에게 직접고용의무를 부과하면서도, 위와 같은 직접고용의무의 예외규정을 둔 이유는
재정적 어려움으로 인하여 파탄에 직면하여 회생절차가 개시된 사용사업주에 대하여도 일
반적인 경우와 동일하게 직접고용의무를 부과하는 것은 사업의 효율적 회생을 어렵게 하
여 결과적으로 사용사업주 소속 근로자뿐만 아니라 파견근로자의 고용안정에도 도움이 되
지 않는다는 정책적 고려에 바탕을 둔 것이고, 이와 같은 예외규정을 둔 입법 목적과 취지
를 고려하면, 파견법 제6조의2 제2항에 따라 사용사업주에 대한 회생절차개시결정이 있은
후에는 직접고용청구권은 발생하지 않고, 회생절차개시결정 전에 직접고용청구권이 발생
한 경우에도 회생절차개시결정으로 인하여 직접고용청구권이 소멸하는 것으로 봄이 타당
하며, 다만 사용사업주의 회생절차가 종결되면 파견근로자는 그때부터 새로 발생한 직접
고용청구권을 행사할 수 있다고 하였다.[150] 또한 판례 중에는 파견근로자에 대한 차별적
처우를 하여 온 사용사업주에 대하여 회생절차가 개시된 후에도 관리인이 차별적 처우를
계속하는 경우, 관리인의 이러한 불법행위로 인한 파견근로자의 손해배상청구권이 채무자
회생법 제179조 제1항 제5호의 공익채권에 해당한다고 한 사례가 있다.[151]

　　주식회사의 이사, 감사 역시 회사로부터 일정한 사무처리의 위임을 받고 있는 것이므
로, 사용자의 지휘·감독 아래 일정한 근로를 제공하고 소정의 임금을 받는 고용관계에 있
는 것이 아니며, 따라서 일정한 보수를 받는 경우에도 이를 근로기준법 소정의 임금이라
할 수 없고, 회사의 규정에 의하여 이사 등 임원에게 퇴직금을 지급하는 경우에도 그 퇴직
금은 근로기준법 소정의 퇴직금이 아니라 재직중의 직무집행에 대한 대가로 지급되는 보
수에 불과하다는 것이 판례의 입장이다.[152] 다만, 근로기준법의 적용을 받는 근로자에 해
당하는지 여부는 계약의 형식에 관계없이 그 실질에 있어서 임금을 목적으로 종속적 관계
에서 사용자에게 근로를 제공하였는지 여부에 따라 판단하여야 할 것이므로,[153] 회사의
이사 또는 감사 등 임원이라고 하더라도 그 지위 또는 명칭이 형식적·명목적인 것이고 실
제로는 매일 출근하여 업무집행권을 갖는 대표이사나 사용자의 지휘·감독 아래 일정한
근로를 제공하면서 그 대가로 보수를 받는 관계에 있다거나 또는 회사로부터 위임받은 사
무를 처리하는 외에 대표이사 등의 지휘·감독 아래 일정한 노무를 담당하고 그 대가로 일
정한 보수를 지급받아 왔다면 그러한 임원은 근로기준법상의 근로자에 해당한다.[154]

150) 대법원 2023.4.27. 선고 2021다229601 판결(공2023상, 907).
151) 대법원 2023.4.27. 선고 2021다229588 판결(미간행).
152) 대법원 2001.2.23. 선고 2000다61312 판결 同旨 대법원 2003.9.26. 선고 2002다64681 판결(공2002, 2075).
153) 대법원 1992.12.22. 선고 92다28228 판결(공1993, 560)(회사의 업무집행권을 가진 이사 등 임원에 관
　　한 사례). 同旨 대법원 2013.9.26. 선고 2012다28813 판결(미간행).
154) 대법원 1997.12.23. 선고 97다44393 판결, 대법원 2000.9.8. 선고 2000다22591 판결, 대법원 2004.2.13.
　　선고 2003다48884 판결(공보불게재), 대법원 2003.9.26. 선고 2002다64681 판결(공2003, 2075) 등 참조.

그러나 판례 중에는 대규모 금융회사인 甲 보험회사에서 미등기임원인 상무로 선임되어 '방카슈랑스 및 직접마케팅(Direct Marketing)' 부문을 총괄하는 업무책임자(Function Head)의 업무를 담당하다가 해임된 乙이 근로기준법상 근로자에 해당하는지 문제 된 사안에서, 甲 회사의 규모, 경영 조직 및 대규모 금융회사로서의 특수성, 甲 회사의 경영목적상 필요에 의하여 乙이 외부에서 미등기임원으로 선임된 경위, 그 과정에서 고려된 乙의 전문적인 능력 및 담당 직위와의 상관관계, 乙이 실제로 담당한 포괄적인 권한과 업무수행 실태, 甲 회사의 의사결정·경영에 대한 乙의 참여 정도, 甲 회사의 임원과 직원에 대한 구분 및 분리 임용, 직원보다 현저하게 우대받은 乙의 보수 및 처우, 해임의 경위와 취지 등에 관한 여러 사정을 관련 법리에 비추어 종합하여 보면, 乙은 甲 회사의 대표이사 등으로부터 구체적인 지휘·감독을 받으면서 정해진 노무를 제공하였다기보다 기능적으로 분리된 특정 전문 부분에 관한 업무 전체를 포괄적으로 위임받아 이를 총괄하면서 상당한 정도의 독자적인 권한과 책임을 바탕으로 처리하는 지위에 있었으므로 근로기준법상 근로자에 해당한다고 보기 어렵다고 한 사례도 있다.[155]

하급법원 판례 중에는 甲 병원을 개설·운영하는 乙 사회복지법인이 丙 병원을 개설·운영하는 丁 의료법인과 전공의 파견계약을 체결하고 甲 병원 소속 전공의를 丙 병원에 파견하였는데, 계약에 따른 파견대가를 지급받지 못한 상태에서 丁 법인에 대한 회생절차가 개시되어 파견대가에 관한 채권이 회생채권자 목록에 포함되자, 乙 법인이 회생절차의 관리인을 상대로 위 채권이 공익채권에 해당한다고 주장하면서 이를 회생절차와 관계없이 지급할 것을 구한 사안에서, 채무자회생법 제179조 1항 10호에서 정한 '채무자의 근로자'는 채무자와 근로계약을 체결하고 채무자와 사이에 직접적인 사용·종속관계가 있는 근로자를 의미하는 점, 乙 법인이 전공의를 파견한 주된 취지가 丁 법인에 근로인력을 제공하려는 것이 아니라 파견전공의에게 다양한 수련기회를 부여하는 데 있는 점, 파견전공의들이 파견기간에도 甲 병원에 소속되어 건강보험 자격을 유지하고 乙 법인으로부터 임금을 받은 점, 전공의파견계약에서 乙 법인이 파견전공의 선발부터 파견일정의 수립, 파견전공의에 대한 징계 등 권한을 행사하는 것으로 정한 점 등을 종합하면, 위 채권은 공익채권이 아니라 회생절차 개시 전의 원인으로 발생한 채권으로서 회생채권에 해당하므로, 회생절차가 아닌 별도의 민사소송을 통해 지급을 구하는 것은 권리보호의 이익이 없다고 한 사례가 있다.[156]

(나) 근로기준법상 임금채권의 우선변제

근로자의 급료라 함은 근로기준법 제17조에서 말하는 임금과 같은 것으로서 임금, 봉급, 급료, 수당, 상여 등 명칭의 여하를 묻지 않고 사용자가 근로자에게 노동의 대가로 지

---

155) 대법원 2017.11.9. 선고 2012다10959 판결(공2017하, 2275).
156) 대구고법 2017.1.25. 선고 2016나24612 판결(각공2017상, 190).

급하는 일체의 금품이 포함된다(근로기준법2조1항5호). 가족수당, 초과근무수당, 휴업수당 (같은 법46조)도 포함된다. 근로자에게 지급되는 것이라도 지급사유의 발생이 불확정이고 일시적으로 지급되는 것은 임금이라고 볼 수 없고,[157] 근로자가 특수한 근무조건이나 환경에서 직무를 수행함으로 말미암아 추가로 소요되는 비용을 변상하기 위하여 지급되는 실비변상적 금원 또는 사용자가 지급의무 없이 은혜적으로 지급하는 금원 등은 평균임금 산정의 기초가 되는 임금 총액에 포함되지 아니한다.[158] 판례는 평균임금 산정의 기초가 되는 임금 총액에는 사용자가 근로의 대상(代償)으로 근로자에게 지급하는 금품으로서, 근로자에게 계속적·정기적으로 지급되고 단체협약, 취업규칙, 급여규정, 근로계약, 노동관행 등에 의하여 사용자에게 그 지급의무가 지워져 있는 것은 그 명칭 여하를 불문하고 모두 포함된다고 하였다.[159]

　　해고되든, 자발적으로 퇴직하든, 또는 재건형에 있어서 고용이 계속되든, 근로자의 급료, 즉 근로자가 받을 임금 및 퇴직금 등의 채권은 사회정책적 고려에서 두텁게 보호되고 있다. 즉,「근로기준법」제38조는 "① 임금, 재해보상금, 그 밖에 근로 관계로 인한 채권은 사용자의 총재산에 대하여 질권·저당권 또는「동산·채권 등의 담보에 관한 법률」에 따른 담보권에 따라 담보된 채권 외에는 조세·공과금 및 다른 채권에 우선하여 변제되어야 한다. 다만, 질권·저당권 또는「동산·채권 등의 담보에 관한 법률」에 따른 담보권에 우선하는 조세·공과금에 대하여는 그러하지 아니하다. ② 제1항에도 불구하고 최종 3개월분의 임금, 재해보상금에 해당하는 채권은 사용자의 총재산에 대하여 질권·저당권 또는「동산·채권 등의 담보에 관한 법률」에 따른 담보권에 따라 담보된 채권, 조세·공과금 및 다른 채권에 우선하여 변제되어야 한다"고 규정하고 있고,「근로자퇴직급여보장법」제12조는 "① 사용자에게 지급의무가 있는 퇴직금, 확정급여형퇴직연금제도의 급여, 확정기여형퇴직연금제도의 부담금 중 미납입 부담금 및 미납입 부담금에 대한 지연이자, 개인형퇴직연금제도의 부담금 중 미납입 부담금 및 미납입 부담금에 대한 지연이자는 사용자의 총재산에 대하여 질권 또는 저당권에 의하여 담보된 채권을 제외하고는 조세·공과금 및 다른 채

---

157) 대법원 2011.10.13. 선고 2009다86246 판결(공2011하, 2316).

158) 대법원 2003.4.22. 선고 2003다10650 판결(공2003, 1197). 同旨 대법원 1999.2.9. 선고 97다56235 판결 (공1999, 451).

159) 대법원 2001.10.23. 선고 2001다53950 판결(공2001, 2529)은 회사가 특별생산격려금을 지급하게 된 경위가 노동쟁의의 조정 결과 생산격려금을 지급하기로 합의가 된 데 따른 것이고 당시 조정안에서 위 생산격려금은 전년도의 경영성과를 감안한 특별상여금으로서 1회에 한하기로 약정하였다고 하더라도 이후 회사의 경영실적의 변동이나 근로자들의 업무성적과 관계없이 근로자들에게 정기적·계속적·일률적으로 특별생산격려금을 지급하여 왔다면 이는 근로계약이나 노동관행 등에 의하여 사용자에게 그 지급의무가 지워져 있는 것으로서 평균임금 산정의 기초가 되는 임금에 해당한다고 하면서, 노사 간에 특별생산격려금을 퇴직금산정에서 제외하기로 하는 묵시적 합의가 있었다고 본 원심판단을 수 긍한 사례이다.

권에 우선하여 변제되어야 한다. 다만, 질권 또는 저당권에 우선하는 조세·공과금에 대하여는 그러하지 아니하다. ② 제1항에도 불구하고 최종 3년간의 퇴직급여등은 사용자의 총 재산에 대하여 질권 또는 저당권에 의하여 담보된 채권, 조세·공과금 및 다른 채권에 우선하여 변제되어야 한다. ③ 퇴직급여등 중 퇴직금, 확정급여형퇴직연금제도의 급여는 계속 근로기간 1년에 대하여 30일분의 평균임금으로 계산한 금액으로 한다"고 규정하고 있다.

그런데 종래 채무자회생법은 근로기준법이나 근로자퇴직급여보장법의 위 규정에 따른 최우선임금채권과 동일한 취지의 규정을 두고 있지 않았기 때문에 별제권과의 우선순위에 대하여 학설이 나뉘어져 있었으나, 2014년의 법개정으로 입법적으로 해결되었다. 즉「근로기준법」제38조 제2항 각호에 따른 채권과「근로자퇴직급여 보장법」제12조 제2항에 따른 최종 3년간의 퇴직급여 등 채권의 채권자는 해당 채권을 파산재단에 속하는 재산에 대한 별제권 행사 또는 법 제349조 제1항의 체납처분에 따른 환가대금에서 다른 담보물권자보다 우선하여 변제받을 권리를 보장하고 있다. 다만,「임금채권보장법」제8조에 따라 해당 채권을 대위하는 경우에는 그러하지 아니하다(법415조의2). 이어서 2020년 채무자회생법 제466조 제3항을 개정하여 견련파산에서는 회생절차에서 제공된 신규차입자금의 우선권과 임금, 퇴직금 및 재해보상금을 다른 채권에 우선하도록 하는 내용의 조항을 두었다.[160]

한편 채무자회생법 제415조의2의 "다만, 임금채권보장법 제8조에 따라 해당 채권을 대위하는 경우에는 그러하지 아니하다."라는 단서를 어떻게 해석할 것인지 문제 된다. 이 단서는 고용노동부장관의 위탁을 받은 근로복지공단이 사업주를 대신하여 지급한 최우선 임금채권에 대해서는 채무자회생법 제415조의2 본문의 적용을 배제함으로써 임금채권보장법 제8조 제2항의 규정에도 불구하고 근로복지공단이 우선변제권을 가지는 배당금을 직접 수령하여 변제받을 수 없다는 의미로 보아야 하고, 여기에서 나아가 채무자회생법 제415조의2 신설 전과 달리 근로복지공단이 임금채권보장법 제8조 제2항의 규정에 따른 우선 변제를 받을 권리(다만 그 배당금은 파산관재인에게 교부된다)조차도 행사할 수 없도록 하여 담보물권자가 파산으로 말미암아 파산 전보다 더 유리하게 되는 결과를 허용하고자 하는 취지는 아니라고 봄이 타당하다. 위 규정을 신설한 이유는 최우선임금채권에 대하여 우선 배당을 하더라도 파산관재인이 그 배당금을 수령하여 재단채권자에게 안분변제해야 하는 상황을 개선하여 근로자의 최우선임금채권을 두텁게 보장하기 위하여 근로자가 행사하는 최우선임금채권에 대한 최우선변제권을 별제권 행사에 따른 경매절차에서도 인정하려는 데 있으므로 근로자는 위 조항의 본문에 따라 별제권 행사에 따른 경매절차에서 최

---

160) 위 각 법 개정에 대한 상세한 분석과 비판으로는 임치용, "개정된 채무자 회생 및 파산에 관한 법률 제415조의2 및 제477조에 대한 관견", 회생법학 제21호, (사)한국채무자회생법학회(2020), 29면, 또한 고정은, "채무자회생법상 임금채권", 도산법연구 제11권 제1호, 사단법인 도산법연구회(2021.7.), 117면 참조.

우선임금채권에 대하여 배당요구를 하여 다른 담보물권자보다 우선하여 배당을 받고 그 배당금을 직접 수령할 수 있다고 하여야 한다.[161]

판례도 근로기준법 등에 따라 우선변제청구권을 갖는 임금채권자라고 하더라도 강제집행절차나 임의경매절차에서 배당요구의 종기까지 적법하게 배당요구를 하여야만 우선배당을 받을 수 있는 것이 원칙이고, 여기서 최종 3개월분의 임금은 배당요구 이전에 이미 근로관계가 종료된 근로자의 경우에는 근로관계 종료일부터 소급하여 3개월 사이에 지급사유가 발생한 임금 중 미지급분, 배당요구 당시에도 근로관계가 종료되지 않은 근로자의 경우에는 배당요구 시점부터 소급하여 3개월 사이에 지급사유가 발생한 임금 중 미지급분을 말하고 최종 3년간의 퇴직금도 이와 같이 보아야 하므로, 배당요구 종기일 이전에 퇴직금 지급사유가 발생하여야 한다고 하였다.[162] 실무도 근로자가 배당요구를 한 경우에는 파산관재인에게 경매배당금을 지급하지 않고 임금우선특권에 해당하는 배당금을 근로자에게 배당하고 있다. 임금우선특권을 갖는 근로자가 배당요구를 하지 아니하면 파산관재

---

161) 대법원 2022.8.31.선고2019다200737판결(미발간)은 파산자(사업주)를 대신하여 최우선임금채권을 체당금으로 지급하고 근로자들의 최우선임금채권을 대위 행사하는 근로복지공단이 파산자 소유의 부동산에 관한 경매절차(별제권 행사에 따른 경매절차)에서 우선변제를 받자(다만, 그 배당금은 관련 법리에 따라 파산관재인인 피고가 수령함), 위 부동산의 담보물권자인 원고가 채무자회생법 제415조의2 단서에 따라 근로복지공단은 우선변제권을 가지지 못하게 되었다고 주장하면서 피고를 상대로 배당이의를 하는 사안이다. 대법원은 위와 같은 이유로 원고의 청구를 기각한 원심의 판단에 법리오해 등의 잘못이 없다고 보고 상고를 기각하였다.

162) 대법원 2015.8.19. 선고 2015다204762 판결(공2015하, 1350)은 그 근거로 근로기준법 제38조 제2항에 따른 최종 3개월분의 임금, 재해보상금과 구 근로자퇴직급여 보장법 제11조 제2항에 따른 최종 3년간의 퇴직금에 해당하는 채권은 사용자의 총재산에 대하여 질권·저당권 또는 동산·채권 등의 담보에 관한 법률에 따른 담보권에 따라 담보된 채권, 조세·공과금 및 다른 채권에 우선하여 변제되어야 하는데, 이는 근로자의 최저생활을 보장하고자 하는 공익적 요청에서 일반 담보물권의 효력을 일부 제한하고 임금채권의 우선변제권을 규정한 것으로서 규정의 취지는 최종 3개월분의 임금 등에 관한 채권은 다른 채권과 동시에 사용자의 동일재산에서 경합하여 변제받는 경우에 성립의 선후나 질권이나 저당권의 설정 여부에 관계없이 우선적으로 변제받을 수 있는 권리가 있을 뿐이라고 하면서, 경매개시결정등기 전에 등기되고 매각으로 소멸하는 근저당권자는 배당요구를 하지 않더라도 당연히 배당을 받을 수 있는 채권자로서 배당요구 없이도 등기부상 기재된 채권최고액의 범위 내에서 순위에 따른 배당을 받을 수 있는데, 우선변제권이 있는 임금채권자가 현재 및 장래의 임금이나 퇴직금 채권을 피담보채권으로 하여 사용자의 재산에 관한 근저당권을 취득한 경우 배당요구의 종기까지 우선권 있는 임금채권임을 소명하지 않았다고 하더라도 배당표가 확정되기 전까지 피담보채권이 우선변제권이 있는 임금채권임을 소명하면 최종 3개월분의 임금이나 최종 3년간의 퇴직금 등에 관한 채권에 대하여는 선순위 근저당권자 등보다 우선배당을 받을 수 있지만 근저당권 설정 없이 우선변제권이 있는 임금채권자로서 배당요구의 종기까지 배당요구를 한 경우와 마찬가지로, 근저당권의 피담보채권이 우선권 있는 임금채권임을 소명함으로써 선순위 근저당권자 등보다 우선배당을 받을 수 있는 최종 3개월분의 임금은 배당요구의 종기에 이미 근로관계가 종료된 근로자의 경우에는 근로관계 종료일부터, 배당요구의 종기 당시에도 근로관계가 종료되지 않은 근로자의 경우에는 배당요구의 종기부터 소급하여 3개월 사이에 지급사유가 발생한 임금 중 미지급분을 말하는 것이고, 최종 3년간의 퇴직금도 배당요구 종기일 이전에 퇴직금 지급사유가 발생하여야 한다고 하였다.

인에게 배당하여야 한다.

당초 판례는 최우선변제권이 인정되는 최종 3개월분의 임금의 의미에 관하여 퇴직의 시기를 묻지 아니하고 사용자로부터 지급받지 못한 최종 3월분의 임금을 말하고, 반드시 사용자의 도산 등 사업 폐지시로부터 소급하여 3월 내에 퇴직한 근로자의 임금채권에 한정하여 보호하는 취지라고 볼 수 없다고 하였다.163)

또한 '3개월분'의 의미에 관하여 판례는 최종 3월분의 임금 채권이란 최종 3개월 사이에 지급사유가 발생한 임금 채권을 의미하는 것이 아니라, 최종 3개월간 근무한 부분의 임금 채권을 말한다고 하였고,164) 우선변제의 특권의 보호를 받는 임금채권의 범위는, 임금 채권에 대한 근로자의 배당요구 당시 근로자와 사용자의 근로계약관계가 이미 종료하였다면 그 종료시부터 소급하여 3개월 사이에 지급사유가 발생한 임금 중 미지급분을 말한다고 하였다.165) 예컨대 2010년 10월 경 근로관계가 종료되었고, 2010년 7월분 내지 10월분 급여 중 2010년 8월분 급여를 지급받은 경우 근로계약 관계 종료시점으로부터 최종 3개월 이전에 지급사유가 발생한 2010년 7월분 급여는 '최종 3개월분 임금'에 포함되지 않는다는 것이다. 한편 임금 등에 대한 지연손해금 채권에 대하여는 최우선변제권이 인정되지 않고,166) 계속근로연수 1년에 대하여 평균임금 30일분을 초과하는 퇴직금 부분은 최우선변제권이 인정되지 않는다.

또한 판례는 임금채권에 우선변제권을 인정한다고 하더라도 그로써 강제집행절차를 통한 배당요구를 거치지 아니한 채 이미 다른 채권자에 의하여 행하여진 압류처분의 효력까지도 배제하여 그보다 우선적으로 직접 지급을 구할 수는 없다고 하였고,167) 사용자의 재산이 제3자에게 양도된 경우에 있어서는 양도인인 사용자에 대한 임금 등 채권의 우선권은 그 재산에 대하여는 더 이상 추구될 수 없으므로, 양수인의 양수재산에 대하여까지 우선권을 인정할 수는 없고, 사용자가 재산을 취득하기 전에 설정된 담보권에 대하여까지 임금채권의 우선변제권을 인정할 수도 없다고 하였다.168)

한편 구「건설산업기본법」제87조 제1항은 "대통령령으로 정하는 일정규모 이상의 공사를 시공하는 건설업자는 구「건설근로자의 고용개선에 관한 법률」에 의한 건설근로자퇴

---

163) 대법원 1996.2.23. 선고 95다48650 판결(공1996, 1065), 대법원 1997.11.14. 선고 97다32178 판결(공 1997, 3831).

164) 대법원 2002.3.29. 선고 2001다83838 판결(공2002, 1007)은 구정, 추석, 연말의 3회에 걸쳐 각 기본급의 일정비율씩 상여금을 지급받고 그 상여금이 근로의 대가로 지급되는 임금의 성질을 갖는 경우, 근로기준법 소정의 우선변제권이 인정되는 상여금은 퇴직 전 최종 3개월 사이에 있는 연말과 구정의 각 상여금 전액이 아니라 퇴직 전 최종 3개월의 근로의 대가에 해당하는 부분이라고 하였다.

165) 대법원 2008.6.26. 선고 2006다1930 판결(공2008하, 1044).

166) 대법원 2000.1.28.자 99마5143 결정(공2000, 766).

167) 대법원 1994.12.9. 선고 93다61611 판결(공1995, 444).

168) 대법원 1994.1.11. 선고 93다30938 판결(공1994, 692).

직공제제도에 가입하여야 한다."고 규정하고 있는데, 판례는 위 각 법률에 의하여 건설근로자들에게 직접 건설업자를 상대로 퇴직공제제도 가입 등을 이행할 것을 청구할 수 있는 권리까지 부여된다고 볼 수는 없다고 하였다.[169] 따라서 건설업자가 파산한 경우 건설근로자 공제회의 건설업자에 대한 공제부금채권은 채무자의 근로자의 임금·퇴직금 및 재해보상금에 해당하지 아니하므로 재단채권이라고는 하기는 어렵다.

그 밖에 일본의 판례 중에는 회사와 종업원과의 사이에 사기적 거래(이른바 다단계 사업)를 추진하는 대가로 이익의 일정비율의 보수를 받기로 하는 합의는 공서양속에 반하여 무효인 것으로서 회사의 파산관재인에게 이미 종업원에게 지급한 일정 비율의 보수에서 투자금을 공제한 금원의 반환을 인정한 사례가 있다.[170]

(다) 사용자의 회생

채무자의 근로자의 임금·퇴직금 및 재해보상금은 공익채권이 된다(법179조1항10호). 회생절차 개시 후의 임금도 물론 공익채권이 된다(법179조1항2호).[171] 판례는 ① 근로기준법 제46조 제1항의 '휴업'에는 개개 근로자가 근로계약에 따라 근로를 제공할 의사가 있는데도 그 의사에 반하여 취업이 거부되거나 불가능하게 된 경우도 포함되므로, 이는 '휴직'을 포함하는 광의의 개념인데, 같은 법 제23조 제1항의 '휴직'은 어떤 근로자를 그 직무에 종사하게 하는 것이 불가능하거나 적당하지 아니한 사유가 발생한 때에 그 근로자 지위를 그대로 두면서 일정한 기간 그 직무에 종사하는 것을 금지시키는 사용자의 처분을 말하는 것이고, '대기발령'은 근로자가 현재의 직위 또는 직무를 장래에 계속 담당하게 되면 업무상 장애 등이 예상되는 경우에 이를 예방하기 위하여 일시적으로 당해 근로자에게 직위를 부여하지 아니함으로써 직무에 종사하지 못하도록 하는 잠정적 조치를 의미하므로, 대기발령은 '휴직'에 해당하고, 따라서 사용자가 자신의 귀책사유에 해당하는 경영상 필요에 따라 개별근로자들에 대하여 대기발령을 하였다면 이는 '휴업'을 실시한 경우에 해당하므로 사용자는 휴업수당을 지급할 의무가 있고, ② 근로기준법 제46조 제1항의 '사용자의 귀책사유로 휴업하는 경우'에 지급하는 휴업수당은 비록 현실적 근로를 제공하지 않았다는 점에서는 근로제공과의 밀접도가 약하기는 하나, 근로자가 근로제공의 의사가 있는데도 자신의 의사와 무관하게 근로를 제공하지 못하게 된 데 대한 대상(代償)으로 지급하는 것이라는 점에서 임금의 일종으로 보아야 하므로 휴업수당청구권은 채무자회생법의 공익채

169) 대법원 2007.11.30. 선고 2006다29624 판결(미간행).

170) 日大阪地判昭和62.4.30判時1246호36면, 倒産判例 インデックス 제3판 175[百選제4판93].

171) 일본회사갱생법에서는 절차개시전 6월분의 미지급 급료청구권과 신원보증금 전액의 반환청구권은 공익채권이다. 또한 갱생계획인가결정 전에 퇴직한 근로자는 퇴직 전 6개월의 급료의 총액에 상당하는 금액 또는 퇴직금의 3분의 1에 상당하는 금액을 비교하여 많은 금액을 공익채권으로 한다(일본회사갱생법130조). 6월분을 넘는 임금은 우선적 갱생채권이 된다.

권에 해당한다고 판시하였다.172)

물론 급료채권의 발생 시기를 불문한다. 회생절차 개시 전에 결정된 이사와 감사의 퇴직위로금, 이사와 감사의 보수 중 회생절차개시 전의 미지급분, 이사와 감사의 상여금 중 회생절차개시 전의 미지급분은 회생채권이 된다. 퇴직금에 관한 규정은 회생계획인가 결정 전의 퇴직이면 회생절차 개시 전의 퇴직에도 적용되나, 회생절차 개시 후의 퇴직이 인원정리(관리인에 의한 고용계약의 해약, 희망퇴직자의 모집에 의한 합의해약 등 법률상의 형식은 여러 가지이다)의 결과인 경우에는 법 제179조 제1항 제2호에 의한 「채무자의 업무 및 재산의 관리와 처분에 관한 비용」으로서 어차피 공익채권이 된다고 할 수 있으므로 결국 이 원칙은 절차개시 후에 관하여는 자기퇴직에 의한 경우의 퇴직금에만 적용이 있게 되는데, 사실상 개시 후의 퇴직은 대부분 경영진에 의한 것이므로 절차개시 전의 퇴직의 경우의 퇴직금을 우대한다는 데 의미가 있다.

그 이외에 근로자의 임치금 및 신원보증금의 반환청구권도 전액 공익채권이 된다(법 179조1항11호). 또한 회생·간이회생이 실패하여 파산으로 이행한 경우(법6조)에는 회생·간이회생절차상 공익채권이 된 것은 그대로 재단채권이 된다(법6조, 7조).

판례가 구 회사정리법상 정리회사의 관리인은 공익채권인 근로자의 임금 및 퇴직금을 수시로 변제할 의무가 있고 근로복지공단이 근로자의 임금, 퇴직금을 체당금으로 지급하고 그에 해당하는 근로자의 임금 등 채권을 대위행사하는 경우에도 이는 공익채권으로 보아야 할 것이므로, 그 이행지체로 인한 손해배상청구권 역시 공익채권에 해당한다고 봄이 상당하다고 하였음은 전술하였는데,173) 근로자의 임금 또는 퇴직금을 지급기일 안에 지급하지 못한 경우, 관리인이 임금 및 퇴직금 등의 기일 내 지급의무 위반죄의 죄책을 부담하게 되는 경우와 관련하여, 판례는 사용자가 기업이 불황이라는 사유만을 이유로 하여 임금이나 퇴직금을 지급하지 않거나 체불하는 것은 근로기준법이 허용하지 않는 바이나, 사용자가 모든 성의와 노력을 다했어도 임금의 체불이나 미불을 방지할 수 없었다는 것이 사회통념상 긍정할 정도가 되어 사용자에게 더 이상의 적법행위를 기대할 수 없다거나, 사용자가 퇴직금 지급을 위하여 최선의 노력을 다하였으나 경영부진으로 인한 자금사정 등으로 도저히 지급기일 내에 퇴직금을 지급할 수 없었다는 등의 불가피한 사정이 인정되는 경우에는 그러한 사유는 근로기준법 제36조, 제43조 각 위반범죄의 책임조각사유로 된다고 판시한 이래,174) 회생절차에서의 관리인의 지위 및 역할, 업무수행의 내용 등에 비추

---

172) 대법원 2013.10.11. 선고 2012다12870 판결(공2013하, 2059). 同旨 대법원 2013.10.11. 선고 2012다13491 판결(미간행).
173) 대법원 2011.6.24. 선고 2009다38551 판결(미간행).
174) 대법원 2001.2.23. 선고 2001도204 판결(공2001, 822)은 피고인이 항소이유서에서, 피고인이 공소외 주식회사의 대표이사로 취임하기 전부터 이미 위 회사의 재정상태가 극도로 악화되어 있었지만, 체

어 보면, 관리인이 채무자회생법 등에 따라 이해관계인의 법률관계를 조정하여 채무자 또는 사업의 효율적인 회생을 도모하는 업무를 수행하는 과정에서 자금 사정의 악화나 관리인의 업무수행에 대한 법률상의 제한 등에 따라 불가피하게 근로자의 임금 또는 퇴직금을 지급기일 안에 지급하지 못한 것이라면 임금 및 퇴직금 등의 기일 내 지급의무 위반죄의 책임조각사유로 되는 하나의 구체적인 징표가 될 수 있고, 나아가 관리인이 업무수행 과정에서 임금이나 퇴직금을 지급기일 안에 지급할 수 없었던 불가피한 사정이 있었는지 여부는 채무자가 회생절차의 개시에 이르게 된 사정, 법원이 관리인을 선임한 사유, 회생절차개시결정 당시 채무자의 업무 및 재산의 관리상태, 회생절차개시결정 이후 관리인이 채무자 또는 사업의 회생을 도모하기 위하여 한 업무수행의 내용과 근로자를 포함한 이해관계인과의 협의 노력, 회생절차의 진행경과 등 제반 사정을 종합하여 개별·구체적으로 판단하여야 한다고 하였다.[175] 또한 임금 등 채권의 이행지체로 인한 손해배상청구권 역시

불임금의 해소를 위하여 노력하여 왔으며, 그 해결을 위하여 회사 소유 차량과 부동산 등을 처분 중이라는 등 위와 같은 불가피한 사정을 내세우고 있을 뿐만 아니라, 이 점과 관련되는 것으로 보이는 자료도 제출하고 있으므로, 원심으로서는 위와 같은 점을 좀 더 심리하여 피고인의 죄책 유무를 판단하여야 할 것임에도 불구하고, 피고인의 항소이유를 양형부당에만 있다고 보고 위와 같은 불가피한 사정에 관하여는 심리·판단하지 아니한 원심의 조치에는, 위 점에 관하여 심리를 다하지 아니하였거나 판단을 유탈함으로써 판결에 영향을 미친 위법이 있다고 하였다. 同旨 대법원 2008.10.9. 선고 2008도5984 판결(공2008하, 1568).

175) 대법원 2015.2.12. 선고 2014도12753 판결(공2015상, 510)은 기업이 불황이라는 사유만으로 사용자가 근로자에 대한 임금이나 퇴직금을 체불하는 것은 허용되지 아니하지만, 모든 성의와 노력을 다했어도 임금이나 퇴직금의 체불이나 미불을 방지할 수 없었다는 것이 사회통념상 긍정할 정도가 되어 사용자에게 더 이상의 적법행위를 기대할 수 없거나 불가피한 사정이었음이 인정되는 경우에는 그러한 사유는 근로기준법이나 근로자퇴직급여 보장법에서 정하는 임금 및 퇴직금 등의 기일 내 지급의무 위반죄의 책임조각사유로 된다고 하였다. 원심은 ① 공소외 1 회사는 실질 사주인 공소외 2의 퇴직금 중간 정산금의 유용, 무리한 사업진행 등으로 인한 자금난으로 2010년경부터 임금 등이 체불된 상황이었고 부채가 자산을 두 배 가까이 초과하는 등 파산에 이르게 될 염려가 있었던 점, ② 2011년 11월경 총괄사장에 취임한 피고인은 조직개편 및 인사발령, 임원 연봉의 삭감 등 각종 구조조정의 시행, 근로자의 투자금 등 공소외 1 회사의 채무 변제를 위한 개인재산 약 13억 원의 출연 등 공소외 1 회사의 경영 및 재정 상황의 정상화를 위해 노력하였던 점, ③ 그러나 공소외 1 회사는 매출채권 등 자산에 대한 유동화가 어렵게 되는 등 심각한 유동성 위기를 겪게 되어 회생절차개시신청을 하게 되었고, 회생법원은 2012.1.27. 10:00 공소외 1 회사에 대한 회생절차개시결정을 하면서 이해관계인의 의견을 들어 피고인을 관리인으로 선임하게 된 점, ④ 피고인은 회생법원에 퇴직한 근로자의 임금이나 퇴직금의 지급 허가를 요청하였으나 공소외 1 회사의 재정적 상황과 다른 채권자와의 형평 등의 이유로 근로자 본인이 사망한 경우나 그 가족이 질병을 앓고 있는 등 특별한 사정이 있는 경우에만 지급 허가를 받을 수 있었던 점, ⑤ 피고인은 미지급 임금 및 퇴직금을 5년에 걸쳐 분할 변제하는 등의 방식으로 자금수급계획을 세운 다음, 이를 토대로 한 회생계획안에 대한 이해관계인들의 결의를 거쳐 회생법원으로부터 회생계획 인가결정을 받은 점, ⑥ 회생계획 인가결정을 받은 이후에야 공소외 1 회사는 근로자들에 대한 미지급 임금이나 퇴직금을 상당 부분 변제할 수 있게 되었고, 피고인의 처벌을 원하지 않는 근로자들이 상당수 있는 점 등의 사정을 종합하면, 공소외 1 회사의 관리인이었던 피고인이 그 업무수행 과정에서 근로자의 임금이나 퇴직금을 기일 안에 지급할 수 없었던 불가피한 사정이 있다고 판단하여 피고인에 대하여 무죄를 선고하였는데, 위 판결은 원심판결을 그대로 유지하였다.

공익채권에 해당한다는 점은 전술하였다.176)

　　(라) 사용자의 파산

　　근로기준법상 임금, 퇴직금 기타 근로관계로 인한 채권에는 일정한 제한 내에서 우선적 지위가 인정되어 있고, 특히 최종 3개월분의 임금, 재해보상금, 퇴직금은 최우선성이 부여되어 있는데(근로기준법38조2항, 근로자퇴직급여보장법11조2항), 이 최우선변제권을 파산절차에서도 인정하고 있다(법415조의2). 판례는 「파견근로자 보호 등에 관한 법률」(파견법) 제1조, 제34조 제2항, 같은 법 시행령 제5조, 근로기준법 제38조 제2항 제1호의 내용에 의하면, 사용사업주가 정당한 사유 없이 근로자파견의 대가를 지급하지 아니하고 그로 인하여 파견사업주가 근로자에게 임금을 지급하지 못한 경우 사용사업주는 근로자에 대하여 파견사업주와 연대하여 임금지급의무를 부담하게 되는데, 이와 같이 사용사업주가 파견법 제34조 제2항에 따라 근로자에 대하여 임금지급의무를 부담하고 그에 따라 파견근로자가 사용사업주에 대하여 임금채권을 가지는 경우, 파견근로자의 복지증진에 관한 파견법의 입법 취지와 더불어 사용사업주가 파견사업주와 연대하여 임금지급의무를 부담하는 경우 임금 지급에 관하여 사용자로 본다는 파견법 제34조 제2항 후문 및 근로자의 최저생활을 보장하려는 근로기준법 제38조 제2항의 규정 취지를 고려하여 보면, 파견근로자의 사용사업주에 대한 임금채권에 관하여도 근로기준법 제38조 제2항이 정하는 최우선변제권이 인정된다고 봄이 타당하며, 파견법 제34조 제2항을 적용하기 위하여 당해 근로자파견이 파견법 제5조의 파견사유가 있고 제7조의 허가를 받은 파견사업주가 행하는 이른바 '적법한 근로자파견'에 해당하여야만 하는 것은 아니라고 하였다.177)

　　또한 법은 근로자의 임금, 퇴직금 및 재해보상금을 재단채권으로 승격시키고 있는데(법473조10호), 여기에서는 최종 3개월분이라는 제한도 없고, 파산선고 전후의 제한도 없다(법473조7호에 의하여도 파산선고 후 해고의 효력이 생길 때까지의 임금, 예고수당 및 일시보상은 모두 재단채권이 된다).178) 또한 위 채권들은 면책의 대상이 되지 않는다(법566조5호, 단 개인

---

176) 대법원 2011.6.24. 선고 2009다38551 판결(미간행).

177) 대법원 2022.12.1. 선고 2018다300586 판결(공2023상, 145)은 그 이유를 다음과 같이 설시하였다. ① 파견법은 '파견사업주가 근로자를 고용한 후 그 고용관계를 유지하면서 근로자파견계약의 내용에 따라 사용사업주의 지휘·명령을 받아 사용사업주를 위한 근로에 종사하게 하는 것'을 '근로자파견'으로 정의하고 있을 뿐(제2조 제1호), 제5조에 정한 근로자파견 대상 업무에 해당하는 등 파견사유가 있을 것 또는 제7조에 정한 근로자파견사업의 허가를 받은 파견사업주가 행하는 근로자파견에 해당할 것을 '근로자파견'의 요건으로 들고 있지 않다. ② 원칙적으로 파견사업주가 파견근로자에 대한 임금지급의무를 부담하지만, 파견사업주가 사용사업주의 귀책사유로 인하여 임금을 지급하지 못한 경우에는 사용사업주가 파견사업주와 연대하여 임금지급의무를 부담하도록 함으로써 파견근로자를 보호하고자 하는 것이 파견법 제34조 제2항의 취지이다. ③ 적법하지 않은 파견의 경우 파견법 제34조 제2항이 적용되지 않는다고 보면 파견법이 규정한 제한을 위반하여 근로자파견의 역무를 제공받은 사용사업주는 오히려 임금지급책임을 지지 않는 결과가 되어 법적 형평에 어긋나게 된다.

178) 일본 파산법은 파산절차 개시 전 3월분의 임금과 파산절차 종료 전에 퇴직한 경우에 퇴직 전 3월분

사용자의 경우). 한편 판례는 파산관재인은 직무상 재단채권인 근로자의 임금·퇴직금 및 재해보상금을 수시로 변제할 의무가 있다고 할 것이므로, 파산관재인이 파산선고 후에 위와 같은 의무의 이행을 지체하여 생긴 근로자의 손해배상청구권 즉, 지연손해금채권은 법 제473조 제4호 소정의 '파산재단에 관하여 파산관재인이 한 행위로 인하여 생긴 청구권'에 해당하여 재단채권이라고 하였음은 전술하였다.[179]

퇴직금 등 체불로 인한 근로기준법 제109조 제1항 위반죄는 지급사유 발생일로부터 14일이 경과하는 때에 성립하고, 따라서 사업주가 법인일 경우에는 14일이 경과할 당시에 퇴직금 등의 지급권한을 갖는 대표자가 그 체불로 인한 죄책을 짐이 원칙이고, 14일이 경과하기 전에 그 지급권한을 상실하게 된 대표자는 특별한 사정이 없는 한 그 죄책을 지지 않는데, 판례는 퇴직금 등의 지급권한 상실의 원인에는 해임, 사임 등 법인과의 고용계약 종료에 기한 것은 물론 법령에 의한 지급권한 상실 또한 포함되므로 근로자들의 퇴사일로부터 14일이 경과한 날 이전에 회사가 '파산선고'를 받은 경우, 그 회사의 대표이사에게 임금 등 체불로 인한 근로기준법 제109조 제1항의 죄책을 물을 수 없다고 하였다.[180]

퇴직금은 그 지급조건이 취업규칙, 단체협약에 정하여져 있는 때에는 후불적 임금의 성격을 갖는 것이라고 해석하는데,[181] 파산선고 전·후의 퇴직을 불문하고 재단채권이 된다. 퇴직금의 지급이 미리 예정되어 있지 않은 경우에는 임금적 성격이 희박하므로 위 원칙의 적용은 신중하여야 할 것이다(위기시기에 도산을 예상하고 퇴직금지급의 단체협약을 체결하거나 또는 그 지급률을 인상한 경우에는 관재인에 의한 부인의 대상이 된다). 이사 등의 보수나 퇴직금은 임금은 아니므로 재단채권이 되지 않는다(다만 근로자로서의 지위도 겸하고 있는 경우는 별론). 판례 중에는 '경영상 이유에 의한 해고 또는 금융산업 구조조정, 강제퇴출 및 합병시에는 6개월 이상의 퇴직위로금을 지급한다'는 단체협약상의 규정에 의하여 지급되는 퇴직위로금은 근로자의 재직 중의 근로에 대한 대가로서 지급되는 후불적 임금으로서의 성질을 갖는 것이 아니라 해고에 대한 위로금조로 지급되는 것이거나 해고 후의 생계보장을 위해 지급되는 보상금의 일종이라고 봄이 상당하므로 재단채권에 해당하지 않는다고 한 사례,[182] 퇴직위로금이나 명예퇴직수당은 그 직에서 퇴임하는 자에 대하여 그 재직

의 임금채권의 총액과 파산절차개시 전의 임금총액을 비교하여 다액이 재단채권이다(일본 파산법 149조). 재단채권으로 취급되지 않는 부분은 모두 우선적 파산채권이 된다.

179) 대법원 2014.11.20. 선고 2013다64908 전원합의체 판결(공2014하, 2348)[백선80]. 한편 대법원 2015.1.29. 선고 2013다219623 판결(미간행)은 파산선고 전날까지 발생한 지연손해금 채권은 파산채권이라고 하였다.
180) 대법원 2010.5.27. 선고 2009도7722 판결(공보불게재).
181) 대법원 1992.9.14. 선고 92다17754 판결(공1992, 2874).
182) 대법원 2008.7.10. 선고 2006다12527 판결(미간행)은 퇴직위로금이 임금에 해당하는지 여부는 그 지급의 사유와 시기 및 기준, 근로와의 관계 등을 종합적으로 고려하여 결정하여야 한다고 하면서, 채무자 회사의 그 동안의 퇴직금 운영실태, 퇴직위로금 규정을 신설하게 된 시기와 그 경과, 그 당시 채

중 직무집행의 대가로서 지급되는 후불적 임금으로서의 보수의 성질을 아울러 갖고 있다고 할 것이므로 퇴직금과 유사하다고 볼 것이라고 한 사례,183) 명예퇴직수당은 그 직에서 퇴직하는 자에 대하여 재직 중 직무집행의 대가로서 지급되는 후불적 임금으로서의 성질을 아울러 갖고 있다고 한 사례184) 등이 있다.

또한 근로자의 임치금과 신원보증금의 반환채권도 재단채권이 되는데(법473조11호), 소위 사내예금(근로기준법22조)의 반환청구권도 재단채권이 된다는 해석도 가능하지만, 사내예금에는 보전의 방법을 정하여야 하는 것이므로(예컨대 금융기관에 의한 보증), 이것이 되어 있는 한 반환은 확보된다. 또 이러한 청구권은 면책의 대상으로부터 제외된다(법566조6호). 일본의 판례 중에는 회사의 이사가 가입한 사내예금이 일본 구 상법 제295조 제1항(일본민법 제308조 개정으로 폐지, 우리 상법 제468조에 해당)에서 말하는「회사와 사용인과의 사이의 고용관계에 기하여 생긴 채권」에는 해당하지 않으므로, 우선적 파산채권이 되는 것은 아니라고 한 사례가 있다.185)

이와 관련하여 판례는 사용자 소유의 일부 부동산이 먼저 경매되어 임금채권자가 우선변제를 받은 결과 후순위 저당권자가 동시배당의 경우보다 불이익을 받은 경우, 그 후 개시된 사용자에 대한 파산절차에서 민법 제368조 제2항 후문이 유추적용되어 후순위 저당권자의 채권이 임금채권과 마찬가지로 재단채권으로 취급되는 것은 아니라고 하였다.186)

이상과 같이 파산에 있어서는 근로자의 채권은 재단채권으로 됨에 그친다. 그런데 파산선고를 받을 것 같은 사용자의 재산에는 이미 모두 다른 채권자를 위한 담보권이 설정되어 있고, 재단채권이라고 하여도 변제는 빈약한 것이 대부분이다. 사정이 이러하다 보니 만일에 대비하여 단체교섭에 의하여 남아 있는 부동산에 임금채권을 위한 저당권을 설정하든가, 파산에 이르러서는 근로자들이 사업소를 점거하여 다른 채권자에 의한 제품·원료 등의 반출에 대항하는 등의 수단을 취하게 된다(전자는 부인의 대상이 되지 않고, 후자도 어느 정도의 자구행위로 시인되어야 할 것이다). 또는 한 걸음 더 나아가 저당부동산을 점거하여 별

무자 회사의 부채규모 및 재무상태, 동일지역 내 다른 상호신용금고의 퇴출사태, 채권자들의 근속기간과 퇴직위로금의 수액 및 직원들의 계속근로연수나 정년퇴직까지의 잔여기간의 많고 적음에 관계없이 일률적으로 퇴직 전 6개월분 평균 임금을 지급하기로 한 점 등 여러 사정을 종합 참작하였다.

183) 대법원 2000.6.8.자 2000마1439 결정(공2000, 1817), 同旨 대법원 2003.11.28. 선고 2001다4750 판결(미간행).
184) 대법원 2003.11.28 선고 2001다4750 판결(미간행).
185) 日札幌高判平成10.12.17判時1682호130면, 倒産判例 インデックス 제3판 57[百選제4판92]은 사내예금은 근로근로기준법상 근로계약에 부수하는 것은 금지되는 것이고, 근로자의 임의의 위탁에 의하는 것이 인정되는바, 사내예금관리규정상 희망자에 관하여 사내예금을 취급하고 있는 것이고, 사내예금은 고용계약을 계기로 하는 것은 아니기 때문에, 반드시 고용계약에 기한 것은 아니라고 인정된다는 점을 근거로 회사에 대한 일반채권과 다름이 없다고 해석함이 상당하다고 하였다.
186) 대법원 2009.11.12. 선고 2009다53017,53024 판결(공2009하, 2094).

제권의 행사를 곤란하게 하면서 저당권자에 양보를 강요하는 등 운동이 도산절차의 범주를 넘어 전개되기에 이르렀다. 물론 우리 근로기준법 제38조는 근로자의 채권의 일부는 담보권자에게도 우선하는 것으로 하고 있지만 입법론으로서는 모회사에 일정한도의 책임을 부담하도록 하는 수단도 강구할 필요가 있을 것이다.

(마) 임금채권보장법의 체당금에 의한 임금채권의 보호

도산한 사용자의 재산이 임금채권을 변제하기에도 부족한 경우에 대비하여 임금채권보장법은 국가가 기금을 조성하여 도산 등으로 임금·퇴직금 등을 지급받지 못하고 퇴직한 근로자에게 그 일정 부분을 사용자를 대신하여 신속·간편하게 지급하는 제도를 규정하고 있다.

즉, 고용노동부장관은 사업주가 회생절차개시의 결정이나 파산선고의 결정이 있는 경우, 고용노동부장관이 대통령령으로 정한 요건과 절차에 따라 미지급 임금등을 지급할 능력이 없다고 인정하는 경우, 사업주가 근로자에게 미지급 임금등을 지급하라는 판결, 명령, 조정 또는 결정 등이 있는 경우에 퇴직한 근로자가 지급받지 못한 임금등의 지급을 청구하면 제3자의 변제에 관한 민법 제469조에도 불구하고 그 근로자의 미지급 임금등을 사업주를 대신하여 지급한다(임금채권보장법7조1항). 고용노동부장관이 사업주를 대신하여 지급하는 임금등(체당금)의 범위는 「근로기준법」 제38조 제2항 제1호에 따른 임금 및 「근로자퇴직급여 보장법」 제12조 제2항에 따른 최종 3년간의 퇴직급여 등과 「근로기준법」 제46조에 따른 휴업수당(최종 3개월분으로 한정한다), 근로기준법 제74조 제4항에 따른 출산 전후 휴가기간 중 급여(최종 3개월분으로 한정한다)로 하되, 대통령령으로 정하는 바에 따라 체당금의 상한액은 근로자의 퇴직 당시의 연령 등을 고려하여 따로 정할 수 있으며 체당금이 적은 경우에는 지급하지 아니할 수 있다(같은 법7조2항).

고용노동부장관은 근로자에게 체당금을 지급하였을 때에는 그 지급한 금액의 한도에서 그 근로자가 해당 사업주에 대하여 미지급 임금등을 청구할 수 있는 권리를 대위하고, 「근로기준법」 제38조 제2항에 따른 임금채권 우선변제권 및 「근로자퇴직급여 보장법」 제12조 제2항에 따른 퇴직급여등 채권 우선변제권은 제1항에 따라 대위되는 권리에 존속한다(같은 법8조). 체당금을 지급받을 권리는 양도 또는 압류하거나 담보로 제공할 수 없고(같은 법11조의2 제1항), 미성년자인 근로자는 독자적으로 체당금의 지급을 청구할 수 있다(같은조3항).

고용노동부장관이 사업주를 대신하여 지급하는 체당금의 상한액은 임금, 물가상승률 및 기금의 재정상황 등을 고려하여 고용노동부장관이 기획재정부장관과 협의하여 퇴직 당시 근로자의 연령에 따라 정하고, 그 내용을 관보 및 인터넷 홈페이지에 고시하여야 한다(같은 법 시행령6조).

체당금의 지급대상이 되는 근로자는 회생절차개시 결정이나 파산선고의 결정이 있는 경우에는 그 신청일, 회생절차개시의 신청 후 법원이 직권으로 파산선고를 한 경우에는 그 신청일 또는 선고일, 임금채권보장법 시행령 제5조 제1항에 따른 도산 등 사실 인정이 있는 경우에는 그 도산등 사실인정의 신청일에 해당하는 날의 1년 전이 되는 날 이후부터 3년 이내에 해당 사업 또는 사업장에서 퇴직한 근로자로 하고, 체당금의 지급대상이 되는 근로자는 사업에서 퇴직한 날의 다음 날부터 2년 이내에 같은 법 제7조 제1항 제4호 각 목의 어느 하나에 해당하는 판결, 명령, 조정 또는 결정 등에 관한 소의 제기 또는 신청 등을 한 근로자로 한다(같은 법 시행령7조). 근로자가 일반체당금을 받을 수 있는 사업주는 같은 법 제3조에 따라 법의 적용 대상이 되어 6개월 이상 해당 사업을 한 후에 법 제7조 제1항 제1호부터 제3호까지의 어느 하나에 해당하는 사유가 발생한 사업주로 한다(같은 법 시행령8조).

   판례는 임금채권보장법 시행령 제7조에서 규정하는 '노동부장관의 도산 등 사실인정의 신청일의 1년 전이 되는 날' 전에 해고된 근로자라고 하더라도 그 해고처분이 무효인 경우에는 그동안 근로계약관계가 유효하게 계속되어 있었던 것으로 되므로, 체당금 지급 대상 근로자로서 임금채권보장법 제7조에 의하여 사업주로부터 지급받지 못한 임금 등을 체당금으로 지급받을 수 있다고 하였다.[187]

   한편 지방고용노동관서의 장의 도산 등 사실 불인정처분에 대하여 취소소송이나 취소심판이 제기된 경우 기존 회사와 신설 회사의 영업양도가 쟁점이 되면 종래에는 영업양도 여부가 불분명하면 도산등 사실을 인정하여 근로자에게 체당금을 지급하는 방향으로 판결을 내리는 경우가 많았는데, 이에 대하여는 기존 회사와 신설 회사의 영업양도가 쟁점이 된다면 영업 중 일부라도 포괄적 양도가 이루어졌는지 여부를 엄격하게 가려서 체당금의 지급을 최대한 자제하여 임금채권보장기금을 절약하도록 하여야 한다는 반론이 있다.[188]

마. 가등기권리자

   도산절차 개시 당시 채무자의 재산에 관하여 가등기를 가지는 자는 도산절차와의 관계에서 어떠한 지위를 가지는가? 본등기를 구할 수 있는가?(가등기가 채권담보의 목적으로 경료된 경우 즉 소위 가등기담보의 경우의 가등기권리자의 지위에 관하여는 담보권자의 지위를 논하는 부분에서 언급한다).

   전술한 바와 같이 회생 및 파산 절차개시 전에 생긴 등기원인으로 절차개시 후에 한

---

187) 대법원 2010.7.22. 선고 2010두5479 판결(공2010하, 1669).
188) 상세는 지희정, "체당금 수령을 위해 도산등사실 불인정처분 취소소송을 할 때 영업양도가 쟁점인 경우 해결방안 및 입법제언 ― 서울고등법원 2015.3.6. 선고 2014누42300 판결을 중심으로", 사법 41호, 사법발전재단(2017), 525면 참조.

등기 및 가등기는 회생 및 파산 절차와의 관계에 있어서는 그 효력을 주장하지 못한다. 그러나 회생 및 파산 절차개시 후에 된 본등기라도 그것이 등기권리자가 절차개시의 사실을 알지 못하고 등기를 한 경우에 한하여 등기를 가지고 도산절차에 대항할 수 있는 것으로 규정하고 있다(법66조1항, 331조). 구법은 본등기뿐만 아니라 파산 및 정리 절차개시 후에 된 가등기라도 그것이 등기권리자가 절차개시의 사실을 알지 못하고 등기를 한 경우에 한하여 가등기를 가지고 도산절차에 대항할 수 있는 것으로 규정하고 있었다(회58조1항, 파46조). 원래 가등기는 순위보전의 효력을 가지는 것에 불과하고 본등기가 마쳐져야 비로소 권리이전의 효력을 발생하는 것이므로(물론 가등기담보의 경우는 별론), 본등기를 할 수 없는 가등기란 무의미하다. 따라서 법률이 가등기를 가지고 파산 또는 정리절차의 관계에 있어서 그 효력을 주장할 수 있다고 한 이상 그 가등기에 기하여 관리인·관재인에게 본등기청구권을 주장할 수 있고 관리인·관재인에 대하여 본등기청구를 할 수 있다고 해석하여야 하였다(이것은 절차 개시 후에 선의로 된 가등기뿐만 아니라 절차 개시 전에 된 가등기에도 해당됨은 물론이다).[189]

그런데 전술한 바와 같이 위 조문들은 가등기를 등기신청에 필요한 절차상의 조건이 구비되지 않았기 때문에 행하여지는 가등기(이른바 1호 가등기)와 순위보전의 가등기(2호 가등기)의 두 가지로 구별하는 일본부동산등기법을 전제로 한 조문을 계수한 것으로서 우리 부동산등기법상에는 위와 같은 1호 가등기는 인정되지 않고 있기 때문에 채무자회생법에서 위 가등기를 삭제한 것이다.

참고로 일본법 하에서는 법문에서 절차개시 전의 1호 가등기에 관하여는 등기권리자가 절차개시의 사실을 알지 못하고 등기를 한 경우에 한하여 가등기를 가지고 도산절차에 대항할 수 있다고 규정하고 있기 때문에 2호 가등기는 절차 개시 후 선의로 취득하여도 관재인·관리인에게 대항할 수 없는 것은 법문상 명백하나, 다만 2호 가등기가 절차 개시 전에 이루어진 경우에는 학설이 나뉜다.

일본에서는 실질적으로 보아 1호 가등기에 관하여는 절차개시 전에 본등기청구를 위한 실체관계상의 요건은 모두 갖추어져 있고, 가등기를 한 것은 등기신청에 필요한 절차상의 요건을 구비하지 않았기 때문일 뿐인데, 이 경우에 절차가 개시되었다고 하여 본등기청구를 할 수 없다는 것은 등기권리자에게 가혹하다고 하는 이유에서 본등기청구가 인정되는 것일 뿐, 절차 개시 전에 실체상의 요건을 갖추지 않은 2호 가등기에 있어서는 절차 개시 후 실체상의 요건을 갖추게 된 것이므로 본등기청구를 허용할 수 없는 것이고, 다만 2호가등기에서 절차개시 전에 실체상의 요건이 구비된 경우에는 그 시점에 1호 가등기로 변질되는 것으로 보아 절차 개시 후에 본등기를 인정하여야 한다는 견해가 있고, 다른

---

189) 日大判大正15.6.29民集5권602면.

한편으로는 관리인·관재인을 가등기의 기초가 되어 있는 실체권리관계의 승계인으로 보고 가등기관계도 관재인과의 관계로 전환되어 실체상의 요건이 관재인을 상대방으로 하여 구비되면 관재인에 대하여 본등기를 청구할 수 있다고 보는 견해도 있다. 일본의 판례는 1호 가등기인지 2호 가등기인지를 명백히 하지 아니한 채 본등기청구를 인정한 것,[190] 2호 가등기에 관하여 예약의 완결 의사표시를 관재인에게 함으로써 관재인에게 대항할 수 있는 소유권을 취득하고, 관재인에 대하여 본등기이전청구를 할 수 있다고 한 것[191] 등이 있다. 더구나 후자의 판례는 상대방이 예약완결의 의사표시를 한 결과 쌍방미이행상태의 계약관계가 현출된 것이므로 관재인은 이에 관하여 해제권을 행사할 수 있다고 해석하므로 그렇다고 한다면 결국 본등기의 성부는 관재인의 의사에 달려 있게 되고, 본등기청구권을 인정하지 않는 것과 같게 된다.

이와 관련하여 대법원은 구 회사정리법 하에서 회사정리법 제103조 제1항에는 정리회사의 관리인은 정리회사와 상대방이 회사정리절차 개시 당시 아직 그 이행을 완료하지 않은 쌍무계약에 대하여는 이를 해제할 수 있다고 규정하고 있으나 한편 같은 법 제58조 제1항의 본문의 반대해석에 의하면 정리절차 개시 전의 등기원인으로 정리절차개시 전에 부동산등기법 제3조에 의하여 한 가등기는 정리절차의 관계에 있어서 그 효력을 주장할 수 있다고 할 것이고 따라서 위와 같은 가등기권자는 정리회사의 관리인에게 대하여 본등기 청구를 할 수 있다고 보아야 하므로 유효한 가등기가 경료된 부동산에 관한 쌍무계약에 대하여는 회사정리법 제103조의 적용이 배제된다 할 것이니, 정리절차 개시 당시 아직 매매계약이 이행완료되지 않았으나 이 사건에서와 같이 정리회사 소유인 매매 목적 부동산에 관하여 순위보전의 가등기가 경료되어 있는 경우에는 관리인은 같은 법 제103조 제1항에 의하여 그 매매를 해제할 수 없다고 판시하였다.[192]

또한 이상과 같은 법리는 가등기가처분에 의하여 된 가등기에도 적용된다.

기능적으로 가등기와 유사한 처분금지가처분은 가처분 채무자에 대하여 회생 또는 파산 절차가 개시되면 중지·취소되거나(법58조), 효력을 잃는다(법348조). 따라서 관리인·

---

190) 日最判昭和42.8.25判時503호33면, 倒産判例 ガイド 제2판 119면[百選A11]은 농지를 매입하였으나 허가를 받지 못한 관계로 소유권이전청구권보전등기(2호 가등기)를 한 사안에서 파산관재인에 대한 본등기청구를 인정하였는데(파산관재인의 가등기 말소등기청구는 기각), 매매대금을 완제하고 인도를 받았다는 점이 중요하다고 지적하였다.

191) 日大阪高判昭和32.6.19.下級民集8권6호1136면.

192) 대법원 1982.10.26. 선고 81다108 판결(공1983, 52)은 구 회사정리법 제103조의 적용을 배제하였다는 점에서 이를 인정한 위 일본 하급심의 입장과 대조를 이룬다. 일본의 판례는 상대방이 예약완결의 의사표시를 한 결과 쌍방미이행 상태의 계약관계가 되므로 관재인이 이에 관하여 해제권을 가진다고 이론구성을 하기 때문에 본등기청구의 성부는 관재인의 의사에 달려 있게 되고, 실제로는 관재인이 미이행쌍무계약으로서 해제할 수 있는 경우가 많은 만큼 일본 판례이론에 따르면 본등기를 청구할 수 있는 경우는 적게 되고, 이 점에서 이 차이는 현실적으로도 큰 의의를 가진다.

관재인에 수계된 본안소송(법347조)에 관하여 당사자 항정(恒定)의 효력은 없고, 통상의 경우와 같이 승소판결에 기하여 가처분 후에 등기를 말소하는 경우도 있을 수 없다.

바. 지급결제제도 등에 관한 특칙

사인간의 자금거래 중에는 일정한 결제체계 하에서 청산과 지급이 이루어지는 것이 있다. 그런 결제체계는 내부적인 규칙에 따라 청산(settlement)과 지급(payment)을 하며 복수의 당사자들은 그런 결제체계를 신뢰하고 거래를 하게 된다. 그러한 결제체계의 예로는 통화결제제도, 증권결제제도 그리고 정형화된 금융거래제도를 들 수 있다.

이러한 결제체계 내에서 거래하는 당사자 중 일부에 대한 도산절차가 진행되면 권리행사의 중지, 부인권 행사, 미이행쌍무계약의 선택 등 도산법의 특이한 규정들이 적용되는데 그렇게 되면 결제체계 자체가 붕괴될 위험이 있다. 따라서 각국은 이러한 결제체계를 도산법의 적용에서 배제하는 특별입법을 두고 있는데 우리나라의 구법에는 그러한 내용이 없어 우리 금융거래에 대한 국제적 신인도에 악영향을 주어 왔다.

그리하여 채무자회생법은 지급결제의 완결성(finality)을 위하여 한국은행의 지급결제제도, 증권·파생금융거래의 청산결제제도 그리고 기본계약에 입각하여 이루어지는 적격금융거래에 대해 회생절차와 파산절차가 적용되지 않는다는 특칙을 두었다.

첫째 적용대상은 한국은행총재가 금융위원회와 협의하여 지정한 지급결제제도이다. 지급결제제도의 참가자에 대하여 회생 또는 파산절차가 개시된 경우, 그 참가자에 관련된 이체지시 또는 지급 및 이와 관련된 이행, 정산, 차감, 증거금 등 담보의 제공·처분·충당 기타 결제에 관하여는 법의 규정에 불구하고 그 지급결제제도를 운영하는 자가 정한 바에 따라 효력이 발생하며 해제, 해지, 취소 및 부인의 대상이 되지 않는다(법120조1항, 336조).

둘째 적용대상은 장내 증권선물거래제도이다. 즉 「자본시장과 금융투자업에 관한 법률」 기타 법령에 따라 증권·파생금융거래의 청산결제업무를 수행하는 자(현재로서는 한국거래소), 기타 대통령령에서 정하는 자가 운영하는 청산결제제도의 참가자에 대하여 회생 또는 파산절차가 개시된 경우 그 참가자와 관련된 채무의 인수, 정산, 차감, 증거금 기타 담보의 제공·처분·충당 기타 청산결제에 관하여는 채무자회생법의 규정에도 불구하고 그 청산결제제도를 운영하는 자가 정한 바에 따라 효력이 발생하며 해제, 해지, 취소 및 부인의 대상이 되지 아니한다(법120조2항, 336조).[193]

셋째 적용대상은 적격금융거래(Qualified Finacial Transaction)이다. 적격금융거래라 함은 일정한 금융거래에 관한 기본적 사항을 정한 하나의 계약 즉 기본계약(Master Agreement)에

---

193) 한국은행총재의 지급결제제도 지정의 절차에 관하여는 영 5조 내지 13조에서 규정하고 있다.

근거한 금융상품거래를 의미한다.

적격금융거래의 구체적인 대상은 크게 세 부류로 나눌 수 있다. 첫째는 파생상품 거래인데 그 내용은 「통화, 유가증권, 출자지분, 일반상품, 신용위험, 에너지, 날씨, 운임, 주파수, 환경 등의 가격 또는 이자율이나 이를 기초로 하는 지수 및 그 밖의 지표를 대상으로 하는 선도, 옵션, 스왑 등 파생금융거래로서 대통령령이 정하는 거래」이다.194) 파생상품이라 함은 실물상품에 대비되는 개념으로 실물상품의 가격이나 지수 등을 대상으로 하는 거래로 거래의 구체적인 형태는 선도, 옵션, 스왑인 경우가 보통이다.

둘째는 현물환거래, 유가증권의 환매거래, 유가증권의 대차거래 및 담보콜거래이다. 현물환거래(Spot Transaction)란 거래일부터 2영업일(Value Spot Date)에 결제가 이루어지는 외환매매거래이다. 유가증권 환매거래란 이른바 레포거래(Sale & Repurchase Agreement, Repo)를 의미하는데 유가증권을 담보로 제공하고 일정기간 자금을 조달하거나 또는 자금을 담보로 유가증권을 차입하는 거래이다. 유가증권 대차거래는 유가증권 자체를 빌리고 빌려주는 거래이다. 담보콜거래라 함은 금융기관 간 유가증권을 담보로 하여 단기간 현금을 빌리는 거래이다.

셋째는 파생금융상품이나 현물환거래가 혼합된 거래, 위 각 거래에 수반되는 담보의 제공·처분·충당의 거래이다. 파생상품이라 함은 말 그대로 그 가치가 기초를 이루는 다른 자산에서 파생되는 상품을 말하는데, 파생금융상품 거래는 금융자산, 기준율(reference rate), 또는 지수(index)의 가치에 의존하여 그 가치가 결정되는 금융거래라고 정의된다.195)

위 적격금융거래를 행하는 당사자 일방에 대하여 회생 또는 절차가 개시된 경우 적격금융거래의 종료 및 정산에 관하여는 채무자회생법의 규정에도 불구하고 기본계약에서 당사자가 정한 바에 따라 효력이 발생하고 해제, 해지, 취소 및 부인의 대상이 되지 아니하며, 담보의 제공·처분·충당의 거래는 중지명령 및 포괄적 금지명령의 대상이 되지 아니한다. 다만, 채무자가 상대방과 공모하여 회생채권자·회생담보권자 또는 파산채권자를 해할 목적으로 적격금융거래를 행한 경우에는 그러하지 아니하다(법120조3항, 336조).

---

194) 대통령령이 정하는 파상금융거래라 함은 ① 금융투자상품(유가증권, 파생금융거래에 기초한 상품을 말한다), ② 통화(외국의 통화를 포함한다), ③ 일반상품(농산물·축산물·수산물·임산물·광산물·에너지에 속하는 물품 또는 이 물품을 원재료로 하여 제조하거나 가공한 물품 그 밖에 이와 유사한 것을 말한다), ④ 신용위험(당사자 또는 제3자의 신용등급의 변동·파산 또는 채무재조정 등으로 인한 신용의 변동을 말한다), ⑤ 그 밖에 자연적·환경적·경제적 현상 등에 속하는 위험으로서 합리적이고 적정한 방법에 의하여 가격·이자율·지표·단위의 산출이나 평가가 가능한 것의 기초자산 또는 기초자산의 가격·이자율·지표·단위나 이를 기초로 하는 지수를 대상으로 하는 선도, 옵션, 스왑거래를 말한다(영14조).

195) 파생금융상품에 대한 설명으로는 김건식, "파생금융상품", 민사판례연구 ⅩⅩⅢ, 민사판례연구회(2001), 623면, 박준, 한민, "금융거래와 법 제3판", 박영사(2022), 587면 이하 참조.

참고문헌

김성용, "파생금융거래에 관한 도산법의 특칙 재검토", 도산법연구 제1권 제1호, 사단법인 도산법연
　　구회(2010.1.), 63면.

남효순, "도산절차와 계약관계", 도산법강의, 남효순·김재형 공편, 법문사(2005), 25면.

박준, 한민, "금융거래와 법 제3판", 박영사(2022), 587면.

배성진, "Labor & Legacy Costs", 도산법연구 제2권 제2호, 사단법인 도산법연구회(2011.11.), 226면.

오수근, "도산실효조항의 유효성", 판례실무연구 IX, 박영사(2010), 439면.

유남영, "파산절차와 임금", 법조 제534호, 법조협회(2001.3.), 46면.

양형우, "회생·파산절차개시가 근로계약과 단체협약에 미치는 영향", 노동정책연구 제8권 제4호, 한
　　국노동연구원(2008), 81면.

이흥재, "도산절차와 근로관계", 도산법강의, 남효순·김재형 공편, 법문사(2005), 191면.

이상헌, "하도급상의 직불청구권과 건산법상 직불청구권", 법조 제680호, 법조협회(2013.5.), 99면.

임종헌, "파산절차가 미이행쌍무계약관계에 미치는 영향", 고려대학교(2002).

임치용, "회사정리절차와 쌍무계약", 파산법 연구, 박영사(2004), 300면.

임치용, "파산절차의 개시와 임대차계약", 파산법 연구 2, 박영사(2006), 131면.

임치용, "파산절차의 개시가 고용계약에 미치는 영향", 파산법 연구 2, 박영사(2006), 148면.

임치용, "지급결제제도에 관한 회생 및 파산절차의 특칙", 파산법 연구 2, 박영사(2006), 176면.

임치용, "건설회사에 대하여 회생절차가 개시된 경우의 법률관계", 파산법 연구 4, 박영사(2015), 31면.

한민, "미이행쌍무계약에 관한 우리 도산법제의 개선방향", 선진상사법률연구 제53호, 법무부(2011.1.),
　　57면.

홍선경·정성구·윤상우, "채무자회생 및 파산에 관한 법률 제120조에 관한 실무상 문제점", 도산법
　　연구 제4권 제2호, 사단법인 도산법연구회(2014.1.), 33면.

3. 소송·집행 등에 미치는 효과

가. 소송절차·행정절차

(1) 민사·행정소송

(가) 소송의 중단

1) 중단의 대상이 되는 소송

회생 및 파산 모두 절차 개시에 의하여 채무자가 재산관리처분권을 잃고 관리인·관재인에게 재산의 관리처분권이 전속하는 결과 재산상의 소송에 관하여 당사자 적격을 상실한다. 따라서 채무자의 재산관계의 소송이 계속 중에 회생절차개시결정이 있은 때(법59조) 또는 파산재단에 관한 소송이 계속 중에 파산선고가 있은 때(민소239조) 소송은 중단된다. 소송대리인이 있는 경우도 마찬가지이다(민소238조 참조). 채무자에 속하는 재산 그 자체에 관한 소송은 물론, 그러한 재산을 담보로 하는 채권에 기한 소송을 포함하여 소송이 중단된다는 점에서는 동일하다. 소송의 계속 여부는 피고에게 소장부본이 송달된 때를 기준으로 판별한다.[1]

판례는 독촉절차는 금전, 그 밖에 대체물이나 유가증권의 일정한 수량의 지급을 목적으로 하는 청구에 대하여 채권자로 하여금 간이·신속하게 집행권원을 얻을 수 있도록 하기 위한 특별소송절차로서(민소462조), 그 성질에 어긋나지 아니하는 범위에서 소에 관한

---

1) 대법원 1994.11.25. 선고 94다12517, 94다12524 판결(공1995, 87)은 채권자대위소송의 계속중 다른 채권자가 같은 채무자를 대위하여 같은 제3채무자를 상대로 법원에 출소한 경우 두 개 소송의 소송물이 같다면 나중에 계속된 소는 중복제소금지의 원칙에 위배하여 제기된 부적법한 소가 된다 할 것이고, 이 경우 전소와 후소의 판별기준은 소송계속의 발생시기 즉 소장이 피고에게 송달된 때의 선후에 의할 것이며, 비록 소제기에 앞서 가압류, 가처분 등의 보전절차가 선행되어 있다 하더라도 이를 기준으로 가릴 것은 아니며, 채권자가 채무자의 사망 사실을 모르고 제3채무자를 상대로 채무자에 대한 의무의 이행을 구하는 채권자대위소송을 제기하여 그 소장부본이 제3채무자에게 송달된 후에 채권자가 소장정정을 통하여 제3채무자의 의무이행 상대방을 채무자의 상속인들로 정정한 경우, 그 소송계속의 발생시기는 당초의 소장부본이 제3채무자에게 송달된 때로 보아야 하고 소장정정서부본 등이 제3채무자에게 송달된 때로 볼 것은 아니라고 하였다.

규정이 준용되므로(민소464조) 지급명령이 송달된 후 이의신청 기간 내에 회생절차개시결정 등과 같은 소송중단 사유가 생긴 경우에는 민사소송법 제247조 제2항이 준용되어 이의신청 기간의 진행이 정지되는데, 한편 청구이의의 소는 채무자가 확정된 종국판결 등 집행권원에 표시된 청구권에 관하여 실체상 사유를 주장하여 그 집행력의 배제를 구하는 소를 말하므로, 유효한 집행권원을 그 대상으로 하고, 지급명령은 이의신청이 없거나, 이의신청을 취하하거나, 각하결정이 확정된 때에 확정판결과 같은 효력이 있는데, 미확정 상태에 있는 지급명령은 유효한 집행권원이 될 수 없으므로 그러한 지급명령에 대한 청구이의의 소는 부적법하다고 하였다.[2] 또한 지급명령이 신청되었으나 아직 법원이 지급명령을 발하기 전에 파산선고가 이루어진 경우 파산채권 확정의 소를 각하한 사례도 있다.[3] 다만 이와 관련하여 지급명령 신청 후 송달 전에 회생절차가 개시된 경우나 소송을 제기하였으나 소장이 아직 피고에게 송달되기 전에 회생절차가 개시된 경우 소송경제의 측면에서 회생채권 조사 확정의 재판을 구하여야 한다고 할 것이 아니라 소송수계를 인정하는 것이 타당하다는 설이 있다.[4] 그 밖의 판례로는 소송상대방에 대한 회생절차개시결정이 있어 소송절차가 중단됨으로써 재판장의 인지보정명령상의 보정기간은 그 기간의 진행이 정지되었고, 소송절차가 중단된 상태에서 행한 재판장의 보정기간연장명령도 효력이 없으므로, 각 보정명령에 따른 기간불준수의 효과도 발생할 수 없다고 한 사례가 있다.[5]

또 다른 판례는 甲 주택재건축정비사업조합이 가집행선고부 제1심판결에 따라 乙 회사에 가지급금을 지급하였는데 원심 계속 중 乙 회사에 회생절차개시결정이 내려진 후 甲 조합이 가지급물반환신청을 제기한 사안에서, 가지급물반환채권은 회생채권에 해당하고,

2) 대법원 2012.11.15. 선고 2012다70012 판결(공2012하, 2038)은 甲이 乙 회사를 상대로 약속어음금 지급을 구하는 지급명령 신청을 하여 지급명령이 乙 회사에 송달되었는데 같은 날 乙 회사에 대하여 회생절차개시결정이 내려졌고, 이후 당사자가 독촉절차에서 수계절차를 밟지 않은 사안에서, 乙 회사에 대한 회생절차개시결정으로 재산에 관한 소송절차가 중단되고, 위 지급명령은 이의신청 기간이 정지되어 미확정 상태에 있으므로 이에 대한 청구이의의 소가 허용되지 않음을 근거로 지급명령이 확정됐음을 전제로 청구이의의 소의 본안 판단에 나아간 원심판결을 파기하고 소를 각하하였다. 미확정 상태에 있는 지급명령은 유효한 집행권원이 될 수 없으므로 이에 대하여 집행력의 배제를 구하는 청구이의의 소를 제기할 수 없기 때문이다.
3) 대법원 2014.5.16. 선고 2013다94411 판결(미발간)은 소송계속의 여부를 기준으로 아직 소송계속 중이 아니므로 파산채권확정재판을 신청하여야 한다고 하였다.
4) 임치용, "도산절차 개시의 요건과 효과", 서울대학교 금융법센터, 2015년도 금융법무과정 제8기, 14면. 반대 오세용, "회생절차개시결정이 독촉절차에 미치는 영향", 도산법연구 제5권 제2호, 사단법인 도산법연구회(2014.10.), 38면은 소송계속의 시기에 관한 소송법의 원칙에 따라야 한다는 것이다.
5) 대법원 2009.11.23.자 2009마1260 결정(공2010상, 7).이 결정에 대한 해설로 김우수, "소송상대방에 대한 회생절차개시결정이 있어 소송절차가 중단됨으로써 재판장의 인지보정명령상의 보정기간은 그 기간의 진행이 정지되었고, 소송절차가 중단된 상태에서 행한 재판장의 보정기간연장명령도 효력이 없으므로, 각 보정명령에 따른 기간불준수의 효과도 발생할 수 없다고 한 사례", 대법원판례해설 제81호", 법원도서관(2010), 561면 참조.

회생절차개시 당시 가지급물반환채권에 관한 소송이 계속 중인 경우에 해당하지 아니하므로, 甲 조합은 회생절차에서 가지급물반환채권을 회생채권으로 신고하여 이의가 제기되면 이의자 전원을 상대로 채권조사확정의 재판을 신청하고, 재판 결과에 따라 채권조사확정 재판에 대한 이의의 소를 제기하는 방법으로 채권의 존부나 범위를 다투어야 함에도, 회생절차개시 이후에 가지급물반환신청을 제기한 것은 부적법하다고 하였다.[6]

그러나 채무자에 대하여 부동산의 인도를 구하는 것과 같은 파산재단에 속하는 재산 또는 회생절차에 있어서 채무자의 재산에 관한 소송과 도산채권에 관한 소송은 그 수계방식을 달리하게 된다. 즉, 도산채권에 관한 소송은 중단되어도 관리인·관재인이 당연히 수계하는 것은 아니고 후술하는 바와 같이 채권자가 채권신고기간 내에 적법한 채권신고를 하면 채권조사기일을 거쳐 관재인·관리인 또는 다른 채권자의 이의가 있는지 여부에 따라 그 채권이 확정판결과 동일한 효력이 있는 채권자표상의 확정채권이 되거나, 아니면 채권확정의 소송을 거쳐 그 채권의 존부가 결정되게 된다.[7]

따라서 파산채권에 관한 소송이 계속하는 도중에 채무자에 대한 파산선고가 있게 되면 소송절차는 중단되고, 파산채권자는 파산사건의 관할법원에 채권신고를 하여야 하는데, 채권조사절차에서 그 파산채권에 대한 이의가 없어 채권이 신고한 내용대로 확정되면 계속 중이던 소송은 부적법하게 되고, 채권조사절차에서 그 파산채권에 대한 이의가 있어 파산채권자가 그 권리의 확정을 구하고자 하는 때에는 이의자 전원을 소송의 상대방으로 하여 기존에 계속 중이던 소송을 수계하고 청구취지 등을 채권확정소송으로 변경하여야 한다.[8] 즉 도산채권의 조사의 과정에 이의가 진술되고(이의 없이 확정된 경우에는 중단된 소송은 당연히 종료된다), 도산채권확정소송이 필요하게 된 경우에 중단된 소송을 이용하게 되는 것이다. 이처럼 파산선고 당시 계속 중이던 파산채권에 관한 소송은 파산관재인이 당연히 수계하는 것이 아니라 파산채권자의 채권신고와 그에 대한 채권조사의 결과에 따라 처리되므로, 당사자는 파산채권이 이의채권이 되지 아니한 상태에서 미리 소송수계신청을 할 수 없고, 이와 같은 소송수계신청은 부적법하다.[9] 이는 채무자에 대하여 선행 회생절차가 개시되었다가 회생계획인가결정 없이 회생절차폐지결정이 확정되

---

6) 대법원 2014.5.16. 선고 2012다114851 판결(공2014상, 1193).

7) 대법원 1999.7.23. 선고 99다22267 판결(공1999, 1738), 대법원 2005.10.27. 선고 2003다66691 판결(공2005, 1835).

8) 대법원 2010.8.26. 선고 2010다31792 판결(공보불게재)은 이 경우 법원으로서는 원고가 파산채권에 관하여 채권신고를 하였는지, 채권신고를 하였다면 채권조사기일의 조사절차를 거쳤는지, 그때 파산관재인 또는 다른 채권자가 이의를 하였는지 등의 여부에 따라 소송절차를 유지할 필요성 여부를 판단하여야 하고, 속행되는 경우라면 소송의 형태를 채권확정소송으로 변경하도록 하여야 한다고 하였다. 同旨 대법원 2018.4.24. 선고 2017다287587 판결(공2018상, 952).

9) 대법원 2018.4.24. 선고 2017다287587 판결(공2018상, 952). 同旨 대법원 2019.4.25. 선고 2018다270951, 270968 판결(미간행).

고 다시 후행 회생절차가 개시된 경우에도 마찬가지이므로, '이의채권에 관한 소송'에는 선행 회생절차에서 제기되어 진행 중인 회생채권조사확정재판에 대한 이의의 소도 포함된다고 해석함이 타당하고, 따라서 후행 회생절차 개시 당시에 선행 회생절차에서 제기되었던 조사확정재판에 대한 이의의 소가 계속 중이라면, 채권자는 이의자 전원을 그 소송의 상대방으로 하여 소송을 수계해야 하며, 한편 회생계획인가결정 없이 회생절차폐지결정이 확정되고 채무자회생법 제6조에 의하여 파산이 선고되지 않은 경우, 채권자가 관리인을 상대로 제기한 채권조사확정재판에 대한 이의의 소가 계속 중이라면 신소 제기에 따른 비용과 시간의 낭비를 방지하기 위하여 계속 중이던 이의의 소를 종료하여 무위에 돌리는 것보다는 채무자에 대하여 이의채권의 이행 또는 확인을 구하는 것으로 변경하여 계속 진행하는 것이 타당하므로, 회생절차폐지결정이 확정된 때에 계속 중이던 이의의 소의 절차는 중단되고, 채무자가 소송절차를 수계하여야 하며, 이때의 수계신청은 채권자도 할 수 있다.[10]

그러나 파산선고 전에 채권자가 채무자를 상대로 이행청구의 소를 제기하거나 채무자가 채권자를 상대로 채무 부존재 확인의 소를 제기하였더라도, 만약 그 소장 부본이 송달되기 전에 채권자나 채무자에 대하여 파산선고가 이루어졌다면 파산재단에 관한 소송에서 채권자나 채무자는 당사자적격이 없으므로, 채무자가 원고가 되어 제기한 소는 부적법한 것으로서 각하되어야 하고(법359조), 이 경우 파산선고 당시 법원에 소송이 계속되어 있음을 전제로 한 파산관재인의 소송수계신청 역시 적법하지 않으므로 허용되지 않는다.[11] 그러나 판례 중에는 파산선고 후에는 파산관재인이 총 채권자에 대한 평등변제를 목적으로 하는 부인권을 행사하여야 하고, 파산채권자는 파산절차에 의하지 않고는 파산채권을 행사할 수 없으므로 개별적 강제집행을 전제로 개별 채권에 대한 책임재산을 보전하기 위한 채권자취소의 소를 제기할 수 없다고 하면서도, 파산채권자가 파산선고 후 채권자취소

10) 서울고법 2022.1.14. 선고 2021나2020918 판결(각공2022하, 449)은 甲 회사에 대한 회생절차에서 회생채권자인 乙이 甲 회사의 관리인을 상대로 채권조사확정재판에 대한 이의의 소를 제기하였는데, 소송계속 중 회생계획인가결정 없이 회생절차에 대한 폐지결정이 내려져 그대로 확정되었으나, 甲 회사의 소송절차 수계가 이루어지지 않은 상태에서 甲 회사에 대하여 다시 회생절차가 개시된 사안에서 乙이 조사기간의 말일 또는 특별조사기일로부터 1월 이내에 회생채권에 관하여 소송절차 수계신청을 하지 않았으므로, 乙의 채권조사확정재판에 대한 이의의 소는 부적법하여 각하하여야 한다고 하였다.

11) 대법원 2018.6.15. 선고 2017다289828 판결(공2018하, 1277)은 위와 같은 논리는 원고와 피고의 대립당사자 구조를 요구하는 민사소송법의 기본원칙상 사망한 사람을 피고로 하여 소를 제기하는 것은 실질적 소송관계가 이루어질 수 없어 부적법하고, 소 제기 당시에는 피고가 생존하였으나 소장 부본이 송달되기 전에 사망한 경우에도 마찬가지이며(대법원 2015.1.29. 선고 2014다34041 판결, 대법원 2017.5.17. 선고 2016다274188 판결 참조). 사망한 사람을 원고로 표시하여 소를 제기하는 것 역시 특별한 경우를 제외하고는 적법하지 않다(대법원 2016.4.29. 선고 2014다210449 판결 참조)고 하였다. 이에 대하여 찬성하는 평석으로 김규화, "파산절차와 소송수계에 관한 실무상 쟁점", 민사판례연구 XLII, 민사판례연구회(2020), 803면 참조.

의 소를 제기한 경우에도 파산관재인이 소송수계를 할 수 있다고 한 사례도 있다.12)

하급심 판례 중에는 원고가 자신에 대한 파산선고가 있기 전에 원고가 피고에 대하여 부담하는 채무의 부존재 확인을 구하는 소장을 제출하였다가 그 후 파산선고를 받고 그 후 소장 부본이 피고에게 송달되었고, 또한 원고에 대한 파산절차에서 피고가 원고에 대하여 갖는 채권을 파산채권으로 신고하였는데, 이에 대하여 소송수계신청인(원고의 파산관재인)이 이의하여 피고가 채권조사확정재판을 신청한 사안에서 소장 부본이 피고에게 송달되었을 당시에는 원고가 위와 같은 채무 부존재 확인의 소를 구할 당사자적격을 상실한 상태였고, 앞서 본 바와 같이 소송수계신청인(원고의 파산관재인)이 원고의 지위를 이어받는 소송수계를 할 수도 없으며, 위와 같은 채무 부존재 여부는 소송수계신청인이 이의함

---

12) 대법원 2018.6.15. 선고 2017다265129 판결(공2018하, 1272)[백선65]은 파산채권자가 파산선고 후에 제기한 채권자취소의 소가 부적법하더라도 파산관재인은 이러한 소송을 수계한 다음 청구변경의 방법으로 부인권을 행사할 수 있다고 보아야 하고, 이 경우 법원은 파산관재인이 수계한 소송이 부적법한 것이었다는 이유만으로 소송수계 후 교환적으로 변경된 부인의 소마저 부적법하다고 볼 것은 아니라고 하면서 그 근거로 ① 채무자회생법 제406조, 제347조 제1항이 파산선고 당시 법원에 계속되어 있는 채권자취소소송을 파산관재인이 수계할 수 있도록 정한 것은, 파산채권자의 채권자취소권이라는 개별적인 권리행사를 파산채권자 전체의 공동 이익을 위하여 직무를 수행하는 파산관재인의 부인권 행사라는 파산재단 증식의 형태로 흡수시킴으로써 파산채무자의 재산을 공정하게 환가·배당하는 것을 목적으로 하는 파산절차에서의 통일적인 처리를 도모하기 위한 것이다. 그런데 이러한 필요성은 파산선고 당시 채권자취소소송이 법원에 계속되어 있는 경우뿐만 아니라 파산선고 이후에 채권자취소의 소가 제기된 경우에도 마찬가지이다. ② 채무자회생법 제396조 제1항은 "부인권은 소, 부인의 청구 또는 항변의 방법으로 파산관재인이 행사한다."라고 정하고 있다. 여기서 말하는 '소'란 반드시 파산관재인이 새로이 부인의 소를 제기하는 경우만을 의미하는 것이 아니라 파산관재인이 기존의 소송을 수계하여 부인의 소로 변경하는.방법으로 부인권을 행사하는 것도 포함한다. 채무자회생법 제406조, 제347조 제1항이 파산채권자가 제기한 채권자취소의 소가 파산선고 당시 법원에 계속되어 있는 경우 그 소송절차의 중단과 파산관재인의 소송수계에 관하여 정하고 있는 것이 파산채권자가 파산선고 이후에 제기한 채권자취소의 소를 파산관재인이 수계하여 부인의 소로 변경하는 것을 금지하고 있는 취지라고 볼 수도 없다. ③ 채권자취소소송은 파산선고를 받은 채무자를 당사자로 하는 것은 아니므로 채무자에 대한 파산선고가 있더라도 당사자에게 당연승계사유가 발생하는 것은 아니다. 다만 그 소송결과가 파산재단의 증감에 직접적인 영향을 미칠 수 있기 때문에 파산채권자가 제기한 채권자취소소송이 파산선고 당시 법원에 계속되어 있는 때에는 그 소송절차가 중단되고 파산관재인이 소송을 수계하도록 특별히 정한 것이다. 따라서 소송계속 중 당사자의 사망 등 당연승계사유가 발생한 경우와는 구별되므로, 이러한 경우를 규율하기 위해 마련된 민사소송법 규정이 파산채권자가 제기한 채권자취소의 소에 대해서도 그대로 적용된다고 보기 어렵다는 점을 들었다. 이 판결에 대한 해설로 심영진, "채무자에 대한 파산선고 후 파산채권자가 채권자취소의 소를 제기한 경우, 파산관재인이 소송수계 후 부인의 소로 변경할 수 있는지 여부", 대법원판례해설 제115호, 법원도서관(2019), 123면 참조. 그러나 이에 대하여 중단사유 발생이 없는 소송을 수계할 수 없다는 점, 명백히 부적법하고 보완할 수 없는 소는 수계 대상이 아니라는 비판이 있다. 전원열, "파산선고 후 제기된 사해행위취소의 소를 파산관재인이 수계할 수 있는지 여부", 법조 제736호, 법조협회(2019), 701면 및 위 김규화, 전게논문 참조. 한편 전술한 대법원 2019.9.13. 선고 2017다289828 판결(공2018하, 1277)은 소장부본이 송달되기 전에 원고에 대하여 파산선고가 있었고 파산관재인이 소송수계신청을 한 사안에서, 파산선고 당시 법원에 소송이 계속되어 있음을 전제로 한 파산관재인의 소송수계신청이 부적법하다고 한 바 있으므로 구별되어야 한다.

에 따라 피고가 신청한 채권조사확정재판에 의하여 확정될 것이므로, 결국 원고의 채무부존재확인의 소는 부적법하여 각하할 것이고, 파산관재인의 수계신청은 기각할 것이라고 한 사례도 있다.13) 한편 이혼으로 인한 재산분할청구권은 파산재단에 속하지 아니하여 파산관재인이나 상대방이 절차를 수계할 이유가 없으므로, 재산분할을 구하는 절차는 특별한 사정이 없는 한 위 규정에 따른 수계의 대상이 아님은 전술하였다.14)

한편 재산관리처분권과 관계가 없는 소송은 중단되지 않는다. 즉 개인파산의 경우의 각종의 신분관계소송(이혼소송에 재산분할청구가 병합되어 있어도 재산분할은 이혼을 원인으로 하는 것이므로 중단되지 않는다)이나 자유재산에 관한 소송, 법인회생 및 파산에 있어서의 법인조직법상의 소송, 예컨대 회사해산의 소(상520조), 설립무효의 소(상328조), 합병무효의 소(상529조), 주주총회결의 취소 또는 무효확인의 소(상376조, 380조), 주주지위확인의 소 및 명의개서청구의 소 등은 중단되지 않는다고 해석한다.

한편 도산과 관련된 사안은 아니나, 판례는 이혼 및 위자료 청구 사건 진행 중 일방이 사망한 경우에 관하여 이혼위자료청구권은 상대방 배우자의 유책불법한 행위에 의하여 혼인관계가 파탄상태에 이르러 이혼하게 된 경우 그로 인하여 입게 된 정신적 고통을 위자하기 위한 손해배상청구권으로서 이혼시점에서 확정, 평가되고 이혼에 의하여 비로소 창설되는 것이 아니며, 이혼위자료청구권의 양도 내지 승계의 가능 여부에 관하여 민법 제806조 제3항은 약혼해제로 인한 손해배상청구권에 관하여 정신상 고통에 대한 손해배상청구권은 양도 또는 승계하지 못하지만 당사자간에 배상에 관한 계약이 성립되거나 소를 제기한 후에는 그러하지 아니하다고 규정하고 같은 법 제843조가 위 규정을 재판상 이혼의 경우에 준용하고 있으므로 이혼위자료청구권은 원칙적으로 일신전속적 권리로서 양도나 상속 등 승계가 되지 아니하나 이는 행사상 일신전속권이고 귀속상 일신전속권은 아니라 할 것인바, 그 청구권자가 위자료의 지급을 구하는 소송을 제기함으로써 청구권을 행사할 의사가 외부적 객관적으로 명백하게 된 이상 양도나 상속 등 승계가 가능하므로, 수계신청인들이 망 소외인의 부모로서 피고와 함께 공동재산상속인들이므로 그들이 한 이 사건 수계신청 중 이혼청구사건에 관한 부분은 부적법하나, 이혼위자료청구사건에 관한 부분은 그들의 상속분 범위 내에서 적법하다고 하였다.15)

회생채권자나 파산채권자가 행하고 있는 민법 제406조 제1항이나 「신탁법」 제8조에 따라 회생채권자가 제기한 사해행위 취소소송이나 사해신탁 취소소송(회생·파산간의 상호

---

13) 서울고법 2017.11.17. 선고 2017나2045149 판결(미간행).

14) 대법원 2023.9.21. 선고 2023므10861,10878 판결(공2023하, 1922).

15) 대법원 1993.5.27. 선고 92므143 판결(공1993, 1882)은 재판상 이혼청구권은 부부의 일신전속적 권리이므로 이혼소송 계속중 배우자 일방이 사망한 때에는 상속인이 수계할 수 없음은 물론 검사가 수계할 수 있는 특별한 규정도 없으므로 이혼소송은 종료된다고 전제하였다.

이행의 경우에 있어서의 종전의 부인소송)은 채권자가 수익자 또는 전득자를 상대방으로 하는 소송이고, 채무자는 소송당사자는 아니지만 관리인·관재인에 의한 부인소송으로서 관리인·관재인에 수계되어 중단된다(법113조, 406조).[16] 채무자의 도산에 의하여 채권자의 개별적인 권리행사는 금지되므로 채권자취소소송의 속행은 인정되지 않으나, 채권자취소소송은 관리인·관재인에 의한 부인소송(법100조, 391조 참조)과 목적·내용에 공통성이 있으므로 이를 바꾸어 관리인·관재인이 속행하는 것이 타당하다고 보고 있는 것이다.

그렇기 때문에 채권자취소소송의 계속 중 채무자에 대하여 파산선고가 있었는데, 법원이 그 사실을 알지 못한 채 파산관재인의 소송수계가 이루어지지 아니한 상태로 소송절차를 진행하여 판결을 선고하였다면, 그 판결은 채무자의 파산선고로 소송절차를 수계할 파산관재인이 법률상 소송행위를 할 수 없는 상태에서 사건을 심리하고 선고한 것으로서 위법하다.[17] 물론 기존 대표이사를 관리인으로 선임하거나 관리인불선임 결정을 한 경우 회생절차 개시 전의 자신의 행위를 스스로 부인하는 것이 타당한 것인가에 대하여는 견해의 대립이 있다. 또한 위와 같은 관리인·관재인의 부인권 행사의 결과 결국 사해행위 취소소송의 피고는 관리인·관재인에게 가액배상을 한 후 피고 자신의 당초 채무자에 대한 채권을 도산절차에서 행사할 수 있게 된다.[18]

회생절차에 앞서 파산절차가 개시되어 부인의 소송이 계속되거나 부인의 청구를 인용하는 결정에 대하여 이의절차가 계속 중 회생절차가 개시된 경우에도 회생절차의 관리인이 수계한다.[19] 물론 채권자취소소송의 계속 중 채무자에 대하여 회생절차개시결정이 있었는데 법원이 그 회생절차개시결정 사실을 알지 못한 채 관리인의 소송수계가 이루어지지 아니한 상태 그대로 소송절차를 진행하여 판결을 선고하였다면, 그 판결은 채무자의 회생절차개시결정으로 소송절차를 수계할 관리인이 법률상 소송행위를 할 수 없는 상태에서 심리되어 선고된 것이므로 여기에는 마치 대리인에 의하여 적법하게 대리되지 아니하였던 경우와 마찬가지의 위법이 있게 된다.[20] 이 관계에서 채권자가 한 보전처분에 관하

---

16) 실체적으로는 파산채권자가 채무자에 대한 채권을 보전하기 위하여 파산재단에 관하여 파산관재인에 속하는 권리를 대위하여 행사하는 것은 법률상 허용되지 않는다는 것이 판례의 입장임은 전술하였다. 대법원 2000.12.22. 선고 2000다39780 판결(공2001, 345), 대법원 2002.8.23. 선고 2002다28050 판결(공보불게재) 참조.

17) 대법원 2015.11.12. 선고 2014다228587 판결(미간행), 同旨 대법원 2015.11.12. 선고 2014다228587 판결(미발간), 대법원 2022.5.26. 선고 2022다209987 판결(공2022하, 1273)은 원고가 사해행위 수익자인 피고들을 상대로 사해행위의 취소와 원상회복청구로서 배당표의 경정을 구한 사안이다.

18) 위와 같은 결과는 사해행위 취소소송이 확정되기 전에 채무자에 대하여 도산절차가 개시되고, 관리인·관재인이 선임되어야 가능한 것이므로 도산절차가 시기에 늦지 않게 개시될 수 있도록 하는 제도적인 보완이 필요하다는 견해로는 윤준석, "가액배상을 구하는 사해행위 취소소송과 파산절차 사례보고—'2위의 승리'와 그 대책", 도산법연구 제6권 제3호, 사단법인 도산법연구회(2016.10.), 111면 참조.

19) 정문경 "부인권 행사에 관한 실무상 몇 가지 쟁점" 도산법연구 제2권 제1호(2011.5.), 57면, 일본 파산법 제52조의2는 명문의 규정을 두었다.

여도 관리인·관재인의 수계를 인정하는 것이 타당하다. 물론 회생절차 개시 이후 채권자에 의한 사해행위 취소소송의 제기는 부적법하다.[21]

마찬가지로 채무자를 당사자로 하지 않는 소송에서 채권자대위권에 의한 소송이나 도산회사의 주주가 제기한 주주의 대표소송(상403조)도 채무자 자신이 스스로 소송을 수행할 수 없게 된 이상 모두 중단된다고 해석하여야 할 것이다.[22] 파산선고로 파산재단에 관한 관리·처분권은 파산관재인에게 속하고, 파산채권자가 제기한 채권자취소소송과 채권자대위소송의 목적이 모두 채무자의 책임재산 보전에 있기 때문이다.[23] 대표소송과 관련하여서는 관리인을 선임하지 않을 경우 간주관리인제도(법74조4항)를 두고 있는 우리 채무자회생법과 달리 그를 채택하지 않는 일본 민사재생의 경우에는 관재인을 선임하지 않은 경우에는 재생절차가 개시되더라도 계속중인 주주대표소송에는 어떠한 영향도 없다는 점이 주목된다. 주주대표소송 등이 계속 중에 재생채무자가 임원 등 책임조사확정재판신청을 할 수 있는가가 문제가 되는데 이에 대하여는 재생채무자가 책임조사확정재판신청을 한 경우에는 주주대표소송 등의 심리가 종결되어 판결 선고가 가까운 경우는 별론으로 하고, 원칙적으르 책임조사확정절차를 우선하여야 하고, 선행하는 주주대표소송 등은 중복제소 금지에 저촉된다고 해석한다.[24]

한편 종래 판례는 피보전채권이 금전채권인 경우뿐만 아니라, 일정한 요건 아래 소유권이전등기 청구권을 포함한 금전채권 이외의 청구권을 피보전채권으로 한 채권자대위권 행사를 인정하고 있어서, 일반적으로 금전채권 또는 금전채권으로 전화(轉化)될 채권을 보전하기 위하여 채권자대위권이 인정되는 경우를 '본래형'이라고 하고, 금전채권 이외의 채권(특정채권 또는 비금전채권)을 피보전채권으로 하는 경우를 '전용형'이라고 부르는데,[25] 판례는 파산채권자가 제기한 채권자대위소송이 채무자에 대한 파산선고 당시 법원에 계속되

20) 대법원 2013.10.24. 선고 2013다41714 판결(미간행).
21) 대법원 2010.9.9. 선고 2010다37141 판결(공2010하, 1898)은 개인회생절차에 관한 판결이다. 日東京地判平成19.3.26判時1967호105면, 倒産判例 インデックス 제3판 39[百選A15]은 재생절차 중에 사해행위취소권을 행사하는 것은 실체법상 허용되지 않는다고 하였고, 日東京高判平成22.12.22判タ1348호243면, 倒産判例 インデックス 제3판 129[百選A16]도 소규모개인재생절차 개시 후의 사해행위취소권행사를 인정하지 않았다.
22) 일본 파산법과 회사갱생법은 채권자대위소송의 경우에도 소송이 중단됨을 명문으로 규정하였다(일 파산법45조1항, 일회사갱생법52조의2). 한편 日東京地決平成12.2.27判判1120호58면[百選22]은 기왕에 계속되어 있던 주주대표소송의 귀추에 관하여 명문의 규정은 없으나, 일본 파산법 제45조나 제44조를 유추적용하여 회사의 파산에 의하여 소송은 중단하고, 관재인이 이를 수계한다고 하였다.
23) 대법원 2019.3.6.자 2017마5292 결정(공2019상, 839), 同旨 日東京高判平成15.12.4金法1710호52면, 倒産判例 インデックス 제3판 38[百選A14]는 민사재생절차개시후의 채권자대위소송제기는 당사자적격이 없어 부적법하다고 하였다(관재인이 선임된 경우).
24) 三上威彦, "倒産法", 信山社(2017), 869면.
25) 집필대표 곽윤직, 民法注解[IX], 채권(2), 박영사(1995), 753면.

어 있는 때에는 다른 특별한 사정이 없는 한 민사소송법 제239조, 채무자회생법 제406조, 제347조 제1항을 유추 적용하여 그 소송절차는 중단되고 파산관재인이 이를 수계할 수 있다고 하였다.[26)]

채무자에 의하여 행하여지고 있는 행정소송도 재산관계(예컨대 세무소송, 토지수용을 다투는 소송)의 것은 중단된다(행정소송법8조 참조). 항고소송은 재산관계 내지 사업의 경영에 관한 것이 대부분이나, 영업에 관한 면허나 허가의 거절을 다투고 있는 채무자가 파산한 경우에는 소의 이익이 없으므로 관재인에 의하여 수계되지 않는다고 해석할 것이다. 민중소송(행정소송법3조3호)은 중단되지 않는다.

한편 사용자의 파산절차 개시신청 후 파산선고 전에 사용자가 부당노동행위인 단체교섭거부를 행한 것에 대하여 파산선고 후 노동위원회는 파산관재인과 사용자 중 누구를 명의인으로 하여 구제명령을 내려야 하는가 하는 문제가 있다. 일본의 하급심 판례는 사용자 X가 파산신청을 한 데 대하여 노동조합 A가 지방노동위원회에 구제명령을 신청함과 아울러 X에 대하여 단체교섭을 신청하였으나 X가 단체교섭에 응하지 아니하고 모든 종업원을 해고하자 노동조합이 지방노동위원회 Y에 대하여 위 해고 및 단체교섭거부가 부당노동행위에 해당한다고 하여 구제명령을 신청하였고, 그 후 X가 파산선고를 받아 B가 파산관재인으로 선임되고, Y는 X와 B에 대한 구제명령신청사건을 병합하여 ① X와 B는 X에 의한 해고가 없었던 것으로 취급하고 미지급임금을 지급할 것, ② X는 A 조합원에 대한 해고 및 단체교섭거부가 부당노동행위에 해당하는 것을 사과하는 내용의 문서를 A 조합원에게 작성, 교부할 것을 내용으로 하는 구제명령을 발령하고, 이에 X가 위 구제명령의 취소를 구한 사안에서 파산선고가 되면 재산의 관리처분권의 행사를 이행내용으로 하는 구제명령에 한하여는 X에 대하여 이를 발령할 수 없다고 보아야 하는데, 부당노동행위에 해당하는 사실을 이행하는 주체인 사용자(채무자)의 재산에 대한 관리처분권의 행사에 해당하지 않는 구제명령의 이행을 구하는 것은 노동위원회의 재량 범위 내라고 할 수 있고, 위 사과명령은 재산의 관리처분권의 행사를 구하는 것이 아니므로 적법한 것이라고 하였다.[27)]

---

26) 대법원 2013.3.28. 선고 2012다100746 판결(공2013상, 754)은 A가 부동산을 매수하여 Y 명의로 신탁하였는데, Z는 A에 대한 구상금채권이 있음을 이유로 Y에 대한 A의 위 부동산 매수자금 상당액 부당이득반환청구권을 피보전권리로 하여 채권자대위소송을 제기한 사안이다. 제2심은 Z의 청구를 인용하였는데 제2심 판결 선고 후 상고심으로의 기록접수 이전에 A는 파산선고를 받았고, 이에 A의 파산관재인 X는 Z가 원고로서 진행한 기존의 소송절차를 X가 수계한다는 취지의 소송수계신청을 하였으며, 대법원은 X의 수계신청을 인정하였다.

27) 日大阪地判平成9.10.29判タ974호120면, 倒産判例 インデックス 제3판 176[百選제4판94]은 노동위원회의 구제명령 중 해고의 효력이 무효라고 한 부분에 대하여는 해고가 부당노동행위가 아니라고 하여 채무자의 청구를 받아들였다.

이상 기술한 것은 회생절차 개시전의 보전관리인(법85조), 파산관재인(회생으로 이행할 때), 관리인(파산으로 이행할 때)에 의하여 행하여지고 있던 소송에 관하여도 적용된다.

2) 중단의 효력 등

소송절차가 중단되면 당사자의 행위이든 법원의 행위이든 일체의 소송행위를 할 수 없으며, 기간의 진행이 정지된다. 따라서 법원이 이를 간과한 채 소송절차를 진행하여 판결을 선고하더라도 이에는 소송절차를 수계할 적법한 소송수계인이 법률상 소송행위를 할 수 없는 상태에서 심리가 진행되어 판결이 선고된 잘못이 있고, 이는 마치 대리인에 의하여 적법하게 대리되지 아니하였던 경우와 마찬가지로 위법하다.[28] 이 경우 법원이 피고 소송대리인에게 판결정본을 송달하였다고 하더라도, 이는 적법한 수계 전에 행하여진 송달로서 무효이며, 판결에 대한 항소기간은 진행되지 아니한다.[29] 이 송달은 마치 대리인에 의하여 적법하게 대리되지 아니하였던 경우와 마찬가지로 위법하다. 물론 소송절차가 중단된 상태에서 수계절차를 거치지 않은 채 상소권한도 없는 제1심 대리인이 제기한 상소는 특별한 사정이 없는 한 부적법한 것이다.[30]

소송절차 중단 중에 한 당사자의 소송행위는 상대방에 대한 관계에서 원칙적으로 무효이며, 법원의 소송행위도 당사자 쌍방의 관계에서 원칙적으로 무효가 된다. 다만 당사자의 행위는 상대방의 책문권의 포기로, 법원의 소송행위는 당사자 쌍방의 책문권의 포기로 유효하게 될 수 있다. 소송절차가 중단된 상태에서 제기된 상소는 부적법한 것이지만, 상소심 법원에 수계신청을 하여 그 하자를 치유시킬 수 있는 것이다.[31]

다만 판례는 변론종결 후에 채무자 회사에 대하여 회생절차개시결정이 있었다고 하더라도 채무자 회사에 대한 판결 선고는 적법하다고 하였고,[32] 상고인이 상고이유서 제출기간이 경과한 후에 파산선고를 받은 경우 상고법원은 상고장·상고이유서·답변서 기타의 소송기록에 의하여 상고가 이유 없다고 인정할 경우에는 수계절차를 거치지 아니하고 변론 없이 상고를 기각하는 판결을 할 수 있다고 하였다.[33]

---

28) 대법원 2018.4.24. 선고 2017다287587 판결(공2018상, 952).
29) 대법원 2016.12.27. 선고 2016다35123 판결(공2017상, 203).
30) 서울고법 2019.6.13. 선고 2017나2048841 판결(미간행).
31) 대법원 1996.2.9. 선고 94다61649 판결(공1996, 888)은 도산에 관한 판례는 아니나, 당사자가 사망하였으나 그를 위한 소송대리인이 있는 경우에는 소송절차가 중단되지 아니하고, 그 소송대리인은 상속인들 전원을 위하여 소송을 수행하게 되어 그 사건의 판결은 상속인들 전원에 대하여 효력이 있다고 할 것이며, 다만 심급대리의 원칙상 그 판결정본이 소송대리인에게 송달된 때에는 소송절차가 중단된다고 하였다.
32) 대법원 2001.6.26. 선고 2000다44928,44935 판결(공2001하, 1698). 同旨 대법원 2008.9.25. 선고 2008다1866 판결(미간행), 대법원 2013.4.11. 선고 2012다49841,49858(병합) 판결(미간행).
33) 대법원 2013.5.23. 선고 2012다33488 판결(미간행), 대법원 2003. 2. 14 선고 2002다58617 판결(미간행). 또한 대법원 2015.4.23. 선고 2011다109388 판결(공2015상, 719)[백선33]은 상고이유서 제출기간

또한 판례는 소송절차의 중단사유를 간과하고 변론이 종결되어 판결이 선고된 경우 그 판결은 소송에 관여할 수 있는 적법한 수계인의 권한을 배제한 결과가 되어 절차상 위법하나 이를 당연 무효라고 할 수는 없고, 대리인에 의하여 적법하게 대리되지 않았던 경우와 마찬가지로 대리권 흠결을 이유로 한 상소 또는 재심에 의하여 그 취소를 구할 수 있으며,[34] 나아가 법원이 부적법한 소송수계신청을 받아들여 소송을 진행한 후 소송수계인을 당사자로 하여 판결을 선고하였다면, 이 역시 소송에 관여할 수 있는 적법한 당사자가 법률상 소송행위를 할 수 없는 상태에서 심리되어 선고된 것이어서 마찬가지로 위법하고,[35] 상소심에서 수계절차를 밟은 경우에는 그와 같은 절차상의 하자는 치유되고 그 수계와 상소는 적법한 것으로 된다고 하였다.[36] 마찬가지로 항소의 제기에 관하여 필요한 수권이 흠결된 소송대리인의 항소장 제출이 있었다고 하더라도 당사자 또는 적법한 소송

이 경과한 후에 피고에 대한 회생절차개시결정이 있었던 사안에서, 상고심의 소송절차가 이와 같은 단계에 이르러 변론 없이 판결을 선고할 때에는 피고의 관리인으로 하여금 소송절차를 수계하도록 할 필요가 없다는 이유로 소송절차 수계신청을 받아들이지 않았고, 대법원 2018.2.8. 선고 2016다261601 판결(미간행) 역시 상고이유서 제출기간이 지난 후에 회생절차 종결결정이 내려졌다 하더라도 상고심의 소송절차가 이와 같은 단계에 이르러 변론 없이 판결을 선고할 때에는 소송수계의 필요성은 존재하지 않는다는 이유로 소송수계신청을 기각하였으며, 대법원 2006.8.24. 선고 2004다20807 판결(미간행)은 피고에 대한 파산결정이 상고심 계속 중 상고이유서 제출기간이 경과한 후에 선고된 경우에는 상고심의 소송절차가 이와 같은 단계에 진입한 이상 파산관재인으로 하여금 소송을 수계할 필요성이 더 이상 존재하지 아니하므로 원고의 소송수계신청은 이유 없다고 하였다. 同旨 대법원 2013.7.11. 선고 2011다110159 판결(미간행), 대법원 2014.12.11. 선고 2011다84830 판결(미간행). 한편 대법원 1989.9.26. 선고 87므13 판결(공1989, 579)은 상속회복 청구인이던 甲이 원심의 변론종결후에 사망하였음에도 원심이 소송수계절차없이 판결을 선고하였다고 하더라도 위법이라 할 수 없다고 하였다.

34) 대법원 1996.2.9. 선고 94다24121 판결(공1996상, 865), 대법원 2011.10.27. 선고 2011다56057 판결(공2011하, 2447)[백선07], 대법원 2013.9.12. 선고 2012다95486,95493 판결(미간행), 대법원 2015.10.15. 선고 2015다1826,1833 판결(미간행), 대법원 2016.12.27. 선고 2016다35123 판결(공2017상, 203). 한편 대법원 2012.9.27. 선고 2012두11546 판결(공2012하, 1754)은 甲 회사가 공정거래위원회를 상대로 제기한 과징금 납부명령 등 취소소송 계속 중 甲 회사에 대한 회생절차개시결정이 있었음에도 법원이 그 사실을 알지 못한 채 소송수계가 이루어지지 않은 상태에서 절차를 진행하여 甲 회사의 청구를 기각하는 판결을 선고한 사안에서, 甲 회사에 대한 공정거래위원회의 과징금 청구권은 회생절차개시결정 전에 성립한 것으로 그 부과 및 액수를 다투는 소송은 채무자회생법 제59조 제1항의 '채무자의 재산에 관한 소송'에 해당하여 甲 회사에 대한 회생절차개시결정으로 중단되었음에도 이를 간과한 채 소송절차를 진행하여 판결을 선고한 데에는 대리인에 의하여 적법하게 대리되지 않은 경우와 같이 소송절차 중단에 관한 법리를 오해한 위법이 있다고 하였다. 同旨 대법원 2021.5.7. 선고 2020두58137 판결(공2021하, 1207).

35) 대법원 2019.4.25. 선고 2018다270951,270968 판결(미간행). 同旨 대법원 2023.9.21. 선고 2023므10861, 10878 판결(공2023하, 1922).

36) 대법원 1999.12.28. 선고 99다8971 판결(공2000, 364)은 항소심에서 피고에 대하여 파산선고가 내려졌음에도 불구하고 원심이 이를 간과하고 판결을 선고하였고, 원고가 상고하여 당사자 쌍방이 각 수계신청을 한 사안에서 법원이 직권으로 수계의 적법 여부를 판단한 사안이다. 이에 반하여 위 대법원 2012.9.27. 선고 2012두11546 판결은 원고가 원심 대리인을 상고심 대리인으로 선임하였다거나 수계신청을 한 것만으로는 위와 같은 절차상 위법을 추인하였다고 할 수 없다고 한 점에서 차이가 있다. 同旨 대법원 2020.6.25. 선고 2019다246399 판결(공2020하, 1477).

대리인이 항소심에서 본안에 관하여 변론하였다면 이로써 그 항소제기 행위를 추인하였다고 할 것이어서, 그 항소는 당사자가 적법하게 제기한 것으로 된다.[37]

(나) 중단된 소송의 수계

1) 도산채권에 관한 것이 아닌 소송

회생·파산절차의 개시와 함께 중단된 소송 중 도산채권(회생의 경우 회생담보권을 포함한다)에 관한 것이 아닌 것은 관리인·관재인에 의하여 수계된다. 이를 위하여 관리인·관재인 및 상대방은 수계의 신청을 할 수 있다(법59조2항, 347조1항).[38] 도산채권에 관한 것이 아닌 소송이라 함은 채무자 재산 및 파산재단 소속 재산에 관한 소송, 즉 전형적으로는 환취권에 기한 소송(예컨대 소유권확인소송, 소유권에 기한 인도소송 등) 및 공익채권·재단채권(법473조7호만을 의미하나 2호의 조세에 관한 소송을 포함한다)에 관한 소송, 예컨대 공익채권인 퇴직금의 지급청구소송을 가리킨다. 즉 개개의 적극재산에 관한 소송에 관하여는 관리인·관재인이 당사자적격을 가지고, 공익채권·재단채권에 관하여는 채권신고·확정의 절차를 거치지 않고 직접 관리인·관재인에게 청구할 수 있기 때문이다. 쌍방미이행의 쌍무계약에 기하여 상대방이 채무자에 대하여 이행청구를 하였는데 채무자에 관하여 도산절차가 개시되면 소송이 중단되지만 관리인·관재인이 이행의 청구를 한 때에는 관리인·관재인이 수계하게 된다(법179조1항7호, 473조7호). 해제가 선택된 경우에 상대방은 이미 급부한 물건의 반환 또는 그 가액을 청구하는 소로 변경하여 관리인·관재인에게 수계시킬 수 있다고 해석한다(법121조2항, 337조2항). 법원은 수계신청이 이유 없다고 인정한 때에는 결정으로 기각하여야 하나(민소439조), 이유있다고 인정하는 때에는 별도의 재판을 할 필요없이 그대로 소송절차를 진행할 수 있다.[39]

한편 판례는 甲 소유 부동산에 관해 부동산 임의경매절차가 진행되어 부동산이 매각된 후 신용보증기금이 乙의 배당액에 대해 이의를 제기하고 배당이의의 소를 제기하였는

---

37) 위 대법원 2020.6.25. 선고 2019다246399 판결(공2020하, 1477)은 원심이 파산선고로 소송절차가 중단된 상태에서 수계절차를 거치지 않은 채 항소권한이 없는 채무자에 의하여 제기된 항소는 부적법하다고 판단하여 항소를 각하한 것을 파기한 사안이다.

38) 대법원 2011.4.14. 선고 2008다14633 판결(미간행)은 원고의 소송대리인이 원고가 파산선고를 받고 파산관재인이 선임되었으니 그 파산관재인이 소송을 수계하겠다는 취지의 소송수계신청서를 제출하였다고 하더라도 이는 수계신청권자가 아닌 자가 수계를 신청한 것이므로 위 소송수계신청은 받아들일 수 없다고 하였다.

39) 대법원 1969.9.30. 선고 69다1063 판결[집17(3)민, 149]은 사건이 대법원에 계속중 종래의 원고이던 甲 법인이 乙 법인과 합병하여 丙 법인이 신설되었어도 그 심급에서 종전의 원고대리인이 소송을 수행하여 환송판결을 받은 경우에는 그 사건은 대법원의 환송판결의 선고에 의하여 비로소 이심의 효력이 생기는 것이므로 원심에 대하여 丙 법인이 소송수계신청을 하였음은 정당하다고 하였다. 同旨 대법원 2006.11.23. 선고 2006재다171 판결(미간행)은 법인의 대표자가 변경되었으나 법인이 소송수계신청을 하지 않고 대표자 표시변경신청을 한 경우, 법원이 이를 받아들여 새로운 대표자를 법인의 대표자로 표시한 것이 적법하다고 한 사례이다.

데, 배당이의소송 진행 중에 甲에 대해 파산이 선고되었고, 파산관재인인 丙이 채무자회생법 제347조 제1항에 따라 배당이의소송의 원고인 신용보증기금의 지위를 수계하겠다고 신청하였으나 제1심법원이 丙의 수계신청을 기각하였고, 그 후 신용보증기금과 乙 사이에서 배당표를 경정하는 화해권고결정이 확정된 사안에서, 배당이의소송이 원심결정 이전에 당사자인 신용보증기금과 乙 사이에서 화해권고결정이 확정됨으로써 종료된 이상 丙으로서는 수계신청 기각결정에 대하여 항고로써 불복할 이익이나 필요가 없으므로 丙이 제기한 항고는 부적법하여 각하해야 하는데도, 이를 적법한 것으로 보고 그 당부에 관하여 판단한 원심결정을 파기하고 항고 각하의 자판을 하면서 소송의 결과가 파산재단의 증감에 영향을 미치지 않는 경우에는 파산관재인이나 상대방이 소송을 수계할 이유가 없으므로, 채무자의 책임재산 보전과 관련 없는 소송은 특별한 사정이 없는 한 채무자회생법 제347조에 따른 수계의 대상이 아니라고 보아야 한다고 하였다.[40]

　　그 밖에 판례는 신탁재산 소유자 내지 관리자로서의 지위와 고유재산 소유자로서의 지위를 겸하고 있는 채무자(파산자)를 상대로 근질권자(증권회사)가 제기한 소송이, 고유재산 소유자로서의 채무자가 신탁재산 소유자 내지 관리자로서의 채무자에 대하여 갖는 비용상환청구권을 목적물로 하는 근질권의 행사로서 신탁재산 소유자 내지 관리자로서의 채무자에게 직접 비용의 상환을 구하는 것이므로, 파산재단에 속하는 재산에 관한 소송이라 할 수 없어 파산관재인에게 수계적격이 없다고 한 원심의 판단을 수긍하였고,[41] 한편 수

---

40) 대법원 2019.3.6.자 2017마5292 결정(공2019상, 839)은 채무자 소유 부동산에 관해 경매절차가 진행되어 부동산이 매각되었으나 배당기일에 작성된 배당표에 이의가 제기되어 파산채권자들 사이에서 배당이의소송이 계속되는 중에 채무자에 대해 파산이 선고되었다면, 배당이의소송의 목적물인 배당금은 배당이의소송의 결과와 상관없이 파산선고가 있은 때에 즉시 파산재단에 속하고, 그에 대한 관리·처분권 또한 파산관재인에게 속하는데, 이와 같이 소송의 결과가 파산재단의 증감에 아무런 영향을 미치지 못하는 파산채권자들 사이의 배당이의소송은 채무자의 책임재산 보전과 관련이 없으므로 채무자회생법 제347조 제1항에 따라 파산관재인이 수계할 수 있는 소송에 해당한다고 볼 수 없다고 하였다. 배당이의 소송이 진행 중에 파산이 선고되면 강제집행절차는 실효되므로 파산관재인은 강제집행에 구애됨이 없이 파산재단 소속 재산을 관리·처분할 수 있게 되고, 파산법원의 허가를 얻어 경매법원에 대하여 배당액의 교부를 청구하는 방법으로 배당금을 파산재단으로 회수하면 되는 것이고 배당이의 소송을 수계할 것은 아니라는 것이다.

41) 대법원 2008.9.11.자 2006마272 결정(공보불게재)은 나아가 구 신탁법 제11조 제2항, 제1항에 수탁자가 파산선고를 받아 임무가 종료된 경우 새로운 수탁자가 신탁사무를 처리할 수 있게 될 때까지 파산관재인이 신탁재산을 보관하고 신탁사무인계에 필요한 행위를 하여야 한다고 규정되어 있기는 하나, 민사소송법 제236조에 수탁자의 임무가 종료된 경우 계속중인 소송이 중단되고 새로운 수탁자가 소송절차를 수계하여야 한다고 명시되어 있는 점에 비추어 보면, 위 구 신탁법 제11조의 규정은 파산관재인에게 신탁재산에 대한 임시적인 관리의무만을 부담시킨 것일 뿐 그로써 신탁재산에 대한 소송수행권을 포함한 관리처분권을 부여한 것으로는 볼 수 없으므로 위 규정만으로 소송수계신청인에게 수계적격이 있다고 볼 수 없고, 새로운 수탁자가 선임되지 아니한 상태에서 소송수계신청인이 파산관재업무의 일환으로 법원의 감독 하에 신탁재산 정리업무를 처리하고 있다는 사정만으로도 역시 소송수계신청인에게 수계적격을 인정할 수 없다고 하였다.

탁자의 자격으로 소송 당사자가 되어 있는 피고는 신탁법 제11조 제1항에 따라 파산으로
인하여 수탁자로서의 임무가 종료되어 소송절차까지 중단된 이상 상고를 제기할 권한이
없고, 민사소송법 제236조에 따르면 수탁자가 그 자격으로 당사자가 되어 있는 소송이 계
속되던 도중에 수탁자의 임무가 종료되는 경우 소송절차는 새로운 수탁자가 수계하도록
되어 있으므로 피고의 파산관재인은 이 사건 소송을 수계할 적격이 없어서 피고의 파산관
재인의 상고 역시 아무런 효력이 없다고 하였다.[42)]

　　일본의 판례로는 임대인(X)이 채무자에 대하여 임대차계약 종료를 이유로 임대 토지
상의 건물의 철거 및 토지 인도와 계약종료익일부터 토지인도완료일까지의 임료상당액의
지급을 구하는 소송 계속 중 채무자가 파산선고를 받아 파산관재인(Y)이 소송을 수계한 사
안에서 임료상당 손해금 청구는 파산재단에 속하는 재산에 관한 소송이 아니라 파산채권
의 확정을 요구하는 소송이 되어야 하므로 원심이 관재인(Y)의 수계신청의 적부를 판단하
기 위해서는, 채권자(X)가 손해금 청구 중 파산선고일 전일까지의 손해금채권에 대해 파산
채권으로 신고하였는지 여부, 그러한 신고가 있었을 경우 채권조사기일에 이의가 있었는
지 여부를 직권으로 조사할 필요가 있으며, 조사결과 위 채권의 신고가 있었고, 채권조사
기일에 이의가 있었음이 인정되는 경우에 한하여 그 이의가 있었던 한도에서 해당 이의자
와 사이에서 소송절차를 수계하게 하여 청구취지를 파산채권의 확정청구로 변경할 것을
촉구하였어야 한다고 하여 임료상당손해배상금 청구를 전부 인용한 원심 중 파산선고의
전일까지의 지급을 명한 부분을 파기한 사례가 있다.[43)]

　　관리인·관재인이 소송을 수계한 경우에는 유리·불리를 불문하고 그대로의 소송상태
로 소송을 인계하여야 한다. 다만 관리인·관재인 고유의 공격방어방법(예컨대 부인권의 행
사)을 제출하는 것은 무방하다. 관리인·관재인은 상대방의 수계신청에 대하여 거절할 수

---

42) 대법원 2008.9.11. 선고 2006다19788 판결(미간행)은 구 신탁법 제11조 제2항, 제1항에 의하면 수탁자
　　가 파산선고를 받아 임무가 종료된 경우 새로운 수탁자가 신탁사무를 처리할 수 있게 될 때까지 파
　　산관재인이 신탁재산을 보관하고 신탁사무인계에 필요한 행위를 하여야 한다고 규정되어 있기는 하
　　나, 이로써 파산관재인에게 신탁재산에 대한 소송수행권을 포함한 관리처분권을 부여한 것으로는 볼
　　수 없다고 지적하였다. 그러나 개정 신탁법 제18조는 수탁자에 대하여 파산선고를 하는 경우 법원은
　　그 결정과 동시에 신탁재산관리인을 선임하여야 한다고 규정하였다. 이 판결에 대한 분석으로 임채
　　웅, "수탁자가 파산한 경우의 신탁법률관계 연구", 사법 6호, 사법발전재단(2008. 12.), 119면 참조.
43) 日最判昭和59.5.17判時 1119호72면, 倒産判例 ガイド 제2판 146면, 倒産判例 インデックス 제3판36
　　[百選82]은 임대차 종료에 의한 건물수거 토지명도 청구(환취권 또는 재단채권) 및 파산선고 후의 임
　　료상당 손해금청구(재단채권)의 수계를 인정하고, 파산선고 전의 임료상당청구분은 파산채권으로서
　　이의가 진술되지 않았다는 이유로 수계를 인정하지 않은 것인데, 다만 그 후의 소송의 진행과 관련
　　하여 파산채권에 관한 소송이 아닌 건물수거 토지명도청구와 파산선고후부터 명도완료일까지의 임
　　료상당손해금의 지급청구에 관하여 파산관재인이 수계하여 소송절차를 진행한 후 법원이 판결을 하
　　여도 좋은가하는 문제와 명도시까지의 임료상당의 손해배상청구는 1개의 청구인데 이를 분리하여
　　파산채권에 관한 부분에 한하여 소송을 진행하는 것이 타당한가 하는 문제가 남는다.

없는 것이 원칙이다. 그러나 중단된 채권자대위권에 의한 소송 및 채권자취소소송에 관하여는 수계를 거절할 수 있다.[44] 이러한 소송에서는 일부라도 원고패소의 판결은 채무자를 구속하지 않는다고 해석하여야 할 것이고, 관리인·관재인이 불리한 소송상태를 승계하는 것은 부당하기 때문이다.[45] 수계를 거절한 경우에는 관리인·관재인은 독자의 소송을 제기할 수 있다(예컨대 부인소송). 또한 파산관재인이 제기한 부인소송을 관리인이 수계하여야 할 경우(법113조2항)에는 수계를 거절할 수 없다고 해석하여도 좋을 것이다. 관리인·관재인이 수계하여 패소한 경우 상대방의 소송비용상환청구권은 수계전의 소송비용을 포함하여 공익채권(법59조2항 후단) 또는 재단채권(법347조2항)이 된다.

　2) 도산채권에 관한 소송

　　도산채권(회생담보권을 포함한다)에 관한 소송이 중단된 후 당사자(대부분 원고이다)인 회생채권자, 회생담보권자 또는 파산채권자는 각각의 절차에서 권리의 신고를 하고, 채권조사기간 또는 채권조사기일에 확정을 하여야 한다. 채권조사기간 또는 채권조사기일에 이의가 없으면 채권은 확정판결과 동일한 효력을 가지고 확정되는 것이므로(법166조, 168조, 460조), 중단된 소송은 당연히 종료한다.

　　채권조사기간 또는 채권조사기일에 관리인·관재인 또는 다른 채권자로부터 이의가 있으면 채권자가 이의자를 상대방으로 하여(법172조, 464조) 또는 이의자가 채권자를 상대방으로 하여(법174조2항, 466조3항) 중단 중인 소송을 수계하고 이후는 도산채권자와 이의자 사이의 소송으로 결말이 나게 된다(조사기일 전에 관리인·관재인에 의하여 수계될 수 없다). 이에 관하여는 후에 상술한다.

　(다) 도산절차 종료의 경우

　　이상의 경우에 있어서 수계가 없는 사이에 회생절차가 종료한 경우(개시결정취소, 회생절차 폐지, 종결결정 등) 또는 파산절차의 해지(파산의 취소, 파산폐지, 종결 등)가 된 경우에는 채무자(파산종결에 의하여 파산법인이 소멸한 경우를 제외한다)는 당연히 소송절차를 수계한다(민소239조 후단, 법59조3항). 즉 수계의 신청 및 결정을 요하지 않고 중단이 해소되어 채무자를 당사자로 하여 소송이 속행된다. 일단 수계가 이루어진 후 도산절차가 종료한 경우에는 소송은 다시 중단되고, 채무자는 소송을 수계하여야 하고(민소240조, 법59조4항. 관리인

---

44) 상대방은 수계신청을 할 수 없다고 해석하여야 할 것이다. 다만 이에 대하여는 소송이 중단되었음에도 이를 수계하지 않고 별소를 제기하는 것을 허용하면 수계제도의 취지에 어긋나고 상이한 판결이 선고될 가능성을 조장하게 되어 법적 안정성에도 어긋나며, 채무자회생법 제59조에서 상대방에게도 수계신청권을 명문으로 인정하는 이상 관리인·관재인은 수계를 거절할 수 없다고 하는 반대설이 있다. 임치용, "도산절차 개시의 요건과 효과", 서울대학교 금융법센터, 2015년도 금융법무과정 제8기, 16면, 정문경, 전게 논문, 53~55면.

45) 관리인·관재인이 수계하지 않을 뜻을 표명하여도 중단된 소송은 종료하지 않고, 해지에 의하여 원래의 채권자가 수계할 수 있다.

이 새로 제기한 채무자 재산에 관한 소송에도 적용된다), 이 경우 상대방에게도 수계신청권이 있다(민소241조, 법59조5항. 같은 이유에서 법59조4항, 5항은 그 문언에 불구하고 회생채권·회생담보권에 관한 소송에도 적용된다고 해석하여야 한다). 판례는 피고가 상고하고, 피고의 소송대리인이 상고이유서를 제출한 후 채무자 회사에 대한 회생절차를 종결한다는 결정이 내려진 사안에서 상고심의 소송절차가 이와 같은 단계에 진입한 이상 원고 소송수계신청인이 소송을 수계할 필요성이 존재하지 아니하므로 위 소송수계신청은 받아들일 수 없다고 하였다.[46]

채권자취소소송이나 채권자대위소송의 경우에는 원래의 채권자가 소송절차를 수계하게 될 것이고, 주주의 대표소송의 경우에도 당초의 원고인 주주가 소송절차를 수계한다. 판례는 채권자취소소송이 제기되어 진행 중에 채무자에 대한 회생개시결정이 있는 때에는 소송절차가 중단되고 관리인이 기존의 원고인 종전 채권자를 수계할 수 있는데, 다만 그 수계가 이루어지기 전에 회생계획이 인가되지 못하고 회생절차가 폐지된 경우에는 종전 채권자에 의해 당연히 소송절차가 수계되고, 또 채무자회생법 제113조 제2항, 제59조 제4항에 의하면 관리인이 채권자취소소송을 수계한 다음 청구취지를 변경하여 부인소송을 진행하다가 위와 같이 회생절차가 폐지되었다면, 종전 채권자가 소송절차를 수계하여야 하는데, 채무자회생법 제100조가 정하는 부인권은 채무자회생법상의 특유한 제도로서 회생절차의 진행을 전제로 관리인만이 행사할 수 있는 권리이므로 위와 같이 관리인으로부터 부인소송을 수계한 종전 채권자는 그 청구취지를 채권자취소청구로 변경하여야 하는데, 다만 법률심인 상고심에서는 청구취지를 변경할 수 없으므로, 상고심에서 상고이유서 제출기간이 지나기 전에 위와 같이 회생절차가 폐지됨에 따라 수계 및 그에 따른 청구취지 변경이 필요한 경우라면 특별한 사정이 없는 한 대법원으로서는 부득이 수계를 허가한 뒤 청구취지 변경 및 그에 따른 심리를 위하여 원심판결을 파기하여 사건을 원심법원에 환송해야 하고, 이 경우 채권자가 제기한 채권자취소소송에서 1심 판결이 선고된 후 항소심에서 관리인이 소송을 수계하여 청구취지를 부인청구로 교환적으로 변경하였다고 하더라도 위와 같이 환송 후 항소심에서 종전 채권자가 청구취지를 다시 채권자취소청구로 교환적으로 변경하는 것은 채무자회생법 제113조 제2항, 제59조 제4항에 따른 당연한 조치로서 민사소송법 제267조 제2항의 재소금지원칙에 위반된다고 볼 수 없다고 하였다.[47]

(2) 행정절차

회생채무자의 재산관계 또는 파산재단에 속하는 재산에 관하여 사건이 행정청에 계

---

46) 대법원 2014.1.16. 선고 2012다33532 판결(미간행).
47) 대법원 2022.10.27. 선고 2022다241998 판결(공2022하, 2315)은 대법원 2016.8.24. 선고 2015다255821 판결(미간행)과 대법원 1995.5.26. 선고 94누7010 판결(공1995하, 2280)을 참조 판결로 들었다.

속하고 있는 때에 회생 또는 파산절차가 개시된 때에는 그 행정절차는 관리인·관재인 또는 상대방이 있는 사건인 때에는 상대방에 의한 수계 또는 도산절차가 종료될 때까지 중단된다(법59조6항, 359조).

행정청에 계속 중인 사건에는 조세불복심판사건, 특허심판절차, 공정거래위원회에 계속 중인 심판사건, 행정심판법에 의한 절차 등 다수가 있다.

(3) 형사절차

개인을 피고인으로 하는 형사소송은 피고인의 파산에 의하여 영향을 받지 않음은 물론이다. 양벌규정에 의하여 개인과 함께 법인에도 재산형이 과해지거나 법인 자체가 피고인이 되는 경우에도 법인의 회생 또는 파산은 형사소송에 당연히 영향을 미치지는 않지만, 파산에 의한 청산의 종료와 함께 법인이 존재하지 않게 되므로 공소기각의 결정이 행하여져야 한다고 해석한다(형소328조2호). 유죄판결의 결과 납부하여야 할 벌금 등은 공익채권(법179조1항12호, 법140조 참조) 또는 후순위파산채권(법446조4호)이 된다.

(4) 선박책임제한절차

한편 상법 제5편(해상) 및 「선박소유자 등의 책임제한절차에 관한 법률」(책임제한법)에서는 절차의 진행단계에 따라 '강제집행 등의 정지', '책임제한기금 이외의 다른 재산에 대한 권리행사의 금지', '절차 외 소송의 중지', '제한채권에 대한 면책' 등의 규정을 두고 도산절차와 유사한 집단적 채무처리절차를 규정하고 있는데, 책임제한절차가 진행되는 도중에 신청인, 제한채권자 등 이해관계인에게 도산절차가 개시되는 경우가 문제가 된다.

책임제한법원은 이미 '신청인'이 파산선고를 받은 상태인 경우에는 그 파산선고가 책임제한절차 개시신청 이전에 있었던지 이후에 있었던지 관계없이, 책임제한절차 개시의 신청을 각하하여야 한다(책임제한법17조2호). 파산법원은 파산신청이 있는 경우 필요하다고 인정하는 때에는 이해관계인의 신청이나 직권으로 파산신청에 대한 결정이 있을 때까지 책임제한절차의 정지를 명할 수 있다. 다만 책임제한절차 개시의 결정이 있는 때에는 파산법원은 더 이상 책임제한절차의 정지를 명할 수는 없다(법324조1항). 물론 파산법원은 파산선고를 할 수는 있다. 이렇게 되면 양 절차는 별개로 진행되는데, 책임제한법원은 예외적으로 파산절차와 중첩적으로 책임제한절차를 별도로 진행하는 것이 파산채권자를 현저히 해할 염려가 있다고 인정되는 때에는 파산관재인의 신청에 의하여 책임제한절차의 폐지결정을 내려야 한다. 다만 절차상의 배당표를 인가하는 공고가 있거나 파산절차에서 이미 배당공고를 한 경우에는 책임제한절차의 진행이 파산채권자를 현저히 해할 염려가 있다고 하더라도 책임제한절차를 폐지할 수 없다(책임제한법82조).

책임제한법원이 위와 같은 사유로 책임제한절차 폐지결정을 내린 때에 파산법원은 그 결정이 확정될 때까지 파산절차를 정지한다(법326조). 책임제한절차의 폐지결정이 확정된 때에는 파산법원은 제한채권자를 위하여 새로이 채권조사기간과 채권조사기일을 정하고 이에 관한 공고 및 송달절차를 진행해야 한다(법327조).

위와 같은 규정이 없는 회생절차나 개인회생절차에서는 도산절차와 책임제한절차가 각각 진행될 수밖에 없다. 물론 그 경우 책임제한법 제82조의 적용도 없다고 본다.[48]

나. 강제집행·보전처분·담보권실행·체납처분

(1) 강제집행

모든 도산절차를 통하여 채무자에 대하여 도산채권의 실현을 위하여 행하여진 강제집행은 중지 또는 실효된다. 이는 모든 도산절차에 있어서 채무자가 재산관리처분권을 상실하는지 여부, 도산채권이 동결되는지 여부를 불문하고 강제집행에 의한 강제적 추심이 허용되지 않고 있는 것의 반영이다.[49]

(가) 회생

회생채권 또는 회생담보권에 기하여 채무자 재산에 대하여 한 강제집행은 중지되고(법58조2항), 회생계획의 인가결정에 의하여 실효된다(법256조1항). 인가결정의 확정을 요하지 아니한다. 환취권에 기한 강제집행은 영향을 받지 않는다. 채무자회생법 제141조 제1항은 양도담보권도 회생담보권에 포함되는 것으로 규정하고 있다. 따라서 회생절차개시결정이 있는 때에 금지되는 '회생담보권에 기한 강제집행 등'에는 양도담보권의 실행행위도 포함되고, 채권양수인인 양도담보권자가 제3채무자를 상대로 채권의 지급을 구하는 이행의 소를 제기하는 행위도 회생절차개시결정으로 인해 금지되는 양도담보권의 실행행위에 해당한다.[50] 양도담보에 관한 상세는 후술한다.

회생절차의 개시는 집행장애사유에 해당하는데, 집행법원은 강제집행의 개시나 속행에 있어서 집행장애사유에 대하여 직권으로 그 존부를 조사하여야 하고, 집행개시 전부터 그 사유가 있는 경우에는 집행의 신청을 각하 또는 기각하여야 하며, 만일 집행장애사유가 존재함에도 간과하고 강제집행을 개시한 다음 이를 발견한 때에는 이미 한 집행절차를

---

48) 이에 대한 상세한 분석은 김영석, "선박책임제한절차와 도산절차의 비교 및 충돌에 관한 연구─소송 및 집행절차에 미치는 영향을 중심으로─", 사법 30호, 사법발전재단(2014), 265면 참조.

49) 일본 회사갱생법 제50조, 파산법 제42조 제6항은 민사집행법상의 재산개시절차(일본민사집행법196조 이하)도 회사갱생절차개시결정이나 파산절차개시결정시에 채무자에 대하여 행하여지고 있는 때에는 그 효력을 잃는다고 규정하고 있다.

50) 대법원 2020.12.10. 선고 2017다256439,256446 판결(공2021상, 187).

직권으로 취소하여야 한다.51)

　　개개의 강제집행절차가 종료된 후에는 그 절차가 중지될 수 없는데, 부동산에 대한 금전집행은 매각대금이 채권자에게 교부 또는 배당된 때에 비로소 종료하므로 채무자 소유 부동산에 관하여 경매절차가 진행되어 부동산이 매각되고 매각대금이 납부되었으나 배당기일이 열리기 전에 채무자에 대하여 회생절차가 개시되었다면, 집행절차는 중지되고, 만약 이에 반하여 집행이 이루어졌다면 이는 무효이다. 이후 채무자에 대한 회생계획인가결정이 있은 때에 중지된 집행절차는 효력을 잃게 된다.52) 공익채권에 기한 강제집행은

51) 대법원 2000.10.2.자 2000마5221 결정(공2000, 2373)은 집행채권자의 채권자가 채무명의에 표시된 집행채권을 압류 또는 가압류, 처분금지가처분을 한 경우에는 압류 등의 효력으로 집행채권자의 추심, 양도 등의 처분행위와 채무자의 변제가 금지되고 이에 위반되는 행위는 집행채권자의 채권자에게 대항할 수 없게 되므로 집행기관은 압류 등이 해제되지 않는 한 집행할 수 없는 것이니 이는 집행장애사유에 해당하고, 채권압류명령과 전부명령을 동시에 신청하더라도 압류명령과 전부명령은 별개로서 그 적부는 각각 판단하여야 하는 것이고, 집행채권의 압류가 집행장애사유가 되는 것은 집행법원이 압류 등의 효력에 반하여 집행채권자의 채권자를 해하는 일체의 처분을 할 수 없기 때문이며, 집행채권이 압류된 경우에도 그 후 추심명령이나 전부명령이 행하여지지 않은 이상 집행채권의 채권자는 여전히 집행채권을 압류한 채권자를 해하지 않는 한도 내에서 그 채권을 행사할 수 있다고 할 것인데, 채권압류명령은 비록 강제집행절차에 나간 것이기는 하나 채권전부명령과는 달리 집행채권의 환가나 만족적 단계에 이르지 아니하는 보전적 처분으로서 집행채권을 압류한 채권자를 해하는 것이 아니기 때문에 집행채권에 대한 압류의 효력에 반하는 것은 아니라고 할 것이므로 집행채권에 대한 압류는 집행채권자가 그 채무자를 상대로 한 채권압류명령에는 집행장애사유가 될 수 없다고 하였다. 同旨 대법원 2016.9.28. 선고 2016다205915 판결(공2016하, 1612).
52) 대법원 2018.11.29. 선고 2017다286577 판결(공2019상, 142)[백선04]은 甲 회사의 소유 부동산에 관하여 근저당권자인 乙 회사의 신청에 따라 담보권실행을 위한 경매절차가 개시되어 진행되었고, 부동산이 매각되어 매각대금이 모두 납부되었으나, 배당기일이 열리기 전에 甲 회사가 회생절차개시신청을 하여 회생법원이 포괄적 금지명령을 한 후 회생절차개시결정을 하였고, 乙 회사는 회생절차에서 근저당권으로 담보되는 회생담보권을 신고하지 아니하였는데, 甲 회사에 대한 회생절차개시결정 후에 이루어진 경매절차의 배당절차에서 근저당권자인 乙 회사 명의로 배당금이 공탁되었고, 乙 회사가 회생계획이 인가된 후 공탁금을 수령한 사안에서, 배당기일이 열리기 전에 甲 회사에 대한 회생절차가 개시되었으므로 근저당권자였던 乙 회사는 회생절차개시 당시 근저당권으로써 담보되는 범위 내에서 회생담보권의 권리를 가지는 회생담보권자라고 봄이 타당하고, 위 경매절차는 회생법원이 한 포괄적 금지명령과 회생절차개시결정에 의하여 중지되었다가 회생계획인가결정으로 인해 효력을 상실하였으며, 이는 포괄적 금지명령 이전에 경매절차에서 부동산이 매각되고 매각대금이 모두 납부되었다고 하여 달리 볼 수 없는데, 乙 회사는 포괄적 금지명령과 회생절차개시결정으로 중지되고 회생계획인가결정으로 실효된 경매절차에서 이루어진 배당절차에 따라 배당금을 수령하였으므로, 이는 법률상 원인 없이 이득을 얻은 것에 해당하고, 한편 회생계획인가결정으로 인해, 부동산 경매절차에서 배당에 참가하여 배당을 받을 수 있었던 자들을 포함한 모든 회생채권자, 회생담보권자의 권리는 회생계획에 따라 실체적으로 변경되었고, 乙 회사의 회생담보권과 같이 신고되지 않은 권리에 대하여는 甲 회사가 책임을 면하게 되었으므로, 乙 회사의 배당금 수령으로 인해 손해를 입은 자는 다른 회생채권자나 회생담보권자가 아닌 부동산 소유자인 甲 회사이고, 또한 乙 회사가 회생절차개시결정 이후에 이루어진 배당절차에서 공탁된 배당금을 수령한 것을 甲 회사가 임의로 채무를 이행한 것과 같이 볼 수도 없으므로, 乙 회사가 법률상 원인 없이 배당금을 수령함으로 인해 부동산 소유자인 甲 회사는 자신이 수령해야 할 배당금 상당액의 손해를 입었고, 이에 乙 회사는 甲 회사에 수령한 배당금 상당액을 부당이득으로 반환할 의무가 있다고 한 사례이다. 대법원은 부동산에 대한 금전집

원칙적으로 가능하지만 회생에 현저하게 지장을 초래하고 채무자에게 환가하기 쉬운 다른 재산이 있거나, 채무자의 재산이 공익채권의 총액을 변제하기에 부족한 것이 명백한 때에는 법원은 관리인의 신청에 의하거나 직권으로 담보를 제공하게 하거나 제공하게 하지 아니하고 공익채권에 기하여 채무자의 재산에 대하여 한 강제집행 또는 가압류의 중지를 명할 수 있다(법180조3항).

중지된 절차는 그 시점에 동결되어 속행이 허용되지 않는다. 압류의 단계에서 중지되면 압류의 효력은 그대로 유지되지만 환가로 나아가는 것은 허용되지 않는다. 관리인도 이 압류에 구속되므로 압류물을 처분할 수 없고, 동산은 이용할 수도 없다.

그러나 목적물을 환가하여 운전자금으로 사용하고, 집행관이 점유 중인 동산을 환취하여 사업을 위하여 사용할 필요가 생긴 때, 즉 회생을 위하여 필요하다고 인정되는 때에는 법원은 관리인의 신청 또는 직권으로 담보를 제공하게 하거나 제공하게 하지 아니하고 중지된 강제집행의 취소를 명할 수 있다(법58조5항). 취소된 강제집행은 소급하여 효력을 잃으므로 회생절차가 계획인가 전에 종료된 경우에는 집행채권자는 제공된 담보 상에 우선권을 가진다(법33조, 민소123조, 민집19조). 판례로는 甲이 乙 회사에 대한 채권에 기하여 乙 회사의 丙 회사에 대한 채권에 관해 압류 및 추심명령을 받았고, 배당절차에서 乙 회사의 채권자인 丁 회사가 甲의 배당금에 관해 이의를 진술하고 배당이의 소송을 제기하였는데, 배당이의 소송 진행 중 乙 회사에 대하여 회생절차가 개시되자 회생법원이 채무자회생법 제58조 제5항에 따라 甲의 압류 및 추심명령을 취소하는 강제집행 취소결정을 하였고, 이후 속개된 배당절차에서 甲의 배당금을 乙 회사에 배당하는 추가배당표가 작성되자 甲이 이의를 진술하고 배당이의 소송을 제기한 사안에서, 甲의 압류 및 추심명령은 회생법원의 강제집행 취소결정에 따라 소급하여 효력이 소멸하였으므로 甲은 乙 회사의 추심채권자로서 추가배당표에 대한 실체상의 이의를 진술할 권한을 상실하였고, 甲이 배당절차에서 추가배당표에 대해 한 배당이의 진술은 부적법하며, 甲에게는 배당이의 소를 제기할 원고적격이 없다고 한 원심판단을 수긍한 사례가 있다.[53]

이와 반대로 예컨대 유휴자산에 대한 압류처럼 속행되어도 회생에 지장이 없는 경우에는 관리인의 신청 또는 직권으로 집행절차의 속행을 명할 수 있다. 그러나 이 경우에도

행은 매각대금이 채권자에게 교부 또는 배당된 때에 비로소 종료하므로 부동산 경매절차에서 채무자 소유 부동산이 매각되고 매수인이 매각대금을 다 납부하여 매각 부동산 위의 저당권이 소멸하였더라도 배당절차에 이르기 전에 채무자에 대해 회생절차개시결정이 있었다면, 저당권자는 회생절차 개시 당시 저당권으로 담보되는 채권 또는 청구권을 가진 회생담보권자라고 봄이 타당하다고 하였다. 이 판결에 대한 해설로 한상구, "물상보증인이 설정한 저당권에 기해 부동산경매절차가 개시되고 매각대금이 완납된 후 물상보증인에 대해 회생절차가 개시된 경우의 효력", 도산법연구 제9권 제1호, 사단법인 도산법연구회(2019.6.), 1면 참조.

53) 대법원 2018.6.28. 선고 2016다229348 판결(미간행).

매득금을 집행채권자의 채권에 충당할 수는 없으므로(법131조 본문), 채권자에 대한 혜택은 적고, 관리인도 집행의 취소를 얻지 않는 한 매득금의 인도를 구할 수는 없다.

   (나) 파산

   파산채권에 관하여 파산재단에 속하는 재산에 대하여 한 강제집행은 파산재단에 대하여는 효력을 잃는다(법348조1항).[54] 그 취지는 관련 당사자 간의 모든 관계에 있어서 강제집행이 절대적으로 무효가 된다는 것이 아니라 파산재단에 대한 관계에 있어서만 상대적으로 무효가 된다는 의미로 해석한다.[55] 파산채권(별제권을 갖는 것이라도 좋다)에 의하는 것에 한하므로 환취권에 기한 인도나 명도의 집행은 영향을 받지 않는다. 그러나 인도집행에서도 채권적 청구권에 기한 것은 실효된다(그러나 단시간 내에 종료하므로 파산이 개재되는 일은 희소할 것이다). 파산재단에 대하여 효력을 잃는다는 것은 관재인의 입장에서 집행을 없는 것으로 볼 수 있다는 것을 의미한다. 예컨대 압류물을 자유로이 관리처분할 수 있고, 집행관이 보관중인 압류물이나 매득금의 교부를 구하며, 파산선고 후에 매득금이 채권자에게 교부되어 있으면 채권자로부터 반환을 구할 수 있다. 집행채권자가 추심명령을 받은 때에는 추심의 신고(민집236조, 247조)시까지 집행이 종료되지 아니하므로 그때까지 파산선고가 있는 경우 이미 추심한 것이 있으면 추심금을 관재인에게 인도하여야 하고, 추심소송 중이면 소송은 중단된다. 파산선고 전에 집행이 종료되면 실효는 문제가 되지 않고 부인의 가능성(법395조)이 남게 된다.[56] 판례는 집행에 관한 이의에 있어서는 즉시항고와 같은 신청기간의 제한이 없으나, 이의의 이익이 있고 또한 존속하고 있는 동안에 신청하여야 하므로, 집행이의에 의하여 집행처분의 취소를 구하는 경우 그 집행절차가 종료한 후에는 이미 그 이의의 이익이 없어 이의의 신청을 할 수 없다고 하였다.[57] 일본의 판례

---

54) 집행처분의 외관을 제거하기 위하여는 집행기관에 대하여 파산선고 결정등본을 취소원인 서면으로 제출하여 강제집행·보전처분의 집행취소신청을 한다. 부동산에 대한 가압류 또는 처분금지 가처분 등기는 집행법원의 등기말소촉탁에 의하여 말소된다.

55) 대법원 2000.12.22. 선고 2000다39780 판결(공2001, 345). 日最決平成30.4.18民集72권2호68면[百選83] 은 주권이 발행되지 않은 주식에 대한 강제집행에 있어서 배당이의소송이 제기되고, 공탁금의 지급 위탁이 되기까지 사이에 채무자가 파산선고를 받은 때에는 당해 강제집행은 실효한다고 하였다.

56) 대법원 2005.9.29. 선고 2003다30135 판결(공보불게재)은 채권에 대한 강제집행은, 추심명령의 경우에는 추심채권자가 집행법원에 추심신고를 한 때에, 전부명령의 경우에는 전부명령이 확정되는 것을 조건으로 제3채무자에게 전부명령이 송달된 때에 각 종료된다 할 것이지만, 압류의 경합으로 인하여 제3채무자가 그 채무액을 공탁하여 배당절차가 개시된 경우에는 배당표에 의한 배당액의 지급에 의하여 종료된다고 전제하고, 파산선고 전에 이미 배당표가 확정되고 배당금을 수령한 이상 강제집행절차는 이미 적법하게 종료되었다 할 것이고, 전부명령에 대하여 항고 및 재항고를 제기하여 파산선고 당시 계속 중이었다는 사정은 강제집행절차의 종료 여부의 판단에 아무런 영향을 미치지 아니한다고 하였다.

57) 대법원 1996.7.16.자 95마1505 결정(공1996, 2493)은 재배당절차가 그 배당절차 개시요건을 흠결하여 위법한 것이라고 하더라도, 경매법원이 재배당기일을 실시하여 작성한 재배당표는 그에 대한 이의의 진술을 한 신청인이 제기한 재배당이의의 소가 원고 패소판결로 확정됨으로써 확정되었고 그것으로 재배당절차가 종료되었으므로, 그 재배당절차의 취소를 구하는 집행이의의 신청은 그 이의의 이익이

중에는 Y가 A 사에 대한 약속어음채권에 관하여 지급명령을 얻어 이를 집행권원으로 하여 A의 제3채무자 국가에 대한 공탁금회수청구권에 관하여 채권압류 및 전부명령을 얻은 직후 A가 파산선고를 받아 X가 파산관재인으로 선임되자, X가 위 채권압류 및 전부명령은 파산재단에 대하여 효력을 잃었다는 이유로 항고를 한 사안에서 공탁금회수청구권은 파산재단에 속하는 재산임이 명백하고, 위 집행채권자의 압류 및 전부명령은 파산재단에 대하여 당연히 효력을 잃는 것이므로 관재인은 위 명령의 취소의 여부에 관계없이 위 공탁금회수청구권이 파단재단에 속하는 것으로 취급할 수 있고, 위 명령의 취소를 받지 못함으로써 관재인의 직무집행이 각별히 저해된다고 인정되지도 아니하므로 결국 위 항고는 항고의 이익없다는 이유로 항고를 각하한 사례가 있다.[58]

파산관재인은 결국 재단의 재산을 환가하여야 하므로 실효된 강제집행에 의한 환가절차가 진행되어 있을 때에는 이를 재단의 환가에 이용하기 위하여 강제집행절차를 속행할 수 있다(법348조1항 단서). 이 경우에는 실효될 때까지 집행채권자가 지출한 집행비용은 재단채권이 되고, 이에 대한 제3자 이의의 소는 관재인을 피고로 한다(법348조2항). 또한 실효 전부터 제기되어 있는 제3자 이의의 소는 파산에 의하여 중단되고, 관재인이 위와 같이 집행을 속행한 경우는 물론, 임의매각한 경우에도 환취권에 관한 다툼으로서 원고와 관재인 사이의 소송을 속행하기 위하여 관재인에게 수계시킬 수 있을 것이다.

강제집행의 실효는 파산절차와의 관계에서 상대적으로 생기는데 불과하므로 압류의 단계에서 파산이 개시되었으나 관재인이 그 재산을 환가하지 않은 채 파산해지가 된 때에는 집행채권자는 그대로 집행절차를 속행할 수 있다.

(다) 강제집행정지를 위한 담보의 제공과 공탁자에 대한 도산절차의 개시

강제집행의 정지를 위한 담보공탁 후 공탁자에게 도산절차가 개시된 경우에 담보권리자(피공탁자)의 권리에 대하여는 이론상 다툼이 있다. 법은 담보권자는 담보물(공탁금회수청구권, 유가증권)에 대하여 질권자와 동일한 권리를 갖는다고 규정하고 있는데(민집19조3항, 민소123조), 그 의미에 관하여 판례는 권리자(피공탁자)가 공탁물회수청구권 위에 채권질권을 가진다고 하였으나,[59] 이에 대하여는 공탁한 금전 등에 동산질권자와 동일한 권리를 가진다는 견해와 권리자가 공탁물출급청구권을 가지며 출급한 공탁금에서 우선변제를 받을 수 있다는 견해(공탁물출급권설) 등의 반대론이 있다. 판례에 따르면 공탁자에 대하여 파산절차가 개시되었다면 피공탁자는 별제권자가 되고, 회생절차가 개시되었다면 회생담보권자가 되므로 피공탁자는 기본채권 이외에도 강제집행정지로 인한 손해배상청구권을 회

없어져 부적법하다는 이유로, 이의신청을 받아들인 원심결정을 파기한 사례이다.

58) 日東京高決昭和56.5.6判時1009호70면, 倒産判例 インデックス 제3판 40. 同旨 日東京高決昭和30.12.26 高民集8권10호759면.

59) 대법원 1969.11.26.자 69마1062 결정[집17(4)민, 1150].

생담보권으로 신고하여야 하지만, 공탁물출급권설에 따르면 국가는 제3채무자이므로 손해배상청구권의 신고 여부와 관계없이 공탁물을 출급할 수 있게 된다.[60] 상세는 후술한다.

(2) 보전처분 — 가압류·가처분

도산절차 개시 전부터 행하여진 가압류절차, 가처분절차는 위에서 본 강제집행절차와 마찬가지로 취급된다(법58조1항, 5항, 256조1항, 348조1항). 판례는 파산선고 전에 파산채권에 관하여 파산재단에 속하는 재산에 대하여 한 보전처분은 파산재단에 대하여는 그 효력을 상실하므로(법348조1항 본문), 파산관재인은 집행기관에 대하여 파산선고 결정 등본을 취소원인 서면으로 소명하여 보전처분의 집행취소신청을 하여 집행처분의 외관을 없앨 수 있고, 따라서 보전처분에 대한 채무자의 이의신청은 그 이익이 없어 부적법하다고 하였다.[61]

여기서도 도산채권에 의한 보전처분이어야 하므로 환취권에 기한 가처분이나 이사의 직무집행정지의 가처분(상407조) 등은 영향을 받지 않는다. 가압류·가처분의 집행절차뿐만 아니라 그 전의 보전명령절차에 관하여도 실효·중지가 적용된다고 해석한다. 그러나 환취권에 기한 경우는 가처분소송절차는 중단되고, 관리인·관재인이 수계할 수 있다. 파산에 의하여 가압류가 실효된 후에 제기된 제3자 이의의 소는 소의 이익이 없다. 일본의 판례로는 채권자 Y가 채무자 A에 대하여 유체동산 가압류 집행을 하였다가 A가 파산선고를 받은 후 X가 가압류가 집행된 물건은 자신의 소유라는 이유로 Y를 상대로 제3자 이의의 소를 제기한 사안에서 A가 파산선고를 받게 되었으므로 이 사건 물건은 파산재단에 속하는 재산이 되어 Y의 가압류는 파산재단에 대하여 효력을 잃었고, 따라서 그 후 가압류 집행의 배제를 청구하여 제기된 제3자 이의의 소는 그 이익이 없어 부적법하다고 한 사례가 있다.[62]

채무자를 상대방으로 하지 않은 보전처분은 도산의 영향을 받지 않으나, 채권자가 채권자취소소송 제기 전에 채무자가 무상양도한 부동산에 관하여 수익자에 대하여 처분금지 가처분을 한 단계에서 채무자가 파산하고, 관재인이 그 무상양도를 부인하는 소송을 제기한 때에는 관재인은 위 가처분채권자의 지위를 승계하여 가처분의 효력을 주장할 수 있다고 해석한다.

60) 대법원 2015.9.10. 선고 2014다34126 판결(공2015하, 1477)[백선79]. 임치용, "도산절차 개시의 요건과 효과", 서울대학교 금융법센터, 2015년도 금융법무과정 제8기, 19면 이하 참조.
61) 대법원 2002.7.12. 선고 2000다2351 판결(공2002, 1925).
62) 日最判昭和45.1.29民集24권1호74면, 倒産判例 ガイド 제2판 148면[百選A12]는 동산의 소유권을 주장하여 그 반환을 구하기 위해서는 파산관재인을 상대방으로 하여 환취권을 행사하여야 한다고 하였다. 이 경우 새로 관재인을 피고로 하여 환취권에 기한 소송을 제기할 것인지, 관재인을 상대방으로 하여 환취권 소송으로 수계를 인정할 것인지에 관하여는 견해가 나뉜다.

(3) 담보권실행절차

(가) 회생

담보권자는 회생절차에 의하여만 변제받을 수 있는 관계로 회생절차 개시 전에 착수한 담보권실행절차는 모두 강제집행과 마찬가지로 취급된다. 즉 담보권실행을 위한 경매는 중지되고, 회생계획인가결정의 확정에 의하여 실효되며, 그 사이 속행, 취소가 인정된다(법58조1항, 5항, 256조1항). 담보권자가 경매 이외의 방법으로 실행할 것을 허용하고 있는 경우(민338조, 353조, 상59조)에도 회생절차 개시 후에는 이에 의하여 변제의 효과를 생기게 하는 것은 허용되지 않는다(법141조2항, 131조). 다만 경매목적물이 채무자의 소유재산이 아니라 물상보증인의 재산이라면 경매절차의 금지 내지 중지조항이 적용되지 않으므로 회생절차 개시에 의하여 물상보증인 소유부동산에 대한 경매절차가 어떠한 영향을 받는 것은 아니다.[63]

(나) 파산

회생과는 대조적으로 파산에서는 담보권자는 별제권자로서 파산절차에 의하지 아니하고 권리를 실현할 수 있으므로 파산 전부터 개시되어 있는 담보권실행절차는 파산에 의하여 전혀 영향을 받지 않는 것이 원칙이다. 즉 파산재단에 속하는 재산상의 저당권, 질권의 실행을 위한 경매절차는 그대로 속행된다. 그 이외의 비전형담보에 관하여는 후술한다.

(4) 체납처분

(가) 회생

회생절차개시의 결정이 있는 때에는 회생채권·회생담보권인 조세채권(및 국세징수의 예에 의하여 징수할 수 있는 청구권으로서 그 징수우선순위가 일반 회생채권보다 우선하는 것)에 기한 체납처분. 및 조세담보를 위하여 제공된 물건의 처분은 그 결정한 날부터 회생계획인가시, 회생절차 종료시 또는 회생절차개시결정일부터 2년이 되는 날 중 말일이 먼저 도래하는 기간 동안 중지된다(법58조3항). 회생계획이 인가되거나 개시결정일로부터 2년이 지나면 징수권자는 당연히 체납처분 절차를 속행할 수 있다. 그러나 법원이 필요하다고 인정하는 때에는 관리인의 신청 또는 직권으로 1년의 범위 안에서 중지기간을 연장할 수 있다(법58조3항). 따라서 체납처분은 회생절차개시 결정일로부터 최장 3년간 중지된다. 1998년 2월 회사정리법 개정 당시 연장결정에 대하여 징수권자의 동의를 얻도록 한 규정을 삭제하면서 한편 정리계획안 작성시 그 의견을 구하거나 동의를 받을 것을 요건으로 함으로써 다른 채권자들보다 우선적으로 보호하는 장치를 별도로 마련하였다(법140조).

---

63) 대법원 1984.11.15.자 84그75 결정(공1985, 346), 대법원 1969.4.14. 선고 69마153 결정[집17(2)민, 003], 대법원 1967.12.26.자 67마1127 결정[집15(3)민, 442].

(나) 파산

파산에서는 조세채권은 영향을 받지 않는 것이 원칙이고, 파산재단에 속하는 재산에 대하여 국세징수법 또는 지방세징수법에 의하여 징수할 수 있는 청구권(국세징수의 예에 의하여 징수할 수 있는 청구권으로서 그 징수우선순위가 일반 파산채권보다 우선하는 것 포함)에 기한 체납처분이 개시되어 있는 경우에는 그 후에 파산절차가 개시되어도 그대로 속행된다(법349조1항). 조세채권은 그 원인이 파산선고 전의 것도 재단채권으로 되는 것(법473조2호)이 고려되고 있는 것이다. 또한 파산선고 후에 새로이 체납처분을 개시할 수 없음은 위에서 기술하였다(법349조2항).

나아가 조세채권담보를 위하여 제공한 물건의 처분도 마찬가지이다.

다. 다른 도산절차

전술한 바와 같이 도산절차 사이에는 회생을 우선하고 파산을 최후로 하는 일정한 순위가 정하여져 있고, 이에 따라 하나의 절차가 다른 쪽을 배제하는 관계에 있다. 즉 회생절차가 개시된 때에는 선행의 파산절차는 중지된다(법58조2항). 중지된 파산절차는 회생계획인가결정에 의하여 실효된다(법256조1항).

참고문헌

김상철·정지용, "도산절차가 민사소송절차에 미치는 영향", 인권과 정의 제423호, 대한변호사협회(2012. 2.), 6면.

김재형, "도산절차에서 담보권자의 지위", 민사판례연구 XXⅧ, 민사판례연구회(2006), 1098면.

서울지방법원 파산부 실무연구회, "도산절차와 소송 및 집행절차", 박영사(2011).

오세용, "회생절차개시결정이 독촉절차에 미치는 영향", 도산법연구 제5권 제2호, 사단법인 도산법연구회(2014.10.), 31면.

이동규, "파산절차가 소송절차와 집행절차에 미치는 영향", 회생법학, 제21호, (사)한국채무자회생법학회(2020), 154면.

이민걸, "도산절차와 강제집행의 관계", 도산법강의, 남효순·김재형 공편, 법문사(2005), 214면.

이연갑, "파산선고와 부동산임의경매", 서울중앙지방법원 파산실무연구위원회 토의자료 Ⅱ, 서울중앙지방법원(1999.10.), 1면.

임치용, "파산절차의 개시가 중재절차에 미치는 효력", 파산법 연구 2, 박영사(2006), 82면.

정준영, "도산절차와 민사집행", 통합도산법, 남효순·김재형 공편, 법문사(2006), 585면.

정준영, "신도산절차가 소송절차에 미치는 영향", 재판실무대계(5) 도산관계소송, 한국사법행정학회(2009), 305면.

4. 환취권

가. 환취권의 의의

도산처리의 기초가 될 수 있는 것은 원래 채무자에 속한 재산뿐이다. 재건형에서는 그것을 가지고 재건을 도모하고, 청산형에서는 그와 같은 재산 즉 책임재산(일반재산)을 가지고 총채권자에게 비례 변제한다(법382조 참조). 따라서 타인의 재산을 재건이나 청산의 기초로 사용할 수 없음은 물론이다. 그러나 실제 문제로서는 특정의 재산이 도산처리를 위하여 제공되어도 좋은 것인가의 여부는 명확하지 않고, 채무자가 현실적으로 점유·관리하는 재산, 즉 현유재산(現有財産) 중에는 채무자의 것이 아닌 제3자의 재산이 혼입되어 있는 경우가 많다. 반대로 관리인·관재인이 제3자의 점유물이 도산처리에 복종하여야 할 재산이라고 하여 그 인도를 구하는 수도 있다. 그와 같은 경우 제3자는 자기의 재산이 타인의 도산처리절차에 편입되어 있는 것을 배제할 수 있어야 한다. 이와 같은 제3자의 지위를 환취권이라고 부른다(법70조, 407조). 전형적인 환취권의 행사는 관리인·관재인이 점유하고 있는 재산에 관하여 소유권을 주장하는 제3자가 반환을 구하는 경우가 이에 해당하고, 문자 그대로 환취(還取)이지만, 관리인·관재인이 인도를 구함에 대하여 소유권을 주장하여 이를 거부하는 것도 환취권의 행사라고 할 수 있다. 한편 유한책임신탁재산에 대하여 파산선고가 있는 경우 환취권의 행사에 있어서는 "채무자에 속하지 아니하는 재산"은 "신탁재산에 속하지 아니하는 재산"으로 보고, "채무자"는 "수탁자 또는 신탁재산관리인"으로 본다(법578조의14).

환취권은 약간의 예외(후술하는 특별의 환취권)를 제외하고는 도산처리법 이외의 기존의 실체법질서에 근거하는 것이므로 도산처리법이 창설한 것은 아니라는 설이 있으나, 실은 그 전제로서 타인의 재산으로 재건·청산을 할 수 없다고 하는 도산처리법의 자명한 이치가 그 근거가 되고 있다. 환취권을 정한 명문의 규정은 이 원리를 적극적으로 표명한 것이다.

따라서 이하에서 기술하는 환취권이 인정되는 범위는 기술한 도산절차에 복종하는 재산의 반대쪽 측면이다. 환언하면 도산처리에 복종하지 않는 재산이 환취의 대상이 되는 것이므로 이하의 서술은 전에 기술한 바와 약간 중복되게 된다.

나. 환취권과 별제권, 상계권, 재단채권·공익채권

실체법상의 권리로서 도산절차의 개시에 의하여 영향을 받지 않고 그 권리행사를 할 수 있는 것으로는 환취권 외에 별제권과 상계권이 있다. 환취권인가 별제권인가는 특히 비전형담보를 둘러싸고 문제가 된다. 가등기담보에 있어서는 저당권과 같은 대우를 하는 것이 법률에 규정되어 있고(가등기담보법13조), 소유권유보부 매매의 경우나 양도담보의 경우 매수인이나 양도담보설정자에 관하여 파산절차가 개시된 경우의 유보소유권자나 양도담보권자의 권리행사는 소유권에 기한 반환청구이면 환취권이고, 담보권에 기한 실행으로서의 반환청구이면 별제권이 된다. 일반적으로 비전형담보는 도산처리절차에 있어서 그 실질을 근거로 담보권으로 보고 있다.[1] 따라서 담보권의 실행이 완료된 후에는 환취권의 행사가 되지만, 그 이전의 단계에 있어서의 청구는 파산절차에 있어서 별제권의 행사이고, 회생절차에는 회생담보권으로 취급된다. 어떠한 구성에 의하는가는 파산절차에 있어서는 목적 재산에 관한 권리의 실현이라고 하는 점에서는 별로 차이는 없고, 파산관재인에 의한 환가나 환수의 가부 등(법497조2항, 492조14호)의 차이가 있지만, 회생절차에 있어서는 중요한 차이가 있게 된다. 상세는 후술한다.

또한 환취권과 유사한 결과를 가져오는 것으로 재단채권·공익채권이 있다. 전형적으로는 재단채권·공익채권은 채무자의 일반재산으로부터 도산채권에 우선하여 수시변제를 받는 권리이고, 환취권은 특정의 재산의 지배를 취득하는 권리이지만, 환취권과 재단채권·공익채권의 구별은 경우에 따라서는 미묘하다. 예컨대 대항력있는 부동산의 임차인이 파산관재인에 의한 채무자의 소유권에 기한 반환청구를 거부하는 것은 환취권의 소극적인 발동이라고 하겠으나, 한편 그와 같은 임차인이 파산관재인에 대하여 임대차계약에 기하여 사용수익을 구하는 권리는 재단채권의 행사이다(법340조). 또 파산절차 개시 후에 파산관재인이 새로 체결한 임대차계약이나 임치계약이 종료한 때에 상대방인 임대인이나 임치

---

1) 日最判昭和41.4.28民集20권4호900면, 倒産判例 インデックス 제3판 67[百選57](양도담보와 갱생절차), 日最判平成22.6.4民集64권4호1107면, 倒産判例 インデックス 제3판 72[百選제5판58](소유권유보와 민사재생절차), 日最判平成29.12.7民集71권10호1925면[百選58](소유권유보와 민사재생절차), 日大阪高判昭和59.9.27判タ542호214면(소유권유보와 갱생절차), 日最判昭和57.3.30民集36권3호484면, 倒産判例 インデックス 제3판 9(소유권유보부 매매계약의 해제), 日札幌高決昭和61.3.26判タ601호74면(자동차의 소유권유보 내지 양도담보와 파산절차), 日東京地判平成18.3.28金法1781호64면, 倒産判例 インデックス 제3판 131(소유권유보와 재생절차).

인이 목적물의 반환을 구하는 권리는 당해 계약에 기한 반환청구이면 재단채권이라고 할 것임에 반하여 소유권에 기한 경우는 환취권의 행사이다. 파산절차에 있어서는 재단채권의 경우 그에 기한 강제집행은 인정되지 않고(법348조), 또 재단부족의 경우에는 평등변제가 되고(법477조) 회수가 확보되는 것은 아님에 반하여 환취권으로 구성하는 것(법418조에 의한 임치금의 반환 의 경우 등. 이에 관하여도 재단채권으로 하는 견해도 유력하다)은 재단채권으로 하는 이상으로 권리를 강화하는 의미를 가진다.2)

다. 일반환취권의 근거가 되는 권리

일반의 환취권은 채무자에 속하지 않는 재산의 귀속자에게 인정되나, 어떤 재산이 제3자에 귀속하는가의 여부는 채무자에 귀속하는가의 여부와 마찬가지로 민법 등 실체법의 일반원칙에 따라 결정된다.

(1) 소유권

환취권의 가장 전형적인 경우이지만 단순히 소유자라는 것만으로는 부족하고, 채무자측에 정당한 점유권한(질권·임차권 등)이 있는 때에는 물건의 인도를 구할 수는 없으므로 그 점유권한이 소멸될 때까지는 환취권은 인정되지 않는다. 예컨대 도산 전의 채무자에게 또는 도산 후의 관리인·관재인에게 채무를 변제한 후 질물(質物)을 환취할 때, 또는 임대차를 해약하고 목적물의 반환을 구하는 경우 등이 그것이다. 또 형식은 소유권자이어도, 실질은 담보권자일 경우에는 환취권을 행사할 수 없다. 양도담보권자나 동산의 소유권유보부 매매의 매도인등이 이에 해당한다.

소유권을 매수하여도 등기나 인도와 같은 권리변동의 성립요건을 구비하지 않으면 소유권을 취득할 수 없는 것이므로 환취권은 인정되지 않는다. 또 채권양도의 통지·승낙 등과 같은 대항요건을 구비하지 않은 경우에도 도산절차에 대하여 대항할 수 없다.3) 채무자의 재산관리권을 포괄적으로 장악하는 관리인·관재인은 채무자의 일반승계인이 아니라 독자의 이익을 가지는 제3자의 지위에 서는 것이므로 위와 같은 요건의 필요성이 쉽게 이

2) 상세한 설명은 山本和彦 외 4인, "倒産法 槪說 제2판", 弘文堂(2013), 129면, 180면 참조.
3) 대법원 1988.10.11. 선고 87다카1559 판결(공1988, 1403)은 회사정리법상의 정리채권과 공익채권의 양도를 관리인 기타 제3자에게 대항할 수 있기 위하여는 양도인이 이를 관리인에게 통지하거나 관리인이 승낙해야만 하고 이 통지는 사회관념상 관리인이 그 내용을 알 수 있는 객관적 상태에 놓여져 있어야 한다고 전제하고, 채권양도의 통지를 본사를 서울에 두고 있는 정리회사의 관리인의 등기된 주소지로 하지 아니하고, 수취인 표시를 "○○○○ 주식회사 대표이사 □□□"으로 하고 주소지를 같은 회사의 구미지점 소재지로 표기하여 그곳에 채권양도 통지를 발송하여 도달되게 했다면 그것은 정리회사의 관리인이 그 내용을 알 수 있는 객관적 상태에 놓여졌다고 볼 수는 없다고 하였다.

해될 것이다.

위와 같은 권리변동의 성립요건이나 대항요건은 등기, 인도, 채권양도의 통지·승낙 등이고, 예컨대 재산을 양수한 자가 등기 또는 인도를 받지 않은 상태에서 양도인에 관하여 도산절차가 개시되면 양수인은 환취권을 가지지 못한다.[4] 가등기를 가지는데 불과한 자는 환취권을 주장할 수 없지만 본등기를 한 경우에는 환취권자가 된다(담보목적의 가등기 권리자는 담보권자로 취급된다는 것은 후술).

다음으로 소유자의 권리가 선의의 제3자에게 대항할 수 없는 경우에(민법108조 2항, 110조3항) 관하여 「제3자」인 도산한 채무자측의 선·악의를 어떻게 결정하는가에 관하여 우리 판례는 민법 제108조와의 관계에서는 채권자 중 1인이라도 선의인 경우에는 항상 선의를 의제하고, 민법 제110조와의 관계에서도 제3자에 해당한다고 본다는 것은 전술하였는데, 이와 같이 채무자·파산재단에 대항할 수 없다고 해석하는 경우에는 환취할 수 없다고 보아야 한다.

또한 소유권이라고는 할 수 없지만, 채권이나 무체재산권이 자기에게 귀속된다고 주장하는 경우도 소유권의 주장과 마찬가지로 취급된다.

(2) 그 밖의 물권

소유권 외에 물건의 점유·사용을 내용으로 하는 용익물권(지상권·전세권)이나 담보물권(질권·유치권)도 환취권의 기초가 될 수 있다. 그러나 소유권과 달리 도산절차에의 편입을 전면적으로 배제할 수 있는 것은 아니고, 이러한 권리들이 도산절차상 무시되는 사태에 환취권으로서 발동됨에 불과하다. 따라서 관리인·관재인이 이러한 권리를 인정하는 경우, 예컨대 지상권이 설정된 토지로서 목적물을 관리·환가하는 것을 방해하는 것은 아니고 이 경우에는 환취권은 문제가 되지 않는다. 점유를 수반하지 않는 담보물권(저당권)에 관하여는 별제권이 인정되고, 환취권은 인정되지 않는 것이 원칙이다. 물론 관리인·관재인이 저당권을 부정하여 저당권설정등기말소를 구하는 것에 대항할 수 있는 것은 환취권의 작용이다. 이러한 물권에 관하여도 등기 등 권리변동의 성립요건이 필요하다. 또 관리인·관재인에게 점유를 침탈당한 경우에는 단순한 점유권도 환취권의 기초가 된다.

판례는 사해행위취소권은 사해행위로 이루어진 채무자의 재산처분행위를 취소하고 사해행위에 의해 일탈된 채무자의 책임재산을 수익자 또는 전득자로부터 채무자에게 복귀시키기 위한 것이므로 환취권의 기초가 될 수 있다고 한다. 수익자 또는 전득자에 대하여 회생절차가 개시된 경우 채무자의 채권자가 사해행위의 취소와 함께 회생채무자로부터 사

---

4) 다만 매매계약을 해제한 매도인이 원상회복을 위한 등기말소 또는 인도를 받기 전에 도산이 된 때에는 환취할 수 있다고 해석한다.

해행위의 목적인 재산 그 자체의 반환을 청구하는 것은 환취권의 행사에 해당하여 회생절차개시의 영향을 받지 아니하고, 따라서 채무자의 채권자는 사해행위의 수익자 또는 전득자에 대하여 회생절차가 개시되더라도 관리인을 상대로 사해행위의 취소 및 그에 따른 원물반환을 구하는 사해행위취소의 소를 제기할 수 있다는 것이다.[5]

그런데 종래 판례는 어느 부동산에 관한 법률행위가 사해행위에 해당하는 경우에는 원칙적으로 그 사해행위를 취소하고 소유권이전등기의 말소 등 부동산 자체의 회복을 명하여야 하는 것이나, 저당권이 설정되어 있는 부동산에 관하여 사해행위가 이루어진 경우에 그 사해행위는 부동산의 가액에서 저당권의 피담보채권액을 공제한 잔액의 범위 내에서만 성립한다고 보아야 하므로 사해행위 후 변제 등에 의하여 저당권설정등기가 말소된 경우, 사해행위를 취소하여 그 부동산 자체의 회복을 명하는 것은 당초 일반 채권자들의 공동담보로 되어 있지 아니하던 부분까지 회복시키는 것이 되어 공평에 반하는 결과가 되어, 그 부동산의 가액에서 저당권의 피담보채권액을 공제한 잔액의 한도에서 사해행위를 취소하고 그 가액의 배상을 명할 수 있을 뿐이므로, 사해행위의 목적인 부동산에 수 개의 저당권이 설정되어 있다가 사해행위 후 그중 일부의 저당권만이 말소된 경우에도 사해행위의 취소에 따른 원상회복은 가액배상의 방법에 의할 수밖에 없을 것이고, 그 경우 배상하여야 할 가액은 사해행위 취소 시인 사실심 변론종결 시를 기준으로 하여 그 부동산의 가액에서 말소된 저당권의 피담보채권액과 말소되지 아니한 저당권의 피담보채권액을 모두 공제하여 산정하여야 한다는 입장을 취하여 왔다.[6] 따라서 근저당권이 설정되어 있는 부동산을 증여한 행위가 사해행위에 해당하는 경우, 그 부동산이 증여된 후 근저당권설정등기가 말소되었다면, 증여계약을 취소하고 부동산의 소유권 자체를 채무자에게 환원시키는 것은 당초 일반 채권자들의 공동담보로 제공되지 아니한 부분까지 회복시키는 결과가 되어 불공평하므로, 채권자는 그 부동산의 가액에서 근저당권의 피담보채무액을 공제한 잔액의 한도 내에서 증여계약의 일부 취소와 그 가액의 배상을 청구할 수밖에 없고, 사해

---

5) 대법원 2014.9.4. 선고 2014다36771 판결(공2014하, 2026)은 소외인의 채권자인 원고가 소외인과 피고 사이에 2009.2.4.자로 체결된 부동산 매매계약이 사해행위라고 주장하면서 수익자인 피고에 대한 회생절차의 관리인인 피고를 상대로 하여 위 매매계약의 취소 및 그에 따른 원상회복으로서 부동산에 관한 소유권이전등기의 말소를 청구하는 사해행위취소의 소를 제기한 사안에서 위 사해행위취소의 소는 환취권의 행사에 해당하여 회생절차개시의 영향을 받지 아니하므로, 사해행위의 수익자인 피고에 대하여 회생절차가 개시되었다고 하여 사해행위취소의 소가 부적법하다고 할 수는 없다고 하였다. 이 판결에 대한 평석으로 최준규, "사해행위의 수익자에 대하여 도산절차가 개시된 경우의 법률관계―취소채권자와 수익자의 일반채권자 사이의 우열관계를 중심으로―", 민사재판의 제문제 제28권, 한국사법행정학회(2021), 214면 참조.

6) 대법원 1998.2.13. 선고 97다6711 판결(공1998, 727), 대법원 1996.5.14. 선고 95다50875 판결(공1996하, 1850), 대법원 1996.10.29. 선고 96다23207 판결(공1996하, 3530). 또한 대법원 2001.2.9. 선고 2000다57139 판결(공2001, 623)은 원물반환이 아닌 가액배상의 요건에 해당하는 사안에서, 취소채권자가 불이익을 감수하면서 원물반환을 구할 경우에는 원물반환을 명할 수 있다고 하였다.

행위를 전부 취소하고 원상회복을 구하는 채권자의 주장 속에는 사해행위를 일부 취소하고 가액의 배상을 구하는 취지도 포함되어 있으므로, 채권자가 원상회복만을 구하는 경우에도 법원은 가액의 배상을 명할 수 있다는 것이다.[7]

　　여기서 수익자가 채무자로부터 사해행위를 원인으로 부동산에 관한 소유권이전등기를 넘겨받은 후 사실심 변론종결 당시에 수익자가 여전히 그 부동산의 소유자로 남아 있는 경우, 원물반환이 불가능할 경우에 인정되는 가액배상 청구권의 성질이 문제되는데, 판례가 사해행위 자체는 수익자 또는 전득자에 대한 회생절차개시 이전에 있었더라도, 이 경우의 사해행위취소에 기한 가액배상청구권은 채무자회생법 제179조 제1항 제6호의 '부당이득으로 인하여 회생절차개시 이후 채무자에 대하여 생긴 청구권'인 공익채권에 해당한다고 하였음은 전술하였고,[8] 하급심 판례에도 실무상 채권자 입장에서 가액배상청구권을 미리 회생절차에서 회생채권으로 신고한다는 것은 기대하기 어렵고, 사해행위취소소송의 사실심 변론종결 시까지는 회생절차에서의 회생채권인지, 아니면 환취권의 행사인지가 결정되지 않게 되는 절차적 불안정성을 초래한다는 등의 이유로 위 가액배상청구권은 채무자회생법 제179조 제1항 제2호의 "회생절차개시 후의 업무 및 재산의 관리·처분에 관한 비용청구권" 또는 같은 항 5호의 "채무자의 업무 및 재산에 관하여 관리인이 회생절차개시 후에 한 자금의 차입 그 밖의 행위로 인하여 생긴 청구권" 또는 같은 항 제15호의 "채무자를 위하여 지출하여야 하는 부득이한 비용"에 해당하는 공익채권으로 보아야 한다고 한 것이 있다.[9]

　　한편 위와 같은 판례의 법리에 비추어 수탁자에 대하여 회생절차가 개시된 경우에는 수익자가 환취권을 행사하여 신탁재산을 확보하는 것이 가능하다고 해석한다.[10]

---

7) 대법원 2001.9.4. 선고 2000다66416 판결(공2001, 2162)은 근저당권이 설정되어 있는 부동산에 관하여 사해행위가 이루어진 후 근저당권이 말소되어 그 부동산의 가액에서 근저당권 피담보채무액을 공제한 나머지 금액의 한도에서 사해행위를 취소하고 가액의 배상을 명하는 경우 그 가액의 산정은 사실심 변론종결시를 기준으로 하여야 하고, 기존의 근저당권이 말소된 후 사해행위에 의하여 그 부동산에 관한 권리를 취득한 전득자에 대하여도 사실심 변론종결시의 부동산 가액에서 말소된 근저당권 피담보채무액을 공제한 금액의 한도에서 그가 취득한 이익에 대한 가액 배상을 명할 수 있고, 채권자가 채권자취소권을 행사할 때에는 원칙적으로 자신의 채권액을 초과하여 취소권을 행사할 수 없고, 이 때 채권자의 채권액에는 사해행위 이후 사실심 변론종결시까지 발생한 이자나 지연손해금이 포함된다고 하였다.

8) 대법원 2019.4.11. 선고 2018다203715 판결(공2019상, 1051)[백선30]은 근저당권이 설정되어 있는 부동산에 관하여 사해행위가 이루어진 후 근저당권이 말소되어 그 부동산의 가액에서 근저당권 피담보채무액을 공제한 나머지 금액의 한도에서 사해행위를 취소하고 가액의 배상을 명하는 경우 그 가액의 산정은 사실심 변론종결 시를 기준으로 하여야 하고, 이 경우 사해행위가 있은 후 그 부동산에 관한 권리를 취득한 전득자에 대하여는 사실심 변론종결 시의 부동산 가액에서 말소된 근저당권 피담보채무액을 공제한 금액과 사실심 변론종결 시를 기준으로 한 취소채권자의 채권액 중 적은 금액의 한도 내에서 그가 취득한 이익에 대해서만 가액배상을 명할 수 있다고 하였다.

9) 서울고법 2017.12.5. 선고 2016나2014957 판결(미간행).

10) 상세에 관하여는 문혜영, "수탁자에 대한 회생절차 개시 시의 법적 문제", 도산법연구 제13권 제1호,

(3) 채권적 청구권

채권적 청구권은 도산절차에 우선하는 관철력(貫徹力)은 부여되지 않고 회생채권, 파산채권 등의 도산채권으로서 절차 내에서 만족을 감수할 수밖에 없으나, 채무자에 속하지 아니하는 재산의 급부를 구하는 것은 채권적 청구권이라도 환취권의 근거가 된다. 예컨대 전대인이 전대차계약이 종료된 것을 이유로 하여 채무자인 전차인에 대하여 목적물의 반환청구권을 갖는 경우이다. 기타 채권자대위권이나 부인권도 환취권의 기초가 될 수 있다. 채무자가 부동산의 증여를 받은 것이 사해행위이면, 증여자의 채권자 또는 파산관재인은 도산절차 개시 후에도 이를 취소 또는 부인하고 관리인·관재인에 대하여 등기말소를 구할 수 있다.

판례로는 파산한 수출회사가 파산선고 전에 수령한 수출대금은 수출자에 대하여 환어음 등 환매채권을 가지고 있는 신용장 매입은행이 주장하는 환취권의 대상은 아니라고 한 사례가 있다.[11]

(4) 위탁매매인의 권리

위탁매매인이 위탁자로부터 받은 물건 또는 유가증권이나 위탁매매로 인하여 취득한 물건, 유가증권 또는 채권은 위탁자와 위탁매매인 또는 위탁매매인의 채권자 간의 관계에서는 이를 위탁자의 소유 또는 채권으로 보므로(상103조), 물품 매입의 위탁을 받은 위탁매매인(예컨대 증권업자)이 위탁을 실행하여 매매에 의하여 권리를 취득한 후 위탁자에게 이를 이전하기 전에 위탁매매인에게 도산절차가 개시된 경우 위탁매매인이 매입을 위한 자금을 선급받은 경우에는 위탁자는 환취권을 행사할 수 있고, 또한 위탁매매의 반대급부로 위탁매매인이 취득한 물건, 유가증권 또는 채권에 대하여는 후술하는 대체적 환취권으로 그 이전을 구할 수 있다고 해석한다.[12] 위탁매매인은 위탁자의 계산으로 목적물품을 취득하는 것이므로 위탁매매인의 일반채권자는 위탁의 실행으로서 취득한 물건까지 일반담보로 하는 것을 기대할 수는 없다는 것을 그 이유로 한다. 「자기명의로서」 권리를 취득하는 위탁매매인(상101조)의 법률상의 성질에 다소 어긋나는 점도 있지만, 결과는 타당하고, 장래 매입될 물품에 관하여 미리 소유권이전과 점유개정의 합의(선행적 소유권이전, 선행적 점유개정)가 있다고 해석한다면 크게 부당하지는 않을 것이다. 그러나 부동산에 관하여는 이

사단법인 도산법연구회(2023.7.), 1면 참조.

11) 대법원 2002.11.13. 선고 2002다42315 판결(공2003, 65).

12) 대법원 2008.5.29. 선고 2005다6297 판결(공2008하, 895). 이 판결에 대한 해설로 정준영, "위탁매매인이 파산한 경우 위탁자가 가지는 구 파산법상 대상적 환취권", 대법원판례해설 제75호, 법원도서관(2008), 507면 참조. 同旨 日最判昭和43.7.11民集22권7호1462면, 倒産判例 ガイド 제2판 110면[百選50]은 증권회사에 의한 주식 취득의 사안이다.

이론을 적용할 수는 없고, 근본적으로는 입법적으로 해결할 수밖에 없다. 대금이 지급되지 않은 때에는 위탁자를 보호할 필요가 없고, 대금지급의무와 인도의무가 대가관계에 있으므로 쌍방미이행의 쌍무계약으로 처리하여야 한다.[13]

또 위탁매매인인 증권업자의 도산의 경우 절차개시 후 채무자에 대하여 된 배당이나 배정된 신주를 관재인이 취득하고 있는 때에는 위탁자는 공익채권(법179조) 또는 재단채권 (법473조5호)으로서 그 급부를 구할 수 있다.

(5) 신탁적 양도인의 권리

신탁은 위탁자가 수탁자에게 재산권을 이전하거나 기타의 처분을 하여 수탁자로 하여금 신탁의 목적을 위하여 재산의 관리 또는 처분을 하도록 하는 것이어서 부동산의 신탁에 있어서 신탁자의 위탁에 의하여 수탁자 앞으로 그 소유권이전등기를 마치게 되면 대내외적으로 소유권이 수탁자에게 완전히 이전되고, 위탁자와의 내부관계에 있어서 소유권이 위탁자에게 유보되어 있는 것은 아니므로 신탁의 해지 등 신탁종료의 사유가 발생하더라도 수탁자가 신탁재산의 귀속권리자인 수익자나 위탁자 등에게 새로이 목적부동산의 소유권 등 신탁재산을 이전할 의무를 부담하게 될 뿐, 신탁재산이 수익자나 위탁자 등에게 당연히 복귀되거나 승계된다고 할 수 없다.[14] 수탁자에 대하여 파산이나 회생절차가 개시되어도 파산재단이나 회생절차의 관리인이 관리 및 처분권을 가지는 채무자의 재산이나 개인회생재단을 구성하지 않는다(신탁법24조).

신탁법상의 신탁의 경우 신탁재산은 위탁자로부터 수탁자로 이전하나(신탁법1조, 3조 참조), 신탁재산은 수탁자의 채권자가 예상하는 재산(책임재산)은 아니므로 수탁자가 파산선고를 받으면[15] 신수탁자 또는 신탁재산관리인이 환취권을 갖는다(법407조의2 제1항, 제2항). 숨은 추심위임배서의 피배서인이 도산한 경우에도 배서인은 환취권을 갖는다고 해석한다. 수탁자가 파산한 경우에 신탁재산은 수탁자의 고유재산이 된 것을 제외하고는 파산재단을

---

13) 이 문제의 상세에 관하여는 임치용, "위탁매매인의 파산과 환취권", 파산법 연구 5, 박영사(2020), 541 면 참조.

14) 대법원 1994.10.14. 선고 93다62119 판결(공 1994, 2967)은 甲 소유의 건물이 乙에게 신탁된 것이라면 신탁등기가 된 때부터 신탁이 해지되어 甲의 상속인 丙 명의로 이전등기가 될 때까지는 건물의 소유권은 대내외적으로 乙에게 완전히 귀속되었다 할 것이고, 따라서 그 동안에 丁이 법률상 원인 없이 건물을 점유함으로 인하여 부담하게 되는 임료 상당의 부당이득반환채무에 대한 청구권은 乙이 갖는 것이고, 그 후 신탁이 해지되었다 하더라도 이미 발생한 부당이득반환청구채권은 乙이 신탁재산의 관리로 얻은재산으로서 신탁재산에 속하는 것이므로(신탁법 제19조) 당연히 위탁자 甲의 상속인 丙에게 승계된다고는 할 수 없고, 수탁자인 乙로서는 신탁계약의 본래 목적에 따라 잔여신탁재산으로서 이를 귀속권리자인 丙에게 양도하여 대항요건을 갖추는 등의 이전절차를 취하여야 할 의무를 부담하는 데 지나지 아니하므로 乙이 이러한 이전절차를 밟지 아니하였다면 丙이 丁에 대하여 그 부당이득반환청구채권을 행사할 수 없다고 하였다.

15) 유한책임신탁에서 신탁재산에 대한 파산선고가 있으면 신탁은 종료한다(신탁법98조1항3호).

구성하지 아니하므로, 신탁사무의 처리상 발생한 채권을 가지고 있는 채권자는 수탁자가 그 후 파산하였다 하더라도 신탁재산에 대하여는 강제집행을 할 수 있다.[16] 신탁사무의 처리상 발생한 채권을 가지고 있는 채권자는 수탁자의 일반채권자와 달리 신탁재산에 대하여도 강제집행을 할 수 있는데(신탁법21조1항), 한편 수탁자의 이행책임이 신탁재산의 한도 내로 제한되는 것은 신탁행위로 인하여 수익자에 대하여 부담하는 채무에 한정되는 것이므로(신탁법32조), 수탁자가 수익자 이외의 제3자 중 신탁재산에 대하여 강제집행을 할 수 있는 채권자(신탁법21조1항)에 대하여 부담하는 채무에 관한 이행책임은 신탁재산의 한도 내로 제한되는 것이 아니라 수탁자의 고유재산에 대하여도 미치는 것으로 보아야 한다.[17]

파산관재인이 신수탁자 또는 신탁재산관리인의 환취권 행사를 인정하는 경우에는 법원의 허가 또는 감사위원의 동의를 받아 그들에게 재산의 인도 또는 이전등기·등록을 하여 주면 될 것이나, 한편 판례는 채무자가 파산선고시에 가진 모든 재산은 파산재단을 구성하고 그 파산재단을 관리 및 처분할 권리는 파산관재인에게 속하므로 파산관재인은 파산선고를 받은 수탁자의 포괄승계인과 같은 지위에 있고, 비록 신탁재산은 파산재단에 속하지 아니하지만, 신탁재산에 관한 약정 자조매각권과 비용상환청구권은 파산재단에 속하므로 파산관재인으로서는 신탁재산인 토지에 대하여 관리처분권이 있는지 여부와 관계없이 파산선고 당시 수탁자인 채무자가 가지고 있던 약정 자조매각권을 행사하여 토지를 매각하고 그 대금으로 비용상환청구권의 변제에 충당할 수 있다고 하였다.[18]

한편 수탁자에 대하여 회생절차가 개시되면 회생절차 개시만으로는 신탁 종료사유가

16) 대법원 2014.10.21.자 2014마1238 결정(공2014하, 2303)은 甲 등이, 乙 회사와 토지, 건물 등에 관한 권리를 신탁재산으로 하여 이를 분양하는 토지신탁계약을 체결한 丙 회사와 상가 분양계약을 체결하였다가 丙 회사를 상대로 매매대금 반환 소송을 제기하여 승소판결이 확정된 후 丙 회사가 파산하고 丁이 파산관재인으로 선임되자, 위 판결에 기한 채권을 청구채권으로 하여 丁의 예금채권에 대하여 채권압류 및 전부명령을 신청한 사안에서, 위 청구채권은 신탁사무의 처리상 발생한 채권이고, 甲 등이 위 청구채권으로써 파산한 수탁자 丙 회사의 고유재산이 아닌 신탁재산에 대하여 강제집행하는 것은 수탁자의 파산에 관계없이 허용됨에도, 원심 결정이 예금채권 전부가 파산재단에 속한다고 단정하여 채권압류 및 전부명령 신청을 기각한 것에 법리오해 등의 위법이 있다고 한 사례이다.
17) 대법원 2004.10.15. 선고 2004다31883,31890 판결(공2004, 1829면)은 수탁자가 파산한 경우에 신탁재산은 수탁자의 고유재산이 된 것을 제외하고는 파산재단을 구성하지 않는 것이지만(신탁법22조), 신탁사무의 처리상 발생한 채권을 가진 채권자는 파산선고 당시의 채권 전액에 관하여 파산재단에 대하여 파산채권자로서 권리를 행사할 수 있다고 하였다.
18) 대법원 2013.10.24. 선고 2013다7042 판결(미간행)은 신탁계약서에 '신탁재산에 속하는 금전으로 차입금 및 그 이자의 상환, 신탁사무 처리상 수탁자의 과실 없이 받은 손해, 기타 신탁사무 처리를 위한 제비용 및 수탁자의 대지급금을 충당하기에 부족한 경우에는 수익자에게 청구하고, 그래도 부족한 경우에는 수탁자가 상당하다고 인정하는 방법 및 가액으로서 신탁재산의 일부 또는 전부를 매각하여 그 지급에 충당할 수 있다'고 규정되어 있는 사안에서 위 약정은 수탁자인 파산 전 회사가 신탁이 존속하는 동안이나 신탁이 종료된 이후에 신탁재산에 관한 비용 등을 수익자에게 청구하였음에도 이를 지급받지 못한 경우에는 신탁재산을 처분하여 그 대금으로 신탁재산에 관한 비용 등의 변제에 충당할 수 있도록 자조매각권을 파산 전 회사에 부여하는 특약이라고 해석된다고 전제하였다.

되지 않으므로 신탁재산은 계속 수탁자가 소유하되, 수탁자의 고유재산과 분리되어 관리되어야 하므로 이를 사용, 수익할 권한은 없으며, 수익자는 수탁자에 대하여 신탁재산에 속한 재산의 인도와 그 밖에 신탁재산에 기한 급부를 요구하는 청구권을 가진다(신탁법62조).

(6) 이혼으로 인한 재산분할의 경우

이혼에 따른 재산분할에 관하여는 이혼 중의 실질상의 공동재산의 청산분배, 이혼 후의 부양, 위자료라고 하는 실질이 있고, 각각의 경우 피분할자의 권리의 처우가 문제가 된다. 특히 어려운 문제는 재산분할의 협의나 재판 후 그 이행 전에 분할자가 파산선고를 받았을 때 피분할자의 권리(재산분할청구권)를 어떻게 취급할 것인가이다.[19]

판례는 이혼 당사자 각자가 보유한 적극재산에서 소극재산을 공제하는 등으로 재산상태를 따져 본 결과 재산분할청구의 상대방이 그에게 귀속되어야 할 몫보다 더 많은 적극재산을 보유하고 있거나 소극재산의 부담이 더 적은 경우에는 적극재산을 분배하거나 소극재산을 분담하도록 하는 재산분할은 어느 것이나 가능하다고 보아야 하고, 후자의 경우라고 하여 당연히 재산분할 청구가 배척되어야 한다고 할 것은 아니므로 소극재산의 총액이 적극재산의 총액을 초과하여 재산분할을 한 결과가 결국 채무의 분담을 정하는 것이 되는 경우에도 법원은 채무의 성질, 채권자와의 관계, 물적 담보의 존부 등 일체의 사정을 참작하여 이를 분담하게 하는 것이 적합하다고 인정되면 구체적인 분담의 방법 등을 정하여 재산분할 청구를 받아들일 수 있다고 하고 있다.[20]

① 공동재산 청산에 관하여 일본의 판례는 이혼에 있어서의 재산분할로서 금전의 지급을 명하는 재판이 확정되고, 그 후 분할자가 파산한 경우 재산분할금의 지급을 목적으로 하는 채권은 파산채권이고, 분할의 상대방은 그 채권의 이행을 환취권의 행사로서 파산관재인에게 청구할 수는 없다고 하였다.[21]

---

19) 이 문제의 상세한 분석으로는 홍석표, "부부별산제와 개인도산절차", 도산법연구 제10권 제2호, 사단법인 도산법연구회(2020.12.), 93면 참조.

20) 대법원 2013.6.20. 선고 2010므4071,4088 전원합의체 판결(공2013하, 1332)은 위와 같이 해석하는 것이 부부가 혼인 중 형성한 재산관계를 이혼에 즈음하여 청산하는 것을 본질로 하는 재산분할 제도의 취지에 맞고, 당사자 사이의 실질적 공평에도 부합한다. 다만 재산분할 청구 사건에 있어서는 혼인 중에 이룩한 재산관계의 청산뿐 아니라 이혼 이후 당사자들의 생활보장에 대한 배려 등 부양적 요소 등도 함께 고려할 대상이 되므로, 재산분할에 의하여 채무를 분담하게 되면 그로써 채무초과 상태가 되거나 기존의 채무초과 상태가 더욱 악화되는 것과 같은 경우에는 채무부담의 경위, 용처, 채무의 내용과 금액, 혼인생활의 과정, 당사자의 경제적 활동능력과 장래의 전망 등 제반 사정을 종합적으로 고려하여 채무를 분담하게 할지 여부 및 분담의 방법 등을 정할 것이고, 적극재산을 분할할 때처럼 재산형성에 대한 기여도 등을 중심으로 일률적인 비율을 정하여 당연히 분할 귀속되게 하여야 한다는 취지는 아니라는 점을 덧붙여 밝혀 둔다고 하였다. 이 판결에 대한 해설로 진현민, "채무초과인 경우의 재산분할 허용 여부", 민사판례연구 XXXVI, 민사판례연구회(2014), 743면 참조.

21) 日最判平成2.9.27家月43권3호64면, 倒産判例 インデックス 제3판 90[百選51]은 재산분할은 분할자에

이와 관련하여 사해행위취소권에 있어서의 처우도 문제가 된다. 판례는 이혼으로 인한 재산분할청구권은 이혼을 한 당사자의 일방이 다른 일방에 대하여 재산분할을 청구할 수 있는 권리로서 이혼이 성립한 때에 그 법적 효과로서 비로소 발생하는 것일 뿐만 아니라, 협의 또는 심판에 의하여 구체적 내용이 형성되기까지는 그 범위 및 내용이 불명확·불확정하기 때문에 구체적으로 권리가 발생하였다고 할 수 없으므로 협의 또는 심판에 의하여 구체화되지 않은 재산분할청구권은 채무자의 책임재산에 해당하지 아니하고, 이를 포기하는 행위 또한 채권자취소권의 대상이 될 수 없다고 하였으나,[22] 한편 이미 채무초과 상태에 있는 채무자가 이혼을 함에 있어 자신의 배우자에게 재산분할로 일정한 재산을 양도함으로써 결과적으로 일반 채권자에 대한 공동담보를 감소시키는 결과로 되어도, 위 재산분할이 민법 제839조의2 제2항 규정의 취지에 따른 상당한 정도를 벗어나는 과대한 것이라고 인정할 만한 특별한 사정이 없는 한 사해행위로서 채권자에 의한 취소의 대상으로 되는 것은 아니고, 다만 위와 같은 상당한 정도를 벗어나는 초과부분에 관한 한 적법한 재산분할이라고 할 수 없기 때문에 그 취소의 대상으로 될 수 있고, 위와 같이 상당한 정도를 벗어나는 과대한 재산분할이라고 볼 만한 특별한 사정이 있다는 점에 관한 입증책임은 채권자에게 있다고 하였다.[23]

일본의 판례 역시 이혼으로 인한 재산분할로 부동산이 분할되어 등기를 마친 사안에서 이혼으로 인한 재산분할 규정의 취지에 반하여 상당하지 않을 정도로 과대하여 재산분할에 가탁한 재산처분이라고 인정할 만한 특단의 사정이 없는 한 사해행위로서 채권자에 의한 취소의 대상이 되지 않는다고 하였고,[24] 나아가 위자료 및 부양료로 별도의 금액을 산정하여 금전의 지급을 약정한 사안에서 부양으로 금전의 정기지급을 합의하는 경우도 마찬가지라고 하면서도 그에 반하여 위자료에 관하여는 새로운 채무부담은 아니므로 사해행위는 되지 않지만, 손해배상채무의 액을 초과한 부분은 위자료의 이름을 빌린 금전의 증여 내지 대가없는 새로운 채무부담으로서 사해행위취소의 대상이 된다고 하였다.[25] 부

속하는 재산을 상대방에게 지급하는 것이고, 분할금의 지급을 명하는 재판이 확정되었다고 하더라도 분할의 상대방은 당해 금전의 지급을 구하는 채권을 취득하는 하는 것에 불과하고, 그 채권의 액에 상당한 금원이 분할의 상대방에게 당연히 귀속하는 것은 아니라는 것을 이유로 하였다.

22) 대법원 2013.10.11. 선고 2013다7936 판결(공2013하, 2069).

23) 대법원 2000.7.28 선고 2000다14101 판결(공2000, 1940). 同旨 대법원 2005.1.28. 선고 2004다58963 판결(공2005, 398. 채권자취소권의 대상이 아니라고 한 사례), 대법원 2006.6.29. 선고 2005다73105 판결(미간행, 이혼으로 인한 재산분할이 상당한 정도를 초과하여 그 초과 부분이 채권자취소권의 대상이 된다고 한 사례), 대법원 2006.9.14. 선고 2006다33258 판결(미간행, 원심판결이 부부간 부동산의 증여가 협의이혼 신고일로부터 약 5개월 전에 이루어진 점 등을 들어 협의이혼에 따른 재산분할로 볼 수 없고, 따라서 그 증여가 사해행위가 아니라는 주장을 배척한 것을 그 협의이혼과 부동산 증여의 경위 등에 관한 심리미진 등을 이유로 파기한 사례).

24) 日最判昭和58.12.19民集37권10호1532면.

25) 日最判平成12.3.9民集54권3호1013면.

인권과 관련된 문제는 해당부분에서 후술한다.

② 부양에 관하여는 정책적인 보호의 필요성이 있으나 실체법상의 우선권이 부여되어 있는 것은 아니다. 구법에서는 부조료라는 표현을 쓰고 있었는데, 현행법은 공익채권·재단채권으로 하면서(법179조1항14호, 473조9호), 파산에서는 비면책채권으로 하고 있다(법566조8호).

③ 위자료에 관하여는 일반 불법행위채권과 동일한 기준으로 취급된다.

재산분할에 있어서는 그 밖에 협의가 성립하기 전에 일방이 파산한 경우 대상이 될 수 있는 재산의 관리처분권은 파산관재인에게 전속하므로 협의나 재판의 상대방과 그 이행 주체, 협의나 재판의 수행방법을 둘러싼 문제가 있다.[26]

(7) 예금채권의 문제

예금채권에 관한 환취권의 유무에 관하여는 그 귀속(채무자의 재산인지 여부) 및 성질(채무자의 재산이라고 하여도 신탁재산 등 파산재단에 속하는 것이 아니지는 않는가)이 문제된다. 일본의 판례 중에는 파산선고를 받은 채무자인 보험대리점이 수취한 보험료를 입금할 목적으로 개설하여 보험료를 예금한 보험회사 대리점 명의의 보통예금구좌와 관계된 예금채권은 보험회사 대리점에 귀속한다고 한 사례,[27] 채무자로부터 채무정리사무의 위임을 받은 변호사가 위임인으로부터 수령한 금전을 입금하기 위하여 위임인 대리인 명의로 개설하고 위임인으로부터 수령한 금전을 예금한 보통예금구좌의 예금채권은 변호사에게 귀속한다고 한 사례,[28] 공공공사의 선급금 보증사업에 관한 법률에 기하여 선급금반환채무의 보증을 전제로 하여 지방공공단체와 채무자의 도급인과의 사이에 된 도급보수계약선급의 합의에 기하여 그 선급금을 입금하기 위하여 개설하고 당해 선급금을 입금하여 둔 보통예금구좌의 예금채권에 관하여 신탁재산으로서 파산재단에 속하지 않는다고 하여 파산관재인의 반환청구권을 부정한 사례[29] 등이 있다.

---

26) 자세한 분석은 山本和彦 외 4인, "倒産法 槪說 제2판", 弘文堂(2013), 183면 참조.

27) 日最判平成15.2.21民集57권2호95면은 대리점은 보험회사의 대리인으로서 구좌를 개설한 것은 아니고, 통장과 인장의 보관이나 입금·출금의 사무는 대리점만이 행하여 온 사정 및 금전에 관하여는 점유와 소유가 일치하므로 예금채권의 구분관리, 예금의 목적, 사용용도의 제한, 전용구좌라고 하는 사정이 있다고 하여도 위 예금채권은 보험대리점에 귀속한다고 하였다.

28) 日最判平成15.6.12民集57권6호563면은 그 후에도 예금통장과 인장의 관리, 예금의 입출금은 변호사가 행하여 왔다는 사정을 들었다.

29) 日最判平成14.1.17民集56권1호20면, 倒産判例 インデックス 제3판 89[百選52]는 위 예금된 금전은 공사비용 이외에는 사용할 수 없고, 출금이 관리되고 부적정한 사용일 때에는 출금이 중지되는 등의 합의 내용으로부터 신탁계약의 성립을 인정하고, 당해 예금은 일반재산으로부터 분리 관리되어 특정성을 가지고 보관되어 신탁재산인 것을 대항할 수 있다고 하였다. 이 역시 환취권을 근거로 한다.

라. 특별한 환취권

이상과 같이 실체법에 기초를 둔 일반 환취권 이외에 도산처리법상의 고려에서 특별히 창설된 환취권이 있다.

(1) 운송중인 매각물의 환취권(매도인의 환취권)

격지자간의 매매에 있어서 매도인이 매매의 목적물인 물품을 매수인에게 발송한 경우에 매수인이 아직 대금전액을 변제하지 아니하고 또 도달지에서 그 물품을 수령하지 아니한 동안에 매수인에 관하여 회생절차가 개시되거나 매수인이 파산선고를 받은 때에는 매도인은 그 물품을 환취할 수 있다(법71조1항 본문, 408조1항 본문). 통신·교통이 불편한 시대에 매수인의 신용상태를 알지 못하는 매도인을 보호하기 위하여 영국법에서 발상되어 대륙법, 일본법을 거쳐 우리나라에 도입된 제도인데 오늘날에는 통신·운송수단의 발달에 의하여 이 제도가 필요한 사태는 거의 없다고 할 수 있다. 또 운송인에 대하여 운송중지, 물품반환을 구할 수 있으므로(상139조), 그 중요성은 더욱 감소된다.

이 환취권의 요건은 ① 격지자 간의 매매, ② 대금미변제, ③ 도산절차개시가 매수인이 도달지에서 물품을 수령하기 전에 있을 것 등이고 이러한 요건이 구비되는 한 목적물이 관리인·관재인의 점유 하에 있어도 환취권을 취득한다. 행사의 방법은 점유의 회복(상법 제139조에 의한 운송품처분권의 행사도 그 방법이다) 또는 의사표시에 의한다.

매도인의 환취권에 대항하는 수단으로서 관리인·관재인은 대금을 모두 변제하여 환취를 거절하거나 또 수취하지 않은 때에는 인도를 청구할 수 있다(법71조1항 단서, 408조1항 단서. 회생에서는 법원의 허가를 요하는 것으로 되어 있으나, 근거가 결핍되어 있다). 또 매매계약의 내용상 매도인의 발송만 가지고 매도인의 이행을 완료한 것으로 하지 않은 경우에는(예컨대 매도인이 기계를 설치할 의무를 부담하는 경우), 쌍방미이행의 쌍무계약으로서 관리인·관재인은 계약의 해제 또는 이행의 청구를 선택할 수 있다(법71조2항, 408조2항. 이에 반하여 환취권의 행사의 결과로서 쌍방미이행상태가 현출되는 것이므로 그 사태처리를 위한 규정이라고 해석하는 설도 있다).

매도인의 환취권에 대하여는 그 특이한 연혁을 반영하여 법률적 성질 내지 행사의 효과에 관하여 다툼이 있다. 채권설, 물권설, 이행철회설, 채권-형성권설, 점유권한회복설 등이 있으나, 여기서의 설명은 최후의 설에 의한다.

매도인의 환취권과 마찬가지의 취지로, 물품매입의 위탁을 받은 위탁매매인이 물품을 격지의 위탁자에게 발송한 경우에도 매도인의 환취권과 동일한 요건으로 위탁판매상에게 환취권을 인정하고 있다(법72조, 409조).

(2) 대체적 환취권

환취할 수 있는 목적물을 채무자 또는 관리인·관재인이 제3자에 양도한 경우에는 현물의 환취를 받는 것은 불가능하다. 이 경우 법률적으로는 양수인에 추급하여 반환청구를 하는 것이 가능한 경우도 있지만 양수인이 선의취득한 경우와 같이 불가능한 경우도 있다. 아무튼 환취할 수 없는 때에 관리인·관재인이 양수인으로부터 취득한 반대급부를 보유할 수 있다고 하는 것은 공평에 반한다. 따라서 환취권자에 대하여 반대급부 즉 그 재산을 대신하는 물건(대위물)이 특정성을 가지고 존재하는 때에는 환취권자는 대위물을 환취할 수 있도록 하였다. 이것이 '대체적 환취권' 제도이다.

즉 양수인으로부터 반대급부를 받지 않고 있는 경우에는 환취권자는 관리인·관재인에 대하여 그 반대급부청구권을 자기에게 이전할 것을 청구할 수 있다. 관리인·관재인이 환취권의 목적인 재산을 양도한 때에도 같다(법73조1항, 410조1항). 만약 파산관재인이 환취권의 목적인 재산을 환취권의 목적이 아닌 다른 재산과 한꺼번에 양도하면서 각각의 반대급부를 특정하지 않은 경우 환취권자는 전체 반대급부의 이행청구권 중 환취권의 목적인 재산의 가치에 상응하는 부분에 한하여 대체적 환취권을 행사할 수 있다.30) 그 효과는 채권적인 것이므로 관리인·관재인은 지명채권양도의 방식으로 이를 환취권자에게 이전하여야 한다. 관리인·관재인이 이에 응하지 않는 때에는 소에 의하여 권리이전의 의사표시와 채권양도의 통지를 하여야 한다는 취지의 판결을 구하는 수밖에 없다.31)

다음으로 반대급부가 절차 개시 후에 관리인·관재인에 대하여 된 경우에 있어서도 목적물이 특정성을 가지고 현존하는 때에는 환취권자는 그 반대급부로서 받은 재산의 급부를 청구할 수 있다(법73조2항, 410조2항). 단 관리인·관재인이 반대급부로서 받은 것이 금전일 경우에는 특정성이 없으므로 그 가액 상당은 부당이득으로서 공익채권 또는 재단채권이 된다(법179조1항6호, 473조5호).

절차 개시 후 관리인·관재인이 아니라 채무자 자신에게 반대급부가 된 경우 급부자가 악의이면 도산절차가 이익을 받은 한도 내에서만 변제의 효력을 대항할 수 있음에 불과하므로(법67조2항, 332조2항), 그 차액에 관하여 관리인·관재인이 반대급부청구권을 가지고, 환취권자는 그 이전을 청구할 수 있는 외에, 이미 급부를 수령한 물건의 인도청구, 또는 특정성이 없는 경우에는 부당이득반환청구를 할 수 있다. 급부자가 선의인 경우에는 완전히 면책되므로(법67조1항, 332조1항), 대체적 환취권은 특정 현물 또는 부당이득이 있는 경우에만 인정되는데 불과하다.

마지막으로 채무자가 절차 개시 전에 이미 반대급부를 수령한 경우에는 규정의 문언

---

30) 대법원 2023.6.15. 선고 2020다277481 판결(공2023하, 1210).
31) 이 판결에는 민사집행법 제263조가 적용된다. 日大判昭和15.12.20.民集19권2215면.

상 대체적 환취권은 인정되지 않는다고 해석한다(법73조2항, 410조1항 참조). 이 경우에는 부당이득반환청구권 또는 손해배상청구권이 회생채권, 파산채권으로 됨에 불과하다.[32]

　　대체적 환취권의 행사 결과 환취권자에게 손실이 남는 경우에는 부족액을 도산채권으로서 또는 양도가 관리인·관재인에 의한 경우에는 공익채권(법179조1항6호) 또는 재단채권(법473조4호)으로서 청구할 수 있다. 그 이외에 양도가 무권한자에 의한 것이고 양수인이 선의취득하지 않은 때에는 직접 양수인에 추급하여 반환을 구할 수 있다. 양도가 무상이기 때문에 반대급부가 없는 경우나 유상이라도 전술한 바와 같이 대체적 환취권이 인정되지 않는 경우에는 이 종류의 일반법상의 구제에 의할 수밖에 없다.

마. 환취권의 행사

　　환취권은 기존의 실체법상의 일정한 권리 또는 도산처리법상 창설된 권리의 도산절차상의 관철력에 불과하므로 이 권리가 도산절차에 대한 관계에 있어서 재판외 또는 재판상 주장되는 때에는 항상 환취권의 행사가 있는 것이라고도 할 수 있다. 도산절차에 사실상 복종하고 있는 재산을 그로부터 문자 그대로 환취하기 위하여 관리인·관재인에게 인도나 등기 등을 구하는 것이 가장 보통의 형태이지만(적극적 또는 공격적 환취권), 관리인·관재인이 인도 등을 구하는 것을 거부하는 것도 환취권의 행사이다(소극적 또는 방어적 환취권).

　　환취권은 도산절차에 의하여 영향을 받는 것은 아니므로, 도산절차에 의하지 아니하고 행사된다. 다만 목적재산은 사실상 채무자 재산이나 파산재단에 포함되어 있는 외관을 가지고 있는 것이므로 그 행사는 관리인·관재인에 대하여 하여야 한다. 판례도 사해행위의 수익자 또는 전득자에 대하여 회생절차가 개시되는 경우 채무자의 채권자가 사해행위의 취소와 함께 회생채무자로부터 사해행위의 목적인 재산 그 자체의 반환을 청구하는 것은 환취권의 행사에 해당하여 회생절차개시의 영향을 받지 아니하므로, 채무자의 채권자는 수익자 또는 전득자의 관리인을 상대로 사해행위의 취소 및 그에 따른 원물반환을 구하는 사해행위취소의 소를 제기할 수 있다고 하였다.[33] 이 때 환취권의 행사로서의 원물

---

32) 이에 반하여 이러한 부당이득반환청구권은 그 실질에 있어 물권적 청구권 내지 환취권과 같으므로 도산절차 상 우선권을 부여하여여 하고, 대체적 환취권의 범위나 재단·공익 채권도 확대하여야 한다는 견해로는 이동진, "부당이득반환청구권의 도산절차상 지위", 민법과 도산법, 박영사(2019), 116면 참조.

33) 대법원 2019.4.11. 선고 2018다203715 판결(공2019상, 1051)[백선30]은 이 경우 수익자 또는 전득자가 사해행위취소로 인한 원상회복으로서 가액배상을 하여야 함에도, 수익자 또는 전득자에 대한 회생절차개시 후 회생재단이 가액배상액 상당을 그대로 보유하는 것은 취소채권자에 대한 관계에서 법률상의 원인 없이 이익을 얻는 것이 되므로 이를 부당이득으로 반환할 의무가 있고, 이는 수익자 또는 전득자의 취소채권자에 대한 가액배상의무와 마찬가지로 사해행위의 취소를 명하는 판결이 확정된 때에 비로소 성립한다고 보아야 하므로 설령 사해행위 자체는 수익자 또는 전득자에 대한 회생절차개시 이전에 있었더라도, 이 경우의 사해행위취소에 기한 가액배상청구권은 채무자회생법 제179조 제1

반환이 인정되는 경우에는 회생절차에 의하지 않고 회생채무자(수익자) 명의의 재산을 사해행위를 한 채무자 명의로 환원한 다음 그 재산에 대한 강제집행 등을 통하여 채무자의 일반채권자들을 위한 변제재원으로 사용할 수 있게 된다.

환취권의 행사는 그 시기를 묻지 않는다. 파산관재인이 1,000만 원 이상 가액을 가지는 재산의 환취를 승인하는 데에는 감사위원의 동의 또는 법원의 허가를 받아야 하고(법 492조13호), 회생에서도 법원의 허가사항으로 되어 있는 것이 있다(법61조1항8호). 재판상의 행사에는 적극적, 소극적 양면의 형태가 있는데, 구체적인 태양은 환취권의 기초가 되는 권리의 종류와 분쟁의 상황에 따라 다르다. 예컨대 적극적으로는 동산의 인도청구, 부동산의 이전등기청구 및 소유권확인청구소송을 제기하고, 소극적으로는 관리인·관재인이 하는 인도청구나 등기청구에 대하여 도산절차에 대항할 수 있는 권한을 소송상 주장(항변 또는 적극부인)함으로써 행한다. 관리인·관재인은 채무자가 가지는 모든 공격방어 방법을 제출할 수 있으나, 그 이외에 부인권을 행사하여 환취권에 대항할 수 있다.

「신탁법」에 따라 신탁이 설정된 후 수탁자가 파산선고를 받은 경우 신탁재산을 환취하는 권리는 신수탁자 또는 신탁재산관리인이 행사하고, 신탁이 종료된 경우에는 「신탁법」 제101조에 따라 신탁재산이 귀속된 자가 위 권리를 행사한다(법407조의2 제1항, 2항).

참고문헌

윤남근, "일반환취권과 관리인·파산관재인의 제3자적 지위", 인권과 정의 제386호, 대한변호사협회
　　　(2008.10.), 90면.
전병서, "파산법상 환취권 고찰", 법조 제510호, 법조협회(1999. 3.), 153면.

항 제6호의 '부당이득으로 인하여 회생절차개시 이후 채무자에 대하여 생긴 청구권'인 공익채권에 해당한다고 하였음은 전술하였다.

5. 담보권

가. 도산절차와 담보권

(1) 담보권의 취급에 있어서의 2가지 형태

각종의 담보권이 도산과의 관계에 있어서 어떠한 지위를 가지는가 하는 것은 담보라고 하는 제도 자체가 채권자가 변제능력에 관하여 생길 수 있는 위기적 사태에 대처하기 위한 것이라는 점에서 보면 매우 중요한 문제이다. 도산처리법은 전통적으로는 그와 같은 담보제도의 목적을 만족시키기 위하여 담보권자에게 매우 강한 지위를 보장하고 있다. 즉 담보권자는 채무자에 관하여 개시된 도산절차에 의하여 어떠한 방해도 받지 않고, 담보권자는 도산절차의 외부에서 담보목적물로부터 완전한 만족을 얻을 수 있도록 하였다. 이는 마치 피담보채권액의 한도에서 담보권자가 말하자면 가치적 환취권을 가지고 있는 것과 같다. 이와 같은 담보권자의 지위를 별제권이라고 칭하며 도산법에서 전통적으로 인정되어 왔다.

그러나 이와 같은 처우는 재건형 도산처리에 있어서 재건을 방해하는 큰 요소이다. 따라서 종래의 회사정리제도를 이어 받은 회생절차에서는 담보권자의 지위에 중대한 제한을 가하여 채무자 기업재건의 실을 거둘 수 있도록 배려하였다. 즉 담보권자라도 자유로운 담보권의 실행을 금하고, 회생절차에 참가하여 회생계획에 정한 한도에서만 권리를 인정하는데 불과하다. 이는 담보제도의 전통적인 의의에 변혁을 가한 것이라고 할 수 있다.

그에 따라 소위 비전형담보(非典型擔保)라고 칭하는 것(양도담보, 대물변제의 예약 또는 가등기담보, 소유권유보 등)의 도산처리법상의 처우의 문제가 매우 중요하게 되었다. 왜냐하면 이러한 비전형담보를 그 형식에 따라 소유권적으로 다루는가 아니면 실질에 따라 담보권적으로 다루는가는 파산에 있어서는 환취권을 인정하는가 별제권에 그치는가 하는 문제로서, 목적물의 가치와 피담보채권의 액이 균형을 이루고 있는 경우에는 어떻든 실질적으로 큰 차이가 없으나, 회생에 있어서는 이와 달리 환취권을 인정하는가 회생담보권을 인정하는가는 파산에 있어서 담보권이 부인되는가 여부와 같이 그 처우에 있어 큰 차이가 생기기 때문이다.

이하에서는 첫째 담보권 처우의 2가지 유형 즉 별제권과 회생담보권에 관하여 설명하고, 다음으로 각종의 전형·비전형 담보에 관한 처우를 살펴본다.

(2) 별제권

(가) 별제권의 요건과 성질

파산에 있어서는 파산채권자가 파산채권을 피담보채권으로 하여 파산재단에 속하는 재산 위에 저당권·질권 등의 실체법상의 담보물권(담보권)을 갖는 경우에는 원칙적으로 별제권이 인정된다(법411조).[1] 물론 「담보권을 가진다」는 의미는 권리변동의 성립요건 또는 대항요건을 구비하여야 한다는 것을 의미한다.[2] 별제권이라고 칭하는 것은 다른 채권으로부터 별도로 제외되어(별제되어) 변제를 받을 필요가 있다는 점에 착안한 것이고, 그 실체는 파산재단에 속하는 특정의 재산에 대한 담보권의 효력 내지 작용이다. 즉 담보권은 그 목적물에 의하여 채권의 경제적 가치를 확보하려고 하는 것이고, 설정자(많은 경우 채무자)가 파산하여도 가능한 한 그 효력을 존중하여야 할 것이므로 설정자가 파산하여도 담보권은 의연히 목적물 위에 효력을 미치고, 파산채권자는 파산절차에 의하지 아니하고 목적물로부터 우선변제를 받을 권리(별제권)를 갖는 것을 원칙으로 하고 있다(법412조). 따라서 파산채권과 같이 신고·조사절차를 거쳐 확정되어야 하는 것이 아니며,[3] 그 실행도 원래 예정된 그대로 행사할 수 있는 것으로서 담보권의 실행은 방해받지 아니하는 것이고(파산채권의 현재화는 이 장면에서도 미치고, 당해 담보화의 피담보채권이 파산채권일 때에는 파산절차 개시에 의하여 변제기가 도래한다. 법425조), 당해 담보권의 피담보채권이 파산채권인 경우에도(파산선고 후의 이자 등 후순위파산채권이 되는 것을 포함한다), 당해 담보권의 실행을 통하여 우선적인 변제를 받을 수 있다(법424조가 적용되지 않는다). 또한 이미 담보권의 실행 절차가 개시되어 있는 경우 파산선고에 의하여 그 절차가 중지되지 않는다. 파산선고에 의하여 물상대위권의 행사도 방해받지 않는다.[4]

---

1) 日最判平成22.6.4民集64권4호1107면[百選제5판58]은 재생절차에 있어서 자동차의 유보소유권을 이전받은 제3자(파이낸스 회사 등)의 지위에 관하여 원칙적으로 재생절차개시의 시점에 해당 특정 담보권에 관하여 등기, 등록을 구비할 필요가 있다고 하면서 소유자로 등록이 되어 있지 아니한 경우의 별제권 행사를 인정하지 않았다.

2) 권리변동의 대항요건주의를 택하고 있는 일본 법제에서 日大阪地判平成20.10.30判時2039호51면은 재생채무자도 일본민법 제177조의 「제3자」에 해당하고 절차개시 전에 대항요건을 구비하지 않은 담보권자는 재생절차에서 담보권을 대항할 수 없다고 하였다.

3) 대법원 1996.12.10. 선고 96다19840 판결(공1997, 308).

4) 日最判昭和59.2.2民集38권3호431면, 倒産判例 インデックス 제3판 77[百選56]은 동산매매선취특권에 기한 물상대위에 관하여 일반채권자에 의한 압류와 구별할 적극적인 이유는 없다고 하였다. 같은 취

채권을 회수하는 전형적인 방법은 강제집행법에 의한 담보권의 실행으로서의 경매(민집264조 이하)이지만, 다른 방법이 인정되고 있는 경우에는 그에 의한 것이 가능하다(민353조, 상59조 등 참조). 비전형담보에 관하여도 각각에 응한 실행방법에 의한다. 별제권은 이와 같이 담보권자의 본래의 지위가 파산에 있어서도 관철되는 것을 의미하는 것이고, 채무자회생법에 의하여 창설된 권리는 아니다. 예컨대 파산재단 소속의 부동산 위에 저당권을 가지는 파산채권자는 파산선고에 의하여 기한이 도래하므로(법425조), 경매를 신청하여 경락대금으로부터 우선적으로 변제를 받을 수 있다.

실체법상의 담보권에는 원칙적으로 별제권이 인정된다. 즉 유치권·질권·저당권·「동산·채권 등의 담보에 관한 법률」에 따른 담보권 또는 전세권은 별제권의 기초가 되고, 파산재단에 속하는 재산에 관하여 이러한 별제권을 가지는 자가 별제권자이다(법411조). 이에 반하여 주택임차인이 그 임대인과 사이에 임차권등기를 하기로 약정하였다거나 또는 주택을 임차하고 주택임대차보호법 제3조 제1항에서 정한 대항력을 취득하였다는 것만으로는 그 보증금 반환청구권을 별제권으로 인정할 수 없다는 것이 종래의 판례였으나,5) 채무자회생법은 명문의 규정을 두어 주택임대차보호법 제3조 제1항의 규정에 의한 대항요건을 갖추고 임대차계약증서상의 확정일자를 받은 임차인은 파산재단에 속하는 주택(대지 포함)의 환가대금에서 후순위권리자 그 밖의 채권자보다 우선하여 보증금을 변제받을 권리를 보장하고 있고, 파산신청일까지 주택임대차보호법 제8조의 규정에 의한 임차인은 같은 조 규정에 의한 보증금을 파산재단에 속하는 주택(대지 포함)의 환가대금에서 다른 담보물권자보다 우선하여 변제받을 권리를 인정하고 있다. 상가건물임대차보호법 제3조의 규정에 의한 대항요건을 갖추고 임대차계약증서상의 확정일자를 받은 임차인에 대하여도 마찬가지이다(법415조).6) 그러나 한편 판례는 채무자회생법 제492조 제14호에서 정한 별제권 목적물의 환수절차 등에 따른 특별한 사정이 없는 한, 위 임대차보증금반환채권을 가지고 주택임차인이 임대인에 대한 파산선고 후에 파산재단에 부담한 채무에 대하여 상계하거나 채무에서 공제하는 것까지 허용되지는 아니하며, 그에 관한 합의 역시 효력이 없다고 하

지의 동산의 양도담보에 기한 물상대위에 관하여는 日最決平成11.5.17民集53권5호863면, 倒産判例インデックス 제3판 68 참조.
5) 대법원 2001.11.9. 선고 2001다55963 판결(미간행)은 원고들이 피고들에 대하여 가지는 임대보증금반환청구권은 파산법상의 별제권에 속함의 확인을 구한 사건이다.
6) 채무자회생법 제415조 제2항 단서의 대항요건을 갖추어야 하는 시기에 관하여 입법과정에서 "파산신청일까지"가 아니라 "파산등기가 있을 때까지"로 함이 적절하다는 의견이 있었다. 이는 주택임대차보호법 제8조 제1항에서 우선변제권을 갖추어야 하는 시기를 경매신청의 등기 전까지로 정하고 있으므로 그것과 균형을 맞추어야 한다는 견해였다. 그러나 경매절차는 경매신청 후 바로 법원의 등기가 기입되지만 파산절차에서는 파산신청이 있다고 하더라도 채무자심문, 채권자의견청취 등 시간이 걸리므로, 파산신청 후 파산선고 전까지 채무자와 임차권자가 통모하여 대항력을 갖추는 사태 등이 예상되어 결국 "파산신청일까지"로 하기로 하였다.

였다.7) 상세는 후술한다.

　　한편 판례 중에는 부동산담보신탁과 관련하여 甲 회사가 乙 신탁회사와 甲 회사의 소유인 주택에 관하여 부동산담보신탁계약을 체결하고 乙 회사에 신탁을 원인으로 한 소유권이전등기를 마친 후 乙 회사의 승낙 없이 丙과 임대차계약을 체결하였고, 丙은 같은 날 위 주택을 인도받고 전입신고를 마쳤는데, 그 후 甲 회사가 위 주택에 관하여 신탁재산의 귀속을 원인으로 한 소유권이전등기를 마쳤고, 丁 신용협동조합이 같은 날 위 주택에 관하여 근저당권설정등기를 마쳤으며, 이후 丁 조합이 신청한 임의경매절차에서 戊 주식회사가 위 주택을 매수한 사안에서, 甲 회사는 임대차계약 체결 당시 수탁자인 乙 회사의 승낙 없이 위 주택을 임대할 수 없었지만, 위 주택에 관하여 신탁재산의 귀속을 원인으로 한 소유권이전등기를 마침으로써 적법한 임대권한을 취득하였고, 丙이 위 주택을 인도받고 전입신고를 마친 날부터 위 주택에 관한 주민등록에는 소유자 아닌 丙이 거주하는 것으로 나타나 있어서 제3자가 보기에 丙의 주민등록이 소유권 아닌 임차권을 매개로 하는 점유임을 인식할 수 있었으므로, 丙의 주민등록은 丙이 전입신고를 마친 날부터 임대차를 공시하는 기능을 수행하고 있었다고 할 것이어서, 丙은 甲 회사가 위 주택에 관하여 소유권이전등기를 마친 즉시 임차권의 대항력을 취득하였고, 丁 조합의 근저당권설정등기는 丙이 대항력을 취득한 다음에 이루어졌으므로, 丙은 임차권으로 주택의 매수인인 戊 회사에 대항할 수 있다고 한 사례도 있다.8)

　　나아가 근로자의 최종 3개월분의 임금·재해보상금 및 최종 3년분의 퇴직금 채권을 두텁게 보장하기 위하여, 「근로기준법」 제38조 제2항 각호에 따른 채권과 「근로자퇴직급여 보장법」 제12조 제2항에 따른 최종 3년간의 퇴직급여 등 채권의 채권자는 해당 채권을 파산재단에 속하는 재산에 대한 별제권의 행사 또는 채무자회생법 제349조 제1항의 체납처분에 따른 환가대금에서 다른 담보물권자보다 우선하여 변제받을 권리를 보장하고 있고, 다만 「임금채권보장법」 제8조에 따라 해당 채권을 대위하는 경우에는 그러하지 아니하다고 함은 전술하였다(법415조의2).

　　한편 가처분채권자가 가처분으로 인하여 가처분채무자가 받게 될 손해를 담보하기 위하여 법원의 담보제공명령으로 일정한 금전을 공탁한 경우에, 피공탁자로서 담보권리자인 가처분채무자는 담보공탁금에 대하여 질권자와 동일한 권리가 있는데(민집19조 3항, 민소123조), 가처분채무자가 공탁금회수청구권에 관하여 질권자로서 권리를 행사한다면 이는 별제권을 행사하는 것으로서 파산절차에 의하지 아니하고 담보권을 실행할 수 있는지가 문제된다. 법원의 담보제공명령에 따른 공탁이 있는 경우 담보권리자의 권리행사방법에

　7) 대법원 2017.11.9. 선고 2016다223456 판결(공2017하, 2315).
　8) 대법원 2019.3.28. 선고 2018다44879,44886 판결(공2019상, 965).

관하여 판례는 ① 직접 출급청구, ② 질권실행방법으로 공탁금회수청구권에 대한 압류와 추심·전부명령 등, ③ 집행권원에 터잡아 일반강제집행절차에 의하여 추심·전부명령을 받은 후 담보취소에 의한 공탁금회수청구를 모두 인정하고 있는데,[9] ①②의 방법으로 권리를 행사하려면 확정판결, 공탁자의 동의서 등 피담보채권이 발생하였음을 증명하는 서면이 필요하고, ③의 경우는 일반강제집행절차에 따라 공탁금회수청구권에 대한 강제집행을 하는 것이므로 집행권원이 필요하게 된다. 판례는 담보공탁금의 피담보채권인 가처분채무자의 손해배상청구권이 파산채무자인 가처분채권자에 대한 파산선고 전의 원인으로 생긴 재산상의 청구권인 경우에는 파산채권에 해당하므로, 파산절차에 의하지 아니하고는 이를 행사할 수 없고 파산채권에 해당하는 채권을 피담보채권으로 하는 별제권이라 하더라도, 별제권은 파산재단에 속하는 특정재산에 관하여 우선적이고 개별적으로 변제받을 수 있는 권리일 뿐 파산재단 전체로부터 수시로 변제받을 수 있는 권리가 아니며, 따라서 가처분채무자가 가처분채권자의 파산관재인을 상대로 파산채권에 해당하는 위 손해배상청구권에 관하여 이행소송을 제기하는 것은 파산재단에 속하는 특정재산에 대한 담보권의 실행이라고 볼 수 없으므로 이를 별제권의 행사라고 할 수 없고, 결국 이는 파산절차 외에서 파산채권을 행사하는 것이어서 허용되지 아니한다고 하였다.[10] 만약 가처분채무자의 손해배상청구권이 파산선고 후에 발생한 것이라면 파산채권신고를 하고 채권조사절차 또는 채권확정소송 등을 통하여 확정된 파산채권자표를 피담보채권의 발생을 증명하는 서면으로 하여 권리를 행사할 수 있다.[11] 또한 일반의 우선권 있는 파산채권에 대하여는 전술한 바와 같이 별제권은 인정되지 않는다(법441조).

그리하여 별제권은 담보물의 일정 가치부분에 한정된 환취권이라고도 할 수 있는 것이고, 재단채권에도 우선하는 것이지만 특정의 담보목적물에 의하여만 확보된다는 점에서는 총재산에 의하여 담보되는 재단채권이나 우선적 파산채권보다 불리한 입장에 서게 되는 수도 있다(담보물의 부족의 경우).

(나) 별제권과 파산채권

채무자가 물상보증인인 경우를 제외하고, 별제권자는 동시에 파산채권자이므로 별제

---

9) 대법원 2004.11.26. 선고 2003다19183 판결(공2005, 24).

10) 대법원 2015.9.10. 선고 2014다34126 판결(공2015하, 1477)[백선79]은 이러한 경우에 가처분채무자로서는 가처분채권자의 파산관재인을 상대로 담보공탁금의 피담보채권인 손해배상청구권의 존부에 관한 확인의 소를 제기하여 확인판결을 받는 등의 방법에 의하여 피담보채권이 발생하였음을 증명하는 서면을 확보한 후, 민법 제354조에 의하여 민사집행법 제273조에서 정한 담보권 존재 증명 서류로서 위 서면을 제출하여 채권에 대한 질권 실행 방법으로 공탁금회수청구권을 압류하고 추심명령이나 확정된 전부명령을 받아 담보공탁금 출급청구를 함으로써 담보권을 실행할 수 있고, 또한 피담보채권이 발생하였음을 증명하는 서면을 확보하여 담보공탁금에 대하여 직접 출급청구를 하는 방식으로 담보권을 실행할 수도 있다고 하였다.

11) 이진만, "2015년 분야별 중요판례분석", 법률신문 2016년8월11일자, 12면.

권자로서의 지위와 파산채권자로서의 지위의 관계가 문제된다. 만일 한쪽으로는 전액에 관하여 파산채권자로서 권리를 신고하여 비례적 변제를 받는 것을 허용하고 다른 한편으로 별제권도 인정할 때에는 이중으로 이득을 취하게 되므로 먼저 별제권을 행사하도록 하고 그에 의하여 채권전액을 만족시킬 수 없는 경우에만 그 차액에 한하여 파산채권자로서 권리행사를 허용하고 있다(법413조). 이를 부족액(잔액)책임주의라고 한다.[12] 구체적으로는 별제권자는 목적물의 평가액과 채권액과의 차액에 관하여 파산채권자로서 잠정적으로 신고(법447조2항), 채권조사·확정의 절차를 거치지만 후에 환가가 행하여진 단계에서 그 매득금액이 위 평가액을 대치하게 된다(법516조, 519조3호, 525조, 526조 참조).[13] 물론 별제권을 포기하면 전액에 관하여 파산채권으로 취급받을 수 있다.

　　이와 달리 채무자가 물상보증인인 경우에는 별제권자는 파산채권자는 아니다. 따라서 이 경우에는 당사자간에 특단의 정함이 없는 한 물상보증인의 파산은 채무에 관하여 기한의 이익을 상실시키지 아니하므로 직접 담보권실행이 가능하여지는 것은 아니다(목적 재산은 담보가 부착된 채 관재인에 의하여 환가된다).

　　(다) 별제권과 파산관재인의 권한

　　이와 같이 별제권은 파산절차 외에서 행사되나, 그 목적재산은 파산재단에 속하는 것이므로 별제권의 행사는 채무자가 아닌 파산관재인을 상대방으로 하여야 하고, 또 별제권의 행사는 어느 정도 파산절차와의 교섭을 생기게 한다. 또한 별제권자가 하는 별제권 행사의 방법은 담보권의 종류에 따라 다양한 것은 후술하는 바와 같으나, 파산이 총 재산관계의 청산인 관계상, 별제권자가 적극적으로 권리를 행사하지 않을 경우에 대한 대비도 필요하다. 그 경우에는 관재인이 주도권을 가지고 목적물의 환가 등을 행사하여야 한다. 이 점에서는 별제권자도 파산절차에 영향을 받는다고 할 수 있지만 이것은 어디까지나 보충적인 방법에 불과하다. 관재인이 별제권의 목적물에 관하여 할 수 있는 사항은 다음과 같다.

　　1) 담보물의 환수

　　관재인이 피담보채무를 변제하고 별제권의 목적물을 환수하는 것이 바람직하다고 판

---

12) 채무자회생법 제414조에 의하면 파산재단에 속하지 않은 채무자의 재산(자유재산) 위에 저당권 등을 가지는 파산채권자는 그 담보권행사에 의하여 변제를 받을 수 없는 채권액에 관하여만 파산채권자로서의 권리를 행사할 수 있고, 또 채무자가 다른 파산(제2파산)의 선고를 받은 경우 전의 파산(제1파산)에 관하여 파산채권을 갖는 자는 그 때까지 변제를 받을 수 없었던 채권액에 관하여는 제2파산에서 권리를 행사할 수 있다. 이와 같은 파산채권자는 별제권자는 아니지만, 그 권리행사에 관하여 별제권자에 의한 파산채권의 행사의 경우와 같은 모양의 잔액책임의 문제가 있으므로 준별제권자(準別除權者)라고 불린다. 물론 회생에서는 준별제권의 개념은 없다.
13) 구 화의법상의 부족액책임주의에 관한 판시로는 대법원 2007.10.26. 선고 2006다8566 판결(공2007하, 1836) 참조.

단하는 경우에는 별제권자는 이를 거부할 수 없다. 다만 환수를 받기 위하여는 감사위원 (또는 채권자집회)이나 법원의 허가를 요한다(법492조14호 참조). 이 경우 파산관재인이 지급하는 환수대금채권은 파산선고 전의 원인으로 발생한 파산채권이 아니므로 파산관재인은 매매대금채권을 자동채권으로 하여 환수대금채권과 대등액에서 상계하거나 상계합의를 하는 것도 가능하다.[14] 상세는 후술한다.

2) 목적물의 경매에 의한 환가

별제권자가 스스로 별제권을 행사하지 않는 경우에는 파산관재인은 하등의 최고 없이 민사집행법에 의하여 별제권의 목적인 재산을 환가할 수 있고, 별제권자로서는 이를 거절할 수 없다(법497조1항). 민사집행법에 의한 환가라 함은 강제경매이고, 관재인은 파산결정정본을 집행권원으로 하여 집행채권자에 준하여 강제경매 또는 동산집행을 신청할수 있다(상대방은 채무자로 하는 것이 실무례이다). 이 경우 별제권자는 그 환가대금으로부터 우선변제를 받으나, 그 받을 금액이 확정되지 않은 때에는 관재인은 그 대금을 별도로 임치하여야 하고, 별제권은 그 대금 위에 존재한다(같은조2항). 또한 관재인이 환가대금을 파산재단에 포함시킨 경우에는 별제권자는 재단채권자로서 그 권리를 행사할 수 있다(법473조5호). 이 경우에는 임의매각에 의할 수 없으나, 경매의 실태를 고려하면 문제가 있다. 따라서 3)에서 기술하는 바와 같이 담보권부 임의매각(擔保權付 任意賣却)이나 별제권자인 채권자에게 매수시키는 방법 등을 쓸 수 있다.[15]

다만 별제권자가 법률에 정한 방법에 의하지 아니하고 목적물을 처분할 권리를 가지는 때(예컨대 유질, 상59조, 민353조)에는 그를 존중하여야 할 것이므로 파산관재인은 법원에 별제권자가 그 처분을 할 수 있는 기간을 정하여 줄 것을 신청할 수 있고, 그 기간 내에 별제권자에 의한 처분이 없으면 별제권자는 특별의 처분권능을 상실한다(법498조). 별제권자에 의한 처분의 결과 잔액이 있으면 파산관재인에게 교부하여야 한다.

3) 목적물의 담보권부 임의매각 등

일반적으로 파산관재인이 재단의 재산을 환가하는 방법은 경매에 의하는 것으로 하고 있지만(법496조), 실제로는 임의매각(법492조1호)의 방법에 의하는 것이 보통이다. 이 경우 파산관재인은 별제권의 목적인 재산을 그 부담(담보권)이 부착된 그대로 환가하거나, 별제권자로 하여금 목적물을 적당한 가격에 매수하게 하고 매매대금과 피담보채권의 차액을 지급하게 할 수도 있다고 해석한다. 이로써 양수인이 물상보증인의 지위에 서게 되는 것이므로 채권자는 이제는 전술한 잔액책임주의의 원칙에 의한 제한을 받지 않고, 전채권액

---

14) 대법원 2023.6.15. 선고 2020다277481 판결(공2023하, 1210)
15) 일본 파산법에서는 임의매각에 따른 담보권소멸청구제도가 신설되었다(일본 파산법 제186조 내지 제191조).

에 의하여 파산에 참가할 수 있다. 또 별제권자에 적당한 가격으로 매수하게 한 경우에 대금채권과의 상계로 결제하는 것도 가능하다. 실질은 담보에 의한 대물변제이다. 이 경우 별제권부 파산채권이 존재하는 경우에 파산관재인이 근저당권이 설정된 채로 목적부동산을 제3자에게 양도한 경우에도 별제권부파산채권으로서 부족액책임주의에 의한 제약을 받는 것은 변함이 없다.[16) 상세는 후술한다.

판례는 유치권에 의한 경매도 강제경매나 담보권 실행을 위한 경매와 마찬가지로 목적부동산 위의 부담을 소멸시키는 것을 법정매각조건으로 하여 실시되고 우선채권자뿐만 아니라 일반채권자의 배당요구도 허용되며, 유치권자는 일반채권자와 동일한 순위로 배당을 받을 수 있다고 보아야 하는데, 다만 집행법원은 부동산 위의 이해관계를 살펴 위와 같은 법정매각조건과는 달리 매각조건 변경결정을 통하여 목적부동산 위의 부담을 소멸시키지 않고 매수인으로 하여금 인수하도록 정할 수 있다고 하였다.[17)

4) 그 밖의 권한

그 이외에 별제권자는 목적물을 소지하고 있는 때에는 그 뜻 및 채권액을 소정의 기간 내에 파산관재인에게 신고하여야 하고(법313조1항5호, 4항), 파산관재인이 목적 재산의 제시를 구할 때에는 별제권자는 이에 응하여야 하며, 또 관재인에 의한 목적 재산의 평가를 거절할 수 없다(법490조).

(3) 회생담보권

(가) 회생담보권의 의의

회생담보권이란 ① 회생채권 또는 ② 회생절차개시 전의 원인으로 생긴 채무자 이외의 자에 대한 재산상의 청구권으로서,[18) 회생절차개시 당시 채무자 재산상에 존재하는 유

---

16) 日大阪地決平成13.3.21判時1782호92면, 倒産判例 インデックス 제3판 86.

17) 대법원 2011.6.15.자 2010마1059 결정(공2011하, 1437)은 집행법원이 유치권에 의한 경매절차에 매수인이 인수할 부담의 존재에 관하여 매수신청인 등에게 고지하지 않은 중대한 잘못이 있다는 이유로 매각을 불허하고 원심이 이를 그대로 유지한 사안에서, 유치권에 의한 경매가 인수주의로 진행됨을 전제로 매각을 불허한 집행법원의 판단을 그대로 유지한 원심결정에는 유치권에 의한 경매에 관한 법리오해의 위법이 있다고 한 사례이다. 민사집행법 제91조 제2항, 제3항, 제268조는 경매의 대부분을 차지하는 강제경매와 담보권 실행을 위한 경매에서 소멸주의를 원칙으로 하고 있을 뿐만 아니라 이를 전제로 하여 배당요구의 종기결정이나 채권신고의 최고, 배당요구, 배당절차 등에 관하여 상세히 규정하고 있는 점, 민법 제322조 제1항에 "유치권자는 채권의 변제를 받기 위하여 유치물을 경매할 수 있다."고 규정하고 있는데, 유치권에 의한 경매에도 채권자와 채무자의 존재를 전제로 하고 채권의 실현·만족을 위한 경매를 상정하고 있는 점, 반면에 인수주의를 취할 경우 필요하다고 보이는 목적부동산 위의 부담의 존부 및 내용을 조사·확정하는 절차에 대하여 아무런 규정이 없고 인수되는 부담의 범위를 제한하는 규정도 두지 않아, 유치권에 의한 경매를 인수주의를 원칙으로 진행하면 매수인의 법적 지위가 매우 불안정한 상태에 놓이게 되는 점, 인수되는 부담의 범위를 어떻게 설정하느냐에 따라 인수주의를 취하는 것이 오히려 유치권자에게 불리해질 수 있는 점 등을 그 근거로 들었다.

18) ①은 채무자가 자신의 채무를 위하여 담보권설정자가 되는 경우인 반면, ②는 채무자가 타인의 채무

치권, 질권, 저당권, 양도담보권, 가등기담보권, 「동산·채권 등의 담보에 관한 법률」에 따른 담보권, 전세권 또는 우선특권으로 담보된 범위 내의 것을 말한다(법141조1항 본문). 다만 이자 또는 채무불이행으로 인한 손해배상이나 위약금의 청구권에 관하여는 회생절차개시 결정 전일까지 생긴 것에 한한다(같은조 같은항 단서). 위 단서 규정은 회생담보권자가 회생절차에 참가할 수 있는 회생담보권의 범위를 정한 것일 뿐이고, 회생계획에 따른 회생담보권의 권리 변경과 변제 방법, 존속 범위 등을 제한하는 규정은 아니다.[19] 회생담보권의 권리변경, 변제 방법 등을 채무자회생법 제141조 제1항 단서와 달리 정할 수 있는 것이다.

따라서 회생담보권으로 인정되기 위해서는 회생절차개시 당시 채무자의 재산상에 유치권 등의 담보권이 존재하면 충분하고, 그 후에 담보목적물의 멸실 등으로 실체법상의 담보권이 소멸한다고 하더라도 회생절차상 회생담보권으로 존속하는 데 영향이 없다.[20] 이와 같이 회생담보권이라 함은 담보권 그 자체를 가리키는 것은 아니고, 특정의 채무자 재산에 의하여 담보되고 있는 채권을 지칭한다. 따라서 그 채권은 대부분 동시에 회생채권이지만 채무자가 물상보증인인 경우에는 회생채권은 아니다. 반면에 예컨대 회생절차개시 전에 회사가 분할되어 신설회사에 재산이 승계되고, 회생절차 개시시에는 회생채무자의 재산이 아니게 된 경우 회생절차 개시 전의 시점에 회생채무자의 재산에 관하여 담보권을 가지던 자는 그 후 당해 재산이 회생채무자로부터 타인에게 이전하고 그 재산으로부터 만족을 얻어도 당해 채권자가 가지는 담보권은 당해 회생채무자의 회생절차에 있어서는 회생담보권으로 취급되지 않는다.[21] 따라서 담보권자가 담보권을 실행하여 일정한 만족을 얻었더라도 그것은 그가 가지는 회생채권의 행사에는 영향이 없다.

판례는 회생담보권은 회생채권 또는 회생절차 개시 전의 원인으로 생긴 채무자 이외의 자에 대한 재산상의 청구권으로서 회생절차 개시 당시 채무자의 재산상에 존재하는 담보권으로 담보된 범위의 것을 말하므로, 채무자가 회생절차 개시 전에 제3자 소유의 담보권부재산을 양수하는 계약을 체결하였더라도 회생절차 개시 후에 소유권이전등기를 마친 경우에는 그 재산은 회생절차 개시 당시에는 채무자 재산이 아니었으므로 담보권자를 회생담보권자로 볼 수 없지만, 담보권자가 이와 같은 회생절차 개시 후의 소유권이전 사실

를 위하여 물상보증인이 되는 경우이다.

19) 대법원 2021.10.14. 선고 2021다240851 판결(공2021하, 2171)은 채무자회생법 제141조 제1항 단서가 회생계획에 따라 변경되는 회생담보권의 범위에 지연손해금을 포함시키는 것을 금지하는 규정이라는 원고의 주장을 배척하고, 회생계획에서 근저당권이 권리 변경된 회생담보권의 담보를 위해 존속하면서 지연손해금도 담보하는 것으로 정하고 있는 이상 위 단서 규정과 상관없이 지연손해금은 근저당권이 담보하는 피담보채권 범위에 포함된다고 판단한 원심을 유지하였다.
20) 대법원 2014.12.24. 선고 2012다94186 판결(공2015상, 186).
21) 日東京地判平成18.1.20判タ1225호312면(민사재생 사건).

을 알면서, 담보권을 실행하는 것보다는 회생담보권으로 취급되어 회생계획에 따라 변제
받는 것이 유리하다고 판단하여 스스로 자기의 권리를 회생담보권로 신고하고 관리인도
이의하지 아니함에 따라 회생절차에서 회생담보권으로 취급되어 확정된 후 회생계획까지
인가되었다면, 신의칙상 담보권자는 더 이상 회생절차 밖에서 담보권 실행을 할 수 없다
고 하였다.[22] 또한 판례는 부동산에 대한 금전집행은 매각대금이 채권자에게 교부 또는
배당된 때에 비로소 종료하므로 부동산 경매절차에서 채무자 소유 부동산이 매각되고 매
수인이 매각대금을 다 납부하여 매각 부동산 위의 저당권이 소멸하였더라도 배당절차에
이르기 전에 채무자에 대해 회생절차개시결정이 있었다면, 저당권자는 회생절차 개시 당
시 저당권으로 담보되는 채권 또는 청구권을 가진 회생담보권자라고 봄이 타당하다고 하
였음은 전술하였다.[23]

　　또한 「채무자의 재산상」에 존재하여야 하므로 채무자가 회사인 경우 채무자의 재산
이 아닌 채무자 회사의 이사나 주주의 개인 재산에 담보권이 설정된 경우에는 채무자 회
사가 주채무자라고 하더라도 회생담보권으로 취급되지 않으며, 이 경우는 채무자의 채무
를 위하여 물상보증인이 된 것이므로 사전구상권을 회생채권으로 신고할 수 있다.

　　또한 「회생절차 개시 당시」 채무자의 재산 상에 존재하여야 한다는 점에서 회사 분할
에 의하여 피담보채무가 분할회사에 담보목적물이 신설회사에 귀속된 후에 분할회사에 도
산절차가 개시된 경우에는 당해 담보권은 별제권은 되지 못한다.[24]

　　구 회사정리법 시대의 판례는 (어음발행인이 어음의 피사취 등을 이유로 지급은행에 사고
신고와 함께 그 어음금의 지급정지를 의뢰하면서 당해 어음금의 지급거절로 인한 부도제재를 면하
기 위하여 하는 별도의 예금인) 사고신고담보금은 어음발행인인 회사가 출연한 재산이라고
하더라도 은행에 예탁된 이상 그 소유권은 은행에게 이전되고, 은행은 이를 소비하여 후
일 동종의 금전을 반환하면 되는 것이므로, 사고신고담보금 자체를 위 회사의 재산이라고
는 볼 수 없고, 회사는 다만 은행에 대하여 사고신고담보금 처리에 관한 약정에서 정한 조

---

22) 대법원 2008.6.13.자 2007마249 결정(공2008하, 1021)은 실무상 자주 발생하는 오류로 인하여 정리계획
　　수행이 지장을 받지 않도록 한 것이었다. 김형두, '2011년 판 분야별 중요판례분석', 법률신문사(2011),
　　564면 참조.
23) 대법원 2018.11.29. 선고 2017다286577 판결(공2019상, 142)[백선04] 同旨 서울고법 2017.10.31. 선고
　　2017나2005981 판결(미간행)은 배당이 완료되지 아니한 이상 회생절차개시 당시 피담보채권은 소멸
　　하지 아니하고 존속하므로, 만약 저당권부 채권자가 경매절차에서 배당받는다면 피담보채권은 회생
　　절차 개시 후 회생계획에 정한 바에 따르지 아니하고 채무자의 재산으로 만족을 얻어 소멸하는 것과
　　같다고 전제하고, 회생절차 개시 당시에는 배당기일이 진행되기 전이어서 배당표가 확정되지 아니한
　　상태였고, 그 이후 진행된 배당절차는 회생절차개시결정에 따른 강제집행 중지의 효력을 위반한 것
　　으로서 무효이므로, 피고의 배당금지급청구권은 성립하지 아니하고, 따라서 무효인 집행행위에 기하
　　여 회생절차개시결정 후에 이루어진 경매절차의 배당절차에서 근저당권자인 명의로 공탁된 공탁금
　　을 수령한 것은 법률상 원인 없이 이득을 얻은 것이라고 하였다.
24) 日東京地判平成18.1.30判タ1225호312면, 倒産判例 インデックス 제3판 87.

건이 성취된 때에 한하여 비로소 은행에 대하여 사고신고담보금 반환청구권을 갖는 데 불과한 것인데, 회사정리개시결정이 있었다고 하여 위 약정이 무효로 되거나 조건부인 사고신고담보금 반환청구권이 조건 없이 정리회사인 위 회사에게 귀속되어 그 회사의 재산이 된다고는 볼 수 없을 뿐만 아니라, 약속어음소지인의 사고신고담보금에 대한 권리와 회사의 사고신고담보금 반환청구권과는 서로 양립되지 않는 관계에 있으므로, 약속어음 소지인의 어음채권이 위 회사가 은행에 대하여 갖는 정지조건부 사고신고담보금 반환청구권에 의하여 담보될 수도 없는 것이므로, 사고신고담보금 처리에 관한 약정에 의하여 어음소지인이 지급은행에 대하여 취득하게 되는 권리가 정리담보권이라고 볼 수는 없다고 하였다.[25] 물론 어음발행인에 대하여 파산절차가 개시되더라도 어음의 정당한 소지인은 파산절차에 의하지 아니하고 지급은행을 상대로 사고신고담보금의 지급청구권을 행사하여 그 채권의 만족을 얻을 수 있지만, 이 경우 어음소지인이 정당한 어음권리자로서 지급은행으로부터 사고신고담보금을 지급받기 위하여 제출이 요구되는 확정판결 등의 증서를 얻기 위하여는 파산채권자로서 파산절차에 참가하여 채권신고를 하고 채권조사절차 또는 채권확정재판 등을 거쳐 그 채권을 확정받는 방법을 통하여야 한다.[26] 약속어음 소지인이 정리채권신고를 하지 아니하여 실권되는 경우 어음금채권은 정리회사에 대한 관계에서 자연채무상태로 남게 되어 어음소지인을 사고신고담보금의 지급을 구할 수 있는 어음의 정당한 권리자로 볼 수 없으므로 따로 약정이 없는 한 어음을 발행하였던 정리회사의 관리인을 상대로 은행이 사고신고담보금을 지급하는데 동의하라고 소구할 수 없고, 또한 위 규약이 정하는 요건을 갖추지 않는 한 위 사고신고담보금에 대한 지급청구권이 어음소지인에게 있음의 확인을 구할 수도 없다.[27]

여기에서 유의할 사항은, 회생담보권의 채권액이 담보목적물의 가액을 초과할 때에는 그 초과분은 회생담보권이 되지 않고 회생채권이 되며, 선순위의 담보권이 있는 경우에는 담보물가액에서 선순위로 담보된 가액을 공제하고 잔존하는 가액에 상응하는 피담보채권액에 관하여 회생담보권이 된다는 점이다(법141조4항).

다만, 회생담보권으로 인정되려면 등기 그 밖의 권리변동의 성립요건이나 제3자에 대한 대항요건을 구비하여야 한다. 만일 이러한 요건을 갖추지 않은 담보권에 의하여 담보

---

25) 대법원 1995.1.24. 선고 94다40321 판결(공1995, 1132)[백선42]은 나아가 이와 같이 사고신고담보금에 대한 권리를 정리담보권이 아니라고 보게 되면 정리채권자인 어음소지인이 정리회사가 아닌 지급은행에 대하여 갖는 사고신고담보금 지급청구권을 행사하여 채권의 만족을 얻는 것을 가지고 정리절차에 의하지 아니하고 정리회사의 재산으로부터 정리채권을 변제받는 것이라고는 할 수 없다고 하였다.
26) 대법원 2009.9.24. 선고 2009다50506 판결(공2009하, 1760), 대법원 2009.10.29. 선고 2009다58234 판결(미간행).
27) 대법원 2001.7.24. 선고 2001다3122 판결(공2001, 1919). 이 판결에 대한 해설로 이진만, "정리채권인 약속어음금 채권의 면책과 사고신고담보금", 민사판례연구 XXV, 민사판례연구회(2003), 324면 참조.

되는 채권을 회생담보권으로 신고하였다면 채권조사기일에서 이의사유가 된다.

(나) 회생담보권의 지위

회생담보권은 회생절차에 의하지 아니하면 행사할 수 없다(법141조2항, 131조). 물론 법원이 특정 회생채권(담보권)을 변제하지 아니하고서는 채무자의 회생에 현저한 지장을 초래할 우려가 있다고 인정하여 법 제132조 제2항에 따라 회생절차에 의하지 아니한 변제를 허가할 수 있고, 그에 따라 변제할 수 있지만, 그 효과는 법 제131조에서 정한 회생채권 소멸금지의 효력이 해제됨에 그칠 뿐이고, 허가받은 내용대로 변제가 이루어지지 아니한 경우에 회생절차와 무관하게 개별적인 회생담보권 권리행사에 나아갈 수 있는 것은 아니다.[28] 회생절차에 의하여 행사되어야 한다는 것은 회생담보권을 신고하여 절차에 참가하고(법141조3항, 149조), 최종적으로는 회생계획에 기재되지 않으면 영원히 권리를 잃는다는 것을 의미한다(법251조). 따라서 그 사이에 회생계획결의의 단계에서 회생담보권자의 법정다수결에 따라 기한의 유예, 감면 기타의 방법에 의한 권리변경을 받을 수 있는 것이다(법237조). 1996년 회사정리법 개정 이전에는 감면 등에 관하여는 정리담보권자 전원의 동의를 요하도록 규정하고 있었으나 일부 소액 정리담보권자의 반대나 결석으로 정리의 성공 여부가 좌우된다고 하는 문제점이 있었기 때문에 수차례의 법개정을 거쳐 가결의 요건을 완화하여 채무자회생법에서는 청산을 내용으로 하는 계획안에 대하여는 회생담보권자 5분의 4, 그 이외의 계획안에 대하여는 4분의 3의 다수결로 결의하도록 한 것이다. 이 의미에서 회생담보권도 도산채권의 일종에 불과하다.

이와 같이 담보권자의 지위는 다른 도산절차에 비하여 크게 제한되어 있으나, 회생절차 내부에서는 역시 우대된다. 즉 회생계획에 있어서는 회생담보권을 가장 우선순위에 놓고 다른 권리자와의 공정·형평한 차등을 두도록 하고 있고(법217조), 이에 반하여 일반채권자에 보다 많은 배분을 주거나 회생계획에 의한 변제방법이 채무자의 사업을 청산할 때 각 채권자에게 변제하는 것보다 불리하게 변제하는 내용일 경우에는 회생계획은 인가되지 않는다(법243조1항2호, 4호). 나아가 회생계획안이 회생담보권자에 의한 법정다수결을 얻을 수 없게 된 때에 계획을 인가함에는 적절한 권리보호조항을 정하여야 하므로(법244조), 부당한 양보를 요구하지 않도록 하는 보장은 일응 마련되어 있는 셈이다.

전술한 바와 같이 회생담보권자는 동시에 회생채권자인 것이 보통이므로 여기서도 잔액책임주의가 행하여지고, 회생담보권이 되지 않는 부분만이 회생채권이 된다(법141조4항).

---

28) 대법원 2004.4.23. 선고 2003다6781 판결(공2004, 865).

나. 각종 담보권의 처우

(1) 전형(법정) 담보

(가) 우선권

일반의 우선권은 담보물권이라 할 수는 없고 총재산 위에 존재한다는 성질상 별제권으로 취급하는 것은 부적당하므로, 파산에서는 별제권은 인정되지 않고 우선적 파산채권이 된다(법441조). 회생에서도 이를 이어 받아 회생담보권으로 하지 않고, 우선적 회생채권으로서 회생담보권의 다음의 지위를 부여하는데 그치고 있다(법217조).

(나) 유치권

1) 회생

유치권은 회생담보권이 되어 실효되지 않고, 유치권능이 그대로 존속한다. 따라서 유치권 행사에 의하여 회생에 장애가 되는 수가 있다(이 경우 대부분은 상사유치권일 것이다). 다만 유치권자는 피담보채권을 가지고 회생담보권자가 되지만 유치권 그 자체는 회생절차를 이용할 수단이 없으므로 회생계획에 기재되지 아니하여도 실권되지 않는다고 해석한다(법251조 참조). 또한 회생담보권은 민법이나 상법 등 실체법상의 담보권이 아니라 담보권에 의하여 담보되는 채권으로서 회생절차상의 권리이고, 회생절차개시 당시를 기준으로 하여 그 존부가 결정되는 것이므로, 유치권자로서 회생담보권을 가지는지 여부는 회생절차개시 당시를 기준으로 판단하면 족하고 특별한 사정이 없는 한 그 후 유치권을 상실하였는지 여부를 고려할 필요가 없다는 것은 전술하였다.[29]

민법 제327조는 채무자는 상당한 담보를 제공하고 유치권의 소멸을 청구할 수 있도록 규정하고 있고, 위 규정은 상사유치권에도 적용되므로 관리인은 위 규정에 따라 유치권의 소멸을 청구할 수 있다고 해석한다.[30] 또한 상법 제58조 본문은 "상인 간의 상행위로 인한 채권이 변제기에 있는 때에는 채권자는 변제를 받을 때까지 그 채무자에 대한 상행위로 인하여 자기가 점유하고 있는 채무자 소유의 물건 또는 유가증권을 유치할 수 있다."고 규정하여 상사유치권을 인정하는 한편 같은 조 단서에서 "그러나 당사자 간에 다른 약정이 있으면 그러하지 아니하다."고 규정하여 상사유치권을 특약으로 배제할 수 있게 하였는데, 이러한 상사유치권 배제의 특약은 묵시적 약정에 의해서도 가능하다.[31]

29) 대법원 2014.12.24. 선고 2012다94186 판결(공2015상, 186).
30) 김재형, "도산절차에서 담보권자의 지위", 서울대학교 금융법센터, 2015년도 금융법무과정 제8기 교재, 5면.
31) 대법원 2012. 9. 27. 선고 2012다37176 판결(공2012하, 1740)은 甲 회사에 대한 회생절차에서, 甲 회사에 대출금 채권을 가지고 있던 乙 은행이 甲 회사한테서 추심위임을 받아 보관 중이던 丙 회사 발행의 약속어음에 관한 상사유치권 취득을 주장하며 그 어음금 상당의 채권을 회생담보권으로 신고하자 甲 회사의 관리인이 이를 부인하였는데, 대출금 약정 당시 계약에 편입된 乙 은행의 여신거래기본약

판례 중에는 채권자가 토지 지상 아파트 신축공사의 골조 및 견출공사에 관한 하도급 계약을 체결하고, 그 하도급 공사를 위하여 부지인 토지를 점유하게 되었을 뿐, 위 하도급 계약을 직접적인 원인으로 토지를 점유하였다고 볼 수 없으므로 토지에 대한 채권자의 상 사유치권은 성립하지 않고, 또한 위 하도급계약과 관련된 채권은 토지에 관하여 발생한 것이 아니라 건물의 신축과 관련하여 발생한 것이므로 채권자가 이를 피담보채권으로 하 여 토지에 대한 민사유치권을 행사할 수도 없다고 한 것이 있다.[32]

2) 파산

민법상의 유치권(민사유치권)은 변제를 받을 때까지 목적물을 유치할 권리에 불과하 고, 우선변제를 받을 권리는 아니다(민320조1항 참조). 일본 파산법은 유치권 중 상사유치권 은 특별우선특권으로 보아 별제권자의 지위를 인정하되, 민사유치권은 파산재단에 대하여 는 그 효력을 잃는 것으로 하고 있으나,[33] 우리 법은 유치권에 대하여 별제권을 인정한다. 물론 유치권에 의한 경매에 의하여 환가할 수 있어도 환가금으로부터 우선변제를 받지는 못하고,[34] 자신의 파산채권과 상계함에 있어서도 파산선고 후에 부담한 채무인 경우에는 상계가 금지된다(법422조제1호).

우선변제권이 인정되지는 않지만, 일본의 판례는 어음의 상사유치권 문제에 관하여 상사유치권자는 어음을 유치하는 권능을 가지고, 어음교환제도는 거래를 하는 자의 재량 이 개재할 여지가 없는 적정타당한 방법에 의한 것이라고 하여 상사유치권자인 은행이 스 스로 추심하여 은행거래약정에 따라 변제충당하는 것을 허용하였고,[35] 한편 어음교환소에

관에는 '채무자가 채무이행을 지체한 경우, 은행이 점유하고 있는 채무자의 동산·어음 기타 유가증 권을 담보로 제공된 것이 아닐지라도 계속 점유하거나 추심 또는 처분 등 처리를 할 수 있다'는 취지 의 조항이 있는 사안에서, 어음에 관하여 위 약관 조항의 내용과 달리 상사유치권을 행사하지 않기 로 하는 상사유치권 배제의 특약이 있었다고 인정하기 위하여는 당사자 사이에 약관 조항에 우선하 는 다른 약정이 있었다는 점이 명확하게 인정되어야 하는데, 그러한 내용의 명시적 약정이 존재하지 않는 상황에서 어음의 추심위임약정만으로 乙 은행과 甲 회사 사이에 유치권 배제의 묵시적 의사합 치가 있었다고 보아 乙 은행의 위 어음에 관한 상사유치권 성립을 부정한 원심판결에 상사유치권 배 제 특약에 관한 법리오해의 위법이 있다고 한 사례이다.

32) 대법원 2013.5.24. 선고 2012다108078 판결(미간행)은 건물에 대한 유치권만을 인정한 것이다. 그러나 日東京高決平成10.11.27判時1666호141면[百選55]은 건물건축 수급인의 토지에 대한 상사유치권의 성 립을 긍정하고, 나아가 저당권과의 우열에 관하여 토지의 상사유치권의 성립시점과 저당권설정등기 시점의 선후에 의하여 결정될 수 있다고 하였음은 전술하였다.

33) 일본 파산법 제66조는 「상법」 또는 「회사법」에 따른 유치권은 특별우선특권으로 하여 민법 등 법률 에 따른 특별우선특권보다 후순위로 하고, 나머지 유치권은 파산절차 개시 시점에 파산재단에 대하 여는 효력을 잃는 것으로 하고 있는데, 日東京地判平成17.6.10判タ1212호127면은 민사재생절차에서 는 그와 같은 조항이 없으므로 유치적 효력 자체는 절차 개시후에도 존속하는 것으로 해석하였다.

34) 양형우, "파산절차 상의 담보권", 민사법학 제29호, 한국사법행정학회(2005), 107면은 채무자가 파산 하여 유치권자가 별제권을 가지는 경우에는 우선변제권이 인정된다고 한다.

35) 日最判平成10.7.14民集52권5호1261면, 倒産判例 インデックス 제3판 73[百選53].

서 어음교환으로 취득하여 별도 관리되는 추심금에 대한 유치권을 인정함과 아울러 변제충
당을 정한 은행거래약정은 별제권의 행사에 부수하는 합의로서 유효하다고 판단하여 재생
채무자의 반환청구를 부정하면서 은행이 대출금 채권에 변제충당하는 것을 인정하였다.[36]

(다) 질권

동산질권과 권리질권은 모두 회생담보권(법141조) 또는 별제권(법411조)이 된다. 질권
자인 별제권자가 질권의 실행(경매)을 하지 않을 때에는 관재인은 유체동산에 대한 집행에
준하여 환가할 수 있다(법497조). 회생에서는 질권자는 질권의 실행은 할 수 없지만, 그대
로 점유를 계속할 수 있고, 회생계획에 의하여 권리의 내용이 결정된다.

또한 질권의 경우 질물의 멸실, 훼손 또는 공용징수로 인하여 질권설정자가 받은 금
전 기타 물건에 대하여도 물상대위권을 행사할 수 있다(민342조 본문). 일본의 판례는 채무
자가 파산선고를 받은 후에도 물상대위권의 행사가 가능하다고 하였다.[37] 다만 그 지급
또는 인도 전에 압류하여야 한다(민342조 단서). 따라서 압류 전에 파산관재인이 채권을 회
수하면 행사할 수 없다. 물상대위가 인정되는 것이 금전 기타 물건 그 자체가 아니라 그에
관한 청구권이다. 금전 기타 물건에 자체에 대하여 담보권을 그대로 인정하는 것은 파산
제도의 취지에 반하기 때문이다.

권리질(權利質)에 관하여는 약간의 문제가 있다. 채권질권자인 별제권자는 민법에 따
라 추심의 만족을 받을 수 있다. 이에 반하여 회생담보권이 되는 때에는 추심하여도 채권
의 변제에 충당할 수 없는 것은 물론이나, 자기의 채권이 변제기가 도래하지 않은 경우에
준하여 제3채무자에게 공탁하게 하고, 공탁금 위에 담보권이 이전한다고 하는 것이 합리
적일 것이다. 조건부 채권 상의 질권자(예컨대 화재보험금 청구권 상의 질권자)에 관하여는 특
히 회생담보권의 액의 결정에 관하여 곤란한 문제가 있다. 또한 자기에 대한 채권(예컨대
정기예금채권)에 질권을 가지고 있는 채권자는 질권을 포기하고 피담보채권과 상계할 수
있다(물론 상계의 요건을 구비할 필요가 있다). 이에 의하여 회생에 있어서도 회생절차에 의하
지 아니한 변제를 받는 결과가 된다.

주식질(株式質)에 관하여도 회생절차에서는 이익배당의 직접 추심에 의한 충당(상340

---

36) 日最判平成23.12.15民集65권9호3511면, 倒産判例 インデックス 제3판 75[百選54]. 同旨 日東京高判平
成24.3.14金法1943호119면. 그러나 日東京高判平成21.9.9金法1879호28면, 日東京地判平成21.1.20金法
1861호26면은 어음의 상사유치권자인 은행은 유치권능은 있으나 우선변제권이 인정되지 않으므로,
추심위임어음의 추심금을 은행거래약정에 기하여 대출금채권에 변제충당하는 것은 재생절차에서 별
제권의 행사로 허용되지 않는다고 하면서 재생채무자에 의한 추심금의 반환청구를 인용하였다.

37) 日最判昭和59.2.2民集38권3호431면[百選56]은 압류를 구한 취지가 채권의 특정성 유지에 있고, 일반
채권자가 압류명령을 취득함에 그친 경우에는 물상대위권의 행사를 방해하지 아니하고, 채무자(매수
인)가 파산선고를 받은 경우를 구별할 적극적인 이유는 없다고 하였다(동산매매의 선취특권에 의한
물상대위에 관한 사안이다. 일본민법 제333조는 우리 민법 제342조와 달리 매각대금이나 임대료까지
물상대위의 목적물로 하고 있다).

조)은 할 수 없는 것이므로 채권질권자와 마찬가지로 취급하여야 할 것이다.

(라) 저당권·근저당권

저당권이 회생담보권(법141조), 별제권(법411조)이 되는 것은 당연하다. 물론 등기를 하여야 한다. 근저당권설정의 가등기만을 경료한 자의 지위는 소유권에 관한 가등기에 관하여 전술한 바에 준한다. 순위는 관계없이, 목적물의 가액에 의하여 담보되는 한 회생담보권자, 별제권자로서의 지위에 상하는 없다. 그러나 후순위저당권의 경우 목적물의 가액에 의하여 담보되지 않는 부분은 회생채권 또는 파산채권으로 권리행사를 하여야 한다. 물상대위권에 대한 질권의 규정은 저당권에도 준용된다(민370조, 342조).

명문의 규정은 없으나, 근저당권의 원본채권액은 파산선고에 의하여 확정된다고 해석하고, 근저당권자는 그 액을 가지고 별제권을 행사할 수 있다. 회생절차개시결정이 된 경우 채무자가 설정한 근저당권에 의하여 담보되는 원본이 확정되는가에 관하여 확정설과 불확정설의 견해가 대립되고 있다. 회생절차개시에 의하여 채무자의 사업의 경영 및 재산의 관리처분권이 관리인에게 전속되고 이때를 경계로 하여 법률관계의 각 분야에 걸쳐 새로운 단계에 들어간다는 점을 고려하여 채무자에 대하여 회생절차개시결정이 있으면 근저당으로 담보되는 원본도 확정된다는 점에서 확정설이 다수설이다.[38] 불확정설은 한도액에 아직 여유가 있는 상태에서 회생절차가 개시된 때 당시의 채권액(및 회생절차개시결정 전일

---

38) 김재형, "근저당권의 피담보채권에 관한 고찰", 민법론 Ⅰ, 박영사(2004), 272면. 한편 대법원 1999.9.21. 선고 99다26085 판결(공1999, 2200)은 후순위 근저당권자가 경매를 신청한 경우, 선순위 근저당권자의 피담보채권액이 확정되는 시기와 관련하여 당해 근저당권자는 저당부동산에 대하여 경매신청을 하지 아니하였는데 다른 채권자가 저당부동산에 대하여 경매신청을 한 경우 민사소송법 제608조 제2항, 제728조의 규정에 따라 경매신청을 하지 아니한 근저당권자의 근저당권도 경락으로 인하여 소멸하므로, 다른 채권자가 경매를 신청하여 경매절차가 개시된 때로부터 경락으로 인하여 당해 근저당권이 소멸하게 되기까지의 어느 시점에서인가는 당해 근저당권의 피담보채권도 확정된다고 하지 아니할 수 없는데, 그 중 어느 시기에 당해 근저당권의 피담보채권이 확정되는가 하는 점에 관하여 우리 민법은 아무런 규정을 두고 있지 아니한바, 부동산 경매절차에서 경매신청기입등기 이전에 등기되어 있는 근저당권은 경락으로 인하여 소멸되는 대신에 그 근저당권자는 민사소송법 제605조가 정하는 배당요구를 하지 아니하더라도 당연히 그 순위에 따라 배당을 받을 수 있고, 이러한 까닭으로 선순위 근저당권이 설정되어 있는 부동산에 대하여 근저당권을 취득하는 거래를 하려는 사람들은 선순위 근저당권의 채권최고액 만큼의 담보가치는 이미 선순위 근저당권자에 의하여 파악되어 있는 것으로 인정하고 거래를 하는 것이 보통이므로, 담보권 실행을 위한 경매절차가 개시되었음을 선순위 근저당권자가 안 때 이후의 어떤 시점에 선순위 근저당권의 피담보채무액이 증가하더라도 그와 같이 증가한 피담보채무액이 선순위 근저당권의 채권최고액 한도 안에 있다면 경매를 신청한 후순위 근저당권자가 예측하지 못한 손해를 입게 된다고 볼 수 없는 반면, 선순위 근저당권자는 자신이 경매신청을 하지 아니하였으면서도 경락으로 인하여 근저당권을 상실하게 되는 처지에 있으므로 거래의 안전을 해치지 아니하는 한도 안에서 선순위 근저당권자가 파악한 담보가치를 최대한 활용할 수 있도록 함이 타당하다는 관점에서 보면, 후순위 근저당권자가 경매를 신청한 경우 선순위 근저당권의 피담보채권은 그 근저당권이 소멸하는 시기, 즉 경락인이 경락대금을 완납한 때에 확정된다고 보아야 한다고 하였다.

까지의 이자 등. 법141조1항)이 회생담보권이 되나, 한도액과의 차액에 관하여는 공익채권(예컨대 관리인에 의한 새로운 차입. 법179조1항2호)의 담보로 쓸 수 있다고 해석하는 것이 재건형처리에 부합하고, 만약 원본이 확정되어 버린다고 해석하면 여유가 있어도 후순위의 저당권이 순차로 차지하게 되어 부적당하다는 것을 근거로 한다.[39] 그러나 실제로 담보권설정액이 자산의 평가액을 초과하는 경우가 대부분이라는 점을 감안하면 확정설이 타당하다. 판례도 확정설을 취하여 근저당권이 설정된 뒤 채무자 또는 근저당권설정자에 대하여 회생절차개시결정이 내려진 경우 근저당권의 피담보채무는 특별한 사정이 없는 한 회생절차개시결정을 기준으로 확정되므로, 확정 이후에 발생한 새로운 거래관계에서 발생한 원본채권이 근저당권에 의하여 담보될 여지는 없다고 하였고,[40] 마찬가지로 회생절차개시결정 이후 근저당권자가 관리인에게 사업의 경영을 위하여 추가로 금원을 융통하여 줌으로써 별도의 채권을 취득하였다고 하더라도 그 채권이 위 근저당권에 의하여 담보될 여지는 없다고 하였다.[41]

---

39) 日東京地判昭和57.7.13下民33권5~8호930면, 倒産判例 ガイド 제2판 190면.

40) 대법원 2021.1.28. 선고 2018다286994 판결(공2021상, 457)은 甲 회사가 乙 회사 소유의 부동산에 관하여 丙 회사의 甲 회사에 대한 물품대금채무 등을 비롯한 현재 및 장래의 모든 채무를 피담보채무로 하는 근저당권을 설정받은 후 乙 회사에 대하여 회생절차가 개시되자 근저당권에 관한 회생담보권을 신고하였고, 이에 乙 회사의 관리인이 이의하자 회생담보권 조사확정재판을 신청하여 절차가 진행 중인데, 乙 회사에 대하여 회생계획이 인가되었다가 회생절차가 폐지되고 채무자회생법 제6조제1항에 따라 파산이 선고된 후 파산관재인의 신청에 따라 진행된 경매절차에서 위 부동산이 매각되어 근저당권자인 甲 회사에 대한 배당액이 공탁된 사안에서, 乙 회사에 대하여 파산이 선고된 이상 경매절차에서 甲 회사가 근저당권에 기하여 배당금을 수령할 수 있는지는 甲 회사가 별제권자인지 여부와 그 내용에 따라야 하고, 특히 乙 회사에 대한 회생계획이 인가된 후에 회생절차가 폐지되고 파산이 선고되었으므로, 먼저 종전 회생절차에서 甲 회사의 회생담보권의 존재 여부와 범위가 어떻게 확정되었는지를 살펴본 다음, 그와 같이 확정된 甲 회사의 회생담보권과 이를 피담보채권으로 하는 근저당권이 인가된 회생계획을 통해 어떻게 변경되었는지를 확인해야 하고, 그 결과를 기초로 하여 비로소 甲 회사가 별제권자로서 공탁금 전부 또는 일부를 수령할 수 있는지가 판단되어야 하는데, 甲 회사의 회생담보권의 존재 여부와 범위는 甲 회사의 회생담보권 신고에 대하여 乙 회사의 관리인이 이의하여 甲 회사가 조사확정재판을 신청함으로써 절차가 진행되었으므로 그 재판 결과에 따라 정해져야 하고, 또한 회생절차개시결정일을 기준으로 甲 회사의 회생담보권의 존재 여부와 범위가 확정되었다면 특별한 사정이 없는 한 그 이후 甲 회사와 丙 회사 사이의 새로운 거래관계에서 발생한 원본채권이 근저당권에 의해 담보될 여지도 없으므로, 甲 회사가 별제권자로서 권리를 주장하는 공탁금 속에 근저당권의 피담보채무 확정 이후에 새롭게 발생한 채무가 피담보채무로 포함되어 있지는 않은지를 살펴보아야 하는데도, 조사확정재판이 계속 중임에도 甲 회사의 회생담보권이 甲 회사가 신고한 대로 존재하는 것을 전제로 甲 회사가 공탁금 전부를 수령할 권리가 있다고 본 원심판단에 법리오해 등의 위법이 있다고 하여 원심판결을 파기한 사례이다.

41) 대법원 2001.6.1. 선고 99다66649 판결(미간행)[백선11]. 이에 반하여 회생절차의 본질상 회생절차개시결정으로 인하여 확정되지 않는다는 비확정설에 대하여는 박용석, "회생절차에 있어서 담보권 취급의 문제점 및 개선방안", 법학평론, 서울대학교 출판문화원(2010), 244면 참조. 일본회사갱생법 제104조도 비확정설의 입장이다.

(마) 전세권

민법에서는 전세권은 본래 용익물권이지만 전세금의 확보를 위하여 우선변제권과 경매청구권을 부여한 것으로 보는데, 채무자회생법은 이를 담보권으로 규정하였다(법141조1항).

(바) 우선특권

법률에서 담보권으로 담보되지 않으면서도 다른 채권보다 우선하여 그 권리를 행사하는 경우를 가리킨다. 법률에서 우선특권으로 정한 것으로는 상법상의 선박우선특권(상777조 이하), 해난구조자의 우선특권(상893조)이 있고, 강학상의 우선특권으로는 근로자의 임금채권의 우선변제(근로기준법38조), 주택임차인의 보증금에 대한 우선변제권(주택임대차보호법3조의2, 3조의3, 8조), 상가임차인의 보증금채권에 대한 우선변제권(상가건물임대차보호법14조), 회사사용인의 우선변제권(상468조), 국가·지방자치단체의 조세, 기타 공과금의 우선징수권(국세기본법35조, 지방세기본법71조), 체납우편요금의 우선징수권(우편법24조) 등이 있다.

채무자회생법은 우선특권을 회생담보권으로 규정하고 있는데(법141조), 위에서 본 모든 우선특권이 이에 포함되는 것이 아니라「우선특권으로 담보된 범위」의 것이어야 한다. 담보권은 담보설정자의 특정재산에 대하여 우선변제권이 있는 경우를 말하므로 상법상 우선특권은 회생담보권에 포함되지만, 채무자의 일반재산에 대하여 우선변제권이 인정되는 경우에는 이에 포함되지 않고, 우선적 회생채권이 됨에 그친다.

(2) 비전형담보

(가) 양도담보

1) 일반의 양도담보

① 양도담보권의 위치

양도담보는 채권을 담보할 목적으로 목적 재산의 소유권을 채권자에게 이전하고 채무자가 변제하면 소유권을 회복하고, 변제할 수 없는 경우에는 담보권자인 채권자가 목적재산의 소유권을 확정적으로 취득하여 청산하거나(귀속청산), 또는 목적재산을 처분하여 처분하여(처분청산), 채권의 회수를 도모하는 제도이다. 대상은 부동산, 동산,[42] 채권, 어음 등 폭이 넓고, 상품의 매매 당사자간에 설정되는 경우도 있고, 대출을 받을 때 설정되는 경우도 있다. 양도담보를 도산처리법상 어떻게 처리하여야 할 것인가는 옛날부터 도산법

---

42) 日最判平成29.5.10民集71권5호789면은 은행이 재생채무자인 수입업자가 수입하는 상품에 관하여 신용장을 발행하고 당해 상품에 관하여 양도담보권의 설정을 받은 경우 수입업자로부터 점유개정의 방법에 의하여 그 인도를 받아 대항요건을 구비하였다고 하고, 별제권(물상대위권)의 행사로서 전매대금채권의 압류를 인정하였다.

상의 중요 논점이었으나 근자에는 입법과 학설이 정비되어 있다.

　양도담보의 형식면, 즉 소유권의 외부적 이전을 존중하면 채무자 도산의 경우에는 채권자의 환취권을 인정하여야 한다. 환취권을 인정한다고 하는 것은 담보적 성격을 부여하고 있는 모든 채권관계를 떼어 내버리는 것을 의미한다. 즉 채권자·양도담보권자에게 도산처리절차와의 관계에서 하등의 채권적 구속에 복종하지 않는 완전한 소유권자로서의 지위를 인정하는 것이다.43) 이를 전제로 하면, 환취권을 인정하는 것은 담보목적을 넘는 이익을 채권자에게 주게 된다. 특히 피담보채권액이 목적물의 가액을 하회하는 것이 보통인 점을 고려하면 부당한 결과가 된다. 또한 환취권을 인정하는 경우에는 관리인·관재인에 의한 양도담보권자의 소유권취득을 저지할 수 없고, 양도담보권자의 동의를 받아 환매하는 것만이 가능하게 된다. 나아가 만약 한편으로 환취권을 인정하고, 다른 한편으로 일반채권자로서 신고하는 것을 허용한다면 채권자는 이중의 이득을 얻게 되고, 반대로 신고를 전혀 허용하지 않는다면 목적물의 가액이 피담보채권액을 하회하는 경우에는 채권자에게 가혹하게 되므로 부족액책임주의의 원칙을 여기에도 적용할 필요가 있다.

　위와 같은 불합리한 결과는 모두 양도담보의 담보성을 무시하는데서 유래하는 것이므로 그 담보인 실질을 정면에서 승인하여 취급하여야 한다는 주장이 진작부터 제기되어 왔고, 국세기본법 제42조는 입법으로서는 최초로 그 방향을 제시하게 되었다.44)

　이 문제는 회생절차에서 가장 뚜렷하게 나타난다. 전술한 바와 같이 채권액과 목적물의 가액이 균형을 이루면 파산에 있어서는 환취권을 인정하는 것과 별제권을 인정하는 것과의 사이에 실질적으로 차이가 없겠지만, 회생에 있어서의 환취권과 회생담보권은 그 처우에 있어서 큰 차이가 있기 때문이다. 그리하여 대법원도 구 회사정리법 하에서 대출금채권을 담보하기 위하여 납품채권을 양도한 사안에서 이를 채권담보로 보고 납품채권을 정리담보권으로 판단한 원심판결이 정당하다고 하거나,45) 점유개정에 의하여 동산양도담보가 설정된 경우 양도담보권자는 회사정리절차에 의하여 권리를 행사하여야 한다고 판시하였고,46) 구 회사정리법은 1998년 2월 법개정으로 정리담보권으로 인정하기에 이르렀다.47)

---

43) 이에 반하여 양도담보의 경우에 환취를 인정하여도 청산의무는 존재하므로 채권자는 청산 후 잔액을 관리인·관재인에게 반환하여야 한다는 설이 있다. 이 입장에서는 설정자 파산의 경우에 채권자를 환취권자로 하느냐 별제권자로 하느냐는 채권액과 목적물의 가액이 균형을 이루고 있지 않은 경우에도 결과는 동일하고, 회생에서만 차이가 있다. 그러나 청산의무를 인정하는 것은 곧 담보성을 승인하는 것이고, 환취권과 양립할 수 없다. 또 차액을 부당이득으로 하는 것도 마찬가지 이유로 부당하다고 해석한다.

44) 이에 의하면 체납자가 담보목적으로 재산을 양도하고 있는 경우에 그의 다른 재산에 관하여 체납처분을 집행하여도 징수할 금액에 부족하고, 그 양도의 권리이전의 등기가 법정납기일 후에 경료된 때에는 양도담보재산으로써 조세를 징수할 수 있다.

45) 대법원 1990.2.13. 선고 89다카10385 판결(공1990, 633).

46) 대법원 1992.10.27. 선고 91다42678 판결(공1992, 3249).

47) 그러나 동산양도담보에 관하여 대법원 2004.12.24. 선고 2004다45943 판결(공2005, 194)은 신탁적 양

위와 같은 입장에 따라 판례는 구 화의법 제44조는 파산의 경우에 별제권을 행사할 수 있는 권리를 가지는 자를 별제권자로 보고, 구 파산법 제84조는 유치권, 질권, 저당권 또는 전세권을 가진 자는 그 목적인 재산에 관하여 별제권을 가진다고 규정하고 있는바, 양도담보권자는 위 각 규정에서 별제권을 가지는 자로 되어 있지는 않지만 특정 재산에 대한 담보권을 가진다는 점에서 별제권을 가지는 것으로 열거된 유치권자 등과 다름이 없으므로 그들과 마찬가지로 화의법상 별제권을 행사할 수 있는 권리를 가지는 자로 봄이 상당하다고 하기에 이르렀고,[48] 설정자가 파산한 경우에도 양도담보권자를 별제권자로 취급하게 되었으며,[49] 나아가 판례는 위 법개정을 근거로 집합채권양도가 담보권에 속한다고 판시하였다.[50]

종래 구 파산법과 회사정리법은 채권자 도산의 경우에 채무자(설정자)는 담보목적으로 양도한 것을 이유로 그 재산을 환취하지 못한다고 규정하고 있었는데,[51] 위와 같은 해석은 양도담보권자의 파산에 관한 위 규정에 반하는 것은 아니다. 위 규정들은 양도담보권의 피담보채권이 아직 소멸하지 않은 경우에 양도담보권자의 도산을 이유로 환취권을

도설의 입장에서 금전채무를 담보하기 위하여 채무자가 그 소유의 동산을 채권자에게 양도하되 점유개정의 방법으로 인도하고 채무자가 이를 계속 점유하기로 한 경우에는, 특별한 사정이 없는 한 동산의 소유권은 신탁적으로 이전됨에 불과하여 채권자와 채무자 사이의 대내적 관계에서 채무자는 의연히 소유권을 보유하나 대외적인 관계에 있어서 채무자는 동산의 소유권을 이미 채권자에게 양도한 무권리자가 되는 것이어서 채무자가 다시 다른 채권자와 사이에 양도담보설정계약을 체결하고 점유개정의 방법으로 인도를 하더라도 현실의 인도가 아닌 점유개정으로는 선의취득이 인정되지 아니하므로 나중에 설정계약을 체결한 채권자는 양도담보권을 취득할 수 없고, 집행증서를 소지한 동산양도담보권자는 특별한 사정이 없는 한 양도담보권자인 지위에 기초하여 제3자이의의 소에 의하여 목적물건에 대한 양도담보권설정자의 일반채권자가 한 강제집행의 배제를 구할 수 있으나, 그와 같은 방법에 의하지 아니하고 집행증서에 의한 담보목적물에 대한 이중 압류의 방법으로 배당절차에 참가하여 선행한 동산압류에 의하여 압류가 경합된 양도담보권설정자의 일반채권자에 우선하여 배당을 받을 수도 있다고 하였다.

48) 대법원 2002.4.23. 선고 2000두8752 판결(공2002, 1277)은 또한 화의법상 별제권을 행사할 수 있는 자는 명시적으로 그 권리를 포기하는 등 특별한 사정이 없는 한 화의절차에서 자신의 채권을 화의채권으로 신고한 여부에 관계없이 별제권을 행사할 수 있고, 그 별제권의 행사에 있어 인가된 화의조건에 의하여 제약을 받지도 아니하므로, 양도담보권자가 담보권을 실행하여 정산절차를 마친 때에는 인가된 화의조건에 관계없이 담보물건의 소유권이 넘어가고, 그 때 부가가치세법상 재화의 공급이 이루어진 것으로 된다고 하였다.

49) 구 회사정리법 제123조 제1항. 또한 위에서 본 바와 같이 환취권을 인정한 후 청산의무를 과하는 사고 방식에 의하면 회생에서는 회생담보권, 파산에서는 환취권이라고 하는 구별도 가능할 것이다. 그러나 위에서 본 이유 외에 후술하는 바와 같이 별제권으로 하는 쪽이 목적물의 환가에 관하여 관리인·관재인에게 주도권을 인정하는 점에서도 적절하다.

50) 대법원 2003.5.9. 선고 2002다40456 판결(공2003, 2015)[백선38].

51) 구 파산법 제80조(양도담보의 환취금지)는 파산선고 전에 파산자에게 재산을 양도한 자는 담보의 목적으로 한 것을 이유로 그 재산을 환취할 수 없다고 규정하고, 구 회사정리법 제63조(양도담보의 환취금지)는 정리절차의 개시전에 회사에 재산을 양도한 자는 담보의 목적으로 한 것을 이유로 그 재산을 환취하지 못한다고 규정하고 있었다.

행사하는 것을 허용하지 않는 것에 불과할 뿐, 양도담보권의 피담보채권이 소멸한 경우에는 양도담보권자(파산선고를 받은 채무자)는 더 이상 양도담보권의 목적이 된 재산권을 보유할 권원이 없으므로 양도담보설정자는 관리인·관재인에게 피담보채권을 변제하고 양도담보관계를 종료한 후 양도담보의 목적이 된 재산을 환취할 수 있고,[52] 양도담보설정자가 피담보채권을 변제하지 않아 관리인·관재인이 담보권을 실행하여 청산한 결과 잔액이 있으면 이는 공익채권 또는 재단채권으로서 양도담보설정자에게 반환하여야 할 것이다.

양도담보권을 담보권으로 취급한다고 하여도 주의할 것은 완전히 소유권이 상대방에게 이전하여 버리고 채무자는 채권자의 자유의사에 기한 재매매의 가능성을 가지는데 불과한 때에는 양도담보관계는 존재하지 않는다는 점이다. 그러나 채무자가 일정한 환매권 내지 재매매예약완결권을 가지는 때에는 목적물은 담보물인 성질을 가진다고 할 수 있다. 「가등기담보 등에 관한 법률」에 의하면 부동산 양도담보의 경우 과거와 같이 청산형 양도담보와 당연귀속형 양도담보의 구별이 있을 수 없고, 청산형양도담보만이 가능하고, 따라서 청산절차가 이미 종료하였으면 담보성은 없다.[53] 또한 동산양도담보에서는 양도담보의 약정에 따라 처분하거나(처분정산형) 스스로 취득한 후 정산하는(취득정산형) 방법으로 환가하므로 유질의 경우 도산절차 개시 전에 이미 유질효과가 발생하였다면 담보성은 없다고 할 것이되, 다만 점유가 채무자에게 있는 때에는 담보관계는 종료하지 않은 것이라고 해석하여야 할 것이다. 위와 같은 입장에서 보면 도산절차 개시 당시에 담보성을 가지지 않게 되는 형식을 취하는 양도담보계약이 시도될 가능성이 있으나, 구체적 사안에서 그 실질관계를 확인하여 담보성의 유무를 판단하여야 할 것이다.

이와 같은 의미에서 양도담보성이 인정되는 경우에 이것이 회생 및 파산에서 구체적으로 어떠한 처우를 받는가를 주로 문제되는 설정자(채무자) 도산의 경우에 관하여 아래에서 검토한다.[54]

② 회생 — 회생담보권으로 취급

양도담보에 있어서는 회생절차 개시당시 담보의 실질을 가지는 경우는 모두 회생담보권으로서 신고하여야 한다. 회생절차개시 당시의 채권은 회생절차에 의하지 아니하고 변제를 받을 수 없는 것(법131조)의 귀결이다. 따라서 양도담보권자가 「가등기담보 등에 관한 법률」의 절차를 거쳐 목적물을 처분하여 대금에 충당하여도 이는 변제로서 무효이고, 대금 전액을 관리인에게 반환하고, 처분에 의하여 생긴 손해가 있으면 배상하여야 한다.

---

52) 대법원 2004.4.28. 선고 2003다61542 판결(공2004, 898).
53) 그러나 언제 청산형절차가 종료하게 되는가는 미묘하다.
54) 양도담보와 소유권유보부 매매계약이나 리스계약의 비교에 관하여는 김영주, "도산절차상 양도담보계약 당사자의 법적 지위", 사법 33호, 사법발전재단(2015), 3면 참조.

그러나 외부적으로 소유권이 채권자에게 이전하고 있는 이상 처분 그 자체는 유효하고, 취득자가 관리인으로부터 추탈을 받는 것은 아니다.

회생절차개시결정이 있는 때에 금지되는 채무자회생법 제58조 제2항 제2호의 '회생담보권에 기한 강제집행 등'에는 양도담보권의 실행행위도 포함된다고 함은 전술하였다. 판례는 양도담보권의 실행행위는 종국적으로 채권자가 제3채무자에 대해 추심권을 행사하여 변제를 받는다는 의미이고, 특히 양도담보권의 목적물이 금전채권인 경우 피담보채권의 만족을 얻기 위해 금전채권을 환가하는 등의 별도의 절차가 필요 없고, 만약 양도담보권자가 제3채무자를 상대로 채무의 이행을 구하는 소를 제기하여 승소판결을 얻는다면 제3채무자가 양도담보권자에게 임의로 변제하는 것을 막을 방법이 없으므로 채권이 담보 목적으로 양도된 후 채권양도인인 채무자에 대하여 회생절차가 개시되었을 경우 채권양수인인 양도담보권자가 제3채무자를 상대로 그 채권의 지급을 구하는 이행의 소를 제기하는 행위는 회생절차개시결정으로 인해 금지되는 양도담보권의 실행행위에 해당한다고 하면서, 이와 같이 해석하는 것이 채무자의 효율적 회생을 위해 회생절차개시결정 이후 채권자의 개별적 권리행사를 제한하는 한편 양도담보권도 회생담보권에 포함된다고 규정한 채무자회생법의 내용에도 부합한다고 하였다.[55]

법정담보의 경우와 마찬가지로 부족액은 회생채권으로 신고할 수 있다. 대물변제적 유질의 경우에도 기한미도래이면 담보의 성질을 가지는 것이므로 여전히 부족액의 문제가 생긴다. 회생담보권자로서의 양도담보권자는 별도의 조를 이루는 등 일반의 회생담보권자보다 우대하여야 할 것이라는 견해도 있으나, 실행의 방법이 간편하다고 하여도 담보로서의 효력이 강한 것이므로 이 논의는 환취권으로부터 회생담보권으로의 과도기적 이론구성으로는 몰라도 입법으로 담보권으로서의 취급이 확립된 오늘날에는 설득력을 잃은 것이라고 생각한다.

③ 파산 ― 별제권으로 취급

가장 전형적인 부동산 양도담보(처분정산형)에서는 채권자는 「가등기담보 등에 관한 법률」이 정한 바에 따라 목적물을 평가하여 채권채무를 청산하고 잔액이 있으면 청산금을

---

55) 대법원 2020.12.10. 선고 2017다256439,256446 판결(공2021상, 187)은 원고가 피고를 상대로 물품대금을 청구하였다가 회생절차개시결정을 받았고, 甲 은행이 물품대금채권을 양도담보로 받았다면서 회생담보권자로 신고하여 채권조사확정재판절차가 개시되었고, 甲 은행이 피고를 상대로 편면적 독립당사자 참가신청을 한 사안인데, 대법원은 독립당사자 참가신청이 부적법하다는 이유로 甲은행의 청구를 인용한 원심을 파기하면서, 아울러 회생절차에서 신고된 회생담보권에 관하여 관리인 등으로부터 이의가 있으면 그에 관한 채권조사확정절차에서 회생담보권의 존부와 내용이 정해지므로 참가인이 회생담보권자인지는 참가인과 회생채무자를 승계한 원고 사이에 진행되고 있는 채권조사확정절차에서 정해질 것이고, 그 결과와 회생계획에 따라 참가인의 양도담보권이 채무자회생법 제251조에 의하여 소멸하는지 또는 존속하는지 여부가 정해질 것이고, 이미 회생계획이 인가되고 회생절차가 종결된 이상 환송 후 원심으로서는 이러한 점을 함께 살펴보아야 함을 지적하였다.

파산재단에 지급하여야 한다. 목적물의 가액이 피담보채권액보다 작은 때에는 부족액을 채권액으로 하여 신고할 필요가 있다. 요컨대 법정담보권과는 환가방법에 차이가 있게 되는 것이다.[56] 따라서 환가를 위하여 필요한 때에는 채권자는 관재인에게 목적물의 인도를 구할 수 있다. 동산 양도담보에 있어서 귀속청산형의 경우에도 마찬가지로 평가액과 채권액의 차액을 반환하여야 한다. 채권자측에서 적극적으로 청산을 행하지 않는 경우에는 관재인이 주도권을 행사할 수 있다. 즉 처분정산형이든, 귀속정산형이든, 「별제권자가 법률에 정한 방법에 의하지 아니하고 별제권의 목적을 처분하는 권리를 가진 때」(법498조)에 해당하므로 관재인은 양도담보권자에게 청산을 촉구한 후 스스로 환가 내지 평가에 의하여 청산을 행하여 차액을 양도담보권자에게 청구할 수 있다. 또한 누가 주도권을 행사하든지 위와 같이 하여 양도담보권자가 차액을 관재인에게 반환하여야 할 경우에는 양도담보권자가 별도의 파산채권을 가지고 있어도 이는 정지조건부 채무의 조건이 도산절차개시 후 성취된 후 부담한 것이어서 이를 상계하는 것은 허용되지 않는다(법422조1호).[57]

동산양도담보에 있어서 비청산귀속형(유질형) 중 조건부대물변제형의 것은 기한의 도래와 함께 이른바 자동적으로 청산이 행하여진다. 목적물의 가액이 채권액에 부족한 때에도 목적물에 의하여 대물변제된 것과 마찬가지로 생각되므로 부족액의 문제는 생기지 않는다. 그러나 이 경우에도 담보의 실질, 즉 채무를 변제하여 채권자에게 귀속하는 것을 저지할 수 있는 가능성을 관철하기 위하여, 기한 전에 파산선고가 있은 경우에는 채권자의 목적물인도청구에 대하여 파산선고에 의하여 기한도래로 됨에도 불구하고(법425조), 관재인은 환매를 가지고 대항할 수 있다고 해석한다. 유질효과를 생기게 하기 위하여 채권자측의 어떠한 행위가 필요한 경우에 그 행위 전에 파산선고가 있은 때에도 물론 마찬가지이다. 일본의 판례 중에는 은행이 수입업자(재생채무자)가 수입하는 상품에 관하여 신용장을 발행하고 해당 상품에 관하여 양도담보권의 설정을 받은 경우, 수입업자로부터 점유개정의 방법에 의하여 인도를 받아 대항요건을 구비하였다고 하여, 별제권(물상대위권)의 행사로서 전매대금채권의 압류를 인정한 것이 있다.[58]

2) 집합물 양도담보

채무자의 재고품이나 매매대금채권의 전부 또는 일부를 모아서 담보로 하고, 상품 매각이나 채권추심, 상품보충이나 새로운 채권의 성립에 의하여 그 내용이 바뀌는 것을 인정하는 담보형태를 부유담보(浮遊擔保) 또는 유동담보(浮動擔保)(Floating Charge)라고 부르고 영국과 미국에서 매우 발달되어 있다. 우리나라에서는 이와 관련하여 공시방법이나 대항

---

56) 그러나 법정담보권자가 경매 이외의 방법으로 목적물을 처분할 수 있는 때에는 마찬가지이다.
57) 日最判昭和47.7.13民集26권6호1151면, 倒産判例 ガイド 제2판 204면. 일본법상의 회사정리에 관한 사안이다.
58) 日最決平成29.5.10民集71권5호789면.

요건에 관하여 이론상 및 실제상 문제가 있어서 잘 활용되지는 못하고 있었다. 재고품이 통상의 영업의 경과에 따라 추가될 때마다 점유개정을 하여야 하는데, 묵시의 점유개정이나 사전에 장래의 추가물에 관하여도 점유개정을 하는 것(선행적 점유개정)이 허용되는가에 대하여는 정설이 없었고, 또 매매대금채권발생시 채권양도 또는 채권질권 설정을 위한 대항요건을 구비하여야 한다는 것은 번거롭기 때문이다. 일찍이 판례는 일반적으로 일단의 증감 변동하는 동산을 하나의 물건으로 보아 이를 채권담보의 목적으로 삼으려는 이른바 집합물에 대한 양도담보설정계약체결도 가능하며 이 경우 그 목적 동산이 담보설정자의 다른 물건과 구별될 수 있도록 그 종류, 장소 또는 수량지정 등의 방법에 의하여 특정되어 있으면 그 전부를 하나의 재산권으로 보아 이에 유효한 담보권의 설정이 된 것으로 볼 수 있고, 성장을 계속하는 어류일지라도 특정 양만장 내의 뱀장어 등 어류 전부에 대한 양도담보계약은 그 담보목적물이 특정되었으므로 유효하게 성립하였다고 할 것이라고 판시한 바 있었는데,[59] 그러던 중 2010년 「동산·채권 등의 담보에 관한 법률」(동산채권담보법)의 제정으로 위 제도가 도입되게 되었다.[60]

동산채권담보법 제정 이래 판례는 동산채권담보법에 의한 채권담보권자가 담보등기를 마친 후에서야 동일한 채권에 관한 채권양도가 이루어지고 확정일자 있는 증서에 의한 채권양도의 통지가 제3채무자에게 도달하였으나, 동산채권담보법 제35조 제2항에 따른 담보권설정의 통지는 제3채무자에게 도달하지 않은 상태에서는, 제3채무자에 대한 관계에서 채권양수인만이 대항요건을 갖추었으므로 제3채무자로서는 채권양수인에게 유효하게 채무를 변제할 수 있고 이로써 채권담보권자에 대하여도 면책되는데, 다만 채권양수인은 채권담보권자에 대한 관계에서는 후순위로서, 채권담보권자의 우선변제적 지위를 침해하여

---

59) 대법원 1990.12.26. 선고 88다카20224 판결(공1991, 601)은 일반적으로 일단의 증감 변동하는 동산을 하나의 물건으로 보아 이를 채권담보의 목적으로 삼으려는 이른바 집합물에 대한 양도담보설정계약 체결도 가능하며 이 경우 그 목적 동산이 담보설정자의 다른 물건과 구별될 수 있도록 그 종류, 장소 또는 수량지정 등의 방법에 의하여 특정되어 있으면 그 전부를 하나의 재산권으로 보아 이에 유효한 담보권의 설정이 된 것으로 볼 수 있다고 전제하고, 집합물에 대한 양도담보권설정계약이 이루어지면 그 집합물을 구성하는 개개의 물건이 변동되거나 변형되더라도 한 개의 물건으로서 동일성을 잃지 아니하므로 양도담보권의 효력은 항상 현재의 집합물 위에 미치는 것이고, 따라서 양도담보권자가 담보권설정계약 당시 존재하는 집합물을 점유개정의 방법으로 그 점유를 취득하면 그 후 양도담보설정자가 그 집합물을 이루는 개개의 물건을 반입하였다 하더라도 그때마다 별도의 양도담보권설정계약을 맺거나 점유개정의 표시를 하여야 하는 것은 아니라고 하였다.

60) 「동산·채권 등의 담보에 관한 법률」의 제정 경과 및 내용에 관하여는 김재형, "동산담보권의 법률관계", 저스티스 제137호, 한국법학원(2013.8.), 7면, 이성재, "동산담보대출제도 도입경과 및 향후 추진방향", 저스티스 제137호, 한국법학원(2013.8.), 49면, 차문호, "동산담보등기 제도의 운영현황 및 개선방향", 저스티스 제137호, 한국법학원(2013.8.), 56면 참조. 또한 담보등기제도의 도입으로 인한 담보거래의 증가나 채권담보거래의 활성화가 불법행위법 등에 대하여 미치는 영향에 대하여는 정소민, "파산법상 불법행위채권자 보호에 관한 연구", 민사재판의 제문제 제21권, 한국사법행정학회(2012), 63면 참조.

이익을 받은 것이 되므로, 채권담보권자는 채권양수인에게 부당이득으로서 변제받은 것의 반환을 청구할 수 있으나, 그 후 동산채권담보법 제35조 제2항에 따른 담보권설정의 통지가 제3채무자에게 도달한 경우에는, 그 통지가 채권양도의 통지보다 늦게 제3채무자에게 도달하였더라도, 채권양수인에게 우선하는 채권담보권자가 제3채무자에 대한 대항요건까지 갖추었으므로 제3채무자로서는 채권담보권자에게 채무를 변제하여야 하고, 채권양수인에게 변제하였다면 특별한 사정이 없는 한 이로써 채권담보권자에게 대항할 수 없고, 민법 제472조는 불필요한 연쇄적 부당이득반환의 법률관계가 형성되는 것을 피하기 위하여 변제받을 권한 없는 자에 대한 변제의 경우에도 채권자가 이익을 받은 한도에서 효력이 있다고 규정하고 있는데, 여기에서 말하는 '채권자가 이익을 받은' 경우에는 변제의 수령자가 진정한 채권자에게 채무자의 변제로 받은 급부를 전달한 경우는 물론이고, 그렇지 않더라도 무권한자의 변제수령을 채권자가 사후에 추인한 때와 같이 무권한자의 변제수령을 채권자의 이익으로 돌릴 만한 실질적 관련성이 인정되는 경우도 포함된다. 그리고 판례는 무권한자의 변제수령을 채권자가 추인한 경우에 채권자는 무권한자에게 부당이득으로서 변제받은 것의 반환을 청구할 수 있으며, 동산채권담보법에 의한 채권담보권자가 채권양수인보다 우선하고 담보권설정의 통지가 제3채무자에게 도달하였는데도, 그 통지보다 채권양도의 통지가 먼저 도달하였다는 등의 이유로 제3채무자가 채권양수인에게 채무를 변제한 경우에 채권담보권자가 무권한자인 채권양수인의 변제수령을 추인하였다면, 추인에 의하여 제3채무자의 채권양수인에 대한 변제는 유효하게 되는 한편 채권담보권자는 채권양수인에게 부당이득으로서 변제받은 것의 반환을 청구할 수 있다고 하였고,[61] 여러 개의 동산을 종류와 보관장소로 특정하여 집합동산에 관한 담보권, 즉 집합동산 담보권을 설정한 경우 같은 보관장소에 있는 같은 종류의 동산 전부가 동산담보권의 목적물이고, 등기기록에 종류와 보관장소 외에 중량이 기록되었다고 하더라도 당사자가 중량을 지정하여 목적물을 제한하기로 약정하였다는 등 특별한 사정이 없는 한 목적물이 그 중량으로 한정된다고 볼 수 없고 중량은 목적물을 표시하는 데 참고사항으로 기록된 것에 불과하다고 보아야 한다고 하였다.[62]

또한 판례는 동산담보권이 설정된 유체동산에 대하여 다른 채권자의 신청에 의한 강제집행절차가 진행되는 경우 민사집행법 제148조 제4호를 유추적용하여 집행관의 압류 전에 등기된 동산담보권을 가진 채권자는 배당요구를 하지 않아도 당연히 배당에 참가할 수 있다고 보아야 한다고 하였고,[63] 형사 사안에서는 채무자가 금전채무를 담보하기 위하여

---

61) 대법원 2016.7.14. 선고 2015다71856, 71863 판결(공2016하, 1144).
62) 대법원 2021.4.8.자 2020그872 결정(공2021상, 953). 위 4개의 판례에 대한 분석에 관하여는 정소민, "동산담보권·채권담보권에 관한 대법원 판례의 흐름", 민사재판의 제문제 제29권, 한국사법행정학회 (2022), 750면 참조.

그 소유의 동산을 채권자에게 동산채권담보법에 따른 동산담보로 제공함으로써 채권자인 동산담보권자에 대하여 담보물의 담보가치를 유지·보전할 의무 또는 담보물을 타에 처분하거나 멸실, 훼손하는 등으로 담보권 실행에 지장을 초래하는 행위를 하지 않을 의무를 부담하게 되었더라도, 이를 들어 채무자가 통상의 계약에서의 이익대립관계를 넘어서 채권자와의 신임관계에 기초하여 채권자의 사무를 맡아 처리하는 것으로 볼 수 없고, 따라서 이러한 경우 채무자를 배임죄의 주체인 '타인의 사무를 처리하는 자'에 해당한다고 할 수 없고, 그가 담보물을 제3자에게 처분하는 등으로 담보가치를 감소 또는 상실시켜 채권자의 담보권 실행이나 이를 통한 채권실현에 위험을 초래하더라도 배임죄가 성립하지 아니한다고 하였다.[64]

　　결국 동산·채권담보는 실제적으로는 현재 및 장래의 재고상품이나 외상대금채권을 담보화하는 수단으로도 쓰이는 것인데, 장래의 재산을 포괄적으로 대상으로 하는 담보의 경우 목적재산의 특정성을 갖추고 현재 이미 발생한 재산에 관한 담보권의 성립요건·대항요건과 마찬가지의 방법에 의하여 장래의 재산에 관하여도 성립요건·대항요건을 갖추어야 한다. 따라서 장래취득재산을 포함하여 대상이 변동하는 자산의 양도담보가 도산절차에서 효력을 인정받기 위하여는 특정성과 성립요건의 구비라고 하는 두 요건이 필요하게 된다. 그렇게 본다면 「집합물양도담보」라고 하여도 도산절차상으로는 일반의 양도담보와 마찬가지로 취급하여도 좋다고 생각된다. 일본의 판례는 현재 및 장래의 재고상품의 경우 통상의 사업의 과정에 있어서 매각에 의하여 양도담보가 소멸한다고 하였다(외상대금채권은 추심에 의하여 양도담보가 소멸한다).[65]

　　그 중에서 「집합채권양도담보」라 함은 특정 또는 불특정의 제3채무자에 대하여 현재 또는 장래에 보유할 다수의 지명채권의 묶음을 담보의 목적으로 일괄 양도하는 것을 말하는데, 양도계약시 채무자(양도인)는 채권자(양수인)에게 채무자가 작성한 백지의 채권양도통지서 및 채무자에게 지급정지 등 사유가 발생할 경우 백지보충 및 양도통지 권한을 위임하는 위임장을 교부한다. 이에는 채무자에게 지급정지, 도산절차개시신청 등의 사유가 발생할 경우 채권자(양수인)가 예약완결권 및 양도대상 채권의 선택권을 행사함으로써 당사자 간에 채권양도의 효력을 발생하게 하는 예약형 집합채권 양도와, 채무자에게 지급정지, 도산절차 개시 신청 등의 사유가 발생할 경우 별도의 의사표시 없이 당사자간에 채권양도의 효력이 발생하는 정지조건형 집합채권 양도의 유형이 있다.

　　판례는 장래채권의 양도에 관하여는 장래의 채권도 양도 당시 기본적 채권관계가 어

---

63) 대법원 2022.3.31. 선고 2017다263901 판결(공2022상, 777).
64) 대법원 2020.8.27. 선고 2019도14770 전원합의체 판결(공2020하, 1905).
65) 日最判平成18.7.20民集60권6호2499면, 倒産判例 インデックス 제3판 70.

느 정도 확정되어 있어 그 권리의 특정이 가능하고 가까운 장래에 발생할 것임이 상당 정
도 기대되는 경우에는 이를 양도할 수 있다고 하였고,[66] 구 회사정리법 하에서 재판례로
는 채무를 담보하기 위하여 체결된 집합채권의 양도예약이 당연히 대물변제의 예약으로서
의 성질을 갖는 것이라고 할 수는 없고, 당사자의 계약내용이 장차 선택권과 예약완결권
의 행사로 채권양도의 효력이 발생하는 경우에 그 채권이 다른 채무의 변제를 위한 담보
로 양도되는 것을 예정하고 있는지 또는 다른 채무의 변제에 갈음하여 양도되는 것을 예
정하고 있는지에 따라 집합채권의 양도담보의 예약 또는 대물변제의 예약으로서의 성질을
가질 수 있고, 그 계약내용이 명백하지 아니한 경우에는 일반적인 채권양도에서와 마찬가
지로 특별한 사정이 없는 한 채무변제를 위한 담보로 양도되는 것을 예정하고 있는 집합
채권의 양도담보의 예약으로 추정된다고 한 사례가 있다.[67]

　　판례는 집합채권양도담보와 관련하여 장래 발생하는 채권이 담보목적으로 양도된 후
채권양도인에 대하여 회생절차가 개시되었을 경우, 회생절차개시결정으로 채무자의 업무

---

66) 대법원 1996.7.30. 선고 95다7932 판결(공1996, 2621)은 소프트웨어 개발·공급계약은 일종의 도급계
　약으로서 수급인은 원칙적으로 일을 완성하여야 보수를 청구할 수 있으나, 도급인 회사에 이미 공급
　되어 설치된 소프트웨어 완성도가 87.87%에 달하여 약간의 보완을 가하면 업무에 사용할 수 있으므
　로 이미 완성된 부분이 도급인 회사에게 이익이 되고, 한편 도급인 회사는 그 프로그램의 내용에 대
　하여 불만을 표시하며 수급인의 수정, 보완 제의를 거부하고 나아가 수급인은 계약의 당사자가 아니
　므로 상대하지 않겠다고 하면서 계약해제의 통보를 하였다면, 그 계약관계는 도급인의 해제통보로
　중도에 해소되었고 수급인은 당시까지의 보수를 청구할 수 있다고 인정한 사례이다. 同旨 1991.6.25.
　선고 88다카6358 판결(공1991, 1993). 또한 대법원 2010.4.8. 선고 2009다96069 판결(미간행)은 재개발
　추진위원회는 도시개발법상 근거가 없는 단체로서 도시개발법에 의하여 적법하게 설립된 조합이 추
　진위원회와 소외인 사이의 위수임계약을 추인하여야만 위수임계약의 효력이 조합에 미칠 수 있는
　점, 도시개발법에 의하면 시행자인 조합이 체비지에 대한 소유권을 취득하고 그 처분권을 가지는데,
　원심 변론종결 당시 도시개발법상 조합설립 인가를 받고 설립 등기를 마쳤다는 자료가 없으므로 도
　시개발법상 조합이 성립되지 못한 것으로 보이는 점, 원고가 청구취지에서 양도통지 대상으로 적시
　한 권리는 특정 채권이라고 볼 수 없고 오히려 '계약상의 지위'라고 보이는 점, 도시개발법상 체비지
　는 도시개발사업 실시계획 인가를 받고 환지계획 인가나 환지예정지 지정이 있는 경우에 특정될 수
　있는데, 원심 변론종결 당시 이런 절차가 전혀 진행되지 않은 점 등에 비추어 보면, 원심이 판시와
　같은 이유로 위 '소외인과의 체비지 매매계약상 매수인으로서의 권리와 사업시행권'은 특정이 불가
　능하거나 가까운 장래에 발생 가능성을 기대할 수 없는 경우에 해당한다고 판단한 것은 정당하다고
　한 사례이다. 위 판결에 대한 분석으로 이은재, "한국회생절차상 장래채권에 대한 양도담보권자의 지
　위", 도산법연구 제2권 제2호, 사단법인 도산법연구회(2011. 11.), 186면 참조.
67) 대법원 2003.9.5.선고 2002다40456 판결(공2003, 2015)[백선38]은 종합금융회사와 건설회사가 체결한
　채권양도약정은 건설회사의 종합금융회사에 대한 대여금채무를 담보하기 위하여 건설회사가 현재
　보유하고 있거나 장래에 보유하게 될 공사대금채권을 일괄하여 종합금융회사에게 양도하기로 하는
　예약 즉 집합채권의 양도예약에 해당하는 것으로서, 종합금융회사에게 건설회사가 채권명세서에 기
　재한 공사대금채권 중에서 양도·양수할 채권을 선택할 수 있는 선택권과 그 예약을 일방적으로 완
　결할 수 있는 예약완결권을 부여하는 한편, 그 선택권과 예약완결권 행사의 실효성과 편의를 위하여
　건설회사를 대리하여 제3채무자에게 채권양도사실을 통지할 수 있는 대리권을 부여한 계약이라고
　한 사례이다.

의 수행과 재산의 관리 및 처분 권한은 모두 관리인에게 전속하게 되는데, 관리인은 채무자나 그의 기관 또는 대표자가 아니고 채무자와 그 채권자 등으로 구성되는 이른바 이해관계인 단체의 관리자로서 일종의 공적 수탁자에 해당하므로, 회생절차가 개시된 후 발생하는 채권은 채무자가 아닌 관리인의 지위에 기한 행위로 인하여 발생하는 것으로서 채권양도담보의 목적물에 포함되지 아니하고, 이에 따라 그러한 채권에 대해서는 담보권의 효력이 미치지 아니한다고 하였다. 따라서 회생절차개시 후에 채권이 추가로 발생하였더라도 그러한 채권에 대해서는 더 이상 담보권의 효력이 미치지 아니하기 때문에, 잔존 채권은 담보목적물이 존재하지 아니하는 회생채권이 된다.[68] 또한 판례는 채무를 담보하기 위하여 체결된 집합채권의 양도예약이 당연히 대물변제의 예약으로서의 성질을 갖는 것이라고 할 수는 없고, 당사자의 계약내용이 장차 선택권과 예약완결권의 행사로 채권양도의 효력이 발생하는 경우에 그 채권이 다른 채무의 변제를 위한 담보로 양도되는 것을 예정하고 있는지 또는 다른 채무의 변제에 갈음하여 양도되는 것을 예정하고 있는지에 따라 집합채권의 양도담보의 예약 또는 대물변제의 예약으로서의 성질을 가질 수 있고, 그 계약내용이 명백하지 아니한 경우에는 일반적인 채권양도에서와 마찬가지로 특별한 사정이 없는 한 채무변제를 위한 담보로 양도되는 것을 예정하고 있는 집합채권의 양도담보의 예약으로 추정함이 상당하다고 하였다.[69]

한편 장래채권이 담보목적으로 양도되고 대항력도 갖추고 나서 양도인에 대하여 도산절차가 개시되었고, 그 후 실제로 채권이 발생한 경우 그 채권에 양도담보의 효력이 미

68) 대법원 2013.3.28. 선고 2010다63836 판결(공2013상, 733)[백선35]은 甲이 乙 은행으로부터 대출을 받으면서 甲의 국민건강보험공단에 대한 향후 의료비 등 채권을 담보목적물로 한 채권양도담보계약을 체결하였는데, 乙 은행이 담보목적물 중 일부인 그 당시 현존 의료비 등 채권에 대하여 담보권을 실행하여 공단으로부터 채권 일부를 회수한 후 甲에 대하여 회생절차가 개시된 사안에서, 乙 은행이 피담보채권인 대출금채권 전액의 만족을 얻지 아니한 이상, 담보권 실행 후 발생하는 의료비 등 채권에 대해서도 담보권을 실행할 수 있고, 담보권 실행으로 인하여 그 후 발생하는 의료비 등 채권에 대하여 담보권의 효력이 미치지 아니하게 되는 것은 아니지만, 담보권 실행 후 甲에 대한 회생절차개시 당시까지 담보목적물인 채권이 남아 있지 아니하였고, 회생절차개시 후에 의료비 등 채권이 추가로 발생하였더라도 그러한 채권에 대해서는 더 이상 담보권의 효력이 미치지 아니하기 때문에, 乙 은행의 잔존 대출금채권은 담보목적물이 존재하지 아니하는 회생채권이라고 하였다. 이 판결에 대한 해설로는 이상주, "집합채권양도에서의 담보권실행의 효력과 회생절차가 개시된 후 발생하는 채권에 대해서도 담보권의 효력이 미치는지 여부", 대법원판례해설 제95호, 법원도서관(2012), 612면 참조. 특히 위 판결로서 장래채권에 대한 담보로서의 가지는 상당 부분 훼손되어 금융기관으로서는 장래채권의 담보가치를 저평가할 수밖에 없게 되어 부당하다는 비판으로는 박진수, "회생절차개시결정과 집합채권양도담보의 효력이 미치는 범위", 민사판례연구 XXXⅥ, 민사판례연구회(2014), 561면 참조, 또한 이상재, "집합채권 신탁의 회생절차에서의 취급", 도산법연구 제11권 제2호, 사단법인 도산법연구회(2021.7.), 155면 참조. 同旨 대법원 2013.3.28. 선고 2012다92777 판결(미간행), 또한 대법원 2013.9.27. 선고 2013다42687 판결(미간행)은 공탁금출급청구권을 담보로 제공한 사안이다.
69) 대법원 2003.5.9. 선고 2002다40456 판결(공2003, 2015)[백선38].

치는지가 문제되는데, 첫째, 도산재단을 투입하여 장래채권이 발생한 경우, 일반채권자들의 이익을 위해 사용되어야 할 특별재산인 도산재단을 특정 채권자를 위해 사용해서는 안 되므로 해당 채권은 양도담보의 목적이 될 수 없고, 둘째, 도산절차 개시 당시 장래채권 양도담보권자가 채무자 소유 물건에 대하여 우선권을 갖고 있고 양도대상 장래채권이 그 물건의 가치변형물에 해당한다면, 장래채권 양도담보의 도산절차상 효력을 긍정해야 하며, 셋째, 도산절차 개시 당시 정지조건부 채권의 실질적 가치가 존재하고 채권양도담보권자도 이에 대한 합리적 기대를 갖고 있는 경우에는, 도산절차 이후 정지조건이 성취되더라도 해당 채권에 양도담보의 효력이 미치지만, 도산재단이 투입됨으로써 정지조건부 채권이 발생하거나, 도산재단에 속하는 재산이 소멸함으로써 비로소 그와 등가관계에 있는 정지조건부 채권의 조건이 성취된 경우에는 양도담보의 효력이 미치지 않는다고 해석한다.[70]

일본에서도 2004년 「동산 및 채권양도에 관한 민법의 특례에 관한 법률」(동산채권양도특례법)이 제정되어 유동집합적 동산의 양도담보와 장래채권의 양도담보가 법제화되었는데, 사업수익을 담보로 하는 것이 가능하여 져서 기업이나 프로젝트의 자금조달에 도움을 주게 되었고,[71] 기왕의 판례 역시 양도담보권자는 갱생담보권자에 준하여 그 권리를 신고하고 갱생절차에 의해서만 권리행사를 하여야 하며 목적물에 대한 소유권을 주장하고 그 인도를 요구할 수 있는 환취권을 가지지 않는다고 해석하는 것이 주류였다.[72]

종래 일본의 판례는 유동성집합동산의 경우 그 구성내용이 변동하는 하나의 집합물로서 양도담보의 목적물로 하는 것이 가능하고, 대항력의 구비에 관하여서는 특정된 집합물에 관하여 대항력을 구비하면 새로운 구성부분이 된 동산을 포함하는 집합물에 대항력이 미친다고 하였다(이른바 집합물론).[73] 한편 채권에 관하여는 1개의 집합채권이라는 방식을 채용하지는 않고, 포괄성을 가진 담보화의 경우에도 개별 채권에 효력을 가지게 되지만, 장래발생할 채권에 관하여도 대상이 특정되어 있는 한, 지명채권양도의 대항요건의 방법에 의하여 대항력을 갖출 수가 있다고 본다.[74] 추심이 양보담보설정자에게 유보된 제3채무자에 대하여 그 취지가 통지되어 협력이 의뢰되었어도, 대항요건의 효과를 방해하지 않는다.[75]

---

70) 상세는 최준규, "장래채권 양도담보의 도산절차상 효력", 사법 32호, 사법발전재단(2015), 245면 참조.
71) 재고상품과 외상대금채권의 경우에 특징적인 것은 포괄성과 유동성인데, 재고상품은 통상 사업의 경우 매각에 의하여 소멸하고, 외상대금채권의 경우 추심에 의하여 소멸한다.
72) 일본 상사법무연구회가 2019년에 수행한 채권담보제도에 관한 입법 제안에 대하여는 류창호, "일본의 채권담보제도의 입법에 관한 연구", 법조 제747호, 법조협회(2021.6.) 435면 참조.
73) 日最判昭和54.2.15民集33권1호151면, 日最判昭和62.11.10民集41권8호1559면. 두 사건 모두 점유개정에 관한 사안이다.
74) 日最判平成11.1.29民集53권1호151면은 채권회수 목적의 양도에 관한 판시이다.
75) 日最判平成13.11.22民集55권6호1056면.

　　나아가 일본의 판례는 특정성에 관한 지표 및 정도의 문제와 관련하여서는 동산의 경우 그 종류·소재장소·양적 범위를 지정하는 등의 방법을 쓰고 있다. 동산양도등기에 관하여는 소재(동산의 종류와 보관장소의 소재지)에 의하여 특정하는 방법을 보여주고, 이에 반하여 채권의 경우에는 다른 종류와 식별할 수 있는 정도의 특정성이 있으면 좋고,[76] 그 지표로서 발생원인, 기간(시기와 종기), 채권의 채무자, 금액 등을 들고 있다.[77]

　　장래 취득하는 재산을 담보하는 경우 파산선고 후에 취득한 재산에 관하여 별제권이 미치는가 여부가 문제가 된다. 장래 취득하는 동산이나 채권에 관하여 양도담보가 가능하여 지고, 절차개시 후에 취득한 동산에 미치게 되면 도산절차의 실효성을 저해하지 않을까 하는 우려가 생기게 되었고, 당초에는 절차 개시 후에 취득하는 동산이나 발생하는 채권에는 별제권이 미치지 않는다는 부정설이 우세하였으나, 근래 특히 채권에 관하여 일본의 판례가 "장래 발생할 채권을 목적으로 하는 양도담보계약이 체결된 경우에는 채권양도의 효과의 발생을 유보하는 특단의 부관이 없는 한, 양도담보의 목적이 된 채권은 양도담보계약에 의하여 양도담보설정자로부터 양도담보권자에게 확정적으로 양도된다. (중략) 양도담보의 목적이 된 채권이 장래 발생하는 때에는 양도담보권자는 양도담보설정자의 특단의 행위를 요하지 아니하고 당연히 당해 채권을 담보 목적으로 취득한다"고 판시한 이래 긍정설이 유력하다.[78] 그러나 긍정설에 대하여는 도산절차 개시 후에 발생하는 채권이 채무자에게 발생하여 양수인에게 이전한다는 논리는 절차개시 후에는 재산의 관리처분권이 관리인·관재인에게 전속하기 때문에 이와 같은 절차개시 후의 이전은 도산절차에게는 대항할 수 없다는 점을 부정하는 것이 된다는 비판이 있다.[79]

　　구체적인 예를 보면, 회사갱생 사건에서 공장에 비치된 기계기구에 양도담보를 설정한 사안에 관하여 소유권이전이 확정적으로 된 것은 아니고 채권채무관계가 존속하고 있으므로 갱생담보권에 준하는 것이고 환취권을 가지는 것이 아니라고 하였고,[80] 동산이 창고에 들어온 시점에 양도담보권자가 당해 동산을 인도받은 것이라고 하였다(동산매매선취특권에 관한 사안).[81]

---

76) 日最判平成12.4.21民集54권4호1562면.

77) 위 日最判平成11.1.29民集53권1호151면, 日最判平成12.4.21民集54권4호1562면. 다만 일본에서는 2004년 채권양도특례법의 개정에 의하여 채권양도등기에 있어서 장래채권에 관하여는 채무자의 특정을 필요로 하지 않게 되었다.

78) 日最判平成19.2.15民集61권1호243면. 倒産判例 インデックス 제3판 69. 그러나 국세징수법의 해석에 관한 사안으로서 일반적인 장래 채권의 양도담보의 구조나 양도담보권자의 취득 시기에 관하여 판시한 것이 아니라는 견해도 유력하고 판결의 취지에 관하여도 이견이 있다.

79) 山本和彦, "倒産法 槪說 제2판", 弘文堂(2013), 133면 참조.

80) 日最判昭和41.4.28民集20권4호900면, 倒産判例 ガイド 제2판 114면[百選57].

81) 위 日最判昭和61.11.10民集41권8호1559면.

3) 어음의 양도담보

양도담보 중에도 상업어음의 양도담보는 일반의 동산양도담보와는 그 태양을 달리한다. 어음이 상대방에 양도되기 때문에 양도담보권자는 자신이 보유하는 어음을 추심하여 금전을 자기를 위한 변제에 충당할 여지가 있기 때문이다. 양도담보의 목적인 어음에 관하여 양도담보권자는 추심한 어음금을 어떻게 처리하여야 하는가가 양도담보의 성질과 관계에서 문제가 된다. 이와 같이 채무자가 기존의 채무를 담보하기 위하여 제3자 발행의 어음을 배서의 방식으로 채권자에게 양도한 경우 채무자는 채권자에 대하여 기존의 채무와 더불어 어음의 배서인으로서의 책임을 부담하고, 배서의 방식에 의하여 양도된 제3자 발행의 어음은 채무자의 기존의 채무를 담보하기 위하여 어음상에 양도담보권을 설정한 것이라고 보아야 한다는 것이 판례의 입장이다.[82] 대법원은 구 회사정리법 상의 회사정리절차에서 채권자가 어음금 채권을 정리담보권으로 신고하였음에도 관리인이 권리의 법률적 성질을 근거로 정리담보권을 부정하여 이에 따라 채권자가 오히려 담보 목적물로 취급되었던 어음상의 권리를 정리절차 외에서 행사할 수 있게 된 사안에서 관리인이 그 법률적 성질이 정리채권이라는 확고한 입장을 취하여 채권자에게 어음의 양도담보에 대하여 정리채권으로 취급하는 한편 그 어음은 채무자의 재산이 아니어서 자유로이 그에 관한 권리를 행사할 수 있다는 신뢰를 부여하였고, 이에 따라 채권자가 정리담보권 확정의 소를 제기하지 아니하고 기존의 채권에 관하여 정리회사의 정리계획에서 정리담보권보다 훨씬 불리한 조건인 정리채권으로 권리변경이 이루어지는 불이익을 감수하였으며 정리회사나 관리인으로부터 아무런 이의를 받지 아니하고 어음상 권리를 행사하여 왔는데, 정리절차 종결 후의 회사가 어음의 양도담보가 정리담보권인데 정리채권으로 확정되었으므로 담보권이 소멸되었다고 주장하며 채권자가 그 어음에 기하여 취득한 이득의 반환을 청구하는 것은 신의성실의 원칙에 반하여 허용될 수 없다고 하였다.[83] 어음의 양도담보권자에 대하여만 채무자회생법 소정의 양도담보에서 배제할 이유를 찾아볼 수 없고, 이를 회생채권자로 볼 경우 회생채권자는 회생절차 외에서 어음상 권리를 행사하여 변제에 충당할 수 있는 결과가 되어 어음의 양도담보권자에 대하여만 다른 회생담보권자보다 우월한 지위를

---

82) 대법원 2009.12.10. 선고 2008다78279 판결(공2010상, 85), 대법원 2009.11.26. 선고 2008다72288 판결(미간행), 대법원 2009.11.26. 선고 2008다72295 판결(미간행), 대법원 2009.11.26. 선고 2008다72301 판결(미간행). 同旨 日東京地判昭和56.11.16下民32권9~12호102면, 倒産判例 ガイド 제2판 200면, 倒産判例 インデックス 제3판 66[百選제5판56②], 日名屋古高判昭53.5.29金判562호29면.

83) 대법원 2009.12.10. 선고 2008다78279 판결(공2010상, 85)은 구 회사정리법 하에서 대부분의 정리계획에서 정리담보권을 정리채권에 비하여 우대하고 있으므로 관리인들은 정리담보권신고에 대하여 담보권이 아니라고 주장하면서 정리채권으로만 시인하려는 경향이 있으나 관리인이 일단 정리채권으로 시인을 하게 되면 그 이후에는 신의성실의 원칙상 정리담보권임을 주장할 수 없게 된다고 하였다. 김형두, '2011년판 분야별 중요판례분석', 법률신문사(2011), 573면.

부여하는 것이 되고 이는 채권자 평등의 원칙에도 반하므로 특별한 사정이 없는 한 어음의 양도담보 또한 위 규정에서 정하고 있는 회생담보권에 해당한다고 보아야 한다는 것을 그 근거로 한다.

   파산에 있어서도 판례는 어음의 양도담보권자는 채무자의 어음 발행인에 대한 어음상 청구권에 대하여 담보권을 갖는다는 점에서 별제권을 가지는 것으로 열거된 유치권자나 질권자 등과 다름이 없으므로 별제권을 행사할 수 있는 권리를 가지는 자로 봄이 상당하고, 그 어음 발행인을 채무자와 함께 채무를 부담하는 자로 볼 수는 없다고 하고, 채무자가 어음할인대출을 위하여 채권자에게 배서양도한 어음이 융통어음인 경우 융통어음을 발행한 융통자는 피융통자에 대하여 어음상의 책임을 부담하지 아니하지만, 그 어음을 담보로 취득한 채권자에 대하여는 채권자의 선의·악의를 묻지 아니하고 대가 없이 발행된 융통어음이었다는 항변으로 대항할 수 없으므로 융통어음의 담보권으로서의 가치는 의연히 존재하고, 따라서 채무자 자신이 융통자에 대하여 융통어음의 항변 때문에 어음상 권리를 주장할 수 없다고 하더라도 이러한 어음상 권리가 파산재단에 속하지 않는 것이라고 할 수는 없고, 여전히 채권자가 파산재단에 속하는 재산에 대하여 담보권을 설정한 것으로 보아야 한다고 한다.[84]

   은행거래에 있어서는 고객이 은행으로부터 어음대출을 받을 때 자기가 거래상 취득한 어음(이른바 상업어음) 여러 통을 은행에 배서양도하는 경우가 있다(상업어음담보대출이라고 부른다). 이 방식은 다수의 소액의 어음을 일일이 할인하는 수고를 덜기 위하여 어음들의 합계액에 해당하는 1통의 어음을 발행하고 이와 동시에 다수의 어음의 배서양도를 받아 이것이 제3자에 의하여 지급되면 위 1통의 어음의 지급에 충당하도록 하는 것이다. 이 경우 이는 실질상 개개의 어음의 할인에 불과하고, 채무자 발행의 어음은 이들 다수의 어음에 관한 상환청구권행사를 용이하게 하기 위한 편법이라고 보면 은행은 매수한 상업어음을 순차 추심하는 작업이 남는데 이를 가지고 담보관계라고 볼 수는 없다.

---

84) 대법원 2010.1.14. 선고 2006다17201 판결(공2010상, 305)은 종금사인 甲과 乙은 피고로부터 어음할인대출의 담보로 丙이 발행한 약속어음 2장과 丁이 발행한 약속어음 1장을 교부받았는데, 甲과 乙로부터 위 어음할인대출금채권을 양수받은 원고는 피고가 파산선고를 받은 이후에 丙과 丁으로부터 위 각 약속어음에 기하여 변제를 받은 사안이다. 피고는 甲 및 乙로부터 변제받은 금액은 양도담보로 제공받은 어음에 관하여 별제권을 행사하여 받은 금액이므로 甲 또는 乙로부터 양도받은 각 대출금채권에서 공제되어야 한다고 주장하였다. 원심은, 어음대출에서 채무자가 제3자가 발행한 어음을 채권자에게 담보로 제공하고 대출을 받은 경우 어음의 양도담보가 되어 채권자는 어음상 권리에 대하여 별제권을 갖는 것이지만, 위 각 약속어음은 자금의 융통을 목적으로 발행된 융통어음이어서 채무자인 피고는 위 각 약속어음에 관하여 실질적으로 어떠한 권리도 가지고 있지 아니하므로 위 각 약속어음이 피고의 파산재단에 속한다고 할 수 없어서 채권자인 원고가 위 각 약속어음상의 청구권에 관하여 별제권을 갖는다고 할 수 없다는 이유로 피고의 주장을 배척하였으나, 대법원은 위에서 본 이유로 원심을 파기 환송하였다.

그러나 실제로는 담보의 목적을 가지고 행하는 것이 보통이고, 그렇지 않은 경우라고 하여도 이를 구별하는 것은 매우 어려울 뿐만 아니라 환매약관이 반드시 붙어 있는 점을 감안하면 채권관계가 완전히 소멸되었다고 할 수는 없고, 할인된 어음도 담보적 기능이 부과되어 있다고 볼 수 있으므로 도산과의 관계에 있어서는 모두 담보라고 해석하여야 할 것이다.

여기서도 차이가 나는 것은 회생에서이다. 파산에 있어서는 은행은 담보권을 실행하여 소지한 담보어음을 순차 추심약정에 따라 대출채권의 변제에 충당하는 것은 별제권자로서 하등 문제될 것이 없다. 그러나 회생에서는 담보권자로 보는 한 위와 같은 행위는 허용되지 않는다.[85] 은행은 회생담보권자로서 신고한 후 어음채무자로부터 추심한 금전을 담보물을 갈음하는 것으로서 보관할 수 있다고 하든가, 채권질에 준하여 어음채무자에 공탁하고(민353조3항), 공탁금 위에 회생담보권자로서의 권리를 인정하게 된다.

(나) 가등기담보

판례에 의하여 인정되어 오던 가등기담보는 1983년 「가등기담보등에 관한 법률」에 의하여 입법적 정비를 보았다. 위 법은 "차용물의 반환에 관하여 차주가 차용물을 갈음하여 다른 재산권을 이전할 것을 예약할 때 그 재산의 예약당시 가액이 차용액과 이에 붙인 이자를 합산한 액수를 초과하는 경우" 적용되는데(같은 법1조) 가등기담보권자는 채무자의 파산·회생에서 저당권자에 관한 규정을 적용한다(같은 법17조1항3항). 즉 파산에서는 별제권이 되고, 「가등기담보법」에 따른 권리를 실행할 수 있으나, 회생에서는 회생담보권으로서 절차에 복종하게 된다. 가등기담보권자가 이미 소유권을 취득하고 있는 경우에는 환취권이 인정된다고 하는 것은 양도담보와 마찬가지이다. 채권자는 예약완결권을 행사한 후 목적물의 평가에 기하여 청산금을 채무자에게 통지하고 2월(청산기간)을 경과하여야 소유권을 취득할 수 있으나(가등3조1항), 그 후에도 청산금의 지급 전에는 그 소유권이전등기의 말소를 거절할 수 없다(가등11조). 또 지급 전에 다른 채권자가 경매절차를 개시하면 본등기청구를 할 수 없게 된다(가등14조). 따라서 청산금이 있는 경우에 관리인·관재인에게 소유권을 주장할 수 있기 위하여는 회생 또는 파산 절차 개시 전에 청산금을 지급하였어야 한다고 해석한다. 본등기까지 하고 있을 필요는 없다. 회생에서는 개시 전의 처분으로서 실행을 중지할 수 있다(법44조1항).

(다) 소유권유보부 매매

① 유보매수인 도산의 경우

할부매매 등에 있어서 대금을 완납할 때까지 매도인에게 소유권을 유보하는 것은 일

---

85) 담보라고 보지 않게 되면 어음의 채무자를 법 250조 2항의 「채무자와 함께 채무를 부담하는 자」로 해석하여 회생절차와 관계없이 추심할 수 있다고 해석하게 된다.

상적으로 많이 행하여지는 것이지만, 매수인 도산의 경우에 소유권의 소재만을 기준으로 하면 매도인의 환취권을 긍정하여야 한다. 나아가 매도인은 인도와 아울러 소유권의 이전까지도 완료하여야 매매계약상의 의무를 전부 이행한 것이고, 매수인도 아직 대금 전액을 지급한 것이 아니라고 하게 되면 쌍방미이행의 쌍무계약에 관한 규제(법119조, 335조)에도 복종하여야 한다. 그러나 현재는 환취권을 인정하지 않고, 위 조항의 적용도 부정하는 것이 통설이다. 소유권유보의 실질적인 목적은 어디까지나 담보이고, 할부지급이 지체된 때 매도인은 목적물을 인도받아 적당한 보수(補修)를 가한 후 환가하여 대금으로부터 미수대금을 회수하고, 잔액이 있으면 매수인에게 반환하든가(처분청산형) 또는 평가액과 미수대금과의 차액과 교환으로 목적물을 회수할 수 있는(귀속청산형) 것에 불과하다고 해석하지만, 후자가 원칙이다. 목적물의 가액이 잔대금채권보다 낮을 때에는 부족액에 관하여 파산채권자로서 권리를 행사할 수 있다. 이와 같은 실체법상의 성격을 가지는 것이라고 본다면 소유권유보매도인의 지위는 마치 미수대금을 피담보채권으로 하는 양도담보권자와 유사하다고 할 수 있다.[86] 동산의 매매계약을 체결하면서, 매도인이 대금을 모두 지급받기 전에 목적물을 매수인에게 인도하지만 대금이 모두 지급될 때까지는 목적물의 소유권은 매도인에게 유보되며 대금이 모두 지급된 때에 그 소유권이 매수인에게 이전된다는 내용의 소위 소유권유보의 특약을 한 경우, 목적물의 소유권을 이전한다는 당사자 사이의 물권적 합의는 매매계약을 체결하고 목적물을 인도한 때 이미 성립하지만 대금이 모두 지급되는 것을 정지조건으로 하므로, 목적물이 매수인에게 인도되었다고 하더라도 특별한 사정이 없는 한 매도인은 대금이 모두 지급될 때까지 매수인뿐만 아니라 제3자에 대하여도 유보된 목적물의 소유권을 주장할 수 있고, 다만 대금이 모두 지급되었을 때에는 그 정지조건이 완성되어 별도의 의사표시 없이 목적물의 소유권이 매수인에게 이전되기 때문이다.[87]

판례도 동산의 소유권유보부매매는 동산을 매매하여 인도하면서 대금 완납 시까지 동산의 소유권을 매도인에게 유보하기로 특약한 것을 말하며, 이러한 내용의 계약은 동산

---

86) 대법원 1999.9.7. 선고 99다30534 판결(공1999, 2088)은 동산의 매매계약을 체결하면서, 매도인이 대금을 모두 지급받기 전에 목적물을 매수인에게 인도하지만 대금이 모두 지급될 때까지는 목적물의 소유권은 매도인에게 유보되며 대금이 모두 지급된 때에 그 소유권이 매수인에게 이전된다는 내용의 이른바 소유권유보의 특약을 한 경우, 목적물의 소유권을 이전한다는 당사자 사이의 물권적 합의는 매매계약을 체결하고 목적물을 인도한 때 이미 성립하지만 대금이 모두 지급되는 것을 정지조건으로 하므로, 목적물이 매수인에게 인도되었다고 하더라도 특별한 사정이 없는 한 매도인은 대금이 모두 지급될 때까지 매수인뿐만 아니라 제3자에 대하여도 유보된 목적물의 소유권을 주장할 수 있다 할 것이고(대법원 1996. 6. 28. 선고 96다14807 판결 참조), 이와 같은 법리는 소유권유보의 특약을 한 매매계약이 매수인의 목적물 판매를 예정하고 있고, 그 매매계약에서 소유권유보의 특약을 제3자에 대하여 공시한 바 없고, 또한 그 매매계약이 종류물인 철강재를 목적물로 하고 있다 하더라도 다를 바 없다고 하였다.
87) 대법원 1996.6.28. 선고 96다14807 판결(공1996, 2358).

의 매도인이 매매대금을 다 수령할 때까지 대금채권에 대한 담보의 효과를 취득·유지하려는 의도에서 비롯된 것이고, 따라서 동산의 소유권유보부매매의 경우에, 매도인이 유보한 소유권은 담보권의 실질을 가지고 있으므로 담보 목적의 양도와 마찬가지로 매수인에 대한 회생절차에서 회생담보권으로 취급함이 타당하고, 매도인은 매매목적물인 동산에 대하여 환취권을 행사할 수 없다고 하였다.[88] 일본의 판례도 소유권유보부 매매는 대금채권을 담보하는 일종의 담보권이고, 매도인에게는 별제권만 인정된다고 한 것이 있고,[89] 자동차 할부보증방식판매의 사안에서 자동차대금을 지급한 보증인은 자동차에 관하여 보증인을 소유자로 하는 등록을 하여야 판매회사로부터 법정대위에 의하여 취득한 유보소유권을 별제권으로 행사할 수 있다고 하였으며,[90] 도산에 관한 사례는 아니지만, 소유권유보는 집합동산양도담보권보다 우선한다고 하였다.[91]

　　그렇다면 소유권유보 매도인의 권리는 정면으로 담보권자로서 취급하여야 할 것이고, 환취권을 인정할 것은 아니며, 또 쌍방미이행의 쌍무계약으로도 볼 것이 아니라 매도인은 별제권자 또는 회생담보권자로서 권리행사를 할 수 있다고 하여야 한다.[92] 따라서 그 취급은 대체로 양도담보권자와 마찬가지라고 해석하여도 좋다.[93]

88) 대법원 2014.4.10. 선고 2013다61190 판결(공2014상, 1033)[백선34]. 이 판결에 대한 해설로 정소민, "도산법상 소유권유보부 매매의 매도인의 지위", 민사판례연구 XXXVII, 민사판례연구회(2015), 213면 참조. 또한 대법원 2010.2.25. 선고 2009도5064 판결(공2010상, 694)은 부동산과 같이 등기에 의하여 소유권이 이전되는 경우에는 등기를 대금완납시까지 미룸으로써 담보의 기능을 할 수 있기 때문에 굳이 위와 같은 소유권유보부매매의 개념을 원용할 필요성이 없으며, 일단 매도인이 매수인에게 소유권이전등기를 경료하여 준 이상은 특별한 사정이 없는 한 매수인에게 소유권이 귀속되는 것이고, 한편 자동차, 중기, 건설기계 등은 비록 동산이기는 하나 부동산과 마찬가지로 등록에 의하여 소유권이 이전되고, 등록이 부동산등기와 마찬가지로 소유권이전의 요건이므로, 역시 소유권유보부매매의 개념을 원용할 필요성이 없는 것이라고 하였다.

89) 日札幌高決昭和61.3.26判夕601호74면[百選제3판59].

90) 日最判平成22.6.4民集64권4호1107면, 倒産判例 インデックス 제3판 72[百選제5판58]은 체당금방식의 보통자동차의 소유권 유보의 사안에서 원칙적으로 재생절차 개시의 시점에 당해 특정의 담보권에 관하여 등기, 등록 등을 구비하고 있을 필요가 있다고 하였음은 전술하였다. 또한 日最判平成29.12.7民集71권10호1925면[百選58]은 제3자가 자동차대금을 대신 지급하고 체당금 채권에 관하여 판매회사로부터 양수받은 유보소유권을 별제권으로 주장하는 경우에는 자동차에 관하여 자신 앞으로 등록을 하여야 하지만, 대위변제에 의하여 취득한 판매대금의 잔액을 피담보채권으로 하는 경우에는 자신의 등록명의를 구비하지 않아도 법정대위의 효과로서 판매회사의 유보소유권의 등록을 원용하여 매수인의 파산관재인에 대하여 별제권을 주장할 수 있다고 하였다. 또 등록명의를 가지고 있는 원유보소유권자(판매회사)는 소유권을 가지지 않으므로 파산관재인에게 목적물의 인도를 구할 수는 없게 된다. 다만 등록명의가 판매회사에 있기 때문에 파산관재인이 자동차를 처분하기 위하여는 자동차 등록명의의 이전을 구하는 소송을 제기하거나 판매회사와 교섭을 할 필요가 있다고 한다.

91) 日最判平成30.12.7民集72권6호1044면.

92) 同旨 전병서, "도산법 제4판" 문우사(2016), 341면, 이에 반하여 전대규, "채무자회생법 제7판" 법문사(2023), 562면은 소유권유보부 매매의 경우는 별도의 담보권실행절차가 마련되어 있지 않아 담보권 실행을 할 수 없으므로 담보권자가 아닌 소유자로 보고 환취권을 인정하여야 한다고 한다.

93) 그러나 소유권유보부 매매와 후술하는 리스 계약 상 당사자의 지위를 담보권으로 취급하는 데 반대

그런데 위와 같은 일반적인 소유권유보와 달리 매수인이 유보목적물을 통상의 영업활동의 범위 내에서 전매하거나 가공하고, 그 목적물의 전매로 인하여 장래 취득하게 될 대금채권 또는 목적물의 가공으로 취득할 물건의 소유권 내지 그 대상에 대한 권리를 미리 매도인에게 양도하는 것을 '연장된 소유권유보'라고 하여, 매수인에 대해 도산절차가 개시되면, 매도인은 채무자인 매수인이 점유하고 있는 유보목적물에 대해 환취권을 행사할 수 있고, 연장된 소유권유보의 약정에 따라 매수인이 위기시기에 유보목적물의 전매 등으로 취득할 장래채권을 매도인에게 채권을 양도하더라도 매수인의 재산 감소로 평가되지 않으므로 부인의 대상이 되지 않는다는 주장이 있다.[94]

② 유보매도인 도산의 경우

이 경우에도 미이행 쌍무계약에 관한 조항의 적용은 없으므로 유보매매계약은 관리인·관재인과 매수인 사이에 효력이 지속된다. 매수인은 잔대금을 완납하면 목적물의 소유권을 취득하고, 할부금의 지급을 게을리한 때에는 관리인·관재인은 소유권유보특약을 실행하여 목적물을 환취하고, 청산금이 있으면 지급하게 된다.

(라) 그 밖의 담보적 효력이 있는 거래

1) 상계예약

은행거래 등에 있어서 행하여지는 상계예약(일정한 사유가 발생하면 변제기에 달하였는가를 불문하고 은행은 상계할 수 있다고 하는 약정)에 관하여는 이에 의하여 보호되는 은행의 지위와 수동채권의 압류채권자의 지위 사이의 우열에 관하여 "채권가압류명령을 받은 제3채무자는 그 후에 취득한 채권에 의한 상계로 그 가압류채권자에게 대항하지 못하지만 수동채권이 가압류될 당시 자동채권과 수동채권이 상계적상에 있거나 자동채권의 변제기가 수동채권의 그것과 동시 또는 그보다 먼저 도래하는 경우에는 제3채무자는 자동채권에 의한 상계로 가압류채권자에게 대항할 수 있다"고 하는 대법원 판례가 있는 것은 주지의 사실이다.[95] 상계의 기대는 마치 수동채권 위에 질권을 취득한 것과 같고, 담보적인 효과가 있으므로 상계예약의 효력이 인정되는 이상은 이를 담보권과 동일하게 취급하는 것이 불가능한 것은 아니다. 특히 파산에 있어서는 상계금지에 저촉되지 않는 한 파산선고시에 있어서 양 채권이 성립하여 있으면 시기를 불문하고 상계가 가능하므로(법416조, 417조), 상계예약에 특별한 효력을 인정할 필요는 없다.

그러나 회생에 있어서는 자동채권의 변제기가 채권신고기간 만료 전까지 도래하지

하는 견해로는 김영주, "도산절차상 양도담보계약 당사자의 법적 지위", 사법 33호, 사법발전재단 (2015), 3면 참조.

94) 상세는 양형우, "연장된 소유권유보의 회생·파산절차상 효력", 사법 46호, 사법발전재단(2018), 33면 참조.

95) 대법원 1989.9.12. 선고 88다카25120 판결(공1989, 1402).

않으면 상계할 수 없으므로(법144조1항), 상계예약에 의하여 회생절차개시신청 또는 회생절차 개시에 의하여 변제기가 도래한 것으로 보는 것이 회생절차와의 관계에서 허용되는 것인가가 문제가 된다. 이를 허용하는 것은 파산과 달리 상계권을 제한하고 있는 법의 취지를 무의미하게 하는 것이고, 반대로 허용하지 않고 단순히 회생채권자로 취급하면 압류와의 관계에서는 판례상으로도 승인되는 상계에 대한 기대를 뒤엎는 것이 된다. 따라서 일종의 중간적 해결로서 상계예약권자를 회생담보권자로 취급하는 것의 가부가 문제가 되고 있으나 아직까지는 철저한 담보구성을 하는 견해는 나타나지 않고 있다.

2) 리스 거래

리스계약은 동산의 「임대차」의 법률구성에 의하여 리스회사가 그 사용자에게 그 「소유」하는 동산을 사용 수익하게 하고, 사용자가 그 대가를 지급하는 것은 내용으로 하는 쌍무계약이다. 리스계약에는 여러 가지가 있고, 리스 기간 중에 유지관리를 행하는 것이 계약의 중요한 요소가 되는 운용리스(Operating Lease)는 기본적으로 동산임대차와 마찬가지로 여겨지고 있으나, 리스계약의 전형적인 것은 금융리스(Finance Leae)이다. 금융리스라 함은 운용리스와 달리 시설대여회사가 대여시설 이용자가 선정한 특정 물건을 새로이 취득하거나 대여받아 리스물건에 대한 직접적인 유지·관리 책임을 지지 아니하면서 대여시설 이용자에게 일정 기간 사용하게 하고 대여 기간 중에 지급받는 리스료에 의하여 리스물건에 대한 취득 자금과 이자, 기타 비용을 회수하는 거래관계로서, 그 본질적 기능은 리스이용자에게 리스물건의 취득 자금에 대한 금융 편의를 제공하는 데에 있다.[96] 이 계약은 형식에서는 「임대차」계약과 유사하나, 그 실질은 리스회사가 사용자에 대하여 물건의 구입대금을 대여한 후 리스료의 지급이라고 하는 형태로 회수하는 물적 금융이고 임대차계약과는 여러 가지 다른 특징이 있기 때문에 이에 대하여는 민법의 임대차에 관한 규정이 바로 적용되지 아니한다.[97]

① 리스 이용자 도산의 경우

먼저 금융리스의 경우 리스료는 원리금의 분할상환에 해당하므로 개시결정 전·후를

---

96) 대법원 2013.7.12. 선고 2013다20571 판결(공2013하, 1480).

97) 대법원 1997.10.24. 선고 97다27107 판결(공1997, 3600)은 아울러 리스계약은 물건의 인도를 계약 성립의 요건으로 하지 않는 낙성계약으로서 리스이용자가 리스물건수령증서를 리스회사에 발급한 이상, 특별한 사정이 없는 한 현실적으로 리스물건이 인도되기 전이라고 하여도 이때부터 리스기간이 개시된다고 하였다. 同旨 日最判昭和57.10.19民集36권10호2130면 참조. 한편 대법원 2010.12.9. 선고 2010도4946 판결(미간행)은 시설대여업자인 甲 회사와 시설대여계약을 체결한 乙이 甲 회사 소유의 자동차를 인도받아 사용하던 중 甲 회사의 자동차검사업무 담당자 丙이 구청장 명의의 정기검사 명령서를 수령하고도 乙에게 알려주지 아니하여 검사명령이 이행되지 않은 사안에서, 위 검사명령 이행의무를 부담하는 자는 대여시설이용자인 乙이라는 이유로, 甲 회사와 丙에 대한 구 자동차관리법 위반의 공소사실을 모두 무죄로 인정한 원심판결을 유지하였다. 이 판결에 대한 해설로 소건영, "리스자동차의 유지·관리 책임에 관한 사법적 고찰", 사법 18호, 사법발전재단(2011), 213면 참조.

불문하고 회생채권·파산채권이 되는 반면(다만 개시결정 후에 기존 계약을 해지하고 새로운 리스계약을 체결한다면 그 때부터는 공익채권·재단채권이 될 것이다), 운용리스의 경우 대부분 금융적 성격보다는 임대차적 성격이 강한 계약이므로 임대차계약의 법리에 따라 개시결정 전에 발생한 부분은 회생채권·파산채권이 되나, 개시결정 후에 발생한 부분은 공익채권· 재단채권이 된다.[98]

금융리스 계약은 임대차계약의 형식을 이용하고는 있지만, 리스 기간 중에 중도해약 을 할 수 없고, 사용자는 남은 리스요금 상당의 위약금 지급의무를 진다(임대차는 장래에 향 하여 해약가능하고, 임료채무의 부담을 면한다). 또한 이른바 완급 리스(完給 리스, Full Payout Lease, 전부상각리스라고도 한다) 계약은 기본 계약의 종료 시에 리스 목적물의 잔여가치가 없다는 전제 아래 리스료를 설정하므로 리스회사 사용자에 대한 리스채권만 남게 되는 점 을 감안하면 실질적으로 리스회사가 사용자의 금융을 담당하고 있는 면이 강하다.[99] 종래 사용자 도산의 경우에 쌍방미이행 쌍무계약에 관한 규정이 적용되어야 한다는 주장도 있 으나,[100] 사용자가 도산하였을 때에는 쌍방미이행의 쌍무계약의 규정으로 규율할 것이 아 니라 대여금 채권에 담보가 설정되어 있는 것과 마찬가지로 회생담보권이나 별제권부 파 산채권으로 취급하여야 한다는 주장이 유력하다.[101] 따라서 사용자 회생의 경우 리스 채 권자는 이행을 선택하여 리스 물건을 이용한 회생채무자에게 약정한 매월 리스요금을 공 익채권으로 청구할 수는 없다. 리스 물건이 멸실되어 사용할 수 없게 되어도 리스료는 지 급되어야 한다고 본다면 사용수익권과 리스료채권과는 대가관계에 있다고 할 수는 없는 것이고, 관리인·관재인은 이행 또는 해제의 선택권을 가지지 않는다고 보아야 할 것이다. 따라서 남은 리스료 채권은 도산채권이라고 해석한다.

리스가 담보라고 하더라도 그 담보의 목적물은 무엇인가는 점에 관하여는 리스의 목 적물이라고 하는 설과 목적물의 이용권이라고 하는 설이 대립하고 있다. 전자에 의하면 리스 기간 중에는 목적물의 실질적 소유권이 사용자에게 귀속하고, 리스회사가 보유한 소

---

98) 금융리스와 운용리스의 구별은 계약서의 명칭이나 회계처리방법만으로 결정할 것은 아니고, 리스이 용자의 목적이 금융에 있지 아니하고, 물건 자체의 사용에 있는지 여부, 특정 리스이용자를 대상으로 범용성과 전용가능성이 희박한 물건을 대상으로 하는지 아니면 불특정 다수를 대상으로 범용성이 높 은 물건(예컨대 자동차, 컴퓨터, 복사기 등)을 대상으로 하는지 등을 실질적으로 검토하여 결정하여 야 할 것이다.

99) 이에 반하여 리스료에 의하여 리스물건 취득가격의 일부만을 지급하는 것을 일부지급 리스(Partial Payout Lease, 부분상각 리스라고도 한다)라고 한다.

100) 금융리스 및 운용리스 모두 미이행쌍무계약의 틀로 다루되, 리스계약마다 두고 있는 도산해지 조항 의 효력을 제한하자는 견해로는 윤덕주, "금융리스와 회생절차 : 담보권설의 재검토", 인권과 정의 제482호, 대한변호사협회(2019.6.), 109면 참조.

101) 과거 법원의 실무도 마찬가지였다. 회사갱생에 관하여 日最判平成7.4.14民集49권4호1063면, 倒産判 例 インデックス 제3판 132[百選75], 日東京地判昭和63.6.2判時1310호143면[新百選81]. 민사재생에 관 하여 日最判平成20.12.16民集62권10호2561면, 倒産判例 インデックス 제3판133[百選77].

유권은 소유권 본래의 지배권을 내용으로 하는 것은 아니고 다만 리스채권의 변제를 확보하기 위하여 채무불이행시에 목적물을 인도받아 환가하여 우선변제를 받는다고 하는 담보목적을 가진다고 본다. 이에 의하면 사용자의 신용 악화 등을 이유로 리스 계약이 해지되면 리스 회사는 파산의 경우「별제권」, 회생의 경우「회생담보권」을 행사할 수 있게 된다.102) 반면에 후자에 의하면 리스 계약은 리스기간이 만료하여도 목적물의 소유권이 사용자에게 귀속되지 않는다는 점에서 소유권유보나 양도담보와 결정적인 차이점이 있다. 즉 리스 물건 자체의 소유권은 사용자에게는 전혀 귀속되지 않기 때문에, 리스 물건을 담보목적으로 하는 기초를 흠결한다. 또 사용자에게는 리스 기간 중에도 소유권의 중핵적 요소인 처분권은 인정되지 않고, 인정되는 것은「사용가치의 본질적인 부분을 소비하는 물적 권리」에 그친다고 한다면 그 권리의 내실은 이용권으로 이해할 수밖에 없는 것이 된다. 이에 의하면 권리의 실행방법으로서는 리스회사가 계약을 해제함으로써 이용권이 리스회사에 이전하는 결과 혼동에 의하여 소멸하고, 리스 회사는 아무런 제한 없는 소유권을 취득하는 것이므로 그에 기하여「환취권」을 행사하여 목적물의 반환을 구할 수 있는 것이 된다.103)

리스 회사가 환취권의 행사를 주장한 사안에 관하여 판례는 권리자가 실제로 권리를 행사할 수 있는 기회가 있어서 권리행사의 기대가능성이 있었음에도 불구하고 상당한 기간이 경과하도록 권리를 행사하지 아니하여 의무자인 상대방으로서도 이제는 권리자가 권리를 행사하지 아니할 것으로 신뢰할 만한 정당한 기대를 가지게 된 다음에 새삼스럽게 그 권리를 행사하는 것이 법질서 전체를 지배하는 신의성실의 원칙을 위반하는 것으로 인정되는 결과가 될 때에는 그 권리의 행사가 허용되지 않는다고 보아야 한다고 전제하고, 권리자가 회생절차 진행 중인 채무자를 상대로 권리를 행사하는 경우 신의성실의 원칙을 위반하는지는 권리행사 이전에 회생절차에서 보인 태도와 회생절차 내에서 부여받은 지위, 권리행사를 할 당시 회생절차의 진행단계 등에 비추어 권리자의 권리행사가 집단적·

---

102) 日東京地判平成15.12.11判夕1141호279면, 倒産判例 インデックス 제3판 79는 리스회사인 원고가 사용자와 사이에 full pay out 방식의 금융리스 계약을 체결하면서 사용자의 신용상태가 현저히 악화된 경우에 리스회사는 물건의 반환을 청구할 수 있다고 약정하였는데, 그 후에 사용자에 관하여 민사재상절차가 개시되고 리스료를 연체한 결과 리스회사가 소유권이 기하여 리스 물건의 반환을 구하고, 사용자는 리스회사는 리스료 채권을 피담보채권으로 하는 담보권을 가지는 별제권자이므로 환취권을 주장할 수 없다고 다툰 사안에서 ① 리스 회사는 담보권(별제권)을 가진다는 점과 ② 그 담보권의 목적은 리스 물건의 이용권이라고 하면서도 리스 물건의 이용권(점유권원) 상실의 절차가 이행되지 않은 단계에서는 리스회사가 리스물건에 대하여 가지는 소유권은 그 행사가 제약되는 것이고, 리스 회사는 담보권자(별제권자)로서 처우된다고 하였다. 그 이외에 이 판결은 도산해지 조항의 유효성을 인정하였는데, 그 부분은 日最判平成20.12.16民集62권10호2561면, 倒産判例 インデックス 제3판 133에 의하여 변경되었다.
103) 三上威彦, "倒産法", 信山社(2017), 310면.

포괄적 채무처리절차의 성질을 가지는 회생절차 및 그에 참여하는 다른 회생담보권자, 회생채권자 등 이해관계인들에게 어떠한 영향을 미치는지, 채무자의 효율적인 회생을 도모하고자 하는 회생절차의 목적에 반하는 결과가 발생할 위험이 있는지, 권리행사를 허용하는 경우 권리자가 이미 회생절차 내에서 부여받은 지위에 비추어 부당하게 이익을 얻게 되는지 등을 종합적으로 고려하여 판단하여야 한다고 하였다.[104]

한편 국내해운회사에 대한 회생사건에서 해외편의치적국에 SPC(Special Purpose Company: 특수목적법인) 명의로 등기된 선박에 대하여 소유권이전부 나용선계약(Bareboat Charter Hire Purchase: BBCHP) 방식의 선박금융이 제공된 사안에 대하여 대주들이 선박소유자인 SPC로부터 대출채권의 담보로 양도받은 BBCHP 상의 채권을 금융리스와 마찬가지로 회생담보권으로 파악할 것인지 아니면 쌍방미이행 계약으로 파악하여 관리인이 이행을 선택하는 경우 대주들의 용선료채권을 공익채권으로 인정할 것인지가 문제된 사례가 있었는데, 법원은 쌍방미이행 쌍무계약으로 인정하였다.[105]

또한 금융리스계약에서 도산해지 조항을 어떻게 취급할 것인가에 대하여도 논란이 있다. 쌍방미이행 쌍무계약으로 파악하는 경우 도산절차가 개시되면 관리인·관재인의 이행 여부 선택권을 침해한다는 점에서 모두 무효라고 볼 것이지만, 금융리스채권을 담보권

---

104) 대법원 2022.10.14. 선고 2018다210690 판결(공2022하, 2228)은 甲 회사가 乙 의료법인과 의료기기인 기계에 관하여 리스계약을 체결하고 乙 법인에 기계를 리스해 주었는데, 乙 법인에 관한 회생절차가 개시되자 甲 회사가 리스계약에 따른 채권을 회생담보권으로 신고하였다가 乙 법인이 위 기계를 이용하여 계속적으로 영업활동을 하는 것을 전제로 한 회생계획이 인가된 후 '리스계약에서 정한 바에 따라 계약을 해지하고 환취권을 행사하였다.'고 주장하면서 위 기계의 인도를 구한 사안에서, 甲 회사는 회생절차에서 회생담보권자로서의 권리를 적극적으로 행사한 점, 甲 회사는 회생계획에 이의를 제기하거나 그 인가결정에 즉시항고를 하지 않음으로써 해지권 및 환취권 행사를 통해 위 기계의 인도를 요구하지 않을 것과 같은 태도를 보였던 점, 甲 회사가 위 기계를 인도받아 가면 회생계획이 정상적으로 수행될 수 없어 다른 회생담보권자, 회생채권자 등 이해관계인들은 회생계획에 따른 변제를 제대로 받지 못하게 되는 불이익을 입을 가능성이 큰 점, 인가결정까지 받은 회생계획이 제대로 수행되지 못한다면 다수의 이해관계인들이 적지 않은 시간 동안 노력을 들여 상당한 단계까지 진행하여 온 회생절차는 무용하게 되므로 사회·경제적으로 바람직하지 않고, 乙 법인의 원활한 회생을 저해하여 채무자 회생 및 파산에 관한 법률의 목적과 취지에 반하는 결과를 초래할 수 있는 점, 甲 회사는 신고한 회생담보권 전액을 회생계획에 따라 변제받을 수 있는 지위를 가지게 되었으므로 위 기계까지 반환받는다면 이중으로 부당하게 이익을 얻게 될 수 있는 점에 비추어, 甲 회사가 리스계약에서 정한 바에 따라 해지권을 갖는 경우라도 리스계약을 해지하고 환취권을 행사하는 것은 신의성실의 원칙에 비추어 허용될 수 없는 것이라고 볼 여지가 있는데도, 이를 심리하거나 고려하지 않은 원심판단에 심리미진 등의 잘못이 있다고 하여 원심을 파기환송한 사례이다.

105) 한민, "금융거래와 도산법", 서울대학교 금융법센터, 2015년도 금융·법무과정 제8기, 정석종, "회생절차에서의 선박금융에 대한 취급 ─ BBCHP를 중심으로 ─", 도산법연구 제2권 제2호, 사단법인 도산법연구회(2011.11), 1면, 김도경, "선박금융과 국내선사의 도산 ─ 특수목적법인의 처리방안을 중심으로 ─ 선진상사법률연구 제55호, 법무부(2011.7.), 78면, 김영석, "해운회사의 국제도산에 관한 연구 ─ 선박 관련 쟁점을 중심으로", 사법논집 제64호, 법원도서관(2017), 399면, 임치용, "해운회사의 회생절차 개시와 국제사법의 주요 쟁점, 파산법 연구 5, 박영사(2020), 207면 참조.

으로 취급하는 법원 실무에 따른다면 회생절차가 개시된 경우 회생절차의 목적과 취지에 반한다는 이유로 무효로 볼 것인지 아니면 회생절차 개시 전의 담보권 실행을 부인할 수 있는 것인지가 문제된다. 파산절차가 개시된 경우에는 별제권으로 보므로 도산해지조항을 유효하다고 보아야 한다는 견해가 있다.[106] 일본의 판례는 완급 리스계약에서 사용자의 도산절차 개시신청을 최고가 필요없는 해제사유로 한 경우(이른바 도산해제특약)에 관하여 회사갱생에서는 부정하는 견해가 주류이고,[107] 민사재생에서도 담보권은 별제권으로서 절차 외에서 행사가 인정되고 있다는 이유로 유효설에 따른 하급심 판례가 있었으나,[108] 근래에는 재생절차의 취지, 목적에 반하는 것으로서 무효라고 하여 담보로서의 의미를 강조하고 있는 판례가 우세하다.[109]

② 리스회사 도산의 경우

이 경우 쌍방미이행 쌍무계약에 관한 규정의 적용 여부를 불문하고, 관리인·관재인의 해제권은 인정되지 않는다고 보는 것이 통설이다. 사용자에게는 아무런 귀책사유가 없음에도 일방적으로 계약을 해지당하는 것은 부당하고, 리스회사로서도 리스료를 받으면 충분하기 때문이다. 또한 공급자 입장에서는 물건 자체의 압류는 물론, 설령 물건의 소유권을 유보하고 있다고 하여도 그에 기하여 사용자에 대하여 인도청구를 할 수는 없다.[110]

3) 라이선스 계약

라이선스 계약이라 함은 라이선서가 라이선시에 대하여 지적 재산권(특허권, 상표권, 의장권, 상표권, 실용신안권, 디자인권, 저작권 및 그 밖의 노하우 등)의 실시 또는 사용을 허락하고, 라이선시가 그에 대한 대가로서 로얄티(실시료 또는 사용료)를 지급할 것을 내용으로 하는 계약으로서 쌍무계약의 성질을 가진다. 이는 실질적으로는 권리를 목적으로 한 임대차 계약이라고도 할 수 있다. 따라서 라이선시가 도산한 경우 기본적으로는 임차인의 도산과 마찬가지이고, 라이선서가 도산한 경우 특허권 등의 통상실시권 등이 등록되면 제3자에게 대항할 수 있으므로(특허법118조), 임대인이 도산한 경우와 마찬가지로 관리인·관재인의 해제권은 제한된다. 그러나 이에 대하여는 우리 채무자회생법이 외국의 입법례에 비추어 해제권의 제한을 허용하는 범위가 좁으므로 지적 재산권의 중요성에 비추어 해제권 행사

---

106) 한민, 전게 논문, 18면.
107) 日最判昭和50.3.30民集36권3호484면[百選76]은 회사갱생사건에서 소유권유보특약부 매매계약상 갱생절차개시신청을 해제사유로 하는 특약의 효력을 부정하였음은 전술하였다.
108) 日大阪地決平成13.7.19金法1636호58면, 倒産判例 インデックス 제3판 80[百選62]은 금융리스 사건에서 가압류를 해제사유로 한 약정에 기한 해제가 유효하다고 하였다. 同旨 日東京地判平成16.6.10判タ1185호315면.
109) 위 日最判平成20.12.16民集62권10호2561면[百選77]은 금융리스 계약 중 민사재생절차 개시신청이 있는 것을 해지사유로 한 부분은 민사재생절차의 취지 목적에 반하는 것으로서 무효라고 하였다. 同旨 日東京高判平成19.3.14判タ1246호337면.
110) 日最判昭和50.2.28民集29권2호193면 참조.

에 신의칙상 제한을 적용하거나 도산법원이 해제권의 행사를 허가함에 있어 신의칙의 기준을 적용함으로써 유연한 운용을 가능하게 하여야 한다는 반론이 있다.111)

4) 대리수령·이체지정

채권질과 유사한 기능을 가지는 것에 대리수령(代理受領)이 있다. 이는 주로 은행 등이 건설업자에게 융자하는 경우에 건설업자가 시공업자에 대하여 가지는 공사대금채권에 관하여 은행이 건설업자를 대리하여 수령할 것을 3자간에 합의하는 것이다. 이와 같은 합의의 효력에 관하여는 여러 설이 있지만, 이 담보적 효력을 존중하는 것이 최근의 경향이다. 그러나 위임은 위임인의 파산에 의하여 종료하므로(민690조), 그 후의 추심은 불가능하다고 보아야 한다. 회생에 있어서는 이와 같은 규정은 없으나, 본인이 관리처분권을 잃으면 대리권도 없어지므로 마찬가지라고 해석할 여지가 있고, 가사 관재인이 위임인의 지위를 승계한다고 하여도 위임은 언제든지 해지할 수 있으므로(민689조), 대리수령의 담보적 효력은 도산과의 관계에서는 어떻든 매우 약하다고 할 수밖에 없다. 도산절차 개시 전의 수령과 그에 이은 상계가 상계금지에 저촉되는가는 후술한다.

대리수령과 유사한 법률관계로서 이체지정(移替指定)이 있다. 이는 은행이 대출을 하면서 차주가 장래 제3자와의 사이에 취득할 채권(예컨대 채무자가 의사인 경우에는 국민건강보험공단에 대한 지급청구권)의 지급을 대주은행의 차주명의의 계좌로 이체하는 것에 3자간에 합의하고, 이체된 금액을 대출금의 변제에 충당한다고 하는 방법(이른바 예대상계)으로 미발생의 채권을 담보로 하기 위하여 고안된 것이다. 그러나 이 합의는 제3자에 대하여 대항할 수 없다고 할 것이므로 지급정지 또는 도산절차 개시신청 후에 이체된 것에 관하여는 은행은 원칙적으로 상계에 의한 변제의 효과를 주장할 수 없다(법145조2호, 422조2호). 결국 이로써 이전에 이체된 부분에 관하여 은행의 상계권이 인정되는 범위에서 일종의 담보적 효력이 있는데 불과하다. 그러나 이체지정의 합의 그 자체를 부인하는 것은 가능할 것이다.

5) 담보신탁계약 등

일반적으로 채무의 담보를 위하여 위탁자가 채권자를 수익자로 하여 신탁목적물을 신탁법에 따라 수탁자에게 양도하고, 채무자가 채무를 이행하지 않을 때에는 수탁자가 신탁목적물을 처분하여 그 매매대금으로 채권자인 우선수익자의 채무 변제 등에 충당하고

---

111) 권창환, "도산절차에서의 쌍방미이행 쌍무계약과 지적재산권 라이선스 계약의 관계", 사법 50호, 사법발전재단(2019), 363면, 또한 심활섭, "일본 도산절차에서의 라이선시 보호", 도산법연구 제11권 제1호, 사단법인 도산법연구회(2021.7.), 29면, 백종현, "특허권자의 회생절차와 통상실시권자의 지위", 도산법연구 제9권 제2호, 사단법인 도산법연구회(2019.9.) 99면, 한지영, "독일에서 저작권 라이선스 계약에서 라이선시의 법적 보호 ― 우리나라와의 비교법적 고찰 ―", 도산법연구 제4권 제2호, 사단법인 도산법연구회(2014.1.), 229면 참조.

나머지가 있으면 위탁자에게 반환하는 것을 내용으로 하는 신탁을 담보신탁이라고 하는데,[112] 담보신탁이 담보적인 기능을 하는 것은 사실이지만, 이는 담보신탁이 담보권의 일종이기 때문이 아니라 신탁제도가 담보의 기능을 하기 때문이라고 설명된다.[113] 구 회사정리법 하에서 부동산 개발사업에 있어서 부동산 소유자에게 정리절차가 개시된 경우 채권자가 정리절차에 복종하는 것을 피하기 위하여 채무담보로 채무자 소유의 부동산을 수탁자에게 신탁하고, 그 수익권을 채권자에게 부여하는 담보신탁계약이 많이 이용되고 있었다. 그러나 신탁부동산의 소유권은 어디까지나 수탁자에게 귀속되고, 담보신탁은 그 명칭에 불구하고 담보권은 아니므로 회생담보권이 아니며, 신탁 후 신탁자에게 회생절차가 개시되더라도 채권자의 수탁자에 대한 권리는 아무런 영향을 받지 않는다고 함은 전술하였다.[114]

---

112) 대법원 2017.6.22. 선고 2014다225809 전원합의체 판결(공2017하, 1534)은 토지구획정리사업의 시행인가를 받은 甲 토지구획정리조합이 사업비를 조달하기 위하여 시행사인 乙 회사와 금전 차용계약 및 추가차용계약을 체결한 다음, 乙 회사 및 시공사인 丙 회사와 위 대여금채권과 관련하여 '甲 조합은 신탁회사인 丁 회사와 위 사업의 일부 체비지에 관하여 부동산담보신탁계약을 체결하여 우선수익자를 乙 회사로 하는 수익권증서를 발급하며, 乙 회사는 수익권증서상 우선수익권에 丙 회사를 1순위 질권자로 하는 질권을 설정하여 丙 회사에 수익권증서를 제출한다'는 내용 등의 합의서 및 추가합의서를 작성하였고, 이에 따라 甲 조합이 두 차례에 걸쳐 丁 회사와 부동산담보신탁계약을 체결하여 丁 회사가 乙 회사를 우선수익자로 하는 우선수익권증서를 발행·교부한 사안에서, 합의서 및 추가합의서에 '甲 조합은 자금조달을 위하여 乙 회사에 담보를 제공하고, 乙 회사는 담보의 처분방법 등을 丙 회사에 위임하고 상호간 성실히 이행하기 위해 합의서를 작성한다', '乙 회사는 甲 조합에 사업비를 대여하기로 한다'고 명문으로 기재한 점, 합의서 및 추가합의서에서 '甲 조합은 丙 회사 및 乙 회사에 담보물건을 매각하여 대여금을 상환한다'고 정하고 있으나, 이는 대여금채권 상환을 위한 재원 마련의 방법 내지 담보물건 매각에 따른 경제적 효과가 丙 회사에 귀속되어야 함을 선언하는 의미로 해석될 뿐인 점, 합의서 및 추가합의서에서 丙 회사에 체비지 매각대금 계좌를 관리하거나 乙 회사를 대위하여 丁 회사에 신탁재산의 처분을 요청할 권한을 부여하고 있으나, 丙 회사가 직접 채권의 만족을 얻을 권한까지 부여받은 것으로는 보이지 않는 점, 丙 회사가 대여금의 재원인 아파트 및 상가 분양수입금이 입금되는 丁 회사 명의의 예금계좌를 관리하더라도 乙 회사로부터 실제로 공사대금으로 지급받지 아니한 이상 위 예금채권 내지 분양수입금이 법률상 丙 회사에 귀속된다고 볼 수 없고, 丙 회사의 공사대금채권은 위 예금계좌로부터 인출순위가 3순위이어서 계좌에 입금된 금원이 丙 회사에 지급될 공사대금이라 단정할 수 없는 점 등을 종합하여 丙 회사 및 乙 회사와 甲 조합이 명시적 또는 묵시적으로 대여금채권을 丙 회사와 乙 회사의 불가분채권으로 하기로 약정하였다고 보기 어렵다고 한 원심판단에 법리오해 등의 잘못이 없다고 한 사례이다. 도산절연을 인정한 이 판결에 대하여 반대하는 견해로 윤진수, "담보신탁의 도산절연론 비판", 민법과 도산법, 박영사(2019), 59면, 정소민, "담보신탁의 법리에 대한 비판적 고찰", 선진상사법률연구 제85호, 법무부(2019), 104면, 윤진수·최효종, "담보신탁의 경제적 분석: 도산절연 문제를 중심으로", 법경제학 연구 제20권 제1호, 한국경제법학회(2023.4.), 35면 참조.
113) 고일광, "부동산신탁에 관한 회생절차상 취급", 사법 9호, 사법발전재단(2009), 87면 참조.
114) 대법원 2001.7.13. 선고 2001다9267 판결(공2001, 1854)은 신탁법상의 신탁은 위탁자가 특정의 재산권을 수탁자에게 이전하거나 기타의 처분을 하고 수탁자로 하여금 수익자의 이익을 위하여 또는 특정의 목적을 위하여 그 재산권을 관리, 처분하게 하는 법률관계를 말하므로, 신탁자가 어음거래약정상의 채무에 대한 담보를 위하여 자기 소유의 부동산에 대하여 수탁자와 담보신탁용 부동산관리·처분신탁계약을 체결하고 채권자에게 신탁원본 우선수익권을 부여하고서, 수탁자 앞으로 신탁을 원인

판례는 부동산담보신탁의 수탁자가 분양된 신탁부동산을 매각한 후 매매대금을 정산하면서 그 매각대금채권과 분양계약 해제로 인한 분양대금반환채무를 상계하거나 공탁한 사안에서, 수분양자에 대한 분양대금반환채무는 부동산담보신탁계약에서 정한 1순위로 정산하여야 하는 채무 또는 그보다 앞선 순위로 정산하여야 할 채무이므로 위 행위가 정당하다고 하였고,115) 반면에 시행사 겸 시공사 甲이 입주자 乙과 사이에 분양계약을 체결하고 분양대금을 신탁회사인 피고 명의로 개설된 자금관리계좌로 입금 받았고, 피고는 甲과 아파트에 관하여 시행사를 위탁자, 피고를 수탁자, 채권자를 수익자로 하는 부동산 담보신탁계약을 체결하였다가 분양계약이 해제되자 원고는 乙에 대한 대여금채권에 기하여 乙의 피고에 대한 분양대금반환채권에 대해 압류 및 추심명령을 받은 후 그 추심금의 지급을 구한 사안에서 계약의 한쪽 당사자가 상대방의 지시 등으로 급부과정을 단축하여 상대방과 또 다른 계약관계를 맺고 있는 제3자에게 직접 급부를 하는 경우(이른바 삼각관계에서 급부가 이루어진 경우), 그 급부로써 급부를 한 계약당사자가 상대방에게 급부를 한 것일 뿐만 아니라 그 상대방이 제3자에게 급부를 한 것이므로 계약의 한쪽 당사자는 제3자를 상대로 법률상 원인 없이 급부를 수령하였다는 이유로 부당이득반환청구를 할 수 없다고 하였다. 이러한 경우에 계약의 한쪽 당사자가 상대방에게 급부를 한 원인관계인 법률관계에 무효 등의 흠이 있거나 그 계약이 해제되었다는 이유로 제3자를 상대로 직접 부당이득반환청구를 할 수 있다고 보면, 자기 책임 아래 체결된 계약에 따른 위험부담을 제3자에게 전가하는 것이 되어 계약법의 원리에 반하는 결과를 초래할 뿐만 아니라 수익자인 제3자가 상대방에 대하여 가지는 항변권 등을 침해하게 되어 부당하다는 것이다.116)

또한 판례는 위탁자가 자신이 소유하는 부동산을 신탁법에 따라 수탁자에게 이전하여 건물을 신축·분양하는 사업을 시행하게 하고 대주와 시공사를 우선수익자로 정하는 관리형 토지신탁을 한 경우, 특별한 사정이 없는 한 우선수익권은 원인채권과는 독립한 신탁계약상 별개의 권리가 되는데, 이러한 경우 우선수익권은 원인채권과 별도로 담보로

으로 한 소유권이전등기를 경료하였다면, 위탁자의 신탁에 의하여 신탁부동산의 소유권은 수탁자에게 귀속되었다고 할 것이고, 그 후 신탁자에 대한 회사정리절차가 개시된 경우 채권자가 가지는 신탁부동산에 대한 수익권은 회사정리법 제240조 제2항에서 말하는 '정리회사 이외의 자가 정리채권자 또는 정리담보권자를 위하여 제공한 담보'에 해당하여 정리계획이 여기에 영향을 미칠 수 없다고 할 것이므로 채권자가 정리채권 신고기간 내에 신고를 하지 아니함으로써 정리계획에 변제의 대상으로 규정되지 않았다 하더라도, 이로써 실권되는 권리는 채권자가 신탁자에 대하여 가지는 정리채권 또는 정리담보권에 한하고, 수탁자에 대하여 가지는 신탁부동산에 관한 수익권에는 아무런 영향이 없다고 하였다. 同旨 대법원 2003.5.30. 선고 2003다18685 판결(공2003, 1452). 이 판결에 대한 해설로 김상준, "신탁자에 대한 회사정리절차가 개시된 경우 토지신탁회사가 신탁자를 위하여 기존에 제공한 물상담보의 효력", 대법원판례해설 제44호, 법원도서관(2004), 552면 참조. 또한 대법원 2004.12.23. 선고 2003다44486 판결(공보불게재), 대법원 2017.11.23. 선고2015다47327 판결(공2018상, 8).
115) 대법원 2009.7.9. 선고 2008다19034 판결(공2009하, 1413).
116) 대법원 2018.7.12. 선고 2018다204992 판결(공2018하, 1597)

제공될 수 있으므로 우선수익자인 시공사가 우선수익권에 질권을 설정하는 것에 대하여 수탁자가 승낙했다고 해서 그 원인채권에 대해서까지 질권설정승낙의 효력이 발생한다고 볼 수 없다고 하였다.[117)]

　　나아가 신탁자가 그 소유의 부동산에 채권자를 위하여 저당권을 설정하고 저당권설정등기를 마친 다음, 그 부동산에 대하여 수탁자와 부동산 신탁계약을 체결하고 수탁자 앞으로 신탁을 원인으로 한 소유권이전등기를 해 주어 대내외적으로 신탁부동산의 소유권이 수탁자에게 이전하였다면, 수탁자는 저당부동산의 제3취득자와 같은 지위를 가진다. 따라서 그 후 신탁자에 대한 회생절차가 개시된 경우 채권자가 신탁부동산에 대하여 갖는 저당권은 '채무자 외의 자가 회생채권자 또는 회생담보권자를 위하여 제공한 담보'에 해당하여 회생계획의 영향을 받지 않고, 회생절차에서 채권자의 권리가 실권되거나 변경되더라도 이로써 실권되거나 변경되는 권리는 채권자가 신탁자에 대하여 가지는 회생채권 또는 회생담보권에 한하고, 수탁자에 대하여 가지는 신탁부동산에 관한 담보권과 그 피담보채권에는 영향이 없고, 이는 회생계획에 대한 인가결정 후 부동산 담보신탁계약의 해지로 다시 부동산에 대하여 채무자에게 소유권이 귀속되었다고 하더라도 달리 볼 수 없다.[118)]

　　또한 판례 중에는 위탁자인 甲 등과 수탁자인 파산 전 乙 회사가 신탁계약을 체결하면서 '신탁재산에 속하는 금전으로 차입금 및 이자의 상환, 신탁사무 처리상 수탁자의 과실 없이 받은 손해, 기타 신탁사무 처리를 위한 제비용 및 수탁자의 대지급금을 충당하기에 부족한 경우에는 수익자에게 청구하고, 그래도 부족한 경우에는 수탁자가 상당하다고 인정하는 방법 및 가액으로서 신탁재산의 일부 또는 전부를 매각하여 그 지급에 충당할 수 있다'는 내용의 조항을 둔 사안에서, 위 조항은 신탁이 존속하는 동안이나 종료된 후에 신탁재산에 관한 비용 등을 수익자인 甲 등에 청구하였음에도 지급받지 못한 경우 신탁재산을 처분하여 그 비용 등의 변제에 충당할 수 있도록 자조매각권을 乙 회사에 부여하는 특약이고, 비록 신탁재산은 파산재단에 속하지 않지만 신탁재산에 관한 약정 자조매각권과 비용상환청구권은 파산재단에 속하므로, 파산관재인은 신탁재산인 토지에 관하여 관리처분권이 있는지와 관계없이 파산선고 당시 수탁자인 乙 회사가 가지고 있던 약정 자조매각권을 행사하여 신탁재산인 토지를 매각하고 대금으로 비용상환청구권의 변제에 충당할 수 있다고 한 사례,[119)] 분양계약 체결 당시 신탁회사와 수분양자 및 시행사가 3자계약으로 신탁계약의 해지 또는 종료를 정지조건으로 분양계약사의 지위를 시행사로 이전하기로 하는 승계약정을 체결한 사안에서 위 승계약정은 그 약정 취지 및 문언의 내용에 비추어

117) 대법원 2022.3.31. 선고 2020다245408 판결(공2022상, 794).
118) 대법원 2017.11.23. 선고 2015다47327 판결(공2018상, 8).
119) 대법원 2013.10.31. 선고 2012다110859 판결(공2013하, 2126).

신탁계약의 해지 또는 종료를 정지조건으로 하여 분양계약상의 분양자 지위를 시행사로 이전하기로 하는 내용의 계약인수로서, 매도인의 사기 또는 하자담보책임에 의한 취소 또는 해제의 법률관계와 그로 인한 부당이득반환의무 및 매도인의 불법행위에 의한 손해 배상 의무까지도 이전하기로 한 것이라고 봄이 상당하고, 위 승계약정이 민법 제103조 또는 「약관의 규제에 관한 법률」에 위반하여 무효라 하기는 어려우므로, 위 분양계약이 사기로 인하여 취소되거나 하자담보책임에 의하여 해제될 수 있는 법률행위에 해당하는지 여부에 관계없이 분양계약으로 인한 원고들과 피고의 모든 채권채무관계가 신탁의 종료와 동시에 시행사에게 면책적으로 이전되었다고 본 원심의 판단은 정당하다고 한 사례[120] 등이 있다.

　　한편 위탁자가 금전채권을 담보하기 위하여 금전채권자를 우선수익자, 위탁자를 수익자로 하여 위탁자 소유의 부동산을 신탁법에 따라 수탁자에게 이전하면서 채무불이행 시에는 신탁부동산을 처분하여 우선수익자의 채권 변제 등에 충당하고 나머지를 위탁자에게 반환하기로 하는 내용의 담보신탁을 한 경우, 특별한 사정이 없는 한 우선수익권은 경제적으로 금전채권에 대한 담보로 기능하지만, 그 성질상 금전채권과는 독립한 신탁계약상의 별개의 권리이고, 우선수익권은 수익급부의 순위가 다른 수익자에 앞선다는 점을 제외하면 일반적인 수익권과 법적 성질이 다르지 않고, 채권자가 담보신탁을 통하여 담보물권을 얻는 것도 아니므로 채무자가 아닌 위탁자가 타인의 채무를 담보하기 위하여 금전채권자를 우선수익자로 하는 부동산담보신탁을 설정한 경우에, 설령 경제적인 실질에 있어 위탁자가 부동산담보신탁을 통하여 신탁부동산의 처분대금을 타인의 채무의 담보로 제공한 것과 같이 볼 수 있다고 하더라도, 위탁자가 자기의 재산 그 자체를 타인의 채무의 담보로 제공한 물상보증인에 해당한다고 볼 수는 없다고 한 사례,[121] 위탁자가 금전채권을 담보

---

[120] 대법원 2005.4.15 선고 2004다24878 판결(미간행).

[121] 대법원 2022.5.12. 선고 2017다278187 판결(공2022하, 1094)는 나아가 민법 제482조 제2항 제4호, 제5호가 물상보증인 상호 간에는 재산의 가액에 비례하여 부담 부분을 정하도록 하면서, 보증인과 물상보증인 상호 간에는 보증인의 총재산의 가액이나 자력 여부, 물상보증인이 담보로 제공한 재산의 가액 등을 고려하지 않고 형식적으로 인원수에 비례하여 평등하게 대위비율을 결정하도록 규정한 것은, 인적 무한책임을 부담하는 보증인과 물적 유한책임을 부담하는 물상보증인 사이에는 보증인 상호 간이나 물상보증인 상호 간과 같이 상호 이해 조정을 위한 합리적인 기준을 정하는 것이 곤란하고, 당사자 간의 특약이 있다는 등의 특별한 사정이 없는 한 오히려 인원수에 따라 대위비율을 정하는 것이 공평하고 법률관계를 간명하게 처리할 수 있어 합리적이며 그것이 대위자의 통상의 의사 내지 기대에 부합하기 때문이고, 이와 같이 법정대위자 상호 간의 관계에 관하여 민법 제482조 제2항 제5호가 보증인과 물상보증인 사이에 우열을 인정하지 않고 양자를 동등하게 취급하여 그에 따라 변제자대위를 제한하거나 같은 항 제4호가 물상보증인 상호 간에 그 재산의 가액에 따라 변제자대위의 범위를 제한하거나 민법의 해석상 공동보증인 상호 간의 변제자대위가 구상권의 범위에 따라 제한된다고 보는 것은 변제자대위의 순환을 방지하여 혼란을 피하고 채무자의 무자력 위험을 보증인과 물상보증인 등 법정대위자 어느 일방이 종국적으로 부담하지 않도록 함으로써 당사자 사이의 공평을 도모하고자 하는 데 그 취지가 있으므로, 채무자가 아닌 제3자인 위탁자가 채권자를 우선수익자로 정하여 부동산담보신탁을 한 경우에 채권자가 가지는 우선수익권이 민법 제481조, 제482조 제1항

하기 위하여 금전채권자를 우선수익자로, 위탁자를 수익자로 하여 위탁자 소유의 부동산을 신탁법에 따라 수탁자에게 이전하면서 채무불이행 시에는 신탁부동산을 처분하여 우선수익자의 채권 변제 등에 충당하고 나머지를 위탁자에게 반환하기로 하는 내용의 담보신탁을 해 둔 경우, 신탁부동산에 대하여 위탁자가 가지고 있는 담보신탁계약상의 수익권은 위탁자의 일반채권자들에게 공동담보로 제공되는 책임재산에 해당하고, 위탁자가 위와 같이 담보신탁된 부동산을 당초 예정된 신탁계약의 종료사유가 발생하기 전에 우선수익자 및 수탁자의 동의를 받아 제3자에게 처분하는 등으로 담보신탁계약상의 수익권을 소멸하게 하고, 그로써 위탁자의 소극재산이 적극재산을 초과하게 되거나 채무초과상태가 더 나빠지게 되었다면 위탁자의 처분행위는 위탁자의 일반채권자들을 해하는 행위로서 사해행위에 해당하고, 그 경우 사해행위취소에 따른 원상회복의 방법으로 제3자 앞으로 마쳐진 소유권이전등기를 단순히 말소하게 되면 당초 일반채권자들의 공동담보로 되어 있지 아니한 부분까지 회복시키는 것이 되어 공평에 반하는 결과가 되므로 이때는 부동산에 대하여 위탁자가 가지고 있던 담보신탁계약상 수익권의 평가금액 한도 내에서 위탁자의 법률행위를 취소하고 가액의 배상을 명하여야 한다고 한 사례가 있다.[122]

구 회사정리법 시대의 판례는 담보신탁이 아닌 분양형 토지(개발)신탁의 경우에도 신탁계약시에 위탁자인 정리 전 회사가 제3자를 수익자로 지정한 이상, 비록 그 제3자에 대한 채권담보의 목적으로 그렇게 지정하였다 할지라도 그 수익권은 신탁계약에 의하여 원시적으로 그 제3자에게 귀속한다 할 것이고, 위탁자인 정리 전 회사에게 귀속되어야 할 재산권을 그 제3자에게 담보 목적으로 이전하였다고 볼 수는 없는 것이어서, 그 경우 그 수익권은 정리절차개시 당시 회사 재산이라고 볼 수 없고, 따라서 그 제3자가 정리절차에서

에 의하여 보증채무를 이행한 보증인이 법정대위할 수 있는 '담보에 관한 권리'에 해당한다고 하더라도, 먼저 보증채무를 이행한 보증인이 채권자의 우선수익권에 대하여 아무런 제한 없이 보증채무를 이행한 전액에 대하여 변제자대위를 할 수 있다고 볼 수는 없으며, 다른 기준이나 별도의 약정 등 특별한 사정이 없는 이상, 채권자의 우선수익권에 대한 보증인의 변제자대위도 인원수에 비례하여 채권자를 대위할 수 있다고 보는 것이 대위자 상호 간의 합리적이고 통상적인 기대에도 부합한다고 할 것이므로, 채권자의 우선수익권에 대한 보증인의 변제자대위도 보증인과 물상보증인 상호 간의 관계와 마찬가지로 그 인원수에 비례하여 채권자를 대위하는 제한을 받는다고 해석함이 타당하다. (중략) 담보신탁은 담보적 기능을 가지는 신탁계약이지 담보물권은 아니므로 이 사건 신탁계약의 위탁자도 물상보증인은 아니다. 그러나 위탁자와 연대보증인인 원고 사이에 대위비율에 관한 특약 등이 존재한다는 사정도 찾아볼 수 없으므로, 위탁자와 원고 사이에서는 인원수에 따라 대위비율을 정하는 것이 공평하고 합리적이며 그와 같이 보는 것이 통상의 의사 내지 기대에 부합한다. 원심판결 이유 중 위탁자가 물상보증인의 지위에 있는 것으로 보고 곧바로 민법 제482조 제2항 제5호를 적용한 부분은 적절하지 않으나, 원고가 인원수에 따른 대위비율로 정한 방식에 따라 산정한 부담 부분을 초과하여 대위변제하였다고 볼 수 없다고 보아 원고의 청구를 기각한 결론에 있어서는 수긍할 수 있다고 하였다.

122) 대법원 2016.11.25. 선고 2016다20732 판결(공2017상, 18). 이 판결에 대한 해설로 박정제, "위탁자가 담보신탁된 부동산을 제3자에게 처분하는 것이 사해행위를 구성하는지 여부", 대법원판례해설 제109호, 법원도서관(2017), 127면 참조.

그 수익권에 대한 권리를 정리담보권으로 신고하지 아니하였다고 하여 회사정리법 제241 조에 의하여 소멸된다고 볼 수는 없다고 하였고,[123] 또한 대출의 대주가 신탁부동산에 관한 공동 제2순위 우선수익권을 가지게 된 원인이 비록 신탁행위로 말미암은 것이라 하더라도, 그 우선수익권은 채무자회생법 제250조 제2항 제2호가 정한 '채무자 외의 자가 회생채권자 또는 회생담보권자를 위하여 제공한 담보'에 해당하여 회생계획이 여기에 영향을 미칠 수 없다고 하였다.[124]

신탁법상의 신탁을 함에 있어서는 그 위탁자가 당연히 수익권자가 되는 것이 아니고 위탁자와 전혀 별개의 존재인 수익자를 지정하여야만 하는 것이며, 위탁자가 자신을 수익자로 지정하는 경우에도 위탁자와 수익자의 지위는 전혀 별개의 것이라고 보아야 할 것이기 때문이다. 말하자면 판례의 입장은 신탁자가 자기 소유의 부동산에 대하여 수탁자와 부동산관리신탁계약을 체결하고 수탁자 앞으로 신탁을 원인으로 한 소유권이전등기를 경료해 주어 대내외적으로 신탁부동산에 관한 소유권을 수탁자에게 완전히 이전한 다음 수탁자로 하여금 신탁부동산에 관하여 다시 신탁자의 채권자의 채권을 위하여 근저당권설정등기를 경료하도록 하였다면, 수탁자는 결국 신탁자를 위한 물상보증인과 같은 지위를 갖게 된 것이고, 그 후 신탁자에 대한 회사정리절차가 개시된 경우 채권자가 신탁부동산에 대하여 갖는 근저당권 등 담보권은 '정리회사 이외의 자가 정리채권자 또는 정리담보권자를 위하여 제공한 담보'에 해당하여 정리계획이 여기에 영향을 미칠 수 없다고 할 것일 뿐만 아니라 채권자가 정리채권 신고기간 내에 신고를 하지 아니함으로써 정리계획에 변제

---

123) 대법원 2002.12.26. 선고 2002다49484 판결(공2003, 478)[백선40]. 물론 신탁계약시에 위탁자인 정리 전 회사가 자신을 수익자로 지정한 후 그 수익권을 담보 목적으로 제3자에게 양도한 경우에는 그 수익권을 양도담보로 제공한 것으로서 정리절차개시 당시 회사 재산에 대한 담보권이 된다. 이 판결에 대한 해설로 이주현, "신탁법상의 신탁계약을 체결하면서 담보 목적으로 채권자를 수익자로 지정한 경우 그 수익권이 정리계획에 의하여 소멸되는 정리담보권인지 여부", 대법원판례해설 제42호, 법원도서관 (2003), 584면 참조.

124) 대법원 2014.5.29. 선고 2014다765 판결(미간행). 同旨 대법원 2017.11.23. 선고 2015다47327 판결(공 2018상, 8). 한편 대법원 2018. 12. 27. 선고 2018다237329 판결(미간행)은 부동산 신탁계약에서 분양대금에 의한 우선수익자의 채권 변제가 확보된 상태에 이른 경우, 위탁자인 시행사가 매수인에게 분양된 부동산에 관한 신탁을 일부 해지할 수 있고, 우선수익자는 신탁 일부 해지의 의사표시에 관하여 동의의 의사표시를 하기로 하는 묵시적 약정을 한 것으로 볼 수 있으며, 신탁계약상 '우선수익자의 서면요청이 있는 경우 수탁자는 매수인으로부터 확약서를 징구한 다음 신탁부동산의 소유권을 매수인에게 직접 이전할 수 있다'는 취지의 특약을 한 경우, 이를 매수인에게 수탁자에 대한 소유권이전등기청구권을 직접 취득하게 하기 위한 규정으로 볼 수는 없고, 아울러 신탁행위로 수익자를 신탁재산의 귀속권리자로 정하였는데, 수익자의 채권자가 수익자의 수탁자에 대한 신탁수익권의 내용인 급부청구권을 압류한 경우, 압류의 효력은 원칙적으로 수익자가 귀속권리자로서 가지는 신탁원본의 급부청구권에 미친다고 하였다. 담보신탁과 분양보증신탁의 상세 분석에 관하여는 이계정, "담보신탁과 분양보증신탁에 관한 연구", 사법 41호, 사법발전재단(2017), 83면 참조. 분양보증신탁은 관리신탁과 담보신탁이 결합된 형태이므로 담보신탁에서의 법리가 분양보증신탁에 적용된다고 보아야 한다는 입장이다.

의 대상으로 규정되지 않았다 하더라도, 이로써 실권되는 권리는 채권자가 신탁자에 대하
여 가지는 정리채권 또는 정리담보권에 한하고, 수탁자에 대하여 가지는 신탁부동산에 관
한 담보권과 그 피담보채권에는 아무런 영향이 없다는 것이다.

그러나 한편 판례는 담보신탁을 근거로 한 공매 절차를 통한 체육필수시설의 인수인
은 체육필수시설의 인수만으로 기존 체육시설업자에 대한 사업계획 승인을 승계함으로써
기존 체육시설업자와 회원 간에 체결된 사법상의 약정을 포함하여 그 승인에 따른 권리·
의무를 승계한다고 하기도 하였다.[125] 체육시설법과 관련한 상세는 후술한다.

또한 담보권도 신탁의 대상이 될 수 있는데(신탁법2조), 담보권신탁에 대하여 민법상
의 부종성이 어느 정도 완화될 수 있는가에 대하여는 다툼이 있다. 판례는 근저당권은 채
권담보를 위한 것이므로 원칙적으로 채권자와 근저당권자는 동일인이 되어야 하지만, 제3
자를 근저당권 명의인으로 하는 근저당권을 설정하는 경우 그 점에 대하여 채권자와 채무
자 및 제3자 사이에 합의가 있고, 채권양도, 제3자를 위한 계약, 불가분적 채권관계의 형
성 등 방법으로 채권이 그 제3자에게 실질적으로 귀속되었다고 볼 수 있는 특별한 사정이
있는 경우에는 제3자 명의의 근저당권설정등기도 유효하다고 보아야 할 것이고, 한편 부
동산을 매수한 자가 소유권이전등기를 마치지 아니한 상태에서 매도인인 소유자의 승낙
아래 매수 부동산을 타에 담보로 제공하면서 당사자 사이의 합의로 편의상 매수인 대신
등기부상 소유자인 매도인을 채무자로 하여 마친 근저당권설정등기는 실제 채무자인 매수
인의 근저당권자에 대한 채무를 담보하는 것으로서 유효하다고 볼 것인바, 위 양자의 형
태가 결합된 근저당권이라 하여도 그 자체만으로는 부종성의 관점에서 근저당권이 무효라
고 보아야 할 어떤 질적인 차이를 가져오는 것은 아니라 할 것이고 매매잔대금 채무를 지
고 있는 부동산 매수인이 매도인과 사이에 소유권이전등기를 경료하지 아니한 상태에서
그 부동산을 담보로 하여 대출받는 돈으로 매매잔대금을 지급하기로 약정하는 한편, 매매
잔대금의 지급을 위하여 당좌수표를 발행·교부하고 이를 담보하기 위하여 그 부동산에
제1순위 근저당권을 설정하되, 그 구체적 방안으로서 채권자인 매도인과 채무자인 매수
인 및 매도인이 지정하는 제3자 사이의 합의 아래 근저당권자를 제3자로, 채무자를 매도
인으로 하기로 하고, 이를 위하여 매도인이 제3자로부터 매매잔대금 상당액을 차용하는
내용의 차용금증서를 작성·교부하였다면, 매도인이 매매잔대금 채권의 이전 없이 단순히
명의만을 제3자에게 신탁한 것으로 볼 것은 아니고, 채무자인 매수인의 승낙 아래 매매잔
대금 채권이 제3자에게 이전되었다고 보는 것이 일련의 과정에 나타난 당사자들의 진정한
의사에 부합하는 해석일 것이므로, 제3자 명의의 근저당권설정등기는 그 피담보채무가 엄

---

125) 대법원 2018.11.15. 선고 2016두45158 판결(공2019상, 46). 同旨 대법원 2018.10.18. 선고 2016다220143
판결.

연히 존재하고 있어 그 원인이 없거나 부종성에 반하는 무효의 등기라고 볼 수 없다고 하였고,[126] 부동산 담보신탁계약이 해지된 경우에는 '신탁재산 귀속'을 원인으로 위탁자에게 소유권이전등기를 한 다음 '분양계약'을 원인으로 매수인에게 소유권이전등기를 하는 것이 원칙이지만, 이 경우에도 우선수익자의 서면요청에 따라 수탁자가 매도인으로서의 책임을 부담하지 않는 조건으로 신탁부동산의 소유권을 매수인에게 직접 이전할 수 있다는 내용을 특약사항으로 정하였다면, 이는 신탁계약 해지에 따른 소유권이전등기절차를 간편하게 처리하기 위하여 위탁자 대신 수탁자로 하여금 매수인에게 직접 신탁부동산에 관한 소유권이전등기를 하는 것을 예외적으로 허용하는 취지일 뿐 수탁자에게 신탁부동산에 관한 처분권한을 부여하거나 매수인에게 수탁자에 대하여 소유권이전등기청구권을 직접 취득할 수 있음을 정한 규정으로 볼 수는 없고, 따라서 위 특약사항에 따른 소유권이전등기는 수탁자가 신탁계약에 따라 신탁부동산을 처분하여 마쳐준 것이 아니고, 신탁계약 해지에 따른 수탁자의 위탁자에 대한 소유권이전등기와 이를 전제로 한 위탁자의 매수인에 대한 소유권이전등기가 단축되어 이행된 것에 불과하다고 하였다.[127]

결국 채권담보를 위하여 신탁계약을 이용하면 담보권에 대한 회생절차 상의 제약을 피할 수 있고, 이 점에서 특히 담보신탁이 더욱 많이 이용되게 되었다.

참고문헌

김건식, "리스계약의 운용실태", 민사판례연구 XI, 민사판례연구회(1989). 581면.

김재형, "도산절차에서 담보권자의 지위", 통합도산법, 남효순·김재형 공편, 법문사(2006), 3면.

김형석, "강제집행·파산절차에서 양도담보권자의 지위", 저스티스 제111호, 한국법학원(2009), 68면.

남동희, "부동산신탁의 위탁자에 대한 회생절차의 실무상 쟁점", 사법 15호, 사법발전재단(2011), 121면.

박용석, "회생절차에 있어서 담보권 취급의 문제점 및 개선방안", 법학평론, 서울대학교 출판문화원(2010), 244면.

박민제, "회생절차개시와 근저당확정의 유무", 상사법연구 제26권 제2호, 한국상사법학회(2007), 493면.

---

126) 대법원 2001.3.15. 선고 99다48948 전원합의체 판결(공2001, 873). 다만 이는 부동산실권리자명의등기에 관한 법률이 규정한 부동산 물권에 관한 명의신탁금지를 잠탈하는 것으로 보아야 할 것이라는 반대의견이 있다.

127) 대법원 2022.12.15. 선고 2022다247750 판결(공2023상, 248)은 소유권이전등기청구권에 대한 압류가 있으면 변제금지의 효력에 따라 제3채무자는 채무자에게 임의로 이전등기를 이행하여서는 아니 되나, 이러한 압류에는 청구권의 목적물인 부동산 자체의 처분을 금지하는 대물적 효력이 없으므로, 제3채무자나 채무자로부터 이전등기를 마친 제3자에 대하여는 취득한 등기가 원인무효라고 주장하여 말소를 청구할 수 없지만, 제3채무자가 압류결정을 무시하고 이전등기를 이행하고 채무자가 다시 제3자에게 이전등기를 마쳐준 결과 채권자에게 손해를 입힌 때에는 불법행위에 따른 배상책임을 진다고 하였다.

배현태, "회사정리절차에 있어서 리스채권의 취급", 법조 제521호, 법조협회(2000.2.), 150면.

소건영, "금융리스물건에 관한 법적 고찰", 사법 7호, 사법발전재단(2009), 105면.

양형우, "회생·개인회생절차에서의 담보권", 인권과 정의 356호, 대한변호사협회(2006), 41면.

양형우, "회생·파산절차에서의 물상대위", 민사법학 34호, 한국사법행정학회(2006), 277면.

우성만, "회사정리법상 담보권자의 지위", 도산법강의, 남효순·김재형 공편, 법문사(2005), 529면.

우성만, "회사정리법상 담보권자의 지위" 재판자료집 86집, 법원행정처(2000), 273면.

이연갑, "리스계약과 도산절차", 민사판례연구 XXVIII, 민사판례연구회(2006), 939면.

이은재, "신탁과 도산", 제8기 도산법연수원 II, 서울지방변호사회(2023), 297면.

이은재, "한국회생절차상 장래채권에 대한 양도담보권자의 지위", 도산법연구 제2권 제2호, 사단법인 도산법연구회(2011.11.), 186면.

이중기, "담보신탁과 담보권신탁-부종성과 신탁관리인의 역할, 도산격리를 중심으로-", 증권법연구 제14권 제2호, 한국증권법학회(2013), 659면.

이주헌, "금융리스와 회생실무상의 문제", 도산법연구 제10권 제2호, 사단법인 도산법연구회(2020.12.), 65면.

이지은, "프랑스 도산절차의 우선특권", 선진상사법률연구 제53호, 법무부(2011.1.), 164면.

임기환, "담보신탁 관련 최근 판례 동향", 민사판례연구 XLII, 민사판례연구회(2020), 1175면.

임채웅, "수탁자가 파산한 경우의 신탁법률관계 연구", 사법 6호, 사법발전재단(2008), 119면.

임치용, "도산절차에 있어서 어음채권자의 지위", 파산법 연구, 박영사(2004), 56면.

임치용, "자산유동화와 파산", 파산법 연구 3, 박영사(2010), 93면.

정소민, "파산법상 불법행위자 보호에 관한 연구-담보거래제도와 불법행위제도 사이의 긴장관계를 중심으로-", 법조 제669호, 법조협회(2012.6.), 5면.

조규홍, "회생절차에서의 담보평가 실무사례에 관한 연구", 도산법연구 제5권 제1호, 사단법인 도산법연구회(2014.5.), 109면.

조준오, "별제권 행사의 제약 요인에 대한 소고", 도산법연구 제10권 제1호, 사단법인 도산법연구회(2020.6.), 1면.

최원영, "채권양도담보과 법인회생절차상 문제", 도산법연구 제7권 제1호, 사단법인 도산법연구회(2017.2), 23면.

최준규, "금융리스와 도산절차-재론-", 저스티스 제883호, 한국법학원(2021), 413면.

최준규, "파산절차와 회생절차에서 담보권자의 지위-한국의 법상황", 도산법연구 제12권 제1호, 사단법인 도산법연구회(2022.6.), 99면.

6. 상계권

가. 도산과 상계

(1) 파산과 상계

파산채권의 행사는 파산절차에 의하여야 하지만, 파산채권자가 파산선고 당시 채무자에 대하여 채무를 부담한 때에는 파산절차에 의하지 않고 상계할 수 있다(법416조). 이 권리를 상계권이라고 한다(상계권의 규정은 파산채권자가 파산채권과 파산재단소속 채권과를 상계하는 경우에 관한 것이고, 그 이외에 파산관재인의 상계 등에 관하여는 별도로 검토할 필요가 있다). 상계권자인 파산채권자는 일반의 파산채권자가 파산절차에 의하여 약간의 배당밖에 받지 못함에 비하여 그 파산채권에 관하여 파산재단에 대하여 부담하는 채권을 담보로 하여 완전한 변제를 받는 것과 동일한 결과를 개별적으로 얻을 수 있는 것이 된다. 상대방이 파산한 경우에 가장 강력한 대응으로 기대되는 소위 상계의 담보적 기능을 중시함과 아울러 파산채권자는 자기의 채무는 완전히 이행하여야 하면서도 그 채권에 관하여는 파산절차에 의한 배당을 받지 않으면 안 된다고 하는 것은 파산채권자·채무자(파산재단) 사이에 현저히 불균형이 생긴다고 하는 점을 배려하고 있는 것이다.[1] 이와 같은 관점에서 보면 상계를 가능한 한 넓게 인정하여야겠지만, 상계는 다른 한편으로는 특정의 파산채권자만 개별적으로 만족을 얻을 수 있다고 하는 점에서 개별적 권리행사 금지의 원칙(법424조)에 대한 중대한 예외가 되므로 다른 채권자의 이익을 부당하게 해하는 것과 같은 형태의 상계는 제한 내지 금지되고 있다. 예컨대 채무자의 재산상태가 악화되어 실가치(實價値)가 하

---

[1] 채권채무관계는 상계를 주장하는 파산채권자와 채무자 사이의 것이어야 하므로 채무자에 대하여 채무를 부담하는 자가 타인의 채권을 자동채권으로 하는 상계는 효력이 인정되지 않는다. 日最判平成 28.7.8民集70권6호1611면[百選71]은 민사재생 절차에 있어서 채무자에 대하여 채무를 부담하는 자가 당해 채무에 관한 채권을 수동채권으로 하고 자신과 친족회사의 관계에 있는 다른 주식회사가 가지는 재생채권을 자동채권으로 하는 상계는 그 상계를 가능하게 하는 합의가 있는 경우라도 인정되지 않는다고 하였다. 이 판결에 대한 상세한 소개는 김영근, "외국 사례/판례 소개", 도산법연구 제8권 제2호, 사단법인 도산법연구회(2018.12.), 258면 참조.

락한 채권을 싼 값에 사모아 그 명목액으로 자기의 채무와 상계하면 채권의 실가와 명목
액과의 차액만큼 도산처리에 복종하여야 할 재산을 감소시켜 다른 일반채권자에 배분할
부분을 감소시키게 된다(따라서 재단채권을 자동채권으로 하는 상계는 재단부족의 사태가 되지
않으면 항상 허용된다. 법477조). 역으로 채권자가 도산을 예상하고 채무자에게 새로운 채무
를 부담하여 이와 상계하면 이미 명목액 이하의 실가인 채권임에도 불구하고 채권자의 희
생으로 완전한 만족을 얻게 되어 부당하다. 이러한 경우는 상계를 허용할 수 없다. 도산법
상의 상계의 요건은 민법이 규정하는 상계(민492조 이하)에 비하여 한편으로는 확장되고,
다른 한편으로는 제한되고 있는 것이다.[2]

　따라서 파산에 있어서는 채권자평등의 실현을 위하여 한편으로 상계권을 파산채권자
에 대하여 보장하고(법416조), 또 그 청산적 성격에 따라 민법의 일반원칙을 수정하여 상계
할 수 있는 범위를 확장함과 아울러(법417조), 다른 한편 상계가 허용되지 않는 경우를 규
정하고 있다(법422조).

　또한 규정은 없으나, 상속재산의 파산에 대신하여 실질상 청산형 도산처리절차의 기
능을 하고 있는 한정승인절차에 있어서도 상계금지의 유추적용을 고려하여야 한다.

(2) 회생과 상계

　채무자회생법 제144조 제1항은 "회생채권자 또는 회생담보권자가 회생절차개시 당시
채무자에 대하여 채무를 부담하는 경우 채권과 채무의 쌍방이 신고기간 만료 전에 상계할
수 있게 된 때에는 회생채권자 또는 회생담보권자는 그 기간 안에 한하여 회생절차에 의
하지 아니하고 상계할 수 있다. 채무가 기한부인 때에도 같다"라고 규정하여, 회생절차개
시 이후라도 회생절차에 의하지 아니한 상계를 하는 것을 일정한 범위에서 허용하고 있는
데, 이는 회생채권자와 회생채무자 상호 간에 상대방에 대한 채권·채무를 가지고 있는 경
우에는 상계함으로써 상쇄할 수 있다는 당사자의 기대를 보호하고자 하는 것이다.[3] 물론
상계는 당사자 쌍방이 서로 같은 종류를 목적으로 한 채무를 부담한 경우에 서로 같은 종
류의 급부를 현실로 이행하는 대신 어느 일방 당사자의 의사표시로 그 대등액에 관하여
채권과 채무를 동시에 소멸시키는 것이고, 이러한 상계제도의 취지는 서로 대립하는 두
당사자 사이의 채권·채무를 간이한 방법으로 원활하고 공평하게 처리하려는 데 있으므로,
수동채권으로 될 수 있는 채권은 상대방이 상계자에 대하여 가지는 채권이어야 하고, 상

---

2) 채무자회생법의 상계에 관한 규정은 도산채권자가 도산채권과 채무자 재산과를 상계하는 경우에 관
　한 것이고, 그 이외에 관리인·관재인이 하는 상계에 관하여는 별도의 검토가 필요하다. 일본 파산법
　제102조와 회사갱생법 제47조의 2는 관재인은 채권자의 일반의 이익에 적합한 때에는 법원의 허가를
　얻어 상계를 할 수 있다는 점을 규정하고 있다.
3) 대법원 2017.3.15. 선고 2015다252501 판결(공2017상, 750)[백선14].

대방이 제3자에 대하여 가지는 채권과는 상계할 수 없다고 보아야 한다. 그렇지 않고 만약 상대방이 제3자에 대하여 가지는 채권을 수동채권으로 하여 상계할 수 있다고 한다면, 이는 상계의 당사자가 아닌 상대방과 제3자 사이의 채권채무관계에서 상대방이 제3자에게서 채무의 본지에 따른 현실급부를 받을 이익을 침해하게 될 뿐 아니라, 상대방의 채권자들 사이에서 상계자만 독점적인 만족을 얻게 되는 불합리한 결과를 초래하게 되므로, 상계의 담보적 기능과 관련하여 법적으로 보호받을 수 있는 당사자의 합리적 기대가 이러한 경우에까지 미친다고 볼 수는 없다.[4]

그렇지만 파산절차에서의 상계와 취지를 약간 달리하고 있는 것이 재건형인 회생절차에 있어서의 상계금지의 목적이다. 즉 파산에 의한 청산에 있어서는 일체의 기존채권은 동결되고, 재단으로부터 일정한 비율의 평등변제(배당)에 의하여만 만족을 얻을 수 있는 것이므로 이를 적정하게 행하기 위하여 상계금지가 필요하다. 그런데 회생에 있어서는 기존의 채권에 관하여 강제집행을 할 수는 없으나 채무자가 하는 임의변제가 인정되는 경우가 있고, 이와 같은 경우에는 일부의 채권자에게만 변제하는 것도 시인된다. 결국 재건의 목적이 우선하고, 파산에 있어서 관철되는 채권자평등은 그 뒤로 물러나 있는 셈이다. 그러나 상계는 채권자의 일방적 행위에 의한 점에서 강제추심과 동일한 효과를 가지므로 이를 방임하게 되면 재건의 기초인 재산을 감소시켜 재건을 불가능하게 하는 수가 있다. 따라서 강제집행을 허용하지 않는 것과 동일한 취지에서 상계에 의한 추심을 제한할 필요가 있다.[5]

그런데 회생에서는 재건형 절차이면서도 기존채권이 동결되는 점은 파산과 같으므로 일부의 채권자만 상계에 의하여 다른 채권자에 우선하여 완전한 만족을 얻는 것은 확실히 채권자평등의 원칙에 반한다고 할 수 있다. 그러나 회생은 채권자의 평등 그 자체를 목적으로 하는 제도는 아니고, 재건이 본래의 목적이고, 채권의 일시 동결은 그를 위한 수단에

---

4) 대법원 2011.4.28. 선고 2010다101394 판결(공2011상, 1038)은 도산에 관련된 판례는 아니나, 유치권이 인정되는 아파트를 경락·취득한 자가 아파트 일부를 점유·사용하고 있는 유치권자에 대한 임료 상당의 부당이득금 반환채권을 자동채권으로 하고 유치권자의 종전 소유자에 대한 유익비상환채권을 수동채권으로 하여 상계의 의사표시를 한 사안에서, 상대방이 제3자에 대하여 가지는 채권을 수동채권으로 하여 상계할 수 없음에도, 그러한 상계가 허용됨을 전제로 위 상계의 의사표시로 부당이득금 반환채권과 유익비상환채권이 대등액의 범위 내에서 소멸하였다고 본 원심판결에 법리오해의 위법이 있다고 한 사례이다.

5) 회생절차와 상계와의 관계에 관하여 대법원 2005.9.28. 선고 2003다61931 판결(공2005, 1669)[백선16]은 구 회사정리법 하의 사안에서 회사에 대한 채권자가 채무자 회사의 지급정지 또는 정리절차개시 등의 신청이 되어있는, 이른바 위기상태에 있음을 알면서 회사에 대하여 새로운 채무를 부담하였으면서도 이를 수동채권으로 삼아 기존의 다른 채권과 상계할 수 있다고 한다면, 채권자들 사이의 공평이 해쳐지고 보전처분이 내려진 이후에도 채무자 회사가 채권자인 금융기관과의 금융 거래를 할 수 없게 되어 운영자금 마련의 길이 막히는 등 회사정리제도의 목적을 달성할 수 없는 결과가 초래될 수 있다고 하였다.

불과하다. 따라서 회생에 관하여 파산과 동일한 내용의 상계금지규정을 두고 있어도(법145조), 그 취지는 다른 것이라고 하여야 한다.

나. 상계의 제한

상계권의 범위를 명백히 하기 위해서는 역으로 상계가 허용되지 않는 경우를 명백히 하는 것이 적절하다. 상계금지의 취지는 위에서 본 바와 같이 절차에 따라 다르지만 그 구체적 적용에서는 원칙적으로 다른 것은 없다. 법률은 상계가 금지되는 경우로서 다음의 네 가지 경우를 열거하고 있다(법145조1호 내지 4호, 422조1호 내지 4호는 그 내용이 같다). 이 금지의 원칙에 위반한 상계는 당연 무효이다.[6] 이러한 경우에 금지되는 상계는 채권자에 의한 일방행위로서의 상계뿐만 아니라 합의에 의한 상계도 당연히 포함된다. 도산절차 개시 전에 한 상계는 도산절차개시전까지는 당연 무효는 아니지만, 후에 도산절차가 개시되면 당초로 소급하여 무효가 된다.[7] 한편 속지주의를 취하고 있던 구 회사정리법 하에서 외국의 도산법이 외국에서 정리절차가 개시된 회사의 채권과 그 회사의 채권자가 그 회사에 갖고 있는 채권과의 상계를 금지·제한하고 있고, 나아가 그 회사의 채권자가 그 외국의 정리절차에 참가하고 있다 하더라도, 그 회사의 채권이 대한민국 법원에 재판상 청구할 수 있는 것이라면, 그 회사의 채권자가 그 회사의 자신에 대한 채권을 수동채권으로 하여 상계하는 데는 그 외국의 도산법이 규정하는 상계의 금지·제한의 효력을 받지 않음은 전술하였다.[8]

또한 이하에서 채권자라 함은 모든 도산채권자(회생담보권자를 포함한다)를 의미한다. 또「지급정지 또는 도산절차 개시신청」이라 함은 하나의 도산절차로부터 다른 도산절차로 이행하는 경우에는 선행의 절차의 개시신청(경우에 따라 개시결정 기타)을 의미한다. 이와 관련하여 파산으로부터 회생으로 이행한 경우(법145조2호, 4호), 회생·간이회생으로부터 파산으로 이행한 경우(법6조. 회생절차개시결정·간이회생개시결정을 지급정지, 파산신청으로 본다. 절차의 개시원인이 다르기 때문이다)에 관하여 각각의 규정이 있다.

(1) 채권자가 도산절차 개시 후에 부담한 채무와의 상계(1호 금지)

상계권의 제도는 도산 전에 이미 양 채권이 대립하여 상계적상(相計適狀)에 있는 경우

---

6) 상계를 유효한 것으로 하는 관리인·관재인과 도산채권자간의 합의에 의한 상계, 도산절차 개시전의 채무자와 도산채권자 간의 합의에 의한 상계도 무효이다. 日最判昭和52.12.6民集31권7호961면, 倒産判例 ガイド 第2판 141면, 倒産判例 インデックス 第3판 95[百選69](파산사건).
7) 구법상의 화의에 관하여 日大判昭和4.5.14民集8권523면.
8) 대법원 2009.4.23. 선고 2006다28782 판결(공2009상, 720).

에 도산절차에 영향을 받음이 없이 상계할 수 있는 것을 보장하는 취지이므로(법144조1항, 416조), 절차개시 후에 비로소 채무를 부담한 경우에는 이와 상계하는 것은 허용되지 않는다(법145조1호, 422조1호). 이는 파산채권자가 파산선고 후에 부담한 채무를 파산채권과 상계하도록 허용한다면 파산채권자에게 그 금액에 대하여 다른 파산채권자들보다 우선하여 변제하는 것을 용인하는 것이 되어 결과적으로 파산채권자 사이의 공평을 해치게 되므로, 이를 방지하기 위하여 상계를 금지하고 파산절차에 의하여 파산채권을 행사하도록 한 것에 목적이 있다.

　　따라서 이와 같은 법리는 특별한 사정이 없는 한 파산채권자가 파산선고 후에 부담한 채무에서 파산채권을 공제하는 경우에도 적용되며, 파산채권자와 파산관재인이 공제에 관하여 합의하였다 하더라도 다른 사정이 없다면 마찬가지이다.[9) 판례는 주택임차인이 주택임대차보호법 제3조 제1항의 규정에 의한 대항요건을 갖추고 임대차계약증서상의 확정일자를 받은 후 임대인이 파산한 경우에, 주택임차인은 채무자회생법 제415조 제1항에 따라 파산채권인 임대차보증금 반환채권에 관하여 파산재단에 속하는 주택(대지 포함)의 환가대금에서 후순위권리자 그 밖의 채권자보다 우선하여 변제받을 권리가 있으며, 우선변제권의 한도 내에서는 파산절차에 의하지 아니하고 위 주택에 대한 경매절차 등에서 만족을 받을 수 있지만 채무자회생법 제422조 제1호의 취지에 비추어 보면, 채무자회생법 제492조 제14호에서 정한 별제권 목적물의 환수절차 등에 따른 특별한 사정이 없는 한, 위 임대차보증금반환채권을 가지고 주택임차인이 임대인에 대한 파산선고 후에 파산재단에 부담한 채무에 대하여 상계하거나 채무에서 공제하는 것까지 허용되지는 아니하며, 그에 관한 합의 역시 효력이 없다고 하였으나, 파산관재인이 채무자회생법 제415조 제1항에서 정한 임차인에게 해당 주택(대지 포함)을 양도하면서 파산법원으로부터 채무자회생법 제492조 제4호에 따라 별제권 목적의 환수 허가 등을 얻은 경우 임대차보증금 반환채무액 상당의 환수대금을 지급하는 것도 가능하므로 파산관재인은 환취권의 목적인 재산의 가치에 상응하는 부분을 제외한 나머지 부분의 범위에서 환수대금채무를 부담하고, 이러한 경우 임차인의 환수대금채권은 파산선고 전의 원인으로 발생한 파산채권이 아니므로, 파산관재인은 매매대금채권을 자동채권으로 하여 위 범위 내에 있는 임차인의 임대차보증금 상당 환수대금채권과 대등액에서 상계하거나 상계합의를 할 수 있다고 하였다.[10)

　　실질적으로 보아도 이러한 상계는 당해 채권자만이 만족을 얻는 점에서 채권자평등원칙에 반하고, 이러한 채무는 관리인·관재인에 대한 것이고, 관리인·관재인에 의하여 이

---

9) 대법원 2017.11.9. 선고 2016다223456 판결(공2017하, 2315). 同旨 대법원 2017.11.9. 선고 2015다44274 판결(미간행).
10) 대법원 2023.6.15. 선고 2020다277481 판결(공2023하, 1210).

행되어야 비로소 의미가 있다. 따라서 '도산절차 개시 후에 부담한 채무'라 함은 그 채무 자체가 도산절차 개시 후에 발생한 경우만을 의미하는 것이 아니라, 도산절차 개시 전에 발생한 제3자의 채무자에 대한 채무를 도산절차 개시 후에 인수하는 경우도 포함되고, 그 인수는 포괄승계로 인한 것이라도 관계없다.[11] 나아가 판례는 파산선고 전에 발생한 제3자의 파산채권자에 대한 채권을 파산선고 후에 파산관재인이 양수함에 따라 파산채권자가 파산재단에 대하여 채무를 부담하는 경우도 포함한다고 하였다.[12]

파산채권자가 부담하는 채무(수동채권)가 기한부이거나 조건부일 때 또는 장래의 청구권인 때에도 상계할 수 있다(법417조). 기한부의 경우 채무자는 자기의 기한의 이익을 포기할 수 있고, 조건부 채권 또는 장래의 청구권인 때에 관하여는 이론이 있다. 도산절차 개시 후에 수동채권의 정지조건이 성취된 경우 도산채권자가 도산절차 개시 후에 채무를 부담한 것이 되고, 상계가 금지된다고 생각되지만, 일본의 판례는 상계의 담보적 기능을 중시하여 특단의 사정이 없는 한 상계를 인정하고 있다.[13]

결국 이러한 1호 금지에 있어서는 채무부담의 원인이 절차 개시 전에 있었으나, 현실의 채무부담이 절차 개시 후에 된 경우에 상계에의 기대를 보호하여야 하는가의 여부가 주된 문제가 된다. 유력설은 1호 금지가 아래에서 보는 2호 금지와 달리 채무부담의 원인이 이전에 있는 것을 가지고 제외사유로 하지 않고 있는 것을 하나의 이유로 하여 부담의 원인 또는 원인발생시기의 여하와는 관계없이 채무를 현실로 부담하기에 이른 시기가 도산절차개시 후이면 상계할 수 없다고 한다(예컨대 양도담보권자가 채무자의 회생절차개시 후에 양도담보권의 실행에 따른 청산금반환채무를 부담하는 경우).[14]

---

11) 대법원 2003.12.26. 선고 2003다35918 판결(공2004, 228)[백선70]은 파산채권자가 제3자인 회사를 흡수합병한 경우이다. 이 판결에 대한 해설로 허부열, "파산채권자가 파산선고 후 파산재단에 대하여 채무를 부담하고 있는 회사를 흡수합병함으로써 채무를 부담하게 된 경우, 그 채무를 수동채권으로 하여 파산채권과 상계할 수 있는지 여부(소극)", 대법원판례해설 제46호, 법원도서관(2004), 344면 참조.
12) 대법원 2014.11.27. 선고 2012다80231 판결(미간행)은 위탁자인 A가 보유 중인 현재 및 장래의 외상매출채권을 수탁자인 B 은행에 신탁하고, B 은행은 제1종 수익자인 C에 제1종 수익권을 부여하며, C는 위 수익권을 담보로 대주로부터 차입을 하여 B 은행에 수익권대금을 지급하고, B 은행은 A에 이를 다시 지급하며, C는 위 수익권에 의한 수익으로 대주에 대한 차입금을 상환하는 구조였는데, A가 파산한 후 그 파산관재인인 D가 B 은행으로부터 A에 대한 파산채권자인 E에 대한 대출원리금 반환채권을 양수한 사안이다.
13) 日最判平成17.1.17民集59권1호1면, 倒産判例 インデックス 제3판 91[百選64]은 보험회사가 화재보험 사기를 이유로 한 손해배상청구권을 자동채권, 만기반환금채권 또는 해약반환금 채권을 수동채권으로 하여 한 상계를 유효하다고 하였다.
14) 日最判昭和47.7.13民集26권6호1151면, 倒産判例 ガイド 제2판 204면은「도산절차개시 후에 채무를 부담했을 때」라 함은 그 부담의 원인 또는 원인발생시기 여하에는 관계없이 채무를 현실적으로 부담하게 된 시기가 도산절차개시 후인 경우를 의미하며, 가령 정지조건부 채무를 내용으로 하는 계약이 도산절차개시 전에 체결된 경우라도 그 계약체결에 의해 채무를 부담했다고 할 수 없고, 조건이 성취되는 것에 의하여 처음으로 채무를 부담한다고 볼 수 있어, 절차개시 후에 조건이 성취되었을 때

그 밖의 판례로서 甲 회사가 乙 외국법인 등과 그들이 소유하는 각 선박에 관하여 준거법을 영국법으로 하는 정기용선계약을 체결하여 선박을 인도받았다가, 甲 회사에 대한 회생절차가 개시된 후 甲 회사의 관리인이 위 각 계약을 중도해지하고 선박을 乙 법인 등에 돌려주었는데, 그 후 乙 법인 등이 甲 회사의 파산관재인 丙을 상대로 정기용선계약에 따른 용선료의 지급을 구하자, 丙이 乙 법인 등에 대한 잔존연료유 대금채권을 자동채권으로 하여 상계항변을 한 사안에서, 위 정기용선계약에서는 정기용선자가 선박을 반선할 때 선박소유자에게 그 시점과 지점을 사전에 통지할 의무를 부과하고, 또 선박을 인도받았을 때의 연료유의 양과 근접한 수준의 연료유의 양을 유지하여 반선하도록 정하고 있는데, 정기용선계약이 중도해지되는 경우에는 정기용선자가 선박소유자에게 위와 같은 의무를 이행하기 불가능한 점, 위 정기용선계약은 'NYPE(New York Produce Exchange) 1946 양식'을 기본으로 하되 일부 조항을 부속서로 개정하는 형식으로 체결되었는데, 선박소유자가 잔존연료유를 인수하고 그 대금을 지급하도록 정한 부속서 조항에서는 "인도(delivery)"와 "반선(redelivery)" 이외에 정기용선계약의 중도해지에 의한 종료를 포함하고 있지 않은 점 등을 종합하면 甲 회사의 회생절차가 개시된 이후에 그 관리인이 쌍방미이행 쌍무계약임을 이유로 정기용선계약을 해지한 경우에는 위 부속서 조항이 적용되지 않아 丙의 乙 법인 등에 대한 잔존연료유 대금채권이 존재하지 않으므로 이를 자동채권으로 한 병의 상계항변은 이유 없다고 본 원심판단에는 계약의 해석, 연료유의 소유권 귀속에 관한 법리오해 등의 잘못이 없다고 한 사례가 있다.[15]

일본의 판례도 부탁없는 보증인인 은행이 채무자의 파산절차 개시 후에 보증을 이행하여 취득한 사후구상권과 예금반환채무를 상계한 사안에서 보증계약은 파산선고 전에 체결되었고, 사후구상권은 파산채권에 해당하며, 부탁을 받은 보증인과 달리 타인의 파산채권을 취득한 경우와 유사하므로 1호 규정을 유추 적용하여 상계가 금지된다고 하였다.[16]

는 그 때에 채무를 부담한 것으로서, 상계는 금지되는 것으로 해석해야 한다는 것이다. 사안에서 문제된 것은 양도담보권 실행에 의한 청산금반환채무였음은 전술하였다.

15) 대법원 2019.12.27. 선고 2019다218462 판결(공2020상, 355)은 아울러 선박의 점유, 선장 및 선원에 대한 임면권, 그리고 선박에 대한 전반적 지배관리권이 모두 선박소유자에게 있는 정기용선계약에서 "반선(redelivery)"이라는 용어는 원칙적으로 정기용선계약에서 정한 조건에 따라 정기용선자가 선박소유자에게 배를 돌려주는 것을 의미한다. 만약 정기용선계약에서, 선박소유자로 하여금 반선 시점에 선박에 남아 있는 연료유(bunker)를 인수하고 정기용선자에게 그 대금을 정산하여 지급하도록 정하는 한편, 정기용선자에게는 사전에 선박소유자에게 반선 시점과 반선 지점을 수차례에 걸쳐 통지할 의무를 부과하고, 또 반선 시점에 남아있는 연료유의 품질과 예상 최소수량을 정하는 등 그 요건과 절차를 정하고 있다면, 특별히 달리 정하지 않는 한 이때의 반선은 정기용선계약에서 정한 조건에 따라 이루어지는 것을 전제로 하므로, 여기에는 정기용선계약의 중도해지 등으로 인하여 선박을 돌려주는 경우 등은 포함되지 않는다고 해석하여야 한다고 하였다. 이 판결에 대한 분석으로 채정수, "해운회사의 견련파산절차에서 재단채권과 상계", 도산법연구 제10권 제2호, 사단법인 도산법연구회(2020.12.), 33면 참조.

16) 日最判平成24.5.28民集66권7호3123면, 倒産判例 インデックス 제3판 98[百選70].

이에 대한 예외로서 채권자가 임차인일 때 절차 개시 후에 임료 채무 중 당기와 차기 (매월 지급하는 것이면 개시가 있는 달의 분과 익월 분)의 차임에 관하여 상계하는 것이 인정되고, 보증금이 있으면 그 후의 차임에 관하여도 보증금의 액까지 임료채무와 상계할 수 있다(법144조2항, 3항, 421조). 이와 같은 계속적 채권관계에서는 차임과의 상계기대가 크다는 것을 그 이유로 한다(2기분이라고 하는 것은 임대인 도산의 경우에 전급 차임을 대항할 수 있는 범위와 합치시킨 것이다. 법124조, 340조).

이와 관련된 판례로서 채무자 회사와 피고 회사가 공동건설수급체로서 공사를 시공하다가 채무자 회사에게 구 회사정리절차가 개시된 후 피고가 채무자 회사의 아파트 공사를 연대보증한 시공사로서 아파트 공사의 잔여 부분을 완공하면서 대한주택공사로부터 지급받은 공사대금 이외에 추가로 금원을 지출하였고, 위 공사 중 하자보수비용과 하자보증금액을 지출하거나 지출하여야 함으로써 채무자 회사에 대하여 위 금액 상당의 구상금채권 또는 손해배상채권을 취득하게 된 사안에서, 채무자 회사의 관리인인 원고가 채무자 회사가 부도를 낸 후에도 공사를 시공하였음을 이유로 피고에게 공사대금을 청구하면서, 피고의 위 채권은 채무자 회사가 회사정리절차개시결정을 받은 이후 채무자 회사의 관리인인 원고가 아파트 공사도급계약을 해지함에 따라 비로소 발생한 채권으로서 공익채권에 해당하므로, 위 채권으로 원고의 공사대금채권과 대등액 범위 내에서 상계한다고 주장한 데 대하여, 원고의 채권은 피고가 수령한 공사대금 중 채무자회사의 지분비율에 해당하는 금원의 분배를 구하는 것이고, 위 공사기성금지분청구권은 이익분배청구권의 한 형태로서 피고가 도급인으로부터 그 공사기성금을 각 지급받은 때에 발생한다고 보아야 하므로 정리절차개시일 당시에는 아직 피고가 채무자 회사에 대하여 위 공사대금 분배채무를 부담하지 않고 있었다고 할 것이고, 따라서 피고가 이를 수동채권으로 하여서 상계권을 행사할 수 없다고 한 사례가 있다.[17]

그러나 다른 한편 판례는 건설 공사 공동수급체의 구성원들 사이에 작성된 공동수급협정서 등 처분문서에 상계적상 여부나 상계의 의사표시와 관계없이 당연히 이익분배금에서 미지급 출자금 등을 공제할 수 있도록 기재하고 있고 그 처분문서의 진정성립이 인정된다면, 특별한 사정이 없는 한 처분문서에 기재되어 있는 문언대로 공제 약정이 있었던 것으로 보아야 하므로, 출자의무를 이행하지 않은 구성원에 대하여 회생절차가 개시되었더라도 그 개시 이전에 이익분배금에서 미지급 출자금을 공제하기로 하는 특약을 하였다면 특별한 사정이 없는 한 그에 따른 공제의 법적 효과가 발생함에는 아무런 영향이 없다

---

17) 대법원 2006.8.25. 선고 2005다16959 판결(공2006, 1610). 그러나 위 판결이 구 회사정리법과 관련한 3가지 쟁점에 대하여 모두 잘못된 판단을 한 것이라는 평석으로는 임치용, "보증인의 사후구상권과 후순위정리채권에 의한 상계", 파산법연구 4, 박영사(2015), 261면 참조.

고 하였다.[18]

　　나아가 회생절차 개시 이후 채무자에 대하여 채무를 부담함으로써 상계를 할 수 없었던 회생채권자라도 그 후 회생절차가 파산절차로 이행되었을 때에는 파산채권자로서 회생절차개시 후 파산선고 전에 발생한 반대채권를 가지고 상계할 수 있다.[19]

　　한편 상계와 달리 계약에서 발생한 채권채무관계를 상호 가감하여 정산하는 것을 '공제'라고 하여 상계와 구별하기도 하지만, 판례는 제1호의 상계금지의 법리는 특별한 사정이 없는 한 파산채권자가 파산선고 후에 부담한 채무에서 파산채권을 공제하는 경우에도 적용되며, 파산채권자와 파산관재인이 공제에 관하여 합의하였다 하더라도 다른 사정이 없다면 마찬가지로 봄이 타당하다고 하였음은 전술하였는데,[20] 이와 관련하여 생명보험계약의 해지로 인한 해약환급금과 보험약관대출금 사이에서 상계가 가능한가가 실무상 문제가 되어 왔다. 종래 보험약관대출의 법적 성격에 관해서는 ① 소비대차설, ② 보험금 또는 해약환급금의 일부 선급설, ③ 절충설 등이 주장되고 있었는데 ① 소비대차설은 보험약관

18) 대법원 2018.1.24. 선고 2015다69990 판결(공2018상, 481)은 먼저 당사자들이 공동이행방식의 공동수급체를 구성하여 도급인으로부터 공사를 수급받는 경우 공동수급체는 원칙적으로 민법상 조합에 해당하고, 건설공동수급체 구성원은 공동수급체에 출자의무를 지는 반면 공동수급체에 대한 이익분배청구권을 가지는데, 이익분배청구권과 출자의무는 별개의 권리·의무이므로 공동수급체의 구성원이 출자의무를 이행하지 않더라도, 공동수급체가 출자의무의 불이행을 이유로 이익분배 자체를 거부할 수도 없고, 그 구성원에게 지급할 이익분배금에서 출자금이나 그 연체이자를 당연히 공제할 수도 없고, 다만 구성원에 대한 공동수급체의 출자금 채권과 공동수급체에 대한 구성원의 이익분배청구권이 상계적상에 있으면 상계에 관한 민법 규정에 따라 두 채권을 대등액에서 상계할 수 있을 따름이라고 전제하고, 한편 공동수급체의 구성원들 사이에 '출자의무와 이익분배를 직접 연계시키는 특약'을 하는 것도 계약자유의 원칙상 허용되므로 구성원들이 출자의무를 먼저 이행한 경우에 한하여 이익분배를 받을 수 있다고 약정하거나 출자의무의 불이행 정도에 따라 이익분배금을 전부 또는 일부 삭감하기로 약정할 수도 있고, 나아가 금전을 출자하기로 한 구성원이 출자를 지연하는 경우 그 구성원이 지급받을 이익분배금에서 출자금과 그 연체이자를 '공제'하기로 하는 약정을 할 수도 있으며, 이러한 약정이 있으면 공동수급체는 그 특약에 따라 출자의무를 불이행한 구성원에 대한 이익분배를 거부하거나 구성원에게 지급할 이익분배금에서 출자금과 그 연체이자를 공제할 수 있는데, 이러한 '공제'는 특별한 약정이 없는 한 당사자 쌍방의 채권이 서로 상계적상에 있는지 여부와 관계없이 가능하고 별도의 의사표시도 필요하지 않는다는 점에서 상계적상에 있는 채권을 가진 채권자가 별도로 의사표시를 하여야 하는 상계와는 구별되고, 물론 상계의 경우에도 쌍방의 채무가 상계적상에 이르면 별도의 의사표시 없이도 상계된 것으로 한다는 특약을 할 수 있으나, 그러나 공제 약정이 있으면 별도의 의사표시 없이도 당연히 공제되는 것이 원칙이라고 하였다.
19) 대법원 2005.10.14. 선고 2005다27225 판결(공2005, 1789)은 회사정리법 제24조 제2항, 제4항(법6조4항, 7항)의 취지는 회사정리절차가 파산절차로 이행된 경우 중복되는 절차를 생략함으로써 궁극적으로 부실기업을 신속히 퇴출시키는 데 있는 것이지 양 절차가 동일한 절차임을 전제로 한 것은 아니고, 회사정리법은 제24조 제1항에서 공익채권은 파산재단채권으로 한다는 명문의 규정을 두고 있지만, 상계금지의 효과를 파산선고 이후까지 연장한다는 규정은 두고 있지 아니하며, 파산법 제95조에서 회사정리법과는 별도로 상계금지에 관한 규정을 두고 있는 점 등에 비추어 볼 때, 회사정리절차가 진행되다가 파산절차로 이행되었다고 하여 파산선고 후에도 여전히 상계금지에 관한 회사정리법 제163조 제1호가 적용된다고 볼 수는 없다고 한 원심의 판단을 수긍하였다.
20) 대법원 2017.11.9 선고 2016다223456 판결(공2017하, 2315).

대출계약을 보험자에게 해약환급금 등 약관상 채무가 발생한 경우 그 지급금에서 대출원리금을 차감해 지급하기로 약정한 특수한 소비대차로 이해하여 보험약관대출계약은 보험금이나 해약환급금과 같은 보험자의 조건부 채무가 구체화·현실화된 경우 그로부터 약관대출원리금을 차감지급하기로 하는 정지조건부 상계예약이 포함된 특수한 소비대차계약이라는 것이고, ② 선급설은 보험약관대출계약은 보험계약과 일체를 이루는 하나의 계약이고, 보험약관대출금은 보험계약과 보험약관대출계약에 기해 보험금이나 해약환급금의 선급금으로서 지급되는 금원이라고 보는 견해로서 대출기간중에 보험계약이 해약되면 보험회사는 이미 선급한 대출원리금채권을 공제한 나머지 해약환급금채권만 지급하면 되게 된다.

　　이 문제에 대하여 대법원은 선급설을 택하여 생명보험계약의 약관에 보험계약자는 보험계약의 해약환급금의 범위 내에서 보험회사가 정한 방법에 따라 대출을 받을 수 있고, 이에 따라 대출이 된 경우에 보험계약자는 그 대출 원리금을 언제든지 상환할 수 있으며, 만약 상환하지 아니한 동안에 보험금이나 해약환급금의 지급사유가 발생한 때에는 위 대출 원리금을 공제하고 나머지 금액만을 지급한다는 취지로 규정되어 있다면, 그와 같은 약관에 따른 대출계약은 약관상의 의무의 이행으로 행하여지는 것으로서 보험계약과 별개의 독립된 계약이 아니라 보험계약과 일체를 이루는 하나의 계약이라고 보아야 하고, 보험약관대출금의 경제적 실질은 보험회사가 장차 지급하여야 할 보험금이나 해약환급금을 미리 지급하는 선급금과 같은 성격이라고 보아야 하며, 따라서 위와 같은 약관에서 비록 '대출'이라는 용어를 사용하고 있더라도 이는 일반적인 대출과는 달리 소비대차로서의 법적 성격을 가지는 것은 아니며, 보험금이나 해약환급금에서 대출 원리금을 공제하고 지급한다는 것은 보험금이나 해약환급금의 선급금의 성격을 가지는 위 대출 원리금을 제외한 나머지 금액만을 지급한다는 의미이므로 민법상의 상계와는 성격이 다르고, 결국, 생명보험계약의 해지로 인한 해약환급금과 보험약관대출금 사이에서는 상계의 법리가 적용되지 아니하고, 생명보험회사는 생명보험계약 해지 당시의 보험약관대출 원리금 상당의 선급금을 뺀 나머지 금액에 한하여 해약환급금으로서 반환할 의무가 있다고 할 것이므로, 생명보험계약이 해지되기 전에 보험회사에 관하여 회사정리절차가 개시되어 정리채권 신고기간이 만료하였다고 하더라도 상계제한 규정은 적용될 여지가 없다고 판시하였다.[21]

　　과거 실무에서 채무자가 생명보험계약에 기한 약관대출을 받은 상태에서 파산선고를

---

21) 대법원 2007.9.28. 선고 2005다15598 전원합의체 판결(공2007, 1659)[백선15]. 평석으로 한기정, "보험약관대출의 법적 성격에 관한 연구", 서울대학교 법학 제49권 제4호, 서울대학교 법학연구소(2008. 12.), 574면, 김일연, "보험약관대출의 법적성격과 회생절차의 상계권제한 규정", 재판과 판례, 대구판례연구회(2009), 226면, 오창수, "보험대출약관의 법적 성격" 판례연구 제22집, 서울지방변호사회(2008) 167면 참조.

받은 경우에, 소비대차설의 입장을 취하게 되면 약관대출원리금채권은 파산채권(나아가 면책대상채권)이 되는 반면에 보험회사는 여전히 보험금 또는 해약환급금 지급의무를 부담하게 되기 때문에 보험회사들이 면책결정이 나기 전에 보험계약을 해지하고 해약환급금과 약관대출원리금을 상계처리하는 것이 관례였다.[22] 그러나 선급설을 취하면, 보험회사는 보험금이나 해약환급금의 지급시 이미 선급된 약관대출원리금을 공제한 나머지만 지급하면 되므로, 아무런 불이익을 입지 않고 보험계약을 그대로 유지하게 된다.

또한 원래 부동산 임대차에서 수수된 보증금은 차임채무, 목적물의 멸실·훼손 등으로 인한 손해배상채무 등 임대차에 따른 임차인의 모든 채무를 담보하는 것으로서 이와 같은 피담보채무 상당액은 임대차관계 종료 후 목적물이 반환될 때에 특별한 사정이 없는 한 별도의 의사표시 없이 보증금에서 당연히 공제된다.[23] 또한 주택임차인이 주택임대차보호법 제3조 제1항의 규정에 의한 대항요건을 갖추고 임대차계약증서상의 확정일자를 받은 후 임대인이 파산한 경우에, 주택임차인은 채무자회생법 제415조 제1항에 따라 파산채권인 임대차보증금 반환채권에 관하여 파산재단에 속하는 주택(대지 포함)의 환가대금에서 후순위권리자 그 밖의 채권자보다 우선하여 변제받을 권리가 있으며, 우선변제권의 한도 내에서는 파산절차에 의하지 아니하고 위 주택에 대한 경매절차 등에서 만족을 받을 수 있음은 전술하였는데, 판례는 채무자회생법 제422조 제1호의 취지에 비추어 보면, 채무자회생법 제492조 제14호에서 정한 별제권 목적물의 환수절차 등에 따른 특별한 사정이 없는 한, 위 임대차보증금반환채권을 가지고 주택임차인이 임대인에 대한 파산선고 후에 파산재단에 부담한 채무에 대하여 상계하거나 채무에서 공제하는 것까지 허용되지는 아니하며, 그에 관한 합의 역시 효력이 없다고 하였다.[24]

나아가 공사도급계약에서 선급금은 선급공사대금이고, 선급금을 지급한 후 계약이 해제 또는 해지되는 등의 사유로 중도에 선급금을 반환하게 된 경우, 선급금은 별도의 상계 의사표시 없이 그때까지의 기성고에 해당하는 공사대금에 당연 충당되고, 그래도 남는 선급금이 있으면 남은 선급금에 관하여 도급인이 반환채권을 갖는다고 전제하고, 공사도급계약의 공동수급체인 甲 회사와 乙 회사에 대한 회생절차가 개시되어 그 관리인들이 당시

---

22) 파산선고를 받은 자는 생명보험, 상해보험 등을 더욱 필요로 하는 사람이라고 볼 수 있음에도 결국 파산신청인은 생명보험계약을 이용할 수 없게 되는 불이익을 입게 된다.

23) 대법원 2016.7.27. 선고 2015다230020 판결(공2016하, 1228)은 보증금이 수수된 저당부동산에 관한 임대차계약이 저당부동산에 대한 경매로 종료되었는데, 저당권자가 차임채권 등에 대하여는 민사집행법 제273조에 따른 채권집행의 방법으로 별개로 저당권을 실행하지 아니한 경우에 저당부동산에 대한 압류의 전후와 관계없이 임차인이 연체한 차임 등의 상당액이 임차인이 배당받을 보증금에서 당연히 공제됨은 물론, 저당권자가 차임채권 등에 대하여 위와 같은 방법으로 별개로 저당권을 실행한 경우에도 채권집행 절차에서 임차인이 실제로 차임 등을 지급하거나 공탁하지 아니하였다면 잔존하는 차임채권 등의 상당액은 임차인이 배당받을 보증금에서 당연히 공제된다고 하였다.

24) 대법원 2017.11.9. 선고 2016다223456 판결(공2017하, 2315).

이행을 완료하지 못한 쌍무계약인 위 도급계약의 해지를 통보하자, 발주자인 국가가 甲
회사와 乙 회사의 관리인을 상대로 기성금 중 과다하게 지급한 돈의 반환을 구하는 소를
제기하였는데, 과다하게 지급한 위 돈이 선급금이어서 그에 관한 채권이 공익채권에 해당
하는지 문제 된 사안에서, 위 돈은 과다하게 지급한 기성금이어서 이에 관한 채권이 회생
채권에 해당하는데도, 위 돈을 선급금으로 보아 이에 관한 채권이 채무자회생법 제121조
제2항의 공익채권에 해당한다고 본 원심판단에는 회생채권에 관한 법리오해 등 잘못이 있
다고 한 사례도 있다.[25]

(2) 채권자가 지급정지 등을 알고 부담한 채무와의 상계(2호 금지)

채권자가 지급정지 또는 도산절차 개시의 신청이 있었음을 알고(지급불능을 안 경우도
마찬가지라고 해석하여야 할 것이다) 채무자에 대하여 채무를 부담한 때에는 그 채무와 상계
할 수 없다(법145조2호 본문, 422조2호 본문). 이와 같은 위기시기에 예컨대 채무자로부터 상
품을 구입하여 대금채무를 부담하고 그 채무와 기존의 채권과 상계하면 이미 실제 가치가
저하된 채권에 관하여 상품에 의한 대물변제로 완전한 만족을 얻는 것과 마찬가지의 효과
가 생기기 때문이다(또한 이와 같은 거래가 채권자·채무자 간의 합의에 의하여 행하여진 때에는
대물변제계약이 되고, 이는 부인의 대상이 될 수 있다).[26] 상계가 허용되지 않으므로 채권자는
본래와 같이 도산절차에 의한 변제를 기대할 수 있고, 대금채무는 관리인·관재인에게 지
급하여야 한다. 물론 상계가 금지되는 기간에 관하여 아무런 제한이 없으므로 회생절차개
시 전 상계에도 적용되는 것으로 보아야 하고, 따라서 위 조문에서 정한 금지사유가 있는
경우에는 회생절차개시 전에 상계의 의사표시를 하였더라도 회생절차가 개시되면 그 상계
는 소급하여 효력을 잃는다고 보아야 한다.[27]

그러나 이 경우에 해당하는 채무부담에 있어서도 그것이 ① 법률에 정한 원인(상속·
합병 등)에 기한 것일 때, ② 채권자(회생의 경우 회생담보권자 포함)가 지급정지 또는 도산절
차 개시신청이 있었음을 알기 전에 생긴 원인에 기한 때, 또는 ③ 도산절차 개시가 있은
날로부터 1년 전에 생긴 원인에 기한 때에는 예외적으로 상계가 인정된다(법145조2호 단서,

---

25) 대법원 2019.12.24. 선고 2018다223139 판결(미간행).
26) 이 종류의 상계금지에 관하여는 예전에는 명문의 규정이 없어 해석이 나뉘어져 있었다. 다수설은 이
경우에도 상계가 금지된다고 하고 있었으나, 소수설은 새로운 채무를 부담하는 데는 채무자의 관여
가 필요 없고, 관리인·관재인은 이 관여행위를 부인함으로써 채무발생을 소멸시킬 수 있으므로 상계
를 금지할 필요는 없다고 하였었다. 그러나 채무자가 가담하지 않은 채무부담(예컨대 파산채권자 은
행의 채무자의 구좌에 제3자로부터 이체가 있는 경우)이나 상당한 대가로 매입한 대금채무부담과 같
이 부인의 대상이 되지 않는 경우가 있으므로(그러나 후자는 대물변제로 볼 수 있는 경우가 있다)
1998년 법개정시 파산법 제95조, 회사정리법 제163조를 개정하여 위기시기의 채권취득의 규정(구3호
현4호)에 대응한 제2호 금지를 명문화하였다.
27) 대법원 2015.9.10. 선고 2014다68303 판결(미간행).

법422조2호 단서).[28] ③은 지급정지로부터 1년 이상 경과한 후 파산선고가 되었다면 지급정지와 파산선고 사이에 인과관계가 있다고 보기 어렵고, 수익자의 지위를 장기간 불안정한 상태에 방치하는 것은 부당하다는 취지에서 둔 규정이며, 회생절차 등으로 인하여 법률상 파산선고를 할 수 없는 기간을 위 기간에 산입하는 것은 형평의 원칙에 반한다는 점 등을 고려하면, 지급정지 후에 회생절차 등의 선행 도산절차를 거쳐 파산선고가 된 경우에는 특별한 사정이 없는 한 위 기간 계산에 산입되지 아니한다.[29]

첫째 채무부담이 상속, 합병, 부당이득, 사무관리 등「법정의 원인」에 의하여 생긴 것인 때에는 채권자의 의사와 관계없는 것이므로 위기시기에 발생된 것이어도 상계가 허용된다.[30] 상속에 관하여는 당연하지만 다른 경우에는 채권자의 의사가 개재되어 있다고 할 수 있으므로 형식적으로 법정의 원인이면 좋다고 하는 것에는 의문이 있다. 판례 중에는 가집행선고의 실효로 인한 원상회복의무인 가지급물 반환채무는 민사소송법 규정에 의하여 발생되는 것이고, 작위적으로 가지급물 반환채무를 부담하는 것은 불가능하므로 위 법조가 규정하고 있는 "그 부담이 법정의 원인에 의한 때"에 해당하는 것으로 보아야 한다고 한 것이 있고,[31] 계약이전결정에 따라 인수한 계약에 의하여 수령하였다가 소급적으로 계약이전대상에서 제외됨으로써 법률상 원인없이 취득한 부당이득의 반환채무는「법정의 원인」에 기한 때에 해당하므로 이를 수동채권으로 한 이 사건 상계는 적법하다고 판단한 원심을 유지한 사례가 있으며,[32] 일본의 하급심 판례 중에도 상속은「법정의 원인」에 해당하므로 파산채권자인 금융기관은 파산선고를 받은 채무자가 상속에 의하여 취득한 파산채권자에 대한 예금채권을 수동채권으로 하여 파산채권과 상계할 수 있다고 한 사례[33]가 있다.

---

28) 그러나 회생절차 폐지 후 파산절차가 개시되어 당해 채무부담의 원인이 결과적으로 파산선고시부터 소급하여 1년 전에 생긴 것이 되었다고 하더라도 파산절차에서도 여전히 상계가 금지될 것이다. 서울고법 2001.2.2. 선고 2000나41723 판결 참조.

29) 대법원 2019.1.31. 선고 2015다240041 판결(공2019상, 589). 위 사안에서 채무자 회사는 2011. 4. 20. 회생절차개시신청을 하여 2011. 5. 19. 회생절차개시결정을 받았고 회생계획인가 전인 2012. 2. 24. 회생절차폐지결정을 받아 2012. 3. 10. 그 폐지결정이 확정되고 2012. 3. 12. 파산선고를 받았다. 대법원은 위 회생절차에 소요된 기간인 2011. 4. 20.부터 2012. 3. 10.까지를 공제하면 피고가 이 사건 양수금채권의 취득원인이라고 주장하는 2010. 7. 29.자 의결시점은 파산선고가 있은 날인 2012. 3. 12.로부터 '1년 이내'에 이루어진 것으로 보는 것이 옳다는 이유로 2010. 7. 29.자 의결이 파산선고가 있은 날로부터 '1년 전'에 이루어진 것임을 전제로 상계가 허용되어야 한다는 피고의 주장을 배척하였다.

30) 대법원 2002.1.25. 선고 2001다67812 판결(공2002, 576)은 구 신용협동조합법 제44조(1999.2.1. 법률 제5739호로 개정되기 전의 것)는 단위신용협동조합의 여유금 운용의 여러 방법 중의 하나로 신용협동조합중앙회에의 예치를 들고 있는 것에 지나지 않으므로, 단위신용협동조합의 신용협동조합중앙회에의 예치를 파산법 제95조 제2호 소정의 '법정의 원인'에 의한 때에 해당된다고 볼 수 없다고 하였다.

31) 대법원 2009.12.10. 선고 2009다53802 판결(미간행).

32) 대법원 2001.10.30 선고 2001다29636 판결(미간행).

33) 日大阪高判平成15.3.28金法1692호51면, 倒産判例 インデックス 제3판 106은 채무자의 법정상속분에 한하여 상계를 받아 들이고, 공동상속인이 상속을 포기하여 채무자 소유가 된 법정상속분을 초과하

다음으로, 채권자가 지급정지 등이 있었음을 알기 전에 생긴 원인에 의하여, 이를 안 후에 발생한 채무와 상계하는 것은 허용된다. 물론 이는 위기시기 이전에 존재한 채권자의 정당한 상계기대를 보호하자고 하는 취지이다. 이 경우에는 자기의 채권의 실가(實價)가 하락한 것을 알고 채무를 부담한 것이 아니므로 상계를 금지하는 것이 가혹하기 때문이다. 예컨대 조건부계약이 있고, 지급정지 등을 안 후에 조건이 성취되어 채무를 부담하기에 이른 경우가 이에 해당한다. 따라서 '알기 전에 생긴 원인'에 해당하는 법률관계란 채권자에게 구체적인 상계기대를 발생시킬 정도로 직접적인 것이어야 하고, 개별적인 경우에 구체적인 사정을 종합하여 상계의 담보적 작용에 대한 채권자의 신뢰가 보호할 가치가 있는 정당한 것으로 인정되는 경우이어야 한다.[34]

판례는 '전의 원인'에 해당하는 법률관계란, 채권자에게 구체적인 상계기대를 발생시킬 정도로 직접적인 것이어야 하고, 개별적인 경우에 구체적인 사정을 종합하여 상계의 담보적 작용에 대한 정리채권자의 신뢰가 보호할 가치가 있는 정당한 것으로 인정되는 경우이어야 한다고 전제하면서 어음의 추심위임에서 배서인과 피배서인의 관계는 위임계약관계의 성질을 갖고 있고, 그 위임사무의 처리로 인하여 취득한 금전은 수임인이 부담하는 선량한 관리자로서의 주의의무의 일환으로서 이를 위임인에게 인도할 의무가 있는 것인바(민684조), 수임인이 이러한 취득물 인도·이전채무를 수동채권으로 하여 자신의 위임자에 대한 채권과 상계하는 상황은 예외적인 것으로 보아야 할 것이고, 추심위임을 받은 자가 위임의 본지에 따라 어음의 지급제시나 서류의 송부 등 위임사무를 처리하였다거나, 그 결과 추심위임계약을 해지하더라도 어음을 반환받기가 사실상 곤란하게 되었다는 사정이 있다 하여 달리 볼 것은 아니라 할 것이므로, 처음부터 추심위임에 의한 채권회수를 전제로 금원을 대여하였다거나, 채무를 변제하기 위한 수단으로 추심위임이 이용된 경우에 채무자가 추심위임을 철회하거나 직접 추심하거나 혹은 제3자에게 중복하여 추심위임을 하지 아니한다는 특약을 하였다는 등의 특별한 사정이 없는 한, 구체적인 어음의 추심위

는 부분에 관하여는 「법정의 원인」에 기하지 않는 것이라고 하여 파산관재인의 청구를 인용하였다.
34) 대법원 2005.9.28. 선고 2003다61931 판결[백선16]은 어음의 추심위임을 받은 수임인이 그 위임사무의 처리로 인하여 취득한 인도·이전채무를 수동채권으로 하여 자신의 위임자에 대한 채권과 상계한 데 대하여 추심위임행위 자체나 위임사무의 처리 결과만으로는 수임인에게 구체적인 상계기대를 발생시킬 정도의 직접적인 원인에 해당한다고 할 수 없다고 하였다. 또한 대법원 2008.7.10. 선고 2005다24981 판결(공2008하, 1118)은 주식 임의소각의 경우 적어도 임의소각에 관한 주주의 동의가 있고 상법 소정의 자본감소의 절차가 마쳐진 때에는 주식소각대금채권이 발생하고, 다만 그때까지 주주로부터 회사에 주권이 교부되지 않은 경우에는 회사는 주주의 주식소각대금청구에 대하여 주권의 교부를 동시이행항변 사유로 주장할 수 있을 뿐이라고 전제하고, 주식의 임의소각을 위한 임시주주총회의 결의가 지급정지 이전에 이루어졌다고 하더라도 임시주주총회 결의를 '전에 생긴 원인'에 해당한다고 할 수 없다고 하면서 상계의 효력을 인정한 원심을 파기하였다. 同旨 대법원 2014.9.24. 선고 2013다200513 판결(미간행).

임행위 자체나 위임사무의 처리 경과만으로는, 수임인에게 구체적인 상계기대를 발생시킬 정도의 직접적인 원인에 해당한다고 볼 수 없으며, 어음의 추심위임에 있어서 수임인의 인도·이전의무는 추심의뢰나 제3채무자에 대한 청구(지급제시)로 인하여 발생하는 것이 아니라, 현실적으로 제3채무자로부터 지급받은 경우에 구체적으로 발생하는 것이어서, 추심의뢰나 지급제시 자체를 수임인의 위 의무 발생의 구체적·직접적 원인으로 볼 수는 없다고 하였다.35) 일본의 판례는 수급인(채무자)의 지급정지 전에 체결된 도급계약에 기한 도급인의 채무자에 대한 위약금 채권의 취득이 「전에 생긴 원인」에 기한 경우에 해당한다고 하여 위약금채권을 자동채권으로 하는 상계를 인정하였다.36)

　한편 채무자에 대하여 회생계획인가결정이 있은 후 회생절차 폐지의 결정이 확정되어 채무자회생법 제6조 제1항에 의한 직권파산선고에 따라 파산절차로 이행된 때에는 회생절차 개시신청 전에 지급정지나 파산신청 또는 사기파산죄에 해당하는 법인인 채무자의 이사 등의 행위가 없었다면 채무자의 '회생절차 개시신청'은 파산절차에서의 상계의 금지의 범위를 정하는 기준이 되는 '지급정지' 또는 '파산신청'으로 의제되는데(법6조4항),37) 다만 채권자가 상계의 자동채권으로 삼은 채권은 파산채권이 아니라면 상계금지가 적용될 여지가 없으므로, 판례는 채무자에 대하여 회생계획인가가 있은 후 회생절차폐지의 결정이 확정되어 채무자회생법 제6조 제1항에 의한 직권 파산선고에 따라 파산절차로 이행된 경우, 특별한 사정이 없는 한, 공익채권자가 채무자에 대한 회생절차의 진행 중에 자신의 채권을 자동채권으로 하여 채무자의 재산인 채권을 수동채권으로 삼아 상계한 것에 파산채권자의 상계금지사유를 규정한 채무자회생법 제422조 제2호가 적용될 수 없다고 하였다.38)

---

35) 대법원 2005.9.28. 선고 2003다61931 판결(공2005, 1669)[백선16]은 원심이 은행여신거래기본약관 제9조 제1항이 "기한의 도래 또는 제7조에 의한 기한 전 채무변제의무 등 기타의 사유로 은행에 대한 채무를 이행하여야 하는 경우에는 그 채무와 채무자의 제 예치금 기타의 채권과를 그 채권의 기한도래 여부에 불구하고 은행은 서면통지에 의하여 상계할 수 있다"고 규정한 데 대하여 이 규정에 의하여 바로 은행에게 채무자의 은행에 대한 예금 등의 채권을 처음부터 담보의 목적으로 한다는 점에 대한 정당한 기대가 있었다고 보기 어렵고, 수출환어음매입(추심)신청서에는 "위 수출물품에 대한 모든 권리를 귀 은행에 양도하겠습니다"라는 문구가 기재되어 있지만, 수출환어음의 추심을 위하여 수출물품에 대한 권리를 은행에 양도하는 합의가 수출환어음의 추심금을 대출금채권에 대한 담보로 제공하기로 하는 합의를 당연히 포함한다고 할 수는 없는 것이므로, 이와 같은 사정만으로는 수출환어음 추심위임계약 당시 그 추심금으로 신규운영자금 연체채무에 충당하겠다는 취지의 특약을 한 것으로 볼 수는 없다고 보아 약관 조항 등이 '전의 원인'에 해당한다는 취지의 피고들의 주장을 배척한 원심의 판단을 유지하였다.

36) 日最判令和2.9.8民集74권6호1643면.

37) 대법원 2016.8.17. 선고 2016다216670 판결(공2016하, 1326). 이 판결에 대한 해설로 김희중, "채무자에 대하여 회생계획인가가 있은 후 회생절차폐지의 결정과 파산선고에 따라 파산절차로 이행된 경우, 파산절차에서 상계의 금지의 범위를 정하는 기준시점", 대법원판례해설 제109호, 법원도서관(2017), 524면 참조.

38) 대법원 2016.5.24. 선고 2015다78093 판결(미간행).

또한 「전에 생긴 원인」에 관한 논의와 관련하여서는 은행거래상의 문제가 있다. 은행이 채무자와의 사이에 당좌계정계약, 대리수령, 이체지정, 어음의 추심위임 등의 약정을 하고, 지급정지가 되어 은행이 이를 안 후에 제3자로부터 이체를 받거나, 대리수령을 하거나, 또는 어음을 추심한 결과로서 채무를 부담하기에 이른 경우에 이들을 「전의 원인」이라고 할 수 있는가가 문제된다. 제3자로부터 채무자의 당좌계정에 이체된 경우에 당좌계정거래계약을 「전의 원인」으로 보아 상계를 허용할 것이라는 입장도 있으나, 위 모든 경우에 있어서 「전에 생긴 원인」이 아니라고 하는 견해가 유력하다. 판례는 파산 전 회사인 신용협동조합이 신용협동조합중앙회로부터 자금을 융통하면서 '채권보전상 필요하다고 인정되는 때에는 청구에 의하여 곧 채권자가 승인하는 담보나 추가담보를 제공하겠으며, 보증인을 추가로 세우겠음. 일정한 예치금을 담보로 제공하겠음'이라고 약정하고, 이에 신용협동조합중앙회가 자신의 채무자에 대한 채권을 자동채권으로 하고, 채무자의 신용협동조합중앙회에 대한 별단예금의 예탁금반환청구권을 수동채권으로 상계한 사안에 관하여 위 담보제공이 채무자의 의무에 속하는 것으로 볼 수 없어 부인되는 이상, 파산채권자(신용협동조합중앙회)의 채무자에 대한 채무가 그 담보제공을 위한 절차의 일환으로 이루어진 것이라 하더라도 그 채무의 부담은 '파산채권자가 지급정지나 파산신청이 있었음을 알기 전에 생긴 원인에 기한 때'에 해당된다고 볼 수 없다고 하였다.[39]

일본의 판례는 Y 금고에 대하여 차용원리금 반환채무를 부담하는 채무자 A가 부도를 낸 다음 B 보험회사 사이의 보험계약이 해약이 되어 그 반환금이 A의 Y 금고 계좌에 불입된 다음 A에 대하여 파산선고가 되고, 이에 관재인 X가 Y 금고에 대하여 예금의 반환을 청구하고, 이에 Y가 상계항변을 한 데 대하여 예금반환채무는 Y가 A의 지급정지 사실을 안 때보다 전에 생긴 원인에 따라 부담한 것이라고 할 수 없으므로 상계는 효력이 없다고 하였고,[40] 파산채권자(신용금고)가 지급정지 및 파산신청이 있는 사실을 알기 전에 채무자와 사이에 채무자가 채무이행을 하지 않을 때에는 파산채권자가 가지고 있는 채무자의 어음을 추심 또는 처분하여 그 추심금을 채무변제에 충당할 수 있다는 내용의 조항을 포함한 거래약정을 체결한 다음, 채무자로부터 어음의 추심을 위임받아 배서교부를 받고, 지급정지나 파산신청이 있는 사실을 안 후 파산선고 전에 위 어음을 추심했을 경우에는 파산채권자가 채무자에 대하여 부담하는 추심금 반환채무는 「전에 생긴 원인」을 근거로 부담한 것에 해당한다고 해석하는 것이 타당하다고 하였으나,[41] 반면에 투자신탁의 해약금지

---

39) 대법원 2002.2.8. 선고 2001다55116 판결(공2002, 662).

40) 日最判昭和60.2.26金法1094호38면, 倒産判例 ガイド 제2판 122면, 207면, 倒産判例 インデックス 제3판 102[百選67].

41) 日最判昭和63.10.18民集42권8호575면, 倒産判例 ガイド 제2판 208면, 倒産判例 インデックス 제3판 100[百選65]은 파산선고 전에 추심한 어음에 대하여는 상계를 유효한 것으로 보았으나, 파산선고 후에

급에 관하여는 은행에 상계의 합리적 기대가 없다고 하여 「전에 생긴 원인」에는 해당하지 않는다고 하였다.[42]

또한 일본의 하급심 판례 중에는 지급정지 후에 투자신탁수익권이 해약되어 은행이 그 보증채권과 해약금반환채무를 상계한 사건에 관하여 해약금반환채무는 투자신탁관리 위탁계약이라고 하는 지급정지 전의 원인에 기한 것이라고 하여 상계를 허용한 것이 있고,[43] 은행거래약정을 체결하고 대출을 하여 준 은행이 채무자가 민사재생절차 개시신청을 하고, 보전명령이 발령된 사실을 알고 은행거래 약정상의 기한의 이익 상실과 변제충당 규정에 따라 채무자의 계좌이체의 결과 채무자의 보통예금구좌에 있게 된 예금과 대출금 채권을 상계한 것을 허용한 사례,[44] 수급인이 재생절차 개시신청을 하고 재생절차개시 결정 전에 도급인이 수급인의 하수급인에 대한 공사대금을 체당지급하고, 도급인이 당해 체당금지급에 의하여 취득한 수급인에 대한 체당금구상채권을 자동채권으로 하고 수급인에 대한 공사대금채무를 수동채권으로 하여 상계한 사안에서, 도급인과 수급인 사이에 재생절차 개시신청 전에 체결되어 있던 도급계약 약관에 체당금 약관 및 상계약관에 관계된 합의가 있을 때에는 그 합의는 「전에 생긴 원인」에 해당하여 도급인에 의한 상계가 허용된다고 한 사례[45] 등이 있다.

그러나 특정성이 있는 대리수령, 추심위임 또는 이체지정 등에서 기본의 계약과 채무 부담과의 사이에 시간적으로도 밀접한 관계가 있을 때에는 보호하여야 할 상계기대도 크므로 상계를 허용하여야 한다고 보아야 한다.[46] 판례 중에는 甲 은행이 乙 회사와 물품대

추심한 어음에 대하여는 상계는 효력이 없다고 보았다. 위임계약은 파산에 의하여 종료되기 때문에 신용금고는 추심권한을 상실하게 되므로 이는 부당이득반환의무를 부담하게 되는 것인 반면에 파산 선고 전에 추심한 어음에 대하여는 일단 추심금 반환채무가 발생하는 것은, 실제로 Y가 추심을 하여 제3자로부터 그 금원을 취득한 때이지만, 이 채무에 관하여 제2호 단서의 "원인"이 있었던 것은 언제 로 보아야 하는가에 관하여 보면 "원인"이라 함은 채무부담행위의 직접적 또는 현실적 원인을 말하는 것인데, 이에 대하여 "추심약정"을 채무부담의 원인으로 보고, 이는 위기시기 이전의 원인에 해당하는 것이므로, 제2호 단서에 의해 상계가 허용된다고 본 것이다. 또한 은행의 입장에서는 상사유치권을 가 지므로 日最判平成23.12.15民集65권9호3511면[百選54]의 입장에 따르면 상계할 필요는 없게 된다.

42) 日最判平成26.6.5民集68권5호462면[百選63].
43) 日名古屋高判平成24.1.31金商1388호42면, 倒産判例 インデックス 제3판 99[百選제5판66].
44) 日東京地判平成21.11.10判タ1320호275면, 倒産判例 インデックス 제3판 97[百選68] 일본민사재생법 제93조 제1항 제2호는 「오로지 재생채권과 상계하는데 이용할 목적으로 재생채무자 재산의 처분을 내용으로 하는 계약을 체결한 경우」와 「재생채무자에 대한 채무를 인수한 경우」라고 규정하고 있다. 이 판결에 대하여는 채무자의 이체나 변제충당이 채무자와 은행 사이의 계속적 여신거래의 객관적 범위 외에 속하는 것을 이유로 상계를 금지하여야 한다고 하는 반대설이 유력하다.
45) 日東京高判平成17.10.5判タ1226호342면, 倒産判例 インデックス 제3판 94는 민사재생절차의 신청에 의하여 실가(實價)가 하락한 하수급인의 하도급대금채권을 취득하여 자기의 채무를 유리하게 면하려 고 하는 수단으로 행한 것은 아니라고 추인할 수 있는 경우라고 보았다.
46) 2호 금지에 있어서의 단서에 의한 금지의 해제 중 「법정의 원인에 기한 때」라고 하는 경우와 「전에 생긴 원인에 기한 때」라고 하는 경우를 어떻게 조화롭게 해석할 것인가가 문제된다. 「전에 생긴 원인

금 등을 납품업체의 대출금 변제에 충당할 수 있도록 甲 은행에 개설된 지정계좌로 지급하기로 협약을 체결하고, 납품업체 丙 회사와 여신거래약정을 체결하여 대출을 실행한 다음 위 계좌에 입금된 돈을 대출금 변제에 충당해 왔는데, 乙 회사가 丙 회사에 대한 회생절차개시신청 후에도 위 계좌로 물품대금을 입금하자 甲 은행이 예금반환채무와 대출금채권의 상계를 주장한 사안에서, 위 상계의 의사표시는 회생절차개시신청이 있음을 알기전의 원인인 여신거래약정에 따라 부담하게 된 채무에 관한 것이어서 채무자회생법 제145조 2호 단서 (나)목에 따라 유효하다고 한 사례가 있다.[47]

마지막으로, 절차개시로부터 1년 이상 전에 생긴 원인에 기한 때에는 가사 지급정지 등을 안 경우에도 항상 상계할 수 있다. 절차개시보다 1년 이상 전의 행위는 지급정지를 안 것을 이유로 부인할 수 없게 한 것과 같은 취지이다(법111조, 404조). 위기의 인식과 도산절차와의 관계가 희박하기 때문이다.

채무자회생법은 지급정지 또는 도산절차 개시신청 후의 채무부담에 관한 상계를 금지하고 있을 뿐, 그 이전의 채무부담에 관하여는 상계를 금지하는 규정이 없다. 그러나 채권자의 공평·평등의 확보가 요구되는 것은 채무자기 실질적으로 파탄한 상태에 있기 때문이고, 지급정지라고 하는 외부적 표시행위가 없이도 지급불능이 되는 경우에 이 사실을 알고 부담한 채무에 관한 상계도 금지되어야 할 것이다. 이 문제에 대하여 일본의 구법 하에서는 1호 금지와 2호 금지의 규정을 유추적용하여야 한다는 판례도 있었다.[48]

에 기한 때」에 상계를 허용하는 것은 채무부담이 위기시기에 악의로 행하여졌어도 상계기대가 크므로 특히 채권자를 보호하려고 하는 취지인 것은 명백하다. 한편 「법정의 원인」에 기한 경우 예컨대 채무자의 채무자를 채권자가 상속한 때에는 이와 같은 보호하여야 할 기대는 존재하지 않으므로 상계기대의 점에서 보면 상계를 금지하는 것이 당연하다. 따라서 이 경우에는 다른 근거를 구하여야 한다(채권자가 위기상태에 관하여 악의가 되기 이전에 상계의 담보적 작용을 신뢰한 것에 금지의 해제의 근거를 구하고, 그 결과 「법정의 원인」에 해당하는 경우를 거의 부정하는 견해도 있다). 2호 금지가 채무부담시에 있어서의 악의를 요건으로 하고 있는 것을 생각하면 법정원인에 기한 때에는 채권자의 의사에 의하지 않고 악의도 문제될 여지가 없으므로 금지가 해제되고 있는 것이라고 해석하여야 할 것이다. 그렇다면 「전에 생긴 원인」에 의하여 선의로 채무를 부담한 경우(예컨대 채권자은행에 제3자로부터 이체가 있는 경우)도 상계가 허용될 것이지만, 그 기본관계가 합의에 의한 것이고, 또 상계에의 기대를 가지고 설정되어 있는 점에서 다르다. 따라서 여기서의 문제는 그 상계기대 ― 말하자면 사전의 악의라고 부를 수 있다 ― 를 도산절차와의 관계에서 보호할 것인가의 여부라고 할 것이고, 채무부담의 시점에 선·악의는 중요하지 않다고 할 수 있다. 제3자로부터 이체에 의한 채무부담에 따른 상계를 허용할 수 없는 것은 이와 같은 일반적인 상계 기대는 도산절차와의 관계에서는 보호할 가치가 없다는 판단에 따른 것이다. 이와 같은 사고방식에 의하면 이른바 법정의 원인에 기한 경우에도 오로지 상계를 가능하게 하기 위하여 다른 회사와 합병하는 것 같은 경우에는 상계를 금지하여야 할 것이다.

47) 대법원 2014.9.24. 선고 2013다200513 판결(미간행).
48) 日大判昭和10.10.26民集14권1769면, 日東京高判平成10.7.21金判1053호19면, 日東京地判平成15.10.9金判1177호15면, 倒産判例 インデックス 제3판 103.

(3) 도산절차가 개시된 채무자의 채무자가 도산절차개시 후 취득한 도산채권과의 상계 (3호 금지)

전술한 (1)과 같은 취지로 예외없이 상계가 금지되고, 말하자면 당연한 것을 규정한 것이다(법145조3호, 422조3호). 채권의 취득이 도산절차 개시의 전인가 후인가를 결정하는 기준은 채권양도에 관하여 대항요건을 구비하는 시점이다.

판례는 채무자의 보증인이 파산선고 후 보증채무를 전부 이행함으로써 구상권을 취득한 경우에는 그 구상권은 파산선고 당시 이미 장래의 구상권으로서 파산채권으로 존재하고 있었다고 보아야 하는 점, 파산절차에서는 장래의 청구권을 자동채권으로 한 상계가 허용되는 점, 정지조건부채권 또는 장래의 청구권을 가진 자가 그 채무를 변제하는 경우에는 후일 상계를 하기 위하여 그 채권액의 한도에서 변제액의 임치를 청구할 수 있는 점 등에 비추어, 그 구상권을 자동채권으로 하여 파산채무자에 대한 채무와 상계할 수 있다고 하였다.[49]

일본의 하급심 판례 중에는 당초의 건설도급계약에 체당금 약관과 상계 약관이 없는 경우에 도급인이 수급인의 하수급인에 대한 공사대금을 지급하고, 수급인의 파산관재인이 도급인에 대하여 공사대금의 지급을 구한데 대하여 도급인이 이미 하수급인에게 지급한 공사대금 상당액은 수급인의 부당이득으로서 부당이득반환청구권을 자동채권으로 하는 상계를 주장한 사안에서 위 부당이득반환청구 주장에는 구상금채권을 자동채권으로 하는 상계주장도 포함되어 있는 것으로 보고 위와 같은 상계는 파산선고 후에 타인의 파산채권을 취득하고 그를 자동채권으로 하는 경우와 다름이 없으므로 위 조항에 의하여 금지됨이 명백하다고 한 사례가 있다.[50]

(4) 도산절차가 개시된 채무자의 채무자가 지급정지 등을 알고 취득한 도산채권과의 상계(4호 금지)

채무자의 채무자가 지급정지 또는 도산절차개시 신청 있음을 알고 도산채권을 취득한 때에는 이에 의한 상계는 금지된다(법145조4호, 422조4호). 실가(實價)가 저하된 채권을 사모아 상계에 공하는 것 같은 경우에 폐해가 가장 큰 전형적인 경우이지만 3호 금지와 달리 다른 기존의 채권을 양수받는 경우에 한하지 않고, 스스로 채무자와의 거래에 의하여 채권을 취득한 경우를 포함한다.[51]

---

49) 대법원 2008.8.21. 선고 2007다37752 판결(공2008하, 1274)은 채무자의 보증인이 파산선고 후 보증채무를 일부 변제한 경우, 그 구상권을 자동채권으로 하여 채무자에 대한 채무와 상계할 수 없다고 하였음은 전술하였다.

50) 日名古屋高判昭和57.12.22判時1073호82면, 倒産判例 インデックス 제3판 96.

51) 日大判昭和16.6.11民集20권863면. 나아가 위기시기에 은행이 타인으로부터 할인취득하고 있던 채무

여기서도 2호 금지와 마찬가지로 채권의 취득이 상속 등 법률에 정한 원인에 의한 때, 지급정지 등이 있었음을 알기 전의 원인에 기한 때 및 절차 개시보다 1년 이상 전의 원인에 기한 때에는 상계할 수 있다(법145조4호 단서, 422조4호 단서).

채무자회생법이 위와 같이 회생채권에 의한 상계를 제한한 취지는, 회생채무자에 대하여 채무를 부담하고 있던 채무자가 회생채무자에게 위기상태가 생긴 이후에 새로 채권을 취득하여 상계할 수 있다고 하면, 회생채권자 상호 간의 공평을 해칠 수 있고 회생채무자의 회생에도 지장을 초래할 수 있기 때문인데, 반면 회생채권을 취득한 것은 회생채무자에게 위기상태가 생긴 이후이지만 그 이전에 이미 채권발생의 원인이 형성되어 있었던 경우에는 상계에 대한 회생채권자의 기대를 보호해 줄 필요가 있으므로, 그러한 경우에는 예외적으로 상계를 할 수 있도록 한 것이다. 이와 같은 규정 취지를 고려해 보면, 위기상태의 존재를 알게 된 이후에 취득한 채권이 그 이전부터 존재한 사유, 즉 '전의 원인'에 의하여 발생하였다고 하려면, 그 원인은 채권자에게 상계의 기대를 발생시킬 정도로 직접적인 것이어야 할 뿐 아니라 구체적인 사정을 종합하여 상계의 담보적 작용에 대한 회생채권자의 신뢰를 보호할 가치가 있는 정당한 것으로 인정되어야 한다.[52] 위와 같은 회생에서의 '원인'에 관한 법리는 파산에서의 '원인'에 관하여도 마찬가지로 적용되어야 한다.[53] 예컨대 도산절차 개시 전에 체결된 보증계약에 따라 도산절차 개시 후에 보증채무를 변제함으로써 구상권을 취득한 경우가 이에 해당하는데, 이는 도산절차 개시시에 가지고 있던 장래의 청구권(도산채권)이 현실화된 것이고, 상계가 보장된다. 이에 반하여 부탁없는 보증

자 발행의 어음과 채무자의 예금과 상계하는 이른바 동행상계(同行相計)에 관하여는 견해가 나뉜다. 日最判昭和53.5.2判時892호58면, 倒産判例 インデックス 제3판 101[百選제4판61]은 간접적으로 허용하였는데, 상세는 후술한다.

52) 대법원 2017.3.15. 선고 2015다252501 판결(공2017상, 750)[백선14]. 甲 회사는 乙 회사가 운영하는 골프장의 회원권에 관하여 입회계약을 체결하고 입회금을 납부한 회원이자 임대차보증금을 받고 乙 회사에 위 골프장 부지 및 건물을 임대한 임대인인데, 임대기간 중 乙 회사가 회생절차개시 신청을 하자, 골프장 회원권에 관한 탈회 신청을 하면서 乙 회사를 상대로 甲 회사의 입회금반환채권 중 일부를 자동채권으로 하여 乙 회사의 임대차보증금반환채권과 상계한다는 의사표시를 한 사안에서, 대법원은 甲 회사가 한 상계의 의사표시에 임대차보증금반환채무에 관한 기한의 이익을 포기하는 의사표시가 포함되어 있어 채무자회생법 제144조 제1항에서 정한 회생채권자의 상계권 행사의 요건을 갖추었고, 비록 甲 회사가 乙 회사의 회생절차개시 신청 사실을 알면서 입회금반환채권을 취득하였으나, 甲 회사와 乙 회사가 체결한 입회계약은 甲 회사가 입회금반환채권을 취득한 직접적인 원인이며, 乙 회사의 회생절차개시 신청 전에 입회금의 거치기간이 모두 경과하여 甲 회사는 언제든지 입회금을 반환받을 수 있는 상태였고, 임대차계약은 위 골프장의 부지와 건물 등이 임대목적물이므로, 입회계약이 종료하는 상황이 되면 甲 회사의 입회금반환채권과 乙 회사의 임대보증금반환채권을 상호 연계하여 상계 등의 방법으로 채권채무관계를 정리할 수 있을 것으로 기대하는 것은 충분히 합리성이 있어 이러한 기대에 상응한 甲 회사의 신뢰는 보호 가치가 있는 정당성이 인정되므로, 위 입회금반환채권은 채무자회생법 제145조 제4호 단서, 제2호 단서 (나)목에 정한 상계금지의 예외 사유인 '회생절차개시의 신청이 있은 것을 알기 전에 생긴 원인'에 의하여 취득한 회생채권에 해당한다고 하였다.

53) 대법원 2019.1.31. 선고 2015다240041 판결(공2019상, 589).

인이 취득한 사후구상권이 문제되는 이유는 이러한 보증인의 변제는 사무관리 또는 부당이득을 기초로 하고 있기 때문이다. 예컨대 은행이 당좌거래약정을 체결하고 있는 고객이 채무자로 되는 어음금채무나 외상매입대금채무에 관하여 채무자에게는 알리지 않고 채권자의 부탁을 받아 보증료를 받고 보증계약을 체결하고 보증채무를 이행한 후 구상권과 예금채권과 상계하는 경우가 있다. 일본의 판례는 보증인의 사후구상권의 주된 발생 원인은 보증계약의 체결이고 보증채무의 이행을 정지조건으로 하는 사후구상권이 발생하는 것이고 이 경우 장래의 청구권, 즉 정지조건부의 사후구상권의 취득을 가지고 여기서의「취득」이라고 해석하므로 그 준용 또는 유추적용에 의한 상계의 금지에 해당하지 않는다고 하고 있다.54) 물론 이것이 과연 보호할 가치가 있는「상계의 기대」인가에 관하여는 강한 반론이 있다.

　　한편 또 다른 일본의 판례로는 은행이 약정에 의하여 할인어음의 환매를 청구한 결과 발생하는 어음환매대금채권과 채무자의 정기예금채권을 상계한 사안에 관하여 어음환매대금채권은 환매청구권의 행사에 의하여 비로소 발생한 것이지만, 지급정지 등보다 전의 원인인 어음할인계약을 원인으로 하여 발생하는 것이므로「전에 생긴 원인」에 해당한다고 한 사례,55) 또한 건설업체 간의 공동기업약정에 의하여 연대채무관계가 발생한 후에 연대채무자의 한 사람이 화의개시를 신청한 경우, 다른 연대채무자가 화의개시의 신청을 안 이후에 채권자에게 채무를 변제했을 때는, 그 변제에 의한 구상권의 취득은「화의개시 신청을 알기 전의 원인에 기한 것」이라고 한 사례,56) 수급인과 도급인과 사이에 복수의 도급계약이 체결된 때에 수급인의 지급정지를 안 후에 도급인이 그 계약들 중 미완성계약을 해제하고 그 후 수급인이 파산한 사안에서 수급인의 파산관재인이 그 계약들에 기한 보수채권의 지급을 구하자 도급인이 해제에 기한 위약금채권을 자동채권으로 하는 상계를 주장한데 대하여 당해 위약금채권이 파산절차가 개시된 채무자의 채무자가 도산절차개시 후 취득한 파산채권임을 전제로 하여 특정 도급계약해제에 기한 위약금채권의 취득이 그 도급계약뿐이 아니라 따른 도급계약의 조항에 기한 수동채권과의 관계에 있어서도 도급인이

---

54) 日大阪地判平城20.10.31判タ1292호.294면, 日大阪高判平成21.5.27金法1878호46면.

55) 日最判昭和40.11.2民集19권8호.1927면[百選66]. 이 경우 만약 은행이 자기의 채무(예금)와 상계한 것이 아니라 채무자가 환매대금을 지급한 것이라면 이는 부인의 대상이 된다. 日最判昭和37.11.20民集16권11호.2293면[百選제5판35].

56) 日最判平成10.4.14民集52권3호.813면, 倒産判例 ガイド 제2판 210면, 倒産判例 インデックス 제3판 51[百選제4판43②]은 구상권의 행사에는 화의채무자에 대한 이행의 청구뿐만이 아니라 구상권을 자동채권으로 하여 화의채무자에 대한 채권과 상계하는 것도 포함된다고 하였다. 同旨 日最判平成7.1.20民集49권1호1면, 倒産判例 インデックス 제3판 50[百選제4판43①]은 연대보증인의 1인에 대하여 화의인가결정이 확정된 경우에 화의개시결정 확정 후의 변제에 의하여 연대보증인에 대하여 구상권을 취득한 다른 연대보증인은 채권자가 전부변제를 받은 경우에 한하여 변제에 의하여 취득하는 화의조건에 의하여 변경된 채권자의 화의조건의 한도 내에서 구상권을 행사할 수 있다고 하였다.

상계의 담보적 기능에 대하여 합리적인 기대를 가진다고 하여 「전에 생긴 원인」에 해당하여 다른 도급계약에 기한 보수채권과의 상계도 인정한 사례[57] 등이 있다.

그 밖에 도급인과 수급인 사이에 건설도급계약을 체결하면서 계약이 해제되는 경우에는 수급인은 도급인에 대하여 도급계약대금의 10분의 1에 상당하는 금액을 위약금으로 지급한다는 내용의 위약금조항을 두었는데, 그 후 수급인이 파산선고를 받아 파산관재인이 도급인을 상대로 미지급공사대금의 지급을 청구한 데 대하여 도급인이 위 위약금청구채권을 자동채권으로 하여 상계를 주장한 사안에서 위 상계는 채무자의 채무자가 지급정지 등을 알고 취득한 파산채권에는 해당하지 않고, 도급인이 위약금채권을 가지고 상계하는 것을 허용하여 그 담보적 기능을 보호하는 것이 계약관계에 있어서의 당사자간의 형평에 합치한다고 한 사례도 있다.[58]

또 기존의 대리수령합의에 기하여 채무자가 추심한 금전의 인도청구권을 가지고 상계할 수 있다. 채권질 관계도 마찬가지이다. 할부매매의 매도인이 위기상태에 있을 때 매수인이 매도인의 이행불능을 이유로 계약을 해제하고, 이미 지급한 할부대금의 반환청구권을 취득한 것은 「전에 생긴 원인」에 기한 것이라고 해석한다.[59]

(5) 그 밖의 금지

민법 그 밖의 특별법에 의한 상계금지가 있는 경우에는 도산절차와의 관계에 있어서도 상계할 수 없다(민496조).

판례 중에는 은행이 구 회사정리법상의 정리회사의 관리인으로서 법원의 허가를 받지 아니하고 한 자기거래 행위로 회사에 손해를 가한 데 대하여 불법행위에 대한 고의가

---

57) 日最判令和2.9.8民集74권6호1643면은 복수의 도급계약의 일괄정산의 합의를 중시한 것이다.

58) 日東京高判平成13.1.30訟月48권6호1439면, 倒産判例 インデックス 제3판 93.

59) 이와 관련해서 이른바 '지급금의 재분배 조항(Pro Rata Sharing Clause)'에 따른 반복적 상계(Double Dipping)의 가능 여부에 관한 문제가 있다. 금융기관인 대출자들이 차관단을 구성하여 그 중 1인을 대리인으로 정하여 채무자에게 각 일정금액을 대출하는 양도성차관대출의 문제이다. 이 경우 대출자들과 채무자 사이의 약정에 의하여 채무자가 대출자들 중 1인에게 상계의 방법으로 그 채무자에 대한 대출금을 변제하더라도 당해 대출자가 상계로 회수한 금액 전부를 대리인에게 납부하여 대리인으로부터 다른 대출자들과의 대출비율에 따라 안분하여 지급받은 금액에 대하여만 상계의 효력이 발생하고, 처음에 상계로 회수한 금액 중 대리인으로부터 지급받은 금액을 넘는 부분에 대하여는 처음부터 상계의 효력이 발생하지 않는 것으로 보아, 다시 그 금액을 자동채권으로 하여 상계할 수 있도록 하는 것도 유효하다고 할 것이고, 위와 같은 약정을 한 채무자가 후에 지급정지되고 파산선고를 받은 경우, 대출자가 그 후 그러한 사정을 알면서 채무자가 지급정지되기 전에 자신의 대출금채권을 자동채권으로 하여 채무자의 대출에 대한 예금채권과 상계하여 회수한 금액과 그 금액을 대리인에게 지급하고 대출자들의 대출비율에 따라 안분하여 지급받은 금액의 차액에 대한 대출금채권을 자동채권으로 하여 채무자의 그 대출자에 대한 다른 예금채권과 다시 상계하더라도 구 파산법 제95조 제4호에 위배되지 않는다고 한 판례가 있다. 대전지법 2000.9.28. 선고 99가합10961 판결(하집2000-2, 128).

없어서 과실에 의한 불법행위에 해당한다고 하여 위 불법행위로 인한 손해배상 청구권을 수동채권으로 하는 은행의 상계항변을 인용한 사례가 있었는데,[60] 그 후 민법 제496조가 고의의 불법행위로 인한 손해배상채권에 대한 상계를 금지하는 입법취지는 고의의 불법행위에 인한 손해배상채권에 대하여 상계를 허용한다면 고의로 불법행위를 한 자가 상계권 행사로 현실적으로 손해배상을 지급할 필요가 없게 됨으로써 보복적 불법행위를 유발하게 될 우려가 있고, 고의의 불법행위로 인한 피해자가 가해자의 상계권행사로 인하여 현실의 변제를 받을 수 없는 결과가 됨은 사회적 정의관념에 맞지 아니하므로 고의에 의한 불법행위의 발생을 방지함과 아울러 고의의 불법행위로 인한 피해자에게 현실의 변제를 받게 하려는 데 있는바, 이 같은 입법취지나 적용결과에 비추어 볼 때 고의의 불법행위에 인한 손해배상채권에 대한 상계금지를 중과실의 불법행위에 인한 손해배상채권에까지 유추 또는 확장적용하여야 할 필요성이 있다고 할 수 없으므로 민법 제496조로부터 중과실의 불법행위로 인한 손해배상채권을 수동채권으로 한 상계도 금지된다고 확장해석을 하여 피고의 상계항변을 배척한 원심은 민법 제496조에 대한 법률해석을 그르쳐 판결결과에 영향을 미친 위법을 저지른 것이라고 하였다.[61]

또한 판례는 신용협동조합법 제43조 소정의 상환준비금은 신용협동조합이 조합원들로부터 예탁받은 자금을 모두 대출함으로써 일시적인 유동성 부족으로 인한 인출불능사태가 발생하는 것을 방지하기 위하여 법으로 일정한 자금을 조합 내에 유보하도록 한 것이고, 그 중 일부를 중앙회에 예탁하도록 한 취지가 상환준비금제도를 더욱 엄격히 유지하여 조합원들의 예탁금반환을 보장하기 위한 공익적 목적에서 비롯된 것이라고 하더라도, 신용협동조합법 및 시행령 등에 상환준비금으로 예탁된 채권에 대하여 상계를 금지하는 규정이 없고, 같은 법 제43조 제2항에 의하여 금융감독위원회가 상환준비금의 운용 및 운용수익의 처분 등에 관한 사항을 정한 상호금융감독규정 제6조의3 제1항 제1호에 의하면, 중앙회에 예치한 상환준비금을 조합에 대한 대출의 용도로 사용할 수 있도록 규정하고 있는 점 등을 종합하면, 상환준비금으로 예탁된 채권에 대하여 중앙회가 당해 조합에 대한 대출채권으로 상계를 하는 것이 금지되어 있다고 볼 수는 없다고 하였다.[62]

판례는 약속어음의 채무자가 지급은행에 사고신고와 함께 어음금의 지급정지를 의뢰하면서 어음금액에 해당하는 금원을 별단예금으로 예치한 경우 그 별단예금은 어음채무자가 지급은행에 하는 예금의 일종이기는 하지만 일반의 예금채권과는 달리 부도제재회피를 위한 사고신고의 남용을 방지함과 아울러 어음소지인의 어음상의 권리가 확인되는 경우에

---

60) 대법원 1991.2.8. 선고 90다카23387 판결(공1991, 962).

61) 대법원 1994.8.12. 선고 93다52808 판결(공1994, 2291). 위 각주의 판결과 이 판결에 대한 해설로 오수근, "정리회사 관리인의 자기거래와 상계", 민사판례연구 ⅩⅦ, 민사판례연구회(1995), 298면 참조.

62) 대법원 2003.3.14. 선고 2002다58761 판결(공2003, 983).

는 당해 어음채권의 지급을 담보하려는 데 그 제도의 취지가 있는 것이므로 예치받은 은행으로서는 어음소지인이 정당한 권리자임이 판명된 경우에는 그에게 이를 지급하는 것이 원칙이고, 어음소지인이 정당한 권리자가 아니라고 판명되기도 전에 이를 함부로 어음발행인에게 반환하거나 그에 대한 반대채권과 상계하는 것은 사고신고담보금을 별단예금으로 예치하게 한 목적이나 취지에도 어긋난다 할 것이어서 이와 같은 별단예금채권을 압류한 당해 어음채권자에 대한 관계에 있어서 그 예금을 수동채권으로 하는 은행의 상계는 상계에 관한 권리를 남용하는 것이 되어 그 효력을 인정할 수 없다고 하였다.[63]

물론 위에서 본 상계금지의 규정에 해당하지 않아서 상계가 가능한 경우에도 상계권의 남용이 되는 경우에는 상계는 인정되지 않는다고 해석한다(민2조2항). 판례는 일반적으로 당사자 사이에 상계적상이 있는 채권이 병존하고 있는 경우에는 이를 상계할 수 있는 것이 원칙이고, 이러한 상계의 대상이 되는 채권은 상대방과 사이에서 직접 발생한 채권에 한하는 것이 아니라, 제3자로부터 양수 등을 원인으로 하여 취득한 채권도 포함하는데, 이러한 상계권자의 지위가 법률상 보호를 받는 것은 원래 상계제도가 서로 대립하는 채권, 채무를 간이한 방법에 의하여 결제함으로써 양자의 채권채무관계를 원활하고 공평하게 처리함을 목적으로 하고 있고, 상계권을 행사하려고 하는 자에 대하여는 수동채권의 존재가 사실상 자동채권에 대한 담보로서의 기능을 하는 것이어서 그 담보적 기능에 대한 당사자의 합리적 기대가 법적으로 보호받을 만한 가치가 있음에 근거하는 것이므로 당사자가 상계의 대상이 되는 채권이나 채무를 취득하게 된 목적과 경위, 상계권을 행사함에 이른 구체적·개별적 사정에 비추어, 그것이 위와 같은 상계 제도의 목적이나 기능을 일탈하고, 법적으로 보호받을 만한 가치가 없는 경우에는, 그 상계권의 행사는 신의칙에 반하거나 상계에 관한 권리를 남용하는 것으로서 허용되지 않는다고 함이 상당하고, 상계권 행사를 제한하는 위와 같은 근거에 비추어 볼 때 일반적인 권리 남용의 경우에 요구되는 주관적 요건을 필요로 하는 것은 아니라고 하였다.[64]

같은 논점에서 이른바 동행상계의 문제에 관한 논의가 있는데, 일본의 판례는 약속어음의 소지인이 발행인에 대한 어음채권을 행사하느냐 아니면 어음의 매수청구권 내지 소

---

63) 대법원 1993.6.8. 선고 92다54272 판결(공1993, 2000). 이 판결에 대한 해설로 오관석, "은행의 사고신고담보금과 상계", 민사판례연구 XVII, 민사판례연구회(1995), 97면 참조.

64) 대법원 2003.4.11. 선고 2002다59481 판결(공2003, 1156)은 건물주인 원고가 건물의 임차인인 주식회사 甲 백화점의 부도로 인하여 甲 백화점이 발행한 약속어음의 가치가 현저하게 하락된 사정을 잘 알면서 오로지 자신이 甲 백화점에 대하여 부담하는 임대차보증금반환채무와 상계할 목적으로 甲 백화점이 발행한 약속어음 20장을 액면가의 40%에도 미치지 못하는 가격으로 할인·취득하고, 그 약속어음채권을 자동채권으로 하여 상계를 한 것은 상계제도의 목적이나 기능을 일탈하는 것이고, 법적으로 보호받을 만한 대립하는 채권, 채무의 담보적 기능에 대한 정당한 기대가 없는 경우에 해당하여 신의칙에 반하거나 상계에 관한 권리를 남용하는 것으로서 허용되지 않는다고 하였다.

구권을 행사하느냐는 자유로운 의사에 의하여 선택 결정하는 것이라는 이유로, 어음소지인인 금융기관이 어음금채권을 자력이 있는 어음의 매수청구권의 상대방에게는 청구하지 않고 파산한 발행인에 대한 어음채권과 예금반환채권을 상계한 사안에서 상계를 허용하였고,[65] 하급심 판례 중에는 회사와 종업원 사이에 사기적 거래(다단계)를 추진하는 대가로 이익의 일정비율의 보수를 받기로 하는 합의는 공서양속에 반하여 무효인 것으로서 회사의 파산관재인에 의한 종업원에 대한 부당이득반환청구권을 인정하고, 종업원에 의한 회사에 대한 미지급보수채권 등을 자동채권으로 한 상계의 주장에 관하여 상계를 인정하는 것이 현저히 신의칙에 반하고 채권자상호간의 불공평한 결과를 초래하는 등의 특단의 사정이 있는 경우에는 상계권의 행사가 권리남용에 해당하여 허용되지 않는다고 판시한 사례[66]가 있다.

다. 상계 가능성의 확장

민법상의 원칙에 의하면 쌍방의 채권에 관하여 이행기가 도래하여 있을 것 등 소위 상계적상(相計適狀)에 있어야 하고, 또 이 상계적상은 강제추심이 허용되지 않게 되는 도산절차 개시 당시에 존재하여야 한다. 그러나 도산채권자의 상계에의 기대를 보호한다고 하는 상계권제도의 취지에 따라 위와 같은 일반원칙에 의한 요건이 다음과 같이 완화되어 있다.

(1) 회생에서의 완화

회생절차는 재산관계의 현실의 청산을 목적으로 하지 않고, 사업은 동일성을 유지한 채 계속되는 것이므로 자동채권의 금전화·현재화는 필요 없고, 재건의 실효를 거두기 위해서는 상계를 제한하는 것이 바람직하다. 따라서 회생절차에서의 상계가능성의 완화는 상계적상이 필요한 시기를 회생절차 개시시로부터 약간 지연시키는 것에 그치고 있다. 즉 채권·채무가 그 본래의 이행기나 조건에 따라 회생채권·회생담보권의 신고기간 만료 전에 상계할 수 있게 되었을 때에는 회생채권자 및 회생담보권자는 그 기간 내에 한하여 회생절차에 의하지 아니하고 상계할 수 있다(법144조1항 1문). 물론 「그 기간」이라 함은 회생채권 등의 신고기간을 말한다.[67] 채무가 기한부(期限附)인 경우에는 자동채권자측에서 기한의 이익을 포기하면 되므로 물론 상계할 수 있다(법144조1항 2문). 채무가 기한부인 때에

---

    65) 日最判昭和53.5.2判時892호58면, 倒産判例 インデックス 제3판 101[百選제4판61].
    66) 日大阪地判平成元.9.14判時1348호100면, 倒産判例 インデックス 제3판 105.
    67) 대법원 2003.3.14. 선고 2002다20964 판결(공2003, 974)[백선56].

도 상계가 가능하도록 한 것은, 기한부 채무는 장래에 실현되거나 도래할 것이 확실한 사실에 채무의 발생이나 이행의 시기가 종속되어 있을 뿐 채무를 부담하는 것 자체는 확정되어 있으므로 상계를 인정할 필요성은 일반채권의 경우와 다르지 않기 때문이다. 그리고 회생절차개시 이후에도 상계할 수 있으려면 채권과 채무의 쌍방이 신고기간 만료 전에 상계할 수 있어야 하므로, 신고기간 만료 전에 기한부 채무의 기한이 도래한 경우는 물론 회생채권자가 기한의 이익을 포기하고 상계하는 것도 허용된다.[68] 따라서 위 시기까지에 자동채권이 이행기에 이르지 않은 경우, 조건부의 경우, 또 비금전채권인 경우에는 상계할 수 없고 회생채권으로서 절차에 참가하고 평가액에 의한 의결권행사에 만족하여야 한다(법133조2항, 134조 이하 참조).

이와 같이 회생에서는 자동채권의 이행기가 중요하므로 소위 상계예약이나 기한의 이익 상실약관의 효력이 문제된다. 먼저 상계예약권자를 회생담보권자로 취급할 가능성을 위에서 시사한 바 있으나, 회생절차개시를 수동채권의 압류와 마찬가지로 본다면 채권압류와 상계예약과의 우열에 관한 법리가 적용된다. 자동채권과 수동채권의 변제기의 전후를 문제삼지 않는 입장에 따르면 예컨대 반드시 상계예약이 있는 은행거래에 있어서는 은행은 대부금 채권의 기한 미도래에 불구하고, 항상 상계에 의하여 이를 회수할 수 있다. 그러나 그 당부는 문제이다.

(2) 파산에 있어서의 완화

파산채권자가 상계권을 행사할 수 있는 경우의 파산채권(자동채권)의 액은 원칙적으로 파산절차에서 파산채권으로 행사할 수 있는 액이다. 파산에 있어서는 청산을 위하여 모든 파산채권은 금전화·현재화되는 것이므로(법425조, 426조, 427조), 자동채권은 파산선고 당시 기한미도래 또는 해제조건부이어도 좋고, 또 비금전채권이어도 좋다(법417조 전단). 다만 해제조건부채권을 자동채권으로 하여 상계하는 때에는 절차 중에 조건이 성취되어 채권이 없어지게 되는 수가 있으므로 상계액에 관하여 담보를 제공하거나 임치를 하여야 한다(법419조). 이 담보 및 임치금은 최후의 배당의 제외기간 내에 조건이 성취되지 않으면 채권자에게 반환되고(법524조 후단), 성취되면 재단에 편입된다. 또 상계할 수 있는 것은 파산채

---

68) 대법원 2017.3.15. 선고 2015다252501 판결(공2017상, 750)[백선14]은 부동산 임대차에서 수수된 임대차보증금은 차임채무, 목적물의 멸실·훼손 등으로 인한 손해배상채무 등 임대차에 따른 임차인의 모든 채무를 담보하는 것이고, 특별한 사정이 없는 한, 임대인의 임대차보증금반환채무는 장래에 실현되거나 도래할 것이 확실한 임대차계약의 종료시점에 이행기에 도달하고 임대인으로서는 임대차보증금 없이도 부동산 임대차계약을 유지할 수 있으므로, 임대차계약이 존속 중이라도 임대차보증금반환채무에 관한 기한의 이익을 포기하고 임차인의 임대차보증금반환채권을 수동채권으로 하여 상계할 수 있고, 임대차 존속 중에 그와 같은 상계의 의사표시를 한 경우에는 임대차보증금반환채무에 관한 기한의 이익을 포기한 것으로 볼 수 있다고 하였다.

권 중 후순위취급을 받는 부분(법446조 5호 내지 7호)을 공제한 액에 한한다(법420조. 마찬가지로 파산선고 후의 이자, 지연손해금도 자동채권에 가산할 수 없다). 후순위파산채권이 되는 부분에 관하여는 상계에 의한 우선적인 회수를 인정하지 않는 취지이다.[69] 또한 정지조건부 채권을 자동채권으로 하여 상계할 수는 없으나, 장래조건이 성취된 때에는 상계할 수 있게 되는 것이므로 자기의 채무(수동채권)를 변제한 경우에는 후일의 상계에 대비하여 변제액의 임치를 청구할 수 있다(법418조). 판례는 법 418조에서 정지조건부 파산채권자 등에게 채무변제금에 대한 임치청구권을 인정하면서도 임치청구의 방법이나 절차에 대하여 별도의 규정을 두지 아니한 이상, 정지조건부 파산채권자는 위 조항을 근거로 파산관재인에 대하여 민사소송의 방법으로 채무변제금에 대한 임치의 이행을 청구할 수 있고, 나아가 정지조건부 파산채권자는 그의 정지조건부 채권액 한도 안에서 파산관재인에게 자신이 변제하는 금액의 임치를 청구할 수 있으므로, 정지조건부 파산채권자가 채무를 실제로 변제할 때에 그의 채권액이 채무변제액을 초과한다는 사실을 증명한 경우에는 파산채권자는 자신이 변제하는 금액 전부에 대하여 임치를 청구할 수 있다고 하였다.[70] 최후의 배당의 제외기간 내에 조건이 성취되지 않으면 임치금은 다른 채권자에게 배당되고, 성취되면 채권자에게 교부되어 상계할 수 있었던 것과 마찬가지의 결과가 된다.

　수동채권은 기한미도래, 정지조건부 또는 장래의 청구권이어도 무방하다(법417조 후단). 이러한 경우에는 채권자 쪽에서 기한의 이익을 포기하거나, 무조건의 것으로 인정하거나 또는 현재의 채무로 인정하면 상계를 허용하는데 무방하기 때문이다(통설. 이에 대하여 수동채권이 정지조건부일 때에는 상계권도 정지조건부로 된다는 설도 있다).[71] 그러나 정지조건미완성인 상태에서 성취되었다고 인정하여 상계하는 것은 좋지만, 도산 후에 성취되기에 이른 단계에서는 이미 도산절차 개시 후에 부담한 채무가 되어 상계금지에 저촉된다고 해석한다(1호 금지). 다만 이와 같이 채권자의 의향으로 상계하는 경우에는 이에 의하여 채무자(파산재단)의 이익을 해하는 것은 아니므로 중간이자를 공제하지 않고 명목액으로 상계하여야 한다. 또 수동채권은 금전화되는 것은 아니므로 금전채권이거나 자동채권과 동종의 것이어야 한다(그 한도에서는 자동채권의 금전화도 되지 않는 것이 된다).

---

69) 절차개시 후의 이자채권에 관하여 日大阪地判昭和49.2.18金判423호12면.
70) 대법원 2017.1.25. 선고 2015다203578,203585 판결(공2017상, 460).
71) 대법원 2002.11.26. 선고 2001다833 판결(공2003, 175).

라. 상계권의 행사

(1) 행사의 방법·시기

상계권은 도산절차에 의하지 아니하고 행사할 수 있다(법144조, 416조). 그 의미는 상계권의 행사를 위하여 특별한 절차가 도산처리법에 규정되어 있는 것은 아니고, 일반원칙에 따라 행사하면 된다고 하는 것이다. 자동채권의 신고·조사·확정절차를 거칠 필요가 있는가 여부에 관하여는 신고불요설이 다수설이나,[72] 판례는 필요하다는 입장을 취하고 있다.[73] 다만 상계에 의하여 만족되고 남은 잔액의 배당을 구하는 경우에는 그 부분의 도산채권으로서 신고 등이 필요하다. 상계의 의사표시는 관리인·관재인에 대하여 하여야 한다.[74] 판례 중에는 甲 회사에 대한 회생절차개시결정 후 乙 은행이 수신인을 甲 회사로 하여 '乙 은행이 정한 기일까지 연체된 대출금을 상환하지 않을 경우 乙 은행의 대출금채권으로 甲 회사의 예금채권과 상계할 예정이다'라는 내용의 상계예정통지를 송달하였는데, 지정한 기일이 지난 후 乙 은행은 상계대상인 甲 회사에 대한 반대채권을 포함하여 회생채권 등의 신고를 하였고, 그 후 회생채권 신고기간이 지나서 상계안을 작성하여 甲 회사에 전송한 사안에서, 위 상계예정통지는 연체된 대출금의 상환을 독촉하고 지정된 기일까지 상환하지 않을 경우 별도의 상계의사표시를 하겠다는 통지로 보아야 하고, 이를 최종

72) 전병서, "도산법 제4판", 박영사(2019), 373면, 임치용, "회사정리절차에서 상계와 채권의 신고 요부" 파산법연구 4, 박영사(2015), 1면, 양창수 "파산절차상의 상계 — 소위 상계권의 확장에 대한 입법론적 재고를 포함하여 —", 민법연구 제7권, 박영사(2003), 222면.
73) 대법원 1998.6.26. 선고 98다3603 판결(공1998, 1985)[백선28]은 구 회사정리법 제104조 제1항, 제162조 제1항은 제103조 제1항에 의하여 계약이 해제된 때에는 상대방은 손해배상에 관하여 정리채권자로서 그 권리를 행사할 수 있고, 정리채권자가 정리절차 개시 당시 회사에 대하여 채무를 부담하는 경우에 채권과 채무의 쌍방이 정리채권의 신고기간 만료 전에 상계할 수 있게 되었을 때에는 그 기간 내에 한하여 정리절차에 의하지 아니하고 상계할 수 있다고 규정되어 있지만, 상대방이 회사정리법이 정하는 소정 기간 내에 위 채권에 관하여 정리채권 신고를 한 바 없다면 위 채권이 있음을 내세워 상계 주장 등을 할 수는 없다고 판시하였으나, 의문이다. 한편 대법원 2000.2.11. 선고 99다10424 판결(공2000, 659)은 정리절차에 참가하고자 하는 정리채권자는 정리채권의 신고를 하여야 하고, 신고하지 아니한 정리채권은 정리계획인가결정이 있는 때에는 실권되므로 정리채권자가 회사정리법이 정하는 소정 기간 내에 정리채권신고를 한 바 없다면 정리채권이 있음을 내세워 상계 주장을 할 수 없으나, 이러한 정리채권의 변제금지와 상계의 제한은 정리절차가 개시된 이후에 비로소 생기는 것이므로, 정리절차가 개시되기 이전, 즉 정리채권이 아닌 단계에서의 채권에 대하여는 위와 같은 제한 없이 변제 내지 상계할 수 있으며, 그 후 정리절차가 개시되었다고 하여 달리 볼 것도 아니라고 판시하여 약간 다른 입장을 취하였는데, 다시 대법원 2005.2.17. 선고 2004다39597 판결(미발간)은 정리채권자가 회사정리법이 정하는 소정 기간 내에 자동채권에 관하여 신고를 한 바 없다면 위 채권이 있음을 내세워 상계 주장을 할 수는 없다고 하였다. 그러나 서울고법 2019.2.13. 선고 2018나2044464 판결(미간행)은 상계의 의사표시가 도달한 사실만을 설시하였을 뿐, 채권신고를 요구하지 않았다는 점에서 위 대법원 판결과 다른 입장을 취하였다고 할 수 있다.
74) 대법원 1988.8.9. 선고 86다카1858 판결(공1988, 1207), 대법원 2019.5.10. 선고 2018다291033 판결(미간행).

적이고 확정적인 상계의사표시로 보기는 어려우므로, 乙 은행이 회생채권 신고기간 내에 관리인에 대하여 적법한 상계의사표시를 한 것으로 보기 어렵다고 한 원심판단이 정당하다고 한 사례가 있다.[75]

행사의 시기는 원래 도산절차 개시 이후, 회생에서는 채권신고기간만료까지(법144조1항 1문), 파산에서는 수동채권이 존재할 때까지이다. 따라서 회생절차 폐지결정이 확정된 이후 파산절차로 이행된 경우에는 회생채권으로 상계의사표시를 하는데 아무런 제한이 없고, 회생절차에서 소정의 기간 내에 상계권을 행사하지 아니하였다고 하여 그 상계권을 포기하였다거나 회생절차 폐지 후 이어지는 파산절차에서 그 상계권을 행사하는 것이 상계권의 남용에 해당하거나 신의칙에 반하는 것이라고 할 수 없다.[76] 그러나 상계적상에 있으면 절차개시 전에도 상계할 수 있는 것은 당연하고, 그것이 상계권의 요건을 만족하는 한, 후에 도산절차가 개시되어도 이미 행하여진 상계의 효과는 좌우되지 않는다. 이 의미에서는 이것도 상계권의 행사이다. 역으로 상계금지에 저촉되는 상계는 후에 도산절차가 개시되면 무효가 된다.[77] 판례 중에는 구 회사정리법상의 정리절차가 종결된 때에는 상계에 대한 위와 같은 제약도 해소된다고 해석한 것이 있다.[78]

(2) 부인권과의 관계

도산절차 개시 전의 상계에 관하여는 그것이 변제와 동일한 효과가 있는 것이므로 채무자가 가공한 경우에는 상계가 새로이 부인의 대상이 될 수 있다는 견해가 있다. 즉 채권취득 후 1년 이상이 지나서 파산선고가 있은 경우에는 상계금지에는 저촉되지 않지만(법422조4호 단서), 채권자가 다른 채권자를 해하는 것을 알고 그 채권을 취득하여 상계한 때에는 고의부인(법391조1호)의 유추에 의하여 그 상계는 무효라는 것이다. 확실히 부인과의 관계에서만 보면 위기시기에 있어서의 상계나 사해의사를 가지고 한 상계를 방치하는 것은 부당하다고 생각할 수도 있다. 그러나 상계권의 제도는 위에서 본 바와 같이 상계기대를 보호하려고 하는데 그 의의가 있고, 이것에 부인의 가능성이 있다고 한다면 상계권을 인정한 취지가 몰각된다. 따라서 상계금지에 저촉되지 않는 한 일단 행하여진 상계의 효과는 확정적이고, 다시금 부인의 대상이 될 여지는 없는 것이라고 해석하여야 한다.[79] 다만 상계적상을 생기게 한 채무자의 행위를 부인할 수 있는 것은 물론이다.

---

75) 위 대법원 2019.5.10. 선고 2018다291033 판결.
76) 대법원 2003.1.24. 선고 2002다34253 판결(공보불게재).
77) 다만 제2호 및 제4호의 금지에 위반된 상계라고 하더라도 만일 사후에 도산절차가 개시되지 않으면 채무자의 재산을 확보할 필요가 없고 또 자유롭게 임의변제를 할 수 있는 것이므로 무효가 되지 않는다.
78) 대법원 2009.1.30. 선고 2008다49707 판결(공2009상, 243).
79) 日最判昭和40.4.22判時419호23면, 倒産判例 ガイド 제2판 202면.

　　판례는 파산관재인이 채무자가 한 상계약정을 부인하는 경우 부인권의 행사는 당해 채무의 채권자를 상대방으로 하여야 할 것이므로, 수익증권저축계약의 투자금을 관리하는 수탁회사인 은행을 상대로 하여야지 신탁자인 투자신탁회사를 상대로 할 것은 아니라고 판시함으로써 부인의 대상 자체는 된다는 입장을 취한 것으로 보인다.[80]

(3) 채무자측으로부터의 상계

　　도산채권의 변제는 도산절차에 의하지 않으면 허용되지 않으므로 관리인·관재인 측이 하는 상계는 원칙적으로 허용되지 아니하고 다만 회생채권의 경우 법원의 변제허가(법131)가 있는 경우에 그 범위 내에서만 가능하다.[81] 이에 반하여 회생계획에 의하여 자신의 분담부분이 확정된 후 또는 파산배당률 또는 배당액의 통지에 의하여 배당금 청구권이 구체화된 경우에는 채무자측도 상계할 수 있다. 또한 채무자와 함께 연대채무를 부담하는 채무자도 위와 같은 한도 내에서만 상계를 원용(민418조2항)할 수 있다고 해석한다.

참고문헌

김동현, "도산법상의 상계권에 관한 연구", 서울대학교 대학원(2003).
김진현, "상계권에 관한 도산법제상의 확장 및 제한", 강원법학 17권, 강원대학교 비교법학연구소 (2003), 1면.
양형우, "채무자파산에 있어서 상계권", 비교사법 제10권 3호, 한국비교사법학회(2003.9.), 57면.
임치용, "도산절차에서 조건부채권에 관한 상계" 파산법 연구 5, 박영사(2020), 347면.
최준규, "장래채권을 둘러싼 도산법상 쟁점에 관한 고찰-상계와 부인권 문제를 중심으로", 사법 40 호, 사법발전재단(2017), 213면.

---

80) 대법원 2005.9.28. 선고 2002다40296 판결(공보불게재).
81) 대법원 1988.8.9. 선고 86다카1858 판결(공1988, 1207).

7. 부인권

가. 부인권의 존재이유

도산 상태 내지 이에 근접한 시기에 있어서는 궁박한 채무자는 재산을 은닉하고, 자포자기하여 부당하게 헐값에 재산을 처분하거나 또는 장래의 재기를 위하여 편의를 제공하는 일부 채권자에 대하여 남은 재산을 담보로 제공하거나 변제를 하는 경우가 있다. 정상적인 경우에는 당연히 허용되는 위와 같은 행위도 도산절차를 앞두고 행하여지는 경우에는 채권자들의 만족에 충당하게 되는 재산을 부당하게 감소시켜 채권자간의 공평에 반하는 것이고, 재건형의 절차와의 관계에서는 재건의 기초가 될 재산을 감소시키는 것이 된다.

예컨대 채무자가 도산을 예기하고 그 소유의 부동산을 타인에게 증여한다면 그 부동산이 채무자의 책임재산으로부터 이탈하는 결과 청산형에 있어서는 모든 채권자가 받을 수 있는 분배액이 그만큼 적어지고, 재건형에서는 재건을 위한 자력을 그만큼 잃게 된다. 채무자가 다수의 채권자 중의 1인에게만 변제한 때에는 평상시에는 당연한 의무의 이행이고, 그에 의하여 적극재산(현금)이 유출하지만 그만큼 소극재산(부채)이 감소하므로 총재산의 양에는 영향을 미치지 않는다. 그러나 그와 같은 행위도 도산시기에는 채권은 그 액면대로의 실가를 가지지 아니하므로 액면과 실가의 차액만큼 채무자의 일반재산을 감소시켜 변제를 받은 채권자의 이익이 되면서 다른 채권자에게는 손실을 끼치게 된다. 이는 도산처리의 이념의 하나인 채권자평등의 이념에 반하고, 또 재건을 위한 자산을 감소시킨다.

이와 같은 유해한 행위를 취소하여 감소한 재산을 복원하는 목적을 가진 제도가 부인권 제도이고,[1] 도산처리법상 가장 중요한 제도 중의 하나라고 하여도 과언이 아니다. 채권

---

[1] 대법원 2004.9.3. 선고 2004다27686 판결(공2004, 1652)은 구 회사정리법 제78조 제1항 제1호 본문은 회사가 정리채권자 또는 정리담보권자를 해할 것을 알고 한 행위를 부인의 대상으로서 규정하고 있는바, 그 취지는 회사정리절차개시 전에 회사가 부당하게 그 재산을 감소시키는 등 정리채권자나 정리담보권자를 해하는 행위를 하거나 회사채권자 사이 등의 공평을 해하는 행위를 모두 부인의 대상

자로서 사적 정리에 의하지 아니하고, 법률상 도산처리에 호소하는 이유가 부인권이 이용
가능하기 때문이라는 분석도 있다.

　　회생절차 상의 부인권과 파산절차 상의 부인권은 그 절차와 요건에 있어서 동일하다.
그러나 실제로는 회생에 있어서의 부인권의 행사는 파산에 있어서와 같이 활발하지는 않
다고 말할 수 있다. 이는 청산으로 모든 것이 끝나는 파산과 달리 회생에서는 재건의 성공
을 위하여 거래선(去來先)의 협력을 필요로 하므로 아무래도 과거의 행위는 불문에 부친다
고 하는 경향이 있기 때문이다. 다만 이것도 도를 지나치면 일부 강력한 채권자의 횡포를
허용하는 결과가 되므로 안이하게 행사하지 않아서는 안 된다. 부인은 관리인·관재인에
의하여 행하여지고, 이 권한을 부인권이라고 부른다. 어떠한 경우에 부인할 수 있는가는
문제되는 행위의 태양·성질이나 상대방의 주관적 사정에 따라 결정되고, 법에는 그에 관
한 상세한 규정을 두고 있지만 그 해석을 둘러싸고 다툼이 끊이지 않고 있다.

　　한편 부인권의 행사가 신의칙에 위배되는 것은 아닌가 하는 주장에 대하여, 대법원은
"채무일부를 변제한 것은 회사정리절차개시신청을 한 회사이고, 부인권을 행사하는 것은
정리회사의 관리인으로서 양자는 별개의 존재이고 부인권을 행사하는 것은 정리절차가 개
시되기 전의 소외 회사의 채무변제행위를 응징하기 위한 관리인의 고유권한이므로 관리인
이 부인권을 행사하는 것이 신의칙에 위반된다거나 권리남용에 해당된다고 할 수 없다"고
하고,[2] 구 파산법상의 부인권은 파산채권자의 보호를 위하여 채무자의 행위를 부인함으로
써 파산재단의 충실을 도모함에 그 제도의 취지가 있는 것으로서 채무자와 그 상대방 간
의 이해를 조절하기 위한 것이 아니므로, 원칙적으로 무상성, 유해성, 부당성 등 부인권행
사의 요건이 충족되는 한 파산관재인의 부인권행사가 부인권 제도의 본질에 반한다거나
신의칙 위반 또는 권리남용에 해당한다고 볼 수 없다고 하였다.[3] 나아가 판례는 구 기업
구조조정촉진법 제3조가 "이 법은 기업구조조정 등에 관하여 규정하고 있는 다른 법률에
우선하여 적용한다"고 규정하고 있는 것과 관련하여 위 법에 근거하는 기업개선작업(이른
바 워크아웃 work out)은 재무적 곤경에 처했으나 경제적으로는 회생가능성이 있는 기업을
대상으로 채권단과 당해 기업이 협력하여 재무구조와 사업구조를 조정함으로써 기업회생
과 채권회수 증대를 꾀하는 일련의 과정으로서 민법상 화해계약에 유사한 성질을 갖는 사
적 정리절차로서, 원칙적으로 채권금융기관협의회의 구성원에게만 그 약정에 따른 채권재
조정 등 권리변경의 효력이 미치는 점에서 기업구조조정촉진법 제3조가 채권금융기관 뿐

　　으로 함으로써 회사기업의 재건을 위한 회사재산의 회복과 채권자의 평등을 꾀하려고 하는 것이라고
　　설명하고 있다.

　2) 대법원 1997.3.28. 선고 96다50445 판결(공1997, 1214).

　3) 대법원 2009.5.28. 선고 2005다56865 판결(공2009하, 957), 대법원 2011.11.10. 선고 2011다55504 판결
　　(미간행).

만 아니라 상거래채권자 등 모든 파산채권을 법원이 관여하는 법정 정리절차에서 집단적
으로 취급하는 채무자 회생 및 파산에 관한 법률상 파산절차 중 채권자평등을 주된 목적
으로 하는 부인권 규정을 배제한다고 볼 수 없다고 하였다.4)

　　한편 유한책임신탁재산에 대하여 파산선고가 있는 경우 부인에 관한 규정을 적용함
에 있어서는 "채무자"는 "수탁자 또는 신탁재산관리인"으로 본다(법578조의13).

나. 부인권의 일반적 요건

　　부인은 후술하는 바와 같이 고의부인·위기부인(이는 나아가 2개의 경우로 나뉜다)·무상
부인으로 나뉘고 또 이러한 유형의 특수한 형태로서 성립요건·대항요건의 부인과 집행행
위의 부인이 있고 각각의 경우에 고유의 요건이 정하여져 있으나, 학설에 있어서는 각각의
특별한 요건 이외에 모든 부인 유형에 공통되는 일반적 요건이 있다고 해석하고 있다.5)

(1) 행위의 유해성

　　부인의 대상이 되는 행위는 유해행위(사해행위)이어야 한다고 한다. 여기서 말하는 유
해행위라 함은 예컨대 재산을 제3자에게 증여하거나 채무를 면제하는 것과 같이 일반재산
을 감소시켜 모든 채권자에게 분배할 몫을 감소시키는 행위 및 채권의 실가가 저하되어
있는 시기에 일부의 채권자에게만 변제를 하거나 담보를 제공하는 것과 같이 이로써 다른
채권자에 대하여 불공평을 초래하는 행위(이것도 소극재산의 감소 이상으로 적극재산을 감소시
킨다고 하는 점에서는 일반재산의 감소를 초래한다)의 양자를 포함한다.6) 전자를 모든 채권자

---

4) 대법원 2010.6.10. 선고 2010다6024 판결(공보불게재).
5) 과거에는 파산채권자를 해하는 행위의 의미에 관하여 고의부인의 경우와 위기부인의 경우를 구별하
여 전자(법391조1호)의 경우는 총재산을 감소시키는 행위를 의미하나, 후자(법391조2호)의 경우에는
편파행위를 의미한다고 보는 것이 통설이었고, 이 입장에 의하면 부인 일반에 관하여 유해성을 논의
하는 기반은 없게 된다. 그러나 현재의 통설에 의하면 고의부인과 위기부인과의 사이에 부인의 대상
이 되는 행위의 면에 다른 점은 없다고 해석하는 것이므로 유해성이 일반적 요건으로서 취급되게 된
다. 대법원 2002.8.23. 선고 2001다78898 판결(공2002, 2199)도 구 파산법 제64조 제2호 소정의 위기
부인의 대상이 되는 '파산채권자를 해하는 행위'에는 채무자의 일반재산을 절대적으로 감소시키는
사해행위 외에 채권자간의 평등을 저해하는 편파행위도 포함된다고 하여 이 점을 명백히 하였다.
6) 대법원 2006.6.15. 선고 2004다46519 판결(공2006, 1314), 대법원 2005.11.10. 선고 2003다271 판결(공
2005, 1925)[백선73], 대법원 2007.7.13. 선고 2005다71710 판결(공2007, 1264), 대법원 2011.10.13. 선고
2011다56637,56644 판결(공2011하, 2351), 대법원 2016.1.14. 선고 2014다18131 판결(미간행). 위 대법원
2006.6.15. 선고 2004다46519 판결에 대한 해설로 배호근, "구 회사정리법 제78조 제1항 제1호에서 정
한 부인의 대상에 이른바 편파행위도 포함되는지 여부(적극) 및 편파행위에 대한 고의부인이 인정되
기 위한 주관적 요건의 내용", 대법원판례해설 제60호, 법원도서관(2006), 521면 참조. 同旨 대법원
2018.10.25. 선고 2017다287648,287655 판결(공2018하, 2243)[백선71], 대법원 2020.6.25. 선고 2016다
257572 판결(공2020하, 1465).

를 해하는 행위, 후자를 편파행위라고 칭한다. 여기서 편파행위라 함은 특정의 채권자가 변제를 받아 채권을 회수하고 다른 채권자는 도산절차에 의한 평등한 배당을 받을 수밖에 없다고 하는 상태가 채권자 사이의 평등을 해하는 상황이 되는 것이므로 편파변제분을 채무자의 재산으로 회수하고 그 부분의 채권을 부활시켜 해당 채권자도 다른 도산채권자와 함께 평등한 배당을 받도록 하는 것이다.

이와 같은 2종의 유해성은 재산의 현실적 청산·분배를 목적으로 하는 파산을 주로 안중에 둔 분류이지만 회생에 있어서도 마찬가지로 타당하다고 생각하여도 좋다(그러나 회생에서는 절차의 최종목적으로서의 재건의 달성을 강조하고, 그를 위한 기초재산확보에 유해한 행위로서 양자를 통일적으로 이해하는 것도 가능할 것이다). 유해성은 어디까지나 객관적인 개념이고, 행위자가 아무리 주관적으로 유해하다고 믿었더라도 객관적으로 유해하지 않으면 부인의 대상이 되지 않는다. 이것은 채권자를 해하는 것이라는 요건이 되고 있는 고의부인(법100조1항1호, 391조1호)에 있어서 특히 유의할 점이다.

부인의 대상이 되는 행위가 파산채권자를 해하는 행위인지는 행위 당시를 기준으로 판단하여야 한다. 이는 특별한 사정이 없는 한 그 행위가 정지조건부인 경우라 하더라도 마찬가지이다.[7]

또한 유해성 유무는 그 행위 전체가 채권자에게 미치는 영향을 두고 판단되어야 할 것이며, 그 전체를 통틀어 판단할 때 채권자에게 불이익을 주는 것이 아니라면 개별약정

---

[7] 위 대법원 2018.10.25. 선고 2017다287648,287655 판결(공2018하, 2243)[백선 71]은 甲 회사가 지급불능 상태에서 변호사인 乙 등과 부가가치세 경정거부처분에 대한 심판청구 및 행정소송에 대한 사무처리를 위임하는 계약을 체결하면서 착수금 없이 성공보수금만 지급하되 甲 회사는 乙 등에게 환급세액 수령업무를 위임하며 乙 등은 환급액 전액을 입금받은 후 보수를 정산한 나머지 금액을 甲 회사로 송금하기로 약정하였고, 이에 甲 회사가 국세기본법령에 따라 乙에게 '국세환급금양도요구서'를 작성·교부하였는데, 乙 등이 부가가치세 경정거부처분의 취소를 구하는 행정소송을 제기하여 승소판결이 선고·확정되자 甲 회사가 부가가치세 환급금채권 중 성공보수금 상당액을 乙에게 양도하는 내용의 채권양도계약서를 작성하였고, 그 후 甲 회사가 파산선고를 받은 사안에서, 甲 회사가 乙 등과 체결한 위임계약에 따라 乙에게 국세환급금양도요구서를 작성·교부함으로써 甲 회사와 乙 사이에 위임사무가 성공하는 것을 정지조건으로 하여 환급금채권 중 성공보수금 상당액을 양도하는 계약이 체결되었고, 이후 행정소송에서 승소판결이 선고·확정됨으로써 정지조건이 성취되어 채권양도계약의 효력이 발생하였으며, 승소판결을 전후하여 甲 회사와 乙 사이에 채권양도계약서가 작성되고 채권양도통지가 이루어졌으나, 이는 새로이 채권양도계약을 체결한 것이 아니라 기존 채권양도계약의 대항요건을 갖추기 위한 행위에 불과하다고 봄이 타당하므로, 부인의 대상이 되는 행위는 채권양도계약서가 작성된 시점이 아니라 국세환급금양도요구서가 작성·교부된 시점에 있었던 것으로 보아야 하고, 파산채권자를 해하는 행위인지도 위 시점을 기준으로 판단하여야 하는데, 국세환급금양도요구서가 작성·교부될 당시 甲 회사는 이미 지급불능 상태에 있었으나 甲 회사가 乙에게 환급금채권 중 성공보수금 상당액을 양도한 행위는 乙의 역무제공과 실질적으로 동시교환적으로 행하여진 것으로 볼 수 있고, 그러한 역무제공과 채권양도금액 사이에 합리적인 균형을 인정할 수 있으므로 파산채권자를 해하는 행위로 볼 수 없어 채무자회생법 제391조 제1호에 따라 부인할 수 있는 행위에 해당하지 않는다고 한 사례이다.

만을 따로 분리하여 그것만을 가지고 유해성이 있다고 판단하여서는 안 된다. 판례는 증권회사가 보험회사와의 사이에 직장인보험계약을 체결하고 그 보험료로 100억 원을 지급한 다음 보험회사로부터 금 100억 원을 대출받으면서 후순위특약(대출금의 변제기 전에 증권회사에 대하여 파산선고가 되는 경우에는 그 파산절차에서 다른 채권 전액이 우선변제되고 남는 재산이 있을 경우에 한하여 파산절차에 따른 변제 또는 배당을 받거나 증권회사에 대한 채무와 상계할 수 있도록 하는 내용의 특약)을 붙여서 여신거래약정을 체결하고, 동시에 향후 증권회사가 파산되거나 또는 회사정리법에 따른 정리절차에 들어갈 때에는 보험회사가 위 보험계약의 해약에 따른 보험료의 환급채무와 위 대출금채권을 상계할 수 있기로 하는 약정을 체결하였는데, 그 후 증권회사가 지급정지(부도)사태에 빠지고, 보험회사가 보험료환급채무와 대출금채권을 대등액에서 상계한 사안에서 위 후순위특약과 상계약정의 유효함을 전제로 위와 같은 약정은 사해행위도 아니라고 판시하였다.[8] 또한 신탁수익증권에 대하여 근질권을 설정한 사안에서 일반재산의 감소가 없다는 이유로 사해행위가 아니라고 한 사례도 있고,[9] 대기업 집단의 전략기획본부가 그룹의 주요 5개 계열사의 재무담당자들과의 자금회의를 통하여 계열사 간 소요자금내역과 조달계획 등 자금현황을 파악하고 이를 토대로 '주요계열사 자금현황서'를 작성하여, 그에 따라 계열사 사이의 자금지원을 수시로 조정하는 역할을 하고 있던 중 당시 기업어음의 만기 도래 등으로 추가적인 자금이 필요했던 2개 계열사에 대한 자금지원 목적으로 전략기획본부의 지시에 따라 한 계열사가 다른 계열로부터 자금을 차용하여 다른 계열사에 선수금을 지급한 사안에서, 각 계열사들은 재정상태 악화 등으로 인하여 상호 간의 자금지원 없이는 필요한 자금을 마련할 방도가 없었고, 한 회사의 부도가 다른 계열사들의 연쇄부도로 이어질 위험이 컸기 때문에, 전략기획본부의 위와 같은 지시에 따라 자금집행을 하였는데, 연쇄부도의 위험 등이 없었다면 선수금을 지급할 이유가 없었고, 차용금은 변제기에 정함이 있고, 이율 연 9.3%이었음에 반해 선수금은 변제기 및 이율이 정해진 바 없어, 차입 이전과 비교할 때 변제 등 채무소멸이 이루어진 이후에 채무자의 재산이 감소되지 않은 점 등을 근거로 유해성을 부인한 사례도 있다.[10]

　　모든 채권자를 해하는 행위는 적극재산의 감소이어도 좋고, 소극재산의 증가이어도 좋다. 그러나 상속의 포기 등 적극재산의 증가를 방해하는 것은 이에 해당하지 않는다.[11] 재산의 매각 후 가격이 등귀한 것 자체는 부인의 이유가 되지 않고, 염가에 매각하였으나 그 후 가격이 하락하고 있을 때에는 부인할 수 없다. 역으로 고가에 매입하였으나, 그 후

　8) 대법원 2002.9.24. 선고 2001다39473 판결(공2002, 2503).
　9) 대법원 2003.7.8. 선고 2001다59200 판결(공보불게재).
　10) 대법원 2018.4.12. 선고 2016다247209 판결(공2018상, 883)[백선17].
　11) 日最判昭和49.9.20民集28권6호1202면은 상속포기는 신분행위로서 사해행위는 아니라고 하였다. 상세는 후술한다.

가격도 등귀한 때에도 마찬가지이다. 이와 같이 유해성이 소멸하는 사례로서 할인어음을 약정에 의하여 매수한 채무자가 후에 제3자로부터 어음금의 지급을 받은 때에 재산에 감소는 없게 되어 부인을 인정하지 않은 경우를 들 수 있다. 기존채무의 지급에 갈음하여 어음을 인수한 경우도 마찬가지이다.

　　판례는 채권자취소의 대상인 사해행위에 해당하는지 여부를 판단함에 있어 채무자 소유의 재산이 다른 채권자의 채권에 물상담보로 제공되어 있다면, 물상담보로 제공된 부분은 채무자의 일반 채권자들을 위한 채무자의 책임재산이라고 할 수 없으므로, 그 물상담보에 제공된 재산의 가액에서 다른 채권자가 가지는 피담보채권액을 공제한 잔액만을 채무자의 적극재산으로 평가하여야 한다고 하였고, 이때 수개의 부동산에 공동저당권이 설정되어 있는 경우 그 책임재산을 산정함에 있어 각 부동산이 부담하는 피담보채권액은 특별한 사정이 없는 한 민법 제368조의 규정 취지에 비추어 공동저당권의 목적으로 된 각 부동산의 가액에 비례하여 공동저당권의 피담보채권액을 안분한 금액이라고 보아야 하지만, 그 수개의 부동산 중 일부는 채무자의 소유이고 다른 일부는 물상보증인의 소유인 경우에는, 물상보증인이 민법 제481조, 제482조의 규정에 따른 변제자대위에 의하여 채무자 소유의 부동산에 대하여 저당권을 행사할 수 있는 지위에 있는 점 등을 고려할 때, 그 물상보증인이 채무자에 대하여 구상권을 행사할 수 없는 특별한 사정이 없는 한 채무자 소유의 부동산이 부담하는 피담보채권액은 채무자 소유 부동산의 가액을 한도로 한 공동저당권의 피담보채권액 전액이고, 물상보증인 소유의 부동산이 부담하는 피담보채권액은 공동저당권의 피담보채권액에서 위와 같은 채무자 소유의 부동산이 부담하는 피담보채권액을 제외한 나머지라고 봄이 상당하며, 이러한 법리는 하나의 공유부동산 중 일부 지분이 채무자의 소유이고, 다른 일부 지분이 물상보증인의 소유인 경우에도 마찬가지로 적용된다고 하였는데,[12] 부인권의 요건으로서의 사해성을 판별하는 데에도 참고가 될 것이다. 유해성의 여부에 관하여 약간의 논란이 있는 경우에 관하여 이하에서 검토한다.

　　(가) 부동산의 시가매각

　　재산을 헐값에 매각하는 것이 채권자를 해하는 행위임은 명백하나, 적정한 가격으로 매각하는 것이 고의부인의 대상이 되는가에 관하여는 의론이 있다. 적정한 가격으로 매각하면, 당해 재산은 잃어도 그 적정한 대가가 들어오고, 총재산은 변화가 없으므로 채권자를 해하는 행위는 아니지 않는가가 문제가 된다.

　　먼저 부동산의 시가매각에 관한 민법상의 사해행위 해당 여부에 관하여 판례는 채무

---

12) 대법원 2016.8.18. 선고 2013다90402 판결(공2016하, 1333). 이 판결에 대한 분석으로 박정제, "사해행위 성립 여부를 판단함에 있어서 물상보증인이 공동저당목적물로 제공한 책임재산의 평가—대법원 2016. 8. 18. 선고 2013다90402 판결을 중심으로", 사법 50호, 사법발전재단(2019), 207면 참조.

자가 채무가 재산을 초과하는 상태에서 채권자 중 한 사람과 통모하여, 그 채권자만 우선
적으로 채권의 만족을 얻도록 할 의도로, 채무자 소유의 부동산을 그 채권자에게 매각하
고 위 매매대금채권과 그 채권자의 채무자에 대한 채권을 상계하는 약정을 하였다면 가사
매매가격이 상당한 가격이거나 상당한 가격을 초과한다고 할지라도, 채무자의 매각행위는
다른 채권자를 해할 의사로 한 법률행위에 해당한다고 하였고,13) 채무자가 자기의 유일한
재산인 부동산을 매각하여 소비하기 쉬운 금전으로 바꾸는 행위는 특별한 사정이 없는 한
항상 채권자에 대하여 사해행위가 된다고 볼 것이므로 채무자의 사해의 의사는 추정되는
것이고, 이를 매수한 자가 악의가 없었다는 입증책임은 수익자에게 있다고 하였으나,14) 한
편 채무자가 유일한 재산인 부동산을 매각하여 소비하기 쉬운 금전으로 바꾸는 행위는 원
칙적으로 사해행위가 되지만, 부동산의 매각 목적이 채무의 변제 또는 변제자력을 얻기
위한 것이고, 대금이 부당한 염가가 아니며, 실제 이를 채권자에 대한 변제에 사용하거나
변제자력을 유지하고 있는 경우에는, 채무자가 일부 채권자와 통모하여 다른 채권자를 해
할 의사를 가지고 변제하는 등의 특별한 사정이 없는 한, 사해행위에 해당한다고 볼 수 없
다고 하였다.15)

　　부인권에 관한 이 논점에 관하여는 구법 시대 일본의 판례는 동산과 부동산을 구별하
여 동산의 적정한 가격의 매각은 대가가 부당하게 저렴하지 않는 한 부인할 수 없으나,16)
부동산의 매각에 관하여는 부인의 여지가 있다고 하였다. 즉 보다 실질적인 관점에서 부
동산은 채권자에 대한 공동담보로서 가장 확실한 것이고, 매각되어 금전으로 환가되면 소
비·은닉이 쉬워지므로 재산의 일반적 담보력이 박약하여 지는 것을 그 이유로 한다. 따라
서 특별한 사정이 없는 한 적정가격에 의한 매각이라도 채권자를 해하는 행위로서 부인의
대상이 된다고 해석하고 있었다.17) 또한 경제적으로 곤궁에 처한 채무자가 다른 곳으로부
터 차재(借財)를 하여 부동산에 담보권을 설정하는 행위도 부동산의 매각과 다르지 않다고
보았다.18) 다만 일본 판례에 의하면 매득금이 그대로 보관되어 있거나, 그것으로 매입한
같은 가치의 다른 재산이 현존하고 있는 경우, 매각이 모든 채권자의 동의하에 된 경우,

---

13) 대법원 1994.6.14. 선고 94다2961, 94다2978(병합) 판결(공1994, 1956).
14) 대법원 1998.4.14. 선고 97다54420 판결(공1998, 1325). 또한 대법원 1966.10.4. 선고 66다1535 판결,
　　대법원 1997.5.23. 선고 95다51908 판결 등 참조.
15) 대법원 2015.10.29. 선고 2013다83992 판결(공2015하, 1762), 대법원 2015.12.23. 선고 2013다40063 판결
　　(미간행).
16) 日大判昭和7.12.23法學2권845면. 원래 담보력이 부족한 동산의 매각은 대가가 부당하게 저렴하지 않
　　은 한 유해하지는 않고, 부인의 대상이 되지 않는다는 것이다.
17) 日大判昭和8.4.15民集12권637면. 나아가 채권자취소권에 관하여 日最判昭和39.11.17民集18권9호1851
　　면. 日大判明治39.2.5民錄12권136면.
18) 日大判昭和6.7.11新聞3310호7면. 파산에 있어서는 별제권이 인정되므로 매각과 동일하게 볼 수 있으
　　나, 회생에서도 마찬가지라고 할 수 있는가는 문제일 것이다.

우선적채권자에의 지급 등 일반채권자의 이익을 해하지 않는 방법으로 사용된 경우 등은 부동산의 시가매각도 유해행위는 아니라고 한다.[19] 이에 대하여는 부인을 너무 쉽게 인정하면 거래의 안전을 해친다거나 채무자로 하여금 유휴재산의 처분 등에 의한 사업재건을 어렵게 하여 도산을 촉진한다는 비판도 있었고, 채무자의 재산은닉 등의 의사를 상대방이 알고 가담한 경우는 몰라도 일반적으로는 이를 부인의 대상으로 하여서는 안 된다는 비판도 강하였었다. 이에 일본의 현행 파산법은 ① 해당 행위가 부동산의 환가 등에 의한 재산 종류의 변경에 의하여 파산자의 은닉·무상공여 등 파산채권자를 해하는 처분을 할 우려가 실제로 생기게 할 것, ② 파산자가 그 행위의 당시 은닉 등의 처분을 할 의사를 가지고 있었을 것, ③ 행위의 상대방이 파산자의 그와 같은 의사를 알고 있었을 것이라고 하는 요건을 파산관재인이 모두 입증하는 경우에 한하여(다만 ③에 관하여는 내부자에 관한 증명책임의 전환이 있다. 일파161조2항)부인을 인정하고 있다(일파161조1항). 적정가격 처분행위에 관하여는 부인의 대상과 요건을 한정하여 거래의 안전을 도모하고 있는 것이다.[20]

이에 대하여 학설로는 과거에는 매도인인 채무자의 매각대금의 용도에 따라 후일 부인되는 경우가 있다고 하는 것은 매수인의 지위를 불안정하게 하고, 거래의 안전을 해하며, 경제적으로 곤란한 채무자가 부동산을 매각하여 재기의 자금을 조달하려는 것을 막게 된다는 점에서 적정가격인 한 부동산의 매각행위는 부인할 수 없다고 하는 부정설이 유력하였다.

그러나 현재의 통설에 의하면 고의부인에는 수익자의 악의가 필요하므로 부인을 인정하여도 무조건 거래의 안전을 해하는 것은 아니고, 또 부당성을 부인의 일반적 요건으로 하면 부인이 인정되는 것은 합리적인 범위에 한정되는 것이므로 적정가격의 부동산 매각도 경우에 따라서는 부인의 대상이 된다고 해석하고 있다. 적정시가에 매각하여 대금을 수령한 순간에는 총재산의 양에는 변동이 없으나, 금전은 말하자면 소비를 목적으로 하는 재산이고, 금전의 사용에 관하여는 부인이 불가능하거나(예컨대 서비스에 대한 지출) 가능하다고 하여도 용도를 탐지하는 것이 어렵고 은닉하기도 쉬운 것은 부정하기 어려우며, 엄밀히 말하면 이러한 소비행위나 은닉행위가 유해한 것이지만 위와 같은 사정을 감안하여 외형적 행위로서 보다 쉽게 유해행위에 이르는 첫걸음인 매각행위를 편의상 부인의 대상으로 하고, 입증책임 전환의 테크닉을 사용하여 적절한 결과를 얻을 수 있다고 하는 것이 일본 판례의 태도라고 해석할 수 있다(그러나 부인한 때에는 원칙적으로 대금액을 재단채권으로서 반환하여야 한다. 그 후의 값의 인상 등이 없으면 부인의 실익은 적다). 즉 부동산매각은 보통 유해행위로 추정되고(법률상의 추정이든, 사실상의 추정의 기초가 되는 경험칙을 천명한 것이

---

19) 위 日大判昭和8.4.15, 日大判昭和7.6.2新聞3445호12면, 日大判昭和9.4.26新聞3702호9면.

20) 일본 개정 파산법의 분석과 아울러 이 부분 쟁점을 설명한 글로는 김진석, "파산절차상 부인권 요건에 관한 몇 가지 쟁점", 재판자료 제127집, 법원도서관(2013), 315면 참조.

든), 이 추정은 대가가 정당하다는 것에 의하여 깨어지는 것은 아니고, 상대방에 있어서 매득금이나 그에 갈음하는 재산의 현존 등 매각이 실제로 유해하지 않다는 것을 나타내는 사정을 입증(법률상의 추정을 복멸하는 본증이든, 사실상의 추정을 복멸하는 간접반증이든)하지 않는 한 유해성이 인정되는 것이다.[21] 위에서 말한 모든 채권자의 동의도 유해성 조각사유로서 마찬가지로 볼 수 있다.

　　반대설의 근거인 매수인 보호의 점은, 고의부인에 있어서는 후술하는 바와 같이 매수인도 「채권자를 해하는 사실」을 알아야 하므로, 그와 같은 인식이 있는 한 부인되어도 어쩔 수 없다고 할 수 있다. 매수인으로서는 매도인이 곤궁한 상태에 있었다는 것을 알지 못한 것, 또는 알았더라도 회생자금을 얻을 목적으로 매각한다는 매도인의 말을 믿은데 정당한 이유가 있다는 것(정당행위가 부인의 대상이 되지 않는 것은 후술)을 입증하면 부인을 면할 수 있다고 해석하므로, 성실한 매수인의 지위를 불안에 빠뜨리는 것은 아니다. 또 위기부인에 있어서는 매수인이 매도인이 지급정지 등 위기상태에 있는 것을 알았을 것을 요건으로 하고 있고, 이와 같은 시기에 있는 것을 알고 채무자와 거래를 한 자는 부인을 각오하여야 한다고 해도 결코 부당하지 않다(이 때에도 정당행위는 제외된다). 이 시기에 있어서는 부동산거래를 곤란하게 한다고 해도, 보전처분의 제도를 인정한 취지에도 합치한다고 할 수 있을 것이다(또 회생에서는 중요한 고정자산이나 영업을 양도하는 것은 기업으로서의 가치를 해하는 것으로서 부인된다).

　　따라서 예컨대 채무자가 위기시기 또는 그 직전에 재산을 채권자에게 매각하여 대금채권과 그 채권자의 채권을 상계(실질적으로는 대물변제)한 경우나 채무자가 재산을 은닉할 목적으로 부동산을 매각하고 제3자가 그에 적극적으로 조력할 의사로 매수한 경우 등은 부인을 인정할 수 있다. 하급심 재판례로는 채무초과 상태에 있던 甲이 당시 이미 부담하고 있었던 채무를 변제할 별다른 상환계획도 세우지 아니한 채 乙과 사이에 기존의 대여금과 향후 지급할 돈을 임대차보증금에 갈음하는 것으로 약정하고 자기 소유 아파트에 확정일자 있는 임차권을 설정한 것은, 책임재산의 주요부분을 구성하는 부동산에 관하여 제3자에게 우선변제권이 있는 임차권을 설정하여 주어 그 부동산의 담보가치 일부를 은닉 또는 소비하기 쉽게 현금화하여 그 공동담보 부족상태를 실질적으로 심화시키는 결과를 초래한 것이고, 이는 다른 채권자들에 대한 관계에서 이로 인하여 공동담보의 부족이 심화되어 자신의 다른 채권자들이 채권변제를 받기 어렵게 된다는 사정을 알고서 한 사해행위에 해당한다고 한 것이 있다.[22]

---

21) 위 日大判昭和8.4.15民集12권637면은 환가에 의하여 얻은 금전이 그대로 보관되어 있어 다른 재산으로 변하여 잔존하여 있는 경우는 제외하고 있었다.
22) 서울동부지법 2021.12.15. 선고 2020나28186 판결(미간행).

(나) 지급정지 이전의 본지변제(本旨辨濟)

변제기가 도래한 채무에 대한 본지변제 즉 채무의 본지(本旨)에 따른 변제도 지급정지 또는 도산절차 개시신청 후에는 소위 편파행위로서 위기부인의 대상이 되는 것은 명문으로 인정되고 있다(법100조1항2호, 391조2호). 그러나 다수설은 오래 전부터 위와 같은 위기시기 이전의 본지변제도 채권자를 해하는 의도가 있는 한 고의부인의 대상이 된다고 하고 있다.23) 이에 대하여 반대설은 ① 본지변제에 의하여 적극재산은 감소하나, 동시에 소극재산도 감소하고, 채무자의 총재산액은 감소하지 않으므로 도산채권자를 해하는 행위(사해행위)에 해당하지 않고, ② 평상시에 있어서 채권자는 본래 임의의 변제를 수령할 당연한 권리를 가지는 것이며, ③ 본지변제의 부인은 채권자간의 공평의 견지에서 법률이 특별히 인정하는 경우(위기부인)에만 가능한 것이므로 이를 위기부인 이전까지 확대하는 것은 위기시기 이전의 평등변제를 강제함으로써 고의부인과 위기부인이라고 하는 법률이 정한 구별을 말살하는 것이라고 주장한다.

반대설은 법률상 위기시기를 결정하는 지급정지나 회생 또는 파산 절차개시신청까지는 정상 시기라는 전제에 서서(위 근거 ②와 ③) 변제의 전후에 총재산에 변동이 없다는 결론을 도출하고 있다(위 ①). 그러나 도산 직전의 채무자의 실제의 재산 상태는 법률상의 위기 징후가 나타나기 전과 후에 별 차이가 없고, 다만 채무자가 온갖 수단을 다 써서 그러한 현출을 방지함으로써 도산이 표면화되지 않을 뿐인 경우가 보통이다. 그러한 상태에서는 본지변제라고 하여도 다른 채권자를 해하는 정도에 있어서 지급정지 후와 전혀 다름이 없고, 이와 같은 사태에 직면한 법원이 그 부인을 허용하지 않는 것이 공평에 반한다고 보아야 할 것이다.

나아가 반대설은 편파행위는 위기부인으로서만 부인가능하다고 하지만, 위기시기 이전에도 채무자의 재산 상태에 따라서는 편파행위가 있을 수 있고, 이는 고의부인에 의하여 부인되어야 할 것이다. 위기부인과는 달리 그 당시 실질적으로 위기시기에 있을 것(유해성)과 주관적인 「해의」의 요건이 부가되는 것이므로 그만큼 부인이 어려워진다. 물론 본지변제가 항상 편파행위가 되는 것은 아니다. 그 당시의 재산 상태와 그에 근접한 도산절

---

23) 서울고법 2000.3.30. 선고 99나52178 판결. 同旨 日最判昭和42.5.2民集21권4호859면, 倒産判例 ガイド 제2판 277면[百選33]은 본지변제라도 그 변제가 다른 채권자를 해하는 것을 알고 한 것이고, 이를 수령한 채권자가 다른 채권자를 해하는 사실을 알았을 때에는 부인할 수 있는 것으로 보는 것이 타당하다고 하였다. 이 판결의 원심에서는 채무자(X)가 자기 이름으로 거래를 할 수 없는 신용상태에 있었기 때문에 Y 조합이 가지고 있던 어음을 이용하여 Y 조합이 C 회사와 거래를 하는 형태를 취했다는 사정이 지적되고 있다. 이를 통하여 Y가 자신에 대한 변제가 다른 채권자를 해하는 것이라는 사실을 알고 있던 것으로 본 것이다. 또한 日大阪地決平成12.10.20判タ1055호280면, 倒産判例 インデックス 제3판 110은 채무자의 위기상태가 계속되는 상황에서 이루어진 본지변제는 그 방법 및 변제액 등에 비추어 다른 재생채권자를 해하는 편파행위라고 할 수밖에 없다고 하였다.

차의 개시가 요건이 되어야 할 것이다. 아무리 당시로서는 다른 채권자를 해하는 것이라고 하더라도 그 후에 일단 자산상태를 바로 세워 정상으로 복귀한 후 다시 악화하여 도산에 이른 때에는 그 변제는 당해 도산절차와의 관계에 있어서는 편파행위가 되지 않는다고 해석한다.[24] 또 채무의 일부를 지급하고 잔액을 면제한 경우에 지급한 액수가 채권의 실가 이하이면 편파행위가 되지 않는다고 해석한다(선행하는 사적조정절차에서 이와 같은 변제가 이루어졌어도 부인할 수 없다).

판례 중에는 금융기관인 피고가 PF 사업부지 매입자금 등의 명목으로 1,000억 원을 대출함에 있어 시공사인 채무자 회사로부터 연대보증을 받았다가 변제기를 2회 연장하여 주고도 위 대출금을 전혀 변제받지 못하자, 채무자 회사로부터 200억 원을 변제받고 채무자 회사 계열회사의 추가입보를 받는 한편 채무자 회사가 기존에 발행한 어음의 만기를 연장하여 주고 채무자 회사와 사이에 나머지 800억 원에 대한 변제기를 유예하는 변경약정을 체결하게 되었고, 채무자 회사는 이후 위 변경약정에 따른 변제기에 100억 원 및 이자를 변제하였는데, 채무자 회사는 약 2~3개월 후 기존에 발행하였던 다른 어음을 부도 내고 그로부터 1개월 후 회생절차개시신청을 하여 인용 결정을 받은 경우, 그 변제행위는 고의부인의 대상에 해당한다고 본 사례가 있다.[25]

또한 구법 시대부터 제3자로부터 새로 차입한 자금에 의한 변제행위가 편파행위로서 부인의 대상이 되는가에 대하여 다툼이 있었다.[26] 일반적으로 무담보로 차용한 자금에 의한 본지변제가 부인의 대상인가에 관하여 볼 때 자금의 차용과 변제를 따로 떼어서 보면 그 변제도 채권자간의 공평을 해하는 행위라고 하겠으나, 양자를 일체적·포괄적으로 보면 채무자의 총재산액에 변동은 없고, 채권자가 교체된 것뿐이라고 하는 면이 있으므로 다른 채권자를 해하는 것은 아니라고도 할 수 있다. 특히 차입금을 특정채무의 변제에 충당하는 것이 예정되어 있고, 그 밖의 용도에 사용한다면 차용이 불가능하여 파산채권자의 공

---

24) 입법론으로서는 입증의 곤란을 제거하고 획일적으로 처리할 수 있도록 예컨대 지급정지 등 전 일정 기간의 변제까지 위기부인의 범주에 포함시키든가, 그 기간의 변제에 관하여는 유해성이나 해의에 관한 입증책임을 전환시키는 등의 조치가 필요할 것이다. 이와 같은 방안이 강구되기까지는 실질상 고의부인과 위기부인의 구별이 말살되어도 부득이 하다. 또 고의부인에 관하여도 일정시기 이전의 변제는 부인할 수 없는 것도 고려할 가치가 있으나, 고의부인은 시기적인 이유로 위기부인이 불가능한 경우(법111조, 404조)를 보충하는 기능을 가지는 것이라고 해석하므로 신중을 요할 것이다.

25) 대법원 2020.6.25. 선고 2016다257572 판결(미간행). 이 판결에 대한 해설로 송미경, "실질적 위기시기에 이루어진 본지변제(편파행위)에 관한 고의부인권 행사 가부", 대법원판례해설 제123호, 법원도서관(2021), 374면 참조.

26) 日大判昭和8.4.26民集12권753면은 차용에 의하여 발생한 채무(신채무)의 태양이 변제에 의하여 소멸한 채무(구채무)의 태양보다 중하지 않은 경우에는 파산채권자를 해하지 않는 것이라고 하여 부인을 인정하지 않았으나, 日大判昭和10.9.3民集14권1412면, 日大判昭和15.5.15新聞4580호12면, 日大阪高判昭和61.2.20判時1202호55면[新百選35]은 자기자본에 의한 것인가 타인으로부터 융통한 자본에 의한 것인가를 불문하고 특정의 채권자에 대한 변제는 평등을 해하는 것이라고 하여 부인을 인정하였다.

동담보를 해치는 것이 아니라면 변제된 채무와 새로운 채무를 비교하여 후자가 중하지 않다고 하는 한 유해하지 않다고 보아야 한다.[27] 이 경우에는 채권자가 교체된 것만으로 다른 채권자의 지위가 종전보다 열악하여진 것은 아니라고 해석하여도 좋지만, 종전의 채권자 중의 1인만이 만족을 얻는다는 것은 역시 편파행위라고 해석한다. 또 변제의 당시에 유해하여도 후에 그 유해성이 소멸된 경우에는 부인할 수 없다.

(다) 공익채권·재단채권의 변제

예컨대 근로자의 임금채권은 공익채권 또는 재단채권으로서 도산절차상 우대된다. 이를 근거로 하여 채무자 회사가 그 소속 근로자의 급료지급에 충당할 자금을 차용하기 위하여 담보권을 설정한 경우에는 목적물건의 가액과 피담보채권이 균형을 이루는 한 그 담보설정행위는 부인의 대상이 되지 않는다고 해석한다.[28] 이 점에서 공익채권·재단채권이 되는 경우에는 일응 변제가 보장되어 있다고 볼 수 있다. 임금채권이 재단채권이 아닌 우선적 파산채권에 불과하던 구 파산법 시대의 판례 중에는 파산선고를 받은 회사가 거래정지처분을 받기 직전에 그 사정을 잘 아는 직원들(대부분이 대표이사의 친인척임)에게 임금채권의 변제에 갈음하여 회사 재산 일체를 양도한 행위에 대하여 부인을 인정한 사례가 있고,[29] 별제권자인 담보권자에 대한 변제는 부인의 대상이 될 수 없으나, 별제권이 없이 단지 우선특권이 있는 임금채권자는 구 파산법 제32조의 우선적 파산채권자에 불과하여 평등변제가 이루어질 필요가 있음을 근거로 유해성의 관점에서 부인권 행사를 용인한 사례도 있다.[30] 반대로 일본의 판례 중에는 주식회사의 임원이 받는 퇴직위로금은 일반적으로 그 직무수행에 대한 대가의 일부인 성질을 갖는 것이며, 구체적으로 그 금액을 정하여 지급을 결정하는 행위 자체는, 적어도 그것이 사내규정의 일반적 기준에 따르고 금액도 특별하게 부당하지 않는 한, 회사 채권자를 해하는 성질로는 볼 수 없고, 오히려 타당한 금

---

27) 日最判平成5.1.25民集47권1호344면, 倒産判例 インデックス 제3판 108[百選31]은 파산회사인 증권회사가 일본증권업협회 등과의 사이에 투자자보호를 위하여 필요한 경우에만 융자를 받을 수 있고, 그 목적을 위하여만 융자금을 사용할 수 있다는 취지의 약정이 있는 기본계약에 기하여 고객인 특정의 채권자에 대한 채권의 환매조건부 매매계약상의 채무의 변제에 충당하기 위하여 당해 고객의 입회 하에 특별융자를 받아 차입 후 그 장소에서 차입금으로 곧 당해 고객에 대한 변제를 한 사안이다.

28) 日最判昭和43.2.2民集22권2호85면, 倒産判例 ガイド 제2판 249면[百選초판94]은 급료지급에 충당하기 위하여 채무자 회사의 재산을 양도담보에 제공한 사안에서 양도담보가 채무자 회사의 필요자금을 획득하기 위하여 이루어졌다고 해도 부인권의 행사를 부정하기 위하여는 특별한 사정이 없는 한 양도담보의 목적물의 가액과 그 피담보채무액과의 사이에 합리적인 균형이 존재할 것을 필요로 한다고 전제하고 물건의 가액을 확정하지 아니한 원심을 파기하였다. 원심은 담보목적물의 가액과 피담보채권과의 사이에 합리적인 균형이 있을 것을 요구하지 않고 자금조달의 필요성, 급료채권의 우선성 등을 근거로 하였다.

29) 대법원 1999.9.3. 선고 99다6982 판결(공보불게재). 이 판결에 대한 해설로 고원석, "임금채권의 변제와 파산법상의 고의부인", 민사재판의 제문제 제11권, 한국사법행정학회(2002), 339면 참조.

30) 대법원 2004.1.29. 선고 2003다40743 판결(공보불게재)은 파산한 종합금융회사 임원들의 명예퇴직금에 관한 것이었는데 부인권의 행사가 인정된 결과 명예퇴직금의 반환을 명하였다.

액의 퇴직위로금 지급을 받는 일은 임원의 정당한 권리이기 때문에 갱생절차에서 이것을 다른 회사채권자의 채권과 평등하게 취급하는 일이 공평원칙에 합치하여 상당하다고 보아야 한다고 한 사례가 있다.[31] 그러나 이와 같은 행위가 부인될 수 없는 것은 객관적 유해성이 없기 때문이 아니라, 후술하는 바와 같이 행위의 정당성에 그 근거가 있을 것이다.

약간 논점을 달리하는 것이기는 하지만, 일본의 판례 중에는 지방공무원공제조합의 조합원의 급여지급기관이 급여(퇴직수당 포함)를 지급할 때, 그 조합원의 급여에서 대부금에 해당하는 금액을 공제하고, 이것을 조합원을 대신해서 조합에 납입한 행위는 조합원이 파산선고를 받은 경우에 편파행위로서 부인대상이 되는 것으로 본 사례도 있다.[32]

(라) 담보물에 의한 대물변제

파산에서는 담보권은 별제권으로 보호되는 결과 담보에 제공된 재산은 그 한도에서 일반채권자를 위한 재산을 구성하는 것은 아니다. 따라서 피담보채권의 변제를 위하여 담보물을 가지고 대물변제하는 것은 담보물의 평가액이 적절한 한 유해성이 없다. 앞서 보았듯이 판례도 파산에 있어서 별제권자인 담보권자에 대한 변제는 부인의 대상이 될 수 없다고 하였다.[33] 대물변제의 형태를 취하지 않고, 담보목적물을 채권자에게 매각하여 그 대금채권과 피담보채권을 상계하는 것도 성질상 대물변제이고, 매각대금이 적정한 한 유해성이 없다.[34] 여기서 담보물에 의한 대물변제 또는 대물변제와 동일시할 행위라고 하는 경우, 그 담보권은 등기 등 권리변동의 성립요건을 갖추어야 함은 물론이다.[35]

---

31) 日東京高判平成1.12.14東高民40권9~12호130면, 倒産判例 ガイド 제2판 267면. 일반적으로 임원에 대한 퇴직위로금에 대하여는 주주총회가 그 지급 여부만을 정하고 그 금액, 시기, 방법은 이사회에 일임하는 것이 실무관행이라고 전제하였다. 또한 日最判昭和39.12.11民集18권10호2143면, 日最判昭和48.11.26判時722호74면 참조.

32) 日最判平成2.7.19民集44권5호837면, 倒産判例 ガイド 제2판 281면[百選30①]은 위 납입이 조합에 대한 조합원의 채무변제를 대행하는 것밖에 안 되며, 조합이 파산절차상 다른 일반적인 파산채권에 우선하여 조합원에 대한 대출금채권을 받을 수 있다고 해석할 수는 없기 때문이라고 하였다. 同旨 日最判平成2.7.19民集44권5호853면[百選30②]는 국가공무원등공제조합에 관한 사건이다.

33) 대법원 2004.1.29. 선고 2003다40743 판결(공보불게재). 한편 日最判昭和41.4.14民集20권4호611면, 倒産判例 ガイド 제2판 247면, 倒産判例 インデックス 제3판 111[百選34]은 일본민법상의 선취특권을 가지는 물건을 피담보채권액과 동액으로 평가하여 대물변제를 받은 사안에서 매매 당시에 비하여 대물변제 당시에 가액이 증가한 것이 인정되지 않는 중에는 당해 물건의 교환가치는 피담보채권의 범위 내에서는 담보권자가 독점하는 것이고, 파산채권자의 공동담보는 아니므로 부인할 수 없다고 하였다. 다만 자사제품과 타사제품의 대물변제를 받은 점에 대하여 타사제품과 자사제품 중 동산매매선취특권이 인정되지 않는 부분에 관하여는 부인을 인정하였다. 이에 반하여 日最判平成9.12.18民集51권10호4210면[百選35]은 위 사건과 달리 목적물이 제3자에게 일단 전매되어 동산선취특권이 소멸된 후에 매수인이 전득자와 사이에 매매계약을 합의 해제하여 환취한 후 매도인에게 대물변제한 사안에서는 법적으로 불가능하여진 담보권을 가능하게 하였다는 의미에서 후술하는 의무없는 대물변제가 되어 부인할 수 있다고 하였다.

34) 日最判昭和39.6.26民集18권5호887면. 양도담보물에 의한 대물변제에 관한 것이다.

35) 日最判昭和46.7.16民集25권5호779면은 기존의 채무와 매매대금과 상계하는 약정이 이루어져서 대물

회생에서는 담보권이라도 회생절차에 복종하는 것이므로 이와 같은 파산법상의 원칙은 적용되지 않는다.

(마) 부인권 규정을 잠탈하는 합의의 효력

부인권은 도산법이 절차기관으로서의 관리인·관재인에게 부여한 권능이고 이러한 고유권한을 채권자나 채무자 등 제3자의 합의로 제약하는 것은 불가능하고 또 부인에 관한 규정은 모두 채권자의 집단적인 이익을 보호하는 것을 목적으로 한다는 점에서 강행법규이며, 그를 잠탈하는 행위는 허용되지 않는다.

따라서 재판외의 도산처리의 결과는 그 후의 재판상의 도산절차에서 부인권 행사 등을 통하여 무효화될 수 있다. 예컨대 일부 채권자에 대한 변제는 도산절차에서는 편파행위로서 부인의 대상이 될 수 있고,[36] 채무자의 대리인 변호사의 보수도 그 액수가 용역의 제공과 합리적인 균형을 잃은 경우에는 그 범위에서 재산감소행위로서 부인의 대상이 될 수 있다.[37] 물론 도산절차 개시 전에 채무자가 제3자와 사이에 쌍무계약을 체결하고 그 것이 쌍방미이행의 경우에는 후의 도산절차에서 관리인·관재인에 의하여 해제될 수 있을 것이다.

(바) 그 밖의 사례

채무자가 금원을 차용하여도 그 이자·손해금 등의 약정이 적정하다면 총재산에 증감은 없다고 보이므로 원칙적으로 부인할 수 없으나, 채무자가 차용금을 소비·은닉하여 채권자를 해할 의도로 금원을 차용하고, 대주(貸主)도 사해의 사실을 알고 있는 것과 같은 경우에는 부인할 수 있다고 해석한다. 그러나 판례는 채무자가 변제 등 채무를 소멸시키기 위한 자금을 마련하기 위하여 제3자로부터 자금을 차입하는 경우, 제3자와 채무자가 차입금을 특정 채무를 소멸시키기 위하여 사용하기로 약정하고, 실제 그와 같은 약정에 따라 특정 채무에 대한 변제 등이 이루어졌으며, 차입과 변제 등이 이루어진 시기와 경위, 방법 등 제반 사정에 비추어 실질적으로 특정 채무의 변제 등이 당해 차입금에 의하여 이루어진 것이라고 볼 수 있고, 이자, 변제기, 담보제공 여부 등 차입금의 차입 조건이나 차입금을 제공하는 제3자와 채무자의 관계 등에 비추어 차입 이전과 비교할 때 변제 등 채무 소멸이 이루어진 이후에 채무자 재산이 감소되지 아니한 등의 사정이 인정된다면, 해당 변제 등 채무소멸행위는 전체적으로 보아 회생채권자 등을 해하지 아니하여 부인의 대상이 되지 아니하는 특별한 사정이 존재한다고 할 수 있다고 하였고,[38] 위와 같은 제3자와 채

변제의 실질을 가진 경우이다.

36) 日最判昭和47.5.1金法651호24면. 다만 日岐阜地大垣支判昭和57.10.13判時1065호185면은 재판외의 도산처리에서 한 변제가 파산절차에서의 신고채권자 전원을 대상으로 평등하게 이루어진 경우에는 당해 배당은 부인할 수 없다고 하면서 다만 당해 사안에서는 부인권 행사를 인정하였다.

37) 日神戸地伊丹支決平成19.11.28判時2001호88면.

38) 대법원 2011.5.13. 선고 2009다75291 판결(공2011상, 1125). 이 판결에 대한 비판적 분석으로는 최준규, "다수당사자 사이에서의 부인권 행사", 민법과 도산법, 박영사(2019), 151면 참조.

무자의 약정은 반드시 명시적으로 행하여질 필요는 없고 묵시적으로도 이루어질 수 있다고 하였다.[39]

한편 금원을 차용하기 위하여 저당권 등의 담보권을 설정하는 것은 재산의 매각에 준하는 행위로 보이므로 부인의 인정 여부도 위에서 본 적정가격에 의한 재산의 매각의 경우와 마찬가지로 본다.

채권자취소권에 관한 판례 중에는 채무초과 상태에 있는 채무자가 그 소유의 부동산을 채권자 중의 어느 한 사람에게 채권담보로 제공하는 행위는 특별한 사정이 없는 한 다른 채권자들에 대한 관계에서 사해행위에 해당한다고 한 사례,[40] 비록 채무자가 사업의 갱생이나 계속 추진의 의도였다 하더라도 신규자금의 융통 없이 단지 기존채무의 이행을 유예받기 위하여 자신의 채권자 중 한 사람에게 담보를 제공하는 행위는 다른 특별한 사정이 없는 한 다른 채권자들에 대한 관계에서는 사해행위에 해당한다고 한 사례,[41] 보증채무자가 주채무자의 경제적 회생을 위하여 채무초과 상태에서 자신 소유의 부동산을 주채무자의 특정 채권자에게 담보로 제공함으로써 주채무자가 그 채권자로부터 물품을 공급받아 사업을 계속하게 된 경우, 보증채무자의 담보권 설정행위가 사해행위에 해당하지 않는다고 한 사례,[42] 채무초과 상태에서 사업의 계속에 필요한 물품을 공급받기 위한 방법으로 기존 물품대금채무 및 장래 발생할 물품대금채무를 담보하기 위하여 근저당권을 설정하여 준 경우, 근저당권의 피담보채무에 기존 채무를 포함시켰다 하더라도 기존 채무를 위한 담보설정과 물품을 계속 공급받기 위한 담보설정이 불가피하게 동일한 목적하에 하나의 행위로 이루어졌고, 당시의 제반 사정 하에서는 그것이 사업의 계속을 통한 회사의 갱생이라는 목적을 위한 담보제공행위로서 합리적인 범위를 넘은 것이 아니라는 이유로 기존

---

39) 대법원 2018.4.12. 선고 2016다247209 판결(공2018상, 883)[백선17]에 대하여는 전술하였다.

40) 대법원 1997.9.9. 선고 97다10864 판결(공1997, 3051) 同旨 대법원 1989.9.12. 선고 88다카23186 판결(공1989, 1462).

41) 대법원 2010.4.29. 선고 2009다104564 판결(공2010상, 1009)은 ① 이미 채무초과 상태에 빠진 채무자에게 있어서 채권자의 강제집행 내지 가압류 등 채권회수를 위한 집행보전조치로 발생하는 사업추진상의 어려움은 그러한 조치를 행하는 채권자의 채권액이나 변제기의 도래 여부에 관계없이 동일하게 발생할 수 있는 사정이다. ② 또한 특정 채권자가 당시로서 채무자에 대하여 위와 같은 채권회수조치에 적극성을 보였다는 사정만으로 채권자들 사이에서 우선적 담보제공의 필요성에 관한 차별적 평가를 하기는 어렵다. ③ 나아가 채무자가 사업활동에서 실제로 활용할 수 있는 신규자금의 유입과 기존채무의 이행기의 연장 내지 채권회수조치의 유예는 사업의 갱생이나 계속적 추진을 위하여 가지는 경제적 의미가 동일하다고 볼 수 없다는 점을 그 근거로 하였다.

42) 대법원 2012.2.23. 선고 2011다88832 판결(미간행)은 甲 회사의 원자재 주요 구입처인 乙 회사가 외상거래액 누적을 이유로 경영난을 겪고 있는 甲 회사에 대한 원자재 공급을 중단하자, 甲 회사의 丙 은행에 대한 대출금 채무를 보증한 甲 회사 주주 겸 이사 丁이 채무초과 상태에서 乙 회사에 자신 소유 부동산에 대한 근저당권을 설정해 주어 甲 회사가 乙 회사로부터 원자재를 계속 공급받을 수 있도록 한 사안에서, 丁의 근저당권 설정행위는 甲 회사의 경제적 회생을 위하여 부득이한 조치였다고 볼 여지가 충분한데도, 이를 사해행위로 단정한 원심판결에 법리오해의 위법이 있다고 한 사례이다.

채무를 위한 담보설정행위 역시 사해행위에 해당하지 않는다고 한 사례[43] 등이 있다.

부인권에 관한 판례도 채무자가 지급불능 상태에서 특정 채권자에게 담보를 제공하였다고 하더라도 이것이 신규차입과 동시에 교환적으로 행하여졌고, 차입금과 담보 목적물의 가격 사이에 합리적인 균형을 인정할 수 있으며, 이로써 채무자가 차입금을 은닉하거나 증여하는 등 파산채권자를 해하는 처분을 할 우려를 생기게 하는 것이 아니라면 이러한 담보제공행위는 파산채권자를 해하는 행위로 볼 수 없어 부인할 수 있는 행위에 해당하지 않는다고 하였다.[44] 그러나 금원차용의 목적이나 예정된 용도가 정당한 경우에는 차용금 반환채무를 위한 담보의 설정은 유해성이 없다고 하기 보다는 부당성을 결한 것으로서 부인할 수 없다고 보는 것이 타당할 것이다. 일본의 하급심 판례 중에는 파산선고를 받은 채무자가 끝까지 사업의 계속을 도모하여 그를 위한 긴급한 자금을 얻기 위하여 제3자로부터 차용하는데 필요한 담보를 제공하는 행위는 차용금과 당해 담보물건의 가격 사이에 합리적 균형이 유지되고 있는 한 일반채권자의 이익을 해하는 것은 아니고, 부인의 대상이 되지 않는다고 한 사례가 있다.[45]

근래 사업양도후의 파산의 경우에는 사업양도의 대가의 상당성을 기준으로 사해행위 부인의 대상으로 되는지 여부를 판단하고 있으나,[46] 사업양도와 달리 조직법상의 행위로

---

43) 대법원 2002.3.29. 선고 2000다25842 판결(공2002, 981)은 채무초과 상태에 있는 채무자가 그 소유의 부동산을 채권자 중의 어느 한 사람에게 채권담보로 제공하는 행위는 특별한 사정이 없는 한 다른 채권자들에 대한 관계에서 사해행위에 해당한다고 할 것이나, 계속적인 거래관계에 있는 구입처로부터 외상매입대금채무에 대한 담보를 제공하지 않으면 사업에 필요한 물품의 공급을 중단하겠다는 통보를 받고 물품을 공급받아 사업을 계속 추진하는 것이 채무 변제력을 갖게 되는 최선의 방법이라고 생각하고 물품을 공급받기 위하여 부득이 부동산을 특정 채권자에게 담보로 제공하고 그로부터 물품을 공급받았다면 이 경우에도 특별한 사정이 없는 한 채무자의 담보권설정행위는 사해행위에 해당하지 않으며, 다만 사업의 계속 추진과는 아무런 관계가 없는 기존 채무를 아울러 피담보채무 범위에 포함시켰다면, 그 부분에 한하여 사해행위에 해당할 여지는 있다고 하였다.

44) 대법원 2017.9.21. 선고 2015다240447 판결(공2017하, 1965)[백선72]은 원심이 채무자인 상호저축은행의 담보권 설정행위는 기존채무를 담보하기 위한 것이 아니라, 금융감독원으로부터 영업정지 등의 처분을 받지 않고 사업의 계속을 도모하기 위하여 자금을 차용하는 것과 동시에 교환적으로 이루어졌고, 그 차용금이 이와 다른 목적으로 유용되거나 압류될 가능성도 없어 파산채권자의 공동담보가 감소되었다거나 파산채권자들에게 손해가 야기되었다고 볼 수 없다는 등의 이유로, 담보권 설정행위가 파산채권자들을 해하는 행위에 해당한다거나 당시 채무자가 그러한 결과를 인식하였다고 단정할 수 없다고 판단한 것을 유지한 사안이다.

45) 日仙台高判昭和53.8.8金法872호40면, 倒産判例 インデックス 제3판 109[百選제5판33]은 약 9억 엔의 채무를 부담하는 상태에서 외주비 및 노무비를 위하여 2,200만 엔, 어음결제를 위하여 6,700만 엔의 융자를 받고 나서 파산선고를 받은 사안이다.

46) 日東京高判平成25.12.5金判1433호16면[百選32]은 상당한 대가의 사업양도에 관하여 파산법에 기한 부인권행사를 부정하였다. 그러나 日東京地決平成22.11.30金判1368호54면, 倒産判例 インデックス 제3판 116은 파산회사가 파산신청 전에 행한 사업양도에 관하여 양수회사가 중첩적 채무인수를 하지 않은 채무의 채권자에게는 사해행위에 해당하고 파산관재인에 의한 부인권행사의 대상이 된다고 하면서, 가액상환청구에 있어서의 상환의 범위에 관하여 양수인이 중첩적 채무인수에 기하여 채권자에게

서의 성질을 가지는 회사분할이 이용된 후의 파산의 경우에는 이른바 남용적 회사분할에 대한 대처가 문제되고 있다. 즉, 채무자인 주식회사(분할회사)가 채무초과를 해소하여 사업을 계속할 목적으로 회사분할에 의한 신회사(신설회사)를 설립하고, 신설회사에 적극재산과 그만큼만의 채무를 승계시켜 분할회사 자체는 무자력에 빠지는 경우가 있다. 예컨대 100억 원의 채무를 부담하는 분할회사가 신설회사를 설립하고 보유하고 있는 10억 원의 부동산을 신설회사에 이전함과 동시에 거래처에 대한 10억 원의 채무만을 신설회사에 승계시켜 부담하게 하고(이 때 분할회사가 병존적 채무인수를 한다), 신설회사에서 사업을 계속하게 하는 경우이다. 이 경우 분할회사는 100억 원의 채무를 변함없이 부담함에도 부동산은 신설회사에 이전하는 것이므로 남은 채권자 A와 B는 분할회사로부터 채권을 회수할 수 없게 되는 것이다. 이 분할회사가 파산한 경우 파산관재인은 회사분할을 부인할 수 있는가 하는 것이 문제가 된다. 일본의 판례 중에는 사업양도와 달리 조직법상의 회사분할을 부인할 수 있다고 본 사례들이 있다.[47]

(2) 행위의 부당성

유해성은 계수상의 개념이고, 객관적으로 그 존부가 결정된다. 그러나 어떠한 행위가 그 의미에서 유해한 것이라고 하더라도 그것이 사회적으로 필요하고 정당한 결과 일반 채권자의 입장에서 그에 의한 재산의 감소나 불공평을 감내하여야 한다고 판단되는 경우가 있을 수 있고, 그와 같은 예외적인 경우에는 채권자평등, 채무자의 보호와 도산이해관계의 조정이라는 도산법의 지도이념이나 정의 관념에 비추어 부인권 행사의 대상이 될 수 없다. 그 행위의 상당성 여부는 행위 당시의 채무자의 재산 및 영업 상태, 행위의 목적·의도와 동기 등 채무자의 주관적 상태를 고려함은 물론, 변제행위에 있어서는 변제자금의 원천, 채무자와 채권자와의 관계, 채권자가 채무자와 통모하거나 채무자에게 변제를 강요하는 등의 영향력을 행사하였는지 여부 등을 기준으로 하여 신의칙과 공평의 이념에 비추어 구체적으로 판단하여야 한다.[48] 판례도 양도담보권 설정행위와 관련하여 양도담보권 설정행

변제하였다고 하여도 상환하여야 할 가액은 감소하지 않는다고 하였다.

47) 日最判平成24.10.12民集66권10호3311면, 倒産判例 インデックス 제3판 114는 회사분할이 재산권을 목적으로 하는 법률행위인 점, 분할회사에 대하여 채권자가 회사법상 이의를 할 수 없는 점, 채무가 신설회사에 승계되지 않는 점 등을 이유로 회사분할이 사해행위취소권의 대상이 된다고 하였고, 日東京高判平成24.6.20判タ1388호366면, 倒産判例 インデックス 제3판 115[百選33]는 사해행위 부인을 긍정하였다. 이 입장에 대하여 주식평가의 점에서 분석한 견해로 野村剛司 외 1인, "倒産法講義", 日本加除出版株式會社(2022), 177면 참조. 또한 회사분할 과정에서의 여러 문제점에 대한 분석으로는 伊藤 眞/경선희(역), "회사분할과 도산법리와의 관계―편파적 사해행위 부인의 가능성―", 도산법연구 제3권 제1호, 사단법인 도산법연구회(2012.5.), 159면 참조.

48) 대법원 2005.11.10. 선고 2003다2345 판결(공보불게재), 대법원 2002.8.23. 선고 2001다78898 판결(공2002, 2199) 同旨 대법원 2004.1.29. 선고 2003다40743 판결(공보불게재), 대법원 2007.10.11. 선고 2005

위가 채무자회사의 정상화 가능성을 염두에 두고 이루어진 것일 뿐 아니라 채무자 회사가 부도난 시점과 비교하여 차이가 있는 점, 담보권 설정행위 당시 채무자회사의 정상화를 위하여 여러 조치가 제시되어 실제 이행된 점, 재고자산에 대하여 처음으로 담보제공하였다는 점 등을 더하여 보면, 원심이 신의칙과 공평의 이념에 비추어 양도담보권 설정행위가 상당성이 있는 행위라고 판단하고 나아가 원심이 무상행위와 같이 볼 수 있는 유상행위라고 할 수 없다고 판시한 것은 타당하다고 한 사례가 있다.[49]

이 점에 관하여 현재의 유력설은 부인 일반에 관하여 부인의 대상으로 되는 행위는 채권자와의 관계에서 부당할 것(부당성)이 필요하다고 설명하거나, 또는 부당성을 결한(즉 정당성·상당성을 갖는) 행위는 부인의 대상이 되지 않는다고 해석하여야 한다고 표현한다. 판례는 부인의 대상이 되는 행위가 행위 당시의 개별적·구체적 사정에 따라서는 사회적으로 필요하고 상당하였다거나 불가피하였다고 인정되어 채권자가 채무자 재산의 감소나 불공평을 감수하여야 하는 경우가 있는데, 이러한 예외적인 경우에는 채권자 평등, 채무자의 보호와 이해관계의 조정이라는 법의 지도이념이나 정의 관념에 비추어 부인권 행사의 대상이 될 수 없다고 보아야 하되, 다만, 무상행위의 부인은 그 대상인 행위가 대가를 수반하지 않는 것으로서 채무자의 수익력과 채권자 일반의 이익을 해할 위험이 특히 현저하기 때문에 채무자와 수익자의 주관적 사정을 고려하지 아니하고 오로지 행위의 내용과 시기에 착안하여 특수한 부인유형으로서 규정되어 있는 점에 비추어, 그 행위의 상당성 여부의 판단에 있어서도 행위의 목적·의도와 동기, 수익자와의 통모 여부 등 채무자와 수익자의 주관적 상태보다는 행위 당시의 채무자의 재산 및 영업 상태, 행위의 사회경제적 필요성, 행위의 내용 및 금액과 이로 인한 채무자의 경제적 이익 등 객관적 요소를 종합적으

다43999 판결(공보불게재), 대법원 2011.5.13. 선고 2009다75291 판결(공2011상, 1125), 대법원 2014.7.10. 선고 2014다24112 판결(미간행). 한편 대법원 2014.9.25. 선고 2014다214885 판결(미간행)은 저축은행이 예금채권자에게 편파변제한 사안으로서 피고가 정보에 어두웠던 고령의 예금자이고 저축은행과 직접적 이해관계가 없는 사람이라는 등의 사실만으로는 변제행위가 사회적으로 상당하고 불가피하여 일반 파산채권자가 파산재단의 감소나 불공평을 감수하여야 할 경우에 해당한다고 보기 어렵다고 판단한 원심을 유지하였다. 위 대법원 2002.8.23. 선고 2001다78898 판결에 대한 해설로 황정근, "파산법 제64조 제2호 소정의 위기부인의 요건", 대법원판례해설 제42호, 법원도서관(2003), 636면 참조. 同旨 대법원 2018.10.25. 선고 2017다287648,287655 판결(공2018하, 2243)[백선71]의 내용은 전술하였다. 또한 대법원 2020.6.25. 선고 2016다257572 판결(공2020하, 1465)은 아파트 건설 사업의 시공사로서 연대보증인에 불과한 채무자 회사가 부채초과 및 유동성 부족, 채무연체 등 재무적 어려움을 겪으며 하도급업체들에 대한 전자방식 외상매출채권담보대출의 만기도래를 앞둔 상황에서 특정채권자인 군인공제회에게 가용현금 중 상당 비중을 차지하는 변제금을 지급한 행위가 사회적으로 필요하고 상당하였다거나 불가피하여 회생채권자 등이 회생회사 재산의 감소나 불공평을 감수하여야 할 예외적인 경우에 해당한다고 인정하기 어렵고, 채권자평등의 원칙을 회피하기 위해 특정채권자에게 변제한다는 인식이 있었다고 보아 원심판결을 파기한 사례임은 전술하였다.

49) 대법원 2007.9.21. 선고 2005다22398 판결(공보불게재).

로 고려하여 판단하여야 한다고 판시하고 있다.[50]

　　구체적으로 어떠한 경우에 정당성에 의하여 부인을 부정할 수 있게 되는가는 어려운 문제이다. 파산에 있어서의 부인에서는 채권자평등의 이념이 강한 결과 민법상의 채권자 취소권이나 회생에 있어서의 부인권의 경우보다도 「정당성」의 범위가 좁다고 할 수 있는데, 판례로서는 파산한 증권회사가 지급정지에 이르기 4일 전에 농업협동조합 중앙회에 대출원리금 반환채무를 담보하기 위하여 부동산에 근저당권을 설정하여 준 사안에서 근저당권설정계약이 오로지 증권회사의 이익을 위한 행위에 해당한다고 볼 수는 없는 점, 증권회사는 농업협동조합중앙회로부터 만기가 도래한 1차 대출금 및 2차 대출금의 회수를 요구받고 부도 위기에 빠진 상태에서 어쩔 수 없이 1차 대출금을 투자자보호기금의 보호 대상이 되는 예탁금으로 전환해 주고 위 각 근저당권설정계약을 체결하기로 하여 관련 서류를 교부한 다음 영업시간이 지난 시각에 200억 원을 대출받아 이미 교환에 돌린 2차 대출금에 대한 약속어음의 액면 상당액을 입금하고 1일 단위로 회수와 대출을 반복하는 방법으로 거래하였던 것으로 위 각 근저당권설정계약은 신규로 대출하는 금원에 담보를 제공하는 형식을 취하였으나 그 실질에 있어서는 기한을 유예하는 방법으로 이루어졌던 점, 위 예탁금 및 대출금의 용도가 기존 대출금의 기한의 유예를 통해 부도를 늦추기 위한 것이었을 뿐 영업의 계속에 필요한 자금으로 사용되었던 것이 아닌 점 등에 비추어 볼 때, 위 근저당권설정계약이나 이에 따른 대출행위는 사회적으로 상당하고 불가피하여 일반 파산채권자가 그로 인한 파산재단의 감소나 불공평을 감수하여야 할 경우라고 보기 어렵다는 이유로, 근저당권 설정계약이 부당성을 결한 것이라는 피고의 주장을 배척한 원심을 유지한 사례,[51] 채무초과 상태로 어음부도 직전에 있던 채무자 회사가 자신의 은행 대출

50) 대법원 2008.11.27. 선고 2006다50444 판결(공2008하, 1762)의 사안은 2002 월드컵 사업과 관련된 것이었는데, 대법원은 甲이 포괄근보증 등을 할 당시에 누적된 적자와 과도한 차입금 규모로 인하여 이미 자본잠식 상태에 있어서 외부로부터 추가적인 자금차입이 없이는 지급정지에 빠지는 것은 피하기 어려운 상황이었고, 상품화 사업을 위하여 설립한 乙 또한 甲의 자금지원 없이는 독자적으로 기업을 유지하는 것이 불가능한 상태였으며, 실질적으로 甲와 乙 모두 사실상 부도가 임박한 상태에서 甲이 분식회계를 통하여 회사의 재무상태를 건전한 것처럼 보이도록 하고, 성공 가능성이 불투명한 상품화사업을 통하여 상당한 수익이 발생할 것처럼 포장하여 금융기관으로부터 차입을 계속하여 오는 과정에서 乙의 자금지원을 위하여 포괄근보증 등을 하기에 이른 것인 데다가, 특히 포괄근보증 등이 이루어진 후 4개월여 만에 甲과 乙 모두 부도가 발생한 사정 등을 고려하여 보면, 甲이 포괄근보증 등으로 인하여 직접적이고 현실적인 경제적 이익을 얻었다고 볼 수 없어 포괄근보증 등의 무상성을 부정할 수 없을 뿐 아니라, 나아가 甲의 포괄근보증 등이 사회적으로 필요하고 상당하였다거나 불가피하였다고 평가되어 甲의 정리채권자가 정리회사 재산의 감소나 불공평을 감수하여야 한다고 볼 수 있는 예외적인 경우로 인정할 수 없다고 판시하여 "甲은 乙과 경제적 이해관계를 완전히 같이 하는 입장에서 포괄근보증 등을 한 것이고, 그와 같은 행위는 상품화 사업의 성공적 수행과 이를 통한 甲의 경제적 이익 증대를 위하여 필요한 행위로 평가되어 이는 그 당시로서는 상당하고 불가피한 것으로서 무상행위로 볼 수 없는 특별한 사정이 존재한다"고 보아 부인권 행사를 인정하지 않은 원심을 파기하였다.
51) 위 대법원 2005.11.10. 선고 2003다2345 판결.

계좌 등에서 인출한 자금으로 자기앞수표를 발행받은 다음 이를 특정 채권자에 대한 기존 채무의 변제를 위해 교부하면서 기왕에 담보조로 제공하였던 당좌수표 등을 회수하였으나 수표를 교부한 당일 또는 다음날 약속어음 등을 결제하지 못하여 결국 부도가 난 사안에서, 위 수표 교부행위는 기왕에 제공하였던 당좌수표를 회수하여 부정수표 발행으로 인한 대표이사의 형사처벌을 모면하게 하기 위한 것으로 보이고, 이와 같은 행위의 동기를 감안하더라도 거액의 약속어음을 결제하지 못하여 어차피 부도에 이를 것이 분명한 상황에서 기왕에 수표가 담보조로 제공된 특정 채무만을 골라 변제하는 행위가 객관적으로 회사의 회생에 도움이 되는 행위라고 단정하기 어려운 점 등의 사정에 비추어, 위 수표 교부행위가 사회적으로 필요하고 상당하였거나 불가피하다고 인정되어 일반 회생채권자 등이 회생회사 재산의 감소나 불공평을 감수하여야 하는 경우에 해당한다고 볼 수 없다고 한 사례,52) 甲 회사가 예금부족으로 1차 부도가 났는데, 乙 회사로부터 세척사를 공급받으면서 대금에 관하여 약속어음을 교부하여 오다가 乙 회사로부터 지급기일을 연장받으면서 그에 대한 담보로 甲 회사의 거래처 丙 등에 대한 레미콘 대금 채권을 乙 회사에 양도하기로 하는 내용의 약정을 체결하였고, 乙 회사가 甲 회사에 대한 세척사 대금을 지급받기 위하여 위 약정 당시 甲 회사로부터 교부받은 채권양도계약서와 채권양도통지서의 백지 부분을 보충하여 丙 등에게 채권양도통지를 하였는데, 乙 회사가 예약완결 의사표시를 한 당일 甲 회사가 2차 부도가 났으며 당일 영업을 중단하였고 이후 여신거래정지처분을 받은 사안에서, 甲 회사가 거액의 약속어음을 결제하지 못하여 부도에 이를 것이 예상되는 상황에서 乙 회사에 교부하였다가 지급기일을 연장한 약속어음의 지급기일이 도래하지 않았음에도 채권자 중의 1인인 乙 회사와 위 약정을 체결한 행위를 사회적으로 상당하고 불가피하여 일반 파산채권자가 그로 인한 파산재단의 감소나 불공평을 감수하여야 할 경우라고 볼 수 없다고 한 사례53)가 있다.

또한 판례 중에는 소외 주식회사 ○○○백화점이 변제행위 당시에는 이미 지급정지 상태에 있었고, 소외 회사의 부도 후 피고 등 입점업체들이 영업을 중단하고 매장에서 철수하겠다는 통지를 하고 소외 회사는 영업 정상화를 위하여 피고 등 입점업체들의 매장 철수를 만류하자 피고 등 입점업체들이 부도나기 전 입금하였던 판매 부분에 대한 미지급 결제대금을 지급하지 않으면 매장을 철수할 수밖에 없다는 통지를 함에 따라 소외 회사가 부득이 변제금 지급행위를 하게 된 점, 변제행위 무렵 소외 회사는 부채가 2,236억 원에 이르고 초과부채가 575억 원에 달함에도 불구하고 법원에 대한 화의절차개시신청의 결정을 의식한 나머지 입점업체들의 예상 영업실적 등을 구체적으로 판단하지 아니한 채 피고

52) 대법원 2011.5.13. 선고 2009다75291 판결(공2011상, 1125).
53) 대법원 2011.10.13. 선고 2011다56637,56644 판결(공2011하, 2351).

등 93개 업체만을 예외로 선정하여 그들에게 선급금 명목으로 합계 32억 여 원이나 되는 금원을 지급한 점, 그와 같은 변제행위에 대하여 보전관재인이나 법원의 동의가 없었던 점 등 여러 사정에 비추어 볼 때, 위 변제금 지급행위가 신의칙이나 공평의 이념에 비추어 부당성이 흠결되었다고 보기 어렵다고 판단한 사례가 있고,54) 백화점을 운영하던 파산전 회사가 화의절차 개시신청을 하면서 법원으로부터 회사재산보전처분을 받은 후, 피고 등 입점업체들이 회사가 부도나기 전 입금하였던 판매부분에 대한 미지급 결제대금을 지급하지 않으면 매장을 철수할 수밖에 없다는 통지를 함에 따라 파산전 회사가 미지급 물품대금을 선급금 명목으로 변제한 행위에 대하여 상당성을 부인하였으며,55) 채무자가 파산신청을 검토하면서 일부 채권자 요청한 조기상환청구권의 행사에 따른 변제에 대하여 복수의 법무법인으로부터 자문을 받은 결과 변제가 부인의 대상이 될 수 있다는 의견서를 제출받은 점, 채무자는 현저한 채무초과상태였기 때문에 파산절차가 충분히 예상되었던 점, 파산배당률보다 높은 비율에 의하여 변제를 받은 점 등에 비추어 파산신청에 임박하여 보증회사채만을 변제한 행위의 상당성을 인정할 수는 없다고 한 원심을 유지한 사례,56) 甲 저축은행이 대규모 예금인출사태 및 영업정지가 예상되는 상황에서 직원 또는 직원의 친인척인 乙 등에게 예금을 지급한 사안에서, 제반 사정에 비추어 위 행위가 사회적으로 필요하고 상당하였다거나 불가피하였다고 인정되어 일반 파산채권자가 파산재단의 감소나 불공평을 감수하여야 할 예외적인 경우에 해당한다고 볼 수 없다고 하여 원심을 파기한 사례57) 등도 있다.

　이와 관련하여 민법상의 사해행위 취소 사건에 관한 판례도 도움이 된다. 판례는 어느 특정 채권자에 대한 담보제공행위가 사해행위가 되기 위하여는 채무자가 이미 채무초과 상태에 있을 것과 그 채권자에게만 다른 채권자에 비하여 우선변제를 받을 수 있도록 하여 다른 일반 채권자의 공동담보를 감소시키는 결과를 초래할 것을 그 요건으로 하므로, 채무자의 담보제공행위가 사해행위가 되는지 여부를 판단하기 위하여는 채무자의 재산상태를 심리하여 채무초과 여부를 밝혀보아야 한다고 하였고,58) 채권자취소권의 대상인 '사

---

54) 대법원 2004.3.26. 선고 2003다65049 판결(공2004, 723).
55) 대법원 2002.8.23. 선고 2001다78898 판결. 아울러 위 판결은 구 파산법 제64조 제2호 소정의 '지급정지' 이후에 화의개시신청을 한 상태에서 구 파산법 제64조 제2호 소정의 이른바 본지(本旨)변제 행위를 한 경우에, 설령 그 변제행위가 구 화의법 31조에 의하여 유효한 행위 또는 구 화의법 제33조 단서에 의하여 부인권을 행사할 수 없는 행위에 해당한다고 하더라도 파산법상 부인권 행사의 성립요건을 갖춘 것이라면 부인권 행사의 대상이 된다고 하였다.
56) 대법원 2010.6.10. 선고 2010다6024 판결(공보불게재).
57) 대법원 2015.12.10. 선고 2015다235582 판결(미간행).
58) 대법원 2000.4.25. 선고 99다55656 판결(공2000, 1269)은 기업이 거래금융기관으로부터 부도처리를 받은 경우에는 이미 채무초과의 상태에 이르렀을 가능성이 많다고 할 것이나, 당좌부도는 어음, 수표 등이 지급거절됨에 따라 어음교환소로부터 당좌거래정지처분을 받는 것으로서 이는 기업의 유동성

해행위'란 채무자가 적극재산을 감소시키거나 소극재산을 증가시킴으로써 채무초과상태에 이르거나 이미 채무초과상태에 있는 것을 심화시킴으로써 채권자를 해하는 행위를 가리킨다. 그리고 사해행위취소소송에서 채무자가 그와 같이 채무초과상태에 있는지 여부는 사해행위 당시를 기준으로 판단된다고 하였으며,[59] 채무자가 채무초과 상태에서 자신의 재산을 타인에게 증여하였다면 특별한 사정이 없는 한 이러한 행위는 사해행위가 된다고 할 것이나, 채무자가 채무초과의 상태에서 특정 채권자에게 채무의 본지에 따른 변제를 함으로써 다른 채권자의 공동담보가 감소하는 결과가 되는 경우, 그 변제는 채무자가 특히 일부의 채권자와 통모하여 다른 채권자를 해할 의사를 가지고 변제를 한 경우가 아닌 한 원칙적으로 사해행위가 되는 것이 아니라고 하였다.[60]

일본의 민법상의 사해행위 취소사건에 관한 판례는 채무자가 생계비 및 자녀의 대학 진학에 필요한 비용을 차용하기 위하여 유일한 동산(가재, 의류 등)을 양도담보에 공한 사건에서 비록 공동담보가 감소하였다고 하더라도 … 공여한 담보물의 가격이 차입액을 초과하거나 또는 담보공여에 의한 차재가 생활을 영위하는 이외의 불필요한 목적을 위한 것이라는 등 특별의 사정이 없는 한, 사해행위는 성립하지 않는다고 하였다.[61] 동산의 적정 가격매각은 부동산의 경우와 달리 유해행위가 아니라고 한다면, 사용목적에 언급할 필요는 없다고 생각되지만, 이 논리가 부인권의 일반에까지 미치는 것이라면 채무자의 보호(및 관계인간의 보다 고차원의 이해의 조정)를 목표로 하여야 할 현대 도산처리법의 정신에 부합한다고 보아도 좋을 것이다.

그 밖의 일본의 채권자취소권에 관하여 축적된 사례로는 출어자금을 얻을 유일한 방법으로서 어선을 양도담보에 공하는 행위,[62] 채권자로부터 엄중한 독촉을 받고 영업계속을 위하여 변제자금을 조달하려고 부동산을 매도담보에 제공하는 행위,[63] 영업부흥을 위

자금이 부족하여 발생되는 것이고, 당좌거래정지처분과 기업의 채무초과 상태가 반드시 일치하는 것은 아니므로 기업이 당좌부도가 났다는 사실로부터 기업의 채무초과 상태를 추인할 수는 없다고 하면서, 채권자가 채권 담보를 위하여 채무자로부터 백지근저당권설정계약서 등을 교부받을 당시에는 채무초과 상태가 아니었으나 이를 보충할 당시에는 채무초과 상태에 있었던 경우, 백지근저당권설정계약서를 보충한 날 근저당권설정계약이 체결되었다고 보아야 한다는 이유로 사해행위에 해당한다고 한 사례이다.

59) 대법원 2013.4.26. 선고 2012다118334 판결(공2013상, 939)은 한편 채무자가 위와 같이 채무초과상태에 있는지 여부를 판단함에 있어서 사해행위 당시 존속하고 있는 임대차관계에서의 임차인의 보증금 반환채권은 장차 임대차관계가 종료되는 등으로 그 권리가 실제로 성립하는 때에 선순위권리의 존재 또는 임차인의 차임지급의무 불이행 등으로 임차인이 이를 현실적으로 반환받을 가능성이 없거나 제한되는 것으로 합리적으로 예측되는 등의 특별한 사정이 없는 한 이를 애초의 보증금액 상당의 가치대로 적극재산에 포함된다고 평가하는 것이 그 권리의 성질이나 내용 등에 부합한다고 하였다.

60) 대법원 2014.10.27. 선고 2014다41575 판결(미간행).

61) 日最判昭和42.11.9民集21권9호2323면.

62) 日大判昭和5.3.3新聞3123호9면.

63) 日大判昭和5.10.4新聞3196호9면.

하여 장래의 차재에 대하여 근저당권을 설정하는 행위,[64] 영업의 계속을 위하여 현존채무 및 장래의 채무를 위한 양도담보를 설정하는 행위[65] 등이 취소를 면하였다.

위와 같은 사례들에서 보는 바와 같이 영업 계속의 확보, 도산의 회피를 위하여 약간의 무리를 하는 것이 문제가 된다. 상황에 비추어 최저한도의 필요한 금융(구제금융)에 수반하는 담보제공행위 등은 부인할 수 없다고 해석하여야 한다. 또 파산의 경우와 영업의 계속을 전제로 하는 회생에서는 차이가 있을 것이다. 하급심 판례로는 파산자와 주채무자가 물적, 인적 기반이 사실상 동일하여 경제적 이해관계를 함께 하는 회사로서 파산자가 주채무자의 전화사용료를 담보하기 위하여 보증행위를 한 경우 상당성을 인정한 사례가 있다.[66] 나아가 일본 판례는 사기에 의한 취소의 결과 기망자인 채무자가 이득을 반환한 행위도 부인을 면할 수 없다고 한다.[67] 물론 이와 같은 채무의 변제라고 해서 정당성이 당연히 구비되는 것은 아니다.

결국 이 부당성은 채권자의 이익과 수익자(당해 행위에 의하여 이익을 받는 자)의 이익을 비교 고려하여 문제가 되는 행위가 시인할 수 없는 것으로 평가되어야 하고, 당해 행위의 내용·목적·동기 및 정황 등 제반사정에 기하여 신의칙 내지 공평의 관념에 비추어 판단할 것이다. 요컨대 유해성이 있는 행위도 실질적인 이익형량에 의하여 부당성이 없거나 또는 정당성(상당성)이 있다고 판단되는 경우에는 부인은 인정되지 않는다. 또한 이 부당성의 요건을 각 부인유형의 개별적 요건과의 관계에서 어떻게 위치시키는가에 관하여는 견해가 나뉘나, 부인권의 성립을 방해하는 소극적 요건(부인조각사유)으로 보아 그와 같은 부당성의 요건을 흠결하였다는 사정에 대한 주장·입증책임은 상대방인 수익자에게 있다고 해석하는 것이 판례[68] 및 다수설의 입장이다.[69]

(3) 부인의 요건으로서의 지급불능, 지급정지

지급불능(법305조1항)은 파산절차의 개시원인이고, 지급정지는 지급불능을 추정하는

---

64) 日最判昭和42.12.14裁判集89호371면.
65) 日最判昭和44.12.19民集23권12호2518면.
66) 서울고법 2003.11.25. 선고 2003나24914 판결.
67) 日最判昭和47.12.19民集26권10호1937면, 倒産判例 ガイド 제2판 272면은 변제를 대신하여 급부된 물건이나 권리가 채무자의 일반채권자의 공동부담인 재산(파산재단)에 속하는 것은 두말할 나위도 없으므로 이를 감소시키는 행위는 파산채권자의 이익을 해하는 것이라고 하였다.
68) 대법원 2004.3.26. 선고 2003다65049 판결(공2004, 723), 대법원 2014.9.25. 선고 2014다214885 판결(미간행), 대법원 2015.12.10. 선고 2015다235582 판결(미간행), 대법원 2020. 6. 25. 선고 2016다257572 판결(공2020하, 1465).
69) 다른 나라의 부인권 제도의 비교와 사회적 상당성의 분석의 상세에 관하여는 김창권, "부인권행사의 범위에 관한 실무적 고찰—외국법제와의 비교를 중심으로", 사법논집 제72집, 법원도서관(2021), 251면 참조.

것이지만, 또 다른 의미는 부인권과 상계금지임은 전술하였다. 부인의 경우에는 채권자평 등의 원칙을 어디까지 관철하는 것이 적절한가 하는 것이 문제가 되고, 이 점은 상계에서 도 마찬가지이다.

부인의 요건으로서의 지급불능은 고의부인(법100조1항1호, 391조1호)에서는 규정되어 있지는 않고, 위기부인(법100조1항2호, 391조2호, 3호)에서만 언급되어 있는데(상계금지를 규정 한 소위 2호 금지에 대응하는 것이다), 지급불능의 요소 중의 하나인 「변제기의 도래」라는 개 념에 변제기 미도래의 경우에도 장래 변제할 수 없는 것이 확실히 예상되는 상태까지 포 함되는가 하는 것이 문제가 된다.70)

또한 요건인 지급정지는 고의부인, 위기부인, 무상부인(법100조1항4호, 391조4호), 권리 변동의 성립요건 또는 대항요건의 부인(법103조1항 본문, 2항, 394조1항 본문, 2항)의 요건이 고, 특히 권리변동의 성립요건 또는 대항요건의 부인의 요건에 있어서는 지급정지만이 요 건이고 지급불능은 요건이 아니다.71) 일본의 판례는 지급정지라 함은 채무자가 지급능력 을 결여하여 일반적 또 계속적으로 채무의 지급을 할 수 없고, 그 뜻을 외부에 명시적 또 는 묵시적으로 외부에 표시하는 행위라고 전제하고, 채무자가 단순한 급여 소득자로서 사 업을 넓게 경영하는 자는 아니라는 사정을 고려하면 자기파산을 예정하고 있는 내용이 없 다고 하더라도 채무자의 대리인 변호사가 채권자 일반 측에 채무정리개시통지를 송부한 행위는 지급정지에 해당한다고 하였다.72)

---

70) 日東京地判平成19.3.9金判1279호48면[百選26]은 지급불능인지 여부는 현실적으로 변제기가 도래한 채무에 관하여 판단하는 것이고, 변제기 미도래의 채무를 장래 변제할 수 없는 것이 확실히 예상되 는 경우에도 변제기가 도래한 채무를 현재 지급하고 있는 한, 지급불능이라고 할 수 없다고 하였고, 반면에 日高松高判平成26.5.23判時2275호49면[百選27]은 채무자가 변제기가 도래하여 있는 채무를 현 재 지급하고 있는 경우에도 적어도 채무자가 무리하게 변통하여 지급하는 것과 같은 경우에는 지급 불능이라고 인정하는 것이 상당하다고 하였다. 또한 日大阪地判平成21.4.16金法1880호41면은 회사갱 생의 사안에서 대항요건부인에 있어서의 「지급정지」에 관하여는 변제기가 도래한 채무의 지급정지 행위뿐만 아니라 변제기가 가까운 시일 중에 도래할 예정인 채무에 대하여 미리 지급할 수 없다는 뜻을 표시하는 것도 포함한다고 하였다.

71) 日最判昭和60.2.14.判時1149호159면[百選28①]은 대항요건의 부인에 관한 사안으로서 내부적으로 지 급정지의 방침을 결심한 것만으로는 지급정지에 해당하지 않는다고 하여 대항요건의 부인을 부정하 였음은 전술하였다.

72) 日最判平成24.10.19判時2169호9면, 倒産判例 インデックス 제3판 3[百選28②]. 보충의견은 일정 규모 이상의 기업 특히 다액의 채무를 부담하여 경영난에 빠졌으나 유용한 경영자원이 있는 등의 이유로 재건계획이 책정되어 곤경의 해소가 도모되는 것과 같은 경우에는 금융기관에 「일시정지」의 통지 등 이 된 때에는 「지급정지」의 긍정은 신중할 필요가 있다고 하였고, 日東京地決平成23.11.24金法1940 호148면, 倒産判例 インデックス 제3판 4는 사업재생 ADR 절차 신청을 목적으로 하는 지급유예 등 의 요청 등 행위에 관하여 합리성 있는 재건방침과 재건계획이 중요한 채권자에게 제시되고, 그것이 채권자에게 받아들여질 개연성이 있는 경우에는 지급정지에 해당하지 않는다고 하였다.

(4) 부채초과상태여야 하는지 여부

일반적으로 해당 행위 당시 대차대조표 등 재무제표상 부채의 총액이 자산의 총액에 미치지 아니하는 상태(자산초과상태)였다고 하여, 반드시 유해성이 부정되어 파산법상 부인권 행사를 할 수 없다고 볼 것이냐가 문제된다.

이에 대하여 판례는 채무자의 일반재산의 유지·확보를 주된 목적으로 하는 채권자취소권의 경우와는 달리, 이른바 편파행위까지 규제 대상으로 하는 파산법상의 부인권 제도에 있어서는 반드시 해당 행위 당시 부채의 총액이 자산의 총액을 초과하는 상태(부채초과상태)에 있어야만 행사할 수 있다고 볼 필요도 없고, 행위 당시 자산초과상태였다 하여도 장차 파산절차에서 배당재원이 공익채권과 파산채권을 전부 만족시킬 수 없는 이상, 그리고 그러한 개연성이 존재하는 이상, 일부 특정 채권자에게만 변제를 한다거나 담보를 제공하는 것은 다른 채권자들이 파산절차에서 배당받아야 할 배당액을 감소시키는 행위로서 부인권 행사를 가능하게 한다고 하였고,73) 따라서 편파행위 당시 채무자가 채무초과 상태에 있었는지에 대한 수익자의 인식 여부를 선의 인정의 주된 근거로 삼아서는 안 된다고 하였다.74)

(5) 채무자의 행위일 것의 요부(要否)

부인의 대상이 되는 행위에 대하여 채무자회생법 제100조, 제391조는「채무자가 …한 …행위」라고 규정하여 부인의 대상은 채무자의 행위인 것을 명백히 하고 있지만, 다른 한편 성질상 채권자의 일방적 행위인 집행행위를 부인의 대상으로 하고 있고(법104조, 395조), 채무자의 행위일 것이 절대적인 요건은 아니라는 것을 인정하고 있는 조항도 있다. 결국

---

73) 대법원 2005.11.10. 선고 2003다271 판결(공2005, 1925)[백선73]. 대법원 2005.11.10. 선고 2003다2345 판결(공보불계재)은 회사의 재무제표에는 장부에 반영되지 아니한 보증채무 등 이른바 우발채무가 모두 반영되지 아니할 수도 있고, 파산절차에서 채권의 추심, 부동산 매각 등 회사의 자산의 처분 가격이 재무제표상의 평가액에 미치지 못하는 경우가 많으며, 영업 중단 등으로 인한 설비나 재고자산의 산일과 진부화로 자산의 축소가 따르기 마련인 점과, 상대방으로서도 위기상황에 처한 회사와 거래함에 있어서는 위와 같은 사정을 감안하고 거래에 임하기 마련인 점 등에 비추어 보면, 해당 행위 당시 대차대조표 등 재무제표상 부채의 총액이 자산의 총액에 미치지 아니하는 상태(자산초과상태)였다고 하여, 반드시 유해성 혹은 상당성이 부정되어 파산법상 부인권 행사를 할 수 없다고 볼 것은 아니라고 하였다.

74) 대법원 2016.1.14. 선고 2014다18131 판결(미간행)은 甲 회사가 대출금의 변제기 연장을 목적으로 乙 회사와 담보신탁계약을 체결하고 丙 은행을 1순위 우선수익자로 지정한 행위가 고의부인의 대상이 되는지 문제 된 사안에서, 원심이 담보신탁계약이 특정 채권자에 대한 담보제공행위로서 편파행위에 해당한다고 판단하면서 당시 甲 회사가 채무초과 상태에 있었는지에 대한 丙 은행의 인식 여부를 선의 인정의 주된 근거로 삼은 것은 잘못이고, 제반 사정에 비추어 丙 은행은 甲 회사에 대한 회생절차가 개시되는 경우에 적용되는 채권자평등의 원칙을 회피하기 위하여 담보신탁계약의 우선수익자로 지정됨으로써 다른 채권자들을 해한다는 인식이 있었다고 볼 여지가 충분하다고 하였다. 同旨 대법원 2020.6.25. 선고 2016다257572 판결(공2020하, 1465).

부인하기 위하여 채무자의 행위가 존재하는 것이 필요한가 여부가 문제되는 것인데, 보통의 경우 채무자의 행위는 존재한다고 하겠으나, 상계나 대물변제의 예약완결 등에 관하여는 채권자의 행위가 있을 뿐, 채무자의 직접적인 행위는 없는 것이고, 집행행위의 부인에서도 채권자나 집행기관의 행위는 있으나 채무자의 행위는 없다. 그러나 이러한 경우에도 채권자 등의 행위의 결과가 도산채권자들에게 유해한 경우가 있기 때문에 부인을 검토하여 볼 필요가 있는 것이다.

문제는 고의부인이 채무자의 행위를 요구하고 있다는 점과의 연관성인데, 구 파산법 시대의 판례는 구 파산법 제64조 제2호(법391조2호)에서 말하는 채무소멸에 관한 행위에는 구파산법 제67조(법395조)의 집행행위에 기한 경우도 포함되므로, 채무소멸에 관한 행위가 채무자의 행위에 의한 경우뿐 아니라 강제집행에 의한 경우도 부인할 수 있는 행위가 된다고 하면서도,[75] 회사정리법상의 부인은 원칙적으로 회사의 행위를 대상으로 하는 것이고, 회사의 행위가 없이 채권자 또는 제3자의 행위만 있는 경우에는, 예외적으로 회사가 채권자와 통모하여 가공하였거나 기타의 특별한 사정으로 인하여 회사의 행위가 있었던 것과 동일시할 수 있는 사유가 있을 때에 한하여 부인의 대상이 될 수 있다고 하였다.[76] 또한 채권자취소소송에서 사해행위는 채무자가 적극재산을 감소시키거나 소극재산을 증가시킴으로써 채무초과상태에 이르거나 이미 채무초과상태에 있는 것을 심화시킴으로써 채권자를 해하는 행위를 말하는 것이므로 어떤 행위를 사해행위라고 하려면 그 행위로 말미암아 위와 같은 상태가 초래되었다는 점이 전제되어야 하고, 이는 채무자가 처음부터 특정 채권자로 하여금 채무자의 적극재산인 채권을 강제집행의 형식을 빌려 압류·전부받게 할 목적으로 채무부담행위를 하고 그와 아울러 그에 대하여 강제집행을 승낙하는 취지가 기재된 공정증서를 작성하여 주고 채권자는 이를 이용하여 채무자의 채권을 압류·전부받은 때와 같이, 실질에 있어 채무자가 자신의 채권을 특정 채권자에게 양도한 것과 다를 바가 없는 것으로 볼 수 있는 특별한 사정이 있는 경우에도 마찬가지라고 한 사례도 있다.[77]

구체적으로 보면 피고가 채무자 회사와의 사전 약정에 기한 매출채권의 선택권과 예약완결권을 행사한 사안에서 이는 어디까지나 피고의 행위이고, 회사에 의한 채권양도행위가 있었던 것은 아니며, 또한 피고가 회사와 통모하여 위 예약완결권을 행사하는 등 피

---

75) 대법원 1998.12.22. 선고 98다23614 판결(공1999, 186).
76) 대법원 2003.5.16. 선고 2003다1335 판결, 대법원 2003.4.8. 선고 2002다71726 판결(각 미간행) 참조. 대법원 2002.7.9. 선고 99다73159 판결(공2002, 1899)은 채권자와 주채무자 사이의 어음할인약정에 따른 주채무자의 채무에 대하여 정리 전 회사가 연대보증한 후 부인권행사 가능기간 내에 주채무자가 어음을 할인한 경우, 그 어음할인시에 정리 전 회사의 연대보증행위가 이루어졌다고 볼 수 없고 주채무자의 어음할인행위가 정리 전 회사의 행위와 동시할 수 없다는 이유로 부인권 행사의 여지가 없다고 한 사례이다.
77) 대법원 2009.1.15. 선고 2007다61618 판결(미간행).

고의 예약완결권 행사행위를 회사의 행위와 같이 볼 만한 특별한 사정을 인정할 수 없다고 한 사례,[78] 甲 회사가 예금부족으로 1차 부도가 났는데, 乙 회사로부터 세척사를 공급받으면서 대금에 관하여 약속어음을 교부하여 오다가 乙 회사로부터 지급기일을 연장받으면서 그에 대한 담보로 甲 회사의 거래처 丙 등에 대한 레미콘 대금 채권을 乙 회사에 양도하기로 하는 내용의 약정을 체결하였고, 乙 회사가 甲 회사에 대한 세척사 대금을 지급받기 위하여 위 약정 당시 甲 회사에게서 교부받은 채권양도계약서와 채권양도통지서의 백지 부분을 보충하여 丙 등에게 채권양도통지를 하였는데, 乙 회사가 예약완결 의사표시를 한 당일 甲 회사가 2차 부도가 났으며 당일 영업을 중단하였고 이후 여신거래정지처분을 받은 사안에서, 위 약정은 甲 회사의 乙 회사에 대한 세척사 대금 채무를 담보하기 위하여 甲 회사의 丙 등에 대한 레미콘 대금 채권에 관하여 채권양도를 목적으로 하는 이른바 '예약형 집합채권의 양도담보'에 해당하는 것으로서, 예약을 일방적으로 완결할 수 있는 예약완결권을 乙 회사에 부여함과 동시에 甲 회사의 대금 채권 중에서 대물변제로서 양도·양수할 대금 채권을 선택할 수 있는 선택권을 乙 회사에 부여하기로 하는 한편 乙 회사가 선택권과 예약완결권을 행사하는 경우 실효성과 편의를 위하여 乙 회사로 하여금 甲 회사를 대리하여 제3채무자들에게 채권양도사실을 통지할 수 있도록 甲 회사가 乙 회사에 대리권을 부여한 계약이고, 이와 같은 예약형 집합채권의 양도담보 계약의 경우, 그로 인한 권리변동의 효력은 약정이 이루어짐으로써 즉시 발생하는 것이 아니고 예약완결권이 행사됨으로써 비로소 발생하는 것이기는 하지만, 이에 의하여 예약완결권, 양도·양수할 대금 채권에 대한 선택권, 채권양도사실 통지 대리권한까지 채권자에게 부여되는 것이므로, 특정 채권자에게만 담보를 제공함으로써 파산절차에서 채권자평등의 원칙을 회피하는 편파행위에 해당하고, 한편 乙 회사의 예약완결 의사표시 당시 甲 회사는 자금사정이 급격히 악화된 상태였고, 乙 회사도 이러한 사정을 잘 알면서도 자신의 채권을 미리 우선적으로 확보하기 위하여 甲 회사와 통모하여 甲 회사로부터 丙 등에 대한 대금 채권 관련 정보를 제공받아 예약완결권과 선택권을 행사하는 등 乙 회사의 예약완결 의사표시가 실질적으로 甲 회사의 행위와 동일시할 만한 특별한 사정이 있었다고 보아 부인의 대상에 해당한다고 본 원심판단을 수긍한 사례[79] 등이 있었다.

　　그러나 근래의 판례는 부인은 원칙적으로 채무자의 행위를 대상으로 하는 것이고, 채무자의 행위가 없이 채권자 또는 제3자의 행위만 있는 경우에는, 예외적으로 채무자가 채권자와 통모하여 가공하였거나 기타의 특별한 사정으로 인하여 채무자의 행위가 있었던

---

78) 대법원 2004.2.12. 선고 2003다53497 판결(공2004, 448). 이 판결에 대한 분석으로 이은재, "한국회생절차상 장래채권에 대한 양도담보권자의 지위", 도산법연구 제2권 제2호, 사단법인 도산법연구회(2011.11.), 186면 참조.

79) 대법원 2011.10.13. 선고 2011다56637,56644 판결(공2011하, 2351).

것과 동일시할 수 있는 사유가 있을 때에 한하여 부인의 대상이 될 수 있으나, 위기부인의 경우 집행행위를 부인하고자 할 때에는 집행법원 등 집행기관에 의한 집행절차상 결정에 의한 경우를 당연히 예정하고 있는 것인데 그러한 경우에는 채무자의 행위가 개입할 여지가 없고, 채무자회생법 제104조에서는 아무런 제한을 두지 않고 있으므로 채무자의 행위와 같이 볼만한 특별한 사정이 있을 것을 요하지 아니한다고 판시하기에 이르렀다.[80]

한편 일본의 구법 시대의 판례는 이 문제에 관하여 일관되어 있다고 하기는 어렵겠으나,[81] 주류의 판례는 집행행위의 고의부인에 있어서는 채무자가 악의를 가지고 강제집행을 초치(招致)하였거나(해의 있는 가공), 가령 스스로 변제하였다고 가정하면 악의를 가지고 하였다고 인정하는 것 같은 상황이 있는 경우일 것을 요건으로 하는 반면에,[82] 위기부인에 관하여는 채무소멸에 관한 행위는 채무자의 의사에 기한 행위에 한하지 않고, 채권자가 강제집행으로서 한 행위로서 채무자의 재산을 가지고 채무를 소멸시킨 효과를 발생한 경우를 포함하고, 그 경우에는 채무자가 강제집행을 받는 것에 관하여 해의 있는 가공을 할 것을 필요로 하지 않는다고 하고 있었다.[83] 일본의 현행법 아래에서는 채무자의 해의를 요건으로 하는 경우(일파160조1항1호, 161조1항2호)에는 그를 인정하기 위한 자료로서도 채무자 자신의 행위나 채무자의 가공행위 또는 그와 동일시할 수 있는 제3자의 행위가 필요하지만, 사해행위 부인에서도 채무자의 주관적 요건이 불필요한 경우(일파160조1항2호) 및 편파행위(일파162조1항) 등에서는 채무자의 행위는 불필요하다고 해석하는 견해가 유력하다.[84]

강제집행 이외에도 성질상 채무자의 관여를 요하지 않고 유해한 결과를 실현하는 경우가 있다. 예컨대 채무자가 한 채권양도를 그 채권의 채무자가 승낙하는 행위(민450조)가 대항요건의 부인(법394조)의 대상이 되는지 여부에 관하여 일본의 판례는 채무자의 행위 또는 그와 동일시할 수 있는 것에 한한다고 하여 부인할 수 없다고 하고,[85] 채권자가 한

---

80) 대법원 2011.11.24. 선고 2009다76362 판결(공2012상, 16)[백선18]은 이 경우 집행행위는 집행권원이나 담보권의 실행에 의한 채권의 만족적 실현을 직접적인 목적으로 하는 행위를 의미하고, 담보권의 취득이나 설정을 위한 행위는 이에 해당하지 않는다고 하였다. 이 판결에 대한 해설로 장홍선, "법인회생 절차에서 질권의 임의적 실행행위에 대하여 부인권 행사가 허용되는지 여부: 집행행위에 대한 부인권 행사와 관련하여", 판례연구 제26집, 부산판례연구회(2015), 675면 참조. 同旨 대법원 2014.9.24. 선고 2013다200513 판결(미간행)은 채권자의 상계행위에 관한 것이다.

81) 日最判平成2.7.19民集44권5호853면[百選30②], 日最判昭和40.3.9民集19권2호352면, 日最判平成8.10.17民集50권9호2454면[百選A8] 등 참조.

82) 日大判昭和8.12.28民集12권3043면, 日大判昭和14.6.3民集18권606면, 日最判昭和37.12.6民集16권12호2313면, 倒産判例 ガイド 제2판283면.

83) 日大判昭和10.3.8民集14권270면, 日最判昭和48.12.21判時733호52면, 日最判昭和57.3.30判時1038호286면, 倒産判例 インデックス 제3판 124[百選40].

84) 日最判平成2.7.19民集44권5호837면[百選30①], 위 日最判平成2.7.19民集44권5호853면[百選30②].

85) 日最判昭和40.3.9民集19권2호352면.

상계권 행사 자체는 채무자의 행위를 포함하지 않으므로 부인의 대상이 될 수 없다고 하고 있다.[86] 또 대물변제예약 완결행위의 부인이 문제된 사안에서 판례는 금융기관이 정리 전 회사와 사이에 체결한 정리 전 회사의 대출채무를 담보하기 위한 회사의 매출채권에 관한 채권양도를 목적으로 하는 대물변제의 예약의 내용에 따라 예약완결권과 대물변제로 양도·양수할 매출채권의 선택권을 행사하고 정리 전 회사를 대리하여 제3채무자에게 채권양도 사실을 통지한 것은 구 회사정리법 제78조 제1항 제2호(법100조1항2호) 소정의 위기부인의 대상이 되지 않는다고 하였고,[87] 일본의 판례 역시 「채무자가 기한의 이익을 포기함으로써 채권자가 위 예약완결권을 행사할 수 있도록 하여 그 행사를 유치(誘致)하고, 채권자가 채무자에 대하여 일방적 예약완결의사표시를 하여 대물변제의 예약의 효력을 생기게 한 경우에는 파산관재인은 채권자의 위 예약완결의 행위를 부인할 수 있다」고 하여,[88] 채무자의 가공을 요구하고 있다(가공행위 중 기한의 이익의 포기 그 자체를 부인하는 것도 가능하다고 생각된다). 그러나 양도담보권자의 행위로서 부인할 수 없다고 하더라도 회생에 있어서는 담보권실행의 중지명령의 대상이 될 여지가 있음은 전술하였다.

　　마찬가지로 일본의 하급심 판결 중에도 소학교 교원인 채무자가 소비자금융업자로부

---

86) 日最判昭和41.4.8民集20권4호529면. 그러나 상계권의 행사가 부인할 수 없는 것임은 전술한 바와 같이 상계권제도의 목적에 의한 것이고, 이 판시도 이것만을 이유로 한 것은 아니다. 또한 日最判平成2.11.26民集44권8호1085면, 倒産判例 インデックス 제3판 104[百選제4판37]는 사용자가 주택재형융자제도 등을 통하여 근로자의 동의를 얻어 근로자의 임금채권, 퇴직금 채권에 대하여 한 상계는 근로자의 자유로운 의사에 기하여 된 것이라고 인정되는데 족한 합리적인 이유가 객관적으로 존재한다고 하는 경우에는 근로기준법에 위반되지 않아 유효하고, 또한 상계권의 행사는 부인권 행사의 대상이 되지 않는다고 하였다. 이 경우 근로자의 동의도 마찬가지로 본다.

87) 대법원 2002.7.9. 선고 2001다46761 판결(공2002, 1910)[백선21]은 회사정리법상의 부인의 대상은 원칙적으로 정리 전 회사의 행위라고 할 것이고, 다만 회사의 행위가 없었다고 하더라도 정리 전 회사와의 통모 등 특별한 사정이 있어서 채권자 또는 제3자의 행위를 회사의 행위와 동일시할 수 있는 경우에 예외적으로 그 채권자 또는 제3자의 행위도 부인의 대상으로 할 수 있다는 점을 근거로 하고 있다. 또한 위 판결은 채권자와 주채무자 사이의 어음할인약정에 따른 주채무자의 채무에 대하여 정리 전 회사가 연대보증한 후 부인권행사 가능기간 내에 주채무자가 어음을 할인한 경우, 그 어음할인시에 정리 전 회사의 연대보증행위가 이루어졌다고 볼 수 없다고 하였다.

88) 日最判昭和43.11.15民集22권12호2629면, 倒産判例 ガイド 제2판 279면은 "채무자의 채무변제기한이 도래하지 않았기 때문에 채권자가 대물변제 예약에 의한 예약완결권을 행사할 수 없는 동안에 채무자에 대하여 파산신청이 이루어진 사실을 알고 채무자와 채권자가 통모하여 채무자는 기한의 이익을 포기하여 채권자가 위의 예약완결권을 행사할 수 있도록 하여 그 행사를 유치하고, 채권자는 채무자에 대해 일방적인 예약 완결의 의사표시를 하여 대물변제의 효력을 발생케 한 경우에는 파산관재인은 채권자의 예약완결의 행위를 부인할 수가 있다. 그러나 이 경우에도 채권자의 대물변제 예약에 의한 소유권이전등기 청구권에 따른 가등기가 이루어져 있을 때에는 특별한 사유가 없는 한, 채권자의 그러한 행위를 부인할 수는 없으나, 위 대물변제 예약완결 당시에 존재한 소유권이전등기 청구권 보전의 가등기가 그 후 권리포기를 이유로 채권자에 의하여 말소되어 이미 그 가등기에 따른 본등기가 있을 수 없게 된 경우에는 파산관재인은 당시에 가등기가 존재했다는 사실을 이유로 부인권 행사를 방해받는 것은 아니다"라고 하였다. 말하자면 이 사건에서는 대물변제예약 그 자체에 부인 요건이 구비되지 않았던 것이다.

터 퇴직금으로 채무를 변제하라는 압박을 받고 상의 끝에 학교의 교감이 차용금을 체당지급(대위변제)하여 준 사안에서 "채무자로부터 제3자가 변제의 의뢰를 받고 실질적으로는 채무자의 계산으로 지급이 이루어진 경우에는 위 행동은 다른 일반채권자의 공동담보가치를 감소시킨 점에서 채무자 자신의 변제와 다른 점이 없다. 결국 결과적으로는 채무자의 계산으로 특정채권자가 편파적인 변제를 받고, 다른 파산채권자의 만족을 저하시킨 것이므로 채무자의 본지변제와 동일시할 수 있다"고 한 것,[89] 채무자가 미등기의 건물을 양도하고 양수인이 한 보존등기를 부인의 대상으로 한 사안에서 위 등기에 관하여 채무자회사가 협력, 가공하여 채무자회사의 행위와 동일시할 수 있는 것이라고 인정되는 경우에 한한다고 한 것,[90] 양도담보권자의 행위에 의한 변제충당을 부인한 것[91]등이 있다.

한편 우리 하급심 판결 중에는 회사정리법 제78조 제1항 각호에서는 부인권 행사의 대상이 되는 행위를 '회사의 행위'라고만 규정하고 있으나, 회사의 재산을 보전하여 회사의 갱생을 돕고 일반 다수의 채권자들의 희생 하에 특정 채권자가 이익을 보지 않도록 채권자들 사이에 있어서 이해의 공평을 기하자는 부인권 제도의 규정 취지와, 같은 법 제81조에서 집행행위의 부인을 규정하고 있는 점, 회사정리절차에 있어서 모든 담보권자는 정리담보권자로서 정리절차개시에 따른 절차상의 제약에 따라 정리절차에 참가할 권리만을 가진다는 점에 비추어 보면 부인권 행사의 대상을 반드시 회사의 행위에 국한할 것은 아니고 양도담보와 같은 비전형담보에 있어서의 담보권실행행위도 부인권 행사의 대상이 된다고 판시한 것도 있다.[92]

이와 같이 판례는 강제집행에 의한 추심의 위기부인을 제외하고 채무자의 행위일 것을 부인의 요건으로 하고 있다. 학설은 반드시 이 문제를 의식적으로 다루는 것은 아니지만, 부인의 제도가 채무자가 한 처분에 의하여 유출된 재산을 반환하는 것을 목적으로 하는 제도임을 감안하면 채무자행위성은 당연한 원칙이라고 하고 있으나, 채무자의 행위에 한정할 필요는 없다고 하는 설도 유력하다.

요컨대 위기부인은 채무자의 주관적인 요건이 필요 없고, 도산절차의 개시의 효과를 위기시기의 개시까지 앞당기는 실질을 가지는 것이므로 유해한 효과의 회복에 중점이 있고, 채무자의 행위일 필요는 없다고 해석하여야 할 것이다. 이에 반하여 고의부인은 채권자취소권과 실질적으로 동일한 것인가는 의문이 있지만, 다소간의 채무자의 해의 있는 가공을 요한다고 해석한다. 그러나 집행행위는 그 성질상 채권자의 일방적 행위이고, 법률이 특히 이

---

89) 日大阪地判昭和52.9.21判時878호88면.
90) 日大阪高判昭和40.12.14金法433호9면.
91) 日神戸地判昭和52.2.28判時861호108면.
92) 수원지방법원 1994.4.26. 선고 93가합5560 판결(하급심판결집 1994년 제1권 463면)은 양도담보를 실행한 행위에 대하여 본지행위부인을 인정한 사안이다.

에 관하여 규정을 두고 있는 것은 채무자의 행위는 물론 그 주관적인 요건도 불필요하다고 하는 취지라고 해석하여 고의부인에서도 채권자의 해의가 있으면 족하다고 해석한다.

(6) 부인할 수 있는 「행위」의 범위

부인의 대상이 될 수 있는 행위는 기술적 의미에서의 법률행위는 아니더라도 넓은 의미의 법률적 효과를 발생하는 행위이면 무방하다. 행위의 부인 그 자체가 아니라 그 효과의 부인이 목적이기 때문이다. 소송법상이나 공법상의 행위도 좋다. 예컨대 재판상의 자백이나 청구의 포기·인낙, 소의 취하, 공정증서의 작성, 염가의 경매 등도 부인할 수 있다. 또 부작위도 작위와 동일시할 효과를 발생하는 경우에는 부인의 대상이 된다. 예컨대 구술변론기일에의 불출석, 시효중단의 해태, 거절증서의 불작성 등이다. 위기부인의 대상으로서는 무의식 또는 과실에 의한 경우에도 부인할 수 있다고 해석하나(위기부인의 대상은 채무자의 행위일 것을 요하지 않는다고 해석하는 결과이다), 고의부인에 있어서는 과실에 의한 행위는 부인할 수 없다(상대방과 공모하여 고의로 채권의 시효를 완성시킨 것은 면제와 동일하므로 고의부인의 대상으로 한 사례도 있다[93]). 부인할 수 있는 행위는 법률적으로는 유효한 것일 필요는 없고, 허위표시, 착오, 공서양속위반에 의하여 무효로 되거나 취소되는 것이어도 좋고, 불법원인급여로서 보통은 반환을 구할 수 없는 것이어도 관리인·관재인은 이를 부인하여 반환을 구할 수 있다.[94] 역으로 불법으로 얻은 금전을 임의로 반환하는 행위도 부인의 대상이 된다.[95]

부인의 대상이 되는가와 관련하여서는 사해행위취소에 관한 판례들이 참고가 되는데, 이혼에 따른 재산분할이 사해행위취소의 대상이 된다는 점과,[96] 채무자가 채권자에게 채무를 부담하고 있는 상황에서 배우자의 상속재산에 관한 자신의 상속지분 일체를 포기하여 장남으로 하여금 단독으로 상속받도록 하고, 장남이 그 상속재산을 단독으로 상속한 후 일부 상속재산을 처분하기까지 하였음에도 파산신청서에 그 내용을 기재하지 않았을 뿐만 아니라 상속재산이 없다고 기재하여 본인의 재산상태에 관하여 허위의 진술을 하는 등 면책불허가사유에 해당하는 행위를 저지르면서 한 파산신청을 파산절차의 남용행위로 보아 파산신청을 기각한 원심판단을 수긍한 사례[97]가 있음은 전술하였다.

---

93) 日大判昭和10.8.8民集14권1695면.
94) 日大判昭和6.5.15民集10권327면.
95) 日最判昭和7.12.19民集26권10호1937면. 사기에 의하여 취득한 금전을 상대방의 취소 주장에 응하여 반환한 사안. 특정물이라면 다른 결론이 있을 수 있다.
96) 대법원 2000.7.28 선고 2000다14101 판결(공2000, 1940). 다만 여기서 상속지분 일체를 포기하였다는 것이 가정법원에 상속포기의 신고를 하였다는 것인지, 상속재산의 협의분할을 하면서 자신은 분할을 받지 않은 것인지는 분명하지 않다.
97) 대법원 2011.1.25.자 2010마1554,1555 결정(공2011상, 345).

마찬가지로 상속재산의 분할협의도 부인의 대상이 될 수 있겠는데, 판례는 상속재산의 분할협의는 상속이 개시되어 공동상속인 사이에 잠정적 공유가 된 상속재산에 대하여 그 전부 또는 일부를 각 상속인의 단독소유로 하거나 새로운 공유관계로 이행시킴으로써 상속재산의 귀속을 확정시키는 것으로 그 성질상 재산권을 목적으로 하는 법률행위이므로 사해행위취소권 행사의 대상이 될 수 있고, 한편 채무자가 자기의 유일한 재산인 부동산을 매각하여 소비하기 쉬운 금전으로 바꾸거나 타인에게 무상으로 이전하여 주는 행위는 특별한 사정이 없는 한 채권자에 대하여 사해행위가 되는 것이므로, 이미 채무초과 상태에 있는 채무자가 상속재산의 분할협의를 하면서 자신의 상속분에 관한 권리를 포기함으로써 일반 채권자에 대한 공동담보가 감소한 경우에도 원칙적으로 채권자에 대한 사해행위에 해당한다고 하면서도,[98] 채무초과 상태에 있는 채무자가 상속재산의 분할협의를 하면서 상속재산에 관한 권리를 포기함으로써 결과적으로 일반 채권자에 대한 공동담보가 감소되었다 하더라도, 그 재산분할결과가 채무자의 구체적 상속분에 상당하는 정도에 미달하는 과소한 것이라고 인정되지 않는 한 사해행위로서 취소되어야 할 것은 아니고, 구체적 상속분에 상당하는 정도에 미달하는 과소한 경우에도 사해행위로서 취소되는 범위는 그 미달하는 부분에 한정하여야 한다고 하였다.[99] 한편 상속의 포기는 민법 제406조 1항에서 정하는 "재산권에 관한 법률행위"에 해당하지 아니하여 사해행위취소의 대상이 되지 못한다고 한 재판례도 있다.[100]

일본의 판례는 상속재산분할에 대하여 사해행위취소권을 행사한 사안에서 "상속재산분할협의는 상속의 개시에 의하여 공동상속인의 공유로 되는 상속재산에 관하여 그 전부 또는 일부를 각 상속인의 단독소유로 하거나 또는 새로운 공유관계로 이행함으로써 상속재산의 귀속을 확정하는 것이고, 그 성질상 재산권을 목적으로 하는 법률행위"라고 판시하여 사해행위취소권의 행사를 인정하였다.[101] 그러나 상속포기에 대하여는 "상속의 포기는 상속인의 의사 면에서나 법률상의 효과 면에서나 이를 기득재산을 적극적으로 포기하는 행위라기보다는 차라리 소극적으로 그 증가를 방해하는 것에 불과하다고 보는 것이 타당하다. 또 상속의 포기와 같은 신분행위에 관하여는 타인의 의사에 의하여 이를 강제할

---

98) 대법원 2007.7.26. 선고 2007다29119 판결(공2007, 1366). 同旨 대법원 2008.3.13. 선고 2007다73765 판결(미간행), 대법원 2013.6.13. 선고 2013다2788 판결(미간행)

99) 대법원 2001.2.9 선고 2000다51797 판결(공2001, 615).

100) 대법원 2011.6.9. 선고 2011다29307 판결(공2011하, 1376). 나아가 대법원 2012.1.12.자 2010마1551,1552 결정(미간행)은 상속의 포기는 채무자회생법 제650조 제1호에서 사기파산죄로 규정하고 있는 '파산재단에 속하는 재산을 은닉 또는 손괴하거나 채권자에게 불이익하게 처분하는 행위'에도 해당하지 않는다고 하여 파산절차 남용을 이유로 상속포기자의 파산신청 및 면책신청을 기각한 원심을 파기환송하였다. 이에 대한 분석으로 윤진수, "상속포기의 사해행위 취소와 부인", 민법논고 Ⅷ, 박영사(2021), 754면 참조.

101) 日最判平成11.6.11民集53권5호898면.

수 없는 것이고 상속의 포기를 사해행위로서 취소할 수 있는 것이라고 한다면 상속인에 대하여 상속의 승인을 강제하는 것과 같은 결과가 되고, 그 부당함은 명백하다."고 하여 사해행위취소권의 행사를 인정하지 않았음은 전술하였다.[102] 상속재산분할과 상속포기에서 결론이 다르지만, ① 상속포기는 상속자격을 소급적으로 상실하는 것임에 대하여 상속재산분할은 상속의 승인 후에 있어서의 상속자격자의 사이에 지분의 양도라고 하는 실질을 가지는 점, ② 상속포기의 효력은 등기하지 않아도 누구에 대하여도 효력이 생긴다고 해석함에 반하여 상속재산분할에서는 (일본법 하에서는) 상속분과 다른 권리를 취득한 상속인은 등기를 하지 않으면 유산분할 후에 당해 부동산에 관한 권리를 취득한 제3자에 대하여 법정상속분을 초과하는 권리의 취득을 대항할 수 없다고 해석하고 있으므로 양자는 법적 성격이 다르고 결론이 다른 것도 타당하다고 보는 것이 유력설이다.[103]

이와 관련한 판례 중에는 이와 관련 신용보증약관 제8조 제1항 단서의 보증부대출이 무역금융(특히 수출실적기준금융)인 경우 '관련수출대전'이란, 금융수혜업자가 은행으로부터 무역금융 ― 신용장기준금융이든 수출실적금융이든 이를 불문하고 ― 으로 대출받은 금원을 이용하여 제품을 완성하여 수출함에 있어 수입업자를 수취인으로 하는 환어음을 발행하여 그 환어음과 함께 수출품을 선적하고 받은 선하증권 등을 할인은행에 교부하여 수출환어음의 할인을 받음에 있어서 그 어음의 할인대전(네고대전)을 말하는 것이라 할 것이므로, 무역금융의 대출은행으로서는 신용보증약관 제8조 제1항 단서에 따라 그 어음의 할인대전으로 해당 보증부대출에 우선충당하여야 할 것이고, 이 경우 회사정리절차개시결정이 있은 때에는 회사의 어음할인의뢰행위는 보증부대출에 우선충당되는 범위 내에서 결과적으로 회사의 채무를 소멸시키는 행위로서 회사정리법 소정의 부인권의 대상이 된다고 판시한 사례가 있고,[104] 반면에 신용협동조합법의 규정에 따른 미납 상환준비금의 납부행위는 담보의 제공 또는 채무소멸에 관한 행위에 해당하지 아니하여 부인의 대상이 될 수 없다고 한 사례가 있다.[105]

부인의 대상은 채무자의 재산관계의 변동에 관하여 수익자가 존재하고, 부인에 의한 원상회복이 가능하여야 한다. 예컨대 재산을 단순히 훼손하는 행위나 서비스에 대한 보수의 지급 등은 부인할 수 없다. 그러나 동산소유권의 포기는 이를 선점한 자와 통모에 의한 때에는 실질적인 증여로서 부인할 수 있다. 인도·명도 등의 사실행위도 권리변동의 대항요건 구비행위라고 평가되면 부인할 수 있다(법103조, 394조). 또 신주의 발행, 회사설립, 현물출자, 합병 등의 회사조직법상의 행위도 부인할 수 있다고 보는 것이 다수설인데 판례

102) 日最判昭和49.9.20民集28권6호1202면.
103) 野村剛司 외 1인, "倒産法講義", 日本加除出版株式會社(2022), 176면 참조.
104) 대법원 1993.6.29. 선고 92다46455 판결(공1993, 2124).
105) 대법원 2003.3.14. 선고 2002다58761 판결(공2003, 983).

로는 정리회사가 현물출자를 받고 신주를 발행하는 행위는 비록 현물출자의 목적물이 과
대평가되었다고 하더라도 특별한 사정이 없는 한 정리회사의 재산이 감소하지 아니하고
증가하게 되고, 따라서 그와 같은 행위는 구 회사정리법 제78조 제1항 제1호의 취지에 반
하거나 그 실효성을 상실시키는 것이 아니므로 위 규정에 기초한 부인권행사의 대상이 되
지 아니한다고 판시한 것이 있다.[106)

물론 여기서 부인의 대상이 되는 행위인 '채무자가 파산채권자를 해함을 알고 한 행
위'는 채무자가 총채권자의 공동담보가 되는 채무자의 일반재산을 절대적으로 감소시키는
사해행위를 의미하고, 이는 파산관재인이 파산재단을 위하여 채무자의 사해행위를 부인함
으로써 파산재단으로부터 일탈한 재산을 파산재단에 회복시키고 파산재단의 충실을 도모
하여 파산채권자에 대한 배당을 증가시키고자 하는 취지의 제도이므로, 채무자의 행위의
대상이 되는 재산이 애초부터 파산재단에 속하지 않아 파산관재인이 부인권을 행사하더라
도 그 재산을 파산재단으로 회복할 수 없는 경우에는 채무자가 총채권자의 공동담보가 되
는 일반재산을 절대적으로 감소시키는 사해행위를 하였다고 볼 수 없어 부인의 대상이 될
수 없다.[107)

(7) 다른 도산절차로 이행한 경우의 위기시기의 판별

도산절차의 개시요건으로서의 지급정지는 채무자의 재산상태의 악화의 징후 또는 위
험신호로 여겨지기 때문에 부인의 요건과의 관계에서 그 시기(始期)를 기준으로 하고 있
다. 그런데 과거 화의절차나 회사정리절차를 진행하다가 파산절차로 이행(移行)된 경우 지
급정지의 시기를 화의나 회사정리절차의 개시원인이 되었던 지급정지로 할 것인가 아니면
새로이 개시된 파산절차를 기준으로 할 것인가가 문제된 사례가 있었다.

대법원은 이에 대하여 화의인가결정이 확정되면 일단 화의절차는 종료되고 모든 화
의채권에 관하여 개개의 화의채권자와 화의채무자 및 화의참가인 사이에 화의조건을 내용
으로 하는 계약이 체결된 것과 동일한 법률효과가 발생하여 모든 화의채권은 화의조건에
서 정한 바에 따라 일반적, 추상적으로 변경되므로, 화의채무자의 화의개시신청 당시의 지

---

106) 대법원 2004.9.3. 선고 2004다27686 판결(공2004, 1652).
107) 대법원 2010.3.11. 선고 2007다71271 판결(공2010상, 709)은 퇴직보험의 피보험자가 보험계약자인 채
    무자 회사를 퇴직하거나 채무자 회사에 대하여 퇴직금의 중간정산을 신청할 경우 위 각 퇴직보험에
    따라 발생하는 보험금청구권이나 위 각 퇴직보험이 해약되는 경우 발생하는 해약환급금이 퇴직금의
    범위 내에서는 피보험자에게 귀속하게 되므로 이는 채무자 회사가 파산할 경우 파산재단에 속하는
    재산이라고 할 수 없고, 따라서 애초부터 채무자 회사로 원상회복할 수 없는 퇴직보험금에 대하여
    채무자 회사가 피보험자의 퇴직금 중간정산에 동의함으로써 피보험자가 퇴직보험금을 보험회사로부
    터 수령할 수 있도록 하였다고 하여 그러한 퇴직금 중간정산에 대한 동의행위를 총채권자의 공동담
    보가 되는 일반재산을 절대적으로 감소시키는 행위라고 할 수 없다고 하였다.

급정지상태 또는 그에 준하는 위기상태는 일단 화의인가결정이 확정됨에 따라 해소되었다고 볼 수 있고, 따라서 화의절차에 의하여 화의인가결정이 확정된 후에 그 화의조건에 따른 변제 등이 이루어지던 중 새로운 사정이나 위기 상황의 발생으로 인하여 그 화의가 취소되고 파산선고가 내려진 경우에는, '지급정지'는 그 파산선고 내지 파산절차와 직결되는, 즉 상당인과관계가 있는 범위 내의 지급정지상태 또는 그에 준하는 위기상태로 한정하여 해석함이 상당하고, 이와 달리 선행 화의절차의 종료 여부나 그 진행 기간 내지 경과 등을 고려하지 않은 채 아무런 제한 없이 종전의 화의개시의 원인이 된 선행 지급정지상태 또는 그에 준하는 위기상태를 '지급정지'로 보는 것은 부인권 행사의 대상을 지나치게 확대하여 채권자의 지위를 불안정하게 하고 거래의 안전을 해할 수도 있어 그대로 받아들일 수는 없다고 하였다.[108]

(8) 부인권 행사의 상대방이 도산채권이 존재하지 아니함을 주장하여 부인의 효과를 부정할 수 있는지 여부

도산채권의 존재 여부는 채권조사의 대상사항이다. 따라서 부인권행사에 의한 채무자 재산의 증식이라는 효과는 채권조사, 나아가서 채권확정소송의 결과로 인해 실현되게 되는데, 부인권행사의 단계에서는 도산절차가 개시되었다는 것이 요건으로 되어 있는 것에 불과하고, 현실적으로 배당을 받을 채권자가 존재하는지, 존재하지 않는지가 문제가 되지 않는다고 볼 수 있다.

따라서 일본의 판례는 총파산채권자에 대한 사해행위취소권의 소멸시효가 완성되어도 부인권이 소멸되는 것은 아니라고 보는 것이 타당하므로 부인권 행사의 상대방은 부인된 행위가 있은 후에 채무자에 대한 채권이 모두 소멸하여 총파산채권이 현존하지 않는다는 사실을 주장하여 부인권행사의 효과를 부정할 수는 없고, 총파산채권자에 관하여 사해행위취소권의 소멸시효가 완성하여도 부인권행사는 가능하다고 하였다.[109]

다. 부인권의 각 유형에 따른 요건

(1) 고의부인(법100조1항1호, 391조1호)

채무자가 「채권자를 해함을 알고」 한 행위의 부인이고, 채무자의 주관적 심정(사해의 사)을 요건으로 하는 것이므로 이러한 이름이 붙여졌다. 다음에 기술하는 위기부인과 달리 행위의 시기를 묻지 않는다. 민법상의 채권자취소권(민406조)과 취지가 동일하므로 이에 관

---

108) 대법원 2007.8.24. 선고 2006다80636 판결(공2007, 1468).
109) 日最判昭和58.11.25民集37권9호1430면, 倒産判例 ガイド 제2판 288면[百選29].

한 판례가 참고가 된다. 사해의사에 중점이 있다고 하여도 행위의 객관적인 유해성이 전제로 된다는 것은 전술하였다. 여기서「채권자를 해함」이라는 것은 모든 채권자를 해하는 경우와 편파행위 모두를 포함한다고 하는 것도 전술하였다.[110] 판례는 고의부인이 인정되기 위해서는 주관적 요건으로서 회생절차에서는 '채무자가 회생채권자들을 해함을 알 것'을 필요로 하는데, 특히 편파행위의 경우에는 채무자회생법이 정한 부인대상행위 유형화의 취지를 몰각시키는 것을 방지하고 거래 안전과의 균형을 도모하기 위해 회생절차가 개시되는 경우에 적용되는 채권자평등의 원칙을 회피하기 위하여 특정채권자에게 변제한다는 인식이 필요하다고 하였고,[111] 파산절차가 개시되는 경우에도 채권자평등의 원칙을 회피하기 위하여 특정채권자에게만 변제 혹은 담보를 제공한다는 인식이 필요하다고 하였다.[112]

소위「사해의사」의 내용에 관하여는 인식으로 족한가(인식설), 또는 의욕을 요하는가(의사설)에 관하여 대법원은 구 회사정리법 하에서 조문과 같이 단순한 가해의 인식으로 족하다는 입장에서 편파행위에 의한 고의부인이 인정되기 위해서는 주관적 요건으로서 회사가 '정리채권자들을 해함을 알 것'을 필요로 하는데, 특정채권자에게 변제하는 편파행위를 고의부인의 대상으로 할 경우에는, 구 회사정리법이 정한 부인대상행위 유형화의 취지를 몰각시키는 것을 방지하고 거래 안전과의 균형을 도모하기 위해 회사정리절차가 개시되는 경우에 적용되는 채권자평등의 원칙을 회피하기 위하여 특정채권자에게 변제한다는 인식이 필요하다고 할 것이지만, 더 나아가 정리채권자들에 대한 적극적인 가해의 의사 내지 의욕까지 필요한 것은 아니라고 해석하였고,[113] 채무자회생법 하에서도 같은 입장을 취하였다.[114] 일본의 옛 판례에는 파산채권자에 대한 가해의 의사 내지 의도를 요한다고

110) 나아가 채권자취소권도 같다. 日最判昭和48.11.30民集27권10호1491면(대물변제를 위한 채권양도), 日最判昭和52.7.12判時867호58면. 그 밖에 日大判明治44.10.3民錄17권538면은 다른 채권자에 대한 변제 등 유용한 자금에 충당하기 위한 매각행위인 경우에는 채권자취소를 인정하지 않았다.
111) 대법원 2014.7.10. 선고 2014다24112 판결(미간행). 同旨 대법원 2014.9.25. 선고 2014다214885 판결.
112) 대법원 2005.11.10. 선고 2003다271 판결(공2005, 1925)[백선73].
113) 대법원 2006.6.15. 선고 2004다46519 판결(공2006, 1314)은 회사가 정리채권자들에 대한 채무를 일반적, 계속적으로 변제할 수 없는 지급정지상태에 있었음에도 부정수표단속법 위반죄로 고발된 대표이사에 대한 처벌불원의사표시를 받기 위하여 특정 채권자에 대한 채무를 변제한 사안에서, 그 변제에 대한 회사의 사해의사를 추인할 수 있다고 한 원심의 판단을 수긍하였다. 同旨 대법원 2004.1.29. 선고 2003다40743 판결(공보불게재).
114) 대법원 2007.10.11. 선고 2005다43999 판결(공보불게재)은 채무자인 렌탈회사가 계속 기업으로서 존속할 수 있을지 여부가 의문시되던 상황 하에서 일부 채권자에 대하여만 담보를 제공하였고, 그 후 얼마 지나지 아니하여 임시주주총회를 개최하여 해산을 결의하였으며, 그 직후 파산신청을 하여 파산선고를 받은 사안에 대하여 채권자평등의 원칙을 회피하기 위하여 담보제공행위를 하였다고 볼 수 있다고 판단하였다. 同旨 대법원 2014.9.25.선고 2014다214885 판결(미간행, 상호저축은행이 영업정지가 임박한 상태에서 고액의 예금채권자들에게만 따로 연락을 취하여 변제한 편파행위에 대하여 그 변제 당시 상호저축은행은 장차 파산절차가 개시되는 경우에 적용되는 채권자평등의 원칙을 회피하기 위하여 특정 채권자에게만 예금채권을 우선 변제한다는 인식이 있었다고 본 사례), 대법원

한 것도 있으나,[115] 그 후 입장을 바꾸었다.[116] 또한 특정채권자에게 변제하거나 담보를 제공하는 편파행위를 고의로 하는 경우, 이른바 본지변제(本旨辨濟)도 고의부인의 대상이 되는 것은 전술하였는데, 그 경우에도 채무자의 「사해의사」의 내용은 다른 채권자를 해한 다는 단순한 인식으로 족하다.

구체적 사안으로는 파산 금융회사의 파산관재인(원고)이 파산 전 회사가 예금채권자 중의 하나인 한국자산관리공사(피고)에게 금융회사 소유의 국고채권에 대하여 질권을 설 정하여 준 행위가 편파행위임을 이유로 부인을 구한 사안에서 파산 전 회사가 기업경영개 선을 위한 다각적인 노력을 한 결과 질권설정행위 당시에는 정상적으로 영업활동을 하고 있었고, 유상증자를 완료하기도 한 점, 한국자산관리공사의 파산 전 회사에 대한 예금은 부실채권정리기금이라는 공적자금으로서 정부정책에 따라 즉시 집행되어야 하는 대기성 자금, 즉 수익성보다는 유동성 확보에 중점을 두어야 하므로 한국자산관리공사로서는 당 시 불안한 금융시장 상황에서 그 유동성 확보를 위하여 위 자금에 대한 위험분산의 필요 성이 있었던 반면, 파산 전 회사로서는 총 예금의 수위(首位)를 차지하는 한국자산관리공 사의 예금이 빠져나갈 경우 이에 따른 대량인출상황으로까지 갈 우려가 있어 예금이자에 대한 담보를 제공하는 조건으로 그 예금인출을 방지함으로써 정상적인 영업활동을 계속 추진할 수 있고 결과적으로 다른 채권자들에게도 채무변제력을 갖게 된다고도 볼 수 있었 던 점, 예금이자에 대한 질권설정을 받은 것이 예금자보호법상의 규정 취지를 몰각하는 탈법행위라고 보기 어려운 점, 파산 전 회사는 결국 영업정지를 받게 되었는데 질권설정 을 받을 당시 이를 예상하기가 쉽지 아니하였다고 보이는 점 등을 종합하여 보면, 파산 전 회사의 국고채권에 대한 질권설정행위가 장래의 파산채권자들을 해하게 된다는 인식하에 이루어졌다고는 보기 어렵다고 한 사례,[117] 甲 회사가 대출금의 변제기 연장을 목적으로 乙 회사와 담보신탁계약을 체결하고 丙 은행을 1순위 우선수익자로 지정한 행위가 고의부 인의 대상이 되는지 문제된 사안에서, 원심이 담보신탁계약이 특정 채권자에 대한 담보제 공행위로서 편파행위에 해당한다고 판단하면서 당시 甲 회사가 채무초과 상태에 있었는지 에 대한 丙 은행의 인식 여부를 선의 인정의 주된 근거로 삼은 것은 잘못이고, 제반 사정 에 비추어 丙 은행은 甲 회사에 대한 회생절차가 개시되는 경우에 적용되는 채권자평등의 원칙을 회피하기 위하여 담보신탁계약의 우선수익자로 지정됨으로써 다른 채권자들을 해

2016.1.14. 선고 2014다18131 판결(미간행). 대법원 2020.6.25. 선고 2016다257572 판결(공2020하, 1465). 하급심 판결로는 서울고법 2000.10.25. 선고 2000나14653 판결(미간행) 참조.

115) 日大判昭和8.12.28民集12권3043면.

116) 日最判昭和35.4.26民集14권6호1046면은 조문의 문언과 같이 채권자를 해하는 인식이 있다는 것을 의 미한다고 하였다. 적극적인 가해의사는 불필요하다는 것이다.

117) 대법원 2005.9.29. 선고 2004다29224 판결(공보불게재). 그러나 이는 위에서 본 상당성의 이론으로 설 명하는 것이 오히려 나을 것이다.

한다는 인식이 있었다고 볼 여지가 충분하다고 한 사례118) 등이 있다.

　　고의부인의 하나의 요건으로서 수익자가 행위당시 채권자를 해함을 알 것을 요하지만, 이 점에 관하여는 알지 못하였다고 하는 입증책임이 수익자에게 있다(법100조1항1호 단서, 391조1호 단서).119) 판례는 채권자취소권에 대한 사안에서 채무자의 제3자에 대한 담보제공 등의 재산처분행위가 사해행위에 해당할 경우에, 그 사해행위 당시 수익자가 선의였음을 인정함에 있어서는 객관적이고도 납득할 만한 증거자료 등이 뒷받침되어야 할 것이고, 채무자의 일방적인 진술이나 제3자의 추측에 불과한 진술 등에만 터잡아 그 사해행위 당시 수익자가 선의였다고 선뜻 단정하여서는 안 된다고 하였다.120) 또한 채무자 및 수익자가 채권자를 해함을 알지 못한 것에 관하여 과실이 있는가의 여부를 묻지 않는다.121)

　　고의부인을 인정한 사례로는 파산에서는 증권회사가 지급정지에 이르기 4일 전에 농업협동조합중앙회에 대한 대출원리금 반환채무를 담보하기 위하여 근저당권을 설정하여 준 경우,122) 리스 회사의 모그룹이 부도로 와해되고 대주주인 종금사도 영업정지를 당하

---

118) 대법원 2016.1.14. 선고 2014다18131 판결(미간행).

119) 대법원 2011.5.13. 선고 2009다75291 판결(공2011상, 1125), 대법원 2011.10.13. 선고 2011다56637,56644 판결(공2011하, 2351), 대법원 2014.9.25. 선고 2014다214885 판결, 대법원 2016.1.14. 선고 2014다18131 판결(미간행), 대법원 2018.10.25. 선고 2017다287648,287655 판결(공2018하, 2243)[백선71], 대법원 2020.6.25. 선고 2016다257572 판결(공2020하, 1465), 대법원 2023.9.21. 선고 2023다234553 판결(공2023하, 1902).

120) 대법원 2006.4.14. 선고 2006다5710 판결(공2006, 807)은 근저당권설정계약이 사해행위에 해당함을 이유로 한 사해행위취소소송에서, 수익자인 근저당권자가 근저당권설정계약 당시 선의였다고 판단한 원심판결을 채증법칙 위반 등을 이유로 파기한 사례로서, 원심이 납득할 만한 객관적인 증거자료가 전혀 제출되지 아니한 상태에서, 피고의 일방적인 진술이나 그 신빙성이 의심되는 소외인의 진술서만으로 이 사건 근저당권설정계약 당시 선의였다는 피고의 주장을 선뜻 받아들여 원고의 피고에 대한 이 사건 청구를 배척한 데에는 판결에 영향을 미친 채증법칙 위반이나 심리미진 또는 사해행위 취소에서 수익자의 선의에 관한 법리오해 등의 위법이 있다고 하였다. 이 판결에 대한 평석으로 윤진수, "편파행위의 취소, 수익자의 악의 추정", 민법기본판례 제2판, 홍문사(2020), 330면 참조.

121) 대법원 2023.9.21. 선고 2023다234553 판결(공2023하, 1902)은 甲이 乙에게 자신이 소유한 유일한 부동산을 매도한 후 파산선고를 받았는데, 甲의 파산관재인이 위 매매계약이 채무자회생법 제391조 제1호의 '채무자가 파산채권자를 해하는 것을 알고 한 행위'에 해당한다고 주장하며 부인의 소를 제기한 사안에서, 甲과 乙이 일면식도 없는 사이였다가 乙의 광고를 통하여 알게 된 관계인 점, 매매계약을 체결하게 된 경위 및 이를 뒷받침하는 거래내역, 乙이 부동산 매수 후 취한 행동 등 제반 사정에 비추어, 乙은 매매계약 당시 파산채권자를 해하게 되는 사실을 알지 못하였다고 볼 여지가 충분하고, 통상 급매물의 경우 시세보다 낮은 가격에 거래되는 점, 매매대금으로 위 부동산에 설정된 근저당권들의 피담보채무를 충분히 변제할 수 있었던 점, 위 부동산에는 근저당권 외에 甲이 다른 채무를 부담하고 있었다고 의심할 아무런 근거도 없었던 점 등을 고려한다면 乙이 甲으로부터 부동산을 시세보다 저렴하게 구매한 사정만으로는 乙의 선의 인정에 방해가 되지 않는데도, 乙의 선의 항변을 배척한 원심판결에 심리미진 등의 잘못이 있다고 한 사례이다. 同旨 日最判昭和47.6.15民集26권5호 1036면, 倒産判例 ガイド 제2판 285면.

122) 대법원 2005.11.10. 선고 2003다2345 판결(공보불게재). 또한 대법원 2005.11.10. 선고 2003다271 판결(공2005, 1925)[백선73]은 채권자만 다른 동일한 사안에서 형식적으로는 기존 채무의 변제를 받고 그 직후 같은 금액을 신규대출하는 방식을 취하였지만, 그 실질 및 경제적 효과에 있어서는 기존 채무

여 더 이상 자금조달을 하지 못한 상황이 되었고, 담보설정 1개월 전에 자본금이 전액 잠식된 상태를 나타내는 채무자의 결산재무제표가 공표된 상태에서 일부 채권자들을 배제한 채 종합금융회사에 질권을 설정하여 준 경우,[123] 주식회사인 채무자가 (구) 금융감독위원회로부터 영업정지명령을 받기 하루 전에 파산채권자 중 1인에게 담보어음을 담보로 제공한 것은 파산채권자 사이의 평등한 배당을 저해하는 이른바 편파행위로서 파산채권자를 해함을 알고 한 행위에 해당한다고 한 사례[124] 등이 있고, 구 회사정리에서는 정리회사인 주택건설업체가 건축 중이던 아파트에 대하여 분양계약을 체결하면서 그 분양대금으로 그 정리회사의 대표이사 개인 명의로 발행된 당좌수표를 교부받은 경우,[125] 기업개선명령 대상기업으로 지정된 기업의 사채발행에 대하여 상대방과 사이에 사채보증보험계약상의 구상금채무에 대한 연대보증을 한 경우,[126] 채무자가 발행한 어음의 부도 후 어음금채무의 변제에 갈음하여 채권자와 사이에 임대차계약을 체결한 경우[127] 등이 있다.

　　반면에 채무자인 신용협동조합이 파산채권자인 신협중앙회에 상환준비금을 예탁한 행위는 신용협동조합법의 규정에 따른 상환준비금 중 미납금을 납부한 것으로 상대방인 신협중앙회가 채무자에 대한 금융감독원의 자산실사 사실을 미리 통보받지 못하였던 사정에 비추어 파산채권자를 해한다는 사실을 알지 못하다고 추단된다는 이유로 부인권의 행사를 배척한 사례,[128] 부도나기 8개월 전에 이루어진 보증계약에 대하여 파산채권자들을 해한다는 사실을 인식하지 못하였다는 이유로 부인권 주장을 배척한 사례가 있다.[129]

(2) 위기부인(법100조1항2호, 3호, 391조2호, 3호)

　　위기부인은 지급의 정지[130] 또는 도산절차개시신청이 있는 이후(경우에 따라서는 그 직

에 대한 기한의 연장에 불과한 점 등 제반 사정에 비추어, 이를 담보하기 위하여 이루어진 근저당권설정행위가 이른바 편파행위로서 부인의 대상이 된다고 보았다.

123) 대법원 2003.7.22. 선고 2003다5566 판결(공보불게재).

124) 대법원 2002.9.6 선고 2002다14457 판결(미간행).

125) 대구고법 1989.1.19. 선고 87나1384 판결(하급심 판결집 1989, 제1권, 360면). 이 판결은 정리회사와 같은 그룹 계열에 속한 산하 회사나 그 대표이사 발행의 어음, 수표에 대한 거래은행의 지급거절이 있었던 사실과 당시의 재산상태를 잘 알고 있었으며 그 후에 지급제시될 그 대표이사 발행의 당좌수표도 지급거절될 처지에 있음을 잘 알고 있었다면, 이는 정리채권자 또는 정리담보권자를 해할 것을 알고 한 행위 즉 고의부인행위에 해당한다고 판시하였다.

126) 대법원 2001.2.9. 선고 2000다63523 판결(미간행).

127) 대법원 2004.9.13. 선고 2001다45874 판결(공2004, 1655). 원심은 서울고법 2001.6.5. 선고 2000나41426 판결(미간행)이다.

128) 대법원 2003.3.14. 선고 2002다58761 판결(공2003, 983).

129) 대법원 2002.2.26. 선고 2001다67331 판결(공보불게재).

130) 이 경우의 「지급정지」는 파산원인인 지급불능을 추정하는 것(법305조2항)과 같은 것이라고 보는 것이 일반이나, 지급불능을 표명하는 채무자의 주관적 행위로는 부족하고, 나아가 채무자가 현실로 파산선고와 결부되어 지급불능의 객관적 상태에 있을 것을 요한다고 해석하여야 한다는 견해도 있다. 대법

전의 기간도 포함한다)의 위기시기에 행하여진 유해행위를 완화된 요건에 의하여 부인하는 것이다. 다만 도산절차 개시 신청이 있은 경우에는 해당 신청(선행절차의 신청을 포함한다)에 기하여 행하여진 회생이나 파산에 있어서만 부인할 수 있다. 즉 신청이 있은 후 유해행위가 있었으나 그 후에 신청이 취하되면 나중에 새로운 신청에 기하여 절차가 개시된 경우에는 부인할 수 없다. 이 경우에도 지급정지가 유해행위 이전부터 계속되어 있으면 무방하지만 지급정지가 일단 해소된 경우에는 역시 부인할 수 없다. 판례는 채무자가 지급불능 상태에서 특정 채권자에 대한 변제 등 채무소멸에 관한 행위를 하였다고 하더라도, 이것이 새로운 물품공급이나 노무제공 등과 동시에 교환적으로 행하여졌고, 채무자가 받은 급부의 가액과 당해 행위에 의하여 소멸한 채무액 사이에 합리적인 균형을 인정할 수 있다면 특별한 사정이 없는 한 이러한 채무소멸행위는 파산채권자를 해하는 행위로 볼 수 없어 채무자회생법 제391조 제1호에 따라 부인할 수 있는 행위에 해당하지 않는다고 하였는데, 이는 앞에서 본 행위의 상당성의 문제로 파악하는 것임은 전술하였다.[131]

종래 채권양도의 사실을 제3채무자에게 알리는 것을 싫어하여 채권양도통지(민450조)를 양도인의 지급의 정지 등 그 재산상황이 악화되는 시점까지 하지 않고 있으면서, 대항요건부인과의 관계에서 채권양도 자체를 정지조건부로 하거나 예약으로 하는 경우가 많았다. 그러나 일본의 판례는 그와 같은 계약은 위기시기에 이르기까지 채무자의 책임재산에 속한 채권을 위기시기가 도래하면 곧 채권자(양수인)에 귀속시켜 책임재산으로부터 일탈시키려는 것을 미리 의도한 것이고, 그 내용을 실질적으로 보면 그 채권양도는 채무자에 지급정지 등의 위기시기가 도래한 후에 행하여진 것과 동일시할 수 있는 것으로서 부인권 행사의 대상이 된다고 하였다.[132] 따라서 채권양도가 도산절차에 있어서 효력을 인정받기 위하여는 위기시기 이전에 제3채무자에 대한 확정일자있는 증서에 의한 통지 또는 승낙을 구비하거나 채권양도등기(동산·채권 등의 담보에 관한 법률38조)를 마칠 필요가 있다. 위기시기보다 이전에 채권양도등기를 마쳤으나 제3채무자에게 통지·승낙은 위기시기 이후에 한 경우 채권양도를 관리인·관재인에게 대항할 수 있는 이상 제3채무자에의 대항요건구비 자체는 부인의 대상이 될 수 없다고 해석한다.[133]

또 회생절차개시신청이나 파산선고가 있은 날부터 1년 전에 한 행위는 지급정지의 사실을 안 것을 이유로 하여 부인할 수 없다(법111조, 404조). 1년 이상의 간격이 있는 경우에

원 2001.6.29. 선고 2000다63554 판결(공2001, 1727)은 지급의 정지란 채무자가 변제기에 있는 채무를 자력의 결핍으로 인하여 일반적, 계속적으로 변제할 수 없다는 것을 명시적, 묵시적으로 외부에 표시하는 것을 말하고, 자력의 결핍이란 채무자에게 채무를 변제할 수 있는 자산이 없고, 변제의 유예를 받거나 또는 변제하기에 족한 융통을 받을 신용도 없는 것을 말한다고 판시하여 구별을 두지 않았다.

131) 대법원 2018.10.25. 선고 2017다287648,287655 판결(공2018하, 2243)[백선71].
132) 日最判平成16.7.16民集58권5호1744면, 倒産判例 インデックス 제3판 113[百選39].
133) 山本和彦 외4인, "倒産法 概說 제2판", 弘文堂(2013), 132면.

는 그 지급정지와 현실로 행하여진 도산절차와의 사이에 인과관계가 있다고 보기 어렵고, 수익자의 지위를 장기간 불안정한 상태에 방치하는 것은 부당하며, 지급정지를 알았다는 것의 책임을 묻는 근거가 박약하기 때문이다(따라서 이 원칙은 지급정지에 관한 악의가 요건이 되는 모든 부인유형에 적용된다. 대항요건의 부인이나 집행행위의 부인에도 적용된다). 한편 지급정지 후에 회생절차를 거쳐 파산선고가 된 경우 회생절차로 인하여 법률상 파산선고를 할 수 없는 기간을 위기부인의 행사기간에 산입하는 것은 형평의 원칙에 반한다는 점 등을 고려하면, 지급정지 후에 회생절차의 선행 도산절차를 거쳐 파산선고가 된 경우에는 특별한 사정이 없는 한 위기부인의 행사기간에 회생절차로 인하여 소요된 기간은 산입되지 아니한다고 해석한다.[134] 한편 이는 지급정지에만 관한 것이므로 도산절차개시 신청이나 채권자등을 해하는 사실을 안 경우에는 적용되지 않는다.

구 회사정리법 시대의 판례는 "회사가 지급의 정지 또는 파산, 화의개시 또는 회사정리개시의 신청이 있은 후에 채무의 소멸에 의한 행위를 한 경우에는 그로 인하여 이익을 받은 자가 그 행위 당시 지급의 정지 등이 있는 것 또는 정리채권자 등을 해하는 사실을 알고 있기만 하면 부인할 수 있다 할 것이고, 이러한 경우에 회사가 정리채권자 등을 해할 것을 알고 한 행위일 것을 요하는 것은 아니다"라고 하여 위기부인은 고의부인과 그 주관적 요건이 다름을 명확히 하였고,[135] 일반적으로 채무자가 어음을 발행한 후 은행이나 어음교환소로부터 당좌거래정지처분을 받은 때에는 특별한 사정이 없는 한 지급정지 상태에 있다고 할 것이므로, 위와 같은 회사의 당좌거래정지처분을 알고 있었던 자는 특별한 사정이 없는 한 회사가 지급정지 상태에 있었음을 알고 있었다고 봄이 상당하다고 하였다.[136]

위기부인에는 그 대상인 행위의 태양에 따라 요건을 달리하는 2종류가 있다.

(가) 제1류: 유해행위 및 의무적 편파행위의 위기부인(법100조1항2호, 391조2호)

모든 채권자를 해하는 행위 및 의무 있는 편파행위를 대상으로 한다. 법문은 「채권자(회생담보권자 포함)를 해하는 행위와 담보의 제공 또는 채무의 소멸에 관한 행위」라고 하고 있는데, 「채권자를 해하는 행위」라 함은 모든 채권자를 해하는 행위 즉 일반재산 감소행위를 가리키고,[137] 담보제공 및 채무소멸행위는 편파행위를 가리킨다. 이 제1류 위기부

---

134) 대법원 2004.3.26. 선고 2003다65049 판결(공2004, 723). 정리절차나 화의절차를 거쳐 파산선고가 된 경우에 관한 사안이다. 同旨 대법원 2019.1.31. 선고 2015다240041 판결(공2019상,589)은 회생절차를 거쳐 파산선고가 된 사안으로서 위와 같은 법리는 상계에 관한 채무자회생법 제422조 제4호 단서, 제2호 단서에도 마찬가지로 적용된다고 하였음은 전술하였다.

135) 대법원 1997.3.28. 선고 96다50445 판결(공1997, 1214).

136) 대법원 2002.11.8. 선고 2002다28746 판결(공2003, 32).

137) 이에 의하면 위기부인의 대상은 편파행위에 한하지 않고, 제3자에게 재산을 헐값에 매각하는 것 등도 위기부인의 여지가 있는 것이 된다. 한편 日最判平成29.12.19判時2370호28면[百選A6]은 급료채권의 압류에 대하여 제3채무자(근무처)가 채무자에게 변제한 후(압류채권자에게 대항할 수 없었다) 나아가 압류채권자에게 다시 변제한 후 압류채무자에게 파산절차가 개시되고 채무자의 파산관재인이

인의 대상인 편파행위는 제2류와의 대조상 채무자의 의무에 속하는 것에 한한다. 예컨대 이행기가 도래한 채무의 본지변제나 담보를 설정하는 취지의 약속에 기하여 한 담보제공 등이다. 제1류 위기부인에서는 수익자가 지급정지 또는 도산절차 개시 신청사실을 알았을 것 또는 회생에서는 그 이외에 회생채권자 등을 해하는 사실을 알 것이 필요하고 이 점에 관한 입증책임은 관리인·관재인에게 있다.

여기서 말하는 담보의 제공이라 함은 기존의 채무의 담보를 위하여 저당권·질권·양도담보·가등기담보 등을 설정하는 것이다. 변제기가 도래한 채무에 대한 담보의 제공은 미리 특약이 없어도 의무에 속하는 것이라는 견해도 있으나, 요즈음은 그러한 취지의 특약이 없는 한 담보제공의무가 있다고는 할 수 없다는 견해가 유력하다(이 견해에 의하면 특약이 없는 경우는 2호 부인은 아니고, 3호 부인의 대상이 된다).

또한 새로이 차용한 채무를 위한 담보의 설정에 관하여는 여기서의 담보제공에 포함된다고 하는 견해도 있으나, 전술한 바와 같이 재산매각에 준한 행위로 고찰하는 견해가 유력하다.

채무소멸에 관한 행위에는 변제·경개·대물변제 등이 있으나,[138] 모두 채무자의 의무에 속할 것을 요하므로 변제는 본지변제를 의미하고, 또 경개·대물변제 등에 관하여는 그 취지의 특약이 있어야 한다. 위기시기에 있어서의 채무의 대물변제는 그 자금의 출처여하를 불문하고 원칙적으로 편파행위라는 점에서 위기부인의 대상이 되나, 담보 있는 새로운 차입금에 의한 변제도 부인할 수 있는가에 관하여는 고의부인에서 본 것과 마찬가지로 다툼이 있다. 과대한 대물변제의 부인으로서 채권자가 받은 급부의 가액이 당해 행위로 인하여 소멸한 채무액보다 과대한 것은 그 과대한 부분에 한하여 사해행위로서 부인할 수 있을 것이다. 과대한 부분은 절대적 재산감소행위이기 때문이다. 이 경우 시기로서는 고의부인으로서 위기시기보다 전에 행한 행위도 부인의 대상이 된다.[139] 과대한가 여부는 급부의 행위시를 기준으로 한 가액에 의한다. 또한 채권자가 강제집행에 의하여 만족을 얻은 경우도 채무의 소멸로서 부인된다(법104조, 395조). 그 점에서 보면 채권자의 일방적인 권리행사에 의한 채무의 소멸(예컨대 대물변제 예약이 되어 있는 경우의 채권자에 의한 예약완

나중에 이루어진 변제에 대하여 부인권을 행사한 사안에서 전자의 변제로 압류채권은 이미 소멸하였으므로 나중의 변제는 여기서 말하는 채무소멸행위에 해당하지 않는다고 하였다.

138) 대법원 2007.7.13. 선고 2005다71710 판결(공2007, 1264)은 채무자 회사가 지급의 정지 또는 파산, 화의개시 또는 정리절차개시의 신청이 있은 후에 특정 담보권자에게 그 채무의 변제를 위하여 회사의 채권을 양도하는 행위는 다른 회사채권자들과의 공평을 해하는 편파행위로서 부인의 대상이 된다고 하였다.

139) 위기시기 이후에는 고의부인과 위기부인이 경합하는 것이 되는데, 파산관재인으로서는 양자를 모두 행사할 수 있겠으나, 실무상 요건면에서 완화되고 효과면에서 전부를 부인할 수 있는 편파행위를 선택하는 경우가 많다.

결의 의사표시)도 위기부인의 대상이 된다고 해석하나, 이 점에 관하여는 채무자의 행위의 요부의 문제와 관련하여 약간의 의론이 있음은 전술하였다.

또한 회생에서는 벌금이나 조세 등의 청구권도 회생채권이 되지만, 이에 관하여 한 담보제공이나 소멸행위는 위기부인의 대상이 되지 않는다(법100조2항).

부인을 인정한 사례로는 상대방이 채무자가 은행거래 정지처분을 받고 회사정리절차 개시신청을 한 사실을 알면서 변제받은 경우,[140] 양수인이 채무자를 사실상 지배하고 있음에도 채권양도계약을 통하여 채무자 회사에 대한 금융기관을 제외한 여러 공사대금 채권자 중 유일하게 392,240,000원을 실제 지급받은 반면에 양수인이 채권양도계약 체결의 반대급부로 약속하였던 추가출자 등을 전혀 이행하지 않은 점 등에 비추어 채무자 회사는 그 변제능력 등을 잘 알고 있었던 양수인과 통모하여 다른 채권자를 해할 의사를 가지고 채권양도를 하였다고 인정된 사례,[141] 다단계 판매업체가 2006년부터 이미 부채가 자본을 초과하여 책임재산이 될 수 있는 자산이 사실상 존재하지 않았고, 2007년 폐업하여 부인권 행사 가능 여부가 문제가 된 국가에 대한 조세환급금 채권의 양도가 성립된 당시 이미 사실상 파산한 상태였으며, 채권양도가 행해진 당시 채무자 채무 중 대부분은 판매원(피해자)들에게 지급하여야 할 약 6,620억의 부당이득금 내지 손해배상금 채무였는데, 위 채권양도는 채무자가 제기한 과세환급금 거부처분취소의 소에 대한 판결이 확정되어 환급금채권이 발생하기 전인 2012. 8.경부터 2012. 12.경 사이에 행해진 점 등으로 미루어 위 피해자들 등 일반 채권자들에 대해 우선하여 회계사의 보수를 변제받기 위해 행해진 것으로 보고 편파행위 뿐만 아니라 사해행위도 된다고 한 사례[142] 등이 있다.

일본 판례로는 영업양도 자체를 부인한 사례,[143] 대리수령을 부인한 사례,[144] 제3자가 발행한 약속어음에 배서하여 어음할인을 받은 후 제3자가 부도를 내는 바람에 은행거래약정서에 따라 할인어음을 환매하고 환매채무를 변제한 후 회사갱생절차가 개시된 경우 환매의 부인을 부정한 사례가 있다.[145] 그러나 환매가 이루어져도 채무자가 환매한 어음

---

140) 대법원 1997.3.28. 선고 96다50445 판결.

141) 대법원 2013.4.11. 선고 2012다49841,49858(병합) 판결(미간행).

142) 서울고법 2017.10.18. 선고 2016나2082721, 2016나2089937(참가) 판결(미간행).

143) 日東京地決昭和46.12.24判時 659호85면 倒産判例 ガイド 제2판268면은 채무자의 영업매각은 어음의 부도가 발생할지도 모른다는 위기상태에서 시행한, 회사의 중요한 고정자산을 포함하는, 기업의 중요한 구성 부분을 잃음으로써 기업으로서 갖는 가치를 해하는 행위이며 인정 사실에 의하면, 채무자는 위 사정을 알고 영업양도를 했다고 추정할 수 있기 때문에, 양도대금이 시가보다 저렴한지 여부를 논할 필요 없이 위 양도를 부인할 수 있다고 하였다.

144) 日最判昭和47.6.22金法655호26면, 倒産判例 ガイド 제2판 270면. 대리수령이라 함은 금융기관의 대출에 있어서 채무자가 제3채무자에 대하여 가지는 채권을 금융기관이 채무자를 대신하여 수령하여 금융기관의 채무자에 대한 채권변제에 충당하는 방식임은 전술하였다.

145) 日京都地判昭和58.7.18判時1096호139면, 倒産判例 ガイド 제2판 264면.

에 대하여 어음금을 회수한 경우에는 환매는 부인될 수 없을 것이다.[146]

　(나) 제2류: 의무 없는 편파행위의 위기부인(법100조1항3호, 391조3호)

　제1류의 위기부인이 대상으로 하는 편파행위는 의무로서 행한 것임에 반하여 이 유형은 의무 없는 편파행위를 대상으로 하여, 부인의 대상행위의 범위도 넓히고, 또 부인이 용이하게 되어 있다. 즉 담보의 제공·채무소멸에 관한 행위로서 채무자의 의무에 속하지 않는 것 또는 그 방법이나 시기가 그 의무에 속하지 않는 것이 그 대상이고, 이와 같은 행위는 위기시기로부터 60일 내에 한 것까지 부인할 수 있다. 의무에 속하지 않는 행위이므로 부인의 범위가 지급정지·도산 절차 개시 신청 전 60일 내의 행위에도 확장되어 있다. 행위 자체가 의무에 속하지 않는 행위로는 약속 없이 새로이 담보를 설정하는 것이 전형적이다 (이는 담보제공의 예이지만 의무 아닌 채무소멸행위가 있을 수 있는가는 의문이다. 자연채무를 변제하는 것 등이 이에 해당될까?). 방법이 의무에 속하지 않는 경우의 전형은 본래 약속이 없음에도 대물변제(실질상 대물변제로 보아야 할 경우를 포함한다)를 하는 경우이고, 시기가 의무에 속하지 않는 경우라 함은 이행기가 도래하지 않은 것을 변제하는 것이 이에 해당한다.

　또한 「채무자의 의무」는 일반적·추상적 의무로는 부족하고 구체적 의무를 부담하여 채권자가 그 구체적 의무의 이행을 청구할 권리를 가지는 경우를 의미한다고 해석한다.[147] 따라서 여신거래약정서 등에 「채무자의 신용변동, 담보가치의 감소, 기타 채권 보전상 필요하다고 인정될 상당한 사유가 발생한 경우에는 채무자는 채권자의 청구에 의하여 채권자가 승인하는 담보나 추가담보의 제공 또는 보증인을 세우거나 이를 추가한다」와 같은 약관이 있는 경우 이는 단순히 일반적·추상적인 담보제공의무만을 약정한 것에 불과하고 구체적인 담보제공의무를 부담시키는 것이 아니어서 채무자의 의무에 속하는 행위라고 볼 수 없다.[148] 판례 중에는 채무자 회사가 차용금 채무 변제기 도래 2개월 전에 변제 명목으로 자회사가 개설한 은행 대출계좌에서 인출한 자금으로 자기앞수표를 발행받아 차용금 채권자에게 교부한 사안에서, 위 교부행위는 부인권 행사 대상에 해당하고, 채무자 회사가 자회사에게서 자금을 제공받을 당시 그 자금을 위 채권자에 대한 변제를 위한 용

---

146)　日最判昭和44.1.16民集23권1호1면은 환매를 위해 필요한 대금과 그 어음금의 지급을 받음으로 인한 입금과 차이를 계산하여, 파산재단에 속하는 재산에 관하여 가치의 감소를 초래하지 않는 한, 위 어음의 환매대금의 지급에 대해서는 부인권의 행사는 허용되지 않는다고 보는 것이 타당하다고 하여, 도산재단의 가치변동으로 부인의 성부를 결정한다는 입장을 취하였다.

147)　대법원 2001.5.15. 선고 2001다16852 판결(공보불게재), 대법원 2004.9.24. 선고 2003다36171 판결(공보불게재), 대법원 2011.11.10. 선고 2011다55504 판결(미간행).

148)　대법원 2000.12.8. 선고 2000다26067 판결(공2001, 257)[백선23], 同旨 대법원 2002.2.8. 선고 2001다55116 판결(공2002, 662), 대법원 2006.6.29. 선고 2004다32503 판결(공2006, 1402). 이는 담보물 제공이 실질적으로 만기가 도래한 어음의 만기연장을 받거나 또는 부도처분을 회피하기 위하여 담보를 제공하는 경우와 다름이 없기 때문이다. 同旨 日東京地判昭和43.4.10金法516호36면, 倒産判例 ガイド 제2판 251면.

536 Ⅲ. 도산절차가 개시된 채무자에 대한 권리자

도로만 사용하기로 하는 조건으로 제공받았음을 인정할 수 없는 등 위 교부행위가 다른 회생채권자 등을 해하지 아니하여 부인의 대상이 되지 않는 특별한 사정이 존재하지 않는 다고 본 원심판단을 수긍한 사례가 있다.[149]

이 부인에서는 수익자(채권자)의 악의의 입증책임이 제1류와는 거꾸로 되어 있다. 파산에서는 지급정지·파산신청 후의 행위에 관하여는 지급정지·파산신청이 있은 것을 알지 못하였을 것 또는 그 전 60일 내의 행위의 경우에는 파산채권자를 해하게 되는 사실을 알지 못한 것[150]을 입증하지 않는 한 부인을 면하기 어렵고, 입증책임도 수익자에 전환되어 있다.[151] 파산에서는 단순히 「파산채권자를 해하게 되는 사실」이라고 하여 고의부인의 경우와 동일한 문언을 사용하고 있으나, 여기서는 채권자평등의 침해만을 의미한다.

회생에서는 약간 다른 요건을 정하고 있다. 채권자가 「채무자가 다른 회생채권자 또는 회생담보권자와의 평등을 해하게 되는 것을 알고 한 사실을 알지 못한 경우(그 행위가 지급의 정지 등이 있은 후에 행한 것인 때에는 지급의 정지 등이 있은 것도 알지 못한 경우에 한한다)」에는 부인할 수 없다. 따라서 채무자의 악의를 전제로 하여 그 악의에 관하여 채권자가 선의인 것의 입증책임을 채권자에게 과하고 있다.[152] 이와 같이 이중의 악의가 부인의 요건이라고 한다면 고의부인과 중복되는 것이 되고, 위에서 본 바와 같이 편파행위의 고의부인을 승인하는 입장에서는 위기부인으로서의 요건의 완화는 채무자의 악의의 부존재의 입증책임도 상대방에게 과하는 점에만 인정되게 된다.[153] 따라서 지급정지 등보다 후의 행위의 경우에는 「지급의 정지 등이 있은 것도 알지 못한 때」라고 규정하고 있으므로 유해성에 관한 선의와 지급정지 등에 관한 선의의 쌍방을 입증하지 않으면 부인을 면할 수 없다. 지급정지 등에 관하여 선의이어도 유해성에 관하여 선의를 입증할 수 없으면 부인되므로 파산의 경우보다도 부인이 용이하다.[154]

또 회생에서는 제1류의 경우와 마찬가지로 벌금·조세 등의 청구권에 관하여 부인이

---

149) 대법원 2011.5.13. 선고 2009다75291 판결(공2011상, 1125).
150) 지급정지 등의 후의 행위의 경우에는 지급정지 등 및 파산채권자를 해하는 사실의 양자에 관하여 선 의일 것을 요한다고 하는 견해도 있다. 후술하는 회생의 경우 참조.
151) 대법원 2011.11.10. 선고 2011다55504 판결(미간행).
152) 대법원 2011.5.13. 선고 2009다75291 판결(공2011상, 1125).
153) 이를 문언대로 해석하면 상대방은 유해성을 알았으나 채무자는 알지 못한 경우나 쌍방이 유해성을 알았더라도 채무자가 안 것을 상대방이 알지 못한 때에는 부인할 수 없게 되어 적절한 입법은 아니다. 또 입증책임이 상대방에 있다고 하여 채무자의 악의를 요건으로 하는 것은 채무자의 주관적인 심정을 문 제로 하지 않는 위기부인의 특색과 모순되고, 또 위에서 본 바와 같이 위기부인의 대상은 채무자의 행 위일 것은 요하지 않는다는 해석론에도 영향을 미친다. 따라서 문언에는 반하나, 파산의 경우와 마찬가 지로 채권자가 유해성을 알았다는 것만을 요건으로 해석하여야 한다는 견해도 일면 타당성이 있다.
154) 상대방이 다른 채권자를 해하게 되는 사실을 알지 못하였던 사실이 인정되므로 부인권의 행사를 인 정하지 않은 사례로 대법원 1996.9.20. 선고 95다49394 판결(공보불게재).

제한된다(법100조2항).

비본지행위의 부인을 긍정한 판례로는 사채의 만기가 도래한 후 근저당권이 설정되었고, 근저당권이 설정되고 나서 6일 후 부도가 난 경우,[155] 외상대금채무의 변제기가 도래하였으나 어음개서의 방법으로 만기를 연장한 경우 개서한 어음의 만기 전인 부도 당일에 채무를 변제한 경우[156] 등이 있다.

(3) 무상부인(법100조1항4호, 391조4호)

무상행위 또는 그와 동일시할 수 있는 유상행위는 지급정지 등으로부터 그 전 6개월을 소급하여 또 관계자의 선의·악의를 전혀 묻지 않고, 부인할 수 있다(순객관주의).[157] 채무자가 강제집행을 회피할 목적으로 자기의 사실상 유일한 재산을 제3자에게 무상으로 양도한 행위는 다른 도산채권자들과의 관계에서 사해행위가 된다.[158] 무상행위(無償行爲)라 함은 증여, 유증, 채무의 면제, 권리의 포기 등과 같이 채무자가 대가를 받지 않고 적극재산을 감소시키거나, 소극재산 즉 채무를 증가시키는 일체의 행위를 말하고, 이와 동일시할 수 있는 유상행위란 상대방이 반대급부로서 출연한 대가가 지나치게 근소하여 사실상 무상행위와 다름없는 경우(명목적인 대가에 의한 처분)를 말한다.[159] 무상으로 재산을 처분하는 것은 일반재산을 감소시켜 모든 채권자를 해하는 것이고, 또 상대방의 입장에서도 유상의 경우와 비교하여 보호할 가치가 적다고 생각되므로 이와 같은 행위는 가장 용이하게 부인할 수 있도록 한 것이다. 이와 같은 무상행위가 재산상태가 위기적으로 되어 있는 시기에 이루어 진 경우 채권자가 해를 입을 것은 명백하고, 상대방도 어떠한 대가도 없이 이익을 얻고 있는 것이므로 채무자의 의사나 수익자의 인식에 관계없이 부인할 수 있는 것

---

155) 대법원 2001.5.15. 선고 2001다16852 판결(미발간).

156) 서울고법 2000.5.3. 선고 99나58367 판결(미발간).

157) 다만 이 기간과 관련하여 대법원 2001.11.13. 선고 2001다55222,55239 판결(공2002, 49)[백선22]은 금융기관과 채무자가 새로운 자금의 실질적 수수 없이 문서상으로만 신규대출의 형식을 구비하여 기존 채무를 변제한 것으로 처리하는 이른바 대환은 특별한 사정이 없는 한 실질적으로는 기존 채무의 변제기의 연장에 불과하고 이렇게 대환이 이루어진 경우에는 기존채무가 동일성을 유지한 채 존속하는 것이므로, 최초의 어음할인과 이에 관한 정리회사의 연대보증 등 대출거래가 있은 후 이와 같은 대환에 의하여 변제기가 연장되어 옴에 따라 최초의 대출거래시기가 정리회사의 지급정지일부터 6월 전 이전에 해당하게 된 경우에는 정리회사의 연대보증행위는 구 회사정리법 제78조 제1항 제4호에 규정된 무상행위 부인권의 대상이 될 수 없다고 판시함으로써 대환의 성질이 변제기의 연장에 불과하고 기존 채무의 동일성이 그대로 유지됨을 전제로 하였다. 또한 대법원 2001.7.13. 선고 2001다5338 판결, 대법원 2001.5.29. 선고 2001다16814 판결, 대법원 2002.3.12. 선고 2000다55478 판결(각 미간행) 등 참조.

158) 대법원 2013.4.11. 선고 2012다211 판결(공2013상, 847).

159) 대법원 2002.3.26. 선고 2000다67075 판결(공2002, 957), 대법원 2003.9.26. 선고 2003다29128 판결, 대법원 2004.1.29. 선고 2003다40743 판결(공보불게재), 대법원 2009.1.30. 선고 2007다34234(본소), 34241(반소) 판결(미간행), 대법원 2014.5.29. 선고 2014다765 판결(미간행). 대법원 2015.5.29. 선고 2012다87751 판결(공2015하, 856).

으로 하고 있는 것이다.[160] 일본에서는 2017년의 민법 개정으로 상당한 대가를 얻은 재산의 처분행위의 특칙(일본민법424조의2)이 규정되어 부인권의 규율이 채권자취소권에 채용되었다.

일반적으로 반대이익을 수반하지 않는 보증은 무상행위로 보고 있다. 즉 대가 없이 타인의 채무의 보증인이 되거나 담보를 제공하는 것도 무상행위로서 무상부인의 대상이 되고,[161] 채무자가 의무 없이 타인을 위하여 한 보증 또는 담보의 제공은, 그것이 채권자의 타인에 대한 출연 등의 직접적인 원인이 되는 경우에도, 채무자가 그 대가로서 직접적이고도 현실적인 경제적 이익을 받지 아니하는 한 무상행위에 해당한다고 해석한다.[162] 학설에도 이에 찬성하는 견해가 많다. 그러나 이에 대하여는 구상권을 대가로 볼 수 있다는 점, 무상부인은 상대방에 완전히 무상일 것을 요하는데 이 경우는 상대방은 보증을 조건으로 타인에게 출연을 하는 것이어서 완전한 무상 즉 일방적 이익은 아닌 것이므로(상대방은 채무자의 보증·담보제공의 대가로 주채무자에게 금원을 대여하고 있다) 무상부인을 인정할 것은 아니라고 하는 견해도 유력하다. 무상부인을 위하여는 채무자의 입장에서 보아 무상이면 족하고, 수익자에 따라 무상인가의 여부를 묻는 것은 아니고, 구상권은 장래 발생하는 것에 불과하므로 무상부인을 방해하지 않는다고 해석하여야 한다.

무상부인이 문제로 된 사례들은 계열회사에 대한 모회사의 지급보증이 많은데,[163] 대법원은 위와 같은 법리는 그 주채무자가 채무자와 이른바 계열회사 내지 가족회사인 관계에 있다고 하여 달라지지 않는다고 전제하고, 무상행위의 부인은 그 대상인 행위가 대가를 수반하지 않는 것으로서 채무자의 수익력과 채권자 일반의 이익을 해할 위험이 특히 현저하기 때문에, 채무자와 수익자의 주관적 사정을 고려하지 않고 오로지 행위의 내용과 시기에 착안하여 특수한 부인유형으로서 규정되어 있는 것이고, 파산절차가 전체 파산채권자의 만족을 도모하기 위하여 행하여지는 것이라는 점 등에 비추어 보면, 채무자가 계열회사인 주채무자 회사의 주식을 다량 보유하고 있었다거나 그 주채무자 회사가 발행한 거액의 회사채를 채무자가 이미 지급보증한 상태였다는 등의 사정만으로는 주채무자의 경

---

160) 다만, 무상부인의 경우에도 행위의 부당성을 요한다고 하면, 의례적인 증여나 사회적으로 상당한 기부 등은 부인의 대상이 아니다.

161) 대법원 1999.3.26. 선고 97다20755 판결(공1999, 760). 이 판결에 대한 해설로 최주영, "타인의 채무의 보증과 회사정리법 제78조 제1항 제4호의 무상부인", 민사판례연구 XXⅡ, 민사판례연구회(2000), 408면 참조. 同旨 대법원 2004.7.22. 선고 2003다53640 판결(공보불게재), 대법원 2002.2.26. 선고 2001다67331 판결(공보불게재).

162) 대법원 2014.5.29. 선고 2014다765 판결(미간행)은 건설회사 A가 B 은행에게 C에 대한 대출원리금 반환채무를 담보하기 위하여 신탁부동산에 관한 우선수익권을 담보로 제공하기로 합의하였다가 신탁부동산의 수탁인인 D 신탁회사와 사이에 B 은행에 새로 공동 제2순위 우선수익권을 부여하는 내용의 부동산담보신탁변경계약을 체결하고 나서 A 회사에 대하여 회생절차가 개시된 사안이다.

163) 위 대법원 1999.3.26. 선고 97다20755 판결.

제적 이익이 곧바로 보증인인 채무자의 경제적 이익이라고 단정할 수 없으며, 채무자가
보증 또는 담보제공의 대가로서 직접적이고도 현실적인 경제적 이익을 얻지 아니하는 한
그 행위의 무상성을 부정할 수는 없고, 그 담보제공 당시 또는 담보권 행사 당시 채무자에
게 자력이 충분하였다는 사정만으로 그 부인권행사에 지장이 생기는 것도 아니라고 하였
다.164) 일본의 판례도 회사의 대표이사가 금융기관의 회사에 대한 채무를 보증 또는 물상
보증한 경우에 채무자가 주채무자로부터 보증료 등의 직접적인 대가를 수령하지 않는 경
우에는 무상성을 부정하여야 할 특단의 사정이 없는 한 채무자에 의한 무상행위에 해당한
다고 하였다.165)

　　나아가 판례 중에는 회생절차의 채무자가 주채무자를 위하여 보증을 제공한 것이 채
권자의 주채무자에 대한 출연의 직접적 원인이 되는 경우에도, 채무자의 보증행위와 이
로써 이익을 얻은 채권자의 출연과의 사이에는 사실상의 관계가 있음에 지나지 않고 채
무자가 취득하게 될 구상권이 언제나 보증행위의 대가로서의 경제적 이익에 해당한다고
볼 수도 없으므로, 달리 채무자가 보증의 대가로서 직접적이고도 현실적인 경제적 이익
을 받지 아니하는 한 그 보증행위의 무상성을 부정할 수는 없다고 한 사례가 있음은 전
술하였다.166)

　　일본의 하급심 판례도 재생채무자가 모회사가 금융기관으로부터 대출을 받을 때 소
유하는 부동산에 저당권을 설정하여 준 행위에 관하여 그것이 채권자의 주된 채무자에 대
한 출연의 직접적인 원인이 되는 경우에 있어서도 재생채무자가 그 대가로서 경제적 이익
을 받지 않는 한 무상행위에 해당한다고 하면서 재생채무자가 취득하는 구상권도 당연히
는 위 행위의 대가로서의 경제적 이익에 해당한다고 할 수는 없고, 재생채무자가 거래의
계속 등 사실상 또는 경제상의 편의를 받는다고 하여도 그로 인하여 직접 재생채무자재산
을 증가시키는 효과를 가져오지 않는 것이면 무상성을 부인할 수 없으며, 유해성의 유무
의 기준시는 부인의 대상인 행위시라고 한 사례가 있고,167) 채무자가 의무없이 타인을 위
하여 담보권을 설정한 행위는 무상행위로서 부인의 대상이 되지만, 당해 행위에 의하여
파산재단을 감소시켜 일반채권자를 해하는 것 또는 그 한도에 한하는 것이라고 한 사례가
있다.168)

---

164) 대법원 2009.5.28. 선고 2005다56865 판결(공2009하, 957).
165) 日大阪高判平成22.2.18判時2109호88면, 倒産判例 インデックス 제3판 121.
166) 대법원 2008.11.27. 선고 2006다50444 판결(공2008하, 1762), 대법원 2009.2.12. 선고 2008다48117 판
　　 결(공2009상, 318)[백선19].
167) 日東京地判平成23.3.1判時2116호91면, 倒産判例 インデックス 제3판 119.
168) 日東京高判平成12.12.26判時1759호112면, 倒産判例 インデックス 제3판 120은 채무자가 채권자에게
　　 의무없이 자신이 대표이사로 있는 회사를 위하여 자신의 보험회사에 대한 보험금해약환급청구권에
　　 근질권을 설정하여 주고 대출금을 받아 자신의 보험회사에 대한 채무 200만 엔을 변제하고, 그 결과

그 밖에 무상부인을 긍정한 사례로는 대가 없는 약속어음발행행위,169) 정리회사가 어음거래약정에 따른 주채무자의 연대보증인으로서 주채무자로부터 아무런 금전적 대가도 받지 아니하고 부도일 전 6월 내에 채권자에게 그 소유의 골프회원권을 양도하고, 그 소유의 각 부동산에 채권자 앞으로 각 근저당권을 설정하여 준 행위170) 등이 있다.171)

상당성과 관련하여 판례는 무상행위의 부인은 그 대상인 행위가 대가를 수반하지 않는 것으로서 채무자의 수익력과 채권자 일반의 이익을 해할 위험이 특히 현저하기 때문에 채무자와 수익자의 주관적 사정을 고려하지 아니하고 오로지 행위의 내용과 시기에 착안하여 특수한 부인유형으로서 규정되어 있는 점에 비추어, 그 행위의 상당성 여부의 판단에 있어서도 행위의 목적·의도와 동기, 수익자와의 통모 여부 등 채무자와 수익자의 주관적 상태보다는 행위 당시의 채무자의 재산 및 영업 상태, 행위의 사회경제적 필요성, 행위의 내용 및 금액과 이로 인한 채무자의 경제적 이익 등 객관적 요소를 종합적으로 고려하여 판단하여야 한다고 판시하였음은 전술하였다.172)

일본의 판례는 「무상행위와 동일시할 수 있는 유상행위」라 함은 「파산자가 대가를 출연하였으나 명목적인 금액에 불과하여 경제적으로 대가로서의 의미가 없는 행위」를 가리킨다고 하였고,173) 같은 시각에서 변호사 위임계약에 있어서 노무의 제공과 합리적인 균

채권자는 질권을 행사하여 260여만 엔을 지급받은 사안에서 근질권을 설정한 것이 200만 엔을 초과하는 부분에 한하여 일반채권자를 해하는 것으로서 무상행위 부인을 할 수 있고, 나머지 부분은 부인할 수 없다고 하였다.

169) 대법원 2001.5.8. 선고 99다32875 판결(공보불게재)은 구 회사정리법 하에서 정리회사가 의무 없이 타인에게 할인하여 사용할 수 있도록 하기 위하여 약속어음을 발행하여 주는 행위는 정리회사가 그 대가로서 직접적이고도 현실적인 경제적 이익을 받지 아니하는 한, 위에서 말하는 무상행위에 해당한다고 해석함이 상당하고, 이러한 법리는 그 타인이 정리회사의 소위 계열회사 내지 가족회사라고 하여 달리 볼 것은 아니고, 그 무상성은 정리회사에 대한 관계에서 이를 판단하면 족하며, 할인채권자의 입장에서 무상인지 여부를 고려할 것은 아니라고 하였다.

170) 대법원 2002.3.26. 선고 2000다67075 판결(공2002, 957)은 구 회사정리법 하에서 정리회사가 위 담보제공 당시 주채무자를 위하여 연대보증채무를 부담하고 있었다거나 위 담보제공으로 주채무자의 대출금채무와 함께 정리회사의 연대보증채무도 잠시 기한의 유예를 받았다고 하여 달리 볼 것이 아니라고 하였다.

171) 위 대법원 2009.1.30. 선고 2007다34234(본소),34241(반소) 판결(미간행)은 채무자가 제3자의 명의로 대출을 받고, 대출원리금 반환채무를 담보하기 위하여 그 소유의 부동산에 대하여 근저당권을 설정하여 준 사안에서 위 대출금의 실제 채무자는 채무자라는 전제 하에 담보제공행위의 무상성을 인정하지 아니한 원심을 유지하였다.

172) 대법원 2008.11.27. 선고 2006다50444 판결(공2008하, 1762)은 원심이 코오롱티엔에스는 코오롱월드와 경제적 이해관계를 완전히 같이 하는 입장에서 포괄근보증 등을 한 것이고, 그와 같은 행위는 상품화 사업의 성공적 수행과 이를 통한 코오롱티엔에스의 경제적 이익 증대를 위하여 필요한 행위로 평가되어 이는 그 당시로서는 상당하고 불가피한 것으로서 무상행위로 볼 수 없는 특별한 사정이 존재한다고 보아 부인권 행사를 부정한 것을 파기한 사안이다. 同旨 대법원 2012.6.28. 선고 2012다30427 판결(미발간), 대법원 2015.5.29. 선고 2012다87751 판결(공2015하, 856).

173) 日東京地判平成9.3.25判時1621호113면. 따라서 「무상행위」라 함은 외형적으로 「대가」를 수반하지 않

형을 잃은 보수의 지급합의 및 지급이 「무상행위와 동일시할 행위」로 판단된 사례가 있음은 전술하였으며,[174] 재생채무자가 무상행위 등의 시기에 채무초과인 것 또는 그 무상행위 등에 의하여 채무초과로 되는 것은 무상행위부인의 요건은 아니라고 하였고,[175] 채무자가 법정상속분을 하회하는 유산밖에 취득하지 않은 유산분할에 관하여 유형적으로 「무상행위」가 될 수 없다고 한 것,[176] 또한 채무자 회사로부터 사업양도가 무상행위로서 부인된 것[177]도 있다. 또한 일본의 판례는 법인대표자가 법인의 채무에 관하여 연대보증이나 물상보증을 한 행위와 관련하여 의무없이 타인을 위하여 한 보증이나 담보제공은 그것이 채권자의 주채무자에 대한 출연의 직접적인 원인이 된 경우에 있어서도 채무자가 대가로서 경제적 이익을 받지 않은 한 무상행위에 해당하고, 이는 주채무자가 이른바 동족회사이고 파산자(채무자)가 대표자이고 실질적인 경영자인 때에도 타당하며, 무상성은 전적으로 파산자에 관하여 결정하면 족하고, 수익자의 입장에서 무상인지 여부는 문제되지 않는다고 하였다.[178] 물론 그러한 입장에서도 실질적으로 종전 이상의 부담을 지우지 않는 경우에는 부인할 수 없다고 하고 있다.[179]

(4) 특수관계인을 상대방으로 한 행위에 대한 특칙(법101조, 392조)

회생과 파산 모두 인정되는 것으로서 우선 위 제1류 위기부인의 대상이 되는 행위 중 채무자와 대통령령이 정하는 범위의 특수관계에 있는 자를 수익자로 하는 행위의 부인에 관하여는 수익자의 악의에 관한 입증책임을 제1류의 위기부인의 역으로 하여 부인이 쉽도록 한 것이다. 즉 위와 같은 위기부인의 대상이 되는 행위에 채무자의 특수관계인을 상대방(수익자)으로 하는 것에 관하여는 상대방이 지급정지·절차개시신청이 있은 것과 채권자

는 말하자면 「순수한」 무상행위이고 민법상의 무상계약성의 판단과 반드시 일치하지 않는다고 한다.

174) 日神戸地判平成19.11.28判時2001호81면. 상당초과부분에 한한다.

175) 日最判平成29.11.16民集71권9호1745면[百選37].

176) 日東京高判平成27.11.9金判482호22면[百選A7].

177) 日大阪高判平成30.12.20判時2421호59면. 제1심인 日大阪地判平成30.5.21金判1560호27면을 참고하여 부인권 행사에 기초한 가액상환청구권의 산정기준을 분석한 논문으로는 伊藤 眞, "否認權行使に 基づく價額償還請求權の 算定基準時", 民事司法の 地平に 向かつて, 商事法務(2021), 437면 참조

178) 日大判昭和11.8.10民集15권1680면, 日最判昭和62.7.3民集41권5호1068면, 倒産判例 ガイド 제2판 274면, 倒産判例 インデックス 제3판 117[百選36]. 同旨 日最判昭和62.7.10金法1171호25면, 日東京地判平成18.12.22判タ1238호331면, 倒産判例 インデックス 제3판 118(근저당권의 설정에 관한 사안). 다만 이에 대하여는 2개의 반대의견이 있다. 이에 대한 분석으로는 山本和彦 외 4인, "倒産法 槪說 제2판, 弘文堂(2013), 286면 참조.

179) 日最判平成8.3.22金法1480호55면, 日東京高判平成4.6.29判時1429호59면. 채무자가 그가 경영하는 회사의 금융기관에 대한 채무에 관하여 포괄적으로 보증한 후 그 회사의 위탁을 받은 당해 회사가 금융기관에 대하여 부담하는 거래상의 채무에 관하여 신용보증을 한 신용보증협회에 대하여 회사가 부담하는 구상의무에 관하여 채무자가 연대보증을 한 경우에 유해성이 없다고 하였다.

를 해하는 사실을 알지 못하였다는 것을 입증하지 않는 한 부인을 면할 수 없다. 특수관계인이면 채무자의 재산상태를 아는 것이 보통이므로 수익자의 악의에 관한 입증책임을 전환한 것이다. 대통령령이 정하는 특수관계인으로서는 배우자 친족, 채무자가 법인인 경우 이사나 지배주주 등이 이에 해당한다.[180)

마찬가지 이유로 위 제2류 위기부인의 대상이 되는 행위 중 특수관계인을 수익자로 하는 행위의 부인에 관하여는 그 기간 60일을 1년으로 하고, 수익자가 그 행위 당시 채무자가 다른 회생채권자 또는 회생담보권자와의 평등을 해하게 되는 것을 알았던 것으로 추정하도록 하는 한편, 무상부인의 경우에는 그 기간 6월을 1년으로 하였다.

대법원은 특수관계인에 대하여 이러한 규정을 둔 것은 채무자와 특수관계에 있는 자는 채무자로부터 얻은 정보를 이용하여 다른 채권자를 해하는 행위를 하거나, 채무자의 회생절차개시 신청시에도 자신에 대한 무상행위 등이 부인권 행사의 대상이 되지 않게 신청 시기를 조정하도록 채무자에게 영향력을 행사할 우려가 있기 때문이라고 전제하고, 연대보증은 주채무와는 별개로 연대보증인과 채권자 사이에 이루어지는 법률행위이므로, 채무자가 한 연대보증의 상대방인 채권자가 채무자의 특수관계인이 아닌 경우에는, 비록 채무자의 연대보증으로 인하여 실질적 이득을 얻는 주채무자가 채무자와 특수관계에 있다고 하더라도 연대보증을 제공받는 채권자를 주채무자와 동일시할 수는 없고, 이 경우에도 부

---

180) 대통령령이 정하는 특수관계인은 다음과 같다(영4조).
  1. 본인이 개인인 경우에는 다음 각 목의 어느 하나에 해당하는 자
    가. 배우자(사실상의 혼인관계에 있는 자를 포함한다. 이하 같다)
    나. 8촌 이내의 혈족이거나 4촌 이내의 인척
    다. 본인의 금전 그 밖의 재산에 의하여 생계를 유지하는 자이거나 본인과 생계를 함께 하는 자
    라. 본인이 단독으로 또는 그와 가목 내지 다목의 관계에 있는 자와 합하여 100분의 30 이상을 출자하거나 임원의 임면 등의 방법으로 법인 그 밖의 단체의 주요 경영사항에 대하여 사실상 영향력을 행사하고 있는 경우에는 당해 법인 그 밖의 단체와 그 임원
    마. 본인이 단독으로 또는 그와 가목 내지 라목의 관계의 있는 자와 합하여 100분의 30 이상을 출자하거나 임원의 임면 등의 방법으로 법인 그 밖의 단체의 주요 경영사항에 대하여 사실상 영향력을 행사하고 있는 경우에는 당해 법인 그 밖의 단체와 그 임원
  2. 본인이 법인 그 밖의 단체인 경우에는 다음 각 목의 어느 하나에 해당하는 자
    가. 임원
    나. 계열회사(「독점규제 및 공정거래에 관한 법률」 제2조 제3호에 따른 계열회사를 말한다) 및 그 임원
    다. 단독으로 또는 제1호 각 목의 관계에 있는 자와 합하여 본인에게 100분의 30 이상을 출자하거나 임원의 임면 등의 방법으로 본인의 주요 경영사항에 대하여 사실상 영향력을 행사하고 있는 개인 및 그와 제1호 각 목의 관계에 있는 자와 법인 그 밖의 단체(계열회사를 제외한다. 이하 이 호에서 같다) 및 그 임원
    라. 본인이 단독으로 또는 그와 가목 내지 다목의 관계에 있는 자와 합하여 100분의 30 이상을 출자하거나 임원의 임면 등의 방법으로 단체의 주요 경영사항에 대하여 사실상 영향력을 행사하고 있는 경우에는 당해 법인 그 밖의 단체 및 그 임원

인 대상 행위의 기간을 확장하면, 채권자는 채무자로부터 내부정보를 취득하거나 회생절차개시 신청시기에 어떠한 영향을 미치는 등 특수관계인의 지위에서 할 수 있는 행위를 전혀 할 수 없었음에도 불구하고 채무자의 부인권 행사로 인하여 원상회복의무만을 부담하여야 하는 불합리한 점이 있으므로 부인 대상이 연대보증행위인 사안에서 부인 대상 행위의 기간을 확장하는 채무자회생법 제101조 제3항이 적용되는 상대방이 특수관계인인 경우라 함은 그 연대보증행위의 직접 상대방으로서 보증에 관한 권리를 취득하여 이를 행사하는 채권자가 채무자의 특수관계인인 경우를 말하며, 비록 주채무자가 채무자와 특수관계에 있다고 하더라도 연대보증행위의 상대방인 채권자가 채무자의 특수관계인이 아닌 경우에는 채무자회생법 제101조 제3항이 적용될 수 없다고 하였다.[181]

[부인의 유형(법100조, 391조)]

구분 \ 내용	행위시기	대상행위	상대방 (수익자)	주관적 요건 (채무자)	주관적 요건 (수익자)
고의부인	절차개시 전 10년 이내	사해행위 (편파행위 포함)	무한정	사해의사	사해성에 대한 악의(선의입증책임은 수익자)
위기부인	지급정지 또는 절차개시신청 후	의무 있는 편파행위(사해행위)	도산채권자	불필요	위기시기에 대한 악의(증명책임은 관재인, 관리인)
위기부인	지급정지나 절차개시신청 후 또는 그 전 60일 이내	의무 없는 편파행위(사해행위)	도산채권자	불필요	사해성 또는 위기시기에 대한 악의(선의입증책인은 수익자)
무상부인	지급정지 또는 절차개시신청 후 또는 그 전 6월 내	무상행위	무한정	불필요	불필요

라. 어음의 특칙

채무자가 한 어음채무의 지급이 유해성을 가지는 것은 다른 일반의 채무의 변제와 하등의 차이가 없으나, 일단 어음이 지급되었다가 그것이 부인되면 어음채권자는 한편으로

---

181) 대법원 2009.2.12. 선고 2008다48117 판결(공2009상, 318)[백선19]. 이 판결에 대한 평석으로 오수근, "특수관계인이 관련된 행위의 부인", 민사판례연구 XXXII, 민사판례연구회(2010), 595면, 임채웅, "도산법상 무상부인권의 행사요건으로서의 무상 및 특수관계인의 의미에 관한 연구 — 대법원 2009.2.12. 선고 2008다48117 판결 —", 도산법연구 제1권 제1호, 사단법인 도산법연구회(2010.1.), 165면, 김용철, "무상행위의 부인 대상 기간이 확장되는 '특수관계인을 상대방으로 하는 행위'에 연대보증행위의 주채무자가 특수관계인인 경우도 포함되는지 여부", 대법원판례해설, 제79호, 법원도서관(2009), 622면 참조. 同旨 대법원 2019.1.17. 선고 2015다227017 판결(미간행).

는 수령한 금전을 반환하여야 하는 반면에 다른 한편으로는 본래의 지급거절의 경우에 가질 수 있는 전자에 대한 상환청구권을 이미 상실하고 있다고 하는 가혹한 사태가 발생할 수 있다. 상환청구권은 지급거절 후 일정기간 내에 거절증서를 작성하지 않으면 상실되는데(어음법53조, 77조), 일단 채무자가 어음을 지급한 이상 거절증서를 작성할 수는 없기 때문이다. 여기서 이러한 경우에는 어음의 지급은 부인할 수 없는 것으로 하고 있다(법102조1항, 393조1항). 따라서 약속어음의 수취인 겸 소지인이 지급을 받은 경우와 같이 상환청구가 문제가 되지 않는 경우나 거절증서작성이 면제된 경우 등에는 적용이 없다(그 밖에 만기전의 지급, 거절증서작성기간 또는 지급제시기간경과 후의 지급 등의 경우도 마찬가지이다).

또 채무자회생법은 최종의 상환의무자(약속어음의 제1배서인, 환어음의 발행인)나 어음의 발행을 위탁한 자가 발행당시 지급정지 등의 사실을 알았거나 또는 과실로 인하여 알지 못한 때에는 관리인·관재인은 그 자로 하여금 지급한 금액을 상환하게 할 수 있도록 하여 위 예외규정이 악용되는 것을 막고 있다(법102조2항, 393조2항). 예컨대 채권자가 자기를 수취인으로 한 약속어음을 채무자에게 발행하도록 한 다음 제3자에게 배서 양도하여 대가를 받고, 제3자는 채무자에 어음을 제시하여 어음금을 지급받은 경우, 채권자가 채무자에게 위탁하여 채무자를 발행인, 제3자를 수취인으로 한 약속어음을 발행하게 하고 제3자로부터 배서양도받아 채무자로부터 어음금을 지급받는 경우 등이다. 결과적으로는 관리인·관재인이 대신 상환청구권을 행사하는 것과 마찬가지이다.

문제는 법이 예정한 위와 같은 경우 이외에까지 그 취지를 유추하여 부인을 부정할 수 있는가 하는 점이다. 일본의 판례는 소극적으로 해석하고 있다. 즉 융통어음의 수취인이 은행에 배서양도(어음할인)하였으나, 지급정지의 날에 어음금액에 해당하는 액수를 은행에 지급하고 어음을 환매하여 이를 발행인에게 반환한 경우에 관재인이 어음환매를 은행에 대한 변제로 보고 그 부인을 주장한 사례에서 원심은 어음이 발행인에게 반환된 이상 은행으로서는 이미 발행인에 대하여 권리행사를 할 방법이 없으므로 할인인(은행)을 보호하여야 하는 것은 전술한 상환청구불능의 경우와 차이가 없다는 이유로 부인을 인정하지 않았으나, 일본 최고재판소는 파산법의 예외를 엄격히 해석하여 이를 파기하였다.[182] 이 경우 은행으로서는 부인 후의 처리의 일반원칙에 따라 관리인·관재인에 대하여 현존이익의 반환을 청구하거나(법108조3항2호, 398조1항. 어음이 있는 경우는 그 반환을 청구할 수 있다), 또는 일반도산채권자로서 권리를 행사할 수 있음에 불과하다(법108조3항3호, 법98조2항).

---

182) 日最判昭和37.11.20民集16권11호2293면[百選제5판35], 同旨 日最判昭和44.1.16民集23권1호1면[百選제5판A5]. 환매된 어음에 관하여 후에 어음금이 지급된 것이라고 하여 부인권 행사가 부정된 사안이다.

마. 권리변동의 성립요건·대항요건의 부인

채무자가 한 재산의 처분 중 권리변동의 성립요건·대항요건을 구비하지 않은 것은 회생이나 파산 절차와의 관계에 있어서는 처분이 없는 것과 같다. 성립요건의 경우는 물론이고, 대항요건의 경우에도 관리인·관재인은 대항요건 없이는 대항할 수 없는 제3자의 지위에 있기 때문이다. 따라서 권리변동의 성립요건이나 대항요건을 구비하는 행위는 그 효과에 있어서 처분 그 자체와 동일시 할 수 있고, 이는 일반원칙에 따라 부인의 대상이 될 수 있는 것이다. 그러나 권리변동의 성립요건이나 대항요건은 원인행위를 전제로 하는 것이고, 원인행위에 부인의 사유가 없는 경우에는 될 수 있는 한 성립요건이나 대항요건이 구비되는 것이 바람직하므로 법은 권리변동의 성립요건 또는 대항요건의 부인에 관하여 위 일반원칙에 일정한 제한을 가하여 부인할 수 있는 범위를 제한하고 있다(권리변동의 성립요건, 대항요건 부인제도 취지를 이와 같이 해석하는 이른바 제한설이 오늘날의 통설·판례이다.[183]) 한편 이와 달리 성립요건이나 대항요건구비행위 그 자체는 부인의 대상이 되지 않는 것을 특히 부인할 수 있는 것으로 한 것이라고 하는 창설설도 유력하다. 그러나 해석상의 차이를 가져오는 점은 적다는 것은 창설설도 인정하고 있다.[184] 제한설을 극단화하면 일반 규정에 기한 부인은 전혀 할 수 없는 것이 되지만, 고의부인은 가능하다고 하는 견해가 다수설이다[185])).

183) 대법원 2004.2.12. 선고 2003다53497 판결(공2004, 448)은 구 회사정리법 제80조가 대항요건 내지 효력발생요건 자체를 독자적인 부인의 대상으로 규정하고 있는 취지는 대항요건 내지 효력발생요건 구비행위도 본래 같은 법 제78조의 일반 규정에 의한 부인의 대상이 되어야 하지만, 권리변동의 원인이 되는 행위를 부인할 수 없는 경우에는 가능한 한 대항요건 내지 효력발생요건을 구비시켜 당사자가 의도한 목적을 달성시키면서 같은 법 제80조 소정의 엄격한 요건을 충족시키는 경우에만 특별히 이를 부인할 수 있도록 한 것이라고 해석되므로, 권리변동의 대항요건을 구비하는 행위는 같은 법 제80조 소정의 엄격한 요건을 충족시키는 경우에만 부인의 대상이 될 뿐이지, 이와 별도로 같은 법 제78조에 의한 부인의 대상이 될 수는 없다고 판시하였다. 同旨 대법원 2007.7.13. 선고 2005다72348 판결(공 2007, 1268). 이 판결에 대한 해설로 심준보, "회사정리법상 대항요건의 부인", 대법원판례해설 제49호, 법원도서관(2004), 837면, 지창구, "채권자취소권이라는 틀을 통하여 본 부인권", 저스티스 제135호, 한국법학원(2013), 83면 참조. 또한 日最判昭和45.8.20民集24권9호1339면, 倒産判例 インデックス 제3판 122[百選38]. 이철원, "집합채권의 양도담보와 회사정리법상 부인권 행사의 가부", 민사판례연구 XXVⅢ, 민사판례연구회(2006), 442면 참조.
184) 이와 관련하여 물권변동에 관하여 의사주의를 채택하고 있는 일본에서는 공시방법은 물권변동의 대항요건이기 때문에 대항요건 충족행위를 원인행위와 별개로 취급하게 되지만, 독일법계인 우리 민법은 물권변동에 있어서 형식주의를 채택하고 있어서 등기 등의 공시방법은 물권변동의 성립요건이므로 원인행위와 별개로 등기행위를 독립적으로 취급할 필요는 없다는 점이 지적되고 있다. 실제로 독일 도산법은 우리 채무자회생법 제103조, 제394조와 같은 규정을 두고 있지 않다. 전병서, "도산법 제4판", 박영사(2019), 292면.
185) 日東京地決平成23.8.15判タ1382호349면(회사갱생)은 대항요건 부인의 규정은 고의부인을 제한하는 것은 아니고 위기부인의 요건을 가중하는 취지이고, 자기의 채무에 관한 근저당권 설정등기의 구비행위를 원인행위로 하는 대항요건구비행위는 사해행위로 부인할 수 없다고 하였고, 한편 日東京地決平成23.8.15判タ1382호357면[회사갱생]은 제3자의 채무에 관한 물상보증행위는 재산처분행위에 해당하고, 이를 원인행위로 하는 대항요건구비행위는 사해행위로 부인할 수 있다고 하였다. 同旨 日東京地決平

원인행위와는 별도로 권리변동(취득·설정을 포함한다. 법103조1항, 2항, 393조)의 성립요건 또는 대항요건의 구비행위 자체를 부인할 수 있는 것이므로 원인행위의 행위일이 아니라 원인행위의 효과가 생긴 날부터 15일의 유예기간을 두고 15일 경과 후에 된 것은 부인할 수 있도록 한 것이다(법103조1항 본문, 2항, 394조1항 본문, 2항). 또한 지급정지 후의 경우 회생절차개시신청일이나 파산선고가 있은 날부터 1년 내에 부인할 것이 필요하다(법111조, 404조).[186] 원인행위가 있었음에도 15일이 경과한 동안 성립요건 등의 구비행위를 하지 않고 있다가 지급정지 등이 있은 후에 그 구비행위를 한다는 것은 일반채권자들에게 예상치 않았던 손해를 주기 때문에 이를 부인할 수 있게 한 것이다. 예컨대 파산재단에 속하는 재산에 관하여 매매나 담보권설정등의 원인행위가 이루어졌음에도 불구하고 권리변동의 성립요건이나 대항요건에 의한 공시가 되지 않으면 파산채권자로서는 그러한 거래가 되지 않았다는 것 즉, 원인행위의 대상재산이 아직 채무자의 책임재산으로부터 일탈되지 않았다고 믿기 때문이다. 대상이 되는 권리변동의 성립요건 또는 대항요건의 부인에 관한 규정은 위기부인의 특칙이므로 위에서 말하는 「알고 행한 것인 때」라 함은 상대방이 지급정지 등의 사실을 안 것을 가리킨다. 위기부인을 15일 경과 후의 것만으로 제한하려고 하는 것이므로 고의부인의 요건이 갖추어져 있는 경우에는 지급정지 등의 전후를 불문하고, 또 15일 경과의 여부를 묻지 않고 부인할 수 있다고 해석한다(다수설과 판례는 권리변동의 성립요건·대항요건부인은 요건이 가중된 위기부인으로서만 허용하려고 하는 것이 법의 취지라고 하여 이외에 일반원칙에 의한 부인을 인정하지 않는다.[187] 그러나 이와 같은 견해는 권리변동의 성립요건·대항요건도 원래 부인의 대상으로 할 수 있다고 하는 전제와 조화되지 않는다). 물론 원인행위가 어떠한 부인유형에 해당하여 부인된 경우에는 권리변동의 성립요건이나 대항요건을 별도로 부인할 필요는 없다. 나아가 사해행위취소권(민406조)에 관하여는 원인행위가 사해행위를 구성하지 않는 경우에 권리변동의 성립요건이나 대항요건 구비행위만을 따로 떼어내어 부인할 수 없다는 것이 일본의 판례이다.[188]

문제로 되는 권리변동의 성립요건·대항요건은 부동산이나 선박의 등기(민186조, 621조, 상743조), 동산의 인도(민188조), 채권양도 또는 질권설정의 통지(민450조, 349조), 주식의 명의개서(상337조)를 포함하지만, 채무자의 관여 없이 되는 채권양도의 승낙(민450조)이나 미등기부동산 양수인이 한 보존등기 등에 관하여는 부인의 일반적 요건으로서의 채무자의

成23.11.24金法1940호148면, 倒産判例 インデックス 제3판 4.

186) 일본 파산법 제166조는 파산절차개시신청일부터 1년 전에 한 행위를 부인할 수 없도록 하고 있는데 채무자회생법은 제111조와 제404조가 서로 제대로 대응하지 않는 면이 있다.

187) 위 대법원 2004.2.12. 선고 2003다53497 판결(공2004, 448). 同旨 日大判昭和6.9.16民集10권818면, 日東京地判平成5.2.16判タ840호209면.

188) 日最判平成10.6.12民集52권4호1121면(채권양도통지), 日大判明治40.3.11民錄13권253면.

행위성에 관하여 문제가 있는 것은 전술하였다.[189] 일본의 하급심 판례 중에는 골프장 회원권에 대한 양도담보설정행위로부터 15일이 경과한 후에 된 확정일자 있는 증서에 의한 양도통지에 관하여 양수인이 양도인의 지급정지를 한 후에 된 것인 때에는 파산관재인은 대항요건구비를 부인할 수 있다고 한 사례가 있다.[190]

　미리 경료된 가등기(부등법3조)나 가등록(법문에 불구하고 현행법상 가등록 제도는 없다)에 기하여 된 본등기나 본등록은 원인행위로부터 15일 이상을 경과한 후에 악의로 행하여진 것이어도 부인할 수 없다(법103조1항 단서, 394조1항 단서). 본등기는 가등기에 기한 것이어야 하고, 동일한 내용의 본등기라도 별개 독립하여 된 것이어서는 안 된다.[191] 여기서 말하는 가등기는 15일 경과 이전에 된 것을 요함은 물론이다. 15일 경과 이후에 된 가등기는 그 자체가 권리변동의 성립요건 부인의 대상이 된다. 가등기가 가처분에 의하여 된 경우(부등법37조)에는 집행행위의 부인(법104조, 395조)에 의하여 가등기를 부인할 수 있다.[192] 가등기에 기한 본등기의 고의부인에 관하여는 문제가 있으나, 도산절차 개시 후의 가등기에 기한 본등기를 관리인·관재인에게 청구할 수 없는 한에 있어서는 부인할 수 있다고 해석한다.

　15일의 기산일은 원인행위를 한 날이지만 여기서 말하는 원인행위라 함은 권리변동의 성립요건이나 대항요건(위 가등기·가등록을 포함한다)을 구비하는데 적합할 정도로 완성된 것일 것을 요하므로 15일의 기산점은 원인행위가 이루어진 날이 아니라 원인행위의 효력이 발생한 날을 의미한다.[193] 예컨대 채권양도의 예약이 있는 것만으로는 양도의 통지나 승낙이 있다고 할 수 없으므로 예약완결이 있은 때로부터 15일을 기산할 것이다.[194] 채권양도계약의 효력발생시점을 늦추기 위하여 지급정지 등을 정지조건으로 약정한 경우 채권양도통지에 관하여 15일 요건의 점에서는 대항요건의 부인에는 해당하지 않지만, 일본의 판례는 부인권의 제도 취지에 반하고, 그 실효성을 잃게 하는 것이므로 실질적으로 보

---

189) 일본의 구 파산법 아래에서 日最判昭和40.3.9民集19권2호352면, 倒産判例 ガイド 제2판 256면은 양도채권의 채무자가 한 승낙은 부인할 수 없다고 하였으나(전술), 日釧路地決平成25.2.13LEX/DB 판례 ID 28211647은 파산자에 의한 통지와 동일한 효력을 가지는 채무자의 승낙을 대상으로 하지 않는 것은 불합리한 불균형을 생기게 하고, 법의 잠탈을 용이하게 허용하는 결과를 가져올 수밖에 없는 것이라는 이유로 긍정하였다.

190) 日東京地判平成9.4.28判時1628호60면, 倒産判例 インデックス 제3판 123.

191) 日最判昭和43.11.15民集22권12호2629면.

192) 日最判平成8.10.17民集50권9호2454면[百選A8]은 가등기가처분명령에 기한 가등기(가등기권리자의 단독신청)도 채무자(파산자)의 행위가 있은 경우와 동일시하여 부인할 수 있다고 하였다.

193) 대법원 2001.9.4. 선고 2001다25931 판결(미간행). 또한 대법원 2004.2.12. 선고 2003다53497 판결(공 2004, 448)은 대물변제예약시가 아닌 예약완결시로 본 것이다.

194) 日最判昭和48.4.6民集27권3호483면, 倒産判例 ガイド 제2판 254면. 이 점 예약단계에서 가등기할 수 있는 부동산처분의 경우와 다르다.

면 지급정지 등의 후에 이루어진 채권양도와 동일시할 수 있으므로 부인할 수 있다고 하였음은 전술하였다.195) 이 점 법인에 관하여 채권양도등기에 의하여 제3자 대항요건을 구비할 수 있다(동산채권담보법35조1항).

바. 집행행위의 부인

유해행위가 강제집행의 형태로 행하여지는 경우가 있다. 예컨대 위기시기에 강제집행을 하여 받은 변제는 다른 채권자를 해하는 점에 있어서 채무자가 스스로 한 편파변제와 다름이 없으므로 강제집행에 의한 만족도 부인할 수 있는 것으로 규정하고 있다(법104조 후단, 395조 후단). 그 외에 부인할 수 있는 행위에 관하여 집행력 있는 집행권원이 있는 때에도 부인을 방해하지 않는다(법104조 전단, 395조 전단. 예컨대 재산매각이 부인의 요건을 구비한 경우에는 목적물인도를 위한 집행권원이 있어도 지장이 없다. 또 마찬가지로 상대방의 소유권취득을 부인할 수 있는 경우에는 상대방의 소유권을 확인하는 확정판결이 있어도 무방하다).

집행에 의한 만족의 부인이 문제되는 것은 대부분 금전집행이지만 채권적인 물건의 인도집행은 물론, 가등기가처분(부등법37조)에 의한 가등기도 부인의 대상이 된다는 점은 전술하였다.196) 이에 반하여 환취권이 인정되는 물권적인 인도집행에서는 유해성이 없으므로 부인할 수 없다. 그러나 이 경우에도 전술한 바와 같이 그 집행권원에 표시된 권리를 발생시킨 실체법상의 행위가 부인의 대상으로 되는 것을 방해하지 않는다. 판례는 질권의 목적물을 타에 처분하여 채권의 만족을 얻는 경우도 그 실질에 있어서 집행행위와 동일한 것으로 볼 수 있어 부인의 대상이 되는 행위에 포함된다고 하였다.197)

195) 日最判平成16.7.16民集58권5호1744면[百選39]. 일본의 구 파산법의 위기부인에 관한 사안이다.
196) 日最判平成8.10.17民集50권9호2454면, 倒産判例 ガイド 제2판 258면.
197) 대법원 2003.2.28. 선고 2000다50275 판결(공2003, 909)은 구 회사정리법 하에서 회사정리절차에 있어서는 담보권자는 개별적으로 담보권실행행위를 할 수 없고, 정리담보권자로서 정리절차 내에서의 권리행사가 인정될 뿐, 정리절차 외에서 변제를 받는 등 채권소멸행위를 할 수 없으며, 또한 회사정리법 제81조 후단이 부인하고자 하는 행위가 집행행위에 기한 것인 때에도 부인권을 행사할 수 있다고 규정한 취지에 비추어 보면 질권의 목적물을 타에 처분하여 채권의 만족을 얻는 경우도 그 실질에 있어서 집행행위와 동일한 것으로 볼 수 있어 부인의 대상이 되는 행위에 포함된다고 하였다. 평석으로 김형두, "담보권실행행위에 대한 관리인의 부인권", 민사판례연구 ⅩⅩⅥ, 민사판례연구회(2005), 551면, 임지웅, "담보권실행행위에 대한 회사정리법상 부인권 행사", 쥬리스트 401호, 청림인터액티브(2004), 41면 참조. 同旨 대법원 2011.11.24. 선고 2009다76362 판결(공2012상, 16)[백선18]의 사안은 X 회사가 피고 전문건설공제조합의 조합원인데, 피고로부터 융자를 받으면서 출자증권에 질권을 설정해주었다가 X 회사에 대하여 회생절차개시결정이 되자 피고는 질권을 실행하여 출자증권을 피고 앞으로 명의개서하여 취득하고 그 대금과 X 회사의 채무를 상계한다는 의사표시를 통지한 사례이다. 이에 X 회사의 관리인인 원고는 피고의 행위를 부인하면서 X회사가 피고에 대하여 출자좌수를 가지고 있음을 확인한다는 소를 제기하였다. 대법원은 건설공제조합의 담보출자증권 취득행위도 부인할 수 있다고 하였는데, 동일하게 회생채권자 또는 회생담보권자를 해하는 질권의 실행행위임에도 집행기관에 의하

집행은 전적으로 채권자의 행위에 의하여 행하여지므로 특히 고의부인의 요건에 관하여 문제가 있고, 판례는 고의부인에 관하여는 채무자가 고의로 집행을 초래하거나, 스스로 변제를 한다고 하면 악의를 가지고 한 것으로 인정되는 것과 같은 경우 즉 해할 의사 있는 가공으로서 예컨대 채무자가 악의를 가지고 고의로 강제집행을 초치(招致)하였거나, 만약 채무자가 스스로 변제한 것이라고 가정하면 악의를 가지고 변제하였다고 인정할 상황이 있을 필요가 있지만 위기부인에 관하여는 채무자가 강제집행을 받는 것에 관하여 해할 의사 있는 가공을 할 필요는 없다고 하고 있고,[198] 채권자만의 주관적 요건으로 족하다고 해석하여야 함은 전술하였다. 또한 판례는 집행행위를 채무자회생법 제100조 제1항 제1호에 의하여 부인할 때에는, 채무자의 주관적 요건을 필요로 하는 고의부인의 성질상 채무자가 파산채권자들을 해함을 알면서도 채권자의 집행행위를 적극적으로 유도하는 등 그 집행행위가 '채무자가 파산채권자들을 해함을 알면서도 변제한 것'과 사실상 동일하다고 볼 수 있는 특별한 사정이 요구되는데, 위와 같은 특별한 사정이 있다는 점에 대하여는 고의부인을 주장하는 관리인에게 증명책임이 있고, 집행행위 당시 채무자가 채무초과상태에 있었다는 것만으로 위와 같은 특별한 사정이 있다고 섣불리 단정해서는 안 된다고 하였다.[199]

는지 여부라는 우연한 사정에 따라 부인의 대상이 되는지가 달라져서 불합리하기 때문이라는 것을 그 근거로 하였다. 이 경우 집행행위는 집행권원이나 담보권의 실행에 의한 채권의 만족적 실현을 직접적인 목적으로 하는 행위를 의미하고, 담보권의 취득이나 설정을 위한 행위는 이에 해당하지 않음은 전술하였다.

198) 위 대법원 2011.11.24. 선고 2009다76362 판결(공2012상, 16)[백선18]. 同旨 日最判昭和57.3.30判時1038호286면, 倒産判例 インデックス 제3판 124[百選41].

199) 대법원 2018.7.24. 선고 2018다210348 판결(미간행)은 위 판시에 앞서 "채무자회생법 제104조 후단은 부인하고자 하는 행위가 집행행위에 의한 것인 때에도 부인권을 행사할 수 있다고 규정하고 있다. 그러나 채무자회생법 제100조 제1항 각호에서 부인권의 행사 대상인 행위의 주체를 채무자로 규정한 것과 달리 제104조에서는 아무런 제한을 두지 않고 있다. 부인하고자 하는 행위가 집행행위에 의한 것인 때는 집행법원 등 집행기관에 의한 집행절차상의 결정에 의한 경우를 당연히 예정하고 있는데, 그러한 경우에는 채무자의 행위가 개입할 여지가 없기 때문이다. 그러므로 집행행위를 채무자회생법 제100조 제1항 각호에 의하여 부인함에는 반드시 그것을 채무자의 행위와 같이 볼 만한 특별한 사정이 있을 것을 요하지 아니한다고 볼 것이다. 다만 집행행위에 대하여 부인권을 행사할 경우에도 행위주체의 점을 제외하고는 채무자회생법 제100조 제1항 각호 중 어느 하나에 해당하는 요건을 갖추어야 한다."라고 설시하여 고의부인과 위기부인을 구별하지 아니하였는데 의문이다. 파산에 관하여 동일한 설시를 한 대법원 2018.7.24. 선고 2018다204008 판결(미간행)의 설시 역시 납득하기 어렵다. 이 판결에 대한 평석으로 윤덕주, "후단 집행행위의 해석론 : 서울회생법원 2017.7.12. 선고 2017가합100913, 서울고법 2017.12.15. 선고 2017나2041949, 대법원 2018.7.24. 선고 2018다204008 각 청구이의", 판례연구 제36집2, 서울지방변호사회(2023) 참조. 한편 서울고법 2022.1.13. 선고 2021나2003579 판결(미간행)은 채무자가 전부명령의 확정을 차단하기 위하여 강제집행정지결정을 받아 이를 집행법원에 제출한 점, 소송절차에서도 공탁금에 대한 배당절차에 대하여 다투고 있는 점 등을 근거로 채무자가 채권자평등의 원칙을 회피하기 위하여 특정채권자(피고)에게만 변제한다는 인식을 가지고 고의로 강제집행을 초래한 것이라거나 전부명령이 채무자가 위와 같은 인식을 가지고 변제

판례는 위기부인의 경우에도 집행행위로 인하여 회생채권자 또는 회생담보권자를 해하는 등의 요건이 충족되어야 하는데, 이 경우 회생채권자 등을 해하는 행위에 해당하는 지를 판단할 때는 회생절차가 기업의 수익력 회복을 가능하게 하여 채무자의 회생을 용이하게 하는 것을 목적으로 하는 절차로서, 파산절차와 달리 담보권자에게 별제권이 없고 회생절차의 개시에 의하여 담보물권의 실행행위는 금지되거나 중지되는 등 절차적 특수성이 있다는 점 및 집행행위의 내용, 집행대상인 재산의 존부가 채무자 회사의 수익력 유지 및 회복에 미치는 영향 등 제반 요소를 종합적으로 고려하여 정하여야 한다고 하였다.[200]

집행행위의 부인이라고 하여도 집행절차 그 자체를 무효로 하는 것은 아니고, 집행에 의하여 생긴 실체법상의 효과인 채무소멸의 효과를 소멸시키는 것을 목적으로 한다. 따라서 경락인이 경락에 의하여 얻은 권리를 박탈하는 것은 아니고, 전부명령이 부인되어도 피전부채권 그 자체가 채무자 재산이나 파산재단으로 복귀하는 것은 아니며(집행행위의 부인은 전부명령에 관한 것이 많다. 다른 종류의 집행은 그 절차 중에 다른 채권자의 신청에 의하여 도산절차가 개시되어 만족에 이르지 못한다), 집행채권자가 전부에 의하여 얻은 이익을 채무자나 재단에 반환시킬 수 있는 것일 뿐이라고 해석한다.

집행권원에 표시되어 있는 권리를 생기게 한 실체법상의 행위를 독립하여 부인한 경우도 결과는 동일하다. 판례는 질권설정행위를 부인하여 그 효력이 상실된 경우에는 그에 기하여 발생한 질권도 소급적으로 존재하지 않게 되고, 질권이 소급적으로 존재하지 아니하게 된 이상 그에 기초한 질권실행행위도 그 효력을 상실하였다고 봄이 상당하며, 구 파산법상 담보권의 실행에 대하여는 별도로 부인권을 행사할 수도 없는 것이므로, 파산관재인이 별도로 질권실행행위를 부인하여야만 원상회복의 효과를 얻을 수 있는 것은 아니라고 하였다.[201] 또 집행권원취득을 위하여 행한 소송행위, 예컨대 집행증서의 작성이나 청구의 인낙 등이 부인된 경우에도 마찬가지로 해석할 것이다. 이 경우는 집행행위 자체가 취소된 결과가 되고, 전부채권도 복귀하는 것이라는 설도 있으나, 그와 같은 소급적 효력

<hr />

한 것과 사실상 동일하다고 볼 수 있는 특별한 사정이 있다고 인정할 증거가 부족하다고 하였다.
200) 위 대법원 2011.11.24. 선고 2009다76362 판결은 전문건설공제조합이 조합에 대하여 출자지분을 보유하고 있던 甲 회사에 자금을 융자하면서 그 출자지분에 대한 출자증권에 질권을 설정받았는데, 甲 회사에 회생절차개시결정이 내려지자, 질권을 실행하기 위하여 위 출자증권을 취득하여 자신 앞으로 명의개서한 다음 융자원리금 채권과 출자증권의 취득대금 채무를 대등액에서 상계한다는 취지의 의사표시를 甲 회사에 통지한 사안에서, 조합이 출자증권을 취득하여 자신 앞으로 명의개서하고 위와 같은 상계의 의사표시를 통지함으로써 출자증권에 대한 질권을 확정적으로 실행하였고, 이는 채무자회생법 제104조 후단의 집행행위에 준하여 같은 법 제100조 제1항 제2호에 의한 부인권 행사의 대상이 될 수 있으며, 위 출자증권은 채무자인 甲 회사가 영업을 계속하기 위하여 필요한 주요자산으로서 조합이 이를 취득함으로써 甲 회사의 회생에 현저한 지장을 가져올 것임을 쉽게 예상할 수 있으므로, 조합이 출자증권을 취득한 행위는 특별한 사정이 없는 한 회생채권자를 해하는 것으로서 채무자회생법 제100조 제1항 제2호에 의하여 부인될 수 있고, 그 결과 상계행위는 효력이 유지될 수 없다고 하였다.
201) 대법원 2009.5.28. 선고 2005다56865 판결(공2009하, 957).

을 인정하는 것은 부인의 제도 목적으로부터는 필요가 없다.

사. 사해행위 취소권을 행사한 채권자의 채권실행행위

사해행위 취소채권자가 수익자 등을 상대로 사해행위취소 및 원상회복청구의 소를 제기하여 승소확정판결을 받고, 사해행위로 일탈되었던 채무자의 책임재산을 수익자 등으로부터 회복한 후 그 재산에서 자신의 피보전채권을 만족시킨 경우 그 이후에 개시된 채무자에 대한 도산절차에서 관리인 등이 위와 같은 취소채권자의 채권실현행위를 부인할 수 있는지 여부가 문제된다.

사해행위취소의 효과에 대한 통설·판례인 상대적 효력설에 의하면, 사해행위취소판결로 회복된 재산은 취소채권자 및 민법 제407조에 의하여 채권자취소의 효력을 받는 채권자들 사이에서만 채무자의 책임재산으로 취급될 뿐 채무자가 직접 그 재산에 대하여 어떠한 실체적 권리를 취득하는 것은 아니며, 채권자취소로 인한 원상회복의 결과 등기나 등록을 요하는 재산이 채무자 명의로 회복되더라도 그 재산은 여전히 수익자의 소유로서, 다만 취소채권자 등의 강제집행을 당할 수 있는 부담을 지는 데 불과하므로 취소채권자가 회복된 재산에서 강제집행절차에 의하거나 또는 수령한 금전으로 피보전채권의 변제에 충당하였더라도 이와 같은 배당금수령행위나 변제충당행위는 채무자 소유가 아니었던 재산을 재원으로 한 것이어서 사해행위 또는 편파행위 등 부인대상행위가 되기 위한 공통적 요건으로 유해성을 구비하였다고 보기 어렵다.

한편 일본의 2017년 개정 민법은 절대적 효력설을 채택하였는데, 사해행위 취소의 효력을 받는 채권자의 범위를 모든 채권자로 확장할 경우에는 사해행위취소로 회복된 재산은 원래부터 채무자 소유인 책임재산과 별다른 차이가 없게 되어 취소채권자의 피보전채권회수행위에 대한 부인권 행사의 범위도 넓어질 여지가 있다.[202]

아. 신탁행위의 부인에 관한 특칙

채무자가 「신탁법」에 따라 위탁자로서 한 신탁행위를 부인할 때에는 수탁자, 수익자 또는 그 전득자를 상대방으로 한다(법113조의2 제1항, 406조의2). 신탁행위가 고의부인이나 위기부인의 대상에 해당하여 수탁자를 상대방으로 하여 신탁행위를 부인할 때에는 채무자회생법 제100조와 제391조 제1항 제1호 단서, 제2호 단서 또는 제3호 단서를 적용하지 않

---

202) 상세는 임선지, "채권자취소권과 부인권이 상호교차하는 경우에 관한 규율 — 취소채권자에 대한 부인권행사에 대한 규율", 사법 63호, 사법발전재단(2013), 203면 참조.

고, 즉 수익자의 선의나 악의에 관계없이(법113조의2 제2항, 406조의2) 부인권을 행사할 수 있다. 부인의 대상이 되는 신탁행위는 신탁법 제8조의 사해신탁뿐만 아니라 편파행위나 무상행위에 해당하는 신탁행위도 포함된다. 수탁자의 권리 의무를 승계한 신수탁자 역시 수탁자로 상대방이 되고, 수익권을 승계취득한 자는 전득자로서 상대방이 되지만, 신탁재산 자체의 전득자에게는 신탁행위의 부인에 관한 특칙이 아니라 전득자에 대한 부인권 규정(법110조, 403조)이 적용된다.[203) 채무자의 사해의사를 판단함에 있어 사해행위 당시의 사정을 기준으로 하여야 할 것임은 물론이나, 사해행위라고 주장되는 행위 이후의 채무자의 변제 노력과 채권자의 태도 등도 사해의사의 유무를 판단함에 있어 다른 사정과 더불어 간접사실로 삼을 수도 있다.[204)

신탁행위가 고의부인 또는 유해행위 및 의무적 편파행위에 해당하여 수익자를 상대방으로 하여 신탁행위를 부인하는 경우 채무자회생법 제100조와 제391조 제1항 제1호 단서 또는 제2호 단서를 적용할 때에는 "이로 인하여 이익을 받은 자"를 부인의 상대방인 수익자로 본다. 관리인·관재인은 수익자(수익권의 전득자가 있는 경우에는 그 전득자) 전부에 대하여 부인의 원인이 있을 때(즉, 사해행위 부인이나 편파행위의 부인의 경우에는 수익자 전부가 악의인 때, 무상행위 부인의 경우에는 모든 수익자와의 관계에서 무상행위에 해당할 때)에만 수탁자에게 신탁재산의 원상회복을 청구할 수 있다. 이 경우 부인의 원인이 있음을 알지 못한 수탁자에게는 현존하는 신탁재산의 범위에서 원상회복을 청구할 수 있다(법113조의2 제3항, 406조의2).

관리인·관재인은 수익권 취득 당시 부인의 원인이 있음을 알고 있는 수익자(전득자가 있는 경우 전득자 포함)에게 그가 취득한 수익권을 채무자의 재산·파산재단으로 반환할 것을 청구할 수 있고, 채무자가 위탁자로서 한 신탁행위가 부인되어 신탁재산이 원상회복된 경우 그 신탁과 관련하여 수탁자와 거래한 선의의 제3자는 그로 인하여 생긴 채권을 원상회복된 신탁재산의 한도에서 공익채권자·재단채권자로서 행사할 수 있다(법113조의2 제4항

---

203) 그렇기 때문에 채무자회생법 제110조의 전득자는 신탁재산의 전득자를 지칭하는 것이고, 같은 법 제113조의2의 전득자는 신탁재산이 아니라 수익권의 전득자이므로 제110조가 적용되는 것이 아니라는 지적이 있다. 한민, "사해신탁의 취소와 부인 — 채무자회생법 개정안에 관한 주요 논점을 중심으로 — ", BFL 제53호, 서울대학교 금융법센터(2012.5.), 16면, 이은재, "신탁과 도산", 제8기 도산법 연수원Ⅱ, 서울지방변호사회(2023), 323면 참조.

204) 대법원 2003.12.12. 선고 2001다57884 판결(공2004, 110)은 채무자가 토지에 집합건물을 지어 분양하는 사업을 추진하던 중 이미 일부가 분양되었는데도 공정률 45.8%의 상태에서 자금난으로 공사를 계속할 수 없게 되자 건축을 계속 추진하여 건물을 완공하는 것이 이미 분양받은 채권자들을 포함하여 채권자들의 피해를 줄이고 자신도 채무변제력을 회복하는 최선의 방법이라고 생각하고, 사업을 계속하기 위한 방법으로 신탁업법상의 신탁회사와 사이에 신탁계약을 체결한 것으로 자금난으로 공사를 계속할 수 없었던 채무자로서는 최대한의 변제력을 확보하는 최선의 방법이었고 또한 공사를 완공하기 위한 부득이한 조치였다고 판단되므로 사해행위에 해당되지 않는다고 한 사례이다.

내지 제6항, 406조의2).[205)

　　관리인·관재인은 수익자(수익권의 전득자가 있는 경우에는 그 전득자) 전부에 대하여 부인의 원인이 있을 때에만 수탁자에게 신탁재산의 원상회복을 청구할 수 있도록 하고, 이 경우 부인의 원인이 있음을 알지 못한 수탁자에게는 현존하는 신탁재산의 범위에서 원상회복을 청구할 수 있도록 하며, 수익권 취득 당시 부인의 원인이 있음을 알고 있는 수익자나 전득자에게 그가 취득한 수익권을 채무자의 재산으로 반환할 것을 청구할 수 있도록 한 것이다.

자. 지급결제제도 등에 관한 특칙

　　전술한 바와 같이 지급결제의 완결성을 위하여 한국은행총재가 금융위원회와 협의하여 지정한 지급결제제도의 참가자에 대하여 회생 또는 파산절차가 개시된 경우, 그 참가자에 관련된 이체지시 또는 지급 및 이와 관련된 이행, 정산, 차감, 증거금 등 담보의 제공·처분·충당 기타 결제에 관하여는 법의 규정에 불구하고 그 지급결제제도를 운영하는 자가 정한 바에 따라 효력이 발생하며 부인의 대상이 되지 않고(법120조1항, 336조1항),「자본시장과 금융투자업에 관한 법률」기타 법령에 따라 증권·파생금융거래의 청산결제업무를 수행하는 자 기타 대통령령에서 정하는 자가 운영하는 청산결제제도의 참가자에 대하여 회생 또는 파산절차가 개시된 경우 그 참가자와 관련된 채무의 인수, 정산, 차감, 증거금 기타 담보의 제공·처분·충당 기타 청산결제에 관하여는 채무자회생법의 규정에도 불구하고 그 청산결제제도를 운영하는 자가 정한 바에 따라 효력이 발생하며 해제, 해지, 취소 및 부인의 대상이 되지 아니한다(법120조2항, 336조). 또한 일정한 금융거래에 관한 기본적 사항을 정한 하나의 계약에 근거하여 통화, 유가증권, 출자지분, 일반상품, 신용위험, 에너지, 날씨, 운임, 주파수, 환경 등의 가격 또는 이자율이나 이를 기초로 하는 지수 및 그 밖의 지표를 대상으로 하는 선도, 옵션, 스왑 등 파생금융거래로서 대통령령이 정하는 거래, 현물환거래, 유가증권의 환매거래, 유가증권의 대차거래 및 담보콜거래, 위 각 거래가 혼합된 거래, 위 각 거래에 수반되는 담보의 제공·처분·충당의 거래를 행하는 당사자 일방에 대하여 회생 또는 파산절차가 개시된 경우 적격금융거래의 종료 및 정산에 관하여는 채무자회생법의 규정에도 불구하고 기본계약에서 당사자가 정한 바에 따라 효력이 발생하고 해제, 해지, 취소 및 부인의 대상이 되지 아니하며, 담보의 제공·처분·충당의 거래는 중지명령 및 포괄적 금지명령의 대상이 되지 아니하도록 하였다. 다만, 채무자가 상대방과 공모하여 회생채권자·회생담보권자 또는 파산채권자를 해할 목적으로 적격금융거래를 행

---

205) 이 조항이 근거없는 특별한 보호라고 하여 반대하는 견해로는 이은재, 전게 논문, 330면 참조.

한 경우에는 그러하지 아니하다(법120조3항, 336조).[206]

차. 부인권의 행사

(1) 부인권의 성질과 행사방법

부인권은 실체법상의 형성권이지만, 상대방의 지위에 중대한 영향을 미치므로 그 행사는 반드시 재판상으로 명백히 하여야 하는 것으로 하고 있다(이른바 요식행위이다). 즉 부인권은 관리인 또는 파산관재인에 의하여 소, 부인의 청구 또는 항변의 방법으로 행사되어야 한다(법105조1항, 396조1항). 부인의 소 및 부인의 청구 사건은 도산계속법원의 관할에 전속하며(법105조3항, 396조3항), 채무자와 그 계약의 상대방 사이에 도산절차 개시 전에 관할법원에 대하여 합의가 있더라도 파산관재인은 그 관할의 합의에 구속되지 않는다.

'부인권을 소에 의하여 행사한다'는 것은, 부인의 대상이 되는 행위가 그 효력을 소급적으로 상실하게 됨으로써 발생하는 법률적인 효과에 따라 원상회복의무의 이행을 구하는 소를 제기하거나, 그 법률관계의 존재 또는 부존재 확인을 구하는 소를 제기하는 방법에 의할 수도 있다는 의미이고, 이와 같이 부인권행사의 결과로 생기는 권리관계의 변동에 따라 그 이행 또는 확인의 소를 제기하는 경우에는 시효중단의 효력이 생긴다.[207] 관리인·관재인이 부인권을 행사하여야 할 경우에 행사하지 아니한 때에는 법원은 회생채권자·회생담보권자·주주·지분권자·파산채권자의 신청에 의하거나 직권으로 관리인·관재인에게 부인권의 행사를 명할 수 있다(법105조2항, 396조2항).[208] 그러나 관리인·관재인이 제기하는 이른바 부인소송은 부인 그 자체를 실현하는 형성소송은 아니고,[209] 부인을 청구원인사실

---

206) 이 부분 특칙에 대하여 일정한 경우 본래 부인되어야 할 도산한 당사자에 의한 담보의 제공행위를 부인될 수 없는 것으로 하는 한에 있어서 그 상당성에 의문이 있다는 견해로는 김성용, "파생금융거래에 관한 도산법의 특칙 재검토", 도산법연구 제1권 제1호, 사단법인 도산법연구회(2010.1.), 63면 참조.

207) 대법원 2009.5.28. 선고 2005다56865 판결(공2009하, 957).

208) 그 이외에 채권자가 부인권을 대위행사할 수는 없다. 대법원 2002.9.10. 선고 2002다9189 판결(공보불게재).

209) 대법원 판결 중에는 형성소송설에 따라 '부인한다'는 취지의 주문을 기재한 하급심 판결을 유지한 판결(대법원 2003.3.11. 선고 2002다71054 판결, 미발간)도 있고, 이행소송설에 따라 '부인한다'는 취지는 주문에 기재하지 아니한 하급심 판결을 유지한 판결(대법원 2003.2.28. 선고 2000다50275 판결, 공2003, 909)도 있다. 대법원 2000.3.13.자 99그90 결정(공2000, 1130)은 구 회사정리법 제78조에서 정한 부인권은 정리절차개시결정 이전에 부당하게 처분된 회사 재산을 회복함으로써 회사사업을 유지·갱생시키고자 인정된 회사정리법상의 특유한 제도로서, 같은 법 제82조에 의하면 부인권은 소, 부인의 청구 또는 항변에 의하여 관리인이 이를 행사한다고 규정함으로써 관리인으로서는 부인의 소를 제기하는 대신 그보다 신속·간이한 결정절차로 부인의 청구를 할 수도 있고, 정리채권자 등이 제기한 정리채권확정의 소 등에서는 부인의 항변을 제기하여 부인의 효과를 얻을 수도 있도록 되어 있으며, 한편 가집행의 선고는 상소권의 남용을 억제하고 신속한 권리실행을 허용함으로써 국민의 재산권과 신속한 재판을 받을 권리를 보장하기 위한 제도이므로, 이러한 가집행제도의 취지와 부인권을 소제

(공격방법)로 하여 부인의 결과로 생긴 법률관계의 확인을 구하는 확인소송이나 또는 부인의 결과 생긴 청구권에 관하여 급부를 구하는 이행소송 등의 형태를 취하고, 「… 의 행위를 부인한다」라는 판결주문은 필요 없다(예컨대 부인에 의하여 목적물이 파산재단에 속하는 취지의 확인을 구하든가, 매매를 부인하여 목적물의 반환을 구하는 것이 전형적이다).[210] 부인이 항변에 의하여 주장된 경우라 함은 예컨대 관리인·관재인을 피고로 하는 물건의 인도청구소송(환취권의 행사)에 있어서 목적물을 상대방에 귀속시킨 매매계약을 부인하는 것에 의하여 방어하는 경우가 이에 해당한다. 이른바 부인소송이나 부인이 항변으로 제출된 소송은 도산 후 관리인·관재인에 의하여 또는 그에 대하여 새로이 제기된 소송에 한하지 않고, 종전부터 채무자와 상대방과의 사이에 계속되었다가 도산절차 개시에 의하여 중단된 것을 관리인·관재인이 수계한 경우를 포함한다. 부인권 행사가 성공하기 위해서는 판결이 있을 필요는 없고, 청구의 인낙(소에 의한 경우), 포기(항변에 의한 경우) 및 소송상의 화해에 의하여 소송이 종료된 경우도 무방하다(재판외의 화해에 관하여는 후술). 부인의 청구는 부인소송을 약식화한 것이고, 결정절차에 의하여 간편하게 부인의 목적을 달성하기 위한 것이다.

(2) 부인권 행사의 상대방 — 특히 전득자 — 과 시기

부인권의 주체는 관리인·관재인이다. 행사의 상대방은 부인된 행위의 상대방인 수익자인 것이 원칙이지만, 수익자가 얻은 이익이 이미 제3자(전득자)에게 이전된 경우에는 수익자에 관하여 부인의 원인이 있고, 또 전득자가 전득 당시에 그 사실을 알고 있었다는 등의 요건 하에 전득자(제1차 전득자에 한하지 않는다)에 대하여도 부인권을 행사할 수 있다. 수익자가 재산을 이전하면 부인할 수 없다고 한다면 부인제도의 실효성을 잃게 되기 때문이다. 수익자와 전득자 쌍방에 대한 부인이 가능한 경우 그 쌍방을 상대로 할 필요는 없고(즉 필수적 공동소송이 아니다), 그 중 하나만을 상대로 하여도 무방하다. 어떠한 경우에도 채무자는 상대방이 되지 않는다.

기의 방법 외에 부인의 청구 또는 항변 등으로도 행사할 수 있는 점 등을 고려하면, 부인의 소와 병합하여 금전의 지급을 구하는 경우 그 청구를 인용할 때에는 금전지급을 명하는 부분에 대하여는 가집행을 허용할 수 있는 것으로 해석함이 타당하다고 하면서 원심이 부인의 선언을 구하는 소는 형성의 소라고 판단한 부분은 유지하였다.

[210] 통설이다. 재판상의 행사가 요구된다는 이유로 부인소송이 형성소송이라고 하는 견해도 있으나, 이 설은 항변에 의하여도 행사할 수 있는 것을 설명하지 못한다. 이에 대하여 근래에는 부인소송은 형성소송이든, 확인소송이든, 이행소송이든 제기할 수 있는 것이라는 견해도 있다. 그러나 논자가 말하는 형성소송이 필요한 경우는 확인, 이행소송으로도 충분하다고 생각되고, 형성소송이나 다른 소송을 원고가 선택할 수 있다고 하는 이론구성은 종래의 이론보다 나을 것이 없으므로 차라리 통설에 따른다. 또 「…을 부인한다」라는 판결로는 후술하는 부인의 등기도 할 수 없다고 해석한다. 그렇지만 부인의 효과는 부인의 주장이 법원에 의하여 인정됨으로써 비로소 생기는 것이므로 상계의 항변에 있어서의 소송법설과 마찬가지로 항변에 의한 경우에 관하여도 부인권으로부터 실체법적 성질을 제외하는 해석도 이론적으로는 가능할 것이다.

　　수익자로부터 직접 전득한 제1차 전득자에 대하여 부인권을 행사할 수 있는 것은 수익자에 대하여 부인의 원인이 있는 것 이외에 다음의 3가지 경우 중 하나에 한한다. 즉, ① 전득자가 전득 당시, 수익자에 대한 부인의 원인 있음을 안 때, ② 전득자가 특수관계인인 때, ③ 전득자가 무상행위 또는 이와 동일시하여야 할 유상행위로 인하여 전득한 때이다. ①의 경우 특별한 사정이 없는 한 전득자의 악의에 대한 증명책임은 전득자에 대한 부인권을 행사하는 관리인에게 있고,[211] ②의 경우에 있어서는 전득의 당시, 수익자에 대한 부인의 원인 있는 것을 알지 못한 것을 입증하면 부인을 면한다. 제2차 이하의 전득자에 대하여도 마찬가지의 요건을 가지고 부인할 수 있다. 다만 원칙적으로 모든 전자에 대한 부인의 원인이 있음을 알 것을 요하므로, 전득이 거듭되면 부인은 매우 곤란하게 된다(법110조1항, 403조1항). 전득자에 대하여 부인할 때에는 전득자만을 상대방으로 하면 된다. 다만 전득자에 대한 부인에 있어서도 부인의 대상으로 되는 것은 채무자·수익자 간의 채권자를 해하는 행위이고, 수익자·전득자 간의 행위가 부인되는 것은 아니다.

　　부인권은 회생 또는 파산절차개시가 있는 날로부터 2년이 경과한 때에는 행사할 수 없다. 부인의 대상인 행위를 한 날로부터 10년을 경과한 때에도 같다(법112조, 405조). 조속한 법률관계의 확정을 통하여 거래안전을 확보하기 위한 규정이다. 위 부인권 행사기간의 성질에 대하여는 구법은 소멸시효기간으로 규정하고 있었으나, 채무자회생법은 제척기간으로 규정하고 있다고 해석한다. 관리인·관재인은 위 기간 내에 소를 제기하거나, 부인의 청구절차를 개시하거나, 또는 항변을 제출하여야 한다. 또 도산절차 종료와 함께 부인권이

---

211) 대법원 2011.5.13. 선고 2009다75291 판결(공2011상, 1125)은 甲 회사가 자기 또는 자회사가 개설한 은행 대출계좌에서 인출한 자금으로 자기앞수표를 발행받아 대표이사 乙에게 교부하고, 乙이 이를 丙 회사 대표이사 丁의 대리인인 戊를 통해 丁에게 자신의 채무변제 목적으로 교부하여, 丁이 이 수표를 가수금으로 丙 회사 은행계좌에 입금한 사안에서, 위 자기앞수표는 ① 甲 회사가 차용금의 변제, 증여, 대여 등 어떠한 명목으로든 乙에게 교부하고, 乙이 이를 丁의 대리인 戊를 통해 자신의 채무변제 명목으로 교부하여, 丁이 다시 丙 회사에게 대여 등의 명목으로 교부한 것이거나, ② 甲 회사가 대표이사 乙의 행위에 의하여 丁의 대리인 戊를 통해 丁에게 교부함으로써 乙의 丁에 대한 채무를 대위변제하고, 丁이 다시 丙 회사에 대여 등 목적으로 교부한 것이라 볼 것인데, 위 수표 교부 경위가 ①과 같다면 이는 부채가 자산을 초과하고 거액의 어음채무 등을 결제할 자금을 마련하지 못하고 있던 甲 회사가 특수관계인인 乙에게 재산을 교부한 것으로 甲 회사의 회생채권자 또는 회생담보권자를 해하여 부인의 대상이 되고, 이 경우 수익자인 乙의 악의는 추정되며, 제1전득자인 丁과 제2전득자인 丙 회사도 전자(前者)에게 부인의 원인이 있음을 알았다고 볼 여지가 충분하고, 위 수표의 교부 경위가 ②와 같다면, 甲 회사의 丁에 대한 자기앞수표의 교부는 부채초과 또는 사실상 지급불능 상태에서 타인의 채무를 대위변제한 것으로 회생채권자 등을 해하여 부인의 대상이 되고, 이 경우 수익자인 丁의 악의와 전득자인 丙 회사의 악의가 모두 추정된다고 보아야 하므로, 어느 모로 보나 丙 회사가 丁에게서 위 자기앞수표를 교부받은 행위는 전득자에 대한 부인권 행사의 대상이 된다고 볼 여지가 많음에도, 丙 회사가 甲 회사의 부인대상 행위에 터 잡아 丁에게서 위 수표를 교부받았다는 점과 丙 회사가 乙 또는 제1전득자 내지 수익자인 丁의 위 수표 취득에 관하여 부인의 원인이 있음을 알았다는 점을 인정할 수 없다는 이유로, 위 수표를 전득한 丙 회사에 부인권을 행사할 수 없다고 본 원심을 파기하였다.

소멸하는 것은 당연하다. 판례는 파산채권자가 파산채무자에 대한 파산선고 이전에 적법하게 제기한 채권자취소소송을 파산관재인이 수계하면, 파산채권자가 제기한 채권자취소소송의 소송상 효과는 파산관재인에게 그대로 승계되므로, 파산관재인이 채권자취소소송을 수계한 후 이를 승계한 한도에서 청구변경의 방법으로 부인권 행사를 한 경우, 특별한 사정이 없는 한, 제척기간의 준수 여부는 중단 전 채권자취소소송이 법원에 처음 계속된 때를 기준으로 판단하여야 한다고 하였다.212) 한편 채권자취소권의 경우에는 채권자가 취소원인을 안 날부터 1년, 법률행위가 있을 날부터 5년 내에 행사하여야 하는데(민406조 2항), 판례는 전득자를 상대로 한 사해행위취소의 소에서의 '취소원인을 안 날'은 채권자가 '채무자의 사해행위 및 전득행위를 안 날'로 해석한다.213) 부인권에서의 제척기간에서도 참고할 만하다.

(3) 부인권 행사의 절차

(가) 소에 의한 경우

부인소송은 부인권행사를 공격방어방법의 하나로 하여 부인의 효과로서 발생한 법률관계에 관하여 급부 또는 확인을 구하는 형태를 취한다(이행·확인소송설).214) 예컨대 변제를 부인하여 변제금의 반환을 구하고, 부동산매각이나 저당권설정을 부인하여 그 등기(후

---

212) 대법원 2016.7.29. 선고 2015다33656 판결(공2016하, 1234)[백선67]은 그 근거로서 채무자회생법 제406조 제1항은 파산채권자가 제기한 채권자취소소송이 파산채무자에 대한 파산선고 당시 법원에 계속되어 있는 때에 그 소송절차가 중단된다고 규정하고 있는데, 이는 채권자취소소송이 파산선고를 받은 파산채무자를 당사자로 하는 것은 아니지만 소송 결과가 파산재단의 증감에 직접적인 영향을 미칠 수 있을 뿐만 아니라, 파산채권자는 파산절차에 의하지 아니하고는 개별적인 권리행사가 금지되는 점(채무자회생법 제424조 참조) 등을 고려하여, 파산채권자가 파산채무자에 대한 파산선고 이후에는 채권자취소권을 행사할 수 없도록 하기 위한 것이고, 그 대신 채무자회생법 제406조 제2항, 제347조는 파산관재인이 파산채무자에 대한 파산선고 이후 파산채권자가 제기한 채권자취소소송을 수계할 수 있다고 규정하여, 파산채권자의 채권자취소권이라는 개별적인 권리행사를 파산채권자 전체의 공동의 이익을 위하여 직무를 행하는 파산관재인의 부인권 행사라는 파산재단의 증식의 형태로 흡수시킴으로써, 파산채무자의 재산을 공정하게 환가·배당하는 것을 목적으로 하는 파산절차에서의 통일적인 처리를 꾀하고 있는데, 이는 부인권이 파산채무자가 파산채권자를 해함을 알고 한 행위를 부인하고 파산채무자로부터 일탈된 재산의 원상회복을 구할 수 있는 권리라는 점에서 채권자취소권과 동일한 목적을 가지고 있기 때문이라고 하였다. 이 판결에 대한 반론적 입장의 평석으로는 전원열, "부인권과 제척기간 ― 대법원 2016.7.29. 선고 2015다33656 판결 ―", 법조 제720호, 법조협회(2016.12.), 485면 참조.

213) 대법원 2014.2.13. 선고 2012다204013 판결(공2014상, 581). 이 판결에 대한 해설로 이재원, "전득자에 대한 사해행위취소의 소에서의 제척기간의 기산점 및 사해행위취소로 원상회복된 재산이 처분된 경우의 법률관계에 관한 연구", 민사판례연구 XXXIX, 민사판례연구회(2017), 541면 참조. 사해행위취소의 효력은 채권자와 수익자 또는 전득자 사이에 상대적 효력만 있을 뿐이므로, 채무자가 원상회복된 재산을 처분하더라도 이는 무권리자의 처분행위로서 무효라고 한다.

214) 이에 반하여 부인의 소가 부인의 선언을 소구한다고 보는 것이 형성소송설이다.

술하는 부인의 등기)를 구하며, 목적물이 채무자 재산 또는 파산재단에 속한다는 취지의 확인을 구한다. 목적물이 이미 처분되었을 때에는 전술한 바와 같이 가액의 상환을 구한다. 이에 대하여 상대방은 공익채권·재단채권으로서 반대급부반환과의 동시이행의 항변권을 제출할 수 있다.

이행·확인소송설에 의할 경우 부인의 소의 청구취지에는 부인권을 행사한다는 뜻이 포함되지는 않는다. 형성권인 부인권의 행사는 청구원인을 이루는 경위사실이 되고, 그 결과 판결 이유 중의 판단이 된다. 다만 부동산과 같이 등기가 관련된 경우는 관리인·관재인이 부인의 등기를 신청할 필요가 있으므로, 청구취지에「부인」이 들어가게 된다. 예컨대 부동산에 대한 염가매각을 사해행위로 부인하는 경우나 증여를 무상행위로서 부인하는 경우 등기의 원인행위를 부인하는 것이므로 "피고는 별지목록 기재 부동산에 관하여 ○○ 등기소 ○년○월○일 접수 제○호로서 한 근저당권설정등기의 채무자회생법에 의한 부인 등기절차를 이행하라."가 된다.

이는 아래에서 보는 '부인의 청구'의 신청 취지와도 같은 것이고, 도산절차 개시시에 계속되어 있는 사해행위취소소송이 중단·수계된 후에 부인의 소로 소의 변경을 하는 경우에도 마찬가지이다. 후술하는 바와 같이 부인의 등기는 특수등기이고 그 후 관리인·관재인이 당해 부동산을 환가처분한 경우에는 등기관이 직권으로 말소하게 된다(법26조4항).

원고는 관리인·관재인, 피고는 부인권행사의 상대방인 수익자 또는 전득자이다. 전득자에 대하여 부인권을 행사하는 경우에 수익자를 공동피고로 할 필요는 없다. 필요에 따라(예컨대 전득자에 대하여 부인의 성립 여부에 불안이 있고, 다른 한편 수익자는 무자력이어서 대상청구도 헛수고로 끝날 우려가 있는 경우) 공동피고로 할 수도 있다(이 경우 필수적 공동소송은 아니다. 이에 대하여 전득자에 대하여 부인할 경우에는 수익자는 피고적격을 가지지 않는다고 하는 견해도 있다). 수익자를 상대로 소송 중에 전득자가 생긴 경우 및 수익자에 대한 소송의 구술변론종결 후에 전득자가 생긴 경우에는 소송승계(민소81조, 82조) 및 판결효의 승계인의 확장(민소218조)을 인정하여도 좋다.[215] 채무자 자신은 당사자는 아니다(다만 개인채무자의 보조참가는 인정된다). 부인소송은 전술한 제척기간 내에 제기되어야 하고, 이에 의하여 시효는 중단된다.

관할에 관하여는 회생 및 파산 모두 도산계속법원(광의의 도산법원)의 전속관할로 한다(법105조3항, 396조3항). 또한 부인소송을 본안으로 하여 민사집행법상의 보전처분이 가능하다(도산절차 개시 전에 장래의 부인을 예기하여 하는 보전처분의 가부에 관하여는 전술). 한편 배

---

215) 이에 대하여 각 부인의 상대방은 독립한 피고적격을 가지고, 전득자가 수익자의 지위를 인계하는 것은 아니므로 승계인은 아니라고 하는 견해도 있다. 사해행위취소소송에 있어서 전득자의 인수승계를 부정한 일본 판례로는 日大判昭和8.4.13民集12권593면이 있다. 승계를 인정한다고 하여도 소송물은 다르므로 전득자에 대한 부인의 요건은 독자적으로 심리된다. 승계에 있어서 소위 형식설에 의한다.

당이의의 소는 배당을 실시한 집행법원이 속한 지방법원의 관할에 전속하는데(민사집행법 제21조, 제156조 제1항), 파산관재인이 부인권을 행사하면서 원상회복으로서 배당이의의 소를 제기한 경우, 민사집행법과 채무자회생법의 위 관할 규정의 문언과 취지, 배당이의의 소와 부인의 소의 본질과 관계, 당사자 간의 공평이나 편의, 예측가능성, 배당이의의 소와 부인의 소가 배당을 실시한 집행법원이 속한 지방법원이나 파산계속법원에서 진행될 때 기대가능한 재판의 적정, 신속, 판결의 실효성 등을 고려하면, 파산관재인이 부인권을 행사하면서 원상회복으로서 배당이의의 소를 제기한 경우에는 채무자회생법 제396조 제3항이 적용되지 않고, 민사집행법 제156조 제1항, 제21조에 따라 배당을 실시한 집행법원이 속한 지방법원에 전속관할이 있다는 것이 판례의 입장이다.[216]

도산채권자가 민법 제406조 제1항이나 신탁법 제8조에 따라 제기한 채권자취소소송이 도산절차개시 당시 법원에 계속되어 있는 경우 그 소송절차는 중단되고 관리인·관재인 또는 상대방이 이를 수계할 수 있다고 함은 전술하였는데(법113조, 406조1항, 2항), 이에 따라 관리인·관재인이 도산채권자가 제기한 채권자취소소송을 수계하여 청구변경의 방법으로 부인권을 행사하는 경우에, 채권자취소소송이 계속 중인 법원이 도산계속법원이 아니라면 그 법원은 전속 관할법원인 도산계속법원으로 사건을 이송하여야 한다.[217] 또한 이 경우 종전에 채권자취소의 소를 제기한 회생채권자는 특별한 사정이 없는 한 소송결과에 이해관계를 갖고 있어 관리인을 돕기 위하여 보조참가를 할 수 있다.[218]

그런데 판례는 채무자회생법의 위 관할 규정의 문언과 취지, 채권자취소소송과 부인소송의 관계, 소송의 진행 정도에 따라 기대가능한 절차상의 편익 등을 종합해 보면, 파산채권자가 제기한 채권자취소소송이 항소심에 계속된 후에는 파산관재인이 소송을 수계하여 부인권을 행사하더라도 채무자회생법 제396조 제3항이 적용되지 않고 항소심법원이 소

---

216) 대법원 2021.2.16.자 2019마6102 결정(공2021상, 595)은 파산관재인이 부인권 행사의 일환으로 제기한 배당이의의 소를 받아들이는 경우 이의하지 않은 다른 우선변제권자나 파산재단으로의 귀속을 위해서 배당표를 경정해야 하는데, 만일 위 사건에 대한 관할이 파산계속법원에 전속된다면 동일한 배당액에 관하여 다른 채권자가 제기한 배당이의의 소의 수소법원은 파산관재인이 제기한 배당이의의 소의 존재를 알기 어렵고, 원칙적으로 이의한 채권자만을 위하여 상대적으로 배당액을 경정하는 내용의 판결을 하게 되는 결과 모순·저촉이 발생할 수 있고, 이 경우 집행법원으로서는 이들 판결의 주문 그대로를 모두 만족하는 재배당 또는 추가배당을 할 수 없게 되어 집행이 지연되는 문제가 발생할 수 있다는 점을 지적하였다.
217) 2016.12.27. 개정된 채무자회생법(법률 제14472호)에서 사용하고 있는 회생계속법원(법60조1항), 파산계속법원(법353조4항), 개인회생계속법원(법605조1항)의 용어는 종래의 광의의 도산법원의 개념이라고 함은 전술하였다.
218) 대법원 2021.12.10.자 2021마6702 결정(공2022상, 145)은 회생채권자가 제기한 채권자취소소송이 계속되어 있던 중 채무자에 대한 회생절차가 개시되어 관리인이 소송을 수계하고 부인의 소로 변경한 경우 소송결과가 채무자 재산의 증감에 직접적인 영향을 미치는 등 회생채권자의 법률상 지위에 영향을 미친다고 볼 수 있다는 점을 그 근거로 하였다.

송을 심리·판단할 권한을 계속 가진다고 하였다. 판례가 설시한 이유는 ① 채무자회생법
에서 부인의 소 등을 파산계속법원의 전속관할로 규정한 이유는 부인권 행사와 관련이 있
는 사건을 파산계속법원에 집중시켜 파산절차의 신속하고 적정한 진행을 도모하고자 하는
데 있다. 여기에서 '파산계속법원'은 파산사건이 계속되어 있는 '회생법원'을 말하는데(채무
자회생법 제353조 제4항 참조), 채무자회생법이 2016. 12. 27. 개정되어 회생법원이 신설되기
전에는 파산사건이 계속되어 있는 '지방법원'이 여기에 해당하였다. ② 파산관재인은 채권
자취소소송을 수계함으로써 파산채권자의 소송상 지위를 승계한다. 채권자취소소송과 부
인소송은 채권자에게 손해를 입힐 수 있는 행위를 취소 또는 부인함으로써 채무자의 책임
재산을 보전한다는 점에서 본질과 기능이 유사하고, 동일한 민사소송절차에 따라 심리·판
단된다. ③ 분쟁의 적정한 해결과 전체적인 소송경제의 측면에서 소송을 파산계속법원에
이송함으로써 얻을 수 있는 절차상의 편익은 소송의 진행 정도에 따라 달라지기 때문이라
고 한다.219)

　　판례는 부인의 소와 병합하여 금전의 지급을 구하는 경우 그 청구를 인용할 때에는
금전지급을 명하는 부분에 대하여는 가집행을 허용할 수 있다고 하였음은 전술하였는
데,220) 한편 채권자취소소송에서 가액배상의무는 사해행위의 취소를 명하는 판결이 확정
된 때에 비로소 발생하므로 그 판결이 확정된 다음날부터 이행지체 책임을 지게 되고, 따
라서 소송촉진 등에 관한 특례법 소정의 이율은 적용되지 않고 민법 소정의 법정이율이
적용되므로, 원심이 가액배상금에 대한 지연손해금으로서 이 판결확정일 다음날부터 완제
일까지 민법 소정의 법정이율인 연 5%의 비율에 의한 지연손해금을 인용한 조치는 정당
하다고 한 사례가 있고,221) 원심이 원심판결 선고일까지는 민법이 정한 연 5%의, 그 다음

219) 대법원 2017.5.30. 선고 2017다205073 판결(공2017하, 1369). 同旨 대법원 2018.6.15. 선고 2017다
265129 판결(공2018하, 1272)[백선65]은 채권자가 파산선고 후 수익자를 상대로 채권자취소소송을 제
기한 후 파산관재인이 제1심 단계에서 소송을 수계하여 부인의 소로 청구를 변경한 사안이다. 제1심
은 원고 소송수계신청인의 청구를 인용하는 판결을 선고하였으나, 항소심은 채무자가 파산선고를 받
은 후에는 파산선고 전에 채무자가 한 사해행위는 파산관재인에 의한 부인권 행사의 대상이 될 뿐이
고, 파산채권자가 이에 대한 채권자취소의 소를 제기할 수는 없으므로 소외인과 피고들 사이에 체결
된 위 각 매매예약·매매계약이 사해행위라고 주장하면서 소외인에 대한 파산선고 후에 제기한 소는
부적법하다는 이유로 소를 각하하였으나, 대법원은 부인의 소는 파산계속법원의 전속관할에 속하므
로 원심으로서는 부인의 소에 관하여 본안판단을 한 제1심판결을 취소하고 사건을 관할법원인 파산
계속법원에 이송하였어야 하는데도 제1심판결이 전속관할을 위반하였음을 간과한 채 원고 소송수계
인이 수계한 위 소송이 부적법한 소였다는 이유만으로 교환적으로 변경된 부인의 소를 각하함으로
써 전속관할에 관한 법리를 오해하였다고 하면서 원심판결을 파기하고, 제1심판결을 취소하며, 사건
을 관할법원에 이송하였다.
220) 대법원 2000.3.13.자 99그90 결정(공2000, 1130).
221) 대법원 2009.1.15. 선고 2007다61618 판결(미간행). 同旨 대법원 2002.3.26. 선고 2001다72968 판결(미
간행).

날부터는 다 갚는 날까지는 소송촉진 등에 관한 특례법이 정한 연 20%의 각 비율로 계산한 이자 및 지연손해금을 지급할 의무가 있다고 판단한 것은 정당하다고 한 사례도 있다.[222] 이 문제는 후술한다.

부인소송 계속 중에 도산절차가 종료(회생절차폐지, 종결, 개시결정의 취소, 파산취소, 폐지, 종결 등)한 때에는 소송을 속행할 필요는 없어지므로 당연히 종료하고, 채무자가 소송을 승계하는 것은 아니라고 함은 전술하였다.[223] 마찬가지로 부인소송에서 승소한 후 목적물을 회복하기 이전에 도산절차가 종료한 경우에 채무자가 이 승소판결의 효력을 원용할 수 없고(반대설 있다), 여러 명의 채권자가 각 사해행위취소 및 원상회복의 소를 제기한 이후 채무자에 대한 파산선고가 이루어져 위 각 소송절차를 파산관재인이 수계하고 부인의 소로 변경하였는데, 그 중 하나의 소송에서 파산관재인이 승소판결을 받아 그 판결이 확정되었다고 하더라도 다른 채권자의 채권자취소의 소를 수계한 부인의 소가 권리보호의 이익이 없게 되는 것은 아니고, 그에 기하여 원상회복을 마친 경우에는 다른 채권자의 채권에 터잡은 부인의 소는 권리보호의 이익이 없게 된다.[224]

(나) 항변에 의한 경우

민법 제406조제1항에 의한 채권자취소권의 행사는 소로써 청구할 수 있을 뿐, 소송상의 공격방어방법으로 주장할 수는 없으나,[225] 부인에 있어서는 예컨대 상대방이 환취권의

---

222) 대법원 2007.10.11. 선고 2005다43999 판결(공보불게재).

223) 대법원 1995.10.13. 선고 95다30253 판결(공1995, 3775). 同旨 대법원 2016.4.12. 선고 2014다68761 판결(미간행) 참조. 그러나 파산으로부터 회생으로, 또는 회생으로부터 파산으로 이행한 경우에는 후의 도산절차의 관리인·관재인에 의하여 수계될 수 있다(법113조1항, 2항).

224) 대법원 2020.6.25. 선고 2016다2468 판결(미간행). 사해행위취소에 관하여는 대법원 2003.7.11. 선고 2003다19558 판결(공0003, 1717), 대법원 2008.4.24. 선고 2007다84352 판결(공2008상, 792) 참조.

225) 대법원 1978.6.13. 선고 78다404 판결(공1978, 10948)은 사해행위취소에 관한 주장은 취소의 선언을 소구하지 않고 단지 항변만으로서는 할 수 없다고 하였다. 同旨 대법원 1962.2.8. 선고 62민상722 판결(미간행), 또한 대법원 1993.1.26. 선고 92다11008 판결(공1993, 852)은 원고가 소유권이전등기청구권 보전을 위한 가등기와 그에 기하여 경료된 각 소유권이전등기의 말소등기절차의 이행을 청구하면서 사해행위의 취소를 단순한 소송상의 공격방법으로 주장한 경우에 법원이 원고들에게 사해행위의 취소를 소구하는 것인지의 여부를 석명하여야 할 의무가 있다고도 볼 수 없다고 하였다. 同旨 대법원 1998.3.13. 선고 95다48599,48605 판결(공1998, 1001). 다만 대법원 2019.3.14. 선고 2018다277785, 277792 판결(공2019상, 853)은 사해행위취소소송은 형성의 소로서 사해행위취소청구에는 그 취소판결이 미확정인 상태에서도 그 취소의 효력을 전제로 하는 원상회복청구를 병합하여 제기할 수 있도록 허용하고 있고, 또한 원고가 매매계약 등 법률행위에 기하여 소유권을 취득하였음을 전제로 피고를 상대로 일정한 청구를 할 때, 피고는 원고의 소유권 취득의 원인이 된 법률행위가 사해행위로서 취소되어야 한다고 다투면서, 동시에 반소로써 그 소유권 취득의 원인이 된 법률행위가 사해행위임을 이유로 법률행위의 취소와 원상회복으로 원고의 소유권이전등기의 말소절차 등의 이행을 구하는 것도 가능하다고 하였다. 나아가 사해행위의 취소 여부는 반소의 청구원인임과 동시에 본소 청구에 대한 방어방법이자, 본소 청구 인용 여부의 선결문제가 될 수 있는데, 그 경우 법원이 반소 청구가 이유 있다고 판단하여, 사해행위의 취소 및 원상회복을 명하는 판결을 선고하는 경우, 비록 반소 청구에 대한 판결이 확정되지 않았다고 하더라도, 원고의 소유권 취득의 원인이 된 법률행위가 취소되었음을 전제로 원고

행사로서 인도소송을 관리인·관재인에 대하여 제기한 경우, 관리인·관재인은 상대방 원고의 권리를 생기게 한 채무자의 행위를 부인한다고 항변함으로써 청구를 이유 없게 할 수 있다. 사안에 따라 재항변으로서 부인의 주장을 하는 수도 있을 수 있다. 예컨대 관리인·관재인의 소에 대하여 상대방이 채무면제의 항변을 하고, 이에 대하여 면제를 부인하는 경우이다. 항변에 의한 부인권 행사도 제척기간 내에 하여야 한다. 부인이 인정되면 상대방이 관리인·관재인에 대하여 공익채권 또는 재단채권인 청구권을 가지는 경우에는 상대방이 소의 추가적 변경에 의하여 예비적으로 그 급부를 구할 수 있다. 마찬가지로 관리인·관재인이 부인의 항변에 관련하여 반소를 제기하는 수도 있다. 소송 중에 도산절차가 종료하면 부인의 항변은 당연히 효력을 잃고, 소송이 채무자에 의하여 승계되는 경우에도 부인에 대한 판단은 하지 않는다.

(다) 부인의 청구

회생 및 파산 모두 간이하게 부인의 목적을 달성할 수 있도록 결정절차에 의한 약식절차인 부인의 청구의 제도를 두고 있다. 이에 의하면 관리인·관재인은 도산법원(광의)에 부인의 청구의 신청(소송의 경우와 마찬가지로 확인이나 급부의 명령을 구할 수 있다)을 하고 부인의 원인을 소명한다(법106조, 396조4항). 법원은 반드시 상대방 또는 전득자를 심문한 후 이유를 붙인 결정으로 부인의 청구를 인용하거나 기각한다(법106조2항, 396조4항). 인용하는 결정에 불복하는 자는 1월 이내에 이의의 소를 제기할 수 있고, 이에 의하여 원칙으로 돌아가 판결절차에 의한 재심리(再審理)가 이루어지게 된다(법107조, 396조4항). 이의의 소에 대한 판결에서는 부인의 청구를 인용하는 결정을 인가·변경 또는 취소한다(법107조3항, 396조4항. 부적법한 것으로 각하하는 때에는 제외). 1개월 내에 이의의 소가 제기되지 않거나 제기되어도 소가 취하되거나 각하된 때 및 원결정을 인가하는 판결이 확정된 때에는 부인의 청구를 인용하는 결정(그 판결에서 인가된 부분에 한한다)은 확정판결과 동일한 효력을 가지게 된다(법107조5항, 396조4항). 이에 반하여 부인의 청구 신청을 각하 또는 기각하는 결정에 대하여는 불복신청을 할 수 없고(법13조), 다시 부인의 청구를 제기할 수 있다(2년이 경과되었어도 민법 제174조에 따라 결정으로부터 6개월 내에는 허용된다고 해석한다). 부인의 청구를 본안으로 하여 민사집행법상의 보전처분을 하는 것도 가능하다.

(라) 부인의 등기

등기의 원인인 행위가 부인된 때 또는 권리변동의 성립요건의 부인으로서 등기 자체가 부인된 때에는 관리인·관재인은 「부인의 등기」를 할 수 있도록 하고 있다(법26조1항). 법률이 부인의 등기라고 칭하는 것에 관하여는 이를 예고등기(부등법4조, 39조)의 일종으로

의 본소 청구를 심리하여 판단할 수 있다고 봄이 타당하며, 그때에는 반소 사해행위취소 판결의 확정을 기다리지 않고, 반소 사해행위취소 판결을 이유로 원고의 본소 청구를 기각할 수 있다고 하였다.

해석하여 관재인이 소송상 부인을 주장한 경우에 스스로 신청할 수 있는 것이라는 설(예고등기설), 「부인의 등기」라는 특별한 등기가 있는 것은 아니고, 이는 부인의 결과인 원상회복에 수반하여 경우에 따라 행하여지는 말소등기나 이전등기를 총칭하는 호칭에 불과하다는 설(각종등기설),[226] 및 부인제도의 특질에 기하여 도산법이 창설한 특수한 등기라고 해석하는 설(특수등기설)[227] 등이 있다. 예고등기설도 판결에 의한 등기에 관하여는 각종등기설과 같은 것이 되므로, 각종등기설과 특수등기설을 비교하면, 각종등기설에 의하여 말소등기나 이전등기를 한 경우에는 부인의 효과의 「상대효」에 불구하고 부인의 상대방에 의한 양도는 사실상 불가능하여질 뿐만 아니라 그 등기는 법률상으로도 불가능하게 되고, 도산절차가 종료(취소, 폐지, 종결 등)하여 부인의 효과가 소멸한 경우에는 다시 회복등기를 하여야 하는 등 복잡한 관계가 생기지만, 특수등기설에 의하면 도산의 등기(법24조) 다음에 부인의 등기를 하고, 절차종료의 경우에는 취소, 폐지, 종결 등이 촉탁등기되므로(법26조3항), 부인의 효과의 소멸이 용이하게 공시된다. 결국 특수등기설에 의하는 쪽이 부인의 효과에 보다 충실할 뿐만 아니라 절차적으로도 깨끗하기 때문에 근래의 통설이 되고 있고, 일본의 최고재판소도 이 견해를 따름을 명백히 하고 있다(등기실무에서도 「부인의 등기」의 가능성은 확립되어 있다). 이 통설과 판례를 따라야 할 것이다.[228]

이에 의하면 관리인·관재인이 말소등기나 이전등기를 청구취지에서 구하고 있어도 그 원인이 부인인 경우에는 이를 그대로 인용할 수는 없고, 부인의 등기를 구하는 한도에서만 인용하여 부인의 등기를 명하는 판결을 하여야 한다. 이는 일부인용의 관계로서 이해할 수 있으므로(반대설 있다. 그렇지 않으면 석명하여 청구취지를 변경하든가, 부인의 등기를 구하는 청구도 예비적으로 병합되어 있는 것이라고 해석하여야 한다), 부인의 주장이 예비적으로 제출되어 있는 경우에도 청구의 병합을 요하지 않는다고 해석한다. 또 부인의 등기를 등

---

226) 日大判昭和17.7.31新聞4791호5면, 日最判昭和23.10.12民集2권11호365면. 그러나 예고등기설에서도 부인소송의 청구취지에서는 이러한 등기를 구하는 것이 되지만, 동설은 이를 「부인의 등기」라고는 생각하지 않는 것이다.

227) 日最判昭和49.6.27民集28권5호641면, 倒産判例 ガイド 제2판 261면[新百選45].

228) 학설의 일부에 각종등기설을 따르는 새로운 경향도 보인다. 이 학설은 단순히 부인의 등기를 하기만 하고, 상대방의 등기명의를 그대로 두면 관재인이 그 재산을 환가하기가 매우 어렵다는 것을 전제로 하고, 다른 한편 특수등기설이 그 효용을 발휘하는 장면 — 즉 도산절차가 종료하여 상대방이 권리를 회복하는 경우 — 은 실제상 거의 생기지 않는다는 것을 고려하면, 특히 파산에서 관재인의 가장 중요한 직무인 환가의 곤란을 감내하면서 특수등기설을 취할 필요는 없다고 한다. 그러나 말소등기(또는 이전등기)를 하든 부인의 등기를 하든 관계인의 실체적 지위에 차이가 나는 것은 아니고, 각종등기설에 의한다고 하여 환가에 의한 매수인의 지위가 보다 안정적인 것도 아니다. 오히려 환가의 곤란은 이 종류의 등기가 종래 일반에 거의 알려져 있지 아니한 데 그 원인이 있다고 생각되므로, 과도기의 편의론(便宜論)으로서는 몰라도 일단 실무가 익숙하여지면 이 문제는 소멸될 성질의 것이라고 판단된다. 이미 오늘날에는 부인의 등기가 이루어지고 있으므로 그를 위한 환가가 곤란하다고 할 것은 아닐 것이다.

기절차상 다른 등기와 구별할 이유도, 필요도 없으므로, 판결에 의한 등기(부등법29조, 40조 3항)의 한 경우로서 이 등기를 하는 데에는 부인의 등기를 명하는 판결의 확정이 필요하다고 해석한다(그러나 판결에 의한 등기일반에 관하여 등기를 명하는 취지의 주문은 불필요하다고 하는 일부 학설이 있고, 이 견해를 취하면 결론이 달라질 것이다). 따라서 항변에 의하여 부인의 주장을 한 경우에 있어서 계쟁 부동산에 관하여 부인의 등기를 얻을 필요가 있으면 나아가 반소를 제기하여 부인의 등기를 명하는 판결을 구할 필요가 있다.[229] 또한 부인의 청구에 의한 경우 이를 인용하는 결정이 확정된 때에는 부인의 등기가 가능한 것은 물론이다(법107조5항, 396조4항 참조).

도산절차가 종료하였다는 취지의 등기에 의하여 부인의 등기가 실효되기 전에 관리인·관재인이 환가 처분하여 제3자에게 이전등기를 한 경우에는 부인의 상대방 또는 현재의 소유자가 제3자로부터 반환을 구하는 것은 불가능하고, 회생에 있어서는 절차가 본래의 목적을 달성하여 종결한 경우는 물론, 회생계획 인가 후에 절차가 폐지된 시점에 목적재산이 채무자 재산 중에 그대로 있어도 부인의 상대방 또는 그 양수인은 반환을 구할 수는 없다(전술).[230] 회생계획의 인가 및 회생절차종결·간이회생절차종결의 등기(법23조1항3호, 24조1항)는 이를 명백히 하는 의미가 있다.[231]

(마) 재판외의 행사

부인권은 위에서 본 세 가지 방법(소송, 항변, 부인의 청구)에 의하여 재판상 행사되어야 한다. 관리인·관재인이 부인한다는 취지를 재판 외에서 상대방에게 주장하고, 상대방이 이를 인정하여 재산을 임의로 반환하여 재판상 부인권행사와 동일한 결과를 생기게 하는 것은 유효하지만,[232] 이는 부인권의 행사는 아니고, 민법상의 화해계약 및 그 이행에 불과하므로 그 효과도 부인에 관한 법률의 규정에 의하는 것이 아니라, 전적으로 당사자 간의 합의에 의하여 결정된다.[233] 그렇다고 하여도 이것도 그 배후에 부인권이 있는 것이

---

229) 일부 학설은 「…를 부인한다」라는 판결이 허용되는 것을 전제로 하여 여기서 부인의 등기가 가능하다고 한다. 또 다른 학설은 부인소송은 확인, 급부판결이라고 하면서도 주문에서 부인의 등기가 명하여져 있지 않아도 등기할 수 있다고 한다.

230) 한편 日大阪高判昭和53.5.30判タ372호92면, 倒産判例 インデックス 제3판 127[百選41]은 부인의 등기는 잠정적인 실질상의 말소등기이므로 부인등기가 된 후에는 당해 부인등기가 존속하는 한 부인의 상대방은 등기의무자가 될 수 없고, 부인의 상대방을 등기의무자, 제3자를 등기권리자로 하는 등기는 허용될 수 없으므로 수익자로부터 전득자 앞으로 소유권이전등기가 되어도 무효라고 하였다.

231) 「부인의 등기」를 위와 같이 확정판결에 의한 특수한 등기라고 해석하여도 예고등기설의 주장은 일면의 설득력을 가진다. 물론 예고등기의 일반원칙에 따라 부인소송이 제기된 경우에는 법원은 예고등기를 촉탁하여야 한다(부동산등기법39조). 그러나 부인권이 항변에 의하여 행사된 경우에는 예고등기의 여지는 없다고 해석하여야 할 것이다. 따라서 입법론으로서는 「부인의 등기」 이외에 관리인·관재인의 신청에 의한 예고등기를 인정하고, 항변에 의한 부인의 경우도 할 수 있도록 하는 것이 바람직하다.

232) 日大判昭和6.12.21民集10권1249면, 日大判昭和11.7.31民集15권1547면.

233) 대법원 2018.5.30. 선고 2017다21411 판결(공2018하, 1178)은 화해계약이 성립하면 특별한 사정이 없는

고, 또 도산처리의 목적을 위하여 이루어진 계약이므로 도산절차 종료의 경우의 효과는
재판상의 부인의 경우에 준한다고 해석하여야 할 것이다. 따라서 부인의 등기를 할 수는
없지만, 말소등기 후에 절차개시가 취소되면 관리인·관재인은 회복등기를 하여야 한다.

카. 부인권 행사의 효과

부인의 소, 부인의 청구 또는 항변이 받아들여짐에 따라 현실화하는 부인의 효과는
다음과 같다. 부인소송에서는 이러한 효과에 맞추어 청구취지를 특정할 필요가 있다.

(1) 재산의 「물권적」 복원

부인권이 행사되면 부인된 행위에 의하여 일탈된 재산이 법률상 당연히 채무자 또는
파산재단으로 복귀한다. 예컨대 매각에 의하여 수익자 나아가 전득자에게 넘어간 소유권
은 직접 당연히 회복된다(법108조1항, 397조1항). 어떠한 상대방의 이행행위를 기다리지 않
고 당연히 권리가 회복되므로 이 효과는 「물권적」이라고 불린다. 그러나 점유나 등기가
당연히 회복되는 것은 아니므로 관리인·관재인이 물권적 청구권에 기하여 인도나 등기(부
인의 등기, 후술)를 부인소송에 의하여 구하여야 한다. 또 부인의 대상이 채무의 면제나 채
권양도이면 채권이 부활 내지 복귀하여 관리인·관재인은 이행을 구하는 부인소송을 제기
할 수 있다(복귀에 관하여 관리인·관재인은 대항요건을 필요로 하지 않는다).

판례는 사해행위의 취소는 채권자와 수익자의 관계에서 상대적으로 채무자와 수익자
사이의 법률행위를 무효로 하는 데에 그치고 채무자와 수익자 사이의 법률관계에는 영향
을 미치지 아니하므로, 채무자와 수익자 사이의 부동산매매계약이 사해행위로 취소되고
그에 따른 원상회복으로 수익자 명의의 소유권이전등기가 말소되어 채무자의 등기명의가
회복되더라도, 그 부동산은 취소채권자나 민법 제407조에 따라 사해행위 취소와 원상회복
의 효력을 받는 채권자와 수익자 사이에서 채무자의 책임재산으로 취급될 뿐, 채무자가
직접 부동산을 취득하여 권리자가 되는 것은 아니고, 채무자가 사해행위 취소로 등기명의
를 회복한 부동산을 제3자에게 처분하더라도 이는 무권리자의 처분에 불과하여 효력이 없
으므로, 채무자로부터 제3자에게 마쳐진 소유권이전등기나 이에 기초하여 순차로 마쳐진
소유권이전등기 등은 모두 원인무효의 등기로서 말소되어야 하며, 이 경우 취소채권자나
민법 제407조에 따라 사해행위 취소와 원상회복의 효력을 받는 채권자는 채무자의 책임재

___
한 그 창설적 효력에 따라 종전의 법률관계를 바탕으로 한 권리의무관계는 소멸하고, 계약 당사자 사이
에 종전의 법률관계가 어떠하였는지를 묻지 않고 화해계약에 따라 새로운 법률관계가 생기므로 화해계
약의 의사표시에 착오가 있더라도 이것이 당사자의 자격이나 화해계약의 대상인 분쟁 이외의 사항에
관한 것이 아니고 분쟁의 대상인 법률관계 자체에 관한 것일 때에는 이를 취소할 수 없다고 하였다.

산으로 취급되는 부동산에 대한 강제집행을 위하여 원인무효 등기의 명의인을 상대로 등기의 말소를 청구할 수 있다고 하였고,[234] 여러 개의 사해행위취소소송에서 각 가액배상을 명하는 판결이 선고되어 확정된 경우, 각 채권자의 피보전채권액을 합한 금액이 사해행위 목적물의 가액에서 일반채권자들의 공동담보로 되어 있지 않은 부분을 공제한 잔액(공동담보가액)을 초과한다면 수익자가 채권자들에게 반환하여야 할 가액은 공동담보가액이 될 것인데, 그럼에도 수익자는 공동담보가액을 초과하여 반환하게 되는 범위 내에서 이중으로 가액을 반환하게 될 위험에 처할 수 있으므로 이때 각 사해행위취소 판결에서 산정한 공동담보가액의 액수가 서로 달라 수익자에게 이중지급의 위험이 발생하는지를 판단하는 기준이 되는 공동담보가액은, 그중 다액(多額)의 공동담보가액이 이를 산정한 사해행위취소소송의 사실심 변론종결 당시의 객관적인 사실관계와 명백히 다르고 해당 소송에서의 공동담보가액의 산정 경위 등에 비추어 그 가액을 그대로 인정하는 것이 심히 부당하다고 보이는 등의 특별한 사정이 없는 한 그 다액에 해당하는 금액이라고 보는 것이 채권자취소권의 취지 및 채권자취소소송에서 변론주의 원칙 등에 부합하므로 수익자가 어느 채권자에게 자신이 배상할 가액의 일부 또는 전부를 반환한 때에는 다른 채권자에 대하여 각 사해행위취소 판결에서 가장 다액으로 산정된 공동담보가액에서 자신이 반환한 가액을 공제한 금액을 초과하는 범위에서 청구이의의 방법으로 집행권원의 집행력의 배제를 구할 수 있을 뿐라고 하였는데,[235] 부인권 행사의 효과에서도 참고가 된다.[236]

이상의 원칙과 달리 부인할 행위가 금전에 의한 변제인 경우에는 특정성이 없고 소지와 소유가 합치하는 금전의 성질상 지급한 액의 반환청구권을 관리인·관재인이 취득하는 데 불과하다. 이 경우에는 상대방이 그 가액을 현실적으로 상환하여야 비로소 재산은 원상 복귀된다. 마찬가지로 특정물이 이미 상대방에 의하여 소비, 멸실되어 버리고, 나아가 제3자에게 양도되어 전득자에 대한 부인이 불가능한 경우에는 수익자에 대한 부인권 행사에 의하여 목적물이 당연히 회복될 수는 없다. 이러한 경우에도 목적물의 가액상당액의 상환을 구하는 권리가 관리인·관재인에 생기는데 불과하다. 이러한 점에 관하여 명문 규정은 없으나, 당연한 것으로 인정되고 있다(법108조2항, 110조2항, 397조2항, 403조2항).[237] 채

234) 대법원 2017.3.9. 선고 2015다217980 판결(공2017상, 623).
235) 대법원 2022.8.11. 선고 2018다202774 판결(공2022하, 1836).
236) 한편 민법 제406조에서는 취소청구 외에 별도로 원상회복청구도 규정하고 있는데, 이는 민법 제정 당시 적용되고 있었던 일본 민법상의 채권자취소권규정이 부동산물권변동에 관한 의사주의하의 입법으로서, 부당이득반환청구권으로서의 소유권이전등기청구 등 원물반환청구권에 대한 강제집행제도를 알지 못했기 때문이므로, 물권변동의 성립요건주의를 취하고 있는 우리나라에서 이러한 원상회복청구는 불필요한 것이라는 견해로는 오수원, "채권자취소권의 법적 성질과 원상회복청구 문제", 사법 50호, 사법발전재단(2019), 251면 참조.
237) 대법원 2003.2.28. 선고 2000다50275 판결(공2003, 909)은 질권자가 그 질권의 목적인 유가증권을 처분하여 채권을 회수한 행위에 대하여 회사정리법상의 부인권이 행사된 사안에서 그 유가증권의 원

무자가 강제집행을 회피할 목적으로 자기의 사실상 유일한 재산인 채권을 아무런 채권·채무 관계가 없는 제3자에게 무상으로 양도한 경우 제3자가 양수채권을 추심하여 그 돈을 채무자에게 주었다고 하여 그 금액 상당을 원상회복이나 가액반환의 범위에서 공제하여야 하는 것은 아니다.238) 또한 원물(原物)이 존재함에도 불구하고 그 회복을 거절한다고 하여 가액상환을 구할 수는 없고, 다만 상대방이 목적물을 사용하여 이익을 얻는 경우에는 부당이득반환청구권이 별도로 발생한다.

위와 같이 대상청구(代償請求) 내지 대가청구(代價請求)를 감내하여야 하는 경우에 어느 시점에 있어서의 가액을 청구할 수 있는가에 관하여는 여러 가지 설이 있다. 즉 부인소송의 판결시설(사실심 변론종결시),239) 부인권행사시설, 처분시설(처분, 멸실 등의 사유 발생시설), 행위시설, 소유권취득시설 등이다. 판례는 사해행위의 취소에 따른 원상회복은 원칙적으로 그 목적물 자체의 반환에 의하여야 할 것이나, 그것이 불가능하거나 현저히 곤란한 경우에는 예외적으로 가액배상에 의하여야 하고, 가액배상액을 산정함에 있어 그 가액은 수익자가 전득자로부터 실제로 수수한 대가와는 상관없이 사실심 변론종결시를 기준으로 객관적으로 평가하여야 한다는 입장이고,240) 일본에서는 변론종결시의 시가로 할 것이 아니라 부인권 행사시의 시가로 하여야 한다는 설이 유력하고 판례의 주류적 입장인데, 목적재산이 현존하였더라면 관리인·관재인의 손으로 환가하여 얻을 수 있을 가액이 실현되어야 한다는 것을 근거로 한다.241) 그러나 행사시가 그와 같은 환가의 시기와 일치하는 것은 입증할 수 없고, 청산을 목적으로 하지 않는 회생절차에서는 환가는 당연히 전제가 될 수는 없다. 도산절차는 개시시의 자산상태를 전제로 하여 진행되는 것이고, 부인소송 제기의 시기에 의하여 평가액이 변동되는 것도 적절하지 않으므로 절차개시 당시의 가액에 의하여야 한다. 다만 절차개시 이후에 그 가액보다 고액으로 현실로 처분할 수 있는 경우에는 그에 의하여야 할 것이다.

한편 사해행위를 이유로 채권자취소권이나 부인권을 행사하는 경우 행위를 하지 않았다면 있었을 책임재산을 회복하도록 하여야 하고, 그보다 더 많은 책임재산을 회복하는 결과를 초래하는 것은 허용되지 않는다. 따라서 일반채권자들의 공동담보에 제공되지 않

상회복에 갈음하여 그 가액의 상환을 청구할 수 있다고 한 원심판결을 유지하였다.
238) 대법원 2013.4.11. 선고 2012다211 판결(공2013상, 847).
239) 日大判昭和15.4.24法學10권93면 및 日大判昭和4.7.10民集8권717면은 현재의 가액으로 하였다.
240) 대법원 2010.4.29. 선고 2009다104564 판결(공2010상, 1009).
241) 日最判昭和61.4.3判時1198호110면, 倒産判例 インデックス 제3판 128[百選43]은 트럭을 대물변제로 양도한 후 전전매도되어 파산관재인이 가액상환을 청구한 사안이다. 또한 日最判昭和39.3.24判タ162호64항, 日最判昭和40.4.6裁判集民事78권523면, 日最判昭和41.11.17判時482호3면, 日最判昭和42.6.22判時495호51면 참조. 한편 日名古屋地判平成19.11.30判時2005호40면은 신주예약권의 증여를 부인한 사안에서 신주예약권이 행사되어 취득한 신주가 매각된 경우에 부인권행사시의 당해 신주의 가액을 기준으로 하여 가액상환청구를 인정하였다.

은 책임재산은 취소나 부인의 범위에서 제외되어야 한다. 채무자가 제3자에게 저당권이 설정되어 있는 재산을 양도한 경우, 양도한 재산 중에서 일반채권자들의 공동담보에 제공되는 책임재산은 저당권의 피담보채권액을 공제한 나머지 부분이다. 채권자취소나 부인권 행사의 대상인 행위는 이와 같이 산정된 일반채권자들을 위한 책임재산의 범위 내에서 성립하므로, 피담보채권액이 양도한 재산의 가액을 초과할 때에는 재산의 양도가 채권자취소나 부인권행사의 대상이 되지 않는다. 채무자 소유인 여러 부동산에 공동저당권이 설정되어 있는 경우 책임재산을 산정할 때 각 부동산이 부담하는 피담보채권액은 특별한 사정이 없는 한 민법 제368조의 규정 취지에 비추어 공동저당권의 목적으로 된 각 부동산의 가액에 비례하여 공동저당권의 피담보채권액을 안분한 금액이라고 보아야 한다. 공동채무자들이 하나의 부동산을 공동소유하면서 전체 부동산에 저당권을 설정한 경우에도 특별한 사정이 없는 한 위 법리가 적용된다.[242)]

물건 자체뿐만 아니라 사용수익의 반환도 문제가 되는데, 일본의 판례 중에는 사용수익 상당액의 반환청구를 인정한 사례도 있다.[243)]

변제의 부인이나 가액상환의 경우에 상대방으로부터 반환받을 수 있는 금전에는 부인된 행위가 상행위에 관한 것이면(변제된 채무가 상행위에 기한 것일 때, 채무자가 상인일 때, 상인간의 행위일 때), 연 6푼의 상사 법정이자를 붙인다. 일본 판례는 이에 관하여 확립되어 있지만,[244)] 학설 중에는 부인에 의하여 생긴 이러한 청구권은 「상행위로 인한」(상법54조) 것은 아니고, 법규에 의하여 직접 생긴 법정채무라고 하여 연 5푼의 이율에 의하여야 할 것이라는 견해도 있다. 그러나 부인에 의하여 본래의 상사성(商事性)이 상실된다고 해석하는 것은 적절하지 않다. 이자의 기산점은 행위시, 다만 목적물의 가액반환의 때에는 처분시라고 해석한다.

또한 선의의 무상취득자 및 선의의 무상전득자는 이익이 현존하는 한도 내에서 상환하면 족하다(법108조2항, 110조2항, 397조2항, 403조2항). 무상취득자에 대한 부인의 요건이 완화되어 있는 것과의 균형에 의하여 무상취득자를 보호하기 위한 것이다. 부인의 대상이 된 행위가 무상행위인 경우 그 행위의 상대방이 선의이었을 때에는 그를 보호하기 위하여

---

242) 대법원 2017.5.30. 선고 2017다205073 판결(공2017하, 1369)은 같은 법리로 건물의 공유자가 공동으로 건물을 임대하고 임차보증금을 수령한 경우 특별한 사정이 없는 한 그 임대는 각자 공유지분을 임대한 것이 아니라 임대목적물을 다수의 당사자로서 공동으로 임대한 것이고 임차보증금 반환채무는 성질상 불가분채무에 해당하고, 임차인이 공유자 전원으로부터 상가건물을 임차하고 상가건물 임대차보호법 제3조 제1항에서 정한 대항요건을 갖추어 임차보증금에 관하여 우선변제를 받을 수 있는 권리를 가진 경우에, 상가건물의 공유자 중 1인인 채무자가 처분한 지분 중에 일반채권자들의 공동담보에 제공되는 책임재산은 우선변제권이 있는 임차보증금 반환채권 전액을 공제한 나머지 부분이라고 하였다.

243) 日知財高判平成20.3.31(日最高裁 홈페이지).

244) 日大判昭和8.6.22民集12권1627면, 日最判昭和40.4.22民集19권3호689면, 日最判昭和41.4.14民集20권4호611면, 倒産判例 ガイド 제2판 247면[百選34].

반환의 범위를 경감하여 현존이익으로 제한하는 취지는, 무상으로 이익을 받은 선의의 수익자가 당해 이익을 소비·상실하여 버린 경우까지 채무자에 대하여 완전한 원상회복의무를 부담시키는 것은 가혹한 결과가 되기 때문이고, 여기에서 '선의'라 함은 수익자가 채무자와 나중에 부인의 대상이 될 행위를 할 당시에 그 행위가 파산채권자를 해친다는 것과 채무자에 대하여 지급정지 또는 파산신청이 이루어진 사실을 알지 못한 것을 말한다.[245]

위와 같은 채무자 재산 또는 파산재단의 복원 또는 그에 갈음하는 청구권의 발생은 도산처리절차의 수행이라는 목적을 위하여 인정되는 것이고, 도산처리절차와의 관계에 있어서 「상대적」으로 발생할 뿐이고 제3자에 대하여는 효력이 미치지 아니한다. 판례도 부인권은 파산채권자의 공동담보인 채무자의 일반재산을 파산재단에 원상회복시키기 위하여 인정되는 제도로서, 파산관재인이 부인권을 행사하면 그 부인권 행사의 효과는 파산재단과 상대방과의 사이에서 상대적으로 발생할 뿐이고 제3자에 대하여는 효력이 미치지 아니한다고 전제하고, 금융기관인 A와 신탁회사인 甲과 사이에 甲이 신탁종료시에 가지는 비용손해보상청구권에 대하여 근질권을 설정하였고, B가 甲으로부터 신탁사업을 양수한 사안에서 甲의 파산관재인이 위 근질권설정계약에 대하여 부인권을 행사하였으니, B가 양수한 신탁사업과 관련한 甲의 비용상환청구권에 관한 근질권설정계약의 효력도 부인되어야 한다는 B의 주장을 배척한 바 있고,[246] 사해행위에 관련하여서도 사해행위의 취소는 취소소송의 당사자 간에 상대적으로 취소의 효력이 있는 것으로 당사자 이외의 제3자는 다른 특별한 사정이 없는 이상 취소로 그 법률관계에 영향을 받지 않는다고 하였다.[247] 상

---

245) 대법원 2009.5.28. 선고 2005다56865 판결(공2009하, 957)은 증권회사가 그 자회사인 팩토링 회사의 채무에 담보권을 설정하거나 연대보증하였다가 파산한 후 원고(증권회사의 파산관재인)에 의하여 무상 부인임을 이유로 부인된 사안에 관한 것인데, 팩토링 회사가 1997.12.12. 부도를 내자, 종합금융회사(피고 증권회사에 합병됨)는 같은 날 증권회사의 예치금과 팩토링회사에 대한 대출금에 관하여 예·대 상계처리를 하였고, 증권회사는 1997.12.19. 종합금융회사에게, 위와 같은 예·대 상계처리에 따라 남아 있는 예치금 잔액 111,092,791원을 인출하여 지급하여 달라고 요청하였으며, 종합금융회사는 위 요청에 따라 같은 날 증권회사에게 111,092,791원을 지급하였는데, 이 금액은 증권회사가 종합금융회사에 예치금 14,536,118,596원을 예치할 때 약정한 할인율을 1997.12.12.까지 적용할 경우 산출되는 금액인 14,663,558,545원에서 종합금융회사의 팩토링 회사에 대한 1997.12.12. 당시 대출 원리금액인 14,552,465,754원을 공제하여 산출된 사안이다. 원심은 종합금융회사가 선의의 수익자라고 하더라도 그 현존하는 이익은 질권실행으로 인하여 예치금채무가 소멸된 것으로 처리됨으로써 반환하지 아니하고 있던 예치금채권액 상당으로서 예치금반환채권액의 범위와 일치하는 것이어서, 이로써 피고의 반환범위가 감축되는 것이 아니라고 판단하였으나, 대법원은 종합금융회사가 질권을 실행하여 얻은 현존이익은 질권실행 당시의 예치원리금 14,663,558,545원에서 증권회사가 종합금융회사로부터 1997.12.19. 지급받은 111,092,791원 및 그 후 원고가 피고를 대위하여 팩토링 회사로부터 배당금 등으로 지급받아 상실시킨 피고의 일부 대출금채권액 상당액을 공제하는 방식으로 계산한 금액이 되므로, 종합금융회사가 선의의 수익자로 인정된다면 피고는 원고에게 위와 같이 계산된 금원 및 이에 대하여 소제기시 이후의 상법에서 정한 연 6%의 비율에 의한 지연손해금을 지급할 의무가 있다고 하면서 원심을 파기하였다.
246) 대법원 2005.12.22. 선고 2003다55059 판결(공2006, 155).
247) 대법원 2009.6.11. 선고 2008다7109 판결(공2009하, 1105)은 사해행위의 취소에 상대적 효력만을 인정

대적이라 함은 압류의 효력의 상대성이라고 하는 경우와 같은 뜻이고, 부인된 후에 수익
자나 전득자가 한 처분행위도 당사자간에는 유효하지만, 도산절차와의 관계에서는 무시된
다. 또 판례는 채권자취소소송에서 사해행위 취소의 범위는 다른 채권자가 배당요구를 할
것이 명백하거나 목적물이 불가분인 경우와 같이 특별한 사정이 있는 경우에는 취소채권
자의 채권액을 넘어서까지도 취소를 구할 수 있다고 하였는데,248) 일본의 판례는 행위의
목적물이 복수이고 가분이어도 목적물 모두에 대하여 부인의 효과가 미친다고 하였다.249)
한편 판례는 사해행위취소의 효력은 채무자와 수익자의 법률관계에 영향을 미치지 아니하
고, 사해행위취소로 인한 원상회복 판결의 효력도 소송의 당사자인 채권자와 수익자 또는
전득자에게만 미칠 뿐 채무자나 다른 채권자에게 미치지 아니하므로, 어느 채권자가 수익
자를 상대로 사해행위취소 및 원상회복으로 소유권이전등기의 말소를 명하는 판결을 받았
으나 말소등기를 마치지 아니한 상태라면 소송의 당사자가 아닌 다른 채권자는 위 판결에
기하여 채무자를 대위하여 말소등기를 신청할 수 없는데, 그럼에도 불구하고 다른 채권자
의 등기신청으로 말소등기가 마쳐졌다면 등기에는 절차상의 흠이 존재하지만, 사해행위취
소 및 원상회복으로 소유권이전등기의 말소를 명한 판결의 소송당사자가 아닌 다른 채권
자가 위 판결에 기하여 채무자를 대위하여 마친 말소 등기는 등기절차상의 흠에도 불구하
고 실체관계에 부합하는 등기로서 유효하다고 하였는데,250) 부인권 행사의 경우에도 마찬
가지로 해석할 수 있을 것이다.

하는 것은 사해행위 취소채권자와 수익자 그리고 제3자의 이익을 조정하기 위한 것으로 그 취소의 효
력이 미치지 아니하는 제3자의 범위를 사해행위를 기초로 목적부동산에 관하여 새롭게 법률행위를 한
그 목적부동산의 전득자 등만으로 한정할 것은 아니므로, 수익자와 새로운 법률관계를 맺은 것이 아니
라 수익자의 고유채권자로서 이미 가지고 있던 채권 확보를 위하여 수익자가 사해행위로 취득한 근저
당권에 배당된 배당금을 가압류한 자에게 사해행위취소 판결의 효력이 미친다고 볼 수 없다고 하였다.
248) 대법원 2009.1.15. 선고 2007다61618 판결(미간행). 대법원 1997.9.9. 선고 97다10864 판결(공1997,
3051) 참조.
249) 日最判平成17.11.8民集59권9호2333면, 倒産判例 インデックス 제3판 125[百選44]는 회사갱생사건에서
모회사를 위하여 골프장의 토지 건물을 물상보증한 결과 자회사가 채무초과의 상태가 된 사안에서 부
인의 효과가 미치는 범위는 채무초과부분에 한정되는 것이 아니고 대상행위의 전체라고 하였다.
250) 대법원 2015.11.17. 선고 2013다84995 판결(공2015하, 1886)은 그 근거로 채권자가 사해행위취소의
소를 제기하여 승소한 경우 취소의 효력은 민법 제407조에 따라 모든 채권자의 이익을 위하여 미치
므로 수익자는 채무자의 다른 채권자에 대하여도 사해행위의 취소로 인한 소유권이전등기의 말소등
기의무를 부담하는 점, 등기절차상의 흠을 이유로 말소된 소유권이전등기가 회복되더라도 다른 채권
자가 사해행위취소 판결에 따라 사해행위가 취소되었다는 사정을 들어 수익자를 상대로 다시 소유
권이전등기의 말소를 청구하면 수익자는 말소등기를 해 줄 수밖에 없어서 결국 말소된 소유권이전
등기가 회복되기 전의 상태로 돌아가는데 이와 같은 불필요한 절차를 거치게 할 필요가 없는 점 등
을 들었다. 이 판결에 대한 해설로 신신호, "사해행위취소 및 원상회복으로 소유권이전등기의 말소
를 명한 판결의 소송당사자가 아닌 다른 채권자가 위 판결에 기하여 채무자를 대위하여 마친 소유권
이전등기 말소등기의 효력", 대법원판례해설 제105호, 법원도서관(2016), 119면 참조. 또한 상대적 무
효설의 구체적 논점에 관한 해설로 송방아, "사해행위취소 및 원상회복의 효력—채권자들의 권리구
제를 중심으로", 사법 63호, 사법발전재단(2023), 157면 참조.

또한 도산절차가 도중에 폐지되면 부인의 효과도 소멸하고, 위 처분은 완전히 유효하게 된다.[251] 이 경우 아직 목적물이 환가되지 않고 관리인·관재인의 관리 하에 있을 때는 이를 현재의 소유자에게 반환해야 한다. 그러나 환가금을 배당하여 파산이 종결된 경우와 같이 부인이 본래의 목적을 달성한 때는 반환은 더 이상 문제가 되지 않는다. 이와 같은 부인의 상대적 효력을 공시하기 위하여 후술하는 부인의 등기 제도가 있다.

또한 부인권은 도산절차 개시 결정 이전에 부당하게 처분된 채무자의 재산을 회복함으로써 사업을 유지·갱생시키고자 인정된 도산법상의 특유한 제도로서 도산절차의 진행을 전제로 관리인만이 행사할 수 있는 권리이므로, 도산절차의 종결에 의하여 소멸하고, 비록 도산절차 진행 중에 부인권이 행사되었다고 하더라도 이에 기하여 채무자에게로 재산이 회복되기 전에 도산절차가 종료한 때에는 부인권 행사의 효과로서 상대방에 대하여 재산의 반환을 구하거나 또는 그 가액의 상환을 구하는 권리 또한 소멸한다고 보아야 할 것이다.[252] 이와 관련하여 종래 대법원은 구 회사정리법상의 부인의 소 계속 중에 정리절차 폐지결정이 확정된 경우에는 그 부인의 소는 소송이 종료된다고 하였었는데,[253] 그 후 부인의 소 계속 중에 정리절차 종결결정이 확정된 경우에 대하여도 동일한 입장을 재확인하였다.[254] 그러나 이에 대하여는 회생절차가 종결결정에 의하여 종료한 경우 회생채무자가 소송의 수계를 인정할 수 있다는 반대설이 있다.[255] 실무에서는 회생절차의 조기종결

251) 대법원 1995.10.13. 선고 95다30253 판결(공1995, 3775)은 비록 정리절차 진행 중에 부인권이 행사되었다고 하더라도 이에 기하여 회사에게로 재산이 회복되기 이전에 정리절차가 종료한 때에는 부인권 행사의 효과로서 상대방에 대하여 재산의 반환을 구하거나 또는 그 가액의 상환을 구하는 권리 또한 소멸한다고 보아야 할 것이므로, 부인의 소 또는 부인권의 행사에 기한 청구의 계속중에 정리절차폐지 결정이 확정된 경우에는 관리인의 자격이 소멸함과 동시에 당해 소송에 관계된 권리 또한 절대적으로 소멸하고 어느 누구도 이를 승계할 수 없다고 하였다.
252) 대법원 2004.7.22. 선고 2002다46058 판결(미간행). 이 판결에 대한 해설로 홍성준, "회생절차상 부인권과 회생절차의 종결", 민사판례연구 XXIX, 민사판례연구회(2007), 443면 참조.
253) 위 대법원 1995.10.13. 선고 95다30253 판결은 부인의 소 또는 부인권의 행사에 기한 청구의 계속 중에 정리절차 폐지결정이 확정된 경우에는 관리인의 자격이 소멸함과 동시에 당해 소송에 관계된 권리 또한 절대적으로 소멸하고 어느 누구도 이를 승계할 수 없다고 하여 회사가 소송수계신청을 하면서 제기한 항소를 각하한 원심을 유지하였다.
254) 대법원 2006.10.12. 선고 2005다59307 판결[백선20]. 이 판결에 대한 해설로 장상균, "회사정리절차의 종결이 관리인의 부인권 행사에 미치는 영향", 대법원판례해설 제63호, 법원도서관(2007), 775면 참조. 同旨 대법원 2006.10.12. 선고 2006다32507 판결, 대법원 2006.10.26. 선고 2005다75880 판결, 대법원 2006.10.13. 선고 2005다73402 판결, 대법원 2006.10.13. 선고 2005다73396 판결, 대법원 2006.10.13. 선고 2005다73389 판결, 대법원 2006.10.13. 선고 2005다73372 판결, 대법원 2006.10.13. 선고 2005다73365 판결, 대법원 2006.11.9. 선고 2006다42580 판결, 대법원 2007.2.22. 선고 2006다20429 판결(각 공보불게재). 위 대법원 2006.11.9. 선고 2006다42580 판결에서는 소송이 계속 중임을 전제로 한 소송수계신청 및 기일지정신청에 대하여 소송수계신청을 기각하고, 소송종료선언을 한 원심을 유지하였다. 또한 대전고법 2017.6.2. 선고 2015나15557 판결(미간행) 참조.
255) 상세한 논의는 김정만, "회생절차 종료가 부인권 행사에 미치는 효력", 도산법연구 제1권 제1호, 사단법인 도산법연구회(2001.1.), 38면 참조.

사례가 많아지면서 미종료된 부인권 소송을 유지하기 위하여 채무자 회사를 분할하여 피분할 회사는 회생절차를 조기 종결하고, 분할회사는 부인권 소송을 유지하는 방안이 사용되고 있는데, 이 때 부인권 소송과 관련된 자산·부채만 이전된다고 한다.[256)]

한편 채무자에 대하여 회생계획인가가 있은 후 회생절차폐지의 결정이 확정되더라도 채무자회생법 제6조 제1항에 의한 직권 파산선고에 의하여 파산절차로 이행된 때에는, 같은 조 제6항에 의하여 파산관재인은 종전의 회생절차에서 관리인이 수행 중이던 부인권 행사에 기한 소송절차를 수계할 수 있고, 이러한 경우 부인권 행사에 기한 소송은 종료되지 않는다.[257)]

(2) 상대방의 지위

변제 등 채무소멸행위가 부인되어 상대방이 받은 금전, 대물변제의 목적물 또는 그 가액을 반환한 경우에는 변제에 의하여 일단 소멸된 상대방의 채권이 부활하고, 다시 파산채권자 또는 회생채권자로서 권리를 행사할 수 있다(법109조1항, 399조). 특별한 규정이 없는 한 부인에 의하여 변제 등 채권소멸행위가 효력을 잃으면, 채권은 당연히 부활하지만, 재산의 회복을 확실히 하기 위하여 상대방이 부인의 결과 생긴 의무를 이행할 때까지 채권은 부활하지 않는 것으로 한 것이다. 상대방이 일부만 반환한 경우에는 그 비율에 따른 부분만이 부활한다.[258)] 채권이 부활하면 상대방은 도산채권자로서 그 권리를 행사하는 것이 된다.

판례는 사해행위 취소에 있어서 채무자의 법률행위가 사해행위에 해당하여 취소를 이유로 원상회복이 이루어지는 경우, 특별한 사정이 없는 한 채무자는 수익자 또는 전득자에게 부당이득반환채무를 부담하고, 채무자의 책임재산이 위와 같이 원상회복되어 그로부터 채권자가 채권의 만족을 얻음으로써 채무자의 다른 공동채무자도 자신의 채무가 소멸하는 이익을 얻을 수 있는데, 이러한 경우에 공동채무의 법적 성격이나 내용에 따라 채무자와 다른 공동채무자 사이에 구상관계가 성립하는 것은 별론으로 하고 공동채무자가 수익자나 전득자에게 직접 부당이득반환채무를 부담하는 것은 아니므로 채무자의 공동채무자가 수익자나 전득자의 가액배상의무를 대위변제한 경우에도 특별한 사정이 없는 한 수익자나 전득자에게 구상할 수 있다고 하였다.[259)]

---

256) 최효종, "Case Study 1 — 일반기업 사안", 서울대학교 금융법센터, 2015년 금융법무과정 제8기, 5면 이하.

257) 대법원 2015.5.29. 선고 2012다87751 판결(공2015하, 856).

258) 日大判昭和14.3.29民集18권287면.

259) 대법원 2017.9.26. 선고 2015다38910 판결(공2017하, 2073)은 취소채권자인 甲과 乙이 채무자 丙의 책임재산으로 회복된 가액배상금을 지급받음으로써 소외인의 취소채권자에 대한 연대보증채무도 그 범위에서 함께 소멸하였으나, 소외인이 채무소멸로 얻은 이익이 전득자인 피고 1과의 관계에서 부당

부인된 행위를 원인으로 하여 상대방이 채무자에 대하여 한 반대급부가 특정적인 형태로 채무자의 재산이나 파산재단에 현존하는 때에는 상대방은 그 반환을 구하고, 현존하지 않아도 반대급부에 의하여 생긴 이익이 현존하는 때에는 그 한도에서, 공익채권자 또는 재단채권자로서 권리를 행사할 수 있다(법108조3항1호, 2호, 398조1항. 현존이익의 의미는 민법 741조와 같고, 채무자가 수취한 금전을 소비하여도 이익은 현존한다. 따라서 불리한 거래가 아니면 부인의 효용은 적다). 여기에서 '반대급부'라 함은 부인의 목적인 채무자의 행위의 대가로 채무자가 얻은 급부를 말한다. 반대급부에 의하여 생긴 이익이 현존하지 아니하는 때에는 그 가액에 관하여, 또 현존하여도 반대급부의 가액보다 작을 때에는 그 차액에 관하여 상대방은 회생채권자 또는 파산채권자로서 권리를 행사할 수 있다(법108조3항3호, 398조2항). 부당이득으로 취득한 것이 금전상의 이득인 때에는 그 금전은 이를 취득한 자가 소비하였는지를 불문하고 현존하는 것으로 추정되므로, 채무자가 부인행위 상대방으로부터 취득한 반대급부가 금전상의 이득인 때에는, 특별한 사정이 없는 한 반대급부에 의하여 생긴 이익이 현존하는 것으로 추정된다.[260] 반대급부가 현존하지 않는다는 점을 관리인이 입증하여야 한다. 실제로 상대방의 반환청구권은 공익채권으로 인정될 가능성이 클 것이다.

여기서 반대급부를 채무자가 어떻게 사용하였는가에 따라 상대방의 지위가 달라지는 것은 부당하다는 비판이 있었기 때문에 개정 일본 파산법과 회사갱생법은 채무자가 행위 당시 반대급부로 취득한 재산에 대하여 은닉 등을 할 의사를 가진 것과 상대방이 채무자가 그러한 의사를 가지고 있는 것을 안 때에 한하여 상대방이 채무자에 대하여 한 반대급부가 현존하지 않은 때에는 그 한도에서 도산채권으로 하고, 상대방이 채무자에 대하여 한 반대급부가 채무자의 재산에 현존하는 때에는 상대방은 그 반환을 구하고, 현존하지 않아도 반대급부에 의하여 생긴 이익이 현존하는 때에는 그 한도에서 재단채권·공익채권으로 한다는 규정을 두었다.[261]

판례는 채권자가 보증인의 파산선고 전에 보증인으로부터 제공받은 담보목적물에 대

이득에 해당한다고 볼 수는 없고, 나아가 소외인과 丙의 신용보증기금, 乙에 대한 채무의 성격과 내용에 비추어 보면 소외인이 丙의 출재로 소멸된 채무에 관하여 丙에 구상의무를 부담하는 관계에 있다고 볼 수도 없는데 그 이유는 ① 甲에 대해서는 丙이 주채무자, 소외인이 연대보증인이고, ② 乙에 대해서는 丙, 소외인 등이 주채무자인 丁의 공동보증인으로서 기록상 丙이 자기의 부담부분을 넘은 변제를 하였다고 볼 만한 자료가 없기 때문이라고 하였다. 이 판결에 대한 해설로 이경민, "사해행위취소로 인한 원상회복의무를 둘러싼 채무자측과 수익자, 전득자 사이의 법률관계", 민사판례연구 XLI, 민사판례연구회(2019), 483면 참조.

260) 대법원 2022.8.25. 선고 2022다211928 판결(공2022하, 1960)은 아울러 부인권 행사 상대방의 반대급부 반환 청구권과 채무자의 가액배상채권은 공제의 관계가 아니라 서로 상계 가능한 관계임을 지적하였다. 이 판결에 대한 해설로 문현호, "채무자가 부인행위 상대방으로부터 취득한 반대급부가 금전인 경우, 반대급부에 의하여 생긴 이익이 현존하는 것으로 추정되는지 여부", 대법원판례해설 제133호, 법원도서관(2023), 659면 참조.

261) 일본 파산법 제168조 제2항, 일본 회사갱생법 제91조의2 제2항.

한 담보권을 실행하여 채권 변제에 충당하였는데, 그 후 파산선고를 받은 보증인의 파산관재인이 위 채권 변제가 유효함을 전제로 채권자를 대위하여 주채무자에게 이행청구를 하고 이에 따라 주채무자가 보증인의 파산관재인에게 선의·무과실로 변제한 사안에서, 비록 보증인의 파산관재인이 채권자를 상대로 제기한 부인권 소송 등에서 위 담보제공행위가 부인됨으로써 채권자의 위 담보권 실행에 따른 채권 변제가 무효로 되고, 그에 따라 보증인의 파산관재인이 대위변제자로서 갖는 권리가 소급적으로 소멸한 것으로 밝혀졌다 하더라도, 주채무자의 위 변제는 채권의 준점유자에 대한 변제로서 유효하고, 보증인의 파산관재인은 주채무자로부터 변제받은 금원을 주채무자에게 반환할 의무가 없다고 전제하고, 한편 채권자는 위 담보제공행위가 부인됨에 따라 보증인의 파산관재인에게 원상회복의무를 부담하게 되는바, 채권자가 이 의무를 전부 이행한다 하더라도, 채권자의 주채무자에 대한 채권 중 보증인의 파산관재인이 채권자를 대위하여 주채무자로부터 변제받았던 채권 부분은 위와 같은 이유로 소멸한 채 그 나머지 채권 부분만이 부활하게 되므로, 채권자는 주채무자에 대한 채권을 일부 상실하게 되며, 이러한 경우에도 채권자에게 보증인의 파산관재인에게 원상회복의무를 전부 이행하도록 하는 것은 공평의 원칙에 반하므로, 보증인의 파산관재인은 그가 채권자를 대위하여 주채무자로부터 변제받아 이득을 취함으로써 상실시킨 채권자의 일부 채권액의 한도에서는 부인권행사를 이유로 채권자에게 원상회복을 구할 수 없다고 하였다.262) 또한 판례는 채무자회생법 제109조 제1항의 문언과 취지에 비추어 보면, 부인에 의해 회복되는 상대방의 채권은 부인된 행위의 직접 대상이 된 채권에 한정되지 않고 그 채권의 소멸로 인해 함께 소멸했던 보증채권이나 보험금채권 등 다른 채권도 포함될 수 있는데, 원인채무의 지급을 위해 어음을 배서·양도한 경우 원인채무와 어음상 채무가 병존하고 있다가 나중에 어음금이 지급되어 어음상 채무가 소멸하면 원인채무도 함께 소멸하고, 이러한 경우 어음금 지급행위가 부인되어 어음소지인인 상대방이 어음금을 반환한 때에는 소멸했던 어음상 채권이 회복되고 어음상 채권의 소멸로 인해 함께 소멸했던 원인채권도 회복된다고 하였다.263)

　　채무자의 제3자에 대한 금전채권의 양도행위가 부인된 결과 상대방이 당해 채권의 추심에 의하여 얻은 금전 상당액을 반환하는 경우 추심일로부터 발생한 법정이자 역시 과실로서 함께 반환되어야 할 것이고, 한편 소로써 부인권을 행사함과 아울러 원상회복으로 금전의 반환을 구하는 경우 채무자는 그 소장을 송달받은 다음날부터 반환의무의 이행지체로 인한 지체책임을 진다.264) 판례는 부인권이 행사된 경우 상대방이 그 부인의 대상이 되는 행위에 기하여 받은 이행을 원상회복으로 반환하거나 그 가액을 상환한 후에야 비로소 상대방의 채권이 부활하는 것이므로, 부인권 행사에 기한 이행가액 상환청구에 대하여 상대방이 그 채무의 존재를 다투면서 이를 이행하지 않고 있는 경우 그 상대방의 채권은 아직 부활하지 않았으므로, 이와 같이 부활하지도 않은 채권을 자동채권으로 하는 상계는 그 상계적상을 흠결하여 부적법하다고 하였다.[265]

부인의 결과 발생하는 회생채권, 파산채권은 상대방에 의하여 신고되어야 하나, 이는 신고기간 경과 후에도 허용된다(법153조1항 참조. 파산에서는 원래 최후의 배당의 제외기간 내이면 신고할 수 있다).[266] 그런데 일반적으로는 회생계획이 인가된 후 또는 회생계획안을 서면결의에 부친다는 결정이 있은 후에 비로소 부인권이 행사된 경우에는 부인의 효과에 의하여 상대방의 채권이 부활하더라도 회생계획안의 심리를 위한 관계인집회가 종료한 후나 회생계획안을 서면결의에 부친다는 결정이 있은 후에는 그 채권신고를 할 수 없으므로(법152조3항), 상대방에게 구제의 길이 없게 된다. 따라서 그러한 경우에는 상대방은 부인된 날부터 1월 이내에 신고를 추후 보완할 수 있도록 하고, 회생채권으로 취급하도록 하였다

갚는 날까지는 소송촉진 등에 관한 특례법이 정한 연 20%의 각 비율로 계산한 이자 및 지연손해금을 지급할 의무가 있다고 판단한 것은 정당하다고 하였다. 同旨 대법원 2014.9.25. 선고 2014다214885 판결(미간행).

265) 대법원 2007.7.13. 선고 2005다71710 판결(공2007, 1264). 부인권의 행사는 상대방이 부당하게 받은 이익을 원상회복시켜서 모든 채권자를 위한 공동책임재산으로 환원시키는데 의미가 있는 것인데, 상대방의 상계를 허용하게 되면 환원이 불가능하게 되어 부인권 행사의 의미가 없게 되기 때문이다. 김형두, '2011년판 분야별중요판례분석', 법률신문사(2011), 558면 참조.

266) 구 회사정리법 하에서 실무상으로는 가급적 정리계획안의 심리를 위한 관계인집회가 끝나기 전까지 부인권을 행사하거나, 정리계획안에 심리집회 종결 후의 부인권행사로 부활하게 되는 미신고채권에 대한 규정을 두도록 하고 있었다. 이와 관련하여 대법원 2003.1.10. 선고 2002다36235 판결(공2003, 619)은 정리회사의 관리인이 정리계획안 심리를 위한 관계인집회가 끝난 이후 부인의 소를 제기함으로써 상대방이 그 부활한 채권을 행사할 수 없게 된 때에는 정리회사가 상대방의 손실에 의하여 부당하게 이득을 얻은 것이 되므로 정리회사의 관리인은 이를 정리절차개시 이후에 발생한 부당이득으로서 회사정리법 제208조 제6호 소정의 공익채권으로 상대방에게 반환할 의무가 있고, 다만 그 경우에 반환하여야 할 부당이득액은 부활한 채권이 정리채권으로서 회사정리절차에 참가하였더라면 정리계획에 의하여 변제받을 수 있는 금액이므로 그 상대방의 채권과 같은 성질의 채권에 대하여 정리계획에서 인정된 것과 동일한 조건으로 지급할 의무가 있다고 하였고, 대법원 2004.9.13. 선고 2001다45874 판결(공2004, 1655) 역시 정리담보권으로 신고된 채권에 대한 이의에 의하여 채권자가 제기한 정리담보권확정의 소에서 관리인이 부인권을 행사하는 경우, 이로 인하여 부활될 채권까지 원래의 채권신고내용에 포함되어 신고되었다고 볼 수 없고, 회사정리법 제127조 제3항이 정리채권 또는 정리담보권의 추완신고는 정리계획안 심리를 위한 관계인 집회가 끝난 후에는 하지 못한다고 규정하고 있으므로, 관계인 집회가 끝난 후에 비로소 부인권이 행사된 경우, 채권자는 정리채권자 또는 정리담보권자로서의 추완신고를 할 수 없어 그 권리를 행사할 수 없게 되나, 다만 정리회사는 채권자의 손실에 의하여 부당하게 이득을 얻은 것이므로, 채권자는 부활될 채권이 정리채권 또는 정리담보권으로서 회사정리절차에 신고되었더라면 정리계획에 의하여 변제받을 수 있는 금액에 관하여 정리절차개시 이후에 발생한 부당이득으로서 회사정리법 제208조 제6호 소정의 공익채권으로 청구할 수 있다고 하였다. 同旨 대법원 2010.1.28. 선고 2009다40349 판결(미간행).

(법109조2항).

상대방의 채권이 부활하는 것에 수반하여 변제에 의하여 소멸된 보증채무, 연대채무, 물상보증인 등도 당연히 부활한다.[267] 다만 물상보증인의 경우 등기가 일단 말소되고, 타인의 권리가 등기된 때에는(후순위자의 순위가 올라간 경우를 포함한다), 담보권의 부활을 타인에 대하여 대항할 수 없으므로, 물상보증인은 담보권과 동등한 이익을 채권자에게 제공할 채권적 의무를 부담하는데 그친다고 해석하여야 한다. 또 보증인들이 부인소송에서 고지를 받지 않으면 부인권 그 자체의 성립여부를 채권자와 관계에서 다툴 수 있다.

(3) 도산절차 종료와 부인의 효과

부인권이 회생 또는 파산절차 중에 있어서만 존재하는 권리라는 것의 반영으로서 부인에 의하여 회복된 재산이 절차의 종료 당시까지 환가되지 않고 잔존하고 있는 경우에는 부인의 효과가 소멸됨에 따라 이를 부인의 상대방에게 반환하여야 한다. 잔존하지 않는 경우에는 가액배상을 하여야 한다. 또 파산에 있어서 회복재산을 환가하여 모든 파산채권자에게 완전히 변제하고 잉여가 있을 경우에는 그 잉여금을 부인의 상대방에게 반환하여야 하는 것이다(그러나 상대방으로부터 반환받을 액이 있으면 상계할 수 있다). 이러한 행위는 관재인이 그 잔무 처리로서 하여야 하는 것이고, 관재인이 관리한 재산에 의한 유한책임에 복종한다고 해석하여야 할 것이다(관재인이 이를 태만히 한 경우에는 관재인에게 배상청구를 할 수 있고, 채무자에게 추급할 수는 없다). 그런데 회생에서는 회생계획인가결정이 일단 확정된 때에는 그 후에 절차가 종료하여도 위 효과는 생기지 않는 것이라고 해석한다. 회복한 재산을 기초로 하여 실체관계가 확정적으로 변경된 이상, 부인은 본래의 목적을 달성한 것이고, 이는 회복한 재산의 환가금으로 배당한 결과 파산절차가 목적달성에 의하여 종료된 경우와 마찬가지라고 해석한다.

다음으로 부인에 의하여 회복된 재산을 관리인·관재인이 환가한 후 절차가 종료되어도 그 매수인의 지위에는 영향이 없다. 이는 회생절차개시결정이나 파산선고가 즉시항고에 의하여 취소되고 이러한 절차가 소급하여 효력을 잃은 경우에도 같다고 해석한다.

---

267) 日大判昭和11.7.31民集15권1547면(연대채무). 日最判昭和48.11.22民集27권10호1435면, 倒産判例 ガイド 제2판 237면, 倒産判例 インデックス 제3판 126[百選42]은 일단 소멸한 연대보증채무도 당연 부활한다고 하였다.

참고문헌

김성용, "미국 파산법상의 부인권 개관-우리 법과의 비교를 더하여", 법조 제47권 제12호, 법조협회 (1998.12.), 117면.

김정만, "회생절차 종료가 부인권 행사에 미치는 효력", 도산법연구 제1권 제1호, 사단법인 도산법연구회(2010.1.), 35면.

김홍주, "미국 연방파산법상의 부인권 행사 실무", 도산법연구 제10권 제2호, 사단법인 도산법연구회(2020.12.), 137면.

박성철, "도산법상의 부인권", 도산법강의, 남효순·김재형 공편, 법문사(2005), 59면.

박용석, "파산법에 근거한 부인등기가 경료된 후 파산재단에 속한 부동산이 환가되어 매각을 원인으로 한 소유권이전등기 및 파산등기말소 등기가 된 경우 부인등기 및 부인된 등기를 말소하는 방법에 관하여", 판례와 실무, 인천지방법원(2004), 494면.

양형우, "회생절차에서의 담보권 실행행위에 대한 부인", 인권과 정의 제423호, 대한변호사협회(2012.2.), 60면.

오수근 "회생절차의 종료와 부인권", 상사법연구 30권 1호, 한국상사법학회(2011), 241면.

우세나, "회생절차상 부인권의 적용범위", 한국민사소송법학회지 vol. 9-2, 한국사법행정학회(2005), 236면.

이진만, "통합도산법상의 부인권-부인의 대상을 중심으로-", 민사판례연구 XXⅧ, 민사판례연구회(2006), 863면.

임종헌, "타인의 채무보증과 무상부인", 법조 제49권 제9호, 법조협회(2000.9.), 83면.

임채웅, "사해행위와 편파행위에 관한 연구", 저스티스 제94호, 한국법학원(2006.10.), 84면.

임채웅, "일본 신파산법의 사해행위와 편파행위 부인에 관한 연구", 한국민사소송법학회지 제10-1권, 한국민사소송법학회(2006), 357면.

임채웅 "부인소송의 연구" 사법 4권, 사법발전재단(2008.7.), 75면.

임채웅, "도산법상 부인권 해설", 통합도산법, 남효순·김재형 공편, 법문사(2006), 93면.

임치용, "판례를 통하여 본 부인권의 효과", 파산법 연구 3, 박영사(2010), 27면.

임치용, "미국 파산법의 Strong-Arm 조항과 편파행위에 관한 연구, 파산법 연구 5, 박영사(2020), 107면.

정문경, "부인권 행사에 관한 실무상 몇 가지 쟁점", 도산법연구 제2권 제1호, 사단법인 도산법연구회(2010.5.), 25면.

최준규, "장래채권을 둘러싼 도산법상 쟁점에 관한 고찰-상계와 부인권 문제를 중심으로", 사법 40호, 사법발전재단(2017), 213면.

최준규, "다수당사자 사이에서의 부인권 행사", 민법과 도산법, 박영사(2019), 151면.

8. 도산법인의 내부자의 지위 — 사원 및 이사

가. 도산법인의 사원의 지위

(1) 회생에 있어서의 주주·지분권자

(가) 주주·지분권자의 지위

회생은 채권자 대 채무자의 단순한 이면(二面) 대립으로 처리되는 것이 아니고, 기업 그 자체를 중심으로 하여 모든 이해관계인이 이를 둘러싸는 형태를 취하므로 주주·지분권자도 회사의 내부자로서 숨어 있는 것이 아니라 채권자·담보권자와 함께 정식으로 절차에의 참가가 인정됨과 아울러 그 권리는 도산처리의 중요한 대상이 된다. 여기서 주식을 양수하였으나 아직 주주명부에 명의개서를 하지 아니하여 주주명부에는 양도인이 주주로 기재되어 있는 경우뿐만 아니라, 주식을 인수하거나 양수하려는 자가 타인의 명의를 빌려 회사의 주식을 인수하거나 양수하고 타인의 명의로 주주명부에의 기재까지 마치는 경우에도, 회사에 대한 관계에서는 주주명부상 주주만이 주주로서 의결권 등 주주권을 적법하게 행사할 수 있다.[1]

한편 주주·사원이 회생절차와 분리되어 존속하는 법주체로서의 회사의 사원의 지위를 잃는 것은 아니므로, 회사의 인격적 활동에의 참가(전형적인 예로 공익권의 행사)는 영향을 받지 않지만, 회생에서는 회생절차에 의한 회사의 조직변경이 중요한 주제가 되므로 실제로는 공익권행사의 기회는 거의 없다(법55조 참조). 또 재산관계의 권리를 중심으로 하는 자익권도 행사할 가능성은 적다. 이익배당은 회생계획인가까지 행하여질 가능성이 없고(법55조1항),[2] 회생계획인가 후에는 절차 중에도 이익배당을 받을 수 없는 것은 아니지

---

1) 대법원 2017.3.23. 선고 2015다248342 전원합의체 판결(공2017상, 847)은 따라서 특별한 사정이 없는 한, 주주명부에 적법하게 주주로 기재되어 있는 자는 회사에 대한 관계에서 주식에 관한 의결권 등 주주권을 행사할 수 있고, 회사 역시 주주명부상 주주 외에 실제 주식을 인수하거나 양수하고자 하였던 자가 따로 존재한다는 사실을 알았든 몰랐든 간에 주주명부상 주주의 주주권 행사를 부인할 수 없으며, 주주명부에 기재를 마치지 아니한 자의 주주권 행사를 인정할 수도 없다고 하였다.

2) 이와 관련하여 대법원 1976.2.10. 선고 75누183 판결(공1976, 9007)은 구 회사정리법에 의하여 정리절차가 개시된 회사에 대하여는 위 법 제52조 제1항에 의하여 주주들에 대한 이익이나 이자의 배당이

만, 회생계획 중에 「절차 중에는 배당하지 않는다」든가 「채무완제시까지 배당하지 않는다」
라고 정하는 경우가 많다. 또한 회생절차 개시 후에도 주식·지분권의 양도는 자유이고, 그
경우에는 명의개서 청구권이 있다.

　　한편 판례는 상법 제374조의2에서 규정하고 있는 영업양도 등에 대한 반대주주의 주
식매수청구권 행사로 성립한 주식매매계약에 관하여 채무자회생법 제119조 제1항의 적용
을 제외하는 취지의 규정이 없는 이상, 쌍무계약인 위 주식매매계약에 관하여 회사와 주
주가 모두 이행을 완료하지 아니한 상태에서 회사에 대하여 회생절차가 개시되었다면, 관
리인은 채무자회생법 제119조 제1항에 따라 주식매매계약을 해제하거나 회사의 채무를 이
행하고 주주의 채무이행을 청구할 수 있다고 하였음은 전술하였고,[3] 마찬가지 이유로 주
주가 상환권을 행사하면 회사는 주식 취득의 대가로 주주에게 상환금을 지급할 의무를 부
담하고, 주주는 상환금을 지급받음과 동시에 회사에게 주식을 이전할 의무를 부담하므로
정관이나 상환주식인수계약 등에서 특별히 정한 바가 없으면 주주가 회사로부터 상환금을
지급받을 때까지는 상환권을 행사한 이후에도 여전히 주주의 지위에 있다고 하였음도 전
술하였다.[4] 실무상으로는 채무자회사가 상환의무기간이 도래하지 않았음에도 특수관계인
인 주주들에게 일부 조기상환한 경우 관리인이 부인의 소를 제기한 경우가 있고, 주주가
상환권을 행사하였는데 채무자 회사가 상환대금을 지급하기 전에 채무자 회사에 대하여
회생절차가 개시된 경우에는 상환대금 지급이 이익 배당과 유사하므로 관리인이 이행을
선택할 수는 없고 해제만이 가능하다. 또한 주주의 상환권은 형성권이지만, 권리변경의 대
상이 된다고 해석한다.[5]

　　판례 중에는 甲 회사가 乙 회사의 대표이사이자 대주주인 丙으로부터 그가 보유하던
乙 회사의 주권미발행 주식 중 일부를 매수하고서도 명의개서를 못 하고 있다가 丙이 사
망하자 乙 회사를 상대로 명의개서를 구하는 소를 제기하였고, 그 후 개시된 乙 회사에 대
한 회생절차에서 위 주식을 포함하여 주주명부상 丙이 보유하던 주식 전부를 무상 소각하
는 내용의 회생계획을 인가하는 결정이 내려졌다가, 甲 회사의 즉시항고에 따른 항고심에

금지되어 있고, 이 사건 과세기간에 시행중이던 (구)소득세법 제22조 제2항 동법 시행령 제68조 제1
항 제2호의 규정에 의한 지상배당의 의제배당 시기는 당해 사업연도의 결산 확정일이 아니고 배당이
가능한 상태로 되는 정리절차의 종료 시라고 보는 것이 상당하므로 정리절차 중에 배당을 받는 것으
로 보고 한 종합소득세 부과처분은 위법이라고 하였다. 同旨 대법원 1974.4.9. 선고 74누60 판결(공
1974, 7798).

3) 대법원 2017.4.26. 선고 2015다6517,6524,6531 판결(공2017상, 1089)[백선25].
4) 대법원 2020.4.9. 선고 2017다251564 판결(공2020상, 899). 이 판결에 대한 해설로 김성탁, "주주가 상
환청구권을 갖는 상환주식의 실효시기: 대법원 2020. 4. 9. 선고 2017다251564 판결 및 관련 쟁점 검
토", 상사법연구, 한국상사법학회(2020), 321면 참조.
5) 최효종, "도산절차에서 형성권의 처리에 관한 소고", 도산법연구 제10권 제2호, 사단법인 도산법연구
회(2020.12), 1면 참조.

서 '회생계획 인가결정 이후에 甲 회사가 회생절차개시결정일 당시 위 주식의 주주였다는 점이 밝혀지면 乙 회사는 甲 회사에 일정액의 금전을 지급한다.'는 내용의 권리보호조항이 추가된 회생계획 인가결정이 내려지자, 위 소의 청구취지를 주주 지위의 확인을 구하는 것으로 교환적으로 변경하였는데, 乙 회사가 위 청구는 과거 법률관계의 확인을 구하는 것이어서 확인의 이익이 없다고 본안전항변을 한 사안에서 甲 회사의 청구는 乙 회사에 대한 회생절차개시결정일 당시 甲 회사가 위 주식의 주주였다는 확인을 구하는 것이어서 과거의 법률관계에 관한 것이기는 하나, 甲 회사가 乙 회사로부터 주주 지위를 부인당하여 위 소를 제기하였고 乙 회사가 계속하여 이를 다투고 있는 점, 甲 회사가 회생절차개시결정일 당시 주주였음이 밝혀지면 회생계획의 권리보호조항에 따른 금전의 지급을 청구할 수 있으므로 위 주식의 주주 지위에 관하여 확인판결을 받는 것이 후속 분쟁을 해결하는 유효·적절한 수단이 될 수 있는 점, 甲 회사가 회생절차개시결정일 당시 위 주식의 주주였는지는 회생계획의 권리보호조항에 따른 금전지급 청구의 선결문제로 심리·판단될 수도 있으나 이러한 사정이 확인의 이익을 전면적으로 부정할 이유가 되지는 못하는 점, 확인의 이익은 확인의 소에 특수한 소의 이익으로서 국가적·공익적 측면에서는 무익한 소송제도의 이용을 통제하는 원리인데, 이미 제1심에서부터 본안에 대한 심리가 이루어졌으므로 새삼스럽게 확인의 이익 유무를 심리하여 무익한 소송제도의 이용을 통제하고 법원의 본안판결에 따른 부담을 절감해야 할 실익은 거의 없는 점 등에 비추어 보면, 예외적으로 확인의 이익이 인정된다는 이유로 본안전항변을 배척한 다음, 甲 회사가 위 주식을 매수할 당시 매매대금이 기재된 주식매매계약서가 작성되었고 같은 날 그 매매대금이 병의 계좌로 송금되었던 점 등을 들어, 甲 회사는 乙 회사에 대한 회생절차개시결정일 당시 위 주식의 주주였다고 판단한 사례가 있다.6)

한편 상법 제466조 제1항은 회사 발행주식의 총수 중 100분의 3 이상에 해당하는 주식을 가진 주주의 회계장부 등에 대한 열람·등사청구권을 인정하고 있는데, 판례는 다음과 같은 세 가지 이유를 들어 소수주주의 회계장부 등에 대한 열람·등사청구권은 회사에 대하여 회생절차가 개시되더라도 배제되지 않는다고 하였다. 즉, ① 채무자회생법은 회생계획에서 채무자의 자본 감소, 합병 등 일정한 사항을 정한 경우 그에 관한 상법 조항의 적용을 배제하고(채무자회생법 제264조 제2항, 제271조 제3항 등), 채무자에 대해 회생절차가 개시되면 자본 감소, 신주 발행, 합병 등 조직변경 등의 행위를 회생절차에 의하지 않고는 할 수 없도록 금지하고 있으나(채무자회생법 제55조 제1항), 회사에 대해 회생절차가 개시되면 상법 제466조 제1항의 적용이 배제된다는 규정도 없고, 주주가 회생절차에 의하지 않고는 상법 제466조 제1항의 회계장부 등에 대한 열람·등사청구권을 행사할 수 없다는 규

6) 서울고법 2021.11.26. 선고 2021나2016551 판결(각공2022상, 236).

정도 없다. 상법 제466조 제1항에 따라 주주가 열람·등사를 청구할 수 있는 서류에는 회계장부와 회계서류도 포함되어 채무자회생법에 따라 이해관계인이 열람할 수 있는 서류보다 그 범위가 넓은데, 이처럼 다른 이해관계인과 구별되는 주주의 권리를 회생절차가 개시되었다는 이유만으로 명문의 규정 없이 배제하거나 제한하는 것은 부당하다. ② 회사에 대해 회생절차가 개시되었더라도 회생계획이 인가되기 전에 회생절차가 폐지되면, 회생계획 인가로 인한 회생채권 등의 면책(채무자회생법 제251조) 또는 권리의 변경(채무자회생법 제252조) 등의 효력 없이 채무자의 업무수행권과 재산의 관리·처분권이 회복된다. 따라서 회생절차가 개시되더라도 그것만으로 주주가 상법 제466조 제1항에 따른 권리를 행사할 필요성이 부정되지 않는다. ③ 상법 제466조 제1항에서 정하고 있는 주주의 회계장부와 서류에 대한 열람·등사청구가 있는 경우 회사는 청구가 부당함을 증명하여 이를 거부할 수 있고, 주주의 열람·등사청구권 행사가 부당한 것인지는 행사에 이르게 된 경위, 행사의 목적, 악의성 유무 등 여러 사정을 종합적으로 고려하여 판단하여야 한다. 채무자의 효율적 회생이라는 목적을 위해 회사에 대해 채무자회생법에서 정한 회생절차가 개시되었는데, 주주가 회사의 회생을 방해할 목적으로 이러한 열람·등사청구권을 행사하는 경우에는 정당한 목적이 없어 부당한 것이라고 보아 이를 거부할 수 있다는 것이다.[7]

판례는 상법 제335조의7 제1항의 주식매수청구권은 형성권이어서 곧바로 그 행사에 따라 회사의 승낙 여부와 관계없이 주식에 관한 매매계약이 성립하고, 주주의 지위는 주식매수청구권을 행사한 때가 아니라 회사로부터 그 주식의 매매대금을 지급받은 때에 이전된다고 하였다.[8] 아울러 판례는 주식매수청구권을 행사한 주주도 회사로부터 주식의 매매대금을 지급받지 아니하고 있는 동안에는 주주로서의 지위를 여전히 가지고 있으므로 특별한 사정이 없는 한 주주로서의 권리를 행사하기 위하여 필요한 경우에는 위와 같은 회계장부열람·등사권을 가지는데, 주주가 주식의 매수가액을 결정하기 위한 경우뿐만 아니라 회사의 이사에 대하여 대표소송을 통한 책임추궁이나 유지청구, 해임청구를 하는 등

7) 대법원 2020.10.20.자 2020마6195 결정(공2020하, 2164)[백선12]은 회계장부 등에 대한 열람·등사 청구권에 대하여 주주가 상법상 인정되는 이사해임청구권(상법 제385조), 위법행위 유지청구권(상법 제402조), 대표소송권(상법 제403조) 등 각종 권한을 행사하려면 회사의 업무나 재산상태에 대해 정확한 지식과 적절한 정보를 가지고 있어야 하는데, 상법 제448조에 따라 회사에 비치되어 있는 재무제표의 열람만으로는 충분한 정보를 얻기 어렵기 때문에 위와 같이 주주에게 재무제표의 기초를 이루는 회계장부와 회계서류까지 열람하거나 등사할 수 있는 권한을 인정한 것이고, 다만 상법은 그 남용을 막기 위해 단독주주권이 아닌 소수주주권으로 규정하고 있다고 하였다. 이 결정에 대한 해설로 백숙종, "회사에 대해 회생절차개시결정이 내려진 경우 소수주주의 회계장부 열람·등사신청권이 제한되는지 여부", 대법원판례해설 제125호, 법원도서관(2021), 203면 참조. 한편 주주의 위 권리를 인정한 원심에 대한 재항고 사건에서 원심결정 이후 회사에 대하여 회생계획이 인가되고 그에 따라 주주들의 기존 주식이 전부 무상소각됨에 따라 신청인 적격부존재를 이유로 각하한 사례로는 대법원 2020.9.25.자 2020마5509결정(미발간)이 있다.
8) 대법원 2019.7.10. 선고 2018다292975 판결(미간행).

주주로서의 권리를 행사하기 위하여 필요하다고 인정되는 경우에는 특별한 사정이 없는한 그 청구는 회사의 경영을 감독하여 회사와 주주의 이익을 보호하기 위한 것이므로, 주식매수청구권을 행사하였다는 사정만으로 청구가 정당한 목적을 결하여 부당한 것이라고볼 수 없다고 하였다.[9]

(나) 회생절차에의 참가

1) 참가의 태양

① 의결권의 행사

회생계획에 의하여 주주·지분권자의 권리에 불이익한 변경을 가하는 것이 예정되어있는 것을 반영하여 주주·지분권자에게는 관계인집회에 있어서 의결권을 행사하고, 회생계획의 성립여부의 결정에 참여하는 지위가 인정된다(법146조2항). 상법상 의결권 없는 주식(상344조의3)도 마찬가지이다. 다만 채무자가 채무초과인 경우에는 주주·지분권자의 권리는 실질상 제로(영)이고, 회생계획에 의하여 잃을 것도 없는 것이므로, 주주·지분권자의의결권은 인정되지 않는다(법146조3항, 이른바 관념적 청산으로서의 성격이 나타나는 경우이다). 따라서 이 제도는 주주의 재산권을 침해하는 것은 아니다.[10]

채무초과 여부를 판단하는 시점 즉 채무자 재산의 평가기준시점에 관하여는 회생절차개시 당시를 기준으로 채무자 재산의 가액을 평가하여 주주·지분권자의 의결권 유무를미리 확정하는 것이 절차진행을 명확하게 하고 회생담보권자와의 사이에 균형을 유지할수 있으며 또 회생절차의 성격에도 부합되어 타당하다는 것이 판례의 입장이다.[11] 법원은

---

9) 대법원 2018.2.28. 선고 2017다270916 판결(공2018상, 636)은 주주의 회계장부와 서류 등에 대한 열람·등사청구가 있는 경우 회사는 청구가 부당함을 증명하여 이를 거부할 수 있고, 주주의 열람·등사권행사가 부당한 것인지는 행사에 이르게 된 경위, 행사의 목적, 악의성 유무 등 제반 사정을 종합적으로 고려하여 판단하여야 하고, 특히 주주의 이와 같은 열람·등사권 행사가 회사업무의 운영 또는 주주 공동의 이익을 해치거나 주주가 회사의 경쟁자로서 취득한 정보를 경업에 이용할 우려가 있거나, 또는 회사에 지나치게 불리한 시기를 택하여 행사하는 경우 등에는 정당한 목적을 결하여 부당한 것이라고 보아야 한다고 전제하였다.

10) 이 이치에 대하여 대법원 2005.6.15.자 2004그84 결정(공2005, 1299)은 회사정리절차에서 정리채권자·정리담보권자 및 주주 등 이해관계인은 정리절차 중에는 직접적인 개별적 권리행사가 금지되고, 다만 의결권의 행사에 의하여 자기에게 불리한 정리계획을 저지하고 유리한 계획의 실현을 기하는 길이 있을 따름이므로, 회사정리법에서 특별히 규정하는 경우 외에는 정리계획에 의한 권리변경에 관하여 그 의사를 반영하기 위하여 이해관계인에게 관계인집회에서 계획안의 가부를 결정하기 위한 의결권을 부여함이 원칙이고, 정리절차는 파산원인이 있는 경우에 한하지 않고 사업의 계속에 현저한 지장을 초래함이 없이는 변제기에 있는 채무를 변제할 수 없는 경우에 개시할 수 있으므로, 계산상으로는 회사의 재산이 채무 총액보다 많은 경우가 있을 수 있고, 그러한 경우에는 주주가 잔여재산에 대하여 이익을 갖고 있으므로 그 이해를 정리절차에 반영하는 것이 필요하다 할 것인바, 회사정리법은 정리절차의 개시 당시 회사의 부채의 총액이 자산의 총액을 초과하는 경우 이외에는 주주에게 그가 가진 주식의 수에 따라 관계인집회에서 의결권을 갖도록 규정하고 있는 것이라고 설명하고 있다.

11) 대법원 1991.5.28.자 90마954 결정(공1991, 1728).

관리인이 작성한 대차대조표(법91조) 등을 자료로 하여 채무초과라고 판단한 때에는 주주에 대한 관계인집회에의 소환이나 회생계획안 송달을 요하지 않는다(법182조2항, 232조2항. 따라서 의결권을 부여하지 않는다는 취지의 결정은 제2회 관계인집회의 전에 법원에 의한 관계인 분류의 재판(법236조)에 의하여 명확히 할 수 있다). 다만 의결권을 부여하지 않는다는 취지의 결정을 위한 절차나 불복신청에 관하여는 규정이 없고, 주주의 지위의 절차적 보장의 관점에서는 문제가 있을 것이다(관계인 분류의 재판에 있어서 주주의 의견을 듣는 것이 절차적 보장이라고 하는 설도 있다. 의결권이 부여되지 않은 경우에도 주주는 회생계획인가결정에 대하여 즉시항고할 수 있고, 의결권의 점을 문제삼을 수 있다).

② 회생계획안의 입안

주주·지분권자는 단독으로도 회생계획안을 작성하여 법원에 제출할 수 있다(법221조1항). 이와 같이 주주·지분권자가 회생에 공헌한 때에는 그 비용의 상환 또는 보상금을 받는 수가 있다(법31조).

③ 그 밖의 절차적 참가

주주·지분권자는 의결권의 유무를 불문하고, 채권조사기일에 출석하여 회생채권·회생담보권에 대하여 이의를 진술하고(법164조2항, 163조), 관계인집회에서 의견을 진술할 수 있다(법225조). 주주·지분권자에 의결권을 부여하지 않는다는 것이 회생계획안 심리를 위한 관계인집회에 앞서 결정된 때에는 그 후에는 집회에 소환하지 않을 수 있으나(법182조2항), 그 경우에도 자발적으로 출석하여 의견을 진술할 수 없는 것은 아니다.

2) 참가의 절차

주주·지분권자로서 절차에 참가하기 위해서는 법원이 정한 신고기간 내에 법원에 대하여 그 권리를 신고하여야 한다(법150조). 주주·지분권자의 성명, 주소와 주식 또는 출자지분의 종류 및 수 또는 액수를 신고하여야 하고, 주주권·지분권에 대하여 소송계속 중인 때에는 위의 사항 이외에 법원, 당사자, 사건명과 번호를 신고하여야 한다(법150조3항, 148조3항). 회생절차가 개시되어도 주식·지분권의 유통은 무방하므로 각각의 절차단계에 참가할 수 있는 주주·지분권자가 다를 수 있다. 법원은 기간을 정하여 주주명부를 폐쇄할 수 있는데, 그 기간은 2월을 넘지 못하고(법150조2항),[12] 상당하다고 인정하는 때에는 신고기간이 경과한 후 다시 기간을 정하여 주식·지분권의 추가신고를 하게 할 수 있다. 이 경우에는 그 뜻을 공고하고 또 관리인, 채무자와 알고 있는 주주·지분권자로서 신고를 하지 아니한 자에 대하여 같은 취지를 기재한 서면을 송달하여야 한다(법155조).

---

12) 주주명부를 폐쇄하는 경우에는 주주명부의 폐쇄가 시작되는 날로부터 2주 전에 그 취지를 공고하여야 한다(규칙54조).

(다) 불참가의 효과

신고하지 아니함으로써 절차에 참가하지 않은 주주·지분권자도 진실한 주주·지분권자인 이상 회생계획에 의하여 주주·지분권자에 대하여 권리가 인정된 경우에는 이를 누릴 수 있다(법254조). 주식·지분권의 존재는 명백한 것이고(상352조 참조), 주주·지분권자는 하나의 집단으로 취급되는 것이기 때문이다. 이 점에서 주주·지분권자는 권리를 신고하여 개별적으로 회생계획에 기재되지 않으면 실권하는 다른 관계인보다 유리한 취급을 받는 것이지만 헌법상 평등의 원칙에 반하는 것은 아니다.[13] 마찬가지로 판례는 주식매수청구권과 그 행사로 성립할 주식매매계약상 매매대금채권이 회생절차에서 신고되지 않았다는 이유로 실권되지 않는다고 하였다.[14]

이와 같이 주주·지분권자가 취득할 권리는 절차참가 여부에 관계없이 회생계획 인가 당시에 객관적·실체적으로 주주·지분권자인 자에게 귀속되게 되나, 채무자나 관리인으로서는 기명주식에 관하여는 주주명부 등의 기재에 의하여 누가 주주인가를 결정하면 되고(상337조), 다툼이 있는 경우에는 자칭 권리자와의 사이에 소송으로 결정할 수밖에 없다.

(2) 파산에 있어서의 사원

파산에서는 법인 대 외부자의 관계에 있어서만 도산처리가 행하여지고, 법인의 내부자인 사원에게는 도산절차에의 참가가 인정되지 않는다. 즉 파산에서는 법인 그 자체가 절차주체로 취급되는데 불과한 것이다. 따라서 사원은 이익·불이익을 불문하고, 완전히 수동적인 지위에 서게 된다. 잔여재산이 있으면 그 분배에 참여하지만 잔여 재산이 전혀 없으면 청산종료에 의한 법인의 소멸과 함께 그 권리도 소멸한다.

이와 같이 사원의 지위는 수동적이지만, 도산절차의 귀추에 이해관계를 가지므로, 도산절차의 개시에 관하여는 일정한 발언권이 인정된다. 즉 주주는 파산신청권은 없으나, 파산선고에 대하여 불복신청권이 있다고 해석한다(반대설 있다).

또 파산선고가 되어도 사원인 지위를 잃는 것은 아니므로, 도산절차와 관계없는 법인의 인격적 활동에 참가할 수 있고(예컨대 이사의 선임), 일반원칙에 따라 그 지위를 타에 양도할 수 있다.

---

13) 日最判昭和45.12.16民集24권13호2099면[百選2].
14) 대법원 2022.7.28 선고 2020다277870 판결(미간행)은 회생절차가 개시될 당시는 물론 이후 회생절차가 종결될 때까지도 행사요건이 갖추어지지 않아 주식매수청구권이 행사될 수 없었던 이 사건에서, 쌍방미이행 쌍무계약에 관한 법리를 유추적용한 것을 비롯하여 원심판결에 적절하지 않은 부분이 있다고 전제하였다.

나. 도산법인의 이사의 지위

(1) 이사인 지위의 획득 및 상실과 권한

민법상의 법인의 이사나 주식회사·유한회사의 이사 등은 회생이나 파산 등 도산절차의 개시에 의하여 당연히 지위를 상실하는 것은 아니다. 그러나 이러한 도산절차에서는 모든 권한이 관리인·관재인에 의하여 장악되기 때문에 이사의 지위는 유명무실하여지고, 사소한 법인조직법상의 권한을 보유하는데 그친다(파산은 물론 회생에서도 조직법상의 권한은 크게 제한된다. 법55조 참조).

그런데 파산에서는 청산의 종료에 의하여 법인과 함께 이사의 지위도 소멸할 운명에 있으나, 회생에서는 회생절차의 일환으로 이사 등의 교체를 예정하고 있고, 종전의 이사 등이 절차종료 후까지 지위를 지속하는 것은 예외에 속한다.

(2) 이사에 대한 책임추급

(가) 책임추급의 방법

법인의 이사가 법인에 대한 의무에 위반하여 법인에 대하여 배상의무를 부담하거나 (일반의 선관주의 의무위반 또는 상399조, 567조 등의 책임), 또는 자본충실책임(상321조, 428조)을 부담하는 경우에 이와 같은 내부자의 책임을 그대로 둔 채 청산·재건을 행하는 것은 부당하고(회수하여 도산처리의 기초재산을 증가시킬 수 있다), 특히 재건형에서는 채권자 등의 협력도 기대할 수 없다.15)

상법 제399조 제1항의 책임과 관련하여 판례는 주식회사의 이사는 담당업무는 물론 대표이사나 업무담당이사의 업무집행을 감시할 의무가 있으므로 스스로 법령을 준수해야 할 뿐 아니라 대표이사나 다른 업무담당이사도 법령을 준수하여 업무를 수행하도록 감시·감독하여야 할 의무를 부담하는데, 이러한 감시·감독 의무는 사외이사 등 회사의 상무에 종사하지 않는 이사라고 하여 달리 볼 것이 아니므로 주식회사의 이사가 대표이사나 업무담당이사의 업무집행이 위법하다고 의심할 만한 사유가 있음에도 고의 또는 과실로 인하여 감시의무를 위반하여 이를 방치한 때에는 이로 말미암아 회사가 입은 손해에 대하여 상법 제399조 제1항에 따른 배상책임을 지는데, 이사의 감시의무의 구체적인 내용은

---

15) 대법원 2006.8.25. 선고 2004다24144 판결(미간행)은 주식회사의 이사의 회사에 대한 임무해태로 인한 손해배상책임은 일반불법행위 책임이 아니라 위임관계로 인한 채무불이행 책임이므로 그 소멸시효기간은 일반채무의 경우와 같이 10년이라고 보아야 한다(대법원 1985. 6. 25. 선고 84다카1954 판결 참조)고 하였고, 아울러 채권자가 사해행위의 취소원인을 알게 되어 채권자취소소송의 제척기간이 진행되던 도중 채권자가 파산하여 파산관재인이 선임된 경우라도 그 제척기간은 파산관재인이 사해행위의 취소원인을 안 때부터 새로 진행되어야 하는 것은 아니라고 하였다.

회사의 규모나 조직, 업종, 법령의 규제, 영업상황 및 재무상태에 따라 크게 다를 수 있고, 특히 고도로 분업화되고 전문화된 대규모 회사에서 대표이사나 일부 이사들만이 내부적인 사무분장에 따라 각자의 전문 분야를 전담하여 처리하는 것이 불가피한 경우에도, 모든 이사는 적어도 회사의 목적이나 규모, 영업의 성격 및 법령의 규제 등에 비추어 높은 법적 위험이 예상되는 업무와 관련해서는 제반 법규를 체계적으로 파악하여 그 준수 여부를 관리하고 위반사실을 발견한 경우 즉시 신고 또는 보고하여 시정조치를 강구할 수 있는 형태의 내부통제시스템을 구축하여 작동되도록 하는 방식으로 감시의무를 이행하여야 하되, 다만 회사의 업무집행을 담당하지 않는 사외이사 등은 내부통제시스템이 전혀 구축되어 있지 않는데도 내부통제시스템 구축을 촉구하는 등의 노력을 하지 않거나 내부통제시스템이 구축되어 있더라도 제대로 운영되고 있지 않다고 의심할 만한 사유가 있는데도 이를 외면하고 방치하는 등의 경우에 감시의무 위반으로 인정될 수 있다고 하였다.16)

　　구체적인 이사의 책임에 관하여 판례는 이사는 회사에 대하여 선량한 관리자의 주의의무를 지므로, 법령과 정관에 따라 회사를 위하여 그 의무를 충실히 수행한 때에야 이사로서의 임무를 다한 것이 되는데, 이사는 이익이 될 여지가 있는 사업기회가 있으면 이를 회사에 제공하여 회사로 하여금 이를 이용할 수 있도록 하여야 하고, 회사의 승인 없이 이를 자기 또는 제3자의 이익을 위하여 이용하여서는 아니 되지만, 회사의 이사회가 그에 관하여 충분한 정보를 수집·분석하고 정당한 절차를 거쳐 회사의 이익을 위하여 의사를 결정함으로써 그러한 사업기회를 포기하거나 어느 이사가 그것을 이용할 수 있도록 승인하였다면 그 의사결정과정에 현저한 불합리가 없는 한 그와 같이 결의한 이사들의 경영판단은 존중되어야 할 것이므로, 이 경우에는 어느 이사가 그러한 사업기회를 이용하게 되더라도 그 이사나 이사회의 승인 결의에 참여한 이사들이 이사로서 선량한 관리자의 주의의무 또는 충실의무를 위반하였다고 할 수 없다고 하여 왔다.17)

---

16) 대법원 2022.5.12. 선고 2021다279347 판결(공2022하, 1115)은 또한 이사가 고의 또는 과실로 법령 또는 정관에 위반한 행위를 하거나 그 임무를 게을리함으로써 회사에 대하여 손해를 배상할 책임이 있는 경우에 그 손해배상의 범위를 정함에 있어서는, 당해 사업의 내용과 성격, 당해 이사의 임무위반의 경위 및 임무위반행위의 태양, 회사의 손해 발생 및 확대에 관여된 객관적인 사정이나 그 정도, 평소 이사의 회사에 대한 공헌도, 임무위반행위로 인한 당해 이사의 이득 유무, 회사의 조직체계의 흠결 유무나 위험관리체제의 구축 여부 등 제반 사정을 참작하여 손해분담의 공평이라는 손해배상제도의 이념에 비추어 그 손해배상액을 제한할 수 있는데, 이때에 손해배상액 제한의 참작 사유에 관한 사실인정이나 그 제한의 비율을 정하는 것은 그것이 형평의 원칙에 비추어 현저히 불합리한 것이 아닌 한 사실심의 전권사항이라고 하였다.

17) 대법원 2013.9.12. 선고 2011다57869 판결(공2013하, 1752)은 또한 상법이 제397조 제1항으로 "이사는 이사회의 승인이 없으면 자기 또는 제3자의 계산으로 회사의 영업부류에 속한 거래를 하거나 동종영업을 목적으로 하는 다른 회사의 무한책임사원이나 이사가 되지 못한다."고 규정한 취지는, 이사가 그 지위를 이용하여 자신의 개인적 이익을 추구함으로써 회사의 이익을 침해할 우려가 큰 경업을 금지하여 이사로 하여금 선량한 관리자의 주의로써 회사를 유효적절하게 운영하여 그 직무를 충실하게

한편 도산이 임박하거나 불가피한 시기에 이사 등 회사 경영진에 근접한 시기에 어떠한 의무를 부담할 여지가 있지 않는가 하는 것이 문제가 된다. 외국의 입법례로는 ① 일정한 요건이 충족되면 이사에게 도산신청의무를 부과하거나, ② 도산신청을 강제하지 않는 경우에라도 채권자의 이익을 위하여 합리적 조치를 취하지 아니하고 영업활동을 계속한 경우 법적 책임을 부과하거나, ③ 회사의 순자산이 자본금의 반에 미달하는 경우에 그 미달 금액이 일정기간에 채워지지 아니하면 청산하도록 하거나, ④ 회사법상 이사의 도산 인접 시기에 있어서의 의무를 방안 등이 있다.[18]

특히 2008년의 금융위기 이후 도산한 금융기관의 임원을 상대로 부실대출에 대한 책임을 추궁한 사안들이 많았는데, 판례는 금융기관 임원이 대출과 관련하여 선량한 관리자로서의 주의의무를 위반하였는지에 관한 판단 기준과 관련하여 금융기관의 임원은 소속 금융기관에 대하여 선량한 관리자의 주의의무를 지므로, 그 의무를 충실히 한 때에야 임원으로서 임무를 다하였다고 할 것이지만, 금융기관이 그 임원을 상대로 대출과 관련된 임무 해태를 내세워 채무불이행으로 인한 손해배상책임을 물을 경우 임원이 한 대출이 결과적으로 회수곤란 또는 회수불능으로 되었다고 하더라도 그것만으로 바로 대출결정을 내린 임원에게 그러한 미회수금 손해 등의 결과가 전혀 발생하지 않도록 하여야 할 책임을 물어 대출결정을 내린 임원의 판단이 선량한 관리자로서의 주의의무 내지 충실의무를 위반한 것이라고 단정할 수 없고, 대출과 관련된 경영판단을 하면서 통상의 합리적인 금융기관 임원으로서 그 상황에서 합당한 정보를 가지고 적합한 절차에 따라 회사의 최대이익을 위하여 신의성실에 따라 대출심사를 한 것이라면 의사결정과정에 현저한 불합리가 없는 한 임원의 경영판단은 허용되는 재량의 범위 내의 것으로서 회사에 대한 선량한 관리자의 주의의무 내지 충실의무를 다한 것으로 볼 수 있고, 금융기관의 임원이 위와 같은 선량한 관리자의 주의의무에 위반하여 자신의 임무를 해태하였는지는 대출결정에 통상의 대

수행하여야 할 의무를 다하도록 하려는 데 있다. 따라서 이사는 경업 대상 회사의 이사, 대표이사가 되는 경우뿐만 아니라 그 회사의 지배주주가 되어 그 회사의 의사결정과 업무집행에 관여할 수 있게 되는 경우에도 자신이 속한 회사 이사회의 승인을 얻어야 하는 것으로 볼 것이다. 한편 어떤 회사가 이사가 속한 회사의 영업부류에 속한 거래를 하고 있다면 그 당시 서로 영업지역을 달리하고 있다고 하여 그것만으로 두 회사가 경업관계에 있지 아니하다고 볼 것은 아니지만, 두 회사의 지분소유 상황과 지배구조, 영업형태, 동일하거나 유사한 상호나 상표의 사용 여부, 시장에서 두 회사가 경쟁자로 인식되는지 여부 등 거래 전반의 사정에 비추어 볼 때 경업 대상 여부가 문제되는 회사가 실질적으로 이사가 속한 회사의 지점 내지 영업부문으로 운영되고 공동의 이익을 추구하는 관계에 있다면 두 회사 사이에는 서로 이익충돌의 여지가 있다고 볼 수 없고, 이사가 위와 같은 다른 회사의 주식을 인수하여 지배주주가 되려는 경우에는 상법 제397조가 정하는 바와 같은 이사회의 승인을 얻을 필요가 있다고 보기 어렵다고 하였다.

18) 상세는 한민, "도산에 근접한 시기의 이사의 의무", 선진상사법률연구, 제70호, 법무부(2015.4.), 11면, 문병순, "도산신청 지연 방지와 영국의 부당거래 책임", 도산법연구 제8권 제1호, 사단법인 도산법연구회(2018.2.), 1면 참조.

출담당임원으로서 간과해서는 안 될 잘못이 있는지를 대출의 조건과 내용, 규모, 변제계획, 담보의 유무와 내용, 채무자의 재산 및 경영상황, 성장가능성 등 여러 가지 사항에 비추어 종합적으로 판정해야 하며, 대표이사나 이사를 상대로 주식회사에 대한 임무 해태를 내세워 채무불이행으로 인한 손해배상책임을 물을 경우, 대표이사나 이사의 직무수행상 채무는 미회수금 손해 등의 결과가 전혀 발생하지 않도록 하여야 할 결과채무가 아니라, 회사의 이익을 위하여 선량한 관리자로서의 주의의무를 가지고 필요하고 적절한 조치를 다해야 할 채무이므로, 회사에 대출금 중 미회수금 손해가 발생하였다는 결과만을 가지고 곧바로 채무불이행사실을 추정할 수도 없고, 이른바 프로젝트 파이낸스 대출은 부동산 개발 관련 특정 프로젝트의 사업성을 평가하여 그 사업에서 발생할 미래의 현금흐름을 대출원리금의 주된 변제재원으로 하는 금융거래이므로, 대출을 할 때 이루어지는 대출상환능력에 대한 판단은 프로젝트의 사업성에 대한 평가에 주로 의존하게 되는데, 이러한 경우 금융기관의 이사가 대출요건으로서 프로젝트의 사업성에 관하여 심사하면서 필요한 정보를 충분히 수집·조사하고 검토하는 절차를 거친 다음 이를 근거로 금융기관의 최대 이익에 부합한다고 합리적으로 신뢰하고 신의성실에 따라 경영상의 판단을 내렸고, 그 내용이 현저히 불합리하지 아니하여 이사로서 통상 선택할 수 있는 범위 안에 있는 것이라면, 비록 사후에 회사가 손해를 입게 되는 결과가 발생하였다고 하더라도 그로 인하여 이사가 회사에 대하여 손해배상책임을 부담한다고 할 수 없지만, 금융기관의 이사가 이러한 과정을 거쳐 임무를 수행한 것이 아니라 단순히 회사의 영업에 이익이 될 것이라는 일반적·추상적인 기대하에 일방적으로 임무를 수행하여 회사에 손해를 입게 한 경우에는 필요한 정보를 충분히 수집·조사하고 검토하는 절차를 거친 다음 이를 근거로 회사의 최대 이익에 부합한다고 합리적으로 신뢰하고 신의성실의 원칙에 따라 경영상의 판단을 내린 것이라고 볼 수 없으므로, 그와 같은 이사의 행위는 허용되는 경영판단의 재량 범위 내에 있는 것이라고 할 수 없다고 하였다.19)

---

19) 대법원 2011.10.13. 선고 2009다80521 판결(공2011하, 2306)은 금융기관이 아파트 건축 사업을 시행하는 甲, 乙, 丙, 丁 회사에 각각 프로젝트 파이낸스 대출 등을 하였다가 대출금을 회수하지 못하는 손해를 입은 사안에서, 위 대출들 중 甲, 丙, 丁 회사에 대한 대출에 관하여는 그 대출에 대한 의사결정 과정 및 내용이 현저히 불합리하다고 보이지 않으므로 결과적으로 대출금을 회수하지 못하게 되었다 하더라도, 대출업무를 담당한 금융기관 임원에게 주의의무 위반이 없다고 본 원심판단이 정당하나, 乙 회사에 대한 대출에 관하여는 사업 부지에 관한 법적 분쟁으로 부지 매입이 장기간 지연되어 사업의 수익성이 악화될 수 있었음에도 그 가능성 유무에 관하여 충분한 자료를 제출받아 이를 면밀히 검토하는 등의 절차를 거치지 않고 거액의 대출을 실행한 것으로 볼 수 있는 점 등 대출담당 임원에게 주의의무 위반이 있다고 볼 여지가 있음에도, 이에 관하여 더 이상의 심리를 해 봄이 없이 위 대출에 관하여 임원의 주의의무 위반을 인정하기에 부족하다고 단정한 원심판결에는 금융기관 임원의 선량한 관리자로서의 주의의무 위반에 관한 법리를 오해한 나머지 심리를 다하지 않은 위법이 있다고 한 사례이다.

따라서 관리인·관재인은 적절히 이사책임을 추급할 수 있고, 이를 태만히 하는 것은 관리인·관재인 등의 의무위배가 되고, 관리인·관재인이 이사에 대한 책임면제를 부인할 수도 있다.

나아가 책임추급의 간이한 절차로서 다음에 설명하는 조사확정재판의 제도가 마련되어 있다(그러나 그 이용은 거의 없었다).

(나) 조사확정재판 제도

1) 적용범위

조사확정재판이라 함은 도산절차개시결정이 있는 때에 발기인, 이사, 감사, 검사인 또는 청산인에 대한 출자이행청구권 또는 그 책임에 기한 손해배상청구권의 유무를 조사하여 그 금액을 정하고 그 지급을 명하는 재판절차이다(법115조1항, 352조1항). 채무자가 파탄상태에 빠지게 된 데에는 대표이사 등 구 사주 측의 부실경영에 기인하는 경우가 많고 이러한 경우 대표이사 등은 채무자에 대하여 손해배상책임을 진다고 보아야 한다. 이에 법은 도산절차가 개시된 경우에는 통상의 소로써 부실경영에 책임이 있는 대표이사 등에 대한 책임을 추궁하는 대신 그들을 상대로 통상의 소보다 간략한 절차에 의하여 그 책임을 추궁할 수 있는 조사확정재판제도를 두고 도산사건 담당재판부에서 이를 신속하게 처리하도록 하고 있는 것이다. 유한책임신탁재산에 대하여 파산선고가 있는 경우 법원은 필요하다고 인정할 때에는 파산관재인의 신청에 의하거나 직권으로 수탁자등의 책임에 기한 손해배상청구권의 존부와 그 내용을 조사확정하는 재판을 할 수 있다(법578조의10).

실제로는 분식회계에 의한 위법배당, 임원상여금의 유출 등을 이유로 하고 있는 것이 많고, 두 회사 이상의 대표이사를 겸직하면서 다른 회사의 이익을 위하여 계약 그 밖에 법적 근거가 없는 지출을 하는 경우도 있다.[20] 물론 조사확정재판절차에 의하는 것이 가능한 경우에도 통상소송을 제기하는 것을 방해하는 것은 아니다.

2) 조사확정재판의 절차

① 절차의 개시

조사확정재판절차는 회생 또는 파산절차개시결정 후에 관리인·관재인의 신청 또는 법원의 직권으로 개시된다(법115조1항, 352조1항). 관리인·관재인은 출자이행청구권이나 손

---

20) 대법원 1985.6.25. 선고 84다카1954 판결(공1985, 1049)는 주식회사의 업무집행을 담당하지 아니한 평이사는 이사회의 일원으로서 이사회를 통하여 대표이사를 비롯한 업무담당이사의 업무집행을 감시하는 것이 통상적이긴 하나 평이사의 임무는 단지 이사회에 상정된 의안에 대하여 찬부의 의사표시를 하는데에 그치지 않으며 대표이사를 비롯한 업무담당이사의 전반적인 업무집행을 감시할 수 있는 것이므로, 업무담당 이사의 업무집행이 위법하다고 의심할만한 사유가 있음에도 불구하고 평이사가 감시의무를 위반하여 이를 방치한 때에는 이로 말미암아 회사가 입은 손해에 대하여 배상책임을 면할 수 없다고 하였다. 그 밖에 일본의 사례로는 日東京地決昭和52.7.1判時854호43면, 倒産判例 ガイド 제2판 334면 참조.

해배상청구권이 있음을 알게 된 때에는 조사확정재판을 신청하여야 하고(법115조2항, 352조2항), 조사확정재판의 신청을 할 때에는 그 원인인 사실을 소명하여야 하며, 법원이 직권으로 조사확정절차를 개시하는 때에는 그 뜻의 결정을 하여야 한다(법115조3항, 4항, 352조3항, 4항). 조사확정의 신청은 시효중단에 관하여는 재판상의 청구로 본다. 직권에 의한 조사확정재판절차의 개시도 같다(법115조5항, 352조5항).

한편, 법원은 손해배상청구권 등의 이행을 확보하기 위하여 필요하다고 인정할 때에는 절차개시결정 전에는 채무자(보전관리인이 선임되어 있는 때에는 보전관리인)의 신청 또는 직권으로, 절차개시결정 후에는 관리인·관재인의 신청 또는 직권으로 이사 등의 재산에 대하여 보전처분을 할 수 있음은 전술하였다(법114조, 351조).

② 심리와 재판

조사확정의 재판은 결정으로 하고, 결정전에 이해관계인을 심문하여야 한다(법115조7항, 352조7항). 책임 없는 것으로 조사확정의 신청을 기각하는 재판(또는 직권으로 개시한 절차를 종결하는 결정)에는 기판력이 없으므로, 관리인·관재인 또는 채무자는 다시 신청에 의하여 책임을 추급할 수 있다(후술하는 이의의 소나 즉시항고는 할 수 없다). 책임이 있다고 인정되는 때에는 지급을 명하는 결정을 하고,[21] 다음에 설명하는 이의의 소가 없으면 확정판결과 동일한 효력이 있다(법117조, 354조). 조사확정절차는 도산절차가 종료한 때에는 종료한다. 조사확정결정이 있은 후에는 그러하지 아니하다(법115조8항, 352조8항).

이사가 법령 또는 정관에 위반한 행위를 하거나 그 임무를 해태함으로써 회사에 대하여 손해를 배상할 책임이 있는 경우에 그 손해배상의 범위를 정함에 있어서는, 당해 사업의 내용과 성격, 당해 이사의 임무위반의 경위 및 임무위반행위의 태양, 회사의 손해 발생 및 확대에 관여된 객관적인 사정이나 그 정도, 평소 이사의 회사에 대한 공헌도, 임무위반행위로 인한 당해 이사의 이득 유무, 회사의 조직체계의 흠결 유무나 위험관리체제의 구축 여부 등 제반 사정을 참작하여 손해분담의 공평이라는 손해배상제도의 이념에 비추어 그 손해배상액을 제한할 수 있는데, 이 때 손해배상액 제한의 참작 사유에 관한 사실인정이나 그 제한의 비율을 정하는 것은 민법상 과실상계의 사유에 관한 사실인정이나 그 비율을 정하는 것과 마찬가지로 그것이 형평의 원칙에 비추어 현저히 불합리한 것이 아닌 한 사실심의 전권사항이다.[22] 이 조사확정 재판은 비송적 성격으로 법원은 신청취지에 구

---

21) 결정의 주문은 "채무자의 상대방(이사)에 대한 손해배상청구권을 금 ○○○ 원으로 확정한다."라는 형식이 주로 쓰인다.

22) 대법원 2007.10.11. 선고 2007다34746 판결(공2007, 1750)은 주식회사의 이사 내지 대표이사가 개인적으로 지급의무를 부담하여야 할 사저 근무자들의 급여를 회사의 자금으로 지급하도록 한 행위는 이사로서의 선관주의의무를 위반하여 회사로 하여금 그 급여액 상당의 손해를 입게 한 것이므로 위 이사는 상법 제399조 제1항에 따라 회사가 입은 손해를 배상할 책임이 있다고 한 사례이다. 同旨 2022. 5.12. 선고 2021다179347 판결(공2022하, 1115).

속되지 않는다.

③ 이의의 소

조사확정은 책임추급을 위한 집행권원을 간이·신속하게 조달하는 약식절차이므로 이를 최종적인 것으로 하는 것은 재판을 받을 권리를 박탈하는 것이다. 따라서 재판에 불복이 있는 자(상대방뿐만 아니라 조사확정의 액에 불복이 있는 채무자 또는 관리인·관재인을 포함한다고 해석한다)는 결정의 송달을 받은 날부터 1월 내에 이의의 소를 제기할 수 있고, 다시 판결절차에 의한 심리를 구할 수 있다(법116조1항, 353조1항).23) 이 소는 회생계속법원 또는 파산계속법원의 전속관할에 속한다(법116조4항, 353조4항). 원고의 청구를 배척하는 때에는 청구를 기각함과 아울러 원결정을 인가하고, 일부 인용하는 때에는 액을 변경한다. 이러한 판결은 강제집행에 관하여는 이행판결과 동일한 효력이 있고(법116조7항, 353조7항), 조사확정을 받은 자의 이의가 이유 있을 때에는 원결정을 취소한다.

참고문헌

구회근, "도산기업 이사의 책임", 도산법연구 제5권 제2호, 사단법인 도산법연구회(2014.10.), 147면.

김성용, "도산 기업 경영진의 책임-한국의 경우: 이론적 검토", 도산법연구 제5권 제2호, 사단법인 도산법연구회(2014.10.), 155면.

김용덕, "회사정리절차와 주주·주식", 통합도산법, 남효순·김재형 공편, 법문사(2006), 275면.

박형준, "회사정리실무상 주주의 취급", 도산법강의, 남효순·김재형 공편, 법문사(2005), 573면.

심활섭, "회생계획과 주주", 재판실무연구(5) 도산관계소송, 한국사법행정학회(2009), 266면.

심활섭, "주식회사에 대한 회생절차 개시가 회사법 적용에 미치는 영향", 제8기 도산법연수원 교재 Ⅱ, 서울지방변호사회(2023), 203면.

양형우, "기업회생절차에서 주주·지분권자의 지위", 재산법연구 제37권 제1호, 한국재산법학회(2020.5), 193면.

이진웅, "소수주주의 회계장부 등 열람·등사 청구권과 회생절차- 대법원 2020. 10. 20.자 2020마6195 결정", 법률신문 2021. 2. 22.자 13면.

임치용, "도산기업과 경영자 책임", 파산법 연구 3, 박영사(2010), 118면.

홍성준, "도산기업의 사주·경영진의 법적 책임과 개인도산", 도산법연구 제7권 제1호, 사단법인 도산법연구회(2017.2.), 258면.

---

23) 일본의 대형백화점의 구 이사진에 관한 손해배상책임을 조사확정한 결정에 대한 이의소송에서 조사확정결정을 취소한 재판례로서 日東京地判平成16.9.28判時1886호111면①사건, 日東京地判平成16.10.12判時1886호111면②사건 참조

IV
도산절차에 있어서의 권리의 확정

1. 도산채권의 권리행사의 방법

가. 도산채권의 내용·액

(1) 청산형 절차(파산)에 있어서의 금전화와 현재화

도산절차 개시 전의 원인에 의하여 생긴 재산상의 인적 청구권은 금전의 지급을 목적으로 하는 것이 아니거나, 또 이행기미도래, 조건·기한부의 것도 도산채권이 된다. 그런데 청산형 도산처리인 파산에서는 전 재산에 의한 모든 채권자에의 비례변제를 원칙으로 하므로, 이와 같은 여러 종류의 내용의 채권을 등질화(等質化)하지 않으면 비례변제를 위한 계산을 할 수 없다. 그를 위하여 모든 채권을 현재의 금전가치로 바꾸는 것이 편리하고, 마찬가지 조치는 채권자집회의 의결권의 계산을 위하여도 필요하다(그러나 이 목적을 위한 등질화는 재건형에 있어서도 마찬가지로 필요하다). 또 기한미도래의 채권도 지급하지 않으면 청산할 수 없다.

비금전채권(물론 파산채권이 될 수 있는 것에 한한다), 액수가 확정되지 아니한 금전채권(장래의 일정시기에 있어서의 수익의 분배청구권 등), 외국통화채권, 금액 또는 존속기간이 불확정한 정기금 채권(민725조의 종신정기금 등)은 파산선고시의 평가액을 가지고 파산채권의 액으로 한다(법426조. 파산채권의 금전화). 구체적 절차로는 이러한 채권자는 스스로 채권을 평가하여 신고, 채권조사에 있어서 이의가 없으면 그 평가액대로 확정된다(법458조). 이의가 있으면 파산채권 조사확정재판에서 결정된다(법462조 이하). 이와 같은 금전화의 효과는 파산선고에 의하여 당연히 실체법상 생기는 것은 아니고, 확정채권으로서 채권자표에 기재됨으로써, 파산채권자 및 채무자와의 관계에서만 생기는 것이라고 해석한다(그러나 채무자가 이의한 경우에는 액에 관하여는 확정되지 않는다. 법535조1항). 따라서 그에 이르기 전에 파산폐지가 된 때에는 금전화 이전의 채권 그대로 남고, 확정 이후에도 보증인이나 연대채무자 등과의 관계에서는 금전화의 효력은 생기지 않는다.

정지조건부채권이나 해제조건부채권에 관하여도 조건성취의 개연성을 고려하여 파산선고시의 평가액을 가지고 파산채권으로 하는 방식을 고려할 수 있다(상259조4항, 542조. 또한 한정승인에 관한 민법의 규정도 마찬가지이다. 민1035조2항). 그러나 법은 조건성취의 개연성 판정이 곤란하므로 조건부채권은 조건을 무시하여 확정금채권이 되면 그 금액, 비금전채권 등에서는 조건부가 아닌 것으로 한 경우의 파산선고시의 평가액을 가지고 파산채권으로 하고(법427조1항, 장래의 청구권도 같다. 법427조2항), 다만 배당에 관하여는 최후의 배당의 제외 기간 내에 조건이 성취되지 않는 한 정지조건부채권은 부존재, 해제조건부채권은 존재하는 것으로 취급한다(조건부채권은 실제로는 조건의 성취에 의하여 채권이 발생하거나 소멸하는 것이므로 배당 및 상계 등에 관하여 특별한 취급이 정하여져 있다. 정지조건부채권에 관하여 법519조4호·523조·526조·418조, 해제조건부채권에 관하여 법516조·519조5호·524조·419조 참조).[1]

다음으로 기한부채권(담보 즉 별제권으로 된 채권을 포함한다)은 파산선고의 시에 변제기가 도래한 것으로 보아(법425조) 소위 파산채권의 현재화가 이루어진다. 그러나 이미 변제기가 도래하여 있는 것과 완전히 동일한 취급을 하는 것은 채권자간의 공평의 점에 문제가 있으므로 파산선고 후의 이자·지연손해금의 액은 후순위 파산채권이 된다(법446조1항 1호, 2호). 현재화는 파산선고에 의한 실체법상의 효과로서 당연히 생기는 점에서 금전화와 다르지만(따라서 파산폐지·취소에 의하여 다시 기한 미도래의 상태로 돌아가는 것이 아니다), 보증인이나 연대채무자 등 제3자에는 미치지 않는다.

이와 같이 파산채권에 관하여 변제기가 도래한 일정액의 채권으로서 조정이 이루어지는 것을 「파산채권의 균질화」라고 한다. 그러나 이 균질화는 파산절차 상의 필요에 의하여 이루어지는 것이므로 그 효력은 파산절차가 관계하는 범위 내에 한정되는 것이 원칙이다.

담보부채권은 담보물의 가액에 의하여 변제를 받는 한 별제권이 있으므로 도산채권 (파산채권)은 아니지만, 그 별제권의 행사에 의하여 변제를 받을 수 없는 부분은 파산채권이 된다(법413조). 담보물에 의하여 확보되는 부분은 최종적으로는 담보목적물의 환가(담보권의 실행 또는 관재인에 의한 환가)를 거쳐 확정되나(법512조2항, 519조3호, 525조, 526조), 채권자는 스스로의 평가액에 의하여 변제되지 않는 액을 파산채권으로 신고하면 된다고 하는 점에서는 비금전채권과 동일한 취급을 받는다.

---

1) 이와 같은 취급에 대하여는 절차의 장단(長短)이라고 하는 우연에 의하여 결과가 좌우되는 것, 정지 조건이 절차종결 후 성취되어도 이미 면책의 재판이 있으면 전혀 변제받을 수 없는 것의 불공평, 강제화의에 의한 종결의 경우와의 균형이 맞지 않는 점 등을 들어 반대하는 견해가 있다. 전술한 바와 같이 민법(한정승인)이 평가주의를 취하는 것, 채무자 자신도 정지조건부 채권 등의 의결권에 관하여는 법원의 재량에 의한 평정을 인정하고 있는 것 등을 감안하면 평가주의도 입법론으로서는 충분히 고려할 가치가 있다고 생각된다.

(2) 재건형 절차(회생)에 있어서의 도산채권의 내용

재건형 절차에서는 청산형에 있어서와 같이 가급적 신속하게 모든 도산채권을 변제할 필요는 없으므로 그 목적을 위하여 행하여지는 금전화·현재화의 필요는 없고, 사업이 계속되는데 대응하여 도산채권도 원래 모습대로 도산절차에 복종하여야 하는 것이 원칙이다. 그러나 관계인집회 등에 있어서의 의결권산정을 위하여는 균질한 금전가치로 통일되어야 하므로 그 한도에서는 평가에 의한 금전화가 필요하다(그러나 회생에서의 주주·지분권자의 권리는 도산채권은 아니지만 금전화되지 않는다). 이러한 구성은 회생에서는 관철되어 있을 뿐만 아니라 나아가 담보부채권도 절차에 복종하는 점에서 도산채권의 일종(회생담보권)이 된다.

즉 회생에 있어서의 도산채권은 회생채권(법118조)과 담보부채권(도산자가 채무자가 아니어도 좋다)인 회생담보권으로 나뉜다(법141조). 어느 것에도 실체적인 금전화·현재화는 문제가 되지 않고, 다만 의결권산정의 기준으로서 금전화·현재화를 행하여 액을 산출하는 것으로 하고 있다(회생채권에 관하여 법133조1항, 134조 내지 138조, 또 조건부채권에 관하여 평가주의를 취한다. 회생담보권도 마찬가지. 법141조6항). 즉, 기한이 회생절차개시 후에 도래하는 이자 없는 채권은 회생절차가 개시될 때부터 기한에 이르기까지의 법정이율에 의한 이자와 원금의 합계가 기한 도래 당시의 채권이 되도록 계산한 다음 그 채권액에서 그 이자를 공제한 금액으로 하고(법134조), 그 규정은 금액과 존속기간이 확정되어 있는 정기금채권에도 준용한다(법135조).[2] 담보부채권 중 회생채권으로 되는 부분과 회생담보권으로 되는 부분의 구별은 채권자 자신의 평가에 기초한 신고에 의하여 조사를 거쳐 최종적으로 확정되고(법166조, 168조), 회생계획안 작성의 기초로 됨과 아울러 의결권의 액이 결정된다.

판례는 회사정리절차상 정리담보권의 가액을 산정함에 있어서 담보권의 목적이 비상장주식인 경우 그 가액은 정리절차개시 당시의 시가에 의하여야 함이 원칙이고, 따라서 그에 관한 객관적 교환가치가 적정하게 반영된 정상적인 거래의 실례가 있는 경우에는 그 거래가격을 시가로 보아 주식의 가액을 평가하여야 할 것이나, 만약 그러한 거래사례가 없는 경우에는 보편적으로 인정되는 여러 가지 평가방법들을 고려하되 그러한 평가방법을 규정한 관련 법규들은 각 그 제정 목적에 따라 서로 상이한 기준을 적용하고 있음을 감안할 때 어느 한 가지 평가방법이 항상 적용되어야 한다고 단정할 수는 없고, 당해 비상장회사의 상황, 당해 업종의 특성 등을 종합적으로 고려하여 합리적으로 판단하여야 할 것이

---

2) 대법원 2018.2.28. 선고 2016다45779 판결(공2018상, 632)은 민법 제163조 제1호는 이자, 부양료, 급료, 사용료 기타 1년 이내의 기간으로 정한 금전 또는 물건의 지급을 목적으로 한 채권은 3년간 행사하지 아니하면 소멸시효가 완성한다고 규정하고 있는데, 이는 기본 권리인 정기금채권에 기하여 발생하는 지분적 채권의 소멸시효를 정한 것으로서, 여기서 '1년 이내의 기간으로 정한 채권'이란 1년 이내의 정기로 지급되는 채권을 말한다고 하였다.

고, 여러 평가방법 중 순자산가치를 기준으로 하는 평가방법을 적용하는 경우, 당해 비상
장회사가 부담하는 보증채무가 있더라도 만약 그 주채무의 내용, 주채무자의 자력 내지
신용 기타 제반 사정에 비추어 볼 때 실제 손해의 발생이라는 결과로까지 이어질 가능성
이 희박하다면 이를 부채로 보지 아니하고 계산한 순자산액을 기초로 담보목적물인 주식
의 가치를 평가함이 상당하다고 하였다.[3]

나. 관리인의 회생채권자 등에 관한 목록 제도

(1) 개요

　채무자회생법은 채권신고의 불편함을 경감하고 미신고 채권이 회생계획인가로 실권
되는 불이익을 방지하고자 관리인으로 하여금 신고에 앞서 회생채권자·회생담보권자·주
주·지분권자 목록을 작성하여 개시결정시 정한 목록작성·제출기간(개시결정일로부터 2주
이상 2월 이하) 내에 법원에 제출하도록 하고 있다(법147조1항). 목록에 기재된 회생채권·회
생담보권·주식 또는 출자지분은 회생채권·회생담보권·주식·출자지분으로 신고된 것으
로 간주되므로(법151조), 채권자 등은 별도로 신고를 하지 않아도 실권의 제재를 받지 않
고, 비록 목록에 기재된 회생채권자라도 목록의 기재 내용에 이의가 있는 경우에는 목록
의 기재여부와 상관없이 스스로 채권을 신고할 수 있도록 함으로써 실권의 불이익을 최소
화하고 있다.

　또한 대법원은 X가 Z 회사에 대하여 손해배상 청구소송을 제기한 후 Z 회사는 회생
절차개시신청을 하여 개시결정이 내려졌고 관리인 Y가 선임되었는데, Y가 회생법원에 채
권자목록을 제출하면서 X의 채권을 기재하지 아니하였고, 그에 따라 X에 대하여 아무런
통지가 없는 상태에서 관계인집회가 열리고 회생계획안 인가결정이 되었고, 뒤늦게 이를
알게 된 X는 채권추완신고를 하였으나, 회생법원은 그 신고를 각하한 사안(이에 따라 위 손
해배상 사건도 각하판결이 선고되었다)에서 회생채권자로 하여금 회생절차에 관하여 알지 못
하여 자신의 채권을 신고하지 못함으로써 회생계획 인가에 따른 실권의 불이익을 받는 것
을 방지하기 위한 회생채권자목록 제도의 취지에 비추어 볼 때, 관리인은 비록 소송절차
에서 다투는 등으로 어떠한 회생채권의 존재를 인정하지 아니하는 경우에도, 그 회생채권
의 부존재가 객관적으로 명백한 예외적인 경우가 아닌 한 이를 회생채권자 목록에 기재하
여야 할 의무가 있고, 회생절차에서 회생채권자가 회생절차의 개시사실 및 회생채권 등의
신고기간 등에 관하여 개별적인 통지를 받지 못하는 등으로 회생절차에 관하여 알지 못함

---

3) 대법원 2006.6.2. 선고 2005다18962 판결(공2006, 1247).

으로써 회생계획안 심리를 위한 관계인집회가 끝날 때까지 채권신고를 하지 못하고, 관리인이 그 회생채권의 존재 또는 그러한 회생채권이 주장되는 사실을 알고 있거나 이를 쉽게 알 수 있었음에도 회생채권자 목록에 기재하지 아니한 경우, 채무자회생법 제251조의 규정에 불구하고 회생계획이 인가되더라도 그 회생채권은 실권되지 아니하고, 이때 그 회생채권자는 같은 법 제152조 제3항에 불구하고 회생계획안 심리를 위한 관계인집회가 끝난 후에도 회생절차에 관하여 알게 된 날로부터 1개월 이내에 회생채권의 신고를 보완할 수 있다고 해석하여야 한다고 하면서, 원심결정을 파기환송하였다.4)5) 판례는 위와 같은 경우 회생계획의 인가결정에 의하여 회생채권이 실권된다고 해석하는 것은, 회생채권자로 하여금 회생절차에 참가하여 자신의 권리의 실권 여부에 관하여 대응할 수 있는 최소한의 절차적 기회를 박탈하는 것으로서 헌법상의 적법절차 원리 및 과잉금지 원칙에 반하여 재

---

4) 대법원 2012.2.13.자 2011그256 결정(미간행)[백선45]은 위와 같은 경우 회생계획인가결정에 의하여 회생채권이 실권되고 채권신고를 보완할 수 없다고 해석하는 것은, 회생채권자로 하여금 회생절차에 참가하여 자신의 권리의 실권 여부에 관하여 대응할 수 있는 최소한의 절차적 기회를 박탈하는 것으로서 헌법상의 적법절차 원리 및 과잉금지 원칙에 반하여 재산권을 침해하는 것으로 허용될 수 없다고 하였다. 위 결정은 종래의 실무관행을 개선하여 재산권 침해가 없도록 채무자회생법 제251조를 적정하게 운영하도록 하였다는 점에서 커다란 의의가 있다. 다만, 추완신고된 채권을 어떻게 처리할 것인지의 문제가 남는다. 이에 대하여는 ① 회생계획안 수정명령을 내린 후 제2회 관계인집회를 재개하여야 한다는 견해, ② 회생계획변경절차를 거쳐야 한다는 견해, ③ 회생계획상 미확정채권의 처리조항을 원용하여 유사채권과 비슷하게 처리하여야 한다는 견해, ④ 공익채권처럼 회생계획 인가의 효력이 미치지 않는 채권으로 보아야 한다는 견해가 있다. 위 ③의 견해가 제일 무난하다. 김형두, "2015년판 분야별 중요판례 해설", 법률신문사(2015), 643면. 위 판결에 대한 평석으로 민정석, "회생채권의 존재를 다투는 관리인이 이를 회생채권자 목록에 기재할 의무가 있는지 여부 및 관리인이 이러한 의무를 해태한 경우 회생채권자 목록에 누락된 회생채권의 운명 — 대상결정: 대법원 2012.2.13.자 2011그256 결정 —", 도산법연구 제3권 제2호, 사단법인 도산법연구회(2012.11.), 1면, 오병희, "회생절차에서의 추완신고에 따른 후속절차 검토 — 대법원 2012.2.13.자 2011그256 결정과 관련하여 —", 도산법연구 제3권 제2호, 사단법인 도산법연구회(2012.11.), 311면, 윤덕주, "절차보장이 이루어지지 않은 회생채권의 면책 여부 및 법적 지위", 판례연구 제31집, 서울지방변호사회(2018), 317면 참조. 同旨 대법원 2016.11.25. 선고 2014다82439 판결(공2017상, 13).

5) 대법원 2020.9.3. 선고 2015다236028,236035 판결(미간행)은 甲 등이 乙 회사로부터 상가를 임차한 후 乙 회사에 대한 회생절차가 개시되었으나 乙 회사의 관리인이 회생채권자 목록에 甲 등의 임대차보증금반환채권을 기재하지 아니하였고, 甲 등은 회생절차에 관하여 알지 못하여 채권신고를 하지 못한 채 회생절차가 종결되었는데, 회생계획에서 미확정 회생채권이 확정될 경우 권리의 성질 및 내용을 고려하여 가장 유사한 회생채권의 권리변경 및 변제방법에 따라 변제한다고만 기재되어 있을 뿐, 미확정 회생채권에 해당하는 피고 등의 채권과 가장 유사한 회생채권이 무엇인지는 구체적으로 기재되어 있지 않은 사안에서, 위 임대차보증금반환채권은 회생계획인가에 의하여 실권되지 아니하고, 미확정 회생채권에 해당하는 甲 등의 위 채권과 가장 유사한 회생채권이 회생계획에 구체적으로 기재되어 있지 않으므로, 종합적인 해석을 통해 권리변경 및 변제방법을 정하여야 하는데, 제반 사정에 비추어 甲 등은 乙 회사를 상대로 임대차보증금반환채권의 원금 전액에 관하여 반환을 구할 수 있다고 본 원심판단을 수긍한 사례이다. 이 판결에 대한 해설로 김유성, "회생절차 종결 이후 회생채권자 목록에 기재되지 아니하고 신고하지 않은 회생채권인 임대차보증금 반환채권의 행사방법 및 그 권리의 성질과 내용의 변경 여부", 대법원판례해설 제125호, 법원도서관(2021), 516면 참조.

산권을 침해하는 것으로 허용될 수 없다고 하였다.[6] 물론 이는 채권자가 회생절차에 참가하여 전부의무자가 회생절차에 참가할 수 없는 경우에도 마찬가지로서 전부의무자는 채무자회생법 제126조 제4항에 따라 채권 전액이 소멸해야만 비로소 구상권의 범위 안에서 채권자가 가진 권리를 행사할 수 있는데, 그럼에도 불구하고 전부의무자가 회생계획안 심리를 위한 관계인집회가 끝날 때까지 실제로 발생한 구상권이나 장래 구상권을 신고하지 않았고 관리인이 그 구상권을 회생채권자 목록에 기재하지 않았다면, 그 구상권은 회생계획이나 채무자회생법의 규정에 의하여 인정된 권리에 해당하지 않으므로, 채무자는 채무자회생법 제251조에 따라 책임을 면하고 그 구상권은 실권된다. 채권자의 회생절차 참가로 인해 전부의무자가 구상권으로 회생절차에 참가할 수 없었던 경우에도 전부의무자는 채권자에 대한 변제 등으로 채권의 전액이 소멸하였을 때에 구상권의 범위 안에서 채권자가 가진 권리를 대위행사할 수 있을 뿐이다.[7]

그러나 비록 관리인이 회생채권의 존재 또는 그러한 회생채권이 주장되는 사실을 알고 있거나 이를 쉽게 알 수 있었음에도 회생채권자 목록에 그 회생채권을 기재하지 아니하였다 하더라도, 회생채권자가 채무자에 대한 회생절차에 관하여 알게 되어 회생채권의

---

6) 대법원 2023.3.16. 선고 2021다223368 판결(공2023상, 687)은 피고가 자신의 회생절차에서 회생채권자 목록에 원고의 대여금채권을 기재할 의무를 이행하지 않았고 원고가 위 회생절차를 알지 못하여 채권신고를 하지 못하였다는 이유로, 원고의 대여금채권이 회생계획의 인가결정에 의하여 실권 또는 면책되지 않았다고 판단한 원심을 유지하였다.

7) 대법원 2023.4.27. 선고 2021다227476 판결(공2023상, 901)은 한국토지주택공사가 아파트 신축공사 중 일부를 甲 회사와 乙 회사로 구성된 공동이행방식의 공동수급체에 도급하였고, 丙 회사가 도급계약상 수급인의 의무를 연대보증하였으며, 丁 보험회사는 甲 회사 및 乙 회사와 하자보증보험계약을 체결하였고, 그 후 아파트 입주자대표회의가 한국토지주택공사를 상대로 제기한 하자보수를 갈음하는 손해배상청구소송 계속 중 乙 회사에 대한 회생절차가 개시되자 丁 회사는 하자보증보험계약에 따른 채무 이행 후 발생할 장래의 구상권을 신고하였으나 甲 회사 등은 채권신고를 하지 않았는데, 甲 회사가 丙 회사에 구상금을 지급함으로써 취득한 乙 회사에 대한 구상금 채권이 회생계획인가결정에 따라 실권되었는지 문제된 사안에서, 甲 회사가 회생계획안 심리를 위한 관계인집회가 끝날 때까지 채권신고를 하지 않았고, 관리인이 그 채권을 회생채권자 목록에 기재하지 아니하였으므로 乙 회사는 특별한 사정이 없는 한 채무자회생법 제251조에 따라 구상금 채권에 관한 책임을 면하고 그 채권은 실권되는데, ① 乙 회사에 대한 회생절차개시 당시 아파트의 하자가 이미 발생한 점, ② 丁 회사의 의무부담 범위 내에서 甲 회사, 乙 회사, 丙 회사, 丁 회사는 여럿이 각각 전부의 이행을 하여야 하는 의무를 지는 전부의무자이고, 채권자는 한국토지주택공사이며, 한국토지주택공사가 회생절차에 참가하지 않았으므로, 甲 회사는 채무자회생법 제126조 제3항 본문에 의하여 다른 장래 구상권자인 丁 회사가 채권신고를 했는지와 무관하게 장래 구상권을 신고할 수 있었던 점, ③ 아파트 하자 관련 손해배상채무에 대하여 甲 회사, 乙 회사, 丙 회사, 丁 회사는 각각 연대채무자, 연대보증인, 보증인에 준하는 보증보험자 등의 지위에 있었으므로, 당사자들 사이에 구상권 발생을 예정하고 있었고, 이에 甲 회사는 회생절차개시 당시 乙 회사에 대한 구상권을 취득할 수 있다는 점을 충분히 예상할 수 있었다고 보이는 점에 비추어, 甲 회사의 구상금 채권이 실권된다고 보는 것이 헌법상의 적법절차 원리 및 과잉금지 원칙에 반하여 재산권을 침해하는 정도에 이르지는 않았다고 볼 여지가 많은데도, 구상금 채권이 실권의 예외에 해당한다고 본 원심판단에 법리오해 등의 잘못이 있다고 한 사례이다.

신고를 통해 권리보호조치를 취할 수 있었는데도 이를 하지 아니함으로써 그 회생채권이 실권된 경우에는, 관리인이 회생채권자 목록에 회생채권을 기재하지 아니한 잘못과 회생채권의 실권 사이에 상당인과관계가 있다고 할 수 없고, 따라서 관리인의 불법행위책임이 성립하지 아니한다.[8] 그러나 한편 판례는 회생채권자가 회생절차에 관하여 알지 못하여 채권신고를 하지 못하고 관리인이 회생채권의 존재 또는 그러한 회생채권이 주장되는 사실을 알고 있거나 이를 쉽게 알 수 있었음에도 회생채권자 목록에 기재하지 아니하였거나, 회생채권자가 회생법원이 정한 신고기간 내에 채권신고를 하고 회생절차에 참가할 것을 기대할 수 없는 등의 특별한 사정이 있는 경우로서, 회생채권자가 채권신고를 하지 않았다고 하여 그 채권이 무조건 실권된다고 본다면 회생채권자로 하여금 회생절차에 참가하여 자신의 권리의 실권 여부에 관하여 대응할 수 있는 최소한의 절차적 기회를 박탈하여 헌법상의 적법절차 원리 및 과잉금지 원칙에 반하여 재산권을 침해하는 정도에 이른 경우에는, 채무자회생법 제251조에도 불구하고 채무자가 책임을 면하거나 그 회생채권이 실권되었다고 할 수 없다고 하였다.[9]

목록의 제출기간은 법원이 회생절차를 개시할 때 정하여야 하는데, 개시결정일로부터 2주 이상 2개월 이하의 기간 범위 내에서 정하게 된다. 다만 채무자회생법 제223조 제4항에 따른 목록이 제출된 경우는 제외한다(법50조1항1호). 법원은 특별한 사정이 있는 때에는 위 기간을 늘일 수 있다(법50조2항).

(2) 목록미제출의 효과

관리인이 목록에 기재하지 아니하고 회생채권자 등도 신고를 하지 아니하여 회생계획에서 인정되지 아니한 회생채권·회생담보권은 원칙적으로 실권된다(법251조). 그러나 관리인에게 목록 제출의무를 부여한 채무자회생법 하에서 관리인이 회생채권·회생담보권의 존재를 알면서도 목록에 기재하지 아니한 반면, 채권자도 회생절차개시사실을 통지받지 못하는 등의 사정으로 채권신고를 하지 못한 경우 당해채권이 실권된 것으로 볼 수 있는지가 문제된다. 관리인의 악의적인 목록제출 의무위반과 채권자의 개시결정사실 부지에 의한 채권 미신고가 결합된 경우까지 실권되었다고 보는 것은 고의로 의무를 위반한 자를

8) 대법원 2014.9.4. 선고 2013다29448 판결(공2014하, 1999). 이 판결에 대한 해설로 김희중, "관리인이 회생채권의 존재 또는 그러한 회생채권이 주장되는 사실을 알고 있거나 이를 쉽게 알 수 있었음에도 회생채권자 목록에 회생채권을 기재하지 아니하였는데, 회생채권자가 회생채권의 신고를 통해 권리보호조치를 취할 수 있었는데도 이를 하지 아니함으로써 회생채권이 실권된 경우, 관리인의 불법행위책임이 성립하는지 여부", 대법원판례해설 제101호, 법원도서관(2015), 398면, 윤덕주, "절차보장이 이루어지지 않은 회생채권의 면책 여부 및 법적 지위", 판례연구 제31집, 서울지방변호사회(2018), 317면 참조.
9) 위 대법원 2023.4.27. 선고 2021다227476 판결.

보호하고 상대방의 권리를 박탈하는 것이 되고 헌법상의 적법절차의 원리에도 반할 뿐만 아니라, 관리인의 목록제출의무를 형해화한다는 점에서도 부당하다. 다만 채권자가 회생절차 개시신청 사실을 통지받았거나, 그 밖에 다른 방법으로(전화, 팩스 등) 회생절차개시결정사실 및 채권신고기간을 알게 된 경우에는 실권된다고 보아야 할 것이다.

(3) 목록제출의 효과

관리인이 회생채권자 등의 목록을 작성하여 법원에 제출하면 시효중단의 효과가 있다(법32조1호). 시효중단의 시점은 관리인이 작성한 목록이 법원에 제출되는 때이다.

또한 목록에 기재된 회생채권·회생담보권·주식·출자지분은 신고기간 안에 신고된 것으로 본다(법151조). 따라서 신고하지 않더라도 목록에 기재되어 있는 이상 실권되지 않고 회생계획에 따라 변제받을 수 있으며, 목록에 기재된 의결권의 액수에 따라 회생절차에 참가할 수 있다(법188조1항).

채무자회생법 제166조는 목록의 기재와 신고의 관계를 신고된 채권이 있는지 여부에 의해서만 구별하기 때문에, 목록의 기재와 신고된 채권이 서로 다를 경우 양자의 관계가 문제되는데, 동일한 원인에 기한 가분적 급부를 목적으로 하는 채권의 경우에는 목록에 기재된 내용은 일응 법 제166조에 따라 실효되고 신고 내용만이 채권조사의 대상이 되는 것으로 해석하는 것이 실무례이고, 원인을 달리하는 채권의 경우에는 ① 목록에 기재된 내용과 신고된 내용은 별개의 것으로 각각 채권조사의 대상이 되어 각각에 대하여 시, 부인을 하고 모두 조사확정재판의 대상이 된다는 견해와 ② 목록에 기재된 내용과 신고된 내용은 동일한 급부를 목적으로 하면서 법률적인 근거만 달리하는 것이므로, 목록에 기재된 내용은 법 제166조에 의하여 실효되고 신고내용을 기준으로 채권조사를 하며 회생채권자로서는 조사확정재판에서 어느 것을 주장하여도 무방하다는 입장이 대립되는데 실무의 입장은 후자이다.

(4) 목록의 변경·정정

관리인은 목록 제출기간 내에 스스로 회생채권, 회생담보권등을 조사하고 그에 대한 의결권과 담보권의 목적의 가액을 모두 평가하여 목록을 제출하여야 하는데, 그 기간은 개시결정일부터 2주 이상 2월 이하로서 시간적인 여유가 없고, 관리인이 스스로 그 내용을 조사하여 제출하므로 오류나 누락이 있을 수 있다. 이에 따라 채무자회생법은 신고기간 말일까지 법원의 허가를 받아 목록에 기재된 사항을 변경 또는 정정할 수 있도록 하였다(법147조4항).

신고기간이 경과한 후에는 목록을 변경 또는 정정할 수 없다. 관리인 자신도 조사기간 내에 목록에 대하여 이의할 수 있는 것으로 해석되므로 신고기간 이후에 목록에 오류가 있음을 발견한 때에는 이의로 해결할 수 있다.

목록의 기재 내용은 이해관계인이 열람할 수 있도록 하면 족하므로(법147조3항), 목록을 변경·정정한 경우에 그 변경·정정의 내용을 통지하여야 하는 것은 아니다. 그러나 회생채권자 등으로서는 목록에 기재된 내용을 신뢰하여 신고를 하지 않을 수도 있으므로, 신고의 기회를 보장하기 위하여 관리인이 목록을 변경·정정하는 신청을 한 경우 법원이 허가결정을 한 때에는 법원은 변경 또는 정정된 목록을 그 대상이 되는 권리자에게 지체 없이 통지하여야 한다(규칙53조2항).

다. 도산채권의 신고

(1) 도산채권신고의 필요와 불신고의 효과

도산채권은 도산절차에 의하여서만 변제를 받게 된다고 하는 것이 도산처리의 이념형이지만 그를 위한 채권자의 도산절차 참가는 도산채권의 신고라는 형식을 취하는 것이 보통이다. 즉 기일을 정하여 도산채권자로부터 신고를 받고 그를 게을리한데 대하여 일정한 불이익을 부과하는 방법으로 가급적 신속하게 도산채권의 세목을 밝힌다. 다만 회생과 파산에 있어서 신고의 유무에 결부된 효과는 각 절차의 성격을 반영하여 서로 다르다.

(가) 회생의 경우

신고는 관계인 집회에서의 의결권 행사의 전제가 되고, 나아가 신고되어 조사를 거쳐 회생계획에 기재되지 않은 도산채권(회생채권 및 회생담보권)은 모두 실권되므로 신고는 매우 중요한 의미를 가진다. 즉 회생채권자, 회생담보권자 및 주주·지분권자가 회생절차에 참가하려면 신고기간 내에 법원에 대하여 그 권리를 신고하고 증거서류 또는 그 등본이나 초본을 제출하여야 한다(법148조, 149조, 150조). 어음은 제시증권, 상환증권이므로(어음법38조, 39조) 어음을 소지하지 않으면 어음상의 권리를 행사할 수 없는 것이 원칙이고, 이는 회생절차에 참가하기 위하여 어음채권을 회생채권으로 신고하는 경우에도 마찬가지이다.[10] 회생담보권을 회생채권으로 잘못 신고하면 회생담보권은 회생계획안의 인가로 실권

---

10) 대법원 2016.10.27. 선고 2016다235091 판결(공2016하, 1801)은 원고가 어음금 채권을 회생채권으로 신고할 때 어음 원본을 제출할 필요까지는 없다고 하더라도 어음상의 권리행사로서 어음금 채권을 회생채권으로 신고하고 회생절차에 참가하기 위해서는 어음을 소지하고 있어야 하는데, 원고가 회생 채권 신고 당시 이 사건 어음을 소지하고 있지 않았고, 그 이후로도 원고가 어음을 소지하게 되었다는 등의 정황은 없으며, 또한 원고가 어음의 원인관계상의 채권을 주장하는 것이 아니라 어음금 채권을 주장하면서도 이 사건 어음을 소지하고 있지 않은 이상, 소외 1이 어음을 횡령하였다는 사정만으로 원고가 회생채무자 회사나 관리인 소외 2에 대한 관계에서 이 사건 어음상의 권리자로 되는 것도 아니라고 하였다.

된다.11)

　　다만, 실제적으로 회생채권의 귀속을 둘러싸고 사전 또는 사후에라도 분쟁이 있고, 그 분쟁당사자 중 어느 일방이 이를 회생채권으로 신고하였으나, 나중에 신고를 하지 아니한 다른 당사자가 진정한 채권자임이 판명된 경우에는 관리인으로서는 회생절차의 진행과 관련하여 일단 회생채권 신고를 한 자를 회생채권자로 취급하여 절차를 진행하다가 나중에 진정한 채권자가 따로 있는 것이 밝혀지면 그 때부터 종전 신고자를 배제한 채 진정한 채권자를 회생채권자로 취급하여야 하고, 이와 같은 의미에서 무권리자가 한 회생채권의 신고도 유권리자에 대한 관계에서 그 효력이 인정된다.12) 이와 같은 법리는 채권에 대한 압류 및 추심명령이 있은 후 추심채무자가 회생채권을 신고하고 나중에 추심권능을 회복한 경우에도 마찬가지이다. 종래 채권에 대한 압류 및 추심명령이 있은 후 제3채무자에 대하여 회생절차가 개시된 경우 추심채권자와 추심채무자 중 누가 회생절차에 참가할 수 있는가에 관하여 논란이 있었고, 법원의 실무는 추심채권자만이 회생절차에 참가할 자격이 있다고 취급하고 있는데, 판례는 채권에 대한 압류 및 추심명령에 이어 제3채무자에 대한 회생절차개시결정이 있으면 제3채무자에 대한 회생채권확정의 소는 추심채권자만 제기할 수 있고, 추심채무자는 회생채권확정의 소를 제기할 당사자적격을 상실하나, 추심채무자의 회생채권 확정의 소가 계속되던 중 추심채권자가 압류 및 추심명령 신청을 취하하여 추심권능을 상실하면 추심채무자가 당사자적격을 회복한다고 하였다.13)

　　만일 회생채권자 또는 회생담보권자가 그 권리를 신고하지 않았다면 비록 확정판결을 받았더라도 회생계획이 인가되면 종국적으로 실권되고(법251조),14) 그 후 회생절차가 폐지되더라도 실권된 권리가 부활하지 않는다. 일본의 사례로는 가집행선언부 제1심 판결에 기하여 변제를 받아 채권신고를 하지 않아 갱생계획에 기재되지 않은 경우 이는 채권의 존재가 불확정한 상태로서 갱생절차에 의하지 않고 종국적 만족을 얻어서는 안 된다는

---

11) 대법원 2000.2.11. 선고 99다43516 판결(미발간).

12) 대법원 2003.9.26. 선고 2002다62715 판결(공2003, 2072).

13) 대법원 2016.3.10. 선고 2015다243156 판결(미간행)은 추심채무자의 회생채권확정의 소가 계속 중 추심채권자가 압류 및 추심명령 신청을 취하하여 추심권능을 상실하고 추심채무자가 당사자적격을 회복한 사안이다. 이 판례의 의미에 대하여 추심채권자는 단순히 회생채권신고권자가 아닌 회생채권자로 보아야 하고, 추심채권자 상호간의 법률관계는 압류경합이 있는 경우 추심채권자들이 공동으로 회생채권을 신고한 것으로 보아 합일적으로 처리하여야 한다는 견해로는 차승환, "추심채권자에 대한 회생절차의 취급", 민사재판의 제문제 제26권, 한국사법행정학회(2018), 146면 참조.

14) 日最判平成21.12.4判時2077호40면, 倒産判例 インデックス 제3판 150[百選100]은 대금업자의 갱생절차 종결 후에 과불금반환청구(이자제한법을 초과하는 이자를 지급한 경우 그 반환청구)를 구하는 소송에서 실권의 예외를 인정하는 것은 갱생계획에 따른 회사의 재건에 중대한 영향을 미치는 것이고, 실권효를 확실히 하여 신속하고 획일적인 처리를 가능하게 하는 것으로서, 실권의 주장을 하는 것이 신의칙 위반이나 권리남용이 되는 것은 아니라고 하였다. 同旨 日最判平成22.6.4判時2088호83면.

점에서 실권한다고 한 재판례가 있다.[15]

　권리신고를 하지 않은 경우에는 물론 채무자에 대한 권리가 실권되더라도 채무자의 보증인 등 제3자에 대한 권리에는 영향이 없다.[16] 또한, 주주·지분권자의 경우에는 신고하지 않더라도 이해관계인으로서 관계인집회에 출석하여 의결권을 행사할 기회를 잃을 뿐 실권하지는 않는다(법254조). 반면, 공익채권은 신고를 요하지 않고, 회생절차와 관계없이 그 권리를 행사할 수 있다(법180조1항).

　(나) 파산의 경우

　파산채권을 신고하는 것은 채권자집회에서 의결권을 행사하는 전제로 하는 것만은 아니고(출석의 요건은 아니다), 당해 파산절차에 있어서 배당을 받기 위한 요건이다. 이후의 채권조사, 확정의 절차를 거쳐 확정되는 것이 필요하지만, 채권신고를 하지 않으면 파산채권이라도 배당을 받을 수 없다(배당제외. 법512조. 이 점에서 파산절차 개시 전에 파산채권에 관한 소송 예컨대 대여금반환청구 소송이 계속되고 파산선고에 의하여 중단된 경우에도 별도의 파산채권신고가 필요하다).[17]

　그러나 파산채권 신고기간 후에도 파산채권을 신고할 수 있으므로(법453조, 455조 참조), 파산채권 신고기간 내에 파산채권을 신고하지 아니하였다 하여 그 채권이 실권되는 것은 아니고,[18] 신고를 하지 않아도 채무자가 자연인이고 면책을 받지 않은 경우에는 절차 종료 후에도 다시 청구하는 것은 가능하다. 그러나 파산에 의한 청산종결과 함께 소멸하는 법인파산의 경우나 자연인이어도 면책을 받은 경우에는 청구할 수 없게 된다(신고한 채권만이 면책되는 것은 아니다. 채권신고가 전혀 없는 경우의 처리에 관하여는 후술한다).

　한편 특정한 채무의 이행을 청구할 수 있는 기간을 제한하고 그 기간을 도과할 경우 채무가 소멸하도록 하는 약정은 민법 또는 상법에 의한 소멸시효기간을 단축하는 약정으로서 특별한 사정이 없는 한 민법 제184조 제2항에 의하여 유효한데, 채무자가 파산할 경우 채권자의 그 채무자에 대한 채권의 이행청구 등 권리행사는 파산법이 정하는 바에 따

---

15) 日東京地判昭和56.9.14判時1015호20면, 倒産判例 ガイド 제2판 156면.
16) 대법원 2001.6.12. 선고 99다1949 판결(공2001, 1565).
17) 일본의 판례들 중 日大阪高判平成28.11.17判時2336호41면은 파산관재인에게는 파산채권자에 대하여 파산채권신고기간 및 파산채권조사기일의 통지가 적절하게 되어 있는가를 확인하고 파산채권의 신고 최고, 독촉할 의무는 없다고 하였다. 또 日金沢地判平成30.9.13判時2399호64면은 파산관재인은 채권자목록에 기재되지 않아 파산절차에서 배당을 받지 못한 파산채권자에 대하여 선관주의의무 위반이나 불법행위에 기한 손해배상책임을 부담하지 않는다고 하면서, 다만 해당 채권자에 수임통지를 송부하였으나 채권자목록에 기재하지 않는 신청대리인의 불법행위책임을 긍정하였다.
18) 대법원 2004.11.11. 선고 2004다40108 판결(공보불게재)은 파산채권의 신고기간에 아무런 제한을 두고 있지 아니한 것은 그 신고시점까지 유효하게 채권을 보유하고 있는 자로 하여금 신고를 통하여 채권을 행사할 수 있도록 하는 것이지, 그 신고시점 이전에 이미 소멸시효 완성 등으로 채권을 상실한 자에게까지 뒤늦게 파산채권 신고를 통하여 소멸한 채권을 부활시켜 주고자 하는 것은 아니라고 판시하였다. 同旨 대법원 2006.4.14. 선고 2004다70253 판결(공2006, 802).

라 파산법원에 대한 파산채권신고 등의 방법으로 제한 및 변경되는 것이므로 채권자는 파산법원에 대한 파산채권신고라는 변경된 형태로 그 권리를 행사함으로써 약정에 의한 이행청구기간의 도과 혹은 소멸시효의 완성을 저지할 수 있다(즉, 이 경우 채권자는 파산한 채무자에게 이행청구를 하여야만 자신의 채권을 보전할 수 있는 것은 아니다).[19)]

(2) 신고의 실체법상의 효과 — 시효중단 등

회생채권 및 회생담보권, 파산채권의 신고는 신고된 도산채권에 관하여 시효중단의 효력이 있다(민168조 1호, 171조, 법32조 본문). 연대채무자 1인에 대한 회생절차 참가(회생채권의 신고)는 다른 연대채무자에 대한 이행청구로서 소멸시효 중단의 효력이 있다(민416조).[20)] 한편 판례는 회생채권이 소멸시효기간 경과 전에 회생절차에서 회생채권으로 신고하지 아니하고 회생채권자 목록에도 기재되지 않은 채 회생계획이 인가됨으로써 채무자회생법 제251조에 의하여 실권되었다면 더 이상 그 채무의 소멸시효 중단이 문제 될 여지가 없으므로 그 후 회생채권자가 제3자를 상대로 한 소송 계속 중에 회생채무자를 상대로 소송고지를 하고 소송고지서에 실권된 회생채무의 이행을 청구하는 의사가 표명되어 있더라도, 회생채권자는 그로써 다른 연대채무자나 보증인에 대하여 민법 제416조 또는 제440조에 따른 소멸시효 중단을 주장할 수 없다고 하였다.[21)] 한편 채무자가 파산 및 면책신청을 하기

---

19) 위 대법원 2006.4.14. 선고 2004다70253 판결.
20) 서울고법 2021.9.17. 선고 2021나2015992 판결(각공2021하, 651)은 甲 회사 등 5개 회사로 구성된 공동수급체의 구성원인 乙 회사가 丙 회사와 하도급계약을 체결하였고, 그 후 乙 회사에 대한 회생절차가 개시되자 丙 회사가 공사대금채권을 회생채권으로 신고하였으나, 乙 회사의 관리인이 그중 일부는 丁 은행이 丙 회사로부터 양수하여 회생채권으로 신고하였다는 이유 등으로 부인하였고, 나머지는 시인하였는데, 丙 회사가 甲 회사를 상대로 미지급 공사대금채무의 지급을 구한 사안에서 乙 회사는 민법상 조합인 위 공동수급체의 업무집행조합원으로서 甲 회사 등 구성원들 또는 공동수급체를 대리하여 丙 회사와 하도급계약을 체결하였다고 봄이 타당하고, 이는 상인인 乙 회사와 甲 회사 등을 조합원으로 한 공동수급체가 영업을 위하여 한 행위로서 상행위에 해당하여 계약의 효력이 상법 제48조에 따라 공동수급체 구성원 전원에 미치므로, 甲 회사는 공동수급체의 구성원으로서 상법 제57조 제1항에 따라 하도급계약에 따른 공사대금의 지급에 관하여 연대책임을 지는데, 丙 회사가 공사대금채권 일부를 丁 은행에 양도하였다고 하더라도 연대채무에서 채권자는 연대채무자 중 1인에 대한 채권만 분리하여 양도할 수도 있고, 그에 불구하고 연대채무자들 간의 연대채무관계는 그대로 존속하므로, 공사대금채권이 甲 회사에 대한 관계에서 양도채권액만큼 소멸하였다고 볼 수 없으며, 한편 연대채무자 1인에 대한 회생절차 참가는 다른 연대채무자에 대한 이행청구로서 소멸시효 중단의 효력이 있는바, 丙 회사가 乙 회사에 대한 회생절차에서 공사대금채권 전액을 회생채권으로 신고함으로써 회생절차에 참가하였으므로 이는 민법 제416조 소정의 이행청구로서 연대채무자인 甲 회사에도 시효중단의 효력이 있고, 채권양수인인 丁 은행이 연대채무자 중 1인인 乙 회사에 대한 회생절차에 참가하여 회생채권을 신고함에 따른 소멸시효 중단의 효력은 다른 연대채무자인 甲 회사에 대한 관계에서 丙 회사의 공사대금채권 중 상응하는 금액 부분에까지 미친다고 하였다.
21) 대법원 2021.6.30. 선고 2018다290672 판결(공2021하, 1362)은 甲 건설은 분양회사 乙로부터 아파트 신축공사를 도급받았고, 丙 건설은 甲 건설의 채무를 연대보증하였으며, 공제조합은 하자보수보증을 한 상태에서 입주자대표회의가 乙을 상대로 하자보수에 갈음한 손해배상을 청구하였는데, 乙은 甲에

위하여 채권자에게 부채증명서 발급을 의뢰한 행위는 설령 그 채무를 면하기 위하여 부채 증명서 발급을 의뢰하였다 하더라도 소멸시효 중단사유가 되는 채무승인에 해당한다고 한 사례도 있다.[22]

　　한편 민법 제171조는 파산절차참가는 채권자가 이를 취소하거나 그 청구가 각하된 때에는 시효중단의 효력이 없다고 규정하고 있는데, 채권조사기일에서 파산관재인이 신고채권에 대하여 이의를 제기하거나 채권자가 법정기간 내에 파산채권 확정의 소를 제기하지 아니하여 배당에서 제외되었다고 하더라도 그것이 위 규정에서 말하는 '그 청구가 각하된 때'에 해당한다고 볼 수는 없고, 따라서 파산절차참가로 인한 시효중단의 효력은 파산절차가 종결될 때까지 계속 존속한다.[23]

(3) 신고의 절차

(가) 신고기간

　　회생 및 파산 절차에 있어서는 법원은 소위 동시처분의 하나로서 절차개시결정과 동시에 회생채권, 회생담보권, 파산채권의 신고기간을 정하여야 하고, 회생의 경우에는 아울러 그에 관한 조사기간을 정하여야 한다. 채권신고기간은 회생에 있어서는 관리인의 채권자 등의 목록 제출기간(절차개시부터 2주 이상 2월 이하)의 말일(법223조 4항에 따른 목록이 제출된 경우에는 회생절차개시결정일)부터 1주 이상 1월 이하, 파산에서는 파산선고를 한 날부터 2주일 이상 3월 이하의 범위 내에서 정한다(법50조1항2호, 312조1항1호. 회생채권과 회생담보권의 신고기간은 달라도 무방하다).[24] 이 일반원칙의 예외로서 벌금, 과료 및 회생에 있어서 회생채권으로 되는 조세에 관하여는 특별히 정한 신고기간은 없고, 단순히 지체 없이

　　게 소송고지를 하였다. 甲은 그 3년 전에 이미 회생계획인가결정을 받았고, 乙은 회생절차에서 甲에 대한 손해배상채권을 회생채권으로 신고하지 않아 실권되었다. 乙은 甲(채무자), 丙(연대채무자), 공제조합(보증인)을 상대로, 입주자대표회의에 지급한 금원 상당의 손해배상을 구하는 소를 제기하였는데, 대법원은 소송고지를 이유로 한 乙의 시효중단 주장에 대하여 손해배상채권이 소송고지 당시 이미 실권된 상태였으므로 시효중단의 효력이 없다고 하면서 시효중단을 인정한 원심판결을 파기하였다.

22) 대법원 2018.2.13 선고 2017다265556 판결(미간행)은 채무승인은 관념의 통지로서 시효이익의 포기와는 달리 효과의사가 필요하지 않다는 점에 중점을 두어 채무승인으로 본 것이다. 이 사건은 부채증명서 발급의뢰서에 단순히 자신의 채무의 존부나 액수를 문의하는 내용만 기재되어 있는 경우가 아니라 채무를 구체적으로 특정하여 대출원금잔액이 정확히 기재되어 있는 점도 고려된 것으로 보인다. 앞으로 실무는 채무승인으로 보지 않는 것으로 굳어질 가능성이 높지만 그럼에도 여전히 사안에 따라 채무승인으로 볼 가능성은 열려 있다고 보는 견해가 유력하다. 이진만, "[2018년 분야별 중요판례분석] 20. 도산법", 법률신문 2019.6.13.자 참조.

23) 대법원 2005.10.28. 선고 2005다28273 판결(공2005, 1860). 同旨 日最判昭和57.1.29民集36권1호105면, 倒産判例 ガイド 제2판 153면, 倒産判例 インデックス 제3판 46[百選72].

24) 현재 실무 관행은 신고기간은 개시결정일부터 2주일 내지 4주일이며, 추완 신고를 허용하고 있으므로 채권자 등의 권리를 보호하는데 별다른 문제가 없다.

신고되면 족하다(법156조, 471조). 회생에 있어서 '지체 없이'라 함은 회생계획안 수립에 장애가 되지 아니하는 시기, 즉 늦어도 회생계획안 심리기일 이전(통상 회생계획안 심리를 위한 관계인집회일 전)까지라는 뜻으로 해석되고 있다.[25]

(나) 신고기간 경과 후의 신고

신고를 하지 않은 경우의 효과에 관하여는 전술하였으나, 신고기간을 경과하면 신고할 수 없는 것이 되는가에 관하여는 각 절차에 정도의 차이가 있다.

회생에서는 회생채권자·회생담보권자가 그 책임을 질 수 없는 사유로 인하여 신고기간을 준수하지 못한 경우에 한하여 그 사유가 끝난 후 1개월 내의 추완을 인정하고 있다(법152조1항. 신고사항의 변경에 관하여도 같다. 같은조4항). 위 추완 사유가 없더라도 조사기간 내에 신고된 경우에는 관리인 등이 이의하지 아니하면 하자는 치유되므로 조사할 수 있다.[26] 조사기간 이후에 신고된 경우에는 특별조사기일을 열어 추완신고의 요건을 심리한 다음 적법 여부에 따라 각하결정을 하거나,[27] 회생채권으로서 조사절차를 거치게 되는데 그 비용은 추완 신고한 회생채권자 등의 부담으로 한다(법162조, 140조).[28] 회생채권 추후보완신고 각하결정에 대하여 특별항고가 있어 대법원에 계속 중인 경우에 회생절차가 종결되면, 특별항고인으로서는 각하결정에 대하여 더 이상 특별항고로 불복할 이익이 없으므로 특별항고는 부적법하다.[29] 신고하지 않으면 면책이라는 효과가 있다는 점에서 회생에서의 위 「책임을 질 수 없는 사유」는 완화하여 해석할 것이다. 판례도 회사정리절차에서는 개별적인 송달 외에 공고 등으로써 송달을 갈음하고 있어 이해관계인이 직접 결정문을

25) 대법원 1981.7.28. 선고 80누231 판결(공1981, 14268).
26) 日最判昭和44.12.4民集23권12호2428면, 倒産判例 ガイド 제2판 151면은 기간 후의 신고가 추완 요건을 갖추지 않은 경우에도 관리인, 회생채권자, 주주가 이의를 하지 않으면 실권하지 않고 조사·확정을 받을 수 있다고 하였다.
27) 위 각하결정에 대하여는 불복할 수 없으므로 특별항고만이 가능하다. 대법원 1999.7.26.자 99마2081 결정(공1999, 1930), 대법원 2012.2.13.자 2011그256 결정(미간행). 이 결정에 대한 평석으로 임치용, "정리채권의 확정절차와 그 불복방법", 파산법 연구, 박영사(2004), 140면.
28) 이 경우 법원은 조사비용의 예납을 명할 수 있고, 예납하지 아니할 경우 신고를 각하할 수 있다(규칙 64조1항, 2항).
29) 대법원 2020.8.20.자 2019그534 결정(공2020하, 1774)은 그 이유에 대하여 채무자회생법 제153조에 따라 신고기간 경과 후에 생긴 회생채권이 신고된 경우, 회생법원은 위 제153조 제1항과 제153조 제2항이 준용하고 있는 제152조 제2항, 제3항의 요건을 심사하여 신고의 적법 여부에 따라 각하결정을 하거나 회생채권으로서 조사절차를 거쳐야 하는데, 회생계획에 따른 변제가 시작되면 법원은 회생절차종결의 결정을 하고, 회생절차종결결정의 효력이 발생함과 동시에 채무자는 업무수행권과 재산의 관리처분권을 회복하고 관리인의 권한은 소멸하므로 회생절차가 종결하면, 추후보완신고한 채권자는 채무자를 상대로 이행의 소를 제기하는 등으로 그 권리를 구제받을 수 있을 뿐, 더 이상 회생채권 신고 및 조사절차 등 채무자회생법이 정한 회생절차에 의하여 회생채권을 확정받을 수 없기 때문이라고 하였다. 이 판결에 대한 해설로 김유성, "회생채권 추후보완신고 각하결정에 대한 특별항고 계속 중 회생절차가 종결되면, 특별항고로 불복할 이익이 존재하는지 여부", 대법원판례해설 제125호, 법원도서관(2021), 543면 참조.

송달받지 못하는 경우가 적지 아니한 반면, 정리채권자가 신고를 해태하는 경우 채권이 실권되는 등 그 불이익이 큰 점 등을 고려하여 볼 때, 정리절차에 중대한 지장을 초래하지 않는 한 실권시키는 것이 가혹하다고 인정되는 경우에는 가급적 '책임을 질 수 없는 사유'를 넓게 해석하여 조사를 하기 위한 특별기일을 정하여야 한다는 입장이다.30) 또 신고기간 경과 후에 생긴 채권(예컨대 법109조, 121조, 123조, 181조)도 그 후 1개월 내에 신고가 허용된다(법153조1항). 어떠한 경우이든 회생계획안심리를 위한 관계인집회가 끝난 후나 회생계획안을 서면결의에 부친다는 결정이 있은 후에는 신고할 수 없다(법152조3항).31)

　　그런데 판례는 회생법원이 정한 회생채권의 신고기간이 경과할 때까지는 물론 관계인집회가 끝나거나 서면결의 결정이 되어 더 이상 법 제152조에 따른 추후보완 신고를 할 수 없는 때까지도 공동불법행위자 사이의 손해배상책임의 부담 여부가 확정되지 아니한 경우에는, 미리 장래의 구상금채권 취득을 예상하여 회생채권 신고를 할 것을 기대하기 곤란한 경우가 있는데, 만약 그러한 경우까지도 신고기간 내에 회생채권 신고를 하지 않았다고 하여 무조건 실권된다고 하면 이는 국민의 재산권을 기본권으로 보장한 헌법정신에 배치되므로 공동불법행위로 인한 손해배상책임의 원인은 회생절차 개시 이전에 이미 존재하였지만 구상금채권은 관계인집회가 끝나거나 서면결의 결정이 있은 후에 발생하였고, 나아가 공동불법행위의 시점 및 공동불법행위자들의 관계, 구상금채권 발생의 직접적 원인인 변제 기타 출재의 경위, 공동불법행위자들 사이의 내부적 구상관계 발생에 대한 예견가능성, 공동불법행위로 인한 손해배상채무가 구체화된 시점과 구상금채권이 성립한 시점 사이의 시간 간격 등 제반 사정에 비추어 구상금채권자가 회생법원이 정한 신고기간 내에 장래에 행사할 가능성이 있는 구상권을 신고하는 등으로 회생절차에 참가할 것을 기

---

30)　대법원 1999.11.17.자 99그53 결정(공2000, 129)은 채권자가 회사정리절차개시결정 전 정리회사를 상대로 제기한 소송에서 승소판결을 받고 그 판결을 집행권원으로 한 채권압류 및 추심명령을 받아 그 배당절차에 참가하여 배당을 기다리던 중 위 결정을 이유로 채권압류 및 추심명령이 취소되자 비로소 정리채권의 추완신고를 한 경우, 회사정리법 제127조 제1항 소정의 '책임을 질 수 없는 사유'에 해당한다고 보았다. 또한 위 대법원 1999.7.26.자 99마2081 결정(공1999, 1930)은 특별항고인이 정리채권 신고기간 후에 비로소 정리채권의 내용인 분양 아파트의 실제 분양면적과 계약상 면적의 차이를 알게 되었다고 주장하고 있고, 그 이해관계인의 수가 적지 않은 점 등을 감안하여 이를 실권시키는 것은 가혹하다고 볼 여지가 있으므로, 원심법원으로서는 특별항고인이 그 책임질 수 없는 사유로 기간 내에 신고를 하지 못한 경우에 해당한다고 보아 그 조사를 하기 위하여 특별기일을 정하였어야 할 것이라고 하였다.

31)　대법원 2005.2.17. 선고 2004다39597 판결(공보불게재)은 만일 정리계획안의 심리가 종결된 후의 추완신고를 인정하면 이러한 채권은 정리계획안에 반영되지 않았으므로 이를 반영한 정리계획안을 다시 작성하여 관계인집회에서 재차 심리해야 하는 등 시간과 비용 면에서 큰 부담을 주어 회사정리절차가 순조롭게 진행되는 것을 막을 우려가 있기 때문이므로, 위 조항에 의한 제한은 회사정리제도의 목적을 달성하기 위하여 불가피한 것이고 공공의 복리를 위하여 헌법상 허용된 필요하고도 합리적인 제한이라 할 것이어서, 과잉금지의 원칙에 위반하여 재산권의 본질적 내용을 침해하거나, 평등권 등 기본권을 침해하는 것이라고 볼 수 없다고 판시하였다. 헌법재판소 2002.10.31. 선고 2001헌바59 결정 참조.

대할 수 없는 사유가 있는 때에는, 법 제152조 제3항에도 불구하고 회생채권 신고를 보완하는 것이 허용되어야 한다고 하면서, 이는 책임질 수 없는 사유로 회생채권신고를 할 수 없었던 채권자를 보호하기 위한 것이므로 신고 기한은 법 제152조 제1항을 유추하여 그 사유가 끝난 후 1개월 이내에 하여야 하고, 따라서 회생절차가 개시된 후 회생채권자가 장래에 행사할 가능성이 있는 구상권을 신고하거나 위와 같이 특별한 사정을 주장하여 추후 보완 신고를 하여 그 절차에 따라 권리행사를 하는 대신에 관리인을 상대로 직접 구상금 채권의 이행을 구하는 것은 허용될 수 없다고 하였다.[32]

일단 회생법원이 회생채권 추완신고에 대하여 그 추완신고요건을 갖춘 것으로 인정하고 특별조사 기일을 연 이상 회생채권 조사확정재판에서 새삼스럽게 위 추완신고의 적법 여부를 다툴 수는 없다.[33] 이와 관련하여 확정된 회생채권이 추후 보완신고에 의하여 회생담보권으로 변경될 수 있는가에 대하여 의론이 있으나, 여전히 담보권이 존재함을 전제로 다시 회생담보권 확정을 구한다면 이를 허용하여야 한다는 견해가 유력하다.[34]

파산에서는 기간 후의 신고도 당연히 허용되고, 다만 최후의 배당의 제외기간 만료 전에 신고하여야 하고, 집행권원 없는 채권(무권원채권)은 조사·확정을 거치거나 확정되지 않은 경우에는 채권확정소송을 제기하지 않으면 배당을 받을 수 있는 기회를 잃으며(법512조1항, 528조1호, 2호), 또 채권조사기간 후에 신고한 채권에 관하여 특별기일이 열리게 되면 그 비용은 신고기간 후에 신고한 자의 부담이 되므로(법453조, 455조), 이 점에서 기간 내의 신고가 간접적으로 강제된다(파산실무에서는 신고기간 경과 후의 신고가 많아 절차의 원활한 진행에 지장을 주고 있다).

(다) 신고의 최고

도산법원이 절차 개시 후 지체 없이 행하여야 할 부수처분으로서 신고기간 및 조사기간(파산의 경우는 조사기일)을 공고하고, 나아가 알고 있는 도산채권자에게는 개별적으로 서면으로 통지한다(법51조1항, 2항, 313조1항, 2항).

(라) 신고의 방식

신고는 도산법원에 대하여 한다(법148조, 447조). 서면에 의하는 것이 보통이다. 대리인에 의한 신고는 물론, 신고를 위하여 채권을 신탁적으로 양도하는 것도 유효하다(신탁법7조는 적용되지 않는다).[35]

---

32) 대법원 2016.11.25. 선고 2014다82439 판결(공2017상, 13).
33) 대법원 1990.10.23. 선고 90다카19906 판결(공 1990, 2390), 同旨 대법원 2018.7.24. 선고 2015다56789 판결(공2018하, 1751)[백선43]. 이 판결에 대한 분석으로 김영근·김주현, "추완신고된 회생채권 조사 절차 관련 쟁점", 도산법연구 제8권 제2호, 사단법인 도산법연구회(2018.12.), 205면 참조.
34) 이에 관한 상세한 논의는 홍석재, "워크아웃 채권자의 회생담보권 변경신고 및 회생담보권의 확정", 도산법연구 제11권 제1호, 도산법연구회(2021.7.), 129면 참조.
35) 대리인에 의한 신고의 경우에는 변호사일 것을 요하지 않으나 대리권을 증명하는 서면(위임장)을 첨

또한 예비적 신고도 가능하다. 주로 쌍무계약과 관련하여 예비적 신고가 접수되는 사례가 많은데, 상대방의 반대채권이 관리인·관재인의 이행선택 여부에 따라 공익채권·재단채권이 되기도 하고 회생채권·파산채권이 되기도 하므로 상대방으로서는 실권을 막기 위해 예비적으로라도 신고를 해 둘 필요가 있다. 또, 회생담보권으로 신고하였는데, 조사결과 그 전부 또는 일부가 회생채권인 경우 별도로 회생채권을 예비적으로라도 신고하지 않았어도 회생채권으로서의 예비적 신고가 포함되어 있는 것으로 본다.

(마) 신고사항

1) 회생

① 회생채권(법148조1항, 2항, 3항)

채권자의 성명 및 주소, 회생채권의 내용 및 원인, 의결권의 액수, 일반의 우선권 있는 채권인 때에는 그 뜻, 이에 관한 증거서류. 일반의 우선권 있는 회생채권은 각각 별도로 신고되어야 한다(그 후의 처리의 편의를 위한 것이다). 소송이 계속 중이면 그 내용. 위 신고사항 중 특히 파산과 다른 것은 회생에서는 금전화·현재화가 없으므로 채권 그 자체는 그 「내용」에 의하여 표시되고, 별도로 「의결권의 액」을 신고하는 점이다. 내용이라 함은 금전채권이면 그 액과 원인, 비금전채권이면 급부 목적과 원인을 말한다. 의결권의 액은 평가에 의한 경우(법137조, 138조)에는 신고인 자신의 평가에 의한 것으로 파산채권의 신고액의 경우와 같다.36) 채권의 내용 및 원인에 대하여는 다른 채권과 식별하여 그 채권을 특정할 수 있을 정도로 기재하면 되는 것이고, 이때 신고의 기재 내용뿐만 아니라 신고시에 제출하는 증거서류 등에 의하여 특정될 수 있으면 족하다는 것이 판례의 입장이다.37)

② 회생담보권(법149조)

회생담보권자의 성명 및 주소, 회생담보권의 내용 및 원인, 회생담보권의 목적 및 그 가액, 의결권의 액수, 회생절차가 개시된 채무자 외의 자가 채무자인 때에는 그 성명 및 주소. 또한 그 증거서류. 소송이 계속 중일 때에는 그 내용.

2) 파산(법447조1항, 2항, 3항)

채권액 및 원인, 일반의 우선권이 있는 때에는 그 권리, 후순위파산채권을 포함하는

부하여야 한다.

36) 관리인이 계약을 해제, 해지하는 경우에는 법원의 허가를 받아서 처리함은 전술하였는데(법61조1항4호), 이 경우 상대방이 채무자에 대하여 가지는 권리 중 원상회복청구권은 공익채권이므로 회생채권 등으로 신고할 필요가 없으나(법121조2항), 계약해제로 인한 손해배상청구권은 회생채권이므로 신고하여야 한다(법121조1항).

37) 대법원 2003.5.30. 선고 2002다67482 판결(미간행). 또한 대법원 2001.6.29. 선고 2000다70217 판결(공 2001, 1734)은 미지급 최소분양수입금, 공사중단으로 인한 지체상금, 증액공사비, 하자보수보증금 등 합계 금 3,142,000,000원만을 정리채권으로 신고한 사안에서 위 채권을 회사의 귀책사유에 기한 채무불이행으로 인하여 위 공사도급계약이 해제됨으로써 발생한 손해배상채권을 항목별로 나누어 신고한 취지로 본 원심의 판단을 유지하였다.

때에는 그 구분. 이를 증명하는 증거서류가 있으면 원본 또는 등·초본을 첨부한다(이러한 서류를 제출하지 않아도 신고의 효력에 영향이 없다). 별제권자는 위의 사항 이외에 별제권의 목적 재산 및 파산채권으로 행사하고자 하는 액(예정부족액, 법413조) 및 신고채권에 관하여 소송이 계속 중이면 그 법원, 사건명 및 번호.

3) 집행권원 있는 채권인가의 여부

집행권원 있는 채권인가의 여부가 신고사항인가에 대하여는 규정이 없으나, 이것도 신고되지 않으면(또는 적시에 이를 추완하지 않으면) 후에 집행권원 있는 채권인 것의 이익 (법174조1항, 466조)을 받을 수 없다고 해석한다. 이와 같이 취급하기 위해서는 이 점에 관하여 신고인의 주의를 환기하는 것이 필요할 것이다.

(바) 신고의 변경

다른 채권자의 이익을 해하지 않는 변경은 항상 가능하지만, 다른 채권자를 해하는 변경[38]에 관하여는 신고기간 후의 신고와 마찬가지로 취급하여 다시 조사를 거쳐야 할 뿐만 아니라 회생에서는 그 책임질 수 없는 사유가 요구된다(법152조4항, 454조).[39]

(사) 신고의 취하

채권확정까지는 언제라도 취하할 수 있으나, 확정 후에는 「확정판결과 동일한 효력」 (법168조, 460조)과의 관계에서 의론이 있다. 그러나 다른 채권자의 이익에 반하는 것은 아니므로 당해 채권자가 장래에 향하여 도산절차로부터 이탈하는 효과를 가지는 것으로서 긍정하여야 한다. 취하(신고의 부적법 각하도 같다)를 하면 신고에 의한 시효중단의 효과도 소급하여 소멸한다(민171조, 법32조 각호 단서. 다만 민법 제174조의 최고로서의 시효중단의 효력은 있다고 해석하여야 할 것이다).

(아) 신고명의의 변경

신고한 채권을 양도하는 것도 가능하고(양도의 통지는 관리인·관재인에게 하여야 할 것이다), 포괄승계에 의하여 주체가 변경되는 수도 있다.[40] 이러한 경우 승계인은 신고기간 후

---

38) 예컨대 금액을 증액하거나 회생채권을 회생담보권으로 변경하는 경우.

39) 대법원 2002.1.11. 선고 2001다11659 판결(공2002, 456)은 채권자가 정리절차개시 당시의 채권 전부에 관하여 정리채권으로 신고한 경우에는 장래의 구상권을 가지는 자는 정리채권자로서의 권리를 행사할 수 없게 되는 것이고, 그가 채권자의 정리채권 신고 이후에 채권자에 대하여 대위변제를 한 경우에는 채권자의 정리채권이 그 동일성을 유지하면서 구상권자에게 그 변제의 비율에 따라 이전될 뿐이며, 신고기간 경과 후에 대위변제를 함으로써 구상금 채권이 발생하였다고 하더라도 구상권자가 대위변제액과 채권자의 정리채권 신고액과의 차액에 대하여 회사정리법 제127조 제2항에 의한 추완신고를 할 수 없으며, 같은 법조 제4항에 의하여 신고된 정리채권 중 이자를 원금으로 변경하는 신고도 허용되지 아니한다고 판시하였음은 전술하였다.

40) 대법원 2001.6.29. 선고 2001다24938 판결(공2001, 1742)은 수인이 각각 전부의 이행을 할 의무를 지는 경우에 그 1인에 관하여 회사정리절차가 개시되고, 채권자가 채권의 전액에 관하여 정리채권자로서 권리를 행사한 때에는, 정리회사에 대하여 장래의 구상권을 가진 자는 정리채권자로서 권리를 행사할 수 없게 되지만, 장래의 구상권자가 훗날 채권 전액을 대위변제한 경우에는 회사정리법 제128

에도 법원에 대하여 증거서류를 첨부하여 신고명의의 변경을 구할 수 있다. 회생에서만 명문의 규정이 있으나(법154조), 파산에서도 마찬가지로 해석하여야 할 것이다. 권리양도가 있었더라도 명의변경절차를 취하지 않는 한 새로운 취득자가 회생절차에 참가할 수는 없다. 다만 회생계획이 인가된 후에는 신고명의를 변경할 수 없고 권리이전의 입증 또는 채무자에의 대항요건을 갖추어 권리를 행사해야 할 것이다.

조에서 정하는 신고명의의 변경을 함으로써 채권자의 권리를 대위 행사할 수 있고, 다만 채권의 일부에 대하여 대위변제가 있는 때에는 채권자만이 정리절차개시 당시 가진 채권의 전액에 관하여 정리채권자로서 권리를 행사할 수 있을 뿐, 채권의 일부에 대하여 대위변제를 한 구상권자가 자신이 변제한 가액에 비례하여 채권자와 함께 정리채권자로서 권리를 행사하게 되는 것이 아니라고 하였다.

2. 도산채권의 조사와 확정

가. 조사·확정의 의의

　　도산채권의 조사·확정이라 함은 도산절차에 복종하여 도산절차에 의하여만 실현이 허용되는 채권의 내용을 조사한 후 관계자 전원 사이에 확정하고, 그 후의 도산처리의 기초로 하기 위한 절차를 말한다. 이와 같은 확정은 파산에 있어서는 필수적이다. 즉 이해 대립하는 파산채권자 사이에 있어서 각각의 몫을 가리는 비율의 계산의 기초가 되는 각 채권액(물론 그 전제로서 채권의 존재)을 먼저 확정하고, 채권자 사이에서는 더 이상 다툴 수 없는 것으로 하여야 파산재단의 분배(배당)가 확정적 효력을 가질 수 있고, 결국 청산의 목적을 달성할 수 있다.

　　이에 반하여 다수결에 의한 채권자의 합의에 의하여 도산처리의 방법, 보다 구체적으로는 도산채권자의 권리변경의 내용을 도출하는 회생절차에 있어서는 각 채권자의 권리의 내용을 엄밀히 확정하여 두는 것은 반드시 필요하지는 않다. 최소한 다수결로 결정할 경우의 의결권만을 결정하여 두고, 권리의 실체적 내용 자체는 전혀 확정하지 않은 채 다수결에 의하여 장래에 향하여 권리의 내용을 확정할 수 있으면 도산처리의 목적을 달성할 수 있다. 이는 장래의 권리관계에 다툼이 있는 채 화해계약에 의하여 새로운 법률관계를 설정하는 것과 비슷하고, 그 이전에 각 채권이 어떠한 내용을 가졌는가는 중요한 의미를 가지는 것이 아니다.

　　이 논법을 그대로 관철하면 관계인집회에서의 다수결에 의하여 재건안을 결의하고, 실체적 권리변경을 초래하게 하는 회생에서는 도산채권자의 권리의 사전확정은 불필요할 것이다. 그러나 회생에서도 이 점에서는 파산과 같은 방식을 취하여 회생채권, 회생담보권에 관하여 파산의 경우와 마찬가지의 조사·확정절차를 두고 있다. 회생에서는 도산채권자의 수나 종류가 많고, 절차도 복잡하여 장기간이 소요되는 경우 절차진행의 편의를 위하여 우선 도산채권의 내용을 확정하고, 그 후의 절차에서 이를 다시 다툴 수 없는 것으로 하는 것은 충분한 의의가 있고, 이 점에서 파산과 같은 방식을 취하는 근거를 찾을 수 있을 것이다.

결국 이하에서 취급하는 도산채권의 조사·확정의 절차는 회생과 파산에 있어 내용이 유사하지만, 그 제도의 목적에 있어서 매우 다르다는 것을 유의하여야 한다.[1]

나. 도산채권의 조사

(1) 조사를 위한 준비

(가) 도산채권자표

도산채권의 신고를 받은 도산법원의 법원사무관 등은 그것에 기하여 도산채권자표 즉 회생에서는 회생채권자표 및 회생담보권자표(법158조), 파산에서는 파산채권자표(법448조1항)를 작성하여 그 등본을 관리인·관재인에게 교부한다(법159조, 448조2항). 이 도산채권자표에 기재할 사항은 채권자의 주소·성명, 채권의 내용·액수·원인 등 신고사항과 거의 같다(법158조, 448조 1항에 열거되어 있다).

회생담보권을 조사함에 있어 대부분의 회생담보권자는 금융기관이기 때문에 채권의 존재에 관하여 문제되는 경우는 거의 없고, 신고된 금액 중 담보목적물의 가액 한도 내에서만 회생담보권이 인정되므로(법141조4항) 담보목적물의 가액평가에 따른 회생담보권 인정액수가 주로 문제된다.

따라서 개시결정이 되면 관리인은 회생담보권의 조사를 위한 준비로서 개시결정일을 기준으로 채무자가 제공한 담보목적물의 가액을 평가할 수 있는 자료, 예컨대 취득가, 감정가 또는 토지의 경우 공시지가, 건물의 경우 과세시가표준액 그리고 유사한 물건의 최근 시가 등을 미리 조사하여 각 물건별로 위 각 기준에 의한 가액비교표를 작성하여 나중에 실행할 조사 작업에 대비한 준비를 한다. 가액평가감정에는 시간과 비용이 많이 소요되기 때문에 실무에서 회생담보권의 인정 여부를 가리기 위해 감정까지 하는 경우는 거의 없다. 가액평가에 관하여 회생담보권자와 관리인 사이에 이견이 있는 경우 관리인은 그때까지 수집된 자료에 기하여 일응의 가액평가를 하여 회생담보권 시인 여부를 결정하면 되

---

1) 확정절차의 중요한 기능으로서 도산절차가 개시된 채무자에 대한 관계에 있어서의 확정이 있다. 조사기간 내에 채무자가 이의를 진술하지 아니하여 확정된 도산채권에 관하여는 회생절차가 회생계획인가 전에 목적을 달성하지 못하고 폐지된 경우 또는 파산절차 종료 후에도 그 채권자표의 기재는 확정판결과 동일한 효력이 부여되고 이에 의하여 채무자에 대하여 강제집행을 할 수 있다(법292조, 535조). 그러나 일단 회생계획인가에 이르게 되면 채무자가 이의를 진술한 경우에도 그 후의 절차의 귀추에 관계없이 확정판결과 동일한 효력 및 집행력을 가진다(법255조). 이 효과는 말하자면 이들 절차의 부산물이라고 할 수 있다. 따라서 입법론으로서는 도산채권자 상호간의 확정절차는 없어도 채무자와 사이의 확정절차를 구비하는 것도 고려할 만하다.

고, 만약 담보권자가 이에 대하여 불만이 있으면 채권조사확정의 재판을 신청하여 그 재판의 증거조사절차에서 가액평가감정을 하면 충분하다.

(나) 서류의 열람

도산채권자표 및 도산채권신고에 관한 서류는 이해관계인의 열람을 위해 법원에 비치된다(법160조, 449조1항). 어떠한 채권이 신고되어 있는가를 알고, 그에 대하여 취하여야 할 태도를 준비하도록 하려는 취지이다.

(2) 도산채권조사기일·기간

도산채권의 조사라 함은 조사기간 동안 또는 조사기일에 관리인·관재인 및 도산채권자가 서로 의견을 표명하고, 이의 없는 채권을 확정시키는 것을 말한다. 채권조사에서 문제가 되는 것은 도산채권자 상호간 이해의 충돌을 조정하는 것이고, 어떠한 조정이 행하여지든 채무자와는 관계가 없으므로, 채무자의 이의는 채권자 상호간의 확정에 관하여 의미를 갖지 않는 것에 주의하여야 한다(그러나 채무자에 대한 확정에 관하여는 의미가 있다. 법292조, 535조).

파산절차에서는 채권 등의 조사를 위해서는 반드시 조사기일을 열어 채권자, 관재인 등이 출석하여야만 하나, 회생절차에서는 위와 같은 조사기일제도 대신에 서면조사제도라고 할 수 있는 조사기간제도를 채택하여 채권자들이 편리한 시간에 나와서 채권을 조사할 수 있도록 하였다. 법원은 회생절차개시결정과 동시에 조사기간을 정하여야 한다.[2]

(가) 일반기일과 특별기일

파산에 있어서는 파산선고와 함께 동시처분으로서 지정되고, 부수처분으로서 공고 및 알고 있는 채권자에 통지되는 것이 일반기일이다(법312조1항3호, 313조1항3호). 신고기간 내에 신고된 파산채권은 이 기일에 조사의 대상이 되고, 회생에 있어서는 조사기간 동안 조사의 대상이 된다. 이에 반하여 신고기간 후에 신고되어 회생에 있어서의 조사기간이나 파산에 있어서의 일반조사기일에 조사되지 않은 도산채권(법162조, 453조2항, 455조) 및 신고 기간 후에 다른 채권자의 이익을 해하는 변경을 가한 도산채권(법162조, 454조)을 조사하기 위하여 여는 기일을 특별기일이라고 한다. 특별기일에 관하여도 공고, 통지, 송달 등을 하지만(법163조, 456조), 그 비용은 당해 채권자에게 부담시키는 점이 일반기일과 다르나(법162조 후단, 453조2항 후단), 실무상으로는 동일하게 운영하고 있다. 특별기일의 지정 및 변경·연기·속행(법457조. 회생에 있어서는 규정이 없으나 마찬가지로 해석한다)에 관하여는 불복신청할 수 없다(법13조).

---

2) 회생절차에 있어서의 조사기간은 신고기간의 말일부터 1주 이상 1월 이하의 기간 사이이다(법50조1항3호).

(나) 채권의 조사·기일의 실시

회생에서는 관리인, 채무자, 목록에 기재되거나 신고된 회생채권자·회생담보권자·주주·지분권자는 조사기간 안에 목록에 기재되거나 신고된 회생채권 및 회생담보권에 관하여 서면으로 법원에 이의를 제출할 수 있다(법161조1항). 그러나 신고하지 않은 회생채권자 등과 공익채권자는 이의를 진술할 수 없다.

한편 파산채권 조사기일은 법원에서 도산법원의 지휘 하에 비공개로 행하여지고, 법원은 각 신고채권에 관하여 파산채권자표의 기재사항, 즉 채권의 존부 및 액, 우선권의 존부, 후순위 부분의 구분 등에 관하여 조사한다(법450조). 기일에 있어서의 조사는 관재인이 출석하지 않으면 이를 할 수 없다(법452조). 채무자, 신고한 파산채권자 또는 그 대리인은 기일에 출석하여 의견을 진술할 수 있다(법451조1항). 대리인은 대리권을 증명하는 서면을 제출하여야 한다(법451조2항).

회생과 파산 모두 채무자,[3) 관리인·관재인도 이의를 진술할 수 있다.[4) 이의에는 이유를 붙일 필요는 없고, 또 후에 철회할 수도 있다.

신고기한이 지나더라도 책임질 수 없는 사유가 있다면 이를 소명하여 회생계획안심리를 위한 관계인 집회가 끝나기 전까지 추완신고를 할 수 있는데, 추완신고된 채권에 대하여 이의를 하려는 채권자와 관리인은 특별조사기일에 출석하여 이의할 수 있다. 다만 이의를 함에 있어서는 추후보완의 요건을 구비하지 않았다는 것인지, 아니면 채권의 존부와 액수에 대하여 이의한다는 것인지 밝혀야 한다. 전자에 대한 이의가 없으면 채권조사확정재판에서 그 사유를 주장할 수 없다. 법원이 원고의 회생채권 추완신고에 대하여 그 추완신고 요건을 갖춘 것으로 인정하고 특별조사기일을 연 이상 회생채권확정의 소에서 새삼스럽게 추완신고의 적법여부를 다툴 수는 없다고 해석하여야 하고 이는 채권조사확정재판에서도 마찬가지라고 함은 전술하였는데,[5) 그러한 점에서 판례는 특별조사기일에서

---

3) 채무자의 이의는 채권의 존부와 액에 한하고, 우선권이나 도산채권 적격성의 문제 등에는 미칠 수 없다.

4) 조사기간 후에 신고된 채권에 관하여 관리인이 특별조사기일을 연 이상 관리인은 신고가 법 제152조 제1항의 요건을 만족하지 않는 것을 이유로 이의를 진술할 수는 없다.

5) 대법원 1990.10.23. 선고 90다카19906 판결(공1990, 2390), 대법원 2018.7.24. 선고 2015다56789 판결(공2018하, 1751)[백선43]은 그 이유로 다음의 네 가지 점을 들었다. ① 채무자회생법상 추완신고의 적법 여부에 대한 법원의 판단에 대해서는 이를 즉시항고 등으로 다툴 수 있다는 명문의 규정이 없다. 이와 함께 추완신고의 적법 여부는 채권신고나 조사의 대상이 아니고, 채권조사절차 또는 조사확정재판절차에 의한 확정의 대상이라고 볼 수도 없다. 이는 관리인 기타 이해관계인이 추완신고의 적법 여부에 대하여 이의를 하였다고 하더라도 마찬가지이다. ② 채권조사확정절차는 적정한 회생계획안 작성을 위한 전제로서 회생채권 등의 실체법적 존부 등을 간이하고 신속하게 확정하는 절차에 불과하고, 채권신고의 요건을 엄격하게 해석하여 이를 구비한 채권만을 권리로 인정하고 이를 구비하지 못한 경우에는 그 채권을 실권시키기 위한 절차가 아니다. 본래 채무자회생법이 신고기간을 둔 것도 관리인 기타 이해관계인에게 조사의 편의를 제공하기 위한 것일 뿐 기간준수 여부를 기준으로 권리를 인정하거나 배제하기 위한 것이 아니다. ③ 오히려, 회생절차에서는 이해관계인이 회생법원

다른 회생채권자가 추완신고의 적법 여부에 관한 이의의 진술이 있었다고 하더라도 이는 채권조사확정재판을 제기하여야 할 채무자회생법 제170조 제1항에서 정한 '이의'에 해당하지 않고, 관리인이 아닌 회생채권자 등 이해관계인이 특별조사기일에서 채권조사확정재판을 제기하여야 할 채무자회생법 제170조 제1항에서 정한 '이의'를 하였는지는 특별조사기일에서 한 이의의 진술 내용뿐만 아니라 이에 이르게 된 이유나 경위 및 방식, 관리인이나 다른 이해관계인의 이의 여부 및 이의를 하였다면 그 내용 등 제반 사정을 고려하여, 특별조사기일에서 한 이의가 채권조사확정재판절차에서 응소책임을 부담하면서까지 당해 채권의 확정을 차단하기 위한 의사에서 비롯된 것인지에 따라 결정하여야 한다고 하였다.[6]

회생에 있어서는 이의가 진술된 때에는 법원은 그 취지를 당해 채권자에게 통지하고(법169조), 파산에 있어서는 기일에 결석한 자의 채권에 대하여 이의가 진술된 때에 법원은 그 취지를 당해 채권자에게 통지한다(법461조). 법원사무관 등은 각 채권에 관하여 이의의 유무, 이의자, 이의의 내용 등을 채권자표에 기입한다(법167조, 459조).

다. 도산채권의 확정

도산채권에 대한 조사 절차에서 관계인들 사이에 이의가 없으면 그대로 확정되지만, 도산채권 조사 절차에서 관리인·관재인이 채권을 인정하지 않거나 도산채권자가 이의하면, 그 채권의 존부 및 내용 등에 관한 다툼은 도산채권확정절차에 의한다(법170조 이하, 462조 이하).[7] 도산채권확정절차는 관리인·관재인이 인정하지 않거나 도산채권자가 이의

의 결정문을 직접 송달받지 못하는 경우가 적지 아니한 반면, 회생채권자 등이 신고를 해태하는 경우 그 채권이 실권되는 등 불이익이 큰 점 등을 고려하여, 회생절차에 중대한 지장을 초래하지 않는 한 실권시키는 것이 가혹하다고 인정되는 경우에는 가급적 그 책임질 수 없는 사유를 넓게 해석하는 것이 필요하다(대법원 1996. 7. 26.자 99마2081 결정 참조). ④ 추완신고의 적법 여부에 대한 회생법원의 판단은 회생절차의 신속성이나 효율성, 채권조사절차에 있어 관리인, 기타 이해관계인의 편의, 실권되는 채권을 보유한 회생채권자 등의 불이익 등을 고려하여 추완신고를 수리할 것이냐 말 것이냐에 관한 절차적 판단에 불과하다. 추완신고가 수리되었다고 하더라도 신고된 채권에 관해서 채권의 존부 및 내용 등에 관하여 다툴 수 있는 기회가 보장되어 있는 이상 위와 같은 절차적 판단에 불복할 수 없게 된다고 하여 이것이 관리인, 기타 이해관계인의 재판청구권을 본질적으로 침해하는 것이라고 볼 수 없다는 것이다.

6) 위 대법원 2018.7.24. 선고 2015다56789 판결(공2018하, 1751)[백선43]은 다른 회생채권자가 특별조사기일에서 "회생채권 신고가 지연된 것은 그 채권자의 귀책사유로 인한 것이고, 추완신고를 허용하는 것은 채권이 확정된 기존 채권자의 이익에 반하므로 채권신고에 관하여 이의를 제기한다"고 한 진술은 추완신고가 부적법하다는 취지의 법률상 관리인이나 대표채권자의 진술과 사실상 동일한 내용을 반복한 것에 불과한 추완신고의 적법 여부에 관한 진술일 뿐 채권조사확정재판에서 확정하여야 할 회생채권의 존부 또는 그 내용에 관한 이의를 한 것이라고 볼 수 없으므로 추완신고 채권자가 법률상 관리인만을 상대로 채권조사 확정재판을 신청한 것은 잘못이 없다고 하였다.

7) 日最判昭和57.1.29民集36권1호105항[百選72]은 이의가 있어도 도산채권자가 의연히 권리를 행사할 수 있다는 점에는 변함이 없고, 도산채권신고의 시효중단의 효력에는 영향을 미치지 않는다고 하였다.

를 한 도산채권에 관하여 당해 도산채권자측이 관리인·관재인이나 이의를 한 도산채권자 (이의자 등이라고 부른다)을 상대방으로 하여 회생채권확정절차(법170조)나 파산채권확정절차(법462조)나 조사확정재판에 대한 불복신청방법으로서의 이의의 소(법171조, 463조), 도산절차 개시시에 계속 중인 소송의 채권확정소송으로서의 수계(법172조, 464조) 및 집행력 있는 집행권원이 있는 채권에 대한 소송절차(법174조, 466조)에 의하게 된다. 도산채권의 확정절차에서는 위 5 가지의 절차에 의하게 되는 것이다. 이하에서 차례로 설명한다.

(1) 조사에 의한 도산채권의 확정

(가) 확정의 요건과 대상

회생에 있어서는 조사기간 안에 또는 특별기일에, 파산에 있어서는 조사기일에 관리인·관재인, 도산채권자가, 회생에 있어서는 주주·지분권자 등이 아무도 이의를 진술하지 않은 채권은 확정된다. 채무자 자신(또는 도산법인의 대표자)이 이의를 진술하는 것은 확정에 영향을 미치지 않는다.

확정의 대상이 되는 사항은 도산채권 적격성이나 존부 일반 외에 회생에서는 회생채권 및 회생담보권의 내용(피담보채권 및 담보권의 내용), 의결권의 액 및 우선권 있는 채권에 관하여는 우선권 있는 것(법166조), 파산에서는 채권액, 우선권 및 후순위 부분의 구별이다(법458조1항). 하나의 도산채권에 관하여 이러한 사항의 일부에 관하여만 이의가 있으면 이의 없는 사항에 관하여만 확정된다. 또 파산에 있어서 별제권자의 채권 중 파산채권이 될 수 있는 부족액은 목적물을 환가하여야만 확정되므로, 여기서 확정되는 것은 별제권의 목적으로 되는 부분을 포함한 전액(이것도 신고의 대상이다. 법447조1항, 2항)이고, 본래 파산채권으로 되는 부족액으로서 신고되어 있는 액(예정부족액)은 배당의 기초가 된다고 하는 의미에서 진실로 확정되는 것은 아니지만, 이의 없이 확정되면 의결권의 액은 확정된다(법373조1항, 2항). 이 점 회생에서는 하나의 채권 중 회생담보권이 되는 부분과 회생채권이 되는 부분이 함께 확정된다.

이와 관련하여 구 회사정리법 하에서 주식의 담보권자로서 정리담보권 신고를 하였으나 주식의 실사가치가 0원으로 평가되어 관리인이 정리담보권을 부인하면서 담보권자들이 신고한 채권금액 전부를 정리채권으로 시인한 데 대하여 일부 담보권자는 정리담보권확정의 소를 제기하였다가 소를 취하하였고, 일부 채권자는 정리담보권확정의 소를 제기하지도 않아 그대로 정리채권으로 확정됨으로써 정리채권자표에 기재된 후 정리회사의 관리인이 주식의 처분계획을 포함하지 않은 채 정리계획안을 마련하여 법원의 인가를 받은 사례에서 위 주식에 대한 담보권은 소멸하였고, 정리회사가 위 담보권자들의 권리보장방안 및 주식의 처분계획 등을 정리계획에 포함시키지 않았다고 하여 위 주식의 소유권을 사실상 포기하고 그 처분을 담보권자들에게 위임하는 의사를 묵시적으로 표현하였다고 인정할 수 없다고 한 사례가 있다.[8]

(나) 확정의 효과: 확정판결과 동일한 효력

이의 없이 확정된 취지는 도산채권자표에 기재된다(법167조1항, 459조1항. 법원사무관 등은 어음, 수표 등 유가증권 또는 차용증서와 같은 확정된 회생채권과 회생담보권의 증서에 확정된 뜻을 기재하고 법원의 인(印)을 찍어야 하나, 이는 채권양도의 편의를 도모하고, 배당이나 변제를 용이하게 하려는 취지에 불과하다. 상기 조문 각2항. 또 법517조2항). 이 기재는 도산채권자 전원 및 회생에 있어서의 주주·지분권자의 전원에 대하여 확정판결과 동일한 효력이 있다(법168조, 460조). 기일에 출석하지 않은 도산채권자 및 주주·지분권자, 조사기간 또는 조사기일 후에 신고한 도산채권자, 또 전혀 신고하지 않은 도산채권자 모두가 이유 유무를 불문하고 그 효력을 받는다. 관리인·관재인에 대하여 효력이 미치는가에 대하여는 명문의 규정은 없으나 당연한 것으로 해석한다. 한편 위탁자인 甲 회사가 채무담보를 위하여 수탁자 乙과 수탁한 부동산의 제2순위 우선수익권을 丙 등에게 부여하는 부동산담보신탁변경계약을 체결하였는데, 이후 甲 회사에 대하여 회생절차가 개시된 사안에서, 丙 등의 권리가 회생채권자표에 기재되었더라도 법 제255조 제1항에 따라 인정되는 불가쟁의 효력이 丙 등의 우선수익권에 미치지 아니한다고 본 사례가 있다.[9]

「확정판결과 동일한 효력」이 무엇을 의미하는가에 관하여는 반드시 견해가 일치하는 것은 아니다. 파산에 관하여 일본에서는 이를 기판력이라고 해석하는 것이 통설이지만,[10] 우리 판례는 기판력이 아닌 확인적 효력을 가지고 파산절차 내부에 있어 불가쟁의 효력이 있다는 의미에 지나지 않는다고 보고 있는 반면에,[11] 회생에서는 기판력 부정설이 우

---

8) 대법원 2005.7.28. 선고 2005다17518 판결(공보불게재). 위 판결은 나아가 담보목적물의 가액평가에 이의가 있는 담보권자로서 정리담보권확정의 소를 제기하지 않았거나 제기하였다가 취하한 경우, 위 담보권자에 대하여 정리계획인가결정으로 소멸한 담보권의 목적물 반환을 청구하는 것이 신의성실에 반하거나 권리를 남용한 것이라고 볼 수 없다고 하였다. 위 사건의 정리계획안에는 "정리담보권자의 담보권은 본 정리계획안에 의하여 권리 변경된 담보권을 피담보채권으로 하는 담보권으로 하여 종전의 순위에 따라 존속한다. 그러나 정리담보권으로 인정되지 아니한 담보권이나 담보목적의 지상권은 모두 소멸한다"고 규정되어 있었는데, 대법원은 위 담보권은 회사정리법 제241조, 제242조 제1항의 규정 및 정리계획인가결정으로 모두 소멸하였다고 보아야 할 것이고, 채권자들이 채권신고기일 내에 정리담보권을 신고하는 등 정리절차에 참여하였으나 담보목적물의 저평가로 인하여 정리담보권자로 인정받지 못하였다고 하여 달리 볼 것은 아니라고 하였다.

9) 대법원 2014.5.29. 선고 2014다765 판결(미간행).

10) 그렇기 때문에 일본에서는 그와 같이 확정된 파산채권의 소멸시효는 파산종결시부터 진행하여 10년의 경과로 완성된다고 하고 있다. 그러나 주채권자에 대한 채권조사가 종료된 후 보증채무자가 보증채무를 전부 이행하고 채권신고명의를 변경한 경우에는 구상권의 소멸시효기간은 확정판결과 같은 10년이 아니라는 판례로는 日最判平成9.9.9判時1620호63면, 倒産判例 ガイド 제2판 166면.

11) 대법원 2006.7.6. 선고 2004다17436 판결(공보불게재)은 이미 소멸된 채권이 이의 없이 확정되어 채권자표에 기재되어 있더라도 이로 인하여 채권이 있는 것으로 확정되는 것이 아니므로, 이것이 명백

세하다.12) 확실히 회생과 파산에서 확정의 의미가 다른 것은 전술한 바와 같다. 즉 파산에서는 확정된 바가 그대로 배당의 기준이 되는 점에서 절차적으로 소위 만족 단계까지 완전히 지배할 뿐만 아니라 실체적으로는 배당에 의한 만족의 채권자상호간의 불가쟁성(不可爭性)을 담보하는 작용을 한다(배당 후에 채권자간에 부당이득을 다투는 것을 차단한다). 이에 반하여 회생에서는 회생채권의 확정은 회생채권자의 만족의 단계까지를 규율하는 것은 아니고, 회생계획에 의한 만족단계의 규율의 준비로서 이른바 절차상의 중간적 기준을 마련한다고 하는 것에 불과하다. 회생채권자가 회생절차에 의하여 받는 만족의 정도는 회생계획의 인가에 의하여 비로소 확정되고, 이에 응하여 다시 회생채권자표의 기재에 확정판결과 동일한 효력이 부여되고 있는 것이다(법255조1항, 249조).

　　판례는 파산절차의 채권조사기일에서 신고채권이 이의 없이 확정되어 채권자표에 기재된 때에는 확정판결과 동일한 효력이 발생하는데, 그와 같이 확정된 파산채권을 갖고 있는 자가 (파산하고 그 파산관재인이) 자신의 파산채권 취득 원인인 대위변제가 부인 대상 행위에 해당된다며 대위변제를 받은 원채권자를 상대로 부인권 소송 등을 제기한 사정이 있다 하더라도, 그 승소 여부가 불분명한 상태에서는 그러한 사정만으로 파산관재인이 그 파산채권자의 확정된 파산채권에 대한 배당을 거절할 권한이나 의무가 있다고 볼 수 없고, 원채권자가 그 파산채권자의 부인권 행사에 응하여 실제로 원상회복의무를 이행하고 원채권이 부활하였음을 증명하면서 자신을 파산채권자로 취급해 줄 것을 요구하지 않는 한 파산관재인이 원채권자를 파산채권자로 취급할 수도 없으므로 파산관재인이 위와 같은 상태에서 채권자표 등에 기초하여 당해 파산채권자의 확정된 파산채권에 대하여 실시한 배당은 채권의 준점유자에 대한 변제로서 유효하다고 하였다.13)

　　이와 같이 본다면 회생 및 파산 모든 절차에서 최소한의 효력으로서 일단 확정된 도산채권에 관하여 그 절차 내에서 이후에는 그 존재 및 내용을 부정하는 것은 그 효력을 받는 자들 사이에서는 불가능하여진다. 예컨대 우선권을 주장하지 않은 채 신고된 채권이

　　한 오류인 경우에는 파산법원의 경정결정에 의하여 이를 바로잡을 수 있으며 그렇지 아니한 경우에는 무효확인의 판결을 얻어 이를 바로잡을 수 있다고 하였다. 또한 대법원 2004.8.20. 선고 2004다3512,3529 판결(공2004, 1577)[백선27] 참조.

12) 대법원 2005.6.10. 선고 2005다15482 판결(공2005. 1143)은 구 회사정리법 제245조 제1항이 정리계획인가의 결정이 확정된 때에는 정리채권 또는 정리담보권에 기하여 계획의 규정에 의하여 인정된 권리에 관하여는 그 정리채권자표 또는 정리담보권자표의 기재는 회사, 신회사(합병 또는 분할합병으로 설립되는 신회사 제외), 정리채권자, 정리담보권자, 회사의 주주와 정리를 위하여 채무를 부담하거나 또는 담보를 제공하는 자에 대하여 확정판결과 동일한 효력이 있다고 규정하고 있고, 그 취지는 정리계획인가결정이 확정된 경우 정리채권자표 또는 정리담보권자표에 기재된 정리채권 또는 정리담보권 중 정리계획의 규정에 의하여 인정된 권리를 기준으로 정리계획을 수행하도록 하여 신속하고도 안정적인 정리계획의 수행을 보장하려는 데에 있고, 이와 같은 의미에서 위 법조에서 말하는 '확정판결과 동일한 효력'이라 함은 기판력이 아닌 정리절차 내부에서의 불가쟁의 효력으로 보아야 한다고 하였다.

13) 대법원 2009.5.28. 선고 2005다56865 판결(공2009하, 957).

그대로 확정된 경우에는 후에 그 우선권을 주장할 수 없고, 관리인·관재인이 이의를 진술하지 않아 확정된 채권에 관하여 나중에 부인권을 행사할 수는 없으며, 나아가 파산관재인이 사후에 한 그러한 부인권 행사의 적법성을 용인하는 전제에서 파산채권으로 이미 확정된 채권자표 기재의 효력을 다투어 그 무효확인을 구하는 것 역시 허용될 수 없다.[14] 또 이의 없이 확정된 확정판결 있는 채권에 관하여 관리인·관재인은 확정판결에 대하여 재심의 소를 제기할 수 없다.[15] 이러한 것들은 모두 당해 절차 내의 효력이다. 따라서 회생절차가 폐지된 후 새로 신청하여 개시된 회생절차에서 관리인은 그 채권의 존재를 다시 다툴 수 있다고 해석한다. 파산에서는 나아가 만족(배당)의 정당성을 담보하는 효력이 있고, 이는 절차가 종료된 후에도 그러하다. 그러나 이것도 당해 파산절차와의 관련에 있어서 생긴 효과이다. 따라서 당해 도산과 관계없는 데까지 효과가 미치는가에 관하여는 문제가 있다. 예컨대 파산절차 종료 후의 강제집행에서 채권자가 경합한 경우에 파산절차 내에서의 확정은 그대로 통용되지 않는다고 해석하여야 할 것이다. 왜냐하면 확정은 파산재단의 배분만을 안중에 두고 이루어진 것이기 때문이다.

결국 확정판결과 동일한 효력이라 함은 당해 절차 내에 있어서 또는 가능한 한 당해 절차와의 관계에 있어서 확정된 바와 모순되는 주장을 차단하는 작용이 있는데 불과하다고 할 수밖에 없으나, 이와 같은 효력을 기판력이라고 부를 수 있는가는 근래의 기판력 개념의 애매모호함이나 다의성(多義性)을 고려하면[16] 단순한 언어의 문제라고 할 수 있을 것이다.

이에 관하여 판례는 "① 회사정리법 제145조가 확정된 정리채권과 정리담보권에 관한 정리채권자표와 정리담보권자표의 기재는 정리채권자, 정리담보권자와 주주 전원에 대하여 확정판결과 동일한 효력이 있다고 규정한 취지는, 정리채권자표와 정리담보권자표에 기재된 정리채권과 정리담보권의 금액은 정리계획안의 작성과 인가에 이르기까지의 정리절차의 진행과정에 있어서 이해관계인의 권리행사의 기준이 되고 관계인집회에 있어서 의결권 행사의 기준으로 된다는 의미를 가지는 것으로서, 위 법조에서 말하는 확정판결과 동일한 효력이라 함은 기판력이 아닌 확인적 효력을 가지고 정리절차 내부에 있어 불가쟁

---

14) 대법원 2003.5.30. 선고 2003다18685 판결(공2003, 1452)은 채권자와 정리회사 관리인 사이의 확정판결에서 관리인의 부인권 행사가 용인되었고 더 나아가 그러한 부인권 행사로 말미암아 피고가 정리채권으로 신고한 임대차보증금채권의 존재가 부정되어 그 부분 정리채권자표의 기재가 무효로 선언되었다고 하더라도 그러한 판결들의 효력이 그 임대차보증금채권을 피담보채권으로 하는 근저당권설정등기의 말소 여부를 논하는 사건의 근저당권자에게도 당연히 미치는 것은 아니라고 하였다. 同旨 대법원 2006.7.6. 선고 2004다17436 판결(미간행), 대법원 2016.3.24. 선고 2014다229757 판결(미간행).
15) 반대 日大判昭和16.12.27民集20권1510면.
16) 기판력과 반사효(反射效), 참가적 효력, 쟁점효 등의 개념적 구별, 유리한 것에만 미치는 기판력 등. 기판력으로서 무엇을 정의할 것인가가 논자에 따라 다르다.

의 효력이 있다는 의미에 지나지 않는다. ② 이미 소멸된 채권이 이의 없이 확정되어 정리
채권자표에 기재되어 있더라도 이로 인하여 채권이 있는 것으로 확정되는 것이 아니므로
이것이 명백한 오류인 경우에는 정리법원의 경정결정에 의하여 이를 바로잡을 수 있고,
그렇지 아니한 경우에는 무효 확인의 판결을 얻어 이를 바로잡을 수 있다. ③ 회사정리법
제147조 제2항에 규정된 출소기간은 그 제1항 소정의 정리채권 또는 정리담보권 확정의
소에 관한 것이므로 회사정리법에 의한 정리채권 또는 정리담보권 확정의 소가 아닌 정리
채권자표 기재의 무효 확인을 구하는 소송의 경우에는 같은 조 2항에 규정된 출소기간의
제한을 받지 아니한다"라고 하였다.[17]

한편 구 회사정리법 하에서 체납처분이 가능한 공법상의 채권에 대하여는 일반 정리
채권과 같은 조사·확정절차를 거치지 아니한 채 정리채권자표에 기재하도록 하되 다만
그러한 기재가 있었다고 하더라도 그 청구권의 원인이 행정심판·소송 등 불복의 신청을
허용하는 처분인 때에는 관리인이 여전히 회사가 할 수 있는 방법으로 불복을 신청할 수
있도록 하고 있어서, 이 경우에는 정리채권으로 신고되어 정리채권자표에 기재되면 확정
판결과 동일한 효력이 있다고 규정한 회사정리법 제245조는 적용될 여지가 없고, 따라서
토지구획정리사업법상의 청산금 징수채권이 정리채권으로 신고되어 정리채권자표에 기재
되었다고 하더라도 그 시효기간이 민법 제165조에 의하여 10년으로 신장되는 것으로 볼
수도 없다는 판례가 있다.[18]

(다) 확정에 대한 불복

1) 경정결정

원래 판결에 잘못된 계산이나 기재, 그 밖에 이와 비슷한 잘못이 있음이 분명한 때에
행하여지는 판결의 경정은, 일단 선고된 판결에 대하여 내용을 실질적으로 변경하지 않는
범위 내에서 판결의 표현상 잘못이나 기재 잘못, 계산 착오 또는 이와 비슷한 잘못을 법원
스스로가 결정으로써 정정 또는 보충하여 강제집행이나 가족관계등록의 정정 또는 등기의
기재 등 이른바 광의의 집행에 지장이 없도록 하자는 데 취지가 있고, 이는 확정판결과 동
일한 효력을 가지는 조정조서의 경우에도 마찬가지인데,[19] 판결의 경정은 판결에 잘못된
계산이나 기재, 그 밖에 이와 비슷한 잘못이 있음이 분명한 때에 법원이 직권으로 또는 당
사자의 신청에 따라 결정하는 것이고(민사소송법 제211조 제1항), 당사자의 신청에 따라 판

---

17) 대법원 1991.12.10. 선고 91다4096 판결(공1992, 469). 이 판결에 대한 해설로 한종원, "회사정리법상
   확정된 정리채권자표의 기재의 효력", 대법원판례해설 제16호, 법원행정처(1992) 303면 참조. 同旨
   대법원 2003.5.30. 선고 2003다18685 판결(공2003, 1452), 대법원 2003.9.26. 선고 2002다62715 판결(공
   2003, 2072), 대법원 2005.6.10. 선고 2005다15482 판결(2005, 1143), 대법원 2004.8.20. 선고 2004다
   3512,3529 판결(공2004, 1577)[백선27].
18) 대법원 2000.12.22. 선고 99두11349 판결(공2001, 374).
19) 대법원 2012.2.10.자 2011마2177 결정(공2012상, 492).

결의 경정을 하는 경우에는 우선 신청 당사자가 판결에 위와 같은 잘못이 있음이 분명하다는 점을 소명하여야 한다.[20] 마찬가지로 도산채권자표에 위산(違算), 오기 기타 명백한 오류가 있을 때에는 판결의 경정(민소211조)에 준하여 경정결정을 할 수 있다고 해석한다.[21]

명백하지 않은 오류 특히 조사의 결과가 정확히 도산채권자표에 기재되지 않은 경우의 공격방법에 관하여는 설이 나뉘나, 기재는 공증행위에 불과하고, 실질적 기초는 확정의 유무 그 자체에 있는 것이므로 기재가 틀린 경우에는 어떠한 구제를 인정하여야 하고, 차라리 경정결정의 방법에 의하는 것이 간명하다.

2) 재심

재심사유 있는 하자(위조증서의 제출, 사기·강박에 의한 이의의 억압 등)가 도산채권의 확정의 과정에 있을 때에는 이에 의하여 이의권의 행사를 방해받은 관리인·관재인, 도산채권자 및 회생에서의 주주·지분권자는 채권자에 대하여 기재의 취소를 구하는 재심의 소를 제기할 수 있다고 해석한다.

3) 청구이의의 소

확정 후 제3자의 변제, 자유재산에 의한 변제, 법원의 허가를 얻은 변제(법132조) 등에 의하여 도산채권이 소멸하고, 이에 수반하여 변경의 신고가 되지 않은 경우에는 관리인·관재인, 기타의 도산채권자, 주주·지분권자는 당해 채권자에 대하여 청구이의의 소에 의하여 도산절차로부터의 배제를 구할 수 있다.

회생채권자표에 대한 청구이의의 소는 회생계속법원의 관할에 전속한다(법255조3항). 여기서 회생계속법원이란 회생사건이 계속되어 있는 (광의의) 회생법원을 말하는데(법60조1항), 위와 같은 전속관할 규정의 취지는 회생채권자표의 효력과 관련이 있는 사건을 회생채권자표를 작성하였던 회생계속법원에 집중시켜 관련 사건의 신속하고 적정한 진행을 도모하고자 하는 데 있다. 또한 이 규정은 회생절차의 폐지에 따라 강제집행을 하는 경우에 준용되는데(법292조2항, 3항), '회생계속법원'의 의미를 회생절차가 계속되었던 법원으로 해석하지 않으면, 회생절차가 폐지된 경우 청구이의의 소를 존재하지 않는 법원의 관할에 전속시키는 문제가 발생하고, 회생절차가 종결된 경우에는 위와 같은 준용 규정이 없으나,

---

20) 대법원 2018.11.21.자 2018그636 결정(공2019상, 111)은 甲 등이 乙 등을 상대로 제기한 소유권이전등기청구의 소에서 확정판결의 원고들과 甲 등이 동일인임을 전제로 당사자표시 중 원고들 이름 옆에 주민등록번호가 누락되어 판결의 집행을 할 수 없다고 주장하면서 주민등록번호를 추가 기재하는 것으로 판결경정을 신청하였으나, 원심이 이를 기각한 사안에서, 甲 등이 특별항고를 하면서 본안의 소제기 당시 원고들 주민등록번호를 전산 입력하는 방법으로 제출하였는데도 법원이 판결문에 주민등록번호의 기재를 누락하였다고 주장하나 본안 사건의 원고들이 소 제기 당시 주민등록번호를 전산 입력하는 방법으로 법원에 제출하였다고 인정할 자료가 없고, 특히 판결경정의 신청인과 확정판결의 원고가 동일인이라는 점에 관한 소명이 없으므로, 신청을 기각한 원심의 조치에 민사소송법에서 정한 특별항고이유에 해당하는 잘못이 없다고 한 사례이다.

21) 日最判昭和41.4.14民集20권4호584면.

회생절차가 폐지된 경우와 마찬가지로 보아야 한다는 점에서 회생절차가 종결되거나 폐지된 후에는 회생절차가 계속되었던 회생법원을 가리킨다고 보아야 한다. 따라서 회생채권자표에 대한 청구이의의 소가 계속 중인 법원이 회생계속법원이 아니라면 법원은 관할법원인 회생계속법원에 사건을 이송하여야 한다.22)

판례는 채권자표의 기재는 확정판결과 동일한 효력을 가지므로 청구이의의 소를 제기할 경우의 그 이의사유는 파산채권이 확정된 뒤에 그 채권의 존부나 범위 등을 다툴 수 있는 실체적인 사유가 생겼음을 이유로 하여야 하는데, 파산절차에서 확정된 채권자표의 기재가 확정판결과 동일한 효력을 갖는다고는 하더라도 채권자는 파산절차가 종결된 후에 이르러서야 비로소 채권자표의 기재에 의거하여 강제집행을 할 수 있을 뿐이고, 파산절차가 계속 중인 경우에는 모든 파산채권자는 파산절차를 통해서만 채무자에 대한 권리를 행사하여야 하며, 파산절차에서는 확정된 채권자표의 기재에 따라 파산관재인이 배당절차를 주재하고 파산채권자에 의한 별도의 집행개시나 배당요구 등의 제도가 없으므로, 확정된 채권자표의 기재는 파산절차가 종결되기 전까지는 파산채권자들 사이에 배당액을 산정하기 위한 배당률을 정하는 기준이 되는 금액일 뿐이고 배당과 관련해서는 집행권원으로서 아무런 작용을 하는 것이 아니므로 파산절차에서 채권자가 중간배당을 받았다 하더라도 그 때문에 채권자표에 기재된 채권액을 수정할 필요가 없어, 그러한 사정은 채무자가 파산채권으로 확정된 채권자표의 기재에 관하여 그 채권의 존부나 범위를 다투기 위한 청구이의의 소의 사유로 삼을 수 없다고 하였다.23)

한편 일반적으로는 청구이의의 소의 이의사유에 대한 예외로 실체적 권리관계에 배치되는 내용의 확정판결에 기한 집행이 권리남용에 해당하는 경우 및 판결의 집행 자체가 불법한 경우에 청구에 관한 이의의 소가 허용된다고 하는 것이 판례의 입장인데,24) 도산에 관한 판례로는 확정판결에 기한 파산채권의 신고 및 이에 따른 채권자표 기재 과정에 파산채권자를 비난할만한 귀책사유가 없는 경우 확정판결의 내용이 실체적 권리관계에 배치될 여지가 있다고 하더라도 위 파산채권에 관한 채권자표 기재에 대하여 무효확인을 구할 수는 없다고 한 사례가 있다.25)

---

22) 대법원 2019.10.17. 선고 2019다238305 판결(공2019하, 2098)[백선48]. 이 판결에 대한 해설로 김유성, "회생절차가 종결되거나 폐지된 후 회생채권자표에 대한 청구이의의 소를 제기하여야 하는 관할법원", 대법원판례해설 제121호, 법원도서관(2020), 313면 참조.

23) 대법원 2007.10.11. 선고 2005다45544,45551 판결(공2007, 1735).

24) 대법원 1984.7.24. 선고 84다카572 판결(공1984, 1479), 대법원 1997.9.12. 선고 96다4862 판결(공1997, 3073), 대법원 2001.11.13. 선고 99다32899 판결(미간행), 대법원 2002.10.25. 선고 2002다48559 판결(미간행), 대법원 2007.5.31. 선고 2006다85662 판결(미간행), 대법원 2009.10.29. 선고 2008다51359 판결(공2009하, 1980) 등 참조.

25) 대법원 2006.7.6. 선고 2004다17436 판결(공보불게재)은 정리채권이 A 금고가 소외 甲 학교법인을 상대로 제기한 어음금 청구 소송의 확정판결에 기한 것으로, 비록 소외 甲 학교법인의 그 어음금 채무

(2) 도산채권조사확정재판에 의한 확정

구 회사정리법 및 파산법에서는 도산채권의 확정에 관하여 다툼이 있는 경우에는 언제나 소를 제기하여 판결로써 해결하여야 하였기 때문에 도산채권자 등에게 절차적 부담이 무거워지고 채권의 확정에 시간이 소요되며 도산절차의 원활한 진행에 방해가 된다는 비판이 있었다. 그리하여 채무자회생법에서는 도산채권의 조사시에 관리인·관재인이나 도산채권자가 이의를 한 때에는 제1차적으로는 결정 절차에 의하여 채권의 확정을 도모하고 그 결정에 대하여 불복이 있는 경우에 한하여 제2차적으로 소를 제기하도록 하였다. 이는 채권의 확정절차에서 절차의 합리화와 신속화를 도모하려는 취지이다.

신고된(회생에 있어서는 목록에 기재된 것 포함) 회생채권 및 회생담보권, 파산채권에 관하여 관리인·관재인, 회생채권자·회생담보권자·주주·지분권자, 파산채권자가 이의를 한 때에는 그 회생채권 또는 회생담보권, 파산채권을 보유한 권리자는 그 권리의 확정을 위하여 이의자 전원을 상대방으로 하여 도산법원(협의)에 채권조사확정의 재판을 신청할 수 있다(법170조1항, 462조1항).[26] 이의자가 복수일 때에는 전원을 공동피신청인으로 하여야 하지만,[27] 이의의 대상이 다른 때에는 공동소송은 요구되지 않는다고 해석한다.[28] 판례는 채권자가 특별조사기일에서 추완신고가 부적법하다고 한 진술은 채권조사확정재판에서 확정하여야 할 회생채권의 존부 또는 그 내용에 관한 이의를 한 것이라고 볼 수 없다고 하였음은 전술하였는데, 따라서 위와 같은 진술을 하였을 뿐인 채권자는 채권조사확정재판의 피신청인으로 할 필요가 없다.[29]

물론 신고하지 아니한 채권에 대한 확정을 구하는 것은 부적법하고,[30] 또한 채권조사

가 이사장 개인이 A 금고에 대하여 부담하는 약속어음상 배서인으로서의 책임에 대하여 연대보증을 함으로써 부담하게 된 것인데 그 연대보증을 한 행위가 무효에 해당한다 하더라도 이를 청구원인으로 한 위 확정판결이 당연무효의 판결이라고 볼 수 없고, 또한 재심청구에 의하여 취소되지 아니하는 한 확정판결에 의해 인정된 채권의 존재를 부인할 수는 없는 것이라고 하였다.

26) 실무는 위 도산법원의 의미를 광의로 해석하여 당해 도산사건의 담당 재판부가 아닌 별도의 재판부로 하여금 도산채권조사확정재판을 처리하게 하고 있는데, 그 적법성에 의문이 있다.

27) 구 회사정리법 하의 판례인 서울고법 1989.11.17. 선고 89나32168,32175 판결[하집 1990(1), 396]은 이의자 수인 중 1인을 상대로 정리채권 확정의 소를 제기하였고, 출소기간 경과 후 나머지 이의자를 상대로 소를 제기하고 병합되었다 하더라도 뒤의 소가 부적법한 이상 이의자 중 1인을 상대로 제기한 최초의 소 역시 공동피고로 소송을 제기하여야 하는 요건을 충족하지 못하여 부적법하다고 하였다. 또한 대구지법 1986.7.15. 선고 85가합647 판결[하집1986(3), 276] 역시 파산관재인과 파산채권자가 함께 이의를 한 경우의 채권확정의 소는 이의자 모두에 대하여 합일확정을 요하는 필수적 공동소송이라고 하였다.

28) 이 경우 여럿의 이의자에 관하여 이의의 대상이 다른 경우에는 기판력 저촉의 효력이 없으므로 수인의 이의자를 공동피고로 할 필요가 없다고 하겠으나, 이에 대하여 이의가 있는 이상 원인의 공통 여부를 불문하고 일체의 이의를 제거하여야 권리가 확정되므로 모든 이의자를 공동피고로 하여 신속히 이 목적을 달성해야 한다는 견해도 있다.

29) 대법원 2018.7.24. 선고 2015다56789 판결(공2018하, 1751)[백선43].

30) 대법원 2003.5.16. 선고 2000다54659 판결(공2003, 1297)[백선29], 대법원 2002.12.26. 선고 2002다56116

기일까지 신고하지 않은 채권을 새로이 주장할 수는 없으며, 채권자표에 기재된 것보다 다액의 채권액이나 새롭게 우선권을 주장할 수는 없기 때문에 채권자표에 기재되지 않은 권리, 액, 우선권의 유무 등의 확정을 구하는 채권조사확정재판신청은 부적법하다.[31] 신고하지 아니한 회생채권은 회생계획인가결정이 있는 때에는 실권되며, 이와 같이 실권된 회생채권은 그 후 회생절차가 폐지되더라도 부활하지 아니하므로 그 확정을 구하는 소는 소의 이익이 없어 부적법하다. 따라서 회생채권에 관한 소에서 회생채권의 신고 여부는 소송요건으로서 직권조사사항이므로 당사자의 주장이 없더라도 법원이 이를 직권으로 조사하여 판단하여야 하고, 사실심 변론종결 후에 소송요건이 흠결되는 사정이 발생한 경우 상고심에서 이를 참작하여야 한다.[32] 구법 시대에의 판례들도 도산채권신고 여부는 소송요건으로서 직권조사 사항으로 보았다.[33]

　　한편 도산채권확정소송절차에서 당초의 신고채권과 발생원인사실부터 별개의 채권으로 보이는 것의 확정을 구하는 것은 허용되지 않으나, 도산채권자표에 기재되어 있는 권리와 급부의 내용이나 수액에 있어서 같고 청구의 기초가 동일하지만 그 발생 원인을 달리 하는 다른 권리의 확정을 구하는 경우와 같이 비록 법률상의 성격은 다르더라도 사회경제적으로 동일한 채권으로 평가되는 권리로서 그 채권의 확정을 구하는 것이 관리인·관재인이나 다른 채권자 등의 이의권을 실질적으로 침해하는 것이 아니라면 그러한 채권의 확정을 구하는 것은 허용되고,[34] 부당이득반환청구와 원심에서 교환적으로 변경된 파산채권확정청구는 어느 것이나 파산채권자가 자신이 보유하는 동일한 채권을 회수하기 위한 것으로서 실질적으로 그 목적이 동일하고, 부당이득반환청구라는 그 실체법상 법적 근거와 성질이 동일하며, 다만 파산절차의 개시라는 특수한 상황에 처하여 그 청구취지만을 이행소송에서 확인소송으로 변경한 것에 불과하여 양자의 소송물은 실질적으로 동일한 것으로 봄이 상당하다.[35]

　　판결(공2003, 488), 대법원 2004.9.13. 선고 2003다57208 판결(공보불게재).

31) 구법 시대의 도산채권확정의 소에 대한 대법원 2002.4.23. 선고 2002다8308 판결(미간행), 대법원 2000.2.11. 선고 99다8728 판결(공2005, 1835), 대법원 2000.11.24. 선고 2000다1327 판결(공2001, 124), 대법원 1998.8.21. 선고 98다20202 판결(공1998, 2301) 등 참조.

32) 대법원 2021.7.8. 선고 2020다221747 판결(공2021하, 1442).

33) 구 파산법 시대 파산채권확정의 소에 대한 대법원 2002.4.23. 선고 2002다8308 판결(미간행), 대법원 2006.11.23. 선고 2004다3925 판결(공2007, 1)[백선84] 참조.

34) 대법원 2007.4.12. 선고 2004다51542 판결(공2007, 671)[백선83]은 예금자들이 파산법원에 예금채권으로 신고하였으나, 파산채권확정의 소에서 예금 관련 금융기관의 사용자책임으로 인한 손해배상채권의 확정을 구할 수 있다고 하였다. 이 판결에 대한 해설로 장상균, "파산채권확정의 소에 있어서 청구원인 변경의 한계", 대법원판례해설 제68호, 법원도서관(2007), 271면 참조.

35) 대법원 2013.2.28. 선고 2011다31706 판결(공2013상, 550)은 환송 전 원심이 원고의 예비적 청구인 부당이득반환청구를 일부 인용하였고 피고만이 상고하여 환송판결이 피고 패소 부분을 파기환송하였는데, 원고가 원심에서 예비적 청구의 청구원인과 청구금액을 같이 하는 파산채권확정의 소로 청구를

일본의 판례로는 갱생절차가 개시된 골프장 경영회사에 대하여 갱생채권을 신고함에 있어「갱생회사의 골프시설 이용권, 예탁금반환청구권 기타 컨트리 클럽에 근거한 갱생회사에 대한 회원으로서의 일체 권리」라고 기재하였다가 관재인으로부터 이의가 있자 채권확정소송을 제기하면서 그 청구원인으로서 주위적으로 컨트리클럽 회원권의 확정청구, 예비적으로 예탁금반환을 청구한 사안에 관하여 갱생채권자표에 기재한 사항과 다른 원인에 의하더라도 권리의 실질관계를 같이 하며, 또한 급부내용, 수액을 동등하게 하는 한, 소송의 제기를 허용하는 것이 타당하다고 한 사례가 있다.[36)]

조사확정재판의 신청은 회생의 경우에는 조사기간의 말일 또는 특별조사기일부터 1월 이내, 파산의 경우에는 이의가 있는 파산채권에 관한 조사를 위한 일반조사기일 또는 특별조사기일로부터 1월 이내에 하여야 하며, 채권조사확정재판에서는 이의채권의 존부 또는 그 내용을 정한다(법170조2항, 3항, 462조2항, 4항). 법원은 채권조사확정재판을 하는 때에는 이의자를 심문하여야 하며, 채권조사확정재판의 결정서를 당사자에게 송달하여야 한다(법170조4항, 5항, 462조3항, 4항). 조사확정의 대상이 되는 것은 신고되어 도산채권자표에 기재되고 조사의 대상이 된 사항에 한한다(법173조, 465조). 구 회사정리법상 정리채권확정의 소에서는 정리채권액뿐만 아니라 '의결권 액수'도 독립한 확정의 대상이었으나, 채무자회생법의 법문상 회생채권자표 또는 파산채권자표에 기재된 사항 중 의결권의 액수는 조사 대상에서 제외된 점을 고려하면 의결권의 액수는 회생채권확정의 소의 대상이 될 수 없다.[37)]

채무자가 이의자일 때에 파산의 경우에는 별도의 소송을 이용하게 되나, 회생의 경우에는 회생계획이 인가되면 채무자에 대하여 확정판결과 동일한 효력을 가지게 되므로 소송에 의할 필요가 없을 것이다(법255조1항, 2항, 292조. 그러나 인가 전에 종료한 때에는 이의의

교환적으로 변경한 사안에서, 환송 전 원심판결의 예비적 청구 중 일부 인용한 금액을 초과하는 부분은 원고 패소로 확정되었지만, 원심에서 교환적으로 변경된 예비적 청구는 전체가 원심의 심판대상이 되는데, 환송 전 원심판결의 예비적 청구 중 일부 인용한 금액을 초과하는 부분은 원고 패소로 확정되었으므로 이와 실질적으로 동일한 소송물인 파산채권확정청구에 대하여도 다른 판단을 할 수 없다는 이유로, 이와 달리 보아 교환적으로 변경된 예비적 청구 중 환송 전 원심판결에서 인용한 금액을 초과하는 부분을 인용한 원심판결을 파기하고 자판한 사례이다. 위 판결은 원고의 청구가 일부 인용된 환송 전 원심판결에 대하여 피고만이 상고하고 상고심은 이 상고를 받아들여 원심판결 중 피고 패소 부분을 파기환송하였다면 피고 패소 부분만이 상고되었으므로 위의 상고심에서의 심리대상은 이 부분에 국한되었으며, 환송되는 사건의 범위, 다시 말하자면 환송 후 원심의 심판 범위도 환송 전 원심에서 피고가 패소한 부분에 한정되는 것이 원칙이고, 환송 전 원심판결 중 원고 패소 부분은 확정되었다 할 것이므로 환송 후 원심으로서는 이에 대하여 심리할 수 없으나 환송 후 원심의 소송절차는 환송 전 항소심의 속행이므로 당사자는 원칙적으로 새로운 사실과 증거를 제출할 수 있음은 물론, 소의 변경, 부대항소의 제기뿐만 아니라 청구의 확장 등 그 심급에서 허용되는 모든 소송행위를 할 수 있고, 이때 소를 교환적으로 변경하면, 제1심판결은 소취하로 실효되고 항소심의 심판대상은 교환된 청구에 대한 새로운 소송으로 바뀌어 항소심은 사실상 제1심으로 재판하는 것이 된다고 전제하였다.

36) 日東京高判昭和56.6.25判時1031호105면, 倒産判例 ガイド 제2판 160면.
37) 대법원 2015.7.23. 선고 2013다70903 판결(공2015하, 1214).

유무가 문제가 되지만 이는 예외적 사태이다. 법292조1항 단서). 이 소송에서 관리인이 부인권을 행사할 수 있음은 물론이다. 상세는 후술한다.

(3) 채권조사확정재판에 대한 이의의 소에 의한 확정

(가) 의의

도산채권조사확정 재판에 대하여 불복하는 자는 그 결정서의 송달을 받은 날부터 1월 이내에 이의의 소를 제기할 수 있다(법171조1항, 463조1항). 이와 같은 소송을 채권조사확정 재판에 대한 이의의 소라고 칭한다. 이의(채무자의 이의를 제외한다. 이는 확정과 관계가 없다)가 진술되었기 때문에 확정되지 않은 도산채권에 관하여는 사안이 실체법상의 권리의 문제이므로 협의의 도산법원에 의한 결정절차에 대하여 불복이 있는 경우에는 도산절차 내에서 처리되는 것으로 하지 않고, 이를 도산절차 그 자체와는 독립의 소송절차에 의하여 확정하는 것으로 한 것이다(그러나 전술한 바와 같이 도산절차 개시 전부터 도산채권자와 채무자 사이에서 당해 채권에 관하여 계속되었다가 도산절차 개시에 의하여 중단된 소송이 있으면 채권조사확정재판의 신청을 할 수 없고, 수계의 방법에 의하여 이를 이의자와 당해 채권자 사이의 소송으로 교체하여 이용한다).

따라서 회생절차가 개시된 후 회생채권자가 회생채권의 이의자를 상대로 회생채권의 이행을 구하는 소를 제기하거나 회생절차개시 당시 회생채권에 관한 소송이 계속 중이지 않던 회생채권자가 채무자회생법 제170조와 제171조에 규정된 채권확정재판 절차를 거치는 대신에 회생채권확정을 구하거나 이행을 구하는 소를 제기하는 것은 부적법하다.[38] 이는 채무자에 대하여 선행 회생절차가 개시되었다가 회생계획인가결정 없이 회생절차폐지결정이 확정되고 다시 후행 회생절차가 개시된 경우에도 마찬가지이므로, '이의채권에 관한 소송'에는 선행 회생절차에서 제기되어 진행 중인 회생채권조사확정재판에 대한 이의의 소도 포함된다고 해석함이 타당하고, 후행 회생절차 개시 당시에 선행 회생절차에서 제기되었던 조사확정재판에 대한 이의의 소가 계속 중이라면, 채권자는 이의자 전원을 그 소송의 상대방으로 하여 소송을 수계해야 하며, 한편 회생계획인가결정 없이 회생절차폐지결정이 확정되고 채무자회생법 제6조에 의하여 파산이 선고되지 않은 경우, 채권자가 관리인을 상대로 제기한 채권조사확정재판에 대한 이의의 소가 계속 중이라면 신소 제기

---

38) 대법원 2011.5.26. 선고 2011다10310 판결(공2011하, 1297)은 甲이 乙 회사에 대한 회생절차개시 결정 이후 관리인 丙을 상대로 물품대금 이행과 회생채권 확정을 구하는 소를 제기한 것이 적법한지가 문제된 사안에서, 회생절차에서 甲이 신고한 회생채권에 대하여 丙이 이의를 하였으므로, 甲은 丙을 상대방으로 하여 법원에 채권조사확정의 재판을 신청하고 그 재판 결과에 따라 채권조사확정재판에 대한 이의의 소를 제기하여 채권의 존부나 범위를 다투어야 하며, 회생절차개시결정 후 丙을 상대로 물품대금 이행이나 회생채권 확정을 구하는 소를 제기한 것은 부적법하다고 하였다. 同旨 대법원 2014.5.16. 선고 2012다114851 판결(공2014상, 1193).

에 따른 비용과 시간의 낭비를 방지하기 위하여 계속 중이던 이의의 소를 종료하여 무위에 돌리는 것보다는 채무자에 대하여 이의채권의 이행 또는 확인을 구하는 것으로 변경하여 계속 진행하는 것이 타당하므로, 회생절차폐지결정이 확정된 때에 계속 중이던 이의의 소의 절차는 중단되고, 채무자가 소송절차를 수계하여야 하며, 이때의 수계신청은 채권자도 할 수 있다고 함은 전술하였다.[39]

법원은 조사확정재판에 대한 이의의 소가 부적법하여 각하하는 경우를 제외하고는 채권조사확정재판을 인가하거나 변경하는 판결을 하여야 한다(법171조6항). 따라서 그 성질은 형성소송이다. 물론 소송절차에서는 이의채권의 원인 및 내용에 관하여 도산채권자표에 기재된 사항만을 주장할 수 있다(법173조, 464조). 기타의 권리나 사항을 심판의 대상으로 하는 것은 다른 이의권자에 대하여 불공평하고, 이의에 관계되어 확정한다고 하는 제도의 취지에 반하기 때문이다.[40]

(나) 소송물 등

채권조사확정재판이나 그에 대한 이의의 소의 소송물은 관리인 등이 회생채권 또는 회생담보권으로 시인한 금액을 초과하는 채권의 존재 여부라고 할 것이고, 회생채권조사확정재판에 대한 이의의 소에서 '원고가 주장하는 회생담보권 채권액이 담보목적물의 가액에서 선순위 담보권의 채권액을 공제한 금액을 초과하지 않는다는 사실'은 회생담보권 발생의 요건사실 중 하나로서 원고가 이를 주장·증명하여야 한다.[41] 어떠한 채권을 회생담보권으로 확정하는 경우 회생채권으로 확정할 이익은 없으므로, 회생담보권으로 확정한 채권을 회생채권으로 중복하여 확정하여서는 아니 된다. 이는 채권조사확정재판이나 그에 대한 이의의 소의 경우에도 마찬가지이다.[42]

일반적으로 신고하지 아니한 회생채권은 회생계획인가결정이 있는 때에는 실권되고, 실권된 회생채권은 그 후 회생절차가 폐지되더라도 부활하지 아니하므로 그 확정을 구하

---

39) 서울고법 2022.1.14. 선고 2021나2020918 판결(각공2022하, 449).

40) 채권조사확정재판에 대한 이의의 소의 상세한 분석으로는 심태규, "채권조사확정재판에 대한 이의의 소에 관한 실무상 문제점", 사법논집 제66집, 법원도서관(2018), 377면 참조.

41) 대법원 2012.11.15. 선고 2011다67897 판결(공2012하, 2029)[백선46]은 X가 회생채무자 Z와 사이의 채무조정약정이 해제되었다고 주장하면서 회생담보권·회생채권을 신고하였다가, 관리인 Y가 이의를 하자 회생채권조사확정재판을 신청하였고, 회생법원이 위 회생담보권·회생채권이 존재하지 아니함을 확정한다는 결정을 하자 위 조사확정재판에 대한 이의의 소를 제기한 사안이다. 제1심법원은 회생채권조사확정재판을 그대로 인가하였으나, 제2심 법원은 X의 항소를 받아들이면서 '조사확정재판을 취소하고, 회생담보권은 약 246억 원, 회생채권은 약 40억 원임을 확정한다'는 판결을 선고하였다. 이에 Y가 상고하였는데, 대법원은 제2심은 원고가 주장하는 회생담보권 채권액이 담보목적물의 가액에서 선순위 담보권의 채권액을 공제한 금액을 초과하지 않는다는 사실에 관하여 아무런 판단을 하지 아니한 채 원고가 주장하는 회생담보권 채권액 전부를 회생담보권으로 인정한 위법이 있다고 하여, 원심을 파기환송하였다. 또한 대법원 2012.6.28. 선고 2011다17038,17045 판결(미발간) 참조.

42) 대법원 2021.2.4. 선고 2018다304380,304397 판결(공2021상, 490).

는 소는 소의 이익이 없어 부적법하지만, 회생계획인가 전에 회생절차가 폐지되거나 회생
계획불인가결정이 확정된 경우에는 위와 같이 신고하지 아니한 회생채권이라도 실권되지
아니하며, 그 후부터는 통상의 소송을 제기하거나 계속중인 회생채권 확정의 소를 통상의
소송으로 변경할 수 있다.[43] 이 소송의 당사자가 되는 것은 이의자 및 이의가 진술된 채권
자에 한한다(이의를 진술하지 않은 자도 보조참가는 할 수 있다).[44]

판례는 제1심에서 채무자를 상대로 금전지급을 구하는 이행청구의 소를 제기하여 가
집행선고부 승소판결을 받고 그에 기하여 판결원리금을 지급받았다가 항소심에 이르러 채
무자에 대한 회생절차개시로 인해 당초의 소가 회생채권확정의 소로 교환적으로 변경되어
취하된 것으로 되는 경우, 항소심 절차에서 가지급물 반환을 구할 수 있다고 보아야 하고,
그것을 별소의 형식으로 청구하여 반환받아야만 된다고 볼 것은 아니며, 회생채권자가 소
변경 전의 이행청구에 대한 가집행선고부 제1심판결에 기하여 지급받은 돈 중 그 후 교환
적으로 변경된 회생채권확정의 소에서 확정받은 채권액 부분이 있다 하더라도 그 부분을
가지급물 반환 대상에서 제외할 것은 아니라고 하였다.[45]

한편 회생채권 조사확정재판에 대한 이의의 소는 그 소송물이 채무자가 회생담보권
과 회생채권으로 시인한 금액을 초과하는 회생채권의 존재 여부인 반면에 회생채권자표
기재 무효확인의 소의 소송물은 회생채권 중 일부의 존재 여부로서 그 소송물이 서로 다
르므로 이미 확정된 회생채권 조사확정에 대한 이의의 소의 판결의 기판력이 회생채권자
표 기재 무효확인소송에 미칠 수 없다.[46]

(다) 관할법원·출소기간

채권조사확정재판에 대한 이의의 소는 도산법원(광의), 즉 회생계속법원, 파산계속법원
의 전속관할이고(법171조2항, 463조2항), 채권조사확정재판의 결정서를 송달받은 날부터 1월
이내에 이의의 소를 제기하지 않으면 당해 채권은 그 자에게 불리하게 당연히 확정된다(법
171조1항, 463조1항). 이의의 소의 제소기간도과의 효과는 신고채권자의 절차참가자격이 부

---

43) 대법원 2010.12.9. 선고 2007다44354,44361 판결(미간행).

44) 대법원 2012.11.29. 선고 2011다11208 판결(미간행)은 파산관재인이 이의를 진술한 채권조사확정재판
   에서 채권조사기일에서 이의를 진술하지 아니한 채무자의 보조참가가 적법하다고 하였다.

45) 대법원 2011.8.25. 선고 2011다25145 판결(공2011하, 1928)은 甲 회사가 乙 회사를 상대로 공사대금
   및 지연손해금 지급을 구하는 소를 제기하여 제1심법원이 乙 회사에 그 지급을 명하는 판결을 선고
   하였고 이에 乙 회사가 甲 회사에 그때까지의 판결원리금을 지급하였는데, 이후 乙 회사가 회생절차
   개시결정을 받아 甲 회사는 회생절차에서 위 공사대금채권을 회생채권으로 신고하였으나 乙 회사 관
   리인 丙이 소송계속 중이라는 이유로 이의를 하자, 甲 회사가 원심 계속 중에 공사대금지급청구를
   회생채권확정을 구하는 청구로 소를 교환적으로 변경하여 원심이 이에 따라 판결을 선고하면서 甲
   회사의 乙 회사에 대한 회생채권액을 확정하고 甲 회사에 가지급물 반환을 명한 사안에서, 원심이
   회생채권확정의 판결을 선고하면서 乙 회사가 제1심판결에 기하여 지급한 돈 전체가 가지급물 반환
   대상에 해당된다고 보아 乙 회사 등의 가지급물 반환신청을 인용한 것은 정당하다고 하였다.

46) 대법원 2003.2.11. 선고 2002다62586 판결(공2003, 789).

정되는데 그치고, 그 실체상 권리가 소멸되는 것은 아니나, 그 제소기간 도과 후의 이의의 소제기는 부적법하다.[47] 구 회사정리법 하에서 판례는 정리채권조사기일로부터 1개월로 되어 있는 제소기간에 관하여 정리채권확정의 소는 채무자가 부담하는 채무를 되도록 빨리 확정함으로써 도산절차를 신속하게 진행하여 권리관계의 빠른 안정을 꾀하는 데 그 목적이 있으므로, 특별한 사정이 없는 한 법원이 그 기간을 늘이거나 줄일 수 없고, 또 이와 같이 이의의 소를 제기할 수 있는 기간은 불변기간이 아니므로 당사자가 책임질 수 없는 사유로 말미암아 그 기간을 지킬 수 없었다고 하더라도 소의 제기를 추후 보완할 수 없다고 해석하였는데,[48] 이의기간도 마찬가지로 해석한다.

이와 관련하여 대법원은 구 회사정리법 하에서 "회사정리절차개시결정이 있어 소정의 기간 내에 신고된 정리채권에 관하여 관리인으로부터 이의가 있는 경우 정리절차에 참가하고자 하는 정리채권의 권리자는 그 권리의 조사가 있은 날로부터 1월 내에 이의자인 관리인을 상대로 그 권리의 확정을 구하는 정리채권 확정의 소를 제기하여야 하나, 일반적으로 이행의 소는 이행청구권의 확정과 피고에 대한 이행명령을 요구하는 소송으로서 이행의 소를 인용하는 판결이 확정되면 이행청구권의 존재를 확정하는 효력도 있는 것이고, 이행의 소를 제기한 경우도 그 출소기간을 준수한 것으로 본다고 하여 정리회사의 소극재산의 범위를 신속하게 확정하여 정리계획작성의 기초를 확실히 하고자 정리채권 확정의 소에 출소기간의 제한을 둔 취지에 반한다 할 수는 없으므로, 비록 권리자가 출소기간 내에 정리채권 확정의 소가 아닌 권리에 관한 이행의 소를 제기하였다 하더라도 그 후 정리채권 확정의 소로 청구취지를 변경하였다면 달리 특별한 사정이 없는 한 이는 원래 심판대상의 범위 내에 포함되어 있던 것을 정리채권 확정의 소에 적합하게 수정한 것으로서 당초 이행의 소를 제기함으로써 그 출소기간을 준수하였다고 봄이 상당하다"라고 판시하였는데,[49] 조사확정 재판에 대한 이의의 소에 대하여도 이 법리를 유추 적용할 수 있을 것이다.

(4) 이의 등이 있는 도산채권 등에 관한 소송의 수계

도산채권에 관한 소송이 계속하는 도중에 채무자에 대하여 도산절차가 개시되면 소송절차는 중단되고, 도산채권자는 도산사건의 관할법원에 채무자회생법이 정한 바에 따라 채권신고를 하여야 한다. 도산절차개시 전의 원인으로 생긴 재산상의 청구권이나 도산절차개시 후의 불이행으로 인한 손해배상금 등 도산채권에 관하여는 특별한 규정이 있는 경우를 제외하고는 변제를 받는 등 도산절차 외에서 개별적인 권리행사를 할 수 없다. 채권

---

47) 대법원 1989.4.11. 선고 89다카4113 판결(공1989, 794).
48) 구 회사정리법 하에서의 대법원 2003.2.11. 선고 2002다56505 판결(공2003, 779).
49) 대법원 1994.6.24. 선고 94다9429 판결(공1994, 2071).

632   Ⅳ. 도산절차에 있어서의 권리의 확정

조사절차에서 그 도산채권에 대한 이의가 없어 채권이 신고한 내용대로 확정되면 계속중
이던 소송은 부적법하게 되고, 채권조사절차에서 그 도산채권에 대한 이의가 있어 도산채
권자가 그 권리의 확정을 구하고자 하는 때에는 이의자 전원을 소송의 상대방으로 하여
계속중이던 소송을 수계하여야 한다(법172조1항, 464조). 이 경우 청구취지 등을 채권확정소
송으로 변경하여야 한다.[50] 물론 채권자표에 기재되지 않은 권리에 관하여 소송이 계속되
어 있는 경우의 그 수계신청 등은 부적법하다.[51]

　　이와 관련하여 대법원은 구 회사정리법 하에서 회사정리법 제149조가 정리절차개시
당시 이의 있는 정리채권에 대하여 이미 소송이 계속 중인 경우에는 이의자를 상대로 새
로이 같은 법 제147조 소정의 정리채권 확정의 신소를 제기할 것이 아니라 계속 중인 소
송을 수계하도록 한 것은 신소를 제기함에 따른 당사자 쌍방의 비용과 시간의 낭비를 방
지함과 동시에 소송절차의 번잡을 피하기 위한 공익적인 목적을 위한 것이고, 또 같은 법
제147조 소정의 소는 정리법원의 전속관할인 데 비해서 같은 법 제149조 소정의 소송수계
신청은 원래의 소송이 계속 중인 법원에 하여야 하는 등 그 소송절차도 다르므로, 같은 법
제149조에 의한 소송수계를 하여야 할 경우에 별소를 제기하는 것은 권리보호이익이 없어
부적법하다고 판시하였는데,[52] 채무자회생법 아래에서도 파산채권에 대해 이미 소송이
계속 중인 경우에 조사확정재판을 신청하는 대신에 계속 중인 소송을 수계하도록 한 것은,
신소 제기에 따른 비용과 시간의 낭비를 방지하고 소송절차의 번잡을 피하기 위한 공익적
인 목적을 위한 것이므로, 채무자회생법 제464조에 의한 소송수계를 할 수 있는 경우에 채
무자회생법 제462조 제1항에 의한 파산채권확정의 소를 제기하는 것은 권리보호의 이익이
없어 부적법하다고 하였고,[53] 나아가 이는 채무자회생법 제6조 제1항에 의하여 파산선고
를 받지 아니한 채무자에 대하여 회생계획인가가 있은 후 회생절차폐지의 결정이 확정된
경우 법원이 그 채무자에게 파산의 원인이 되는 사실이 있다고 인정하여 직권으로 파산을

---

[50] 대법원 2009.10.29. 선고 2009다58234 판결(미간행)은 파산채권인 원고의 어음금채권에 관하여 채무
자회생법에 정한 절차에 따른 채권신고가 있었는지, 있었다면 채권조사기일의 조사절차를 거쳤는지,
그때 파산관재인 또는 다른 채권자의 이의가 있었는지 등의 여부에 따라 소송절차를 유지할 필요성
여부가 판단되어야 하고, 속행되는 경우라면 소송의 형태도 채권확정의 소송으로 바뀌어야 할 것인
데, 원심이 이 점에 관한 조사 및 심리를 다하지 아니한 채 피고에 대하여 어음금 지급채무의 이행을
명하는 판결을 선고한 조치는 위법하다고 하였다. 同旨 대법원 2005.10.27. 선고 2003다66691 판결,
대법원 2013.9.12. 선고 2012다95486,95493 판결(미간행). 한편 日最判昭和61.4.11民集40권3호558면[百
選73]은 상고심에서 파기 자판을 할 경우에는 이행의 소를 파산채권확정의 소로 변경할 수 있다고 하
였다. 이는 민사재생이나 회사갱생에서도 타당하지만, 상고심에서 파기 자판 이외의 경우에도 타당
할 것인가에 대하여는 의론이 있다.
[51] 대법원 2007.4.12. 선고 2004다51542 판결(공2007, 671)[백선83].
[52] 대법원 1991.12.24. 선고 91다22698,22704 판결(공1992, 673).
[53] 이 점에 관한 문제점을 지적한 논문으로는 전원열, "회생절차상 회생채권자목록과 조사확정재판, 민
사판례연구 ⅩⅩⅧ, 민사판례연구회(2006), 978면 참조.

선고함에 따라 파산절차가 진행된 때에도 마찬가지이고, 채무자회생법 제464조에서 말하는 '이의채권에 관한 소송'에는 종전 회생절차에서 제기되어 진행 중인 회생채권 조사확정재판에 대한 이의의 소도 포함된다고 해석함이 타당하므로 채무자회생법 제6조 제1항에 의한 파산선고 당시에 종전 회생절차에서 제기되었던 조사확정재판에 대한 이의의 소가 계속 중이라면, 채권자는 채무자회생법 제464조에 따라 이의자 전원을 그 소송의 상대방으로 하여 소송을 수계해야 하고, 이때의 수계신청은 상대방도 할 수 있다고 하였다.[54]

다만 판례는 상고심의 소송절차가 상고이유서 제출기간이 지난 단계에 이르러 변론 없이 판결을 선고할 때에는 소송절차를 수계하도록 할 필요가 없다고 하였고,[55] 피고의 상고에 의하여 사건이 상고심 소송 계속 중 피고 소송대리인이 상고이유서를 제출한 이후에 피고에 대한 파산선고가 내려진 경우에는 상고심의 소송절차가 이와 같은 단계에 진입한 이상 파산관재인이 소송을 수계할 필요성이 더 이상 존재하지 아니하므로 소송수계신청은 이유가 없다고 하였으며,[56] 상고이유서 제출기간이 경과한 후 채무자에 대한 회생절차개시결정이 있는 경우 소송절차가 이와 같은 단계에 이르러 변론없이 판결을 선고할 때에도 관리인으로 하여금 소송절차를 수계하도록 할 필요가 없다고 하였다.[57]

---

54) 대법원 2020.12.10. 선고 2016다254467, 254474 판결(공2021상, 179)은 회생계획 인가 후 회생절차가 폐지되어 견련파산이 선고되었는데 그 당시 이미 회생채권 조사확정재판에 대한 이의의 소가 제기되어 진행 중인 경우, 파산채권의 확정방법과 그 소송에서 파산채권의 확정과 더불어 회생채권의 확정까지 함께 구할 수 있다는 점을 밝힌 판결이다. 이 사건에서 제1심 계속 중에 견련파산이 선고되어 파산관재인이 소송을 수계하였음에도, 제1심은 회생채권의 존재를 인정한 조사확정재판을 그대로 인가한 반면, 원심은 이 사건은 파산선고 당시 이미 회생채권 조사확정에 대한 이의의 소가 계속 중인 경우로서, 새로이 파산채권 조사확정재판을 제기하도록 하는 것이 비경제적이고 불합리하여 파산관재인으로 하여금 중단된 소송을 수계하도록 하면서, 파산채권의 확정이 아닌 회생채권의 확정을 구하는 원고의 항소취지 변경은 불허하고 피고들의 파산채권의 존부와 범위를 판단하였다. 대법원은 견련파산선고 당시 계속중이던 회생채권 조사확정재판에 대한 이의의 소에서 파산채권의 확정과 함께 회생채권의 확정도 동시에 판단할 수 있다고 한 것이다. 대법원은 이 경우 회생채권의 확정도 함께 구할 수 있으므로 원심으로서는 원고의 의사가 파산채권의 부존재 확정과 회생채권의 부존재 확정을 함께 구하고자 하는 의사인지 석명을 했어야 함에도 석명을 하지 않고 회생채권 부존재 확정을 구하는 원고의 항소취지 변경을 불허한 잘못이 있고, 견련파산절차에서 파산채권의 존부와 범위에 관하여 판단할 때에는 회생계획에 따라 회생채권의 내용이 변경된 사정을 반영해야 하는데, 이를 제대로 심리, 반영하지 않았다는 이유로 원심을 파기하였다. 파산관재인이 수계한 회생채권 조사확정재판에 대한 이의의 소에서 파산채권과 회생채권의 확정을 동시에 구할 때에는 회생채권은 회생절차개시 당시를 기준으로, 파산채권은 파산선고 당시를 기준으로 금액을 산정한다. 이 문제의 상세한 분석은 백숙종, "견련파산절차에서의 회생채권 조사확정절차의 취급", 사법 56호, 사법발전재단(2021), 585면, 이진만, "[2020년 분야별 중요판례 분석] 25. 도산법", 법률신문 2021.7.15.자, 나원식, "견련파산 당시 계속 중인 회생채권조사확정재판에 대한 이의소송의 처리: 대법원 2020. 12. 10. 선고 2016다254467, 254474 판결", 한국민사소송법학회지 제22권 제2호, 한국사법행정학회(2018), 255면 참조.

55) 대법원 2021.2.4. 선고 2018다304380,304397 판결(공2021상, 490).

56) 대법원 2007.9.21. 선고 2005다22398 판결(미간행).

57) 대법원 2019.1.17. 선고 2016다242228 판결(미간행), 同旨 대법원 2013.7.11. 선고 2012다6349 판결(미간행), 대법원 2013.10.17. 선고 2011다107399 판결(미간행), 대법원 2021.2.4. 선고 2018다304380, 304397

중단된 소송절차가 수계된 경우에 법원이 종전의 청구취지대로 채무의 이행을 명하는 판결을 할 수는 없고, 만일 도산채권자가 이를 간과하여 청구취지 등을 변경하지 아니한 경우에는 법원은 원고에게 청구취지 등을 변경할 필요가 있다는 점을 지적하여 도산채권의 확정을 구하는 것으로 청구취지 등을 변경할 의사가 있는지를 석명하여야 한다.[58] 마찬가지로 채무자회생법 제6조 제1항에 의한 파산이 선고됨에 따라 채권자 또는 그 상대방이 종전 회생절차에서 제기되었던 이의의 소를 수계하였음에도 이의의 소의 원고가 이 점을 간과하여 청구취지를 변경 또는 추가하지 않는 등 명확한 의사를 밝히지 않는다면 법원은 이 점을 지적하여 당사자의 명확한 의사를 석명해야 한다. 채무자회생법 제6조 제1항에 의한 파산선고 당시에 계속 중이던 회생채권 조사확정재판에 대한 이의의 소에서 채무자회생법 제464조에 의한 수계가 이루어진 후에, 그 당사자가 청구취지를 회생채권자표의 확정을 구하는 것에서 파산채권자표의 확정을 구하는 것으로 변경한다면, 특별한 사정이 없는 이상 법원으로서는 그에 따라 판단하면 족하다.[59] 물론 사실에 관한 주장을 전제로 하는 청구취지 및 청구원인의 변경은 사실심 변론종결 전까지만 할 수 있으므로,[60]

판결(공2021상, 490)은 관리인이 소송절차를 수계한 후 상고이유서 제출기간 경과 후 회생절차가 폐지된 사안이다.

58) 대법원 2015.7.9. 선고 2013다69866 판결(공2015하, 1129)은 원심이 원고에게 청구취지 등의 변경에 관하여 아무런 석명을 하지 아니한 채 채권에 관한 권리의무의 주체도 아닌 피고에게 채무의 이행을 명한 판결을 선고한 데에는 석명의무를 다하지 아니하고 회생채무자의 관리인이 수계한 회생채권 관련 소송에 관한 법리를 오해하여 판결에 영향을 미친 위법이 있다고 하였다.

59) 대법원 2020.12.10. 선고 2016다254467,254474 판결(공2021상, 179)은 그러나 다음과 같은 이유로 채무자회생법 제6조 제1항에 의하여 파산이 선고되어 파산채권 조사확정절차가 진행된다는 사정만으로는 종전 회생채권 조사확정절차를 통해 회생채권의 존부와 범위를 확정할 법률상 이익이 소멸한다고 단정할 수는 없으므로, 채무자회생법 제6조 제1항에 따라 파산이 선고되어 파산채권자표 작성이 예정되어 있음에도 불구하고 회생채권 조사확정재판에 대한 이의의 소의 당사자가 회생채권자표의 확정을 구하면서 파산채권자표의 확정을 구하는 내용의 청구취지를 추가하고자 한다면, 이는 허용되어야 한다고 하였다. 즉 ① 회생절차에서 이루어지는 채권조사확정절차는 회생절차개시결정 당시를 기준으로 한 회생채권의 존부와 범위를 정하는 것을 목적으로 하고, 파산절차에서 이루어지는 채권조사확정절차는 파산선고 당시를 기준으로 한 파산채권의 존부와 범위를 정하는 것을 목적으로 한다. 채무자회생법 제6조 제1항에 의하여 파산이 선고되는 경우 그 파산절차에서 채권조사확정의 대상이 되는 파산채권도 파산선고 당시를 기준으로 판단해야 하므로, 종전 회생절차에서 확정된 회생채권이 회생계획에 따라 변경되고 파산선고 당시까지 변제되는 등의 사정을 모두 반영하여 확정되어야 한다. ② 또한 회생계획인가의 결정이 있은 때에는 회생채권자 등의 권리는 회생계획의 내용대로 실체적으로 변경되므로(채무자회생법 제252조 제1항), 회생절차개시 이전에 존재하였던 회생채권 또는 회생담보권에 관한 집행권원에 의하여 강제집행 등은 할 수 없고, 회생채권자표와 회생담보권자표의 기재만이 집행권원이 되지만, 파산폐지결정이 확정되거나 파산종결 후에는 채권자가 파산채권자표의 기재에 의해 강제집행을 할 수 있을 뿐만 아니라(채무자회생법 제548조 제1항, 제535조 제2항), 회생채권자표 등과 같이 파산선고 이전에 존재하였던 파산채권에 관한 집행권원에 의하여도 강제집행을 할 수 있다. 이는 채무자회생법 제6조 제1항에 의한 파산절차에서도 마찬가지이다.

60) 대법원 1997.12.12. 선고 97누12235 판결(공1998, 322). 同旨 대법원 2012.1.26. 선고 2009다76546 판결(공2012상, 303).

상고심에서는 허용되지 아니한다.[61]

한편 판례는 회생채권확정의 소는 회생채권자가 신고한 채권에 대하여 관리인 등으로부터 이의가 있는 경우 이의채권의 존부 또는 그 내용을 정하여 권리를 확정하는 것을 내용으로 하는 소로서 금전채무의 전부 또는 일부의 이행을 구하는 소가 아니므로, 회생채권확정의 소에 대한 판결을 선고할 경우 소송촉진 등에 관한 특례법 제3조 제1항 본문은 적용되지 아니한다고 하였다.[62]

이에 반하여 신고된 회생채권에 대하여 이의가 없는 때에는 채권이 신고한 내용대로 확정되고(법166조1호), 확정된 회생채권을 회생채권자표에 기재한 때에는 그 기재는 확정판결과 동일한 효력이 있으므로(법168조), 계속 중이던 회생채권에 관한 소송은 소의 이익이 없어 부적법하게 된다.[63] 한편 회생계획인가 결정 후 회생절차 종결결정이 있더라도 채무자는 회생계획에서 정한 대로 채무를 변제하는 등 회생계획을 계속하여 수행할 의무를 부담하게 되므로, 회생채권 등의 확정을 구하는 소송의 계속 중에 회생절차 종결결정이 있는 경우 회생채권 등의 확정을 구하는 청구취지를 회생채권 등의 이행을 구하는 청구취지로 변경할 필요는 없고, 회생절차가 종결된 후에 회생채권 등의 확정소송을 통하여 채권자의 권리가 확정되면 소송의 결과를 회생채권자표 등에 기재하여 미확정 회생채권 등에 대한 규정에 따라 처리하면 되므로 회생채권 등의 확정소송이 계속되는 중에 회생절차 종결결정이 있었다는 이유로 채권자가 회생채권 등의 확정을 구하는 청구취지를 회생채권 등의 이행을 구하는 청구취지로 변경하고 그에 따라 법원이 회생채권 등의 이행을 명하는 판결을 선고하였다면 이는 회생계획 인가결정과 회생절차 종결결정의 효력에 반하는 것이므로 위법하다.[64]

---

61) 대법원 2013.2.14. 선고 2012다84912 판결(미간행). 同旨 대법원 1995.5.26. 선고 94누7010 판결(공1995, 2280), 대법원 2022.10.27. 선고 2022다241998 판결(공2022하, 2815). 그러나 日最判昭和61.4.11 民集40권3호558면[百選제5판71]은 상고심 계속 중 당사자의 파산으로 인하여 상고심에서 손해배상청구를 파산채권확정의 소로 청구취지를 변경한 것을 인용하였다.

62) 대법원 2013.1.16. 선고 2012다32713 판결(공2013상, 295)은 제1심에서 채무자에 대하여 금전채무지급을 명하는 이행판결이 선고되고, 항소심에서 채무자에 대하여 회생절차개시결정이 내려지고, 원고가 종래의 청구를 회생채권의 확정을 구하는 것으로 소를 교환적으로 변경하는 한편 소송절차 수계신청을 하여 관리인인 피고가 소송을 수계한 사건이다. 원심은, 원고는 회생채무자에 대하여 기성금 및 이에 대하여 제1심판결 선고일까지 상법이 정한 연 6%의, 그 다음날부터 회생절차개시일 전날까지 특례법이 정한 연 20%의 각 비율에 의한 지연손해금의 합계액 및 이중 원금에 대한 특례법이 정한 연 20%의 비율에 의한 지연손해금 상당의 회생채권 및 같은 금액 상당의 의결권이 있음을 확인한다는 판결을 선고하였으나, 대법원은 원심이 회생채권확정의 소에 대하여 원고의 청구를 인용하는 판결을 선고하더라도 그 지연손해금에 관하여는 특례법 제3조 제1항 본문에 정한 법정이율을 적용해서는 아니 되고, 상사채권인 이상 상법이 정한 연 6%의 법정이율을 적용하여야 한다고 하였다.

63) 대법원 2014.6.26. 선고 2013다17971 판결(공2014하, 1457), 同旨 대법원 2020.3.2. 선고 2019다243420 판결(공2020상, 769, 원심이 회생채권이라는 이유로 소를 각하하였으나 공익채권이라는 이유로 파기환송한 사례).

64) 대법원 2014.1.23. 선고 2012다84417,84424,84431 판결(공2014상, 470). 사안은 원고들이 2010.4.1. 피

회생의 경우에 있어서는 회생절차개시결정 당시 회생채권에 관하여 소송이 계속 중인 경우에 회생법원에 회생채권의 신고를 하였으나 조사기일에서 이해관계인의 이의가 있어 회생채권자가 권리의 확정을 청구하고자 할 때에는 종전의 소송이 계속 중인 법원에 신고된 회생채권에 관한 이의자를 상대로 하여 소송을 수계하여야 하며, 그 수계신청은 조사기간의 말일 또는 특별조사기일부터 1월 이내에 하여야 하고,[65] 법원사무관 등은 회생채권자 또는 회생담보권자의 청구에 의하여 그 권리에 관한 회생채권자표 또는 회생담보권자표의 초본을 교부하여야 한다(법172조2항, 170조2항). 위 1월 이내의 기간 내에 소송수계신청을 하지 않으면 회생채권은 그 이후의 소송수계신청 여부와 관계없이 회생채권으로 확정되고,[66] 그 기간 경과 후에 수계신청을 한 경우에는 그에 따른 회생채권 확정의 소는 부적법하게 된다.[67] 구 회사정리법 시대의 판례는 이의자인 관리인도 소송절차 수계신청을 할 수 있다고 하였고,[68] 이는 회생절차에서도 마찬가지인데, 누가 수계신청을 하든 위와 같은 기간 제한이 있는 것은 동일하다. 물론 이 경우의 소송절차 수계는 회생채권확정의 일환으로 진행되는 것으로서 조사기간의 말일까지 이루어지는 관리인 등의 회생채권에 대한 이의를 기다려, 회생채권자가 그 권리의 확정을 위하여 이의자 전원을 그 소송의

고 X와 주식회사 Y를 상대로 부당이득반환 등 청구의 소를 제기하였고, 제1심법원은 2011.2.10. 원고들의 주위적 청구를 기각하고 예비적 청구를 일부 받아들여 원고들 일부 승소판결을 선고하였고, 피고가 2011.11.24. 회생절차개시결정을 받게 되자 원고들은 이 사건 청구채권에 대하여 회생채권 신고를 하였는데, 회생회사 X의 관리인이 원고들의 회생채권 신고에 대하여 이의를 함에 따라 원고들은 2012.1.30. 회생회사의 관리인을 상대로 소송수계신청을 하여 2012.3.22. 회생계획인가결정이 있었고 원고들은 2012.5.22. 회생채권 확정을 구하는 것으로 청구취지를 변경하였으며, 2012.5.24. 회생절차 종결결정이 있었고 원고들은 2012.6.19. 피고를 상대로 소송수계신청을 하면서, 다시 금전지급을 구하는 것으로 청구취지를 변경한데 대하여 원심은 2012.8.23. 제1심판결을 일부 변경하여 피고에 대하여 금전지급을 명하는 원고들 일부 승소판결을 선고한 사안인데, 대법원은 위와 같은 이유로 원심판결을 파기하였다.

65) 재생절차에서 그 기간불준수를 이유로 수계신청을 각하한 재판례로서 日名古屋地決平成14.12.24判時 1811호152면 참조.

66) 부산지법 2019.10.30. 선고 2018나63471 판결(각공2019하, 1116)은 甲이 乙 회사를 상대로 물품대금과 지연손해금을 청구하는 소를 제기하여 제1심에서 전부 인용판결을 받았고, 그 후 乙 회사에 대한 회생절차개시결정이 내려지면서 丙이 관리인으로 간주되었는데, 甲이 회생채권 신고기간 내에 회생채권으로 위 물품대금과 지연손해금을 신고한 다음, 丙이 소송 계속 중임을 이유로 전액을 부인하며 이의를 제기하자, 회생채권과 회생담보권의 조사기간 말일부터 1월이 지나기 전에 법원에 丙으로 하여금 소송절차를 수계하도록 신청하였는데도, 丙이 위 기간이 지날 때까지 소송절차를 수계하지 않은 사안에서, 丙이 위 기간 내에 소송수계신청을 하지 않았으므로 甲의 제1심판결에 따른 원리금채권은 甲의 丙에 대한 소송수계신청 여부와 관계없이 회생채권으로 확정되었다고 한 사례이다.

67) 대법원 2000.2.11. 선고 99다52312 판결(공2000, 679), 대법원 1997.8.22. 선고 97다17155 판결(공1997, 2803)[백선47].

68) 위 대법원 1997.8.22. 선고 97다17155 판결(공1997, 2803)은 상대방을 채무자에서 보전관리인(회생절차개시결정 전)이나 관리인으로 정정하는 당사자 표시 정정신청은 적법한 수계신청이 아니라고 본 원심의 판단을 유지하였다.

상대방으로 하여 신청하여야 하고, 소송수계에서 상대방이 되는 관리인은 그 회생채권에
대한 이의자로서의 지위에서 당사자가 되는 것이므로, 당사자는 이의채권이 되지 아니한
상태에서 미리 소송수계신청을 할 수는 없으므로, 조사기간의 말일 또는 특별조사기일 이
전에 소송수계신청을 하더라도 이는 부적법하다.[69]

또한 이 경우 회생채권자·회생담보권자가 신고한 권리에 관하여 이해관계인의 이의
가 있었던 사실을 회생법원의 통지에 의하여 비로소 알게 되었다거나 혹은 그러한 이의사
실을 알지 못하였다고 하여, 1개월의 수계신청기간의 기산점을 회생채권자·회생담보권자
가 이의통지를 받은 날이나 그러한 이의사실을 실제 안 날로 볼 수는 없다. 왜냐하면 조사
기일에 불출석한 회생채권자 등의 권리에 관한 이의가 있는 때 권리자에게 이를 통지하도
록 하고 있는 취지는 조사기일에 불출석한 회생채권자·회생담보권자가 수계신청기간 등
을 도과하여 회생절차 참가자격을 부정당하지 않도록 법원으로 하여금 이의사실을 알려주
어 주의를 환기시키도록 한 것이지, 당해 회생채권자·회생담보권자가 법원의 이의통지를
수령한 날을 1개월의 수계신청기간의 기산점으로 삼으려는 것으로 볼 수는 없으며, 그 이
의통지는 특별한 사정이 없는 한 회생채권자·회생담보권자가 신고한 주소·거소·기타 송
달을 할 장소 등으로 상당하다고 인정되는 방법으로 하면 되고, 반드시 민사소송법에서
규정한 송달 방식이나 요건을 충족할 필요는 없기 때문이다.[70]

69) 대법원 2013.5.24. 선고 2012다31789 판결(공2013하, 1113)[백선44]은 X 보험회사가 Z 회사의 운송주
선으로 운송을 하다가 발생한 보험사고로 인한 보험금을 지급한 후 Z를 상대로 위 보험금에 대한 구
상금청구소송을 제기하였는데 그 소송 중에 Z에 대하여 회생절차가 개시되고 관리인 Y가 선임된 사
안이다. X는 회생채권 신고기간 내인 2009.9.4. 위 구상금채권을 회생채권으로 신고하였고, Y는 채권
조사기간 내에 위 회생채권에 대하여 이의를 하였다. 채권조사기간의 말일은 2009.10.16.이었는데, Y
는 X가 회생채권신고를 하기도 전인 2009.8.26. 위 구상금소송법원에 소송절차수계신청을 하였고, 그
후 채권조사기간 말일부터 1개월 이내에 수계신청을 한 자는 전혀 없었다. 제1심은 소송수계신청이
부적법하다고 보아 소를 각하하였고, 제2심은 결과적으로 소가 적법하다고 판단하였는데, 대법원은
제2심을 파기하고 소를 각하하였다(파기자판). 이 판결에 대한 분석으로는 신종환, "당사자에게 도산
절차가 개시된 사실을 간과한 제1심판결에 대하여 항소가 제기된 경우의 법률관계―회생채권과 파
산채권에 대한 소송을 중심으로―", 민사재판의 제문제 제27권, 사법행정학회(2020), 200면 참조. 同
旨 대법원 2015.10.15. 선고 2015다1826,1833 판결(미간행), 대법원 2016.12.27. 선고 2016다35123 판
결(공2017상, 203), 대법원 2019.1.31.선고 2018다259176 판결(미발간).
70) 대법원 2008.2.15. 선고 2006다9545 판결(공2008상, 382)은 또한 회사정리절차가 채권자, 주주 기타의
이해관계인의 이해를 조정하며 재정적 궁핍으로 파탄에 직면한 회사의 사업을 정리·재건하려는 목
적을 달성하기 위해서는 정리채권자·정리담보권자 등 이해관계인의 존부와 그 권리의 범위에 대한
정확하고 또 확정적인 파악이 무엇보다도 긴요한 선결과제인 점, 이를 위해서는 다수관계인의 이해
관계가 한꺼번에 조정되어야 할 필요가 있고, 특히 정리회사가 부담하는 채무를 되도록 빨리 확정함
으로써 정리계획의 작성을 비롯한 회사정리절차를 신속하게 진행하여 권리관계의 빠른 안정을 도모
하여야 하는 등 절차의 간이·신속성이 요구되는 점, 1개월이라는 기간은 중단된 소송절차의 수계를
신청하기에 비교적 충분한 기간으로서 사실상 재판의 거부에 해당한다고 볼 수 없는 점, 법률의 규
정 자체로서 정리채권·정리담보권을 신고한 자에게 1개월의 수계신청기간을 준수하지 아니할 경우
소권을 상실할 수 있다는 사전경고의 기능을 충분히 하고 있는 점 등에 비추어 보면, 회사정리절차

파산의 경우에는 회생절차에서와 같은 소송수계신청에 대한 기간의 제한이 없는데, 이는 법적 안정성이라는 측면에서 문제이다.[71]

대법원은 구 파산법 하에서 파산의 경우 당사자가 파산선고를 받은 때에는 파산선고 전의 원인으로 생긴 재산상의 청구권에 해당하는 파산채권에 관한 소송절차는 중단되고, 이와 같이 파산채권에 관하여 파산선고 당시 소송이 계속하는 경우에 파산사건의 관할법원에 파산채권의 신고를 하였으나 파산관재인, 파산채권자 또는 채무자 등의 이해관계인의 이의가 있어 파산채권자가 그 채권의 확정을 요구하려고 할 때에는 별도로 파산사건의 관할법원에 파산채권확정의 소를 제기하는 대신에 종전의 소송이 계속 중인 법원에 신고된 파산채권에 관한 이의자를 상대로 하여 소송절차의 수계신청을 하여야 하며, 파산채권에 관한 제1심의 종국판결 선고 후에 파산선고가 있은 경우에는 반대로 신고된 파산채권에 관한 이의자가 소송절차의 수계신청을 하여야 하는 것이고, 이 경우 소송의 형태는 채권확정의 소로 변경되어야 하며, 법원으로서는 파산관재인들로 하여금 소송절차를 수계하게 하여 종전의 소송을 계속 진행하기 위해서는 과연 파산선고 이후 파산채권신고가 있었는지, 그 신고가 있었다면 이에 대한 이의가 있었는지, 그 이의가 있었다면 수계신청이 이의자들에 의하여 적법하게 행하여진 것인지 등을 살펴본 다음 파산관재인들의 수계가 적법하게 이루어졌는지 여부를 가려보아야 한다고 판시하였다.[72]

종전의 소송은 이의를 진술당한 채권자·채무자 어느 쪽이 제기한 것이라도 좋고, 급부소송이든, 적극·소극의 확인소송이든 무방하다. 이의채권의 채권자가 이의자 전원을 상대로 수계신청을 하여야 하나(법172조1항, 464조), 경우에 따라 청구취지를 이의의 배제 또는 관철을 위하여 적당히 변경할 필요가 있다. 이의자는 소송승계인으로서 채무자의 소송상의 지위를 인계하고, 중단·수계 당시의 소송상태에 구속된다.

한편 판례는 채무자회사에 대한 파산선고에 따라 파산관재인이 파산재단에 관한 소송을 수계하여 수행하고 있는 경우 종전의 채무자회사 대표이사는 보조참가를 할 수 있고,

---

의 개시로 중단된 소송의 수계의무를 정리회사의 관리인이 아닌 그 권리자에게 부담시키는 한편 수계신청기간을 조사기일로부터 1개월로 제한하고 있는 구 회사정리법 제149조 제1항 및 같은 조 제2항에 의하여 준용되는 같은 법 제147조 2항은, 회사정리절차의 취지 및 입법목적 달성을 위하여 필요하고도 합리적인 제한을 하고 있는 것으로서 정리채권자·정리담보권자에 대하여만 회사, 관리인 또는 다른 이해관계인과 비교하여 합리적인 사유 없이 자의적으로 차별적 대우를 한 것이라고 볼 수 없으므로, 위 조항들이 헌법상의 재판청구권의 본질적 내용을 침해하거나 헌법상 평등의 원칙, 비례의 원칙 및 과잉금지의 원칙을 위반한 것이라고 할 수 없다고 하였다.

71) 수계신청에 기간의 제한을 두지 아니하면 상대방으로서는 소송수계 여부를 알기 위하여 무한정 기다려야 한다는 점에서 이는 명백한 입법의 불비이다. 이는 일본의 구 파산법의 입장을 따른 것인데, 일본의 현행 파산법 제127조 제2항은 우리의 회생에서와 같은 기간 제한을 둔 같은 법 제125조 제2항을 준용하고 있다.

72) 대법원 1999.7.23. 선고 99다22267 판결(공1999, 1738). 충청은행의 파산에 관한 사건이다.

이는 공동소송적 보조참가라고 하였다.[73]

　위에서 보았듯이 회생채권자가 이의자를 상대방으로 하여 소송절차를 수계하는 대신 회생법원에 채권조사확정재판을 신청하는 것은 부적법하므로 회생채권확정을 위한 소송 수계신청을 하지 않고 부적법한 회생채권 조사확정의 재판신청을 제기하였다가 수계의 대상인 종전 소송을 취하한 경우, 그 시점이 회생채권조사확정 재판의 신청기간 경과 후라면 새로운 회생채권조사확정의 재판 신청도 불가능하고, 위 소취하로 인하여 기존의 부적법한 회생채권조사확정의 재판 신청의 하자가 치유되어 그 신청시에 소급하여 적법하게 되는 것도 아니다.[74] 물론 회생채권자가 소송수계신청기간이 경과하기 전에 중단되어 있던 원래의 소를 취하하였다면 소 취하에 의하여 소송계속이 소급하여 소멸하므로(민소267조1항) 채권조사확정재판의 신청도 소급하여 적법하게 될 것이다. 나아가 구 회사정리법 하의 판례 중에는 회사정리절차개시결정이 있기 이전에 이의 있는 정리채권에 관한 소송이 계속 중에 회사 재산에 대한 보전처분이 내려지고 보전관리인이 선임되자 소송의 상대방을 정리회사에서 보전관리인으로 하여 한 수계신청을 회사정리법 제149조 제1항 소정의 소송수계신청으로 볼 수 없다고 한 사례도 있다.[75]

(5) 유권원채권에 대한 특칙

(가) 유권원도산채권의 의의

　집행력 있는 집행권원 또는 종국판결의 존재가 필요하다. 첫째 집행력 있는 집행권원이라 함은 정본에 집행문이 부여된 집행권원 또는 집행문이 없이 그와 동일한 효력을 갖는 것(민집58조, 60조 참조)을 말한다.[76] 집행력 있는 정본과 동일한 효력을 가지고 곧 집행할 수 있어야 하며, 집행문을 필요로 하는 경우에는 이미 집행문의 부여를 받았어야 하므

---

73) 대법원 2015.10.29. 선고 2014다13044 판결(공2015하, 1775)은 위 보조참가인이 확정된 판결의 취소 등을 구하며 제기한 재심의 소에서 파산관재인이 채무자 회사의 동의없이 재심의 소를 취하한 사안이다. 대법원은 채무자 대표이사의 보조참가를 공동소송적 보조참가로 보아 파산관재인의 재심의 소의 취하의 효력을 부정하였다. 이에 대하여는 채무자회사에게 파산관재인의 소송활동을 저지할 수 있는 강력한 권한을 인정할 필요는 없으므로 통상의 보조참가를 인정하면 충분하다는 반론이 있다. 전병서, "파산관재인에 의한 파산재단에 관한 소송에서 파산자의 참가를 공동소송적 보조참가로 볼 것인가?", 법률신문 2017.7.20.자, 11면 참조.

74) 대법원 2001.6.29. 선고 2001다22765 판결(공2001, 1738).

75) 대법원 2000.2.11. 선고 99다52312 판결(공2000, 679).

76) 日最判昭和41.4.14民集20권4호584면, 倒産判例 ガイド 제2판 162면은 갱생담보권의 증거로 공정증서 등본을 첨부했지만, 집행문의 부기가 없고, 신고서에 유명의채권(유권원채권)이라는 취지의 기재가 없었는데, 이에 관재인이 채권조사기일에 갱생담보권의 피담보채권에 이의를 제기하였으나 채권자가 확정소송을 제기하지 않았고 법원이 갱생담보권자표의 확정금액란에 「0」이라고 기입한 점에 대하여 채권자가 법원이 유명의채권(유권원채권)임을 당연히 알았다는 이유로 손해배상청구를 한 사안에서 청구를 기각하였다.

로, 회생채권 신고를 한 때에는 물론 이의를 할 무렵까지도 집행문이 부여되지 아니한 약속어음 공정증서는 집행력 있는 집행권원에 해당하지 아니한다.[77] 다만 집행문을 필요로 하는 경우에도 도산절차 개시 당시 이미 이를 부여받았을 필요는 없고, 그 후 부여받으면 된다. 주로 지급명령이나 공정증서이다(민집56조 각호). 집행력 있는 집행권원 있는 회생채권·회생담보권이라는 취지가 목록에 기재되어 있거나 신고되어야 법 제174조에 의한 출소책임을 이의자에게 지울 수 있다(규칙55조1항3호). 물건의 인도청구권에 기하여 공정증서가 있어도 집행력이 없으므로 유권원채권(有權原債權)에 해당하지 않고, 또 담보권에 기하여는 집행력 있는 집행권원은 존재하지 않으므로 회생담보권의 담보권에 관하여 이의가 있을 때에는 종국판결 있는 경우 이외에는 유권원(有權原)이 될 수 없다.

다음으로 종국판결은 확정되어 있을 것 또는 가집행선고부일 것을 요하지 않고, 또 급부판결에 한하지 않고, 확인판결이어도 좋다. 그러나 회생채권, 회생담보권, 파산채권인 채권 또는 그를 담보하는 담보물권을 소송물로 하여 그 존재를 긍정하고 있는 것이어야 한다(이유 중의 판단으로는 부족하다). 화해조서, 인낙조서는 종국판결에 준하기 보다는 「집행력 있는 집행권원」의 일종으로서 보아야 할 것이다(집행문의 요부에 차이가 있다. 집행판결을 받지 않은 외국판결도 「종국판결」에 준한다).

판례는 외국중재판정의 일방 당사자에 대하여 외국중재판정 후에 구 회사정리법에 의한 회사정리절차가 개시되고 채권조사기일에서 그 외국중재판정에 기하여 신고한 정리채권에 대하여 이의가 제기되어 정리채권확정소송이 제기된 경우, 외국중재판정은 확정판결과 동일한 효력이 있어 기판력이 있으므로, 정리채권확정소송의 관할 법원은 외국중재판정의 승인 및 집행에 관한 협약(뉴욕협약) 제5조에서 정한 승인 및 집행의 거부사유가 인정되지 않는 한 외국중재판정의 판정주문에 따라 정리채권 및 의결권을 확정하는 판결을 하여야 한다고 하였다.[78]

(나) 소송제기

이의채권 중 집행력 있는 집행권원 또는 종국판결이 있는 것에 대하여는 이의자가 적극적으로 소를 제기하여야 하나, 이는 채무자가 할 수 있는 소송절차에 의하여서만 이의

---

77) 대법원 1990.2.27.자 89다카14554 결정(공1990, 940).

78) 대법원 2009.5.28. 선고 2006다20290 판결(공2009하, 974)[백선99]. 회생절차에서 ① 중재절차가 개시되지 않은 경우, ② 중재절차가 개시되어 있는 경우, ③ 이미 중재판정이 내려진 경우로 나누어 중재합의의 구속력을 인정하기 어렵고, 채무자회생법이 정한 채권조사확정절차에 의하여 채권이 확정되어야 하며 다만 법원이 절차의 진행 상황에 따라 중재절차를 통하여 당해 회생채권의 내용과 범위를 확정하도록 하고, 이를 회생채권조사확정재판에 반영하는 것은 가능하다는 견해로는 이수열, "회생채권 조사확정에서 중재합의의 취급", 도산법연구 제11권 제2호, 사단법인 도산법연구회(2021.12.), 31면 참조. 또한 양민호, "도산절차가 중재절차에 미치는 영향", 민사재판의 제문제 제32권, 민사실무연구회(2015), 229면 참조.

를 주장할 수 있다(법174조1항 단서, 466조1항). 유권원채권자의 기존의 권리를 존중하려는 취지이다. 따라서 확정판결에 대하여는 재심의 소(민소422조),[79] 판결의 경정신청(민소197조), 청구이의의 소(민집44조. 이러한 소송은 기판력 있는 집행권원 또는 확정판결에 대하여는 구술변론 종결 후에 생긴 사유에 의하여야 한다),[80] 지급명령에 대한 이의신청(민소470조),[81] 채무부존재확인의 소 등에 의하여야 한다. 미확정인 종국판결에 대하여는 이의자가 소송을 수계한 다음 상급심에서 절차를 속행하거나 상소를 하여야 한다. 다만 관리인·관재인이 이의자인 경우에는 부인권을 행사할 수 있는 한도에서는 채무자가 할 수 있는 소송에 의하여야 하는 것은 아니다. 또 이의를 진술당한 유권원채권자가 소송을 제기하여 이에 이의자가 응소한 경우에도 도산채권확정소송인 것에는 다름이 없다.[82] 다만 이의가 있는 회생담보권의 피담보채권에 관하여만 집행력 있는 집행권원 또는 종국판결이 존재하는 경우에는 그 권리자가 회생담보권 확정절차에서 다른 회생담보권자보다 유리한 절차적 지위를 갖는다고 볼 수 없어 채무자회생법 제174조 제1항이 적용되지 않는다. 회생담보권은 회생채권 중에서 유치권 등의 담보권에 의하여 담보된 범위의 채권을 의미하므로, 회생담보권으로 확정하기 위해서는 피담보채권의 존부 및 범위뿐만 아니라 담보권의 존부 등에 대하여도 심리·판단할 필요가 있기 때문이다.[83]

이러한 소송이나 신청에 관하여는 각각의 관련 규정에 관할이 정하여져 있고(예컨대 민소453조, 민집44조), 그를 위한 채권확정소송을 도산법원(광의)으로 하는 규정(법171조2항, 4632조2항)이 준용되고 있지 않으나(법174조3항, 466조. 그러나 회생에서는 이송의 제도가 있다. 법60조), 별도의 전속관할을 정하지 않은 채권 또는 담보권부존재확인소송 등에 관하여는 도산계속법원의 전속관할을 인정할 수 있을 것이다.

---

79) 인낙조서도 마찬가지이다. 대법원 2013.4.22.자 2013마334 결정(미간행).

80) 대법원 2013.5.9. 선고 2012다108863 판결(공2013상, 1030)은 청구이의의 소는 집행권원이 가지는 집행력의 배제를 목적으로 하는 것으로서 판결이 확정되더라도 당해 집행권원의 원인이 된 실체법상 권리관계에 기판력이 미치지 않으므로 채무자가 채권자에 대하여 채무부담행위를 하고 그에 관하여 강제집행승낙문구가 기재된 공정증서를 작성하여 준 후, 공정증서에 대한 청구이의의 소를 제기하지 않고 공정증서의 작성원인이 된 채무에 관하여 채무부존재확인의 소를 제기한 경우, 그 목적이 오로지 공정증서의 집행력 배제에 있는 것이 아닌 이상 청구이의의 소를 제기할 수 있다는 사정만으로 채무부존재확인소송이 확인의 이익이 없어 부적법하다고 할 것은 아니라고 하였다.

81) 대법원 2009.7.9. 선고 2006다73966 판결(공2009하, 1269)은 확정된 지급명령에 대한 청구이의의 소에 있어서는 지급명령 발령 이후의 그 청구권의 소멸이나 청구권의 행사를 저지하는 사유뿐만 아니라 지급명령 발령 전의 청구권의 불성립이나 무효 등도 그 이의사유가 되고, 이러한 의미에서 지급명령에는 기판력은 인정되지 아니한다고 하였다.

82) 日大判昭和5.12.20民集9권1155면.

83) 대법원 2023.8.31. 선고 2021다234528 판결(공2023하, 1721)은 공정증서의 효력은 대여금 채권에 관하여만 미칠 뿐이어서 이의가 제기된 원고의 회생담보권에 집행력 있는 집행권원이 있다고 볼 수 없으므로 회생담보권을 보유한 권리자인 원고가 조사확정재판을 신청한 것은 적법하다고 판단한 원심을 유지하였다.

이의자가 여럿인 경우에는 여럿이 공동원고가 되는 고유필수적 공동소송이라는 견해가 유력하나(법174조3항에 의한 171조3항의 준용, 법466 3항에 의한 462조2항의 준용의 해석), 그 경우 한 사람이라도 제소를 거부한다면 소가 불가능하여져 부당하므로 단순히 유사필수적 공동소송이고, 다른 이의자는 별소를 제기할 것이 아니라 공동소송참가(민소83조)에 의하여야 한다는 취지라고 해석하여야 할 것이다.

(다) 소송의 수계

유권원채권에 관하여 소송이 계속 중 중단된 경우라 함은 재심소송이나 청구이의소송, 화해무효소송이 중단되어 있는 경우 외에 종국판결 후 상소기간 중의 중단, 상소계속 중의 중단 등의 경우가 있다. 이의자는 그 회생채권·회생담보권, 파산채권을 보유한 채권자를 상대로 하는 소송절차를 수계하여야 한다(법174조2항, 466조2항). 구 회사정리법 하에서의 대법원도 이와 같은 원칙 하에서 제1심 종국판결에 대하여 채무자 측에서 항소하였고 그 후에 정리절차개시결정이 있은 경우에는 신고한 정리채권자가 아닌 이의자가 소송절차의 수계신청을 하여야 하며, 법원으로서는 정리회사 관리인의 수계신청에 의하여 소송을 진행하기에 앞서 정리채권 신고 여부, 이의 여부, 출소기간 내의 수계신청인지 여부를 가려 보아야 한다는 취지로 판시하였다.[84] 수계 후 필요하면 상소나 이의신청을 하여야 한다. 이의를 진술당한 채권자가 스스로 수계신청을 하는 것도 무방하다. 복수의 이의자가 있는 경우 1인이 수계신청을 하면 전원에게 그 효력이 미친다는 일본의 판례가 있으나,[85] 전술한 바와 같이 유사필수적 공동소송이라고 해석하면 그럴 필요는 없다.

(6) 소송가액

소송가액은 신청에 의하여 채권자의 예정이익에 따라 도산법원(협의)이 결정한다(법 178조, 470조). 이 결정에 대하여는 즉시항고할 수 없다.[86] 여기서 '도산채권의 확정에 관한 소'에는 채권조사확정재판에 대한 이의의 소(법174조, 463조)뿐만 아니라 이의채권에 관하여 도산채권자가 수계한 소송(법172조, 464조)이나 집행권원이 있는 채권에 대해 이의자 등이 제기 또는 수계한 소송(법174조, 466조)도 포함되고,[87] 이는 그 소송의 판결에 상

---

84) 대법원 1995.10.12. 선고 95다32402 판결(공1995, 3745).

85) 日大判昭和12.9.11民集16권1363면.

86) 구 파산법 하의 파산채권확정소송의 소송가액에 관한 수소법원의 재판에 관하여 즉시항고할 수 있다고 한 판례는 대법원 2002.10.23.자 2002그73 결정(공2002, 2799).

87) 대법원 2012.6.28. 선고 2011다63758 판결(미간행). 同旨 대법원 2014.4.18.자 2014마95 결정(미간행)은 소송비용액확정재판 사건인데, 대법원은 위 사건의 피신청인이 종전 소송을 수계하지 않고 새로이 사건 소송을 제기하는 것이 부적법하다고 하여 이와 달리 볼 수는 없다고 하면서 기록상 파산법원이 이 사건 소송에 관하여 소송목적의 값을 정하였다고 볼 수 있는 자료가 없으므로, 파기환송 후의 원심으로서는 신청인으로 하여금 파산법원에 이 사건 소송에 관한 소송목적의 값을 정하여 달라는 신청을 한 후 그 결정서를 제출하도록 하는 등의 조치를 취한 다음, 파산법원이 정한 소송목적의

소하는 때에 상소심 인지 산정을 위하여 소송목적의 값을 정할 필요가 있기 때문이므로, 이 경우 소송목적가액 결정은 수계가 이루어진 심급이 아니라 그 이후 진행되는 상소심 의 소송목적의 값을 정한 것으로 보아야 한다.[88] 법원이 이 결정을 함에 있어서는 이의 있는 도산채권 등의 권리자가 도산절차에 의하여 받을 이익의 예상액, 도산절차에 있어 관리인이 아닌 다른 도산채권자 등만이 이의를 하는 경우에는 위의 예상액을 기준으로 하여 이의가 관철되는 것에 의해 이의를 한 자가 받으리라고 예상되는 이익을 소가로 결 정하여야 한다.

(7) 도산채권 등의 확정에 관한 재판의 효력 등

회생채권 및 회생담보권의 확정에 관한 소송에 대한 판결의 효력은 회생채권자, 회생 담보권자, 주주·지분권자, 파산채권자 전원에게 대하여 그 효력이 있다.[89] 채권조사확정 재판에 대하여 1월 이내에 이의의 소가 제기되지 아니하거나 각하된 때에도 마찬가지이다

값에 따라 소송비용액을 산정하여야 한다고 하였다.

88) 대법원 2023.7.13.자 2019마449 결정(공2023하, 1424)은 본안소송 제1심에서 채무자회생법 제172조에 따라 소송이 수계되고, 회생채권 확정 청구로 변경되었고, 피신청인은 항소 제기 시점에 이르러 항소 장 인지액 납부를 위해 소송목적가액 결정 신청을 하였고, 회생계속법원은 '항소심 사건의 소송목적 가액'으로 특정하여 금액을 결정한 사안에서, 회생계속법원의 위 소송목적가액 결정은 본안소송 제1 심 이후 진행되는 상소심의 소송목적의 값을 정한 것으로 봄이 타당하고, 위 결정이 제1심에까지 소 급하여 소송목적의 값을 변경시키는 효력을 가진다고 보기는 어렵다고 하면서 회생계속법원이 본안 소송 항소심에 관하여 정한 소송목적가액이 제1심에까지 적용된다고 보아 그 금액을 기초로 제1심의 소송비용액을 산정한 원심을 파기하였다. 위 판결은 아울러 환송 후 원심으로서는 회생계획의 내용, 제1심에서 수계 전후로 소송이 진행된 정도와 그에 관하여 변호사가 들인 노력의 정도 등 제반 사정 을 고려하여, 제1심의 소송비용 산정 시「변호사보수의 소송비용 산입에 관한 규칙」제6조 제1항에 따른 변호사보수의 재량 감액을 고려할 수 있음을 지적하였다.

89) 대법원 2012.6.28. 선고 2011다63758 판결(미간행)은 甲 회사와 乙이 공동으로 丙에게 약속어음을 발 행하면서 강제집행 인낙의 취지가 기재된 공정증서를 작성하였는데, 甲 회사가 丙을 상대로 공정증 서에 기한 강제집행의 불허를 구하는 소송을 제기한 뒤 파산선고를 받게 되자 파산관재인으로 선임 된 丁이 丙에 의하여 파산채권으로 신고된 공정증서 채권에 대해 이의를 하는 한편 위 소송을 수계 하였고, 乙이 丁의 승소를 보조하기 위하여 제1심소송 계속 중 보조참가하였다가 일부 패소판결이 선고되자 공동소송참가를 신청함과 아울러 항소를 제기한 사안이다. 대법원은 여럿의 채무자가 각각 전부의 채무를 이행하여야 하는 경우 그 채무자의 전원 또는 일부가 파산선고를 받은 때에는 그 채 무자에 대하여 장래의 구상권을 가진 자는 원칙적으로 그 전액에 관하여 각 파산재단에 대하여 파산 채권자로서 그 권리를 행사할 수 있지만, 채무자회생법 제430조 제1항에 의하여 채권자가 그 채권의 전액에 관하여 파산채권자로서 권리를 행사하고 있다면, 장래의 구상권자는 채무자회생법 제468조 제1항에 의하여 판결의 효력을 받게 되는 '파산채권자'에 해당하지 아니한다고 하였다. 결국 위 소송 은 채무자회생법 제468조 제1항에서 규정하는 '파산채권의 확정에 관한 소송'에 포함되지만, 공정증 서의 채권자인 丙이 채권 전액에 관하여 파산채권자로서 권리를 행사하고 있는 이상 장래의 구상권 자에 불과한 乙로서는 그에 대한 판결의 효력을 받게 되는 파산채권자에 해당하지 아니하므로 乙의 공동소송참가신청은 참가 요건을 갖추지 못하여 부적법하고, 그 보조참가는 공동소송적 보조참가가 아니라 통상의 보조참가에 해당한다는 것이다.

(법176조, 468조). 여기서의 효력은 채무자회생법 제168조의 "확정판결과 동일한 효력"으로서 기판력이 아닌 확인적 효력을 가지고 도산절차 내부에 있어 불가쟁의 효력이 있다는 의미에 지나지 않는다.[90] 이러한 효력의 확장은 판결 또는 결정의 확정시에 생긴다. 효력의 확장을 인정하는 것은 집단적인 채무처리절차에서 채무자에 대한 어느 권리가 관계인의 일부와의 관계에 있어서는 존재하는 것으로 취급되고, 나머지 자와 관계에 있어서는 존재하지 아니한 것으로 취급되어서는 도산절차의 수행이 불가능하므로 권리의 존재를 모든 관계인에 대하여 일률적으로 결정하기 위한 취지에서이다.

도산채권 등의 확정에 관한 소송의 결과는 회생채권자표, 회생담보권자표, 파산채권자표에 기재하여야 한다(법175조, 467조). 소송결과의 기재는 법원이 직권으로 하지 아니하고 관리인·관재인, 회생채권자, 파산채권자 등 관계인들로부터의 신청을 기다려서 한다.

채무자의 재산이 회생채권 또는 회생담보권, 파산채권의 확정에 관한 소송(채권확정재판을 포함한다)으로 이익을 받은 때에는 이의를 주장한 회생채권자 또는 회생담보권자, 주주·지분권자, 파산채권자는 그 이익의 한도 내에서 공익채권자·재단채권자로서 소송비용의 상환을 청구할 수 있다(법177조, 469조).

라. 벌금·과료 등 및 조세채권의 특칙

이에 대하여는 신고의 특칙 이외에 관리인·관재인에 한하여, 또 채무자가 할 수 있는 방법에 의하여만 불복신청이 가능하다는 취지의 특칙이 있다(법156조, 157조, 471조, 472조). 따라서 회생채권조사확정재판으로 확정을 구할 이익은 없다.[91]

마. 채권조사확정재판 또는 그에 대한 이의의 소송 중의 도산절차 종료

회생에 있어서 회생계획의 인가에 이르지 아니하고 종료된 경우(취소결정, 법54조, 폐지결정 법287조, 불인가결정, 법248조)와 파산에 있어서 배당 이외의 원인으로 절차가 종료된

---

90) 대법원 2017.6.19. 선고 2017다204131 판결(공2017하, 1528)은 개인회생절차에 관한 판결로서 따라서 애당초 존재하지 않는 채권이 확정되어 개인회생채권자표에 기재되어 있더라도 이로 인하여 채권이 있는 것으로 확정되는 것이 아니므로 채무자로서는 별개의 소송절차에서 채권의 존재를 다툴 수 있고, 확정된 개인회생채권에 관한 개인회생채권자표의 기재에 기판력이 없는 이상 그에 대한 청구이의의 소에서도 기판력의 시간적 한계에 따른 제한이 적용되지 않으므로 청구이의의 소송심리에서는 개인회생채권 확정 후에 발생한 사유뿐만 아니라 개인회생채권 확정 전에 발생한 청구권의 불성립이나 소멸 등의 사유도 심리·판단하여야 한다고 하였다.
91) 대법원 1967.12.5. 선고 67다2189 판결[집15(3)민, 352], 대법원 1967.9.5. 선고 67다1298 판결[집15(3)민, 31] 참조.

경우(파산폐지, 법538조, 545조, 파산취소, 법325조)에는 도산채권조사확정재판이나 그에 대한 이의의 소는 재판으로서는 의미가 없어지므로 채무자에게 수계시킬 필요가 있는 것을 제외하고는 소(또는 신청)의 이익을 흠결하게 된다. 즉 도산절차 개시에 의하여 중단되었다가 채권확정소송으로 전용된 소송은 다시 중단되어 채무자에 수계된다(민소239조, 법59조4항의 유추). 신규의 소송에서도 관리인·관재인을 당사자로 하는 것은 역시 채무자에게 수계된다고 해석한다(민소239조의 준용). 이에 반하여 채권자끼리의 신규의 조사확정재판에 대한 이의의 소송은 각하를 면치 못한다(당연히 종료한다는 견해도 있다).

파산절차가 배당에 의하여 종료하여야 할 경우에는 계쟁 중인 채권을 위한 배당은 공탁되므로(법528조), 소송을 계속하여 공탁금의 행방을 결정하여야 한다. 회생에서 회생계획이 인가된 경우에는 계쟁 중인 도산채권에 관하여는 그 권리확정의 가능성을 고려하여 회생계획에 이에 대한 적당한 조치를 정하여야 하므로(법197조1항), 그 정함에 따라서는 절차 종결 후에는 소의 이익이 없는 경우도 있을 수 있다.

판례는 상고심 진행 중 회생절차가 폐지된 경우 환송 후 원심에서 원고로 하여금 청구취지를 당초의 회생채권 확정청구와 유치권 확인청구에서 통상의 이행청구와 유치권 확인청구로 변경하게 한 다음 심리를 진행할 필요가 있다 하였고,[92] 또한 회생계획인가 전에 회생절차가 폐지된 경우에는 신고하지 아니한 회생채권이라도 실권되지 아니하며, 그 후부터는 통상의 소송을 제기하거나 계속중인 회생채권확정의 소를 통상의 소송으로 변경할 수 있으며, 신고하지 아니한 회생채권에 대한 회생채권확정의 소의 상고심 계류 중 회생계획인가결정 없이 회생절차가 폐지된 경우, 회생채권의 신고 여부는 소송요건으로서 직권조사 사항이므로 상고심에서도 그 하자의 치유를 인정하여야 한다는 입장이다.[93]

그러나 대법원은 구 회사정리법상의 정리계획인가 후의 정리절차의 폐지는 그 동안의 정리계획의 수행이나 같은 법의 규정에 의하여 생긴 효력에 영향이 미치지 아니하므로, 정리절차가 폐지된 후에도 같은 법 제241조에 의한 면책의 효력과 같은 법 제242조에 의한 권리변동 효력은 그대로 존속하고 여전히 권리확정의 필요가 있으므로 정리절차 폐지로 인하여 종전에 계속중이던 권리확정소송이 당연히 종료한다거나 그 소의 이익이 없어진다고 볼 수 없고, 정리절차 폐지 후 파산이 선고되었다 하더라도 마찬가지라고 하였다.[94]

---

92) 대법원 2021.2.4. 선고 2018다304380,304397 판결(공2021상, 490).
93) 대법원 1998.8.21. 선고 98다20202 판결(공1998, 2301).
94) 대법원 2007.10.11. 선고 2006다57438 판결(공2007, 1745).

바. 채무자의 이의

회생에 있어서는 개인인 채무자 또는 개인이 아닌 채무자의 대표자는 특별조사기일에 출석하여 의견을 진술하여야 하고(법164조), 파산에 있어서는 채무자는 출석하여 이의를 진술할 수 있다(법451조). 그러나 채무자의 이의는 도산채권의 확정과는 전혀 관계가 없다. 하지만 다른 한편으로는 일정한 의미가 부여되어 있다.

첫째 회생에서는 회생절차가 개시된 채무자의 이의에 대하여 법률상 전혀 의의를 부여하지 않고 있다. 즉 회생계획이 인가된 때에는 채무자의 이의 유무를 불문하고, 그 기재는 채무자에 대하여 확정판결과 동일한 효력을 가지고(법255조), 이의가 문제로 되는 것은 회생계획 인가에 이르지 않고 절차가 종료한 경우에 확정한 도산채권자표의 기재가 채무자가 이의를 하지 아니한 경우에 한하여 채무자에 대하여 확정판결과 동일한 효력을 가지게 되어 있는 경우뿐이다(법292조). 따라서 채무자의 이의는 도산채권자표에는 기재되지만(법167조1항), 원상회복이나 채무자와 사이의 소송에 의한 개별적 확정의 제도는 채용되어 있지 않다. 회생계획인가 전의 절차 종료라는 예외적인 사태를 위하여 사전에 수단을 강구하여 둘 필요는 없기 때문이다.

그러나 회생과는 달리 파산에서는 채무자가 이의를 진술하지 않으면 채권자표의 기재는 채무자에 대하여도 확정판결과 동일한 효력을 갖게 되고, 파산종결 후에 이에 의하여 강제집행을 할 수 있다(법535조). 따라서 채무자의 이의도 채권자표에 기재되고(법459조), 책임질 수 없는 사유로 조사기일에 출석하지 않은 경우에는 원상회복의 재판에 의하여 이의를 진술한 것과 동일한 효과를 얻을 수 있는 제도도 있고(법536조), 나아가 이의를 진술한 채권에 관하여 계속하고 있는 소송은 일응 중단되지만 채권자는 이를 수계하여 채권을 채무자와의 관계에 있어서도 확정시킬 수 있다. 그러나 이러한 제도들은 법인에 대한 파산절차가 본래의 목적을 달성하여 종료한 경우(배당에 의한 파산종결)에는 채무자가 소멸하므로 의미가 없고, 자연인 파산의 경우에도 면책의 재판이 있을 때에는 아무런 의미가 없다.

파산과 회생에 있어서의 이와 같은 차이는 다음과 같이 설명된다. 즉 파산에서는 채무자의 책임재산관계가 파산재단관계와 자유재산관계로 분리되고, 파산재단관계에 있어서 생긴 구속은 파산재단에 한하는 것이므로 이를 자유재산관계의 주체의 동의 없이 압류할 수는 없다(법인파산에서는 일응 모든 재산관계가 파산재단관계에 흡수되어 자유재산관계가 발생하지 않으나, 청산종료에 의한 파산종결에 의하여 법인이 소멸하는 경우를 제외하고, 파산폐지에 의하여 자유재산관계가 부활하는 수가 있을 수 있고, 그와 같은 경우에는 표면적으로는 개인파산과 다를 바가 없게 된다). 이에 반하여 회생에서는 모든 채무자 재산이 일괄하여 관리인의 관리에 복종하고, 회생계획인가에 의한 변경을 거쳐, 절차의 종결에 의하여 채무자가 권한을 회복하기까지 시종 책임재산으로서의 동일성을 보유하고 있다. 이 동일성이 파괴되는 것은 회생계획이 인가에 이르지 아니하고 폐지되고, 채무자 재산이 채무자의 자유재산으로 성질이 변하는 경우뿐이다. 이 경우에 있어서만 다른 책임재산의 주체로서의 채무자의 의향이 고려될 필요가 생기는 것이다.

사. 의결권의 결정

회생 및 파산에 있어서는 도산채권의 확정절차가 구비되어 있는 결과 관계인집회(회생) 또는 채권자집회(파산)에서 행사할 수 있는 의결권의 액도 동시에 결정되게 된다. 이것은 회생에서는 의결권의 액 그 자체를 조사·확정의 대상으로 함으로써(법158조, 188조), 금전화가 행하여지는 파산에서는 확정액을 그대로 의결권의 액으로 유용함으로써 행하여진다(법373조). 회생절차에서는 관리인이나 목록에 기재되어 있거나 신고된 회생채권자·회생담보권자·주주·지분권자는 관계인집회에서 회생채권자·회생담보권자·주주·지분권자의 의결권에 관하여 이의를 할 수 있는데(법187조. 조사절차에서 확정된 회생채권 또는 회생담보권을 가진 회생채권자 또는 회생담보권자의 의결권에 관하여는 그러하지 아니하다), 이의가 있어 확정되지 않은 권리나 파산에 있어서의 별제권자의 부족액과 같이 확정절차를 거쳐도 담보목적물의 환가까지는 확정되지 않는 채권, 또는 정지조건부채권과 같이 확정되어도 의결권에 관하여는 따로 고려하여야 할 채권 등에 관하여는 별도로 의결권을 정할 필요가 있다. 따라서 이의가 있어 확정되지 않은 도산채권의 의결권에 관하여는 법원이 의결권을 행사하게 할 것인가의 여부 및 어떤 금액에 관하여 이를 행사하게 할 것인가를 결정한다(법188조2항, 373조2항). 파산에 있어서 정지조건부채권, 장래의 청구권 또는 별제권자의 부족액채권에 관하여 관재인 또는 다른 파산채권자의 이의가 있을 때에도 같다(법373조2항). 법원은 이해관계인의 신청에 의하여 이 결정을 변경할 수 있고, 이러한 결정에 대하여는 불복신청을 할 수 없다(법188조3항, 373조3항, 4항, 13조). 이의가 제기되지 아니한 회생채권자는 그 신고한 액수에 따라 의결권을 행사할 수 있으므로(규칙68조1항), 신고된 회생채권의 존부 및 내용 등에 관하여 채권조사절차에서 이의가 제출되어 미확정상태에 있는 이른바 '이의채권'이라 하더라도, 관계인집회에서 그에 기한 의결권의 행사에 대하여 이의가 제기되지 아니한 이상 의결권은 신고한 액수에 따라 행사할 수 있다고 보아야 한다.[95]

또한 회생에서는 주주도 관계인 집회에서 의결권을 가지나, 주주는 주주만의 조(組)에서 의결권이 있으므로 그 의결권은 주식수로 산정되면 되고(법188조1항), 금액화할 필요는

---

95) 대법원 2014.2.21.자 2013마1306 결정(미간행).

없다.

판례는 신고된 회생채권의 존부 및 내용 등에 관하여 채권조사절차에서 이의가 제출되어 미확정 상태에 있는 이른바 '이의채권'이라 하더라도, 관계인집회에서 그에 기한 의결권의 행사에 대하여 이의가 제기되지 아니한 이상 의결권은 신고한 액수에 따라 행사할 수 있고 위와 같은 법리는 채권조사절차에서 신고된 회생채권의 의결권 액수에 대하여만 이의가 제출된 경우에도 마찬가지로 적용된다고 하였고,[96] 외국중재판정의 일방 당사자에 대하여 외국중재판정 후에 구 회사정리법에 의한 회사정리절차가 개시되고 채권조사기일에서 그 외국중재판정에 기하여 신고한 정리채권에 대하여 이의가 제기되어 정리채권확정소송이 제기된 경우, 외국중재판정은 확정판결과 동일한 효력이 있어 기판력이 있으므로, 정리채권확정소송의 관할 법원은 외국중재판정의 승인 및 집행에 관한 협약(뉴욕협약) 제5조에서 정한 승인 및 집행의 거부사유가 인정되지 않는 한 외국중재판정의 판정주문에 따라 정리채권 및 의결권을 확정하는 판결을 하여야 한다고 하였음은 전술하였다.[97]

참고문헌

박태준, "파산채권의 확정절차", 재판실무연구(5) 도산관계소송(2009), 한국사법행정학회, 344면.

박홍우, "도산법상 채권의 신고·조사·확정", 도산법강의, 남효순·김재형 공편, 법문사(2005), 104면.

이진웅, "사채관리회사 제도와 회생절차", 도산법연구 제4권 제1호, 사단법인 도산법연구회2014.5.), 29면.

임치용, "정리채권의 확정절차와 그 불복방법", 파산법 연구, 박영사(2004), 257면.

임치용, "채권조사절차를 둘러싼 실무상의 문제점", 파산법 연구 3, 박영사(2010), 58면.

전원열, "회생절차상 회생채권자목록과 조사확정재판, 민사판례연구 XXVⅢ, 민사판례연구회(2006), 978면.

---

96) 대법원 2016.5.25.자 2014마1427 결정(공2016하, 835)[백선58], 대법원 2014.2.21.자 2013마1306 결정(미간행).

97) 대법원 2009.5.28. 선고 2006다20290 판결(공2009하, 974)[백선99].

V

파산절차의 진행과 종료

1. 청산의 진행

가. 청산목적과 그 수단

(1) 청산형 처리의 기본 ― 파산방식

파산처리는 채무자의 전 재산을 가지고 전 채권자에게 변제하는 것을 원래의 취지로 하고, 그 구체적 방법으로서 신고채권에 관하여 조사·확정절차를 거쳐 채권자 상호간에 서로 채권액을 다툴 수 없는 것으로 한 후 그를 기초로 적극재산이 다할 때까지 비례 변제한다.

(2) 재건형 절차의 청산목적 이용

그런데 위와 같이 파산방식이 청산형 도산처리의 유일한 방법이라고 할 경우 본래 재건형의 절차를 청산목적을 위하여 이용할 수 있는가 하는 문제가 있다. 예컨대 단순히 파산방식에 의한 청산을 피하고 이른바 협정방식(協定方式)에 의한 청산으로 전환하기 위하여 재건형 절차를 사용할 수 있는가 하는 것 즉 청산회생(淸算回生)이 가능한가 하는 문제이다. 그 전형적인 것은 채무자가 전 재산을 대물변제적으로 전채권자에게 위탁하고, 그 결과로서 채무자는 면책된다고 하는 것이다. 채권자는 위탁받은 재산으로부터 각자 변제를 받게 되나, 그를 위하여 제3자인 청산수탁자를 지정하고, 그 후 이 수탁자가 재산을 환가하여 채권자에게 비례변제하거나, 또는 위탁된 재산을 가지고 채권자가 회사를 설립하여 그 회사로부터 이익배당 또는 잔여재산분배의 형태로 채권을 회수한다.

이와 같은 방식의 이점은 청산이 다수채권자가 찬성하는 방법에 의하기 때문에 도산자와 채권자 사이에 심리적 앙금이 남지 않고, 채무자의 재기에 유리하며, 또 수탁자로 적임자를 선임하면 파산방식에 의한 청산보다도 채권자에게 유리·신속하게 변제가 이루어질 수 있다는 점이다. 그러나 이와 같은 방식은 채무자에게 재산관리처분권이 회복되지 않고, 또 수탁자 또는 신회사와 채권자와의 관계에서는 파산법원의 감독이 미치지 않으므로 채권자에게 손해가 될 수 있으며, 그와 같은 내용의 약정은 다수결로 가결하기에 적당하지 않은 점 등의 이유로 그 적법성을 부정하는 견해도 유력하다.

회생에서는 청산을 내용으로 하는 회생계획안이 명문의 규정으로 인정되고 있고, 실제로 자주 이용되고 있지만, 이는 본래 재건을 목표로 나아가던 절차 중에 재건의 불가능이 판명된 경우에 있어서 다시 파산절차로 돌아가는 낭비를 줄이고, 종래의 절차를 이용하여 청산(그러나 기업의 해체·환가·분배를 의미하고, 영업양도에 의한 대가를 채권자에게 분배하는 것과 같은 것은 이에 포함되지 않는다)을 실현하려고 하는 것이므로 미리 청산의 목적을 가지고 회생절차를 개시하는 것은 허용되지 않는다.

나. 채무자 재산관계의 정리

파산에 있어서의 청산 실현의 기본이 되는 것은 채무자의 재산이고, 이를 확실히 수집·관리하여 채권자에게 분배하도록 준비하는 것이 청산형 처리의 전제가 된다. 어떠한 재산이 최종적으로 청산을 위하여 제공되는가에 관한 실체면에 관하여는 이미 Ⅲ.장에서 도산에 의하여 영향을 받는 제3자의 입장의 측면에서 상세히 보았으므로 여기서는 절차면에 중점을 두고 실체면에 관하여는 재산의 확보·관리의 측면에서 간략히 본다.

(1) 관재인에 의한 장악

파산선고에 의하여 협의의 파산절차가 개시되면, 파산재단의 관리처분권은 파산관재인에게 전속하고, 파산관재인이 파산재단을 관리·환가하여 파산채권자에게 배당할 금전(배당재단)을 만들어 내는 것이다. 이제까지 본 채무자를 둘러싼 법률관계의 처리, 재단채권의 변제, 부인권의 행사 등도 넓은 의미에서는 파산재단의 관리에 포함되는 것이지만, 여기서는 파산재단의 관리처분에 중심적인 역할을 하는 파산관재인의 임무에 관하여 본후 파산재단에 속하는 재산의 관리·환가에 관하여 살펴본다.

(가) 점유취득

파산관재인은 취임 후 곧 파산재단에 속하는 재산(현유재산)의 점유 및 관리에 착수하여야 한다(법479조). 이에 의하여 채무자의 지배 하에 있던 재산은 현실적으로 파산관재인의 관리 하에 놓이게 된다. 재산의 유무·소재에 관하여 관재인은 채무자에게 설명을 구할 수 있다(법321조). 채무자가 임의로 인도에 응하지 않을 때에는 관재인은 파산선고결정을 집행권원(민집56조)으로 하여 강제집행을 신청할 수 있다고 해석한다.[1] 제3자 점유물이 인

---

1) 일본 파산법은 법원은 파산절차개시결정 후 파산관재인의 신청에 의하여 개별재산을 특정한 후 채무자에 대하여 파산관재인에게 해당 재산을 인도할 것을 결정으로 명할 수 있는 인도명령제도를 신설

도되지 않은 때에는 통상의 소송·집행에 의한다. 관재인의 점유는 현실의 소지를 수반하는 이외에는 관념적인 것에 불과하므로 이를 공시하기 위하여는 봉인이 필요하다.

(나) 봉인

관재인은 재산의 보전을 위하여 필요하다고 인정하는 때에는 법원사무관 등, 집행관 또는 공증인에게 의뢰하여 파산재단에 속하는 재산(부동산을 포함한다고 해석한다)에 「봉인(封印)」을 하게 할 수 있다(법480조1항 전단). 봉인은 많은 경우 개개의 물건이나 창고입구 등에 봉인표를 첩부함으로써 행하고, 고가품은 은행 등에 기탁하는(법487조 참조) 등의 방법에 의한다. 이에 의하여 당해 재산이 관재인의 점유 하에 있는 것으로 공시되는 것이다.[2] 이 봉인을 파기하면 형법상 범죄가 된다(형140조).

(다) 장부의 폐쇄

파산관재인은 파산선고 후 곧 채무자의 재산에 관한 장부(상업장부 등)를 폐쇄하고, 그 취지를 기재한 후 기명날인하여야 한다(법481조). 관재인이 장부의 점유를 취득하는 방법으로 행한다. 장부의 현상을 유지하여 관재인의 점유·관리처분을 용이하게 하려는 취지이다.[3] 폐쇄한 장부에 변경을 가하거나 이를 은닉 또는 손괴하는 경우도 범죄로서 처벌된다(법651조1항4호).

(라) 등기의 촉탁 등

법인이 아닌 채무자의 경우 파산재단에 속하는 재산에 등기·등록 있는 것에 관하여는 법원의 직권에 의하여 파산의 등기·등록(법24조, 27조)이 행하여지는 것은 전술하였다. 또 재단에 속할 청구권의 확보를 위하여는 채무자의 채무자 또는 재산소지인에 대하여 채무자에의 변제 또는 재산교부를 금하는 뜻이 공고되고, 서면으로 통지된다고 하는 것(법313조1항4호, 2항)도 전술하였다.

(2) 재산평가와 재산목록·대차대조표의 작성

관재인은 지체 없이 파산재단에 속하는 모든 재산의 파산선고 당시의 가액을 평가하여야 한다. 이 경우 채무자를 참여하게 할 수 있다(법482조). 필요하면 적당한 감정인을 사용하고, 그 평가는 청산형 절차의 특징으로서 처분가액(채권에 관하여는 액면이 아닌 추심가능가액)에 의한다(법90조와 대비). 별제권의 목적이 되어 있는 재산도 별제권자에게 제시받아 평가할 수 있다(법490조). 관재인은 이에 기하여 재산목록 및 대차대조표의 등본에 기명날인하고 이를 법원에 제출하여야 하며, 이해관계인의 열람에 제공하여야 한다(법483조2항,

---

하였다(일본 파산법156조).

2) 실무에서는 봉인에 갈음하는 조치로서 관재인이 선임되어 목적물건을 점유 관리한다는 취지와 함부로 물건을 반출하면 형법에 의하여 처벌된다고 하는 취지가 기재된 고시서가 게시되는 경우도 많다.

3) 日最判平成14.1.22刑集56권1호1면은 이 장부에는 컴퓨터상의 기록도 포함된다고 하였다.

3항). 파산관재인은 법원의 감독을 받는데(법358조), 판례는 파산관재인이 법원에 제출하는 보고서는 법원이 파산절차의 진행 경과 및 파산관재인의 업무수행사항을 점검·감독하기 위한 것으로서 법원은 보고서 기재의 정확성을 확인하기 위하여 필요한 경우 파산관재인에게 장부, 예금통장 기타 필요한 자료의 제시를 요구할 수 있고, 이러한 보고서의 내용 및 성질과 확인 절차 등에 비추어 보면, 보고서의 기재 내용에 불합리한 부분이 있다거나 변론종결 당시까지 나타난 사정으로 미루어 보아 추가적인 파산채권신고가 예정되어 있는 등 향후 보고서의 주요 내용이 수정 또는 변경될 것이 확실시되는 사항이 있다는 등의 특별한 사정이 없는 한, 보고서에 기재된 총배당예상률을 근거로 파산채권자가 향후 파산절차에서 수령할 수 있는 금액을 산정하는 것도 가능하다고 하였다.[4]

(3) 관재인에 의한 재산관리와 그 제한

관재인은 제1회 채권자집회에서 경과보고를 하는데(법488조), 법원의 허가를 받아 채무자의 영업을 계속할 수 있다(법486조). 채권자집회는 영업의 폐지·계속, 고가품의 보관방법에 관하여 결의를 할 수 있다(법489조).

관재인은 선량한 관리자의 주의를 가지고(선관주의 의무) 재단의 충실·보전을 도모하기 위하여, 경우에 따라서는 전술한 바와 같이 영업을 계속하는 경우도 있다. 구체적으로는 예컨대 파산재단에 속하는 채권의 추심에 관하여 관재인의 부주의로 소멸시효가 완성될 때까지 회수하지 못한 경우에는 관재인은 파산채권자에 대하여 손해배상의무를 개인적으로 부담하게 된다. 그 밖에 채권의 추심, 별제권이나 환취권 행사에 대한 적절한 대처, 부인권의 행사 등이 문제가 될 것이다. 법인파산의 경우에는 이사 등의 책임추급을 위하여 손해배상청구권의 조사확정이라는 간이한 방법이 인정되는 것은 전술하였다. 일본의 하급심 판결 중에는 재생채무자인 주식회사가 한 분식결산을 알아차리지 못한 감사법인에 대하여 관재인이 제기한 채무불이행에 기한 손해배상청구를 인용한 사례가 있다.[5]

파산선고를 받은 담보권설정자 또는 담보목적재산의 소유자는 담보권자에 대하여 담보가치유지의무를 부담한다. 파산재단의 확충이나 감소방지를 부담하는 파산관재인이 채무자가 부담하는 담보가치유지의무를 승계하는가 또 승계하는 경우 어떠한 범위·내용으로 승계하는가 하는 문제가 있다.[6] 일본의 판례는 채무자가 임차인으로서 보증금반환청구

---

4) 대법원 2016.9.30. 선고 2015다19117,19124 판결(공2016하, 1601)은 특정 투자를 목적으로 사모투자전문회사를 설립하여 무한책임사원 겸 업무집행사원이 된 자가 투자자들에게 투자 참여를 권유하는 과정에서 계획된 투자대상 등에 관하여 정확한 정보를 제공할 의무를 위반함으로써 위 회사의 유한책임사원으로 투자에 참여한 투자자가 손해를 입은 경우 이를 배상할 의무가 있다고 한 사안인데, 투자대상회사가 파산선고를 받은 날을 손해발생일로 보았다.

5) 日大阪地判平成20.4.18判タ1276호256면.

6) 승계를 긍정한 日最判平成18.12.21判時1961호62면, 倒産判例 インデックス 제3판 31② 참조.

권에 대하여 질권을 설정하여 두고 파산선고를 받은 후 파산관재인이 임대인과 합의하여 임대차를 해지하고 법원의 허가를 받아 보증금에서 파산선고 후의 임료와 공익비용 및 원상회복비용을 공제하고 돌려받은 사안에서 파산관재인은 채무자인 질권설정자가 질권자에게 부담하는 담보가치유지의무를 승계하는 것이고, 합의해제될 때까지 사이에 임료를 지급할 충분한 은행예금이 있고, 그 현실의 지급에 지장이 없었다는 사정에 비추어 보면 원상회복비용을 충당하기 위하여 공제한 것은 정당한 이유가 있으나, 재단채권이 되는 파산선고 후의 임료 및 공익비의 충당은 특단의 사정이 없는 한 담보가치유지의무위반이라고 하여 우선변제를 받을 수 없게 된 질권자의 손실로 파산재단이 이득을 얻은 것이므로 질권자는 임료등 상당액의 부당이득 반환청구권을 가진다고 하였다(재단채권이 된다).[7] 또 다른 일본의 하급심 판례 중에는 현재 및 장래의 외상대금채권의 양도담보에 있어서 당해 채권의 지급을 위하여 제3채무자가 발행 또는 배서한 어음을 양도담보권설정자가 취득한 때에는 양도담보권자에게 양도하여야 하는 것이므로, 양도담보권설정자의 파산관재인이 그 양도·교부를 하지 않고 추심한 사안에서 양도담보권자의 부당이득반환청구(재단채권)를 인정한 것이 있다.[8]

관재인의 활동은 그 재량에 의하여 하는 것이 원칙이나, 일정한 중요한 사항에 관하여는 권한이 제한되어 있다. 그 대부분은 다음 항에서 보는 재산의 환가에 관한 것이 많지만, 환가 이외의 사항만을 열거하면 다음과 같다. 이러한 행위들을 하고자 할 때에는 관재인은 법원의 허가를 받아야 하며, 감사위원이 설치되어 있는 때에는 감사위원의 동의를 얻어야 한다(법492조). 이러한 경우 채무자는 파산관재인에게 의견을 진술할 수 있고(법493조), 채무자의 신청에 의하여 법원이 그 행위의 집행중지를 명하는 수가 있다(법494조).

(가) 자금의 차입 등(법492조5호)

(나) 파산선고 전에 개시된 상속에 관하여 채무자가 파산선고 후에 한 상속포기의 승인, 포괄유증포기의 승인, 채무자에 대신하여 하는 특정유증의 포기(법386조2항, 387조, 388조1항, 492조6호)

(다) 쌍방미이행 쌍무계약의 이행의 청구(법335조1항, 492조9호)

(라) 소의 제기(법492조10호)

(마) 화해(법492조11호)

(바) 권리의 포기(법492조12호)

---

7) 日最判平成18.12.21民集60권10호3964면, 倒産判例 インデックス 제3판 31①[百選17]. 이 경우 파산관재인은 파산법원의 허가를 받은 점 등을 이유로 선관주의의무를 위반하였다고 할 수는 없고, 악의의 수익자도 아니라고 하였다.

8) 日東京地判平成20.1.29金法1877호43면, 日東京高判平成20.9.11金法1877호37면, 倒産判例 インデックス 제3판 74.

판례는 파산관재인이 파산절차에서 일부 후순위파산채권에 대하여 한 소멸시효이익 포기는 '권리의 포기'에 해당하지 않아 법원의 허가사항이라고 볼 수 없다고 하였다.[9]

  (사) 재단채권, 환취권 및 별제권의 승인(법492조13호)

  (아) 별제권의 목적의 환수(법492조14호)

  (자) 파산재단의 부담을 수반하는 계약의 체결(법492조15호)

  (차) 그 밖에 법원이 지정하는 행위(법492조16호)

이상의 것들 중 (다) 이하의 행위들은 재산의 가액이 1천만 원 미만인 것에 관하여는 동의·허가를 받을 것을 요하지 않는다. 또한 규정에 위반하여 동의·허가 등을 받지 않은 경우 또는 전술한 법원에 의한 집행중지명령에 위반하여 한 경우에도 그 위반에 의한 무효를 선의의 제3자에게 대항하지 못한다(법495조). 다만 관재인의 손해배상책임이 소멸하는 것은 아니다.

위 동의나 허가는 법 제492조 소정의 파산관재인의 행위의 효력발생요건으로서 이에 위반한 행위는 원칙적으로 무효가 되고, 특히 파산관재인이 소를 제기하거나 재판상 화해를 함에 있어서는 위 법원의 허가 등은 민사소송법 제51조 소정의 소송행위에 필요한 수권에 해당하여 제소의 적법요건이 되고, 법원의 허가가 없으면 수권의 흠결이 있는 것으로서 재심사유에 해당한다.[10] 법원이 사후에 허가를 한 경우에는 소급하여 유효가 된다고 해석한다.[11]

다. 재산의 환가: 파산에 있어서의 환가의 규제

청산은 금전으로 채권자에게 변제하는 방법으로 행하여지므로 최종적으로는 모든 재산을 환가하여 금전화할 필요가 있다. 물론 재건형 절차에 있어서도 절차의 과정에서 금전이 필요하고, 그를 위하여 재산을 환가할 필요가 생기는 수가 있지만, 파산에서는 재산의 환가는 그 필수의 가장 중요한 요소의 하나이다. 환가를 적절히 하지 않으면 재산의 진가를 실현할 수 없고, 채권자는 그만큼 손해를 입게 되기 때문이다. 그런 의미에서는 채권

---

9) 대법원 2014.1.29. 선고 2012다109507 판결(미간행).
10) 대법원 1990.11.13. 선고 88다카26987 판결(공1991, 57)은 재심사유가 있는 자의 상대방측에서도 그러한 사유를 주장함으로써 이익을 받을 수 있는 경우에는 이를 재심사유로 삼을 수 있다고 하면서 원심판결을 파기 환송하였다.
11) 대법원 1992.9.8. 선고 92다18184 판결(공1992, 2843)은 종중이 적법한 대표자 아닌 자가 제기하여 수행한 소송을 추인하였다면 그 소송은 소급하여 유효한 것이고, 가사 종중의 소제기 당시에 그 대표자의 자격에 하자가 있다고 하더라도 이 소가 각하되지 아니하고 소급하여 유효한 것으로 인정되는 한 이에 의한 시효중단의 효력도 유효하다고 볼 것이지 소송행위가 추인될 때에 시효가 중단된다고 볼 것이 아니라고 하였다.

자의 입장에서 보면 환가의 적정여부는 절차 그 자체의 성공 여부를 결정할 정도로 중요한 것이고, 환가의 시기나 방법의 선택에 있어서 파산관재인의 수완도 보이게 된다. 그런 관점에서는 관재인의 완전한 자유재량에 일임하는 것도 하나의 방법이겠으나, 법률은 권한 남용에 대한 우려에서 환가에 관하여 일정한 규제를 하고 있다.

(1) 환가시기의 제한

파산관재인은 일반의 채권조사가 종료되기 전에는 파산재단의 환가를 할 수 없다(법 491조). 배당을 받을 수 있는 파산채권의 총액이 밝혀지지 않으면 어느 정도의 재산을 환가할 필요가 있는가가 결정되지 않기 때문이다. 다만 감사위원의 동의 또는 법원의 허가를 받은 때에는 그러하지 아니하다(같은 항 단서). 관재인이 이에 위반하여 한 환가의 무효는 선의의 제3자에게 대항할 수 없다(법495조). 이상의 제한이 있는 이외에는 관재인은 재량에 의하여 적절한 시기를 선택하여 환가할 수 있다.

(2) 환가방법의 제한

(가) 일반의 경우

원칙적으로 환가의 방법은 파산관재인이 적절하다고 판단하는 시기와 방법에 따른다. 다만 부동산, 선박 및 광업권·어업권·양식업권·특허권·의장권·실용신안권·저작권 등의 무체재산권(지적재산권)의 환가는 원칙적으로 민사집행법에 의한다(법496조). 즉 부동산, 선박에 관하여는 강제경매(민집 78조 이하, 172조 이하. 관재인이 신청인이면 파산결정 정본이 집행권원이고, 채무자를 상대방으로 하여 부동산 소재지의 지방법원에 신청하나, 실질은 소위 형식적 경매의 일종이다), 무체재산권에 관하여는 양도명령(민집241조1항1호)에 의한다. 이 방법에 의하는 한 채권조사종료 후이면 감사위원 등의 동의는 필요 없다.[12]

또한 파산관재인은 법원의 허가를 얻어 영업양도 등 다른 방법으로 환가할 수 있고 (법496조2항), 채권조사종료 후에도 감사위원 등의 동의 등을 얻으면 재판상의 절차에 의하지 않고, 임의매각할 수 있다(법492조1호, 2호). 채무자회생법 제496조 제2항의 방법에 의한 환가에는 임의매각도 당연히 포함되는데, 파산관재인이 법원의 허가를 받아 임의매각하는 경우에는 그 환가의 방법, 시기, 매각절차, 매수상대방의 선정 등 구체적 사항은 파산관재인이 자신의 권한과 책무에 따라 선량한 관리자의 주의를 다하여 적절히 선택할 수 있다.[13] 재판상의 절차 특히 경매에 의하는 것을 원칙으로 한 것은 공정한 가액의 실현을 보

---

12) 파산재단의 인, 허가권 환가 방안에 대하여는 신영섭, "파산재단으로부터의 인, 허가권 양수방법에 대한 검토", 도산법연구 제12권 제2호, 사단법인 도산법연구회(2022.12.), 151면 참조.
13) 대법원 2010.11.11. 선고 2010다56265 판결(공2010하, 2261)은 파산관재인이 파산법원의 허가를 얻어 파산재단에 속하는 부동산을 경쟁입찰방식에 의해 매각하기로 하여 그 입찰기일에 최고금액으로 입

장하기 위한 취지이다. 그러나 법원에 의한 경매절차에 의해서는 적정한 가액이 실현되기 어렵고, 헐값에 경락되거나 환가되지 않는 수가 있는 실정이어서, 현실적으로는 임의매각에 의하는 것이 보다 그 취지에 부합하므로, 실무상으로도 임의매각 쪽이 원칙적으로 되고, 임의매각이 여의치 않거나, 잉여가 기대되지만 불법 점거자가 있어 인도명령을 얻을 필요가 있는 부동산과 같은 경우에만 경매가 행하여지고 있다. 판례는 파산관재인이 부동산의 임의매각에 의한 환가를 실시함에 있어서 설령 경쟁입찰방식에 따라 최고가격을 제시한 매수자를 선정하기로 하여 입찰보증금을 제공받고 입찰공고를 시행하는 등 민사집행법상의 경매절차와 유사한 과정을 거쳤다고 하더라도 그 본질은 여전히 사적인 매매계약 관계로 보아야 하므로, 사적 자치와 계약자유의 원칙 등 사법의 원리가 당해 입찰 및 매매계약에도 그대로 적용된다고 하였다.[14]

이에 반하여 영업양도(법492조3호), 상품의 일괄매각(같은조4호), 동산의 임의매각(같은조7호) 및 채권·유가증권의 양도(같은조8호)에 관하여는 부동산 등의 임의매각과 같이 감사위원의 동의와 법원의 허가를 거쳐 관재인이 행할 수 있는 것으로 하고 있다(법492조). 다만 동산, 채권, 유가증권은 1천만 원 미만이면 동의 등을 요하지 않는다(법492조 단서). 법원은 환가행위의 집행중지를 명하거나 그 행위에 관한 결의를 하게 하기 위하여 채권자집회를 소집할 수 있다(법494조). 또 관재인이 이 제한에 위반하여 한 환가행위의 무효는 매수인을 포함한 선의의 제3자에게 대항할 수 없다(법495조).

유가증권의 양도와 관련하여 판례는 회사의 합병 또는 영업양도 등에 반대하는 주주가 회사에 대하여 비상장 주식의 매수를 청구하는 경우, 그 주식에 관하여 객관적 교환가치가 적정하게 반영된 정상적인 거래의 실례가 있으면 그 거래가격을 시가로 보아 주식의 매수가액을 정하여야 하나, 그러한 거래사례가 없으면 비상장주식의 평가에 관하여 보편적으로 인정되는 시장가치방식, 순자산가치방식, 수익가치방식 등 여러 가지 평가방법을

찰한 자를 낙찰자로 결정하였는데, 그 낙찰자인 피고가 입찰 당시 입찰공고에 정한 입찰금액의 10%에 해당하는 금액이 아닌 최저매각금액의 10%에 해당하는 입찰보증금만을 납부하였으나 파산관재인이 그 다음날 입찰보증금을 추가 납부받은 다음 피고와 매매계약을 체결하고 파산법원으로부터 그 매매계약에 관한 허가를 받은 사안에서, 2순위 최고금액 입찰자였던 원고는, 피고가 입찰공고에 따른 입찰보증금을 납부하지 않았으므로 입찰 참가자격을 갖추지 못한 것으로 보아야 한다고 주장하면서, 입찰 참가자격이 없는 피고와 체결한 매매계약이 무효라는 확인과 원고가 낙찰자의 지위에 있다는 확인을 구하는 소송을 제기한 데 대하여 위 입찰 및 매매계약은 채무자회생법 제496조 제2항에 정한 임의매각에 해당하므로 입찰보증금 납입에 관한 하자가 있으면 경매절차를 무효로 보는 민사집행법의 규정은 위 입찰에 적용되지 않고, 위 입찰공고에 정한 입찰보증금 납입규정은 매매계약의 체결 및 이행을 담보하기 위한 것으로 낙찰자가 나머지 입찰보증금을 납입함으로써 그 목적이 달성된 이상 위 입찰절차상의 입찰보증금 납입에 관한 하자가 입찰절차의 공공성과 공정성이 현저히 침해될 정도로 중대한 경우라 볼 수 없으며, 파산관재인의 위 매매계약 체결행위가 선량한 풍속 기타 사회질서에 반하는 행위라고 보기도 어렵다고 본 원심의 판단이 정당하다고 하였다.

14) 대법원 2013.6.14.자 2010마1719 결정(미간행).

활용하되, 비상장주식의 평가방법을 규정한 관련 법규들은 그 제정 목적에 따라 서로 상이한 기준을 적용하고 있으므로, 어느 한 가지 평가방법(예컨대, 자본시장과 금융투자업에 관한 법률 시행령 제176조의7의 평가방법이나 상속세 및 증여세법 시행령 제54조의 평가방법)이 항상 적용되어야 한다고 단정할 수 없고, 당해 회사의 상황이나 업종의 특성 등을 종합적으로 고려하여 공정한 가액을 산정하여야 하고, 한편 회사의 발행주식을 회사의 경영권과 함께 양도하는 경우 그 거래가격은 주식만을 양도하는 경우의 객관적 교환가치를 반영하는 일반적인 시가로 볼 수 없고, 비상장법인의 순자산가액에는 당해 법인이 가지는 영업권의 가액도 당연히 포함되므로, 시장가치, 순자산가치, 수익가치 등 여러 가지 평가요소를 종합적으로 고려하여 비상장주식의 매수가액을 산정하고자 할 경우, 당해 회사의 상황이나 업종의 특성, 위와 같은 평가요소가 주식의 객관적인 가치를 적절하게 반영할 수 있는 것인지, 그 방법에 의한 가치산정에 다른 잘못은 없는지 여부에 따라 평가요소를 반영하는 비율을 각각 다르게 하여야 한다고 하였다.[15]

(나) 별제권의 목적물의 환가

이에 관하여는 전술한 바와 같이 관재인이 환가를 하는 경우에는 원칙적으로 민사집행법에 의하여여 환가하여야 하지만, 법원의 허가를 받아 영업양도 등 다른 방법으로 환가할 수 있다(법496조). 그러나 경매에 의하는 것은 담보권자에 대하여도 반드시 좋은 방안이라고 할 수 없는 경우가 많고, 담보권이 부착된 대로의 매각, 별제권자에 의한 매수와 그 대금채권과의 상계(실질적으로는 담보물에 의한 대물변제) 및 목적물의 환취 등의 방법에 의하여 경매를 피하려고 노력하고 있다.

파산관재인이 근저당권이 설정된 채로 목적부동산을 제3자에게 양도한 경우에도 별제권부파산채권으로서 부족액책임주의에 의한 제약을 받는 것은 변함이 없음은 전술하였는데, 그렇기 때문에 파산채권자로서는 최후의 배당의 제외기간 내에 별제권을 포기하거나 별제권의 행사에 의하여 변제를 받을 수 없었던 채권액을 증명하지 않는 한, 배당으로부터 제외될 수 있다.[16]

---

15) 대법원 2006.11.24.자 2004마1022 결정(공2007, 47)은 그와 같은 입장에서 유선방송사업의 경우 초기에 방송장비 및 방송망 설치 등의 대규모 시설투자가 필요하지만, 그 이후에는 인건비 등의 비용 외에는 추가비용이 크게 필요하지 않고, 일정 수 이상의 가입자가 확보되면 월 사용료 상당의 수입이 안정적으로 확보된다는 특색이 있기 때문에 가입자의 수, 전송망의 용량, 지역 내 독점 여부 등을 기초로 한 미래의 수익률이 기업가치 내지 주식가치를 평가하는 데 중요한 고려요소이고, 나아가 종합유선사업을 하는 주식회사의 가입자 수가 점차 증가하고 있었다면, 기준시점 당시 그 주식회사가 독점적으로 종합유선방송사업을 영위할 수 있었는지 여부, 종합유선방송업의 현황 및 전망, 거시경제전망, 회사의 내부 경영상황, 사업계획 또는 경영계획 등을 종합적으로 고려하여 주식의 수익가치를 산정하는 것이 주식의 객관적인 가치를 반영할 수 있는 보다 적절한 방법이라고 하였다. 이 판결에 대한 평석으로 전현정, "비상장주식의 매수가격 결정기준", 대법원판례해설 제63호, 법원도서관(2007), 231면 참조.

16) 日大阪地決平成13.3.21判時1782호92면, 倒産判例 インデックス 제3판 86.

참고문헌

문유석, "파산재단운영실무", 통합도산법, 남효순·김재형 공편, 법문사(2006), 487면.

박정호, "새로운 개인파산절차 운용실무", 도산법연구 제3권 제1호, 사단법인 도산법연구회(2012.5.), 61면.

임치용, "도산법제에 있어서의 파산절차의 특색", 파산법 연구, 박영사(2004), 17면.

임치용, "파산법원 설치 및 파산업무의 감독", 파산법 연구 3, 박영사(2010), 1면.

임치용, "신용협동조합의 파산과 법률관계", 파산법 연구 4, 박영사(2015), 118면.

최두호 "법인파산절차에 있어서의 몇 가지 쟁점", 도산법연구 제1권 제1호, 사단법인 도산법연구회(2010.1.), 219면.

2. 배당

가. 배당의 의의

파산채권자는 파산절차에 의하여만 권리를 행사할 수 있다(법424조). 이는 파산채권자는 파산배당에 의하여만 만족을 받는다는 것을 의미하고, 동시에 환가된 재산은 배당에 의하여 채권자에게 분배되고, 이로써 청산의 목적이 수행된다는 것을 의미한다. 이 의미에서 파산배당은 파산절차의 종점이고, 모든 절차는 이를 향하여 나아가는 단계라고 할 수 있다. 그러나 실제로는 배당에 의하여 절차가 종결하는 사건은 매우 적다는 것은 전술하였다.

파산관재인은 일반의 채권조사 종료 후에는 배당함에 적당한 금전이 있다고 인정하는 때마다 지체 없이 배당을 하여야 한다(법505조). 일반의 채권조사가 종료하면 파산채권의 순위·액은 대체로 확정되고, 파산재단소속 재산의 환가도 가능하여지므로 전 재산의 환가를 기다리는 것이 아니고 어느 정도 금전이 모이면 그때마다 수회로 나누어 서서히 배당이 이루어지는 것이 보통이다. 즉 배당에는 1회 또는 수회의 중간배당과, 재단의 환가가 종료하여 최종적으로 행하여지는 최후의 배당, 나아가 예외적인 경우에 그 후에 행하여지는 추가배당의 세 종류가 있고, 각각 다른 절차적 규제를 받는다. 그러나 재단의 규모가 작은 간이파산(법549조 이하)에 있어서는 최후의 배당에 해당하는 배당이 원칙적으로 1회만 행하여지는 것이 원칙이다(법555조 추가배당 가능).

나. 중간배당

(1) 중간배당의 필요성과 재원

일반의 채권조사를 끝내면 어느 정도의 파산채권은 확정되고, 또 일반의 채권조사종료 후에는 재산의 환가가 가능하므로, 그 환가금이나 채권의 추심 등에 의하여 관재인의 수중에 금전이 축적된다. 관재인은 이를 재단채권(관재인의 보수를 포함한다)의 지급에 충당하고, 담보물의 환수에 사용하여야 하나, 어느 정도 배당에 돌릴만한 정도의 금전이 얻어지면 파산관재인은 법원의 허가 또는 감사위원이 있는 때에는 감사위원의 동의를 얻어 지체 없이 중간배당을 실시하여야 한다(법505조, 506조. 또 374조 참조).

(2) 중간배당의 절차

(가) 배당표의 작성

파산관재인은 ① 배당에 참가시킬 채권자의 성명 및 주소, ② 배당에 참가시킬 채권의 액(후술 참조), ③ 배당할 수 있는 금액을 기재한 「배당표」를 작성하고(법507조), 이해관계인의 열람을 위하여 법원에 제출하여야 한다(법508조). 배당할 수 있는 금액은 관재인이 얻은 금액으로부터 절차비용이나 파산재단의 관리환가에 대한 비용(관재인의 보수를 포함한다) 등의 재단채권에 대한 변제분을 공제한 잔액이다. 이 중 배당에 참가시킬 채권은 우선권의 유무 및 그 순위에 의하여 구별하고, 우선권 없는 것에 관하여는 후순위채권(법446조)을 통상의 채권과 구별하여 기재하여야 한다(법507조2항). 배당할 수 있는 금액은 일응의 예정이고, 그 후 배당률의 통지를 발송하기까지 알고 있는 재단채권에 지급한 결과 감소하는 수가 있고(법534조 참조), 배당에 참가시킬 채권의 표시도 배당표의 경정에 의하여 변경될 수 있다(법513조).

(나) 배당에 참가시킬 채권으로서 배당표에 기재된 채권

① 이미 확정된 채권, ② 이의 있는 유권원채권(다만 채권확정소송 중에는 배당액이 임치된다. 법519조 1호), ③ 이의 있는 무권원채권으로서 이미 채권확정을 위하여 채권확정의 재판을 신청하거나 채권확정재판에 대한 이의 또는 소송수계의 증명이 있는 것(그 후에 증명이 있는 것은 배당표의 경정에 의하여 추가된다. 후술 참조), ④ 별제권자의 채권으로 이미 별제권의 실행에 착수한 것을 증명하고, 예정부족액으로서 소명한 것(그 후에 증명되면 경정에 의하여 추가된다. 후술 참조).

(다) 배당액의 공고와 배당의 제외기간

관재인은 배당에 참가시킬 채권의 총액 및 배당할 수 있는 금액을 공고하여야 한다(법509조). 이 공고로부터 2주간을 배당의 제외기간이라고 부르고, 이 기간의 만료까지에 배당에 참가시키기 위한 요건을 증명 또는 소명한 때에는 배당표의 경정을 거쳐, 나아가 그 배당에 참가시킬 수 있다(법512조, 513조). 제외기간 내에 이 증명·소명을 하지 않으면 그 배당을 받을 수 없으나, 그 다음 배당의 제외기간 내에 그 증명 또는 소명을 하면 전의 배당에서 받을 수 있었던 액에 관하여 다른 동순위의 채권자에 우선하여 배당을 받을 수 있다(법518조).

(라) 배당중지의 공고 및 배당절차의 속행과 공고

배당절차의 진행중에 회생절차개시의 신청으로 법원이 배당의 중지를 명한 때에는 그 뜻을 공고하여야 한다(법510조).

또한 법 제44조 제1항 1호의 규정에 의하여 배당의 중지를 명한 경우 회생절차개시신청의 기각, 회생절차의 폐지 또는 회생계획불인가에 해당하는 결정이 확정된 때에는 법원은 배당절차를 속행하고 그 뜻을 공고하여야 한다(법511조).

(마) 배당표의 경정

배당표 작성 후 제외기간 내에 다음에 해당하는 사태가 생기면 관재인은 곧 배당표를 경정하여야 한다(법513조). 즉 ① 제외기간 내에 채권신고의 취하, 이의의 철회, 이의의 완결 등 채권자표(법448조, 458조, 459조, 467조 등 참조)를 경정할 사유가 생긴 때, ② 제외기간 내에 이의 있는 무권원채권에 관하여 채권확정재판을 신청하거나 채권확정재판에 대한 이의의 소송의 제기 또는 수계의 증명이 있는 때(법512조1항), ③ 제외기간 내에 별제권자의 채권에 관하여 별제권 실행착수의 증명과 예정부족액의 소명이 있는 때(법512조2항), ④ 별제권자가 제외기간 내에 파산관재인에 대하여 그 권리포기의 의사를 표시하거나 그 권리의 행사에 의하여 변제를 받을 수 없었던 채권액을 증명한 때.

(바) 배당표에 대한 이의

채권자는 배당표에 대하여 위 제외기간 경과 후 7일 이내에 한하여 그 기재나 경정이 부당하다는 것을 주장하여 법원에 이의를 신청할 수 있다(법514조1항). 이의신청에 대하여 법원은 결정으로 재판하고, 이의가 이유 있다고 인정한 때에는 배당표의 경정을 명하고, 송달에 갈음하여 그 결정서를 이해관계인이 열람할 수 있도록 법원에 비치한다(법514조2항). 그날로부터 1주일간이 경정의 결정에 대한 즉시항고기간이 된다(법514조2항 후단, 민소 444조. 공고가 없는 경우에 해당한다). 이의기각결정에 대하여는 고지로부터 1주일 내에 즉시항고할 수 있다(법514조3항, 민소444조 참조).

(사) 배당률의 결정과 통지

배당표에 대한 이의신청 기간 경과 후 또는 이의신청이 있는 경우에는 그에 대한 결정이 있은 후 그 확정을 기다리지 않고, 관재인은 지체 없이 법원의 허가, 감사위원이 있는 때에는 감사위원의 동의를 받아 배당률을 정하고, 배당에 참가시킬 각 채권자에게 통지하여야 한다(법515조). 일반의 파산채권에의 배당률은 배당할 수 있는 금액으로부터 새로이 알게 된 재단채권에 대한 변제액(법534조 참조)과 우선적 파산채권의 총액을 공제한 잔액과 일반의 파산채권의 총액과의 비율에 따라 몇 퍼센트라고 결정된다. 그 배당률의 통지에 따라 각 파산채권자는 구체적인 배당금청구권을 취득하게 되는데, 중간배당금 지급채무의 이행기는 해당 배당일 이후로서 파산채권자가 이행을 청구한 날 또는 최후배당

일이라고 봄이 타당할 것이다.[1]

　판례는 파산관재인이 확정된 파산채권에 대하여 청구이의의 소를 통하여 그 채권소멸의 효력을 인정받기 전에 배당을 실시하면서 배당참가채권에서 제외하여 배당하였다면 이는 파산관재인으로서 선량한 관리자의 주의의무를 해태하여 해당 채권자에게 손해를 가하는 것으로서 불법행위를 구성한다고 하였다.[2]

　한편 파산채권자의 배당금 지급청구권에는 다양한 종류의 파산채권 원본과 그에 대한 파산선고 전일까지의 이자 및 지연손해금을 합산한 채권이 모두 반영되어 있어, 원래 채권의 성격이 반드시 그대로 유지된다고 보기는 어렵고, 배당절차는 금전화 및 현재화를 거친 파산채권 원금 및 파산선고 이전까지의 지연손해금에 대하여 배당재원의 범위 내에서 각 채권의 비율에 따라 분배하는 절차로서, 배당률을 정하여 통지함으로써 발생한 구체적 배당금 지급 채무의 이행은 파산재단을 대표한 파산관재인의 의무이지 채무자의 의무는 아니므로, 배당금 지급채무는 파산채무의 원래 속성이나 채무자가 상인인지 여부와는 무관하게 민사채무로 봄이 상당하고, 그 지연으로 인한 지연손해금에 적용될 법정이율도 원래 파산채무의 속성이나 약정이율 혹은 집행권원에서 정한 지연이율에 영향을 받지 아니하고 민사법정이율인 연 5%가 적용된다.[3] 또 채권자가 재단에 대하여 채무를 부담하고 있는 때에는 상계금지(법422조1호)에 저촉되지 않고 채권자 또는 관재인이 상계할 수 있게 된다. 여기서 각각의 중간배당을 위하여 예정된 금액의 분배방법이 결정되므로 배당률의 통지를 발송할 때까지 관재인이 알지 못하였던 재단채권을 통지 후에 알게 되어도 법원은 배당의 중지를 명할 수 없다(법534조).

　실무에서는 이 통지에 배당률뿐만 아니라 배당액, 배당기일 및 배당금 수령을 위한 절차 등에 관하여도 기재하고 있다.

　(아) 배당금의 지급

　배당금청구권은 추심채무이고, 따라서 배당률의 통지를 받은 각 파산채권자는 파산관재인이 그 직무를 행하는 장소에서 배당을 받아야 한다. 다만, 파산관재인과 파산채권자 사이에 별도의 합의가 있는 경우에는 그러하지 아니하다(법517조1항). 파산관재인은 배당을 한 때에는 파산채권자표 및 채권의 증서에 배당한 금액을 기입하고 기명날인하여야 한다(법517조2항). 그러나 위 규정만으로 채권증서 자체를 배당금 지급(일부 변제)과 동시이행으로 파산관재인에게 교부하여야 할 의무가 인정되는 것은 아니다.[4] 관재인으로부터 송금이 된 경우 그 송금비용은 각 채권자가 부담한다. 중간배당에서는 해제조건부채권자는 상당

1) 대법원 2005.9.15. 선고 2005다22886 판결(공보불게재).
2) 대법원 2011.7.28. 선고 2010다38571 판결(공보불게재).
3) 위 대법원 2005.9.15. 선고 2005다22886 판결(공보불게재), 대법원 2005.8.19. 선고 2003다22042 판결(공2005, 1486)[백선81]. 이 판결에 대한 평석으로 임치용, "배당금청구권의 성질", 파산법 연구 2, 박영사(2006), 284면 참조.
4) 위 대법원 2005.8.19. 선고 2003다22042 판결(공2005, 1486)[백선81].

한 담보를 제공하지 않으면 배당을 받을 수 없다(법516조).

파산관재인의 고의·과실로 배당표가 잘못 작성되고 이에 대하여 채권자도 이의신청을 하지 아니하여 그대로 배당된 경우 정당한 배당을 받지 못한 채권자가 배당을 과다하게 받은 채권자를 상대로 부당이득반환을 청구할 수 있는가가 문제되는데, 판례는 파산배당표에 관한 것은 아니지만, 확정된 배당표에 의하여 배당을 실시하는 것은 실체법상의 권리를 확정하는 것이 아니므로, 배당을 받아야 할 채권자가 배당을 받지 못하고 배당을 받지 못할 자가 배당을 받은 경우에는, 배당을 받지 못한 채권자로서는 배당에 관하여 이의를 한 여부 등에 관계없이 배당을 받지 못할 자이면서도 배당을 받았던 자를 상대로 부당이득반환청구권을 가지며, 반대로 자신이 배당받아야 할 금액보다 초과하여 배당받은 채권자는 그 초과 부분을 적법하게 배당요구를 하였으나 정당한 배당을 받지 못한 다른 채권자에게 부당이득으로서 반환할 의무가 있다고 하였다.[5]

또한 구체적 배당금지급채무의 이행은 파산재단을 대표한 파산관재인의 의무이지 채무자의 의무가 아니므로 배당금지급청구소송의 상대방은 파산관재인이 된다.

(자) 배당액의 임치

다음의 각 채권에 관하여는 배당액을 임치하여야 한다(법519조 각호). 임치는 공탁과 달리 지급의 유보이고, 유보하는 이유가 없어지는 시점에 각각 지급되지만, 최종적으로는 최후의 배당에서 결말이 난다. 임치의 방법은 지정보관장소(법487조, 489조)인 은행 등에의 예금에 의한다.

1) 집행권원의 유무를 불문하고, 이의 있는 채권에 관하여 채권조사확정의 재판 또는 소송수계가 있은 것(법462조, 464조, 466조).

유권원채권은 이의가 있어도 당연히 배당에 참가하므로 이의자가 소의 제기 또는 수계의 증명을 배당률의 통지를 발송하기까지 관재인에게 하지 않으면 배당금이 지급된다. 이 경우 임치금은 파산재단에 속하고, 그 과실에 해당하는 이자 역시 파산재단에 귀속된다.[6]

2) 배당률의 통지를 발송하기 전에 심사청구 기타의 불복신청 또는 소송이 종결되지 않은 벌금·과료 등의 채권(법472조, 471조, 446조4호 참조)

3) 별제권자가 소명한 예정부족액(법512조2항, 또한 법525조, 526조 참조)

4) 정지조건부채권 및 장래의 청구권(법427조, 또한 법523조, 526조 참조)

5) 해제조건부채권자가 담보를 제공하지 않아 지급할 수 없는 액(법516조. 또한 법524조 참조)

---

5) 대법원 2012.12.16. 선고 2011다60421 판결(미간행). 同旨 대법원 2001.3.13. 선고 99다26948 판결(공 2001, 863), 대법원 2007.2.9. 선고 2006다39546 판결(공2007, 433).
6) 대법원 2003.1.24. 선고 2002다51388 판결(공보불게재). 同旨 대법원 2007.5.10. 선고 2006다85693 판결(미간행).

다. 최후의 배당

최후의 배당은 파산재단에 속하는 재산 전부(가치가 없는 재산은 환가를 요하지 않는다. 법529조 참조)의 환가가 종료된 후에 이루어지는 배당이다(또한 사건에 따라서는 중간배당 없이 즉시 최후배당이 행하여지는 경우도 있다). 파산관재인이 최후의 배당을 함에는 감사위원의 동의가 있은 때에도 법원의 허가를 받아야 한다(법520조). 그 절차는 대체로 중간배당의 경우와 같으나, 최종적인 것이므로 약간의 특칙이 있다.

(1) 배당표의 작성: 중간배당의 경우와 같다.

(2) 배당에 참가시킬 채권으로서 배당표에 기재된 채권

확정채권, 유권원채권, 이의 있는 무권원채권으로 소송제기 또는 수계의 증명이 있는 것, 별제권자의 채권으로 별제권 실행착수의 증명 및 부족액의 소명이 있는 것(다만 제외기간 내에 확정액을 증명하지 않으면 배당을 받지 못한다)에 관하여는 중간배당의 경우와 같다. 또 그 당시 조건에 걸린 채권 등에 관하여도 같다(다만 정지조건부채권과 장래의 채권에 관하여는 제외기간 내에 조건이 성취되지 않으면 배당을 받을 수 없고, 해제조건부 채권에서는 제외기간 내에 조건이 성취되면 배당을 받을 수 없다). 담보권의 실행에 있어서는 제외기간 만료까지 실행을 완료하지 못한 경우에는 담보권을 포기하고 피담보채권의 범위를 변경하지 않는 한 ` 피담보채권인 파산채권에 관하여 배당에 참가할 수 없다. 그러나 근저당권의 경우에는 한도액의 제도에 의하여 한도액을 초과하는 부분에 관하여는 별제권의 행사로 변제받을 수 없는 것은 담보권의 실행 만료하기 전에도 명백하므로 저당권의 경우에는 한도액을 초과하는 부분은 당연히 확정된 부족액(「확정부족액」)으로 취급되고 파산관재인은 근저당권에 의하여 담보되는 파산채권에 관하여는 확정증명이 없는 경우에도 한도액을 초과하는 부분의 액을 「최후배당의 절차에 참가할 수 있는 채권의 액」으로서 배당표에 기재하여야 하고, 그 액수는 최후배당의 제외기간만료까지 확정부족액의 증명이 있는 경우를 제외하고 확정부족액이 된다. 「최후배당의 절차에 참가시킬 채권의 액」의 결정의 기준시는 최후배당의 허가가 있은 날이다.[7] 피담보채권 중 한도액을 초과하는 부분과 그렇지 않은 부분을 나누어 근저당권이 실행된 경우의 충당관계에 비추어 판단한다. 이와 관련하여서는 법정충당(민476조 내지 479조)에 의할 것이다.[8]

일본의 판례로는 파산관재인이 별제권의 부족액을 증명하는 부족액확정보고서가 제출되지 않았다는 이유로 당해 파산채권을 최후배당에서 제외한 사안에서 충당계산에 의하

---

7) 일본 파산법 제196조제3항. 명문 규정이 없는 우리나라도 마찬가지로 해석한다.
8) 日最判平成9.1.20民集51권1호1면.

여 부족액의 존재는 명백한데도 당해 파산채권을 배당표에 추가하지 않은 것에 관하여 파산관재인의 선관주의 의무 위반을 인정한 사례가 있다.[9]

(3) 배당액의 공고와 최후의 배당의 제외기간

최후의 배당도 배당표의 작성·법원에의 배당표의 제출·배당의 공고라고 하는 순서로 절차가 진행되나, 최후의 배당에 관한 제외기간은 배당의 공고일로부터 기산하여 14일 이상 30일 이내로 법원이 재량으로 이를 정한다(법521조). 이 경우의 제외기간은 전술한 바와 같이 조건이 성취되지 않은 정지조건부채권 또는 장래의 청구권(법523조), 별제권 포기의 의사표시를 하지 아니하거나 별제권 행사에 의하여 확정된 부족액을 증명하지 아니한 별제권자의 파산채권(법525조, 또한 526조 참조. 이 경우에는 임치된 금액은 다른 채권자에게 배당된다. 법519조3호, 526조),[10] 채권확정소송의 제기 또는 수계의 증명이 되지 않은 이의 있는 무권원채권자(법528조1호)[11]에 관하여 최종적으로 배당을 받지 못하게 된다는 중대한 효과를 초래하기 때문이다. 또 해제조건부채권에 관하여는 제외기간 내에 조건이 성취되지 않으면 그대로 무조건 배당에 참가하고, 중간배당 때에 제공한 담보(법516조)는 채권자에게 반환되고, 담보를 제공하지 않은 경우에는 임치되어 있는 금액(법519조5호)은 채권자에게 지급된다. 해제조건이 성취된 때에는 배당으로부터 제외되고, 그 해당분은 다른 채권자에게 배당된다. 위 제외기간에 대한 결정에 대하여는 불복신청할 수 없다(법512조, 13조).

(4) 배당표의 경정

이와 같은 배당표작성 후 최후의 배당의 제외기간의 경과에 의하여 배당표를 변경하는 경우 및 배당액의 통지를 발송하기 전에 새로 배당에 충당할 재산이 있게 된 경우(은닉재산을 발견한 것 같은 경우뿐만 아니라 채권확정소송에서 신고채권자가 패소 확정한 경우)에는 관재인은 지체 없이 배당표를 경정하여야 한다(법527조).

---

9) 日札幌高判平成24.2.17金判1395호28면, 倒産判例 インデックス 제3판 30. 실무상 별제권자는 최후배당까지 파산절차에서 당초에 신고한 부족액의 추이에 관하여 「부족액 확정보고서」 등의 서면을 제출하는 것이 관행이나, 별제권자는 이를 제출하지 않았고, 위 판결은 별제권자에게도 위와 같은 과실이 있다고 인정하여 과실상계를 하였다.
10) 日東京地決平成9.6.19判タ949호240면, 倒産判例 ガイド 제2판 321면은 근저당권의 경우라도 별제권을 행사하여 부족액을 명확히 하지 않은 이상 부족액의 증명이 있다고 할 수 없다고 하였다. 실무에서는 저당권의 경우 실제로 매각되어 수령배당액을 표시하는 서면을 제출하여야 하고, 최저매각금액을 표시하는 것만으로는 부족한 것으로 취급하고 있다. 검토가 필요한 부분이다.
11) 추가배당이 있어도 이에 해당하지 않는 것은 불가능하다. 또 채권신고기간을 지체하여 신고한 무권원채권자도 이 제외기간 만료시까지 특별조사기일에 확정을 할 수 있지만, 이의 있는 경우에는 소송제기 등을 하지 않으면 파산절차에 의한 변제를 받지 못한다. 다만 유권원채권의 경우에는 기간 내에 신고하면 된다.

(5) 배당표에 대한 이의: 중간배당의 경우와 같다.

(6) 배당액의 결정과 통지

최후의 배당에 있어서는 파산관재인은 배당표에 대한 이의의 종결 후 지체 없이 각 채권자에 대한 배당액(중간배당의 경우는 배당률이었던 것과 다르다)을 정하여 그 통지를 하여야 한다(법522조). 이 경우는 감사위원의 동의 등을 요하지 않는다. 기타 통지의 효과·내용은 중간배당의 경우와 같다.

(7) 배당금의 지급: 중간배당의 경우와 같다.

(8) 배당금의 공탁

채권확정소송 또는 행정 불복신청의 절차 또는 소송이 종결되지 않아 중간배당에서 임치된 배당액 및 새로이 이에 대하여 배당하여야 할 금액(법528조1호, 2호, 519조1호, 2호), 채권자가 영수하지 아니한 배당액(법528조3호)은 그 채권자를 위하여 공탁된다(법528조). 공탁은 임치와 달리 지급의 효력이 생기므로 관재인으로서는 면책되어 최종적인 결말에 이르게 되는 것이다.

(9) 계산보고를 위한 채권자집회와 파산종결

이상과 같이 최후의 배당이 된 후 파산관재인은 계산보고를 위한 채권자집회의 소집을 법원에 신청하여야 한다(법365조1항, 367조). 이 채권자집회에서는 관재인의 계산보고의 승인과 함께 관재인이 가치 없다고 인정하여 환가하지 아니한 재산의 처분에 관하여 결의를 하여야 한다(법529조). 계산이 승인되면 관재인은 면책된다(법365조2항 참조). 상법 제450조에 따른 이사, 감사의 책임 해제는 재무제표 등에 그 책임사유가 기재되어 정기총회에서 승인을 얻은 경우에 한정된다는 판례의 입장에 따르면,[12] 채권자집회에 보고된 계산보고서의 기재에 의하여 알 수 없는 사항에 관하여는 파산관재인의 책임은 면제되지 않는다고 본다. 나아가 상업장부는 파산재단에 속하는 재산이 아니라고 해석하여야 하므로 이 결의에 복종하지 않고, 보존의무자에게 반환되어야 한다.

채권자집회가 종결된 때에는 법원은 파산종결결정을 하고, 그 주문 및 이유의 요령을 공고하여야 한다(법530조). 이에 의하여 파산절차는 종료된다.[13]

---

12) 대법원 2007.12.13. 선고 2007다60080 판결(공2008상, 25).
13) 일본 파산법은 최후배당에 있어서 간이배당과 동의배당이라는 제도를 신설하였다. 동의배당은 신고 파산채권자 전원이 파산관재인이 정하는 배당표, 배당액, 배당의 시기 및 방법에 대하여 동의하는 경우 파산관재인의 신청에 의하여 재판소 서기관의 허가를 얻어 해당 배당표, 배당액, 배당의 시기 및 방법에 따라 하는 배당이다(일본 파산법204조 내지 207조).

라. 추가배당

(1) 추가배당이 행하여지는 경우

최후의 배당액의 통지를 발송하기 전에 새로이 재산이 생긴 경우에는 배당표를 경정하여 최후의 배당에 의하여 분배하여야 하지만(법527조), 최후의 배당의 배당액의 통지를 한 후 생기거나 또는 발견된 재산에 관하여는(예컨대 은닉재산이 발견된 경우 등) 파산이 종결되었다고 하더라도 법원의 허가를 얻어 추가로 배당을 하여야 하고, 이를 추가배당이라고 한다(법531조1항). 이 한도 내에서는 관재인의 직무는 파산종결 후에도 잔존하는 것이 된다. 판례도 법인이 잔여재산 없이 그에 대한 파산절차가 종료되면 청산종결의 경우와 마찬가지로 그 인격이 소멸한다고 할 것이나, 아직도 적극재산이 잔존하고 있다면 법인은 그 재산에 관한 청산목적의 범위 내에서는 존속한다고 보아야 한다는 입장이다.[14] 추가배당에 충당할 재산이 생기는 경우로서는 다음과 같은 것이 있다.

(가) 채권확정소송이 신고채권자의 패소로 종결되어 최후의 배당에서 공탁하여 둔 금액(법528조1호2호)을 다른 채권자에게 배당하여야 할 경우(부인권은 파산종결에 의하여 소멸하므로 그 후의 승소에 의하여 재산이 회복되는 것은 아니다)

(나) 관재인이 실수로 재단채권을 변제하거나 배당으로서 지급한 금전이 반환된 경우
예컨대 해제조건부 채권의 채권자에게 배당액을 변제한 후 해제조건이 성취된 경우, 또는 파산관재인이 파산채권자에 대하여 과대배당을 하거나 착오에 의하여 재단채권자에게 배당하였는데 변제수령자가 수령한 금전을 반환한 경우이다.

(다) 배당액의 통지를 발송한 후 파산종결결정까지 사이에 새로운 재산이 발견된 경우
또한 재산은 배당에 충당할 「상당한」 양의 재산이어야 한다고 해석한다(일본 파산법 215조 참조). 그 이하의 소액의 재산은 채무자에 인도되거나 재단채권의 지급에 충당한다(실무상으로는 관재인에 대한 보수의 추가결정을 하는 것이 대부분이다).

한편 파산폐지 후 파산재단에 속하는 재산이 발견된 경우 판례는 채권자가 집행력 있는 집행권원 또는 채권자표에 기하여 강제집행을 할 수 있다는 입장이다.[15] 한편 일본의 판례는 파산절차가 종결된 후의 채무자 재산에 관한 소송에 대하여는 해당 재산이 파산재단을 구성할 수 있는 것이라고 하여도 파산관재인은 해당 재산으로 추가배당의 대상으로 예정하여야 하는 특별한 사정이 없는 한 당사자적격이 없다고 하였다.[16]

---

14) 대법원 1989.11.24. 선고 89다카2483 판결(공1990, 113)은 파산절차에서 선박매매대금채권이나 어음에 관하여 제소하기로 채권자 집회에서 의결하였다가 그 후 제소를 보류하되 다만 (위 채권을 양수한 원고가) 어음금청구소송에서 승소하면 그로써 얻는 금액을 채권자들에게 배당하기로 법원과 채권자들 사이에 양해가 사안이었다. 同旨 대법원 2009.10.29. 선고 2009다31871 판결(미발간)

15) 대법원 1999.8.13.자 99마2198,2199 결정(공1999, 2155).

16) 日最判平成5.6.25民集47권6호4557면, 倒産判例 ガイド 제2판 326면, 倒産判例 インデックス 제3판

(2) 추가배당의 절차

추가배당은 최후의 배당을 위한 배당표에 의하여 행한다(법532조). 추가배당은 최후의 배당을 보충하는 것이기 때문이다. 새로운 추가배당을 위한 배당표를 작성하는 것이 아니므로 최후의 배당에 참가한 채권자만이 추가배당을 받는다. 관재인은 추가배당의 허가를 얻은 때에는 지체 없이 배당할 수 있는 금액을 공고하고, 각 채권자에 대한 배당액을 정하여 그 통지를 하여야 한다(법531조2항). 추가배당이 종료되면 파산관재인은 지체 없이 계산보고서를 작성하여 법원의 인가를 받아야 한다(법533조).

172[百選21].

3. 파산절차의 종료

가. 청산 목적 달성에 의한 종료 ― 최후의 배당에 의한 종료

파산에 있어서의 목적달성에 의한 종료는 최후의 배당에 의한 파산종결이다. 즉 최후의 배당실시 후 계산보고를 위한 채권자집회(법365조1항, 2항, 3항)가 종결되면 법원은 파산종결결정을 하고, 공고한다(재단채권자에게 분배하여 재산이 없게 된 경우도 같다). 이 결정에 대하여는 불복신청할 수 없다(법530조, 13조). 이로써 추가배당에 관한 사무를 제외하고 파산관재인의 임무는 종료한다(다만 법366조 참조).[1] 법인파산의 경우 또는 채무자에 관한 등기 있는 경우에는 파산종결의 등기가 촉탁에 의하여 이루어지고(법23조, 24조. 또한 314조2항 참조), 잔여재산이 없으면 청산중의 법인은 이로써 최종적으로 소멸한다. 또 잔여재산이 있으면 채무자는 그에 대한 관리처분권을 회복한다(법인의 경우에는 다시 잔여재산분배를 위한 청산을 행하거나 또는 법인의 계속이 가능하다고 해석한다). 채권자도 파산절차에 의한 권리행사의 제한을 벗어나므로 채무자가 면책을 받지 않은 경우에는 자유재산에 대하여 집행할 수 있게 된다(신고기간 내에 채권신고가 전혀 없는 때에도 법 제530조에 준하여 파산종결결정을 하여야 할 것으로 해석한다).

한편 파산절차가 종료하는 것을 「파산의 해지」라고 총칭하고, 파산종결은 그 중의 한 경우이고 그 이외에 후술하는 파산취소 및 폐지 등이 있다(민소239조, 240조, 법556조 참조).

---

1) 日最判平成5.6.25民集47권6호4557면, 倒産判例 ガイド 제2판 326면, 倒産判例 インデックス 제3판 172[百選21]은 파산절차 종료후에 제기된 채무자의 재산에 관한 소송에 있어서는 그 재산이 파산재단을 구성할 수 있는 것이라고 하더라고, 추가배당의 대상으로 하는 것을 예상하거나 또는 예정하여야 할 특단의 사정이 없는 한 파산관재인은 당사자적격이 없다고 하였음은 전술하였다.

나. 청산미달성 단계에서의 종료

(1) 파산의 취소

파산선고결정에 대하여는 즉시항고가 허용되지만, 이 즉시항고에는 집행정지의 효력이 없고, 파산절차는 불복신청이 항고심에 계속 중에도 항고와 관계없이 진행되는 것은 전술하였다. 따라서 항고심 또는 재도의 고안(민소446조)을 한 원심법원이 즉시항고가 이유 있다고 인정하여 파산선고를 취소한 경우에는 그때까지 진행된 파산절차의 운명이 문제가 된다. 이를 파산절차의 취소라고 한다.

(가) 취소의 재판

즉시항고에 기하여 항고법원 또는 재도의 고안을 한 원심법원이 파산선고의 요건이 흠결되었다고 판단하는 때에 행한다. 그 판단의 시점은 항고심의 재판시이다.[2] 그러나 신청자격은 원결정 후에 소멸하여도 무방하다. 그 사이에 신고된 파산채권이 취하에 의하여 없어져도 파산을 취소할 이유가 되지 않는다.

항고법원은 고등법원이므로 그에 대하여는 재판에 영향을 미친 헌법·법률·명령 또는 규칙의 위반을 이유로 드는 때에만 재항고할 수 있고(민소442조), 재도의 고안에 기하여 원심법원이 한 취소결정에 대하여는 즉시항고가 허용된다(이 항고는 파산취소결정에 대하여 집행정지의 효력이 있다).

(나) 취소의 효과

파산취소결정이 확정되면 파산선고가 없었던 것이 되고, 파산절차개시에 수반한 제반 효과는 소급하여 소멸한다. 이와 같이 소급효가 있는 점에서 장래에 향하여 절차를 중지함에 그치는 파산폐지와 다르다.

1) 채무자는 파산선고를 받지 않은 것이 되므로 이에 수반하는 자격제한이나 자유의 제한을 면하고, 재산에 대한 관리처분권을 잃지 않은 것이 되므로 파산선고 후에 한 처분행위도 소급하여 유효가 된다(그러나 후술하는 바와 같이 관재인의 처분과 경합하는 경우는 별도). 이미 받은 면책의 재판도 효력을 잃는다. 파산에 의하여 해산한 법인도 해산하지 않은 것이 된다.

2) 파산관재인도 그 지위를 잃지만, 재임 중에 한 재산의 관리 처분행위는 파산취소 후에도 그 효력을 잃지 않는다고 해석한다. 이는 취소의 소급효의 예외가 되지만, 거래의 안전을 도모하고, 제3자에게 불측의 손해를 주지 않기 위하여 통설이 인정하고 있는 것이다.[3] 따라서 채무자의 행위가 부활한다고 하여도 관재인의 행위와 저촉될 때에는 그 시기

2) 日大決大正15.5.1民集5권358면(선고 후의 지급불능의 소멸).
3) 日大判昭和11.5.9新聞3988호12면, 日大判昭和13.3.29民集17권523면.

의 전후를 불문하고 후자가 우선한다.

　　3) 파산채권자에 대한 권리행사의 제한(법424조)은 없어진다. 채권의 조사·확정의 효력도 없어지므로 가령 채무자의 이의 없이 확정된 경우에도 취소 후 이를 가지고 집행할 수 없다. 채권신고에 의한 시효중단의 효력(민171조)도 소멸하지만, 취소결정 확정시까지 계속한 최고의 효력(민174조)으로서 인정될 수 있다.

　　4) 파산재단에 관한 소송으로서 파산선고에 의하여 중단된 것은 채무자가 수계하고(민소236조 후단), 관재인이 수계한 것은 다시 중단하여 채무자가 수계한다. 관재인을 당사자로 하여 새로이 시작된 소송(법359조)도 마찬가지이나, 부인권 행사는 관재인에 특유한 것이므로 부인소송은 부인 이외의 요소가 없는 한 당연 종료한다(제3자의 환취권에 기한 소송에서 관재인이 부인의 항변을 제출하여 놓은 것은 채무자에게 수계되지만, 전적으로 부인권에 기하여 관재인이 제기한 소송은 종료한다). 관재인의 승소가 확정되었어도 채무자는 그 효과를 받지 않는다.

　　파산재단에 관한 강제집행·가압류·가처분으로서 파산선고에 의하여 실효된 것(법348조)은 당연히 부활하고, 그 단계부터 다시 절차가 진행된다.

　　(다) 취소 후의 절차관계

　　파산취소결정이 확정되면, 법원은 결정의 주문을 공고하고, 알고 있는 채권자, 채무자, 재산소지자에게 취소결정의 주문 등을 기재한 서면을 송달하며(법325조1항, 2항, 313조2항), 파산취소의 등기·등록을 촉탁하고(법23조1항, 27조), 검사(법325조2항, 315조), 주무관청(법314조)에 통지하고, 우편물 등에 관한 조치(법485조2항)를 하여야 한다. 유한책임신탁재산에 대한 파산취소 또는 파산폐지의 결정이 확정되거나 파산종결의 결정이 있는 경우 그 목적인 사업이 행정청의 허가를 받은 사업일 때에는 법원은 그 사실을 주무관청에 통지하여야 한다(법578조의5 제2항).

　　관재인은 잔무정리로서 파산폐지의 경우에 준하여 재단채권을 변제하고, 이의 있는 것에 관하여는 공탁하여야 한다(법325조2항, 547조). 재단채권변제를 위하여 필요하면, 나아가 재산을 환가할 수 있으나, 재단채권의 종류를 묻지 않고(예컨대 파산전의 조세채권이라도 좋다) 이를 인정하는데 대하여는 입법론으로서 비판이 있다. 파산취소가 되어도 관재인은 물론 보수를 받을 수 있다. 결국 관재인에 있어서는 파산취소도 파산폐지와 다름이 없다고 할 수 있다.

(2) 파산폐지

(가) 파산폐지의 요건

파산절차를 그 목적을 달성하지 않은 채 장래를 향하여 중지하는 것을 파산의 폐지라고 하고, 파산취소와 함께 파산해지의 한 경우이나, 효과가 소급하지 않는다는 점이 취소와 다르며, 법원의 결정에 의하여 하게 된다. 다음의 3가지 경우가 있다.

1) 동의폐지(파산포기에 의한 폐지)

파산채권자가 파산절차의 속행을 바라지 않는 경우 파산채권자의 동의를 얻어 하는 파산폐지이다. 채무자는 채권신고 기간 내에 신고를 한 파산채권자 전원의 동의를 얻은 때 또는 동의를 하지 아니한 파산채권자(별제권자는 포함되지 않는다)에 대하여 다른 파산채권자의 동의를 얻어 파산재단으로부터 담보를 제공한 때에는 파산폐지의 신청을 할 수 있다(법538조1항. 또한 2항, 3항 참조). 부동의한 신고 파산채권자에게 제공하는 담보는 채무자의 자유재산 내지 제3자의 재산 중에서도 제공할 수 있다. 이 경우에는 파산채권자의 동의를 요하지 아니한다. 다만 채무자가 동의폐지 신청을 함에 있어서는 별제권자에 관하여는 그 권리의 행사에 의하여 변제를 받을 수 없는 채권액에 관한 입증이 없는 경우에는 채무자회생법 제538조 제1항의 파산채권자에 해당하지 않는 것이고, 같은 항 제2호의 동의를 얻지 못한 파산채권자에 대한 담보제공은 그 담보물건의 종류, 수액을 구체적으로 특정, 명시한 서면을 제출하여야 한다.[4]

법인의 파산폐지신청은 이사 전원의 합의가 있어야 하고(법539조1항), 상속재산의 파산폐지신청은 상속인이 하되 상속인이 여럿인 때에는 전원의 합의가 있어야 하고(법539조2항), 유한책임신탁재산의 파산폐지신청은 수탁자 또는 신탁재산관리인이 하되 수탁자 또는 신탁재산관리인이 여럿일 때에는 전원의 합의가 있어야 한다(법578조의17). 또 파산선고를 받은 법인이 이 신청을 하고자 하는 때에는 사단법인은 정관의 변경에 관한 규정에 따라, 재단법인은 주무관청의 허가를 받아 법인을 존속시키는 절차를 밟아야 한다(법540조).

폐지신청을 함에는 그 신청에 필요한 조건이 구비된 것을 증명할 수 있는 서면을 제출하여야 한다(법541조). 법원은 파산폐지의 신청이 있은 뜻을 공고하고, 신청서류를 이해관계인이 열람할 수 있도록 법원에 비치하여야 한다(법542조). 파산채권자는 공고가 있은 날로부터 기산하여 14일 이내에 이의신청을 할 수 있다(법543조). 법원은 폐지의 요건구비에 관하여 채무자·파산관재인 및 이의를 신청한 파산채권자의 의견을 듣고(법544조), 필요한 조건이 구비되었다고 인정하면 파산폐지의 결정을 하고, 그 주문 및 이유의 요령을 공고한다(법546조). 결정에 대하여 이해관계인은 즉시항고할 수 있다(법538조3항). 파산폐지의 결정이 확정된 때에는 파산관재인은 재단채권의 변제를 하고, 이의가 있는 재단채권에 관하여는 채권자를 위하여 공탁을 하여야 한다(법547조). 이로써 관재인의 임무가 종결되므로 채권자집회에 계산보고를 한다(법365조). 법원은 폐지결정의 등기를 촉탁한다(법23조1항, 또 27조, 314조 참조). 폐지의 경우에는 파산종결결정은 하지 않는다.

---

4) 日名古屋高決昭和51.5.17判時837호51면, 倒産判例 インデックス 제3판 168.

2) 비용부족에 의한 폐지

동시폐지와 이시폐지가 있다. 파산재단이 빈약하여 그 재산을 가지고 파산절차의 비용을 충당하기에 부족하다고 인정한 때에는 파산선고와 함께 파산폐지의 결정(동시폐지)을 하는 것은 전술하였다(법317조). 이에 반하여 일응 파산절차를 어느 정도 진행한 단계에서 그것이 판명된 때에도 그 이상 절차를 진행하는 것은 무의미하므로 법원은 파산관재인의 신청에 의하거나 또는 직권으로 채권자집회의 의견을 듣고 파산폐지의 결정을 하여야 한다(법545조1항). 다만 관계인으로부터 파산절차비용을 충당하기에 충분한 금액이 미리 납부되어 있는 경우에는 파산폐지의 결정을 하지 않는다(같은조2항). 이를 이시폐지(또는 사후폐지)라고 한다. 기타의 절차는 동의폐지의 경우와 같다(법546조, 547조, 365조).

3) 그 밖의 폐지

규정은 없으나, 다른 이유에 의하여 파산절차가 필요 없게 된 경우에도, 위 두 경우에 준하여 채무자, 관재인의 신청 또는 직권으로 파산폐지를 할 수 있다고 해석한다(채권신고 기간 중에 전혀 신고가 없으면 직권에 의하여 폐지할 수 있다.[5] 이와 같은 폐지는 복권과의 관계에서는 동의폐지와 같이 취급하고, 면책과의 관계에서는 비용부족에 의한 폐지와 같이 취급하여야 한다).

(나) 파산폐지의 효과

파산폐지결정이 확정되면 파산절차는 종료하고, 채무자는 파산재단의 관리처분권을 회복하고, 파산재단에 관한 소송의 당사자적격을 회복하며, 이러한 사정은 법원의 직권조사사항이다.[6] 파산절차 중의 채무자의 처분행위도 유효로 된다. 그러나 이미 행하여진 절차의 효과는 지속하고, 관재인이 유효하게 한 행위의 효력이 실효하는 것이 아님은 물론이다. 채무자가 법인인 때에는 동의폐지의 경우는 법인계속의 절차를 밟아 해산전의 상태로 복귀하나(법540조), 비용부족에 의한 이시폐지의 경우에는 잔여재산이 있는 이상, 해산에 의한 청산절차가 행하여진다. 이 경우 주식회사에 있어서는 종전의 이사는 당연히 지위를 상실하므로 청산인이 되지 않고, 상법 제531조에 의하여 법원이 새로이 청산인을 선임하여야 한다는 일본의 판례가 있으나,[7] 학설로서는 종래의 이사가 청산인이 된다고 해석하여야 한다는 견해가 유력하다(동시폐지의 경우에도 마찬가지이다).[8] 또한 개인채무자는 동의폐지의 경우는 면책을 받을 수 없고(법556조2항, 4항), 반면 당연히 복권되어(법574조1항

---

5) 日大阪高判昭和50.12.18判時814호122면, 倒産判例 インデックス 제3판 166[百選제3판107]은 채권신고 기간 중에 채권신고가 전혀 없는 경우에는 파산절차를 종료(해지)하여야 하나, 파산폐지결정을 하여야 하는 것은 아니고, 파산절차 종결결정을 하여야 한다고 하였다.

6) 대법원 2017.2.9. 선고 2016다45946 판결(미간행)은 원심판결 선고 후 파산절차 폐지가 된 사안으로서 원고가 당사자적격이 없다는 이유로 소를 각하한 원심을 파기하였다.

7) 日最判昭和43.3.15民集22권3호625면, 倒産判例 インデックス 제3판 173[百選제4판87], 日最判平成10.10. 1判時1877호70면[百選59].

8) 伊藤 眞, 破産法·民事再生法 제5판, 有斐閣(2022), 433면

3호), 자격제한으로부터 해방되지만, 비용부족에 의한 폐지의 경우에는 면책의 결정을 받거나(법556조1항), 또는 복권의 신청을 하여 그 결정을 얻어(법575조) 비로소 복권이 인정된다.

다음으로 파산채권자도 권리행사의 제한(법424조)으로부터 벗어나고, 개개의 권리행사가 가능하여진다. 폐지까지 채무자의 이의가 없이 채권이 확정된 때에는 채무자가 면책(비용부족에 의한 폐지의 경우에 한한다)을 받을 수 없는 한, 채권자표의 기재에 기하여 강제집행할 수 있다(법548조, 535조). 최후의 배당에 의한 종결의 경우와 같고, 파산취소와 다른 점이다.

파산선고에 의하여 효력을 잃은 강제집행, 가압류, 가처분의 효력에 관하여는 견해가 나뉘나, 판례는 파산폐지의 결정에는 소급효가 없으므로, 파산선고로 효력을 잃은 강제집행 등은 사후적으로 파산폐지결정이 확정되더라도 그 효력이 부활하지 아니한다고 하였다.[9]

다. 재건형 절차(회생)로의 이행에 의한 종료

파산은 모든 경우의 최종적인 도산절차이고, 다른 어떠한 도산절차도 그것이 실패로 돌아가면 파산에 부쳐져야 한다. 따라서 파산으로부터 재건형 절차로 이행하는 경우에도 보통 파산으로 돌아올 가능성이 남고, 그 점에서는 파산절차가 종료한 것이라고 할 수는 없다. 따라서 이것이 도산절차상 명백하지 않은 경우도 있으나, 내용적으로 보아 일시적으로라도 청산목적으로부터 벗어난다는 점에 착안하여 종료의 한 경우로 본다.

채무자도 회생절차를 신청할 수 있고(회사에 관하여는 법35조 참조), 이것이 인정되면 재건형 절차로 이행하는 것이 되는데, 그때 파산절차의 운명을 단계별로 보면, 회생절차개시결정이 있을 때에는 파산절차는 중지되고(법58조1항), 회생계획인가결정이 있으면 효력을 잃는다(법256조). 인가에 이르지 않고 회생절차가 종료되면 중지중인 파산절차가 속행된다.

참고문헌
임치용, "법인의 해산과 청산", 파산법 연구 2, 박영사(2006), 7면.
정준영, "파산절차가 계속 중인 민사소송에 미치는 영향", 재판자료 제83집 파산법의 제문제, 법원도서관(1999), 193면.

---

9) 대법원 2014.12.11 선고 2014다210159 판결(미간행).

4. 면책과 복권

파산법은 채무자의 경제적 재건·갱생을 도모하기 위한 것으로서 면책 및 복권의 제도(법556조 이하)를 두고 있다. 개인 채무자는 면책을 받으면 파산절차에서 변제되지 않은 채무로부터 해방되고, 재건·갱생에의 길을 걸을 수 있는 것이다. 또 파산선고에 의하여 제한되어 있는 공적·사적 자격은 복권(법574조 이하)에 의하여 회복된다.

가. 면책

(1) 면책제도의 의의

파산절차에 의한 배당이 되어도 파산채권자는 소액의 변제밖에 받지 못하는 것이 보통이고, 그대로라면 파산채권자는 변제받지 못한 잔액에 관하여 파산종결 후에도 채무자의 책임을 추급할 수 있게 된다(법535조). 법인은 파산에 의하여 해산하여 소멸하므로 파산종결 후에 법인 자체의 책임이 추급당하는 일은 없으나(최후의 배당에 의한 종결이 전형적이지만, 폐지에서 잔여재산이 없는 경우도 같다), 개인채무자는 파산종결 후에도 채권자로부터 추급을 면할 수 없는 것이다.

그러나 이와 같이 개인채무자가 파산종결 후에도 무한책임을 부담하는 것은 그 경제적 갱생을 현저히 곤란하게 한다. 여기서 파산법은 개인채무자의 경제적 갱생을 용이하게 하기 위한 면책제도(면책주의)를 두고 있다. 채무자의 면책의 신청에 기하여 면책의 결정이 된 때에는 채무자는 파산절차에 의한 배당을 제외하고는 채무의 전액에 관하여 책임을 면할 수 있는 것이다(법566조). 즉 파산에 있어서의 면책의 제도는 파산배당에 의하여 변제되지 않는 채권에 관하여 채무자의 책임을 면제하는 제도이고, 우리의 파산제도로 하여금 채무자보호를 위한 제도로서 강한 성격을 띠게 한다.

채무자회생법이 파산절차에서 개인채무자를 위한 면책제도를 둔 취지는 채권자들에 대하여 공평한 변제를 확보함과 아울러 지급불능 상태에 빠진 개인채무자에 대하여 경제적 재기와 회생의 기회를 부여하고자 하는 데에 있다. 이를 통하여 개인채무자는 파산채무로 인한 압박을 받거나 의지가 꺾이지 않은 채 앞으로 경제적 회생을 위한 노력을 할 수 있게 된다. 채무자의 재산을 환가·배당함으로써 채권자들 사이의 적정하고 공평한 만족을 도모하는 개인파산절차에서도 채무자의 경제적 회생은 도모되어야 한다. 이는 채무자가 파산선고 이후에도 잔여 채무에 대한 무제한의 책임을 지게 되는 경우 오로지 채권자에 대한 채무변제를 위해서만 경제활동을 해야 하는 극단적 상황을 방지하여야 한다는 요청에 따른 것이다.[1] 즉, 면책은 파산상태에 있는 채무자에게 가급적 넓은 범위에서 경제적 갱생의 기회를 부여하여 인간다운 삶을 살 수 있는 터전을 마련하려는 정당하고 중요한 입법 목적에 기한 것이다.[2]

이러한 면책제도의 이념에 관하여는 파산절차에 의한 파산채권자의 이익의 실현에 협력한 성실한 채무자에 대한 특전이라고 보는 견해(특전설)와 파산법의 이념의 하나인 채무자의 재기갱생을 중시하여 불성실하지 않은 채무자의 갱생의 수단을 부여하기 위한 사회 정책적 입법이라고 하는 견해(갱생설)가 대립되고 있다. 이 대립은 관점이 다른 것에 불과하다고도 보이지만 면책불허가사유의 해석 등에 관하여는 그 중 어느 견해를 따르느냐에 따라 미묘한 차이가 생긴다.[3]

또한 면책제도는 파산채권자의 잔액채권이 실질적으로는 그 의사에 반하여 없어지는 점에서 헌법상의 재산권의 보장(헌법23조)에 위반하는 것이 아닌가 하는 문제가 있으나, 이 점에 관하여는 공공의 복지를 위하여 헌법상 허용된 합리적인 재산권의 제한이고, 재산권의 보장을 규정한 헌법 규정에 위반하는 것은 아니라는 것이 일본의 판례[4]·통설이다.

---

1) 대법원 2021.9.9. 선고 2020다269794 판결(공2021하, 1793).
2) 대법원 2009.7.9.자 2009카기122 결정(미간행). 또한 면책제도의 취지를 설명한 일본의 하급심 판결로는 日大阪高決平成元.8.2判タ714호249면, 倒産判例 インデックス 제3판 157 참조.
3) 면책제도의 이론적 근거는 다음과 같다고 설명된다. 즉 경제활동은 재산을 중심으로 전개된다. 재산을 근거로 채권이 성립하고, 재산이 책임을 진다. 그렇다면 채권은 보통 재산을 한도로 하는 유한책임으로 담보되어 있는 것에 불과하다. 이 이치는 법인의 경우에는 제도상으로도 명백히 되어 있으나, 자연인에 있어서도 마찬가지이다. 따라서 자연인도 경제활동의 기초인 전 재산을 내놓으면 채무는 그 한도에서 청산되고, 그 사람의 인격 그 자체에 추급하는 것은 아니다. 이것이 파산면책의 법리이다. 한편 경제활동과 관계없이 채무자의 인격적 책임을 인정하는 것이 적당한 채무도 있으므로 이에 관하여는 파산당시의 재산을 내놓아도 책임을 면할 수는 없다. 이것이 비면책채무의 근거이다. 이 이론은 파산재단의 법주체성의 사고방식을 파산 전에도 적용하는 것이므로 매우 명쾌하지만 어디까지나 제도의 설명의 이론(또는 면책제도에 거부반응을 보이는 사람들에 대한 설득)이다. 위 설명에 의하면 면책은 당연히 인정되는 것이 되지만, 실제로는 면책제도가 입법화되고, 또 면책의 재판이 행하여질 것이 필요하다. 제도의 진짜 근거는 전술한 정책적 고려, 즉 개인파산자의 보호에서 구하여야 할 것이다.
4) 日最決昭和36.12.13民集15권11호2803면[百選84]은 면책은 성실한 파산자에 대한 특전이라고 하였고, 日最決平成3.2.21金判866호26면[百選1②]는 면책의 재판은 비송사건의 재판이고, 재판청구권을 규정

우리나라의 면책제도는 일정비율의 배당을 요건으로 하지 않는다는 점에서 면책제도 발상지인 영국법보다 철저하고(다만 신청 및 재판을 요한다는 점에서 당연면책을 인정하는 미국법에는 미치지 못한다), 독일법계의 입법의 토대 위에 이를 접목하고 있는 점에서 비교법적으로도 독특하지만 현실기능면에서 본다면 이 제도의 중요성을 과대평가한 것이라고 할 수는 없다. 이 제도는 개인채무자를 위한 것임에도, 우리나라에서는 종래 대부분이 법인사업자 파산이고, 면책제도가 활용될 여지가 적었다. 또 개인채무자를 끝까지 추적하여 남은 채권을 받아 내려고 하는 채권자도 많지 않고(대부분의 채권자는 세무 상의 조치를 받으면 만족한다고 한다), 추심하려고 하는 채권자의 채권은 대부분 면책으로부터 제외되는 것이기 때문이다. 이와 같이 이른바 면책제도의 비현실성 때문에 면책신청이 매우 적었던 것인데, 근래의 실무에서는 소비금융의 발달과 그에 따른 신용불량자의 급증으로 면책으로 인한 도덕적 해이에 대한 우려보다는 채무자 본인과 가족들의 생존권의 보장과 사회 전체적인 경제적 효율을 높인다는 의미에서 면책제도를 적극적으로 운영한다는 입장이다.[5]

(2) 면책의 절차

면책의 절차는 파산절차와는 독립된 별개의 절차이다.

(가) 면책의 신청

종래 구 파산법에서는 채무자는 파산선고 이후 파산절차의 해지(배당에 의한 파산종결 결정의 확정, 재단부족에 의한 파산폐지결정의 확정)에 이르기까지 사이에는 언제라도 파산법원에 대하여 면책의 신청을 할 수 있었다.[6] 다만 동시폐지의 경우에는 파산선고와 동시에 파산폐지결정이 되는 것이므로 폐지결정 확정 후라도 1개월 내에는 면책의 신청을 할 수 있는 것으로 하고 있었다(파339조1항). 그러나 개인이 파산을 신청하는 목적은 잔존채무에 대해 면책을 받으려는 것이므로 별도로 면책신청을 하도록 규정함으로써 면책신청을 위한 추가의 부담이 따르고 면책신청기간을 도과할 경우 면책을 받을 수 없다는 비판이 있었다.[7]

채무자회생법에서는 이를 입법적으로 해결하여 개인인 채무자가 파산신청을 한 경우에는 원칙적으로 동시에 면책신청을 한 것으로 간주하도록 명문의 규정을 두고, 채무자가

한 일본 헌법 제32조에 위반하지 않는다고 하였다.

5) 현행 파산제도에 대한 개선방안에 대한 제안에 대하여는 서경환, "파산면책의 정당화 근거 및 개인 도산제도 활성화를 위한 개선방안", 법조 제727호, 법조협회(2019.10.), 240면 참조.

6) 구 파산법 하에서도 파산선고 전에 예컨대 자기파산신청과 동시에 면책신청을 하는 것은 허용되지 않는 것인가의 점에 관하여는 이와 같은 면책신청은 부적법한 것으로서 각하되어야 하는 것은 아니고, 파산선고 후 그 심판을 한다고 하는 것이 실무의 취급례였다.

7) 日東京高決平成25.2.19金法1973호115면, 倒産判例 インデックス 第3판 165는 종전의 파산절차에서 법정의 기간 내에 면책허가신청이 되지 않았다는 이유로 면책허가신청이 각하된 채무자가 새로이 파산신청 및 면책허가신청을 한 사안에서 면책을 허가하였다.

별도의 면책신청을 하는 경우에도 파산신청시부터 할 수 있도록 신청시기를 앞당겼다. 또한 채무자가 그 책임없는 사유로 인하여 기간 내에 면책의 신청을 할 수 없었던 경우에는 그 사유가 그친 후 30일 내에 한하여 면책의 신청의 추완을 할 수 있다(법556조1항, 2항).[8] 실무상 이 규정의 적용이 문제되는 경우는 대부분 파산선고 및 동시폐지결정이 함께 내려져 채무자가 면책신청의 시기를 알았는지 여부가 문제된 경우이다. 이시폐지의 경우에는 채무자가 파산선고결정 정본을 송달받고 최소한 제1회 채권자집회 및 채권조사기일을 거치는 등 면책신청을 할 수 있는 시간적 여유가 충분하기 때문이다.

면책의 신청을 한 때에는 동의폐지의 신청을 할 수는 없고(법556조4항), 역으로 이미 동의폐지의 신청을 한 때에는 동의폐지 신청의 기각결정이 확정된 후가 아니면 면책의 신청을 할 수 없다(같은조5항). 면책과 동의폐지가 경합하지 않도록 하기 위한 것이다(따라서 파산해지까지 신청하면 좋다고 하여도 해지 중의 동의폐지는 실제상 문제가 되지 않는다).

면책신청서에는 신청인의 성명·주소, 파산사건의 사건번호, 파산선고의 시, 면책의 결정을 구하는 취지 등을 기재하고, 수수료의 납부로서 1,000원의 수입인지를 첨부하여야 한다(민사소송등인지법9조4항4호). 송달료, 절차비용의 예납금(신문공고료, 관보공고비용 등)도 필요하다. 또 면책의 신청에는 채권자목록을 첨부하여야 하고, 신청과 동시에 제출할 수 없는 때에는 그 사유를 소명하고 그 후에 지체 없이 이를 제출하여야 한다(법556조6항). 자기 파산신청을 하여 면책신청을 한 것으로 보는 경우에는 파산신청서에 첨부한 채권자목록으로 갈음한다(법556조7항). 파산채권자에 대하여 파산심문기일을 통지하는데 필요하기 때문이다. 허위의 명부를 제출하면 면책이 불허가되는 수가 있고(법564조3호), 또 알면서 명부에 기재하지 않은 채권자에 관하여는 면책의 대상으로부터 제외된다. 다만 채권자가 파산선고가 있음을 안 때에는 그러하지 아니하다(법566조7호).[9]

상속재산 파산의 경우는 피상속인이 사망하여 그의 재기 갱생의 여지가 없고, 파산 종결로 상속재산이 소멸하므로 면책을 인정할 여지가 없고, 상속인의 경우에도 면책신청권은 인정되지 않는다고 해석한다.[10] 실무상 법원은 파산선고를 받은 채무자가 사망한 경

---

8) 대법원 2018.4.12 선고 2017다53623 판결(공2018상, 886)은 민사소송법 제173조 제1항이 규정하는 소송행위의 추후보완은 당사자가 그 책임을 질 수 없는 사유로 인하여 불변기간을 준수할 수 없었던 경우에 가능한 것이고, 여기서 '당사자가 책임질 수 없는 사유'라 함은 당사자가 그 소송행위를 하기 위하여 일반적으로 하여야 할 주의를 다하였음에도 불구하고 그 기간을 준수할 수 없었던 경우를 가리키는 것이라고 하였다. 법원이 정확한 주소로 소송서류를 송달하지 아니하고 곧바로 발송송달을 하여 피고가 변론기일 통지서를 송달받지 못한 관계로 항소기간이 지나 항소를 제기한 사안이다.

9) 채무자회생법 제566조 제7호가 파산절차를 악용하는 파산 채무자의 수가 적지 않고, 법원의 개인파산절차에 대한 감독이 충분히 이루어지지 않음에도 불구하고, 채무자에게 책임있는 사유로 채권자목록에 기재되지 아니한 채권자에게 과도한 입증의 부담을 지우고 있다는 점에서 위헌의 소지가 있다는 논의로는 모성준, "채무자회생 및 파산에 관한 법률 제566조 제7호의 위헌성 연구", 법조 제682호, 법조협회(2013.7.), 133면 참조.

우에 신청대리인 또는 상속인으로부터 채무자의 사망사실을 증명하는 서류를 제출받은 후 면책사건을 당연 종료된 것으로 처리한다.

    (나) 강제집행의 정지

    면책신청이 있고, 파산폐지결정의 확정 또는 파산종결결정이 있는 때에는 면책신청에 관한 재판이 확정될 때까지 채무자의 재산에 대하여 파산채권에 기한 강제집행·가압류 또는 가처분을 할 수 없고, 채무자의 재산에 대하여 파산선고 전에 이미 행하여지고 있던 강제집행·가압류 또는 가처분은 중지된다. 면책결정이 확정된 때에는 중지한 절차는 그 효력을 잃는다(법557조1항, 2항).면책 신청인은 별도의 강제집행 정지결정을 받지 않더라도, 면책의 신청이 있고, 파산폐지결정의 확정 또는 파산종결결정이 있다는 사실을 소명하는 서면을 집행관 등에게 제출함으로써 그 강지집행을 중단시킬 수 있다.11) 따라서 채무자에 대한 파산·면책신청이 있는 경우에 파산채권에 기한 채권압류 및 추심명령도 위 법률의 규정에 따라 제한되어야 한다.12) 판례는 집행법원이 면책절차 중의 집행신청임을 간과하고 강제집행을 개시한 경우, 이미 한 집행절차를 직권으로 취소하여야 하고, 그 후 면책불허가결정이 확정되더라도 마찬가지라고 하였다.13)

    면책의 재판의 시기에 관하여는 특별한 제약은 없으나, 파산절차 중에는 면책의 요건의 존부가 반드시 확정되는 것은 아니므로 실무상 면책의 재판은 동시폐지의 경우를 제외하고, 파산절차 종료 후에 이루어진다. 종래 구 파산법 하에서는 파산절차 종료(특히 동시폐지)로부터 면책의 재판이 될 때까지의 사이에는 파산채권자 입장에서는 파산절차가 종료된 이상 채무자의 재산에 대하여 강제집행하는 것이 허용되고, 또 집행 후에 면책결정이 되어도 집행에 의하여 얻은 금원은 부당이득은 아니라고 하는 것이 일본의 판례였다.14) 학설에 있어서는 면책제도의 목적을 중시하여 면책절차 중에도 파산절차 중(법424조)과 마찬가지로 강제집행은 허용되지 않는다고 해석하여야 한다는 견해도 유력하였는데, 채무자회생법은 이를 입법적으로 해결한 것이다.

---

 10) 김주미, "상속재산파산의 실무상 쟁점 연구", 법조 제733호, 법조협회(2019), 307면 참조.

 11) 대법원 2009.1.9.자 2008카기181 결정(미간행).

 12) 대법원 2010.7.28.자 2009마783 결정(공보불게재).

 13) 대법원 2013.7.16.자 2013마967 결정(미간행)은 X가 2010.4.13. 파산 및 면책 신청을 하였고, 법원은 2010.7.2. 파산선고를 하였는데, 2012.5.18. X에 대하여 면책불허가결정이 내려져서 확정되었으며, 한편, Y는 2010.12.10. X에 대한 파산채권에 기초하여 경매신청을 하였고, 사법보좌관은 경매개시결정을 하였다가, '집행장애사유가 존재한다'는 이유로 위 결정을 취소하고 경매신청각하결정을 한 사안이다. 이에 X가 즉시항고를 하자, 제1심은 위 각하결정을 인가하였다. 그런데 제2심은 '위 면책사건에서 X에 대하여 면책불허가결정이 내려졌고 확정됨으로써 강제집행개시 장애사유가 소멸하였다'는 이유로 제1심을 취소하였다. 그러나 대법원은 제2심을 파기환송하였다.

 14) 日最判平成2.3.20民集44권2호416면.

(다) 신청의 심리

면책을 신청한 자에 대하여 파산선고가 있는 때에는 법원은 기일을 정하여 채무자를 심문할 수 있다(법558조1항). 법원은 채무자 심문기일을 정하여 공고하고, 검사, 파산관재인, 면책의 효력을 받을 파산채권자로서 법원이 알고 있는 파산채권자에게 송달하여야 한다(법558조2항). 기일의 변경과 심문의 연기 및 속행에 있어서도 마찬가지이다(동조3항). 심문기일은 채권자집회 또는 채권조사의 기일과 병합할 수 있다(같은조5항). 또 법원은 파산관재인으로 하여금 면책불허가사유의 유무에 관하여 조사를 하게 하고, 심문기일에 그 결과를 보고하게 할 수 있다(법560조). 그 관재인의 조사서류는 면책신청에 관한 서류와 함께 이해관계인이 열람할 수 있도록 법원에 비치된다(법561조).

심문기일에는 법원은 파산관재인에게 조사하게 한 경우에는 그 결과를 보고하게 하고, 면책불허가사유의 존부에 관하여 채무자를 심문한다. 심문기일에는 파산관재인 외에 검사, 파산채권자도 출석하여 면책신청에 관하여 이의를 진술할 수 있다. 이 이의는 심문기일 또는 그 기일에 법원이 정하는 30일 이내에 하면 심문기일 이후에도 할 수 있다(법562조). 이의신청이 있으면 법원은 채무자 및 이의신청인의 의견을 들어야 한다(법563조).[15] 따라서 최소한 이의신청인과 채무자에게 의견을 진술할 기회를 주어야 하고, 이는 이의신청과는 별도로 요구되는 절차이므로, 이의신청서에 이의신청의 이유가 기재되어 있다고 하여 위와 같은 절차를 생략할 수는 없고,[16] 법원이 의견진술기회를 제대로 부여하지 않는 경우, 예컨대 의견청취서나 의견청취기일 지정결정이 이의신청인이나 채무자에게 송달되지 않은 경우 의견진술의 기회를 부여하였다고 보기 어려워 그 상태에서 행해진 면책허부의 결정은 위법하다.[17]

(라) 신청에 대한 재판

1) 신청 기각

법원은 ① 채무자가 신청권자의 자격을 갖추지 아니한 때, ② 채무자에 대한 파산절차의 신청이 기각된 때, ③ 채무자가 절차의 비용을 미리 납부하지 아니한 때, ④ 그 밖에 신청이 성실하지 아니한 때에는 면책신청을 기각할 수 있다(법559조1항). 면책신청이 기각된 채무자는 동일한 파산에 관하여 다시 면책신청을 할 수 없다(법559조2항). 면책신청 기각 결정에 대하여는 즉시항고를 할 수 있다(법559조3항).

2) 면책불허가 결정

법원은 법정의 면책불허가사유가 있는 경우에 한하여 면책 불허가 결정을 할 수 있

---

15) 日最決平成3.2.21金法1285호21면은 면책의 재판은 비송사건에 대한 재판이므로 면책의 재판이 공개법정에서 대심을 거치지 않고 행하여진다고 하여 재판을 받을 권리를 침해하는 것은 아니라고 하였다.
16) 대법원 2010.2.21.자 2009마2147 결정(미간행).
17) 대법원 2012.6.15.자 2012마422 결정(미간행).

고, 그 이외의 경우에는 면책허가결정을 한다(법564조1항). 그러나 면책불허가사유가 있는 경우라도 파산에 이르게 된 경위, 그 밖의 사정을 고려하여 상당하다고 인정되는 경우에는 법원은 면책을 허가할 수 있다(법564조2항).[18] 이를 재량면책이라고 하는데, 면책제도의 취지, 목적 및 근거에 비추어 보면 채무자에게 면책불허가사유가 존재하는 경우에도 법원이 채무자가 지급불능에 이르게 된 동기, 원인 그 밖의 제반 사정에 비추어 보아 채무자의 불성실성이 현저하지 않고, 면책신청에 대한 파산채권자의 전원 또는 중요한 채권자 및 특히 심각한 피해를 입은 채권자가 이의를 신청하지 않고, 채무자도 과거를 반성하고, 생활태도를 바꾸어 사회인으로서 갱생할 전망이 충분한 경우에는 법원은 면책을 허가할 수 있다고 해석한다.[19]

또한 재량면책(裁量免責)을 함에 있어서는 불허가사유의 경중이나 채무자의 경제적 여건 등 제반 사정을 고려하여 예외적으로 채무액의 일부만을 면책하는 소위 일부면책(一部免責)을 할 수도 있다고 해석한다. 판례는 면책불허가사유가 있는 경우라도 파산에 이르게 된 경위, 그 밖의 사정을 고려하여 상당하다고 인정되는 경우에는 면책을 허가할 수 있는 것이고, 또한 그와 같은 재량면책을 하기로 결정함에 있어서 그 불허가사유의 경중이나 채무자의 경제적 여건 등 제반 사정을 고려하여 예외적으로 채무액의 일부만을 면책하는 소위 일부면책을 할 수는 있을 것이나, 채무자의 경제적 갱생을 도모하려는 것이 개인파산제도의 근본 목적이라는 점을 감안할 때 채무자가 일정한 수입을 계속적으로 얻을 가능

---

18) 日東京高決平成26.3.5判時2224호48면[百選A19]은 이른바 악질상술의 주체인 법인의 대표자가 채무정리꾼 그룹과 함께 사해목적으로 자산이전행위를 하였으나 사후적으로 파산관재인의 조사에 협력하였다는 이유로 재량면책이 되었다가 채권자가 즉시항고를 한 사안에서 채무자가 파산면책에 의하여 경제적 재생을 도모하는 것은 사회공공적 견지에서 상당하다고 평가할 수는 없고, 채무자의 불성실성이 중대하고 용서하기 곤란하다고 하여 면책을 불허가하였다.

19) 日大阪高決平成元.8.2判タ714호249면, 倒産判例 インデックス 제3판 157은 위와 같은 전제에서 채무자의 부채가 파산선고 전 1년 내에 차용한 것이 대부분이고 파산신청에 근접한 시기에 다액의 차용이 행하여 진 점 ⋯ 위 차용은 채무자가 객관적으로 지급불능의 상태에 있음에도 불구하고 각종 신용카드를 써서 안이하게 이루어 진 점 ⋯ 채무자는 각종 카드를 발행하는 회사에 아르바이트를 하였었기 때문에 카드에 의한 차용을 남용하는 것의 위험성을 잘 인식하고 있었던 점은 인정되나 ⋯ 채무자는 생명보험회사의 설계사로 근무하기 위한 복장 등에 필요한 비용을 필요로 한 것이 차용의 계기가 된 것이어서 생활이 사치스럽지는 않았고, 특히 눈에 띄는 낭비는 인정되지 않는 점, 그 후의 차용은 대부분이 종전의 차용을 변제할 목적으로 한 것이고, 파산신청에 근접한 시기에 다액의 차용에 관하여도 차용한 금원을 변제 이외에 사용한 것은 인정되지 않는 점, 채무자가 차용함에 있어 자신의 재산상태에 관하여 적극적으로 채권자들을 속이는 것 같은 언동을 하였다고는 인정되지 않는 점 ⋯ 이 사건의 채권자들은 모두 소비자금융을 행하는 규모가 큰 금융기관이고, 일반적으로 대출신청자의 신용조사를 행하는 능력을 충분히 가지고 있는 점 ⋯ 위 채권자들은 채권자의 면책신청에 관하여 아무런 이의를 하지 않은 점.. 채무자는 과거의 생활태도를 충분히 반성하고 있고, 갱생의 의욕이 충분한 점 등이 인정되므로 이상과 같은 제반 사정을 감안하고 앞서 설시한 기준에 비추어 보면 이 사건은 면책불허가 사유가 존재함에도 불구하고 재량에 의한 면책을 인정하여도 좋은 사안이라고 하여 면책을 불허가한 원결정을 취소하였다.

성이 있다는 등의 사정이 있어 잔존채무로 인하여 다시 파탄에 빠지지 않으리라는 점이 소명된 경우에 한하여 일부면책이 허용된다고 하였다.[20] 면책 허부에 관한 결정에 대하여는 이해관계인은 즉시항고할 수 있다. 면책 불허가 사유는 다음과 같다(법564조).

① 채무자가 법 제650조(사기파산죄) · 제651조(과태파산죄) · 제653조(구인불응죄) · 제656조(파산증뢰죄) · 제658조(설명의무위반죄)에 해당하는 행위가 있다고 인정하는 때(법564조1항1호)

채무자가 채권자를 해할 목적으로 파산재단에 속하는 재산을 은닉, 손괴 또는 채권자에게 불이익하게 처분을 하거나(법650조1호), 파산선고를 지연시킬 목적으로 신용거래로 상품을 구입하여 현저히 불이익한 조건으로 이를 처분하는 행위(법651조1호) 등이다. 이 부분 면책불허가사유는 모두 파산범죄에 해당하는 행위를 대상으로 하고 있고, 그 사유의 존부를 판단하는 데 채무자가 반드시 파산범죄로 기소되거나 유죄판결을 받아야 하는 것은 아니지만, 경우에 따라 형사처벌의 대상이 될 수도 있음을 감안하여 위 사유에 해당하는지에 관해서는 더욱 엄격하고 신중하게 판단하여야 하고, 법원으로서는 채무자가 제출한 자료 및 면책신청에 대하여 이의를 신청한 채권자 등이 제출한 자료 외에도 채무자가 주장하는 사유를 소명하는 데 필요하다고 판단되는 자료의 제출을 적극적으로 명하는 등의 방법으로 채무자의 행위가 면책불허가사유에 해당하는지를 심리 · 판단하여야 한다.[21] 사실 파산범죄와 논리적으로 결부되어야 할 합리적인 이유는 없다.

'재산의 은닉'은 재산의 발견을 불가능하게 하거나 곤란하게 만드는 것을 말하고, 재산의 소재를 불명하게 하는 경우뿐만 아니라 재산의 소유관계를 불명하게 하는 경우도 포함하되,[22] 재산의 소유관계를 불명하게 하는 데 반드시 공부상의 소유자 명의를 변경하거나 폐업 신고 후 다른 사람 명의로 새로 사업자 등록을 할 것까지 요하는 것은 아니고, 강제집행면탈죄의 성립에 있어서는 채권자가 현실적으로 실제로 손해를 입을 것을 요하는 것이 아니라 채권자가 손해를 입을 위험성만 있으면 족하다.[23] 압류할 수 없는 재산은 파

---

20) 대법원 2006.9.22.자 2006마600 결정(공2006, 1802)은 채무자가 만성적인 신장질환 및 당뇨 증상으로 인하여 지속적인 치료비 지출이 불가피한 상황이고 질병악화로 직장을 구하지 못하고 있을 뿐만 아니라 국민기초생활보장법 제2조 제2호의 규정에 의한 수급자로서 2명의 어린 자녀를 부양하는 처지에 있음을 알아볼 수 있는바, 사정이 그와 같다면 달리 특별한 사정이 없는 한 파산자는 앞으로도 상당한 정도의 소득을 얻을 수 있다고 쉽게 예측하기도 어렵고, 따라서 판시 잔존채무를 남겨둘 경우 다시 파탄에 빠지는 사태를 초래할 가능성이 크다고 하지 않을 수 없다고 하면서 원심결정을 파기하였고, 파기환송심은 전부면책을 하였다. 이 결정에 대한 해설로 장상균, "재량면책시 일부면책의 허용 여부 및 그 요건", BFL 제21호, 서울대학교 금융법센터(2007), 68면 참조. 同旨 대법원 2006.11.10.자 2006마599 결정(미간행, 일부면책을 허용하지 않는 사례로 파기환송심은 전부면책), 대법원 2006.11.1.자 2006마602 결정(미간행, 일부면책을 허용한 사례) 참조
21) 대법원 2016.8.31.자 2016마899 결정(공2016하, 1511).
22) 대법원 2006.5.15.자 2004마755 결정(미간행).
23) 대법원 2003.10.9. 선고 2003도3387 판결(공2003, 2207)은 사업장의 유체동산에 대한 강제집행을 면탈할 목적으로 사업자 등록의 사업자 명의를 변경함이 없이 사업장에서 사용하는 금전등록기의 사업자

산재단에 속하지 않는데(법382조1항, 383조1항), 한편 국민기초생활 보장법에 따른 생계급여, 주거급여 및 장애인복지법에 따른 장애수당은 수급자 명의의 지정된 계좌로 입금하여야 하는데 급여수급계좌의 예금에 관한 채권은 압류가 금지되므로(국민기초생활 보장법35조2항, 27조의2 제1항, 장애인복지법82조2항, 50조의4 제1항) 국민기초생활 보장법에 따른 생계급여, 주거급여 및 장애인복지법에 따른 장애수당은 압류할 수 없는 재산으로서 파산재단에 속하지 않으므로, 채무자가 이를 임의로 처분하였다고 하더라도 '파산재단에 속하는 재산을 은닉 또는 손괴하거나 채권자에게 불이익하게 처분을 하는 행위'에 해당하지 않는다.[24]

또한 기존에 보유하던 차명재산의 명의를 바꾸거나 이를 처분하여 새로운 형태의 자산을 차명으로 취득하는 것은 이전보다 재산의 발견을 더욱 곤란하게 하거나 적극적으로 재산의 소유관계를 불명하게 하는 행위로서 '재산의 은닉'에 해당한다.[25] 다만, 채무자가 법원에 파산절차개시신청을 하면서 단순히 소극적으로 자신의 재산 및 수입 상황을 제대로 기재하지 아니한 재산목록 등을 제출하는 행위는 위 죄에서 말하는 '재산의 은닉'에 해당한다고 할 수 없다.[26] 또한 법 제651조 제2호에서의 '목적'은 단순한 인식으로는 부족하고 적극적으로 이를 희망하거나 의욕하는 것을 의미한다고 보아야 한다.[27]

이름만을 변경한 경우, 강제집행면탈죄에 있어서 재산의 '은닉'에 해당한다고 한 사례이다.

24) 대법원 2023.8.18.자 2023마5633 결정(공2023하, 1680).

25) 대법원 2016.10.13. 선고 2016도8347 판결(공2016하, 1736).

26) 대법원 2009.1.30. 선고 2008도6950 판결(공2009상, 279)은 구 개인채무자회생법 제87조 제1호 소정의 사기개인회생죄에 관한 사안이다. 同旨 대법원 2009.7.9. 선고 2009도4008 판결(공2009하, 1387)은 피고인이 상속재산이 있음에도 상속에 기한 소유권이전등기를 마치지 않은 채 파산신청을 하면서 상속재산이 없다는 허위 내용의 진술서를 첨부하여 제출한 사안에서, 그 시점이 채무자회생법 시행 전이므로, 위 공소사실에 대하여는 구 파산법을 적용하여야 함에도 신법인 채무자회생법을 적용한 원심의 조치를 위법하다고 전제한 다음, 위 행위는 '재산의 은닉'에 해당하지 않는다는 이유로 구 파산법상 사기파산죄의 성립을 부정하였다. 한편 대법원 2010.5.13. 선고 2010도2752 판결(미간행)은 피고인 소유인 시가 4,300만 원 상당의 D선박(4.67톤)의 등록명의가 피고인의 처인 E로 되어 있는 것을 기화로 위 선박을 위 E의 소유인 것처럼 기재하고 피고인이 2006년 12월경부터 2007년 4월경까지 물김을 생산하여 F 조합에 위탁판매한 실적이 사실은 47,683,000원임에도 22,259,345원이라고 기재하는 방법으로 피고인의 재산을 은닉한 공소사실에 대하여 피고인이 그 소유인 이 사건 선박을 처 E 앞으로 이전등록하기는 하였으나 피고인이 이 사건 선박을 E 앞으로 이전등록한 때는 개인회생절차개시신청을 한 날부터 약 9개월 전인 점, E는 C 조합으로부터 3천만 원을 대출받으면서 이 사건 선박을 양도담보로 제공하기도 한 점 등의 사정에 비추어 보면, 피고인이 위와 같이 이 사건 선박을 E 앞으로 이전등록함에 있어서 개인회생절차개시결정을 받아 피고인의 이익을 도모하거나 채권자를 해하고자 하는 목적이 있었다고 볼 수 없다는 이유로 무죄를 선고한 원심을 유지하였다. 위 판결은 나아가 피고인이 개인회생절차개시신청을 하면서 실제의 물김 판매액이 아니라 그 금액에서 물김 생산에 소요된 자재대금 등 비용이 공제되어 입금되는 통장의 기재 금액을 기준으로 소득액을 산정하여 물김 생산으로 인한 소득을 기재한 재산목록을 제출하였다고 하더라도, 이는 실질적인 물김 판매소득을 기재하였거나 단순히 소극적으로 자신의 재산 및 수입 상황을 제대로 기재하지 아니한 재산목록 등을 제출하는 행위에 불과하다고 하였다.

27) 대법원 2009.3.2.자 2008마1654,1655 결정(미간행)은 채무자의 행위는 대출금채무를 변제한 것이므로, 이를 비롯한 특정 채권자에게 특별한 이익을 줄 목적으로 변제한 것이라고 단정하기 어렵다고 하였

　　판례는 '채권자에게 불이익한 처분행위'란 재산의 증여나 현저히 부당한 가격으로의 매각과 같이 모든 채권자에게 절대적으로 불이익한 처분행위를 말하는 것이므로, 채무자가 여러 채권자들 중 일부 채권자에게 채무의 내용에 좇아 변제를 하는 행위는 '채권자에게 불이익한 처분행위'에 해당한다고 할 수 없고, 채무자가 파산의 원인인 사실이 있음을 알면서 여러 채권자들 중에서 어느 채권자에게 특별한 이익을 줄 목적으로 변제하였더라도 그 행위가 '변제기에 도달한 채무를 그 내용에 좇아 변제하는 것'인 경우에는 위 면책불허가 사유에 해당한다고 볼 수 없으며,[28] 채무자 명의의 계좌에 돈을 보관할 경우 채권자들의 압류가 들어올 것이 예상되는 상황에서 이를 피하기 위하여 채무자가 약국을 운영하여 국민건강보험공단으로부터 수령하는 돈을 그 즉시 딸의 예금계좌로 송금해온 행위는 '재산은닉행위'에 해당한다고 하였다.[29]

　　면책불허가사유로서의 설명의무위반 행위는 파산범죄를 구성하므로 그 인정에는 신중한 판단을 요한다. 설명의 의무가 있는 자가 정당한 사유 없이 파산절차에 협력하지 않고 그 태도가 현저한 불량한 경우에 한하여 이에 해당한다고 보아야 하고 단순히 설명의 의무가 있는 자가 설명한 내용이 불충분하다고 하더라도 허위의 설명을 한 것으로 볼 수 없는 이상 설명의무위반을 이유로 면책을 불허하는 것은 타당하지 않다고 본다.[30]

　　② 채무자가 파산선고 1년 내에 파산의 원인인 사실이 있음에도 불구하고 그 사실이 없는 것으로 믿게 하기 위하여 그 사실을 속이거나 감추고 신용거래로 인하여 재산을 취득한 사실이 있는 때(법564조1항2호)

　　첫째 재산취득행위가 파산선고 전 1년 내에 있어야 하고, 둘째 파산의 원인인 사실이 있는데도 그 사실이 없는 것으로 믿게 하기 위하여 사술을 썼어야 하며, 셋째 신용거래로

　　고, 대법원 2010.1.20.자 2009마1588 결정(미간행)은 채무자가 파산상태에 빠지게 되자 그 소유의 부동산의 지분에 관하여 동생들에게 각 매매를 원인으로 한 소유권이전등기를 마친 행위에 대하여 이는 차용금채무를 대물변제한 것으로서 특정 채권자에게 특별한 이익을 줄 목적으로 변제한 것이라고 단정하기 어렵거나 채무자가 그 채무의 내용에 좇아 변제한 행위에 해당되어 그 변제행위가 위 면책불허가 사유에 해당한다고 보기 어렵다고 판시하였다.

28) 대법원 2008.12.29.자 2008마1656 결정(공2009상, 108)[백선90]은 채무자가 채무의 지급이 곤란할 정도로 경제사정이 어려워지자 보험계약을 해지하여 그 해약환급금으로 여러 채권자 중 1인에게만 3천만원을 변제하였는데, 파산 및 면책 신청서 첨부 진술서에 "채무의 지급이 곤란할 정도로 경제사정이 어려워진 이후에 일부 채권자에게만 변제한 경험이 없다"고 기재하였으나, 같이 첨부한 재산목록에는 위와 같은 변제사실을 기재한 사안이다. 同旨 대법원 2001.5.8. 선고 2001도679 판결(공2001, 1423), 대법원 2010.1.20.자 2009마1588 결정(미간행), 또한 대법원 2016.8.31.자 2016마899 결정(공2016하, 1511)의 평석에 관하여는 김성용, "2016년 도산법 중요판례", 인권과 정의 제64호(2017), 274면 참조.

29) 대법원 2007.7.26.자 2006마1433 결정(공보불게재).

30) 남대하, "면책불허가사유 중 설명의무위반 행위", 사법 36호, 사법발전재단(2016), 177면은 설명의무위반과 관련하여 문제가 파생되지 않도록 하기 위해서는 파산관재인이 채무자에게 파산에 관하여 필요한 설명 사항을 구체적으로 특정하여 제출기한을 정해서 서면으로 요청함이 바람직하다고 한다.

인하여 재산을 취득하였어야 한다.[31] 채무자가 금전의 차용이나 신용에 의한 물품구입 등의 신용거래를 할 때 파산원인인 사실이 있음에도 불구하고 상대방에게 그 사실이 없다고 믿게 하기 위하여 사술을 쓰는 경우이다. 채무자가 파산의 원인인 사실이 없는 것으로 믿게 하기 위하여 그 사실을 속이거나 감추었다고 판단하기 위해서는, 채무자가 객관적으로 지급불능의 상태에 있었다는 사정만으로 부족하고, 채무자가 신용거래로 재산을 취득하는 과정에서 상대방인 채권자에게 한 언행, 상대방인 채권자가 채무자에게 다액의 채무가 있다거나 지급불능의 상태에 빠질 수도 있다는 사정을 알고서 과다한 이익을 얻기 위하여 신용거래에 나아간 것인지 여부 등 상대방인 채권자가 신용거래를 하게 된 경위, 채무자의 전체 채무 중에서 위와 같이 취득한 재산이 차지하는 비중 및 그 증감의 정도, 신용거래의 성격, 즉 새로운 신용거래인지 아니면 종전의 신용거래를 연장 내지 갱신한 거래에 지나지 않는지 여부, 채무자가 신용거래로 취득한 재산의 사용처 등을 면밀히 심리하여 판단하여야 한다.[32] 지급불능의 상태에 있지 아니하다는 것을 상대방이 믿게 하기 위하여 사실을 가장하는 등의 적극적인 행위가 사술에 해당하는 것은 물론이고, 지급불능에 있는 채무자가 그 재산 상태를 상대방에게 특별히 고지하지 않은 것도 이에 해당한다. 종래에도 이와 같은 소극적 태도도 사술에 해당한다고 하는 것이 통설이었으나, 최근에는 상대방이 충분한 신용조사를 하면 오신(誤信)은 일어나기 어려우므로 단순한 소극적인 태도는 사술에는 해당하지 않는다고 해석하여야 한다는 견해도 유력하다. 실무에 있어서는 일응 사술에 해당한다고 하여도 그 정도가 경미한 것으로서 면책을 허용하고 있는 것도 많다.

　　판례로는 원심이 장차 발생할 수입을 고려하지 아니하고 자기자본 없이 무리한 투자를 하다가 인터넷 컨텐츠 사업에 실패하여 채무가 급증한 사실을 인정한 다음, 채무자가 파산의 원인인 사실이 있음에도 불구하고 그 사실이 없는 것으로 믿게 하는 사술에 의하

---

31) 대법원 2006.1.13.자 2004마990 결정(공보불게재). 한편 日大阪高決平成2.6.11判時1370호70면, 倒産判例 インデックス 제3판 153[百選85①]은 사술을 쓴 때라 함은 적극적인 기망수단을 쓴 경우를 말하고 지급불능 등의 파산원인 사실이 있는 것을 단순히 묵비하여 상대방에게 고지하지 않은 것만으로는 이에 해당하지 않는다고 하였고, 日仙台高決平成5.2.9.判時1476호125면, 倒産判例 インデックス 제3판 158[百選85②]는 신용카드에 의한 상품구입대금의 지급을 위하여 돈을 차용하고 자기의 수입으로부터 그 차용금을 반환하는 것이 거의 불가능해진 후에 차용한 행위에 대하여 제반의 사정 특히 채무자가 지급불능에 이른 동기와 그 경위, 채권자의 1인으로부터 이의가 신청되고 그친 점, 채무자가 될 수 있는 한 채권자에 대한 채무의 변제에 노력하고 파산에 이르게 된 생활태도를 반성하고 건전한 사회인으로서 생활할 것을 맹세하는 점 등을 종합하면 채무면책불허가 사유가 있음에도 불구하고 재량면책을 함이 상당하다고 하였다.

32) 대법원 2010.8.23.자 2010마227 결정(공보불게재)은 채무자가 경제적 어려움 속에 현저하게 불이익한 조건으로 사채업자들로부터 돈을 차용하여 이른바 채무 돌려막기에 사용해왔다는 사정을 들어 위 차용행위는 파산의 원인이 있음에도 불구하고 그 사실이 없는 것으로 믿게 하기 위하여 그 사실을 속이거나 감추고 신용거래로 인하여 재산을 취득한 것으로서 면책불허가사유에 해당한다고 한 원심결정을 파기하였다.

4. 면책과 복권 687

여 신용거래행위를 하였다고 인정한데 대하여 위 인정사실만으로는 면책불허가사유에 해당한다고 보기 어렵다고 하여 원심을 파기한 사례가 있다.[33] 일본의 판례에도 지급불능에 관하여 묵비하고 차입을 행한 것이 사술에 의한 차입에 해당한다고 한 사례들이 있다.[34]

③ 채무자가 허위의 채권자목록 그 밖의 신청서류를 제출하거나 법원에 대하여 그 재산상태에 관하여 허위의 진술을 한 때(법564조1항3호)

채무자가 면책신청을 할 때 허위의 채권자목록을 제출하고 심문기일에 허위의 진술을 한 경우이다. 문제는 허위의 채권자 명부 작성이나 재산상태에 대한 허위의 진술을 함에 있어 채무자에게 「채권자를 해할 의사」가 필요한지, 「채무자가 고의로」 그와 같은 행위를 하면 족한지 여부이다. 위 규정은 채무자가 '고의'로 허위의 신청서류를 제출하거나 허위의 진술을 한 경우에 한정하여 적용되는 것일 뿐, 채무자가 '과실'로 허위 신청서류를 제출하거나 허위의 진술을 한 경우에는 적용되지 아니한다.[35] '허위의 신청서류를 제출하거나 재산상태에 관하여 허위의 진술을 한 경우'에 해당한다는 사실은 객관적인 자료에 의하여 명백히 드러나야 하고, 단지 채무자가 허위의 신청서류를 제출하거나 진술을 하였을 가능성이 있다거나 채무자의 진술을 신뢰하기 어려운 정황이 존재한다는 등의 사정만으로 섣불리 면책불허가사유에 해당한다고 판단하여서는 아니 된다.[36]

여기에서 '그 재산상태'란 '채무자의 재산상태'를 말하는 것이고, 채무자의 재산에는 채무자가 자신의 명의로 보유하는 재산뿐만 아니라 타인의 명의를 빌려 실질적으로 자신이 보유하는 재산도 모두 포함된다. 그러나 이에 해당하지 않는 재산으로서 채무자의 친족 등이 보유하는 재산은 채무자의 재산이라고 볼 수 없으므로, 채무자가 이러한 친족 등의 재산상태에 관하여 허위의 진술을 하였다고 하여 위 조항에 정한 면책불허가사유에 해당한다고 볼 수 없다.[37]

---

33) 대법원 2004.11.30.자 2004마647 결정(공보불게재).
34) 日大阪高決昭和58.9.29判タ501호117면, 日大阪高決平成2.6.11判時1370호70면 등.
35) 대법원 2008.12.29.자 2008마1656 결정(공2009상, 108)[백선90]. 2011.3.28.자 2010마1757 결정(미간행). 한편 대법원 2011.3.18.자 2011마122 결정(미간행)은 채무자가 파산절차의 심문기일과 면책신청서를 통해 개인택시 운송면허를 보유하고 있음에도 보유 재산이 전혀 없다고 진술한 부분이 '채무자가 법원에 대하여 그 재산상태에 관하여 허위의 진술을 한 때'에 해당하는지가 문제된 사안에서, 채권자가 운송면허의 매각을 통해 채권을 변제받고자 한다고 명백히 밝히고 있는 상황에서 채무자가 개인택시의 운행사실을 인정하면서 재산이 하나도 없다고 진술한 취지는 개인택시 운송면허 외에 다른 재산은 없다는 취지로 진술한 것이라고 하여, 파산절차에서 '고의로' 재산상태에 관하여 허위 진술을 하였다고 보기 어렵다고 하였다.
36) 대법원 2023.8.18.자 2023마5633 결정(공2023하, 1680)
37) 대법원 2009.3.20.자 2009마78 결정(공2009상, 607)은 채무자가 파산을 신청하면서 그 부친이 토지 및 그 지상 주택을 소유하고 있는 사실을 누락한 채 부모의 재산이 없다고 신청 서류에 기재한 사안이다. 원심은 이러한 채무자의 행위는 면책불허가사유인 '채무자가 법원에 대하여 그 재산상태에 관하여 허위의 진술을 한 때'에 해당한다고 판단하여 면책을 불허하였으나 대법원은 원심을 파기하였다.

다만 의사 A가 면책신청서류에 의료법인 B 의료재단 소속 C 의원에서 보수 없이 의사로 재직하였고, 의료재단은 비영리법인으로 개인이 소유할 수 없고 그 재산가치도 없다고 기재하였지만, 판시 사정에 비추어 보면, A는 의료법인 B 의료재단과 주식회사 D를 사실상 운영하고 있는 것으로 봄이 상당하다는 등의 이유로 면책불허가를 한 원심을 유지한 사례도 있다.[38]

나아가 파산결정을·받았으나 면책불허가결정을 받아 그 결정이 확정된 후에는 동일한 파산에 대하여 재차 면책신청을 하거나 오로지 면책을 받기 위하여 동일한 파산원인으로 재차 파산신청을 하는 이른바 재도의 파산신청이 허용되지 아니하는 점을 감안하여 볼 때, 면책불허가사유인 고의로 허위의 신청서류를 제출하거나 허위의 진술을 한 경우에 해당하는지 여부에 관해서는 엄격하고 신중하게 판단해야 한다.[39]

판례는 채무자가 자기소유 명의로 토지대장에 등재된 부동산이 있으면서도 법원에 대하여는 재산이 아무것도 없다고 진술을 함으로써 파산절차 비용을 충당하기에 부족하다고 인정되어 파산폐지절차를 받은 것이 분명하다면 '법원에 대하여 그 재산상태에 관하여 허위의 진술을 한 때'에 해당한다고 하였고,[40] 채무자가 채무자 명의의 계좌에 돈을 보관할 경우 채권자들의 압류가 들어올 것이 예상되는 상황에서 이를 피하기 위하여 채무자가 약국을 운영하여 국민건강보험공단으로부터 수령하는 돈을 그 즉시 딸의 예금계좌로 송금해 왔으면서도 그와 같은 송금사실과 딸의 예금계좌에서 약품구입대금 등을 결제한 사실을 법원에서 진술하지 아니한 행위는 '재산상태에 관한 허위진술행위'에 해당한다고 하였다.[41]

또한 채무자가 파산 및 면책 신청 당시 채권자목록에 기재된 채권자 이외에 채권자가 여럿 더 있음에도 이를 누락한 것으로 볼 여지가 있고, 또한 채무자의 직업 및 월 수입에 관한 진술이 허위일 가능성이 있다고 보이므로 이러한 경우 원심으로서는 채권자목록에서 위 채권자들을 누락한 경위 및 채무자가 주장하는 직장과 채무자, 채무자 딸의 관계, 채무자 딸 계좌의 입금 및 송금의 경위 등에 관하여 보다 세밀히 심리하여 면책불허가사유에 해당하는지 여부를 판단하였어야 한다는 취지로 원심결정을 파기한 사례가 있고,[42] 채무자가 파산 및 면책 신청 당시 재산목록에 소액의 예금 외에 아무런 재산이 없고 특히 상속

38) 대법원 2011.5.24.자 2010마2077 결정(미간행).

39) 대법원 2011.8.16.자 2011마1071 결정(미간행)[백선87]은 원심이 채무자가 보증채무를 누락한 행위가 단순히 과실에 의한 것이라기보다 고의에 의한 것으로 보인다는 이유로 면책불허가결정을 한 것을 심리미진을 이유로 파기환송하였다. 同旨 대법원 2011.7.14.자 2011마235 결정(미간행)은 "법 제566조 제7호에 규정된 비면책채권인 '채무자가 악의로 채권자목록에 기재하지 아니한 청구권'의 해석과 관련하여 채무자의 악의 여부를 신중하고 철저하게 심리하여야 한다."고 하였다.

40) 대법원 1990.1.5.자 89마992 결정(공1990, 450).

41) 대법원 2007.7.26.자 2006마1433 결정(공보불게재).

42) 대법원 2009.12.24.자 2009마1589 결정(미간행).

4. 면책과 복권 **689**

재산도 없다고 기재하였으나 채무자의 친형인 채권자가 그들의 어머니가 이미 사망하였음을 전제로 채무자가 어머니 명의의 토지 지분에 대한 상속지분을 가지고 있음에도 불구하고 이를 숨기고 면책을 신청하였다는 주장을 한 사안에서, 채무자가 어머니 명의의 토지 지분에 대한 상속지분이 있었음에도 이를 재산목록에서 누락한 것으로 볼 여지가 있으므로 어머니의 사망 여부를 살펴보고 어머니가 사망하였다면 채무자가 어머니 명의의 토지 지분에 관한 상속지분을 누락하게 된 경위까지 살펴보아 법 제564조 제1항 제3호의 면책불허가 사유에 해당하는지 여부를 판단하였어야 한다는 이유로, 채무자가 어머니로부터 위 지분을 상속받았다고 볼 수 없는 이상 그 지분이 아직 채무자의 재산이 아니어서 위 면책불허가 사유에 해당할 여지가 없다고 판단한 원심결정을 파기한 사례,[43] 채무자가 면책신청 당시에 토지를 소유하고 있음에도 이를 누락한 것은 면책불허가 사유에 해당하지만 토지의 공시지가와 가압류 등기 등을 고려하면 사실상 토지의 재산적 가치가 없는 점 등을 근거로 채무자가 면책신청과정에서 고의로 토지를 은닉한 채 허위 진술을 하였다고 보기는 어렵다고 본 원심결정에 대하여, 채무자가 토지를 누락한 것이 면책불허가 사유에 해당한다는 원심의 판단에는 채무자가 '고의로' 토지를 누락하였음이 전제된 것인데 뒤이은 재량면책의 판단에서 이와 달리 채무자가 고의로 누락하였다고 보기는 어렵다고 본 것은 앞선 면책불허가 사유의 판단과 모순되고, 비면책채권의 존부와 액수를 살펴보지 않은 채 만연히 토지의 재산적 가치가 없다고 보아 이를 채무자가 고의로 토지를 누락하였다고 보기 어려운 근거의 하나로 든 것은 잘못이라고 하여 원심결정을 파기한 사례도 있다.[44]

　　일본은 구 파산법 제366조의9 제3호에서 규정하던 이 부분을 개정 파산법에서는 삭제하였는데, 구법하의 판례 중에는 채무자가 파산선고 후 퇴직하고 퇴직금을 받고서도 파산재단에 속하는 재산으로 법원에 신고하지 아니한 사안에 관하여 허위의 진술에 해당한다고 하여 면책불허가 사유로 한 것,[45] 파산에 이른 경위에 바카라 도박에 거액의 자금을 투자한 경험이 있음에도 불구하고 심문시에 그 사실을 숨기고 도박은 전혀 하지 않는다고 허위의 설명을 하고, 유흥이 원인이라고 허위의 진술을 하고 면책신청 시에도 허위진술의 뜻을 명백히 한 사안에서 면책불허가 결정을 한 판례도 있었고,[46] 학설로는 채무자의 불성실성의 유무에 관하여 나아가 검토할 필요가 있다는 점이 지적되고 있다. 일단 고의로 허위의

---

43) 대법원 2010.8.19.자 2010마770 결정(공보불게재).
44) 대법원 2011.3.28.자 2010마1757 결정(미간행).
45) 日福岡高決昭和37.10.25下民集13권10호2153면[百選초판29], 日福岡高決昭和37.10.31金法324호6면은 퇴직금채권에 대한 부진술을 면책불허가 사유로 하였으나, 그와 같은 부진술이 당연히 면책불허가사유에 해당할 때에는 퇴직금채권이 파산재단소속 재산인 점에 관하여 채무자에게 적절한 판단을 기대할 수 있는가 여부 등의 사정을 고려하여 채무자의 불성실성을 보여주는 징표인가를 판단하여야 한다는 견해가 있다. 伊藤 眞, "破産法·民事再生法 제5판", 有斐閣(2022), 801면.
46) 日東京高決平成7.2.3判時1537호127면, 倒産判例 インデックス 제3판 154[百選A18].

채권자 명부를 제출하는 등의 행위를 하면, 면책불허가 사유에 해당한다고 보되, 사해의 의사 유무를 재량면책에 있어서 참작 사유의 하나로 고려할 수 있을 것이다.[47]

④ 채무자가 면책의 신청 전에 면책을 받은 경우에는 면책허가결정의 확정일로부터 7년이 경과하지 아니한 때, 개인회생절차에 의하여 면책을 받은 경우에는 면책확정일로부터 5년이 경과하지 아니한 때(법564조1항4호)

7년 또는 5년 내에 다시 면책을 받는 것을 인정하는 것은 채권자의 이익을 해하고 채무자의 갱생이라고 하는 점에도 타당하지 않기 때문이다. 법원은 이를 조사하기 위하여 본적지 시·구·읍·면장에 대하여 법원으로부터 면책허가결정 확정통지를 받은 사실이 있는지 여부를 조회한다.

⑤ 채무자가 법에 정하는 채무자의 의무에 위반한 때(법564조1항5호)

구인에 응할 의무 및 설명의무위반(①에 해당한다) 이외의 것, 예컨대 채무자가 보전처분(법323조)으로서 된 재산의 처분금지의 가처분에 위반한 경우이다. 퇴직금채권의 존재를 파산법원에 진술하지 아니한 행위를 파산절차상의 의무위반으로 보기도 한다.

⑥ 채무자가 과다한 낭비·도박 그 밖의 사행행위를 하여 현저히 재산을 감소시키거나 과대한 채무를 부담한 사실이 있는 때(법564조1항6호)

「낭비」라 함은 당해 채무자의 사회적 지위, 직업, 영업상태, 생활수준, 수지상황, 자산상태 등에 비추어 사회통념을 벗어나는 과다한 소비적 지출행위를 말하고,[48] 채무자의 어떠한 지출행위가 「낭비」에 해당한다고 보기 위해서는 그것이 형사처벌의 대상이 될 수 있음을 감안하여 보다 신중한 판단을 요한다.[49] 판례 중에는 원심이 면책을 허가하지 아니한 채무 중 상당 부분은 그 발생원인이 채무자의 낭비에 있다기 보다는 채무자가 타인에 대한 다수의 채무를 연대보증하였다가 주채무자 등이 그 채무를 이행하지 아니하여 급격히 증가하였다고 볼 여지가 있다고 하여 채무자의 낭비를 이유로 면책을 불허가한 원심을 파기 환송한 사례,[50] 2000년부터 2003년 사이에 영업사원으로 근무한 채무자가 고급음식점이

---

47) 법정단순승인 사유인 민법 제1026조 제3호 소정의 「고의로 재산 목록에 기입하지 아니한 때」에 관하여 대법원 2003.11.14. 선고 2005다30968 판결(공2003, 2346)은 사해할 의사를 필요로 한다고 하였다.

48) 日東京高決平成8.2.7判時1563호114면, 倒産判例 インデックス 제3판 155[百選86①]은 차입금으로 주식에 투자하여 과대한 채무를 부담한 행위가 낭비행위에 해당한다고 하였고(재량면책), 日福岡高決平成9.8.22判時1619호83면[百選86②]는 자동차 4대를 새로 사서 바꾼 것을 낭비행위에 해당한다고 하였다(재량면책). 그 밖에 낭비에 해당한다고 한 사례로 日仙台高決平成4.5.7判夕806호218면, 日東京高決平成16.2.9判夕1160호296면 참조.

49) 대법원 2004.4.13.자 2004마86 결정(공2004, 957)[백선91]은 그동안의 사업 경영내역, 금융기관과의 거래 내역 등에 비추어 채무부담의 원인이 채무자의 낭비라기보다는 회사의 대표이사이자 주주로 위 회사의 운영에 관여하게 되면서 회사운영과 관련한 자금을 지출하게 되면서 발생하였다고 볼 여지가 많다고 한 사안이다. 평석으로 서태환, "파산법상 면책불허가사유로서의 낭비의 개념", 대법원판례해설 제49호, 법원도서관(2004), 769면.

50) 대법원 2004.3.29.자 2004마646 결정(미간행).

나 유흥주점에서 사용한 금액이 2,500만 원이 넘은 경우 낭비에 해당한다고 한 사례[51] 등이 있다.

일본의 판례 중에는 증권회사의 직원이 자기자금으로 선물, 옵션거래로 다액의 손실을 입어 채무를 부담한 사안에서 「사행행위」에 해당한다고 하면서, 부정거래를 행한 점 등을 지적하여 재량면책도 부정하고 면책불허가한 사례가 있다.[52]

3) 면책허가결정

이상과 같은 면책불허가사유가 없을 때에는 면책을 허가하여야 한다(법564조1항). 그리고 면책불허가사유가 있는 경우라도 파산에 이르게 된 경위, 그 밖의 사정을 고려하여 상당하다고 인정되는 경우에는 면책을 허가할 수 있음은 전술하였다(법564조2항). 이 결정에 대하여는 즉시항고할 수 있고(법564조4항),[53] 면책결정은 그 확정에 의하여 효력이 생긴다(법565조). 또한 항고장 각하명령에 대해서도 즉시항고를 할 수 있으므로 이 경우에는 대법원에 특별항고를 제기할 수는 없다.[54] 판례는 법원은 채무자회생법 제564조 제1항 제2호의 면책불허가 사유가 있는 경우라도 파산에 이르게 된 경위, 그 밖의 사정을 고려하여 상당하다고 인정되는 경우에는 면책을 허가할 수 있고, 채무자가 재량면책을 주장하고 있는 경우에는 이에 대해 심리·판단하여야 한다고 하였지만,[55] 법문상 법원의 재량으로 규정하고 있으므로 채무자의 재량면책 주장은 법원의 직권발동을 촉구하는 의미에 불과하고, 법원이 면책불허가 결정을 하면 채무자의 면책 주장을 배척한 것으로 볼 수 있으므로 판단누락의 잘못이 없다고 볼 여지가 있다.[56]

제1심의 면책불허가결정에 대한 채무자의 즉시항고를 심리하는 항고심에서의 새로운 사실과 증거의 제출은 항고심에서 심문을 연 때에는 그 심문종결시까지, 심문을 열지 아니한 때에는 결정의 고지시까지 가능하므로, 항고심법원으로서는 그때까지 제출한 자료를

51) 대법원 2007.6.26.자 2006마40 결정(미간행).
52) 日福岡高決平成8.1.26判タ924호281면, 倒産判例 インデックス 제3판 156[百選A17]. 그 밖에 日東京高決昭和60.11.28判タ595호91면 참조.
53) 日最判平成12.7.26民集54권6호1981면, 倒産判例 インデックス 제3판 164[百選87]는 집단적 처리의 요청 등으로 인하여 파산채권자가 면책결정의 송달을 받은 날부터 1주일이 아니라 공고가 있은 날부터 기산하여 2주간이 즉시항고 기간이라고 하였다.
54) 대법원 2013.10.29.자 2013그235 결정(미간행).
55) 대법원 2009.10.9.자 2009마1369 결정(미간행).
56) 대법원 2018.10.25. 선고 2016다42800,42817,42824,42831 판결(공2018하, 2227)은 판결서의 이유에는 주문이 정당하다는 것을 인정할 수 있을 정도로 당사자의 주장, 그 밖의 공격·방어방법에 관한 판단을 표시하면 충분하고 당사자의 모든 주장이나 공격·방어방법에 관하여 판단할 필요가 없으므로(민사소송법 제208조), 법원의 판결에 당사자가 주장한 사항에 대한 구체적·직접적인 판단이 표시되어 있지 않더라도 판결 이유의 전반적인 취지에 비추어 주장을 인용하거나 배척하였음을 알 수 있는 정도라면 판단누락이라고 할 수 없고, 설령 판결에서 실제로 판단을 하지 않았더라도 주장이 배척될 경우임이 분명한 때에는 판결 결과에 영향이 없어 판단누락의 잘못이 있다고 할 수 없다고 하였다.

토대로 제1심결정 혹은 항고이유의 당부를 판단하여 보아야 한다는 점은 전술하였다.[57)]

　　따라서 채권자가 면책에 대한 이의신청 등을 통하여 제1심이 판단대상으로 삼은 면책불허가사유 외에도 다른 면책불허가사유가 있다는 점을 지적하면서 관련 자료를 제출하여 법원의 조사를 촉구한 때에는 항고법원으로서는 속심적 성격인 항고심의 성격에 비추어 제2면책불허가사유에 관한 항고인의 조사촉구 사항과 그 제출 자료를 토대로 채무자에게 위와 같은 면책불허가사유가 존재하는지 여부까지 포함하여 제1심 결정의 당부 및 채무자에 대한 면책허가 여부를 판단하였어야 하고, 제2면책불허가사유를 전혀 판단하지 아니한 채 제1면책불허가사유에 관한 채무자 항고이유의 당부만 판단하여 제1심결정을 취소하고 채무자에게 면책을 허가한 것은 항고심의 구조에 관한 법리를 오해하고 재판에 영향을 미칠 중요한 사항에 관하여 판단을 누락한 것으로서 위법하며,[58)] 보정명령 불이행 등을 이유로 한 제1심의 면책불허가결정에 대하여 즉시항고한 채무자가 항고심의 보정명령에 따라 추가로 소명하거나 제출한 자료가 있다면, 항고심은 이를 포함하여 면책불허가사유의 존부를 판단하여야 한다.[59)] 면책(허가)결정이 확정되면 법원은 그 주문을 공고하고, 채권자표가 있는 때에는 이에 면책의 결정이 확정된 뜻을 기재하여야 한다(법568조).

　(마) 면책의 효력

1) 파산채권자에 대한 효력(비면책채권)

　　면책을 얻은 채무자는 그 파산절차에 의한 배당을 제외하고 파산채권자에 대한 채무의 전부에 관하여 그 책임이 면제된다(법566조 본문). 여기서 면책이라 함은 채무 자체는 존속하지만 파산채무자에 대하여 이행을 강제할 수 없다는 의미이다. 면책에 의하여 채무 그 자체가 소멸한다는 견해도 있으나,[60)] 면책된 채무는 자연채무(채권자가 이행을 강제할 수 없는 채무)라고 해석하는 것이 통설이다.[61)] 두 설의 다른 점은 채무자가 면책허가결정 확정 후에 임의로 파산채권자에게 변제를 한 경우에 자연채무설에 의하면 유효한 것이 됨에 반하여 채무소멸설에 의하면 무효가 된다는 점에 있다. 또한 채무소멸설에 따르면 담보권의 설정·이전·실행의 기초적 법률관계가 존재하지 않는 반면 자연채무설에 의하면 자연채무인 면책채무에 대한 담보권의 설정 가능성, 면책채무의 양도·상속에 따른 담보권의 이전

---

57) 대법원 2009.2.26.자 2007마1652 결정(미간행).

58) 대법원 2010.7.30.자 2010마539 결정(공보불게재). 同旨 대법원 2011.4.28.자 2010마1980 결정(미간행).

59) 대법원 2009.2.26.자 2007마1652 결정(미간행).

60) 채무소멸설의 채택 필요성을 강조한 논문으로 정건희, "비면책채권과 소송 및 집행절차", 법조 제747호, 법조협회(2021.6.), 122면, 정건희, "면책채권의 양도와 면책채무의 상속에 관한 연구", 법조 제750호, 법조협회(2021.12), 175면 및 정건희, "면책채무와 담보권의 설정·이전·실행에 관한 연구", 법조 제753호, 법조협회(2022.6.), 41면 참조.

61) 대법원 2015.9.10. 선고 2015다28173 판결(공2015하, 1492)은 면책이라 함은 채무 자체는 존속하지만 파산채무자에 대하여 이행을 강제할 수 없다는 의미이고, 파산채무자에 대한 면책결정이 확정되면, 면책된 채권은 통상의 채권이 가지는 소 제기 권능을 상실하게 된다고 설시하였다.

여부, 면책 채무에 설정된 담보권의 실행 가능성이 문제된다.

판례는 면책결정 확정 후 파산채권을 변제하기로 하는 채무자와 파산채권자 사이의 합의(채무재승인약정)가 면책제도의 취지에 반하거나 확정된 면책결정의 효력을 잠탈하는 결과를 가져온다면 그 효력을 인정하기 어렵고, 나아가 채무재승인약정의 효력을 인정하여 판결을 통해 집행력을 부여할 것인지 여부를 판단할 때에는 면책제도의 입법 목적에 따라 위 약정이 채무자의 회생에 지장이 없는지 여부가 충분히 고려되어야 하고, 채무재승인약정은 채무자가 면책된 채무를 변제한다는 점에 대해 이를 충분히 인식하였음에도 자신의 자발적인 의사로 위 채무를 변제하기로 약정한 것일 뿐 아니라 위 약정으로 인해 채무자에게 과도한 부담이 발생하지 않는 경우에 한하여 그 효력을 인정할 수 있고, 이때 채무자가 자발적으로 채무재승인약정을 체결한 것인지, 채무재승인약정의 내용이 채무자에게 과도한 부담을 초래하는지 여부는 채무재승인약정을 체결하게 된 동기 또는 목적, 채무재승인약정을 체결한 시기와 경위, 당시의 채무자의 재산·수입 등 경제적 상황을 종합적으로 고려하여 판단하여야 한다고 하였다.[62]

또한 판례는 채무자가 면책결정을 받은 때에는 파산채권을 피보전채권으로 하여 채권자취소권을 행사하는 것은 그 채권이 채무자회생법 제566조 단서의 비면책채권에 해당하지 않는 한 허용되지 않는다고 하였고,[63] 파산채권을 피보전채권으로 하여 채권자대위권을 행사하는 것도 그 채권이 단서의 예외 사유에 해당하지 않는 한 허용되지 않는다고 하였다.[64] 또한 채권압류 및 추심명령에 대한 즉시항고는 집행력 있는 정본의 유무와 그 송달 여부, 집행개시요건의 존부, 집행장애사유의 존부 등과 같이 채권압류 및 추심명령을 할 때 집행법원이 조사하여 준수할 사항에 관한 흠을 이유로 할 수 있을 뿐이고, 집행채권의 소

---

62) 대법원 2021.9.9. 선고 2020다269794 판결(공2021하, 1793)은 피고가 원고로부터 차용한 합계 약 1,280,000,000 원에 대하여 면책결정 확정 후 이듬 해 다시 실제로는 원고로부터 금원을 차용한 바 없음에도 원고에게 '180,000,000 원을 차용하고 약 2개월 후부터 매월 2,000,000원씩 상환하며, 이를 어길 시 180,000,000 원을 지급한다'는 내용의 차용증을 작성하여 교부하였다가 다시 '90,000,000원을 차용하고, 매월 28일 1,000,000원씩을 상환하며, 이를 2회 어길 시 180,000,000원을 지급한다'는 내용의 차용증을 재차 작성하여 교부한 후 원고가 위 차용증에 기한 약정금의 지급을 구한데 대하여 위 차용증 작성에 따른 약정의 효력을 인정한 원심을 파기한 사안이다. 한편 日橫浜地判昭和63.2.29判時 1280호151면[百選90]은 자연채무설을 전제로 하면서도 면책 후의 지급약속은 면책의 취지에 반하여 무효라고 하였다.
63) 대법원 2008.6.26. 선고 2008다25978 판결(공2008하, 1069). 이 판결에 대하여 채권자취소와 면책의 법리를 형식논리적으로 적용하여 두 제도의 본질과 취지, 채권자 이익 형량 등에 대한 세심한 분석을 회피하였다고 반대하는 입장의 평석으로는 정주인, "채무자의 파산·면책이 채권자 취소소송에 미치는 영향", 법조 제736호, 법조협회(2019.8.), 807면 참조. 日最判平成9.2.25判時1607호51면, 倒産判例 インデックス 제3판 163[百選91] 역시 면책허가결정 확정후에 강제적 실현을 할 수 없다는 이유로 사해행위취소권의 행사를 부정함으로써 자연채무설을 전제로 하고 있다는 평가를 받는다.
64) 대법원 2009.6.23. 선고 2009다13156 판결(미간행). 同旨 대법원 2022.9.7. 선고 2022다230165 판결(공 2022하, 2089).

멸 등과 같은 실체상의 사유는 이에 대한 적법한 항고이유가 되지 아니하는데 면책결정이 확정되어 채무자의 채무를 변제할 책임이 면제되었다고 하더라도, 이는 면책된 채무에 관한 집행권원의 효력을 당연히 상실시키는 사유는 되지 아니하고 다만 청구이의의 소를 통하여 그 집행권원의 집행력을 배제시킬 수 있는 실체상의 사유에 불과하며, 한편 면책결정의 확정은 면책된 채무에 관한 집행력 있는 집행권원 정본에 기하여 그 확정 후 비로소 개시된 강제집행의 집행장애사유가 되지 아니하는 것이므로 면책결정이 확정되어 채무자의 채무를 변제할 책임이 면제되었다는 것은 면책된 채무에 관한 집행력 있는 집행권원 정본에 기하여 그 확정 후 신청되어 발령된 채권압류 및 추심명령에 대한 적법한 항고이유가 되지 아니한다.[65] 또한 면책결정의 효과는 민사집행법 제49조의 강제집행의 정지와 직접적, 논리적으로 연동되어 있는 것이라고 해석할 실정법상의 근거가 없으므로 확정된 면책결정 정본의 제출이 있어도 집행법원은 이미 발령한 채권압류명령을 취소할 필요는 없다.[66]

하급심 판결 중에는 강제집행절차를 막기 위한 가장 유효·적절한 수단은 면책확인이 아니라 청구이의의 소를 제기하는 것인데, 원고가 청구이의의 소 등 집행력 있는 판결정본의 집행력을 배제할 다른 구제절차를 거치지 않은 이상 임대차보증금반환채권의 면책확인 판결을 받는 것만으로는 확정된 판결의 집행력을 배제할 수 없고 피고로부터 강제집행을 당할 위험은 여전히 제거되지 않으므로 채무에 대한 면책확인의 소는 현재 원고의 법적 불안을 제거함에 가장 유효·적절한 수단이 될 수 없으므로, 확인의 이익이 없다고 한 사례가 있다.[67]

파산채권은 그것이 면책신청의 채권자목록에 기재되지 않았다고 하더라도 면책의 효력으로 그 책임이 면제된다.[68] 파산채무자에 대한 면책결정의 확정에도 불구하고 어떠한 채권이 비면책채권에 해당하는지 여부 등이 다투어지는 경우에 채무자는 면책확인의 소를 제기함으로써 권리 또는 법률상 지위에 현존하는 불안·위험을 제거할 수 있으나, 면책된 채무에 관한 집행권원을 가지고 있는 채권자에 대한 관계에서 채무자는 청구이의의 소를 제기하여 면책의 효력에 기한 집행력의 배제를 구하는 것이 법률상 지위에 현존하는 불안·위험을 제거하는 유효적절한 수단이 되고, 따라서 이러한 경우에도 면책확인을 구하는 것은

---

65) 대법원 2013.9.16.자 2013마1438 결정(공2013하, 2103). 이 결정에 대한 해설로 지은희, "파산절차에서 면책결정의 확정이 채권압류 및 추심명령에 대한 적법한 항고이유가 되는지 여부", 사법논집 제61집, 법원도서관(2016), 455면 참조. 同旨 대법원 2013.4.22.자 2013마334 결정(미간행)은 인낙조서에 대한 것이다. 대법원 2013.11.8.자 2013마1472 결정(미간행)은 면책결정을 이유로 제1심결정을 취소하고 채권압류 및 추심명령 신청을 기각하는 결정을 한 원심을 파기하였다. 同旨 대법원 2013.11.22.자 2013마2146 결정(미간행), 대법원 2013.12.30.자 2013마2119 결정(미간행), 대법원 2014.2.13.자 2013마 2429 결정(미간행), 대법원 2021.11.5.자 2021마251 결정(미간행).

66) 日大阪高決平成6.7.18判時1545호58면, 倒産判例 インデックス 제3판 162[百選제5판A17].

67) 부산지방법원 2017.4.14. 선고 2016나3741 판결(미간행).

68) 대법원 2010.5.13. 선고 2010다3353 판결(공2010상, 1113)[백선92].

분쟁의 종국적인 해결 방법이 아니므로 확인의 이익이 없어 부적법하다.[69]

　그런데 채권자가 채무자를 상대로 제기한 채무이행청구 소송에서 변론종결 전에 면책허가결정이 확정되었음에도 채무자가 이를 주장하지 아니하여 패소 판결이 확정된 경우에 면책확인의 소나 청구이의의 소를 제기할 수 있는가 하는 점이 문제가 된다. 판례는 면책결정이 확정되었는데도 면책된 채무 이행을 명하는 판결이 확정된 경우에 개인채무자가 확정판결에 관한 소송에서 단지 면책 주장을 하지 않았다는 이유만으로 청구이의의 소를 통해 면책된 채무에 관한 확정판결의 집행력을 배제하는 것을 허용하지 않는다면 이미 면책결정을 통해 강제집행 위험에서 벗어난 개인채무자로 하여금 그 집행을 다시 수인하도록 하는 것은 면책제도의 취지에 반하고 확정된 면책결정의 효력을 잠탈하는 결과를 가져올 수 있기 때문에 부당한 결과를 초래하고, 또한 확정판결에 관한 소송에서 개인채무자의 면책 주장 여부에 따라 개인채무자가 일부 파산채권자에 대해서만 파산절차에 의한 배당 외에 추가로 책임을 부담하게 된다면, 파산채권자들 사이의 형평을 해치게 되어 집단적·포괄적으로 채무를 처리하면서 개인채무자의 재기를 지원하는 개인파산 및 면책제도의 취지에 반하게 되므로 확정판결에 관한 소송에서 주장되지 않았던 면책 사실도 청구이의소송에서 이의사유가 될 수 있다고 봄이 타당하다고 하였다.[70]

　면책결정의 효력은 별제권자의 파산채권에도 미치므로 별제권자가 별제권을 행사하지 아니한 상태에서 파산절차가 폐지되었다고 하더라도, 면책결정이 확정된 이상, 별제권자였던 자로서는 담보권을 실행할 수 있을 뿐 채무자를 상대로 종전 파산채권의 이행을 소구할 수는 없다.[71] 물론 별제권자로서 파산절차 외에서 담보권을 실행하여 담보물건의 교환가치로부터 우선변제를 받을 수 있으므로 피담보채권도 담보권의 가치 범위 내에서는 면책의 대상이 되지 않는다고 할 수 있다.[72] 파산채권자는 보증인 등에 대하여 면책된 파

---

69) 대법원 2017.10.12. 선고 2017다17771 판결(공2017하, 2095).

70) 대법원 2022.7.28. 선고 2017다286492 판결(공2022하, 1725). 이 판결에 대한 해설로 현낙희, "면책 주장과 기판력 및 청구이의의 소", 민사판례연구 XLV, 민사판례연구회(2023), 625면, 김영석 "면책을 주장하지 않아 채무의 이행을 명하는 판결이 확정된 이후 그 면책 사실을 내세워 청구이의의 소를 제기할 수 있는지", 대법원판례해설 제133호, 법원도서관(2023), 597면, 김기홍, "면책결정의 효력과 청구이의의 소", 도산법연구 제12권제2호, 사단법인 도산법연구회(2022.12.), 113면 참조.

71) 대법원 2011.11.10 선고 2011다27219 판결(공2011하, 2543)은 원고가 피고에게 금원을 대여하고 매매예약을 원인으로 하는 소유권이전청구권가등기(담보가등기)를 경료받았는데, 원고가 위 금원의 지급을 청구하는 소송을 제기하자 피고는 이미 파산선고 및 면책결정이 확정되었다고 항변한 사안이다. 원심은 원고는 담보가등기를 경료한 별제권자이므로 위 면책결정의 효력은 원고에게 미치지 않는다고 보아서 원고의 청구를 인용하였으나 대법원은 "채무자회생법 제411조는 별제권자가 가지는 파산채권을 면책에서 제외되는 청구권으로 규정하고 있지 아니하므로 면책결정은 별제권자의 파산채권에도 미치는 것이다. 별제권자는 그 담보권을 실행할 수 있을 뿐 채무자를 상대로 종전 파산채권의 이행을 소송으로 청구할 수는 없다"고 판시하였다. 파기환송후 원심은 원고의 소를 각하하였다.

72) 日最判平成30.2.23民集72권1호1면은 저당권의 피담보채권 면책허가결정의 효력을 받는 경우에는 채

산채권에 관계된 보증채무의 이행을 청구할 수 있지만, 보증인 등의 채무자에 대한 구상권은 면책허가결정의 효과를 받는다.

　면책의 효과는 파산채권의 우열, 신고의 유무, 알고 있는가의 여부를 불문하고 모든 파산채권에 관하여 생긴다. 그러나 이 원칙에 대한 중대한 예외로서 다음의 각 채권(비면책채권)에 관하여는 면책되지 않는다(법566조 각호). 다만 면책허가의 요건인 면책허가사유(법564조)와 면책허가결정확정의 효과의 면에서의 비면책채권은 별개라고 이해되고 있으므로 면책불허가사유가 없으면 면책허가결정을 하게 된다. 파산절차, 면책절차에 있어서는 원칙적으로 비면책채권성의 판단을 하는 구조가 아니기 때문에 비면책채권성은 파산절차, 면책절차 외에서 별도로 다투어지게 된다.[73]

　① 조세

　전통적인 조세채권우선사상에 기초한 것으로서 오늘날 재고의 필요가 있다.

　② 벌금·과료·형사소송비용·추징금 및 과태료

　채무자에게 고통을 주는 것을 원래의 목적으로 하는 것이기 때문이다.

　③ 채무자가 고의로 가한 불법행위로 인한 손해배상(민750조 참조)

　이는 채무자의 채무가 사회적으로 비난받을 만한 행위로 인한 경우까지 면책결정에 의하여 그 채무에 관한 책임을 면제하는 것은 정의의 관념에 반하는 결과가 된다는 점을 고려한 것이다.[74] 구 파산법에서 「악의」로 규정하였던 것을 「고의」로 바꾸었다.[75] 단순한 인식으로 족하고, 따라서 보통의 과실에 의한 불법행위의 경우에는 면책받을 수 있지만, 피해자의 입장을 고려하면 입법론으로서는 좀 더 세심한 배려가 필요하다고 생각된다. 사용자책임에 있어서는 피용자에게 「고의」가 있어도 사용자는 면책된다고 하는 통설에 관하여도 의문이 있다.

　판례는 상법 제682조에 의한 보험자 대위의 경우 피보험자 등의 제3자에 대한 권리는 동일성을 잃지 않고 그대로 보험자에게 이전되는 것이므로, 피보험자 등이 취득하는 채권

무자 및 저당권설정자에 대한 관계에 있어서도 저당권의 부종성에 관한 규정이 적용되지 않고, 당해 저당권 자체가 20년의 소멸시효에 걸린다고 하였는데, 자연채무설을 전제한 것으로 이해되고 있다. 마찬가지로 日最決令和3.6.21民集75권7호311면은 채무자가 면책을 받은 이상 면책의 효력을 받는 채권자는 채무자의 상속인에 대하여 채무의 강제적 실현을 도모할 수 없으므로 상속인은 강제집행에서 매수신청이 금지되는 채무자에 해당하지 않는다고 하였다.

73) 日最判平成26.4.24民集68권4호380면[百選89]은 면책허가결정이 확정된 채무자에 대하여 파산절차에서 확정된 파산채권을 가지는 채권자가 당해 파산채권이 기재된 파산채권자표에 관한 집행문 부여의 소를 제기한 데 대하여 당해 파산채권이 비면책채권에 해당하는 것을 이유로 집행문부여의 소를 부정하면서, (방론으로) 파산채권자표의 기재 내용으로부터 비면책채권에 해당한다고 인정할 때에는 일본민사집행법 제26조 제1항에 의하여 단순히 집행문의 부여의 절차에 의하여야 한다고 하였다.

74) 대법원 2009.5.28. 선고 2009다3470 판결(공2009하, 1011)[백선89].

75) 「악의」라고 규정하고 있는 일본 파산법 제253조 제1항 제2호에 대하여 日神戸明石支判平成18.6.28判タ1229호339면은 「악의」라 함은 고의로는 부족하고 적극적인 해의가 필요하다고 하였다.

이 비면책채권에 해당하는지 여부는 피보험자 등이 제3자에 대하여 가지는 채권 자체를 기준으로 판단하여야 한다고 하였음은 전술하였다.[76] 그러나 이 판결에 대하여는 법 제566조 각호에 규정된 다른 비면책채권들, 즉, 조세, 채무자가 중대한 과실로 타인의 생명 또는 신체를 침해한 불법행위로 인하여 발생한 손해배상, 채무자의 근로자의 임금 등이 대위변제된 경우에 그 구상금채권도 여전히 비면책채권이 되는지는 추가적인 검토를 요한다는 비판이 있다. 일본의 다수설은 각 비면책채권들의 입법 취지·종류에 따라 개별적으로 검토할 필요가 있다는 견해인 반면, 미국의 판례들은 대위변제의 법리상 모두 비면책채권이 된다는 견해를 취하고 있다.[77] 한편 판례는 납세보증보험의 보험자가 본래의 납세의무자를 대신하여 세금을 납부한 경우에는 변제자대위에 관한 민법 제481조를 유추적용하여 피보험자인 세무서가 보험계약자인 납세의무자에 대하여 가지는 채권을 대위행사할 수 있다고 판시하였음은 전술하였다.[78] 일본 판례 중에는 지급능력이 없음에도 불구하고 신용카드를 발급받아 그 신용카드를 이용하여 상품을 구입한 것이 악의의 불법행위에 해당한다고 한 것이 있다.[79]

④ 채무자가 중대한 과실로 타인의 생명 또는 신체를 침해한 불법행위로 인하여 발생한 손해배상

과실로 인한 불법행위의 가장 대표적인 경우가 교통사고인데, '중대한 과실'이란, 채무자가 어떠한 행위를 함에 있어서 조금만 주의를 기울였다면 생명 또는 신체 침해의 결과가 발생하리라는 것을 쉽게 예견할 수 있음에도 그러한 행위를 만연히 계속하거나 조금만 주의를 기울여 어떠한 행위를 하였더라면 생명 또는 신체 침해의 결과를 쉽게 회피할 수 있음에도 그러한 행위를 하지 않는 등 일반인에게 요구되는 주의의무에 현저히 위반하는 것을 말한다. 판례는 중앙선이 설치된 편도 1차로의 국도를 주행하던 승용차가 눈길에 미끄러지면서 중앙선을 넘어가 반대차로에서 제설작업중이던 피해자를 충격하여 사망에 이르게 한 사안에서, 그 사고가 가해자의 '중대한 과실'에 의하여 발생하였다고 보기 어렵

---

76) 대법원 2009.5.28. 선고 2009다3470 판결(공2009하, 1011)[백선89]은 보험회사가 신원보증보험계약을 체결하였다가 경리직원이 1억 원이 넘는 공금을 횡령한 것인데, 보증보험회사는 위 계약에 따라 보험금 4천만 원을 지급하였고, 그 후 위 경리직원은 파산선고를 받고 면책결정이 확정된 사안이다. 보증보험회사는 위 계약에 따른 보험금을 지급함으로써 상법 제682조의 보험자대위 규정에 따라 위 지급금액 한도에서 위 경리직원에 대한 고용회사의 손해배상채권을 취득하였음을 이유로 위 경리직원에 대하여 구상금채권을 청구하였는데, 원심은 청구를 인용하였고, 대법원은 원심을 유지하였다. 이 판결에 대한 해설로 김형두, "파산자가 악의로 가한 불법행위로 인한 손해배상청구권을 보험회사가 대위변제한 경우 파산자에 대한 구상금 채권의 법적 성격", 민사판례연구 XXXII, 민사판례연구회 (2010), 611면 참조.

77) 김형두, 전게 논문 및 김형두, '2011년판 분야별 중요판례분석', 법률신문사(2011), 578면.

78) 대법원 2009.2.26. 선고 2005다32418 판결(공2009상, 523).

79) 日最判平成12.1.28金判1093호14면, 倒産判例 インデックス 제3판 159[百選88].

다고 하였고,[80] 벌점 누적으로 운전면허가 취소된 자가 차량을 운전하고 가던 중 졸음운전으로 진행방향 우측 도로변에 주차되어 있던 차량의 뒷부분을 들이받아 동승한 피해자에게 상해를 입힌 사안에서, 그 사고가 가해자의 '중대한 과실'에 의하여 발생하였다고 보기 어렵다고 한 판례도 있다.[81] 일반론으로는, '중대한 과실'을 해석함에 있어, 가급적 엄격하게, 즉 비면책채권의 범위를 좁히는 쪽으로 운영하게 될 것으로 보인다.

　⑤ 채무자의 근로자의 임금·퇴직금 및 재해보상금

　구 파산법상으로는 고용인의 최후의 6개월분 급료만이 비면책채권이 됨에 비하여, 채무자회생법에서는 임금, 퇴직금 및 재해보상금에 대해 제한없이 비면책인 것처럼 규정하고 있다. 따라서 거액의 퇴직금채무를 부담하는 채무자의 경우, 도산절차를 이용할 이유가 거의 없다고 할 수 있다. 비면책채권이 문제되는 것은 개인파산의 경우일 것이고, 개인이 영업자일 경우 통상 사업규모가 크지 아니할 것이나, 그렇다 하더라도 우리 실정상 모든 퇴직금을 비면책으로 하는 것은 지나친 감이 있다.

　나아가 재해보상금의 의미도 명확하지 않다. 근로보호 차원에서 마련된 각종 재해보상금을 말하는 것이라면, 개인채무자가 그러한 채무를 부담하는 경우가 어떠한 경우가 있는지 궁금하다. 재해와 관련된 불법행위로 인한 손해배상 채권을 의미하는 것이라면, 제3호 및 제4호에서 불법행위로 인한 손해배상의 경우 범위를 한정한 취지와 맞지 않는다.

　⑥ 채무자의 근로자의 임치금 및 신원보증금(상468조 참조)

　⑦ 채무자가 악의로 채권자명부에 기재하지 아니한 청구권(다만 채권자가 파산선고가 있었음을 안 때에는 스스로 채권을 신고할 수 있었을 것이므로 면책을 받는다)

　'채무자가 악의로 채권자명부에 기재하지 아니한 청구권'은 채무자가 면책결정 이전에 채권의 존재 사실을 알면서도 이를 채권자명부에 기재하지 않은 경우를 뜻하므로, 채권자명부에 기재하지 않은 데에 과실이 있는지 여부를 불문하고, 채무자가 채권의 존재 사실을 알지 못한 때에는 여기에 해당하지 아니한다.[82]

---

80) 대법원 2010.3.25. 선고 2009다91330 판결(공2010상, 810)은 교통사고 발생 당시의 상황 등 여러 사정에 비추어 가해자가 약간의 주의만으로도 손쉽게 피해자의 생명 또는 신체 침해의 결과를 예견할 수 있는 경우임에도 주의의무를 현저히 위반하여 위 교통사고를 야기하였다고 보기 어렵다는 이유로, 그로 인한 손해배상채권이 채무자회생법 제566조 제4호에 정한 비면책채권에 해당하지 않는다고 하였다. 이 판결에 대한 해설로 조용현, "채무자 회생 및 파산에 관한 법률 제566조 제4호에서 규정하는 '중대한 과실'의 의미", 대법원판례해설 제83호, 법원도서관(2010), 587면 참조.

81) 대법원 2010.5.13. 선고 2010다3353 판결(공2010상, 1113)[백선92]은 벌점 누적으로 운전면허가 취소된 것이라면 도로교통법상의 무면허운전이 위 사고의 직접 원인으로 작용하였다고 보기 어렵고 전방주시를 태만히 한 상태에서 졸음운전을 하였다는 점만으로 주의의무를 현저히 위반하는 중대한 과실이 있다고 보기 어렵다는 이유로, 그로 인한 손해배상채권이 법 제566조 제4호에 정한 비면책채권에 해당하지 않는다고 하였다.

82) 대법원 2007.1.11. 선고 2005다76500 판결(공2007, 284)은 채무자가 금융기관에 대한 대출원리금 반환채무가 경매절차에서 모두 변제된 것으로 착각하여 파산신청시 채권자 명부에 기재하지 않은 사안이다.

채권자목록에 기재하지 아니한 청구권을 면책대상에서 제외한 이유는, 채권자목록에 기재되지 아니한 채권자가 있을 경우 그 채권자로서는 면책절차 내에서 면책신청에 대한 이의 등을 신청할 기회를 박탈당하게 될 뿐만 아니라 그에 따라 법 제564조에서 정한 면책불허가사유에 대한 객관적 검증도 없이 면책이 허가, 확정되면 원칙적으로 채무자가 채무를 변제할 책임에서 벗어나게 되므로, 위와 같은 절차 참여의 기회를 갖지 못한 채 불이익을 받게 되는 채권자를 보호하기 위한 것이다. 채무자가 채무의 존재를 알고 있었다면 과실로 채권자목록에 이를 기재하지 못하였다고 하더라도 위 법조항에서 정하는 비면책채권에 해당하고, 따라서 사실과 맞지 아니하는 채권자목록의 작성에 관한 채무자의 악의 여부는 누락된 채권자나 채권액이 소수 혹은 소액이라거나 채무자가 제출한 자료만으로는 면책불허가사유가 보이지 않는다는 등의 점만을 들어 사실과 맞지 아니하는 채권자목록의 작성에 관한 채무자의 선의를 쉽게 인정할 수는 없고,[83] 누락된 채권의 내역과 채무자와의 견련성, 그 채권자와 채무자의 관계, 누락의 경위에 관한 채무자의 소명과 객관적 자료와의 부합 여부 등 여러 사정을 종합하여 판단하여야 하고, 단순히 채무자가 제출한 자료만으로는 면책불허가 사유가 보이지 않는다는 등의 점만을 들어 채무자의 선의를 쉽게 인정하여서는 안 된다.[84]

또한 판례는 채무자가 면책신청의 채권자목록에 파산채권자 및 파산채권의 원본 내역을 기재하여 제출하면 채권자는 면책절차에 참여할 수 있는 기회가 보장되므로, 채무자

---

83) 대법원 2009.3.30 자 2009마225 결정(미간행).
84) 대법원 2010.10.14. 선고 2010다49083 판결(공2010하, 2094)은 채권자목록에 누락된 乙의 甲에 대한 구상금채권이 채무자회생법 제566조 제7호의 비면책채권에 해당하지 아니한다고 한 원심에 대하여, 제반 사정에 비추어 보면 甲이 과실로 채권자목록에 乙에 대한 구상금채무를 기재하지 아니하였다고 볼 수는 있을지언정, 甲이 乙의 구상금채권의 존재를 알지 못하였다고 인정할 수 있는 근거가 되는 사정이라 할 수 없다는 등의 이유를 들어 원심판결을 파기하였다. 이 판결에 대한 해설로 윤강열, "비면책채권인 '채무자가 악의로 채권자목록에 기재하지 아니한 청구권'의 의미 및 그 판단 기준", 대법원판례해설 제85호, 법원도서관(2011), 644면 참조. 한편 대법원 2014.9.4. 선고 2014다29858 판결(미간행)은 피고의 남편 甲이 대표이사로 있던 회사의 이사나 감사는 모두 甲의 친족들로서 위 회사의 모든 업무는 甲이 처리한 점, 원고로부터 돈을 차용하여 사용한 사람은 甲이고, 피고 명의의 약속어음은 연대보증의 의미로 발행된 것인데, 그 약속어음상 수취인, 액면금, 발행일, 발행지, 발행인 등의 기재는 모두 甲이 한 것으로 보이는 점, 피고 소유의 주택에 관하여 채무자 피고, 근저당권자 원고로 된 근저당권이 설정되었으나, 위 부동산은 이미 임의경매절차에서 제3자에게 매각되어 위 근저당권설정등기가 말소되었고, 그 이후 위 면책결정에 이르기까지 원고가 피고에게 채무변제를 독촉하였다고 볼 수 있는 자료가 없는 점, 면책신청 당시 피고가 채권자목록에 기재한 채권자의 수, 채권액, 채권의 내역, 누락된 원고의 채권액, 그 때까지 원고와의 관계 등에 비추어 채권자목록에 원고를 기재하지 않은 것이 피고에게 특별한 이익이 된다고 볼만한 사정도 보이지 않는 점 등에 비추어 보면, 피고가 원고의 피고에 대한 채권의 존재 사실을 알면서도 이를 채권자목록에 기재하지 않았다고 단정하기는 어렵다고 하였다. 同旨 대법원 2012.4.13. 선고 2011다106785 판결(미간행), 대법원 2019.11.15. 선고 2019다256167,256174 판결(미간행). 또한 대구지법 2022.4.8. 선고 2021가단18495 판결(미발간)은 원고의 선의 주장을 배척하였다.

가 채권자목록에 원본 채권만을 기재하고 이자 등 그에 부수하는 채권을 따로 기재하지 않았더라도, 부수채권이 채무자가 악의로 채권자목록에 기재하지 아니한 비면책채권에 해당하지 아니한다고 하였다.[85] 판례 중에는 파산 및 면책 신청 당시에도 한식전문점을 스스로 경영하고 있었음에도 불구하고 파산 및 면책 신청서에는 단순히 식당 등에서 아르바이트를 하면서 월 95만 원의 소득을 올린다는 취지로 기재하였던 점, 채권의 상당 부분이 여전히 존재하고 있음에도 채무자가 채권자목록에 채권을 기재하지 않은 이유에 대해 이를 변제하여 채무가 소멸된 것으로 알았다는 취지로 변명하면서도 변제에 관한 아무런 자료도 제출하지 못하였던 점 등을 들어 악의를 인정한 원심을 유지한 사례가 있고,[86] 甲이 파산 및 면책을 신청하면서 채권자목록에 乙 회사가 보유하고 있던 채권을 기재하였고, 그 후 법원이 甲에 대하여 파산을 선고하고 면책신청에 대한 이의신청기간을 지정하는 결정을 한 다음 채권자목록에 기재되어 있는 채권자들에게 송달하였으며, 乙 회사는 이를 수령하였으나 이의신청기간 내에 이의를 신청하지 않았는데, 법원이 면책을 허가하여 면책허가결정이 확정된 후 乙 회사가 甲을 상대로 乙 회사의 채권 중 甲이 채권자목록에 기재하지 않은 채권의 지급을 구한 사안에서, 법원이 乙 회사에 파산선고 및 면책신청에 대한 이의신청기간을 지정하는 결정을 송달함으로써 乙 회사는 甲에 대하여 파산선고가 있음을 알고 있었다고 봄이 타당하므로, 甲이 채권자목록에 기재하지 않은 위 채권도 면책채권에 해당하는데도, 이와 달리 본 원심판단에 법리오해의 잘못이 있다고 한 사례도 있다.[87]

하급심 판례 중에는 甲이 파산선고를 받은 후 면책을 신청하면서 채권자목록에 乙 회사에 대한 보증채무를 기재하지 않았고, 면책결정이 내려져 확정되기 직전에 乙 회사가 甲을 상대로 제기한 보증채무금 지급청구 소송에서 변론기일에 출석하거나 답변서를 제출하지 못하였는데, 면책결정 확정 후 乙 회사가 위 소송에서 전부승소 판결을 받아 판결 확정 후 강제집행을 신청하자, 甲이 면책결정으로 보증채무가 면책되었다고 주장하면서 청구이의의 소를 제기하였고, 乙 회사는 면책결정 확정이 위 소송 변론종결 전에 이루어졌으므로 甲은 청구이의의 소를 제기할 수 없다고 주장한 사안에서, 제반 사정에 비추어 甲이 보증채무가 존재한다는 사실을 알면서도 이를 채권자목록에 기재하지 않았다고 보기 어려우므로 면책결정으로 보증채무는 면책되었고, 위 소송에서 甲이 변론기일에 출석하거나 답변서를 제출하지 못한 탓에 면책결정의 효력이 보증채무에 미치는지에 관하여 아무

---

85) 대법원 2016.4.29. 선고 2015다71177 판결(공2016상, 698)[백선88]. 이 판결에 대한 해설로 임혜진, "파산·면책신청 시 제출한 채권자목록에 파산채권자 및 그 채권의 원본 내역만 기재된 경우, 그 이자 등 부수채권이 「채무자 회생 및 파산에 관한 법률」 제566조 단서 제7호의 '채무자가 악의로 채권자목록에 기재하지 아니한 청구권'에 해당하는지 여부", 대법원판례해설 제107호, 법원도서관 (2017), 316면 참조.

86) 대법원 2010.7.15. 선고 2010다30478 판결(공보불게재).

87) 대법원 2019.11.15. 선고 2019다256167, 256174 판결(미간행).

런 판단이 이루어지지 않아 보증채무의 면책에 관하여 위 판결의 기판력이 미친다고 볼 수 없으므로 甲은 면책결정이 확정된 사실을 내세워 청구이의의 소를 제기할 수 있다고 한 사례도 있다.[88]

일본의 하급심 판례 중에는 파산한 채무자가 채권의 존재를 깜빡 잊고 채권자명부에 채권을 기재하지 않은 경우에도, 그 점에 관하여 채무자에게 과실이 인정되지 않는 때에는 채권은 면책된다고 한 사례가 있다.[89]

⑧ 채무자가 양육자 또는 부양의무자로서 부담하여야 하는 비용

채무자가 이미 위 비용을 부담하고 있는 경우이고, 그것이 파산 후에는 그대로 이행하기 어려운 경우라면, 가사재판절차를 통하여 경감될 수 있을 것이다.

2) 보증인 등에 대한 면책의 효과

면책은 파산채권자가 채무자의 보증인 그 밖의 공동채무자에 대하여 가지는 권리 및 제3자가 파산채권자를 위하여 제공한 (물적)담보에는 영향을 미치지 아니한다(법567조). 보증채무나 담보권은 주된 채무자로부터 만족을 받지 못할 경우에 대비하여 설정된 것이기 때문이다. 이는 보증이나 담보의 부종성에 반하는 것은 아니고, 또 헌법상의 평등조항에 반하는 것도 아니다. 일본의 판례는 주채무자가 면책결정의 효력을 받는 채권에 관하여 채권자는 소로써 이행을 구하는 강제적 실현을 도모할 수 없으므로 그 채권에 관하여는 「권리를 행사할 수 있는 때」를 기산점으로 하는 소멸시효의 진행을 개념을 생각할 수 없고, 따라서 채무자가 면책결정을 받은 경우에는 위 면책결정의 효력이 미치는 채무의 보증인은 주채무에 관한 소멸시효를 원용할 수 없다고 하였고,[90] 또한 법인(회사)인 주채무자에 관하여 파산절차가 종결되어 법인격이 소멸한 때에도 주채무는 소멸하고, 소멸한 채권에 관하여 시효에 의한 소멸이라는 관념을 생각할 여지가 없으므로 그 채무에 관한 보증인은 주채무에 관한 소멸시효가 그 법인격의 소멸 후에 완성한 것을 주장하여 시효를 원용할 수 없다고 하였다.[91] 그러나 이에 대하여는 면책의 효과로서 자연채무설을 근거로 시효진행설을 주장하는 반대설도 있다.[92]

한편 채권자가 신용보증기금, 기술보증기금, 중소기업진흥공단인 경우에는 중소기업이 파산선고 이후 면책결정을 받는 시점에 주채무가 감경 또는 면제될 경우 연대보증채무도 동일한 비율로 감경 또는 면제한다(신용보증기금법30조의3, 기술보증기금법37조의3, 중소기

---

88) 광주지법 2017.7.5. 선고 2017가단1870 판결(각공2017하, 468 확정).
89) 日東京地判平成15.6.24金法1698호102면, 倒産判例 インデックス 제3판 160.
90) 日最判平成11.11.9民集53권8호1403면, 倒産判例 インデックス 제3판 161[百選A20].
91) 日最判平成15.3.14民集57권3호286면, 倒産判例 インデックス 제3판 48.
92) 이무룡, "주채무자의 도산과 보증인의 주채무 소멸시효 항변 —일본에서의 논의를 중심으로", 사법 53호, 사법발전재단(2020), 353면 참조.

업진흥에 관한 법률74조의2). 다만 판례는 위 '파산선고 이후 면책결정을 받는 시점'이란 중소기업이 채무자회생법이 정한 절차에 따라 면책결정을 받는 것을 전제로 하는데, 채무자회생법은 개인파산절차와 달리 법인파산절차에서는 면책절차를 규정하고 있지 않으므로, 채무자회생법에 정한 절차에 따라 면책결정을 받을 여지가 없는 법인인 중소기업의 파산에는 위 규정이 적용되지 않는다고 하였다.[93]

3) 면책의 국제적 효력

국제파산에 관한 문제로서 우리나라 법원의 면책허가결정의 대외적 효력과 외국의 면책허가결정의 대내적 효력이 문제가 된다.

첫째 우리나라의 면책허가결정의 대외적 효력에 관하여는 파산선고의 대외적 효력이 인정되는 것(법2조)에 의하면 면책허가결정에 관하여도 대외적 효력을 인정하고, 채무 또는 책임소멸의 효과는 파산절차의 결과로서 파산채권에 관하여 생긴 효과로서 외국에서도 주장할 수 있다. 다만 우리나라에서 면책결정이 났다고 하여 외국에서의 강제집행이 당연히 중지되는 것은 아니므로 채무자는 외국재산에 대한 강제집행이 행하여 질 때에는 채무소멸 등의 실체적 효과를 주장하여 강제집행을 중지하는 재판을 외국에서 구하여야 한다.

둘째로 외국의 면책허가결정의 대내적 효력에 관하여는 구 파산법 시대에는 외국파산의 대내적 효력이 부정되어 우리나라에서 효력이 부정되었으나, 채무자회생법 하에서는 그러한 이유로 효력을 부정할 수는 없고, 외국도산처리절차의 승인을 경유하여야 한다. 상세는 후술한다.

4) 채무자의 복권

한편 면책의 결정이 확정된 때에는 채무자는 당연히 복권되고(법574조1항1호), 파산선고에 의하여 제한된 공·사적 자격을 회복한다. 물론 그러한 효력은 면책의 결정이 확정되어야 생기는 것이므로 예컨대 그 면책결정이 확정되지 아니한 상태에서 시장이 여객자동차 운수사업법 제85조 제1항 제8호, 제6조 제2호에 따라 '파산선고를 받고 복권되지 아니한 자'에 해당한다는 이유로 개인택시운송사업면허를 취소하는 처분을 하였는데, 처분 이후 원고에 대한 면책결정이 확정되었더라도 이로 인하여 그 이전에 이미 적법·유효하게 성립된 면허취소 처분이 그 효력을 상실하게 되는 것이 아니다.[94]

면책결정이 확정되면 법률상 불이익이 해소되므로 사회활동을 하는데 있어서 아무 제약이 없다고 생각하기 쉽지만, 법률상이 아닌 사실상의 불이익은 남아있다. 면책결정정보가 그것이다. 면책결정 이후에도 면책결정정보가 관리되고 있는 동안에는 금융거래에서 신용이 필요한 거래(대출, 신용카드의 발급 등)에 대하여 제한을 받을 수 있다. 판례는 ① 면

책결정정보는 직접적으로는 신용정보주체에 대하여 법원에서 면책결정을 하였다는 사실 그 자체를 의미하고, 간접적으로는 신용정보주체가 과거에 약정한 기일 내에 채무를 변제하지 아니하였다는 사실과 지급불능 상태에 있어 파산이 선고되었다가 파산절차에 의해 배당되지 아니한 잔여 채무에 관하여 책임이 면제되었다는 사실을 포함하는 신용정보로서, 구 신용정보업감독규정 제11조 제4항 제1호에서 정한 '약정한 기일 내에 채무를 변제하지 아니한 정보'와는 구별되는 별개의 신용정보이고, ② 면책결정정보는 면책결정을 원인으로 별개의 신용정보로서 등록되는 것이고 그 자체로서 독자적인 신용정보에 해당하므로, 면책결정으로 약정한 기일 내에 변제하지 않은 채무에 관한 책임이 면제된다고 하더라도 이로써 곧바로 면책결정정보 그 자체에 대하여 구 신용정보의 이용 및 보호에 관한 법률 시행령 제10조 제2항에서 정한 그 불이익을 초래하게 된 사유가 해소된 경우에 해당한다고 할 수 없다고 하였다.[95] 그 밖에 판례로는 파산선고 및 면책결정을 받은 자가 자신의 이름이 '흔하고 개성이 없고 시대에 뒤떨어진다'는 등의 이유로 개명신청을 한 사안에서, 그 개명신청의 이유가 주관적이라는 사정만으로 개명을 허가할 상당한 이유에 해당하지 않는다고 볼 수 없고, 개명신청자 스스로 파산선고 및 면책결정을 받은 사실을 개명신청 이유의 하나로 표명하고 있는 등 개명신청권의 남용이 있다고 볼 수 없다는 이유로 개명을 불허한 원심결정을 파기한 사례가 있다.[96]

---

95) 대법원 2013.3.28. 선고 2011다56613,56620 판결(공2013, 741)은 X들이 파산선고 후 면책결정을 받았는데, 구 「신용정보의 이용 및 보호에 관한 법률」 제18조 제2항은 신용정보주체에 대한 불이익을 초래할 수 있는 오래된 신용정보는 대통령령이 정하는 바에 의하여 기록을 삭제하여야 한다고 규정하고, 시행령 제10조 제2항은 신용정보업자 및 신용정보집중기관은 위 법 제18조 제2항의 규정에 의한 신용정보주체에 대한 불이익을 초래할 수 있는 오래된 신용정보를 금융위원회가 정하는 바에 따라 그 불이익을 초래하게 된 사유가 해소된 날부터 5년 이내에 보유대상 또는 집중관리대상에서 삭제하여야 한다고 규정하였던 사안이다. 구 신용정보업감독규정(이하 '구 감독규정') 제11조 제4항은 신용정보주체에게 불이익을 초래할 수 있는 신용정보는 해제사유의 발생일로부터 다음 각호의 기간 내에서 관리한다고 규정하면서, 제1호에서 '약정한 기일 내에 채무를 변제하지 아니한 정보'는 채무를 변제하지 아니한 기간 이내로 하되 최장 1년 이내라고 규정하였다. 신용정보집중기관인 Y(전국은행연합회)는 구 감독규정 및 구 신용정보관리규약에 의하여 '법원 등으로부터 파산으로 인한 면책결정을 받은 거래처 정보'(이하 '면책결정정보')를 관리하였는데, 면책결정일로부터 7년 경과시점을 해제사유 발생일로 보고, X들의 면책결정정보를 7년간 관리한 후 그로부터 1년 내에 위 정보를 삭제하는 방식으로 운영하면서, 위 정보를 금융기관 및 신용정보회사에게 제공하였다. X들은 Y에게 면책결정정보의 삭제를 청구하는 한편, 손해배상을 구하였다. 제1, 2심과 대법원은 X들의 청구를 기각하였다. 해설로는 김형두 '2015년판 분야별 중요판례분석', 법률신문사(2015), 658면 참조.

96) 대법원 2009.10.16.자 2009스90 결정(공2009하, 1866)은 그 근거로서 ① 파산자가 받는 공·사법상의 신분적 제한은 그에 대한 전부면책결정이 확정되어 복권됨으로써 모두 제거되는 점(채무자회생법 566조 1항 1호), ② 파산선고와 면책이 같이 신청되어 파산자에 대한 전부면책결정이 행하여진 경우에는 애초에 등록기준지에 파산선고확정사실의 통보가 아예 행하여지지 아니하는 점(개인파산 및 면책신청사건의 처리에 관한 예규 제6조 제1항 제1호), ③ 법원은 금융기관이 채권자인 면책신청사건에서 면책결정이 확정되면 전국은행연합회의 장에게 파산선고를 받은 사람의 성명 및 주민등록번호 등과 함께 그 사실을 통보함으로써(위 예규5조) 그에 관한 정보가 통합하여 관리되고 있어서, 금융기

5) 면책 채무자에 대한 추심행위의 금지

면책을 받은 개인인 채무자에 대하여 면책된 사실을 알면서 면책된 채권에 기하여 강제집행·가압류 또는 가처분의 방법으로 추심행위를 한 자는 500만 원 이하의 과태료에 처한다(법660조). 외형상 적법한 행위들이라고 하더라도 면책의 실효성을 거두기 위하여 처벌하도록 하고 있는 것이다. 그러나 위와 같은 행위들은 채무자로서도 법원에 면책결정문을 제시함으로써 간단히 효력발생을 저지할 수 있는 것들이고, 실제로 그러한 행위 자체는 채무자에게 약간의 번거로움을 부여할 뿐, 크게 문제될 여지가 적다. 오히려 그 외의 행위, 즉, 전화나 방문, 경고장 발송 등 사실행위가 더 문제될 수 있을 것이다.97)

6) 사기죄와의 관계

판례는 채무자회생법상 개인파산·면책제도의 주된 목적 중의 하나는 파산선고 당시 자신의 재산을 모두 파산배당을 위하여 제공한, 정직하였으나 불운한 채무자의 파산선고 전의 채무의 면책을 통하여 그가 파산선고 전의 채무로 인한 압박을 받거나 의지가 꺾이지 않고 앞으로 경제적 회생을 위한 노력을 할 수 있는 여건을 제공하는 것이나, 한편, 채무자회생법은 채권자 등 이해관계인의 법률관계를 조정하고 파산제도의 남용을 방지하기 위하여, 같은 법 제309조에서 법원은 파산신청이 성실하지 아니하거나 파산절차의 남용에 해당한다고 인정되는 때에는 파산신청을 기각할 수 있도록 하고, 같은 법 제564조 제1항의 각호에 해당하는 경우에는 법원이 면책을 불허가할 수 있도록 하고, '채무자가 고의로 가한 불법행위로 인한 손해배상청구권' 등 같은 법 제566조의 각호의 청구권은 면책대상에서 제외하며, 같은 법 제569조에 따라 채무자가 파산재단에 속하는 재산을 은닉 또는 손괴하는 등 사기파산죄로 유죄의 확정판결을 받거나 채무자가 부정한 방법으로 면책을 받은 경우 법원의 결정에 의하여 면책이 취소될 수 있도록 하고 있으므로 개인파산·면책제도를 통하여 면책을 받은 채무자에 대한 차용금 사기죄의 인정 여부는 그 사기로 인한 손해배상채무가 면책대상에서 제외되어 경제적 회생을 도모하려는 채무자의 의지를 꺾는 결과가 될 수 있다는 점을 감안하여 보다 신중한 판단을 요한다고 하면서도 차용금 사기죄로 기소된 피고인이 파산신청을 하여 면책허가결정이 확정된 사안에서, 피고인이 파산신

관과의 관계에서 파산선고 및 면책결정을 받은 사실이 가려질 가능성은 없는 점, ④ 주민등록번호가 모든 국민에게 부여되어 개인의 식별에서 그것이 현저한 기능을 수행하는 점을 고려할 때, 다른 생활관계와 관련하여서도 원심이 지적하는 바와 같은 '파산선고에 따른 법령상의 제한을 회피할 가능성'을 함부로 운위할 수 없다고 하였다.

97) 일본의 경우에는 변호사가 다중채무의 정리에 대한 의뢰를 받으면 사건을 수임한 즉시 채권자에 대하여 개입통지(수임통지)를 하도록 하고 있다. 왜냐하면 변호사 등이 사건수임 등의 통지를 하면 일본대금업법 제21조1항9호에 의하여 대금업자는 채무자와 그 보증인에 대하여 전화나 방문 등의 방법으로 변제를 요구하는 것이 금지되어 있기 때문이다. 대금업자는 이를 위반하면 등록취소나 업무정지 등의 행정처분(위 법24조의6의4제1항제2호)이나 형사벌(위 법47조의3제1항제3호) 외에 불법행위책임을 지게 된다(日東京高判平成9.6.10高民集50권2호231면).

청 2년 전부터 불과 40여 일 전까지 여러 사람들로부터 돈을 빌려서 채무변제와 생활비 등으로 사용한 것은 사기죄를 구성한다고 하였다.[98]

(바) 면책의 취소

면책의 효과가 생긴 후에도 채무자에 관하여 사기파산죄에 의한 유죄가 확정된 경우에는 법원은 파산채권자의 신청 또는 직권으로 면책취소의 결정을 한다. 채무자가 부정한 방법으로 면책을 얻은 경우에 파산채권자가 면책 후 1년 내에 면책의 취소를 신청한 때에도 같다(법569조 이하). 법원은 면책취소의 재판을 하기 전에 채무자 및 신청인의 의견을 들어야 한다(법570조). 이 결정에 대하여는 즉시항고할 수 있다(법569조2항). 판례는 면책절차에서의 면책취소신청 기각결정에 대하여 즉시항고할 수 있다고 해석하고 있으나,[99] 채무자회생법 제569조 제2항이 규정한 제1항의 결정은 문언상 면책취소의 결정만을 의미한다고 보아야 한다는 점에서 의문이다.[100] 취소결정은 확정되어야 그 효력이 생긴다(법571조). 법원사무관 등은 면책취소의 결정이 확정되면 파산채권자표가 있는 경우에는 파산채권자표에 그 뜻을 기재하여야 한다(법573조). 면책 후 취소까지의 사이에 생긴 원인에 의하여 채무자에 대하여 채권을 가지게 된 신채권자는 면책의 효력을 일단 받은 채권자에 우선한다. 면책의 효력을 신뢰한 제3자를 보호하려는 취지이다(법572조). 면책취소에 의하여 복권도 실효된다(법574조2항).

판례는 개인회생에서 면책취소절차는 비송절차의 성질을 가지고 있는 점, 개인회생절차는 채무자와 그를 둘러싼 채권자 등 이해관계인의 법률관계를 한꺼번에 조정하여 채무자의 효율적인 회생을 도모하는 집단적 채무처리절차의 성격을 가지고 있으므로 어느 이해관계인의 의사에 따라 면책취소 결정의 효력이 좌우되는 것은 제도의 취지와 성격에 부합하지 아니한 점 등에 비추어 보면, 법원이 이해관계인의 신청에 의하여 면책취소 여부를 심리한 다음 면책취소 결정을 하였다면 그 후 이해관계인이 면책취소의 신청을 취하하더라도 그 취하는 면책취소 결정에 영향을 미치지 못한다고 하였다.[101]

---

98) 대법원 2007.11.29. 선고 2007도8549 판결(공 2007하, 2089).
99) 대법원 2017.10.12.자 2016그112결정(미발간)은 "채무자회생법 제569조 제2항에 의하면 파산절차에서 파산채권자의 면책취소 신청을 기각한 결정에 대하여는 즉시항고를 할 수 있으므로, 위와 같은 결정은 채무자회생법 제33조, 민사소송법 제449조에 의한 특별항고의 대상이 될 수 없다."고 하였다.
100) 개인회생절차에서의 면책취소신청에 대하여는 채무자회생법 제627조가 면책여부의 결정과 면책취소의 결정에 대하여는 즉시항고를 할 수 있다고 규정하고 있다.
101) 대법원 2015.4.24.자 2015마74 결정(공2015상, 747)은 원심이 ① 개인회생채권자목록에 기재된 신청외인의 약속어음금 채권은 허위의 채권에 해당하고, ② 채무자가 허위의 채권을 개인회생채권자목록에 기재하여 변제계획 인가결정을 받은 다음 허위의 채권자에게 매월 채무자의 월 변제액의 절반 이상을 변제하여 면책결정을 받은 것은 '기망 그 밖의 부정한 방법으로 면책을 받은 때'에 해당하며, ③ 채권자 회사가 개인회생절차 폐지신청을 하였다가 기각결정을 받아 확정되었더라도 법원이 면책취소 결정을 하는 데에는 일사부재리의 원칙이 적용되지 아니한다는 취지로 판단하여, 채무자에 대한 면책을 취소한 제1심 결정을 그대로 유지하였는데, 상고를 기각하였다.

나. 복권

(1) 복권제도의 의의

채무자회생법 자체는 파산선고에 의한 공·사의 자격상실을 규정하고 있지 않지만, 다른 법률에는 채무자의 자격상실이나 제한을 규정하고 있는 것이 있고, 이는 파산절차 중에만 해당되는 것이 아니므로 파산절차 종료 후에도 그대로 지속되게 된다. 채무자회생 법은 일정한 요건을 정하여 이렇게 잃은 자격을 회복시키는 제도를 두고 있는데, 이것이 복권의 제도이다. 따라서 다른 법률에 의한 자격제한이 없으면 복권의 제도도 불필요한 것이다.

복권에는 일정한 요건이 구비되면 자동적으로 법률효과로서 생기는 당연복권(법574조), 신청에 기하여 재판에 의하여 개별적으로 부여되는 재판에 의한 복권(신청에 의한 복권 법 575조)이 있다.

(2) 복권의 요건

(가) 당연복권의 요건(법574조1항 각호)

1) 면책의 결정이 확정된 때(같은조1항1호)

파산절차중이어도 상관없다. 후에 면책취소결정(법569조)이 확정되면 복권은 장래에 향하여 효력을 잃는다(법574조2항).

2) 동의폐지(법538조)의 결정이 확정된 때(같은조1항2호)

3) 파산선고를 받은 채무자가 파산선고 후 사기파산죄로 유죄확정판결을 받음이 없이 10년 을 경과한 때(같은조1항3호)

(나) 재판에 의한 복권의 요건

변제 그 밖의 방법(면제, 시효 등)으로 파산채권자에 대한 채무의 전부에 관하여 그 책 임을 면한 때(법575조1항). 신고하지 않아 배당을 받지 않은 파산채권자를 포함한다.

(3) 재판에 의한 복권의 절차

1) 신청

복권을 얻으려고 하는 채무자는 파산법원에 대하여 서면으로 복권을 신청하고(법575조 1항), 모든 채권자에 대한 책임을 면하였음을 증명할 서면을 제출하여야 한다(법575조2항).

2) 심리와 재판

법원은 복권의 신청이 있는 때에는 그 뜻을 공고하고, 이해관계인이 열람할 수 있도 록 그 신청에 관한 서류를 법원에 비치하여야 한다(법576조). 파산채권자는 공고로부터 3개월 이내에 이의를 신청할 수 있다(법577조1항). 이 경우에는 법원은 채무자 및 이의를 신청한 파산채권자의 의견을 들어야 한다(법572조2항). 법원은 직권에 의하여 필요한 조사를 할 수 있고, 복권에 관한 재판은 구술변론을 하지 아니하고 할 수 있다(법12조1항).

위 기간 내에 이의의 신청이 없거나, 있어도 이의가 이유 없는 때에는 복권허가의 결정을 하고, 이유 있으면 복권신청을 기각하는 결정을 한다. 복권의 결정에 대하여는 즉시항고할 수 있다(법575조3항). 복권의 결정은 확정된 후부터 그 효력이 발생한다(법578조).

참고문헌

김경욱, "2005년 미국연방파산법상 소비자파산제도의 주요개정내용과 그 의미", 한국민사소송법학회지, 한국사법행정학회(2005), 266면.

김정만, "파산절차에서 일부면책", 사법연수원논문집 제4집, 사법연수원(2007), 132면.

김정만, "파산면책의 효력", 사법논집 제30집, 법원행정처(1994), 191면.

김주미, "상속재산 파산의 실무상 쟁점 연구", 법조 제733호, 법조협회(2019.2.), 307면.

박근정, "2012년 새로운 개인파산·면책 절차의 운용방안", 재판자료 제127집, 법원도서관(2013), 243면.

우세나, "도산절차에서 일부면책의 가능성과 범위", 민사소송, 한국민사소송법학회지 제10권 제1호, 한국사법행정학회(2006.5.), 383면.

이동원, "각 도산절차상 면책의 효력 및 그 비교", 재판실무연구(5) 도산관계소송, 한국사법행정학회(2009), 363면.

이재욱, "면책불허가 사유의 해석과 심리방안", 재판자료 제127집, 법원도서관(2013), 375면.

임채웅, "채무자 회생 및 파산에 관한 법률상의 비면책채권의 범위 및 면책후 추심행위의 금지에 관한 연구", 저스티스 통권 제89호, 한국법학원(2006.2.), 35면.

전병서, "최초의 소비파산사건과 관련한 파산법의 검토", 변호사 제28집, 서울지방변호사회(1998), 516면.

전병서, "파산면책의 절차적 합헌성", 민사소송, 한국민사소송법학회지 제9권 제1호, 한국사법행정학회(2005.5.), 321면.

정상규, "개인파산사건에서의 파산절차와 면책절차의 동시진행", 회생과 파산 Vol. 1, 사법발전재단(2012), 432면.

주선아, "통합도산법에서 소비자파산제도의 내용과 개선방향", 법조 제596호, 법조협회(2006.5.), 131면.

황정수, "비면책채권자의 면책취소신청권", 회생과 파산 Vol. 1, 사법발전재단(2012), 252면.

5. 간이파산의 제도

가. 간이파산제도의 의의와 기능

　　파산절차는 어느 정도의 규모의 재산과 다수의 이해관계인을 포함하는 복잡한 법률관계를 예상하고 만들어진 큰 절차이므로 규모가 작은 도산사건을 처리하는 데에는 그야말로 소 잡는 칼로 닭을 잡는 격이다. 따라서 소규모의 파산사건을 위하여 법률은 간략화된 절차에 의한 간이파산이라는 제도를 두고 있다. 그러나 간이파산적용의 기준이 되는 재단의 액이 채무자회생법 제정으로 과거 2억 원 미만에서 5억 원 미만으로 증가하여 어느 정도 기능회복이 된 셈이다. 평등주의를 취하는 강제집행이 실제상 간이파산의 기능을 수행하고 있다는 지적도 있으나, 그래도 좋다는 것은 아니다. 특히 미국형의 개인파산이 증가한다고 한다면 그 대책으로서도 간이한 제도의 필요가 더욱 크다. 또 간이파산도 통상의 파산과 동일한 기능을 갖춘 절차이지만, 그와 같은 사안은 보통 비교적 적을 것이다.

나. 간이파산의 개시와 취소

　　법원은 파산재단에 속하는 재산의 액이 5억 원 미만이라고 인정하는 때에는 파산선고와 동시에 간이파산의 결정을 하여야 한다(법549조1항. 동시간이파산). 또 통상의 파산절차 중에 5억 원 미만인 것이 판명된 때에는 재량에 의하여 간이파산결정을 할 수 있다(이시간이파산. 법550조1항). 나아가 간이파산의 절차 중에 5억 원 이상임을 발견한 때에는 재량에 의하여 간이파산취소의 결정을 할 수 있다(법551조 전단). 간이파산의 결정 또는 간이파산취소의 결정에 대하여는 불복신청을 할 수 없다(간이파산의 결정 또는 취소에 수반하는 절차에 관하여 법549조2항, 550조2항, 551조 후단).

다. 간이파산의 절차

간이파산도 절차 전체의 구조에 있어서 통상의 파산과 다르지 않으나, 다음의 여러 가지 점에서 절차가 간이화되어 있다.

(1) 제1회 채권자집회기일과 채권조사기일의 원칙적 병합(법552조)

(2) 감사위원의 불설치(법553조)

(3) 채권자집회결의의 생략과 법원의 결정에 의한 대치(법554조)

제1회 채권자집회, 채권조사 및 계산보고를 위한 채권자집회의 결의를 제외하고는 법원의 결정으로 채권자집회의 결의에 갈음한다(법554조). 그러나 구법과 달리 채무자회생법에서는 채권자집회의 결의사항이 임의적으로 바뀌었기 때문에 실제 의의는 적다(법489조 참조). 이 결정에 대하여는 불복신청할 수 없다(법13조).

(4) 중간배당의 생략(법555조)

중간배당을 하지 않고, 최후의 배당의 규정에 의한 배당을 1회만 한다. 그러나 추가배당은 행한다.

VI

회생절차의 진행과 종료

1. 관리인에 의한 관리·경영과 재건준비

가. 재산의 관리와 사업의 경영

(1) 관리인에 의한 점유취득

관리인은 취임 후 즉시 채무자의 업무와 재산의 관리에 착수하여야 한다(법89조). 회생절차 개시 후에는 관리인만이 재산의 관리처분권 및 그 발현 형태로서의 사업의 경영을 할 권한을 가지고, 사업을 유지하여 재건을 도모하는 관계 상 그 사이에 간격이 생기는 것은 바람직하지 않다. 파산에 있어서와 같은 규정(법479조 참조)은 없으나, 관리인은 즉시 부임하여 채무자 재산의 점유를 취득하고, 그 취지를 철저히 주지시켜야 한다. 이는 보통 사무인계에 의하여 관념적으로 행하여지지만, 대표이사 또는 제3자(노동조합 등)의 저항이 있을 때에는 파산의 경우와 같이 회생절차개시결정을 집행권원으로 하는 강제집행이 허용될 것이다(강제적 점유취득의 여러 가지 방법을 검토하고, 독자적 제도의 필요성을 주장하는 학자도 있다). 파산에서 인정되는 봉인의 제도(법480조 참조)는 존재하지 않는다.

(2) 사업의 경영

사업경영의 주체도 채무자로부터 관리인으로 바뀌는데(법56조),[1] 관리인이 행하는 사업의 내용이나 규모는 사안에 따라 다르다. 관리인은 단순히 종래의 사업을 계속한다고 하는 소극적인 권한을 가지는데 불과하다는 견해도 있고, 실제 그러한 경우가 많지만, 적극적으로 사업을 확장하는 것도 불가능한 것은 아니라고 해석하여야 할 것이고, 이를 위

---

[1] 사업의 주체가 관리인이므로 관리인이 행하는 사업주체의 대외적 표시나 거래주체의 표시를 어떻게 하여야 하는 문제가 있다. 전술한 바와 같이 관리기구로서의 관리인이 재산의 관리처분권을 갖고, 사업을 경영한다고 하는 실체를 그대로 반영하여 표시하여야 한다는 요구와 될 수 있는 한 도산의 사실을 나타내지 않으려고 하는 요구가 있어 미묘하다. 위 실질을 표시하는 점에서는 「회생회사 ○○ 주식회사 관리인 ×××」라고 하는 것이 정확하고, 거래주체로서는 그와 같이 표시하여야 할 것이다. 그러나 단순히 기업명으로서 표시하는 경우에는 종래와 같이 「○○주식회사」도 무방하다. 결국 종래 대표자명을 표시할 것을 요구하고 있는 경우에만 관리인의 이름을 나타낼 필요가 있을 것이다.

한 금전의 차용도 허용된다. 그러나 무모하거나 동업자의 꼬임에 빠진 방안(채무자는 채권의 유예 등에 의하여 차라리 강한 경쟁력을 가질 수 있다)은 법원의 감독권에 의하여 통제된다(법81조1항, 또한 법56조 참조). 전술한 바와 같이 근로관계에 있어서도 관리인이 사용자의 지위에 선다.

한편 법 제179조 제1항 제5호 및 제12호에 따라 채무자에게 신규자금을 대여한 공익채권자는 대법원규칙으로 정하는 바에 따라 관리인에게 필요한 자료의 제공을 청구할 수 있다. 이 경우 관리인은 대법원규칙으로 정하는 바에 따라 자료를 제공하여야 한다(법22조의2 제2항). 또한 관리인이 경영에 의하여 얻은 수익에 대하여는 법인세나 지방세가 과세된다.

(3) 우편물의 관리

법원은 체신관서·운송인 그 밖의 자에 대하여 채무자에게 보내오는 우편물·전보 그 밖의 운송물을 관리인에게 배달할 것을 촉탁할 수 있다. 관리인은 그가 받은 우편물·전보 그 밖의 운송물을 열어 볼 수 있고, 채무자는 우편물·전보 그 밖의 운송물의 열람을 요구할 수 있으며, 채무자의 재산과 관련이 없는 것의 교부를 요구할 수 있다(법80조1 내지 3항. 나아가 4, 5항 참조).

(4) 재산의 충실과 유지

관리인은 채무자의 재산을 빠짐없이 파악하여 부당한 환취권의 행사에 대항하고, 채무자의 채권을 적시에 추심하며(채무자의 채무자는 신고의무가 있다. 법51조1항4호, 4항), 필요하면 공유물의 분할을 청구하고(법69조1항, 이 경우 다른 공유자는 상당한 대가를 지급하고 채무자의 지분을 취득할 수 있다. 같은 조2항),[2] 다른 한편 적극적으로는 적절하게 부인권을 행사하고, 조사확정재판 그 밖의 방법으로 이사 등의 책임을 추급하여야 한다.

---

[2] 대법원 2013.11.21. 선고 2011두1917 전원합의체 판결(공2014상, 97)은 공유물분할의 소송절차 또는 조정절차에서 공유자 사이에 공유토지에 관한 현물분할의 협의가 성립하여 그 합의사항을 조서에 기재함으로써 조정이 성립하였다고 하더라도, 그와 같은 사정만으로 재판에 의한 공유물분할의 경우와 마찬가지로 그 즉시 공유관계가 소멸하고 각 공유자에게 그 협의에 따른 새로운 법률관계가 창설되는 것은 아니고, 공유자들이 협의한 바에 따라 토지의 분필절차를 마친 후 각 단독소유로 하기로 한 부분에 관하여 다른 공유자의 공유지분을 이전받아 등기를 마침으로써 비로소 그 부분에 대한 대세적 권리로서의 소유권을 취득하게 된다고 보아야 한다고 하였다. 다만 반대의견이 있다. 또한 현물분할 및 대금분할의 요건과 절차에 관하여는 대법원 1991.11.12. 선고 91다27228 판결(공1992, 102) 참조.

나. 채무자재산의 평정과 재무제표의 작성

(1) 재산의 가액의 평정

(가) 재산평가의 중요성

채무자 재산의 가치를 정확하게 파악하는 것은 재건의 기초를 명백히 할 뿐만 아니라, 채권자 등 관계인이 회생계획상 어떠한 처우를 받을 수 있는가를 결정하기 위해서도 중요한 의의를 가진다. 즉 회생에서는 절차개시시를 기준으로 도산절차에 복종하는 이해관계인(회생채권자나 주주·지분권자)을 고정하고, 채무자의 전 재산 및 그 가동력과의 상관관계에서 이해관계인 사이의 일정한 순위와 평등원칙에 따라 양보를 구하며, 그 결과 회생계획으로 인정된 한도에 있어서 만족을 준다고 하는 방법이 취하여진다. 이는 파산에 있어서 재산을 현실적으로 환가한 대가에 의하여 지급될 수 있는 만큼만 지급된다고 하는 점과 현실적인 환가의 유무라고 하는 점이 다르지만 구조로서는 유사한 것이므로 회생절차는 현실의 청산을 수반하지 않으면서 채무자의 재산에 대한 권리를 재분배한다고 하는 의미에서 관념적인 청산절차라고 설명된다. 여기서는 현실의 청산에 있어서 재산이 어느 정도에 환가되었는가 하는 것이 분배를 받는 채권자에게 중대한 영향이 있는 것과 마찬가지로 채무자의 재산 및 그 가동력이 어느 정도로 평가되었는가가 관계인의 권리에 있어서는 결정적인 중요한 의미를 가지는 것은 말할 나위도 없다. 만약 부당하게 낮게 평가되면 하위의 권리자 특히 주주·지분권자는 아무런 권리를 인정받지 못하게 되고, 부당하게 높게 평가되면 상위권리자의 권리가 겉으로만 실제 이상으로 크게 보일 뿐 결국 손해를 입게 된다. 따라서 채무자의 장부상의 종래의 평가액을 그대로 사용하는 것은 부적절하다. 이것이 회생절차 개시에 있어서 완전히 새롭게 전 재산을 평가하고 재무제표를 작성하는 것이 요구되는 이유이나, 이는 법률과 회계가 교차되는 어려운 분야이다.

(나) 평가의 시기와 방법

관리인은 절차개시 후 지체 없이 채무자에게 속하는 모든 재산의 회생절차 개시 당시의 가액을 평가하여야 한다. 이 경우에는 지체의 우려가 있는 때를 제외하고는 채무자가 참여하도록 하여야 한다(법90조). 실무상으로는 모든 경우에 법원사무관 등이 입회한다.[3] 회사인 채무자의 입회는 반드시 대표이사에 의할 필요는 없다. 평가의 책임자는 관리인이지만, 필요한 경우 법원의 허가를 받아 감정인을 선임할 수 있고(법79조2항), 개인인 채무

---

3) 그러나 대법원 1991.5.28.자 90마954 결정(공1991, 1728)은 구 회사정리법 제177조에서 관리인에 의한 재산평가시 법원서기관 등이 참여하도록 규정한 것은 재산평가의 공정성을 확보하려는 취지에서 나온 것이므로 관리인에 의한 재산평가가 적정, 타당하다고 인정된다면 그 재산평가시에 법원서기관 등의 참여가 없었다는 이유만으로 그 평가의 효력을 부정할 수 없다고 하였다. 이 결정에 대한 해설로는 성낙송, "회사정리법상 주주의 의결권", 민사판례연구 XV, 민사판례연구회(1993), 242면 참조.

자나 그 법정대리인, 개인이 아닌 채무자의 이사·감사·청산인 및 이에 준하는 자에 대하여 채무자의 업무와 재산의 상태에 관하여 보고를 요구할 수 있으며, 채무자의 장부·서류· 금전 그 밖의 물건을 검사할 수 있다(법79조1항). 또 법원은 필요하다고 인정하는 때에는 관리위원회의 의견을 들어 1인 또는 여럿의 조사위원을 선임하여 채무자에 관한 제반 사정을 조사하게 할 수 있다(법87조).[4)]

판례는 조사위원이 작성한 조사보고서에 기재된 청산가치의 산정에 관한 보고는 산정에 오류가 있거나 진실에 어긋난다는 등의 특별한 사정이 없으면 그 내용을 쉽게 배척할 수 없다고 하였고,[5)] 조사위원은, 회생절차개시결정일을 기준으로 채무자가 제시하는 재무제표와 부속명세서를 기초로 하고, 일반적으로 인정되는 회계감사기준과 준칙 등을 적용하여 채무자의 부채와 자산의 액수를 조사하고, 자산 중 매출채권의 경우는 회수가능성, 상대방의 재무상태 등을 고려하여 가치를 평가하고, 부채 역시 일반적인 회계감사기준에 따라 존재 여부를 검토하고 관리인이 제출한 채권자목록, 채권자들이 신고한 채권신고서 등과 대조작업을 거치는데, 그런데 이러한 방법으로 채무자의 부채와 자산의 액수를 조사한 조사위원의 조사보고서가 여러 번 제출되고 결과에 차이가 있는 경우, 각 조사보고서 중 어느 것을 택할 것인지는 조사방법 등이 경험칙에 반하거나 합리성이 없는 등 현저한 잘못이 있음이 명백하지 않는 한, 원칙적으로 법원의 재량에 속한다고 하였음은 전술하였다.[6)]

(다) 평가의 기준시

평가는 회생절차개시시의 가액에 의하여야 한다. 관념적 청산의 입장에서 절차개시시로 하는 것이 이론적이고, 회생담보권의 범위(법141조1항)와 시간적으로 대응하기 위한 것

---

4) 재산별 조사업무의 문제점에 관하여는 손병구, "조사업무 실무상 쟁점 및 과제", 도산법연구 제12권 제2호, 사단법인 도산법연구회(2022.12.), 209면 참조.

5) 대법원 2004.6.18.자 2001그135 결정(미간행). 同旨 대법원 2014.4.28.자 2012마444 결정(미간행).

6) 대법원 2018.5.18.자 2016마5352 결정(공2018하, 1149)은 조사위원이 채무자가 회생절차 개시에 이르게 된 주원인을 ① 골프장 공급과잉 및 개별소비세 재부과로 인한 영업환경 약화, ② 원천적인 자기자본 부족과 회원권의 과도한 분양으로 인한 수익성 저하, ③ 만기도래 입회보증금 반환요구 급증 및 반환청구 소송의 발생, ④ 종전의 회생절차 폐지로 인한 파산위기 등으로 파악하고, 그 밖에 이사 등의 법령이나 정관에 위배되는 행위에 기인한 것으로 판단되지는 않는다고 조사·보고한 사안인데, 대법원은 기록상 이러한 조사위원의 조사내용을 배척할 만한 특별한 사정을 찾아볼 수 없고, 회생절차 개시 당시 채무자의 자산과 부채 액수가 조사보고서마다 다르게 평가되었는데 추완신고된 채권 액수를 고려하더라도 그 차이가 전체 부채액수의 2%에도 미치지 못하는 등 매우 근소하고, 재항고심에 이르기까지 채무자 본인을 포함하여 채권자들 누구도 조사보고서 내용을 다투지 아니하였으며, 제1심 재판장이 이 사건 회생계획안 결의를 위한 집회에서 채무자의 자산총액이 부채총액을 초과한다고 보아 주주들에게 의결권을 부여하면서 출석한 이해관계인들에게 의결권에 대한 이의가 있는지 여부를 물었는데 아무도 이의제기를 하지 않았다면, 어느 조사평가의 내용에 현저한 잘못이 있음이 명백하지 않는 한, 각 조사보고서 중 어느 것을 택하여 채무자의 자산과 부채 액수를 정할 것인지는 사실심 법원의 재량에 속한다고 하였다.

이다. 그러나 다음에 기술하는 바와 같이 계속기업가치에 의한 평가를 이와 같이 이른 시점에 하는 것은 실제상 곤란할 뿐만 아니라 입법론으로서도 비판이 있다. 이 기준시에 있어서의 평가는 채무자가 제시하는 대차대조표와 그 부속명세서를 기초로 하고 일반적으로 인정되는 회계감사기준과 준칙 등을 적용하여 실시한다. 통상 유동자산에 관하여는 실물조사를 하고, 거래내용, 상대방의 재무상태, 회수기일의 경과정도나 재고의 보유기간 등을 고려하여 가치를 평가하고, 투자유가증권은 시가나 순자산가액 등을 고려하여 평가한다. 문제가 되는 것은 부동산인데, 토지는 공시지가, 건물은 과세표준시가표준액 또는 장부가를 표준으로 평가한다.

(라) 평가의 객관적 기준

구 회사정리법은 영업용 고정재산의 평가에 관하여 상법 제31조 제2호는 적용하지 아니한다고 규정하고 있었을 뿐 채무자의 재산에 대한 평가방법에 관하여는 법률에 아무런 규정이 없었다. 채무자회생법은 「관리인이 채무자의 재산목록 및 대차대조표를 작성하는 때에는 일반적으로 공정·타당하다고 인정되는 회계관행에 따라야 한다」고 규정하였다(법 94조).

판례는 구 회사정리법 제177조(법90조)의 규정에 의한 회사재산평가에 있어서 그 평가의 객관적 기준은 회사의 유지, 갱생 즉 기업의 계속을 전제로 평가한 가액인 이른바 계속기업가치이어야 하고 회사의 해산과 청산 즉 기업의 해체, 처분을 전제로 한 청산가치이어서는 안되므로 개개재산의 처분가액을 기준으로 할 것이 아니고, 계속기업가치는 그 기업의 수익성에 의하여 좌우되는 것이므로 수익환원법에 의한 수익가치의 평가방식이 표준적인 방식이라고 할 수 있으나 재산의 종류와 특성에 따라 재조달원가에 의한 평가방식이나 비준가액에 의한 평가방식이라도 기업의 계속성을 감안한 객관적 가액을 표현할 수 있는 것이면 족하다고 판시한 바 있고,[7] 이는 회생담보권의 목적의 가액을 산정함에 있어서도 마찬가지라고 하였는데,[8] 대법원의 「회생사건 처리에 관한 예규」(재민 2006-5) 제9조는 "① 채무자가 사업을 청산할 때의 가치는 채무자가 청산을 통하여 해체·소멸되는 경우에 기업을 구성하는 개별재산을 분리하여 처분할 때의 가액을 합산한 금액으로서 청산대조표상의 개별재산의 가액을 기준으로 하여 산정한다. 다만, 유형고정자산은 법원의 부동산 입찰절차의 평균낙찰률을 적용하여 할인한 가액을 기준으로 산정한다. ② 채무자의 사업을

---

7) 대법원 1991.5.28.자 90마954 결정(공1991, 1728).

8) 대법원 2017.9.7. 선고 2016다277682 판결(공2017하, 1905)[백선32]은 회생담보권의 목적인 부동산의 가액은 채무자가 부동산을 계속 보유하여 기업 활동을 함을 전제로 평가되어야 하므로, 채무자가 전매제한 약정을 위반하여 부동산을 전매하는 상황만을 전제로 하여 부동산의 취득원가를 기준으로 그 가액을 산정하여서는 아니 되고, 회생절차개시결정이 이루어진 무렵을 기준으로 한 부동산의 감정평가액을 부동산의 가액으로 평가함이 타당하다고 판단한 원심을 유지하였다.

계속할 때의 가치는 채무자의 재산을 해체·청산함이 없이 이를 기초로 하여 기업 활동을 계속할 경우의 가치로서 기업의 미래 수익흐름을 현재가치로 할인하는 현금흐름할인법에 의하여 산정한다"고 규정하고 있다.

계속기업가치는 재산의 청산가액(처분가액)에 의하는 것이 아니라 이른바 계속기업가치(going concern value)에 의하여야 한다는 것을 의미한다. 회생은 사업을 계속하면서 재건하는 이상 기업의 해체에 의한 개개의 재산의 처분가액의 합계는 아니고, 유기적 계속적 활동체로서의 기업 그 자체의 가치 중에 개개의 재산이 가지는 가치를 기준으로 하여 평가하여야 한다. 기업의 가치를 결정하는 것은 그 수익력이므로 올릴 수 있는 수익을 기준으로 하여 그만큼의 수익을 올리기 위하여 얼마만큼의 자본을 요하는가 하는 관점에서 기업의 가치를 역으로 산출하는 것이 적절하다. 이를 자본(수익)환원방식이라고 부르고 수익을 발생시키는 본체의 가치를 결정하는 방법으로서 자주 쓰이고 있다(예컨대 최근 수년간의 어업수입의 평균치를 기초로 어업권의 가치를 산출하여 보상액을 결정한다). 이에 의하면 기업의 가치는 다음의 공식에 의하여 산출된다.

기업의 가치 = 수익 ÷ 자본환원율

문제는 수익 및 자본환원율을 어떻게 취하는가이다. 현실적으로 파탄된 기업의 가능 수익을 상정하기는 매우 어렵고, 실무에서는 과거 수년간의 실적을 평균하여 사용하고 있다고 한다. 자본환원율에 관하여는 전형적인 시장금리를 기초로 당해 업종의 평균주식이율 등을 가미하여 결정할 수밖에 없다. 어떻게 하여도 엄밀하게 계속기업가치를 산정하는 것은 어렵고, 실무상으로도 확립되어 있지 않다. 자본환원방식 이외의 다른 방식(개개의 재산의 재조달에 필요한 금액의 합계의 의한 재조달가액이나 모든 영업을 양도하는 경우의 시장가액 등)을 참작하여 평가하는 것도 허용된다.[9]

다음으로 전체로서의 기업가치로부터 개개의 재산의 가치를 끌어내는 것도 매우 어렵다. 개개의 재산의 평가(원칙적으로 재조달가액에 의할 수 있을 것이다)를 행하면서 그 합계액과 자본 환원에 의한 기업가치와의 차액은 가능한 한 개개의 재산의 가치에 더하여 기업의 신용 또는 전통으로서 계상할 수 있는 것이라고 해석한다.

(2) 재산목록·대차대조표의 작성

관리인은 재산의 평가를 완료한 때에는 그에 기초하여 지체 없이 회생절차개시 당시 채무자의 재산목록 및 대차대조표를 작성하여 법원에 제출하여야 한다(법91조). 채무자의

---

9) 적정 할인율의 적용에 관한 논문으로 곽동준, "회생기업에 대한 적정 할인율 적용을 통한 계속기업가치 산정방법 및 회생계획 수행률 제고 방안에 대한 고찰", 사법논집 제66집, 법원도서관(2018), 1면 참조.

재산상태를 명확히 하여 재건의 방책을 세우는 기초로 하고, 또 법원 및 이해관계인에게도 이를 주지시키려는 취지이므로 법원은 이를 이해관계인이 열람할 수 있도록 법원에 비치하여야 한다(법95조). 이 재산목록과 대차대조표는 그 후에 작성되는 재산목록 및 대차대조표의 기초가 된다.

재산 전부의 평가가 완료되기 전에 필요한 경우(예컨대 법 제132조에 의한 변제가 필요한 때)에는 법원은 평가가 끝나지 않은 재산에 관하여는 종래의 장부가격에 의한 재산목록·대차대조표를 작성할 것을 명할 수 있다고 해석한다.

다. 법원에의 보고 및 관리인 보고를 위한 관계인집회

(1) 관리인의 보고의무

관리인은 취임 후 지체 없이 채무자가 회생절차의 개시에 이르게 된 사정, 채무자의 업무 및 재산에 관한 사항, 이사 등의 책임추급을 위한 보전처분(법114조) 또는 조사확정재판(법115조)을 필요로 하는 사정의 유무, 그 밖에 회생에 관하여 필요한 사항에 관하여 조사를 한 후(법79조 참조) 법원이 정한 기한까지 법원과 관리위원회에 보고하여야 한다. 다만 법 제223조 제4항에 따라 위 각 사항을 기재한 서면이 제출된 경우에는 그러하지 아니하다(법92조1항). 법원이 정하는 기한은 회생절차개시결정일부터 4개월을 넘지 못하되, 법원은 특별한 사정이 있는 경우에는 그 기한을 늦출 수 있다(법92조2항). 나아가 관리인은 법원이 정한 기간 내에 회생채권자의 목록, 회생담보권자의 목록과 주주·지분권자의 목록을 작성하여 법원에 제출하여야 한다(법147조). 이러한 사항들은 모두 채권자 등의 신고에 의하여 명백하여지는 것이기 때문에 그 이전에 법원의 참고에 제공하겠다는 취지이다.

위 보고 등은 절차 개시 당초에 요구되는 것이지만, 법원은 절차 중 수시 또는 정기적으로 필요한 정보를 얻기 위하여 채무자의 업무와 재산의 관리상태 기타 필요사항의 보고를 관리인에게 명할 수 있다(법93조 전단). 실무에서는 통상 매월 일정한 날에 서면에 의한 보고를 명하고 있는데, 이를 월례보고서 또는 월간보고서라고 부르고 법원과 관리인을 연결하는 통로로서 중요한 역할을 하고 있다. 또 관리인은 회생계획인가의 전후를 불문하고 필요에 응하여 법원이 정하는 시기의 재산목록 및 대차대조표를 작성, 제출하는 외에 회생계획인가의 시일의 재산목록과 대차대조표를 반드시 작성하여야 한다(법93조 후단).

이상 모든 경우에 있어서 법원에 제출된 보고서와 재산목록·대차대조표는 이해관계인이 열람할 수 있도록 법원에 비치하여야 한다(법95조).

(2) 관리인 보고를 위한 관계인집회

법원은「필요하다고 인정하는 경우」관리인으로 하여금 회생절차에 이르게 된 사정 등 채무자회생법 제92조 제1항 각호에 규정된 사항에 관하여 보고하게 하기 위한 관계인집회를 소집할 수 있다. 이 경우 관리인은 위 사항의 요지를 관계인집회에 보고하여야 한다. 법원은 관계인집회를 소집하게 할 필요성이 인정되지 아니하는 경우에는 관리인에 대하여 회생계획 심리를 위한 관계인집회의 개최 또는 서면결의에 부치는 결정 전에 법원이 인정하는 방법으로 채무자가 회생절차의 개시에 이르게 된 사정, 채무자의 업무 및 재산에 관한 사항, 이사 등의 책임추급을 위한 보전처분 또는 이사 등의 책임추급에 대한 조사확정재판을 필요로 하는 사정의 유무, 그 밖에 채무자의 회생에 관하여 필요한 사항의 요지를 관리인, 조사위원·간이조사위원, 채무자, 목록에 기재되어 있거나 신고한 회생채권자·회생담보권자·주주 등 법 제182조 제1항 각호의 자에게 통지할 것, 법 제98조의2 제2항에 따른 관계인설명회의 개최, 그 밖에 법원이 필요하다고 인정하는 적절한 조치를 취할 것을 명하여야 한다. 이 경우 관리인은 해당 조치를 취한 후 지체 없이 그 결과를 법원에 보고하여야 하고, 그러한 조치를 취하는 경우에는 관리인, 조사위원·간이조사위원, 채무자, 목록에 기재되어 있거나 신고한 회생채권자·회생담보권자·주주 등에게 위 사항에 관한 의견을 법원에 서면으로 제출할 수 있다는 뜻을 통지하여야 한다(법98조). 법문상 '하나 이상의 조치'를 명하여야 하므로, 주요 사항 요지의 통지와 관계인설명회 등 둘 이상의 대체절차를 명할 수도 있을 것이다.

종래 제1회 관계인집회는 관리인과 조사위원이 채무자가 회생절차의 개시에 이르게 된 사정, 채무자의 업무 및 재산에 관한 사항, 보전처분 또는 이사 등에 대한 조사확정재판을 필요로 하는 사정의 유무, 그 밖에 채무자의 회생에 관하여 필요한 사항 등 법 제92조가 정한 사항을 집회에 참석한 회생채권자 등에게 보고하고 그들로부터 의견을 청취한 후 회생계획안 제출을 명하는 순으로 진행되고 있으나, 대부분의 사건에서 회생채권자 등은 출석하지 않거나, 출석하더라도 자기 채권의 시부인 내역, 변제예상금액에 관한 질문을 할 뿐 채무자의 재산현황이나 절차 등에 관한 의견진술은 저조하여 실제에 있어서는 회생계획안 제출명령을 위한 기일 정도의 의미만 갖는 실정이었다. 이에 2014년의 법 개정에서는 제1회 관계인집회의 명칭을 관리인 보고를 위한 관계인집회로 바꾸면서 그 개최 여부를 임의화하고, 보고집회를 개최하지 않을 경우 주요 사항 요지의 통지, 관계인설명회 개최 등 대체절차를 취하도록 하였다. 종래 제1회 관계인집회가 형식적으로 진행되면서 절차는 그만큼 지연되는 점을 개선하고자 한 것이다. 이는 일본의 입법례를 참조한 것으로서 일본 회사갱생법은 2012년 개정을 통하여 종래 필요적으로 개최되던 제1회 관계인집회가 재산상황보고집회로 대체되고(일본 회사갱생법85조), 그 개최 여부도 임의화되었다(일본 회사갱생법114조). 보고집회의 개최 여부는 법원이 구체적인 사건에서 채무자 및 절차의 상황, 이해관계인의 수와 태도 등을 고려하여 결정한다.[10)

(3) 관계인설명회

채무자(보전관리인이 선임되어 있는 경우에는 보전관리인 포함)는 회생절차의 개시 전에 회생채권자·회생담보권자·주주에게 채무자의 업무 및 재산에 관한 현황, 회생절차의 진행 현황, 그 밖에 채무자의 회생에 필요한 사항에 관하여 설명하기 위하여 관계인설명회를 개최할 수 있다. 관리인은 회생절차의 개시 후에 조사위원·간이조사위원, 채무자, 목록에 기재되어 있거나 신고한 회생채권자·회생담보권자·주주에게 채무자가 회생절차의 개시에 이르게 된 사정, 채무자의 업무 및 재산에 관한 사항, 보전처분 또는 이사 등에 대한 조사확정재판을 필요로 하는 사정의 유무, 그 밖에 채무자의 회생에 관하여 필요한 사항 등 법 제92조 제1항 각호에 규정된 사항에 관하여 설명하기 위하여 관계인설명회를 개최할 수 있다. 채무자 또는 관리인은 관계인설명회를 개최한 경우에는 그 결과의 요지를 지체 없이 법원에 보고하여야 한다(법98조의2).

결국 보고집회를 개최하는 경우에는 상대적으로 절차의 신뢰성을 확보할 수 있는 반면, 대체절차에 의하는 것이 횟수나 방식에 구애됨이 없이 보다 실질적으로 정보를 제공하는 수단이 될 수도 있을 것이다. 법원의 실무는 앞으로 원칙적으로 대체절차를 진행하고, 절차진행의 신뢰도 확보가 특히 중요한 사건, 채무자가 대규모 회사인 경우에는 보고집회를 열 것으로 예상된다. 물론 법원은 보고집회를 개최하지 않는 경우에는 대체절차 중 어느 하나의 이행을 명하여야 하고, 보고집회와 대체절차를 모두 생략하는 것은 허용되지 않는다.

라. 사채관리회사제도와 회생절차

2012.4.15. 시행된 개정상법은 사채권자 보호를 위한 장치로서 사채관리회사를 신설하였다(상484조1항). 채무자회생법 제정 당시에는 사채관리회사 제도가 없었기 때문에 채무자회생법 상 사채관리회사제도에 대한 규정은 아직 마련되어 있지 아니하여 여러 가지 논의가 있다.

---

10) 개정전 채무자회생법 하에서의 관계인집회의 병합에 관하여는 이진웅, "회생절차에서의 관계인집회 운영에 관한 제문제 — 관계인집회 병합 문제를 중심으로 — ", 저스티스 제138호, 한국법학원(2013. 10.), 204면 참조.

통상 사채관리계약은 사채발행회사와 사채관리회사 간에 한국금융투자협회가 제시하는 "표준무보증사채 사채관리계약"을 활용하여 체결된다. 사채관리계약에는 사채관리의 동일성을 확인하고 사채권자와 발행회사 간 사채계약의 내용을 확인하는 기능을 하기 위하여 사채조건을 상세히 기재한다. 사채관리계약에서는 사채발행회사의 의무로서 원리금 지급의무, 각종 재무비율 유지의무, 담보권 설정, 자산처분 제안 등의 의무와 부수적 의무인 각종 보고, 통지의무를 규정하고, 사채관리회사의 권리와 의무로서 사채관리회사가 사채권자를 위하여 행동할 수 있는 권한과 사채권자에 대한 의무 및 사채발행회사의 사채관리회사에 대한 수수료 지급에 대하여 규정하는 것이 일반적이다.

사채관리회사는 사채권자를 위하여 사채에 관한 채권을 변제받거나 채권의 실현을 보전하기 위하여 필요한 재판상 또는 재판 외의 모든 행위를 할 수 있다(상484조1항). 일반적으로 사채관리회사는 사채발행회사의 법정대리인으로 본다.

발행회사에 대하여 회생절차가 개시되는 경우에 종래에는 개별 사채권자가 회생절차에 참여하는 것 이외에 방법이 없었으나, 사채권자들을 보호하기 위하여는 사채관리회사의 도산절차 참여에 대하여 어느 정도 적극적인 권한을 주는 것이 필요할 것이다.

실무상 문제되는 것은 ① 사채관리회사의 채권신고와 관련하여서는 사채관리회사가 사채권자를 대리하여 사채신고를 하는 경우 사채권자집회는 불필요하고, 무기명 사채를 고려하여 각각의 사채권자를 표시하지 않을 수 있되 최소한 ○○ 주식회사 제○회 무보증사채 사채관리회사 ○○○ 정도는 특정하여 기재하여야 하며, 사채관리회사와 사채권자가 회생채권을 중복신고한 경우 관리인은 신고의 선후를 불문하고 사채관리회사의 총사채권 신고에 대하여 시부인을 하고, 각 사채권자의 신고는 중복신고를 이유로 부인하도록 하며, ② 관계인집회에서는 개별 사채권자들에게 의결권을 부여하되, 의결권 행사에 관하여 사채권자집회 결의가 성립한 경우에는 그 결의에 따라 사채관리회사만이 의결권을 행사할 수 있도록 하고, ③ 법원은 필요하다고 인정하는 경우 사채관리회사를 채권자 협의회에 포함시킬 수 있고, 사채권리회사는 통상 사채권자집회의 결의를 거쳐 의결권을 행사하도록 한다는 입장이 유력하다.[11]

참고문헌
김경민, "사채관리업무와 도산절차", 도산법연구 제4권 제1호, 사단법인 도산법연구회(2014.5.), 1면.
김성용 "회생절차에서의 기업가치평가", 도산법연구 제2권 제1호, 사단법인 도산법연구회(2011.5.),

11) 이 문제의 상세한 분석으로는 이진웅, "사채관리회사 제도와 회생절차", 도산법연구 제4권 제1호, 사단법인 도산법연구회(2014), 29면 참조

1면.

김용덕, "회사정리절차 개시에 있어서의 문제점", 도산법강의, 남효순·김재형 공편, 법문사(2005), 402면.

김주학, "회생기업의 가치평가" 도산법연구 제1권 제2호, 사단법인 도산법연구회(2010.7.), 1면.

윤남근, "계속기업가치와 청산가치의 도산법상 의의", 민사재판의 제문제 제18권, 한국사법행정학회(2009), 356면.

윤덕주, "계속기업가치·청산가치의 측정과 적용", 변호사 제49집, 서울지방변호사회(2017), 275면.

이진웅, "사채관리회사 제도와 회생절차", 도산법연구 제4권 제1호, 사단법인 도산법연구회(2014.5.), 29면.

전원열, "회생계획에서의 기업가치", 도산법연구 제2권 제2호, 사단법인 도산법연구회(2011.11.), 117면.

주진암, "재산평가와 관련한 몇 가지 문제점", 회생과 파산 Vol. 1, 한국도산법학회, 사법발전재단(2012), 88면.

2. 회생계획안의 작성과 내용

가. 회생계획안의 작성

(1) 회생계획안의 작성·제출절차

회생계획안의 작성은 실질적으로 보아 회생절차의 성부를 결정하는 가장 중요한 절차단계이다. 회생계획안이 적절하지 않으면 법원에 의하여 배제되고(법231조), 관계인집회에 의하여 부결되며, 가결되어도 법원에 의하여 인가되지 않고(법243조), 인가되어도 실행단계에서 좌절될 수밖에 없다(법288조). 또한 당초부터 회생계획안의 작성이 불가능한 때에는 물론 회생절차는 실패로 돌아간다(법286조). 회생계획안의 작성은 원칙적으로 관리인의 책임이고, 관리인의 그 수완의 진가를 보이는 장면이기도 하다.

관리인은 법 제50조 제1항 제4호에 따라 법원이 정한 기간 안에 회생계획안을 작성하여 법원에 제출하여야 하고, 위 기간 안에 회생계획안을 작성할 수 없는 때에는 그 기간 안에 그 사실을 법원에 보고하여야 한다(법220조). 회생계획안 제출기간은 채무자 사업의 규모나 이해관계인의 다소 등 제반 사정을 고려하여 결정하여야 할 것이나, 조사기간의 말일(법223조1항에 따른 회생계획안이 제출된 경우에는 회생절차개시결정일)부터 4월(채무자가 개인인 경우에는 2월)을 넘지 못하고(법50조1항4호) 추후 사정에 따라 법원은 신청 또는 직권에 의하여 그 기간을 연장할 수 있으나, 기간연장은 2개월(채무자가 개인 또는 중소기업의 경우에는 1개월)을 넘지 못한다(법50조3항). 주로 채권자와의 협상이 지연되는 바람에 회생계획안의 작성 제출이 늦어지는 것이므로 채권자와의 협상시한을 두어 신속한 절차진행을 도모하려는 것이 법조항의 취지이며, 개인 또는 중소기업의 경우에는 더욱 신속한 절차진행이 가능하도록 1개월의 기간을 단축한 것이다. 어느 정도 기간을 부여하지 않으면 장래를 꿰뚫어 본 계획안을 수립할 수 없을 것이나, 만연히 시일을 천연하면서 시간을 벌어 경기의 회복을 기다리는 것은 회생제도의 남용이라는 비난을 면키 어려울 것이다.

계획안의 작성은 관리인의 전권은 아니고, 채무자, 목록에 기재되어 있거나 신고한 회생채권자·회생담보권자·주주·지분권자는 법원이 관리인에게 정한 회생계획안 제출기간 내에 회생계획안을 작성하여 법원에 제출할 수 있다(법221조1항, 2항). 보다 뛰어난 안을 폭넓게 구하려는 의도이지만, 정보부족이나 이기주의로 인하여 관리인안보다 우월한 것은 기대하기 어렵고, 또 실제에도 이와 같은 제3자안이 제출되는 경우는 드물다.

정하여진 기간 또는 연장된 기간 내에 결국 어떠한 계획안도 제출되지 않은 경우에는 회생절차는 실패로 종료될 수밖에 없고, 회생절차는 폐지된다(법286조1호). 회생절차 폐지 결정이 있기 전에 회생계획안이 제출된 경우에는 법원은 이를 이해관계인의 심리, 의결에 부친 후 인가할 수 있다고 해석한다.

(2) 청산 또는 영업양도·물적 분할을 목적으로 하는 계획안

회생절차 개시 후에 이르러 기업의 재건이 불가능한 것이 판명된 때에는 회생절차를 끝내고 청산형 절차로 이행하는 것도 가능하지만, 시간과 경비의 절감을 위하여 회생절차를 이용하여 청산을 가능하게 하는 편법을 인정하고 있다. 즉 법원은 채무자의 사업을 청산할 때의 가치가 채무자의 사업을 계속할 때의 가치보다 크다고 인정하는 경우에는 채권자 일반의 이익을 해하지 않는 한 관리인, 채무자, 목록에 기재되어 있거나 신고한 회생채권자·회생담보권자 또는 주주·지분권자의 신청에 의하여 청산(영업의 전부 또는 일부의 양도, 물적 분할을 포함한다)을 내용으로 하는 계획안의 작성을 허가할 수 있다(법222조1항). 절차 개시 후 회사의 존속, 합병, 분할, 분할합병, 신회사의 설립 등에 의한 사업의 계속을 내용으로 하는 회생계획안의 작성이 곤란함이 명백하게 된 경우에도 마찬가지이다(법222조2항). 요컨대 회생절차의 내부에 협정에 의한 청산형 절차가 들어가 있는 것이다. 이와 같은 회생절차 계획안의 이용은 어디까지나 예외이지만, 비교적 규모가 작은 회사에 관하여 상당히 이용되고 있는 것이 현실이다.

따라서 만약 다른 청산을 위한 도산절차에 의하였더라면 받을 수 있는 일부 권리자의 유리한 지위는 어디까지나 보장되어야 하므로 통상의 경우와 달리 회생담보권자의 의결권의 총액의 5분의 4 이상에 해당하는 동의가 이 종류의 계획안 가결에 요구되고 있는 외(법237조)에, 「채권자 일반의 이익」을 고려함으로써 사안에 따른 적절한 해결을 확보하고 있다. 예컨대 회생절차에서는 조사절차에 의하여 실권될 권리자(법152조1항)도 파산절차에서는 실권되지 않는 것은 이 관점에서 고려의 대상이 된다.

회생절차가 기업으로서의 존속·재건을 목적으로 하는 절차이므로 여기서 말하는 청산을 내용으로 하는 계획안이라 함은 기업을 실질적으로 해체·양도 또는 분할하는 것을 의미하고, 예컨대 영업양도에 의하여 전 재산을 일괄하여 매각하고, 그 대금을 채권자에게 분배하는 것과 같은 것도 포함된다.

(3) 회생절차개시전 자율 구조조정 지원 프로그램(Autonomous Restructuring Support Program: ARS)

우리나라의 회생절차 하에서는 미국의 회생절차(미국 연방파산법 제11장 절차)와 달리 '회생신청'만으로는 자동중지라는 효과가 발생하지 않고 '회생절차개시결정'을 하여야 각종 절차가 중지되므로, '회생신청부터 회생절차개시까지' 채권자들과 채무자 사이의 자율적 구조조정 협의를 할 기회가 주어질 수 있다. 특히 적절한 시점에 회생절차가 개시되는 것은 회생절차 성공의 기본 요건이므로, 회생절차가 채무자에게 실질적으로 의미 있을 수 있도록 가능한 범위 내에서 회생 성공가능성이 가장 높은 시점으로 회생절차 또는 그에 상응하는 사전절차의 개시를 효율적으로 앞당길 필요가 있다는 점이 지적되어 왔고, 이에 서울회생법원은 2018. 7.경 회생신청부터 회생절차개시까지 기간을 활용하고자 ARS 프로그램을 도입하였다.

ARS 프로그램은 ① 법원은 회생절차개시결정을 보류하고, ② 채무자가 주요 채권자들과 자율적 구조조정 협의를 하며, ③ 그 협의가 타결되면 회생신청 자체를 취하하도록 하는 것으로서 법원은 회생신청부터 회생절차개시까지 기간 동안 주요 채권자들 및 채무자 등 이해관계인으로 구성되는 '회생절차협의회'를 운영하면서 자율 구조조정 협의 상황을 확인하고, 그 협의 진행에 필요한 채무자회생법상 지원조치를 하게 된다.[1]

자율구조조정 지원을 위한 법원의 조치로는 채무자에 대한 변제금지 등 보전처분, 채권자들에 대한 강제집행 금지 등 포괄적 금지명령, 구조조정을 위한 실사 담당 회계법인을 그대로 개시 전 조사위원으로 선임, 운영자금 대출 등 DIP 금융에 대한 법원 허가(회생절차가 개시되면 최우선변제권을 가진 공익채권으로 취급), CRO 선임, 협상지원을 위한 조정위원(Mediator) 선임 등이 있다. 또한 회생절차개시 전이라도 인수희망자가 있는 경우 인가 전 M&A 절차를 시작하여 절차의 신속을 기할 수 있고, 개시결정과 동시에 사전 협상된 인가 전 영업양도 허가를 하여 즉시 정상영업을 하게 할 수 있으며, 구조조정안이 합의되지 않더라도 채권자 1/2이 동의하는 경우 사전계획안 절차로 진행할 수 있다.

실제로 서울회생법원에서 시도된 사례가 다수 있었는데, 대체로 회생절차 개시신청 후에도 영업을 계속하여 매출 및 생산량의 증가를 도모할 수 있고, 경영컨설팅 등을 통하여 본격적인 구조조정 방안을 준비할 수 있으며, 회생절차 진행에 대한 주요 채권자들의 이해를 얻어 채무자의 구조조정 노력을 채권자들과 공유할 수 있다는 점 등이 장점으로 부각되었고, 실제로도 회생절차 개시 전 조사위원의 부외부채에 대한 객관적 실사를 통하여 채권자들의 신뢰를 확보하고 개시후 소요될 조사보고서 제출 기간을 단축하며, 채무자

---

[1] 서울회생법원의 실무에 관하여는 이숙미, "서울회생법원의 자율 구조조정 지원 프로그램 적용 사례 소개", 도산법연구 제11권 제1호, 사단법인 도산법연구회(2021.7.), 107면, 참조.

들은 ARS 기간 동안 주요 자산을 매각하여 변제자금을 확보하려고 하는 등 장점이 지적되었다.[2]

그런데 종래 이와 같은 ARS 프로그램은 절차가 불명확하고, 회생절차 개시신청 자체가 가지는 부담(제출 서류의 작성 부담, 채무기한의 이익 상실, 절차의 공개에 따른 부담 등)과 아울러 회생절차 신청건수 및 워크아웃 신청건수의 감소, 주심 법관의 절차 운용 부담 등으로 인하여 잘 이용되지는 아니하였다.

이에 최근에는 종래 제도에 대한 개선책으로 채무자회생법 제34조 제1항의 '사업의 계속에 현저한 지장을 초래하지 아니하고는 변제기에 있는 채무를 변제할 수 없는 경우' 또는 '파산의 원인인 사실이 생길 염려'가 발생하기 이전 단계의 채무자도 보호의 대상으로 하도록 하고, 절차의 명확화, 신청서 기재사항 최소화, 예납명령 발령 보류 원칙화 등을 기본 방침으로 하며, 회생절차와 조정절차 모두를 포함하여, 회생절차로 신설 제도를 운용하는 방식을 'AARS(Advanced Autonomous Restructuring Support)'라고 하여 채무자만이 신청할 수 있도록 하고, 조정절차로 신설 제도를 운용하는 방식을 '조정절차'라 하여 채무자와 채권자 모두에게 신청권을 주기로 하며, 법원의 지원조치로는 ① 법원의 석명과 회생절차 개시 여부 보류결정, ② 비공개 운영, ③ 예납명령 보류, ④ 중지명령, 포괄적 금지명령 등을 통한 지원, ⑤ 절차 주재자의 선임, ⑥ 신규자금조달 허가를 통한 신규대여자 보호, ⑦ 그 외의 법원 관여를 최소화하는 새로운 방안이 검토되고 있다.

(4) 회생계획안의 사전제출제도

채무자의 부채의 2분의 1 이상에 해당하는 채권을 가진 채권자 또는 이러한 채권자의 동의를 얻은 채무자는 회생절차개시의 신청이 있는 때부터 회생절차개시 전까지 회생계획안을 작성하여 법원에 제출할 수 있다(법223조1항). 법원은 사전 제출된 회생계획안을 비치하여 이해관계인으로 하여금 이를 열람하게 하여야 한다(법223조2항). 사전계획안(Prepackaged Plan, P-Plan)을 제출하는 자는 회생절차개시 전까지 회생채권자·회생담보권자·주주·지분권자의 목록(법 제147조 제2항 각호의 내용을 포함하여야 한다), 채무자회생법 제92조 1항 각호에 규정된 사항을 기재한 서면 및 그 밖에 대법원규칙으로 정하는 서면을 법원에 제출하여야 한다. 회생채권자·회생담보권자·주주·지분권자의 목록이 제출된 때에는 이 목록을 제147조 제1항의 목록으로 본다(법223조5항). 이를 회생계획안 사전제출제도라고 한다.[3]

---

2) ARS 프로그램에 대한 설명으로는 안창현, "회생절차에서 자율구조조정 활성화 방안에 대한 소고ー회생절차에서의 워크아웃 사례 검토를 중심으로ー", 회생법학 제21호, (사)한국채무자회생법학회(2020.12.), 108면, 김정만, "기업회생절차의 신경향", 제50기 기업회생전문가 양성과정", 한국경영자총협회(2020), 3권 참조.

3) 사전제출제도에 대한 실제 사례에 대한 설명으로는 백종현·이상재, "P-PLAN 회생절차의 실무상 쟁

이 제도는 원래 미국 연방도산법상의 사전조정제도(Prepackaged Bankruptcy)에서 유래된 것인데,[4] 우리의 사전제출제도는 금융기관 채권자들이 기업개선작업 중 마련한 워크아웃 플랜을 법률의 규정에 의한 회생계획안으로 갈음함으로써 회생절차를 신속하게 진행하기 위하여 마련된 것이다.

부채총액 2분의 1 이상 여부 판단은 일응 채무자의 대차대조표나 기타 회계장부를 토대로 하여 산정하면 되고, 소명으로 충분하다. 사전계획안이 제출되었다는 것만으로 특수한 법적 효과가 생기는 것은 아니고, 관리인의 회생계획안 제출면제, 관계인집회에서의 동의간주 등 몇 가지 특칙이 있는 외에는 통상의 회생절차는 그대로 진행된다.

즉 첫째 사전계획안이 제출된 때에는 관리인은 법원의 허가를 받아 회생계획안을 제출하지 아니하거나 제출한 회생계획안을 철회할 수 있다(법223조6항).

둘째 사전계획안을 제출한 채권자 외의 채권자는 회생계획안 결의를 위한 관계인집회의 기일 전날 또는 법 제240조 제2항에 따라 법원이 정하는 기간 초일의 전날까지 그 사전계획안에 동의한다는 의사를 서면으로 법원에 표시할 수 있고(법223조3항), 사전계획안을 제출하거나 그 사전계획안에 동의한다는 의사를 표시한 채권자(제1회의 관계인집회의 기일 이후 동의의사를 표시한 채권자를 포함한다)는 관계인 집회에서 그 사전계획안을 가결함에 있어서 동의한 것으로 본다. 다만, 사전계획안의 내용이 당해 채권자에게 불리하게 수정되거나 현저한 사정변경이 있거나 그 밖에 중대한 사유가 있는 때에는 결의를 위한 관계인집회의 기일 전날까지 법원의 허가를 받아 동의를 철회할 수 있다(같은조7항). 사전계획안을 서면결의에 부친 경우 사전계획안을 제출하거나 그 사전계획안에 동의한다는 의사를 표시한 채권자는 위 회신기간 안에 동의한 것으로 본다. 다만, 사전계획안의 내용이 그 채권자에게 불리하게 수정되거나, 현저한 사정변경이 있거나 그 밖에 중대한 사유가 있는

점", 도산법연구 제7권 제2호, 사단법인 도산법연구회(2017.6.), 85면, 손승범·박창우, "회생계획안의 사전제출제도(P-PLAN) 최초 인가사례 실무연구", 법조 제727호, 법조협회(2018.2.), 513면, 임장호, "한국의 P-Plan 회생절차, 도산법연구 제8권 제1호, 사단법인 도산법연구회(2018.2.), 127면, 정우석, " 사전회생계획안 제도를 통한 신속한 기업회생 — 미국의 사례를 중심으로", 도산법연구 제11권 제1호, 사단법인 도산법연구회(2021.7.), 121면 참조.

4) 미국 연방도산법상 회생절차신청일부터 120일 동안은 원칙적으로 채무자만이 회생계획안을 제출할 수 있는데(1121조), 미국의 사전조정제도는 채무자가 회생절차개시의 신청 전에 회생계획안을 작성하고, 채권자들로부터 사전에 동의를 받아 회생절차개시신청과 함께 회생계획안을 법원에 제출하여, 법원의 인가결정을 받음으로써 회생계획안에 반대하는 소수의 채권자에게도 구속력을 인정하는 제도이다. 미국 제도의 상세한 소개에 대하여는 박승두, "미국의 '회생계획안 사전제출제도(Prepackaged Bankruptcy)'에 관한 연구", 사법 46호, 사법발전재단(2018), 3면, 박민준, "미국 연방파산법상 제11장 절차에서의 구조조정지원약정에 대한 심사 및 그 시사점", 도산법연구 제9권 제2호, 사단법인 도산법연구회(2019.9.), 171면 참조. 또한 골프장에 대한 회생절차와 관련한 P-Plan에 관하여는 최효종, "한국의 P-Plan 회생절차(골프장 사례를 중심으로), 도산법연구 제9권 제1호, 사단법인 도산법연구회(2019.6.), 61면 참조.

때에는 위 회신기간 종료일까지 법원의 허가를 받아 동의를 철회할 수 있다(같은조8항).

나. 회생계획안의 기재사항

(1) 회생계획의 내용

어떠한 회생계획을 세울 것인가는 각 도산의 양상에 따라 크게 다르다. 그러나 법인 회생의 경우 다른 절차와 달리 채무자의 법인격의 주체로서의 동일성에 관심을 두지 않고 기업 그 자체를 직시하여 그를 둘러 싼 모든 관계의 재편성에 의하여 기업의 재건을 기도하는 제도인 이상 그에 상응하는 계획안이 세워지지 않으면 원래 이 제도를 이용하는 필요도 자격도 없다고 할 수 있다. 그러나 현실에서는 주주구성을 일신한 신회사를 설립한다고 하는 철저한 방식은 그다지 채용되지 않고, 종전의 채무자의 사업을 유지하고 실질적으로는 채권자의 양보를 구하는 회생계획이 드물지 않다. 여러 가지 사례의 집적 위에 관계자의 연구에 의하여 적절하게 사용할 수 있는 회생계획의 패턴이 서서히 출현하는 도상에 있다고 생각된다.

법률은 여러 가지 가능성을 예상하여 회생계획의 조항에 관하여 상세한 규정을 두고 (법193조 이하), 회생계획에 반드시 기재하여야 하는 사항, 필요하면 기재할 수 있는 사항 등을 정하고, 나아가 회생계획 작성에 있어서 지켜야 할 일반원칙·적정하기 위한 요건 등을 정하고 있다.

(2) 필요적 기재사항

(가) 회생채권자, 회생담보권자 또는 주주·지분권자의 권리를 변경하는 조항(법193조1항1호)

회생에서의 중요한 요소이고, 이를 수반하지 아니하는 방법에 의한 회생절차의 이용은 인정하지 않는다는 취지이다. 이 조항에 있어서는 변경될 권리를 특정하여 명시하고, 변경 후의 권리의 내용을 정하여야 한다(법194조1항). 반대로 만약 회생계획에 의하여 그 권리의 변경을 받지 아니하는 자가 있을 때에는 그 자의 권리를 명시하여야 한다(법194조2항). 회생계획에 기재되지 아니한 권리는 실권되는 것이므로(법251조), 실권되지 않는다는 등의 기재를 하여야 하는 것이다.[5]

---

5) 채무의 유예기간 및 발생이자의 감면에 관한 조항은 회생채권자 특히 회생담보권자들이 가장 관심을 가지는 조항이다. 실무상 회생채권을 다시 금융기관의 회생채권, 일반 상거래 회생채권, 계열법인 또는 특수관계인(법205조4항 참조)의 회생채권 등으로 분류하여 경우에 따라 각 채권자 사이에 일정한 차등을 두기도 하나, 성질이 같은 회생채권자 사이에는 평등의 원칙을 엄격히 적용하고 있는데, ① 일반 상거래채권에 대하여는 개시결정 이전의 경과이자이든 개시결정 후의 발생이자이든 구별 없이 이를 전액 면제받는 것으로 정하는 것이 대부분이고, 일반 상거래채권 중 소액채권은 법 제218조 단

관계인집회에서의 심의 및 의결을 거쳐 최종적으로 법원의 인가결정을 받음으로써 효력을 발생하게 되는 회생계획은 향후 회생절차 수행의 기본규범이 되는 것으로서, 사적 자치가 허용되는 범위 내에서는 회생담보권의 권리변경 및 변제방법, 회생담보권의 존속 범위 등과 같은 내용을 자유롭게 정할 수 있다.[6]

다만 법 제92조 제1항에 따라 법원이 정한 기한까지 전부 또는 일부의 채권자들 사이에 그들이 가진 채권의 변제순위에 관한 합의가 되어 있는 때에는 회생계획안 중 다른 채권자를 해하지 아니하는 범위 안에서 변제순위에 관한 합의가 되어 있는 채권에 관한 한 그에 반하는 규정을 정하여서는 아니 된다. 이 경우 채권자들은 합의를 증명하는 자료를 법 제92조 제1항에 따라 법원이 정한 기한까지 법원에 제출하여야 한다(법193조3항). 따라서 채권자들 사이에 채권의 변제순위에 관한 합의가 되어 있더라도, 법원이 정한 기한 (2014년 법 개정전 구법 하에서는 제1회 관계인집회의 기일 전날)까지 법원에 증명자료가 제출되지 않았다면, 특별한 사정이 없는 한, 법원이 회생계획의 인가 여부에 관한 결정을 할 때 채권자들 사이의 채권의 변제순위에 관한 합의를 반드시 고려하여야 하는 것은 아니다.[7]

회생계획에 의하여 채무를 부담하거나 채무의 기한을 유예하는 경우 그 채무의 기한은 담보가 있는 때에는 그 담보물의 존속기간을 넘지 못하며, 담보가 없거나 담보물의 존속기간을 판정할 수 없는 때에는 10년을 넘지 못한다. 다만, 회생계획의 정함에 의하여 사채를 발행하는 경우에는 그러하지 아니하다(법195조).[8] 채무자 또는 채무자 이외의 자(예컨대 이사나 대주주)가 회생을 위하여 담보를 제공하는 때에는 담보를 제공하는 자를 명시하고 또 담보권의 내용을 정하여야 하고, 채무자 이외의 자가 채무를 인수하거나 보증인이 되는 등 회생을 위하여 채무를 부담하는 때에는 그 자를 명시하고, 또 그 채무의 내용을 정하여야 한다(법196조1항, 2항). 회생계획상 인정되는 권리에 관하여 의문을 남기지 않기 위한 것이다.

서의 취지를 살려 다른 회생채권 등에 비하여 그 상환기간을 단축시키도록 하고, ② 금융기관의 채권인 경우에는 일부 감면에 그치며, ③ 한편, 구 사주와 그 특수관계인들이 채무자에 대하여 가지는 기왕에 발생한 구상금 채권 및 장래의 구상금채권 기타 일체의 채권은 원금까지 모두 면제시키는 조항을 두는 것이 보통이다.

6) 대법원 2005.10.27. 선고 2005다33138 판결(공2005, 1843)은 구 회사정리법 하에서 정리계획의 내용 등에 비추어 볼 때 정리담보권에 의해 담보되는 채권의 범위 안에 미상환원금에 대한 정리절차 개시 이후의 이자까지 포함된다고 한 원심의 판단을 수긍하였다.

7) 대법원 2015.12.29.자 2014마1157 결정(공2016상, 226).

8) 기업의 수익력을 무시한 채 무리하게 10년으로 단축한 회생계획안은 그것이 인가되더라도 얼마 지나지 않아 회생계획의 수행불능을 이유로 회생절차를 폐지하는 사태에 이를 것이 명약관화하고, 반면 대다수의 채권자들이 동의함에도 불구하고 10년 이내로 단축한 회생계획안을 제출하지 못함을 이유로 회생절차를 폐지하는 것 또한 온당치 못하다는 반론도 있다.

(나) 공익채권의 변제에 관한 조항(법199조)

이미 변제한 것을 명시하고 또 장래 변제할 것에 관하여 정하여야 한다(법199조). 공익 채권은 회생채권·회생담보권에 우선하여 지급되므로 그 규모는 회생계획에 영향을 미친 다. 이를 명시함으로써 회생계획의 재정적 기초를 밝히고, 회생계획의 수행가능성(법231조, 243조1항2호 참조)의 판단자료를 제공하기 위하여 위한 것이다. 한편 공익채권은 회생절차 에 의하지 아니하고 변제가 가능하므로 원칙적으로 회생계획에서는 공익채권에 관하여 변 제기의 유예 또는 채권의 감면 등 권리에 영향을 미치는 규정을 정할 수 없는 것이 원칙이 나, 판례는 채권자와의 합의하에 변제기를 연장하는 등 권리변동에 관한 사항을 정하고 그 취지를 회생계획에 기재한 때에는 채권자도 이에 구속된다고 하고 있음은 전술하였다.[9]

(다) 채무 변제자금의 조달방법에 관한 조항(법193조1항3호)

이것도 수행가능성의 판단자료로 필요한 것이므로 영업에 의한 수익에 의할 것인지, 차입금에 의할 것인지 또는 재산의 매각에 의할 것인지 등 그 방법을 기재한다. 영업수익 금에 의한다고 하는 것이 보통이지만, 수익예상을 구체적으로 보여야 한다. 또 회생계획안 에서 영업에 지장이 없는 유휴부동산 등을 매각하여 변제자금을 조달하는 것으로 정하는 경우가 많고 매각예정 부동산의 조기매각을 강제하기 위하여 매각예정년도를 명시하는 것 도 가능하다. 회생계획상 인정되는 권리에 관하여 의문을 남기지 않기 위한 것이다.

(라) 회생계획에서 예상된 액을 넘는 수익금의 용도(법193조1항4호)

이와 같은 수익을 얻을 수 있는 것도 이해관계인의 희생 덕택이므로 그 용도에 관하 여 미리 검토·승인을 거치기 위한 것이다. 영업자금에 충당할 것인가 채무를 예정보다 앞 당겨 변제할 것인가 정한다(다만 예상초과수익금을 채무의 앞당긴 변제에 충당하는 취지의 조항 은 직접 구체적인 권리를 발생하는 것은 아니다). 이와 관련하여 예상수익금액을 명시하여 두 는 것이 바람직하다.

(마) 알고 있는 개시후 기타채권이 있는 때에는 그 내용

회생절차 개시 이후의 원인에 기하여 발생한 재산상의 청구권으로서 공익채권, 회생채 권 또는 회생담보권이 아닌 청구권(법181조) 중 알고 있는 것은 회생계획에 기재하여야 한다.

(3) 상대적 필요적 기재사항

필요적 기재사항은 이를 흠결할 경우 항상 회생계획을 부적법한 것으로 함에 반하여 일정한 조건 하에서만 반드시 요구되는 사항이다.

---

9) 대법원 1991.3.12. 선고 90누2833 판결(공1991, 1195). 同旨 대법원 2016.2.18. 선고 2014다31806 판결 (공2016상, 411)[백선57]은 회생채권자와 달리 회생계획안에 관한 결의절차에 참여할 수 없는 공익채 권자에 대하여는 회사분할에 관한 채무자회생법 제272조 제1항, 제4항의 특례규정이 적용되지 않는 다고 하였다.

(가) 미확정의 회생채권·회생담보권에 관하여 권리확정에 대비한 적당한 조치(법197조)

이의 있는 권리가 있는 경우에만 필요한 사항이다. 이의 있는 도산채권이 거액이기 때문에 그 확정의 성부가 갱생의 성부를 좌우한다고 하는 경우가 아닌 한 이의가 있는 채로 절차를 진행시켜도 좋으나, 회생계획에서 이에 관하여 아무 것도 정하여 두지 않으면 채권자가 권리를 잃게 되기 때문이다(법251조 참조). 그래서 예컨대 이미 확정된 동종의 권리와 마찬가지의 처우가 가능하다는 것과 같이 명확히 결정하여 두는 것이 필요하다.

(나) 변제한 회생채권 등에 관한 조항(법198조)

하도급 중소기업자나 기타 채권자의 회생채권 또는 회생담보권을 법원의 허가를 받아 변제한 경우에는(법131조 단서, 132조1항, 2항) 그 내용을 기재하여야 한다. 변제의 사실을 공표함과 동시에 계획안의 공정·형평·평등의 판단자료로 하기 위한 것이다.

(다) 분쟁이 해결되지 아니한 권리에 관한 조항(법201조)

채무자에게 속하는 권리로서 분쟁이 해결되지 아니한 것이 있는 때에는 화해나 조정의 수락에 관한 사항을 정하거나 관리인에 의한 소송의 수행 기타 권리의 실행에 관한 방법을 정하여야 한다. 채무자의 권리(연혁적으로는 구경영진에 대한 손해배상청구권)가 흐지부지 처리되지 않도록 하기 위한 것이다.

(4) 임의적 기재 사항

(가) 영업이나 재산의 양도, 출자나 임대, 경영의 위임, 손익공통계약의 위임 등(법200조1항)

채무자의 영업이나 재산의 전부나 일부를 양도·출자 또는 임대하거나, 채무자의 사업의 경영의 전부나 일부를 위임하거나, 타인과 영업의 손익을 같이 하는 계약 그 밖에 이에 준하는 계약을 체결·변경 또는 해약하거나, 타인의 영업이나 재산의 전부나 일부를 양수하는 경우에는 그 목적물·대가·상대방 그 밖의 사항을 정하고 대가를 회생채권자·회생담보권자·주주·지분권자에게 분배하는 때에는 그 분배의 방법도 정하여야 한다(법200조). 영업양도는 일정한 영업목적에 의하여 조직화된 업체, 즉 인적·물적 조직을 그 동일성은 유지하면서 일체로서 이전하는 것을 의미하고, 영업양도가 이루어졌는가의 여부는 단지 어떠한 영업재산이 어느 정도로 이전되어 있는가에 의하여 결정되어야 하는 것이 아니고 거기에 종래의 영업조직이 유지되어 그 조직이 전부 또는 중요한 일부로서 기능할 수 있는가에 의하여 결정되어야 하므로, 영업재산의 일부를 유보한 채 영업시설을 양도했어도 그 양도한 부분만으로도 종래의 조직이 유지되어 있다고 사회관념상 인정되면 그것을 영업의 양도라 볼 것이지만, 반면에 영업재산의 전부를 양도했어도 그 조직을 해체하여 양도했다면 영업의 양도로 볼 수 없고,[10] 이러한 영업양도는 반드시 영업양도 당사자 사이

---

10) 대법원 2007.6.1. 선고 2005다5812,5829,5836 판결(공2007, 972).

의 명시적 계약에 의하여야 하는 것은 아니며 묵시적 계약에 의하여도 가능하다.[11)]

상법상 위와 같은 경우에는 주주총회의 특별결의가 필요한 경우가 많으나(상374조, 자본시장과 금융투자업에 관한 법률165조의4 참조), 회생의 경우에는 상법의 규정의 적용을 배제하고, 회생계획에 이를 명기하고, 관계인집회에서 이를 가결하도록 하고 있다(법261조).

(나) 정관의 변경(법202조)

후술하는 신주발행과의 관계에서 수권자본의 액(상289조1항3호)을 변경하고, 회사의 목적을 변경하는 경우가 많으나, 그 변경의 내용을 명백히 하여야 한다(법202조). 이에 관하여도 주주총회의 특별결의는 필요 없다(법261조). 실무에서는 관리인이 법원의 허가를 받아 정관을 변경할 수 있도록 하는 정관변경 규정을 넣고 이를 근거로 회생계획에 의하지 아니하고 법원의 허가만에 의하여 정관을 변경하는 경우가 많은데 의문이다.

(다) 대표이사, 이사, 감사의 변경에 관한 조항(법203조)[12)]

법인인 채무자의 이사를 선임하거나 대표이사(채무자가 주식회사가 아닌 때에는 채무자를 대표할 권한이 있는 자 포함)를 선정하는 때에는 회생계획에 선임이나 선정될 자와 임기 또는 선임이나 선정의 방법과 임기를 정하여야 하고(법203조1항), 종래의 이사 또는 대표이사 중 유임하게 할 자가 있을 때에는 그 자와 임기를 정하여야 한다(같은조2항. 다만 이사 또는 대표이사에 의한 채무자 재산의 도피, 은닉 또는 고의적인 부실경영 등의 원인에 의하여 회생절차가 개시된 때에는 유임하게 할 수 없다).[13)] 이 경우 여럿의 대표이사에게 공동으로 채무자를 대표하게 하는 때에는 회생계획에 그 뜻을 정하여야 하고(법203조3항), 법인인 채무자의 감사는 채권자협의회의 의견을 들어 법원이 이를 선임하면 되고, 이 경우에 임기를 정하여야 한다(법203조4항). 그런데 한편 계획에서 유임하게 할 것을 정하지 않은 이사 등은 당연해임된 것으로 하는 규정이 있다(법263조4항). 따라서 선임이나 유임 양쪽 모두 정하지 않은 때에는 이사 등의 부존재상태가 생기게 된다. 이 점에서 선임·유임의 규정을 법률의 명문에는 반하지만 필요적 기재사항으로 해석하여 위와 같은 사태가 발생하지 않도록 하려는 견해도 있으나, 해임된 것으로 보는 취지의 규정은 선임의 규정을 둔 경우에만 적용된다고 해석하고(요컨대 선임의 규정은 두었으나, 유임의 규정은 두지 않은 때의 의미로 해석한다), 선임, 유임을 임의적 기재사항으로 해석하며 전혀 규정이 없는 경우 또는 있어도 법정

---

11) 대법원 2009. 1. 15. 선고 2007다17123,17130 판결.
12) 절대적 기재사항이라는 반대설도 있다.
13) 신임 대표이사·이사·감사 등 임원을 새로 선임하는 방법으로는 회생계획안에서 임원으로 선임될 자를 미리 구체적으로 특정(주소, 성명까지 기재)하는 경우도 있으나, 회생계획인가 후 관리인이 법원의 허가를 얻어 임원을 선임하는 것으로 정하고, 새로 선임할 임원을 계획안에서 구체적으로 기재하지 아니하는 것이 보통이다. 이 경우에는 새로운 임원이 선임될 때까지 이사 3인이 없는 상태가 되나 새 임원이 선임될 때 비로소 구임원이 해임되는 것으로 해석한다. 관리인이 임원으로 선임될 수도 있으나 관리인과 임원은 겸직이 불가능하므로 임원으로 선임될 때 관리인직을 사임하여야 한다.

수에 족하지 않은 경우에는 구 이사 등은 유임된다고 해석하는 입장이 있다. 후설에 따른다. 실제에는 모든 계획에 기재되므로 문제는 없다. 또한 주주총회에서 이사나 감사를 선임하는 경우, 선임결의와 피선임자의 승낙만 있으면, 피선임자는 대표이사와 별도의 임용계약을 체결하였는지와 관계없이 이사나 감사의 지위를 취득하므로,[14] 회생계획으로 이사를 선임하거나 대표이사를 선정한 경우에도 피선임자는 관리인과의 사이에 별도의 임용계약을 체결하지 않아도 그 지위를 취득한다고 해석한다.

회생계획에 의하여 선임·유임을 정한 이사 등의 임기는 1년을 넘지 못한다(법203조5항). 상법에 의한 본래의 선임방법에 의하지 않은 자가 너무 장기간 재임하는 것은 부당하기 때문이다. 단기간의 임기라고 하여도 이 선임·유임의 조항은 중요한 의미를 가진다. 한편으로는 채권자 등의 이익을 대표하는 자를 새로이 선임하여 회사로 보내고, 회생계획에서 인정된 권리를 내부로부터 확보함과 아울러 다른 한편으로는 종래의 이사 등에 책임을 물어 퇴직시킬 것인가 아니면 유임을 인정하여 책임을 해제할 것인가를 결정하는 의미가 있기 때문이다. 법률도 이에 관한 규정은 형평하고도 회생채권자·회생담보권자·주주·지분권자의 일반의 이익에 합치하는 것이어야 한다고 하여 각별한 주의를 기울이도록 하고 있으나(법204조), 종래에는 그 중요성이 잘 이해되지 않고, 유임의 규정이 구임원 온존을 위하여 안이하게 이용되었다는 비판을 받고 있었다.

채무자회사의 감사는 채권자협의회의 의견을 들어 법원이 이를 선임한다. 이 경우에 임기를 정하여야 한다(법203조4항). 이 경우 법원이 감사를 선임하는 때에는 감사의 선임에 관한 다른 법령이나 정관의 규정을 적용하지 아니한다(법263조3항). 상법규정에 따라 자본금 총액이 10억 원 미만인 회사의 경우에는 감사를 선임하지 아니할 수 있으므로(상409조4항), 실무상 회생법원은 인가 후 자본금 총액이 10억 원 미만인 경우 감사를 선임하지 않고 있다.

(라) 주식회사 또는 유한회사의 자본의 감소(법205조)

채무의 부담을 경감함과 아울러 자본을 적정규모로 축소하여 주식회사인 채무자의 실질재산과 자본의 액의 차이를 좁히는 것은 회사 재정의 건전화를 위하여 대부분의 경우에 필요하다. 그러나 자본의 감소는 주주를 포함하여 누구의 권리도 변경하는 것은 아니다. 자본감소에 수반하는 주식병합이나 소각에 의하여 일률적으로 주식수가 10분의 1이 된다고 하더라도 각 주주의 실질적 권리에는 하등의 변경이 없다는 점에 주의하여야 한다. 다만 구경영자 소유 주식의 일부만을 소각함으로써 주주간의 차등을 두면 주주 상호간의

---

14) 대법원 2017.3.23. 선고 2016다251215 전원합의체 판결(공2017상, 863)은 원심이 주주총회에서 원고를 감사로 선임하는 결의만 있었을 뿐 원고와 피고 사이에 아직 임용계약이 체결되었다고 볼 수 없으므로, 원고가 피고의 감사로서의 지위를 취득하였다고 볼 수 없다고 판단한 데에는 주식회사의 감사의 지위 취득 요건에 관한 법리를 오해하여 판결에 영향을 미친 잘못이 있다고 한 사안이다.

734 VI. 회생절차의 진행과 종료

지위의 상대적 변화가 일어난다. 주주평등에 반하지만 당해 주주의 동의가 있으면 무방하다. 100퍼센트 감자(減資)하여 종래의 주주를 전부 실권시키는 것도 가능하고, 실제에도 상당히 행하여지고 있다. 회생절차 중에는 채무자는 회생절차 외에서 자본의 감소를 할 수 없고(법55조), 회생계획에 의하여서만 이를 할 수 있다. 그 경우에는 회생계획에 감소할 자본의 액 및 자본감소의 방법(주식병합에 의할 것인가 주식소각에 의할 것인가 등)을 기재하여야 한다(법205조1항1호, 2호). 이 경우는 주주총회의 특별결의(상438조)는 필요 없고, 채권자 보호절차 등(상439조2항, 232조, 439조3항, 445조 등)도 적용이 없다. 자본감소의 효력은 원칙적으로 회생계획에서 정한 시기에 발생하고 회생계획에서 정함이 없는 경우에는 회생계획 인가시에 발생한다.

또한 자본감소의 일반원칙으로서 자본감소는 채무자의 자산 및 부채와 수익능력 및 채무자회생법 제206조에서 규정하는 신주발행에 관한 사항을 참작하여 정하여야 한다고 규정함으로써 자산 및 부채와 영업 전망, 현실화가 가능한 보증채무, 구상채무 등 수익력을 고려하도록 하였다(법205조2항).15)

나아가 주식회사인 채무자의 이사나 지배인의 중대한 책임이 있는 행위16)로 인하여 회생절차개시의 원인이 발생한 때에는 그 행위에 상당한 영향력을 행사한 주주 및 그 친족 기타 대통령령이 정하는 범위의 특수 관계에 있는 주주17)가 가진 주식 3분의 2 이상을 소각하거나 3주 이상을 1주로 병합하는 방법으로 자본을 감소할 것을 정하여야 한다(법205조4항).18) 주식회사인 채무자의 자산이 부채보다 크지 않은 경우에는 그 회사 주식의 실질적 가치는 0 또는 마이너스이므로 그 주식을 전부 소각하더라도 주주에게 부당한 손해를 끼치는 것은 아니라고 할 수 있지만 무형자산을 정확하게 평가하기란 사실상 어려우므로

---

15) 최근 회생계획에서 주식이 소각되기 전에 상장주식인 경우에는 담보권자가 질권을 실행하는 사례가 많아지고 있고, 한편 일부 상장회사의 구 사주가 회생계획인가결정 전에 주식시장을 통하여 자신의 주식을 매각하여 문제가 된 사례가 있었다. 서울회생법원에서는 이러한 사태를 방지하기 위하여 보전처분결정 전에 구 사주 및 그 특수관계인 소유 주식의 주권 및 이에 대한 무상소각 동의서를 제출하도록 하고 만약 이를 제출하지 않으면 보전처분을 해주지 않고 있다.

16) 구 회사정리법 조항에서 예시된 바 있는 "회사재산의 도피·은닉 또는 고의적인 부실경영"이 이에 해당할 것이다.

17) 영 제15조 및 제4조가 자세히 규정하고 있다.

18) 이 규정의 합헌성에 관하여 대법원 1999.11.24.자 99그66 결정(공2000, 134)[백선55]은 구 회사정리법 제221조 제4항의 '중대한 책임이 있는 행위로 인하여 정리절차개시의 원인이 발생한 경우'가 불확정적인 개념이긴 하나 입법기술상 부득이하고, 사회평균인의 건전한 상식으로써도 중대한 책임이 있는 행위인지를 합리적으로 판단할 수 있어, 이를 들어 정리법원에게 지나치게 광범위한 재량권을 부여하였다거나, 그 요건이 추상적이고 모호하여 다의적으로 해석되는 등으로 위헌적인 규정이라고 보이지는 않는다고 판시하면서 정리회사 부실경영주주의 주식 전부를 무상소각하는 내용의 정리계획인가가 구 회사정리법 제233조 제1항 제1, 2, 3호 위반 또는 사유재산권 제한의 한계를 넘어선 위헌이라고 볼 수 없다고 하였다.

대차대조표상 자본잠식이라 하여도 당연히 모든 주식을 소각하는 것이 타당하다고 보기 어렵다. 이 점을 고려하여 법에는 하한만을 정하고 그 이상을 소각할 것인지 여부는 법원의 판단에 맡긴 것이다. 2/3 이상을 소각하거나 3주 이상을 1주로 병합하도록 한 이유는 신주발행 후 인수자가 2/3 이상을 취득하도록 한 것이다. 자본감소를 한 후 법 제206조에 의하여 신주를 발행하는 경우 부실경영에 대한 책임이 있는 주주의 신주인수에 대하여도 제한이 있는데, 회생절차개시의 원인을 발생시킨 주식회사인 채무자의 이사나 지배인의 중대한 책임이 있는 행위에 상당한 영향력을 행사한 주주 및 그 친족 그 밖에 시행령 4조가 정하는 범위의 특수관계에 있는 주주에 해당하는 자에 대하여는 신주를 인수할 수 없도록 규정하고 있다(같은조5항). 판례는 제3자가 위 규정에 의하여 신주인수가 금지되는 자에 해당한다는 등의 특별한 사정이 없는 한 회생절차개시 전에 회생채무자와 거래관계가 있었다는 등의 사정만으로 회생채무자가 발행하는 신주를 인수할 자격이 제한된다고는 할 수 없다고 하였다.[19] 한편 그 주주에 대하여 상법 제340조의2(주식매수청구권)의 규정에 의한 주식매수선택권을 부여할 수 있다(같은조5항). 위와 같은 자본감소에 관한 규정은 유한회사의 경우에도 준용된다(법205조6항).

회생계획에 따른 자본감소에 하자가 있는 경우에는 감자무효의 소로 다툴 수 없고, 회생계획인가결정에 대한 항고로 다투어야 한다.

회생계획수행으로 인한 자본감소에 관한 변경등기는 회생절차 진행중에는 법원사무관등의 촉탁에 의하고(규칙9조1항), 종결 후에는 채무자가 신청하되, 회생계획인가결정서 등본 또는 초본을 첨부하여야 한다.

(마) 주식회사 또는 유한회사의 신주발행(법206조)

신주의 발행은 새로이 주주를 도입함으로써 구주주의 상대적 지위를 저하시키고, 채권자에게 대물변제적으로 주식을 부여함으로써 타인자본을 자기자본화하며, 주금납입을 수반하는 경우에는 신자금을 획득할 수 있다는 점에서 매우 중요하다. 법은 ① 회생채권자·회생담보권자 또는 주주에 대하여 새로 납입 또는 현물출자를 하게 하지 아니하고 신주를 발행하는 경우, ② 이들 권리자에 대하여 납입 또는 현물출자를 하게 하는 경우 및 ③ 위의 어느 경우에도 해당하지 않는 경우 등 세 가지로 나누어 회생절차에 있어서 신주의 종류와 배정에 관한 절차 등 필요절차를 정할 수 있도록 하는 규정을 두고 있다(법206조1항, 2항, 3항 각호). 또한 그 외에 제4의 방법으로서 위 세 가지를 병용하는 방법이 있다. 이들 경우에 있어서는 상법의 신주발행에 관한 일반규정은 적용되지 않는다(법265조 참조).

납입을 하게 하지 않고 채권자등에게 신주를 부여하는 것을 속칭 주식전환(株式轉換)이라고 하고, 즐겨 쓰이고 있다. 액면에 의한 대물변제와 같은 형태를 취하나, 주식의 실가

---

19) 대법원 2007.10.11.자 2007마919 결정(공2007, 1757).

는 액면가보다 저가인 경우가 보통이므로 실질에 있어서는 차액면제(差額免除)의 의미를 가진다(물론 장래에 업적이 회복되어 실가가 오르는 기대는 있다). 주식의 종류나 배정은 일률적일 필요는 없고, 오히려 권리자의 종류·순위를 고려하여 공정·형평한 차등을 두어야 한다(법217조). 배정된 권리자는 회생계획 인가시 또는 계획에서 정한 때(이는 주식합병에 의한 감자의 발효(상법441조)의 후에 신주발행이 발효하는 것처럼 정하여진다)에 주주가 된다(법265조1항). 이 경우 신주인수권에 관한 정관의 규정을 적용하지 아니한다(법265조2항). 한편 상법 제440조(주식병합의 절차) 내지 제444조(단주의 처리)의 규정은 주주에 대하여 배정할 주식에 단수(端數)가 생긴 경우에 관하여 준용한다. 이 경우 상법 제443조 제1항 단서에 규정된 사건은 회생계속법원의 관할로 한다(법264조2항). 위 허가신청은 그 사유를 소명하고 관리인이 행한다.

판례는 회생계획에서 별도의 납입 등을 요구하지 아니하고 신주발행 방식의 출자전환으로 기존 회생채권 등의 변제를 갈음하기로 하면서도 출자전환에 의하여 발행된 주식은 무상으로 소각하기로 정하였다면, 인가된 회생계획의 효력에 따라 새로 발행된 주식은 그에 대한 주주로서의 권리를 행사할 여지가 없고 다른 대가 없이 그대로 소각될 것이 확실하게 되고, 그렇다면 위와 같은 출자전환의 전제가 된 회생채권 등은 법인세법 시행령 제19조의2 제1항 제5호에서 대손금으로 인정되는 사유로 정한 '회생계획인가의 결정에 따라 회수불능으로 확정된 채권'에 해당한다고 하였다.[20] 따라서 회생계획에 따른 출자전환이 이루어지는 경우, 출자전환된 채권의 장부가액과 출자전환주식(출자전환 후 일부 감자나 전부 무상소각이 있는 경우에는 그 결과를 반영한 것)의 시가와의 차액은 대손세액 공제의 대상이 된다고 본다.[21]

---

[20] 대법원 2018.6.28. 선고 2017두68295 판결(공2018하, 1508)은 재화 또는 용역을 공급받은 사업자인 甲의 회생절차에서, 甲에 대한 매출채권을 출자전환하여 매출채권 변제에 갈음하기로 하면서 바로 발행된 주식을 무상소각하기로 회생계획인가결정이 있었다면, 그 매출채권은 법인세법 시행령 제19조의2 제1항 제5호에서 정한 '회생계획인가의 결정에 따라 회수불능으로 확정된 채권'에 해당하므로, 부가가치세법 제45조 제3항, 제1항에 따라 그에 상응하는 대손세액을 甲의 매입세액에서 공제하여 부가가치세를 부과한 처분이 적법하다고 본 사례이다. 이 판결에 대한 해설로 임수연, "회생계획에서 출자전환 후 무상소각하기로 정한 회생채권의 대손세액 공제 여부", 대법원판례해설 제116호, 법원도서관(2019), 211면 참조. 同旨 대법원 2018.7.11. 선고 2016두65565 판결(미간행)은 甲 회사로부터 재화 또는 용역을 공급받은 乙 회사가 회생절차개시신청을 하고, 甲 회사의 乙 회사에 대한 외상매출금채권을 출자전환하여 회생채권의 변제를 갈음하기로 하면서 출자전환에 의하여 발행된 주식을 무상소각하기로 하는 내용의 회생계획인가결정에 따라 甲 회사가 출자전환으로 받은 주식을 무상소각하자, 관할 세무서장이 乙 회사에 甲 회사가 부가가치세에서 외상매출금채권의 대손으로 공제받은 대손세액 상당을 乙 회사의 매입세액에서 차감하여 부가가치세를 부과한 사안에서, 회생계획인가결정으로 출자전환된 甲 회사의 乙 회사에 대한 매출채권은 법인세법 시행령 제19조의2 제1항 제5호에서 정한 '회생계획인가의 결정에 따라 회수불능으로 확정된 채권'에 해당하므로 위 처분이 적법하다고 본 원심판단을 수긍한 사례이다.

[21] 류정석, "회생채권의 출자전환과 대손세액 공제 제도", 도산법연구 제11권 제1호, 사단법인 도산법연

　채권자 등에게 새로이 납입을 하게 하는 경우는 두 가지가 있는데 종래의 권리에 갈
음하여 신주인수권을 부여함에 불과한 경우와 종래의 권리에 부가하여 또 그 내용에 따라
인수권을 부여하는 방법이 있다. 두 경우 모두 신주인수권을 타에 양도할 수 있다(법276
조). 전자의 경우에는 신주인수권을 행사하지 않으면 모든 권리를 잃게 된다.[22] 주주에 관
하여는 신주를 인수하지 않으면 100% 감자와 결과는 동일하다. 도산한 채무자 회사의 신
주인수권은 가치가 없는 것이 보통이므로 가장 후순위의 권리자인 주주에게 하다못해 신
주인수권만이라도 부여한다고 하는 입장에서 이 방법이 사용되고 있다(이로써 애착이 있는
주주는 새로이 출연하여 계속 주주일 수가 있다). 후자의 경우에는 인수하지 않아도 완전히 실
권하는 것은 아니므로 인수시키는 간접강제력은 약하다. 이상 두 가지 어느 것도 아닌 방
법이라 함은 종전의 이해관계인을 특별히 취급하지 않고 공모 또는 연고모집에 의하여 신
주를 발행하는 경우를 말하는데 실제로는 배정을 관리인에게 일임하는 취지의 기재를 하
는 경우가 많다. 마지막으로 제4의 방법은 이상을 병용하여 예컨대 주주에게는 종래의 권
리에 갈음하여 신주인수권을 주고, 채권자에게는 주식전환을 하되, 나아가 새로이 스폰서
를 찾아 인수시키는 경우가 이에 해당한다. 물론 신주발행은 관리인이 수행하면 되고, 주
주총회나 이사회 결의는 불필요하다. 이 경우 상법 제418조(신주인수권의 내용 및 배정일의
지정·공고), 제422조(현물출자의 검사), 제424조(유지청구권), 제424조의2(불공정한 가액으로 주
식을 인수한 자의 책임), 제428조(이사의 인수담보책임) 및 제429조(신주발행무효의 소) 내지 제
432조(무효판결과 주주에의 환급)의 규정은 적용하지 아니한다(법266조2항). 신주인수권에 관
한 정관의 규정도 적용하지 아니하며, 상법 제306조(납입금의 보관자 등의 변경)에 규정된 사
건은 회생계속법원의 관할로 한다(법266조3항). 주주에 대하여 새로 납입 또는 현물출자를
하게 하여 배정할 주식에 단수(端數)가 생긴 경우에도 마찬가지이다. 다만, 종전의 주주에
교부할 대금에서 단주(端株)에 대하여 납입할 금액 또는 이행할 현물출자에 상당하는 금액
을 공제하여야 한다(법266조6항). 상법 제419조(신주인수권자에 대한 최고)의 규정이 준용되는
데, 이 경우 상법 제419조 제2항 중 "주권"은 "주권 또는 사채권"으로 본다(법266조4항). 회
생채권자·회생담보권자 또는 주주에 대하여 새로 납입 또는 현물출자를 하게 하여 신주
를 발행하는 때에는 이들 권리자는 회생계획에서 정한 금액을 납입하거나 현물출자를 하
면 된다(법266조5항). 이 경우에도 신주발행에 대한 변경등기는 회생절차 진행 중에는 법원
사무관 등의 촉탁에 의하고(규칙9조1항), 종결된 후에는 채무자가 신청하되, 변경등기의 촉

구회(2021.7.), 1면 참조.

[22] 신주인수권을 부여받은 이해관계인들이 주식을 인수하지 아니하여 자금조달에 차질이 발생할 것에
　　대비하여 인수되지 아니하고 남은 주식을 인수할 예비인수인을 지정하는 것이 일반적이다. 상세는
　　박민준, "미국의 기업회생절차에서 신주인수권의 부여를 통한 자금조달에 관한 검토", 법조 제733호,
　　법조협회(2019.2.), 188면 참조.

탁서 또는 신청서에는 회생계획인가결정서의 등본 또는 초본 외에 주식의 청약과 인수를 증명하는 서면과 납입금의 보관에 관한 증명서를 첨부하여야 한다(법266조7항).

위와 같이 신주를 발행하는 경우에는 「은행법」 제37조 및 제38조 제1호, 「보험업법」 제19조, 「자본시장과 금융투자업에 관한 법률」 제344조, 「금융산업의 구조개선에 관한 법률」 제24조, 그 밖의 금융기관(「한국자산관리공사 설립 등에 관한 법률」 제2조 및 「금융산업의 구조개선 에관한 법률」 제2조에 의한 금융기관)의 출자, 유가증권취득 및 재산운용을 제한하는 내용의 법령은 적용이 배제되며, 위 규정들은 역시 유한회사의 경우에 준용된다(법206조4항, 5항).

판례는 구 회사정리법 하에서 정관에 규정된 수권자본금 한도 내에서 정리법원의 허가 하에 향후 제3자 배정방식의 신주발행을 계획한 정리계획 조항은 무효라고 볼 수 없고, 정리회사의 관리인이 정관에 규정된 수권자본금 한도 내에서 정리법원의 허가 하에 향후 제3자 배정방식의 신주발행을 계획하고 있는 정리계획 조항에 따라 신규자금을 유치할 목적으로 정리법원의 허가를 받아 신주를 발행하는 경우에는 정리회사의 기존 주주들이 정리계획에 의하여 감수하기로 예정한 불이익이 구체적으로 현실화되는 것에 불과하므로 특별한 사정이 없는 한 제3자 배정방식의 신주발행을 위하여 정리계획 변경절차를 거칠 필요가 없으며, 제3자 배정방식의 신주발행으로 인하여 기존 주주들의 지분권이 희석됨으로써 만일 정리계획에서 계획한 제3자 배정방식의 신주발행이 이루어지지 아니한 상태에서 정리회사가 청산될 경우 기존 주주가 분배받을 수 있는 청산가치보다 더 적은 가치가 기존 주주들에게 귀속되는 결과가 발생하게 되었다 하더라도, 정리회사가 청산을 선택하지 아니하고 사업을 계속하기로 하는 내용의 정리계획이 확정된 이상, 정리회사의 관리인은 신주의 발행가액을 정함에 있어서 신주발행 당시의 장부상의 청산가치에 의한 제한을 받지 아니하고 통상적인 방법에 따라 신주발행가액을 정할 수 있으므로 정리법원의 허가를 받아 발행한 신주의 발행가액이 현저하게 불공정하다는 등의 특별한 사정이 없는 한 그와 같은 정리계획에 의한 신주발행에 어떠한 위법이 있다고 볼 수 없다고 하였다.[23]

한편 골프장의 회생절차에서 체육시설업의 승계자가 그 등록 또는 신고에 따른 권리·의무를 승계할 것을 규정한 「체육시설의 설치·이용에 관한 법률」(약칭 「체육시설법」) 제27조와의 관계가 문제가 된다.[24] 종래 회원제 골프장업체는 회원으로부터 입회금을 납입 받으

---

23) 대법원 2008.5.9.자 2007그127 결정(공2008상, 839)[백선50].
24) 체육시설법 제27조(체육시설업 등의 승계) ① 체육시설업자가 사망하거나 그 영업을 양도한 때 또는 법인인 체육시설업자가 합병한 때에는 그 상속인, 영업을 양수한 자 또는 합병 후 존속하는 법인이나 합병(合倂)에 따라 설립되는 법인은 그 체육시설업의 등록 또는 신고에 따른 권리·의무(제17조에 따라 회원을 모집한 경우에는 그 체육시설업자와 회원 간에 약정한 사항을 포함한다)를 승계한다.
② 다음 각 호의 어느 하나에 해당하는 절차에 따라 문화체육관광부령으로 정하는 체육시설업의 시설 기준에 따른 필수시설을 인수한 자에게는 제1항을 준용한다.
1. 「민사집행법」에 따른 경매

면서 일정 기간이 지한 후 회원이 요청할 경우 회원에게 입회금 전액을 반환하기로 하는 것이 보통인데, 체육시설법 제27조에 규정된 방법으로 체육시설업자의 영업이나 체육필수시설이 타인에게 이전된 경우 영업양수인 또는 체육필수시설의 인수인 등은 체육시설업과 관련하여 형성된 공법상의 권리·의무뿐만 아니라 체육시설업자와 회원 간의 사법상 약정에 따른 권리·의무도 승계한다는 점은 일반적으로 인정되어 왔고, 판례 역시 체육시설법 제27조 제1항은 체육시설에 관한 영업의 양도가 있는 경우에는 양도인과 회원 간에 약정한 사항을 포함하여 그 체육시설의 등록 또는 신고에 따른 권리·의무를 양수인이 승계하도록 규정하고 있는데, 이는 사업의 인허가와 관련하여 형성된 양도인에 대한 공법상의 관리체계를 영업주체의 변동에도 불구하고 유지시키려는 취지와 함께, 양도인과 이용관계를 맺은 다수 회원들의 이익을 보호하려는 취지에서 둔 특칙으로서, 영업양도로 인하여 영업주체가 변경되었다고 하더라도 회원 모집 당시의 기존 회원의 권익에 관한 약정은 당연히 양수인에게 그대로 승계될 뿐이므로, 회원의 권익에 관한 약정이 변경된 것으로 볼 수 없으므로 체육시설법 시행령 제19조 제2호에서 기존 회원이 탈퇴할 수 있는 사유로 규정한 '회원으로 가입한 이후 회원 권익에 관한 약정이 변경되는 경우'라 함은 당해 회원 권익에 관한 약정이 명시적으로 변경되는 경우뿐만 아니라, 우대 회원의 추가 모집 등의 사정변경으로 당해 회원의 권익에 관한 약정이 실질적으로 변경되는 경우도 포함된다고 할 것이나, 회원 가입 당시의 사정, 회원 권익에 관한 약정이 변경된 경위와 그 필요성, 변경된 약정의 내용과 그것이 회원 권익에 미치는 영향 등 여러 사정을 종합하여 볼 때, 회원 권익에 관한 약정의 변경이 회원 가입 당시에 충분히 예견할 수 있었던 것으로서 사회통념상 용인할 수 있을 정도인 경우에는 회원 권익에 관한 약정이 실질적으로 변경되었다고 할 수 없으므로 탈퇴권의 행사가 허용되지 아니한다고 하였으나,[25] 골프장업체에 대한 도

2. 「채무자 회생 및 파산에 관한 법률」에 의한 환가(換價)
3. 「국세징수법」·「관세법」 또는 「지방세징수법」에 따른 압류 재산의 매각
4. 그 밖에 제1호부터 제3호까지의 규정에 준하는 절차
③ 제12조에 따른 사업계획 승인의 승계에 관하여는 제1항과 제2항을 준용한다.

25) 대법원 2015.12.23. 선고 2013다85417 판결(공2016상, 185)은 甲 회사가 乙 등을 골프장 회원으로 모집할 당시 회칙에 '회원의 탈회 시 서면으로 반환요청 후 3개월 이내에 입회금의 원금만 반환한다'는 내용의 유예기간 약정이 있었는데, 乙 등이 가입일로부터 5년이 경과한 후 회원자격 존속기간 만료를 원인으로 입회금 반환을 구한 사안에서, 乙 등이 지급한 입회금의 액수나 입회기간에 비추어 입회금 반환의 유예기간이 체육시설의 설치·이용에 관한 법률 시행령이 정한 기간보다 다소 장기라는 것만으로 乙 등이 계약 체결을 거부하거나 계약 내용의 변경을 요구하였을 것으로 보이지 않는 점 등에 비추어 유예기간 약정은 설명의무의 대상이 되는 '중요한 내용'에 해당한다고 보기 어렵고, 제반 사정에 비추어 유예기간 약정이 甲 회사의 원상회복의무를 부당하게 경감하는 불공정한 약관에 해당한다고 보기 어렵다고 한 사례이다. 이 판결에 대한 해설로 황순현, "회원 권익에 관한 약정의 변경이 회원 가입 당시에 충분히 예견할 수 있는 것으로서 사회통념상 용인할 수 있는 정도인 경우 체육시설의 설치·이용에 관한 법률 시행령 제19조 제2호에 의한 탈퇴권 행사가 허용되는지 여부 등", 대법원판례해설 제105호, 법원도서관(2016), 471면 참조.

산절차에서 골프장업체의 회원에 대한 입회금 반환채무를 어떻게 취급할 것인가에 대하여는 실무상 논의가 분분하였었다.[26]

　　판례는 체육시설법 제27조의 취지가 영업주체의 변동에도 불구하고 사업의 인허가와 관련하여 형성된 공법상의 관리체계를 유지시키고 체육시설업자와 이용관계를 맺은 다수 회원들의 이익을 보호하는 데 있는 점 등에 비추어 보면, 체육시설법 제27조는 제1항 또는 제2항에 해당하는 사유로 체육시설업자의 영업 또는 체육시설업의 시설 기준에 따른 필수시설이 타인에게 이전된 경우, 영업양수인 또는 필수시설의 인수인 등이 체육시설업과 관련하여 형성된 공법상의 권리·의무와 함께 체육시설업자와 회원 간에 영업양도 등의 사유가 있기 전에 체결된 사법상의 약정을 승계한다는 내용을 규정한 것인데, 체육시설업자에 대한 회생절차에서 채무자인 체육시설업자가 발행하는 신주 등을 인수할 제3자를 선정하고 제3자가 지급하는 신주 등의 인수대금으로 채무를 변제하는 내용의 회생계획은 채무자가 체육시설업자의 지위를 그대로 유지하고 체육시설업자의 주주만이 변경되는 것을 정하고 있으므로, 체육시설법 제27조 제1항의 '영업양도에 따라 영업을 양수한 자'나 체육시설법 제27조 제2항의 '그 밖에 체육시설법 제27조 제2항 제1호부터 제3호까지의 규정에 준하는 절차에 따라 체육시설업의 시설 기준에 따른 필수시설을 인수한 자'가 있을 수 없고, 이러한 경우 회생계획에 입회금 반환채권이나 시설이용권 등 회원이 가지는 회생채권을 변경하는 사항을 정하였다고 하여 회생계획이 체육시설법 제27조에 반한다고 볼 수 없다고 하였다.[27]

---

26) 이에 대한 사례를 정리한 논문으로 최효종·김소연, "2010년대 골프장 회생절차에 대한 실증연구", 법조 제732호, 법조협회(2018), 465면 참조. 예탁금제 골프장회원권자의 회생절차 내 권리변경과 관련한 제안으로는 강인원, "골프장 회원권의 회생절차 내 취급 및 그 보호방안에 대한 소고", 사법 54호, 사법발전재단(2020), 189면 참조. 또한 실무상 쟁점에 관하여 정리한 논문으로 나청, "회원제 골프장 회생사건의 실무상 쟁점에 관한 소고", 사법 36호, 사법발전재단(2016), 143면, 나청, "회원제 골프장 회생사건의 실무상 쟁점 정리", 도산법연구 제8권 제2호, 사단법인 도산법연구회(2018.12.), 166면 참조.

27) 대법원 2016.5.25.자 2014마1427 결정(공2016하, 835)[백선58]. 원심은, 회생계획이 회원들의 입회금 반환채권 등을 포함한 회생채권과 회생담보권을 일부 현금변제, 출자전환 등의 방식으로 권리변경을 한 후, 투자자인 골프존카운티 컨소시엄이 납입하는 신주 및 전환사채 인수대금을 변제재원으로 하여 권리변경된 회생채권과 회생담보권을 일시에 변제하고, 골프존카운티 컨소시엄이 회생채무자인 태양시티건설 주식회사의 주식 86.04%와 전환사채를 인수하는 것을 내용으로 하는바, 여기에는 채무자 회사로부터 체육시설업을 양수하거나 체육시설업의 시설 기준에 따른 필수시설을 인수하여 회원들에 대한 권리·의무를 승계하는 제3자가 존재하지 않으므로, 회생계획에 의하여 권리변경된 회원들의 입회금 반환채권의 변제자금 조달을 위하여 제3자 배정 신주발행 등을 예정한 것이 체육시설법 제27조 제1항의 '영업양도' 또는 체육시설법 제27조 제2항 제4호의 '그 밖에 체육시설법 제27조 제2항 제1호부터 제3호까지의 규정에 준하는 절차'에 해당한다고 보기 어려워, 회생계획이 체육시설법 제27조에 반하지 않는다고 판단하였는데, 대법원은 위 결정을 유지하였다. 이 판결에 대한 평석으로 박용석, "회원제골프장의 회생절차에 있어서 회원의 권리", 도산법연구 제6권 제3호, 사단법인 도산법연구회(2016.10.), 71면 참조. 한편 대법원 2016.6.9. 선고 2015다222722 판결(공2016하, 917)은 체육시설법 제27조에 따라 승계 대상이 되는 '체육시설업자와 회원 간에 약정한 사항'에는 입회계약을 체

　　통상 골프장업체는 회원제 골프장에 관하여 체육시설법에 따라 관할 지방자치단체의 장으로부터 골프장업 사업계획을 승인받아 회원을 모집하고, 공사업체에 골프장 조성 공사를 도급하면서 골프장 공사대금 등을 조달하기 위하여 시공사의 연대보증 아래 금융회사로부터 자금을 차용하고 위 대출채무를 담보하기 위하여 부동산신탁회사와 사이에 골프장 부지와 건물에 관한 담보신탁계약을 체결하고 위 금융회사들을 우선수익자로 정하며, 그 무렵 이 사건 골프장 부지와 건물에 관하여 부동산신탁회사 앞으로 신탁을 원인으로 한 소유권이전등기를 마치는 것이 일반적인 사업 형태이다. 그런데 골프장업체가 자금난에 처하면 부동산신탁회사가 담보신탁계약에서 정한 공개경쟁입찰방식으로 매각 절차를 진행하게 되고, 제3자가 골프장 부지와 건물을 낙찰받아 소유권이전등기를 마친 후, 관할 지방자치단체의 장에게 사업계획의 사업시행자를 자기 앞으로 변경하는 것에 대한 승인을 신청하여 승인처분을 받게 된다.

　　이와 관련하여 대법원 전원합의체 판결은 체육시설업자의 영업이나 체육필수시설이 타인에게 이전된 경우 영업양수인 또는 체육필수시설의 인수인 등은 체육시설업과 관련하여 형성된 공법상의 권리·의무뿐만 아니라 체육시설업자와 회원 간의 사법상 약정에 따른 권리·의무도 승계한다고 전제하고, 체육시설업자가 담보 목적으로 체육필수시설을 신탁법에 따라 담보신탁을 하였다가 채무를 갚지 못하여 체육필수시설이 공개경쟁입찰방식에 의한 매각(공매) 처분되거나 공매 절차에서 정해진 공매 조건에 따라 수의계약으로 처분되는 경우에 체육필수시설의 인수인은 체육시설업자와 회원 간에 약정한 사항을 포함하여 그 체육시설업의 등록 또는 신고에 따른 권리·의무를 승계한다고 하였다. 위 판결은 체육시설법 제27조는 영업양도의 개념을 넓게 파악하여 체육시설의 설치·이용을 장려하려는 목적을 달성하고자 체육시설업자와 이용약정을 체결한 회원을 일반 채권자보다 두텁게 보호하기 위한 것으로서 체육필수시설이 영업양도, 경매나 이와 유사한 방식으로 이전되는 때에는 체육시설의 회원을 보호하기 위하여 회원에 대한 권리·의무의 승계를 인정하고자 하였던 것으로 볼 수 있고, 위 조항의 문언과 체계, 입법 취지와 그 연혁, 담보신탁의 기능 등을 종합하여 보면, 체육필수시설에 관한 담보신탁계약이 체결된 다음 그 계약에서 정한 공매나 수의계약으로 체육필수시설이 일괄하여 매각되는 경우 그 매각 절차는 같은 조 제2항 제4호에 정한 "그 밖에 제1호부터 제3호까지의 규정에 준하는 절차"에 해당

결한 후 계약금만 지급하고 입회금을 완납하지 않은 상태에서 체육시설업의 승계가 이루어지기 전에 입회계약을 해제한 회원들에 대한 계약금반환의무도 포함된다고 판시하였고, 대법원 2016.5.27. 선고 2015다21967 판결(공2016하, 863)은 체육시설법 제27조 제1항에 따라 양수인이 사업의 인허가와 관련한 공법상의 관리체계와 함께 기존의 회원들에 대한 의무를 승계함과 동시에 양도인은 기존의 회원들에 대한 의무를 면하게 된다고 할 것이므로 체육시설법 제27조 제1항에 따른 양수인의 기존 회원에 대한 채무인수는 면책적 채무인수에 해당한다고 하였다.

한다고 본 것이다.[28]

　나아가 판례는 체육시설업자가 체육필수시설이 포함된 그 소유의 재산을 담보신탁한 행위 등이 사해행위에 해당하는지 판단하는 경우, 그 목적물에 이미 설정되어 있는 담보권의 피담보채무뿐만 아니라 회원들에 대한 입회금반환채무의 금액 부분도 일반채권자들의 공동담보로 제공되는 체육시설업자의 책임재산에서 공제되어야 하고, 위와 같이 공제되는 금액이 목적물 가액을 초과하는 경우, 담보신탁행위 등이 사해행위에 해당하는 것은 아니며, 한편 담보신탁재산에 대하여 위탁자가 가지는 담보신탁계약상의 수익권도 일반채권자들의 공동담보에 제공되는 위탁자의 책임재산에 해당하므로 위탁자가 이미 담보권이 설정되어 있는 위탁자 소유의 재산을 그 담보권의 피담보채무를 다시금 담보하기 위하여 그 담보권자를 우선수익자로, 위탁자를 수익자로 하여 담보신탁한 경우에는 이로 인해 위탁자의 책임재산이 담보권의 피담보채무 등이 공제된 담보신탁재산의 잔존가치에서 담보신탁계약상 수익권의 가치로 형태만 변경될 뿐, 위탁자의 자력에 아무런 변동이 생기지 아니하므로, 이러한 담보신탁행위는 사해행위에 해당하지 않는다고 하였다.[29]

　또한 위 전원합의체 판결에 따라 담보신탁을 근거로 한 공매 절차를 통한 체육필수시설의 인수인은 체육필수시설의 인수만으로 기존 체육시설업자에 대한 사업계획 승인을 승계함으로써 기존 체육시설업자와 회원 간에 체결된 사법상의 약정을 포함하여 그 승인에 따른 권리·의무를 승계한다고 하면서도, 파산선고를 받은 골프장업체가 지방자치단체의 장을 상대로 제3자에 대한 사업계획의 사업시행자 변경 승인처분의 취소를 구한데 대하여 골프장업체에 대한 파산결정이 확정되고 이미 파산절차가 상당 부분 진행되었다고 하더라도 파산이 종결될 때까지는 그 가능성이 매우 낮기는 하지만 동의에 의한 파산폐지의 방

<hr>

28) 대법원 2018.10.18. 선고 2016다220143 전원합의체 판결(공2018하, 2183)은 결국 공매는 저당권 등 담보권실행을 위한 경매절차 등과 구별하여 다루어야 할 만큼 실질적 차이가 없고, 도산격리의 효과를 일부 제한하는 것이 이익형량의 입장에서도 타당하다는 것이다. 同旨 대법원 2018.11.29. 선고 2016다272670 판결(미간행), 대법원 2018.11.15. 선고 2016두45158 판결(공2019상, 46). 이 판결에 대한 해설로 임기환, "담보신탁 관련 최근 판례 경향", 민사판례연구 XLⅡ, 민사판례연구회(2020), 1175면, 최준규, "담보신탁을 근거로 한 체육필수시설의 매매와 매수인의 권리 의무 승계", 민사판례연구 XLⅡ, 민사판례연구회(2020), 961면, 박재억, "체육필수시설 담보신탁을 근거로 한 매각 절차와 인수인의 체육시설업자 권리·의무 승계 여부", 사법 47호, 사법발전재단(2019), 403면 참조. 이에 대하여 상가임대차, 저당권, 담보신탁의 수익권과 같이 대항요건을 갖추지 못한 골프장 회원권을 보호하는 것은 형평에 반하며 거래 안전을 해할 수 있다는 비판으로는 이훈종, "체육필수시설에 관한 담보신탁계약에 따른 공매와 회원에 대한 권리·의무의 승계", 법조 제734호, 법조협회(2019), 643면 참조, 또한 이원삼, "체육시설에 있어 담보신탁과 회원권의 승계", 법조 제737호, 법조협회(2019), 627면 참조.

29) 위 대법원 2018.11.29. 선고 2016다238113 판결은 체육시설업자의 영업이 양도되는 경우나 그 소유의 체육필수시설이 담보신탁된 후 채무불이행과 같은 사유가 발생하여 담보신탁재산에 대한 공매가 진행되는 경우에도, 그 양수 또는 매수대금은 이러한 절차를 통하여 체육시설업자의 영업이나 체육필수시설을 인수함으로써 승계하게 되는 체육시설법 제17조에 따라 모집한 회원들에 대한 입회금반환채무를 감안하여 결정될 수밖에 없다고 전제하였다.

법으로 골프장업체가 영업활동을 재개할 가능성이 남아 있으므로 이러한 상황에서 이 사건 처분이 취소되어 원래의 골프장업체가 종전처럼 사업계획상 사업시행자 지위를 회복함으로써 얻게 될 법적 이익이 있다고 하고, 절차상 위법을 이유로 위 처분이 위법하다고 하여 원심을 파기한 사례도 있다.[30]

(바) 주식회사의 주식의 포괄적 교환·이전에 관한 조항(법207조, 208조)

주식회사인 채무자가 다른 회사와 주식의 포괄적 교환을 하는 때에는 회생계획에 일정 사항을 정하여야 한다. 이 경우에는 주식의 포괄적 교환·이전에 관한 상법의 일반규정에 대한 특칙이 적용될 뿐만 아니라(법269조, 270조), 회생절차 중에는 이 방법에 의하여만 주식의 포괄적 교환·이전을 할 수 있다(법55조1항). 즉, 완전모회사로 되는 회사의 주식의 배정을 받는 회생채권자 또는 회생담보권자는 회생계획인가시에 주식인수인으로 되고, 주식의 포괄적 교환의 효력이 생긴 때에 주주로 된다(법269조2항). 이 경우 상법 제360조의4(주식교환계약서등의 공시), 제360조의5(반대주주의 주식매수청구권), 제360조의7(완전모회사의 자본증가의 한도액) 및 제360조의14(주식교환무효의 소)의 규정은 적용하지 아니한다. 또한 채무자에 대한 상법 제360조의8(주권의 실효절차)의 규정을 적용하는 때에는 같은 조에서 "제360조의3 제1항의 규정에 의한 승인"은 "주식의 포괄적 교환을 내용으로 하는 회생계획인가"로 본다(법269조3,4항). 물론 이 경우 위 4항의 규정은 주식의 포괄적 교환의 상대방인 다른 회사에 대한 상법의 적용에는 영향을 미치지 아니한다(법269조5항). 채무자가 완전모회사로 되는 때에 주식의 포괄적 교환에 의한 회사의 변경등기의 촉탁서 또는 신청서에는 회생계획인가결정서의 등본 또는 초본, 주식의 포괄적 교환계약서를 첨부하여야 하고, 주식의 포괄적 교환의 상대방인 다른 회사가 완전모회사로 되는 때에는 그 회사의 주식의 포괄적 교환에 의한 변경등기의 신청서에는 회생계획인가결정서의 등본 또는 초본, 회사의 주주총회의 의사록(그 회사가 주주총회의 승인을 얻지 아니하고 주식의 포괄적 교환을 한 때에는 그 회사의 이사회의 의사록)을 첨부하여야 한다(법269조6항, 7항).

또한 회생계획에서 주식회사인 채무자가 주식의 포괄적 이전을 할 것을 정한 때에는 회생계획에 따라 주식의 포괄적 이전을 할 수 있다. 이 경우 설립된 완전모회사인 신회사의 주식의 배정을 받는 회생채권자 또는 회생담보권자는 회생계획의 인가시에 주식인수인으로 되고 주식의 포괄적 이전의 효력이 생긴 때에 주주로 된다(법270조1항, 2항). 이 경우 상법 제360조의17(주식이전계획서 등의 서류의 공시), 제360조의18(완전모회사의 자본의 한도액), 제360조의5(반대주주의 주식매수청구권) 및 제360조의23(주식이전무효의 소)의 규정은 적용하지 아니한다(법270조3항). 회사에 대한 상법 제360조의19(주권의 실효절차)의 규정의 적용에 관하여는 같은 조에서 "제360조의16 제1항의 규정에 의한 결의"는 "주식의 포괄적

이전을 내용으로 하는 회생계획인가"로 본다(법270조4항). 주식의 포괄적 이전에 의한 설립 등기의 촉탁서 또는 신청서에는 회생계획인가결정서의 등본 또는 초본, 대표이사에 관한 이사회의 의사록을 첨부하여야 한다(법270조5항).

　(사) 주식회사의 사채발행에 관한 조항(법209조)

　주식회사인 채무자가 사채를 발행하는 경우에도 새로운 납입의 유무 및 사채의 인수권의 부여 여부에 따라 신주발행과 같이 몇 개의 방법이 있다. 그러나 전환발행에서도 채권은 채권으로서의 매력이 결핍되어 있는 탓인지 거의 사용되지 않는다. 사채를 발행하는 때에는 회생계획에 발행에 관한 일정사항을 기재하여야 한다(법209조). 이 경우에도 사채발행에 관한 상법의 일반규정에 대한 특칙이 적용되고(법267조, 268조), 회생절차 중에는 이 방법에 의하여만 사채를 발행할 수 있다(법55조1항).

　주식회사의 납입 등이 있는 사채발행의 경우 회생채권자 등이 회생계획에서 정한 금액을 납입하면 사채권자가 된다. 물론 이사회 결의 등은 불필요하다. 관리인은 회생계획상 사채의 인수권을 가진 자에 대하여 일정한 기일까지 사채인수의 청약을 하지 않으면 그 권리를 잃는다는 통지를 하여야 하고, 그 때까지 회생계획이 정한 금액을 납입하지 아니하는 때에는 사채인수권을 잃는다(법268조3항, 상419조).

　과거 사채 발행의 경우 구 상법상 사채의 총액은 최종의 대차대조표에 의하여 회사에 현존하는 순자산액의 4배를 초과하지 못하고, 구사채를 상환하기 위하여 사채를 모집하는 경우에는 구사채액을 사채의 총액에 산입하지 아니하며, 이 경우에는 신사채의 납입기일, 수회에 분납하는 때에는 제1회의 납입기일부터 6월 내에 구사채를 상환하여야 하고, 회사는 전에 모집한 사채의 총액의 납입이 완료된 후가 아니면 다시 사채를 모집하지 못하는 등(구 상법470조, 471조) 제한이 있었으나. 2011년 상법 개정으로 삭제되었다.

　(아) 회사의 합병(법210조, 211조)

　회사인 채무자는 상법의 일반규정에 의하여 합병할 수는 없고, 회생계획에 의하여만 합병할 수 있다(법55조1항). 합병에는 흡수합병과 신설합병이 있고, 전자에는 채무자가 흡수되는 경우와 타 회사를 흡수하는 경우 및 흡수·피흡수 회사가 모두 채무자인 경우의 세 가지가 있고, 후자에는 한쪽이 채무자인 경우와 쌍방 모두 채무자인 경우가 있을 수 있다. 법은 흡수합병(법210조 각호)과 신설합병(법211조 각호)을 나누어 회생계획에 기재할 사항을 규정하고 있으나, 대체로 통상의 경우의 합병계약서에 기재할 사항(상523조, 524조 참조)과 동일하다. 어떤 경우에도 채무자가 아닌 상대방 회사에 관하여는 상법의 규정에 따라 합병절차가 진행되어야 하나, 채무자에 관하여는 일반규정이 대부분이 배제된다. 예컨대 채권자보호절차(상232조, 530조), 합병무효의 소(상529조), 주식매수청구권(상522조의3) 등은 적용되지 않는다(법271조 각항 참조).

2. 회생계획안의 작성과 내용 745

어떠한 합병 형태이든지 합병비율에 따라 회생채권, 회생담보권자 및 주주·지분권자에게 흡수회사 또는 신회사의 주식 또는 출자지분을 부여함으로써 그 태양에 따라 이들 권리자들의 권리변경을 초래함과 동시에 기업의 자본구성의 변혁을 실현할 수 있다. 합병비율과 관련하여 회생계획대로 권리변경이 행하여져도 여전히 채무초과가 되는 채무자는 합병할 수 없다고 해석한다. 합병비율을 정하는 것은 합병계약의 가장 중요한 내용이고, 그 합병비율은 합병할 각 회사의 재산 상태와 그에 따른 주식의 실제적 가치에 비추어 공정하게 정함이 원칙이며, 만일 그 비율이 합병할 각 회사의 일방에게 불리하게 정해진 경우에는 그 회사의 주주가 합병 전 회사의 재산에 대하여 가지고 있던 지분비율을 합병 후에 유지할 수 없게 됨으로써 실질적으로 주식의 일부를 상실케 되는 결과를 초래하므로, 현저하게 불공정한 합병비율을 정한 합병계약은 사법관계를 지배하는 신의성실의 원칙이나 공평의 원칙 등에 비추어 무효이다.[31]

또한 실무에서는 신설합병은 거의 행하여지지 않고, 주로 흡수합병, 그 중에서도 채무자 사이의 흡수합병의 형태나 채무자가 다른 회사를 흡수하는 형태가 비교적 많다. 채무자가 흡수회사가 되는 것은 이상하게 보이지만, 세법상의 특전을 이용하기 위한 형식이라고 추측된다.

합병으로 인한 채무자의 해산 또는 변경의 등기의 촉탁서 또는 신청서에는 회생계획인가결정서의 등본 또는 초본, 합병계약서를 첨부하여야 하고(법271조8항), 합병으로 인한 신회사의 설립등기의 촉탁서 또는 신청서에는 회생계획인가결정서의 등본 또는 초본, 합병계약서, 정관, 창립총회의 의사록, 대표이사에 관한 이사회의 의사록, 합병의 상대방인 다른 채무자가 선임한 설립위원의 자격을 증명하는 서면을 첨부하여야 한다(법271조9항).

(자) 주식회사의 분할·분할합병·물적 분할(법212조, 213조, 214조)

주식회사인 채무자에 대한 기업의 인수·합병(M&A)이 행하여지는 경우 인수자가 특정 사업부분만 인수할 의사를 표명하거나, 채무자가 자신을 피분할회사로 하는 분할을 하여 재무구조가 건실한 새로운 수혜회사(受惠會社)를 신설할 필요성이 있는 경우가 있다. 이에 회생절차에서도 상법상의 분할제도를 이용할 수 있도록 하는 조항이 마련되어 있다.

---

31) 회생계획에 의한 합병에 관한 사안은 아니나, 대법원 2008.1.10. 선고 2007다64136 판결(공2008상, 199)은 흡수합병시 존속회사가 발행하는 합병신주를 소멸회사의 주주에게 배정·교부함에 있어서 적용할 합병비율은 자산가치 이외에 시장가치, 수익가치, 상대가치 등의 다양한 요소를 고려하여 결정되어야 하는 만큼 엄밀한 객관적 정확성에 기하여 유일한 수치로 확정할 수 없고, 그 제반 요소의 고려가 합리적인 범위 내에서 이루어졌다면 결정된 합병비율이 현저하게 부당하다고 할 수 없으므로, 합병당사자 회사의 전부 또는 일부가 주권상장법인인 경우 증권거래법과 그 시행령 등 관련 법령이 정한 요건과 방법 및 절차 등에 기하여 합병가액을 산정하고 그에 따라 합병비율을 정하였다면 그 합병가액 산정이 허위자료에 의한 것이라거나 터무니없는 예상 수치에 근거한 것이라는 등의 특별한 사정이 없는 한, 그 합병비율이 현저하게 불공정하여 합병계약이 무효로 된다고 볼 수 없다고 하였다.

회사분할은 그 일부분을 존속시키고 다른 일부분의 경영을 위하여 회사를 신설하는 경우와 회사를 분리하여 각 부분을 위하여 회사를 신설하고, 종래의 회사는 소멸시키는 경우가 있다. 또한 회사로부터 일부분이 분할되어 다른 회사에 흡수되거나 다른 회사의 일부분과 더불어 회사가 신설되기도 한다.

분할 후 신회사를 설립하는 경우, 또 분할 후 회사가 존속하는 경우에 관하여 회생계획에서 기재하여야 할 사항이 규정되어 있고(법212조1항, 2항), 회사가 분할되어 그 일부가 다른 회사와 합병하는 경우에 관하여는 ① 합병 후 그 다른 회사가 존속하는 때 또는 다른 회사가 분할되어 그 일부가 회사와 합병하여 회사가 존속하는 경우와 ② 회사가 분할되어 다른 회사 또는 다른 회사의 일부와 분할합병을 하여 신회사를 설립하는 때 또는 다른 회사가 분할되어 그 일부가 회사 또는 회사의 일부와 분할합병을 하여 신회사를 설립하는 경우에 관하여 회생계획에서 기재하여야 할 사항이 규정되어 있다(법213조1항, 2항). 이러한 사항들은 대체로 회사분할의 경우에 분할계획서에 기재할 사항(상530조의5 제1항, 2항 각호)의 대부분을 포함하지만,[32] 회생채권자, 회생담보권자, 주주 또는 제3자에 대하여 새로 납입을 하게 하고 주식을 발행하는 때에는 그 납입금액 그 밖에 주식의 배정에 관한 사항과 납입기일, 현물출자를 하는 자가 있을 때에는 그 성명과 주민등록번호, 출자의 목적인 재산, 그 가격과 이에 대하여 부여할 주식의 종류와 수 등 회생절차에 의한 설립에 특유한 사항도 기재하여야 한다(법212조1항10호, 11호). 또 공법상의 권리의무관계(채무자가 받은 허가·인가·면허, 조세채무 등)도 회생계획이 정한대로 승계된다(법279조·280조). 그리고 회생계획에 의한 신회사 설립에 관하여는 일반의 상법의 규정이 대부분 적용이 배제되고, 이와 다른 간이한 설립절차가 규정되어 있음은 위에서 본 바와 같다(법273조, 274조).

판례는 채무자회생법 제274조는 구 상법 제530조의10의 적용을 배제하고 있지 않으므로, 회생회사의 분할로 인하여 설립되는 신설회사는 회생계획이 정하는 바에 따라서 회생회사의 권리와 의무를 승계하는데, 회생계획에 의하여 설립되는 신설회사가 승계하는 회생회사의 권리와 의무에는 성질상 이전이 허용되지 않는 것을 제외하고는 사법상 관계

---

32) 대법원 2010.8.19. 선고 2008다92336 판결(공2010하, 1776)은 회사가 분할되는 경우 분할로 인하여 설립되는 회사 또는 존속하는 회사는 분할 전 회사 채무에 관하여 연대하여 변제할 책임이 있으나(상법 제530조의9 제1항), 분할되는 회사가 상법 제530조의3 제2항에 따라 분할계획서를 작성하여 출석한 주주의 의결권의 3분의 2 이상의 수와 발행주식총수의 3분의 1 이상의 수로써 주주총회의 승인을 얻은 결의로 분할에 의하여 회사를 설립하는 경우에는 설립되는 회사가 분할되는 회사의 채무 중에서 출자한 재산에 관한 채무만을 부담할 것을 정하여(상법 제530조의9 제2항) 설립되는 회사의 연대책임을 배제할 수 있고, 여기서 분할되는 회사가 '출자한 재산'이라 함은 분할되는 회사의 특정재산을 의미하는 것이 아니라 조직적 일체성을 가진 영업, 즉 특정의 영업과 그 영업에 필요한 재산을 의미하며, '출자한 재산에 관한 채무'라 함은 신설회사가 분할되는 회사로부터 승계한 영업에 관한 채무로서 당해 영업 자체에 직접적으로 관계된 채무뿐만 아니라 그 영업을 수행하기 위해 필요한 적극재산과 관련된 모든 채무가 포함된다고 하였다.

와 공법상 관계 모두가 포함된다고 보아야 하고, 또한 채무자회생법 제280조는 '회생계획에서 신설회사가 회생회사의 조세채무를 승계할 것을 정한 때에는 신설회사는 그 조세를 납부할 책임을 지며, 회생회사의 조세채무는 소멸한다'고 규정하여, 상법에 따른 회사분할과 달리 조세채무에 관하여 회생계획에서 그 승계 여부를 정할 수 있음을 명시하고 있으며, 한편 회생회사의 조세채무가 아직 성립하지 않은 경우라도 과세요건사실의 일부가 발생하는 등 가까운 장래에 성립할 가능성이 있다면 회생계획에서는 그 지위나 법률효과에 관하여도 승계 여부를 정할 수 있다고 해석하는 것이 회생제도의 목적과 취지에 부합하므로 회생회사가 주된 납세의무자인 법인의 납세의무 성립일을 기준으로 해당 법인의 과점주주에 해당하는 경우, 제2차 납세의무 성립의 기초가 되는 주된 납세의무 성립 당시의 과점주주로서의 지위는 회생계획이 정하는 바에 따라서 신설회사에 승계될 수 있다고 보아야 한다고 하였다.[33)]

또한 기존의 분할개념과 달리 주식회사인 채무자가 자신의 영업재산 중에서 일부를 포괄승계의 방법으로 기존의 또는 신설되는 수혜회사에 양도하고, 이에 대한 대가로서 수혜회사의 주식을 피분할회사 자신이 부여받는 분할형태인 이른바 물적분할(物的分割)에 관하여도 위에서 본 분할, 분할합병의 예에 의한다(법214조).

한편 판례는 상법은 분할 또는 분할합병으로 설립되는 회사 또는 존속하는 회사(승계회사)는 분할 전의 회사채무에 관하여, 분할되는 회사와 연대하여 변제할 책임이 있고(상530조의9 제1항), 다만 주주총회의 특별결의로써 승계회사가 분할되는 회사의 채무 중에서 출자한 재산에 관한 채무만을 부담할 것을 정할 수 있으며, 이 경우 상법 제527조의5 등의 규정에 따른 채권자보호절차를 거치도록 정하고 있는 반면에, 채무자회생법 제272조 제1항, 제4항은 회생계획에 의하여 주식회사인 채무자가 분할되는 경우 채권자보호절차 없이도 분할되는 회사와 승계회사가 분할 전의 회사 채무에 관하여 연대책임을 지지 않도록 정할 수 있다고 규정하고 있는데, 채무자회생법에서 특례규정을 둔 것은 회생절차에서 채권자는 회사분할을 내용으로 하는 회생계획안에 대한 관계인집회에서의 결의절차를 통하여 회사분할이 채권자에게 유리 또는 불리한 결과를 가져올 것인지를 판단할 수 있고, 법원도 인가요건에 대한 심리를 통하여 채권자에 대한 적절한 보호를 심사하게 되므로 별도

---

33) 대법원 2017.7.18. 선고 2016두41781 판결(공2017하, 1742)은 어떠한 권리와 의무가 신설회사에 승계되는지는 회생계획의 해석에 관한 문제로서, 회생계획의 문언의 내용에 의하여 객관적 의미를 합리적으로 해석하여야 하지만, 회생계획의 문언에 의하여 그 객관적인 의미가 명확하게 드러나지 아니하여 그 해석을 둘러싸고 이견이 있어 회생계획에 나타난 의사가 무엇인지 문제되는 경우에는 회생계획에 기재된 분할의 원칙과 승계 대상 권리와 의무의 내용, 분할회사의 존속 여부, 회생계획안을 작성한 관리인 및 이를 가결한 회생채권자 등 이해관계인들의 합리적 의사, 분할의 경위 및 분할에 의하여 달성하려는 목적, 거래의 관행 등을 종합적으로 고려하여 사회정의와 형평의 이념에 맞도록 논리와 경험의 법칙, 그리고 사회일반의 상식과 거래의 통념에 따라 합리적으로 해석하여야 한다고 하였다.

의 상법상 채권자보호절차는 불필요하다는 사정을 고려하였기 때문이고, 이러한 취지와 회생계획에서 공익채권자의 권리에 영향을 미치는 규정을 정할 수는 없는 점 등을 종합하면, 회생채권자와 달리 회생계획안에 관한 결의절차에 참여할 수 없는 공익채권자에 대하여는 위 특례규정이 적용되지 않는다고 하였음은 전술하였다.[34]

(차) 주식회사 또는 유한회사의 신회사 설립(법215조)

기업의 재편성을 위한 회생계획에서 신회사(新會社) 이른바 제2회사를 설립할 수 있다. 이로써 일체의 재산과 채무를 신회사에 승계시키는 경우는 채무자는 어차피 해산하든가 신회사에 흡수되어 소멸하게 되지만 영업의 일부만을 양도하여 2개의 회사로 존속하도록 하거나(회사의 분할), 신회사에 영업임대나 경영위임을 하여 두 회사가 존속하도록 하는 것도 가능하다. 신회사 설립방식에 의하면 구 채무자 회사의 주주·지분권자나 경영자와의 인적 결부를 절단하기 쉽고, 법인의 갱생이 아닌 기업의 갱생이라는 실익을 거두기 쉽다는 이점이 있다. 실제로도 이 형태는 주주·지분권자의 권리가 100퍼센트 절사되는 예가 많다.

신설회사의 경우도 채무자 회사의 채권자나 주주·지분권자에게 신회사의 주식을 무상으로 부여하는 경우(주식전환, 법212조1항, 214조)와[35] 종래의 관계인에게만 또는 제3자를 더하여 새로이 납입이나 현물출자를 하게 하여 주식을 인수하게 하는 경우가 있고, 이 경우에 관하여 회생계획에 기재하여야 할 사항이 규정되어 있다(법215조1항, 2항 각호). 이러한 사항들은 대체로 회사설립의 경우의 정관에 기재할 사항(상289조 각호)의 대부분을 포함하지만 채무자로부터 신회사로 이전할 재산 및 그 가격(신회사가 인수할 채무의 내용과 그 가격을 포함한다. 법196조)이나 신회사의 이사, 대표이사 등 회생절차에 의한 설립에 특유한 사항도 기재하여야 한다(법215조1항8호9호, 2항1호).[36] 또 공법상의 권리의무관계(채무자가 받은 허가·인가·면허, 조세채무 등)도 회생계획이 정한대로 승계된다(법279조, 280조). 그리고 회생계획에 의한 신회사설립에 관하여는 일반의 상법의 규정이 대부분 적용이 배제되고, 이와 다른 간이한 설립절차가 규정되어 있다(법273조, 274조).

새로운 출자가 없는 신회사의 설립등기의 촉탁서에는 회생계획인가결정서의 등본 또

---

34) 대법원 2016.2.18. 선고 2014다31806 판결(공2016상, 411)[백선57]. 同旨 대법원 2016.2.18. 선고 2015다10868,10875 판결(미간행)은 임금채무에 대하여 분할 전 회사의 연대책임을 배제한 회생계획 규정이 공익채권자인 임금채권자에 관하여 효력을 미치지 아니한다고 판단한 사안이다.

35) 이 경우에는 신회사는 채무자로부터 승계한 재산만을 가지고 자본을 구성한다.

36) 대법원 1995.7.25. 선고 95다17267 판결(공1995, 2955)은 회사정리법 제96조의 규정은 같은 법 제53조 제1항의 규정에 따라 정리회사의 사업경영과 재산의 관리 및 처분권을 관리인에게 전속시키게 됨에 따라 정리회사의 재산에 관한 소에 있어서는 정리회사의 당사자 적격을 배제하고, 관리인에게 당사자 적격을 인정하려고 하는 데 그 취지가 있는 것이므로, 같은 법 제96조에서 말하는 '회사'는 정리회사를 의미하며, 정리계획에 의하여 설립된 신회사는 이에 해당하지 아니한다고 하였다.

는 초본, 정관, 회생계획에서 이사 또는 감사의 선임이나 대표이사의 선정의 방법을 정한 때에는 그 선임이나 선정에 관한 서류, 명의개서대리인을 둔 때에는 이를 증명하는 서면을 첨부하여야 한다(법273조4항).

그 밖에 회생계획에서 주식회사인 채무자를 분할하되, 채무자 외에 회생채권자 등의 출자를 포함하여 신회사를 설립할 것을 정하거나, 합병·분할 또는 분할합병에 의하지 아니하고 채무자회생법 제215조의 규정에 의하여 회생계획에서 신회사를 설립할 것을 정한 때에는 회생계획에 의하여 신회사를 설립할 수 있다(법274조1항). 이 경우 관리인이 발기인 또는 설립위원의 직무를 행하며(법257조2항), 상법 제288조(발기인), 제291조(설립 당시의 주식발행사항의 결정) 내지 제293조(발기인의 주식인수), 제295조(발기설립의 경우의 납입과 현물출자의 이행) 제1항, 제296조(발기설립의 경우의 임원선임), 제299조(검사인의 조사, 보고), 제300조(법원의 변경처분), 제302조(주식인수의 청약, 주식청약서의 기재사항) 제2항 제4호, 제310조(변태설립의 경우의 조사), 제311조(발기인의 보고), 제313조(이사, 감사의 조사, 보고) 제2항, 제314조(변태설립사항의 변경), 제315조(발기인에 대한 손해배상청구), 제321조(발기인의 인수, 납입담보책임) 내지 제324조(발기인의 책임면제, 주주의 대표소송), 제327조(유사발기인의 책임) 및 제328조(설립무효의 소)의 규정은 적용하지 아니한다(법274조2항). 정관은 회생계속법원의 인증을 받아야 하고, 상법 제306조(납입금의 보관자 등의 변경)에 규정된 사건은 회생계속법원의 관할로 하며, 창립총회에서는 회생계획의 취지에 반하여 정관을 변경할 수 없고, 상법 제326조(회사불성립의 경우의 발기인의 책임)의 규정에 의한 발기인의 책임은 채무자가 진다(법274조3항). 채무자·회생채권자·회생담보권자·주주·지분권자에 대하여 새로 납입 또는 현물출자를 하게 하지 아니하고 주식 또는 출자지분을 인수하게 하거나 새로 납입을 하게 하지 아니하고 사채를 인수하게 하는 때에는 이 권리자는 신회사가 성립한 때에 주주나 지분권자 또는 사채권자가 된다(법274조4항). 회생채권자·회생담보권자·주주 또는 제3자에 대하여 새로 납입 또는 현물출자를 하게 하고 주식을 인수하게 하는 때에는 이 자에 대하여 발행할 주식 중에서 인수가 없는 주식에 관하여는 상법 제289조(정관의 작성, 절대적 기재사항) 제2항의 규정에 반하지 아니하는 한 새로 주주를 모집하지 아니하고 그 주식의 수를 신회사설립시에 발행하는 주식의 총수에서 뺄 수 있다(법274조5항).

회생계획에서 이사의 선임이나 대표이사의 선정을 정한 경우 이들은 회생계획이 인가된 때에 선임 또는 선정된 것으로 본다. 회생계획에서 이사의 선임이나 대표이사의 선정의 방법을 정한 때에는 회생계획에서 정한 방법으로 이사를 선임하거나 대표이사를 선정할 수 있다. 이 경우 이사의 선임이나 대표이사의 선정에 관한 다른 법령이나 정관의 규정은 적용하지 아니한다. 선임 또는 선정되거나 회생계획에 의하여 유임된 이사 또는 대표이사의 임기와 대표이사의 대표의 방법은 회생계획에 의하며, 채무자회생법 제203조 제

4항의 규정에 의하여 선임된 감사의 임기는 법원이 정한다. 상법 제440조(주식병합의 절차) 내지 제444조(단주의 처리)의 규정은 주주에 대하여 배정할 주식에 단수(端數)가 생긴 경우에 관하여 준용한다. 이 경우 같은 법 제443조(단주의 처리) 제1항 단서에 규정된 사건은 회생계속법원의 관할로 하고, 비송사건절차법 제83조(단주매각의 허가신청)의 규정을 준용한다.

신주발행의 경우 상법 제419조(신주인수권자에 대한 최고)의 규정을 준용하며, 이 경우 상법 제419조 제2항 중 "주권"은 "주권 또는 사채권"으로 본다. 회생채권자·회생담보권자 또는 주주에 대하여 새로 납입 또는 현물출자를 하게 하여 신주를 발행하는 때에는 이들 권리자는 회생계획에서 정한 금액을 납입하거나 현물출자를 하면 된다. 채무자회생법 제265조 제3항의 규정은 주주에 대하여 새로 납입 또는 현물출자를 하게 하여 배정할 주식에 단수(端數)가 생긴 경우에 관하여 준용한다. 다만, 종전의 주주에 교부할 대금에서 단주(端株)에 대하여 납입할 금액 또는 이행할 현물출자에 상당하는 금액을 공제하여야 한다. 회생계획의 규정에 의하여 회생채권자 또는 회생담보권자에 대하여 발행하는 사채의 액은 상법 제470조(총액의 제한)의 규정에서 정하는 사채의 총액에 산입하지 아니한다. 회생채권자·회생담보권자 또는 주주에 대하여 새로 납입을 하게 하여 사채를 발행하는 때에는 이들 권리자는 회생계획에 정한 금액을 납입한 때에 사채권자가 된다(법274조6항).

신회사 설립등기의 촉탁서 또는 신청서에는 채무자회생법 제273조 제4항 각호의 서류, 주식의 청약 및 인수를 증명하는 서면, 이사 및 감사의 조사보고서와 그 부속서류, 창립총회의 의사록, 납입금을 보관한 금융기관의 납입금보관증명서를 첨부하여야 한다(법274조7항).

(카) 해산(법216조)

합병의 경우에 있어서 피흡수회사 또는 신설합병의 당사자 회사가 해산하는 것은 당연하나, 그 밖의 경우에 있어서 채무자가 해산하는 때에는 그 뜻과 해산의 시기를 기재하여야 한다(법216조). 예컨대 신회사를 설립한 후 또는 영업을 전부양도한 후 해산하는 경우 등이다. 이 경우에는 회사는 정하여진 시기에 당연 해산한다(법275조1항). 그리고 회생절차 중에는 이 방법에 의하여만 해산할 수 있다(법55조1항). 해산등기의 신청서에는 회생계획인가결정서의 등본 또는 초본을 첨부하여야 한다(법275조2항).

(타) 그 밖에 회생을 위하여 필요한 조항(법193조2항)

예컨대 회사의 조직변경(상604조), 계속(상519조), 주식 등 인수권의 양도 등. 한편 상법 제416조 제5호에서 신주인수권의 양도성에 대하여 제한을 가하고 있는 것과 달리 회생채권자·회생담보권자·주주·지분권자는 회생계획에 의하여 채무자 또는 신회사의 주식·출자지분 또는 사채를 인수할 권리가 있는 때에는 이를 타인에게 양도할 수 있다(법276조).

(5) 이사 등에 대한 권한부여조항 가능 여부

회생계획이 인가된 후에도 관리인이 사업의 경영과 재산의 관리처분에 관하여 전권을 가지고, 이 권한은 절차의 종료까지 존속하는 것이 원칙이다. 그러나 회생계획에 의하여 새로운 이사 등이 선임되면 사정이 변경된 것이므로 적당한 경우에 사업의 경영과 재산의 관리처분을 하는 권한을 이사 등에 부여하는 취지를 회생계획에 정할 수 있는가가 문제된다. 이것은 절차개시와 함께 채무자가 잃은 재산관리처분권이 회복되는 것을 의미하므로 불가능하다고 해석하여야 할 것이다.

다. 회생계획의 공정·형평과 수행가능성

(1) 공정·형평의 요건

회생계획에서는 여러 가지 성질의 서로 다른 관계인의 권리에 대하여 여러 가지 종류의 권리변경을 가하게 되는데, 이것은 관계인 개개인의 동의에 근거하는 것이 아니라, 법정의 다수결에 의하여 소수의 반대자에 대하여도 강제적으로 하게 되는 것이므로 법정다수의 동의를 얻기만 하면 어떤 내용의 것이라도 좋다는 것은 아니고, 일정한 기준이 있어야 한다. 즉 회생계획의 조건은 같은 성질의 권리를 가진 자 사이에서는 평등하여야 하되, 다만 ① 불이익을 받는 자의 동의가 있는 때, ② 채권이 소액인 회생채권자, 회생담보권자 및 법 제118조 제2호 내지 제4호의 청구권을 가지는 자에 대하여 다르게 정하거나 차등을 두어도 형평을 해하지 아니하는 때, ③ 채무자의 거래상대방인 중소기업자의 회생채권에 대하여 그 사업의 계속에 현저한 지장을 초래할 우려가 있어 다른 회생채권보다 우대하여 변제하는 때, ④ 그 밖에 동일한 종류의 권리를 가진 자 사이에 차등을 두어도 형평을 해하지 아니하는 때는 예외이다(법218조1항). 물론 여기서 말하는 평등은 형식적 의미의 평등이 아니라 공정·형평의 관념에 반하지 않는 실질적 평등을 뜻한다.[37] 평등의 원칙은 권리변경조항의 일반원칙으로서 이에 어긋나는 회생계획조항은 허용될 수 없는 것이다.

나아가 이사·대표이사의 선임·선정·유임에 관한 조항 역시 형평하고도 회생채권자 등 일반의 이익에 합치되어야 하고(법204조), 채무자가 자신 또는 제3자의 명의로 회생계획에 의하지 아니하고 일부 회생채권자·회생담보권자·주주·지분권자에게 특별한 이익을 주는 행위는 무효이다(법219조).[38] 여기에서 '특별한 이익을 주는 행위'는 회생계획의 공정

37) 대법원 2006.10.27.자 2005그65 결정, 대법원 2000.3.30.자 2000마993 결정, 대법원 2000.1.5.자 99그35 결정(공2000, 539)[백선54], 대법원 1989.7.25.자 88마266 결정(공1997, 285), 대법원 1987.12.29.자 87마277 결정 등 참조.
38) 대법원 2005.3.10.자 2002그32 결정(공2005, 719)은 구 회사정리법하에서 정리회사의 인수예정자 등

한 성립을 방해하거나 부당하게 회생계획의 성립에 영향을 미치기 위하여 회생계획의 조건과 다른 특별한 이익을 제공하는 행위를 의미한다. 따라서 '특별이익 제공행위'에 해당하기 위해서는 채무자 등에 의하여 회생계획인가결정이 확정되기 전까지 특별이익의 제공 내지 그에 관한 약정이 이루어진 사실 이외에도 그 채무자 등 또는 특별이익의 피제공자가 특별이익의 제공을 통하여 회생계획의 공정한 성립을 방해하거나 부당하게 회생계획의 성립에 영향을 미치려는 의사를 가지고 있어야 한다.[39] 또한 '채무자가 제3자 명의로 특별한 이익을 주는 행위'는 채무자가 자신이 계산하거나 또는 계산하기로 하고 제3자의 명의로 회생계획의 공정한 성립을 방해하거나 부당하게 회생계획의 성립에 영향을 미치기 위하여 회생계획과는 다른 특별한 이익을 제공하는 행위를 의미하고, 제3자가 자신의 계산으로 한 행위는 이에 해당하지 아니한다.[40] 판례는 또한 구 화의법 하에서의 특별이익 제공행위의 의미에 관하여 화의의 공정한 성립을 방해하거나 부당하게 화의의 성립에 영향을 미치기 위하여 화의조건과 다른 특별한 이익을 제공하는 행위를 의미하고, 특별이익 제공행위에 해당하기 위해서는 화의의 제공자 등에 의하여 화의인가결정이 확정되기 전까지 특별이익의 제공 내지 그에 관한 약정이 이루어진 사실 이외에도 그 화의의 제공자 등

정리계획을 추진하는 자가 적극적으로 권리를 양수하는 것 역시 회사정리법 전체의 구조에서 시인되고 있으므로, 제3자가 정리채권이나 정리담보권을 양수하는 행위가 특별이익의 공여행위에 해당하려면, 양도 가격이 당해 정리채권이나 정리담보권의 실제 가치를 현저히 초과하는 경우에 한하는 것으로 제한적으로 해석하여야 한다고 판시하였다.

39) 대법원 2017.9.21. 선고 2014다25054 판결(미간행)은 구 회사정리법에 관한 판결로서 건설회사인 채무자가 정리절차종결 후에 원고와 '하자보수이행 약정서'를 작성한 행위는 구 회사정리법 제231조 소정의 특별이익 제공행위에 해당하지 않는다고 판단한 원심을 유지하였다.

40) 대법원 2014.8.20. 선고 2013다23693 판결(공2014하, 1794)은 채무자 회사의 실질적 사주이자 관리인인 피고가 임직원들과 함께 채권자로부터 회생회사의 주식을 매매하기로 한 데 대하여 채권자가 그 주식 매매대금을 구한 사건이다. 원심은 위 주식매매계약은 채무자 회사의 행위라고 봄이 상당하고, 법 제219조에서 정한 채무자가 제3자의 명의로 회생계획과는 다른 특별한 이익을 주는 행위로서 무효이고, 회생채권자 평등의 원칙에 반하여 회생절차가 계속 중일 것으로 예상되는 기간에 특정 회생채권자로부터 출자전환 주식을 매수하기로 하는 것으로서 회생제도의 취지를 잠탈하는 것이므로, 이는 선량한 풍속 기타 사회질서에 반하는 것으로 민법 제103조에 해당하여 무효라고 판단하였으나, 대법원은 제3자가 자신의 계산으로 한 행위는 이에 해당하지 아니할 뿐만 아니라 ① 제3자가 자신의 계산으로 한 특별이익 제공행위에 관해서는 회생채권자 평등의 원칙에 반하는 행위를 금지하고 있는 채무자회생법 제219조가 적용되지 않는 점, ② 주식매매계약의 매매대금은 채무자의 순자산가치를 기준으로 산정하기로 되어 있어, 그 매매대금이 관계인집회의 결의에 관한 부정한 이익에 해당할 정도로 현저하게 과다하다고 보이지 않는 점, ③ 채무자의 회생절차가 계속 중이더라도, 회생계획에 따라 출자전환된 주식의 양도행위가 제한되지는 않는 점 등의 사정을 고려하면, 채무자의 관리인 또는 자회사인 피고들이 회생채권자인 원고로부터 출자전환 주식을 매수하기로 하는 주식매매계약의 내용 자체가 선량한 풍속 기타 사회질서에 반한다고 할 수는 없고, 법률적으로 이를 강제하거나 법률행위에 반사회질서적인 조건이나 금전적 대가가 결부됨으로써 반사회질서적 성질을 띠게 되는 경우 또는 표시되거나 상대방에게 알려진 법률행위의 동기가 반사회질서적인 경우에 해당한다고 보기도 어렵다고 하였다.

또는 특별이익의 피제공자가 특별이익의 제공을 통하여 화의의 공정한 성립을 방해하거나 부당하게 화의의 성립에 영향을 미치려는 의사를 가지고 있음을 요하고, 그와 같은 의사의 유무는 이익을 제공한 경위 내지 목적, 제공한 이익의 내용, 이익제공을 통하여 화의의 제공자 등이 얻게 되는 반대이익, 그 이익의 제공이 화의절차의 진행 및 성립과 다른 화의채권자들에 대한 화의조건의 설정 및 이행에 미치는 영향 등 여러 사정을 종합하여 판단하여야 한다고 판시한 바 있는데,[41] 위와 같은 법리는 회생절차에서도 그대로 타당할 것이다.

그러나 하급심 판례는 구 회사정리법 제231조가 "회사 또는 제3자가 정리계획의 조건에 의하지 아니하고 어느 정리채권자, 정리담보권자 또는 주주에게 특별한 이익을 주는 행위는 무효로 한다."고 규정하고 있으나, 이는 같은 법 제1조가 "본법은 재정적 궁핍으로 파탄에 직면하였으나 경제적으로 갱생의 가치가 있는 주식회사에 관하여 채권자, 주주 기타의 이해관계인의 이해를 조정하며 그 사업의 정리재건을 도모함을 목적으로 한다."고 규정하고 있는 점 등에 비추어 회사정리절차 안에서의 회사나 제3자에 의한 특별이익 공여행위를 금지하기 위한 규정에 불과할 뿐, 회사정리절차 밖에서의 이익 공여행위는 구 회사정리법의 규율대상이 아니라고 전제하고, 회사정리절차 종결 후 인가된 정리계획에 따르지 않고 본래의 채무 내용대로 변제하기로 하는 약정서를 작성한 행위에는 위 법조가 적용되지 않는다고 하였다.[42]

한편, 회생계획의 조건은 다른 성질의 권리를 가진 자 사이에서는 그에 합당한 차등을 두어야 한다. 이는 평등의 원칙에 대한 예외가 아니라 오히려 실질적 평등의 원칙에 부합하는 것이다. 법은 회생계획에 있어서는 권리의 순위를 고려하여 계획의 조건에 공정·형평한 차등을 두어야 하는 것으로 하고, 그 순위로서 ① 회생담보권, ② 일반의 우선권 있는 회생채권, ③ 통상의 회생채권, ④ 잔여재산의 분배에 관하여 우선적 내용이 있는 종류의 주주·지분권자의 권리, ⑤ 그 밖의 주주·지분권자의 권리를 지정하고 있다(법217조1항 각호). 회생계획에 있어서 모든 권리를 반드시 위 5 종류의 권리로 나누어 각 종류의 권리를 획일적으로 평등하게 취급하여야만 하는 것은 아니고, 5 종류의 권리 내부에 있어서도 회생채권이나 회생담보권의 성질의 차이 등을 고려하여 이를 더 세분하여 차등을 두더라도 형평의 관념에 반하지 아니하는 경우에는 그와 같이 할 수 있다.[43] 이 공정·형평의 원칙은 선순위 권리자에 대하여 수익과 청산시의 재산분배에 관하여 우선권을 보장하거나

---

41) 대법원 2007.10.26. 선고 2006다8566 판결(공2007하, 1836).
42) 대구고법 2014.3.5. 선고 2013나1144 판결(각공2014상, 330).
43) 구 회사정리법 하에서의 대법원 2001.1.5.자 99그35 결정(공2000, 539)[백선54], 대법원 2004.12.10.자 2002그121 결정(공2005, 227)[백선53], 同旨 대법원 2006.5.12.자 2002그62 결정(공2006, 1232), 대법원 2006.1.20.자 2005그60 결정(공2006, 386).

후순위 권리자를 선순위 권리자보다 우대하지 않아야 됨을 의미하므로, 예컨대 회생채권자의 권리를 감축하면서 주주의 권리를 감축하지 않는 것은 허용되지 아니하지만, 주식과 채권은 그 성질이 상이하여 단순히 회생채권의 감축 비율과 주식 수의 감소 비율만을 비교하여 일률적으로 우열을 판단할 수는 없고, 자본의 감소와 그 비율, 신주발행에 의한 실질적인 지분의 저감 비율, 회생계획안 자체에서 장래 출자전환이나 인수·합병을 위한 신주발행을 예정하고 있는 경우에는 그 예상되는 지분 비율, 그에 따라 회생계획에 의하여 채무자가 보유하게 될 순자산 중 기존주주의 지분에 따른 금액의 규모, 변제될 회생채권의 금액과 비율, 보증채권의 경우 주채무자가 그 전부 또는 일부를 변제하였거나 변제할 개연성이 있다면 그 규모 등을 두루 참작하여야 한다.

여기서 법문상 명백한 것은 이 열거에 있어서 후순위의 권리가 우선순위의 권리보다 유리하게 취급되어서는 안 된다는 점이다. 예컨대 주주·지분권자의 권리에 전혀 변경을 가하지 않으면서 회생채권에 관하여는 일부 면제를 하는 계획은 권리의 순위를 고려하면 공정, 형평한 차등을 둔 것이 아니다. 이 점에서 예전부터 흔히 행하여진 단순양보형의 계획(감자만 하고 신주를 발행하지 않고, 채권자만의 양보를 구하는 것)은 위법이다.

판례는 원계획안에 의하여 기존 주식 10주가 4.5주로 병합되었고(자본금은 300억 원에서 135억 원으로 감소), 변경계획안에 의하여 위 병합 후의 주식 20주를 1주로 병합함으로써 구주주들이 보유한 주식 수는 개시 당시의 2.25%에 불과하게 되었으나, 변경계획안에 따른 출자전환에 의하여 1,354,205주의 신주만이 발행되어, 자본감소 및 출자전환 후의 정리회사에 대한 구주주의 실질적인 지분 비율은 9.07% 정도로 저감되는 데 그친 반면, 보증채권인 정리채권의 경우는 원금의 4%만 변제하고 나머지는 전액 면제하도록 권리변경이 이루어진 사안에 대하여 위와 같이 감소된 자본금 중 일부에 대하여만 출자전환이 이루어진 것은 장차 인수·합병에 의한 정리절차의 진행을 예정한 것이어서, 향후 신주의 발행에 의하여 지분 비율이 추가로 저하될 것이 예정되어 있는 것이고, 정리채권인 금융기관의 보증채권은 주채무자의 미변제 확정 여부 및 그 시기와 상관없이 원금의 4%를 지급하기로 하였으나, 다른 한편 위 보증채권의 주채무자는 모두 정리회사와 상호 지급보증관계에 있던 관계 회사들로서 정리회사와 함께 원결정법원에서 정리절차가 진행중이었고, 주채무자인 위 관계 회사들로부터 변제받거나 담보권을 실행하여 만족을 얻을 가능성이 있는 금액을 참작하여 보증채무의 변제 비율을 정한 것이라 할 것이고, 위와 같은 여러 사정을 참작하면 보증채권자인 정리채권자들의 권리 감축이 후순위자인 주주의 권리 감축보다 과도하여 공정·형평의 원칙에 반하게 되었다고는 보이지 아니한다고 하였다.[44]

한편 원심이 ① 회생절차개시결정일 현재 채무자의 부채가 790억 5,700만 원, 자산이

---

44) 대법원 2004.12.10.자 2002그121 결정(공2005, 227)[백선53].

439억 1,500만 원으로 부채가 자산을 351억 4,200만 원만큼 초과하고 있어서 기존 주주가 채무자의 잔여 재산에 대하여 아무런 이익을 가지지 못하는 점, ② 조세채권을 제외한 전체 회생채권의 현가변제율은 현금 변제를 기준으로 26.26%로서 채무자를 청산하였을 때의 배당률 21.11%보다 불과 5.15% 높은 것에 비해 부채가 자산을 초과한 채무자를 청산하였을 때 기존 주주가 갖는 권리가 없음에도 기존 주주의 주식지분비율을 1.1%로 감축한 것은 불공정하다고 보이지 않는 점, ③ 관리인은 제3자에 의한 인수·합병 방안이 채무자의 회생을 위하여 가장 바람직하다고 판단하여 회생법원의 감독 아래 이를 추진하였고, 기존 주주의 무상감자와 회생담보권 등의 출자전환 후 남게 되는 채무자의 자본금 규모를 제3자에 의한 인수·합병에 방해받지 않을 수준으로 정할 필요가 있었으며, 이 과정에서 채무자의 회생과 회생절차 종결 후 원만한 운영을 위해 안정적인 경영권 확보를 원하는 인수희망자의 요구를 받아들인 것인 점 등을 종합하면, 이 사건 회생계획에서 회생채권자와 기존 주주 사이에 둔 차등의 정도가 공정·형평성을 결여한 것으로 보기 어렵다고 판단한 것을 유지한 사례,[45] 기존 주주들의 주식을 100% 감자한 변경회생계획이 과잉감자에 해당하거나 또는 공정·형평성의 원칙, 헌법상 재산권보장의 원칙, 평등원칙에 반하지 않는다고 한 사례[46]도 있다.

일본의 판례 중에는 갱생담보권에 대하여 해당 갱생담보권자가 회사파산의 책임을 지는 경우 또는 청산을 내용으로 하는 갱생계획의 경우와 같은 특별한 사정이 없는 경우 갱생담보권의 원본 전액을 변제하는 것은 공정·형평에 반하지 않고, 또한 갱생채권에 대해서 소액채권을 다액채권보다 우대해야 되기 때문에 채권금액이 큰 만큼 면제율을 크게 하는 것이 공정·형평에 반한다고 할 수 없다고 한 사례가 있다.[47]

다음으로 공정·형평한 기준은 기업전체의 가치와의 관계에 있어서도 고려되어야 한다. 아무리 회생이 모든 관계인을 포괄하는 절차라 해도 청산형 절차에 있어서 보장될 지위라면 회생절차에 있어서도 존중되어야 한다. 예컨대 회생담보권자는 만약 권리변경에 불만이면 계획안을 부결하여 회생을 실패로 만들고, 그로부터 이행한 파산에서 별제권자로서 완전한 만족을 얻을 수 있다고 한다면, 가사 다수결로 가결되었다고 하여도 소수자의 위와 같은 잠재적 지위는 보호될 필요가 있다. 이와 같은 사고방식은 가령 청산을 한 경우의 각 권리자의 지위를 회생계획에 있어서의 각 권리자의 처우에 반영하는 것을 의미하지만 법률 자신도 이와 같은 입장을 취하는 것이 위 권리의 순위서열의 지정(이것은 청산의 경우의 서열에 불과하다. 특히 주주·지분권자 중 잔여재산분배에 관하여 우선권을 가진 자를 우

45) 대법원 2014.4.28.자 2012마444 결정(미간행).
46) 대법원 2017.4.7.자 2015마1384,1385(병합) 결정(미간행).
47) 日大阪高決昭和51.2.23判時823호96면, 倒産判例 ガイド 제2판 301면.

위에 두고 있는 점에 주의)이나 채무초과의 경우는 주주·지분권자에게 의결권을 부여하지 않는 것(법146조3항), 재산의 평가의 기준시를 절차 개시시로 하여 회생채권, 회생담보권 등의 확정시를 일치시키고 있는 것 등으로부터 알 수 있다. 이것은 회생절차를 소위 관념적 청산으로 보는 입장이고, 전 재산을 권리의 순위에 따라 상위로부터 분배하는 것으로 하면 만족시킬 수 있는지 여부가 회생절차에 있어서 권리가 인정되는가 여부 나아가 어느 정도 인정되는가의 기준이 되고, 이것이 공정·형평의 기준도 된다는 것이다. 물론 실제로 청산하는 것은 아니므로 전 재산은 계속기업가치(going concern value)에 의한다. 이에 따르면 예컨대 상위로부터 분배한 결과 우선권 있는 회생채권까지 완전히 만족시키고, 통상의 회생채권을 절반만 만족시킬 수 있는 경우에는 회생담보권과 우선적 회생채권은 권리변경이 없고, 통상 회생채권은 50% 면제, 주주·지분권자의 권리는 전부 실권시킬 수밖에 없다. 일본의 판례도 파산상태에 있는 회사의 주식은 그 가치가 0과 다름없다고 보고 있기 때문에(장래의 경리 상태가 호전된 이후의 가격까지 예측하여 계획인가 시 고려하는 것은 현저히 곤란한 일이므로), 이 같은 사정을 참작하여 다른 채권자와의 관계를 고려한 다음, 종래의 주주는 일체의 권리를 행사할 수 없다고 정하는 것은 부당하지 않다고 하거나,[48] 무가치에 가까운 주주의 권리를 100% 무상 소각한 것은 어쩔 수 없는 것이며, 이것으로 공정, 형평에 반하는 것으로 볼 수 없다고 하였고,[49] 구주식 200만 주 전부를 무상 소각하는 것도 어쩔 수 없으며, 이것이 공정·형평한 차등의 설정이라는 요건에 반하는 것으로 볼 수 없다고 하였다.[50]

그렇지만 현실의 청산과 달리 이와 같이 엄격하게 생각하는 것도 부적절한 면이 있다. 첫째 계산상의 기업가치가 반드시 실제의 가치는 아니고, 장래의 수익의 예상에 기초하고 있는 것에 불과하므로 관계인의 지위의 생사를 결정하는 절대적 기준이라고는 단정할 수는 없는 점, 다음으로 담보권자는 본래 재산의 청산가치로부터 만족을 받아야만 하는 것이므로, 담보재산의 청산가치가 회생담보권의 액에 달하지 않을 때에는 청산가치와 계속기업가치의 차액은 다른 하위 권리자에 돌아가는 것이고, 계속기업가치가 크다고 하여 회생담보권자를 항상 최상위로 할 필요도 없는 점, 또 권리변경의 태양이 다양하고, 어떻게 취급되는 것이 유리한가 불리한가에 관하여 반드시 현시점에서 일의적으로 결정하기 어려운 점, 또한 회생계획은 각 관계인조에 있어서의 다수결로 결정되는 것이므로 청산에 있어서의 지위가 상위인 권리자라도 그보다 낮은 지위를 감내하는 것을 스스로 결정하는 경우에는 어느 정도 무방하다고 해석되는 점 등이 근거가 된다. 특히 최후의 점은 다수결

---

48) 日東京高決昭和37.10.25下民集13권10호2132면, 倒産判例 ガイド 제2판 298면.
49) 日福岡高決昭和52.9.12下民集28권9～12호964면.
50) 日東京高決昭和54.8.24判時947호113면[百選제5판96].

의 구속력을 과대평가할 수 없고, 청산적 지위와 너무나 동떨어진 지위를 소수자에게 강요하는 것은 부당하고 공정·형평에 반한다고 보아야 한다.

　　결국 관념적 청산에 의한 권리재분배를 기조로 한다고 하여도 위와 같은 제 조건을 감안하여 권리자 상호간의 공정·형평을 실질상 비교 형량할 필요가 있다(다만 개별적인 동의를 얻은 경우는 별론이다). 법조항도 권리의 순위를 「고려」한다고 규정하고 있는데(법217조), 이는 엄격하게 순위를 지킬 것을 반드시 요구하는 것은 아니라고 해석한다. 실제로는 구체적인 계획안이 관계인들로부터 받아들여질 가능성이 중요한 기준이 되고, 이러한 가능성과 위 공정·형평과의 타협을 구해 나가는 것이 된다. 또한 이에 대한 중요한 예외로서 벌금·과료나 조세는 다수결로 좌우할 수 없는 별개로 취급하고 있으므로 공정·형평한 차등의 원칙도 적용되지 않는다(법217조2항).

　　이상은 종류가 다른 권리자 상호간의 문제이지만, 같은 성질의 권리를 가진 자 간에서는 평등하게 취급하여야 하는 것이 원칙이다(법218조 본문). 다만 무엇을 같은 성질이라고 보느냐는 미묘하여 회생담보권이나 회생채권자를 성질에 따라 세분하여 달리 취급하는 것은 허용되고(예컨대 모회사인 권리자를 불리하게 취급하는 것은 오히려 공정·형평에 합치한다. 채무자의 대표이사인 회생채권자를 다른 회생채권자와 차별하는 것도 형평에 반하지 않는다), 또 소액채권을 특히 유리하게 취급하는 것도 무방한데(법218조1항2호), 어느 정도의 채권이 소액인지는 채무자의 전체 부채 규모와 해당 채권자조의 채권 규모 등을 감안하여 판단한다.

　　회생채권자 사이에 차이를 두어도 형평을 해하지 않는 경우의 예로서 채권액을 일정 범위에서 구분하여 그 구분에 따라 면제율을 설정하고 금액이 크면 면제율을 높게 하는 경우가 있다. 예컨대 회생채권 중 100만 원 이하의 부분은 면제를 받지 않고, 100만 원을 초과하여 1,000만 원까지의 부분은 7할, 1,000만 원을 초과하는 부분은 8할의 면제를 받는다고 하는 누적단계 방식이다. 그에 반하여 면제액을 누적적으로 기재하지 않는 방법 예컨대 회생채권 중 원본 100만 원 이하의 것은 면제를 받지 않고, 100만 원을 초과하여 1,000만 원까지의 것은 7할, 1,000만원을 넘는 것은 8할의 면제를 받는다고 하는 조항(단순단계방식)은 역전현상이 생기기 때문에(위의 예에 의하면 원본 100만 원인 것은 100만 원의 변제를 받을 수 있지만, 원본 300만 원인 것은 90만 원밖에 받지 못한다), 채권자평등의 원칙에 반하여 허용되지 않는다. 또한 회생채권액의 다과를 불문하고 일률적으로 일정액을 변제하고, 그 밖의 부분에 관하여 면제를 받는다고 하는 조항(예컨대 회생채권자 1인당 100만 원을 변제하고, 나머지 부분에 관하여는 면제를 받는다고 하는 조항) 역시 회생채권액 사이의 균형을 일체 고려하지 않기 때문에 실질적 평등에 반하여 형평을 해치는 것으로서 허용되지 않는다.[51]

　　회생계획안의 가결요건을 의식한 나머지 같은 성질의 권리를 가진 자 사이에 차등을

---

51) 三上威彦, "倒産法", 信山社(2017), 252면 참조.

두거나,[52] 외국인을 특히 우대하거나 또는 불리하게 취급하여서는 안 되는데, 판례는 구 회사정리법 하에서 정리회사가 정리채권 신고 기간 만료 이후 정리계획인가가 이루어지기 전에 정리계획에 의하지 아니하고 일부 금융기관에 대한 정리담보권을 상환한 경우, 위와 같은 일부 정리담보권자에 대한 우선변제가 법에 의하여 허용될 수 있는 것이라는 등의 특별한 사정이 없는 한 정리회사의 위와 같은 조치는 이미 정리담보권자들 사이의 공정·형평을 파괴하고 있는 것이어서 그것만으로도 위 정리계획은 공정·형평한 것이라고 보기 어렵다고 판시한 사례가 있고,[53] 정리계획에 의하면 요트건조 관련 정리채권은 요트건조 계약의 불이행으로 인한 손해배상채권으로서 위 채권은 6차 년도에서 시작하여 19차 년도에 이르기까지 무이자로 원금만 분할 변제함에 반하여 위 채권과 함께 기타 일반정리채권으로 분류하고 있는 리스회사의 채권은 준비년도 말에 전액 변제하고 일반상거래 채권은 준비년도부터 시작하여 2차 년도까지 전액 변제하게 되어 있으며 금액에 있어서도 일반상거래 채권자들 중에서 요트건조 관련 채권액보다 고액의 채권을 가진 자가 상당수 있다면 단지 그 채권의 성질이 일반상거래 채권과는 달리 손해배상채권이라는 것만으로는 변제조건 등에 있어서 심하게 차등을 둘 합리적 이유가 있다고 보기 어렵다고 한 사례도 있다.[54]

이와 관련하여 일본에서는 민사재생사건에서 예탁금회원제 골프장의 회원권의 취급에 관하여 논의가 있었는데, 일반재생채권자는 누적단계방식으로 하고, 회원채권자에 대하여는 골프회원권을 계속 희망하는 경우와 골프회원권의 계속을 희망하지 않고 자격보증금의 반환을 원하는 경우로 나누어 취급을 달리한 사안에 관하여 채권자평등의 원칙에 반한다는 이유로 재생계획을 불인가한 사례가 있고,[55] 반면에 채권자평등원칙에 반하지 않는다고 한 사례[56]들도 있다.

나아가 법은 회생계획에서는 ① 회생절차개시 전에 채무자와 대통령령이 정하는 범위의 특수관계에 있는 자의 채무자에 대한 금전소비대차로 인한 청구권, ② 회생절차개시 전에 채무자가 대통령령이 정하는 범위의 특수관계에 있는 자를 위하여 무상으로 보증인

---

52) 예를 들면, A 은행이 회생담보권자임과 동시에 회생채권자인 경우에 회생담보권자조에서 A 은행의 동의를 얻기 위하여 금융기관의 회생채권에 관한 권리변경조항을 정하면서 다른 금융기관에 비하여 A은행에게만 상대적으로 유리한 조항을 두는 경우 등이다.

53) 대법원 1998.8.28.자 98그11 결정(공1998, 2493)[백선49]은 비업무용 부동산에 대하여 담보권을 가지고 있는 정리담보권자인 한국산업은행에게 다른 정리담보권자보다 높은 발생이자 및 피담보 부동산의 조기매각을 통한 우선변제, 그리고 예외적인 변제충당 순서를 인정한 정리계획은 정리담보권자들 사이의 평등의 원칙에 어긋난다고 하였다. 이 판결에 대한 해설로 오수근, "회사정리법에서 평등·공정·형평의 개념", 민사판례연구 ⅩⅩⅡ, 민사판례연구회(2000), 380면 참조.

54) 대법원 1992.6.15.자 92그10 결정(공1992, 2219).

55) 日東京高決平成16.7.23金法1727호84면[百選92].

56) 日東京高決平成14.9.6判時1826호72면, 倒産判例 インデックス 제3판 147, 日大阪高決平成18.4.26判時 1930호100면, 倒産判例 インデックス 제3판 11.

이 된 경우의 보증채무에 대한 청구권, ③ 회생절차개시 전에 채무자와 대통령령이 정하는 범위의 특수관계에 있는 자가 채무자를 위하여 보증인이 된 경우 채무자에 대한 보증채무로 인한 구상권의 청구권은 다른 회생채권과 다르게 정하거나 차등을 두어도 형평을 해하지 아니한다고 인정되는 경우에는 다른 회생채권보다 불이익하게 취급할 수 있다고 규정하고 있다(법218조2항, 영4조).

판례는 회사를 파산 상태에 이르게 한 경영주나 그의 형제, 처제 등으로서 특별히 깊은 관계에 있는 자들에 관하여 정리계획에서 다른 정리채권자보다 불리한 조건을 정하였다 하여 위에서 말하는 평등의 원칙에 위배된다고 할 수 없다는 전제 하에 구 회사정리법 제221조 제2항(법205조2항)은 그 규정 취지에 비추어 회사정리절차개시의 원인을 제공한 이사, 주주 및 그와 특수한 관계에 있는 주주가 가진 주식 3분의 2까지만을 소각할 수 있다는 뜻이 아니고, 회사의 채무 총액이 적극 재산의 총액을 초과한 때에는 사정에 따라 그 부실경영의 책임이 있는 주주의 주식 전부 또는 적어도 3분의 2까지는 소각하여야 한다는 뜻으로 풀이하여야 하므로, 경영상의 잘못으로 회사를 채무 초과의 파산상태에 이르게 한 경영주나 그의 딸로서 특수관계에 있는 주주들의 주식을 전부 소각하였다 하여 공정·형평에 어긋난다고 할 수 없다고 판시하였다.[57] 다만 일본의 판례 중에는 채무자 회사의 대표이사의 갱생채권만 일부 면제를 한 사안에서 구 대표이사가 회사를 갱생절차개시에 이르게 한 것에 대해 경영상 책임을 지는 것은 부정할 수 없더라도 단순히 경영상 책임이 있다는 사실만으로 그의 채권을 주주의 권리변경보다 불리하게 할 사유는 되지 않는다고 한 사례가 있다.[58]

계열회사의 채권과 관련하여서는 구 회사정리법 하에서도 정리회사의 지배주주 및 이와 특수관계에 있는 사람 또는 계열회사의 정리회사에 대한 채권은 지배주주·특수관계인·계열회사 등이 정리회사에 파탄의 원인을 제공한 정도, 채권의 종류 및 금액, 채권의 발생시기·발생경위, 다른 정리채권자들에 대한 권리변경의 정도와의 비교, 다른 계열회사에 대한 유사한 도산절차에서 정리회사에 대하여 규정하고 있는 권리변경의 정도 등을 종합적으로 고려하여 합리적인 범위 내에서 권리변경의 정도를 달리할 수 있다고 보고 있었는데, 판례 중에는 정리채권자인 A 회사가 과거 정리회사의 계열회사였으나 정리회사에 대한 정리절차가 개시되기 3년여 전에 회사정리절차를 통하여 B 회사에게 인수된 후 흡수합병된 사안에서, 정리채권자가 정리회사의 계열회사에서 벗어난 점, 정리채권의 종류 및 금액, 그 발생시기 및 경위와 아울러 정리채권이 정리절차 개시에 앞서 B 회사에게 승계된 점, A 회사에 대한 투자 및 보증의 제공이 정리회사의 재정에 어느 정도 영향을 주었을

---

57) 대법원 1989.7.25.자 88마266 결정(공1997, 285).
58) 日名古屋高金澤支部決昭和59.9.1判時1142호141면, 倒産判例 ガイド 제2판 305면.

것으로 보이지만 이 사건 정리채권을 다른 고액의 정리채권자들에 비하여 훨씬 불리하게 대폭 감면하여야 할 정도로 정리회사의 파탄에 원인을 제공한 정도가 매우 무겁다고 보기에는 충분하지 아니한 점, A 회사에 관한 회사정리절차에서 확정된 정리계획에 의하면 정리회사가 A 회사에 대한 보증채무를 이행하더라도 구상권을 행사할 수 없는 부분은 A 회사의 정리계획에서 피보증채권자인 다른 정리채권자에 대하여 면제된 부분에 한하므로 정리회사의 보증채무 구상권에 관하여 A 회사에 대한 다른 정리채권자들에 비하여 특별한 차등을 두었다고 할 수 없는 점, 기타 정리계획에서 정하고 있는 정리채권 분류의 유형 및 권리 변경 내용과 정도 등 여러 사정을 종합하여 보면, 원심이 해당 정리채권을 정리회사의 계열회사에 대한 채무로 처리하지 않고 정리채권자들 중 고액 상거래채권자에 대한 채무와 유사하다고 보아 그와 동일하게 권리를 변경하는 내용으로 권리보호조항을 정한 것에, 동일한 성질의 권리자간의 평등취급원칙 및 다른 성질의 권리자간의 차등의 원칙을 위반하여 재판에 영향을 미친 헌법 위반이 있다고 인정하기에는 부족하다고 판시한 사례가 있다.[59]

　　구 회사정리법 시대의 판례는 일반적으로 보증채무의 경우에는 변제책임을 지는 주채무자가 따로 있을 뿐만 아니라 반드시 보증에 상응하는 대가를 얻는 것도 아니라는 점에서 정리채권이 보증채권인 경우에는 주채권인 경우에 비하여 일정한 차등을 두더라도 공정·형평이나 평등의 원칙에 어긋난다고 볼 수 없고, 그 보증채권이 연대보증채권이라고 하더라도 마찬가지이지만, 이러한 차등은 합리적인 범위 내에서만 이루어져야 하고, 정리계획을 변경하는 경우에는 원래의 정리계획 내용과 이를 변경할 당시의 상황이 종합적으로 고려되어야 한다고 하였다.[60]

---

59) 대법원 2006.10.27.자 2005그65 결정(공보불게재).

60) 대법원 2006.5.12.자 2002그62 결정(공2006, 1232)은 원정리계획에 있어서 금융기관 주채권과 금융기관 보증채권의 권리변경내용은, 원금의 변제가 금융기관 주채권이 제4차 연도부터 시작되는 데에 비하여 금융기관 보증채권은 제7차 연도부터 시작되고, 금융기관 주채권에 대하여는 개시후 이자를 지급함에 비하여 금융기관 보증채권은 개시후 이자를 면제하도록 되어 있는 정도의 차이밖에 없는 점, 총 금융기관의 정리채권에서 금융기관 주채권은 그 비율이 35.51%인 반면, 보증채권은 64.49%나 되는 점, 그런데 변경계획안에 따라 현금으로 변제하기로 한 부분은 금융기관 주채권에 대한 변제액은 그 비율이 66.54%에 달하는 반면, 금융기관 보증채권에 대한 변제액은 그 비율이 33.46%에 불과한 점, 정리회사가 파산하는 경우 금융기관의 주채권과 보증채권, 관계 회사 및 특수관계인의 정리채권 간에는 아무런 차등이 없으므로 위 청산가치를 기준으로 한 파산적 청산시의 배당률은 금융기관의 주채권과 보증채권, 관계 회사 및 특수관계인의 정리채권 모두 14.99% 가량 되는데, 변경계획안에 따라 현금으로 변제하기로 한 액수를 보면, 금융기관 주채권의 배당률은 31.39%나 되는 반면, 금융기관 보증채권의 배당률은 8.69%에 불과하여, 결국 위 청산가치를 기준으로 한 파산적 청산시의 배당률과 비교하여 볼 때, 변경계획안에 따르게 되면, 주채권자는 그 2배 이상의 배당을 받는 셈이 되는 반면, 보증채권자는 파산적 청산시 받을 수 있는 금액의 58% 정도의 금액만을 변제받을 뿐인 점, 금융기관 주채권자에게는 현금변제와 별도로 출자전환에 의한 변제가 추가로 이루어지는 점, 원 정리계획상 금융기관 보증채권은 원금의 변제기가 금융기관 주채권보다 3년 후에 시작되는 차이가 있기는 하나

일본의 판례 중에는 회사갱생 사건에서 모회사의 자회사에 대한 채권은 이른바 내부적 채권으로 이를「특수이해관계자」의 채권으로서 일반갱생채권자보다 후순위에 두는 것이 공정하고 형평성의 원칙에 합치한다고 한 사례가 있고,[61] 갱생회사의 경영자의 갱생채권을 후순위로 취급하는 갱생계획이 적법하다고 한 사례,[62] 재생채무자의 그룹회사의 채권을 후순위화하는 조치를 정하지 않은 재생계획안에 대하여 민사재생법에 내재하는 형평, 공정의 원칙, 평등원칙의 위반은 아니어서, 불인가사유는 아니라고 판단한 사례[63]도 있는데, 이에 반하여 파산의 경우 이와 같은 규정은 없고, 형식적 평등에 따를 뿐, 지배회사의 채권에 대한 후순위화는 인정하지 않고 있다.[64]

공정·형평의 요건을 결한 계획안은 법원에 의하여 배제되어 관계인집회의 심리에 부쳐지지 않고(법231조), 가사 가결되더라도 인가되지 않는다(법243조1항2호).

(2) 수행가능성의 요건

회생계획이 아무리 공정·형평하게 작성되어도 그 계획에 의하여 기업을 재건하여 회생절차의 목적을 달성할 수 있어야 함은 물론인데, 이를 법률은 회생계획의 수행가능성이라고 하여 수행 불가능한 계획안을 배제하고(법231조), 수행가능성을 인가의 요건으로 하고 있다(법243조1항2호). 여기서 말하는 '수행가능성'이란 채무자가 회생계획에 정해진 채무변제계획을 모두 이행하고 다시 회생절차에 들어오지 않을 수 있는 건전한 재무 상태를

그 기간이 3년에 불과할 뿐만 아니라 파산적 청산시에는 기한의 이익을 모두 상실하기로 되어 있어 이를 고려하지 않아도 될 정도로 근소한 점, 한편 특별항고인들의 보증채권은 원 정리계획이 인가된 이후 5년 가까운 세월이 경과할 때까지도 그 주채무자에 의하여 변제되지 아니한 채 남아 있는 것이어서 이 점에 관한 보증채권으로서의 특성도 어느 정도 감소된 상태인 점 등을 알 수 있는바, 사정이 이러하다면, 금융기관 보증채권의 경우 정리회사가 이에 상응하는 대가를 얻지 못하였다는 점 등을 감안하더라도, 변경계획안에 따른 위와 같은 금융기관 주채권과 보증채권의 차등은 그 정도가 너무 심하여 공정·형평이나 평등의 원칙에 어긋나는 것으로 볼 여지가 충분하다고 판시하면서 정리계획 변경계획 인가결정 전부를 취소하지 아니하고 그 인가결정에 불복한 특별항고인들의 보증채권에 대한 부분만을 파기하여 환송하였다. 이 판결에 대한 해설로 이진만, "정리계획인가의 요건인 공정·형평의 의미와 청산가치의 보장", 대법원판례해설 제60호, 법원도서관(2006), 535면 참조.

61) 日福岡高決昭和56.12.21判時1046호127면, 倒産判例 インデックス 제3판 143[百選98]은 갱생계획에 있어서 무상소각을 하고 모회사의 주식 및 갱생채권을 다른 주주 및 채권자에 비하여 감자율, 변제율에 있어서 후순위로 취급하여도 회사파탄의 원인이 모회사에 있는 등의 사정에 비추어 공정·형평의 원칙에 반하는 것은 아니라고 한 사례이다.

62) 日東京高決昭和40.2.11下民集16권2호240면. 그러나 반대로 불인가한 것으로서 日名古屋高金沢支決昭和59.9.1判時1142호141면.

63) 日東京高決平成22.6.30判タ1372호228면, 日東京高決平成23.7.4判タ1372호233면, 倒産判例 インデックス 제3판 144①②.

64) 日東京地判平成3.12.16金判903호39면, 倒産判例 インデックス 제3판 44[百選제5판47]. 또한 日広島地福山支判平成10.3.6判時1660호112면은 파산회사를 전속적 하청기업으로서 사실상 지배하고 있는 회사의 파산채권 행사를 신의칙 위반이라고 하여 배척하였다.

구비하게 될 가능성을 의미한다.[65] 따라서 수행가능성은 단순히 계획의 구체적인 조항이 현실적으로 실행 가능한 것인가의 여부(예컨대 계획과 같이 할부가 지급될 것인가, 자금이 조달될 수 있는가, 신주발행이 가능한가 등)는 아니고, 가령 계획대로 실행할 수 있다고 하더라도 기업재건이 가능할 것인가의 여부가 첫째 관건이 되어야 한다. 이에 의하면 애당초 계획으로서 회생계획 인가 후에 있어서 자본금액과 총 채무액의 합계액이 자산총액과 일치하고 있는가(자본충실의 원칙), 또는 늦어도 절차종결까지 그렇게 되는 것을 기대할 수 있을 것을 요하고, 계획인가시에는 조금이라도 채무초과상태를 벗어나려고 계획하고 있어야 한다. 이 요건이 만족된 후에 그 계획의 실행가능성이 문제가 된다. 여기에서는 예정되어 있는 자금조달의 현실성, 거래선의 의향, 업계의 장래성, 권한을 부여할 이사의 신용과 능력, 노동조합의 동향 등이 고려의 대상이 된다.[66] 일본의 구법 시대의 판례 중에는 갱생절차 수행 중에 계획입안 시점에서 예측하였던 수익이 현실로 나타날 수 없게 됨에 따라 절차 폐지에 이른 것들이 많은데 그 기준으로는 채권을 변제계획대로 변제하였는지 여부, 공익 채권의 변제여부, 미변제의 원인이 채무자 회사만이 아니라 업계의 일반적 동향에도 있는 점, 앞으로 변제가능성이 있는지 여부, 더 이상의 경영합리화 노력이 가능한지 여부 등을 고려한 것이 있고,[67] 현행법의 민사재생사건에서 사업수행에 불가결한 부동산에 관한 담보권자가 재생계획에 반대하고 있음에도 담보권에 대한 소멸허가를 신청하는데 필요한 자금조달의 전망이 없는 경우 수행가능성이 없다고 한 것이 있다.[68]

참고문헌

김종호, "미국 연방파산법상 신가치 예외원칙의 법리전개와 입법논쟁", 선진상사법률연구 제53호, 법무부(2011.1.), 127면.

김형두, "도산절차의 실무운영상의 문제점", 도산법강의, 남효순·김재형 공편, 법문사(2005), 136면.

남두희, "회사정리계획에 의한 정리채권자의 보증인에 대한 권리의 변경", 판례와 이론 제1권, 영남대학교 법학연구소(1995.2.), 217면.

서정걸, "회생계획", 통합도산법, 남효순·김재형 공편, 법문사(2006), 367면.

윤남근, "도산절차에 있어서 재산 및 기업가치의 평가", 고려법학 제56호, 고려대학교 법학연구원

---

65) 대법원 2016.5.25.자 2014마1427 결정(공2016하, 835)[백선58]. 2018.5.18.자 2016마5352 결정(공2018하, 1149).

66) 과거 구 회사정리법 시대에는 정리담보권자 전원의 동의를 받아내기 위하여 그들의 요구를 대부분 받아들여 변제기간을 단축하고 발생이자를 대폭 인정하는 내용의 정리계획을 작성하다 보면 무리한 정리계획안 작성이 불가피하였고 그 결과 정리계획이 인가된 지 얼마 되지 않아 수행가능성이 없음을 이유로 정리절차가 폐지되거나 정리계획을 변경하는 사례가 종종 있었다.

67) 日東京高判平成1.4.10金法1237호20면, 倒産判例 ガイド 제2판 316면.

68) 日東京高決平成14.9.6判時1826호72면 참조.

(2010.3.), 613면.

오수근, "기업회생제도의 현황과 개선방안", 사법 제4호, 사법발전재단(2008), 39면.

이상주, "회생절차에서의 기업구조조정에 관한 고찰", 회생과 파산 Vol. 1, 사법발전재단(2012), 355면.

이청룡, "회생계획안 작성", 도산법연구 제1권 제1호, 사단법인 도산법연구회(2010.1.), 193면

정문경, "법인회생절차에서의 채권자 참여-현행 법령 분석 및 실무례를 중심으로-", 도산법연구 제3
　　　권 제1호, 사단법인 도산법연구회(2012.5.), 117면.

정준영, "기업회생절차의 새로운 패러다임", 사법 제18호, 사법발전재단(2011.12.), 3면.

최준규, "담보신탁을 근거로 한 체육필수시설의 매매와 매수인의 권리·의무 승계-대상판결: 대법원
　　　2018.10.18. 선고2016다220143 전원합의체 판결", 사법 제48호, 법원도서관(2019), 359면.

3. 회생계획의 확정

가. 회생계획안 가결을 위한 준비

(1) 회생계획안 심리를 위한 관계인집회

회생계획안이 제출되면 법원은 서면결의에 부치는 때를 제외하고는 이를 심리하기 위한 관계인집회를 소집하고(법224조, 182조 이하), 관계인집회에서는 제출자로부터 설명을 듣고, 법원은 관리인, 채무자, 목록에 기재되어 있거나 신고한 회생채권자, 회생담보권자 및 주주·지분권자로부터 의견을 듣는다(법225조). 복수의 계획안(법221조 참조)이 제출되어 있는 때에는 모두 심리의 대상이 된다. 이 관계인집회는 통상 회생계획안 심리를 위한 관계인집회로 불리지만 사전에 관계인이 계획안을 알고 그 찬성의 의향이 판명된 때에는 이를 회생계획안 결의를 위한 관계인집회(제3회 관계인집회)와 병합하는 것도 가능하다(법186조).

(2) 회생계획안의 수정·배제와 변경

회생계획의 제출자는 계획안 심리를 위한 관계인집회가 종료될 때까지 또는 서면결의에 부치는 결정이 있는 날까지는 법원의 허가를 얻어 계획안을 수정할 수 있고(법228조에 「기일까지」라고 규정하고 있는 것은 이 취지라고 해석한다), 법원은 이해관계인의 신청 또는 직권에 의하여 회생계획안의 제출자에 대하여 기일을 정하여 계획안의 수정을 명할 수 있다(법229조1항, 2항). 이 수정명령은 회생계획안 심리를 위한 관계인집회 후에도 할 수 있으나(제출자에 의한 수정은 불가능하다. 법228조), 그 경우에는 수정안심리를 위하여 새로이 관계인집회를 소집할 수 있다(법230조1항, 2항). 복수의 계획안을 하나로 종합하기 위하여 수정명령을 낼 수 있다.

판례는 원칙적으로 법원은 회생계획안에 관한 수정이 완료된 경우에 회생계획안의 결의를 위한 관계인집회를 소집하고 수정이 완료된 회생계획안의 사본 또는 요지를 회생채권자 등 이해관계인에게 송달하여야 하는데, 법원이 회생계획안의 심리를 위한 관계인집회와 회생계획안의 결의를 위한 관계인집회를 병합하여 개최하기로 한 경우에, 회생계획안의 심리를 위한 관계인집회의 기일이 종료되기 전에 회생계획안이 수정되어 연이어 개최하기로 한 회생계획안의 결의를 위한 관계인집회가 열리기 전에 회생채권자 등 이해관계인 모두에게 수정안 사본 또는 요지를 송달할 수 없었고, 회생계획안의 수정이 경미하지 않고 이해관계인에게 불리한 영향을 미치는 것이라면, 특별한 사정이 없는 한, 법원은 예정된 회생계획안의 결의를 위한 관계인집회의 개최를 연기한 후 회생채권자 등 이해관계인에게 수정안 사본 또는 요지를 송달하는 등으로 의결권을 행사하는 자에게 내용을 충분히 숙지하고 검토할 기회를 줌과 동시에 회생계획안의 결의를 위한 관계인집회에 출석하지 못한 회생채권자 등 이해관계인에게 결의의 기회를 보장해 주어야 한다고 하였다.[1]

회생계획안이 법률의 규정에 위반되거나(예컨대 필요적 기재사항의 누락) 공정·형평하지 아니하거나 수행 불가능한 것이라고 인정되는 때에는 수정명령에 의하여 하자의 제거를 명할 수 있는 것은 물론이나, 수정되지 않거나 또는 수정 불가능한 것인 때에는 법원은 그 계획안을 관계인집회의 심리에 부치지 않거나 또는 심리에 부쳤다고 하여도 제3회 관계인집회의 결의에 부치지 않고 배제할 수 있다(법231조).

나아가 채무자의 이사 등의 중대한 책임이 있는 행위로 인하여 회생절차개시의 원인이 발생하고, 채무자의 영업 등을 인수하려고 하는 자가 중대한 책임이 있는 이사 등을 통하여 인수 등에 필요한 자금을 마련하거나, 중대한 책임이 있는 이사 등과 사업 운영에 관하여 경제적 이해관계를 같이 하는 경우 및 배우자·직계혈족 등 대통령령으로 정하는 특수관계에 있는 경우 법원이 회생계획안을 관계인집회의 심리 또는 결의에 부치지 아니할 수 있다(법231조의2 제1항).

또한 채무자의 영업 등을 인수하려고 하는 자 또는 그와 대통령령으로 정하는 특수관계에 있는 자가 채무자에 대하여 사기·횡령·배임 등의 죄를 범하여 금고 이상의 실형을 선고받은 후 그 집행이 끝난 날부터 10년이 지나지 아니한 경우 등에는 법원은 회생계획안을 관계인집회의 심리 또는 결의에 부쳐서는 아니 된다(법231조의2 제2항).

법원은 위의 내용을 확인하기 위하여 필요한 경우에는 채무자, 관리인, 보전관리인, 그 밖의 이해관계인 등에게 정보의 제공 또는 자료의 제출을 명할 수 있다(법231조의2 제3항).

또한 회생계획안의 제출자는 회생채권자, 회생담보권자와 주주·지분권자에게 불리한 영향을 주지 아니하는 경우에 한하여 회생계획안 결의를 위한 관계인집회에서 법원의 허가를 얻어 계획안을 변경할 수 있다(법234조). 이 회생계획안의 변경은 관계인집회의 심리

---

1) 대법원 2016.5.25.자 2014마1427 결정(공2016하, 835)[백선58]은 또한 이는 회생계획안의 제출자가 회생계획안의 심리를 위한 관계인집회의 기일이 종료되기 전에 법원의 허가를 받아 회생계획안을 수정할 수 있고(법228조 참조), 회생계획안의 수정이 이해관계인에게 불리한 내용을 정할 수 있다고 하여 달리 볼 것은 아니라고 하였다.

를 거친 회생계획안에 관하여 회생계획안 결의를 위한 제3회 관계인집회에서 하는 계획안
의 변경으로서 법원의 인부결정이 있기 전에 하는 절차를 의미하는 점에서 회생계획안에
대한 법원의 인가결정이 있은 후 회생계획에서 정한 사항을 변경하는 회생계획의 변경(법
282조)과 다르다.[2]

(3) 관청·노동조합 등의 의견

법원은 필요하다고 인정하는 때에는 채무자의 업무를 감독하는 행정청, 법무부장관,
금융위원회 그 밖의 행정기관에 대하여 회생계획안에 대한 의견의 진술을 요구할 수 있다
(법226조1항). 이들 관청은 법원의 요구가 없어도 언제든지 의견을 진술할 수 있다(같은조3
항). 또 행정청의 허가, 인가, 면허 기타의 처분을 요하는 사항을 정하는 계획안에 관하여
는 법원은 그 사항에 관하여 당해 행정청의 의견을 들어야 한다(같은조2항). 판례는 법원이
의견조회를 누락한 경우, 이는 회생계획인가의 요건 중 채무자회생법 제243조 제1항 제1
호에서 정한 '회생절차가 법률의 규정에 적합할 것'이라는 요건을 흠결한 것이지 회생계획
의 수행가능성과 관련한 채무자회생법 제243조 제1항 제6호의 요건을 흠결한 것으로 볼
수 없다고 하였다.[3]

나아가 법원은 채무자의 근로자의 과반수로 조직된 노동조합이 있는 때에는 그 노동
조합, 그 노동조합이 없는 때에는 채무자의 근로자의 과반수를 대표하는 자의 의견을 들
어야 한다(법227조). 또한 법 제179조 제1항 제5호 및 제12호에 따라 채무자에게 신규자금
을 대여한 공익채권자는 회생계획안에 대한 의견을 제시할 수 있다(법22조의2 제1항2호).

이상과 같은 의견청취의 결과 필요한 경우에는 전술한 수정명령을 발할 수 있다.

또한 조세채권에 관하여 회생계획에서 일정한 규정을 함에는 징수권자의 의견을 듣
거나 동의를 얻어야 하나, 이에 관하여는 전술하였다(법140조2항). 이 의견청취나 동의의
시기에 관하여는 규정이 없다. 계획안입안의 단계에서 이를 거치는 것이 바람직하지만 최
종적으로는 회생계획안가결까지 하면 족하다고 해석한다. 또한 징수의 권한을 가진 자의
동의를 받지 아니한 절차상의 하자가 있다고 하더라도 회생계획이 확정되면 회생계획의
효력을 다툴 수 없다는 것이 판례의 태도이다.[4]

---

2) 대법원 1991.12.13. 선고 91다1677 판결(공1992, 500).

3) 대법원 2016.5.25.자 2014마1427 결정(공2016하, 835)[백선58].

4) 대법원 2005.6.10. 선고 2005다15482 판결(2005, 1143). 이 판결에 대한 해설로 이상주, "이미 회사정
리계획이 확정된 이상 회사정리법 제122조 제1항에서 정한 징수의 권한을 가진 자의 동의를 받지 아
니한 절차상의 하자가 있다는 사정만으로는 회사정리 계획의 효력을 다툴 수 있는지 여부", 대법원
판례해설 제55호, 법원도서관(2005), 149면 참조.

나. 회생계획안의 결의

(1) 회생계획안결의를 위한 관계인집회

법원에 의한 회생계획안의 사전심사단계에서 배제되지 않은 계획안은 결의를 위한 관계인집회(제3회 관계인집회)에 부쳐져서 찬부를 묻게 된다. 이 관계인집회는 일반의 회생채권 또는 회생담보권 조사기간의 종료 전에는 의결권이 확정되지 않으므로(법188조1항 참조), 열릴 수 없다(법235조). 법원은 관계인집회를 소집(법182조1항, 2항)하면서 미리 그 계획안의 사본 또는 그 요지를 관리인, 채무자, 목록에 기재되어 있거나 신고한 회생채권자·회생담보권자·주주·지분권자, 회생을 위하여 채무를 부담하거나 담보를 제공하는 자에게 송달하여야 한다(법232조2항. 계획안의 기초가 된 대차대조표 등을 송달하지 않아도 좋다는 점에 관하여는 비판이 있다). 다만 의결권을 행사할 수 없는 회생채권자·회생담보권자·주주·지분권자(법188조2항, 190조, 191조 각호, 146조3항)에게는 송달하지 않아도 된다(법232조2항 3호 괄호). 회생을 위하여 채무를 부담하거나 담보를 제공하는 자는 출석하여 그 뜻을 진술하여야 한다(법233조). 이 진술이 없으면 계획이 가결·인가되어도 채무부담, 담보제공의 효력이 생기지 않는다. 의결권의 확정에 관하여는 전술하였다. 채무자가 채무초과의 상태에 있을 때에는 주주·지분권자에게 의결권이 부여되지 않는다는 점도 전술하였다. 이는 계획상 주주·지분권자에게 어떠한 권리가 인정되는가의 여부를 묻지 않는다.

(2) 의결권의 불통일행사

구 회사정리법에서는 의결권자는 찬성, 반대, 기권 중에서 하나를 선택하여야만 하였다. 보통의 경우는 별 문제가 없으나, 의결권자가 합병 직후의 회사이거나, 제3자들로부터 채권의 추심을 위탁받아 의결권을 행사하는 경우에는 문제가 생기는 경우도 있었다. 예를 들면, 채권의 추심의뢰자인 제3자들 사이에 회생계획안에 대한 찬반 견해에 차이가 있는 경우가 있을 수 있다. 이러한 경우에 의결권을 불통일하여 동일한 회생채권자가 의결권의 일부는 회생계획안에 찬성으로, 나머지는 반대로 행사할 수 있는 것인가가 종래부터 문제되어 왔다. 채무자회생법은 이를 입법적으로 해결하여 관계인집회 7일 전까지 법원에 그 취지를 서면으로 신고하면 의결권을 불통일 행사할 수 있도록 허용하고 있다(법189조). 상법 제368조의2 제1항도 의결권의 불통일행사와 관련하여 주주총회일의 3일전에 회사에 대하여 서면으로 그 뜻과 이유를 통지하여야 한다고 규정하고 있는데, 판례는 여기서 3일의 기간이라 함은 의결권의 불통일행사가 행하여지는 경우에 회사 측에 그 불통일행사를 거부할 것인가를 판단할 수 있는 시간적 여유를 주고, 회사의 총회 사무운영에 지장을 주지 아니하도록 하기 위하여 부여된 기간으로서, 그 불통일행사의 통지는 주주총회일의 3일

전에 회사에 도달할 것을 요하지만, 위와 같은 3일의 기간이 부여된 취지에 비추어 보면, 비록 불통일행사의 통지가 주주총회일의 3일 전이라는 시한보다 늦게 도착하였다고 하더라도 회사가 스스로 총회운영에 지장이 없다고 판단하여 이를 받아들이기로 하고 이에 따라 의결권의 불통일행사가 이루어진 것이라면, 그것이 주주평등의 원칙을 위반하거나 의결권 행사의 결과를 조작하기 위하여 자의적으로 이루어진 것이라는 등의 특별한 사정이 없는 한, 그와 같은 의결권의 불통일행사를 위법하다고 볼 수는 없다고 하였다.[5]

(3) 부당한 의결권자의 배제 등

법원은 권리취득의 시기, 대가 그 밖의 사정으로 보아 의결권을 가진 회생채권자·회생담보권자·주주·지분권자가 결의에 관하여 재산상의 이익을 수수하는 등 부당한 이익을 얻을 목적으로 그 권리를 취득한 것으로 인정되는 때에는 그에 대하여 그 의결권을 행사하지 못하게 할 수 있다. 법원은 그 처분을 하기 전에 그 의결권자를 심문하여야 한다(법 190조).

또한 ① 회생계획으로 그 권리에 영향을 받지 아니하는 자, ② 법 제140조 제1항 및 제2항의 청구권(조세 등 청구권)을 가지는 자, ③ 법 제118조 제2호 내지 제4호의 청구권(회생절차개시 후의 이자, 회생절차 개시 후의 불이행으로 인한 손해배상금 및 위약금, 회생절차 참가의 비용)을 가지는 자, ④ 법 제188조 및 제190조의 규정에 의하여 의결권을 행사할 수 없는 자, ⑤ 법 제244조 제2항의 규정에 의하여 보호되는 자는 의결권을 행사하지 못한다(법 191조).

회생채권자·회생담보권자·주주·지분권자는 대리인에 의하여 그 의결권을 행사할 수 있다. 이 경우 대리인은 대리권을 증명하는 서면을 제출하여야 한다. 대리인이 위임받은 의결권을 통일하지 아니하고 행사하는 경우에는 법 제189조 제2항을 준용한다(법192조). 회생채권자·회생담보권자·주주·지분권자가 관계인집회에 출석하여 의결권을 대리행사할 자로 회생채무자의 직원을 선임한 경우 그 직원이 소송능력이 없다는 등의 특별한 사정이 없는 한 회생채무자의 직원이라는 사정만으로 대리인의 자격이 부정되지 아니한다.[6]

(4) 서면결의

구 회사정리법에서는 정리계획안 전체에 대한 집단적 의사표시로서의 성격을 가진 결의는 원칙적으로 관계인집회에 의결권자 본인이나 그의 대리인이 현실적으로 출석하여 동의 또는 부동의 의사를 직접 표시함으로써 이루어질 것을 요하는 것으로 해석되며,

---

5) 대법원 2009.4.23. 선고 2005다22701,22718 판결(공2009상, 703).
6) 대법원 2007.10.11.자 2007마919 결정(공2007, 1757).

다수의 이해관계인들이 존재하는 회사정리절차에서는 절차의 투명성·명확성 및 신속성이 일반 소송절차에 비하여 강하게 요구되고, 그 중에서도 계획안에 대한 결의는 그 절차의 안정성과 획일성이 더욱 고도로 요구되므로, 구 회사정리법에서 정한 절차나 방법에 의하지 아니한 의결권의 행사는 허용될 수 없다고 보았다.[7]

따라서 종래 정리계획의 심리 및 결의를 위해서는 반드시 관계인집회를 개최하여야만 하였으나, 채무자회생법에서는 집회를 개최하지 않고 서면에 의한 심리 및 결의를 하는 제도를 신설하였다. 이는 회생절차의 진행을 간이·신속하게 할 수 있도록 하기 위한 것이다. 법원은 회생계획안이 제출된 때에 상당하다고 인정하는 때에는 회생계획안을 서면에 의한 결의에 부치는 취지의 결정을 할 수 있다. 이 경우 법원은 그 뜻을 공고하여야 한다(법240조1항). 서면결의를 결정한 때에는 법원은 관리인, 조사위원, 채무자, 목록에 기재되어 있거나 신고한 회생채권자·회생담보권자·주주·지분권자에게 회생계획안의 사본 또는 그 요지를 송달함과 동시에 의결권자에 대하여는 회생계획안에 동의하는지 여부와 인가 여부에 관한 의견, 회생계획안이 가결되지 아니한 경우 속행기일의 지정에 동의하는지 여부(법223조 2항의 사전계획안이 제출된 때에는 속행기일의 지정에 동의하는지 여부는 묻지 아니한다)를 법원이 정하는 기간 안에 서면으로 회신하여야 한다는 뜻을 기재한 서면을 송달하여야 한다. 송달은 우편으로 발송하여 할 수 있는데, 이 경우 회신기간은 위 결정일부터 2월을 넘을 수 없고, 회생계획안을 송달한 때에는 회생계획안 심리를 위한 관계인집회가 완료된 것으로 본다(같은조2항, 3항, 4항). 회신기간 안에 회생계획안에 동의한다는 뜻을 서면으로 회신하여 법원에 도달한 의결권자의 동의가 법 237조의 규정에 의한 가결요건을 충족하는 때에는 그 회생계획안은 가결된 것으로 본다. 서면결의로 가결되지 아니한 회생계획안에 대하여 속행기일이 지정된 때에는 속행기일에서 결의에 부쳐야 하고 다시 서면결의에 부칠 수는 없다(같은조7항).

(5) 결의의 방법

(가) 권리자의 조

회생에서는 성질이 다른 권리자를 절차에 관여시키고 그 다수결에 따라 이해관계인의 권리의 변경을 도모하는 것이므로 어떤 종류의 권리의 변경이 다른 종류의 권리자 특

---

7) 대법원 2006.3.29.자 2005그57 결정(공2006, 783)은 구 회사정리법 하에서 종전의 정리계획에 동의한 자가 변경계획안 결의를 위한 관계인집회에 본인 혹은 대리인이 현실적으로 출석하여 부동의의 의사를 표시하지 않는 경우, 그 변경계획에 동의한 것으로 간주된다고 전제하고, 종전의 정리계획에 동의한 정리채권자가 변경계획안 결의를 위한 관계인집회에 적법한 송달을 받고서도 출석하지 아니한 경우, 관계인집회기일 외에서 서면의 발송 등에 의한 방법으로 부동의의 의사를 표시하였다고 하더라도 구 회사정리법 제270조 제2항 단서 규정에 따라 변경계획안에 동의한 것으로 본 원심결정을 유지하였다.

히 보다 후순위의 권리자의 의사에 좌우되는 것은 부당하다. 또 채권과 주식·지분권이라는 서로 다른 성질의 권리에 관하여 공통의 의결권의 단위를 설정하기도 어렵다. 따라서 회생계획안에 대한 찬부는 권리자가 가지는 권리의 종류마다 조를 분류하여 각각의 조에서 결의하는 것으로 하고, 모든 조에서 가결되어야만 가결되는 것으로 하고 있다. 이와 같은 조분류 방식은 또한 권리의 종류에 따라 가결에 필요한 다수에 차이를 두어 우위의 권리자의 상대적 보호를 도모하기 위하여도 필요하다.

관계인의 조 분류는 원칙적으로 ① 회생담보권자의 조, ② 우선권 있는 채권을 가진 회생채권자의 조, ③ 통상의 회생채권자의 조, ④ 잔여재산의 분배에 관하여 우선적 내용을 갖는 종류의 주식·지분권을 가진 주주·지분권자의 조, ⑤ 그 밖의 주주·지분권자의 조이다(법236조1항, 2항). 이는 회생계획에 있어서 공정·형평한 차등을 둘 때의 순위로서 지정되어 있는 그룹의 분류와 동일하다(법217조1항). 법원은 권리의 성질과 이해의 관계를 고려하여 둘 이상의 조를 통합하여 하나의 조로 하거나 하나의 조를 세분하여 둘 이상의 조로 분류할 수 있다. 다만 회생채권자·회생담보권자·주주·지분권자는 각각 다른 조로 분류하여야 한다(법236조3항). 판례는 위 조항은 조의 통합과 세분에 관하여 법원의 재량을 인정하고 있으므로 회생법원의 조 분류 결정에 재량의 범위를 일탈하였다고 볼 수 있는 특별한 사정이 없는 한, 법원이 채무자회생법 제236조 제2항 각호에 해당하는 동일한 종류의 권리자를 2개 이상의 조로 세분하지 않았다고 하여 위법하다고 볼 수 없다고 하였다.[8]

조 분류는 계획안을 결의에 회부할 때까지는 언제든지 변경할 수 있다(같은조5항). 조를 분류하여 결의한다는 것은 공간적으로 회의장을 별도로 하라는 의미는 아니고, 또 시간적으로 순차 조마다 결의할 것을 요하는 것도 아니다. 요컨대 조마다의 가부가 판명될 수 있는 방법이면 된다. 결의의 대상은 모든 조에 있어서 결의안 전체이고, 각각의 조의 권리자에 관계되는 조항에 한하는 것은 아니다.

(나) 가결요건

회생채권자조에서는 의결권을 행사할 수 있는 회생채권자의 의결권 총액의 3분의 2 이상, 회생담보권자조에서는 회사의 존속, 합병 등 사업의 계속을 내용으로 하는 계획안에 관하여는 의결권을 행사할 수 있는 회생담보권자의 의결권 총액의 4분의 3 이상, 청산 또는 영업양도를 내용으로 하는 계획안에 관하여는 의결권을 행사할 수 있는 회생담보권자의 5분의 4 이상, 주주·지분권자의 조에서는 의결권을 행사하는 의결권 총수의 2분의 1

---

8) 대법원 2016.5.25.자 2014마1427 결정(공2016하, 835)[백선58]. 또한 대법원 2018.5.18.자 2016마 결정 (공2018하, 1149)은 담보신탁계약의 우선수익자인 농업협동조합 자산관리회사, 남서울농업협동조합, 농협은행 주식회사의 신탁 관련 채권은 채무자의 재산으로부터 우선변제를 받을 수 있는 권리가 아니므로 제1심법원이 농협 등과 다른 회생채권자들을 별도의 조로 세분하지 않고 모두 회생채권자의 조로 분류하였다고 하여, 제1심법원의 조 분류 결정을 위법하다고 볼 수 없다고 하였다.

이상의 동의를 얻어야 한다(법237조). 특히 회생담보권자의 조에서 가결의 요건이 가중되어 있음을 알 수 있다. 구 회사정리법에서는 파산과의 균형을 취하여 청산을 내용으로 하는 안에 있어서 회생담보권자의 전원의 동의를 요구하였으나, 채무자회생법에서는 위와 같은 가결요건은 너무 엄격하다고 보아 이를 완화하여 「의결권을 행사할 수 있는 회생담보권자의 의결권의 총액의 5분의 4 이상에 해당하는 의결권을 가진 자의 동의가 있을 것」으로 정하였다. 회생계획에 의한 변제방법은 채무자의 사업을 청산할 때 각 채권자에게 변제하는 것보다 불리하지 아니하여야 하므로(법243조1항4호. 청산가치의 보장) 위와 같이 가결요건을 완화하여도 회생담보권자에게 실질적인 불이익이 돌아가는 것은 아니라고 본다.

판례는 관계인집회에서의 회생계획안에 대한 동의 또는 부동의의 의사표시는 조(회생담보권자조, 회생채권자조 등)를 단위로 하는 일종의 집단적 화해의 의사표시로서 재판절차상의 행위이고 관계인 사이에 일체 불가분적으로 형성되는 집단적 법률관계의 기초가 되는 것이어서 내심의 의사보다 표시를 기준으로 하여 효력 유무를 판정하여야 하므로 거기에 민법 제107조 이하 의사표시의 하자에 관한 규정은 적용 또는 유추 적용될 수 없다고 하였다.[9]

(다) 가결되지 않은 경우―기일의 속행 등

모든 조에서 가결되어야 가결된 것이 된다. 회생계획안이 가결되지 아니한 경우에 회생채권자의 조에서 3분의 1 이상, 회생담보권자의 조에서 2분의 1 이상, 주주·지분권자의 조에서 3분의 1 이상의 의결권을 가진 자가 각각의 기일의 속행에 동의한 때에는 법원은 신청 또는 직권으로 속행기일을 정하여야 한다(법238조). 지금까지의 절차가 무위로 돌아가지 않도록 하기 위하여 계획안에 수정을 가하거나(법234조, 229조) 또는 설득을 시도한 후에 다시 가결을 시도하려는 취지이다. 그러나 원칙적으로 2개월 이내에 가결에 이르지 않은 때에는 회생절차는 폐지된다(법239조1항·2항, 286조1항2호).

다음으로 일부의 조에 있어서만 가결되지 않은 경우에는 법원은 그 조의 권리자를 위하여 이른바 권리보호조항을 정한 후 계획을 인가할 수 있다(법244조. 후술 다.(1) 참조). 물론 권리보호조항을 정하여 회생계획을 인가할 것인지 여부는 법원의 재량에 속하는 사항이므로, 법원이 권리보호조항을 정하여 회생계획안을 인가하지 않았음을 이유로 항고할 수 없다.[10] 이상 두 가지 방법을 취하지 않은 경우에는 회생절차는 폐지된다(법286조1항).

---

9) 대법원 2014.3.18.자 2013마2488 결정(공2014상, 849).
10) 대법원 2014.3.18.자 2013마2488 결정(공2014상, 849).

다. 회생계획의 인가 또는 불인가

(1) 가결의 경우의 인가의 기준

회생계획은 관계인집회에서 가결된 것만으로는 부족하고, 나아가 법원에 의하여 인가되어야 효력이 생긴다(법246조). 회생계획안의 가결이 회생계획의 성립요건임에 반하여 법원의 인가결정의 확정은 회생계획의 효력요건이다. 따라서 관계인집회에서 회생계획안을 가결한 때에는 법원은 그 기일에 또는 즉시로 선고한 기일에 계획의 인부에 관하여 결정을 하여야 한다(법242조1항). 물론 계획(변경)안에 대한 가결이 없는 한 법원은 그를 인가할 수 없다.[11] 관리인, 조사위원, 채무자, 목록에 기재되어 있거나 신고한 회생채권자·회생담보권자·주주·지분권자, 회생을 위하여 채무를 부담하거나 담보를 제공한 자 및 채무자의 업무를 감독하는 행정청·법무부장관 및 금융위원회는 인부에 관하여 의견을 진술할 수 있다(같은조2항). 회생계획의 인가 여부의 기일을 정하는 결정은 선고를 한 때에는 공고와 송달을 하지 아니할 수 있다(같은조3항).

한편 서면결의에 의하여 회생계획안이 가결된 때에는 법원은 지체 없이 회생계획의 인가 여부에 관하여 결정을 하여야 한다(법242조의2 제1항). 법원은 회생계획의 인가 여부에 관한 결정에 앞서 서면결의에 대한 회신기간 이후로 기일을 정하여 회생계획 인가 여부에 관한 이해관계인의 의견을 들을 수 있고, 관리인, 조사위원, 채무자, 목록에 기재되어 있거나 신고한 회생채권자·회생담보권자·주주·지분권자, 회생을 위하여 채무를 부담하거나 담보를 제공한 자 및 채무자의 업무를 감독하는 행정청·법무부장관 및 금융위원회는 위 기일에서 회생계획의 인가 여부에 관하여 의견을 진술할 수 있다(같은조2항, 3항). 인가 여부에 관한 의견을 듣는 기일을 정하는 결정이 있는 때에는 법원은 이를 공고하고 그 결정서를 회생계획 인가 여부에 관한 의견을 서면으로 회신한 자에게 송달하여야 한다(같은조4항). 법원은 상당하다고 인정하는 때에는 관리인의 신청에 의하거나 직권으로 위 기일과 특별조사기일을 병합할 수 있고, 회생계획의 인가 또는 불인가의 결정을 한 때에는 위 이해관계인 등에게 그 주문 및 이유의 요지를 기재한 서면을 송달하여야 한다(같은조6항).

법원은 다음의 요건을 구비한 경우에 한하여 회생계획인가의 결정을 할 수 있다(회생계획인가의 요건. 법243조1항 각호). 법 제243조 제1항이 회생계획인가의 요건을 규정하고 있는 것은 회생절차에 있어서 우선순위가 다른 채권자들끼리의 결의에 의하여 권리변경이 이루어지므로 회생계획의 내용이 각 이해관계인 사이에 공정·형평하게 이루어질 수 있도록 함과 동시에 회생제도의 목적인 기업의 회생·재건을 달성할 수 있도록 하려는 데 그 취지가 있다.[12]

---

11) 대법원 1974.3.13.자 73마787 결정(공1974, 7779).

(가) 회생절차 또는 회생계획이 법률의 규정에 적합할 것(법243조1항1호)

회생절차가 법률의 규정에 적합할 때라 함은 회생절차 개시 후 법원, 회생채무자 등의 행위에 관한 적법을 포함한다.[13] 다만 회생절차가 법률의 규정에 위반하는 경우에도 그 위반의 정도, 채무자의 현황 그 밖의 모든 사정을 고려하여 계획을 인가하지 아니하는 것이 부적당하다고 인정하는 때에는 법원은 계획인가의 결정을 할 수 있다(법243조2항). 또 회생계획이 법률의 규정에 적합하기 위하여는 절대적 기재사항의 누락이 없어야 하고, 평등원칙에 위반하는 조항이 존재하지 않아야 한다.[14] 별제권자에 대한 변제에 관한 정함도 법률의 절차에 따라야 한다.

판례는 정리계획에 의하여 행해지는 출자전환은 법률이나 정관에 명시된 건설공제조합의 목적이나 건설산업기본법 제56조에서 정하고 있는 사업 자체는 아니라고 하더라도 그 목적 및 사업을 수행하는 데 있어서 직접, 간접으로 필요한 것이라고 하지 않을 수 없으므로, 건설공제조합의 정리채권에 대한 출자전환 방식의 권리변경을 내용으로 하는 정리계획이 법률의 규정에 합치되지 않는다고 할 수 없다고 하였고,[15] 법원이 회생계획안의 심리를 위한 관계인집회와 회생계획안의 결의를 위한 관계인집회를 병합하여 개최하기로 한 경우에, 회생계획안의 심리를 위한 관계인집회의 기일이 종료되기 전에 회생계획안이 수정되어 연이어 개최하기로 한 회생계획안의 결의를 위한 관계인집회가 열리기 전에 회

---

12) 대법원 1999.11.24.자 99그66 결정(공2000, 134)[백선55], 대법원 1998.8.28.자 98그11 결정(공1998, 2493)[백선49], 대법원 1987.12.29.자 87마277 결정(공1988, 398), 대법원 2016.5.25.자 2014마1427 결정(공2016하, 835)[백선58]. 대법원 2018.5.18.자 2016마5352 결정(공2018하, 1149).

13) 日東京高決平成16.6.17金法1719호51면①, 倒産判例 インデックス 제3판 146[百選25]은 민사재생절차 중인 주식회사가 사업양도를 할 때 주주총회의 특별결의에 갈음한 법원의 허가에 관하여 재생채무자가 채무초과의 상태에 있다는 소명이 불충분하고, 사업양도의 필요성이 있다고도 할 수 없다고 하여 원결정을 취소하고 주주총회결에 갈음하는 허가(대체허가)를 행하지 않는다고 판단한 사안이다.

14) 日東京高決平成16.7.23金法1727호84면[百選92].

15) 대법원 2001.9.21.자 2000그98 결정(공2002, 513)은 건설공제조합의 정관에 의하면, 건설공제조합은 건설산업기본법에 의하여 건설업의 등록을 한 건설업자로서 건설공제조합에게 출자한 조합원에게 필요한 보증과 자금의 융자 및 공제사업 등을 행함으로써 조합원의 자주적인 경제활동과 경제적 지위향상을 도모하여 건설업의 건전한 발전을 기함을 목적으로 하는 법인임을 알 수 있고, 인가된 정리계획에 의하면 특별항고인(건설공제조합)을 포함한 일반금융기관의 정리채권과 장래의 구상채권에 대하여는 원금의 70%에 해당하는 금액에 대하여 정리회사에 출자전환(정리회사가 새로 발행하는 주식으로 채권액을 대체변제받는 것)하되, 다만 관계 법령 등에 의해 출자한도의 제한을 받는 경우에는 전환사채를 인수할 수 있도록 되어 있는바, 앞서 본 법리와 재정적 궁핍으로 파탄에 직면하였으나 경제적으로 갱생의 가치가 있는 정리회사에 관하여 채권자, 주주, 기타의 이해관계인의 이해를 조정하며 그 사업의 정리재건을 도모함을 목적으로 하는 회사정리절차의 특수성에 비추어 보면, 특별항고인의 정리채권의 일부에 관하여 정리계획에서 출자전환 방식으로 권리변경하기로 정하였다 하더라도, 기록상 출자전환 방식의 권리변경이 정리계획의 수행을 위하여 필요하다고 보이고, 특별항고인에 대하여 출자전환 방식의 권리변경을 하는 것이 동종의 권리자들 사이에는 조건을 평등하게 하여야 한다는 공정, 형평의 요구에 부합할 뿐 아니라, 이와 같은 권리변경에 의한 주식의 취득 또는 전환사채의 인수가 정리채권에 갈음하는 것이라는 점 등을 고려하였다.

생채권자 등 이해관계인 모두에게 수정안 사본 또는 요지를 송달할 수 없었고, 회생계획
안의 수정이 경미하지 않고 이해관계인에게 불리한 영향을 미치는 것이라면, 특별한 사정
이 없는 한, 법원은 예정된 회생계획안의 결의를 위한 관계인집회의 개최를 연기한 후 회
생채권자 등 이해관계인에게 수정안 사본 또는 요지를 송달하는 등으로 의결권을 행사하
는 자에게 내용을 충분히 숙지하고 검토할 기회를 줌과 동시에 회생계획안의 결의를 위한
관계인집회에 출석하지 못한 회생채권자 등 이해관계인에게 결의의 기회를 보장해 주어야
한다고 전제하고, 다만 위와 같은 송달 절차를 거치치 않는 경우라도 ① 회생법원은 회생
계획안의 심리를 위한 관계인집회에서 채무자 회사의 관리인이 제출한 회생계획안의 수정
을 허가한 후 그 수정안에 대하여 출석한 이해관계인들의 의견을 들었고, 관계인집회에
출석한 이해관계인은 같은 날 회생계획안의 결의를 위한 관계인집회를 개최하는 것에 별
다른 이의가 없었던 점, ② 회생계획안의 심리 및 결의를 위한 관계인집회에 출석하지 않
은 회생채권자 등 이해관계인은 그 변제조건의 변경과 무관하게 관리인 제출의 회생계획
안에 동의하지 않겠다는 의사를 가지고 있다고 볼 수밖에 없는 점, ③ 회생계획안의 결의
를 위한 관계인집회 전에 회생계획안을 송달하는 주된 이유는 결석자에게도 결의의 기회
를 보장하기 위한 것인데, 채무자 회사의 관리인이 제출한 회생계획 수정안에 대하여 회
생담보권자의 조 100%의 동의, 회생채권자의 조 77.95%의 동의로 가결요건을 충족하는 등
결석자들이 위 수정안에 대하여 동의하지 않는다고 하여 그 결과가 달라지지 않았을 것으
로 보이는 점과 함께 기록상 나타난 채무자 회사의 현황, 회생절차의 진행경과 등 제반 사
정을 고려하여 보면, 위와 같이 회생계획 인가 여부 결정에 이르기까지의 절차가 법률의
규정에 위반되는 경우에도 법원이 회생계획을 인가하지 아니하는 것이 부적당하다고 인정
되는 때에 해당하는 것으로 볼 수 있다고 한 사례가 있다.[16]

     그 밖에 구 회사정리법 하에서 정리계획에 부분적인 위법이 있으나 정리계획인가결
정을 취소할 것이 아니라 구 회사정리법 제234조 제1항을 준용하여 그 결정을 변경·인가
하는 것이 바람직하다고 본 사례도 있고,[17] 하급심 판례 중에는 의료기관을 운영하는 甲
의료법인에 대한 회생절차개시결정 후 관리인이 우선협상대상자로 지정된 乙 회사와 '乙
회사가 甲 의료법인에 자금을 무상출연 및 대여하고 甲 의료법인의 임원 추천권을 갖는'
내용의 무상출연 및 자금대여계약을 체결하였고, 그 후 회생계획안이 관계인집회에서 가
결된 사안에서, 의료법 제33조는 의료기관의 개설주체를 의사, 의료법인, 비영리법인 등으

---

16) 대법원 2016.5.25.자 2014마1427 결정(공2016하, 835)[백선58]. 위 결정은 또한 법원이 채무자회생법
    제226조 제2항의 의견조회를 누락한 경우, 이는 회생계획인가의 요건 중 '회생절차가 법률의 규정에
    적합할 것'이라는 요건을 흠결한 것이지 회생계획의 수행가능성과 관련한 채무자회생법 제243조 제1
    항 제6호의 요건을 흠결한 것으로 볼 수 없다고 하였음은 전술하였다.
17) 대법원 2000.1.5.자 99그35 결정(공2000, 539)[백선54].

로 한정하고 있는바, 의료기관을 개설·운영하는 주체는 甲 의료법인이고, 乙 회사는 甲 의
료법인에 자금을 출연 및 대여한 자에 불과하며, 또한 乙 회사가 출연 및 대여를 통하여
甲 의료법인의 임원을 추천할 수 있는 권한을 갖게 된다고 하더라도 의료기관 개설·운영
의 주체는 여전히 甲 의료법인이고, 그 주체에 변동이 생기는 것이 아니므로, 무상출연계약
및 회생계획안이 의료기관 개설주체를 제한하고 있는 의료법 규정에 반한다고 보기 어렵
고, 그 외 채무자회생 법 제243조 제1항에서 정한 요건 역시 모두 구비하였다고 인정하여
회생계획을 인가한 사례도 있다.[18]

일본의 판례는 국세의 감면을 내용으로 하는 갱생계획안에 대하여 징수권자인 X가
서면으로 부동의 의견을 개진하고 있음에도 불구하고 국세의 감면 및 3년을 초과하는 유
예를 내용으로 하는 갱생계획을 인가한 것은 "법률의 규정에 적합할 것"이라는 요건을 갖
추지 못한 것이라고 하였다.[19]

(나) 계획이 공정하고 형평에 맞아야 하며, 수행이 가능할 것

법 제243조 제1항에서 말하는 공정·형평성이란 구체적으로는 회생계획에 법 제217조
제1항이 정하는 권리의 순위를 고려하여 이종(異種)의 권리자들 사이에는 계획의 조건에
공정·형평한 차등을 두어야 하고, 법 제218조가 정하는 바에 따라 동종(同種)의 권리자들
사이에는 조건을 평등하게 하여야 한다는 것을 의미하고, 법 제218조에서 말하는 평등은
형식적 의미의 평등이 아니라 공정·형평의 관념에 반하지 않는 실질적인 평등을 가리키
는 것이다.[20]

대법원은 정리계획의 인가를 하기 위하여는 정리계획이 구 회사정리법 제233조 제1
항 제2호 전단이 규정하는 공정·형평성을 구비하고 있어야 하는바, 여기서 말하는 공정·
형평성이란 구체적으로는 정리계획에 같은 법 제228조 제1항이 정하는 권리의 순위를 고려
하여 이종(異種)의 권리자들 사이에는 계획의 조건에 공정·형평한 차등을 두어야 하고, 같
은 법 제229조가 정하는 바에 따라 동종(同種)의 권리자들 사이에는 조건을 평등하게 하여
야 한다는 것을 의미하는 것으로, 여기서의 평등은 형식적 의미의 평등이 아니라 공정·형
평의 관념에 반하지 아니하는 실질적인 평등을 가리키는 것이므로, 정리계획에 있어서 모
든 권리를 반드시 같은 법 제228조 제1항 제1호 내지 제6호가 규정하는 6종류의 권리로
나누어 각 종류의 권리를 획일적으로 평등하게 취급하여야만 하는 것은 아니고, 6종류의
권리 내부에 있어서도 정리채권이나 정리담보권의 성질의 차이 등 합리적인 이유를 고려
하여 이를 더 세분하여 차등을 두더라도 공정·형평의 관념에 반하지 아니하는 경우에는

18) 서울회법 2017.9.21.자 2016회합100116 결정(각공2017하, 700).
19) 日東京高決昭和61.12.26訟月38권8호2088면, 倒産判例 ガイド 제2판 222면.
20) 대법원 1999.11.24.자 99그66 결정(공2000, 134)[백선55], 대법원 1998.8.28.자 98그11 결정(공1998, 2493)[백선49].

합리적인 범위 내에서 차등을 둘 수 있는 것이며, 다만 같은 성질의 정리채권이나 정리담
보권에 대하여 합리적인 이유 없이 권리에 대한 감면의 비율이나 변제기를 달리하는 것과
같은 차별은 허용되지 아니한다고 하였다.[21]

　　그 밖의 판례에 나타난 사례들을 보면 이른바 팩토링 금융회사의 정리채권을 금융기
관 정리채권으로 분류하여 상거래 정리채권과 차등을 둔 정리계획인가가 헌법상 평등의
원칙이나 회사정리법 제228조, 제229조, 제233조 제1항 제2호를 위반하였다고 볼 수 없다
고 한 사례,[22] ① 신용기금관리법에 의한 재정경제원장관 또는 그 권한대행자인 신용관리
기금 이사장의 계약이전의 결정에 의하여 취득한 채권이 원래 계열법인의 정리채권에 해
당하는 이상, 금융기관이고 그 채권의 취득 경위가 위와 같다고 하여도 정리법원이 이를
계열법인의 정리채권으로 취급한 것은 회사정리법상의 공정·형평의 원칙 및 평등의 원칙
에 위배되지 않고, ② 일반적으로 보증채무의 경우에는 변제책임을 지는 주채무자가 따로
이 있을 뿐만 아니라 반드시 보증에 상응하는 대가를 얻는 것도 아니라는 점에서 정리채
권이 보증채권인 경우에는 주채권인 경우에 비하여 일정한 차등을 두더라도 공정·형평이
나 평등의 원칙에 어긋난다고 볼 수는 없으며, ③ 후순위인 일반 주주의 권리는 10분의 1
로 축소시키고, 주채권인 상거래 정리채권은 2차 년도까지 전액 변제하기로 하며, 보증채
권이 아닌 정리채권은 금융기관 정리채권과 상거래 정리채권 사이에 차등을 두면서도 보
증채권인 상거래 정리채권을 보증채권인 금융기관 정리채권과 함께 전액 면제시킨 정리계
획은 공정·형평의 관념 및 평등의 원칙에 위반된다고 한 사례,[23] 정리회사 부실경영주주
의 정리채권 및 정리절차개시신청 후 취득하거나 취득할 구상금채권을 전액 면제하기로
조건을 정한 정리계획인가가 회사정리법 제229조 소정의 평등의 원칙에 위배되거나 사유
재산권 제한의 본질적 한계를 넘는 것이 아니라고 본 사례,[24] 보증인인 회사에 대하여 정
리절차가 개시된 경우 그와 같은 정리채권에 대하여 그 변제방법을 정함에 있어 다른 정
리채권보다 차등을 두어 불리한 조건을 정한 것에 대하여 평등의 원칙에 반하는 것이 아
니라고 한 사례가 있다.[25]

　　또한 정리회사의 부실경영에 책임이 있어 실질적으로는 정리회사에 대하여 손해배상
을 부담하여야 하고 감소된 자본을 보충하여야 할 지위에 있는 부실경영 주주에 대하여

---

21) 대법원 2001.1.5.자 99그35 결정(공2000, 539)[백선54], 대법원 2004.12.10.자 2002그121 결정(공2005,
　　227)[백선53], 대법원 2016.5.25.자 2014마1427 결정(공2016하, 835)[백선58], 대법원 2018.5.18.자 2016
　　마5352 결정(공2018하, 1149).
22) 위 대법원 2001.1.5.자 99그35 결정.
23) 대법원 2000.3.30.자 2000마993 결정(공보불게재).
24) 대법원 1999.11.24.자 99그66 결정(공2000, 134)[백선55], 同旨 대법원 2004.6.18.자 2001그132 결정)(미
　　간행).
25) 대법원 2004.12.10.자 2002그121 결정(공2005, 227)[백선53].

그가 정리회사에 대하여 가지고 있는 정리채권 및 구상권을 면제시키고 장차 대위변제에
따라 취득할 구상권을 면제시킴으로써 부실경영 주주의 정리회사에 대한 정리채권 등의
행사나 정리채권 등의 출자전환에 의한 지배를 원천적으로 배제하는 내용의 정리계획이
실질적 평등에 반한다고 볼 수 없다고 한 사례,[26] 정리계획안에 담보목적물의 청산가치가
정리담보권액을 상회하는 정리담보권자에게는 정리담보권액 전부를 변제하고, 그렇지 못
한 정리담보권자에게는 정리담보권액의 일부를 감면하는 등의 내용을 정한 내용이 평등의
원칙을 위반하였다고 볼 수는 없다고 한 사례,[27] 보증인의 구상금채권을 중소기업은행, 주
식회사 국민은행, 유동화전문 유한회사 등의 대여금채권과 같은 종류의 회생채권으로 취
급하여 회생계획의 조건에 차등을 두지 않은 것이 공정하고 형평에 맞지 않는다고 볼 수
는 없다고 한 사례도 있다.[28]

　　나아가 골프장운영업체가 채무자인 사안 중에는 골프장업체의 회생계획이 골프장 회
원들의 권리에 관하여는 입회금 반환채권 원금 및 개시 전 이자의 17%를 현금으로 변제하
는 외에는 모두 소멸하는 내용을 정한 반면에, 담보신탁계약의 우선수익자의 우선수익권
으로 담보되는 신탁 관련 대여금 채권에 관하여는 원금의 67.13%를 현금으로 변제하는 외
에 나머지 미변제 원금채무의 변제에 갈음하여 출자전환 신주를 배정하도록 정하고 있는
것에 대하여 담보신탁계약의 우선수익자의 신탁 관련 대여금 채권이나 회원들의 입회금
반환채권 등은 모두 '일반 회생채권'에 해당하고, 원칙적으로는 동일한 종류의 권리로서
같은 순위로 취급되어야 한다는 전제 아래, 골프장 영업을 전제로 한 회생계획의 수행을
위해서는 담보신탁계약의 우선수익자로부터 신탁계약상의 권리포기 또는 신탁계약의 해
지에 대한 동의 등을 받는 것이 반드시 필요하고, 이를 위하여 담보신탁계약의 우선수익
자 등의 요구를 받아들여 신탁 관련 회생채권을 회원들의 회생채권보다 우월하게 변제조

26) 대법원 2004.6.18.자 2001그135 결정(공보불게재), 대법원 2004.6.18.자 2001그134 결정(공보불게재),
　　대법원 2004.6.18.자 2001그133 결정(공보불게재).
27) 대법원 2008.6.17.자 2005그147 결정(공2008하, 1023)[백선51]은 원래 동일한 성질의 정리채권이나 정
　　리담보권에 대하여 합리적인 이유 없이 권리에 대한 감면의 비율이나 변제기를 달리하는 것과 같은
　　차별은 허용되지 아니하지만, 청산가치보장의 원칙과의 관계에서 개별 정리담보권자가 담보목적물
　　로부터 분배받을 수 있는 청산가치는 반드시 보장되어야 하고, 그와 같은 청산가치는 담보목적물의
　　종류, 담보권의 순위 등에 따라서 달라질 수밖에 없으므로 정리계획안에 담보목적물의 청산가치가
　　정리담보권액을 상회하는 정리담보권자에게는 정리담보권액 전부를 변제하고, 그렇지 못한 정리담
　　보권자에게는 정리담보권액의 일부를 감면하는 등의 내용을 정하였다고 하여 그 정리계획안이 평등
　　의 원칙을 위반하였다고 볼 수는 없다고 하였다.
28) 대법원 2015.12.29.자 2014마1157 결정(공2016상, 226)은 채권자들 사이에 채권의 변제순위에 관한 합
　　의가 되어 있더라도, (구 회사정리법 하에서) 제1회 관계인집회의 기일 전날까지 법원에 증명자료가
　　제출되지 않았다면, 특별한 사정이 없는 한, 법원이 회생계획의 인가 여부에 관한 결정을 할 때 채권
　　자들 사이의 채권의 변제순위에 관한 합의를 반드시 고려하여야 하는 것은 아니라고 하였음은 전술
　　하였다.

건을 정한 것이 반드시 부당하다고 볼 수는 없다고 한 사례가 있다.29)

한편 ① 회생채권자 중 회원들의 입회금반환채권은 11%를 2015년에 현금으로 변제하고, 나머지는 변제에 갈음하여 출자전환 신주를 배정하되 그중 35.96%는 상환우선주로, 나머지는 보통주로 출자전환한다. ② 담보신탁계약의 우선수익자인 농협 등의 채권은 원금의 100%를 2025년에 현금으로 변제하고 개시 후 이자를 일부 지급한다. ③ 일반 대여금 채권자와 상거래 채권자의 권리는 원금의 40%를 2016년부터 2025년까지 분할하여 현금으로 변제하고 나머지는 변제에 갈음하여 보통주의 출자전환 신주를 배정한다는 것이었고, 위 회생계획에 따라 채무자는 회생계획 인가 이후 회생계획에 따라 회원들에게 배정된 상환우선주를 제외하고 회생채권자들에게 발행된 보통주는 전부 무상소각하였고, 법원의 허가를 받아 제3자에게 신주를 발행한 사안에서 대법원은 제반 사정과 채무자의 현황 등 기록상 나타난 여러 가지 사정을 함께 고려하면, 담보신탁계약의 우선수익자인 농협 등의 회생채권, 회원들의 회생채권 및 일반 상거래 채권자와 대여금 채권자의 회생채권 사이에 차등을 둘 만한 합리적인 이유가 있고 그 차등의 정도가 합리적인 범위를 벗어나 공정·형평의 관념에 반하여 평등의 원칙에 위배된다고 보기 어렵다고 전제하고, ㉮ 회생계획안에는 채무자의 관리인이 회생계획 인가 이후 '대중골프장'으로 전환하는 행정절차를 밟는 등 채무자의 회생에 필요한 사항에 '대중골프장 전환'이 포함되어 있다. 채무자는 원심결정 당시까지 충청북도 도지사로부터 '대중골프장 전환'에 관한 사업계획 변경승인을 받지 못하였고, ㉯ 그러나 회생계획 인가 이후 제3자에 대한 신주발행을 통해 50억 원의 변제재원이 마련되어 회생계획 수행을 위한 핵심사항이 이행되었으며, ㉰ 회생계획에서 회원에 대한 현금 변제와 상환우선주 발행이 완료된 후에야 회원의 권리가 소멸하는 것으로 정함으로써 체육시설의 설치 및 이용에 관한 법률에서 규정한 회원의 보호 내용과 저촉되는 사항이 없기 때문에 충청북도 도지사가 채무자 골프장의 대중제 전환을 특별히 불허할 사유가 없어 보이고, ㉱ 충청북도 도지사도 이 사건 회생계획이 '대중제 전환'을 전제로 하고 있음을 알고 있었던 것으로 보이고 원심결정 당시까지 특별히 이견을 표시하지 않았다는 사실관계와 사정을 앞에서 본 법리에 비추어 보면, 원심결정 당시까지 채무자의 회생에 필요한 '대중골프장 전환'에 관한 행정처분이 내려지지 않았다고 하여 채무자의 회생이 실현되기 어려울 정도로 이 사건 회생계획의 수행가능성이 없다고 볼 수는 없다고 하면서 제1심법원이 관할 행정청인 충청북도 도지사에게 '대중골프장 전환'과 관련된 처분을 요하는 사항에 관하여 의견조회를 하지 않았고, 앞서 살펴본 제반 사정을 고려하면 제1심법원의 의견조회 누락은 수행가능성에 관한 이 사건 회생계획의 내용에 영향을 줄 수 없어서 이를 이유로 회생계획을 인가하지 않을 수는 없을 뿐만 아니라, 이를 회생절차의 법률규

---

29) 대법원 2016.5.25.자 2014마1427 결정(공2016하, 835)[백선58].

정 위반으로 보더라도 채무자회생법 제243조 제2항에서 정한 회생절차의 법률규정 위반으로 회생계획을 인가하지 아니하는 것이 부적당하다고 인정되는 때에 해당하는 것으로 볼 수 있다고 한 사례도 있다.[30)]

일본의 판례로는 골프장의 재생사건에서 계속회원채권자 사이, 그리고 계속회원채권자와 일반 재생채권자 사이에 현저하게 격차를 두어 실질적인 형평을 해한다고 하여 재생계획을 불인가한 것이 있다.[31)]

(다) 회생계획에 관한 결의를 성실·공정한 방법으로 하였을 것

불성실·불공정한 결의란 계획안의 가부를 결정하기 위한 의결권 행사의 의사표시를 하는 과정에 있어서 본인 이외의 제3자로부터 위법·부당한 영향이 작용하는 경우를 말한다.[32)] 예컨대 뇌물의 수수나 강박 등이 문제가 되는데, 불성실·불공정한 결의란 계획안의

---

30) 대법원 2018.5.18.자 2016마5352 결정(공2018하, 1149)은 담보신탁계약 우선수익자의 채권이나 골프장 회원들의 입회금반환채권 등은 모두 채무자의 재산으로부터 다른 일반 채권자에 우선하여 변제받을 권리가 있는 채무자회생법 제217조 제1항 제2호의 '일반의 우선권 있는 회생채권'이 아니라 같은 항 제3호의 '일반 회생채권'에 해당하고, 원칙적으로는 동일한 종류의 권리로서 같은 순위로 취급되어야 하나, 담보신탁계약의 우선수익자인 농협 등은 그 채권이 전액 변제되지 않으면 언제든지 수탁자에게 골프장 영업에 필수적인 골프장 시설의 처분을 요청할 수 있고, 따라서 골프장 영업을 전제로 한 이 사건 회생계획을 수행하기 위해서는 농협 등으로부터 신탁계약상 권리 유보에 대한 동의 등을 받는 것이 반드시 필요하므로 이를 위하여 담보신탁계약의 우선수익자인 농협 등의 요구를 받아들여 농협 등의 신탁 관련 회생채권에 대하여 회원들의 회생채권보다 우월하게 변제조건을 정한 것이 반드시 부당하다고 볼 수는 없으며, 또한 회원들의 입회금반환채권과 일반 상거래채권, 대여금채권은 모두 채무자회생법 제217조 제1항 제3호의 회생채권으로 원칙적으로는 순위가 같으나 골프장 영업을 목적으로 하는 채무자의 특성상 입회금반환채권인 회원들의 회생채권이 총채무액의 60% 이상을 차지하는 반면, 일반 상거래채권은 약 1.5%, 일반 대여금채권은 약 0.4% 정도에 불과하고, 나아가 회생계획에 따라 변제에 갈음하여 배정되는 신주 중 보통주는 전부 무상소각되지만, 입회금반환채권이 출자전환되어 회원들에게만 배정되는 상환우선주는 그렇지 않기 때문에, 장차 회원들은 주식의 상환을 통해 추가 현금 변제를 받게 되거나 채무자의 주주가 되는 이익을 누리게 된다는 점을 고려하면, 회생계획에서 회원들의 입회금반환채권과 일반 상거래채권, 대여금채권의 권리를 변경하면서 차등을 둔 것이 합리적인 범위를 벗어난다고 볼 수 없다고 하였다.

31) 日東京高決平成16.7.23金判1198호11면[百選92]은 골프회원권을 계속 유지시키는 것은 권리를 100% 변제하는 실질을 가진다고 보았다. 반면에 日東京高決平成13.9.3金判1131호24면, 倒産判例 インデックス 제3판 141[百選제4판81]은 ① 일반 재생채권의 원본 및 별제권행사에 의하여 변제를 받을 수 없는 채권(재생채권)에 관하여는 그 0.1%를 1년 후에 지급, ② 이자채권 및 지연손해금 채권은 전액 면제, ③ 예탁금채권에 관하여는 신주발행과 교환으로 현물출자하는 것에 관하여는 변제하지 않음, ④ 일반우선채권은 수시 지급, ⑤ 채무자인 골프장 회사에 별제권의 부담이 있는 부동산을 1년간 운용하여 그 수익을 위 변제 자원으로 하고, 1년 후에 별제권을 행사하여 회사는 청산하는 내용의 재생계획안에 관하여 주주제 골프회원권의 재산적 평가는 유동적인 것이므로 실질적인 불공평이 명백하지 않고, 그 정도가 경미한 것으로서 채권자 평등을 해하지 않는 것으로 보아 재생계획을 인가한 원심에 대한 즉시항고를 기각하였다.

32) 대법원 2018.1.16.자 2017마5212 결정(공2018상, 473)은 간이회생절차에 관한 사안으로서 관리인이 부인한 재항고인들의 회생채권에 대하여 법원이 의결권을 부여하지 아니하였다는 사정만으로 채무자회생법 제243조 제1항 제3호 소정의 회생계획 인가요건을 충족하지 못하였다고 볼 수 없다고 판단한 원심을 유지하였다.

가부를 결정하기 위한 의결권 행사의 의사표시를 하는 과정에 있어서 본인 이외의 제3자로부터 위법·부당한 영향이 작용하는 경우를 말하는 것으로서, 이해관계인에 대한 협박이나 기망은 물론, 의결권 행사 혹은 그 위임의 대가로 특별한 이익이 공여된 경우도 결의의 성실·공정을 해하는 사유에 해당할 수 있다.[33]

판례는 법원이 정리회사 관계인집회기일에 앞서 이해관계인에 대한 기일소환장 및 정리계획안을 송달함에 있어 송달업무처리를 위임받은 정리회사 직원의 부주의로 확정판결에 의하여 정리채권을 가지게 된 甲에 대한 송달을 빠뜨림으로써 甲이 위 기일에 출석하여 의견을 진술하거나 의결권을 행사하지 못한 채 위 정리계획안이 심의 가결, 인가된 경우에 있어, 관계인집회기일에 관한 송달을 함에 있어서는 확정된 채권자들뿐만 아니라 이의 있는 정리채권자들에 대하여도 송달을 하여야 하는 것인데 정리채권자인 甲에 대하여 그 송달을 누락함으로써 甲의 출석 없이 위 정리계획안이 심리 및 의결된 것은 그 절차에 있어 하자가 있음이 분명하나 법원은 위 관계인집회기일을 이해관계인들에게 개별통지함과 아울러 일간신문지에도 그 기일에 관한 공고를 미리 하였고 그 무렵 甲은 소송대리인들을 통하여 법원에서 정리채권확정소송을 수행하고 있었으므로 甲측으로서도 좀더 주의를 가지고 위 정리절차의 진행상황 등을 알아보았더라면 그 기일을 미리 알 수도 있었던 사정 하에 있었고, 관계인집회기일 당시 정리담보권자의 조에서는 의결권 있는 정리담보권 전액에 해당하는 정리담보권자들 전원이 위 기일에 출석하여 그 100%의 찬성으로 위 정리계획안이 가결되었고, 甲이 속한 정리채권자의 조에 있어서도 당시 의결권이 인정된 정리채권 총액 중 88.08%에 해당하는 정리채권자들이 출석하여 그 전원이 이를 찬성함으로써 결국 회사정리법에서 정한 가결요건인 의결권 있는 정리채권 총액 중 3분의 2를 훨씬 상회하는 비율의 찬성으로 위 정리계획안이 가결되었다면 위 절차상의 하자만으로는 그 위반의 정도가 위 정리계획안의 가결에 영향을 미쳤다거나 그 결의가 심히 성실, 공정한 방법으로 이루어진 것이 아니라고 볼 정도로 중대한 하자라고는 보이지 않는다고 하였다.[34]

또한 회생계획의 결의가 성실·공정한 방법으로 이루어지지 않은 것에는 의결권의 행사가 신의칙에 반하여 이루어진 경우도 포함된다고 해석하고 있는데, 일본의 판례는 의결권자의 과반수가 동의할 가망성이 없는 상황에서 재생절차 개시신청의 직전에 재생채권을 취득한 이사가 다른 이사에게 채권을 일부 양도하여 찬성채권자의 정족수를 만족한 사안

---

33) 대법원 2005.3.10.자 2002그32 결정(공2005, 719). 위 결정은 정리계획안의 가부를 결정하기 위한 결의를 함에 있어서, 실제로 정리담보권 자체를 양도받은 양수인이 관계인집회 때까지 신고명의 변경 등 이전에 필요한 절차를 밟을 시간적 여유가 없어 양도인들로부터 위임장을 교부받아 의결권을 대리행사한 데 지나지 아니하고, 정리담보권의 양도가격이 그 실제 가치를 현저히 초과하지 않아 양수행위가 특별이익의 공여에 해당한다고 볼 정도에까지 이르지 않았다면 그 양수행위로 인하여 위 결의에 위법·부당한 영향을 미쳐 공정성을 해하였다고 할 수는 없다고 판시하였다.

34) 대법원 1992.6.15.자 92그10 결정(공1992, 2219)

에 관하여 소수채권자보호의 취지를 잠탈하고 재생채무자의 신의칙에 반하는 행위에 의하
여 성립한 것이므로 부정한 방법에 의하여 성립한 것이라고 하였고,35) 소규모개인재생에
있어서 실제로는 존재하지 않는 대출채권을 의도적으로 채권자목록에 기재하는 등의 방법
으로 재생계획안이 가결에 이른 것으로 의심되는 사안에 관하여 재생계획안의 가결이 신
의칙에 반하는 행위에 기하여 이루어진 경우에 해당하는지 여부를 판단함에 있어서는 해
당 재생채권의 존부를 포함하여 해당 재생채권의 신고 등에 관계된 제반 사정을 고려할
수 있다고 하였다.36)

　　(라) 회생계획에 의한 변제방법이 채무자의 사업을 청산할 때 각 채권자에게 변제하는 것보다 불
　　　　리하지 아니하게 변제하는 내용일 것

　회생계획을 인가하기 위해서는 회생계획에 의한 변제방법이 채무자의 사업을 청산할
때 각 채권자에게 변제하는 것보다 불리하지 아니하게 변제하는 내용이어야 한다는 이른
바 청산가치 보장의 원칙(법243조1항4호)이 충족되어야 한다. 채무자회생법에서 신설된 규
정으로서 종래부터 논란이 되어 오던 청산가치의 보장 원칙을 명시적으로 천명한 것이다.
과거 실무에서는 특히 제1순위 담보권자의 경우에 청산가치를 실질적으로 보장받지 못하
는 경우가 있었는데,37) 이에 대하여는 회생절차가 정당성을 가지는 이유는 채권자가 회생
절차를 통해서 파산적 청산의 경우보다 더 많이 변제받기 때문인데 이 자명한 원칙이 구
회사정리법에는 규정되어 있지 않아 다수의 채권자가 청산가치에 못 미치는 내용의 회생
계획에 동의하는 경우 반대한 채권자들이 피해를 보게 되고, 이는 재산권의 본질적인 침
해라는 비판이 있었다. 결국 채무자회생법에서는 이를 입법적으로 해결한 것이다. 물론 채
권자가 동의한 경우에는 무방하다(법243조1항4호 단서).

　판례도 비록 채무자회생법 제정 후의 것이기는 하지만, 구 회사정리절차에서 정리계
획을 통하여 정리채권자·정리담보권자의 권리를 변경함으로써 정리회사의 유지·재건을
도모할 필요가 있다 하더라도, 개별 정리채권자·정리담보권자에 대하여 그 권리가 본질적
으로 침해되지 않고 그 피해를 최소화할 수 있도록 그 권리의 실질적 가치를 부여하여야
하고, 여기서 권리의 실질적 가치를 부여한다고 함은 가결된 정리계획안에 반대하는 정리

35) 日最決平成20.3.13民集62권3호860면, 倒産判例 インデックス 제3판 148[百選93].
36) 日最決平成29.12.19民集71권10호2632면[百選94].
37) 과거 담보권자조에서의 가결과 정리계획안의 수행가능성 제고를 위하여 부득이하게 그렇게 하는 경
우가 없지 않았다. 구 회사정리법 하에서 대법원 2000.1.5.자 99그35 결정(공2000, 539)[백선54]은 정
리담보권자가 회사정리절차에서 정리계획에 의하여 변제받을 금액은 최소한 정리회사가 회사정리절
차를 거치지 아니하고 곧바로 청산되는 경우보다 많아야 한다는 주장은 독단적인 견해에 불과하여
채용할 수도 없다고 하였는데, 이 판결은 채무자회생법 제243조 제1항 제4호의 신설에 의하여 선례
로서의 기능을 상실하였다. 이 판결에 대한 해설로 오수근, "청산가치를 하회하는 정리계획안의 당
부", 민사판례연구 XXIII, 민사판례연구회(2001), 578면 참조.

채권자·정리담보권자 혹은 부결된 정리계획안에 부동의한 조의 권리자에게 최소한 청산가치가 보장되어야 하고, 이때의 청산가치는 해당 기업이 파산적 청산을 통하여 해체·소멸되는 경우에 기업을 구성하는 개별 재산을 분리하여 처분할 때를 가정한 처분금액을 말하는 것이라고 하였다.[38]

　　회생계획이 출자전환을 예정하고 있다면, 회생계획안에 의한 변제액을 산정함에 있어서는 출자전환으로 발행될 주식의 순자산가치 및 수익가치 기타 다른 주식 평가 방법 등을 사용하여 산출된 주식의 변제가치도 포함하여 청산배당액과 비교하여야 한다. 그런데 판례는 구 회사정리법 하에서 정리담보권의 담보목적물을 매각한 후 정리담보권자에게 그 담보목적물의 청산가치 상당액을 분배하면서 그 전부 또는 일부를 매각대금이 아닌 정리회사의 주식으로 분배하는 것은, 정리담보권자로부터 정리회사의 파산시 담보목적물에 대한 담보권을 실행하여 그 환가대금으로부터 채권을 회수할 수 있는 최소한의 권리를 박탈하면서 권리순위에서 최상위에 있던 정리담보권자의 지위를 파산의 위험 또는 추가적인 권리변경의 위험이 남아 있는 정리회사에서 가장 열등한 권리순위에 있는 주주의 지위로 전락시키는 것에 다름 아니므로 당해 정리담보권자가 동의한다거나 정리회사의 주식이 현금과 실질적으로 동등한 가치를 지니고 있고 유동성 및 안정성 등의 측면에서도 현금에 준할 정도의 성질을 갖고 있다는 등의 특별한 사정이 없는 한 정리담보권의 실질적 가치를 훼손하는 것이므로 허용될 수 없다고 하고 있다.[39] 나아가 위 판례는 정리계획은 향후 정리절차 수행의 기본규범이 되는 것으로서, 사적자치가 허용되는 범위 내에서는 정리담보권의 권리변경 및 변제방법, 정리담보권의 존속범위 등과 같은 내용을 자유롭게 정할 수 있는데, 정리계획에서 정리담보권자에게 원금을 분할변제하되 각 분할원금에 대하여 이자를 가산하여 변제하기로 정한 경우에는 원금뿐만 아니라 이자도 정리담보권으로 인정되는 채권의 범위 안에 포함되므로, 정리계획에 따른 정리담보권의 변제조건을 변경하는

---

38) 대법원 2004.12.10.자 2002그121 결정(공2005, 227)[백선53], 대법원 2005.11.14.자 2004그31 결정은 정리담보권자의 담보권이 집합건물을 그 목적물로 삼고 있고, 대지의 구획정리사업이 종료되지 아니하여 전유부분에 관하여만 정리회사 명의의 소유권보존등기 및 정리담보권자 명의의 근저당권설정등기가 경료된 상태라 하더라도, 장차 해당 대지의 소유권을 정리회사가 취득하면 당연히 그 대지사용권에도 근저당권의 효력이 미치게 되므로, 정리회사가 해당 대지의 소유권을 취득할 개연성에 대하여 전혀 심리·판단하지 아니한 채 대지권을 제외한 가격으로 목적물의 청산가치를 산정하는 것은 부당하다고 할 것이나, 변경계획상 출자전환 부분의 변제가치를 통하여 위 대지권을 포함한 정리담보권자의 담보권의 청산가치가 보장되는 경우에는 정리법원이 변경계획상 정리담보권자에 관한 내용을 그대로 정리담보권자에 대한 권리보호조항으로 삼아 변경계획을 인가한 것은 정당하다고 한 사례이다. 이 결정에 대하여 위와 같이 "공정한 가격=청산가치=분리처분금액"이라는 논리 위에서 청산가치를 자산의 분리처분대금으로 계산한 것은 영업양도나 일괄매각의 가능성을 배제한 것으로 잘못된 것이라는 비판으로는 오수근, "청산가치 보장의 원칙", 민사판례연구 XXIX, 민사판례연구회(2007), 415면 참조.

39) 대법원 2008.6.17.자 2005그147 결정(공2008하, 1023)[백선51].

정리계획변경계획을 작성함에 있어서 그 담보목적물의 청산가치가 정리담보권의 원리금과 같거나 이를 상회하는 경우에는 정리담보권자에게 원금뿐만 아니라 이자에 대하여도 담보목적물의 청산가치 상당액을 분배하여야만 청산가치보장의 원칙에 위배되지 아니한다고 하였다.

청산가치보장의 원칙이 충족되고 있는지 여부를 판단하는 시점은 인가결정시이다.[40] 인가결정에 대하여 즉시항고가 제기된 경우에는 항고심 결정 시까지 제출된 모든 자료에 의하여 인가요건의 흠결 여부를 직권으로 판단하여야 하므로 회생계획 인가결정에 대하여 항고한 재항고인이 항고심에서 주장한 바 없이 재항고심에 이르러 새로이 하는 주장이라 할지라도 그 내용이 회생계획 인가의 요건에 관한 것이라면, 이는 재항고심의 판단 대상이다.[41] 다만, 실무상 인가결정시를 기준으로 청산가치를 다시 산정하는 것은 곤란한 경우가 많고 개시결정 이후 청산가치가 증가하는 경우는 흔치 않으므로, 회생계획에 의한 변제조건이 개시결정일 또는 회생계획 작성기준일 현재 청산가치 이상을 변제하는 내용이면 일응 청산가치보장의 원칙은 충족된 것으로 보아도 될 것이다. 판례는 신고된 회생채권의 존부 등에 관하여 채권조사절차에서 이의가 제기되었으나, 신고된 내용대로 그 채권이 존재함을 전제로 회생계획이 작성되고 그에 의하면 청산가치보장의 원칙이 충족되지만, 회생계획 인가결정시까지 제출된 자료만으로 보더라도 그 채권이 부존재한다고 볼 수 있고, 그 채권을 제외하고 산정한 다른 채권자의 채권에 대한 청산가치가 회생계획에서 정한 변제액의 현재가치를 능가하는 경우에는 회생계획 자체에 장차 채권조사확정 재판 등을 통하여 채권의 부존재가 확정될 경우 등에 대비한 별도의 규정이 마련되어 있다는 등 특별한 사정이 없는 한 그러한 회생계획에 대한 인가 결정은 위법하다고 하였다.[42]

회생계획에 의한 채권자별 변제예정금액을 현재가치로 환산한 금액이 채권자별 청산가치 배분액과 최소한 동일하거나 이를 초과하여야만 청산가치보장의 원칙에 위배되지 않는 것인데, 여기서 연도별 변제예정금액을 현재가치로 환산하는데 적용되는 할인율이 높을수록 청산가치를 보장하기 위하여 채권자들에게 변제하여야 하는 금액이 늘어나고, 할인율이 낮을수록 채권자들에게 변제하여야 하는 금액이 낮게 되므로 결국 어떠한 할인율을 적용할 것인가가 문제가 되는데, 실무에서는 '시장이자율(market interest rate)', 즉 원칙적으로 채무자의 주거래 은행이 담보대출 또는 무담보대출별로 평균적인 위험을 가진 채무자에게 적용하는 이자율을 기준으로 삼고 있다.

한편 실무상으로는 과거 정리계획안에서 보증채무인 정리채권에 대하여 주채무자로

---

40) 개인회생절차에서는 인가결정일을 기준으로 한다는 것을 분명히 하고 있다(법614조1항4호).
41) 대법원 2018.5.18.자 2016마5352 결정(공2018하, 1149).
42) 대법원 2014.2.21.자 2013마1306 결정(미간행).

부터 우선 변제받도록 한 후 주채무자로부터 변제를 받지 못하는 것이 확정되어야 정리회사가 보증채무자로서 변제를 하도록 규정하는 것이 일반적이었고,[43] 정리회사의 보증책임이 현실화된 경우에도 면제나 출자전환의 비율을 매우 높게 하여 주채무와 차등을 두었다. 이러한 실무 처리의 주된 이유는, 보증채무가 현실화되어 채무자의 자금으로 변제하게 될 경우 당초 계획안 인가 당시 예상한 채무자의 자금수급계획에 차질이 발생하기 때문에 보증채무에 대하여 면제나 출자전환의 비율을 높여 채무자의 자금의 추가적인 유출을 최대한 억제하려는데 있다. 대법원도 이러한 실무 처리가 공정·형평의 원칙에 어긋나지 않는다고 판시함으로써 그 합법성을 인정한 바 있다.[44]

그러나 채무자회생법 하에서 위와 같은 실무운영은 채무자회생법이 규정한 청산가치 보장의 원칙과 관련하여 더 이상 적법하지 못하다는 판단을 받을 가능성이 크다. 비록 회생계획안에서 보증채무의 변제조건을 주채무의 변제조건보다 어느 정도 차등을 두어 취급하는 것은 형평의 관념에 비추어 허용된다고 하더라도, 주채무자에 대한 회생절차 종결시 또는 파산종결시까지 변제를 유예하는 경우 이를 현재가치로 환산하게 되면 보증채무에 대한 계획안에 의한 변제액이 파산시 배당액보다 낮아지게 되어 청산가치 보장의 원칙에 위반될 수 있기 때문이다.[45]

다만 보증 채권자에게는 주채무자가 따로 있는 점을 감안할 때, 종래 실무와 달리 자력이 충분한 주채무자로부터 먼저 변제를 받게 하고 주채무자가 상당 기간 채무의 이행을 지체할 경우 보증채무자로부터 변제받게 하는 방안은 청산가치 보장의 원칙에 위배되지 않는다고 본다.[46] 일본의 하급심 판례 중에는 중단된 사해행위 취소소송을 감독위원이 수계하지 않고, 재생계획도 사해행위취소소송을 수계하지 않는 것을 전제로 작성되어 가결, 인가되었으나, 이 경우 소송을 수계하여 승소하거나 화해금을 얻을 경우를 상정하여 조건부의 변제계획조건을 예비적으로 부가하여야 하고, 그를 내용으로 하지 않은 재생계획은 청산가치 보장의 원칙에 반하는 것으로서 「재생계획의 결의가 재생채권자 일반의 이익에 반할 때」에 해당한다고 하여 취소한 사례가 있다.[47]

---

43) 구 회사정리법 하에서는 '변제받지 못함이 확정되는 때'를 주채무자에 대한 파산절차 종결일 또는 주채무자에 대한 회사정리절차종결일로 해석하여 보증채무에 대한 변제를 계속 뒤로 미루려는 경향이 있었고, 이 때문에 채권자가 당해 정리절차 내에서 위와 같은 정리계획안에 따라 실제 변제를 받은 적은 극히 드물었다.

44) 위 대법원 2000.1.5.자 99그35 결정은 일반적으로 보증채무의 경우에는 변제책임을 지는 주채무자가 따로 있을 뿐만 아니라 반드시 보증에 상응하는 대가를 얻는 것도 아니라는 점에서 정리채권이 보증채권인 경우에는 주채권인 경우에 비하여 일정한 차등을 두더라도 공정·형평이나 평등의 원칙에 어긋난다고 볼 수는 없다고 하였다.

45) 파산절차에서는 보증채권자에 대하여 주채권자와 동일한 배당률을 적용하여 배당을 실시한다.

46) 일본의 실무례도 이와 같다. 事業更生研究機構 編, "更生計劃の實務と理論", 商事法務(2004), 322~323면.

47) 日東京高決平成15.7.25金判1173호9면, 倒産判例 インデックス 제3판 142[百選95].

(마) 합병 또는 분할합병을 내용으로 한 계획에 관하여는 다른 회사의 주주총회 또는 사원총회의
합병계약서 또는 분할합병계약서의 승인결의가 있었을 것

다만 그 회사가 주주총회 또는 사원총회의 승인결의를 요하지 아니하는 경우를 제외
한다.

(바) 행정청의 허가·인가·면허 그 밖의 처분을 요하는 사항을 정한 계획에 관하여는 법원이 들은
행정청의 의견(법226조2항)에 중요한 점에서 차이가 없을 것

이는 회생계획안이 행정청의 허가 등을 전제로 하고 있는 경우에 그러한 처분이 내려
지지 않으면 회생계획의 수행가능성에 문제가 발생할 수 있기 때문에 회생계획인가의 요
건으로 규정한 것이다. 판례는 법원이 채무자회생법 위 조항에서 정한 의견조회를 누락한
경우, 이는 회생계획 인가의 요건 중 채무자회생법 제243조 제1항 제1호의 '회생절차가 법
률의 규정에 적합할 것'이라는 요건을 흠결한 것이지 회생계획의 수행가능성과 관련한 채
무자회생법 제243조 제1항 제6호의 요건을 흠결한 것으로 볼 수 없다고 하였음은 전술하
였다.[48]

(사) 주식의 포괄적 교환을 내용으로 하는 회생계획에 관하여는 다른 회사의 주주총회의 주식의
포괄적 교환계약서의 승인결의가 있을 것

다만, 그 회사가 상법 제360조의9(간이주식교환) 및 제360조의10(소규모 주식교환)의 규
정에 의하여 주식의 포괄적 교환을 하는 경우를 제외한다.

(2) 동의하지 아니하는 조가 있는 경우의 인가

관계인집회에서 일부의 조에서만 법정다수의 동의를 얻지 못한 경우 즉시 절차를 폐
지하고 그 때까지의 절차를 무위로 돌리는 것은 적절하지 않으므로 법원은 계획안을 변경
하여 그 조의 회생채권자·회생담보권자·주주·지분권자를 위하여 그 권리를 실질적으로
보호하기 위한 조항을 정한 후 계획인가의 결정을 할 수 있도록 하고 있다. 이른바 강제인
가(cram down)이다.[49] 이와 같은 권리보호조항으로서는 다음과 같은 것이 있다(법244조1항
각호).

(가) 회생담보권자를 위하여는 그 담보권을 그대로 보유하게 하거나(같은조1항1호), 실

48) 대법원 2016.5.25.자 2014마1427 결정(공2016하, 835)[백선58], 대법원 2018.5.18.자 2016마5352 결정
(공2018하, 1149).
49) 강제인가의 실무에 관하여는 정문경, "실무적 관점에서 본 회생계획의 강제인가 분석", 도산법연구
제1권 제2호, 사단법인 도산법연구회(2010.7.), 51면, 정문경, "강제인가 제도를 통해 본 법원의 역할
과 재량", 도산법연구 제7권 제2호, 사단법인 도산법연구회(2017.6.) 27면, 정문경, "한국의 회생절차
에서 강제인가 요건과 실무 운용 개관", 도산법연구 제10권 제1호, 사단법인 도산법연구회(2020.6.)
151면, 정문경, "우리나라 강제인가에서 권리보호의 정도에 관한 실무운용 현황", 도산법 연구 제12
권 제1호, 도산법연구회(2022.6.) 1면 참조.

행한 것과 동일한 결과를 부여하거나(같은조1항2호), 평가액을 지급하거나(같은조1항3호), 또는 이와 동등한 별제권적 만족을 부여하는 조항(같은조1항4호)을 정하여야 한다.[50]

(나) 회생채권자에 대하여는 청산가치에 의하여 채무자재산을 평가하고, 확정한 액에 의하여 위로부터 각 권리자에게 할당한다고 한 경우 당해 조의 회생채권자에게 할당될 재산을 공정한 거래가격으로 처분하여 그 매득금으로 변제하거나(같은조1항2호), 같은 기준으로 평가한 평가액을 지급하거나(같은조1항3호), 또는 이와 동일한 정도의 이익을 다른 방법으로 부여하는 조항(같은조1항4호)을 정하여야 한다. 회생담보권자와 달리 이에 의할 때에는 회생계획에 의할 때보다도 불리하게 되는 수가 있고(회생계획은 계속기업가치를 기초로 하고 있다), 찬성한 소수채권자에게 가혹하게 될 가능성이 있다. 따라서 종래의 그대로 공정·형평하게 하거나(같은조1항4호), 그대로 인가하는 것도 가능하다고 해석한다.

(다) 주주·지분권자에 관하여는 역시 청산가치에 의하여 잔여재산 있는 범위에서 회생채권자의 경우와 마찬가지의 조항을 정할 수 있다.

이 제도는 일부의 자가 부당하게 자기의 이익을 주장하여 계획안에 반대하는 것을 억제하는 작용과 아울러 부당한 양보를 하지 못하게 보장하는 기능을 가지고 있다. 이러한 권리보호조항은 채무자가 계속기업으로서 존속함을 전제로 한 회생계획안에 회생채권자조가 부동의한 경우에도 최소한 청산을 전제로 하였을 때 회생채권자조가 배당받을 수 있는 금액 상당을 변제받을 수 있도록 배려하는 한편, 그 요건이 충족된 경우에는 법원이 여러 사정을 참작하여 회생채권자조의 부동의에도 불구하고 회생계획안을 인가할 수 있도록 한 데에 그 취지가 있는 것이다.

따라서 권리보호조항을 정하는 경우에는 합리적인 절차와 방법에 따라 회생채무자의 기업가치를 평가한 자료를 토대로 하되, 부동의한 조의 권리자에게 그 권리가 본질적으로 침해되지 않고 그 피해를 최소화할 수 있도록 그 권리의 실질적 가치를 부여하여야 하는데, 여기서 부동의한 조의 권리자에게 실질적 가치를 부여한다는 것은 부동의한 조의 권리자에게 최소한 회생채무자를 청산하였을 경우 분배받을 수 있는 가치 이상을 분배하여야 한다는 것을 의미하고, 이때의 청산가치는 해당 기업이 파산적 청산을 통하여 해체·소멸하는 경우에 기업을 구성하는 개별 재산을 분리하여 처분할 때를 가정한 처분금액을 의미하고, 부결된 회생계획안 자체가 이미 부동의한 조의 권리자에게 권리의 실질적 가치를 의미하는 해당 기업의 청산가치 이상을 분배할 것을 규정함으로써 법 제244조 제1항 각호의 요건을 충족하고 있다고 인정되는 경우에는, 법원이 부동의한 조의 권리자를 위하여 그 회생계획안의 조항을 그대로 권리보호조항으로 정하고 인가를 하는 것

---

50) 「그 밖에 1호 내지 3호의 방법에 준하여 공정하고 형평에 맞게 권리자를 보호하는 방법」에 관한 사례로는 日仙台高秋田支部決昭和44.4.16判時581호49면, 倒産判例 ガイド 제2판 311면 참조.

도 허용된다.[51) 즉, 여기서 채무자 재산의 평가는 기업재산을 해체·청산함이 없이 이를 기초로 하여 기업 활동을 계속할 경우의 가치(계속기업가치)에 의할 것이 아니라 원칙적으로 도산기업이 파산적 청산을 통하여 해체·소멸되는 경우에 기업을 구성하는 개별 재산을 분리하여 처분할 때의 가액을 합산한 금액(청산가치)에 의하여야 한다.[52) 권리보호조항을 정하여 회생계획을 인가할 것인지 여부는 법원의 재량에 속하는 사항이므로, 법원이 권리보호조항을 정하여 정리계획안을 인가하지 않았음을 이유로 항고할 수는 없다고 함은 전술하였다.[53)

과거에는 권리보호조항을 정하여 회생계획을 인가한 사례가 많지 않았으나, 점차 이용되는 사례가 늘고 있다. 또 결의의 전에 특정의 조에서 가결되지 않을 것이 명백한 때에는 법원은 위 권리보호조항을 정하는 계획안의 작성을 허가할 수도 있다(법244조2항, 3항). 법원이 채무자회생법 제244조 제1항에 따라 인가결정을 할 경우에는 위 조항 각호의 어느 하나에 해당하는 방법 또는 그에 준하는 방법에 의하여 공정하고 형평에 맞게, 권리가 본질에서 침해되지 않고 피해를 최소화할 수 있도록 권리의 실질적 가치를 부여함으로써 권리자를 보호하는 방법으로, 동의하지 않은 조의 권리자 전원에 대하여 권리보호조항을 정하여야 하는데, 권리보호조항을 정하기 위하여 법원이 회생계획안을 반드시 변경하여야 하는 것은 아니다. 부결된 회생계획안 자체가 이미 부동의한 조의 권리자에게 청산가치 이상을 분배할 것을 규정하여 채무자회생법 제244조 제1항 각호의 요건을 충족하고 있다고 인정되는 경우에는, 법원이 부동의한 조의 권리자를 위하여 회생계획안의 조항을 그대로 권리보호조항으로 정하고 인가를 하는 것도 허용된다.[54)

(3) 회생계획 불인가결정

채무자의 이사 등의 중대한 책임이 있는 행위로 인하여 회생절차개시의 원인이 발생하고, 채무자의 영업 등을 인수하려고 하는 자가 중대한 책임이 있는 이사 등을 통하여 인수 등에 필요한 자금을 마련하거나, 중대한 책임이 있는 이사 등과 사업 운영에 관하여 경제적 이해관계를 같이 하는 경우 및 배우자·직계혈족 등 대통령령으로 정하는 특수관계에 있는 경우 법원이 회생계획불인가 결정을 할 수 있고(임의적 불인가. 법243조의2 제1항),

51) 대법원 2007.10.11.자 2007마919 결정(공2007, 1757). 同旨 대법원 2018.5.18.자 2016마5352 결정(공2018하, 1149).
52) 전술한 대법원 2004.12.10.자 2002그121 결정(공2005, 227)[백선53], 대법원 2005.11.14.자 2004그31 결정(공2006, 91).
53) 대법원 2014.3.18.자 2013마2488 결정(공2014상, 849).
54) 대법원 2018.5.18.자 2016마5352 결정(공2018하, 1149). 그 밖에 과거 서울중앙지방법원 파산부의 강제인가 사례의 설명으로는 박양준, "회생계획의 강제인가제제도와 관련한 실무상 문제점", 도산법 실무연구 제127집, 법원도서관(2013), 43면 참조.

채무자의 영업 등을 인수하려고 하는 자 또는 그와 대통령령으로 정하는 특수관계에 있는 자가 채무자에 대하여 사기·횡령·배임 등의 죄를 범하여 금고 이상의 실형을 선고받은 후 그 집행이 끝난 날부터 10년이 지나지 아니한 경우 등에는 법원은 회생계획불인가의 결정을 하여야 한다(필요적 불인가. 법243조의2 제2항). 법원은 위의 내용을 확인하기 위하여 필요한 경우에는 채무자, 관리인, 보전관리인, 그 밖의 이해관계인 등에게 정보의 제공 또는 자료의 제출을 명할 수 있다(법243조의2 제3항).

회생절차 개시의 원인에 중대한 책임이 있는 회사의 경영자가 회생절차를 남용하여 정당한 채권자 등의 희생을 바탕으로 채무를 감면받은 후 다시 정상화된 기업을 인수하여 경영권을 회복하는 것을 방지하기 위하여, 채무자의 이사 등의 중대한 책임이 있는 행위로 인하여 회생절차개시의 원인이 발생하고, 채무자의 영업 등을 인수하려고 하는 자가 중대한 책임이 있는 이사 등을 통하여 인수 등에 필요한 자금을 마련하거나, 중대한 책임이 있는 이사 등과 사업 운영에 관하여 경제적 이해관계를 같이 하는 경우 및 배우자·직계혈족 등 대통령령으로 정하는 특수관계에 있는 경우 법원이 회생계획불인가의 결정을 할 수 있게 하는 한편, 채무자의 영업 등을 인수하려고 하는 자 또는 그와 대통령령으로 정하는 특수관계에 있는 자가 채무자에 대하여 사기·횡령·배임 등의 죄를 범하여 금고 이상의 실형을 선고받은 후 그 집행이 끝난 날부터 10년이 지나지 아니한 경우 등에 법원이 회생계획불인가의 결정을 하게 한 것이다.

(4) 회생계획인가여부결정의 선고 등

법원은 회생계획의 인가 여부의 결정을 선고하고 그 주문, 이유의 요지와 회생계획이나 그 요지를 공고하여야 한다. 이 경우 송달은 하지 아니할 수 있고, 채무자 또는 그 대표자를 심문하여야 한다(법245조1항, 2항). 회생계획인가 여부의 결정이 서면결의에 관한 것인 때에는 법원은 그 주문, 이유의 요지와 회생계획 및 그 요지를 법 제182조 제1항 각호의 자, 채무자가 주식회사인 경우에는 채무자의 업무를 감독하는 행정청·법무부장관 및 금융위원회에게 송달하여야 한다(법245조3항). 이는 회생계획 인가 여부의 결정이 회생계획의 효력 발생 여부를 정하는 결정으로서 다수의 이해관계인에게 미치는 영향이 크므로, 송달의 어려움으로 인한 회생절차의 지연을 방지하고 회생계획 인가 여부의 결정을 확정하는 시기의 통일성을 확보하기 위한 것이다. 항고심의 인가결정의 취소결정 역시 다수의 이해관계인에게 미치는 영향이 크고 확정 시기의 통일성을 확보할 필요가 있으므로, 회생계획 인가결정의 취소결정에 대한 고지방법에도 회생계획 인가 여부의 결정에 관한 법 제245조 제1항이 유추적용되고, 따라서 항고심이 회생계획 인가결정에 대한 즉시항고를 받아들여 인가결정을 취소하고 제1심법원으로 환송하는 결정을 하는 경우에 항고심법원은 주문과 이유의 요지를 공고하여야 하며, 위 항고심결정에 대하여 법률상의 이해관계를 가지고 있는 사람은 공고일부터 14일 이내에 재항고를 할 수 있고, 또한 공고가 있기 전에 재항고를 하는 것도 허용된다.[55]

(5) 회생계획인가결정의 효력

회생계획은 인가의 결정이 있은 때로부터 효력이 생긴다(법246조). 회생계획은 채무자, 모든 회생채권자, 회생담보권자, 주주·지분권자, 회생을 위하여 채무를 부담하거나 담보를 제공하는 자, 신회사(합병 또는 분할합병으로 설립되는 신회사를 제외한다. 합병의 상대방도 구속하는 것이 되기 때문이다)를 위하여 또 이들에 대하여 효력이 있다(법250조1항).[56] 그들이 신고를 하였는지, 의결권을 가지고 있는지, 결의에 참가하였는지 등을 묻지 않는다.[57] 그러나 회생채권자 또는 회생담보권자가 회생절차가 개시된 채무자의 보증인 그 밖에 회생절차가 개시된 채무자와 함께 채무를 부담하는 자 또는 물상보증인에 대하여 가지는 권리에 영향을 미치지 않는다(같은 조2항. 이에 따라 보증한 자가 보증 받은 자보다 불리하게 취급되어도 헌법에 반하지 않는다).[58] 이와 같이 광범위하게 미치는 회생계획인가의 효력의 내용은 다음과 같다.

(가) 면책의 효력

회생계획의 규정 또는 법의 규정에 의하여 인정된 권리를 제외하고 채무자는 모든 회

---

55) 대법원 2016.7.1.자 2015재마94 결정(공2016하, 1041)은 원심이 제1심의 회생계획인가결정을 취소하면서 결정의 주문과 이유의 요지를 공고하지 아니한 사안이다. 同旨 대법원 2015.10.23.자 2015마963 결정은 원심이 개인회생절차폐지결정의 공고일이 아닌 폐지의 결정일을 기준으로 하여 즉시항고가 제기기간이 경과한 후에 제기된 것이어서 부적법하다며 각하한 것을 파기한 사안이다.
56) 그러나 전술한 바와 같이 회생계획인부의 결정에 대하여는 '법률상 이해관계'를 갖는 자, 즉 회생계획의 효력발생 여부에 따라 자기의 이익이 침해되는 자만이 즉시항고를 할 수 있는데, 공익채권자는 채무자와 합의하여 그 내용을 회생계획에 기재한 경우가 아닌 한 회생계획에 의하여 권리변동의 효력을 받지 아니하므로(대법원 1991.3.12. 선고 90누2833 판결 등 참조), 공익채권자가 변경계획 인부결정에 대하여 한 즉시항고는 원칙적으로 부적법하다. 대법원 2006.3.29.자 2005그57 결정(공2006, 783) 참조. 同旨 대법원 2006.1.20.자 2005그60 결정(공2006, 386).
57) 대법원 2014.9.4. 선고 2013다204140,204157 판결(공2014하, 2013)은 관리인이 법원의 관여 아래 공정하고 적정한 정리계획을 수립하면서 회사의 재건에 필요한 한도에서 이해관계인의 이해 조정의 방법으로 정리계획안에 미신고 권리의 효력을 존속하는 조항을 두었고, 법원이 그 정리계획을 인가하여 정리계획 인가결정이 그대로 확정되었다면, 그 조항이 공정·형평의 관념에 반한다는 등의 특별한 사정이 없는 한, 정리계획의 규정에 의하여 인정된 권리가 신고되지 않았다고 하더라도 회사는 그 책임을 면할 수 없다고 봄이 상당하다고 하였다. 同旨 대법원 2014.9.4. 선고 2013다97007 판결(미간행).
58) 대법원 1995.10.13. 선고 94다57800 판결(공1995, 3771)은 회사정리법 제240조 제2항의 규정은 재정적 궁핍으로 파탄에 직면하였으나 갱생의 가망이 있는 주식회사에 관하여 채권자, 주주 기타의 이해관계인의 이해를 조정하며 그 사업의 정리·재건을 도모하려는 회사정리법의 목적에 부합하는 합리적인 규정으로서, 헌법 제23조, 제11조 제1항, 제10조, 제37조 제2항에 위반되지 아니한다고 판시하였다. 또한 日最判昭和45.6.10民集24권6호499면, 倒産判例 インデックス 제3판 149[百選제4판96] 참조.

생채권과 회생담보권에 관하여 그 책임을 면하며, 주주·지분권자의 권리와 채무자의 재산 상에 있던 모든 담보권은 소멸한다(법251조 본문).[59] 따라서 회생채권 신고를 아니하여 회생계획의 규정에서 제외된 회생채권자는 그 채권을 상실하게 된다. 여기서 말하는 면책이라 함은 채무 자체는 존속하지만 회사에 대하여 이행을 강제할 수 없다는 의미로서 자연채무(自然債務)가 된다는 의미이다.[60] 따라서 면책된 회생채권은 통상의 채권이 가지는 소제기 권능을 상실하게 되고, 채무자가 회생채권에 관하여 책임을 면한 경우에는, 면책된 회생채권의 존부나 효력이 다투어지고 그것이 채무자의 해당 회생채권자에 대한 법률상 지위에 영향을 미칠 수 있는 특별한 사정이 없는 한, 채무자의 회생채권자에 대한 법률상 지위에 현존하는 불안·위험이 있다고 할 수 없어 회생채권자를 상대로 면책된 채무 자체의 부존재확인을 구할 확인의 이익을 인정할 수 없다.[61]

또한 예컨대 채권양수인의 채권양도통지 이행청구권이 회생채권임에도 양도인에 대한 회생절차에서 회생채권자 목록에 기재되거나 신고되지 않고 그대로 실권된 경우, 관리인은 그 채권의 채무자로부터 적법하게 변제받을 수 있으므로, 그 변제를 수령한 행위가 법률상 권원이 없음을 전제로 하는 부당이득반환의 책임을 부담하지 않는다.[62] 다만 이에

---

59) 대법원 2003.9.5. 선고 2002다40456 판결(공2003, 2015)[백선38]은 채권에 관하여 설정된 양도담보권이 소멸되는 경우에는 그 양도담보의 설정을 위하여 이루어진 채권양도 또한 그 효력을 상실하여 채권양수인에게 양도되었던 채권은 다시 채권양도인인 채무자 회사에 이전되는 것인데, 이러한 채권의 이전은 법률의 규정에 의한 것이어서 지명채권양도의 대항요건에 관한 민법의 규정이 적용되지 아니하는 것이므로, 채무자로서는 그 채권의 이전에 관한 채권양수인의 통지 또는 채권양수인의 동의를 얻은 채권양도인의 철회의 통지 등의 유무와 관계없이 채권자로서의 지위를 상실한 채권양수인의 청구를 거부할 수 있다고 판시하였다. 同旨 대법원 2015.5.28. 선고 2015다203790 판결(미간행). 또한 대법원 2019.5.10. 선고 2018다291033 판결(미간행)은 회생채권자 甲이 채권 신고기간 내에 반대채권이 포함된 채권 전액을 신고하였고, 이후 관리인이 이를 그대로 시인하는 채권자목록을 제출하였다가 甲으로부터 반대채권에 관한 채권부존재확인서를 제출받은 다음 채권자목록에서 그 반대채권을 제외하였다고 하더라도, 회생계획안이 인가됨에 따라 甲의 채권은 회생계획에서 인정된 권리를 제외하고 모두 면책되었다고 보아 여전히 반대채권이 남아 있음을 전제로 하는 甲의 상계항변을 배척한 원심을 유지하였다.

60) 대법원 2001.7.24. 선고 2001다3122 판결(공2001, 1919), 대법원 2005.2.17. 선고 2004다39597 판결(공보불게재), 대법원 2018.11.29. 선고 2017다286577 판결(공2019상, 142).

61) 대법원 2019.3.14. 선고 2018다281159 판결(공2019상, 1031)은 다만 채무자의 다른 법률상 지위와 관련하여 면책된 채무의 부존재확인을 구할 확인의 이익이 있는지는 별도로 살펴보아야 한다고 하면서 확인의 이익을 인정하지 않은 원심을 유지하였다. 同旨 대법원 2017.4.28. 선고 2015다20230 판결(미간행), 서울중앙지법 2018.4.4. 선고 2016가합534601 판결(미간행). 물론 회생채권을 신고하지 아니하여 회생절차에서 면책된 후 채무의 이행을 소로써 구하는 경우 권리보호의 이익이 없어 각하된다. 대법원 2019.7.4. 선고 2017다229307 판결(미발간).

62) 대법원 2022.10.27. 선고 2017다243143 판결(공2022하, 2294)은 원고가 양도인으로부터 문제가 된 환급청구권을 포함하여 금융영업사업부문 일체를 양수하고 그에 관한 대금을 전액 지급하였으나 양도인에 대하여 회생절차가 개시되기 전에 위 환급청구권에 대한 확정일자 있는 양도통지 등의 대항요건을 구비하지 않았는데, 이후 양도인에 대한 회생절차에서 채권신고기간 내에 법원에 채권양도통지 이행청구권을 신고하지 않았고, 채권자목록에도 채권양도통지 이행청구권이 기재되지 않은 상태에

3. 회생계획의 확정 791

대하여는 채권양도는 채권의 귀속주체를 직접 변경하게 하는 처분행위이기 때문에 양도인과 양수인 간에 채권양도계약이 있으면 대항요건 구비와 관계없이 해당 채권이 양수인에게 이전되므로 채권양도통지 이행청구권이 미신고 등의 이유로 실권되었다고 하더라도 채권양도인과 양수인 사이의 채권양도의 효력에는 영향이 없으므로 채권양도인이 채무자로부터 채권을 변제받았다면, 설령 채권양도통지 이행청구권이 실권되었다고 하더라도 양도인과 양수인과의 관계에서는 양도인이 아닌 양수인에게 양도대상 권리가 귀속되므로 양수인이 양도인을 상대로 부당이득반환청구가 할 수 있는 여지가 생기고, 관리인을 양도인과 동일한 자로 볼 경우 채권양도인이 아닌 양수인에게 양도대상 권리가 귀속되기 때문에 관리인의 부당이득반환의무가 성립될 여지가 생기는데, 반면에 관리인이 민법 제450조 제2항 채권양도에 있어서의 제3자에 해당한다고 볼 경우에는 회생절차 개시 전에 대항요건을 갖추지 않은 양수인은 제3자인 관리인에게 대항할 수 없게 되어 관리인의 부당이득이 성립되지 않는다는 결론에 이르게 되므로 결국 위 판결이 관리인의 제3자성에 관해 정면으로 다루지 않은 점은 아쉽다는 반론이 있다.[63)]

물론 회생계획에서 인정되지 아니한 주주, 지분권자의 권리나 채무자의 재산에 관한 담보권은 책임만이 소멸하는 것이 아니라 그 권리 자체가 소멸한다. 주채무인 회생채권이 소멸시효기간 경과 전에 실권되었다면 더 이상 주채무의 소멸시효 진행이나 중단이 문제될 여지가 없으므로, 이러한 경우 보증인은 보증채무 자체의 소멸시효 완성만을 주장할 수 있을 뿐 주채무의 소멸시효 완성을 원용할 수 없다.[64)]

판례 중에는 정리회사 총무이사가 회사정리개시결정을 받은 직후 위 회사에 대하여 대여금 채권을 가지고 있던 채권자에게 위 채권을 변제할 것을 약속하고 그 담보로 제3자 발행의 약속어음을 배서양도하면서 위 대여금 채권을 정리채권으로 신고하지 말라고 권유하여 채권자가 신고하지 아니하였다가 위 어음이 지급 거절됨으로써 그 대여금 상당의 손해를 입은 사안에서 정리채권인 위 대여금 채권을 신고하지 아니하여 그 채권을 상실하게 된 것은 회사정리법의 규정에 비추어 당연한 것으로, 이는 오로지 정리채권자가 자초한 손해라고 보아야 할 것이니 총무이사의 위와 같은 행위는 채권자에 대하여 불법행위를 구성한다고 볼 수도 없고, 또 위 행위와 채권자의 손해 발생과 사이에 인과관계가 있다고 볼 수도 없다고 판시하여 손해배상청구를 배척한 사례가 있고,[65)] 회사정리절차개시결정에 의

서 회생계획이 인가되었으므로, 회생채권인 원고의 채권양도통지 이행청구권은 실권되었고, 따라서 양도인의 관리인인 피고가 이 사건 환급청구권을 행사하여 환급금을 지급받았더라도 원고는 그 환급금이 부당이득임을 주장하여 피고를 상대로 반환을 구할 수는 없다고 한 사안이다.

63) 상세는 이진웅, [2022년 분야별 중요판례분석] (18) 도산법, 법률신문 2022.6.25.자 참조.

64) 대법원 2016.11.9. 선고 2015다218785 판결(공2016하, 1880).

65) 대법원 1987.10.28. 선고 87다카1391 판결(공1987, 1792)은 구 회사정리법에 의하면, 정리절차가 개시되면 대여금 채권과 같은 정리채권은 정리절차에 의하지 아니하고 변제하거나, 변제받거나 기타 이

하여 중지된 배당절차에 참가하여 배당금을 수령한 정리담보권자가 그 배당금 상당의 채권액을 정리담보권 신고에서 제외하여 그에 상응하는 정리회사의 채무가 면책된 사안에서, 그 면책은 정리담보권자가 책임질 사유에 기한 것이어서, 위 배당이 정리계획인가결정에 의하여 무효가 되었다고 하더라도 이로써 정리회사가 법률상 원인 없이 위 면책된 채무액 상당의 이익을 얻었다고 할 수 없어 정리담보권자가 그만큼의 부당이득반환채권을 취득하였다고 볼 수 없다는 이유로, 그 부당이득반환채권을 자동채권으로 하는 정리담보권자의 상계항변을 배척한 사례,[66] 아파트 시공자인 甲 회사가 주택도시보증공사와 하자보수보증계약을 체결한 후 甲 회사에 대한 회생절차가 개시되었고, 회생절차에서 위 아파트의 입주자대표회의가 '하자보수에 갈음하는 손해배상채권'을 회생채권으로 신고하지 아니하여 甲 회사의 입주자대표회의에 대한 채무가 면책되었는데, 그 후 甲 회사가 입주자대표회의를 상대로 입주자대표회의가 주택도시보증공사에 대하여 가지는 하자보수보증금청구권의 부존재확인을 구한 사안에서, 甲 회사가 제기한 확인의 소는 甲 회사의 법률상 지위에 현존하는 불안·위험을 제거하는 가장 유효·적절한 수단으로 볼 수 없으므로 확인의 이익이 없다고 한 사례[67]도 있다.

일본의 판례 중에는 소비자금융회사에게 민사재생절차가 개시된 사안에서 과급금반환청구권(이자제한법이 정한 한도 이상으로 지급한 이자를 되돌려 받는 청구권)이 신고되지 않은데 대하여 재생채권자가 책임질 수 없는 사유로 인하여 신고할 수 없었던 것으로 해석하여 신고재생채권과 동일한 조건으로 변제하는 취지의 재생계획의 일반적 기준에 기초하여 변경된 것으로 본 사례가 있다.[68]

를 소멸하게 할 수 없으며, 정리채권자는 그가 가진 정리채권을 신고하고 정리절차에 참가해서 조사기일이나 관계인집회 등에 출석하여 소정의 권리를 행사하는 등 하여 인가된 정리계획의 규정에 따른 채권을 갖게 될 뿐이며, 정리계획인가의 결정이 있을 때에는 회사는 정리계획의 규정 또는 회사정리법의 규정에 의하여 인정된 권리를 제외하고는 모든 정리채권에 관하여 그 책임을 면하는 것이므로, 정리채권 신고를 아니하여 정리계획의 규정에서 제외된 정리채권자는 그 채권을 상실하게 된다고 설명하였다.

66) 대법원 2007.7.13. 선고 2005다71710 판결(공2007, 1264).
67) 대법원 2019.7.10. 선고 2016다254719 판결(미간행)은 위 소송에서 원고가 승소한다고 가정하더라도 승소판결의 효력은 주택도시보증공사에게 미치지 않고, 주택도시보증공사가 원고에 대하여 구상금 청구 소송을 제기할 경우 그 승소판결과 배치되는 판결이 선고될 가능성도 있다는 점을 이유로 들었다.
68) 日最判平成23.3.1判時2114호52면, 倒産判例 インデックス 제3판 151[百選99]. 당초 일본의 판례에 의하면 이자제한법의 상한을 초과하는 이자의 지급은 첫째 원본에 충당되고(日最判昭和39.11.18民集18권9호1868면), 그 결과 원본이 완제된 후의 과급금은 부당이득으로서 반환청구의 대상이었다(日最判昭和43.11.13民集22권12호2526면). 그리고 당시의 대금업법에 의하면 대금업자가 업으로서 행하는 금전소비대차상의 이자에 관하여는 이자제한법의 상한을 초과하는 이자의 지급에 있어서도 출자법의 상한금리까지는 일정한 요건을 만족하고 채무자가 임의로 변제한 것인 한, 유효한 이자채무의 변제로 보았다(이른바 간주변제). 그러나 소비자금융의 획기적인 판결이라 불리는 日最判平成18.1.13民集60권1호1면은 이자제한법 소정의 제한을 초과하는 약정이자의 지급을 지체한 때에 당연히 기한의 이

조세채권의 경우에도 회생절차개시결정 전에 조세채권이 추상적으로 성립하여 있었다고 하더라도 장차 부과처분에 의하여 구체적으로 정하여질 조세채권을 회생채권으로 신고하지 아니한 채 회생계획인가결정이 된 경우에는 과세관청이 더 이상 부과권을 행사할 수 없으며, 따라서 그 조세채권에 관하여 회생계획인가결정 후에 한 부과처분은 부과권이 소멸한 뒤에 한 위법한 과세처분으로서 그 하자가 중대하고도 명백하여 당연무효이다.[69]

위와 같은 효과는 여러 차례 기술한 바와 같이 회생절차의 효과 중 가장 중요한 것이다.[70] 이로써 모든 권리자의 절차에의 참가가 강제된다. 법률이 정하는 예외로는 벌금·과료 등(법140조1항, 251조 단서)과 절차에 참가하지 않은 주주·지분권자의 권리(법254조)를 들수 있다. 공익채권(법179조)이 면책되지 않는 것은 물론이나, 이는 도산채권이 아니므로 위에서 본 원칙에 대한 예외는 아니다.

(나) 권리변경의 효력

1) 개념

회생채권자·회생담보권자·주주·지분권자의 권리는 화해의 경우와 마찬가지로 계획의 규정에 따라 실체적으로 변경된다(법252조1항. 권리의 성질은 변하지 않는다). 이 효력은 후에 절차가 폐지되어도 존속한다(법288조4항). 또한 종전의 주식·지분권 상의 질권자는 주주·지분권자가 계획에 의하여 취득하는 권리 상에 권리를 행사할 수 있다(법252조2항). 이 권리변경의 효력은 회생계획 인가결정에 의하여 회생채권자 등의 권리가 그 회생계획의 내용대로 실체적으로 변경되는 효력이 있음을 규정한 것이고 단지 채무와 구별되는 책임만의 변경을 뜻하는 것이 아니며,[71] 회생계획 등에 의하여 인정되지 아니한 회생채권과 회생담보권에 대한 채무자회생법 제251조의 면책과는 성질이 다르므로 회생계획인가의 결정이 있으면 회생채권자 등의 권리는 회생계획에 따라 변경되어 채무의 전부 또는 일부의 면제효과가 생기고, 기한을 유예한 경우에는 그에 따라 채무의 기한이 연장되며, 회생

익을 상실하는 취지의 약정은 무효이고, 이를 유효라고 오해하지 않는 것 같은 조치가 이루어지는 등의 특단의 사정이 없는 한 당해 약정이자의 지급은 채무자의 자유로운 의사에 의한 지급이라고 할 수는 없고, 변제는 효력을 발생하지 않는다고 하였다. 그 결과 소비자금융의 다수의 고객이 금융업자들을 상대로 이른바 과급금반환청구를 하였고, 이는 소비자금융업자들에게 큰 부담이 되어 민사재생이나 회사갱생을 신청하는 사업자까지 생겨나게 되었다. 이 경우 금융업자가 고객이 청구한 손해배상청구권과 대출금반환채권과 상계를 허용하지 않은 판결로는 日最判平成20.6.10民集62권6호1488면, 과급금반환청구권이 파산채권으로 확정되었다고 하여도 파산관재인의 법인세액 감액청구를 받아들이지 않은 사례로는 日最判令和2.7.2民集74권4호1030면 참조.

69) 대법원 2007.9.6. 선고 2005다43883 판결(공2007, 1535).
70) 이 합헌성에 관하여 대법원 1993.11.9.자 93카기80 결정(공1994, 158)은 회사정리법 제241조의 실권 제도는 공공의 복지를 위하여 헌법상 허용된 필요하고도 합리적인 재산권의 제한을 정한 것이므로 위 조항이 헌법 제10조, 제11조, 제23조, 제27조, 제37조에 위배된 위헌규정이라고는 할 수 없다고 판시하였다. 또한 헌법재판소 1996.1.25. 선고 93헌마5,58(병합) 결정 참조.
71) 대법원 2018.11.29. 선고 2017다286577 판결(공2019상, 142)[백선04].

채권이나 회생담보권을 출자전환하는 경우에는 그 권리는 인가결정 시 또는 회생계획에서 정하는 시점에 소멸한다.[72] 회생채권에 대한 변제충당의 방법이나 순서 역시 회생계획의 내용에 따라 정해진다.[73] 이 점에서 회생절차를 통하여 채무자에 대한 권리자들에게 절차 참여의 기회를 보장하였음에도 절차에 참여하지 아니한 권리자는 보호할 가치가 없다는 점과 뒤늦게 권리를 주장하고 나서는 권리자로 인하여 회생계획의 수행이 불가능하게 된다는 점을 감안하여 마련된 채무자회생법 제251조의 면책과는 그 성질을 달리하는 것이다.[74]

또한 판례는 위와 같은 이유로 회생채권자인 원고가 회생채권신고액수를 기준으로 사해행위취소 및 가액배상을 청구한 사건에서는 피고가 명시적으로 주장하지 않았더라도 위와 같이 채무자에 대하여 회생절차가 개시되어 원고를 포함한 회생채권자들의 권리변경 내역이 담긴 회생계획인가결정문 등이 제출되었다면, 법원으로서는 원고의 원래 채권액이

---

72) 대법원 2017.10.26. 선고 2015다224469 판결(공2017하, 2171)은 신용보증기금이 甲에 대한 구상금채 권을 피보전채권으로 하여 甲이 체결한 부동산 증여계약의 수익자인 乙 등을 상대로 채권자취소소송을 제기하여 가액배상금을 지급하기로 하는 내용의 화해권고결정이 확정되었는데, 그 후 甲에 대하여 개시된 회생절차에서 신용보증기금의 구상금채권에 관한 회생채권 중 일부는 면제하고, 나머지는 현금으로 변제하는 내용의 회생계획 인가결정이 이루어졌으며, 이에 따라 甲이 회생계획에서 정한 변제의무를 완료한 후에 乙 등이 화해권고결정에 기한 강제집행의 불허를 구한 사안에서, 회생계획 인가결정이 이루어짐에 따라 구상금채권에 관한 회생채권이 회생계획에 따라 실체적으로 변경되어, 구상금채권에 관한 회생채권 중 회생계획에서 면제하기로 한 부분은 회생계획 인가결정 시점에, 현금으로 변제하기로 한 나머지 부분은 그 이후의 변제에 의하여 각 확정적으로 소멸하였으므로, 사해 행위 취소로 인한 가액배상금 지급에 관한 화해권고결정의 전제가 된 신용보증기금의 피보전채권 역시 소멸하였는데도, 화해권고결정의 집행력 배제를 구할 청구이의 사유가 존재하지 않는다고 본 원 심판단에 법리오해 등의 위법이 있다고 한 사례이다. 말하자면 위 판결은 회생계획인가결정이 있는 경우 법 제252조 제1항에 따른 회생채권자 등의 권리 '변경'의 효력과 회생계획 등에 의하여 인정되지 아니한 회생채권 등에 대한 법 제251조의 '면책'은 분명히 다름에도 불구하고 원심이 이를 혼동한 것을 바로 잡은 것이다. 이 판결에 대한 해설로 심영진, "사해행위 취소 및 원상회복을 명하는 판결이 확정되었으나 재산이나 가액의 회복을 마치기 전에 피보전채권이 소멸한 경우 판결의 집행력을 배제하는 적법한 청구이의 이유가 되는지 여부", 대법원판례해설 제113호, 법원도서관(2018), 36면 참조. 同旨 대법원 2005.7.28. 선고 2005다17518 판결(공보불게재), 대법원 2020.12.10. 선고 2016다254467, 254474 판결(공2021상, 179).

73) 대법원 2011.2.24. 선고 2010다82103 판결(공2011상, 641)은 정리계획의 보증채무 조항에 '정리회사가 타인을 위하여 제공한 연대보증채무는 우선 주채무자로부터 변제받거나 주채무자로부터 제공받은 담보물건을 처분하여 변제받도록 한다'라고 규정된 사안에서, 위 규정의 의미는 정리절차에서 주채 무와 보증채무의 변제조건을 차등취급하는 실무 관행에 따라 보증채무인 정리채권에 대하여는 주채 무자로부터 우선 변제받도록 한 후 주채무자에 대한 정리절차 또는 파산절차 등에 의하여 변제를 받지 못하는 것이 확정되어야 정리회사가 보증채무자로서 변제하도록 정한 것이지, 정리계획상 제3자로부터의 변제나 제3자로부터 제공받은 담보물건으로부터의 변제를 배제하는 규정은 아니고, 한편 공동보증인으로부터 제공받은 담보물건으로부터의 변제 가능성이 있었고 그러한 변제가 배제되지 아니한 이상, 단순히 주채무자에 대한 파산폐지결정이 확정되었다는 사정만으로 정리회사의 보증채무가 확정된다고 할 수 없다고 본 원심의 판단을 수긍하였다. 이 판결에 대한 평석으로 오수근, "물상보증인의 변제와 연대보증채무의 확정 ― 대법원 2011.2.24. 선고 2010다82103 판결 비평 ―", 도산법연구 제4권 제1호, 사단법인 도산법연구회(2013.5.), 65면 참조.

74) 대법원 2003.3.14. 선고 2002다20964 판결(공2003, 974)[백선56].

회생계획인가결정에 따라 일부 면제되었는지, 피고가 이를 주장하는지 등에 관하여 석명
권을 행사하여야 한다고 하였다.[75)]

2) 효력의 범위

회생계획의 권리변경 규정에 의하여 회생채권자, 회생담보권자에 대하여 권리가 인정
된 경우 그 권리는 확정된 회생채권자, 회생담보권자에 한하여 인정된다(법253조). 주식회
사인 채무자의 주주의 권리를 양수한 자라도 정리계획에서 그 권리가 타인 명의로 인정되
어 있는 이상 회생계획에서 정하여진 내용과 다른 권리를 주장할 수 없다.[76)] 또한 구 회사
정리법하에서 주식회사인 채무자의 자본을 감소함으로써 주주의 권리를 변경하는 내용의
정리계획 인가결정이 확정된 경우에, 주식 신고기간이 지난 후 그 인가결정이 있기 전에
종전의 주주로부터 기명주식을 양수하고 명의개서절차까지 마쳤다고 하더라도, 주식 신고
기간이 경과하여 그 사실을 신고하지 못하였을 뿐만 아니라 정리법원 또는 정리회사의 관
리인에게 그와 같은 사실을 통지하지도 아니하여 당해 주식의 양수사실이 주주표나 정리
계획안에 반영되지 못하였다면, 종전의 주주가 한 주식의 신고 내용에 따라 정하여진 정
리계획에 따라 주주의 권리에 관한 권리변경적 효력이 발생하는 것으로서, 주식 양수인으
로서는 그 정리계획에 의하여 소각된 주식이 종전 주주의 소유가 아니라 자기 소유라는
사유로 그 소각의 효력을 다툴 수 없다고 보아야 한다는 것이 판례의 입장이다.[77)]

3) 보증인 및 물상보증인의 지위

회생계획의 위와 같은 권리변경의 효력은 채무자, 회생채권자·회생담보권자·주주·
지분권자, 회생을 위하여 채무를 부담하거나 담보를 제공한 자, 신회사(합병 또는 분할합병
으로 인하여 설립된 신회사 제외)를 위하여 또는 이들에 대하여 미친다(법250조1항). 그러나
이러한 면책 등의 효력은 채무자에 대한 관계에서만 상대적으로 발생하는 것에 불과하고,
채무자가 아닌 제3자에 대한 관계에서까지 채권이 절대적으로 소멸하는 것은 아니다. 따
라서 회생계획은 회생채권자 또는 회생담보권자가 채무자의 보증인 기타 채무자와 함께
채무를 부담하는 자에 대하여 가지는 권리와 채무자 이외의 자가 회생채권자 또는 회생담
보권자를 위하여 제공한 담보에 그 영향을 미치지 아니한다(법250조2항). 이는 회생계획에
따라 채무자의 채무가 면책되거나 변경되더라도 보증인이나 물상보증인 등의 의무는 면책
되거나 변경되지 아니한다는 취지를 규정한 것으로서 여기서 「채무자 이외의 자가 회생채

75) 대법원 2021.10.28. 선고 2019다200096 판결(공2021하, 2253)은 회생계획인가결정에 따른 권리변동에
   의해 피보전채권은 축소되고 그를 넘는 부분은 면제된 것으로 봄이 타당하고, 피고가 회생계획인가
   결정문을 증거로 제출하고, 권리변경이 이루어진 사실을 주장하였다면 채권이 일부 면제되었다는 취
   지가 포함되어 있다고 하였다.
76) 대법원 1969.8.19. 선고 68다2439 판결(집17권제3집민8면).
77) 대법원 2002.4.12. 선고 2001다30520 판결(공2002, 1091).

권자 또는 회생담보권자를 위하여 제공한 담보」라고 함은 회생채권자 등이 채무자에 대한 채권을 피담보채권으로 하여 제3자의 재산상에 가지고 있는 담보물권을 말한다.[78] 따라서 회생채권자는 채무자 이외의 자가 제공한 저당부동산에 대하여는 회생계획으로 변경되기 전의 당초 약정에 기한 피담보채권에 기초하여 채권최고액을 한도로 저당권을 실행할 수 있다.[79] 채무자회생법 제251조, 제252조 제1항에 따라 채권자의 권리가 실권되거나 변경된 경우에도 채무자회생법 제250조 제2항 제2호의 규정이 적용되어 실권되거나 변경된 채권의 권리자의 물상보증인에 대한 권리에는 영향을 미치지 않는데, 이는 회생절차 개시전에 채권자가 채무자에 대한 채권을 피담보채권으로 하여 저당권을 설정받은 저당부동산에 대한 소유권을 채무자로부터 취득한 제3취득자가 있는 경우에도 마찬가지이다. 따라서 그 후 채무자에 대하여 회생절차가 개시된 경우 채권자가 제3취득자가 취득한 부동산에 대하여 갖는 저당권은 여기서 말하는 '채무자 외의 자가 회생채권자 또는 회생담보권자를 위하여 제공한 담보'에 해당하여 회생계획이 영향을 미치지 않고, 또한 회생절차에서 채권자의 권리가 실권되거나 변경된 경우에도 실권되거나 변경된 채권의 권리자의 제3취득자에 대한 권리에는 영향을 미치지 않는다.[80]

판례 중에는 甲 회사가 乙 은행으로부터 대출을 받으면서 甲 회사 소유의 부동산에 관하여 근저당권을 설정해 주었고, 기술신용보증기금은 甲 회사와 위 대출금채무를 보증하기로 하는 신용보증약정을 체결하였는데, 甲 회사가 대출금채무 등을 변제하지 못한 상태에서 회생절차가 개시되자 기술신용보증기금이 대출금채무 중 일부를 대위변제하고 乙

---

78) 대법원 2003.5.30. 선고 2003다18685 판결(공2003, 1452)은 신탁자에 대하여 회사정리절차가 개시된 경우 채권자가 신탁부동산에 대하여 갖는 근저당권 등 담보권은 회사정리법 제240조 제2항에서 말하는 '정리회사 이외의 자가 정리채권자 또는 정리담보권자를 위하여 제공한 담보'에 해당하여 정리계획이 여기에 영향을 미칠 수 없다고 할 것일 뿐만 아니라 채권자가 정리채권 신고기간 내에 신고를 하지 아니함으로써 정리계획에 변제의 대상으로 규정되지 않았다 하더라도, 이로써 실권되는 권리는 채권자가 신탁자에 대하여 가지는 정리채권 또는 정리담보권에 한하고, 수탁자에 대하여 가지는 신탁부동산에 관한 담보권과 그 피담보채권에는 아무런 영향이 없다고 판시하였는데, 이에 관하여는 비전형담보에 관한 부분에서 전술하였다.
79) 대법원 2017.8.30.자 2017마600 결정(미간행)은 구 회사정리법에 관한 사안이다.
80) 대법원 2017.11.23. 선고 2015다47327 판결(공2018상, 8)은 신탁자가 그 소유의 부동산에 채권자를 위하여 저당권을 설정하고 저당권설정등기를 마친 다음, 그 부동산에 대하여 수탁자와 부동산 신탁계약을 체결하고 수탁자 앞으로 신탁을 원인으로 한 소유권이전등기를 해 주어 대내외적으로 신탁부동산의 소유권이 수탁자에게 이전하였다면, 수탁자는 저당부동산의 제3취득자와 같은 지위를 가지므로 그 후 신탁자에 대한 회생절차가 개시된 경우 채권자가 신탁부동산에 대하여 갖는 저당권은 '채무자 외의 자가 회생채권자 또는 회생담보권자를 위하여 제공한 담보'에 해당하여 회생계획이 여기에 영향을 미치지 않고, 또한 회생절차에서 채권자의 권리가 실권되거나 변경되더라도 이로써 실권되거나 변경되는 권리는 채권자가 신탁자에 대하여 가지는 회생채권 또는 회생담보권에 한하고, 수탁자에 대하여 가지는 신탁부동산에 관한 담보권과 그 피담보채권에는 영향이 없고, 이는 회생계획에 대한 인가결정 후 부동산 담보신탁계약의 해지로 다시 채무자에게 소유권이 귀속되었다고 하더라도 달리 볼 수 없다고 하였다.

은행으로부터 근저당권 일부를 이전받는 계약을 체결하면서 근저당권이 실행될 경우 연체 이자 차액분에 대하여는 기술신용보증기금보다 乙 은행의 채권에 우선하여 충당하기로 약 정하였고, 인가된 회생계획에서는 기술신용보증기금과 乙 은행으로부터 甲 회사에 대한 대출금채권과 근저당권 관련 권리 일체를 양수한 丙 유한회사의 채권에 대한 개시후이자 는 감액된 이율을 적용하여 변제하기로 정한 사안에서, 회생절차 개시 이후에 근저당권 일부이전계약을 체결하게 된 동기와 경위, 이를 통해 달성하려는 목적, 당사자들의 의사 등을 종합적으로 고려하면, 인가된 회생계획에 따라 변경된 이율에 의해 丙 회사의 채권 액을 계산하는 것이 타당하다고 한 사례가 있고,[81] 일본의 판례는 가집행선고부 판결에 대한 상소와 함께 금전을 공탁하는 방법에 의하여 담보를 제공하고 강제집행의 정지가 된 후에, 채무자에 관하여 갱생절차 개시의 결정이 된 경우, 그 피담보채권인 손해배상청구권 은 갱생담보권은 아니고 갱생채권에 해당하고, 피공탁자는 채무자에 관한 갱생계획인가의 결정이 되어도 갱생계획이 영향을 미치지 않는 「갱생회사와 함께 채무를 부담하는 자에 대하여 가지는 권리」로서 공탁금의 반환청구권을 행사할 수 있다고 하였다.[82]

　　다만 채권자가 신용보증기금, 기술보증기금, 중소기업진흥공단인 경우에는 중소기업 의 회생계획인가결정을 받는 시점에 주채무가 감경 또는 면제될 경우 연대보증채무도 동 일한 비율로 감경 또는 면제한다(신용보증기금법30조의3, 기술보증기금법37조의3, 중소기업진흥 에 관한 법률74조의2). 이는 연대보증인에 대한 회생절차가 개시된 후 중소기업에 대한 회생 계획인가결정으로 주채무가 감면된 경우에도 마찬가지이다.[83] 이 경우 보증채무의 부종성

---

81) 대법원 2019.7.24. 선고 2016다271530 판결(미간행).

82) 日最決平成25.4.26民集67권4호1150면.

83) 대법원 2023.4.13. 선고 2022다289990 판결(공2023상, 839)은 그 이유를 다음과 같이 설시하였다. ① 회생계획이 인가되어 회생기업의 채무조정이 이루어지는 경우에도 회생기업의 채무를 연대보증한 경영자에게 채무조정의 효력이 미치지 않음에 따라, 경영자 개인은 여전히 재기하기 어렵고 경영자 가 기업의 채무를 연대보증하는 경우가 많은 중소기업의 현실에 비추어 결과적으로 기업의 실효성 있는 회생도 어려워진다는 점을 고려하여 신용보증기금법 제30조의3이 신설되었다. 이러한 신용보증 기금법 제30조의3의 입법 취지는 신용보증기금이 연대보증인에 대한 회생절차에서 행사할 수 있는 권리의 범위를 결정하는 데에도 충분히 고려할 필요가 있다. ② 신용보증기금법 제30조의3은 중소기 업의 회생계획인가결정을 받는 시점에 신용보증기금에 대한 주채무가 감경 또는 면제된 경우 연대보 증채무도 동일한 비율로 '감경 또는 면제한다.'고 규정함으로써, 채권자인 신용보증기금의 불이익을 감수하고 연대보증인으로 하여금 감면된 비율의 범위에서만 연대보증채무를 부담하도록 정하였으므 로, 신용보증기금은 연대보증인에 대하여 감면된 연대보증채무에 상응하는 범위에 한하여 권리를 행 사할 수 있다. ③ 채무자회생법 제126조 제1항, 제2항은 회생절차에서 채권자로 하여금 확실히 채권 의 만족을 얻을 수 있도록 함으로써 채권자를 보호하기 위한 규정이다. 그러나 신용보증기금법 제30 조의3의 입법 취지·내용 등에 비추어 보면, 연대보증인에 대하여 회생절차가 개시된 후 중소기업에 대한 회생계획인가결정으로 신용보증기금에 대한 주채무가 감면된 경우에도 신용보증기금법 제30조 의3이 채무자회생법 제126조 제1항, 제2항보다 우선 적용되어야 한다. 따라서 신용보증기금은 이 경 우에도 연대보증인에 대한 회생절차에서 감면된 주채무에 상응하는 채권액에 한정하여 권리를 행사 할 수 있을 뿐이다. ④ 신용보증기금법 제30조의3에 따른 주채무의 감면과 연대보증인에 대한 회생

에 대한 예외를 규정한 채무자회생법 제250조 제2항 제1호의 적용은 배제되고, 결국 원래
로 돌아가 보증채무의 부종성이 인정되는 것이다. 이는 회생절차를 이용하는 중소기업의
기술보증기금 등에 대한 주채무가 회생계획에 따라 감면되는 경우 이로 인한 효과를 주채
무를 연대보증한 대표자 등에게도 미치도록 하여, 재정적 어려움에 빠진 중소기업의 실효
성 있는 회생과 함께 대표자 등의 재기를 도모하려는 것인데, 위 규정의 내용과 입법취지
등을 종합하면 회생계획에서 주채무의 변제기를 연장한 것도 위 규정에서 정한 '주채무의
감경 또는 면제'에 해당한다고 본다.[84] 다만 판례는 지역신용보증재단에 적용되는 지역신
용보증재단법에는 채무자회생법 제250조 제2항 제1호의 적용을 배제하는 규정이 없으므
로 이 경우에도 기술보증기금법 제37조의3과 신용보증기금법 제30조의3을 유추적용하여
채권자가 지역신용보증재단인 경우에 주채무가 인가된 회생계획에 따라 감경·면제된 때
연대보증채무도 동일한 비율로 감경·면제된다는 결론을 도출할 수는 없다고 하였다.[85]

　　　절차개시의 선후는 중소기업 및 연대보증인에 대한 회생절차개시신청의 시기, 회생절차의 진행경과
　　등에 따라 달라질 수 있다. 그런데 연대보증인에 대한 회생절차개시 후 주채무가 감면되더라도 신용
　　보증기금이 회생절차개시 당시의 연대보증채권 전액으로 권리를 행사할 수 있다면, 신용보증기금이
　　연대보증인에 대한 회생절차에서 행사할 수 있는 채권의 범위가 회생절차의 선후 또는 진행경과라는
　　우연한 사정에 의해 달라지는 것이 되어 부당할 뿐만 아니라 연대보증인은 중소기업에 대한 회생계획
　　인가결정으로 주채무의 감면이라는 법률효과가 발생할 때까지 자신에 대한 회생절차개시신청을 미룰
　　가능성이 커진다. 이는 회생기업과 연대보증한 대표자 등에 대한 회생절차를 병합 처리하는 경우에
　　대표자 등의 부담을 경감하고 효율적인 회생을 도모할 수 있다는 점과 비교하여, 회생절차의 효율적
　　진행에 지장을 줄 가능성이 높아짐은 물론 회생기업에 대한 회생절차가 진행되고 있음에도 연대보증
　　인으로 하여금 자신에 대한 회생절차 진행을 보류한 탓에 신용보증기금을 비롯한 채권자들의 채권추
　　심으로부터 벗어날 수 없게 하고, 결과적으로는 재정적 어려움에 빠진 중소기업의 실효성 있는 회생
　　과 함께 대표자 등의 재기를 도모하는 신용보증기금법 제30조의3의 입법 취지에도 어긋나게 된다.
84)　대법원 2016.8.17. 선고 2016다218768 판결(공2016하, 1329).
85)　대법원 2020.4.29. 선고 2019다226135 판결(공2020상, 977)은 그 이유로서 위 조항들은 채권자의 권리
　　가 희생되는 불가피한 점이 있는데도, 일반 채권자와 구별하여 기술보증기금이나 신용보증기금에 대
　　해서는 달리 취급하겠다고 입법자가 결단하여 특별한 예외를 정한 것이므로 지역신용보증재단법에
　　위 조항들과 같은 규정이 없다고 해서 법률의 흠결이 있다고 할 수 없고, 이를 법률의 흠결로 보더라
　　도 기술보증기금 또는 신용보증기금과 지역신용보증재단 사이에 채무자를 위한 보증업무를 제공한
　　다는 유사점이 있다는 이유만으로 유추적용을 긍정해야 하는 것도 아니라고 하였다. 기술보증기금과
　　신용보증기금은 국민경제의 발전에 이바지함을 설립목적으로 하고 있지만(기술보증기금법 제1조, 신
　　용보증기금법 제1조), 지역신용보증재단은 지역경제 활성화와 서민의 복리 증진에 이바지함을 설립
　　목적으로 하고 있고(지역신용보증재단법 제1조), 지역신용보증재단은 기술보증기금이나 신용보증기
　　금과 달리, 정부와 금융기관뿐만 아니라 지방자치단체로부터도 기금 조성을 위한 출연을 받고 있으
　　며(기술보증기금법 제13조, 신용보증기금법 제6조, 지역신용보증재단법 제7조), 채무자를 위해 제공
　　하는 보증의 한도에 관해서도 기술보증기금과 신용보증기금은 30억 원을 한도로 하는데(기술보증기
　　금법 시행령 제23조 제2항, 신용보증기금법 시행령 제20조 제2항), 지역신용보증재단은 8억 원에 불
　　과한 점(지역신용보증재단법 시행령 제16조 제3항) 등에서 보듯이 기술보증기금이나 신용보증기금과
　　지역신용보증재단 사이에는 설립목적과 재원, 신용보증을 제공하는 경우의 보증한도액 등에서 차이
　　가 있는데, 이러한 사정에 비추어 지역신용보증재단이 채권자인 경우에 기술보증기금법 제37조의3과
　　신용보증기금법 제30조의3을 유추적용하는 것이 정당하다고 볼 수 없다고 하였다.

회생채권자나 회생담보권자의 채무자에 대한 권리가 회생계획에 의하여 변경 또는 감액되었다 하더라도 회생채권자 등은 회생절차 개시 이전에 채무자의 채무를 보증한 보증인 또는 채무자의 채무를 위하여 담보물을 제공한 물상보증인에 대하여는 변경 또는 감액됨이 없는 원래대로의 권리를 행사할 수 있다. 회생절차는 공익상의 필요에서 재정적 궁핍으로 파탄에 직면한 채무자의 재건의 목적을 이루기 위하여 채무자가 부담하고 있는 채무 또는 책임을 감소시켜 되도록 부담이 가벼워진 상태에서 채무자가 영업을 계속하여 수익을 올릴 수 있는 여건을 만들어 주자는 것이므로, 채무자가 회생채권자에 대하여 부담하는 채무에 관해서는 면책 등 광범위한 변경을 가하여 그 이해의 조정을 하게 되지만, 보증인 등 채무자가 아닌 제3자가 회생채권자에 대하여 부담하는 채무를 경감시키는 것은 회생절차가 달성하고자 하는 본래의 목적과는 전혀 무관한 것일 뿐만 아니라, 만약 회생계획에 의하여 회생채권자가 채무자에 대하여 갖는 권리가 소멸 또는 감축되는 이외에 보증인 등에 대하여 갖는 권리까지도 마찬가지로 소멸 또는 감축되게 된다면, 이는 채무자의 정리재건에 직접 필요한 범위를 넘어 회생채권자에게 일방적인 희생을 강요하게 되는 셈이 되어 오히려 채무자의 회생재건을 저해하는 요인이 될 수 있는 것이며, 법 제250조 제2항에서 회생계획은 보증인 등의 책임범위에 아무런 영향이 없다고 규정하고 있는 것도 이러한 취지에서 비롯된 것이다.

따라서 회생채무자의 채무를 보증한 보증인의 책임을 면제하는 것과 같은 내용은 회생계획으로 정할 수 있는 성질의 것이 아니고, 설사 그와 같은 내용을 회생계획에 규정했다고 하더라도 그 부분은 회생계획으로서의 효력이 없다.[86] 제3자가 주채무를 면책적으로 인수하는 내용의 회생계획이 인가·확정되었다고 하더라도, 그 채무인수 자체에 의하여 채권에 대한 실질적인 만족을 얻은 것으로는 볼 수 없는 것이므로, 보증인의 책임 범위에는 아무런 영향이 없고, 한편 면책적 채무인수에 있어 보증책임의 소멸을 규정하고 있는 민법 제459조는 이 경우 그 적용이 배제된다.[87] 리스이용자에게 구 회사정리법상의 회사정리절차가 개시된 경우에 리스업자인 채권자가 그 리스계약상의 채권을 정리법원에 신고하지 아니함으로 말미암아 실권되었다 하더라도, 리스업자가 보증인에 대하여 가지는 권리

---

86) 대법원 2005.11.10. 선고 2005다48482 판결(공2005, 1967)은 구 회사정리법 하의 판결로서 정리채권자 또는 정리담보권자가 정리계획안에 대하여 동의 또는 부동의하였다고 하더라도 특별한 사정이 없는 한 일반적으로 정리계획안에 기재된 개개의 내용에 대하여 사법상 법률효과의 발생을 의도하는 의사표시를 한 것으로 볼 수는 없다는 이유로, 정리담보권자가 관계인집회에서 보증면제조항이 포함된 정리계획안에 대하여 동의하였다는 사정만으로는 보증인에 대하여 보증채무를 면제한다는 개별적인 의사표시를 하였다고 볼 수 없다고 한 원심의 판단을 수긍하였다. 이 판결에 대한 해설로 이정환, "정리회사의 보증인 채무를 면제하는 정리계획 규정의 효력", 민사판례연구 XXIX, 민사판례연구회(2007), 699면 참조. 同旨 대법원 2005.10.28. 선고 2005다28273 판결(공2005, 1860), 대법원 2012.6.14. 선고 2010다28383 판결(공2012하, 1203).

87) 위 대법원 2005.10.28. 선고 2005다28273 판결.

에는 영향을 미치지 않는다.[88]

따라서 회생채권자는 회생계획과 관계없이 보증인에 대하여 언제든지 본래의 채권을 청구할 수 있고 회생계획에 의하여 회생채권의 수액이나 변제기가 변경되더라도 보증인의 책임 범위에는 아무런 영향이 없으며,[89] 주채무자인 채무자의 구상금 채무를 보증한 보증인들로서는 구상권자의 대위변제금에 대하여 주채무자가 회생계획에 따라 지급한 금액의 공제를 주장함은 별론으로 하고, 채무자와 구상권자 사이의 당초의 구상약정에 따른 구상채무가 회생계획에 의하여 확정된 주채무의 범위 내로 제한된다거나 회생계획에 의하여 확정된 주채무가 주채무자의 변제로 인하여 소멸하였으므로 구상권이 발생하지 아니한다는 항변을 할 수는 없다.[90] 또한 채무자의 연대보증인 등 채무자에 대하여 장래의 구상권을 가지는 자는 구상채권 전액에 관하여 회생절차에 참가하여 회생채권자로서의 권리를 행사할 수 있으므로, 그가 구상권 채권을 가지고 회생절차에 참가한 바가 없다면 그 후에 연대보증인이 채권자에 대하여 변제한 금액 중 채권자가 회생채권으로 신고하여 확정된 부분을 초과하는 부분에 대한 연대보증인의 구상권은 상실된다.[91]

또한 물상보증의 경우 회생담보권자는 회생절차 개시 전에 채무자로부터 저당부동산에 대한 소유권을 취득한 제3취득자가 있다고 하더라도 그 부동산에 대하여는 회생계획으로 변경되기 전의 당초 약정에 기한 피담보채권에 기초하여 채권최고액을 한도로 저당권을 실행할 수 있고, 근저당권의 목적이 된 부동산의 제3취득자는 근저당권의 피담보채무에 대하여 채권최고액을 한도로 당해 부동산에 의한 담보적 책임을 부담하므로, 제3취득자로서는 채무자 또는 제3자의 변제 등으로 피담보채권이 일부 소멸하였다고 하더라도 잔존 피담보채권이 채권최고액을 초과하는 한 담보 부동산에 의한 자신의 책임이 그 변제 등으로 인하여 감축되었다고 주장할 수 없다.[92]

나아가 대법원은 구 회사정리법상 정리계획인가의 결정이 있은 후 정리절차가 폐지된 경우에는 이미 계획인가로 인하여 정리채권이나 정리담보권에 생긴 면책 등의 효력이나 권리변경의 효력 등은 위 정리절차에 영향을 받지 않는 것이나, 정리계획은 정리채권자 또는 정리담보권자가 정리회사의 보증인 등에 대하여 가진 권리와 제3자가 정리채권자 또는 정리담보권자를 위하여 제공한 담보에는 영향을 미치지 아니하여 정리채권자나 정리

88) 대법원 2001.6.12. 선고 99다1949 판결(공2001, 1565).
89) 대법원 1998.11.10. 선고 98다42141 판결(공1998, 2848), 대법원 1993.8.24. 선고 93다25363 판결(공1993, 2612). 대법원 1988.2.23. 선고 87다카2055 판결(공1988, 588), 대법원 1990.6.26. 선고 88다카4499 판결(공1990, 1550). 구 회사정리법 하에서의 판결들이다.
90) 대법원 1997.4.8. 선고 96다6943 판결(공1997, 1375).
91) 대법원 1995.11.10. 선고 94다50397 판결(공1995, 3905).
92) 대법원 2007.4.26. 선고 2005다38300 판결(공2007, 761). 이 판결 역시 담보신탁의 도산격리 효과를 인정하여 온 종래 대법원 판결들과 궤를 같이 하는 것이다.

담보권자의 회사에 대한 권리가 정리계획의 효력에 의하여 변경 감액되더라도 이러한 채권자의 보증인이나 물상보증인 등에 대한 권리는 아무런 영향을 받지 않는 것이므로 연체이율을 감경하는 정리계획인가 결정이 있었다가 정리절차가 폐지된 경우 정리계획인가결정 당시 저당부동산의 일부는 정리회사 소유이고 일부는 회사의 소유가 아니라 그 대표이사 개인의 소유였다면 위 각 부동산에 의하여 공동으로 담보되어 있는 위 정리회사의 은행에 대한 대출금 등의 채무 중 정리회사 소유 부동산에 관한 근저당권으로 담보된 범위의 것은 위 정리계획에 의한 정리담보권의 권리변경 효력에 따라 변경 감액되었다고 하더라도 제3자인 대표이사 개인 소유의 부동산에 관한 근저당권에 의하여 담보된 부분은 은행의 회사에 대한 정리담보권의 권리변경 및 변제방법에 관한 정리계획의 규정에 아무런 영향을 받지 않는 것이므로 이 부분에 대하여는 위 정리계획에 의하여 변경된 약정이율이 아닌 당초의 약정대로의 연체이율이 적용된 범위에서 피담보채무는 그대로 존속되는 것이라고 판시하였다.[93]

4) 출자전환의 취급

그러나 주채무자인 채무자의 변제는 보증인도 주장할 수 있는데 예컨대 회생계획에서 출자전환으로 회생채권의 변제에 갈음하기로 한 경우에는 그에 상당하는 채권액이 변제된 것으로 보아야 하고, 이러한 경우 주채무자인 채무자의 채무를 보증한 보증인들로서는 회생채권자에 대하여 변제된 금액의 공제를 주장할 수 있을 것이다.[94] 판례는 구 회사정리법 하에서 주채무자인 정리회사가 정리계획에 따라 정리채권의 일부를 현금으로 변제한 경우에 보증채무 역시 그 변제액만큼 소멸하는 법리는 정리채권자가 일부청구임을 명시하여 보증인에 대한 채권 중 일부에 대해서만 지급명령 신청을 하여 그 지급명령이 확정된 경우에도 달라지지 아니하되, 다만 이 경우 정리채권의 일부 변제에 따라 소멸하는 보증채무의 범위는 특별한 사정이 없는 한 민법상 변제충당 규정을 유추적용하여 보증채무 중 지급명령이 확정된 부분부터 소멸한다거나 또는 보증채무 중 지급명령이 확정된 부분과 나머지 부분이 그 각 채권액에 안분비례하여 소멸한다고 볼 수는 없고, 보증채무 중 지급명령이 확정되지 아니한 부분부터 소멸한다고 보아야 한다고 하였다.[95]

한편 판례는 구 회사정리법 하에서 정리채권이나 정리담보권의 변제에 갈음하여 정리채권자 또는 정리담보권자에게 전환사채를 발행하는 경우에는 정리채권자 또는 정리담보권자는 여전히 채권자의 지위를 유지하고 있고 단지 채권액을 감액하고 유통성을 높이

---

93) 대법원 1990.11.13. 선고 90다카13427 판결(공1991, 72).
94) 대법원 2002.1.11 선고 2001다64035 판결(미간행)의 원심 설시 내용이다. 이 판결에 대한 비판적 입장으로는 신필종, "정리채권의 출자전환과 보증채무의 소멸 ─ 대법원 2002.1.11 선고 2001다64035 판결에 대한 비판적 고찰을 중심으로 ─", 민사재판의 제문제 제11권, 한국사법행정학회(2002), 303면 참조.
95) 대법원 2017.7.18. 선고 2013다211551 판결(미간행).

고자 유가증권의 형식을 갖춘 것에 불과하다는 점에 비추어 볼 때, 전환권이 실제로 행사
된 때에 그 주식의 시가 상당액의 보증채무가 소멸하는 것으로 봄은 별론으로 하고, 그 행
사 이전에는 달리 특별한 사정이 없는 한 전환사채를 취득하였다 하여 이를 취득한 시점
에 그 평가액만큼 주채무가 실질적으로 만족을 얻은 것으로 볼 수는 없고, 따라서 그 평가
액만큼 보증채무가 소멸한다고 할 수는 없다는 입장을 취하였다.96)

　　그러면 신주를 발행하는 방식의 출자전환으로 소멸하는 채무의 액수는 구체적으로
얼마인가? 물론 채권자와 채무자 사이에 출자전환으로 인하여 소멸되는 기존채권의 가액
에 관한 약정 내지 합의가 있는 때에는 그에 따르면 될 것이지만,97) 판례는 종래 그러한
약정 내지 합의가 없을 때에는 정리계획에서 신주를 발행하는 방식의 출자전환으로 정리
채권 또는 정리담보권의 변제에 갈음하기로 한 경우「신주발행의 효력발생일 당시를 기준
으로 정리채권자 또는 정리담보권자가 인수한 신주의 시가 상당액」만큼 채무가 소멸한다
는 입장을 취하여 왔으며(시가평가액 소멸설),98) 이는 연대보증인이나 연대채무자 등 회생
채무자와 함께 채무를 부담하는 자의 채무에 대하여도 마찬가지였다.99) 물론 회생채권이
나 회생담보권을 출자전환하는 경우에는 그 권리는 인가결정시 또는 회생계획에서 정하는
시점에서 소멸한다.100) 결국「신주발행의 효력발생일 당시의 시가」라는 것은 채권자와 채
무자 사이에 출자전환으로 인하여 소멸되는 기존채권의 가액에 관한 약정 내지 합의가 없
는 때에, 특별한 사정이 없는 한 적용되는 것일 뿐이다.

　　나아가 판례는 회생채권자가 보증인에 대한 회생절차에서 출자전환으로 인수한 신
주의 시가가 신주발행의 효력발생일 당시를 기준으로 회생계획에서 변제에 갈음하기로
한 액수를 초과하는 경우, 회생계획에서 변제에 갈음하기로 한 액수를 한도로 하여 그에

96) 대법원 2005.1.27. 선고 2004다27143 판결(공2005, 308). 하지만 이에 대하여는 정리채권자가 갖는 전
　　환사채에 기한 채권은 정리채권과는 별개의 채권으로서 기존의 정리채권과는 달리 유통성이 보장된
　　사채로서 시장에 처분하여 채권액을 회수하기에 용이한 점을 놓고 볼 때 정리채권보다는 주식에 가
　　까운 권리로 보아 주채무가 일정 부분 만족을 얻은 것으로 볼 여지도 크다는 비판이 있다. 백창훈,
　　"2005년 분야별 중요판례분석(22) 도산법", 법률신문 2008. 8. 24.자 13면 참조.
97) 대법원 2008.7.24. 선고 2008다18376 판결(공2008하, 1232) 참조.
98) 대법원 2003.1.10. 선고 2002다12703,12710 판결(공2003, 612)[백선59]. 同旨 대법원 2006.4.13. 선고
　　2005다34643 판결(공2006, 788), 대법원 2004.12.23. 선고 2003다44486 판결(공보불게재). 대법원 2012.6.14.
　　선고 2010다28383 판결(공2012하, 1203), 대법원 2015.4.9. 선고 2014다54168 판결(공2015상, 685).
99) 대법원 2017.9.21. 선고 2014다25054 판결(미간행).
100) 대법원 2005.7.28. 선고 2005다17518 판결(공보불게재), 한편 대법원 2003.8.22. 선고 2001다64073 판
　　결(공2003, 1905)은 기존채권의 지급을 위하여 제3자가 발행한 약속어음이 교부되었는데 그 약속어
　　음 채권이 후일 제3자에 대한 회사정리절차에서 정리채권으로 신고되어 정리계획에 따라 그 전부 또
　　는 일부가 출자전환됨으로써 그 부분 정리채권인 약속어음 채권의 변제에 갈음하기로 한 경우 출자
　　전환된 부분의 약속어음 액면 상당의 기존채권이 소멸된 것으로 볼 것이 아니라, 신주발행의 효력발
　　생일 당시를 기준으로 하여 정리채권자가 인수한 신주의 시가를 평가하여 그 평가액에 상당하는 부
　　분의 기존채권이 변제된 것으로 보아야 한다고 하였다.

3. 회생계획의 확정 803

대하여만 그 채권액이 변제된 것으로 보아야 하므로 신주발행일 당시의 주가가 그보다 높은 경우 주채무자도 회생채권자에 대하여 그 금액의 공제만을 주장할 수 있다고 하였고,[101] 나아가 구 회사정리법상 정리채권자가 주채무자인 정리회사의 원정리계획에 의하여 출자전환받은 사안에서, 출자전환 무렵 출자전환주식의 주당 가치가 발행가액을 넘고 있었다 하더라도, 정리회사의 보증인의 보증채무는 위 주식의 발행가액에다가 출자전환받은 주식수를 곱하여 산출한 액수를 한도로 소멸할 뿐 이를 넘은 부분까지 소멸한다고 볼 수 없고, 이 경우 주채무자가 정리회사인 때에는 그 보증한 보증인이, 보증인이 정리회사인 때에는 주채무자가 정리채권자에 대하여 위 변제된 금액의 공제를 주장할 수 있다고 하였다.[102]

또한 판례는 정리회사가 구 회사정리법에 따라 기업인수절차를 추진하면서 자본감소절차나 신주발행절차의 혼선 등을 방지하기 위한 기술적인 목적으로, 구 주식에 대한 대규모의 자본감소, 정리채권자 등에 대한 출자전환, 신주인수대금을 예납한 인수인에 대한 대규모의 신주발행 등을 단기간의 간격을 두고 실행하는 내용의 정리계획안을 제출하여 그것이 가결·인가되고 그 내용이 공고된 경우, 정리계획에 따른 정리회사의 재무구조와 발행주식 수의 변동은 이미 시장에 공개되어 이용가능한 확실한 정보라 할 것이므로, 비록 출자전환주식의 효력발생일 당시에는 아직 정리계획에 따른 유상증자가 실시되지 아니한 상태라 하더라도, 출자전환주식의 시가는 특별한 사정이 없는 한 곧 대규모의 유상증자가 실시되리라는 사정을 반영하여 형성된다고 봄이 상당하고, 따라서 출자전환주식에 대한 정상적인 거래의 실례를 증명하기 곤란하여 순자산가치법 등에 의하여 출자전환주식의 시가를 산정하는 경우에는, 출자전환주식의 효력발생일 당시 아직 유상증자가 실시되지 아니하여 대차대조표에 반영되지 아니하였다는 형식적인 이유로 그 회계처리에 따른 정리회사의 재무구조와 발행주식 수만을 반영하여 주당 순자산가치 등을 평가하는 방식은 타당하다고 할 수 없고, 정리계획에 따라 출자전환 후 곧이어 실시될 유상증자에 따른 재무구조 변동과 발행주식 수 증가 등을 아울러 고려하여 출자전환주식의 주당 순자산가치 등을 평가하여야 한다고 하였다.[103] 나아가 판례는 위와 같은 법리는 회생계획이 회생채

---

101) 대법원 2009.11.12. 선고 2009다47739 판결(공2009하, 2084). 이 판결에 대한 평석으로 임종엽, "회생채권의 출자전환과 채무의 소멸 범위", 변호사 제24집, 서울지방변호사회(2010), 153면 참조. 同旨 대법원 2010.7.29. 선고 2009다98942 판결(공보불게재), 대법원 2017.4.7. 선고 2016다269148 판결(미간행).
102) 대법원 2010.3.25. 선고 2009다85830 판결(공2010상, 801). 同旨 대법원 2014.1.23. 선고 2011다70121 판결(미간행). 대법원 2023. 5. 18. 선고 2019다227190 판결(공2023하, 1062). 서울중앙지법 2019.3.22. 선고 2018나53926 판결(미간행). 이에 반하여 출자전환은 그 본질을 상계설에 의하여 해석하여야 한다는 견해로는 배영석, "회생절차에서의 출자전환 관련 입법적 개선방안의 검토", 회생법학 제13호, (사)한국채무자회생법학회(2016), 186면 참조.
103) 대법원 2010.3.25. 선고 2009다45344 판결(미간행). 同旨 대법원 2010.3.25. 선고 2009다85830 판결(공2010상, 801).

권자 등에 대한 출자전환 후 출자전환주식의 병합에 의한 자본감소, 신주인수대금을 예납한 인수인에 대한 신주발행을 단기간의 간격을 두고 실행하는 것을 내용으로 하고 있는 경우에도 마찬가지인데, 다만 이러한 경우 유상증자에 따른 재무구조 변동과 발행주식 수 증가 등을 고려하여 평가한 주당 순자산가치는 병합된 출자전환주식의 주당 순자산가치이므로, 위 주당 순자산가치에 병합된 출자전환주식수를 곱하는 방식으로 보증인 등의 채무 소멸범위를 산정할 수 있다고 하였다.[104] 한편 신주발행의 효력발생일 당시 회생계획에 기한 출자전환으로 채권자가 인수한 신주의 가치가 존재한다고 할 수 없으므로 출자전환으로 인한 채무변제의 효과는 발생하지 않는다고 판단한 사례도 있다.[105]

물론 주식은 권리분배 순위에 있어서 채권보다 후순위로서 잔여재산분배청구권밖에 없으므로 미래현금흐름할인 방식을 사용하여 채권자가 출자전환으로 인수한 신주의 시가를 평가함에 있어서는, 채무자 회사의 미래현금흐름의 현재가치에서 채무자 회사가 회생계획에 따라 변제하여야 할 회생채무와 공익채무 등 일체의 채무액을 공제하여 채무자 회사의 주식에 배분될 가치 상당액을 산정한 다음 그 금액을 채무자 회사의 발행 주식 총수로 나눈 후 여기에 채권자가 출자전환으로 인수한 신주의 수를 곱하는 방식으로 그 가치를 평가하여야 하고,[106] 출자전환으로 회생채권자가 실질적으로 만족을 얻은 금액을 산정함으로써 회생회사의 보증인의 보증채무의 소멸 범위를 확정하기 위하여 출자전환주식의 가치를 평가하는 경우, 회생회사의 기업가치나 그 출자전환주식의 주당 가치에 관한 주장·증명책임은 그 출자전환에 의하여 보증채무가 소멸하였음을 주장하는 당사자에게 있다.[107]

한편 판례는 출자전환의 법적 성격에 관하여 「기업개선작업절차」에서 채무자인 기업과 채권자인 금융기관 사이에 채무자가 채권자에게 주식을 발행하여 주고 채권자의 신주인수대금채무와 채무자의 기존 채무를 같은 금액만큼 소멸시키기로 하는 내용의 상계계약 방식에 의하여 이른바 출자전환을 하는 경우 상계계약의 효과로서 각 채권은 당사자들이 그 계약에서 정한 금액만큼 소멸하고, 주식의 시가를 평가하여 그 시가 평가액만큼만 기존의 채무가 변제되고 나머지 금액은 면제된 것으로 볼 것은 아니라고 하였는데,[108] 이는

---

104) 대법원 2017.9.21. 선고 2014다25054 판결(미간행).
105) 대법원 2013.5.24. 선고 2012다108078 판결(미간행).
106) 대법원 2010.10.14. 선고 2010다48042 판결(미간행).
107) 위 대법원 2010.3.25. 선고 2009다85830 판결.
108) 대법원 2010.9.16. 선고 2008다97218 전원합의체 판결(공2010하, 1903)은 다른 한편 부진정연대채무자 중 1인이 자신의 채권자에 대한 반대채권으로 상계를 한 경우에도 채권은 변제, 대물변제, 또는 공탁이 행하여진 경우와 동일하게 현실적으로 만족을 얻어 그 목적을 달성하는 것이므로, 그 상계로 인한 채무소멸의 효력은 소멸한 채무 전액에 관하여 다른 부진정연대채무자에 대하여도 미친다고 보아야 하고, 이는 부진정연대채무자 중 1인이 채권자와 상계계약을 체결한 경우에도 마찬가지이며, 이러한 법리는 채권자가 상계 내지 상계계약이 이루어질 당시 다른 부진정연대채무자의 존재를 알았는지 여부에 의하여 좌우되지 아니한다고 하였다. 이 판결에 대한 해설로 민정석, "기업개선작업

3. 회생계획의 확정 805

회생에서도 마찬가지로 해석할 것이다.

　　5) 인가 후 별도 채무조정의 효력

　　나아가 회생절차가 종결된 후 채무자와 회생채권자였던 채권자 사이에 회생계획상의 잔존 주채무를 줄이기로 하는 내용의 합의가 성립한 때에는, 보증인이 원래의 채무 전액에 대하여 보증채무를 부담한다는 의사표시를 하거나 채권자 사이에 그러한 내용의 약정을 하는 등의 특별한 사정이 없는 한 '회생계획의 효력 범위'에 관하여 보증채무의 부종성을 배제한 법규정은 적용될 수 없으므로 그 합의에 의하여 잔존 주채무가 줄어든 액수만큼 보증채무의 액수도 당연히 줄어든다는 것이 판례의 입장이다. 판례는 이 경우 회생계획인가 결정에 의하여 일부 면제된 주채무 부분은 주채무자와 채권자 사이에서는 이미 실체적으로 소멸한 것이어서 주채무자와 채권자 사이의 합의에 의하여 다시 줄어들 수 있는 성질의 것이 아니므로, 주채무자와 채권자 사이에서 잔존 주채무를 줄이기로 한 합의에 따라 줄어드는 보증채무의 범위에는 인가 결정에 의하여 이미 소멸한 주채무 부분이 포함될 수 없다고 하였고,[109] 구법하에서 채권금융기관들과 주채무자인 기업 사이에 채무조건을 완화하여 주채무를 축소·감경하는 내용의 기업개선작업약정을 체결한 사안에서도, 「기업구조조정촉진법」에서 보증채무의 부종성에 관한 예외규정을 두고 있지 아니할 뿐만 아니라, 기업개선작업약정은 법원의 관여 없이 일부 채권자들인 채권금융기관들과 기업 사이의 사적 합의에 의하여 이루어지고 그러한 합의의 내용에 따른 효력을 갖는 것으로서, 법원의 관여 하에 전체 채권자들을 대상으로 하여 진행되고 법에서 정해진 바에 따른 효력을 갖는 화의법상의 화의와 동일시할 수 없어 여기에 보증채무의 부종성에 대한 예외를 정한 화의법 제61조, 파산법 제298조 제2항의 규정이 유추적용된다고 할 수도 없으므로, 보증인으로서는 원래의 채무 전액에 대하여 보증채무를 부담한다는 의사표시를 하거나 채권금융기관들과 사이에 그러한 내용의 약정을 하는 등의 특별한 사정이 없는 한, 보증채무의 부종성에 의하여 기업개선작업약정에 의하여 축소·감경된 주채무의 내용에 따라 보증채무를 부담한다고 하였다.[110]

　　그러나 구 화의법에 관한 판례이기는 하나 화의인가결정 후 화의채권자가 화의채무자와의 사이에 화의인가결정에 따라 변경된 채무를 다시 감면 내지 완화해 주는 내용의 약정을 한 경우 특별한 사정이 없는 한 구 파산법 제298조 제2항이 유추 적용되어 그 약정의 효력이 보증채무에는 미치지 않는다고 해석한 것이 있다.[111]

에서의 출자전환의 법적 성격 및 부진정연대채무자 중 1인이 한 상계 내지 상계 계약의 효력", 사법 15호, 사법발전재단(2011), 303면 참조.

109) 대법원 2007.3.30. 선고 2006다83130 판결(공2007, 619). 구 회사정리법에 대한 판례이다.

110) 대법원 2004.12.23. 선고 2004다46601 판결(공2005, 184).

111) 대법원 2005.9.15. 선고 2005다24271 판결(공보불게재), 同旨 대법원 2004.7.22. 선고 2004다19135 판

또한 구 화의법에 관한 판례로서 화의절차에서 보증인 내지 제3자가 화의채무자의 채무를 변제한 경우 화의채무자에게 행사할 수 있는 구상금채권의 범위 및 화의조건이 지연손해금과 화의개시 후 이자 등을 면제하는 내용임에도 보증인 내지 제3자가 화의채권자에게 그 지연손해금과 이자 등을 변제한 경우에 이를 화의채무자에게 구상할 수 없다고 한 것이 있는데 이는 회생절차에 있어서도 마찬가지이다.112)

6) 시효중단의 효력

회생절차 참가로 인한 회생채권의 시효중단의 효력은 그에 관한 보증채무에도 미치는 것으로 해석되고 그 효력은 회생절차 참가에 의한 권리행사가 지속되는 한 유지된다. 따라서 회생계획에 의하여 주채무의 전부 또는 일부가 면제되거나 이율이 경감된 경우 그 면제 또는 경감된 부분의 주채무가 회생계획의 인가결정이 확정된 때에 소멸하게 됨에 따라 그 시점에서 채권자의 회생절차에서의 권리행사가 종료되어 그 부분에 대응하는 보증채무의 소멸시효는 위 인가결정 확정시부터 다시 진행하나 회생계획에 의해서도 주채무가 잔존하고 있는 경우에는 정리절차 참가에 의한 시효중단의 효력이 그대로 유지되어 그 회생절차의 폐지결정 또는 종결결정이 확정되어 회생절차에 있어서의 권리행사가 종료되면 그 시점부터 중단되어 있던 보증채무의 소멸시효가 다시 진행하고, 아울러 그 이후에도 보증채무가 소멸하기 전에 주채무에 대한 시효중단의 사유가 발생한 때에는 보증채무에 대하여도 그 시효중단의 효력이 미친다.113) 물상보증인에 대하여도 마찬가지이다.114) 다

결(공2004, 1518), 대법원 2004.7.22. 선고 2004다2281 판결(미간행), 대법원 2004.7.22. 선고 2004다12547 판결(공보불게재), 대법원 2011.1.27. 선고 2010다79435 판결(미간행). 日福岡高判昭和52.3.4判時866호166면. 위 대법원 2004.7.22. 선고 2004다19135 판결에 대한 반대 견해로 졸고, "화의인가결정 후의 채무면제 약정의 보증인에 대한 효과", 민사판례연구 XXVⅢ, 민사판례연구회(2006), 407면 참조.

112) 대법원 2009.8.20. 선고 2007다7959 판결(미간행).

113) 대법원 2007.5.31. 선고 2007다11231 판결(공2007, 966)[백선62]. 이 판결에 대한 평석으로 임치용, "정리절차와 보증채무에 대한 소멸시효의 재진행", 파산법 연구 3, 박영사(2010), 151면 참조. 同旨 대법원 1995.5.26. 선고 94다13893 판결(공1995, 2248). 이 판결에 대한 해설로 강영호, "회사정리절차에 있어서 주채무에 관하여 채무를 면제하는 내용의 정리계획인가의 결정이 있는 경우에 시효중단되어 있던 보증채무의 소멸시효 재진행시기", 대법원판례해설 제23호, 법원도서관(1995), 325면 참조. 同旨 대법원 1994.3.8. 선고 93다49567 판결(공1994, 1166), 대법원 1988.2.23. 선고 87다카2055 판결(공1988, 588), 대법원 1998.11.10. 선고 98다42141 판결(공1998, 2848). 한편 대법원 1994.1.14. 선고 93다47431 판결(공1994, 719)은 그 근거에 관하여 회사정리법 제240조 제2항은 회사정리계획의 효력범위에 관하여 정리회사의 주채무는 보증채무에 영향을 미치지 아니하는 취지를 규정하여 보증채무의 부종성을 배제하고 있으나 이는 정리계획의 효력에 관하여 정리회사와 보증인간에 차이를 두어 정리계획이 보증인에게 영향을 미치지 아니함을 정한 것으로 해석되고 한편 시효중단의 보증인에 대한 효력을 규정한 민법 제440조는 보증채무의 부종성에서 비롯된 당연한 규정이 아니라 채권자의 보호를 위하여 보증채무만이 따로 시효 소멸하는 결과를 방지하기 위한 정책적 규정이므로 회사정리법에 위와 같은 규정이 있다 하여 민법 제440조의 적용이 배제되는 것은 아니라고 설명하고 있다. 同旨 日最判昭和53.11.20民集32권8호1551면, 倒産判例 ガイド 제2판 229면.

114) 대법원 2017.8.30.자 2017마600 결정(미간행).

만 여기서 주의할 것은 채무자회생법 제255조 제1항에 의하여 '회생계획에 의하여 인정된 권리'에 대하여는 민법 제165조가 적용되어 그 소멸시효기간이 10년으로 연장되지만(민법 제165조 제1항, 제2항), 회생계획에 의하여 회생채권 또는 회생담보권의 전부 또는 일부가 면제되거나 감경된 경우에 면제 또는 감경된 부분에 대한 권리는 '회생계획의 규정에 의하여 인정된 권리'라고 할 수 없으므로, 그 소멸시효기간은 민법 제165조에 의하여 10년으로 연장된다고 할 수 없다는 점이다.[115]

또한 구 화의법 하에서의 해석이기는 하지만 대법원은 화의조건에 따라 화의채권의 변제기가 화의인가결정 확정일 이후로 변경되는 경우, 화의절차 참가로 인하여 중단되었던 보증채권의 소멸시효는 화의인가결정이 확정된 때부터 다시 진행되고,[116] 하나의 채권을 분할하여 변제하기로 한 경우 그 채권의 소멸시효는 분할하여 변제하기로 한 각 부분의 변제기가 도래할 때로부터 순차로 진행되며, 그 분할변제가 화의인가결정을 통하여 결정되었다고 하여 달라지는 것은 아니므로, 채권의 변제기는 위 화의조건에 따라 화의인가결정의 확정일 다음날부터 거치기간이 경과한 달의 말일부터 균분하여 순차로 도래한다고 할 것이고, 이에 따라 그 소멸시효도 위 각 변제기 다음날부터 3년이 경과함으로써 순차 완성된다고 판시하였고,[117] 한편 지연손해금 채무에 관하여는 "정리회사의 주채무 중 지연손해금에 관한 연체이율을 감경하는 정리계획 인가결정이 확정되면, 감경된 부분에 관한 보증인의 보증채무에 대한 소멸시효는 그 인가결정 확정시부터 다시 진행하나, 지연손해금은 원금에 대한 변제가 지체된 기간의 경과에 따라 발생하는 것이므로 아직 지체기간이 경과하지도 아니한 장래의 지연손해금 채무 일체에 대하여 그 인가결정 확정시로부터 곧바로 소멸시효가 진행된다고 볼 수 없다"고 하였다.[118]

---

115) 대법원 2017.8.30.자 2017마600 결정(미간행). 구 회사정리법에 관한 판결로서 원심이 변제된 부분만이 아니라 면제된 부분을 포함한 물상보증인이 제공한 근저당권의 피담보채권 전부에 대하여 제2차 인가결정의 확정으로 그 소멸시효기간이 10년으로 연장된 다음 회사정리절차의 종결결정이 확정된 무렵부터 소멸시효가 다시 진행하였다고 판단한 것을 파기한 사건이다.
116) 대법원 2008.8.26.자 2007마354 결정(미간행).
117) 대법원 2008.3.27. 선고 2007다77989 판결(공보불게재)은 물품대금채권과 같은 비금융기관 채권은 '화의인가결정 확정일로부터 6개월간 거치한 다음 18개월간 매월 말일 균등분할 상환한다'는 내용의 화의조건에 관한 사안이었다.
118) 대법원 1995.11.21. 선고 94다55941 판결(공1996, 45)은 정리회사의 피고에 대한 구상금 채무 중 지연손해금에 관한 연체이율을 당초 약정된 연 1할 8푼 내지 연 1할 9푼에서 연 8푼으로 감경하는 내용의 정리계획 인가결정이 확정됨에 따라 그 인가결정 확정시로부터 위 감경된 지연손해금 부분에 관한 원고의 보증채무에 대한 소멸시효가 다시 진행되는 경우에, 피고가 물상보증인인 원고 소유의 부동산에 대한 경매를 신청하여 원고의 위 보증채무에 대한 시효가 중단된 날로부터 소급하여 5년이 경과된 부분인 1988.7.30.까지 발생한 지연손해금에 관한 부분만이 5년간의 상사소멸시효의 완성으로 소멸하였고, 그 이후에 발생한 지연손해금에 관한 보증채무 부분은 아직 잔존하고 있다고 본 것이다.

7) 사고신고담보금의 처리

또한 어음발행인이 지급은행과의 사이에 체결한 사고신고담보금의 처리에 관한 약정과 관련하여 판례는 어음발행인이 어음의 피사취 등을 이유로 지급은행에게 사고신고와 함께 어음금의 지급정지를 의뢰하면서 체결한 "어음소지인이 어음금지급청구소송에서 승소하고 판결확정증명 또는 확정판결과 동일한 효력이 있는 것으로 지급은행이 인정하는 증서를 제출한 경우 등에는 지급은행이 어음소지인에게 사고신고담보금을 지급한다"는 사고신고담보금의 처리에 관한 약정은 제3자를 위한 계약으로서, 어음소지인과 어음발행인 사이의 수익의 원인관계에 변경이 있다고 하더라도 특별한 사정이 없는 한 낙약자인 지급은행이 제3자인 어음소지인에 대하여 부담하는 급부의무에는 영향이 없다고 할 것이므로, 어음발행인에 대한 회사정리절차에서 어음소지인의 어음상의 권리가 정리계획의 규정에 따라 변경되었다고 하더라도 이는 정리채권인 어음소지인의 어음상의 권리에만 영향을 미치는 것에 불과하고 어음소지인이 지급은행에 대하여 갖는 사고신고담보금에 대한 권리에는 아무런 영향을 미칠 수 없다고 하였다.119)

(다) 중지된 절차의 실효

회생절차계획인가의 결정이 있으면, 절차 개시와 함께 중지된 파산절차, 강제집행, 가압류, 가처분, 담보권의 실행 절차 등(법58조2항)은 계속할 실익이 없으므로 실효되고, 당연히 종료된다(법256조1항).

회생계획인가 후 회생절차가 폐지되거나 회생계획 인가결정에 대한 즉시항고가 받아들여져 인가결정이 취소된 경우 위와 같이 실효된 절차가 부활하는가? 파산절차에서와는 달리 부활하지 않는다는 것이 통설이다. 따라서 위와 같은 절차의 개시를 신청한 채권자는 폐지 후 또는 인가결정의 취소결정 확정 후 새로이 그 신청을 하여야 한다.120)

중지되어 있는 파산절차에서의 재단채권은 원칙적으로 공익채권이 된다(같은조2항). 중지된 체납처분(법58조)은 중지가 풀리고(법원의 속행명령은 필요없다), 회생계획의 규정에 따라 속행이 가능하다고 해석한다.

(라) 인가 여부의 결정에 대한 불복

회생계획의 인가 여부의 결정에 대하여는 즉시항고를 할 수 있으나(법247조1항), 인가결정에 대한 집행정지의 효력은 없으며(법247조3항 본문), 다만 항고법원 또는 회생법원은 항고가 이유 있다고 인정되고 회생계획의 수행으로 생길 회복할 수 없는 손해를 예방하기 위하여 긴급한 필요가 있음을 소명한 때에는 신청에 의하여 항고에 관하여 결정이 있을

---

119) 대법원 2005.3.24. 선고 2004다71928 판결(공2005, 642).
120) 대법원 2006.10.12. 선고 2005다45995 판결(공2006, 1881)은 구 화의법 하에서 화의인가결정의 확정으로 실효된 가압류 등은 같은 법 제68조 제2항에 의한 화의취소결정이 확정되더라도 부활하지 않는다고 하였다.

때까지 담보를 제공하게 하거나 담보를 제공하게 하지 아니하고 회생계획의 전부나 일부의 수행을 정지하거나 그 밖에 필요한 처분을 할 수 있다(법247조3항 단서). 구법 하에서는 회생계획 인부결정에 대한 항고심결정에 대하여 불복은 민사소송법 제449조(특별항고)의 규정에 의하도록 하고 있었으나,[121] 채무자회생법은 민사소송법 제442조(재항고)의 규정에 의하도록 하였다(법247조7항).

즉시항고를 할 수 있는 자는 결정에 대하여 이해관계를 가진 자이다(법13조). 여기에서 '이해관계'라 함은 '법률상 이해관계'를 의미하는 것이므로, 결국 회생계획 인가결정에 대하여 즉시항고를 할 수 있는 자는 그 회생계획의 효력을 받는 지위에 있는 자로서 회생계획의 효력발생에 따라 자기의 이익이 침해되는 자이고,[122] 위와 같은 법리는 항고심의 결정에 대하여 재항고를 제기하는 경우에도 동일하게 적용된다.[123] 항고심이 회생계획 인가결정에 대한 즉시항고를 받아들여 인가결정을 취소하는 결정을 한 경우에 그에 대한 재항고 역시 즉시항고에 해당한다.[124]

회생계획이 인가요건을 충족하고 있는지 여부는 회생법원이 인가 여부를 판단하는 시점, 즉 인가시를 기준으로 하여야 하는 것이 원칙이나, 회생계획 인가결정에 대하여 즉시항고가 제기된 경우에는 항고심의 속심적 성격에 비추어 볼 때 항고심 결정시를 기준으로 이를 판단하여야 하고, 항고심이 고려하여야 할 사항에는 회생법원의 회생계획 인가결정 후에 발생한 사정도 포함된다. 따라서 회생법원의 회생계획 인가결정 후 항고심 결정시 사이에 담보목적물이 처분되거나 경매된 결과 그 담보목적물의 시가 혹은 청산가치가 회생법원의 회생계획 인가결정 당시 예상한 것과 다르다는 것이 밝혀진 경우 등에는 그러한 사정까지 함께 고려하여 그 회생계획이 그 담보목적물의 회생담보권자에게 청산가치를 보장하고 있는지 여부를 심리·판단하여야 한다.[125] 그러나 이는 항고심이 인가결정 당시의 회생법원의 고려사항과 다르게 회생계획인가 이후에 변동된 사정이 없는지를 심리하여 인가결정의 당부를 판단하라는 취지이므로, 항고심이 회생법원의 회생계획 인가결정 당시에 예정되어 있던 회생계획의 수행결과까지 고려하여 회생계획 인가요건의 충족 여부를 판단하여야 하는 것은 아니다.[126]

---

121) 대법원 2000.3.30.자 2000마993 결정(공보불게재), 대법원 1991.5.28.자 90마954 결정(공1991, 1728), 대법원 1989.12.27.자 89마879 결정(공1990, 341), 대법원 1987.12.29.자 87마277 결정(공1988, 398)

122) 日東京高決平成16.6.17金法1719호61면, 倒産判例 インデックス 제3판 145는 민사재생절차 중의 주식회사의 재생계획에 자본감소를 정하는 조항이 있는 경우에는 재생채무자의 주주는 재생계획인가 결정에 대하여 즉시항고권이 있다고 하였다.

123) 대법원 2008.6.17.자 2005그147 결정(공2008하, 1023)[백선51]은 정리회사 노동조합의 특별항고를 각하한 사안이다.

124) 대법원 2016.7.1.자 2015재마94 결정(공2016하, 1041).

125) 위 대법원 2008.6.17.자 2005그147결정.

126) 대법원 2016.5.25.자 2014마1427 결정(공2016하, 835)[백선58].

810   VI. 회생절차의 진행과 종료

판례는 마찬가지 논리로 회생계획 인가결정에 대하여 항고한 재항고인이 항고심에서 주장한 바 없이 재항고심에 이르러 새로이 하는 주장이라 할지라도 그 내용이 회생계획 인가의 요건에 관한 것이라면, 이는 재항고심의 판단대상이라고 하였다.[127]

(마) 인가결정 확정의 효과 ─ 회생채권자표 등의 확정판결과 동일한 효력

회생계획인가결정이 확정되면, 회생채권자표 또는 회생담보권자표(이들에 대한 인가결정 확정의 취지의 기입에 관하여 법 249조)의 기재는 채무자, 회생채권자·회생담보권자·주주·지분권자, 회생을 위하여 채무를 부담하거나 담보를 제공하는 자, 신회사(합병 또는 분할합병에 의한 신회사를 제외한다)에 대하여 확정판결과 동일한 효력이 있고(법255조1항), 위 권리로서 이행청구권을 가진 자는 회생절차종결 후 채무자와 회생을 위하여 채무를 부담한 자에 대하여 회생채권자표 또는 회생담보권자표를 집행권원으로 하여 강제집행을 할 수 있다(법255조2항). 이에 대하여 그 집행력을 배제하기 위한 청구이의의 소를 제기할 수 있는데, 위 효력은 기판력이 아니므로 인가결정 이전에 생긴 사유도 주장할 수 있다. 따라서 회생채권에 관하여 회생절차개시 이전부터 회생채권 또는 회생담보권에 관하여 집행권원이 있었다 하더라도, 회생계획인가결정이 있은 후에는 채무자회생법 제252조에 의하여 모든 권리가 변경·확정되고 종전의 회생채권 또는 회생담보권에 관한 집행권원에 의하여 강제집행 등은 할 수 없으며, 회생채권자표와 회생담보권자표의 기재만이 집행권원이 된다.[128]

판례는 '회생계획의 규정에 의하여 인정된 권리'에 대하여는 민법 제165조가 적용되어 그 소멸시효기간이 10년으로 연장되지만(민법 제165조 제1항, 제2항), 회생계획에 의하여 회생채권 또는 회생담보권의 전부 또는 일부가 면제되거나 감경된 경우에 면제 또는 감경된 부분에 대한 권리는 '회생계획의 규정에 의하여 인정된 권리'라고 할 수 없으므로, 그 소멸시효기간은 민법 제165조에 의하여 10년으로 연장된다고 할 수 없다고 하였음은 전술하였다.[129]

채무자에 대한 효력은 조사기간 또는 특별조사기일에 채무자가 이의를 진술하였는가의 여부를 불문한다(법292조1항 및 535조2항과 비교). 확정판결과 동일한 효력의 의미에 관하여는 파산에 있어서 채무자의 이의 없이 확정한 경우의 효력과 마찬가지로 해석한다(법535조). 채권자표 등의 기재는 집행력도 가지지만, 그에 의한 집행은 절차종료 후에 한하여 가능하다(법255조2항). 회생채권자표에 기재된 채권을 양도받은 자는 확정판결의 승계인에 준하는 지위에 있으므로 그 양수금의 지급을 구하는 청구는 소의 이익이 없어 부적법하다.[130]

---

127) 대법원 2018.5.18.자 2016마5352 결정(공2018하, 1149).
128) 대법원 2017.5.23.자 2016마1256 결정(공2017하, 1337).
129) 대법원 2017.8.30.자 2017마600 결정(미간행).
130) 부산고법 1990.2.15. 선고 88나2168 판결[하집 1990(1) 398].

3. 회생계획의 확정 811

(바) 관리인의 잘못된 회생계획 작성

회생채권·회생담보권 조사절차나 회생채권·회생담보권 확정재판을 통하여 확정된 권리가 관리인의 잘못 등으로 회생계획(또는 회생계획변경계획)의 권리변경 및 변제대상에서 아예 누락되거나 혹은 이미 소멸한 것으로 잘못 기재되어 권리변경 및 변제대상에서 제외되기에 이른 경우를 어떻게 처리할 것인가에 대하여 대법원은 구 회사정리법 하에서 특별한 사정이 없는 한 인가된 정리계획의 규정 또는 구 회사정리법의 규정에 의하여 인정된 권리를 제외하고는 채무자가 면책된다는 취지를 규정한 법규정은 그 적용이 없고, 나아가 위와 같은 경위로 확정된 권리가 권리변경 및 변제대상에서 누락되거나 제외된 정리계획을 가리켜 변제 없이 소멸시키는 권리변경을 규정한 것이라고 볼 수도 없다고 전제하고, 나아가 정리채권자·정리담보권자로서는 그 확정된 권리의 존부 및 범위 자체에 관한 당부를 다투어 정리계획 인가결정에 대한 불복사유로 삼을 수는 없고, 채무자에 대하여 아직 정리절차가 진행중인 때에는 정리계획의 경정 등을 통하여, 정리절차가 종결된 때에는 종결 후의 채무자를 상대로 이행의 소를 제기하는 등으로 그 권리를 구제받을 수 있다고 하였다.131)

라. 회생계획의 수행

(1) 회생계획의 수행과 수행명령

인가된 회생계획은 수행되어야 한다. 즉 회생에서는 계획의 내용의 실현도 절차 내에서 처리된다. 회생계획의 인가결정이 있으면 관리인은 지체 없이 그 계획을 수행하여야 하므로(법257조1항) 계획의 수행은 관리인의 직책이지만, 채무자가 흡수되는 합병의 경우 존속회사에 관하여는 관리인의 권한이 미치지 않는다.132) 회생계획의 규정에 의하여 신회

---

131) 대법원 2008.6.26. 선고 2006다77197 판결(공2008하, 1052)[백선61]은 정리회사의 관리인이 원 정리계획 수행 도중 정리회사가 원고에 대하여 자동채권을 갖고 있다고 주장하면서 원 정리계획에서 인정된 원고의 정리채권과 상계한 후 정리계획 변경계획에 원고의 정리채권이 소멸되었다는 기재를 한 사안에 관한 것이다. 대법원은 그 기재에 의하여 원고의 정리채권의 존부 및 범위가 확정되는 것은 아니고, 그러한 기재는 권리변경의 대상에 관한 사항일 뿐 권리변경의 내용에 관한 사항이 아니므로 그 기재에 의하여 정리계획 변경계획에 따른 실권 및 권리변경의 효력이 발생하는 것도 아니라고 하면서, 그 경우 특별한 사정이 없는 한 당해 정리채권자·정리담보권자의 정리채권·정리담보권에 대하여는 그 권리의 성질 및 내용에 비추어 가장 유사한 정리채권·정리담보권에 대한 정리계획의 권리변경 및 변제방법이 적용될 수 있고, 이와 같은 법리는 그 성질에 반하지 않는 한 정리계획변경계획에 관하여도 동일하게 적용될 수 있다고 판시하였다. 평석으로 백창훈, "정리계획/변경계획의 권리변경 및 변제 대상에서 누락되거나 소멸한 것으로 잘못 기재된 정리채권·정리담보권의 소멸 여부 및 권리 행사 방법", 대한변협신문 제279호, 대한변호사협회(2009.7.6.) 참조.

132) 신회사의 설립에는 ① 채무자회생법 제215조 제1항에 의하여 회생계획에 따라 신회사를 설립하는 경우, ② 채무자회생법 제215조 제2항에 따라 신회사를 설립하는 경우, ③ 채무자회생법 제214조에

사를 설립하는 경우에는 발기인 또는 설립위원의 직무는 관리인이 행한다(같은조2항).

　　법원은 채무자, 회생채권자·회생담보권자·주주·지분권자, 회생을 위하여 채무를 부담하거나 담보를 제공하는 자, 신회사(합병 또는 분할합병에 의한 신회사를 제외한다)와 관리인에 대하여 회생계획의 수행에 필요한 명령을 할 수 있다(법258조1항). 수행명령은 회생계획인가 후 절차의 종결 또는 폐지에 이르기까지 회생법원이 회생계획의 효력을 받는 자 또는 관리인에 대하여 회생계획의 수행에 관하여 필요한 작위, 부작위를 명하고 일정한 권한을 주는 등 일정한 법률관계를 형성함을 내용으로 하는 재판이다. 예컨대 관리인에게 신회사의 설립사무를 신속히 행할 것을 명하고, 채무자가 회생계획에서 정한 회생채권을 지급기일에 지급하지 않으면 채무자에게 그 지급을 독촉하거나 회생계획의 효력이 미치는 자에게 이행을 명하는 것 등이다.

　　수행명령의 상대방은 채무자, 회생채권자·회생담보권자·주주·지분권자와 회생을 위하여 채무를 부담하거나 담보를 제공하는 자 및 신회사 그리고 관리인이다.

　　나아가 법원은 계획의 수행을 확실하게 하기 위하여 필요하다고 인정하는 때에는 계획 또는 법의 규정에 의하여 채권을 가진 자와 이의 있는 회생채권 또는 회생담보권으로서 그 확정절차가 끝나지 아니한 것을 가진 자를 위하여 상당한 담보를 제공하게 할 수 있다(법258조2항). 담보제공에 관하여는 민사소송법 제122조(담보제공 방식), 제123조(담보물에 대한 수익자의 권리), 제125조(담보의 취소), 제126조(담보물 변경)의 규정이 준용된다(법258조3항). 법원의 위 수행명령과 담보제공명령에 대하여는 독립하여 불복을 제기하지 못하고(법13조), 위 수행명령과 담보제공명령이 그 상대방에 대하여 구체적인 작위, 부작위를 명한 경우에 이에 위반한 때에는 500만 원 이하의 과태료의 제재를 받게 된다(법660조).[133]

　　인가된 회생계획에 임의경매에 의한 담보물 처분 조항이 있는 경우 그 효력 여부에 관하여는 의론이 있으나, 실무는 유효성을 인정하고, 집행법원이 매각대금을 회생담보권자에게 직접 배당하고 있다. 이 경우 회생절차 개시결정 후의 이자·지연손해금도 포함시키고 있다.[134] 일본 회사갱생법은 갱생절차개시결정 이후 법원의 결정에 의하여 강제집행 등이 속행되거나 담보권 실행 금지가 해제될 경우 배당 실시 여부, 배당에 충당할 금전의 교부 상대방 등에 관하여 구체적인 법 규정을 두고 있다.[135]

의하여 회생계획에 따라 신설 합병을 하는 경우가 있다.

133) 실무에서는 수행명령을 발하는 경우는 매우 드물고 사실상 관리인의 업무를 수행하도록 지도하는 선에서 그치고 있다.

134) 이 논점의 상세에 관하여는 신동일, "회생절차개시결정 이후의 회생담보권에 기한 부동산 임의경매 절차에 관한 쟁점", 사법 22호, 사법발전재단(2022), 25면 참조.

135) 일본회사갱생법 제51조.

(2) 회생계획의 해석

회생계획은 법률행위의 해석 방법에 따라 해석하여야 한다. 회생계획 문언의 객관적 의미를 합리적으로 해석하되, 그 문언의 객관적인 의미가 명확하지 않은 경우에는 그 문언의 형식과 내용, 회생계획안 작성 경위, 회생절차 이해관계인들의 진정한 의사 등을 종합적으로 고려하여 사회정의와 형평의 이념에 맞도록 논리와 경험의 법칙, 사회일반의 상식과 거래의 통념에 따라 합리적으로 해석하여야 한다.[136)]

실제 회생계획의 수행단계에서 채권자와 관리인 사이에 회생계획의 해석에 관하여 각자 의견이 다른 경우가 종종 있는데, 이 문제에 관하여 대법원은 구 회사정리법 하의 회사정리절차에서 개개의 정리채권·정리담보권 등이 구체적으로 어떻게 변경되는가는 정리계획의 기재에 의하여 정해지는 것인데, 정리계획의 기재 취지가 명확하지 아니한 경우에는 법률행위 해석의 방법에 의하여 그 취지를 밝혀야 한다고 전제하고 채권의 종류에 따라 변제비율을 달리하는 사안에 관하여 법률행위의 해석은 당사자가 그 표시행위에 부여한 객관적인 의미를 명백하게 확정하는 것으로서, 사용된 문언에만 구애받는 것은 아니지만, 어디까지나 당사자의 내심의 의사가 어떤지에 관계없이 그 문언의 내용에 의하여 당사자가 그 표시행위에 부여한 객관적 의미를 합리적으로 해석하여야 하는 것이고, 당사자가 표시한 문언에 의하여 그 객관적인 의미가 명확하게 드러나지 않는 경우에는 그 문언의 형식과 내용 그 법률행위가 이루어진 동기 및 경위, 당사자가 그 법률행위에 의하여 달성하려는 목적과 진정한 의사, 거래의 관행 등을 종합적으로 고려하여 사회정의와 형평의 이념에 맞도록 논리와 경험의 법칙, 그리고 사회일반의 상식과 거래의 통념에 따라 합리적으로 해석하여야 한다고 하였다.[137)]

---

136) 대법원 2008.6.26. 선고 2006다77197 판결(공2008하, 1052)[백선61], 대법원 2018.5.30. 선고 2018다203722, 203739 판결(공2018하, 1189). 대법원 2020.9.3. 선고 2015다236028,236035 판결(미간행)은 문제된 회생계획에는 미확정 회생채권이 확정될 경우 그 권리의 성질 및 내용을 고려하여 가장 유사한 회생채권의 권리변경 및 변제방법에 따라 변제한다고만 기재되어 있을 뿐, 미확정 회생채권에 해당하는 채권과 가장 유사한 회생채권이 무엇인지는 구체적으로 기재되어 있지 않으므로 회생계획의 종합적인 해석을 통해 문제된 임대차보증금반환채권의 권리변경 및 변제방법을 정하여야 한다고 전제하고 제반 사정에 비추어 임대차보증금 반환채권의 원금 전액에 관하여 반환을 구할 수 있다고 본 원심의 판단을 수긍하였다. 또한 전술한 대법원 2021.10.14. 선고 2021다240851 판결(공2021하, 2171) 참조.

137) 위 대법원 2008.6.26. 선고 2006다77197 판결[백선61]은 정리계획 변경계획에서 '정리채권 관계회사 채권'에 대하여, ① "'채권의 현재가치'에 대해서 제2장 제3절 제2조 (다)항에서 정한 방법에 따라 후순위배분(후순위배분율 19.16%)을 적용하여 산정된 금액을 변제한다"고 규정하고 있는 점, 이 사건 정리계획 변경계획 제2장 제3절 제2조 (다)항은, "M&A 인수대금 중 변제재원에서 위 '가. 선순위배분'을 한 후의 잔여금액은 선순위 배분 후의 정리담보권자 및 정리채권자의 각 미변제 '채권의 현재가치' 비율로 배분한다"고 규정하고 있고, 제3장 제1절 제1항은 "'현재가치'라 함은 원 정리계획의 변제계획에 따른 연도별 변제금액을 2003.12.31.을 기준으로 10.84%의 할인율을 적용하여 산출한 현재가치를 말한다", "'후순위배분율'이라 함은 M&A 인수대금 중 변제재원으로 선순위배분(제2장 제3절

　　이와 관련하여 甲 회사에 대한 회생계획에는 甲 회사의 이사였다가 해임된 乙 등이 소송을 제기하여 지급을 구하는 미지급 급여 및 퇴직금 상당의 채권이 '미확정 회생채권'이라는 내용과 '미확정 회생채권이 확정될 경우 그 권리의 성질 및 내용을 고려하여 가장 유사한 회생채권의 권리변경 및 변제방법에 따라 변제한다'는 내용이 기재되어 있고, 회생계획의 '용어의 정의'란에는 乙 등이 다른 특수관계인 개인들과 함께 특수관계인 개인으로

제2조 (나)항)을 한 후, 잔여 변제재원을 제2장 제3절 제2조 (다)항의 후순위배분 대상 '미변제채권의 현재가치' 합계로 나눈 비율을 말한다"고 규정하고 있고, ② 원고와 같이 '정리채권 관계회사 채권'을 가진 정리채권자들의 확정채권액은 원고의 정리채권을 제외할 경우 총 228,932,381원으로서, 이 사건 정리계획 변경계획은 '정리채권 관계회사 채무'의 명세표에서 각 정리채권의 확정채권액과 그에 따른 현금변제액을 구체적으로 명시하고, [별표 5] 및 [별표 5-14]에서 각 변제대상 채권, 권리변경(면제)액, 현금변제액 등을 재차 명시하고 있는데, 그 변제비율은 각 확정채권액 대비 18% 정도이며, ③ 한편 정리계획 변경계획 제2장 제2절 제2항에서는 "현재 소송이 계속중이거나 소송이 예정된 사항과 관련된 금액은 그 변제를 유보하며, 정리계획 변경계획안에서 정하는 방법에 따른다"고 규정하면서, 현재 소송이 계속중이거나 소송이 예정된 정리채권 등에 대하여는 변제금액을 별도로 유보하도록 하고 있는 사안에서 원심이 정리계획 변경계획 중 정리채권에 관한 권리변경에 관한 부분, 즉 현재가치 환산방식과 변제재원의 배분비율 등을 정한 부분의 효력은 원고에게도 미친다고 할 것인데, 이 사건 정리계획 변경계획은 정리채권자의 확정채권액과 변제비율을 명시하고 있고, 그에 기초하여 산정된 권리변경(면제)액과 현금변제액도 수차 명시하고 있어 기존의 정리채권자들은 그와 같은 기재를 신뢰하고 변경계획에 동의하였을 것이므로 그 변제비율을 단순한 예시라고 단정할 수 없는 점, 그런데 원고와 같이 변경계획 수립 당시 예상하지 못한 정리채권자가 있음이 밝혀졌다고 하여 선순위배분 후의 잔여 변제재원을 새로이 밝혀진 정리채권자와 기존 정리채권자들의 채권액 비율대로 안분하여 변제받을 금액을 산정한다면, 그 변제비율이 하향하게 되므로 기존 정리채권자들의 신뢰에 반할 뿐만 아니라, 정리계획 변경계획에 의하여 이미 변제를 받은 정리채권자들의 경우에는 위와 같이 산정한 안분 변제액을 초과한 부분을 부당이득으로 반환할 의무가 있다는 결론이 되어 부당한 점, 만일 기존의 정리채권자들은 당초의 정리계획 변경계획에 명시된 변제비율에 따라 변제를 받고, 거기서 누락된 원고는 더 낮은 변제금액을 지급받으면 된다고 보게 되면, 정리계획의 조건은 같은 성질의 권리를 가진 자간에서는 평등하여야 한다고 규정한 구 회사정리법 229조에 위반되고, 정리회사의 관리인의 잘못 등으로 정리계획 변경계획에서 누락된 정리채권자를 합리적 이유 없이 불이익한 취급을 하는 것이어서 형평의 원칙에 반하는 점, 이 사건 정리계획 변경계획이 기업인수합병의 인수대금을 변제재원으로 하여 그 한도 내에서 정리채권자·정리담보권자에게 변제를 하는 구도임을 감안한다 하더라도, 정리회사의 관리인은 자신의 정리채권이 유효하게 존재하고 있음을 줄곧 다투어 왔던 원고에 대하여 소송 결과에 따라 정리채권의 변제 여부를 결정할 수 있도록 변제 유보조항을 정리계획 변경계획 내에 규정할 수 있었고, 실제 일부 정리채권자들에 대하여는 그와 같은 규정을 마련하고 승소확정시 다른 정리채권자들과 동일한 변제조건하에 변제를 받도록 규정하였음에도 불구하고, 원고에 대하여는 아무런 변제유보 조항도 마련하지 아니한 채 일방적으로 권리변경 및 변제 대상에서 제외시키는 변경계획을 수립한 것이므로 그에 따른 불이익은 정리회사측이 감수하는 것이 형평의 이념에 부합하는 점 등 여러 사정을 종합하여 보면, 원고가 정리계획 변제계획에 따라 변제를 받아야 할 정리채권 부분에 대하여는 '정리채권 관계회사 채권'에 적용된 동일한 변제비율을 적용하여 피고가 변제할 금액을 산정함이 타당하다고 하고 정리계획 변경계획은 기업인수합병의 인수대금을 변제재원으로 하여 그 한도 내에서 일부 채권을 우선적으로 변제하고 나머지 잔액을 정리채권자들에게 후순위로 배분하기로 한 것이므로, 후순위 배분 대상에 포함될 수 있는 원고의 정리채권에 대하여는, '정리채권 관계회사 채권'을 가진 정리채권자들에 대한 총 후순위배분액을 가지고 그 정리채권자들과 함께 각 채권액에 비례하여 안분변제를 받아야 한다고 판단한 원심을 파기하였다. 同旨 대법원 2014.9.4. 선고 2013다97007 판결(미간행).

기재되어 있으며, '회생채권의 권리변경과 변제방법'란에는 위 '용어의 정의'란에 기재된 특수관계인 개인들 중 乙 등을 제외한 나머지 특수관계인 개인들의 회생채권에 대해 '전액을 면제한다'는 내용이 기재되어 있는데, 위 소송에 관한 판결이 확정된 후 甲 회사가 소송에서 확정된 乙 등의 채권은 회생계획상 채권 전액이 면제되는 특수관계인 개인들의 회생채권과 성질 및 내용이 가장 유사하므로 乙 등의 채권이 전액 면제되었다고 주장한 사안에서, 회생계획에 乙 등이 '특수관계인'이라고 명시적으로 기재되어 있고, 乙 등이 채무자회생법 제218조 제2항, 같은 법 시행령 제4조 제2호 (가)목에서 정한 '특수관계에 있는 자'에 해당하지 않더라도 그들에게 채무자회생법 제218조 제1항 제3호의 사유가 있다면 회생계획에서 위 '특수관계에 있는 자'와 마찬가지로 그들을 특수관계인으로 분류하여 다른 회생채권자보다 불이익한 조건을 정하는 것이 가능한데도, 乙 등이 위 '특수관계에 있는 자'에 해당하지 않는다는 점과 乙 등이 甲 회사의 재정적 파탄에 원인을 제공하였다고 볼 뚜렷한 사정이 발견되지 않는다는 점만을 근거로 乙 등의 회생채권이 다른 특수관계인 개인들의 회생채권과 성질 및 내용이 유사하지 않다고 보아 甲 회사의 주장을 배척한 원심판단에 회생계획의 해석에 관한 법리오해의 잘못이 있다고 한 사례가 있다.[138]

　　한편 회생계획에 따른 회사분할에서 어떠한 권리와 의무가 신설회사에 승계되는지를 해석하는 방법과 관련하여 판례 중에는 어떠한 권리와 의무가 신설회사에 승계되는지는 회생계획의 해석에 관한 문제로서, 회생계획의 문언의 내용에 의하여 객관적 의미를 합리적으로 해석하여야 하지만, 회생계획의 문언에 의하여 그 객관적인 의미가 명확하게 드러나지 아니하여 그 해석을 둘러싸고 이견이 있어 회생계획에 나타난 의사가 무엇인지 문제되는 경우에는 회생계획에 기재된 분할의 원칙과 승계 대상 권리와 의무의 내용, 분할회사의 존속 여부, 회생계획안을 작성한 관리인 및 이를 가결한 회생채권자 등 이해관계인들의 합리적 의사, 분할의 경위 및 분할에 의하여 달성하려는 목적, 거래의 관행 등을 종합적으로 고려하여 사회정의와 형평의 이념에 맞도록 논리와 경험의 법칙, 그리고 사회일반의 상식과 거래의 통념에 따라 합리적으로 해석하여야 한다고 하면서 회생계획에 명시

---

138) 대법원 2018.5.30. 선고 2018다203722,203739 판결(공2018하, 1189). 위 사건에서 원고는 본소 및 반소를 통하여, 선행소송에서 확정된 피고들의 채권은 회생계획상 그 채권이 전액 면제되는 위 나머지 특수관계인 개인들의 회생채권과 그 성질 및 내용이 가장 유사하다고 보아야 하므로, 피고들의 채권은 전액 면제되었다고 주장한 데 대하여 원심은 채무자회생법 제218조 제2항, 같은 법 시행령 제4조 제2호 (가)목이 회생계획에서 불이익한 조건을 정할 수 있는 대상인 '특수관계에 있는 자'로 '임원'을 규정하고 있고, 임원에 해당하는지 여부는 특별한 사정이 없는 한 회생절차개시결정 당시를 기준으로 판단하여야 하는데, 피고들이 원고에 대한 회생절차개시결정일부터 약 7개월 전인 2013. 3. 15. 임원에서 해임되었으므로, 피고들을 원고의 특수관계인이라고 볼 수 없고, 회생계획에서 특수관계인으로 규정한 다른 개인들과 달리, 피고들이 원고의 재정적 파탄에 원인을 제공하였다고 볼 뚜렷한 사정이 발견되지 아니하므로, 피고들의 회생채권이 다른 특수관계인 개인들의 회생채권과 그 성질 및 내용이 유사하다고 보기 어렵다는 이유로 원고의 주장을 배척하였으나, 대법원에서 파기되었다.

적으로 규정되어 있지는 않지만 분할 전 채무자회사의 기존 채무는 원칙적으로 분할되는 신설회사들에 이전되는 사업 및 관련 자산에 부수하여 포괄적으로 이전되는 것으로 정하였고, 회생계획에서는 분할 전 채무자회사로부터 원고에게 이전되는 채무에 관하여 회생채권이나 공익채권으로 제한하거나 이 사건 회사분할 당시 이미 성립한 채무로 한정한 바가 없는 점 등을 감안하여 제2차 납세의무 성립의 기초가 되는 분할 전 채무자회사의 과점주주로서의 지위 역시 회생계획에 따라 원고가 이 사건 주식을 취득함으로써 원고에게 승계되었다고 봄이 타당하다고 한 사례도 있다.[139]

또한 회생계획 자체의 해석에 관한 사안은 아니지만, 근저당권일부이전계약의 해석에 있어서 甲 회사가 乙 은행에 甲 회사 소유의 부동산에 관해 근저당권을 설정하여 준 다음 乙 은행으로부터 대출을 받았고, 그 후 신용보증기금과 신용보증약정을 하고 신용보증서를 발급받아 乙 은행에 담보로 제공하였는데, 甲 회사가 乙 은행에 대한 대출금채무 등을 변제하지 못한 상태에서 甲 회사에 대해 회생절차가 개시된 후 신용보증기금이 乙 은행에 신용보증약정에 따라 甲 회사의 대출금채무 중 일부를 변제하고, 乙 은행으로부터 근저당권 일부를 이전받는 근저당권 일부이전계약을 체결하면서, 계약서에 근저당권이 실행될 경우 배당금 충당순서에 대하여 '양도인(채권자)의 보증부대출을 제외한 배당일 현재 잔존채권'을 1순위로 충당하고, '보증부대출의 보증채무이행일까지 발생한 연체이자와 약정이자 차액분'을 2순위로 충당하도록 정하였는데, '연체이자'의 의미가 문제 된 사안에서, 당사자들이 약정을 한 동기와 경위, 약정을 통해 달성하려는 목적, 당사자들의 의사 등을 종합적으로 고려하면, 甲 회사에 대한 회생계획이 인가된 이상 회생계획 내용을 반영하여 위 약정의 '연체이자'를 해석함이 타당한데도, 이를 근저당권 일부이전계약 당시 이미 발생하여 확정되어 있던 연체이자라고 본 원심판단에 법리오해의 잘못이 있다고 한 사례가 있고,[140] 회생절차개시신청과 같은 채무인수인 고유의 기한의 이익 상실사유가 발생한 경

---

139) 대법원 2017.7.18. 선고 2016두41781 판결(공2017하, 1742).

140) 대법원 2019.5.30. 선고 2016다221429 판결(공2019하, 1284)은 근저당권 일부이전계약이 체결된 때는 채무자인 甲 회사에 대하여 이미 채무자회생법에 따른 회생절차가 개시된 이후였는데, 신용보증기금과 乙 은행은 모두 기업 회생절차에 관한 전문지식이 있는 신용보증기관과 금융기관으로서 회생계획이 인가된다면 채무자회생법 제252조 제1항에 따라 甲 회사에 대한 채권 내용이 실체적으로 변경된다는 사정을 잘 알고 있었던 점, 신용보증기금과 乙 은행이 계약 당시 원래의 연체이자와 약정이자의 차액을 특정하여 기재하지 않은 것은 향후 甲 회사에 대한 회생계획이 인가될 경우 연체이율 등 채권 내용이 변경될 수 있다는 점을 고려하였거나, 적어도 향후 회생계획이 인가될 경우 발생할 권리변경 효력을 배제하지 않겠다는 의사였다고 볼 여지가 있는 점, 채권자들이 채무자에 대한 권리행사와는 상관없이 채권자들 사이에서만 회생계획에 따라 변경되기 전의 권리를 행사하겠다는 약정은 사적 자치의 원칙, 특히 계약자유의 원칙에 따라 허용되므로, 약정의 일방 당사자인 신용보증기금이 스스로 불이익을 감수하고 약정 상대방으로 하여금 담보목적물의 매각대금에서 회생계획에서 정한 권리 이상을 우선 충당할 수 있도록 할 수도 있으나, 채권자들 사이에서 그러한 약정이 체결되었다고 인정하기 위해서는 채무자회생법 제252조 제1항에서 정한 권리변경 효력을 배제하고 그로

우에는 이 사건 중첩적 채무인수약정의 대출금상환표에 따른 변제기가 그대로 적용된다고
볼 수 없고, 그 경우에는 당사자 사이의 합의에 의하여 이 사건 중첩적 채무인수약정의 내
용으로 편입된 여신거래기본약관을 적용하여 기한의 이익 상실을 인정하기로 하였다고 해
석함이 상당하다고 한 사례도 있다.[141]

일본의 하급심 판례 중에는 갱생계획에 「갱생계획개시일 전후의 이자, 손해금은 모두
면제를 받고, 면제 후의 액을 채권원본으로 한다」라는 조항이 있는 경우에도 갱생계획이
정한 변제기를 도과한 때에는 지연손해금 지급채무가 발생하는 것이고, 그 지연손해금까
지 면제하는 것이 아님이 명백하다고 한 사례가 있다.[142]

(3) 채무자에 대한 실사

법원은 ① 회생계획을 제대로 수행하지 못하는 경우, ② 회생절차의 종결 또는 폐지
여부의 판단을 위하여 필요한 경우, ③ 회생계획의 변경을 위하여 필요한 경우 채권자협
의회의 신청에 의하거나 직권으로 조사위원 또는 간이조사위원으로 하여금 채무자의 재산
및 영업상태를 실사하게 할 수 있다(법259조).

(4) 회생계획에 의한 조직변경의 실행

회생계획이 정하는 영업양도, 신주발행, 사채발행, 자본감소, 주식의 포괄적 교환·이
전, 분할, 분할합병, 합병, 신회사의 설립 등의 기업의 조직변경에 관한 사항은 전술한 바
와 같이 원칙적으로 관리인의 전권에 속한다고 해석하여야 한다. 법은 이들 사항의 수행
에 관하여 상법의 일반원칙과 다른 여러 규정을 두어 절차의 간략화를 도모하고 있다(법
260조~275조. 이들 규정의 주된 내용에 관하여는 계획의 임의적 기재사항이 된다). 즉, 회생계획을

인한 불이익을 감수하겠다는 당사자의 의사가 분명하게 표시되어야 하는데, 그와 같은 특별한 사정
을 찾아볼 수 없는 점 등을 고려하였다. 한편 같은 사안인 대법원 2019.5.30. 선고 2016다210061 판결
(공보불게재)은 甲 회사의 인가된 회생계획에 따르면 권리변경 후 회생담보권은 ① 원금 전부를 제2
차년도 말까지 ② 개시전이자 전부를 제1차년도 말까지 ③ 개시후이자는 연 7.5%의 이율에 따라 지
급하되 준비연도와 제1차년도에 발생한 개시후이자는 제1차년도 말까지, 그 이후 발생한 개시후이자
는 매 발생연도 말에 각 지급하기로 하였다고 전제하고, 甲 회사에 대한 회생계획이 인가된 이상 회
생계획 내용을 반영하여 '연체이자'를 해석함이 타당하다고 본 원심판단은 정당하지만, 위 비보증부
회생담보권을 산정할 때에는 회생계획에 따른 각 개시후이자 항목을 산정하여야 할 뿐만 아니라 개
시전이자와 각 개시후이자에 대해서 각 변제기일 다음 날부터 배당일까지 해당 은행의 일반자금대
출 연체이자율을 적용한 연체이자를 가산하여 포함시켜야 하는데도, 회생계획에 따른 개시후이자(1,
2차년도) 항목을 산정하지 않고 원금에 대해서만 회생개시일부터 배당일까지 별도의 이자를 산정함
으로써 '개시전이자에 대한 개시후이자(1차년도)', '개시전이자와 개시후이자에 대한 각 변제기 다음
날부터 배당일까지의 연체이자'를 누락한 채 비보증부 회생담보권을 산정한 원심판결에 법리오해의
잘못이 있다고 하였다.
141) 대법원 2019.6.13. 선고 2019다213566 판결(미간행).
142) 日東京高判昭和57.2.25判時1038호343면, 倒産判例 インデックス 제3판 170[百選제4판90].

수행함에 있어서는 법령 또는 정관의 규정에 불구하고 법인인 채무자의 창립총회·주주총
회 또는 사원총회(종류주주총회 또는 이에 준하는 사원총회를 포함) 또는 이사회의 결의를 하
지 아니하여도 되고(법260조), 회생계획의 수행에 대하여는 채무자 회사 또는 채무자회생
법 제215조 신회사인 주식회사의 주주는 채무자 회사 또는 채무자회생법 제215조 신회사
인 주식회사에 대하여 주식매수청구권을 행사할 수 없다(법261조2항 269조3항, 270조3항, 271
조3항, 272조3항). 또 회생계획의 수행에 관하여는 채무자 회사 또는 채무자회생법 제215조
신회사인 주식회사의 주주, 또는 채권자는 회사의 조직행위에 관한 행위의 무효의 소나
주식회사의 성립 후에 주식의 발행의 부존재 확인의 소를 제기할 수 없다. 또한「자본시장
과 금융투자업에 관한 법률」제119조에 의한 규제도 적용되지 않으며(법277조), 세법상의
특칙이 있다(법280조).

(5) 변제조항의 실행

회생계획의 수행 중 가장 중요한 부분은 회생담보권 및 회생채권의 변제계획의 이행
이다. 회생계획에서는 회생채권자·회생담보권자의 권리에 일정한 변경을 가한 후 계획에
정하여진 일정에 따라 지급할 것을 규정하고 있다. 이를 실행하는 것도 계획의 수행이다.
따라서 규정된 대로 변제가 행하여지지 않는 경우에도 회생채권자는 회생계획에 정하여진
바에 따라 회생채권을 변제받을 수 있을 뿐, 강제집행은 물론 그 채권의 이행이나 확인을
구하는 소송의 제기도 회생절차 중인 한 일절 허용되지 않는다고 해석한다.[143) 회생채권
자표 등에 의하여 절차 중에는 강제집행을 할 수 없다는 점에 관하여는 명문의 규정이 있
으나(법255조2항), 별도 집행권원을 가진 경우에도 마찬가지이고, 또 계획에 의하여 인정된
담보권에 의한 경매절차도 허용되지 않는다. 채권자로서는 법원의 감독을 촉구하여 변제
가 이루어지도록 요구할 수 있으나(법258조 참조), 계획에 따른 이행이 일반적으로 행하여
지지 않는 때에는 수행의 가망이 없는 것으로서 회생절차를 폐지할 수밖에 없다(법288조).
이에 반하여 회생계획에 의하여 영향을 받지 않는 보증인 등에 대한 권리(법250조2항)에 기
한 강제집행은 물론 허용된다.

마. 회생계획의 변경

회생계획인가 전과 달리 인가 후에는 용이하게 계획의 변경을 인정할 수는 없으나,
계획대로 수행할 수 없는 경우에 항상 절차를 폐지하거나(법288조), 경우에 따라서는 파산
으로 이행하는 것보다는 회생계획을 고치면 수행이 가능하게 되는 경우에는 계획의 변경

---

143) 대법원 1991.4.9. 선고 91다63 판결(공 1991, 1359).

을 인정하는 것이 제도의 취지에 부합한다. 즉 회생계획변경의 제도는 회생계획의 인가결정 후에 그 전제가 된 예측의 오류나 경제사정의 급변 등으로 계획의 수행이 불가능한 사정이 발생한 경우에 계획에 변경을 가하면 회생의 가능성이 있는 경우까지도 회생절차를 폐지하는 것은 사회경제적으로는 물론 이해관계인의 의사에 비추어 보더라도 바람직하지 아니하므로, '부득이한 사유', 즉 원계획 인가시에 예상했더라면 당연히 다른 계획안을 작성하였을 것이라는 사정의 변경이 발생한 때에 한하여 회생계획의 변경을 허용함으로써, '재정적 어려움으로 인하여 파탄에 직면하였지만 경제적으로 갱생의 가능성이 있는 채무자에 관하여 이해관계인의 이해를 조정하여 그 사업을 유지시켜 정리·재건한다'는 회생제도의 공익적 목적에 기여하고자 하는 것이다.144) 이에 법은 회생계획인가의 결정이 있은 후 부득이한 사유로 계획에 정한 사항을 변경할 필요가 생긴 때에는 회생절차 종결 전에 한하여 법원은 관리인, 채무자 또는 목록에 기재되어 있거나 신고한 회생채권자·회생담보권자·주주·지분권자의 신청에 의하여 계획을 변경할 수 있도록 하고 있다(법282조1항). '부득이한 사유'라 함은 계획인가시에 예상하였더라면 다른 계획안을 작성하였을 일체의 사정을 말하는데, '부득이한 사유'에는 경제사정의 급변, 영업수익의 감소 및 매매실적의 부진 등도 포함되고, 회생계획을 '변경할 필요'는 회생계획의 전부 또는 일부를 수행하기 불가능하거나 현저히 곤란하고 계획을 변경하면 그러한 상황을 회피할 수 있는 경우를 말한다.145)

인가된 회생계획을 변경할 부득이한 사유나 필요가 있는지 여부는, 회생법원이 회생계획과 대비하여 채무자회사의 재무구조와 영업상황, 자금수지 상황, 회생채무의 원활한 변제가능성 등을 검토하고, 채무자회사의 자금조달과 신규투자의 필요성 및 국내외 경제사정의 현황과 전망 등을 고려함과 아울러 회생계획변경으로 인하여 영향을 받는 이해관계인의 의사 및 불이익의 정도 등을 종합·참작하여 채무자회사의 유지·재건으로 인한 사회·경제적 이익과 이해관계인에 미치는 불이익의 정도 등을 비교형량한 후 판단하는 것이다.146)

변경의 대상이 되는 것은 회생계획에 의하여야 하는 사항에 관한 보완 또는 추가이고, 필요적 기재사항인가의 여부와는 무관하다(공익채권의 변제가 기재대로 되지 않아도 계획을 변경할 필요는 없다. 법193조1항, 199조, 180조).147) 회생채권자, 회생담보권자 또는 주주·

---

144) 대법원 2006.3.29.자 2005카기85 결정(공보불게재).

145) 대법원 2007.11.29.자 2004그74 결정(공2008상, 559).

146) 대법원 2008.1.24.자 2007그18 결정(공2008상, 298)[백선52]. 同旨 위 대법원 2007.11.29.자 2004그74 결정은 구 회사정리법 하에서 정리회사가 영업수익의 감소로 2002년도에 정리계획상 변제하여야 하는 상거래채권 원금 중 50%를 변제하지 못하였고, 2003년부터는 정리담보권·정리채권의 원리금 및 이자 변제에 3,000억 원 이상의 변제자금이 필요하나 정리회사의 사업실적 및 자금흐름을 고려할 때 정상적인 채무변제가 어려울 것으로 예상되며, 그러한 상황을 회피하기 위하여 M&A를 추진하여 그 대금으로 채무를 변제하고자 정리계획 변경에 이르게 된 사안에서 정리계획을 변경할 부득이한 사유와 변경의 필요성이 있다고 판단한 원심을 유지하였다.

147) 위 대법원 2008.1.24.자 2007그18 결정은 다툼이 있는 자동채권의 존부 및 액수를 원 정리계획 수행

지분권자에게 불리한 영향을 미칠 것으로 인정되는 계획의 변경신청이 있은 경우에는 회생계획안의 제출이 있은 경우의 절차 즉 신청된 변경계획안의 적부의 심사로부터 관계인집회에서의 결의까지의 절차를 모두 한 번 더 거친 후에 계획변경의 결정을 한다(법282조2항 본문, 3항). 판례는 변경계획안의 의결에 관하여 주주에게 의결권이 인정되는지 여부는 변경계획안 제출 시점에 채무자의 자산이 부채를 초과하는지 여부에 의하여 결정되는 것이므로, 가사 절차 개시 당시 자산이 부채를 초과하여 주주에게 의결권이 부여되었는데 그 후 실적의 악화나 기타 예상치 못한 사정으로 부채가 자산을 초과하게 되었을 뿐이라고 하더라도, 변경계획안 제출 시점에 채무자의 부채가 자산을 초과하는 이상 주주에게 의결권을 인정할 수 없다고 하였다.[148]

따라서 예컨대 정관변경을 회생계획변경절차에 의하지 아니하고 원회생계획의 정관변경조항에 기한 법원의 정관변경허가결정만으로 하는 것은 허용되지 않는다.[149] 다만 변경에 의하여 불리한 영향을 받지 아니하는 권리자를 절차에 참가시키지 아니할 수 있고(같은조2항 단서), 변경회생계획안에 관하여 결의를 하기 위한 관계인집회에 출석하지 아니한 경우나 변경회생계획안에 대한 서면결의절차에서 회신하지 아니한 경우 종전의 회생계획에 동의한 자는 변경회생계획안에 동의한 것으로 본다(같은조4항).[150]

도중 관리인이 일방적으로 확정할 수는 없는 것이고, 변경계획상 권리변경의 전제가 되는 상계 후 잔존 정리채권 금액을 변경계획 내에 기재하여 의결함으로써 확정할 수도 없는 것이며, 가사 그러한 기재가 있다 하더라도 이는 권리변경의 내용 자체가 아니라 권리변경의 대상에 해당하는 것이어서 거기에 변경계획의 효력이 미치는 것도 아니므로, 변경계획에 기재된 상계 후 잔존채권액 산정이 부당하다는 점을 변경계획 인가결정에 대한 불복사유로 삼을 수는 없다고 하였다.

148) 대법원 2007.11.29.자 2004그74 결정(공2008상, 559).

149) 대법원 2005.6.15.자 2004그84 결정(공2005, 1299)은 원 정리계획에서는, 정관변경에 관하여 "정리절차기간 중 정관변경의 필요가 있을 때에는 관리인이 법원의 허가를 얻어 변경한다"고 규정하고 있지만, 다른 한편으로, 정리회사의 신주발행에 관하여 "상법에 정한 수권주식 범위 내에서 관리인이 법원의 허가를 얻어 발행한다"고 규정하였을 뿐, 정리채권의 출자전환 등으로 보통주 수권자본의 절반이 넘는 규모의 출자전환을 예정하면서도 정작 수권자본 규모의 확충에 관하여는 아무런 조항도 둔 바 없고, 채무의 변제방법에 관하여도 정리회사의 영업수익금으로 변제자금을 조달하는 것을 원칙으로 한다고 정하는 한편, 정리회사의 용산 사옥 등 부동산을 매각하여 채무변제자금 및 운영자금에 충당할 것을 정하고 있는 점 등에 비추어 볼 때, 원 정리계획은 제3자에 의한 인수·합병에 의한 정리절차의 진행 및 종결을 고려하지 아니한 것이 명백하고, 이 사건 결정은 제3자의 인수·합병에 의한 정리절차의 종결을 염두에 두고서 이를 위한 정관변경을 그 내용으로 하고 있으므로, 결국 위 정관변경에 의하여 전체적인 정리계획의 기본적 구도가 변경되는 결과를 초래한다고 할 것인데, 이러한 정관변경을 정리계획변경절차에 의하지 아니하고 원 정리계획의 위 정관변경조항에 기한 법원의 정관변경허가결정만으로 하는 것은 허용될 수 없다고 판시하였다.

150) 대법원 2006.3.29.자 2005그57 결정(공2006, 783)은 정리계획의 변경절차에 있어서도 구 회사정리법이 정하고 있는 것 이외의 방법에 의한 의결권의 행사는 허용될 수 없는 것이어서, 결국 종전의 계획에 동의한 자로서는 변경계획안 결의를 위한 관계인집회에 본인 혹은 대리인이 현실적으로 출석하여 부동의의 의사를 표시하는 방법 이외에는 구 회사정리법 제270조 제2항 단서 규정의 적용을 피할 수 없다고 해석되고, 변경계획안의 내용이 그의 진의에 반한다거나, 구 회사정리법에서 예정하고 있지 아

변경계획은 계획변경의 인가결정에 의하여 효력이 생기고(같은조3항, 246조),[151] 수행으로 나아간다. 누구에게도 불리하지 않은 변경의 경우에는 아무런 절차를 요하지 않고, 법원은 계획변경결정을 한다.[152] 이 결정에 대하여는 즉시항고할 수 있다(법282조3항, 247조).[153] 구 회사정리법 하에서는 변경계획 인부 결정에 관한 항고법원의 결정에 대하여는 민사소송법 제449조에 정한 특별항고에 의하도록 규정하고 있었으나,[154] 채무자회생법은 민사소송법 제442조의 재항고의 규정에 의하도록 하였다(법282조3항, 247조7항).

회생계획 변경계획을 인가하기 위하여는 회생계획의 경우와 마찬가지로 변경계획이 공정·형평성을 갖추고 있어야 한다(법282조, 218조1항2호). 여기서 말하는 공정·형평성이란 구체적으로는 변경계획에서 법 제217조 제1항이 정하는 권리의 순위를 고려하여 이종(異種)의 권리자들 사이에는 권리변경의 내용에 공정·형평한 차등을 두어야 하고, 동종(同種)의 권리자들 사이에는 권리변경의 내용을 평등하게 하여야 한다는 것을 의미하는데, 여기서 말하는 평등은 형식적 의미의 평등이 아니라 공정·형평의 관념에 반하지 아니하는 실질적인 평등을 가리키는 것이므로, 변경계획에서 모든 권리를 반드시 법 제217조 제1항 제1호 내지 제5호가 규정하는 다섯 종류의 권리로 나누어 각 종류의 권리를 획일적으로 평등하게 취급하여야만 하는 것은 아니고, 다섯 종류의 권리 상호간에도 회생채권이나 회생담보권의 성질의 차이 등 합리적인 이유를 고려하여 이를 더 세분하여 차등을 두더라도 공정·형평의 관념에 반하지 아니하는 경우에는 합리적인 범위 내에서 차등을 둘 수 있는 것이다. 판례는 구 회사정리법하에서 정리회사의 부실경영 주주와 특수한 관계에 있는 자

니한 방법으로 그 의사를 개별적으로 밝힌 사정이 있다거나, 나아가 관리인 혹은 정리법원이 그러한 사정을 알았거나 알 수 있었다는 등의 사유가 있다 하여 달리 해석할 것은 아니라고 전제하고, 종전의 정리계획에 동의한 정리채권자가 변경계획안 결의를 위한 관계인집회에 적법한 송달을 받고서도 출석하지 아니한 경우, 관계인집회기일 외에서 서면의 발송 등에 의한 방법으로 부동의의 의사를 표시하였다고 하더라도 구 회사정리법 제270조 제2항 단서 규정에 따라 변경계획안에 동의한 것으로 본 원심결정을 수긍하였다. 또한 위 결정은 구 회사정리법 제270조 제2항이 정리계획변경 제도의 취지 등 제반 사정에 비추어 볼 때, 과잉금지의 원칙을 규정한 헌법에 위반되지 않는다고 판시하였다.

151) 회생계획변경인가에 관하여는 특단의 사정이 없는 한 회생계획인가에 관한 규정이 준용되므로 회생계획변경계획안에 대한 인가 역시 회생계획인가결정에 관한 채무자회생법 제245조 제1항에 의하여 공고만 요하고 송달은 요하지 않는다. 대법원 1991.12.13. 선고 91다1677 판결(공1992, 500) 참조.
152) 위 대법원 2005.6.15.자 2004그84 결정은 정리회사의 수권자본의 수를 2배로 증가시키고 기존 주주의 신주인수권을 사실상 박탈하는 취지의 정관변경을 내용으로 하는 정리계획변경은 기존 주주에게 실질적으로 불리한 영향을 미치는 경우에 해당한다고 보아 회사정리법상 관계인집회의 개최 및 주주조의 결의를 거치지 아니한 정리법원의 정리계획변경결정이 위법하다고 한 원심의 판단을 수긍하였다.
153) 위 대법원 1991.12.13. 선고 91다1677 판결은 실제로는 이해관계인에게 불리한 영향을 미치는 정리계획변경신청에 대하여 법원이 불리한 영향이 없는 것으로 잘못 판단하여 관계인집회에서 변경계획안에 대한 결의를 거치지 않고 인가를 결정한 경우에 법원의 인가결정이 즉시항고 없이 확정되었다면 이를 다툴 수 없다고 판시하였다.
154) 구회사정리법 제270조 제3항, 제237조 제7항. 대법원 2007.11.29.자 2004그74 결정(공2008상, 559).

는, 실질적으로 정리회사에 대하여 손해배상의무를 부담하고 감소된 자본을 보충하여야 할 지위에 있다고 보아야 하므로, 정리계획에서 그가 정리회사에 대하여 가지고 있는 정리채권의 내용을 변경함에 있어, 그 정리채권자와 정리회사의 관계, 그 정리채권의 발생원인, 정리회사가 정리절차에 이르게 된 원인, 정리회사의 채무초과상태 여부 및 그 정도, 그에 대한 부실경영 주주 및 특수관계인인 정리채권자의 원인제공 정도 등 정리절차과정에서 나타난 여러 사정을 종합적으로 고려하여, 다른 동종의 정리채권의 권리변경내용과는 다른 내용으로 특수관계인인 정리채권자의 권리를 변경할 수 있고 나아가 그 정리채권을 면제할 수도 있다고 하였다.155) 물론 일반적으로 보증채무의 경우에는 변제책임을 지는 주채무자가 따로 있을 뿐만 아니라 반드시 보증에 상응하는 대가를 얻는 것도 아니라는 점에서 정리채권이 보증채권인 경우에는 주채권인 경우에 비하여 일정한 차등을 두더라도 공정·형평이나 평등의 원칙에 어긋난다고 볼 수 없고, 그 보증채권이 연대보증채권이라고 하더라도 마찬가지이지만, 이러한 차등은 합리적인 범위 내에서만 이루어져야 하고, 정리계획을 변경하는 경우에는 원래의 정리계획 내용과 이를 변경할 당시의 상황이 종합적으로 고려되어야 한다고 함은 전술하였다.156)

구체적 사안에서 회생법원이 부결된 변경계획안을 권리보호조항을 두고 인가할 것인지 여부는 회생법원이 채무자회사의 재무구조, 영업상황 및 기업가치 등 제반 사정을 종합하여 재량에 따라 판단할 사항이고, 이 경우 회생법원이 구체적인 권리보호조항을 정함에 있어서는 합리적인 절차와 방법에 따라 채무자회사의 기업가치를 평가한 자료를 취사선택한 후 이를 토대로 부동의한 조의 권리자에게 실질적 가치를 부여하면 충분하지만,157) 법원이 권리보호조항을 정한다는 명목으로 회생계획안에 부동의한 조에 속한 권리자가 회생계획에 의한 권리변경 전에 원래 갖고 있던 권리의 내용을 현저히 초과한 급부를 채무자 회사로부터 받을 수 있도록 직권으로 변제조항을 두는 것은 법원이 정할 수 있는 권리보호조항의 한계를 벗어나는 것이어서 허용될 수 없다.158)

---

155) 대법원 2006.1.20. 자 2005그60 결정(공2006, 386), 대법원 2007.11.29.자 2004그74 결정(공2008상, 559).
156) 대법원 2006.5.12.자 2002그62 결정(공2006, 1232)은 정리계획 변경계획안이 원래의 정리계획 내용에 비하여 정리회사가 주채무자인 정리채권과 정리회사가 보증채무자인 정리채권의 차등의 정도가 심하여 공정·형평이나 평등의 원칙에 어긋나는 것으로 볼 여지가 충분히 있다고 하면서, 정리계획 변경계획 인가결정 전부를 취소하지 아니하고 그 인가결정에 불복한 특별항고인들의 보증채권에 대한 부분만을 파기하여 환송한 사례이다.
157) 대법원 2008.1.24.자 2007그18 결정(공2008상, 298)[백선52].
158) 대법원 2009.3.31.자 2007그176 결정(미발간)은 구 회사정리법 하에서 정리계획변경안에 대하여 권리보호조항을 두면서 채권자가 다른 경매절차에서 장차 배당받을 수 있을 것으로 추정되는 금액을 공제하지 아니한 점을 지적하면서 원심결정을 파기하였다.

참고문헌

김성용, "회사정리법상의 강제인가 제도", 법조 제557호, 법조협회(2003.2.), 155면.

김종호·하삼주, "회생계획안을 강제인가하는 경우 담보권자에 대한 현금 변제의 유예 미국 연방파 산법 제11장 절차를 중심으로", 인권과 정의 제390호, 대한변호사협회(2009.2.), 44면.

김지평·박혜진, "회생회사의 출자전환과 관련한 실무상의 문제점", 도산법연구 제5권 제2호, 사단법 인 도산법연구회(2014.10.), 1면.

김형두, "통합도산법상 회생절차에서의 회생계획안의 심리 및 결의", 통합도산법, 남효순·김재형 공 편, 법문사(2006), 325면.

김희중, "대한민국 회생절차의 회생계획인가의 요건", 도산법연구 제10권 제1호, 사단법인 도산법연 구회(2020.6.) 319면.

손원일, "권리보호조항에서의 담보권의 가치-미국 파산법을 통한 비교법적 고찰", 도산법연구 제1권 제1호, 사단법인 도산법연구회(2010.1.), 1면.

원유석, "회사정리계획안의 작성·인가에서의 문제점", 도산법강의, 남효순·김재형 공편, 법문사 (2005), 604면.

이진만, "정리계획인가의 요건인 공정·형평의 의미와 청산가치의 보장", 대법원판례해설 제60호, 법 원도서관(2006), 535면.

이진웅, "회생절차에 있어서의 관계인집회 운영에 관한 제문제-관계인집회 병합 문제를 중심으로", 저스티스 138호, 한국법학원(2013. 10.), 204면.

임치용, "정리계획안의 공정·형평·수행가능성에 관한 연구", 파산법 연구, 박영사(2004), 379면.

임치용, "회사정리절차와 출자전환", 파산법 연구 2, 박영사(2006), 419면.

윤남근, "회생계획안의 인가-기업가치의 분배를 중심으로", 저스티스 통권 제131호, 한국법학원 (2012.8.), 5면.

전대규, "회생계획에 따라 출자전환 후 무상감자된 매출채권과 관련한 부가가치세 과세 문제", 채무 자 회생법, 서울지방변호사회 강의자료(2017), 129면.

정문경, "실무적 관점에서 본 회생계획의 강제인가 사례 분석", 도산법연구 제1권 제2호, 사단법인 도산법연구회(2010.7.), 51면.

정문경, "우리나라 강제인가에서 권리보호의 정도에 관한 실무운용 현황", 도산법연구 제12권 제1호, 사단법인 도산법연구회(2022.6.), 1면.

한민, "전환사채, 신주인수권부사채 및 교환사채 채권자의 도산절차에서의 지위", 민사판례연구 XX Ⅷ, 민사판례연구회(2006), 978면.

4. 회생절차의 종료

가. 목적달성에 의한 종료 — 절차의 종결

회생계획에 따른 변제가 시작되면 회생계획의 수행에 지장이 있다고 인정되지 않는 한 법원은 관리인, 목록에 기재되어 있거나 신고한 회생채권자 또는 회생담보권자의 신청에 의하여 또는 직권으로 회생절차 종결의 결정을 하며, 그 주문과 이유의 요지는 공고하여야 한다(법283조1항, 2항). 나아가 감독관청 등에게 통지하고(같은조2항), 등기, 등록을 촉탁한다(법23조, 27조). 채무자회생법 제179조 제1항 제5호 및 제12호에 따라 채무자에게 신규자금을 대여한 공익채권자는 회생절차의 종결에 대한 의견을 제시할 수 있다(법22조의2 제1항3호). 회생절차종결결정의 공고는 관보에 게재된 날의 다음 날 또는 대법원규칙이 정하는 방법에 의한 공고가 있은 날의 다음 날에 그 효력이 발생하고(법9조2항), 종결결정에 대하여는 불복할 수 없다. 회생계획에는 통상 장기에 걸친 할부변제의 규정 등이 있고, 이를 완전히 이행하는 데에는 장기간의 세월을 요하나, 그때까지 절차를 지속할 필요는 없다. 따라서 회생계획의 수행에 지장이 없으면 조기에 절차를 종결하는 것이 채무자의 신용이나 근로자의 사기를 위해서도 적절하고, 실무에서도 수행완료까지 종결하지 않은 예는 드물다.[1]

종결에 의하여 관리인의 임무와 권한은 종료되고, 채무자의 권한이 회복된다.[2] 채무자의 사업경영과 재산의 처분권은 관리인으로부터 벗어나 채무자에게 환원되고 채무자는 법원의 감독으로부터 벗어나 모든 절차적 구속에서 해방된다. 그러므로 주식회사인 채무자는 자유로이 자본감소, 신주발행, 정관변경, 이익배당 및 임원선임 등을 할 수 있다. 다

---

[1] 서울회생법원 회생실무준칙 제251호 제2조는 법원은 향후 채무자가 회생계획을 수행하는데 지장이 있다고 인정되지 않은 때에는 관리위원회, 채권자협의회 및 이해관계인의 의견을 들어 특별한 사정이 없는 한 회생절차를 조기에 종결한다고 규정하고 있다.

[2] 대법원 2019.10.17. 선고 2014다46778 판결(공2019하, 2077)은 피고 소송수계신청인의 관리인으로서의 권한은 소멸하고, 따라서 피고 소송수계신청인(관리인)이 자신에게 소송수계 적격이 있음을 전제로 한 소송수계신청은 부적법하다고 하였다.

만 회생절차개시 원인이 이사, 대표이사에 의한 채무자의 재산의 도피, 은닉 또는 고의적
인 부실경영 등에 기인한 경우의 당해 이사, 대표이사 등은 회생절차종결 결정이 있은 후
에도 채무자의 이사로 선임되거나 대표이사로 선정될 수 없다(법284조). 한편, 회생절차 종
결에 의하여 회생계획이 실효되는 것은 아니므로 채무자는 종결 후에도 회생계획이 정한
바에 따라 이를 수행할 의무가 있음은 물론이다. 채무자에 가하여져 있던 제한도 해소되
고(법55조), 채권자도 강제집행이 가능하게 되며(법255조2항), 상계에 대한 제약도 해소된
다.3) 관리인이 하고 있던 채무자의 재산에 대한 소송은 중단되고, 채무자에 의하여 수계된
다(법59조4항). 그런데 판례는 회생계획인가 결정 후 회생절차 종결결정이 있더라도 채무자
는 회생계획에서 정한 대로 채무를 변제하는 등 회생계획을 계속하여 수행할 의무를 부담
하게 되므로, 회생채권 등의 확정을 구하는 소송의 계속 중에 회생절차 종결결정이 있는
경우 회생채권 등의 확정을 구하는 청구취지를 회생채권 등의 이행을 구하는 청구취지로
변경할 필요는 없고, 회생절차가 종결된 후에 회생채권 등의 확정소송을 통하여 채권자의
권리가 확정되면 소송의 결과를 회생채권자표 등에 기재하여(법175조), 미확정 회생채권
등에 대한 회생계획의 규정에 따라 처리하면 되므로, 회생채권 등의 확정소송이 계속되는
중에 회생절차 종결결정이 있었다는 이유로 채권자가 회생채권 등의 확정을 구하는 청구
취지를 회생채권 등의 이행을 구하는 청구취지로 변경하고 그에 따라 법원이 회생채권 등
의 이행을 명하는 판결을 선고하였다면 이는 회생계획 인가결정과 회생절차 종결결정의
효력에 반하는 것이므로 위법하다고 하였음은 전술하였다.4)

　　관리인은 종결결정 후 지체 없이 계산의 보고를 하여야 한다(법84조). 실무상 관리인
의 계산보고서에 관리인과 채무자 사이의 사무인수인계서와 구체적인 내역으로서 인원현
황, 수지상황, 자산과 부채의 증감현황, 회생채권 변제상황, 공익채권 현황 등을 첨부하도
록 하고 있다.

나. 목적미달성 상태에서의 종료

(1) 회생절차의 취소

　　회생절차개시결정에 대한 즉시항고가 인용되어 개시결정이 취소된 때에는(공고·송
달·통지 등에 관하여 법54조1항, 2항, 등기·등록에 관하여 법23조, 27조) 기왕에 진행된 회생절
차는 소급하여 효력을 잃는 것이 원칙이다. 그러나 다른 절차에서와 마찬가지로 관리인
이 그동안 권한에 기하여 한 행위는 효력을 잃지 않고, 따라서 관리인은 그 결과 생긴 공

---

3) 대법원 2009.1.30. 선고 2008다49707 판결(공2009상, 243).
4) 대법원 2014.1.23. 선고 2012다84417,84424,84431 판결(공2014상, 470).

익채권을 변제하며, 이의가 있는 것에 관하여는 그 채권자를 위하여 공탁하여야 한다(법 54조3항).

(2) 회생절차의 폐지

취소와 달리 장래에 향하여 절차가 종료하는 경우로서 회생계획인가 전의 폐지와 인가 후의 폐지가 있다.[5]

(가) 인가 전의 폐지의 이유

다음 1)2)3)4)에서는 직권에 의하고, 5)에서는 신청 또는 직권에 의하며, 6)에서는 신청에 의한다. 1)2)3)4)6)의 폐지는 의무적이고, 5)의 폐지는 재량적이다. 아래의 각 경우에 즉시항고할 수 있다(법290조).

1) 법원이 정한 기간 또는 연장한 기간 내에 회생계획안의 제출이 없거나 그 기간 내에 제출된 모든 계획안이 관계인집회의 심리 또는 결의에 부칠 만한 것이 못되는 때(법286조1항1호. 기간 내에 제출되지 않았으나, 폐지결정 전에 제출된 경우에는 폐지할 수 없다)

관계인집회의 심리 또는 결의에 부칠 만한 것이 못되는 때라 함은 계획안의 내용이 법률의 규정에 합치되지 아니하거나 공정·형평성을 결여하거나 수행이 불가능한 경우 또는 관계인집회에서 계획안 가결을 받을 가능성이 없는 경우를 의미한다.[6]

2) 회생계획안이 부결되거나 결의를 위한 관계인집회의 제1기일로부터 2월 내 또는 연장한 기간 내에 가결되지 아니한 때(법286조1항2호)

3) 회생계획안이 회생절차 개시일부터 1년 이내, 또는 불가피한 사유로 법원이 6개월 이내의 범위 안에서 그 기간을 연장한 경우에는 그 기간 내에 가결되지 아니한 때(법286조1항3호)

4) 법 제240조 제1항의 규정에 의한 서면결의에 부치는 결정이 있은 때에 그 서면결의에 의하여 회생계획안이 가결되지 아니한 때. 다만, 서면결의에서 가결되지 아니한 회생계획안에 대하여 속행기일이 지정된 때에는 그 속행기일에서 가결되지 아니한 때(법286조1

---

5) 일본 민사재생법 제193조는 재생계획 인가 전후를 불문하고 재생채무자가 재생절차 중에 법률이나 법원의 명령에 위반하는 일정한 행위를 한 경우에는 법원이 절차폐지의 결정을 할 수 있도록 규정하고 있다. 재생채무자가 감독명령에 위반하여 금전을 다른 곳으로부터 차용한 후 일부의 채권자에게 변제를 한 경우에 절차폐지를 결정한 사례로서 日大阪地決平成13.6.20判時1777호92면, 倒産判例 インデックス 제3판 167 참조.

6) 대법원 1999.6.30.자 98마3631 결정(공1999, 1854), 대법원 1982.9.30.자 82마585 결정(공1982, 1075). 전자의 결정은 정리회사의 관리인이 제출한 정리계획안에 의하더라도 이 사건 정리절차는 제3자 인수를 통한 자금지원을 필수적인 전제로 하고 있는 것인데, 정리절차개시 이후 거듭되는 노력에도 불구하고 제3자 인수는 사실상 불가능하게 되었고, 따라서 최대 정리담보권자 은행이 위 정리계획안에 동의할 가능성이 없으므로 위 정리계획안은 관계인집회에서 가결될 가능성이 없다는 이유로 정리절차를 폐지한 제1심결정을 그대로 유지한 원심의 결정이 타당하다고 하였다.

항4호)

5) 회생계획안의 제출 전 또는 그 후에 채무자의 사업을 청산할 때의 가치가 채무자의 사업을 계속할 때의 가치보다 크다는 것이 명백하게 밝혀진 때(법286조2항. 다만, 청산을 내용으로 하는 계획안의 작성을 허가하는 경우에는 예외)

6) 채무자가 목록에 기재되어 있거나 신고한 회생채권자와 회생담보권자에 대한 채무를 완제할 수 있음이 명백하게 된 때(법287조1항. 절차에 관하여 같은조3항, 4항)

파산의 동의폐지에 대응하는 것이다.

(나) 인가 후의 폐지의 이유

인가결정이 있은 후 회생계획을 수행할 수 없는 것이 명백하게 된 때 신청 또는 직권에 의한다(법288조1항). 법원은 회생계획인가 후 폐지결정을 하기 전에 기일을 열어 관리위원회·채권자협의회 및 이해관계인의 의견을 들을 수 있다. 법 제179조 제1항 제5호 및 제12호에 따라 채무자에게 신규자금을 대여한 공익채권자는 회생절차의 폐지에 대한 의견을 제시할 수 있다(법22조의2 제1항3호). 기일을 열지 아니하는 경우에는 법원은 기한을 정하여 관리위원회·채권자협의회 및 이해관계인에게 의견을 제출할 기회를 부여하여야 한다(법288조2항). 이해관계인 집회기일 및 의견제출 기한을 지정한 경우에는 그 지정결정문을 공고 및 송달하여야 한다(같은조3항).[7] 기일은 법원이 지휘하고(법184조), 이해관계인의 의견을 듣기만 하면 족하며 어떤 사항을 결의하는 것은 아니다.[8]

---

[7] 대법원 1997.9.3.자 97마1775 결정(공1997, 3369)은 정리법원이 정리회사의 관리인에게 이해관계인 집회기일의 통지를 송달하지 아니하였음은 적절한 사무 처리가 아니지만, 구 회사정리법 제15조 제1항, 제2항의 규정에 따르면 회사정리법에 의하여 공고와 송달을 하여야 할 경우에는 공고는 모든 관계인에 대한 송달의 효력이 있는바, 정리법원이 위 이해관계인 집회기일을 적법하게 공고한 경우에는 기일 통지를 송달하지 아니한 위법이 있다고 할 수 없다고 판시하였고, 대법원 1997.3.4.자 96마2170 결정(공1997, 1166)은 정리법원이 일부 정리채권자들에 대하여 송달하지 아니한 것은 잘못이나, 그 기일이 관보 및 일간신문에 공고되었으며, 정리담보권자 및 금융기관인 정리채권자 전원과 상당수의 정리채권자들에게 통지되어 이해관계인들의 의견은 대체로 모두 수렴되었고, 통지를 받지 아니한 자가 기일에 출석하였다 하더라도 다른 이해관계인이 진술한 내용 이외의 특별한 의견이 개진되었으리라고는 보이지 않는다면 이러한 잘못이 정리절차폐지 결정에 영향을 미쳤다고는 보이지 않을 뿐 아니라, 정리회사의 공동관리인일 뿐 구 회사정리법 제277조 제2항 소정의 송달을 받을 자도 아닌 특별항고인들이 다른 이해관계인들에 대한 송달이 누락되었음을 특별항고 이유로 삼을 수도 없다고 하였다.

[8] 종래 실제로 회생절차 폐지를 위한 이해관계인 집회를 열어 이해관계인들로부터 의견을 들어보면 회생담보권자의 경우는 대체로 폐지에 적극적으로 찬성하는 반면, 회생채권자의 경우는 자신들이 실제로 강제집행을 통하여 변제받을 가능성이 없음을 확인한 후에는 폐지에 극구 반대하면서 변제기간을 연장하여서라도 회생절차를 계속 진행하여야 한다고 주장하거나, 법원의 감독소홀을 원망하며 항의를 하였고, 관리인의 경우에도 조금만 시간을 더 달라고 사정하는 경우가 많다. 법원이 이러한 의견에 구속되는 것은 아니나, 관리인의 입장을 고려하여 약간의 시간이 지나기를 기다려 폐지결정을 하고 있다.

(다) 폐지의 효과

폐지는 장래를 향하여 절차를 불필요하게 할 뿐, 이미 행하여진 절차의 효과는 실효되지 않는다. 관리인은 파산으로 이행하는 경우를 제외하고, 공익채권을 변제하거나 공탁하여야 한다. 계획인가 후의 폐지의 경우는 이미 행하여진 수행의 결과(예컨대 합병이나 신회사의 설립, 변제)가 복멸되는 것은 아니고, 또 법률의 규정에 의하여 생긴 효력(면책이나 권리변경. 법251조, 252조)은 영향을 받지 않는다(법288조4항). 판례도 회생절차가 폐지되기 전에 관리인이 채무자회생법 제119조 제1항에 따라 계약을 해제하였다면 이후 회생계획폐지의 결정이 확정되어 채무자회생법 제6조 제1항에 의한 직권 파산선고에 따라 파산절차로 이행되었다고 하더라도 위 해제의 효력에는 아무런 영향을 미치지 아니한다고 하였음은 전술하였다.[9] 회생채권자표 등의 효력(법255조)도 유지된다(법293조). 구 회사정리법상의 정리계획인가 후의 정리절차의 폐지는 그 동안의 정리계획의 수행이나 같은 법의 규정에 의하여 생긴 효력에 영향이 미치지 아니하므로, 정리절차가 폐지된 후에도 같은 법 제241조에 의한 면책의 효력과 같은 법 제242조에 의한 권리변동 효력은 그대로 존속하고 여전히 권리확정의 필요가 있으므로 정리절차 폐지로 인하여 종전에 계속 중이던 권리확정소송이 당연히 종료한다거나 그 소의 이익이 없어진다고 볼 수 없고, 정리절차 폐지 후 파산이 선고되었다 하더라도 마찬가지라는 것이 판례의 입장임은 전술하였다.[10] 이에 반하여 계획인가 전의 폐지의 경우에는 확정된 회생채권자표 등의 기재는 채무자가 조사기간 또는 특별조사기일에 이의를 진술하지 않는 경우에 한하여 확정판결과 동일한 효력 및 집행력을 가진다(법292조1항, 2항). 채무자의 이의에 좌우되게 한 것은 파산에서와 같은 취지이다(법535조1항). 책임재산이 채무자의 손에 반환되기 때문이다.

판례는 회생절차폐지결정이 확정되어 효력이 발생하면 관리인의 권한은 소멸하므로, 관리인을 채무자로 한 지급명령의 발령 후 정본의 송달 전에 회생절차폐지결정이 확정된 경우에는 채무자가 사망한 경우와 마찬가지로 지급명령은 무효라고 하였다.[11]

채무자회생법 제119조 제1항에 따라 관리인이 쌍무계약을 해제·해지한 경우에는 종국적으로 계약의 효력이 상실되므로, 그 이후 회생절차폐지결정이 확정되더라도 위 조항에 근거한 해제·해지의 효력에는 영향을 미치지 않는다고 함은 전술하였는데,[12] 일본의

---

  9) 대법원 2017.4.26. 선고 2015다6517,6524,6531 판결(공2017상, 1089). 同旨 대법원 2022.6.16. 선고 2022다211850 판결(공2022하, 1378).
 10) 대법원 2007.10.11. 선고 2006다57438 판결(공2007, 1745).
 11) 대법원 2017.5.17. 선고 2016다274188 판결(공2017상, 1260). 원심은 채무자 회사에 대한 회생절차폐지결정이 확정된 때에 지급명령 절차는 중단되고 지급명령은 그에 대한 이의신청기간이 정지되어 미확정상태에 있으므로, 이에 기한 전부명령은 무효라고 판단하였으나, 대법원은 위와 같은 이유를 설시하면서 다만 원심의 전부명령이 무효라는 결론은 타당하다고 하여 상고를 기각하였다.
 12) 대법원 2022.6.16. 선고 2022다211850 판결(공2022하, 1378).

하급심 판례 중에는 갱생절차 개시 전에 담보권의 피담보채권이던 채권이 위 개시당시의 담보물건의 가액을 초과하여 갱생채권으로 된 것은 갱생계획에 의하여 존속하는 것으로 된 담보권에 의하여는 담보되지 않는 것으로 변경된 것이라고 할 수 있고, 이 효력은 갱생절차가 폐지되어도 영향을 받지 않으며, 갱생계획에 의한 변경 전의 상태로 복귀하는 것은 아니라고 한 사례가 있다.[13]

(라) 폐지결정에 대한 불복

회생절차 폐지결정에 대하여는 즉시항고할 수 있다(법290조). 회생계획의 이행 가망이 없다고 하여 회생법원이 이미 회생절차 폐지결정을 한 이후에는, 채무자가 새로운 회생계획안을 제시하면서 그 회생계획의 변경이 회생법원에 의해 허가될 것을 전제로 하여 그 새로운 회생계획의 이행이 가능하다는 이유를 들어 항고심에서 회생법원의 회생절차 폐지결정을 다투는 것은 허용되지 않는다.[14]

(3) 회생계획불인가결정

이 경우에도 계획인가에 이르지 않고 절차가 좌절되는 것이고, 인가 전의 폐지와 유사한 절차종료원인이므로 인가 전의 폐지의 규정(법291조, 292조)이 준용된다(법248조). 계획인가결정이 취소된 경우(법247조 참조)도 마찬가지이나, 이 경우에는 인가 후의 수행의 결과를 어떻게 취급할 것인가 하는 곤란한 문제가 생긴다.

(4) 항고

항고가 있는 때에는 회생법원은 기간을 정하여 항고인에게 보증으로 대법원규칙이 정하는 범위 안에서 금전 또는 법원이 인정하는 유가증권을 공탁하게 할 수 있다(법290조, 247조4항). 회생계획불인가 또는 회생절차폐지의 결정에 대하여 항고장이 제출된 경우 원심법원은 1주일 이내에 항고인에게 보증으로 공탁하게 할 것인지 여부를 결정하여야 한다(규칙71조1항). 이와 같은 항고보증금 제도를 둔 것은 회생법원의 결정에 대하여 부정적 이해관계를 가진 자들의 항고권 남용으로 절차가 지연될 경우 야기될 수 있는 다른 이해관계인들의 손해를 방지하기 위하여 항고권을 합리적으로 제한하고자 함에 있다.[15] 항고인에게 보증으로 공탁하게 할 금액은 회생채권자와 회생담보권자의 확정된 의결권액(그 액이

---

13) 日橫浜地判昭和55.7.30判タ425호174면, 倒産判例 インデックス 제3판 171[百選제4판89].
14) 대법원 2005.8.29.자 2004마689 결정(공2005, 1581). 구 화의법 하에서의 판례이나 참고가 될 것이다.
15) 대법원 2011.2.21.자 2010마1689 결정(공2011상, 621)은 회생절차폐지결정에 대한 항고를 제기한 항고인에게 항고보증금을 공탁하도록 명하고 이를 이행하지 아니하였다는 이유로 항고장을 각하한 사안에서, 항고보증금 제도의 취지와 여러 사정에 비추어 원심이 보증공탁금액을 결정한 조치는 수긍할 수 있고 그 결정이 부당하게 특별항고인의 재판청구권을 제한하는 것이라고 할 수 없다고 하였다.

확정되지 않은 경우에는 목록에 기재되거나 신고된 의결권액)의 총액의 20분의 1에 해당하는 금액 범위 내에서 정하되, 그 금액을 정함에 있어 ① 채무자의 자산·부채의 규모 및 재산상태, ② 항고인의 지위 및 항고에 이르게 된 경위, ③ 향후 사정변경의 가능성, ④ 그 동안의 절차 진행경과 및 그 밖의 여러 사정 등을 고려하여야 한다(규칙71조2항, 3항). 항고인이 법원이 정하는 기간 안에 보증을 제공하지 아니하는 때에는 법원은 결정으로 항고를 각하하여야 한다(법290조, 247조5항. 규칙 71조 4항에서는 항고장을 각하하여야 한다는 표현을 쓰고 있다). 항고가 기각되고 채무자에 대하여 파산선고가 있거나 파산절차가 속행되는 때에는 보증으로 제공한 금전 또는 유가증권은 파산재단에 속한다(법290조, 247조6항).

구 회사정리법 시대의 판례는 정리절차폐지의 결정에 대한 항고심 결정에 대하여는 재항고가 허용되지 아니하고 특별항고만이 허용된다고 하였으나,[16) 채무자회생법 하에서는 즉시항고에 관한 재판의 불복은 민사소송법 제442조(재항고)의 규정에 의하는 것으로 하였다(법290조, 247조7항).

다. 파산절차로의 이행

회생에서는 그 불성공에 의한 종료도 반드시 다른 절차와 결부되어야 한다.

(1) 파산선고를 받지 아니한 경우

파산선고를 받지 아니한 채무자에 관하여 회생계획인가가 있은 후 회생절차폐지 또는 간이회생절차폐지의 결정이 확정된 경우에 법원은 그 채무자에게 파산의 원인이 되는 사실이 있다고 인정하는 때에는 직권으로 파산을 선고하여야 한다(법6조1항. 이행은 필요적이다). 파산선고를 받지 아니한 채무자에 대하여 회생절차개시신청 또는 간이회생개시신청의 기각결정, 회생계획인가 전 회생절차폐지결정·간이회생절차폐지결정 또는 회생계획불인가결정이 확정된 경우 법원은 그 채무자에게 파산의 원인이 되는 사실이 있다고 인정하는 때에는 채무자 또는 관리인의 신청에 의하거나 직권으로 파산을 선고할 수 있다(같은조2항. 이행은 재량적이다). 이행(移行)한 파산절차에서 지급정지·파산신청의 시기가 문제되는 때에는 회생절차개시의 신청·간이회생절차개시의 신청 또는 사기파산의 죄에 해당하는 법인인 채무자의 이사(업무집행조합원 그 밖에 이에 준하는 자 포함)의 행위는 그 전에 지급의 정지나 파산의 신청이 없는 때에는 이를 지급의 정지 또는 파산의 신청으로 보고 부인권 등의 성립여부를 결정한다(법6조4항).

---

16) 대법원 1999.6.30.자 98마3631 결정(공1999, 1854), 대법원 1997.3.4.자 96마2170 결정, 대법원 1997.9.3.자 97마1775 결정(공1997, 3369), 대법원 1997.3.4.자 96마2170 결정(공1997, 1166) 등 참조.

채무자에 대하여 회생계획인가가 있은 후 회생절차폐지의 결정이 확정되어 법 제6조 제1항에 따라 직권 파산선고에 따라 파산절차로 이행된 때에, 파산절차에서의 파산채권 또는 별제권의 존재 여부와 범위는, 채권자의 권리가 종전 회생절차에서 회생채권과 회생담보권 등으로 확정된 다음 인가된 회생계획에 따라 변경되고 파산선고 당시까지 변제되는 등의 사정을 모두 반영하여 정해져야 한다. 회생계획인가의 결정이 있는 때에는 회생채권자 등의 권리는 회생계획에 따라 실체적으로 변경되고 회생계획인가결정의 효력은 회생절차가 폐지되더라도 영향을 받지 않기 때문이다(법252조 1항, 288조4항). 따라서 회생계획인가결정이 있은 후에 회생절차가 폐지되었다는 사정만으로 회생채권 또는 회생담보권의 조사확정절차를 통해 그 채권의 존재 여부와 범위를 확정할 법률상 이익이 소멸한다고 단정할 수는 없다.[17] 또한 회생절차개시신청 전에 지급정지나 파산신청 또는 사기파산죄에 해당하는 법인인 채무자의 이사 등의 행위가 없었다면, 채무자의 '회생절차개시신청'은 파산절차에서 상계의 금지의 범위를 정하는 기준이 되는 '지급정지' 또는 '파산신청'으로 의제된다고 함은 전술하였다.[18]

또 회생에서 공익채권이었던 것은 재단채권으로 취급한다(법6조4항 후단). 공익채권과 재단채권은 범위가 상당히 다르므로 일부 권리자는 회생절차에서 빠져나감으로써 나중의 파산에서 유리하게 취급받는 경우가 있다. 그러나 위 조항의 취지는 회생절차가 파산절차로 이행된 경우 중복되는 절차를 생략함으로써 궁극적으로 부실기업을 신속히 퇴출시키는 데 있는 것이지 양 절차가 동일한 절차임을 전제로 한 것은 아니고, 법은 공익채권은 파산재단채권으로 한다는 명문의 규정을 두고 있지만, 상계금지의 효과를 파산선고 이후까지 연장한다는 규정은 두고 있지 아니하며, 파산절차에 관하여 회생과는 별도로 상계금지에 관한 규정을 두고 있는 점 등에 비추어 볼 때, 회생절차가 진행되다가 파산절차로 이행되었다고 하여 파산선고 후에도 여전히 상계금지에 관한 채무자회생법 제145조 제1호가 적용된다고 볼 수는 없다는 것은 전술하였다.[19] 한편 채무자에 대하여 회생계획인가가 있은 후 회생절차폐지의 결정이 확정되더라도 법 제6조 제1항에 의한 직권 파산선고에 의하여 파산절차로 이행된 때에는, 법 제6조 제6항에 의하여 파산관재인은 종전의 회생절차에서 관리인이 수행 중이던 부인권 행사에 기한 소송절차를 수계할 수 있고, 이러한 경우 부인권 행사에 기한 소송은 종료되지 않는다고 함도 전술하였다.[20]

---

17) 대법원 2021.1.28. 선고 2018다286994 판결(공2021상, 457).

18) 대법원 2016.8.17. 선고 2016다216670 판결(공2016하, 1326).

19) 대법원 2005.10.14. 선고 2005다27225 판결(공2005, 1789)은 피고에 의한 상계권 행사가 회생절차 진행 중에 있었으나 견련파산선고에 의하여 파산절차에서의 상계금지 규정의 적용이 문제된 사안에서 회생절차가 진행되다가 견련 파산선고에 의하여 파산절차로 이행된 경우 파산선고 후에는 회생절차에서의 상계금지 규정이 적용되지 않고 파산절차에서의 상계금지 규정이 적용된다고 하였다.

20) 대법원 2015.5.29. 선고 2012다87751 판결(공2015하, 856).

(2) 전에 파산선고가 있은 경우

(가) 회생계획인가전의 종료시

파산선고를 받은 채무자에 대하여 회생절차개시신청 기각결정, 또는 간이회생절차개시신청 기각결정, 회생계획인가 전 회생절차폐지결정·간이회생폐지결정 또는 회생계획불인가결정이 확정된 때에는 파산절차가 속행되고, 공익채권은 재단채권으로서 보호된다(법 7조). 속행되는 것이므로 이전의 파산선고 때의 지급정지나 파산신청이 기준이 되지만, 부인권의 소멸시효의 기간(2년간, 법405조)에 관하여는 그 사이의 회생절차의 기간은 산입되지 않는다고 해석한다.

(나) 회생계획인가 후의 종료시

파산선고를 받은 채무자에 대한 회생계획인가결정으로 파산절차가 효력을 잃은 후(법 256조1항), 회생계획을 수행할 수 없는 것이 명백하게 됨에 따른 회생절차폐지 또는 간이회생절차폐지(법288조)의 결정이 확정된 경우에는 법원은 직권으로 파산을 선고하여야 한다(법6조8항). 이 경우에는 절차적으로는 새로운 파산절차이지만 이전의 파산절차에서의 파산의 신청시에 파산의 신청이 있은 것으로 보고 공익채권은 재단채권으로 취급한다(같은조 9항). 이 경우 회생계획에 따른 권리변경의 효력은 유지되므로 파산채권자들은 변경된 권리를 신고하여야 한다.[21]

참고문헌

김현석, "정리계획과 화의조건의 이행", 도산법강의, 남효순·김재형 공편, 법문사(2005), 624면.

손지호, "회사정리절차의 실무", 도산법강의, 남효순·김재형 공편, 법문사(2005), 660면.

임치용, "견련파산절차에 관한 연구 −회생절차폐지를 중심으로", 파산법 연구 5, 박영사(2020), 437면.

임치용, "한진해운 도산의 법적 쟁점", 파산법 연구 5, 박영사(2020), 501면.

김장훈, 홍정호, "한진해운 사건을 통해서 본 견련파산 실무상 쟁점", 도산법연구 제8권 제2호, 사단법인 도산법연구회(2018.12.) 25면.

---

21) 채무자회생법 제6조 제10항에서 제6조 제5항이 준용되지 않고 있다.

5. M&A와 회생절차

경제적으로 파탄에 빠진 기업을 재건하는데 필수 불가결한 것은 새로운 자본의 투입이고, 그를 위하여는 새로운 자금을 제공할 투자자를 구하는 것이 가장 빠르고 효율적인 방법이다. 당초 회생의 목적은 채무자가 회생계획에 따른 채권자의 양보를 발판삼아 기업의 재정상태를 건전하게 회복하는 것이지만, 현실적으로 채무자가 당초의 장밋빛 전망과 달리 회생계획을 제대로 수행하지 못하고, 다시 경제적 파탄에 이르게 되는 경우가 많다. 따라서 당초의 의도와 달리 회사 채무자의 최대주주·지분권자가 교체되더라도 기업의 재정상태가 개선되고 채권자를 좀 더 보호할 수 있게 된다면 회생제도의 목적에 더욱 부합한다고 주장이 설득력을 얻게 되었다. 판례도 재정적 어려움을 극복하고 사업을 회생시키기 위하여 회생절차개시의 신청 전이나 직후부터 공개경쟁입찰 등 적정하고 합리적인 방법으로 채무자가 발행하는 신주 또는 회사채를 인수할 제3자를 선정하고 그 제3자가 지급하는 신주 또는 회사채 인수대금으로 채무를 변제하는 내용의 회생계획안의 작성·제출을 추진하는 것은 적법하다고 보고 있다.[1] 그러한 입장에서 2000년 이후 구 회사정리법 하에서 정리회사의 회생과 채권자의 만족을 위하여 M&A를 활성화하였음에도 불구하고 회사정리법상 이에 대하여 충분한 규정이 없어 그 절차진행과 관련하여 불필요한 마찰이 있어 왔다. 이에 채무자회생법과 규칙에 M&A와 관련하여 몇몇 조항이 신설되는 등 제도의 정비가 이루어졌다.

첫째 인수희망자가 인수 대상 기업에 대한 정보를 얻을 수 있는 통로가 없어 M&A 활성화를 저해한다는 지적에 따라, 채무자회생법은 관리인으로 하여금 인수희망자에게 영업·사업에 관한 정보 및 자료를 제공하도록 하였다(법57조). 다만, 규칙은 기업 인수를 가장하여 채무자의 영업·사업에 관한 정보를 취득함으로써 채무자의 회생에 지장이 초래되는 것을 방지하기 위하여 인수희망자로부터 인수의사의 확실성을 담보할 수 있는 자료를 제출받고 제공된 자료나 정보로부터 알게 된 비밀을 준수하겠다는 진술서를 제출받도록

---

1) 대법원 2007.10.11.자 2007마919 결정(공2007, 1757). 同旨 대법원 2014.4.28.자 2012마444 결정(미간행).

함과 동시에, 그와 같은 정보나 자료의 제공이 채무자의 영업이나 사업의 유지·계속에 지장을 초래하거나 또는 채무자의 재산에 손해를 줄 우려가 있는 경우에는 법원의 허가를 얻어 정보·자료의 제공을 거절할 수 있도록 하였다(규칙50조).

둘째 관리인이 영업, 사업의 양도나 M&A등을 진행함에 있어서 매각주간사, 실사법인 또는 우선협상 대상자 선정시 채권자협의회의 의견을 듣는 등 절차의 공정한 진행을 명문화 하였다(규칙49조). 또한 법 제179조 제1항 제5호 및 제12호에 따라 채무자에게 신규자금을 대여한 공익채권자는 채무자의 영업 또는 사업의 전부 또는 중요한 일부를 양도하는 것에 대한 의견을 제시할 수 있다(법22조의2 제1항1호).

가. M&A의 방식

회생절차에 있어서의 M&A는 그 진행 시기를 기준으로 보면 회생절차 개시 전부터 진행된 M&A와 회생절차 개시 후 진행된 M&A, 그리고 회생계획인가 후 진행되는 M&A로 나눌 수 있는데, 실무상 주류를 이루는 것은 회생계획 인가 후 진행되는 것이다. 또한 M&A는 그 내용을 기준으로 보면 기존 주식을 감자하고 신주를 배정하는 제3자 배정 신주인수 방식과 영업양도, 회사분할, 신회사설립, 감자 및 증자, 합병, 주식의 포괄적 교환, 주식이전 등의 방식으로 나눌 수 있다.[2] 우선 진행 시기를 기준으로 차례로 본다.

나. 회생절차 신청 전 M&A

(1) 도입배경

종래 대부분의 정리회사는 인가된 정리계획을 달성하지 못하였던 것이 현실이어서 채무 변제 유예기를 지나 본격적인 채무 변제기에 접어들면 정리계획의 수행에 심각한 어려움을 겪는 것이 보통이었고, 더 나아가 정리절차의 폐지와 파산선고에까지 이르는 것이 다반사였다. 또한 실무의 예에서 보면 이는 도산의 충격으로 인하여 기업가치가 하락하기 전에 미리 사전계획안 등의 형태로 M&A가 추진된다면 그 효율성이 제고될 가능성이 있다는 점을 시사해 주는데, 최근 들어 주로 채권자 주도로 M&A를 추진하면서 그 M&A를 회생절차 내에 반영함으로써 채권의 만족을 극대화하면서 채무자에게 회생의 길을 열어주는 사전 M&A가 등장하고 있다.

---

2) 각 방식의 개념, 선택기준 및 장단점에 대한 설명으로는 김정만, "회생절차상 M&A의 선택기준과 회생계획인가 전 M&A", 사법논집 제50집, 법원도서관(2011), 71면 참조.

(2) 신청 전 M&A 결과의 존중

현실적으로 가급적 조기에 M&A에 착수하는 것이 채무자의 회생과 채권자의 만족 두 가지 측면에서 모두 유용하다. 채무자가 비록 재정적 어려움으로 말미암아 부도를 낸 후에 경험하고 회생절차를 신청하였다 하더라도, 신청 당시까지 사업의 기반이 아직 와해되지 않고 수익력을 유지하고 있는 경우라면 효율성의 측면에서 가급적 조기에 M&A에 착수하는 것이 바람직할 것이다. 그리고 회생절차 개시 신청 전에 이루어진 M&A가 채무자와 채권자의 협의 하에 관리, 진행되어 온 경우라면 그 협의 과정에서 채무자의 의사에 따라 회생을 위하여 필요한 사항도 적절하게 반영되어 있을 것이고, 채권자측의 의사도 충분히 반영되어 있을 것이다. 이러한 M&A는 회생절차 내에서 법원의 감독을 받아가며 관리인이 주관하는 M&A와 그 목적이 같다. 따라서 채무자와 채권자가 회생절차 개시 신청 전에 자율적으로 M&A를 완료한 경우에는 법원은 그 결과를 존중하지 않을 수 없게 된다.

(3) 관리인 불선임 결정 및 회생절차의 신속한 진행

회생절차개시 전에 채무자와 채권단의 협의 하에 M&A절차가 추진되어왔고, M&A를 내용으로 하는 회생계획안의 주요 내용에 대하여 채무자와 채권단 사이에 협의가 완료된 채무자에 대하여는 법원은 관리인을 선임하지 아니하고 채무자의 대표자를 관리인으로 볼 수 있다(법74조3항, 규칙51조5호).

이와 같이 사전 M&A를 통하여 회생의 기반을 마련한 채무자에 대하여는 그 M&A를 내용으로 하는 회생계획안이 인가되면 이를 수행하고 회생절차를 조기에 종결하게 된다.

다. 회생계획 인가 전 영업양도

(1) 필요성

원래 주식회사는 주주총회의 특별결의를 거쳐 영업의 전부 또는 중요한 일부를 양도할 수 있으나(상374조1호), 구 회사정리법하의 회사정리절차에서는 원칙적으로 정리회사의 기초에 영향을 줄 수 있는 행위는 정리절차에 의하여만 허용되며(회52조), 정리절차 내에서 영업양도를 하고자 할 경우에는 정리계획에 정함이 있어야 하였으므로(회217조), 인가 전 영업양도가 허용되는지에 관하여 논란이 있었는데, 채무자회생법은 회생계획인가 전 영업양도에 관한 규정을 신설하여 이를 해결하였다(법62조). 채무자회생법이 인가 전 영업양도를 명문화한 것은 개시신청 전의 부도 등의 여파로 인한 신용도의 급격한 하락, 기존의 거래관계의 단절, 회사 조직의 와해 등으로 정상적인 회생절차의 진행에 큰 어려움을 겪게 되는 경우가 있고, 그 영향이 중대할 경우에는 채무자의 기업가치가 하락하여 청산가치를 하회하게 되는 결과에 이를 수도 있는데, 이러한 경우 상당한 시일이 경과된 뒤에 회생계획에 따라 영업을 양도하는 것과 비교하여 보다 유리한 가격 및 조건으로 영업을 양도할 수 있는 경우라면 회생계획 인가 전의 영업양도가 더 효율적일 수 있기 때문이다.

미국 파산법 §363은, 회생·파산절차의 관리인이 통상의 업무 범위를 넘어 재단에 속한 재산을 처분하려면 이해관계인에 대한 통지와 변론을 거쳐 법원의 인가를 받아야 한다고 규정하고 있다. 미국의 도산실무에서는 이 조항을 이용하여 재정적 파탄에 처한 대기업이 회생절차개시 신청을 한 다음 회생계획에 의하지 않고 단기간 내에 재산 및 영업의 전부 또는 실질적 전부를 매각하는 사례가 빈번해지고 있고 한다.[3]

(2) 요건

회생계획 인가 전의 영업양도를 하기 위해서는 영업 또는 사업의 전부 또는 중요한 일부의 양도가 채무자의 회생을 위하여 필요한 경우에 해당하여야 한다. 채무자의 회생을 위하여 필요한 경우라는 요건과 관련하여서는 일본의 민사재생법 제43조는 채무자가 주식회사인 경우 「사업의 전부 또는 일부의 양도가 사업의 계속을 위하여 필요할 것」이라고 규정하고 있는데, 그 의미에 관하여는 ① 주주권을 제약하기 위하여는 엄격한 요건이 필요하다는 입장에서 사업양도를 하지 않으면 조만간 폐업할 수밖에 없는 사정이 있는 경우에 한하여야 한다는 견해[4]와 ② 채무초과회사의 주주에게 채권자보다도 강한 거부권을 인정할 필요가 없는 점이나 도산처리절차로서의 사업양도의 유용성 등을 이유로 하여 사업양도를 하지 않으면 당해 사업의 가치나 규모에 큰 변화가 예상되는 경우에도 필요성을 긍정하여야 한다는 견해가 대립되고 있다. 실제로는 채무자의 회생절차개시신청에 의한 신용훼손으로 인하여 영업이 급격히 악화되고 회생계획의 인가를 기다려서는 영업의 환가가치가 크게 하락하게 되기 때문에 이를 방지하기 위하여는 조기에 영업을 양도할 필요가 있는 경우를 말한다고 보아야 한다는 점에서 전설에 따른다. 따라서 회생계획 인가 전의 영업양도에 있어서는 통상 그 신청 전후에 양수인 후보자가 존재하거나 선정되어 있는 상태일 것이다. 다만, 당해 영업이 채무자의 사업에 중요하지 아니하고 그 영업의 계속이 지속적으로 손실을 발생시켜 회생계획의 인가 전이라도 시급히 당해 영업을 정리하는 것이 이익이 되는 경우에는 회생계획의 인가에 의하지 아니하고 법원의 허가에 의하여 영업을 양도할 수 있다.

---

3) 이이 대한 상세한 소개는 윤남근, "미국 파산법상 회생계획안 인가 전의 영업재산 매각", 사법 30호, 사법발전재단(2014), 137면 참조.

4) 日東京高決平成16.6.17金法1719호51면, 倒産判例 インデックス 제3판 146[百選25] 참조.

채무자회생법 제62조에 의한 영업양도는 회생절차개시 후 회생계획의 인가 전까지 할 수 있고, 회생계획 인가 후에는 회생계획에 의하여만 할 수 있다. 회생절차 신청부터 개시결정까지의 보전관리명령의 단계에서 영업의 전부 또는 중요한 일부를 양도하는 것은 보전관리의 목적을 넘어서는 것이므로 허용되지 않는다.

(3) 절차

관리인은 회생절차 개시 후 인가결정 전까지 영업 또는 사업의 전부 또는 중요한 일부를 양도할 수 있다(법62조1항). 회생계획인가 전 영업 등의 양도에 대한 허가를 하는 때에는 법원은 관리위원회, 채권자협의회, 채무자의 근로자의 과반수로 조직된 노동조합의 의견을 들어야 한다. 근로자의 과반수로 조직된 노동조합이 없는 때에는 채무자의 근로자의 과반수를 대표하는 자의 의견을 들어야 한다(법62조2항). 관리인은 영업 또는 사업의 양도 등에 관하여 매각주간사, 채무자의 재산 및 영업상태를 실사할 법인 또는 인수예정자 등을 선정하는 때에는 미리 채권자협의회의 의견을 묻는 등 공정하게 절차를 진행하여야 한다(규칙49조). 영업의 양도는 채무자의 사업에 중대한 영향을 초래하고 회생채권자·회생담보권자의 이해에 직접 영향을 미치게 되므로, 법원이 이를 허가하기에 앞서 의견 청취 절차를 거치도록 한 것이다. 영업양도의 허가가 있는 경우 그 허가에 대한 불복방법은 없다. 회생채무자가 법원의 허가를 받지 아니하고 한 영업양도는 무효이나, 선의의 제3자에 대항하지 못한다(법62조5항, 61조3항).

부채가 자산을 초과하는 주식회사의 경우에는 주주총회결의(상374조1항)를 거치지 아니하고 법원은 관리인의 신청에 의하여 결정으로 주주총회 결의를 갈음할 수 있고(법62조4항), 이 경우에 주주보호절차(상374조2항, 374의2, 「자본시장과 금융투자업에 관한 법률」165조의5)를 거칠 필요가 없다. 채무초과의 상태인 경우에는 주주에 대한 잔여재산의 분배의 가능성이 없고 주주는 영업양도의 판단에도 관심이 없기 때문에 법원의 대체허가를 인정한 것이다. 물론 대체허가는 회생절차 개시 후에 가능한데, 채무초과는 청산가치가 아닌 계속기업가치로 판단한다.[5] 대체허가를 하는 경우 법원은 양도대가의 사용방법을 정하여야 한다(법62조3항). 반대로 채무자의 부채총액이 자산총액을 초과하지 아니하는 때에는 영업양도에 대한 법원의 허가 이외에 주주총회의 특별결의가 필요하고, 반대주주의 주식매수청구권의 행사도 가능하다.[6]

---

5) 日東京高決平成16.6.17金判1195호10면, 倒産判例 インデックス 제3판 146[百選25]은 계속기업가치를 기준으로 판단한 결과 재생채무자가 채무초과상태에 있다는 소명이 불충분하고, 또한 사업양도의 필요성이 있다고도 할 수 없다고 하여 원결정을 취소하고, 대체허가를 부정하였음은 전술하였다.

6) 이와 같은 법의 태도에 대하여 회생절차는 일본의 회사갱생절차에 기반을 둔 것이므로 일본회사갱생법과 같이 총주주 3분의 1 이상의 동의로 영업양도를 거부할 수 있도록 하는 것이 바람직하다는 지

법원이 위 주주총회의 결의에 갈음하게 하는 결정을 한 때에는 그 결정서를 관리인에게 송달하고, 그 결정의 요지를 기재한 서면을 주주에게 송달하여야 하며, 그 결정은 결정서가 관리인에게 송달된 때에 효력이 발생한다(법63조1항, 2항). 위 주주총회의 결의에 갈음하게 하는 결정에 대하여 주주는 즉시항고를 할 수 있고(법63조3항), 위 즉시항고에는 집행정지의 효력이 있다(법13조3항). 그러나 아래에서 보는 바와 같이 법원의 영업양도의 대한 허가에 대하여는 즉시항고를 할 수 없으므로 입법론적으로 균형이 맞지 아니하고 회생절차의 신속성을 해친다는 비판이 있어서 실무에서는 집행정지의 효력이 없다고 해석하고 있다.[7]

(4) 법원의 허가

법원이 영업양도를 허가할 때에는 그 양도대가의 사용방법을 정하여야 한다(법62조3항). 그런데 회생절차에서는 복잡하게 얽혀 있는 여러 이해관계인의 이해를 합리적으로 조정하여 법원이 양도대가의 사용방법을 정하는 것은 쉬운 일이 아니기 때문에 채무자가 회생계획 인가 전의 영업양도를 추진함에 있어서 미리 주요 회생담보권자 및 회생채권자와 사이에 양도대가의 사용방법을 포함한 회생계획안의 주요 내용에 관하여 합의를 하는 것이 실무례이다.[8]

법원의 회생계획인가 전 영업양도에 대한 허가 결정에 대하여는 따로 즉시항고를 할 수 있다는 조항이 없으므로 불복할 수 없다(법13조1항).

라. 회생계획 인가 후 영업양도

M&A의 주체는 물론 관리인이다. 관리인은 M&A의 시기 및 방식과 회생절차 종결 시기 등을 고려하여 업무를 진행한다. 그 과정에서 매각주간사가 선정되고, 채권자협의회 역시 의견을 제시하게 된다. 법원은 준칙 등 일정한 기준을 유지하고 절차의 공정성과 투명성을 유지함으로써 회생절차에서의 M&A의 악용을 방지하는 역할을 한다.

M&A 절차는 ① M&A 추진허가 → ② 매각주간사 선정 공고 및 선정기준 허가 → ③ 매각주간사 선정 → ④ 매각공고 및 투자유치 마케팅 → ⑤ 예비실사 및 입찰안내서 배포

적으로는 김정만, "회생계획에 의하지 아니한 영업양도", 사법 18호, 사법발전재단(2011), 95면 참조.
 7) 이에 대한 외국법제와의 비교를 통한 입법론적인 분석으로는 김정만, 전게 논문 및 임치용, "회생계획인가 전 영업양도의 신속화 및 활성화 방안", 도산법연구 제12권 제2호, 도산법연구회(2022.12.), 1면 참조.
 8) 이러한 합의가 이루어진 경우에는 관리인을 선임하지 않고 회생절차를 진행할 수 있을 뿐만 아니라(규칙51조5호), 회생계획의 인가 직후 회생담보권 및 회생채권을 변제한 후 회생절차를 조기에 종결할 수도 있을 것이다.

→ ⑥ 우선협상대상자 선정 → ⑦ 양해각서(MOU) 체결 → ⑧ 정밀 실사 후 대금 조정 및 인수계약 체결 → ⑨ 인수대금 납부 → ⑩ 회생계획 변경 및 회생절차 종결의 순으로 진행된다.

① M&A 추진허가

M&A의 실시에 관한 결정은 관리인의 권한이지만, M&A를 추진하기 위하여는 법원의 허가를 받아야 하고, 법원은 허가를 함에 있어서 관리위원회의 의견을 들어야 한다. 실무상으로는 기존 경영자가 관리인인 경우와 제3자 관리인인 경우로 나누어 기존경영자가 관리인인 경우에는 회생계획인가 후 회생계획의 수행이 가능한 때에는 특별한 사정이 없는 한 제3자 매각을 추진하지 아니할 수 있도록 하고, 제3자 관리인이 선임된 사건에서는 회생계획인가 후 회생계획의 수행 여부가 명백하지 않은 경우에는 제3자 매각을 적극적으로 추진하도록 하고 있다.

② 매각주간사 선정 공고 및 선정기준 허가

매각주간사 선정은 공개경쟁입찰 방식으로 이루어지는 것이 통상의 예이고, 제안업체의 M&A 실적, 제안서의 내용, 용역수행 인원의 능력 및 경험 등을 매각주간사 선정 기준으로 마련하여 법원의 허가를 받고, 이를 공고한다.

③ 매각주간사 선정

회생절차의 M&A에서는 매각주간사를 선정하여 매각주간사로 하여금 M&A 절차를 진행하도록 한다. 매각주간사는 관리인이 법원의 허가를 받아 선정한다. 매각주간사로 선정되고자 하는 회계법인 등으로 하여금 용역제안서를 제출하게 하여 서류 심사 후 통과된 업체에 한하여 프리젠테이션을 실시하여 매각주간사를 선정하고 협상을 거쳐 매각주간사와 사이에 용역계약을 체결하게 된다.

종래에는 회계법인이 주간사가 되는 경우가 대부분이었으나, 최근에는 회계법인과 법무법인이 컨소시엄을 구성하는 경우도 많다. 또한 투자은행(Investment Bank)이나 기업구조조정 전문회사가 관여하기도 한다.

매각주간사로 선정되면 먼저 회사의 자산 및 부채에 대하여 실사(due diligence)를 하고 이를 토대로 청산가치와 계속기업가치를 산정한 다음 M&A의 전략을 수립하게 된다. 구체적으로 어떤 방식의 M&A를 추진할 것인가는 위에서 보았듯이 제3자 매각, 영업양도 방식 등 여러 가지 방안 중에서 선택하게 되고, 회생계획의 변경 필요성도 검토하게 된다. 이 과정에서 관리인은 M&A에서도 각종 행정법규상의 인·허가 등에 관하여 인수희망자에게 주지시키고 있다.

④ 매각공고 및 투자유치 마케팅

M&A 구도와 전략이 수립되면 관리인은 법원의 허가를 받아 인수의향서 제출 기간,

제출 장소, 제출서류, 진행일정 등을 정하여 일간 신문과 회사 홈페이지 등을 통하여 매각공고를 한다. 주간사는 인수희망자들에게 간단한 회사소개서(Teaser), 투자가치의 홍보, 일정 안내 등을 배포하여 투자유치 마케팅 작업에 착수하게 된다.

⑤ 예비실사 및 입찰안내서 배포

투자유치에 대응하여 인수의향이 있는 업체는 인수의향서(LOI: Letter Of Intent)를 제출하게 된다. 이 단계에서 비밀유지확약서(Confidential Agreement)를 제출하는 것이 보통이다. 이에 관리인은 예비실사에 참가할 업체들에게 기업소개서를 배포하고, 회사의 자료실(Data Room)을 개방하여 회사의 재무상태나 영업 관련 자료를 제공하기도 한다. 이 과정에서 예비실사참가자들에게 입찰안내서를 배포하는데, 구속력 있는 인수제안서(Binding Bid Offer)를 제출하는 방법과 그 밖에 필요한 사항을 안내하는 내용이다.

⑥ 우선협상대상자 선정

위와 같은 과정을 거쳐 인수제안서를 받아 평가항목을 기준으로 우선협상대상자를 선정하는데, 회생절차에서는 채무자 회사를 실제로 경영하여 발전시키고자 하는 의사와 능력이 있는 전략적 투자자를 선정하는 것을 원칙으로 하고, 기업을 인수하여 구조조정을 한 후 되팔아 이익을 취하는 것을 목적으로 하는 재무적 투자자는 선정하지 않는 것이 통상이다. 또한 기업 인수 후 기업의 자산을 담보로 제공하여 매수대금을 지급하는 이른바 차입인수(LBO: Leveraged Buyout)는 선정되지 못한다.

⑦ 양해각서(MOU) 체결

관리인은 양해각서 초안에 기한 협상을 거쳐 법원의 허가를 받아 양해각서를 체결한다.

⑧ 정밀 실사 후 대금 조정 및 인수계약 체결

우선협상대상자는 양해각서에서 정한 방법에 따라 채무자에 대한 정밀실사를 실시한다. 이어서 그 상세실사 결과를 반영하여 인수대금 조정의 과정을 거친 다음 본계약을 체결하게 된다.

⑨ 인수대금 납부

우선협상대상자는 본계약의 내용에 따라 인수대금을 납부하게 되는데, M&A의 내용이 당초 회생계획을 수행할 수 있는 경우에는 본계약의 내용에 따라 회생계획에 따른 감자 및 유상증자, 회사채 인수 등 절차를 이행한 후 회생채권 및 회생담보권에 대한 변제가 이루어지게 된다.

⑩ 회생계획 변경 및 회생절차 종결

M&A의 내용이 당초 회생계획에 따라서는 이룰 수 없는 경우에는 회생계획 변경절차를 거쳐야 한다. 변경회생계획에서는 M&A 추진경위, 인수계약의 내용, 기존 주식의 소각 또는 병합, 인수자에 대한 유상증자 또는 일부 사채 발행, 채무의 감면과 인수대금에 의한

일괄 변제, 관리인의 종결 신청 등의 내용을 담게 된다. 여기서 문제되는 것은 회생계획에 관리인이 법원의 허가를 얻어 신주를 발행할 수 있다는 규정이 있고, 신주발행의 규모가 정관에 정하여진 수권자본금의 한도에서 이루어지는 경우 회생계획의 변경은 필요 없는가 하는 점이다. 유력설 및 실무는 불필요하다고 보고 있다.[9]

영업의 양도는 일정한 영업목적에 의하여 조직화된 업체 즉 인적 물적 조직을 그 동일성은 유지하면서 일체로서 이전하는 것을 말하고 영업이 포괄적으로 양도되면 반대의 특약이 없는 한 양도인과 근로자 간의 근로관계도 원칙적으로 양수인에게 포괄적으로 승계된다.[10] 영업양도가 이루어졌는가의 여부는 단지 어떠한 영업재산이 어느 정도로 이전되어 있는가에 의하여 결정되어야 하는 것이 아니고 거기에 종래의 영업조직이 유지되어 그 조직이 전부 또는 중요한 일부로서 기능할 수 있는가에 의하여 결정되어야 하므로 영업재산의 일부를 유보한 채 영업시설을 양도했어도 그 양도한 부분만으로도 종래의 조직이 유지되어 있다고 사회관념상 인정되면 그것을 영업의 양도라 볼 것이지만, 반면에 영업재산의 전부를 양도했어도 그 조직을 해체하여 양도했다면 영업의 양도로 볼 수 없다.[11] 또한 영업이 양도되면 반대의 특약이 없는 한 양도인과 근로자 사이의 근로관계는 원칙적으로 양수인에게 포괄적으로 승계되고, 영업양도 당사자 사이에 근로관계의 일부를 승계의 대상에서 제외하기로 하는 특약이 있는 경우에는 그에 따라 근로관계의 승계가 이루어지지 않을 수 있으나, 그러한 특약은 실질적으로 해고나 다름이 없으므로, 근로기준법 제27조 제1항 소정의 정당한 이유가 있어야 유효하며, 영업양도 그 자체만을 사유로 삼아 근로자를 해고하는 것은 정당한 이유가 있는 경우에 해당한다고 볼 수 없다.[12] 이때 근로

9) 홍성준, "회생과 인수합병", 제6기 도산법연수원Ⅰ, 서울지방변호사회(2021), 325면 참조.
10) 대법원 1994.6.28. 선고 93다33173 판결(공1994, 2082)은 또한 노동조합법 제42조 소정의 노동위원회의 사용자에 대한 구제명령은 사용자에게 이에 복종하여야 할 공법상의 의무를 부담시킬 뿐 직접 노사간의 사법상의 법률관계를 발생 또는 변경시키는 것은 아니지만, 해고처분을 받은 근로자가 별도의 임금청구소송을 제기하여 승소판결이 확정되었으며 이 판결은 해고가 무효여서 여전히 근로자로서의 지위를 가지고 있음을 전제로 해고 이후 복직시까지의 임금의 지급을 명하는 것이라면, 비록 현실적인 복직조치가 없었다 하더라도 위 근로자는 영업양도 당시 양도회사와 적법 유효한 근로관계에 있었다고 보아야 하므로 그 근로자와 양도회사와의 근로관계는 양수회사에게 승계된다고 하였다.
11) 대법원 2002.3.29 선고 2000두8455 판결(공2002, 1019)은 자산매매계약의 매수인이 매도인인 자동차 부품 생산기업으로부터 전장사업부문을 영업목적으로 하여 일체화된 물적·인적 조직을 그 동일성을 유지한 채 포괄적으로 이전받음으로써 영업을 양수하였다고 한 사례이다. 또한 대법원 2003.5.30. 선고 2002다23826 판결(공2003, 1429)은 영업양도가 이루어졌는가의 여부는 단지 어떠한 영업재산이 어느 정도로 이전되어 있는가에 의하여 결정되어야 하는 것이 아니고 거기에 종래의 영업조직이 유지되어 그 조직이 전부 또는 중요한 일부로서 기능할 수 있는가에 의하여 결정되어야 하므로 영업재산의 일부를 유보한 채 영업시설을 양도했어도 그 양도한 부분만으로도 종래의 조직이 유지되어 있다고 사회관념상 인정되면 그것을 영업의 양도라 볼 것이지만, 반면에 영업재산의 전부를 양도했어도 그 조직을 해체하여 양도했다면 영업의 양도로 볼 수 없다고 하였다.
12) 위 대법원 2002.3.29 선고 2000두8455 판결은 영업양도에 의하여 양도인과 근로자 사이의 근로관계

관계 승계에 반대하는 의사는 근로자가 영업양도가 이루어진 사실을 안 날부터 상당한 기간 내에 양도기업 또는 양수기업에 표시하여야 하고, 상당한 기간 내에 표시하였는지는 양도기업 또는 양수기업이 근로자에게 영업양도 사실, 양도 이유, 양도가 근로자에게 미치는 법적·경제적·사회적 영향, 근로자와 관련하여 예상되는 조치 등을 고지하였는지 여부, 그와 같은 고지가 없었다면 근로자가 그러한 정보를 알았거나 알 수 있었던 시점, 통상적인 근로자라면 그와 같은 정보를 바탕으로 근로관계 승계에 대한 자신의 의사를 결정하는 데 필요한 시간 등 제반 사정을 고려하여 판단하여야 한다.[13]

참고문헌

김영근, "회생회사 M&A에 있어서 PEF의 활용사례", 도산법연구 제11권 제2호, 사단법인 도산법연구회(2021.12.), 119면.
김인만, "도산절차와 M&A", 통합도산법, 남효순·김재형 공편, 법문사(2006), 468면.
김정만, "개정 회생절차에서의 M&A에 관한 준칙 해설", 도산법연구 제1권 제2호, 사단법인 도산법연구회(2010.7.), 153면.
김정만, "회생계획에 의하지 아니한 영업양도", 사법 18호, 사법발전재단(2011), 95면.
박형준, "법정관리기업 인수·합병(M&A)의 실무와 전망", 사법논집 제44집, 법원도서관(2007), 567면.
백숙종, "회생절차에서 M&A의 적극적 활용", 법조 제725호, 법조협회(2017.10.), 237면.
성기석, "M&A 실무준칙 개정 및 2021 M&A 사건 통계", 도산법연구 제12권 제2호, 사단법인 도산법연구회(2022.12.), 177면.
서정걸, "정리회사의 M&A", 도산법강의, 남효순·김재형 공편, 법문사(2005), 679면.
서정걸 "회생회사 M&A 절차에서 주주의 지위", 사법 4호, 사법발전재단(2008), 167면.
오수근, "회생절차에서 M&A의 법적 쟁점: 웅진홀딩스 사례를 중심으로", 상사법연구 32권 2호, 한국상사법학회(2013), 111면.

는 원칙적으로 양수인에게 포괄승계되는 것이지만 근로자가 반대의 의사를 표시함으로써 양수기업에 승계되는 대신 양도기업에 잔류하거나 양도기업과 양수기업 모두에서 퇴직할 수도 있는 것이고, 영업이 양도되는 과정에서 근로자가 일단 양수기업에의 취업을 희망하는 의사를 표시하였다고 하더라도 그 승계취업이 확정되기 전이라면 취업희망 의사표시를 철회하는 방법으로 위와 같은 반대의사를 표시할 수 있는 것으로 보아야 한다고 하면서 근로자가 제출한 사직서가 비록 형식적으로는 양도기업을 사직하는 내용으로 되어 있더라도 실질적으로는 양수기업에 대한 재취업 신청을 철회 또는 포기함과 아울러 양도기업을 사직하는 의사를 담고 있는 것이라고 봄이 상당하다고 한 사례이다.

13) 대법원 2012.5.10. 선고 2011다45217 판결(공2012상, 985)은 甲 병원을 운영하던 乙 학교법인이 丙 의료법인을 새로 설립하여 甲 병원 영업을 양도하면서 甲 병원 근로자들에게 그 사실을 고지하지 않았는데, 나중에 영업양도 사실을 알게 된 丁 등 甲 병원 근로자 일부가 乙 법인을 상대로 퇴직금 지급을 구한 사안에서, 제반 사정에 비추어 乙 법인과 丙 법인 사이에 丁 등에 대한 근로관계 승계가 이루어지지 않았고 乙 법인과 丁 등의 근로관계도 종료되었으므로, 乙 법인은 丁 등에게 퇴직금을 지급할 의무가 있다고 본 원심판결의 결론을 정당하다고 한 사례이다.

이병주, "한국의 회생회사 M&A 경험", 도산법연구 제2권 제2호, 사단법인 도산법연구회(2011.11.), 80면.

이수연/송호성, "회생회사 M&A에 있어서의 공정·형평의 원칙", 도산법연구 제6권 제3호, 사단법인 도산법연구회(2016.10.), 27면.

이정우, "M&A에 의한 회생계획에 관한 법적 연구", 도산법연구 제9권 제3호, 사단법인 도산법연구회(2019.12.) 1면.

이진웅, "PEF의 회생기업에 대한 투자 및 회생절차 종결—사례 및 실무상 쟁점의 소개", 법조 제662호, 법조협회(2011.11.), 255면.

임지웅, "한국 회생절차에서의 M&A 기법의 발전—법원의 실무 변화를 중심으로", 도산법연구 제9권 제1호, 사단법인 도산법연구회(2019.6.), 287면.

임치용, "회생회사의 인수합병(M&A)", 파산법 연구 3, 박영사(2010), 218면.

최복기, "합자회사인 회생회사의 M&A", 도산법연구 제9권 제3호, 사단법인 도산법연구회(2019.12.) 185면.

최효종, "기업회생절차 실무의 현황과 개선방안", 회생과 파산 Vol. 1, 사법발전재단(2012), 503면.

홍석표, "회생회사에 대한 비자발적 M&A, 도산법연구 제11권 제1호, 사단법인 도산법연구회(2021.7.) 93면.

홍성준, "회생과 인수합병", 도산법연수원 I, 서울지방변호사회(2021), 325면.

6. 간이회생절차

가. 간이회생절차의 도입

채무자회생법의 제정에 의하여 도입된 회생절차는 종래 구 회사정리법 상 주식회사만을 대상으로 한 회사정리절차를 모델로 한 것이어서 절차가 복잡하고 과다한 비용이 소요되는 측면이 있다. 이에 따라 중소기업을 위한 별도의 재건절차가 필요하다는 주장이 끊이지 않았고,[1] 결국 2014.12.30.자 법개정으로 간이회생절차를 도입하게 되었다. 간이회생절차는 부채규모가 단순한 소기업과 자영업자로 하여금 저렴한 비용으로 쉽고 빠르게 재기할 수 있도록 간이한 절차를 통해 신속하게 회생할 수 있는 길을 열어 주는 데에 기본적인 입법취지가 있다.[2]

나. 간이회생절차의 주요 내용

간이회생절차는 채무자회생법 제2편 제9장의 규정을 적용하는 외에는 2편 회생절차의 규정을 적용하고, 채무자회생법과 다른 법에서 회생절차를 인용하는 경우 특별한 규정이 없으면 간이회생절차를 포함하는 것으로 본다(법293조의3). 간이회생절차는 기본적으로 회생절차이므로 관리인이 재산 및 업무에 관한 처분권을 행사하고, 채권자목록의 제출, 채권신고, 채권조사(시부인) 및 확정, 채무자의 업무와 재산에 관한 조사가 행해진다. 회생계획안 제출, 심리, 결의 및 인가절차를 거치고, 인가 후 회생계획의 수행 상황에 따라 절차를 폐지하거나 종결하는 점 등 절차 대부분의 점에서 회생절차와 동일하다.

간이회생절차는 소액영업소득자를 대상으로 하는 절차로서 신청자격에 제한이 있다.

---

[1] 법 개정 전 중소기업의 회생절차 개선의 착안점을 주장한 논문으로는 구회근, 양민호, "중소기업 회생절차 개선방안 — 회생컨설팅를 중심으로 —", 재판자료 제127호, 법원도서관(2013), 79면, 이진웅, 중소기업 회생절차의 특수성과 개선방안, 사법 25호, 사법발전재단(2013), 269면 참조.

[2] 국회 법제사법위원회 전문위원 검토보고서 참조.

소액영업소득자는 개시신청 당시 회생채권과 회생담보권 총액이 일정금액 이하인 영업소득자로서 법인과 개인을 포함한다. 중소기업기본법상 중소기업은 연평균매출액이 업종에 따라 400억 원 내지 1,500억 원 미만이고, 자산총액이 5,000억 원 미만인 기업자로서 법인 또는 개인을 불문한다. 중소기업 중 업종에 따라 연평균매출액이 10억 원 내지 120억 원 미만인 기업을 소기업으로 분류한다.[3]

　　절차적 측면에서 간이회생절차가 회생절차와 구별되는 가장 큰 특징은 간이조사위원 및 회생계획안 가결 요건 완화를 규정한 점이다. 간이조사위원은 간이한 방법으로 조사를 수행할 수 있고, 이 경우 관리인도 채무자회생법 제91조 내지 제93조에 따른 관리인의 업무를 간이한 방법으로 행하면 된다. 회생계획안 가결 요건과 관련하여 현행법의 가결 요건을 모두 유지하면서, 회생채권자 조의 경우 회생채권자 의결권 총액의 1/2 및 의결권자 과반수가 동의하는 경우에도 가결된 것으로 보도록 함으로써, 결과적으로 회생계획안의 가결 요건을 완화하였다.

다. 간이회생절차와 회생절차의 우열

　　채무자회생법은 간이회생절차를 신청하는 때에는 예비적으로 회생절차 개시신청 의사가 있는지를 밝히도록 하였고, 일단 간이회생절차가 개시된 후라도 채무자가 소액영업소득자가 아닌 점이 밝혀진 경우 등에는 간이회생절차를 폐지하고 회생절차를 속행할 수 있도록 규정하고 있다. 채무자회생법 제293조의3 제1항에 따라 법 제58조를 간이회생절차에 적용하면, 간이회생절차가 개시된 경우 회생절차개시신청은 할 수 없는 것으로 해석되지만(법58조1항1호), 역으로 회생절차가 개시된 상태에서 간이회생절차 개시신청을 금지하는 규정은 없기 때문에 두 절차의 상호 모순이 나타날 우려가 있는데, 소기업의 신속하고 간이한 회생을 돕기 위해 간이회생절차를 신설한 법의 취지를 고려할 때, 양 절차의 개시 신청이 경합하고 채무자가 소액영업소득자에 해당하는 경우에는 간이회생절차를 우선하여 진행하여야 할 것이고, 다만 이미 회생절차가 개시된 상태에서 제기된 간이회생절차 개시신청은 채권자 일반의 이익에 반하는 것으로 보아야 할 것이다.

---

3) 이하에서는 소기업과 자영업자를 함께 소기업이라고 한다. 중소기업 및 소기업의 정의에 관하여는 중소기업기본법 제2조, 같은 법 시행령 제3조, 제8조 참조.

라. 간이회생절차 개시신청

(1) 토지관할

간이회생사건의 토지관할은 원칙적으로 다른 도산사건과 같다. 즉 간이회생사건은 채무자의 보통재판적 소재지, 채무자의 주된 사무소나 영업소 또는 채무자가 계속 근무하는 사무소나 영업소 소재지 등을 관할하는 회생법원의 전속관할에 속한다(법3조1항).

회생사건과 파산사건은 채무자의 주된 사무소 또는 영업소 소재지를 관할하는 고등법원 소재지 회생법원에도 관할권이 있다. 도산사건 처리의 전문성을 높이기 위해 고등법원 소재지 관할 지방법원에 경합적으로 관할을 인정한 것이다. 그런데 채무자회생법 제3조 제1항이 간이회생사건의 토지관할을 다른 도산사건과 같이 규정하면서도, 경합 관할 규정인 법 제3조 제2항에서는 간이회생사건을 명시하지 않음에 따라 간이회생사건에 대하여도 경합 관할을 인정할 것인지가 문제된다. 간이회생사건의 사물관할에 관하여도 같은 문제가 있으므로, 사물관할 부분에서 함께 본다.

(2) 사물관할

개인이 아닌 채무자에 대한 회생사건 또는 파산사건은 합의부 관할에 전속하므로(법3조4항), 채무자가 법인인 회생사건은 합의부가, 개인인 회생사건은 단독판사가 처리하고 있다. 따라서 간이회생사건은 채무자가 개인이면 단독 사건, 법인이면 합의부 사건이 되고, 법 제3조 제2항의 회생사건은 간이회생사건을 포함하는 것으로 보아, 채무자의 주된 사무소 또는 영업소 소재지를 관할하는 고등법원 소재지 회생법원에도 간이회생절차 개시신청을 할 수 있다고 해석한다.

(3) 관련 사건의 특례

간이회생절차에 대하여도 계열회사, 법인 대표자, 주채무자와 보증인, 부부 등에 관한 특례 규정을 적용하여, 계열회사 등의 회생사건 또는 파산사건이 계속된 법원에 그 계열회사 중 다른 회사 등에 대한 간이회생절차 개시신청을 할 수 있도록 하였다.

다만 개정법이 이미 계속된 기본사건을 회생사건과 파산사건으로만 정하고 있어서 반대의 경우도 가능하다고 볼 것인지가 명확하지 않다. 예컨대 계열회사에 대한 간이회생절차가 계속 중인 법원에 다른 계열회사에 대한 회생절차 개시신청 또는 간이회생절차 개시신청을 할 수 있는지 여부이다. 간이회생사건은 소액영업소득자를 위한 특례 절차에 해당하는 점에서 이를 기초로 통상의 회생사건에 관한 관할을 부여하는 것은 적절하지 않고, 동일한 항과 호 내에서 회생사건과 간이회생사건을 달리 규정하고 있는 점에서 소극적으로 해석한다.

마. 개시신청권자: 소액영업소득자

(1) 소액영업소득자의 정의

간이회생절차는 채무자인 소액영업소득자만 신청할 수 있다(법293조의4 제1항). 소액영업소득자는 회생절차 개시신청 당시 회생채권 및 회생담보권 총액이 50억 원 이하의 범위에서 대통령령이 정하는 금액 이하인 채무를 부담하는 영업소득자를 말하고(법293조의2 제2호),[4] 영업소득자는 부동산임대소득·사업소득·농업소득·임업소득, 그 밖에 이와 유사한 수입을 장래에 계속적으로 또는 반복하여 얻을 가능성이 있는 채무자를 말한다(법293조의2 제1호).

소액영업소득자는 법인과 개인을 포함하며, 급여소득자는 제외되는 것으로 해석되지만, 급여소득과 영업소득을 동시에 가지고 있는 채무자는 포함되는 것으로 본다.[5] 채무의 액수는 회생채권 또는 회생담보권 총액을 기준으로 하므로, 공익채권은 제외된다. 채무자가 소액영업소득자에 해당하더라도 채권자는 간이회생절차 개시신청을 할 수 없고 일반 회생신청을 할 수 있을 뿐이라고 해석한다.

(2) 소액영업소득자 해당여부의 판단

소액영업소득자는 개시신청 당시 일정 규모 이하의 채무를 부담하는 채무자인데, 절차개시 전에 채권조사절차를 거침이 없이 채무자의 부채규모를 확정하여야 한다는 점에서 실제 적용에 있어서는 많은 어려움이 예상된다. 예컨대 채권의 존부에 다툼이 있어 소송이 계속 중인 채권이나, 미확정 구상금채무와 같이 판단 여하에 따라서는 신청인의 소액영업소득자 해당 여부가 달라지는 것이다.

신청인이 소액영업소득자가 아닌 것은 간이회생절차 개시신청 기각사유일 뿐만 아니라, 간이회생절차가 개시된 이후 회생계획 인가결정 확정 전에 신청인이 소액영업소득자가 아님이 밝혀진 경우에는 간이회생절차를 폐지하여야 한다. 회생계획은 확정을 기다리지 않고 인가결정이 있은 때로부터 효력이 생기므로, 일단 회생계획이 인가되면 항고 여부와 무관하게 채무의 감축과 출자전환, 자본감소 등의 효력이 발생하고(법246조, 247조3

---

4) 대통령령에 의해 해당 금액은 50억 원이다(영15조의3).
5) 개인 채무자의 경우 영업소득자보다 급여소득자의 부채구조가 더 단순하다는 점, 법인은 간이회생절차를 진행하는 반면 그 대표자는 급여소득자라는 이유로 일반 회생절차를 진행하여야 하는 점 등을 고려할 때, 간이회생절차의 대상에서 급여소득자를 제외한 것은 입법론상 재검토할 필요가 있다.

항), 이를 바탕으로 채무의 변제, 주식의 양도 등 다양한 제3의 법률관계가 형성된다. 즉 회생계획인가 후 확정 전에 절차가 폐지되고 이로 인해 인가된 회생계획의 효력이 복멸되는 경우에는 법률관계에 혼란이 초래되는 것이다. 간이회생절차는 간이조사위원에 의해 간이한 조사가 행해지고 회생계획안의 결의 요건이 완화되어 있어, 채무자들은 특정 채무를 감추거나 액수를 줄여 신고하는 등 부정한 방법으로 위 절차를 남용할 우려도 있다.

따라서 신청인이 소액영업소득자에 해당하는지 여부는 개시 전 단계에서 엄격한 심사를 거치는 것이 바람직하고, 소액영업소득자에 해당하는지가 불명확하거나 해당하지 않는다는 의심이 있는 경우에는 소액영업소득자에 관한 소명이 없거나, 간이회생절차에 의함이 채권자 일반의 이익에 반하는 것으로 보아 간이회생절차보다는 일반 회생절차에 의하여야 할 것이다.[6]

신청인이 소액영업소득자에 해당하는지 판단하는 기준 시점은 '개시신청시'이다. 개시신청 당시 존부가 다투어진 소송계속 중인 채무에 관하여 개시신청 후에 구체적 존부 및 액수가 확정되더라도 이는 개시신청시에 이미 존재하던 채무이므로 채무 총액에 포함된다.

채무 총액을 산정함에 있어서는 회생채권 및 회생담보권의 원금은 물론 신청일까지 발생한 이자와 지연손해금도 합산하여야 한다. 조세채무도 회생채권·회생담보권인 경우에는 포함된다. 보증채무는 원칙적으로 채무 총액에 포함되지만, 다만 미확정 구상채무를 보증한 경우와 같이, 피보증채무 자체가 미확정 채무인 경우에는 예외이다. 채무자가 물상담보인인 경우 회생담보권으로서 채무 총액에 포함된다. 소액영업소득자인지는 회생채권과 회생담보권의 총액을 기준으로 하므로, 특정 채권이 회생채권과 회생담보권 중 어느 것에 속하는지까지 특정할 필요는 없다. 연대채무나 부진정연대채무의 경우 채무 총액을 계산함에 있어서는 채무 전액을 포함시켜야 할 것이다.

반면에 이행보증 또는 하자보증 등을 제공한 보증기관이 대위변제를 이행할 경우 갖게 되는 미확정 구상채권은 성질상 보증기관이 대위변제하여 현실화되기 전에는 채무자가 부담한 채무라고 보기 어렵고, 따라서 채무 총액에 포함되지 않는다고 해석한다. 간이회생절차 개시신청 후에 대위변제가 이루어진 경우 구상채무는 '개시신청 당시' 존재하던 채무가 아니므로, 역시 채무 총액에 포함되지 않는다. 채무자가 원인채무의 지급을 위하여, 지급의 방법으로 또는 지급을 담보하기 위하여 어음을 발행한 경우 원인채무와 어음채무는 실질적으로 중복되는 동일한 채무이므로, 둘 중 금액이 큰 것만을 기준으로 하면 되고 액면 금액을 합산할 것은 아니다.

---

6) 절차 신청이나 개시 단계에서 절차 이용자격이 있는지에 관하여 법적 불확실성이나 다툼이 생겨 오히려 신속하고 간소한 절차의 진행에 방해가 될 가능성이 있다는 이유로, 개시 단계에서부터 기준 채무액에 우발채무와 미확정채무를 포함하여 산정하는 것이 바람직하다는 견해가 있다. 한민, "중소기업 회생제도의 개선", 법학논집 제18권 제4호, 이화여자대학교(2014.6.), 389면.

간이회생절차 개시신청 요건을 갖추기 위한 목적이나 기타 사유로 개시신청 전에 편파변제를 한 것이 개시 전 심리 과정에서 밝혀진 경우, 그 금액을 포함하면 신청인 자격을 갖추지 못하는 경우에도 변제로 소멸한 채권인 이상 원칙적으로 채무 총액에 포함하기는 어렵다. 개시 후 편파변제 행위를 부인하는 경우에도 상대방이 그가 변제받은 금액을 반환하거나 그 가액을 상환한 때에 상대방의 채권이 원상으로 회복되므로(법109조1항), 채무자가 상대방에 대해 부담하는 채무는 비록 회생채무라 하더라도 개시신청 당시 존재하는 채무로 볼 수 없어 채무 총액에 포함할 것은 아니다. 다만 간이회생절차의 신청인 자격을 갖추기 위한 편파변제 행위가 채무자회생법 제42조 제2호가 정한 '간이회생절차 개시신청이 성실하지 아니한 경우'에 해당하는 것으로 해석되는 경우에는 간이회생절차 개시신청 기각사유가 될 것이다.

바. 간이회생절차 개시신청서의 제출

(1) 개시신청서의 기재사항

간이회생절차 개시신청은 간이회생절차 개시신청을 하는 취지, 소액영업소득자에 해당하는 채무액 및 그 산정근거 등을 기재한 서면으로 하여야 한다(법293조의4 제3항). 소액영업소득자라도 일반 회생신청을 하는 것은 무방하므로 신청취지를 기재함에 있어서는 '채무자에 대하여 간이회생절차를 개시한다'와 같이 간이회생절차를 신청하는 취지가 명확히 드러나도록 하여야 한다. 신청인은 간이회생절차 개시신청이 기각될 경우에 대비하여 회생절차 개시신청을 하는 의사가 있는지를 명확히 밝혀야 하므로, 회생절차 개시신청 의사 역시 신청서의 필요적 기재사항이다(법293조의4 제2항, 3항7호).

형식적 기재사항과 신청취지, 신청원인 등의 기재는 회생절차와 대동소이하나, 채무자 아닌 자가 회생절차개시를 신청하는 경우의 기재사항에 관한 채무자회생법 제36조 제10호, 제11호는 채권자나 주주·지분권자의 신청이 허용되지 않는 간이회생절차에는 적용이 없다. 반면 간이회생절차 개시신청서에는 소액영업소득자에 해당하는 채무액과 산정근거, 기각에 대비한 회생절차 개시신청 의사 유무를 필요적 기재사항으로 하고 있다.

(2) 개시신청서의 첨부서류

간이회생절차 개시신청서에는 채권자목록(1호), 채무자의 영업 내용에 관한 자료(2호), 채무자의 재산 상태에 관한 자료(3호), 그 밖에 대법원규칙이 정하는 서류(4호)를 첨부하여야 한다(법293조의4 제4항). '그 밖에 대법원 규칙이 정하는 서류'라 함은 ① 채무자가 개인인 경우에는 주민등록등본, 개인회생절차 또는 파산절차에 따른 면책을 받은 사실이 있으면 그에 관한 서류, 그 밖의 소명자료, ② 채무자가 개인이 아닌 경우에는 법인등기사항증명서, 정관, 회생절차개시의 신청에 관한 이사회 회의록, 그 밖의 소명자료, ③ 과거 3년간의 비교재무상태표와 비교손익계산서 또는 이에 준하는 서류, ④ 소송이 계속 중이거나 존부에 관하여 다툼이 있는 회생채권·회생담보권의 존재에 관한 소명자료를 말한다(규칙 71조의2). 개시신청서에 첨부할 채권자목록에는 채권자의 성명과 채권의 액수, 내용, 원인 등을 알 수 있는 정도로 기재하여야 한다. 물론 관리인은 개시신청서 첨부서류로 채권자목록이 제출되었더라도, 절차개시 후 다시 채권자목록을 제출하여야 한다.

(3) 비용예납명령, 보전처분, 중지명령, 포괄적 금지명령 등

간이회생사건에서도 회생사건에 준하여 비용예납을 명하고, 신청 또는 직권으로 보전처분, 포괄적 금지명령, 중지명령 등을 발령할 수 있다. 회생사건 비용의 대부분은 조사위원의 보수이고, 이는 대법원의 「회생사건의 처리에 관한 예규」 8조 1항에 의해 채무자의 자산규모를 기준으로 정하되, 기간, 난이도, 성실성 등을 고려하여 가감하도록 되어 있다.

회생절차에서는 실무상 보전처분, 포괄적금지명령을 발령함에 있어 효력의 종기를 '회생절차 개시신청에 대한 결정이 있을 때까지'로 정하고 있으나, 간이회생절차 개시신청인이 회생절차 개시신청 의사를 표시한 경우에는 보전처분, 포괄적금지명령의 효력 공백을 방지하고, 처분 재발령 및 재송달 등의 번거로움을 없애기 위해, 최초의 보전처분 등에 효력의 종기를 '간이회생절차 개시신청에 대한 결정이 있을 때까지(간이회생절차 개시신청이 기각되는 경우에는 회생절차 개시신청에 대한 결정이 있을 때까지)'로 하여야 할 것이다.

사. 간이회생절차 개시 여부의 결정

(1) 간이회생절차의 개시 요건

간이회생절차의 개시를 위해서는 채무자가 소액영업소득자에 해당하는 외에 회생절차 개시의 요건을 구비하여야 한다. 즉 소액영업소득자인 채무자가 법 제34조 제1항 각호의 사유가 있고, 법 제42조 각호가 정한 기각사유가 없어야 한다(법293조의5 제1항). 개인인 소액영업소득자가 신청일 전 5년 이내에 개인회생절차 또는 파산절차에 의한 면책을 받은 사실이 있는 경우에는 간이회생절차 개시신청을 할 수 없고, 이는 개시신청 기각사유가 된다(법293조의5 제2항).

채무자회생법 제42조의 회생절차 개시신청의 기각사유 중 '간이회생절차 개시신청이 성실하지 아니한 경우'(2호) 또는 '간이회생절차에 의함이 채권자 일반의 이익에 적합하지 아니한 경우'(3호)와 관련하여 통상 회생절차 개시신청 기각사유로 보는 경매중지만을 목적으로 하는 신청이나(불성실), 청산가치가 계속기업가치를 초과하는 것이 명백한 경우(채권자 일반의 이익에 부적합) 등은 여전히 간이회생절차 개시신청 기각사유가 될 수 있음은 명백하나, 간이회생절차에서는 그 이외에도 예컨대 소액영업소득자 요건을 갖추기 위해 간이회생절차 개시신청 직전에 일부 채권자에 대하여만 편파변제를 하여 채무 총액을 낮추는 등 간이회생절차를 남용하는 것으로 인정되는 경우는 간이회생절차 개시신청이 불성실한 때에 해당하는 것으로 볼 수 있다. 또한 부채구조가 복잡하거나 존부가 불명확한 채무가 향후 존재하는 것으로 확정될 개연성이 높은 경우에는 간이회생절차가 채권자 일반의 이익에 적합하지 아니한 것으로 보아 간이회생절차 개시신청을 기각할 수 있을 것이다. 이미 채권자의 신청으로 회생절차가 상당히 진행되었음에도 뒤늦게 간이회생절차 개시를 신청하는 것은, 동일한 절차를 반복하고 자칫 두 절차의 모순이 발생할 우려도 있다는 점에서 그 신청이 불성실하거나 채권자 일반의 이익에 반하는 것으로 해석될 여지가 있고, 기존 경영진의 손해배상책임이 인정될 여지가 있는 등 간이조사위원에 의한 간이한 조사보다는 조사위원에 의한 면밀한 조사가 필요한 경우도 간이회생절차에 의함이 적합하지 아니한 경우에 해당한다고 볼 수 있다. 이와 같은 간이회생절차 고유의 기각사유가 인정되는 경우에는 간이회생절차 개시신청은 기각하되, 일반 회생절차를 개시하는 데는 문제가 없다.

(2) 간이회생절차 개시신청 기각결정

간이회생절차 개시신청을 한 자는 간이회생절차 개시 요건에 해당하지 아니할 경우 회생절차 개시신청을 하는 의사가 있는지를 명확히 밝혀야 한다(법293조의4 제2항). 따라서 간이회생절차 개시신청을 기각하는 경우 채무자가 회생절차 개시신청 의사가 없음을 밝힌 때에는 간이회생절차 개시신청 기각결정만 하고, 회생절차 개시신청 의사가 있음을 밝힌 경우에는 간이회생절차 개시신청 기각결정과 함께 회생절차개시결정 또는 회생절차 개시신청 기각결정을 하게 된다(법293조의5 제2항).

채무자회생법은 간이회생절차 개시신청을 기각하고 회생절차 개시 여부에 대한 결정을 하는 경우로서 채무자가 소액영업소득자에 해당하지 않는 경우와 개시신청 전 5년 이내에 면책을 받은 적이 있는 개인인 경우만을 규정하고 있지만, 간이회생절차 개시신청이 일반 회생절차 개시의 요건은 갖추었으나 간이회생절차 고유의 기각사유에 해당하는 경우에도 간이회생절차 개시신청을 기각하고, 일반 회생절차개시결정을 할 수 있다고 해석한다.

(3) 간이회생절차 및 회생절차 개시신청을 모두 기각하는 경우

일반 회생절차 개시원인이 존재하지 않거나 회생절차 개시신청 기각사유가 있는 경우이고, 간이회생절차에 특유한 기각사유만 있는 경우는 이에 해당하지 않는다.

비용미납이 기각사유인 경우에는 간이회생절차 비용은 일반 회생절차 비용보다 소액이라는 점에서, 별도의 비용예납명령 없이 바로 양자 모두 기각결정을 할 수 있다고 본다. 또한 간이회생절차 비용을 예납하였으나 다른 회생절차 기각사유에 기해 간이회생절차 및 회생절차 개시신청을 모두 기각하는 경우에는 별도로 회생절차 비용예납명령 없이 모두 기각결정을 하고, 다른 기각사유가 없는 경우에는 별도로 회생절차를 위한 비용예납을 명하고,[7] 그것이 미납될 경우 비로소 회생절차 개시신청 기각결정을 하게 될 것이다.

회생절차 개시신청 기각결정을 동시에 할 것인지 간이회생절차 개시신청 기각결정 확정 후에 할 것인지 문제되는데, 모든 신청에 대한 심리가 종결되어 결정이 가능한 상태이고, 법문상으로도 간이회생절차 개시신청 기각결정의 확정을 기다릴 필요는 없다.

간이회생절차와 회생절차 모두 기각결정은 공고하지 아니하므로, 결정이 고지된 때로부터 7일 내에 항고할 수 있다(법53조1항, 293조의3 제1항, 33조, 민소444조). 간이회생절차와 회생절차를 하나의 결정으로 기각한 경우에도 항고는 각별로 할 수 있다고 보는 것이 타당하므로, 신청인은 결정 전부에 대해 항고하거나, 간이회생절차 개시신청 기각결정 또는 회생절차 개시신청 기각결정 중 어느 하나에 대해서만 항고할 수도 있다. 채권자는 일반 회생신청만을 할 수 있다는 점에서 간이회생절차 개시신청 기각결정에 대해 신청인이 아닌 채권자는 불복할 수 없다고 해석한다.

간이회생절차 개시신청 기각결정이 있은 후 시기를 달리하여 회생절차에 관한 비용 미납을 이유로 회생절차 개시신청 기각결정이 내려지고 두 결정에 대해 시기를 달리하여 각기 항고가 제기될 수 있다. 모든 항고가 기각되거나 어느 하나의 항고만 인용되는 경우는 문제가 없으나, 항고가 모두 인용되는 경우에는 하급심은 어느 하나의 절차가 개시된 사정변경을 이유로 다른 절차의 개시신청을 다시 기각할 수 있다.

(4) 간이회생절차 개시신청을 기각하고 회생절차개시결정을 하는 경우

간이회생절차 개시신청 기각사유는 소액영업소득자가 아니거나 개인인 소액영업소득자가 신청 전 5년 이내에 개인회생 또는 개인파산절차에서 면책을 받은 적이 있는 경우만을 규정하고 있다. 그 밖에 일반 회생절차의 관점에서는 신청이 불성실하거나 채권자 일반의 이익에 반하지 않지만, 간이회생절차 측면에서는 그와 같은 사정이 인정되는 경우에

---

7) 이때 납부를 명하는 비용은 이미 예납된 간이회생절차 비용을 고려하여 감액된 금액으로 정함이 상당하다.

도 이에 해당할 수 있다는 점은 전술하였다.

회생절차개시결정의 시기와 관련하여, 간이회생절차 개시신청 기각결정에 대한 항고가 제기되더라도 이는 집행정지의 효력이 없고(법293조의3 제1항, 53조3항), 특별히 회생절차개시결정 시점에 대한 제한이 없다는 점에서 그 확정을 기다리지 않고 회생절차개시결정을 할 수는 있다.

채무자는 간이회생절차 개시신청 기각결정에 대해 항고할 수 있는데, 간이회생절차 개시신청 기각사유가 인정되지 않는 경우에는 항고심은 제1심의 기각결정을 취소하여야 할 것이지만, 이미 회생절차가 개시되어 있는 경우에는 특별한 사정이 없는 한 간이회생절차에 의함이 채권자 일반의 이익에 반한다는 등의 이유로 항고를 기각함이 타당하다.

회생절차개시결정에 대하여는 채권자 등이 항고할 수 있음은 물론이다(법53조1항). 채무자가 간이회생절차 개시신청 기각결정에 대해 항고하고 채권자는 회생절차개시결정에 대해 항고한 경우 항고심 및 환송될 경우 제1심으로서는 두 개의 절차가 모두 개시됨으로 인한 법률관계의 모순·충돌을 피하도록 하여야 한다.

(5) 간이회생절차개시결정

간이회생절차 개시신청이 개시 요건에 해당하고 기각사유가 없으면 간이회생절차개시결정을 한다(법293조의5 제1항). 간이회생절차를 개시하는 이상 회생절차 개시신청에 대한 판단은 할 필요가 없다.

간이회생절차에는 법이 달리 정한 경우를 제외하고는 회생절차에 관한 규정을 적용하므로(법293조의3 제1항), 간이회생절차개시결정의 효과, 개시결정에 뒤이은 후속 절차 등은 회생절차개시결정이 있은 때와 동일하다. 회생채권자 등 목록을 제출하고 채권 등의 신고를 받으며, 시부인 및 조사확정재판을 통한 채권확정 절차를 거친다. 채무자의 재산상태 등을 조사하며, 회생계획안을 제출받아 그 심리 및 결의를 거쳐 인가 또는 불인가결정을 하게 된다.

(6) 간이회생절차의 특칙

회생절차와 다른 간이회생절차의 특칙으로서 관리인 불선임 원칙, 간이조사위원의 선임과 간이한 방법에 의한 조사, 회생계획안 가결 요건의 완화 등을 규정하고 있다.

(가) 관리인 불선임

간이회생절차에서는 원칙적으로 관리인을 선임하지 아니하고 채무자 또는 법인인 채무자의 대표자를 관리인으로 간주한다. 다만 채무자회생법 제74조 제2항 각호가 정하는 제3자 관리인 선임 사유가 있으면 관리인을 선임할 수 있다(법293조의6). 간이회생절차는 경영자에 대한 의존도가 높은 소기업을 대상으로 한 점에서 관리인 불선임을 원칙으로 규정한 것이다.

(나) 간이조사위원의 선임

간이회생절차에서 법원은 이해관계인의 신청 또는 직권으로 간이조사위원을 선임할 수 있다(법293조의7 제1항). 간이조사위원은 회생절차에 소요되는 채무자의 비용 절감을 위해 도입된 조사위원의 대체 기관으로서, 간이한 방법으로 조사업무를 수행할 수 있고, 그 대신 회생절차의 조사위원보다는 적은 보수를 받을 것으로 예상된다.

채무자회생법은 조사위원에 관하여 관리인에 관한 법 제79조, 제81조 내지 제83조 제1항의 규정을 준용하고 있는데(법87조, 88조), 간이조사위원에 대하여도 동일한 규정을 모두 준용하고 있으므로(293조의7 제1항2문), 몇 가지 특칙을 제외하고는 간이조사위원의 지위는 조사위원과 동일하다.

간이조사위원은 관리위원회의 의견을 들어 1인 또는 여럿을 선임한다. 조사위원은 법원이 필요하다고 인정할 때에 선임하는 임의적 기관이지만, 간이조사위원은 이해관계인에게 선임 신청권이 있다(법293조의7 제1항). 간이조사위원은 법원의 감독을 받으며, 법원은 간이조사위원을 선임할 경우 선임을 증명하는 서면을 교부하여야 한다(법293조의7 제1항2문, 81조). 간이조사위원은 정당한 사유가 있으면 법원의 허가를 얻어 사임할 수 있으며, 법원은 상당한 이유가 있으면 이해관계인의 신청 또는 직권으로 간이조사위원을 심문한 후 해임할 수 있다(법293조의7 제1항2문, 83조1항, 87조5항).

간이조사위원은 회생위원의 자격을 규정한 채무자회생법 제601조 제1항 각호의 어느 하나에 해당하는 자[8] 중에서 선임한다.[9] 법 제87조 제2항은 조사위원에 관하여 '조사에 관하여 학식과 경험이 있는 자로서 그 회생절차에 이해관계가 없는 자'라고 규정할 뿐 별다른 자격요건을 규정하고 있지 않지만, 실무상 대부분 회계법인이 조사위원으로 선임되고 있는데, 간이조사위원으로 위 각호에 해당하는 자 중 누구를 선임할 것인지가 실무상 중요한 문제이다.

간이조사위원은 조사위원과 마찬가지로 채무자회생법 제87조의 업무를 수행한다(법

---

8) 채무자회생법 제601조 제1항 '1. 관리위원, 2. 법원사무관 등, 3. 변호사·공인회계사 또는 법무사의 자격이 있는 자, 4. 법원주사보·검찰주사보 이상의 직에 근무한 경력이 있는 자, 5. 은행에서 근무한 경력이 있는 자로서 회생위원의 직무수행에 적합한 자, 6. 채무자를 상대로 신용관리교육·상담 및 채무조정업무를 수행하는 기관 또는 단체에 근무 중이거나 또는 근무경력이 있는 자로서 회생위원의 직무수행에 적합한 자, 7. 1호 내지 6호에 준하는 자로서 회생위원의 직무수행에 적합한 자'를 규정하고 있다.
9) 채무자회생법 제601조 제1항은 '회계법인'을 명시하고 있지 않지만, 제7호에서 '제1호 내지 제6호에 준하는 자로서 회생위원 직무수행에 적합한 자'를 규정하고 있고, 그중에 회계법인이 포함된다고 해석된다.

293조의7 제1항2문, 2항). 따라서 법 제90조(재산가액의 평가), 제91조(재산목록과 대차대조표의 작성), 제92조(조사보고)가 정한 사항을 조사하고, 법원이 명하는 경우 회생절차를 진행함이 적정한지 여부에 관한 의견을 제출하거나 기타 사항을 조사하여 보고한다(법87조3항, 4항).

간이조사위원은 대법원규칙이 정하는 바에 따라 간이한 방법으로 조사 업무를 수행할 수 있다(법293조의7 제2항). 간이조사위원에게는 조사위원보다 적은 보수를 지급함을 전제로 조사를 간이한 방법으로 수행할 수 있도록 한 것이다. 대법원 규칙 제71조의3에 따르면 재산평가는 회계장부 검토, 문서 열람, 자산 실사 등 다양한 방법 중에서 간이조사위원의 판단에 따라 가장 효율적이라고 생각되는 방법을 선택하여 할 수 있고, 재산목록, 대차대조표는 위 재산평가 결과를 토대로 작성하되 계정 과목을 통합할 수 있으며, 채무자회생법 제92조가 정한 사항 중 중요하지 않은 것은 요지만을 보고함으로써 족하다. 회생절차를 진행함이 적정한지 여부에 관한 의견은 채무자의 영업 전망, 거래처 유지가능성, 운영자금 조달가능성 등만을 토대로 제시할 수 있다. 종래 조사위원은 채무자의 향후 매출액, 매출원가 등을 추정하여 채무자의 계속기업가치를 산정하고, 그것과 청산가치의 크기를 비교하여 회생절차를 진행함이 적정한지에 관한 의견을 표시하였지만, 법개정으로 계속기업가치 산정은 더 이상 필요적인 것이 아니고, 법원이 그 산정을 명하지 않은 경우에는 향후 손익을 추정함이 없이 현재 채무자의 영업 상황 등을 토대로 그 의견을 밝힐 수 있다.[10]

(다) 가결요건의 특칙

간이회생절차에서 회생계획안은 회생채권자 조의 경우 일반 회생절차에서의 가결 요건(의결권 총액의 2/3 이상에 해당하는 의결권자의 동의)을 갖춘 경우뿐만 아니라, 의결권을 행사할 수 있는 회생채권자 의결권 총액의 1/2을 초과하는 의결권을 가진 자의 동의 및 의결권자 과반수의 동의가 있는 경우에도 가결된 것으로 본다. 채무자가 의결권 총액의 동의는 2/3에 미치지 못하더라도, 소액의 의결권을 가진 여러 채권자의 동의를 받은 경우에도 회생계획안이 가결될 수 있도록 함으로써, 결과적으로 회생계획안 가결 요건을 완화한 것이다. 다만 채무자가 가결 요건의 특례를 활용할 의도로 채권자와 통모하여 1명의 채권자

---

10) 조사위원의 업무 중 비중이 가장 큰 부분은 계속기업가치의 산정으로서, 법원이 조사위원에게 '계속기업가치가 청산가치보다 큰지 여부'의 조사를 명함에 따라 수행하는 업무이다. 이는 「회생사건의 처리에 관한 예규」 제7조 제1호에 근거한 것으로, 계속기업가치가 청산가치를 초과하는 경우 회생계획안 제출명령을 하도록 한 채무자회생법 제220조 제1항에 의해 그 산정이 간접적으로 요구되었다. 하지만 개정법이 청산가치 초과 시 회생절차 폐지를 임의화하고 같은 법 제220조 제1항도 개정하여 회생계획안 제출명령 자체가 폐지된 이상, 계속기업가치 산정은 임의적으로 되었고, 회생계획안의 청산가치보장 여부와 수행가능성은 구체적인 계속기업가치 산정이 없어도 판단이 가능한 점 등을 고려하면, 간이조사위원에 대한 조사명령에서 '계속기업가치' 산정을 제외하는 것을 고려할 필요가 있다는 의견이 있다.

가 가진 동일한 채권을 여러 명에게 분할하여 양도함으로써, 의결권자 과반수 요건을 충족한 경우에는 특례 요건을 남용한 것으로서 결의방법이 불성실한 것으로 보아 회생계획안 불인가결정을 할 수 있을 것이다(법243조1항3호).

회생담보권자 조와 주주·지분권자 조에 관하여는 특례를 규정하고 있지 않으므로, 이들 조에 대하여는 일반 회생절차에서의 회생계획안 가결 요건이 그대로 적용된다.

아. 간이회생절차의 폐지

(1) 일반적 사유에 따른 폐지

간이회생절차에 대해서도 회생절차에 관한 규정이 적용되므로, 회생절차 폐지에 관한 채무자회생법 제286조 이하의 규정이 그대로 적용된다. 따라서 기간 내에 회생계획안 제출이 없거나 회생계획안이 부결된 때, 회생계획안이 간이회생절차 개시일로부터 1년 내에 가결되지 아니한 때 등에는 법원은 간이회생절차를 폐지하여야 하고, 청산가치가 계속기업가치보다 큰 때에는 간이회생절차를 폐지할 수 있다. 일반적 폐지사유로 간이회생절차가 폐지되는 경우에는 다음에서 보는 회생절차 속행 규정이 적용되지 아니하므로, 절차는 그 상태에서 폐지로 종료되거나 견련파산을 통해 파산절차로 이행될 것이다.

(2) 소액영업소득자 미해당에 따른 폐지

간이회생절차가 개시된 후라도 회생계획인가결정 확정 전에 채무자가 소액영업소득자에 해당하지 아니함이 밝혀진 경우 또는 개인인 채무자가 개시신청 전 5년 이내에 개인회생 또는 개인파산 절차에 의한 면책을 받은 사실이 밝혀진 경우 간이회생절차를 폐지하여야 한다(법293조의5 제3항).

'소액영업소득자에 해당하지 아니함이 밝혀진 경우'란 간이회생절차 개시 전에는 개시신청 당시 회생채권과 회생담보권의 총액이 기준 금액 이하인 것으로 인정되었으나, 개시 후에 이를 초과하는 것으로 밝혀진 경우이다. 예컨대 채무자가 존부 및 범위를 다투는 회생채권을 일응 존재하지 않는 것으로 판단하였으나, 개시 후에 그것이 존재하는 것으로 밝혀진 경우, 채무자가 누락한 회생채권 등이 채권신고 절차 등을 통해 존재가 드러난 경우 등이다. 신청인이 채무의 존재를 누락한 데에 고의·과실이 있는지 여부는 불문한다.

채무자가 소액영업소득자인지 판단하는 기준 시점은 「개시신청시」이다. 채무자가 존재를 다투는 채권에 관하여 존재하는 것으로 판결이 확정된 경우는 소액영업소득자에 해당하지 아니함이 밝혀진 경우에 해당하여 폐지사유가 된다. 반면, 미확정 구상금채무가 개시 후 보증기관의 대위변제에 의해 현실화된 경우에는 개시신청 당시 존재하던 채무로 볼 수 없다. 간이회생절차 개시 후에 개시 전 편파변제 행위가 밝혀져 관리인이 부인권을 행사하여 당해 변제행위를 부인한 경우, 상대방의 채권은 그가 받은 급부를 반환하거나 가액을 상환한 때에 회복된다(법109조1항). 쌍방미이행 쌍무계약에 관하여 관리인이 해제·해지를 선택함에 따라 상대방의 회생채권이 발생한 경우에도, 그 채권은 해제·해지시에 발생한 것으로 본다. 따라서 위 각 채권들은 개시신청시에 존재하던 채권으로 보기 어려우므로, 위 채권을 합산할 경우 채무 총액을 초과하더라도 간이회생절차 폐지사유에 해당하지 않는다.

관리인이 고의 또는 과실로 존재 자체를 누락한 회생채권이 개시 후에 새로이 밝혀진 경우나, 다툼 있는 채권에 관하여 일응 존재하지 않는 것으로 판단하여 절차를 개시하였으나 개시 후 존재하는 것으로 판결이 확정된 경우 등에는 '개시 후에 소액영업소득자가 아님이 밝혀진 경우'에 해당하여 폐지사유가 되는 것으로 본다.

(3) 폐지결정

채무자가 소액영업소득자에 해당하지 않은 사실이 밝혀진 경우 법원은 이해관계인의 신청 또는 직권으로 간이회생절차 폐지결정을 하여야 한다(법293조의5 제3항). 폐지는 필요적이다. 따라서 간이회생절차개시의 결정이 있은 후에 간이회생절차개시의 신청 당시를 기준으로 한 회생채권 및 회생담보권의 총액이 한도액을 초과함이 밝혀졌음에도 법원이 이를 간과하고 간이회생절차폐지의 결정을 하지 않았다면, 이는 '회생절차 또는 회생계획이 법률의 규정에 적합할 것'이라는 채무자회생법 제243조 제1항 제1호에서 정한 회생계획 인가요건을 충족하지 못하였다고 보아야 한다.[11] 위 규정에 따른 간이회생절차 폐지결정은 절차개시 후 회생계획인가결정 확정 전까지 할 수 있다. 따라서 회생계획이 인가된 후라도 항고의 제기 또는 항고기간 미도과로 인가결정이 확정되기 전이라면 폐지결정을 할 수 있다.

---

11) 대법원 2018.1.16.자 2017마5212 결정(공2018상, 473)은 그러나 간이회생절차에는 채무자회생법 제2편 제9장에서 달리 정한 것을 제외하고는 회생절차에 관한 규정을 적용하고(법293조의3 제1항), 법원이 채무자회생법 제293조의5 제3항에 따라 간이회생절차폐지의 결정을 하더라도 채권자 일반의 이익 및 채무자의 회생 가능성을 고려하여 회생절차를 속행할 수 있으며, 이 경우 간이회생절차에서 행하여진 법원, 간이조사위원, 채권자 등의 처분·행위 등은 그 성질에 반하는 경우가 아니면 회생절차에서도 유효한 것으로 보도록 규정되어 있는데(법293조의5 제4항), 이러한 관련 규정의 내용과 간이회생절차의 입법 취지 등에 비추어 보면, 채무자회생법 제293조의5 제3항 1호에서 정한 폐지사유가 존재하더라도, 채권자 일반의 이익·채무자의 회생 가능성 및 이를 고려한 회생절차 속행 가능성, 채무자회생법 제237조1호의 가결요건 충족 여부, 한도액의 초과 정도, 채무자의 현황, 그 밖의 모든 사정을 고려하여 회생계획을 인가하지 아니하는 것이 부적당하다고 인정되는 때에는 채무자회생법 제293조의3 제1항, 제243조 제2항에 따라 회생계획인가의 결정을 할 수 있다고 보는 것이 타당하다고 하였다.

채무자가 소액영업소득자에 해당하지 않는다는 이유로 간이회생절차를 폐지하는 경우의 효과는 회생절차 속행결정을 하는 경우를 제외하고는, 인가 전 회생절차가 폐지된 경우와 동일하다. 즉, 간이회생절차 폐지결정이 있더라도 기존에 관리인이 한 행위의 효력이나 회생채권 확정의 효력 등 종전 간이회생절차에서 발생한 효력은 그대로 유지된다.

소액영업소득자에 해당하지 않음을 원인으로 하는 간이회생절차 폐지결정은 회생계획 인가 후라도 인가결정에 대한 항고가 제기되거나 항고기간 도과 전이어서 인가결정이 확정되기 전이면 할 수 있다. 회생계획 인가 후 그 확정 전에 간이회생절차가 폐지된 경우에는 회생계획은 실효된다고 해석한다. 다만 회생계획이 인가되면 항고 여부와 관계없이 선고와 함께 효력이 생기고 관리인은 항고 등으로 인가결정이 확정되기 전이라도 회생계획을 수행하므로(법246조, 247조3항), 입법론적으로는 폐지결정의 종기를 회생계획 인가시까지로 단축하는 것을 검토할 필요가 있다.

자. 회생절차의 속행

(1) 개요

법원은 채무자가 소액영업소득자에 해당하지 않는다는 이유로 간이회생절차를 폐지하는 경우 채권자 일반의 이익 및 채무자의 회생가능성을 고려하여 회생절차를 속행할 수 있다(법293조의5 제4항). 간이회생절차와 회생절차가 모두 회생계획 인가를 통해 채무자의 회생을 도모하는 절차라는 점에서, 채무자 회생이라는 궁극적 목적을 달성함과 동시에, 간이회생절차 폐지로 인한 법률관계의 혼란과 무익한 절차의 반복을 방지하기 위한 규정이다. 회생절차 속행은 법원이 회생절차 속행의 필요성을 인정하는 경우 재량으로 직권에 의해 할 수 있을 뿐 관리인 등에게 속행신청권을 인정하는 규정이 없으므로, 관리인 등이 속행신청을 하더라도 이는 직권발동을 촉구하는 의미만 있다.

(2) 채권자 일반의 이익 및 채무자의 회생 가능성

법원이 회생절차를 속행함에 있어서는 채권자 일반의 이익과 채무자의 회생가능성을 고려하여야 한다. 이미 회생절차가 상당히 진행된 경우에는 채무자의 청산가치가 명백히 큰 것으로 보이는 경우 외에는 특별한 사정이 없는 한 회생절차를 속행하는 것이 채권자 일반의 이익에 부합할 것이다. 특히 간이회생절차에서 이미 회생계획이 인가되었다면, 단순히 절차를 폐지할 경우 야기될 법률관계의 혼란을 피하기 위해서도 회생절차를 속행할 필요가 있다. 간이회생절차 진행 중에 채무자의 영업이 사실상 중단상태에 빠진 경우 등 어차피 회생절차를 속행하더라도 채무자가 회생할 수 없을 것으로 보이는 경우에는 회생절차를 속행할 필요가 없을 것이다.

(3) 회생절차 속행의 절차

법원이 '회생절차 속행결정' 형식으로 명확하게 절차가 간이회생절차 폐지 후 회생절차로 이행되었음을 표시해 주는 것이 타당할 것이다. 이 결정에는 즉시항고할 수 없다(법 13조1항). 회생절차 속행결정은 간이회생절차 폐지결정 확정 후에 할 수 있고, 견련파산의 예와 같이 절차의 공백이 발생하지 않도록 폐지결정 확정 후 지체없이 회생절차 속행결정을 하여야 할 것이다.

간이회생절차에서 이미 모든 조사가 행해지고 회생절차로 이행한 후 별다른 추가조사가 필요하지 않다고 인정되는 경우에는 별도의 비용예납이 필요가 없을 것이나, 간이회생절차 초기에 폐지결정이 내려진 경우에는 간이조사위원이 아닌 정식 조사위원 선임에 필요한 비용을 미리 추가로 예납할 필요가 있다.

(4) 속행결정의 효과

법원이 회생절차 속행결정을 한 경우에는 간이회생절차에서 행하여진 법원, 관리인·보전관리인, 조사위원·간이조사위원·채권자협의회, 채권자·담보권자·주주·지분권자, 그 밖의 이해관계인 등이 한 처분·행위 등은 성질에 반하는 경우가 아니면 회생절차에서도 유효하다(법293조의5 제4항). 법원의 간이회생절차개시결정이 여전히 유효하게 되는 결과 채무자에 대한 절차는 간이회생절차로 개시되었다가 회생절차로 결말이 나게 되지만, 전체적으로 절차의 동일성이 유지된다고 보아야 할 것이다. 속행결정 시점에 채무자에 대한 회생절차가 개시된 것이 아니므로, 절차개시의 시점과 그로 인한 집행정지 등의 효력은 최초 간이회생절차 개시시점에 발생하여 계속 유지되는 것으로 보아야 한다. 간이회생절차 폐지 당시 계속 중인 소송이 있을 경우 소송은 중단되지 않고, 그에 따라 별도의 수계도 필요하지 않다.

회생계획 인가결정 후 그 확정 전에 간이회생절차가 폐지되었는데 법원이 회생절차 속행결정을 한 경우 원칙적으로 법원이 한 회생계획 인가결정의 효력도 유지된다. 다만 회생계획안이 회생절차의 가결 요건은 갖추지 못한 채 간이회생절차에 고유한 가결 요건의 특례에 따라 가결된 경우에 그 회생계획 인가결정의 효력을 회생절차에서 유지하는 것이 적절할 것이다. 법률관계의 혼란을 막기 위한 것이다.

한편 간이조사위원은 간이회생절차에 고유한 기관이므로 회생절차에서는 성질상 지위를 유지할 수 없으나, 간이조사위원이 행한 조사결과의 효력은 유지된다. 다만 간이조사위원의 조사가 시작되지 않은 절차 초기단계에 간이회생절차가 폐지된 경우, 간이조사위원의 조사결과에 대해 이해관계인들이 이의를 제기하는 경우 등 특별한 사정이 있는 경우에는, 별도로 조사위원을 선임하여 조사를 할 수 있을 것이다.

　　간이회생절차 폐지결정과 회생절차 속행결정 모두 등기사항이다(법23조1항1호, 2호). 간이회생절차가 폐지된 경우에는 법원은 이를 공고하고, 감독행정청 등에 통지하여야 한다(법289조, 290조2항, 40조1항). 다만 회생절차 속행에 관한 공고·통지에 관하여는 명시적 규정이 없으나 회생절차개시의 공고·통지에 준하여 간이회생절차 폐지의 공고·통지 시에 회생절차속행 사실도 함께 공고·통지하는 것이 타당할 것이다.

참고문헌

구회근, "중소기업 회생절차 개선방안", 도산법연구 제4권 제2호, 사단법인 도산법연구회(2014.1.), 98면.

김효선, "소액영업소득자에 대한 간이회생제도에 관한 입법연구", 법조 제758호, 법조협회(2023.4.), 260면.

신혜원, "간이회생절차의 활성화를 위한 방안", 도산법연구 제12권 제1호, 사단법인 도산법연구회(2022.6.), 217면.

양형우, "소액영업소득자에 대한 간이회생절차", 재산법연구 32권 3호, 법문사(2015), 317면.

이수열, "개정 채무자회생법 연구", 도산법연구 제6권 제1호, 사단법인 도산법연구회(2015.6.), 117면.

VII

개인회생절차

1. 개관

자본주의는 개인에게 많은 성공의 기회를 주는 반면 역시 많은 실패를 초래할 수도 있는 제도이며, 오늘날 이와 같이 실패한 자들에 대하여 재기할 수 있는 기회를 주는 것이 사회안전망적 기능으로서 도산제도의 중요한 역할의 하나로 인식되고 있다. 개인회생절차는 이러한 도산법의 역할에 가장 부응하는 제도로서 그 동안 우리 법에 없던 것을 미국 파산법 제13장 개인채무조정절차를[1] 모델로 하여 마련된 제도이다.

채무자에게 회생의 기회를 주는 방법은 변제할 수 없는 기존의 채무를 면제하여 주는 것인데 이는 구 파산법상의 면책제도를 통하여서도 가능하였다.[2] 그럼에도 일반 국민들이 파산에 대한 부정적인 이미지 때문에 파산을 통한 면책제도의 활성화가 이루어지지 않고 있었다. 반면 개인회생제도는 파산선고가 이루어짐이 없이 장래 일정한 기간 동안의 수입으로 채무의 일부를 변제하고 나머지 채무에 대해서는 면책결정을 하는 것이므로 파산이라는 부정적인 이미지를 피하면서 채권자에게 다소의 만족도 주게 된다는 점에서 제도의 활성화가 기대되었다.

한편으로는 생계비를 초과하는 수입이 없거나 정기적 소득이 없는 채무자도 개인회생제도를 이용하는 사례가 많은데, 이러한 채무자는 결국 다시 개인파산을 신청하기 쉬우므로 입법론적으로 개인파산절차를 신청하여여야 할 채무자가 개인회생신청을 한 경우에 채무자에 대하여 개인회생절차 대신 개인파산절차를 진행할 수 있도록 하는 방법도 모색하여야 한다는 지적이 있다.[3]

---

1) 명칭은 정기적 수입을 가진 개인 채무자의 채무조정절차(Adjustment of Debts of an Individual with Regular Income)이나 그 실질은 회생절차이다.
2) 현재 법원의 실무는 면책을 신청한 채무자의 90% 이상에 대하여 면책허가결정을 하여주고 있다.
3) 이에 대한 상세한 논의는 박민준, "개인파산절차와 개인회생절차 사이의 적정한 역할 분담을 위한 방안의 검토", 법조 제743호, 법조협회(2020.10.), 298면, 박민준 "개인회생절차 사건을 개인파산사건으로 실무운용상 전환하는 방안의 소개", 도산법연구 제10권 제2호, 사단법인 도산법연구회(2020.12.), 293면, 박민준, "개인도산 채무자의 과도하거나 불필요한 부담을 완화하기 위한 실무개선", 도산법연구 제11권 제2호, 사단법인 도산법연구회(2021.12.), 249면 참조.

2. 신청

가. 신청권자

　개인회생절차는 법인이 아닌 개인 채무자만이 신청할 수 있다(법588조). 파산과 달리 채권자는 신청할 수 없다. 개인채무자라 함은 파산의 원인인 사실이 있거나 그러한 사실이 생길 염려가 있는 개인채무자로서 개인회생절차 개시의 신청당시를 기준으로 담보채무액이 15억 원 이하, 무담보채무액이 10억 원 이하의 채무를 부담하는 급여소득자 또는 영업소득자를 말한다(법579조1호). 위 두 요건이 모두 충족되어야 한다. 「급여소득자」라 함은 급여·연금 그 밖에 이와 유사한 정기적이고 확실한 수입을 얻을 가능성이 있는 개인을 말하고(법579조2호), 「영업소득자」라 함은 부동산임대소득·사업소득·농업소득·임업소득 그 밖에 이와 유사한 수입을 장래에 계속적으로 또는 반복하여 얻을 가능성이 있는 개인을 말한다(법579조3호). 외국인도 신청할 수 있다. 판례는 아르바이트, 파트타임 종사자, 파출부 비정규직, 일용직 근로자 등도 그 고용형태와 소득신고의 유무에 불구하고 정기적이고 확실한 수입을 얻을 가능성이 있다고 인정되는 이상 「급여소득자」에 해당한다고 하였다.[1]

　개인회생절차의 개시신청은 서면으로 하여야 하며, 신청서에는 ① 채무자의 성명·주민등록번호·주소, ② 신청의 취지 및 원인, ③ 채무자의 재산 및 채무를 기재해야 한다(법589조1항). 신청인은 이 신청서에 첨부하여 ① 개인회생채권자목록(채권자의 성명 및 주소와 채권의 원인 및 금액이 기재된 것을 말한다), ② 재산목록, ③ 채무자의 수입 및 지출에 관한 목록, ④ 신청일 전 10년 이내에 회생사건·파산사건 또는 개인회생사건을 신청한 사실이 있는 때에는 그 관련서류, ⑤ 급여소득자 또는 영업소득자임을 증명하는 서류, ⑥ 그 밖에

---

1) 대법원 2011.10.24.자 2011마1719 결정(미발간). 채무자는 식당종업원, 파출부 등 일용직으로 근무하면서 월 75만 원의 소득이 있으며, 1인 최저생계비에 못 미치는 499,300원만을 생계비로 공제한 나머지 250,700원을 월변제예상액으로 하여 60개월 동안 총 채무액의 21%를 변제하겠다는 내용의 변제계획안을 제출하였는데, 원심은 채무자가 식당일용직으로 근무한다는 것만으로는 장래에 반복적·계속적으로 수입을 얻을 가능성이 있다고 보기 부족하다고 하였으나, 대법원은 원심결정을 파기환송하였다.

대법원 규칙이 정하는 서류를 첨부해야 한다(법589조2항).[2] 변제계획안은 신청일부터 14일 이내에 제출하도록 되어 있는데(법610조1항), 신청서와 함께 제출하는 것이 보통이다.

채무자는 개인회생절차개시 결정이 있을 때까지 개인회생채권자목록에 기재된 사항을 수정할 수 있는데, 채무자는 그가 책임을 질 수 없는 사유로 개인회생채권자목록에 누락하거나 잘못 기재한 사항을 발견한 경우에는 개인회생절차개시결정 후라도 변제계획인가결정이 있기 전까지는 법원의 허가를 받아 개인회생채권자목록에 기재된 사항을 수정할 수 있다. 채무자가 법원에 개인회생채권자목록의 수정허가를 신청하는 경우 지체 없이 법원에 수정사항을 반영한 변제계획안을 제출하여야 하고, 채무자가 수정사항을 반영한 변제계획안을 제출하지 아니하는 경우 법원은 개인회생채권자목록의 수정을 허가하지 아니할 수 있으며, 법원은 개인회생채권자목록에 기재된 사항이 수정된 경우에는 그 수정된 사항에 관한 이의기간을 정하여 공고하고, 채무자 및 법원이 알고 있는 개인회생채권자에게 이의기간이 기재된 서면과 수정된 개인회생채권자목록을 송달하여야 한다. 다만, 수정으로 불리한 영향을 받는 개인회생채권자가 없는 경우 또는 불리한 영향을 받는 개인회생채권자의 의사에 반하지 아니한다고 볼 만한 정당한 이유가 있는 경우에는 공고나 송달을 하지 아니할 수 있다(법589조의2).

나. 신청의 대리

과거 법무사가 개인회생사건을 대리하는 것이 변호사법 제109조에 위반된다고 하는 판례도 있었으나,[3] 2020.2.4. 법률 제16911호로 법무사법이 개정되어, 법무사의 업무범위에 '개인파산 및 개인회생사건 신청의 대리'가 추가되어 법무사가 개인파산 및 개인회생사건 신청을 대리하는 길이 열리게 되었다(법무사법2조6호). 다만 '각종 기일에서의 진술의 대리'는 대리권의 범위가 아니므로 개인회생채권자집회나 개인회생채권조사확정재판의

---

2) 그 밖의 첨부 서류는 규칙 제79조 제1항에 규정되어 있는데, 1. 채무자의 주소·주민등록번호(주민등록번호가 없는 사람의 경우에는 여권번호 또는 등록번호를 말한다), 그 밖에 채무자의 인적사항에 관한 자료. 2. 법 제579조 제4호 가목의 규정에 따른 소득금액에 관한 자료. 3. 법 제579조 제4호 나목의 규정에 따른 소득세·주민세·건강보험료, 그 밖에 이에 준하는 것으로서 대통령령이 정하는 금액에 관한 자료. 4. 법 제579조 제4호 다목의 규정에 따라 법원이 생계비를 정하기 위하여 필요한 사항에 관한 자료. 5. 법 제579조 제4호 라목의 규정에 따른 영업의 경영, 보존 및 계속을 위하여 필요한 비용에 관한 자료. 6. 법 제589조 제2항 제2호의 재산목록에 기재된 재산가액에 관한 자료. 7. 유치권·질권·저당권·양도담보권·가등기담보권·전세권 또는 우선특권으로 담보된 개인회생채권이 있는 때에는 저당권등의 담보채권액 및 피담보재산의 가액의 평가에 필요한 자료. 8. 채무자의 재산에 속하는 권리로서 등기 또는 등록이 된 것에 관한 등기사항증명서 또는 등록원부등본. 9. 채무자가 법원 이외의 기관을 통하여 사적인 채무조정을 시도한 사실이 있는 경우에 이를 확인할 수 있는 자료 등이다.

3) 대법원 2007.6.14. 선고 2006도4354 판결(미간행). 同旨 대법원 2007.6.28. 선고 2006도4356 판결(미간행).

심문기일에 출석하여 진술하는 것은 채무자가 직접 하여야 한다(같은호 단서).

다. 보전처분

　채무자가 개인회생절차의 개시를 신청하고 이에 대한 개시여부의 결정이 있기까지는 시간이 걸리므로 채무자의 재산이 흩어지는 것을 방지하기 위하여 법원은 이해관계인의 신청이나 직권으로 채무자의 재산에 관하여 가압류, 가처분 그 밖에 필요한 보전처분을 할 수 있다(법592조1항). 실무상 보전처분을 하는 예는 거의 없고, 담보제공명령을 하는 경우도 없다. 금지명령, 중지명령만으로고 개인회생절차의 목적을 달성할 수 있기 때문이다. 물론 채무자가 개인회생신청 이전에 수탁자에게 위탁한 신탁재산에 대하여는 처분금지의 보전처분을 할 수는 없다.[4]

라. 금지명령 또는 중지명령

　보전처분은 이미 진행되고 있는 절차가 있다면 이를 중지시킬 수는 없으므로 만약 강제집행이나 담보권 등이 실행되고 있다면 채무자의 회생을 위하여 그 개별절차를 중지시킬 필요가 있다. 따라서 법원은 필요하다고 인정하는 때에는 이해관계인의 신청이나 직권으로 개인회생절차의 개시신청에 대한 결정이 있을 때까지 ① 채무자에 대한 회생절차 또는 파산절차, ② 개인회생채권에 기하여 채무자의 업무 및 재산에 대하여 한 강제집행·가압류 또는 가처분, ③ 채무자의 업무 및 재산에 대한 담보권의 설정 또는 담보권의 실행 등을 위한 경매,[5] ④ 개인회생채권을 변제받거나 변제를 요구하는 일체의 행위(다만, 소송

---

4) 대법원 2002.4.12. 선고 2000다70460 판결(공2002, 1114)는 신탁법상의 신탁은 위탁자가 수탁자에게 특정의 재산권을 이전하거나 기타의 처분을 하여 수탁자로 하여금 신탁 목적을 위하여 그 재산권을 관리·처분하게 하는 것이므로(신탁법 제1조 제2항), 부동산의 신탁에 있어서 수탁자 앞으로 소유권 이전등기를 마치게 되면 대내외적으로 소유권이 수탁자에게 완전히 이전되고, 위탁자와의 내부관계에 있어서 소유권이 위탁자에게 유보되어 있는 것은 아니라 할 것이며, 이와 같이 신탁의 효력으로서 신탁재산의 소유권이 수탁자에게 이전되는 결과 수탁자는 대내외적으로 신탁재산에 대한 관리권을 갖는 것이고, 다만, 수탁자는 신탁의 목적 범위 내에서 신탁계약에 정하여진 바에 따라 신탁재산을 관리하여야 하는 제한을 부담함에 불과하다고 하였다. 同旨 2011.2.10. 선고 2010다84246(미간행)은 재건축아파트 신축을 위하여 조합원들 명의로 되어 있던 기존 아파트 및 토지에 관하여 신탁등기를 마치고 그 토지의 점유를 승계한 재건축조합이, 조합원 명의로 되어 있지 않아 신탁등기를 마치지 못하고 점유를 승계한 일부 토지 지분에 관하여 그 지분 등기명의인의 상속인들을 상대로 취득시효 완성을 주장한 사안에서, 위 토지 지분에 관한 조합의 점유는 성질상 소유의 의사가 없는 권원에 바탕을 둔 점유라고 볼 수 없음에도, 그 점유가 조합원들을 위한 관리의사에 의한 점유로서 자주점유가 아니라는 이유로 위 취득시효를 인정할 수 없다고 본 원심판단에는 자주점유에 관한 법리오해의 위법이 있다고 한 사례이다.

5) 가압류·가처분에 대하여는 집행이 완료된 경우가 대부분이므로 중지명령을 허가하지 않는 것이 실

행위를 제외한다)에 대하여 중지 또는 금지를 명할 수 있다(법593조1항). 체납처분에 대한 중지명령에 대하여는 징수의 권한을 가진 자의 의견을 들어야 한다(법593조1항5호 단서).

강제집행 등에 대한 중지명령은 민사집행법 제49조 제2호가 규정한 '강제집행의 일시정지를 명한 취지를 적은 재판'에 해당하고, 이러한 집행정지서류는 집행기관에 제출되어야 그 효력이 있음은 전술하였다.[6] 포괄적 금지명령은 명령이 채무자에게 송달된 때부터 효력이 발생하지만(법593조5항, 46조2항), 금지명령은 해당 채권자에게 송달된 때에 효력을 발생한다고 본다. 판례 중에는 중지명령 및 금지명령도 포괄적 금지명령으로 보아 채무자에 대한 송달시점에 효력이 발생한다고 본 원심을 파기한 사례가 있다.[7]

한편 집행권원이 있는 개인회생채권이 양도된 경우 채무자는 누구를 상대방으로 하여 중지명령을 신청할 것인가가 문제된다. 판례는 집행권원을 가진 채권자의 지위를 승계한 자라고 하더라도 기존 집행권원에 기하여 강제집행을 신청하려면 민사집행법 제31조 제1항(같은 법 제57조의 규정에 따라 준용되는 경우 포함)에 의하여 승계집행문을 부여받아야 하고, 집행권원에 의한 강제집행이 개시된 후 신청채권자의 지위를 승계한 경우라도 승계인이 자기를 위하여 강제집행 속행을 신청하기 위하여는 민사집행규칙 제23조가 정한 바와 같이 승계집행문이 붙은 집행권원의 정본을 제출하여야 하며 그 경우 법원사무관등 또는 집행관은 그 취지를 채무자에게 통지하도록 하고 있으므로 채권자가 집행권원에 기하여 압류 및 추심명령을 받은 후 그 집행권원상의 채권을 양도하였다고 하더라도 그 채권의 양수인이 기존 집행권원에 대하여 승계집행문을 부여받지 않았다면, 집행채권자의 지위에서 압류채권을 추심할 수 있는 권능이 있다고 볼 수 없다고 하고 있으므로,[8] 집행권원이 있는 채권을 양수하였다고 하더라도 양수인이 집행권원에 대한 승계집행문을 부여받은 경우라야 양수인을 중지명령의 상대방으로 할 수 있다.[9]

금지명령은 개인회생채권자목록에 기재된 모든 채권자에게 송달하며, 금지명령 후 개시결정 전에 채권자목록이 수정되어 추가된 채권자가 있는 경우 추가된 채권자에게 송달한다. 해당 집행권원에 기재된 채권자에게도 송달한다.

개인회생절차개시의 신청이 기각되면 중지된 절차는 속행되며(법593조3항), 기각결정

무례라고 한다.

6) 대법원 2010.1.28.자 2009마1918 결정(미간행)은 강제집행정지결정이 있으면 결정 즉시로 당연히 집행정지의 효력이 있는 것이 아니고, 그 정지결정의 정본을 집행기관에 제출함으로써 집행정지의 효력이 발생함은 민사집행법 제49조 제2호의 규정취지에 비추어 명백하고 (구 민사소송법 제510조에 관한 대법원 1966.8.12.자 65마1059 결정 등 참조), 그 제출이 있기 전에 이미 행하여진 압류 등의 집행처분에는 영향이 없다고 하였다.

7) 대법원 2017.11.29. 선고 2017다201538 판결(미간행).

8) 대법원 2008.8.11. 선고 2008다32310 판결(미간행).

9) 편집대표 권순일(유철희 집필부분), 주석채무자회생법 Ⅵ, 한국사법행정학회(2021), 226면.

에 대해 즉시항고를 한 경우에는 다시 중지명령, 금지명령을 얻어야 한다. 법원은 상당한 이유가 있는 때에는 이해관계인의 신청에 의하거나 직권으로 중지 또는 금지명령을 취소하거나 변경할 수 있다. 이 경우 법원은 담보를 제공하게 할 수 있다(법593조3항, 4항).

실무에서는 채무자가 과거 개인회생을 신청한 적이 있는 경우로서 신청횟수, 과거 절차 종료일, 종국 사유 등을 고려하여 중지명령 등의 신청이 개인회생절차의 남용에 해당한다고 볼 객관적인 사정이 있는 때를 제외하고는 원칙적으로 중지명령 및 금지명령을 발령하는 것으로 규정하고 있다(서울회생법원 실무준칙403호2조2항).

마. 신청의 취하

채무자는 개인회생절차의 개시결정이 있기 전에는 신청을 취하할 수 있는데, 보전처분이나 중지명령을 받은 후에는 법원의 허가를 받아야 취하할 수 있다(법594조). 취하허가결정을 한 경우에도 금지명령, 중지명령이 실효된다고 해석한다.

3. 개시여부의 결정과 그 효력

가. 개시여부의 결정

법원은 개인회생절차개시의 신청이 있는 경우 신청일부터 1월 이내에 개시여부를 결정하여야 한다(법596조1항). 법인 채무자를 포함하여 적용대상으로 하는 회생절차 역시 회생절차 신청일부터 회생절차개시결정일까지 기한을 1월로 정하고 있으므로 1월이라는 기한은 개인채무자에 대하여 절차의 개시 여부를 결정하는데 충분한 시간이 될 것이다. 결정문에는 연·월·일·시를 기재하여야 하고 결정의 효력은 결정시부터 발생한다(법596조4항, 5항).

법원은 개시결정 여부를 결정하기 전에 ① 재산목록과 관련하여 청산가치 보장 원칙(법614조1항4호)에 따라 채무자는 자신이 보유하고 있는 재산의 청산가치 이상을 변제하여야 한다는 점에서 채무자가 보유재산을 축소 신고한 것인지 여부를 가리고, ② 수입 및 지출 목록과 관련하여 가용소득 전부 투입 원칙(법614조2항2호)에 따라 월소득에서 월생계비를 제한 나머지 금액이 전부 변제에 투입되어야 한다는 점에서 채무자가 소득을 축소하거나, 생계비를 과다하게 주장하지 않는지 여부를 가리고, ③ 변제계획안과 관련하여서는 변제기간, 우선권 있는 채권 관련 미확정채권액 기재, 선행가압류·압류적립금·공무원연금 대부금 등의 처리에 관한 특기사항 기재, 청산가치 보장 원칙 위반 여부 등을 심사한다.

심사절차에서는 회생위원이 채무자를 면담하는 등 조사를 실시하면서 채무액 확인, 적정한 채권자목록의 작성 권고, 정정요구 등의 업무를 수행하여 업무수행결과 보고서를 작성한 후 법원에 제출하는데, 보고서에는 ① 채무자가 개인회생신청에 이르게 된 경위, ② 개인회생채권자목록의 적정성, ③ 채무자의 재산 및 소득에 대한 조사 결과(담보목적물의 평가), ④ 부인권 행사대상의 존부, ⑤ 그 밖의 사항을 기재한다.

법원은 개인회생절차 개시 또는 기각결정에 앞서 추가조사 등이 필요할 경우에는 회생위원에게 추가조사를 하도록 하거나, 보정명령을 발령하거나, 심문기일을 지정하여 개시 전 채무자 심문을 하기도 한다.

　법원은 개인회생절차개시의 결정을 하는 때 동시에 개인회생채권에 대한 이의기간과 개인회생채권자집회기일을 정하여야 한다(법596조2항). 개인회생채권에 관한 이의기간은 개인회생절차개시결정일로부터 2주 이상 2월 이하이어야 하고, 채권자집회기일은 이의기간 말일부터 2주 이상 1월 이하의 기간을 두고 정해야 한다. 법원은 특별한 사정이 있는 경우 이의기간을 늘이거나 채권자집회기일을 늦출 수 있다(법596조3항).

　개시여부의 재판에 대해서는 즉시항고를 할 수 있으나 집행정지의 효력은 없다(법598조1항, 3항). 항고법원은 즉시항고의 절차가 법률에 위반되거나 즉시항고가 이유 없다고 인정하는 때에는 결정으로 즉시항고를 각하 또는 기각하여야 하고, 즉시항고가 이유 있다고 인정하는 때에는 원래의 결정을 취소하고 사건을 원심법원으로 환송하여야 한다(법598조4항, 5항). 즉시항고장에 소정의 인지를 붙이지 않은 경우에 원심 재판장은 상당한 기간을 정하여 흠을 보정하도록 명하여여 한다. 보정기간 내에 흠을 보정하지 않은 경우에는 원심 재판장은 명령으로 항고장을 각하하여야 한다(법33조, 민소433조1항, 399조1항, 2항). 판례는 인지 등 보정명령에 따른 인지 등 상당액의 현금 납부에 관하여는 송달료 규칙 제3조에 정한 송달료 수납은행에 현금을 납부한 때에 인지 등 보정의 효과가 발생되는 것이고, 이 납부에 따라 발부받은 영수필확인서 등을 보정서 등 소송서류에 첨부하여 접수 담당 법원사무관 등에게 제출하고 또 그 접수 담당 법원사무관 등이 이를 소장 등 소송서류에 첨부하여 소인하는 등의 행위는 소송기록상 그 납부 사실을 확인케 하기 위한 절차에 불과하다고 하였다.[1]

　위와 같은 항고장각하명령에 대하여도 즉시항고를 제기할 수 있는데(법33조, 민소433조1항, 399조3항3항), 인지미보정을 이유로 한 항고장 각하명령에 대하여 즉시항고를 제기하면서 부족한 인지를 보정하더라도 그 인지보정은 효력이 없고, 재도의 고안으로 각하명령을 취소할 수 없다.[2] 또한 재항고가 항고각하결정이 확정된 후에 한 부적법한 것임에도 불구하고 재도의 고안에 의한 경정결정을 한 것은 위법이라고 하여 원결정을 파기한 재판례도 있다.[3]

1) 대법원 2008.8.28.자 2008마1073 결정(미간행)은 재항고인은 원심재판장으로부터 '명령 송달일로부터 7일 안에 상고장의 부족 인지액을 보정하라'는 명령을 송달받고 나흘 후 은행 법원지점에 위 부족 인지액을 납부하였으나 원심법원에 인지 납부서를 제출하지는 않았고, 이에 원심재판장은 재항고인이 보정명령에 따르지 않은 것으로 판단하여 재항고인의 상고장을 각하한 사안에서 위와 같은 이유로 원심을 파기하였다. 同旨 대법원 2007.3.30.자 2007마80 결정(공보불게재), 대법원 2003.12.2. 선고 2003마1161 판결(공보불게재), 대법원 2000.5.22.자 2000마2434 결정(미간행).
2) 대법원 1991.1.16.자 90마878 결정(공1991, 951)은 상고장에 관한 사안이다. 同旨 대법원 1971.6.23.자 71마410 결정(미간행, 항소장), 대법원 1996.1.12.자 95두61 결정(공1996, 677, 소장), 대법원 2007.5.3.자 2007마264 결정(미간행, 재심소장).
3) 대법원 1967.3.22.자 67마141 결정(공보불게재)은 이송결정을 각하한 제1심 결정에 대하여 원심이 무

개인회생절차개시의 요건을 충족하고 있는지 여부는 개시신청 당시를 기준으로 하여 판단하는 것이 원칙이나, 개시신청에 관한 재판에 대하여 즉시항고가 제기된 경우에는 항고심의 속심적 성격에 비추어 항고심 결정 시를 기준으로 판단하여야 한다.4)

나. 개시신청 기각사유

개인회생절차개시의 신청은 다음과 같은 사유가 있을 때 기각될 수 있다(법595조). ① 채무자가 신청권자의 자격을 갖추지 아니한 때, ② 채무자가 신청서에 첨부해야 될 서류를 제출하지 아니하거나 허위로 작성하여 제출하거나 또는 법원이 정한 제출기한을 준수하지 아니한 때, ③ 채무자가 절차의 비용을 납부하지 아니한 때, ④ 채무자가 변제계획안의 제출기한을 준수하지 아니한 때,5) ⑤ 채무자가 신청일 전 5년 이내에 면책(파산절차에 의한 면책을 포함한다)을 받은 사실이 있는 때, ⑥ 개인회생절차에 의함이 채권자 일반의 이익에 적합하지 아니한 때, ⑦ 그 밖에 신청이 성실하지 아니하거나 상당한 이유 없이 절차를 지연시키는 때이다. 물론 파산절차나 회생절차 등 다른 도산절차를 진행하고 있는 중이더라도 신청 가능하다.

판례는 '개인회생절차에 의함이 채권자 일반의 이익에 적합하지 아니한 때'란 개인회생절차에 의하여 변제되는 채무액의 현재가치가 채무자 재산의 청산가치에 미치지 못하는 등과 같이 변제기, 변제율, 이행의 확보 등에서 개인회생절차에 의하는 것이 전체 채권자의 일반의 이익에 적합하지 아니할 것을 의미하고,6) 채무자가 개인회생절차 개시신청 전

권대리행위임을 이유로 항소를 각하하여 확정된 후 피고가 재항고장과 무권대리인의 소송행위추인서를 원심에 접수시킨 후 원심이 재도의 고안에 의한 경정결정을 한 것은 파기한 사안이다. 피고의 항고를 받아들인 것이 아니라 경정결정을 한 것이라는 점에서 약간의 의문이 있다.

4) 대법원 2011.6.10.자 2011마201 결정(공2011하, 1389)[백선93].
5) 채무자는 개인회생절차개시의 신청일부터 14일 이내에 변제계획안을 제출하여야 한다(법610조1항).
6) 대법원 2011.9.21.자 2011마1530 결정(미발간)은 원심이 "치과의사인 채무자의 매월 순수익의 편차가 크고 2009년에 비하여 2010년도의 순이익이 증가하였으며, 채무자의 학력, 경력, 동종·유사직종 종사자의 소득에 비추어 보면 채무자의 월평균 소득이 250만 원이고 앞으로도 계속 그 정도의 소득만 올릴 것이라고 단정하기 어렵고, 총채무액, 채무의 발생경위와 시기, 가족관계, 생활수준 등을 종합하면 개인회생절차 개시신청이 '개인회생절차에 의함이 채권자 일반의 이익에 적합하지 아니한 때' 또는 '신청이 성실하지 아니한 때'에 해당한다고 판단하여 개시신청을 기각한데 대하여 채무자의 변제계획상 총변제예정액의 현재가치가 청산가치를 초과하고 있고, 채무자가 회생위원의 보정명령에 따라 소득에 대한 객관적 자료들을 제출한 이상 그 신청이 '개인회생절차에 의함이 채권자 일반의 이익에 적합하지 아니한 때'에 해당한다고 단정하기 어렵고, 원심은 채무자의 현재 및 장래소득이나 채무의 발생시기 및 사용처, 재산 등에 대하여 추가적인 보정요구나 심문 등을 통하여 이를 시정할 기회를 부여하거나 조사해본 후에 개시신청 기각사유에 해당하는지를 판단하였어야 할 것이라고 하면서 원심결정을 파기환송하였다. 同旨 대법원 2005.5.12.자 2003마1637 결정(미간행), 대법원 2011.7.25.자 2011마976 결정(미간행), 대법원 2013.3.15.자 2013마101 결정(미간행), 대법원 2017.2.17.자 2016마1324 결정(미간행).

에 특정 채권자에 대한 편파적인 변제나 담보제공 행위를 하여 다른 채권자들을 해하는 결과를 초래한 사정만으로 '개인회생절차에 의함이 채권자 일반의 이익에 적합하지 아니한 때'에 해당하지는 않는다고 하였으며,[7] 채무자가 개인회생절차 개시신청 전 약 1년 동안 발생시킨 대출금채무가 전체 개인회생채무 중 약 80%에 해당한 사안에서, 대출금 중 상당 부분이 기존 채무의 상환에 사용된 점 등에 비추어 개인회생절차 개시신청에 근접하여 발생한 채무액이 전체 채무액에서 차지하는 비중이 높다는 사정만으로 개인회생절차에 의함이 채권자 일반의 이익에 적합하지 않거나 채무자가 부정한 목적으로 개인회생절차 개시신청을 하였다고 단정하기 어렵다고 하였다.[8] 그 밖에 채무자가 개인회생절차 개시신청 약 3개월 전에 동생의 차용금반환채무를 담보하기 위하여 자신 소유의 아파트에 근저당권설등기를 마쳐 준 사안에 대하여 위 기각사유에 해당하지 않는다고 한 사례도 있다.[9]

채무자가 기각결정을 고지받은 날부터 1주일 내에 즉시항고장을 제출하고 해당 기각사유를 보정하여 기각사유가 소멸한 경우 재도의 고안으로 기각취소결정을 할 수 있고, 즉시항고기간을 넘겨 즉시항고장을 제출한 경우 항고장 각하명령을 한다. 인지대를 붙이지 않은 경우 상당한 기간을 정하여 보정하도록 명하고 보정을 하지 않으면 역시 항고장 각하명령을 하게 된다.

판례는 법원이 채무자회생법 제595조 제7호에서 정한 '그 밖에 신청이 성실하지 아니한 때'에 해당한다는 이유로 채무자의 개인회생절차 개시신청을 기각하려면 채무자에게 같은 조 제1호 내지 제5호에 준하는 절차적인 잘못이 있거나, 채무자가 개인회생절차의 진행에 따른 효과만을 목적으로 하는 등 부당한 목적으로 개인회생절차 개시신청을 하였다는 사정이 인정되어야 한다고 한다.[10] 그리고 법원 또는 회생위원은 채무자가 제출한

---

7) 대법원 2010.11.30.자 2010마1179 결정(미간행)은 개인회생절차는 파산절차가 예정하고 있는 청산가치의 배분 이상의 변제가 이루어질 것을 전제로 하고 있는 제도라는 점, 개인회생채무자가 그 개시신청 전에 부인권 대상행위를 한 경우에도 법은 부인권 행사를 통하여 일탈된 재산을 회복시켜 이를 포함한 총재산의 청산가치 이상을 변제하도록 하는 절차를 마련해 두고 있는 점, 그 밖에 개인회생절차를 파산절차에 우선하도록 한 제도의 취지와 기능 등을 근거로 하였다. 同旨 대법원 2013.3.11.자 2012마1744 결정(미간행)은 채무자가 금융기관으로부터 대출을 받아 자신 소유 토지에서 목장을 운영하다가 개인회생절차 개시신청 약 2년 전에 배우자에게 위 토지를 증여한 사안이다.

8) 대법원 2013.3.15.자 2013마101 결정(미간행).

9) 대법원 2016.5.31.자 2016마212 결정(미간행).

10) 대법원 2011.6.10.자 2011마201 결정(공2011하, 1389)[백선93]은 원심이 채무자가 세 번에 걸쳐 개인회생절차 개시신청을 하였으나 개인회생절차를 남용하여 채권자의 권리행사를 방해하였다는 등의 사유로 신청이 기각되었는데, 이후 특별한 사정변경이 없음에도 또다시 개인회생절차 개시신청을 한 것 자체로 '신청이 성실하지 아니한 때'에 해당된다는 이유로 개인회생절차 개시신청을 기각한 사안에서, 통상 개인회생채무자는 개인회생절차 개시신청 기각결정에 대한 항고로 다투기보다는 재신청을 택하는 경우가 많고 채무자회생법에 의하여 재신청이 명시적으로 금지되어 있지 않은 점, 위 법은 도산절차에 있어서 채권자의 이익과 채무자의 실질적 갱생을 위하여 청산형의 파산절차보다는 갱생형의 개인회생절차를 우선에 두고 있는 점, 위 개인회생절차 개시신청에 사정변경이 있다고 볼 여

자료에 보완이 필요한 경우 언제든지 채무자에게 금전의 수입과 지출 그 밖에 채무자의 재산상의 업무에 관하여 보고를 요구할 수 있고, 필요하다고 인정하는 경우에는 재산상황의 조사, 시정의 요구 그 밖의 적절한 조치를 취할 수 있으며(법591조), 채무자가 법원의 보정 요구에 일단 응한 경우에는 그 내용이 법원의 요구사항을 충족시키지 못하였다 하더라도 특별한 사정이 없는 한 법원이 추가적인 보정 요구나 심문 등을 통하여 이를 시정할 기회를 제공하지 아니한 채 곧바로 그 신청을 기각하는 것은 허용되지 않는다.[11]

　　구체적인 사안을 보면 원심은 재항고인이 개인회생절차 개시신청 당시 대학병원의 레지던트 2년차였는데 전문의 자격 취득을 위하여 2014년에 레지던트 4년차 과정을 밟는다고 할지라도 2015년 이후에는 개원하거나 다른 병원의 봉직의가 될 수도 있을 뿐만 아니라, 재항고인의 학력, 연령, 경력, 동종직종의 종사자의 소득에 비추어 보면 2015년 이후 3년의 기간 동안의 재항고인의 월평균 소득이 전임의 1년차 소득을 초과할 수 없다고 단정하기 어려우므로, 원금 100%를 변제하는 내용의 변제계획안을 보정하여 제출하는 것이

지도 있는 점을 고려하면 위 개인회생절차 개시신청이 성실하지 아니한 경우에 해당한다고 단정하기 어려움에도, 채무자가 부당한 목적으로 개인회생제도를 이용하였다는 등 신청 불성실 사유가 있는지에 대하여 심리를 하지 않은 채 채무자의 과거 경력만을 문제삼아 위 개인회생절차 개시신청을 기각한 것은 잘못이라는 이유로 원심결정을 파기한 사례이다. 同旨 대법원 2013.3.11.자 2012마1744 결정(미간행), 대법원 2013.3.15.자 2013마101 결정(미간행). 위 결정에 대한 해설로는 호제훈, "과거에 개인회생신청을 하였다가 폐지되었거나 기각당한 사실이 있다는 사정만으로 개인회생신청이 불성실한 신청에 해당하는 것으로 볼 수 있는지 여부", 대법원판례해설 제87호, 법원도서관(2011), 316면 참조. 한편 대법원 2017.2.17.자 2016마1324 결정(미간행)은 원심이 제1심법원이 채권자들의 형평을 고려하여 2016.1.25. 채무자에게 일반의 우선권이 있는 채권에 대한 변제기간을 29회 미만으로 한 변제계획안을 제출하도록 권고하였으나, 채무자가 이에 응하지 아니하였고, 원심법원이 2016.7.28. 제1심법원과 같은 내용으로 보정을 명하자, 채무자가 가용소득을 증대시키는 방법 등을 고려하지 아니한 채 전체 개인회생채권의 44% 정도에 해당하는 일반의 우선권이 있는 채권의 변제기간이 전체 변제기간 중 40여 회를 차지하는 변제계획안만 제출하였는바, 이는 채무자가 상당한 이유 없이 보정에 응하지 아니하여 절차를 지연시킨 것으로서 법 제595조 제7호에서 정한 '그 밖에 신청이 성실하지 아니하거나 상당한 이유 없이 절차를 지연시키는 때'와 법 595조 6호에서 정한 '개인회생절차에 의함이 채권자 일반의 이익에 적합하지 아니한 때'에 해당한다는 이유로, 채무자의 개인회생절차 개시신청을 기각한 제1심결정을 그대로 유지한데 대하여, 원심으로서는 채무자의 가용소득에 관한 자료가 불명확하다면 이에 대한 보정을 명하고, 기록상 확인되는 채무자의 가용소득을 기초로 일반의 우선권이 있는 채권의 변제기를 채무자가 제출한 변제계획안의 그것보다 더 단축시킬 수 있는지 여부를 살펴보고, 나아가 일반의 우선권이 있는 채권의 변제기를 최단기로 정하였을 때의 변제계획안에 의하더라도 개인회생절차에 의하는 것이 전체 채권자들 일반의 이익에 적합하지 아니한 것인지 여부를 살폈어야 했는데도 이러한 사정을 살피지 아니한 채, 채무자가 법원의 보정명령에도 불구하고 가용소득을 증대시키는 방법 등을 통해 일반의 우선권이 있는 채권의 변제기간을 29개월로 단축하지 아니하였다는 등의 이유로 개인회생절차 개시신청을 기각한 제1심결정을 그대로 유지한 원심의 판단에는 법 제595조 제6호와 7호의 개인회생절차 개시신청 기각사유에 관한 법리를 오해하여 필요한 심리를 다하지 아니한 잘못이 있다고 하였다. 위 판결들의 비교 분석으로는 강인원, "개인회생신청 기각사유 중 '그 밖에 신청이 성실하지 아니한 경우'에 대한 검토", 도산법연구 제11권 제2호, 사단법인 도산법연구회(2021.12), 97면 참조.

11) 대법원 2011.6.21.자 2011마825 결정(미간행).

현실적으로 불가능하지 않음에도 재항고인은 원금 100%를 변제하는 내용의 변제계획안을 제출하라는 취지로 발령한 제1심법원의 보정명령을 위반하였으니, 이 사건 신청은 '신청이 성실하지 아니하거나 상당한 이유 없이 절차를 지연시키는 때'에 해당한다고 판단한데 대하여 대법원은 재항고인은 개인회생절차 개시신청 당시 향후 60개월간의 월평균수입 4,099,086원에서 월평균생계비 2,199,086원을 공제한 월 실제 가용소득 1,900,000원 합계 114,000,000원으로 채무원금의 35% 상당액을 변제하겠다는 변제계획안을 제출하였고, 그 후 제1심법원은 현재 소득이 아니라 장래 개인 개업 등을 할 경우 증가될 소득을 기준으로 기간별로 가용소득을 조정하여 원금 100%를 변제하는 내용의 변제계획안을 작성하여 제출하라는 보정명령을 발령하였는데, 이에 재항고인은 2012.11.16. 월평균수입 4,285,062 원, 월평균생계비 1,215,062원, 월 실제 가용소득 3,070,000원으로 하여 60개월간 합계 184,200,000원으로 채무원금의 56.5% 상당액을 변제하겠다는 변제계획안을 제출하자, 제1 심법원은 재항고인이 원금 전액을 변제하는 내용으로 변제계획안을 수정하여 제출하지 않았다는 이유로 이 사건 개인회생절차 개시신청이 '신청이 성실하지 아니하거나 상당한 이유 없이 절차를 지연시키는 때'에 해당한다고 보아 이를 기각하였고, 원심 또한 제1심 결정을 유지하면서도 재항고인에게 원심이 들고 있는 사정에 대하여 추가적인 보정 요구나 심문 등을 통하여 이를 시정할 기회를 부여하지도 아니한 사안에서 대법원은 제1심이 재항고인의 변제계획안 작성 당시의 가용소득이 원금 100%를 변제하기에 충분하다는 아무런 소명자료나 이해관계인들이 제출한 반대 자료도 없는 상태에서 재항고인이 개원하거나 다른 병원의 봉직의가 되면 장래 소득이 훨씬 증액될 것이라는 막연한 예상만으로 원금 100%를 변제하는 내용의 변제계획안을 작성하라는 취지로 보정명령을 하고, 이에 대하여 재항고인이 위 보정명령을 원금 변제액수를 최대한 높이라는 취지로 이해하여 그러한 취지에 따라 56.5% 상당액을 변제하겠다는 내용으로 수정된 변제계획안을 제출하여 보정명령에 응하였다면 이 사건 개인회생절차 개시신청이 '신청이 성실하지 아니하거나 상당한 이유 없이 절차를 지연시키는 때'에 해당한다고 단정할 수 없다고 판시하였다.[12]

또한 재항고인이 비록 이 사건 개시신청에 즈음하여 이 사건 부동산을 A에게 증여함으로써 사해행위로 의심될 만한 행위를 하였지만, 재항고인이 신청 당시부터 이미 A 명의로 소유권이전등기가 마쳐진 이 사건 부동산 중 대부분을 포함시켜 청산가치를 산정하였고, 변제계획상 총 변제예정액의 현재가치가 그 청산가치보다 작지 아니하므로, 위 증여에도 불구하고 실질적 청산가치 이상의 변제가 이루어지는 데에는 별다른 영향이 없을 소지도 다분하고, 설령 그렇지 않다 하더라도, 법원은 일단 개시결정을 하고 나서 재항고인에게 이 사건 부동산을 원상으로 회복시키도록 부인권 행사를 명하거나, 부인권 행사로 원

---

12) 대법원 2013.7.12.자 2013마668 결정(미간행).

상회복될 재산 또는 이를 포함한 총재산의 청산가치 이상을 변제에 투입하도록 변제계획안 수정을 명하는 등으로 실질적 청산가치 이상의 변제가 이루어지도록 할 수 있는 것이므로, 단지 재항고인이 이 사건 개시신청에 즈음하여 이 사건 부동산을 A에게 증여하였다는 사정만으로 "개인회생절차에 의함이 채권자 일반의 이익에 적합하지 아니한 때"에 해당한다고 단정하기 어렵다고 한 사례도 있다.[13]

한편 판례 중에는 재항고인이 개인회생절차 개시신청을 하면서 월 급여 2,179,259원에서 월 평균 생계비 1,890,470원을 공제하고 남은 월 가용소득 288,789원으로 2013.9.10.부터 2018.9.10.까지 60회에 걸쳐 원금의 60% 상당액을 변제하겠다는 내용의 변제계획안을 제출한 데 대하여 제1심법원은 2013.12.27. 재항고인에게 ① 변제계획안의 변제예정액표를 일부 수정하고, ② 재산목록상 자동차 부분에 대한 환산액이 감소된 근거자료를 제출하며, ③ 재항고인도 배우자 소유의 이 사건 토지를 유지하는 데에 기여하였으므로 이 사건 토지 평가금액의 1/2을 재산목록에 반영하도록 하라는 보정명령을 하였고, 이에 대하여 재항고인은 2014.1.15. 위 ①, ②에 대하여는 보정을 하고, 다만 ③에 대하여는 '이 사건 토지의 취득 및 유지에 채무자가 기여한 바가 없음에도 이 사건 토지를 취득한 지 5년이 경과하였다고 하여 20%나 30%도 아닌 50%에 해당하는 1/2을 채무자의 재산에 포함함은 부당하므로 이 사건 토지의 1/2을 채무자의 재산으로 포함하여 변제계획을 수립하라는 보정을 재고해 줄 것'을 요청한 데 대하여, 제1심법원이 개인회생절차 개시신청이 법 제595조 제2호, 제7호에 해당한다는 이유로 이를 기각하였고, 원심 또한 추가적인 보정 요구나 심문 등을 통하여 위 보정사항을 시정할 기회를 부여하거나 이를 조사하지도 아니한 채 제1심결정을 그대로 유지한 사안에서, 재항고인과 2005.12.28. 혼인신고를 한 배우자 신청외인은 2008.3.17. 동생의 사망보험금으로 이 사건 토지를 매수하였고, 전업주부로서 재항고인과 자녀 2명을 두고 이 사건 토지 위의 무허가건물에서 재항고인의 수입에 의존하여 가족들과 함께 생활하여 왔다고 인정한 다음, 재항고인이 제1심법원의 보정명령에 따라 보정을 하면서 다만 이 사건 토지 평가금액의 1/2을 자신의 재산목록에 반영하는 것은 부당하므로 이 부분을 재고해 달라는 취지로 보정명령에 응하였다면 이 사건 개인회생절차 개시신청이 법 제595조 제7호에서 정한 '신청이 성실하지 아니하거나 상당한 이유 없이 절차를 지연시키는 때'에 해당한다고 보기는 어렵고 이러한 사정 아래에서라면 재항고인이 이 사건 토지 평가금액의 1/2을 재산목록에 기재하지 아니하였더라도 법 제595조 제2

---

13) 대법원 2013.3.11.자 2012마1744 결정(미간행). 제1심법원은 2011.12.5. 재항고인에게, '이 사건 부동산에 관한 사해행위 취소소송이 진행 중인데, 위 부동산 증여가 사해행위임을 인정하는 경우 소유권이전등기를 모두 말소한 후 이를 기초로 이 사건 개시신청을 변경하여 유지하고, 사해행위임을 인정하지 아니하는 경우 이 사건 개시신청을 취하하고 사해행위 취소소송이 확정된 후 다시 신청하라'는 취지의 보정명령을 내렸었다.

호에서 정한 '채무자가 법 제589조 제2항 각호의 서류를 허위로 작성하여 제출한 때'에 해당한다고 단정할 수도 없으므로 원심으로서는 이 사건 토지의 유지에 관한 재항고인의 기여 정도 등에 관하여 추가적인 보정 요구나 심문 등을 통하여 이를 조사하여 이 사건 신청이 법 제595조 제2호, 제7호에서 정한 개인회생절차 개시신청 기각사유에 해당하는지를 판단하였어야 할 것임에도 불구하고 원심은 그 판시와 같은 사정만으로 이 사건 개인회생절차 개시신청을 기각한 제1심 결정을 그대로 유지하였으므로, 이러한 원심결정에는 개인회생절차 개시신청 기각사유에 관한 법리를 오해하여 재판에 영향을 미친 잘못이 있다고 판시한 사례도 있다.[14]

또한 채무자가 물리치료사로 월 190~200만 원의 수입을 얻고 있는데, 총채무액 중 약 52%에 해당하는 금액을 개인회생절차 개시 신청 전 약 1년 2개월 전부터 약 6개월 전까지 사이에 대출받았던 사안에서 채무자가 6년 전 학자금 대출을 받았던 것이 최초로 발생한 채무였고, 채무자에게 파산의 원인이 생기게 된 하나의 이유가 된 점, 위 최근 채무는 채무자의 기존 채무를 변제하는데 사용된 것으로 보이는 점, 채무자의 직업, 소득, 신용카드 사용내역에 비추어 볼 때 채무자가 사회통념을 벗어나는 낭비를 하였다고 보기 어려운 점 등을 근거로 '신청이 성실하지 아니한 때'에 해당한다는 이유로 신청을 기각한 원심을 파기한 사례가 있다.[15]

한편 항고심의 경우 그 속심적 성격에 따라 항고심 당시를 기준으로 판단하여야 하는 것이 원칙이겠으나, 채무자회생법 제597조 제1호가 정한 총채무액 해당여부를 결정하는 계산 기준시점은 개인회생절차개시의 신청 당시라고 보아야 할 것이다.[16]

다. 공고와 송달

법원은 개인회생절차개시의 결정을 한 때에 지체 없이 '개시결정의 주문, 이의기간, 개인회생채권자가 이의기간 안에 자신 또는 다른 개인회생채권자의 채권내용에 관하여 개인회생채권조사확정재판을 신청할 수 있다는 뜻, 개인회생채권자집회기일'을 공고하여야 한다(법597조1항). 공고는 대법원 홈페이지에 공고하는 방식으로 한다. 법원은 또 그와 같은 사항을 기재한 서면과 개인회생채권자목록 및 변제계획안을 '채무자, 알고 있는 개인회생채권자, 개인회생절차가 개시된 채무자의 재산을 소지하고 있거나 그에게 채무를 부담하는 자'에게 송달하여야 한다(법597조2항).

---

14) 대법원 2015.9.1.자 2015마657 결정(미간행).
15) 대법원 2012.1.31.자 2011마2392 결정(미간행).
16) 2010.6.9. 법률 제17364 호로 개정된 채무자회생법의 규정에 따른다.

한편 기각결정은 금지명령이 송달된 사건의 경우는 채무자와 채권자 모두에게 송달하고 그렇지 않은 경우는 채무자에게만 송달하는 것이 실무이다.

라. 개시결정의 효과

개인회생절차개시의 결정이 있는 경우 발생하는 중요한 효과로 ① 채무자에 대한다른 도산 절차, ② 개인회생채권에 기하여 개인회생재단에 속하는 재산에 대하여 한 강제집행·가압류 또는 가처분, ③ 개인회생채권을 변제받거나 변제를 요구하는 일체의 행위(다만 소송행위 제외), ④ 국세징수법 또는 지방세징수법에 의한 체납처분, 국세징수의 예(국세 또는 지방세 체납처분의 예 포함)에 의한 체납처분 또는 조세채무담보를 위하여 제공된 물건의 처분은 중지 또는 금지된다. 여기서 절차 또는 행위는 채권자목록에 기재된 채권에 의한 경우에 한한다(법600조1항). 따라서 종래 진행되고 있던 강제집행 등의 절차는 중지되고, 개인회생채권자는 새로이 강제집행절차를 신청하지 못하며, 중지된 강제집행 등의 절차는 변제계획이 인가되면 변제계획 또는 변제계획인가결정에서 다르게 정하지 아니하는 한 그 효력을 잃는다. 여기서 이미 계속 중인 강제집행 등이 중지된다는 것은 진행 중이던 강제집행 등의 절차가 그 시점에서 동결되고 속행이 허용되지 않음을 뜻할 뿐 강제집행 등이 소급하여 무효가 되거나 취소되는 것은 아니다.[17]

또한 채무자에 대하여 새로이 도산절차를 개시할 수 없고, 개인회생채권이 아닌 개인회생재단채권(법583조), 환취권(법585조)에 기한 강제집행·가압류 또는 가처분은 허용되며, 개인회생채권자목록에 기재된 개인회생채권에 기한 절차만이 중지 또는 금지되는 것이므로, 채무자가 개인회생채권자목록에 누락한 채권자는 개시결정 후에도 자유롭게 강제집행 등을 할 수 있다. 연대채무자, 보증인, 물상보증인 등 제3자의 재산에 대하여 행하는 강제집행 등은 영향을 받지 않는 것은 다른 도산절차와 마찬가지이다. 그 밖의 효과로는 개인

---

[17] 대법원 2023.9.19.자 2023마6207 결정(공2023하, 1811)은 甲이 개인회생절차의 개시를 신청한 후 乙회사가 甲의 제3채무자에 대한 급여채권에 관하여 채권압류 및 추심명령을 받았고, 개인회생절차 개시결정이 있은 후 甲이 변제계획 수정안에 변제기간을 '인가일 직후 최초 도래하는 월의 30일로부터 36개월'로 기재하여 제3채무자의 급여압류적립금 확인서와 함께 제출하였는데, 법원이 甲이 변제계획안에 따라 납부하여야 하는 변제예정액을 납부하지 아니하였으므로 변제계획안이 수행가능성이 없다는 이유로 개인회생절차 폐지결정을 한 사안에서, 甲의 개인회생절차 개시결정 전에 있었던 채권압류 및 추심명령은 개시결정에 의하여 절차가 중지될 뿐 소급하여 효력이 소멸하는 것이 아니므로, 제3채무자로서는 채권압류의 효력이 미치는 부분에 관한 급여를 甲에게 지급할 수 없으며, 다만 변제계획 인가결정이 있는 경우 채권압류 및 추심명령은 효력을 잃게 되고 제3채무자가 그간 지급하지 못했던 급여는 甲에게 귀속되어 甲이 변제계획안에 따른 변제금을 납입할 수 있는 상태가 되는데, 甲은 인가결정 후 적립금을 일시에 납입하겠다는 변제계획안을 제출하였고, 실제로 제3채무자가 이를 전액 보관하고 있다는 내용의 확인서도 제출하였으므로 甲이 제출한 변제계획안이 수행가능성이 없다고 단정할 수 없는데도, 이와 달리 본 원심결정에 법리오해 등의 잘못이 있다고 한 사례이다.

회생재단의 성립 등이 있다. 그 밖에도 부인권, 환취권, 별제권이 인정되는 것은 다른 도산절차와 마찬가지이다. 개인회생절차에서 담보권은 별제권으로 인정되기 때문에 담보권은 개인회생절차에 의하지 아니하고 행사할 수 있으나,[18] 중지명령이나 개시결정에 의하여 개인회생계획 인가시까지는 담보권의 행사를 저지할 수 있게 되는 것이다.

물론 개인회생절차개시의 결정이 있는 경우 그 결정전의 원인으로 생긴 재산상의 청구권은 개인회생채권이 되어(법581조1항), 변제계획에 의하지 아니하고는 변제하거나 변제받는 등 이를 소멸하게 하는 행위(면제를 제외한다)를 하지 못하지만(법582조), 개인회생재단채권[19]은 이러한 제약을 받지 아니한다.

판례는 ① 채무자회생법 제600조 제1항 제3호 단서가 개인회생절차개시의 결정에 따라 중지 또는 금지되는 행위에서 소송행위를 제외하고 있다고 하여도 이는 개인회생절차개시의 결정 당시 개인회생채권자목록에 기재된 개인회생채권에 관한 소가 이미 제기되어 있는 경우에는 그에 관한 소송행위를 할 수 있다는 취지로 보아야 하고, 개인회생절차개시의 결정이 내려진 후에 새로이 개인회생채권자목록에 기재된 개인회생채권에 기하여 이행의 소를 제기하는 것은 허용되지 아니하고, ② 채무자회생법 제32조 제3호, 제589조 제2항은 개인회생채권자목록의 제출에 대하여 시효중단효력이 있다고 규정하고 있고 그에 따른 시효중단효력은 특별한 사정이 없는 한 개인회생절차의 진행 중에는 그대로 유지되므로, 개인회생채권자목록에 기재된 개인회생채권에 대하여는 소멸시효중단을 위한 소송을 허용하는 예외를 인정할 필요가 없고, 이러한 법리는 개인회생채권자목록에 기재된 채권에 관하여 개인회생절차개시결정 전에 이미 확정판결이 있는 경우에도 마찬가지라고 하였고,[20] 개인회생절차에서 변제계획인가결정이 있더라도 변제계획에 따른 권리의 변경은 면

---

18) 그렇기 때문에 우리 채무자회생법 하에서는 개인회생절차 개시신청을 하는 경우 사실상 채무자가 보유한 주택의 소유권을 상실하게 되는데, 이는 채무자의 주거의 안정을 해하고, 변제계획 수행률을 떨어뜨린다는 비판이 있다. 이에 대한 기본적인 문제 제기에 대하여는 박용석, "개인회생절차에 있어서 주택담보채권의 특례 규정에 대하여", 도산법연구 제1권 제1호, 도산법연구회(2010.1.), 125면 참조. 또한 이에 대한 대책으로 서울회생법원이 시행한 '주택담보대출채권에 관한 채무재조정 프로그램'을 설명한 글로 전선주, "개인회생절차 내에서의 주택담보대출채권 채무재조정제도에 관한 연구", 법조 제735호, 법조협회(2019.6.), 553면 참조.

19) 회생절차에서 공익채권, 파산절차에서 재단채권과 유사한 개념이며 미국 파산법에서 Adminstration Expenses와 유사한 개념이다. 상세는 후술한다.

20) 대법원 2013.9.12. 선고 2013다42878 판결(공2013하, 1775)은 Y가 무보험 차량을 운전하다가 Z를 충격하는 교통사고를 냈고, Z와 무보험자동차에 의한 손해담보계약을 체결한 X 보험회사는 Z에게 보험금을 지급하고 Y에게 구상금소송을 제기하여 2004.9.16. 승소판결을 받아 확정된 사안이다. Y의 신청으로 2009.4.3. 개인회생절차가 개시되었고, X의 위 구상금채권은 개인회생채권자목록에 기재되었으며, 그대로 확정되었고, Y는 2009.9.8. 변제계획인가결정을 받았고, X에 대하여 위 결정에 따른 변제를 하고 있었다. 그런데 X는 위 확정판결에 기한 채권의 소멸시효완성을 중단하기 위하여 2011.9.7. Y를 상대로 구상금소송을 제기하였다. 제1심은 청구를 인용하였으나, 제2심은 소익이 없거나 채무자회생법의 관련 규정에 위반된다는 이유로 각하하였는데, 대법원은 원심을 유지하였다.

책결정이 확정되기까지는 생기지 않으므로(법615조1항), 변제계획인가결정만으로는 시효중단의 효력에 영향이 없다고 하였다.[21]

이와 관련하여는 임차인의 보증금반환채권이 개인회생채권인 경우에 대한 논의가 있다. 임차인이 주택임대차보호법의 대항력과 확정일자를 갖추어 우선변제권과 최우선변제권을 가지는 범위에서 우선변제권을 부여하고 있는데(법586조, 415조), 우선변제권을 가지지 못하는 경우 일반의 미확정채권으로 처리하고 있다. 임차인 입장에서는 우선변제 범위 외의 금액을 변제받기 위하여는 반환받을 보증금 액수를 확정하여야 하는데, 임차인은 담보권실행 등을 위한 경매신청권이 없고, 판례에 따르면 개시결정 이후에는 보증금반환채권에 대한 이행청구소송을 제기할 수 없으므로 확정판결 등에 기한 강제경매신청도 불가능한데 임차보증금 청구권 중 우선변제권이 미치지 않는 범위에서는 면책의 효력이 미치게 된다. 결국 임차인에게는 면책 결정전까지 자신의 채권을 확정할 방법이 없음에도 불구하고 보증금반환면책이 되는데, 이는 불합리하므로 임차인에게 개인회생채권자표에 기한 강제경매신청권을 인정하고, 임차인에게 확정채권신고절차, 동시이행의 항변권을 고지하는 절차를 마련하여야 한다는 견해가 있다.[22]

개인회생절차개시결정 당시 이미 채무자가 당사자인 소가 계속 중인 경우에는 개인회생절차에서는 회생이나 파산 절차와 같이 관리인·관재인에게 재산의 관리처분권이 이전되는 것이 아니므로 소송수계는 불필요하고, 채권자의 이의가 없는 경우에는 소의 이익이 없게 되며, 채권자의 이의가 있는 경우에는 이미 계속 중인 소송의 내용을 개인회생채권조사확정의 소로 변경하여야 한다(법604조2항). 위에서 본 바와 같이 개시결정 이후에는 별개의 이행소송이나 확인소송을 제기할 수는 없다고 해석한다. 채권자목록에 기재되지 않은 채권에 기한 소송은 개시결정에 의하여 영향을 받지 아니하고, 이미 집행력 있는 집행권원이나 확정된 종국판결이 있는 경우에는 채무자가 청구이의의 소나 재심의 소 등으로만 다툴 수 있을 것이다. 반면에 채무자에게 개인회생절차가 개시되었다고 하더라도 제3채무자에 대한 전부금 소송에는 영향이 없다. 다만, 변제기획 인가결정이 있는 때에는 급료·연금·봉급·그 밖에 이와 비슷한 성질을 가진 급여채권에 관하여 개인회생절차 개시

---

21) 대법원 2019.8.30. 선고 2019다235528 판결(공2019하, 1825)은 甲 회사의 주채무자 乙이 소멸시효기간이 지나기 전에 개인회생 신청을 하면서 甲 회사를 채권자로 하는 채권자목록을 제출한 후 변제계획 인가결정을 받았는데, 甲 회사가 연대보증인인 丙을 상대로 보증채무의 이행을 구한 사안에서, 乙의 채무는 개인회생신청을 하면서 甲 회사를 채권자로 하는 채권자목록을 제출한 시점에 소멸시효가 중단되고, 乙의 개인회생절차가 폐지되지 않고 계속 진행 중인 이상 시효중단의 효력은 그대로 유지되며, 乙에 대한 시효의 중단은 보증인인 丙에게도 효력이 있다고 본 원심판단을 수긍하였다. 한편 이는 구 회사정리절차에서는 정리계획인가결정이 있으면 시효가 진행되던 것과 대비된다. 대법원 2017.8.20. 자 2017마600 결정(미간행) 참조.
22) 정민교, "개인회생절차에서 채권자인 임차인 보호의 문제", 법조 제757호, 법조협회(2023), 546면.

전에 확정된 전부명령은 '변제계획인가결정 후에 제공한 노무로 인한 부분'에 대하여는 그 효력이 상실된다(법616조1항).

또한 개인회생채권자가 제기한 채권자취소소송이 개인회생절차개시결정 당시 법원에 계속되어 있는 때에는 그 소송절차는 수계 또는 개인회생절차의 종료에 이르기까지 중단 되고 채무자가 수계하여 부인의 소로 청구취지를 변경하게 된다(법584조1항, 406조1항). 채 권자취소소송의 계속 중 채무자에 대하여 개인회생절차개시결정이 있었는데, 법원이 그 개인회생절차개시결정사실을 알고도 채무자의 소송수계가 이루어지지 아니한 상태 그대 로 소송절차를 진행하여 판결을 선고하였다면, 그 판결은 채무자의 개인회생절차개시결정 으로 소송절차를 수계할 채무자가 법률상 소송행위를 할 수 없는 상태에서 심리되어 선고 된 것이므로 여기에는 마치 대리인에 의하여 적법하게 대리되지 아니하였던 경우와 마찬 가지의 위법이 있게 된다.23) 또한 판례는 甲의 채권자인 乙 등이 丙을 상대로 제기한 채권 자취소소송 계속 중 甲에 대한 개인회생절차개시결정이 있었고, 원심에서 乙 등에서 회생 채무자 甲에게로 원고 소송수계가 이루어졌으며, 이에 원심은 甲을 원고로 삼아 변론을 종결하고 선고기일을 지정하여 판결을 선고한 사안에서, 원심이 乙 등을 판결의 당사자로 삼지 아니하였고, 판결 주문에서도 乙 등에 대하여 아무런 판단을 하지 아니한 이상, 乙 등은 상고권이 없다고 하였다.24)

한편 개인회생채권자가 채무자를 대위하여 채무자의 제3채무자를 상대로 채권자대위 소송을 제기할 수 있는지, 또한 개인회생채권자가 제기한 채권자대위소송 계속 중 채무자 에 대한 개인회생절차가 개시된 경우 채권자대위소송이 중단되고 수계절차를 거쳐야 하는 지가 문제된다. 원래 판례의 입장은 채권자가 자기의 금전채권을 보전하기 위하여 채무자 의 금전채권을 대위행사하는 경우 제3채무자로 하여금 채무자에게 지급의무를 이행하도 록 청구할 수도 있지만, 직접 대위채권자 자신에게 이행하도록 청구할 수도 있는데, 채권 자대위소송에서 제3채무자로 하여금 직접 대위채권자에게 금전의 지급을 명하는 판결이 확정되더라도, 대위의 목적인 권리, 즉 채무자의 제3채무자에 대한 피대위채권이 판결의 집행채권으로서 존재하고 대위채권자는 채무자를 대위하여 피대위채권에 대한 변제를 수 령하게 될 뿐 자신의 채권에 대한 변제로서 수령하게 되는 것이 아니므로, 피대위채권이 변제 등으로 소멸하기 전이라면 채무자의 다른 채권자는 이를 압류·가압류할 수 있다는 것인데,25) 따라서 파산절차나 회생절차에서와 달리 채무자가 재산에 대한 관리처분권을

---

23) 대법원 2013.6.13. 선고 2012다33976 판결(공2013하, 1194). 同旨 대법원 2014.1.29. 선고 2013다65222 판결(미간행), 대법원 2014.5.29. 선고 2013다73780 판결(미간행), 대법원 2016.8.30. 선고 2015다243538 판결(미간행).

24) 대법원 2021.10.28. 선고 2021다256269 판결(미간행).

25) 대법원 2016.8.29 선고 2015다236547 판결(공2016하, 1435)는 채권자대위소송이 제기되고 대위채권자

잃지 않는 개인회생절차에서는 개인회생채권자가 채무자를 대위하여 제3채무자로 하여금 채무자에게 이행할 것을 명하는 채권자대위소송은 채무자에 대한 개인회생절차개시결정과 관계없이 인정하는 것이 채권자들을 보호한다는 측면에서는 타당하다는 견해가 있으나,[26] 전술한 바와 같이 파산채권자가 파산자에 대한 채권을 보전하기 위하여 파산재단에 관하여 파산관재인에 속하는 권리를 대위하여 행사하는 것은 법률상 허용되지 않는다고 해석하고 있는 판례[27]에 비추어 보면 의문이다.

한편 채권자목록에 기재된 개인회생채권에 기하여 개인회생재단에 속하는 채권에 대하여 내려진 전부명령이 확정되지 아니하여 아직 효력이 없는 상태에서, 채무자에 대하여 개인회생절차가 개시되고 이를 이유로 위 전부명령에 대하여 즉시항고가 제기되었다면, 항고법원은 다른 이유로 전부명령을 취소하는 경우를 제외하고는 항고에 관한 재판을 정지하였다가 변제계획이 인가된 경우 전부명령의 효력이 발생하지 않게 되었음을 이유로 전부명령을 취소하고 전부명령신청을 기각하여야 한다.[28] 압류 및 전부명령의 청구채권이 개인회생절차의 채권자목록에 기재된 개인회생채권에 해당하는지 여부는 채권자목록에 기재된 채권의 원인 및 금액뿐만 아니라, 규칙 제80조 제2항 내지 제4항의 사항이 기재된 채권자목록의 부속서류, 개인회생채권에 관한 소명자료, 채무자가 신청한 압류 및 전부명령에 대한 중지명령의 경과, 당해 개인회생절차의 진행경과 등 제반 사정을 종합하여 판단하여야 한다.[29] 따라서 제1심법원의 채권압류 및 전부명령에 대하여 즉시항고를 제기하

가 채무자에게 대위권 행사사실을 통지하거나 채무자가 이를 알게 된 이후에는 민사집행법 제229조 제5항이 유추적용되어 피대위채권에 대한 전부명령은 우선권 있는 채권에 기초한 것이라는 등의 특별한 사정이 없는 한 무효이고, 자기의 금전채권을 보전하기 위하여 채무자의 금전채권을 대위행사하는 대위채권자는 제3채무자로 하여금 직접 대위채권자 자신에게 지급의무를 이행하도록 청구할 수 있고 제3채무자로부터 변제를 수령할 수도 있으나, 이로 인하여 채무자의 제3채무자에 대한 피대위채권이 대위채권자에게 이전되거나 귀속되는 것이 아니므로, 대위채권자의 제3채무자에 대한 추심권능 내지 변제수령권능은 자체로서 독립적으로 처분하여 환가할 수 있는 것이 아니어서 압류할 수 없는 성질의 것이고, 따라서 추심권능 내지 변제수령권능에 대한 압류명령 등은 무효이고 채권자대위소송에서 제3채무자로 하여금 직접 대위채권자에게 금전의 지급을 명하는 판결이 확정되었더라도 판결에 기초하여 금전을 지급받는 것 역시 대위채권자의 제3채무자에 대한 추심권능 내지 변제수령권능에 속하므로, 채권자대위소송에서 확정된 판결에 따라 대위채권자가 제3채무자로부터 지급받을 채권에 대한 압류명령 등도 무효라고 하였다. 이 판결에 대한 해설로 배성호, "채권자대위소송이 제기된 이후에 이루어진 피대위채권에 대한 전부명령의 효력', 법조 제735호, 법조협회(2019.6.), 600면 참조. 또한 대법원 2005.4.15 선고 2004다70024 판결 (공2005, 743) 참조.
26) 편집대표 권순일(유철희 집필 부분), 주석 채무자회생법 Ⅵ, 한국사법행정학회(2021), 349면.
27) 대법원 2000.12.22. 선고 2000다39780 판결(공2001, 345).
28) 대법원 2008.1.31.자 2007마1679 결정(공2008상, 280), 대법원 2009.9.24.자 2009마1300 결정(미간행), 대법원 2010.12.13.자 2010마428 결정(미간행), 대법원 2015.5.28.자 2013마301 결정(미간행).
29) 대법원 2015.5.28.자 2013마301 결정(미간행)은 재항고인이 개인회생절차개시신청을 하고 채권압류 및 전부명령에 대한 중지명령을 받았고, 법원으로부터 개인회생절차개시결정은 물론 변제계획인가 결정까지 받았으나, 개인회생신청 당시 제출한 채권자목록 중 채권자의 개인회생채권 부분은 변제계

였다가 원심법원에서 항고기각을 당한 채무자가 항고기각에 대하여 재항고를 제기한 상태에서 개인회생사건에 관하여 채권압류 및 전부명령 절차를 중지하는 결정을 받았다면, 재항고법원이 채권압류 및 전부명령을 취소하고 압류 및 전부명령 신청을 기각할 것인지 판단하기 위해서는 그에 앞서 채권압류 및 전부명령 청구채권이 채무자에 대한 개인회생절차의 채권자목록에 기재된 개인회생채권에 해당하는지 등에 대한 심리가 필요하므로 대법원은 원심결정을 파기환송할 수 있다.[30] 나아가 판례는 애초에 신청한 개인회생절차가 채무자의 개인회생신청 취하 등을 이유로 폐지되었다고 하더라도, 그 압류 및 전부명령에 대한 항고재판 진행 중에 채무자가 새로 신청한 개인회생절차가 다시 개시되었다면 변제계획의 인가 시까지 그 항고재판을 정지하여야 하는 것은 마찬가지라고 하였다.[31]

한편 추심명령은 확정을 기다리지 않고 제3채무자에게 송달되는 즉시 효력이 발생하므로 추심명령에는 전부명령에 대한 민사집행법 제229조 제8항이 준용되지 않는다(민집 229조4항, 227조3항). 따라서 추심명령에 대한 항고심의 경우 개인회생절차가 개시되었다고 하더라도 항고에 대한 재판을 정지할 필요가 없고, 추심명령에 대한 즉시항고가 있다고 하여 강제집행절차가 중지되는 것이 아니다. 추심명령이 확정된 이후라도 중지명령을 제출하면 그 이후의 강제집행 절차가 정지되고, 개인회생절차의 변제계획이 인가되면 집행법원이 추심명령을 취소하면 된다(법615조3항). 채권압류 및 추심명령이 발령된 이후에 개인회생절차에서 법원으로부터 중지명령을 받았다는 사유는 채권압류 및 추심명령에 대한 적법한 즉시항고 사유가 될 수 없다.[32]

그런데 개인회생재단에 속하는 재산에 대한 담보권의 설정 또는 담보권의 실행 등을 위한 경매는 변제계획의 인가결정일 또는 개인회생절차 폐지결정의 확정일 중 먼저 도래

획인가결정 시까지 수정되지 않았고 채권자의 이의도 없었던 사실을 인정한 후 채권압류 및 전부명령의 청구채권은 개인회생절차의 채권자목록에 기재된 채권자의 개인회생채권으로 볼 여지가 많으므로 원심으로서는 재항고인이 제출한 채권자목록의 부속서류나 개인회생채권에 관한 소명자료와 함께 채무자가 신청한 이 사건 채권압류 및 전부명령에 대한 중지명령의 발령 경과, 개인회생사건의 진행경과 등을 심리하여 채권압류 및 전부명령의 청구채권인 약속어음금채권이 채권자목록에 기재된 개인회생채권에 포함된다고 볼 수 있는지를 판단하였어야 한다고 하였다.

30) 대법원 2011.4.20.자 2011마3 결정(미간행). 同旨 대법원 2013.2.26.자 2012마2046 결정(미간행), 대법원 2013.4.12.자 2013마408 결정(미간행), 대법원 2014.1.17.자 2013마2252 결정(미간행), 대법원 2017.10.2. 자 2016마999 결정(미간행).

31) 대법원 2011.9.29.자 2010마1076 결정(미간행).

32) 대법원 2005.11.8.자 2005마992 결정(미간행)은 가집행선고부 제1심판결을 집행권원으로 한 채권압류 및 추심명령이 있은 후에 그 집행권원인 제1심판결에 대하여 강제집행정지 결정이 있으면, 위 결정의 효력에 의하여 집행절차가 중지되어 압류채권자가 피압류채권을 추심하는 행위에 더 이상 나아갈 수 없을 뿐이고 집행법원이 채권압류 및 추심명령을 취소하여야 하는 것은 아니고, 따라서 채권압류 및 추심명령이 발령된 이후에 그 집행권원인 제1심판결에 대하여 강제집행정지 결정이 있었다는 사유는 채권압류 및 추심명령에 대한 적법한 즉시항고 사유가 될 수 없다고 하였다. 同旨 대법원 2010. 8.19. 선고 2009다70067 판결(미간행), 대법원 2013.9.16.자 2013마663 결정(미간행).

하는 날까지만 중지 또는 금지된다(법600조2항). 담보권 설정 및 실행을 인가시 또는 폐지
시까지 금지시킨 것은 개인회생절차의 변제계획은 담보권자를 구속하지 아니하므로 변제
계획이 인가되거나 또는 인가되지 않는 것이 확정되는 시점까지 잠정적으로 담보권자의
권리행사를 금지하여 채무자가 담보권자의 동의를 받을 시간을 주기 위한 것이다. 이는
모법에 해당하는 미국 파산법 제13장과는 달리 담보권자를 끝까지 구속하지는 않는 것으
로서, 미국 파산법이 자동중지(Automatic Stay)의 효력으로 무담보권자는 물론 담보권자도
담보권을 실행할 수 없고 지체된 부분은 계획안으로 분할변제를 하여 치유하는 방법으로
담보권자도 구속하고 있는 것과는 다르다.

개인회생절차 개시 이후 채무자는 부인권을 행사할 수 있다(법584조1항, 2항). 채무자
가 부인권을 행사하지 않는 경우 법원은 채무자에게 부인권의 행사를 명할 수도 있고(같은
조3항), 회생위원은 부인권의 행사에 참가할 수 있다(같은조4항). 개인회생절차개시결정이
있은 날부터 1년이 경과된 때에나 부인의 대상이 되는 행위를 한 날부터 5년이 경과된 때
에는 부인권을 행사할 수 없다(같은조5항).[33]

---

33) 대법원 2010.11.30.자 2010마1179 결정(미간행)은 개인회생절차에서의 부인권은 채무자가 개인회생절
차 개시 전에 자신의 일반재산에 관하여 채권자들을 해하는 행위를 한 경우 그 효력을 부인하여 일탈
된 재산을 개인회생재단으로 회복시키기 위한 제도로서, 부인권의 행사는 개인회생재단에 속하는 채
무자의 재산을 원상으로 회복시키므로(법 제584조 제1항, 제397조 제1항), 부인권 행사요건이 인정될
경우 법원은 채권자 또는 회생위원의 신청에 의하거나 직권으로 채무자에게 부인권 행사를 명할 수
있을 뿐 아니라(법 제584조 제3항) 변제계획안 수정명령(법 제610조 제3항)을 통하여 부인권 행사로
원상회복될 재산 또는 이를 포함한 총재산의 청산가치 이상을 변제에 투입하도록 할 수도 있고, 이 때
채무자가 수정명령 등에 불응하면 변제계획이 불인가되거나 개인회생절차가 폐지될 수 있고, 부인권
행사의 상대방이 그 받은 이익 등을 반환하여 채권이 부활하게 되면 변제계획 인가 이후에도 변제가
완료되기 전까지는 이를 반영한 변제계획변경안이 제출될 수 있다고 하였고, 同旨 대법원 2013.3.11.
자 2012마1744 결정(미간행)은 채무자가 금융기관으로부터 대출을 받아 자신 소유 토지에서 목장을
운영하다가 개인회생절차 개시신청 약 2년 전에 배우자에게 위 토지를 증여한 사안으로서 대상사안
에서 ① 채무자가 비록 개인회생절차 개시신청에 즈음하여 이 사건 부동산을 처에게 증여함으로써
사해행위로 의심될 만한 행위를 하였지만, 채무자가 신청 당시부터 이미 처 명의로 소유권이전등기
가 마쳐진 이 사건 부동산 중 대부분을 포함시켜 청산가치를 산정하였고 변제계획상 총 변제예정액
의 현재가치가 그 청산가치보다 작지 아니하므로 위 증여에도 하고 실질적 청산가치 이상의 변제가
이루어지는 데에는 별다른 영향이 없을 소지도 다분하고, ② 설령 그렇지 않다고 하더라도, 법원은
일단 개시결정을 하고 나서 채무자에게 이 사건 부동산을 원상으로 회복시키도록 '부인권 행사를 명
하거나 부인권 행사로 원상회복될 재산 또는 이를 포함한 총재산의 청산가치 이상을 변제에 투입하
도록 변제계획안 수정'을 명하는 등으로 실질적 청산가치 이상의 변제가 이루어지도록 할 수 있는 것
이므로, 단지 채무자가 이 사건 개시신청에 즈음하여 이 사건 부동산을 처에게 증여하였다는 사정만
으로 법 제595조 제6호가 정한 기각사유에 해당한다고 단정하기 어렵고, 또한 개시신청을 취하하라
는 것이 적법한 보정명령으로 보기 어렵고, 나머지 보정명령은 채무자가 그에 응하였으며, 달리 채무
자가 개인회생절차 진행에 따른 효과만을 목적으로 하는 등 부당한 목적으로 개시신청을 하였다고
인정할 자료도 없어 법 제595조 제7호가 정한 기각사유로서 개시신청이 성실하지 아니하거나 상당한
이유 없이 절차를 지연시키는 때에 해당하는 것도 아니라고 하였다. 위 두 판결과 개인회생절차에서
의 부인권 행사의 문제에 대한 상세한 분석으로 정문경, "개인회생사건에서 부인권 행사에 관한 실

판례는 위와 같은 규정들과 개인회생채권자가 제기한 채권자취소소송이 개인회생절차개시결정 당시에 계속되어 있는 때에는 그 소송절차는 수계 또는 개인회생절차의 종료에 이르기까지 중단되는 규정취지와 집단적 채무처리절차인 개인회생절차의 성격, 부인권의 목적 등에 비추어 보면, 개인회생절차개시결정이 내려진 후에는 채무자가 총채권자에 대한 평등변제를 목적으로 하는 부인권을 행사하여야 하고, 개인회생채권자목록에 기재된 개인회생채권을 변제받거나 변제를 요구하는 일체의 행위를 할 수 없는 개인회생채권자가 개별적 강제집행을 전제로 하여 개개의 채권에 대한 책임재산의 보전을 목적으로 하는 채권자취소소송을 제기할 수는 없다고 하였음은 전술하였다.[34]

마. 회생위원의 선임

법원은 이해관계인의 신청에 의하거나 직권으로 회생위원을 선임할 수 있다(법601조). 회생위원의 선임은 임의적인데 법원이 앞으로 실무의 방향을 어떻게 정할 지에 따라 개인회생제도의 운영모습이 기본적으로 달라지는 중요한 문제이다. 미국 파산법 제13장 절차에서는 상임 파산관재인[35]이 정해져 있고 채무자가 제출하는 변제계획안의 수행가능성 등에 대한 검토 및 변제계획안 인가 후 채무자로부터 수입금원을 수령하여 매월 채권자들에게 분배하는 일까지를 담당하는 매우 중요한 역할을 하고 있다. 회생위원은 미국법상의 파산관재인의 역할을 대신할 것으로 보인다. 회생위원의 선임시기에 대해서 법문에는 명문의 규정이 없으나 미국의 파산절차에서 관재인이 변제계획의 타당성도 검토한다는 점을 고려할 때 사건이 접수된 이후이면 언제든지 가능하다고 해석해야 할 것이다.

회생위원은 ① 관리위원회의 관리위원, ② 법원사무관 등, ③ 변호사·공인회계사 또는 법무사의 자격이 있는 자, ④ 법원주사보·검찰주사보 이상의 직에 근무한 경력이 있는 자, ⑤ 은행법에 의한 금융기관에서 근무한 경력이 있는 사람으로서 회생위원의 직무수행에 적합한 자, ⑥ 채무자를 상대로 신용관리교육·상담 및 신용회복을 위한 채무조정업무 등을 수행하는 기관 또는 단체에 근무 중이거나 근무한 경력이 있는 사람으로서 회생위원의 직무수행에 적합한 자, ⑦ 위에 규정된 자에 준하는 자로서 회생위원의 직무수행에 적합한 자 중에서 선임된다(법601조1항). 채무자로 하여금 계획안에 따라 매월 수입금을 채권자에게 분배하도록 하려면 회생위원을 선임하여야 할 것이고, 법원 외부의 자를 가급적 회생위원으로 선임할 수 있도록 규칙을 마련하는 것이 바람직하다고 본다. 회생위원은 필

무상 몇 가지 문제점", 민사재판의 제문제 제22권, 한국사법행정학회(2013), 117면 참조
34) 대법원 2010.9.9. 선고 2010다37141 판결(공2010하, 1898).
35) 변호사들 중에서 법원의 허가를 받은 자가 행한다.

요한 때에는 법원의 허가를 받아 그 직무를 행하기 위하여 자기의 책임으로 1인 이상의 회생위원 대리를 선임할 수 있고, 회생위원 대리는 회생위원에 갈음하여 재판상 또는 재판 외의 모든 행위를 할 수 있다(법601조3항, 4항, 5항). 개인회생위원은 변호사나 공인회계사, 또는 법무사를 개인회생위원으로 선임할 것을 상정하고 있다고 할 수 있다.[36]

대법원 개인회생예규 제9조의6은 '내부회생위원'과 '외부회생위원'(법원사무관 등이 아닌 회생위원)을 구분하고 있는데, 서울회생법원 실무준칙 제401호 제2조는 ① 법 제579조에서 정한 영업 소득자인 채무자, ② 법 제579조에서 정한 급여소득자인 채무자 중 채무액 총합계(담보부 회생채권액 포함) 2억 원을 초과하는 채무자, ③ 법 제579조에서 정한 급여소득자 중 보험설계사, 영업사원 및 방문판매사원, 법인의 대표자, 지입차주 및 그 밖에 영업 활동에 따른 성과급을 지급받는 직업에 종사하는 채무자의 개인회생절차 개시신청 사건에 대해서 외부회생위원을 선임하도록 규정하고 있다.[37]

회생위원은 법원의 감독을 받아 ① 채무자의 재산 및 소득에 대한 조사, ② 부인권 행사명령의 신청 및 그 절차 참가, ③ 그 밖에 법령 또는 법원이 정하는 업무를 수행한다(법602조1항).[38] 채무자는 법원의 명령 또는 회생위원의 요청이 있는 경우에는 재산 및 소득, 변제계획 그 밖의 필요한 사항에 관하여 설명을 하여야 한다(법602조2항). 또한 법원행정처장은 회생위원의 재정보증에 관한 사항을 정하여 운용할 수 있다(규칙88조의2).

결국 회생위원은 개인회생재단을 신속하고 공정하게 조사하여 신속 공정하게 채권자들에게 변제금을 분배할 것이 요구되는데, 회생위원이 이러한 역할을 제대로 수행하기 위하여는 첫째 원칙적으로 배우자의 재산가액 중 1/2을 채무자의 재산으로 편입하는 실무를 개선하여야 하고, 둘째 개인회생재단의 조사를 위한 직권조사제도를 보완·활용할 필요가 있으며, 셋째 회생위원을 보충적으로 부인권의 주체로 규정할 필요가 있고, 넷째 위법행위 보고와 사후심사가 강화될 필요가 있다는 지적이 있다.[39]

---

36) 급여소득자 재생에서 변호사를 개인재생위원으로 선임하는 것을 전제로 비용 30만엔의 예납을 채무자에게 명한 재생법원의 결정이 부당·위법하지 않다고 한 日福岡那覇支決平成13.6.12判夕1080호314면 참조.

37) 외부회생위원 제도의 상세한 설명에 대하여는 김희중, "외부 회생위원 제도 도입과 개인회생사건의 효율적 관리", 재판자료 제127집, 법원도서관(2013), 512면 참조.

38) 회생위원은 ① 개인회생절차의 개시 여부의 재판에 관한 의견의 제시, ② 채무자가 적정한 변제계획안을 작성할 수 있도록 채무자에 대하여 행하는 필요한 권고, ③ 저당권 등으로 담보된 개인회생채권이 있는 경우 그 담보목적물의 평가, ④ 변제계획에 따른 변제가 지체되고 그 지체액이 3개월분 변제액에 달한 경우 법원에 대한 보고, ⑤ 변제계획에 따른 변제가 완료된 경우 법원에 대한 보고, ⑥ 회생위원의 임무가 종료된 때에 법원에 대한 계산의 보고 등의 업무를 행한다(규칙88조).

39) 상세는 정민교, "회생위원의 역할과 관련한 개인회생절차의 실무상 쟁점", 법조 제754호, 법조협회(2022.8.), 520면 참조.

4. 개인회생재단과 개인회생채권

가. 개인회생재단

(1) 개요

개인회생절차개시결정 당시 채무자가 가진 모든 재산, 채무자가 개인회생절차개시결정 전에 생긴 원인으로 장래에 행사할 청구권, 개인회생절차 진행 중에 채무자가 취득한 재산 및 소득은 개인회생재단에 속한다(법580조1항). 다만 개인회생절차개시결정 당시 채무자가 가진 모든 재산 중 ① 압류할 수 없는 재산은 개인회생재산에 속하지 않고(법383조1항), ② 채무자의 신청에 의하여 법원이 면제재산으로 결정한 일정한 재산은 개인회생재단에서 면제된다(법383조2항1호, 2호, 법580조3항).

파산절차와 달리, 개인회생절차는 채무자가 장래에 벌어들이는 수입을 중요한 재원으로 삼아 채권자들에게 변제하는 것이기 때문에, 개인회생재단에는 "개시결정 당시 채무자가 가진 모든 재산"은 물론 "개인회생절차진행 중에 채무자가 취득한 재산 및 소득"도 포함되고, 후자의 경우에는 압류할 수 없는 재산인 경우에도 채무자회생법 제383조의 적용을 배제하여 장래의 급여채권 등을 개인회생재단에 포함시키고 있다(법 제580조 제3항은 제1항 제1호만을 대상으로 하고 있다). 따라서 개인회생절차에 따른 변제기간 동안 채무자가 얻게 될 것으로 확실히 예정되어 있는 장래수입이나 재산도 개인회생재단에 속하게 된다. 채무자회생법 제580조는 같은 법 제383조의 규정을 개인회생재단에 관하여 준용하고 있으므로 개인회생절차에서도 채무자의 신청에 따른 면제재산결정이 내려진 재산은 개인회생재단에서 제외되어야 한다.

압류금지재산은 민사집행법 제246조 제1항 및 그 밖의 법률에 의하여 압류가 금지되는 채권과 같은 법 제195조 및 그 밖의 법률에 의하여 압류가 금지되는 물건 등이고, 역시 개인회생재단에서 제외되는데, 판례는 민사집행법 제246조 제1항 제4호는 퇴직연금 그 밖에 이와 비슷한 성질을 가진 급여채권은 그 1/2에 해당하는 금액만 압류하지 못하는 것으

로 규정하고 있으나, 이는 「근로자퇴직급여 보장법」상 양도금지 규정과의 사이에서 일반
법과 특별법의 관계에 있으므로, 퇴직급여법상 퇴직연금채권은 그 전액에 관하여 압류가
금지된다고 보아야 한다고 하였다.[1]

    개인회생재단에 속하는 수입과 재산의 구체적 내역과 평가는 회생위원 등의 조사를
통하여 파악된다. 재단제외재산 및 면제재산은 그 범위를 명확히 확정하여야 하며, 이러한
재산은 채무자회생법 제614조에 의한 청산가치의 산정에 있어서도 제외되는 것으로 보게
되어 채무자로서는 면제재산 신청을 할 실익이 있게 되었다.

    개인회생절차는 이러한 재단의 개념을 설정하면서도, 재단이 법적으로 권리의무의 주
체가 될 수 있는지에 관하여 별다른 규정을 두고 있지 않고, 동시에 개인회생채권자목록
에 기재되지 않은 채권자는 개인회생절차 개시 후에도 여전히 "개인회생재단"에 속하는
재산에 대하여 보전처분·강제집행 등을 속행하거나 개시할 수 있도록 규정하고 있어(법
600조), 재단의 개념을 둘러싼 해석상 어려운 점이 있으며, 다른 한편으로 재산에 대한 채
무자의 관리처분권에 원칙적으로 통제를 가하지 않고 있어서(법580조2항) 재단 개념이 현
재의 개인회생절차상 큰 유용성을 가지고 있지는 않다.

(2) 재산목록의 제출

    개인회생재단에 속하지 않는 압류금지재산이 있는 경우에는 개인회생절차 신청과 동
시에 또는 지체 없이 그 재산목록을 작성하여 제출하여야 한다. 재산목록의 제출은 시효
중단의 효력이 있다(법32조3호). 판례는 채무자회생법 제32조 제3호에 따른 시효중단의 효
력은 특별한 사정이 없는 한 개인회생절차가 진행되는 동안에는 그대로 유지되므로, 개인
회생채권자목록에 기재된 개인회생채권에 대하여는 소멸시효의 중단을 위한 소송행위를
허용하는 예외를 인정할 필요가 있다고 할 수 없고, 이러한 법리는 개인회생채권자목록에
기재된 개인회생채권에 관하여 개인회생절차개시의 결정전에 이미 확정판결이 있는 경우
에도 마찬가지로 적용된다고 하였다.[2]

    소멸시효의 중단에 해당하는 채무의 승인과 소멸시효 이익의 포기와 관련하여 판례

---

1) 대법원 2014.1.23. 선고 2013다71180 판결(공2014상, 480)은 채무자의 제3채무자에 대한 금전채권이
   법률의 규정에 의하여 양도가 금지된 경우에는 특별한 사정이 없는 한 이를 압류하더라도 현금화할
   수 없으므로 피압류 적격이 없고, 또한 위와 같이 채권의 양도를 금지하는 법률의 규정이 강행법규
   에 해당하는 이상 그러한 채권에 대한 압류명령은 강행법규에 위반되어 무효라고 할 것이어서 실체
   법상 효력을 발생하지 아니하므로, 제3채무자는 압류채권의 추심금 청구에 대하여 그러한 실체법상
   의 무효를 들어 항변할 수 있는데 '근로자퇴직급여 보장법' 제7조에서 퇴직연금제도의 급여를 받을
   권리에 대하여 양도를 금지하고 있으므로 위 양도금지 규정은 강행법규에 해당하고, 따라서 퇴직연
   금제도의 급여를 받을 권리에 대한 압류명령은 실체법상 무효이고, 제3채무자는 그 압류채권의 추심
   금 청구에 대하여 위 무효를 들어 지급을 거절할 수 있다고 하였다.
2) 대법원 2013.9.12. 선고 2013다42878 판결(공2013하, 1775).

는 시효이익을 받을 채무자는 소멸시효가 완성된 후 시효이익을 포기할 수 있고, 이것은 시효의 완성으로 인한 법적인 이익을 받지 않겠다고 하는 효과의사를 필요로 하는 의사표시이고 그와 같은 시효이익 포기의 의사표시가 존재하는지의 판단은 표시된 행위 내지 의사표시의 내용과 동기 및 경위, 당사자가 의사표시 등에 의하여 달성하려고 하는 목적과 진정한 의도 등을 종합적으로 고찰하여 사회정의와 형평의 이념에 맞도록 논리와 경험의 법칙, 그리고 사회일반의 상식에 따라 객관적이고 합리적으로 이루어져야 한다고 전제하고, 소멸시효 중단사유로서의 채무승인은 시효이익을 받는 당사자인 채무자가 소멸시효의 완성으로 채권을 상실하게 될 자에 대하여 상대방의 권리 또는 자신의 채무가 있음을 알고 있다는 뜻을 표시함으로써 성립하는 이른바 관념의 통지로 여기에 어떠한 효과의사가 필요하지 않음에 반하여 시효완성 후 시효이익의 포기가 인정되려면 시효이익을 받는 채무자가 시효의 완성으로 인한 법적인 이익을 받지 않겠다는 효과의사가 필요하기 때문에 시효완성 후 소멸시효 중단사유에 해당하는 채무의 승인이 있었다 하더라도 그것만으로는 곧바로 소멸시효 이익의 포기라는 의사표시가 있었다고 단정할 수 없다고 하였다.3) 개인회생채권자목록 제출을 시효이익의 포기로 볼 수 없다고 본 사안이다.

한편 채무자가 제출한 개인회생채권자목록에 소멸시효기간이 경과된 채권이 기재된 경우 다른 채권자는 채무자를 대위하여 이의기간 내에 이의를 제기하고 채권조사확정재판을 신청할 수 있다.4)

---

3) 대법원 2017.7.11. 선고 2014다32458 판결(공2017하, 1610)은 채무자가 소멸시효 완성 후 채무를 일부 변제한 때에는 액수에 관하여 다툼이 없는 한 채무 전체를 묵시적으로 승인한 것으로 보아야 하고, 이 경우 시효완성의 사실을 알고 이익을 포기한 것으로 추정되므로, 소멸시효가 완성된 채무를 피담보채무로 하는 근저당권이 실행되어 채무자 소유의 부동산이 경락되고 대금이 배당되어 채무의 일부 변제에 충당될 때까지 채무자가 아무런 이의를 제기하지 아니하였다면, 경매 절차의 진행을 채무자가 알지 못하였다는 등 다른 특별한 사정이 없는 한, 채무자는 시효완성의 사실을 알고 채무를 묵시적으로 승인하여 시효의 이익을 포기한 것으로 볼 수 있기는 하지만, 소멸시효가 완성된 경우 채무자에 대한 일반채권자는 채권자의 지위에서 독자적으로 소멸시효의 주장을 할 수는 없으나 자기의 채권을 보전하기 위하여 필요한 한도 내에서 채무자를 대위하여 소멸시효 주장을 할 수 있으므로 채무자가 배당절차에서 이의를 제기하지 아니하였다고 하더라도 채무자의 다른 채권자가 이의를 제기하고 채무자를 대위하여 소멸시효 완성의 주장을 원용하였다면, 시효의 이익을 묵시적으로 포기한 것으로 볼 수 없다고 하였다. 위 판결은 대법원 2013.2.28. 선고 2011다21556 판결(공2013상, 547)을 참조 판결로 들었다.
4) 대법원 2012.5.10. 선고 2011다109500 판결(공2012상, 995)은 경매절차에서 채무자인 甲 회사가 소멸시효가 완성된 근저당권부 채권을 가진 乙이 배당받는 데 대하여 이의를 제기하지 않은 사안에서, 甲 회사의 다른 채권자인 丙이 甲 회사를 대위하여 이의를 제기한 부분을 제외한 나머지 채권에 대하여는 甲 회사가 시효이익을 포기한 것으로 보아야 하므로, 그 부분 배당액과 관련하여 乙이 부당이득을 취득한 것이 아니라고 본 원심판단을 수긍한 사례로서, 소멸시효가 완성된 경우 채무자에 대한 일반 채권자는 채권자의 지위에서 독자적으로 소멸시효의 주장을 할 수는 없지만 자기의 채권을 보전하기 위하여 필요한 한도 내에서 채무자를 대위하여 소멸시효 주장을 할 수 있다고 하였다.

(3) 면제재산

개인회생재단에 관하여는 파산에 관한 채무자회생법 제383조가 준용되어 민사집행법상 압류금지재산(민집195)은 당연 재단에서 제외되고 면제결정이 없어도 청산가치에서 제외된다(법580조3항). 채무자 및 그와 같이 사는 친족의 생활에 필요한 의복·침구·가구·부엌가구 그 밖의 생활필수품 등 채무자 등의 생활에 필요한 2월간의 식료품·연료 및 조명재료 등이다. 민사집행법상 압류금지채권(민집246조)인 우선변제를 받을 수 있는 임대차보증금 등과 공무연연금법, 근로자퇴직급여 보장법 등 특별법상 압류금지채권 등도 마찬가지이다. 그 밖의 면제자산은 법원이 개인 채무자의 신청에 의하여 결정으로 개인회생재단에서 면제할 수 있는 것인데, 주택임대차보증금에 관한 면제재산(법383조2항1호) 및 6개월간의 생계비 사용재산에 관한 면제재산(법383조2항2호)으로 구분된다. 채무자는 개인회생절차 개시신청일부터 개시결정 후 14일 이내까지의 기간 동안에 이와 같은 재산을 면제재산으로 결정해 줄 것을 신청할 수 있고, 법원은 그 신청이 개시결정 전에 있는 경우에는 개인회생절차개시결정과 동시에, 그 결정 이후에 신청이 있는 경우에는 면제재산결정 신청일로부터 14일 이내에 면제여부 및 범위를 결정하여야 한다(법580조3항, 383조3항, 4항). 면제재산은 청산가치에서 제외되는 것이고 면제재산을 포함한 청산가치보다 더 많이 변제하는 변제계획안의 경우는 면제재산결정이 불필요하다.

면제재산결정이 있으면 법원은 채무자, 알고 있는 채권자에게 그 결정서를 송달하여야 하고(법383조5항), 이러한 결정에 대하여는 즉시항고를 할 수 있으나(같은 조6항), 이 즉시항고에는 집행정지의 효력이 없다(같은 조7항). 개시결정 전에 위 신청이 있는 경우에는 법원은 채무자의 신청 또는 직권으로 개시결정이 있을 때까지 면제재산에 대하여 개인회생채권에 기한 강제집행, 가압류 또는 가처분의 중지 또는 금지를 명할 수 있다(같은 조8항). 이후 면제결정이 확정된 때에는 그 중지한 절차는 효력을 잃는다(같은 조9항).

면제재산에 대하여는 개인회생절차의 폐지결정 또는 면책결정이 확정될 때까지 개인회생채권에 기한 강제집행·가압류 또는 가처분을 할 수 없다(법580조4항). 다만 개시결정이 있으면 개인회생채권자 목록에 기재된 채권에 한하여 개인회생재단에 속하는 재산에 대한 강제집행이 금지되는 반면에, 면제재산에 대하여는 개인회생채권자목록에 기재된 채권에 한하지 않고 모든 개인회생채권에 기한 강제집행이 금지된다.

문제가 되는 것은 채무자가 개인회생절차를 신청하기 전에 면제재산이 아닌 예금 또는 부동산 등을 처분하거나 채무를 부담하여 얻은 자금으로 면제재산이 될 수 있는 임대차보증금을 취득하는 경우 그러한 면제재산도 인정할 것인지 여부이다. 실무에서는 원칙적으로 채무자의 악의 여부, 채무금액, 면제재산으로 바꾸기 전의 청산가치 등을 고려하여 현저하게 형평에 어긋나는 경우에는 면제재산신청을 기각하고 있다.

주택임대차보증금에 관한 면제재산은 채무자 또는 그 피부양자의 주거용으로 사용되고 있는 건물에 관한 임대차보증금 반환채권을 대상으로 한다. 따라서 영업소득자라도 영업장소로 사용하고 있는 상가건물에 대한 임차보증금은 위 면제재산의 대상이 될 수 없다(법383조2항1호).

한편 채무자 및 그 피부양자의 생활에 필요한 6월간의 생계비에 사용할 특정한 재산으로서 대통령령이 정하는 금액을 초과하지 아니하는 부분은 신청에 의한 면제재산 대상이 된다. 이 규정에 의한 면제재산은 압류금지재산인 1개월간의 생계비와 2개월간의 식료품, 연료 등과는 구별되어야 한다.5)

채무자가 면제재산 결정을 구하는 경우에는 그 신청서를 제출하여야 하고, 그 대상재산이 여럿인 경우에는 재산목록도 작성하여야 한다.

(4) 개인회생재단에 속하는 재산 및 소득의 귀속

변제계획인가결정이 있는 때에는 개인회생재단에 속하는 모든 재산은 채무자에게 귀속된다. 다만 변제계획 또는 변제계획인가결정에서 다르게 정한 때에는 그러하지 아니하다(법615조2항).

도산절차가 개시되면, 채무자가 도산절차개시 당시 갖고 있는 재산은 채무자로부터 분리된 재단에 속하게 되고, 이 재단을 관리, 처분하는 별개의 주체가 선정되어 위 재단을 관리, 처분, 환가하여 채권자들에게 분배하는 절차를 진행하게 되는데, 개인회생절차도 도산절차의 일종이므로, 개인회생절차가 개시되면 개시 당시 채무자가 보유하고 있던 모든 재산은 원칙적으로 채무자의 손을 떠나 전부 개인회생재단에 속하게 된다.

파산절차에서의 파산재단의 경우, 그 법적 성질과 관련하여 "파산재단 자체에 법인격을 인정하자는 학설"과 "관리기구로서의 파산관재인에게 귀속하는 관리처분권의 객체로 되는 재산의 집합체로 보는 학설"의 대립이 있음은 전술하였는데, 실무상 개인회생재단의 성격을 둘러싼 논쟁은 실익이 없으므로 문제되지 않으나, 입법론적으로는 그 성격

---

5) 시행령 제16조는 ① 법 제383조 제2항 제1호에 따라 파산재단에서 면제할 수 있는 임차보증금반환청구권의 상한액은「주택임대차보호법 시행령」제10조 제1항에서 정한 금액으로 하되, 그 금액이 주택가격의 2분의 1을 초과하는 경우에는 주택가격의 2분의 1로 한다. ② 법 제383조 제2항 제2호에서 "대통령령이 정하는 금액"이란 1천110만원을 말한다고 규정하고 있다. 이 규정에서 의미하는 면제재산은 생계비에 사용될 특정재산이므로, 채무자는 어떤 특정재산의 목록을 제출하면서 이를 처분 등의 방법으로 생계비에 사용할 것이라는 취지를 기재하여야 할 것이고, 법원은 결국 위 면제 신청에 따라 대통령령이 정하는 총액 범위 안에서 재량으로 면제재산 여부를 정할 수밖에 없다. 한편 주택임대차보호법 시행령 제10조 제1항에서 규정하는 주택임대차호보법 제8조에 따라 우선변제를 받은 보증금 중 일정액의 범위에 대하여는 전술하였다.

을 명확히 규정하여 개인회생절차가 체계적인 정합성을 가질 수 있도록 정비할 필요가 있을 것이다.

(5) 개인회생재단채권

① 회생위원의 보수 및 비용의 청구권, ②「국세징수법」또는「지방세징수법」에 의하여 징수할 수 있는 원천징수하는 조세, 부가가치세·개별소비세·주세 및 교통·에너지·환경세, 특별징수의무자가 징수하여 납부하여야 하는 지방세 및 본세의 부과·징수의 예에 따라 부과·징수하는 교육세 및 농어촌특별세, ③ 채무자의 근로자의 임금·퇴직금 및 재해보상금, ④ 개인회생절차개시결정 전의 원인으로 생긴 채무자의 근로자의 임치금 및 신원보증금의 반환청구권, ⑤ 채무자가 개인회생절차개시신청 후 개시결정 전에 법원의 허가를 받아 행한 자금의 차입, 자재의 구입 그 밖에 채무자의 사업을 계속하는데 불가결한 행위로 인하여 생긴 청구권, ⑥ 기타 채무자를 위하여 지출하여야 하는 부득이한 비용 등은 개인회생재단채권이 되고, 그에는 재단채권에 관한 규정이 준용된다(법583조).

나. 개인회생채권

개인회생채권자목록에 기재된 채권자가 이의기간 내에 개인회생채권조사확정재판을 신청하지 아니하거나, 개인회생채권조사확정재판 신청이 각하된 경우에 개인회생채권은 그 목록에 기재된 대로 확정된다(법603조1항).[6] 그와 같이 채권이 확정된 때 법원사무관 등은 「채권자의 성명 및 주소, 채권의 내용 및 원인」을 개인회생채권자표에 기재하여 작성하여야 하고 그 기재는 개인회생채권자 전원에 대하여 확정판결과 동일한 효력이 있고(같은조2항, 3항), 개인회생채권자는 개인회생절차폐지결정이 확정된 때에는 채무자에 대하여 개인회생채권자표에 기하여 강제집행을 할 수 있다(같은조4항). 여기에서 '확정판결과 동일한 효력'이라 함은 기판력이 아닌 확인적 효력을 가지고 개인회생절차 내부에 있어 불가쟁의 효력이 있다는 의미에 지나지 않는다고 보아야 하고, 따라서 애당초 존재하지 않는 채권이 확정되어 개인회생채권자표에 기재되어 있더라도 이로 인하여 채권이 있는 것으로 확정되는 것이 아니므로 채무자로서는 별개의 소송절차에서 그 채권의 존재를 다툴 수 있다.[7] 이는 개인회생채권자목록의 내용에 관하여 이의가 있어 개인회생채권조사확정재판

---

6) 이와 같이 '채권자가 하는 채권신고제도'를 없앤 데 대하여 채권에 대하여 가장 정확한 정보를 가지고 있는 채권자가 권한과 책임을 행사하게 하는 채권신고제도가 현행법의 채권자목록제출제도보다 공정·형평과 절차적 보장에 부합하므로 법개정을 통하여 채권신고제도와 채권조사확정절차를 도입하여야 한다는 주장이 있다. 박재완, "개인회생채권조사확정절차의 개선방안에 대한 연구", 법조 제727호, 법조협회(2019.10.), 213면 참조.

이 신청되고 개인회생채권조사확정재판이 있었으나, 개인회생채권조사확정재판에 대한 이의의 소가 제소기간 안에 제기되지 아니하여 채무자회생법 제607조 제2항에 의해 재판이 개인회생채권자 전원에 대하여 확정판결과 동일한 효력을 갖게 된 경우에도 마찬가지이고, 확정된 개인회생채권에 관한 개인회생채권자표의 기재에 기판력이 없는 이상 그에 대한 청구이의의 소에서도 기판력의 시간적 한계에 따른 제한이 적용되지 않으므로 청구이의의 소송심리에서는 개인회생채권 확정 후에 발생한 사유뿐만 아니라 개인회생채권 확정 전에 발생한 청구권의 불성립이나 소멸 등의 사유도 심리·판단하여야 한다고 함은 전술하였다.[8] 개인회생채권자목록에 기재된 채권과 소송물을 달리하는 것으로서 목록에 기재되지 않은 채권에 대하여는 개인회생절차나 그에 따른 채권확정의 효력이 미치지 아니한다.[9]

개인회생채권자목록의 내용에 관하여 이의가 있는 채권자는 법원이 정한 이의기간 안에 서면으로 개인회생채권조사확정재판을 신청할 수 있고(법604조. 이미 이의대상인 권리에 대하여 소송이 계속하거나 그 권리에 대해 집행권원 또는 종국판결이 있는 때에는 그러하지 아니함), 개인회생채권의 확정에 관한 소송의 목적의 가액은 변제계획으로 얻을 이익의 예정액을 표준으로 하여 개인회생법원이 정한다(법609조).

채권자가 개인회생채권조사확정재판에 대하여 불복을 하는 경우에 그 결정서를 송달받은 날로부터 1개월 이내에 이의의 소를 제기할 수 있고(개인회생계속법원의 전속관할), 그러한 소의 변론은 결정서를 송달받은 날로부터 1월을 경과한 후가 아니면 개시할 수 없으며, 동일한 채권에 관하여 여러 개의 소가 계속되어 있는 때에는 법원은 변론을 병합할 수 있다(법605조1항, 2항). 개인회생채권자가 다른 개인회생채권자의 채권 내용에 관하여 이의가 있어서 채무자와 다른 개인회생채권자를 상대로 개인회생채권조사확정재판을 신청하여 재판을 받은 경우에, 다른 개인회생채권자가 위 재판에 불복하여 개인회생채권조사확정재판에 대한 이의의 소를 제기하는 때에는 채무자와 개인회생채권조사확정재판을 신청한 개인회생채권자 모두를 피고로 하여야 한다.[10]

법원사무관 등은 채무자·회생위원 또는 개인회생채권자의 신청에 의하여 「개인회생채권조사확정재판의 결과, 개인회생채권조사확정재판에 대한 이의의 소의 결과, 그 이외의 개인회생채권의 확정에 관한 소송의 결과」를 기재한 개인회생채권자표를 작성하여야 한다(법606조). 개인회생채권의 확정에 관한 소송에 대한 판결은 개인회생채권자 전원에

---

7) 대법원 2013.9.12. 선고 2013다29035(본소),29042(반소) 판결(미간행). 同旨 대법원 2003.5.30. 선고 2003다18685 판결.
8) 대법원 2017.6.19. 선고 2017다204131 판결(공2017하, 1528).
9) 대법원 2012.11.29. 선고 2012다51394 판결(미간행).
10) 대법원 2009.4.9. 선고 2008다91586 판결(공2009상, 620).

대하여 그 효력이 있고, 개인회생채권조사확정재판에 대한 이의의 소가 정해진 기간 안에 제기되지 아니하거나 각하된 때에는 그 재판은 개인회생채권자 전원에 대하여 확정판결과 동일한 효력이 있다(법607조1항, 2항). 채무자의 재산이 개인회생채권의 확정에 관한 소송으로 이익을 받은 때에는 소를 제기한 개인회생채권자는 얻은 이익의 한도 안에서 개인회생재단채권자로서 소송비용의 상환을 청구할 수 있다(법608조).

개인회생채권자목록에 기재된 채권을 취득한 자는 채권자 명의변경을 신청할 수 있다. 명의변경을 하려는 자는 ① 채권자 명의를 변경하려는 자 및 대리인의 성명 또는 명칭과 주소, ② 통지 또는 송달을 받을 장소(대한민국 내의 장소로 한정한다), 전화번호, 그 밖의 연락처, ③ 취득한 권리와 그 취득의 일시 및 원인을 적은 신청서와 개인회생채권의 취득을 증명하는 서류 또는 그 등본이나 초본을 법원에 제출하여야 한다(법609조의2).

5. 개인회생채권의 확정 및 채권자집회

가. 개인회생절차개시결정과 동시에 결정할 사항

법원은 개인회생절차개시결정과 동시에 개인회생절차개시결정일부터 2주 이상 2월 이하의 개인회생채권에 관한 이의기간과 이의기간의 말일 사이에는 2주 이상 1월 이하의 기간으로 개인회생채권자집회의 기일을 정하여야 한다. 법원은 특별한 사정이 있는 때에는 위 각 기일을 늦추거나 기간을 늘일 수 있다. 결정서에는 결정의 연·월·일·시를 기재하여야 한다. 개시결정은 그 결정시부터 효력이 발생한다(법596조).

나. 송달

개인회생절차개시결정이 있으면 채무자에게는 개시결정정본과 개시통지서를, 채권자에게는 개시통지서와 채권자목록 및 변제계획안을 송달한다. 채권자의 송달불능의 경우 개인회생절차에서 채권자들은 개시통지서의 송달로 이의기간을 부여받기 때문에 개시통지서의 송달이 가장 중요하다고 할 수 있으므로 통상송달이 원칙이지만, 금지명령이나 개시결정 등을 송달받은 적이 있는 채권자가 송달불능 된 경우에는 발송송달로 처리하고 있고, 채무자가 송달불능인 경우 발송송달한다.

다. 채권자 목록의 수정

채무자는 개시결정 전이라면 언제라도 채권자목록을 임의로 수정할 수 있으나, 개시결정 후 채권자목록을 수정하는 것은 재판장의 허가사항이다. 채무자는 그 책임을 질 수 없는 사유로 인하여 개인회생채권자목록에 누락하거나 잘못 기재한 사항을 발견한 때에는 개인회생절차개시결정 후라도 법원의 허가를 받아 개인회생채권자목록에 기재된 사항을 수정할 수 있다. 다만, 변제계획인가결정이 있은 때에는 그러하지 아니하다(규칙81조1항). 재판장의 수정허가를 거친 다음 수정된 사항에 대하여 당해 채권자나 다른 채권자들에게 다툴 기회를 부여할 필요가 있으므로, 모든 채권자들에게 새로이 이의기간을 부여하여야 하고, 이 경우 새로이 부여된 이의기간의 말일이 기존 채권자집회기일 사이의 기간이 2주가 되지 못하는 경우에는 채권자집회기일을 변경하여야 한다(법596조2항2호). 즉, 법원은 개인회생채권자목록에 기재된 사항이 수정된 때에는 그 수정된 사항에 관한 이의기간을 정하여 공고하고, 채무자 및 알고 있는 개인회생채권자에게 이의기간이 기재된 서면과 수정된 개인회생채권자목록을 송달하여야 한다. 다만, 수정으로 인하여 불리한 영향을 받는 개인회생채권자가 없는 경우 또는 불리한 영향을 받는 개인회생채권자의 의사에 반하지 아니한다고 볼만한 상당한 이유가 있는 경우에는 그러하지 아니하다(규칙81조2항).[1] 채무자는 개인회생채권자목록의 작성 및 수정에 참고하기 위하여 필요한 경우에는 개인회생채권자에게 개인회생채권의 존부 및 액수, 담보채권액 및 피담보재산의 가액 평가, 담보부족 전망액에 관한 자료의 송부를 청구할 수 있고, 개인회생채권자는 제1항의 규정에 의한 자료송부청구가 있는 경우에는 신속하게 이에 응하여야 한다(규칙82조).

　　이의기간이 도과되면 채권자목록은 확정되므로 그 후 확정된 채권금액을 변경하는 신청은 허가 대상이 되지 못하지만, 채권자가 동의가 있고, 채권금액이 감소된 경우 인가 전이라면 변제예정액표를 수정한 변제계획안을 제출하도록 하고 수정된 변제계획안은 모든 채권자들에게 송달하도록 한다. 이 경우도 채권자목록 수정허가 대상이 아니므로 이의기간을 별도로 지정하지 않는다.

---

1) 서울회생법원 실무준칙 제421호 제4조는 이러한 경우로서 ① 채권금액이 감액 변경된 경우, ② 개인회생채권자목록 수정으로 인하여 불리한 영향을 받는 개인회생채권자가 없는 경우, ③ 증액된 금액이 총 채권액의 5% 미만의 소액으로서 다른 채권자에게 미치는 불리한 영향이 미미한 경우를 들고 있다. 이 경우에는 송달만 할 뿐 이의기간을 새로 부여하지 않는다고 한다. 주소의 정정이나 채권자명의 정정 등과 같이 내용에 영향을 미치는 수정사항이 아닌 경우에는 임의로 수정이 가능하고 이의기간의 지정도 필요 없다.

6. 변제계획의 제출과 인가

가. 변제계획안의 제출

변제계획안은 개인회생절차를 신청한 채무자가 자신의 가용소득을 투입하여 변제기간 동안 개인회생채권 원금에 비례하여 안분하여 개인회생채권자들에게 채무액을 변제하여 나가겠다는 내용의 계획을 가리킨다. 변제계획안은 채무자만이 제출할 수 있고 그 시한은 개인회생절차개시의 신청일부터 14일 이내이며, 다만 법원은 상당한 이유가 있는 때에 그 기간을 늘일 수 있다(법610조1항). 채무자는 변제계획안이 인가되기 전에 이를 수정할 수 있으며, 법원은 이해관계인의 신청이나 직권으로 변제계획안을 수정할 것을 채무자에게 명할 수 있다(같은조2항, 3항).[1]

나. 계획안의 내용

변제계획에는 필요적 기재사항과 임의적 기재사항이 있으나 실무의 운영은 양자를 모두 기재하고 있다. 필요적 기재사항은 ① 채무변제에 제공되는 재산에 관한 사항, ② 개인회생재단채권 및 일반의 우선권 있는 개인회생채권의 전액의 변제에 관한 사항, ③ 개인회생채권자목록에 기재된 개인회생채권의 전부 또는 일부의 변제의 방법에 관한 사항이며, 임의적 기재사항은 ① 개인회생채권의 조의 분류, ② 변제계획에서 예상한 액을 넘는 재산의 용도, ③ 변제계획인가 후의 개인회생재단에 속하는 재산의 관리 및 처분권의 제한에 관한 사항, ④ 그 밖에 채무자의 채무조정을 위하여 필요한 사항이다(법611조1항, 2항).

---

1) 日福岡高決平成15.6.12判タ1139호292면, 倒産判例 インデックス 제3판 152[百選96]은 원심이 생명보험계약에 있어서 계약자 대출에 기한 채권은 약정에 의하여 이미 상계된 것으로서 재생채권이 되지 않음에도 불구하고 재생채권으로 하였기 때문에 재생계획안의 계획변제총액을 잘못 계산한 사안에서, 항고심에서 재생계획인가결정을 취소한 경우, 재생채권자에게 불리한 영향을 미치지 않는 한 환송 후의 원심에서 재생계획을 수정, 인가할 여지가 있다고 판단하였다.

변제계획에서 채권자의 조를 분류하는 때에는 같은 조로 분류된 채권을 평등하게 취급하여야 하고, 다만 불이익을 받는 개인회생채권자의 동의가 있거나 소액의 개인회생채권의 경우에는 그러하지 아니하다(법611조3항). 변제계획은 변제계획인가일로부터 1월 이내에 변제를 개시하여 정기적으로 변제하는 내용을 포함하여야 한다(같은 조4항).

변제계획에서 정하는 변제기간은 변제개시일부터 원칙적으로 3년을 초과하여서는 아니 된다. 다만, 채무자회생법 제614조 제1항 제4호의 청산가치 보장의 원칙의 요건을 충족하기 위하여 필요한 경우 등 특별한 사정이 있는 때에는 변제개시일부터 5년을 초과하지 아니하는 범위에서 변제기간을 정할 수 있다(법611조5항).

채무자가 자신 또는 제3자의 명의로 변제계획에 의하지 아니하고 일부 개인회생채권자에게 특별한 이익을 주는 행위는 무효로 한다(법612조). 판례 중에는 개인회생절차에서의 변제계획에 따른 변제가 종료되면 피고가 원고에게 30개월분의 변제금을 추가로 지급하기로 한 약정이 다른 개인회생채권자들을 해할 위험성이 없는 점 등 그 판시와 같은 이유를 들어 위 약정이 '특별이익 제공행위'에 해당되지 않고, 선량한 풍속 기타 사회질서에 반하지 않는다고 판단한 것은 정당하고 한 사례가 있고,[2] 채무자가 변제계획과는 별도로 연대보증채무를 인수하여 이를 추가 변제하기로 약정하는 것은 해당 개인회생채권자에게 특별한 이익을 주는 행위로서 위 법 규정 및 취지에 반하여 효력이 없다고 한 사례도 있다.[3]

미국의 제13장 절차 실무를 보면 100% 매월 변제하는 것으로 변제계획을 세우고 있는데, 우리의 실무 역시 별다른 차이가 없으나, 다만 수입원이 3월이나 4월과 같이 수개월마다 정기적으로 발생할 수도 있다는 점에서 다른 형태의 변제계획도 나타날 수 있을 것이다. 그리고 가장 중요한 것은 변제계획에서 정하는 변제기간이다. 채무자가 향후 언제까지의 수입을 변제계획에 투입하는 것으로 정해야 하는 지는 개개의 사건에 따라 다를 수 있는데 법은 변제개시일로부터 3년을 넘을 수 없도록 정하고 있다(같은조5항. 다만 총변제액이 채무자 파산시의 배당액보다 적지 않게 하기 위하여 필요한 경우 등 특별한 사정이 있는 때에는 5년). 참고로 미국의 13장 절차에서는 정당한 이유가 있을 때 3년을 넘을 수 있지만 5년은 초과하지 못하도록 규정하고 있다.[4]

다. 채권자집회

법원은 개인회생채권자집회의 기일과 변제계획의 요지를 채무자·개인회생채권자 및

---

2) 대법원 2013.2.14. 선고 2011다101162 판결(미간행).
3) 서울중앙지법 2020.9.18. 선고 2019나74807 판결(미간행).
4) 미국 파산법 1323조(d).

회생위원에게 통지하여야 한다. 채무자는 개인회생채권자집회에 출석하여 개인회생채권자의 요구가 있는 경우 변제계획에 관하여 필요한 설명을 하여야 한다. 법원은 채무자가 정당한 사유 없이 채권자집회기일에 출석 또는 설명을 하지 아니하거나 허위의 설명을 한 때에는 직권으로 개인회생절차 폐지결정을 할 수 있다(법620조2항2호).

개인회생채권자는 개인회생채권자집회에서 변제계획에 관하여 이의를 진술할 수 있다(법613조). 변제계획에 대한 이의는 채권자집회의 종료 시까지 가능하다(법613조5항). 개인채권자의 이의 진술은 개인회생채권자집회기일의 종료시까지 이의진술서를 법원에 제출하는 방식으로 갈음할 수 있고, 개인회생채권자가 제1항의 이의 진술을 개인회생채권자집회기일에서 말로 한 때에는 법원사무관등이 그 내용을 조서에 기재하여야 한다(규칙90조2항).

이의의 내용이 타당한 것으로 판단될 경우 법원은 이해관계인의 신청에 의하거나 직권으로 채무자에 대하여 변제계획안을 수정할 것을 명할 수 있다(법610조3항).

채권자집회는 법원이 지휘하는 것이 원칙이나 회생위원이 선임되어 있을 때에는 회생위원으로 하여금 채권자집회를 진행하게 할 수 있다(법613조3항, 4항). 일반 회생절차와 다른 점은 채권자집회에서 어떠한 결의, 특히 변제계획안에 대하여 표결을 하는 등의 절차가 없고, 단지 변제계획에 대하여 의견을 구하고 이의가 있는지 여부를 확인하는 절차에 불과하다는 점이다.

라. 변제계획의 인가

법원은 개인회생채권자 또는 회생위원이 변제계획에 대하여 이의를 진술하지 아니한 경우 다음의 요건을 모두 충족한 때에는 변제계획인가의 결정을 하여야 한다. 즉 ① 변제계획이 법률의 규정에 적합하고, ② 변제계획이 공정하고 형평에 맞으며, 수행 가능하여야 하며, ③ 변제계획인가 전에 납부되어야 할 비용·수수료 그 밖의 금액이 납부되어야 하고, ④ 채권자가 동의한 경우를 제외하고 변제계획의 인가결정일을 기준일로 하여 평가한 개인회생채권에 대한 총변제액이 채무자가 파산하는 때에 배당받을 총액보다 적지 아니해야 한다. 다만 채권자가 동의한 경우에는 위 청산가치 보장의 원칙은 적용하지 않아도 무방하다(법614조1항).

판례 중에는 채무자(재항고인)가 제3자에게 차용금의 변제에 갈음하여 부동산을 이전해 주기로 하고 가등기를 경료하여 준 사안에서 채무자는 가등기에 기한 본등기절차의 이행의무를 부담하고, 이러한 경우 재항고인에 대한 파산절차가 개시된다고 하더라도 제3자는 특별한 사정이 없는 한 파산관재인을 상대로 위 본등기절차의 이행을 구할 수 있으므로 위 부동산은 채무자의 채권자들이 파산절차에서 배당받을 수 있는 재산에는 포함되지 않고, 채무자에 대한 개인회생절차에서 위 부동산의 가액이 청산가치에 반영될 필요도 없다고 하면서 위 부동산의 가액을 청산가치로 산정한 원심을 파기한 것이 있고,[5] 아파트에 관한 임대차계약서의 임차인 명의가 채무자가 아닌 채무자의 남편으로 되어 있음에도 위 임대차계약서의 기재와는 달리 그 임차인을 채무자로 볼 수 있는 사정이 존재하는지를 따져보지도 아니한 채 임차보증금 반환채권이 채무자의 특유재산에 속한 것이라고 인정하여, 채무자의 최종 변제계획안에 따른 총 변제예정액의 현재 가치가 청산가치에 미치지 못한다고 판단한 원심을 파기한 사례,[6] 법 611조 1항 1호에 의하면 채무자는 장래에 얻게 될 소득뿐만 아니라 기존에 갖고 있던 재산을 처분하여 채무를 변제할 수도 있는 것이라고 전제하고, 기록에 의하면, 재항고인은 제1심의 변제계획안 불인가결정에 불복하여 즉시항고를 제기하면서, 청산가치가 100,200,000원이고 가용소득에 의한 총 변제 예정액은 109,809,352원이며(그 현재가치는 98,175,285원) 재항고인 소유의 승용차를 처분함에 따른 변제예정액이 3,037,078원이라는 취지의 수정된 변제계획안을 제출한 사실을 알 수 있는데, 이에 의하면 가용소득에 의한 변제액과 재산 처분에 의한 변제액의 합계가 청산가치를 일응 초과하는 것으로 보이므로 원심으로서는 재항고인이 처분하겠다고 기재한 승용차의 가액 및 그 현재가치가 적정하게 산정되었는지 및 이러한 처분재산의 현재가치와 가용소득에 의한 변제액의 합계, 즉 총변제액의 현재가치가 청산가치보다 적지 아니한지의 여부를 심리하였어야 함에도 불구하고 원심은 이러한 심리를 다 하지 아니하고, 위와 같이 재항고인이 수정하여 제출한 변제계획안의 내용이 제1심에서 이미 제출한 바 있는 변제계획안과 사실상 다르지 않다는 이유만으로 재항고인의 즉시항고를 기각하였는바, 이는 채무자회생법 제611조 제1항 제1호, 제614조 제1항 제4호 등의 규정을 위반한 위법이 있고, 다만 기록에 의하면 개인회생채권자 중 A 은행이 변제계획안에 대하여 이의를 한 사실을 알 수 있으므로, 원심으로서는 법 제614조 제2항 제1호에 따라 A 은행에 대한 총변제액이 재항고인이 파산하는 때에 배당받을 총액보다 적지 아니한 것인지 여부 및 그 밖에 법 제614조에서 정하고 있는 다른 요건들도 충족되는지 여부 또한 함께 심리·판단하여야 할 것이라는 점을 덧붙여 둔다고 한 사례도 있다.[7] 일본의 판례로는 소규모 개인재생사건에서 편파행위에 대한 부인권 행사를 가정하여 변제액에 관하여 채무자 재산에 회복할 수 있는 가치액을 계상하여 변제액을 높인 재생계획안을 작성하지 않으면 청산가지 보장원칙에 위반한다고 해석한 사례가 있다.[8]

---

5) 대법원 2013.9.17.자 2013마896 결정(미간행).
6) 대법원 2013.12.16.자 2013마1683 결정(미간행)은 원심이 계약당사자의 확정 및 처분문서의 해석 또는 부부간의 특유재산에 관한 법리를 오해하거나 필요한 심리를 다하지 아니함으로써 재판에 영향을 미친 위법이 있다고 하였다.
7) 위 대법원 2009.4.9.자 2008마1311 결정.
8) 日東京高決平成22.10.22判夕1343호244면[百選97].

　　법원은 개인회생채권자나 회생위원이 변제계획에 대하여 이의를 진술한 경우에는 위와 같은 요건 이외에 ① 변제계획의 인가결정일을 기준일로 하여 평가한 이의를 진술하는 개인회생채권자가 받을 변제총액이 채무자가 파산하는 때에 배당받을 총액보다 적지 아니하고,9) ② 채무자가 최초의 변제일부터 변제계획에서 정한 변제기간 동안 수령할 수 있는 가용소득의 전부가 변제계획에 따른 변제에 제공되며, ③ 변제계획의 인가결정일을 기준일로 하여 평가한 개인회생채권에 대한 총변제액이 3천만 원을 초과하지 아니하는 범위 내에서 변제계획의 인가결정일을 기준일로 하여 평가한 개인회생채권의 총금액이 5천만 원 미만인 경우에는 위 총금액에 100분의 5를 곱한 금액, 변제계획의 인가결정일을 기준일로 하여 평가한 개인회생채권의 총금액이 5천만 원 이상인 경우에는 위 총금액에 100분의 3을 곱한 금액에 1백만 원을 더한 금액보다 적지 아니할 때에 한하여 변제계획의 인가결정을 할 수 있다(법614조2항).

　　따라서 실무상 가용소득의 개념이 중요할 것인데,10) 가용소득이라 함은 채무자가 수령하는 근로소득·연금소득·부동산임대소득·사업소득·농업소득·임업소득, 그 밖에 합리적으로 예상되는 모든 종류의 소득의 합계 금액에서 ① 소득세·주민세·건강보험료, 그 밖에 이에 준하는 것으로서 대통령령이 정하는 금액,11) ② 채무자 및 그 피부양자의 인간다운 생활을 유지하기 위하여 필요한 생계비로서, 국민기초생활보장법 제6조의 규정에 따라 공표된 최저생계비, 채무자 및 그 피부양자의 연령, 피부양자의 수, 거주지역, 물가상황, 그 밖에 필요한 사항을 종합적으로 고려하여 법원이 정하는 금액, ③ 채무자가 영업에 종사하는 경우에 그 영업의 경영, 보존 및 계속을 위하여 필요한 비용의 금액을 공제한 나머지 금액을 말한다(법579조4호).12)

　　한편 청산가치 보장의 원칙과 관련하여서는 부부 일방의 특유재산의 추정이 어떠한 경우에 번복되는가가 문제되는데, 판례는 부부의 일방이 혼인 전부터 가진 고유재산과 혼인 중 자기의 명의로 취득한 재산은 그의 특유재산으로 추정되고, 혼인 중 그 재산을 취득함에 있어 상대방의 협력이 있었다거나 혼인생활에 있어 내조의 공이 있었다는 것만으로는 위 추정을 번복할 사유가 되지 못하나, 실질적으로 다른 일방 또는 쌍방이 그 재산의 대가를 부담하여 취득한 것이 증명된 때에는 특유재산의 추정은 번복되어 다른 일방의 소유이거나 쌍방의 공유라고 보아야 할 것이라고 하였다.13) 이 경우 그 대가를 부담한 다른 일방

---

9) 이른바 청산가치보다 높아야 한다는 것이다.

10) 미국 파산법 제13장 절차에서 'Disposable Income'에 대응하는 개념이다.

11) "대통령령이 정하는 금액"이라 함은 국민연금보험료·고용보험료 및 산업재해보상보험료를 말한다(영17조).

12) 청산가치의 산정에 있어서 주식 및 가상화폐의 산정에 관하여는 황성민, "주식, 가상화폐 투자손실금의 청산가치 반영 여부 및 그 기준", 도산법연구 제12권 제2호, 사단법인 도산법연구회(2022.12.), 321면 참조.

13) 대법원 2007.8.28.자 2006스3,4 결정(미간행)은 문제된 유체동산은 망인이 선대로부터 물려받았거나

이 실질적인 소유자로서 편의상 명의자에게 이를 명의신탁한 것으로 인정할 수 있다.14)

법원은 개인회생채권자 또는 회생위원이 이의를 진술하지 아니하였고, 회생계획안이 법 제614조 제1항 각호의 요건을 모두 충족함에도 불구하고 법 제614조 제2항 각호의 요건을 구비하지 아니하였음을 이유로 불인가 결정을 하여서는 안 된다. 인가요건이 갖추어진 변제계획안에 대한 법원의 인가는 재량이 아니라 의무적인 것이기 때문이다.15)

변제계획인가결정을 하는 경우 법원은 이를 선고해야 하고 주문과 이유의 요지 및 변제계획의 요지를 공고하여야 한다. 이 경우 송달은 하지 않을 수 있다(법614조3항). 변제계획의 인가여부에 대한 결정에 대해서는 즉시항고를 할 수 있다(법618조1항).

개인회생절차에서 채무자가 확정된 변제계획에 따른 변제를 완료한 경우, 개인회생채권자는 그 후의 면책재판에서 이미 확정된 변제계획 인가결정의 위법성을 다툴 수 없고,16) 변제계획 변경 인가결정에 대하여 즉시항고가 있어 항고심이나 재항고심에 계속 중이라도 면책결정이 확정되면, 항고인이나 재항고인으로서는 변제계획 변경 인가결정에 대하여 더 이상 즉시항고나 재항고로 불복할 이익이 없으므로 즉시항고나 재항고는 부적법하다.17)

자신이 직접 또는 타인을 통하여 자신의 금원으로 구입한 망인의 소유라고 추정함이 상당하다고 하여 망인의 특유재산이라고 보기 어렵다고 한 원심을 파기한 사안이다. 同旨 대법원 1992.8.14. 선고 92다16171 판결(공1992, 2665), 대법원 1998.12.22. 선고 98두15177 판결(공1999상, 264).

14) 대법원 2007.4.26. 선고 2006다79704 판결(미간행)은 유일한 재산인 부동산을 처에게 증여한 행위가, 처가 취득 대가를 부담하여 남편에게 명의신탁한 재산의 반환으로 인정되어 사해행위에 해당하지 않는다고 본 사례이다. 부동산의 명의수탁자가 신탁행위에 기한 반환의무의 이행으로서 신탁부동산의 소유권이전등기를 경료하는 행위가 사해행위에 해당하지 않는다고 본 것이다.

15) 대법원 2009.4.9.자 2008마1311 결정(미발간).

16) 대법원 2019.8.20.자 2018마7459 결정(미간행)은 개인회생절차에서 변제계획 인가결정이 확정되고 변제계획에 따른 변제가 완료되었음을 이유로 한 면책결정이 있은 경우 이미 확정된 변제계획 인가결정에 위법사유가 존재한다는 주장은 면책결정에 대한 불복사유가 될 수 없다고 하였다.

17) 대법원 2019.7.25.자 2018마6313 결정(공2019하, 1651)은 그 이유로 ① 변제계획 인가결정에 대한 즉시항고는 변제계획의 수행에 영향을 미치지 아니하여 항고법원 또는 회생계속법원이 변제계획의 전부나 일부의 수행을 정지하는 등의 처분을 하지 아니하는 한 집행정지의 효력이 없다(법618조2항, 247조3항). 이는 변제계획 변경 인가결정에서도 같다. 따라서 변제계획 변경 인가결정에 대하여 즉시항고가 이루어져 항고심이나 재항고심에 계속 중이더라도 채무자가 변경된 변제계획에 따른 변제를 완료하면, 법원은 면책결정을 하여야 하고 면책결정이 확정되면 개인회생절차는 종료하게 된다(법624조1항, 규칙96조). ② 채무자회생법 제625조 제2항 본문은 "면책을 받은 채무자는 변제계획에 따라 변제한 것을 제외하고 개인회생채권자에 대한 채무에 관하여 그 책임이 면제된다."라고 규정하고 있다. 여기서 말하는 면책이란 채무 자체는 존속하지만 채무자에 대하여 이행을 강제할 수 없다는 의미이므로 면책된 개인회생채권은 통상의 채권이 가지는 소 제기 권능을 상실하게 된다. ③ 채무자회생법 제2편의 회생절차에서는 회생계획 인가결정이 있은 때에 회생채권자 등의 권리변경 효력이 발생하여 채무의 전부 또는 일부의 면제, 기한의 연장, 권리의 소멸이 이루어진다(법252조1항 참조). 그런데 이와 달리 채무자회생법 제4편의 개인회생절차에서는 변제계획 인가결정으로 개인회생채권자의 권리가 변경되지 않고, 다만 면책결정으로 책임이 면제될 뿐이다(법615조1항 참조). 따라서 개인회생절차에서 변제계획 변경 인가결정에 대한 즉시항고나 재항고 절차가 계속 중이더라도 면책결

마. 인가결정

법원은 개인회생채권자들에게 개시통지서 등 송달물이 적법하게 송달되고 이의신청 등의 절차가 모두 끝난 뒤 채무자가 출석하여 채권자집회를 마치고 나면 변제계획의 인가 여부를 결정한다.

바. 인가의 효과

변제계획에 대하여 인가결정이 있은 때에 변제계획은 효력이 생기며, 다만 권리변경 의 효력은 면책결정이 확정됨으로써 생긴다(법615조1항). 인가의 효력은 채무자 및 채권자 목록에 기재된 개인회생채권자에게만 미친다. 즉, 개인회생절차의 변제계획이 인가되었다 하더라도, 변제계획 자체로 권리변경(이행기의 유예나 권리감면)의 효력을 발생시키는 형성 적 효력을 갖는 것이 아니라, 단지 변제계획에서 정하여진 변제기간 동안 정해진 변제율 과 변제방법에 따라 변제를 완료하면 추후 면책신청절차를 통해 면책결정을 받아 변제계 획에 포함된 나머지 채무를 모두 면책받을 수 있다는 취지를 채권자들에게 명백히 알리는 의미만 있을 뿐이고, 채무자가 변제계획에 따른 변제를 완료한 후 채무자회생법 제624조 에 따른 법원의 면책결정이 있어야 비로소 면책의 효과가 발생한다. 이는 개인회생절차가 아닌 회생절차에서 회생계획인가의 결정이 있는 때에 회생계획이나 채무자회생법의 규정 에 의해 인정된 권리를 제외하고는 채무자는 모든 회생채권과 회생담보권에 관한 책임을 면하는 경우(채무자회생법 제251조)와 구별된다.[18] 변제계획의 구속력은 채권자집회에서 이 의를 하였는지 여부에 관계없이 채권자목록에 기재된 모든 개인회생채권자에게 미친다.

개인회생절차개시의 결정으로 성립된 개인회생재단은 채무자가 관리하고 처분할 권

정이 확정됨에 따라 개인회생절차가 종료되었다면, 추후 변제계획 변경 인가결정에 대한 즉시항고나 재항고가 받아들여져서 채무자에 대한 변제계획 변경 인가결정이 취소되더라도 더 이상 항고인의 권 리가 회복될 가능성이 없다. 또한 면책결정의 확정으로 항고인의 개인회생채권은 채무자에 대한 관 계에서 자연채무의 상태로 남게 되었으므로, 변제계획을 다시 정하더라도 항고인이 채무자에 대하여 채무의 이행을 강제할 수 없으며, 특별히 자연채무의 범위를 다시 정하여야 할 실익이 있다고 볼 수 도 없다는 점을 들었다. 同旨 대법원 2019.8.30.자 2018마6474 결정(미간행).

18) 대법원 2021.2.25. 선고 2018다43180 판결(공2021상, 690)은 따라서 개인회생절차에서 채무자의 위임 에 따라 개인회생채권자목록을 작성한 법무사의 과실로 일부 채무가 누락된 상태로 개인회생채권자 목록이 제출되고 그에 따라 작성된 변제계획안을 인가하는 결정이 있었다는 사정만으로 즉시 위임인 인 채무자의 손해가 발생한다고 할 수는 없고, 향후 채무자가 일부 채무가 누락된 상태로 작성되어 인가된 변제계획의 수행을 완료하고 법원으로부터 면책결정을 받아 변제계획에 포함된 채무를 면책 받은 때에 비로소 채무자의 손해가 현실적·확정적으로 발생하는 것이고, 나아가 이때 채무자의 손해 는 면책결정 이후에 해당 채권자로부터 채무의 전부 또는 일부를 면제받는 등의 특별한 사정이 없는 한 변제계획에서 누락된 채무의 액수 상당액이라고 하였다.

한을 가지는데(법580조2항), 변제계획에 대한 인가결정이 있을 때 개인회생재단에 속하는 모든 재산은 변제계획 또는 인가결정에서 달리 정하지 아니하는 한 인가결정이 있을 때 채무자에게 귀속된다(법615조2항).

위 규정은 우선 필요한 경우 변제계획이나 변제계획인가결정에 의하여 개인회생재단에 속하는 재산을 채무자로부터 분리하여 다른 권리주체에게 귀속시키는 것도 가능하도록 하고 있는 것이다. 예를 들어, 변제계획 인가에 의하여 채무자에게 재산이 귀속하게 되면 채무자가 악의를 품고 그 소유의 재산을 마음대로 처분하여 은닉한 후 변제계획을 수행하지 않을 경우 개인회생채권자는 당초 개인회생절차에 들어가지 않고 파산절차로 갔을 때보다 훨씬 더 불리한 처지에 놓이게 되므로, 이를 방지하기 위하여 채무자에게 소유권이 귀속되는 것을 막을 수 있을 것이다. 이를 위하여는 소유권의 귀속뿐 아니라, 관리·처분권의 귀속까지 함께 제한하는 것이 바람직하다.

변제계획에 대한 인가결정이 있는 때 변제계획이나 변제계획인가결정에서 달리 정하지 아니하는 한 중지된 회생절차 및 파산절차와 개인회생채권에 기한 강제집행·가압류 또는 가처분은 그 효력을 잃는다(법615조3항). 담보권실행을 위한 경매절차는 속행되며,[19] 체납처분은 실효되지 않고 중지상태가 그대로 유지되었다가 조세채무를 변제계획대로 변제하지 않아 개인회생절차가 폐지되면 속행된다. 강제집행 등이 실효되면 소급효 때문에 법원의 별도의 재판이 없어도 당연히 그 효력을 잃지만, 절차의 외관을 제거하기 위한 형식적인 절차는 필요하기 때문에 채무자가 집행법원에 말소등기촉탁신청서와 함께 인가결정등본 및 말소촉탁의 대상이 되는 재산목록을 제출하는 방법으로 집행취소신청을 하여야 할 것이다.

한편 변제계획인가결정이 있는 때에는 채무자의 급료·연금·봉급·상여금, 그 밖에 이와 비슷한 성질을 가진 급여채권에 관하여 개인회생절차 개시 전에 확정된 전부명령은 변제계획인가결정 후에 제공한 노무로 인한 부분에 대하여는 그 효력이 상실되고, 변제계획인가결정으로 인하여 전부채권자가 변제받지 못하게 되는 채권액은 개인회생채권으로 한다(법616조1항, 2항). 원래 전부명령이 확정된 경우에는 전부명령이 제3채무자에게 송달된 때에 채무자가 채무를 변제한 것으로 보아 집행이 종료되고(민집231조), 이 점은 피압류채권이 그 존부 및 범위를 불확실하게 하는 요소를 내포하고 있는 장래의 채권인 경우에도 마찬가지이므로 장래의 채권에 관하여 압류 및 전부명령이 확정되면 그 부분 피압류채권

---

19) 담보권이 설정된 부동산을 소유한 채무자가 개인회생절차를 이용할 경우 부동산 소유권을 상실할 수 있는데, 서울회생법원은 이 경우 채무자가 거주하고 있는 주택의 소유권을 상실하는 결과가 개인회생제도의 취지와 상충하는 측면이 있을 수 있음을 고려하여 채무자가 희망하고 일정한 요건을 갖춘 경우 개인회생절차 도중에 신용회복위원회의 주택담보대출 채무재조정 프로그램을 활용할 수 있는 기회를 부여하고 있다.

은 이미 전부채권자에게 이전된 것이므로 그 이후 동일한 장래의 채권에 관하여 다시 압류 및 전부명령이 발하여졌다고 하더라도 압류의 경합은 생기지 않고, 다만 장래의 채권 중 선행 전부채권자에게 이전된 부분을 제외한 나머지 중 해당 부분 피압류채권이 후행 전부채권자에게 이전되는데,[20] 채무자에 대한 개인회생절차가 개시되기 전에 확정되어 효력이 발생한 전부명령은 그 후 변제계획이 인가되더라도 그 효력을 잃지 않는 것이 원칙이나, 급여를 받아 생활하면서 이를 주된 개인회생재단으로 하여 변제계획을 이행하여야 하는 개인채무자의 효율적인 회생을 도모하기 위한 것이다. 따라서 채권자목록에 기재된 개인회생채권에 기하여 개인회생재단에 속하는 채권에 관하여 내려진 전부명령이 확정되지 아니하여 아직 효력이 없는 상태에서, 채무자에 대하여 개인회생절차가 개시되고 이를 이유로 위 전부명령에 대하여 즉시항고가 제기되었다면, 항고법원은 다른 이유로 전부명령을 취소하는 경우를 제외하고는 항고에 관한 재판을 정지하였다가 변제계획이 인가된 경우 전부명령의 효력이 발생하지 않게 되었음을 이유로 전부명령을 취소하고 전부명령신청을 기각하여야 한다.[21]

---

20) 대법원 2004.9.23. 선고 2004다29354 판결(공2004, 1710).
21) 대법원 2008.1.31.자 2007마1679 결정(공2008상, 280).

7. 변제계획의 수행과 변경

가. 계획의 수행

채무자는 인가된 변제계획에 따라 회생채권자들에게 통상 매월 변제를 해야 하는데 그 지급을 어떠한 방법으로 할 것인가가 문제이다.

미국의 제13장 절차에서는 파산관재인이 매월 채무자들로부터 금원을 수령하여 채권자들에게 분배하고 있고 법원이 직접 관여하는 바는 없다. 우리의 실무도 채무자가 변제금원을 회생위원에게 임치하고 회생위원은 변제계획에 따라 임치된 금원을 개인회생채권자들에게 지급하는 방향으로 운영되고 있다(법617조1항, 2항). 회생위원이 선임되지 않은 경우에는 변제계획이나 인가결정에서 정할 수 있는데(같은조3항) 채무자가 직접 개인회생채권자들에게 지급하는 방법은 그 이행을 확보한다는 점에서 바람직하지 않은 것으로 보인다.

회생위원은 변제계획의 수행과 감독, 인가 후 변동사항 보고, 변제계획안 변경신청, 특별면책신청 검토, 변제계획의 수행 완료시 보고 등의 업무를 수행하는데, 서울회생법원 실무준칙 제441호는 변제계획에서 정한 변제를 3개월 이상 지체한 변제계획불수행사건을 확인하여 판사에게 보고하도록 하고, 같은 실무준칙 제443호는 변제계획 인가 후 담보권의 실행, 채권의 양도 등 변동이 생긴 경우 변제계획안에 반영처리 등을 구체적으로 정하고 있으며, 같은 실무준칙 제451, 452호는 면책허부의 결정 및 면책결정 후의 절차 처리에 관하여 구체적인 지침을 두고 있다.

나. 계획의 변경

개인의 수입은 가변적이고, 수입이 증가하기보다는 감소하는 경우가 많을 것이다. 이러한 경우 절차를 폐지하기보다는 변제계획을 변경하는 것이 적절하다. 따라서 채무자나 회생위원 또는 개인회생채권자가 변제계획에 따른 변제가 완료되기 전에 수행이 불가능하게 된 변제계획을 수행이 가능하도록 변경하는 변경안을 제출할 수 있도록 하고 있다(법 619조1항).

　채무자회생법은 인가된 변제계획 변경안의 제출 사유를 제한하고 있지는 않은데, 실무상 이용이 저조하다고 한다.[1] 판례 역시 인가된 변제계획의 변경은 인가 후에 변제계획에서 정한 사항의 변경이 필요한 사유가 발생하였음을 당연한 전제로 하는 것으로서, 위규정이, 변제계획 인가 후에 채무자의 소득이나 재산의 변동 등 인가된 변제계획에서 정한 사항의 변경이 필요한 사유가 발생하지 아니한 경우에도 아무런 제한 없이 변제계획을 변경할 수 있도록 허용하고 있는 것으로 볼 수는 없다고 하였다.[2] 위와 같은 변경사유의 발생 없이도 인가된 변제계획의 변경이 가능하다고 보게 되면 안정적인 변제계획의 수행이 매우 곤란해질 뿐만 아니라 변제계획 인가절차 자체가 무의미해져, 변제계획 인가 전에 채무자회생법 제610조 제2항에 따라 변제계획안을 수정하는 것과 별다른 차이가 없게 되기 때문에 변제계획 인가 후에 채무자의 소득이나 재산의 변동 등 인가된 변제계획의 변경이 필요한 사유가 발생한 경우에 한하여 변제계획의 변경이 가능하다고 봄이 타당하다는 것이다. 위 판례는 개정법 부칙규정의 취지 및 이에 따른 개정법의 적용 범위 등에 비추어 보면, 적용제외 사건의 채무자가 변제계획 인가 후에 변제기간을 단축하는 변제계획 변경안을 제출한 경우 위와 같은 법개정이 있었다는 이유만으로는 인가된 변제계획에서 정한 변제기간을 변경할 사유가 발생하였다고 볼 수 없고, 다만 적용제외 사건이라고 하더라도 변제계획 인가 후에 채무자의 소득이나 재산 등의 변동으로 인가된 변제계획에서 정한 변제기간이 상당하지 아니하게 되는 등 변경사유가 발생하였다고 인정되는 경우에는 변제기간의 변경이 가능하다고 하였음은 전술하였는데, 따라서 적용제외 사건의 채무자가 변제계획 인가 후에 변제계획에서 정한 사항 중 변제기간을 단축하는 변제계획 변경안을 제출한 경우 법원으로서는 변제계획 인가 후 채무자의 소득이나 재산 등의 변동 상황을 조사하여, 이에 비추어 인가된 변제계획에서 정한 변제기간이 상당하지 아니하게 되는 등 변경사유가 발생하였는지 여부를 심리·판단하여야 하고, 심리 결과 인가된 변제계획에서 정한 변제기간을 변경할 사유가 발생하였다고 인정되지 않는 경우에는 채무자회

1) 개인회생절차에서의 변제계획 변경의 실무이용현황 및 개선방향을 논한 논문으로는 조영기, "개인회생채무자가 변제계획을 불수행하는 경우의 해결방안 고찰—변제계획 변경을 중심으로", 사법논집 제61집, 법원도서관(2016), 410면 참조.
2) 대법원 2019.3.19.자 2018마6364 결정(공2019상, 8620)[백선94]은 제1심법원이 위와 같은 사정에 관하여 아무런 심리를 하지 아니한 채 업무지침에 따라 채무자가 제출한 변제계획 변경안을 인가하였고, 원심은 이러한 잘못을 간과한 채 제1심결정이 정당하다고 판단하였으므로 원심결정에는 변제계획 변경안의 인가요건 등에 관한 법리를 오해하여 필요한 심리를 다하지 않음으로써 재판 결과에 영향을 미친 잘못이 있다고 하였다. 사안은 채무자회생법이 2017. 12. 12. 법률 제15158호로 개정되어 변제기간의 상한이 5년에서 3년으로 단축되면서 부칙에 따라 개정규정 시행 전에 신청한 적용제외 사건에 대한 것이었다. 同旨 대법원 2019.4.23.자 2018마6272 결정(미간행).

생법 제614조 제1항 제1호에서 정한 '변제계획이 법률의 규정에 적합할 것'이라는 변제계획 인가요건을 충족하지 못한 것으로 보아 변제계획 변경안을 불인가하여야 하며, 아울러 변제계획 변경안이 인가되기 위해서는 인가 당시를 기준으로 채무자회생법 제614조에서 정한 다른 인가요건을 충족했는지 여부도 심리·판단하여야 한다고 하였다.

변제계획의 변경절차는 최초의 변제계획 인가절차와 다르지 않다. 인가요건이 갖추어진 변제계획안에 대한 법원의 인가는 재량이 아니라 의무적인 것임은 전술하였는데, 이러한 법리는 변제계획의 변경안에 대한 법원의 인가의 경우에도 마찬가지이다. 판례는 재항고인이 변제계획 인가 후 가용소득의 감소 등의 사유로 변제계획의 변경안을 제출하였다면, 제1심법원은 개인회생채권자 등에게 위 변제계획의 변경안을 송달하고 개인회생채권자집회 등에서 위 변제계획의 변경안에 대한 개인회생채권자 또는 회생위원의 이의 여부를 확인한 다음, 위 변제계획의 변경안에 대하여 개인회생채권자 또는 회생위원이 이의를 진술하지 아니하고 채무자회생법 제614조 제1항 각호의 요건이 모두 충족된 때에는 위 변제계획의 변경안에 대하여 인가결정을 하여야 하고, 개인회생채권자 또는 회생위원이 이의를 진술하는 때에는 원심이 들고 있는 변제율 감소나 생계비 산정 오류 등의 사정을 심리하여 같은 법 제614조 제1항 각호의 요건 외에 '가용소득 전부 제공의 원칙' 등과 같은 법 제614조 제2항 각호의 요건을 구비하고 있는지를 판단한 다음 위 변제계획의 변경안에 대하여 인가 또는 불인가 결정을 하였어야 하고, 같은 법 제614조 제1항 제2호에서 규정한 이른바 '공정·형평의 원칙'이란 권리의 우선순위에 따른 변제의 원칙을 의미하는 것으로서, 원심이 판단의 근거로 삼은 변제율의 감소나 생계비 산정의 오류 등의 사정은 위와 같은 '공정·형평의 원칙'에 반하는 사유라고 보기 어렵고, 재항고인이 제출한 변제계획의 변경안에 대하여 개인회생채권자 또는 회생위원이 이의를 진술할 때에 비로소 심리·판단하여야 하는 같은 법 제614조 제2항에서 규정한 '가용소득 전부 제공의 원칙' 등의 충족 여부와 관련된 것인데도 원심은 재항고인이 제출한 변제계획의 변경안에 대한 개인회생채권자 또는 회생위원의 이의 여부를 확인하지 않은 제1심 결정의 잘못을 간과한 채 변제율 감소나 생계비 산정 오류 등을 근거로 같은 법 제614조 제1항 제2호의 요건을 충족하지 못하였다고 판단하였으니, 이러한 원심결정에는 개인회생절차에서 인가 후 변제계획의 변경에 관한 절차와 그 인가요건에 대한 법리를 오해하여 필요한 심리를 다하지 않음으로써 재판 결과에 영향을 미친 잘못이 있다고 하였다.[3]

---

3) 대법원 2015.6.26.자 2015마95 결정(공2015하, 1061)[백선96]. 이 결정에 대한 해설로 김희중, "개인회생절차에 있어서 인가 후 변제계획변경의 절차 및 요건", 대법원판례해설 제103호, 법원도서관(2015), 430면 참조.

다. 계획의 수정

한편 계획의 변경과 다른 것으로 변제계획의 수정이 있다. 원칙적으로 인가결정 후에는 변제계획의 수정의 여지가 없으나, 변제예정액표의 계산이 잘못된 경우나 합계금액이 잘못 기재되는 등 변제계획에 명백한 오류가 있는 경우에는 인가결정에 대한 경정으로 처리하고 있다. 마찬가지로 인가 후 미확정채권이 확정되거나 상계 등의 사유로 채권금액이 감소된 경우는 회생위원이 위와 같은 사유를 반영한 변제예정액표를 작성·첨부한 후 변제예정액표 수정에 관한 보고를 하고, 인가 후 대위변제나 채권양도가 있으면 구 채권자 대신에 신 채권자의 계좌로 입금하는 것으로 처리하고 개인회생채권자표에 기재하며, 이미 대위변제 등이 되었는데 인가결정 후 알게 된 경우 또는 보증인이 누락되어 있다가 인가 후 대위변제하여 청구하는 경우도 동일하게 처리한다고 한다.

8. 면책결정과 그 효과

가. 면책결정

법원은 채무자가 변제계획에 따른 변제를 완료한 때에는 당사자의 신청이나 직권으로 면책의 결정을 하여야 한다(법624조1항). 면책결정에 대해서는 즉시항고를 할 수 있고(법627조), 면책의 결정은 확정된 후가 아니면 그 효력이 생기지 아니한다(법625조1항). 채무자회생법 제611조 제5항은 2017. 12. 12. 법률 제15158호로 개정되면서 변제계획에서 정하는 변제기간은 변제개시일부터 3년을 초과하지 못하도록 규정하고 위 법률 부칙 제2조 제1항은 개정규정은 시행 후 최초로 신청하는 개인회생사건부터 적용하되, 개정규정 시행 전에 변제계획인가결정을 받은 채무자가 이 개정규정 시행일에 이미 변제계획안에 따라 3년 이상 변제계획을 수행한 경우에는 당사자의 신청 또는 직권으로 이해관계인의 의견을 들은 후 면책의 결정을 할 수 있다고 규정하고 있는데, 한편 채무자회생법 제627조는 면책 여부의 결정과 면책취소의 결정에 대하여는 즉시항고를 할 수 있다고 규정하고 있으므로 개정규정 시행 전에 변제계획인가결정을 받은 채무자가 개정규정 시행일 이전에 변제계획안에 따라 3년 이상 변제계획을 수행하였음을 이유로 면책신청을 하였으나 법원이 그 신청을 받아들이지 않는 취지의 결정을 한 경우, 위 결정에 대하여는 채무자회생법 제627조에 따라 즉시항고로 불복할 수 있다.[1]

법원은 채무자가 변제계획에 따른 변제를 완료하지 못한 경우에도 ① 채무자가 책임질 수 없는 사유로 인하여 변제를 완료하지 못하였고, ② 개인회생채권자가 면책결정일까지 변제받은 금액이 채무자가 파산절차를 신청한 경우 파산절차에서 배당받을 금액보다 적지 아니하며, ③ 변제계획의 변경이 불가능한 경우에 이해관계인의 의견을 들어 면책의 결정을 할 수 있다(법624조2항). 이 규정은 이른바 미국 연방파산법 § 1141(d)(5)(B)에 규정

---

1) 대법원 2020.9.25.자 2020그731 결정(미간행)은 채무자가 '즉시항고장'을 제출하였는데, 원심법원은 이를 특별항고로 보아 대법원으로 기록을 송부한 데 대하여 즉시항고의 관할법원인 항고법원으로 이송하였다.

된 Hardship Discharge를 도입한 것이다.[2)]

　　판례는 ① 개인회생절차에서 채권자는 변제계획에 의하지 아니하고는 변제하거나 변제받는 등 이를 소멸하게 하는 행위를 하지 못하는데, 개인회생채권자는 폐지결정이 확정된 때에는 채무자에 대하여 개인회생채권자표에 기하여 강제집행을 할 수 있어 개인회생채권자가 폐지결정의 확정으로 절차적 구속에서 벗어나는 점 등에 비추어 보면, 폐지결정이 확정된 경우에 개인회생절차는 종료하는데, 규칙 제96조가 '법 제624조의 면책결정이 확정되면 개인회생절차는 종료한다'고 규정하고 있으나 이는 면책결정이 확정된 경우의 개인회생절차 종료사유에 관한 것이므로 개인회생절차폐지결정이 확정된 경우에도 개인회생절차가 종료한다고 판단하는 데 장애사유가 되지 아니하고, ② 개인회생절차가 종료한 이후 채무자에게 파산원인이 있는 경우 채무자는 파산절차를 이용할 수 있는 점, 개인회생절차가 종료한 이후에도 채무자가 개인회생절차에 따른 면책신청을 할 수 있다면 개인회생절차로 말미암은 권리행사의 제한에서 벗어난 개인회생채권자의 지위가 불안정하게 되는 점, 면책결정이나 개인회생절차폐지결정이 확정되면 개인회생절차가 종료하는 점, 면책불허가결정이 확정된 때에는 개인회생절차를 폐지하여야 하는데, 개인회생절차폐지결정이 확정된 후에 채무자가 면책신청을 하여 법원이 면책결정 또는 면책불허가결정을 하여야 한다면, 이미 종료한 절차가 다시 종료하거나 폐지결정을 다시 하여야 하는 모순이 발생하여 법체계에 맞지 않는 점 등에 비추어 보면, 법 제624조 제2항에 따른 면책은 개인회생절차가 계속 진행하고 있음을 전제로 한 것으로 개인회생절차가 종료하기 전까지만 신청이 가능하다고 봄이 타당하다고 하였다.[3)] 같은 입장에서 보면 비면책채권이 변제계획에 기재된 경우에도 면책결정이 확정된 후에는 이행청구의 소를 제기하는 것이 가능하다고 해석한다.[4)]

　　또한 판례 중에는 甲이 공무원연금공단과 연금대부계약을 체결한 후 대여금 일부만을 변제한 상태에서 개인회생절차개시결정을 받았고, 변제계획에 따라 대여금 일부를 추

---

2) 이 부분의 상세에 관하여는 박정호, "개인 채무자에 대한 미국 연방파산법 11정 절차의 시사점", 도산법연구 제6권 제1호, 사단법인 도산법연구회(2015.6.), 19면 참조.

3) 대법원 2012.7.12.자 2012마811 결정(공2012하, 1422)은 회생법원이 X에 대하여 변제기간을 2007.11.25.부터 5년간 매월 179,212 원을 변제하는 내용의 변제계획을 인가하였는데, X가 변제를 지체하고 그 지체액이 6개월분에 달하자, 2010.6.1. 개인회생절차 폐지결정을 하였고, X가 2010.6.11. 미납한 변제예정액을 모두 납부하면서 위 폐지결정에 대하여 불복하자, 회생법원은 6.14. 이를 취소하였는데, 그 후 X가 다시 변제를 지체하고 그 지체액이 10개월분에 달하자, 회생법원은 2011.5.9. 개인회생절차 폐지결정을 하였고 5.24. 확정된 후 X가 2011.12.8. 법 624조 2항에 기하여 면책을 신청한 사안이다. 제1, 2심은 개인회생절차 폐지결정이 2011.5.24. 확정되었음을 이유로 면책신청을 각하하였고, 대법원은 재항고를 기각하였다.

4) 이 입장의 상세는 허승진, 홍석재, "개인회생절차 종료 이후 비면책채권의 처리", 도산법연구 제12권 제2호, 사단법인 도산법연구회(2022.12.), 65면 참조.

가로 변제한 다음 면책결정이 내려져 확정되었는데, 공무원연금공단이 미상환 원금과 이자, 연체이자의 지급을 구하는 본소를 제기하자 甲이 채무부존재확인을 구하는 반소를 제기한 사안에서, 甲의 반소는 확인의 이익이 없어 부적법하다고 보아 이를 각하한 사례도 있다.[5]

법원은 위와 같이 필요적 또는 임의적 면책사유에 해당하더라도 면책결정 당시 채무자가 악의로 개인회생채권자목록에 기재하지 아니한 개인회생채권이 있거나 채무자가 법에서 정한 채무자의 의무를 이행하지 아니한 경우 면책을 불허하는 결정을 할 수 있다(법624조3항).

나. 면책결정의 효력

면책결정이 확정된 경우 면책을 받은 채무자는 변제계획에 따라 변제한 것을 제외하고 개인회생채권자에 대한 채무에 관하여 책임이 면제된다(법625조2항). 여기서 면책이라 함은 채무 자체는 존속하지만 채무자에 대하여 이행을 강제할 수 없다는 의미이다. 따라서 면책된 채권은 통상의 채권이 가지는 소제기 권능을 상실하게 된다. 채무자회생법이 개인회생절차에서 채무자를 위한 면책제도를 둔 취지는 채권자들에 대하여 공평한 변제를 확보함과 아울러 지급불능 또는 그럴 염려가 있는 상황에 처한 채무자에 대하여 경제적 재기와 회생의 기회를 부여하고자 하는 데에 있다. 이를 통하여 채무자는 개인회생채무로 인한 압박을 받거나 의지가 꺾이지 않은 채 앞으로 경제적 회생을 위한 노력을 할 수 있게 된다.[6] 결국 면책결정이 확정된 때 권리변경의 효력이 발생하고 사건도 종결되는 것이다(법615조1항 단서 참조).

그러나 ① 개인회생채권자 목록에 기재되지 아니한 청구권, ② 조세, ③ 벌금, 과료, 형사소송비용, 추징금 및 과태료, ④ 채무자가 고의로 가한 불법행위로 인한 손해배상,[7] ⑤ 채무자가 중대한 과실로 타인의 생명 또는 신체를 침해한 불법행위로 인하여 발생한 손해배상, ⑥ 근로자의 임금, 퇴직금 및 재해보상금, ⑦ 근로자의 임치금 및 신원보증금,

---

5) 대법원 2019.6.13. 선고 2017다277986, 277993 판결(미간행)은 공무원연금법에서 정한 급여를 받으려고 하는 자는 우선 관계 법령에 따라 공단에 급여지급을 신청하여 공단이 이를 거부하거나 일부 금액만 인정하는 급여지급결정을 하는 경우 그 결정을 대상으로 항고소송을 제기하는 등 구체적인 권리를 인정받은 다음 비로소 당사자소송으로 그 급여의 지급을 구하여야 할 것이고, 구체적인 권리가 발생하지 않은 상태에서 곧바로 공단 등을 상대로 한 당사자소송으로 급여의 지급을 소구하는 것은 허용되지 아니한다고 전제하였다.

6) 대법원 2021.9.9. 선고 2020다277184 판결(공2021하, 1796).

7) 대법원 2018.4.26. 선고 2017다290477 판결(미간행)은 이 규정은 채무자가 사회적으로 비난받을 만한 경우로 인한 경우까지 면책 결정에 의하여 그 책임을 면하는 것은 정의의 관념에 반하는 결과가 된다는 점을 고려한 것이라고 하였다.

⑧ 채무자가 양육자 또는 부양의무자로서 부담하여야 할 비용의 청구권[8])에 대해서는 책임이 면제되지 아니한다(법625조2항 단서).

　　이와 관련하여 과중채무자가 다시 대출을 받거나 신용카드를 이용하는 것이 사기죄를 구성하는지에 대하여 논란이 있는데, 실무에서는 유죄로 판단하는 경우가 대부분이었지만,[9]) 이에 대하여는 사기죄의 본질에 반하고, 채권추심의 수단일 뿐이며, 면책을 방해하는 수단이 된다는 비판이 유력하다.[10])

　　판례는 주택임차인은 구 개인채무자회생법 제46조 제1항에 의하여 인정된 우선변제권의 한도 내에서는 임대인에 대한 개인회생절차에 의하지 아니하고 자신의 임대차보증금반환채권의 만족을 받을 수 있으므로, 설혹 주택임차인의 임대차보증금반환채권 전액이 개인회생채무자인 임대인이 제출한 개인회생채권자목록에 기재되었더라도, 주택임차인의 임대차보증금반환채권 중 우선변제권이 인정되는 부분을 제외한 나머지 채권액만이 개인회생절차의 구속을 받아 변제계획의 변제대상이 되고 면책결정의 효력이 미치는 개인회생채권자목록에 기재된 개인회생채권에 해당하므로 임대인에 대한 개인회생절차의 진행 중에 임차주택의 환가가 이루어지지 않아 주택임차인이 환가대금에서 임대차보증금반환채권을 변제받지 못한 채 임대인에 대한 면책결정이 확정되어 개인회생절차가 종료되었더라도 특별한 사정이 없는 한 주택임차인의 임대차보증금반환채권 중 구 개인채무자회생법 제46조 제1항에 의하여 인정된 우선변제권의 한도 내에서는 같은 법 제84조 제2항 단서 제1호에 따라 면책이 되지 않는 '개인회생채권자목록에 기재되지 아니한 청구권'에 해당하여 면책결정의 효력이 미치지 않는다고 하였다.[11]) 또한 개인회생절차에서 변제계획 변경

---

8) 실무에서는 개인회생절차에서 양육비를 개인회생재단채권으로 취급하고 있다. 이에 대한 분석으로는 최복기, "양육비의 개인회생절차상 취급", 도산법연구 제11권 제2호, 사단법인 도산법연구회(2121.12.), 147면 참조.

9) 대법원 1983.5.10. 선고 83도340 전원합의체 판결(공, 1983, 986), 대법원 1990.11.13. 90도1218 판결(공1991, 133), 대법원 1993.1.15. 선고 92도2588 판결(공1993, 778), 대법원 2005.8.19. 선고 2004도6859 판결(공2005, 1522), 대법원 2007.11.29. 2007도8549 판결(공2007하, 2089).

10) 이 문제의 상세한 분석에 관하여는 오수근, "개인회생 채무자의 차금과 사기죄", 도산법연구 제6권 제3호, 사단법인 도산법연구회(2016.10.), 43면, 전별, "금융차입과 사기죄 성립 여부에 관한 고찰", 도산법연구 제8권 제2호, 사단법인 도산법연구회(2018.12.), 1면 참조.

11) 대법원 2017.1.12. 선고 2014다32014 판결(공2017상, 312)[백선95]은 주택임대차보호법상 대항요건 및 확정일자를 갖춘 주택임차인은 임차주택(대지를 포함한다)이 경매될 경우 그 환가대금에 대하여 우선변제권을 행사할 수 있고, 이와 같은 우선변제권은 이른바 법정담보물권의 성격을 갖는 것으로서 임대차 성립 시의 임차 목적물인 임차주택의 가액을 기초로 주택임차인을 보호하고자 인정되는 것이고(대법원 2007. 6. 21. 선고 2004다26133 전원합의체 판결 등 참조), 이에 상응하여 구 개인채무자회생법 제46조 제1항은 "주택임대차보호법 제3조(대항력 등) 제1항의 규정에 의한 대항요건을 갖추고 임대차계약증서상의 확정일자를 받은 임차인은 개인회생재단에 속하는 주택(대지를 포함한다)의 환가대금에서 후순위권리자 그 밖의 채권자보다 우선하여 보증금을 변제받을 권리가 있다."라고 규정함으로써 우선변제권 있는 주택임차인을 개인회생절차에서 별제권자에 준하여 보호하고 있다고 하였다.

인가결정에 대하여 즉시항고가 있어 항고심이나 재항고심에 계속 중이더라도 면책결정이 확정되면, 항고인이나 재항고인으로서는 변제계획 변경 인가결정에 대하여 더 이상 즉시 항고나 재항고로 불복할 이익이 없으므로 즉시항고나 재항고는 부적법하다고 함은 전술하였다.[12]

채무자에 대한 면책결정이 확정되더라도 채무자의 보증인 그 밖에 채무자와 더불어 채무를 부담하는 자에 대하여 가지는 권리와 개인회생채권자를 위하여 제공한 담보에는 영향을 미치지 아니함은 물론이다(법625조3항). 다만 채권자가 중소벤처기업진흥공단, 신용 보증기금, 기술보증기금인 경우에는 중소기업의 면책결정을 받은 시점에 주채무자가 감경 또는 면제될 경우 연대보증채무도 동일한 비율로 감경 또는 면제되는데(중소기업진흥에 관한 법률74조의2, 신용보증기금법30조의3, 기술보증기금법37조의3), 하급심 판례로서 개인사업체를 운영하는 甲이 신용보증기금과 신용보증약정을 체결할 때 乙이 甲의 신용보증기금에 부담할 구상금채무 등의 지급을 연대보증하면서 乙 소유의 부동산에 관하여 신용보증기금 앞으로 근저당권을 설정해 주었고, 그 후 신용보증사고가 발생하여 신용보증기금이 이를 대위변제한 후 위 근저당권에 기하여 부동산임의경매를 신청하여, 경매절차 진행 중 甲이 신용보증기금에 대한 구상금채무를 감경하여 분할 변제하는 내용의 개인회생 변제계획인 가결정을 받은 사안에서, 개인회생절차의 경우 회생절차와는 달리 면책결정이 확정되지 않는 한 변제계획인가결정만으로는 주채무의 감경 또는 면제의 효과가 발생하지 않으므로, 주채무자에 대하여 개인회생절차가 진행되는 경우에는 개인회생 변제계획인가결정이 있은 때가 아니라, 면책결정이 확정된 때에 신용보증기금법 제30조의3에서 규율하는 바와 같은 권리변경의 효력이 발생하는 것으로 보아야 하는데, 甲이 개인회생절차에서 변제계획인가결정을 받았을 뿐 변제계획에 의한 변제를 완료하지 않아 아직 면책결정을 받지 않은 이상, 연대보증인인 乙의 채무에 관하여는 신용보증기금법 제30조의3에 따른 감경 또는 면제의 효력이 발생하지 않는다고 한 사례가 있다.[13]

판례는 채무자가 개인회생절차가 개시된 후 면책결정 확정 전에 변제계획과 별도로 개인회생채무를 변제하겠다는 취지의 의사를 표시한 경우, 위 채무에도 면책결정의 효력이 미치는지 여부에 관하여 만일 채무자가 개인회생절차가 개시된 후 면책결정 확정 전에 개인회생채권자에게 '변제계획과 별도로 개인회생채무를 변제하겠다.'는 취지의 의사를 표시한 경우에 면책결정이 확정된 이후에도 채무자에게 개인회생채무 전부나 일부를 이행할 책임이 존속한다고 보게 되면, 이는 앞서 본 면책제도의 취지에 반하므로 채무자가 면책결정 확정 전에 변제계획과 별도로 개인회생채무를 변제하겠다는 취지의 의사를 표시한

---

12) 대법원 2019.7.25.자 2018마6313 결정(공2019하, 1651).
13) 대구고법 2017.12.27. 선고 2017나24336 판결(각공2018상, 183).

경우, 이로 인한 채무가 실질적으로 개인회생채무와 동일성이 없는 완전히 새로운 별개 채무라고 볼 만한 특별한 사정이 없는 한, 원래의 개인회생채무와 동일하게 면책결정의 효력이 미친다고 보아야 한다고 하였다.[14)]

　면책결정이 기망 그 밖에 부정한 방법에 의한 것인 때에는 법원은 이해관계인이 신청이나 법원의 직권으로 면책을 취소할 수 있다(법626조). 이러한 취소신청은 면책결정의 확정일부터 1년 이내에 제기하여야 한다(같은조2항). 법원은 채무자에 대한 면책취소 여부를 결정함에 있어 이해관계인의 신청내용과 함께 면책취소사유의 내용과 그 경중, 채무자가 개인회생신청에 이르게 된 경위, 채무자의 경제적 여건, 채무자의 경제적 회생 가능성 등 여러 사정을 고려하여 합목적적 재량에 따라 판단한다.[15)] 면책취소신청 기각결정에 대하여는 즉시항고 여부에 대하여 아무런 규정이 없으므로 즉시항고를 할 수 없고, 민사소송법 제449조 제1항의 특별항고만 허용될 뿐이다.[16)]

---

14) 대법원 2021.9.9. 선고 2020다277184 판결(공2021하, 1796).

15) 대법원 2015.4.24.자 2015마74 결정(공2015상, 747).

16) 대법원 2016.4.18.자 2015마2115 결정(공2016상, 651)은 특별항고만이 허용되는 재판에 대한 불복에 있어서는 당사자가 특별히 특별항고라는 표시와 항고법원을 대법원으로 표시하지 아니하였다고 하더라도 그 항고장을 접수한 법원으로서는 이를 특별항고로 보아 소송기록을 대법원에 송부하여야 한다(대법원 1997.6.20.자 97마250결정, 대법원 2011.2.21.자 2010마1689 결정 등 참조)고 하였다.

9. 개인회생절차의 폐지

가. 폐지의 사유

　　개인회생절차의 개시결정 당시 채무자가 신청권자의 자격을 갖추지 아니하였거나 채무자가 신청일 전 5년 이내에 면책을 받은 사실이 있음이 명백히 밝혀진 때 및 채무자가 제출한 변제계획안을 인가할 수 없을 때 법원은 직권으로 개인회생절차폐지의 결정을 하여야 한다(법620조1항). 폐지는 필요적이다. 반면에 채무자가 정당한 사유 없이 채권자집회에 출석하지 아니하거나 변제계획에 대하여 필요한 설명을 하지 아니하는 경우에 또는 허위의 설명을 한 경우에 직권으로 개인회생절차폐지의 결정을 할 수 있음은 전술하였다(같은조2항). 즉 이때의 폐지결정은 필요적인 것이 아니라 임의적인 것이다.

　　문제는 채무자가 법원의 변제계획 불인가 결정에 대하여 다투지 아니하여 불인가결정이 확정된 후 그에 따라 법원의 직권으로 개인회생절차폐지의 결정을 한 데 대하여 즉시항고를 한 경우이다. 대법원은 원심이 변제계획 불인가결정은 항고기간인 14일을 경과함으로써 그대로 확정되었고, 따라서 설령 채무자 주장과 같이 채무자가 변제계획안에서 정한 변제금 상당액을 납입하여 변제계획의 수행가능성이 있다고 하더라도 변제계획 불인가결정이 확정된 이상 이 사건은 채무자회생법 제620조 제1항 제2호 소정의 '채무자가 제출한 변제계획안을 인가할 수 없는 때'에 해당한다고 봄이 타당하다고 보아 채무자의 즉시항고를 기각한데 대하여 재항고인이 위 폐지결정뿐만 아니라 위 불인가결정에 대하여도 항고로써 다투는 취지인지, 책임질 수 없는 사유로 위 불인가결정에 대한 항고 제기의 불변기간을 준수할 수 없었는지 등을 직권으로 심리하여 위 불인가결정에 대한 추후보완 항고의 적법성을 판단하였어야 한다는 이유로 원심을 파기하였다.[1]

---

1) 대법원 2014.7.25.자 2014마980 결정(미간행)은 재항고인은 제1심 법원이 이 사건 변제계획 불인가결정을 한 사실을 확인한 후 법원에 그에 대한 즉시항고절차를 문의하였는데, 담당 법원 직원은 폐지결정이 난 후 그에 대하여만 항고하면 되고 불인가결정에 대하여는 별도로 항고할 필요가 없다고 안내하였기 때문에 자신은 불인가결정에 대하여는 즉시항고를 할 필요가 없는 것으로 알고 폐지결정에

　　법원은 변제계획이 인가된 후라도 ① 면책불허가결정이 확정된 때, ② 채무자가 인가된 변제계획을 이행할 수 없음이 명백할 때(다만 법624조2항의 규정에 의한 면책결정을 받은 경우는 제외한다), ③ 채무자가 재산 및 소득의 은닉 그 밖의 부정한 방법으로 인가된 변제계획을 수행하지 아니하는 때에는 신청 또는 직권으로 개인회생절차폐지의 결정을 하여야한다(법621조1항). 즉, 채무자 스스로 변제계획의 이행이 어려워져 폐지신청서를 제출하거나, 채무자가 계속하여 변제계획을 이행하지 않는 경우 회생위원은 변제계획에 따른 변제가 지체되고 그 지체액이 3개월분 변제액에 달한 경우에 변제계획 불수행 보고서를 작성하여 법원에 보고하여면 폐지 결정을 하게 된다.

　　변제계획을 이행할 수 없음이 명백할 때라 함은 변제계획이 인가된 후에 변경도 할 수 있다는 점을 고려한다면 그러한 변경조차도 할 수 없게 된 경우를 가리킨다고 해석된다. 판례는 법원이 채무자가 인가된 변제계획을 이행할 수 없음이 명백한지 여부를 판단함에 있어서는, 인가된 변제계획의 내용, 당시까지 변제계획이 이행된 정도, 채무자가 변제계획을 이행하지 못하게 된 이유, 변제계획의 이행에 대한 채무자의 성실성의 정도, 채무자의 재정상태나 수입 및 지출의 현황, 당초 개인회생절차개시 시점에서의 채무자의 재정상태 등과 비교하여 그 사이에 사정변경이 있었는지 여부 및 채권자들의 의사 등 여러 사정을 종합적으로 고려할 것이나, 단순히 변제계획에 따른 이행 가능성이 확고하지 못하다거나 다소 유동적이라는 정도의 사정만으로는 '이행할 수 없음이 명백한 때'에 해당한다고 할 것은 아니라고 하였다.[2] 이 경우 법원은 변제계획인가 이후의 채무자의 재정상태

　　대하여만 즉시항고 기간 내에 항고를 제기한 것이라고 주장하고 있고, 이러한 재항고인의 주장에 더하여, 법 규정과 기록에 의하여 알 수 있는 다음과 같은 사정, 즉 재항고인이 변제계획안에서 정한 변제금 상당액을 납입하여 변제계획의 수행가능성이 있다는 주장 속에는 이 사건 변제계획 불인가결정과 개인회생절차 폐지결정에 대하여 모두 다투는 취지가 포함되어 있는 점, 법 제618조 제1항과 제623조 제1항은 변제계획 불인가결정과 그에 따른 폐지결정 각각에 대하여 즉시항고를 할 수 있다고 규정하고 있어, 채무자가 변제계획 불인가결정을 다투기 위해 어떤 결정에 대하여 즉시항고를 해야 하는지 쉽게 알기 어려운 점 등의 사정을 종합하여 보면, 원심으로서는 재항고인이 위 폐지결정뿐만 아니라 위 불인가결정에 대하여도 항고로써 다투는 취지인지, 책임질 수 없는 사유로 위 불인가결정에 대한 항고 제기의 불변기간을 준수할 수 없었는지 등을 직권으로 심리하여 위 불인가결정에 대한 추후보완 항고의 적법성을 판단하였어야 함에도 불구하고 원심이 위 불인가결정에 대한 추후보완 항고에 관하여는 아무런 심리·판단 없이 재항고인이 위 폐지결정에 대하여만 항고한 것으로 보고 항고를 기각한 것은 소송행위의 추후보완에 관한 법리를 오해하여 판단을 그르친 것이라고 하였다.

2) 대법원 2011.10.6.자 2011마1459 결정(미간행)은 채무자가 월 20만 원씩 72회 동안 변제하는 변제계획인가결정을 받았다가 10개월분 변제를 지체하여 개인회생절차폐지결정을 받았으나 지체액을 납부하고 항고하여 취소결정을 받은 후 다시 15개월분 변제를 지체하여 2번째로 폐지결정을 받았으나 지체액을 납부하고 항고하여 취소결정을 받았으나 다시 7개월분 변제를 지체하여 3번째로 이 사건 폐지결정을 받은 사안이다. 원심은 "채무자의 수입, 재정상태, 향후 예상소득 등 제반사정을 고려하면 채무자의 변제계획안은 수행가능성이 희박하다"고 보아 채무자의 항고를 기각하였으나 대법원은 채무자가 이 사건 폐지결정 이전에도 인가된 변제계획에 따른 이행을 지체하여 두 번이나 폐지결정을 받은 적이 있다고 하더라도 채무자가 그 지체된 변제액을 모두 납부하여 그 폐지결정이 취소되었고,

변경, 채무자가 변제계획을 이행하지 못하게 된 이유, 현재의 수입과 지출 현황 및 향후의 예상소득, 채무자가 잔존금액을 일시금으로 완납하기 곤란할 경우 실제로 이행할 수 있는 변제계획안 등 변제계획을 이행할 수 없음이 명백한지 여부를 판단하는 데 필요한 사정들을 채무자에 대한 보정명령이나 채무자와 이해관계인 및 참고인 심문 등을 통하여 충분히 심리한 다음, 이를 종합적으로 고려하여 과연 채무자가 인가된 변제계획을 이행할 수 없음이 명백한지 여부를 판단하여야 한다.3)

그 밖에 판례 중에는 제1심법원이 변제계획 인가결정에 별지로 첨부한 변제계획의 변제기간 '2006.7.25.부터 2011.6.25.까지 60개월간'은 '2007.7.25.부터 2012.6.25.까지 60개월간'으로 기재하여야 할 것을 착오로 말미암아 잘못 기재된 것으로 볼만한 사정이 충분함에도 원심이 이를 제대로 살피지 아니한 채 변제계획의 변제개시일을 2006.7.25.로 보아 채무자가 2009.5.25.부터 2010.7.25.까지 15개월분의 납입을 지체하였음을 들어 채무자가 변제계획을 이행할 수 없음이 명백하다고 판단한 것에는 변제개시일과 변제계획 이행가능성에 관한 법리를 오해함으로써 재판에 영향을 미친 위법이 있다는 이유로 원심결정을 파기한 사례가 있고,4) 재항고인이 2014.2.19. 개인회생절차개시신청을 하여 2015.6.5. 개인회생절

이 사건에서도 채무자는 제1심법원의 폐지결정 때까지 납부를 지체한 7개월분을 모두 납부한 후 그 폐지결정의 취소를 신청하였으며, 제1심결정 이후 원심결정에 이르기까지 9개월 동안에도 3개월분은 이행하지 않았으나 2011년 1월부터 6개월간은 매월 기간 내에 변제액을 납부하여 온 사실이 소명되므로 따라서 채무자는 원심결정시까지 변제계획에 따른 총 72회 중 63회분을 납부했고, 이 사건 폐지결정 이후 원심결정까지의 기간 동안은 비교적 성실하게 변제계획에 따른 의무이행을 하였으며, 그 밖에 채무자의 재정상태 등이 당초 개인회생절차개시 시점과 비교하여 변제계획의 이행 여부에 영향을 미칠 정도로 변경되었다고 볼 자료는 찾을 수 없는 점 등을 아울러 고려하여 보면, 과연 채무자가 인가된 변제계획을 이행할 수 없음이 명백한 경우에 해당하는지 쉽게 단정하기는 어렵다고 보인다고 하면서 원심결정을 파기환송하였다. 同旨 대법원 2018.5.2.자 2018마33 결정(미간행)은 인가된 위 변제계획에 따르면 채무자는 매월 54만 원씩 60개월에 걸쳐 총 3,240만 원을 변제하여야 하는데, 채무자는 34회 분부터 변제를 지체하였고, 제1심법원은 2016. 11. 28. 개인회생절차 폐지결정을 하여 채무자가 항고하였고, 원심은 채무자의 항고를 기각한 사안인데 위와 같은 경우에 원심이 채무자의 변제계획 이행 여부 등에 관하여 제대로 심리하지 아니한 채 판시와 같은 이유만으로 채무자가 인가된 변제계획을 이행할 수 없음이 명백하다고 하여 채무자의 항고를 기각한 것은, 개인회생절차의 폐지사유에 관한 법리를 오해하고 필요한 심리를 다하지 아니하여 재판에 영향을 미친 잘못을 범한 것이라고 하였다. 채무자는 항고 후 원심결정 전인 2017. 3. 14. 미납금 864만 원을 일시에 납부한 후 그때부터 매월 54만 원씩을 납부하고 있으므로 이와 같은 채무자의 변제계획 이행현황과 남은 변제횟수 등에 비추어 보면, 채무자가 인가된 변제계획을 이행할 수 없음이 명백하다고 보기 어렵다는 것이다.

3) 대법원 2014.10.1.자 2014마1255 결정(미간행)은 채무자는 변제계획에 따라 총 60회 중 48회분을 4년 동안 성실히 납입하여 왔고, 원심의 보정명령에 따라 미납금액 전액까지는 아니더라도 상당금액을 추가로 납입하는 등 변제계획을 이행하려는 의지를 보였으며, 위와 같이 납입한 금액 합계가 변제계획 인가결정 당시 산정된 청산가치를 초과할 뿐만 아니라 잔존 미납금액이 2,640,120원이어서 그 동안 채무자가 변제한 17,160,480원에 비하면 소액에 불과하므로, 원심판시 사정을 종합하더라도 채무자가 인가된 변제계획을 이행할 수 없음이 명백한 경우에 해당하는지 쉽게 단정하기는 어렵다고 하였다.

4) 대법원 2011.5.2.자 2011마232 결정(미간행).

차개시결정을 받은 다음, 법원에 제출한 변제계획안(2015.4.25.부터 2020.3.25.까지 60개월간 제
1회부터 제5회까지는 월 2,877,404원, 제6회 월 2,877,353원, 제7회부터 제60회까지 월 2,877,354원을
변제하여 회생채권 원금의 43%를 변제하는 계획안)에 대하여 2015.9.2. 인가결정을 받은 후 8
회분을 납부하다가 7회분의 변제액을 납부하지 못하자 제1심은 2016.6.16. 이 사건 개인
회생절차 폐지결정을 하였는데, 제1심결정 후 원심결정에 이르기까지 약 4개월 동안 그
이전의 미납변제금이 전부 납부되지는 않았으나, 그 기간의 변제액(2,877,354원×4) 이상인
17,091,480원이 납부되어 원심결정 당시의 미납변제금이 제1심결정 당시보다 줄어든 상태
였던 사안에서 재항고인은 원심결정시까지 14회분 정도를 납부했고, 제1심결정 후 원심결
정까지의 기간 동안은 성실하게 변제계획에 따른 의무이행을 하였다고 할 것이며, 그 밖
에 재항고인의 재정상태 등이 당초 개인회생절차개시 시점과 비교하여 변제계획의 이행
여부에 영향을 미칠 정도로 변경되었다고 볼 자료는 찾을 수 없는 점 등을 아울러 고려하
여 보면, 과연 채무자가 인가된 변제계획을 이행할 수 없음이 명백한 경우에 해당하는지
쉽게 단정하기는 어렵다고 하여 원심결정을 파기한 사례,[5] 채무자가 폐지결정 전까지 30
회분의 변제액을 성실히 납입하였고 폐지결정 후에도 원심결정 시까지 추가로 10회분가량
을 납입한 점, 채무자는 공기업인 ○○공사에 근무하는 점, ○○공사가 2015년 경영악화로
2016년 조직규모와 인원을 줄이고 인건비를 반납하는 등 고강도 개혁을 하는 과정에서 채
무자의 연봉과 수당이 감소하였고, 이는 채무자의 변제액 미납에 영향을 미친 것으로 보
이는 점, 원심의 보정명령에 대하여 채무자가 밝힌 연기사유, 채무자가 재항고를 하면서
당시까지의 미납 변제액을 모두 납입하게 된 경위 등을 아울러 고려하여 보면, 채무자가
인가된 변제계획을 이행할 수 없음이 명백한 경우에 해당한다고 보기는 어렵다는 이유로
'변제계획안은 이행할 수 없음이 명백하다'고 하여 채무자의 항고를 기각한 원심을 파기한
사례[6]도 있다.

　　한편 거래의 안전을 위하여 이와 같이 변제계획이 인가된 후에 개인회생절차가 폐지
된 경우에는 이미 행한 변제와 채무자회생법의 규정에 의하여 생긴 효력에는 영향을 미치
지 아니한다(법621조2항).

나. 절차의 종료

　　회생위원은 개인회생절차폐지의 결정 또는 면책의 결정이 확정된 후에도 임치된 금
원(이자를 포함한다)이 존재하는 경우에는 이를 채무자에게 반환하여야 한다. 다만 채무자

---

5) 대법원 2017.1.25.자 2016마1765 결정(미간행).
6) 대법원 2017.7.25.자 2017마280 결정(미간행).

가 수령을 거부하거나 채무자의 소재불명 등으로 반환할 수 없는 경우에는 채무자를 위하여 공탁할 수 있다(법617조의2).

판례는 개인회생채권자가 개인회생절차폐지결정의 확정으로 절차적 구속에서 벗어나는 점 등에 비추어 보면, 개인회생절차폐지결정이 확정된 경우에 개인회생절차는 종료한다고 하면서, 채무자 회생 및 파산에 관한 규칙 제96조가 "법 제624조의 면책결정이 확정되면 개인회생절차는 종료한다"고 규정하고 있으나 이는 면책결정이 확정된 경우의 개인회생절차 종료사유에 관한 것이므로 개인회생절차폐지결정이 확정된 경우에도 개인회생절차가 종료한다고 판단하는 데 장애사유가 되지 아니한다고 하였다.[7]

다. 공고 및 항고

개인회생절차의 폐지의 결정이 있은 때 법원은 주문과 이유의 요지를 공고하여야 한다(법622조). 이해관계인은 개인회생절차의 폐지결정에 대하여 즉시항고를 할 수 있다(법623조1항). 즉시항고는 재판이 고지된 날부터 1주, 재판의 공고가 있는 때에는 그 공고가 있는 날부터 14일 이내에 하여야 한다(법33조, 민소444조). 위 기간은 모두 불변기간이고, 당사자가 책임질 수 없는 사유로 말미암아 불변기간을 지킬 수 없었던 경우에는 그 사유가 없어진 날부터 2주 이내에 소송행위를 보완할 수 있다(법33조, 민소173조1항). 법원에 절차진행과 관련한 잘못이 있어 법원이 어떠한 재판을 할 것을 당사자가 예상하기 어려운 사정이 있었다면 이는 당사자가 책임질 수 없는 사유에 해당한다고 볼 여지가 있다.[8]

개인회생절차폐지결정에 대하여 즉시항고가 제기된 경우, 폐지결정 공고가 있는 날부터 14일 이내에 즉시항고장을 제출하고 해당 폐지사유를 보정하여 폐지사유가 소멸한 경우 재도의 고안으로 폐지취소결정을 할 수 있고, 즉시항고기간을 넘겨 즉시항고장을 제출한 경우 항고장 각하명령을 하며, 인지대를 붙이지 않은 경우 상당한 기간을 정하여 보정하도록 명하고 보정을 하지 않으면 역시 항고장 각하명령을 한다. 채무자가 변제계획을 이행하지 않아 인가 후 폐지결정을 하였는데, 비로소 채무자가 미지급액을 변제하면서 즉시항고하는 경우 폐지결정을 취소하는 실무례가 일반이다.

한편 항고심으로서는 그 속심적 성격에 비추어 항고심 결정 시를 기준으로 당시까지 발생한 사정까지 고려하여 판단하여야 하고, 필요할 경우에는 변론을 열거나 당사자와 이해관계인, 그 밖의 참고인을 심문한 다음 항고의 당부를 판단할 수도 있다.[9] 항고법원의

---

7) 대법원 2012.7.12.자 2012마811 결정(공2012하, 1422).
8) 대법원 2012.12.27.자 2012마1247 결정(미간행).
9) 대법원 2011.10.6.자 2011마1459 결정(미간행), 同旨 대법원 2017.1.25.자 2016마1765 결정(미간행), 대법원 2017.7.25.자 2017마280 결정(미간행).

심리범위는 항고이유에 제한되지 않고, 항고법원은 불복신청의 한도 내에서 기록에 나타
난 자료에 의하여 제1심 재판의 당부를 심리 판단하여야 한다.[10]

참고문헌

김경록, "개인도산절차에 대한 실증조사의 필요성과 방법", 법조 제743호, 법조협회(2020.10.), 340면.

김관기, "개인회생 스케치", 도산법연구 제5권 제2호, 사단법인 도산법연구회(2014.10.), 225면.

김성용, "개인회생절차에서의 주택담보채권 특례 도입 방안", 성균관법학 제25권 제2호, 성균관대학
    교 법학연구소(2013.6.), 69면.

김승래, "채무자회생·파산제도 운용상 문제점과 개선방안", 회생법학 제21호, (사)한국채무자회생법
    학회(2020), 62면.

김용철, "통합도산법상의 개인회생절차의 개정", 통합도산법, 남효순·김재형 공편, 법문사(2006), 509면.

김용철, "개인회생제도의 시행경과와 향후 과제", 사법 4호, 사법발전재단(2008), 3면.

김형두, "소비자 도산에 관하여", 민사소송 제10권 제1호, 한국민사소송법학회(2006.5.), 464면.

김효선, "개인회생제도 입법동향 및 개선방향", 법조 제737호, 법조협회(2023), 512면.

박용석, "변호사가 본 개인회생절차", 통합도산법, 남효순·김재형 공편, 법문사(2006), 558면.

박용석, "개인회생절차에 있어서 주택담보채권의 특례 규정에 관하여", 도산법연구 제1권 제1호, 사
    단법인 도산법연구회(2010.1.), 125면.

박재완, "개인도산과 실증조사: 미국의 Consumer Bankruptcy Project에 대한 소개", 민사재판의 제
    문제 제21권, 한국사법행정학회(2012), 211면.

박정호, "개인채무자에 대한 미국 연방파산법 제11장 절차가 우리 제도에 주는 시사점", 도산법연구
    제6권 제1호, 사단법인 도산법연구회(2015.6.), 19면.

오병희, "2013년 개인회생절차의 새로운 운영방안 검토", 재판자료 제127집, 법원도서관(2013), 471면.

오수근, "개인채무자의 도산", 도산법, 한국사법행정학회(2012), 341면.

오수근, "개인회생 채무자의 차금과 사기죄", 도산법연구 제6권 제3호, 사단법인 도산법연구회
    (2016.10.), 43면.

오수근, "한국의 개인도산제도–남용과 방지책을 중심으로", 도산법연구 제10권 제1호, 사단법인 도
    산법연구회(2020.6.) 263면.

임치용, "개인채무자회생법 해설", 파산법 연구, 박영사(2004), 100면.

임치용, "채무자 회생 및 파산에 관한 법률안 중 개인채무조정절차에 대한 관견", 파산법 연구 2, 박
    영사(2006), 1면.

전병서, "개인회생절차에 관한 연구", 중앙법학 7집2호, 중앙법학회(2005), 281면.

정영수, "소비자도산제도의 변화–미국과 한국의 법개정 검토", 법조 제595호, 법조협회(2006.4.),
    169면.

---

10) 대법원 2010.3.3.자 2009마876 결정(미간행).

정준영, "개인회생제도의 몇 가지 개정 논점에 대한 비교법적 검토-변제기간 단축, 주택담보채권특채", 도산법연구 제1권 제2호, 사단법인 도산법연구회(2010.7.), 83면.

황성민, "개인회생절차", 서울지방변호사회 제8기 도산법연수원 교재(2023), 122면.

VIII

국제도산

1. 국제도산법제의 필요성

　　기업의 활동과 개인 생활의 세계화가 진행되는 가운데, 경제활동이 실패한 경우 그 도산에 국제적인 요소가 포함된 사안이 증대하고 있다. 예컨대 도산한 우리나라 기업이 해외에 자산(공장·예금 등)을 가지고 있거나, 투자처인 해외에 채권자(거래처·근로자 등)가 있는 사건과, 역으로 외국에서 도산한 기업에 대하여 우리나라의 기업이나 개인이 채권을 가지고 있는 것과 같은 사건이 빈발하고 있다. 이와 같이 도산사건에 관하여 국제적인 문제가 생긴 경우에 이를 어떻게 처리할 것인가 하는 것이 여기서 다루는 국제도산의 문제이다. 많은 문제점이 있지만, 가장 큰 문제는 외국의 도산절차의 효력을 우리 국내에서 인정할 것인가, 역으로 우리나라의 도산절차에 관하여 외국에 있는 자산 등에 대한 효력을 인정할 것인가 하는 점이다. 이러한 문제에 관해서 종래의 우리 법은 속지주의라는 사고 방식을 채택하고 있었다(구 파산법3조, 화의법11조, 회사정리법4조). 이는 외국의 도산절차는 한국에 전혀 효력을 미치지 않고, 역으로 한국의 절차도 외국에 일절 효력을 미치지 않는다는 사고방식, 말하자면 도산에 있어서 쇄국주의 사고방식이었다.

　　이러한 자세는 일본의 구법을 그대로 답습한 것으로서 파산법이 입법되던 당시 국제 거래가 별로 성하지 않았던 시대에는 도산절차를 간명화한다는 점에서 어느 정도 합리성이 있었다고 할 수 있었다. 그러나 197, 80년대의 고도성장기 이후 국제화가 현격하게 진전된 우리 사회에서는 이러한 자세는 매우 바람직스럽지 않은 결과를 초래하게 되었다. 예컨대 도산한 기업이 한국과 외국의 공장을 일체화하여 제품을 제조하는 경우 양자를 일체로서 환가하여야 고가의 배당이 가능하거나, 또는 양자를 대상으로 하지 않으면 본래 재건할 수 있는 기업이 재건할 수 없게 되어 버릴 우려도 있다. 또한 외국의 절차와 한국의 절차에서 배당의 대상이 된 채권자가 다른 경우에는 채권자간에 불평등이 생긴다. 나아가 세계화된 경제체제 하에서는, 채무자가 자산을 은닉·처분하거나 일부 채권자에게 편파적인 변제를 행하는 등의 행위도 국제적인 차원에서 행해지기 때문에 이에 대하여는 국제적인 협조가 필수 불가결하고, 쇄국적인 처리로는 제대로 대응할 수가 없다. 도산절차의 원래 목적인 자산의 고가의 환가와 재건에 의한 배당의 증대, 채권자에 대한 평등한 배당을 국제도산사건에서도 가능하게 하기 위해서는 국제협조적인 장치를 설치하는 국제도산법제의 정비가 불가결한 것이다.

이러한 인식 하에 종래 우리나라에서도 구 파산법 하에서 제도의 운용에 의하여 위에서 보았던 엄격한 속지주의를 완화하는 경향이 존재하였다. 예를 들면, 외국의 관리인·관재인이 채무자의 법적 지위(관리처분권)를 승계하는 것을 우리나라에서도 인정하거나,[1] 우리나라의 관리인·관재인에게도 외국재산을 관리처분하는 지위를 사실상 인정하는 것과 같은 것이다. 학설상으로도 여러 가지 해석론에 의해 속지주의의 불합리를 회피하는 노력이 행해져 왔었다. 그러나 한국의 도산채권자가 외국에서 개별집행을 하는 것을 방지할 유효한 수단은 없었고, 채권자가 남보다 앞질러 채권을 회수하는 것을 인정하지 않을 수 없는 등 이러한 노력에는 한계가 있었던 점 역시 부정할 수 없다. 판례도 구 회사정리법 제4조 제2항은 외국에서 개시된 정리절차의 효력에 관하여 이른바 '속지주의의 원칙'을 채택하고 있음을 명시하고 있으므로, 외국에서 정리절차가 개시되어 선임된 채무자의 관리인이 그 국가의 법률에 따라 대한민국 내에 있는 채무자의 재산에 대한 관리처분권을 취득할 수 있는지는 별론으로 하고, 개별 채권자의 권리행사 등을 금지·제한하고, 채무자 혹은 도산재단의 재산을 보전·회복하기 위하여 도산절차상 특별한 조치를 취할 수 있도록 하며, 정리계획을 통하여 채권자와 주주의 권리를 변경할 수 있도록 하는 등 채권자, 주주 등의 이해를 조정하며 사업의 유지·재건을 도모하기 위하여 부여된 외국 정리절차의 본래적 효력은 대한민국 내에 있는 재산에 대하여 미칠 수 없고, 따라서 외국에서 정리절차가 개시된 채무자의 국내 소재 재산에 대하여 채권자가 권리를 행사하거나 실현함에 있어서는, 외국 정리절차의 본래적 효력에 의한 금지·제한을 받지 아니하고 그 외국 정리절차에서의 정리계획인가결정에 따른 권리변동 내지 면책의 효력도 미치지 아니한다고 판시하였고,[2] 독일에서 개시된 회사정리절차에 따른 상계금지의 효력은 도산절차의 본래적 효력

---

1) 대법원 2003.4.25. 선고 2000다64359 판결(공2003, 1242)은 이른바 "구찌 사건 판결"로 불리는데, 속지주의를 취하는 구 파산법의 해석론으로서, 미국 파산법원의 파산선고의 효력을 관재인에의 관리처분권의 이전과 개별집행금지, 즉 포괄집행적 효력으로 나누어 전자에 관하여 미국 파산법원의 재판이 민사소송법의 외국판결 승인요건을 갖춘 것으로 못 볼 바 아니라고 하여 효력을 인정하였다. 이에 의하면 관리처분권의 이전은 자동승인(自動承認)된다는 입장인 셈이다. 日東京高決昭和56.1.30下民32권1〜4호10면, 倒産判例 ガイド 제2판 371면도 같은 입장이었다. 이 판결에 대한 평석으로 석광현, "국제도산법의 몇 가지 문제점", 국제사법과 국제소송 제1권, 박영사(2001), 450면 이하 참조.

2) 대법원 2010.3.25.자 2009마1600 결정(공2010상, 815)[백선98]은 甲이 2000.7.19. 개인인 재항고인에 대한 손해배상채권 중 20억 원을 피보전채권으로 하여 국내에 있는 재항고인 소유의 상가와 공장을 가압류하였고, 한편, 재항고인은 2004.2.9. 미국 파산법원에 연방파산법 제11장의 회생절차를 신청하였고, 연방파산법 제521조에 의한 채권자목록을 제출하면서 甲의 재항고인에 대한 손해배상채권을 다툼 있는 채권으로 기재하였으나 甲은 미국 파산법원이 정한 채권신고기간인 2004.8.16.까지 채권을 신고하지 않은 사안이다. 재항고인이 제출한 회생계획안은 2005.4.26. 채권자집회에서 가결되었고,

인데 이는 속지주의의 결과 한국 내에 있는 채권에는 미치지 아니하므로 이 채권을 수동채권으로 하는 한국기업인 피고의 상계는 금지되지 않는다고 하였다.[3]

세계적으로 보면 이러한 국제도산의 문제에 관하여 협조적인 조치를 취하고자 하는 경향은 진작부터 있어왔다. 1978년의 미국연방도산법개정에서 국제도산에 관한 규정이 만들어진 것을 효시로 하여, 독일, 영국, 오스트리아 등 각국의 국내 입법에서도 이 문제에 대응하게 되었다. 또한, 유럽의 여러 나라를 중심으로 다수의 2국간 조약이 체결된 외에 다국간 조약에 의한 협조 노력의 결과 유럽의 EU 국제도산조약, 후의 EU 국제도산규칙의 제정이라는 성과를 거둘 수 있었다.

이상과 같은 국제적인 화합의 노력을 총괄하는 것으로서 국제상거래 규정을 통일하는 것을 임무로 하는 국제연합의 기관인 UNCITRAL(국제연합 국제상거래법위원회)에서 이 문제가 채택되어 1997년 5월 「국제도산에 관한 모델법」(Model Law on Cross-Border Insolvency. 이하 모델법)이 제정되었다. 이는 약 1년 반이라는 극히 짧은 기간 내에 성과가 나왔던 것으로부터도 알 수 있듯이 가맹국들의 국제도산에 관한 지대한 관심과 긴급한 대처의 필요성에 대한 공통 인식을 반영한 것이었다. 옵서버를 포함한 76개국이 심의에 참가하여, 최종적으로는 회원국 전체의 만장일치로 모델법이 채택되었고, 또한 단기간 내에 멕시코 등 몇 개의 국가가 이를 전면적으로 채용한 외에, EU에서는 도산규정이 2002년 5월 제정되었고(2017년 6월 개정됨), 독일도 2009년 통합 도산법을 제정하였으며, 미국도 2005년 미국파산법에 제15장을 신설하여 모델법을 전면적으로 받아들이는 등, 세계적인 표준이 될 것이 확실해졌다. 따라서 우리나라도 입법을 할 때 위 모델법을 충분히 배려하여야 하였고, 그 취지로부터 크게 어긋나는 속지주의를 택한 종전 법의 개정은 국제적으로 보아도 불가피한 과제가 되었다. 이상과 같은 국내외의 여러 가지 상황에 따라 채무자회생법에서 국제도산관련 규정을 마련하게 된 것이다.

미국 파산법원은 2005.5.18. 위 회생계획안 인가결정을 하였다. 그 회생계획에 의하면, 미신고된 甲의 재항고인에 대한 손해배상채권을 변제하거나 면책에서 제외한다는 등의 내용은 없었다. 미국 파산법원은 2005.11.30. 미국 회생절차에 대한 종결결정을 내린 다음 2006.1.19. 회생절차를 종료하였다. 재항고인은 2007.3.13. 미국 파산법원으로부터 이미 종료된 미국 회생절차의 재개결정을 받아 스스로 그 절차의 대표자로 선임되어 2008.2.12. 서울중앙지방법원에서 미국 회생절차에 대한 외국도산절차 승인결정을 받았고, 다시 2008.3.11. 서울중앙지방법원에 국제도산관리인 선임과 위 가압류 취소 등을 구하는 국제도산 지원신청을 하였다. 한편 甲은 2008.3.27. 서울중앙지방법원에 재항고인에 대한 파산신청을 하였고, 서울중앙지방법원은 2008.7.9. 재항고인에 대하여 파산선고를 하였다. 이에 대하여 재항고인은 이미 미국 회생절차에서 면책의 효력이 있는 인가결정을 받았으므로, 위 파산선고는 위법하다고 주장하면서 그 파산선고의 취소를 구하며 항고하였다. 그러나 원심은 항고를 기각하였고, 재항고인이 재항고하였으나 기각되었다.

3) 대법원 2009.3.23. 선고 2006다28782 판결(공2009상, 720)은 대우독일법인에 관하여 개시된 독일 도산절차의 국내적 효력에 관한 사건이다. 이 판결에 대한 평석으로 임치용, "채권양도 및 상계의 준거법 ― 외국파산절차의 국내적 효력과 관련하여 ―", 파산법 연구 4, 박영사(2015), 59면 이하 참조.

또한 UNCITRAL은 2018년 7월 '도산관련 재판의 승인 및 집행에 관한 모델법 (UNCITRAL Model Law on Recognition and Enforcement of Insolvency Related Judgments)'을 채택하였고,[4] 2019년 7월 '기업집단 도산에 관한 모델법(UNICITRAL Model Law on Enterprise Group Insolvency)'을 채택하여 기업집단 도산에 '계획절차'(planning proceeding)'의 개념을 도입하여 기업집단 도산 절차의 수립 및 지원제도를 마련하였다.[5]

---

4) 이에 대한 상세한 소개는 한민, "도산관련 외국재판의 승인과 집행", BFL 제81호, 서울대학교 금융법센터(2017.1.), 91면 참조. 또한 해운회사 회생절차에서 모델법을 수용한 국가와 수용하지 않은 국가에서의 도산승인절차 및 그 효과에 관하여는 김선경·김시내., "우리나라 해운회사의 회생절차에 대한 외국법원의 승인", 도산법연구 제7권 제2호, 사단법인 도산법연구회(2017.6.), 45면, 김선경, "해운회사의 회생절차에 대한 외국 법원의 승인", 도산법연구 제8권 제1호, 사단법인 도산법연구회(2018.2), 258면 참조.

5) 기업집단의 도산에 관한 상세는 이연주, "국제도산법", 박영사(2022), 99면 이하, 김영주, "도산관련 재판의 승인 및 집행에 관한 2018년 UNCITRAL 모델법과 채무자회생법에의 수용방안", 국제사법연구 제27권 제2호, 한국국제사법학회(2021.12.), 239면 참조.

2. 국제도산법제의 개관

위에서 서술한 것처럼 채무자회생법의 제정에서 그 중요한 주제 중의 하나가 국제도산의 문제인 점에 관해서는 폭넓은 공감대가 형성되어 있었다. 입법 작업의 초기에 공표되었던 시안에서도, 국제도산의 문제는, 법인도산·개인회생·도산실체법과 함께 하나의 독립된 테마였다.

국제도산법제의 쟁점은 ① 외국도산절차의 개시에 개별집행을 금지하는 효력이 있는 경우 그 효력이 한국 내에 있는 재산에도 미치는가, ② 외국도산절차에 의하여 외국의 채무자가 한국 내 재산에 대한 관리처분권을 잃고 외국법원에 의하여 선임된 외국도산절차의 관재인이 관리처분권을 취득하는가, ③ 그 결과 외국 관재인이 국내소송에서 당사자적격을 가지는가, ④ 외국도산절차에서 외국법원이 한 각종 재판이 한국 내에서 효력을 가지는가, ⑤ 파산재단 또는 채무자의 재산의 범위에 한국 소재 재산도 포함되는가, ⑥ 한국 도산법원 또는 도산관재인과 외국의 도산법원 또는 도산관재인과의 공조, ⑦ 동일 채무자에 대하여 복수 국가에서 병행하는 도산절차 간의 조정 및 ⑧ 도산국제사법(또는 도산저촉법)의 문제 등이다.[1]

채무자회생법의 국제도산 관련 부분을 개관하면, 우선 극단적 속지주의를 취한 구법의 조문들(파3조, 화11조, 회4조)을 삭제하여 수정된 보편주의를 지향하였고, 외국도산절차의 승인과 지원을 규정하며(법631조 내지 637조), 외국도산 절차 대표자의 국내 도산절차의 신청 또는 참가(법634조)와 국내도산 관리인·관재인의 대외적 권한을 명시하고(법640조), 병행도산시 법원 및 관재인 간의 공조 및 조정을 규정하며(법638조, 639조, 641조, 642조), 마지막으로 배당조정의 수단으로 「hotchpot rule」을 두었다(법642조). 채무자회생법은 모델법과 2001.4.1. 발효된 일본의 「外國倒産處理手續の承認援助に關する法律」(承認援助法)의 영향을 많이 받은 것으로 보이나,[2] 국제적으로도 충분히 평가할 가치 있는 것이라고 말할 수 있다.

---

1) 석광현, "국제도산법의 주요쟁점", 제8기 도산법연수원 Ⅱ, 서울지방변호사회(2023), 415면.

2) 일본은 외국도산절차의 대내적 효력은 승인원조법에서, 내국도산절차의 대외적 효력은 개별도산법 (파산법, 민사재생법과 회사갱생법 등)에서 규율하는 복잡한 구조를 취하나, 채무자회생법은 양자를 함께 규율하는 점에서 바람직하다.

3. 외국도산승인지원절차

가. 기본원칙

　승인지원절차의 기본원칙으로서 첫째로, 외국도산절차의 국내에서의 효력을 정면으로 인정하고, 내국절차의 대외효에 이어서 속지주의를 전면적으로 폐기한 점을 들 수 있다. 이는 최근의 국제적인 조류 및 모델법의 사고방식에 터잡아 완만한 보급주의 내지 수정된 속지주의를 채용한 것이다.

　두 번째 원칙으로서, 승인에 의해 자동적으로 일정한 효과가 발생하는 것이 아니라 승인법원의 재량에 의하여 적당한 조치를 명한다고 하는 구조를 채용한 점이다. 결국 종래의 승인개념이 의미하는 것처럼 도산절차 개시국에서의 효력을 그대로 국내에도 미치게 하는 방식을 택하지 않고, 절차개시국의 효력과는 일단 절연된 국내법 독자의 관점으로부터 고유의 지원·협력조치를 취한다고 하는 방식을 택한 것이다. 이는 소위 지원·협력형 모델을 채용한 것이고, 또한 모델법으로 대표되는 최근의 일반적인 조류에 따른 것이다.[1]

　세 번째 원칙으로서, 국내외에서의 병행도산을 정면에서 인정하고 있는 점을 들 수 있다. 국제도산의 규제에 관해서는 종래 1인의 채무자에 관해서 전세계에서 1개의 도산절차밖에 인정하지 않는다고 하는 보급주의가 이상적인 것으로 여겨져 왔지만, 이는 각국의 도산법제가 서로 다르다는 점을 감안하면 현실적인 선택이 아니고, 모델법을 시초로 오히려 병행도산을 허용하면서 병행절차 간의 협력을 도모해 가는 것이 현재의 국제적인 흐름이라고 할 수 있다. 이 경우 승인지원절차와 국내절차가 병행하거나 복수의 외국절차의 승인이 요구되는 사태가 발생하는데 이에 대하여는 모델법의 입장에 따라 복수의 승인지원절차 등의 동시병립을 허용하되, 복수의 외국도산절차가 승인된 경우 법원은 승인 및 지원절차의 효율적 진행을 위하여 채무자의 주된 영업소 소재지 또는 채권자보호조치의 정도 등을 고려하여 주된 외국도산절차를 결정할 수 있고, 이 경우 주된 외국도산절차를

---

1) 「지원」이라는 용어는 일본의 「승인원조법의 「원조」를 번역한 것이다.

중심으로 지원을 결정하거나 변경할 수 있도록 하고 있다(법639조).[2]

나. 승인의 요건

승인의 요건으로서, 우선 그 절차가 법이 정하는 「외국도산절차」에 해당하여야 한다. 「외국도산절차」라 함은 외국법원(이에 준하는 당국 포함)에 신청된 회생절차·파산절차 또는 개인회생절차 및 이와 유사한 절차를 말하며 임시절차를 포함한다(법628조1호). 「이와 유사한 절차」에 해당하는지 여부는 개별적으로 판단할 사안이지만 채무처리의 집단성, 법원 등에 의한 감독, 청산·재건의 절차와 목적 등이 판단의 기준이 될 것이다. 또한 어떠한 국내절차에 유사한지는 중요한 문제가 아니므로, 어떠한 절차이든 그 중 하나와 유사하다고 할 수 있으면 충분하다.

다음으로, 국제도산관할의 요건이 필요하게 된다. 즉 그 외국도산절차가 신청된 국가에 채무자의 영업소·사무소 또는 주소가 있을 것이 승인의 요건이 된다(법631조1항). 승인의 대상을 주된 영업소·사무소와 주소가 있는 나라의 절차(외국주절차 外國主節次)에 한정하는 것은 아니고, 모델법에 기초하여 넓게 외국종절차(外國從節次)의 일부에 관해서도 승인을 인정하고 있는 것이다. 그러나 단순한 재산소재지인 나라의 절차는 관련성이 부족하므로, 승인의 대상이 되지 않는다.

또한 승인의 신청을 기각하는 경우로서 몇 가지의 신청기각사유가 규정되어 있다(법632조). 그 중에서 특히 중요한 것은 공서양속의 요건이다. 즉, 어느 구체적인 외국도산절차에 관하여 지원처분을 하는 것이 우리나라의 선량한 풍속 그 밖에 사회질서에 반하는 경우에는 승인신청을 기각하여야 한다(법632조2항3호). 공서양속의 내용으로서는 그 외국절차가 외국채권자에 대하여 외국채권자라는 이유만으로 차별하고 있는 것과 같은 경우 등이 전형적이지만, 각국의 도산법질서와 실체법질서는 상대적인 것이라는 점에서 이 점을 충분히 배려하여야 한다.[3] 이 외의 승인신청기각사유로서는, 비용을 미리 납부하지 아니한 경우(법632조2항1호), 법 제631조 제1항 각호의 서면을 제출하지 아니하거나 그 성립 또는 내용의 진정을 인정하기에 부족한 경우(법632조2항2호) 등이 열거되어 있다. 각 사유에 대하여 법원은 일응의 판단을 하면 족하다.

---

2) EU도산규정은 외국도산절차의 승인시 주절차/종절차를 구분하여 채무자의 주된 이익의 중심지가 소재한 회원국은 주절차를 개시할 수 있는 관할을 가지고, 다른 회원국은 채무자의 영업소가 소재하는 경우 종절차를 개시할 수 있는 관할을 가지나, 채무자회생법은 외국도산절차의 승인과 관련하여 주절차/종절차를 구분하지 않는다.

3) 공서양속의 의미에 대한 국제적 분석으로는 이주헌, "국제도산에서의 공서양속의 의미", 도산법연구 제8권 제2호, 사단법인 도산법연구회(2018.12.), 136면 참조.

마지막으로, 외국절차가 이미 개시하여 있는 것도 승인요건이 된다(법631조1항2호). 아직 개시에 이르지 않은 외국절차에 관하여 국내도산절차의 개시에 상응하는 승인지원절차를 개시하여 본격적인 지원처분을 하는 것은 부적절하기 때문이다.

다. 승인의 절차

「국제사법」 제2조 제1항은 "법원은 당사자 또는 분쟁이 된 사안이 대한민국과 실질적 관련이 있는 경우에 국제재판관할권을 가진다. 이 경우 법원은 실질적 관련의 유무를 판단함에 있어 국제재판관할 배분의 이념에 부합하는 합리적인 원칙에 따라야 한다."라고 규정하고 있다. 여기에서 '실질적 관련'은 대한민국 법원이 재판관할권을 행사하는 것을 정당화할 정도로 당사자 또는 분쟁이 된 사안과 관련성이 있는 것을 뜻한다. 이를 판단할 때에는 당사자의 공평, 재판의 적정, 신속과 경제 등 국제재판관할 배분의 이념에 부합하는 합리적인 원칙에 따라야 한다. 구체적으로는 당사자의 공평, 편의, 예측가능성과 같은 개인적인 이익뿐만 아니라, 재판의 적정, 신속, 효율, 판결의 실효성과 같은 법원이나 국가의 이익도 함께 고려하여야 한다. 이처럼 다양한 국제재판관할의 이익 중 어떠한 이익을 보호할 필요가 있을지는 개별 사건에서 실질적 관련성 유무를 합리적으로 판단하여 결정하여야 한다. 「국제사법」 제2조 제2항은 "법원은 국내법의 관할 규정을 참작하여 국제재판관할권의 유무를 판단하되, 제1항의 규정의 취지에 비추어 국제재판관할의 특수성을 충분히 고려하여야 한다."라고 정하여 제1항에서 정한 실질적 관련성을 판단하는 구체적 기준 또는 방법으로 국내법의 관할 규정을 제시한다. 따라서 민사소송법 관할 규정은 국제재판관할권을 판단하는 데 가장 중요한 판단 기준으로 작용한다. 다만 이러한 관할 규정은 국내적 관점에서 마련된 재판적에 관한 규정이므로 국제재판관할권을 판단할 때에는 국제재판관할의 특수성을 고려하여 국제재판관할 배분의 이념에 부합하도록 수정하여 적용해야 하는 경우도 있다. 민사소송법 제3조 본문은 "사람의 보통재판적은 그의 주소에 따라 정한다."라고 정한다. 따라서 당사자의 생활 근거가 되는 곳, 즉 생활관계의 중심적 장소가 토지관할권의 가장 일반적·보편적 발생근거라고 할 수 있다. 민사소송법 제2조는 "소는 피고의 보통재판적이 있는 곳의 법원이 관할한다."라고 정하고 있는데, 원고에게 피고의 주소지 법원에 소를 제기하도록 하는 것이 관할 배분에서 당사자의 공평에 부합하기 때문이다. 국제재판관할에서도 피고의 주소지는 생활관계의 중심적 장소로서 중요한 고려요소이다.[4]

---

4) 대법원 2019.6.13. 선고 2016다33752 판결(공2019하, 1357)은 甲은 중국 국적으로 중국에서 사채업에 종사하다가 대한민국에서 영업을 하려고 입국한 사람이고, 乙 등은 중국 국적의 부부로 중국에서 부동산개발사업을 영위하다가 대한민국에 거주지를 마련한 사람들인데, 甲이 과거 중국에서 乙 등에게 빌려준 대여금의 반환을 구하는 소를 대한민국 법원에 제기한 사안에서, 乙 등이 대한민국에 있는

그런데 외국도산절차의 승인 및 지원에 관한 사건은, 서울회생법원 합의부의 관할에 전속한다(법630조 본문). 사건의 전문성에 비추어 사건처리 노하우의 축적과 판단의 통일을 위해서는 관할의 집중이 적절하고, 다른 한편으로는 외국관재인 등의 신청 편의의 관점에서도 국제적인 교통의 중심지인 서울이 일반적으로 편리할 것이므로 서울회생법원의 전속관할로 한 것이다. 다만, 채무자의 주요한 재산과 사업이 서울 이외의 장소에 있는 경우와 국내의 병행도산절차가 다른 법원에 계속되어 있는 경우 등 개별 사건의 상황에 따라서는 다른 법원에서 지원절차를 수행하는 것이 적당한 경우도 있다. 따라서 절차의 효율적인 진행이나 이해 당사자의 보호를 위하여 필요한 때에는 서울회생법원은 당사자의 신청에 의하거나 직권으로 외국도산절차의 승인결정과 동시 또는 그 결정 후에 채무자회생법 제3조가 규정하는 관할법원으로 사건을 이송할 수 있는 것으로 하고 있다(법630조 단서).

승인의 신청권자는, 승인의 대상이 된 외국도산절차의 대표자이다(법631조1항). 「외국도산절차의 대표자」라 함은 외국법원에 의하여 외국도산절차의 관리자 또는 대표자로 인정된 자를 말한다(법628조5호). 외국절차에서 외국관재인이 있는 경우에는 외국관재인, 관재인이 없는 경우에는 채무자로서 결국 외국절차에서 사업의 수행권과 재산의 관리처분권을 가지고 있는 사람이다.

승인을 신청함에 있어서는 ① 외국도산절차 일반에 대한 법적 근거 및 개요에 대한 진술서, ② 외국도산절차의 개시를 증명하는 서면, ③ 외국도산절차의 대표자의 자격과 권한을 증명하는 서면, ④ 승인을 신청하는 그 외국도산절차의 주요 내용에 대한 진술서(채권자·채무자 및 이해당사자에 대한 서술 포함) 및 ⑤ 외국도산절차의 대표자가 알고 있는 그

부동산과 차량을 구입하여 소유·사용하고, 위 소 제기 당시 대한민국에 생활의 근거를 두고 자녀를 양육하면서 취득한 부동산에서 실제로 거주해 온 사실 등과 甲도 위 소 제기 무렵 대한민국에 입국하여 변론 당시까지 상당한 기간을 대한민국에서 거주하면서 향후 대한민국에서 영업활동을 수행할 계획을 가지고 있는 사실 등을 종합하면 甲과 乙 등이 모두 위 소 제기 당시 대한민국에 실질적인 생활기반을 형성하였다고 볼 수 있는 점, 乙 등은 중국을 떠난 뒤 대한민국에 생활 기반을 마련하고 재산을 취득하였으므로 甲이 자신들을 상대로 대한민국 법원에 위 소를 제기할 것을 예상하지 못했다고 보기 어렵고, 乙 등이 대한민국에 부동산과 차량 등 재산을 소유하고 있어 甲이 이를 가압류한 상황에서 청구의 실효성 있는 집행을 위해서 대한민국 법원에 소를 제기할 실익이 있는 점, 중국 국적인 甲이 중국 국적인 乙 등을 상대로 스스로 대한민국 법원에 재판을 받겠다는 의사를 명백히 표시하여 재판을 청구하고 있고, 乙 등도 대한민국에서 소송대리인을 선임하여 응소하였으며, 상당한 기간 대한민국 법원에서 본안에 관한 실질적인 변론과 심리가 이루어졌는데, 위 사건의 요증사실은 대부분 계약서나 계좌이체 내역 등의 서증을 통해 증명이 가능하고 반드시 중국 현지에 대한 조사가 필요하다고 보기 어렵고, 대한민국에서 소송을 하는 것이 乙 등에게 현저히 불리하다고 볼 수 없는 반면, 위 사건에 관하여 대한민국 법원의 국제재판관할을 부인하여 중국 법원에서 다시 심리해야 한다면 소송경제에 심각하게 반하는 결과가 초래되는 점, 위 사건에 관한 법률관계의 준거법이 중국법이라 하더라도 국제재판관할과 준거법은 서로 다른 이념에 의해 지배되는 것이므로 그러한 사정만으로 위 소와 대한민국 법원의 실질적 관련성을 부정할 수는 없는 점 등에 비추어 위 소는 대한민국과 실질적 관련성이 있으므로 대한민국 법원이 국제재판관할권을 가진다고 본 원심판단이 정당하다고 한 사례이다.

채무자에 대한 다른 모든 외국도산절차에 대한 진술서를 제출하여야 하고, 이 경우 외국어로 작성된 서면에는 번역문을 붙여야 하며(법631조1항), 아울러 승인신청 절차의 비용을 미리 납부하여야 한다(법631조4항, 39조).5) 승인의 신청에 관한 서류는 이해관계인의 열람을 위하여 법원에 비치된다(법631조4항, 37조). 또한 외국도산절차의 승인을 신청한 후 위 내용이 변경된 때에는 신청인은 지체 없이 변경된 사항을 기재한 서면을 법원에 제출하여야 하며, 승인의 신청이 있는 때에는 법원은 지체 없이 그 요지를 공고하여야 한다(법631조 2항, 3항).

나아가 승인신청이 있으면 법원은 외국도산절차의 대표자의 신청에 의하거나 직권으로 외국도산절차의 승인신청이 있은 후 그 결정이 있을 때까지 승인결정 전 가처분을 할 수 있다. 이는 국내절차의 경우의 도산절차 개시 전 보전조치에 상응하는 것이므로, 승인결정 후의 지원처분을 앞당겨서 한다는 의미를 가진다. 구체적으로는 소송 또는 행정청에 계속하는 다른 절차의 중지, 강제집행, 담보권실행을 위한 경매, 가압류·가처분 등 보전절차의 금지 또는 중지, 채무자의 변제금지 또는 채무자의 재산의 처분금지 외에 국제도산관리인을 선임하는 것도 가능하다(법635조1항, 636조1항).

승인요건을 충족하는 신청의 경우에는 법원은 신청일부터 1월 이내에 외국도산절차의 승인 결정을 하게 된다(법632조1항). 절차의 명확성을 기하기 위하여 자동승인제를 채택하지 않고, 모델법 등에 따라 결정승인제를 취한 것이다. 외국도산승인결정서에는 결정의 연·월·일·시를 기재하여야 하는데(규칙100조), 법원은 외국도산절차의 승인결정이 있는 때에는 그 주문과 이유의 요지를 공고하고 그 결정서를 신청인에게 송달하여야 하나(법632조3항), 승인은 그 자체로서 독자적인 법적효과를 가지지 않으므로, 승인의 등기는 하지 않고 채권자등에 대한 개별 통지도 하지 않는 것이 원칙이다. 또한 승인결정에 대해서는 즉시항고가 가능하지만(법632조4항), 그 즉시항고는 집행정지의 효력이 없으므로(법632조5항), 승인결정에 의한 승인지원절차는 바로 개시되고 효력을 발생한다.

라. 승인의 효과 — 지원처분

앞에서 본 것처럼 우리 법의 커다란 특징은 승인의 효과가 법원의 재량에 맡겨져 있다는 점이다. 외국도산절차의 효력이 우리나라에 그대로 유입되는 것을 막기 위하여 우리 법원이 재량으로 개별적 지원결정을 하도록 한 것이다. 즉 승인결정에 의해 외국도산절차 개시국법상의 효력이 우리나라에 확장되거나,6) 우리 법상의 도산절차의 효력이 발생하는

---

5) 승인신청서, 진술서의 기재사항에 관하여는 규칙 제97조 참조.
6) 2002.5.31. 발효된 EU도산규칙의 입장이다.

것이 아니라, 우리 법원이 승인결정을 기초로 지원결정을 하는 체제로서 이는 일본의 승인원조법을 추종한 것이다.[7] 한편 민사집행법 제26조 제1항은 "외국법원의 판결에 기초한 강제집행은 대한민국 법원에서 집행판결로 그 적법함을 선고하여야 한다"라고 규정하고 있는데, 판례는 여기서 정하여진 집행판결의 제도는, 재판권이 있는 외국의 법원에서 행하여진 판결에서 확인된 당사자의 권리를 우리나라에서 강제적으로 실현하고자 하는 경우에 다시 소를 제기하는 등 이중의 절차를 강요할 필요 없이 그 외국의 판결을 기초로 하되 단지 우리나라에서 그 판결의 강제실현이 허용되는지 여부만을 심사하여 이를 승인하는 집행판결을 얻도록 함으로써 당사자의 원활한 권리실현의 요구를 국가의 독점적·배타적 강제집행권 행사와 조화시켜 그 사이에 적절한 균형을 도모하려는 취지에서 나온 것이고, 이러한 제도적 취지에 비추어 보면, 위 규정에서 정하는 '외국법원의 판결'이라고 함은 재판권을 가지는 외국의 사법기관이 그 권한에 기하여 사법상(私法上)의 법률관계에 관하여 대립적 당사자에 대한 상호간의 심문이 보장된 절차에서 종국적으로 한 재판으로서 구체적 급부의 이행 등 그 강제적 실현에 적합한 내용을 가지는 것을 의미하고, 그 재판의 명칭이나 형식 등이 어떠한지는 문제되지 아니한다고 하였다.[8]

그런데 여기서 '외국도산절차의 승인'은 민사소송법 제217조가 규정하는 '외국판결의 승인'과는 달리 외국법원의 '재판'을 승인하는 것이 아니라 당해 '외국도산절차'를 승인하는 것으로서 그 법적 효과는 외국도산절차가 지원결정을 하기 위한 적격을 갖추고 있음을 확인하는 것에 그치는 것이고, 그 승인에 의하여 외국도산절차의 효력이 직접 대한민국 내에서 확장되거나 국내에서 개시된 도산절차와 동일한 효력을 갖게 되는 것은 아니다.[9]

그러나 이에 대하여는 모델법처럼 외국주절차의 승인에 의하여 채무자회생법이 정한 도산절차개시의 기본적 효력을 자동적으로 부여함이 바람직하고 승인의 본질에 부합한다는 비판이 있고(다만 법원이 승인결정시 직권으로 지원조치를 하면 별 차이는 없다), 또한 외국의 면책결정(또는 정리계획에 따른 면책)에 대하여 지원이 필요한지, 필요하다면 어떤 지원이 가능한지, 아니면 이 경우는 예외적으로 자동승인이 가능한지가 문제된다.

이에 대하여 대법원은 외국법원의 면책재판 등은 실체법상의 청구권 내지 집행력의

---

7) 대법원 2003.4.25. 선고 2000다64359 판결에 따르면 외국파산관재인으로의 관리처분권의 이전은 자동승인된다는 것이다. 그러나 채무자회생법에 의하면 관리처분권의 이전도 승인결정을 거쳐야 하므로, 외국도산절차가 개시되었으나 아직 우리 법원의 승인결정이 없는 경우 만일 한국내 재산과 관련하여 제소하거나 계약을 체결할 경우 누구를 상대로 해야 하는지가 문제된다(외국도산절차의 대표자와 채무자 양자와 계약을 체결하거나, 양자를 예비적으로 병합하여 소를 제기해야 하는 문제). 더욱이 아래에서 보듯이 외국도산절차가 한국에서 포괄집행적 효력을 가지려면 우리 법원의 승인결정과 별도의 지원결정이 필요하게 된다.

8) 대법원 2010.4.29. 선고 2009다68910 판결(공2010상, 980).

9) 대법원 2010.3.25.자 2009마1600 결정(공2010상, 815)[백선98].

존부에 관한 것으로서 그에 의하여 발생하는 효과는, 채무자와 개별 채권자 사이의 채무 혹은 책임의 감면이라고 하는 단순하고 일의적인 것이고, 그 면책재판 등의 승인 여부를 둘러싼 분쟁은 면책 등의 대상이 된 채권에 기하여 제기된 이행소송이나 강제집행절차 혹은 파산절차 등에서 당해 채무자와 채권자 상호간의 공격방어를 통하여 개별적으로 해결함이 타당하므로, 이 점에서 외국법원의 면책재판 등의 승인은 그 면책재판 등이 비록 외국도산절차의 일환으로 이루어진 것이라 하더라도 민사소송법 제217조가 규정하는 일반적인 외국판결의 승인과 다를 바 없고, 따라서 속지주의 원칙을 폐지한 채무자회생법 하에서 외국도산절차에서 이루어진 외국법원의 면책재판 등의 승인 여부는 그 면책재판 등이 민사소송법 제217조의 승인요건을 충족하고 있는지를 심리하여 개별적으로 판단함이 상당하고, 그 승인 여부를 채무자 회생 및 파산에 관한 법률의 승인절차나 지원절차에 의하여 결정할 것은 아니라고 하였고, 나아가 외국법원의 면책재판 등을 승인하기 위해서는 그 면책재판 등의 효력을 인정하는 것이 대한민국의 선량한 풍속이나 그 밖의 사회질서에 어긋나지 아니할 것이라는 요건을 충족하여야 하는데(민소217조3호), 대한민국의 선량한 풍속이나 그 밖의 사회질서에 어긋나는 경우라 함은 국내 채권자의 외국도산절차에 대한 적법한 절차 참가권이 침해되는 등 외국법원의 면책재판 등의 성립절차가 선량한 풍속이나 그 밖의 사회질서에 어긋나는 경우나 외국법원의 면책재판 등의 내용이 선량한 풍속이나 그 밖의 사회질서에 어긋나는 경우뿐만 아니라, 외국법원의 면책재판 등에 따른 면책적 효력을 국내에서 인정하게 되면 국내 채권자의 권리나 이익을 부당하게 침해하는 등 그 구체적 결과가 선량한 풍속이나 그 밖의 사회질서에 어긋나는 경우 등도 포함된다고 전제하고, 국내채권자가 미국 파산법원의 회생계획인가결정에 따른 면책적 효력을 국내에서 인정하지 않는 구 회사정리법의 속지주의 원칙을 신뢰하여 미국 파산법원의 회생절차에 참가하지 않고 채무자 소유의 국내 소재 재산에 대한 가압류를 마치고 강제집행이나 파산절차 등을 통하여 채권을 회수하려고 하던 차에 채무자가 미국 파산법원으로부터 이미 종결된 회생절차의 재개결정을 받은 것을 기화로 미국 회생절차에 속지주의를 폐지한 채무자회생법이 적용되고 회생계획인가결정에 따른 면책적 효력이 국내에 미치게 되었다고 주장하면서 가압류해방공탁금을 회수해 가려고 한데 대하여 이는 국내 채권자의 권리를 현저히 부당하게 침해하게 되어 그 구체적 결과가 우리나라의 선량한 풍속이나 그 밖의 사회질서에 어긋나는 경우에 해당하므로, 미국 파산법원의 회생계획인가결정은 민사소송법 제217조 제3호의 요건을 충족하지 못하여 승인될 수 없다고 하였다.[10]

10) 대법원 2010.3.25.자 2009마1600 결정(공2010상, 815)[백선98]은 외국의 면책재판이 한국에서 어떤 효력을 가지는지, 그에 대하여 우리 법원이 어떤 형태의 지원을 할 수 있는지에 관하여 면책재판이 ① 우리 법원의 승인결정만으로 효력이 있는지, ② 우리 법원의 승인결정과 지원처분이 필요한지, ③ 외국판결의 승인에 준하여 자동적으로 효력이 있는지가 문제되는데 위 결정은 ③을 따른 것이다. 이에

그 밖에 공서위반에 해당하는 것으로서 외국 도산법이 자국도산절차의 대외적 효력을 부인하지 않을 것이 지적된다. 외국 도산법이 속지주의를 취함으로써 자국 도산절차의 대외적 효력을 제한한다면 그의 효력은 한국에서 승인될 수 없다고 보는 것이다.[11)

법원의 재량에 따라 승인결정을 기초로서 행해지는 처분을 '지원결정'이라고 부르는데, '지원결정'은 국내에서 진행되고 있는 채무자의 업무 및 재산에 대한 소송 등의 중지와 강제집행, 담보권실행을 위한 경매, 보전절차 등의 금지 또는 중지, 채무자의 변제금지 또는 채무자 재산의 처분금지 등 외국도산절차의 대표자가 외국도산절차에 필요한 배당·변제재원을 국내에서 보전·확보하고 이를 기초로 배당·변제계획을 수립하거나 그 계획을 수행할 수 있도록 절차적인 지원을 하는 것일 뿐, 외국법원이 외국도산절차에서 한 면책결정이나 회생계획의 인가결정 등과 같이 채무나 책임을 변경·소멸시키는 재판을 직접한다거나 외국법원의 면책재판 등에 대하여 국내에서 동일한 효력을 부여하는 재판을 함으로써 채권자의 권리를 실체적으로 변경·소멸시키기 위한 절차는 아니다.[12)

지원처분의 대부분은 국내의 회생절차에서 개시결정전 보전조치의 규율을 본뜬 것으로서 우선 다른 절차의 중지명령이 가능하다(법636조1항).[13) 중지명령의 대상이 되는 절차는 채무자의 업무 및 재산에 대한 소송 또는 행정청에 계속하는 절차(법636조1항1호), 채무자의 업무 및 재산에 대한 강제집행·담보권실행을 위한 경매,[14) 가압류·가처분 등 보전절차이다(같은항2호). 한편 법원은 승인지원절차의 목적을 달성하기 위하여 특히 필요하다고 인정하는 때에는 이해관계인의 신청에 의하거나 직권으로 위 중지된 강제집행 등 절차의 취소를 명할 수도 있다(법636조7항. 이 경우 법원은 담보를 제공하게 할 수 있다). 승인지원의 목적이 외국도산절차의 대상으로 되어 있는 사업과 국내사업을 함께 재건하는 것인 경우에, 예컨대 국내 당좌예금에 대하여 압류가 되어 있을 때에는 단순한 개별집행의 중지

대하여 승인 및 집행판결의 대상이 되는 외국판결의 개념을 "… 사법상(私法上)의 법률관계에 관하여 대립적 당사자에 대한 상호 간의 심문이 보장된 절차에서 종국적으로 한 재판 …"이라고 설시한 대법원 2010.4.29. 선고 2009다68910 판결에 반하고, ③을 따르더라도 민사소송법 제217조를 유추적용하는 것이 적절했다는 비판으로는 석광현, 전게 논문, 587면 참조. 그에 반하여 위 판결의 입장에선 해설로는 오영준, "채무자 회생 및 파산에 관한 법률하에서 외국도산절차에서 이루어진 외국법원의 면책재판 등의 승인", 대법원판례해설 제83호, 법원도서관(2010), 604면 참조.

11) 일본의 승인원조법 제21조 제2호 참조.
12) 대법원 2010.3.25.자 2009마1600 결정(공2010상, 815).
13) 지원신청서의 기재사항에 관하여는 규칙 제101조 참조.
14) 일본의 승인원조법은 채무자의 국내재산 위에 설정된 담보권의 실행으로서의 경매에 관해서도 중지명령을 하는 것이 가능하지만(같은 법27조), 그 요건은 다른 가처분에 비하면 한정되어 있어서 ① 채권자 일반의 이익에 적합할 것, ② 경매신청인에 부당한 손해를 미칠 염려가 없을 것, ③ 경매신청인의 의견을 들을 것, ④ 중지를 상당한 기간으로 한정할 것이 전제로 되어 있다. 국내담보권자는 외국도산절차에서 국내에서와 동등한 우선권이 인정되는 보장이 없고, 특히 국내에서 그 권리를 실행할 필요성이 크다는 점에 고려하여 그 실행제한에 대해서는 엄격한 요건을 과하고 있는 것이다.

로는 부족하고 그 취소가 필요한 점을 배려한 것이다. 나아가 이미 개시된 개별절차의 중지를 넘어서 보다 포괄적으로 모든 채권자를 대상으로 강제집행 등의 금지를 명하는 것도 가능하다(법636조1항2호. 강제집행등금지명령). 이는 회생절차의 포괄적 금지명령과 같은 취지의 제도이다. 강제집행 등 금지명령의 효력이 상실된 후 2개월이 경과하는 날까지 시효가 완성되지 않도록 한 것도 그러한 국내법의 규율을 본뜬 것이다(법636조5항).

또한 지원처분으로서 채무자의 변제금지 또는 채무자 재산의 처분금지, 그 밖에 채무자의 업무 및 재산을 보전하거나 채권자의 이익을 보호하기 위하여 필요한 처분 등을 명하는 결정을 할 수 있다(법636조1항3호, 5호).[15]

마지막으로 지원처분으로서 법원은 채무자의 국내에서의 업무·재산에 관해서 국제도산관리인에 의한 관리를 명하는 관리명령을 할 수 있다(법636조1항4호). 관리명령이 발령되는 경우로는 여러 가지 경우가 상정되지만, ① 외국절차가 DIP에 의한 경우에, 우리나라의 변호사 등을 국제도산관리인으로 선임하는 경우, ② 외국절차에 관재인이 있는 경우 그 관재인을 국제도산관리인으로 선임하는 경우, ③ 외국절차에 관재인이 있는 경우에 그 사람이 아니라 우리나라의 변호사 등을 국제도산관리인으로 선임하는 경우를 생각할 수 있다. 승인지원절차의 목적이 외국도산절차의 효력을 한국 국내에 적절히 실현하는 것이라는 점을 감안하면 ②가 원칙적인 모습이 되겠으나, 외국절차의 주재자가 충분히 신용할 수 없는 경우에는 ①과 ③에 의하여 대처하는 방안도 가능할 것이다. 관리명령에 의하여 채무자의 국내의 업무의 수행 및 재산에 대한 관리·처분권한은 국제도산관리인에게 전속하는 외에 국제도산관리인에 관하여는 회생절차의 관리인, 파산관재인에 관한 규정이 준용된다(법637조1항, 3항). 또한 국제도산관리인이 국내에 있는 채무자재산의 처분 또는 국외로의 반출, 환가·배당 그 밖에 법원이 정하는 행위를 하는 경우에는 법원의 허가를 받아야 한다(법637조2항).

법원은 위와 같은 결정을 하는 때에는 채권자·채무자 그 밖의 이해관계인의 이익을 고려하여야 하고, 지원신청이 대한민국의 선량한 풍속 그 밖의 사회질서에 반하는 때에는 그 신청을 기각하여야 한다(법636조2항, 3항). 법원은 금지명령 및 이를 변경하거나 취소하는 결정을 한 때에는 그 주문을 공고하고 그 결정서를 외국도산절차의 대표자나 신청인에게 송달하여야 하는데, 금지명령이 있는 때에는 그 명령의 효력이 상실된 날의 다음 날부터 2월이 경과하는 날까지 채무자에 대한 채권의 시효는 완성되지 아니하며, 법원은 필요한 경우 이해관계인의 신청에 의하거나 직권으로 제1항의 규정에 의한 결정을 변경하거나 취소할 수 있고, 특히 필요하다고 인정하는 때에는 이해관계인의 신청에 의하거나 직권으로 중지

---

15) 외국도산절차의 승인결정을 한 후 국제도산관리인을 선임한 후 국제도산관리인의 신청에 의하여 재산매각을 허가한 사례에 대하여는 이재하, "국제도산지원절차에서의 재산매각", 도산법연구 제10권 제2호, 사단법인 도산법연구회(2020.12.), 297면 참조.

된 절차의 취소를 명할 수 있다. 이 경우 법원은 담보를 제공하게 할 수 있다. 위 각 결정에 대하여는 즉시항고를 할 수 있고, 즉시항고는 집행정지의 효력이 없다(법636조4항 내지 9항).

승인결정이 있더라도 법원의 지원조치가 없는 한 채무자는 여전히 한국내 재산을 관리처분할 수 있고 채권자는 강제집행할 수 있다. 문제는 당사자적격인데, 몇몇 하급심 판결들은 과거 속지주의에도 불구하고 외국도산절차의 관재인·관리인에게 당사자적격을 인정하였으나,[16] 채무자회생법 하에서는 외국의 도산재판이 자동승인되어 외국관재인·관리인이 당연히 당사자적격을 가지는 것이 아니고, 외국의 도산법상 관재인·관리인이 우리 법원에 외국도산절차의 승인 신청을 하여 우리 법원의 승인결정을 받아야 한다(법632조).

마. 다른 절차와의 조정

앞에서 서술한 바와 같이 우리 국제도산법제의 커다란 특징 중의 하나는 외국도산절차를 승인하면서도 소위 병행도산을 허용하고 있다는 점이다. 승인지원절차와 국내도산절차가 경합하는 경우에는, 원칙적으로 국내절차가 어느 정도 우선하는 것이 된다(국내절차 우선의 원칙). 즉 채무자를 공통으로 하는 외국도산절차와 국내도산절차가 동시에 진행하는 경우 법원은 국내도산절차를 중심으로 승인전 명령 및 외국도산절차에 대한 지원을 결정하거나 이를 변경 또는 취소할 수 있다(법638조1항). 이 결정에 대하여는 즉시항고를 할 수 있으나, 집행정지의 효력은 없다(법638조2항, 3항).[17]

다음으로 채무자를 공통으로 하여 복수의 외국절차에 관해서 승인신청이 있는 때에는 법원은 이를 병합심리하여야 한다(법639조1항). 채무자를 공통으로 하는 여러 개의 외국도산절차가 승인된 때에는 법원은 승인 및 지원절차의 효율적 진행을 위하여 채무자의 주된 영

---

16) 서울지법 1996.6.28 선고 96가합27402 판결[하집96(1)329], 대법원 2002.9.4 선고 2001가합79063 판결(미발간).

17) 일본의 승인원조법에 의하면 채무자에 관해서 국내도산절차가 계속되어 있는 경우는, 승인신청은 원칙적으로 기각되고(법57조1항), 또 승인결정 후에 동일채무자에 관해서 국내절차가 개시되거나 또는 이미 개시되어 있는 것이 판명된 경우는, 승인지원절차는 중지되는 것으로 되어 있다(법59조1항). 다만, 예외적으로 국내절차보다도 승인지원절차를 우선하는 경우를 인정하고 있다(법57조1항, 59조1항). 예외적으로 승인지원절차를 우선하게 하는 요건은, ① 승인된 외국도산절차가 주절차(그 외국에 채무자의 주된 영업소와 주소 등이 있는 경우)일 것, ② 국내채권자의 이익이 부당하게 침해될 염려가 없을 것, ③ 외국절차의 승인이 채권자 일반의 이익에 적합할 것이다. 따라서, 외국의 사업과 일체적으로 영업양도를 하거나 재건계획을 세우거나 하는 것이 고가로 환가가능하거나, 재건이 용이하게 되고(요건③), 또한, 그 외국절차에 국내채권자의 참가를 구하는 것이 반드시 가혹하지 않는(요건②) 등과 같은 경우에는, 재판소는 승인지원절차의 진행을 인정할 수 있다. 이 경우는, 승인결정과 동시에 또는 사후적으로 국내절차가 중지된다(법57조2항, 59조1항. 또한, 승인결정 전의 가처분으로서, 국내절차를 중지하는 여지도 있다. 법58조). 또한, 이렇게 중지된 국내절차는 외국절차가 종결되어 승인결정이 취소된 때에는 실효하지만(법61조1항), 기타의 이유로 취소된 때에는 속행된다.

업소 소재지 또는 채권자보호조치의 정도 등을 고려하여 주된 외국도산절차를 결정할 수 있고, 이 경우 법원은 주된 외국도산절차를 중심으로 지원을 결정하거나 변경할 수 있는데, 물론 법원은 필요한 경우 주된 외국도산절차를 변경할 수 있다(법639조2항 내지 4항). 위 결정에 대하여는 즉시항고를 할 수 있으나, 집행정지의 효력은 없다(법639조5항, 6항).[18)]

이와 관련하여 여러 나라 사이에 선박을 운항하는 채무자에 대하여 도산절차가 진행되는 경우에는 채권자들의 권리행사가 집단적으로 이루어지는 도산법제와 개별 채권자의 권리구제를 중시하는 해사법제 사이에 기본적으로 충돌이 발생할 수 있다는 전제 하에 우선 상호주의적인 예양을 통한 해결방안이 주장되기도 하는데, 이에 의하면 선박을 압류한 국가의 법원에서는 채무자의 주된 이익의 중심지가 소재한 국가에서 도산절차가 진행되게 되면 선박을 외국도산절차의 대표자에게 전달하고, 그러한 외국도산절차를 진행하는 법원으로서도 선박우선특권을 가지고 있는 채권자들을 포함한 해사채권자들에 대하여 그들이 선박을 압류한 국가에서 가지고 있는 우선적인 지위를 인정하여 주거나, 선박을 압류한 국가의 법원에서는 선박의 매각대금을 외국주절차가 진행되는 국가의 법원으로 송금하고, 외국주절차를 진행하는 법원에서는 압류국의 담보권자들에게 압류국의 법을 적용한 것과 같이 배당을 하는 방안 등이 주장되고 있다.[19)]

일본의 판례는 2개의 나라에서 외국도산처리절차가 개시되고, 쌍방에 관하여 외국도산처리절차 승인의 신청이 된 경우에 그 우열을 규율하는 「주된 영업소」의 소재는 외국의 재판례나 국제연합국제상거래위원회(UNCITRAL)의 논의를 거쳐 제반 요소를 참작하여 판단하여야 하고, 그 판단기준시는 최초의 도산절차 개시의 신청이 된 시점으로 하는 것이 상당하다고 하였다.[20)]

---

18) 일본의 승인원조법에 의하면 이 경우에는, 주절차우선의 원칙이 채용되어 있다. 즉, 주절차가 승인된 후의 종절차의 승인신청은 기각되고(법62조1항1호), 반대로 종절차가 승인된 후의 주절차의 승인신청은 당연히 인정되고, 거꾸로 종절차의 승인지원절차 쪽이 중지된다. 주절차의 쪽이 채무자와 밀접하게 관련되어 있고, 그 절차를 우선하게 하는 것이 채권자 일반의 이익에 적합하다고 정형적으로 말해도 좋기 때문이다(국내절차와의 경합의 경우와 같은 예외는 인정되지 않는다). 다른 한편, 종절차 사이에는 원칙적인 우열관계는 설정되어 있지 않고, 어느 종절차의 승인 후에 다른 종절차의 승인신청이 있는 때는, 그 절차의 승인이 채권자 일반의 이익에 적합한 때에 한하여, 승인된다(법62조1항2호). 결국 승인법원은 어느 절차에서 진행하게 하는 것이 채권자 전체의 이익이 되는지를 개별적으로 판단할 필요가 있는 것이 된다. 어쨌든 후절차를 승인하는 경우에는, 선행하는 승인지원절차를 중지하고(같은조2항), 또 승인결정 전에도 가처분으로서 중지를 명하는 것이 가능하다(법63조). 또한, 이러한 모습으로 중지된 승인원조절차는 진행하고 있는 승인원조절차의 대상외국절차가 종결되고 승인결정이 취소된 때는 실효되지만(법64조), 그 밖의 이유로 취소된 때에는 속행된다.
19) 박민준, "도산법제와 해사법제가 충돌하는 경우에 법원 간의 공조를 통한 해결방안에 관한 검토", 사법 51호, 사법발전재단(2020), 143면 참조.
20) 日東京高決平成24.11.2判時2174호55면, 倒産判例 インデックス 제3판 24. 이와 관련된 우리 실무의 운영방안 개선에 관하여는 이성용, "국제도산사건에서의 이중절차의 위험성 통제 방안 연구", 사법논집 제51집, 법원도서관(2011), 169면 참조.

4. 국내법의 국제도산 관련 규정

채무자회생법에는 이상과 같이, 외국도산절차의 국내에서의 효력을 정하는 규정들 이외에 국내도산절차의 섭외적인 측면에 관해서 규정하는 조항들이 존재한다. 이는 크게 나누면 ① 어떠한 경우에 외국인인 채무자에 관하여 국내에서 도산절차를 행하는 것이 가능한가라는 문제(국제도산관할의 문제), ② 국내절차의 외국에서의 효과의 문제(외국도산승인지원이 역으로 된 문제), ③ 외국절차와 국내절차가 병행하는 경우(병행도산)의 상호협력에 관한 문제가 있는데 이하에서 각각 설명한다.

한편 외국인의 절차상의 지위에 관하여는 구법하에서는 이른바 상호주의 방식이 채택되어(파3조 단서), 외국절차에서 한국의 채권자·채무자에게 동등한 지위가 주어져 있지 않는 한도에서 그 외국의 개인·법인에도 우리나라의 도산절차상 지위를 인정하지 않는 것으로 되어 있었으나, 국제협조의 관점에서 부적절하므로 현재에는 전면적으로 내외인 평등의 원칙이 채용되어 있다(법2조).

가. 국제도산관할

어떠한 사유가 있으면, 어느 채무자에 대하여 우리나라에서 도산절차를 행하는 것이 가능한가 하는 문제가 국제도산관할의 문제이다. 이 점에 관해서는 종래 명문의 규정이 없었으나 채무자회생법에 국제도산법 관련 규정을 마련하면서 ① 국제도산관할 문제에 관하여는 외국의 관재인·채권자 등이 관련된 경우가 많고, 절차의 투명성·명확성을 도모할 필요성이 특히 강한 점, ② 뒤에서 보는 바와 같이 국제도산관할의 기준은 외국절차의 승인의 경우에 요구되는 관할요건의 기준과는 다르기 때문에, 심리관할과 승인관할의 차이를 명확하게 하여 혼란을 피할 필요가 있는 점, ③ 국제재판관할의 경우와 같이 국내관할 규정으로부터 국제관할을 추론한다고 하는 사고방식을 택하면 도산의 경우에는 과잉관할로 될 염려가 있다는 점 등을 고려하여 국제도산관할에 관한 명문규정을 두게 되었다.

구체적 기준은 ① 회생사건, 간이회생사건 및 파산사건 또는 개인회생사건은 채무자의 보통재판적이 있는 곳, 채무자의 주된 사무소나 영업소가 있는 곳 또는 채무자가 계속하여 근무하는 사무소나 영업소가 있는 곳, 위의 관할법원이 없는 때에는 채무자 재산의 소재지(채권의 경우에는 재판상의 청구를 할 수 있는 곳)의 존재가 기준이 된다(법3조1항). 이는 재산소재지의 관할을 인정하는 점에서, 승인의 경우의 관할기준보다 넓지만, 국내에서 채무자재산을 담보로 금전을 대여한 국내채권자의 보호를 도모할 필요성이 크다는 점에 기인한다. 이와 관련하여 채무자회생법의 해석론으로도 법원이 지원절차에서 어떤 조치를 취할지를 결정함에 있어서 외국도산절차가 주절차인지 종절차인지를 고려할 필요가 있고, 우리나라에서 복수의 외국도산절차가 승인된 경우 법원은 주된 외국도산절차를 중심으로 지원을 결정하거나 변경할 수 있으므로 양자의 구별은 의미가 있다. 장차 우리도 승인맥락에서 주절차와 종절차의 구분을 도입하고 그 승인의 효과를 구분할 필요가 있다는 주장이 유력하다.[1]

나. 국내도산절차의 대외효

종래 국제도산법제정비의 최대의 과제이었던 속지주의의 폐기에 따라 외국절차의 대내효(對內效)를 인정했던 것이지만, 이에 대응하여, 국내도산절차의 대외효도 원칙적으로 인정되게 되었다. 즉, 국내도산절차의 효력이 국내의 채무자재산에 대해서만 미치게 하는 종래 존재하던 규정(파3조1항, 화11조, 회4조1항)을 삭제함과 아울러 파산절차에서는 채무자가 가진 「모든 재산」이 파산재단에 속한다고 되어 있기 때문에(법382조1항), 이로써 관재인 등 우리나라의 기관이 해외의 채무자 재산의 관리처분을 도모해야 하는 것이 명백히 되었는데, 그 전제로서 그 외국이 한국의 도산절차의 효력을 인정하는 것이 필요하다는 것은 말할 나위도 없다.

또한 국내도산절차의 관리인·파산관재인 그 밖에 법원의 허가를 받은 자 등은 외국법이 허용하는 바에 따라 국내도산절차를 위하여 외국에서 활동할 권한이 있다는 것을 명시적으로 규정하고 있다(법640조).

나아가 이러한 국내절차의 대외효에 기인하는 하나의 파생문제로서 외국재산으로부터의 채권자의 회수와 국내절차에서의 배당·변제를 조정할 필요가 생기게 된다. 채권자간의 평등을 도모하는 그러한 조정의 원칙으로 국제적으로 승인되어 있는 것이 소위 Hotchpot Rule이고, 채무자회생법도 그러한 방식을 채용하고 있다.[2] 즉, 채무자를 공통으

---

1) 석광현, 전제논문, 427면 참조.
2) Hotch pot Rule의 상세에 관하여는 임치용, "국제도산절차에 있어서 배당의 준칙(horchpot rule)에 관

로 하는 국내도산절차와 외국도산절차 또는 복수의 외국도산절차가 있는 경우 외국도산절차 또는 채무자의 국외재산으로부터 변제받은 채권자는 국내도산절차에서 그와 같은조 및 순위에 속하는 다른 채권자가 동일한 비율의 변제를 받을 때까지 국내도산절차에서 배당 또는 변제를 받을 수 없도록 하고 있다(법642조). 예컨대 파산선고 후에 1억 원의 파산채권을 가지는 채권자가 채무자의 외국재산으로부터 3,000만 원을 회수한 경우에는 파산절차에서 다른 채권자가 30%의 배당을 받을 때까지, 그 채권자는 파산배당을 받을 수 없다는 의미이다. 이로써 국제도산의 경우에 채권자평등의 취지를 관철하게 하는 것이다. 외국에서 외국도산절차에서 배당받은 경우뿐만 아니라 임의변제를 받거나 강제집행절차, 담보권실행절차에서 채권을 변제받는 경우도 이에 포함된다고 해석한다.

다. 병행도산의 경우의 협력

최근의 국제도산법제에 있어서의 국제적 조류이고, 또한 우리 채무자회생법에서도 중시되고 있는 것으로서, 병행도산의 용인과 병행절차간의 협력이라고 하는 국제협조의 접근방법이 있다. 승인지원절차가 창설되었다고 하더라도 앞에서 본 것처럼 병행도산 자체가 넓게 인정되고, 국내절차우선의 원칙이 채용되어 있으므로 병행도산상태에서 절차간 협력의 필요성에는 여전히 큰 의미가 있다.

우선 외국법원 및 외국도산절차의 대표자와의 협력에 관해서 규정이 마련되어 있다. 법원은 동일한 채무자 또는 상호 관련이 있는 채무자에 대하여 진행 중인 국내도산절차 및 외국도산절차나 복수의 외국도산절차간의 원활하고 공정한 집행을 위하여 외국법원 및 외국도산절차의 대표자와 ① 의견교환, ② 채무자의 업무 및 재산에 관한 관리 및 감독, ③ 복수 절차의 진행에 관한 조정, ④ 그 밖에 필요한 사항에 관하여 공조하여야 한다(법641조1항). 이 때 법원은 공조를 위하여 외국법원 또는 외국도산절차의 대표자와 직접 정보 및 의견을 교환할 수 있고, 국내 도산절차의 관리인 또는 파산관재인은 법원의 감독 하에 외국법원 또는 외국도산절차의 대표자와 직접 정보 및 의견을 교환할 수 있으며, 국내도산절차의 관리인 또는 파산관재인은 법원의 허가를 얻어 외국법원 또는 외국도산절차의 대표자와 도산절차의 조정에 관한 합의를 할 수 있다(법641조2항, 3항, 4항). 관재인 등 국내절차의 기관이 외국관재인 등에 대하여, 필요한 정보의 제공과 협력을 구할 수 있도록 하는 한편 외국절차의 적절한 실시를 위해 필요한 정보의 제공과 의견의 교환을 하도록 하여, 쌍방향 협력의 권한·책무를 규정한 것이다. '합의'라 함은 주로 영미법계 국가의 도산관재인들 사이에 체결되는 '도산관리계약'(protocol)'을 말한다. 둘째로, 외국절차가 행해지

한 연구, 파산법 연구 5, 박영사(2020), 141면 참조.

고 있는 경우에 국내절차의 개시를 용이하게 함으로써, 국내채권자와 외국관재인등을 보호하기 위하여 외국절차의 존재에 의하여 국내절차의 개시원인사실의 존재를 추정하는 규정이 마련되어 있다(법38조1항, 301조). 이로써 예컨대, 외국관재인등은 지급불능 등의 사실을 입증하지 않고도 국내절차의 개시결정을 얻을 수 있다. 셋째로, 국내절차에서의 외국관재인의 권한에 관한 규정이 있다. 즉 외국도산절차가 승인된 때에는 외국도산절차의 대표자는 국내도산절차의 개시를 신청하거나 진행 중인 국내도산절차에 참가할 수 있다(법634조). 이는 외국절차에의 참가가 실제상 곤란한 국내 약소채권자의 권리를 보호하고 채권자평등을 실질적으로 확보하는 취지의 규정으로서, 외국관재인등에 대해서도 국내절차에서 같은 편의를 도모하는 것으로 한 것이다. 나아가 일본법은 병행절차가 진행되는 경우 어느 절차의 대표자가 그의 도산절차에 관한 채권을 신고한 채권자를 대리하여 다른 도산절차에서 채권을 교차 신고하는 제도를 두고 있다.[3] Cross-Filing이라고 불리는 제도로서 이를 명시적으로 규정하는 나라는 아직 적고, 우리나라도 채택하고 있지 않다.

라. 도산국제사법(도산저촉법)

(1) 도산법정지법의 원칙

국제도산 사건에서 도산절차의 준거법, 도산절차에 복종하는 재산의 범위, 도산절차의 준거법, 도산절차에서 우선적 권리를 가지는 자의 범위, 미이행쌍무계약에 대해 도산절차가 미치는 영향, 상계의 허용 여부와 부인권의 행사 등을 판단함에 있어 준거법을 결정할 필요가 있는데, 채무자회생법은 위와 같은 문제에 관한 준거법에 관하여는 규정하지 않고 있으므로,[4] 이는 판례와 학설에 맡겨져 있는 셈이다.

일반적으로 도산법은 절차법적 규정과 실체법적 규정으로 나뉘는데, 도산절차는 '절차는 법정지법에 따른다'는 원칙에 따라 '도산법정지법 즉 도산절차 개시국법'에 따른다. 따라서 도산절차에 있어서의 국제도산관할, 도산절차의 개시, 관리인·관재인의 선임 및 권한과 의무, 도산채권의 신고·확정·배당, 도산절차의 진행과 종료 등 절차법적 사항은 도산법정지법에 의한다.

한편 도산 사건의 실체법적 사항은 도산 사건의 모든 실체법적 사항이 아니라 '도산 정형적인 법률효과' 또는 '도산법에 특유한 효력'만이 도산법정지법의 효력을 받는다고 해석한다.[5]

---

3) 일본 민사재생법 제210조, 파산법 제247조, 회사갱생법 제245조.
4) 이에 대한 상세한 설명은 석광현, "도산국제사법의 제문제: 우리 법의 해석론의 방향", 국제사법과 국제소송 제5권, 박영사(2012), 593면 이하 참조.
5) 석광현, 전게서, 598면 이하 참조.

(2) 개별적 문제

위와 같은 관점에서 보면 외국적 요소가 있는 계약을 체결한 당사자에 대한 회생절차가 개시된 경우, 계약이 쌍방미이행 쌍무계약에 해당하여 관리인이 이행 또는 해제·해지를 선택할 수 있는지, 그리고 계약의 해제·해지로 인하여 발생한 손해배상채권이 회생채권인지는 도산법정지법(倒産法廷地法)에 따라 판단되어야 하지만, 계약의 해제·해지로 인한 손해배상의 범위에 관한 문제는 계약 자체의 효력과 관련된 실체법적 사항으로서 도산 전형적인 법률효과에 해당하지 아니하므로 국제사법에 따라 정해지는 계약의 준거법이 적용된다. 이러한 경우 도산해지조항의 효력 역시 도산법정지법에 의한다.6)

한편 상계의 허용 여부는 우리 채무자회생법에 따라 결정할 사항이지만, 상계적상의 요건과 상계의 효력은 통상의 상계의 준거법에 의한다. 판례는 회생절차에 있는 피고의 관리인이 추심금청구를 한 원고에 대하여 소송상 상계의 항변을 하였고, 상계의 준거법이 영국법이었고 소송상으로 행사해야 하는 영국 보통법상의 상계 요건의 구비 여부 등이 다투어진 사안에서 영국법상의 상계 제도는 보통법상 상계(legal set-off, 법률상 상계라고도 한다)와 형평법상 상계(equitable set-off)가 있는데, 그중 보통법상 상계는 양 채권 사이의 견련관계를 요구하지 않는 등 형평법상 상계와 비교하여 상계의 요건을 완화하고 있지만 소송상 항변권으로만 행사할 수 있어 절차법적인 성격을 가진다고 해석되나, 영국 보통법상 상계 역시 상계권의 행사에 의하여 양 채권이 대등액에서 소멸한다는 점에서는 실체법적인 성격도 아울러 가진다고 할 것이므로 상계의 요건과 효과에 관하여 준거법으로 적용될 수 있다고 하면서도, 외국적 요소가 있는 채권들 사이에서의 상계의 요건과 효과에 관한 법률관계가 상계의 준거법에 따라 해석·적용된다고 하더라도, 채권자가 대한민국의 민사집행법에 의하여 가압류명령 또는 채권압류명령 및 추심명령을 받아 채권집행을 한 경우에, 채권가압류명령 또는 채권압류명령을 받은 제3채무자가 채무자에 대한 반대채권을 가지고 상계로써 가압류채권자 또는 압류채권자에게 대항할 수 있는지는 집행절차인 채권가압류나 채권압류의 효력과 관련된 문제이므로, 특별한 사정이 없는 한 대한민국의 민사집행법 등에 의하여 판단함이 원칙이고 상계의 준거법에 의할 것은 아니라고 하였다.7)

---

6) 대법원 2015.5.28. 선고 2012다104526,104533 판결(공2015하, 843)[백선97]. 이 판결에 대한 해설로 김진오, "외국적 요소가 있는 쌍방미이행 쌍무계약에서 도산법정지법 원칙의 적용범위 및 영국법상 중간이자 공제의 법리", 대법원판례해설 제103호, 법원도서관(2015), 403면.
7) 대법원 2015.1.29. 선고 2012다108764 판결(공2015상, 293)은 상계제도의 목적 및 기능, 채무자의 채권이 압류된 경우 관련 당사자들의 이익 상황 등에 비추어 보면, 민사집행법에 의하여 채권압류명령 또는 채권가압류명령을 받은 제3채무자가 압류채무자에 대한 반대채권을 가지고 있는 경우에, 가압류의 효력 발생 당시에 대립하는 양 채권이 모두 변제기가 도래하였거나, 그 당시 반대채권(자동채권)의 변제기가 도래하지 아니한 때에는 그것이 피가압류채권(수동채권)의 변제기와 동시에 또는 그보다 먼저 도래하면, 상계로써 가압류채권자에게 대항할 수 있다는 점을 전제로 하였다. 이 판결에

우리나라에서 도산절차가 개시된 경우 부인권은 원칙적으로 도산법정지법에 의할 것
이지만, 외국도산절차가 우리나라에서 승인되고 외국도산관재인이 국제도산관리인으로
선임되어 부인권을 행사할 경우 이에 대하여는 도산법정지법에 의할 것이라는 견해와 사
안에 밀접한 관련이 있고, 이해관계를 가지는 국가의 법률에 의할 것이라는 전통적인 국
제사법원칙에 따르는 견해의 대립이 있다.

물론 도산법정지법인 외국법을 적용해야 하는 경우에 그 규정을 적용한 결과가 우리
의 선량한 풍속 기타 사회질서에 '명백히' 위반되는 때에는 그 적용은 배제된다(국제사법23
조). 한편, 반정(反定의) 허용 여부와 관련해서는 논란이 있을 수 있는데, 가사 반정이 허용
되더라도 직접반정만이 허용된다(국제사법22조). 개정 국제사법에서는 반정이라는 용어는
삭제되었다.

참고문헌
김성환, "도산절차의 국제적 효력과 국제재판관할", 판례와 실무, 인천지방법원(2004), 29면.
김시내, "도산절차의 승인 및 지원에 관한 한국의 동향과 실무", 도산법연구 제10권 제1호, 사단법인
　　　도산법연구회(2020.6.) 193면.
김영석, "해운회사의 국제도산에 관한 연구−선박 관련 쟁점을 중심으로", 사법논집 제64호, 법원도
　　　서관(2017), 399면.
김용진, "국제도산에서의 법정지 사냥", 회생과 파산 Vol. 1, 사법발전재단(2012), 477면.
김효선, "국제 도산 모델법에 관한 판례요약(3), 도산법연구 제2권 제1호, 사단법인 도산법연구회
　　　(2011.5.), 203면.
박준, "국제적 회사정리를 둘러싼 제문제", 민사판례연구 XVI, 민사판례연구회(1994), 589면.
석광현, "도산절차의 국제사법−국제도산법", 도산법강의, 남효순·김재형 공편, 법문사(2005), 260면.
석광현, "도산국제사법의 제문제", 사법 4호, 사법발전재단(2008), 109면.
손원일, "국제도산에 관한 주요 판례 분석", 도산법연구 제2권 제2호, 사단법인 도산법연구회(2011.
　　　11.), 246면.
오수근, "국제도산" 도산법, 한국사법행정학회(2012), 396면.
오수근, "국제도산절차의 공조(공조): UNCITRAL 국제도산절차 협조 실무 지침 소개", 통상법률 88
　　　호, 법무부(2009), 126면.
이민정, "국제 도산 모델법에 관한 판례요약(1), 도산법연구 제1권 제2호, 사단법인 도산법연구회
　　　(2010.7.), 203면.
이민정, "국제 도산 모델법에 관한 판례요약(2), 도산법연구 제2권 제1호, 사단법인 도산법연구회

대한 평석으로는 이헌묵, "영국법상 상계제도와 영국법이 적용되는 채권의 상계와 관련한 국내법상
의 문제", 저스티스 통권 제142호, 한국법학원(2014.6.), 41면 참조.

(2011.5.), 283면.

이상재·최우구, "필리핀 회생절차의 국제도산 승인 사례", 도산법연구 제9권 제2호, 사단법인 도산 법연구회(2019.8.), 179면.

이성용, "국제도산사건에서의 이중절차의 위험성 통제 방안 연구", 사법논집 제51집, 법원도서관 (2010), 169면.

이용운, "외국에서 받은 면책재판의 국내적 효력", 재판실무연구(5) 도산관계소송, 한국사법행정학회 (2009), 391면.

이은재, "채무자회생법의 대외적 효력", 도산법연구 제4권 제2호, 사단법인 도산법연구회(2014.1.), 138면.

이은재, "한국의 국제도산법제", 도산법연구 제2권 제1호, 사단법인 도산법연구회(2011.5.), 246면.

이주헌, "국제도산절차에서 조세채권자의 지위", 도산법연구 제11권 제2호, 사단법인 도산법연구회 (2021.7.), 171면.

임채웅, "국제도산에 관한 실무적 연구" 국제규범의 현황과 전망: 2007년 국제규범연구반 연구보고, 법원행정처(2016), 455면.

임치용, "국제파산절차와 사법공조", 파산법 연구, 박영사(2004), 485면.

임치용, "외국파산절차가 국내에 미치는 영향", 파산법 연구, 박영사(2004), 544면.

임치용, "통합도산법개정안 중 국제파산편에 대한 검토", 파산법 연구, 박영사(2004), 572면.

임치용, "채무자 회생 및 파산에 관한 법률 중 제5편 국제도산에 대한 해설", 파산법 연구 2, 박영사 (2006), 299면.

임치용, "미국 파산법원이 본 한국의 회사정리절차", 파산법 연구 2, 박영사(2006), 341면.

임치용, "판례를 통하여 본 국제도산법의 쟁점", 파산법 연구 3, 박영사(2010), 258면.

임치용, "새로운 국제파산법제", 통합도산법, 남효순·김재형 공편, 법문사(2006), 155면.

임치용, "미국 연방파산법 제15장의 국제파산제도-한국과의 비교를 중심으로", 파산법 연구 4, 박영 사(2015), 218면.

임치용, "국제도산사건의 실무상 문제", 파산법 연구 4, 박영사(2015), 87면.

IX

기업구조조정촉진법

1. 제정 경위

일반적으로 법정도산절차 밖에서 채무자와 채권자들이 합의에 의하여 채무원리금 감면, 만기연장, 출자전환 등의 채무조정을 통하여 기업의 부실을 정리하고 재생시키는 과정을 '워크아웃(Workout)'이라고 하고, 이는 일종의 사적 정리(私的 整理)라고 할 수 있다. 국내 35개 은행장들이 1997년 4월 '부실징후 기업의 정상화촉진과 부실채권의 효율적 정리를 위한 금융기관 협약'을 체결하고, 채권금융기관협의회를 구성하였다. 그런데 위 협약이 1997년말 이후 더 이상 적용되지 않게 되자, 1998년의 IMF 구제금융 사태 이래 금융기관인 채권자들이 워크아웃의 절차 및 채권단의 의사결정방법 등에 관하여 협약을 체결하여 두고 기업의 부실의 징후가 있으면 협약에 의하여 처리하고자 하는 움직임이 있었고, 은행, 증권사, 보험사 등 210개 금융기관 사이에 1998년 6월경 부실기업에 대한 워크아웃절차를 정한 '기업구조조정을 위한 금융기관협약'이 체결되었는데, 이 협약은 금융기관의 신용공여액이 합계 500억 원 이상인 기업을 대상으로 하여 채권금융기관 간에 채권행사유예, 채권금융기관의 구성, 채권단의 의사결정과정 등을 규정하고 있었다.

그 결과 '금융기관 협약'의 주요 내용을 기초로 기업구조조정촉진법(2001.8.4. 제정, 법률 제6504호, 이하 '기촉법'이라고 줄여 쓴다)이 제정되어 2001년 9월 15일부터 2005년 12월 31일까지 한시법으로 시행되었는데, 기촉법의 핵심 내용은 채무자회생법이 정한 사법절차인 회생과 파산이라는 도산절차 이외에 「관리절차」라고 하는 도산절차를 창설하여 채권금융기관이 합의하여 관리절차 회부 여부를 결정하되, 금융감독원의 감독을 받도록 함으로써 금융기관의 영업상 의사결정을 국가가 통제하는 것이었다. 당시 법원과 대한변호사협회 등은 기촉법이 사적 자치의 원칙에 위배되고 재산권을 침해한다는 점을 들어 제정에 반대하였다.

그 후 위 기촉법이 유효기간만료에 따라 효력이 소멸되자, 이에 맞추어 2007년 8월3일 제2차 기촉법(법률 제8572호)이 제정되어 2010년 12월 31일까지 시행되었으며, 그 기간이 만료된 후 2011년 5월 19일 제3차 기촉법(법률 제10684호)이 제정되어 2013년 12월 31일까지 시행되었고,[1] 그 후 2014년 1월 1일 제3차 기촉법의 유효기간을 2년 연장하는 제4차 기촉법(법률 제12155호)이 제정되어 2015년 12월 31일까지 시행된 후, 다시 2016년 3월 18일 제5차 기촉법(법률 제14075호)이 제정되어 2018년 6월 30일까지 시행되었으며,[2] 그, 후 2018년 10월 16일 제6차 기촉법(법률 제15885호)이 제정되어 공포한 날부터 5년인 2023년 6월 30일까지의 기한으로 시행되었다가 다시 2023년 12월 26일 제7차 기촉법(법률 제19752호)이 제정되어 3년의 기한으로 시행되고 있다. 이하에서는 위와 같은 경위에 불구하고 제7차 기촉법을 기준으로 설명한다.

제6차 기촉법이 구법과 달라진 중요한 점은 ① 중소기업 공동관리절차 활성화를 위한 절차를 완화하기 위하여 기업개선약정 이행상황은 원칙적으로 주채권은행이 분기마다 점검하여야 하나, 중소기업의 경우 협의회가 그 주기를 달리 정할 수 있도록 하고 이행점검 결과도 공개하지 않을 수 있도록 하였고, 공동관리절차는 원칙적으로 3년마다 지속 필요성 등을 평가하여야 하나, 중소기업의 경우 협의회가 그 주기를 달리 정하도록 하고 평가결과를 공개하지 않을 수 있도록 한 점(기촉법15조2항 및 16조1항·2항), ② 채권금융기관 및 그 임직원이 고의 또는 중대한 과실 없이 이 법에 따라 기업구조조정을 위하여 업무를 적극적으로 처리한 경우에는 그 결과에 대하여 면책하도록 한 점(기촉법34조) 등을 들 수 있다.

제7차 기촉법은 금융채권자협의회로 하여금 공동관리기업의 기업개선을 위하여 필요하다고 판단되는 경우 해당 기업의 요청에 따라 금융채권자가 아닌 자가 해당 기업에 대하여 신규 신용공여를 하는 것을 의결할 수 있도록 하였다(기촉법18조2항).

한편 위와 같이 기촉법이 한시법으로 제정되는 일이 계속 반복되자 국회는 제6차 기촉법을 제정하면서 "금융위원회는 제20대 국회 임기 내에 기업구조조정제도의 성과 및 효용에 관한 평가를 시행하고 법원, 기업구조조정 관련 기관 및 전문가 등의 의견수렴을 통하여 채무자회생법과의 일원화 또는 기업구조조정 촉진법 상시화 방안 등 기업구조조정제도의 종합적인 운영 방향에 관하여 국회 소관 상임위원회에 보고하여야 한다."는 부대의견을 달았고, 이에 따라 금융위원회는 2020년 5월 "기업구조조정제도 운영방안" 제하의 보고서를, 한국금융연구원은 2019년 12월 "기업구조조정제도의 성과 및 효용 평가"라는 제하의 보고서를 각각 국회에 제출하였다.[3]

기촉법에 의한 관리절차는 모든 금융채권자에게 적용된다는 점에서 독립된 도산절차

---

1) 워크아웃 추진과정에서 기업의 자율성을 강화하고, 채권금융기관협의회의 의결에 반대한 채권금융기관 및 소액채권금융기관의 권리 보호를 강화하는 내용으로 보완한 것이었다.

2) 그 내용은 구조조정 촉진의 적용대상 기업을 모든 기업으로 하고, 기촉법에 따른 워크아웃 참여 채권자의 범위도 채권금융기관에서 모든 금융채권자로 확대하는 것 등이었다.

3) 기촉법의 상시화 법률안에 대한 문제점을 분석한 논문으로는 한민, "기업구조조정 촉진법 상시화 법률안에 대한 비판적 검토", 사법 33호, 사법발전재단(2015), 89면 참조.

의 하나이다. 다만 기촉법 제3조는 "이 법은 기업구조조정 등에 관하여 규정하고 있는 다른 법률(「채무자회생 및 파산에 관한 법률」을 제외한다)에 우선하여 적용한다"고 규정하고 있어서 기촉법 절차 진행 중에도 언제든지 채무자회생법에 따른 회생절차 등을 신청·개시할 수 있다.

판례는 제2차 기촉법 하에서 기촉법은 기업구조조정이 신속하고 원활하게 추진될 수 있도록 필요한 사항을 규정하는 데에 그 입법목적이 있는 것으로서, 부실징후기업에 대한 제재나 법률적 제한 등을 목적으로 제정된 것이 아니고, 이와 같은 입법목적에 따라 채권금융기관 공동관리 등에 관하여 여러 가지 절차적 규정을 두고 있지만, 부실징후기업으로 지정된 기업에 대하여 약정 체결을 강제하거나 그 주주들의 주주권 행사를 제한하는 등의 규정은 두고 있지 않으므로 채권금융기관협의회가 부실징후기업에 대하여 경영정상화계획의 이행을 위한 약정 체결의 전제로서 어떠한 요구를 한다고 하더라도, 기업으로서는 그와 같은 요구를 받아들여 워크아웃절차를 계속 진행할 것인지 아니면 이를 거부하고 회생절차 등으로 이행할 것인지를 선택할 수 있고, 이러한 선택은 궁극적으로는 해당기업의 주주들의 의사에 따라 결정되는 것이므로, 그와 같은 주주들의 결정은 그 자체로도 기업에 대한 실질적 지배로서의 성격을 가지는 것임이 분명하다고 판시하였는데, 기촉법의 기본적인 성격을 정리한 판단이다.[4]

---

4) 대법원 2018.10.4. 선고 2018두44753 판결(공2018하, 2124).

2. 기업구조조정의 대상과 기구

가. 적용 범위 및 개념

기촉법 제1조는 "이 법은 부실징후기업의 기업개선이 신속하고 원활하게 추진될 수 있도록 필요한 사항을 규정함으로써 상시적 기업구조조정을 촉진하고 금융시장의 안정과 국민경제의 발전에 이바지하는 것을 목적으로 한다."고 규정하고 있다.

제4차 기촉법까지는 기촉법의 적용 대상이 되는 "기업"은 채권금융기관으로부터 신용공여를 받은 회사로서 신용공여액의 합계가 500억 원 이상인 회사에 한정되고(구 기촉법 2조4호), 채권금융기관이라 함은 은행(한국산업은행, 한국수출입은행, 중소기업은행 포함), 증권회사, 자산운용회사, 보험회사, 신탁회사, 여신전문금융회사, 상호저축은행, 예금보험공사, 한국정책금융공사, 신용보증기금, 기술보증기금, 정리금융기관, 기업구조개선 사모투자전문회사 기업구조조정조합 및 그 조합의 업무집행조합원인 기업구조조정전문회사, 한국무역보험공사, 농협은행 그 밖의 법률에 따라 금융업무를 행하는 기관으로서 대통령령으로 정하는 자를 포함하되(구 기촉법2조1호), 외국금융기관(국내지점은 채권금융기관에 포함된다), 파산금융기관, 신용협동조합, 새마을금고, 각종 연기금이나 공제회 등은 이에 해당하지 않았었다.

위와 같은 규정의 결과 신용공여액이 500억 원 미만인 대부분의 중소기업의 경우 기촉법의 적용대상이 되지 않아 채권은행의 자율협약에 따라 구조조정을 진행하여 왔고, 이에 따라 출자전환 또는 채무재조정시 기촉법상 특례조항의 적용 등 혜택을 누리지 못한다는 문제가 지적되어 왔다. 이에 제5차 기촉법은 그 적용 범위를 신용공여액 규모와 무관하게 모든 기업으로 확대하면서 "기업"이란 「상법」에 따른 회사와 그 밖에 영리활동을 하는 자를 말하되, ㉠ 「공공기관의 운영에 관한 법률」에 따른 공공기관, ㉡ 금융회사와 그 밖에 금융업무를 하는 자로서 대통령령으로 정하는 자,[1] ㉢ 외국법에 따라 설립된 기업, ㉣ 그

---

1) 「법인세법 시행령」 제61조 제2항 각 호의 어느 하나에 해당하는 금융회사 등을 말한다(기촉법 시행

밖에 신용위험 평가 대상에 포함되지 아니한 자로서 대통령령으로 정하는 자는 제외한다고 정의하였다(기촉법2조6호).

또한 기촉법에 의하여 구조조정의 대상이 되는 「부실징후기업」이란 주채권은행이 신용위험평가를 통하여 통상적인 자금차입 외에 외부로부터의 추가적인 자금유입 없이는 금융채권자에 대한 차입금 상환 등 정상적인 채무이행이 어려운 상태에 있다고 인정한 기업을 말한다(기촉법2조7호). 여기서 사내유보금, 자기신용에 의한 차입, 이외에 제3자로부터 제공받는 자금지원 등을 포괄적으로 의미하는 것으로, 유상증자·관계사대여금·특별대출심사·대주주 사재출연 등도 외부자금유입으로 해석한다.[2]

구 기촉법 하에서는 채권금융기관이 아닌 금융채권자의 경우 대상기업에 대한 채권은 그대로 행사하면서 채권재조정을 통한 손실이나 신규신용공여라는 위험부담을 지지 아니하였기 때문에 채권자들간의 형평성 논란이 있어 왔는데, 제5차 기촉법은 그 범위를 해당 기업에 대한 모든 금융채권자로 확대하였고, 「금융채권」이란 기업 또는 타인에 대한 신용공여로 해당 기업에 대하여 행사할 수 있는 채권을 말한다고 정의하였다(기촉법2조1호). 따라서 '상거래채권자'는 제외된다.

또한 기촉법에서 말하는 「채권금융기관」이란 금융채권자 중 「금융위원회의 설치 등에 관한 법률」 제38조 각 호에 해당하는 기관(은행, 손해보험회사·생명보험회사, 금융투자업자, 상호저축은행, 여신전문금융업자, 신용협동조합, 농협은행·수산업협동조합중앙회의 신용사업부문 등) 및 그 밖에 법률에 따라 금융업무 또는 기업구조조정 업무를 행하는 기관으로서 대통령령이 정하는 자를 말한다. 여기서의 「채권금융기관」은 출자제한 특례(기촉법33조)와 시정조치 대상(기촉법35조)에 한정하는 의미이다.

또한 기촉법 제9조 제5항 제1호는 금융업이라 함은 통계법 제22조 제1항에 따라 통계청장이 작성·고시하는 한국표준산업분류에 따른 금융 및 보험업을 말한다고 정의하고 있기 때문에 외국금융기관도 참여범위에 포함된다.

기촉법에서 "신용공여"란 ㉮ 대출, ㉯ 어음 및 채권 매입, ㉰ 시설대여, ㉱ 지급보증, ㉲ 지급보증에 따른 대지급금의 지급, ㉳ 거래상대방의 지급불능시 이로 인하여 금융기관에 손실을 초래할 수 있는 거래 ㉴ 그 밖에 위 규정에 해당하는 거래는 아니나 실질적으로 그에 해당하는 결과를 가져올 수 있는 거래 중 어느 하나에 해당하는 것으로서 금융위원회가 정하는 범위의 것을 말한다(기촉법2조8호). 금융위원회가 위 규정에 따라 2018년11월 13일 고시한 「기업구조조정촉진을 위한 금융기관 감독규정」(금융위원회고시 제2018-30호)

령 2조2항).

2) 민주홍, "금융기관의 부실기업 구조조정과 회생절차", 제8기 도산법연수원 Ⅱ, 서울변호사협회(2023), 492면.

제3조 제1항은 기촉법 제2조 제8호에 따른 신용공여는 대출(금융기관과 기업 간에 한도거래 약정을 체결한 경우에는 한도액 기준), 어음 및 채권매입, 시설취득자금에 대한 거래와 밀접한 관련이 있는 시설대여,[3] 금융업을 영위하는 자의 시설대여(여신전문금융업법 제2조 제10호에 다른 시설대여),[4] 지급보증 및 지급보증에 따른 대지급금의 지급, 특정한 유가증권을 장래의 특정시기 또는 특정조건 충족시에 미리 정한 가격으로 팔 수 있는 권리를 보유하는 거래,[5] 기업이 실질적으로 제3자의 채무이행을 담보·보증하기 위한 목적의 거래로서 기업의 지급불능시 이로 인하여 거래 상대방에 손실을 초래할 수 있는 거래,[6] 그 밖에 기업의 지급불능시 이로 인하여 거래 상대방에 손실을 초래할 수 있는 직접적·간접적 금융거래[7] 등을 말한다고 규정하고 있다.

보증으로 신용공여가 중복될 경우 원칙적으로 피보증 금융채권자의 신용공여로 보게 되지만, 금융업을 영위하는 금융채권자의 보증으로 인하여 중복되는 금액은 보증금융채권자의 신용공여액으로 한다(위 감독규정3조2항). 따라서 계열사나 개인 등 비금융기관이 보증을 한 경우에는 기촉법 절차에 참여하지 않게 된다.

위와 같은 금융채권자 중에서 「금융위원회의 설치 등에 관한 법률」 제38조 각호에 해당하는 기관 및 그 밖에 법률에 따라 금융업무 또는 기업구조조정 업무를 행하는 기관으

---

3) 예컨대 BBCHP(Bare Boat Charter of Hire Purchase) 방식의 선박금융, 선박투자회사법을 이용한 선박금융리스나 금융조달기법을 활용한 부동산금융리스(REITs) 등이 이에 해당한다.

4) 비금융적 성격의 임대차 등이 포함되는 것을 방지하기 위하여 금융업을 영위하는 자가 행하는 여신전문금융업법 제2조 제10호의 시설대여만을 신용공여에 포함시킨 것이다. 특정물건을 새로 취득하거나 임차하여 거래 상대방에게 대통령령으로 정하는 일정 기간 이상 사용하게 하고, 그 사용기간 동안 일정한 대가를 정기적으로 나누어 지급받으며, 그 사용기간이 끝난 후의 물건의 처분에 관하여는 당사자간의 약정으로 정하는 방식의 금융을 말한다.

5) 주식·채권 등 거래시 특정 조건을 충족하면 이를 되팔 수 있는 파생계약 등을 체결한 경우를 의미한다. 흔히 풋백 옵션(Put Back Option)이라고 한다.

6) 예컨대 건설사의 책임준공, 담보보충 등을 말한다. 대법원 2015.10.29. 선고 2014다75349 판결(미간행)은 호텔 및 콘도미니엄을 신축하여 매각·분양하는 사업의 시행사에 대한 甲 은행 등의 프로젝트 파이낸싱(Project Financing) 대출과 관련하여, 시공사인 乙 회사가 책임준공을 약정하였으나 예정준공일까지 공사를 완료하지 못한 채 기촉법에 따라 부실징후기업으로 선정된 사안에서, 책임준공약정은 구 기업구조조정 촉진법 제2조 제6호 (바)목에서 정한 '거래상대방의 지급불능시 이로 인하여 금융기관에 손실을 초래할 수 있는 거래'에 해당하고, 책임준공의무 위반에 따른 손해배상채권은 위 법률의 위임에 따른 (구)'기업구조조정 촉진을 위한 금융기관 감독규정' 제3조 제1항 본문에서 정한 '부실징후기업에 대하여 상환을 청구할 수 있는 채권'에 해당한다고 하였다.

7) 기업이 실질적으로 제3자의 채무이행을 담보·보증하기 위한 목적의 거래로서 기업의 지급불능 시 이로 인하여 거래 상대방에 손실을 초래할 수 있는 거래(감독규정3조1항7호)와 기타 기업의 지급불능 시 이로 인하여 거래 상대방에 손실을 초래할 수 있는 직접적·간접적 금융거래(감독규정3조1항8호), 금융거래 거래 당사자 사이에 그 거래의 대가로서 이자, 보증료 또는 이와 유사한 성격의 금전적 가치를 지니는 반대급부를 수취하는 목적의 채권을 발생시키는 거래(감독규정3조4항)를 말한다. 금융거래와 상관없이 발생한 부당이득반환청구권이나 불법행위로 인한 손해배상청구권은 신용공여에 해당하지 않는다.

로서 대통령령으로 정하는 자를 "채권금융기관"이라고 구분하고(기촉법2조3항), 은행업을 규칙적·조직적으로 영위하는 금융기관을 별도로 '채권은행'이라고 구분하며(기촉법2조4호), 해당 기업의 주된 채권은행(주된 채권은행이 없는 경우에는 신용공여액이 가장 많은 은행)을 "주채권은행"이라고 하고, 이 경우 주채권은행의 선정 및 변경 등에 관한 사항은 대통령령으로 정한다(기촉법2조5호). 여기서의 「신용공여액」은 주채권은행의 선정 직전 월말을 기준으로 하며(기촉법 시행령3조1항), 주채권은행의 선정은 채권은행간의 협의에 따라 하고, 다만 주채권은행이 없어 신용공여액만을 기준으로 주채권은행을 선정하는 경우에는 그 협의를 생략할 수 있다(기촉법 시행령3조2항). 주채권은행의 변경은 해당기업 또는 채권은행의 요청으로 채권은행간의 협의에 따라 변경할 수 있다(기촉법 시행령3조3항). 이 경우 변경된 주채권은행은 그 변경 사실을 지체 없이 금융감독원장에게 보고하여야 한다(기촉법 시행령 3조4항). 금융감독원장은 주채권은행의 변경에 대한 채권은행 간의 협의가 이루어지지 아니하여 채권은행이 그 변경을 요청하는 경우와 해당 기업이 주채권은행의 변경에 이의가 있어 주채권은행의 재변경을 요청하는 경우에는 해당 기업 및 채권은행의 의견, 채권은행 별 신용공여 및 취득한 담보의 규모와 구성 등을 고려하여 주채권은행을 변경할 수 있다 (기촉법 시행령3조5항). 채권은행과 주채권은행은 공동관리절차에서 별도의 역할을 한다.

나. 금융채권자협의회

부실징후기업의 효율적인 구조조정을 위하여 해당 기업의 금융채권자로 구성된 금융 채권자협의회를 두되, 주채권은행은 협의회의 소집 및 운영을 주관하며, 협의회가 의결한 사항에 관하여 협의회를 대표한다(기촉법22조1항, 2항). 구법 하에서의 채권금융기관협의회를 금융채권자협의회로 명칭 변경한 것이다. 부실징후기업의 금융채권자는 해당 기업에 대하여 금융채권을 보유한 자이므로(기촉법2조2호), 그 의사와 관계없이 자동으로 협의회의 구성원이 된다. 기촉법은 회생절차와 마찬가지로 주채권은행이 주도하는 금융채권자협의회가 워크아웃을 주도하게 하고, 금융채권자들의 다수결에 의한 의사결정을 강제하고 있는 것이다. 다만 회생절차와 달리 공동관리절차에서는 금융채권자협의회가 주채권은행이 작성한 기업개선계획을 검토하여 의결하고 공동관리기업과 기업개선계획의 이행을 위한 약정을 체결할 뿐(기촉법13, 14조), 이에 대한 법원의 인가는 불필요하다. 금융채권자협의회의 결의에 따라 기업개선계획을 변경할 수 있도 있는 것은 회생절차와 마찬가지이다.

금융채권자협의회 소집에 관하여는 법률상 횟수의 제한이 없다. 또한 금융채권자협의회의 소집 안건이 기촉법 제23조 제1항 각호에 해당하는지 여부가 명확하지 않은 경우에도 주채권은행이 금융채권자협의회를 소집하는 경우 금융채권자협의회가 개최되는 경우가 있다.

주채권은행이 협의회를 소집하려는 경우에는 회의 일시·장소 및 목적 등에 관한 사항을 회의 개최 예정일의 5일 전(법 23조 1항 4호 또는 8호의 사항을 심의·의결하기 위한 소집의 경우에는 10일 전)까지 해당 금융채권자, 해당 부실징후기업 및 조정위원회에 통보하여야 한다. 다만, 해당 부실징후기업에 대한 지원 여부에 관하여 신속한 의사결정이 필요한 경우 등 긴급한 경우에는 그러하지 아니하다(기촉법 시행령12조1항). 구 기촉법 시행령에서는 주채권은행이 채권금융기관협의회를 소집하려는 경우에는 긴급한 경우를 제외하고는 회의 일시·장소 및 목적 등에 관한 사항을 회의 개최 예정일의 3일 전까지 채권금융기관에 통보하도록 하면서도, 신용공여 계획의 수립을 심의·의결하기 위한 경우에는 위 사항을 회의 개최 예정일의 7일 전까지 통보하도록 하고 있었는데, 실무적으로 협의회 소집 통보에 보다 오랜 시간이 소요될 것을 감안하여 안건 통보기한을 길게 한 것이다. 판례는 채권금융기관으로 하여금 신규 신용공여를 하도록 하기 위해 협의회를 소집하면서 해당 채권금융기관에 대하여 회의 개최 예정일의 7일 전까지 회의 일시·장소 및 목적 등에 관한 사항을 통지하지 않았다면, 그러한 협의회의 의결은 해당 채권금융기관의 참석권과 의결권의 적정한 행사가 방해받지 않았다고 볼 만한 특별한 사정이 없는 한 구 기촉법을 위반한 것으로서 하자가 있어 해당 채권금융기관에 대하여 그 효력이 미치지 않는다고 하였다.[8] 이러한 통지를 받은 부실징후기업은 주채권은행을 통하여 금융채권자협의회에 의견을 제출할 수 있다(기촉법 시행령12조3항).

주채권은행이 아닌 금융채권자는 단독 또는 다른 금융채권자와 합하여 금융채권액이 협의회를 구성하는 금융채권자가 보유한 총 금융채권액의 1/4을 초과하는 경우 주채권은행에 대하여 협의회의 소집을 요청할 수 있으며, 요청을 받은 주채권은행은 지체없이 협의회를 소집에 필요한 조치를 하여야 한다(기촉법22조3항). 이 경우 주채권자가 아닌 금융채권자는 주채권은행에 대하여 협의회의 소집을 요청하는 경우 금융채권자협의회 소집 목적 및 금융채권자별 금융채권액 현황 등 금융위원회가 정하여 고시하는 사항을 적은 서면을 주채권은행에 제출하여야 한다(기촉법 시행령12조2항).

주채권은행은 금융채권자협의회의 소집 및 운영을 주관하며, 금융채권자협의회가 의결한 사항에 관하여 금융채권자협의회를 대표한다(기촉법22조2항). 수 개의 구조조정 대상 기업들이 구조조정절차의 일환으로 합병을 하는 경우 합병 이전에는 각 구조조정 대상기업 별로 금융채권자협의회를 개최하여 합병 등 구조조정 방안을 포함한 기업개선계획을 의결하고, 합병 이후에 필요에 따라서 통합된 채권자를 대상으로 금융채권자협의회를 개최하여 기업개선계획을 변경하는 방법 등을 취하여야 한다고 해석한다.

---

8) 대법원 2019.4.3. 선고 2016다40910 판결(공2019상, 972).

또한 비채권은행이 최대 금융채권자임에도 불구하고 주채권은행 기능을 수행할 수 없는 상황이 발생할 수 있으므로 주채권은행은 해당 부실징후기업에 대한 금융채권액이 가장 많은 채권금융기관이 채권은행이 아닌 경우에는 해당 부실징후기업의 기업개선이 신속하고 원활하게 추진될 수 있도록 그 채권금융기관과 긴밀히 협조하도록 하였다(기촉법 시행령12조4항).

금융채권자협의회는 ① 공동관리절차의 개시, 연장, 중단 및 종료, ② 채권행사 유예기간의 결정, 연장 및 중단, ③ 적용배제 금융채권자의 선정, ④ 기업개선계획의 수립 및 변경, ⑤ 약정의 체결, ⑥ 약정 이행실적에 대한 점검 및 조치, ⑦ 해당 기업의 경영정상화 가능성에 대한 점검·평가 및 조치, ⑧ 채무조정 또는 신규 신용공여 계획의 수립, ⑨ 기업개선계획을 이행하지 않은 데 따른 위약금의 부과, ⑩ 기업개선계획의 이행을 위한 약정의 미이행으로 인한 손해배상 예정액의 책정, ⑪ 협의회 운영규정의 제정·개정, ⑫ 위 ① 부터 ⑪까지의 사항과 관련된 사항, ⑬ 그 밖에 기촉법에 따라 협의회의 의결이 필요한 사항 등을 심의 의결한다(기촉법23조1항). 협의회는 심의·의결 전에 해당 기업의 경영인 및 주주·노동조합 등에게 구두 또는 서면으로 의견을 개진할 수 있는 기회를 부여하여야 한다(같은 조2항). 협의회는 공동관리기업에 대한 효율적인 기업개선을 위하여 필요한 경우 그 의결로 그 업무의 전부 또는 일부를 협의회를 구성하는 금융채권자의 대표로 구성되는 운영위원회 또는 주채권은행에 위임할 수 있다(같은 조3항).

협의회는 서면으로 의결할 수 있고, 협의회는 기촉법 또는 협의회의 의결에 다른 정함이 있는 경우를 제외하고 협의회 총 금융채권액 중 4분의 3 이상의 금융채권액을 보유한 금융채권자의 찬성으로 의결하되, 단일 금융채권자가 보유한 금융채권액이 협의회 총 금융채권액의 4분의 3 이상인 경우에는 해당 금융채권자를 포함하여 협의회를 구성하는 총 금융채권자 수의 5분의 2 이상의 찬성으로 의결한다(기촉법24조1항, 2항). 기촉법의 적용 대상이 중소기업으로 확대됨에 따라 단일 채권자의 금융채권액 비중이 4분의 3을 초과할 가능성이 커졌기 때문에 새 기촉법에서는 기존의 채권금액 4분의 3 다수결을 유지하되 단일 채권자의 금융채권액 비중이 4분의 3 이상인 경우 채권자 수 기준 5분의 2 이상의 다수결 요건을 추가한 것이다. 금융채권자협의회에서 서면결의 방식으로 의안을 심의할지 여부 및 그 구체적인 진행방식에 대해서는 주채권은행이 합리적인 범위 내에서 결정한다. 다만 해외 금융기관 등 특정 금융채권자의 서면결의 참여를 현저히 어렵게 하기 위하여 서면결의 제출 시기 등을 특정 금융채권자에게 불리하게 정하는 경우 등 금융채권자협의회 소집절차 및 의결방법의 현저한 불공정으로 인정될 사유가 있는 경우에는 기촉법 제25조에 의한 의결 취소소송이 가능하다고 해석한다. 또한 서면결의 시에는 상법 제368조의3 제2항의 주주총회 서면결의 규정에 따라 소집통지서에 각 금융채권자가 의결권을 행사하는데 필요한 서면과 참고자료를 첨부하여야 한다.

기촉법 제24조 제2항에서 정한 의결 정족수에 대한 예외로서 협의회가 위약금 부과를 의결하는 경우에는 위약금 부과의 대상이 되는 금융채권자 및 그가 보유하는 금융채권은 위 각 비율을 산정함에 있어서 포함되지 아니한다(기촉법24조3항). 또한 기촉법 공동관리절차에 참여할 금융채권자의 구성에 관한 의결은 제1차 협의회의 소집을 통보받은 금융채권자의 총 금융채권액 중 4분의 3 이상의 금융채권액을 보유한 금융채권자의 찬성으로 한다(기촉법11조4항). 또한 기촉법 제17조 제1항에 따른 채무조정에 관한 협의회의 의결은 금융채권자의 담보채권(해당 자산의 청산가치 범위에서 유효담보가액에 해당하는 채권) 총액 중 4분의 3 이상의 담보채권을 보유한 금융채권자가 찬성하여야 그 효력이 있다(기촉법17조2항). 금융채권자가 '의결권 행사 유보'라고 통지한 경우에는 기촉법 제24조 제2항의 규정에 따라서 금융채권자협의회 부의 안건에 관하여 의결권 행사 유보를 통지한 금융채권자는 제외하고, 찬성 의사를 표명한 금융채권자의 의결권만을 집계하여 가결 여부를 판단하여야 한다.

협의회는 그 의결로 구체적인 사안의 범위를 정하여 의결 방법을 다르게 정할 수 있다(기촉법24조4항). 의결방법을 다르게 정할 수 있으므로 안건에 따라 상법 제368조 제3항의 특별이해관계 있는 주주와 같이 이해충돌의 우려 등 특별이해관계가 있는 특정 금융채권자의 의결권을 제한하거나, 회생절차와 같이 금융채권자의 조를 나누어 결의 요건을 정하거나, 그 밖의 방법으로 결의요건을 가중할 수 있다. 기촉법 제24조 제2항의 결의요건을 감경하여 완화하는 것은 허용되지 않는다고 해석한다.

협의회의 소집절차 또는 의결방법이 기촉법에 위반된 때에는 금융채권자 또는 공동관리기업은 협의회의 의결이 있었던 날부터 14일 이내에 주채권은행을 상대로 법원에 의결취소의 소를 제기할 수 있다. 채무조정 또는 신규 신용공여에 관한 협의회의 의결이 기촉법에 위반된 때에도 같은데, 다만, 이 경우 제소기간은 협의회 의결이 있었던 날부터 1개월로 한다(기촉법25조1항, 2항). 위 제소기간은 출소기간으로 해석되며, 따라서 금융채권자 또는 공동관리기업으로서는 이 기간 내에 소를 제기하지 않으면 의결의 효력을 다툴 수 없고, 제소기간이 경과한 이후에 새로운 의결 취소사유를 추가로 주장할 수는 없다고 본다. 의결 취소소송의 하자와 직접 관련이 없는 금융채권자나 공동관리기업도 의결 취소소송의 제기가 가능하다. 또한 의결에 찬성한 금융채권자 혹은 특정 결의에 대해서 의결권이 없는 금융채권자의 경우에도 금융채권자협의회의 적법한 운영에 대한 적극적인 이익을 갖는다고 보아야 하므로 의결 취소소송의 제기는 가능하다고 해석한다. 금융채권을 양수하여 금융채권자의 지위를 이전받아 금융채권자협의회 의결에 따른 의무 등을 부담하는 자의 경우에는 의결 취소소송을 제기할 수 있다.

소집절차의 기촉법 위반에는 소집권한이 없는 자가 통지를 한 경우, 일부 금융채권자에게 소집통지를 하지 않은 경우, 통지사항의 일부가 누락된 채 소집통지가 이루어진 경우, 소집통지된 목적 사항 이외의 사항에 대해서 금융채권자협의회 결의가 이루어진 경우 등이 이에 해당할 수 있다. 의결방법의 기촉법 위반과 관련해서는 금융채권자가 아닌 자가 의결에 참가한 경우, 의결요건 규정 및 의결권 산정 시 제외되는 금융채권자 관련 규정 등을 위반한 경우 등이 포함된다. 판례는 기촉법에 관한 것은 아니나, 임시 주주총회 소집 통지서에 그 부의 안건으로서 다만 결산보고의 건만을 기재하였을 뿐인데 해당 임시 주주 총회에서는 '청산인 해임 및 선임의 건'을 결의한 사안에 관하여 설사 청산인인 원고를 해임하는 것이 청산종료를 위한 하나의 방법으로써 긴박을 요한다 할지라도 주주총회에서는 소집통지서에 기재된바 없는 청산인 해임 및 선임에 관한 결의를 할 수는 없는 것이므로 임시 주주총회 소집통지서에 기재되지 않은 안건에 대해 결의한 임시 주주총회 결의는 그 결의 방법이 법령에 위배된 하자가 있어서 취소를 면할 수 없다고 하였다.[9]

종래 구 기촉법 이전에는 협의회의 절차적 하자에 대하여만 사법적 구제가 가능하였으나, 제5차 기촉법에서 협의회의 의결 중 파급효과가 큰 채무조정, 신규 신용공여 관련 의결이 기촉법에 반하는 경우 사법적 구제가 가능하도록 추가되었다. 따라서 채무조정에 관한 금융채권자협의회의 의결이 권리의 순위를 고려하여 공정하고 형평에 맞게 이루어지지 않은 경우 또는 신규 신용공여로 인한 금융채권이 법정담보권 다음으로 금융채권자협의회를 구성하는 다른 금융채권자(기촉법 제11조에 따라 공동관리절차에 참여하는 금융채권자)의 금융채권에 우선하여 변제받을 권리를 가지지 않는 경우, 신규 신용공여를 하지 아니하는 금융채권자가 신규 신용공여를 하는 금융채권자에 대하여 부담하는 손실분담이 공정하고 형평에 맞게 이루어지지 않은 경우 등에는 의결 취소의 소를 제기할 수 있게 되었다.

금융채권자협의회 의결의 내용, 공동관리기업의 현황과 제반 사정을 참작하여 그 취소가 부적당하다고 인정한 때에는 법원은 청구를 기각할 수 있다(기촉법25조4항, 상379조). 판례는 상법 제379조의 절차에 하자가 있는 경우에 결의를 취소하여도 회사 또는 주주의 이익이 되지 않든가 이미 결의가 집행되었기 때문에 이를 취소하여도 아무런 효과가 없든가 하는 때에 결의를 취소함으로써 오히려 회사에게 손해를 끼치거나 일반거래의 안전을 해치는 것을 막고 또 소의 제기로써 회사의 질서를 문란케 하는 것을 방지하려는 취지라고 하였는데, 기촉법에서도 그 의미는 같다고 할 수 있다.[10]

---

9) 대법원 1969.2.4. 선고 68다2284 판결(미간행).

10) 대법원 1987.9.8. 선고 86다카2971 판결(공1987, 1557)은 결산기를 변경시행하기로 한 주주총회의 정관변경결의에 취소사유가 있으나 상법 제379조에 따라 법원이 그 결의취소청구를 기각하는 것이 정당하다고 한 사례로서 주식회사가 결의사항을 위하여 주주총회를 개최하고 그 총회에서 속행을 결의하여 여러 차례에 걸쳐 회의를 반복 개최한 경우에는 그 속행결의가 의결 정족수를 갖추어 적법한 이상 그 결의 방법이 불공정하여 취소사유가 존재한다고 하더라도 그 결의에 따른 주주총회의 개최 행위가 의안에 반대하는 주주들 또는 그들의 위임을 받아 출석한 대리인에 대한 관계에서 불법행위

협의회 의결을 취소하는 판결은 협의회를 구성하는 금융채권자에 대하여도 그 효력이 있으며, 의결취소의 소는 주채권은행의 주된 사무소를 관할하는 지방법원의 관할에 전속한다. 이 경우 「상법」 제187조, 제188조, 제190조 본문, 제191조 및 제379조를 준용하며, 제187조의 "회사"는 "주채권은행"으로, 제191조의 "회사"는 "협의회"로 본다(기촉법25조3항, 4항). 기촉법 제25조 제4항 및 상법 제188조에 의하여 수 개의 의결 취소소송이 제기된 때에는 법원은 이를 병합 심리하여야 한다.

기촉법 제25조 제4항이 상법 제190조 본문만을 준용하고 소급효를 배제하는 단서는 준용하지 않고 있으므로, 의결 취소의 소에 대해서는 소급효가 인정된다고 해석한다. 따라서 의결취소의 소가 확정되기 이전에 해당 결의 관련 내용이 이미 이행된 경우에는 원상회복 의무가 인정된다.

의결을 취소하는 판결과 달리 의결 취소의 청구에 대한 기각 판결은 대세적 효력이 없다. 의결 취소의 소를 제기한 자가 패소한 경우에 악의 또는 중대한 과실이 있는 때에는 금융채권자협의회에 대하여 연대하여 손해를 배상할 책임이 있다.

다. 금융채권자 조정위원회

부실징후기업의 효율적이고 공정한 기업개선과 금융채권자 간의 이견조정 등을 위하여 금융채권자조정위원회를 둔다(기촉법29조1항). 제5차 기업구조조정 촉진법이 대상채권자를 채권금융기관에서 금융채권자로 확대하였고, 기업구조조정의 효율성뿐만 아니라 공정성을 강조하는 방향으로 개정된 점이 반영된 것이다. 조정위원회는 7인의 위원으로 구성하는데, 조정위원은 ① 금융기관 또는 금융 관련 분야에서 10년 이상 근무한 경험이 있는 사람, ② 변호사, 공인회계사의 자격이 있는 사람, ③ 금융 또는 법률 관련 분야의 석사 이상의 학위소지자로서 연구기관·대학에서 연구원, 조교수 이상의 직에 10년 이상 근무한 경험이 있고 기업구조조정에 관한 전문성이 있는 사람, ④ 기업구조조정 업무에 3년 이상 종사한 경험이 있는 사람으로서 대통령령이 정하는 바에 따라 선임된다(기촉법29조2항). 다만 ① 미성년자 또는 피성년후견인, ② 파산선고를 받은 자로서 복권되지 아니한 자, ③ 금고 이상의 실형의 선고를 받고 그 집행이 종료되거나 집행이 면제된 날부터 5년이 경과하지 아니한 자, ④ 기촉법 또는 대통령령으로 정하는 금융 관련 법령에 따라 벌금 이상의 형의 선고를 받고 그 집행이 종료되거나 집행이 면제된 날부터 5년이 경과하지 아니한 자,11) ⑤ 금고 이상의 형의 집행유예의 선고를 받고 그 유예기간 중에 있는 자, ⑥ 기촉법

가 성립된다고는 할 수 없다고 하였다.
11) "대통령령으로 정하는 금융 관련 법령"이란 각각 「은행법 시행령」 제13조 제1항 각호의 법률을 말한

또는 대통령령으로 정하는 금융 관련 법령에 따라 해임되거나 징계면직된 자로서 해임 또는 징계면직된 날부터 5년이 경과하지 아니한 자, ⑦ 정부·금융감독기관에 종사하고 있거나 최근 2년 이내에 종사하였던 자는 조정위원회 위원이 될 수 없으며, 위원이 된 후에 이에 해당하게 된 때에는 그 직을 상실한다(기촉법29조3항). 대통령령에 의하면 조정위원회는 대법원장이 선임하는 사람 1명, 한국금융투자협회 회장이 선임하는 사람 1명, 보험협회 회장이 선임하는 사람 1명, 대한상공회의소 회장이 선임하는 사람 1명, 한국공인회계사회 회장이 선임하는 사람 1명, 대한변호사협회 회장이 선임하는 사람 1명, 사단법인 전국은행연합회 회장이 선임하는 사람 1명으로 구성된다(기촉법 시행령14조).

조정신청의 주체는 금융채권자로 제한되어 있으므로 부실징후기업 자신은 조정신청을 할 수 없다. 조정위원회는 ㉮ 금융채권자 간의 자율적 협의에도 불구하고 해소되지 아니하는 이견(협의회가 의결한 후에 조정을 신청한 이견은 제외)의 조정으로서 대통령령으로 정하는 사항에 대한 조정,[12] ㉯ 반대채권자의 주식매수청구권 행사에 따른 채권의 매수가액 및 조건에 대한 조정, ㉰ 위약금과 손해배상 예정액에 대한 조정, ㉱ 부실징후기업고충처리위원회의 권고사항에 대한 협조, ㉲ 협의회 의결사항의 위반 여부에 대한 판단과 그 이행에 대한 결정, ㉳ 조정위원회의 운영과 관련한 규정의 제정·개정, ㉴ 그 밖에 협의회의 운영과 관련하여 대통령령으로 정하는 사항 등의 업무를 수행한다(기촉법29조5항).[13]

조정위원회는 업무를 수행하기 위하여 해당 기업 및 금융채권자에게 출석을 요구하여 의견을 듣거나 필요한 자료의 제출을 요청할 수 있다(기촉법29조6항. 다만 당사자가 조정위원회의 요청에 거부할 경우에 제재는 없다). 조정위원회는 그 권한에 속하는 업무를 독립적으로 수행하여야 한다. 조정위원회 위원이 금융채권자 또는 부실징후기업과 대통령령으로 정하는 거래관계에 있는 경우 해당 금융채권자 및 부실징후기업과 관련이 있는 조정위원회의 업무에서 배제된다. 조정위원회는 재적위원 3분의 2 이상의 찬성으로 의결한다. 조정위원회 업무에서 배제된 조정위원회 위원은 재적위원 수에서 제외된다. 그 밖에 조정위원회의 조직·운영 등에 관하여 필요한 사항은 대통령령으로 정한다(기촉법29조7항 내지 9항).

조정위원회는 조정신청을 받은 날부터 10일 이내에 조정 결과와 그 이유를 협의회 및 조정신청을 한 금융채권자에게 알려주어야 한다. 다만 사실 확인이 필요한 경우 등 불가피한 사유가 있는 경우에는 10일의 범위에서 그 기간을 한차례 연장할 수 있다(기촉법 시행

다(기촉법 시행령14조2항).

12) 기촉법 제29조 제5항 제1호에서 "대통령령으로 정하는 사항"이란 ① 금융채권액 또는 협의회의 의결권 행사와 관련된 이견, ② 채무조정 또는 신규 신용공여의 분담비율 결정과 관련된 이견, ③ 그 밖에 협의회가 의결을 거쳐 조정위원회에 조정을 신청한 사항을 말한다(기촉법 시행령14조3항).

13) "대통령령으로 정하는 사항"이란 협의회를 효율적으로 운영하기 위하여 협의회의 운영방법 및 의결권 부여방법 등 금융위원회가 정하여 고시하는 사항에 관한 조정위원회의 권고를 말한다(기촉법 시행령14조4항).

령15조1항).

조정위원회의 의결은 협의회의 의결과 동일한 효력을 가지므로 금융채권자는 조정결정에서 정한 사항을 성실히 이행하여야 한다(기촉법28조1항). 협의회는 금융채권자가 조정위원회의 의결사항을 준수하지 아니하는 경우 금융채권자에 대하여 의결사항을 요구하거나, 의결로 위약금을 부과할 수도 있고, 손해배상책임을 물을 수 있다고 해석한다(법28조3항 내지 5항).

라. 부실징후기업위원회

부실징후기업의 고충을 처리하기 위하여 부실징후기업고충처리위원회를 둔다(기촉법30조1항). 과거 「기업구조조정 촉진을 위한 채권은행협약」상 기구로 이미 설치되어 있었으나, 제5차 기촉법에서 법적 기구로 격상되었다. 종래 워크아웃 과정에서 채권금융기관의 일방적인 구조조정 진행으로 인하여 채무기업의 의사가 제대로 반영되지 않는다는 점과 실무처리상 제도 개선이 필요한 부분이 발생하였을 경우 이를 효율적으로 지원할 만한 기관이 없다는 점이 지적되어 왔는데, 이와 같은 문제점을 개선하기 위하여 부실징후기업고충처리위원회 제도를 두도록 한 것이다. 위원장 1명을 포함한 6명의 위원으로 구성되며, 위원장은 조정위원회의 위원장이 겸임하고, 위원은 정부·금융감독기관·금융채권자 및 부실징후기업에 종사하고 있는 사람을 제외하고 기촉법 제29조 제2항 각호의 어느 하나에 해당하는 사람 중에서 대통령령으로 정하는 바에 따라 선임되는 자로 한다(같은 조2항).

고충처리위원회의 위원장 및 위원의 임기는 2년으로 하고, 1회에 한정하여 연임할 수 있다(같은 조3항). 고충처리위원회는 부실징후기업의 고충 및 애로사항 수렴, 기촉법 제14조 제2항 제4호에 따른 동의서를 제출한 자의 고충 및 애로사항 수렴, 금융채권자에 대한 고충처리 방안의 권고 및 이행점검, 제도적 지원이 필요한 사항의 경우 관계 기관에 대한 건의, 고충처리위원회의 운영과 관련한 규정의 제정·개정, 그 밖에 부실징후기업 고충의 처리와 관련한 사항 등의 업무를 수행한다(같은 조3항). '기업구조조정촉진협약'상 고충처리위원회는 기업의 애로사항을 수렴하는 기능만 가지고 있었으나 입법과정에서 주주·노동조합 등의 건의를 접수하는 기구도 필요하다는 지적이 있어 기능이 추가되었다. 고충처리위원회는 업무를 수행하기 위하여 해당 기업 및 금융채권자에게 출석을 요구하여 의견을 들을 수 있다(같은 조4항).

고충처리위원회는 재적위원 3분의 2 이상의 찬성으로 의결하고, 그 밖에 고충처리위원회의 조직·운영 등에 관하여 필요한 사항은 대통령령으로 정한다(같은조5항, 6항). 고충처리위원회의 권고는 법적 구속력은 없지만, 협의회는 고충처리위원회가 권고하는 처리

방안 등이 의결될 수 있도록 노력하여야 한다(같은 조8항). 고충처리위원회는 고충 및 애로사항을 처리하기 위하여 필요한 경우 고충처리위원회의 위원장 또는 위원이 해당 협의회에 참석하여 의견을 제시하도록 할 수 있고(기촉법 시행령14조2항), 금융채권자조정위원회도 협의회가 부실징후기업고충처리위원회의 권고를 이행하도록 요청하여야 한다(기촉법29조5항4호).

3. 관리절차의 개시

가. 신용위험의 평가

신용위험 평가는 부실징후기업을 선별하여 부실징후기업의 기업개선이 신속하고 원활하게 추진될 수 있도록 하기 위한 사전 평가 절차이다. 여기서 부실징후기업이란 주채권은행이 신용위험평가를 통하여 통상적인 자금차입 외에 외부로부터의 추가적인 자금유입 없이는 금융채권자에 대한 차입금 상환 등 정상적인 채무이행이 어려운 상태에 있다고 인정한 기업을 말한다(기촉법2조7호).

전술하였듯이 제5차 기촉법에서부터는 신용공여액의 규모와 무관하게 법 적용 대상이 되었기 때문에 원칙적으로 모든 거래기업이 신용위험평가의 대상이 될 수 있다.

주채권은행은 거래기업에 대한 신용위험을 평가하여야 한다. 주채권은행이 아닌 채권은행은 거래기업의 신용위험을 평가한 결과 부실징후기업에 해당된다고 판단할 경우 그 사실을 지체 없이 주채권은행에 통보하여야 하고 그 통보를 받은 주채권은행은 해당 거래기업의 부실징후 유무에 대하여 판단하여야 한다. 이 경우 주채권은행은 해당 채권은행에 대하여 필요한 자료의 제출 등 협조를 요청할 수 있다. 신용위험평가의 대상 및 시기, 그 밖에 필요한 사항은 대통령령으로 정한다(기촉법4조). 「은행업감독규정」(금융위원회고시 제2024-4호)은 '은행은 여신 실행 이후 신용리스크의 변동상태를 적절히 평가, 관리할 수 있도록 건전한 여신사후관리업무에 관한 내부시스템을 운영하여야 한다'고 규정하고 있고 (은행업감독규정78조제3항), 또한, 「은행업감독업무시행세칙」은 여신사후관리업무에 관한 내부시스템에는 '신용평가시스템에 의한 차입자의 신용등급의 정기적인 조정 및 조정된 등급에 따른 적절한 조치'가 포함되어야 한다고 규정하고 있다(은행업감독업무시행세칙48조2항2호). 이에 따라 채권은행은 「은행업무감독업무시행세칙」 제48조 제2항 제4호에 근거한 「채권은행의 기업신용위험 상시평가 운영협약」에 따라 매년 1회씩의 기본평가의무가 있었는데, 이를 기촉법에도 명문화한 것이다. 주채권은행이 이를 위반할 경우에는 시정조치의 대상이 된다(기촉법34조1항2호). 채권은행이 아닌 비은행채권금융기관은 신용위험평가의 주체가 될 수 없고, 다만 기촉법 또는 채무자회생법에 의한 절차가 진행 중인 기업과 당해 채권은행의 신용공여액이 50억 원 미만인 기업 등은 신용위험평가를 생략할 수 있다(기촉법 시행령4조).

주채권은행은 기본평가를 통하여 부실징후 가능성이 있는 기업을 걸러내고, 기업들에 대한 세부평가를 통하여 A(정상적인 영업이 가능한 기업), B(부실징후 기업이 될 가능성이 큰 기업), C(부실징후 기업에 해당하며, 경영정상화 가능성이 있는 기업), D(부실징후 기업이며 경영정상화 가능성이 없는 기업)의 4단계로 분류하게 된다. 기본평가는 주로 재무적·정량적 요소를 평가하는데, 위 「채권은행의 기업신용위험 상시평가 운영협약」은 기업을 신용공여액 500억 원 이상과 미만으로 나누어 신용공여액 500억 원 이상인 기업의 경우 최근 3개년 연속 영업활동 현금흐름이 부(-)이거나 최근 3개년 연속 이자보상비율(영업이익/금융비용) 1.0 미만인 기업, 회계연도를 기준으로 최근 자본총계가 부(-)인 기업, 자산건전성 분류기준에 따른 평가결과 "요주의" 이하 분류기업 또는 신용도가 급격히 악화된 기업 등은 기본평가 시 세부평가 대상으로 분류되고(운영협약8내지10조의3), 신용공여액 500억 원 미만인 기업의 경우 최근 3개월 이내 10일 이상 연체발생(연속) 기업, 최근 3개월 이내 당좌(가계당좌) 거래부도발생 기업, 최근 3개월 이내 신용등급이 3단계 이상 하락되어 요주의 이하로 분류된 기업 등이 세부평가 대상기업이 된다(운영협약11내지13조의3). 세부평가에서는 신용공여액 500억 원 이상인 기업의 경우 산업위험, 영업위험, 경영위험, 재무위험, 현금흐름 등을 반영하여 각 은행이 마련한 평가기준에 따라 정량적·정성적 요소를 종합 평가하고 신용공여액 500억 원 미만인 기업의 경우 외감기업, 비외감기업, 개인사업자로 구분하여 산업 및 영업위험, 경영위험, 재무위험 등을 평가한다.

주채권은행은 거래기업의 신용위험을 평가한 결과 부실징후가 있다고 판단하는 경우에는 그 사실과 이유를 해당 기업에게 통보하여야 한다(기촉법5조1항). "부실징후기업"이란 주채권은행이 신용위험평가를 통하여 통상적인 자금차입 외에 외부로부터의 추가적인 자금유입 없이는 금융채권자에 대한 차입금 상환 등 정상적인 채무이행이 어려운 상태(부실징후)에 있다고 인정한 기업을 말한다(기촉법2조7호). '외부자금'이라 함은 사내유보금, 자기 신용에 의한 차입 이외에 제3자로부터 제공받은 자금지원 등을 포괄적으로 의미한다. 유상증자, 관계사 대여금, 특별대출심사, 대주주 사재 출연 등을 외부자금유입으로 해석한다.

기업이 재평가 요청을 할 때 참고할 수 있도록 부실징후 사실 뿐만 아니라 그 이유도 함께 통보해 줄 필요가 있다. 신용위험평가결과의 통보는 운영협약이 정한 서식에 따라, 평가기업 분류, 부실징후 판단 이유, 회생제도의 개요 및 추진 절차 및 이의를 제기할 수 있음을 상세히 설명하여야 한다(운영협약18조1항).

나. 기업의 조치

위 통보를 받은 부실징후기업은 주채권은행에 대하여 기업개선을 위한 자구계획서와 금융채권자의 목록을 첨부하여 기촉법 제8조에 따른 에 의한 공동관리절차 또는 기촉법 제21조에 따른 주채권은행에 의한 관리절차의 개시를 신청할 수 있다(기촉법5조2항). 물론 채무자회생법에 따른 회생절차 등을 신청할 수도 있다. 현실적으로 주채권은행 단독으로 구조조정절차를 추진할 사유가 많지 않으므로 사실상 공동관리절차가 주로 활용된다.

부실징후기업으로 통보받은 기업이 평가결과에 대하여 이의가 있는 경우 통보받은 날부터 14일 이내에 주채권은행에 이의를 제기할 수 있다. 이 경우 대통령령으로 정하는 바에 따라 이의제기 사유를 제시하여야 하고, 주채권은행은 이의제기를 받은 날부터 1개월 이내에 이의제기에 대한 심사 결과를 해당 기업에게 통보하여야 한다(기촉법6조).

다. 채권금융기관의 조치

주채권은행은 부실징후기업으로 통보받은 기업이 정당한 사유 없이 6개월의 범위에서 대통령령으로 정하는 기간에 기촉법에 따른 관리절차나 채무자회생법에 따른 회생절차를 신청하지 아니하는 경우 부실징후기업의 신용위험으로 인하여 금융시장의 안정이 훼손되지 아니하도록 해당 기업의 신용위험 및 채무상환능력의 변화 등을 지속적으로 점검하여 필요한 조치를 강구하여야 한다(기촉법7조). 부실징후기업이 아무런 조치도 취하지 않아 부실이 악화되면 채권금융기관의 건전성에도 악영향을 미치기 때문에 기업이 정당한 사유 없이 구조조정을 지연할 경우 주채권은행이 필요한 조치를 취할 수 있는 근거를 명문화한 것이다.

'필요한 조치'에는 여신회수, 여신한도축소, 등의 여신관리조치는 물론, 기촉법상 공동관리절차, 채무자회생법상 회생절차 그 밖에 구조조정절차로의 유도를 포함한다. 이는 주채권은행의 권리인 동시에 건전성 관리 차원에서 지켜야 할 의무이기 때문에 '필요한 조치'를 취하지 아니한 때에는 금융위원회는 채권금융기관에 대하여 일정한 기간을 정하여 그 시정을 요구할 수 있다(기촉법35조1항3호). 부실징후기업에 대한 점검은 채권금융기관의 여신관리 규범을 설정하여 부실기업에 대한 선제적 구조조정을 촉진하려는 취지로서, 장기간 경제침체에 따른 정부의 경제활성화 정책으로 인해 한계기업들이 퇴출되지 않고 시장에 안주하여 경제의 체질을 약화시키는 것을 방지하고, 엄격한 금융감독을 통해 한계기업의 조기정리를 달성하기 위한 것이다.

4. 금융채권자협의회에 의한 공동관리절차

가. 절차의 개시

　　금융채권자는 부실징후기업으로부터 공동관리절차의 신청이 있는 때에는 자구계획서, 금융채권자의 수 및 금융채권의 규모 등을 평가하여 기업개선의 가능성이 있다고 판단하는 경우 금융채권자협의회의 의결을 거쳐 공동관리절차를 개시할 수 있다. 금융채권자는 이에 관한 판단을 위하여 필요한 경우 주채권은행을 통하여 해당 기업이 제출한 자료의 보완을 요청할 수 있다(기촉법8조1항, 2항). 제4차 기촉법에서는 부실징후기업으로부터 공동관리절차의 신청이 있는 경우 사업계획서 등을 평가하여 경영정상화 가능성이 있다고 판단할 경우에는 협의회의 의결을 거쳐 채권금융기관 공동관리절차를 개시할 수 있도록 규정하였는데, 제5차 기촉법에서 공동관리절차의 개시 여부 판단을 위해 해당 기업이 제출해야 하는 서류를 보다 상세하게 규정하게 되었다.

　　공동관리절차 개시에 관한 협의회 의결은 총 채권금융금액 중 4분의 3 이상의 금융채권액을 보유한 금융채권자의 찬성에 의한다(기촉법 22조, 23조1항1호, 24조2항). 협의회에서 채권금융기관 공동관리절차 개시 의안이 부결된 경우에도 주채권은행이 특별한 사정변경으로 인하여 경영정상화가 가능하다고 판단하는 경우 다시 협의회 소집 및 결의를 거쳐 공동관리절차의 개시를 결정할 수 있다. 다만, 이 경우의 사정변경은 사회통념상 해당 기업의 경영정상화가능성에 중대한 영향을 미치는 것이 인정될 수 있어야 한다.

나. 금융채권자협의회의 소집통보

　　주채권은행은 부실징후기업으로부터 공동관리절차의 신청을 받은 날부터 14일 이내에 공동관리절차의 개시 여부를 결정하기 위한 협의회(제1차 협의회)의 소집을 통보하여야 한다(기촉법9조1항). 다만, 주채권은행 관리절차를 통하여 해당 기업의 부실징후가 해소될 수 있다고 판단하는 경우나 공동관리절차를 통하여도 해당 기업의 부실징후가 해소될 수 없다고 판단하는 경우 제1차 협의회의 소집을 통보하지 아니할 수 있다(기촉법9조1항).

주채권은행이 제1차 협의회를 소집하는 때에는 금융채권자 및 해당 기업에게 회의의 일시 및 장소, 회의의 안건, 금융채권자의 목록에 관한 사항, 그 밖에 협의회의 소집 및 진행에 필요한 사항을 통보하여야 하며(기촉법9조2항), 금융채권자 목록과 금융채권자협의회의 구성에서 배제된 이유가 포함되어야 한다(기촉법 시행령7조1항).

주채권은행은 제1차 협의회의 소집을 위하여 필요한 경우에는 「금융실명거래 및 비밀보장에 관한 법률」 제4조, 「신용정보의 이용 및 보호에 관한 법률」 제32조 및 「개인정보보호법」 제18조에도 불구하고 채권대차거래중개기관(「자본시장과 금융투자업에 관한 법률」에 따른 한국예탁결제원, 증권금융회사, 투자매매업자 또는 투자중개업자)에 대하여 금융채권자의 성명·주소 및 전화번호와 금융채권자의 성명·주소 및 전화번호에 관한 자료의 제공을 요청할 수 있다(기촉법10조1항). 주채권은행은 제1차 협의회의 소집을 위하여 필요한 최소한의 범위로 한정하여 자료제공을 요청하여야 하며, 제공받은 자료를 제공받은 목적 외의 용도로 이용하여서는 아니 된다. 자료제공 요청을 받은 자가 주채권은행에게 자료를 제공하는 경우 대통령령으로 정하는 바에 따라 금융채권자에게 그 제공 사실을 알려주어야 하고, 주채권은행은 제1차 협의회 소집을 위하여 제공받은 자료의 목적을 달성한 경우 「신용정보의 이용 및 보호에 관한 법률」에 따라 해당 자료를 관리·삭제하여야 하며, 자료제공을 요청받은 자는 직무상 알게 된 부실징후기업의 공동관리절차 개시 등에 관한 정보를 타인에게 누설하거나 부당한 목적으로 이용해서는 아니 된다(기촉법10조2항 내지 5항).

다만 주채권은행은 신속하고 원활한 공동관리절차의 진행을 위하여 필요한 경우 ① 금융업을 영위하지 아니하는 금융채권자, ② 금융채권자의 목록에 기재된 총 금융채권액의 100분의 1 미만인 소액금융채권자(소액금융채권자가 둘 이상인 경우에는 그 금융채권의 합계액이 금융채권자의 목록에 기재된 총 금융채권액의 100분의 5를 초과하지 아니하는 소액금융채권자에 한정한다), ③ 그 밖에 공동관리절차에 참여할 필요성 등을 고려하여 대통령령으로 정하는 금융채권자 중 하나에 해당하는 자에 대해서는 제1차 협의회의 소집을 통보하지 아니할 수 있다(기촉법9조5항). 다만, 최종적인 적용배제 금융채권자의 선정은 금융채권자협의회에서 심의·의결하여 결정한다(기촉법23조1항3호). 제도의 신속성·효율성을 위한 규정이다. 위 각 규정의 적용은 독립적이므로 예컨대 소액금융채권자의 채권합계액이 5%를 초과하더라도 금융업을 영위하지 않는 금융채권자에 대하여 협의회 소집 통보를 배제할 수 있다고 해석한다.

소집을 통보받지 못한 금융채권자가 협의회에 참여를 원하는 경우 주채권은행은 해당 금융채권자를 협의회에서 배제할 수 없다. 이 경우 해당 금융채권자는 제1차 협의회의 소집을 통보받은 금융채권자로 보되, 그 전날까지 이루어진 협의회의 의결에 대하여 대항할 수 없다(기촉법9조6항).

제1차 협의회의 소집을 통보받은 금융채권자가 해당 기업에 대하여 보유하고 있는 금융채권(공동관리절차에서 출자전환된 주식 포함)을 제3자에게 양도한 경우 양도인은 그 사실을 지체 없이 주채권은행에게 통보하여야 한다. 이 경우 양수인은 협의회 의결로 달리 정하지 아니하는 한 기촉법에 따른 양도인의 지위를 승계한다(기촉법9조7항). 그럼에도 불구하고 금융채권의 양도 전에 기촉법 또는 협의회의 의결에 따라 양도인에게 발생한 의무는 양도인이 부담하되, 다만, 협의회는 양도인과 양수인이 함께 요청하는 경우 그 의결로 양도인의 의무를 양수인이 승계하도록 할 수 있다(기촉법9조8항). 기촉법 적용 대상이 금융채권자로 확대되었기 때문에 입법과정에서 사채권자 등에 대한 보호장치가 필요하다는 지적이 있어 구조조정 절차의 안정성과 선의의 양수인 보호를 절충한 것이다. 주채권은행은 제1차 협의회를 소집하는 경우 그 사실과 내용을 금융채권자조정위원회와 금융감독원장에게 통보하여야 한다(기촉법9조9항).

다. 채권행사유예

주채권은행이 위 통보를 하는 경우에는 금융채권자에게 제1차 협의회의 종료시까지 해당 기업에 대한 금융채권의 행사(상계, 담보권 행사, 추가 담보 취득을 포함하며, 시효중단을 위한 어음교환 회부는 제외한다)를 유예하도록 요구할 수 있다(기촉법9조3항). 제4차 기촉법 하에서는 금융감독원장이 수행하던 채권행사유예요청을 제5차 기촉법에서 주채권은행이 하도록 개정하였는데, 사실상 금융채권자협의회의 소집 통보일로부터 채권금융기관의 권리행사가 금지되는 것이다.

어음할인 배서인에 대한 소구권 행사도 유예의 대상이 된다. 채권은행이 수탁재산으로 취득한 어음 및 회사채 역시 채권행사 유예의 대상에 해당한다. 어음 또는 회사채의 만기가 도래한 채권이라고 하더라도 아직 변제되지 않은 이상, 대상채권 속에 포함된다고 본다.

대출채권 지급보증, 유가증권 채권행사 유예의 대상이 되는 담보권 행사에 해당 기업을 위해 담보를 제공한 제3자 명의의 담보권 실행도 포함되는지 여부에 관하여, 채권금융기관조정위원회는 제3자 명의의 예금에 대한 담보권 행사도 불가하다는 입장이다.

부실징후기업이 기촉법 적용 대상이 아닌 기업의 채권금융기관에 대한 대출채권의 담보로 부실징후기업 명의의 예금담보로 제공한 경우, 채권금융기관은 담보로 제공된 부실채권금융기관의 예금채권과 법 적용 대상이 아닌 기업에 대한 대출채권을 상계하는 것도 유예대상이 된다.

협의회에서 "채권행사 유예기간 중에는 대상기업에 대하여 개별적으로 예금, 매출채권 부동산등 추가 담보를 취득하지 않는다."라고 결의한 경우, 채권행사 유예기간 중에 발송된 공사대금채권 양도통지행위는 불완전한 담보취득 조건을 보완한 것이므로 위 결의사항에 저촉되는 것으로 본다.

채권매수청구권을 행사한 후 보유한 신탁수익권(우선수익자 지위)을 근거로 신탁부동산을 공매처분하는 것은 기촉법 제9조에 따른 채권행사 유예 대상에 포함되는 것으로 본다. 채권매수청구권을 행사한 채권금융기관 등은 채권매수청구로 인하여 채권금융기관협의회에서 탈퇴함과 더불어 채권자로서 채권을 행사하는 등의 제반 권리를 제한받게 되며, 채권금융기관 등이 채권자 겸 신탁부동산의 우선수익자로서 당해 기업의 채무불이행을 사유로 신탁회사와 협의하여 공매를 추진하는 행위는 기촉법 제9조에 따른 담보권 행사에 해당하므로 채권금융기관 등의 산탁부동산 공매진행 행위는 법 위반이며, 특별한 사정이 있어 협의회의 의결을 통한 처리를 제외하고는 당해 기업의 경영정상화계획에서 그 방안을 확정, 처리하여야 한다.

한도거래여신을 채권금융기관협의회 결의에 의해 채권신고 기준일 현재 잔액을 기준으로 상환유예하고 회전운용하기로 한 경우 한도 여유가 발생하였음에도 불구하고 추가 신규 어음할인취급을 중단하는 것은 채권 회수에 해당하여 채권행사 유예에 위반되는 것으로 본다. 한도거래약정이 체결된 상업어음할인 약정은 그 한도액을 신용공여로 보아야 하므로, 채권금융기관이 상업어음할인 한도액을 축소하는 등을 통하여 채권을 회수하는 것 역시 채권유예에 위반된다. 한편, 협의회에서 한도거래여신은 채권신고일 기준일 현재 잔액을 기준으로 회전운용 하도록 결의하였기 때문에 당해 기업에 대하여 상업어음할인을 취급한 채권금융기관은 채권신고 기준일 현재 잔액을 한도로 당해 기업이 자유롭게 어음할인을 이용할 수 있도록 하여야 하므로, 이를 제한하는 행위 역시 협의회 의결사항에 대한 채권금융기관의 성실이행의무를 규정하고 있는 기촉법 제28조 제1항을 위반하는 행위에 해당한다.

권리행사 유예요청이 법률상 채권금융기관을 강제하는 것은 아니겠으나 사실상 그 요청을 거부하기 어렵다는 점, 그리고 공동관리절차의 개시 후에는 원상회복의무까지 부과된 점 등을 고려하면 주채권은행이 도산절차에서 법원이 개시결정을 하는 것과 같은 성질의 결정권을 행사하는 것이다. 판례는 채권행사 유예요청은 채권금융기관을 구속하는 법적 효력이 없으므로, 구 기촉법 하에서 금융감독원장이 채권금융기관에 대하여 채권행사를 유예하도록 요청하였다 하더라도, 위 요청을 받은 채권금융기관은 부실징후기업에 대하여 부담하는 채무와 자신의 채권이 상계적상에 있는 경우 대등액에 관하여 상계할 수

있다고 하였다.[1]

금융채권의 행사유예를 요구받은 금융채권자가 금융채권을 행사한 때에는 공동관리절차의 개시 후 지체 없이 원상을 회복하여야 하며, 주채권은행은 협의회의 의결에 따라 해당 금융채권자에게 원상회복의 이행을 요청할 수 있다(기촉법9조4항). 채권행사유예요청의 실효성을 확보하기 위하여 새로이 도입된 것으로서, 원상회복을 하지 않을 경우 과태료의 제재가 있다. 법인에 대해서는 2,000만 원, 법인 아닌 자에 대해서는 1,000만 원이 부과된다. 금융위원회는 법위반 상태의 기간이 6개월 이상인 경우 또는 위반행위의 정도, 위반행위의 동기와 결과 등을 고려하여 금액을 늘릴 필요가 있다고 인정되는 경우에는 위 과태료 금액의 2분의 1 범위에서 그 금액을 늘릴 수 있으나, 기촉법 제36조 제1항에 따른 과태료의 상한인 2,000만 원은 넘을 수 없다(기촉법36조1항1호, 시행령19조).

라. 공동관리절차 개시의 결의

금융채권자는 제1회 금융채권자협의회의 소집의 통보를 받은 날부터 3개월의 범위에서 대통령령으로 정하는 기간에 개최되는 제1차 협의회에서 ① 공동관리절차에 참여할 금융채권자의 구성, ② 공동관리절차의 개시, ③ 부실징후기업에 대한 채권행사유예 여부 및 유예기간의 결정, ④ 그 밖에 공동관리절차의 개시를 위하여 필요한 사항을 의결할 수 있다. 채권행사 유예기간은 공동관리절차 개시일부터 1개월(자산부채의 실사가 필요한 경우에는 3개월)을 초과하지 아니하는 범위로 하되, 1회에 한정하여 1개월의 범위에서 협의회의 의결을 거쳐 연장할 수 있다(기촉법11조1항, 2항). 최대 4개월의 채권행사유예가 가능한 셈이다. 공동관리절차 개시에 관한 의결은 총 금융채권액 중 4분의 3 이상의 금융채권액을 보유한 금융채권자의 찬성에 의하지만(기촉법24조2항), 금융채권자의 구성에 관한 의결은 제1차 협의회의 소집을 통보받은 금융채권자의 총 금융채권액 중 4분의 3 이상의 금융채권액을 보유한 금융채권자의 찬성으로 한다(기촉법11조4항).

제1차 협의회의 결의로 공동관리절차에 참여할 금융채권자에 포함되지 아니한 금융채권자(적용배제 금융채권자)에 대하여는 기촉법에 따른 공동관리절차가 적용되지 아니한다(기촉법11조3항).

---

1) 대법원 2005.9.15. 선고 2005다15550 판결(공2005, 1604)은 사채계약의 내용에 기한의 이익 상실에 관한 규정이 없더라도 사채모집위탁계약 및 인수계약에서 발행회사의 기한의 이익 상실을 사채의 발행조건의 하나로 규정하면서, 사채조건이 발행회사와 수탁회사 또는 주간사회사의 권리의무에 한정되는 것이 아니라 사채권자의 권리의무에도 미친다는 점을 명시한 경우, 위 사채모집위탁계약 및 인수계약상 기한의 이익 상실규정을 제3자인 사채권자를 위한 규정으로 보아 수익자인 사채권자는 수익의 의사표시에 의하여 위 기한의 이익 상실규정을 원용할 수 있다고 하였다.

한편, 주채권은행은 공동관리절차를 추진하고자 할 경우 지체 없이 채권은행 자율협의회를 소집하고, 자율협의회는 의결을 거쳐 공동관리절차 개시 여부를 결정하여야 한다(채권은행협의회 운영협약17조1항). 자율협의회는 채권보전을 위하여 필요하다고 인정하는 경우에는 공동관리절차가 개시되는 날부터 자금관리인을 파견하여 당해 기업의 자금관리 등 주요 업무의 집행을 관리·통제할 수 있도록 하며, 당해 기업이 정당한 사유 없이 이에 응하지 아니하거나 자금관리인의 승인 없이 동 업무를 수행하는 경우에는 채권행사 유예나 공동관리절차를 중단할 수 있다(위 운영협약17조2항).

통보를 받은 금융채권자의 불참으로 협의회의 구성이 실패한 경우 회생절차 등 다른 절차를 모색하거나, 불참 채권자를 설득한 후 종전과 같은 채권단에 제1차 협의회의 소집을 다시 통보하거나, 불참한 채권자를 제외하고 채권단을 재구성하고 새로운 채권단에 제1차 협의회 소집을 통보할 수 있을 것이다.

공동관리절차가 개시된 뒤에도 해당 기업 또는 금융채권자는 채무자회생법에 따른 회생절차 또는 파산절차를 신청할 수 있고, 이 경우 해당 기업에 대하여 회생절차의 개시 결정 또는 파산선고가 있으면 공동관리절차는 중단된 것으로 본다(기촉법11조5항).

마. 금융채권의 신고

금융채권자협의회에 의한 공동관리절차에서는 부실징후기업이 주채권은행에 공동관리절차 개시 신청을 하면서 스스로 작성한 금융채권자 목록을 제출하도록 정하고 있고(기촉법5조2항1호), 주채권은행은 부실징후기업이 공동관리절차 개시를 신청한 날로부터 14일 이내에 금융채권자들에게 공동관리절차의 개시 여부를 결정하기 위한 금융채권자협의회(제1차 협의회) 소집을 통보하면서 금융채권자 목록을 함께 통보하도록 정하고 있다(기촉법9조2항). 주채권은행으로부터 제1차 협의회의 소집을 통보받은 금융채권자는 통보받은 날부터 5일 이내에 주채권은행에게 소집통보일 직전일을 기준으로 해당 기업에 대한 금융채권의 내용과 금액을 신고하여야 한다.

금융채권자는 신고된 금융채권액에 비례하여 협의회에서 의결권을 행사한다. 제1차 협의회의 소집을 통보받은 금융채권자가 신고기간에 금융채권을 신고하지 아니한 경우에는 그 신고가 있을 때까지 해당 기업이 제출한 금융채권자의 목록에 기재된 금융채권액에 비례하여 의결권을 행사한다. 금융채권이란 신용공여로 인해 당해 기업이 행사할 수 있는 채권을 의미하며, 그 범위로는 대출, 어음 및 채권 매입, 시설대여, 지급보증, 지급보증에 따른 대지급금의 지급, 기업의 지급불능 시 이로 인하여 거래상대방에 손실을 초래할 수 있는 직, 간접적 금융거래, 위에 해당하는 거래는 아니나 실질적으로 그에 해당하는 결과를 가져올 수 있는 거래 등이다.

협의회는 금융채권자가 신고한 금융채권의 존재 여부 등에 관하여 다툼이 있는 경우 그 존재 여부 등이 확정될 때까지 그 의결권 행사를 제한할 수 있다. 의결권 행사가 제한된 금융채권자는 금융채권의 존재 여부 등이 확정된 날부터 의결권을 행사할 수 있으며, 그 확정일 전 협의회의 의결에 대하여 대항할 수 없다. 이 경우 채권매수청구기간은 금융채권의 존재 여부 등이 확정된 날부터 계산한다. 신고기간이 경과한 후에 금융채권액을 신고하는 자는 그 금액이 확정된 날부터 의결권을 행사할 수 있으며, 그 확정일 전 협의회의 의결에 대하여 대항할 수 없다(기촉법26조1내지7항).

금융채권자간의 보증으로 인하여 신용공여액이 중복되는 경우 그 중복되는 금액은 피보증 금융채권자의 신용공여액으로 하되, 금융업을 영위하는 금융채권자의 보증으로 인하여 중복되는 금액은 보증 금융채권자의 신용공여액으로 하도록 정하고 있음은 전술하였는데(기업구조조정 촉진을 위한 금융기관 감독규정3조2항), 결과적으로 금융업을 영위하는 금융채권자의 보증에 의한 채권액은 보증 금융채권자의 신용공여액으로 보고 피보증 금융채권자의 채권액에서는 제외되어 주채권자인 금융기관에게 의결권을 부여하지 아니하고 보증채권자인 금융기관에게 의결권을 부여하게 되는 것이다. 협의회 의결권은 신고된 금융채권액에 비례하여 행사하는 것이므로 신고기간 이내에는 협의회의 의결이 불가능하다고 해석한다. 금융채권자는 제1항에 따라 신고된 금융채권액에 비례하여 협의회에서 의결권을 행사한다.

제1차 협의회의 소집을 통보받은 금융채권자가 신고기간에 금융채권을 신고하지 아니한 경우에는 그 신고가 있을 때까지 해당 기업이 제출한 금융채권자의 목록에 기재된 금융채권액에 비례하여 의결권을 행사한다(기촉법26조3항). 협의회는 제1항의 금융채권자가 신고한 금융채권의 존재 여부 등에 관하여 다툼이 있는 경우 그 존재 여부 등이 확정될 때까지 그 의결권 행사를 제한할 수 있고, 이에 따라 의결권 행사가 제한된 금융채권자는 금융채권의 존재 여부 등이 확정된 날부터 의결권을 행사할 수 있으며, 그 확정일 전 협의회의 의결에 대하여 대항할 수 없다. 이 경우 기촉법 제27조제1항의 채권매수청구기간은 금융채권의 존재 여부 등이 확정된 날부터 계산한다(기촉법26조4항 내지 6항). 이는 채권·채무관계 자체가 확정되지 않은 상태에서 채권이 존재함을 전제로 의결권을 부여하여 기업구조조정절차를 진행하였다가 나중에 채권이 없었던 것으로 확정될 경우의 문제점을 방지하기 위한 장치이다.

해당 기업이 제출한 금융채권자의 목록에 누락되어 금융채권액을 신고하지 못한 금융채권자에 대해서도 기촉법이 적용된다. 이 경우 채권매수청구기간은 금융채권액이 확정된 날부터 계산한다(기촉법26조7항). 주채권은행이 기촉법 제9조 제5항에 의하여 제1차 협의회의 소집을 통보하지 않는 경우에는 금융채권자 목록에서 누락되는 것은 아니므로 위 조항이 적용되지는 않고, 따라서 위와 같이 제1차 협의회의 소집 통보에서 제외된 금융채 권자는 기촉법 적용을 받지 못하게 되는 결과 협의회의 의결에 대한 기촉법상 이행책임 등을 지지 않는다.

바. 자산부채의 실사

협의회는 공동관리절차가 개시된 기업(공동관리기업)에 대하여 그 기업과 협의하여 선 임한 회계법인 등 외부전문기관으로부터 자산부채실사 및 계속기업으로서의 존속능력평 가 등을 받도록 요청할 수 있고, 공동관리기업은 외부전문기관의 실사 및 평가에 대하여 필요한 자료를 제출하는 등 적극 협조하여야 한다(기촉법12조). 효과적인 구조조정을 위하 여 기업의 상황을 객관적으로 파악할 필요가 있으므로 전문적·객관적인 제3자의 실사 절 차를 도입한 것이다. 기업의 협조를 의무화한 것은 실사를 신속하게 진행할 필요가 있고, 기업도 구조조정의 당사자로서 성실하게 참여할 의무가 있기 때문이다. 공동관리기업이 정당한 사유 없이 외부전문기관의 실사 및 평가에 협조하지 아니하는 경우에는 공동관리 절차 중단 사유가 된다(기촉법19조2호). 자산부채 실사 및 계속기업으로서의 존속 능력평가 가 제대로 이루어지지 않으면 기업개선계획을 작성할 수 없으므로 공동관리절차 중단사유 로 한 것이다. 자산부채 실사 주체는 공동관리기업이므로 외부전문기관에 지급할 용역보수 등의 비용은 공동관리기업이 부담한다. 자산부채 실사 업무는 통상 회계법인이 담당한다.

실사 결과 파악된 자산의 가치인 실사가치를 기준으로 청산가치를 산정한다. 청산가 치는 공동관리기업이 청산을 통하여 해체, 소멸되는 경우를 가정하여 개별 자산을 분리하 여 처분할 때의 가액을 합산하는 방식으로 산정한다. 부채의 경우는 장부상 부채의 규모 외에 부외부채 및 우발채무의 규모까지 파악한다. 계속기업으로서의 존속능력 평가는 계 속기업가치를 산정하여 청산가치와 비교하는 방식으로 이루어지는 것이 일반적이다. 계속 기업가치가 청산가치보다 낮은 경우에는 계속기업으로서의 존속능력이 없는 것으로 보아 기업개선계획이 만들어지기 어렵고 그 결과 공동관리절차가 중단될 수 있다(기촉법13조3항).

사. 공동관리절차 불개시 결정

금융채권자들은 먼저 해당 기업이 제출한 자구계획서 및 금융채권의 규모에 기초하 여 해당 기업에 대하여 공동관리절차를 개시할 것인지 여부를 판단하여야 하는데, 만약 금융채권자협의회에서 공동관리절차의 개시에 대한 안건이 부결되는 경우에는 주채권은행은 기업개선계획을 제출할 필요가 없다.

제1차 채권자협의회 소집통보를 받은 금융채권자의 불찬성시 주채권은행의 선택은 ① 기촉법상 공동관리절차의 무산에 따른 채무자회생법상 회생절차개시 신청, ② 반대한 금융채권자들을 설득한 이후 종전과 동일한 채권단에 재차 협의회 소집 통보, ③ 반대한 금융채권자를 제외한 금융채권자로 채권단을 재구성하고 새로운 채권단에 제2차 협의회 소집통보를 하는 방법이 있을 수 있다.

아. 기업개선계획의 작성 및 결의

주채권은행은 채권행사 유예기간(최장 4개월) 이내에 공동관리기업에 대한 외부전문기관의 자산부채실사 결과 등을 고려하여 공동관리기업의 기업개선을 위한 기업개선계획을 작성하여 협의회에 제출하여야 한다. 이 경우 주채권은행은 기업개선계획에 대하여 사전에 해당 기업과 협의하여야 하며, 기업개선계획에는 해당 기업의 부실에 상당한 책임있는 자 간의 공평한 손실분담 방안이 포함되어야 한다(기촉법13조1항). 공동관리기업의 기업개선을 위한 노력에 관한 사항은 공동관리기업이 제출하는 자구계획안에 포함되어 있으므로, 주채권은행은 이러한 자구계획안을 기초로 금융채권자들과 협의를 하고, 구체적인 자구계획을 확정하여 기업개선계획에 포함하게 된다. 자구계획에는 회생계획과 마찬가지로 주된 영업에 영향을 미치지 않는 자산의 매각, 계열회사 등에 대한 대여금의 회수, 대주주 등의 사재를 통한 지원, 인원 감축을 포함한 비용의 절감 등을 포함하게 된다. 대주주 및 그 친족, 경영진, 근로자 등이 부실에 상당한 책임이 있는 경우 기업개선계획에 이들의 손실분담 방안을 마련할 필요가 있다. 해당 책임 있는 자의 사재를 통한 지원 또는 보유 지분의 매각 또는 감자 등이 그 방안이 될 것이다. 기업의 대주주 및 그 친족, 경영진, 노동자 등이 부실에 상당한 책임이 있는 경우, 기업개선계획에 이들의 손실분담 방안 마련이 필요하다는 것을 명백히 한 것이다.

기업개선계획에는 ① 채무조정, ② 신규 신용공여, ③ 공동관리기업의 자구계획, ④ 채무조정 및 신규 신용공여의 사항을 이행하지 아니하는 금융채권자에게 부과하는 위약금, ⑤ 그 밖에 공동관리기업의 기업개선을 위하여 필요한 사항을 포함할 수 있다(기촉법13조2항). 협의회가 채권행사 유예기간(최대 4개월)에 기업개선계획을 의결하지 못한 경우 그 다음 날부터 공동관리기업에 대한 공동관리절차는 중단된 것으로 본다(기촉법13조3항).

주채권은행은 기업개선계획이 의결된 후에도 공동관리기업의 기업개선을 위하여 필요하다고 판단하는 경우 협의회의 의결에 따라 기업개선계획을 변경할 수 있다(기촉법13조4항). 통상 제2차 이후 채권자협의회에서는 ① 채권행사 유예기간의 연장, ② 채권재조정 또는 신규 신용공여 계획의 수립, ③ 경영정상화계획의 확정, ④ 당해 기업과 경영정상화 계획 이행약정(MOU)의 체결 등을 심의·의결하여야 하고 위 사항을 심의·의결할 경우에는 사전에 당해 기업의 경영인에게 구두 또는 서면으로 의견을 개진할 수 있는 기회를 부여한다.

① 채무조정

금융채권자는 공동관리기업의 기업개선을 위하여 필요하다고 판단하는 경우 협의회의 의결에 따라 해당 기업에 대한 채무조정을 할 수 있다. 기업개선계획에 포함되는 내용으로 가장 중요한 것은 채무의 조정이다. 채무조정의 방식으로는 상환기일 연장, 원리금의 감면 또는 출자전환 및 그 밖에 이에 준하는 방법으로 채무를 변경하는 것을 말하는데(기촉법2조9호), 상환기일의 연장이 가장 기본적인 형태로서 금융채권자들은 만기일을 연장하거나 대환 등의 방식을 통하여 사실상 상환기일을 연장하게 된다. 연장의 기간은 협의회의 결의에 의하여 정해지게 되는데 일반적으로 이행약정의 존속기한까지로 정한다. 또한, 원금이나 이자를 감면하는 방식도 고려될 수 있는데, 원금을 감액하는 경우보다는 이율의 조정 및 이자 지급일의 조정 등의 방식으로 이루어진다.

주채권은행은 대상기업의 자금상태에 기초하여 채무조정을 결정하게 된다. 금융채권의 상환기일 연장 및 원리금 감면은 협의회 의결로 달리 정하지 아니하는 한 그 의결이 공동관리기업에 통보되는 때부터 효력을 발생한다(기촉법17조 3항). 금융채권자들의 상환유예 및 원리금 감면의 경우 금융채권자 간의 합의에 따른 협의회 결의로 결정되는 것이고, 해당 공동관리기업과의 협의의 필요성이 낮기 때문에 이와 같은 특별 규정을 둔 것으로 이해된다. 따라서 상환유예 및 원리금감면의 경우 공동관리기업과의 이행약정의 체결 등의 절차가 진행되지 않더라도, 해당 기업에 통보되는 즉시 효력이 발생하게 된다. 그러나 기업개선계획의 이행을 위한 약정이 기촉법 제14조에서 정한 기한 내에 체결되지 못하는 경우에는, 그 다음 날부터 공동관리절차는 중단된 것으로 보게 되고, 채무조정은 소급적으로 효력을 상실하므로, 만약 협의회 결의 이후에 이행약정이 체결되지 않는 경우에는 효력이 발생한 상환유예 및 원리금 감면에 관한 사항은 소급적으로 효력을 상실하게 된다.

또한, 대상기업이 상장기업인 경우로 관리종목 지정 또는 상장폐지의 위험이 있는 경우 등 대상기업의 자본을 증가시킬 필요성이 있는 경우나 대출원금을 감면할 필요성이 있는 경우 등에는 출자전환을 하게 되는 것은 회생절차와 같다. 출자전환의 방식으로는 신주의 제3자 배정방식과 전환사채의 발행방식이 가능한데, 신주의 제3자 배정방식이 실무상 가장 많이 이루어지고 있다. 출자전환을 하게 되면 채권이 자본금으로 전환되게 되므로, 해당 기업의 부채비율이 감소되고, 자산건전성이 증가하게 되는 효과가 있다. 특히 상장기업의 경우에는 최근 사업연도 말 현재 자본금의 100분의 50 이상 잠식되는 경우 관리종목에 지정되게 되고(유가증권시장상장규정47조1항3호), 최근 사업연도 말 현재 자본금이 전액 잠식되거나 위 사유로 관리종목에 지정된 상태에서 다시 최근 사업연도 말 현재 자본금의 100분의 50이상이 잠식되는 경우에는 상장폐지가 되므로(유가증권시장상장규정48조 1항3호), 이 경우에는 출자전환을 통하여 증자를 하는 것이 적절한 대처가 된다.

판례는 기업개선작업절차에서 채무자인 기업과 채권자인 금융기관 사이에 채무자가 채권자에게 주식을 발행하여 주고 채권자의 신주인수대금채무와 채무자의 기존 채무를 같은 금액만큼 소멸시키기로 하는 내용의 상계계약 방식에 의하여 이른바 출자전환을 하는 경우에 주식의 시가를 평가하여 그 시가 평가액만큼만 기존의 채무가 변제되고 나머지 금액은 면제된 것으로 볼 것은 아니며, 부진정연대채무자 중 1인이 자신의 채권자에 대한 반대채권으로 상계를 한 경우에도 채권은 변제, 대물변제, 또는 공탁이 행하여진 경우와 동일하게 현실적으로 만족을 얻어 그 목적을 달성하는 것이므로, 그 상계로 인한 채무소멸의 효력은 소멸한 채무 전액에 관하여 다른 부진정연대채무자에 대하여도 미친다고 보아야 하고, 이는 부진정연대채무자 중 1인이 채권자와 상계계약을 체결한 경우에도 마찬가지로서, 이러한 법리는 채권자가 상계 내지 상계계약이 이루어질 당시 다른 부진정연대채무자의 존재를 알았는지 여부에 의하여 좌우되지 아니한다고 하였음은 전술하였다.[2]

채무조정에 관한 협의회의 의결은 금융채권자의 담보채권(해당 자산의 청산가치 범위에서 유효담보가액에 해당하는 채권) 총액 중 4분의 3 이상의 담보채권을 보유한 금융채권자가 찬성하여야 그 효력이 있다. 채무조정 중 금융채권의 상환기일 연장 및 원리금 감면은 협의회 의결로 달리 정하지 아니하는 한 그 의결이 공동관리기업에 통보되는 때부터 효력을 발생한다. 이 경우 채무조정에 관한 협의회의 의결은 권리의 순위를 고려하여 공정하고 형평에 맞게 이루어져야 한다(기촉법17조1내지3항). 다만 도산절차에서 채권자들에게 청산가치를 보장하는 것은 당연한 것이므로 가사 담보채권자의 3/4 이상이 찬성하였더라도 청산가치를 보장하여야 하고, 위 규정이 적용되는 것은 전체 신용공여액의 3/4 이상이 찬성한 경우에도 담보채권자의 3/4 이상이 찬성해야 한다는 취지로 보아야 한다. 물론 채무조정 결의만으로 채권재조정의 효력이 발생하는 것은 아니고, 대상 기업과 경영정상화 계획의 이행을 위한 약정(이른바 기업개선약정, MOU) 체결시 또는 약정에서 정한 날 채무조정의 효력이 발생한다. 물론 이는 출자전환 계획의 효력이 약정 체결시에 발생한다는 것일 뿐, 출자전환 자체의 효력은 결국 그에 따른 신주 발행의 효력이 발생하는 시기, 즉 신주의 발

---

2) 대법원 2010.9.16. 선고 2008다97218 전원합의체 판결(공2010하, 1903)은 기업개선작업절차에서 채권자 甲 은행의 채무자 乙 회사에 대한 대출금 등 채권에 관하여 甲 은행이 乙 회사로부터 신주를 발행받고 그 신주인수대금채무와 위 대출금 등 채권을 상계하기로 합의하여 위 대출금 등 채권을 주식으로 출자전환하였다고 보아, 甲 은행의 乙 회사에 대한 대출금 등 채권은 출자전환에 의하여 전액 만족을 얻어 소멸하였다고 한 원심의 판단을 수긍한 사례이다.

행 및 납입절차가 이루어진 후인 신주 납입 기일의 익일에 발생한다(상432조).

　협의회에 참여하여 협의회의 의결에 구속되는 모든 금융채권자는 협의회 결의에 따른 채무조정의 영향을 받게 되는데, 판례는 구 기촉법 하에서 금융기관들 사이에 채무자인 기업에 부실징후가 발생할 경우 법원이 관여하는 법정 회생절차에 들어가는 대신 주채권은행 주도하에 기업개선작업에 착수하여 당해 기업에 대한 채권금융기관들로 구성된 협의회를 소집하여 채권액 기준 3/4 이상의 채권을 보유한 채권금융기관의 찬성으로 채권재조정 등을 내용으로 하는 기업개선작업안을 의결하고, 나아가 주채권은행이 협의회 소속 다른 채권금융기관들의 대리인 겸 본인으로서 당해 기업과 위와 같이 확정된 의결 내용을 이행하기 위한 기업개선작업약정을 체결하는 방식의 일종의 사적 정리에 관한 사전합의(기업구조조정협약)가 이루어진 상태에서, 채무자인 특정 기업에 대하여 부실징후가 발생하여 주채권은행이 사전합의된 바에 따라 관련된 채권금융기관들의 협의회를 소집하여 기업개선작업안을 의결하고 이어 주채권은행과 당해 기업 사이에 그 의결 사항의 이행을 위한 기업개선작업약정이 체결되었다면, 이는 위와 같은 사전합의에 따른 것이어서 그 약정에 따른 채권재조정 등 권리변경의 효력은 채권금융기관협의회의 구성원으로서 결의에 참여하여 기업개선작업안에 반대한 채권금융기관에도 당연히 미치고, 반면 기업구조조정협약의 구성원에 속하지 아니한 금융기관이 위와 같은 기업개선작업이 진행되던 도중에 별도로 당해 기업과 분할상환약정과 같은 채권재조정에 관한 계약을 체결한 때에는 기업개선작업의 이행상태를 감독하기 위하여 당해 기업에 파견된 경영관리단이나 협의회 또는 주채권은행의 승인을 얻었는지 여부를 불문하고 당사자들 사이의 계약으로서 유효하고, 구 기촉법 시행 이전에 채권금융기관협의회의 구성원이 아니던 금융기관이 당해 기업과 개별적으로 채권재조정에 관한 계약을 체결하였다 할지라도, 위 법 시행 이후 새로 구성된 협의회에서 신규참여한 금융기관의 채권에 대하여도 종전 협의회가 의결한 채권재조정에 관한 의결 사항을 적용하기로 의결하고 그 금융기관이 이에 반대하였으나 반대채권자로서의 매수청구권을 행사하지는 아니한 경우, 개별적인 채권재조정 계약에 따라 변형되었던 신규참여 금융기관의 채권은 잔여채권액에 관하여 그 의결 내용에 따라 다시 변형된다고 하였다.3)

　또한 판례 중에는 甲 회사에 대한 기업구조개선작업(워크아웃) 절차가 개시된 후 甲

---

3) 대법원 2007.4.26. 선고 2004다27600 판결(공2007, 751)은 나아가 구 기촉법 시행 이전에 채권금융기관협의회의 구성원이 아니던 금융기관이 당해 기업과 분할상환약정을 체결한 사안에서, 위 약정은 협의회가 주채권은행을 중심으로 추진한 기업구조개선작업의 틀 밖에서 당해 기업과 체결한 개별적인 약정에 불과하므로, 경영관리단이 당해 기업의 업무활동 중 자금의 집행과 관련된 행위에 대한 확인 차원에서 이를 승인하였더라도 그것이 구 기촉법 부칙(2001.8.14.) 제3조 소정의 '기업구조조정촉진법 시행 전에 주채권은행 또는 협의회가 행한 의결, 채권행사의 유예, 경영정상화계획의 이행을 위한 약정의 체결, 채권재조정 그 밖의 행위'에 해당하지 않는다고 하였다. 同旨 대법원 2007.4.27. 선고 2004다22292 판결(미간행).

회사의 대표이사인 乙의 처 丙이 채권금융기관협의회의 요구사항이 이행되지 않음으로써 워크아웃 절차가 중단될 것을 우려하여 투자자들이 보유하고 있던 甲 회사의 보통주와 전환상환우선주를 매수한 결과 甲 회사의 과점주주인 乙, 丙 등의 주식보유비율이 16.24% 증가하였고, 그 후 乙과 丙은 甲 회사의 주채권은행인 丁 은행에 '현재 보유하고 있는 주식 전부에 대한 양도, 담보설정 및 소각 등 처분에 관한 일체의 권한을 丁 은행에 일임한다'는 내용의 주식포기각서, 주식처분위임장 및 주주총회 의결권행사 위임장을 각 작성하여 교부하였는데, 관할구청장이 甲 회사의 과점주주인 丙이 주식을 추가로 취득하여 주식보유비율이 증가하였음을 이유로 구 지방세법(2014.1.1. 법률 제12153호로 개정되기 전의 것) 제7조 제5항에 따라 丙에게 그 증가분 상당의 취득세 등을 부과한 사안에서, 丙이 주식을 취득한 것은 협의회에서 가결한 워크아웃 절차에 따라 기존 주주의 보유주식을 무상감자하기 위한 것이었고, 乙과 丙은 주식을 취득한 직후 주채권은행인 丁 은행에 보유주식 전부에 대한 처분권을 일임함과 동시에 협의회와 경영권포기, 주식포기 및 주주총회 의결권행사 위임 등을 내용으로 하는 '경영정상화계획 이행을 위한 특별약정'을 체결함으로써 협의회가 甲 회사의 경영을 상시 관리·감독하는 등 실질적인 지배력을 행사하기에 이르렀다고 보이는데, 주식의 취득 경위와 목적, 乙과 丙이 협의회에 주식의 처분권을 위임하고 경영권포기각서를 제출하여 甲 회사가 채권금융기관들의 공동관리 하에 들어간 점 및 甲 회사의 워크아웃 절차 진행경과 등을 종합하여 보면, 丙이 주식을 취득함으로써 주식 비율의 증가분만큼 甲 회사의 운영에 대한 지배권이 실질적으로 증가하였다고 보기는 어렵고, 간주취득세 납세의무 제도의 의의와 취지 및 실질과세의 원칙에 비추어 보더라도, 지배권의 실질적 증가 여부는 해당 주식 취득 전후의 제반 사정을 전체적으로 고려하여 종합적으로 판단하는 것이 옳으므로, 주식의 취득시점을 기준으로 그 취득분만큼 지배력이 증가되었다면서 그 후 乙과 丙이 주식포기각서 등을 제출하였다는 사정은 이미 성립한 납세의무에 영향을 미칠 수 없다고 본 원심판단에 법리오해의 잘못이 있다고 한 사례도 있다.[4]

---

[4] 대법원 2018.10.4. 선고 2018두44753 판결(공2018하, 2124)은 구 지방세법(2014. 1. 1. 법률 제12153호로 개정되기 전의 것) 제7조 제5항 본문이 법인의 과점주주에 대하여 법인의 재산을 취득한 것으로 보아 취득세를 부과하는 것은 과점주주가 되면 해당 법인의 재산을 사실상 임의처분하거나 관리운용할 수 있는 지위에 서게 되어 실질적으로 재산을 직접 취득하는 것과 다를 바 없으므로 과점주주에게 담세력이 있다고 보기 때문이므로 간주취득세 납세의무를 부담하는 과점주주에 해당하는지는 주주명부상의 주주 명의가 아니라 주식에 관하여 의결권 등을 통하여 주주권을 실질적으로 행사하여 법인의 운영을 지배하는지를 기준으로 판단하여야 하고, 이러한 법리는 구 지방세법 시행령(2015. 12. 31. 대통령령 제26836호로 개정되기 전의 것) 제11조 제2항 본문에 따라 과점주주가 해당 법인의 주식을 취득하여 그가 가진 주식의 비율이 증가한 만큼 해당 법인의 부동산 등을 취득한 것으로 볼 수 있는지를 판단할 때에도 마찬가지로 적용된다고 하였다. 이 판결에 대한 해설로 이용호, "워크아웃절차 진행을 위한 주식 취득과 과점주주 간주 취득세의 성립", 대법원판례해설 제121호, 법원도서관(2020), 313면 참조.

② 신규 신용공여

금융채권자는 공동관리기업의 기업개선을 위하여 필요하다고 판단하는 경우 협의회의 의결에 따라 해당 기업에 대하여 신규 신용공여(기존 신용공여조건의 변경은 제외)를 할 수 있다. 이 경우 신규 신용공여 금액은 협의회 의결로 달리 정하지 아니하는 한 신고된 금융채권액에 비례하여 정한다(기촉법18조1항). 협의회는 공동관리기업의 기업개선을 위하여 필요하다고 판단하는 경우 해당 기업의 요청에 따라 금융채권자가 아닌 자가 해당 기업에 대하여 신규 신용공여를 하는 것을 의결할 수 있다(기촉법18조2항). 또한 신규 신용공여로 인한 금융채권은 법정담보권 다음으로 협의회를 구성하는 다른 금융채권자(공동관리절차에 참여하는 금융채권자)의 금융채권에 우선하여 변제받을 권리를 가진다(기촉법18조3항). 물론 이는 채권금융기관 사이에서 무담보채권에 대한 우선권을 인정한 것일 뿐이고, 채권금융기관 외의 다른 일반 채권자에게 효력을 미치지 않으므로 신규공여로 인한 채권에 우선권이 있다고 하여도 그것은 금융기관채권자가 갖는 일반채권에 대한 상대적 효력을 가질 뿐이다.

관리절차가 진행되는 동안 채권금융기관은 채권재조정 결과에 따라 변제를 받게 되고 신규공여로 인한 채권은 기존의 채권에 비해 우선권이 있으므로 기존의 채권보다는 우선하여 변제를 받는 것이지만, 채권금융기관 외의 다른 채권자들은 변제기 유예 없이 변제기가 되면 변제를 받게 되므로 채권금융기관이 갖는 신규공여로 인한 우선권이 있는 채권에 아무런 영향을 받지 않는다.

협의회가 공동관리기업에 대한 신규 신용공여를 의결하는 때에는 신규 신용공여를 하지 아니하는 금융채권자가 신규 신용공여를 하는 금융채권자에 대하여 부담하는 손실분담에 관한 사항을 정할 수 있다. 이 경우 신규 신용공여에 따른 손실분담은 공정하고 형평에 맞게 이루어져야 한다(기촉법18조4항). 종래 구 기촉법 하에서도 신규신용공여를 할 수 없는 기관이 있는 경우 손실분담(손익정산) 약정을 하는데, 신규 신용공여를 한 채권금융기관이 회수하지 못하는 채권은 신규공여를 하지 못한 기관과 안분하여 손실을 분담하고, 미회수 채권 중 손실분담액 채권의 지급 및 해당채권 양수도 방법으로 처리하여 왔다.

판례 중에는 구 기촉법에 따른 甲 회사에 대한 공동관리절차에서 채권금융기관협의회가 甲 회사에 신규보증 등을 제공하기로 결의하여 위 협의회에 속한 보증기관인 乙 공사가 신규보증을 실행하였는데, 신규보증 관련 보증사고가 발생하자 乙 공사가 신규보증과 관련하여 보증사고가 발생하는 경우 보증기관 상호 간에도 손실을 분담하기로 하는 약정 또는 결의를 하였다며 위 협의회에 속한 다른 보증기관인 丙 회사를 상대로 정산금 등의 지급을 구한 사안에서, 위 결의 등에서 명시적으로 보증기관 상호 간에 손실분담의무를 부담한다고 결의한 바 없고, 구 기촉법에 따른 공동관리절차에서 이러한 관행이 형성되었다고 볼 수도 없는 점 등 여러 사정에 비추어 위 결의 등에서 신규 제공된 보증과 관련하여 보증사고가 발생하는 경우 보증기관 상호 간에도 손실을 분담하기로 하는 약정 또는 결의를 하였다고 보기 어렵다고 한 사례가 있다.[5]

한편 제5차 기촉법 이래 "협의회는 금융채권자에 대하여 의결사항의 이행을 요구할 수 있다."는 내용이 추가되어(기촉법28조2항), 금융채권자협의회는 금융채권자를 상대로 금융채권자협의회 결의사항에 대한 이행청구를 할 수 있게 되었다. 물론 단순히 금융채권자협의회가 금융채권자에 대한 결의내용 이행을 요구할 수 있도록 허용하는 조문만으로는, 금융채권자의 이행을 청구할 수 있는 권리만이 인정될 뿐, 금융채권자협의회가 심의 및 의결한 기업개선계획 및 기업개선계획 이행 약정 상의 채무조정 및 신규신용공여의 효력을 금융채권자의 별도의 의사표시 없이 발생시키는 형성적 효력까지 인정된다고 보기는 어렵다. 그렇기 때문에 기촉법은 금융채권자가 공동관리기업에 대하여 신규 신용공여를 할 의무는 금융채권자가 해당 기업과 신규 신용공여에 관한 약정을 체결하는 때에 발생한다고 규정하고 있다(기촉법18조5항). 판례는 구 기촉법 하에서 신용공여 계획의 수립에 관한 채권금융기관협의회의 의결은 협의회와 부실징후기업 사이의 해당 기업의 경영을 정상화하기 위한 계획의 이행을 위한 약정에 포함될 경영정상화계획의 내용을 결정하기 위한 것으로서 특별한 사정이 없는 한 채권금융기관 사이의 신용공여 계획 이행에 관한 청구권을 설정한 것으로 볼 수 없으므로, 신용공여 계획에 관한 협의회의 의결을 이행하지 아니하는 채권금융기관이 다른 채권금융기관에 대하여 손해배상책임을 부담하게 될 수 있음은 별론으로 하고, 협의회의 의결 자체로 채권금융기관이 다른 채권금융기관에 대하여 신용공여 계획의 이행을 청구할 권리를 갖게 된다고 할 수는 없고, 또한 협의회가 부실징후기업과 체결한 이행약정에 정해진 사항이 채권재조정과 같이 이행약정 자체로서 권리, 의무를 설정하거나 변경 또는 소멸시키는 것에 해당하지 아니하고 대출계약이나 지급보증계약의 체결에 의한 신용공여와 같이 향후 별도의 계약 체결을 예정한 계획에 해당하는 경우에는, 특별한 사정이 없는 한 이행약정의 당사자 사이에서 이행약정만으로 경영정상화계획으로 예정된 별도의 계약이 체결된 것이나 다름없는 법적 구속력을 부여하려는 의사가 있었다고 볼 수 없으므로, 부실징후기업이나 채권금융기관이 이행약정에 기하여 다른 채권금융기관에 대하여 신용공여 계획의 이행으로서 대출계약 등을 체결하거나 그에 관한 의사표시를 하도록 청구할 권리를 갖는다고 할 수도 없다고 하였는데,[6] 위 판례의 입장을 반영한 입법이다.

한편 판례는 제4차 기촉법 하에서 협의회가 채권금융기관으로 하여금 신규 신용공여

---

5) 대법원 2019.4.3. 선고 2016다272854 판결(미간행).
6) 대법원 2014.9.4.자 2013마1998 결정(공2014하, 2091)[백선101].

를 하도록 하면서도 해당 채권금융기관이 반대매수청구권을 행사할 수 없도록 의결하였다
면, 그러한 협의회의 의결은 기촉법을 위반한 것으로서 하자가 있어 해당 채권금융기관에
대하여 그 효력이 미치지 않는다고 하였고,[7] 이는 현행법 하에서도 타당할 것이다.

③ 공동관리기업의 자구계획

자구계획은 통상 주된 영업에 영향을 미치지 않는 자산의 매각, 계열회사 등에 대한
대여금의 회수, 대주주 등의 사재를 통한 지원, 인원 감축을 포함한 비용의 절감 등을 포
함하게 된다.

④ 채무조정 및 신규 신용공여의 사항을 이행하지 아니하는 금융채권자에게 부과하는 위약금

금융채권자(기촉법27조1항에 따라 채권의 매수를 청구한 금융채권자 제외)는 협의회가 의
결한 사항을 성실히 이행하여야 한다(기촉법28조1항). 금융채권자 전원 동의가 아닌 다수결
에 의한 금융채권자협의회 결의에 대해서 반대매수청구권을 행사한 금융채권자를 제외한
모든 금융채권자가 구속되도록 한 것이다. 따라서 협의회는 금융채권자에 대하여 의결사
항의 이행을 요구할 수 있으며, 협의회는 의결사항을 이행하지 아니하는 금융채권자에 대
하여 그 의결에 따라 위약금을 부과할 수 있다(기촉법28조2항, 3항).

그런데 원래 위약금이란 당사자 간의 합의로 어느 일방이 채무불이행을 하는 경우 다
른 당사자에 대하여 일정 금액을 지급할 것을 약정하는 경우에 그 금원을 의미하고, 이러
한 당사자간의 위약금 약정은 손해배상액의 예정 또는 위약벌로 해석되는데, 민법 제398
조 제4항에 의하여 원칙적으로 손해배상액의 예정으로 추정되고, 판례는 당사자 사이에
채무불이행이 있으면 위약금을 지급하기로 하는 약정이 있는 경우에 위약금이 손해배상액
의 예정인지 위약벌인지는 계약서 등 처분문서의 내용과 계약의 체결 경위 등을 종합하여
구체적 사건에서 개별적으로 판단할 의사해석의 문제이고, 위약금은 민법 제398조 제4항
에 의하여 손해배상액의 예정으로 추정되지만, 당사자 사이의 위약금 약정이 채무불이행
으로 인한 손해의 배상이나 전보를 위한 것이라고 보기 어려운 특별한 사정, 특히 하나의
계약에 채무불이행으로 인한 손해의 배상에 관하여 손해배상예정에 관한 조항이 따로 있
다거나 실손해의 배상을 전제로 하는 조항이 있고 그와 별도로 위약금 조항을 두고 있어
서 위약금 조항을 손해배상액의 예정으로 해석하게 되면 이중배상이 이루어지는 등의 사
정이 있을 때에는 위약금은 위약벌로 보아야 한다고 하였으므로,[8] 기촉법 제28조 제3항에
서 말하는 위약금은 협의회에 의해 의결될 채무조정 및 신규 신용공여 등의 이행을 하지
않을 경우 부과하는 위약벌로 보아야 할 것이고, 위 위약금은 손해전보가 아닌 위약벌이
므로, 손해배상금과 병과 가능하다고 보아야 할 것이다. 기촉법 제28조제5항이 제3항과 별

---

7) 대법원 2019.4.3. 선고 2016다40910 판결(공2019상, 972).

8) 대법원 2016.7.14. 선고 2013다82944,82951 판결(공2016하,1123).

도로 협의회는 의결사항의 불이행에 따르는 손해배상 예정액을 의결로 정할 수 있다고 규정하고 있는 것도 그러한 취지로 이해된다.

또한 금융채권자는 협의회의 의결사항 또는 기촉법 제14조에 따른 약정을 이행하지 아니하여 다른 금융채권자에게 손해를 발생시킨 경우 다른 금융채권자가 받은 손해의 범위에서 연대하여 손해를 배상할 책임이 있다(기촉법28조4항).

⑤ 그 밖에 공동관리기업의 기업개선을 위하여 필요한 사항

주채권은행은 기업개선을 위해 필요한 사항이라면 특별한 제한 없이 기업개선계획에 포함될 수 있다. 이러한 사항들은 결국 다른 금융채권자 및 대상 기업과의 협의에 따라 정하여진다.

자. 기업개선계획의 이행을 위한 약정의 체결

협의회는 기업개선계획을 의결한 날부터 1개월 이내에 공동관리기업과 기업개선계획의 이행을 위한 약정을 체결하여야 한다(기촉법14조1항). 금융채권자협의회에서 결의된 결의안을 이행약정에 첨부하고, "첨부와 같은 이행약정을 성실하게 이행하여야 한다"는 취지의 규정을 포함하는 방식으로 기업개선계획을 이행약정에 포함시키는 것이 일반적이다.

약정에는 협의회가 의결한 기업개선계획 외에 공동관리기업의 기업개선 등을 위하여 ① 매출액·영업이익 등 해당 기업의 경영 목표수준, ② 위 목표수준을 달성하기 위하여 필요한 해당 기업의 인원·조직 및 임금의 조정 등 구조조정 계획과 신주의 발행, 자본의 감소 등 재무구조 개선 계획 등을 포함한 구체적인 이행계획(그 이행기간은 1년 이내로 하되, 협의회의 의결로 연장할 수 있다), ③ 위 목표수준을 달성하지 못할 경우 총 인건비의 조정 등 해당 기업이 추가적으로 추진할 이행계획, ④ 해당 기업의 주주 또는 노동조합 등 이해관계인의 동의가 필요한 사항에 대한 동의서, ⑤ 기업의 현금흐름에 중대한 영향을 미치는 투자 및 중요한 재산의 양수·양도 등에 관한 사항, ⑥ 제3자 매각, 경영위탁 등을 통하여 경영을 정상화할 경우 그 구체적인 계획, ⑦ 이사회의 구성 등 지배구조의 개선에 관한 사항, ⑧ 기업개선을 위하여 필요하다고 협의회에서 의결한 사항 및 향후 이행계획, ⑨ 기업이 약정을 미이행한 경우의 조치에 관한 사항, ⑩ 공동관리절차의 중단 및 종료에 관한 사항, ⑪ 그 밖에 기업개선을 위하여 필요한 사항으로서 협의회와 공동관리기업이 합의한 사항을 포함할 수 있다(기촉법14조2항). 그 중 몇 가지를 상세히 보면 아래와 같다.

① 기업의 경영 목표수준 및 이를 달성하기 위한 이행계획

기업의 경영목표에는 공동관리절차가 진행되는 기간 동안의 사업계획, 자금수지 계획, 매출액을 포함한 예상 현금흐름표, 영업이익 및 손익계산서 등이 포함될 수 있다. 공동

관리기업은 이러한 경영 목표를 달성하기 위해서 구체적인 이행계획을 이행약정에 포함할 수 있는데, 이러한 이행계획에는 해당 기업의 인원·조직 및 임금의 조정 등 구조조정 계획과 신주의 발행, 자본의 감소 등 재무구조 개선 계획이 포함된다.

또한 주채권은행 및 협의회는 목표수준을 이루었는지 여부를 정기적으로 평가하게 되는데, 평가 결과 경영계획에 미달하거나 공동관리기업의 경영정상화가 순조롭지 못하다고 판단하는 경우에는 이에 따른 대책을 협의하여 정하여야 한다. 목표수준을 달성하지 못할 경우에는 총 인건비의 조정 등을 포함하여 해당 기업이 추가적으로 추진할 이행계획을 정할 수 있다(기촉법14조2항3호). 이행계획에 기촉법 제14조 제1항 제4호에 따라 이해관계가 있는 주주 또는 노동조합으로부터 동의서를 받도록 하는 내용을 이행약정에 포함할 수 있다. 또한 금융채권자협의회는 약정의 체결을 의결하는 경우 사전에 위 조항에 따라 동의서를 제출한 이해관계인으로 하여금 협의회의 의결에 대해서 구두 또는 서면으로 의견을 개진할 수 있는 기회를 부여하여야 한다(기촉법23조2항). 이러한 기회를 부여하지 않는 경우에는 과태료의 제재가 있다(기촉법36조1항2호).

② 목표수준을 달성하기 위하여 필요한 해당 기업의 인원·조직 및 임금의 조정 등 구조조정 계획과 신주의 발행, 자본의 감소 등 재무구조 개선 계획 등을 포함한 구체적인 이행계획

공동관리기업의 기존 대주주 및 임원은 해당 기업의 부실화에 대하여 책임이 있으므로, 협의회는 이사회를 새로이 구성하거나, 협의회가 직접 이사회 구성에 참여하는 방법 등을 통하여 지배구조를 개선할 수 있다. 일반적으로 이행약정에는 기존 대주주들에 대하여 주식포기각서, 의결권 위임장, 경영권 포기각서 등을 제출하도록 하는 규정을 포함하여 기존 대주주들의 경영권을 제한하고, 협의회에서 이사를 추천할 수 있도록 하는 규정 또한 포함하게 된다. 또한 경영목표를 달성하지 못하는 경우에는 기존 이사의 교체를 요구할 수 있도록 하는 규정도 포함된다.

③ 목표수준을 달성하지 못할 경우 총 인건비의 조정 등 해당 기업이 추가적으로 추진할 이행계획

이에는 공동관리기업으로 하여금 이행약정을 성실하게 수행하게 하기 위해서 필요한 사항으로서 신규 신용공여 지원 및 채무조정의 중단, 실행된 신규 신용공여에 대한 기한이익 상실 선언, 임원의 일부 또는 전부의 퇴임, 자산의 임의 처분, 금융채권자에 대한 손해배상, 공동관리절차의 중단 등이 포함된다.

⑤ 기업의 현금흐름에 중대한 영향을 미치는 투자 및 중요한 재산의 양수·양도 등에 관한 사항

공동관리기업의 현금흐름에 중대한 영향을 미치는 투자 및 중요한 재산의 양수·양도

등에 관한 사항은 이행약정에 포함될 수 있다. 해당 기업의 기본 자산은 해당 기업의 영업에 있어 매우 중요하고, 기업개선가능성 여부와도 밀접하게 관계가 있으므로, 이러한 자산의 매각은 금융채권자들의 이해관계와 밀접한 관련이 있다. 또한 신규 사업에 대한 투자는 상당한 자금을 필요로 하고, 해당 기업의 재무구조에 막대한 영향을 미치기 때문에 이에 대해서도 금융채권자들이 통제할 필요성이 있다. 따라서 이행약정에서는 해당 기업의 주요 자산의 매각이나 영업 양수도, 이행약정에서 정한 사항 외의 신규 차입, 신규 사업의 추진, 국내외 기업에 대한 투자 또는 인수, 합병 등의 경우에는 사전에 협의회 또는 주채권은행의 동의를 얻도록 하는 내용을 포함하는 것이 일반적이다. 또한 공동관리기업에서 제출한 자구계획에서 명시된 자산의 매각 등을 제외한 자산의 매각의 경우에는 원칙적으로 협의회 또는 주채권은행의 동의를 얻어 처분하도록 한다.

⑨ 기업이 약정을 미이행한 경우의 조치에 관한 사항

이행약정에는 공동관리기업이 이행약정을 미이행한 경우의 조치를 규정할 수 있다.

⑩ 공동관리절차의 중단 및 종료에 관한 사항

이행약정에는 공동관리절차의 중단 및 종료에 관한 사항을 규정할 수 있다. 이행약정을 통하여 기촉법 제18조나 제19조의 공동관리절차를 중단할 수 있는 사유 이외에도 당사자 간의 협의에 따라 공동관리절차의 중단 및 종료 사유를 정할 수 있다. 또한 이행약정의 존속기한은 일반적으로 3년의 기간으로 정해지게 되는데, 이행약정의 존속기한 내에 경영 정상화가 되지 않을 경우에는 협의회의 결의를 통해 이행약정의 기간의 연장 여부를 결정하게 된다.

⑪ 그 밖에 기업개선을 위하여 필요한 사항으로서 협의회와 공동관리기업이 합의한 사항

주채권은행, 공동관리기업 및 금융채권자들의 협의에 따라 당해 공동관리기업의 기업개선을 위하여 필요하다고 판단되는 사항들을 이행약정에 포함할 수 있다. 과거 기촉법에는 자금관리인의 파견에 관한 규정을 두고 자금 관리 등 주요 업무 집행에 있어 자금관리인의 승인을 받도록 했으며, 그에 관한 내용을 이행약정에 포함하는 것이 일반적이었는데, 필요한 경우 당사자간의 합의로 이행약정에 이를 포함할 수 있다.

협의회가 위 기한 이내에 약정을 체결하지 못한 경우 그 다음 날부터 공동관리절차는 중단된 것으로 본다. 이 경우 기업개선계획에 포함된 채무조정 및 신규 신용공여에 관한 사항은 소급적으로 효력을 상실한다(기촉법14조3항). 또한 위에서 보았듯이 금융채권자협의회는 기업개선계획을 의결한 날부터 1개월 이내에 공동관리기업과 기업개선계획의 이행을 위한 약정을 체결하여야 하는데, 기업개선계획에 대한 금융채권자협의회 의결이 법원의 판결로 취소되어 효력을 상실한 경우 그에 기반한 위 약정도 효력을 상실한다고 해석

한다. 실제로는 위 약정에서 명시적으로 기업개선계획에 대한 금융채권자협의회 의결이 취소될 경우 위 약정 역시 효력을 상실한다는 조항을 포함하는 것이 바람직할 것이다.

　　판례는 금융기관들 사이에 채무자인 기업에 부실징후가 발생할 경우 법원이 관여하는 법정 회생절차에 들어가는 대신 주채권은행 주도하에 기업개선작업에 착수하여 당해 기업에 대한 채권금융기관들로 구성된 협의회를 소집하여 채권액 기준 3/4 이상의 채권을 보유한 채권금융기관의 찬성으로 채권재조정 등을 내용으로 하는 기업개선작업안을 의결하고, 나아가 주채권은행이 협의회 소속 다른 채권금융기관들의 대리인 겸 본인으로서 당해 기업과 위와 같이 확정된 의결 내용을 이행하기 위한 기업개선작업약정을 체결하는 방식의 일종의 사적 정리에 관한 사전 합의가 이루어진 상태에서, 채무자인 특정 기업에 대하여 부실 징후가 발생하여 주채권은행이 사전 합의된 바에 따라 관련된 채권금융기관들의 협의회를 소집하여 기업개선계획을 의결하고 이어 주채권은행과 당해 기업 사이에 그 의결 사항의 이행을 위한 기업개선작업약정이 체결되었다면, 이는 위와 같은 사전합의에 따른 것이어서 달리 무효로 볼 만한 특별한 사정이 없는 한 그 약정에 따른 채권재조정 등 권리변경의 효력은 채권금융기관협의회의 구성원으로서 결의에 참여하여 기업개선작업안에 반대한 채권금융기관에도 당연히 미치고, 사적 정리절차에 따른 기업개선작업약정은 민법상 화해계약에 유사한 성질을 갖는 것이어서 채권금융기관들이 양보한 권리는 기업개선작업약정의 효력이 발생한 시점에 소멸하고 당해 기업 등은 그에 갈음하여 그 약정에 따른 새로운 권리를 취득하게 되는 것이므로, 보통 채권금융기관들이 기업개선작업의 성공을 기대하면서 양보를 하기 마련이라고 하더라도 채권금융기관들과 당해 기업 사이에 기업개선작업의 중단이 기존 양보한 권리에 미치는 효과에 관하여 달리 특별한 합의를 하였던 경우를 제외하고는 기업개선작업이 중단되었다는 사정만으로 채권금융기관들이 종전에 양보한 권리가 당연히 되살아난다고 할 수는 없고, 이처럼 양보한 권리가 되살아나지 아니하여 채권금융기관들이 그만큼 손해를 보게 되어 채권금융기관협의회의 구성원이 아닌 다른 채권자들과의 사이에 불균형이 발생한다고 하더라도 이는 법원이 관여하는 법정 정리절차 대신 사적 정리절차를 선택할 때에 이미 감수하기로 한 위험이 현실화된 것에 불과하여 결론을 달리할 만한 사정이 되지 못한다고 하였다.9) 물론 금융채권자들이 추

---

9) 대법원 2007.4.27. 선고 2004다41996 판결(공2007, 775)은 만약 거꾸로 채권금융기관들이 종전에 양보하였던 권리가 되살아난다고 한다면, 채권재조정의 결과 신용상태가 양호해진 것으로 알고 당해 기업과 거래한 제3자에게 예측하지 못한 손해를 입힐 염려가 있을 뿐만 아니라, 여기서 양보한 권리가 되살아난다는 원칙을 받아들이게 되면 향후 금융기관들이 채권재조정을 내용으로 하는 기업개선작업을 시행할 때에 중단으로 인한 영향을 우려한 제3자들이 당해 기업과의 거래를 회피할 가능성도 있어 오히려 기업개선작업을 저해하는 요인으로 작용할 수도 있을 것이라는 점을 지적하면서, 기업개선작업약정의 체결로 일단 소멸되었던 피고의 보증채권이 다시 회복되었음을 전제로 하여, 그 보증채권을 자동채권으로 하는 피고의 상계주장을 받아들임으로써 원고의 청구를 기각한 원심을 파기

후 공동관리기업의 의무 불이행 등을 이유로 공동관리절차가 중단되는 경우에는 이행약정
으로 변경된 권리를 원래대로 회복시키기로 한다는 내용의 합의를 할 수는 있을 것이다.

　　또한 판례는 채권금융기관들과 주채무자인 기업 사이에 채무 조건을 완화하여 주채
무를 축소·감경하는 내용의 기업개선작업약정을 체결한 사안에서 보증인으로서는 원래의
채무 전액에 대하여 보증채무를 부담한다는 의사표시를 하거나 채권금융기관들과 사이에
그러한 내용의 약정을 하는 등의 특별한 사정이 없는 한, 보증채무의 부종성에 의하여 기
업개선작업약정에 의하여 축소·감경된 주채무의 내용에 따라 보증채무를 부담한다고 하
였음은 전술하였다.10)

　　한편 금융기관의 자산운영에 대해서는 여러 가지 규제가 있는데, 채권금융기관이 출
자전환을 포함하여 채권재조정을 하는 경우 그러한 자산운영에 대한 규제와 충돌할 가능
성이 있다. 그래서 기촉법은 관리절차에서 채권을 출자전환하거나 채권재조정을 하는
경우에 적용하지 아니하는 규정을 명시하고 있다(기촉법33조1항). 적용이 면제되는 규정은
「은행법」 제37조 및 제38조 제1호, 「보험업법」 제106조, 제108조 및 제109조, 「자본시장과
금융투자업에 관한 법률」 제344조, 「금융산업의 구조개선에 관한 법률」 제24조, 「금융지
주회사법」 제19조, 「상호저축은행법」 제18조의2 제1항 제1호에 따라 금융위원회가 정하여
고시하는 동일회사 주식의 취득 제한 규정, 그 밖에 출자 및 재산운용제한 등에 관한 법령
중 대통령령으로 정하는 법령의 규정 등이다. 대통령령에 의하여는 「한국산업은행법 시행
령」 제33조 및 제34조, 「한국수출입은행법 시행령」 제17조의7 및 제17조의8, 「중소기업은
행법 시행령」 제30조의3 및 제30조의4도 적용 배제되어, 산업은행, 수출입은행 및 중소기
업은행의 출자한도 제한 규정이 적용 배제된다(기촉법 시행령17조). 또 채권금융기관이 채
권을 출자전환하는 경우 부실징후기업은 주주총회의 결의만으로 법원의 인가를 받지 아니
하고도 주식을 액면미달의 가액으로 발행할 수 있다. 이 경우 그 주식은 주주총회에서 달
리 정하는 경우를 제외하고는 주주총회의 결의일부터 1개월 이내에 발행하여야 한다. 위
와 같은 법적용의 배제는 관리절차가 종료 또는 중단된 후 2년이 경과하는 날까지 적용되
며, 금융위원회의 승인을 받아 2년의 범위 이내에서 연장할 수 있고, 이 경우 금융위원회
는 대통령령으로 정하는 사항을 고려하여 승인 여부를 결정한다(기촉법33조2,3항).

　　한편 다른 법령에 규정된 특례를 보면 기촉법에 따른 출자전환 주식 등을 제3자에게
매각할 경우의 그 주식 등의 매수에는 공개매수의무가 면제되고(자본시장법133조3항), 종합
금융회사가 국민경제 또는 종합금융회사의 채권확보의 실효성 제고를 위하여 필요한 경우

　　하였다. 이 판결에 대한 해설로 장상균, "기업개선작업 중단의 효과", 대법원판례해설 제67호, 법원도
서관(2008), 103면 참조.
10) 대법원 2004.12.23. 선고 2004다46601 판결(공2005, 184).

로서 기촉법에 따른 금융채권자협의회에 의한 공동관리절차가 진행 중인 회사에 대하여 추가로 신용공여를 하는 경우에는 자기자본의 100분의 20을 초과하여 신용공여를 할 수 있다(자본시장법342조5항). 또한 금융지주회사는 금융업을 영위하는 회사 또는 금융업의 영위와 밀접한 관련이 있는 회사를 대통령령이 정하는 기준에 의하여 지배하여야 하는데, 이 때 기촉법 상의 출자전환을 통해 주식을 취득하게 된 회사는 최다출자자가 되는 대상에서 제외되고(금융지주회사법시행령2조3항6호), 기촉법에 따라 출자전환 주식을 발행하는 경우에는 주권상장법인에게 적용되는 할인율의 적용이 배제된다(증권의 발행 및 공시에 관한 규정5-18조4항2호).

관리절차가 중단되고 회생절차에 들어가게 되면 당사자가 합의한 채권의 순위를 회생계획에 반영할 수 있는데, 이 경우 역시 그러한 합의는 합의한 당사자에게만 미치므로 회생계획은 모든 무담보채권을 동일한 순위에 놓고 변제계획을 수립한 다음 해당 채권자들 간의 우선권합의를 반영하여 해당 채권에 대한 변제계획을 수정하게 된다.

차. 기업개선약정의 이행과 점검

기업개선약정의 당사자는 체결된 약정을 성실히 준수하여야 한다(기촉법15조1항). 주채권은행은 약정의 이행실적을 분기별로 점검하여 그 결과를 협의회에 보고하여야 하며, 대통령령으로 정하는 바에 따라 기업개선계획의 진행 상황을 홈페이지에 연 1회 이상 공개하여야 한다. 다만, 영업비밀에 해당하거나 자산가치의 하락 등 원활한 기업개선의 추진에 어려움이 발생할 가능성이 있는 것으로 판단되는 정보는 공개하지 아니할 수 있다(기촉법15조2항, 시행령9조1항). 정보공개의 주체는 주채권은행이며, 의무 미이행시 시정조치의 대상이 된다(기촉법35조1항5호).

주채권은행은 점검을 위하여 필요한 업무 또는 재산에 관한 보고, 자료의 제출, 관계자의 출석 및 진술 등을 공동관리기업에 요청할 수 있으며, 요청받은 기업은 정당한 사유가 없으면 이에 따라야 한다. 동의서를 제출한 자, 즉 동의서를 제출한 주주 또는 노동조합은 이행약정의 이행상황 및 계획에 대한 설명을 공동관리기업을 통하여 주채권은행에 요청할 수 있으며, 이러한 요청은 동의서를 제출한 자가 설명을 요청하는 사유를 적은 서면을 공동관리기업에 제출하는 방법으로 한다(기촉법시행령9조2항). 주채권은행과 해당 기업은 정당한 사유가 없으면 지체없이 이에 응하여야 한다(기촉법15조4항). 다만 그 정보가 공동관리기업의 영업비밀에 해당하거나, 그 정보의 공개로 공동관리기업의 자산가치가 하락할 수 있는 등, 그 공개로 오히려 원활한 기업개선의 추진에 어려움이 발생할 가능성이 있는 것으로 판단되는 정보의 경우에는 응하지 않을 수 있다고 해석한다.

금융위원회는 주채권은행이 기촉법 제15조 제2항을 위반하여 이행약정의 이행을 점검하지 아니하거나 기업개선계획의 진행상황을 공개하지 아니한 때에는 그 시정을 요구할 수 있고, 주채권은행이 기촉법 제15조 제4항을 위반하여 정당한 사유 없이 약정의 이행상황 및 계획에 대한 설명 요청에 응하지 아니한 때에도 그 시정을 요구할 수 있다(기촉법35조1항5,6호).

카. 공동관리절차의 평가

공동관리기업과 약정을 체결한 날부터 3년이 경과하는 날까지 공동관리절차가 종료되지 아니한 경우 주채권은행은 대통령령으로 정하는 바에 따라 경영평가위원회를 구성하여 공동관리절차의 효율성, 해당 기업의 기업개선 가능성, 공동관리절차의 지속 필요성 등을 평가하고 그 결과를 협의회에 보고하여야 한다. 경영평가위원회는 전문성과 아울러 평가 결과의 중립성을 담보할 수 있도록 주채권은행 선임 위원 3인, 외부기관 선임 위원 2인으로 구성된다(기촉법시행령10조1항1호,5호). 위원은 ① 조정위원회의 위원장이 조정위원회 위원 중에서 지명하는 사람 1명, ② 자본시장법 시행령 제176조의5 제8항 제2호 또는 제3호에 따른 외부평가기관에 근무한 경험이 있는 사람 중 기업구조조정에 관한 전문성이 있는 사람으로서 조정위원회의 위원장이 위촉하는 사람 1명, ③ 변호사, 공인회계사 또는 세무사 자격을 가진 사람 중 기업구조조정에 관한 전문성이 있는 사람으로서 조정위원회의 위원장이 위촉하는 사람 1명, ④ 자본시장법 제159조 제1항에 따른 사업보고서 제출대상법인에 근무한 경험이 있는 사람 중 기업구조조정에 관한 전문성이 있는 사람으로서 조정위원회의 위원장이 위촉하는 사람 1명, ⑤ 기업구조조정에 관한 전문성이 있는 사람 중 조정위원회의 의결을 거쳐 조정위원회의 위원장이 위촉하는 사람 1명으로 구성한다. 경영평가위원회의 위원장은 위원 중에서 호선하고, 이 외에 경영평가위원회의 구성 및 운영에 필요한 세부 사항은 경영평가위원회가 정한다(기촉법시행령10조2항, 3항). 주채권은행은 위 이행실적의 점검을 위하여 필요한 업무 또는 재산에 관한 보고, 자료의 제출, 관계자의 출석 및 진술 등을 공동관리기업에 요청할 수 있으며, 이를 요청 받은 기업은 정당한 사유가 없으면 이에 따라야 한다.

경영평가위원회는 공동관리기업의 기업개선 가능성이 있는지 여부, 현재 진행되고 있는 공동관리절차가 효율적인지 여부, 그리고 공동관리절차를 지속할 필요성이 있는지 여부 등을 평가하게 된다. 경영평가위원회의 평가가 완료되게 되면, 주채권은행은 그 경영평가 결과를 협의회에 보고하여야 한다.

주채권은행은 보고일부터 7일 이내에 그 평가결과를 대통령령으로 정하는 방법에 따라 공개하여야 한다. 기업구조조정절차의 절차적 투명성을 제고하고, 구조조정 진행경과 및 성과평가 결과 등을 공개함으로써 정보 밀행성, 관치금융이라는 오해를 해소하기 위한 것이다. 다만, 공동관리기업과의 협의에 따라 해당 기업의 영업비밀에 해당하거나 자산가치의 하락 등 원활한 기업개선의 추진에 어려움이 발생할 가능성이 있는 것으로 판단되는 정보는 공개하지 아니할 수 있다. 중소기업 중에서 「자본시장과 금융투자업에 관한 법률」 제159조제1항에 따른 사업보고서 제출대상법인이 아닌 기업의 평가결과도 마찬가지이다(기촉법16조1항, 2항). 약정의 이행점검의 경우와 동일한 취지이다.

타. 공동관리절차의 중단

협의회는 ① 공동관리기업이 제출한 금융채권자의 목록이나 자구계획서에 중요한 사항에 관하여 고의적인 누락이나 허위 기재가 있는 경우, ② 공동관리기업이 정당한 사유 없이 외부전문기관의 실사 및 평가에 협조하지 아니하는 경우, ③ 공동관리기업이 정당한 사유 없이 약정의 중요한 사항을 이행하지 아니하였거나 약정이 이행되기 어렵다고 판단되는 경우, ④ 기업개선계획의 이행을 위한 약정의 이행 점검 또는 평가 결과 공동관리절차를 지속하는 것이 적절하지 아니하다고 판단되거나 공동관리기업의 부실징후가 해소될 가망이 없다고 판단되는 경우, ⑤ 공동관리기업이 중단을 요청하는 경우, ⑥ 그 밖에 약정에서 정한 공동관리절차의 중단사유가 발생한 경우에는 그 의결에 따라 공동관리절차를 중단할 수 있다(기촉법19조).[11]

공동관리절차가 개시된 뒤에도 해당 기업 또는 금융채권자는 채무자회생법에 따른 회생절차 또는 파산절차를 신청할 수 있는데, 이 경우 해당 기업에 대하여 회생절차의 개시결정 또는 파산선고가 있으면 공동관리절차는 중단된 것으로 보고(기촉법11조5항), 협의회가 채권행사 유예기간에 기업개선계획을 의결하지 못한 경우 그 다음 날부터 공동관리기업에 대한 공동관리절차는 중단된 것으로 보며(기촉법13조3항), 협의회가 기업개선계획을 의결한 날부터 1개월 이내에 기업개선약정을 체결하지 못한 경우 그 다음 날부터 공동관리절차는 중단된 것으로 보는데(기촉법14조3항), 이와 같은 당연 중단 사유 이외에 협의회의 의결로 공동관리절차를 중단할 수 있게 한 것이다.

한편, 채권은행협의회 운영협약에서는 채권행사 유예기간 이내에 경영정상화계획 이행을 위한 특별약정이 체결되지 않는 경우(운영협약27조1항), 주채권은행에 의한 채권은행 공동관리 절차를 진행 중인 기업이 특별약정 이행실적 점검결과를 자율협회에 보고하지

---

11) 공동관리절차의 중단사유가 발생한 경우 금융채권자는 채권의 매각을 결정할 수 있다(금융위원회 구조조정 채권매각 모범규준4조2항5호).

않거나, 해당 기업이 자본시장법상 사업보고서 제출대상 기업인 경우 금융채권자조정위원회 홈페이지에 특별약정 진행상황을 연 1회 이상 공개하지 않는 경우(운영협약27조2항1호), 공동관리절차 진행 중 상거래채권 미결제로 부도가 나거나 기타 비협약채권자의 상환청구로 공동관리절차의 지속이 어렵다고 판단되는 경우(운영협약27조2항5호), 당해 기업의 경영진의 도덕적 해이 등으로 공동관리절차를 지속하는 것이 적절하지 않다고 판단되는 경우(운영협약27조2항6호)를 공동관리절차 중단 사유로 규정하고 있다. 또한 당해 기업이 채권은행 자율협의회가 파견한 자금관리단의 업무 집행에 정당한 이유 없이 응하지 않거나 자금관리단의 승인 없이 자금관리 업무를 수행한 경우도 공동관리절차 중단 사유로 규정하고 있다(운영협약17조의2 제2항). 협의회가 법 제19조에 따라 공동관리절차를 중단하고자 할 경우 총 금융채권액의 4분의 3 이상의 금융채권액을 보유한 금융채권자의 찬성에 의한다(기촉법23조1항1호, 24조2항).

협의회가 기촉법 제19조에 따라 공동관리절차를 중단하고자 하는 경우에는 당해 기업에 대하여 채무자회생법에 따른 회생신청을 고려할 수 있으며, 이 때 채무자회생법 제223조에 의하여 채권자들은 해당 기업과 함께 사전회생계획안을 작성하여 회생절차개시 신청을 함으로써 신속하게 회생절차가 진행될 수 있도록 하고 있다.

파. 공동관리절차의 종료

또한 협의회는 ① 공동관리기업의 부실이 해소되었다고 판단한 경우, ② 기업개선약정이 계획대로 이행된 경우, ③ 공동관리기업이 종료를 요청하는 경우, ④ 그 밖에 약정에서 정한 공동관리절차의 종료사유가 발생한 경우 그 의결에 따라 공동관리절차를 종료할 수 있다(기촉법20조). 공동관리절차의 종기(終期)를 명확히 하기 위하여 종료사유를 명시한 것이다.

한편 채권은행협의회 운영협약에서는 채권은행 자율협의회가 공동관리절차를 종결할 수 있는 사유로, ① 경영정상화계획 특별약정 이행점검 또는 공동관리절차 평가 결과 특별약정의 이행실적이 양호하여 경영정상화가 실현되었다고 판단되는 경우, ② 기타 경영정상화가 이루어질 가능성이 있는 등 공동관리절차가 필요 없다고 판단되는 경우를 규정하고 있다(운영협약28조1항). 채권은행 자율협의회가 공동관리절차를 종결하는 경우 의결로써 당해 기업에 대하여 잔여채권의 전부 또는 일부에 대하여 그 상환방법을 미리 정하여 당해 기업의 일시적인 상환부담이 완화될 수 있도록 지원할 수 있다(운영협약28조2항).

한편 공동관리절차가 개시된 경우 기업과 노동조합은 임금 삭감에 합의하고, "워크아웃 졸업" 시에는 위와 같은 임금삭감 등을 원상복귀하기로 약정하는 경우가 많은데 판례

중에는 이 경우 '워크아웃 졸업'에 '회생절차 종료로 인한 사실상 워크아웃 졸업 및 경영정
상화'도 포함되는지, 아니면 '워크아웃 졸업'에 '사실상 워크아웃 실패인 회생절차개시결정
에 이어진 외부 자금 수혈에 의한 회생절차 종료'는 포함되지 않는지가 문제된 사안에서
'워크아웃 졸업'은 '경영정상화'를 의미하고 '회생절차 종결'을 포함한다 할 것인데, 경영정
상화가 되지 않고 파산 등으로 경영정상화가 되지 않는 경우도 생길 수 있으므로 '경영정
상화'는 장래의 불확실한 사실에 관한 것이어서 '불확정기한'이 아니라 '조건'에 해당하며,
기업과 노동조합 사이의 협약 중 대학학자보조금 삭감 합의에 관하여는 '워크아웃 졸업'은
해제조건이 되고, 해제조건이 실현되면 대학학자보조금 삭감 합의의 효력은 소멸한다고
한 것이 있음은 전술하였다.[12]

하. 조정신청 및 조정결정

　금융채권자는 협의회의 심의사항과 관련하여 이의가 있는 경우 조정위원회에 서면으
로 조정신청을 할 수 있다(기촉법31조1항). 구 기촉법에서는 해당 기업에게도 조정신청권을
부여하였으나, 부실징후기업고충처리위원회를 법적 기구로 두면서 삭제되었다. 조정신
청을 하는 자는 자율협의를 위한 노력을 다하였음을 소명하여야 한다(기촉법31조2항). 조정
위원회는 조정신청에 대한 조정결정의 내용을 지체 없이 해당 금융채권자 및 협의회에 통
지하여야 하고, 조정위원회의 조정 결정은 협의회의 의결과 동일한 효력을 가진다(기촉법
32조1항, 2항). 조정결정에 불복하는 자는 조정결정이 있었던 날부터 1개월 이내에 법원에
변경결정을 청구할 수 있다. 관할법원, 소제기 공고 등의 절차적 사항에 관하여는 기촉법
제25조 제4항을 준용한다(기촉법32조3항, 4항).

---

12) 대법원 2018.11.29. 선고 2018두41532 판결(공2019상, 180).

5. 주채권은행 관리절차

주채권은행은 부실징후기업으로부터 주채권은행 관리절차의 신청이 있어 자구계획서 등을 평가하여 기업개선의 가능성이 있다고 판단하는 경우 단독으로 해당 기업에 대한 관리절차를 개시할 수 있다. 주채권은행 관리절차가 개시되는 경우에는 기촉법 제11조 제5항(관리절차 중 회생 및 파산의 신청), 제12조부터 제15조(자산부채의 실사, 기업개선계획의 작성, 이행을 위한 약정, 약정의 이행점검), 제17조부터 제20조(채무조정, 신규 신용공여, 절차의 중단 및 종료)를 준용한다. 이 경우 "협의회"는 "주채권은행"으로 본다(기촉법21조). 주채권은행 단독으로 절차를 진행하더라도 약정이행점검 및 연 1회 이상 공개 의무가 적용되는 것이다. 주채권은행이 주채권은행 관리절차를 통하여 해당 기업의 부실징후가 해소될 수 있다고 판단하는 경우 기촉법 제9조 제1항에 따른 제1차 협의회 소집 통보를 하지 아니할 수 있다(기촉법9조1항1호).

| 기촉법상 공동관리절차 흐름도 |

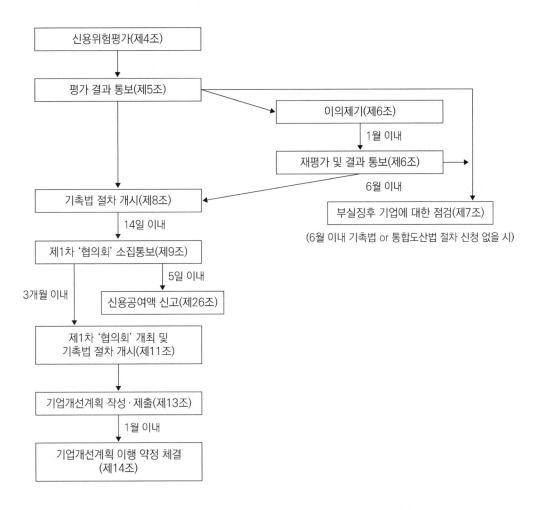

6. 금융채권자의 권리와 의무

가. 개요

기촉법은 금융채권자를 대상으로 새로운 도산절차를 창설하면서 관리절차가 기본적으로 당사자간의 합의라는 점을 반영하여 합의에 대한 성실한 이행의무를 부과하고, 그 의무를 위반한 채권자에게 손해배상책임을 부여하고 있다. 동시에 이러한 사적 합의에 근거한 채권조정에 반대하는 채권자가 이러한 구조에서 벗어날 수 있는 권리도 인정하고 있다.

나. 손해배상책임

금융채권자(채권의 매수를 청구한 금융채권자 제외)는 협의회가 의결한 사항을 성실히 이행하여야 하고, 협의회는 금융채권자에 대하여 의결사항의 이행을 요구할 수 있다. 협의회는 의결사항을 이행하지 아니하는 금융채권자에 대하여 그 의결에 따라 위약금을 부과할 수 있다. 금융채권자는 협의회의 의결사항 또는 기업개선계획의 이행을 위한 약정을 이행하지 아니하여 다른 금융채권자에게 손해를 발생시킨 경우 다른 금융채권자가 받은 손해의 범위에서 연대하여 손해를 배상할 책임이 있으며, 협의회는 의결사항의 불이행에 따르는 손해배상 예정액을 의결로 정할 수 있다(기촉법28조).

다. 반대채권자의 채권매수청구권

판례는 금융기관들이 기업구조조정 등을 위한 채권은행협의회 운영협약을 체결하고, 협약상 주채권은행이 채권은행 공동관리절차를 개시하기 위해 관리대상기업의 채권은행으로 구성된 채권은행자율협의회를 소집하여 당해 기업의 경영정상화를 위하여 채권액의 4분의 3 이상을 보유한 채권은행의 찬성으로 이자 감면 등 채권재조정 등을 의결하고 이에 반대하는 채권은행에는 채권매수청구권을 인정하되 이를 행사하지 않으면 당해 의결에 찬성한 것으로 간주하는 등의 규정이 마련되어 있는 경우, 위 의결에 따른 채권재조정 등 권리변경의 효력은 위와 같은 사전합의와 자율협의회 의결에 근거한 것으로서 자율협의회 결의에 참여한 채권은행에 효력이 미치는 것은 당연하나, 의결권이 부여되지 않아 채권재조정 등에 대한 의결권을 행사하지 못한 채권은행이 당연히 의결 내용에 기속된다고 볼 수는 없다고 하여 왔는데,[1] 이는 사적 자치의 원칙상 당연한 결론이었다.

따라서 기촉법 하에서도 ① 공동관리절차의 개시, ② 기업개선계획의 수립 및 변경, ③ 채무조정, ④ 신규 신용공여, ⑤ 공동관리절차의 연장, ⑥ 그 밖에 협의회의 의결로 정하는 사항에 대하여 협의회의 의결이 있는 경우 그 의결에 반대한 금융채권자는 협의회의 의결일부터 7일 이내에 주채권은행에 대하여 채권의 종류와 수를 기재한 서면으로 자기의 금융채권(공동관리절차에서 출자전환된 주식 포함) 전부를 매수하도록 청구할 수 있도록 하고 있다.[2] 이 경우 채권의 매수를 청구할 수 있는 금융채권자는 협의회의 의결일까지 반대의 의사를 서면으로 표시한 자에 한정하며, 매수청구기간에 채권을 매수하도록 청구하지 아니한 자는 해당 협의회의 의결에 찬성한 것으로 본다(기촉법27조1항).[3] 구 기촉법 하에서는 절차 개시, 채권재조정 또는 신규공여 결정에 한하여 반대매수청구권 행사가 가능하던 것을 제5차 기촉법에서 행사 가능 범위를 확대한 것이다. 그 청구의 상대방은 주채권은행이 된다. 반대채권자의 채권매수청구권 행사 이후 법원이 해당 금융채권자협의회 의결에 대해 취소 판결을 한 경우에는 취소 판결의 대세효로 인하여 매수청구권 행사의 효과도 소급적으로 소멸하게 된다고 해석한다.

위 규정은 금융채권자협의회 결의에 반대하는 채권자가 자신의 채권을 매각하여 재산적 보상을 받고 더 이상 위 결의에 구속되지 않도록 한다는 의미이다. 또한 위 제도에 의하여 금융채권자들이 다수결에 따른 결정에 반대하는 경우 반대채권자는 그 결정에 영

---

1) 대법원 2011.7.28. 선고 2009다41748 판결(공2100하, 1729)은 금융기관들이 기업구조조정 등을 위한 채권은행협의회 운영협약을 체결하면서 '채권은행 간 보증에 의하여 보증된 채권은 보증한 채권은행의 채권액으로 한다'고 정함에 따라 다른 채권은행들이 보증한 대출금채권에 대하여 의결권을 부여받지 못한 채권은행이 이와 별개인 다른 대출금채권에 기하여 이자 감면 등 채권재조정에 관한 의결에 참여한 사안에서, 위 협약상 다른 채권은행들이 보증한 대출금채권에 대하여 의결권을 부여받지 못한 채권은행이 이와 별개인 다른 대출금채권에 기하여 채권재조정 의결에 참여하였더라도 다른 채권은행들이 보증한 대출금채권과 관련하여 의결권을 행사한 것이 아니므로, 이에 대한 이자 감면 등 채권재조정에 관한 의결의 효력이 당연히 그 대출금채권에까지 미친다고 볼 수 없음에도, 채권은행이 의결 당사자로서 의결에 따를 의무가 있다고 전제한 다음 의결의 효력에 따라 다른 채권은행들이 보증한 대출금채권의 이자가 감면되었고, 보증채무의 부종성에 따라 채권은행들의 보증채무도 감액되었다고 본 원심판단에 법리오해의 위법이 있다고 한 사례이다.
2) 7일의 기산일은 도달주의로 해석한다.
3) 실제로 개최된 채권자협의회에 참석하였으나 의결권을 행사하지 않은 경우에는 채권매수청구권을 행사하지 못한다.

향을 받지 아니하고 그 시점에서의 자신의 권리의 가치를 보상받고 해당 기업에 대한 이해관계에서 벗어날 수 있도록 한 것이다.

　　판례는 반대채권자의 채권매수청구권은 반대채권자의 일방적 의사표시로 채권에 관한 매매계약을 성립하게 하는 형성권이고, 따라서 반대채권자가 금융채권자협의회의 의결일부터 7일 이내에 주채권은행에 대하여 채권의 종류와 수를 기재한 서면으로 자기의 금융채권 전부를 매수하도록 청구하면, 찬성채권자의 승낙 여부와 관계없이 반대채권자와 찬성채권자 사이에 채권에 관한 매매계약이 성립하고, 이 경우 장래 발생할 채권이라도 현재 그 권리의 특정이 가능하고 가까운 장래에 발생할 것임이 상당한 정도로 기대되는 경우에는 채권양도의 대상이 될 수 있으므로, 이러한 채권에 대해서도 채권매수청구권을 행사할 수 있고, 채권액이 확정되어 있지 아니하더라도 이행기까지 이를 확정할 수 있는 기준이 설정되어 있다면 마찬가지로 볼 수 있다고 하였다.[4]

　　반대채권자가 매수청구권을 행사함으로써 원칙적으로 반대채권자와 찬성채권자 사이에 반대채권자 보유 채권 전부에 대하여 매매매계약이 성립하는 것이므로, 반대채권자의 채권은 찬성채권자들에게 곧바로 양도된다. 따라서 채권매수청구일 이후 공동관리기업으로부터 회수하는 반대채권에 대한 이자도 당연히 채권의 매수자에게 귀속한다. 반대채권자는 매수청구로 인하여 공동관리기업에 대한 채권자로서의 권리를 행사할 수 있는 지위(관련 담보에 대한 담보권자로서 담보권을 행사할 수 있는 지위 포함)를 채권매수청구일로부터 상실하고, 더 이상 금융채권자협의회 의결에 참석하여 채권자로서 의결권을 행사할 수 없게 된다.[5] 판례는 채권매수청구권 행사로 채권의 이전은 법률의 규정에 의한 채권양도로

---

4) 대법원 2019.1.31. 선고 2016다215127 판결(공2019상, 598)[백선100]은 원고가 2006. 10. 20. 甲회사와 선물환거래를 위한 '장외파생상품거래 기본계약'을 체결하고, 이에 터 잡아 甲과 외화선물환거래를 내용으로 하는 360건의 파생상품 계약을 체결하였는데 위 파생계약은 원고가 甲으로부터 계약만기에 약정 달러화를 거래시점에서 정한 계약환율로 매수하는 통화선도계약이어서 '만기 시 시장환율' 또는 '기한 전 거래종료 시 시장환율'이 계약환율보다 높으면 원고가 약정 달러화에 만기 시 시장환율과 계약환율의 차이를 곱한 원화 상당의 이익을 얻게 되는 반면 만기 시 시장환율이 계약환율보다 낮으면 甲이 약정 달러화에 계약환율과 만기 시 시장환율 차이를 곱한 원화 상당의 이익을 얻게 되는데, 원고는 위 파생계약을 비롯한 대고객 거래 전체를 대상으로 한 환위험 헷지를 위하여 외환스왑(FX Swap) 거래를 수행한 사안에 관한 것이었다. 대법원은 甲에 대한 채권금융기관 공동관리절차가 시작된 이후 원고가 신규자금제공 결의에 반대하고 위 파생계약에 따른 甲에 대한 채권에 대해서 채권매수청구권을 행사한데 대하여 원고는 만기 시 시장환율이 계약환율보다 상승하는 경우 그 차액에 약정 달러화를 곱한 금액 상당의 정산채권을 갖게 되는데 위 채권은 장래 발생할 채권으로서 채권액이 확정되어 있지 않으나, 매수청구권 행사 당시 특정이 가능하고 가까운 장래에 발생할 것임이 상당한 정도로 기대되며, 이행기까지 채권액을 확정할 수 있는 기준이 설정되어 있었으므로, 채권매수청구권 행사의 대상에 해당하고, 따라서 피고의 채권매수청구권 행사로, 장래에 원고가 파생계약에 따라 甲에 대해 갖게 될 위 차액정산채권에 관하여 매매계약이 성립하였다고 하였다. 同旨 대법원 2019.2.28. 선고 2016다215134 판결(미간행).

5) 서울고법 2004.11.12. 선고 2004나17407 판결(미간행, 상고기각).

서 지명채권 양도의 대항요건에 관한 민법의 규정이 적용되지 않으므로 반대채권자는 채무자 기업에게 채권양도통지를 할 의무가 없다고 하였고,[6] 반대채권자의 채권양도통지의무와 찬성채권자들의 매수대금 지급의무가 동시이행관계에 있다고 보기 어렵다고 판시한 사례[7]도 있다.

금융채권자가 신고한 금융채권의 존재 여부 등에 관하여 다툼이 있는 경우 해당 금융채권자는 금융채권의 금액이 확정된 날부터 금융채권자협의회에서의 의결권을 행사할 수 있고, 그 확정일 전 협의회의 의결에 대하여 대항할 수 없다. 이 경우 기촉법 제27조 제1항의 채권매수청구기간은 금융채권의 존재 여부 등이 확정된 날부터 계산한다. 해당 기업이 제출한 금융채권자의 목록에 누락되어 금융채권액을 신고하지 못한 금융채권자에 대해서도 채권매수청구기간은 금융채권액이 확정된 날부터 계산한다(기촉법26조4내지6항).

찬성채권자는 매수청구기간이 종료하는 날부터 6개월 이내에 연대하여 해당 채권을 매수하여야 한다. 다만, 반대채권매매의 당사자가 조정위원회에 조정을 신청하거나 법원에 이의를 제기한 경우에는 그러하지 아니하다(기촉법27조2항). 6개월의 기한은 채권매매대금의 이행기를 정한 것으로 본다.[8] 반대채권자가 매수를 청구한 채권의 매수가액 및 조건은 찬성채권자(찬성채권자의 위임을 받은 협의회 포함)와 채권의 매수를 청구한 반대채권자가 합의하여 결정한다. 물론 앞서 본 바와 같이 금융채권자협의회의 소집절차 또는 의결방법, 채무 조정 또는 신규 신용공여에 관한 의결이 법에 위반된 때에는 채권금융기관 또는 공동관리기업이 의결 취소의 소를 제기할 수 있다(기촉법25조). 판례는 협의회가 금융채권자로 하여금 신규 신용공여를 하도록 하면서도 해당 채권금융기관이 반대매수청구권을 행사할 수 없도록 의결하였다면, 그러한 협의회의 의결은 기촉법을 위반한 것으로서 하자가 있어 해당 금융채권자에 대하여 그 효력이 미치지 않는다고 하였음은 전술하였다.[9]

반대매수청구권 행사일 이후 매수대금 지급일까지 발행한 이자에 대하여는 상법상 상사법정이율(6%)을 적용한다.

반대채권자가 매수를 청구한 채권의 매수가액 및 조건은 찬성채권자(찬성채권자의 위임을 받은 협의회 포함)와 채권의 매수를 청구한 반대채권자가 합의하여 결정한다. 매수가액은 반대채권자가 해당 기업의 청산을 통하여 변제받을 수 있는 금액보다 불리하지 아니하도록 해당 기업의 가치 등 대통령령으로 정하는 사항을 고려한 공정한 가액으로 한다(기촉법27조3항). "해당 기업의 가치 등 대통령령으로 정하는 사항"이란 반대채권자가 매수를 청구한 채권의 종류, 성격 및 범위, 해당 기업의 자산과 부채의 종류, 성격 및 범위, 그 밖에

---

6) 서울고법 2014.10.8. 선고 2013나2026140 판결(미간행).
7) 서울고법 2016.4.21. 선고 2015나2045268 판결(미간행).
8) 서울고법 2016.4.21. 선고 2015나2045268 판결(미간행).
9) 대법원 2019.4.3. 선고 2016다40910 판결(공2019상, 972).

반대채권자가 매수를 청구한 채권의 공정한 가치 산정을 위하여 금융위원회가 정하여 고시하는 사항을 말한다(기촉법 시행령13조). 찬성채권자는 반대채권자와 합의한 경우 해당 기업 또는 제3자로 하여금 반대채권자의 채권을 매수하도록 할 수 있다(기촉법27조4항). 채권 매수가 곤란한 찬성채권자(보증기관 등)의 경우 손실분담 확약의 형태로 참여한다. 실무상 제3의 기관이나 반대채권자가 금융채권자협의회의 요청에 대하여 응할 의무가 있는지가 문제되는데, 부정적으로 해석한다.[10]

한편 단일 금융채권자가 보유한 금융채권액이 금융채권자협의회 총금융채권액의 4분의 3 이상인 경우에는 해당 금융채권자를 포함하여 금융채권자협의회를 구성하는 총 금융채권자 수의 5분의 2 이상의 찬성으로 의결함은 전술하였는데(기촉법24조2항 단서), 단일 채권자의 채권액 비중이 4분의 3 이상인 경우에는 채권액이 아닌 금융채권자 수를 기준으로 5분의 2 이상의 찬성요건을 추가함으로써 최대 채권자에 대한 견제적 장치를 둔 것이다.

찬성채권자는 반대채권자와 합의한 경우 해당 기업 또는 제3자로 하여금 반대채권자의 채권을 매수하도록 할 수 있다(기촉법27조4항). 법문상 공동관리기업으로 하여금 반대채권자의 금융채권 매수를 할 수 있도록 한 규정은 채권을 일부 채권자에게만 변제한다는 것이므로 해당 기업의 정상화를 저해할 수 있고, 공동관리절차의 목적에 반하는 것이며, 공동관리절차가 실패하여 회생절차나 파산절차가 진행될 경우 이러한 조기 변제는 결국 일부변제가 되어 후일 도산절차가 개시되면 관리인·관재인에 의하여 편파변제로서 부인될 수 있다는 점에서 비판이 있다.

합의가 이루어지지 아니하는 경우 찬성채권자 또는 채권의 매수를 청구한 반대채권자는 조정위원회에 대하여 채권의 매수가액 및 조건에 대한 조정을 신청할 수 있다. 이 경우 조정위원회는 찬성채권자와 채권의 매수를 청구한 반대채권자가 합의하여 선임한 회계전문가가 해당 기업의 가치와 재산상태, 약정의 이행가능성 및 그 밖의 사정을 참작하여 산정한 결과를 고려하여 공정한 가액으로 이를 결정하여야 한다(기촉법27조5항). 주채권은행은 반대매수 대상 안건을 논의하는 협의회의 소집을 통보하는 때에는 채권매수청구권의 내용 및 행사방법을 알려야 한다(기촉법27조6항). 미이행시 과태료가 부과된다(기촉법36조1항4호). 판례는 채권매수청구권 행사 대상 채권의 매수가액에 관하여 상호 간 협의가 이루어지지 않고 그에 관한 조정이 신청되지도 않은 경우에는 부실징후기업의 가치와 재산 등의 사정을 참작하여 법원이 인정한 상당한 가액으로 매수가액이 결정된다고 하였다.[11]

10) 조선업 구조조정에서 건조 중인 선박의 가치 산정에 관하여는 김상만, "조선업 구조조정에서 선수금 환급보증(RG)채권의 매매 관련 건조 중인 선박의 청산가치 산정 및 배분방법", 도산법연구 제10권 제1호, 사단법인 도산법연구회(2020.6.), 23면 참조.
11) 서울고법 2016.4.21. 선고 2015나2045268 판결(미간행), 서울고법 2016.7.21. 선고 2015나2075719 판결(미간행).

한편 반대채권자의 채권매수청구권 행사 이후 기업개선계획의 이행을 위한 약정이 체결되지 않은 채 공동관리절차가 중단된 경우 반대채권자의 채권매수청구권 행사로 인한 채권매매계약이 실효되는 것인지 문제되는데, 판례는 채권금융기관협의회의 공동관리절차 개시결의에 반대한 채권금융기관이 채권매수청구권을 행사하였다면, 이후 부실징후기업에 대한 경영정상화 약정이 체결되지 못하여 이미 개시된 공동관리절차가 중단되었다고 하더라도 이미 이루어진 반대채권자의 채권매수청구권 행사의 효력에는 아무런 영향을 미치지 않는다고 하였다.[12]

---

12) 위 서울고법 두 판결.

7. 금융위원회의 채권금융기관에 대한 감독

    기촉법에 따른 관리절차는 형식적으로나 실질적으로나 금융위원회의 통제를 받는다. 사실상 금융위원회가 채권금융기관의 의사결정을 강제하는 것이다. 기촉법은 금융위원회가 채권금융기관에 시정을 요구할 수 있는 사항을 열거하고 있다.

    즉, 금융위원회는 채권금융기관이 ① 기촉법 제4조 제1항 또는 제3항을 위반하여 신용위험을 평가하지 아니한 때, ② 기촉법 제5조 제1항을 위반하여 정당한 사유 없이 통보를 하지 아니한 때, ③ 기촉법 제7조를 위반하여 필요한 조치를 강구하지 아니한 때, ④ 기촉법 제9조 제1항을 위반하여 정당한 사유 없이 협의회를 소집하지 아니한 때, ⑤ 기촉법 제15조 제2항을 위반하여 약정의 이행을 점검하지 아니하거나 기업개선계획의 진행상황을 공개하지 아니한 때, ⑥ 기촉법 제15조 제4항을 위반하여 정당한 사유 없이 약정의 이행상황 및 계획에 대한 설명 요청에 응하지 아니한 때, ⑦ 기촉법 제16조 제1항 또는 제2항을 위반하여 경영평가위원회의 평가를 거치지 아니하거나 평가 결과를 공개하지 아니한 때에는 일정한 기간을 정하여 그 시정을 요구할 수 있다. 시정요구를 받은 채권금융기관이 정당한 사유 없이 기간 내에 시정요구를 이행하지 아니하면 금융위원회는 해당 채권금융기관에 대하여 ㉮ 채권금융기관 또는 그 임직원에 대한 주의·경고·견책 또는 감봉, ㉯ 임원의 직무정지 또는 임원의 직무를 대행하는 관리인의 선임, ㉰ 그 밖에 그에 준하는 조치로서 위반사항의 시정을 위하여 필요하다고 인정되는 조치를 요구하거나 명할 수 있다(기촉법35조).

8. 위헌성

　　구 기촉법 하에서 서울고등법원은 채권금융기관협의회가 채권금융기관 총신용공여액 중 3/4 이상의 신용공여액을 보유한 다수 채권금융기관의 찬성으로 채권재조정 또는 신규 신용공여를 의결하면, 채권매수청구권을 행사하지 않고 의결에 반대하는 채권금융기관도 채권재조정 내지 신규신용공여의무를 부담하게 하는 구 기촉법 제17조 제1항, 제27조 제1항, 제2항에 대하여 직권으로 위헌법률심판을 제청한 바 있다.[1]

　　구 기촉법 하에서 ① 적용대상기업을 500억 원 이상 기업으로 한정한 것에 합리적인 이유가 없고, 적용대상 금융기관을 국내 채권금융기관으로 한정하여 외국금융기관과 차별하는 것은 평등권을 침해한 것이고, ② 반대채권자 매수청구권 보호가 미흡하여 반대채권자가 사실상 의결에 반대할 수 없고, 다수결에 의하여 기존 채권의 재조정을 넘어 신규신용공여 의무를 부과하는 것은 회생절차에도 없는 새로운 의무를 부과하는 것으로 재산권을 침해하는 것이며, ③ 대상기업의 경영권 행사를 협의회가 행함으로써 상법상의 주주권과 경영의 자유를 침해하고, 반대채권자도 의결에 따르도록 함으로써 자기 결정권을 침해하는 것으로 사적 자치원칙을 침해한다는 논란이 끊이지 않았다.[2]

　　또한 ① 부실징후 기업 판정기준이 불명확하고 구조조정과 관련된 정보를 공개하지 않아 사전적, 사후적 통제가 이루어지지 않고, 주채권은행이 절차를 주도하여 주채권은행의 이익을 우선하고 다른 채권자는 정보가 부족하여 대상기업 및 채권금융기관의 도덕성 해이를 초래한다는 절차의 밀행성에 대한 비판과, ② 기업구조조정 절차는 외형적으로는 채권금융기관이 주도하지만, 실질적으로는 금융감독당국이 정책적으로 개입함으로써 대상기업 선정이 금융감독당국이 제시하는 기준에 의하여 정하여지므로 관치금융의 폐해가 발생한다는 우려도 있다.

---

[1] 서울고법 2005.4.26.자 2004나68399 위헌제청결정. 이 사건은 그 전제가 된 본안사건이 취하되어 헌법재판소의 판단을 받지는 못하였다.

[2] 이완식, "워크아웃 절차 개요 및 회생절차와의 비교", 서울대학교 금융법센터, 2015년도 금융법무과정 제8기, 34면 이하 참조.

반면에 기업구조조정절차는 금융기관의 입장에서는 채무조정과 신규자금지원이 가능하고, 절차가 신속하고 정상영업이 유지되며, 특히 협력업체의 채권은 채권재조정의 대상이 아니므로 정상거래가 가능하다는 점 등이 그 유용성으로 지적되고 있다.[3]

참고문헌

권영종, "기업구조조정촉진법의 현황과 미래", 도산법연구 제5권 제1호, 사단법인 도산법연구회 (2014.5.), 1면.

김성용, "반대채권자의 채권매수청구권", 도산법연구 제5권 제1호, 사단법인 도산법연구회(2014.5.), 59면.

김지평, "금융감독기관이 기업 구조조정에 미치는 영향: 글로벌금융위기 이후를 중심으로", 이진만, "대한민국 도산제도의 현황과 전망", 도산법연구 제9권 제1호, 사단법인 도산법연구회 (2019.6.), 191면.

박용석, "효율성과 형평성 입장에서 본 기업구조조정촉진법의 위헌성 여부", 도산법연구 제5권 제1호, 사단법인 도산법연구회(2014.5.), 21면.

박용석, "산업구조조정의 비효율성과 개선방안", 도산법연구 제7권 제1호, 사단법인 도산법연구회 (2017.2.), 1면.

손갑수, "기업구조조정(Work-Out) 사례 연구" 도산법연구 제3권 제2호, 사단법인 도산법연구회 (2012.11.), 2359면.

오수근, "기업구조조정 촉진법의 적용범위", 도산법연구 제5권 제1호, 사단법인 도산법연구회 (2014.5.), 31면.

오수근, "기업구조조정촉진법 상시화 방안 연구", 도산법연구 제5권 제3호, 사단법인 도산법연구회 (2015.2.), 73면.

오수근, "기업구조조정 촉진법의 성격", 도산법연구 제11권 제2호, 사단법인 도산법연구회(2021.12.), 7면.

온주편집위원회(집필대표 김형두), "온주 기업구조조정촉진법", 로앤비(2023), 로앤비 홈페이지.

유재훈, "기업구조조정촉진법의 상시화 방안", 도산법연구 제6권 제2호, 사단법인 도산법연구회 (2015.12.), 205면.

이상진, "한국으이 채무자 구제 제도-법정 외 절차를 중심으로", 도산법연구 제2권 제1호, 사단법인 도산법연구회(2011.5.), 186면.

임치용, "한국의 워크아웃제도-회생절차와의 비교", 파산법 연구 4, 박영사(2015), 277면.

정지혜, "기업구조조정촉진법에 대한 평가-문헌 정리", 도산법연구 제5권 제1호, 사단법인 도산법연구회(2014.5.), 67면.

조규홍, "비협약채권자에 대한 채무조정 사례-사채권자 집회를 통한 채무조정 사례 중심-", 도산법

---

3) 이완식, 전게 논문, 35면.

연구 제4권 제2호, 사단법인 도산법연구회(2014.1.), 177면.

조규홍, "신규자금의 지원의무", 도산법연구 제5권 제1호, 사단법인 도산법연구회(2014.5.), 51면.

조규홍, "한국 법정 외 구조조정 제도의 절차와 특징", 도산법연구 제7권 제1호, 사단법인 도산법연구회(2017.2.), 64면

채권금융기관조정위원회 사무국, "기업구조조정관련 질의응답 모음", (2016.1.).

최도성, "기업 구조조정과 기업도산절차", 도산법강의, 남효순·김재형 공편, 법문사(2005), 316면.

최효종, "기업구조조정절차에서의 경영권과 지배구조(최근의 실무를 바탕으로)", 도산법연구 제5권 제2호, 사단법인 도산법연구회(2014.10.), 47면.

최효종, "Hybrid 방식 기업구조조정 사례 검토 및 전망", 도산법연구 제10권 제1호, 사단법인 도산법연구회(2020.6.) 151면.

X

도산과 범죄

1. 도산과 범죄의 관계 — 도산범죄

가. 재산죄형(財産罪型) 범죄와 공무집행방해죄형(公務執行妨害罪型) 범죄

도산이 가까웠음을 예상하고 지급의 의사가 없음에도 불구하고 상품을 구입하는 구입사기나, 회사임원이 회사의 돈을 횡령하여 도산에 이르게 하는 경우의 횡령죄 등의 범죄는 도산에 특유한 보호법익이 문제로 되는 것은 아니고, 일반의 범죄가 도산이라는 무대에서 문제가 되는 것에 불과하다. 이에 반하여 도산 및 도산절차에 고유한 보호법익에 기초한 범죄유형이 있다.

첫째는, 관계인 특히 채권자의 재산상의 이익을 보호법익으로 하는 것이다. 예컨대 파산이 되면 부인의 대상이 될 가능성이 있는 유해행위는 채권자의 채권의 가치를 저하시키는 점에 있어서 절도, 횡령 등의 재산범죄와 구별할 이유는 없다. 그리고 이 점은 그 후에 어떠한 도산절차가 실제로 개시되었는가 하는 것과는 관계가 없는 것이다. 이것은 재산범죄형 도산범죄라고 부를 수 있다.

둘째는, 도산절차의 적정한 수행을 보호법익으로 하는 것이다. 도산절차가 공적인 제도로서 법원의 책임 하에 행하여지는 이상, 그 적정한 시행을 방해하는 행위는 공무집행방해행위와 같은 의미에서 처벌의 대상이 될 수 있다. 이는 공무집행방해형 도산범죄라고 부를 수 있다. 전술한 재산죄형의 범죄도 넓은 의미에서는 이에 포함된다고 할 수 있으나, 반드시 법률상의 도산절차가 개시되지 않아도 사실상의 도산에 의하여 법익의 침해가 이미 발생하여 있다는 점에서 독자의 특질을 가진다.

나. 우리 도산법제상의 도산범죄의 구성

공무집행방해죄형에 속하는 범죄로서 우리 채무자회생법상 규정되어 있는 것으로서는 관리인·관재인에 대한 증수뢰죄(법645조, 646조, 655조, 656조), 설명, 보고 조사, 검사거절 등의 죄(법649조, 658조) 법원사무관 등이 폐쇄한 장부의 변경, 은닉, 훼손의 죄(법650조4호, 651조4호), 구인의 명을 받은 채무자등이 도주하는 죄(법653조) 등이 있고, 회생과 파산절차에 공통된 것도 있지만(예컨대 증수뢰죄), 회생이나 파산절차에 고유한 것도 있다. 또 형벌은 아니지만 동일한 유형에 속하는 것으로서 일정한 절차방해적 행위에 대한 과태료의 제재가 있다(법660조). 어차피 이것들은 도산절차가 개시된 후가 아니면 범죄를 구성하지 않는다.

재산범죄형의 도산범죄는 파산에 있어서는 자기 또는 타인의 이익을 도모하거나 채권자를 해할 목적을 가지고 예컨대 재산을 은닉, 훼손하는 것 등을 사기파산죄로 규정하고 있고(법650조), 그와 같은 목적을 가지지 아니하고 한 채권자에게 불이익이 되는 행위를 과태파산죄로 하여(법651조) 법정형에 차이를 두고 있다. 회생에서는 사기파산죄에 상당하는 행위를 사기회생죄로 하고 있을 뿐(법643조), 과태파산죄에 상당하는 범죄를 규정하지 않고 있는데, 이는 기업의 유지 갱생을 도모하는 회생신청이 위와 같은 벌칙의 존재로 인하여 주저되지 않도록 하기 위한 배려에 기인한 것이다.

그런데 이 종류의 도산범죄유형의 문제점은 파산선고의 확정 또는 회생절차개시결정의 확정이 사기회생죄 또는 사기·과태파산죄에 의한 처벌을 위하여 요구되고 있는 점이다(법643조, 650조, 651조). 이 요건은 이른바 처벌조건으로 해석하고 있으나,[1] 실제의 도산건수 중 이러한 도산절차가 개시되는 것은 극히 일부인 점을 고려하면 이는 예정된 보호법익을 충분히 만족하는 것은 아니다. 이와 같은 우리 법의 입장은 파산이 유일한 도산절차임과 동시에 전적으로 채권자를 위한 구제수단이고 또 징벌적 의미를 가지고 있던 구대륙법의 계보를 이은 것이고, 파산 이외에 회생절차 등이 정비되고, 도산절차가 오히려 채무자의 갱생을 중요한 이념으로 하고 있는 오늘날의 도산처리법 하에서는 시대에 뒤떨어진 것이라고 할 수밖에 없다. 이러한 재산범죄적 행위는 지급정지 등을 징표로 하는 사회적 도산을 구성요건으로 하는 독자적인 범죄유형으로서 도산절차 그 자체로부터 분리되어야 할 것이다. 다른 나라의 입법도 그 방향으로 나아가고 있다. 반면에 사기·과태파산죄의 유형에 들어있지만, 실제로는 공무집행방해형 범죄로 보아야 할 폐쇄장부의 변경·은닉·훼손(법650조1항4호, 651조1항4호)이나 허위의 권리행사(법654조)에 관하여도 파산선고의 확정은 불필요하다고 하여야 할 것이다.

도산범죄에 의한 소추는 실제로 활발히 행하여지는 것은 아니지만, 도산절차가 채무자보호 또는 기업재건에 의한 공익의 보호로 중점이 옮겨가는 것에 비례하여 채무자 또는 법인채무자의 이사의 도의적 책임이 중시되고 있고, 실로 악질적인 사례에 있어서 형사제재의 역할이 재평가되고 형법 그 밖의 형벌규정과의 관련 등에 있어서 도산범죄규정의 재구성이 행하여지고 있다고 생각된다.

---

1) 日大判大正15.11.4刑集5권35면, 日大判昭和12.11.12刑集16권1450면.

2. 각종 도산범죄의 구성요건과 형벌

가. 사기회생죄·사기파산죄(법643조, 650조, 652조)

(1) 행위자

원칙적으로는 채무자, 법정대리인, 법인인 채무자의 이사 또는 지배인이지만, 그 이외의 제3자도 행위자가 될 수 있다(법644조, 654조). 유한책임재산신탁의 경우에는 수탁자, 신탁재산관리인, 수탁자의 법정대리인, 수탁자의 지배인 또는 법인인 수탁자의 이사가 행위자이다(법650조2항).

(2) 행위의 목적

자기 또는 타인의 이익을 도모하거나 채권자를 해할 목적을 가질 것을 요한다.

(3) 행위의 시기

절차 개시의 전후를 묻지 않는다(다만 650조 4호의 행위는 절차개시전에는 불가능하다).

(4) 행위유형

① 재산을 손괴, 은닉하거나 채권자 기타의 관계인에게 불이익하게 처분하는 것이다(법643조1항1호, 650조1호). 여기서 손괴라 함은 형법 제366조의 손괴죄와 같이 본다면 타인의 재물을 손괴 또는 은닉하거나 기타의 방법으로 그 효용을 해하는 경우에 성립하고, 여기에서 재물의 효용을 해한다고 함은 사실상으로나 감정상으로 그 재물을 본래의 사용목적에 제공할 수 없게 하는 상태로 만드는 것을 말하며, 일시적으로 그 재물을 이용할 수 없는 상태로 만드는 것도 여기에 포함된다. 특히 건조물의 벽면에 낙서를 하거나 게시물을 부착하는 행위 또는 오물을 투척하는 행위 등이 그 건조물의 효용을 해하는 것에 해당하는지 여부는, 당해 건조물의 용도와 기능, 그 행위가 건조물의 채광·통풍·조망 등에 미

치는 영향과 건조물의 미관을 해치는 정도, 건조물 이용자들이 느끼는 불쾌감이나 저항감, 원상회복의 난이도와 거기에 드는 비용, 그 행위의 목적과 시간적 계속성, 행위 당시의 상황 등 제반 사정을 종합하여 사회통념에 따라 판단하여야 한다.[1]

무엇이 불이익하게 처분하는 것에 해당하는가에 관하여 일부 채권자에 대한 편파변제는 파산에 있어서는 담보의 제공이나 변제가 의무에 속하지 않는 행위에 관하여 보다 법정형이 가벼운 과태파산죄로 하는 규정이 있고(법651조2호), 이 규정과의 균형상 사기파산죄가 된다고 해석한다.[2] 그러나 편파변제가 일부의 채권자에게 이익을 주는 반면 다른 채권자를 해하는 것은 부인의 경우와 마찬가지이고 입법론으로서는 재고하여야 할 점이다.

'재산'에는 동산·부동산뿐만 아니라 재산적 가치가 있어 민사소송법에 의한 강제집행 또는 보전처분이 가능한 특허 내지 실용신안 등을 받을 수 있는 권리도 포함된다.[3] 강제집행면탈죄의 객체는 채무자의 재산 중에서 채권자가 민사집행법상 강제집행 또는 보전처분의 대상으로 삼을 수 있는 것만을 의미하므로, '보전처분 단계에서의 가압류채권자의 지위' 자체는 원칙적으로 민사집행법상 강제집행 또는 보전처분의 대상이 될 수 없어 강제집행면탈죄의 객체에 해당한다고 볼 수 없고, 이는 가압류채무자가 가압류해방금을 공탁한 경우에도 마찬가지인데,[4] 사기회생죄·파산죄에서도 동일하다고 본다.

판례 중에는 명의신탁 부동산의 실질적 소유자인 피고인이 강제집행을 면탈할 목적으로 부동산을 허위양도하여 채권자들을 해하였다고 하며 강제집행면탈죄로 기소된 사안에서, 위 부동산 중 대지는 피고인이 매입하여 甲 명의로 명의신탁해 두었다가 임의경매절차를 통하여 乙에게 매각되자 다시 丙 회사의 명의로 매수하여 丙 회사 명의로 소유권이전등기를 마친 것인데, 이는 신탁자인 피고인과 명의수탁자인 丙 회사의 계약명의신탁약정에 의한 것이므로 소유자 乙이 그러한 약정이 있다는 사실을 알았는지에 관계없이 명의신탁자인 피고인은 대지의 소유권을 취득할 수 없고, 이후로도 위 대지에 관하여 피고인 이름으로 소유권이전등기를 마친 적이 없다면 피고인에 대한 강제집행이나 보전처분의 대상이 될 수 없어 피고인에 대한 강제집행면탈죄의 객체가 될 수 없다고 한 사례

---

1) 대법원 2007.6.28. 선고 2007도2590 판결(공2007, 1217)은 해고노동자 등이 복직을 요구하는 집회를 개최하던 중 래커 스프레이를 이용하여 회사 건물 외벽과 1층 벽면 등에 낙서한 행위는 건물의 효용을 해한 것으로 볼 수 있으나, 이와 별도로 계란 30여 개를 건물에 투척한 행위는 건물의 효용을 해하는 정도의 것에 해당하지 않는다고 본 사례이다.

2) 日最判昭和45.7.1刑集24권7호399면.

3) 대법원 2001.11.27. 선고 2001도4759 판결(공2002, 231)은 특허출원 및 실용신안출원된 지적재산권들에 관한 사안이다.

4) 대법원 2008.9.11. 선고 2006도8721 판결(공2008하, 1401)은 채무자가 가압류채권자의 지위에 있으면서 가압류집행해제를 신청함으로써 그 지위를 상실하는 행위는 형법 제327조에서 정한 '은닉, 손괴, 허위양도 또는 허위채무부담' 등 강제집행면탈행위의 어느 유형에도 포함되지 않는 것이므로, 이러한 행위를 처벌대상으로 삼을 수 없다고 하였다.

도 있다.[5)]

한편 판례는 2인 이상 서로 대향된 행위의 존재를 필요로 하는 대향범에 대하여는 공범에 관한 형법총칙 규정이 적용될 수 없다는 입장인데,[6)] 그러한 입장에 따른다면 불이익한 처분의 상대방은 사기회생죄, 사기파산죄의 공동정범, 교사범, 방조범으로 처벌할 수 없다고 보아야 할 것이다.

② 채무자나 파산재단의 부담을 허위로 증가시키는 행위(법643조1항2호, 650조2호)

③ 상업장부의 부작성, 불기재, 부정기재, 손괴, 은닉(법643조1항3호, 650조3호)

④ 제3자가 도산채권자 또는 주주로서 하는 허위의 권리행사(법644조, 654조)

⑤ 회생에만 있는 유형으로서 부정수표단속법에 의한 처벌 회피를 주된 목적으로 회생절차 개시의 신청을 하는 행위

⑥ 파산에만 있는 유형으로서 법원사무관 등이 폐쇄한 장부(법481조)의 변경, 은닉, 손괴(법650조4호)

---

5) 대법원 2011.12.8. 선고 2010도4129 판결(공2012상, 148)은 명의신탁자와 명의수탁자가 이른바 계약명의신탁 약정을 맺고 명의수탁자가 당사자가 되어 명의신탁 약정이 있다는 사실을 알지 못하는 소유자와 부동산에 관한 매매계약을 체결한 후 그 매매계약에 따라 당해 부동산의 소유권이전등기를 명의수탁자 명의로 마친 경우에는, 명의신탁자와 명의수탁자의 명의신탁 약정이 무효임에도 불구하고 부동산 실권리자명의 등기에 관한 법률 제4조 제2항 단서에 의하여 명의수탁자가 당해 부동산의 완전한 소유권을 취득하는 반면에 소유자가 계약명의신탁 약정이 있다는 사실을 안 경우에는 수탁자 명의의 소유권이전등기는 무효이고 당해 부동산의 소유권은 매도인이 그대로 보유하게 되는데, 어느 경우든지 명의신탁자는 그 매매계약에 의해서는 당해 부동산의 소유권을 취득하지 못하게 되어, 결국 그 부동산은 명의신탁자에 대한 강제집행이나 보전처분의 대상이 될 수 없다고 전제하였다.

6) 대법원 2011.4.28. 선고 2009도3642 판결(공2011상, 1212)은 변호사 사무실 직원인 피고인 甲이 법원 공무원인 피고인 乙에게 부탁하여, 수사 중인 사건의 체포영장 발부자 53명의 명단을 누설받은 사안에서, 피고인 乙이 직무상 비밀을 누설한 행위와 피고인 甲이 이를 누설받은 행위는 대향범 관계에 있으므로 공범에 관한 형법총칙 규정이 적용될 수 없는데도, 피고인 甲의 행위가 공무상비밀누설교사죄에 해당한다고 본 원심판단에 법리오해의 위법이 있다고 한 사례이다. 同旨 대법원 2002.7. 22. 선고 2002도1696 판결(공2002, 2100), 대법원 2009.6.23. 선고 2009도544 판결(미간행), 대법원 1988.4.25. 선고 87도2451 판결(공1988, 928), 한편 대법원 2007.10.25. 선고 2007도6712 판결(공2007하, 1970)은 세무사의 사무직원으로부터 그가 직무상 보관하고 있던 임대사업자 등의 인적사항, 사업자소재지가 기재된 서면을 교부받은 행위가 세무사법상 직무상 비밀누설죄의 공동정범에 해당하지 않는다고 한 사례이다. 한편 대법원 2004.10.28. 선고 2004도3994 판결(2004, 1991)은 변호사 아닌 자가 변호사를 고용하여 법률사무소를 개설·운영하는 행위에 있어서는 변호사 아닌 자는 변호사를 고용하고 변호사는 변호사 아닌 자에게 고용된다는 서로 대향적인 행위의 존재가 반드시 필요하고, 나아가 변호사 아닌 자에게 고용된 변호사가 고용의 취지에 따라 법률사무소의 개설·운영에 어느 정도 관여할 것도 당연히 예상되는바, 이와 같이 변호사가 변호사 아닌 자에게 고용되어 법률사무소의 개설·운영에 관여하는 행위는 위 범죄가 성립하는 데 당연히 예상될 뿐만 아니라 범죄의 성립에 없어서는 아니 되는 것인데도 이를 처벌하는 규정이 없는 이상, 그 입법 취지에 비추어 볼 때 변호사 아닌 자에게 고용되어 법률사무소의 개설·운영에 관여한 변호사의 행위가 일반적인 형법 총칙상의 공모, 교사 또는 방조에 해당된다고 하더라도 변호사를 변호사 아닌 자의 공범으로서 처벌할 수는 없다고 하였다.

(5) 처벌요건

전술한 바와 같이 회생절차개시결정·간이회생절차개시결정 또는 파산선고가 확정될 것을 요한다. 이러한 행위들과 도산절차개시와의 사이에 인과관계가 있을 필요는 없다.[7] 한편 최초의 채무자회생법 부칙 제4조는 벌칙에 관한 경과조치로 "이 법 시행 전의 행위에 대한 벌칙의 적용에 있어서는 종전의 규정에 의하고, 1개의 죄가 이 법 시행 전후에 걸쳐서 행하여진 때에는 이 법 시행 전에 범한 것으로 본다"라고 규정하고 있었는데, 채무자회생법이 제정되기 전의 구 개인채무자회생법 제87조는 채무자회생법 제643조 제1항과 유사하게, 채무자가 자기 또는 타인의 이익을 도모하거나 채권자를 해할 목적으로 재산을 은닉 또는 손괴하는 등 각호의 어느 하나에 해당하는 행위를 하고, 채무자에 대하여 개인회생절차개시의 결정이 확정된 때에는 사기개인회생죄로 처벌하도록 규정하되, 같은 법 제48조에서 개인채무자로서 일정한 금액(담보된 개인회생채권의 경우에는 10억 원, 그 외의 개인회생채권의 경우에는 5억 원)을 초과하지 아니하는 범위 안에서 대법원규칙으로 정하는 금액 이하의 채무를 부담하는 급여소득자 또는 영업소득자만이 개인회생절차의 개시를 신청할 수 있도록 규정하여 개인회생절차개시의 신청권자를 제한하였다가, 채무자회생법의 제정 및 시행으로 비로소 개인채무자도 채무액의 제한 없이 회생절차의 개시를 신청할 수 있게 되었는데(법34조 참조), 판례는 이와 같은 구 개인채무자회생법 및 채무자회생법의 관련 규정들을 헌법 제13조 제1항 전단과 형법 제1조 제1항에서 밝히고 있는 형벌법규의 소급효금지 원칙에 비추어 살펴볼 때, 채무자회생법의 시행 전에는 구 개인채무자회생법 제48조에서 정한 개인회생절차의 개시를 신청할 자격이 없던 개인채무자가 채무자회생법의 시행 전후에 걸쳐서 각각 구 개인채무자회생법 제87조 각호의 사기개인회생죄 및 채무자회생법 제643조 제1항 각호의 사기회생죄에서 정한 행위를 하고 채무자회생법의 시행 후에 그 채무자에 대하여 회생절차개시의 결정이 확정되었더라도, 그 시행 전의 행위는 행위시의 법률인 구 개인채무자회생법에서 정한 사기개인회생죄의 주체가 될 수 없는 사람의 행위로서 범죄를 구성할 수 없으므로, 구 개인채무자회생법에서 정한 사기개인회생죄나 채무자회생법에서 정한 사기회생죄의 어느 것으로도 처벌할 수 없고, 그 행위가 범죄행위 자체에 해당하지 아니하는 이상 채무자회생법 시행 후의 행위와 포괄하여 일죄를 구성할 여지도 없다고 하였다.[8]

(6) 법정형

회생과 파산 모두 10년 이하의 징역 또는 1억 원 이하의 벌금이다(법643조, 650조).

---

7) 日最決昭和44.10.31刑集23권10호1465면.
8) 대법원 2016.10.13. 선고 2016도8347 판결(공2016하, 1736).

(7) 사기회생죄에 대한 특칙

법 제231조의2 또는 제243조의2의 적용을 면탈할 목적으로 거짓의 정보를 제공하거나 거짓의 자료를 제출하고, 회생계획인가의 결정이 확정된 경우 해당 정보를 제공하거나 해당 자료를 제출한 자는 5년 이하의 징역 또는 5천만 원 이하의 벌금에 처한다(법644조의2).

(8) 형법 규정과의 관계

회생이나 파산에 있어서 당해 행위가 사기죄, 횡령죄 등의 형법 규정에 해당하는 경우에는 상상적 경합 관계가 된다고 해석한다.

나. 과태파산죄

파산에 있어서만 인정된다. 행위자(다만 제3자를 제외한다. 법654조 전단 참조), 행위시, 처벌조건은 사기파산죄와 동일하나, 법정형은 5년 이하의 징역 또는 5천만 원 이하의 벌금이다. 이에 해당하는 행위는 다음과 같다(법651조1항). 유한책임재산신탁의 경우에도 마찬가지이다(법651조2항).

(1) 파산선고를 지연시킬 목적으로 신용거래로 상품을 구입하여 현저히 불이익한 조건으로 이를 처분하는 행위(같은 항1호)

(2) 파산의 원인이 있음을 알면서 일부 채권자에 대하여 한 의무없는 편파행위(같은 항2호)

(3) 상업장부의 부작성, 불기재, 부정기재, 은닉, 손괴 및 법원사무관 등이 폐쇄한 장부의 변경, 은닉, 손괴(같은 항3호)

이 행위들은 일정한 목적이 있으면 사기파산죄가 된다.

다. 증·수뢰죄

도산절차가 공정하게 행하여지는 것을 담보하기 위하여 광범위한 관계인에 관하여 증·수뢰죄가 규정되어 있다. 즉, 회생에서는 관리위원, 조사위원, 회생위원, 보전관리인, 관리인, 고문이나 관리인 또는 보전관리인·회생위원의 대리인(법645조1항), 파산에서는 파산관재인(국제도산관리인 포함) 또는 감사위원(법655조)이 뇌물을 수수·요구 또는 약속 경우 처벌되며, 법정형은 모두 5년 이하의 징역 또는 5천만 원 이하의 벌금이다. 이 부분의범죄를 이해하는 데에는 일반 뇌물죄에 관한 판례들이 일응의 기준이 된다.

우선 공무원이 수수한 금원이 직무와 대가관계가 있는 부당한 이익으로서 뇌물에 해당하는지 여부는 당해 공무원의 직무 내용, 직무와 이익제공자와의 관계, 쌍방 간에 특수한 사적인 친분관계가 존재하는지 여부, 이익의 다과, 이익을 수수한 경위와 시기 등의 제반 사정을 참작하여 결정하여야 할 것이고, 뇌물죄가 직무집행의 공정과 이에 대한 사회의 신뢰를 그 보호법익으로 하고 있음에 비추어 볼 때 공무원이 금원을 수수하는 것으로 인하여 사회일반으로부터 직무집행의 공정성을 의심받게 되는지의 여부도 하나의 판단 기준이 된다.9) 공무원이 그 직무의 대상이 되는 사람으로부터 금품 기타 이익을 받은 때에는 그것이 그 사람이 종전에 공무원으로부터 접대 또는 수수받은 것을 갚는 것으로서 사회상규에 비추어 볼 때에 의례상의 대가에 불과한 것이라고 여겨지거나, 개인적인 친분관계가 있어서 교분상의 필요에 의한 것이라고 명백하게 인정할 수 있는 경우 등 특별한 사정이 없는 한 직무와의 관련성이 없는 것으로 볼 수 없고, 공무원의 직무와 관련하여 금품을 수수하였다면 비록 사교적 의례의 형식을 빌어 금품을 주고받았다 하더라도 그 수수한 금품은 뇌물이 된다.10)

　　뇌물죄는 직무집행의 공정과 이에 대한 사회의 신뢰에 기하여 직무행위의 불가매수성을 그 직접의 보호법익으로 하고 있고, 직무에 관한 청탁이나 부정한 행위를 필요로 하지 아니하여 수수된 금품의 뇌물성을 인정하는 데 특별히 의무위반행위나 청탁의 유무 등을 고려할 필요가 없으므로, 뇌물은 직무에 관하여 수수된 것으로 족하고 개개의 직무행위와 대가적 관계에 있을 필요는 없으며, 그 직무행위가 특정된 것일 필요도 없고, 정치자금, 선거자금, 성금 등의 명목으로 이루어진 금품의 수수라 할지라도, 그것이 정치가인 공무원의 직무행위에 대한 대가로서의 실체를 갖는 한 뇌물로서의 성격을 잃지 않으며, 뇌물수수죄에 있어서 직무라는 것은 공무원이 법령상 관장하는 직무행위뿐만 아니라 그 직무와 관련하여 사실상 처리하고 있는 행위 및 결정권자를 보좌하거나 영향을 줄 수 있는 직무행위도 포함되고,11) 금품수수 시기와 직무집행 행위의 전후를 가릴 필요도 없고, 뇌물죄에서 말하는 '직무'에는 과거에 담당하였거나 장래에 담당할 직무 외에 사무분장에 따라 현실적으로 담당하고 있지 않아도 법령상 일반적인 직무권한에 속하는 직무 등 공무원이 그 직위에 따라 담당할 일체의 직무를 포함한다.12)

9) 대법원 2001.9.18. 선고 2000도5438 판결(공2001, 2302)은 피고인이 그 소유의 甲 토지를 乙 토지와 교환한 것과 관련하여 수뢰를 하였다는 공소사실에 대하여, 원심은 교환된 토지 간에 시가의 차이가 있다고 인정할 수 없다는 이유로 무죄를 선고하였으나, 甲 토지의 시가가 乙 토지의 시가보다 비싸다고 하더라도 피고인으로서는 장기간 처분하지 못하던 토지를 처분하는 한편 매수를 희망하던 전원주택지로 향후 개발이 되면 가격이 많이 상승할 토지를 매수하게 되는 무형의 이익을 얻었다고 봄이 상당하다는 이유로 원심판결을 파기한 사례이다. 同旨 대법원 2005.11.10. 선고 2004도42 판결(공보불게재).
10) 대법원 2002.7.26. 선고 2001도6721 판결(공2002, 2142).
11) 대법원 1997.4.17. 선고 96도3378 판결(공1997, 1368).
12) 대법원 2017.12.22 선고 2017도12346 판결(공2018상, 379)은 검사가 리스된 차량을 무상으로 사용할 수 있는 이익과 현금 등을 수수한 사안에서 검사가 받은 이익이 그가 장래에 담당할 직무에 관하여

또한 판례는 뇌물죄에서 말하는 '직무'에는 공무원이 법령상 관장하는 직무 그 자체뿐만 아니라 직무와 밀접한 관계가 있는 행위 또는 관례상이나 사실상 관여하는 직무행위도 포함되나, 구체적인 행위가 공무원의 직무에 속하는지는 그것이 공무의 일환으로 행하여졌는가 하는 형식적인 측면과 함께 공무원이 수행하여야 할 직무와의 관계에서 합리적으로 필요하다고 인정되는 것인가 하는 실질적인 측면을 아울러 고려하여 결정하여야 한다고 하였고,[13] 뇌물수수죄에서 문제되는 '직무'는 이익을 수수한 공무원이 독립하여 결정할 권한을 가진 직무에 한하지 않음은 물론이고, 직무의 성격이나 내용상 이익을 공여한 사람에게 별다른 편의를 줄 여지가 사실상 없는 경우라도 이에 포함될 수 있으며, 이익을 수수한 시점이 이미 직무집행이 끝난 후라 하여 반드시 직무관련성이 부인되는 것도 아니라고 하였는데,[14] 여기서도 마찬가지로 해석한다.

뇌물죄에 있어서 뇌물의 내용인 '이익'은 금전 물품 기타의 재산적 이익뿐만 아니라 사람의 수요, 욕망을 충족시키기에 족한 일체의 유형, 무형의 이익을 포함한다.[15] 재판례로는 군대에서 일차진급 평정권자가 그 평정업무와 관련하여 진급대상자로 하여금 자신의 은행대출금채무에 연대보증하게 한 행위는 직무에 관련하여 이익인 뇌물을 받은 것에 해당된다고 한 사례,[16] 공무원이 뇌물로 투기적 사업에 참여할 기회를 제공받은 경우, 뇌물수수죄의 기수 시기는 투기적 사업에 참여하는 행위가 종료된 때로 보아야 하며, 그 행위가 종료된 후 경제사정의 변동 등으로 인하여 당초의 예상과는 달리 그 사업 참여로 아무

수수되었다거나 그 대가로 수수되었다고 단정하기 어렵고, 장래의 담당 검사의 직무에 속하는 사항의 알선에 관한 것이라고 볼 수도 없다는 이유로 원심을 파기한 사안이다.

13) 대법원 2011.5.26. 선고 2009도2453 판결(공2011하, 1335).
14) 대법원 2005.11.10 선고 2005도5135 판결(미간행)은 원심이 피고인은 모 통신연구원 정보유통연구팀장으로서 기술이전 및 각 용역수행 과정에서 주무 부서장으로서 관련 업무를 총괄하였고, 위 사업자 선정 절차에는 기술심사 평가위원으로 참여한 사실 등을 인정한 다음, 피고인이 이 사건 주식을 매수한 것은 그 직무와 관련하여 장래 시가 상승이 기대되는 비상장주식의 매수를 통하여 투기적 사업에 참여할 기회를 얻은 것이라고 판단하여 피고인을 뇌물수수죄로 처단한 것을 유지한 사안이다.
15) 대법원 1995.6.30. 선고 94도993 판결(공1995, 2678)은 경찰공무원이 슬롯머신 영업에 5천만 원을 투자하여 매월 3백만 원을 배당받기로 약속한 후 35회에 걸쳐 1억 5백만 원을 교부받은 경우, 5천만 원을 투자함으로써 바로 이익을 얻었다고는 볼 수 없고 매월 3백만 원을 지급받기로 하는 약속, 즉 뇌물의 수수를 약속한 것에 불과하고 현실적으로 매월 3백만 원씩을 지급받은 것이 뇌물을 수수한 것이라고 보아야 하므로 1억 5백만원은 그 자체가 뇌물이 되는데, 다만 실제의 뇌물의 액수는 5천만 원을 투자함으로써 얻을 수 있는 통상적인 이익을 초과한 금액이라고 보아야 하며, 여기서 통상적인 이익이라 함은 다른 특별한 사정이 없는 한 그 경찰공무원의 직무와 관계없이 투자하였더라면 얻을 수 있었을 이익을 말하는데, 구체적으로는 위 투자의 형태가 실질에 있어서는 금원을 대여하고 그에 대하여 이자를 받은 것과 다를 바 없으므로 슬롯머신 업소 경영자와 같은 사람에게 5천만 원을 직무와 관계없이 대여하였더라면 받았을 이자 상당이 통상적인 이익이 되며 그 이율은 양 당사자의 자금사정과 신용도 및 해당 업계의 금리체계에 따라 심리판단해야 하며, 그 경찰공무원이 다른 방법으로 그 돈을 투자하였더라면 어느 정도의 이익을 얻을 수 있었을 것인지는 원칙적으로 고려할 필요가 없다고 하였다.
16) 대법원 2001.1.5. 선고 2000도4714 판결(공2001, 477).

런 이득을 얻지 못한 경우라도 뇌물수수죄의 성립에는 영향이 없다고 한 사례,17) 대대 주
임원사인 피고인이 소속 사병의 부모로부터 무이자로 금원을 차용하여 그 이자액 상당의
재산상 금융이익을 취득함으로써 뇌물을 수수하였다고 한 사례18) 등이 있다.

　　뇌물의 '수수'는 법률상 소유권까지 취득하여야 하는 것은 아니므로 예컨대 자동차를
뇌물로 제공한 경우 자동차등록원부에 뇌물수수자가 그 소유자로 등록되지 않았다고 하더
라도 자동차의 사실상 소유자로서 자동차에 대한 실질적인 사용 및 처분권한이 있다면 자
동차 자체를 뇌물로 취득한 것으로 보아야 한다.19) 뇌물의 '약속'은 양 당사자 사이의 뇌물
수수의 합의를 말하고, 여기에서 '합의'란 그 방법에 아무런 제한이 없고 명시적일 필요도
없지만, 장래 공무원의 직무와 관련하여 뇌물을 주고받겠다는 양 당사자의 의사표시가 확
정적으로 합치하여야 한다.20) 한편 뇌물공여죄에 있어서 공여란 뇌물을 취득하게 하는 것
을 말하는 것으로서 상대방이 뇌물을 수수할 수 있는 상태에 두면 족하고 현실적인 취득
을 요하는 것은 아니다.21)

---

17) 대법원 2002.11.26. 선고 2002도3539 판결(공2003, 279)은 재개발주택조합의 조합장이 그 재직 중 고
소하거나 고소당한 사건의 수사를 담당한 경찰관에게 액수 미상의 프리미엄이 예상되는 그 조합아파
트 1세대를 분양해 준 경우, 그 아파트가 당첨자의 분양권 포기로 조합에서 임의분양하기로 된 것으
로서 예상되는 프리미엄의 금액이 불확실하였다고 하더라도, 조합, 즉 조합장이 선택한 수분양자가
되어 분양계약을 체결한 것 자체가 경제적인 이익이라고 볼 수 있으므로 뇌물공여죄에 해당한다고
한 사례이다. 同旨 대법원 2011.7.28. 선고 2009도9122 판결(미간행)은 전기공사 사업에 참여할 기회
라는 무형의 이익을 제공받았다'는 공소사실에 대하여 공소시효가 만료되었다는 이유로 면소를 선고
한 원심을 유지한 사건이다. 또한 대법원 1983.2.22. 선고 82도2964 판결(공1983, 626)은 뇌물로 받은
당좌수표가 그 후 부도가 되었다고 하더라도 뇌물죄의 성립에 아무 소장도 없다고 하였다.
18) 대법원 2004.5.28. 선고 2004도1442 판결(미간행).
19) 대법원 2006.4.27. 선고 2006도735 판결(공2006, 990)은 광주시 의회 의원이던 피고인에게 뇌물로 제
공되었다는 자동차는 리스차량으로 리스회사 명의로 등록되어 있는 점, 피고인이 처분승낙서, 권리
확인서 등 원하는 경우 소유권이전을 할 수 있는 서류를 소지하고 있지도 아니한 점, 리스계약상 리
스계약이 기간만료 또는 리스료 연체로 종료되어 리스회사에서 위 승용차의 반환을 구하는 경우 피
고인은 이에 응할 수밖에 없다고 보이는 점 등에 비추어 볼 때 피고인에게 위 승용차에 대한 실질적
처분권한이 있다고 할 수 없어 자동차 자체를 뇌물로 수수한 것으로 볼 수 없다고 한 사례이다.
20) 대법원 2007.7.13. 선고 2004도3995 판결(미간행). 同旨 대법원 2012.11.15. 선고 2012도9417 판결(공
2012하, 2091)은 甲 회사의 이사 피고인 乙과 대표 피고인 丙이 공모하여, 甲 회사가 추진하는 골프
장 조성 공사와 관련하여 피고인 丁이 관할 시장으로서 인허가 절차가 신속하게 처리되도록 하는 등
편의를 봐준 데 대한 사례 차원에서 시장직 퇴임 후의 해외 연수비용 명목으로 미화 50,000달러를 제
공하기로 하고, 피고인 丁은 위 돈을 제공받기로 함으로써 공무원의 직무에 관하여 뇌물을 약속하였
다는 내용으로 기소된 사안에서, 제반 사정에 비추어 피고인 丙과 피고인 丁 사이에 또는 피고인들
3자 사이에 뇌물을 공여하고 수수하기로 하는 확정적인 의사의 합치로서 약속이 있었다고 보기 어렵
고, 설령 당시 피고인 丁의 뇌물요구 의사표시가 있었다고 보더라도 뇌물을 공여하겠다는 피고인 丙
의 확정적인 의사가 피고인 丁에게 그 퇴임일 이전에 전달되었음을 인정할 만한 증거도 없으므로,
결국 피고인 丁의 시장직 퇴임일 이전에 피고인들 사이에 뇌물공여 및 수수에 관한 약속이 이루어졌
다고 단정할 수 없는데도, 이와 달리 보아 공소사실을 유죄로 인정한 원심판결에 뇌물약속죄에서 '약
속'의 의미에 관한 법리오해의 위법이 있다고 한 사례이다.
21) 대법원 2006.1.12 선고 2005도2458 판결(미간행).

공무원이 직접 뇌물을 받지 아니하고 증뢰자로 하여금 다른 사람에게 뇌물을 공여하도록 한 경우, 그 다른 사람이 공무원의 사자 또는 대리인으로서 뇌물을 받은 경우나 그 밖에 예컨대, 평소 공무원이 그 다른 사람의 생활비 등을 부담하고 있었다거나 혹은 그 다른 사람에 대하여 채무를 부담하고 있었다는 등의 사정이 있어서 그 다른 사람이 뇌물을 받음으로써 공무원은 그만큼 지출을 면하게 되는 경우 등 사회통념상 그 다른 사람이 뇌물을 받은 것을 공무원이 직접 받은 것과 같이 평가할 수 있는 관계가 있는 경우에는 형법 제130조의 제3자 뇌물제공죄가 아니라, 형법 제129조 제1항의 뇌물수수죄가 성립하므로,22) 뇌물을 파산관재인 등 위에 규정된 사람들이 아닌 그의 처가 수령한 경우에도 본 죄가 성립할 수 있다.23)

한편 주관적 구성요건과 관련하여서는 판례는 뇌물을 수수한다는 것은 영득의 의사로 금품을 수수하는 것을 말하므로, 뇌물인지 모르고 이를 수수하였다가 뇌물임을 알고 즉시 반환하거나, 증뢰자가 일방적으로 뇌물을 두고 가므로 후일 기회를 보아 반환할 의사로 어쩔 수 없이 일시 보관하다가 반환하는 등 그 영득의 의사가 없었다고 인정되는 경우라면 뇌물을 수수하였다고 할 수 없겠지만, 피고인이 먼저 뇌물을 요구하여 증뢰자가 제공하는 돈을 받았다면 피고인에게는 받은 돈 전부에 대한 영득의 의사가 인정된다고 하지 않을 수 없고, 이처럼 영득의 의사로 뇌물을 수령한 이상 그 액수가 피고인이 예상한 것보다 너무 많은 액수여서 후에 이를 반환하였다고 하더라도 뇌물죄의 성립에는 영향이 없다고 하였다.24)

22) 대법원 2004. 3. 26. 선고 2003도8077 판결(공2004, 767)은 공무원이 실질적인 경영자로 있는 회사가 청탁 명목의 금원을 회사 명의의 예금계좌로 송금받은 경우에 사회통념상 위 공무원이 직접 받은 것과 같이 평가할 수 있어 뇌물수수죄가 성립한다고 한 사례이다. 同旨 대법원 1998.9.22. 선고 98도1234 판결(공1998, 2628)은 형법 제130조의 제3자뇌물제공죄를 형법 제129조 제1항의 단순수뢰죄와 비교하여 보면 공무원이 직접 뇌물을 받지 아니하고, 증뢰자로 하여금 제3자에게 뇌물을 공여하도록 하고 그 제3자로 하여금 뇌물을 받도록 한 경우에는 부정한 청탁을 받고 그와 같은 행위를 한 경우에 한하여 단순수뢰죄와 같은 형으로 처벌하고, 공무원이 직접 뇌물을 받지 아니하고, 증뢰자로 하여금 제3자에게 뇌물을 공여하도록 하고 그 제3자로 하여금 뇌물을 받도록 하였다 하더라도 부정한 청탁을 받은 일이 없다면 이를 처벌하지 아니한다는 취지로 해석하여야 할 것이라고 전제하였다.
23) 대법원 2014.6.26 선고 2013도600 판결(미간행)은 피고인이 금융감독원 선임조사역 지위를 이용하여 피고인의 처로 하여금 보험모집의 기회를 제공받게 함으로써 사실상 자신이 직무와 관련하여 대가관계에 있는 뇌물을 수수한 것으로 평가한 사례이다.
24) 대법원 2007.3.29. 선고 2006도9182 판결(공2007, 640)은 원심이 영득의 의사로 뇌물을 수수하였지만 그 액수가 너무 많아서 나중에 반환할 의사로 보관한 경우에도 뇌물죄의 성립에는 영향이 없다고 할 것이나, 수뢰자가 당초 수수하기로 표시한 뇌물의 액수가 정해져 있었음에도 증뢰자가 착오 등으로 그 액수를 훨씬 초과하는 뇌물을 수뢰자에게 교부하고 수뢰자가 그와 같은 사정을 뒤늦게 안 후 그 뇌물을 반환한 경우에는, 수뢰자가 수수하기로 표시한 뇌물액수와 증뢰자가 실제로 교부한 뇌물액수, 수뢰자가 뇌물을 수수할 당시 실제 뇌물액수를 알거나 알 수 있었는지 여부, 수뢰자가 실제 뇌물액수를 확인한 후 취한 조치 내용 등 제반 사정을 종합적으로 고려하여 수뢰자의 영득의사 유무 및 그 범위를 판단하여야 할 것이라고 전제한 다음 피고인은 공소외 1로부터 돈이 든 가방을 건네받을

죄수와 관련하여서는 단일하고도 계속된 범의 아래 동종의 범행을 일정기간 반복하여 행하고 그 피해법익도 동일한 경우에는 각 범행을 통틀어 포괄일죄로 볼 것이고, 수뢰죄에 있어서 단일하고도 계속된 범의 아래 동종의 범행을 일정기간 반복하여 행하고 그 피해법익도 동일한 것이라면 돈을 받은 일자가 상당한 기간에 걸쳐 있고, 돈을 받은 일자 사이에 상당한 기간이 끼어 있다 하더라도 각 범행을 통틀어 포괄일죄로 볼 것이다.[25]

한편 필요적 공범이라는 것은 법률상 범죄의 실행이 다수인의 협력을 필요로 하는 것을 가리키는 것으로서 이러한 범죄의 성립에는 행위의 공동을 필요로 하는 것에 불과하고 반드시 협력자 전부가 책임이 있음을 필요로 하는 것은 아니므로, 뇌물증여죄가 성립되기 위하여서는 뇌물을 공여하는 행위와 상대방 측에서 금전적으로 가치가 있는 그 물품 등을 받아들이는 행위(부작위포함)가 필요할 뿐이지 반드시 상대방 측에서 뇌물수수죄가 성립되어야만 한다는 것을 뜻하는 것은 아니다.[26] 마찬가지로 뇌물공여죄가 성립하기 위하여는 뇌물을 공여하는 행위와 상대방측에서 금전적으로 가치가 있는 그 물품 등을 받아들이는 행위가 필요할 뿐 반드시 상대방측에서 뇌물수수죄가 성립하여야 함을 뜻하는 것은 아니다.[27]

한편 채무자회생법 제655조 제2항은 필요적 몰수, 추징을 규정하고 있다. 필요적 몰수 또는 추징은 범행에 제공된 금전·물품·향응이나 그 밖의 재산상 이익을 박탈하여 부정한 이익을 보유하지 못하게 하는 데 목적이 있으므로, 수뢰자가 제공된 금전 등을 그대로 가지고 있다가 제공자에게 반환한 때에는 제공자로부터 이를 몰수하거나 그 가액을 추징하여야 하지만, 제공된 금전이 그대로 반환된 것이 아니라면 그 후에 같은 액수의 금전이 반환되었더라도 반환받은 제공자로부터 이를 몰수하거나 그 가액을 추징할 것이 아니고 증뢰자로부터 추징하여야 한다.[28] 뇌물로 받은 돈을 그 후 다른 사람에게 다시 뇌물로

당시 1,000만 원에 대한 영득의사만을 가지고 있었을 뿐 1억 원 전체에 대한 영득의사를 가지고 있지 않았다고 봄이 상당하고, 달리 1억 원 전체에 대한 영득의사가 있었음을 인정할 만한 증거가 없다는 이유로, 피고인이 1,000만 원을 수수한 부분에 대하여만 유죄로 인정하고, 이 사건 공소사실 중 위 1,000만 원을 초과하는 부분은 범죄의 증명이 없는 경우에 해당한다고 판단하였으나, 위와 같은 이유로 원심을 파기하였다.

25) 대법원 2000.1.21. 선고 99도4940 판결(공2003, 530). 同旨 대법원 1990.9.25. 선고 90도1588 판결(공1990, 2233), 대법원 1981.3.24. 선고 80도2832 판결(공1981, 13809).

26) 대법원 1987.12.22 선고 87도1699 판결(공1988, 379).

27) 대법원 2006.2.24. 선고 2005도4737 판결(공2006, 554)는 지방자치단체장인 피고인이 건설업자로부터 거액의 현금이 든 굴비상자를 뇌물로 받은 것으로 기소된 사안에서, 두 사람 사이에 거액의 현금을 뇌물로 수수할 정도의 친분관계 내지 직접적 현안이나 구체적 청탁이 존재하지 아니함은 물론, 그 선물의 구체적 내용에 대하여 고지받지 못한 상태에서 피고인의 여동생 가족이 사용하는 아파트로 선물이 전달되도록 하였다가 그 내용물을 확인하는 즉시 관청에 이를 신고하기에 이른 점 등의 사정에 비추어 피고인에게 수뢰의 범의가 있었다고 볼 수 없다고 한 원심의 판단을 수긍한 사례이다. 同旨 대법원 2013.11.28. 선고 2013도9003 판결(미간행).

28) 대법원 2017.5.17. 선고 2016도11941 판결(공2017상, 1328)은「공공단체등 위탁선거에 관한 법률」제60조에 의한 필요적 몰수 또는 추징에 관한 사안이다. 同旨 대법원 2010.12.9. 선고 2010도12697 판결

공여하였다 하더라도 그 수뢰의 주체는 어디까지나 변함이 없고 그 수뢰한 돈을 다른 사람에게 공여한 것은 수뢰한 돈을 소비하는 방법에 지나지 아니하므로 피고인들로부터 그 수뢰액 전부를 각 추징하여야 한다.[29)]

금품의 무상대여를 통하여 위법한 재산상 이익을 취득한 경우 범인이 받은 부정한 이익은 그로 인한 금융이익 상당액이라 할 것이므로 추징의 대상이 되는 것은 무상으로 대여받은 금품 그 자체가 아니라 위 금융이익 상당액이라고 봄이 상당하고, 한편 여기에서 추징의 대상이 되는 금융이익 상당액은 객관적으로 산정되어야 할 것인데, 범인이 금융기관으로부터 대출받는 등 통상적인 방법으로 자금을 차용하였을 경우 부담하게 될 대출이율을 기준으로 하거나 그 대출이율을 알 수 없는 경우에는 금품을 제공받은 피고인의 지위에 따라 민법 또는 상법에서 규정하고 있는 법정이율을 기준으로 하여, 변제기나 지연손해금에 관한 약정이 가장되어 무효라고 볼 만한 사정이 없는 한 금품수수일로부터 약정된 변제기까지 금품을 무이자로 차용하여 얻은 금융이익의 수액을 산정한 뒤 이를 추징하여야 하고, 그와 같이 약정된 변제기가 없는 경우에는, 판결 선고일 전에 실제로 차용금을 변제하였다거나 대여자의 변제 요구에 의하여 변제기가 도래하였다는 등의 특별한 사정이 없는 한, 금품수수일로부터 판결 선고시까지 금품을 무이자로 차용하여 얻은 금융이익의 수액을 산정한 뒤 이를 추징하여야 한다.[30)] 또한 공무원이 뇌물을 받음에 있어서 그 취득을 위하여 상대방에게 뇌물의 가액에 상당하는 금원의 일부를 비용의 명목으로 출연하거나 그 밖에 경제적 이익을 제공하였다 하더라도, 이는 뇌물을 받는 데 지출한 부수적 비용에 불과하다고 보아야 할 것이지, 이로 인하여 공무원이 받은 뇌물이 그 뇌물의 가액에서 위와 같은 지출액을 공제한 나머지 가액에 상당한 이익에 한정되는 것이라고 볼 수는 없으므로, 그 공무원으로부터 뇌물죄로 얻은 이익을 몰수·추징함에 있어서는 그 받은 뇌물 자체를 몰수하여야 하고, 그 뇌물의 가액에서 위와 같은 지출을 공제한 나머지 가액에 상당한 이익만을 몰수·추징할 것은 아니고,[31)] 몰수의 취지가 범죄에 의한 이득의 박탈을 그 목적으로 하는 것이고 추징도 이러한 몰수의 취지를 관철하기 위한 것이라는 점을 고려하면 몰수하기 불능한 때에 추징하여야 할 가액은 범인이 그 물건을 보유하고 있다가 몰수의 선고를 받았더라면 잃었을 이득상당액을 의미한다고 보아야 할 것이므로 그 가액산정

(미간행).

29) 대법원 1986.11.25. 선고 86도1951 판결(공1987, 126).

30) 대법원 2014.5.16. 선고 2014도1547 판결(공2014상, 1261)은 특정범죄가중처벌등에관한법률위반(뇌물)에 관한 사안이다.

31) 대법원 1999.10.8. 선고 99도1638 판결(공1999, 2366)은 피고인이 매매계약의 형식을 빌어 토지를 취득한 사안으로 약간의 금원을 비용으로 지출하거나 경제적 이익을 일부 제공한 사실은 있으나, 그러한 사정에 불구하고 피고인이 공소외 회사로부터 받은 뇌물은 이 사건 부동산이라고 보아야 할 것이라고 하였다.

은 재판선고시의 가격을 기준으로 한다.[32] 물론 뇌물죄에서 수뢰액은 다과에 따라 범죄구성요건이 되므로 엄격한 증명의 대상이 되고, 특정범죄 가중처벌 등에 관한 법률에서 정한 범죄구성요건이 되지 않는 단순 뇌물죄의 경우에도 몰수·추징의 대상이 되는 까닭에 역시 증거에 의하여 인정되어야 하며, 수뢰액을 특정할 수 없는 경우에는 가액을 추징할수 없다.[33]

라. 그 밖의 범죄

회생에 있어서 보고와 검사 거절의 죄(법649조), 관리인·파산관재인(국제도산관리인 포함) 또는 보전관리인의 무허가행위 등의 죄(법648조),[34] 구인불응죄(법653조), 설명의무위반죄(법658조)는 모두 도산절차에 협력하여야 할 의무의 위반이라고도 할 수 있고, 법정형은 모두 1년 이하의 징역 또는 1천만 원 이하의 벌금이다.

마. 과태료에 처하는 행위

재산조회를 받은 공공기관·금융기관·단체 등의 장이 정당한 사유 없이 자료제출을 거부하거나, 허위의 자료를 제출한 경우(법660조1항), 채무자나 관계인이 회생계획의 수행에 관한 법원의 명령에 위반한 경우(같은 조2항), 면책을 받은 개인인 채무자에 대하여 면책된

---

32) 대법원 1991.5.28. 선고 91도352 판결(공1991, 1824)는 특정범죄가중처벌등에 관한 법률 제11조 제2항에 따른 마약의 몰수 및 추징에 관한 사안이다.
33) 대법원 2011.5.26. 선고 2009도2453 판결(공2011하, 1335)은 구 해양수산부 해운정책과 소속 공무원인 피고인이 甲 해운회사의 전·현직 대표이사에게서 직무관련성이 없는 '중국 교통부로부터 선박운항허가를 받을 수 있도록 해달라는 명목'과 직무관련성이 있는 '甲 회사의 업무편의를 도모하여 달라는 명목'으로 돈을 교부받은 사안에서, 피고인이 수수한 돈에 직무관련성이 있는 업무에 대한 대가의 성질과 직무관련성이 없는 업무에 대한 사례의 성질이 불가분적으로 결합되어 구분이 객관적으로 불가능하다면 추징을 아예 하지 않거나, 그렇지 않고 추징을 할 것이라면 직무관련성이 있는 수뢰액을 특정하여 그에 따라 적용법조 및 추징액을 결정하였어야 하는데도, 단지 양자의 구분이 어렵다는 이유로 명확한 근거도 없이 비율적 방법으로 직무관련성이 있는 업무와 대가관계에 있는 수뢰액을 추산하여 추징한 원심판단에 수뢰액의 산정과 추징에 관한 법리오해 및 심리미진의 위법이 있다고 한 사례이다.
34) 대법원 2013.1.31. 선고 2012도2409 판결(미간행)은 법 제648조 제2항 전문(前文)의 허위보고죄가 성립하려면 객관적으로 보고의 내용이 허위로서 진실과 불일치하여야 할 뿐만 아니라 주관적으로 관리인 등에게 그러한 허위에 관한 인식이 있어야 한다고 하였다. 한편 대법원 2009.7.23. 선고 2008도8933 판결(미간행)은 구 회사정리법 하에서 관리인과 함께 정리회사의 재정부장을 회사정리법 제292조의3 위반죄의 공동정범으로 처벌한 원심을 유지하였는데, 같은 취지로 대법원 2019.4.25. 선고 2017도 20361 판결(미간행)은 관리인의 무허가 행위에 관리인과 거래하는 상대방의 관여가 당연히 예상된다고 볼 수 없다는 이유로 관리인 등의 무허가행위와 거래 상대방의 행위는 대향범의 관계에 있다고 볼 수 없다고 하였다.

1018   X. 도산과 범죄

사실을 알면서 추심행위를 한 경우에 대하여는 500만 원 이하의 과태료의 제재가 있다.

과태료와 같은 행정질서벌은 행정질서유지를 위한 의무의 위반이라는 객관적 사실에 대하여 과하는 제재이므로 반드시 현실적인 행위자가 아니라도 법령상 책임자로 규정된 자에게 부과되고 원칙적으로 위반자의 고의·과실을 요하지 아니하나,[35] 법원이 비송사건 절차법에 따라서 하는 과태료 재판은 관할 관청이 부과한 과태료처분에 대한 당부를 심판 하는 행정소송절차가 아니라 법원이 직권으로 개시·결정하는 것이므로, 원칙적으로 과태 료 재판에서는 행정소송에서와 같은 신뢰보호의 원칙 위반 여부가 문제로 되지 아니하고, 다만 위반자가 그 의무를 알지 못하는 것이 무리가 아니었다고 할 수 있어 그것을 정당시 할 수 있는 사정이 있을 때 또는 그 의무의 이행을 그 당사자에게 기대하는 것이 무리라고 하는 사정이 있을 때 등 그 의무 해태를 탓할 수 없는 정당한 사유가 있는 때에는 이를 부 과할 수 없다.[36]

---

35) 대법원 2000.5.26. 선고 98두5972 판결(공2000, 1540)은 부정한 급수장치의 사용자가 요금 등을 면할 목적으로 사기 기타 부정한 행위를 하였다거나 시장의 승인 없이 급수공사를 시행하여 시설분담금의 징수를 면한 경우에 해당한다고 볼 수 없다고 한 사례이다.
36) 대법원 2006.4.28.자 2003마715 결정(공2006, 904)은 농림부고시인 농산물원산지 표시요령 제4조 제2 항의 규정 내용이 근거 법령인 구 농수산물품질관리법 시행규칙에 의해 고시로써 정하도록 위임된 사항에 해당한다고 할 수 없어 법규명령으로서 대외적 구속력을 가질 수 없다고 한 사례이다.

판례 색인

[고등법원 판례]

[일본 최고재판소 판례]

사항색인

노영보(盧榮保)

서울대학교 법과대학 졸업(1978)
미국 Georgetown Law Center LL. M.(1988)
제20회 사법시험 합격(1978), 공군법무관(1980)
서울민사지방법원 판사(1983), 부산고등법원 판사(1989)
대법원 법원행정처 법무담당관, 법정심의관(1991)
대전지방법원 천안지원장(1994)
사법연수원 교수(1997)
대법원 법원행정처 기획조정심의관(1999), 법정국장(2000)
대전고등법원 부장판사(2002)
서울고등법원 부장판사(2003)
법무법인(유한) 태평양 변호사(2006~현재)
사단법인 도산법연구회 회장(2010~2016)
서울대학교 법과대학, 대학원 법학과, 법학전문대학원 겸임교수(2003~2020)

제2판
도산법 강의

초판발행	2018년 4월 30일
제2판발행	2024년 5월 10일
지은이	노영보
펴낸이	안종만·안상준
편 집	김선민
기획/마케팅	조성호
표지디자인	벤스토리
제 작	우인도·고철민·조영환
펴낸곳	㈜ 박영사
	서울특별시 금천구 가산디지털2로 53, 210호(가산동, 한라시그마밸리)
	등록 1959. 3. 11. 제300-1959-1호(倫)
전 화	02)733-6771
f a x	02)736-4818
e-mail	pys@pybook.co.kr
homepage	www.pybook.co.kr
ISBN	979-11-303-4647-2 93360

copyright©노영보, 2024, Printed in Korea

정 가   65,000원